重写晚明史

樊樹志

晚明大變局

中 华 书 局

图书在版编目(CIP)数据

重写晚明史/樊树志著. —北京:中华书局,2024.8(2025.8 重印)
ISBN 978-7-101-13316-5

Ⅰ. 重… Ⅱ. 樊… Ⅲ. 中国历史-研究-晚明
Ⅳ. K248.307

中国版本图书馆 CIP 数据核字(2018)第 137642 号

书 名	重写晚明史(全五册)
著 者	樊树志
封面题签	刘 涛
责任编辑	贾雪飞 吴艳红
封面设计	刘 丽
责任印制	管 斌
出版发行	中华书局 (北京市丰台区太平桥西里 38 号 100073) http://www.zhbc.com.cn E-mail:zhbc@zhbc.com.cn
印 刷	天津裕同印刷有限公司
版 次	2024 年 8 月第 1 版 2025 年 8 月第 2 次印刷
规 格	开本/920×1250 毫米 1/32 印张 109 插页 15 字数 2340 千字
印 数	3001-4000 册
国际书号	ISBN 978-7-101-13316-5
定 价	698.00 元

樊树志

复旦大学教授。代表著作有：《江南市镇的早期城市化》（2023）、《明史十二讲》（2021）、《图文中国史》（2020）、《重写晚明史：王朝的末路》（2019）、《重写晚明史：内忧与外患》（2019）、《重写晚明史：新政与盛世》（2018）、《重写晚明史：朝廷与党争》（2018）、《晚明大变局》（2015）、《明代文人的命运》（2013）、《明史讲稿》（2012）、《张居正与万历皇帝》（2008，2022）、《大明王朝的最后十七年》（2007）、《国史十六讲》（2006）、《江南市镇：传统的变革》（2005）、《权与血：明帝国官场政治》（2004）、《晚明史（1573—1644 年）》（2003）、《国史概要》（1998）、《崇祯传》（1997,2021）、《万历传》（1993，2020）、《明清江南市镇探微》（1990）、《中国封建土地关系发展史》（1988）等。其中，《晚明史（1573—1644 年）》获第十四届“中国图书奖”；《晚明大变局》入选《人民日报》、《光明日报》、《中华读书报》、新华网、新浪网等二十余家媒体 2015 年度好书。

出版说明

《重写晚明史》是著名学者樊树志先生有关晚明历史研究的最新成果。

樊树志先生长期从事明清史、江南地区史、江南社会经济史研究，在晚明史领域卓有建树，被誉为“晚明史研究第一人”。《重写晚明史》细致描绘了晚明王朝从盛世到覆亡的历史长卷。尤为可贵的是，作者将晚明历史置于15世纪末地理大发现背景下的世界历史进程中考察，视角独特，立意新颖，从纷繁复杂的历史细节中勾勒和展现出晚明历史的各个方面，不仅独具史识，而且叙事清晰，文笔流畅，充分呈现了晚明斑驳陆离的历史世界。

本次出版图文本，由编辑根据图书内容增补了部分配图，并于边栏处增加了部分相关人物、事件的简介，以期帮助读者更好地理解晚明的文化、社会，以及那段令人扼腕叹息的历史。囿于学识，新增部分如有错讹之处，请广大读者悉心指正。

中华书局编辑部

二〇二四年六月

目　录

引　言　001

第一章 「海禁—朝贡」体制的突破　009

一　海禁政策与朝贡体制　011

1. 严禁“交通外番，私易货物”的海禁政策　011

2. 俯视周边的朝贡体制　017

二　日本的朝贡关系与宁波争贡事件　022

1. 日本的朝贡关系　022

2. 大内氏与细川氏的宁波争贡事件　028

三　海上走私贸易与海禁政策的较量　034

1. 海上走私贸易面面观　035

2. 海禁的突破口：月港与双屿港　039

3. 朱纨的悲剧：海上实情实事未得其要领　045

四　嘉靖倭患的真相　051

1. 何谓“嘉靖大倭寇”　055

2. 倭患与真倭、假倭　069

3.“市禁则商转为寇”，“禁愈严而寇愈盛”　079

五　王直之死与海禁的开放　082
1. 胡宗宪招抚王直　082
2. 王直其人其事　085
3. 开放海禁之议　094
4. 月港贸易合法化与广中事例　106

第二章　卷入全球化贸易的浪潮　115

一　新航路发现与葡萄牙人东来　120
1. 寻找通往印度的航路　120
2. 葡萄牙人的中国贸易　125
3. 从香山澳到濠镜澳　130

二　以澳门为中心的全球化贸易　135
1.“东方第一商埠”——澳门　135
2. 澳门—果阿—里斯本之间的远程贸易　139
3. 澳门—长崎之间的远程贸易　141
4. 澳门—马尼拉之间的远程贸易　144

三　尼古拉·一官与“海上马车夫”　146
1. 泉州海商李旦　147
2. 尼古拉·一官——郑芝龙　149
3.“海上马车夫”——荷兰东印度公司　152
4. 荷兰东印度公司和中国、日本的贸易　156

四　“马尼拉大帆船”与太平洋丝绸之路　161
1. 美洲新大陆的发现与西班牙人东来　161

2. 从马尼拉到阿卡普尔科的太平洋丝绸之路 168
3. 从月港到马尼拉 175
4. 从澳门到马尼拉 178
5. 中菲贸易的鼎盛时代 181

五 贸易顺差与巨额白银流入中国 186
1. “商业上的‘纳贡’” 186
2. 全汉昇：美洲白银的1/2被运到中国 192
3. 弗兰克：中国占有了世界白银产量的1/4至1/3 197

第三章 江南市镇：市场经济与早期工业化 203

一 江南经济的高水平发展 206
1. 从“苏湖熟，天下足”到“湖广熟，天下足” 206
2. “湖广熟，天下足”何时形成？ 208
3. 江南的早期工业化 217

二 晚明：江南市镇的迅猛发展时代 220
1. 苏州府与松江府的典型分析 220
2. 江南市镇的规模与结构 225

三 丝绸业市镇的分布及其特色 233
1. 丝绸业市镇的分布 234
2. 丝绸业市镇的经营方式 240
3. “有力者雇人织挽，贫者皆自织” 249

四 棉纺织业与棉布业市镇 254
1. 乌泥泾与黄道婆 254

2.“绫布二物，衣被天下” 259
3. 棉布业市镇的分布状况及其特色 265
4. 棉布业市镇的经济结构与经营方式 277
5.“土布出洋”一瞥 286

五 经济高度成长与奢侈习俗风靡 288
1. 社会风尚由俭入奢 289
2. 奢侈风尚的典型分析 292
3. 奢侈风尚的经济意义 304

六 余论 313

第四章 思想解放的潮流 317

一 陈献章：“小疑则小进，大疑则大进” 322
1.“江门心学”的怀疑精神 322
2.“为学须从静中坐养出个端倪来” 325
3. 陈门弟子：从贺钦到湛若水 331

二 王守仁：“虽其言之出于孔子，不敢以为是也” 336
1.“学贵得之心” 337
2. 贬谪龙场：“动心忍性，恍若有悟” 351
3.“功高而见忌，学古而人不识” 363
4. 漫长的昭雪之路 378

三 “掀翻天地”的王门弟子 398
1.“不从人脚跟转”的王畿 399

2.“六经皆注脚”的王艮 412
3.“非名教之所能羁络”的颜山农、何心隐 422

四 李贽:“咸以孔子之是非为是非,故未尝有是非” 444
1. 赞扬王门弟子“一代高似一代” 445
2.“假道学以异端目我” 449
3.“快口直肠,目空一切” 457
4.“不死于人,死于口;不死于法,死于笔” 463
5.“先生起千载,高言绝群智” 475

第五章 西学东渐与放眼看世界的先进中国人 479

一 耶稣会士东来:利玛窦的前辈 482
1. 依纳爵·罗耀拉与耶稣会 482
2. 澳门:耶稣会士进入中国的通道 484
3. 沙勿略神父:向中国传教的创始人和发起者 487
4. 范礼安神父:中国传教事业之父 490
5. 罗明坚神父:中国传教事业的实际开创者 493

二 利玛窦神父的“本土化”传教活动 496
1.“但求人与我同,岂愿我与人异” 496
2.《交友论》:“东海西海,此心此理同也” 500
3.《天主实义》:“与经传所纪如券斯合” 503

4. “登上了‘月球’” 507

5. 为传教士们留下了敞开功德之门 514

三 西方科学文化的传播 523

1.《山海舆地全图》与《坤舆万国全图》 525

2.《几何原本》《同文算指》与《圜容较义》 532

3.《奇器图说》与《泰西水法》 540

4.《崇祯历书》 547

四 放眼看世界的先进中国人 554

1. 第一个结识利玛窦的名士瞿汝夔 554

2. 可以与托马斯·莫尔媲美的徐光启 560

3. “以西法为宗”的李之藻 569

4. 由佛教到天主教的杨廷筠 575

5. “读书必开眼”的方以智 584

第六章 新气象：文人结社与言论 597

一 “虑圣教之将绝”的应社 601

1. 文人结社之风由来已久 601

2. 应社与广应社 603

3. “尊经复古” 607

二 “负韬世之才，怀救时之术”的几社 611

1. “十人社”“六人社”与“十八子社” 611

2. “绝学有再兴之几” 614

3. 剖析朝政利弊的《几社壬申合稿》 618

4.“关于军国，济于时用”的《皇明经世文编》 627

三 游走于学术与政治之间的复社 638

1. 复社的尹山大会、金陵大会与虎丘大会 638

2. 门户之争与政治谣言 649

3.“朝廷不以语言文字罪人” 665

4. 复社的理想政治——吴应箕的个案 681

5.《留都防乱公揭》 690

6. 报国无门的悲剧 697

四 余论 701

引　言

15世纪末至16世纪初，世界历史出现了大变局，历史学家称为地理大发现时代，或大航海时代。欧洲的航海家发现了绕过非洲好望角，通往印度和中国的新航路；越过大西洋，发现了美洲新大陆。这些发现，标志着一个新时代的开始，西方历史学家把它作为划分中世纪与近代的里程碑。这一转折，最值得注意的是“全球化”初露端倪。从此，人类的活动不再局限于某一个洲，而是全球各大洲；人类的视野不再是半个地球，而是整个地球。中国当然不可能置身事外。

葡萄牙人绕过好望角进入印度洋，占领印度西海岸的贸易重镇果阿、东西洋交通咽喉马六甲，以及香料群岛，从1524年（嘉靖三年）起，在中国东南沿海进行走私贸易。当他们获得澳门贸易的许可后，澳门开始成为沟通东西方交往的商埠，把中国市场卷入全球贸易网络之中。澳门—果阿—里斯本之间的远程贸易，澳门—长崎贸易，澳门—马尼拉贸易，输出以丝货为主的中国商品，输入以白银为主的外国商品，人们概括为“丝—银贸易”。

西班牙人到达美洲以后，绕过美洲南端，横渡太平洋，来到菲律宾群岛。1580年（万历八年）以后，西班牙的马尼拉当局，为生丝、丝织品、棉布等中国商品找到了一条通往墨西哥的贸易航路——太平洋丝绸之路，这就是驰名于历史，持续两百年之久，沟通菲律宾马尼拉与墨西哥阿卡普尔科之间的大帆船贸易。

声名远扬的“马尼拉大帆船”，运去的是以丝货为主的中国商品，运回的是墨西哥银元。

无论是葡萄牙、西班牙，还是后来的荷兰，在与中国的贸易中，始终处在逆差之中。正如德裔美国学者弗兰克（Andre Gunder Frank）在《白银资本——重视经济全球化中的东方》中所说：“外国人，包括欧洲人，为了与中国人做生意不得不向中国人支付白银，这也确实表现为商业上的‘纳贡’”；“‘中国贸易’造成的经济和金融后果是，中国凭借着在丝绸、瓷器等方面无与匹敌的制造业和出口，与任何国家进行贸易都是顺差。因此，正如印度总是短缺白银，中国则是最重要的白银净进口国，用进口美洲白银来满足它的通货需求。美洲白银或者通过欧洲、西亚、印度、东南亚输入中国，或者用从阿卡普尔科出发的马尼拉大帆船直接运往中国”。根据他的研究，16世纪中期至17世纪中期，美洲生产白银30 000吨，日本生产白银8 000吨，最终流入中国的白银达到7 000吨至10 000吨，约占世界白银产量的四分之一至三分之一。有的学者认为，通过贸易渠道，全世界白银的一半最终流入中国。不管具体数据有什么差异，巨额白银流入中国是确凿无疑的，任何人都不能不承认，这是中国历史上罕见的辉煌。

在全球化贸易浪潮频频袭来之际，大明王朝的统治者依然沿袭着开国皇帝朱元璋制定的海禁政策，禁止人民私自出海与外国商人贸易。在巨大的利益诱惑下，贸易双方都不遗余力地冲击这条禁令，东南沿海走私贸易非常兴旺。走私与海禁较量的结果，终于使得统治集团明白，时代的潮流不可阻挡，海禁政策已经不合时宜。隆庆元年（1567），福建巡抚涂泽民上疏，请求朝廷开放海禁，准许人民前往东西二洋贸易。朝廷权衡利弊得失之后，批准了这个建议。在东南沿海的港口，设立海关，向从事对外贸易的商船征收关税，使得“私贩”转化为“公贩”，走私贸易转化为合法贸易。这是具有划时代意义的重大转折，显示了晚明时代对外开放的胸襟。

各种力量的作用，铸就了晚明对外贸易的辉煌。正如全汉昇所说：“中国的丝织工业，因为具有长期发展的历史背景，技术比较进步，成本比较低廉，产量比较丰富，故各种产品能够远渡太平洋，在西属美洲市场上大量廉价出卖，连原来在那里独霸市场的西班牙丝织品也要大受威胁。因此，当西班牙帝国自欧洲本部扩展至美洲和菲律宾后，中国丝货的输入美洲，竟引起西班牙国内丝织业者与海外殖民者间的严重冲突。这一事实告诉我们：在近代西方工业化成功以前，中国工业的发展，就它的产品在国际市场上的竞争能力来说，显然曾经有过一页光辉灿烂的历史。”

而创造这一页光辉灿烂历史的正是晚明的江南，具体地说，是江南的丝绸业市镇。太湖流域的丝绸业市镇，其四乡皆以能出产优质的生丝而闻名于世，统称为“湖丝”，它的著名品牌“辑里丝”（七里丝），就是以南浔镇的辑里村（七里村）为中心的地区出产的“湖丝”，在国际市场上享有极高的声誉，成为各国商人争购的抢手货。用这种“湖丝”织成的各色绸缎，也是行销海内外的名牌产品。或者从福建的月港销往马尼拉，再由马尼拉大帆船横渡太平洋，运往美洲；或者从澳门销往印度的果阿，再转销欧洲。外销商品中，仅次于丝货的棉布，主要产地也在江南，江南的棉布业市镇出产的精品棉布，号称“衣被天下”，不仅行销全国，还远销海外。1580年代至1590年代，中国商人运往马尼拉的商品，排在首位的是生丝、绸缎，其次就是棉布、夏布。中国的棉纺织品还由马尼拉大帆船运往西班牙的美洲殖民地，早在16世纪末，中国棉布已在墨西哥市场上排挤了西班牙货。1600年，从澳门开往日本长崎的葡萄牙商船运去3 000匹棉布，见于博克瑟（C. R. Boxer）的著作。其实，中国的徽州海商，早已从宁波走私棉布前往日本。刊印于嘉靖四十一年（1562）的《筹海图编》就已记载，运往日本的中国商品，第一位是生丝，第二位是丝绵，第三位就是棉布。而这些棉布的产地就是江南的棉布业市镇。

随着欧洲商人的步伐，以利玛窦为代表的耶稣会士，通过澳门这个渠道，进入中国。他们在传播天主教的同时，传播欧洲文艺复兴以来的科学文化知识，使得中国在文化上融入世界。“西学”以前所未见的巨大魅力，深深吸引一大批正在探求新知识的士大夫们，短短几年，就掀起了西学东渐的高潮。无怪乎西方学者把利玛窦称为“科学家传教士”，中国士大夫则把他叫做“西儒利氏”。

梁启超在《中国近三百年学术史》中说：“中国知识线和外国知识线相接触，晋唐间的佛学为第一次，明末的历算学便是第二次。”佛学传入对于中国文化影响之深远，人所共知；而明末西学东渐的影响可以与之媲美，或许更胜一筹，使得中国人看到了欧洲先进的天文历算、数学物理、农田水利、机械制造等领域的新知识。

在耶稣会士的影响下，中国人开始真切地了解世界，涌现出第一代放眼看世界的先进中国人：瞿汝夔、徐光启、李之藻、杨廷筠、王徵、方以智等。他们与耶稣会士合作编译各种欧洲科学著作，向国人普及新的科学理念，一时间钻研西学蔚然成风。裴化行神父在《利玛窦神父传》中说，16世纪的中国出现了一场文化伦理革命，其先锋“并不是出国考察者，因为谁也不能走出帝国之外去异邦寻求这些新科学，他们只是译者或编者，是他们让读者得以接触外来的著作”。他推崇瞿汝夔“把西方文明的成就系统引入远东世界”；赞扬与利玛窦合作翻译《几何原本》的徐光启，可以和英国人文主义“最纯净”的代表人物托马斯·莫尔相媲美。徐光启起用耶稣会士修订历法，编成《崇祯历书》，吸收欧洲先进的天文学知识，使中国传统天文学转型，开启了中国人认识宇宙的新阶段。李之藻把利玛窦的《坤舆万国全图》刊刻出版，并且加上许多文字说明，打破了中国传统的“天圆地方”的观念，让中国人认识到人类居住的地方其实是一个圆球，中国只是地球的一小部分。从艾儒略的《职方外纪》，人们知道了地球上有五大洲，这大大开拓了士大夫的眼界，改变了中国人的世界观。

崇祯五年（1632）浙江宁波的天主教徒朱宗元把中国与欧洲相比较，感慨系之：“天载之义，格物之书，象数之用，律历之解，莫不穷源探委……则我中土之学问不如也”；“自鸣之钟，照远之镜，举重之器，不鼓之乐，莫不精工绝伦，我中土之技巧不如也”；“土地肥沃，百物繁衍，又遍贾万国，五金山积，我中土之富饶不如也”。人们在惊讶之余，不能不反思，以老大自居的天朝，应当急起直追了。

西学东渐的成功，还得归功于晚明社会提供了一个宽松的接受氛围。周振鹤教授说，此次天主教来华的运气比较好，客观环境正处于晚明“天崩地解”的时代，有利于基督教义的传播。王阳明心学的兴起，大大解放了读书人的思想。思想愈解放，就愈需要新的资源。天主教传教士的传教活动除了其他吸引力，新鲜感本身就是一种号召。晚明的中国大环境让传教士们感觉如鱼得水。

王阳明思想的精髓，可以用他自己的一句话来概括：“夫学贵得之心，求之于心而非也，虽其言之出于孔子，不敢以为是也。”他认为，学问是天下的公学，不是朱子可以私有的，也不是孔子可以私有的，拒绝拜倒在圣贤和经典的脚下。明中叶思想界沉闷而无新意，科举取士都以宋儒朱熹对儒家经典所作的注释作为考试的标准答案，士子们没有自觉、自由的思想。王阳明的大声呼喊，掀起了思想解放的浪潮。此后，人才辈出，都以追求思想自由为旨归，形成波澜壮阔的个人主义与博爱主义的思潮。

王阳明的大弟子王畿，把师说发扬光大，主张学贵自得，“不从人脚跟转”。王门的另一大弟子王艮，高唱“六经皆注脚”。所谓“六经皆注脚”，顾宪成把它解释为“六经注我，我注六经”。从儒家经学的正统立场来看，这显然是大不敬。但是那种“原教旨主义”，使得人们的思想僵化，只知背诵教条，人云亦云。要想打破牢笼，自由思想，“六经注我，我注六经”是必然的选择。经典的生命力就在于与时俱进，不断赋予新的解释，为我所用。王门后学宣扬“不从人脚跟转”“六经皆注脚”，被正统派视为“非圣人之道”，斥为“异端”。王艮反唇相讥：“圣人之道，无异于百姓日用，凡有异者，皆谓之异端。”与“非圣人之道”的衡量标准唱反调，主张“百姓日用”才是衡量是否“异端”的标准。李贽也被贬为“异端”，他的应对策略更为巧妙、机警：既然假道学把他看作“异端”，便索性以“异端”自居，我行我素。他著书立说，大胆地责问：为什么千百年来无是非？答案只有一条：“咸以孔子之是非为是非，故未尝有是非。”振聋发聩，令思想界“莫不胆张心动”。

冲破思想的桎梏，挣脱名教的牢笼，思想解放的浪潮滚滚而来，思想界流派纷呈，讲学之风盛行，互相辩驳诘难。这样的氛围，使得西方科学文化得以顺利地传播、弘扬，培养出了一大批放眼看世界的先进中国人。

一个启蒙时代来临了。

更多的士子、文人有了自主意识，文人结社蔚然成风。在经济文化最为发达的江南，涌现出许多文社，其中以常熟的应社、松江的几社和活跃于江南的复社最为有名，影响所及，遍于全国。学人们以文会友，以友辅仁，畅所欲言地交流心得，无所顾忌地高谈阔论，成为晚明社会一道明丽的亮色。复社鼎盛时期，拥有三千多成员，遍布全国各地，主要集中于太湖周边的苏州、松江、常州、镇江、嘉兴、杭州、湖州等最为富庶的七府之地（有一千二百多人），其中又以苏州府为最多（有五百多人）。崇祯六年（1633）春，复社在苏州虎丘举行大会，盛况空前，陆世仪《复社纪略》写道：“先数月前，传单四出，期会约结。至日，山左、江右、晋、楚、闽、浙，以舟车至者，数千余人。大雄宝殿不能容，生公台、千人石，鳞次布席皆满，往来丝织。游于市者，争以复社会命名，刻之碑额。观者甚众，无不诧叹，以为三百年来从未一有此也！”岂但三百年来所未有，此后也不曾再有，简直是空前绝后，令人叹为观止。

德国学者耶格尔（Friedrich Jaeger）在《德国历史中的回忆文化》中意味深长地指出：“历史意识并非只瞄向过去……‘历史就是为了未来而回顾往事。’”提出晚明的大变局，并不是故意耸人听闻，而是希望人们放宽历史的视野，回过头去看一看16世纪至17世纪的中国曾经发生的巨变，这不仅对于重新评估晚明史，而且对于看清近代史以及当代史，都有莫大的好处。

第一章

“海禁—朝贡”体制的突破

一　海禁政策与朝贡体制

1. 严禁“交通外番，私易货物”的海禁政策

明朝建立以后，实行严厉的海禁政策，禁止人民私自出海，与海外各国交往，当然包括民间贸易往来。

洪武四年（1371），几乎同时颁布两道禁令。一道是：仍禁濒海民不得私自出海。另一道是皇帝对最高军事长官——大都督府臣——的训诫：朕以海道可通外邦，故尝禁其往来。近闻福建兴化卫指挥李兴、李春私遣人出海行贾，则濒海军卫岂无知彼所为者乎？苟不禁戒，则人皆惑利，而陷于刑宪矣。尔其遣人谕之，有犯者论如律。[1]

洪武十四年（1381）重申：禁濒海民私通海外诸国。[2]

洪武二十三年（1390），皇帝给户部发去“申严交通外番”的禁令：中国金银、铜钱、段匹、兵器等物，自前代以来不许出番，今两广、浙江、福建愚民无知，往往交通外番，私易货物，故严禁之。沿海军民官司纵令私相交易者，悉治以罪。[3]

洪武二十七年（1394），禁止民间用外国香料外国货物，禁令称：缘海之人往往私下诸番，贸

1《明太祖实录》卷七十，洪武四年十二月丙戌。

2《明太祖实录》卷一三九，洪武十四年十月己巳。

3《明太祖实录》卷二〇五，洪武二十三年十月乙酉。

易香货，因诱蛮夷为盗，命礼部严禁绝之。敢有私下诸番互市者，必置之重法。[1]

洪武三十年（1397）重申：禁人民无得擅出海与外国互市。[2]

▼ 明洪武帝朱元璋
朱元璋，凤阳人，明王朝的建立者。1368年在应天（今南京）称帝。

永乐时期把太祖高皇帝的禁令视为祖宗法度，仍然禁止沿海人民私自出海。明成祖朱棣即位之初，在诏书中申明：缘海军民人等，近年以来往往私自下番，交通外国，今后不许，所司以遵洪武事例禁治。[3]永乐二年（1404）又下令禁止民间制造海船，原有海船全部改为平头船，并且要沿海有关部门严防海船出入。一般人误以为郑和下西洋意味着海禁政策似乎已经取消，其实大谬而不然。郑和下西洋是国家行为，目的在于“宣教化于海外诸番国”。庞大的郑和船队出海远航，并不意味着民间船只也可以自由出海。这一时期以及此后相当长的一段时间内，海禁政策并没有取消。

与海禁政策相配合的是朝贡体系。明成祖朱棣刚刚登上皇位，就对派往日本、东南亚、印度的使节说：“太祖高皇帝时，诸番国遣使来朝，一皆

1 《明太祖实录》卷二三一，洪武二十七年正月甲寅。
2 《明太祖实录》卷二五一，洪武三十年四月乙酉。
3 《明太宗实录》卷十，洪武三十五年七月壬子。

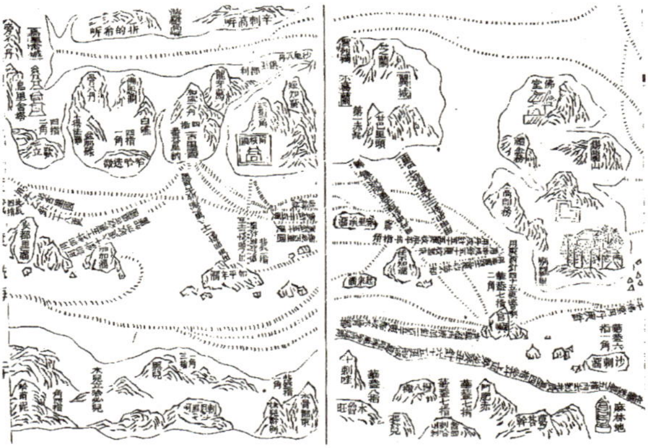

◤ 郑和航海图

明代兵书《武备志》中所绘郑和航海图

遇之以诚，其以土物来市易者，悉听其便。或有不知避忌而误干宪条，皆宽宥之，以怀远人。今四海一家，正当广示无外，诸国有输诚来贡者听。尔其谕之，使明知朕意。”王赓武在《永乐年间（一四〇二～一四二四）中国的海上世界》一文中引用这条史料之后，作了这样的评论 :“他（永乐皇帝）延用了父亲的政策，把所有的贸易都看做进贡体系的一部分。中国与海上世界的关系，与他同陆上世界的关系，仍然存在着差别。陆上贸易基本是与蒙古人以及边境上其他民族之间的马匹交易，马是中国所需要的。做为交换，中国人提供各种各样的货物，最主要的还是茶、丝和纺织品，还有中国制造的其他商品。但是在南方海外，就没有这种经济动机。南方提供的东西对中国的经济没有什么是至关重要的，大多数商品只能说是异国特产。一些东西，例如胡椒、大米和各种香料是中国所需要的，但需要量不大。中国不依赖于其中的任何一种商品……所有的贸易都应通过进贡体系开展，这是永乐皇帝的父亲的决定，永乐皇帝加强了这一体系而没有做任何的变动。”[1]

海禁政策严禁人民私自出海与外国贸易，只留下了一个官方的通道，保持国与国之间的贸易往来，不过它被严格地限制在朝贡体系之内。正如王赓武所说：“同外部世界的关系，一切都通过进贡的形式表现出来。从官方角度来说，进贡也是唯一可行的外贸形式。……强调所有的对外关系都是臣民与君主的关系，强调所有的礼物都是送给中国皇帝的贡品，皇帝送出的礼物则被看做居高临下的皇帝赐给臣服的统治者的礼物。”[2]

所谓官方的通道，就是洪武三年（1370）设立的宁波、泉州、广州三个市舶司。此后虽然一度关闭了这三个市舶司，但是永乐元年（1403）重新开放这三个市舶司，并且在这三个市舶司所在地设置宾馆招待外国朝贡使节。宁波的宾馆叫做“安远”，泉州的宾馆叫做“来远”，广州的宾馆叫做“怀远”，一概带有居高临下的口吻——安抚与怀柔。这些宾馆的职责，除了接待朝贡使节，还附带转运朝贡方物，安排随船外国商人与当地中国商人在宾

1 王赓武《永乐年间（一四〇二～一四二四）中国的海上世界》，《王赓武自选集》，上海教育出版社，2002年，第144页。

2 王赓武《永乐年间（一四〇二～一四二四）中国的海上世界》，《王赓武自选集》，第150页。

《大明会典》

馆附近进行有限制的小额贸易。

负责朝贡事宜的礼部，先后在首都南京和北京设置接待使节的宾馆——会同馆，安排各国使节朝见皇帝，献上贡品之后，领取皇帝的赏赐，一应礼仪完成之后，允许随船外国商人与中国商人在会同馆附近进行贸易，时间是三天或五天，只有朝鲜和琉球可以超过三、五天的限制。

关于会同馆，万历《大明会典》是这么记载的：

> 旧设南北两会同馆，接待番夷使客。遇有各处贡夷到京，主客司员外郎、主事轮赴会同馆，点视方物，讥防出入……凡贡使至馆，洪武二十六年定：凡四夷归化人员及朝贡使客，初至，会同馆主客部官随即至彼，点视正从，定其高下房舍铺陈，一切处分安妥，仍加抚绥，使知朝廷恩泽。[1]

1 万历《大明会典》卷一百九《礼部六十七·宾客·会同馆》。

关于会同馆的贸易，万历《大明会典》有具体的描述：

> 各处夷人朝贡领赏之后，许于会同馆开市三日或五日，惟朝鲜、琉球不拘期限。俱主客司出给告示，于馆门首张挂，禁戢收买史书及玄黄、紫皂、大花、西番莲、段匹，并一应违禁器物。各铺行人等将物入馆，两平交易。染作布绢等项立限交还。如赊买及故意拖延，骗勒夷人久候不得起程，并私相交易者，问罪，仍于馆前枷号一个月。若各夷故违，潜入人家交易者，私货入官，未给赏者量为递减……凡会同馆内外四邻军民人等，代替夷人收买违禁货物者，问罪，枷号一个月，发边卫充军……私将应禁军器卖与夷人图利者，比依将军器出境因而走泄事情者律斩，为首者仍枭首示众。[1]

这就是朝贡贸易。它与一般贸易截然不同，有着严格的限制，不仅时间、地点有限制，而且贸易物品也有限制。把武器列入违禁货物名单，似乎可以理解，把史书与中药材乃至纺织品也列入违禁货物名单，有点匪夷所思。难怪民间走私贸易都瞄准了这些“违禁货物”，生意做得十分兴旺。

1 万历《大明会典》卷一百八《礼部六十六·朝贡四·朝贡通例》。

2. 俯视周边的朝贡体制

所谓朝贡，有着悠久的历史，明朝继承了这一传统。历朝皇帝以中央之国的姿态俯视周边国家，把它们看作甘心臣服的藩属国。维系的纽带就是该国国王派遣使节定期朝贡，并且接受明朝皇帝的册封。明朝建立伊始，朝贡体系就开始运作，朱元璋一方面派遣使节出访各国，一方面接受各国使节的朝贡。在《明太祖实录》中留下了许多记录：

> 命使出疆，周于四维，历诸邦国，足履其境者三十六，声闻于耳者三十一，风殊俗异，大国十有八，小国百四十九。[1]
>
> 海外诸番与中国往来，使臣不绝，商贾便之。近者安南、占城、真腊、暹罗、爪哇、大琉球、三佛齐、渤尼、彭亨、百花、苏门答剌、西洋、邦哈剌等，凡三十国。[2]

日本学者檀上宽的《明初的海禁和朝贡》指出：从本质上来说，朝贡制度是把中国国内的君臣关系扩大到周边诸国，把国内的政治统治照搬到周边诸国。伴随着朝贡的交易方面的经济利润是次要

1《明太祖实录》卷五十三，洪武三年六月戊寅。

2《明太祖实录》卷二五四，洪武三十年八月丙午。

的，中国方面的“出超”是常态。明朝要求周边国家呈献的贡物是简素化的，它所强调的是朝贡的政治礼仪；与贡物相比，明朝皇帝的“回赐”数量是巨大的，往往是贡物的数倍，并且对朝贡国的附带品实施免税的恩惠。对于明朝方面而言，通过朝贡关系，确立东亚“礼的秩序”，才是最重要的事情。[1]

万历《大明会典》用了整整五卷的篇幅来谈朝贡，分别是东南夷（上）、东南夷（下）、北狄、东北夷、西戎（上）、西戎（下）等。很显然，对周边邻国与民族的这种称谓，反映了中国皇帝的世界观：自己是“中央之国”的至高无上的统治者，君临天下，周边的“蛮夷戎狄”，必须对中央之国表示臣服，而表示臣服的方式就是定期的朝贡。所以朱元璋的“祖训”开列了“不征诸夷”：朝鲜、日本、大小琉球、安南、真腊、暹罗、占城、苏门答剌、西洋、爪哇、彭亨、百花、三佛齐、浡尼等十五国。[2]

关于朝鲜国：洪武二年，国王王颛遣使奉表贺即位、请封、贡方物。诏封为高丽国王，赐龟钮金印、诰命……若朝廷有大事，则遣使颁诏于其国。国王请封，亦遣使行礼。其岁时朝贡，视诸国最为恭慎……贡道由鸭绿江历辽阳、广宁，入山海关达京师。[3]

关于琉球国：大琉球国朝贡不时，王子及陪

1 参见森正夫等主编《明清时代史的基本问题》，东京汲古书院，1997年，第215页。

2 万历《大明会典》卷一百五《礼部六十三·朝贡一·东南夷上》。

3 万历《大明会典》卷一百五《礼部六十三·朝贡一·东南夷上·朝鲜国》。

臣之子皆入太学读书，礼待甚厚。小琉球国不通往来，不曾朝贡。按：琉球国有三王，洪武初，中山王察度、山南王承察度、山北王帕尼芝，皆遣使奉表笺贡马及方物。十六年，各赐镀金银印。二十五年，中山王遣子侄入国学，以其国往来朝贡，赐闽人三十六姓善操舟者。永乐以来，国王嗣立，皆请命册封……谕令二年一贡，每船百人，多不过百五十人。贡道由福建闽县。[1]

关于占城国：自占城以下（苏门答剌、西洋、爪哇、彭亨、百花、三佛齐、浡尼）诸国，来朝时内带行商，多行谲诈，故沮之。自洪武八年至洪武十二年，方乃得止。按：占城国滨海，即古越裳林邑。洪武二年其国王阿答阿者遣使朝贡，诏封为占城国王，赐镀金银印……永乐后，其国与诸国皆来朝贡，始定三年一贡，贡道由广东。[2]

关于浡尼国：洪武四年，其国王马合谟沙遣使，以金表银笺贡方物。永乐三年，遣使往封麻那惹加那乃为王，给印诰、敕符、勘合。六年，王率其妃及家属、陪臣来朝……是年，王卒于会同馆，辍朝三日，祭赙甚厚。诏谥恭顺，赐葬南京城外石子冈，以西南夷人隶籍中国者守之，树碑立祠。[3]

关于满剌加国：永乐三年，其酋长拜里迷苏剌遣使奉金叶表朝贡，诏封为国王，给印诰。使者

1 万历《大明会典》卷一百五《礼部六十三·朝贡一·东南夷上·琉球国》。

2 万历《大明会典》卷一百五《礼部六十三·朝贡一·东南夷上·占城国》。

3 万历《大明会典》卷一百五《礼部六十三·朝贡一·东南夷上·浡尼国》。

言："王慕义，愿同中国属郡，岁效职贡……"[1]

朝贡使节向皇帝进献贡品的仪式十分隆重。《大明会典》载：

> 凡朝贡方物，洪武二十六年定，凡诸番国及四夷土官人等，或三年一朝，或每年朝贡者，所贡之物，会同馆呈报到部。主客部官赴馆点检见数。遇有表笺，移付仪部。其方物分豁进贡上位若干、殿下若干，开写奏本，发落人夫管领。先具手本，关领内府勘合，依数填写，及开报门单，于次日早朝照进内府，或于奉天门，或奉天殿丹陛，或华盖殿及文华殿前陈设。本部正官奏启进纳。或遇庆贺圣节、正旦，贡献之物初到，即以数目具本奏闻，物候至日，通进。
>
> 凡进虎豹禽鸟之类，到于会同馆，就令畜养之人喂养，具数奏闻，送所司收领。至期，进内府，丹墀内陈设。
>
> 凡进金银、器皿、珍宝、段匹之类，须同贡献之人，验视明白，具写奏本，仍以器具装盛，或黄袱封裹，分拨馆夫，一同贡献之人收管。先期一日，关填勘合，开报门单。次日早照进内府，于殿前丹陛等处陈设，一一交付长随内使收受。[2]

1 万历《大明会典》卷一百五《礼部六十三·朝贡一·东南夷上·满剌加国》。

2 万历《大明会典》卷一百八《礼部六十六·朝贡四·朝贡通例》。

至于国王亲自来朝觐皇帝的礼仪，也有规定：凡蕃国王来朝，先遣礼部劳于会同馆。明日，各具其国服，如赏赐朝服者则服朝服，于奉天殿朝见。行八拜礼毕，即诣文华殿朝皇太子，行四拜礼。见亲王亦如之，亲王立受二拜，答后二拜。其从官随蕃王班后行礼。凡遇宴会，蕃王班次居侯伯之下。其蕃国使臣及土官朝贡，皆如常朝仪。[1]

由此可以看到当时朝贡关系的大体状况。郑和下西洋其实是维系和发展朝贡关系的一种主动姿态，正如《大明会典》所说："永乐中，数有事于西洋，遣中使以舟师三万，赍金帛谕赐之，随使朝贡者十有六。"[2]因此可以说，郑和下西洋是"天朝大国"放下身段，主动出行，把朝贡关系延伸到了"海外诸番国"的身边，郑和作为使节，代表皇帝接受当地君王的朝贡，并且代表皇帝把大量礼品回赐给那里的君王，不过是改变了朝贡的地点与形式而已，朝贡的本质并没有变。

日本学者滨下武志积二十年之研究，写成《近代中国的国际契机——朝贡贸易体系与近代亚洲贸易圈》，对朝贡贸易体系有独到的见解。他认为，朝贡的前提是朝贡国接受中国对当地国王的承认并加以册封，在国王交替之际，利用庆慰谢恩的机会去中国朝见皇帝，以臣服于中央政权的各种活动，作为维系与中国关系的基本方式。用"朝贡—回赐"维系的两国

1 万历《大明会典》卷五十八《礼部十六·蕃国礼·蕃王来朝仪》。

2 万历《大明会典》卷一百五《礼部六十三·朝贡一·东南夷上》。

关系，是以中国为中心的呈放射状构成的体制。另一方面，它是以商业行为进行的活动，使得以朝贡贸易为基础的贸易网络得以形成。他特别指出，14至15世纪以来，亚洲区域内的贸易在逐步扩大，存在着一个以中国为中心的东亚贸易圈、以印度为中心的南亚贸易圈，以及在这两个贸易圈之间，由若干贸易中转港为中心的亚洲贸易圈。[1]

二　日本的朝贡关系与宁波争贡事件

1. 日本的朝贡关系

日本的朝贡关系颇为复杂，《大明会典》对此有一个简要叙述：

> 祖训：日本国虽朝实诈，暗通奸臣胡惟庸为不轨，故绝之。按：日本古倭奴国，世以王为姓。其国有五畿七道及属国百余，时寇海上。洪武五年，始令浙江、福建造海舟防倭。七年，其国王良怀遣僧朝贡，以无表文却之。其臣亦遣僧贡马及茶、布、刀、扇等物，以其私贡却之。又以频年为寇，令中书省移文诘责。自后屡却其贡，并安置所遣僧于川陕番寺。十四年，从其请遣还。十六年，筑登、莱至浙并海五十九

1 参见滨下武志《近代中国的国际契机——朝贡贸易体系与近代亚洲经济圈》，中国社会科学出版社，1999年，第59—60页。

> 城。二十年，筑福建并海十六城，各置卫所。永乐初，复来朝贡，赐龟钮金印、诰命，封为日本国王，名其国镇山曰“寿安镇国之山”，御制碑文赐之，给勘合百道。始令十年一贡，贡道由浙江宁波府，每贡正副使等毋过二百人。若贡非期，人船逾数，夹带刀枪，并以寇论……贡物：马、盔、铠、剑、腰刀、枪、涂金装彩屏风、洒金厨子、洒金文台、洒金手箱、描金粉匣、描金笔匣、抹金铜提铫、洒金木铫角盥、贴金扇、玛瑙、水晶数珠、硫黄、苏木、牛皮。[1]

胡惟庸，凤阳定远人。明太祖起兵早期便跟随左右。洪武六年任右丞相，随后改任左丞相。洪武十三年以“谋反”罪名被杀，随后丞相制度亦被明太祖废除。“通倭”是胡惟庸谋反罪状中的一条。

这里所说的“暗通奸臣胡惟庸为不轨”云云，是指左丞相胡惟庸派遣亲信陈得中，与日本朝贡使节归廷密谋，由林贤前往日本请求国王发兵，打着朝贡的幌子，配合胡惟庸发动叛乱。其实这是子虚乌有之事，吴晗《胡惟庸党案考》列举大量史实，证明纯系捏造。[2]但是，这在当时是皇帝钦定的结论，因此对于日本的朝贡影响巨大，基本上处于断绝状态。

明成祖即位后，朝贡恢复正常，对于日本的朝

1 万历《大明会典》卷一百五《礼部六十三·朝贡一·东南夷上·日本国》。

2 参见吴晗《胡惟庸党案考》，《吴晗史学论著选集》第一卷，人民出版社，1984年，第442—480页。

贡采取比较宽松的政策。永乐元年（1403），主管此事的礼部尚书李至刚向他报告，日本朝贡使节到宁波，宜派官员前往稽查，防止运载违禁兵器，私与民间交易。他回复说："外夷向慕中国，来修朝贡，危蹈海波，跋涉万里，道路既远，资费亦多，其各有赍以助给路费，亦人情也，岂当一切拘之禁令！"[1]此后，他一再重申不必拘泥于禁令。事实上日本的朝贡也没有遵守有关时间、人数、船只等规定，嘉靖《宁波府志》的记录可见一斑：

> （永乐）九年以后，贡者仅一再至，而其寇松门、寇沙园诸处者不绝。
>
> 宣宗朝，入贡逾额，复增定格例，船毋过三只，人毋过三百，刀剑毋过三千把。
>
> 正统四年五月，夷船四十余只，夜入大嵩港，袭破城所，转寇昌国，亦陷其城。
>
> （正统）七年，夷船九只，使人千余来贡。朝廷责其越例，然以远人慕化，亦包容之。[2]

因此，嘉靖二年（1523）的宁波争贡事件绝非偶然，倘若没有双方大打出手，把局面闹得不可收拾，令舆论哗然的话，地方当局也许一如既往，开一眼闭一眼，"包容"

1 陈仁锡《皇明世法录》卷十一《文皇帝宝训》，永乐元年九月己亥。

2 嘉靖《宁波府志》卷二十二《海防书》。按：此志刊刻于嘉靖三十九年，南京兵部尚书张时彻纂修，宁波府知府周希哲订正。当地人以目击者身份记录史事，有不少宝贵资料。

过去。

日本的朝贡贸易，也叫做勘合贸易或贡舶贸易，由浙江市舶司掌管。日本使节进入中国，必须持有明朝礼部颁发的“勘合”，才可以在浙江市舶司所在地宁波上岸，在专门接待朝贡使节的“安远驿”的嘉宾馆歇脚。安远驿的门口匾额上写“浙江市舶提举司安远驿”，两旁的关坊，东曰“观国之光”，西曰“怀远以德”。嘉宾馆规模不小，中间有三间厅堂，周围有三十六间井屋，厅堂后面有三间川堂、五间后堂，后堂的左面是厨房，右面是土神祠。嘉靖《宁波府志》记载：“凡遇倭夷入贡，处正副使臣于中，处夷众于四旁舍。”[1]

日本船队到达后，一面与附近的中国商人进行小额贸易，一面等候朝廷的入京许可。一旦获得许可，使节一行便携带国书、贡物以及夹带的货物，在明朝官吏的护送下前往京师，下榻京师会同馆。在向皇帝提交国书、贡献方物以后，夹带的货物方可在会同馆附近出售，先由政府有关部门购买，然后才可由商人购买，并允许日本商人买进非违禁的货物，随船回国。

据日本学者研究，从建文三年（1401）到嘉靖二十六年（1547）将近一个半世纪内，日本的遣明使节所率领的勘合贸易船队，共计十八批。

1 嘉靖《宁波府志》卷八《公署志·嘉宾馆》。

由于嘉靖二年（1523）发生了宁波争贡事件，使得朝贡贸易发生危机，因而成为“后期倭寇的发端”。[1]

这时日本朝贡贸易的经营权已经脱离足利义持将军之手，落入了细川氏和大内氏两大家族的掌控之中。遣明船一向有幕府船、大名船、相国寺船、三十三间堂船之分，随着大寺社势力的消退，细川氏、大内氏作为遣明船的主力登场。细川氏是所谓“堺商人”——濑户内海东部沿岸一带的商人；大内氏是所谓“博多商人”——从濑户内海西部到北九州沿岸一带的商人。

◥ 足利义持，日本室町幕府第四位将军，足利义满之子。其父曾接受明朝“日本国王”的封号。

据日本学者研究，日本的勘合贸易，包括朝贡贸易、公贸易和私贸易三部分。朝贡贸易是给明朝皇帝进献贡品，并由此得到大量的“回赐”物品；“公贸易”是遣明船搭载的商品与明朝官方的交易；“私贸易”是遣明船在宁波安远驿、京师会同馆与中国商人的交易。日本出手的物资，在朝贡贸易的场合是金、马、扉、屏风、铠甲、硫磺等，得到的“回赐”物品是丝、纱、绢、钞、铜钱等；在公贸易中，日本方面出售的是刀剑，中国方面支付的是铜钱；在私贸易中，日本方面得到的以生丝、丝织物为主，此外还有丝绵、棉布、药材、砂

1 参见山根幸夫《明帝国与日本》，《图说中国史》第7卷，东京讲谈社，1977年，第56页。

糖、瓷器、书画、铜器、漆器等。动用巨额资金的勘合贸易所获得利润的具体数字难以统计，仅仅根据楠叶西忍《大乘院寺社杂事记》的资料就可以知道，遣明船在生丝一项所获得的利润率达到200%。[1]

在商业利益的驱动下，大内义兴与细川高国发生的争夺勘合贸易主导权的斗争愈演愈烈。正德六年（1511）第十五批遣明船是由大内义兴主宰的，引起细川高国的不满。嘉靖二年（1523）第十六批遣明船也由大内义兴派遣。大内义兴于室町后期的1494年继承“家督”，成为周防、长门、丰前、筑前、安芸、石见等地的“守护”，是日本战国时期西国的大名之雄。以他为后援的正使谦道宗设率领三艘船舶驶向宁波。细川高国为了与之抗衡，凭借已经失效的“弘治勘合”，派出另一艘遣明船。细川高国是“官领”细川政元的养子，1508年成为“官领”，长期掌握室町幕府的实权。以他为后援的正使鸾冈瑞佐、副使宋素卿率领一艘船舶驶向宁波。先后抵达宁波的大内船、细川船发生了正面冲突，不仅大打出手，而且烧毁了市舶司的招待所——嘉宾馆，袭击了武器库，殃及沿途民众。引起宁波争贡事件的表面原因是同一时期派出了两批遣明船；深层原因则是足利幕府权力的弱化，遣明船的派遣成为仅凭经济实力的竞争。

1 参见大隅晶子《十六、十七世纪中日葡贸易》，《东京国立博物馆纪要》第23期（1988年），第264—265页。此处大隅晶子综合了田中健夫与小叶田淳的研究成果。

此事与流亡日本的宁波人宋素卿有很大的关系。正德四年（1509），日本方面以宋素卿为正使、源永寿为副使，前来宁波朝贡，向朝廷请求祭祀孔子的仪注，未获许可。此时，宁波人朱澄向官府告发：宋素卿乃是他的从子，本名朱缟，卖给日本商人后越境逃亡，现在竟然作为正使前来朝贡，官府应该作为"叛附夷人"论处。嘉靖《宁波府志》写道：

> 正德四年，遣使宋素卿来贡，请祀孔子仪制，朝议弗许。素卿者，即鄞人朱缟，其家鬻于夷商汤四五郎，越境亡去。至是，充使入贡，重赂逆瑾，蔽覆其事。盖缟在倭国伪称宗室苗裔，倾险取宠，辅庶夺嫡，争贡要利，而夷夏之衅遂酿于兹。[1]

郑晓《皇明四夷考》把此事系于正德六年（1511），文字也略有不同：正德六年，宋素卿、源永寿来贡，求祀孔子仪注，不许。鄞人朱澄告言：素卿本澄从子，叛附夷人。守臣以闻，主客以素卿正使，释之，令谕王效顺，无侵边。[2]

2. 大内氏与细川氏的宁波争贡事件

嘉靖二年（1523）四月，大内义兴派遣使节

1 嘉靖《宁波府志》卷二十二《海防书》。

2 郑晓《皇明四夷考》卷上《日本》。

谦道宗设率领三船随从五六百人来宁波朝贡。几天后，又有细川高国派遣的使节鸾冈瑞佐、宋素卿率船一艘随从百余，前来宁波朝贡。于是乎形成了两大势力集团的争贡事件，由于宋素卿贿赂宁波市舶太监赖恩，得到额外照顾，引起宗设一派不满，大打出手。这就是震惊朝野的宁波争贡事件。由于这一事件的后果极其严重，影响深远，有必要对它的细节予以关注。

嘉靖《宁波府志》记载：圣上龙兴，改元嘉靖。明年四月，夷船三只，译称西海道大内谊兴[1]国遣使宗设谦道[2]入贡。越数日，夷船一只，使人百余，复称南海道细川高国遣使瑞佐[3]、宋素卿入贡，导至宁波江下。时市舶太监赖恩私素卿重贿，坐之宗设之上，且贡船后至，先与盘发。遂至两夷仇杀，毒流廛市。宗设之党追逐素卿，直抵绍兴城下，不及，还至余姚，遂絷宁波卫指挥袁琎，越关而遁。时备倭都指挥刘锦追贼，战殁于海。定海卫掌印指挥李震与知县郑余庆，同心济变，一日数警，而城以无患。贼有漂入朝鲜者，国王李怿擒获中林望古多罗，械送京师，发浙江按察司，与素卿监禁候旨。法司勘处者凡数十次，而夷囚竟死于狱。[4]

郑晓《皇明四夷考》所记大体相同：嘉靖元年，（日本国）王源义植无道，国人不服，诸道争

1 引者按："大内谊兴"应为"大内义兴"。

2 引者按："宗设谦道"应为"谦道宗设"。

3 引者按："瑞佐"应为"鸾冈瑞佐"。

4 嘉靖《宁波府志》卷二十二《海防书》。

贡。大内艺兴[1]遣僧宗设，细川高（国）遣僧瑞佐及（宋）素卿，先后至宁波。故事，凡番贡至者，阅货宴席并以先后为序。时瑞佐后至，素卿奸狡，通市舶太监，馈宝贿万计，太监令先阅瑞佐货，宴又令坐宗设上。宗设席间与瑞佐忿争，相仇杀。太监又以素卿故，阴助佐，授之兵器，杀总督备倭都指挥刘锦，大掠宁波旁海乡镇。素卿坐叛论死，宗设、瑞佐皆释还。[2]

宁波争贡事件的影响极坏，给明朝中央政府内部主张严厉实行海禁政策的一派官僚抓住了一个口实。兵科给事中夏言就是其中的代表人物，他在奏疏中说：

> 顷者倭夷入贡，肆行叛逆，地方各官先事不能防御，临事不能剿捕，而前后章奏言辞多遁，功罪未明。该部按据来文，迁就议拟，虽云行勘，亦主故常。乞敕风力近臣重行复勘。且宁波系倭夷入贡之路，法制具存，尚且败事，其诸沿海备倭衙门废弛可知。宜令所遣官，由山东循维扬、历浙闽，以及于广，会同巡抚逐一按视，预为区画。其倭夷应否通贡绝约事宜，乞下廷臣集议。[3]

显然，夏言对于浙江地方官对宁波争贡事件

1 引者按："大内艺兴"应为"大内义兴"。

2 郑晓《皇明四夷考》卷上《日本》。

3《明世宗实录》卷三十三，嘉靖二年十一月癸巳。

的处理极为不满，指责他们是“迁就议拟”“亦主故常”，一如既往地开一眼闭一眼。他敦请皇上派遣“风力近臣”前往复查，并且推而广之，对于从山东直到广东的沿海衙门，进行彻底勘查。鉴于此次由市舶司引发事件的严重性，是否断绝日本的朝贡，请皇上指示有关部门大臣讨论决定。皇帝当即批示：差风力给事中一员往，其余事宜兵部议处以闻。[1]接到浙江巡按御史关于宁波争贡事件的报告后，皇帝下旨：切责巡视守巡等官，先事不能预防，临事不能擒剿，姑夺俸。令镇巡官即督所属，调兵追捕，并核失事情罪以闻。其入贡当否事宜，下礼部议报。[2]

皇帝再次提及日本“入贡当否”，命主管此事的礼部提出处理意见。夏言坚持认为“祸起于市舶”，礼部采纳他的意见，敦请皇帝“罢市舶”，立即关闭宁波市舶司，断绝日本的朝贡渠道。[3]这一决定过于草率，操之过急，最高当局显然对于中日之间朝贡贸易的发展状况所知甚少，武断地以为“祸起于市舶”，堵塞正常渠道，刺激了走私贸易的泛滥，成为嘉靖倭患的一个诱因。

兵科给事中夏言强调“祸起于市舶”，意思是祸患起源于宁波市舶司，似是而非。当时人纷纷指出，应当罢斥的不是市舶司这个机构，而是掌管市舶司的太监。因为争贡事件除了日本方面的因素，

1 王士骐《皇明驭倭录》卷五，嘉靖二年。

2 王士骐《皇明驭倭录》卷五，嘉靖二年。

3 参见郑晓《皇明四夷考》卷上《日本》。

浙江市舶司的市舶太监赖恩处置不当，激化了双方的矛盾，负有不可推卸的责任。细川氏的副使宋素卿是宁波人，长期从事贸易中介业，为人奸狡，用重金贿赂市舶太监赖恩。市舶司破例，在检查贸易物品时，把先期到达的大内氏船舶推迟，后到的细川氏船舶反而提前。在招待宴会的座次安排上，赖恩故意让细川氏使节坐在大内氏使节的上座。双方仇杀时，赖恩有意偏袒宋素卿，暗中资助兵器，致使械斗一发而不可收拾。

郑晓就这样评论："给事中夏言上言'祸起于市舶'，礼部遂请罢市舶。而不知所当罢者市舶太监，非市舶也。夷中百货皆中国不可缺者，夷必欲售，中国必欲得之，以故祖训虽绝日本，而三市舶司不废。"[1]郑晓的话讲对了一半：应当罢去的是贪腐的市舶太监赖恩，而不是市舶司这个机构，是对的；至于他所说的"夷中百货皆中国不可缺者"，却是只知其一不知其二，其实外商更加需要中国百货，需求量比中国对外国百货的需求量大千百倍。不过郑晓作为当时的大臣（郑晓官至兵部侍郎兼漕运总督、兵部尚书），能有这种见识，已属难能可贵了。

崇祯年间的吏部候选监生许重熙在《嘉靖以来注略》中引范守己言评论道："郑晓有云：夏言谓倭祸起于市舶，遂请罢之，不知当罢者内臣，非市

1 郑晓《皇明四夷考》卷上《日本》。

舶也。祖训虽绝日本，而市舶不废，盖以通华夷之情，使利权在上也。市舶罢，而利孔在下，奸豪外交内讧，海上无宁日矣。噫，晓言不为无见，然使番舶不至，则奸豪何从诳取其货以阶厉耶？夷货非衣食所急，何谓中国不可缺耶？朱纨严其禁令，而言者纷纷，则衣冠之盗甚于夷狄也。”[1]范守己前几句话说得不错，尤其是罢废市舶造成“海上无宁日”的分析，颇为精当。但后两句——“然使番舶不至，则奸豪何从诳取其货”云云，见识显然不及郑晓。纵观郑晓的其他言论可见，他是主张开海禁的，而许重熙则倾向于严海禁。立场不同，观点自然相异。[2]

从嘉靖二年（1523）浙江市舶司关闭后，日本的朝贡停止了十七年。嘉靖十八年（1539），日本国王派遣使节来宁波朝贡，《皇明驭倭录》如此记录：

> 嘉靖十八年，日本国王源义复遣使来贡……至是，复修贡。浙镇巡官以闻。上曰：“夷性多谲，不可轻信，所在巡按御史督同三司官，严加详审，果系效顺，如例起送。仍严禁所在居民无私与交通，以滋祸乱。余如所拟。”
>
> 嘉靖十九年，日本王源义晴差正副使顾

1 许重熙《嘉靖以来注略》卷一，嘉靖四年“而曰”条。

2 郑晓《乞收武勇亟议招抚以消贼党疏》（《郑端简公奏议》卷二）有言：“华夷之货往来相易，其有无之间贵贱顿异，行者逾旬，而操倍蓰之赢；居者倚门，而获牙行之利。今欲一切断绝，竟至百计交通，利孔既塞，乱源遂开，驱扇诱引，徒众日增。”因此，他主张在“诛剿”之后恢复市舶。

仇英《职贡图》局部

鼎等来朝，贡马及献方物。宴赏如例，又加赐国王王妃使臣，方物各给以价……言官论其不可。上命礼部会兵刑二部、都察院会议以闻。覆言："夷情谲诈难信，勘合令将旧给缴完，始易以新。素卿等罪恶深重，货物已经入官，俱不宜许。以后贡期定以十年，夷使不过百名，贡船不过三只，违者阻回，督遣使者归国，仍饬沿海备倭衙门，严为之备。"诏从之。[1]

三　海上走私贸易与海禁政策的较量

明朝当局也许不曾料到，关闭市舶司，实行更为严厉的海禁政策，恰恰为走私贸易的兴旺提供了有利时机。宁波争贡事件被称为"后期倭寇的发端"，就是因为它直接导致勘合贸易的中止，刺激

1　王士骐《皇明驭倭录》卷五，嘉靖十八年及十九年条。

了海上走私贸易的横行。[1]

需要说明的是，尽管朝廷三令五申禁止人民私自出海与外国贸易，但总是禁而不止。沿海民众一向有出海贸易的传统，作为维持生计的重要手段。明初以降，最高当局实行海禁政策，无异于断绝沿海民众的生计，激化社会矛盾。道理是显而易见的，浙江、福建、广东三个市舶司控制的朝贡贸易，根本无法适应随着经济发展而日益增长的海外贸易的需求，因此在市舶司贸易渠道之外，早已存在走私贸易渠道。

1. 海上走私贸易面面观

中国台湾学者陈文石发表在《历史语言研究所

1 这里需要对“走私贸易”一词稍加说明。《辞海》把“走私”释义为：“不遵守国家法令，运输或携带金银、外币、货物或其他违禁品等进出国境的行为。”明代的走私贸易，与现代海关制度下的走私贸易，不能混为一谈。

集刊》上的长篇论文《明嘉靖年间浙福沿海寇乱与私贩贸易的关系》指出："在贡舶贸易制度下虽然有勘合的国家，可享有贸易上的种种特殊权益，但究为贡约所限，不能随其所欲自由往还。同时，此仅为贡舶国家王室或官方支持下的贸易，一般番商因不能取得勘合，便无法进口。而贡舶输入的货物，犹为政府垄断。虽然市舶司或会同馆开市时，中国商人可承令买卖，但仅为官方所不肯收买的残余物品，货色粗劣，数量亦微，品类价格又都有限制，而且往往供求两不相投，双方俱不能满足所欲，于是贡使、中外商人，遂互相勾结，窝藏接引，进行秘密私贩活动。尤其中国海商，在政府禁海垄断，外舶特权强占的双重刺激下，既不能取得公平合法的贸易，便只有越关冒禁，挑战下海，从事非法贸易了。"[1]

陈文石论文的第二章《国人私贩贸易与沿海地理经济条件》、第三章《嘉靖前期的私贩活动》，详细论述了福建、浙江沿海人民冲破海禁，进行私贩贸易的情况。他指出，明代"寸板不许下海"的禁海措施，不但违反自唐、宋以来中外海上贸易的历史潮流，阻抑了国人向南洋开发活动的趋势；同时更严重地漠视了边海地区的自然地理因素与人民生活条件。冒禁下海者，以福建沿海最为昌盛，其中漳州、泉州尤为严重。广大贫无立锥之地的农民，只能"以船为家，以海为田，以贩番为命"，

1 陈文石《明嘉靖年间浙福沿海寇乱与私贩贸易的关系》，《历史语言研究所集刊》第三十六本上册，第378页。

而执政者全然无视这种客观现实，严禁下海，无异于扼断了他们的生命线。他还说，明代海禁，广东较宽，浙江、福建以接近日本，禁令特严。然而日久弊生，禁令往往成为空文，常时如水上无寇，海防官员且得纳贿要利，则漫不之禁，采取半放任态度。一旦生事起衅，事态扩大，为逃避罪谴，遂张皇禁治。如此张弛反覆，欺蔽蒙骗，及至积重难返而不能制，于是朝廷简派重臣衔命禁海，穷根推排，严急追捕。私贩者生路乏绝，转而为盗，内地人民久失生理，不逞者又起而从之，相率入海，推演激荡，遂酿祸乱。大抵以嘉靖二十年（1541）为界，此前，浙闽沿海已经所在通番，不过大多为海上及滨海人民为生计所迫，冒禁下海，豪门巨室参加者较少，尚不敢公然出入。此后，情况更趋严重，此时的私贩分为两种：一种是由闽浙大姓贵家操纵主持，私枭舶主与势要土豪结合的上层势力，挟制官府，包庇窝藏，公然进出海上；另一种是沿海贫民与桀骜者结船行贩的下层势力，他们在急迫时也往往贿投势家为之掩护。[1]

▼ 张燮《东西洋考》书影

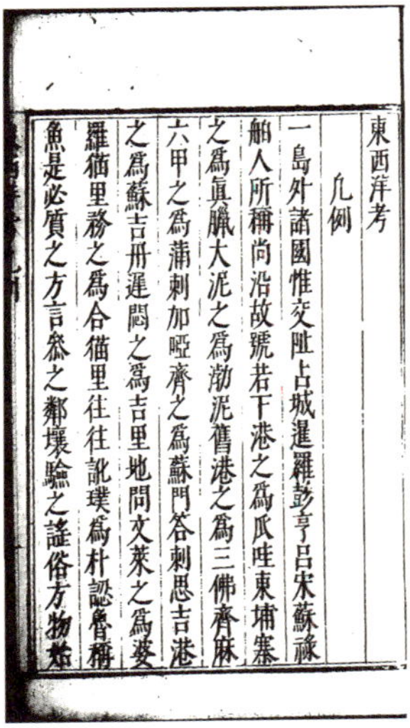
東西洋考
凡例
一島外諸國惟交阯占城暹羅彭亨呂宋蘇祿
船人所稱尚沿故號若下港之爲爪哇柬埔寨
之爲眞臘大泥之爲渤泥舊港之爲三佛齊麻
六甲之爲蒲刺加啞齊之爲蘇門答刺思吉港
之爲蘇吉丹遲悶之爲吉里地問文萊之爲婆
羅猫里務之爲合猫里往往訛璞爲朴謐魯稱
魚是必質之方言參之鄰壤驗之謠俗方物恭

张燮《东西洋考》说：“成、弘之

1 陈文石《明嘉靖年间浙福沿海寇乱与私贩贸易的关系》，《历史语言研究所集刊》第三十六本上册，第383页。

际，豪门巨室，间有乘巨舰贸易海外者，奸人阴开其利窦，而官人不得显收其利权。初亦渐享奇赢，久乃勾引为乱，至嘉靖而弊极矣。”[1]究其原因，与“海禁—朝贡”体制弊端日益显现有关。地方政府接待朝贡使节、运送贡物等，是沉重的财政负担，因而对于朝贡以及与此相关的勘合贸易不感兴趣，而对于打着朝贡幌子的走私贸易趋之若鹜。

李庆新《明代海外贸易制度》指出：正统以后，朝贡贸易萎缩，主持其事的市舶太监无事可管。非法的商舶贸易日趋兴旺，有利可图，引起市舶太监的垂涎，地方当局与市舶太监之间权利争夺随之展开。市舶太监利用权势，不按规矩办事，导致原有的制度不断崩坏，形同虚设。他列举了广东市舶太监韦眷违法乱纪的事例来加以证明。成化二十二年（1486），番商马力麻假冒苏门答腊使臣来贡，“私通贸易”，广东市舶太监韦眷“利其货，不究问之”。同年，撒马尔罕贡使由海路回国，贿赂韦眷。弘治二年（1489），撒马尔罕国王阿黑麻遣使由满剌加来贡狮子、鹦鹉等物，太监韦眷等官“违例起送”。礼部尚书倪岳上疏指出，撒马尔罕朝贡道路应该是陆路的甘肃、陕西，而不应走海路，“今若听其从海而来，则后次倘有附近本番浮海商夷，托称彼国差来入贡，则既无勘合，又无印信，

1 张燮《饷税考》，《东西洋考》卷七。

何由知其真伪?”[1]由此可见，广东市舶太监假公济私，使得当地的“海禁—朝贡”体制弊端百出。

陈文石说得更为直接:“海防官军，由于待遇菲薄，且不得按时支给，往往有拖延数月或经年不发，故常卖关取贿，放纵出入。而提督市舶太监包庇主使，尤足刺激私贩活动。如宪宗时的韦眷，《实录》:‘广东布政使陈选奏，据番禺县呈鞫犯人黄肆招称：县民王凯父子招集各处客商，交结太监韦眷，私出海洋通番交易，谋财杀人，警扰乡村。’《双槐岁抄》:‘广东市舶太监韦眷，招集无赖驵侩数百十人，分布郡邑，专鱼盐之利。又私与海外诸番相贸易……’”他指出:“市舶太监除提督贡舶外，并负有代王室沿海采办任务，是以彼等得乘机弄权，挟制有司，渎法为弊。此辈不但破坏国家法令，且常启祸肇事，嘉靖二年日本贡使仇杀事件，即因此辈受贿偏颇，颠倒旧例所引起。”[2]地方当局可以从走私贸易中获取好处，是不争的事实。

1 李庆新《明代海外贸易制度》，社会科学文献出版社，1997年，第170—171页。

2. 海禁的突破口：月港与双屿港

在这种背景下，闽浙沿海的走私贸易渐成常态。最突出的事例是漳州的月港（嘉靖二十七年升格为海澄县），早在成化、弘治年间，月港民间的走私贸易就已十分兴旺，带来了非凡的繁荣景象，

2 陈文石《明嘉靖年间浙福沿海寇乱与私贩贸易的关系》，《历史语言研究所集刊》第三十六本上册，第383页。

号称“小苏杭”。如果没有长期的积累，绝不可能形成这种景象。崇祯《海澄县志》写道：“有力者往往就波涛为阡陌，倚帆樯为耒耜。凡捕鱼纬萧之徒，咸奔走焉。盖富家以资，贫人以佣，输中华之产，骋彼远国，易其方物以归，博利十倍，故民乐之……十方巨贾竞鹜争驰，真是繁华地界……成、弘之际，称小苏杭者，非月港乎！”[1]该志还写道：“以区区之澄在海滨，而贪人聚焉，驵侩辏焉，大盗睨焉。其民非有千亩渔陂千章材，千亩桑麻卮茜也。以海市为业，得则潮涌，失则沤散。不利则轻弃其父母妻子，安为夷鬼；利则倚钱作势，以讼为威。至罔常难治也。”[2]该志还说：月港周边“夷艘鳞集，游业奇民，捐生竞利，灭没风涛间，少抵牾，辄按剑相视，剽悍成俗，莫可禁遏”[3]。

▼ 明代《东西洋航海图》（局部）

《东西洋航海图》现藏于牛津大学博德利图书馆。此图为明代彩绘本，原作者不明，图中标注包括今日本、朝鲜半岛、东南亚与印度部分地名。

漳州府的月港镇之所以能够凭借走私贸易而繁荣，是多种势力协同促成的，单凭富商巨贾（包括外商）难以成事，必须得到当地势要之

1 崇祯《海澄县志》卷十一《风土志》。
2 崇祯《海澄县志》卷十九《艺文志·赠姚海澄奏绩序》。
3 崇祯《海澄县志》卷十七《艺文志·新建海澄县城碑记》。

家的支撑，还必须获得官府的默认或纵容。关于这一点，嘉靖二十六年（1547）以都察院右副都御史出任浙江巡抚兼摄福建地方军务的朱纨深有体会，他在给朝廷的奏疏中多次提及。在《请明职掌以便遵行事》中，朱纨说：大抵治海中之寇不难，而难于治窝引接济之寇；治窝引接济之寇不难，而难于治豪侠把持之寇。闻此地事未举而谤先行，效未见而肘先掣。盖山海渊薮视为表里，衣冠剑戟相为主宾，利于此必不利于彼，善于始必不善于终。此海道历年养乱，所以至于此极也。[1]在《阅视海防事》中说：(漳州沿海）贼船番船则兵利甲坚，乘虚驭风，如拥铁船而来。土著之民公然放船出海，名为接济，内外合为一家……漳泉地方本盗贼之渊薮，而乡官渡船又盗贼之羽翼。臣反复思维，不禁乡官之渡船，则海道不可清也。故不恤怨谤，行令禁革，以清弊源。[2]然而“禁革”谈何容易！

与月港南北呼应的另一个走私贸易基地，是宁波的双屿港。

双屿是一个岛，又名双屿山，位于“昌国东南海中”。昌国是定海县东北二里的招宝山近旁的一个小山。嘉靖《宁波府志》写道：“招宝山，县东北二里，旧名候涛，后以诸番入贡停舶，改名招宝……山之东南峙一小山，仅高寻丈，名昌国

1 朱纨《请明职掌以便遵行事》,《皇明经世文编》卷二百五。

2 朱纨《阅视海防事》,《皇明经世文编》卷二百五。

山。”“中中、中左千户所，郡治东南海中二百里，即古翁州，亦名舟山，今定海县昌国四里地……洪武二十年改昌国守御千户所。”[1]简单地说，双屿就是舟山群岛中的一个岛屿。由于它得天独厚的地理形势，成为海外各国前来宁波贸易的最佳港口。嘉靖《宁波府志》对于定海县的形胜有这样的描述："至如高丽、日本、琉球、三韩之属，峙列岛屿，若凫若鹭，若隐若见，纳质贡琛，帆舶踵至，鱼盐商贾，航瓯舶闽，浮会达吴，率以是为通衢，万灶云屯，舟师鳞萃，扼险而守，于今最称重镇焉。”[2]

双屿港在中外贸易中的重要地位，完全可以与月港相媲美。主张严厉海禁的浙江巡抚朱纨，上任伊始就捣毁了双屿港的一切设施，他向朝廷申明理由时说："浙江定海双屿港，乃海洋天险，叛贼纠引外夷，深结巢穴。名则市贩，实则劫虏。有等嗜利无耻之徒交通接济，有力者自出资力，无力者转展称贷；有谋者诓领官银，无谋者质当人口；有势者扬旗出入，无势者投托假借。双桅、三桅连樯往来，愚下之民一叶之艇，送一瓜、运一樽，率得厚利，驯致三尺童子亦知双屿之为衣食父母，远近同风，不复知华俗之变于夷矣。……不然，何近日双屿一倾，怨讟四起；防闲夷馆之禁少严，谋杀抚臣之书遂出，此中华何等地耶！人心内险，双屿外险，非一朝一夕之故矣。”[3]

朱纨不仅捣毁双屿港的地面设施，而且要从根

1 嘉靖《宁波府志》卷六《山川志》；卷八《兵卫志》。按：此后，昌国千户所升格为昌国卫，从定海县移驻象山县。

2 嘉靖《宁波府志》卷四《疆域志·形胜》。

3 朱纨《双屿填港工完事》，《皇明经世文编》卷二百五。

本上杜绝后患，主张填塞港口，所以他的奏疏题目叫做“双屿填港工完事”，似乎有不达目的决不罢休的架势。他在奏疏开头就表明态度：“双屿四面大洋，势甚孤危，难以立营戍守，只塞港口为当。”根据巡按浙江监察御史裴绅对于“贼巢”的调查，他强调那里“贼情”的严重性：“访得贼首许二等纠集党类甚众，连年盘踞双屿，以为巢穴。每岁秋高风老之时，南来之寇悉皆解散，惟此中贼党不散，用哨马为游兵，胁居民为向导，体知某处单弱，某家殷富，或冒夜窃发，或乘间突至，肆行劫虏，略无忌惮。彼进有必获之利，退有可依之险，正门庭之寇也。此贼不去，则宁波一带永无安枕之期。”[1]

从他的字里行间可以获悉许多信息：其一，双屿的走私贸易由来已久，规模之庞大，利益链之复杂，绝非一朝一夕之功；其二，走私贸易能获取丰厚利润，富商巨贾自然是最大的得益者，沿海居民也因此而生计无虞，把双屿港看作衣食父母；其三，一旦遭到摧毁，“怨讟四起”是必然的，甚至扬言要杀死巡抚朱纨，并非戏言，后来果然一语成谶。双方的较量刚刚开始。朱纨以为只要除去许二等“贼首”，捣毁双屿的陆上设施并填塞港口，便可获得宁波的“安枕之期”。这不过是一厢情愿的

◤朱纨，苏州人，正德十六年进士。嘉靖二十六年任浙江巡抚兼福建海道提督军务，厉行海禁。二十七年始，连续获宁波双屿大捷、福建诏安大捷，被称为名将。后因被弹劾擅自杀戮，罢职听勘，激愤服毒自尽。

1 朱纨《双屿填港工完事》，《皇明经世文编》卷二百五。亦见《甓余杂集》卷四。

设想，实际情况恰恰相反。正如嘉靖《宁波府志》所说，从此“东南弗靖”：“先是，福建系囚李七、许二等百余人逸狱下海，勾引番倭……上命巡抚都御史朱纨调发福建掌印都指挥卢镗，统督舟师，捣其巢穴，俘斩溺死者数百（有蟹眉须黑番鬼、倭奴，俱在获中）。余党遁至福建之浯屿。（卢）镗复剿平之，命指挥李兴帅兵发木石塞双屿，贼舟不得复入。然窟穴虽除，而东南弗靖。”[1]

其实，朱纨不明白双屿的“贼情”之所以猖獗，与宁波市舶司关闭大有关系。曾经作为胡宗宪幕僚的郑若曾编撰的《筹海图编》，就清楚地认识到这一点：“宁波自来海上无寇”，近年以来才“寇岛纷然”。请看他的论述：

> 宁波自来海上无寇，每年止有渔船出近洋打渔樵柴，并无敢过海通番者。后有一二家止在广东、福建地方买货，陆往船回，潜泊关外，贿求把关官，以小船早夜进货，或投托乡宦说关，祖宗之法尚未坏也。二十余年来始渐有之。近年海禁渐弛，贪利之徒勾引番船，纷然往来，而寇盗亦纷然矣。然各船各认所主，承揽货物，装载而还，各自买卖，未尝为群。后因海上强弱相凌，互相侵夺，因各结船依附一雄强者，以为船头，或五十只，或一百只，

1 嘉靖《宁波府志》卷二十二《海防书》。

成群分党，分泊各港。有用舢板草撇船不可计数，在于沿海。[1]

别的史料也证实了这一点："许二、许三先年下海通番，赘于大宜、满剌加，自后许四与兄许一尝往通之。嘉靖庚子，始诱佛郎机夷往来浙海，泊双屿港，私通交易。每与番夷赊出番货，于宁、绍人易货抵偿。滨海游民视以禁物，辄捕获之。于是游民得志，乃驾小船沿海邀劫，致杀伤人。被害之家乃以许一、许二赚骗下海鸣于海道……副使张一厚亲自统兵以捕之，败绩。自是番舶竞泊双屿。"[2]

3. 朱纨的悲剧：海上实情实事未得其要领

朱纨企图改变海禁松弛的状况，重现明初"片板不许下海"的局面，申严海禁，不仅捣毁双屿的陆上设施，填塞双屿港口，而且制定了严厉的"革渡船""严保甲""搜捕奸民"等措施。虽然收到了一时的效果，却激起强烈的反弹，导致自己的悲惨结局。根本的原因是他对于大航海时代的全球化贸易形势一无所知，以为凭借高压就可以堵塞海外贸易的潮流，低估了海上走私贸易集团盘根错节的强大势力。严厉的海禁措施激化了闽浙沿海各种势力的反弹，正如万斯同所说："（朱）纨以闽浙势家多

1 郑若曾《叙原寇》，《筹海图编》卷十一。

2 郑舜功《流逋》，《日本一鉴：穷河话海》卷六。

庇贼，愤甚，尝上疏言：‘去外国盗易，去中国盗难，去中国衣冠之盗尤难。’于是闽浙士大夫家与为怨。”[1]

不但海上贸易的商人对他不满，而且与海商关系密切的势家乃至士大夫，也对他极为反感。官至大理寺正的漳州府同安县人林希元就是一个显例。他的家族至少有五艘大船，打着渡船的幌子，进行走私贸易，地方官既畏惧又厌恶，却无可奈何。[2] 朱纨了解到这一情况，在奏疏中点名揭发林希元。许重熙说：“（朱）纨严于任事，海道为之肃清，奏曰：‘今不依臣区处，十年后，国皆倭贼矣！时通番皆宦家子姓，而林希元以讲学窃名，其家尤甚，厚赂阁臣，必欲败（朱）纨。’”[3]

当然，被朱纨谴责的“势家”与“士大夫”绝非仅此一人，从闽浙籍官员纷纷弹劾朱纨，便可看出其中的利益纠葛。御史周亮说：“（朱）纨原系浙江巡抚，所兼辖者止于福建海防，今每事节制，诸司往来奔命，大为民扰。”给事中叶镗说：“（朱）纨以一人兼二省，非独闽中供应不便，即如近日倭夷入贡，舣舟浙江海口，而纨方在福建督捕惠安等县流贼，彼此交急，简书押至，纨一身奔命，已不能及矣。今闽浙既设有海道专管，苟得其人，自不必用都御史。”吏部接受了他们的建议，回复道：“浙江旧无巡抚，或遇有警，遣重臣巡视，事宁即止。

1 万斯同《明史》卷二百九十五《朱纨传》。按：张廷玉领衔的官修《明史》之《朱纨传》大多据此，但并无“闽浙士大夫家与为怨”一句，仅写“闽浙人益恨之”。

2 参见蓝达居《喧闹的海市》，江西高校出版社，1999年，第103—104页。按：查林希元的《同安林次崖先生文集》，全无一字涉及此事。

3 许重熙《嘉靖以来注略》卷四，嘉靖二十八年四月。

今宜裁革巡抚，而复巡视旧制。”皇帝批准了吏部的决定，下达圣旨：“浙江巡抚去岁无故添设，一时诸臣依违议覆，以致政体纷更。今依拟，朱纨仍改巡视，事宁回京，凡一切政务，巡按御史如旧规行。”[1]如此一来，朱纨由巡抚改为巡视，权力大为缩小。朝中两种势力的较量，朱纨明显处于劣势，事事受到掣肘。《明世宗实录》在引述周亮、叶镗的奏疏之后，一语道破其中的玄机：“以杀其权，而为逐步去之之计。闽浙人在朝者复从而合之，于是朝命遂改纨为巡视。”[2]万斯同也说，这一事件反映了“诸势家在朝者”对于朱纨申严海禁的不满情绪。[3]

这仅仅是较量的开始，此后的较量逐步升级。

嘉靖二十八年（1549）三月，佛郎机（葡萄牙）商船来到漳州府诏安县，朱纨督师迎击于走马溪，俘虏李光头等九十六人。朱纨当即命令副使柯乔、都指挥卢镗，全部就地处死，然后向朝廷报捷：“闽贼蟠结已深，成擒之后，奸徒切齿，变且不测。臣讯得所俘伪千总李光头等九十六人，交通内应，即以便宜檄都指挥卢镗、海道副使柯乔斩之。”字里行间影射势家大姓与之勾结，引起势家大姓不满，指使御史陈九德弹劾朱纨“专擅杀戮”，请求朝廷对朱纨及卢镗、柯乔治罪。[4]兵部及三法司都以为朱纨“不得无罪”，奏请派官前往按治。

1 王士骐《皇明驭倭录》卷五，嘉靖二十七年。

2《明世宗实录》卷三百三十八，嘉靖二十八年七月壬申。

3 参见万斯同《明史》卷二百九十五《朱纨传》。

4 参见万斯同《明史》卷二百九十五《朱纨传》。万氏说：“御史陈九德受诸势家风指，劾纨不俟奏请，专擅杀戮。”

兵科都给事中杜汝祯受命前往处理此事，朱纨停职候勘。杜汝祯的勘查报告对朱纨非常不利："前贼乃满剌加番国人，每岁私招沿海无赖之徒，往年海中贩鬻番货，未尝有僭号流劫之事。二十七年，复至漳州月港、浯屿等处，各地方官当其入港，既不能羁留人货，疏闻庙堂，反受其贿赂，纵容停泊，使内地奸徒交通无忌。及事彰露，乃始狼狈追逐，以致各番拒捕杀人，有伤国体。其后，诸贼已擒，又不分番民首从，擅自行诛，使无辜并为鱼肉，诚有如九德所言者。纨既身负大罪，反腾疏告捷，而镗、乔复相与佐成之，法当首论其冒功。"[1]皇帝下旨，逮捕朱纨至京讯鞫，福建都司指挥佥事卢镗、海道副使柯乔下狱论死。

朱纨怎么也没有料到会有这样的结局，慷慨流涕说："吾贫且病，又负气，不任对簿，纵天子不欲死我，闽浙之人必杀我。吾死，自决之，不须人也。"[2]然后自撰《圹志》——自己写自己的"墓志铭"，作为最后的遗言。这篇《圹志》简要回顾了一生，尤其是出任浙江巡抚兼福建海道提督军务以来的政绩，颇为感慨：

> 时以海寇猖獗，创建此官。而禁奸除寇，势利家所深害，怠与忌者乘之……戊申三月至宁波，抚海岛倭夷，六百余人悉受约束入城。

1 王士骐《皇明驭倭录》卷五，嘉靖二十九年。

2 万斯同《明史》卷二百九十五《朱纨传》。

四月，袭破双屿贼巢。五月，宁波诈传诏指，教夷作乱，以杀巡抚为辞。于时驻定海以镇群婪，渡炎海入双屿，以定不拔之计，贼失其巢，往来外洋者一千二百九十余艘，上下连战皆捷。六月，闽人周亮奏革巡抚，既而漳囚逸入于海，大担屿、大步门、大江诸警绎骚。时疾甚呻吟，规画无败绩。九月，兵部录双屿之功，奏旌之，赐白金一、彩币一。十月，拜敕改命巡视，遂舆疾督兵追贼，下温盘、南麂诸洋……赵文华啖以南京侍郎，胁以身后之祸，说以市舶之利，与屠乔、屠大山内外交煽尤多。乃连疏请骸骨，申辩蹇蹇。己酉自温进驻福宁，漳海大捷，擒佛郎机名王及黑白诸番喇哒诸贼甚众。度其必变，乃传令军前执讯，斩其渠魁，安其反侧。先后以闻，浙闽悉定。五月，得请生还，困卧箫寺。屠乔嗾御史陈九德，论以残横专擅，众欲杀之。赖圣明在上，姑褫职候勘。窃自叹，一介书生，叨冒至此，静思称塞，不过数事……[1]

当逮捕他至京讯问的圣旨下达之时，朱纨已经自杀身死了。对于他的死，人们大多表示惋惜，王士骐说："国史谓纨张皇太过，又谓功过未明，尚非曲笔。"[2]万斯同说："纨清强峭深，勇于

1 焦竑《国朝献征录》卷六十二《都察院右副都御史秋厓朱公圹志（自撰）》。按：文中提到的屠乔、屠大山都是高官。屠乔，字安卿，号东洲，宁波府鄞县人，官至都察院左都御史。屠大山，字国望，号竹墟，宁波府鄞县人，官至南京兵部尚书、应天巡抚。

2 王士骐《皇明驭倭录》卷五。

任事，不恤人怨，故及于祸。……纨在事三载，号为有功，徒为滃訾者所挤，而勘官务深入，不恤国典，致劳臣受祸，朝野为之太息。”[1]不能说毫无根据，但流于表面，各人立场不同视角亦异。深层的问题在于，他所全力维护的海禁，究竟是否合理？究竟是否符合时代潮流？他至死都不明白。

徐光启像

徐光启，松江府人，万历年间进士。与天主教传教士合作翻译《几何原本》《泰西水法》等西学书籍；与李之藻、杨廷筠三人是明代中国教徒中官位最高者，也是学术成就最著者，被称为天主教在华“三柱石”。

徐光启说得好：“朱秋厓纨，清正刚果，专以禁绝为事，击断无避，当时哗然。卒被论劾，愤懑以死，至今人士皆称为冤。冤则冤矣，海上实情实事，果未得其要领。当时处置，果未尽合事宜也。此如痈疽已成，宜和解消导之法，有勇医者愤而割去之。去与不去，皆不免为患耳。”[2]历史就是这样奇妙，拉开一段距离，才容易看得明白，徐光启对朱纨充满理解之同情，却毫不客气地指出他的政见颇有问题。那么徐光启所批评的“海上实情实事，果未得其要领”，究竟是什么意思？请看他的分析：“有无相易，邦国之常。日本自宋以前，常通贡市，元时来贡绝少，而市舶极盛，亦百年无患也。高皇帝绝其贡，不绝其市，永乐以后，仍并贡市许之。盖彼中所用货物，有必资于我者，势

1 万斯同《明史》卷二百九十五《朱纨传》。
2 徐光启《海防迂说》,《徐文定公集》卷四。

不能绝也。自是以来，其文物渐繁，资用亦广。三年一贡，限其人船，所易货物，岂能供一国之用？于是多有先期入贡，人船逾数者，我又禁止之，则有私通市舶者。私通者，商也。官市不开，私市不止，自然之势也。又从而严禁之，则商转而为盗，盗而后得为商矣。”[1]

这种深邃的见识，宽阔的视野，只属于放眼看世界的先进中国人徐光启，朱纨哪里可以与之比肩呢？这也许就是朱纨的局限性，正是这种局限性导致了他的悲剧下场。正如陈文石所说：“朱纨之败，乃明代海禁政策下所酿成的悲剧。……朱纨徒以严急执法，不能就海禁政策与广大沿海贫民生计根本问题上检讨议处，实为失策。而滨海势家，仅知就个人利益，挟制玩弄其间，恩怨相倾，意气相斗，尤足令人叹息。”[2]

走私贸易与海禁政策的较量，以这样的结果收场，发人深思，海禁政策的不合时宜，已经昭然若揭了。

1 徐光启《海防迂说》，《徐文定公集》卷四。

四　嘉靖倭患的真相

2 陈文石《明嘉靖年间浙福沿海寇乱与私贩贸易的关系》，《历史语言研究所集刊》第三十六本上册，第394—395页。

相对于广东沿海对南洋的贸易而言，浙闽沿海对日本的贸易控制更严，这种矛盾更为突出。一旦浙江市舶司关闭以后，海上贸易的供求失衡就更尖锐地凸显出来。大规模的走私集团兴起，为了对付官方的弹压，他们都配备武装。这种武装走私集团的贸易对象是日本商人，由于种种原因，被蒙上了“倭寇”的色彩。这是“罢市舶”所引起的严重后果，当时人几乎众口一词地指出：“罢市舶，则利孔在下，奸商外诱，岛夷内讧，海上无宁日矣。”[1]参与“平倭”的谭纶说得非常深刻：

> 闽人滨海而居者不知其凡几也，大抵非为生于海则不得食。海上之国方千里者不知凡几也，无中国绫锦丝枲之物则不可以为国。禁之愈严则其值愈厚，而趋之者愈众。私通不得即攘夺随之。昔人谓弊源如鼠穴也，须留一个，若还都塞了，好处俱穿破。意正在此。今岂惟外夷，即本处鱼虾之利与广东贩米之商，漳州白糖诸货，皆一切禁罢，则有无何所于通，衣食何所从出？如之何不相率而勾引为盗贼也。[2]

谭纶的话揭示了一个简单的事实：“一切禁罢”，海禁愈趋严厉，沿海民众“私通不得即攘夺随之”，由海上走私而转化为“盗贼”。这是值得注意的大背景。

关闭市舶司，中止日本与中国的朝贡贸易的结果，断绝了官方贸易，民间走私贸易乘机取而代

1 黄俣卿《倭患考原》卷上。

2 谭纶《海寇已宁比例陈情疏》，《谭敏襄公奏议》卷二。

之。沿海走私贸易商人向日本商人提供他们所需的生丝、丝织品、棉布、陶瓷、铁锅、水银、药材、书籍等中国商品。海禁愈严，价格愈贵，铤而走险者愈多。《筹海图编》记载了当时运往日本的中国商品情况，非常有意思：

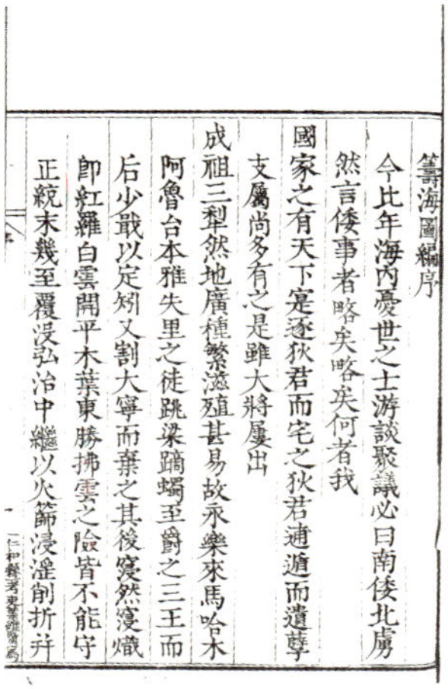
籌海圖編序
今比年海內憂世之士游談聚議必曰南倭北虜
然言倭事者略矣略矣何者我
國家之有天下寔逐狄君而宅之狄君遁而遺孽
支屬尚多有之是雖大將屢出
成祖三犁然地廣種繁滋殖甚易故永樂來馬哈木
阿魯台本雅失里之徒跳梁躑躅至爵之三王而
后少戢以定矧又割大寧而棄之其後寖然寖熾
即紅羅白雲開平木葉東勝拂雲之險皆不能守
正統末幾至覆沒弘治中繼以火篩浸淫剝折幷

◤《筹海图编》书影

丝，所以为织绢纻之用也。盖彼国自有成式花样，朝会宴享，必自织而后用之。中国绢纻但充里衣而已。若番舶不通，则无丝可织。每百斤值银五六十两，取去者其价十倍。

丝绵，髠首裸裎不能耐寒，冬月非此不暖。常因匮乏，每百斤价银至二百两。

布，用为常服，无绵花故也。

绵绸，染彼国花样，作正衣服之用。

锦绣，优人剧戏用之，衣服不用。

红线，编之以缀盔甲，以束腰腹，以为刀带、书带、画带之用。常因匮乏，每百斤价银七十两。

水银，镀铜器之用，其价十倍中国。常因匮乏，每百斤价银三百两。

针，女工之用，若不通番舶而止通贡道，每一针价银七分。

铁锅，彼国虽自有而不大，大者至为难

得，每一锅价银一两。

磁器，择花样而用之。

古文钱，倭不自铸，但用中国古钱而已。每一千文价银四两。若福建私新钱，每千文价银一两二钱。

药材，诸味俱有，惟无川芎，常价一百斤价银六十七两；其次则甘草，每百斤价银二十金以为常。[1]

你看，如此巨大的一个市场，如此高额的利润，对商人的诱惑力之大可想而知，要想禁是禁不住的。面对如此汹涌的潮流，堵塞不如疏导。

全汉昇指出："日本在战国时期（1467—1573）后，内战结束，人民生活安定，对丝货的消费跟着增加。在另一方面，由于银矿生产丰富，人民购买力提高，从而输入更多的丝货。可是，当日本华丝入口贸易扩展的时候，葡人却不能像过去那样垄断华丝市场，因为利之所在，中、日商人看见葡人那样发财致富，自然要违反明朝政府禁止通商的法令，从事走私贸易了。"又说："看见葡人经营中、日贸易，大发其财，中国东南沿海商人，早就不顾明朝政府有关中、日通商的禁令，秘密派船输出华丝及其他货物，运往日本及其他国家出售获利。"[2]

1 郑若曾《倭国事略》，《筹海图编》卷二。

2 全汉昇《明中叶后中日间的丝银贸易》，《历史语言研究所集刊》第五十五本第四分，第640—642页。

1. 何谓“嘉靖大倭寇”

长期以来，关于明代的倭寇，尤其是“嘉靖大倭寇”（或曰“后期倭寇”），在学术界一直争议不断，关键在于概念与史实的混淆。1990年代出版的《中国历史大辞典》也留下明显的痕迹。该辞典的“倭寇”条说，倭寇是指“明时骚扰中国沿海一带的日本海盗”。[1]这个说法过于笼统，缺少分析，显得似是而非。应该说，不同时期的倭寇，其内涵是不同的，对中国影响最大的是后期倭寇，即“嘉靖大倭寇”，如何界定，似乎是一个问题。

1980年代以来，史学界一些有识之士对倭寇（主要指“嘉靖大倭寇”）重新加以检讨，从考证历

▼ 倭寇登陆江浙沿海（仇英《抗倭图卷》局部）

1 《中国历史大辞典·明史卷》，上海辞书出版社，1995年，第411页。

倭寇在江浙地区抢掠（仇英《抗倭图卷》局部）

史事实出发，提出令人耳目一新的解释。林仁川《明代私人海上贸易商人与“倭寇”》，根据大量历史事实得出这样的结论：“倭寇”的首领及基本成员大部分是中国人，即海上走私贸易商人，嘉靖时期的御倭战争是一场中国内部海禁与反海禁的斗争。[1]戴裔煊《明代嘉隆间的倭寇海盗与中国资本主义萌芽》在实证研究的基础上，提出独特见解：倭患与平定倭患的战争，主要是中国社会内部的阶级斗争，不是外族入寇。[2]王守稼《嘉靖时期的倭患》说得更彻底：明朝政府把王直集团称为“倭寇”，王直集团也故意给自己披上“倭寇”的外衣，他们其实是“假倭”，而“真倭”的大多数却是王直集团雇佣的日本人，处于从属、辅助的地位。[3]

---

1 参见林仁川《明代私人海上贸易商人与“倭寇”》，《中国史研究》1980年第4期。

2 参见戴裔煊《明代嘉隆间的倭寇海盗与中国资本主义萌芽》，中国社会科学出版社，1982年，第16页。

3 王守稼《嘉靖时期的倭患》，《封建末世的积淀和萌芽》，上海人民出版社，1990年，第277页。

为什么长期以来人们都把嘉靖倭患说成是日本海盗的入侵呢？原因是复杂的，不外乎这样几点：其一，倭寇中确有一部分真正的日本人，即所谓“真倭”，正如《明史·日本传》所说：“大抵真倭十之三，从倭十之七。”其二，王直等人有意制造混乱，保护自己。曾经参与胡宗宪平倭的幕僚茅坤指出：海寇每船约二百人，首领大都为福建及浙江温州、台州、宁波人，也有徽州人，“所谓倭而椎髻者特十数人焉而已，此可见诸寇特挟倭以为号而已，而其实皆中州之人也”。王直等人每攻掠一地，必放出风声，诡称为“岛夷”所为，以致明朝官方不明真相，误以为日本海盗入侵。其三，明朝的平倭将领为了冒报战功，虚张声势，在作战失利时谎称倭寇进犯，夸大敌情；稍有斩获，便把一般海盗当作“真倭”上报。因为官方规定，擒斩“真倭贼首”一名，可以连升三级获赏银一百五十两；擒斩“真倭从贼”一名，可以升一级或赏银五十两。无怪乎当时人要说：“尝闻吾军斩首百余，其间止有一二为真贼者……官兵利于斩倭而得重赏，明知中国人而称为倭夷，以讹为讹，皆曰倭夷，而不知实中国人也。”[1]

以上新论或许有待完善，但就其主要倾向而言，更加接近历史真实是毫无疑问的。陈文石1965年发表的论文《明嘉靖年间浙福沿海寇乱与私贩贸易的关系》，从五个方面展开论证：一、明代的

1 王文禄《截寇源》，《策枢》卷四。

倭寇在江浙地区抢掠（仇英《抗倭图卷》局部）

海禁政策贡舶贸易制度与私贩贸易的关系；二、国人私贩贸易与沿海地理经济条件；三、嘉靖前期的私贩活动；四、私贩转为海盗与朱纨禁海失败；五、嘉靖后期的私贩与寇乱。他在文末指出：嘉靖年间的大祸（即所谓倭患）是明代海禁政策造成的后果，“凡违禁私贩出入海上者，官府皆以海盗视之，严予剿除。彼等既不能存身立足，自新复业，则只有往来行剿，或奔命他邦，开辟生路”[1]。另一位中国台湾学者林丽月对于嘉靖年间闽南士绅卷入海上走私贸易，给予正面的评价：“闽南士绅投身海上贸易无非以追逐私利为动机，难免有蔑视朝廷法令与地方官府之讥，但就促进闽南沿海地区的经济发展而言，应不无正面意义。”[2]

读者不难发现，上述新论与20世纪三四十年

1 陈文石《明嘉靖年间浙福沿海寇乱与私贩贸易的关系》，《历史语言研究所集刊》第三十六本上册，第417页。

2 林丽月《闽南士绅与嘉靖年间的海上走私贸易》，《台湾师范大学历史学报》1980年第8期。

代以来过多掺杂民族情绪的“倭寇”论相比，是大异其趣的，显示了史学家追求客观认知的真诚态度。

众所周知，倭寇问题涉及日本，日本学者作了大量研究，令人不解的是，以往中国大陆学者在研究这个问题时，有意无意地忽略了日本学者的研究成果。在我看来，日本学者以他们特有的实证风格，努力揭示历史真相的努力，是令人钦佩的。

明史专家山根幸夫在《明帝国与日本》中，谈到“后期倭寇”时，强调以下两点：一、后期倭寇的主体是中国的中小商人阶层——由于合法的海外贸易遭到禁止，不得不从事海上走私贸易的中国商人；二、倭寇的最高领导者是徽商出身的王直——要求废止“禁海令”，追求贸易自由化的海上走私贸易集团的首领。[1]

曾经写过《倭寇与勘合贸易》的倭寇问题专家田中健夫，为《日本历史大事典》撰写的“倭寇”条，释义既客观又精细，大大有助于廓清倭寇的概念，很值得细细品读：

> 在朝鲜半岛、中国大陆的沿岸与内陆、南洋方面的海域行动的、包括日本人在内的海盗集团，中国人和朝鲜人把他们称为“倭寇”。它本来带有“日本侵寇”或“日本盗贼”的意

1 参见山根幸夫《明帝国与日本》，讲谈社，1977年，第61—62页。

味，但是由于时代和地域不同，它的意味和内容是多样的，把倭寇当作连续的历史事象是不可能的。

“倭寇”二字初见于404年的高句丽《广开土王陵碑》，此后丰臣秀吉的朝鲜出兵，以至二十世纪的日中战争等事件中，都有倭寇的文字表述。由于时期、地域、构成人员等规模的不同，对倭寇的称呼是各式各样的：“高丽时代的倭寇”“朝鲜初期的倭寇”“丽末鲜初的倭寇”“元代的倭寇”“明代的倭寇”“嘉靖大倭寇”“万历的倭寇”“二十世纪的倭寇”“朝鲜半岛的倭寇”“山东的倭寇”“中国大陆沿岸的倭寇”“浙江的倭寇”“杭州湾的倭寇”“双屿的倭寇”“沥港的倭寇”“台湾的倭寇”“吕宋岛的倭寇”“南洋的倭寇”“支那人的倭寇”“朝鲜人的倭寇”“葡萄牙人的倭寇”“王

江浙百姓望倭而逃（仇英《抗倭图卷》局部）

直一党的倭寇”“徐海一党的倭寇”“林凤一党的倭寇”等等。

在以上这些倭寇中，规模最大，活动范围最广的是14—15世纪的倭寇和16世纪的倭寇。[1]

关于14—15世纪的倭寇，田中健夫认为这时期的倭寇以朝鲜半岛为主舞台，也在中国大陆沿岸行动，高丽、朝鲜（李氏朝鲜）、元、明受到各种各样的损害。《高丽史》于1223年首次出现记录倭寇的文字。日本方面《吾妻镜》记载了贞永元年（1232）肥前镜社的人在高丽当海盗的事。但是，在高丽的倭寇行动成为大问题的是1350年以后，这年以后每年都有倭寇的船队骚扰朝鲜半岛沿岸，全罗道和杨广道（现忠清道）受害特别大。倭寇的构成人员是以对马、壹岐、松浦地方的名主、庄官、地头等为中心的海盗群、海上流浪者群、武装商人等，还有朝鲜称为禾尺、才人的贱民。日本人在倭寇集团中所占比例约为10%到20%，大部分的倭寇集团是日本人和高丽人、朝鲜人的联合体。袭击朝鲜半岛的倭寇，他们的行动地域延伸到中国大陆，攻击了元、明。明朝在加固沿岸警备的同时，明太祖取缔和日本的西征将军怀良亲王有交涉的倭寇，没有取得成果。明成祖时，和足利义满之间达成交

1《日本历史大事典》，东京平凡社，1994年，第1312—1313页。

江浙百姓举家逃难（仇英《抗倭图卷》局部）

通关系，倭寇势头趋于和缓。[1]

关于16世纪的倭寇（亦即后期倭寇），田中健夫这样写道：

> 因为依托于勘合船的日明间的交通中途断绝，中国大陆沿岸发生了大倭寇。最激烈的是明嘉靖年间为中心，持续至隆庆、万历年间的约四十年时间，因而称为“嘉靖大倭寇”。这个时期的倭寇，日本人参加数量是很少的，大部分是中国的走私贸易者，以及追随他们的各色人等。这时在东亚海域初现身姿的葡萄牙人被当做倭寇的同类对待。自从明太祖以来称为“海禁”的一种锁国政策，禁止中国人在海上活动。随着经济的发达，维持这种政策是困难的，于是产生了大量走私贸易者。他们和地方富豪阶层（乡绅、官僚）勾结，形成强大的势

1 参见《日本历史大事典》，第1312—1313页。

力，推进走私贸易。葡萄牙人因为得不到明政府正式贸易的许可，也不得不加入走私贸易，日本的商船则以国内丰富的银生产为背景，与之合流。中国官府把这些人一概当作倭寇。浙江省的双屿港和沥港作为走私贸易基地，遭到中国官军的攻击而毁灭殆尽，走私贸易者一变而为海盗群。萨摩、肥后、长门、大隅、筑前、筑后、日向、摄津、播磨、纪伊、种子岛、丰前、丰后、和泉等地的日本人投靠了倭寇。作为倭寇的首领，有名的是王直、徐海。王直以日本的平户、五岛地方为根据地，率大船队攻击中国的沿海。明朝方面胡宗宪、戚继光、俞大猷等负责海防，取得了各种功绩。不久与海禁令解除的同时，日本方面丰臣秀吉国内统一的进行，倭寇次第平息。[1]

如果平心静气地把《日本历史大事典》的“倭寇”条与《中国历史大辞典》的“倭寇”条加以比较，那么其间的高下是不难辨明的，把倭寇简单地断定为“明时骚扰中国沿海的日本海盗”，看来颇有商榷之余地。

徽州商人（日本学者称为新安商人）研究的奠基人——藤井宏，最早注意到这个问题。他的成名作《新安商人的研究》，注意到徽商在浙闽沿海的

1《日本历史大事典》，第1312—1313页。

朝廷出兵抗倭（仇英《抗倭图卷》局部）

进出口贸易。他追述了藤田丰八在《葡萄牙人占据澳门以前的诸问题》一文中，揭示了《日本一鉴》和其他相关资料关于徽州海商活动的记载，并在此基础上，广泛收集资料展开分析。

藤井宏指出，嘉靖十九年（1540），许一、许二、许三、许四勾引葡萄牙人络绎于浙海，并在双屿、大茅等地开港互市。《筹海图编》卷五《浙江倭变记》云："嘉靖十九年，贼首李光头、许栋引倭聚双屿港为巢。光头者，福（州）人李七；许栋，歙人许二也……其党有王直、徐惟学、叶宗满、谢和、方廷助等，出没诸番，分艅剽掠，而海上始多事矣。"此时的王直不过是许氏兄弟的僚属。《日本一鉴》海市条云："嘉靖二十二年邓獠等寇闽海地方，浙海盗寇并发。海道副使张一厚因许二等通番，致延害地方，统兵捕之。许一、许二等敌杀得志，乃与佛郎机竟泊双屿，伙伴王直于乙巳岁往日本，始诱博多津倭助才门等三人，来市双屿。"嘉靖二十七年（1548），浙江巡抚朱纨派遣都指挥卢镗等突袭双屿港，一举覆灭所谓海贼老巢，生擒李光头、许栋，王直等收集余党，重整势力，把老巢移到金塘山（定海县西八十里海中）的烈港（即沥港），直到嘉靖三十六年（1557）被胡宗宪擒捕以前，东南海上全是王直的独占舞台。[1]

藤井宏还指出，王直是徽州盐商出身，后来为日本人当经纪人，是货物贸易的中介者，在双屿、烈港开辟走私市场。他借助闽广海商的实力称雄浙海，遭官军打击后，在日本平户建立根据地，建都称王，部署官属，控制要害，形成了以“徽王”王直为中心的徽浙海外贸易集团，把徽州海商的海外贸易活动推进到一个前所未有的鼎盛阶段。王直以后，日本平户港一直是明末清初中国民间往来日本的一个主要据点。

这种基于史料的实证研究，为理解王直与倭寇提供了很好的借鉴。令人不解的是，藤井宏的研究成果很少被研究倭寇问题的中国学者所关注，迟至三十年后才激起反响。

在这方面最有力度的当推徽商研究的后起之秀唐力行，他的《论明代徽州海商与中国资本主义萌芽》一文，从徽州海商的角度来考察倭寇，反过来考察日后成为倭寇首领的徽州海商：“为了对抗明王朝的武力镇压和扩大贸易，海商们渐次组合成

1 参见藤井宏《新安商人的研究》，《徽商研究论文集》，安徽人民出版社，1985年，第184—189页。藤井宏文章原载《东洋学报》第36卷1、2、3、4号（1953—1954年），傅衣凌、黄宗焕译文载于《安徽历史学报》总号第2期和《安徽史学通讯》总字第9、第10号，后收入《徽商研究论文集》。

抗倭激战（仇英《抗倭图卷》局部）

武装集团……这些船头又在竞争兼并中聚合成几个大的武装海商集团。其中，较著名的以徽州海商为首领的有许氏海商集团、王直海商集团和徐海海商集团。”唐力行的另一大贡献是考证了《明史》改王直为汪直很有必要。王直本姓汪，从事海上走私，风险大，为家属安全计，隐瞒真姓（汪）。《明史》有汪直传，以前均以为有误，其实王直本来姓汪。汪为徽州大姓，“为贾于杭绍间者尤多”。横行东南沿海几十年的“倭寇”首领许氏兄弟、王直（汪直）、徐海等，莫不是徽州海商。唐文的主旨是阐明这样一个观点：正是徽州海商和其他海商的走私贸易冲破了明王朝的海禁，把江南与世界市场联系起来了，从而造成了江南社会经济的一系列连锁反应。[1]

相隔二十年之后，唐力行在《结缘江南：我的学术生涯》中回顾这篇文章时，还颇为激动。他说：

1 参见唐力行《论明代徽州海商与中国资本主义萌芽》，《中国经济史研究》1990年第3期。

> 自明末直至上世纪70年代，史家众口一词地指责嘉、隆年间的海商为“倭寇海盗”。这就涉及到一个如何对待传统史学的问题。不少史学工作者至今没有突破忠君爱国的正统观念，他们以是否能保持封建王朝的稳定性作为评判历史事件的标准，而不是以是否有利于历史的进步作为研究工作的着眼点。戴裔煊先生以耄耋之年推出他的开创之作《明代嘉隆间的倭寇海盗与中国资本主义萌芽》，为“倭寇”正名，其坚持实事求是的学术勇气是可钦的。[1]

他还说，1990年文章发表后，居然引来了麻烦——“被列入有组织的批判对象之一”。时过境迁之后，唐力行感慨地说：“此事并未了结，恐怕也难了结。在民族主义情绪高涨的情势下，2005年网络和舆论对亦寇亦商的王直的功过是非发生激烈争论，浙江丽水和南京师范大学的两名教师，趁着夜色，带着斧头和榔头来到安徽歙县，热血沸腾地将刻有王直名字的墓碑和刻有日本人名字的‘芳名塔’砸毁。上海《新民晚报》也接连刊出整版的文章为之推波助澜。”[2]

这确实是值得深长思之的。人们应当反思，对历史的无知是多么的可怕。

1 唐力行《结缘江南：我的学术生涯》，《明清江南史研究三十年（1978—2008）》，上海古籍出版社，2010年，第51—52页。

2 唐力行《结缘江南：我的学术生涯》，《明清江南史研究三十年（1978—2008）》，第52页。

关于倭寇问题的最新研究成果，从另一个方面提供了思路。中国台湾学者吴大昕的论文《猝闻倭至——明朝对江南倭寇的知识（1552—1554)》，为探究历史而别开生面。他的结论之一是："嘉靖大倭寇的形象，是由各式各样不同性质与目的之记载所构成的：有记载一地倭寇的著作，士绅文集中偶见的书信与奏议，《实录》上的记载，以及为数不多的兵部奏议，与几部由胡宗宪挂名主编的作品。留下的倭寇文字记录虽多，但可用来说明'真实'的却很少，这是由两个原因所造成，一是倭寇发生时江南普遍笼罩在'猝闻倭至'的恐慌心理中；二是北京与地方讯息传播的不确实。"结论之二是："当时各式出版品的出版风潮下，助长了嘉靖大倭寇形象的再建立，倭寇全是日本人，他们都是无知、愚昧而残忍好杀的，靠着中国人王直的领导，才能成功的劫掠东南沿海。此时的倭寇出版品充满了目的性，述说着倭寇不难平定，对日本应采取严厉的打击而非合作；而这个目的性，便完全掩盖了嘉靖大倭寇的真实面貌。"有意思的是，这篇文章提到了一个鲜为人知的史事：江南人对于嘉靖大倭寇的记忆，居然来自一个叫做萧显的中国人。嘉靖三十二年（1553），明朝官军进攻烈港，把王直驱逐出浙江的据点，使得王直的海上势力一时瓦解，由于缺乏补给，一部分人冒险登陆松江府的柘林，其中一个叫做萧显的人尤为桀骜狡猾，当时人这样描述他："率劲倭四百余人，攻吴淞、南汇所，俱破之，屠掠极惨。分兵掠江阴，围嘉定、太仓。"吴大昕说："萧显这次的冒险，开始了嘉靖大倭寇的时代，也烙印了江南人对大倭寇的记忆。"他还说："许多学者就根据记录中'言如鸟语，莫能辨也'来判断是否是真倭。实际上，在那个没有‘国语’的时代，即使是同为中国人，是否真能相互沟通都是令人怀疑的，特别是对江南而言，倭寇几乎等同于‘外地人’。无形中‘倭’也就变得更多了。”[1]这种基于史料实证的严谨考辨，揭示了当时人对倭寇的认识，令人耳目一新。

2. 倭患与真倭、假倭

亲历平倭事宜的唐枢，在一篇写于嘉靖三十一年（1552）的公文中，提及“寇之缘由”，说的还是比较客观的："海寇之炽，自嘉靖五六年始。彼因商道禁严，横行劫掠，然止以南纪澳为巢穴，居有定处。至嘉靖二十年后，许栋、李光头等掠人责赎，声势衍蔓，然止偶遇佛郎机船数只，党有定伙。昔时在倭为寇，在我国为民；行者为寇，居者为良民。今则华夷浑处，内外连结，善恶莫辨。官府举动方下堂阶，而声传贼众；贼有勾当，不时遣入，而即作施行，推厥所终，诚可疑惧。”[2]

地方政府第一次以“倭贼入寇”上报朝廷，与“内地奸商”汪直、徐海与余姚谢氏在海外贸易上的纠纷有关。朱纨在奏报漳州走马溪大捷时，说“夷患率中国并海居民为之”，王士骐引用这一奏疏，所写的按语很值得注意：

1 吴大昕《猝闻倭至——明朝对江南倭寇的知识（1552—1554）》，台北《明代研究》第七期（2004年）。

2 唐枢《复林石海大巡公帖（壬子七月）》，《木钟台杂集》利卷《海议》。按：壬子即嘉靖三十一年。

海上之事，初起于内地奸商汪直、徐海等，常阑出中国财物，与番客市易，皆主于余姚谢氏。久之，谢氏颇抑勒其值，诸奸索之急，谢氏度负多不能偿，则以言恐之曰："吾将首汝于官。"诸奸既恨且惧，乃纠合徒党、番客，夜劫谢氏，火其居，杀男女数人，大掠而去。县官仓惶申闻上司云："倭贼入寇。"巡抚纨下令捕贼甚急，又令滨海居民有素与番人通者，皆得自首，及相告言。于是人心汹汹，转相告引，或诬良善，而诸奸畏官兵搜捕，亦遂勾引岛夷及海中巨盗，所在劫掠，乘汛登岸，动以倭贼为名，其实真倭无几。[1]

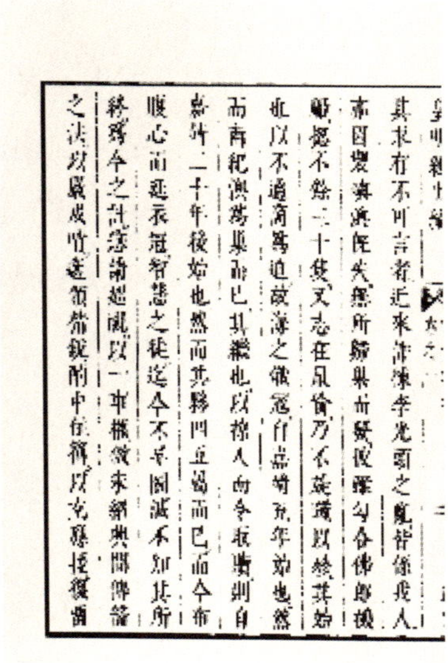

《皇明经世文编》对倭乱的记载

显然，地方官所谓"倭贼入寇"完全是讹传。所谓"内地奸商"汪直、徐海，不过是从事海外贸易的徽州商人，他们代理余姚谢氏货物的外销业务，另一方则是停泊在宁波外海的日本或葡萄牙商

1 王士骐《皇明驭倭录》卷五，嘉靖二十八年朱纨奏疏之按语。按：焦竑《国朝献征录》卷六十二焦氏为朱纨自撰《圹志》所写按语，引用了王士骐这段文字。

船，汪直、徐海从中起到中介作用，收取佣金而已。由于谢氏经常拖欠应付的佣金，引起纠纷，最终导致一场焚劫事件，轰动一时，却与“倭贼”全然无关。此处所说的余姚谢氏，即前任大学士谢迁家族，与同安林氏一样，都有强硬的背景，可见势豪之家都卷入走私贸易，所以难禁。但是，走私贸易者并非倭寇。这条关于倭寇缘起的重要史料，值得重视。

同时代的嘉兴人李日华，在《嘉禾倭寇纪略》中也有类似的说法：

> 海上之事，初起于内地奸商汪直、徐海辈，阑出中国财物，与番舶市易。主于余姚谢氏，颇抑勒其值，谢复多所负，度不能悉偿，则恐之曰：“吾将首汝”。诸奸恨且惧，纠合徒党，夜焚劫谢氏，杀男妇数人，掠资而去。有司张皇其事，称“倭入寇”。巡抚都御史朱纨下令捕贼甚急，又令沿海居民得互讦察相告言。于是人心汹汹，诸奸莫必其命，遂勾岛夷及海中亡命，乘潮登岸行劫。[1]

李日华与王士骐是同时代人，王是万历十七年（1589）进士，李是万历二十年（1592）进士；王是太仓人，李是嘉兴人，就时间与空间而言，都是

1 李日华《嘉禾倭寇纪略》，《李太仆恬致堂集》卷三十九《杂文》。李氏退官后致力于地方志编纂，此文当为地方志而写，应是实录。

嘉靖倭患的亲历者，所见略同，不足为奇。然而文字如此雷同，人们或许会问，究竟是谁影响了谁？抑或二人都接受了同一信息源？这其实无关宏旨，重要的是，两位重量级人物的看法如此一致，有力地证明了事实的真相。海上之事起初不过是海商的走私活动，由于地方官谎报军情，朱纨的严厉海禁，促使海商转化为海盗。王氏说"勾引岛夷及海中巨盗，动以倭贼为名，其实真倭无几"；李氏说"勾岛夷及海中亡命，乘潮登岸行劫"，从不同角度揭示了倭患缘起的真相。

当时人几乎都认同这样一点，即真倭所占比例极少，大部分是假倭。嘉靖三十三年（1554），身任兵部侍郎兼漕运总督的郑晓，于四月十三日写的奏疏中说："倭寇侵犯，其中类多福建、浙江并江南、江北、直隶之人，或奸豪射利之徒，或勇悍无聊之众，赍粮漏师，肆无忌惮，结党效尤，苟活旦夕。若不早为区处，日甚一日，其祸不啻烈于戎狄而已。"[1]

同年五月十二日，他在另一份奏疏中说："臣原籍浙西，叨役江北，切见倭寇类多中国之人，间有膂力、胆气、谋略可用者，往往为贼踊路踏白，设伏张疑，陆营水寨，据我险要，声东击西，知我虚实。以故数年之内，地方被其残破，至今未得殄灭。缘此辈皆粗豪勇悍之徒，本无致身之阶，又乏

1 郑晓《重大倭寇乞处钱粮疏》，《郑端简公奏议》卷一。

资身之策，苟无恒心，岂甘喙息，欲求快意，必致鸱张。是以忍弃故乡，番从异类。倭奴藉华人为耳目，华人藉倭奴为爪牙，彼此依附，出没海岛，倏忽千里，莫可踪迹。况华夷之货往来相易，其有无之间，贵贱顿异。行者逾旬，而操倍蓰之赢；居者倚门，而获牙行之利。今欲一切断绝，竟至百计交通。利孔既塞，乱源遂开，驱扇诱引，徒众日增。”[1]

他一再指出，所谓倭寇大多是中国人，既有东南沿海省份的奸豪，也有破产的勇悍人群。海禁愈严，断绝了他们的生计，祸乱愈发严重。对于这一点，他写的《皇明四夷考》，从政治腐败入手予以分析：“近年笼络公行，上下相蒙，官邪政乱，小民迫于贪酷，苦于徭赋，困于饥寒，相率入海从之。凶徒、逸囚、罢吏、黠僧，及衣冠失职、书生不得志，群不逞者，皆为之奸细，为之向导。人情忿恨，不可堪忍，弱者图饱暖旦夕，强者奋臂欲泄其怒。于是王忤疯（王直）、徐必欺（徐海）、毛醢疯（毛海峰）之徒，皆我华人，金冠龙袍，称王海岛，攻城掠邑，劫库纵囚，遇文武官发愤砍杀，即伏地叩头，乞余生。不听，而其妻子、宗族、田庐、金谷公然富厚，莫敢谁何，浙东大坏。”[2]

明末陈仁锡在谈到海防时，引用了郑氏这段话，不过立意稍有不同：“或云，罢市舶而利孔在

1 郑晓《乞收武勇亟议招抚以消贼党疏》，《郑端简公奏议》卷一。

2 郑晓《皇明四夷考》上卷《日本》。

下，奸豪外交内讧，海上无宁日矣。番货至，辄赊奸商，久之，奸商欺负，多者万金，乃投贵家；久之，贵家又欺负，不肯偿。番人乏食，出没海上为盗。贵官家欲其亟去，辄以危言撼官府出兵，辄赍粮啖番人，利他日货至，且复赊我。番人大恨，言我货本倭王物，盘踞海洋不肯去。小民迫于贪酷，相率入海从之。凶徒、逸囚、罢吏、黠僧，及衣冠失职、书生不得志，群不逞者，皆为之奸细。于是，汪五峰、徐碧溪、毛海峰之徒，皆我华人，金冠龙袍，称王海岛，攻城掠邑，劫库纵囚，遇文武官发愤砍杀，浙东大坏。”[1]

陈仁锡像（《沧浪亭五百名贤像》）

当时的地方官多纷纷指出，倭寇大多是中国人。例如嘉靖三十二年（1553）太平府同知陈璋向朝廷上《御倭十二事》，重点就是“倭寇多中国人，宜早图区处”。兴化知府董士弘认为，“江南海警，倭居十三，而中国叛逆居十七”。又如嘉靖三十四年（1555）南京湖广道御史屠仲律，向朝廷上《御寇五事》，第一就是“绝乱源”：“夫海贼称乱，起于负海奸民通番互市，夷人十一，流人十二，宁、绍十五，漳、泉、福人十九。虽概称倭夷，其实多编户之逋民也。臣闻海上豪势为贼腹心，标立旗帜，勾引深入，阴相窝藏，展转贸易。此所谓乱源也。”[2]

1　陈仁锡《皇明世法录》卷七十五《海防》。
2　沈越《皇明嘉隆两朝闻见纪》卷九。

▼ 徐阶像（《松江邦彦图》）

徐阶，松江府人，嘉靖后期至隆庆初年担任内阁首辅。因妥善地处理了嘉靖、隆庆之际的政治交接，获得了相当的政治声誉。此外，他还在隆庆初年促成了王守仁的平反昭雪。

明白了所谓倭寇大多是中国人，也就是说，真倭少而假倭多，并不能解释本质问题。必须进一步揭示真倭与假倭的关系，如果假倭从属于真倭，听从真倭指挥，那么把这些假倭概称为倭寇，并无不可；假如真倭从属于假倭，听从假倭指挥，那么就不能把假倭一概称为倭寇。

在这方面，当时的内阁大学士徐阶向皇帝奏对时所说的话，最有说服力："臣去岁具奏之时，尚闻此贼是真倭，近来细访乃知，为首者俱是闽浙积年贩海剧贼，其中真倭不过十分之三，亦是雇募而来者。只因初时官司不能讨捕，彼见地方无人，又得利甚厚，故旧者屯据不去，新者续增无穷，而沿海无赖贫民为所诱胁，因而从之，故其徒日繁，其势日猖獗。"[1]

徐阶的这段话，是对于皇帝咨询的回话，是两人之间的意见交换，与公开场合的官样文章截然不同，他坦率地讲了真话。那些海贼并非真倭，而是长年在闽浙沿海从事贸易的"剧贼"，而十分之三的真倭，是他们雇募而来的日本人。因此真倭是从属于"剧贼"的，当然不能笼统地把"剧贼"一概视为倭寇。

那么这些雇募而来的真倭充当什么角色呢？一

1 徐阶《再答倭情谕一》（嘉靖三十四年五月十七日），《世经堂集》卷二《奏对二》。

是用他们来对付官军，二是用他们来混淆视听。请看胡宗宪的幕僚郑若曾的说法："海商原不为盗，然海盗由海商起，何也？许二、王直辈通番渡海，常防劫夺，募岛夷之骁悍而善战者，蓄于舟中。"[1]话说得很直白，那些真倭都是王直等人从日本雇募而来的，处在从属的被雇佣的地位。这也印证了徐阶所说，"真倭不过十分之三，亦是雇募而来者"，确有所据。反观郑晓所说，"倭奴藉华人为耳目，华人藉倭奴为爪牙，彼此依附"，就显得过于含糊，不分主从。所以关于倭寇的记载中，有名有姓的真倭寥寥无几，稍微有点名气的有一个名叫辛五郎，此人不过是徐海的偏裨。[2]

曾经作为胡宗宪幕僚的茅坤，亲历倭患，谈及此事，非常注意把"海上之寇"与"倭寇""倭患"加以区分。他在一篇议论"海寇事宜"的书信中，向浙江巡抚李天宠条陈八事，即谍贼情、申军令、利器械、分战守、择官使、籍兵伍、筑城堡、练乡兵。其中第一条"谍贼情"写得最为精彩，特别强调"诸寇特挟倭以为号而已，其实皆中州之人"：

◥ 茅坤，浙江归安人，嘉靖十七年进士。喜谈兵，曾在胡宗宪幕府中效力。擅长古文，于唐顺之最为心折。曾选编《唐宋八大家文钞》，"其书盛行海内，乡里小生无不知茅鹿门者"（鹿门是茅坤的别号）。

1 郑若曾《叙寇原》,《筹海图编》卷十一。

2 参见张鼐《吴淞甲乙倭变志》卷上《纪捷》。张鼐写道："宿寇辛五郎者，徐海之偏裨也，与陈东、叶宗满、叶麻辈同巢柘林……"

即如近年黄岩以来，众并称倭奴入寇。倭特东海诸夷之总名，而不闻其某岛为首，乱以某事始衅也。或谓其诱之者海贾王五峰、徐碧溪等。然要之，诸海贾特以射利而出尔，非欲长子孙海岛也……若海上之寇乘潮往来，自温、台、宁、绍，以及杭、嘉、苏、松、淮阳之间，几三千里。东备则西击，南备则北击，决非国家戍守之兵所可平定者。近闻里中一男子，自昆山为海寇所获，凡没于贼五十日而出，归语海寇大约艘凡二百人，其诸酋长及从，并闽及吾温、台、宁波人，间亦有徽人，而闽所当者什之六七。所谓倭而椎髻者，特十数人焉而已。此可见诸寇特挟倭以为号而已，而其实皆中州之人也。夫既皆吾中州之人，其始也，本操资冒重利而入；其既也，则相与行劫，畏重罪而不能出。[1]

《筹海图编》专门写了《寇踪分合始末图谱》，提及的倭寇，其实都是假倭。陈文石的论文引用了这一《图谱》，令人一目了然。简要摘引如下：

金子老、李光头：双屿之寇，金子老倡之，李光头以枭勇雄海上。子老引为羽翼。迨子老去（归福建），光头独留，而许栋、王直相继而兴者也。

1 茅坤《与李汲泉中丞议海寇事宜书》，《茅鹿门先生文集》卷二。

许栋：此浙、直倡祸之始，王直故主也。初亦止勾引西番人交易，嘉靖二十三年始通日本，而夷夏之衅开矣。许栋灭，王直始盛。

王直：嘉靖二十三年入许栋船为司出纳，为许栋领哨马船，随贡使至日本交易。嘉靖二十七年，许栋为都御史朱纨所破，王直收其党自为船主。嘉靖三十一年，并吞陈思盼，因求开市不得，掠浙东沿海。嘉靖三十二年闰三月，在烈港为俞大猷所破。分略沿海各地，败走白马庙，往日本，屯松浦。

陈思盼：屯长涂，寻为王直所灭。

邓文俊、林碧川、沈南山：屯日本杨哥，攻仙游寨，攻瑞安、黄岩，出洋，巢柘林，分掠苏州、杭州。林碧川、邓文俊、沈南山皆海上巨寇也。嘉靖三十一年浙直之祸林碧川实为之首，破黄岩得利，遂启群盗贪心。三十三年，萧显继出。碧川与显以次败亡，而徐海、陈东又继之为浙东大患。

萧显：寇太仓，陷上海，巢柘林，破南汇，据川沙，攻嘉定，败走海盐。南直隶之祸，萧显实为首，善战多谋，王直亦惮而让者也。

徐海：率和泉、萨摩、肥前、肥后、津州、对马岛诸倭入寇，屯柘林，攻乍浦，犯平湖，破崇德，犯湖州，分掠各地。嘉靖三十四年、三十五年之乱，徐海为之首，陈东、叶麻为之辅，众至数万。

陈东：率肥前、筑前、丰后、和泉、博多、纪伊诸倭入寇，攻南汇、金山，入崇明，攻青村，围上海，遁归日本，复屯川沙，并入柘林，与徐海合，攻乍浦，围桐乡，分屯新场，与徐海、叶麻合。[1]

陈文石引用了上述《图谱》后评论说："这些有的原为海盗，纯以劫掠为事。有的原为海商，转而为盗。三十三年前后，诸股渠帅多被诛服，惟王直、徐海等仍为乱不已。"[2]

3."市禁则商转为寇"，"禁愈严而寇愈盛"

◤ 唐枢，浙江归安人，嘉靖五年进士。早年曾师事湛若水，又留心经世致用之学，对军事地理等事尤加关心。

明白了海商转而为盗的背景，我们不能不佩服当时人唐枢的犀利目光，他在回答胡宗宪的咨询时，直言不讳地指出，由于海禁严厉，商人转而为寇："嘉靖六七年后，守臣奉公严禁，商道不通，商人失其生理，于是转而为寇。嘉靖二十年后，海禁愈严，贼伙愈盛。许栋、李光头辈然后声势蔓衍，祸与岁积。今日之事，造端命意，始系于此。夫商之事顺而易举，寇之事逆而难为，惟其顺易之路不容，故逆难之图乃作。"他特别强调所谓倭寇其实是中国百姓："海上逐臭之夫无处无之，恶少易动之情，亦无处无之。樵薪捕鱼，逞侠射利者，原无定守，不得安于其业，则随人碌碌，乃常情之所必至。使有力者既已从商而无异心，则琐琐之辈自

---

1 郑若曾《寇踪分合始末图谱》，《筹海图编》卷八。

2 陈文石《明嘉靖年间浙福沿海寇乱与私贩贸易的关系》，《历史语言研究所集刊》第三十六本上册，第399页。

能各安本业，无所效尤，以为适从。故各年寇情历历可指，壬子（嘉靖三十一年）之寇，海商之为寇也；癸丑（三十二年）之寇，各业益之而为寇也；甲寅（三十三年）之寇，沙上之黠夫、云间之良户复大益之而为寇也；乙卯（三十四年）之寇，则重有异方之集矣。迹是而观，能无治其始乎？”[1]很清楚，倭患最严重的嘉靖三十一年到三十四年，先是海商转而为寇，继之各行各业随之为寇，沿海的黠夫与松江的良户也从而为寇，到了后来四方云集，鱼龙混杂，形势愈发严重。

万历时福建长乐人谢杰对倭寇的分析与唐枢有异曲同工之妙，至少有以下几点值得注意：

一、成为中国大患的“倭寇”，其实多是中国人：倭夷之蠢蠢者，自昔鄙之曰奴，其为中国患，皆潮人、漳人、宁绍人主之也。其人众，其地不足以供，势不能不食其力于外，漳潮以番舶为利，宁绍及浙沿海以市商灶户为利，初皆不为盗。

二、由于政府实行严厉的海禁政策，闽浙沿海民众海上贸易的生路受到遏止，由商转而为寇：嘉靖初，市舶既罢，流臣日严其禁，商市渐阻。浙江海道副使傅钥申禁于六年，张一厚申禁于十七年。六年之禁而胡御史琏出，十七年之禁而朱御史纨出。视抚设而盗愈不已，何也？寇与商同是人，市通则寇转为商，市禁则商转为寇。始之禁禁商，后

1 唐枢《论处王直奏情复总督胡梅林公》，《木钟台杂集》利卷《海议》。

之禁禁寇，禁愈严而寇愈盛。“片板不许下海”，艨艟巨舰反蔽江而来；“寸货不许入番”，子女玉帛恒满载而去。商在此者，负夷债而不肯偿；商在彼者，甘夷据而不敢归。向之互市，今则向导；向之交通，今则勾引。于是滨海人人皆贼，有诛之不可胜诛者。

三、政府推行政策的偏颇是导致“倭患”愈演愈烈的根本原因：“初但许栋、李光头等数人为盗，既则张月湖、蔡未山、萧显、徐海、王直辈出而称巨寇矣！初但宫前、南纪、双屿等数澳有盗，既则烈港、柘林、慈溪、黄岩、崇德相机失事，而称大变矣！初但登岸掳人，责令赴巢取赎，既则盘踞内地，随在成居，杀将攻城，几于不可收拾矣！”

四、归根结底，“倭患”根源在于海禁太严：推原其故，皆缘当事重臣意见各殊，更张无渐，但知执法，而不能通于法外；但知导利，而不知察乎利之弊，或以过激起衅，或以偏听生奸……闽广事体大约相同，观丙子（万历四年）、丁丑（万历五年）之间，刘军门尧诲、庞军门尚鹏调停贩番，量令纳饷，而漳潮之间旋即晏然，则前事得失亦大略可睹也已。夫由海商之事观之，若病于海禁之过严。[1]

既然倭患的根源在于海禁太严，最好的解

1 谢杰《倭原二》，《虔台倭纂》上卷。

决办法不是“堵”，而是“疏”，换言之，必须开放海禁，才能缓解倭患以及由此引起的社会动乱。事实已经证明，用军事围剿来解决倭患并不成功，从朱纨、张经、李天宠到胡宗宪，调动重兵围剿倭寇，劳民伤财，财政不堪重负，民不聊生，社会愈发动乱。平倭总督胡宗宪之所以会乞灵于“招抚”的一手，就是看到了围剿难以奏效，不得不另谋出路的无奈之举。而“招抚”必须以开港通市作为交换条件，开放海禁便成了无法绕开的话题。

五　王直之死与海禁的开放

1. 胡宗宪招抚王直

▼ 胡宗宪五十岁寿辰像

胡宗宪，徽州绩溪人，嘉靖十七年进士。历任浙江巡抚、总督南直隶浙福军务。在任期间任用徐渭、茅坤、俞大猷等人，平定海商兼海寇王直。后因党与严嵩，下狱而死。

平倭战争中最富戏剧性的一幕，无疑是胡宗宪在赵文华的支持下，派人赴日招抚王直。赵文华、胡宗宪人品极差，都没有好下场，但是他们都倾向于开放贡市却是事实，我们不必因人废言。

朱纨写于嘉靖二十八年（1549）的《圹志》，透露了赵文华向他指出“市舶之利”，对严海禁颇有微词：“赵文华唉以南京侍郎，胁以身后之祸，说以市舶之利，与屠乔、屠大山内外交煽尤多。”[1]

胡宗宪的幕僚茅坤在《纪剿徐海本末》中提到一个不易觉察的细节，胡宗宪决定派人赴日招抚王直之前，曾经与赵文华有过密谋，得到赵的认可后，才付诸实施。茅坤写道："先是，胡公始为提督时，尝与监督尚书赵公谋曰：'国家困海上之寇数年于兹矣，诸倭酋乘潮出没，将士所不得斥堠而戍者。人言王直以威信雄海上，无他罪状，苟得诱而使之，或可阴携其党也。'"于是遣辩士蒋洲、陈可愿及故尝与王直有善者数辈，入海谕直。[2]

茅氏没有标明此事的年月，从"尚书赵公"云云，可以推断，当在嘉靖三十五年（1556）三月至四月之间。赵文华由工部侍郎晋升为工部尚书在此年三月，胡宗宪派遣蒋洲、陈可愿赴日招抚王直，是在此年四月。这条史料的价值在于，胡宗宪事事唯赵文华马首是瞻，因为赵的后台是内阁首辅严嵩及其子严世蕃，如此重大的举措，如果没有赵文华的点头，他绝不敢擅自行动，此其一。其二，在他看来，王直没有什么大的罪状，是最合适的招抚对象，他一旦受抚，带动一大批同党来归，倭患便可不战而平。对于胡宗宪而言，可以获得战场上无法达到的丰功伟绩。

两年之前，即嘉靖三十三年（1554），兵部尚书聂豹就主张招抚王直，遭到兵科给事中王国祯的

1 朱纨《都察院右副都御史秋厓朱公纨圹志（自撰）》，焦竑《国朝献征录》卷六十二。

2 茅坤《纪剿徐海本末》，《茅鹿门先生文集》卷三十《杂著》。

反对，他在《御寇方略》中指出："悬赏招降贼首王直非计。"聂豹反驳道："海贼与山贼异，山贼有巢穴，可以力攻；海贼乘风飘忽，瞬息千里，难以力取。臣闻王直本徽人，以通番入海，得罪后，尝为官军捕斩陈屿主（陈思盼）等，及余党二三百人，欲以自赎。而当时有司不急收之，遂贻今日大患。故仿岳飞官杨么、黄佐故事，悬赏购募，以贼攻贼，非轻王爵以示弱也。"虽然聂豹讲得很有道理，但是皇帝不以为然，支持王国祯的意见，指示沿海五省总督张经："一意剿贼，胁从愿降者，待以不死，贼首不赦。"[1]因此之故，胡宗宪不可能公然亮明招抚王直的底牌，而是打出冠冕堂皇的幌子，请求皇帝派遣使节，"宣谕日本国王"，"往时日本入贡多不及期，请待其复来，得以便宜谢遣，仍令有司移檄于王，问以岛夷入寇之状"。兵部尚书杨博答复："按臣[2]移檄日本国王，责问何人倡乱，令于半年间立法钤制，号召还国，即见忠款，虽使贡期未及，必为奏请，否则，是阳为入贡，阴蓄异谋也。"[3]得到皇帝批准后，他奉旨行事，派遣宁波府生员蒋洲、陈可愿前往日本。其实所谓"宣谕日本国王"不过是一个幌子，本意就是招抚王直。胡宗宪是作了精心准备的，事先把王直的母亲、妻子、儿子从金华监狱中释放，接到杭州款待，并且让蒋洲等带了王直母亲与儿子的手书前往，向王直表

1 沈越《皇明嘉隆两朝闻见纪》卷九，嘉靖三十三年五月。

2 引者按："按臣"，指巡按浙江御史胡宗宪。

3 吴瑞登《两朝宪章录》卷十五，嘉靖三十四年四月辛巳。

示："悉释前罪不问，且宽海禁，许东夷市"。[1]

王直是海商集团的首领，在商言商，他最关注的是进出口贸易的正常化，使走私贸易转化为合法贸易。

2. 王直其人其事

王直，徽州歙县人，由盐商转而为海商，再由海商转而为海盗，兼具海商与海盗的双重身份。明人关于他的零星记述，更看重他的海商身份，较为客观。不妨略举一二。

焦竑《日本志》：

> 王直，歙人，母梦弧矢星入怀而生。少任侠多略，不侵然诺，乡中有徭役讼事，常为主办，诸恶少因倚为囊橐。嘉靖十九年直奸出禁物，历市西洋诸国，致富不赀，夷人信服之，皆受成事，倚办于直。直乃招亡命千人，徐海、陈东、叶明为将领，王汝贤、王滶为腹心，伪称徽王，部署官属，据居萨摩州之松浦津。闽浙蜂起之徒皆争往归附，直推许

▼ 焦竑，江宁人，万历十七年状元，晚明著名学者。与李贽相友善，曾出资刊刻李贽《藏书》等著作。万历二十五年徐光启参加顺天乡试，焦竑任主考官，拔其为解元，嗣后徐光启亦师事焦竑。

1 《嘉靖倭乱备抄》（不分卷），嘉靖三十六年八月辛巳，《四库全书存目丛书》史部第49册。

二为帅，引倭奴窟双屿港，浸淫蚕食滨海村聚矣。[1]

嘉靖《宁波府志》：

徽歙奸民王直、徐惟学，先以盐商折阅，投入贼伙，继而窜身倭国，招集夷商，联舟而来，栖泊岛屿，潜与内地奸民交通贸易，而鄞人毛烈质充假子。时广东海贼陈四盼等来劫扰，王直用计掩杀，叩关献捷，乞通互市，官司弗许。壬子二月，直令倭夷突入定海关夺船，福建捕盗王瑞士率兵敌却之。直移泊金塘之烈港，去定海水程数十里而近，亡命之徒从附日众。自是夷航遍海，为患孔棘……巡按御史胡宗宪具奏，遣使谕其国王，以弭边患。是年八月，朝廷以宗宪有才略可大任，遂进都御史提督军务，复与工部侍郎赵文华合奏，申前事，报可。乃令福浙藩司檄宣德，生员蒋洲、陈可愿充市舶提举以往。[2]

王世贞《倭志》：

◥ 王世贞，苏州太仓人，嘉靖二十六年进士，明代著名文学家。与李攀龙、徐中行、梁有誉、宗臣、谢榛、吴国伦合称“后七子”，著有《弇州山人四部稿》《弇山堂别集》《嘉靖以来首辅传》《艺苑卮言》《觚不觚录》等。

1 焦竑《日本志》，《国朝献征录》卷一百二十《四夷》。

2 嘉靖《宁波府志》卷二十二《海防书》。

王直者，故徽人也，以事走海上，后为舶主，颇尚信，有盗道，虽夷主亦爱服之。而其姓名常借他舶，以是凡有入掠者，皆云直主之。踪迹诡秘，未可知也。（胡）宗宪亦徽人，乃以金帛厚赂诱之云："若降吾，以若为都督，置司海上，通互市。"[1]

张鼐《吴淞甲乙倭变志》：

王直，歙人，任侠多略，常出禁物市西洋诸国，夷人信之。直既习于海，以其徽人姓王，人称徽王，因部署其党据萨摩州之松浦津，而为闽浙逋逃薮。是时，徐海者少为杭州虎跑寺僧，代领其叔徐碧溪之众，雄海上，僭称"天差平海大将军"，而其党陈东辅之。又倭奴惟萨摩人最喜寇，遂引入双屿港，吞食滨海村聚矣。当是时，直不欲负叛逆名，顾托言夷寇，偷而阴主其事。闽浙巡抚朱公纨，督兵剿双屿，据险筑寨而还。而直收余烬，巢烈港，并杀海贼陈思盼[2]，势益大，而海上寇悉受直节制，且献杀思盼功求市，官勿许，而盗海边益甚。[3]

王直本有开港互市的愿望，蒋洲、陈可愿一行

1 王世贞《弇州史料前集》卷十八《倭志》。

2 引者按："陈思盼"，嘉靖《宁波府志》作"陈四盼"，唐枢称作"陈思泮"。

3 张鼐《吴淞甲乙倭变志》卷上《纪歼渠》。

抵达日本以后，进展颇为顺利。他们在五岛（今长崎县福江市）先见了王激，而后见了王直。王直设宴款待，酒过三巡，蒋洲等道出了胡宗宪的诚意：如能归降，赦前罪不问，授予官职，且宽海禁，许东夷市。王直表示：我辈昔坐通番严禁，以穷自绝，实非本心，诚令中国贷前罪，得通贡互市，愿杀贼自效……成功之后，惟愿进贡开市而已。[1]

王直随即偕同日本商人善妙等四十余人，前来开通贡市，于嘉靖三十六年（1557）十月初抵达宁波外海的岑港。多年遭受倭患的浙江官民，骤然听闻王直等带领倭船前来，十分恐惧。浙江巡按御史王本固报告朝廷：王直等“意未可测，纳之恐招悔”。于是，朝议哄然，指责胡宗宪“且酿东南大祸”。[2]王直察觉情状有异，派王激去见胡宗宪，责问吾等奉招而来，将以息兵安邦，理应信使远迎，宴犒交至，如今却俨然陈兵于岑港周围，即使贩卖蔬菜的小舟也不让靠近，胡公岂不是在耍弄吾辈？胡宗宪再三解释，国禁原本如此，发誓本心未变，还让王激看到了他写的赦免王直罪状疏稿，并且答应王直要求，派指挥夏正为人质，随王激回到岑港。王直疑虑打消，偕同叶宗满、王清溪前往胡宗宪的军门，正式接受招抚。[3]

胡宗宪的本意是通过招抚王直，利用其影响力，一举平定倭患，并无意杀死他。胡令幕僚起草

1 王士骐《皇明驭倭录》卷七，嘉靖三十五年。亦见沈越《嘉隆两朝闻见纪》卷九，嘉靖三十五年四月。

2 参见《嘉靖倭乱备抄》（不分卷），嘉靖三十六年十一月庚戌。

3 参见《嘉靖倭乱备抄》（不分卷），嘉靖三十六年十一月庚戌。

了一份奏疏，以浙江、南直隶、福建三省总督的身份，向朝廷报告“擒获海寇汪直”，讲了招抚的经过。奏疏有两处值得注意：一是称王直为汪直，因为他与汪直是同乡，知道汪直为了避祸改汪姓为王姓；二是不把他定性为倭寇，而是定性为海寇。疏稿这样写道：

> （汪）直本徽州大贾，狎于贩海，为商夷所信服，号为汪五峰。凡货贿贸易，直多司其质契。会海禁骤严，海濡民乘机局，赚倭人货数多，倭责偿于直，直计无所出，且愤恨海濡民，因教使入寇……直恐，乃与诸中国商，若毛澈、叶宗满、谢和、王清溪等，共以其众，屯五岛洲自保。澈，宁波人，号毛海峰；宗满，号碧川；谢和，号谢老，与王清溪皆漳州人，悉积年贩海通番为奸利者。宗宪与直同乡，习知其人，欲招之，则迎直母与其子入杭，厚抚犒之。而遣生员蒋洲等持其母与子书，往谕以意。谓直等来，悉释前罪不问，且宽海禁，许东夷市。直等大喜……乃装巨舟，遣夷目善妙等四十余人，随直等来贡市。以十月初至舟山之岑港泊焉。[1]

1《嘉靖倭乱备抄》（不分卷），嘉靖三十六年十一月庚戌。

浙江巡按御史王本固极力反对招抚，扬言胡宗宪收受王直等金银数十万的贿赂，为之请求“通市贷死”，一时江南人心汹汹。胡宗宪大为恐惧，追还“擒获海寇汪直”疏稿，立即销毁，另写一份措辞完全不同的奏疏，强调：“直等实海氛祸首，罪在不赦，今幸自来送死，实藉玄庇，臣等当督率兵将殄灭余党，直等惟庙堂处分之。”[1]

虽然胡宗宪改口说“罪在不赦”“自来送死”“为庙堂处分”，言官仍穷追不舍，浙江巡按御史王本固、御史李瑚分别弹劾胡宗宪“岑港养寇温台失事”之罪，并且追论他“私诱汪直启衅”之罪。胡宗宪一再进献祥瑞讨好皇帝，皇帝对他颇有好感[2]，批示道：“逆直罪浮于贼，宗宪用计诱获，人皆知之，小人嫉功，不明功罪。”胡宗宪自己赶紧上疏辩解：“汪直为东南大患，节经部题，先有购求之文，后有许降之议。臣不惜身家，百计以困之，兹幸擒获。言者诬臣为启衅，是嫁无穷之祸于任事者之身耳。”皇帝下旨安慰道：“卿计擒妖贼，人皆所晓，且竭诚展布，以平余氛。”[3]

迫于舆论压力，胡宗宪为了自保，违背先前的诺言，向朝廷提请处死王直。嘉靖三十八年（1559）十一月，他上疏朝廷，声称王直等“勾引倭夷，肆行攻掠，东南绎骚，海宇震动，臣等用间遣谍，始能擒获，乞将王直明正典刑，以惩于后。叶宗满、王汝贤姑贷一死，以开来者自新之路”。

1 许重熙《嘉靖以来注略》卷五，嘉靖三十六年十一月。《嘉靖倭乱备抄》（不分卷），嘉靖三十六年十一月庚戌。

2 胡宗宪颇有才干，却心术不正，正如万斯同《明史·胡宗宪传》所说：“宗宪为人多权术，喜功名，因文华结严嵩父子，岁遗金帛子女、珍奇淫巧无数。嵩父子德甚。”不仅如此，他还“自媚于上”——拍皇帝马屁，不断向皇帝进献祥瑞，如白鹿、白龟、灵芝之类，并且附上表文，称颂皇上道德超越尧舜，事功凌驾夏禹，令龙颜大悦。

3 许重熙《嘉靖以来注略》卷五，嘉靖三十七年十一月。

三法司不同意宽恕叶、王二人。最后由皇帝作出裁决，支持胡宗宪的提议：王直就地斩首示众，叶宗满、王汝贤姑贷不死，永远戍边。[1]

同年十二月二十五日，王直在杭州官巷口被斩首示众。[2]临刑前，他叹息道：想不到死在这里，死我一人，恐怕苦了两浙百姓。关于他死于何地，史书记载各异。嘉靖《宁波府志》说他死于宁波的定海："（嘉靖三十八年）十二月，法司奏谳王直罪逆，遂即诛，枭首定海关。"[3]这部《宁波府志》编成于嘉靖三十九年，编者应该是目击者，不至于信口开河。但是，王世贞写的《倭志》却说，王直受抚后，到了杭州："宗宪亦徽人，乃以金帛厚赂诱之云：'若降吾，以若为都督，置司海上，通互市。'而直亦自奋，言必能肃清海波赎死命。宗宪与之誓甚苦，直信之，从入杭州。宗宪具状闻上，然不敢悉其故。廷议以直元凶，不可赦，弃市。"[4]既然已经到了杭州，不可能再回到定海去执行死刑。何况王直受抚后，关押于省城的按察司监狱，是有确证的。《皇明驭倭录》说："直与宗满、清溪来见，宗宪好言慰之，令系按察司狱，具以状闻，请显戮直等，正国法……"[5]《嘉靖以来注略》说："直久不得报，复遣滶见宗宪，且要中国一官为质。宗宪反覆谕以无他，命指挥夏正同滶往，召直入见。直遂与叶宗满、王清溪入，宗宪令直自系按察司狱，为

1 王士骐《皇明驭倭录》卷七，嘉靖三十八年。

2 参看陈文石《明嘉靖年间浙福沿海寇乱与私贩贸易的关系》中有关王直之死的叙述。

3 嘉靖《宁波府志》卷二十二《海防书》。

4 王世贞《弇州史料前集》卷十八《倭志》。

5 王士骐《皇明驭倭录》卷七，嘉靖三十六年十一月。

之奏请，曲贷其死，以系番夷心。”[1]可见王直并非死于定海而是死于杭州。

在招抚王直的同时，胡宗宪用同样的手法招抚了徐海，而后又利用徐海与陈东之间的矛盾，各个击破。身为幕僚的茅坤对胡宗宪此举赞不绝口：“（徐）海以一缁衣起岛上，五年之间，百战百胜，朝廷遍征海内诸名将，与之喋血吴越诸州县间，未闻有俘其偏卒者。方且拥兵数万人……当是时，其气飘忽奋迅，固已欲吞江南矣。何其猛也！已而困于胡公区区之饵，卒之纠缠狼狈，以自翦而死，若刲羊豕然。”[2]

然而这并不意味着“倭患”的平定，正如沈越所说：“然直虽就擒，而三千人无所归，益恚恨，谓我不足信，抚之不复来，日散掠浙东温台、江北淮扬、闽中、岭表，为祸更惨。”[3]嘉靖三十九年（1560）三月，兵科给事中王文炳向朝廷指出了形势的严重性：“迩者浙直倭患稍宁，而闽广警报踵至，苏松淮扬间博徒悍卒所在绎骚。”[4]

言官们对已经升官兵部尚书兼右都御史的胡宗宪的弹劾日甚一日。嘉靖四十年（1561）言官罗嘉宾、庞尚鹏揭发平倭战争中各级官员的贪赃枉法，中饱私囊，令人触目惊心：“浙直军兴以来，督抚侵盗无虑数千万，张灼可数者，赵文华十万四千，周琉二万七千，胡宗宪三万三千，阮鹗五万八千，史

1 许重熙《嘉靖以来注略》卷五，嘉靖三十六年十一月。

2 茅坤《纪剿徐海本末》，《茅鹿门先生文集》卷三十《杂著》。

3 沈越《皇明嘉隆两朝闻见纪》卷十。

4 沈越《皇明嘉隆两朝闻见纪》卷十。

褒善万一千，赵忻四千七百。乞通行追究。”[1]嘉靖四十一年（1562）南京户科给事中陆凤仪弹劾胡宗宪：“意欲既满，纵饮长夜，坐视江西、福建之寇，不发一矢，徒日取驿递官民军前粮饷，而斩艾之朘削之。督府积银如山，聚奸如蝟，如乡官吕希周、田汝成、茅坤等辈皆游舌握槊，递为门客。又且宣淫无度，纳乡民之女为妾，……干纪乱常之甚者，乞加显斥。”[2]因此，平倭战争成了财政支出的无底洞，也成了贪腐的渊薮。早在几年前，户科给事中杨允绳就已指出，东南的海寇与北方的边患不同：“北边所患胡也，若海寇则十九皆我中华之人，倭奴特所勾引驱率者耳。夫患在胡，则事重于外攘；患在中华之人，则事重于内修。”他所说的“内修”，直指官场的腐败：“近年督抚之臣莅任谢恩，必有常例银两，馈送在京权要，大者数百，小者数十，名曰‘谢礼’。至于任内有所题请，开送揭帖，则又伴以仪物，名曰‘候礼’。又其历任颇深，荣名美擢，或遇地方有事，希求脱任，或以有罪而求弥缝，或以失事而求覆蔽，如此数遂不赀。然大率此等银两，在省取诸各布政司，直隶取之府州县司。府州既为巧取承迎，不无得色。督抚诸司自知非法，接受亦有腼颜。既入牢笼，实难展布……且官司所以赂媚督抚，又皆取具于民。近来督抚之交代频繁，则官司之需索亦从而加倍。其不肖者又因

1 许重熙《嘉靖以来注略》卷五，嘉靖四十年闰五月。

2 王士骐《皇明驭倭录》卷八，嘉靖四十一年。

之影射乾没，其间指一科十，椎肤剥髓，即令江南四野为墟，赤地千里，区区孑遗待尽之民，尚犹日苦掊尅侵剥之患，臣恐民穷盗起，莫知终极，异日国家之隐忧，盖不止于海岛之间已也。”[1]

3. 开放海禁之议

既然剿与抚两手都以失败告终，财政已经不堪重负，必须另谋出路，于是乎开放海禁提上了议事日程。

当初胡宗宪招抚王直时，曾向幕僚唐枢咨询，唐枢写了长篇大论，从胡宗宪的立场反复权衡是否可以接受王直“开港互市”的请求。他毕竟是一个学者，没有官僚的瞻前顾后，倾向于开港互市。这篇《论处王直奏情复总督胡梅林公》[2]，实在是不可多得的好文章，值得细细阅读。他首先说“顺其请有五利”：

其一是应允开港互市实为大利：“今方海寇炽虐，残害地方，财费靡极，公私具困。久经四五年来，算无全策，贼未尽灭。王直自愿招谕岛倭，以夷攻夷，立功报效。坐令地方安堵，东南税赋之场，复旧生理，似亦便宜良计，实为利之大者。”

其二是商道不通使商人转而为寇：“切念华夷同体，有无相通，实理势之所必然。中国与夷各

1 王士骐《户科左给事中杨允绳言》，《皇明驭倭录》卷六。

2 唐枢《论处王直奏情复总督胡梅林公》，《木钟台杂集》利卷《海议》。《皇明经世文编》卷二百七十收录此文，标题作《复胡梅林论处王直》。《皇明经世文编》为此文写的按语：“此复胡总督札也。当时俞总戎（大猷）主剿，胡总督主抚，二者各有利害，故一庵（唐枢号一庵）详论之。”

擅土产，故贸易难绝，利之所在，人必趋之。本朝立法，许其贡而禁其为市。夫贡必持货与市兼行，盖非所以绝之。律款通番之禁，下海之禁，止以自治吾民，恐其远出以生衅端……若其私相商贩，又自来不绝，守臣不敢问，戍哨不能阻。盖因浩荡之区，势难力抑，一向蒙蔽公法，相延百数十年。然人情安于睹记之便，内外传袭，倚为生理之常。嘉靖六七年后，守奉公严禁，商道不通，商人失其生理，于是转而为寇。嘉靖二十年后，海禁愈严，贼伙愈盛。许栋、李光头辈然后声势蔓衍，祸与岁积。今日之事，造端命意，实系于此。夫商之事顺而易举，寇之事逆而难为，惟其顺易之路不容，故逆难之图乃作。访之公私舆论，转移之智，实藏全活之仁。”

其三是开市收税一举两得："开市必有常税。向来海上市货暗通，而费归私室。若立官收科，倍于广福多甚……旧时两浙，北起乍浦，南迄蒲门，萦纡二千里，卫所巡司各衙门兵卒约二十万有奇，岁费五十万有奇，各县征发旧额已定，见今客兵大增，何以处给？且兵荒之余，百姓贫苦，不忍加赋，若得海上之税以济海上年例之用，则一举两得，战守有赖，公私不相困矣。”

其四是使有力者得以从商，则琐琐之辈自能各安本业："海上逐臭之夫无处无之，恶少易动之情亦无处无之。樵薪捕鱼，逞侠射利者，原无定守，不得安于其业，则随人碌碌，乃常情之所必至。使有力者既已从商而无异心，则琐琐之辈自能各安本业，无所效尤，以为适从。故各年寇情历历可指，壬子（嘉靖三十一年）之寇，海商之为寇也；癸丑（三十二年）之寇，各业益之而为寇也；甲寅（三十三年）之寇，沙上之黠夫、云间之良户复大益之而为寇也；乙卯（三十四年）之寇，则重有异方之集矣。迹是而观，能无治其乎？”

其五是此举可以缓解目前之困境：“东南乡兵孱弱，未易练成，所调各处骁悍之卒，前事有鉴，恐为地方不测之变。况土尚各别，长技莫施。又居民久疲思息，便宜一节，纵非经久可行，亦姑为目前纾急计，其分量盖得算多而众心愿者。”

接下来他分析了“顺其请有五虑”“却其请有四利”“却其请有四虑”。其中“却其请有四虑”颇值得注意：一是“如其绝望，必大肆奸猾，鼓动诸岛，增益松江等诸巢”；二是“失此机会，或直恶贯而毙，则在系者不为奇货，承应者无此才力，虽欲为此，又不可作”；三是“天顺以后，市舶权重，市者私行，虽公法荡然，而海上晏然百年。此乃通商明验。今之议者若谓王直不当宥则可，若以市法永不当开，则恐非细思而详考也”；四是“去年贼势猖獗，进兵不收全效，督察赵侍郎延访群情，故有蒋洲、陈可愿之计。二人远涉纡谋，略有次第，却之是弃二人而罔小丑，非所示信矣”。

由于胡宗宪临事变卦，唐枢的建议未被采纳，更谈不上付诸实施了。用历史的眼光来看，这些主张是务实的，具有前瞻性的。这位仰慕圣贤之学，受业于湛若水的儒者，深造实践，留心经世之略，并非浪得虚名。在他的文集中，还有不少精彩的论述，例如：“海寇之炽，自嘉靖五六年始，彼因商道禁严，横行劫掠，然止以南纪澳为巢穴，居有定处。至嘉靖二十年后，许栋、李光头等掠人责赎，声势衍蔓，然止偶遇佛郎机船数只，党有定伙。昔时在倭为寇，在中国为我民；行者为寇，居者为良民。今则华夷深处，内外连结，善恶莫辨”；“惟其商道不通，而利之所在，人必趋之，不免巧生计较，商转而为寇。商道既通，则寇复转而为商”。[1]又如：“海寇小劫，自嘉靖五六年后始，其掳人索赎，自嘉靖二十年后始。若今日之事，则又所创见者。贼头许栋、李光头既败，张月湖、蔡未山已死，陈思泮为汪五峰所杀，今只林同泉、王万山、陈太公、曾老辈而已，而皆服比于汪。是昔日之寇尚各自自立门头，今已浑同一伙，若欲用间除之，颇有机会。”[2]

由此可见，他答复胡宗宪咨询所提出的建议，是经过深思熟虑的，为此他还为胡宗宪设计了“开市事宜”十条，宗旨是突破海禁政策，允许人民出海贸易，政府设关收税，使走私贸易转化为合法贸易。具体事宜有：一、“收税则例，悉准广东夷货事理定额”；二、“夷商泊船烈港，内地人往彼处交易，事毕各散，毋得久居本处”；三、“内地人赍货出海，先于定海关开递报单，验过取照，随赴提举司起票，赴收税衙门纳税，才往烈港成交。其买回夷货，亦先于定海关开递报单，验过取照，复赴提举司起票，赴收税衙门纳税”；四、“收税专设布政司官一员，往札定海关，税物随送定海县贮解”；五、“赍货往来，限定海港一路，不得别由他道，违者即同私自通番”。[3]如此等等。令人遗憾的是，这些精心的设计，没有被采纳，沦为一纸空文。

1 唐枢《复林石海大巡公帖（壬子七月）》，《木钟台杂集》利卷《海议》。

2 唐枢《军门对巡抚王思质公（癸丑五月）》，《木钟台杂集》利卷《海议》。

3 唐枢《上督府开市事宜》，《皇明经世文编》卷二百七十。

联系到王直受抚后在监狱中所写的《自明疏》，就更加凸显出唐枢见解之高明。王直有一定的文字功底，这篇《自明疏》写得情真意切："带罪犯人王直，即汪五峰，直隶徽州府歙县民，奏为陈悃报国、以靖边疆、以弭群凶事。切臣直觅利商海，卖货浙、福，与人同利，为国捍边，绝无勾引党贼侵扰事情，此天地神人所共知者。夫何屡立微功，蒙蔽不能上达，反罹籍没家产，举家竟坐无辜？臣心实有不甘。前此嘉靖二十九年，海贼首卢七抢掳战船，直犯杭州江头西兴坝堰，劫掠妇女财货，复出马迹山港停泊。臣即擒拿贼船一十三只，杀贼千余，生擒贼党七名，被虏妇女二口，解送定海卫掌印指挥李转送巡按衙门。三十年，大伙贼首陈四在海，官兵不能拒敌，海道衙门委宁波府唐通判、张把总托臣剿获。得陈四等一百六十四名，被掳妇女一十二口，烧毁大船七只，小船二十只……以夷攻夷，此臣之素志，事犹反掌也。如皇上仁慈恩宥，赦臣之罪，得效犬马微劳，驰驱浙江定海外长涂等港，仍如广中事例，通关纳税，又使不失贡期。宣谕诸岛，其主各为禁制，倭奴不得复为跋扈，所谓不战而屈人之兵者也。"[1]

一方愿意招抚，一方愿意归降，在开港互市这点上达成共识，可惜以王直处死而告终，不仅令王

1 王直《自明疏》，《倭变事略》卷四《附录》。

直遗憾，也令唐枢及其他持相同观点的有识之士感到遗憾。

与唐枢同时代的人，也发表了类似的主张，虽然深度与广度远远不及，但已经难能可贵了。

◤ 唐顺之，常州武进人，嘉靖八年进士，会试第一。曾协助总督胡宗宪讨倭寇，亲率舟师，邀敌于长江口之崇明。学问广博，通晓天文、数学、兵法、乐律等，兼擅武艺，提倡唐宋散文，与王慎中、茅坤、归有光等被称为“唐宋派”。有《荆川先生文集》。

嘉靖三十九年（1560）正月，巡抚淮扬都御史唐顺之，向朝廷条陈海防经略，其中第三条“图海外”，谈及“招赦逋逃”与“宣谕日本”，对于此前招抚王直的变卦颇有微词。指出：“逋逃不归，东南诚未可以息肩也”；“至于宣谕日本，则浙江军门亦尝请命遣使矣，竟不能尽得其要领，使者坐罪，而其事遂罢”。为了从长计议，他主张恢复日本的贡市：“倭夷素性贪诈，利我中国之货，既不与贡则无复望矣，因此遂被奸徒勾引同利，为寇不止，则以偶蹉一年贡期阻回之故也。为今之计，乞题请圣裁，行令各衙门遵照，今后夷人复来求贡，果有真正表印勘合，别无诈伪，姑不计其限例，就与奏请，起送赴京……则倭夷知有贡路之可通，而诡计自销，党类自携，勾引之徒亦可暂缚矣。”[1]其中第六条“复旧制”，主张恢复市舶贸易的旧制：“国初，浙、福、广三省设三市舶司，在浙江者专为日本入贡，带有货物，许其交易。在广东者，则西洋番船之辏，许其交易而

1 吴瑞登《两朝宪章录》卷十六，嘉靖三十九年正月丙子。

抽分之。若福建，既不通贡，又不通舶，而国初设立市舶司之意漫不可考矣。舶之为利也，譬之矿然，封闭矿洞，驱斥矿徒，是为上策；度不能闭，则国收其利权而自操之，是为中策；不闭不收，利孔泄漏，以资奸萌啸聚，其人斯无策矣。今海贼据峿屿、南屿诸岛，公然擅番舶之利，而中土之民交通接济，杀之而不能止，则利权之在也。宜备查国初设立市舶司之意，毋泄利孔，使奸人得乘其便。”[1]

嘉靖四十三年（1564），原任福建巡抚谭纶在回籍守制前，向皇帝条陈“经久善后六事”，其第四事是“宽海禁”：“闽人滨海而居，非往来海中则不得食。自通番禁严，而附近海洋鱼贩一切不通，故民贫而盗愈起。宜稍宽其法。”[2]

看来开放海禁业已成为有识之士比较一致的共识，因此，隆庆元年朝廷准许开放海禁，绝非偶然之举。

关于隆庆元年（1567）朝廷批准开放海禁，应是确凿的事实，却不见于《实录》等正史的记载。学者们大多引用明人张燮《东西洋考》的文字：隆庆元年，福建巡抚涂泽民上疏请开放海禁，准贩东西二洋，朝廷允准。[3]

更早的记载，也许是福建巡抚许孚远写于万历二十年（1592）左右的《疏通海禁疏》，他用

1 吴瑞登《两朝宪章录》卷十六，嘉靖三十九年正月丙子。

2 王士骐《皇明驭倭录》卷八，嘉靖四十三年。

3 张燮《东西洋考》卷七《饷税考》。

◤ 许孚远，浙江德清人，嘉靖四十一年进士。万历二十年巡抚福建，其时正逢万历朝鲜之役，许孚远在任上对倭患、通商、海禁等问题多有建白。其学宗王守仁，其徒冯从吾、刘宗周等皆为名儒。

追述的语气写道："迨隆庆年间，奉军门涂（泽民）右佥都御史议开禁例，题准通行，许贩东西诸番，惟日本倭奴素为中国患者，仍旧禁绝。二十余载，民生安乐，岁征税饷二万有奇，漳南兵食藉以充裕。""隆庆初年，前任抚臣涂泽民，用鉴前辙，为因势利导之举，请开市舶，易私贩而为公贩。"[1]这两段话，比《东西洋考》具体而精准，从明初以降延续二百年的海禁政策开始宣告废弛，允许商民可以前往东洋、西洋与外国商贩进行贸易，使得"私贩"转化为"公贩"，即走私贸易转化为合法贸易。这是有划时代意义的大事。

万历二十年（1592），日本丰臣秀吉发动侵略朝鲜的战争，明朝应邀派兵前往援助，战事骤起，海上形势吃紧，兵部重新申严海禁："凡有贩番诸商，告给文引者，尽行禁绝。敢有故违者，照例处以极刑。官司有擅给文引者，指名参究。"皇帝批准了兵部举措，下达圣旨："着该抚按官严加禁缉，犯者依律究治。"[2]

许孚远的奏疏就是在这样的背景下提出的，列举了再度申严海禁造成的危害，希望二十多年开放海禁的政策能够正常延续。因此他的《疏通海禁

1 许孚远《疏通海禁疏》，《敬和堂集·抚闽稿》。
2 许孚远《疏通海禁疏》，《敬和堂集·抚闽稿》。

疏》，对于评估隆庆元年开放海禁的意义，具有重大价值，值得细细分析。

首先，反映了沿海商民对于申严海禁的不满情绪。根据福建按察司巡视海道佥事余懋中报告，海澄县番商李福等连名上诉：本县僻处海滨，田受咸水，多荒少熟，民业全在出海贸易，赋役也都仰给于此。往年海禁严绝，人民倡乱，幸蒙建县通商，数十年来，饷足民安。近因倭寇进犯朝鲜，庙堂为防奸人接济硝黄，通行各省禁绝商贩出海，因而贻祸海澄县商贩引船百余只，货物亿万计。生路阻塞，商者倾家荡产，从业者束手断餐，阖地呻嗟，坐以待毙。又据漳州府海防同知王应乾报告，漳州府所属龙溪、海澄二县，地临滨海，半系斥卤之区，多赖海市为业。先前官府顾虑勾引外夷，一再严禁，人民手足无措，渐生邪谋，遂致煽乱，贻祸地方。自从隆庆年间开海禁，准许出海贸易东西二洋，二十余年，民生安乐。近来再度禁绝番商，民心汹汹告扰。

其次，指出海禁有四大隐患：

——“沿海居民凭藉海滨，易与为乱。往者商舶之开，正以安反侧、杜乱萌也。乃今一禁，彼强悍之徒，俯仰无赖，势必私通，继以追捕，急则聚党遁海，据险流突，如昔日之吴、曾、林、何，变且中起。”

——“东西二洋商人，有因风涛不齐，压冬未回者，其在吕宋尤多。漳人以彼为市，父兄久住，子弟往返。见留吕宋者，盖不下数千人。一旦舟楫不通，归身无所，无论弃众庶以资外夷，即如怀土之恩既切，又焉保其不勾引而入寇也。”

——“迩者关白[1]阴蓄异谋，幸有商人陈申、朱均旺在番探知预报，盛为之防，不至失事。今既绝通商之路，非惟商船不敢下水，即如宣谕哨探之船亦无由得达，设或夷酋有图不轨如关白者，胡由得而知之？”

——“漳南沿海一带，守汛兵众数千，年费粮赏五万八千有奇，内二万则取足于商税，若奉禁无征，军需缺乏，势必重敛于民，民穷财尽，势难取给。”

他还针对有关当局申严海禁的理由——战端既开，战略物资硝黄之类必须禁止运往日本，予以反驳：“若缘此而禁绝商路，不几于因噎废食乎？”他郑重向朝廷请求弛禁、复旧通商，为此目的，再度重申弛禁的理由：“东南滨海之地，以贩海为生，其来已久，而闽为甚。闽之福、兴、泉、漳，襟山带海，田不足耕，非市舶无以助衣食，其民恬波涛而轻生死，亦其习使然，而漳为甚。先是，海禁未通，民业私贩，吴越之豪渊薮卵翼，横行诸夷，积有岁月，海波渐动，当事者尝为厉禁。然急之而盗兴，盗兴而倭入。嘉靖之季，其祸蔓延，攻略诸省，荼毒生灵，致烦文武大帅殚耗财力，日寻干戈，历十有余年，而后克底定。于是隆庆初年，前任抚臣涂泽民用鉴前辙，为因势利导之举，请开市舶，易私贩而为公贩，议止通东西二洋，不得往日

1 引者按："关白"指丰臣秀吉。

本倭国，亦禁不得以硝黄铜铁违禁之物夹带出海，奉旨允行，几三十载。幸大盗不作，而海宇晏如。”

因此他认为，开放海禁已是大势所趋，“市通则寇转而为商，市禁则商转而为寇。禁商犹易，禁寇实难，此诚不可不亟为之虑。且使中国商货通于暹罗、吕宋诸国，则诸国之情尝联属于我，而日本之势自孤。日本动静虚实，亦因吾民往来诸国，侦得其情，可谓先事之备”。[1]

随着战事的消停，海禁也渐趋松弛，直至废止。或者说，沿海商人可以合法地前往东西二洋贸易，但是与日本的贸易仍旧处于禁止状态。这实在是一个自相矛盾的政策，而且很难收到实效。许孚远已经察觉到这一点：“同安、海澄、漳浦、诏安等处奸徒，每年于四五月间，告给文引，驾使鸟船，称往福宁卸载北港捕鱼，及贩鸡笼、淡水者，往往私装铅硝等货，潜去倭国，徂秋及冬或来春方回。亦有藉言潮、惠、广、高等处籴买粮食，径从大洋入倭，无贩番之名，有通倭之实。”[2]

明末的徐光启在回顾这段历史时，也看到了这一点，对于开放东西二洋贸易的同时仍然禁止日本贸易颇为不解，事实上也难以做到。不仅中国商人出洋后难以控制，而且西洋商人也会乘虚而入，填补空缺。“官市不开，私市不止，自然之势也”——这是他的基本观点。他在《海防迂说》中

1 许孚远《疏通海禁疏》，《敬和堂集·抚闽稿》。

2 许孚远《疏通海禁疏》，《敬和堂集·抚闽稿》。

写道：

倭自知衅重，无由得言贡市，我边海亦真实戒严，无敢通倭者，即有之，亦渺小商贩，不足给其国用。于是有西洋番舶者，市我湖丝诸物，走诸国贸易，若吕宋者，其大都会也。而我闽浙直商人，乃皆走吕宋诸国，倭所欲得于我者，悉转市之吕宋诸国矣。倭去我浙直路最近，走闽稍倍之，吕宋在闽之南，路迂回远矣，而市物又少，价时时腾贵，湖丝有每斤价（白银）至五两者。其人未能一日忘我贡市也。[1]

因此在他看来，既然开放东西二洋贸易，却要把日本作为例外而继续禁止，是不合时宜的，开通与日本的民间贸易，是合乎世界潮流之举，而且对双方都有好处：

向者固云官市不通私市不止矣，必明与之市，然后可以为两利之道，可以为久安之策，可以税应税之货，可以禁应禁之物。论者徒恐贡市往来，导之入寇，不知入寇与通市两事也，来市则予之，来寇则歼之，两不相妨也。必绝市而后无入寇，必日本通国之中无一人识中国之海道者然后可，此必无之理也。绝市而

1 徐光启《海防迂说》，《徐文定公集》卷四。

可以无入寇，必日本通国之中并丝帛、瓷器、药品诸物悉屏去不用然后可，又必无之理也。[1]

徐光启与进入中国的耶稣会士有深入的交往，对世界大势了然于胸，说得有理有节。日本所需中国商品，通过月港、澳门、台湾、马尼拉等渠道，源源不断运入，海禁已经没有实际意义。

4. 月港贸易合法化与广中事例

隆庆元年（1567）福建巡抚题准的“许贩东西诸番”，具体是指在漳州府的月港开放海禁，允许民间商人出海往东西二洋贸易。与之配套的是，把月港镇升格为海澄县，在此设立海关（当时称为督饷馆），对进出口货物征收关税（当时称为商税），使得以往的走私贸易转化为合法贸易。这种税收，包含引税、水饷、陆饷。

民间出海贸易的船只，必须由政府核准后颁发“船引”，这种船引的税收，叫做“引税”。东西洋船每张船引抽取引税白银三两（后增至六两），中国台湾鸡笼（即基隆）、淡水船每张船引抽取引税白银一两（后增至二两）。

水饷是对出口货物征收的商税，由船商缴纳。为了简便起见，按照船只大小，即按照可能装载货

1 徐光启《海防迂说》，《徐文定公集》卷四。

物的数量，制定固定的税则：西洋船面阔一丈六尺以上，每船征收水饷白银五两（面阔每多一尺，加银五钱）；东洋船稍小，征收西洋船的十分之七；鸡笼、淡水船更小，船面阔一尺，征水饷银五钱。

陆饷是对进口货物征收的商税，由铺商缴纳。按照货物数量与价值制定税则，如胡椒、苏木等货价值白银一两者，征收陆饷白银二分。

此外还有加增饷。月港商船前往吕宋销售中国货物，返回时大多不载货物，而是一船白银货币，难以征收陆饷，政府另设一种特别税，叫做“加增饷”，每船缴纳白银一百五十两（后减为一百二十两）。[1]

李庆新认为：“从隆庆元年‘准贩东西二洋’，到万历年间，月港对外贸易50余年，形成有地方特色的管理体制，在明后期福建社会经济发展与对外关系中发挥重要作用。首先，为福建地方军饷以及财政开辟了大笔可靠来源。万历三年开征引税时，税额6 000两。万历四年至十一年，税收累增至2万余两。万历二十二年，税饷达2.9万余两。其次，月港税制也体现了明中后期税收制度从实物税制向货币税制转变的历史趋势，其税收结构也为清代外贸税收提供若干制度准备。此外，月港开海适应了明后期福建社会经济发展的要求，为漳泉民众出海贸易提供一条合法渠道。福建商民正是利用这

1 张燮《东西洋考》卷七《饷税考》。

一通道，大规模出海经商贸易，移居南洋、日本，不仅在华商中一枝独秀，而且是南海贸易强劲的海商势力。这恐怕是‘月港体制’最值得称道的客观效应。”[1]

月港贸易的意义并不局限于福建一地发展了地方经济、增加了多少税收，它的意义带有全局性——最高当局第一次批准民间商人可以出海，可以与外商贸易，否定了沿用达二百年之久的海禁政策，在漳州月港撕开了一个大大的缺口。此后，海外贸易的蓬勃发展带动了沿海地区经济繁荣，从侧面证实了这样一个道理，在全球化的大航海时代，开放海禁是唯一可取的选择。统治者意识到了这一点，但是在付出了沉重的代价之后。

而广东地方当局似乎更早认识到这一点，在民间海外贸易方面采取逾越海禁的灵活政策，这就是所谓“广中事例”。当年王直接受招抚时所写的《自明疏》就明确提出，在浙江沿海采用“广中事例”:“如皇上慈仁恩宥，赦臣之罪，臣效犬马微劳，驰驱浙江定海外长涂等港，仍如广中事例，通关纳税，又使不失贡期。”[2]可见“广中事例”的本质就是“通关纳税”，变私贩为公贩。

早在嘉靖八年（1529），广东巡抚林富就提出“通市舶”的建议，其主旨与几十年后福建巡抚涂泽民“准贩东西二洋”是一致的。他指出了四大

1 李庆新《明代海外贸易制度》，社会科学文献出版社，2007年，第343—344页。

2 王直《自明疏》，《倭变事略》卷四《附录》。

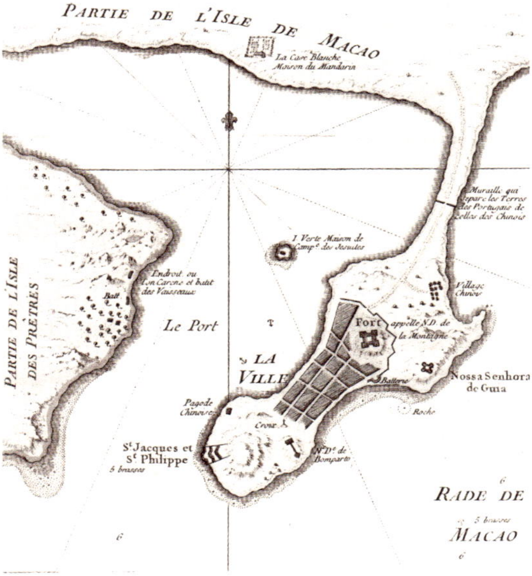

▼ 明代澳门示意图

好处：一、番夷朝贡之外，抽解具有则例，足供御用；二、除抽解外，即充军饷，今两广兴兵连岁，库藏日耗，藉此可以充羡，而备不虞；三、广西一省，全仰给于广东，今小有征发，即措办不前，虽折俸椒木，久已缺乏，科扰于民，计所不免，查得旧番舶通时，公私饶给，在库番货旬月可得银两数万；四、贸易旧例，有司择其良者，如价给之。其次资民买卖，故小民持一钱之货，即得握椒，展转交易，可以自肥。广东旧称富庶，良以此耳。[1]

广东的情况有一些特殊，澳门已经成为葡萄牙

1 黄佐《代巡抚通市舶疏》,《黄泰泉先生全集》卷二十。按：此处巡抚指林富。

的通商口岸，不在海禁政策制约的范围。因此广东籍官员庞尚鹏提议，不再纠缠于“禁”与“通”的争论，而是提出管理措施：“自后番舶入境，仍泊往年旧澳，照常贸易。无失其关市岁利。”[1]另一广东籍官员霍与瑕谈到了闽浙沿海由于倭患，外商船舶大量云集广东所带来的问题：“近日闽浙有倭寇之扰，海防峻密，凡番夷市易皆趋广州。番船到岸，非经抽分不得发卖。而抽分经抚巡海道行移委官，动逾两月。番人若必抽分乃得易货，则饿死久矣。”因此他提出“恤海商”的主张：“大易有之，惟能容民，即所以畜众。今能恤海商，即所以固海防也。”[2]

因此，广东和浙江、福建不同，海禁最为松弛，出现了变通灵活的“广中事例”。李庆新说：“明中叶广东海外贸易制度转型，主要体现在三方面：一是商舶‘抽分’的出现以及税收结构的改变，区分贡舶、商舶已经没有太大意义；二是葡萄牙人在争议声中最终获允在澳门居留贸易，澳门与广州形成广东贸易管理体系的‘二元中心’结构；三是一些新贸易组织的出现。时人把这些新制度称为‘广中事例’。”[3]

“广中事例”为民间的海外贸易开创了一个新局面，与月港贸易遥相呼应，营造了东南沿海前所未有的繁荣景象。

1 庞尚鹏《题为陈末议以保海隅万世治安事》，《皇明经世文编》卷三百五十七。

2 霍与瑕《上潘大巡广州事宜》，《皇明经世文编》卷三百六十八。

3 李庆新《明代海外贸易制度》，第253页。

对外开放带来的繁荣景象，使人们对于“开洋禁”的认识与时俱进。明末官员傅元初的奏疏，反映了舆论界的共识，是一篇难得的好文章，转录于下，以飨读者。

（崇祯十二年）三月，给事中傅元初请开洋禁，利归公家。疏言：窃见中国之材，天产地毛，悉以供西北边之用，出不复反。兼今军需孔急，徒求之田亩，加派编户，此亦计无如何也。然利害有宜剖晰，时势有宜变通，有闭乃酿隐祸，而开足杜奸萌者，则有如闽中之洋禁，曾奉明旨。然臣闽人也，谨查先臣何乔远曾有疏议，谨详其概，则又未始不可采行者，臣请得按论之。

万历年间，开洋市于漳州府海澄县之月港，一年得税二万有余两，以充闽中兵饷。至于末年，海上久安，武备废弛，遂致盗贼劫掠，兼以红毛番时来抢夺船货，官府以闻，朝廷遂绝开洋之税。然语云：海者，闽人之田也。海滨民众，生理无路，兼以饥馑荐臻，穷民往往入海从盗，啸聚亡命。海禁一严，无所得食，则转掠海滨，男妇束手受刃，子女银物尽为所有，其为害尤酷。近虽郑芝龙就抚之后，屡立战功，保护地方，海上颇见宁静。而历稽往事，自王直作乱以至于今，海上固未能一日无盗，特有甚不甚耳。

海滨之民，惟利是视，走死地如鹜，往往至海外瓯脱之地曰台湾者，与红毛番为市。红毛业据之以为窟穴，自台湾二日夜可至漳、泉内港，而吕宋、佛郎机之裔，见我禁海，亦时时私至鸡笼、淡水之地，与奸民阑出者市货。其地一日可至台湾，官府即知之而不能禁，禁之而不能绝，徒使沿海将领奸民坐享洋利，有禁洋之名，未能尽禁洋之实，此皆诸乡之大可忧者。

即当事者谈海上事，亦未详悉以生利弭害之计告于我皇上。臣若知而不言，谊所不敢出也。

盖海外之裔，有大西洋，有东洋。大西洋，则暹逻、柬埔诸国道。其国产苏木、胡椒、犀角、象牙诸货物，是皆中国所需。而东洋则吕宋，其裔佛郎机也，其国有银山，裔人铸作银钱独盛。中国人若往贩大西洋，则以其产物相抵；若贩吕宋，则单得其银钱。是两裔者，皆好中国绫段杂缯。其土不蚕，惟藉中国之丝，到彼能织精好段匹，服之以为华好。是以中国湖丝百斤值银百两者，至彼得价二倍。而江西磁器，福建糖品、果品诸物，皆所嗜好。佛郎机之裔，则我人百工技艺有挟一器以往者，虽徒手无不得食，民争趋之。永乐间，先后招徕东、西两洋，入贡之裔，恭谨信惧，与狡悍不同。至若红毛番一种，其裔名加多巴，与佛郎机争利不相得，曩经抚臣虽大创，初未尝我怨，一心通市，据在台湾。自明禁绝之，而利乃尽归于奸民矣。夫利归于奸民，而使公家岁失二万余金之饷，犹可言也；利归于奸民，而使沿海将领、不肖有司以为奇货，掩耳盗铃，利权在下，将来且有不可言者。窃谓洋税不开，则有此害，若洋税一开，除军器、硫磺、焰硝凡违禁之物不许贩卖外，听闽人以其土物往，他如浙直丝客、江西陶人各趋之者，当莫可胜计，即可复万历初年二万余金之饷以饷兵。或有云至五六万，即可省原额之兵饷，以解部而助边，一利也。沿海贫民多资以为生计，不致饥寒困穷而为盗，二利也。沿海将领等官不得因缘而为奸利，而接济勾引之祸可杜，三利也。

倘以此可采，则今日开洋之议，洋税给引，或仍于海澄县之月港，或开于同安县之中左，所出有定引，归有定湾，不许窜匿他泊。即使漳、泉两府海防官监督稽查，而该道为之考核，岁报其饷于抚臣，有出二万余之外者，具册报部，以凭吊用，是又一利也。

窃考有宋之季，市舶司实置在泉州，载在旧制可考。其时郡守诸臣，有为海舶祈风之诗，此亦前事之可据者。广东香山澳亦见有税额，闽、广一体耳。此非臣一人之言，实闽省之公言也。伏乞敕下闽省抚按，查详禁果否无害有利，广询泉、漳士民，著为一定之规，庶奸利可杜，兵饷可裕矣。[1]

1 孙承泽《山书》卷十二《开洋之利》，《明末清初史料丛刊》，浙江古籍出版社，1989年。

第二章

卷入全球化贸易的浪潮

“全球化”一词，早已成为现在的时髦话语。也许是缺乏历史眼光，当代人有一种错觉，以为“全球化”是当今世界的新现象。其实不然。德裔美国学者弗兰克（Andre Gunder Frank）尖锐地批评道：“近来流行的一种说法是，世界经济只是到现在才开始‘全球化’。”[1]他写的引起巨大反响的《白银资本》一书，副标题就是“重视经济全球化中的东方”，而他所讨论的时间段是1500—1800年，在他看来，在这几个世纪中已经存在“经济全球化”。他比沃勒斯坦（Immanuel Wallerstein）、布罗代尔（Fernand Braudel）更明确地认定，从地理大发现到工业革命之前的时代，已经是经济全球化的时代。

▼ 沃勒斯坦（1930—2019），美国耶鲁大学高级研究员，著名历史学家，社会学家，西方马克思主义的重要代表人物。沃勒斯坦是“世界体系”理论的创始人，他在四卷本专著《现代世界体系》中集中阐述了其“世界体系”理论。

▼ 布罗代尔（1902—1985），法国历史学家，年鉴学派第二代代表人物。代表作有《地中海与菲利普二世时代的地中海世界》《法国经济社会史》《15至18世纪的物质文明、经济和资本主义》《资本主义论丛》等。

这并非他的独创。美国学者罗伯特·基欧汉（Robert O. Keohane）和约瑟夫·奈（Joseph S. Nye）在他们的论著——《全球化：来龙去脉》中，对“全球化”作出了具有历史纵深感的分析：“全球性因素是指世界处于洲际层次上的相互依存的网络状态。这种联系是通过资本、商品、信息、观念、人员、军队，以及与生态环境相关的物质（如酸雨、病原体）的流动及其产生影响而实现的。”“我们认为，全球性因素是一种古已有之的现象。而全

1 弗兰克著，刘北成译《白银资本——重视经济全球化中的东方》，中央编译出版社，2008年，第53页。

球化，不论过去还是现在，都是指全球因素增加的过程。”[1]

弗兰克的特殊贡献在于，批判了沃勒斯坦、布罗代尔“世界体系”的欧洲中心论。他认为，1500—1800年的“经济全球化中的东方”是世界经济的中心，换言之，当时的经济中心并不在欧洲。他写道：

> 在1800年以前，欧洲肯定不是世界经济的中心。无论从经济分量看，还是从生产、技术和生产力看，或者从人均消费看，或者从比较“发达的”“资本主义”机制的发展看，欧洲在结构上和功能上都谈不上称霸。16世纪的葡萄牙、17世纪的尼德兰或18世纪的英国在世界经济中根本没有霸权可言……在所有这些方面，亚洲的经济比欧洲“发达”得多，而且中国的明—清帝国、印度的莫卧尔帝国，甚至波斯的萨菲帝国和土耳其奥斯曼帝国所具有的政治分量乃至军事分量，比欧洲任何部分和欧洲整体都要大得多。[2]

他特别强调，在1500—1800年，“整个世界经济秩序当时名副其实地是以中国为中心的”，因为，“外国人，包括欧洲人，为了与中国人做生意不得不向

1 罗伯特·基欧汉、约瑟夫·奈著，陈昌升译《全球化：来龙去脉》，《国外社会科学文摘》2000年第10期。

2 弗兰克著，刘北成译《白银资本——重视经济全球化中的东方》，第5页。

中国人支付白银，这也确实表现为商业上的‘纳贡’”；“‘中国贸易’造成的经济和金融后果是，中国凭借着在丝绸、瓷器等方面无与匹敌的制造业和出口，与任何国家进行贸易都是顺差。因此，正如印度总是短缺白银，中国则是最重要的白银净进口国，用进口美洲白银来满足它的通货需求。美洲白银或者通过欧洲、西亚、印度、东南亚输入中国，或者用从阿卡普尔科出发的马尼拉大帆船直接运往中国”。[1]

欧洲大约在1300年开始了商业革命，两个世纪后，海外探险蔚然成风，西班牙和葡萄牙都想在东方贸易中抢占先机。航海探险以及随之而来的殖民帝国，所产生的后果几乎是难以估量的。首先是，使得以往局限于狭窄范围的地中海贸易扩展为世界性事业，航海大国的商船首次航行于“七大洋”（西方人的习惯说法）；其次是，商业贸易的数额和消费品的种类大量增长，出现了历史上第一次经济全球化。对于中国而言，影响也是巨大而深远的，一言以蔽之，就是把封闭的“天朝”卷进了全球化贸易浪潮之中。

◤ 地理大发现后，欧洲亦有“五大洲七大洋”之说，与现在我们习知的“五大洲四大洋”说法不同。“七大洋”包括北太平洋、南太平洋、北大西洋、南大西洋、印度洋、北冰洋、南极洋。

1　弗兰克著，刘北成译《白银资本——重视经济全球化中的东方》，第110、107、108页。

一　新航路发现与葡萄牙人东来

1. 寻找通往印度的航路

15世纪的最后二十五年，寻找通往印度的航线，成为葡萄牙海外政策的主要目的。迪亚士（Bortholomew Diaz）奉命率领三艘帆船，于1487年8月离开里斯本，从海上探寻通往印度的道路。1488年底，迪亚士回到里斯本，带回了环绕非洲大陆顺利航行和打开通往印度的消息，坚定了国王约翰二世进一步探险的决心。1496年12月，新国王曼努埃尔一世在御前会议上提出继续探险的打算。1497年7月，瓦斯科·达·伽玛（Vasco Da Gama）率领四艘帆船，由里斯本启航，几个月后，在好望角附近的海岸登陆，然后沿着非洲海岸航行到东非的马林迪，再由马林迪越过印度洋抵达印度西海岸的港口。达·伽玛采购了印度的珍珠、胡椒、棉布等商品，满载而归，巨额利润高达资本的60倍。四年之后，达·伽玛再次率领船队来到印度，带来的资本约值240万法郎，带回去的货物变价到1 200万法郎。1499年7月10日，达·伽玛返回里斯本。他所探寻的新航路使得欧洲人持续一百年的努力，终于获得回报，使得葡萄牙奠定了在东方的基础。[1]

16世纪初，葡萄牙人占领了印度西海岸的

1 参见波特《新编剑桥世界近代史》第一卷，中国社会科学出版社，1999年，第562—567页。

大航海图

贸易港口果阿（Goa）、东西洋交通咽喉马六甲（Malacca，《明史》称为满剌加），以及号称香料群岛的美洛居群岛（Moluccas Islands）。

明朝与马六甲有着悠久的交往历史。1403年明成祖派遣使节到此，马六甲统治者于1405年和1407年派遣使节，向明朝皇帝进献贡品，要求明朝承认他的国家为明朝的藩属。郑和下西洋时曾经访问马六甲，双方之间缔结松弛的政治联盟。《大明会典》记载："满剌加国，永乐三年，其酋长拜里迷苏剌遣使奉金叶表朝贡，诏封为国王，给印诰。使者言王慕义，愿同中国属郡，岁效职贡。又请封其国西山，诏封为镇国之山，御制碑文赐之。"[1]

马六甲位于马来半岛南部，当时是国际贸易的中转港，也是南洋群岛海上要冲。葡萄牙人攻占其地后，使之成为葡萄牙在东方的军事要塞与国际贸易基地，也是当时的香料集散中心。葡萄牙人由此

1 万历《大明会典》卷一百六《礼部六十四·朝贡二》。

出发，一面控制香料群岛，一面北上沟通中国。[1]

葡萄牙国王曼努埃尔一世对中国这片神奇的土地怀有极大的兴趣，1508年发出指令："要弄清中国人的情况。他们来自哪里？距离有多远？到马六甲贸易间隔时间有多长？携带什么商品？每年来往商船的数目和船的规模如何？是否在当年返回？他们在马六甲或者其他什么地方是否设有商馆和公司？他们是否很富有？性格怎么样？有没有武器和大炮？"一连串的问题，既反映了对中国的极大兴趣，也反映了对中国的一无所知。[2]

药材代理商出身的托梅·皮雷斯（Tome Pires）1512年到达马六甲，在葡属印度总督手下任商馆秘书、会计师兼药材管理官。他在马六甲四处搜集情报，编成《东方诸国记》，呈献给葡萄牙国王，为东方决策提供依据。看看1515年葡萄牙人笔下的中国，是饶有兴味的事。书中写道：

> 中国不以掠夺他国为荣，看来中国无疑是一个重要的、乐善不倦且又十分富饶的国家。
>
> 中国输出的大宗商品为本色湖丝，数量甚巨；大量散装的彩色丝绸，各种颜色的缎子，五颜六色带格子图案的"恩罗拉多斯"锦缎，塔夫绸与薄如蝉翼的纱（xaas），以及其他各种五彩缤纷的丝绸……上述这些帆船自中国航

1 参见梁嘉彬《〈明史稿·佛郎机传〉考证》，《明史论丛》之七《明代国际关系》，台北学生书局，1968年，第8—10页。

2 万明《明代中葡两国第一次正式交往》，《中国史研究》1997年第2期。

海抵达马六甲后，中国人无须交纳关税。

（中国人从马六甲运回的）大宗商品为胡椒——中国人每年要购买十船胡椒，如果能有许多胡椒运往中国的话——丁香、少量的肉豆蔻，一些木香和儿茶。中国人还大量购买薰香、象牙、锡、药用芦荟、堆积如山的婆罗洲樟脑、红色的烧珠、白檀、苏木、不可悉数的新加坡出产的乌木、为数甚巨的坎贝红玛瑙、鲜红色的羽纱以及彩色的羊毛织品。除了胡椒之外，他们对所有其他商品都不太重视。[1]

这些具体而细致的描述，较之先前的一无所知，有了很大的进步。这位当时的中国通，被国王委任为第一任使节出使中国，两者的相遇会碰出什么样的火花，是耐人寻味的。相映成趣的是，当时中国人对他们的了解是影影绰绰的，从统称他们为“佛郎机”这点来看，就显得模模糊糊。对海外事务有所研究的郑若曾这样写道：“刑部尚书顾应祥云：佛郎机，国名也，非铳名也。正德丁丑（十二年，1517）予任广东佥事，署海道事，蓦有大海船二只，直至广城怀远驿，称系佛郎机国进贡，其船主名甲必丹。人皆高鼻深目，以白布缠头，如回回打扮。即报总督陈西轩公金，临广城，以其人不知礼，令于光孝寺习仪三日而后引见。

1 皮雷斯著，夏茂译《1515年葡萄牙人笔下的中国》，《中外关系史译丛》第4辑，上海译文出版社，1988年，第274—289页。

明东南亚航海示意图（《东西洋航海图》局部）

查《大明会典》并无此国入贡，具本参奏，朝廷许之起送赴部。”[1]

以上所说，就是1517年（正德十二年）由一支葡萄牙舰队载着使臣托梅·皮雷斯在广州城外的珠江抛锚下泊，请求通使之事。在《明实录》中留下了记录：“佛郎机国差使臣加必丹末等贡方物请封，并给勘合。广东镇抚等官以海南诸番国无所谓佛郎机者，又使者无本国文书，未可信，乃留其使

1　郑若曾《经略三》，《筹海图编》卷十三。梁嘉彬《〈明史稿·佛郎机传〉考证》指出：此处所谓“船主甲必丹”，即葡语Capitao Mov之译音，意为船主，并非人名。“船主甲必丹”云云，语义重复。

者以请。下礼部议处，得旨：令谕遣还国，其方物给与之。”[1]

这个皮雷斯很会钻营，买通广东地方官，终于获得进京的许可，在正德十五年（1520）进入北京。由于同年年底满剌加（马六甲）国王呈送的求救公文到达北京，明朝君臣获悉这帮佛郎机东来的意图，以及强占东莞县的屯门岛，在那里劫夺财富、掠买人口种种劣迹，便把皮雷斯遣返广州。这就是《明史·满剌加传》所说："后佛郎机强举兵侵夺其地，王苏端妈末出奔，遣使告难。时世宗嗣位，敕责佛郎机，令还其故土，谕暹罗诸国王以救灾恤邻之义，迄无应者。满剌加竟为所灭。时佛郎机亦遣使朝贡请封，抵广东，守臣以其国素不列王会，羁其使以闻，诏予方物之直遣归。”[2]葡萄牙人当然不甘心放弃对中国的贸易，径直前往福建与浙江沿海，参与走私贸易。

2. 葡萄牙人的中国贸易

英国历史学家博克瑟（C.R.Boxer）在《十六世纪的华南》（*South China in Sixteenth Century*）中，如此描述这一段历史：

对于葡萄牙人来说，与中国的贸易是非常

1《明武宗实录》卷一五八，正德十三年正月壬寅。

2《明史》卷三百二十五《外国传·满剌加》。

宝贵的，不经过一场斗争就让他们放弃这一新兴的、前途无量的市场是绝对办不到的。故而在随后的三十年内，佛郎机继续游弋于中国沿海，他们有时在地方官员的默许下进行贸易，有时则完全不把地方官放在眼里。由于最初是在广东相当严厉的执行那道明王朝禁止其贸易的诏令，葡萄牙人便将自己的注意力转移向较北面的沿海省份——福建与浙江，他们在那儿隐蔽的、无名的诸岛屿及港湾内越冬。在那些暂时的居留地中，最繁盛的要数宁波附近的双屿港，以及位于厦门湾南端的浯港[1]和月港。[2]

博克瑟的说法是可信的，在中文史料中可以找到印证。当时的漳州籍官员林希元说："佛郎机之来，皆以其地胡椒、苏木、象牙、苏油、沉束檀乳诸香与边民交易，其价尤平。其日用饮食之资于吾民者，如米、面、猪、鸡之数，其价皆倍于常，故边民乐与为市，未尝侵暴我边疆，杀戮我人民，劫掠我财物。且其初来也，虑群盗剽掠累己，为我驱逐，故群盗畏惮不敢肆。"[3]走私贸易的基地，就是福建的浯屿与月港，以及浙江方面的双屿港。郑舜功说："浙海私商始自福建邓獠。初以罪囚按察司狱，嘉靖丙戌（五年）越狱，逋下海，诱引番夷私市浙海双屿港，投托合澳之人卢黄四等，私通交

1 引者按："浯港"即"浯屿"，今称金门。

2 博克瑟著，钱江译《佛郎机之东来》，《中外关系史论丛》第4辑，上海译文出版社，1988年。

3 林希元《与翁见愚别驾书》，《林次崖先生文集》卷五。

易。嘉靖庚子（十九年）继之许一、许二、许三、许四勾引佛郎机国夷人，络绎浙海，亦市双屿、大茅等港，自此东南衅门始开矣。嘉靖壬寅（二十一年）宁波知府曹诰以通番船招致海寇，故每广捕接济通番之人，鄞乡士夫尝为之拯救，知府曹诰曰：'今日也说通番，明日也说通番，通得血流满地方止。'明年，邓獠等寇掠闽海地方，浙海寇盗亦发。海道副使张一厚，因许一、许二等通番致寇，延害地方，统兵捕之。许一、许二等敌杀得志，乃与佛郎机夷竟泊双屿，伙伴王直，于乙巳岁（二十四年）往市日本……”[1]

葡萄牙人从1524年起，在中国东南沿海闽浙一带进行贸易，他们活动的地域——宁波外海的双屿岛，是远近闻名的走私贸易据点。它孤悬海外，岛民早在明初已经内迁，长期无人居住，极有利于走私贸易。许栋（许二）、李光头（李七）、王直等，以此为据点，进行走私贸易。葡萄牙人贸易之余，在那里栖息越冬，许栋、王直从葡商手中买进各种番货，转手倒卖，还从他们那里购买先进的武器，装备自己的船只，用来对付官军。从1524年到1547年，葡商在双屿岛上建造了千余座房屋，设立了市政厅、教堂、医院、慈善堂，居民达3 000人，其中葡萄牙人1 200人，其余是各国的天主教徒。当时的走私贸易十分兴旺，以致形成港口拥堵不堪

1 郑舜功《海市》,《日本一鉴：穷河话海》卷六。

的景象。据说葡萄牙人每年在双屿岛的交易额达到300万葡元以上，绝大部分交易用日本银锭作为支付手段，交易的商品主要是中国的丝绸、瓷器、棉布、粮食，以及从东南亚运来的胡椒等土特产。因此之故，双屿岛一时号称葡属东方殖民地最富庶的商埠。[1]西方史家龙思泰（Anders Ljungstedt）说：“在其繁荣兴旺的日子里，双屿成为中国人、暹罗人、婆罗洲人、琉球人等等的安全地带，使他们免遭为数众多、横行于整个海域的海盗之害。这个地方向来繁华，但自1542年（嘉靖二十一年）起，由于对日本贸易而变得特别富庶。其地有两座教堂、一座市政厅、两家医院，以及超过1 000幢的私人房屋。尽管这里属中国管辖，但实际上由一个自治市政机构统治着，这个机构由行政司法官、审计官、法官、市议员以及其他六七种官员组成。”[2]

这种繁荣状况仅仅持续了几年，嘉靖二十六年（1547）朱纨巡抚闽浙，为了消除倭患，调集军队把双屿岛的走私贸易据点彻底捣毁，随后又有漳州的走马溪之战，葡萄牙商人不得不从浙闽沿海退回到广东。

这一时期最值得注意的事当属王直引导葡萄牙商人前往日本。据日本文献《铁炮记》记载，天文十二年即嘉靖二十二年（1543），一艘从中国驶来的大型船舶，抵达九州东南部的大隅半岛南面的种

1 参见张天泽《中葡早期通商史》，香港中华书局，1988年，第87—88页。亦见陈炎《海上丝绸之路与中外文化交流》，北京大学出版社，1986年，第188页；黄庆华《早期中葡关系与澳门开埠》，《史学集刊》1997年第4期。

2 龙思泰著，吴义雄译《早期澳门史》，东方出版社，1997年，第5页。

子岛，船上一百多名船员服装与语言都很奇特。其中有一名大明儒生，名叫五峰，以沙滩当纸，与当地人笔谈，介绍这些人是“西南蛮种之贾胡”。[1]所谓大明儒生五峰，就是大名鼎鼎的五峰船主王直。此举的意义非同小可，从此开启了中、葡、日三边贸易的新格局。日本文献《大曲记》说：“有个名叫五峰的从大唐来到平户津，住在现在的印山邸址修建的中国式房屋。他（指平户领主松浦隆信）利用了五峰，于是大唐商船来往不绝，甚至南蛮的黑船也开始驶来平户津。大唐和南蛮的珍品年年充斥，因而京都、堺港等各地商人，云集此地，人们称作西都。”[2]

广东方面的情况稍好一些。由于广东方面对佛郎机“悉行禁止”，导致“番舶几绝”，对广东经济造成负面影响。嘉靖八年（1529）新任广东巡抚林富向朝廷请求重开广东海禁，允许佛郎机互市，指出有四大好处：一是“番夷朝贡之外，抽解俱有则例，足供御用”；二是“借此可以充羡，而备不虞”；三是“查得旧番舶通时，公私饶给，在库番货旬月可得银两数万”；四是“小民持一钱之货，即得握椒，辗转交易，可以自肥”。[3]朝廷批准了林富的奏请，从此形成了广东的特殊政策——“广中事例”。《明史·佛郎机传》说：“自是，佛郎机得入香山澳为市。”

1 参见洞富雄《铁炮——传入及其影响》，思文阁出版，1991年，第463—464页。亦见松浦章《中国的海商和海贼》，山川出版社，2003年，第50—51页。

2 木宫泰彦著，胡锡年译《日中文化交流史》，商务印书馆，1980年，第618页。

3 黄佐《代巡抚通市舶疏》，《黄泰泉先生全集》卷二十。

3. 从香山澳到濠镜澳

所谓香山澳，就是位于香山县的港湾——浪白澳。广东地方当局规定，东南亚国家的商船在广州附近的洋澳“驻歇”，等候官府的处理。暹罗、占城等国的商船在香山县的浪白等洋澳以及邻近的一些洋澳，等待官员前来抽税，然后与中国商人进行交易。于是浪白澳便成了最为繁忙的交易地点。晚明学者王士性如此描绘道：“香山嶴，乃诸番旅泊之处，海岸去邑二百里，陆行而至，爪哇、渤尼、暹罗、真腊、三佛齐诸国俱有之。其初止舟居，以货久不脱，稍有一二登陆而拓架者，诸番遂渐效之。今则高居大厦，不减城市，聚落万头。”[1]但是浪白澳的地理条件并不理想，一是它距离广州太远，常有海盗出没；二是此地过于荒僻，缺乏经商所需的基本生活保障。因此，外商逐渐把位于珠江口的濠镜澳作为理想的交易场所。

濠镜澳是澳门的别名，它成为中外贸易的一个口岸，据说是负责广东沿海事务的都指挥使黄庆接受葡萄牙人贿赂的结果。中文书籍记载澳门史事最早最详的《澳门纪略》写道：“嘉靖十四年（1535），都指挥黄庆纳贿，请之上官，移泊口于壕镜，岁输课二万金。澳之有蕃市自黄庆始。”[2]这一说法似乎源于《明史》，该书写道：“佛郎机遂纵横海上无所

1 王士性《广志绎》卷四《江南诸省·广东》。

2 印光任、张汝霖《澳门纪略》上卷《官守篇》。

忌，而其市香山澳、壕镜者，至筑室建城，雄踞海畔，若一国然。将吏不肖者，反视为外府矣。壕镜在香山县南虎跳门外。先是，暹罗、占城、爪哇、琉球、渤尼诸国互市俱在广州，设市舶司领之……嘉靖十四年，指挥黄庆纳贿，请于上官，移至壕镜，岁输课二万金，佛郎机遂得混入……闽粤商人趋之若鹜，久之，其来益众，诸国人畏而避之，遂专为所据。”[1]《明史》的说法过于含糊其词，实际上嘉靖十四年以后葡萄牙人只是获得了与东南亚各国商人同等的权利，可以在濠镜泊船与经商。博克瑟《佛郎机之东来》说得较为确切：关于在澳门本岛定居之起源已有诸多论述，但迄今未有明确的定论。正如我们某些耶稣会士于1555年在该岛写的那些信件中所知道的那样，在1557年之前，葡萄牙人无疑已经常出入于该地。[2]

关于葡萄牙人入居澳门的时间，以往学者大多依据万历《广东通志》的说法："嘉靖三十二年舶夷趋壕镜者，托言舟触风涛缝裂，水湿贡物，愿借地晾晒，海道副使汪柏循贿许之。时仅蓬舂数十间，后工商牟奸利者，始渐运砖瓦木石为屋，若聚落然。”[3]《澳门纪略》因此说，番人之入居澳门自汪柏始。以后学者大多信以为真。梁嘉彬认为，《澳门纪略》把此事系于嘉靖三十二年（1553）是一个错误，据他考证，汪柏借地是在嘉靖三十六

1《明史》卷三百二十五《外国传·佛郎机》。

2 参见博克瑟著，钱江译《佛郎机之东来》，《中外关系史论丛》第4辑。

3 万历《广东通志》卷六十九《番夷》。

葡萄牙殖民者把澳门建成了留居地

年（1557）。他引征葡萄牙人宾陀所说，在葡人经中国官兵数度屠逐后，只有浪白一口尚可互市，1557年葡人以惯用之贿赂方法，博得中国政府允许在濠镜筑庐，以暴晒、存储货物。梁氏还引征瑞典人龙思泰的说法，认为至1557年，葡人始得入澳。梁嘉彬的结论是：葡人入居澳门，洋人多主1557年之说，揆之情理，当亦无误。[1]近年来研究早期中葡关系史的万明，对此也有详细的考证，她认为嘉靖三十二年葡人入居澳门的说法，虽然流传至今，具有相当大的影响，却是站不住脚的；国外近年研究澳门史的专著多已采用1557年的

1　参见梁嘉彬《〈明史稿·佛郎机传〉考证》，《明史论丛》之七《明代国际关系》，第8—10页。

说法。[1]

从1557年（嘉靖三十六年）开始，葡萄牙人在澳门搭建住房，营造村落，为长久定居之计。到了1562年，澳门成为葡萄牙人在中国的唯一居留地，定居人口包括大约900名葡萄牙人，几千名从非洲、东南亚掠买来的奴隶，以及4 000名中国商民。经过几年的发展，逐渐建成了一个非常大的居留地，拥有三座教堂，一所医院，一座善堂，5 000多名基督徒。这个地方隶属于驻扎在果阿的葡萄牙印度总督，由每年从印度前往中国、日本的中日贸易船队司令管辖。每年五六月间，这支船队从印度启航前往澳门，在那里停泊十个月或一年，购入大量的中国货物，等候下一个季风，于第二年六月至八月由澳门驶往日本。澳门成为重要的贸易中转港。

此后，由于广州贸易的重新开放，每年一月和六月，外国商人可以两次到广州参加交易会，东南亚各国商人不必经由澳门径直前往广州交易，澳门逐渐成为葡萄牙人独占的商埠。葡萄牙人给它重新命名，因为当地有座供奉“阿妈”（妈祖）的天妃庙，所以把它叫做“阿妈港”或“阿妈澳”，葡文简化为Macau（英文作Macao）。据学者们研究，福建、台湾、广东一带，妈祖崇拜十分盛行。澳门所在的香山县境内，明清两代

1 参见万明《中葡早期关系史》，社会科学文献出版社，2001年，第85—87页。

至少有十一座妈祖庙。澳门民间相传，明代宪宗成化年间（1465—1487年）闽粤商贾来澳门兴建妈祖庙；或谓澳门妈祖阁的最早建筑弘仁殿建于弘治元年（1488）。1984年，澳门举行“澳门妈祖阁五百年”纪念。可见葡萄牙人入据澳门以前，澳门妈祖阁早已存在是毫无疑问的。[1]这与澳门名称的由来，有着密切的关系。瑞典人龙思泰在他的名著《早期澳门史》中如此说：

> 因在娘妈角炮台（Bar Fort）附近有一座供奉偶像的神庙，所供奉的女神成为阿妈（Ama），所以外国作家称之为“阿妈港”（Amangao, port of Ama）。1583年葡萄牙人将其命名为“神名之港”（Porto de nome de Deos）和“阿妈港”（Porto de Amacao）。这些都是“澳门”（Macao）一词的词源。[2]

这是从外国人的视角而言的。中国人另有一种说法。之所以把濠镜澳叫做澳门，是因为此地以南有十字门，人们把两者合称“澳门”；或者说濠镜澳有南台山、北台山作为门户，所以称为澳门。[3]

1 章文钦《澳门妈祖阁与中国妈祖文化》，《澳门历史文化》，中华书局，1999年，第421—426页。

2 龙思泰著，吴义雄译《早期澳门史》，第19页。梁嘉彬《〈明史·佛郎机传〉考证》谓：西人称澳门为Macao，或为北麓马蛟石之译音，或为南麓娘妈阁的译音。汤开建《澳门诸名刍议》对此作了考证，不同意马蛟石说，认为Macau一词的中文形式应是“阿妈港”或“妈港”。

3 张甄陶《澳门图说》（《小方壶斋舆地丛钞》第九帙）：“澳门在广州府香山县之东南，去县治陆路一百四十里，水路一百五十里，凡海中依山可避风，有淡水可汲曰澳。又其东有大十字门，西有小十字门，海舶由以出入，因呼曰澳门。”印光任、张汝霖《澳门纪略》：“濠镜澳之名，著于《明史》，其曰澳门，则以澳南有四山离立，海水纵横贯其中成十字，曰十字门，故合称澳门。”

二 以澳门为中心的全球化贸易

1.“东方第一商埠”——澳门

1557年葡萄牙人在中国的澳门获得了一个可靠的基地，1571年在日本的长崎得到了另一个基地。此后，这一获利颇丰的贸易便达到其鼎盛时期。正是在葡萄牙东方贸易蓬勃发展的大背景下，澳门从1580年代进入了繁荣的黄金时代，一直持续达半个多世纪。广东巡按御史庞尚鹏说：“近数年来，（夷人）始入濠镜澳筑室居住，不逾年多至数百区，今殆千区以上，日与华人相接，岁规厚利，所获不赀。故举国而来，负老携幼，更相接踵。今夷众殆万人矣。”[1]

从1561年到1580年，澳门由五百多人增长至两万多人，商业欣欣向荣，迅速向海港城市发展。到1635年，澳门已经号称“东方第一商埠”，在这里出现了中国最早的西式洋房、医院、学堂、教堂，以及早期的火炮、船舶、钟表的制造工业，都是在澳门开始的。[2]正如龙思泰所说：“葡萄牙人在印度殖民地，策划将整个贸易掌握在自己手中。他们达到了目的，在近一个世纪的时期中，独自享有许多亚洲港口与里斯本之间的通商利益。他们在澳门的不毛之地定居下来，在七八十年的时期中，独

1 庞尚鹏《区画濠镜保安海隅疏》，《百可亭摘稿》卷一。

2 陈炎《澳门港在近代海上丝绸之路中的特殊地位和影响——兼论中西文化交流和相互影响》，《海上丝绸之路与中外文化交流》，北京大学出版社，1986年，第195页。

占着中国市场……（葡萄牙）商人们大体上几乎独占了整个日本、亚洲与欧洲的贸易而洋洋得意。”[1]

澳门逐渐成为沟通东西方经济的重要商埠，不仅是晚明中国对外贸易的重要通道，而且是葡萄牙—印度—中国—日本贸易航线的重要枢纽，对于葡萄牙人而言，这是一条十分有利可图的航线。原因是显而易见的：第一，由于东南沿海的倭患，中日之间的正常贸易中断，使得葡萄牙人长期处在独占中日贸易的优越地位；第二，葡萄牙人可以通过澳门这个窗口，直接从中国内地大批采购生丝、丝绸等中国特产，这些中国特产极受日本欢迎，可以在日本高价出售；第三，中国以白银为通货，银价较高，日本盛产白银，又以黄金为通货，白银对黄金的比价远低于中国，葡萄牙人可以利用金银的差价，用中国的黄金以及其他货物换取廉价的日本白银，再用日本白银购买中国货物，转手倒卖给日本，获取巨利；第四，欧洲同样酷爱中国的丝绸、瓷器，以及其他远东特产，从澳门经由印度运回葡萄牙出售，获得丰厚的利润。[2]

有鉴于此，葡萄牙人以澳门为中心，来安排远东的贸易活动。每年五六月间，他们乘坐中日贸易船队司令指挥的大帆船，顺着夏季的西南季风，从果阿启航。这种大帆船载重量为600—1 600吨，载客量为500—600人，船上装载胡椒、苏木、象牙、

1 龙思泰著，吴义雄译《早期澳门史》，第100页。

2 参见费成康《澳门四百年》，上海人民出版社，1988年，第43—44页。

17世纪在日本长崎海域航行的葡萄牙克拉克帆船（日本屏风图）

檀香等印度特产，以及产于美洲经里斯本辗转运来的白银货币。在抵达澳门的近一年时间里，他们把船上装载的白银和货物，都换成中国的生丝、丝绸、黄金、铅、锡、水银、糖、麝香、茯苓、棉纱、棉布等货物。第二年初夏，他们乘着季风前往日本。起初入泊于平户、横濑浦、福田浦等口岸，从1570年开始，长崎成为葡萄牙对日贸易的固定商埠。在日本，他们把生丝、丝绸、黄金等中国货以高昂的价格迅速脱手，然后带着大量日本白银与少量日本货，乘着同年秋天的季风返回澳门。抵达澳门后，他们用日本白银大量收购中国生丝、丝绸、瓷器以及其他商品，在第三年秋天，乘着季风返回印度果阿。这样形成的每一个环节：果阿—澳门，澳门—长崎，长崎—澳门，澳门—果阿，都可以赚很多钱，整个过程可以赚取十多万块金币（相当于十多万西班牙银币比索）。[1]

就这样，中国卷入了全球化的远洋贸易之中，西方学者把它概括为“丝—银对流”，这种特征此时已经初露端倪。17世纪末的苏萨（Fariay Sousa）在《葡萄牙的亚细亚》一书的“澳门”条写道：这里是中华帝国最繁盛的港口，葡萄牙人独家经营，每年5 300箱丝织物，每个净重12盎司的金条3 200个，七筐麝香、珍珠、砂糖、瓷器。要之，丝织物、黄金、瓷器等是中国运往欧洲的主要货物。为此，葡萄牙人向中国输入的是南洋特产和欧洲的毛织物，以及印度的琥珀、珊瑚、象牙、白檀、银币，更多的是胡椒。著名的《林斯霍顿旅行记》，在《1582年里斯本出发》一节中所写的银币，就是墨西哥铸造的西班牙银圆，是当时欧洲以国际信用而流通的货币。这些银币经由印度、南洋流入中国，这种趋势一直延续到明末。一份1637年的文书说，从墨西哥经过菲律宾流入中国的白银数量巨大，不仅如此，从墨西哥走私到西班牙的白银，转移到英吉利人、法兰西人、荷兰人、葡萄牙人之手，然后再由葡萄牙人输送到印度，最后流向白银的集中地中国。另一方面，由于中国的丝绸向日本输送，每年因此流向中国的白银有二百多万两。百

1 参见费成康《澳门四百年》，第44—45页。

濑弘说，从1557年葡萄牙人得到澳门贸易的许可，一直到1640年，将近一个世纪，葡萄牙独占了欧洲与中国间、日本与中国间、南洋与中国间的多边贸易，从而获得巨额商业利润。1607年在西班牙—葡萄牙的首都马德里的大官会议上，某官员在谈及澳门贸易时指出，在今日状态之下，以下一事究竟对我帝国有利还是不利？应该慎重考虑，那就是：为了从那个地方输送来不太重要的货物，每年送往印度数以百万计的西班牙银圆。所谓向印度运去数以百万计的西班牙银圆或许过于夸张，但是其中的半数流入了中国则是毫无疑问的。[1]

以澳门为中心的转口贸易，把中国卷入全球贸易的网络之中。澳门成为沟通东西方经济的重要国际商埠，葡萄牙人操纵了以澳门为中心的几条国际航线。

2. 澳门—果阿—里斯本之间的远程贸易

葡萄牙人的大帆船把中国的生丝、丝织品、黄金、铜、水银、麝香、朱砂、茯苓、瓷器等货物，从澳门运往果阿，再由果阿运往里斯本。其中数量最多的货物首推生丝，1580年至1590年，从澳门运往果阿的中国生丝3 000担，价值白银240 000两，利润白银360 000两；1636年从澳门运往果阿

1 参见百濑弘《明代中国的外国贸易》，《明清社会经济史研究》，东京研文出版，1980年，第16—17页，第44—49页。

的生丝6 000担，价值白银480 000两，利润白银720 000两。从果阿运回澳门的货物，有白银、胡椒、苏木、象牙、檀香等，而以白银为大宗，即以1585年至1591年为例，用生丝和其他货物换回澳门的白银达90万两。这些白银是墨西哥、秘鲁出产的，由西班牙、葡萄牙商人运至塞维利亚和里斯本，再从那里运往果阿，以致当时的马德里商人说：葡萄牙人从里斯本运往果阿的白银，几乎全部经由澳门流入中国了。17世纪，一艘葡萄牙商船从澳门驶向果阿，装载的货物中，数量最大的是生丝与丝织品，其中有白丝1 000担，各色丝绸10 000—12 000匹。每担白丝在澳门的售价仅为白银80两，运到果阿后的售价高达白银200两，利润率达250%。此外还有大量染色的生丝与瓷器运到欧洲，利润率高达100%至200%。葡萄牙商人在这种远程贸易中的利润是惊人的。[1]

中国台湾学者李隆生的研究表明，葡萄牙船只载运木材、深红色衣料、水晶和玻璃制品，每年4月或5月离开果阿前往澳门，中途常在马六甲停留，把部分货物换成香料、苏木、鲨鱼皮、鹿皮，如果赶得上季风，可于同年6月至8月间抵达澳门。从澳门返航的船只，装载中国的丝货、麝香、珍珠、瓷器等商品，抵达果阿时，一部分商品在印度当地销售；一部分运到霍尔木兹，供应阿拉伯世界；一

1 参见全汉昇《略论新航路发现后的海上丝绸之路》，《历史语言研究所集刊》第五十七本第二分，同时刊载《近代中国史研究通讯》第2期。并参见万明《中葡早期关系史》，第152页。

部分运到里斯本，供应欧洲市场。1600年前后，每艘由澳门驶往果阿的葡萄牙商船，载运的货物中，生丝占商品总价值的35%，丝织品占商品总价值的25%，两者合计占60%。每年可能有一到三艘葡萄牙商船来往于澳门与果阿之间。每年约有价值40万两白银的中国商品（其中丝货价值24万两），由澳门运往果阿，毛利率约为100%，甚或更高一点。值得注意的是，在这条航线上，葡萄牙的官方贸易额与私人贸易额之比为7 ∶ 93，私人贸易占绝对优势。[1]

3. 澳门—长崎之间的远程贸易

葡萄牙人以澳门为中心来安排远东贸易，每年5月至6月，他们的大帆船顺着夏季的西南季风从果阿启航，装载着印度等地的货物：胡椒、苏木、象牙、檀香以及白银，抵达澳门，把货物出售，用白银买进中国的生丝、丝织品、棉纱、棉布等，于第二年初夏前往日本长崎，出售货物后，换回日本的白银及其他商品，顺着秋季的季风返回澳门，再在澳门用白银买进中国的商品，在第三年秋天返回果阿。因为这样的关系，博克瑟把1557—1640年称为澳门与日本贸易的时代。

据日本学者研究，葡萄牙和日本的最初接触，是葡萄牙船漂流到种子岛的1543年，1546年至少

1 参见李隆生《晚明海外贸易数量研究——兼论江南丝绸产业与白银流入的影响》，台北秀威资讯科技股份有限公司，2005年，第32—34页。

银元

有三艘葡萄牙船来到九州。当时葡萄牙还没有获得在中国的稳固基地，因此葡萄牙船直接从印度的果阿驶向日本，大约要花17个月时间。葡萄牙船在萨摩的港口出入，为了谋求贸易更有利的地方，1550年来到博多附近的平户，1579年选择了长崎。葡萄牙人在日本与中国之间从事转口贸易，一方面把中国的生丝、丝织品等货物运到日本，另一方面把日本的白银带回澳门，用这些白银购入中国的生丝、丝织品等货物，再运往日本，如此循环往复。日本对中国的生丝需求量很大。从战国时代以来，由于国内统一，社会秩序渐次恢复，生活安定，各地的机织业勃兴，大内氏城下町山口的机织业名闻遐迩，最大的机织地莫过于京都的西阵。17世纪初，日本的生丝总需求量约为三四十万斤，几乎完全仰赖葡萄牙人从中国运来。由于明朝严厉打击倭寇，中国与日本之间的走私贸易趋于断绝，从澳门前往日本的葡萄牙商船独占了与日本的贸易，因而被称为长崎贸易的独占时代。[1]

1 参见大隅晶子《十六、十七世纪的中日葡贸易》,《东京国立博物馆纪要》第23期（1998年）。

1600年前后，一艘葡萄牙商船从澳门运往长崎的中国货物，其数量、价格、利润率都有记录，极有个案价值，由此可以清楚看到当时澳门—长崎贸易的一般状况。请见下表：

表1　1600年前后澳门—长崎贸易状况一览表

货　名	数　　量	进货价格（银）	日本售价（银）	销售收入（银）
白色生丝	500—600担	80两（担）	140—150两（担）	79 750两
		特级140两（担）	370—400两（担）	
丝线	400—500担	普通55—60两（担）	100两（担）	86 250两
		次品40两（担）	90两（担）	
绸缎	1 700—2 000匹	1.1—1.4两（匹）	2.5—3.0两（匹）	5 088两
黄金	3 000—4 000两	5.4—6.6两	7.8—8.3两	28 175两
棉纱	200—300担	7两（担）	16—18两（担）	4 250两
棉布	3 000匹	0.12—8.50两（匹）	0.23—17.0两（匹）	14 816两
汞	150—200担	40—53两（担）	90两（担）	15 750两
铅	2 000担	3两（担）	6.4两（担）	12 800两
锡	500—600担	12两（担）	22两（担）	12 100两

资料来源：李隆生《晚明海外贸易数量研究——兼论江南丝绸产业与白银流入的影响》，第86页，表3—5。黄启臣、邓开颂《明清时期澳门对外贸易的兴衰》，《中国史研究》1984年第3期。

据统计，崇祯时期每年由澳门运往长崎的中国商品的总价值都在白银一百万两以上，其中崇祯十年（1637）为二百多万两，有时甚至超过三百万两。生丝在其中占很大的比重，例如崇祯八年运往长崎的生丝达2 460担，以每担售价白银600—

1 000两计，总价值达白银1 476 000—2 460 000两。利润率大多在100%以上。棉布的利润率更是高达177%—186%。这也印证了法国年鉴派学者布罗代尔（Fernand Braudel）在《15至18世纪的物质文明、经济和资本主义》中的论断："远程贸易肯定创造出超额利润：这是利用两个市场相隔很远，供求双方互不见面，全靠中间人从中撮合而进行的价格投机。"[1]

4. 澳门—马尼拉之间的远程贸易

这种贸易时而表现为澳门的葡萄牙当局和中国、日本、印度支那之间的贸易竞争形式，时而又以相互补充的形式出现。正如博克瑟所说："南中国海两个伊比利亚殖民帝国（引者按：指葡萄牙、西班牙）所属中转港相互之间在协同竞争中并存。"[2]1580年，西班牙国王菲利普二世兼任葡萄牙国王后，托马尔议会通过了禁止两个中转港之间的贸易协定，形势趋于复杂化。1614年上半年，荷兰对这两个海上帝国构成了威胁，这项禁令才稍有松动，但两国间的贸易仍处于禁止状态。一方面，在澳门的葡萄牙人希望能同马尼拉进行贸易，因为西班牙商船把西属美洲生产的白银从阿卡普尔科运到了马尼拉，他们不希望西班牙商船直接到中国、日

1 布罗代尔著，顾良、施康强译《15至18世纪的物质文明、经济和资本主义》第2卷，生活·读书·新知三联书店，1996年，第435页。

2 博克瑟著，黄鸿钊等译《16—17世纪澳门的宗教和贸易中转港之作用》，《中外关系史译丛》第5辑，第81—103页。

本、澳门进行贸易。另一方面，马尼拉的西班牙人不喜欢花太大代价通过澳门中介，更喜欢直接同中国日本进行贸易。不过尽管有禁令限制，澳门与马尼拉两个中转港之间的正式或非正式贸易始终未曾中断。

从1619年到1631年，中国与菲律宾之间的贸易几乎被澳门的葡萄牙人所垄断，澳门成为中菲贸易的主要通道。从澳门启航的商船，乘着冬季的北风驶向马尼拉，第二年五六月间，乘着夏季的西南风从马尼拉返航。澳门运往马尼拉的商品有日本货、印度货，最多的是中国货，主要是生丝、丝织品以及棉布、瓷器、食物、家具、铁锅等。这些中国商品的一部分供应菲律宾当地居民，大部分（如生丝、丝织品、棉布、瓷器等）由西班牙的马尼拉大帆船运往墨西哥。西班牙人从墨西哥运回的主要是银币，通过葡萄牙人从澳门采购中国商品。据估计，1619年到1631年，每年从马尼拉输入澳门的银币约为135万比索。和澳门—长崎贸易一样，澳门—马尼拉贸易也为葡萄牙人带来了巨额利润，这两个中转港之间的“丝—银对流”一个来回，葡萄牙人能够赚取百分之百的利润。澳门因此而更加趋向繁荣。

此外，还有澳门—东南亚的贸易。约从1630年起，这条贸易路线开始显得重要，每年都有一二艘葡萄牙商船往返于澳门与东南亚之间。到了约1640年，由于澳门—果阿、澳门—长崎、澳门—马尼拉航线受到严重打击，这条航线成为澳门的生命线。

无论是哪一条航线，以澳门为中心的海外贸易，有一个共同的特点，输出的大多是生丝、丝织品、棉布、瓷器等质优价廉的中国货，输入的除了少量各地土特产，大量的是为了弥补贸易逆差的白银货币。中国卷入全球化贸易浪潮的这一特点，引人注目，值得细细探究。

三　尼古拉·一官与“海上马车夫”

看到这样的标题，各位可能会有一点奇怪，“尼古拉·一官”何许人也？其实他就是明末清初声名显赫的郑芝龙——闽粤沿海和台湾海上贸易集团的首领。由于他会讲葡萄牙语，充当外商的代理人，接受了基督教的洗礼。Nicolas Iquan这个名字有一半是“洋”的，即尼古拉，是教名；另一半则是“土”的，即他的小名一官的译音（当地人习惯把排行第一的儿子叫做一官），因此西方史籍称呼郑芝龙为“尼古拉·一官”。英国历史学家博克瑟写的《尼古拉·一官兴衰记》，就是一个典型的例子。[1]

明朝末年，葡萄牙人的澳门贸易陷入了重重危机之中。葡萄牙摆脱了西班牙，恢复独立地位，澳门不再对西班牙国王效忠，因而失去了利益攸关的马尼拉贸易。与此同时，荷兰人不断骚扰澳门的海上贸易，使得澳门陷入混乱。澳门只能另辟蹊径，开发同东帝汶、望加锡、印度支那、暹罗的贸易，作为弥补。声名远扬的郑芝龙巧妙地利用这一形

1 参见博克瑟著，松仪摘译《尼古拉·一官兴衰记》，《中国史研究动态》1984年第3期。

势，穿梭于海盗与官军之间，操纵对日本的贸易。

提起郑芝龙，不能不提及他的前辈李旦。

1. 泉州海商李旦

李旦是泉州海商，是继林凤之后又一个前往吕宋（菲律宾）进行贸易的巨头，曾经一度成为中国人在马尼拉的首领。李旦的发财致富，引起当地西班牙人的觊觎，寻找借口把他关入囚犯船中。神通广大的李旦从囚犯船中逃脱，前往日本，投奔他的兄弟华宇——即西人所说的“甲必丹华”（Captain Whow）。几年之后，李旦建立起一个往返福建、澎湖与日本（平户、长崎）的海上贸易集团。

据中国台湾学者张增信研究，英国东印度公司驻平户商馆代理人理查·科克斯（Richard Cooks）1618年2月15日在一封信中说：“最近两三年中，中国人开始与某一个被他们称为高砂，而在我们海图上称作福尔摩萨（Formosa）的中国近海岛屿进行贸易。当地仅容小船经由澎湖岛进入，而且只与中国人进行交易。该岛距离中国大陆约三十‘里格’，以至于每次季风来临时，中国人利用小船从事二到三次航行。安得瑞·狄提士（Andrea Dittis）与他的弟弟甲必丹华（Captain Whow）无疑是在当地进行走私贸易的最大冒险投机者。”[1]

1 张增信《明季东南海寇与巢外风气（1576—1644）》，《中国海洋发展史论文集》第3辑，《“中央研究院”中山人文社会科学研究所丛刊（24）》，1988年，第334—335页。

据日本学者岩生成一考证，所谓Andrea Dittis就是泉州海商李旦，而Captain Whow就是李旦的兄弟华宇。李旦的大弟华宇以长崎为据点，他的二弟二官（Niquan）以平户（今长崎县平户市）为据点，三弟则在老家泉州策应，形成一个海上贸易网。[1]

天启年间的福建巡抚南居益对于这种情况颇为关注，他指出：福建和浙江的商人，前往日本定居的有数千人之多，在那里和日本人结婚成家，形成聚落，称为“唐市”，他们装载中国货物运往日本交易的商船称为“唐船”，声势很大，这种贸易很难取缔。侨寓日本的著名人物就是李旦。他是由于江户幕府初期对中国商人的优待政策，而在平户定居的。[2]

在李旦去世前两年，福建巡抚南居益向朝廷建议，利用李旦的特殊势力，驱逐霸占中国台湾的荷兰人。1624年，李旦的部下海澄人颜思齐、南安人郑芝龙，堂而皇之率领部众前往台湾。天启五年（1625）颜思齐在台湾病死，郑芝龙被推为首领。就在这一年八月，李旦死于日本平户，郑芝龙巧妙地接收了李旦庞大的资产和船队，成为天启、崇祯年间东南沿海的海上霸主。他凭借自己的制海权，向航行于中国东南沿海的商船发放“通行证”，确保他们的航行安全，由此获得可观的收益。[3]

1 参见岩生成一《明末侨寓日本支那人甲必丹李旦考》，《东洋学报》第23卷第3号。

2 参见松浦章《中国的海商和海贼》，山川出版社，2003年，第63页。

3 参见松浦章《中国的海商和海贼》，第65—66页。

2. 尼古拉·一官——郑芝龙

万历三十二年（1604），郑芝龙出生于福建省泉州府南安县安平镇。泉州南部的安海港，是宋代泉州两大港口之一，海商云集，生意兴隆，政府在此设置石井镇，负责治安与税收。明代此地有石井巡检司，所以史书说，郑芝龙是“泉州南安县石井巡司人也”。[1]这个沿海港口历来海上贸易兴旺发达，为了谋生，很多人一生漂泊海上，郑芝龙也不例外。他的父亲郑绍祖是泉州知府衙门的库吏，舅舅黄程是海商，从事澳门与日本、澳门与马尼拉的远程贸易。天启元年（1621），他前往澳门投奔黄程，开始了漫长的海商生涯。天启三年（1623），黄程有一批销往日本的货物，搭载在同乡李旦的商船上，派郑芝龙负责押运。由此，郑芝龙开始与海商李旦结缘。郑氏兄弟三人，他排行第一，所以小名叫做一官，弟弟芝虎、芝豹就是二官、三官。当时的澳门已经成了葡萄牙的殖民地，拥有三个教会，一所贫民医院和一个仁慈堂，大约有五千多基督徒。在这样的氛围下，郑芝龙接受了基督教的洗礼，取教名尼古拉（Nicolas）。以后他随母舅黄程前往日本，受雇于早已发财致富的中国商人李旦。

◤ 明代设立巡检司以管理地方治安，设置的目的在于防御盗贼，盘查违法行为，主要是针对走私、逃军、逃囚等人，如有可疑者，予以拘捕问罪。虽然官役卑微，但是所负责任甚重。

◤ 尼古拉·一官——郑芝龙像

1 谷应泰《明史纪事本末》卷七十六《郑芝龙受抚》。

李旦以日本平户、长崎为基地，从事日本与中国福建及台湾的贸易。荷兰人进入台湾后，李旦又把台湾作为与日本、澳门、马尼拉、巴达维亚贸易的中转港。李旦很欣赏郑芝龙精明狡诈的经商本领，把他收为养子，又把几艘商船和巨额资金交给他掌握，让他从事与越南、柬埔寨等地的贸易。郑芝龙获得了意想不到的成功，这使他得到了李旦加倍的信任。李旦在日本去世后，郑芝龙名正言顺地继承了他的事业，一跃成为可以和外国商人抗衡的中国海商集团的首领。

大约在1621年（天启元年）或1622年抵达平户不久，郑芝龙和姓田川的日本女子结婚，生下了儿子郑森，也就是日后鼎鼎大名的郑成功。1625年，郑芝龙接收了李旦的船队和财产后，活跃于闽粤沿海，被明朝当局视为海盗头目。崇祯元年（1628）福建巡抚熊文灿无力对付这个海上霸主，便用“招抚”的手段加以笼络，封给他一个“福建游击”的官衔，让他把总部设在厦门，专门对付海商与海盗一身而二任的刘香。当时刘香的势力非同小可，拥有一百多艘船和几千部下，1635年败于郑芝龙之手。此后郑芝龙势力如日中天，根本不听熊文灿的节制，我行我素，地方政府奈何他不得。因此博克瑟说：“他实际上成了福建及其邻近海域的主人。”[1]王赓武认为：“郑芝龙之所以能将其庞大的

1 博克瑟著，松仪摘译《尼古拉·一官兴衰记》，《中国史研究动态》1984年第3期。

海上势力统领在一起，靠的是军事上和外交上的技巧，靠的是成功的贸易活动，更重要的是依靠其大家族和忠实的闽南同乡的支持。”[1]

郑芝龙在澳门的一段生活令他终生难忘，因而对澳门有特别的偏爱。当时日本发布禁令，禁止澳门的葡萄牙人前往日本贸易，郑芝龙出面协助澳门的葡萄牙人。他派船来到澳门，装载葡萄牙人的货物，运往日本，只收取运费，利润全归葡萄牙人。

荷兰人也企图利用郑芝龙。1640年荷兰人和他达成协议，他本人不直接和日本通商，由他向荷兰东印度公司提供合适的中国生丝和其他商品，每年赊销100万弗罗林，月息2.5%，为期三个月。作为交换，荷兰人在他们的船上给他装运5万元货物和5万元金块，记在公司的账上，他分得最终利润的四成。这种协议不过是一纸空文，1640年以后，郑芝龙的船队依旧不断地前往日本贸易。当时出入日本长崎港的外商船只的状况如下：

1641年，荷兰船9艘，中国船89艘；

1642年，荷兰船5艘，中国船34艘；

1643年，荷兰船5艘，中国船34艘；

1644年，荷兰船8艘，中国船54艘；

1645年，荷兰船7艘，中国船76艘；

1646年，荷兰船5艘，中国船54艘。

中国船的相当大一部分是郑芝龙的，他的海上

1 王赓武《没有帝国的商人：侨居海外的闽南人》，《海交史研究》1993年第1期。

霸主地位由此可见一斑。[1]

3.“海上马车夫”——荷兰东印度公司

欧洲历史学家认为，意大利的城邦是近代资本主义的摇篮，威尼斯就是一个典型。然而，当北方的文艺复兴取代意大利的文艺复兴时，尼德兰（Netherlands）取代了威尼斯，成为欧洲最先进的贸易国家。大航海时代的尼德兰的领域大于如今的荷兰，拥有安特卫普、阿姆斯特丹等海港，善于航海贸易，被人们称为“海上马车夫”。他们不满足于北海、波罗的海贸易，希望涉足东方贸易。

十六世纪欧洲对统称“印度货”的中国商品怀有极大的兴趣，逐步富裕起来的市民阶层以及艺术品收藏家们，愿意出高价购买来自中国的丝绸、瓷器、漆器。但是，当时操纵亚欧贸易大权的葡萄牙人更注重亚洲内部的贸易，特别是中国和日本之间的转口贸易。因此很长一个时期内，中国商品进入欧洲的数量十分有限，而且价格昂贵。

荷兰人试图打破这种格局。1581年，荷兰脱离西班牙而独立，并于1588年成立共和国，随即开始了向海外扩张的步伐，与葡萄牙、西班牙争夺殖民地。17世纪的荷兰已经号称“海上霸主”，缔造了经济繁荣的“黄金世纪”。

1 参见博克瑟著，松仪摘译《尼古拉·一官兴衰记》，《中国史研究动态》1984年第3期。

1595—1597年，荷兰人霍特曼（Cornelis de Houtman）率船队绕过好望角的航行取得成功，使得大批荷兰贸易公司短时间内纷纷崛起，介入了同印度人的贸易。1600年，范·内克（Van Neck）率领六艘帆船前往东方，他的使命是，抵达东方后，派遣其中两艘船前往中国。他们的意图是，仿效澳门的葡萄牙人，在广东建立一个贸易基地，但遭到了葡萄牙人和西班牙人的联合抵制，并没有成功。葡萄牙学者施白蒂（Beatriz A. O. Basto da Silva）写道：1601年9月27日，澳门海面出现了荷兰阿姆斯特丹号和戈乌达号战船，及范·内克海军上将船队的一艘双桅小船……船上有七百荷兰人，其中七人乘小船上岸，立即被俘虏。第二天，荷兰人又命令双桅小船闯入澳门，船和船上的九个人也立即被俘。[1]关于荷兰人第一次来到广东沿海，中国史籍也有记载。万历《广东通志》写道："红毛鬼，不知何国，万历二十九年冬，二三大舶顿至壕镜之口。其人衣红，眉发连须皆赤，足踵及趾，长尺二寸，形壮大倍常，似悍澳夷。数诘问，辄译言不敢为寇，欲通贡而已。两台司道皆讶其无表，谓不宜开端。"[2]

荷兰人试图获得类似澳门那样的口岸，没有成功，却开启了广州贸易的第一步。当时广州每年春季和夏季都有交易会，外商都可以前往那里进行贸

1 参见施白蒂《澳门编年史》，澳门基金会，1995年，第31页。

2 万历《广东通志》卷六十九《外志·番夷》。

荷兰东印度公司

易，于是有了荷兰人的第一次广州贸易。

1602年，在官员和贵族的仲裁下，荷兰的各公司终于组成了统一的“联合东印度公司”，这就是在远东显赫一时的荷兰东印度公司的由来。国会为东印度公司颁发了一份“自好望角以东至麦哲伦海峡整个地域”的贸易特许状，使它获得了贸易垄断权，有权经营东至日本西至波斯湾大片海域的贸易。它的总部所在地巴达维亚（即今雅加达），不仅成为荷兰东印度公司的货物集散中心，而且也是东方殖民地统治中心。

荷兰东印度公司对中国贸易怀有浓厚的兴趣。历史学家皮特·范·丹的《东印度公司志》，有《论中国》一章，开宗明义写道：“公司刚建立即着眼对华贸易，因为这个产品可望在欧洲获得巨额利润。”[1]

1　约尔格著，袁伟强译《荷兰东印度公司对华贸易》，《中外关系史译丛》第3辑，上海译文出版社，1986年。

荷兰人企图结束葡萄牙人独占这个海上贸易的优势，但是他们没有澳门这样的据点，不可能与中国建立起直接贸易关系，无法与葡萄牙人竞争。1609年，事情发生了转机，荷兰东印度公司在日本平户开设了一家商馆，打开了一直由葡萄牙人控制的中国产品在日本的市场，它可以根据自己的需求进口中国货物，并且切断了葡萄牙人控制的货源。

荷兰东印度公司拥有在东方开战、订约、占地等特殊强权，内有坚强的组织，外有强大的舰队，驻地有军队、炮台。从十六世纪到十七世纪四十年代，东方的商业大权几乎为荷兰人所独占。荷兰人以马来半岛、爪哇、香料群岛为根据地，既向中国、日本发展，又向印度发展，苏门答腊、爪哇、马六甲等地出产的胡

▼ 1622年葡荷澳门战役（荷兰战舰炮击澳门港口，1665年）

椒、香料的经营，成了荷兰人的专利。1602至1610年的8年间，荷兰东印度公司来往于东方的商船增加到了69艘。从1605年到1622年，荷兰东印度公司每年的红利分配在15％至75％之间。

荷、葡竞争的结果，终于导致武装冲突。早在1603年，荷兰人先后拦截从澳门开往马六甲、从澳门开往日本的葡萄牙商船，夺得价值昂贵的货物。这样的武装袭击一直持续了很多年，使得葡萄牙人的澳门中转贸易损失惨重。例如：1603年的一次劫夺，荷兰人获取葡萄牙人的1 200包（相当于2 025担）生丝、60吨瓷器；次年在阿姆斯特丹拍卖这批货物，售价高达350万荷兰盾，相当于112万两白银。由此，阿姆斯特丹成为欧洲最主要的中国丝货市场。

4. 荷兰东印度公司和中国、日本的贸易

为了获得商品，荷兰人吸引中国商人到巴达维亚贸易，但他们运来的中国货质量不好，来自万丹、锦石、北大年及马鲁古群岛的商品也不能令人满意。荷兰人再次生起占领澳门的企图，以牺牲葡萄牙人来垄断对华贸易。关于这一点，1614年1月，荷属巴达维亚总督科恩（J. P. Koen）写信给东印度公司董事长，建议进攻澳门，赶走葡萄牙人，夺取与中国的贸易权。他说：如果荷兰人攻占了澳门，不仅能代替葡萄牙人成为日本市场的中国丝货供应商，而且可以打垮露西塔尼亚帝国在亚洲的主要支柱，还可以断绝菲律宾的西班牙人的支援，轻而易举地占有马六甲和马尼

拉，把伊比利亚殖民地帝国一分为二；占领澳门不仅可以封杀中国的海外贸易，而且使荷兰人可以直接获得全世界都渴望得到的中国的财富和产品；如果不能攻占澳门，就应该去占领澎湖和台湾。后来的事态正是这样发展的。1622年，荷兰舰队攻击澳门的战争以失败而告终。此后，荷兰人试图占据澎湖列岛，没有成功；便以台湾作为立脚点，在此与中国商船进行贸易。荷兰历史学家约尔格写道：1624年，荷兰人在台湾的安平设立商馆，以后又在淡水、鸡笼（基隆）设立货栈。台湾很快发展成为荷兰进口中国产品的稳固贸易基地，之后迅速成为中国和日本之间的贸易中转港。1639年，除了中国和荷兰，日本向其他国家实施锁国政策，台湾这个中转港的地位日趋重要。[1]

为了获取更多的中国商品，荷兰东印度公司竭力吸引中国商人前往它所属的商馆进行贸易。

荷兰东印度公司在亚洲各地都建立了商馆，例如：日本、中国台湾、暹罗、柬埔寨、万丹、锡兰、波斯等。这些商馆组成一个巨大的贸易网络。大量从欧洲带来的白银，用来采购亚洲的香料、丝货、瓷器。

李隆生提供的统计数字足以显示当时荷兰东印度公司贸易数量的巨大。

1629—1632年，日本对荷兰的禁运解除后，荷

1 参见约尔格著，袁伟强译《荷兰东印度公司对华贸易》，《中外关系史译丛》第3辑，上海译文出版社，1986年。

表 2　1640 年前后亚洲—荷兰贸易状况一览表

年　份	开往亚洲船数	自亚洲返荷船数	输往东印度白银（万两）
1602—1609	76	40	166
1610—1619	115	50	309
1620—1629	141	71	399
1630—1639	157	75	293
1640—1649	165	93	308
1650—1660	205	103	294
1661—1670	238	127	417
1671—1680	232	133	384
1681—1690	204	141	690

资料来源：李隆生《晚明海外贸易数量研究——兼论江南丝绸产业与白银流入的影响》，第48页。

属台湾的中日贸易额显著增加，一直到约1640年，可以说此间是荷兰在东亚的“蜜月期”。1636—1644年，荷兰与中国的贸易绝大部分是由台湾中转的。1640年以前，由台湾输出的中国商品，以黄金、丝货、瓷器、砂糖为主；由台湾输往大陆的商品大多是东南亚的香料（特别是胡椒）。1640年以后，由于中国内部动乱和其他因素，大陆商品供应减少，台湾本地商品出口增多。根据李隆生的研究，荷据时期台湾对外贸易航线和商品的具体情况如下：

中国大陆至台湾航线：生丝、纱绫、缎子、棉布、麻布、衣服、砂糖、瓷器、黄金、白蜡、茯苓、茶叶、大米、小麦、面粉、酒、明矾、水银、锡、铁锅、木器等。

◤ 在欧洲热销的中国瓷器

中国台湾至大陆航线：白银、胡椒、苏木、丁香、白檀、豆蔻、红檀、沉香、犀牛角、象牙、琥珀、珊瑚等。

日本至中国台湾航线：银锭、蜡、木材、大米等。

中国台湾至日本航线：生丝、缎子、毛织品、麻布、棉布、砂糖、锡、珊瑚、胡椒等。

巴达维亚至中国台湾航线：胡椒、红檀、沉香、豆蔻、椰子油、大米、琥珀、锡、棉纱、几内亚麻布等。

中国台湾至巴达维亚航线：生丝、绢、缎子、棉布、丝棉、砂糖、冰糖、人参、麝香、安息香、茯苓、草药、茶叶、大米、小麦、面粉、瓷器、硫磺、黄金、白蜡、黄铜、明矾、日本木材、杂货等。[1]

---

1 参见李隆生《晚明海外贸易数量研究——兼论江南丝绸产业与白银流入的影响》，第51—54页。

根据他的估算，荷兰人经营的中国贸易，大多处于逆差，历年流入中国的白银数量如下：

1636年	37.7万两
1637年	19.3万两
1638年	46.2万两
1639年	53.1万两
1640年	69.9万两
1641年	52.1万两
1642年	51.3万两
1643年	34.0万两
1644年	20.9万两[1]

这些数据看上去有点低估，因为他把荷兰东印度公司与日本的贸易另外计算。其实它的对日贸易中，来自中国的丝货占有很大的比例。荷兰东印度公司的商船于1609年抵达日本平户，不仅得到日本官方的许可，而且还在平户建立了商馆，开始了荷日之间的直接贸易。1624年以前，荷兰东印度公司的生丝、丝织品、瓷器等中国商品，主要是在北大年、暹罗、广南、爪哇等地采购而来，约1620年起，荷兰每年进口530担中国丝货，绝大部分供应日本。1624年，荷兰人占领大员（今中国台南），以此为基地，从事中日间的转口贸易。荷兰商船运往日本的货物以中国丝货为主，从日本运出的货物以白银为主。

1 参见李隆生《晚明海外贸易数量研究——兼论江南丝绸产业与白银流入的影响》，第68页。

请看荷兰东印度公司输入日本的商品额（以白银计价，单位为两）：

表3　1633—1640年间荷兰东印度公司—日本贸易状况一览表

年　份	丝货输入额	总输入额	丝货占总输入额的比例（%）
1633	8 938	41 481	21.5
1634	138 135	225 589	61.2
1635	229 648	322 965	71.1
1636	347 484	472 343	73.6
1637	526 633	838 190	62.8
1638	770 479	1 227 986	62.7
1639	906 149	1 209 168	74.9
1640	1 660 225	2 044 612	81.2

资料来源：李隆生《晚明海外贸易数量研究——兼论江南丝绸产业与白银流入的影响》，第101页。

1633至1640年，总计丝货输入额约为459万两白银（其中80%来自中国），占总输入额的71.9%，中国丝货在荷日贸易中所占比例之大，由此可见一斑。

四　“马尼拉大帆船”与太平洋丝绸之路

1. 美洲新大陆的发现与西班牙人东来

1492年8月3日，西班牙人哥伦布率领120人的远征队，分乘“圣玛丽亚号”“平塔号”“尼凡亚号”离开西班牙的帕洛斯，越过大西洋，于10月12日发现了巴哈马群岛，继而又发现了古巴、海地。1493年3月15日哥伦布回到帕洛斯，受到了狂热的欢迎，加的斯和塞维利亚商人们相信，一条到达东印度的航路是通向无可估量的财富之路。

哥伦布像（皮永博绘于1519年）

与此同时，为南美洲这块土地寻找一条出路的尝试，也在不断进行。1519年8月，麦哲伦从塞维利亚出发，沿着美洲海岸航行，进入了西面的海洋。这个海洋与狂暴的大西洋相比，显得十分平静，因此被麦哲伦命名为太平洋。他们越过太平洋，于1520年4月在菲律宾群岛登陆，麦哲伦本人在宿务岛附近与土著人的战斗中阵亡。这个号称“无畏”的远征队硕果仅存的“维多利亚号”，在1522年9月7日返回西班牙的桑卢卡尔港，原先的250人只剩下了18人。然而这次航行意义深远，不但证明了地球是圆的，还证明了美洲是亚洲以外的另一块大陆。由于科尔特斯发现了墨西哥的巨大财富，美洲本身愈来愈受到西班牙人的重视，而原先孜孜以求的东方已经退居次要了。[1]当西班牙人终于意识到哥伦布及其追随者所发现的既不是中

1　参见艾·巴·托马斯著，寿进文译《拉丁美洲史》，商务印书馆，1973年，第71—79页，第99—101页。

国，也不是真正的印度时，他们全力以赴地寻找一条绕过美洲直抵东方海域那令人垂涎的香料群岛之间的通道，麦哲伦达到了这一目的。

西班牙人在美洲殖民地攫取的利益，似乎并不如葡萄牙人在亚洲的香料—丝货贸易那么可观。他们全力以赴地要找到通往香料群岛的通道。早已在香料群岛驻扎下来的葡萄牙人，不能容忍西班牙人进入这个利润最为丰厚的贸易圈。西班牙人便把眼光投向了菲律宾群岛。由于1545—1548年间发现了墨西哥和秘鲁丰富的银矿，西班牙人暂时把菲律宾搁置一旁。

二十年后，西班牙人再一次关注菲律宾。1565年，海军上将黎牙实比（Mignel Leopez de Legazpi）奉命远征菲律宾，占领了宿务岛。两年后，黎牙实比在宿务岛向西班牙国王菲利普二世报告：中国人和日本人每年都前往吕宋岛和民都洛岛进行贸易，他们带来的货物是丝绸、瓷器、香料、印度棉布等。岛上的居民（摩洛人）从中国人和日本人手中获得这些货物后，便四处贸易。1569年，西班牙王室驻菲律宾群岛的代理商从宿务岛写信给西班牙国王，报告葡萄牙人与中国、日本的贸易，是迄今为止所见到的规模最大利润最丰厚的贸易。[1]1570年，黎牙实比致函西班牙的墨西哥总督，指出：如果把贸易中心放在马鲁古群岛，那么宿务岛作为基地是

1 参见博克瑟著，钱江译《佛郎机之东来》，《中外关系史译丛》第4辑，第309—310页，第312页。

可取的；如果把贸易中心转向中国沿海，那么最好把吕宋岛作为基地。基于这一考虑，黎牙实比攻占了吕宋岛，在巴石河畔建立了一个以耶稣的名字命名的城市，就是后来的马尼拉。[1]黎牙实比怂恿国王尽快把马尼拉作为殖民地，因为它的地理位置十分理想，便于同日本、中国、爪哇、婆罗洲、香料群岛进行贸易。

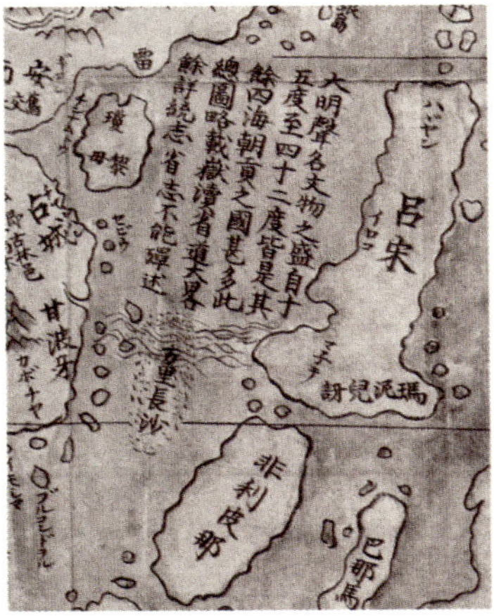

吕宋示意图（《坤舆万国全图》局部）

西班牙人占领马尼拉时，那里已有150名华人居住，从事丝绸、棉布和其他杂货的贩卖。于是西班牙人和中国人的直接贸易就开始走上轨道，每年航行到马尼拉港口的中国商船逐年增加。西班牙人的到来，势必与早就在那里的中国商人发生矛盾。矛盾的聚焦点就是中国海商巨头林凤袭击马尼拉事件。[2]

林凤，即西文史料所称Limahong，已由中外史家考证确定。他是潮州饶平人，是海商集团的首领，手下拥有海船上百艘，人员三千，经常来往于台湾、澎湖与闽粤沿海。明朝官方把他视为海盗，

1 参见裴化行《明代闭关政策与西班牙天主教传教士》，《中外关系史译丛》第4辑，上海译文出版社，1988年，第260页。
2 参见陈荆和《林凤袭击马尼拉事件》，《明史论丛》之七《明代国际关系》，第110页。

不断追剿。林凤逃离沿海，在吕宋岛附近截获一艘从马尼拉返航的商船，夺走船上的黄金、墨西哥银币以及其他货物，随即率领62艘船只，驶向马尼拉港。他两次袭击马尼拉港失败后，率领船队残余的37艘船退向澎湖。当时的福建把总王望高前往马尼拉，请求西班牙人合力捉拿；当他获悉林凤已经逃跑后，返回福建，把这一事件奏报朝廷。于是此事便在《明实录》《明史》留下了记录：

> 福建巡抚刘尧诲奏报，把总王望高等以吕宋夷兵败贼林凤于海，焚舟斩级，（林）凤溃围遁，复斩多级，并吕宋所赍贡文、方物以进。[1]
>
> 明年（万历四年，1576年）秋，把总王望高以吕宋番兵讨平之。[2]

这是中国官方与西班牙的首次接触，反映了对海上实情的无知，也暴露了中国官员的腐败一面。例如：王望高根本没有在菲律宾参战，却向福建巡抚谎称在菲律宾临阵督战，并对每名士兵赏赐400两银子。又如：王望高要求西班牙总督证明林凤已被杀死，并设法寻找一个人头冒充林凤首级，遭到西班牙总督拒绝。再如：王望高把随船带来的一部分丝织品、棉织品等赠送给西班牙总督、司令官、

1《明神宗实录》卷五十四，万历四年九月丙申。

2《明史》卷二百二十二《凌云翼传》。

队长及军士，其余物品一律高价出售，作了一笔假公济私的生意。[1]

对于林凤袭击马尼拉事件，学者却有不同的评价："林凤南犯吕宋，昔人视为盗寇逃亡之穷技，今则视为英雄殖民海上之壮图。盖林凤诚能立国吕宋，驱走西人，华人在菲岛之势力，或可日渐雄厚，而于华人殖民南洋之事业，亦或可自此渐盛。惜明人见不及此，必邀西人共期驱除，林凤固无所容身，而华人之寄居菲岛者，亦由是痛遭屠戮，而无可如何矣。"[2]

这种说法并非毫无根据。前往吕宋经商的中国人，1571年不过一百五十名，1588年增长为一万名，1603年三万名。而在那里的西班牙人不过区区一千名，两者的对比意味深长。西班牙殖民者既仰赖华商源源不断运来的生丝、丝织品，又担心难以控制，处心积虑地在马尼拉的巴石河南岸，划定一个华人集中居住地区，以便强化管制。在商言商，西班牙商人难以和中国商人竞争，正如一位学者所说："华商一直是这个国家最成功的商人……起初，西班牙商人试图与华商竞争，但是他们很快就对更加精明、更加节俭和更加坚忍不拔的华人甘拜下风。华人在事业中保持低生活水平，从而他们能够用较低的售价挤垮他们的大部分竞争者。"[3]

万历三十年（1602），福建"妄男子"张某、

1 参见陈荆和《林凤袭击马尼拉事件》，《明史论丛》之七《明代国际关系》，第122页。

2 张维华《明季西班牙在吕宋与中国之关系》，《明史论丛》之七《明代国际关系》，第97页。

3 欧·马·阿利普《华人在马尼拉》，《中外关系史译丛》第1辑，上海译文出版社，1984年，第108页。

西班牙殖民者

阎某，诡称吕宋有机宜山，其上生金豆，若派人采摘，一年可得黄金十万两。朝廷命福建矿税太监高寀派人前往核实。引起西班牙的菲律宾总督怀疑，谣言四起。西班牙当局当即命令寓居马尼拉城内的华商全部移居城外。华商恐生不测，陆续迁回城内，设防自卫。遭到西班牙军队围攻，擒杀华商达几千人之多。以后又乘势屠杀，死伤两万多人，其中多数是漳州、泉州商人和他们的家属。此后，华商视吕宋为畏途，不敢前往贸易。但是在菲律宾的西班牙殖民者，非常依赖华商的马尼拉贸易，一旦断绝，经济陷入困境，特地派遣使节前来中国粉饰真相。福建沿海商人则因为马尼拉贸易有利可图，继续前往。

西班牙殖民者始终对华商有所戒备，颁布一系列禁令：一是，华商船只往返吕宋，离港时，须将同来之客旅舟人全数附船回国，不得任意留居；二是，在马尼拉城内指定三地，归华商居住，不得随意迁移；三是，华商不得随意在吕宋岛内往来，如无马尼拉政府的执照，不得到离城二英里的地方行动。不过十几年以后，禁令松动，华人聚居日渐增多，华人聚居处自行管理，司法制度与当地不同。

华人来者既众，西班牙当局疑虑愈深，终于在1639年（崇祯十二年）再度发生屠杀华人的惨案，历时四个月，死伤二万二千人。[1]究其根本原因，一言以蔽之，就是善于经营的华商与西班牙人以及土著居民的利害冲突。

一位学者分析道："中国商人前往吕宋经营，对吕宋人和西班牙人在该岛生存的利害关系是显而易见的。中国商人以吕宋为外层贸易带，参与世界市场的流通，对于世界市场中的活跃分子西班牙商人来说，意义重大。而中国商人也是趋之若鹜，当仁不让。所以西班牙人的心情十分矛盾。一方面企盼中国商人送来他们需要的商品，一方面又时时对中国人存有戒心；一方面借机寻衅，挑起当地土著人一道向华人华商多次挥起屠刀，杀害无辜，一方面在每次屠杀后血迹未干之时，就因市场萧条不得不又一次向华人华商开放市场。"[2]

事实确实如此。

2. 从马尼拉到阿卡普尔科的太平洋丝绸之路

由于葡萄牙人独占了对日本的贸易，西班牙人便致力于中国贸易，他们把中国商品从菲律宾运往墨西哥。1565年6月1日，"圣巴勃罗号"帆船从宿

1 参见张维华《明季西班牙在吕宋与中国之关系》，《明史论丛》之七《明代国际关系》，第100—104页。

2 陈东有《走向海洋贸易带》，江西高校出版社，1998年，第132—133页。

葡萄牙殖民者

务返回墨西哥，于10月8日抵达阿卡普尔科，从此开辟了横渡太平洋的航线。1566年，“圣赫罗尼莫号”帆船从阿卡普尔科抵达马尼拉，于是乎，连接马尼拉与阿卡普尔科，亦即往返于亚洲与美洲的远程贸易航线初露端倪。从马尼拉到阿卡普尔科的航行颇为艰巨，需要耗费五六个月时间，抵达后，在阿卡普尔科逗留两三个月，然后扬帆朝南航行，遇到顺风，仅需40到60天就可抵达马尼拉。

航行于太平洋上的马尼拉大帆船，属于总的船队的一部分，大约将近两年往返于阿卡普尔科与马尼拉一次。西班牙商人在菲律宾群岛，除了与岛上的土著人交易外，主要致力于同中国乃至印度进行广泛的交易，因此可供运回墨西哥的货物十分丰富，包括中国的生丝、丝绸、瓷器，印度的细棉布、蜜蜡、宝石。船队抵达阿卡普尔科以后，就在当地举办盛大的集市，来此交易的，有带去土产品

◥ 马尼拉大帆船

的印第安人，还有来自墨西哥城和秘鲁利马的西班牙商人。中国的生丝和丝绸有现成的市场，富有的白人喜欢用来制成华丽的服装。1579年，西班牙批准了利马和阿卡普尔科之间的贸易，此后，从阿卡普尔科运往秘鲁的丝绸、香料、细棉布运销于巴拿马直到智利一带；秘鲁商船向阿卡普尔科带去水银、可可和银币。西班牙的美洲殖民地，早就有自己的丝织业，马尼拉大帆船运来了中国的生丝、绸缎质量精美、价格低廉，当地的丝织业就此衰落。1600年，西班牙当局对当地的养蚕业加以限制，断绝了本地蚕丝的供应，源源不断输入的中国生丝，成为墨西哥工厂的原料。[1]

1　参见艾·巴·托马斯著，寿进文译《拉丁美洲史》，第71—79、99—101页。

对于马尼拉大帆船贸易，不同学者的两种观点值得注意。一种是："初期的贸易并不受任何限制，于是从菲律宾驶往新西班牙、秘鲁和美洲其他地区的船舶数目迅速增加。因为这些地区的商人已经发现这种贸易所带来的巨额利益；他们往往通过代理人或经纪人纷纷加入这种贸易行列。这就导致双重的后果：首先，西班牙开始意识到，由于中国丝绸的竞争，他在西印度的贸易已日暮途穷；其次，大量白银流入中国人手里。这种形势使王室不得不进行干预，以制止灾祸的蔓延。"另一种是波旁王朝的经济学家、贸易自由主义的拥护者何塞·德坎皮约·科西奥表达的不同见解："要设法扩大马尼拉贸易的范围及商品种类；利用西班牙比其他欧洲国家更优越的方面，即西班牙拥有为整个亚洲所广泛接受的白银，开展既同亚洲人，也同在亚洲的欧洲人的双重贸易。而且他还建议，要在原有的基础上增加商船的数量，在不损害宗主国利益的前提下，进口东方的丝、棉织品是适宜的。他认为最好购买中国货，不购买欧洲货，因为中国永远不会构成对美洲的威胁；而欧洲一旦以西班牙的白银养肥了自己，就会用武力来对付西班牙。"[1]

西班牙王室在权衡利弊得失之后，开始对马尼拉大帆船贸易采取官方控制措施。这种控制在不同时期体现在不同的法令中：从1589年规定的"整

1 维·罗·加西亚《马尼拉帆船（1739—1745年）》，《中外关系史译丛》第1辑，第154—155页。

批交易”制，到1703年的“定期集市”制。后一种形式成为中国商人同马尼拉的西班牙商人进行贸易的一般形式。在集市中买卖双方可以自由议价，直接交易，这一方式一直维持到马尼拉大帆船贸易停止之时。[1]

中国经济史专家严中平的论文《丝绸流向菲律宾白银流向中国》，对马尼拉大帆船与太平洋丝绸之路，有精当而概要的论述。1574年和1576年的文献资料表明，中国商人运到马尼拉的货物有：面粉、食糖、干鲜果品、钢、铁、锡、铅、铜、瓷器、丝织品和小物件。到了1580年代，情况有所变化，货物的排位是：生丝、绸缎、棉布、夏布、陶器、瓷器、玻璃器、面粉、饼干、咸肉、火腿、黄油、干鲜果品、家畜、家禽、家具等。1590年代中国来货还包括：天鹅绒、织锦缎（本色的和绣花的）、花绫、厚绸、棉布、夏布、面纱、窗帘、被单、铜铁器具、火药以及其他生活用品，应有尽有。而其中生丝、丝绸、瓷器等中国特产，遍销西班牙本土和它的各殖民地；棉布、麻布也为西属殖民地土著居民普遍接受，西班牙占领马尼拉后，中国的棉布很快成为菲律宾群岛土著居民的生活必需品。1591年菲律宾总督发现，菲律宾群岛的土著居民由于用中国棉布作为衣料，不再种棉纺纱织布，以致下令禁止土著居民服用

1 参见刘文龙等《中国与拉丁美洲大洋洲文化交流志》，上海人民出版社，1998年，第129页。

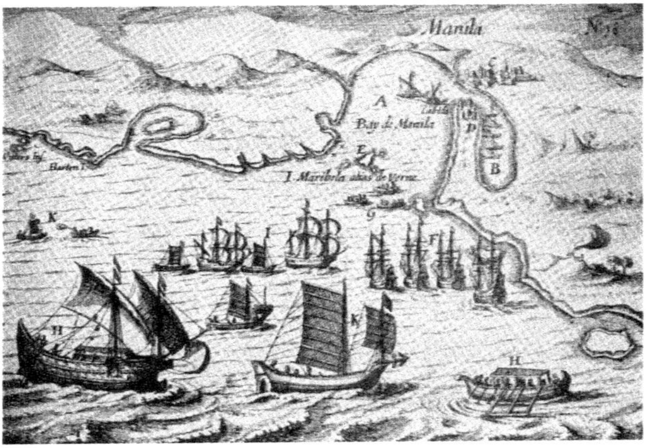

17世纪马尼拉港口的商运船只

中国丝绸和棉布。1592年，这位总督向西班牙国王报告：中国商人收购菲律宾棉花，转眼就从中国运来棉布，棉布已经成为菲律宾销路最大的中国商品。如果土著居民自行纺织，不仅可以自给，还可以向墨西哥输出40万比索的布匹。这位总督的话毫无实际意义，以后土著居民还是大量穿用中国衣料。

中国的纺织品还由马尼拉大帆船运销到西属美洲殖民地。早在16世纪末叶，中国棉布就在墨西哥市场上排挤了西班牙货。原因很简单，因为中国货价廉物美，所以印第安人和黑人都用中国货，而不用欧洲货。中国丝绸就更为畅销了，正如严中平所说：中国对西班牙殖民帝国的贸易关系，实际上就是中国丝绸流向菲律宾和美洲，白银流向中国。16世纪末，中国丝绸就已经威胁到西班牙产品在美洲的销路，17世纪初，墨西哥人穿丝绸多于穿棉布，丝绸当然是中国产品。1611年，墨西哥总督再一次呼吁禁止中国丝货进口。到了1637年，情况越发严重，墨西哥的丝织业工厂都以中国丝为原料，墨西哥本土的蚕丝生产几乎被消灭了。墨西哥的近邻秘鲁，也是中国丝绸的巨大市场，因为中国丝绸在秘鲁的价格只抵得上西班牙制品价格的三分之一。从智利到巴拿马，到处出售中国丝绸。中国丝绸不仅泛滥于美洲市场，而且绕过大半个地球，远销到西班牙本土，在那里直接破坏了西班牙的丝绸生产。[1]

法国年鉴派历史学家布罗代尔写到马尼拉大帆船时，把它纳入15至18世纪的全球经济事业来考察，他说：16世纪各种因素协力促成的运动，是从西班牙"前往美洲"，"从贸易角度看，马尼拉大帆船代表着一条特殊的流通路线……在这里每次都是墨西哥商人占有利地位。他们匆匆光顾阿卡普尔科交易会，却在时隔数月或数年后遥控马尼拉的商人（后者转而牵制住中国商人）"。他还说："美洲白银1572年开始一次新的引流，马尼拉大帆船横跨太平洋，把墨西哥的阿卡普尔科港同菲律宾首都（马尼拉）连接起来，运来的白银用于收集中国的丝绸和瓷器、印度的高级棉布，以及宝石、珍珠等物。"[2]

1 参见严中平《丝绸流向菲律宾白银流向中国》，《近代史研究》1981年第1期。

2 布罗代尔著，顾良、施康强译《15至18世纪的物质文明、经济和资本主义》，第2卷，第167、172、197页。

3. 从月港到马尼拉

以丝货为主的中国商品的输出地，是福建的月港。小小的月港有着不凡的经历，它与福建沿海由来已久的菲律宾走私贸易有着密切的关系。当时漳州的月港、诏安的梅岭、泉州的安海、福鼎的桐山，都是海商进行走私贸易的据点，而月港最为引人注目，因为走私贸易——当时称为“贩夷”“贩番”或“贩洋”，使得这个小镇成为“人烟辐辏”“商贾成聚”的商港，号称“小苏杭”，明朝中叶以后一跃而为福建最为发达的对外贸易港口。嘉靖二十七年（1548），福建地方官根据当地百姓请求，上疏朝廷，希望把月港由镇升格为县。嘉靖四十五年（1566）这一请求获得批准，月港镇成为漳州府属下的一个新县——海澄县。其主要原因，在政府看来，月港形势险要，作为对外贸

月港位置示意图

易港口，加强管理是当务之急，在此设县适应了这一需要。

从月港出发的商船主要的目的地就是吕宋，由于吕宋贸易获利丰厚，刺激了贸易日趋兴旺。万历时代晋江人何乔远说："比岁人民往往入番商吕宋国矣，其税则在漳（州）之海澄海防同知掌之。民初贩吕宋，得利数倍，其后四方贾客丛集，不得厚利，然往者不绝也。"[1]何氏所说"不得厚利"云云，并不确切，《海澄县志》认为"博利可十倍"："富家以资，贫人以佣，输中华之产，骋彼远国，易其方物以归，博利可十倍，故民乐之。"[2]另一万历时代晋江人李廷机也说："少时尝见海禁甚严，及倭讧后始弛禁，民得明往，而稍收其税以饷兵。自是波恬，或言弛禁之便，盖贫民借以为生，冒禁阴通，为患滋大。而所通乃吕宋诸番，每以贱恶什物贸其银钱，满载而归，往往致富。"[3]

大量事实证明，隆庆元年（1567）政府当局开放海禁，准许人民出海贸易，把先前的走私贸易引向合法化轨道，是有远见卓识的。这种开明的举措进一步促进了月港的繁荣，利民而且利国——百姓因外贸而富裕，国家因开关征税而多了财源。利民的一面，已如上述。利国的一面，有人把月港称之为皇帝的小金库："我穆庙（隆庆）时除贩夷之律，

1 何乔远《闽书》卷三十九《版籍志》。

2 崇祯《海澄县志》卷十一《风俗》。

3 李廷机《报徐石楼》，《皇明经世文编》卷四百六十。

于是五方之贾熙熙水国，刳艅艎，分市东西路……而所贸金钱，岁无虑数十万，公私并赖，其殆天子之南库也。”[1]

从月港运往马尼拉的中国货物，大多是一些生活用品，如水瓶、瓷器、铜器、铁器之类，尤其受欢迎的大宗货物是生丝、丝织品。中国精美的生丝与绸缎很受欢迎，所以外商往往以高价向中国商人收购。随着贸易的发展，福建商人逐渐移居马尼拉，专门从事商业中介职业，与西班牙人约定价格，回国采办。为了减少运输的不便，移居当地的华人就在当地生产、供应，于是出现了一批华人经营的织造、彩绘的作坊、商店。这就更加促进了中菲之间的贸易。

根据李隆生的统计，1574年至1644年，每年进入马尼拉港的商船，来自中国大陆的数量远远大于来自中国台湾、澳门及日本的数量。在总计1 320艘商船中，来自中国大陆的有1 013艘，来自澳门的有60艘，来自日本的有57艘，来自台湾的有32艘。[2]而来自中国大陆云云，主要是指从月港出发的商船。李隆生统计，1619年至1631年的13年间，输入马尼拉的商品总值为472.8万两白银，其中来自中国大陆的商品价值194.8万两，占总价值的41%。请看下表（单位：白银万两）：

1 张燮《东西洋考》卷首，周起元序。

2 参见李隆生《晚明海外贸易数量研究——兼论江南丝绸产业与白银流入的影响》，第136页。

表 4　1619—1631 年间中国输入马尼拉商品状况一览表

年　份	中国大陆价值	%	葡澳价值	%	其他地区价值	%	总值
1619	14.9	61	1.5	6	7.9	33	24.3
1620	37.0	54	11.8	17	19.7	29	68.5
1621	8.9	25	12.9	36	13.8	39	35.6
1622	10.7	32	9.8	29	12.9	38	33.4
1623	2.3	13	5.7	31	10.2	56	18.2
1624	4.0	30	7.2	54	2.2	16	13.4
1625	14.6	41	9.2	26	11.4	32	35.2
1626	30.1	52	13.7	24	14.2	24	58.0
1627	27.2	66	10.8	26	3.1	8	41.1
1628	3.9	20	12.1	63	3.1	16	19.1
1629	5.3	20	9.0	33	12.6	47	26.9
1630	8.4	19	15.5	35	20.6	46	44.5
1631	27.5	50	10.0	18	17.1	31	54.6
总计	194.8	41	121.2	27	148.8	31	472.8

资料来源：李隆生《晚明海外贸易数量研究——兼论江南丝绸产业与白银流入的影响》，第141页。

4. 从澳门到马尼拉

中国商品进入马尼拉的另一个渠道是澳门，那就是生意兴隆的马尼拉—澳门航线。早在1580年，有2艘澳门商船和来自福建沿海的19艘商船一起抵达马尼拉港。就在这一年，葡萄牙被西班牙兼并，按照双方签订的条约，在海外贸易方面，原葡萄牙属地可以自由地同西班牙属地进行贸易。葡萄牙人把他们擅长的澳门—长崎贸易纳入这个贸易圈中，构成了澳门—马尼拉—长崎三角贸易。葡萄牙人从澳门把中国生丝和丝织品运往马尼拉，换取白银，再用这些白银换取更多的中国丝货，运往长崎，换回日本白银。在澳门—马尼拉贸易鼎盛时期，即1619至1631年间，每年从马尼拉流入澳门的白银价值135万比索，大约相当于一艘马尼拉大帆船从墨西哥运来的白银。[1]

从上表可知，澳门与马尼拉的贸易量，在中菲贸易中所占比重不大。尽管如此，博克瑟仍然对澳门的中转港作用给予高度评价，他认为，经由澳门葡萄牙人之手，向中国输入日本和美洲白银，对晚明经济繁荣起过一定作用；澳门—马尼拉贸易时而表现为澳门和中国、日本、越南之间贸易竞争形式，时而又以相互补充的形式出现。因此南中国海两个伊比利亚殖民帝国所属中转港，在相互协同竞争中并存。1580年菲力普二世就任葡萄牙国王后，托马尔议会通过了禁止这两个中转港（即澳门、马尼拉）之间的贸易协定，此后形势变得更加复杂。1614年上半年，荷兰对这两个海上帝国构成了相当大的威胁，此项禁令才缓和下来。澳门的葡萄牙人希望能同马尼拉进行贸易，因为西班牙商船把西属美洲出产的白银，从阿卡普尔科运到马尼拉，有着

1 参见纪宗安《十六世纪以来澳门在太平洋大帆船贸易网中的作用与地位》，《暨南学报》1999年第6期。

巨大的诱惑力；但是他们不希望西班牙商船直接到中国、日本、澳门插手贸易。尽管两国有着利害冲突，这两个中转港之间的正式或非正式的贸易一直未曾中断过。[1]

法国耶稣会汉学家裴化行在《明代闭关政策与西班牙天主教传教士》一文中说：马尼拉方面摆脱了澳门，直接与中国来往，从大陆运载货物到菲律宾来的沙船，从每年12艘至15艘，增加到20多艘，每艘船上有100多名船员。从11月到次年5月，这些船往返于海上。丝货如此充沛，以至于菲律宾土著人都放弃了纺织业。这些中国丝货从菲律宾运往西班牙人的美洲，与来自塞维利亚的产品争夺市场，获得成功。美洲和菲律宾的殖民者从事着这种利润可观的贩运，始终吸引着更多的中国人去马尼拉。[2]

欧洲画作中的中国风

中国商人运往马尼拉的生丝种类繁多，从品质上看，有精细的（细丝），

1　参见博克瑟著，黄鸿钊等译《16—17世纪澳门的宗教和中转港之作用》，《中外关系史译丛》第5辑，第86—87页。

2　参见裴化行《明代闭关政策与西班牙天主教传教士》，《中外关系史译丛》第4辑，第261页。

也有较粗的（粗丝）；从颜色上看，有白色的（本丝），也有其他颜色（色丝）。丝织品的种类更多，有绢纱、锦缎、白绸、彩绸、印花绢、线绢、天鹅绒、丝袜、花绸阳伞、丝麻混纺织品等。生丝与丝织品成为中菲贸易的大宗商品。中国商船抵达后，在生丝市场，与西班牙人交易，买主以银锭或银币作为支付手段。西班牙人把这些货物装上大帆船，在六月底以前开往美洲。[1]

因此，史家评论说，马尼拉不过是中国与美洲之间的太平洋丝绸之路的中转港，马尼拉大帆船严格说来是运输中国货的中国大帆船。舒尔茨在《马尼拉大帆船》中有一段非常精彩的评论："中国往往是大帆船贸易货物的主要来源。就新西班牙（墨西哥及其附近的广大地区）的人民来说，大帆船就是中国船，马尼拉就是中国与墨西哥之间的转运站，作为大帆船贸易的最重要商品的中国丝货，都以它为集散地而横渡太平洋。在墨西哥的西班牙人，当无拘无束地谈及菲律宾的时候，有如谈及中华帝国的一个省那样。就马尼拉方面来说，每年航经中国海的商舶，着实是它的繁荣基础。"[2]

1 参见全汉昇《自明季至清中叶西属美洲的中国丝货贸易》，《中国经济史论丛》第一册，香港新亚研究所，1972年，第459—460页。

2 全汉昇《明季中国与菲律宾间的贸易》，《中国经济史论丛》第一册，第425—426页。

5. 中菲贸易的鼎盛时代

有鉴于此，晚明时期从中国沿海开往马尼拉

的商船源源不断，形成了中菲贸易的鼎盛时代。从月港、澳门开往马尼拉的商船，满载着中国的生丝、绸缎、瓷器及其他商品，每年在马尼拉海关交纳的进口税，占该海关进口税总额的50%以上，17世纪初上升至80%，最高年份达到92.06%，每年的贸易额超过100万比索。[1]

全汉昇对明季中菲贸易作了精深的研究，请看他所作的1586—1645年马尼拉港每年平均征收入口税额表（表5）。

17世纪中国织锦材质的欧洲宫廷裙（现藏中国丝绸博物馆）

据此，全氏分析道："可知在十六七世纪之交的数十年内，马尼拉海关课征的入口税，在入口税总额中每年都占很高的百分比，有时高至百分之九十以上。由此我们可以推知，在马尼拉每年输入外国货的总值中，中国货价值所占百分比，一定非常之大。不特如此，输入菲律宾的中国货物，并不都要缴纳关税，例如粮食（甚至各种食物）、军需品等的输入，自一五八九年起都得到免税的优待……如果把这些免税进口的货物也包括在内，价值当然更大了。"全氏还依据当时对中国货

1 参见陈炎《澳门港在近代海上丝绸之路中的特殊地位和影响》，《海上丝绸之路与中外文化交流》，北京大学出版社，1986年，第190—195页。

表 5　1586—1645 年间马尼拉港每年平均征收入口税额表

年　代	进口税总额（A）	向中国商品征收的进口税（B）	B与A之比（%）
1585—1590	13 383.0	4 909.0	36.68
1591—1595	36 155.5	22 065.5	61.00
1596—1600	43 104.5	24 155.5	56.04
1601—1605	42 982.9	30 304.2	70.50
1606—1610	59 066.0	46 390.6	78.52
1611—1615	70 355.0	64 482.0	91.50
1616—1620	51 337.0	37 843.0	73.50
1626—1630	25 720.0	18 623.5	72.40
1631—1635	42 194.0	34 283.8	81.10
1636—1640	31 037.0	27 483.8	88.60
1641—1645	22 075.0	18 599.4	84.06

资料来源：全汉昇《明季中国与菲律宾间的贸易》,《中国经济史论丛》第一册，香港新亚研究所，1972年，第431页。

物课征3%的入口税，推算出这一时期菲律宾每年从中国输入货物的价值（除免税物品以外），约为1 333 333西元（比索）。[1]

全汉昇对1577年至1644年马尼拉每年进港商船数量统计表明，1588年、1596年、1609年、1610年、1612年、1635年、1637年，来自中国大陆的商船都在40艘以上，最多的一年达到50艘（1637年）。每年到达马尼拉的商船，除了墨西哥来的大帆船，中国商船占绝大多数，有时等于进港

1　参见全汉昇《明季中国与菲律宾间的贸易》,《中国经济史论丛》第一册，第431—432页。

船舶的全部。因而中国商品在马尼拉港的进口税中占有的比重，从1586至1590年的36.68％，增长到1611至1615年的91.50％，1636至1640年的92.06%，是有充分依据的。

钱江认为，中国与菲律宾的贸易大致可以分为五个阶段：

1570—1579年是初兴阶段，前往马尼拉的中国商船数量迅速上升，从平均每年2艘，增加至每年7至8艘。在这十年中，共约75艘中国商船到马尼拉，最多一年（1575年）有14艘。

1580—1643年是鼎盛阶段，贸易规模在不断扩大，在这64年中，前往马尼拉的中国商船共约1 677艘，平均每年约26艘，如果扣除缺乏记录的三年（1590、1593、1595），那么平均每年27至28艘。

1644—1684年是停滞阶段，平均每年只有6至7艘中国商船前往马尼拉。

1685—1716年是复兴阶段，平均每年有16至17艘中国商船前往马尼拉。

1717—1760年是衰退阶段，平均每年有12至13艘中国商船前往马尼拉。

由此可见，晚明时期正处在中菲贸易的鼎盛阶段，中国商船每年进入马尼拉的数量大多在25艘上下波动，贸易额是相当可观的。西班牙驻菲律宾总督在1603年12月的一份报告中说，中国商品入口关税一年就是52 000比索。按照关税率3%计算，1603年进入马尼拉港的中国货物的价值约为1 733 333比索。1609年中国商品的入口关税为32 113.33比索；1608年为38 288.42比索；1612年为95 639.28比索；1614年为36 105.26比索。每艘中国商船的平均货值约为35 000比索，当时中国商船的平均利润率为150%，那么35 000比索的商品在马尼拉出售后可得80 000比索（约合白银60 000两）。不仅中国商人获得厚利，而且中国官府每年从前往马尼拉的商船那里可以征收8 000—10 000两白银的关税。[1]

◤ 荷兰东印度公司巴达维亚城总督为定期向荷兰母公司汇报营运情况，将每日的贸易情况、重要事件等资料巨细靡遗地录成日志，定期送回母公司，因而有了《巴达维亚城日志》（典藏于印尼国立档案馆）。该日志起自1624年迄于1807年，是一宗重要史料。

中国与马尼拉的贸易，到1620年代发生了变化，荷兰人占据中国台湾并把它发展成中国与日本之间的中转站以后，中国大陆沿海来的商船到此休整，然后向北驶向日本，向南驶向马尼拉，以及棉兰老、印度尼西亚、印度支那半岛。法国历史学家维也纳根据荷兰史料《巴达维亚城日志》提供的数据，1625—1641年间经由台湾中转的中国商船的走向，主流依然是最有诱惑力的马尼拉。例如：1625年，由华南出发的中国商船，前往马尼拉的有30—50艘，前往柬埔寨的有7艘，前往印度支那的有8艘，前往暹罗的有6—7艘。1626年，由华南出发的中国商船，前往马尼拉的有70—80艘，前往柬埔寨的有4艘，前往印度支那的有4艘，前往马来半岛北大年的有1艘。到了1632年、1633年、1640年，中国与马尼拉的贸易中断，原因是马尼拉的华人在贸易上所占的优势使西班牙当局感到不安，不

1 参见钱江《1570—1760年中国和吕宋贸易的发展及贸易额的估算》，《中国社会经济史研究》1986年第3期。

断制造排华事件，据说有37 000华人在马尼拉郊区遇害。但是这种中断是暂时的，因为西班牙人无法直接和中国大陆开展贸易，所以动荡一过，中国沿海商船前往马尼拉贸易又得以恢复。这一时期中国商船牢牢控制了马尼拉贸易，因为西班牙人需要源源不断地把中国丝货通过马尼拉大帆船运往墨西哥阿卡普尔科港。马尼拉生丝市场的繁荣，吸引了中国移民前往马尼拉经商发展，无怪乎有人说，17世纪时的马尼拉城，与其说是欧洲式的，还不如说是中国式的。[1]

五　贸易顺差与巨额白银流入中国

1.“商业上的‘纳贡’”

无论是葡萄牙还是西班牙、荷兰，在与中国的贸易中始终处于结构性的贸易逆差地位，为了弥补这种逆差，不得不支付硬通货——白银。因此，美洲和日本的白银源源不断流入中国，成为当时全球经济中一道独特的风景。德国学者弗兰克在《白银资本——重视经济全球化中的东方》中，戏称这种结构性贸易逆差为“商业上的‘纳贡’”，他说：“‘中国贸易’造成的经济和金融后果是，中国凭借在丝绸、瓷器等方面无与匹敌的制造业和出口，与

1 参见玛丽–西比尔·德·维也纳《十七世纪中国与东南亚的海上贸易》，《中外关系史译丛》第3辑，第217—219页。

明代的外销瓷器

任何国家进行贸易都是顺差"，"外国人，包括欧洲人，为了与中国人做生意，不得不向中国人支付白银，这也确实表现为商业上的'纳贡'。"[1]

中国的贸易顺差与巨额白银的流入，引起学者们的关注，做了各种角度的研究，最有代表性的是梁方仲、百濑弘、艾维四、严中平、全汉昇、弗兰克。

梁方仲1939年发表的长篇论文《明代国际贸易与银的输出入》，着重论述"欧人东来以后的海舶贸易时期"，其结论是："欧洲东航以后银钱及银货大量地由欧洲人自南北美洲运至南洋又转运来中国。关于这方面的数字，虽然亦缺乏不堪，但根据前面所说，由万历元年至崇祯十七年（1573—1644）的72年间合计各国输入中国的银元由于贸易关系的至少超过一万万元以上。此时中国为银的入

1 弗兰克著，刘北成译《白银资本——重视经济全球化中的东方》，第107—108页。

超国家，已毫无疑问”。[1]

◥ 欧洲定制的中国瓷器

日本学者百濑弘的专著《明清社会经济史研究》指出：由于中国丝绸向日本转送，每年可以获得135万两白银。除此之外，还有美洲的白银。墨西哥铸造的西班牙比索——当时欧洲具有国际信用的流通货币，经由印度、南洋流入中国。从墨西哥运送到西班牙的白银，由葡萄牙人输送到印度，最后流向中国。而西班牙人与葡萄牙人相比，处于不利地位，对中国贸易不可能凭借其他物资，只能凭借新大陆丰富的白银来发展对华贸易。因此向中国流去的白银逐年增加，最初的年额是30万比索（西班牙银元），1586年达到50万比索，1600年达到200万比索，其后多年超过了200万比索大关，1621年一艘大帆船就打破了300万比索的纪录。[2]

美国学者艾维四（William S. Atwell）对白银流入中国课题有长期的研究。1980年他在中美史学讨论会上提交的论文《从国内外银产和国际贸易看明史的时代划分》指出：中国银产低落的情形似乎

---

1 梁方仲《明清赋税与社会经济》，中华书局，2008年，第562页。

2 参见百濑弘《明清社会经济史研究》，东京研文出版，1980年，第56—60页。

维持到18世纪初，幸亏16世纪和17世纪中国能够输入许多外国的白银。从1530年到1570年，中国最重要的白银来源是日本，因为当时的中日贸易多为非法，所以我们无法知道日本流入中国白银究竟多少。有一个估计，16世纪中叶可能达到53万两。无可否认，日本白银对这一时期中国有很大的影响，至少可以解释1560至1570年代庞尚鹏和海瑞为什么在浙江与福建实行一条鞭法。由于1567年政府放松对海上贸易的控制，长崎贸易、马尼拉贸易的繁荣，使得1577年进入太仓的白银一跃而成为1560年代最高纪录的两倍。[1]

他在此后的论著中继续深化研究，指出：1570年代中国深受货币革命的影响，比如南美洲以水银提炼的方法提高了银产量，在秘鲁最有名的银矿，银产量开始大增。16世纪末至17世纪初，日本的银产量也大量增加，1560至1600年，日本白银年输出平均数在33 750至48 750公斤之间。日本学者小叶田淳认为，17世纪初，日本、中国、葡萄牙、荷兰商船运出的日本白银可能达到150 000至157 000公斤之间，其中的大多数流入了中国。他认为，从南美洲运到中国的白银也相当多，16世纪末到17世纪初，从菲律宾流入中国的南美洲白银达到57 500至86 250公斤之间。据他的估算，美洲流入中国的白银，每年大约在57吨到86吨之间。而

1 参见艾维四《从国内外银产和国际贸易看明史的时代划分》，“自宋至1900年中国社会及经济史”中美史学讨论会，1980年，北京。

且马尼拉不是南美洲白银进入中国的唯一门户，还有一部分从澳门、台湾和东南亚进入中国。因此总数可能更大一些。[1]

中国学者严中平的论文《丝绸流向菲律宾白银流向中国》指出：从马尼拉向西属美洲贩卖中国丝绸的利润，最高可达十倍。大利所在，人争趋之。墨西哥和秘鲁的西班牙商人纷纷涌到马尼拉去贩运中国货物。西班牙当局曾多次限制贸易额，比如从马尼拉运往阿卡普尔科的货物总价值不得超过25万比索，从阿卡普尔科运往马尼拉的货物和白银总价值不得超过50万比索；以后又不断限制向中国输出白银。但是屡禁不止。从马尼拉向阿卡普尔科运去的货物价值最大的是中国纺织品，特别是丝绸；从阿卡普尔科返航马尼拉时装载的货物中，价值最大的是白银，特别是白银铸币比索。关于流入中国的白银数量，只有零星的记载，例如一个文件说，1586年马尼拉流入中国的白银，由每年30万比索增加到50万比索；1598年的文件说，马尼拉进口货物价值常在80万比索左右，有时超过100万比索；1598年另一个文件说，从墨西哥运往马尼拉的白银100万比索，都流到中国去了。有人估计，在1565—1820年间，墨西哥向马尼拉输送了白银4亿比索，绝大部分流入了中国。[2]

另一位中国学者钱江对此也做过估算，结论如

1 参见弗兰克著，刘北成译《白银资本——重视经济全球化中的东方》，第204—205、477页。

2 参见严中平《丝绸流向菲律宾白银流向中国》，《近代史研究》1981年第1期。

下：17世纪航行于东南亚地区的商船，每艘船的商品货值在8万比索（折合白银6万两）以上，是普遍的情形。如以每艘中国商船平均贸易额8万比索，便可根据历年马尼拉港中国商船数量对贸易额作出初步估算：1570至1760年，中国与吕宋的贸易总额约为24 752万比索（折合白银18 564万两），平均每年贸易额约为129.59万比索（折合白银97.20万两）。[1]

1 参见钱江《1570—1760年中国和吕宋贸易的发展及贸易额估算》，《中国社会经济史研究》1986年第3期。

中国经济史专家吴承明修正了钱江的估计，用经济学方法，列出1570—1649年抵达马尼拉的中国商船数量和运回白银数量：

表6　吴承明关于1570—1649年间抵达马尼拉之中国商船数量与运回白银数量统计表

年　代	船　只　数	输入白银（万两）
1570—1579	75	28.5
1580—1589	234	88.9
1590—1599	185	70.3
1600—1609	274	104.1
1610—1619	273	103.7
1620—1629	237	90.1
1630—1639	368	139.8
1640—1649	181	68.8

资料来源：吴承明《市场·近现代化·经济史论》，云南大学出版社，1996年，第271—272页。

1570—1649年，经由马尼拉流入中国的白银（不包括经由澳门流入中国的白银）累计6 322.8万两。

2. 全汉昇：美洲白银的1/2被运到中国

在这方面最有深度的研究当推全汉昇，他的论文《明清间美洲白银的输入中国》，系统而精深地分析了这个问题。从1565年至1815年的两个半世纪，西班牙政府每年都派遣一艘至四艘载重300—1 000吨的大帆船，横渡太平洋，来往于墨西哥阿卡普尔科与菲律宾马尼拉之间。据墨西哥发表的文献说，西班牙人购买中国货的代价，必须用白银或银币来支付，因为中国商人既不要黄金，也不收任何其他物品作为代价，而且也不把其他货物从菲律宾输入中国。他根据比较可靠的记载，把16世纪到18世纪西班牙人每年用大帆船从美洲运往菲律宾的白银数量列表如下：

表7　16—18世纪西班牙大帆船从美洲运往菲律宾之白银数量统计表

年　代	数额（单位：西班牙银元即peso）
1598年	1 000 000
1602年及以前	2 000 000
1604年	2 500 000
约1620年	3 000 000
1633年	2 000 000

续　表

年　代	数额（单位：西班牙银元即peso）
1688年及以前	2 000 000
1698—1699年	2 070 000
1712年及以前	2 600 000
1714年及以前	3 000 000—4 000 000
1723年	4 000 000
1729年及以前	3 000 000—4 000 000
1731年	2 434 121
1740年前后	3 000 000
1746—1748年	4 000 000
1762年	2 309 111
1764年	3 000 000
1768—1773年	1 500 000—2 000 000
1784年	2 791 632

资料来源：全汉昇《明清间美洲白银的输入中国》,《中国经济史论丛》第一册，香港新亚研究所，1972年，第438—439页。

全汉昇解释道：由上表可知，在16至18世纪，每年由大帆船自美洲运往菲律宾的白银，有时多达400万西元，有时只有100万西元，大多时候在200—300万西元间。当然，有时因为遭受敌人的劫掠，或在海洋中航行失事，大帆船运往菲律宾的银子不免要大受损失。不过无论如何，到了1765年2月10日，马尼拉最高法院检察长向西班牙国王上奏说："自从菲律宾群岛被征服（1565

年）以来，运到这里的白银已经超过二万万西元。”

全氏论文另有“明清间美洲白银每年经菲输华数额表”，数据如下：

表 8　明清间美洲白银每年经菲输华数额表

年　代	数额（单位：西元）
1586 年以前	300 000
1586 年	500 000
1598 年及以前	800 000—1 000 000
1602 年及以前	2 000 000
1604 年	2 500 000
1633 年及以前	2 000 000
1729 年及以前	3 000 000—4 000 000
1815 年	1 550 000

资料来源：全汉昇《明清间美洲白银的输入中国》,《中国经济史论丛》第一册，第 444 页。

他对此解释道：我们可知自 16 世纪下半叶西班牙人抵达菲律宾以后，每年由菲律宾输入中国的美洲白银，初时为数十万西元，其后越来越增加，到了 16 世纪末叶已经超过 100 万西元；到了 17 世纪，增加至 200 余万西元；及至 18 世纪，增加更多，可能达到三四百万西元；19 世纪初期，又下降至 150 余万西元。德科民（De Comyn）估计，自 1571 年至 1821 年的 250 年中，由西属美洲运往马尼拉的银子共约40 000万西元，其中四分之一或二分之一都流入中国。全汉昇认为德科民说的“四分之一”显然估计太低，“二分之一”即20 000万西元或更多些，可能比较接近事实。[1]

全汉昇的这一研究成果受到西方学者的广泛关注。布罗代尔在他的巨著《15至18世纪的物质文明、经济和资本主义》中说“一位中国历史学家最近认为，美洲1571至1821年间生产的白银至少有半数被运到中国，一去而不复返”，就是征引全汉昇的观点。他在书中论述，16世纪“各种因素协力促成的运动”是从西班牙前往美洲。从贸易角度看，马尼拉大帆船代表着一条特殊的流通路线。在这里每次都是墨西哥商人占有利地位。他们匆匆光顾短暂的阿卡普尔科交易会，却在时隔数月或数年后遥控马尼拉的商人（后者转而牵制住中国商人）。美洲白银1572年开始一次新的分流，马尼拉大帆船横跨太平洋，把墨西哥的阿卡普尔科港同菲律宾首都马尼拉连接起来，运来的白银被用于收集中国的丝绸、瓷器、印度的高级棉布，以及宝石、珍珠等物。[2]

至于从日本流入中国的白银，全氏也有涉及，他说：“因为中国市场上白银的购买力远较日本为大，中国商人在日售货所得的白银，自然大量运载

1 参见全汉昇《明清间美洲白银的输入中国》，《中国经济史论丛》第一册，第435—439、444—446页。

2 参见布罗代尔著，顾良、施康强译《15至18世纪的物质文明、经济和资本主义》，第2卷，第432—435页。

回国。上述王在晋记载往日本贸易的中国商船，有两名银匠，利用船中的炉冶、风箱、器具，把倭银倾销熔化，炼成一锭一锭的银子。根据小叶田淳教授的研究，在1542年，有三艘自日本开往泉州的商船，共载银8万两，即每艘载银26 000余两，或约1 000公斤。又据岩生成一教授的计算，在十七世纪初期，赴日贸易的中国商船，每艘平均自日运银23 500两回国。到了1641年，中国各商船共自日输出白银35 625公斤，或90余万两；及1646年，输出银更多至63 750公斤，或160余万两。"又说："出国贸易的朱印船，除载运各种日本物产外，因为日本银产丰富，每艘都输出大量白银，有时一艘多至5 600公斤。据估计，朱印船每年自日运出的银子，共约三万至四万公斤，多过中国商船自日本运出的数量，差不多有葡船自日运出的那么多。"[1]

◥ 朱印船，指持有幕府将军朱红印执照，可以从事海外贸易的日本商船。

在论及远程贸易的巨额利润时，布罗代尔说，远程贸易肯定创造出超额利润。这是利用两个市场相隔很远，供求双方互不见面，全靠中间人撮合而进行的价格投机。这种远程贸易对于中国东南沿海经济发展产生了巨大的影响。他说了一段意味深长的话：

中国南方从福州和厦门到广州一带，海面

1 全汉昇《明中叶后中日间的丝银贸易》，《历史语言研究所集刊》第五十五本第四分，第643—644页。

和陆地犬牙交错，形成一种溺谷型海岸，那里的情况不也同样如此吗？在这一带，海上的旅行和冒险推动着中国资本主义的发展，中国资本主义只是在逃脱国内的监督和约束时，才能充分施展其才能。这部分从事对外贸易的中国商人在1638年日本实行闭关锁国后，同荷兰商人一样，甚至比后者更加有效地参与日本列岛的铜和银的贸易；他们在马尼拉接收大帆船从阿卡普尔科运来的白银；中国始终派人出外经商，中国的工匠、商人和货物深入南洋群岛的每个角落。[1]

3. 弗兰克：中国占有了世界白银产量的1/4至1/3

这一领域的最新研究成果首推弗兰克的《白银资本——重视经济全球化中的东方》，该书的第三章第一节，标题是《世界货币的生产与交换》，全面回顾了这一问题的研究状况，并提出自己的看法。他的看法是，跨太平洋的白银贸易，有很大一部分是走私活动，没有记录，具体数字也无法搞清，因此跨太平洋运送的白银总数始终被低估。这是确凿无疑的。其实与日本贸易的走私活动更多，流向中国的白银更容易低估。

1 布罗代尔著，顾良、施康强译《15至18世纪的物质文明、经济和资本主义》，第2卷，第647页。

这一难题一时难以破解，目前只能就现有学者的研究成果作出综合估算。弗兰克指出，每年从美洲跨太平洋流入中国的白银数量，全汉昇的统计数字最小，艾维四其次，弗林（Dennis Flynn）最大。每年从美洲流入中国的白银具体数字如下：

全汉昇：50吨

艾维四：57—86吨

弗林：125吨

弗兰克特别强调，亚洲的白银供应大户是日本。从1560年到1600年，它每年生产和供应50吨白银；从1600年到1640年，每年生产和供应150吨到190吨白银；最高峰的1603年为200吨。从1550年到1645年的近一百年内，总产量将近4 000吨至8 000吨。1560—1640年的80年间，日本成为一个主要的白银生产国和出口国。日本出口到中国的白银数量，比从太平洋运来的美洲白银多3倍到7倍，平均为6倍到7倍。[1]

根据沃德·巴雷特（Ward Barrett）估算，从1600年到1800年，亚洲大陆至少吸收了经欧洲转手的美洲白银32 000吨，经马尼拉转手的美洲白银3 000吨，以及来自日本的白银大约10 000吨，总数至少为45 000吨。美洲白银产量迅速增长，16世纪总产量为17 000吨，平均年产量为170吨。17世

1 参见弗兰克著，刘北成译《白银资本——重视经济全球化中的东方》，第204—206页。

纪总产量为42 000吨，平均年产量为420吨；其中大约31 000吨输入欧洲，欧洲又把40%即12 000吨以上的白银运到亚洲。18世纪总产量为74 000吨，平均年产量为740吨，其中52 000吨输入欧洲，又有40%即20 000吨运往亚洲。但是弗林和其他一些学者提示，未输入欧洲的大部分白银没有留在美洲，而是从太平洋运往亚洲，即每年有15吨白银是从墨西哥的阿卡普尔科用马尼拉大帆船直接运到马尼拉，几乎所有这些白银都又转送到中国。跨越太平洋运送的白银数量，有时相当于从欧洲流向中国的白银数量。

至于16世纪至17世纪中叶，流入中国的白银数量，根据弗兰克的综合，大体如下：

美洲生产的白银	30 000吨
日本生产的白银	8 000吨
总数	38 000吨
最终流入中国的白银	7 000吨—10 000吨

弗兰克的结论是："因此中国占有了世界白银产量的四分之一至三分之一。"[1]这些白银并非一般商品，而是货币形态的资本，由此可见，这一时期"整个世界经济秩序当时名副其实地是以中国为中心的"。[2]

这样的结论确实是令人惊讶的，16世纪至17世纪中叶的一百多年中，凭借贸易的渠道流入中国

1 弗兰克著，刘北成译《白银资本——重视经济全球化中的东方》，第407—408页。

2 弗兰克著，刘北成译《白银资本——重视经济全球化中的东方》，第110页。

的白银货币，竟然高达7 000吨至10 000吨。把白银货币用“吨”来衡量，中国读者很不习惯，如果换算成中国的“两”，大约是2.24亿两至3.2亿两。这并非夸张之词，李隆生的研究结论与此相近：“不难看出每位学者的估计结果都不相同，且差异颇大，若取各家平均，则明季由日本流入中国的白银为170百万两，西属美洲流向中国的白银为125百万两（经菲律宾和经欧洲的比例约为2 ∶ 1），合计295百万两。所以，整个明季由海外流入的白银可能近300百万两，每年平均300万两左右。”[1]也就是说，在这一百多年中，有3亿两白银货币流入中国，大体相当于国库税银收入的总和。贸易力量之巨大，令人叹为观止！

全汉昇研究明季至清中叶西属美洲的中国丝货贸易，得到的结论有助于理解上述现象。他说：“中国的丝织工业，因为具有长期发展的历史背景，技术比较进步，成本比较低廉，产量比较丰富，故各种产品能够远渡太平洋，在西属美洲市场上大量廉价出卖，连原来在那里独霸市场的西班牙丝织品也要大受威胁。因此，当西班牙帝国自欧洲本部扩展至美洲和菲律宾后，中国丝货的输入美洲，竟引起西班牙国内丝织业者与海外殖民者间的严重冲突。这一事实告诉我们：在近代西方工业化成功以前，中国工业的发展，就它的产品在国际市场上的竞争

1 李隆生《晚明海外贸易数量研究——兼论江南丝绸产业与白银流入的影响》，第165页。

能力来说，显然曾经有过一页光辉灿烂的历史。”[1]其实，岂止西属美洲贸易是如此，欧洲、日本的贸易也是如此，才成就了巨额白银流入中国的辉煌记录。

1 全汉昇《自明季至清中叶西属美洲的中国丝货贸易》,《中国经济史论丛》第一册，第473页。

第三章

江南市镇：市场经济与早期工业化

地理大发现后的全球经济带动了晚明的进出口贸易，源源不断流入中国的白银，作为“一般等价物”的硬通货，为晚明社会的银本位货币体制奠定了坚实的基础。由于生丝、绸缎、棉布等商品的出口持续增长，这种“外向型”经济，极大地刺激了东南沿海地区商品经济的高度成长，刺激了多层次商品市场的繁荣，它的载体就是多种类的商品集散中心——市镇。诚然，商品经济的高度成长与商品市场的繁荣，有它的内在动力，这种动力从宋代以来一直在稳定而持续地起作用，到了明代中叶达到一个新高峰。由于葡萄牙人、西班牙人、荷兰人、日本人全面介入中国的对外贸易，把原先主要面向国内市场的商品生产，转化为同时兼顾国内和国外两个市场。

集市与市镇是既有联系又有区别的两个概念。集市或市集，是初级商品交易场所，换言之，是低层次的商品市场，广泛存在于全国各地。以中国之大，地无分南北东西，几乎都可以见到集市的踪影，它们大多有固定的集期，形成定期赶集的习俗。市镇是在集市高度发展的基础上成长起来的，它已经超越定期赶集的层次，成为每天都生意兴隆的工商业中心。如果说集市比较接近于乡村，那么市镇就比较接近于城市，日本学者把市镇称为“地方小都市”是十分恰当的。明代江南的许多市镇的规模与功能都不亚于县城，某些特大型市镇的经济地位甚至凌驾于县城之上，这是晚明大变局中引人注目的现象。

▼ 仇英《南都繁会图卷》局部

白银的大量流入，使得中国江南地区出现了前所未有的富庶和繁华。

一　江南经济的高水平发展

1. 从“苏湖熟，天下足”到“湖广熟，天下足”

近世江南经济的高水平发展，有一个漫长的过程。经历永嘉之乱、安史之乱，北方两次移民高潮，促进了江南的开发与经济成长。经过五代十国时期的割据局面，刺激了区域经济进一步开发，南唐、吴越尤为显著，太湖流域农业生产得到长足进步，正如《宋史·范祖禹传》所说：“国家根本，仰给东南。”而以苏州为中心的“吴中”又是“国家根本”的根本，陆游《常州奔牛闸记》说：“而吴中又为东南根柢，语曰：‘苏湖熟，天下足。’”宋朝时出现的“苏湖熟，天下足”的现象，似乎是当时人

普遍的看法，范成大《吴郡志》就有和陆游一样的说法；高斯得《宁国府劝农文》说得更为深刻，他在分析两浙路的水稻高产区时说："上田一亩，收五六石。故谚曰：'苏湖熟，天下足。'虽其田之膏腴，亦由人力之尽也。"高斯得强调的是"人力之尽"，即精耕细作，高度集约化经营，显然和人口增加有着密切的关系。

美国经济学家珀金斯（Dwight H.Perkins）《中国农业的发展（1368—1968）》，采用英国人类学家埃斯特·博塞勒普（Ester Boserup）所总结的一个模式：人口增长是人类历史上农业发展（也就是集约化）的主要动力。从多年一收的刀耕火种农业，发展到一年三收的水稻经济，就是一个由于人口因素而集约化的例证。他认为，人口增长是传统农业从粗放到集约化的动力，人口增长决定了农业生产率的提高。[1]

1　参见珀金斯著，宋海文等译《中国农业的发展（1368—1968）》，上海译文出版社，1984年，第25—28页。黄宗智《华北小农经济与社会变迁》，中华书局，1986年，第8—9页。

宋金对峙时期，北方人民大量南迁，形成第三次移民浪潮，大约有500万北方移民迁入并定居于江南地区，为江南农业集约化经营奠定了基础。另一方面，南宋政府为了维持与北方政权的对峙局面，必须大力发展农业生产，劝农政策成为当务之急。当时大批农书、劝农文陆续刊印，陈旉《农书》与楼璹《耕织图诗》的流行绝非偶然。在这种情况下，“苏湖熟，天下足”的形成，便不足为奇了。

进入明代，情况发生了变化。原先曾经以天下粮仓闻名的苏州、湖州及其周边地区，由于商品经济高度成长，手工业、商业迅猛发展，促使农家经营的商品化倾向日益加剧，大量耕地改种收益更高的经济作物（如桑、棉之类），以适应市场不断增长的需求。农业生产格局由先前的粮食作物为主，改变为经济作物为主，使得原先的“粮仓”逐渐转化为缺粮区。与此同时，另一个新的“粮仓”正在悄悄形成，那就是长江中游的湖广地区。大约在15世纪，湖广作为“天下粮仓”已成定局，所产粮食沿着长江而下，源源不断供应江浙各地。于是，“湖广熟，天下足”的格局，取代了“苏湖熟，天下足”的格局，形成了一个划时代的变化。

2.“湖广熟，天下足”何时形成？

“湖广熟，天下足”，对于研究中国历史尤其是明清史至关紧要，吸引了许多学者来考证它出现的时间。

1947年，日本学者加藤繁在他的论文《关于在中国的棉作

◤ 养蚕图
养蚕缫丝是明清江南主要的经济产业之一。

特别是它的品种的发达》中，首次探讨了这个问题。他发现明末刊本——朱绍本《地图综要》内卷“湖广总论”，提到了这样一点：“楚固泽国，耕稼甚饶，一岁再获柴桑，吴楚多仰给焉。谚曰：‘湖广熟，天下足。’言土地广沃，而长江转输便易，非他省比。”加藤繁据此推断，“湖广熟，天下足”形成于明末。[1]

1953年，日本学者藤井宏在其长篇论文《新安商人的研究》中，也提及这个问题。他指出，加藤博士把《地图综要》作为明末的著作，但是从内阁文库本《地图综要》的内容来看，此书的编撰年代不能追溯到清朝顺治以前。不过他还是判断，“湖广熟，天下足”这一谚语“至迟当在明末即已出现”。他写道：“湖广方面，首先必须大书特书的是，明末到清代这地方成为中国米谷主要产地。它成为长江下游的江苏、浙江、安徽南部以及广东、福建的米谷供给地。顺治年间所作的《地图综要》中初次见到谚曰‘湖广熟，天下足’之语，在清代诸书

1 加藤繁《关于在中国的棉作特别是它的品种的发达》，载《东洋学报》第三十一卷一号（1947年）。

中此谚迭见。从来所谓‘江浙熟，天下足’之谚，此时遂为上述谚语所代替，这是中国农业经济史上最值得注目的一个现象。”他还引用《广艳异编》《近事丛残》、万历《秀水县志》等文献，推论说：“自明代中叶以后，湖广米豆已逐渐补充江浙粮食的不足，到明末终于出现了如上的谚语。”[1]

1962年，日本学者岩见宏在《湖广熟，天下足》的短文中考证出，嘉靖七年（1528）作序的何孟春《余冬序录》已经提到“湖广熟，天下足”这个谚语，从而推测，湖广米的输出成为注目的现象，至迟应在正德年间（1506—1521）。[2]

1976年，日本学者安野省三在《“湖广熟，天下足”考》中，对岩见宏的新见解表示赞同。他认为，作为湖广米向外地输出的条件，是湖广地方产米的增加，并且特别分析了“一岁再获”的内涵，以及它对于湖广农业生产的意义——导致米谷产量的迅猛增长。[3]

1977年，韩国学者吴金成在《明末洞庭湖周边垸堤的发达及其历史意义》中指出，湖广米经由商人之手向省外流出的事实，可以追溯到15世纪中期。他不再着眼于“湖广熟，天下足”谚语更早出现于哪一本文献，而是着眼于15世纪中期洞庭湖周边农业生产发展水平的可能性分析，并由此得出结论：洞庭湖周边地域的稻作地带上升为中国粮仓的

1 藤井宏《新安商人的研究》，载《东洋学报》第三十六卷一号（1953年）；傅衣凌的中译文载《徽商研究论文集》，安徽人民出版社，1985年，第157页及第251页注35。

2 参见岩见宏《湖广熟，天下足》，载《东洋史研究》第二十卷第四期（1962年）。

3 参见安野省三《“湖广熟，天下足”考》，载《木村正雄先生退官记念·东洋史论集》，东京汲古书院，1976年。

地位，是15世纪中期渐次形成的。[1]

1979年，日本学者寺田隆信在《湖广熟，天下足》一文中，在李延昰《南吴旧话录》中找到了一条新资料，证明“湖广熟，天下足”谚语早在天顺年间（1457—1464）就已经存在。因而他推测，15世纪中期，湖广地方已经被认为是天下粮仓。[2]

至此，我们可以认定，15世纪中期，湖广成为全国粮仓，“湖广熟，天下足”已成定局。这一点还可以从湖广内部农业的发展状况得到证实。美籍华裔学者何炳棣1959年由哈佛大学出版的《1368—1953中国人口研究》一书已经指出：占城稻的引进和水稻早熟品种的进一步发展，保证了两熟制（即“一岁再获”）的成功，使中国农业特别是水稻区农业著称于世。直到南宋时，水稻早熟品种的传播范围还局限于浙江、江苏南部、福建和江西。近代中国的粮仓——皖南低地和湖北、湖南的大部分地区还缺乏早熟品种，因而农业并不发达。他说：“早熟稻不仅保证两熟制的成功，而且延长了长江地区的经济霸权。这一霸权的确凿证据是：在整个宋元明时期，稻米区的人口增长比华北的（人口增长）快得多。在元明二代，早熟稻的栽种在西南各省和湖北、湖南也相当普遍，两湖从此成了中国的谷仓。”[3]

吴金成的专著《明代社会经济史研究》第二章

1 参见吴金成《明末洞庭湖周边垸堤的发达及其历史意义》，载《史朋》第十期（1979年）。

2 参见寺田隆信《湖广熟，天下足》，载《文化》第四十三卷一、二期（1979年）。

3 何炳棣《1368—1953中国人口研究》，上海古籍出版社，1989年，第170—175页。此书英文版1959年由哈佛大学出版。

第一节，标题是《明代汉水下游的农业发达》，首先论述的问题是“明代的湖广米流出”。他发掘一些史料，证明在15世纪后半期，湖广作为谷仓的地位，已经为长江下游的人们广为知晓。例如他引用邵陛《两台奏议》中的奏疏，揭示这样的史实：“外省巨商，鳞集辐辏，搬运不绝，以致本省（湖广）米价腾涌……富家见价之高，甘心商贩，贫民绝称贷之路。”[1]他认为这是万历年间湖北荆州、承天、汉阳、黄州等府，以及湖南岳州、衡州、永州等府，能够见到的米谷输出的记录。此外，他还列举正统年间、成化年间、嘉靖年间、隆庆年间湖广米谷输出的记录，来证明这一点。

日本学者重田德关于清代湖南米市的研究，使人们对“湖广熟，天下足”有了立体的理解。他指出：其一，湘潭是湖南内部米谷最大的集散地，乾隆《湘潭县志》写道：“湖南米谷，自衡州而下，多聚卖于湘潭。大约视湖北、江南之时价为低昂。”其二，汉口是湖广、四川米谷最大的交易市场。据赵申乔《自治官书》所载的康熙四十八年（1709）一个奏疏说：“湖南相距江浙甚远，本处所产之米，运下江浙居多。或在汉口地方出售，或专卖与江浙贸易之人。”[2]

以上所说，只是问题的一个方面，另一方面是江南地区本身的变化。原先曾以全国粮仓著称的

1 吴金成《明代社会经济史研究》，东京汲古书院，第195—198页。

2 重田德《清初湖南米市场的考察》，东京大学《东洋文化研究所纪要》第十册（1956年），后收入《清代社会经济史研究》（岩波书店，1975年）。

耕耘图（《天工开物》）

苏州、湖州及其周边地区，明中叶以后，随着商品经济的发展，大量耕地用于桑、棉等经济作物种植，对外地商品粮需求日趋增加。加上这一地区人口稠密的特点，致使仰赖湖广粮食接济的趋势日益凸显。晚明苏州地方官黄希宪说："吴中五方杂处，日食甚繁……吴所产米原不足供本地之用，若江广（江西、湖广）之米不特浙属藉以济运，即苏属亦望为续命之膏。"[1]同时代人吴应箕的话可以作为一个旁证：江南"地阻人稠，半仰食于江、楚、庐、安之粟"[2]。也就是说，江南所需的粮食的一半是从湖广、江西及皖南运来。

清初以降，这种形势更趋明朗化。细读《雍正

1 黄希宪《抚吴檄略》卷一《为祈饬籴之禁大沛邻郡封事（崇祯十三年三月二十九日移牒苏州府长洲吴县檄）》。

2 吴应箕《楼山堂集》卷十《兵事策第十》。

调丝、纺纬图（《天工开物》）

朱批谕旨》可以发现，无论是封疆大吏的密折，还是皇帝的朱批，都不约而同地探讨江浙仰赖湖广的问题。

鄂尔泰说："湖广全省向为东南诸省所仰赖，谚所谓'湖广熟，天下足'者，诚以米既充裕，水又通流之故。"[1]

谢明说："惟江西、湖广产米尤多，向来邻省每于江楚籴买，江楚之民亦赖粜卖米石，得价资用。"[2]

杨宗仁说："湖广产米之地，为东南所仰给。"[3]

雍正帝本人深知此种情况，在王景颢的奏折上朱批道："朕知江浙粮米历来仰给于湖广。"[4]

---

1 《雍正朱批谕旨》，鄂尔泰奏疏（八年四月二十日）。
2 《雍正朱批谕旨》，谢明奏疏（九年正月二十四日）。
3 《雍正朱批谕旨》，杨宗仁奏疏（元年十一月十七日）。
4 《雍正朱批谕旨》，王景颢奏疏（二年八月二十日）。

江南地区需要湖广等地粮食，除了这一地区“地窄人稠”的因素，最主要的因素是，这一地区的经济发展已经进入到一个新阶段，出现了乡村工业化（或曰“早期工业化”），丝织业、棉织业的蓬勃发展，大量耕地种植经济作物，为丝织业、棉织业提供原料，寻求最大经济效益，因而不得不输入商品粮。正如雍正年间浙江巡抚程元章所说：“杭嘉湖三府属地，地窄人稠，民间多以育蚕为业，田地大半植桑，岁产米谷，除办漕外，即丰收之年尚不敷民食，向藉外江商贩接济。”[1]这种分析是中肯的，可以从地方志中找到佐证。例如康熙《嘉兴府志》说：“（粮食）每不能自给，待食于转输者十之三四。”[2]原先盛产粮食的嘉兴府尚且要输入30%至40%的商品粮，其他地区可想而知。

与杭嘉湖三府属地“田地大半植桑”相类似，苏松二府属地的棉作区耕地大半用来植棉，一般棉作区的比例大多是“棉七稻三”（例如松江府、太仓州），亦即“三分宜稻七分宜棉”，有的地方（例如嘉定县）甚至“专种棉花”，“不产米”。这一地区仰给于外地粮食的程度似乎更胜一筹。

宋代的农业革命和商业革命，以及“苏湖熟，天下足”局面的出现，为江南市镇的兴起提供了有力的经济支撑，不少江南市镇都可以追溯到这一时代。南宋嘉泰年间编撰的《吴兴志》记载，吴

1《雍正朱批谕旨》，程元章奏疏（年月不明）。

2 康熙《嘉兴府志》卷十二《风俗》。

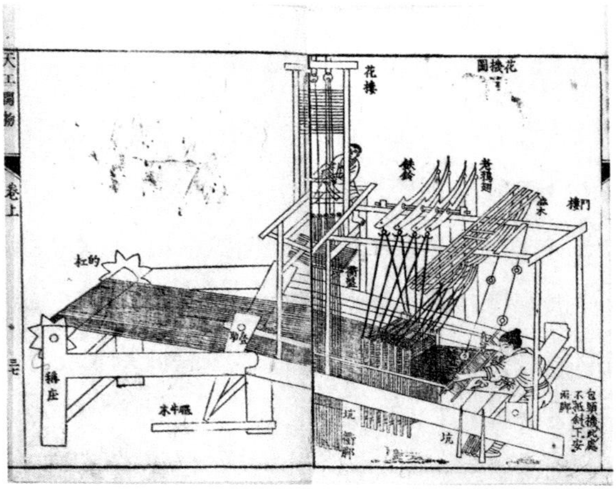

花机图（《天工开物》）

兴（即以后的湖州府）已有六个市镇：乌墩镇（即乌镇）、施渚镇、梅溪镇、四安镇、新市镇、和平镇。[1]此外，南浔镇、双林镇、菱湖镇都兴起于南宋。编撰于元代至元年间的《嘉禾志》记载当时的秀州（嘉兴府）已有魏塘镇、宁海镇、澉浦镇、广陈镇，以及白牛市（枫泾镇的前身）、陶庄市、新城市、永乐市（濮院镇的前身）、当湖市、半逻市、青镇市（青镇的前身）、语儿市、石门市、皂林市、凤鸣市、洲钱市。[2]湖州府与嘉兴府商品市场的蓬勃发展气势，已经跃然纸上。据陈国灿、奚建华《浙江古代城镇史》，南宋时秀州（嘉兴府）有市镇39个，临安府（杭州府）有市镇36个，吴兴（湖

1　嘉泰《吴兴志》卷十《管镇》。
2　至元《嘉禾志》卷三《镇市》。

州府）有市镇35个。[1]邻近的苏州、松江等地情况大体如此。

3. 江南的早期工业化

进入明代以后，商品经济不断向纵深发展，日益深入农村，促使农家经营的商品化程度不断提升，集中体现在传统的蚕桑丝织经济与新兴的棉纺织经济，带动了农民家庭手工业的专业化与市场化，经济收益明显增加，导致农业结构发生变化——蚕桑压倒稻作，棉作压倒稻作，从而改变了先前以粮食作物为主体的农业模式，代之以与市场密切相关的经济作物的栽培，以及对蚕茧、棉花的深加工带动的手工业的飞速繁荣，于是出现了“早期工业化”。

李伯重《江南的早期工业化（1550—1850）》指出：1850年以前的三个世纪中，江南工业的发展，使得工业在江南经济中所占的比重日益提高。到了19世纪初，在江南大部分地区，工业的地位已与农业不相上下，在经济最发达的江南东部，甚至可能已经超过农业。为了避免误解，李伯重在该书“导论——本书题解”中，对“早期工业化”做了解释：“所谓早期工业化，指的是近代工业化之前的工业发展，使得工业在经济中所占的地位日益重

1 陈国灿、奚建华《浙江古代城镇史》，安徽大学出版社，2003年，第120页。

要，甚至超过农业所占的地位。由于这种工业发展发生在一般所说的工业化（即以工业革命为开端的近代工业化）之前，因此又被称为‘工业化前的工业化’。”[1]

在这种背景之下，江南成为国家财赋重地，是不言而喻的。明孝宗时的大学士丘濬在《大学衍义补》中，对韩愈关于“赋出天下而江南居十九”的论断，加以补充“以今观之，浙东西又居江南十九”，“而苏、松、常、嘉、湖五郡又居两浙十九也”。他还说：“今国家都燕，岁漕江南米四百余万石，以实京师，而此五郡者，几居江西、湖广、南直隶之半。”[2]明世宗时的大学士顾鼎臣一再强调“苏、松、常、镇、杭、嘉、湖七府，供输甲天下”，是“东南财赋重地”。[3]从他们的言论中可以看到两点：其一，他们或是把苏松常嘉湖五府并提，或是把苏松常镇杭嘉湖七府并提，可见朝野上下已经把这一地区看作一个有着共同特点的整体；其二，这一地区向国家缴纳的赋税数量之大，其他地区无法望其项背，因此号称财赋重地。

编成于明中叶的《大明一统志》记录了全国二百六十多个府州的赋税数字，极为珍贵。把这些分散的数字放在一起，可以清晰地看到，苏、松、常、杭、嘉、湖六府的赋税在全国是名列前茅的：

1 李伯重《江南的早期工业化（1550—1850）》，社会科学文献出版社，2000年，第16页、第2页、第6—7页。

2 丘濬《大学衍义补》卷二十四《经制之义·下》。

3 顾鼎臣《陈愚见铲积弊以裨新政疏》，《顾文康公集》卷一。

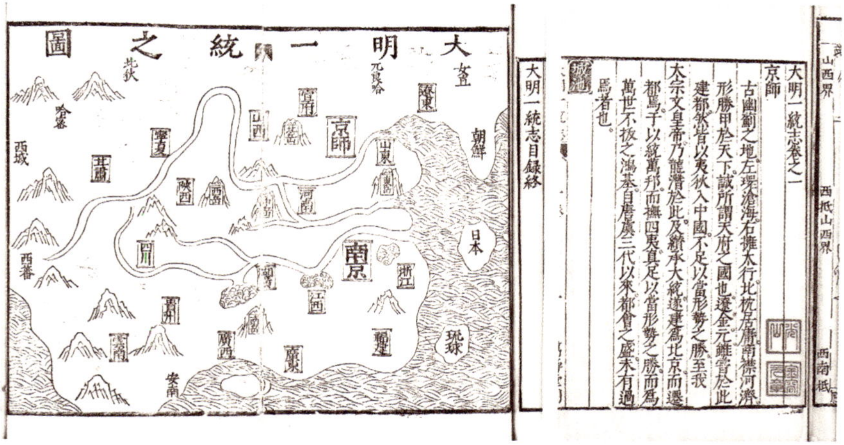

◤《大明一统志》卷首及《大明一统之图》（天启间万寿堂刻本）

苏州府	2 502 900石
松江府	959 000石
常州府	764 000石
嘉兴府	618 000石
湖州府	470 000石
杭州府	234 200石[1]

把这些数字与全国赋税总额26 560 220石加以比较，那么，苏州府的赋税占全国赋税总额的将近十分之一，苏松常嘉湖杭六府的赋税占全国赋税总额的五分之一至四分之一；而苏、松二府的赋税分别名列全国的第一位与第二位。这种态势到了明代后期更加明显，据顾炎武《肇域志》记载，当时苏

1　《大明一统志》（万历中万寿堂增订本，日本汲古书院影印）相关各卷。按：该书提供的税粮数字前四十名，占第二位的平阳府数字有误，因此实际第二位应该是松江府。

州府赋税已增至3 503 980石，松江府赋税已增至1 031 460石。[1]

二　晚明：江南市镇的迅猛发展时代

1. 苏州府与松江府的典型分析

明代的苏州府、松江府、杭州府、嘉兴府、湖州府，不仅是财赋重地，而且是农工商各业发达的经济重心。农家经营的商品化与市场化，需要有更高层次的市场与之相适应，这就给市镇的发展提供了巨大的空间。

从发展经济学的观点来看，传统社会的经济发展大体经历三个阶段：第一阶段是传统农业扩张式发展，即以扩大耕地面积来谋取发展；第二阶段是农业的商品化与专业化阶段，不再依赖外延式的发展，而是谋求内涵式的发展；第三阶段是工业化阶段。明代的江南已经超越了第一阶段，进入第二阶段，并且向第三阶段迈进。市镇经济的蓬勃繁荣就是在这种背景下出现的。试以苏州府和松江府为例稍加分析。

经济最发达的苏州府，据正德《姑苏志》记载，苏州府属各州县的市镇是十分稠密的。吴县有六镇一市，长洲县有三镇五市，昆山县有五镇四

1 参见顾炎武《肇域志·江南·南直隶》。

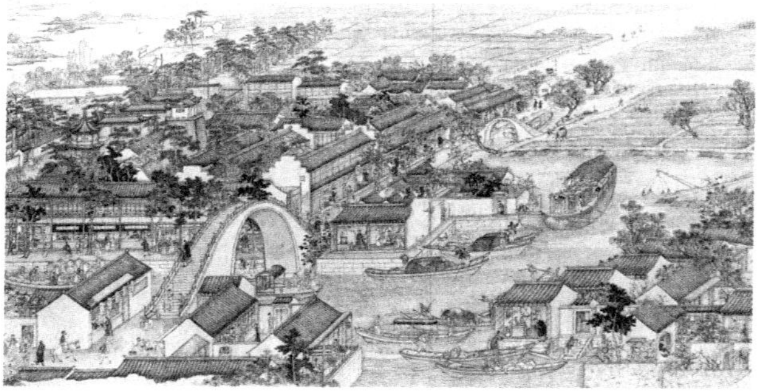

◤ 姑苏繁华图
从清初这幅图可窥见“自古繁华”的苏州样貌。

市，常熟县有五镇九市，吴江县有四镇三市，嘉定县有八镇九市，太仓州有四镇十市。[1]如果把一个县的前后记载加以对比，那么这种迅猛发展之势显示得更加清楚。

先看吴江县。弘治《吴江县志》记载了四镇二市：平望镇、黎里镇、同里镇、震泽镇、县市、江南市。嘉靖《吴江县志》记载了四镇十市，也就是说，几十年间新增了八个市。四个镇依然是平望镇、黎里镇、同里镇、震泽镇；十个市除了原先的县市、江南市，新增了八斥市、双杨市、严墓市、檀丘市、梅堰市、盛泽市、新杭市、庵村市。[2]到了清朝初年，新增了三个镇，所以在康熙《吴江县志》中是七镇十市：平望镇、黎里镇、同里镇、震泽镇、盛泽镇、芦墟镇、章练塘镇、县市、江南

1　正德《姑苏志》卷十八《乡都》。
2　弘治《吴江县志》卷二《市镇》。

市、新杭市、八斥市、双杨市、严墓市、檀丘市、梅堰市、庉村市、黄溪市。[1]其中尤其值得注意的是，盛泽由一个村落升格为市，再由市升格为镇，一举成为吴江县以及邻近地区绫绸集散中心，最典型地显示了吴江县经济成长的轨迹。

再看嘉定县。正德年间有八镇九市，到了万历年间，增加到十七镇、三市、六行[2]。值得注意的是，大批“市”由于规模巨大、地位重要，逐渐升格为“镇”，因此镇的数量增加了一倍多。具体情况如下：南翔镇、娄塘镇、新泾镇、罗店镇、月浦镇、外冈镇、广福镇、大场镇、真如镇、杨家行镇、江湾镇、青浦镇、徐家行镇、安亭镇、黄渡镇、纪王镇、葛隆镇、练祁市、钱门塘市、封家浜市、殷行市、陆家行、刘家行、吴家行、蒋家行、赵家行。正德年间的真如市、娄塘市、新泾市、广富市、纪王庙市，万历年间都升格为镇，此外还新增了月浦、外冈、杨家行、徐家行、葛隆等镇，其中一些大镇，如南翔镇、罗店镇成了与全国市场紧密联系的超地域市场。[3]

常熟县市镇的发展也令人瞩目。正德年间有十四个市镇，到了嘉靖年间增加到二十二个市镇，即从原先的五镇九市，一变而为六镇十六市：福山镇、许浦镇、梅李镇、庆安镇、常熟镇、涂崧镇、杨尖市、河阳市、奚浦市、徐家市、唐市、李

1 康熙《吴江县志》卷三《疆域》。

2 按：苏松一带，民间把新兴的基层市场称为“行”，类似于“市”。

3 正德《姑苏志》卷十八《乡都》。

市、支塘市、归家市、双凤市、直塘市、李墓市、沙头市、甘草市、璜泾市、张家市、练塘市。由于嘉靖《常熟县志》把划归太仓州的一些原属常熟县的市镇也列入其中，因而实际增加的数量并没有那么多。不过市镇的规模确实有明显的拓展。例如福山镇，“居民可二千余家，中有甃衢，有通（州）、泰（州）、苏（州）、湖（州）商舶”；又如梅李镇，“居民可二千余家，中有甃衢，许浦未塞，有通、泰、苏、湖商舶”；再如支塘市，“居民可二千余家，有商舶”。[1]

经济发展水平仅次于苏州府的松江府，从正德《松江府志》可知，当时松江府两个县共有市镇四十四处，数量少于苏州府，但是松江府只有华亭、上海二县，而苏州府有七个州县，相比较而言，并不逊色于苏州府。松江府的华亭县有十六镇六市，上海县有十一镇十一市。其中一些较大的市镇已经相当繁荣，如乌泥泾镇、枫泾镇、朱泾镇、北七宝镇、三林镇都有发达的棉纺织业，共同构筑了松江府“绫布二物，衣被天下”的盛况。而依靠盐场繁荣起来的新场镇、下沙镇、周浦镇，在盐场衰退后，迅速转型，依然保持工商业兴旺的态势，尤其是新场镇，歌楼酒肆鳞次栉比，其繁华程度超过了上海县城，有“赛苏州”之誉。[2]

据崇祯《松江府志》记载，明末时，松江府市

1 嘉靖《常熟县志》卷二《市镇志》。

2 正德《松江府志》卷九《镇市》。并参考正德《金山卫志》下卷《镇市》，正德《华亭县志》卷五《镇市》，弘治《上海县志》卷二《镇市》，嘉靖《上海县志》卷三《建置》。

镇增加到六十一个，其中华亭县增加了莘庄镇、龙华镇、陈家行市；而万历元年由华亭、上海二县析置的青浦县，除了上述二县划归的市镇外，新增了朱家角镇、沈巷镇、刘夏镇、北竿山镇、郏店镇、重固镇、艾祁镇、古塘镇、金家桥镇、杨扇镇、天兴庄镇、双塔镇（商榻镇）、王巷市、杜家角市。[1]

新析置的青浦县，介于苏州府与松江府之间，市镇的发展最为可观，高潮在万历年间。这从万历《青浦县志》可以看得很清楚。最值得注意的是嘉靖、万历之际兴起的朱家角镇，一举成为青浦县最繁华最重要的市镇，所谓“商贾辏聚，贸易花布，为今巨镇”。与它形成网络的其他市镇，也生气蓬勃：双塔镇（商榻镇）是“商人往来苏松适中之地，至夕驻此停榻”，是一个人流、物流的枢纽；跨吴淞江两岸的黄渡镇，江北老街属于嘉定县，江南新街属于青浦县，正处在兴起阶段——“近来商贩颇盛”；先前已经见诸记载的金泽镇，则日趋兴旺发达，除了“市盛”（商业繁盛），“列肆又他镇所无”，“佛庐穷极壮丽”是它的一大特色。[2]

2002年，中国台湾学者范毅军的论文《明中叶以来江南市镇的成长趋势与扩张性质》，对苏州府、松江府市镇的数量增长进行了细致的研究。根据他的统计，苏州府（七个州县）的市镇数量增长大体如下：

1 崇祯《松江府志》卷三《镇市》。

2 万历《青浦县志》卷二《镇市》。

1550年以前	102
1551—1722年	128
1723—1861年	157
1862—1911年	264
1912—1949年	283

从上述统计中可以看到一个宏观的趋势：明代以来直至民国时代，苏州府市镇数量是在逐步增加的，后一个时间段都超过前一个时间段，即民国超过晚清，晚清超过清中叶，清中叶超过明末清初，明末清初超过明中叶以前。

松江府（七个县）的市镇数量增长也是如此：

1550年以前	59
1551—1722年	113
1723—1861年	167
1862—1911年	369
1912—1949年	352[1]

上述两个统计数字清楚地表明，经济最发达的苏松二府的市镇，在明末清初、清中叶以及晚清，都有迅猛的增长，而尤以晚清最为突飞猛进，显然与通商口岸上海的发展有着密切的关系。

1 范毅军《明中叶以来江南市镇的成长趋势与扩张性质》，载《历史语言研究所集刊》第七十三卷第三分（2002年），第451页。

2. 江南市镇的规模与结构

当然，仅仅关注数量的增长是不够的，如要

再进一步，就必须关注江南市镇的规模与结构的变化。

人们通常说“市镇”，其实“市”与“镇”并非一个概念，“市”的规模比“镇”小得多。从嘉靖《吴江县志》提供的数据可以知道，“市”的居民大约在一百户至三百户之间，如盛泽市（一百户）、严墓市（二百余户）、八斥市（三百余户）、双杨市（三百余户）；五百户至一千户的为数较少，如梅堰市（五百户）、新杭市（一千户）。[1]但是有些“市”，规模虽小，经济地位却十分显赫。例如：吴县的月城市，号称“各省商贾所集之处，又有南北濠、上下塘，为市尤繁盛”[2]。又如长洲县的枫桥市，“与阊门相属”，“为储积贩贸之所会归”，“为水陆孔道，贩贸所集，有豆米市”[3]，是长江三角洲最大的粮食集散中心。再如长洲县的山塘市，“储积商贩亚于枫桥，而川广诸货骈集焉”，这就是著名的“虎丘山塘”，街长七里，故有“七里山塘”的美誉。[4]

一般而言，“镇”的规模比“市”大多了，大致在一千户至数千户之间。据嘉靖《吴江县志》记载，黎里镇和同里镇，嘉靖年间居民二千余家，震泽镇居民一千家。[5]据顺治《临平记》记载，明末的临平镇，“地不满十里，户不满万人”。[6]某些特大型的镇，居民达到或超过一万户。潘尔夔《浔溪

1 嘉靖《吴江县志》卷一《疆域》。

2 正德《姑苏志》卷十八《乡都》。

3 康熙《长洲县志》卷八《市镇》。

4 康熙《长洲县志》卷八《市镇》。

5 嘉靖《吴江县志》卷一《疆域》。嘉庆《同里志》卷一《沿革》。

6 顺治《临平记》卷一《事记第一》。

文献》说，南浔镇“市廛云屯栉比”，“阛阓鳞次，烟火万家，苕水流碧，舟航辐辏，虽吴兴之东鄙，实江浙之雄镇”。[1]类似这样“烟火万家”的，还有乌青镇，康熙《乌青文献》说：“居民殆万家，又为乌程之巨镇……乃若乌镇一区，实为浙西垄断之所，商贾走集四方，市井数盈于万户。”[2]

乌青镇堪称江南市镇中的巨无霸，号称“宛然府城气象”。康熙《乌青文献》说：“地僻人稠，商贾四集，财赋所出甲于一郡……乌程、归安、桐乡、秀水、崇德、吴江等六县辐辏，四通八达之地……丛塔宫观，周布森列，桥梁阛阓，不烦改拓，宛然府城气象。”乌青镇规模之宏大，经济之繁荣，可以和湖州府城、嘉兴府城相媲美，所以说“宛然府城气象”。嘉靖、万历时期，乌青镇充分发挥经济发达交通便利商贾云集的有利因素，成为居民万户的特大型市镇，管辖它的乌程县、桐乡县的县城根本无法望其项背。乌镇纵七里横四里，青镇纵七里横二里，共有东西南北四个坊门：南昌门——青镇之南门，通杭州；澄江门——乌镇之北门，通苏州；朝宗门——青镇之东门，通嘉兴；通霅门——乌镇之西门，通湖州。康熙《乌青文献》解释道，虽无城垣，却有坊门，实际上是“以郡城规模名之”[3]。

确实，乌青镇名义上是镇，其实无论规模与

1 咸丰《南浔镇志》卷一《疆域》。

2 康熙《乌青文献》卷一《疆域》。

3 康熙《乌青文献》卷一《建置》。

格局，都具备府城的架势，“巨丽甲他镇，市达广袤十八里”（当时湖州府城、嘉兴府城的周长不过十二里）。镇中街巷密布，万历《乌青镇志》记载，全镇除了东街、西街、龚庆坊、积善坊等四条大街，另外还有街巷五十八条。有些街巷颇具历史色彩，例如：波斯巷——在兴德桥西，旧名南瓦子，万历三年（1575）同知刘公辟为大街；北瓦子——在安利桥南，西通太平桥，原先是“妓馆戏剧上紧之处”；沈家巷——在金鼓桥西，北通沈侍郎百花庄；顾家巷——在通安桥北，乃顾尚书花园所在；庆和巷——在乌将军庙东，北至吴家浜，旧有楼；穿钱巷——在监镇衙前，临河有望佛桥。四座坊门以及密集的街道，完全具备了县城的条件，无怪乎万历年间当地人上书朝廷，请求在那里建立县治。[1]但是一直到清末民国时代，它始终是一个镇而已。

兴起于南宋的南浔镇，由于得天独厚的自然条件和经济优势，很快成为与乌青镇并驾齐驱的特大型市镇。它是江南市镇中唯一有城墙建筑的，元末张士诚占据此地时，在镇四周修建城墙，周长一千多丈，高三丈，宽一丈。明朝建立后，皇帝下令拆毁南浔城墙，以其砖石修筑苏州城墙。但是城墙基址尚存，周长三里，成为南浔镇的古迹——“吊桥”“城隍上”“太尉城”。

1 万历《重修乌青镇志》卷一《门坊街巷志》。

拆城后，代之以四栅，建东西南北四栅，东栅、西栅皆有吊桥、城隍。南浔镇商业中心逐渐向北迁移，形成以通津桥为中心的“中市”，通津桥横跨运河（湖州府城至平望镇之间的运河），周围是繁华的商业区，自西而东的运河与自南而北的市河在通津桥附近相交，构成十字港，周围有通津桥、清风桥、明月桥相连，运河及南市河、北市河两岸是通衢大街。

据潘尔夔《浔溪文献》说，嘉靖、隆庆以来，南浔镇日趋兴旺，“阛阓鳞次，烟火万家”，进入了持续数百年的繁荣时期。正如万历时当地名人朱国祯所说：“（南）浔虽镇，一都会也。”它南北长七里，东西宽三里，每当蚕丝上市时，“客商云集，四民各司其业，彬彬然一大镇会”，与宋元时代已经不可同日而语了。这一变化，集中体现在荻塘（东塘）的重修上。万历十六年至十七年（1588—1589），乌程知县重修了湖州府城至平望镇的运河塘岸，全长一百二十里，成为与运河平行的，从湖州通往苏州的陆路要道。万历三十六年（1608）政府当局用青石加固堤岸，尤其是南浔至平望一段，起到了驰道（国道）的作用。荻塘在南浔镇的一段，正好处于商业繁华的闹市——“市廛丛簇，夹岸骈阗”[1]。

以上透过乌青镇与南浔镇两个例子，看到了

1 咸丰《南浔镇志》卷六《古迹》。

江南市镇的繁荣。需要强调的是，江南市镇的优势在于它是一个“网络”，而不是孤立的“点”。发达的市镇网络，把各个市镇联成一体，发生密切的经济联系。例如盛泽镇，它的周边地区盛产丝绸，尤以吴绫久负盛名，它的集散地不在吴江县城而在盛泽镇。乾隆《吴江县志》说：“凡邑中所产，皆聚于盛泽镇，天下衣被多赖之，富商大贾数千里辇万金来买者，摩肩连袂，如一都会焉。”[1]这里所说的“凡邑中所产，皆聚于盛泽镇”云云，就是说周边市镇、乡村生产的丝绸都要向盛泽镇聚集，充分显示了市镇网络的功能。由于盛泽镇及其周边地区丝织业发达，本地所产蚕丝不能满足，镇上丝行大多向邻近市镇采购。沈云《盛湖杂录》说：“东则嘉善、平湖，西则新市、洲钱、石门、桐乡，南则王店、濮院、新篁、沈荡，北则溧阳、木渎，由丝行趸买，分售机户。”如果没有一个完善的市镇网络，是难以想象的。

南浔镇是湖丝的集散地，当地有两句名言：一句是“湖丝遍天下”，另一句是“缫丝莫精于南浔人”。把这两者集中在一处的就是南浔镇，它的优势透过市镇网络尽显无遗。每当新丝上市，各地商贾纷纷前来收购，苏州、杭州的织造衙门也派员前来收货。这是一个方面，另一方面是，南浔镇及其周边地区精于缫丝，但蚕茧原料不足，需要透过市

1 乾隆《吴江县志》卷五《物产》。

治丝图（《天工开物》）

镇网络供应，于是形成这样的局面：南浔镇商人多前往嘉兴一带买茧，提供给缫丝者；而嘉兴的各个市镇的商人则运送蚕茧前来南浔出售。[1]乌青镇也有类似情况。它与南浔镇比邻，也以出产湖丝而闻名。每当小满新丝上市时，各地的商人纷至沓来，大批收购，盛况空前。康熙《乌青文献》说“各处大郡商客投行收买”，“平时则有震泽、盛泽、双林等镇各处机户零买经纬自织”，又有贩子“贸丝诣各镇卖于机户”[2]。看得出来，乌青镇与震泽镇、盛泽镇、双林镇是构成紧密网络的。

朱泾镇、枫泾镇、吕巷市、杨巷市所构成的棉纺织市镇网络，则是另一种典型。朱泾镇是明清两代闻名全国的棉布集散地，所产标布尤为精良，镇中标行（经营标布的牙行）林立，估客云集。枫泾镇的大布、小布、棉花、棉纱，远近闻名，镇中布局（布行）遍布，局中雇佣的染匠、砑匠（踹匠）往来成群。[3]枫泾镇是与朱泾镇齐名的棉纺织业中心，清初当地人如此描述这两个镇的盛况：“前明数

1 民国《南浔镇志》卷三十一《农桑二》，卷三十二《物产》。
2 康熙《乌青文献》卷二《土产》。
3 嘉庆《朱泾志》卷一《疆域志·沿革》。光绪《枫泾小志》卷十《拾遗志·拾遗》。

百家布号，皆在松江枫泾、朱泾乐业。”[1]在这两个镇上，居然有数百家经营棉布贸易的商号，足见其时的繁华。朱泾镇、枫泾镇与吕巷市、杨巷市构成的市镇网络，起到互补的作用：“杨巷市与吕巷、朱泾鳞次鼎分。”[2]朱泾镇的铁锭、吕巷市的纺车，驰名于苏州、松江、嘉兴各地，号称“朱泾锭子吕巷车”。这种网络不仅限于邻近地区，而且是跨地区的。例如青浦县的金泽镇，以其精湛的工艺生产的锭子、纺车，吸引各市镇的商人、机户前来购买，据《金泽小志》说：“锭子以铁为之，车以绳竹为轮，夹两柱，中枢底横三木，偏左而昂其首，以著锭子，轮旋而纱成焉。到处同式，而金泽为工。东松郡（松江府），西吴江，南嘉善，北昆山、常熟，咸来购买。故‘金泽锭子谢家车’，方百里间习成谚语。”[3]可见金泽镇的名牌产品，透过市镇网络，辐射范围可达百里方圆。

市镇的基础在四乡农村，与四乡农村的产业有着密切的关系，与农业经济的商品化程度不断提高有着密切的关系，与家庭手工业的专业化，或者说早期工业化有着密切的关系。由于各地的地理状况、产业结构有所不同，所以市镇普遍呈现出不同的专业化色彩。从经济地理的角度来看，苏、松、杭、嘉、湖地区大体可以分为蚕桑区、棉作区、稻作区，有些地方或许会有所交叉，但三者之中必有

1 顾公燮《消夏闲记摘抄》卷中《芙蓉塘》。

2 乾隆《金山县志》卷一《疆域·镇市》。

3 道光《金泽小志》卷一《土产》。

一项为主。因此，丝绸业市镇、棉布业市镇、粮食业市镇就成为市镇的主要类型。此外，基于各地的特色产业，还分布着其他专业市镇，例如盐业市镇（周浦镇、新场镇）、榨油业市镇（石门镇）、笔业市镇（善琏镇）、冶业市镇（炉头镇、庵村市）、窑业市镇（干家窑镇、瓶窑镇）、渔业市镇（青村镇、沈港镇、福山镇）、编织业市镇（黄埭镇、唯亭镇、唐市镇）、竹木山货业市镇（埭溪镇、簰头镇）、刺绣业市镇（光福镇、下沙镇）、菸叶业市镇（屠甸镇）、制车业市镇（章练塘镇）、造船业市镇（织里镇）、海运业市镇（澉浦镇、乍浦镇、浏河镇）等。[1]

以下专就丝绸业市镇与棉布业市镇，展开分析。

三　丝绸业市镇的分布及其特色

太湖流域是传统的蚕桑丝织地区，号称“湖丝遍天下”。所谓“湖丝遍天下”，不仅是指生丝行销天下，而且是指各色丝织品行销天下，这是一层意思。另一层意思是，这一地区的生丝、丝织品不仅行销全国，而且行销全世界，此“天下”可谓大矣。因此湖丝特别是它的精品“辑里丝”，名冠一时，声名远扬各大洲。

1 参见樊树志《江南市镇：传统的变革》，复旦大学出版社，2005年，第203—214页。

在生丝与丝织品的生产与流通过程中，太湖周边的丝绸业市镇网络的集散功能与市场机制，发挥着重要的作用。

1. 丝绸业市镇的分布

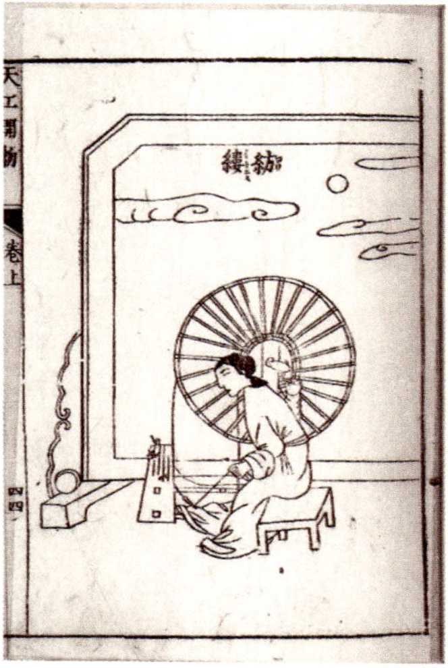

▼ 纺缕图（《天工开物》）

大批丝绸业市镇分布于太湖东南面的扇形地带，星罗棋布，使得原先的乡村迅速趋于城市化，这在其他经济区域是罕见的。从其分布密度就可以看到，这些市镇有着非同一般的经济活力。最近的相距只有几里，例如盛泽镇与王江泾镇相距六里，南浔镇与震泽镇相距九里。较远的也不过二三十里，例如濮院镇与王店镇、王店镇与硖石镇，相距二十里；盛泽镇与震泽镇相距三十里，濮院镇与乌青镇相距三十二里，长安镇与临平镇相距三十五里；南浔镇与双林镇、双林镇与菱湖镇、乌青镇与双林镇、南浔镇与乌青镇，相距均为三十六里。他们相互之间联系密切，人流物流从不间断，构成了充满活力的市镇网络，向各地市场辐射，形成“湖丝遍天下”的局面。

太湖周边的丝绸业市镇，就其经营性质而言，可以区分为丝业市镇与绸业市镇两大类。

(1) 丝业市镇

震泽镇。地滨太湖，位于吴江县治西南九十里。宋代还是一个市——震泽市，居民数十家，明代成化年间居民增至三四百家，由市成镇。嘉靖年间发展到“地方三里，居民千家”的规模。清初以降进一步发展，“货物并聚，居民且二三千家”。震泽镇四乡，居民以蚕桑为业，农家精于缫丝，所缫之丝较他处更为光白，细的可为纱缎经，俗名经丝；稍粗的多用来织绫，俗名绸丝。四乡农家生产的经丝、绸丝汇集于镇上丝行，由丝行批发给各地前来的客商，震泽镇因而成为蚕丝的集散中心。

南浔镇。西距湖州府治（乌程县附郭）六十一里，北距太湖口十八里，湖州至平望的运河穿越全镇，与南北向的市河相交于镇中。它兴起于南宋，到明代嘉靖、万历年间日趋兴旺，成为“烟火万家”“舟航辐辏”的巨镇。范颖通《研北居琐录》对它的描述是这样的：“前明中叶，科第极盛”，“当蚕丝入市，客商云集”，“彬彬然一大都会矣”。镇南的丝行埭是丝行集中之地，“列肆购丝”，“商贾骈集，贸丝者群趋”，既有“乡农卖丝争赴市”，也有“客商大贾来行商”。明清两代成为湖丝的主要集散中心。

调丝图

乌青镇。乌镇隶属于湖州府乌程县，青镇隶属于嘉兴府桐乡县，却隔河相望，近在咫尺，当地人习惯合称乌青镇。南宋时已很著名，其后几度浮沉兴衰。明代成化、弘治年间，日趋繁荣，正如陈观《校正乌青志序》所说，当时镇上店铺民居“鳞次栉比，延接于四栅”。到嘉靖年间出现了“商贾四集，财赋所出甲于一邑”的盛况，“居民殆万家”，“宛然府城气象”。四乡生产的湖丝，以西乡所产为上品，号称“辑里丝”（俗称七里丝），北乡所产次之。小满新丝上市时，“各处大郡商客投行收买”，一派繁忙景象。

菱湖镇。位于湖州府治（归安县附郭）南四十里，兴起于南宋，元末毁于兵火。明初复兴，设税务司，由市升格为镇。嘉靖、万历年间迅速趋于繁荣，当时人描述道：“第宅连云，阛阓列螺，舟航集鳞”，号称“归安雄镇”。菱湖四乡盛产湖丝，万历《湖州府志》说：“（湖丝）属县俱有，惟出菱湖洛舍者第一。”[1]天启《吴兴备志》说，菱湖前后左右三十里内所产湖丝，由农家摇丝船运到镇上，丝行临河收丝，“四五月间，乡人货丝船排比而泊”，“投主交易而退”。[2]

新市镇。位于德清县治东北四十五里，兴于宋而盛于明。根据正德《新市镇志》及康熙《德清县志》记载，该镇“街衢市巷之盛，人物屋居之繁，

1 万历《湖州府志》卷三《物产》。

2 天启《吴兴备志》卷二十九《琐征》。

琳宫梵宇之壮，蚕丝粟米货物之盛”，为全县之冠。西乡北乡农村栽桑养蚕缫丝，镇上叶市丝市兴旺，丝的品质以纯正而著称。[1]

石门镇。位于崇德县治北二十里，俗称石门湾，康熙二年（1663）崇德县改名为石门县，石门镇遂改名为玉溪镇。明人王穉登《客越志》说：“（石门）地饶桑肥，蚕丝成市，四方大贾岁以五月来贸丝，积金如丘山。”康熙《石门县志》说，明清之际，“农桑视昔更盛”，丝市繁荣，“公私取偿丝市”，“丝市之利胥仰给贾客腰缠，乃大驵小侩递润其腹，而后得抵乡民之手”。[2]与丝行相呼应的桑叶行、绸行也因之繁忙，“岁盛时坐贾持衡，行商麕至，资以贸迁”，“民间纺绸、花绸、绫罗、纱帛，织者输困，贸者辐辏，机杼可谓勤矣”。

塘栖镇。位于杭州府治北五十里，与湖州府德清县合辖。光绪《塘栖志》说，嘉靖年间，“市区氓椽鳞次栉比，北乡左右越墟出贩者，晨驰夕骛，肩摩迹累”；又说，塘栖四乡“遍地宜桑，春夏间一片绿云，几无隙地，剪声梯影，无村不然，出丝之多，甲于一邑，为生殖大宗”。

临平镇。位于杭州府治东五十七里，兴起于南宋，万历《杭州府志》描述当时的盛况：“户口蕃盛，商贾买卖者十倍于昔。”元末明初，塘栖镇兴起以后，它的重要地位有所下降，但仍是一个中型

1 正德《新市镇志》卷一《物产》。康熙《德清县志》卷二《市镇》。

2 康熙《石门县志》卷一《纪疆·市镇》。

市镇，顺治《临平记》说它“地不满十里，户不满万人”。四乡农家经济主要仰赖蚕丝，临平镇因而成为附近蚕丝的集散地——“海宁、仁和、上塘蚕丝于临平贸易居多”。

当然，丝业市镇并非只有这些，以上不过略举数例而已。

(2) 绸业市镇

濮院镇。位于桐乡县与秀水县之间，旧名永乐市，以丝绸业闻名，《濮川所闻记》说：“收积机产，远方商贾旋至旋行。”[1]据县志与镇志记载，明初时，“居者渐繁，人可万余家”，“民务织丝纻”，“商旅辐辏”。万历年间，“改土机为纱绸，制作绝工，濮绸之名遂著远近，自后织作尤盛”，镇上街巷“接屋连檐，机声盈耳”。当地人说：“吾里机业十室而九，终岁生计于五月新丝时尤亟。富者居积，仰京省镳至，陆续发卖。而收买机产，相传设市翔云（观），今则俱集大街，所谓永乐市也。日中为市，接领踵门。至于轻重诸货，名目繁多，总名曰绸。而两京、山西、湖广、陕西、江西、福建等省各以时至，至于琉球、日本。濮绸之名几遍天下。”[2]

王江泾镇。位于秀水县治北三十里，宋代称为闻川市，元代称为王江泾镇，明代万历年间达于鼎盛——“多织绸，收丝缟之利，居者可七千家”。

1 嘉庆《濮川所闻记》卷一《总叙》。

2 乾隆《濮镇纪闻》（不分卷）《总叙·风俗》。

据《闻川志稿》说，明末清初已发展成“烟火万家”的大镇，“其民多织缯为业，日出千匹，衣被数州郡”。

双林镇。位于湖州府治东南五十四里，兴起于明初，其时“户不过数百，口不过千余”；明末清初增至三千余户，嘉庆、道光之际发展成接近万户的大镇。它的代表性产品是包头纱（绢），有“通行于天下”的说法。这一产业在明代成化年间就很有名，四方商贾纷纷前来采购农家织造的纱绢。《双林镇志》说：“明正（德）嘉（靖）以前仅有高溪纱帕，隆（庆）万（历）以后机户巧变百出，名目繁多，有花有素，有重至十六七两者，有轻至二三两者……客商云集，贩往他方者不绝。又有官绢、灯绢、裱绢。”[1]

盛泽镇。原名青草滩，直至明初仍是一个村落，居民仅五六十家，只有称为“寅亥市”[2]的村市。四乡的蚕桑丝织业却由来已久。乾隆《吴江县志》说：丝绸之业，“宋元以前惟郡人为之。至明（洪）熙、宣（德）间，邑民始渐事机丝，犹往往雇郡人织挽。成（化）、弘（治）以后，土人亦有精其业者，相沿成俗。于是盛泽、黄溪四五十里间，居民乃尽逐绫绸之利。有力者雇人织挽，贫者皆自织，而令其童稚挽花，女工不事纺绩，日夕治丝。”盛泽镇就是在这个基础上发展起来的。据明

1 民国《双林镇志》卷十六《物产》：“包头绢，妇女用为首饰，故名。惟本镇及近村乡人为之，通行天下。”民国《双林镇志》卷十二《碑碣·张廉：重建化成桥碑铭（成化十一年）》：“溪左右延袤数十里，俗皆织绢，于是四方之商贾咸集以贸易焉。”

2 按：这种六日一集的“寅亥市”，在经济发达的苏州府吴江县十分罕见，在周边地区几乎没有类似的现象，因此可以推定是宋元时代的遗风。

末冯梦龙《醒世恒言》的描述，明末的盛泽镇真是盛况空前："市河两岸绸丝牙行约有千百余家，远近村坊织成绸匹，俱到此上市。四方商贾来收买的，蜂攒蚁集，挨挤不开。"进入清代以后，迅猛发展成为"以绫绸为业"的万户大镇，其繁华程度可以与苏州商业区阊门相媲美，成为吴江县无可匹敌的绫绸贸易中心。

丝绸业市镇还有很多，以上仅举数例。即使以米市著称的硖石镇，所产丝绸也很有特色，其中一款"紫微绸"就是价格昂贵的上品。万历时嘉兴人李日华在日记中写道："硖石人来言，用雪水澡茧作绵，有天然碧色，织以为绸，谓之松阴色，甚雅观，但不易多得也。余谓，蚕食桑，肠中抽绎，青苍是其本色，特木气既极，反兼金化，故茧被白章耳。雪者天地至洁之物，故能濯露其本色，非谬巧也。"[1]当地人说："以丹井水缫茧，色微碧"，"名松阴色，享上价"。[2]

江南市镇的各色丝绸巧夺天工，有天时地利人和的优势，故而能够畅销天下。

2. 丝绸业市镇的经营方式

市镇作为手工业与商业中心，具有商品生产与流通的功能，既与本地乡村联系密切，又与全国各

1 李日华《味水轩日记》卷四，万历四十年五月二十四日条。

2 嘉庆《硖川续志》卷五《物产》，卷十九《丛谭》。

地市场联成一体。丝绸业市镇首先是一个生丝、丝织品以及其他商品的交流中心，它的经济结构与经营方式，必然带有强烈的商品色彩和市场色彩，迥然不同于乡村，也不同于作为行政中心的府城和县城，传统的经济结构正在悄无声息地发生变化，正是这样的活力和魅力，使得它们可以持续兴旺发达几个世纪之久。

以下透过牙行、客商、机坊三大经济支柱，稍加分析。

市镇上经济实力最为雄厚的是各类牙行，它们构成了市场的主体，成为商品生产者和商品销售者的中介，亦即乡人与客商之间的沟通者。它们一方面招徕生产丝、绸的乡人，另一方面接待从各地前来收购丝、绸的客商，左右着市面繁荣与生意兴旺。牙侩开设的牙行，以往学者对他们多加非议，以为是“中间盘剥”，殊不知，如果缺失了牙行这个环节，商品将无法有序地流通，市场将无法有序地运作。牙行既然是市场经济发展的必然产物，自有它存在的合理性。从山根幸夫的专著《明清华北定期市的研究》可以看到，即使是经济不甚发达的乡村集市，都有牙行的设置，以保障买卖得以有序地进行。[1]难以想象，经济发达的江南市镇如果没有了牙行将会如何运作。诚然，牙行存在不少陋规陋习，上下其手，使得买卖双方利益受损。但是，

1 参见山根幸夫《明清华北定期市的研究》，东京汲古书院，1995年，第55—58页。

现代市场经济中的中介公司，都有形形色色的中间盘剥，我们何必苛求于几百年前的牙行呢！

濮院镇可以作为一个典型，镇上牙行门类很多，有绸行、丝行、桑叶行、菸叶行、六陈行、麻皮行等规模较大的牙行，还有一些规模较小的牙行，例如经手鸡、鹅、豆、麦批量买卖的牙行，叫做“小行”；经手糠粞批量买卖的牙行叫做“糟食行”；甚至还有“招徕柴船，及每早率乡人向各家以油易肥（用油换取人粪）者”，叫做“酾油卖柴行”。[1]

绸行又称绸庄，是从事绸缎等丝织品贸易的中介机构，专门收购四乡农家以及镇上机户、机坊生产的商品，然后成批量转售给客商。生意繁忙季节，绸行不仅“坐庄”收货，还主动“出庄”收购，或由“接手”（又叫“绸领头”）居间介绍。《濮川所闻记》说：“绸行日向午赴市收绸，谓之出庄；其善看绸者，谓之看庄；归行再按，谓之复庄。”“绸既成，有接手诣绸行售之，每一绸分值若干，谓之用钱。”[2]绸行所收的绸匹是生绸，必须练熟、平整，才能作为成品流通于市场。因此，绸行收绸后，全部交付练坊加工，然后再转销给各地来的客商。由于各地客商对规格要求不同，绸行也有所分工，分别有京行、建行、济宁行、湖广行、周村行的区分，其中京行的财力最为雄厚。[3]

1 嘉庆《濮院琐志》卷七《杂流》。该志作序于乾隆三十九年，刊刻于嘉庆十三年。

2 嘉庆《濮川所闻记》卷三《织作》。

3 嘉庆《濮川所闻记》卷三《织作》，引沈廷瑞《东畬杂记》。

丝行专门收购四乡农家生产的生丝，每当新丝上市之时，丝行派人四处招徕乡人，收购新丝。杨树本《濮院琐志》的描述十分生动："乡人抱丝诣行，交错道路。丝行中着人四路招揽，谓之接丝日，至晚始散。于是泉布盈肩，乡之人有烂醉街头矣。"[1]丝行收购的生丝，除了销售本地机户、机坊之外，大量转销苏州、杭州、绍兴、南京、镇江、盛泽等地各帮丝商。值得注意的是，丝行大多兼业绸行生意，绸行也兼收生丝，但绸行并不转销生丝，而是把它交给机户加工成绸，这种做法叫做"拆丝"。[2]

桑叶行从事新鲜桑叶的买进卖出，由于这种商品的特殊性，为了保鲜，也为了保持价格优势，买进与卖出之间衔接紧密。因此桑叶行大多设立于市镇四栅河边码头，以利船只进出。立夏后三日，新桑叶上市，桑叶行纷纷开市，有头市、中市、末市，每一市三日，三市共九日；每日又分早市、午市、晚市，市价一日三变。机户买桑叶大多不付现钱，而是赊购，待到新丝上市后，才付清叶钱，称为"敲丝车钱"。[3]

绸行、丝行、桑叶行构成丝绸业市镇的基本特色，也是这类市镇的三大经济支柱；其余牙行虽然处于补充地位，却不可或缺，不仅提供其他农副产品的购销渠道，也为市镇的运行提供了活力。

1 嘉庆《濮院琐志》卷六《岁时》。

2 民国《濮院志》卷十四《农工商》。

3 民国《濮院志》卷十四《农工商》，引沈涛《幽湖百咏》"叶仙诗句今年好，毕竟丝车容易敲"，意为只要蚕丝收成好，不愁桑叶欠款收不到。

以丝业贸易为主的市镇，丝业牙行的经济实力最为引人注目。双林镇接待各地丝商的丝行，有广行与客行之分，遍布于镇的四栅，生意十分兴隆。《双林镇志》说："丝业牙行聚四方商旅，饶富立致……在本镇经纪者，以丝、绵、绸、绢为盛。有资设店获利固易，而精其业者，即空手入市，亦可日有收获……客商赍银来者动以千万计，供应奢华，同行争胜，投客所好，以为迎合，无所不至。"[1]每年新丝上市，闽广一带富商大贾纷纷前来收购新丝，头蚕、二蚕是大市，交易额往往"日出万金"。每逢客商多而丝货少时，丝行雇船下乡收买，谓之"出乡"；代替丝行收买新丝的称为"抄庄"，买进后专卖给丝行的称为"掇庄"（俗称贩子），代替"掇庄"招揽乡货出卖的称为"撑旱船"。多种多样的交易中介，把新丝市场搞得热火朝天。中秋节后，客商大多满载而归，受雇于丝行的"伙友"（伙计）大多散去，此时镇上的丝市称为"冷丝市"，仅仅维持零星发卖，以期与来年的"新丝市"衔接，所以当地人说"买不尽湖丝"。[2]

菱湖镇的丝行，有大行、小行之分，不但资本规模有大小之别，而且经营方式也有所不同。所谓大行，是指财力雄厚的牙行，它们收购新丝后，为各地客商提供巨额货源。所谓小行，又称"钞庄"（或称抄庄），它们收购的新丝大部分转售给大行，

1 民国《双林镇志》卷十五《风俗》。

2 民国《双林镇志》卷十六《物产》。

小部分出售给购买量不大的“买丝客人”。此外还有一种完全从属于“大行”的中介人，叫做“小领头”，俗称“白拉主人”，专门为乡人寻找买家，为大行组织货源，从中收取佣金。[1]有了大行、小行、小领头三种层次的交易系统，新丝的交易渠道变得十分顺畅。每当新丝上市，农家生产的新丝，用丝船运载到镇上出售，叫做“投主交易”。丝行则临河收买，一派繁忙景象。有人如此描写道：“四五月间，乡人货丝船排比而泊。”[2]

南浔镇的丝行大体类似，也有大行、小行、小领头之分。小行又称“划庄”——“买之以饷大行”；小领头（俗称白拉主人）——“招乡丝代为之售，稍抽微利”。南浔镇是湖丝最大的集散中心，丝行的主角自然是大行，因其销售对象与经营方式不同，而有京庄（京行）、广庄（广行）、经庄（经行）、乡庄（乡行）的分别。时人的诗句生动地反映了湖丝贸易的繁盛景况：

> 闾阎填噎驵侩忙，一榜大书丝经行。
> 就中分列京广庄，毕集南粤金陵商。[3]

所谓“京广庄”，就是南浔镇势力最为雄厚的丝行——京庄、广庄。京庄也称京行，专门供应苏杭两地织造局（官办机构）所需上等湖丝，织成绸缎

1 光绪《菱湖镇志》卷十一《舆地略·物产》。

2 天启《吴兴备志》卷二十九《琐征》。

3 咸丰《南浔镇志》卷二十一《农桑》，引董蠡舟《卖蚕诗》。又董恂《卖蚕诗》内容类似：“初过小满梅正黄，市头丝肆咸开张。临衢高揭纸一幅，大书京广丝经行。区区浔地虽偏小，客船大贾来行商。乡人卖丝别粗细，广庄不合还京庄。”

后解送京师，供皇宫消费。广庄也称广行，专门接待广东客商，又称客行，经由广东客商之手出口海外。经庄也称经行，专门收购织造绸缎的经丝（区别于纬丝），又细分为专售苏州客商的“苏经”，以及专售广东客商的“广经”。[1]丝行是南浔镇无可匹敌的经济支柱，当地人说“镇人大半衣食于此”[2]，可以推论，南浔镇以丝行谋生者占全镇人口一半以上，由此可见，丝行在南浔镇经济结构中的重要地位。

盛泽镇作为绫绸集散中心，牙行中的龙头老大非绸行莫属，镇上财大气粗的绸行比比皆是。明末苏州人冯梦龙笔下的盛泽热闹非凡：“市上两岸绸丝牙行约有千百余家，远近村坊织成绸匹，俱到此上市，四方商贾来收买的，蜂攒蚁集，挨挤不开。”[3]这虽是小说家言，却并非虚构，盛泽镇的绸丝牙行有数百家，确是不争的事实。新编《吴江县志》记载：在绫绸业鼎盛时期，盛泽镇的绸行多达百余家，丝行有近百家，领投（或曰领头）有近两百家，绸、丝、领三行共计四百多家，构成盛泽镇的经济支柱。[4]盛泽镇的绸行不仅要收购四乡生产的绫绸，而且要收购整个吴江县各地所产的绫绸，由此集中向外输出。正如乾隆《吴江县志》所说：“吴绫见称往昔，在唐充贡，今郡属惟吴江有之，邑西南境多业此……凡邑中所产，皆聚于盛泽镇，天下

1 咸丰《南浔镇志》卷二十四《物产》，引潘尔夔《浔溪文献》。

2 咸丰《南浔镇志》卷二十一《农桑》。

3 冯梦龙《醒世恒言》卷十八《施润泽滩阙遇友》。

4 新编《吴江县志》，江苏科学技术出版社，1994年，第80—81页。

衣被多赖之。”[1]既然是“天下衣被多赖之”，就意味着这个绫绸集散中心必然万商云集，如果没有数量众多的绸行，是难以想象的。因此盛泽镇的经济状况取决于“商客之盛衰”，换句话说，取决于绸行生意之盛衰，原因是显而易见的：“盖机户仰食于绸行，绸行仰食于商客，而开张店肆者即胥仰食于此”。[2]

丝绸业市镇的丝、绸行销全国乃至海外市场，在这个流通过程中，各地客商以及由他们结成的商帮，功不可没。当然商人熙熙攘攘都是为了逐利，在他们眼里，精美绝伦的蚕丝和丝织品可以为他们带来巨额利润，因而把丝绸业市镇视为财富之渊薮，前仆后继，纷至沓来，致使丝绸业市镇富商大贾云集。那副俗不可耐的对联“生意兴隆通四海，财源茂盛达三江”，用在这里，倒是很贴切的。

从清初的地方志可知，以出产濮绸而闻名的濮院镇，“万家烟火，民多织作绸绢为生，为都省商贾往来之会”；“一镇之内，坐贾持衡，行商麕至，终岁贸易不下数十万金”。[3]说一年的贸易额高达白银数十万两，这个估计看来过于保守，清初人说，濮院镇“日出万绸”，一天的成交量是一万匹。根据方志资料，绸的价格按照轻重而定，康熙时，绸每两值银一钱。[4]一匹绸的重量不等，重的十六七两，轻的二三两，姑以每匹十两计，每匹绸的价格

1 乾隆《吴江县志》卷五《物产》。

2 乾隆《盛湖志》卷下《风俗》。

3 康熙《桐乡县志》卷一《市镇》。雍正《浙江通志》卷一百二《物产》。

4 乾隆《吴江县志》卷三十八《风俗·生业》："明嘉靖中，绫绸价每两银八九分，丝每两（银）二分。我朝康熙中，绫绸价每两（银）一钱，丝价尚止（银）三四分。"

为白银一两，一万匹的价格是白银一万两，全年的贸易额必定超过白银一百万两无疑。何况沈廷瑞《东畲杂记》说："所谓日出万绸，盖不止也。"[1]由此可以推论，濮院镇全年贸易额当在白银数百万两左右。客商购买力之大，于此可见一斑。

南浔镇的湖丝贸易也是如此。温丰《南浔丝市行》诗云"一日贸易数万金"[2]，如果以康熙时绫绸价每两值银一钱计，一天的贸易额达白银数万两。湖丝贸易的旺季是从小满到中秋，约四个半月，以每天贸易额数万两计，整个旺季的贸易额大概在白银五百万两左右。这一估计可以得到印证。根据《南浔镇志》记载"湖丝极盛时，出洋十万包"，十万包湖丝的售价约为白银一千万两左右。由此可见，明清之际南浔镇"一日贸易数万金"，并非夸张之词。[3]

从上述两个典型事例，已经可以看到各地客商在丝绸业市镇的购买力令人叹为观止。这类富商巨贾的经营方式，当然不会停留在一般行商的水平上，他们凭借巨额资金以及长年累月的经营，在各个市镇都建立了营业据点，不少人从行商转化为坐贾。为了维护自身利益，陆续设立了长期性的商务公共机构——会馆、公所。这里所说的会馆，主要是指商人会馆，它是一种地缘性的组织，俗称同乡会馆，在某一地区经商的同乡商人的公共空间，在

1 嘉庆《濮川所闻记》卷三《织作》，引沈廷瑞《东畲杂记》。

2 民国《南浔志》卷三十一《农桑》，引温丰《南浔丝市行》诗。

3 民国《南浔志》卷四《河渠》，引徐友珂《重浚三十六溇港议》。

同乡互助的职能之外，兼具商业协调的功能。公所则是一种业缘性的组织，即依照行业划分的同业公所，与后世出现的同业公会有着渊源关系。会馆、公所的建立，成为当地工商业发达，市场经济繁荣的一个显著标志。

3.“有力者雇人织挽，贫者皆自织”

由于各地市场对于太湖周边地区生产的精美绝伦的丝绸的需求与日俱增，小规模的农家个体生产难以在数量与质量上有所突破，于是在丝绸业市镇上出现了以雇佣劳动为特征的手工作坊——机坊。乾隆《吴江县志》谈到绫绸业发展状况时指出：明代成化、弘治以后，“土人（指吴江本地人）亦有精其业者，相沿成俗，于是盛泽、黄溪四五十里间，居民乃尽逐绫绸之利，有力者雇人织挽，贫者皆自织”。[1]可见“有力者雇人织挽”的现象在明中叶已经出现，但规模如何，不得而知，只能从后世的记载加以推论。乾隆《盛湖志》称：“中元夜，四乡佣织多人，及俗称曳花者约数千计，汇聚东庙并升明桥，赌唱山歌，编成新调，喧阗达旦。”[2]盛泽镇受雇于机坊的雇佣劳动者——佣织及曳花——数量达数千人之多，可见机坊数量之多、规模之大。与机坊配套的练坊（一作炼坊）、染坊、踹坊、轴

1 乾隆《吴江县志》卷三十八《风俗·生业》。

2 乾隆《盛湖志》卷下《风俗》。按：手工织机有素机、花机两类。花机，即提花机，又名攀花机、花楼机，操作时，由一小厮（即曳花儿）坐于花楼上，专司提花；另一名成年织工（即佣织）坐在地面操作织机，进行开口、投梭、打纬、卷取等工序，上下配合。

坊也有大批雇佣劳动者，数量也相当之多。清人说："（盛泽镇）凡练绸之坊十余，染坊三十余，踹、轴等坊亦如之，业此者近千人。"[1]由此向前追溯，晚明时"有力者雇人织挽"，绝非个别现象，是可以断定的。

与盛泽镇比邻的黄溪市，"雇人织挽"也蔚然成风，不仅形成"机户出资，机工出力"的雇佣关系，而且形成了固定的劳动力市场，有一技之长的机工，每天清晨"立长春、泰安二桥，以待雇织，名曰走桥，又曰找做"。生意繁忙时，机户为了招徕机工，往往百般迁就，"每逢节候，肴馔必更丰焉"；佣工"或食无兼味，辄去而他适"。到了生意萧条时，机坊减少雇工，劳动力过剩，那些"无人雇织"者，往往衣食无着，"沿途求乞以为常"。[2]显然这些"佣织"虽有一技之长，却是一无所有的无产者，他们可以看作近代城市无产者的先辈，他们的出现，或许标志着江南市镇由传统向近代的转型。

这种新现象是有典型意义的。吴江县的"走桥""找做"，在长洲县称为"唤找"。康熙《长洲县志》的一则资料反映了明清之际的情况，极有价值：

> 工匠各有专能，匠有常主，计日受值。有

1 沈云《盛湖杂录》。

2 道光《黄溪志》卷一《疆土·风俗》。

他故，则唤无主之匠代之，曰唤找。无主者，黎明立桥以待，以车纺丝者曰车匠，立濂溪坊。什百为群，延颈而望……若机房（即机坊）工作减，此辈衣食无所矣。[1]

情况表明，在丝绸行业中，明清之际已经普遍使用雇佣劳动，由此而产生出颇具规模的劳动力市场。这种前所未见的社会经济现象，透露出丝绸业市镇的勃勃生机。

这并非苏州府独有的现象，嘉兴府也有类似情况。介于秀水县、桐乡县、嘉兴县之间的濮院镇，织绸业有着悠久历史，出产的濮绸闻名遐迩。镇上拥有较多织机与资本的机坊，在生产旺季，临事雇佣工匠，都可以求助于镇上的劳动力市场。劳动力市场所在的镇北太平巷，并非主干道，却与北大有街、北廊棚等商业街连接，方便的交通条件使它成为有一技之长的工匠待雇的集结地点，久而久之形成一个劳动力市场。当地人这样描述道："太平巷，本福善寺，西出正道，阖镇织工、拽工（即曳工），每晨集此以待雇。"[2]《濮院琐志》写得更为具体，一则是：

机杼为阖镇恒产，男妇藉此养育者累累皆是。计其名，有络丝，有织工，有挽工（拽

1 康熙《长洲县志》卷三《风俗》。

2 嘉庆《濮川所闻记》卷二《地宇·坊巷》。

> 工），有牵经，有刷边，有运经，有扎扣，有接头，又有接收，有收绸，有看庄。或人兼数事，或专习一业。生平足不出巷，目不见外事，衣于是，食于是，尽其力而终身焉。

另一则是：

> 织工、拽花或遇无主，每早各向通衢分立，织工立于左，拽工立于右，来雇者一见了然，谓之“巷上”。[1]

每天早晨，织工、拽工站立于太平巷左右两侧，等待雇主招募，习以为常，除了这些织工、拽工，其他雇佣劳动者的名目还有不少，例如练坊雇佣的“练手”——“每坊佣者数十人，名曰练手”[2]。此外还有“典当司柜，多徽州人；成衣、木局，多宁波人；镊工，半句容人；银匠，多绍兴人；漆工，多江西人”。[3]

机坊还把生丝交给农家妇女加工，称为络丝。关于“络丝”，《濮院琐志》说：“妇女多工络丝，每一两给钱三文，近则倍之，一日所获，可以自给。”[4]这是另一种形式的雇佣劳动，按照络丝数量的多少支付工钱（由一两三文增至一两六文），妇女一天劳动所得可以养活自己。与络丝相衔接的牵

1 嘉庆《濮院琐志》卷一《机杼》，卷七《杂流》。

2 嘉庆《濮川所闻记》卷三《人物·织作》。

3 嘉庆《濮院琐志》卷七《杂流》。

4 嘉庆《濮院琐志》卷一《机杼》。

经、刷边、运经，都需要雇工操作。机坊不仅对于丝的整理极其讲究，而且对绸缎的花样也很考究。在织机花楼上的拽工（曳花儿）的操作都有板有眼："机上有木架，谓之花楼，拽工坐其上。花样另有样本，业是者以世相传，需用时，向其家赁之。拽者随其样，两手扯拽，令开其丝，梭跳越而过，则丝浮而亮，凑合成花，无不毕肖。"[1]分工如此细密，如此专业，无怪乎太湖周边市镇的丝绸巧夺天工，广受青睐。

综上所述，不难看到江南丝绸业市镇的盛况，为全球化贸易中的"丝—银对流"提供了强有力的支撑。全汉昇说得好："中国的丝绸工业俱有长期发展的历史，技术比较进步，成本比较低廉，产量比较丰富，所以中国产品能够远渡太平洋，在西属美洲市场上大量廉价出售，连原来独霸该地市场的西班牙丝织品也大受威胁。由此可知，在近代西方工业化成功以前，中国工业的发展，就其使中国产品在国际市场上的强大竞争力来说，显然曾经有过一页光荣的历史。中国蚕丝生产遍于各地，而以江苏和浙江之间的太湖区域最为重要……海外市场对中国丝绸需求量非常大，因而刺激这个地区蚕丝生产事业的发展，使人民就业机会与货币所得大量增加，当然是一个重要因素。"[2]

1 嘉庆《濮院琐志》卷一《机杼》。

2 全汉昇《略论新航路发现后的海上丝绸之路》，台湾《近代中国史研究通讯》第二期（1986年）。同时刊载《历史语言研究所集刊》第五十七本第二分（1986年）。

四　棉纺织业与棉布业市镇

1. 乌泥泾与黄道婆

原产于印度河流域的棉花，最早由陆路与海路传入中国，然而长期停留于西北、西南边疆地区，对中原地区并无影响。真正传入中原尤其是江南地区，是在宋代以后。元代以降，这方面的记载日渐增多，反映了棉花种植的推广，成效十分明显。这就不能不提到乌泥泾镇与黄道婆。

乌泥泾镇，位于上海县城西南二十六里，其旧址在今华泾镇北、长桥镇南，龙华乡东湾村一带。它得名于一条流向黄浦（今名黄浦江）的河流——乌泥泾。该镇兴起于宋代，是松江府上海县一个古老市镇。然而大自然对乌泥泾镇并不特别慷慨，那里土地贫瘠，要养活日益增多的人口并不容易。于是乡民另谋生路，从闽广一带引进棉花种子，广为栽培，因而乌泥泾畔成了松江府境内最早栽种棉花的地区。这是有文献为证的：

> 闽广多种木棉，纺绩为布，名曰吉贝。松江府东去五十里许，曰乌泥泾，其地土田硗瘠，民食不给，因谋树艺，以资生业，遂觅种于彼。[1]

1 陶宗仪《辍耕录》卷二十四《黄道婆》。

黄道婆纪念邮票

> 木棉，宋时乡人始传其种于乌泥泾，今沿海高乡多植之。[1]
>
> （上海）邑产棉花自海峤来，初于邑之乌泥泾种之，今遍地皆是。[2]

如果把松江府看作“衣被天下”的棉纺织业中心，那么乌泥泾镇就是这个中心的策源地。

这一切又和黄道婆密切相关。乌泥泾人黄道婆早年流落到海南岛崖州，学习了当地黎族的棉纺织技术，于元成宗元贞年间（1295—1297）返回故里乌泥泾，带回了当地的棉纺织技术，正如陶宗仪所说，她教农家妇女“做造扞弹纺织之具，至于错纱配色，综线挈花，各有其法。”[3]成果是十分明显的。当地人王逢回顾道：“（黄道婆）躬纺木棉花，织崖州被以自给，教他姓妇不少倦。未几，被更乌泾，名天下，仰食者千余家。”[4]所谓“崖州被”就是海南岛崖州的一种特色花布，黄道婆教乌泥泾人仿造这种特色花布，花色艳丽，成为远近闻名的畅销产品。这里生产的棉布除了“崖州被”以外，见诸文献的还有“番布”。正德《松江府志》特地在“番

1 正德《松江府志》卷五《土产》。
2 褚华《木棉谱》,《上海掌故丛书》。
3 陶宗仪《辍耕录》卷二十四《黄道婆》。
4 王逢《梧溪集》卷三《黄道婆祠并序》。

布”条下注明“出乌泥泾”，还说：“其后，三梭布制为象眼、绫纹、云朵、膝襕、胸背等样，盖出于此。”[1]意思是说，此后松江棉布的各种品种，都是由“番布”演化而来的，可见乌泥泾对于松江以及江南棉纺织业的兴起具有举足轻重的作用。

郑光祖说，黄道婆“以广中治木棉之法，教当地轧弹纺织，久之，三百里内外悉司其事。”[2]明白无误地指出棉花种植与棉纺织业由乌泥泾镇向三百里内外的传播幅度。吴伟业则进一步指出这种传播的具体路径：“（棉花）自上海、练川以延及吾州，冈身高仰，合于土宜。”[3]

从乌泥泾起步的棉花种植和棉纺织业，导致松江府境内农业经济和农家经营发生了革命性的变化。一方面，棉花种植超过了传统的稻谷种植，即所谓“棉作压倒稻作”，出现了“棉七稻三”乃至“棉九稻一”的格局。[4]另一方面，棉花种植以及对棉花的深加工——纺纱织布，为农家带来了巨大的经济效益，成为主要的经济来源——“衣食全赖此”。[5]无怪乎黄宗智《长江三角洲小农家庭与乡村发展》要称之为“棉花革命”。[6]

棉纺织技术的不断完善，不但带动了棉纺织业的发展，也带动了棉花种植的推广，从松江府各县到苏州府所属的嘉定、太仓、常熟等地，都是“三分宜稻，七分宜木棉”的地区。[7]明初上海县人顾

1 正德《松江府志》卷五《土产》。

2 郑光祖《一斑录杂述》卷一。

3 吴伟业《木棉吟序》，《梅村家藏稿》卷十。

4 康熙《嘉定县志》卷一《风俗》。

5 万历《上海县志》卷一《风俗》。

6 参见黄宗智《长江三角洲小农家庭与乡村发展》，中华书局，1992年，第4页。

7 吴伟业《木棉吟序》，《梅村家藏稿》卷十。

或《竹枝词》唱道：

> 平川多种木棉花，织布人家罢缉麻。
> 昨日官租科正急，街头多卖木棉花。[1]

明中叶以降，棉花种植逐渐由冈身以东向冈身以西推移，由松江府向北向西向南推移，种植棉花从事棉纺织业的地区不断扩大。不妨略举数例于下：

昆山一带，“多种木棉，土人专业纺织”，最为奇特的是，男子从事纺织，正如地方志所说：“至于麻缕机织之事，则男子素习焉，妇人或不如也。”[2]

嘉定一带，“棉花通邑栽之，以资纺织”，“邑之民业，首藉棉布，纺织之勤，比户相属，家之租庸、服食、器用、交际、养生、送死之费，胥从此出。”[3]

海盐县一带，“地产木棉花甚少，而纺之为纱，织之为布者，家户习为恒业”。[4]

平湖县北三十里新带地区，“饶鱼米花布之属”；县东北二十七里灵溪地区，“产细布，人争市之”。[5]

于是，农家经营出现了新变化。嘉靖时期松江人徐献忠在《布赋序》中说：“邑人以布缕为业，农氓之困藉以稍济……乡村纺织尤尚精敏，农暇之

1 万历《上海县志》卷一《地理志·风俗》。

2 嘉靖《昆山县志》卷一《风俗》，卷二《土产》。

3 万历《嘉定县志》卷七《田赋考中·物产》。

4 天启《海盐县图经》卷四《方域篇之四·县风土记》。

5 康熙《平湖县志》卷四《风俗志·习俗》。

时，所出布匹以万计，以织助耕。”[1]这种“以织助耕”已经迥然不同于传统“男耕女织”的自给自足模式，而是商品化经营，市场色彩十分浓厚。

首先，农家所种棉花并非用于自己消费，而是作为商品抛入市场，因而棉花市场遍布于各个市镇。每当秋季棉花上市之际，棉花牙行大量收购棉农出售的棉花，然后转销给外来的客商，棉花交易十分兴隆。嘉定县的新泾镇就是一个棉花交易中心。万历《嘉定县志》、康熙《嘉定县志》都说“嘉（定）土沙瘠，宜木棉，不宜禾（指水稻），而禾与木棉必相间种植，一年种稻，方可三年种棉”；“春作悉以栽（棉）花为本业”，“（棉）花财入筐，即为远贾所贩”，“民之公私皆赖焉”。

太仓的鹤王市也是一个声名远扬的棉花交易市场。每年秋收后远商携带巨资前来收购，因而“市廛阗溢”，“市之沃饶甲于境内”。[2]鹤王市棉花色泽纤维均佳，深受福建、广东客商欢迎，“闽广人贩归其乡，必题‘鹤王市棉花’”，销路很好，因此“每年航海来市，无虑数十万金”。[3]小小的鹤王市，每年棉花的外销量价值白银数十万两，足见商品化程度之高。

棉花作为商品进入市场，其价格随各种因素而波动，明末清初松江府上海县人叶梦珠，记录了从天启元年（1621）到康熙二十三年（1684）的棉花

1 康熙《松江府志》卷五《风俗》。

2 道光《增修鹤市志略》卷上《原始》。

3 道光《增修鹤市志略》卷下《物产》。

价格，极端最高价格每担卖到白银九两，极端最低价格每担仅值白银五钱至六钱，通常价格每担值银三四两，较低价格每担值银一二两。[1]棉农经济收益受市场影响之大，由此可见一斑。

其次，农家纺纱、织布的商品化、市场化。常见的一种经营方式，农家“纺木棉为纱者，市钱，不自织”[2]。不仅金山卫如此，其他地区也是如此。正德《松江府志》说：“纺织不止村落，虽城中亦然。里妪晨抱纱入市，易木棉以归，明旦复抱纱以出，无顷刻闲。织者率日成一匹。有通宵不寐者。田家收获，输官偿息外，未卒岁，室庐已空，其衣食全赖此。”[3]天启《海盐县图经》所说大体相同：

> 地产木棉花甚少，而纺之为纱，织之为布者，家户习为恒业，不止乡落，虽城中亦然。往往商贾从旁郡贩绵花列肆吾土，小民以纺织所成或纱或布，侵晨入市，易绵花以归，仍治而纺织之。明旦复持以易，无顷刻闲。纺者日可得纱四五两，织者日成布一匹。[4]

2.“绫布二物，衣被天下”

崇祯《松江府志》在写到当地的棉纺织业时说“机杼轧轧，有通宵不寐者”，并且引用张世美《织

1 参见叶梦珠《阅世编》卷七《食货四》。

2 正德《金山卫志》下卷一《风俗》。

3 正德《松江府志》卷四《风俗》。崇祯《松江府志》、康熙《松江府志》、康熙《青浦县志》的风俗部分，都有类似记载。

4 天启《海盐县图经》卷四《方域篇之四·县风土记》。

布词》加以映衬：

当窗织，急生计，口食相关殆非细。

泖上有田岁不熟，日资一匹聊接济。[1]

赶棉图（《天工开物》）

这就为徐献忠《布赋序》所说“邑人以布缕为业，农氓之困藉以稍济”做了注释。正是这样的勤奋，营造了“衣被天下”的辉煌。正德《松江府志》有一段极为经典的话语，颇为脍炙人口，成为学者们引用率极高的文献：

俗务纺织，他技不多，而精线绫、三梭布、漆纱方巾、剪绒毯，皆为天下第一……前志云：百工众技与苏杭等。要之，吾乡所出，皆出于实用，如绫布二物，衣被天下，虽苏杭不及也。[2]

值得注意的是，松江出产的优质棉布，诸如精线绫、三梭布、尤墩布、飞花布、稀布、标布等，都是农家织机上生产出来的，也就是说，农家的商

1 崇祯《松江府志》卷七《风俗》。
2 正德《松江府志》卷四《风俗》。

品化手工业为国内外市场提供了名噪一时的棉布精品，连苏州、杭州都望尘莫及。当然，与松江府毗邻的苏州府所属各县也并不逊色，正如正德《姑苏志》所说："木棉布，诸县皆有之，而嘉定、常熟为盛。"[1]嘉定县所产棉布在苏州府首屈一指，吸引各地商人前来批量购买，万历《嘉定县志》这样描述道："商贾贩鬻，近自杭、歙、清、济，远至蓟、辽、山、陕。"[2]这就是说，嘉定棉布近销杭州、徽州、山东，远销北京、辽东、山西、陕西，也是"衣被天下"的。

乾隆时代上海县诸生褚华，"生平留意经济名物、海隅轶事"[3]，对于松江上海一带农家的棉业经营，仔细观察与详细记载，涉及种棉、卖花、轧花、纺纱、浆纱、织布、染布、踹布、卖布等环节。乡人卖布于牙行，牙行转售于布商。褚华的六世祖开设牙行，招徕布商。他写道：

> 明季，从六世祖赠长史公，精于陶猗之术，秦晋布商皆主于家，门下客常数十人，为之设肆收买，俟其将成行李时，始估银与布，捆载而去。其利甚厚，以故富甲一邑。至国初（清初）犹然。[4]

苏州府的嘉定、常熟、昆山一带，情况大体相

1 正德《姑苏志》卷十四《物产》。

2 万历《嘉定县志》卷六《田赋·物产》。

3 褚华《沪城备考》卷末《自叙》。

4 褚华《木棉谱》。

似。嘉定县钱门塘市可为一例。它的周边乡村出产一种“丁娘子布”，“纱细工良，明时有徽商僦居里中，收买出贩。自是，外冈各镇多仿之，遂俱称钱门塘布”。外冈镇也因此而兴盛，万历时“四方巨贾富驵，贸花布者，皆集于此，遂称雄镇”。[1]

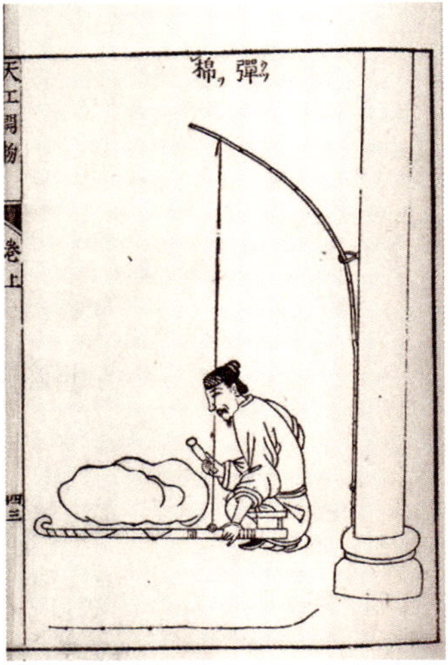

弹棉图（《天工开物》）

“绫布二物，衣被天下”，促成了这一地区的市镇与乡村的普遍富裕。有一条资料颇值得注意，反映的是嘉定县诸翟镇的情况：

> 乡民多恃布为生。往时各省布商，先发银于庄，而徐收其布，故布价贵。贫民竭一日之力，赡八口而有余。[2]

农家从事纺纱织布，一天的劳动所得，足以赡养八口之家，还有富余。这在以前是难以想象的。以前的江南农家的单一稻作经营，显然无法与此时的棉作经营相抗衡，也就是说，棉作经营的收益远远高于稻作经营，是毫无疑义的。王韬曾对种植棉花与种植水稻作过比较，结论是：“辛勤倍于禾稼，而利

1 民国《钱门塘乡志》卷一《土产》。
2 咸丰《紫堤村志》卷二《风俗》。

亦赢。”[1]那意思是说，种棉花比种水稻辛苦，但获利超过水稻。这个结论可以进一步论证于下。

松江地区，棉花与水稻的亩产量，有高有低，为便于比较，各取一个中间值：棉花每亩可收一担（一百斤），水稻每亩可收米二石（三百斤）。按照物价平稳年份的价格加以比较：棉花每担价银三两，米每石价银八钱，两石米价银一两六钱。由此可知，种植棉花的收益是种植水稻的将近两倍。[2]这就是当地棉花种植得以迅速推广的深层原因。何况稻米除了作为口粮，只有出售；而棉花除了出售，还可以纺纱、织布，从深加工中获取更多的收益。

农妇如果专门从事纺纱，扣除原料、成本，所获得的差价，即劳动报酬，足可养活自己。褚华谈到纺纱时说："夜以继日，得斤许即可糊口。"[3]地方志所说"里妪晨抱纱入市，易木棉以归，明旦复抱纱以出，无顷刻闲"[4]，终于可以获得索解，原来纺纱可以养活自己。如果纺纱之后自己织布，那么收益更为可观。前面已经引用《紫堤村志》所说"贫民竭一日之力，赡八口而有余"。顾清《旁秋亭杂记》说，松江地区可以用棉布纳税，折算的标准是，细布一匹准米二石，粗布一匹准米一石。[5]织布收益之高可见一斑。

这可以用另一种计算方法予以证实。清初一

1 王韬《瀛壖杂志》卷二。

2 张春华《护城岁时衢歌》："木棉……一亩之入，有百斤为满担，倍者为双担。"何良俊《四友斋丛说》："（松江）西乡……土肥获多，每亩收三石者不论，只说收二石五斗，每岁可得米七八十担矣，故取租有一石六七斗者。东乡田高岸陡……若年岁丰熟，每亩收一石五斗。"各取中间数据：棉一担、米二石。价格资料取自叶梦珠《阅世编》卷七《食货》。

3 褚华《木棉谱》。

4 正德《松江府志》卷四《风俗》。

5 顾清《傍秋亭杂记》卷上："吾乡（松江）折税布，曰：阔白三梭者，准米二石，纳价银七钱，俗谓之细布；阔白棉布者，准米一石，纳价银三钱以上至四钱，俗谓之粗布。"

匹标布的价格是银二钱，农家妇女织布一匹，按棉三斤织布一匹计算，扣除原料成本银九分（以一百斤棉值银三两计算），净余银一钱一分。当然，这必须自家另有人手纺纱、浆纱为支撑。如果织成十五匹布，其收益相当于一亩水稻田一熟的收益（二石米即一两六钱银子）。这是一种比较方法。还有一种比较方法，农村一般短工，"日给工食银五分"[1]。即使以两名妇女一天织布一匹计算，其收益一钱一分银子，依然高于两个短工的工食银（一钱）。

这无疑是农家经营商品化、市场化所带来的新现象，也是棉作压倒稻作、家庭手工业收入，超过纯农业收入的根本原因，"绫布二物，衣被天下"因此获得了源源不绝的动力。

根据吴承明的估计，明代后期江南棉布的输出量约为每年1 500—2 000万匹。[2]范金民的估计是，明代后期松江府棉布年产量2 000万匹，松江以外地区棉布年产量500万匹，总计2 500万匹。[3]李伯重的估计稍异于上述二人，他认为明代后期江南棉布年产量约为5 000万匹，需要170万农妇从事纺织，才能生产出如此数量的棉布。[4]这些宏观分析数据略有差异，或许还有商榷的余地，但他们的共识是明显的：江南棉布集中生产于松江府及其周边地区，绝大部分出于农村妇女之手。这显然有助于

1 陆世仪《青浦魏令君德化记》，《陆桴亭文集》卷六。

2 参见吴承明《中国资本主义与国内市场》，中国社会科学出版社，1985年，第259—263页。

3 参见范金民《明清江南商业的发展》，南京大学出版社，1998年，第29—30页。

4 参见李伯重《江南的早期工业化（1550—1850）》，第42页。

对“绫布二物，衣被天下”的理解，也有助于对江南市镇经济的理解。

3. 棉布业市镇的分布状况及其特色

棉布业市镇在长江三角洲市镇网络中，具有举足轻重的地位，与丝绸业市镇遥相呼应，构成本地区经济腾飞的双翼。它们为棉纺织个体生产者、手工作坊、经营棉花棉纱棉布的牙行以及外来客商，搭建一个沟通的平台，成为各地市场的联系渠道，也是商品生产与交易中心。这些市镇主要集中于松江府、苏州府及其周边地区。从明代中叶起，它们就以引人注目的姿态，和各地市场联成一体，源源不断地把本地区的优质产品输送到全国各地乃至海外，号称“衣被天下”是当之无愧的。它们大致可以分为棉花业市镇与棉布业市镇两大类。

棉花业市镇是以棉花交易为特色的市镇，首推新泾镇与鹤王市。

新泾镇。在嘉定县治东三里，因新泾这条河流而得名，又名澄桥镇，东西长一里。虽然不大，却是附近有名的棉花集散中心，《嘉定县志》说它“为棉花管屦所集，顷年更盛”。[1]每当棉花上市的季节，镇上牙行（俗称花行）纷纷忙于收购四乡农家出售的棉花，呈现一派繁忙景象：

1 康熙《嘉定县志》卷一《疆域·市镇》。

市中交易，未晓而集。每岁棉花入市，牙行多聚。少年以羽为翼，携灯拦接，乡民莫知所适。抢攘之间，甚至亡失货物。[1]

之所以会出现这种抢夺棉花的现象，根本原因在于，本地区出产的棉花质地精良，时常供不应求。

鹤王市。在太仓州治东北二十四里，原属昆山县，弘治十年划归太仓州。众所周知，“市”的规模小于“镇”，鹤王市也是如此，但地位并不低下，正如《鹤市续志》所说：“鹤王市居全县中心，东滨大江，西达邑城，南控浏河，北抵沙溪，以形势言，实为水陆绾毂之要冲……乾嘉之际，人文蔚起，科第相望，循吏名儒辈出。”[2]此地属于沙质土壤，适于种植棉花，所产棉花品质优良，纤维柔韧细白，只产于方圆十余里范围之内。当地人这样描述：“鹤市棉花，比之他乡柔韧而加白，每朵有朱砂斑一点，离市十数里即无。”[3]

值得注意的是，这种情况可以追溯到元末明初，《增修鹤市志略》的编者按语这样写道：

棉自元世至近邑，崖州黄婆教扞弹纺织之法，而种以繁。邑高阜全恃植此。昔人所种出西番，衣被天下者也。[4]

1 万历《嘉定县志》卷三《风俗》。

2 民国《鹤市续志》卷首《续志序》。

3 道光《增修鹤市志略》卷下《物产·木棉》。

4 道光《增修鹤市志略》卷下《物产·木棉》。

因此，鹤王市棉花成为优质棉花的代名词，各地商贩慕名前来采购，盛况空前。志称，杨林塘岸土沙埴得宜，闽广人贩归其乡，必题曰“鹤王市棉花”。每秋航海来市，无虑数十万金。近市土厚田肥，为阖邑冠，故其民殷富，其俗淳厚。每岁木棉有秋，市廛阗溢，远商挟重资，自杨林湖径达，而市之沃饶甲于境内矣。[1]

《增修鹤市志略》刊刻于道光年间，但是这种盛况——闽广商人数十万两银子的采购规模，以及鹤王市富甲全太仓，由来已久。至少可以说，从明代一直延续至清代。乾隆《镇洋县志》说：“闽广人贩归其乡者，市题必曰‘太仓鹤王市棉花’，每秋航海来贾于市，无虑数十万金，为邑首产。”[2]看来，《增修鹤市志略》采用了《镇洋县志》的文字。从该志上下文推测，至迟晚明时已经如此兴旺了，这可以从太仓人吴伟业的著作中得到证实：“隆万中，闽商大至，（太仓）州赖以饶。”[3]吴氏所说的“州赖以饶”，当然包括棉花的外销带来的巨额收益。

棉花交易并不限于上述两地，一些盛产棉布的市镇也有兴旺的棉花交易。例如七宝镇，《蒲溪小志》写道：“棉花，吾乡种此者十居六七。种有早、晚，色有紫、白，吾乡所种皆白色。以供纺织，且资远贩，公私赖之。”[4]所谓“以供纺织，且

1 道光《增修鹤市志略》卷下《物产》，卷上《原始》。

2 乾隆《镇洋县志》卷一《物产》。

3 吴伟业《木棉吟序》，《梅村家藏稿》卷十。

4 道光《蒲溪小志》卷一《物产》。

资远贩”云云，是说当地所产棉花，除了供本地人纺纱织布以外，还大批远销外地。真如镇也是如此，所产棉花量多质优，“色有紫白，种有早晚，以供纺织，且资远贩，公私赖之”。[1]月浦镇四乡地处沿江，多沙质土壤，出产优质棉花，尤以“紫花”（天然的紫色棉花）享誉市场。《月浦志》说：“棉花，有紫、白二种，月浦以此为大宗。”陈钧《月溪棹歌》说：“千家村里人喧闹，八月棉花满客航。”[2]反映了棉花交易的兴旺景象。

外冈镇四乡地势高敞，盛产棉花，每当棉花上市时，“牙侩持灯而往，悬于荒郊要路，乘晦交易”。[3]牙行（花行）挑灯收买棉花是一个普遍现象，杨光辅这样描写棉花交易：“天未明，棉花上市，花行各以竹竿挑灯招之，曰收花灯。”他的竹枝词写道：

> 淞南好，耕织不辞劳，刷布经车沿街走，收花灯竹插檐高，辛苦利如毛。[4]

褚华笔下的棉花交易又是一番景象：“邑产者，另有行户，晨挂一秤于门，俟买卖者交集户外，乃为之别其美恶而交易焉。少者以篮盛之，多者以蒲包。”他所说的行户，即棉花牙行，是棉花交易的中介机构，农家必须把棉花卖给牙行，然后由牙

1 乾隆《真如里志》卷一《物产》。

2 光绪《月浦志》卷九《风俗志·物产》，卷一《舆地志·市镇》。

3 乾隆《续外冈志》卷一《风俗》。

4 杨光辅《淞南乐府》，《上海掌故丛书》。

行转售给外来客商。这种棉花交易，贸易额非常巨大："闽粤人于二三月载糖霜来卖，秋则不买布，而止买花衣[1]以归。楼船千百，皆装布囊累累。"[2]从"楼船千百""布囊累累"可知，闽粤商人运走的棉花数量相当可观。

棉布业市镇多是松江府与苏州府一些规模宏大、商贾云集的市镇，以棉布生产与贸易为经济支柱，最引人注目的有朱泾镇、枫泾镇、七宝镇、朱家角镇、南翔镇、罗店镇、外冈镇、娄塘镇等。

朱泾镇。原属松江府华亭县，顺治十三年析置娄县后，划归娄县；雍正二年析置金山县后，划归金山县，乾隆二十五年成为金山县治。朱泾镇四乡生产棉花，农家精于纺织，所产标布质地精细，优于远近闻名的尤墩布。清人赵慎徽这样回顾朱泾镇棉布业的兴旺：

◤《阅世编》十卷，上海人叶梦珠撰。是书对明末清初以松江府为中心的地区之自然、政治、经济、文化、风俗、人事等各方面情形，尤其是社会经济，记述甚为详细，其《田产》《食货》门，详记土地、米、布、柴、盐、烟、茶、糖、肉、药材、纸张等生活必需品和手工艺品的价格。

> 万家烟火似都城，元室曾经置大盈。
> 估客往来多满载，至今人号小临清。

正如诗中所说，朱泾镇兴起于元代，逐渐成为一个人口万户的大镇，经济支柱就是棉布交易。赵慎徽自己为诗所作的注释，特别强调："（朱泾镇）明季

---

1 按：当地人称皮棉为花衣。

2 褚华《木棉谱》。

多标行，有小临清之目。”[1]所谓“标行”，是从事标布贸易的牙行；所谓“估客”，是各地前来购买标布的客商。这些估客并非等闲之辈，个个携带巨额资金，叶梦珠《阅世编》的记载可以作为佐证：“前朝（指明朝）标布盛行，富商巨贾操重资而来者，白银动以数万计，多或数十万两，少亦以万计，以故牙行奉布商如王侯。”[2]由于生意兴旺带来的繁荣昌盛，可以和运河沿线的商业城市临清相媲美，故而号称“小临清”。这种比喻并不夸张，只消看一下顾公燮《消夏闲记摘抄》便可略知一二：“前明数百家布号，皆在松江枫泾、朱泾乐业，而染坊、商贾悉从之。”[3]所谓“布号”，是经营棉布贸易的牙行，朱泾、枫泾两镇有棉布牙行数百家之多，镇上棉布交易规模之巨大，由此可见一斑。这些布行财大气粗，还兼营染坊、踹坊，加工棉布，营业额相当可观，由此带动了各行各业的繁荣，使得朱泾镇成为富庶的工商业中心：“商舶鳞集，群倡杂处其间”。[4]

枫泾镇。介于松江、嘉兴两府之间，北半部属于华亭县（后划归娄县），南半部属于嘉善县。四乡农家多植棉且精于纺织，镇上从事棉布交易的布号（布行）鳞次栉比，数以百计，还有众多的染坊、踹坊，是一个棉布贸易、加工中心。《枫泾小志》说：“康熙初，里中多布局（布号），局中多雇

1 嘉庆《朱泾志》卷一《疆域志·沿革》。

2 叶梦珠《阅世编》卷七《食货五》。

3 顾公燮《消夏闲记摘抄》卷中《芙蓉塘》。

4 嘉庆《朱泾志》卷二《建置志·节孝祠》，《龚郡尊嵘祠堂碑记》所写清初朱泾镇：“后枕秀州塘，水大且驶，有桥曰万安，为江浙孔道，商舶鳞集，群倡杂处其间。”

染匠、砑匠，皆江宁人，往来成群。”[1]可见明清之际当地棉布业的繁盛程度。四乡农家生产的棉布，有大布、小布两种（大布以四丈为一匹，小布以二丈二尺为一匹），农家普遍以植棉、纺纱、织布为主业。[2]大量棉花、棉纱、棉布都拿到镇上出售，促使镇上商号生意持续兴隆。沈蓉城《枫泾竹枝词》写道：

> 贸易隆盛百货全，包家桥口集人烟。
> 男携白布来中市，女挈黄花向务前。

如果没有注释，今人很难明白其中的意思，幸好沈蓉城自己做了注释：“隆昌桥又名务前桥，在包家桥北，元设白牛务于此。棉花晚收者为霜花，色多黄。”[3]隆昌桥又名秀兴桥，与包家桥都在镇南部的中市（镇中心），是商业繁华之区，农家和布号、纱庄的交易，大多在此进行。新编《枫泾镇志》说：“明清两代，土布业兴旺，商贾汇集，市场繁荣。土布庄（店）就有两百余家，年购销量达两百多万匹（每匹约6—7米）。”[4]这种盛况从明代后期一直持续一两百年。清初当地人如此描绘枫泾镇：“物阜民殷，巨贾辐辏，称邑都会。”[5]晚清人则声称此地的繁华数百年一以贯之：“市廛辐辏，烟户繁盛，农工商各安其业……虽区宇只此一隅，而灵

1 光绪《枫泾小志》卷十《拾遗志·拾遗》引吴遇坤《天咫录》，提及康熙二十二年，染匠、砑匠扰害乡民案件，以及有关此案的碑记（原碑在玉虚观）。该碑记云：“康熙初，里中多布局，局中多雇染匠、砑匠，皆江宁人，往来成群，扰害乡里，民受其累，积愤不可遏……设计愤杀，死者数百人。”

2 光绪《枫泾小志》卷一《区域志·食货》。

3 光绪《枫泾小志》卷十《拾遗志·拾遗》。

4 新编《枫泾镇志》，汉语大词典出版社，1993年，第1—6页。

5 康熙《嘉善县志》卷二《乡镇》。

秀钟聚，不逊通都大邑，又地为水陆所凑，商贾骈集，田野沃饶，民务勤俭，户号殷富，数百年来未之变也。”[1]枫泾镇数百年的繁华，与棉布业的持续兴旺密切相关。

七宝镇。松江府上海县的七宝镇，既是一个棉业市镇，也是一个布业市镇。《蒲溪小志》说："俗务纺织，清晨抱布入市，易花米以归，来旦复抱布出。织者率日成一匹，其精敏者日可二匹。田家收获，输官偿租外，未卒岁而室庐已空，其衣食全赖此以出。”[2]这条资料最值得关注的是，“织者率日成一匹”一句，其中既有技术熟练的因素，又有夜以继日的勤奋因素。“日成一匹”并非夸张之词，张春华《沪城岁时衢歌》也有类似的记载："织布者皆女工，日可得布一匹。亦有极一日半夜之功，得布两匹者，然亦仅见。”[3]《蒲溪小志》又说："布之属，有标、扣、稀三种。比户织作，昼夜不辍，乡镇皆为之。暮成布匹，晨易钱米，以资日用。”[4]七宝镇四乡农家生产标布、扣布、稀布，扣布又名小布，密而狭；稀布疏而阔，阔一尺二寸，长二丈二尺。当时人说，“龙华稀、七宝稀最驰名”;“布之精者为尖，有龙华尖、七宝尖名目”。[5]可见七宝镇的棉布是颇为精致的。

朱家角镇。位于青浦县治西十二里的朱家角镇，万历年间已经号称“商贾辏聚，贸易花、布，

1 光绪《枫泾小志》卷首《枫泾小志序（光绪十七年）》《重辑枫泾小志序（光绪十七年）》。

2 道光《蒲溪小志》卷一《风俗》。

3 张春华《沪城岁时衢歌》，《上海掌故丛书》。有的学者经过计算，推定四个工作日可以织成一匹布。与“日成一匹”差距甚大，有待商榷。

4 道光《蒲溪小志》卷一《物产》。

5 民国《法华乡志》卷三《土产》。

为今巨镇”。[1]是松江府境内与朱泾镇、枫泾镇并驾齐驱的棉布贸易中心，其商业繁华程度或许超过了朱泾与枫泾，因此当地人说“两泾不及珠街阁”。所谓“两泾”即为朱泾镇、枫泾镇，珠街阁乃朱家角镇的雅称，“两泾不及珠街阁”，或许有当地人的自夸成分，却并不失真，从地方志的记载就可获得证明。崇祯《松江府志》说：“朱家角镇，商贾辐辏，贸易花、布，京省标客往来不绝，为今巨镇。”[2]所谓“标客”，就是从全国各地前来购买标布的客商，镇东的明记场是标客集散之地，正如朱家角镇志《珠里小志》所说：“明记场，在东市报安桥侧。康熙时，朱家角镇商贾贸易骈集，东市明记场，茶场酒肆，为京洛标客居停之所。今仅存茅屋数椽，瓜田廿亩。”[3]东市报安桥一带，是各地布商交易歇脚的场所，茶楼酒肆林立，从晚明到清代前期，一直十分繁荣（嘉庆年间逐渐衰落）。朱家角镇的物产，除了稻米，首推棉布。这里所产的棉布有刷经、拍浆的区分，前者缜密，后者细软；又有大号、小号之别，大号阔九寸五分，长十九尺，小号阔八寸三分，长十八尺；又有“本色布”“青蓝布”与“杜织稀”的区分。本色布由南翔、苏州两处布商收买；青蓝布由布商贩往崇明、南北二沙；杜织稀（稀布）多销往本乡。[4]

南翔镇。嘉定县的棉纺织业非常发达，所产

1 万历《青浦县志》卷二《镇市》。

2 崇祯《松江府志》卷三《市镇》。

3 嘉庆《珠里小志》卷五《里巷》。

4 嘉庆《珠里小志》卷四《物产》。

紫花布、斜纹布、药斑布、棋花布、诸暨布等，都是畅销品。所谓药斑布是一种染色布，工艺精致："以布抹灰药染青，俟其干去之，则青白相间，有楼台、人物、花鸟之形，为帐幕衾帨颇佳。"[1]所谓棋花布是另一类型的色布，与药斑布不同，并非织成布以后再染色，而是用染成青色的棉纱与白色棉纱间织而成，因花纹如同棋盘，故名棋花布。这些精品棉布深受各地市场欢迎，正如万历《嘉定县志》所说："首藉棉布，纺织之勤，比户相属……商贾贩鬻，近自杭、歙、清、济，远至蓟、辽、山、陕。"[2]棉布的集散中心就在位于嘉定县治南二十四里的南翔镇。南翔镇历史悠久，宋元时已成巨镇，明代更趋鼎盛。它的四乡农村生产优质棉花，"其短花繁"，每斤可收花衣（皮棉）六七两，用此种棉花纺纱织布，俱成精品。农家精于纺织，所产棉布有浆纱、刷线两种。刷线布又名扣布，是行销远近的名品，《南翔镇志》如此描述它："光洁而厚，制衣被耐久，远方珍之。布商各字号俱在镇，鉴择尤精，故里中所织甲于一邑。"[3]镇上的布商字号大多由徽州商人经营，他们收购各色棉布，贩运到江淮、临清等地。南翔镇出产的棉布品质"甲一邑"，棉布营业额在嘉定一县之中遥遥领先，另两个棉布业市镇——娄塘镇、纪王镇望尘莫及，故有"银南翔"之称，仅次于比邻的罗店镇（号称"金

1 正德《练川图记》卷上《物产》。

2 万历《嘉定县志》卷六《田赋·物产》。

3 嘉庆《南翔镇志》卷一《疆里·物产》。

罗店”）。

罗店镇。原属嘉定县，雍正三年（1725）析置宝山县后，划归宝山县。四乡盛产棉花，有“金底”者，每斤可收花衣六七两；另有紫棉（俗称紫花），呈天然紫色，是织“紫花布”的原料。[1]棉花是农田主要作物，也是农家主要经济来源，当地人说：“罗店四乡，土产稻三棉七，农民生计惟赖木棉”；“种田之暇，惟以纱为布”；“妇女昼夜纺织，公私诸费皆赖之”。[2]所产套布、泗泾布、紫花布、斜纹布、棋花布远近闻名。镇上经营棉花、棉布的牙行（花行、布行）林立，成为全镇的经济支柱，故有“金罗店”的美誉。明代前期罗店镇已经位居嘉定县七大市镇之首，万历年间发展成为著名的工商业中心，《罗店镇志》说：“罗店素称饶富，有金罗店、银南翔之名。”[3]这是因为，从万历到康熙年间，罗店镇作为棉布贸易中心，吸引了大批徽州商人，生意兴隆，堪与邻近的南翔镇相媲美。罗店镇的兴起晚于南翔镇，后来居上，逐渐在总体经济水平上超过了南翔镇，所以人们称为金罗店、银南翔。到清末时，罗店镇的大小店铺总计有六七百家，南翔镇稍显逊色。《宝山县续志》说：“罗店市镇最巨，为全邑冠……其地东贯练祁（河），输运灵便，百货骈集，故虽处腹里，而贸易繁盛，综计大小店铺六七百家……市街凡东西三里，南北二

1 康熙《嘉定县志》卷四《物产》。光绪《罗店镇志》卷一《疆里志·物产》。

2 光绪《罗店镇志》卷一《疆里志·风俗》。康熙《嘉定县志》卷四《物产》。

3 光绪《罗店镇志》卷一《疆里志·风俗》。

里，以亭前街、塘西街最为热闹，次则塘东街、横街等。乡民上市，每日三次。物产以棉花、棉布为大宗。”[1]其实，清末时的罗店镇已经趋向衰微，依然是庞然大物，由此可以推知，鼎盛时期的规模更加可观。

外冈镇。隶属于嘉定县的外冈镇，以出产优质棉布闻名遐迩，万历以来，外冈布名闻遐迩，成为徽商争购的佳品。崇祯《外冈志》说：“神宗初年，民渐稠密，俗称繁庶。四方之巨贾富驵，贸易花、布者，皆集于此，遂称雄镇焉。”又说：“惟外冈布因徽商僦居钱鸣塘收买，遂名钱鸣塘布。”[2]其中紫花布尤佳，比其他布价贵一倍。而浆纱布、飞花布堪称绝品，“纱必匀细，工必精良，价逾常布”。布商众口一词：“外冈之布，名曰冈尖，以染浅色，鲜妍可爱，他处不及……故苏郡布商在镇开庄收买。”[3]

娄塘镇。僻处嘉定县北一隅的娄塘镇，四乡农家“习花、布以营生”，“比户绢纺缫之具，连村机轧之声。浆纱（布）行于本境，刷线（布）达于京师”。[4]因而在明清之际享有“花布码头”的美誉。康熙二十四年（1685）立于镇上的一块石碑记载了它往昔的荣光：“窃本邑娄塘一镇，虽系弹丸，而所产木棉布匹，倍于他镇。所以客商鳞集，号为花布码头。往来贸易，岁必万余，装载船只，动以百

1 民国《宝山县续志》卷一《舆地·市镇》。

2 崇祯《外冈志》卷一《沿革》，卷二《物产》。

3 乾隆《续外冈志》卷四《物产》。

4 乾隆《娄塘志》卷八《杂类志》。

计。”[1]该镇所产斜纹布特别有名，誉为“女红之巧制”：“经直纬错，织成水纹胜子，望之如绒”，“土人筐而饷客，莫不诧异绝伦”。药斑布也很畅销，“青白文稠，花鸟人物，错采纠缪，虽非佳品，辄得贵酬”。[2]

4. 棉布业市镇的经济结构与经营方式

（1）“土人专业纺织”。所谓“专业纺织”，意味着农家已经成为纺织专业户，这些农家把纺纱织布当作自家的主业，亦即经济收益的主要来源。明末嘉定人张鸿磐在写给朝廷的奏疏《请照旧永折疏》中，希望政府在征收赋税时不必征收实物（粮食），可以征收折色（货币）。他申述的理由是：嘉定“地不产米，水不通漕”，“仅种木棉一色，以棉织布，以布易银，以银籴米，以米充兑。舟楫不通，粮艘莫集，百里担负，辗转折阅。籴之，则嘉定一石比旁县之二石；兑之，则嘉定二石不及旁县之一石。”[3]张氏的本意是谈赋税问题，从中透露出嘉定县棉布业市镇周围农村的普遍状况是“以棉织布，以布易银，以银籴米”，这是和传统经济结构截然不同的。以往人们所说的农民家庭副业，本意是“以织助耕”，即以纺织的收益弥补农耕收益的不足，显然是“耕”为主，“织”为副。但是在

1 上海博物馆资料图书室编《上海市碑刻资料选辑》，上海人民出版社，1980年，第96页。

2 乾隆《娄塘志》卷四《杂类志》。

3 嘉庆《南翔镇志》卷十二《杂志·纪事》，引张鸿磐《请照旧永折疏》。

棉布业市镇的四乡，情况发生了变化，原先的副业上升为主业，它的标志就是“以棉织布，以布易银，以银籴米”。地方志所说“多种木棉，土人专业纺织”，“邑之民业首藉棉布”[1]，就是这个意思。诸如此类的记载比比皆是，例如徐献忠《布赋序》说：“邑人以布缕为业，农氓之困，藉以稍济。然其为生甚疲苦，非若他郡邑蚕缫枲苧之业，力少而利倍者，可同语也。”[2]专业纺织之家虽然辛苦，也不如丝织业的“力少而利倍”，但毕竟“农氓之困藉以稍济”，是不争的事实。《真如里志》说：“比户织作，昼夜不辍，暮成布匹，晨易钱米，以资日用。”[3]《蒲溪小志》也说：“比户织作，昼夜不辍，乡镇皆为之。暮成布匹，晨易钱米，以资日用。”[4]

这种变化带来的显著效益，便是农村与市镇的逐渐富庶。《紫堤村志》追忆先前棉布业繁荣时的状况时说：“乡民多恃布为生，往时各省布商先发银于庄（布行），而徐收其布，故布价贵，贫民竭一日之力，赡八口而有余。”[5]这是一个很重要的信息，贫民依赖纺纱织布的收入，赡养一家八口，还有结余。农家的这种经营方式是一大进步，长江三角洲农村之所以富庶，这是一个至关重要的因素。

这种变化还带来了社会风气的新气象，家家户户都把纺纱织布当作一项事业，不仅农家如此，甚至连城市中的士大夫之家也是如此，卷入纺织，向

1 崇祯《松江府志》卷六《物产》。

2 崇祯《松江府志》卷六《物产》，引徐献忠《布赋序》。

3 乾隆《真如里志》卷一《风俗》。

4 道光《蒲溪小志》卷一《物产》。

5 咸丰《紫堤村志》卷二《风俗》。

市场谋利。万历时的于慎行说："吴人以织作为业，即士大夫家多以纺绩求利。其俗勤啬好殖，以故富庶。然而可议者如华亭相在位，多蓄织妇，岁计所绩，与市为贾。"[1]于慎行言简意赅地揭示了这一地区的新气象，一是"以织作为业"；二是"士大夫家多以纺绩求利"，甚至堂堂内阁首辅徐阶家族也"以纺绩求利"，"与市为贾"，卷入市场的商业浪潮之中。这一地区富庶的原因，由此可见一斑。

（2）"富商巨贾操重资而来市"。外地客商，主要是徽州商人、晋陕商人、闽粤商人等，挟带巨额资金，前来收购棉纺织品，带动了市场的活跃，是棉布业市镇日趋繁荣的经济动力。清初松江府上海县人叶梦珠的一段文字写得最为深刻：

> 棉花布，吾邑所产已有三等，而松城之飞花、尤墩、眉织不与焉。上阔尖细者曰标布，出三林塘者为最精，周浦次之，邑城为下，俱走秦、晋、京边诸路……其较标布稍狭而长者曰中机，走湖广、江西、两广诸路，价与标布等。前朝标布盛行，富商巨贾操重资而来市者，白银动以数万计，多或数十万两，少亦以万计，以故牙行奉布商如王侯，而争布商如对垒。[2]

这里所说的"标客"，是指前来购买"标布"

1 于慎行《谷山笔麈》卷四《相鉴》。

2 叶梦珠《阅世编》卷七《食货五》。

的客商，他们充斥于各棉布业市镇，从“明季多标行”的朱泾镇[1]，到“京省标客往来不绝”的朱家角镇[2]，到处都有他们的足迹。他们身带数万两至数十万两白银，运销的数量相当于数十万匹至数百万匹之间，由此可见，晚明时棉布业市镇每日集散的棉布数量之大，镇上牙行（布行、布庄）的贸易组织功能之强大。

一些外来的富商巨贾凭借雄厚的经济实力，陆续在市镇开设经营机构——棉布字号，亦即布号、布庄，直接插手棉布交易，例如：“苏郡布商多在（外冈）镇开庄收买”[3]；“布商字号俱在（南翔）镇，鉴择尤精”[4]；“有陕西巨商来镇设庄收买布匹”[5]。

（3）牙行与行霸。棉布业市镇的经济中枢，毫无疑问是牙行。它操纵市镇经济的运行：“市中贸易，必经牙行，非是，市不得鬻，人不得售”[6]；“贫民持物入市，不许私自交易，横主索值，肆意勒索，名曰佣钱”，举凡“花（棉花）、布、柴、米、纱、稔（谷物），下及粪田之属（肥料），皆有牙行，类皆领帖开张”[7]。

棉布业市镇上最有财有势的牙行，首推布行，有的称为“花纱布行”，操纵棉花、棉纱、棉布的交易。一种方式是各省布商先发定金给布行（布庄），分批收布；另一种方式是布商挟带资金到市

1 嘉庆《朱泾志》卷一《疆域志·沿革》。

2 崇祯《松江府志》卷三《镇市》。

3 乾隆《续外冈志》卷四《物产》。

4 嘉庆《南翔镇志》卷一《疆里·物产》。

5 民国《月浦里志》卷五《实业志·商业》。

6 嘉庆《安亭志》卷三《风俗土产·风俗》。

7 光绪《月浦志》卷九《风俗志·风俗》。

镇直接向布行（布庄）购买现货。褚华《木棉谱》说，他的六世祖在明代就是专门接待陕西、山西商人的布行老板，此公很会经商，“门下客常数十人，为之设肆收买。俟其将成行李时，始估银与布，捆载而去，其利甚厚，以故富甲一邑”[1]。牙行的实力非同小可。

牙行凭借势要之家撑腰，以及自己的经济实力，常常成为地方一霸，俗称“行霸”。花行、布行、柴行、米行、猪行，都有行霸。既然称为行霸，意味着不按市场规则办事，一言以蔽之，就是欺行霸市。手段之一是擅自抬高或压低价格，牟取暴利；手段之二是各种名目的敲诈勒索：“擅取用钱，卖者买者各有抑勒，曰内外用”[2]。此类行霸各个市镇都有。康熙《嘉定县志》说：“市镇之为民害有二，一曰行霸。私立牙行，高低物价，擅取用钱，买者卖者各有除勒，名曰内用、外用。结连光棍，邀人货物，卖布者夺其布，贸花者夺其花，乡人不得自由。”[3]

这里所说的“结连光棍，邀人货物”，指的是行霸雇佣市井无赖欺行霸市的行径，俗称“打降”“白拉”。

崇祯《太仓州志》说：“旧时棍徒赤手私立牙行，曰行霸。贫民持物入市，如花、米、布、麦之类，不许私自交易，横主价值，肆意勒索，曰用

1 褚华《木棉谱》。

2 光绪《罗店镇志》卷一《疆域考·风俗》。

3 康熙《嘉定县志》卷四《风俗》。它所说的“民害有二”的另一害是“敛头”：“迎神赛会，搭台演戏，坐派金钱，不如意，群殴之”。

钱。今则离市镇几里外，令群不逞要诸路，曰白赖。乡人持物，不论货卖与否，辄攫去，曰：'至某店领价。' 乡民且奈何，则随往。有候至日暮半价者，有徒呼哭归者，有饥馁嗟怨被殴伤者。"[1]

《南翔镇志》说："市井恶少无赖所谓打降、白拉者，是处有之，南翔为甚。白拉聚集恶党，潜伏道侧，候村氓入市，邀夺货物。或私开牙行，客商经过，百计诱致，不罄其资不止。此等恶习，最为民害。"[2]

白拉即白赖，打降即打行，在吴语方言中，"拉"与"赖""降"与"行"同音，因而在地方志中白拉与白赖、打降与打行是一个意思，都是行霸指使流氓无赖，用各种手段欺行霸市，强买强卖。这种现象兴起于万历年间的苏州府各市镇，逐渐蔓延于松江府各市镇，明末清初愈演愈烈。[3]

牙行原本是市场运行不可或缺的一环，出现了行霸，使得牙行的劣根性恶性膨胀。因而牙行成为市镇上新兴势力与守旧势力的混合物，带有自相矛盾的两重性：一方面推动市场经济的发展，藉以从中获利；另一方面又用自己的手破坏市场经济的正常发展。只要市场继续繁荣，购销两旺，这类现象便不会消失。这就是为什么地方官屡次勒石严禁，却屡禁不绝的根本原因。

（4）品牌与商标。松江府及其周边地区棉纺织

1 崇祯《太仓州志》卷五《风俗》。

2 嘉庆《南翔镇志》卷十二《杂志·纪事》。

3 嘉康熙时苏州府长洲县人褚人获引用《亦巢偶记》说："打行，闻兴于万历间，至崇祯时尤盛。""鼎革以来，官府不知其说，而吏胥又不晓文义，改作降字。"（《坚瓠九集》卷二）按：打行（打降）兴起于万历年间的说法是有根据的，万历时松江人范濂说："恶少打行，盛于苏州……此风沿入松（江），以至万历庚辰（八年）后尤甚。又名撞六市，分列某处某班，肆行强横。"（《云间据目抄》卷二）

业蓬勃发展，产品远销海内外，声誉鹊起，逐渐形成若干优质品牌。正德《松江府志》所说的“天下第一”的品牌有：精线绫、三梭布、漆纱方巾、剪绒毯等。[1]崇祯《松江府志》所说的“尤尚精敏”的品牌有：三梭布、云布、标布、官布、飞花布、织花绒布、尤墩布、紫花布等。[2]所谓“官布”，又称“红纱官布”，以两端织红纱为标记，一匹布折二石米，折纳赋税，足见此种布匹之精良。所谓“三梭布”，又称三纱布，幅宽三尺余，质地紧密。成化年间松江人把它送给京城达官贵人，流闻禁廷，于是大量仿造，织成赭黄、大红、真紫等色。所谓“云布”，是以蚕丝为经，棉纱为纬织成，又称“丝布”，其精品美如花绒，花纹如织锦，素者极为淡雅。所谓“飞花布”，又称“丁娘子布”，纱极细，光洁如银。民间相传，丁娘子是明代松江有名的织布能手，家住华亭县东门外，她不仅善于织布，而且擅长弹棉，弹棉技术熟练，花皆飞起，用来织布，极为轻软，故而称为飞花布。明代松江贡布，以丁娘子布为首选，大多供宫廷制作衬衣，轻软保暖。这些都是著名品牌。

一些无良商人非法经营，假冒品牌与商标，牟取暴利。毫无疑问，这是市场经济迅猛发展的产物，明末清初已经成为引人注目的社会现象。可惜文献记载缺漏，只能从碑刻资料中略窥一二。

1 正德《松江府志》卷四《风俗》。

2 崇祯《松江府志》卷五《风俗》。

顺治十六年（1659）四月立于松江知府衙门的《苏松两府为禁布牙假冒布号告示碑》，揭露了牙行奸商（即所谓奸牙）沈青臣等，假冒松江金三阳字号品牌，作出裁决，在衙门口刻石立碑公示。从这个碑文可以看到以下几点：

第一，当时假冒松江棉布品牌、商标之风，由来已久，泛滥成灾，布商字号与奸牙之间的诉讼纠纷不断，从明末延续到清初，严重扰乱市场秩序。因此布商恳请官府明断，永禁假冒。官府接受了这一请求，勒石刻碑，碑文劈头就说："苏松两府遵奉抚院宪禁明文，江南松江府为假号横行等事。本月二十九日，准苏州府关文开：奉钦差巡抚江宁等处都御史张批。据金三阳呈，讦奸牙沈青臣假冒三阳号记，私刊刷印缘由。奉批：仰苏州府立提，限三日连人解报。"

第二，当时各地布商前往全国最大的商业中心苏州购买松江优质棉布，已有明确的品牌、商标意识，即碑文所说"商贾贸易布匹，惟凭字号识认，以昭信义"。

第三，经营棉布的字号，也都在布匹上印刷自己的品牌商标，即碑文所说"各照本记字号印刷贸易"，奸牙沈青臣假冒"三阳号记"，"私刻印刷"。

第四，当时江宁巡抚、苏州知府、松江知府等地方行政当局，态度鲜明地保护优质棉布品牌商标，严禁假冒，碑文声明："金三阳字号历年已久，乃沈青臣勾同别商，射利假冒，奸徒伎俩"；"何物奸牙沈青臣，敢于垄断居奇，私翻摹刻，以伪乱真，丑布射利"。由此可见，假冒品牌商标的沈青臣，与别的奸商合谋，在劣质棉布上，印上"私翻摹刻"的松江金三阳品牌商标，以假乱真，牟取暴利。官府判定，这是“奸徒伎俩”，应予严禁。

第五，碑文重申：“自禁之后，各照本记字号印刷贸易，不许仍前构通混冒，致起衅端”；“众商各立号记，上供朝廷之取办，下便关津之稽查，取信远商，历年已久，向有定例，不容混冒”。以后再有假冒品牌商标者，必将严惩不贷，原因在于，不仅“起衅生端”，而且“上误国课，下病商民”，一旦发现，“许即指名报府，以凭立拿究解抚院，正法施行，决不轻贷”。[1]

然而，由于松江优质棉布销售十分旺盛，利润可观，一些奸牙仍然以身试法，一而再再而三地假冒松江品牌商标，非法牟利。顺治十六年（1659）立碑严禁之后，依然故我，康熙四十二年（1703）再次立碑重申禁令。这从反面表明，以前的禁令并无成效。到了乾隆元年（1736）第三次立碑严禁，说明假冒品牌商标之风愈演愈烈。所以官府要在松江知府衙门立碑重申：“国朝定鼎以来，历奉督抚各宪批饬，勒石永禁，苏松两府字号布记，不许假冒雷同，著有成案。今因法久渐弛，苏郡又有布商窃冒字号招牌，呈请藩院饬禁。”[2]

这一切，正是晚明形成的陋习在清代的延续。由此也可以看到，明末清初的江南苏松一带，随着市场经济的繁荣，工商业者的品牌商标意识已日趋

1《苏松两府为禁布牙假冒布号告示碑》（顺治十六年），《上海碑刻资料选辑》，第84—85页。

2《松江府为禁苏郡布商冒立字号招牌告示碑》（乾隆元年），《上海碑刻资料选辑》，第85—88页。

高涨，而唯利是图的无良商人假冒品牌商标的勾当，也屡禁不绝。

看来，松江棉布“衣被天下”的道路，并不一帆风顺。令人感慨唏嘘的是，数百年后的当今，市场经济所遭遇的假冒品牌商标之风，在明清之际的苏松早已出现。

5.“土布出洋”一瞥

江南市镇出产的棉布号称“衣被天下”，是名副其实的，因为它不仅运销全国，而且还出口海外，故而称为“土布出洋”。

据汪敬虞研究，中国棉布远销南洋群岛，在16世纪后期有了历史文献的记载，17世纪初，被称为Cangas的中国棉布，由澳门出口望加锡和交趾支那。与此同时，从澳门开往日本的商船也有同样的记录。1600年左右，从澳门开往长崎的葡萄牙商船，载有3 000匹中国手工织造的棉布。[1]其实，刊印于嘉靖四十一年（1562）的《筹海图编》早已有中国棉布出口日本的记录，该书说，运往日本的中国商品，第一位的是生丝，第二位的是丝棉，第三位的是棉布，书中如此描写日本：“布，用为常服，无棉花故也。”[2]

据严中平研究，1580—1590年间，中国商人

1 汪敬虞《从棉纺织品的贸易看中国资本主义的产生》，《汪敬虞集》，中国社会科学出版社，2001年，第367—368页。

2 郑若曾《倭国事略》，《筹海图编》卷二。

运往菲律宾马尼拉的商品中，棉布仅次于生丝与绸缎，居于第三位。中国的土布很快就成为菲律宾群岛土著居民的生活必需品。1591年西班牙的菲律宾总督发现，土著居民因为服用中国衣料，不再种棉织布。次年这位总督向西班牙国王报告，中国商人收购菲律宾棉花，运回国内，转眼就从中国运来棉布，棉布已经成为菲律宾销路最大的中国商品。不仅如此，中国棉布还由马尼拉大帆船运销西班牙美洲殖民地，早在16世纪末，中国棉布已在墨西哥市场上挤占了西班牙货。有的文献说，因为中国棉布价廉物美，所以印第安人和黑人都用中国货而不用欧洲货。[1]

这些情况表明，晚明时代中国棉布已经畅销海外，而这种价廉物美的棉布主要来自江南。

此后，江南棉布的出口贸易日趋兴旺，全汉昇《鸦片战争前江苏的棉纺织业》对此有精深的研究，他这样写道：

> 早在十八世纪的三十年代，英国东印度公司已经开始购运“南京棉布（Nankeen）”。南京为清代江苏省治，两江总督驻在那里，可以说是江苏的代表，故外人称江苏出产的棉布为南京棉布。在鸦片战争后不久，一个在上海附近考察的英国植物学者也说：“在上海附近种植

1 严中平《丝绸流向菲律宾白银流向中国》，《近代史研究》1981年第1期。

的棉花，名曰南京棉花，用它纺织成的棉布，叫做南京棉布。”[1]

足见“南京棉布”已在欧洲享有盛誉。精确地说，既然是“上海附近种植的棉花”纺织的棉布，理应叫做“上海棉布”或者“松江棉布”，才比较名副其实。不管叫什么，江南棉布在海外风行一时，已经是不争的事实。嘉定县、宝山县出产的紫花布，尤其成为欧洲的畅销货，用它制成长裤，流行于19世纪初的法国。这种紫花布裤子，也是英国绅士的时髦服装，在伦敦的大英博物馆中，还可以看到当年进口的中国棉布。

这是一种多么令人神往的“土布出洋”的辉煌景象。透过这种辉煌，人们看到了明清时期江南棉纺织业以及棉布业市镇盛极一时的历史。

五　经济高度成长与奢侈习俗风靡

从宋朝以来，江南因经济繁荣、社会富庶而蜚声全国，“上有天堂，下有苏杭”的民间谚语生动地表明了这一点。明中叶以降，江南经济进入高度成长时期，农工商各业蓬勃发展，多层次市场的形成及市场经济的活跃，十分引人注目。全国乃至海外市场对这里的优质丝绸与棉布的需

1 全汉昇《鸦片战争前江苏的棉纺织业》，《中国经济史论丛》第二册，第638—639页。

▼ 仕女图
从唐寅所绘仕女图可见当时女性装扮的奢华程度。

求日益增长，进一步刺激了江南经济与社会的繁荣。这一地区的经济中心——苏州，成为全国最繁华的城市，直到近代上海兴起以后，它的地位才被上海所取代。苏州的繁华带来了奢侈风尚，使它成为当时的时尚之都，邻近的地区纷起仿效，奢侈风尚逐渐弥漫于苏松杭嘉湖诸府所属各县各市镇。

1. 社会风尚由俭入奢

江南地区的奢侈风尚源于苏州，通过频繁地往返各地的商人为媒介，很快向各地散播，各地都把苏州当作时髦中心，纷纷仿效，以苏州时尚为时尚。嘉靖、万历时人张瀚说："至于民间风俗，大都江南侈于江北，而江南之侈尤莫过于三吴。自昔吴俗习奢华，乐奇异，人情皆观赴焉。吴制服而华，以为非是弗文也；吴制器而美，以为非是弗珍也。四方重吴服，而吴益工于服；四方贵吴器，而吴益工于器。是吴俗之侈者愈侈，而四方之观赴于吴者，又安能挽而之俭也？"又说："自金陵而下，控故吴之墟，东引松（江）、常（州），中为姑苏。其民利鱼稻之饶，极人工之巧，服饰、器具足以炫人心目，而志于富侈者争趋效之。”[1]另一位嘉靖、万历时人王士性说得更妙：“苏人以为雅者，则四方随而雅之；俗者，则随而俗之……海内僻远皆效尤之，此亦嘉、隆、万三朝为始盛。”[2]这确实是值得注意的动向。翻检江南的地方志，几乎都异口同声地说，明中叶以来，社会风气逐渐由俭入奢，即由俭朴走向奢侈。

嘉靖、万历时人徐献忠：“今天下风俗惟江之南靡而尚华侈，人情乖薄，视本实者嗤鄙之。”[3]

万历《嘉定县志》：“富室召客，颇以饮馔相高，水陆之珍常至方长，至于中人亦效慕之，一会之费，常耗数月之食。”[4]

崇祯《松江府志》：“吾松正德辛巳（十六年）以来，日新月异，自俭入奢……”[5]

康熙《吴江县志》说：“明初芟夷豪门，诛戮狂士，于是俗以富为不幸……习尚俭素，男子不植党，妇人不市游，久而成俗……迨百年后，人始尚文乐仕，而俭素之习因而渐移。迩来弥甚，厌故常而喜新说，好品藻而善讥评，淳庞之气鲜有存者。”[6]

光绪《常昭合志稿》引《陈司业集·风俗论》：“万历后，率以声华气谊相高，寻盟结社，千里命驾，贫不负诺，富不易交。在闾里中，峨角中，

1 张瀚《松窗梦语》卷四《百工纪》《商贾纪》。

2 王士性《广志绎》卷二《两都》。关于此点，可参看王卫平《明清时期江南城市史研究——以苏州府为中心》，人民出版社，1999年；王家范《百年颠沛千年往复》，上海远东出版社，2001年；陈江《明代中后期的江南社会与社会生活》，上海社会科学院出版社，2006年。

3 徐献忠《吴兴掌故集》卷十二《风土》。徐献忠，字伯臣，号长谷，松江府华亭县人，嘉靖乙酉科举人，曾任奉化知县。为躲避倭乱，侨寓吴兴，编成《吴兴掌故集》。此书名为“掌故集”，实即一部湖州府志。

4 万历《嘉定县志》卷二《风俗》。

5 崇祯《松江府志》卷七《风俗》。

6 康熙《吴江县志》卷十三《风俗》。

蹑朱履，眼高于顶，负手逍遥，担夫走卒望而却避……往时履袜之属出女红，今率买诸市肆矣；往时茶坊酒肆无多家，贩脂膏脯者恒虑不售，今则遍满街巷，旦旦陈列，暮辄罄尽矣；往时非贵显不乘轩，今则肩舆塞路矣。”[1]

这种情况大体从明中叶开始显现，到万历年间日趋明显，以后愈演愈烈，直到清朝前期依然如此。康熙《淞南志》引用“旧志”说，从明朝以来，“人有恒产，多奢少俭”，入清以后犹有过之而无不及，“今则家无担石者十居其五，而饮食服饰竞以侈靡相尚”。该志书编者引用清初余起霞的话来证实这一点：“吾乡习尚日异月新，余幼时见亲朋宴集，所用不过宋碗，其品或四或六，其味亦只鱼虾鸡豕；婚娶盛筵果单，实以枣栗数枚而已。自后，宋碗变为宫碗，宫碗又变为水盘，水盘又变为五簋十景九云锣。其中所陈，穷极水陆。一席所费，可作贫家终岁需矣。往时及见里中素封之家，所服不过褐苎而已，今则绸不足而纱之，纱不足而缎之，缎不足而绫之、锦之，甚且袭以银鼠、褐以紫貂。一帽也，倏而昂其顶，倏而广其檐。一履也，俄而镶其面，俄而厚其底。如是者谓之时人，否则，群以村汉目之。举世滔滔，莫知所自始，亦莫究其所终。”[2]如此追求时尚，一顶帽子，时而讲究高顶，时而讲究阔檐；一双鞋子，时而讲究镶

1 光绪《常昭合志稿》卷六《风俗志》。按：陈祖范，康熙、雍正间常熟人，有《陈司业集》。

2 康熙《淞南志》卷一《风俗》。

面，时而讲究厚底，与今日的时尚风气颇有异曲同工之妙。人们追求排场，挥金如土，还自诩为“时人”——时尚中人，也就是当今所谓引领潮流的时髦人物，他们眼中的“村汉”，犹如现今上海人眼中的“乡下人”。看了这条史料，生活于现今上海的笔者，竟有一种“穿越”的感觉。《淞南志》的说法并未夸张失实。明末松江诸生吴履震也有类似的看法：“今富贵佻达子弟，乃有绫缎为裤者，暴殄何如？奢侈之俗，纨绔之习，吾松更甚于他方。毋论膏粱势厚，弃菅蒯而贱罗绮，下至舆台仆隶，咸以靡丽相矜诩。”[1]

仕女图

从穿戴和用具可见明代仕女的精致和奢侈。

为什么会出现“由俭入奢”的现象？一言以蔽之，这是农工商各业发达，市场经济繁荣，社会生活富裕所带来的必然结果。这种状况，在江南市镇的年中行事的排场中显示得淋漓尽致。

2. 奢侈风尚的典型分析

著名的濮绸产地濮院镇，万历年间，“改土机

1　吴履震《五茸志逸》卷二《尚衣缝工》。按：吴履震，字长公，别号退庵道人，松江府华亭县人。抗清失败后，流离失所，晚年构筑陋室“落叶居”，撰写《五茸志逸》，记载故老传闻。

为纱绸，制作绝工，濮绸之名遂著远近，自后织作尤盛”，镇上街巷“接屋连檐，机声盈耳”[1]。濮院镇因此成为嘉兴府境内最为富庶的市镇，年中行事也就带上了奢华的色彩。正月初一“大年朝”，镇上开设机坊的人家，男女更换新衣，向神祇行礼如仪，神祇包括在厅堂供奉财神，在织机左面供奉“佛马”，谓之“机头土地”（视为土地神）。然后参加僧寺尼庵的佛会，迎接喜神，谓之“走喜神”。四乡以蚕桑丝织为生的农家，正月间举行“田柴之会”，祭祀田祖、蚕花诸神，巫师唱歌侑神；入夜，燃放爆竹、花筒，夜阑送神，焚烧田柴，谓之“照田柴”或“烧田柴”，意在祈求丰年。正月上旬，年事粗了，各个机坊开始召女红络丝，谓之“开络”。待到丝料齐备，于是召集机工开始织绸。镇上商家则要等到正月半以后方才开张。正月半以前整个市镇喜气洋洋，地方志如此描写道：

阖镇市廛，新岁惟鱼肉冠履等铺不罢市嚣，余须以次开张，至元宵始遍。遇天气晴朗，春风鼓动，里人新衣丝履，顶时式红绒冠，往来道左，锣鼓爆竹，间时辄发。茶肆弹演小说，近村隙地竖长竿缚刍燎之，以祈有年。助以流星花炮，举音乐，打元宵鼓。乡之人醵分酣饮，以尽其欢，谓之田蚕会。烟火、

1 嘉庆《濮川所闻记》卷三《织作》。

烛龙、马灯之外，又有寻撞、走索、跳大头诸戏。妇女则召柴姑（俗称灰七姑）、苇姑（俗称三娘子）、箕箕姑、帚姑（即如愿），以卜一岁之休咎。[1]

到了三月，繁忙的养蚕季节开始，因为是生计所系，故有隆重的信仰仪式。三月初三日，晴主蚕熟，育蚕农家贴门神，闭门不炊，亲戚朋友不相往来，揉草头和粉，制作青白色茧圆（状如蚕茧的汤圆），祭祀蚕花诸神，并且有全镇集体的迎神赛会与之配合。这种迎神赛会不仅规模宏大，气氛热烈，而且排场豪华，一掷千金。万历年间嘉兴名士李日华，在《味水轩日记》中记录了万历三十八年三月初三日濮院镇迎神赛会的盛况：

三月三日，秀水濮院镇醵金为神会，结缀罗绮，攒簇珠翠，为抬阁数十座，阁上率用民间娟秀幼稚妆扮故事人物，备极巧丽，迎于市中。远近士女走集，一国若狂。盖无赖辈诱惑愚荡，利其科敛干没，所入不赀故耳。且迎会之日，民间亲戚，来聚其家，浆酒藿肉，费用甚侈，贫者至典质以应之。又有抬阁经行之处，群恶少竟自毁拆墙屋，无可告诉。甚则逾越之盗乘人尽出，恣行探胠，不良之姬，飘荡

1 嘉庆《濮院琐志》卷六《风俗》。

之子，潜相拐引。其他幼弱挨挤，蹈背折支，酗狂斗狠，丧生构讼，骚然不宁者数月未已。镇民甚苦之，云每三年必遭一劫，盖三年一迎会故也。特以镇去郡邑远，官法不能尽行，而无赖辈结党横肆，良民不敢触之也。今岁郡中诸无赖辈抵掌效尤，以城隍神为由，自闰三月十四起，至二十五六日，昼夜骑马嘶锣，纠聚勒索。嘉兴陆令君前后出示，严禁不止，反借他事编歌谣以污蔑之，又假借诸乡绅名目，公行抗拒，日夜攒簇抬阁，城内外约七八十，拥塞街巷。司理沈公出，不避道，公怒，命焚之，诸无赖虑人抢掠，各拆卸遁去。余以为令行禁止，乃可为国。令不行禁不止，何乱不酿？何法可恃？[1]

显然，迎神赛会既是一种民间信仰，也是一种民众狂欢，正如茅盾谈到乌镇“香市”时所说：“‘清明’过后，我们镇上照例有所谓‘香市’，首尾约半个月。赴‘香市’的群众，主要是农民。‘香市’的地点，在社庙。从前农村还是‘桃源’的时候，这‘香市’就是农村的‘狂欢节’。”[2]既然是民众的狂欢节，必然鱼龙混杂，泥沙俱下，带来一些治安问题。李日华对此颇为反感，对于令不行禁不止耿耿于怀。但是，在经济繁荣的时代，要想

1 李日华《味水轩日记》卷二，万历三十八年四月二日条。又，同年四月三日条记载：“群少呼集，装演愈炽。松江、无锡、杭（州）、湖（州）之人，万艘鳞集。”四月四日条记载：“群少迎会未止。”一掷千金的狂欢延续数日。

2 茅盾《茅盾全集》，人民文学出版社，1986年，第11卷，第168—170页。

仇英《宴饮图》局部

禁止这种迎神赛会的狂欢活动是不可能的。他的日记透露了迎神赛会排场豪华，热闹非凡，故而“远近士女走集，一国若狂”，如果没有强大的经济后盾支撑，是难以想象的。只要濮院镇经济持续繁荣，这类狂欢活动必定会继续下去，要想禁是禁不掉的。

乾隆时人胡琢在《濮镇纪闻》中说：“南新街，明时屡举佑圣会，称极盛”；“每数载，于三月三日迎佑圣会，称为胜举……犹于日间迎会，夜间迎灯，一国若狂，至今此风未艾”。他还引用谢天瑞《鹤林新露补》的一则记载，反映了康熙时期濮院镇迎神赛会的盛况：“余于康熙庚子、辛丑间，见嘉兴濮院三月三日有佑圣会，吴江有五方贤圣会。碎剪锦绮，饰以金玉，穷极人间之巧，糜费各数千金。舾舟万计，男女咸集，费且无算。”[1]看来从万

1 胡琢《濮镇纪闻》卷末《杂识》，卷首《总叙·风俗》。

历至康熙，这种奢侈风尚始终未曾停息，在地方志中可以清晰地看到这一点。不过这种奢侈排场，并非为奢侈而奢侈，而是和生产经营密切相关的。

迎神赛会这一天，乡人每一圩各装一船，举行划船会，用松毛作棚，船中敲锣打鼓，有人椎髻簪花，扮作蚕妇，先翻“叶仙诗”，占卜桑叶价格高低；接着又有“把蚕”“称茧”“缫丝”等举动，占卜蚕丝丰歉。又有人扮作农夫，占卜田岁丰歉。濮院镇四乡划船数十艘，往来如织，装载士女前往观赏的船只更多，民间谓之“闹清明”。这种闹清明，并不把祭祖扫墓放在第一位，而是突出与当地民生休戚相关的蚕桑业，关联到桑叶价格的高低、蚕丝收成的好坏，为此祈求蚕花诸神庇佑，带有明显的市井色彩、商业色彩。

此后的年中行事，几乎都与蚕桑事业息息相关。小满时节，有所谓“动三车”仪式，即开动丝车、油车、水车，意味着农忙季节已经到来。从这一天开始，家家关门闭户，叫做“蚕关门”。直到采茧时，才开禁，亲戚之间才可以互相走动，叫做“蚕开门”。七月十五日的中元节，有盂兰会、水陆道场、翻经会，乡人以为此类活动“利于蚕花”，趋之若鹜。十二月十二日为“蚕生日”，养蚕人家开始暖蚕种，并做蚕茧状的汤圆——茧圆来祭祀灶神，祈求来年蚕桑继续兴旺。[1]当人们把民间信

1 万历《嘉兴府志》卷一《风俗》。民国《濮院志》卷六《风俗》。

◥ 宴饮图
从仇英《宴饮图》的细节可见，明代文人的聚会既有乐队歌舞，也有品茶论道，菜肴也精致丰富。

仰与日常生产、生活融合在一起的时候，当宗教活动与生计活动融为一体的时候，信仰的色彩逐渐淡去，演化为代代相传的习俗，这是和市场经济繁荣趋势相一致的巨大进步。

从经济的角度看，濮院镇丝绸业兴旺发达，经济实力雄厚，年中行事极尽奢侈之能事，是很自然的事。从明至清始终如此。前面说到“佑圣会”，下面不妨再看看“鳌山会”。《濮院琐志》写道：

> 鳌山会，数年一举。共二十四座，每坊各出其一，以天字号为首，凤栖次之。余坊行走先后，悉有成规，并各分主宾迎送，不相紊也。先作山骨，凡可以点缀山色者，靡不穷搜巧购，求巧厥形。届期募硖川（硖石镇）冶工制细铁条，以小儿扮神仙故事。山之巅结彩

亭，用五色绸簇栏杆、藻井、榱题、梁栋之物，陈设几案金玉器具，旁坐一人或二三人，亭之上或坐一二人，用细铁条自履至臂，视手中所持物，随其形屈曲而出。忽于空中立一人其上，远望之但见虚无缥缈而来，初不解其连属之巧，殊可观也。其所服之裙率皆新制，又以珍珠缀其裾领，金钏珠冠皎日之下光彩眩目。虽百计挪移，好胜者在所不恤，计数日之间费且盈万。而远近来观者篙楫纵横，男女填溢，所谓举袂成帷，挥汗如雨，不是过也。[1]

一个鳌山会，豪华之极，花去银子上万两，主办者竟然“在所不恤”，成群结队前来参与、观赏的人群的花销，更是一个庞大的数字。这种奢侈是有经济后盾的，且看当地日常婚礼的排场便可明白。有意思的是，《濮院琐志》的编者讲出了很有意思的背景：这种奢侈风尚是深受苏州影响而形成的，这点非常值得注意。请看：

婚嫁之礼宜称其家，而濮（院）之业绸者多与苏（州）人往来，目见耳闻，渐务奢华。如男家求吉，钗珥之外，加以果茶；女家允吉，冠履之外，佐以糕饵。此风自昔有之，今则有加无已。茶必茗器精工，果则添设果匣。

1 嘉庆《濮院琐志》卷六《岁时》。

向来用糕者十之一二，亦不过四盘而止，近来务从丰厚，每糕重四五十两，五十为一架，饰以剪彩，自四架至八架，率以为常。其后道日亲迎诸仪，无不称是。[1]

湖丝集散地南浔镇，在南宋兴起以后就蔚为大观，到明嘉靖、万历之际日趋繁荣，号称“阛阓鳞次，烟火万家，苕水流碧，舟航辐辏”[2]。高度发达的市场经济，培育出日趋奢侈的社会风尚。万历时当地人王道隆《菰城文献》谈到风尚变化，这样写道：“成化（1465—1487）以前，谋饔飧者以兴贩为能，养子弟者以读书为讳，哗者好勇而争讼，细民重释而信巫。今则市廛以质当相先，宴席以华侈相尚，拥资则富屋宅，买爵则盛舆服，钲鼓鸣笳用为长乐，差有僭逾之风焉。”[3]这当然是王道隆的一己之见，眼光或许有所偏颇，有意思的是，他把“市廛以质当相先”与“宴席以华侈相尚”作为当时社会风尚的特征，虽然是以批判语气说出的，却在无意中道出了社会经济发展与风尚变化的互动关系。国内外市场对湖丝的大量需求，刺激了南浔镇市场经济的繁荣，工商各业欣欣向荣，带动了作为

◥ 菰城，湖州别名。楚考烈王十五年（前248），春申君黄歇徙封于此，筑菰城，以泽多菰草，故名。嗣后菰城遂成此地别称。这是湖州建城之始。

1　嘉庆《濮院琐志》卷六《杂仪》。
2　咸丰《南浔镇志》卷一《疆域》，引潘尔夔《浔溪文献》。
3　道光《南浔镇志》卷一《风俗》，引王道隆《菰城文献》。

融资渠道的典当业随之兴旺，于是出现了“市廛以质当相先”的新现象。这里所说的“质当”，主要是指工商业者筹措资金的渠道，每天贸易额几万两银子，需要大量的现金流通，质当成为一个重要渠道。工商业者经营有道，容易富裕，才会出现“以华侈相尚”的社会风气，才会“富屋宅”“盛舆服”。

其后，此风更盛。这并非守旧士大夫感叹的“世风日下”“人心不古”，而是繁华的市场经济带来的必然现象。由于南浔镇久盛不衰，这种风气持续的时间也特别长，它的四时节庆活动极尽豪华之能事。正月初五为“五路财神”生日，以商人为主体的南浔镇民十分重视接财神活动。五更时分，祭祀牲醴，称为“接五路”（意为接五路财神），又叫“接路头”，是镇上牙行店铺以及依赖商业谋利的各色人等祈求发财的活动，当地人谓之“祀五路神，以祈利达”，“是日，诸贾人毕集拜叩祈财”。[1]

到了元宵节，又一轮欢庆开始。镇上锣鼓声不绝于耳，美其名曰“元宵鼓”。街头巷尾到处张灯结彩，贴出藏头诗句，任人猜测，称为“打灯谜”。镇民扎造龙、象、狮、马各色灯笼，在街市提灯游行。每夜迎神赛会，必有数十对灯笼点缀其间，望去宛若纱縠，引导出游的神像，谓之“出灯会”。张镇《浔溪渔唱》吟咏元宵灯会盛况：

1 道光《南浔镇志》卷一《风俗》。咸丰《南浔镇志》卷一《疆域》。

元宵风景尽堪夸，
画鼓咚咚灯市哗。
梵字栏杆珠箔卷，
争看水面放莲花。

仇英《西园雅集图》

此种热闹景象持续十余天，耗费的资财当然不是一笔小数目。

五月十三日，关圣大帝生辰，士民焚香拜祝，敛资出会，喧阗街市。五月二十日为分龙日，南浔镇东西南北四栅，在空旷场地演练水龙。七月七日金元总管诞辰，对于南浔镇而言有着特殊意义，排场之大不亚于春节与元宵节，镇上商家出资，请戏班演剧竟日。七月十五日为中元节，是地官赦罪的日子，和尚抄录亡者姓名，遍送檀越，谓之“关节”。镇上有盂兰盆会，夜里放焰口，向饿鬼施食，沿河放灯，谓之“照冥”。市井之家出资，聘请僧人设瑜伽焰口，大街小巷几乎每夜都如此。七月三十日，地藏诞辰，士女前往东藏寺烧香最盛，入夜，各家门前设供香烛，曰“点地灯”。九月初五，南浔镇土神崔、李二承事生日，商贾先期而至，手技杂戏毕集，报赛演剧连日不停。有小艇架以红栏，挡以青幔，仿六柱吴船样式，让游客乘船看戏。镇上茶馆酒楼，家家弦歌纷喧，通宵达旦，令骚人逸士、估客寓公无不流连忘返。一直到年底，此类节庆活动持续不断。毋庸讳言，此类活动带有浓烈的迷信色彩，但是如果单有迷信而无繁荣的经济支撑，这种大操大办的侈靡之风断然难以为继。咸丰时代当地人感叹："迩来风会日趋，稍不如昔，奢靡渐启。"[1]

这种说法是有问题的。侈靡之风并非咸丰时代"渐启"的，早在嘉靖、万历时代已经"渐启"，到了咸丰时代是愈演愈烈了。原因就在于南浔镇的湖丝贸易进入了黄金时代，社会较前更加富庶了，哪里谈得上"稍不如昔"？上述欢度节庆一掷千金的奢侈之风，映衬的是经济繁荣带来的欢愉，它一定是盛世才有的景象。到了衰世或乱世，此风便难觅踪影，原因只有一条：失去了经济的支撑。

万历《杭州府志》记载："元宵前后张灯五夜，而十五夜为最盛……至期，人家各缚结山棚，悬灯其上，通衢或神庙前，醵金装结鳌山船灯……此五夜箫鼓喧阗，往来游观者至二三鼓始罢。嘉家开宴，则装放烟火架以娱客。浪游子弟亦多造硝黄花筒，相对斗胜，谓之赛花……街巷歌行舞队，竟为奇胜者种种。"[2]光绪《枫泾小志》在谈及"赛神之举莫甚于枫泾"时指出："则童子十岁以下貌端好者，遍扮诸天列宿，尽态极妍，衣皆奇丽，珠以万计，金玉以千计。其有不足，则假诸邻邑。互

1 咸丰《南浔镇志》卷二十三《风俗》。

2 万历《杭州府志》卷十九《风俗》。

相夸耀，举国若狂，费几累万。至期，士女倾室往观，百里内闻风而来者，舟楫云集，河塞不通，一时传为盛举。”[1]试问，在经济萧条、食不果腹的情境下，人们还有如此雅兴不远百里前来共襄盛举吗？此种“举国若狂，费几累万”的盛况还可能再现吗？

3. 奢侈风尚的经济意义

中国的传统思想一向是批评奢侈风尚的，以为社会习俗由俭入奢不是一件好事情，这是从道德层面思考的结果。如果从经济层面来思考的话，就会得出不同的结论。

晚明的江南，经济突飞猛进，蚕桑丝织业与棉纺织业由农家副业一跃而为主业，李伯重把它称为“江南的早期工业化”，与工业革命以前的欧洲有相似之处。他在《江南的早期工业化(1550—1850)》一书的导论中说：“所谓早期工业化，指的是近代工业化之前的工业发展，使得工业在经济中所占的地位日益重要，甚至超过农业所占的地位。”他研究了1850年以前三个世纪江南工业的发展，得出的结论是：工业在江南经济中所占的比重日益提高，到了19世纪初，在江南大部分地区，工业的地位已与农业不相上下，

1 光绪《枫泾小志》卷十《拾遗》。

在经济最发达的江南东部，甚至可能已经超过农业。[1]

◤ 陆楫，松江府上海人，嘉靖重臣陆深之子。少时颖敏，读书过目不忘，熟知历史，关心国事，为文善议论。嘉靖十八年以父荫入太学，年仅三十七岁因病去世。著有《蒹葭堂稿》，辑有《古今说海》。

社会日渐富裕，人们的思想观念发生了变化。正德、嘉靖间松江府上海县人陆楫便是这种思潮的代表者。他在《蒹葭堂稿·杂著》中，批判了正统的禁奢观念，为奢侈辩诬，以深邃的目光论证奢侈风尚的经济意义，谱写了中国经济思想史上极有价值的一页。故而笔者不厌其烦地援引于下，以飨读者：

> 论治者类欲禁奢，以为财节则民可与富也。噫！先正有言："天地生财止有此数。"彼有所损，则此有所益，吾未见奢之足以贫天下也。自一人言之，一人俭则一人或可免于贫；自一家言之，一家俭则一家或可免于贫。至于统论天下之势则不然。治天下者将欲使一家一人富乎？抑亦欲均天下而富之乎？
>
> 予每博观天下之势，大抵其地奢则其民必易为生；其地俭则其民必不易为生也。何者？势使然也。
>
> 今天下之财赋在吴越。吴俗之奢莫盛于苏，越俗之奢莫盛于杭。奢则宜其民之

1 李伯重《江南的早期工业化（1550—1850）》，第1—36页。

穷也。而今苏杭之民，有不耕寸土，而口食膏粱；不操一杼，而身衣文绣者，不知其几何也。盖俗奢而逐末者众也。只以苏杭之湖山言之，其居人按时而游，游必画舫肩舆，珍馐良醞，歌舞而行，可谓奢矣。而不知舆夫、舟子、歌童、舞妓，仰湖山而待爨者不知其几。故曰："彼有所损，则此有所益。"若使倾财而委之沟壑，则奢可禁。不知所谓奢者，不过富商大贾、豪家巨族自侈其宫室、车马、饮食、衣服之奉而已。彼以粱肉奢，则耕者庖者分其利；彼以纨绮奢，则鬻者织者分其利。正孟子所谓"通功易事，羡补不足"者也。上之人胡为而禁之？

若今宁、绍、金、衢之俗最号为俭，俭则宜其民之富也。而彼诸郡之民，至不能自给，半游食于四方，凡以其俗俭而民不能相济也。要之，先富而后奢，先贫而后俭。奢俭之风起于俗之贫富。虽圣王复起，欲禁吴越之奢，难矣！或曰："不然，苏杭之境为天下南北之要冲，四方辐辏，百货毕集，故其民赖以市易为生，非其俗之奢故也。"噫！是有见于市易之利，而不知所以市易者正起于奢。使其相率而为俭，则逐末者归农矣，宁复以市易相高耶？且自吾海邑言之，吾邑僻处海滨，四方之舟车不一经其地，谚号为"小苏州"，游贾之仰给于邑中者，无虑数十万人。特以俗尚甚奢，其民颇易为生尔。然则吴越之易为生者，其大要在俗奢，市易之利则特因而济之耳，固不专恃乎此也。长民者因俗以为治，则上不劳而下不扰，欲徒禁奢，可乎？呜呼，此可与智者道也。[1]

陆楫这篇反对政府当局“禁奢”政策的短论，精彩之极，犹如空谷足音，振聋发聩。思路奇特，立论严密，发他人所未发，令人耳目一新。对于奢侈的看法，不但超越了前人，而且超越了同时代人，面对社会的转型，向陈腐的传统观念发起挑战，对工商业发达和市场经济繁荣带来的奢侈现象，给予最大限度的肯定，认为它是社会富裕的产物，反过来必将促进社会进一步富裕。在此基础上对江南地区“由俭入奢”的转变，作出了令人信服的解释，不必看作洪水猛兽；迂腐守旧之辈感叹“世风日下”，倡导官府“禁奢”，是不合时宜的。

陆楫的理论不独在当时具有创新价值，即使在今日也不无启发意义。

首先，他指出了奢侈现象出现的社会经济前提——“先富而后奢，先贫而后俭”，也就是说，富裕带来奢侈，贫穷带来俭朴。

其次，他指出了奢侈并非浪费的同义词，消费更不是浪费的同义词，奢侈性消费在消耗社会财富的同时，刺激了生产与市场，这就叫做“彼有所损，则此有所益”。

再次，奢侈带动消费，带动社会总需求的增长，促进工商各业的发展，带动服务行业的精益求

1 陆楫《蒹葭堂稿》卷六《杂著》。按：1957年杨联陞在《哈佛亚洲学报》第20卷发表论文《侈靡论——传统中国一种不寻常的思想》，论述中国早期历史上的侈靡论，文末有一个附录，从《纪录汇编》中引录《蒹葭堂杂著摘抄》，较早从经济思想史角度关注陆楫反对禁奢的主张。

精，从而创造更多的就业机会。他说："奢则其民必易为生。"他的家乡上海县因此而繁荣，号称"小苏州"，原因也在于此："游贾之仰给于邑中者，无虑数十万人。特以俗尚其奢，其民颇易为生尔。"

再其次，以奢侈形式表现出来的消费需求，促进市场经济繁荣，带动社会风尚变化。此种奢侈并非无源之水无本之木，并非人们的矫揉造作，而是市场经济的必然产物。开全国风气之先的苏州、杭州就是最好的例证："苏杭之境为天下南北之要冲，四方辐辏，故其民赖以市易为生，非其俗之奢故也"；"是有见于市易之利，而不知所以市易者正起于奢。"

对于这样一位有思想的学者，人们所知甚少，或许是他的父亲陆深名声太大，遮蔽了他，他的小传大多依附于陆深名下，而没有单独立传。《松江府志》《上海县志》都在陆深传中捎带写到陆楫。嘉庆《松江府志》为陆深立传，引用《陆氏家传》关于陆深和他子孙的记载，其中涉及陆楫："子楫，字思豫，才思警敏，能文章，尤善决策辩难，有经世志。嘉靖己酉（二十八年），已拟解首，仍失之。日事著作，《蒹葭堂稿》一编，鸿识巨见，深中窾要，竟赍志以没，不获遂其学。"[1]寥寥几十字，太过于简略。《上海县志》的陆深传附带提及陆楫，也是如此简略："子楫，字思豫，号小山。少颖敏，

1 嘉庆《松江府志》卷五十二《古今人物传四·陆深》。

◤ 陆深
陆深，松江府上海人，弘治十八年进士。授翰林院编修。遭刘瑾忌，改南京主事；刘瑾被诛后复职，累官至四川左布政使。嘉靖中，官至詹事府詹事。卒赠礼部右侍郎，谥文裕。陆深著述宏富，汇为《俨山集》一百卷、《俨山续集》十卷、《俨山外集》三十四卷。

读书过目不忘，属文善议论。以父荫，由廪生入太学。著有《蒹葭堂稿》《古今说海》。年未四十卒，无子。”[1]尽管文字简略，多少还是能够窥探一些信息，例如“尤善决策辩难，有经世志”；“鸿识巨见，深中窾要”云云。明中叶以来，江南经济高度成长带来的社会巨变，造就了经世致用的人才，关注社会现实的眼光。当然也和陆楫所受的家教有关，吴履震写陆深教子，有言：“陆俨山出入馆阁，前后几四十年，每见国朝前辈抄录得一二事，便命其子熟读而藏之。盖士君子有志用世，非兼通古今，何得言经济？此先儒所以贵练达朝章……今世学者尽有务为博洽，不究心当代事故，一问及朝廷典章，及一代经制沿革，恍如隔世。纵才华迈众，恐其见诸施为，自至窒碍，宜识者目为俗子，无足怪矣！”[2]可见陆楫的庭训有别于他人，“有志用世”，“兼通古今”，“务为博洽”，又“究心当代事故”，对于当世的见解自然不同凡响。对苏松一带的奢侈风尚的看法，也就迥然有别于凡夫俗子。吴履震写道：“尚衣缝人云：上近体衣俱松江三梭布所制。本朝家法如此。太庙红纻丝拜褥，立脚处乃红布。其品节又如此。今富贵佻达子

1 同治《上海县志》卷十八《人物·陆深》。
2 吴履震《五茸志逸》卷二《陆俨山》。

弟，乃有绫缎绒为裤者，暴殄何如？奢侈之俗，纨绔之习，吾松更甚于他方。毋论膏粱势厚，弃菅蒯而贱罗绮，下至舆台仆隶，咸以靡丽相矜诩。”对此，吴履震只能哀叹：“江北齐晋，便有古朴之风矣。嗟嗟，中流之砥，安睹朝歌胜母之乡哉！”[1]面对奢侈风俗，吴履震只有哀叹的份，而陆楫却给出了合理的解释，思想家与平庸之辈的差异彰显无遗。

台湾学者巫仁恕说：“陆楫在晚明并非著名的士大夫，所以其说直到1950年代，才被史学家傅衣凌与杨联陞发掘出来，指出其重要性。虽然到清代仍可见陆楫说之后继者，如清初人魏世效（1653—？）、乾嘉时人法式善（1753—1813）与顾公燮、嘉道时人钱泳（1759—1844）等都有类似的看法，他们都尝试将奢侈朝向‘去道德化’与‘去政治化’，但是因为主张此说大部分是‘小儒’，在知识界中并非主流，在思想界与知识界所造成的影响恐怕有限。再从对实际社会面的影响来观察，明代只有少数地方志显示部分地方官对奢侈风气的思想与陆氏同调（如崇祯《漳州府志》），清代的地方志虽出现以平实的语言记载奢侈风气，并将其视为客观现象而未置褒贬之词，然而也未见明显赞同陆氏之奢靡论者。”[2]

毫无疑问，这是客观存在的事实，陆楫的奢

1 吴履震《五茸志逸》卷二《尚衣缝工》。

2 巫仁恕《品味奢华：晚明的消费社会与士大夫》，联经出版事业股份有限公司，2007年，第314—315页。

侈理论的影响确实有限，并非思想界的主流。正因为如此，他的奢侈理论的出现本身，就值得大书特书，因为他敏锐地察觉到社会经济的巨变，人们的思想观念也应该跟上这种变化。赞同者少，并不影响新理论的价值，思想史上的先行者往往如此。

只要不囿于传统偏见，用社会发展的眼光来衡量，都会赞同这种远见卓识。乾隆间苏州人顾公燮就与陆楫遥相呼应，提出类似的观点："即以吾苏郡而论，洋货、皮货、绸缎、衣饰、金玉、珠宝、参药诸铺，戏院、游船、酒肆、茶店，如山如林，不知几千万人。有千万人之奢华，即有千万人之生理。若欲变千万人之奢华而返于淳，必将使千万人之生理亦几于绝。此天地间损益流通，不可转移之局也。"[1]苏州是明清时代的时尚中心，奢侈风尚的发源地，通过往返苏州的商人，向各地散播苏州的奢侈风尚。顾公燮有这样的见解——"有千万人之奢华，即有千万人之生理"，是毫不奇怪的。

江南经济的高度成长，为奢侈风尚提供了肥沃的土壤，而奢侈风尚的弥漫，刺激了江南经济的更加繁荣。这一趋势，已被历史所证实。

放宽历史的视野，欧洲也是如此。与马克斯·韦伯同时代的德国学者维尔纳·桑巴特（Werner Sombart）在《奢侈与资本主义》一书中，对于奢侈的论述，与两三百年前的陆楫、顾公燮有

1 顾公燮《消夏闲记摘抄》卷上《苏俗奢靡》。

着惊人相似之处，都肯定了奢侈的经济意义。桑巴特理论的精髓，他自己概括为一句话：奢侈生出了资本主义！他用经济学与社会学的眼光分析了欧洲17、18世纪的奢侈现象，独抒己见："奢侈促进了当时将要形成的经济形式，即资本主义经济的发展。正因为如此，所有经济'进步'的支持者，同时也是奢侈的大力创导者。"这一理论，被《奢侈与资本主义》的英译本导言作者菲利普·西格曼称为"桑巴特关于资本主义生产过程的心理学的奢侈动力理论"。西格曼在评价桑巴特关于奢侈消费对资本主义的重要性时指出："到了17世纪，在欧洲广泛出现的已经增长的财富，带动了非常强烈的奢侈需求，桑巴特认为这一变化震动了从手工业立场看待商业到关注工业资本主义的所有商人。农业也对奢侈需求产生了回应……到18世纪时，所有真正的奢侈品企业都转变为通常以大规模生产为特征的资本主义企业。"[1]欧洲的海外贸易起源于奢侈品消费，而中国江南生产的生丝、绸缎、棉布等商品，正是欧洲所追求的奢侈品。欧洲的奢侈品消费刺激了海外贸易的发达，生丝、绸缎、棉布源源不断地运往欧洲，而作为支付手段的巨额白银流入中国，推动了江南市镇及其四乡蚕桑丝织业与棉纺织业的持续繁荣兴旺，使得江南市镇日趋富庶，奢侈风气蔓延。

1 维尔纳·桑巴特著，王燕平、侯小河译《奢侈与资本主义》，上海人民出版社，2005年，第264页。

当然，江南市镇的奢侈并没有导致资本主义，却名副其实地使传统经济转型为市场经济。这是另一个值得探讨的问题。彭慕兰（Kennerh Pomeranz）在《大分流：欧洲、中国及现代世界经济的发展》中文版序言中说，他很赞同法国历史学家布罗代尔对市场经济与资本主义之间作出的区别：18世纪的清代中国非常肯定已经出现了“市场经济”，相对而言，当时的中国几乎没有出现“资本主义”。[1]何其独到的见解！不过我想补充一句，这种市场经济早在晚明的江南已经出现了。

欧洲17、18世纪的奢侈，与此前中国江南的奢侈，内容不尽相同，但本质是一致的。奢侈是消费观念的更新，是伴随经济繁荣而衍生的新的消费方式，人们在消费社会财富的同时，刺激了社会财富更大规模的增长。16世纪的陆楫已然认识到这一点，是难能可贵的。

六　余论

李伯重的《江南的早期工业化（1550—1850）》，从纺织业、食品业、服装制作业、日用百货业、烟草加工业、造纸业、印刷业、工具制造业、建材业、造船业等方面，展开论证，得到的结论是，1850年以前的三个世纪中，江南工业的发

1 参见彭慕兰著，史建云译《大分流：欧洲、中国及现代世界经济的发展》，第5页。

展，使得工业在江南经济中所占的比重日益提高。到了19世纪纪初，在江南大部分地区，工业的地位已与农业不相上下，在经济发达的江南东部，甚至可能已经超过农业。用欧洲的标准来衡量，此时江南农村可能已经“过度工业化”了。[1]

为了避免引起误解，李伯重在该书第一章《导论——本书解题》中，对“早期工业化”作了解释：“所谓早期工业化，指的是近代工业化之前的工业发展，使得工业在经济中所占地位日益重要，甚至超过农业所占的地位。由于这种工业发展发生在一般所说的工业化（即以工业革命为开端的近代工业化）之前，因此又被称为‘工业化前的工业化’。”[2]一些西方学者把近代早期欧洲农村工业的重大发展，称为“原始工业化”，指的是欧洲许多地区农村家庭手工业生产的重大发展。

多年之前，英国计量经济学家麦迪森（Angus Maddison）出版了《中国经济的长期表现：公元960—2030年》《世界经济千年史》，他的结论是：公元1000年，中国的GDP占世界GDP总量的22.7％，1500年占25％，1600年占29.2％，1700年占22.3％。而1600年欧洲各国的情况是：法国占4.7％，意大利占4.3％，德国占3.8％，英国占1.8％；1700年，法国占5.3％，意大利占3.9％，德国占3.7％，英国占2.9％。[3]尽管学术界对此仍有

1 李伯重《江南的早期工业化（1550—1850）》，第16页。

2 李伯重《江南的早期工业化（1550—1850）》，第2页。

3 参见刘逖《前近代中国总量经济研究（1600—1840）——兼论安格斯·麦迪森对明清GDP的估算》，上海人民出版社，2010年，第22—24页。

异议，但他的数据给予人们很多的启示，是不可否认的。

无独有偶，2000年，美国历史学家彭慕兰在普林斯顿大学出版了《大分流：欧洲、中国及现代世界经济的发展》，引起国际学术界轰动，2001年获得美国历史学会费正清奖、世界历史学会年度奖。2003年，此书由江苏人民出版社推出中译本。他的研究结论是：直到工业化得到充分发展前，欧洲并不比东亚好多少；工业革命前夜，欧洲并没有领先于东亚，但其制度促使工业化必然发生，东亚则不然。他的创造性在于，把中国与欧洲比较，把江南与英格兰比较。中国与欧洲大小相当，中国有先进的江南，也有落后的西北；欧洲有先进的英格兰，也有落后的塞尔维亚。1750年的长江三角洲，有人口3 100—3 700万，相当于一个欧洲国家，其经济发达程度，可以与英格兰比较研究。

比较的结果，颠覆了西方盛行的观点：西方的崛起与东方的落后。他认为，欧洲核心区（北大西洋核心区）和世界其他一些地方（尤其是东亚）核心区之间经济命运的大分流，在18世纪相当晚的时候至19世纪才出现。在此之前，即18世纪的中国，在知性和其他方面都比早先著作对它的描述更有活力。[1]简单地说，在欧洲工业革命发生之前，中国尤其是长江三角洲的经济，并不比欧洲尤其是英格

1 参见彭慕兰著，史建云译《大分流：欧洲、中国及现代世界经济的发展》，第2页，第5—8页。

兰的经济落后；工业革命发生以后，欧洲尤其是英格兰的经济迅猛发展，而中国没有发生工业革命，于是就落后了。这就是他所说的“大分流”，分界点就是工业革命。

这样的视角，对于我们了解晚明的中国以及江南，其启发意义是不言而喻的。

第四章

思想解放的潮流

李贽像

明代前期的思想界沉闷而僵化，科举取士都以宋儒朱熹的经注作为标准答案，致使朱子学风靡一时，并且走向了极端，士子们一味死记硬背，人云亦云，没有自觉自由的思想。明清之际的文史大家张岱对这种状况深恶痛绝，用辛辣的文笔抨击科举八股的流弊："我明自高皇帝开国，与刘青田（刘基）定为八股文字，专精亶力，一题入手，全于心灵、筋脉、声口、骨节中揣摩刻画，较之各样文体，此为最难。三场取士，又专注头场。二百八十二年以来，英雄豪杰埋没于八股中，得售者什一，不得售者什九。此固场屋中之通病也……李卓吾曰：'吾熟读烂时文百余首，进场时做一日誊录生，便高中矣。'此虽戏言，委是实录。"[1]

张岱引用李贽的"戏言"，确实是"实录"。李贽自幼浸淫于儒家经典中，先读《易经》《礼经》，后来改读《尚书》，于嘉靖三十一年（1552）乡试中举。他自嘲为"竟以《尚书》窃禄"，并用轻蔑的语气自述"窃禄"的过程："稍长，复愦愦，读传注不省，不能契朱夫子深心。因自怪，欲弃置不事。而闲甚，无以消岁日，乃叹曰：'此直戏耳。但剽窃得滥目足矣，主司岂一一能通孔圣精蕴者耶？'因取时文尖新可爱玩者，日诵数篇，临场得五百。

1　张岱《石匮书》卷二百六《文苑列传总论》。

题旨下，但作缮写誊录生，即高中矣。”[1]如此率真的自白，嘲讽僵化死板的科举考试，深得名士张岱的激赏，引入他的《石匮书》，读来真是痛快淋漓！不过张岱忽略了最要紧的一句“读传注不省，不能契朱夫子深心”，流露出对儒家经典以及朱熹传注的不满情绪。

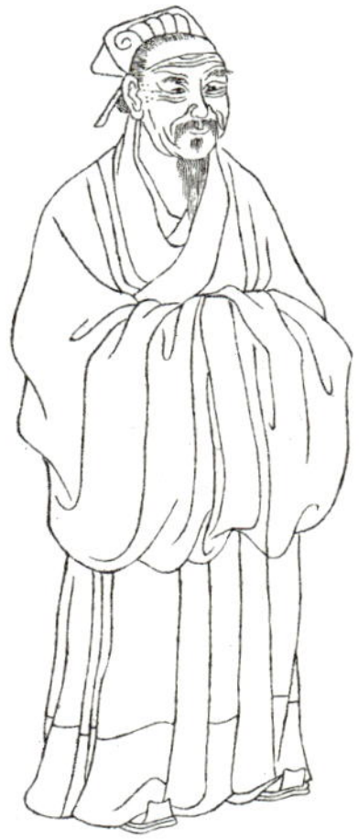

朱熹像

这恐怕不仅仅是李贽一个人的感受。关于这一点，杜维明有深刻的揭示："在帝国的庇护下，宋代大师的私人思想著述成了每一个求取官位的人必读的书。由于朱熹的哲学综合是新儒学思想的不可争议的顶点，所以他对儒学经典的解释在1313年被宣布为官方学说，成为《四书大全》（《四书集注》）和《五经大全》（《五经集注》）的基础。这些书1415年遵圣旨编纂。这两套集注被指定为考试课本。结果，朱熹的宋代儒学版本成了科举考试不可分割的一部分……不幸的是，这种融合'往好处说是鼓励人们去关心只言片语、孤立的细节、无关紧要的东西；往坏处说则导致死记硬背、照本宣科而不追求意义和价值的习惯'。一旦朱熹广博的道德形而上学被转变成纯经院形式，'批判精神、创造性思想、道德目的和活力就逐渐消失了'。"[2]值得

1 李贽《焚书》卷三《卓吾论略（滇中作）》。

2 杜维明《青年王阳明（1472—1509）：行动中的儒家思想》，生活·读书·新知三联书店，2013年，第9页。文内单引号中的语句，系杜氏引自陈荣捷《王阳明的〈传习录〉和其他儒学著作》一书。

注意的是，杜维明特别强调，这是朱熹学说的异化："毫无疑问，朱熹的本意与这种高度仪式化选拔官员的形式毫无关系。然而，随着这个常规化和标准化的过程形成强势，他原本要洞察人生设计，达到道德自我意识与思想和价值的外在把握的微妙平衡，后来却淹没在一套死记硬背、掌握经典外在化的说教中。读书成了追求社会上进的功利性的工具，追求知识变成了要求机械地吸收诗文的形式。"[1]

有独立思想的知识人对于这种现状是不满意的。首先挺身而出打破僵化沉闷空气的是陈献章。他力图摆脱传统的束缚，企求思想的解放，竭力强调怀疑的重要性——有了怀疑精神，敢于怀疑圣贤，敢于怀疑经典，才会有觉悟，才会有长进。后继者王守仁宣称：儒家追求的道，乃是天下的公道，儒家追求的学，乃是天下的公学，并非孔子所私有，并非朱子所私有；主张"学贵得之心"，反对以孔子之是非为是非。李贽则把阳明先生的观点进一步发挥，大胆地喊出，千百年来之所以无是非可言，原因就在于咸以孔子之是非为是非。

于是乎，一场思想解放的浪潮席卷了一个时代，也深深地影响了后世。

1 杜维明《青年王阳明（1472—1509）：行动中的儒家思想》，第9—10页。

一　陈献章："小疑则小进，大疑则大进"

1."江门心学"的怀疑精神

◥ 陈献章像

对于一般读者而言，宋明理学令人望而生畏，太多的概念、术语，含义难以捉摸，当时人的行文与言说方式，也与今人相去甚远。因此，愿意阅读这类文章的人似乎越来越少了。有鉴于此，我想用浅近的文字来表达自己的看法，尽量跳出玄虚的窠臼。

陈献章的学问，被后人称为"江门心学"，博大精深，我认为最值得称道的是怀疑精神。他的至理名言传诵至今，影响最大的无疑是这样一段通俗易懂的话："前辈谓：学贵知疑。小疑则小进，大疑则大进。疑者觉悟之机也，一番觉悟，一番长进。"[1]这段话在明代思想史上的地位，无论怎样高度评价，都不会过分。他所说的"疑"，无论是"小疑"还是"大疑"，指向十分明确：儒家圣贤和儒家经典。他的意思很明白，如果不敢怀疑圣贤，不敢怀疑经典，就不可能有"觉悟"，也不可能有"长进"。在思想因官方钳

1　陈献章《与张廷实主事》，《陈白沙集》卷二。

制而日趋僵化的时代，这样直抒胸臆的言论弥足珍贵，仿佛于无声处听惊雷，振聋发聩，使得无数沉迷于死记硬背圣贤语录而无自觉思想的士子们幡然醒悟。

这一段文字，是他与弟子张诩（字廷实）讨论“学诗”书信中的话，故而前面几句说：“半江改稿，翻出窠臼，可喜。学诗至此，又长一格矣。”在这段话的后面，他强调“凡学皆然，不止学诗”，可见他是就学问的一般规律与境界而言的，并不仅仅限于“学诗”。

◤ 吴与弼，江西崇仁人。一生精研四书五经，不应科举，讲学家乡，屡荐不出。天顺初，年近七十再次被征召，授左春坊左谕德，以病固辞，留两月放还。弟子数百人，著名学者胡居仁、陈献章皆其弟子，学者称“康斋先生”。

陈献章能够取得这样的“觉悟”，决非一朝一夕之功，而是经过不断的挫折与探索，才渐入佳境的。他回顾道：“予少无师友，学不得其方，汩没于声利、支离于粃糠者盖久之。年几三十，始尽弃举子业，从吴聘君（吴与弼）游，然后益叹迷途其未远，觉今是而昨非，取向所汩没而支离者，洗之以长风，荡之以大波，惴惴焉惟恐其苗之复长也。坐小庐山十余年间，履迹不逾于户阈。俯焉孳孳，以求少进于古人，如七十子之徒于孔子。盖未始须臾忘也。”[1]显然，师从著名的儒学大师吴与弼，并没有破解求学的迷惘，博览群书也没有领悟学问的真谛，真正奏效的是静坐中的思考。他的另一段自

1 陈献章《龙冈书院记》，《陈白沙集》卷一。亦见陈献章《白沙先生至言》卷二。

述，讲得更为清楚："仆才不逮人，年二十七，始发愤从吴聘君学，其于古圣贤垂训之书，盖无所不讲，然未知入处。比归白沙，杜门不出，专求所以用力之方，既无师友指引，惟日靠书册寻之，忘寝忘食，如是者亦累年，而卒未得焉。所谓未得，谓吾此心与此理未有凑泊吻合处也。于是舍彼之繁，求吾之约，惟在静坐。久之，然后见吾此心之体隐然呈露，常若有物，日用间种种应酬，随吾所欲，如马之御衔勒也。体认物理，稽诸圣训，各有头绪来历，如水之有源委也。于是涣然自信曰：作圣之功，其在兹乎？"[1]

他说得非常清楚，对于心学真谛的觉悟，对于"学贵知疑"的觉悟，对于"小疑则小进，大疑则大进"的觉悟，是在静坐思考中得来的，即所谓静坐自得，就是他向门生反复强调的："为学须从静中坐养出个端倪来。"[2]因此他最重视"自得"二字，追求自己的心得，不人云亦云。在他看来，学贵自得，苟自得之，则古人之言我之言也。[3]他批评当时的学者不求自得的倾向，说："今世学者各标榜门墙，不求自得，诵说虽多，影响而已。"[4]他所写的《道学传序》有一段批判后学者的文字："夫子之学非后世人所谓学，后之学者记诵而已耳，词章而已耳……吾闻之六经夫子之书也，学者徒诵其言而忘味，六经一糟粕耳，犹未免于玩物丧志。今是

1 陈献章《白沙先生至言》卷二。

2 陈献章《与贺克恭黄门》，《陈白沙集》卷二。

3 张羽《陈白沙先生行状》，《陈白沙集》卷末《附录》。

4 陈献章《白沙先生至言》卷二。

编也，采诸儒行事之迹与其论著之言学者，苟不但求之书，而求诸吾心。察于动静有无之机，致养其在我者，而勿以闻见乱之，去耳目支离之用，全虚圆不测之神，一开卷尽得之矣。非得之书也，得自我者也。盖以我而观书，随处得益，以书博我，则释卷而茫然。”[1]他认为后世之学与孔子之学相去甚远，因为后世学者只知背诵词章，抛弃了内核，在他们嘴里的六经变成了糟粕，研究经学无异于玩物丧志。所以他主张为学之道，最要紧的是“求诸吾心”，“以我观书”，而不要“以书博我”。

明白了这些，我们就可以理解他高唱“小疑则小进，大疑则大进”的深意了。毫无疑问，臻于这种境界，和他拒绝仕进、隐居静坐的生涯，有着很大的关系。

2.“为学须从静中坐养出个端倪来”

陈献章，字公甫，广东新会人，世居白沙里，人称白沙先生。正统十二年（1447），二十岁时乡试中举，次年会试中乙榜，得以进入国子监。景泰五年（1454），二十七岁时师从吴与弼。康斋先生性格严毅，学者来问，大多不答，唯独优遇陈献章，问答讲求夜以继日。但是白沙先生并不满意，因为“未知入处”。半年以后离去，放弃举子事业，

1 陈献章《道学传序》，《陈白沙集》卷一。

杜门不出，专心致志探求“学贵自得”方法。每天都埋首于书册，寻寻觅觅，到了废寝忘食的地步，用功过度，几乎病倒，仍然没有“自得”——找不到“此心”与“此理”可以“凑泊吻合”的境界。于是构筑阳春台，每天在其中静坐思考。终于有一天豁然顿悟，就是他后来所说的“见吾此心之体隐然呈露”，自信地感叹道：道在是矣！[1]后来他每每告诫来向他求学的士人，希望他们在静中坐养出端倪来，完全是自己的经验之谈。邓元锡评论道：“学自宋南渡来，以穷理、居敬为二门。而穷理者颇役心于载籍，专文析辞为致精；其居敬者又以心操心，以念克念，以用心失之者恒众也。公甫实始求之静，求之一，舍繁求约，舍难求易，而学以自然为宗，以忘己为大，无欲为至。其用力以勿忘勿助之间，纤毫人力不着，为天则也。”[2]

成化三年（1467），他重游太学，国子监祭酒邢让要他和杨龟山《此日不再得》诗。他应声赋诗一首：

能饥谋艺稷，冒寒思植桑。少年负奇气，万丈磨青苍。梦寐见古人，慨然悲流光。吾道有宗主，千秋朱紫阳。说敬不离口，示我入德

◥ 邓元锡，江西抚州人。与吴与弼、刘元卿、章潢合称为“江右四君子”。明万历年间多次辞官不就。人称“潜谷先生”。

◥ 杨时，号龟山，福建南剑人，熙宁九年进士。学问渊博，有经邦济世之才，为官政绩突出，清正廉洁。学于程颐、程颢，同游酢、吕大临、谢良佐并称“程门四弟子”（亦称“程门四先生”）。

1 耿定向《白沙陈先生传》，《耿天台先生文集》卷十三。
2 邓元锡《白沙先生》，《皇明书》卷三十五《理学》。

方。义利分两途，析之极毫芒。圣学信匪难，要在用心臧。善端日培养，庶免物欲戕。道德乃膏腴，文词固秕糠。……迩来十六载，灭迹声利场。闭门事探讨，蜕俗如驱羊。隐几一室内，兀兀同坐忘。那知颠沛中，此志竟莫强。譬如济巨川，中道夺我航。顾兹一身小，所系乃纲常。枢纽在方寸，操舍决存亡。胡为谩役役，斫丧良可伤。愿言各努力，大海终回狂。[1]

就诗论诗，并没有多少诗意，他的诗大多想阐明哲理——为学之道，比如喜欢用“鸢飞鱼跃”的意象来说明“学贵自得”，“正在勿忘勿助之间，便是鸢飞鱼跃”。写给弟子湛若水的诗曰：“君若问鸢鱼，鸢鱼体本虚。我拈言外意，六籍也无书。”[2]这首诗也是如此，所要宣扬的是“道德乃膏腴，文词固秕糠”，有鉴于此，他自己“迩来十六载，灭迹声利场。闭门事探讨，蜕俗如驱羊”。他一向批评学者只知记诵词章，使得六经沦为糟粕，未免玩物丧志，因为他们不懂得“求诸心”，一味“求之书”。而为学之道的真谛，“非得之书也，得自我者也”。邢让深知其中三昧，对这首诗大为赞赏：“龟山不如也，真儒复出矣！”[3]焦点不在诗的本身，而是“真儒复出”。陈献章就此名震京师，名士罗伦、庄昶与之结为道学之交，户科给事中贺钦听他论

1 陈献章《和杨龟山此日不再得韵》，《陈白沙集》卷五。

2 陈献章《赠陈䕶湛雨》，《陈白沙集》卷五。

3 耿定向《白沙陈先生传》，《耿天台先生文集》卷十三。

学，叹道："至性不显，宝藏犹霾，世即用我，而我奚以为用？"即日辞官而去，执弟子礼。贺钦告别白沙后，回归家乡，日夜读书，随事体验，不得要领。陈白沙写信指点，他的那句传世名言——"为学须从静中坐养出个端倪来，方有商量处"[1]，就是致贺钦信的原话。进士姜麟专程前往白沙，谒见陈先生，事后对人说："吾阅人多矣，如先生者，耳目口鼻，人也；所以视听言动者，殆非人也。"连声称赞："活孟子，活孟子！"[2]

出于对这位"活孟子"的敬仰，广东布政使彭韶、巡抚都御史朱英，先后向朝廷推荐，希望仿照当年礼聘吴与弼的先例起用陈献章。吏部的官僚不以为然，打起了官腔：陈献章不过是"听选监生"，并非隐士，如欲起用，必须经过吏部的考试。殊不知陈献章做学问不是为了当官，当即以旧疾发作为借口婉言谢绝。为此写了情真意切的奏疏，向皇帝"恳切终养"，让人们看到了白沙先生富有感情的另一面：

> 臣父陈琮年二十七而弃养，臣母二十四而寡居，臣遗腹之子也。方臣幼时，无岁不病，至于九岁，以乳代哺。非母之仁，臣委于沟壑久矣。臣生五十有六年，臣母七十有九，视臣之衰，如在襁褓。天下母子之爱虽一，未有如

1 陈献章《与贺克恭黄门》，《陈白沙集》卷二。

2 尹守衡《皇明史窃》卷七十二《道学·陈献章》。

臣母忧臣之至、念臣之深者也。臣于母恩无以为报，而臣母以守节，应例为有司所白，已蒙圣恩，表厥宅里。是臣以母氏之故，荷陛下之深恩厚德，又出于寻常万万者也。顾臣母以贫贱早寡，俯仰无聊，殷忧成疾，老而弥剧。使臣远客异乡，臣母之忧臣日甚，愈忧愈病，愈病愈忧，忧病相仍，理难长久。臣又以病躯忧老母，年未暮而气已衰，心有为而力不逮……惟陛下以大孝化天下，以至诚体万物……察臣初年愿仕之心，悯臣久病思亲不能自已之念，乞敕吏部放臣暂归田里，日就医药，奉侍老母，以穷余年。[1]

皇帝同意他的请求，授予他翰林院检讨的头衔，要他在“亲终疾愈”之后，“仍来供职”。[2]此后虽然不断有人推荐，他始终隐居不出。可见他的辞官并非矫情，确实是不愿进入仕途，终其一生都在践履自己的信念：“为学须从静中坐养出个端倪来。”在他看来，熙熙攘攘你争我斗的官场，无法清静，当然养不出“学贵自得”的端倪来。

弘治十三年（1500）二月十日，在一片虚寂中，陈献章安然病逝，享年七十三岁。死前身穿朝服头戴朝冠，在弟子扶掖下，焚香礼拜，向北面五拜三叩头，说：“吾辞吾君。”然后作诗一首：

1 陈献章《乞终养疏》，《陈白沙集》卷一。

2 尹守衡《皇明史窃》卷七十二《道学·陈献章》。

托仙终被谤，托佛岂多修。
弄艇沧溟月，闻歌碧玉楼。

他对弟子说："吾以此辞世。"七月二十一日，葬于圭峰之麓、辛向之原，参加葬礼的有几千人。十一月十二日，改葬于皂帽峰下。[1]

白沙先生的思想学说，很长一段时间为政界学界主流人士所不屑，张岱为他立传，在文末道出了其中缘由："《石匮书》曰：予读国史载献章之学，无以逾人，岭海宿学有仕于朝者，皆不之许。献章授官之后，称病不谢而去。途中拥驺从、列义槊，扬扬得意，闻者笑耻。疑而不信，取献章所著书读之，而后知献章也。后车数十乘，从者数百人，古人举动，亡也久矣，末世耳目，宜自异也。所谓岭海宿学，谓丘濬耶。"[2]当然对陈献章不屑一顾的并不仅仅只有丘濬一人。直到万历年间，朝廷批准他从祀孔庙，争议才告一段落。

万历十二年（1584），耿定向为王守仁、陈献章从祀孔庙所写的奏疏，给予陈献章高度评价："当训诂汩溺之余，名理梦呶之日，而学以静观默识为务，以致虚立本为宗，其深造自得之趣，坚直明懿

◥ 耿定向，湖广麻城人，嘉靖三十五年进士。《明史》称其学本于王守仁。学者称为"天台先生"。

1 参见湛若水《明故翰林院检讨白沙陈先生改葬墓碑铭》，《陈白沙集》卷末《附录》。

2 张岱《石匮书》卷二百一《儒林列传·陈献章》。

之履，抑可谓醇乎醇者矣。昭代学术知反约而求诸心，不为口耳支离之骛者，实其开先也。”[1]确实，陈献章的贡献就在于开一代风气之先。万历十三年（1585），皇帝下达诏书：批准陈献章从祀孔子庙庭，称先儒陈子，赐谥号文恭。聚讼纷纭多年的公案终于有了定论。门人林俊对先生作了这样的总结：“其立志甚专，向道甚勇，涵养甚熟，德器粹完，脱落清洒，独超造物牢笼之外，而寓言寄兴于风烟水月之间，盖有舞雩陋巷之风焉。”[2]其中“独超造物牢笼之外”，堪称传神之笔，与耿定向的开风气之先的论说，可以遥相呼应。

3. 陈门弟子：从贺钦到湛若水

陈献章终其一生没有担任一官半职，翰林院检讨不过是皇帝赐予的虚衔，从未履职，无权无势。然而他的思想影响了整整一代知识人，门下弟子无数，较著名的有贺钦、林光、李承箕、湛若水等，纷纷效法先生，不求仕进，专注于学问，把江门心学发扬光大。

贺钦，字克恭，成化二年（1466）进士，出任户科给事中，服膺于白沙先生学说，辞官而去，执弟子礼。告别白沙后，回归闾山，构筑小斋，悬挂先生肖像，夙夜读书，随事体验，觉无要领。白沙

1 耿定向《议从祀疏（甲申左院草）》，《耿天台先生文集》卷二。

2 焦竑《翰林检讨陈公》，《熙朝名臣实录》卷二十一。

先生写信告诫他："为学须从静中坐养出个端倪来，方有商量处。"于是沉味此旨，十余年杜门不出，有来求教者，他逊谢道："学者君子之为己，教者圣贤之余事，自治不赡，何暇及人？"[1]弘治初年，朝廷授予陕西参议、抚治商洛之职，他以老母有病为由，上疏恳辞，但不忘推荐老师，在奏疏中说："新会县历事监生陈献章，天性高明，学术纯正，诚当世之大贤，为士夫之矜式，宜以非常之礼起之，或任内阁，俾参大政；或任经筵，使养君德。"[2]朝廷并没有接受这一建议，假如真的"以非常之礼起之"，恐怕陈献章也未必肯出山。由此我们可以窥见贺钦对于老师的高山仰止之情和无上的企盼。

林光，字缉熙，成化间举人，进京会试时，得见白沙先生，遂纳贽称弟子，放弃会试。先生隐居家乡不出，他也深居青湖，在榄山筑室，闭门静养。在给先生的书信中说："端默逾月，从此得些光景，服膺夫子'朝闻夕死'之说，以为圣言激切若此，必不欺天下、误来世。所谓闻者，断不在耳目之间，陈迹之上。读尽天下书，说尽天下理，无自得入头处，总是闲也。"深得乃师"学贵自得"的真谛，后人评曰："（林）光之学，务自得，故其体验独有卓见若此。"[3]

李承箕，字世卿，成化中乡试中举，放弃会试，投奔陈献章。当时白沙先生以心学名重天下，

1 尹守衡《皇明史窃》卷七十三《道学·贺钦》。

2 郑晓《给事中贺公》，《皇明名臣记》卷十九。

3 尹守衡《皇明史窃》卷七十四《道学·林光》。

反对者讥刺其近于禅学。陈献章对此是不以为然的："毁仆者有曰：自立门户者是流于禅学者，甚者则曰'妄人率人于伪者'。仆安敢与之强辩，姑以迹之近似者言之。孔子教人文行忠信，后之学孔氏者则曰'一为要'。一者，无欲也，无欲则静虚而动直，然后圣可学而至矣。所谓'自立门户者'，非此类欤？佛氏教人曰'静坐'，吾儒亦曰'静坐'；曰'惺惺'，吾儒亦曰'惺惺'。调息近于数息，定力有似禅定。所谓'流于禅学者'，非此类欤？"[1]李承箕对陈献章心悦诚服，不远千里前往谒见，先生大喜曰："吾与子神交久矣。"两人形影不离，登临吊古，赋诗染翰，投壶饮酒，从不谈及为学之方。日子久了，李承箕恍然大悟说："箕得之矣，凡学以言传非真传也，其有目击而道存者乎？"告别之日，先生赠诗一首：

上上昆仑峰，诸山高几重？
望望沧溟波，百川大几何？
卑高入揣料，小大穷多少？
不如两置之，直于了处了。

李承箕领悟了诗中的微言大义，回到家乡，每天端坐一室，洗涤身心，径造本真。有人劝他著书立说，他回答得很妙："近世笺注繁芜，郢书燕说，鼎

1 陈献章《白沙先生至言》卷四。

沸丝棼，思一铲去之，而更推波助澜耶！”[1]

湛若水，字民泽，一字原明，乡试中举之后，焚毁参加会试的“路引”，追随白沙先生讲学。先生殁后，接受朋友劝告，参加会试，弘治十八年（1505）得中进士，由庶吉士而出任翰林院编修。在京师与王阳明一起提倡心学，学者尊称为甘泉先生。这一点至关重要，阳明与白沙并无直接交往，由于甘泉的关系，构筑两者间的桥梁。陈门弟子中，湛若水传承乃师衣钵，影响最为深远，后人评论：“其学自谓白沙传以道，要曰‘勿忘勿助之间’，揭示学者以随处体认天理。”[2]嘉靖初年，他升任侍读学士，鉴于皇帝暑月停止经筵，上疏劝谏：“臣职在劝学，愿圣明于一日之间，以端居静思为本，以温习寻求为业。”升任礼部侍郎后，又上疏重申对于“为学”的看法：“天理者也，即孟子‘勿忘勿助’之谓也，日用之间，随时随处，随动随静，存其心于勿忘勿助之间，而天理日见焉。”[3]都是在宣扬白沙先生的思想。[4]

湛若水广收门徒，所到之处必建书院，祭祀白沙先生，遭致正统人士的非议，御史游居敬在一道奏疏中攻击道：“王守仁之学主于致良知，湛若水主于体认天理，皆祖宋儒陆九渊之说，而少变其辞，以号召好名谋利之士。然守仁谋国之忠，济变之才自不可泯。若水迂腐之儒，广收门徒，私创书

1 尹守衡《皇明史窃》卷七十四《道学·李承箕》。

2 尹守衡《皇明史窃》卷七十五《道学·湛若水》。

3 尹守衡《皇明史窃》卷七十五《道学·湛若水》。

4 焦竑《尚书湛公》，《熙朝名臣实录》卷二十二。焦竑说：“（湛若水）平生志笃而力勤，无处不授徒，无日不讲学，从游者殆遍天下。所论以自然为本体，以勿忘勿助为工夫，大抵得之师门为多。”

院，其言近似，其行大非。乞戒谕以正人心、端士习。”[1]

王阳明是和他站在同一立场的，在《论学书》中说：“颜子没而圣人之学亡，曾子唯‘一贯’之旨传之孟轲，绝又二千余年，而周、程续。自是而后，言益详，道益晦，析理益精，学益支离无本，而事于外者益繁以难……而世之学者，章绘句琢以夸俗，诡心色取，相饰以伪，谓圣人之道劳苦无功，非复人之所可为，而徒取辩于言词之间……而圣人之学遂废。则今之所大患者，岂非记诵词章之习？而弊之所从来，无亦言之太详、析之太精者之过欤？”他还特别指出，自从与甘泉先生交往之后，获益匪浅：“某幼不问学，陷溺于邪僻者二十年，而始究心于老释。赖天之灵，因有所觉，始乃沿周程之说求之，而若有得焉。顾一二同志之外，莫予翼也，岌岌乎仆而复兴。晚得友于甘泉湛氏子，而后吾之志益坚，毅然若不可遏，则予之资于甘泉多矣。甘泉之学务求自得者也，世未之能知，其知者且疑其为禅。”[2]阳明先生公然承认他的学问“资于甘泉多矣”，从中也可以看到陈献章的间接影响。陈献章在生命的最后岁月，把湛若水视为继承遗志的最佳人选，给他留下遗言：“今世学者各标榜门墙，不求自得，诵说虽多，影响而已，无可告语者。”[3]又写了一封长信，担心平生所学半途而废，

1 尹守衡《皇明史窃》卷七十五《道学·湛若水》。

2 王守仁《别湛甘泉序》，《阳明先生道学钞》卷一《论学书》。

3 陈献章《遗言湛民泽》，《陈白沙集》卷二。

寄希望于得意门生湛若水："碧玉楼卧病逾半月，忽得手札，读之喜甚，遂忘其病也。学无难易，在人自觉耳。才觉退，便是进也；才觉病，便是药也。眼前朋友可以论学者几人，其失在于不自觉耳。近因衰病，精力大不如前，恐一旦就木，平生学所至如是，譬之行万里之途，前程未有脱驾之地，真自枉了也。思于吾民泽告之，非平时漫浪得已不已之言也，倘天假之年，其肯虚掷耶！"[1]他所要交代的依然是学贵自得、学贵自觉。湛若水不负所托，为之发扬光大，得到王阳明的首肯："甘泉之学务求自得。"

二　王守仁："虽其言之出于孔子，不敢以为是也"

王守仁，字伯安，因筑阳明洞讲学而号阳明子，人称阳明先生。黄宗羲对于这位余姚同乡前辈是推崇备至的：

> 有明学术，从前习熟先儒之成说，未尝反身理会，推见至隐，所谓"此亦一述朱，彼亦一述朱"耳……自姚江指点出"良知人人现在，一反观而自得"，便人人有个作圣之路。故无姚江，则古来之学脉绝矣。[2]

1 陈献章《与湛民泽》，《陈白沙集》卷三。

2 黄宗羲《明儒学案》卷十《姚江学案》。

明确指出他不同于前人之处，不再“习熟先儒之成说”，不再“述朱”——重复朱熹的成说，延续了“古来之学脉”。但是他写的《姚江学案》，似乎刻意回避这样一个问题：王阳明死后，他的学说何以被朝廷定为“伪学”“邪说”？难道仅仅是“致良知”“人人有个作圣之路”？为什么嘉靖皇帝要指责他“放言自恣，诋毁先儒，号召门徒虚声附和，用诈任情，坏人心术”？要回答这个问题，必须关注他思想中锋芒毕露的另一面。

1.“学贵得之心”

若要开掘阳明思想锋芒毕露的一面，我以为最应该关注的是王阳明在《答罗整庵少宰书》中的两段话。一段是：

> 夫道，天下之公道也；学，天下之公学也，非朱子可得而私也，非孔子可得而私也。

另一段是：

> 夫学贵得之心，求之于心而非也，虽其言之出于孔子，不敢以为是也，而况其未及孔子者乎！求之于心而是也，虽其言之出于庸常，不敢以为非也，而况其出于孔子者乎！[1]

1 王守仁《王文成全书》卷二《语录二·传习录中》。按：王阳明的著述，由门人徐爱、薛侃、钱德洪、王畿等陆续刊刻成单行本。隆庆六年，浙江巡按御史谢廷杰把单行本合并，刊刻全集，仿照《朱子全书》之例，定名为《王文成全书》。乾隆时，此书收入《钦定四库全书》之集部别集类。

这两段话，气魄宏伟而又逻辑严密，极具震撼力与说服力。以笔者读史所得，在王守仁的前辈抑或同时代人中，难以看到这样锋芒犀利的言辞。其可贵之处就在于，敢于向孔子和朱子大声说不。在朱熹思想成为钦定的主流意识形态的时代，敢于发出不同的声音，挣脱无形的网罗，强调无论求学还是求道，都应出于自己的心得，独立思考，不要以孔子的是非为是非，也不要以朱子的是非为是非，实在是难能可贵的。

为了避免断章取义，有必要铺叙来龙去脉。《答罗整庵少宰书》是阳明对朋友罗钦顺《与王阳明书》的答复。罗氏写于正德十五年（1520）夏的书信，是平心静气的学术探讨，与后来桂萼之流的攻讦诬陷截然不同。罗氏《与王阳明书》是对王氏《〈大学〉古本》与《朱子晚年定论》的学术性商榷。既然是商榷，语气自然客客气气："昨拜书后一日，始获奉领所惠《〈大学〉古本》《朱子晚年定论》二编，珍感珍感！某无似，往在南都，尝蒙诲益，第苦多病，怯于话言，未克倾吐所怀，以求归于一，是恒用为歉。去年夏，士友有以《传习录》[1]

◥ 罗钦顺，号整庵，江西泰和人，弘治六年进士科探花。官至南京吏部尚书，后辞官，隐居乡里专心研究理学。时称"江右大儒"。

1 按：《传习录》有不同版本。正德十三年，门人薛侃把同门师兄徐爱所辑《传习录》一卷，加上自己与陆澄所辑王阳明论学文字，共三卷，刊刻出版。嘉靖三年，门人南大吉续刻《传习录》，增为五卷（其中有《答罗整庵少宰书》）。罗钦顺看到的《传习录》，当为薛侃所编的版本。

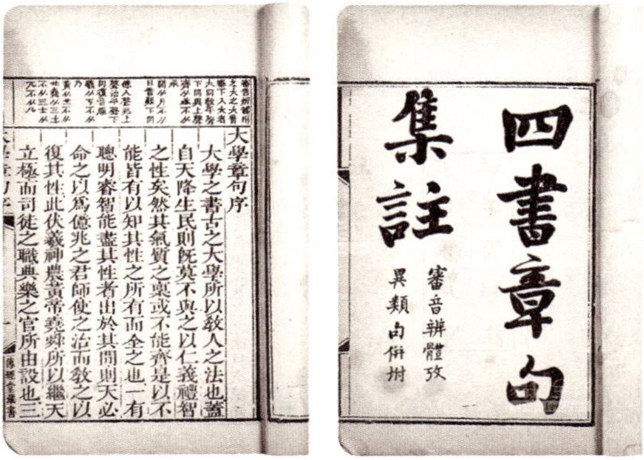

▲《四书章句集注》书影

见示者，亟读一过，则凡向日所闻，往往具在，而他所未闻者尚多。乃今又获并读二书，何其幸也！”

寒暄之后，切入主题，罗氏首先评论《〈大学〉古本》。所谓《大学》，即与“五经”并列的“四书”之一。朱熹的《四书集注》在当时已被钦定为科举考试的范本，蒙上了圣贤经典的色彩。王阳明指出朱熹的《大学集注》修改了孔门相传的《大学》原貌，编写了这本《〈大学〉古本》，恢复其本来面貌，试图以此来改变人们对于朱子的盲从倾向。这种大胆的举动引起朱子信仰者的非议，罗钦顺便是其中最具代表性的一位。罗氏批评王氏以“支离”为借口，“遂去朱子之分章，而削其所补之传”，勇气可嘉，但是未免于“俗学”“禅学”之窠臼：“惟是圣门《大学》之教，其道则无以易，此学者所当由之以入，不可诬也。外此或夸多而斗靡，则溺于外而遗其内；或厌繁而喜径，则局于内而遗其外。溺于外而遗其内，俗学是已；局于内而遗其外，禅学是已。凡为禅学之至者，必自以为明心见性，然于天人物我未有不二之者，是可谓之有真见乎？”[1]罗氏意在维护圣门之教，维护朱子的权威，语气虽然严厉，却并未越出学术讨论的界限。

王阳明对当朝南京礼部侍郎罗钦顺的回信彬彬有礼，完全是朋友之间的商榷。正德十五年（1520）六月，由江西吉安前往泰和途中写的《答罗整庵少宰书》，开头写道："某顿首启，昨承教及《大学》，发舟匆匆，未能奉答。晓来江行稍暇，复取手教而读之，恐至赣后人事复纷沓，先具其略以请。”然后谈到，近几年来，对于心学，有人“非笑”，有人“诟訾”，有人“置之不足较量辨议”，而“反复晓谕，恻然惟恐不及救正”，“心深且至者”非先生莫属。客气归客气，道理必须辩明。他首先讲明自己对于当世学风的不满："世之学者稍能传习训诂，即皆自以为知学，不复有所谓讲学之求，可悲矣！”而当世之讲学者有两种人，一种是“讲之以身心”，另一种是“讲之以口耳”，前者是“行著习察，实有诸己”；后者是“揣摸测度，求之影响”。接下来回答罗氏对于《〈大学〉古本》的批评，引出他关于“学贵得之心”的观点：

来教谓某“《〈大学〉古本》之复，以人

1 罗钦顺《与王阳明书（庚辰夏）》，《困知记·附录》。

之为学但当求之于内，而程、朱格物之说不免求之于外，遂去朱子之分章而削其所补之传”，非敢然也。学岂有内外乎？《〈大学〉古本》乃孔门相传旧本耳。朱子疑其有所脱误，而改正补缉之。在某则谓其本无脱误，悉从其旧而已矣。失在于过信孔子则有之，非故去朱子之分章而削其传也。夫学贵得之心，求之于心而非也，虽其言之出于孔子，不敢以为是也，而况其未及孔子者乎！求之于心而是也，虽其言之出于庸常，不敢以为非也，而况其出于孔子者乎！且旧本之传数千载矣，今读其文词，既明白而可通，论其工夫，又易简而可入，亦何所按据，而断定此段之必在于彼，彼段之必在于此，与此之如何而缺，彼之如何而补，而遂改正补缉之。无乃重于背朱而轻于叛孔已乎！[1]

他坚持认为《〈大学〉古本》是孔门相传的旧本，朱熹怀疑有所脱误，擅自改动，不仅分章，而且加上传注。他不过是恢复原貌而已，为什么不去追究朱某的“叛孔”，而要追究王某的“背朱”呢？

清初经学家毛奇龄是站在王阳明一边的，他为王阳明作传，谈及此事说：“时讲学京师，尝以《大学》原本示人。人大惊，反有以改窜圣经讦于廷

1 王守仁《答罗整庵少宰书》，《王文成全书》卷二《语录二·传习录中》。亦见《阳明先生则言》卷下。

者。”毛氏对朱熹《四书集注》也有所非议，他的考证结论是：“文成所示者是《礼记原本》，今行世有注释者，系门人伪入之，大不足据。”[1]可见王阳明是有根据的，并非罗氏所说的“俗学”“禅学”。不过王阳明的本意并不想考证《大学》的版本，而是想阐明一个道理：“学贵得之心，求之于心而非也，虽其言之出于孔子，不敢以为是也，而况其未及孔子者乎！”

关于《朱子晚年定论》，罗钦顺看得非常仔细，他在《与王阳明书》中批评道：“又详朱子定论之编，盖以其中岁以前所见未真，爰及晚年，始克有悟，乃于其论学书尺三数十卷之内，摘此三十余条，其意皆主于向里者，以为得于既悟之余，而断其为定论。斯其所择宜亦精矣，第不知所谓晚年者断以何年为定？”罗氏指出王氏把早年之文误作晚年，晚年之文误作早年，结论是“考之欠详，而立论之太果”。因此，一方面肯定阳明“天资绝出，而日新不已，向来恍若有悟之后，自以为证诸五经四子，沛然若决江河而放诸四海，又以为精明的确洞然，无复可疑，某固信其非虚语也”；另一方面奉劝他：“独于朱子之说有相牴牾，揆之于理，容有是邪！”[2]

对于罗氏指出的“考之欠详”，王氏虚心接受：“中间年岁早晚，诚有所未考，虽不必尽出于晚年，

1 毛奇龄《王文成传本》卷一。

2 罗钦顺《与王阳明书（庚辰夏）》，《困知记·附录》。

固多出于晚年者矣。”他一向不屑于训诂考据之学，写《朱子晚年定论》的本意是想破除人们对于朱子的迷信。回信中直言不讳，为了追求“道”，不得已与朱子牴牾，然后引出他的名言“夫道，天下之公道也”：

为《朱子晚年定论》，盖亦不得已而然。中间年岁早晚，诚有所未考，虽不必尽出于晚年，固多出于晚年者矣。然大意在委曲调停，以明此学为重。平生于朱子之说如神明蓍龟，一旦与之背驰，心诚有所未忍，故不得已而为此。“知我者谓我心忧，不知我者谓我何求。”盖不忍牴牾朱子者，其本心也；不得已而与之牴牾者，道固如是，不直则道不见也。执事所谓决与朱子异者，仆敢自欺其心哉？夫道，天下之公道也，学，天下之公学也，非朱子可得而私也，非孔子可得而私也。天下之公也，公言之而已矣，故言之而是，虽异于己，乃益于己也；言之而非，虽同于己，适损于己也。益于己者，己必喜之；损于己者，己必恶之。然则某今日之论，虽或于朱子异，未必非其所喜也。[1]

1 王守仁《答罗整庵少宰书》，《王文成全书》卷二《语录二·传习录中》。

信的末尾，他向罗钦顺指出：“执事所以教，反复数百言，皆以未悉鄙人格物之说，若鄙说一明，则此数百言皆可以不待辩说而释然无滞。”[1]客观而论，人的一生思想有所变化，寻常之极，即使圣贤也不例外。朱熹晚年曾经表示“觉今是而昨非”的意思，不必翻阅《朱子全书》，只消看看《宋史·朱熹传》便可明白。王守仁也有今是而昨非的感言：“若某之不肖，盖亦尝陷溺于其间者几年，怅怅然既自以为是矣。赖天之灵，偶有悟于良知之学，然后悔其向之所为者，固包藏祸机，作伪于外，而心劳日拙者也。”[2]因此写《朱子晚年定论》实在不应该大惊小怪。

据王阳明年谱记载，正德十三年（1518）迎来了一个著作出版高潮。这年七月，《〈大学〉古本》与《朱子晚年定论》先后在戎马倥偬之余，在江西刊刻出版。八月，门人薛侃刊刻《传习录》。关于《〈大学〉古本》，年谱写道：“先生出入贼垒，未暇宁居，门人薛侃、欧阳德、梁焯、何廷仁、黄弘纲……皆讲聚不散。至是回军休士，始得专意于朋友，日与发明《大学》本旨，指示入道之方。先生在龙场时，疑朱子《大学章句》非圣门本旨，手录古本，伏读精思，始信圣人之学本简易明白，其书止为一篇，原无经传之分。格致本于诚意，原无缺传可补。以诚意为主，而为致知格物之功，故不必增一敬字……至是，录刻成书，旁为之释，而引以

1 王守仁《答罗整庵少宰书》，《王文成全书》卷二《语录二·传习录中》。亦见《阳明先生则言》卷下。

2 王守仁《阳明先生则言》卷上。

叙。”[1]《朱子晚年定论》也同时刊刻出版，阳明为此书所写的序言，讲明其缘起：“昔谪官龙场，居夷处困，动心忍性之余，恍若有悟，体验探求，再更寒暑，证诸六经四子，洞然无复可疑。独于朱子之说有相牴牾，恒疚于心。切疑朱子之贤，而岂其于此尚有未察。及官留都，复取朱子之书而检求之，然后知其晚岁固已大悟旧说之非，痛悔极艾，至以为自诳诳人之罪不可胜赎。世之所传《集注》《或问》之类，乃其中年未定之说，自咎以为旧本之误，思改正而未及。而其诸《语类》之属，又其门人挟胜心以附己见，固于朱子平日之说犹有大相缪戾者。而世之学者局于见闻，不过持循讲习于此，其于悟后之论，概乎其未有闻，则亦何怪乎！予言之不信，而朱子之心无以自暴于后世也乎！”[2]这是在强调朱子晚年“大悟旧说之非，痛悔极艾”，有必要澄清其晚年定论，作为学术探讨，应该在情理之中。至于阳明先生所说，朱熹的《集注》《或问》都是中年未定之说，《语类》则挟带门人自己的见解，似乎言过其实。究竟是否如此，今日学者仍可讨论。

正德十四年（1519），他在给友人的信中谈及《朱子晚年定论》，提出另一种解释：“留都时，偶因饶舌，遂致多口，攻之者环四面。取朱子晚年悔悟之说，集为《定论》，聊借以解纷耳。门人辈近刻

1 王守仁《王文成全书》卷三十二《附录一·年谱一·正德十三年七月》。

2 王守仁《王文成全书》卷三十二《附录一·年谱一·正德十三年七月》。

之雩都。初闻甚不喜，然士夫见之，乃往往遂有开发者，无意中得此一助，亦颇省颊舌之劳。”[1]由此看来，此书带有某种论战的色彩，是对围攻者的巧妙反击。

当代学者对此也有不同看法。陈荣捷认为，由于同朱熹的学说相抵触，阳明受到许多批评，他编写此书主要是针对这些批评做出的反应。陈氏说：“王阳明的处境一定非常艰苦。一方面为了减少敌意，另一方面为了使他自己的理论从朱熹嘴里说出来，他从朱熹写给二十四人的三十四封信中，每封信选取一段……于1518年用以上书名刊行，试图证明朱熹晚年改变了立场并采取了王阳明所提倡的观点。这些选摘是任意的，并且多数是断章取义的。”[2]杜维明则认为：“阳明努力阐明他的新思想，其实并不与朱熹晚年定论相抵触，这是出于他力求与这位宋代大师的精神取向相一致的内心渴求，而不是出于一个实用的目的：取悦于同辈中的多数学者、官员，他们都是朱熹的追随者。”[3]

这些解释都有根据，也言之成理。不过王阳明本人并不就事论事，立论更为高远，这就是他在答复罗钦顺的质疑时，所强调的基本立场：“夫道，天下之公道也，学，天下之公学也，非朱子可得而私也，非孔子可得而私也”；“夫学贵得之心，求之于心而非也，虽其言之出于孔子，不敢以为是也，而

1 王守仁《与安之（己卯）》，《王文成全书》卷四《文录·书一》。

2 杜维明《青年王阳明（1472—1509）：行动中的儒家思想》，第194—195页。

3 杜维明《青年王阳明（1472—1509）：行动中的儒家思想》，第197页。

况其未及孔子者乎！求之于心而是也，虽其言之出于庸常，不敢以为非也，而况其出于孔子者乎”！

这是他的思想宣言，也是他始终坚持的根本观点，在与友人论学时，他再次重申这一看法："夫君子之论学，要在得之于心，众皆以为是，苟求之心而未会焉，未敢以为是也；众皆以为非，苟求之心而有契焉，未敢以为非也。心也者，吾所得于天之理也，无间于天人，无分于古今。"[1]这是他对儒家经学传统作了深刻批判之后，悟出的真谛。在他看来，六经非他，乃是“吾心之常道”，《易》是“志吾心之阴阳消息者”，《书》是“志吾心之纪纲政事者”，《诗》是“志吾心之歌咏性情者”，《礼》是“志吾心之条理节文者”，《乐》是“志吾心之欣喜和平者”，《春秋》是“志吾心之诚伪邪正者”。又说，六经是“吾心之记籍”，六经“具于吾心”，就好像“产业库藏”具存于家中，记籍不过是“名状数目”而已。但是后世学者不明白这个道理，“不知求六经之实于吾心，而徒考索于影响之间，牵制于文义之末，硁硁然以为是六经矣”。于是他毫不留情地谴责经学家“乱经”“侮经”“贼经”：

1 王守仁《答徐成之》，《阳明先生道学钞》卷一《论学书》。按：李贽因《王文成全书》携带不便，与汪本钶摘编成《阳明先生道学钞》。

六经之学其不明于世，非一朝一夕之故矣。尚功利，崇邪说，是谓乱经；习训诂，传记诵，没溺于浅闻小见，以涂天下之耳目，是谓侮经；侈淫辞，竞诡辩，饰奸心盗行，逐世垄断，而犹自以为通经，是谓贼经。若是者，是并其所谓记籍者而割裂弃毁之矣，宁复知所以为尊经也乎？[1]

这样痛快淋漓的针砭，触及经学积重难返的弊端。他与顾东桥的长篇答问也涉及这一问题，其中有一段说到孔孟之后，圣学日远日晦，揭示的仍然是经学的积弊：

◥ 顾璘，世称“东桥先生”，苏州人，弘治九年进士。屡迁，以南京刑部尚书职致仕。有才名，以诗著称于时，为“弘治十才子”之一。

圣学既远，霸术之传积渍已深，虽在贤知，皆不免于习染。其所以讲明修饰，以求宣畅光复于世者，仅足以增霸者之藩篱，而圣学之门墙遂不复可睹。于是乎，有训诂之学而传之以为名，有记诵之学而言之以为博，有词章之学而侈之以为丽，若是者纷纷籍籍，群起角立于天下，又不知其几家，万径千蹊，莫知所适。世之学者如入百戏之场，欢谑跳踉，骋奇斗巧，献笑争妍者四面而竞出，前瞻后盼，应接不遑，而耳目眩瞀，精神恍惑，日夜遨游，淹息其间，如病狂丧心之人，莫自知其家业之所归。时君世主亦皆昏迷颠倒于其说，而终身

1 王守仁《稽山书院尊经阁记》,《王文成全书》卷七《文录·序》。

从事于无用之虚文，莫自知其所谓。间有觉其空疏谬妄、支离牵滞，而卓然自奋，欲以见诸行事之实者，极其所抵，亦不过为富强功利五霸之事业而止。圣人之学日远日晦，而功利之习愈趋愈下。[1]

类似的批判不胜枚举，例如："圣贤之道坦若大路，夫妇之愚可以与知，而后之论者忽近求远，舍易图难，了使老师宿儒皆不敢轻议。故在今时，非独其庸下者自分以为不可为，虽高者特达皆以此学为长物，视之为虚谈赘说，亦许时矣。当此之时，苟有一念相寻于此，真所谓空谷足音。"[2]又如："后世学术之不明，非为后人聪明识见之不及古人，大抵多由胜心为患，不能取善相下。明知其说之已是矣，而又务为一说以高之，是以其说愈多而惑人愈甚。凡今学术之不明，使后学无所适从，徒以致人之多言者，皆吾党自相求胜之罪也。"[3]

锋芒毕露的批判，得罪了一批人，对他的责难之声不绝于耳。阳明平心静气地对待，既不为一时之毁誉而动摇，也不以人言为尽非。在给门人陆元静的书信中写道：

然则今日之多口，孰非吾侪动心忍性、砥砺切磋之地乎？且彼议论之兴，非必有所私怨

1 王守仁《答顾东桥书》,《王文成全书》卷二《语录二·传习录中》。

2 王守仁《复唐虞佐(庚辰)》,《王文成全书》卷四《文录·书一》。

3 王守仁《阳明先生则言》卷上。

于我，彼其为说，亦将自以为卫夫道也。况其说本自出于先儒之绪论，固各有所凭据。而吾侪之言骤异于昔，反若凿空杜撰者。乃不知圣人之学本来如是，而流传失真，先儒之论所以日益支离，则亦由后学沿袭乖谬，积渐所致……虽然，昔之君子盖有举世非之而不顾，千百世非之而不顾者，亦求其是而已矣，岂以一时毁誉而动其心邪！惟其在我者有未尽，则亦安可遂以人言为尽非。伊川、晦庵之在当时，尚不免于诋毁斥逐，况在吾辈，行有所未至，则夫人之诋毁斥逐，正其宜耳。凡今争辩学术之士，亦必有志于学者也，未可以其异己而遂有所疏外。是非之心人皆有之，彼其但蔽于积习，故于吾说卒未易解，就如诸君初闻鄙说时，其间宁无非笑诋毁之者？久而释然以悟，甚至反有激为过当之论者矣，又安知今日相诋之力不为异时相信之深者乎！[1]

如此坦荡而自信，如此自谦而坚定，背后是他坚信的理念“学贵得之心”，不为经典词句所束缚：“凡看经书，要在致吾之良知，取其有益于学而已，则千经万典，颠倒纵横，皆为我之所用。一涉拘执比拟，则反为所束缚，虽或特见妙诣，开发之益，一时不无，而意必之见，流注潜伏，盖有反为良知

1 王守仁《与陆元静（壬午）》，《王文成全书》卷五《文录·书二》。

之障蔽而不自知觉者矣。”[1]由此便可以理解他的那句名言了：“求之于心而非也，虽其言之出于孔子，不敢以为是也。”后人常常讥刺他“六经注我”“我注六经”，恰恰显示了他对经学的犀利批判，强调“皆为我之所用”，而不被经典束缚的思想锋芒。

2. 贬谪龙场："动心忍性，恍若有悟"

任何思想家都有思想的形成与演变过程，王守仁也不例外。他常常向朋友门生回顾自己的探索经历，一则说："某早岁业举，溺志辞章之习。既乃稍知从事正学，而苦于众说之纷扰疲尔，茫无可入，因求诸老释，欣然有会于心，以为圣人之学在此矣。然于孔子之教间相出入，而措之日用，往往阙漏无归，依违往返，且信且疑。其后谪官龙场，居夷处困，动心忍性之余，恍若有悟，体验探求，再更寒暑，证诸六经四子，沛然若决江河而放之海也，然后叹圣人之道坦如大路。而世之儒者妄开窦径，蹈荆棘，堕坑堑。究其为说，反出二氏之下，宜乎世之高明之士厌此而趋彼也。”[2]再则说："某幼不问学，陷溺于邪僻者二十年，而始究心于老释。赖天之灵，因有所觉，始乃沿周程之说求之，而若有得焉。顾一二同志之外，莫予翼也，岌岌乎仆而后兴。晚得友于甘泉湛子，而后吾之志益坚，毅然

1 王守仁《阳明先生则言》卷上。

2 王守仁《阳明先生则言》卷上。

若不可遏，则予之资于甘泉多矣。”[1]前者强调谪官龙场后的顿悟，后者强调通过湛若水得益于“江门心学”的启示。

总结得最为全面的，莫过于他的得意门生王畿、钱德洪。

王畿说：“先师之学凡三变而始入于悟，再变而所得始化而纯。”王阳明少年时代英毅凌迈、超侠不羁，泛滥于辞章，驰骋于兵法。接触朱熹格物穷理之学后苦于其繁难，自叹与圣学无缘，于是究心于佛老之学（也即他自己所说的“求诸老释”），日夕勤修，练习伏藏，洞悉机要，颇得其精髓。据他自己说：“尝于静中内照形躯如水晶宫，忘己忘物，忘天忘地，与空虚同体，光耀神奇，恍惚变幻，似欲言而忘其所以言，乃真境像也。”[2]但是他并不满意，所以且信且疑。最大的变化是正德三年（1508）谪官到了贵州龙场之后，困境的磨难使他“恍然神悟”：不离人伦物理的感应，而是是非非无则自见，对照四书五经，殊言而同旨，感叹圣人之学坦如大路。自此之后，尽去枝叶，一意追求本原，默坐澄心，“精神意思凝至融结，不复知有其他”。一时学者闻之翕然，但是，有的人苦于难以领悟真谛，有的人醉心于顿悟之便捷，忘记学问

王畿，号龙溪，学者称“龙溪先生”，浙江山阴人，嘉靖十三年进士。王畿年轻时屡试不第，后返乡受业于王守仁，并协助其指导学生，是王守仁最赏识的弟子之一。官至南京兵部主事，后被罢官。罢官后来往江、浙、闽、越等地讲学四十余年，所到之处，听者云集。年过八十，仍旧周流不倦。

1 王守仁《别湛甘泉序》，《阳明先生道学钞》卷一《论学书》。
2 王畿《龙溪先生全集》卷二。

的积累，渐有喜静厌动，玩弄疏脱之弊。正德八年（1513）在滁州讲学时，王阳明提倡“动静合一，工夫本体”之说，加以纠正。其后在江西平叛期间，不忘与随从门生论学，专提“致良知”三字，倡导“知之真切笃实处即是行”，“行之明觉精察处即是知”，乃是孔门简易直截的根源。这大概就是王畿所谓“三变”。至于“再变”，则是嘉靖初年在家乡居丧守制期间，由于此前的动荡阅历，使得学问更加成熟，达到化境：时时知是知非，时时无是无非，开口即得本心，更无假借凑泊，如赤日丽空，而万象自照；如元气运于四时，而万化自行。[1]

◤ 钱德洪，号绪山，人称“绪山先生”，浙江余姚人，嘉靖十一年进士。曾因牵连政事入狱，出狱后潜心传播王学，在江、浙、宣、歙、楚、广等地皆有讲舍，是王学的重要代表人物之一。

钱德洪对先生学问的变化也有类似的总结，一则说：“师学静入于阳明洞，得悟于龙场，大彻于征宁藩，多难殷忧，动忍增益。学益彻，则立教益简易。”[2]再则说：“滁阳为师讲学首地，四方弟子从游日众。嘉靖癸丑（三十二年）秋，太仆少卿吕子怀复聚徒于师祠。洪（钱德洪）往游焉，见同门高年有能道师遗事者。当时，师惩末俗卑污，引接学者多就高明一路，以救时弊。既后，渐有流入空虚，为脱落新奇之论。在金陵时，已心切忧焉。故居赣则教学者存天理、去人欲、致省察，克治实

1　王畿《龙溪王先生全集》卷二《语录·滁阳会语》。

2　王守仁《王文成全书》卷二十九《续编四》，钱德洪按语。

功。而征宁藩之后，专发致良知宗旨，则益明切简易矣。”[1]

思想的变化，都与动荡而坎坷的经历密切相关，即钱德洪所说，“多难殷忧，动忍增益”。其中最为关键的转折点，贬谪龙场后三年磨难的动心忍性。

为了说明问题，不妨稍加追述。弘治十八年（1505）五月初六日，三十六岁的孝宗皇帝病危，在乾清宫寝殿召见内阁大学士刘健、李东阳、谢迁，向他们托孤。他知道自己唯一的儿子朱厚照自幼喜好逸乐，将来必定“纵欲败度”，对内阁大臣说：东宫聪明，但年幼，好逸乐，先生每勤请他出来，读些书，辅他做个好人。不出所料，朱厚照（明武宗）即位后，果然如此，重用东宫时的亲信太监刘瑾、马永成、谷大用、魏彬、张永、丘聚、高凤、罗祥，这些人气焰嚣张，号称“八虎”，每天忙于引导小皇帝游玩，不理朝政。户部尚书韩文与各部大臣联名上疏，弹劾“八虎”，造作巧伪，淫荡皇上之心，沉迷于击毬走马、放鹰逐犬、俳优杂剧，日游不足，夜以继之。大臣们请求皇上忍痛割爱，对“八虎”明正典刑。皇帝不但没有对他们严加惩处，反而任命刘瑾为司礼监掌印太监兼任团营提督，马永成为东厂提督，谷大用为西厂提督，张永等掌管京营军队，把宫廷的机要、特务及警卫

1 王守仁《王文成全书》卷二十六《续编一·与滁阳诸生并问答语》，钱德洪按语。

大权，交给了“八虎”。“八虎”中，司礼监掌印太监刘瑾权势最为显赫。

言官戴铣、薄彦徽向皇帝上疏，请求“斥权阉，正国法，留保辅，托大臣”，矛头直指刘瑾。专擅朝政的刘瑾以“忤旨”罪，逮捕戴铣等言官，关入锦衣卫镇抚司诏狱。在此紧要关头，兵部主事王守仁挺身而出。他和李梦阳是好朋友，不但精于辞章，而且都气节奕奕，对刘瑾之流专擅朝政极为不满，毅然呈进为戴铣辩护的奏疏——《宥言官去权奸以彰圣德》，气势逼人：君仁则臣直，诸官言直，自宜嘉纳，开忠谠之路。而乃赫然下令，缇骑旁午，拘挛在道，则骤有上关宗社危疑不测之事，孰从闻之？[1]他说臣不知戴铣等所言是否在理，其间或许有“触冒忌讳”之处。但是戴铣等“职居司谏，以言为责”，如果他们的言论是对的，应该嘉纳施行；如果言论不妥，也应该予以包容，以利于广开言路。如今陛下惩处戴铣等人，非但无补于国事，反而彰显陛下的过错。[2]

刘瑾见到“危疑宗社”云云，大为光火，假传圣旨，把王守仁押入锦衣卫诏狱，廷杖五十，死而复苏之后，贬谪到贵州龙场驿（今贵州修文县），从正六品的兵部主事降为偏远山区的小小驿丞。刘瑾不肯善罢甘休，暗中派人尾随，伺机刺杀。王守仁察觉后，半夜时分，把自己的衣服鞋子放在钱塘

1 王守仁《宥言官去权奸以彰圣德》，《王文成全书》卷九《别录一·奏疏一》。

2 王守仁《宥言官去权奸以彰圣德》，《王文成全书》卷九《别录一·奏疏一》。

江边，布置投江而死的现场，还留下一首遗诗："百年臣子悲何及，夜夜江涛泣子胥。"然后搭乘一艘商船前往舟山，途中遇到飓风，漂流到福建，隐姓埋名于武夷山中。

他十七岁时，在江西铁柱宫遇见一位道士，相见如故，结为挚友。巧得很，居然在武夷山又巧遇这位道士，王守仁如实相告惧祸隐身之事，道士说：先生意欲远遁避祸，但是你的尊公（父亲）还在朝为官，此举恐怕连累尊公。听从他的劝告，王守仁吟咏道"海上曾为沧水使，山中又拜武夷君"，坦然赶赴龙场驿。[1]

龙场驿在万山丛中，荒凉而贫瘠。他刚到的时候，没有住房，就在岩洞中住宿。苗民对他十分尊重，为他伐木建造了一间屋子。他是只身前来的，无书可读成为最大的寂寞，正是这种境遇成就了日后享誉学界的"心学"。

弘治五年（1492），王守仁二十一岁，浙江乡试得中举人，次年会试落第。内阁大学士李东阳安慰道，你今年不第，来年必为状元，试作来岁状元赋一首如何？他悬笔立就，一旁各位大老惊叹："天才，天才。"也有妒忌者说："此子取上第，目中无我辈矣。"弘治九年（1496）再次会试，果然被妒忌者所压制而再次落第。回到家乡余姚，在龙泉山寺结诗社。退休官员魏瀚，平时雄才自放，与他对

1 黄绾《阳明先生行状》，《王文成全书》卷三十七《附录六·世德纪》。

弈联诗，见他佳句迭出，逊谢道：老夫当退避三舍。这位才子与一般文人迥然有别。何乔远说："守仁初溺于任侠，再溺于骑射，三溺于辞章，四溺于神仙，五溺于佛氏，而归正于圣贤。"[1]三举而中会试第二名，登上"甲榜"，和李梦阳、何景明、边贡、乔宇、汪俊、储瓘互相切磋学问。在出任兵部主事之前，早已名声远扬。由于直言极谏，遭此厄运，改变了他的仕途，王守仁坦然接受。

贬谪到了龙场驿，没有书可读，不得不改变做学问的方法，静坐顿悟。这一点，以前某些学者有所忽略，以为他是故意"束书不观"。而明清两代的史家早已点破，乃不得已而为之。

何乔远引王阳明原话，说："龙场在南夷万山中，无所得书，日坐石穴中，默记旧读，随手录之，意有所会，辄为训释，而不必其尽合于先贤者。"[2]

张岱《石匮书》引用了这一段话，可见他是赞同这一说法的。[3]

王世贞说："诸苗夷相率伐木为室，以居守仁。守仁乃益讲学，所治经往往取心得，不必与前训故比矣。"[4]

耿定向说："先生于时困衡动忍，不惟得失荣辱胥已解脱，即死生一念亦为拼置，端居澄默以思，倏若神启，大解从前伎俩见趣，无一可倚，唯此灵

1 何乔远《名山藏》卷八十五《儒林记·王守仁》。

2 何乔远《名山藏》卷八十五《儒林记·王守仁》。

3 张岱《石匮书》卷一百三十《王守仁列传》。

4 王世贞《新建伯文成王公守仁传》，《国朝献征录》卷九。

昭不昧者相为始终，不离伦物应感，而是是非非天则，自见证之六经四子无不吻合，益信圣人之道坦若大路如此。”[1]

万斯同说：“既谪龙场，穷荒无所得书，日夕细绎旧闻，忽悟格物致知当自求诸心，而不当求诸事物，始喟然曰：‘道在是矣！’遂笃信不疑……守仁既以此自信，故其为教，以无善无恶为心之体，以有善有恶为意之动，以知善知恶是良知，以为善去恶是格物。”[2]

关于贬谪龙场驿之后的处境与顿悟过程，万历时的工部尚书雷礼写得最为具体：

> 遂由武夷至广信，溯彭蠡，历沅湘，至贵阳龙场。始至，无屋可居，茇于丛棘间，迁于东峰，就石穴而居。夷俗以蛊毒为事，凡中土人至，必下蛊杀之。及欲蛊守仁，卜诸蛊神不协，于是龙场之民日来亲狎。以所居阴湿不可久，乃相与伐木为驿楼及屋，乃匾为“何陋轩”“君子亭”“宾阳堂”“玩易窝”以居之。龙场在万山中，书箧不可携，止偕三仆以往，诸仆历险冒瘴皆病，守仁日夕躬为汤糜调护之。（刘）瑾欲害公之意未已，守仁于一切得失荣辱之景皆能超脱，惟生死一念尚不能遣于心，乃为石椁，自誓曰：“吾今惟俟命，有死

1 耿定向《新建侯文成王先生世家》，《耿天台先生文集》卷十三。

2 万斯同《明史》卷二百七十三《王守仁传》。

而已，他复何计？”日夜端居默坐，澄心精虑，以求诸静一之中。一夕，忽大寤，终夜不寐，踊跃若狂者两日夜。嗣后，以所记忆五经之言证之，一一相契，独与晦庵（朱熹）注疏若相抵牾。恒往来于心，因著《五经臆说》。时元山席书官贵阳，闻其言论议，有自知其所学之非，至有诳己诳人之说。乃自信曰："晦翁（朱熹）亦已自悔矣。”日与学者讲究体察，愈益精明，而从游者众。[1]

清人徐开任《明名臣言行录》关于王守仁贬谪龙场驿之后，心学的形成，有进一步的发挥：

因念圣人当之，当必有过于此者。忽中夜有悟于致知格物之旨，而摄契于本心，不觉手舞足蹈。自是一意于圣人之学。乃言曰："圣人之学心学也，宋儒以知识为知，故需博闻强识以为知，既知已乃行，故遂终身不行，亦遂终身不知，不知圣贤教人即本心之明即知，不欺本心之明即行也。”又曰："至善者心之本体，心即是理，其昭明灵觉之知，则知也。意者心之发物，即心之用。心外无物，心外无理，故心外无学。”于是来学者日语之知行合一之旨。而提学副使席书问“朱陆同异”，先生不答，

1 雷礼《国朝列卿纪》卷五十《南京兵部尚书行实·王守仁》。

> 具以其所悟告之。（席）书沉思有省，与往复语数四，乃大豁然谓："圣人之学复睹于今，朱陆异同各有得失，无事辨诘为也。"辟贵阳书院，率诸生以师礼事之。[1]

我们终于明白，他为什么要说"心外无物"，"心外无理"，"心外无学"，"良知"就是"人心"，"致良知"就是"向内用心"的静坐功夫；也就明白，他为什么要强调"学贵得之心"了。

贵州提学副使席书慕名前往讨教，深深折服，为他创建龙冈书院，率诸生听他讲学。王守仁对学生们讲的，不是重复圣贤的语录，而是自己的心得。他的"心得"有特定的含义——"求诸心而得"。这就是他贬谪龙场驿之后的顿悟，倘若没有这几年的流放生涯，他能有这样振聋发聩的"心得"吗？把龙场顿悟看作王阳明思想发展的转折点，是毫不为过的。杜维明赞同日本学者岛田虔次的观点：它在阳明的个性发展中，在中国思想史中，都是一个划时代的事件。[2]他发挥道："这大概是他一生中最著名、受讨论最多的事件。有些学者说这是禅悟，有的学者主张在整个过程中道家方法很重要。有人论证说，这是合乎孟子和陆象山传统的正统儒学现象……对于阳明来说，禅宗佛学问题、道家问题，甚至作为一个思想体系的儒学，都

1 徐开任《明名臣言行录》卷五十《新建伯王文成公守仁》。

2 杜维明《青年王阳明（1472—1509）：行动中的儒家思想》，第145页。

是次要的。他的狂喜并不来自他突然认识到他是一个真正的儒者，而是来自于他认识到，不论外部局面多么令人失望，他都应矢志不渝地争取做圣贤。”杜维明的结论是：“阳明的大悟经验的突发性，没法解释成一个逐渐过程的结果。据记载，阳明本人对这种经验大为惊讶和震动。我们不得不承认，这是一种意外的质变。”[1]

王阳明的心得集中体现于《五经臆说》。年谱中写道：“（正德）三年戊辰，先生三十七岁，在贵阳。春至龙场。先生始悟格物致知。龙场在贵州西北万山丛棘中……因念圣人处此更有何道，忽中夜大悟格物致知之旨，寤寐中若有人语之者，不觉呼跃，从者皆惊。始知圣人之道，吾性自足，向之求理于事物者误也。乃以默记五经之言证之，莫不吻合，因著《五经臆说》。”[2]在常人难以忍受的困境中磨炼，截然不同于以往书房中的感受。先前苦苦探寻的“理”或曰“道”，始终不得要领，此时忽然有了大彻大悟。把自己的领悟与记忆中的五经语句加以对照，记下来就成了这本《五经臆说》。耐人寻味的是，王阳明竟然把它付之一炬，在他的全集中只保留了十三条。门人钱德洪解释说：“师居龙场，学得所悟，证诸五经，觉先儒训释未尽，乃随所记忆为之疏解。阅十有九月，五经略遍，命曰‘臆说’。既后自觉学益精，工夫益简易，故不

1 杜维明《青年王阳明（1472—1509）：行动中的儒家思想》，第145—148页。

2 王守仁《王文成全书》卷三十二《附录一·年谱一》。按：年谱中“臆说”误刻成“亿说”。

复出以示人。洪（钱德洪）尝乘间以请，师笑曰：‘付秦火久矣。’”[1]阳明先生用十九个月时间写成的四十六卷洋洋巨著，居然付诸“秦火”，其中的缘由已经难以知晓，只能从他写的《〈五经臆说〉序》揣摩一二。

这篇序言不长，却意味深长，有三层意思。首先，他用鱼与筌（捕鱼的竹篓）的关系，醪（酒）与糟粕的关系，作为比喻，来说明如何看待五经，如果把“筌”当作鱼，把糟粕当作“醪”，那么就得不到鱼与醪。因此他说：“五经，圣人之学具焉，然自其已闻者而言之，其于道也，亦筌与糟粕耳。”其次，强调《五经臆说》是坦陈自己的“胸臆之见”：“龙场居南夷万山中，书卷不可携，日坐石穴，默记旧所读书而录之，意有所得，辄为之训释，期有七月，而五经之旨略遍，名之曰‘臆说’。盖不必尽合于先贤，聊写其胸臆之见，而因以娱情养性焉耳。”最后的画龙点睛之笔是：“呜呼，观吾之说而不得其心，以为是亦筌与糟粕也。”[2]所要阐明的是他一贯的思想——“学贵得之心”，希望弟子们有自己的心得，不要受他的“胸臆之见”所束缚，用心可谓良苦。由此似乎可以窥知《五经臆说》付诸“秦火”的端倪了。正如杜维明所说：“阳明所以不愿意公开他的《五经臆说》，一方面因为他心怀如此深邃的内心经验，以至于他自己也无法用词句

1 王守仁《王文成全书》卷二十六《续编一·五经臆说十三条》，钱德洪按语。

2 王守仁《〈五经臆说〉序》，《王文成全书》卷二十二《外集四》。

恰当地表达出来；另一方面，是因为他的教育哲学强调，每一个学生在读经时通过体验获得的个人知识都是个人的。”[1]

如果我们断言，“学贵得之心”是王阳明龙场顿悟的最大收获，恐怕并不为过吧！

◤顾宪成，常州无锡人，万历八年进士。官至户部主事，后革职归家。与弟允成倡建无锡东林书院，偕同志讲学。人称“东林先生”，学者亦称“泾阳先生”。

他的这种心得，为沉闷而缺乏新意的儒学带来了清新的空气。对阳明心学有所批判的顾宪成也不得不承认：“当士人桎梏于训诂词章之间，骤而闻良知之说，一时心目俱醒，恍若拨云雾而见白日，岂不大快！”[2]然而，这种“大快”也引来无穷的麻烦，以至于被保守势力诬蔑为“邪说”“伪学”。

3.“功高而见忌，学古而人不识”

正德五年（1510），刘瑾以“反逆”罪凌迟处死，王守仁由龙场驿丞调任江西庐陵知县。他选拔里正三老，让他们负责诉讼调解，这种独特的治理方式收到了“囹圄空虚”的奇效，不久晋升为刑部主事、吏部主事。吏部尚书杨一清器重他的才干，提拔为南京太仆寺少卿，分管滁州。正德十二年（1517），兵部尚书王琼以为他是“不世出”的

1 杜维明《青年王阳明（1472—1509）：行动中的儒家思想》，第167页。
2 顾宪成《小心斋札记》卷三。

奇才，推荐他为都察院右佥都御史，出任南赣汀漳巡抚。

对于他的仕途而言，这是一个转折点，得以充分展示学问之外的事功，特别是军事才干。他少年时代就有“任侠之气”，会试两次落第之后，“乃学兵，往塞外观山川，学骑射”，使他在“平山中贼”时游刃有余。他到任后，发布公告，“求通民情，愿闻己过，行十家保甲法，务使奸无所容”。又申明赏罚之法，他认为：“古者赏不逾时，罚不后事，过时而赏与无赏同，后事而罚与不罚同。况过时而不赏，后事而不罚，其亦何以齐一人心，而作兴士气？”[1]仅仅用了几个月时间，平定了赣南延续数十年的匪患，捣毁“贼巢”八十多处。为持久计，他相视形势险易，立县设隘，留兵防守。赣人纷纷戴香遮道而迎，为之立生祠。他把赣南的事功，归功于兵部尚书王琼的知人善任，如果没有王公的精心委任，不可能成就功名，因此每次向朝廷报捷，多提及王琼。此举引起内阁大老与王琼交恶，因而连累自己，为他日后的仕途埋下了隐患。

正德十四年（1519）六月，宁王宸濠在驻地南昌发动武装叛乱，驰檄远近，指斥朝廷，杀死都御史孙燧、按察副使许逵，抢劫府库，意欲分庭抗

◥ 朱宸濠，明太祖朱元璋五世孙，弘治十年袭封宁王。正德十四年起兵造反，后为王守仁率兵戡定。

1　徐开任《明名臣言行录》卷五十《新建伯王文成公守仁》。

礼。王守仁一面上疏告变，一面向各府县揭露宸濠罪状，敦促各地出兵勤王。他担心南京这座不设防的城市一旦落入宸濠之手，后果不堪设想，便发布消息，声称京师及湖广、广东、广西、浙江、南京、淮安等地数十万大军不日赶到。宸濠信以为真，迟疑半月，不敢离开南昌。待到他决意进攻九江、安庆、南京时，援军已到。王守仁与吉安知府伍文定指挥若定，先是捣毁宸濠在南昌的巢穴，既而迎战于鄱阳、柴桑、湓口，仅仅三十五日，叛军灰飞烟灭，生擒宸濠和他的世子、眷属，斩首三千级，溺死二万多，江面上浮尸、衣甲、器物漂流绵亘十几里。[1]

这是王守仁最为辉煌的事功，人们誉之为："明世文臣用兵未有如守仁者。"何乔远写道："惟其事功以用兵显，其俶傥权变，百谲千幻，于蹈险出危之间，不无异时任侠之气。"[2]

这样的事功，展现了他的军事才能，也显示了他的政治眼光。他由此次事变向皇帝进谏，希望皇上引为教训，改弦易辙："陛下在位一十四年，屡经变难，民心骚动，尚尔巡游不已，致宗室谋动干戈，冀窃大宝。且今天下之觊觎，岂特一宁王？天下之奸雄，岂特在宗室？言念及此，懔骨寒心……伏望皇上痛自克责，易辙改弦，罢出奸谀，以回天下豪杰之心；绝迹巡游，以杜天下奸雄之望。定

1 黄绾《阳明先生行状》，《王文成全书》卷三十七《附录六·世德纪》。

2 何乔远《名山藏》卷八十五《儒林记·王守仁》。

立国本，励精求治，则太平尚有可图，群臣不胜幸甚。”[1]这种直言无忌的批评，令那些引导皇帝四处巡游的佞幸们怀恨在心。

更为棘手的是，那些佞幸们都想抢夺平定宁王叛乱的功劳，策动武宗任命安边伯许泰为总督军务总兵官，平露伯江彬为提督军务，太监张忠为提督策划机密军务，查勘宸濠反逆事情，太监魏彬为提督，兵部侍郎王宪督理粮饷，前往江西征讨。行至半途，获悉宸濠已被活捉，佞幸们为了抢夺战功，秘密奏请武宗亲征。武宗也想乘此机会显示自己的殊勋，自称总督军务威武大将军总兵官、后军都督、太师镇国公，欲往江西御驾亲征。朝廷大臣极力劝谏，一概不听，甚至杖死了几名劝谏的官员，一意孤行。

这就使得王守仁的处境极为不利。江彬、许泰等先领兵由大江至江西，入居南昌城中，散布流言诬陷王守仁“始同濠谋反，因见天兵猝临征讨，始擒濠以脱罪”，欲一并逮捕王守仁，“各为己功”。[2]那些佞幸们“既闻公已擒宸濠，甚不喜，盖不以擒叛为功，而以不待上亲征，辄擒（宸）濠为擅”。王守仁正由南昌前往广信途中，太监张忠竟然要他把宸濠释放到鄱阳湖，等待皇帝来“亲擒示武”。他据理反驳：“一日纵敌，数世之患，谁敢以叛藩戏？”[3]不久，他在杭州对御用监太监张永说：江西

1 王守仁《奏闻宸濠伪造檄榜疏（正德十四年七月初五日）》，《王文成全书》卷十二《别录·奏疏四》。

2 黄绾《阳明先生行状》，《王文成全书》卷三十七《附录六·世德纪》。

3 徐开任《明名臣言行录》卷五十《新建伯王文成公守仁》。

人民久遭宸濠荼毒，经受大乱，又遭旱灾，困苦之极，必逃聚山谷为乱，形成土崩瓦解之势，然后再来平定，就困难了。张永颇以为然，回应道：我此番前来专为钳制那些佞幸，欲从中调护，默默辅佐皇上，并非掩盖你的功劳。王守仁随即把宸濠交给他，押赴朝廷论处。[1]

王守仁回到南昌，从容应对张忠等率领的京兵、边兵的骚扰抢掠，出榜宣告："北军南征，跋涉数千里，劳苦万状，我民念其来为我，宜客事之，毋有所慢。"并且设宴犒劳将士，将士喜叹："王都堂好官，我等奈何受人嗾，辱好官耶？"[2]张忠等见军士不肯侮辱王守仁，且思北归，不得不班师回朝。

江彬、许泰、张忠图谋夺功，诬陷王守仁"将叛逆"。张永洞悉彼等阴谋，发誓说："王都御史乃忠臣为国，今欲以此害之，天理何在？我若不为一明其冤，何可当也？他日朝廷有事，何以使臣子之忠？"回京复命时，当面向皇帝说明王守仁尽心为国尽忠之功，以及江彬等人意欲加害之意。不久江彬等人果然诬陷王守仁"无君欲叛"，武宗不信，说："王都御史乃我家忠臣，你等如何好这等说！"[3]

因为这样的关系，武宗皇帝打算破格册封他为伯爵——新建伯，由于突然驾崩，来不及付诸实施。世宗皇帝即位，召王守仁入朝接受宴赏，六月

1 黄绾《阳明先生行状》，《王文成全书》卷三十七《附录六·世德纪》。

2 徐开任《明名臣言行录》卷五十《新建伯王文成公守仁》。

3 雷礼《国朝列卿纪》卷五十《南京兵部尚书行实·王守仁》。

十六日下达圣旨："昔能剿平乱贼，安靖地方，朝廷新政之初，特兹召用，敕至，尔可驰驿来京，毋或稽迟。"[1]六月二十日，王守仁奉旨启程。不料遭到内阁辅臣反对，暗中指使言官制造舆论，借口武宗国丧，资费浩繁，不宜举行宴赏之事。王守仁行至中途折返，请求回乡省亲。十二月，大行皇帝丧礼过后，世宗皇帝册封他为新建伯，赐与奉天翊卫推诚宣力守正文臣，特进光禄大夫、柱国，兼南京兵部尚书，参赞机务，岁支禄米一千石，三代并妻一体追封。

嘉靖元年（1522），父亲王华病故，王阳明辞官回乡丁忧守制。伴随荣誉而来的，是一片妒忌与诽谤之声。一些言官迎合内阁大老之意，老调重弹"勾通宸濠"，又搞出新花样，攻击他的学术是"伪学"。雷礼写道："嘉靖元年，丁父忧，四方来游其门讲学益众。科道官迎当路意，首以伪学劾之。服阕，例该起复，辅臣忌其才高望重，六载不召。御史石金等交章论荐，皆不报。礼部尚书席书为疏，特荐守仁及石淙杨一清，曰：'生在臣前见一人，曰杨一清；生在臣后见一人，曰王守仁。'时江西辅臣（杨廷和）尝有私憾于守仁，乃密谗于上曰：'守仁将宸濠妃二人取归为妾。'致上疑，以沮其进。"[2]嫉妒其才高望重，权臣们无所不用其极，甚至无端捏造娶宸濠妃子为妾这样的谎言，来阻止他

1 黄绾《阳明先生行状》，《王文成全书》卷三十七《附录六·世德纪》。

2 雷礼《国朝列卿纪》卷五十《南京兵部尚书行实·王守仁》。

的复出，不免令人想起南宋时，诋毁朱熹为“伪学逆党”的佞幸们，为了败坏其名声，居然捏造“纳其尼女”（娶两个尼姑为妾）的谎言。手段尽管卑劣，目的还是达到了。王世贞对此感慨系之：“守仁忧居，而从游者益众，相与推隆之。又以功高文臣预五等爵，忌者蜂起，有目为伪学者，有以下南昌纵士掳掠，及得宁邸（宁王府）之金宝子女者，至有谓初通宸濠谋，荚其不胜而背之者。”[1]张岱也说：“守仁故以才略为王琼器任……用是，其形迹不能无疑于士大夫，起家书生，功名独盛，忌者益蜂响丑诋。至谓守仁阴附宸濠，荚不胜而后背之者，至请黜守仁爵。”[2]诽谤王阳明暗中依附宸濠，串通谋反，毕竟毫无事实依据，世宗皇帝虽然有所动摇，鉴于他“仗义讨贼，功固可录”，不敢贸然取消他的封爵。但是，当他丁忧守制期满，轻信内阁辅臣之言，迟迟不让他起复。

◤ 大礼议，明嘉靖帝即位后为追封亲生父母尊号而引发的朝堂争议。首辅杨廷和、礼部尚书毛澄为首的朝臣以前皇帝为尊，主其生父称“皇叔父”；观政进士张璁、南京刑部主事桂萼等迎合上意，议尊“皇考”。双方争论激烈。嘉靖三年四月，嘉靖帝追尊父母为“本生皇考恭穆献皇帝”“本生圣母章圣皇太后”，后又采张、桂言，去“本生”之称。朝臣二百余人跪于左顺门前固争。嘉靖帝怒，下狱一百三十四人，廷杖而死者十六人。

污蔑阳明心学为“伪学”的急先锋，就是因大礼议而得宠的宵小之徒桂萼。毛奇龄写道：“时上议大礼，张（璁）、桂（萼）之徒如霍韬、方献夫辈，皆前后请教，且有从而北面者。惟桂萼憾公（王守仁），指公伪学，而上亦惑之，迟久不召。”[3]在他的

1　王世贞《新建伯文成王公守仁传》，《国朝献征录》卷九。
2　张岱《石匮书》卷一百三十《王守仁列传》。
3　毛奇龄《王文成传本》卷二。

影响之下，一些科道官纷纷上疏，含沙射影地攻击王守仁。嘉靖元年（1522）十月，礼科给事中在奏疏中说："三代而下，论正学者莫如朱熹，近有倡为异学者，大率取陆九渊之简便，而以朱熹为支离。好高务名之士群然从之。宜严禁，以正士习。"所谓"取陆九渊之简便，而以朱熹为支离"，矛头直指王守仁。御史梁世骠也有类似的奏疏。礼部对他们表示支持，批复道："二臣之言深切时弊，有补风教。"皇帝根据内阁辅臣的票拟，下达圣旨："祖宗表章六经，敕崇正学，欲成正大光明之业。近来士习诡异，文词艰险，有伤治化。行督学谕禁，自今教人取士，一依程朱之言，不许妄为不经之书，私自传刻，以误正学。"[1]圣旨中虽没有"伪学"二字，其实已经暗含在内，从两次提及"正学"，反衬其"私自传刻""不经之书"，不言而喻是"伪学"。

嘉靖二年（1523），对王守仁的攻击反映到了科举考试之中。邓元锡提及此事："癸未（嘉靖二年）南宫发策，至斥为伪学，欲焚书申禁。"[2]年谱中也提及此事："南宫策士以心学为问，阴以辟先生。"不但指明是射向王守仁的暗箭，而且补充了许多细节。君子坦荡荡，王守仁淡然处之，门人徐珊读到这道以心学为靶子的策问，叹息道："吾恶能昧吾知以幸时好耶。"先生不置可否。针对先生关

1 沈越《皇明嘉隆两朝闻见纪》卷一，嘉靖元年十月。

2 邓元锡《皇明书》卷四十二《心学纪·王文成公守仁》。

于前景大明的说法，钱德洪问道："时事如此，何见大明？"王阳明答道："吾学恶得遍语天下士？今会试录虽穷乡深谷无不到矣，吾学既非，天下必有起而求真是者。"侍候在一旁的邹守益、薛侃、黄宗明、马明衡、王艮等，纷纷谈到近来"谤议日炽"，王阳明要他们分析其中的原因。有的说："先生势位隆盛，以忌嫉谤。"有的说："先生学以明，为宋儒争异同，则以学术谤。"有的说："天下从游者众，与其进不保其位，又以身谤。"王阳明说，三种情况诚然都有，我自己明白，诸君的议论还没有触及。随后说道"吾自南京以前尚有乡愿意思在，今只信良知真是真非处，更无掩藏回护，才做得狂者，使天下尽说我行不掩言，吾亦只依良知行。"门人请教"乡愿"与"狂者"的区别，王阳明说："'乡愿'以忠信廉洁见取于君子，以同流合污无忤于小人，故非之无举，刺之无刺。然究其心乃知忠信廉洁所以媚君子也，同流合污所以媚小人也，其心已破坏矣，故不可与入尧舜之道。'狂者'志存古人，一切纷嚣俗染，举不足以累其心，真有凤凰翔于千仞之意，一克念即圣人矣。"[1]

面对谤议，王阳明坦荡之极，坚持做一个"只信良知真是真非"的狂者，不屑和小人同流合污。他显然是在以君子之心度小人之腹，没有料到身死之后，竟然淹没在汹涌而来的谤议巨浪之中。

1 王守仁《王文成全书》卷三十四《附录三·年谱三·嘉靖二年癸未》。

嘉靖六年（1527），广西思恩州土官知府岑猛叛乱，提督都御史姚镆束手无策，兵部侍郎张璁拉拢礼部侍郎桂萼共同推荐王守仁，出任总督广西等四省军务，要他去收拾烂摊子。光禄寺少卿黄绾或许知道这个烂摊子很难收拾，向皇帝建议，王守仁“才德堪任辅弼”——可以出任内阁辅臣。皇帝亲笔写了御札，连同黄绾奏疏交付内阁议处，内阁首辅杨一清疑忌王守仁的才干，极力反对，与张璁联名回复皇帝：“王守仁才固可用，但好服古衣冠，喜谈新学，人颇以此异之，不宜入阁，但可用为兵部尚书。”桂萼得知黄绾之议，大为恼怒，向皇帝呈进密帖，百般诋毁王守仁。[1]

王守仁抵达广西南宁时，岑猛已死，其党羽卢苏、王受相继叛乱，卢、王二人素来慑于王公威名，进退维谷，陷于窘境。王守仁不想兵连祸结，向皇帝上疏分析此次事变的缘由，岑猛之所以叛乱，地方军政部门负有不可推卸的责任。一是两广军门“因循怠弛，军政日坏，上无可任之将，下无可用之兵，一有惊急，必须倚调土官狼兵若（岑）猛之属者，而后行事。故此辈得以凭恃兵力，日增其桀骜。……及事之平则又功归于上，而彼无所与”；二是“不才有司因而需索引诱，与之为奸，……始而征发愆期，既而调遣不至，上嫉下愤，日深月积，劫之以势，而威益亵，笼之以诈，

1 雷礼《国朝列卿纪》卷五十《南京兵部尚书行实·王守仁》。

而术愈穷……至有今日”。有鉴于此，他认为：“所可愤怒者，不过岑猛父子及其党恶数人而已，其下万余之众固皆无罪之人也。今岑猛父子及其党恶数人，既云诛戮，已足暴扬。所遗二酋，原非有名恶目，自可宽宥者也。又不胜二酋之愤，遂不顾万余之命，竭两省之财，动三省之兵，使民男不得耕，女不得织，数千里内骚然涂炭者两年于兹，然而二酋之愤至今尚未能雪也，徒尔兵连祸结，征发益多，财馈益殚，民困益深，无罪之民死者十已六七，山瑶海贼乘衅摇动，穷迫必死之寇既从而煽诱之，贫苦流亡之民又从而逃归之，其可忧危何啻十百于二酋者之为患！”[1]所以他主张对卢苏、王受实施宽大政策，给予自新之路，息兵罢饷，休养疮痍之民。

王守仁的判断是正确的，终于不战而屈人之兵，成为他作为封疆大吏漂亮的收官之作。皇帝下旨嘉奖：“王守仁受命提督军务，莅任未久，乃能开诚宣恩，处置得宜，致令叛夷畏服，率众归降，罢兵息民，奇功可嘉。”[2]

他是抱病出征的，十月初八日，当朝廷派来嘉奖的官员赶到广西时，已经卧病床褥一月有余。十月初十日，他向皇帝请求回乡就医养病，推荐两广布政使林富代理职守。

嘉靖七年（1528）十月二十九日，王守仁在

1 王守仁《赴任谢恩遂陈肤见疏（嘉靖六年十二月初一日）》，《王文成全书》卷十四《别录·奏疏六》。

2 雷礼《国朝列卿纪》卷五十《南京兵部尚书行实·王守仁》。

北上途中，病逝于江西南安，享年五十七岁。临死前，他向家僮留下遗言："他无所念，平生学问方才得见数分，犹未能与吾党共成之，为可恨耳。"[1]江西巡按御史储良才向朝廷报告讣闻，一向忌惮王守仁的吏部尚书桂萼扣押讣闻，弹劾王守仁擅离职守，指责他处置平叛事宜"恩威倒置"，并且旧事重提，诋毁其擒宸濠"冒滥军功"。桂萼与杨一清还指使锦衣卫都指挥使聂能迁，无中生有地污蔑他用一百万两金银托黄绾送给张璁，推荐总督两广军务之职。黄绾奋起辩诬，把聂能迁驳得体无完肤。皇帝下旨："黄绾学行才识众所共知，王守仁功高望隆，舆论推重。聂能迁这厮捏词妄奏，伤害正类。都察院便照前旨，并严加审问，务要逐一追究与他代做奏词并帮助奸恶人犯来说。"[2]结果聂能迁成了替罪羊，被活活杖死。

既然"仗义讨贼"的事功无法否定，宵小之徒便从"学术"下手，全盘否定他的"心学"。正如嘉靖时的兵部尚书郑晓所说："王公才高学邃，兼资文武，近世名卿鲜能及之。特以讲学故，众口交訾。盖公功名昭揭，不可盖覆，唯学术邪正未易铨测，以是指斥，则谗说易行，娼心称快耳。"[3]他的事功朝野上下众所周知，难以颠倒黑白，只能从学术下手，因为学术的真伪正邪很难衡量，便于信口雌黄。

1 黄绾《阳明先生行状》，《王文成全书》卷三十七《附录六·世德纪》。

2 雷礼《国朝列卿纪》卷五十《南京兵部尚书行实·王守仁》。

3 郑晓《吾学编》卷四十九。

这种手法，令人想起南宋时朱熹的遭遇，他的政绩卓著，无可指责，当权派为了排斥异己，把他的学说诬蔑为“专门曲学”“欺世盗名”，并且罗织一个子虚乌有的“伪学逆党”，给予严厉打击。从学术观点上看，王守仁的“心学”与朱熹的“理学”很不一样，遭遇却惊人相似，也被诬蔑为“伪学”。

令人不可思议的是，皇帝的态度有了很大的变化，接到桂萼攻击王守仁擅离职守的报告，对这种“事君不忠”的行为大为恼怒，写了谕旨给内阁首辅杨一清、吏部尚书桂萼，措辞非常严厉：“守仁擅离重任，甚非大臣事君之道，况其学术事功多有可议。卿等仍会官详定是非及封拜宜否以闻，不得回护姑息。”[1]

詹事府詹事黄绾顶着压力向皇帝上疏，为王守仁的事功与学术辩诬，直指要害：“臣所以深知守仁者，盖以其功与学耳。然功高而见忌，学古而人不识，此守仁之所以不容于世也。”他一一列举其事功，比如平定宸濠叛乱，“若非守仁忠义自许，身任讨贼之事，不顾赤族之祸，倡义以勤王，运筹以伐谋，则天下安危未可知”；比如平定各处盗贼之乱，“守仁所立战功，皆除大患，卒之以死勤事。夫兵政国之大事，宜为后世法，可以终泯其功乎”？然后分析守仁学术，都源于孔子、孟子

1《明世宗实录》卷九十八，嘉靖八年二月戊辰。

等“先民之言”，绝非“邪说”。他说：其学之大要有三：“一曰致良知。实本先民之言，盖致知出于孔氏，而良知出于孟轲性善之论。二曰亲民。亦本先民之言，盖《大学》旧本所谓亲民者，即百姓不亲之亲，凡亲贤乐利，与民同其好恶，而为絜矩之道者是已。此所据以从旧本之意，非创为之说也。三曰知行合一。亦本先民之言，盖知至至之，知终终之，只一事也。守仁发此，欲人言行相顾，勿事空言以为学也。”他的结论是：“是守仁之学，弗诡于圣，弗畔于道，乃孔门之正传也，可以终废其学乎？”因此他向皇上建议：“扩一视之仁，特敕所司，优以恤典赠谥，仍与世袭，并开学禁，以昭圣政。”[1]言辞恳切，句句在理，世宗皇帝却置之不理。给事中周延与黄绾相呼应，写了奏疏批评皇帝：“以一眚尽弃平生，非所以存国体而昭公论。”又说：“守仁事功学术人所共服，不必更议。”皇帝大为恼怒，申斥道：“朝廷以此为功罪所系，故命集议，周延党附狂率，谪补外职。”[2]

桂萼得到皇上谕旨，如同尚方宝剑在手，立即以“吏部会议”的名义，上报审查结论：“守仁事不师古，言不称师，欲立异以为名，则非朱熹格物致知之论，知众论之不与，则为《朱熹晚年定论》之书，号召门徒，互相唱和。才美者乐其任意，或流于清谈，庸鄙者借其虚声，遂敢于放肆。传习

1 王守仁《王文成全书》卷三十四《附录三·年谱三》。

2 沈越《皇明嘉隆两朝闻见纪》卷三。《王文成全书》卷三十四《附录三·年谱三》。

转讹，悖谬日甚。”然而王守仁在正德、嘉靖之际的“事功”，有目共睹，难以否定，桂萼提出貌似折中的处理方案：剥夺他的封爵——新建伯，美其名曰“彰国家之大信”，达到“申禁邪说，以正天下人心”之目的。[1]皇帝支持桂萼的意见，批示道：“卿等言是。”然后发了一通和桂萼相似的议论：“守仁放言自肆，诋毁先儒，号召门徒虚声附和，用诈任情，坏人心术。近年士子传习邪说，皆其倡导。”把他的学说批得一无是处，结论是：“所封伯爵本当追夺，念系先朝信令，姑与终身，其殁后恤典俱不准给。都察院榜谕天下，敢有踵袭邪说，果于非圣者，重治不饶。”[2]也就是说，新建伯的封爵随着他的死亡自然终止，子孙不得世袭。王守仁独子王正亿，在皇帝怒气消解后才得到了一个小小的锦衣卫副千户的职位。这些荣誉原本是皇帝赐予的，他当然有权任意剥夺。令人惊讶的是，嘉靖居然以皇帝圣旨的形式，宣布阳明心学是“坏人心术”的“邪说”，禁止传播与学习，否则“重治不饶”。

值得注意的是，桂萼指责王守仁“事不师古，言不称师”，所列举的事实只有《朱子晚年定论》，而且还把书名误写成《朱熹晚年定论》，看来他似乎没有看过此书，只是道听途说而已。以桂萼的那点学识，根本不可能知道，在王守仁的《朱子晚年定论》之前，早就有人提出过类似的观点，那就是

1《明世宗实录》卷九十八，嘉靖八年二月甲戌。

2《明世宗实录》卷九十八，嘉靖八年二月甲戌。

程敏政。程敏政认为"朱子晚年所以兼受陆子之学，诚不在南轩、东莱之下"，结论是"朱陆二氏之学始异而终同"，所谓"始异"，就是朱子"早年未定之论"；所谓"终同"，就是朱子晚年定论，已经兼受陆子之学。邓志峰提及此事时指出：元明之际，学术上逐渐有朱陆合流的倾向，"在这股潮流中，活跃在成、弘时代的程敏政尤其值得重视。此人不仅在理学上的见解影响甚大，他的作品《道一编》、他为真德秀《心经》所作的附注，都对朱陆合流起了不小的推动作用。程氏《心经附注》旨在发明朱子之心学多引程子之论。尽管仍未超出朱学范围，但对心的关注使其影响自不可小觑。《道一编》则明标'朱子晚年所以兼受陆子之学，诚不在南轩、东莱之下'，力主'朱陆二氏之学始异而终同'，把二人不同的观点看成是'早年未定之论'，开王守仁作《朱子晚年定论》的先河。"[1]由此可见，朱子晚年定论云云，充其量不过是一个经学史上的学术问题，桂萼把它上升为政治问题，企图证明王守仁是"伪学""邪说"。皇帝接受了这种说法，下令禁止传播、学习，理由是苍白无力的。

4. 漫长的昭雪之路

统治者总以为动用政权力量打压一种思潮或

1 邓志峰《王学与晚明的师道复兴运动》，社会科学文献出版社，2004年，第318—319页。

一个学派，立刻可以收到万马齐喑的效果。其实不然，一种思潮或一个学派一旦为人们所信仰，它的生命力强大无比，绝非政权暴力所能消解。阳明心学就是如此。门人为他编撰的年谱，记录了门生故友对他的追思，以及对朝廷禁令的蔑视，让人们看到了不屈服于威权高压的希望之光。一些文人与官员并没有被皇帝“重治不饶”的警告吓倒，依然我行我素，令人敬仰，也令人五味杂陈。读者诸君不妨耐心阅读以下的记录：

嘉靖八年（1529）二月四日，阳明先生的灵柩运抵家乡余姚，弟子门人为他举行祭奠仪式。

嘉靖九年（1530）五月，门人薛侃在天真山建立精舍，祭祀先生。

嘉靖十一年（1532）正月，门人方献夫联合同志在京师聚会，纪念先生。年谱写道：“自师没，桂萼在朝，学禁方严，薛侃等既遭罪谴，京师讳言学。至是年，编修欧阳德、程文德、杨名在翰林，侍郎黄宗明在兵部，戚贤、魏良弼、沈谧等在科，与大学士方献夫俱主会。于时，黄绾以进表入，（钱德）洪、（王）畿以趋廷对入，与林春、林大钦、徐樾、朱衡、王惟贤、傅颐等四十余人，始定日会之期，聚于庆寿山房。”[1]显然门人同志对于“敢有踵袭邪说”的警告，不屑一顾。

嘉靖十二年（1533），门人欧阳德联合同门，

1 王守仁《王文成全书》卷三十五《附录四·年谱附录·十一年壬辰正月》。

在南京聚会，纪念先生。年谱写道："自师没，同门既襄事于越。三年之后归散四方，各以所入立教，合并无时。是年，欧阳德、季本、许相卿、何廷仁、刘旸、黄弘纲嗣讲东南。（钱德）洪亦假事入金陵。远方志士四集，类萃群趋，或讲于城南诸刹，或讲于国子（监）鸡鸣（寺），倡和相稽，疑辩相绎。师学复有继兴之机矣。"[1]

嘉靖十三年（1534）正月，门人邹守益在江西安福建立复古书院，祭祀先生。三月，门人李遂在浙江衢州建立讲舍，祭祀先生。五月，贵州巡按御史王杏在贵阳建立王公祠。年谱记叙："是年，（王）杏按贵阳，闻里巷歌声蔼蔼如越音，又见士民岁时走龙场致奠，亦有遥拜而祀于家者，始知师教入人之深……乃为赎白云庵旧址立祠。"[2]

嘉靖十四年（1535）二月，《阳明先生文录》在苏州刊刻出版。年谱记曰："先是，（钱德）洪、（王）畿奔师丧，过玉山，检收遗书。越六年，（钱德）洪教授姑苏，过金陵，与黄绾、闻人诠等议刻《文录》……是年二月，鸠工成刻。"[3]

南直隶巡按御史曹煜在九华山建立仰止祠，祭祀先生。

嘉靖十五年（1536），浙江巡按御史张景、提学佥事徐阶重修天真精舍，礼部尚书黄绾作碑记，其中写道："今日书院之创，非徒讲学，又以明先生

1 王守仁《王文成全书》卷三十五《附录四·年谱附录·十二年癸巳》。

2 王守仁《王文成全书》卷三十五《附录四·年谱附录·十三年甲午五月》。

3 王守仁《王文成全书》卷三十五《附录四·年谱附录·十四年乙未》。

之功也。”[1]

嘉靖十六年（1537），门人周汝贞在余姚建立新建伯祠。同年十一月，佥事沈谧在家乡秀水县建立书院，祭祀先生。年谱说：“（沈）谧初读《传习录》，有悟师学，即期执贽请见，师征思田，弗遂……遂拜薛子（侃），率同志王爱等数十人，讲学于其中”。[2]

嘉靖十七年（1538），浙江巡按御史傅凤翔在余姚龙山建立阳明祠。

嘉靖十八年（1539），江西提学副使徐阶，在江西洪都建立仰止祠，祭祀先生。年谱写道：“自（徐）阶典江西学政，大发师门宗旨，以倡率诸生。于是同门吉安邹守益、刘邦采、罗洪先，南昌李遂、魏良弼、良贵、王臣、裘衍，抚州陈九川、傅默、吴悌、陈介等，与各郡邑选士俱来合会焉。”[3]

嘉靖十九年（1540），门人周桐、应典等在浙江永康县建立书院，祭祀先生。

嘉靖二十一年（1542），门人范引年在浙江青田县建立混元书院，祭祀先生。

嘉靖二十三年（1544），门人徐珊在湖广辰州建立虎溪精舍，祭祀先生。

嘉靖二十七年（1548）八月，江西万安县同志在白云山麓建立云兴书院，祭祀先生。九月，门人陈大伦在广东韶州建立明经书院。年谱写道：“书院

1 王守仁《王文成全书》卷三十五《附录四·年谱附录·十五年丙申》。

2 王守仁《王文成全书》卷三十五《附录四·年谱附录·十六年丁酉十一月》。

3 王守仁《王文成全书》卷三十五《附录四·年谱附录·十八年己亥》。

在府城。先是，同门知府郑骝作明经馆，与诸生课业，倡明师学。至是，大伦守韶，因更建书院，立师位，与陈白沙先生并祀。”[1]

嘉靖二十九年（1550）正月，吏部主事史际在溧阳建立嘉义书院，祭祀先生。史际聘请钱德洪主持教事，常来参加讲会的不下百余人；春秋祭祀阳明与甘泉两先生。钱德洪在此期间，把先生《朱子晚年定论》一卷增刻为三卷，重刻先生《山东甲子乡试录》。四月，门人吕怀等在南京崇礼街新泉精舍建立大同楼，设先师画像，举办讲会。[2]

嘉靖三十年（1551），贵州巡按御史赵锦在龙场的龙冈书院旁建立阳明祠。罗洪先撰写的阳明祠碑记，对阳明先生的事功学术大加赞美：“先生以豪杰之才，振迅雄伟，脱屣于故常，于是一变而为文章，再变而为气节，当其倡言于逆瑾蛊政之时，挞之朝而不悔，其忧思恳款，意气激烈，议论铿訇，真足以凌驾一时而托名后世，岂不快哉！及其摈斥流离，而于万里绝域，荒烟深箐，狸鼯豺虎之区，形影孑立，朝夕惴惴，既无一可骋者，而且疾病之与居，瘴疠之与亲。情迫于中，忘之有不能；势限于外，去之有不可……至于是而后，如大梦之醒，强者柔，浮者实……然则先生之学，出之而愈张，晦之而愈光，鼓舞天下之人，至于今日不怠者，非雷霆之震，前日之龙场，其风霰也哉！”[3]

1 王守仁《王文成全书》卷三十五《附录四·年谱附录·二十七年戊申九月》。

2 王守仁《王文成全书》卷三十五《附录四·年谱附录·二十九年庚戌正月》。

3 王守仁《王文成全书》卷三十五《附录四·年谱附录·三十年辛亥》。

嘉靖三十一年（1552），提督南赣都御史张烜在赣州郁孤山建立阳明王公祠。江西佥事沈谧在南安复建阳明王公祠。南安是阳明先生逝世之地，士民哀号哭泣，在学宫之右建造阳明王公祠。其后，由于先生被诬，地方官“承奉风旨”，把祠堂迁往小巷深处，隘陋污秽，人心不堪，沈谧与有司及师生商议，在旧址复建。

嘉靖三十二年（1553），江西佥事沈谧在信丰县修复阳明王公祠，此后，赣州府所属十一县陆续建立阳明王公祠。

嘉靖三十三年（1554），南直隶巡按御史闾东、宁国知府刘起宗在泾县建立水西书院，祭祀先生。

嘉靖三十四年（1555），欧阳德改建余姚天真仰止祠。邹守益撰写《天真仰止祠记》，讲述其始末：“天真书院本天真、天龙、净明三寺地，岁庚寅（嘉靖九年），同门王子臣、薛子侃、王子畿暨德洪，建书院以祀先生新建伯。中为祠堂，后为文明阁、藏书室、望海亭，左为嘉会堂、游艺所、传经楼，右为明德堂、日新馆，旁为翼室。置田以供春秋祭祀。岁甲寅（嘉靖三十三年），今总制司马梅林胡公宗宪按浙，今中丞阮公鹗视学，谋于同门黄子弘纲、主事陈子宗虞，改祠于天真上院，距书院半里许。”[1]

嘉靖三十五年（1556）二月，提学御史赵镗

1 王守仁《王文成全书》卷三十五《附录四·年谱附录·三十四年乙卯》。

与广德知州庄士元，修复当初邹守益贬谪广德时创建的复初书院。五月，湖广兵备佥事沈宠在蕲州麒麟山崇正书院建立仰止祠，祭祀先生。钱德洪撰写《仰止祠记》，感叹先生的遭遇："昔者夫子之始倡是学也，天下非笑诋訾，几不免于陷阱者屡矣。夫子悯人心之不觉也，忘其身之危困，积以诚心，稽以实得，见之行事，故天下之同好者共起而以身承之，以政明之，故诸生之有今日，噫，亦难矣！"[1]

嘉靖四十二年（1563）八月，提学御史耿定向、知府罗汝芳在宣城建立志学书院，祭祀先生。

嘉靖四十三年（1564），内阁首辅徐阶撰写《阳明先生画像记》，对于先生"以论学为世所忌，竟夺爵"深表不满，说道："先生在正德间，以都御史巡抚南赣，督兵败宸濠，平定大乱，拜南京兵部尚书，封新建伯。其后以论学为世所忌，竟夺爵……呜呼，此其功岂可谓幸成，而其心事岂不皎然如日月哉？忌者不与其功足矣，又举其心事诬之，甚矣，小人之不乐成人善也。自古君子为小人所诬者多矣，要其终必自暴白。乃予所深慨者，今世士大夫高者谈玄理，其次为柔愿，下者直以贪黩奔竞，谋自利其身。有一人焉，出死力为国家平定大乱，而以忌厚诬之。"[2]徐阶观点鲜明的表态，可以看作昭雪之路的转折点。

江西巡按御史成守节重修洪都王公仰止祠。内

1 王守仁《王文成全书》卷三十五《附录四·年谱附录·三十五年丙寅五月》。

2 王守仁《王文成全书》卷三十五《附录四·年谱附录·四十三年甲子》。

阁大学士李春芳为之作《王公仰止祠碑记》:“阳明先生祠，少师存翁徐公（阶）督学江右时所创建也。公二十及第，宏词博学，烨然称首词林，一时词林宿学皆自以为不及，而公则曰:‘学岂文词已也。’日与文庄欧阳公（德）穷究心学，闻阳明先生良知之说，而深契焉……夫致知学发自孔门，而孟子良知之说则又发所未发。阳明先生合而言之曰致良知，则好善恶恶之意诚推其极，家国天下可坐而理矣。”[1]

至此，漫长的昭雪之路，似乎可以看到尽头了。由于内阁首辅徐阶与次辅李春芳的介入，王守仁的昭雪已经指日可待。这当然是门生故友坚持不懈努力的结果，而徐阶在其中起了决定性的作用。李贽对徐阶称颂阳明先生的立场大为欣赏，为“少师徐阶撰先生像记”写下这样的按语:“卓吾曰:徐存斋公作记，大有感慨不平之思，以故得时行志，将当日所尽夺者，一概给与，虽谓存斋公封先生子孙世袭新建伯可也，不啻口出，徐公有焉。而天之默佑阴骘，特地生一贤师相，为先生暴白衷肠，亦可知矣。”[2]李贽为文一向无所顾忌，公然扬言，阳明先生获得昭雪，归还封爵，并非出自刚刚上台的穆宗皇帝的恩典，而是出于内阁首辅徐阶的力挽狂澜，虽然有些狂妄，却道出了实情。

1 王守仁《王文成全书》卷三十五《附录四·年谱附录·四十三年甲子》。

2《阳明先生年谱》卷下，四十三年甲子条，李贽评语。按:此年谱系李贽的删节版（收于《阳明先生道学钞》卷八），与《王文成全书》所收年谱不同。李贽说:“余旧录有先生年谱，取谱之繁者删之，而录其节要。”对于重要事件，李贽都有文笔犀利的评语。

邓志峰把王守仁的昭雪，归功于“在朝王学”，他分析道：“在嘉靖后期南倭北虏、内忧外患纷至沓来的局面下，王门诸子的知兵倾向尤为世人瞩目。这一点又成了王学在政治上崛起的新的契机。在热衷军事的这一批人中间，徐樾、唐顺之、罗洪先，都是其中赫赫有名之辈……其他如三省总督胡宗宪，名将谭纶、戚继光、翁万达，都是王学的信徒或同情者。”又说：“在朝王学的重要人物包括欧阳德、聂豹、严讷、李春芳、李遂等一大批官运亨通之辈。在其中，堪称护法的领袖人物是嘉隆之际的内阁首辅徐阶，理论代表则是官至户部尚书的著名学者耿定向。”[1]这样的分析是言之成理的。

嘉靖、隆庆之际的政治交接，徐阶处理得巧妙妥帖，先是以“遗诏”的形式表示先帝的悔悟，继而以“即位诏书”的形式表示尊重先帝遗愿，避免了“改祖宗之法”的非难。朝野上下把他比作正德、嘉靖之际力挽狂澜的“杨廷和再世”，为王守仁昭雪就是徐阶敦促穆宗完成的大手笔。

隆庆元年（1567），穆宗皇帝鉴于王守仁“恤典赠谥阻陋长久”，下令六部六科及都察院官员会议，四月，部院科道官论定：“王守仁学术纯正，勋名熛烈，此正合封册所云‘推诚宣力守正文臣’者。况世爵定典，论功有六：一曰开国，二曰靖

1 邓志峰《王学与晚明的师道复兴运动》，第313—315页。

难，三曰擒反，四曰平番，五曰御胡，六曰征蛮。守仁有三焉。”穆宗考虑到王守仁学术纯正、事功显赫，不仅恢复了他的新建伯封爵，还赠予新建侯荣誉，赐给文成公谥号，派遣行人（职掌传旨册封的官员）到余姚，赐造坟墓，宣读诰词，给他盖棺论定：“甫拜省郎，早伸大节，久膺铁钺，累建殊勋，绍尧孔之心传，追吕伊之懿绩，而乃谤起功高，赏移罚重。”[1]

王守仁终于以极高的规格得以平反昭雪，朝廷以“学术纯正”“绍尧孔之心传”，洗刷了“邪说”“伪学”的诬谤；以“勋名熛烈”“追吕伊之懿绩”，肯定了册封伯爵是应得的奖赏。人们认为，按照阳明先生对于孔孟之道的贡献，理应给予更高的荣誉：从祀孔庙。隆庆元年（1567）六月，礼科给事中赵輗、御史周弘祖题请已故礼部侍郎薛瑄从祀孔子庙庭，大理寺右丞耿定向也题请王守仁从祀孔庙。皇帝命礼部集议，礼部尚书高仪把商议结果上报：“薛瑄相去百年，舆论共服；守仁则世代尚近，犹恐众论不一……仍下本部会官集议，以俟圣断。”[2]

隆庆二年（1568）五月，朝廷追录已故新建伯王守仁平宸濠功，令世袭伯爵。也就是说，王守仁之子王正亿可以承袭伯爵，子孙世世相传。两年后，皇帝又赐与铁券，券文写道：“两间正气，一代

1 朱国祯《皇明大政记》卷三十五，隆庆元年四月。

2《明穆宗实录》卷九，隆庆元年六月丁未。

伟人，具拨乱反正之才，展救世安民之略，功高不赏，朕甚悯焉。因念勋贤，重申盟誓诸语。”[1]

既然是“两间正气，一代伟人”，耿定向提出来的从祀孔庙，应该是顺理成章之事。实际情况并非如此。不久，徐阶致仕，继任内阁首辅的高拱对王守仁并无好感，此事自然不了了之。到了万历元年（1573），张居正取代高拱出任内阁首辅，事情似乎有了转机，官员们陆续上疏提议王守仁从祀孔庙。浙江巡按御史谢廷杰在奏疏中主张“崇祀大儒”，在他看来，“孔孟周程之后所谓大儒，未有过于守仁者也”。先前廷臣屡次请求王守仁与薛瑄从祀孔子庙庭，薛瑄已经得到朝廷允准，而守仁仍然“欲待事久论定”，结果是“迟而未决”。原因何在？“不过疑守仁之学专主尊德性，与朱熹之道问学不同而已”。他认为这个理由是不能服人的，因为“学也者，天下之公学也，公学而公言之，则其议论固自不能无异同，亦不害其有异同”。在他眼中的王守仁，“笃信圣人，力探道妙，谓儒者之学，不独功利非所当为，即训诂词章皆在所不足事。故本虞廷精一，孔门博约之旨，以发《大学》格物致知之义，名曰致良知。其大意以为，人心虚灵，万理毕具，不假外索，而自有真知，是所谓良知也。人能不蔽于物欲，不牿于见闻，使虚灵之体湛然常存，寂然常应，是所谓格物以致良知

1 吴瑞登《两朝宪章录》卷十九，隆庆二年五月戊午。

也……举凡近世舍内逐外、支离汗漫之习，与夫慕空耽寂、枯槁遗落之弊，一洗而空之。至其行履，则忠孝正直，不愧屋漏。发为文章，措为政事，建为勋业，皆炳炳巍巍，在人耳目”。因此，他希望皇上“崇祀守仁，使与（薛）瑄并俎豆于孔庭”，“庶几正学昌明，真才辈出，圣治之隆，圣心之副，一举而兼得之”。[1]

▶ 张居正像

张居正，湖广江陵人，嘉靖二十六年进士。嘉靖四十三年经徐阶推荐，任裕王朱载垕的侍讲。隆庆元年入内阁，万历帝即位后为内阁首辅，主持朝政十年。

陕西道监察御史李颐与之相呼应，恳切皇上“崇祀真儒”：“顷者，御史谢廷杰疏举先臣王守仁拟议从祀之列……伏乞皇上丕显文谟，主张斯道，敕下礼部，广集群议，据实上闻。如果臣言不谬，将胡居仁同薛瑄、王守仁从祀孔庙。”他认为，如此一来，必然“理学益明，真儒辈出”。[2]

但是，掌握“宫府一体”大权的张居正，正在雷厉风行地推行全面改革，对于王门后学到处讲学之风颇为不满，明文规定不许别创书院，群聚徒党，及号召他方游食无行之徒，空谈废业[3]。王守仁

1 谢廷杰《崇祀大儒以明正学以育真才以隆圣泽疏》，《万历疏钞》卷三十五。

2 李颐《恳切圣明集公议崇祀真儒以培道脉以隆万世文治疏》，《万历疏钞》卷三十五。

3 张居正《请申旧章饬学政以振兴人才疏》，《张文忠公全集》卷四。

从祀孔庙的事，根本不可能提上议事日程，直到万历十年（1582）张居正死后，事情才出现转机。神宗亲政以后，为了树立自己的威权，致力于打击“威权震主”的张居正，对他彻底否定：“张居正诬蔑亲藩，侵夺王坟府第，钳制言官，蔽塞朕聪……专权乱政，罔上负恩，谋国不忠。”[1]于是乎全盘推翻张居正的新政，反其道而行之。另一方面，继任的内阁首辅张四维，一改先前张居正的“操切烦苛”，推行“宽大之政”，深得神宗欢心。[2]万历十一年（1583）四月，张四维因为父亲病故，丁忧归里，继任内阁首辅申时行主张“肃杀之后应有阳春”，“宜乘此施惠”。[3]

在这种背景下，王守仁从祀孔庙的时机出现了，一些官员陆续提出这一问题。

万历十二年（1584）六月，御史詹事讲首先提请“从祀王守仁、陈献章”。礼部的议复是模棱两可的：“隆庆元年，兵科给事中赵思诚，南京福建道御史石槚，俱疏守仁、献章不宜从祀；户科都给事中魏时亮，右副都御史徐栻，礼科给事中宗弘选，御史谢廷杰，户科给事中赵参鲁，御史梁许、萧廪，工部办事进士邹德涵，右御史余乾贞，俱疏‘二臣应从祀’。”既然一向有争议，皇帝的旨意也很谨慎：“从祀重典，着各该儒臣及九卿科道，从公品骘议奏，务协舆论。”[4]

1《明神宗实录》卷一百五十二，万历十二年八月丙辰。

2 参见吴伯与《国朝内阁名臣事略》卷十三《张文毅传略》。

3 参见吴伯与《国朝内阁名臣事略》卷十三《申文定传略》。

4 钱一本《万历邸钞》万历十二年甲申卷，六月。

万历十二年（1584）八月，右中允管司业事吴中行主张，王守仁、陈献章应当与薛瑄、胡居仁一并从祀孔庙，他在奏疏中说："今之儒有竞虚华之谈，而阔略行检者矣，故若薛瑄、若胡居仁，践履笃实，足为后学之模，以修身为教，而有功于六经修践者，是可祀也。今之儒有局支离之迹，而茫昧本源者矣，故若王守仁、若陈献章，悟识通融，能发先圣之奥，以明心为教，而有功于六经宗源者，是可祀也。斯二者诚不可偏举而独遗矣。"他的结论是："臣以为兹四人者同功一体，所当并议从祀者也。"[1]

一个月后，司经局洗马陈于陛再次提及王守仁、陈献章从祀孔庙之议，写了洋洋洒洒的长篇奏疏。他首先回顾了近几年来关于此事的经过："据礼部手本开称，河南道御史詹事讲奏前事，请以先臣尚书王守仁、检讨陈献章从祀孔子庙庭。奉圣旨：'礼部看了来说，钦此。'该本部题复照先年例，敕翰林院、詹事府、左右春坊、司经局、国子监诸臣，各直抒所见，核议以闻。奉圣旨：'从祀重典，着各该儒臣及九卿科道，从公品骘议奏，务协舆论，钦此。'续据手本，该科道诸臣疏言：尚书章懋，祭酒蔡清、邹守益，谕德吴与弼，修撰罗伦，佥事吴仲韶，布衣胡居仁、陈真晟、王艮等，并令从祀。部复：照前例行各该衙门一并拟议具奏。奉

1 吴中行《议从祀疏（万历十二年八月）》，《万历疏钞》卷三十五。

圣旨：'是，钦此钦遵。'" 看来事情比想象的复杂多了，除了王守仁、陈献章，还提出了章懋、蔡清、邹守益、吴与弼、罗伦、吴仲韶、胡居仁、陈真晟、王艮等九人，似乎过于宽泛。陈于陛则主张陈献章、王守仁、胡居仁、蔡清四人，"皆无愧于从祀"，仍然有点宽泛。不过他对于陈献章、王守仁的品骘还是公允的。

关于陈献章，他说："献章之学，以致虚立本，以主静养为善之端倪，以勿忘勿助之间为体忍之则，以无所安排、自然应用为实得。盖始尝求之圣贤典训，而无所凑泊也。然后舍烦之约，去耳目支离之用，存虚圆不测之神，真见心体隐然，参前倚右，日用应酬，阖辟卷舒，无不自得，庶几乎圣人之道知而好，好而乐者也。"

关于王守仁，他说："守仁之学，以圣人为必可至，以心之良知是谓圣，以万事万物之理皆不外乎心。其致良知之说，大意谓：心之本体即天理之昭明灵觉，即良知，人能实致其知。天理常存，和融莹彻，充塞流行，天下事虽千变万化，以此应之，更无遗缺渗漏。其道明达而易简，其工夫直截而洒脱；其文又取之《大学》《孟子》，而禀裁于静虚动直，大公顺应之指，于圣人之道可谓识其大矣。"

他的结论是："守仁之世近矣，然能树标帜于献章之后，而担荷甚重。献章之遇诎矣，然实启关钥于守仁之先，而造诣最醇。今遗书具存，谆谆乎仁义忠信之谈，娓娓于子臣弟友之际，其于弘阐圣教，醒寤后学，为效卓尔。世之讥献章者曰'偏于静'，讥守仁者曰'偏于知'。以为窃陆九渊、杨简之绪而近禅。臣以为非笃论也……使二臣得事圣门，方且躐游夏而希回赐，何疑于一从祀哉?”[1]陈于陛是笃信朱子学的，以为朱子学是正学，如欲垂范天下，非朱子学不可，能有如此境界极力主张陈献章、王守仁从祀孔庙，实属难能可贵，也可见当时舆论在这一点上也已取得共识。

其中最有影响的莫过于耿定向。都察院左副都御史耿定向向皇帝呈进长篇奏疏，主张王守仁、陈献章应该从祀孔庙。关于王守仁，他说:“守仁之学，措之行履，信在乡邦；发之事业，功在宗社。臣不具论。乃其讲学淑人，单揭要指曰致良知。夫曰良知云者，即孔子之所谓仁，是人之所以生生者也。本诸身，而能视能听能言能动；显诸伦，而为忠为孝为弟为信。是非淑慝，灵昭不昧，乃蒸民之所同具，无圣凡古今一也，特有致有不致耳……皇上今绥其猷，此非千载一时哉！臣等集议咸切切焉。皇上俎豆守仁于孔庙之庑者，非曰祀其人已也，盖藉此以树杓的，将令天下臣庶率由于其道也……是守仁从祀之举，盖彰明道术之微机，化成天下之上务也。顾往往请者数矣，间有异议者，或胶于言论意见之异同，而未求诸心；或眩于传闻疑似之群吠，而未核其实耳。”关于陈献章，他说：“若献章，当训诂汩溺之余，名理棼呶之日，而学以静观默识为务，以致虚立本为宗，其深造自得之趣，坚贞明懿之履，抑可谓乎醇者矣。昭代学术反约而求诸心，不为口耳支离之骛者，实其开先也。”

1 陈于陛《议从祀以崇圣道疏(万历十二年九月)》,《万历疏钞》卷三十五。

他的结论是："若王守仁、陈献章二臣者，其议祀已久，舆论已孚，伏乞敕下该部先行从祀，庶令后学知所向往。"[1]

耿定向早在隆庆元年就提出过这一问题，过了十多年再度提及，他感受到"异议"压力之巨大，即他所说的"或胶于言论意见之异同"，"或眩于传闻疑似之群吠"。这次依然如此。皇帝把他的奏疏交给礼部尚书沈鲤，要他召集廷臣集议，廷臣意见分歧，难以取得结论。幸亏内阁首辅申时行及时插手，才促成此事。申时行在看到耿定向奏疏时，就向神宗皇帝递上奏折，支持耿定向的意见。他向皇上分析说，王守仁的思想出于《大学》和《孟子》，陈献章的思想出于宋儒周敦颐、程颢，并非自创一个门户。因此他认为，王守仁和陈献章从祀孔庙，可以收到意想不到的政治效果。他在题为《遵明旨析群议以成盛典事》的奏疏中说："先该御史詹事讲建白，先臣王守仁、陈献章从祀学宫。或又訾诋守仁，议者纷纷，迄无定论。今该部巍复议，乃请独祀布衣胡居仁，臣等切以为未尽也。彼訾诋守仁、献章者……谓其各立门户者，必离经叛圣，如老佛庄列之徒而后可。若守仁言致知出于《大学》，言良知本于《孟子》；献章言主静，沿于宋儒周敦颐、

◥ 申时行，苏州长洲人，嘉靖四十一年进士。万历六年入阁，十一年为首辅。

1 耿定向《议从祀疏（甲申左院草）》，《耿天台先生文集》卷二。

程颢，皆祖述经训，羽翼圣真，其自创一门户耶？事理浩繁，茫无下手，必于其中提示切要，以启关钥，在宋儒已然，故其为教曰仁曰敬，亦各有主，独守仁、献章为有门户哉？其谓禅家宗旨者，必外伦理、遗世务而后可。今孝友如献章，出处如献章，而谓之禅，可乎？气节如守仁，文章如守仁，功业如守仁，而谓之禅，可乎？其谓无功圣门者，岂必著述而后为功。夫圣贤于道，有以身发明者，比于以言发明，其功尤大也。其谓崇王则废朱者，不知道固互相发明，并行不悖。盖在宋时，朱与陆辩，盛气相攻，两家弟子有如仇隙，今并祀学宫，朱氏之学既不以陆废，今独以王废乎？大抵近世儒者褒衣博带以为容，而究其实用，往往病于拘曲而无所建树；博物洽闻以为学，而究其实得，往往狃于见闻而无所体验。习俗之弊，沉痼久矣！今祀守仁、献章，一以明真儒之有用，而不安于拘曲；一以明实学之自得，而不专于见闻。斯于圣化岂不大有裨益乎？”[1]

虽然申时行并非儒臣，也没有徐阶那样的王学背景，这篇奏疏却写得气势如虹，逻辑严密，极具说服力。神宗接到他的奏疏，为了开创不同于张居正的新局面，不等礼部上报集议结果，就依据申时行的建议，下达圣旨："皇祖世宗尝称王守仁有用道学，与陈献章、胡居仁既众论推许，咸准从祀

1 钱一本《万历邸钞》，万历十二年甲申卷，十一月庚寅。

孔庙。朝廷重道崇儒原尚本实，操修经济都是学问，亦不必别立门户，聚讲空谈，反累盛典。礼部共遵旨行。”[1]其后又有南京户部郎中唐伯元、大理寺少卿王用汲、光禄寺丞李祯相继诋毁王守仁，都遭到神宗严词批驳："王守仁学术原与宋儒朱熹互相发明，何尝因此废彼？”[2]神宗对他们的批驳还算客气的，这些人反对王守仁从祀孔庙，极尽诋毁之能事，言论相当尖锐。例如南京户部郎中唐伯元在奏疏中说："六经无心学之说，孔门无心学之教，凡言心学者皆后儒之误。守仁言良知，俱系邪说，系新学惑世诬民，立于不禅不霸之间，习为多疑多似之行。功已成而议者不休，骨已朽而忿者愈炽。工于护短，巧于盗名，终日招朋聚党，好为人师，而忘其身之可贱。乃稍知廉耻之士所不肯为，后人效之不为狗成，则从鬼化。”[3]通篇都是人身攻击，用谩骂取代说理，比当年的桂萼有过之而无不及。神宗宽大为怀，只给了他降三级调外任的处分，以示警告。这些小插曲已经难成气候，王守仁从祀孔庙已成定局。

王守仁的昭雪之路，以从祀孔庙而达到高潮，可谓功德圆满。

毛奇龄对此颇为感慨，发了一通议论，颇能令人深省，值得一看。他说："今阳明事功则直是三代以后千百年一人，即令无学，亦既在孝悌忠信正谊

1《明神宗实录》卷一百五十五，万历十二年十一月庚寅。

2 钱一本《万历邸钞》，万历十二年甲申卷，十一月庚寅。

3 钱一本《万历邸钞》，万历十三年乙酉卷，三月，谪唐伯元条。

明道志士仁人之上。而学复如是，虽使亲入圣门，亦应不出由赐下，而只此从祀一节，尚龃龉论辩，谬之谬矣。史称，神宗定从祀，有‘王守仁有用道学’一语，真圣人之言。宋学惟无用，借以自便，故造为圣学轻事功之言……阳明龙场节操总废，何况事功。‘有用’二字，非深知圣学者乌能言之。间尝叹阳明一生，其事功学术每败于宵人，而成于圣人。世宗、穆宗已定勋爵，而神宗复表其学术。今世宵人其龃龉者不乏矣，顺治末年，竟言王学非宋学，然其合圣学安在？赖世祖皇帝有言：‘守仁之学，有似孟子’，众便翕然。”[1]他特别提到，阳明先生逝世后，各地为了纪念他，先后建立书院七十五所，祠堂四百二十所，感叹道：“若夫门人相继，总属善类，虽学问各出，或不足以导扬师说，而攻者如彼，归之者又如此，人心之良斯可见。”[2]

诚如毛奇龄所说，从晚明到清初，对于王学始终有誉有毁，作为学术争议不足为奇，但是，为什么学术的是非功过一定要由皇帝来当判官，一锤定音？难道学术就是政治，或者等而下之，不过是政治的附庸而已？

皇恩浩荡再次降临之际，人们不禁要追问：对中国以及周边国家影响几个世纪的“阳明学”，和先前的“朱子学”一样，都曾经受到政治权力的粗暴干预，被诬为“伪学”，这是为什么？张岱的话

1 毛奇龄《王文成传本》卷二。

2 毛奇龄《王文成传本》卷二。

是发人深思的："（阳明先生）致良知之说行，而人犹訾天下无学术矣；平宸濠、平思田之功成，而人犹訾天下无事功矣。谗口诪张，易白为黑，阳明先生犹不免，而况其他乎！"[1]令才子张岱深深感叹的是，阳明先生事功与学术两者都如此杰出，在明代无出其右者，仍然不免于诬陷——"谗口诪张，易白为黑"，何况其他人！人们有必要追问一句：症结究竟何在？

三 "掀翻天地"的王门弟子

王门弟子遍天下，又各立门派。黄宗羲似乎对其中的一些人有所非议，他说："阳明先生之学，有泰州、龙溪而风行天下，亦因泰州、龙溪而渐失其传。泰州、龙溪时时不满其师说，益启瞿昙之秘而归之师，盖跻阳明而为禅矣。然龙溪之后力量无过于龙溪者，又得江右为之救正，故不至十分决裂。泰州之后，其人多能以赤手搏龙蛇，传至颜山农、何心隐一派，遂复非名教之所能羁络矣。顾端文曰：'心隐辈坐在利欲胶漆盆中，所以能鼓动得人，只缘他一种聪明，亦自有不可到处。'羲以为，非其聪明，正其学术也。所谓祖师禅者，以作用见性，诸公掀翻天地，前不见有古人，后不见有来者。"[2]这自然是

1 张岱《石匮书》卷一百三十《王守仁列传》。

2 黄宗羲《明儒学案》卷三十二《泰州学案》。

一家之言。换一个立场来看，则又是另一番境界。摆脱名教的羁络，掀翻天地，难道不值得赞扬吗？

1.“不从人脚跟转”的王畿

王守仁被朝廷定为“伪学”“邪说”十二年之后，即嘉靖二十年（1541），他的大弟子王畿也被朝廷定为“伪学小人”。两者都是政治权力对于学术的压制，都是以皇帝圣旨的形式公之于世的。决策者当然另有其人。前者是刚刚由吏部尚书进入内阁的桂萼，后者是内阁首辅夏言。

关于此事，《明世宗实录》记载：“刑科等科都给事中戚贤等……因荐南京吏部尚书闻渊、兵部尚书熊浃、吏部尚书刘天和，皆忧国忠君，可寄股肱。南京兵部郎中王畿、主事程文德、福建参议徐樾，皆清修积学，可备馆院……疏入，上曰：‘宗庙灾变，朕方朝夕祗惧，不敢康宁，在廷群臣正宜休念，同加修省，以回天意。戚贤等乃敢因而行私，肆意妄言，变乱邪正……王畿伪学小人，专擅荐引，显是怀奸植党，欺君误国。”[1]

《明世宗实录》这段话，漏掉了一个关键事实：圣旨是内阁首辅夏言“票拟”的，皇帝不过是照发而已。这是有据可查的。尹守衡《明史窃》提及此

1《明世宗实录》卷二百四十八，嘉靖二十年四月乙亥。

事，写道："三殿灾，诏求直言，吏科都给事中戚贤疏请上审进过，以回天变。所论列皆权宠大臣，而举海内才望问学之臣十四人，又多讲学之士。上曰：'如王畿诈伪小人，亦擅引荐，怀奸植党，一至于斯。'相贵溪所票旨也。"[1]此处的"相贵溪所票旨"是点睛之笔，所谓"相"即内阁首辅，所谓"贵溪"指的是夏言（夏言是江西贵溪人），所谓"票旨"意为代帝票拟圣旨。万斯同《明史》提及此事，写道："三殿灾，给事中戚贤等会荐人才，（王）畿预焉。（夏）言遂拟旨，斥（王）畿伪学，夺（戚）贤职，（王）畿乃再疏谢病归。"[2]说得很清楚，指斥王畿为"伪学""小人"，是夏言"票拟"的圣旨。

这一事件的结果，是戚贤的贬谪——贬为山东布政司都事，以及王畿的罢官。夏言之所以要票拟"伪学小人"这样的圣旨，反映了他对王学的极度反感。王畿是王阳明的大弟子固不待言，戚贤也对阳明先生执弟子之礼。万斯同说："（戚）贤少闻王守仁之说，心契之，及官于浙，遂执弟子礼，与王畿、钱德洪、罗洪先、唐顺之辈友善。"[3]直接的动因当然是政治的考量。戚贤在推荐王畿等人的同时，抨击了一些权臣，指责翊国公郭勋"肆逞凶狂，假擅威福，吞噬遍天下"，请求皇上把他"亟行废黜"；弹劾尚书张瓒、樊继祖、李廷相，都御

1 尹守衡《皇明史窃》卷七十六《道学·王畿》。

2 万斯同《明史》卷二百七十四《王畿传》。

3 万斯同《明史》卷二百八十三《戚贤传》。

史王廷相、胡守中，少卿李开先、戴儒，侍读胡经，司业王同祖，“大计罢黜，不宜夤缘复进”[1]。在夏言看来，戚贤弹劾朝中权臣，引荐“伪学小人”，显然是“肆意妄言，变乱邪正”。

王畿当然不是“伪学小人”，犹如阳明学说并非“伪学”“邪说”。黄宗羲把王畿与王守仁的师承关系，比喻为杨简与陆九渊的关系：“先生（王畿）亲承阳明末命，其微言往往而在。象山（陆九渊）之后不能无慈湖（杨简），文成（王守仁）之后不能无龙溪（王畿），以为学术之盛衰因之，慈湖决象山之澜，而先生疏河导源于文成之学，固多所发明也。”[2]王门弟子中，最得老师心传的当推王畿，直到八十六岁去世之前，始终致力于讲学，光大师门学说。

王畿，字汝中，号龙溪，绍兴府山阴县人，弱冠之年得中举人。此时，阳明先生在姚江倡导良知之学，士人们惊骇不已，他欣然前往受业，与钱德洪成为及门弟子。入试礼部不第，焚毁京兆所给路券而归，毅然放弃举子业，只求卒学于师门。一年后大悟：“‘致良知’三字谁不闻，信得及者，惟我也。”[3]明年复当会试，阳明命他前往，他不答。阳明解释道：“吾非欲以一第荣子，顾吾之学疑信者半，而吾及门士朴厚者未通解，颖慧者乏沉毅，能阐明之者无逾子。今宦学者咸集都

1 万斯同《明史》卷二百八十三《戚贤传》。

2 黄宗羲《明儒学案》卷十二《浙中王门学案二·郎中王龙溪先生畿》。

3 尹守衡《皇明史窃》卷七十六《道学·王畿》。

门，子曷往焉？”王畿于是遵命前往应试。他与妹婿钱德洪都通过了礼部考试，鉴于对时局的不满，二人一致认为“此非吾辈仕时也”，不就廷试而还。[1]

此后，他专注于阳明夫子之学，深得真传，对于夫子的“四句教法”——“无善无恶心之体，有善有恶意之动，知善知恶是良知，为善去恶是格物”，有独到的领悟。钱德洪认为“此是师门教人定本，一毫不可更易。”他却认为：“夫子立教随时，谓之权法，未可执定。体用显微只是一机，心意知物只是一事。若悟得心是无善无恶之心，意即是无善无恶之意，知即是无善无恶之知，物即是无善无恶之物。盖无心之心则藏密，无意之意则应圆，无知之知则体寂，无物之物则用神……”钱德洪表示反对：“若是，是坏师门教法，非善学也。”他坚定地主张：“学须自证自悟，不从人脚跟转，若执着师门权法以为定本，未免滞于言诠，亦非善学也。”[2]两人的争论，显然王畿略胜一筹，更符合阳明学说的本意。阳明先生一贯主张“学贵得之心，求之于心而非也，虽其言之出于孔子，不敢以为是也”，王畿所说的“学须自证自悟，不从人脚跟转”，深得师门真传。钱德洪所说的“师门教人定本，一毫不可更易”，与“学贵得之心”有一段距离。

1 尹守衡《皇明史窃》卷七十六《道学·王畿》。

2 王畿《龙溪王先生全集》卷一《语录·天泉证道纪》。

钱德洪不以为然，希望当面就正于老师。当时王阳明即将受命前往两广执行军务，临行前的晚上，师生三人在天泉桥上座谈，于是就有了阳明先生一番宏论。他讲了这样几层意思：

正要二子有此一问。吾教法原有此两种：四无之说，为上根人立教，四有之说，为中根以下人立教。

上根之人悟得无善无恶，心体便从无处立根基，意与知物皆从无生，一了百当。即本体便是工夫。易简直截，更无剩欠，顿悟之学也。

中根以下之人未尝悟得本体，未免在有善有恶上立根基，心与知物皆从有生。须用为善去恶工夫随处对治，使之渐渐入悟，从有以归于无，复还本体，及其成功一也。

世间上根人不易得，只得就中根以下人立教，通此一路。汝中所见是接上根人教法，德洪所见是接中根以下人教法。

汝中所见，我久欲发，恐人信不及，徒增躐等之病，故含蓄到今。此是传心秘藏，颜子明道所不敢言者，今既已说破，亦是天机该发泄时，岂容复秘？然此中不可执着，若执四无之见，不通得众人之意，只好接上根人，中根以下人无从接授。若执四有之见，认定意是有善有恶的，只好接中根以下人，上根人亦无从接授。

但吾人凡心未了，虽已得悟，不妨随时用渐修工夫，不如此不足以超凡入圣，所谓上乘兼修中下也。汝中此意正好

> 保任，不宜轻以示人，概而言之，反成漏泄。德洪却须进此一格，始为玄通。德洪资性沉毅，汝中资性明朗，故其所得亦各因其所近，若能互相取益，使吾教法上下皆通，始为善学耳。[1]

看得出来，阳明先生对于两位大弟子都很器重，不想轻易表态，分出伯仲，希望他们互相取益，相得益彰。但是，言谈之中不免流露出高下之分：王畿属于上根人，可以顿悟；钱德洪属于中根以下人，可以渐悟。对于王畿所见尤为激赏，他自己早就想提出，恐怕人们不信，故而含蓄至今，想不到这样的“传心秘藏”，被王畿说破。这是何等高的评价！

王畿思想的精彩之处就在于，他始终坚信“学须自证自悟，不从人脚跟转，若执着师门权法以为定本，未免滞于言诠，亦非善学也”。如果不能自证自悟，一味追随前贤的脚跟转，人云亦云，重复前贤的语录，或者执着于师门权法，不敢超越，那就没有发展，没有创新，思想界岂不成为一潭死水！王畿在给友人的信中，一再强调这样的思想：“若不是自己真有个悟入处，虽尽将先师口吻、言句，一字不差，一一抄誊与人说，只成剩语，诳己诳人，罪过更大。以其无得于己也。

1 王畿《龙溪王先生全集》卷一《语录·天泉证道纪》。按：所引文字于《天泉证道纪》中为一段，今以层析之，便于读者阅读。

诸公果肯信不肖之言，不为虚妄，只当听信先师之言一般，还须转个关捩子，默默体悟，方得相应。”[1]

他所说的“自己真有个悟入处”，而不是“无得于己”，与阳明先生主张“学贵得之心”是一致的。阳明的《〈五经臆说〉序》，用鱼与筌、醪与糟粕的关系作比喻，来说明如何看待五经，如果把捕鱼的工具（筌）当作鱼，把酿酒（醪）的糟粕当作酒，就不可能得到鱼与醪。因此他说：“五经圣人之学具焉，然自其已闻者而言之，其于道也，亦筌与糟粕耳。”同样，对于他自己的学说，也应该如此：“观吾之说而不得其心以为是，是亦筌与糟粕也。”[2]希望弟子们要有自己的心得，不要受他的“胸臆之见”所束缚，正因为如此，他把洋洋巨著《五经臆说》付诸“秦火”。杜维明说得好：“阳明所以不愿意公开他的《五经臆说》，一方面因为他心怀如此深邃的内心经验，以至于他自己也无法用词句恰当地表达出来；另一方面，是因为他的教育哲学强调，每一个学生在读经时通过体验获得的个人知识都是个人的。”[3]显然，阳明先生不希望他的学生跟着他的脚跟转，王畿是深知其中三昧的嫡传弟子。

有鉴于此，清朝的四库馆臣对王畿的品评，如果不是出于偏见，便是失之片面。四库馆臣说：“畿

1 王畿《答李克斋》，《龙溪王先生全集》卷九。

2 王守仁《〈五经臆说〉序》，《王文成全书》卷二十二《外集四》。

3 杜维明《青年王阳明（1472—1509）：行动中的儒家思想》，第167页。

传王守仁良知之学，而渐失其本旨。”又说：“王学末流之恣肆，实自畿始。《明史》虽收入《儒林传》，而称：‘士之浮诞不逞者，率自名龙溪弟子’云云，深著其弊，盖有由也。”[1]所谓“渐失其本旨”，显然与事实不符。至于“王学末流之恣肆，实自畿始”，颇有卫道士的陈腐气息，从反面理解，恰恰是为思想解放推波助澜。《明史·儒林传》所谓“浮诞不逞”云云，也是如此。正如邓志峰所说：“王畿之被视为伪学，正当作如是观。事实上，从他自己讲究‘掀翻天地，打破牢笼’，不以先有规则为界限，不以已有之教条为是非，这一角度来看，传统的气节、名教本来都与他的理论无关……这个意义上的王畿，倒是一种不折不扣的‘真学’。”[2]因此，王畿对自己的学问十分自信，对于“伪学”的诬陷淡然处之。戚贤为了推荐他，却使之遭“伪学”之谤，颇为内疚。王畿在祭文中说：“兄尝致书于予，自谓以此相累。伪学之名，虽非清朝所宜有，但观前朝，当此者何人？复以此相勉于玄，就淡如也。”[3]事实确乎如此，连声名显赫的大学问家朱熹都被扣上“伪学”的帽子，又何必耿耿于怀呢！真者自真，伪者自伪，是非自有公论。

王畿坚信“学须自证自悟，不从人脚跟转”，他的思想极具批判锋芒。最令人震撼的是“《论

1《四库全书总目》卷一百七十七《龙溪全集二十卷》提要。

2 邓志峰《王学与晚明的师道复兴运动》，第151—152页。

3 王畿《祭戚南玄文》，《龙溪王先生全集》卷十九。

语》有病”论：“观《春秋》《易》《诗》《书》，经圣人手，则知编《论语》者亦有病。《论语》一书多出有子、曾子门人之手，微言隐义间有存者。至如《乡党》一篇，只记得孔子皮肤影像。若是传神手笔，绝尘而奔，非步步趋趋所能及也。天下若无着实师友，不是各执己见，便是恣情纵欲。”[1]自从《论语》等四书被奉为“经”以后，地位节节攀升，大有凌驾于五经之上的趋势，士人一味顶礼膜拜，只敢亦步亦趋地注释，少有批评。王畿反其道而行之，直率地指出《论语》“有病”，并非“传神手笔”，“只记得孔子皮肤影像”，显示了他“不从人脚跟转”的理论勇气。

这与他对经学的批判立场是一致的：“汉唐以来分门传经，训诂注述之徒，所谓庶孽者，昂然列于庑下，而为宗子者，尚泥于纷纷之说，不得并列于俎豆之间，以承继述之重，岂亦有似是而难明者乎！”[2]在他看来，这种积习，古已有之，于今为烈：“盖自霸术以来，功利世情渐渍熏染，入于人之心髓，已非一朝一夕之故。吾人种种见在好名、好货、好色等习，潜伏胶固，密制其命，不求脱离。终日倚靠意见牵搭支撑，假借粉饰，以任情为率性，以安逸因循为自然，以计算为经纶，以迁就为变通，以利害成败为是非，以激愤幸戾为刚大之气……今日学问所以不能光显于天下，而致兹多

1 王畿《抚州拟岘台会语》，《龙溪王先生全集》卷一。

2 王畿《与陶念斋》，《龙溪王先生全集》卷九。

口，在吾人诚有不得不任其咎者矣。”[1]因此，他要大声疾呼，终身致力于讲学，力图改变这种积习。他说：“嗟乎，世人所以病乎此学者，以为迂阔臭腐，纵言空论，无补于身心也；甚或以为立门户、崇党与，而侈嚣哗，无关于行实也。审若是，则此学如悬疣附赘，假途措寇，谓之不讲也固宜，而其实若有为尽然者。盖吾人在世，不能为枯木，为湿灰，必有性情之发，耳目之施，以济日用，不能逃诸虚空。必有人伦庶物感应之迹。有性情而不知节，则将和荡而淫矣；有耳目而不知检，则将物交而引矣；有人伦庶物之交而不知防慎，则将紊秩而棼类矣。此近而诸身，不容一日而离，则此学固不容以一日不讲也。”[2]

“此学固不容一日不讲”，他不仅这样说，而且这样做，直到八十多岁，还在到处奔走讲学，弘扬先师的学说。尹守衡写道：“年八十余，犹不废出游，曰：‘吾非好游，天壤悠悠，谁当负荷？思与海内士夫相与证明先师法旨，续千圣之道脉耳。’”[3]他的讲学意在“证明先师法旨”，并非四库馆臣所谓“畿传王守仁良知之学，而渐失其本旨”。

比如，强调日用饮食、声色财货看起来“极粗”，却是“极精的学问”，便不失先师本旨。嘉靖二十八年（1549），王畿偕钱德洪前往江西龙虎山

1 王畿《答季彭山龙镜书》，《龙溪王先生全集》卷九。

2 王畿《新安福田山房六邑会籍》，《龙溪王先生全集》卷二。

3 尹守衡《皇明史窃》卷七十六《道学·王畿》。

之冲元观，举行“冲元大会”。王畿在会上演讲，专就“极粗”与“极细”发表自己的见解：“今人讲学，以神理为极精，开口便说性说命，以日用饮食、声色财货为极粗，人面前便不肯出口。不知讲解得性命到入微处，一种意见终日盘桓其中，只是口说，纵令婉转归己，亦只是比拟卜度，与本来性命生机了无相干，终成俗学。若能于日用货色上料理经纶，时时以天则应之，超脱得净如明珠，混泥沙而不污，乃见定力。极精的是极粗的学问，极粗的是极精的学问，精精粗粗，其机甚微，非真实用工夫之人，不易辨也。”“只因吾人许多习闻旧见缠绕，只得与剖析分疏，譬诸树木被藤蔓牵缠，若非剪截解脱，本根生意终不条达。”[1]

比如，他强调“人皆可以学圣”，也不失先师本旨。嘉靖三十四年（1555），在宣城九龙庵讲学，宣扬“人皆可以学圣”。他说：“予赴会水西，太平杜子质偕同志二十余辈诣会所，请曰：质昔闻先生之教，归而约诸乡，立会于九龙。始而至会者惟举业子也，既而闻‘人皆可以学圣’，合农工商贾皆来与会。兹幸先生至，敢请下教，以坚其约。乃携贡子玄略、周子顺之、吴子崇本、王子汝舟，从蓝山历宝峰以达九龙，会者长少余三百人。乡中父老亦彬彬来集，以一见为快……会三日，将出山，杜子请一言以示劝诫。予惟‘古者四民异业而同

1 王畿《冲元会纪》，《龙溪王先生全集》卷一。

道’。”[1]所谓“四民异业而同道”，其真谛就是“人皆可以学圣”。这样的讲会，自然有极大的吸引力，父老乡亲不分长幼，三百多人前来听讲，原因是不言而喻的。他的讲会，欢迎农工商贾前来听讲，所以会有“农工商贾皆来与会”的盛况。传统文人一向轻视农工商贾，不愿与之交往，王畿则不然。他甚至认为，衣冠楚楚的文士如果不知学，与禽兽无异：“吾人若不知学，不干辨性命上事，虽处衣冠之列，即是襟裾之牛马；绮语巧言，心口不相应，即是能言之鹦鹉，与禽兽何异？”他还认为，饱食终日无所事事的文士，还不如农工商贾：“士与商贾异者，以其尚义而远利也。农食以力，工食以艺，尚不肯空食。吾人饱食终日，安于素餐，或孳孳于刀锥之间，较量盈缩，不能忘谋利之心，将农工不如，与商贾何异？”[2]这种观点与后辈李贽何其相似乃尔！

在人们的眼中，追求“掀翻天地”“打破牢笼”的王畿，似乎有些狂。他始终认为，“狂狷”总比“乡愿”好：“狂者之意，只是要做圣人，其行有不掩，虽是受病处，然其心事光明超脱，不作些子盖藏回护，亦便是得力处。若能克念，时时严密得来，即为中行矣。狷者虽能谨守，未辨得必做圣人之志，以其知耻不苟，可使激发开展，以入于道，故圣人思之。若夫乡愿，不狂不狷，

1 王畿《书太平九龙会籍》，《龙溪王先生全集》卷七。

2 王畿《申约后语》，《龙溪王先生全集》卷五。

初间亦是要学圣人，只管学成彀套，居之行之，像了圣人忠信廉洁；同流合污，不与世间立异，像了圣人混俗包荒。”这样的乡愿，“既足以媚君子”，“又足以媚小人”。所以他宁愿做一个“行有不掩”的狂者，因为“心事光明超脱，不作些子盖藏回护”，而不愿沦为“求媚于世”的乡愿，即使它表面看来“完全无破绽”。理由很简单：“吾人学圣人者，不从精神命脉寻讨根究，只管学取皮毛枝节，趋避形迹，免于非刺，以求媚于世，方且傲然自以为是，陷于乡愿之似而不知，其可哀也。”[1]

这或许是“不从人脚跟转”的王畿可爱之处。因此，《明史·儒林传》所说“其后，士之浮诞不逞者，率自名龙溪弟子”[2]，四库馆臣以为“深著其弊”云云[3]，都应从反面理解。也就是说，王畿以及那些“浮诞不逞者”，都在为思想解放推波助澜，在历史画卷中绽放出不同寻常的奇异光彩。在正统派人士眼中，觉得非常异议可怪，是不足为奇的。从长时段的历史眼光来看，“掀翻天地”“打破牢笼”，恰恰是他们最大的贡献。李贽对这位前辈推崇备至，万历十一年（1583）十二月十六日，他获悉龙溪先生讣闻，设灵祭奠，慨然叹息：“先生圣代儒宗，人天法眼，白玉无瑕，黄金百炼。今其没矣，后将何仰？”[4]

1 王畿《与梅纯甫问答》，《龙溪王先生全集》卷一。

2《明史》卷二百三十八《儒林传·王畿》。

3《四库全书总目》卷一百七十七《龙溪全集二十卷》提要。

4 焦竑《熙朝名臣实录》卷二十《郎中王公》。

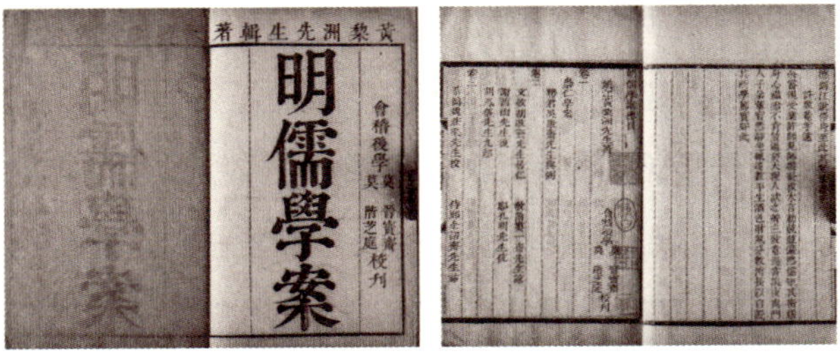

▼ 黄宗羲《明儒学案》书影

《明儒学案》成书于康熙十五年，是明末清初著名学者黄宗羲的代表作之一。全书以六十二卷篇幅，分立十七学案，记述了二百余位学者的生平、学行和思想，总结了明代的思想学术史。其中《泰州学案》五卷，列王艮等十八人，又附记三人。

2.“六经皆注脚”的王艮

王门弟子之中，王艮是最为奇特的一人，他出生于地位卑贱的“灶丁”之家，只在塾师那里识了一点字，粗识《论语》《孝经》章句。师从阳明先生以后，卓然成为大家，创立名闻遐迩的泰州学派，毕生“扁舟于村落之间”，为下层民众授道解惑，门人弟子遍天下。据袁承业所编《名儒王心斋先生师承弟子表》，王艮的五传弟子共计四百八十七人，其中以进士为官者十八人，以贡士为官者二十三人，载入《明史》者二十余人，载入《明儒学案》者三十余人。“上自师保公卿，中及疆吏司道牧令，下逮士庶樵陶农吏，几无辈无之。”袁氏慨叹道：“心斋先生毅然崛起于草莽鱼盐之中，以道统自任，一时天下之士率翕然从之，风动宇内，绵绵数百年不绝。”[1]他的学生王栋这样赞美他：

1　侯外庐、邱汉生、张岂之主编《宋明理学史》（下），人民出版社，1987年，第447—448页。

“天生我师，崛起海滨，慨然独悟，直超孔孟，直指人心，然后愚夫俗子，不识一字之人，皆知自性自灵，自完自足。先师之功可谓天高而地厚矣。”[1]在晚明思想解放的浪潮中，王艮是不可多得的推手。

王艮，初名银，王守仁为他更名为艮，字汝止，号心斋，泰州安丰场人。安丰场，是滨海诸多盐场之一。[2]他从小就跟随父亲在盐场劳作，七岁时在乡塾读书，因为家贫而辍学。弱冠时，受父命经商，往来于齐鲁之间，路过阙里，拜谒孔庙，瞻仰从祀大儒，叹息道：“是圣人者可学而至也。”回家后，日夜诵读《孝经》《大学》《论语》，还把这些经书放在袖子里，逢人质疑，由此自学成才。正德六年（1511），他在自家的“居仁堂”静思三月半，一夕，忽然顿悟。“心地洞彻，觉天地万物与己一体……自是，行中规矩，坐修容仪，循诵默识，意恬如也。”[3]赵贞吉为他写墓志铭，提及他的顿悟，概括为十六个字：“以经征悟，以悟释经，行即悟处，悟即行处。”他这样写道：“安丰俗负盐，无宿学者。先生（指王艮）逮粗识《论语》《孝经》章句，即邈焉希如古圣贤人信口谈解。如或启之塾师，无敢难者……时年二十矣。先生孝出天成，久益行纯心明，悟性无碍，谢役（指灶丁之役）秉礼为儒者，以经征悟，以悟释经，行即悟处，悟即行

1 王栋《会语正集》，《王一庵先师全集》卷上。

2 泰州滨海盐场有富安场、安丰场、梁垛场、东台场、何垛场、丁溪场、草堰场、白驹场、角斜场等，乾隆三十三年析置东台县后，盐场划归东台县管辖。参看嘉庆《东台县志》卷十八《盐法》，以及卷首《序言》。

3 嘉庆《东台县志》卷二十四《儒林·王艮》。

处。如是有年，人未之识也。”[1]所谓“以经征悟，以悟释经，行即悟处，悟即行处”，颇为抽象，也颇难解。关键就在“以悟释经”四个字上。耿定向把它解释为“六经皆注脚”，可谓切中要害。耿氏说：“先生自童不娴文义，无所著述，乃其深造自得，所谓六经皆注脚矣。”[2]

王艮的“六经皆注脚”论，与阳明先生《五经臆说》主旨颇为暗合，在师从阳明先生以后，这种观点得到进一步发挥，贯穿于整个讲学活动之中，成为一抹亮色。坚持朱熹正统学脉的学者，对阳明及其弟子非议最多的也正是这一点。顾宪成对王阳明倡言“求诸心而不得，虽其言之出于孔子者，不敢以为是也”，给予这样的评价：“阳明得力处在此，而其未尽处亦在此”；“其势必至自专自用，凭恃聪明，轻侮先圣，注脚六经，高谈阔论，无复忌惮。”[3]顾氏所说的“注脚六经”，在他草拟的“东林会约”中，具体化为“六经注我，我注六经”。顾氏批评王门后学“至乃枵腹高心，目空于古，一则曰‘何必读书然后为学’，一则曰‘六经注我，我注六经’。即孔子大圣一腔苦心，程朱大儒穷年毕力，都付诸东流已耳”[4]。站在儒家经学的正统立场，“六经注我，我注六经”显然有悖于经学的本义，或者说是离经叛道之论。这样的“原教旨主义”，必然导致抱残守缺，思想僵化。要想打破牢

1 赵贞吉《泰州王心斋艮墓志铭》，《赵文肃公文集》卷十八。

2 耿定向《王心斋先生传》，《耿天台先生文集》卷十四。

3 顾宪成《与李见罗先生书》，《泾皋藏稿》卷二。

4 雍正《东林书院志》卷二《院规·顾泾阳先生东林会约》。

笼，自由思想，“六经注我，我注六经”是必然的选择。经典的生命力在于与时俱进，随着时代的前进，赋予新的解释，也就是王阳明所说的，应当为我所用，不至于成为束缚思想的文字桎梏。

放宽历史的视野，便不难理解。汉朝的经学弊端丛生，经生沉迷于繁琐的传注，只知墨守家法，拘泥、僵化、教条。不满于这种状况的士人，跳出原有的圈子，用道家思想诠释儒家经典，形成耳目一新的魏晋玄学。何晏、王弼以老庄学说解释《易经》《论语》，嵇康“不涉经学，又读老庄，重增其放”，敢于“非汤武而薄周孔”，指斥“六经未必是太阳”。这样的魏晋风度，缔造了中国文化史上绚烂多彩的一页。旅美作家木心在《哥伦比亚的倒影》中赞美道："滔滔泛泛间，‘魏晋风度’宁是最令人三唱九叹的了；所谓雄汉盛唐，不免臭脏之讥；六朝旧事，但寒烟衰草凝绿而已；韩愈、李白，何足与竹林中人论气节。宋元以还，艺文人士大抵骨头都软了，软之又软，虽具须眉，个个柔弱无骨，是故一部华夏文化史，唯魏晋高士列传至今掷地犹作金石声。”[1]如此看来，距离魏晋一千多年之后的晚明，出现“六经皆注脚”“六经注我，我注六经”，不值得大惊小怪，不但不应讥刺，反倒应该大声为之叫好。

1 木心《哥伦比亚的倒影》，广西师范大学出版社，2006年，第45页。

“六经皆注脚”，贯穿于王艮五十八年的一生。

请看他的语录：

“六经四书所以印证者也。”“学者初得头脑，不可便讨闻见支撑，正须养微致盛，则天德王道在此矣。六经四书所以印证者也，若工夫得力，然后看书，所谓温故而知新也。不然，放下书本，便没工夫做。”[1]

“不虑而知，不学而能。”“天理者，天然自有之理也。良知者，不虑而知，不学而能者也。惟其不虑而知，不学而能，所以为天然自有之理；惟其天然自有之理，所以不虑而知，不学而能也。”

“学本无异。”“学本无异，以人之所见者各自以异耳。如一人有名焉有字焉，有知其名而不知其字者，则执其名为是，而以称字者为非也；有知其字而不知其名者，则执其字为是，而以称名者为非也。是各以己之所见者为是，以人之所见者为非也。”[2]

“德行为重，六艺为轻。”“使天下之人晓然知德行为重，六艺为轻，如此则士皆争自刮磨砥砺，以趋于道德仁义之域，而民兴可行矣。夫养之有道而民生遂，教之有方而民行兴，率此道也……苟不知从事于此，而惟末流是务，则因陋就简，补弊救偏，虽不无一时欢

1 王艮《重刻心斋王先生语录》卷上。此书由王艮子孙收录，门人编校。

2 王艮《天理良知说》，《重刻心斋王先生语录》卷上。

虞之效，随世以就功名，终归于苟焉而已，非王道之大也。”[1]

王艮虽然自学成才，却特立独行，用行动来诠释“六经皆注脚”——“六经注我，我注六经”。不妨略举数例。

事例一。正德十四年（1519），王阳明巡抚江西，公余宣讲“良知自性本体内足”，大江以南学者翕然从信。有一位江西来的塾师对王艮说，你的高论与巡抚王公讲学极其类似。他高兴地说：“有是哉？虽然，王公论良知，艮谈格物。如其同也，是天以王公与天下后世也；如其异也，是天以艮与王公也。”[2]摆出一副并驾齐驱的架势，十分自信，即日前往江西，造访王阳明。他的打扮很奇特，头戴“有虞氏之冠”，身穿“老莱子之服”，手执木简，上写“海滨生”三字，以两首诗作为见面礼。他与王守仁辩论良知，以及尧舜君民事业，始终坚持自己的意见。几天之后，有所省悟，说：“吾人之学，饰情抗节矫诸外，先生之学精深极微，得诸心者也。”[3]他与王守仁的初次见面，竟是如此与众不同。

事例二。不久，他回乡省亲，路过南京，前往太学，想为士子讲学。士子见他穿着异常，问他所治何经？他回答：“治总经。”[4]令人莫名其妙。四书

1 王艮《王道论》，《重刻心斋王先生语录》卷上。

2 赵贞吉《泰州王心斋墓志铭》，《赵文肃公文集》卷十八。

3 焦竑《熙朝名臣实录》卷二十二《心斋王公》。

4 何乔远《名山藏》卷八十五《儒林记下·王艮》。

五经博大精深，一般士子多专治一经，或专攻《诗经》，或专攻《尚书》，从未听说有什么"总经"。从他的"治总经"回答中，透露出对一般士子专治一经的不屑一顾，大有"六经皆注脚"的意味。

事例三。嘉靖元年（1522），王守仁回归乡里。王艮叹曰："吾师倡明绝学，何风之不广也？"随即回家制作小车，带仆人北上，沿途宣讲师说，引为奇观。"所过招要人士，以师说化导，人聚而观者千百。顾艮言出多独解，不循传注，且车服悉古制，皆骇异之。"[1]这种宣讲，不仅形式怪异，内容也令人惊骇。所谓"言出多独解，不循传注"，就是不拘泥于前贤对经典所作的传注，发挥自己独到的见解，显然是"我注六经"。

王艮的讲学活动也颇为特立独行，致力于面向下层百姓，人称"先生引接人无问隶仆，皆令有省"[2]。这与他的学术理念密切相关。他认为，百姓日用就是学问："百姓日用条理处，即是圣人条理处，圣人知，便不失百姓，不知，便会失。"[3]他始终主张，愚夫愚妇都可以"与知与能"，与圣人并无差别。他说："蒙示有司云，圣愚同性，今古一机。不可谓天下尽无其人，以绝将来之望。山林田野，夫岂可无格物穷理、讲学明道、修身治行，而为振古之人豪杰乎？"[4]山林田野的农夫也可以讲学明道，成为人豪。所以他喜欢和他们交往，传道

1 嘉庆《东台县志》卷二十四《儒林·王艮》。

2 赵贞吉《泰州王心斋墓志铭》，《赵文肃公文集》卷十八。

3 王艮《重刻心斋王先生语录》卷上。

4 王艮《答侍御张芦冈先生》，《重刻心斋王先生语录》卷下。

解惑。他的门生中固然不乏焦竑、耿定向这样的名人，也有樵夫朱恕、陶匠韩贞这样的普通百姓。王艮死后，其子王襞继承父亲的衣钵。黄宗羲写的王襞传有云："心斋开讲淮南，先生（王襞）又相之。心斋殁，遂继父讲席，往来各郡，主其教事，归则扁舟于村落之间，歌声振乎林木，恍然有舞雩气象。"[1]

王艮的学生朱恕，是泰州草堰场人，砍柴养家糊口。一日路过王艮的讲堂，唱道："离山十里，薪在家里。离山一里，薪在山里。"王艮听了，对弟子说："小子听之，道病不求耳，求则不难，不求无易。"[2]朱恕听了此话，津津有味，此后每当砍柴归来，必去门外听讲。

王艮的另一名学生陶匠韩贞，号乐吾，兴化县人，家贫失学，由朱恕引领，来到安丰场王艮家中，后卒业于王襞门下。常自咏曰："三间茅屋归新主，一片烟霞是故人。"他学成后，也致力于乡村讲学。耿定向写道："后聆先生学有得，毅然以倡道化俗为任，无问工贾佣隶，咸从之游，随机因质诱诲之，顾化而善良者以千数。每秋获毕，群弟子班荆趺坐，论学数日。兴尽，则挐舟偕之，赓歌互咏。如别村聚所，常与讲如前。逾数日，又移舟如所欲往，盖遍所知交，居村乃还。翱翔清江，扁舟泛泛下上，歌声洋洋，与棹音欸乃相应和。睹闻者

1 黄宗羲《明儒学案》卷三十二《泰州学案一·处士王东崖先生襞（附樵夫朱恕、陶匠韩乐吾、田夫夏叟）》。

2 黄宗羲《明儒学案》卷三十二《泰州学案一·处士王东崖先生襞（附樵夫朱恕、陶匠韩乐吾、田夫夏叟）》。

欣赏，若群仙子嬉游于瀛阆间也。”[1]如此这般的讲学景象，迥异于书院正襟危坐，子曰诗云的样子，显然继承发扬了王艮、王襞特有的讲学风格。这位陶匠出身的学者，不仅讲学风格酷似乃师，一言一行也直逼乃师。耿定向记录他的亲身见闻：“（韩生）尝与诸名公卿会论学，间有谈及别务者，辄大噪曰：‘光阴有几，乃为此闲泛语！’或称引经书相辩论，则又大恚曰：‘舍却当下不理会，乃搬弄些陈言，此岂学究讲肆耶？’诸名公咸为悚息。识者谓其气冲牛斗，胸次怡怡，号曰乐吾不虚云。”[2]讨论学问时，有人谈及别的事务，他指斥为“闲泛语”；有人引用四书五经的词句，他指斥为“搬弄陈言”。完全是王艮、王襞嫡传的风格。

田夫夏廷美，是焦竑的学生，可算王艮的再传弟子。焦竑指点他“得自然之趣”：“要自然，便不自然，可将汝自然抛去。”焦竑要他读四书，他读了很久，喟然叹息，读了朱子《四书集注》不能了了，还不如读本文来得切身体贴。这位田夫语出惊人：“《论语》所谓异端者，谓其端异也。吾人须研究自己为学初念其发端果是为何，乃为正学。今人读孔孟书，只为荣肥计，便是异端，如何又辟异端？”[3]与太老师王艮的见解可谓异曲同工。王艮曾说：“圣人之道无异于百姓日用，凡有异者，皆谓之异端。”[4]这种“异端”观，与正统派学者大异其

1 耿定向《王心斋先生传（樵朱陶韩二子附）》，《耿天台先生文集》卷十四。

2 耿定向《王心斋先生传（樵朱陶韩二子附）》，《耿天台先生文集》卷十四。

3 黄宗羲《明儒学案》卷三十二《泰州学案一·处士王东崖先生襞（附樵夫朱恕、陶匠韩乐吾、田夫夏叟）》。

4 王艮《重刻心斋王先生语录》卷上。

▼ 学政试院

泰州学政试院，最初为明朝都察院，清康熙以后为“扬郡试院”，是扬州府治下八县秀才考试场所。泰州自古人文鼎盛于此可见一斑。

趣，正统派学者把泰州学派视为异端，这或许是他们的反唇相讥。平心而论，王艮与夏叟的“异端”观，反其道而行之，更有新意。

王艮把讲学的重心转向下层百姓，其子王襞发扬光大。邓豁渠《南询录》记载，嘉靖三十一年(1552)，他访问王襞，亲眼目睹东崖先生的一次讲会：“此会也，四众俱集，虽衙门书手，街上卖钱、卖酒、脚子之徒，皆与席听讲，乡之耆旧率子弟雅观云集，王心斋之风犹存如此。”[1]讲学活动能够吸引引车卖浆者流参加，这样的盛况，以前罕见，此后也少有，其思想解放的意义自然不可低估。焦竑谈及王艮、王襞两代平民学者，说：“归则随村落小大，扁舟往来，歌声与林樾相激发，闻者以为舞雩

1 转引自吴震《明代知识界讲学活动系年（1522—1602）》，学林出版社，2003年，第182页。

咏归之风复出。至是，风教彬彬盈宇内矣。”[1]“风教彬彬盈宇内”的，无疑是“六经皆注脚”的精彩思想。

3.“非名教之所能羁络”的颜山农、何心隐

对于颜山农、何心隐，王世贞把他们称为“江湖大侠”:“嘉隆之际，讲学者盛行于海内。而至其弊也，借讲学而为豪侠之具，复借豪侠而恣贪横之私。其术本不足动人，而失志不逞之徒相与鼓吹羽翼，聚散闪倏，几令人有黄巾、五斗之忧。”[2]王氏称颜、何二人为“江湖大侠”，无可无不可，但把他们比拟为东汉末年的黄巾起义与五斗米道，显得夸张失实。由此也可以看出，当时庙堂之上的士大夫，对于颜山农、何心隐独特的讲学行事，是何等的忧心忡忡！改朝换代之后的黄宗羲，没有了这种担忧，看法就平和多了:“泰州之后，其人多能以赤手搏龙蛇，传至颜山农、何心隐一派，遂复非名教之所能羁络矣。”[3]措辞比较有分寸，不过是“非名教之所能羁络”而已，哪里谈得上“令人有黄巾、五斗之忧”！看来，读懂历史是需要时间距离的，太近了未必看得真切，我们现在比黄宗羲距离更远，理应看得更加真切。

1 焦竑《王东崖先生墓志铭》,《焦氏澹园集》卷三十一。

2 王世贞《弇州史料后集》卷三十五《国朝丛记五·嘉隆江湖大侠》。

3 黄宗羲《明儒学案》卷三十二《泰州学案·颜钧传》。

王世贞对王艮、颜山农是颇有偏见的，他说："自东越（指王守仁）之变为泰州（指王艮），犹未至大坏，而泰州之变为颜山农，则鱼馁肉烂，不可复支"；又说："借讲学而为豪侠之具，复借豪侠而恣贪横之私。"[1]不过"借讲学而为豪侠之具"，却并非毫无根据。黄宗羲也说："山农游侠，好急人之难。"[2]颜山农喜欢修炼武功，他对门徒说："凡有志者，欲求此设武功，或二日夜，或三日夜，必须择扫楼居一所，摊铺联榻，然后督置愿坐几人，各就榻上正坐，无纵偏倚，任我指点。收拾个人身子，以绢缚两目，昼夜不开；绵塞两耳，不纵外听；紧密唇齿，不出一言；擎拳两手，不动一指；趺跏两足，不纵伸缩；直耸肩背，不肆隳慢；垂头若寻，回光内照。"[3]这仅仅是开始，叫做"闭关"，而后要"引发各各内照之功"，又要"任意长卧七日"，以达到"道体黜聪，脱胎换骨"的效果。他不仅有点武功，还精通军事韬略。《永新县志》记载："铎（即颜山农）好谈兵，喜奇计。先是，将军俞大猷起校尉，罪当斩，铎一见奇之，请于督府得释。至是，迎铎于军，运筹决策，遂平大寇。"[4]看来，他确有一点豪侠气概，与其他王门弟子迥然有别。

颜铎，一名颜钧，别号山农，江西吉安府永新县人。王世贞说他是"楚人"，显然搞错了。不过说他"读经书不能句读，亦不多识字"，倒没有

1 王世贞《弇州史料后集》卷三十五《国朝丛记五·嘉隆江湖大侠》。

2 黄宗羲《明儒学案》卷三十二《泰州学案·颜钧传》。

3 颜钧著，黄宣民编校《颜钧集》卷五《引发九条之旨·七日闭关开心孔昭》，中国社会科学出版社，1996年。

4 同治《永新县志》卷十六《人物志·列传·颜铎》。

错。[1]据说他“儿时不慧，十九读《孟子》，弥月不成诵”。[2]从兄长颜钥那里接触阳明心学，豁然有悟，幽居山谷中九个月，竟然大悟，归来见颜钥等人，大谈性命之学，举座皆惊。父兄迫使他参加科举考试，他叹道：“人生宁遂作此寂寂，受人约束乎？”[3]嘉靖十五年（1536），师事王守仁与王艮的门生徐樾。后因徐樾的关系，师事王艮，他的自传如此回忆王艮的点拨：“孔子学止‘从心所欲不逾矩也’，矩范《大学》《中庸》作心印，时运六龙变化为覆载，持畴以遁世。子既有志有为，即宜钻研此个心印，为时运遁世之造，会通夫子大成之道，善自生长收藏……”[4]看得出来，他最为心仪的师教，一是“从心所欲不逾矩”，二是“时运遁世”，此后一直身体力行。黄宗羲对他的学说的概括，体现了他“从心所欲”的特点：“其学以人心妙万物而不测者也，性如明珠，原无尘染，有何睹闻，著何戒惧。平时只是率性所行，纯任自然，便谓之道。及时有放逸，然后戒慎恐惧以修之。凡儒先见闻、道理、格式，皆足以障道。”[5]这段话非常贴切地揭示了颜山农的独特风格：“率性所行，纯任自然”，不拘泥于儒学先辈的见闻、道理、格式，无怪乎黄宗羲要说他“非名教之所能羁络”。

“非名教之所能羁络”，当然不是罪过。魏晋名士放浪形骸，“散首披发，裸袒箕踞”，扬言“我以

1 王世贞《弇州史料后集》卷三十五《国朝丛记五·嘉隆江湖大侠》。

2 同治《永新县志》卷十六《人物志·列传·颜铎》。

3 同治《永新县志》卷十六《人物志·列传·颜铎》。光绪《吉安府志》卷三十一《人物志·儒林·颜铎》。

4 颜钧《颜钧集》卷三《自传》，第25页。

5 黄宗羲《明儒学案》卷三十二《泰州学案一·颜钧传》。

天地为栋宇，屋室为裈衣，诸君何为入我裈中？”其深层原因在于，不满于黑暗的社会现实，又无力改变它，便佯狂而遁世，极力摆脱儒家名教的羁络。颜山农的情况有些不同，但是在摆脱“名教羁络”这一点上毫无二致。因此，他可以坦然地说：“人之好贪财色，皆自性成，其一时之所为，实天机之发，不可壅阏之，第过而不留，勿成固我而已。”[1]他的行为不拘小节，极不检点，于此可以获得索解。

不过，他遭到当权派的打压，并非仅仅由于此点，而是他对于朝政毫不留情的抨击。他的代表作《耕樵问答》对“近代专制”的揭露，很有力度：

> 今天下四十余年，上下征利，交肆搏激，刑罚灭法，溢入苛烈，赋税力役，科竭蔀屋，逐溺邦本，颠覆生业，触变天地，灾异踰突，水旱相仍。鞑倭长驱，战陈不息，杀劫无厌。海宇十室，九似悬罄；圩野老稚，大半啼饥。会而拟之，恰似抄没律条。近代专制黎庶，不饶一民尺土。[2]

句句都涉及嘉靖时期的国家社会弊病，诸如赋税徭役的苛重，导致百姓十室九空，北虏南倭（即他所谓“鞑倭”）的侵扰，连年战争使得国家不堪承受，

1 王世贞《弇州史料后集》卷三十五《国朝丛记五·嘉隆江湖大侠》。

2 颜钧《颜钧集》卷六《耕樵问答》。

大臣们议来议去，拿不出什么办法。他开出的药方是什么呢？简而言之，就是十二个字：足民食，造民命，聚民欲，复民性，讲得具体一点，即："大赉以足民食，大赦以造民命，大遂以聚民欲，大教以复民性。"要做到这些，必须有"仁天下之巨臣"。由此而得罪了当时掌握大权的张居正。贺贻孙《颜山农先生传》说："顾先生性峭直，尝为上华亭（徐阶）及江陵（张居正）书，有所指斥，诸公不悦。"[1]"诸公不悦"引来了报复，报复的由头并非他的上书，而是别的事情，《永新县志》说："巡抚何公迁，二子争财相杀，莫可解。乃迎铎至署一月，兄弟不觉抱持大哭，遂相友爱。何公感之，问所欲，铎曰：'生平游江湖，不得官舟广聚英才讲学为恨耳。'何公以己舟与之。顾铎性峭直，尝为徐华亭、张江陵书，皆有所指斥，诸公不悦。且有人龇龁之者，傅会何公所与官舟事，遂以盗官舟故，下金陵狱论死。"幸亏门生罗汝芳挺身营救，愿以身相抵，才得以免除死刑，流放广西。[2]

在当权派眼中，他是一个"盗官舟"的匪徒。在同他密切接触的百姓眼中，则是另一番印象。在囚禁的监狱中，他留给囚犯的印象就相当好："方铎之在狱也，日与诸囚论学不倦，诸囚有启悟者，常白光达圜扉。及其出狱，诸囚百余人伏地哭，哀甚。司寇诃曰：'若囚旦暮死不哭，哭颜铎何为？'

1 颜钧《颜钧集》卷九《附录一》。

2 同治《永新县志》卷十六《人物志·列传·颜铎》。

因曰：'不然，颜先生在狱，吾身如在天宫，今先生去矣，吾无所闻，即不死犹死耳。'"[1]这些死囚的肺腑之言，与官场常见的言不由衷的假话截然不同，他们没有必要讲假话、欺世盗名。由此可见，他的讲学自有吸引人的魅力，倘若是没有魅力的说教，要让监狱中的特殊人群发自内心地喜爱，是难以想象的。

他的家乡人对他的印象也很好，与上层人物那种鄙夷不屑的神情截然不同。家乡人这样写道："铎事父母甚孝。亲没，庐墓泣血，三年未尝见齿。虽耄，逢父母生忌，祭必哀。兄弟五人友爱备至，乡党煦煦患苦相恤，即古之笃行君子何以逾焉！独其议论风生，意气焕发，以此颇为时流所不喜。"[2]你看，对父母孝顺，对兄弟友爱，对乡党体恤，一般"笃行君子"显然难以望其项背。他活到九十岁去世，当地人把他奉为"乡贤"，世代祭祀。但是，史家对他的描述，何以负面信息多于正面信息？原因就在于他"议论风生，意气焕发"，使得掌握舆论臧否权力的"时流"们对他很反感。

同样"非名教之所能羁络"的何心隐，是颜山农的弟子，更加不为时流所喜，以莫须有的罪名被捕，惨死于狱中。他的至交，除了孝感的程学颜，就推麻城的耿定向。耿定向为他立传，称他为"何狂"，或者索性去掉姓，径直称为"狂"，并非以为

1 同治《永新县志》卷十六《人物志·列传·颜铎》。

2 同治《永新县志》卷十六《人物志·列传·颜铎》。

他是疯子，乃是“非名教之所能羁络”也。请看耿定向的说法：“何狂者，姓梁，名汝元，后自变易姓名为何心隐。余悲其行不中而悲其志，故称曰‘何狂’云。狂盖吉州永丰右族也，家累万金，族众数千指。少补邑庠弟子员，从永新颜钧游，与闻泰州王心斋立本指，悦之，遂亢然思自树。时吉州三四大老，方以学显于时，狂倚知见，咸狎侮之，独脉脉心钦邹文庄（邹守益），曰：‘此孔子胚胎也。’”[1]从他师事王艮、颜山农，狎侮吉安学界三四大老的行迹，已可看到“非名教之所能羁络”的样子。

不过，他的被捕并不是由于“非名教之所能羁络”，而是另外强加的“妖逆”罪。他自己心里很明白，当局把他视作“名教中罪人”，却难以用这种不伦不类的罪名逮捕法办，于是编造了一个“妖逆”罪状。他在给友人的书信中，谈及“为讲学被毒事”，这样写道：“且以元（梁汝元自称）为名教中罪人，诚有罪矣。然肆毒于元者，不以名教罪罪，而以妖逆罪罪。”[2]这使他联想到南宋时韩侂胄诬陷朱熹为“伪学逆党”的手法：“虽然，（韩）侂胄之鹰犬以毒晦翁者，则以伪学，变而为伪党，以伪党变而为逆党，为一网打尽，是亦以逆罪罪晦翁也。元虽不敢与晦翁拟，而今之罪元者似晦翁罪也，或者是亦名教中之罪人也。”[3]所谓“名教中之罪人”云云，即是“非名教之所能羁络”的另一种

1 耿定向《里中三异传》，《耿天台先生文集》卷十六。

2 何心隐《与邹鹤山书》，《何心隐先生爨桐集》卷四。

3 何心隐《与邹鹤山书》，《何心隐先生爨桐集》卷四。按：《爨桐集》由湖广后学张宿诠订，卷首有张宿写于天启五年的《刻何心隐爨桐集叙》。

表述。

耿定向称他为“狂”，他自己也自诩为“如痴如颠”。他在给永丰知县凌海楼的书信中，对于凌某要他明哲保身，表达了不同看法：士农工商各式人等迫于自身的地位，无可奈何地“保身”，“惟谬见则以身有在而后不容以不保，身在尊而后不敢以不保。如身在农在工在商，身在卑也，不保未有不殒其身者也。是身有在不容以不保也。又如身在士，由士而仕，身日尊矣。身之尊者，言足以兴默，足以容信，不敢以不保也。”[1]说明士农工商无论地位之尊卑，都有不得已的原因，不得不“保身”。话锋一转说，他自己与众不同，不必“保身”，也无暇“保身”：“今某不农不工不商，身已不在卑矣，保身何为？况又不士，何由以仕？身已不在尊矣。身不在尊，虽言不见其言，虽默不见其默，何足以兴，何足以容？虽欲保身，保身何为？某所以如痴如颠者，以身之无在也；无在而求有在之不暇矣，何暇于身之保耶！”[2]话说得很清楚，他既不是农工商，也不是士，当然不可能做官（即“由士而仕”），因此没有必要“保身”，可以率性而为，“如痴如颠”，摆脱名教的羁络。

他一生都为冲破“樊笼”而努力，名教是一种“樊笼”，还有更宽泛的“樊笼”有待冲破。他说：“若在樊笼恋恋，纵得以展高才，不过一效忠立功

1 何心隐《修聚和祠上永丰太尹凌海楼书》，《何心隐先生爨桐集》卷三。

2 何心隐《修聚和祠上永丰太尹凌海楼书》，《何心隐先生爨桐集》卷三。

耿介之官而已，于大道何补？直须出身以主大道，如孔孟复生于世，则大道有正宗，善人有归宿，身虽不与朝政，自无有不正矣！大道之明，莫明于孔子，而孔子之所以明大道者，亦惟出身于春秋，以与国政于朋友之交信也，何尝恋恋樊笼？且樊笼甚窄，而又多猜多忌，纵有高才，从何以展？”[1]这里所说的“樊笼”，直指官场。在他看来，在官场这个“樊笼”中，即使得以施展高才，也不过成为一名“效忠立功耿介之官”而已，无补于大道。何况官场这个“樊笼”十分狭窄，又充满猜忌，纵有高才，也无法施展。所以他不愿意进入官场这个“樊笼”，一生致力于讲学，以孔子为榜样，追求“大道之明”，始终无怨无悔。

无须“保身”，不受“樊笼”拘束，特立独行，常有自己的独到见解。他说：“某之见，见人之所未见者也。某之凭，凭人之所未凭者也。则谓之见非所见，谓之凭非所凭，皆可也。未见，则非其所非矣。既见，则是其所是矣。是非者之见均也，均之不足疑也。惟自信其所见所凭之必见是于天下于万世而已。”[2]这并非他的自吹自擂，他确实有一些“见人所未见”的地方，他批驳宋代理学大师周敦颐的“无欲”论，就是最好的例子。他认为人不可能“无欲”，有欲是正常的，人们应该追求寡欲，而不是“无欲”，更不是“灭人欲”。他以孔子、孟

1 何心隐《修聚和祠上永丰太尹凌海楼书·又书》，《何心隐先生爨桐集》卷三。

2 何心隐《答作主》，《何心隐先生爨桐集》卷三。

子为例，用调侃的笔调讥讽道："濂溪言无欲，濂溪之无欲也，其孟轲之言无欲乎？孔子言无欲而好仁，似亦言无欲也，然言乎好仁乃己之所好也。惟仁之好而无欲也。不然，好非欲乎？孟子言无欲其所不欲，亦似言无欲也，然其言乎其所不欲，乃己之不欲也。惟于不欲而无欲也。不然，无欲非欲乎？是孔孟之言无欲，孔孟之无欲也，岂濂溪之言无欲乎？且欲惟寡则心存，而心不能以无欲也。欲鱼欲熊掌，欲也；舍鱼而取熊掌，欲之寡也。欲生欲义，欲也；舍生而取义，欲之寡也。能寡之又寡，以至于无，以存心乎？欲仁，非欲乎？得仁而不贪，非寡欲乎？从心所欲，非欲乎？欲不逾矩，非寡欲乎？能寡之又寡，以至于无，以存心乎？"[1]巧妙机智的推论，把周敦颐的"无欲"论，驳得体无完肤，使得理学家宣扬的"灭人欲"主张失去了依据。

他对于孔子所说的"从心所欲不逾矩"，有自己的另一种诠释，并借此抨击那些理学家挂着学习孔子的幌子贩卖私货的勾当。他批评了这样几种学者，一种是："有欺之以仙术，而不觉其欺于仙家者流也。且默以学，非仙不玄，能不为仙家者流之所欺乎？"另一种是："有欺之以禅机，而不自觉其欺于禅家者流也。且默以学，非禅不圆，能不为禅家者流之所欺乎？"还有一种是："又欺于儒家者流，

1 何心隐《辩无欲》，《何心隐先生爨桐集》卷二。

而亦不觉其不有身也、不有家也。儒不有身、不有家，不自觉者久矣。况儒家者流不有身不有家，而混于上下前后左右，以苟成其家，苟已已而不自觉者，亦岂一朝一夕一二已乎！”[1]

嘉靖二十五年（1546），他参加江西乡试，考得第一名，时人誉为“天下奇才”。他确实学有专攻，从王门弟子的学脉上看，可谓第四代传人，他的老师颜山农是徐樾的门生，而徐樾出于王艮之门。可以串起这样一条线：王守仁—王艮—徐樾—颜山农—何心隐，因而他的学术带有王艮、颜山农的明显特色。黄宗羲《明儒学案》揭出“非名教之所能羁络”这一点，切中要害，何心隐意欲冲决名教的网罗，挑战主流意识形态，为当道所不容，铸就了悲剧下场。然而却赢得了当世及后世有识之士的交口赞誉，同时代人李贽在他遇害后写了掷地有声的《何心隐论》，伸张正义。天启年间出版的《何心隐先生爨桐集》，卷首收了李贽《何心隐论》，编者显然把它当作文集的序言来对待的。

李贽也是一位“非名教之所能羁络”的学者，引为同道，对何心隐了解得最为真切：“公以为世人闻吾之为，则反以为大怪，无不欲起而杀我者，而不知孔子已先为之矣。吾故援孔子以为法，则可免入室而操戈。然而贤者疑之，不贤者害之，同志终鲜，而公亦竟不幸为道以死也。夫忠孝节义，世之

1 何心隐《矩》，《何心隐先生爨桐集》卷二。

所以死也，以有其名也，所谓死有重于泰山者是也，未闻有为道而死者。”[1]

程学博写的《祭梁夫山先生文》，直言何先生死于非命的原因就是讲学：“先生之死也以讲学。先生之学，先生所自信，而世所共嫉。世人不喜讲学，亦未必不知学。而先生之学，天下后世有定论在焉，予又乌能喋喋于先生之学，以与世之人辩哉……平生精力，自少壮以及老死，自家居以至四方，无一日不在讲学，无一事不在讲学。自讲学而外，举凡世之身家儿女，一切世情俗态，曾无纤毫微眇足以罣先生之口，而入先生之心。”[2]

一生致力于讲学的何心隐，学问与人品人所共知，居然为“世所共嫉”，被执政当局置之死地，是令人扼腕的。容肇祖写于1937年的《何心隐及其思想》给出了解释：“泰州一派是王守仁派下最切实、最有为、最激励的一派，何心隐是这派的后起，而亦是最切实、最有为、最激励的一人。他抱着极自由、极平等的见解，张皇于讲学；抱济世的目的，而以宗族为试验。破家不顾，而以师友为性命，所谓‘其行类侠’者。卒之得罪于地方官，得罪于时宰，亦所不惜。他是不畏死的，遂欲藉一死以成名。他的思想是切实的，所谓‘不堕影响’。他以为欲望是可以寡而不可以无，可以选择而不可以废，欲以张皇讲学，聚育英才，以补天下的大

1 李贽《何心隐论》，《焚书》卷三《杂述》。

2 程学博《祭梁夫山先生文》，《何心隐集·附录》，中华书局，1960年，第135页。

空。他的目的太高，而社会的情状太坏，故此为当道所忌，不免终于以身殉道了！”[1]

万历五年（1577）十月，湖广巡抚陈瑞通缉何心隐。同年十二月，继任湖广巡抚王之垣继续通缉，万历七年（1579）三月初三日，何心隐在祁门县被捕，五月关押于江西南安，一个月后转解湖广，九月初二日，被杖杀于狱中。

他的朋友耿定向顶着压力，嘱咐其门生“收骸为殡”，自己写了招魂词，希望惨死狱中的何心隐“魂兮归来”：“永丰梁子，其意学孔，其行类侠，不理于世，毙于楚狱。余伤其无归，且惧其为厉为水旱灾也，因令其徒收骸为殡，而文以招之。”[2]这首招魂词充满了理解之同情，文字摹仿《楚辞·招魂》，句末多用“些”字：“决命捐生汝何营，模孔陈迹失孔真些。孔门宗旨曰求仁些，蹈仁而死未前闻些。仁与不仁几微分，吾昔与子曾极论些。大仆程子楚之英，四明钱子何忱恂，两人视汝犹弟昆些。盱江罗子汝同门，居常目汝为天人些。余亦知汝故不群，况复千里来相因些……倾万金之产了不惜，犯三公之怒以为欣些。庸言庸行，孔训靡遵，舍南容，效祢衡、莺斯之党，又频频些……魂兮归来云何吁。”[3]其中“犯三公之怒以为欣些”一句，点明了何心隐之死的原因。那么，“犯三公之怒”又是什么呢？

1 容肇祖《何心隐及其思想》，《容肇祖集》，第388页。

2 耿定向《招梁子词》，《耿天台先生文集》卷十二。

3 耿定向《招梁子词》，《耿天台先生文集》卷十二。

程学博说何心隐以讲学至死，容肇祖说何心隐因讲学而得罪于地方官与时宰。这样的怪现象值得追根究底。讲学不过是学术活动，为什么政府如此神经过敏，视为洪水猛兽？难道讲学会动摇一个地方的统治么？问题恰恰就在这里，湖广巡抚王之垣加给何心隐的罪状，确实是这样的："假以聚徒讲学为名，扰害地方。"[1]

这就有必要对他的讲学活动加以回顾了。从王艮、王襞到颜山农、何心隐，都致力于把儒学通俗化，深入民间传道，正如黄宗羲所说："遂以化俗为任，随机指点，农工商贾，从之游者千余。秋成农隙，则聚徒谈学。一村既毕，又之一村，前歌后答，弦诵之声洋洋然也。"[2]这已经有点犯忌了，更何况讲学的内容带有冲决名教网罗的意味，那就更犯忌了。何心隐在《修聚和祠上永丰太尹凌海楼书》中说："若在樊笼恋恋，纵得以展高才，不过一效忠立功耿介之官而已，于大道何补？直须出身以主大道，如孔孟复生于世，则大道有正宗，善人有归宿，身虽不与朝政，自无有不正矣……孔子设教之至善，而身不与政者也，不与政而贤与立政。"[3]这是颇有一点狂妄的，以孔子为楷模，"设教而不与政"，"不与政而贤于立政"，标榜自己不在官场，却贤于当朝执政诸位大老，因为他们无补于大道。他在《答作主》一文中说，"某之见，见

1 容肇祖《何心隐及其思想》，《容肇祖集》，第363页。

2 黄宗羲《明儒学案》卷三十二《泰州学案》。

3 何心隐《修聚和祠上永丰太尹凌海楼书·又书》，《何心隐先生爨桐集》卷三。

人之所未见者也；某之凭，凭人之所未凭者也”[1]，同样有傲视当世的意味。因而他的学问被掌握话语权的正统人士蔑视为“伪学”，时时处在违禁的状态。

容肇祖所说的“得罪于地方官，得罪于时宰”，地方官指的是湖广巡抚陈瑞、王之垣，“时宰”指的是内阁首辅张居正。欲置何心隐于死地的正是张居正，陈瑞、王之垣不过是秉承首辅旨意行事而已。这并不是后人的栽赃诬陷，而是有事实为证的。

李贽《何心隐论》写道：“公（何心隐）已死矣，吾恐一死而遂湮灭无闻也。今观其时武昌上下，人几数万，无一人识公者，无不知公之为冤也。方其揭榜通衢，列公罪状，聚而观者，咸指其诬，至有嘘呼叱咤不欲观焉者，则当日之人心可知矣。由祁门而江西，又由江西而南安而湖广，沿途三千余里，其不识公之面而知公之心者，三千余里皆然也。非惟得罪于张相者有所憾于张相而云然，虽其深相信以为大有功于社稷者，亦犹然以此举为非是，而咸谓杀公以媚张相者之为非人也。”[2]

这里所说的“张相”就是内阁首辅张居正。何心隐“得罪于张相”，地方官“杀公以媚张相”，并非传闻之辞，可以在官修的正史中找到根据，《明

1 何心隐《答作主》，《何心隐先生爨桐集》卷三。

2 李贽《何心隐论》，《焚书》卷三《杂述》。

神宗实录》万历八年（1580）正月己巳条写道："江西永丰人梁汝元，聚徒讲学，讥议朝政，吉水人罗巽亦与之游。汝元扬言，江陵首辅专制朝政，必当入都，詈言逐之。首辅微闻其语，露意有司，令拘押之。有司承风指，毙之狱。"[1]沈德符《万历野获编》说得更为具体："时有江西永丰人梁汝元者，以讲学自名，鸠聚徒众，讥切时政……江陵（张居正）恚怒，示意其地方官物色之。诸官方居为奇货。适曾光事起（引者按：指曾光散布妖言惑众事件），遂窜入二人姓名，谓且从（曾）光反。汝元先逮至，拷死。"[2]

其实所谓"讥议朝政""讥切时政"，所谓与散布妖言的曾光"谋反"云云，不过是欲加之罪，毫无根据；他得罪于张居正的根本原因就是"聚徒讲学"。主办此案的湖广巡抚王之垣给他的罪名是"聚徒讲学，扰害地方"，他在《历仕录》中说："湖广有大奸何心隐……假以聚徒讲学为名，扰害地方。中间不法情罪甚多，各省历年访拿不获，俱有案卷。万历七年（1579），新店把总朱心学于祁门县捉获。予发按察司侯廉使查卷提干连人问理。本犯在监患病身故……事后数年，言官尚有称冤具疏者。盖以假讲学之名，遂为所惑，不知其有各省访拿案卷也。"[3]王之垣把狱中"杖杀"谎称"在监患病身故"，又武断臆测，为何心隐鸣冤

1《明神宗实录》卷九十五，万历八年正月己巳。

2 沈德符《万历野获编》卷十八《大侠遁免》。

3 容肇祖《何心隐及其思想》，《容肇祖集》，第363—364页。

的言官是受其讲学迷惑。为了应付舆论，他打出圣旨作挡箭牌，“这有名的凶犯，原应正法，不必行勘”，证明自己先斩后奏正确无误。

何心隐被害后，不断有言官向朝廷申诉，其中尤以山东道监察御史赵崇善所写的《明公论正大典伸积冤以彰国是疏》，最为深刻。这份奏疏的全文收在吴亮主编的《万历疏钞》中，关于何心隐案件的一段这样写道：

> 至于何心隐之死非其罪，冤尤可悯者。盖心隐布衣之士，从事学问，素为缙绅所重，如钱同文辈尝北面而师事之。臣未仕时已知有此人久矣。及臣任婺源知县，忽然湖广巡抚王之垣差官带领兵快，直抵邻县祁门缉拿心隐，急于星火。心隐既获，不逾时而毙之杖下。臣不胜骇愕，以为心隐何罪，而受祸之惨至此？询诸士夫，咸谓心隐素与（张）居正讲学，直言规过，以触其怒，后又斥居正不奔父丧，居正忿恚益深，密托王之垣致之死地。之垣不胜其谄媚之心，唯唯听命。此心隐之所以见杀也。又闻刑部侍郎耿定向，其时致书之垣，力言心隐无罪，不可轻杀，而之垣不听。皇上倘以臣言为未信，乞召（耿）定向而问之。定向正直无私，必不能为之垣讳也。心隐既死，之垣深虑人议，其后又捏无影事迹，刊刻传布，欺天罔人，无所不至。是心隐之冤与刘台、吴仕期何异哉？杀（刘）台与（吴）仕期者俱已正罪，而杀心隐者独得优游无事，以老于牖下，臣恐天地鬼神昭布

森列，必不肯容，而心隐之目亦必不瞑于地下也。[1]

赵崇善揭发王之垣唯唯听命于张居正，杀害何心隐，而后又捏造“无影事迹”，欺骗舆论，比如：何心隐“以侵欺皇木银两犯罪，拒捕，杀伤吴善五等六命，初拟绞罪，后来减充贵州卫军著伍，脱逃各省”云云，全是不实之词。在赵崇善看来，何心隐的冤死与刘台相似。辽东巡按御史刘台因弹劾张居正而遭到报复，罢官回到家乡江西安福县。江西巡抚王宗载、江西巡按陈世宝秉承张居正的旨意，嗾使安福县谢耀诬告刘台“合门济恶，灭宗害民”。朝廷据此判处刘台发配极边远地方充军终身。万历十年（1582），穷困潦倒的刘台死于广西浔州，连殡葬的衣服棺材都没法置办，令当地人唏嘘不已。

▼ 东林书院

明代思想活跃，讲学之风盛行，全国范围内建设的书院亦不在少数，其中最有名的是白鹿洞书院、东林书院、肇庆书院、四明书院。张居正执政后，下令取缔书院，禁私人讲学。万历十一年张居正去世后，万历皇帝采纳大臣的建议“崇儒重道”，很多书院陆续得以恢复。

万历十一年（1583），刘台得以平反，诬陷的罪状查无证据，对有关责任人分别判处充军、徒刑、死刑。同样是谄媚首辅陷害无辜，为何王之垣至今仍逍遥法外？赵崇善的这一责问并非毫无道理。

何心隐与张居正的矛盾

1　赵崇善《明公论正大典伸积冤以彰国是疏（万历十三年七月）》，《万历疏钞》卷六。

由来已久，起因就是讲学。何心隐因为直言遭到官员诬陷，流放贵州。胡宗宪仰慕他的才华，聘他为幕僚。嘉靖三十九年（1560）他随太仆寺丞程学颜前往北京，聚徒讲学。耿定向为何心隐立传，记叙他与张居正的初次交往："嘉靖庚申岁也，余时官北台（都察院），狂（何心隐）匿程（学颜）君邸，即同里士绅避不见，间从比部（刑部）罗汝芳氏游。余故与程罗两君交善，时相往反，因晤之。聆其言，貌若癫狂，然间出语有中吾衷者。时张江陵（居正）为少司成（国子监司业），予挈之城东僧舍与晤，狂俯首凝睇，目江陵曰：'公居大学，知大学道乎？'江陵为勿闻者，游目而摄之曰：'尔意时时欲飞，却飞不起也。'江陵别去，狂舍然若丧曰：'夫夫也，吾目所及不多见，异日必当国，杀我者必夫也。吾辈学应移别掉，不则当北面矣。'"[1]

那是多年前张居正担任国子监司业期间的事，何心隐念念不忘，后来在《上祁门姚大尹书》中回顾道："因耿（定向）而与今之阁下张公太岳（居正）官司业时，讲学于北之显灵宫。即睹此公有显官，有隐毒，凡其所讲者即唯唯，即不与之辩学是非，而即忧其必有肆毒于今日也。且此公退即对耿（定向）言：'元（梁汝元）本一飞鸟，为渠以胶滞之。'然元即对耿言：'张公必官首相，必首毒讲学，必首毒元。'"[2]

1 耿定向《里中三异传》，《耿天台先生文集》卷十六。邹元标《梁夫山传》所记略同："已而，程公（学颜）北迁，同居燕畿，聚徒讲学。因与司业江陵张公案名居正屡屡讲不合，遂构衅端。"

2 何心隐《上祁门姚大尹书》，《何心隐先生爨桐集》卷四。

◤ 白鹿洞书院

万历元年（1573）出任内阁首辅的张居正，雷厉风行地推行改革，涉及政治、经济、军事、文化各个方面。万历三年（1575），张居正向皇帝呈进讨论学政以振兴人才的奏疏，阐述了整顿教育的主张，为此他制定了十八条规章，其中第一条最为厉害："今后各提学官督率教官、生儒，务将平日所习经书义理，着实讲求，躬行实践，以需他日之用，不许别创书院，群聚徒党，及号召它方游食无行之徒空谈废业，因而启奔竞之门，开请托之路。"[1]堵塞奔竞之门，杜绝请托之路，毫无疑问是切中时弊的，但是把这些弊端归因于"游食无行之徒空谈废业"，似乎有点不合逻辑；为此而采取的措施竟然

1 张居正《请申旧章饬学政以振兴人才疏》,《张文忠公全集》卷四。

是“不许别创书院，群聚徒党”，似乎过于操切，矫枉过正。矫枉过正的结果，一向致力于民间讲学的何心隐，就被视为“游食无行之徒”，予以整肃了。

“不许别创书院，群聚徒党”的政策得以贯彻，后果是严重的，抓住常州知府施观民“私创书院赃私狼藉”的把柄，颁布诏令，不仅将施观民私创的书院捣毁，而且宣布各地私创书院一律改为公廨，书院的田产查归里甲。[1]之后又宣布取缔、禁毁全国六十四家书院，许多历史悠久、名闻遐迩的书院就此寿终正寝。宋代以来蔚然成风的书院讲学，繁荣了学术，培养了人才，居然在“空谈废业”的幌子下，扫荡一空，弦歌之声戛然而止。

禁止讲学，取缔书院，无论如何都谈不上是一项德政。万历十一年（1583），吏科给事中邹元标批评这种矫枉过正的做法。他写给皇帝的奏疏《直抒肤见以光圣德以奠民生疏》，语气委婉，却难掩犀利的锋芒：“常州知府施观民，縻费民财，私创书院，毁之诚是矣。乃概将先贤遗迹一概拆废，臣不知其解也。彼敢于蔑先圣之道者，不过恶聚讲，假伪学以钳天下之口耳……聚徒讲诵自古已然，未闻概以伪学斥也。天下生材，囿于所禀，资有纯驳，故功有真伪，百伪之中得一真焉，

1 钱一本《万历邸钞》万历七年己卯卷，正月，《毁天下书院》条。据日本学者小野和子考证，《万历邸钞》编者为钱一本。其说见小野和子《明季党社考——东林党和复社》，京都同朋舍，1996年，第145—156页。

亦足以维世道、匡颓风。因伪弃真，是因沙废金，因噎废食矣……臣愚以为，凡所拆过书院先贤遗迹，宜敕礼部令郡邑或概议修复，或量为调停，虽未必真儒辈出，然使天下晓然知陛下崇儒重道盛心，学术从此而正，士习从兹而端，未可知也。”[1]通篇并未提及何心隐三字，其实是在为他鸣冤，一则说聚徒讲学是从古以来的传统，从未听说一概斥为伪学，加以禁止的；再则说，拆毁常州知府施观民私创书院，似无不可，扩而大之，把全国书院统统拆毁，这种因噎废食的举措目的何在？一言以蔽之，无非是执政者为了控制舆论——“假伪学以钳天下之口”。

神宗皇帝接受了他的意见——“崇儒重道”。此后，很多书院陆续恢复，聚徒讲学之风再度重现，琅琅书声重新回响于华夏大地。何心隐泉下有知，或可释然了。

泰州学派从王艮、王襞到颜山农、何心隐，宣扬“六经皆注脚”，他们的言行“非名教之所能羁络”，表现出前所罕见的叛逆精神，推动了思想解放的潮流，其意义不容低估。正如《宋明理学史》的作者所说，叛逆精神是泰州学派最可宝贵的传统，“从明清之际的早期启蒙思潮到‘五四’新文化运动，我们仍能看到这一传统给予不同时期的进步思想家们的深刻思想影响”[2]。

1 钱一本《万历邸钞》万历十一年癸未卷，九月《吏科给事中邹元标奏进五事条》。

2 侯外庐、邱汉生、张岂之主编《宋明理学史》（下），第452页。

四　李贽："咸以孔子之是非为是非，故未尝有是非"

李贽，初名载贽，字宏甫，号卓吾，福建泉州府晋江县人，其地又称温陵，故时人又叫他李温陵。他虽不是阳明先生的及门弟子，也可以归入"掀翻天地"的王门弟子行列。因为他是王艮之子王襞的门生，可以说是阳明先生的三传弟子。这一点他自己说得很清楚："心斋之子东崖公，贽之师。东崖之学，实出自庭训，然心斋先生在日，亲遣之事龙溪于越东，与龙溪之友月泉老衲矣，所得更深邃也。东崖幼时，亲见阳明。"[1]王襞九岁时曾随父亲王艮前往余姚，谒见阳明先生。阳明命门生王畿、钱德洪做他的启蒙老师。焦竑为王襞写墓志铭，说道："先生讳襞，字宗顺，学者称东崖先生……生九龄，随父之阳明公所，士大夫会者千人。公命童子歌，多嗫嚅不能应，先生意气恬如，歌声若金石。公召视之，知为心斋子，诧曰：'吾固知越中无此儿也。'辄奇而授之学。是时龙溪、绪山、玉芝皆在公左右，先生以公命，悉师事之。"[2]黄宗羲为他立传，也这样说："王襞，字宗顺，号东崖，心斋之仲子也。九岁随父至会稽。每遇讲会，先生以童子歌诗，声中金石。阳明问之，知为心斋子，曰：吾固疑其非越中儿也。令其师事龙溪、绪

1 李贽《续焚书》卷三《读史汇·储瓘》。

2 焦竑《王东崖先生墓志铭》，《焦氏澹园集》卷三十一《墓志铭》。

山。先后留越中几二十年。”[1]由此可见，王襞是阳明的再传弟子，从王畿、钱德洪那里接受王学的启蒙，又继承了父亲的王学传统。王艮在淮南讲学，他始终追随左右。王艮逝世后，他继承父亲的讲席，往来于各地，主其教事。[2]

1. 赞扬王门弟子“一代高似一代”

万历二年（1574），李贽出任南京刑部员外郎。此时王襞在南京主持讲会，李贽前往听讲，拜王襞为师。[3]从学术的传承关系上看，李贽可谓阳明先生的三传弟子。因此，李贽对于阳明及其弟子推崇备至，是在情理之中的。他编辑《阳明先生道学钞》八卷、《阳明先生年谱》二卷，弘扬阳明先生的学术。在给友人的信中他赞扬道：“此书之妙，千古不容言”，“士大夫携之以入扶手，朝夕在目，自然不忍释去，事上使下，获民动众，安有不中款者乎？唯十分无志者乃不入目，稍有知觉能运动，未有不发狂欲大叫者也。”[4]又说阳明先生：“使人人知‘致良知’三字出于《大学》《孟子》，则可以脱祸，而其教亦因以行，此则王先生之善巧方便，千古大圣人所当让美，所当让德，所当让才者也。前此而白沙先生，亦曾亲见本来面目矣，几曾敢露出半语乎？然非龙溪先生五六十年守其师说不少改变，亦

1 黄宗羲《明儒学案》卷三十二《泰州学案一·处士王东崖先生襞》。

2 黄宗羲《明儒学案》卷三十二《泰州学案一·处士王东崖先生襞》。

3 参见容肇祖《李贽年谱》，生活·读书·新知三联书店，1957年，第32—33页。容氏引用《明儒王东崖先生集》卷首之《东崖年谱纪略》，对此有所考证。

4 李贽《与方伯雨》，《续焚书》卷一《书汇》。

未必靡然从风，一至此也。此则阳明王先生之幸，亦天下万世之大幸。”[1]

对于龙溪、近溪、心斋、山农、心隐等王门弟子及再传弟子，他都给予高度评价。

他最敬重龙溪（王畿）与近溪（罗汝芳）两先生。谈及对于阳明先生“良知”要旨的领悟，他认为，“近时唯龙溪先生足以继之，近溪先生稍能继之。”他说：“龙溪先生年至九十，自二十岁为学，又得明师，所探讨者尽天下书，所求正者尽四方人，到末年方得实诣，可谓无工夫乎？公但用自己工夫，勿愁人无工夫用也。有志者自然来共学，无志者虽与之谈何益。近溪先生从幼闻道，一第十年乃官，至今七十二岁，犹历涉江湖各处访人，岂专为传法计欤！”[2]谈到王畿的《龙溪小刻》，他说：“先生语录甚多，此直十之一耳，然先生之学具是矣。学至先生而后大明也。我国家以大明称，岂不信乎！先生少师阳明，早即闻道，享年九十岁，所传者至广矣……夫阳明中兴之至人也，当其时得道者如林，吾不能悉数之，独淮南一派，其传为波石、山农数公者……惟先生粹然一接颜氏之绝，无有痕迹可睹。”[3]赞誉他的学问接续孔门弟子颜渊的绝学。谈到《龙溪王先生集》，推崇为“前无往古，今无将来”：“《龙溪王先生集》共二十卷，无一卷不是谈学之书；卷凡数十篇，无一篇不是论学

1 李贽《答马历山》，《续焚书》卷一《书汇》。

2 李贽《答耿司寇》，《焚书》卷一《书答》。

3 李贽《龙溪小刻》，《李温陵集》卷十《杂述》。

之言。夫学问之道，一言可蔽，卷若积至二十，篇或累至数十，能无赘乎？然读之忘倦，卷卷若不相袭，览者唯恐易尽，何也？盖先生学问融贯，温故知新，若沧洲瀛海，根于心，发于言，自时出而不可穷，自然不厌而文且理也。而其谁能赘之欤！故余尝谓先生此书，前无往古，今无将来，后有学者可以无复著书矣，盖逆料其决不能条达明显一过于斯也。”[1]他认为龙溪先生讲学“明快透髓”：“大抵圣言切实有用，不是空头，若如说者，则安用圣言为耶！世间讲学诸书，明快透髓，自古至今未有如龙溪先生者。”[2]

李贽最瞧不起那些“鄙儒”“俗儒”“迂儒”，而认为王艮截然不同，堪称“名儒”。他说：“故知儒者终无透彻之日，况鄙儒无识，俗儒无实，迂儒未死而臭，名儒死节徇名者乎！最高之儒，徇名已矣，心斋老先生是也。”[3]对于王门弟子王艮及其泰州学派，李贽赞不绝口，认为他们“一代高似一代”：“当时阳明先生门徒遍天下，独有心斋（王艮）为最英灵。心斋本一灶丁也，目不识一丁，闻人读书，便自悟性，径往江西见王都堂，欲与之辩质所悟。此尚以朋友往也，后自知其不如，乃从而卒业焉。故心斋亦得闻圣人之道，此其气骨为何如者！心斋之后为徐波石（徐樾），为颜山农。山农以布衣讲学，雄视一世，而遭诬陷；波石以布政使请

1 李贽《龙溪先生文录抄序》，《焚书》卷三《杂述》。

2 李贽《复焦弱侯》，《焚书》卷二《书答》。

3 李贽《与焦漪园太史》，《续焚书》卷一《书汇》。

兵督战而死广南。云龙风虎，各从其类，然哉！盖心斋真英雄，故其徒亦英雄也。波石之后为赵大洲（赵贞吉），大洲之后为邓豁渠；山农之后为罗近溪，为何心隐，心隐之后为钱怀苏，为程后台；一代高似一代。所谓大海不宿死尸，龙门不点破额，岂不信乎！心隐以布衣出头倡道而遭横死，近溪虽得免于难，然亦幸耳，卒以一官不见容于张太岳。盖英雄之士，不可免于世而可以进于道。”[1]

“一代高似一代”，落脚点在“英雄”二字，“心斋真英雄，故其徒亦英雄”。罗近溪“少而学道，盖真正英雄，真正侠客，而能回光敛焰，专精般若之门者，老而糟粕尽弃，秽恶聚躬，盖和光同尘之极。俗儒不知，尽道是实如此不肖”[2]。罗近溪是真英雄，何心隐也是真英雄。他说：“何心老英雄莫比，观其羁绊缧绁之人，所上当道书，千言万语，滚滚立就，略无一毫乞怜之态，如诉如戏，若等闲日子。今读其文，想见其为人。其文章高妙，略无一字袭前人，亦未见从前有此文字，但见其一泻千里，委曲详尽，观者不知感动，吾不知之矣。”[3]

如果用“一代高似一代”来衡量李贽，毫无疑问，他也是“一代高似一代”的“真英雄”。他一生特立独行，挑战传统，挑战主流思想，发出惊世骇俗的声音，因而被假道学视为“异端”。

1 李贽《为黄安二上人三首·大孝一首》，《焚书》卷二《书答》。

2 李贽《答周二鲁》，《李温陵集》卷四《书答》。

3 李贽《与焦漪园太史》，《续焚书》卷一《书汇》。

2.“假道学以异端目我”

“异端”一词，带有明显的贬义。孔子在《论语》中说：“攻乎异端，斯害也已。”朱熹解释道：“攻，专治也。异端，非圣人之道，而别为一端，如杨、墨是也。”在儒家学说定于一尊的专制时代，如果有人挑战这种统治思想，那就意味着“非圣人之道”，正统派便把他贬为“异端”。王艮反唇相讥：“圣人之道无异于百姓日用，凡有异者，皆谓之异端。”[1]显然是在与“非圣人之道”的衡量标准唱反调，主张用“百姓日用”作为衡量是否“异端”的标准。李贽被贬为“异端”，他的应对之策更为巧妙、机警。

一则说：“又今世俗子与一切假道学，共以异端目我，我谓不如遂为异端，免彼等以虚名加我，何如？”[2]

再则说：“又此间无见识人多以异端目我，故我遂为异端，以成彼竖子之名。”[3]

三则说：“且观世之人，孰能不避名色而读异端之书者乎？堂堂天朝行颁四书五经于天下，欲其幼而学，壮而行，以博高爵重禄，显荣家世。不然者，有黜有罚如此其详明也，然犹有束书而不肯读者……弟谓兄圣人之资也，且又圣人之徒也。弟异端者流也，本无足道者也。自朱夫子以至今

1 王艮《或问异端》，《重刻心斋王先生语录》卷上。

2 李贽《答焦漪园》，《焚书》卷一《书答》。

3 李贽《与曾继泉》，《焚书》卷二《书答》。

日，以老佛为异端，相袭而排摈之者，不知其几百年矣。”[1]

在李贽看来，“异端”这顶帽子，是那些俗子、假道学、无见识人强加给他的，索性以“异端”自居，我行我素，君子坦荡荡。他的“异端”言论惊世骇俗，令假道学们“莫不胆张心动”。钱谦益说：“卓吾所著书，于上下数千年之间，别出手眼，而其掊击道学，抉摘情伪，与耿天台往复书，累累万言，胥天下之为伪学者，莫不胆张心动。”[2]什么样的言论竟然有如此魔力，使得“伪学者”们“胆张心动”呢？

其一，不必以孔子之是非为是非。关于是非的标准，他有一段十分精辟的议论：“人之是非，初无定质。人之是非人也，亦无定论。无定质，则此是彼非，并育而不相害；无定论，则是此非彼，亦并行而不相悖矣。然则今日之是非，谓予李卓吾一人之是非，可也；谓为千万世大贤大人之公是非，亦可也；谓予颠倒千万世之是非，而复非是予之所非是焉，亦可也。则予之是非，信乎其可矣。前三代，吾无论矣。后三代，汉唐宋是也。中间千百余年，而独无是非者，岂其人无是非哉？咸以孔子之是非为是非，故未尝有是非耳。”[3]千百年来没有是非可言，原因就在于，人们都以孔子之是非作为评判是非的标准，所以就没有是非可言了。王阳明主

1 李贽《复邓石阳》，《焚书》卷一《书答》。

2 钱谦益《列朝诗集小传》闰集《异人三人·卓吾先生李贽》。

3 李贽《藏书纪传总目前论》，《藏书》卷首。

张以吾心之是非为是非，李贽把这一理论提升到新的高度。这并非他的心血来潮，而是一贯主张。

在论及司马迁时，他重申了不必以圣人之是非为是非的观点："夫所谓作者，谓其兴于有感，而志不容已；或情有所激，而词不可缓之谓也。若必其是非尽合于圣人，则圣人既已有是非矣，尚何待于吾也？夫按圣人以为是非，则其所言者乃圣人之言，非吾心独得之言也。言不出于由衷，情非由于所激，则无味矣……夫《春秋》者，夫子之史也，笔则笔，削则削，初未尝按古之圣人以为己之是非也。故游、夏虽文学，终不能出一词以赞之，而况为之传与注乎！盖夫子之心则天下后世自知之，至其言之不可知者，初无害其为可知，又何必穿凿附会，以求合于一字一句之间也！"[1]痛快淋漓而又逻辑严密，孔子的《春秋》都没有以圣人之是非为是非，后人为什么一定要以圣人之是非为是非呢？否则的话，古之圣人早已有是非了，还要吾辈何用？这就给沉迷于儒家经学的人们迎头一击："何必穿凿附会，以求合于一字一句之间也！"

其二，不待取给于孔子而后足。在与耿定向的论战中，对于耿氏所说"学其可无术欤"，予以批驳："此公所得于孔子而深信之以为家法者也，仆又何言之哉！然此乃孔氏之言也，非我也。夫天生一人，自有一人之用，不待取给于孔子而后足也。若

1 李贽《司马迁》，《李温陵集》卷十五。

必待取足于孔子，则千古以前无孔子，终不得为人乎？”又说："且孔子未尝教人之学孔子也。使孔子而教人以学孔子，何以颜渊问仁，而曰‘为仁由己’而不由人也欤哉！何以曰‘古之学者为己’，又曰‘君子求诸己’也欤哉！惟其由己，故诸子自不必问仁于孔子；惟其为己，故孔子自无学术以授门人。”[1]倘若人们都必须取足于孔子，那么孔子出生之前“终不得为人”吗？

他反对把孔子圣人化，认为他也是“庸众”的一员："虽孔夫子亦庸众人类也，人皆见南子，吾亦可以见南子，何禅而何机乎？子路不知，无怪其弗悦夫子之见也，而况千载之下耶？人皆可见，而夫子不可见，是夫子有不可也？夫子无不可者，而何不可见之有？”[2]因此，他提出“圣人不高，中人不低”的观点："天下之人，本与仁者一般，圣人不曾高，众人不曾低，自不容有恶耳。”由此，他认为只有颜渊“得好学之实”，其他弟子不知夫子所学："若其他弟子，则不免学夫子之不厌而已，学夫子之不倦而已，毕竟不知夫子之所学为何物，自己之所当有事者为何事……吁，当夫子时，而其及门之徒已如此矣，何怪于今，何怪于今！”[3]

其三，六经皆史。一般以为“六经皆史”是清代学者章学诚提出的至理名言，把《诗》《书》《礼》《乐》《易》《春秋》，从“经”的神坛上拉了

1 李贽《答耿中丞》，《焚书》卷一《书答》。

2 李贽《答周柳塘》，《李温陵集》卷四《书答》。

3 李贽《复京中友朋》，《焚书》卷一《书答》。

下来，与史书平起平坐。殊不知，早在二百年前，李贽就高唱“六经皆史”了：“经、史一物也。史而不经，则为秽史矣，何以垂戒鉴乎？经而不史，则为说白话矣，何以彰事实乎？故《春秋》一经，春秋一时之史也。《诗经》《书经》，二帝三王以来之史也。而《易经》则又示人以经之所自出、史之所从来，为道屡迁，变易匪常，不可以一定执也。故谓六经皆史可也。”[1]六经原本就是史书，被后人尊奉为“经”，披上了神圣的外衣，一字一句都神秘莫测，李贽极力主张应该还它的本来面目——“经史一物”。言简意赅，在理论深度上，丝毫不逊色于章学诚。

不仅六经如此，四书也是如此。他认为六经和《论语》《孟子》并非万世之至论：“夫六经、《语》《孟》，非其史官过为褒崇之词，则其臣子极为赞美之语。又不然，则其迂阔门徒、懵懂弟子记忆师说，有头无尾，得后遗前，随其所见，笔之于书。后学不察，便谓出自圣人之口也，决定目之为经矣。孰知其大半非圣人之言乎？纵出自圣人，要亦有为而发，不过因病发药，随时处方，以救此一等懵懂弟子、迂阔门徒云耳。药医假病，方难定执，是岂可遽以为万世之至论乎？然则六经、《语》《孟》，乃道学之口实，假人之渊薮也，断断乎其不可以语于童心之言明矣。”[2]这样肆无忌惮地评说儒

1 李贽《经史相为表里》，《焚书》卷五《读史》。

2 李贽《童心说》，《焚书》卷三《杂述》。

家经典，简直闻所未闻，痛快淋漓之极！一则说，这些东西不过是史官的褒崇之词、臣子的赞美之语，或者是迂阔门徒与懵懂弟子有头无尾地记忆师说；再则说，大半不是圣人之言，即使出自圣人，也不过是“因病发药，随时处方”而已；三则说，这些东西不但不是“万世之至论”，而且成为“道学之口实，假人之渊薮”。对经学的批判可谓入木三分，此前有哪一位思想家可以与之比肩？

在他看来，儒家经典不明“道”，儒生解经更不明“道”：“道本大道，因经故不明；经以明道，因解故不能明道。然则经者道之贼，解者经之障，安足用欤？虽然，善学者通经，不善学者执经；能学者悟于解，而不能者为解误，其为贼为障也宜也。夫前人说经，后人解经，要不过为能者通此一线路耳，非与夫不能者道也。”[1]

他认为，宋儒的“道统说”在这方面留下了极坏的影响：“宋人直以濂、洛、关、闽接孟氏之传，谓为知言云。吁，自秦而汉而唐，而后至于宋，中间历晋以及五代，无虑千数百年，若谓地尽不泉，则人皆渴死久矣；若谓人尽不得道，则人道灭矣，何以能长世也？终遂泯没不见，混沌无闻，直待有宋而始开辟而后可也，何宋室愈以不竞，奄奄如垂绝之人，而反不如彼之失传者哉？好自尊大，徒为标帜，而不知其诟诬亦太甚矣！”[2]

1 李贽《提纲说》，《李温陵集》卷九《杂述》。

2 李贽《道学》，《李温陵集》卷十五《读史》。

其四，今之讲周程张朱者可诛。前面所说的濂、洛、关、闽，即此处所指的周、程、张、朱（周敦颐、程颐、程颢、张载、朱熹），李贽不认为他们"接孟氏之传"。而当时的假道学却打着周、程、张、朱的幌子，贩卖私货，嘴巴上讲仁义道德，心里面想的是升官发财，他极为反感，口诛而笔伐，言词之尖刻令人惊骇："但见今之讲周、程、张、朱者，以为周、程、张、朱实实如是尔也，故耻而不肯讲。不讲虽是过，然使学者耻而不讲，以为周、程、张、朱卒如是而止，则今之讲周、程、张、朱者可诛也。彼以为周、程、张、朱者皆口谈道德而心存高官，志在巨富；既已得高官巨富矣，仍讲道德，说仁义自若也；又从而哓哓然语人曰：'我欲励俗而风世。'彼谓败俗伤世者，莫甚于讲周、程、张、朱者也，是以益不信。"[1]

他对假道学深恶痛绝，嬉笑怒骂，毫不留情："有一道学，高屐大履，长袖阔带，纲常之冠，人伦之衣，拾纸墨之一二，窃唇吻之三四，自谓真仲尼之徒焉。时遇刘谐。刘谐者，聪明士，见而哂曰：'是未知我仲尼兄也。'其人勃然作色而起曰：'天不生仲尼，万古如长夜。子何人者，敢呼仲尼而兄之？'刘谐曰：'怪得羲皇以上圣人尽日燃纸烛而行也！'其人默然自止。然安知其言之至哉！李生闻而善曰：'斯言也，简而当，约而有余，可以破

1 李贽《又与焦弱侯》，《焚书》卷二《书答》。

疑网而昭中天矣。其言如此，其人可知也。盖虽出于一时调笑之语，然其至者百世不能易。'"[1]李贽借用刘谐之口，嘲讽假道学，开口闭口"天不生仲尼，万古如长夜"，反诘道："怪得羲皇以上圣人尽日燃纸烛而行也"，与前面所说的："千古以前无孔子，终不得为人乎？"遥相呼应，令人拍案叫绝。

假道学的要害是"假"，李贽对于他们的"假人""假言""假事""假文"痛加鞭笞："夫既已闻见道理为心矣，则所言者皆闻见道理之言，非童心自出之言也。言虽工，于我何与，岂非以假人言假言，而事假事、文假文乎？盖其人既假，则无所不假矣。由是而以假言与假人言，则假人喜；以假事与假人道，则假人喜；以假文与假人谈，则假人喜。无所不假，则无所不喜。满场是假，矮人何辩也？"[2]李贽的文章致力于揭穿假道学的"假"，假人、假言、假事、假文，无所不假。极而言之，"世间万事皆假，人身皮袋亦假也。然既已假合而为人，一失诚护，百病顿作，可以其为假也而遂不以调摄先之，心诚求之乎？"[3]

在李贽眼中，假道学们口是心非，其人格还不如言行一致的市井小夫："自朝至暮，自有知识以至今日，均之耕田而求食，买地而求种，架屋而求安，读书而求科第，居官而求尊显，博求风水以求福荫子孙。种种日用，皆为自己身家计虑，无一厘

1 李贽《赞刘谐》，《焚书》卷三《杂述》。刘谐，字凤和，号宏源，湖广麻城人，隆庆五年进士，历官常熟县丞、余干知县，万历七年罢官。李绍文《皇明世说新语》卷七《排调》亦载此事："有一道学每曰：'天不生仲尼，万古如长夜。'刘谐曰：'怪得羲皇以上圣人尽日燃纸烛而行也。'"

2 李贽《童心说》，《焚书》卷三《杂述》。

3 李贽《与耿楚倥》，《续焚书》卷一《书汇》。

为人谋者。及乎开口谈学，便说尔为自己，我为他人；尔为自私，我欲利他；我怜东家之饥矣，又思西家之寒难可忍也；某等肯上门教人矣，是孔孟之志也，某等不肯会人，是自私自利之徒也；某行虽不谨，而肯与人为善，某等行虽端谨，而好以佛法害人。以此而观，所讲者未必公之所行，所行者又公之所不讲，其与言顾行、行顾言何异乎？以是谓为孔圣之训可乎？翻思此等，反不如市井小夫，身履是事，口便说是事，作生意者但说生意，力田作者但说力田。凿凿有味，真有德之言，令人听之忘厌倦矣。”[1]这些伪君子谈的是仁义道德，干的是穿越墙洞的勾当，还自命为“圣人”“山人”：“今之所谓圣人者，其与今之所谓山人者一也，特有幸不幸之异耳。幸而能诗，则自称曰山人；不幸而不能诗，则辞却山人而以圣人名。幸而能讲良知，则自称曰圣人；不幸而不能讲良知，则谢却圣人而以山人称。辗转反复，以欺世获利，名为山人而心同商贾，口谈道德而志在穿窬。”[2]

1 李贽《答耿司寇》，《焚书》卷一《书答》。

3.“快口直肠，目空一切”

近代学者黄节谈及李贽时说：“学术者，天下之公器。王者徇一己之好恶，乃欲以权力遏之，天下固不怵也。即怵矣，而易世之后，锓卓吾书者自

2 李贽《又与焦弱侯》，《焚书》卷二《书答》。

若，亦非明之列祖列宗所得而如何者……卓吾生儒教专制之时，天王圣明之世，而快口直肠，愤激过甚，破道一风同之见……矧卓吾一身，兼‘非儒’‘学佛’二者，为异端之尤者乎？”[1]黄节认为，在“非儒”“学佛”这两点上，李贽“快口直肠，愤激过甚”，可谓“异端之尤”，说得通俗一点，就是比异端还要异端。这样的人，在当时处境的艰难是可想而知的。

李贽自幼浸淫于儒家经典之中，攻读《易经》《礼经》，后来改读《尚书》。嘉靖三十一年(1552)，二十六岁时乡试中举，自嘲为“竟以《尚书》窃禄”。在回忆录中调笑道：“稍长，复愦愦，读传注不省，不能契朱夫子深心。因自怪，欲弃置不事。而闲甚，无以消岁日，乃叹曰：‘此直戏耳，但剽窃得滥目足矣，主司岂一一能通孔圣精蕴者耶！’因取时文尖新可爱玩者，日诵数篇，临场得五百。题旨下，但作缮写誊录生，即高中矣。”[2]如此率真的自白，嘲讽僵化死板的科举考试，不屑于传统的经学，“读传注不省，不能契朱夫子深心”，深得明清之际名士张岱的激赏，引入他的《石匮书》，作为揭露科举八股弊端的例证：“二百八十二年以来，英雄豪杰埋没于八股中，得售者什一，不得售者什九。此固场屋中之通病也……李卓吾曰：‘吾熟读烂时文百余首，进场时做一日誊录生，便

1 吴虞《明李卓吾别传》，《吴虞文录》卷下，《民国丛书》第二编，上海书店出版社，1989年，第33—35页。

2 李贽《卓吾论略》，《焚书》卷三《杂述》。

高中矣。’此虽戏言，委是实录……盖近世学者除四书本经之外，目不睹非圣之书，比比皆是，间有旁及古文，怡情诗赋，则皆游戏神通，不著要紧，其所造诣，则不问可知矣。”[1]

也许是看透了这一点，他此后不再参加进士考试，径直踏上仕途，历任国子监教官、礼部司务、南京刑部主事。万历五年（1577），五十一岁时出任云南姚安知府。挚友焦竑写诗为他送行：

> 相知今古难，千秋一嘉遇。而我狂简姿，得蒙英达顾。肝胆一以披，形迹非所骛。……君子善尺蠖，大道固委蛇。所贵志有行，岂云绁尘羁。[2]

对他寄予很高的期许。果然，官场的庸碌令他难以忍受，任期未满，就辞官而去，到湖广麻城龙湖芝佛院隐居，埋首著书立说，开启了“异端之尤”的生涯。

龙湖在麻城县东北，芝佛院坐落于湖的北面，风景秀丽，是一个做学问的好地方。万历二十一年（1593），袁宏道、宗道兄弟慕名前去拜访卓吾，宗道《龙湖记》写道：“龙湖，一云龙潭，去麻城三十里。万山瀑流，雷奔而下，与溪中石骨相触，水力不胜石，激而为潭。潭深十余丈，望之溪清，如有

1 张岱《文苑列传总论》，《石匮书》卷二百二。

2 焦竑《送李比部》，《澹园集》卷三十七《五言古诗》。

龙眠。潭右为李宏甫精舍，佛殿始落成，倚山临水……”从李贽《读书乐》看来，他自己非常满意在这里的读书著文生活："天生龙湖，以待卓吾。天生卓吾，乃在龙湖。龙湖卓吾，其乐何如？四时读书，不知其余。读书伊何？会我者多。一与心会，自笑自歌。歌吟不已，继以呼呵。恸哭呼呵，涕泗滂沱。”[1]

在将近二十年中，他写出了《焚书》《续焚书》《藏书》，以嬉笑怒骂的笔法，抨击名教纲常，讥讽驰骋文坛的道学家，在思想界引起轩然大波。

万历十八年（1590），《焚书》在麻城付梓。书中的文章，以嬉笑怒骂的笔法，抨击纲常名教，嘲讽假道学，揭露他们的伪君子面目，痛快淋漓。李贽在龙湖芝佛院的聚佛楼所写的自序，讲到书名时说："所言颇切近世学者膏肓，既中其痼疾，则必欲杀我矣，故欲焚之，言当焚而弃之，不可留也。”[2]李贽死后，焦竑为此书再版所写的序言，对此感慨系之："李宏甫自集其与夷游书札，并答问论议诸文，而名曰《焚书》，自谓其书可焚也。宏甫快口直肠，目空一世，愤激过甚，不顾人有忤者。然犹虑人必忤而托言于焚，亦可悲矣！乃卒以笔舌杀身，诛求者竟以其所著付之烈焰，抑何虐也，岂遂成其谶乎！”[3]正如焦氏所说，“既中其痼疾，则必欲杀我”，一语成谶——“卒以笔舌杀身”。

1 李贽《读书乐并引》，《焚书》卷六《四言长篇》。

2 李贽《焚书》卷首《自序》。

3 焦竑《焚书序》，《焚书》卷首。

这样无所顾忌、锋芒毕露的文字，在知识界引起了强烈的震动。袁中道说："公气既激昂，行复诡异，斥异端者日益侧目。与耿公往复辩论，每一札累累万言，发道学之隐情，风雨江波，读之者高其识、钦其才、畏其笔，始有以幻语闻当事，当事者逐之。"[1]

万历二十七年（1599），他的史学巨著《藏书》，由好友焦竑在南京刊刻出版。此书的史论独具慧眼，发人所未发，蔑视传统的定论，显示了卓越的史识。例如：称颂秦始皇是"千古一帝"，商鞅是"大英雄"，申不害是"好汉"，李斯是"知时识主"的"才力名臣"，卓文君私奔是"善择佳偶"等等。这些见解现在看来不过是寻常的学术争鸣而已，在当时的道学家心目中却是离经叛道之论。袁中道《李温陵传》谈及《藏书》，有这样的评论："最后理其先所诠次之史，焦公等刻之于南京，是为《藏书》。盖公于诵读之暇，尤爱读史，于古人作用之妙，大有所窥。以为世道安危治乱之机，捷于呼吸，微于缕黍。世之小人既侥幸丧人之国，而世之君子理障太多，名心太甚，护惜太甚，为格套局面所拘，不知古人清净无为，行所无事之旨，与藏身忍垢，委曲周旋之用。使君子不能以用小人，而小人得以制君子，故往往明而不晦，激而不平，以至于乱。而世儒观古人之迹，又概绳以一切

1 袁中道《李温陵传》，《珂雪斋近集文钞》卷七。

之法，不能虚心平气，求短于长，见瑕于瑜，好不知恶，恶不知美。至于今，接响传声，其观场逐队之见，已入人之骨髓而不可破。于是上下数千年之间，别出手眼，凡古所称为大君子者，有时攻其所短，而所称为小人不足齿者，有时不没其所长，其意大抵在于黜虚文，求实用；舍皮毛，见神骨；去浮理，揣人情。即矫枉之过，不无偏有重轻，而舍其批驳谑笑之语，细心读之，其破的中窾之处，大有补于世道人心，而人遂以为得罪于名教，比之毁圣叛道，则已过矣。”[1]

袁中道对《藏书》的评价是公允平实的，以往的史家“理障太多”，拘泥于“格套局面”，不能“虚心平气”，所著史书往往“好不知恶，恶不知美”，说好就一切皆好，说坏就一切皆坏。李贽《藏书》反其道而行之，“别出手眼”，从“君子”身上看到其短处，从不足挂齿的“小人”身上看到其长处。当然他也不认为此书一切皆好，其中未免有些偏颇——“矫枉之过，不无偏有重轻”。但是据此认定李贽得罪于名教，加上“毁圣叛道”的罪名，就太过分了。

专制政治体制不能容忍异端思想，当权者加给李贽“毁圣叛道”的罪名，并且他们动用政权的暴力，拆毁李贽赖以安身著述的龙湖芝佛院，把他驱逐出境。走投无路之际，已经罢官的御史马经纶把

1 袁中道《李温陵传》，《珂雪斋近集文钞》卷七。

他迎到通州自己家中。

4.“不死于人，死于口；不死于法，死于笔”

万历三十年（1602）闰二月，礼科都给事中张问达获悉李贽来到通州，如临大敌，危言耸听：“通州距都下仅四十里，倘（李）贽一入都门，住寺观，招致而蛊惑之，则都城无知之士女又被勾引，为麻城士女之续矣！不知京畿何地也？”为此给皇帝呈上奏疏《邪臣横议放恣乱真败俗恳乞圣明严行驱逐重加惩治以维持世道疏》。这份奏疏，《明神宗实录》只有一个摘要，吴亮主编的《万历疏钞》收录了全文。通读全文，通篇气势汹汹，强词夺理，最终导致李贽死于非命，因而有必要仔细审视。

疏文开篇就说：“惟时有李贽号卓吾者，壮岁为官，晚年削发，业已自外于名教，不足齿矣。近又刻《藏书》《焚书》《卓吾大德》等书，流行海内，惑乱人心。是其人不可一日容于圣明之世，其书必不可一日不毁者。”一句“其人不可一日容于圣明之世”，露出了杀机，看来题目中所说的“严行驱逐”不过是一个幌子，“重加惩治”才是本意。

张问达首先声讨李贽“刺谬不经”的观点[1]：

1 张问达《邪臣横议放恣乱真败俗恳乞圣明严行驱逐重加惩治以维持世道疏》，《万历疏钞》卷三十五《崇儒类》。

吕不韦、李园浊乱宫闱，潜移国姓，此万古大奸巨盗也，今乃曰“智谋名臣”。以此为训，是使人起非分无望之想也。

李斯坑儒生焚诗书百家语，矫诏擅立君嗣，以贻千万世无穷之恨，此国之贼也，今乃曰“才力名臣”。以此为训，是使人长纷更专擅之奸也。

冯道历事五朝，朝君臣而暮仇敌，此人臣万古之戒也，今乃曰“此吏隐也，社稷为重也”。不知由梁而唐而汉而周而契丹，社稷凡几更矣，道之所存者果谁家之社稷乎？以此为训，是使人不知有君臣之义也。

卓文君不奉父命，而私奔相如，此失身之妇也，其父卓王孙恶而绝之，今乃曰“非失身乃获身也，卓王孙斗筲小才，安足与计事，孤负良缘，遂失佳偶”。以此为训，是使人不知男女聚麀之耻也。

秦始皇行事载在史册，为千古覆辙可鉴，今乃曰“自是千古一帝”。以此为训，是以残忍为英雄也。

孔子以直道为是非，万古人伦之至也，今乃曰“以孔子之是非为是非，则无是非”，是又以孔子为不足法，而敢于非至圣也。

他的结论是：“书之狂诞悖戾，未易枚举，大都刺谬不经，与夫臧三耳、鸡三足、白马非马之说何异？是其书不可一日不毁者也。”

在批判了离经叛道思想之后，张问达犹嫌不足，又对李贽进行人身攻击，极尽污蔑之能事：

至尤可恨可丑者，寄居麻城，肆行不检，始容无良辈游于庵，已而无良辈拉妓女裸身，当白昼同浴于池。其究也，遂勾引士人妻女，至有携衾枕而宿庵观者。一境之内如醉如狂。

又作《观音问》一书，所谓观音者，皆士人妻女也，皆名曰菩萨。一时士人之妻女，果尽皆真菩萨耶？灭礼义，渎伦常，坏风俗，盖至于贽之行也极矣。而后生小子喜其猖狂，而乐其放肆，相率相煽，以至于明劫人财，强搂人妇，公然同于夷貊禽兽，而不之恤。

他的结论是："是皆贽之邪说异论浸渍转移而诱之迷也，嗟嗟，是可一日容于圣明之世哉？"

奏疏的最后亮出了他的意图：伏望皇上洞察"邪说之非""流祸之远"，命通州地方官将李贽押回原籍治罪，不许再聚生徒讲学惑世；并且降旨南北两京及各省，将李贽刊行诸书与未刊手稿，尽行烧毁，毋令贻乱于后世。[1]

神宗皇帝采纳了他的建议，下达圣旨："李贽敢倡乱道，惑世诬民，便令厂卫五城严拿治罪。其书籍已刊未刊者，令所在官司尽行烧毁，不许存留。如有徒党曲庇私藏，该科及各有司访参，奏来并

1 张问达《邪臣横议放恣乱真败俗恳乞圣明严行驱逐重加惩治以维持世道疏》，《万历疏钞》卷三十五《崇儒类》。

治罪。”[1]

锦衣卫缇骑奉旨前来通州。其时李贽抱病为《究正易因》定稿，书稿完成，病情加剧。得知缇骑已至，力疾起床，大声说：是为我也，为我取门板来！随即躺在门板上疾呼：速行，我罪人也，不宜留。马经纶欲随行，他劝阻说：逐臣不入城，制也，且君有老父在。马经纶坚持随行，说：朝廷以先生为妖人，我是藏妖人者，死则俱死，不能让先生前往而自己独留。

次日，锦衣卫审讯卧于阶上的李贽："你何以妄著书？"李贽答："罪人著书甚多，具在于圣教有益无损。"[2]拒不承认朝廷对他的指控——"敢倡乱道，惑世诬民"。

几天后，礼部尚书冯琦给皇帝呈上奏疏，题目是《为重经术祛异说以正人心以励人才疏》，支持张问达的指控，拥护皇帝的圣旨，说道："顷者皇上纳都给事中张问达之言，正李贽'惑世诬民'之罪，尽焚其所著书，其于崇正辟邪，甚盛举也。"[3]他的这篇奏疏反映了朝廷"崇正辟邪"的观点，看起来义正词严，实际上迂腐得很。"奇文共欣赏，疑义相与析"，不妨细细读来。

他洋洋洒洒地展开论证，居然从"春秋大一统"谈起："春秋大一统，统者，统于一世，统于圣真，则百家诸子无敢抗焉；统于王制，则卿大

1《明神宗实录》卷三百六十九，万历三十年闰二月乙卯。

2 袁中道《李温陵传》，《珂雪斋近集文钞》卷七。

3 冯琦《为重经术祛异说以正人心以励人才疏》，《宗伯集》卷五十七《奏疏·礼部稿》。

夫士庶无敢异焉。国家以经术取士，自五经四书、《性》、《鉴》、正史而外，不列于学官，不用以课士，而经书传注，又以宋儒所订者为准。盖即古人罢黜百家独尊孔氏之旨，此所谓圣真，此所谓王制也。”他要营造“百家诸子无敢抗”“士庶无敢异”的局面，不容许异端思想产生、流行。然而，现实并非如此：“自人文向盛，士习寖漓，始而厌薄平常，稍趋纤靡；纤靡不已，渐骛新奇；新奇不已，渐趋诡僻。始犹附诸子以立帜，今且尊二氏以操戈，背弃孔孟，非毁程朱……以名教为桎梏，以纪纲为赘疣，以放言恣论为神奇，以荡弃行检、扫灭是非廉耻为广大。”[1]在冯琦看来，这就是李贽的罪状，“背弃孔孟，非毁程朱”，“以名教为桎梏，以纪纲为赘疣”，皇帝定他“惑世诬民”之罪，当然就是“崇正辟邪”的盛举了。

但是，思想解放的潮流不可阻挡，情况并不乐观。他忧心忡忡地问道：“世道溃于狂澜，经学几为榛莽。部科交列其弊，明旨申饬再三，而竟未能廓然一大变其习者，何也？”即使遵照圣旨“尽焚其所著书”，也不能解决问题：“即如烧毁异说，去年亦奉有明旨，督学而下何曾禁止一处，烧毁一书？等经学于弁髦，得诏书而挂壁。如此，即朝廷之上三令五申，亦复何益？”究竟怎么办，他也说不出个所以然，只是说：“容臣等细思考酌，再行

1 冯琦《为重经术祛异说以正人心以励人才疏》，《宗伯集》卷五十七《奏疏·礼部稿》。

题请。”[1]

皇帝对他的奏疏看得很认真，立即批示："祖宗维世立教，尊尚孔子，明经取士，表章宋儒。近来学者不但非毁宋儒，渐至诋讥孔子，扫灭是非，荡弃行检，复安得忠孝节义之士为朝廷用？”[2]

几天之后，冯琦再次上疏，就整顿“士风文体”，维持“世教”，开出药方，一共十五条：经术、文体、行检、后场、提学、岁考、入学、冒籍、祠祀、典试、程式、参阅、关节、禁匿名帖、刻书。涉及经学、科举、学校、出版各个领域，企图扭转“世道溃于狂澜，经学几为榛莽”的局面。其中与李贽直接相关的是第一条和第十五条。

第一条名曰“经术”："士子肄业，必经术明而后学术正。我朝明经取士，经书传注以宋儒所订者为准，要在发明理奥，羽翼圣真。近日习趋诡异，语尚虚无，甚至背孔孟、非程朱，以怪诞不经之说，竞博进取。”为了改变这种状况，他主张："以后提学官严谕诸生，先将经书、《性》、《鉴》熟读详阅，有余力者可及历代正史、《皇明制书》。其诬圣不经及浮华无用之书，不必入目，作文必依经傍注，照圣贤口气发挥。”这显然是想推行文化专制，一是四书五经必须以宋儒所作传注为准，二是不得阅读“诬圣不经及浮华无用之书”，三是作文必须依傍四书五经，“照圣贤口气发挥”。连“口气”都

1 冯琦《为重经术祛异说以正人心以励人才疏》，《宗伯集》卷五十七《奏疏·礼部稿》。

2 冯琦《为重经术祛异说以正人心以励人才疏》，《宗伯集》卷五十七《奏疏·礼部稿》。

要和圣贤一模一样，专横而迂腐之极。

第十五条名曰“刻书”，显然是对于皇帝对李贽下达的圣旨“其书籍已刊未刊者，令所在官司尽行烧毁，不许存留”所作的补充发挥，不仅要烧毁，而且要堵塞它的由来：“近日非圣叛道之书盛行，有误后学，已奉明旨，一切邪说伪书尽行烧毁，但与其焚其既往，不如慎其将来。以后书坊刊刻书籍，俱照万历二十九年明旨，送提学官查阅，果有裨圣贤经传者，方许刊行。如有敢倡异说，违背经传，及藉口著述，创为私史，颠倒是非，用泄私愤者，俱不许擅刻。”[1]这是想用行政手段控制书籍出版，严加审查，凡是“非圣叛道”之书，一律不准出版，只有那些“有裨圣贤经传”的书籍才准许出版。这办得到吗？后来的事实表明，不过是一纸空文而已，李贽的著作不断再版，其他“违背经传”的著作也禁而不止。

但是，皇帝还是批准了礼部的十五条禁令，下达圣旨：“俱依拟，着实行。士子必潜心圣经，恪守王制，他日方能奉公履正，裨益国家。始学既已不经，将来有何竖立？今后考试经书，务重圣贤本意，失旨的黜退。后场条对无遗，方称实学。毋以浮文诡语为奇解。卷到时，该部科据此评论。坊间私刻，举发重治勿饶！”[2]

朝廷的这种态度，预示着在狱中的李贽难逃

1 冯琦《为遵奉明旨开陈条例以维世教疏》，《宗伯集》卷五十七《奏疏·礼部稿》。

2 冯琦《为重经术祛异说以正人心以励人才疏》，《宗伯集》卷五十七《奏疏·礼部稿》。

一死。

主持正义的马经纶接连写了四封书信，奋起为李贽辩诬，驳斥张问达的诬陷不实之辞。这四封书信收录在余永宁、陈大来刊刻的《李卓吾先生遗书》中，为历史保留了一丝正直的声音。

在《启当事书》中，马经纶首先指责湖广地方官，驱逐致仕的四品知府之举，有悖于《大明律》："卓吾不能安其身于麻城，闻檄被驱，狼狈以避。虽以黄堂四品大夫，《大明律》所谓以礼致仕与见任官同者，而地主独不相容。虽以七十五岁风烛残年，孔大圣人所谓老者安之，而顾毁其庐，逐其人，并撤其埋藏此一具老骨头之塔，忍令死无葬所而不顾，此岂古今之异势哉！"然后反驳所谓"惑世""宣淫"的污蔑："缘麻城人以'异端惑世'目之，以'宣淫'诬之耳。夫使诚惑世而宣淫也，天道不容，国法不贷，即杀此七十五岁老翁以正一方之风化，此正豪杰非常作用，弟且为圣门护法庆矣，又何疑于驱逐乎……彼盖藉宣淫之名，以丑诋其一乡显贵之族，又藉逐僧毁寺之名，以实其宣淫之事。于是贿众狂吠，若以为公论公恶焉耳。此其机械甚深，而其用心亦太劳矣。"[1]

所谓"宣淫"之说，乃至"勾引士人妻女"云云，其实是无稽之谈。袁中道说，李贽"体素癯，淡于声色，又癖洁，恶近妇人，故虽无子，不置妾

1 马经纶《启当事书》，《李卓吾先生遗书·附录》。

▼ 钱谦益，号牧斋，学者称“虞山先生”，苏州常熟人，万历三十八年进士。东林和复社的核心人物。作为明末清初文学领域的一代宗师，主盟文坛长达五十年之久。清初在南京投降，任礼部侍郎五个月后辞官。

婢。后妻女欲归，趣归之。自称‘流寓客子’。既无家累，又断俗缘，参求乘理，极其超悟，剔肤见骨，迥绝理路”[1]。钱谦益也说：“袁小修尝语余曰：‘卓老多病寡欲，妻庄夫人生一女。庄殁后，不复近女色，其戒行老禅和不复是过也。平生痛恶伪学，每入书院讲堂，峨冠大带，执经请问，辄奋袖曰：‘此时正不如携歌姬舞女，浅斟低唱。’诸生有携妓女者，见之，或破颜微笑曰：‘也强似与道学先生作伴。’于是麻黄之间，登坛讲学者衔恨次骨，遂有宣淫败俗之谤。蟾蜍掷粪，自其口出，岂足以污卓老哉！”[2]由此可见，张问达的诬陷不实之辞，实在不堪一击。

在《启当事书》中，马经纶抨击所谓伪学之禁：“伪学之有禁也，非自今日始也。宋朝不禁朱元晦，世庙之朝不禁王阳明乎？卓吾生今之世，宜乎为今之人，乃其心事不与今人同，行径不与今人同，议论不与今人同，著作不与今人同。夫彼既自异于今之人矣，今之人其谁不以彼为异为颇。此固情所必至，势有固然，无足怪者。夫既以彼为异为颇矣，则忌者诬之曰淫纵，便信以为真淫纵；忌者诬之曰勾引，便信以为真勾引。何也？其心诚疑之也。疑蛇则蛇，疑窃则窃，此亦情所必至，势有固

1 袁中道《李温陵传》，《珂雪斋近集文钞》卷七。
2 钱谦益《列朝诗集小传》闰集《异人三人·卓吾先生李贽》。

然，无足怪者。夫以七八十岁垂尽之人，加以淫纵勾引之行，不亦可笑之甚乎？”[1]

张问达对于《藏书》的诋毁，没有一条站得住脚，对于历史人物的评价，仁者见仁，智者见智，各抒己见，完全是学术问题，为什么要把它政治化，上升为一种罪状？说秦始皇为“千古一帝”，李斯为“才力名臣”，卓文君为“善择佳偶”，何罪之有？马经纶把他驳得体无完肤：

> 夫评史与论学不同，《藏书》品论人物，不过一史断耳，即有偏僻，何妨折衷，乃指以为异为邪，如此则尚论古人者，只当寻行数墨，终身惟残唾是咽，不敢更置一喙耶……卓吾先生乃阳明之嫡派儿孙也，行己虽枘凿于世人，而学术实渊源于先正，平生未尝自立一门户，自设一藩篱，自开一宗派，自创一科条，亦未尝抗颜登坛，收一人为门弟子。今李氏刊书遍满长安，可覆按也。乃不摘其论学之语，商量异同，而顾括其评史之词，判定邪正，何也？吾观自来评史之异者，亦不少矣。秦桧千古奸臣也，丘仲深（丘濬）以为再造于宋；太公望万世大圣也，王元美（王世贞）以为不及管仲；严光以一丝维汉九鼎，谈节义者必首称之，而我太祖高皇帝亲洒宸翰，特为著论

1 马经纶《启当事书》，《李卓吾先生遗书·附录》。

曰:“吾观天下之罪人，罪人之大者，莫大于严光。”噫，何其异也！夫太祖当干戈倥偬之时，而读史能破拘挛，妙发心得，迥绝老生常谈，此亦足以发明旧说之不必尽泥，不必尽同矣。惟不同所以为《藏书》，惟宜藏而不藏，所以有今日之禁。[1]

说得有理有据，逻辑严密，评论历史不应当一再拾前人唾余，寻行数墨，丘濬、王世贞已有先例，何况太祖高皇帝（朱元璋）“读史能破拘挛，妙发心得，迥绝老生常谈”，为什么李贽的“妙发心得”要斩尽杀绝呢？

在给刑部尚书萧大亨的信中，马经纶为李贽鸣冤:“惟是流言止于智者，观人决于素行。卓吾先生之素行何如也？宦游二十余年，一介不取，清标苦节，人所难堪，海内荐绅，谁不慕悦？夫以如是人品，如是操履，而以逾闲荡检之事诬之，亦大不伦矣。至于著述，人各有见，岂能尽同，亦何必尽同！有同有异，正以见吾道之大，补前贤之缺。假使讲学之家一以尽同为是，以不同为非，则大舜无两端之执，朱陆无同异之辨矣。”他诚恳地希望主管司法的萧大亨主持公道:“大抵今日之事，惟仰赖二祖八宗之灵，天地神明之灵，贤人君子之保护，元老大臣之曲全，固国体国脉所系，百世万世所

1 马经纶《启当事书》,《李卓吾先生遗书·附录》。

传，确乎非一身一家之私议也。”[1]

但是，皇帝圣旨已经定论，任何人都无能为力，马经纶的辩诬虽然伸张了正义，但是改变不了李贽的命运。

万历三十年（1602）三月十五日，李贽在狱中自刎。袁中道《李温陵传》记述了他用剃头刀自刎的细节："一日，呼侍者剃发。侍者去，遂持刀自割其喉，气不绝者两日。侍者问：'和尚痛否？'以指书其手曰：'不痛。'又问曰：'和尚何自割？'书曰：'七十老翁何所求？'"[2]十六日子夜，李贽气绝而亡。他以坚毅的死表达对当权派的最后抗议。

对于李贽之死，张岱《石匮书》的评论写得非常深刻："其为文，不阡不陌，抒其胸中之独见，精光凛凛，不可迫视。"又说："李温陵发言似箭，下笔如刀，人畏之甚，不胜其服之甚，亦惟其服之甚，故不得不畏之甚也。异端一疏，瘐死诏狱。温陵不死于人，死于口；不死于法，死于笔。"[3]一举击中要害。"发言似箭，下笔如刀"，说明李贽思想的锋芒有如刀箭，令统治者惊慌失措，所以难逃一死。不过死因很特别——"不死于人，死于口；不死于法，死于笔"。他并没有犯法，只是他的"口"与"笔"亦即言论与文章闯了祸，或者说是他的思想得罪了当权派，成为专制政治所不容的"思想犯"。

1 马经纶《与李麟野都谏转上萧司寇》，《李卓吾先生遗书·附录》。

2 袁中道《李温陵传》，《珂雪斋近集文钞》卷七。

3 张岱《石匮书》卷二百三《文苑列传下·李贽·石匮书曰》。

5.“先生起千载，高言绝群智”

马经纶闻知死讯，痛哭流涕：“天乎，先生妖人哉？有官弃官，有家弃家，有发弃发，其后一著书老学究，其前一廉二千石也。”[1]马氏为他收尸，安葬于通州北门外迎福寺侧。墓冢高一丈，周围有白杨百余株，墓有两块碑，一刻“李卓吾先生之墓，秣陵焦竑题”；一刻“卓吾老子碑，黄梅汪可受撰”。袁宏道得知死讯，写诗哀悼：

消息遥从天外来，飞云萧飒满燕台。
只今一枕羲皇梦，化鹤骑鲸莫浪猜。

临川汤显祖《叹卓老》吟道：

自是精灵爱出家，钵头何必向京华。
知教笑舞临刀杖，烂醉诸天雨杂花。

平湖陆启浤《卓吾先生墓下》吟道：

天地表空明，百家立文字。三教既以三，于中复分置。先生起千载，高言绝群智。脱略生死中，不谢死生事。蜕骨宛在兹，黄土表幽閟。古树索索鸣，拜手托无际。[2]

1 刘侗、于弈正《帝京景物略》卷八《畿辅名迹·李卓吾墓》。

2 刘侗、于弈正《帝京景物略》卷八《畿辅名迹·李卓吾墓》。

这些知名人士都表达了对李贽的敬仰与思念。

虽然圣旨已下，其著作已刊未刊尽行焚毁，但并未奏效。万历三十七年（1609），李贽的《续藏书》出版。焦竑为之作序："岁己酉（万历三十七年）眉源苏公吊宏甫之墓，而访其遗编于马氏（经纶），于是《续藏书》始出。余乡王君维俨梓行之，而属余引其简端。"万历四十年（1612），余永宁、陈大来刊刻出版《李卓吾先生遗书》。可见一道圣旨难以阻断人们对于李贽著作的追求。于是天启五年（1625），四川道御史王雅量上疏请求再度禁止，皇帝圣旨再下："李贽诸书怪诞不经，命巡视衙门焚毁，不许坊间发卖，仍通行禁止。"行政命令的力量并非万能，这道圣旨依然等于一纸空文，李贽著作屡禁而不绝。顾炎武对李贽并无好感，却在《日知录》中如实记述这一现象："自古以来，小人之无忌惮而敢于叛圣人者，莫甚于李贽。然虽奉严旨，而其书之行于人间自若也……而士大夫多喜其书，往往收藏，至今未灭。"[1]

"士大夫多喜其书，往往收藏"，反映了民间舆论的取向，并不以朝廷的意旨为转移，要喜则喜，要藏则藏，且毫不吝啬赞美之词。明末文人陈仁锡预言"先生之书当必传"，他的看法是有代表性的："卓吾先生隐矣，而其人物之异，著述之富，如珠玉然，山晖川媚，有不得而自掩抑者。盖声名赫赫

1 顾炎武《日知录》卷十八《李贽》。

盈海内矣。或谓先生之为人，与其所为书，疑信者往往相半，何居？余谓此两者皆遥闻声而相思，未见形而吠影者耳。先生高迈肃洁，如泰华崇严，不可昵近。听其言，泠泠然，尘土俱尽，而实本人情，切物理，一一当实不虚。盖一被其容接，未有不爽然自失者也。吾慨学者沉痼于俗流，而迷沿于闻见，于人之言，非其所耳熟不以信。先生程量今古，独出胸臆，无所规放，闻者或河汉其言，无足多怪……余知先生之书当必传，久之，学者复耳熟于先生之书，且以为衡鉴，且以为蓍龟。余又知后之学者当无疑。虽然，海内又以快意而歌呼读之。"[1]这一预见，已为历史所证实。

五四时期高喊"打倒孔家店"的吴虞，对李贽推崇备至，写了洋洋万言的《明李卓吾别传》，他说："卓吾之书，一焚于万历三十年，为给事中张问达所奏请；再焚于天启五年，为御史王雅量所奏请……陈明卿云：'卓吾书盛行，咳唾间非卓吾不欢，几案间非卓吾不适，朝廷虽禁毁之，而士大夫则相与重锓，且流传于日本。'近人黄节曰：'学术者天下之公器，王者徇一己之好恶，乃欲以权力遏之，天下固不怵也。'"[2]

他还说："近人邓秋枚曰：'卓吾之学与其理想，皆极高妙，不肯依傍人。其集中之作，屡于孔子有微词。自王充《问孔》后，二千年来，直斥孔子，

1 陈仁锡《藏书序》，《陈太史无梦园初集》马集四。

2 吴虞《明李卓吾别传》，《吴虞文录》卷下，第33—34页。

实惟先生。则其中所主，必具有大识力者矣。其书明季两遭禁毁，而刊本犹留宇宙者，则以其申言佛理，能见有真是非，不随人脚跟立说。于明季帖括专制，学术束缚之极，而得李氏一为摧荡廓清，故人之嗜爱其说者多也。至今日，学术大通，万端竞进，而卓吾之学，益得以见称于时。然则焚者焚，禁者禁，而藏者自藏，读者自读。帝王之力，固不足以加于儒生之后世也。'"[1]最后这几句话，真是掷地有声，振聋发聩。统治者要焚就焚，要禁就禁，民众藏者自藏，读者自读，是多么有意思的较量！

李贽所有的著作至今仍能看到，其实并不"惑世诬民"。统治者既愚蠢又色厉内荏，他们永远不会明白，有思想有活力的书是禁不了的。

然而对于李贽而言，因为异端思想而瘐死狱中，毕竟是一幕悲剧。吴虞说得好："卓吾产于专制之国，而弗生于立宪之邦，言论思想不获自由，横死囹圄，见排俗学，不免长夜漫漫之感，然亦止能悲其身世之不幸而已矣，复何言哉！复何言哉！"[2]只手"打倒孔家店"的吴虞，对他的前辈同道满怀敬仰，对于"言论思想不获自由"，流露出无可奈何的感慨。思想解放的先行者为此付出沉重的代价，乃至"横死囹圄"，并非个人的悲剧，而是时代的悲剧。

1 吴虞《明李卓吾别传》,《吴虞文录》卷下，第47—48页。

2 吴虞《明李卓吾别传》,《吴虞文录》卷下，第51页。

第五章

西学东渐与放眼看世界的先进中国人

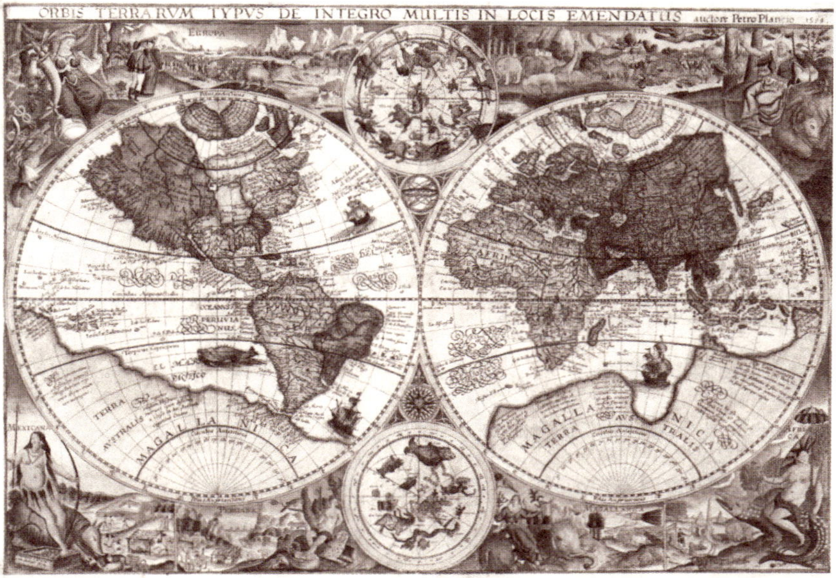

16世纪欧洲探知的世界

地理大发现后的全球化进程，不仅表现在经济的全球化，而且表现在文化的全球化。其主要标志就是以耶稣会为代表的教会向世界各国派出传教士，在传教布道的同时，传播文艺复兴以来的欧洲科学文化。晚明时期进入中国的耶稣会士，伴随着天主教教义，带来的是先进的科学技术与文化。西学东渐，使得中国在文化上逐步与世界接轨。这一方面固然与耶稣会士坚持不懈的努力有关，另一方面也与晚明的社会环境有关。嘉靖、万历时期的思想解放浪潮，提供了一个宽容的接受环境。正如周振鹤所说："思想愈解放，就愈需要新的资源，天主教传教士的传教活动除了其他吸引力外，新鲜感本身就是一种号召。晚明的中国大环境似有点让传教士们感觉到如鱼得水，虽然教徒的数量并不理想，但皈依者的质量却很高。徐光启、李之藻与杨廷筠这样的士人成为入教受洗的中国教徒中官位最高者，也是学术成就最著者，号称天主教在华三柱石。除三柱石以外，还有许多心性与知识皆是一流的知识分子接受了天主教义"，"尽管教义的宣传花去传教士的许多心思，但其效果未必会比辅助的传教方式更佳。更加吸引中国朝野的新知识显然不是基督教义而是西方的科学知识。"[1]他们带来的科学技术知识涉及面很广泛，从天文、地理到数学、物理，从机械学到测量学、水利学、解剖学，乃至人文学科的各个领域，深深地吸引了中国的知识阶层，激起巨大的反响。考察晚明的大变局，这是一个极佳的视角。

一　耶稣会士东来：利玛窦的前辈

1. 依纳爵·罗耀拉与耶稣会

欧洲在文艺复兴的后期发生了与它相呼应的宗教改革，这场运动包括两个主要阶段。第一阶段是1517年发生的新教革命，使北欧大多数国家脱离了罗马教会。第二阶段是1560年达到高峰的天主教改

1 周振鹤《东海西海和而不同》，《东方早报·上海书评》2013年11月17日。该文为周氏为其主编《明清之际西方传教士汉籍丛刊》所写的前言，提前刊发于此报。

革，虽然它不是一场革命，却体现了革命这个字眼的完整含义，因为它使某些中世纪后期的天主教的主要特征发生了深刻的变化。文艺复兴与宗教改革有区别，也有内在的联系，他们都是14至16世纪破坏现存秩序的强大个人主义潮流的产物；两者都有着类似的经济背景——资本主义的发展和资产阶级社会的产生；两者都有着回归早期根源的性质，即回到希腊、罗马的文学艺术成就，回到《圣经》和早期基督教的教义。[1]

如果没有耶稣会士的活动，天主教改革不可能像已经发生的那样彻底和成功。耶稣会（the Society of Jesus）的创始人是西班牙贵族依纳爵·罗耀拉（Ignatius Loyola，1491—1556）。他入教不久就来到圣地，打算效法耶稣基督守贫忍辱。后来在巴黎学习期间，结交了一群虔诚的教徒，在他们的帮助之下，于1534年创立了耶稣会。他在《耶稣会章程》中指出：罗马教皇无论现在还是将来命令我们去办任何旨在净化灵魂的事情，我们决不欺诈和推诿。[2]1540年，教皇保罗三世批准了他们的组织。

耶稣会是16世纪宗教狂热所产生的最富战斗性的修行团体，它不仅是一个修道士的社团，而且是一个宣誓要保卫信仰的战士组织。耶稣会士们不满足于守卫信仰阵地，更急于把信仰传播到地球的遥远角落：非洲、日本、中国和南北美洲。罗耀

1 参见伯恩斯、拉尔夫《世界文明史》第二卷，商务印书馆，1995年，第180—181页。

2 参见马爱德《范礼安——耶稣会赴华工作的决策人》，《文化杂志》（中文版）第21期（1994年）。马爱德（Edward Malatesta）是旧金山大学利玛窦研究院院长。

拉十分强调传教的原则性与灵活性相结合，主张耶稣会传教要“入乡随俗”，以后进入中国的耶稣会士都遵循他的“入乡随俗”主张。耶稣会士用“宽容的精神”来处理同个人、社会与文化的关系，向一切文化伸出友好之手。进入中国的耶稣会士范礼安（Alexandre Valignani）、利玛窦（Mathieu Ricci）等，都毫无保留地尊重对方、爱护对方，创造性地贯彻宽容精神，尊重文化的多样性。有的学者指出，早期耶稣会的传教方法同天主教已有的模式存在着相当大的差别，他们把人作为宇宙万物的中心，这是典型的文艺复兴思想。他们明确强调以自己的观点去看待世界和处理问题，对人类本性充满理解和同情，使得他们的思想向着适应对方和迂回的方向发展。[1]耶稣会士在中国的活动充分体现了这种精神。

2. 澳门：耶稣会士进入中国的通道

澳门不仅是中西贸易的枢纽，而且是中西文化交流的通道。耶稣会士进入中国，几乎都是通过被葡萄牙占据的澳门，把它作为耶稣会士向中国传播天主教的通道。1562年（嘉靖四十一年）澳门已有三座简陋的教堂，拥有600名天主教徒，隶属于马六甲教区。1567年，罗马教廷颁布谕旨，成

1 瑞尔《“寻找文化的契合点”——论早期天主教耶稣会士在中国的传教方式》，《文化杂志》（中文版）第21期（1994年）。瑞尔（Ian Rae）是堪培拉大学专业研究中心主任、澳大利亚耶稣会研究会会员。

◤ 澳门大三巴牌坊

澳门大三巴牌坊，别名“圣保禄大教堂遗址”。圣保禄大教堂始建于明万历三十年，于清道光十五年被大火焚毁，仅余下大三巴牌坊。牌坊为巴洛克风格，以花岗岩建成，融合了东西方建筑艺术的精华。

立澳门教区，任命耶稣会士加内罗为第一任主教，负责远东地区的传教事务。规模宏大的圣保禄教堂，俗称三巴寺，教堂里的耶稣会士被称为“三巴寺僧”，在那里研讨传教方法，学习中文等东方语言。1563年以来，三巴寺传教士云集，根据黄鸿钊《澳门三巴寺著名外籍耶稣会士表》[1]，有培莱思（François Perez）、加奈罗（Melchior Carneiro）、孟三德（Edouard de Sande）、费奇规（Gaspard Ferreira）、谢务禄（Alvare de Semedo，又名曾德昭）、陆若汉（Jean Rodriguez Tçuzzu）、傅汎际（Francisco Furtado）、孟儒望（Jean Monteiao）、徐日升（Thomas Pereira）、

1 参见黄鸿钊《澳门史》，福建人民出版社，1999年，第534—538页。

安文思（Gabriel de Magalhaens）、林安多（Antónie de Silva）、范礼安（Alexandre Valignani）、罗明坚（Michel Ruggieri）、利玛窦（Mathieu Ricci）、郭居静（Lazare Cattaneo）、龙华民（Nicolas Longobardi）、王丰肃（Alphonse Vagnoni，又名高一志）、熊三拔（Sebbathin de Ursis）、毕方济（Francesco Sambiasi）、艾儒略（Giulio Aleni）、罗雅谷（Jacques Rho）、陆安德（Andre-Jean Lubelli）、卫匡国（Martino Martini）、金尼阁（Nicolas Trigault）等。

耶稣会士认识到，要想把天主教传播到中国，自己必须首先成为“中国人”，第一关就是学习中文。在澳门的停留为此提供了条件。他们利用类似于“葡汉辞书”的葡萄牙语与汉语的对照语汇集，以及标注罗马字的《宾主问答私拟》，练习会话。例如神父与中国人的对话的例句是这样的：

客曰：“师父到这里几年了？”

答曰：“才有两年。”

客曰：“如今都晓得我们这边官话不晓得？”

答曰：“也晓得几句。”

客曰：“也讲得？”

答曰：“略略学讲几句。”

为了适应各种场合，还特地安排文言文与口语的对照：

相公贵处？	大哥你从哪里来？
高姓？	你姓甚么？

有贵干？　　　　　有甚么勾当？
尚乞。　　　　　　你休怪。

与此相类似的还有“有劳过誉”，“令尊多纳福”，“恐污尊目”，“昨日有劳赐顾，多怠慢”，“昨日承赐厚意，都未曾少谢，尚乞”，“薄礼也不足为礼”，“但劳先生尊裁就是”等。[1]此后广东的肇庆成为耶稣会士基地，传教士们学习中文的方法大体也是如此。

3. 沙勿略神父：向中国传教的创始人和发起者

第一个来到中国的耶稣会士是方济各·沙勿略（Francisco de Javier，1506—1552）。这位出身于西班牙巴斯克贵族家庭的青年，在罗耀拉的精神感召下，参加了创建耶稣会的活动。1540年，他接受葡萄牙国王派遣，前往东方传教。1542年，抵达葡萄牙在印度的殖民地果阿，开始了传教生涯。以后他去了马六甲，在那里见到了来自中国的商人，了解有关中国的一些情况，促使他前往日本、中国，进行“学术传教”。1549年，沙勿略一行四人从马六甲出发，三个月后抵达日本鹿儿岛，此后在日本滞留了二十七个月。[2]在日本的传教活动使他领悟到，

1 古屋昭弘《见于传教士资料的明代官话》，载《早稻田大学大学院文学研究科纪要》第35期（1990年）。

2 参见沈定平《明清之际中西文化交流史——明代：调适与会通》，商务印书馆，2001年，第162—165页。

要在亚洲成功传教，必须以当地语言与当地人接触，必须用当地语言讲话、阅读、书写，成为社会的一部分，做到“入乡随俗”。日本人告诉他，他们的老师和宗主是中国人。他终于认识到，要使日本人皈依基督，必须首先使中国人皈依。[1]

在日本期间，沙勿略写信给欧洲的耶稣会士说：日本的教义与宗派无不传自中国，一切经文亦均用汉字。中国幅员广大，境内安居乐业，以正义卓越著称，为信仰基督的任何地区所不及。中国人智慧极高，远胜日本人，且善于思考，重视学术。他准备今年前往中国首都，因为如谋发展吾主耶稣基督的真教，中国是最有效的基地。[2]因此他向东印度群岛的葡萄牙总督建议，委派使节前往中国，他本人作为教廷代表随同前往。总督接受了这个建议，委任沙勿略的朋友佩雷拉（Diogo Pereira）为大使，不料遭到葡萄牙的马六甲总司令反对，佩雷拉无法启程，使得沙勿略的计划落空。他不得已，试图用偷渡方式进入中国。

1552年8月，在一名中国翻译的陪同下，他来到广东沿海的上川岛。后来利玛窦回顾此事，写道：“上川（岛）是一个离中国海岸约30海里的荒芜岛屿。当时它是葡萄牙人和中国人贸易点的所在，只有一片用树枝和稻草胡乱搭成的茅屋。沙勿略到这里时，一心想着他的远征，他马上到葡萄牙

1 参见约瑟夫·西比斯《利玛窦的前辈》，《文化杂志》（中文版）第21期（1994年）。西比斯（Joseph Sebes）是乔治敦大学退休教授。

2 参见方豪《方济各·沙勿略》，《中国天主教史人物传》上册，中华书局，1988年，第60页。

和中国商人中间去，询问有什么法子可以进入中国的城市。他获悉，通往大陆的每条道路都被警卫封锁和防守着，外国人要登陆是不可能的。事实上，已有极严厉的布告禁止外国人入境，也禁止当地人协助他们这样做。他一点没有被这种威胁所吓倒，但既然没有别的方法入境，他就公开表示要用种种办法偷渡，而且一旦入境，就直接投到当地官员那里，宣布他的使命。”[1]

19世纪来中国的费赖之（Louis Pfister）神父为沙勿略作传，谈到有关偷渡的一些细节：“只有一人愿与同谋，约给费二百元，彼将携之至边岸，藏伏其家中，然后载之至广东之一港。沙勿略曾作书云：‘我将立时入谒总督，我将告以吾人盖为入见中国皇帝而来。我将出示主教（卧亚主教）呈皇帝书，而书称其派我来此传播天主教理也。”[2]但是这个“愿与同谋”的中国商人拿到金钱以后，没有兑现承诺，逃之夭夭。沙勿略在荒岛上患病，得不到药物，又缺乏食品，终于死在这个荒岛。费赖之写道：“方济各发热甚剧，所患者或为肋膜炎，百物皆缺。在所居之茅屋中饥寒交迫。十一月二十二日试移居圣克罗切号上养病，然风浪簸动船舶，苦不能耐。翌日复还岛上。有一较为慈善之葡萄牙人接之至其小木屋中，为之放血。放后圣者晕绝，殆因手术之不善也。热度日增，不能进食。二十四日

1 利玛窦、金尼阁《利玛窦中国札记》，广西师范大学出版社，2001年，第93—94页。

2 费赖之著，冯承钧译《在华耶稣会士列传及书目》，中华书局，1995年，第4页。按：文中所说“卧亚主教”之“卧亚”，即果阿之异译。

发谵语，其语有为安敦所不解者，殆为其儿时所操之巴斯克语。余语由其义仆忆而不忘者，则为迭言之：‘请您怜恕我的罪过，耶稣，大卫之子，怜悯我吧！’……彼口诵耶稣之名而终。事在一五五二年十二月三日星期六之黎明前也。”[1]

尽管沙勿略的愿望没有实现，但他把东方传教的重点放在中国的主张，被后继者认同，得以贯彻。他的后继者给他高度的评价，比如利玛窦就把沙勿略称为“这次传教的创始者和发起人”，“最初的想法和实现它的最早的努力都是他的，他的死亡和葬礼导致了传教的最后成功，这一情况证明他对创始者和奠基者的称号是当之无愧的。我们深信，当他向他的同道打开中国的大门时，他从他在天国的地位所成就的事业，远超过他在人间奋斗一生中出于热忱而所产生的影响。沙勿略是第一个耶稣会士发觉了这个庞大帝国的无数百姓是具有接受福音真理的资质的，他也是第一个抱有希望在他们当中传播信仰的人。”[2]

4. 范礼安神父：中国传教事业之父

1606年1月20日，范礼安逝世时，利玛窦在给教区总管的信中说，范礼安是“中国传教事业之父”，“他的逝去使我们有孤儿之感”。[3]

1 费赖之著，冯承钧译《在华耶稣会士列传及书目》，第5页。

2 利玛窦、金尼阁《利玛窦中国札记》，第89页。

3 参见马拉特斯塔《范礼安——耶稣会赴华工作的决策人》，《文化杂志》（中文版）第21期（1994年）。

范礼安（Alexandre Valignani，1539—1606）生长在意大利那不勒斯一个贵族家庭，获得法学博士学位以后，曾任修道院院长等职。他的后半生专注于中国传教事业。1573年，他被委派为东印度教区耶稣会的视察员，此后在东方传教32年，其中在印度21年，在中国和日本11年，直至1606年病逝于澳门。利玛窦在回顾向中国介绍天主教教义时说：正是范礼安重新恢复了进入中国的努力，而这种努力由于与日俱增的阻力几乎处于半放弃状态。1578年他首次来到澳门，就深知“中国是个秩序井然的高贵而伟大的王国，相信这样一个聪隽而勤劳的民族决不会将懂得其语言和文化的有教养的耶稣会士拒之于门外的”。范礼安决定指派若干神父到澳门学习中文，于是才有罗明坚和利玛窦的到来。[1]

在范礼安心目中，学习中文必须由发现中国文明来补充。当年耶稣会总会长要他写一本沙勿略传时，他就关注到这一问题。他在《圣方济各·沙勿略传》的卷首写道：“鉴于欧洲人非常想读到关于中国的事情，耶稣会的若干朋友急切希望让大家知道那些事情，因此，只要当时在印度的神父和修士来信一到，他们就赶紧请人译出来，在许多地方印行。”在罗明坚、利玛窦的配合下，范礼安完成了《圣方济各·沙勿略传》。它的第三章题目

1 参见马拉特斯塔《范礼安——耶稣会赴华工作的决策人》，《文化杂志》（中文版）第21期（1994年）。

是“论中国的奇迹”，主要内容是：欧洲长期认为自己就是“全世界”，而中国是一个文明昌盛之邦，有着与西方文明完全不同的文化，是西方以前所不知道的。范礼安笔下的中国，不是19世纪欧洲眼中的中国——一个假货、劣货、小饰品充斥的中国，虽不失其媚人风姿，却是一个人工雕琢的中国；也不是18世纪哲学家，尤其是伏尔泰静观神驰的中国；而是人类理性解脱一切超自然羁绊的胜利化身，是16世纪生长于以查士丁尼体制为依归的法学环境里、以古典时代留下的记忆为生的人文主义圈子中的极有修养的才智之士们，在世界边缘惊喜地发现的中国。

范礼安写道：“中国可说是与东方其他王国都不一样，但它还要超过它们；这是整个东方最重要、最丰富的事物，它在若干方面，例如富饶、完美方面，都非常与欧洲相似，在许多地方犹有过之。”他列举了七大优越之处：一、它是由单独一个国王统治的领土最辽阔的国家；二、它是人口最多的国家；三、全世界没有哪个国家比它更富饶、更丰衣足食；四、物产之丰富似乎没有哪个国家可以相比；五、似乎没有哪个地区比得上中国山川壮丽、国泰民安；六、居民是世界上最勤劳的；七、在已发现的国家中，中国是最和平、治理得最好的国家。他用了21页篇幅谈优点，也用7页篇幅谈缺点，诸如缺乏对上帝及其神圣宗教的认识，虽然治理有序，尚不足以防止严重的混乱。因此，要把耶稣基督的信仰引入中国并非轻而易举，因为“大门关得紧紧的，对于上帝的一切也闭目塞听，加之，那些官吏根本不肯同外国人有任何交往……他们对一切其他国家都极为渺视，因而我们看不出有什么办法进入他们那里”。[1]

正如乔治敦大学教授西比斯（Joseph Sebes）所说，范礼安是一个以开放思想看待每一样事物的人，当他初到印度这个东方世界时，就决定尽可能去了解每一样关于中国的事情。他在寄往欧洲的信中说，中国是一个伟大而有价值的民族，进入中国的方法要与目前耶稣会在其他国家采用的方法完全不同。他相信，中国人尊重学问，而且愿意用明智的方式聆听任何陈述，这一点可以用来打开他们的心扉。据此他认为，所有派往中国传道的人，都必须学会读、写和讲中国语言，熟悉中国文化和风俗习惯。范礼安比沙勿略有利的地方在于，他有更多开拓的见识，他有更多的时间，因此他取得了比沙勿略更大的成就。[2]他把罗明坚、利玛窦派往中国，并且派遣麦安东、孟三德、石方西等神父以及中国修士黄明沙、钟鸣仁，前往中国协助罗明坚、利玛窦，成就传教事业。

1 裴化行著，管震湖译《利玛窦神父传》，商务印书馆，1998年，第56—70页。费赖之《在华耶稣会士列传及书目》，对于范礼安“论中国的奇迹”，有一个考证：“雅利克（de Jarric）神甫（《在印度发生的最令人难忘之事》第二卷，第十七章）以为别有一书亦出范（利安）手，书题《中国奇闻》。考耶稣会士雨果（Hugo）所撰书《日本、印度与秘鲁札记》（安特卫普，一六〇五年，八八三—九〇〇页），确著录有书名《中国奇闻》，疑为范（礼安）之著作，今日尚可完全采录。”（第21—22页）

5. 罗明坚神父：中国传教事业的实际开创者

出生于意大利那不勒斯的罗明坚，获得博士学位后，加入耶稣会，在修道院、神学院学习神学。1578年，罗明坚神父被派往果阿，开始传教生涯。

2 参见西比斯《利玛窦的前辈》，《文化杂志》（中文版）第21期（1994年）。

次年，他前往澳门。这时范礼安已经去了日本，行前留下了指示，吩咐罗明坚如何为传教事业做艰苦的准备工作。罗明坚满腔热忱地埋头学习中文，用中文编写传教书籍，如《天主十诫》《圣贤花絮》《信条》《要理问答》等。后来在两名译员的帮助下，把儒家四书之一的《大学》翻译成拉丁文。[1]

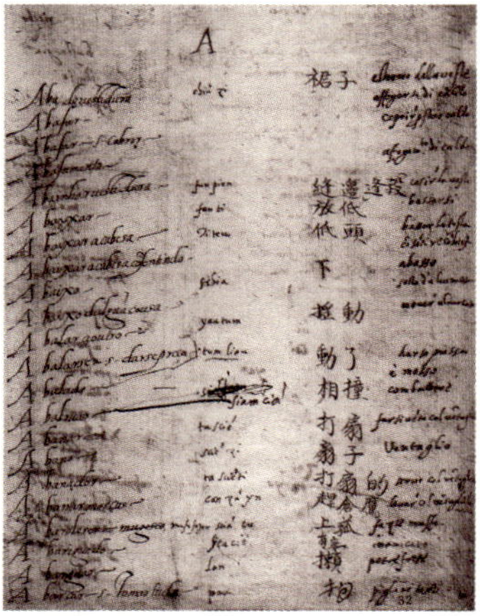

罗明坚、利玛窦、钟巴相编《葡汉词典》手稿

为了开展对中国的传教工作，他写信给在日本的范礼安，建议目前正在印度的耶稣会士利玛窦和巴范济（François Pasio）调来澳门，得到了范礼安的同意。当时广州有每年两次外商交易会，罗明坚每年两次随同葡萄牙商人前往广州，但是无法获得在广州的居留权。1582年，驻节广东肇庆的两广总督陈瑞[2]召见澳门的耶稣会士，商谈有关他们的传教请求。罗明坚与巴范济代表主教前往肇庆。他们换成中国和尚的服饰，希望能够获得

1　参见沈定平《明清之际中西文化交流史——明代：调适与会通》，第218—223页。

2　陈瑞，字孔麟，福建长乐人。嘉靖三十二年（1553）进士。历官行人、山东监察御史、山西提学副使、河南参政、广东按察使、湖广布政使、南刑部尚书、南兵部尚书。万历十年（1582）由南兵部尚书兼任两广总督，万历十一年（1583）致仕。参见（民国）《长乐县志》卷十四《选举上·进士》，《中国地方志集成》第10辑《福建府县志辑》，上海书店出版社，2000年。

中国官员的好感。经过两次挫折之后，终于得到两广总督的批准，可以在肇庆建造教堂和住宅。毫无疑问，这是一个巨大的突破。利玛窦把这一突破称为“向中国传教的开始”，他评论道：“像这样一种突如其来的转变，只能归之于上帝的恩典，而不能归之于人类的功绩。我们丝毫不认为它是我们的成就。”[1]

1582年9月，罗明坚和利玛窦在中国使者的护送下，从澳门前往肇庆。从此，耶稣会士向中国的传教，由澳门阶段进入肇庆阶段，这是一个划时代的转折。诚如西比斯所说：“这是一个有意义的日子，虽然范礼安决定了在中国传道的新方法，罗明坚却是首先将之付诸实践的人。”[2]

在肇庆期间，罗明坚在中文教师及利玛窦的帮助下，把写了四年之久的《天主圣教实录》修订完成；1584年在广州由传教士自己购置的机器付印出版。它是传教士写的第一部用中文宣讲教义的著作，为了适应中国的价值观念、道德规范及论证方法，借用了儒家的至理名言。[3]

1588年，范礼安决定派罗明坚到罗马去报告当时的传教情况，请求教皇派遣正式宣道团前往中国。但是几位教皇相继去世，使得派遣正式宣道团的事情无法落实。令人遗憾的是，罗明坚因为健康状况不佳，再也不能回到中国，于1607年在家乡与世长辞。

1 利玛窦、金尼阁《利玛窦中国札记》，第109—110页。

2 西比斯《利玛窦的前辈》，《文化杂志》（中文版）第21期（1994年）。

3 参见沈定平《明清之际中西文化交流史——明代：调适与会通》，第218—223页。

二　利玛窦神父的“本土化”传教活动

1.“但求人与我同，岂愿我与人异”

▼ 利玛窦像

1552年10月6日，利玛窦诞生于意大利马切拉塔城，成为一个多子女（七男一女）家庭的长子。正是这一年的12月2日，沙勿略在荒凉的上川岛去世。[1]1571年，利玛窦申请加入耶稣会，次年进入耶稣会创办的罗马学院，受到了古典科学文化的熏陶，学习了数学、天文、地理、绘图等课程，特别是从老师克拉维乌斯（Christoph Claoius）（中文文献称为“丁先生”）学习欧几里得几何学、行星理论和基督教教历的计算理论，运用仪器观察行星和地理测绘的技术，以及制作罗盘、钟表的技巧。圣方济各·沙勿略在远东传教的故事，也像哥伦布、麦哲伦的英雄业绩那样，深深地打动了这位年轻人。[2]在耶稣会神学家的指导下，他学会了如何对教义进行清楚的解释，为他以后的传教奠定了基础。1577年，他成为印度

1　参见裴化行《利玛窦神父传》，第12页。

2　参见邹振环《晚明汉文西学经典：编译、诠释、流传与影响》，复旦大学出版社，2011年，第34页。关于克拉维乌斯为何叫作“丁先生”，邹氏有一个解释：“Clavi-，在拉丁文中有‘钉状’的含义，中国古字‘丁’通‘钉’。”

传道团的成员，次年前往果阿，在圣保罗学院任教，两年后成为神父。1582年，他奉范礼安之召，来到澳门。次年，他和罗明坚成功地在广东肇庆立足，开启了在中国的传教生涯。

利玛窦总结了他的前辈在中国传教活动的经验教训，探索出一条新的道路——尽可能使天主教本土化。换句话说，尽力使得天主教教义与中国传统儒家学说相结合，即所谓“合儒”“补儒”“趋儒”。一言以蔽之，尽量中国化。他一度剃去头发，穿上僧服，后来接受瞿汝夔（太素）的建议，脱去僧服，换上儒服。他不惜修改教规，默认对祖先的崇拜，以《圣经》附会“四书五经”，因此博得中国士大夫的好感与崇敬。他深知士大夫在中国社会的地位和影响，要得到他们的信仰，自己必须首先熟悉儒学。在肇庆、韶州滞留的十五年中，他埋头钻研儒家经典，熟悉到倒背如流的程度，令士大夫大为惊讶，尊称他为“西儒利氏”。

教会史研究的开拓者方豪最早关注利玛窦的“本土化”传教，他在《明末清初天主教比附儒家学说之研究》中，开宗明义就指出：“一个宗教，要从发源地传播到其他新地区去，如果它不仅希望能在新地区吸收愚夫愚妇，并且也希望获得新地区知识分子的信仰，以便在新地区生根，然后发荣滋长，那么，它必须首先吸收当地的文化，迎合当地人的思想、风俗、习惯。第一步，也是最重要的一步，是借重当地人最敬仰的一位或几位先哲的言论，以证实新传入的教义和他们先辈的遗训、固有的文化是可以融会贯通的，是可以接受的，甚至于还可以发扬光大他们原有的文化遗产，那就更受新传教区人民的欢迎了。”[1]他引证了利玛窦“比附儒家”的许多自白，其中尤为坦诚而恳切的，莫过于《辩学遗牍》中所载的《利先生复虞铨部书》，即他给吏部稽勋司郎中虞淳熙的复信。

虞淳熙，字长孺，号德园，杭州府钱塘县人，万历十一年（1583）进士，历任兵部主事、吏部稽勋司郎中。他对利玛窦颇为敬重，但对其非议佛教有所不满，写信与之商榷。信中写道：“利西泰先生非中国人，然贤者也，又精天文、方技、握算之术。何公露少参，得其一二，欲传不佞，会病，结轖眩瞀，不果学，亦不果来学，时时神往左右，恍石交矣。既而翁太守周野出《畸人十篇》，令序弁首。惭非玄晏，妄讥玄白，负弩播粃，聊尔前引，故当转克醯鸡障耳……侧闻先生降神西域，渺小释迦，将无类我鲁人诋仲尼东家丘，忽于近耶！及受读天堂地狱短长之说，又似未翻其书，未了其义者。岂不闻佛书有云：入无间地狱，穷劫不出，他化自在天寿，一昼夜为人间一千六百岁乎……敢请遍阅今上所颁佛藏，角其同异，摘其瑕衅，更出一书，悬之国门，俾左袒瞿昙者恣所弹射，万一鹄无饮羽，人徒空箙，斯非千古一快事哉！”[2]

利玛窦用典雅的文言文写了回信，申述来中国传教的本意，求同存异，他的名言“八万里而来，

1 方豪《明末清初天主教比附儒家学说之研究》，台湾大学《文史哲学报》第11期。

2 虞淳熙《答利西泰》，《虞德园先生集》卷二十四。

交友请益，但求人与我同，岂愿我与人异”，就出于这封回信。信中反复阐述他的这种意愿：

——捧读来札，亹亹千言，诲督甚勤，而无胜气，欲窦据理立论，以阐至道。敝乡谚云：“和言增辩力。”台教之谓乎？且钟鼓不叩击不发音声，亦是夙昔所想望也……

——窦自入中国以来，略识文字，则是尧舜周孔而非佛，执心不易，以至于今。区区远人，何德于孔，何仇于佛哉？若谓窦姑佞孔以谄士大夫，而徐伸其说，则中夏人士信佛过于信孔者甚多，何不并佞佛，以尽谄士大夫，而徐伸其说也？实是坚于奉戒，直心一意，所是所非皆取凭于离合。尧舜周孔皆以修身事上帝为教，则是之；佛氏抗诬上帝，而欲加诸其上，则非之。窦何敢与有心焉？

——至于拙篇中天堂地狱短长之说，鄙意止欲辟轮回之妄，使为善不反顾，造恶无冀幸耳。孟子云：“不以文害辞，辞害意也。”倘因鄙言悟轮回之妄，则地狱穷劫不出，天堂一日千岁，此亦言之有据者也，又何待论乎？

——上国自尧舜以来，数千年声名文物，倘以信佛奉佛者，信奉天主，当日有迁化，何佛氏之久不能乎？

——来教又云，鄙篇所述“了不异佛意”，是诚有之，未足为过。何者？若窦窃佛绪余，用相弹射，此为操戈入室耳。今门下已知窦未晓佛书，自相合辙，何不可之有？窦所惜者，佛与我未尽合辙耳。若尽合者，即异形骨肉，何幸如之！门下试思，八万里而来，交友请益，但求人与我同，岂愿我与人异耶？[1]

利玛窦比他的前辈高明之处在于，他对中国有深刻的观察和领悟，明白中国人的世界观或者说意识形态是完整的，是一个包括科学、技术、伦理、哲学的有机体，因此他认为有必要把天主教作为一个有机的完整的世界观来宣扬，要使天主教教义为中国人接受，必须使它成为中国文化的一个组成部分，即“本土化”。他身体力行，从生活方式、观念及表述方式、道德规范、礼仪等四个方面，推行天主教的“本土化”。他接受了中国人的礼节、饮食以及服饰打扮；在谈到“天主”时，他利用中国古典著作中的“上帝”和“天主”画上等号；他尊敬孔子，允许祭祀祖先与孔子。[2]

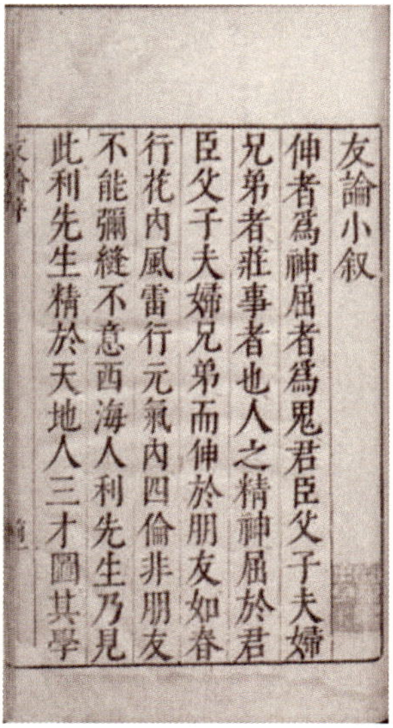
友論小叙
伸者爲神屈者爲鬼君臣父子夫婦
兄弟者莊事者也人之精神屈於君
臣父子夫婦兄弟而伸於朋友如春
行花内風雷行元氣内四倫非朋友
不能彌縫不意西海人利先生乃見
此利先生精於天地人三才圖其學

▲《交友论》书影

2.《交友论》:“东海西海，此心此理同也”

为了“本土化”传教，万历二十三年（1595），

1　利玛窦《利先生复虞铨部书》,《辩学遗牍》卷首，李之藻辑《天学初函·理编》，台北学生书局，1965年。亦见朱维铮主编《利玛窦中文著译集》，复旦大学出版社，2007年，第659—662页。

2　参见西比斯《利玛窦的前辈》。

利玛窦撰写了他的第一本中文著作《交友论》，把西洋名贤的交友格言翻译成中文，介绍给中国人。他是在江西南昌，与明朝藩王建安王谈论交友之道后，写成此书的。他在引言中说："因而赴见建安王。荷不鄙，许之以长揖，宾序设醴欢甚。王乃移席握手而言曰：'凡有德行之君子，辱临吾地，未尝不请而友且敬之。西邦为道义之邦，愿闻其论友道何如？'窦退而从述曩少所闻，辑成友道一帙。"[1]这一本著作收到了意想不到的效果，正如利玛窦所说，这本书给他以及欧洲增加的威望，超过前此所做的一切，因为其他事情只是使传教士们有了善于制造机械仪器工具的能工巧匠的名声，而这篇论文却为他赢得了文人儒士的美誉，因而许多人愿意阅读、接受，并热烈赞叹。他说："这本书至今仍为人们阅读和称羡，并受到读过它的人的推荐。因为是用欧洲和中国两种文字写成，所以它更加风行。就在它付印不久，赣州有一位知县完全用中文把它加以重印，流传于各省，包括北京和浙江。这到处受到知识阶层的赞许，并常常被权威作家在其他著述中引用。事实上，在一个短得惊人的时期之内，这部书被当作标准读物为人们所接受。"[2]

利玛窦并非自我吹嘘，《交友论》确实受到中国知识阶层的赞许。

万历二十七年（1599），利玛窦最早结交的好

1 利玛窦《交友论》，《利玛窦中文著译集》，第107页。

2 利玛窦、金尼阁《利玛窦中国札记》，第212页。

友瞿汝夔，谈到了《交友论》的由来："万历己丑，不佞南游罗浮，因访司马节斋刘公，与利公遇于端州。目击之顷，已洒然异之矣。及司马公徙公于韶，予适过曹溪，又与公遇于是，从公讲象数之学，凡两年而别。别公六年所，而公益北学中国，抵豫章，抚台仲鹤陆公留之驻南昌，暇与建安郡王殿下论及友道，著成一编。"瞿氏为此书所作的序言，对利玛窦赞扬备至："遐方硕德如利公者，慕化来款，匪希闻达，愿列编氓，诵圣谟，遵王度，受冠带，祠春秋，躬守身之行，以践真修，申敬事天之旨，以裨正学。即楚材、希宪，未得与利公同日语也。"对《交友论》也给予高度评价："今利公其弥天之资，匪徒来宾，服习圣化，以我华文，译彼师授，此心此理，若合契符，借有录之以备陈风采谣之献，其为国之瑞，不更在楛矢白雉百累之上哉！至其论义精粹，中自具足，无俟拈出矣。然于公特百分一耳，或有如房相国融等，为笔授其性命理数之说，勒成一家，藏之通国，副在名山，使万世而下有知其解者，未必非昭事上天之准的也。"[1]

万历二十九年（1601），湖广佥事冯应京所写的《刻交友论序》，把他的读后感概括为一句话："东海西海，此心此理同也。"成为传诵一时的名言。冯氏写道："西泰子（利玛窦）间关入万里，东游于中国，为交友也。其悟交道也深，故其相求也

1 瞿汝夔《大西域利公友论序》，《利玛窦中文著译集》，第117—118页。

切，相与也笃，而论交道独详。嗟夫，友之所系大矣哉！君臣不得不义，父子不得不亲，夫妇不得不别，长幼不得不序，是乌可无交？夫交非泛泛然相欢洽、相施报而已。相比相益，相矫相成，根于其中之不容已，而极于其终之不可解，乃称为交。世未有我以面而友以心者，亦未有我以心而友以面者。鸟有友声，人有友生；鸟无伪也，而人容伪乎哉？京不敏，早溺铅椠，未遑负笈求友，壮游东西南北，乃因王事敦友谊，视西泰子迢遥山海，以交友为务，殊有余愧，爰有味乎其论，而益信东海西海，此心此理同也。”[1]

《交友论》的成功，原因就在于它的“本土化”。正如邹振环所说：“在介绍欧洲友谊观的过程中大量借助中国本土的知识资源”；“把中国古代圣贤有所体悟但尚未详细讨论的主题，通过编译西方哲人的话比较透彻的阐发，由此引起了中国士大夫的强烈共鸣”；“利玛窦熟读《论语》，《交友论》明显模仿《论语》的体例，这一文学形式没有给中国读者带来任何不和谐的感觉”。[2]

1 冯应京《刻交友论序》，《利玛窦中文著译集》，第116页。

2 邹振环《晚明汉文西学经典：编译、诠释、流传与影响》，第89—90页。

3.《天主实义》：“与经传所纪如券斯合”

在写作《交友论》的同时，利玛窦致力于写作《天主实义》。据中国台湾学者林东阳说：《天主实义》的写作时间起于一五九五年（万历二十三年）十一月前后，一直延续到一六〇三年八月初旬……在一六〇三年八月二十二日《天主实义》杀青以前，它曾经以手抄方式流行各地。该书的出版可能远在一六〇三年底或一六〇四年初，最大可能当在一六〇四年左右。[1]该书上下卷各有四篇，用“中士”与“西士”对话的形式，深入浅出地宣扬天主教教义。上卷首篇为《论天主始制天地万物而主宰安养之》，第二篇为《解释世人错认天主》，第三篇为《论人魂不灭大异禽兽》，第四篇为《辩释鬼神及人魂异论，而解天下万物不可谓之一体》；下卷第五篇为《辩排轮回六道、戒杀生之谬说，而揭斋素正志》，第六篇为《释解意不可灭，并论死后必有天堂地狱之赏罚，以报世人所为善恶》，第七篇为《论忍性本善，而述天主门士正学》，第八篇为《总举大西俗尚，而论其传道之士所以不娶之意，并释天主降生西土来由》。

利玛窦自己说：“这个新版本更加充分地阐述了基督教的教义，但在出版前它主要是供异教徒使用的。据认为，新信徒可以从他们作为教徒所参加的教义问答课程中，以及皈依后所经常听到的劝诫中接受足够的宗教教诲……这本书里还包含摘自古代中国作家的一些合用的引语，这些段落并非仅仅作为装饰，而是用以促使读别的中文书籍的好奇的读

1 参见林东阳《有关利玛窦所著〈天主实义〉与〈畸人十篇〉的几个问题》，载《大陆杂志》第五十六卷第一期。

者接受这部作品。”[1]这是利玛窦“本土化”传教的独到之处，用“合儒”“补儒”“趋儒”的方法，使得中国人乐于接受。试举一例，在第二篇中谈到天主即上帝，写道：“吾天主，乃古经书所称上帝也。《中庸》引孔子曰：‘郊社之礼，所以事上帝也。’朱注曰：‘不言后土者，省文也。’窃意仲尼明一之不可以为二，何独省文乎？《周颂》曰：‘执竞武王，无竞维烈，不显成康，上帝是皇。’又曰：‘于皇来牟，将受厥明，明昭上帝。’《商颂》云：‘圣敬日跻，昭假迟迟，上帝是祗。’《雅》云：‘维此文王，小心翼翼，昭事上帝。’《易》曰：‘帝出于震。’夫帝也者，非天之谓。苍天者抱八方，何能出于一乎？《礼》云：‘五者备当，上帝其飨。’又云：‘天子亲耕，粢盛秬鬯，以事上帝。’《汤誓》曰：‘夏氏有罪，予畏上帝，不敢不正。’又曰：‘惟皇上帝降衷于下民，若有恒性，克绥厥猷惟后。’《金縢》周公曰：‘乃命于帝庭，敷佑四方。’上帝有庭，则不以苍天为上帝可知。历观古书，而知上帝与天主，特异以名也。”[2]

◤李之藻，字振之、我存，浙江杭州人，万历二十六年进士，官至太仆寺少卿。万历二十九年开始师从利玛窦学习西洋历算，而后皈依天主教。毕生和利玛窦、徐光启、罗雅谷等人合作编译了西方天文学及算术名著十余部。

从写于万历三十五年（1607）的李之藻《天主实义重刻序》与汪汝淳《重刻天主实义跋》，可知此书一再重印，由此可见，利玛窦比附儒家的传教

1　利玛窦、金尼阁《利玛窦中国札记》，第342页。
2　利玛窦《天主实义》，《利玛窦中文著译集》，第21页。

方式，是深受欢迎的。不妨看看当时知名人士的评论吧。

冯应京说："《天主实义》，大西国利子及其乡会友与吾中国人问答之词也。天主何？上帝也；实云者，不空也。吾国六经四子，圣圣贤贤，曰'畏上帝'，曰'助上帝'，曰'事上帝'，曰'格上帝'，夫谁以为空？"又说："是书也，历引吾六经之语，以证其实，而深诋谭空之误，以西政西，以中化中。见谓人之弃人伦、遗事物，猥言不著不染，要为脱轮回也，乃轮回之诞明甚。"[1]

李之藻说："利先生学术，一本事天，谭天之所以为天甚晰。睹世之亵天佞佛也者，而昌言排之，原本师说，演为《天主实义》十篇，用以训善坊恶。其言曰：人知事其父母，而不知天主之为大父母也；人知国家有正统，而不知惟帝统天之为大正统也。不事亲不可为子，不识正统不可为臣，不事天主不可为人。"又说："彼其梯航琛赘，自古不与中国相通，初不闻有所谓羲、文、周、孔之教，故其为说，亦初不袭吾濂、洛、关、闽之解，而特于知天事天大旨，乃与经传所纪如券斯合"，"信哉，东海西海，心同理同，所不同者，特言语文字之际。而是编者出，则同文雅化，又已为之前茅，用以鼓吹休明，赞教厉俗，不为偶然，亦岂徒然？固不当与诸子百家同类而视矣"。[2]

1 冯应京《天主实义序》，《利玛窦中文著译集》，第97页。

2 李之藻《天主实义重刻序》，《利玛窦中文著译集》，第99—100页。

他们共同强调的是，“历引吾六经之语，以证其实”，“乃与经传所纪如券斯合”，“东海西海，心同理同”，并以敬天、事天来抨击佛教轮回说的荒诞。利玛窦的这种真谛，徐光启把它概括为四个字“易佛补儒”[1]，可谓一语中的。

其中的深意大可玩味。邹振环说：“利玛窦撰写《天主实义》时面临的最大难题，是既要力求向追求理性的中国人灌输这些属于异质的天主教教义教理的因素，又要尽可能地在保持基督教之宗教独立性的前提下，与儒家的伦理观念进行必要的妥协。我们从《天主实义》一书可见，面对这一难题，利玛窦在两者的张力之间显示了自己最高的睿智……大量征引儒家典籍并加以发挥，努力以一种貌似儒家学者的态度，采用儒学术语来批驳佛老，是《天主实义》的一大特色。为了争取上层士大夫的支持，利玛窦努力寻找基督教与儒家思想的切合点。”因此，他的援儒入耶的适应策略受到士大夫阶层的欢迎。[2]

1《利玛窦中国札记》第343页：“当在大庭广众中问起保禄博士（按：指徐光启）他认为基督教律法的基础是什么时，他所作的回答非常简洁并易于理解。他只用了四个音节或者说四个字就概括了这个问题，他说：易佛补儒（Ciue Fo Pu Giu），意思就是它破除偶像并完善了士大夫的律法。”

4.“登上了‘月球’”

美国现代耶稣会士邓恩（George H.Dunne）把利玛窦通过不懈的努力，进入大明帝国首都北京，并且向皇帝进献礼品，获得皇帝恩准在北京设立教

2 邹振环《晚明汉文西学经典：编译、诠释、流传与影响》，第110—113页。

堂传教，称为“登上了‘月球’”。[1]在他看来，“晚明时期耶稣会士在中国的成就，应该被列为天主教传教史上最伟大的成就之一。成就这一事业的这几十个人，唤醒了天主教世界使命的真谛，将世纪初期天主教的传统恢复到正确的位置。他们反对将具有普世意义的天主教歪曲为仅仅适合个别国家、个别地方的狭隘宗教。他们的所作所为，不仅仅在天主教的历史上有着重要的意义，在国际间文化交流的历史上，也同样具有重要的意义”。[2]因此，他把耶稣会士克服艰难险阻进入北京，比喻为“登上了‘月球’”，虽然夸张，却极为传神。

这毫无疑问地印证了利玛窦“本土化”传教的成功。他的传教活动获得瞿汝夔、冯应京、徐光启、李之藻、杨廷筠等知名人士的热烈响应，并且他们先后受洗皈依耶稣基督；也得到了诸如沈一贯、曹于汴、冯琦、李戴等官僚的支持，使西方传教士能够破天荒地进入北京，并且在北京立足，顺利地传播天主教教义。

《利玛窦中国札记》详细描述了进入北京前前后后的情况，弥补了中国史料记载的缺失。

利玛窦一行沿着运河北上，抵达运河上的重要商业城市、税关临清，得到临清税关太监马堂的同意，他答应为利玛窦进京朝见皇帝、呈献礼品之事，报告朝廷。万历二十八年十二月五日（1601年

1 邓恩著，余三乐、石蓉译《从利玛窦到汤若望》，上海古籍出版社，2003年，第59页。

2 邓恩《从利玛窦到汤若望》，第354页。

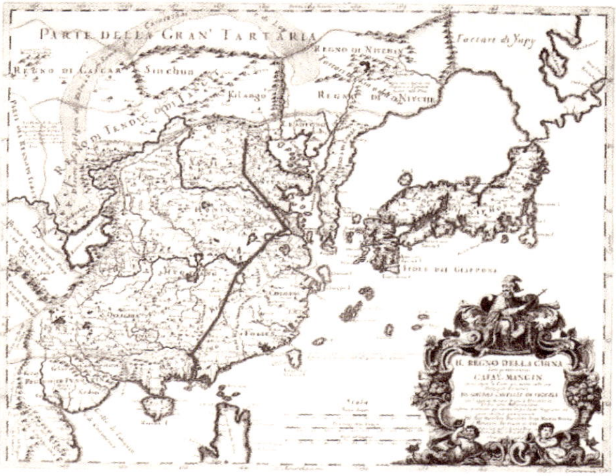

利玛窦北上入京路线图

1月8日）明神宗批阅了马堂的奏疏，以及所附的贡品清单，就说："那座钟在哪里？我说，那座自鸣钟在哪里？就是他们在上疏里所说的外国人带给我的那个钟。"随身的太监答道："陛下还没有给太监马堂回话，外国人怎么能够未经陛下许可就进入皇城呢？"明神宗立即在马堂的奏疏上批示："方物解进，（利）玛窦伴送入京。"[1]

万历二十八年十二月二十一日，利玛窦从天津进入北京。三天后，他向明神宗上疏并进献贡品。这份奏疏是经过吏科给事中曹于汴润饰的。曹于汴认为利玛窦"是一位模范人物，传播一种教导人们如何正当生活的教义"，对他很是敬重，在自己家

---

1 利玛窦、金尼阁《利玛窦中国札记》，第281页。《明神宗实录》卷三百五十四，万历二十八年十二月五日。

中宴请他，两人交谈了三四个小时。[1]利玛窦的奏疏写道：

> 大西洋陪臣利玛窦，谨献土物于皇帝陛下。臣本国极远，从来贡献不通，逖闻天朝之声教文物，窃愿沾被余溉，终身为氓，始为不虚所生。因而，辞离本国，航海远来，时历三年，路经三万余里，始达广东。语言未通，有同喑哑，因僦居而习语文，淹留于肇庆、韶州二府垂十五年。颇知中国古先圣人之学，于经籍略能记诵而通其旨。乃复越岭，由江西至南京，又淹留五年。伏念堂堂天朝，方且招徕四夷，遂奋志努力，径趋阙庭。谨以天主像一幅，天主母像二幅，天主经一本，珍珠镶嵌十字架一座，报时钟二架，《万国图志》一册，雅琴一张，奉献于御前。物虽不腆，然从极西贡来，差足异耳……抑臣在本国忝与科名，已叨禄位，天地图及度数，深测其秘，制器观象，考验日晷，并与中国古法吻合。倘皇上不弃疏微，令臣得尽其愚，披露于至尊之前，斯又区区之大愿，然而不敢必也。臣不胜感激待命之至。谨奏。万历二十八年十二月二十四日具题。[2]

从奏疏末尾可见，利玛窦希望在传教的同时，

1 参见《利玛窦中国札记》，第287—296页。按：曹于汴，字自梁，号贞予，山西安邑县人，万历二十年进士，以推官征授吏科给事中。

2 萧若瑟《天主教传行中国考》，献县胜世堂，1923年，第132—133页。裴化行《利玛窦神父传》收录了奏疏全文，译者根据萧一山《清代通史》抄录，文字有出入。沈定平《明清之际中西文化交流史》根据黄伯禄《正教奉褒》《增订徐文定公集》援引该疏，比较接近原文。又见《利玛窦中文著译集》，第232—233页。

◤ 自鸣钟
欧洲传教士带来的自鸣钟深得皇帝喜爱。

传播欧洲的科学技术，特别是地图测绘、制作仪器、观测天文，愿意贡献自己的一技之长。这些，暂且按下不表（请看下节）。

明神宗看了奏疏与贡品的反应，明朝官方文献似乎没有留下记录。而《利玛窦中国札记》说得很具体："当皇帝看到耶稣受难十字架时，他惊奇地站在那里高声说道：'这才是活神仙。'尽管这是中国人一句陈词老调，他却无意中说出了真相。这个名词在中国至今仍用于耶稣受难十字架，而从那时起，神父们就被称为给皇帝带来活神仙的人……这些太监告诉神父们，皇帝亲自向雕像表示致敬，并让人在它们面前焚香和燃其他香料。神父们祈祷上帝会酬奖皇帝的礼敬，并以信仰之光来启发他。皇帝自己保留了一个最小的耶稣受难十字架，把它放在他心爱的房间里。"[1]利玛窦还说，皇帝还派亲信太监田尔耕接待神父们。几天以后，皇帝派人向神父们询问有关欧洲的每一件事情，诸如风俗、土地、建筑、服装、宝石、婚丧，以及欧洲的帝王们。受皇帝派遣的太监，向神父们学习操作自鸣钟还不到三天时间，皇帝就迫不及待

1 利玛窦、金尼阁《利玛窦中国札记》，第282—283页。

地把钟搬到他那里去。他非常喜欢自鸣钟，立刻给这些太监晋级加俸。太监很高兴地把此事报告给神父们，特别是从那天起，他们之中有两个人被准许到皇帝面前给钟上发条。皇帝一直把这个小钟放在自己面前，喜欢看它、听它鸣时。皇帝陛下对新奇的东西如此着迷，因此也想看看送礼来的异国人。但是他不肯破坏几年前自己定下的规矩：除了太监和嫔妃，他决不在任何人之前露面；而且他不愿偏爱外国人有甚于他的官员，所以他放弃了看看异国人的愿望。他不召见神父们，而是派画师去画神父的像，然后把画像拿给他看。由于皇帝对耶稣会士的好感，利玛窦等人受到了一些身居高位的太监们的宴请和拜访。逐渐地他们认识了宫廷里的全部侍从，并和其中一些人建立了持久的友谊。[1]

利玛窦不仅和太监建立了友谊，还和高官有密切交往，上述曹于汴即是一例，此外有更高级别的官员如沈一贯、冯琦、李戴等。沈一贯是当时的内阁大学士，权重一时，利玛窦拜访了这位显贵，赠送一些西洋小礼物做见面礼，其中一件是乌木精制的凹形日晷仪，主人特别喜爱。《利玛窦中国札记》写道："他受到款待和挽留，不仅要坐下来谈话，而且还要出席宴会。席间，主人愉快地听取神父们谈论他们正在进行的工作，特别是关于基督教风俗的讲解……阁老转向参加宴会的其他大臣说：'在一

1 参见《利玛窦中国札记》，第283—286页。

个婚姻如此圣洁的国度里，别的事情看来就不用再问了。仅此就足以说明其他一切都是规范得多么得当。’他向神父们回赠的礼物远远超过神父们送给他的礼品的价值，包括绸缎和皮货，价值达40多金币。然后神父们又回送他的公子一份礼物，后来这位公子和他们发展了非常亲密的友谊，在他父亲身居高位的整整八年中，他一直保持他父亲这种仁慈的态度。”[1]经过刑部尚书萧大亨的介绍，利玛窦结识了由礼部侍郎晋升为礼部尚书的冯琦。因为管理外国人是礼部的职责，冯琦批准了耶稣会士在京城的身份，并且免除了任何干扰之忧。吏部尚书李戴也是利玛窦的好朋友，经常邀请他到家中叙谈，讨论对来世的畏惧和希望的事情。几年之后，利玛窦把他与李戴、冯琦等人的谈话写成一本书——《畸人十篇》。

日本学者葛谷登指出，礼部尚书冯琦一反从来的政策，支持利玛窦滞留北京，对新来的天主教表示了宽容的关心，称他为“容教人士”。[2]

清朝的四库馆臣对此书的评价较为公允，他们认为，同样宣扬天主教教义，《天主实义》“支离荒诞”，而《畸人十篇》“立说较巧”：“其言宏肆博辩，颇足动听，大抵掇拾释氏生死无常、罪福不爽之说，而不取其轮回、戒杀、不娶之说，以附会于儒理，使人猝不可攻。较所作《天主实义》纯涉支离

1 利玛窦、金尼阁《利玛窦中国札记》，第296—298页。

2 参见葛谷登《容教人士冯琦》，《一桥论丛》第98卷第4号。

荒诞者，立说较巧。以佛书比之，《天主实义》犹其礼忏，此则犹其谈禅也。”[1]

因此之故，佛教徒虞淳熙对此书颇有好感：“利西泰，故欧罗巴人，传记所不载，无考也。西泰始入中国，喜论交，遍交中国士，士以此附之。冯司成、何使君为余言，西泰盖此方张平子之流云。已，翁太守来授所著书《畸人十篇》使读，读之再乙而遍，曰：此不乃西极化人耶！……其睿通明，其言巧辩，訚訚亹亹，殷殷偲偲，比物曲喻，复衍有格，宗我经，核我史，搜渔我百氏，而事我之事……将西泰子日澡月祓，斋戒沐浴，为我国先引，而置帝左右，羹墙姬文，辅翼三后矣，讵不孅哉？……读而屡叹之也，叹其孅也。”[2]松江人曹藩对此书也很欣赏，出资为之刊刻。《五茸志逸》写道：“曹介人（藩）在京遇利西泰，问利公尊庚几何，答云：‘已无五十。’时公正五十，云‘无’者，为已往也。接其论，多奇致新趣，正如腼膏炙炰之后，而忽进水陆草藻，尝者当自味也。介人为刻《畸人十篇》，是亦公之桓谭矣。”[3]

5. 为传教士们留下了敞开功德之门

利玛窦在京期间活动非常繁忙，裴化行《利玛窦年表》有简要的记录：

1《钦定四库全书总目》卷一百二十五《子部·杂家类·存目二》，《畸人十篇二卷附西琴曲意一卷》提要。

2 虞淳熙《畸人十篇序》，《虞德园先生集》卷六。

3 吴履震《五茸志逸》卷六。

1602年（明万历三十年）利玛窦在北京继续广泛交往；李玛诺（Emmanuel Diaz Senior）从韶州抵京，同利玛窦用了两个多月时间讨论传教组织问题。

1603年（明万历三十一年），范礼安来澳门，命利玛窦留任驻华传教团教长。

1604年（明万历三十二年），徐光启中进士，在京期间同利玛窦交往密切，从此不断利用闲暇时间协助神父撰写著作；利玛窦的《二十五箴言》由徐光启、冯应京作序；是年，利玛窦刊印《天主实义》，《交友论》再版；李之藻再次印刷《舆地图》（有三种版本在京流传）。

1605年（明万历三十三年）年初，利玛窦写道："在中国，通过我们的科学，就能收获累累硕果。"5月12日写信要求耶稣总会"派数学家并随身带科学书来北京"。

1606年（明万历三十四年），利玛窦发表《畸人十篇》，手稿为士大夫传抄（以后于1607年刊印）；8月27日，利玛窦迁入所购北京宣武门前房屋一处，大小房间四十多间（即今南堂）；9月，徐光启每天来此三四小时，与利玛窦合作，干了一年多，于1607年5月24日以后译完克拉维乌斯神父编的欧几里得《几何原本》前六卷。

1607年（明万历三十五年），熊三拔神父来京协助利玛窦工作；10月，接收利玛窦的笔记，整理为《札记》中的三章；是年，郭青螺将《坤舆全图》翻印成书；李之藻把所译克拉维乌斯关于测象仪的著作付梓。

1608年（明万历三十六年），8月22日信上说，有一天忽被皇上传召入宫，由太监降旨，命献六轴十二幅绸印《坤舆全图》；随时可进宫调钟或干其他工作。

1609年（明万历三十七年），利玛窦汇报来华传教情况，指出满怀希望的八个原因，主要提到：学问极受敬重，“很容易讲道理来证明我们信仰的真理”，儒教虽不关心超自然的事情，但伦理观点“完全与我们一致”；12月，说北京已收到四百多基督教徒（全国有两千多）。[1]

1610年（万历三十八年）5月3日，利玛窦外出访客返回教堂，头痛得厉害，他病倒了。熊三拔神父得到消息，赶去他的卧室，只见他正在扪心自问：“是巴不得工作就此结束，好去与上帝同乐呢，还是为在当前这种状态下，撇下传教团、他的神父们和修士们而遗恨终生。”人们给他请来了京城首屈一指的名医，诊断为轻度的时疫，开了一剂汤药处方。然而病情丝毫不见好转。神父们又请来多位名医会诊，依然不见起色。5月8日，利玛窦向熊三拔神父忏悔，回顾一生。5月9日，神父们给他拿来临终圣餐，他挣扎着，跪下来接受，念了“临终忏悔”，尽情倾诉，涕泪俱下。5月10日晚上10点，他清醒过来，要求临终涂油，和教友们一起祈福。他留给世界的最后一句话：“我留下你们在敞开的大门口，通往极大的功绩，但不是没有许多危险、艰巨工作的。”次日，他端坐在床上，面容安

1 参见《利玛窦神父传》，第639—641页。

详地亲吻十字架和耶稣会创始人罗耀拉的画像，慢慢闭上了眼睛，似乎陷入了沉思，又仿佛睡熟了一般。就这样，他把自己的灵魂交还了造物主。[1]

这就是利玛窦离开人世的时间：1610年5月11日，星期二，晚上7点。1552年10月6日出生的他，享年58岁。

丧礼举行了四天，前来吊唁的人络绎不绝，异口同声地赞扬他的圣洁。天主教徒画家游文辉为他画了像。后来这幅画像被带回罗马，和罗耀拉、沙勿略的画像一起，供奉在耶稣会教堂，供人们瞻仰。

在教堂的申请和高官的支持下，皇帝赏赐他一块在城门外的坟地，人们为利玛窦修建了颇有气派的墓园。裴化行写道："经过幸运的交涉，终于皇上恩准赐予北京城门外一块坟茔地。他们几经寻觅，选定在一个太监的地产上。1611年诸圣日，利玛窦神父的灵柩下穴于此纯净化了的土地。从此，在复活了的中国天主教会起源上有了一座墓地……已故利玛窦的庇护无异于一份对基督教给予官方承认的执照，这就正如利玛窦自己预见并许诺的：'促进基督教的最有效的办法，就是为它牺牲性命。'他的去世不单单是他那全心全意传道的一生功德圆满，而且在一个始料所不及的意义上是确定不移地建立了中国的基督教会……王应麟撰写的碑铭上题名的

1 参见《利玛窦神父传》，第619—623页。

有好些当时著名士大夫或显宦：总督、尚书、御史、史官、户部侍郎、太子太傅、翰林、郎中、副使、知府、知州、知县……这是全中国社会哀悼它已经完全容纳的一个人——泰西进士利玛窦。”[1]

或许有人会说，裴化行（R.P.Henri Bernard）是二十世纪的法国耶稣会士，对耶稣会士利玛窦推崇备至，在情理之中。此话并不全面。裴化行所写的利玛窦传记带有历史学家的客观性，正如《利玛窦神父传》的译者管震湖在《译序》中所说："其著作参考引证的他人著述数量极大，可谓广征博引，言之有据，表明一种做学问的严肃认真的态度。”[2] 值得注意的是，教外人士也对利玛窦赞扬有加。明末清初的历史学家为他写了传记，使他的业绩留在了中国史册上，开创了一个罕见的先例，足见利玛窦人格魅力之大。

黄宗羲的学生万斯同，并非天主教徒，他写的《明史》，有利玛窦的传记，反映了明末清初知识阶层对利玛窦的一般看法，非常有历史研究价值，以往学者关注甚少，特迻录于下：

> 利玛窦，字西泰，欧罗巴人，万历九年自本国航海九万里入中国，贡耶稣像、万国图、自鸣钟、铁丝琴等。帝嘉纳之，命给廪饩，赐邸舍以居，并令礼部尚书冯琦叩所学，则以严

1 裴化行《利玛窦神父传》，第623页，译注：墓在北京二里沟（栅栏）。

2 裴化行《利玛窦神父传》，第1页。

事天主、谨事国法、勤事器算对。所云耶稣，译言救世者陡斯，则降生后名陡斯，造天地万物，无始终形际。汉哀帝二年庚申诞于如德亚国童女玛利亚家，称耶稣。耶稣居世三十三年，般雀比剌多以国法死之。死三日生，生三日升去。其教耶稣曰契利斯督，法王曰俾斯波，传法者曰撒责而铎德，奉教者曰契利斯当。祭陡斯以七日，曰米撒；于耶稣升天、降生等日曰大米撒。所言诞妄不经，略如此。然其为人，深湛多思，善算法，考测躔度，为巧历所不能建。所制器若筒平仪、龙尾车、沙漏、远钟之类，尤擅绝当世。玛窦紫髯碧眼，面赤色如朝华。既入中国，则袭衣裳、修揖让，循循娓娓，以儒雅称。兼通医，其友人邓玉函曰："吾国中剂草木不以质以露，露用银锅蒸之，取以疗病人，辄奇效。每尝中国草根，则已知叶形、花色、茎实、香味，将遍撷而次第蒸之，取其露以验成书，未果也。"万历三十八年，玛窦卒，诏以陪臣礼葬阜城门外二里嘉祐观之旁，祔而葬于左，即玉函也。[1]

文中对有关耶稣传闻一节讥为"诞妄不经"，但通观全文，还算平实公允，称赞他"深湛多思，善算法"，制作的仪器"擅绝当世"。尤为令人感兴

1 万斯同《明史》卷三百九十七《方技传上·利玛窦》。

趣的是，关于利玛窦长相的描述，“紫髯碧眼，面赤色如朝华”，为各书所仅见。如欲拍摄电影电视，这是栩栩如生的参照资料。

比万斯同年长的张岱，在《石匮书》中有更加详细的利玛窦传，也较少为人关注，反映了明末清初不信教的一般文人对于利玛窦与天主教的普遍看法。他评论道：“天主一教盛行天下，其所立说，愈诞愈浅，《山海经》《舆地图》，荒唐之言，多不可问。及所出铜丝琴、自鸣钟之属，则亦了不异人意矣。若夫《西士超言》一书，敷词陈理，无异儒者，倘能通其艰涩之意，而以常字译太玄，则又平平无奇矣。故有褒之为天学，有訾之为异端，褒之訾之，其失均也。”[1]看来他对于天主教颇有异议，对于利玛窦的评价，既不“褒”也不“訾”，与万斯同相比，更为冷峻。但是，他写的利玛窦传很详细，显示了史家秉笔直书的职业操守。请看他笔下的利玛窦：

> 利玛窦者，大西洋国人，去中国八万里，行三年，以万历八年始至……自言其国广大，不异中国，有七十余国，正北亦有虏……此七十余国各有主，而不自尊，尊惟教化主，其令能废置诸国主而俯听焉。教化主者，起于齐民，初有圣人仁德者设是教，严事天主……而

1 张岱《石匮书》卷二百四《方技列传·利玛窦列传》。

窦来中国，始知有佛教，言佛尊己不尊天，不足事也。其圣人亦著书，比吾之六经……俗自有音乐，所为琴纵三尺，横五尺，藏椟中，弦七十二，以金银或炼铁为弦，各有柱，端通于外，鼓其端而自应。窦以此献天子，又有自鸣钟，秘不知其术，而大钟鸣时，小钟鸣刻，以定时候。尝言彼国人他无所长，独于天文有晷器，类吾浑天仪。又有四刻漏，以沙为之。他尚多。其数早起拜天，愿己今日不生邪心、不道邪言、不为邪行。晚复拜天，陈己今日幸无邪心、无邪言、无邪行。久则早晚愿己生如干善心，道如干善言，为如干善行，如此不废，著书皆家人语。窦始至肇庆、赣州，复至南昌，学汉音，读孔氏书，故能通吾言。始来偕十余人，死亡大半。自二十五离家，犹童子体。尝为《山海舆地全图》，荒大比邹衍，言大地浮于天中，天之极西即通地底而东，极北即通地底而南，人四面居其中，多不可信。窦游南都，从礼科给引，以其天主像三，及自鸣钟诸物来献。道经临清，为税关马堂搜而献之。隔月入京师，馆饩于礼部。礼部请冠带之，听其自便，不报。窦亦自言幼慕道，逾艾不娶，无子，非有他觊，惟闻圣化远来，得安插居已矣，馆饩非所敢望。亦不报。[1]

1 张岱《石匮书》卷二百四《方技列传·利玛窦列传》。

张岱受限于当时的眼界，以为《山海舆地全图》“多不可信”，但能够如实为利玛窦立传，已属难能可贵。形成鲜明对比的是，清朝保和殿大学士兼吏部尚书张廷玉，奉敕领衔纂修的《明史》，不列利玛窦传。两相对照，万、张二氏的利玛窦传弥足珍贵，反映了当时民间对利玛窦和天主教持有相当宽容的心态。

邓恩说得好：“这为数不多的一伙人，以他们所创建的中国与欧洲的思想联系，部分地改变了中国历史的进程，也改变了自那以后的世界。如果不是后来的曲折，把他们灿烂辉煌的贡献贬低了，耶稣会士所做出的杰出贡献还会更加光彩照人。正如一位现代作家评论的那样，‘世界大同是现代文明的中心点……它可以帮助在东方与西方之间建造起一座桥梁，为全世界的人民都是兄弟的理想做出突出的贡献’。他们愿意将‘欧洲人主义’的偏见抛掷一旁，通过他们的适应性，他们清白地结交上层人物，有着单纯的自我满足感，他们善于发现好的事物，不愿意关注坏的事物，他们将同情与理解用于与中国的接触中。对重建世界各民族间的文化交往关系，他们指出了一条路。同时他们自身的榜样至今仍给我们提示一种方法。耶稣会士不应该仅仅在中国和天主教世界内部享有荣誉，而应该在所有同意这样一句中国格言的人中间享有荣誉，这句格言就是：‘四海之内皆兄弟。’”[1]

1 邓恩《从利玛窦到汤若望》，第354页。

至今我们仍可以在北京看到利玛窦墓，墓碑依然保存完好；他所创建的北京天主教堂也巍然屹立在原址。每一个来到这里瞻仰的人们，缅怀这一段中西文化交流的佳话，永远不会忘记一个名字：Mathieu Ricci。

三　西方科学文化的传播

利玛窦在中国传教的成功，固然得益于“本土化”策略，更重要的是在传教的同时，带来了欧洲较为先进的科学文化，令当时的知识阶层耳目一新。西学以前所未见的巨大魅力，深深地吸引一批正在探求新知识的士大夫们，短短几年间，掀起了一个学习西学的高潮。

冰冻三尺非一日之寒，这是一个过程，是利玛窦进入中国后逐渐推进的。西方学者瑞尔（Ian Rae）把利玛窦称为“科学家传教士”，他说：“关于耶稣会传教士的历史一直有一种说法，即传教士是靠他们所掌握的西方科学和数学才取得最初的立足点的。的确，早期的耶稣会传教士，特别是利玛窦神父，敏锐地看到中国人的数学知识虽然并不落后，但却未能将其应用在诸如天文学这样的领域。不过，耶稣会传教士确实希望唤起中国人对欧洲科学的兴趣，并借此发展其传教活动。”[1]

1 瑞尔《“寻找文化的契合点”——论早期天主教耶稣会士在中国的传教方式》，《文化杂志》（中文版）第21期（1994年）。

利玛窦进入中国结识的第一位知识界名流瞿汝夔（字太素）皈依天主教，就是深深为科学所折服。利玛窦在回忆录中多次提到瞿太素，都强调这一点："在结识之初，瞿太素并不泄露他的主要兴趣是搞炼金术……但他们每天交往的结果倒使他放弃了这种邪术，而把他的天才用于严肃和高尚的研究。他从研究算学开始，欧洲人的算学比中国的更简单和更有条理……他接着从事研习丁先生的地球仪和欧几里得的原理，即欧氏第一书。然后他学习绘制各种日晷的图案，准确地表示时辰，并用几何法则测量物体的高度……经验证明，神父们在这个人身上没有白费时间。大家都已知道，这个雄心勃勃的贵人是一位欧洲教士的学生。欧洲的信仰和科学始终是他所谈论的和崇拜的对象。"[1]

早在万历十一年（1583），罗明坚和利玛窦在肇庆成立了传教所和圣母堂，在那里展览各种西洋物品，如三棱镜、宗教画、书籍、日晷、自鸣钟等，而以一幅《舆地全图》最受人注意。[2]这绝非偶然，因为中国人第一次从地图上看到了外面的世界，必然是兴奋不已的，甚至连高级官员也不例外。从南京去北京的路上，南京礼部尚书王忠铭，在看到利玛窦将要呈献给皇帝的礼品中有一个大木板，上面刻着世界地图，附有利玛窦神父用中文写的简略说明。王尚书非常高兴地观看了这幅世界地

1 利玛窦、金尼阁《利玛窦中国札记》，第173—174页。

2 方豪《利玛窦年谱》，《方豪六十自定稿》，台北学生书局，1969年，第1568—1569页。

图，使他感到惊讶的是，他能够看到在这样一个小小的表面上雕刻出广阔的世界，包括那么多新国家的名称和他们的习俗。他愿意非常仔细地反复观看它，力求记住这个世界的新概念。[1]

当然，利玛窦毕竟不是科学家。一些研究者指出，第一批耶稣会士并非个个都擅长科学或数学，实际上一些耶稣会士的科学知识属于中等水平。因此利玛窦写信给罗马，希望派一二名“好的天文学家”来中国，但是杳无音信。后来利玛窦和中国的天主教学者徐光启、李之藻等人合作翻译西方的数学著作，据瑞尔说：“他们（指徐光启、李之藻）所掌握的数学知识远比他（指利玛窦）所懂得的丰富得多。”[2]尽管如此，利玛窦为中国人打开通向西方科学的大门，居功至伟，以至于可以说，如果没有利玛窦，就不可能造就晚明如此众多的科学家及其科学成就。

1 参见《利玛窦中国札记》，第225—226页。

1.《山海舆地全图》与《坤舆万国全图》

利玛窦在肇庆期间，最有影响的科学创举是把欧洲的地理学和世界地图首次介绍给中国人。他在肇庆的教堂接待室墙上，挂上一幅用欧洲文字标注的世界地图。他很关注中国人看到它的反应，“有学识的中国人啧啧称羡它，当他们得知它是整个世

2 瑞尔《“寻找文化的契合点”——论早期天主教耶稣会士在中国的传教方式》，《文化杂志》（中文版）第21期（1994年）。

界的全图时，他们很愿意看到一幅用中文标注的同样的地图”，因为“他们对整个世界是什么样子一无所知”。地方长官请利玛窦在译员的帮助下，把他的地图译为中文，结果就出现了《山海舆地全图》。“新图的比例比原图大，从而留有更多的地方去写比我们自己的文字更大的中国字，还加了新的注释。”[1]当他到达南京，准备前往北京呈献给皇帝的礼品中，就有这幅地图。南京礼部尚书王忠铭看到这幅地图的印象非常深刻：“（呈献给皇帝的礼品中）有一个大木板，上面刻着世界地图，附有利玛窦神父用中文写的简略说明，尚书非常高兴地观看了这幅世界地图，使他感到惊讶的是他能看到在这样一个小小的表面上雕刻出广阔的世界，包括那么多新国家的名称和他们的习俗一览。”利玛窦写道：“碰巧这位（南京）总督从南京省某个市长（镇江知府）那里得来一幅世界地图，原是利玛窦神父在肇庆时所作的。他非常喜欢这幅地图，并在苏州镌石，并加上一篇赞扬地图雕刻美观的序文”；“（利玛窦）一眼就看出，显然他是在看自己的作品。他说他第一次在肇庆刊印这幅地图，把复本送给了朋友，它就流传到这里。”[2]

关于这幅地图，当时中国人也有记录。章潢

章潢，字本清，江西南昌人。笃志儒学，主持白鹿洞书院，以荐授顺天府儒学训导，与利玛窦交好，著有彰显西学的《图书编》。

1 利玛窦、金尼阁《利玛窦中国札记》，第124—125页。
2 利玛窦、金尼阁《利玛窦中国札记》，第225—226页。

（白鹿洞书院山长）在其著作《图书编》中，就有两则文字与此相关。一则是《舆地山海全图叙》：

尝闻陆象山先生悟学有云，原来只是个无穷，今即舆地一端言之，自中国以达四海，固见之地无穷尽矣。然自中国及小西洋道途二万余里，使地止于兹，谓之有穷尽可也。若自小西洋以达大西洋，尚隔四万余里，矧自大西洋以达极西，不知可以里计者又当何如？谓之无穷尽也非欤！此图亦自大西洋以至广东，其海上程途可以里计者如此，故并后小西洋图并存，以备考云。[1]

这段文字的可贵之处在于，真实地反映了当时人对世界地图的直观反应，章潢对世界之大的观感可以概括为三个字：无穷尽。在另一则文字中他的观感进一步发挥为“地与海本圆形，而同为一球”，较之同代人明显高出一筹。他说：

地与海本圆形，而同为一球，居天球之中……且予自大西浮海入中国，转南过大浪山，已见南极，高三十六度，则大浪山与中国岂不相为对待乎……此图本宜作圆球，以其入册籍，不得不析圆为平，其经纬线画每十度为

1 章潢《图书编》卷二十九《舆地山海全图叙》。这段文字左面，附有《舆地山海全图》的图版。

一方，以分置各国于其所，东西线数自中国起，南北线数自福岛起也。

此图即太西（泰西利玛窦）所画，彼谓皆其所亲历者，且谓地像圆球是或一道也。[1]

邹振环认为："据文中的'予自大西浮海入中国'可知此文非章潢所撰，而是'太西'——利玛窦的作品。"[2]说得确切一点，是章潢引用利玛窦的文字，这从侧面反映了章潢对他的宇宙观与世界观是认同的，这篇文字的价值正在于此。章潢是一个醇儒，"自少迄老，口无非礼之言，身无非礼之行，交无非礼之友，目无非礼之书"，他的《图书编》辑录"自古河洛太极诸图，爰及天道、地道、人道"[3]，对前所未见的世界地图有这样的看法，难能可贵。

利玛窦在中国居留的二十八年中，绘制了多种世界地图，其中影响最大、流传最广的是万历三十年（1602）由李之藻为之刊印的《坤舆万国全图》。李之藻一向喜爱地理，曾经绘制中国十五省地图，当他看到南京翻刻的利玛窦世界地图，深为佩服，但是嫌它的篇幅太小，便雇工刻印成有一人多高的大幅地图（也就是利玛窦所说的"共成大屏六幅"），增补一些内容，比原图更加清晰。利玛窦为此图所写的跋文，充分肯定了这一点：

1 章潢《图书编》卷二十九《地球图说》。

2 邹振环《晚明汉文西学经典：编译、诠释、流传与影响》，第40页。

3 万斯同《明史》卷三百八十五《儒林传·章潢》。

……缮部我存李（之藻）先生夙志舆地之学，自为诸生，编辑有书，深赏兹图，以为地度之上应天躔，乃万世不可易之法，又且穷理极数，孜孜尽年不舍。歉前刻之隘狭，未尽西来原图什一，谋更恢广之。余曰："此乃数邦之幸，因先生得有闻于诸夏矣，敢不廑意，再加核阅。"乃取敝邑原图及通志诸书重为考订，订其旧译之谬，与其度数之失，兼增国名数百，随其楮幅之空，载厥国俗土产。虽未能大备，比旧图亦稍赡云。

……地形本圆球，今图为平面，其理难于一览而悟，则又仿敝邑之法，再作半球图者二焉，一载赤道以北，一载赤道以南，其二极则居二图当中，以肖地之本形，便于互见。[1]

李之藻在序言中说明了刊刻这幅地图的缘由：

……此图白下诸公曾为翻刻，而幅小未悉。不佞因与同志为作屏障六幅，暇日更事杀青，厘正象胥，益所未有。盖视旧业增再倍，而于古今朝贡中华诸国名尚多缺焉。意或今昔异称，又或方言殊译，不欲传其所疑，固自有见，不深强也。别有南北半球之图，横割赤道，盖以极星所当为中，而以东西上下为

1 利玛窦《坤舆万国全图跋》,《利玛窦中文著译集》，第182—183页。

边，附刻左方，其式亦所创见。然考黄帝《素问》已有其义……今观此图，意与暗契，东海西海，心同理同，于兹不信然乎！於乎，地之博厚也，而图之楮墨，顿使万里纳之眉睫，八荒了如弄丸。明昼夜长短之故，可以挈历算之纲，察夷隩析因之殊，因以识山河之孕，俯仰天地，不亦畅矣大观！[1]

李之藻的理解是深刻的。他一方面指出，中国古代的舆地学说可以与《坤舆万国全图》相呼应，再次印证了"东海西海，心同理同"的道理；另一方面指出，欧洲地图以南北极为经，赤道为纬，周天经纬三百六十度，令人可以俯仰天地，开阔眼界。

利玛窦编绘的世界地图，给予中国思想界的冲击是无可比拟的，打破了流传已久的"天圆地方"观念，了解到天朝大国不过是地球的一小部分，大大开拓了士大夫阶层的眼界。但是，利玛窦也做了一些迁就，中国以天下中央自诩，为了迎合这一偏见，他把子午线从全图中央向左移动170度，使中国正好出现在《坤舆万国全图》的中央。请看利玛窦自己的说法："他们认为天是圆的，但地是平而方的，他们深信他们的国家就在它的中央。他们不喜欢我们把中国推到东方一角上的地理概念。他们

1 李之藻《坤舆万国全图序》，《利玛窦中文著译集》，第179—180页。

不能理解那种证实大地是球形、由陆地和海洋所组成的说法，而且球体的本性就是无头无尾的。这位地理学家因此不得不改变它的设计，他抹去了福岛的第一条子午线，在地图两边留下一道边，使中国正好出现在中央。这更符合他们的想法，使得他们十分高兴而且满意。”[1]人们现在看到的中国历史博物馆收藏的墨线仿绘本《坤舆万国全图》、南京博物院收藏的彩色摹本《坤舆万国全图》，全是这种变通了的样子。不独此也，现在中国出版的世界地图，中国位于地图中央，与有些国家出版的世界地图中国位于地图的最东面（即所谓“远东”）截然不同，就是沿用了利玛窦的发明。

即便如此，利玛窦的《坤舆万国全图》仍是晚明中外地理学交流的突出成果，理所当然引起后世学者的高度关注。日本学者薮内清说，李之藻刊刻的《坤舆万国全图》，现在日本京都大学等处仍残存三幅，这个地图参考了1580年荷兰刊行的世界地图等资料，绘成椭圆形图，并标出了经纬线。以往中国人所认识的大地是作为平面来考虑的，而从《坤舆万国全图》看到的大地是球形的，令他们大为惊异。[2]邹振环追溯了先前的研究史，指出：“1936年的《禹贡》第五卷三、四合期上刊出了‘利玛窦世界地图专号’，其中有洪业的《考利玛窦的世界地图》和陈观胜的《利玛窦对于中国地

1 利玛窦、金尼阁《利玛窦中国札记》，第125页。

2 薮内清《西欧科学和明末的时代》，载《日本学士院纪要》第四十四卷第二号。

理学之贡献及其影响》二文，对世界地图的中国藏本做了系统分析，至今仍是研讨利玛窦世界地图的典范之作。日本学者鲇泽信太郎在1936年先后发表了《利玛窦的世界地图》（载《地球》第26卷第4号）、《〈月令广义〉所载之〈山海舆地全图〉及其系统》（载《地理学》第12卷第10号），澄清了《两仪玄览图》的刊刻者是李应试，补正了洪业一文之缺。1938年德国卫礼贤以梵蒂冈教廷图书馆的藏本为主，加上世界各地的抄本，完成了意大利文版的《利玛窦〈坤舆万国全图〉》（梵蒂冈教廷图书馆1938年版），该书将前人研究成果全部采入，并著录了中国、日本、伦敦、巴黎所藏的利玛窦'世界地图'照片。"[1]学者们之所以如此关注《坤舆万国全图》，原因就在于"利玛窦的世界地图是明末清初中国士人瞭望世界的一个窗口。它带来了明末中国士大夫闻所未闻的大量的新的知识信息，可以毫不夸张地说，整个明清间的世界地图的知识系谱都源于利玛窦的世界地图"。[2]

1 邹振环《晚清西方地理学在中国》，上海古籍出版社，2000年，第5页。

2.《几何原本》《同文算指》与《圜容较义》

利玛窦早年在罗马学院曾经师从克拉维乌斯学习欧几里得几何学，来到中国后，希望把它介绍给中国人。徐光启被委派与他合作翻译此书，利玛窦

2 邹振环《晚明汉文西学经典：编译、诠释、流传与影响》，第47页。

告诉他，除非是有突出天分的学者，否则没有人能承担这项任务并坚持到底。徐光启不畏艰难，担负起这项工作。经过日复一日的勤奋学习和探讨，徐光启已能领悟所学到的一切，一年之内就以利玛窦口授、徐光启笔录的形式翻译了此书的前六卷。徐光启还想翻译此书的其余部分，利玛窦认为，就他们适合的目的而言，这六卷已经足够了。后来徐光启把这六卷印成一册出版，并且写了序言，介绍翻译此书的缘起："利先生从少年时，论道之暇，留意艺学，且此业在彼中所谓师传曹习者，其师丁氏（克拉维乌斯）又绝代名家也，以故极精其说。而与不佞游久，讲谈余晷，时时及之。因请其象数诸书，更以华文。独谓此书未译，则他书俱不可得论，遂共翻其要约六卷。既卒业而复之，由显入微，从疑得信。盖不用为用，众用所基，真可谓万象之形囿，百家之学海。虽实未竟，然以当他书，既可得而论矣。"[1]徐光启言简意赅地谈到几何学作为基础学科的作用——"不用为用，众用所基"，表面看起来似乎"无用"，实际是各门学科的基础，用处大得很，无怪乎利玛窦要说"此书未译，则他书俱不可得论"。关于这一点，《利玛窦中国札记》讲得很清楚："这本书大受中国人的推崇，而且对于他们修订历法起了重大的作用。为了更好地理解这本书，有很多人都到利玛窦神父那里，也有

1 徐光启《刻几何原本序》，《徐光启集》卷二，中华书局，1963年，第75页。

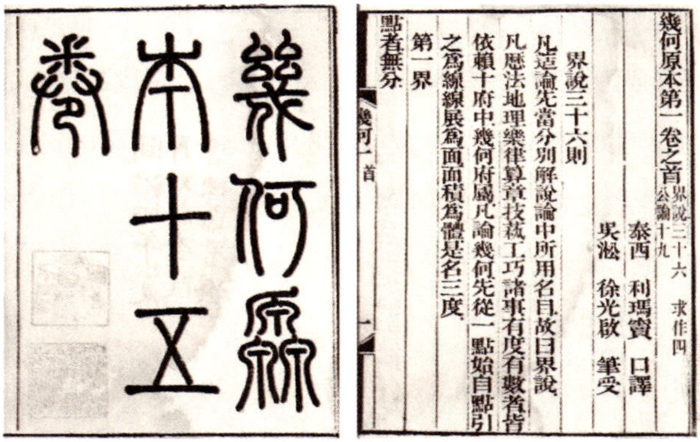

◥《几何原本》书影

很多人到徐保禄（徐光启）那里求学。在老师的指导之下，他们和欧洲人一样很快就接受了欧洲的科学方法，对于较为精致的演证表现出一种心智的敏捷。”[1]利玛窦强调的是，《几何原本》提供了“欧洲的科学方法”。

对此，徐光启是心有灵犀一点通的。他说，通过此书学习欧洲的科学方法，可以“祛其浮气，练其精心”，可以“资其定法，发其巧思”。他在《几何原本杂议》中写道：“下学工夫，有理有事，此书为益，能令学理者祛其浮气，练其精心；学事者资其定法，发其巧思。故举世无一人不当学……能精此书者，无一事不可精；好学此书者，无一事不可学。”他还用“四不必”“四不可得”“三至三能”这样的夸张语言，来彰显学习《几何原本》

1　利玛窦、金尼阁《利玛窦中国札记》，第364—365页。

的好处："此书有四不必：不必疑，不必揣，不必试，不必改。有四不可得：欲脱之不可得，欲驳之不可得，欲减之不可得，欲前后更置之不可得。有三至三能：似至晦，实至明，故能以其明明他物之至晦；似至繁，实至简，故能以其简简他物之至繁；似至难，实至易，故能以易易他物之至难。易生于简，简生于明，综其妙，在明而已。"因此他大胆地预言，"百年之后，必人人习之"："此书为用至广，在此时尤所急需。余译竟，随偕同好者梓传之。利先生作叙，亦最喜其亟传也，意皆欲公诸人人，令当世亟习焉。而习者盖寡。窃意百年之后，必人人习之。"[1]果然不出所料，在此后的很长时期内，《几何原本》一版再版，成为一本经典著作。利玛窦和徐光启所首创的几何学名词术语，如点、线、直线、平面、曲线、四边形、多边形、平行线、对角线、直角、钝角等等，一直沿用至今。

在《译几何原本引》中，利玛窦把"不用为用"演化为七大用处：

其一量天地之大，若各重天之厚薄，日月星体去地远近几许、大小几倍，地球围径道里之数；又量山岳与楼台之高，井谷之深，两地相距之远近，土田、城郭、宫室之广袤，廪庾、大器之容藏也。

其一测景以明四时之候，昼夜之长短，日出入之辰，以定天地方位，岁首三朝，分至启闭之期，

1 徐光启《几何原本杂议》，《徐光启集》卷二，第76—77页。

闰月之年，闰日之月也。

其一造器以仪天地，以审七政次舍，以演八音，以自鸣知时，以便民用，以祭上帝也。

其一经理水土木石诸工，筑城郭，作为楼台宫殿，上栋下宇，疏河注泉，造作桥梁，如是诸等营建，非惟饰美观好，必谋度坚固，更千万年不圮不坏也。

其一制机巧，用小力转大重，升高致远，以运刍粮，以便泄注，干水地，水干地，以上下舫舶，如是诸等机器，或借风气，或依水流，或用转盘，或设关捩，或恃空虚也。

其一察目视势，以远近正邪高下之差，照物状可画立圜立方之度数于平板之上，可远测物度及真形。画小，使目视大；画近，使目视远；画圜，使目视球。画像有坳突，画室屋有明暗也。

其一为地理者，自舆地山海全图，至五方四海，方之各国，海之各岛，一州一郡，佥布之简中，如指掌焉。全图与天相应，方之图与全相接，宗与支相称，不错不紊，则以图之分寸尺寻，知地海之百千万重，因小知大，因迩知遐。[1]

如此不嫌其烦地罗列它的用处，无非是想说明几何学在测量天地、测天候、制器、建筑、机械制造、测量、绘制地图等方面的功用，以期唤起中国人的兴趣。[2]

1 利玛窦《几何原本引》，《利玛窦中文著译集》，第298—299页。

2 王萍《西方历算学之输入》一文对此有详细论述。该文载台湾《近代史研究所专刊》第17辑。

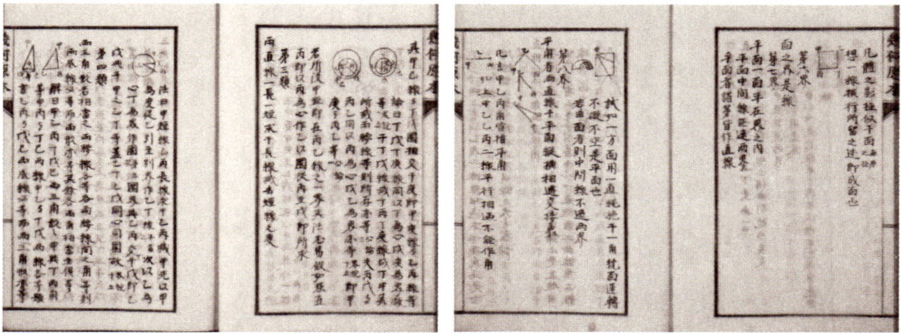

▼《几何原本》书影

一般读者要了解此书，最简便的方法就是看一下四库馆臣的提要："其原书十三卷五百余题，利玛窦之师丁氏为之集解，又续补二卷于后，共为十五卷。今止六卷者，徐光启自序云，译受是书，此其最要者也，遂刊之。其书每卷有界说，有公论，有设题……卷一论三角形，卷二论线，卷三论圆，卷四论圆内外形，卷五卷六俱论比例。"[1]

与翻译《几何原本》一样的方式，利玛窦和李之藻合作编译的《同文算指》，系统介绍欧洲笔算的代表作——克拉维乌斯《实用算学概论》，同时兼采中国数学家程大位《算法统宗》，编成一本融会中西的笔算技法著作。《四库全书》的提要这样介绍此书："《同文算指》前编二卷、通编八卷，明李之藻演西人利玛窦所译之书也。前编上下二卷，言笔算定位加、减、乘、除之式，及约分、通分之

1 《四库全书·子部六·天文算法类二·算书之属·几何原本提要》。

法。通编八卷，以西术论《九章》……然中土算书，自元以来散失尤甚，未有能起而搜辑之者。利氏独不惮其烦，积日累月，取诸法而合订是编，亦可以为算家考古之资矣。”[1]这篇提要写得还算平允，不过，把此书的作用说成“可以为算家考古之资”，似乎过于轻描淡写了。

不妨看看李之藻、徐光启是如何评价此书的。李之藻写于万历四十一年（1613）的《同文算指前编序》说：“往游金台，遇西儒利玛窦先生，精言天道，旁及算指，其术不假操觚，第资毛颖，喜其便于日用，退食译之，久而成帙。加减乘除，总亦不殊中土，至于奇零分合，特自玄畅，多昔贤未发之旨。盈缩勾股，开方测圜，旧法最难，新译弥捷。”[2]强调的是“多昔贤未发之旨”，“旧法最难，新译弥捷”，显然不是“算家考古之资”所能概括的。

徐光启写于万历四十二年（1614）的《刻同文算指序》认为，算书之学废于近世数百年间，原因有二，其一为“名理之儒土苴天下之实事”，其二为“妖妄之术谬言数有神理”，使得算书之学“不能得之士大夫间”。好友李之藻慨叹此事，行求当世算术之书，“既又相与从西国利先生游，论道之隙，时时及于理数，其言道言理，既皆返本蹠实，绝去一切虚玄幻妄之说，而象数之学亦皆溯源承

1《四库全书·子部六·天文算法类二·算书之属·同文算指提要》。

2《四库全书·子部六·天文算法类二·算书之属·同文算指前编序》。

流，根附叶着，上穷九天，旁该万事，在于西国胶庠之中，亦数年而学成者也。吾辈既不及睹唐之《十经》，观利公与同事诸先生所言历法诸事，即其数学精妙，比于汉唐之世十百倍之，因而造席请益……振之（李之藻）两度居燕，译得其算术如干卷。既脱稿，余始间请而共读之、共讲之。大率与旧术同者，旧所弗及也；与旧术异者，则旧所未之有也。旋取旧术而共读之、共讲之，大率与西术合者，靡弗与理合也；与西术谬者，靡弗与理谬也”。[1]徐光启着意指出《同文算指》两大优点：一是西方数学精妙，超过汉唐十百倍；二是该书与旧术同者，旧所不及，与旧术异者，旧所未有。

《圜容较义》也是李之藻与利玛窦合作的产物，《四库全书》收入此书，做这样的介绍："《圜容较义》一卷，明李之藻撰，亦利玛窦之所授也。"这是一本理论著作，或者说是一本探讨多边形与圜（圆）的著作。开宗明义写道："万形有全体，目视惟一面，即面可以推全体也。面从界显，界从线结，总曰边线。边线之最少者为三边形，多者四边、五边，乃至千百万亿边，不可数尽也。三边形等度者，其容积固大于三边形不等度者。四边以上亦然。而四边形容积恒大于三边形，多边形容积恒大于少边形。恒以周线相等者验之，边之多者莫如浑圜之体……凡形愈多边则愈大。故造物者天也，

1 徐光启《刻同文算指序》，《徐光启集》卷二，第80—81页。

象天者圜也。圜无不容，无不容故为天。”[1]后面几句把“圜”与“天”相联系，又说“造物者天也”，显然带有些许天主教的色彩。

李之藻为该书所写的序，强调的仍然是数学的原理：“凡厥有形，惟圜为大，有形所受，惟圜为多。夫浑圜之体难明，而平面之形易晰。试取同周一形，以相参考，等边之形必巨于不等边形，多边之形必巨于少边之形。最多边者圜也，最等边者亦圜也，析之则分秒不漏。是知多边联之，则圭角全无。是知等边不多边，等边则必不成圜。惟多边等边，故圜容最巨……非徒广略异闻，实亦阐著实理，其于表里算术，推演几何，合而观之，抑亦解匡诗之颐者也。”[2]

3.《奇器图说》与《泰西水法》

《奇器图说》是中国学者王徵与耶稣会士邓玉函（Jean Terrenz）合作编译的物理学、机械工程学著作。明末邹漪为王徵立传，写道：“公讳徵，字良甫，号葵心，自号了一道人，陕西三原人也。生而颖异，立志落落，敦尚气节，肆力问学。弱冠登贤书，困公车三十年，芒履蔬食，以著书讲学为务……壬戌成进士……返初服十五年，却扫著书，不异秀才。时里居，值寇盗充斥，公悉力战守，创

1 李之藻《圜容较义》，《四库全书·子部六·天文算法类一·推步之属·圜容较义》。

2 李之藻《圜容较义序》，《四库全书·子部六·天文算法类一·推步之属》。

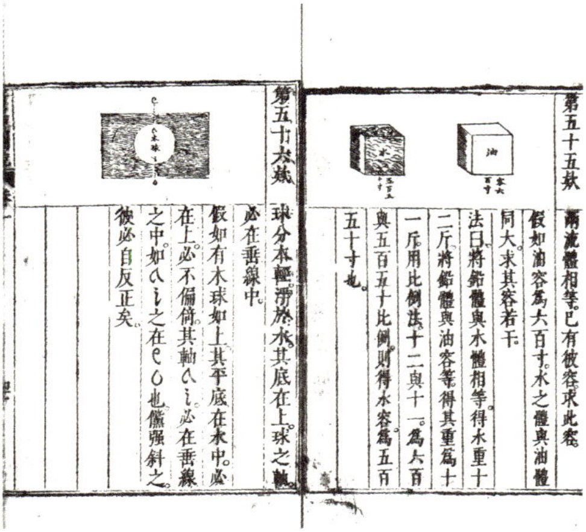
第五十五款　兩流體相等。已有彼容求此容。
假如油容爲六百寸。水之體與油體
同大。求其容若干。
法曰：將鉛體與水體相等，得水重十
二斤；將鉛體與油容等，得其重爲十
一斤。用比例法，十二與十一，爲六百
與五百五十比例，則得水容爲五百
五十寸也。
第五十六款　球分本輕，浮於水，其底在上，球之軸
必在垂線中。
假如有木球如上，其平底在水中，必
在上，必不偏倚。其軸乙丁必在垂線
之中，如乙丁之在己〇也。儻强斜之，
彼必自反正矣。

▼《奇器图说》书影

为连弩、活桥、自行车、自飞炮诸奇器，演为《图说》。”[1]言外之意似乎《奇器图说》是为了对付寇盗而创制的，只字不提耶稣会士邓玉函。《四库全书》关于《奇器图说》的提要写得稍好：“《奇器图说》，明西洋人邓玉函撰；《诸器图说》，明王徵撰。徵，泾阳人，天启壬戌（二年）进士，官扬州府推官。尝询西洋奇器之法于玉函，玉函因以其国所传文字口授，徵译为是书。其术能以小力运大，故名曰重，又谓之力艺。大旨谓天地生物，有数、有度、有重。数为算法，度为测量，重则即此力艺之学。皆相资而成，故先论重之本体，以明立法之所以然。”[2]

中国台湾学者方豪最早对之做了深入而全面的研究，写了长篇论文《王徵之事迹及其输入西洋学术之贡献》，开篇第一段话就提出了问题意识：“明季国人之以介绍西洋科学著称者，近人多艳称徐（光启）、李（之藻）。光启从事之范围最广，官至相位；之藻亦以修历及研习数学等，授光禄寺少

1　邹漪《启祯野乘》一集卷十一《王端节传》。
2　《四库全书·子部九·谱录类一·器物之属·奇器图说提要》。

卿，为世人所习知；独王徵世尚罕知其详者。然徵研习拉丁字注音，赞助金尼阁完成《西儒耳目资》，以及创制奇器，并从邓玉函研究西洋物理、机械工程学，译述《奇器图说》，其功不在徐、李之下，其巧思则非二人所能及。”[1]方豪认为王徵的巧思非徐、李所能及，令人耳目一新。

王徵在《奇器图说序言》中说："《奇器图说》，译西庠文字而作者也。西庠凡学各有本名，此学本名原是力艺。力艺之学，西庠首有表性言，且有解，所以表此学之内美好；次有表德言，所以表此学之外美好。”关于“力艺”或“力艺之学”，他有这样的解释："力艺，重学也。力是气力、力量，如人力、马力、水力、风力之类；又用力、加力之谓，如用人力、用马力、用水风之力之类。艺则用力之巧法，巧器所以善用其力、轻省其力之总名也。重学者，学乃公称，重则私号，盖文学、理学、算学之类，俱以学称，故曰公。而此力艺之学，其取义本专属重，故独私号之曰重学云。”对于“奇器”之“奇”，他也有一番解释："人多胜多，或人多而胜寡，不怪也。人寡能胜人多，则可怪。如以大力运大重，奚足怪！今用小小机器，辄能举大重，使之升高，使之行远，有不惊诧为非常者，鲜矣。然能通此学，知机器之所以然，则怪亦平常事也。”因此，他认为，书中所写的这些“奇器”，

1 方豪《王徵之事迹及其输入西洋学术之贡献》，《方豪六十自定稿》，第319页。

不但有利于民间日用，也有利于国家政治大务，可谓利益无穷。[1]

据方豪研究，王徵自幼师从舅舅张鉴（字湛川），尊称为“舅师”，他之所以酷爱西洋物理、机械之学，是深受“舅师”之启发。万历四十二年（1614）冬或四十三年（1615）春，读到耶稣会士庞迪我的《七克》一书，王徵十分喜欢此书，欣慕作者其人。该书宣扬谦让以克骄傲，仁爱以克嫉妒，舍财以克吝啬，含忍以克忿怒，淡泊以克食迷，绝欲以克色迷，勤于天主之事以克懈惰。一年之后，王徵终于在京师见到了庞迪我。不久，他接受天主教洗礼，教名斐礼伯。天启七年他与邓玉函合作编译《奇器图说》时，自称“关西景教后学”，可见其时早已皈依天主教。[2]

方豪之所以说王徵的巧思非徐光启、李之藻所能及，主要原因就在于，他不仅能著书立说，而且能动手制作各种器物。方氏论文的第六章“自制诸器考略”，列举了自行车、自转磨、轮壶（即自鸣钟）、代耕、连弩、活动兵轮、活动檑木、活揭竿与活春竿、活闸、运重机器与活动地平、龙尾、鹤饮、虹吸、恒升、活杓、弩机与火机、天球自转、拒马力、西洋神器测量定表、榨油活机、水铳等。

中国台湾清华大学教授黄一农对王徵有细致入微的研究，还到他的家乡实地考察，其专著《两

1 王徵《奇器图说》卷一《序言》。

2 参见方豪《王徵之事迹及其输入西洋学术之贡献》，《方豪六十自定稿》，第320—328页。

头蛇：明末清初的第一代天主教徒》有专章论述王徵。他说："王徵在母舅张鉴的影响之下，对制器之学的兴趣一直颇浓，他为秀才时，每天只是'眠思坐想'，'专一好作古今所不经见、奇巧之器具'；中进士后，曾在北京成功试制一具用齿轮带动木人以擂鼓撞钟并准确报时之轮壶；在户部观政时，亦曾制作省力的代耕；任官广平时，也制成鹤饮、龙尾、恒升、活杓和活机水闸诸器以治水。天启六年冬，王徵在服满继母丧之后抵京，偶自龙华民、邓玉函、汤若望三位耶稣会士处得见大量西方机械工程方面的书籍，因此兴奋不已，遂在邓玉函的协助下，译刊《远西奇器图说录最》（或名《奇器图说》），在该书的前序中，王徵称有友人质疑其从事'末流之学'，他答辩曰：'学原不问精粗，总期有济于世人；亦不问中西，总期不违于天。兹所录者，虽属技艺末务，而实有益于民生日用，国家兴作甚急也！'"[1]

王徵谈到编译此书的动机时说，他从耶稣会士那里看到西洋奇器的图说不下千百余种，"其器多用小力转大重，或使升高，或令行远，或资修筑，或运刍饷，或便泄注，或上下舫舶，或预防灾祲，或潜御物害，或自舂自解，或生响生风，诸奇妙器无不备具。有用人力物力者，有用风力水力者，有用轮盘，有用关捩，有用空虚，有即用重为力者。

1 黄一农《两头蛇：明末清初的第一代天主教徒》，台湾清华大学出版社，2005年，第136—137页。

种种妙用，令人心花开爽”。[1]王徵为了译著此书，引用了十八种参考书：《勾股法义》《圜容较义》《盖宪通考》《浑盖通宪图说》《泰西水法》《几何原本》《坤舆万国全图》《简平仪说》《天问略》《同文算指》《天主实义》《畸人十篇》《七克》《自鸣钟说》《望远镜说》《职方外纪》《西学或问》《西学凡》。[2]从这一参考书目，人们约略可以窥知当时西学东渐的大体状况。

与《奇器图说》相类似的是《泰西水法》，因为后者也提及许多农田水利的“奇器”。《四库全书》收录此书，如此说：“《泰西水法》六卷，万历壬子西洋熊三拔撰。”[3]这种说法不确切。理由一，徐光启在他的著作《农政全书》卷十九和卷二十，收录了《泰西水法》三卷；理由二，该书收入李之藻《天学初函》，前四卷题为“泰西熊三拔撰说、吴淞徐光启笔记”。[4]因此可以说，《泰西水法》是徐光启与熊三拔合作编译的作品。

《四库全书》的提要说：“是书皆记取水蓄水之法。一卷曰《龙尾车》，用挈江河之水。二卷曰《玉衡车》，附以《专筩车》；曰《恒升车》，附以《双升车》，用挈井泉之水。三卷曰《水库记》，用蓄雨雪之水。四卷曰《水法附余》，皆寻泉作井之法，而附以疗病之水。五卷曰《水法或问》，备言水性。六卷则诸器之图式也。”四库馆臣对它的评

1 徐宗泽《明清间耶稣会士译著提要》，中华书局，1989年，第297—298页。

2 参见方豪《王徵之事迹及其输入西洋学术之贡献》，《方豪六十自定稿》，第346—347页。

3《四库全书·子部四·农家类·泰西水法提要》。

4 邹振环《晚明汉文西学经典：编译、诠释、流传与影响》，第195页。

价还不错："西洋之学以测量步算为第一，而奇器次之。奇器之中，水法尤切于民用，视他器之徒矜工巧，为耳目之玩者又殊，固讲水利者所必资也。"[1]

从徐光启为此书所写的序言可知，此书的编译出版，与利玛窦的大力推荐有着密切的关系。利玛窦曾对徐光启说："薄游数十百国，所见中土土地人民、声名礼乐，实海内冠冕，而其民顾多贫乏，一遇水旱则有道殣，国计亦诎焉者，何也？"[2]为了解决这一国计民生问题，利玛窦向徐光启推荐熊三拔具体介绍这方面的知识。起初，对水法颇有研究的熊三拔有些犹豫，怕被人误解。徐光启所作《泰西水法序》中，记载了熊三拔与他的一段对话。熊三拔说："有怍色者深恐此法盛传，天下后世见视以公输、墨翟，即非其数万里东来，捐顶踵、冒危难，牖世兼善之意尔。"徐光启对他开导说："人富而仁义附焉，或东西之通理也。道之精微，拯人之神；事理粗迹，拯人之形。并说之，并传之，以俟知者，不亦可乎？先圣有言：'备物致用，立成器以为天下利，莫大乎圣人。'器虽形下，而切世用，兹事体不细已。且窥豹者得一斑，相剑者见若狐甲而知钝利，因小识大，智者视之，又何遽非维德之隅也！"这番话使得熊三拔决定教授水法，全书编译工作自万历三十九年夏开始，次年春刊行。[3]此书介绍了西方的水利机械——龙尾车（螺旋式提水

1《四库全书·子部四·农家类·泰西水法提要》。

2 徐光启《泰西水法序》，《明清间耶稣会士译著提要》，第308—309页。

3 邹振环《晚明汉文西学经典：编译、诠释、流传与影响》，第194页。

车）、玉衡车与恒升车（利用吸水管、活塞的提水唧筒），比中国传统的提水工具轻巧而效率高，是当时欧洲科学的新成就，向中国人展示了螺旋原理、液压技术的具体应用。[1]

4.《崇祯历书》

中国人自古以来就关心宇宙形态、地球在天空的位置，亦即它与其他天体的关系。古人相信天象与人世间的政事是互相影响的，天象会干预人间，人事也会感应上天，因此天文学的研究一直不曾间断。明朝使用的《大统历》，是对元朝的《授时历》稍加改动而成的，受科技水平的限制，推算日食、

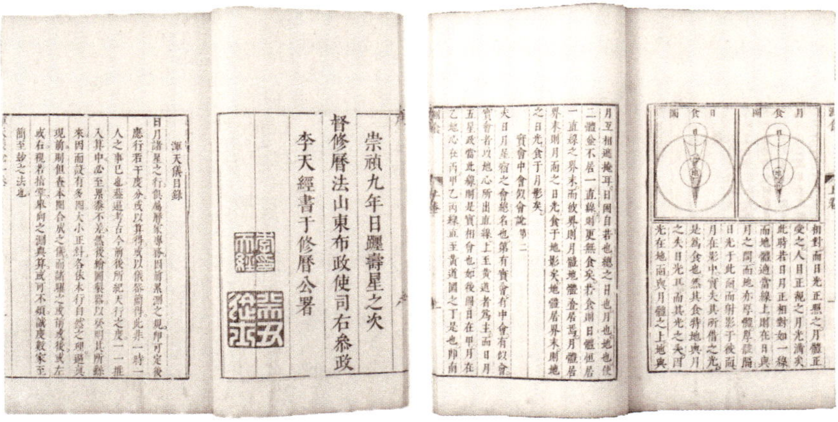

▶《崇祯历书》书影 《崇祯历书》未及颁布就遭遇改朝换代，顺治二年，传教士汤若望将《崇祯历书》压缩成《西洋新法历书》进呈朝廷。清廷定名为《时宪历》，册面上印有“依西洋新法”五个字，颁行天下。

1 曹增友《传教士与西方科学》，宗教文化出版社，1999年，第165—169页。

月食屡次不准。明中叶以来，朝廷上下主张修改历法的呼声相当高涨。

利玛窦来华后，也有志于修改历法，未能如愿。直到万历三十八年（1610），利玛窦逝世，礼部只是推荐徐光启、李之藻“同译西法”，协助改历，并未付诸实施。

关于此事，颇有一番曲折。早在万历二十四年（1596），河南按察司佥事邢云路就已指出，推算日食不准，建议修改历法。万历三十八年（1610）十一月初一日，发生日食。礼部右侍郎翁正春重弹“天人感应”老调，认为是“灾异尤甚”；“君德象日，宜照临宣布，不宜暗汶闭藏”。兵部职方司员外郎范守己批驳钦天监推算日食时刻差误，指出问题所在：“岁差之法既有错误，则日食之时又安得与天符合也。”于是官员周子愚上言：“大西洋归化远臣庞迪我、熊三拔等携有彼国历法，多中国典籍所未备者，乞视洪武中译西域历法例，取知历儒臣，率同监官，将诸书尽译，以补典籍之缺。”[1]《明通鉴》对此有一个补充说明：“先是，大西洋人利玛窦进贡土物，而（庞）迪我、（熊）三拔及龙华民、邓玉函、汤若望等先后至，俱精究天文历法。礼部因奏：‘精通历法如邢云路、范守己为时所推，请改授京卿，共理历事。翰林院检讨徐光启、南京工部员外郎李之藻，亦皆精心历理，可与（庞）迪我、

1《万历邸钞》，万历三十八年庚戌卷，十一月壬寅；《明史纪事本末》卷七十三《修明历法》；《明通鉴》卷七十四，万历三十八年壬寅。

（熊）三拔等同译西洋法。俾（邢）云路等等参订修改。然历法疏密，莫显于交食，欲议修历，必重测验。乞敕所司修治仪器，以便从事。' 疏入，留中。未几，云路、之藻皆召至京，参预历事。云路据其所学，之藻则以西法为宗。西法入中国，自此始。"[1]

万历四十一年（1613），已经升任南京太仆寺少卿的李之藻，向朝廷条陈西洋历法。他说："伏见大西洋国归化陪臣庞迪我、龙华民、熊三拔、阳玛诺等诸人，慕义远来，读书谈道，俱以颖异之资，洞知历算之学，携有彼国书籍极多，久渐声教，晓习华音。在京士绅与讲论，其言天文历数，有我中国昔贤所未及者。"以下他列举了十四条"所未及者"，然后总结道："此十四事者，臣观前此天文历志诸书，皆未论及，或有依稀揣度，颇与相近，然亦初无一定之见。惟是诸臣能备论之……观其所制窥天窥日之器，种种精绝，即使郭守敬诸人而在，未或测其皮肤，又况见在台监诸臣，刻漏尘封，星台迹断，晷堂方案尚不知为何物者，宁可与之同日而论，同事而较也……昔年利玛窦最称博览超悟，其学未传，溘先朝露，士论至今惜之。今庞迪我等须发已白，年龄向衰。遐方书籍按其义理，与吾中国圣贤可互相发明，但其言语文字绝不相同，非此数人，谁与传译？恃今不图，政恐日后无人能

1《明通鉴》卷七十四，万历三十八年壬寅。

解。”[1]因此，他向皇帝建议，由礼部开设馆局，将西洋历法依照原文译出成书。皇帝不置可否，事情就搁置下来，一直要到崇祯二年（1629）才开始启动。

崇祯二年（1629）五月月食，徐光启依照西法预推：顺天府见食二分有奇，琼州食既，大宁以北不食。而用《大统历》推算顺天府见食三分有奇，用《回回历》推算顺天府见食五分有奇。届时事实证明，徐光启的西法推算是准确的，其他推算皆有误。皇帝因此切责钦天监官员。于是礼部奏请开设历局，修改历法，任命徐光启“督修新法”。皇帝批准此事，下旨：“西法不妨于兼收，诸家务取而参合，用人必求其当，制象必核其精……责有攸归，尔其慎之。”[2]

徐光启随即上疏，详细陈述依照西法修历的道理：“三百五十年来，并（郭）守敬之书亦皆湮没，即有志之士殚力研求，无能出（郭）守敬之藩。更一旧法，立一新义，确有原本，确有左验者，则是历象一学，至元而盛，亦自元而衰也……迩来星历诸臣，颇有不安旧学，志求改正者。故万历四十年有修历译书、分曹治事之议……臣等愚心以为，欲求超胜，必须会通；会通之前，先须翻译。盖大统书籍绝少，而西法至为详备，且又近今数十年间所定，其青于蓝、寒于水者，十倍前人。又皆随地

1 李之藻《请译西洋历法等书疏》，《李我存集》卷一《疏》。

2 徐光启《新法算书》卷一《缘起》。

异测，随时异用，故可为目前必验之法，又可为二三百年不易之法，又可为二三百年后测审差数，因而更改之法，又可令后之人循习晓畅，因而求进，当复更胜于今也。”[1]

皇帝同意他的意见，批示道：“这修改历法事宜四款，俱依议。徐光启见在本部，着一切督领，李之藻速与起补，早来供事。”徐光启接旨后再上一疏，详细开列具体事项，比如“历法修正十事”，包括议岁差、议岁实、每日测验日行经度等。最要紧的是“修历用人三事”。除了李之藻已蒙录用，其他专门名家，亦宜兼收。此外特别强调“用西法”：“万历间西洋归化陪臣利玛窦等，尤精其术，四十等年，曾经部复推举。今其同伴龙华民、邓玉函二臣见居赐寺，必得其书其法，方可以较正旧法，与之会通归一，则事半而功倍矣。”[2]

他的“用西法”修历，起用耶稣会士龙华民、邓玉函参与修历的主张，得到皇帝许可，于九月间开设历局，正式启动。遗憾的是，这年十一月李之藻从杭州抵京不久病故，邓玉函也于第二年四月病故，徐光启继续推荐耶稣会士汤若望、罗雅谷参加历局的译书演算工作。

徐光启从利玛窦那里学习到不少西方天文历法知识，认识到修历非“用西法”不可，用西法则必须先从事翻译。这时归国述职的耶稣会士金尼阁

1 徐光启《历书总目》，《徐文定公集》卷六《疏》。

2 徐光启《恭承恩命谨陈愚见以祈圣明采择事》，《徐文定公集》卷六《疏》。

从欧洲带回七千部书，为翻译欧洲的数学、天文学提供了可供选择的良好底本，也为修历提供了基础。[1]

已经升任礼部尚书的徐光启大权在握，修历工作进展顺利。崇祯四年（1631）正月，他向皇帝呈进《历书总目》一卷，《日躔历指》一卷，《测天约说》二卷，《大测》二卷，《日躔表》二卷，《割圆八线表》六卷，《黄道升度表》七卷，《黄赤道距度表》一卷，《通率表》二卷。继而又向皇帝呈进《测量全义》十卷，《恒星历指》三卷，《恒星历表》四卷，《恒星总图》一折，《恒星图像》一卷，《揆日解订讹》一卷，《比例规解》一卷。崇祯五年（1632），又呈进《月离历指》四卷，《月离历表》六卷，《交食历指》四卷，《交食历》二卷，《南北高弧表》十二卷，《诸方半昼分表》一卷，《诸方晨昏分表》一卷。[2]崇祯六年（1633），礼部尚书兼东阁大学士徐光启病逝，他所主持编修的《崇祯历书》，洋洋一百多卷，除了前面已经提到的，还有《五纬历指》九卷，《五纬表》十卷，《元史揆日订误》一卷，《通率立成表》一卷，《割圆八线立成长表》四卷，《黄道升度立成中表》四卷，《历学小辨》一卷，《历学日辨》五卷。[3]阮元评论道："自利氏东来，得其天文数学之传者，光启为最深。洎乎督修新法，殚其心思才力，验之垂象，译为图说，

1 薮内清《西欧科学与明末的时代》，载《日本学士院纪要》第四十四卷第二号。

2 参见《明史纪事本末》卷七十三《修明历法》。

3 阮元《徐光启》，《畴人传》卷三十二《明四》。

洋洋乎数千万言，反复引伸，务使其理其法足以人人通晓而后已。以视术士之秘其机械者，不可同日而语矣。”[1]阮元身为乾嘉时代的学者型高官，评价如此精当，毫无迂腐偏见，令人心怀敬意。

《崇祯历书》编成后还来不及刊印，明朝就灭亡了。清朝初年，由汤若望加以删改，以《西洋新历法》为名刊印出版。看起来更像是一部丛书，详细介绍了第谷的《论新天象》《新编天文学初阶》，托勒密的《大综合论》，哥白尼的《天体运行论》，开普勒的《论火星的运动》等西方天文学著作。科学史专家江晓原指出，《崇祯历书》编纂的时候，正是欧洲近代天文学确立阶段。当时哥白尼提出日心说还不到一百年，此后伽利略这些人都赞成了。但是《崇祯历书》体系的基础是第谷天文学。为什么不采用哥白尼体系？因为当时哥白尼体系在理论上、实测上都不很成功，当时天文学家对哥白尼学说持怀疑态度。我们今天熟知的地球环绕太阳转的证据，是到了18世纪才最终被发现的。《崇祯历书》采用第谷体系是可以理解的。[2]

毋庸讳言，《崇祯历书》仍有种种时代的局限性。不过平心而论，对于当时的中国而论，毕竟引进了西方的先进天文学理念，因此它的意义已经越出修历本身，标志着中国传统天文学的转型，开启了中国人认识宇宙的新阶段。

1 阮元《徐光启》，《畴人传》卷三十二《明四》。

2 江晓原《徐光启与〈崇祯历书〉》，《中西文化会通第一人——徐光启学术研讨会论文集》，上海古籍出版社，2006年，第28—30页。

江晓原还指出，《崇祯历书》编成的时候，中国跟欧洲天文学的差距很小。但是此后两百多年几乎不变，完全脱离了欧洲天文学的进程，而欧洲在这两百年间天文学发展迅猛。《崇祯历书》使得我们有一个机会跟国际接轨，却很快脱轨，最终等到鸦片战争结束，西方天文学第二次大举进入的时候，我们中国人几乎不认识它了，因为我们落后了两百年。[1]这是今人研究《崇祯历书》，最值得深思的地方。

四　放眼看世界的先进中国人

以利玛窦为代表的耶稣会士的传教活动，以及随之而来的西方科学文化的传播，向长期封闭的中华帝国吹进了一股清新空气，让人们接触到了前所未闻的新思想、新事物，一些敏感的先进知识人把耶稣会士看作自己的朋友和老师，如饥似渴地向他们学习，从他们那里汲取新的精神营养，从而改变了世界观和价值观。这种变化对于中国社会的影响，无论如何评价都不嫌过分。

1. 第一个结识利玛窦的名士瞿汝夔

瞿汝夔，字太素，苏州府常熟县人，出身于

1　江晓原《徐光启与〈崇祯历书〉》，《中西文化会通第一人——徐光启学术研讨会论文集》，第28—30页。

▼《利玛窦中国札记》1639年荷兰拉丁文本

《利玛窦中国札记》是利玛窦在中国期间的所见、所闻、所感的记录。

高级官僚家庭。其父瞿景淳，字师道，八岁能属文，久困诸生，教授里中自给。嘉靖二十三年（1544）会试第一，殿试第二，授编修，典制诰，清介自持，官至礼部左侍郎兼翰林院学士。[1]瞿景淳有四子：汝稷、汝夔、汝益、汝说，但明人文集与地方志都没有瞿汝夔的记载。原因在于，汝夔与长嫂——汝稷之妻通奸，遭家族除名，后人避而不谈。《常熟昭文合志》的瞿景淳传，载其子三人：汝稷、汝益、汝说，不见汝夔，原因就在于此。[2]黄一农考证，“通奸”一事，瞿汝稷的《瞿冏卿集》卷首所收钱谦益写的《瞿元立传》，略有提及：“公仲弟夔与妇徐（氏）以奸闻，公叱妇徐，去之。”汝夔之侄儿瞿式耜为老师钱谦益刊印《牧斋初学集》，删去了《瞿元立传》中“公仲弟夔与妇徐以奸闻”一句，改成：“徐有通问之奸，公叱去之。”[3]

因为这样的关系，见诸文献的瞿汝夔资料很少。由于被家族除名，他没有走传统的科举道路，

1 参见王世贞《瞿文懿公景淳传》，《弇州史料后集》卷一。
2 光绪《常熟昭文合志》卷二十五《人物志四·耆旧·瞿景淳》。
3 参见黄一农《两头蛇：明末清初的第一代天主教徒》，第49—50页。黄一农影印了《瞿冏卿集》卷首的《元立瞿公传》，以及《牧斋初学集》卷七十二的《瞿元立传》，比较两者的文字异同。

四处漂泊。他来到广东，同耶稣会士交往，与利玛窦成为莫逆之交。他为利玛窦《交友论》写的序言说："万历己丑，不佞南游罗浮，因访司马节斋刘公，与利公遇于端州，目击之顷，已洒然异之矣。及司马公徙公于韶，予适过曹溪，又与公遇。于是从公讲象数之学，凡两年而别。"[1]很清楚地回顾他初遇利玛窦时，向他求教欧洲科学的情境。利玛窦对此有详细的记载，他的回忆录有一章，标题就是"瞿太素"。他写道："瞿太素是我们将有机会常常提到的人，他是一个被称为尚书[2]的第二级高官的儿子，苏州人，是受过良好教育的知识分子……如果继续学习的话，他肯定会得到最高的荣誉。相反地，他变成了一个公开的败家子。"[3]瞿太素在韶州拜会利玛窦，"他请求利玛窦收他当学生，第二天他邀请老师在他家里吃饭，送给他绸料为礼……在结识之初，瞿太素并不泄露他的主要兴趣是搞炼金术……但他们每天交往的结果倒使他放弃了这种邪术，而把他的天才用于严肃和高尚的科学研究。他从研究算学开始……接着从事研习丁先生的地球仪和欧几里得的原理，即欧氏的第一书。然后他学习各种日晷的图案，准确地表示时辰，并用几何法则测量物体的高度"。这些学习使得瞿太素发生了巨大的变化，以至于当地的老百姓都知道，瞿太素"这个雄心勃勃的贵人是一位欧洲传教士的学生，

1 瞿汝夔《大西域利公友论序》，《利玛窦中文著译集》，第117页。

2 瞿太素之父瞿景淳死后，皇帝赐予其礼部尚书头衔。

3 利玛窦、金尼阁《利玛窦中国札记》，第173页。

欧洲的信仰始终是他所谈论的和崇拜的对象。在韶州和他浪迹的任何地方，他无休无止地赞扬和评论欧洲的事物”[1]。

费赖之认为，利玛窦名声大彰与瞿太素的宣扬有很大的关系：“有名士瞿太素者，初识利玛窦于肇庆，至是至韶州，愿奉玛窦为师。太素初冀从玛窦得仙丹，然所肄习者为宗教真理，与夫数学、几何、重学等科目。太素得玛窦之熏陶，颇有心得，迨至其受洗（1605年）后，玛窦之名遂以大彰，盖太素学者而兼名士，影响舆论实深也。”[2]

确实如此，瞿太素的巨大影响，可以追溯到利玛窦初入中国之时的本土化传教方针。精通儒学的他深知天主教要在中国发展，必须首先符合儒家传统熏陶出来的士大夫的眼光。瞿太素向利玛窦建议，放弃先前的和尚打扮，改穿儒生的服饰，“标志着利玛窦的传教路线在适应占统治地位的儒家思想方面，迈出了决定性的一步”。[3]瞿太素为宣扬利玛窦带来的科学知识，不遗余力，所以利玛窦才会说：“在韶州和他浪迹的任何地方，他无休无止地赞扬和评论欧洲的事物。”这也可以在中文史料中得到印证。白鹿洞书院山长章潢，学问渊博，第一次见到利玛窦带来的世界地图时，“不解其义”，听了瞿太素的解释，才恍然大悟。他这样说：“前十余载，传闻有番僧航海入中国者，盘诘身中，止怀昊

1 利玛窦、金尼阁《利玛窦中国札记》，第173—174页。

2 费赖之《在华耶稣会士列传及书目》，第33页。

3 沈定平《明清之际中西文化交流史——明代：调适与会通》，第337页。

天图像一幅，画天为九瓣……初亦不解其义。近接瞿太素，谓曾游广南，睹一僧，自称胡洛巴（欧罗巴）人，最精历数，行大海中，惟观其日轨，不特知时知方，且知距东西南北远近几何。因携其所制之仪，大不盈尺，中分九层，机可转旋。予细玩而绎之，与九瓣图义稍相似。”[1]章潢所说的“图”与“仪”，似为世界地图与地球仪，经过瞿太素的说明，才解疑释惑。

瞿太素是第一个结识利玛窦的名士，但皈依天主教却比较晚，什么原因呢？利玛窦在回忆录中专门写了一章，标题就是“瞿太素终于皈依了基督”。在谈到他不能入教的原因时指出：第一，他纳妾并生了两个儿子；第二，他对偶像崇拜深有修养。这两点都有悖于天主教教义，因此他左右摇摆，拿不定主意。在反复分析研究教义后，他下定决心，要求领洗。他的第一步，就是和他的妾正式结婚；第二步，把家里的全部偶像，以及印刷的刻版和有关书籍，送到教堂，请求把它们付之一炬。万历三十二年（1604）的圣母领报节[2]那天接受洗礼，教名依纳爵。瞿太素写了一篇洋洋洒洒的信仰声明：“几年前，我有幸遇到泰西远来的真理大师利玛窦和郭居静以及助手钟鸣仁修士，他们是最初告诉我神明的奥秘的人……我谨保证从我接受洗涤灵魂每一种玷污的洗礼之日起，将把残存在我头脑里

1 章潢《图书编》卷十六《九天说符》。

2 即1604年3月16日。

的对于伪神和环绕它的不合理的教义的信仰彻底扫除干净。我还保证在我的思想中，决不有意地卑鄙地追求不适当的炫耀个人的那种愿望，也不追求世俗的虚荣以及任何其他虚假而危险的诱惑。”[1]

应该说，瞿太素的皈依天主教，并不是一个简单的改变宗教信仰的问题，而是随着对西方科学文化的深入了解，逐渐改变了对西方文明的认识，反映了当时先进的中国人对于“西学东渐”的积极反应。利玛窦回忆道：“瞿太素对神父经常是滔滔不绝地加以赞美，还补充说明他所带给中国的科学知识以及他是怎样开阔了知识界的眼界的；在他到来之前，他们的眼界一直是封闭的。根据瞿太素的说法，这就是他为什么如此之受人欢迎，为什么大家都想见他并愿和他在一起的原因。”[2]利玛窦神父带来的科学知识开阔了知识界的眼界，改变了过去那种封闭的状况，人们开始放眼看世界。

研究中国科学技术史的权威李约瑟认为，中国的科学技术在宋朝已经达到巅峰状态，此后逐渐式微。裴化行神父补充道，到晚明时代出现了复兴：“自从1368年逐出蒙古人以来实际上已经干涸的科学发明之风，就这样一下子又兴起了。不仅如此——而在这方面，利玛窦开创了一个运动，它几经变化之后，最后于十九世纪归结为曾国藩，二十世纪归结为现今的文化复兴——据说，瞿太素还

1 利玛窦、金尼阁《利玛窦中国札记》，第357—359页。

2 利玛窦、金尼阁《利玛窦中国札记》，第240页。

‘用非常明晰优美的文辞把所学撰写成文拿去给别人看’。这对中国的未来具有至关重大的意义，因为，如果说中国现时已成一场文化伦理革命的场所，那是因为从四面八方早有新思想浸入，深入人心，搅乱人们的固有观念，精神的‘资产’（如果可以用‘资产’一词的话）已经深刻改变。而在十六世纪，这场运动就有其默默无闻的先锋，他们并不是出国考察者，因为谁也不能走出帝国之外去异邦寻求这些新科学，他们只是译者或编者，是他们让读者得以接触外来的著作。且不说那些福建籍秀才和肇庆的其他文人——利玛窦后来如实说这些人移译他的《万国全图》实在差劲得很，真正开始有用而又谦虚的中介人，把西方文明的成就引入远东世界的，是瞿太素。”[1]这段话写得非常深刻，不仅肯定了瞿太素“把西方文明引入远东世界”的贡献，还在于他指出了当时先进的中国人放眼看世界的独特方式：他们不可能出国考察，只能专注于编译外来的著作，复兴了已经干涸的科学发明之风。在这方面，瞿太素开了一个头，徐光启、李之藻、杨廷筠等人继而跟进，形成一场轰轰烈烈的运动。

2. 可以与托马斯·莫尔媲美的徐光启

徐光启，字子先，号玄扈，松江府上海县人。

1 裴化行《利玛窦神父传》，第139—140页。

▼ 徐光启像
徐光启是明代影响力最大的皈依天主教的士大夫，现今留存有不同版本的他与利玛窦讨论学问的画件。本图来自其中之一。

他的科举之路并不顺利，万历二十五年（1597），他在三十六岁时才成为举人；万历三十二年（1604），四十三岁时才成为进士。正是这样的经历，使得他在踏入仕途之前，有机会接触耶稣会士，接触天主教和西学。

万历十六年（1588），他在太平府参加乡试，落第后，前往广东。在韶州，进入利玛窦在韶州所建的天主教堂，遇见了郭居静神父。利玛窦这样描述当时对他的观感："郭居静神父在这里居留的第二年，发生了一桩真正重要的事情。教堂这盏明灯保禄[1]在这个教堂成了一名基督徒……他是一个可以期待成大器的人，上天注定了要他美饰这个初生的教会……他是一名出色的知识分子，天资美好，秉性善良。作为士大夫一派中的一员，他特别期望知道的是他们特别保持沉默的事，那就是有关来生和灵魂不朽的确切知识。中国人无论哪个教派都不完全否定这种不朽。他在偶像崇拜者的怪诞幻想中曾听到许多关于天上的光荣与幸福的事，但是他的敏锐的思想却只能是找到真理方休。"[2]

有趣的是，利玛窦把中国的乡试（举人考试）

---

1 保禄，指徐光启。

2 利玛窦、金尼阁《利玛窦中国札记》，第327—328页。

称为“硕士学位考试”，把会试（进士考试）称为“博士学位考试”。他说：“1597年，他在北京的硕士学位考试获得第一名，这是带来极高威望的一种荣誉。他在考博士学位时却不那么走运，他认为他的失败是上帝的殊恩，声称这是他得救的原因。”[1]指的是，万历二十五年（1597）徐光启参加顺天乡试，为主考官焦竑赏识，选拔为第一名，成为解元。但是此后的会试，却意外地名落孙山。利玛窦之所以说徐光启把这次失败看作“上帝的殊恩”，使他“得救”，是因为落第使他在下次会试及第前，有了充裕的时间，进一步了解天主教，并成为天主教徒。利玛窦说：“由于疏忽，他被算作第301号与试者，而法定人数只限三百名，所以他的考卷被摈斥了。因此他无颜回去见他的家人，便隐退到广东省。正是在韶州他和当时住在教团中的郭居静神父交谈，才初次和神父们结识，也正是在这里他第一次礼拜了十字架。”[2]

万历二十八年（1600）徐光启在南京遇见利玛窦，他忙于赶回上海，来不及深谈皈依的问题。三年后即万历三十一年（1603），他因事返回南京，拜会了罗如望神父。他进屋时在圣母像前礼拜，而且在首次听到一些天主教的原理后，马上决定信仰天主教。那一整天直到很晚，他一直安静地思索着基督信仰的主要条文。他把教义的一份纲要——

1 利玛窦、金尼阁《利玛窦中国札记》，第327—328页。

2 利玛窦、金尼阁《利玛窦中国札记》，第328页。

西方画家笔下的徐光启与利玛窦

《天主教要》，还有利玛窦神父的教义问答——《天主实义》的一个抄本带回去阅读。他请罗如望神父尽可能多地解释某些段落，因为他必须在年底回家以前完成领洗。为了弄清他是否真正严肃地对待此事，神父要他每周一天来接受教诲。他回答说：我要一天来两次。他确实这样做了，总是准时到达。在他动身回家的那一天，他受了洗，正式成为天主教徒，教名保禄（Paul），神父们称他为徐保禄。[1]

次年，他再度参加会试，进士及第，被选为庶吉士，此后历任翰林院检讨、少詹事兼河南道御史、礼部尚书兼文渊阁大学士。美国学者比得信（Willard J.Peterson）认为，他可能是当时担任官职最高的天主教徒，他的达官贵人身份并不影响他对天主教的虔诚信仰，在以后的三十多年中，他多次运用自己的财富、才智和政治影响，支持和推动天主教会活动，正如利玛窦所言，他成为天主教在中国的“柱石”。[2]

1　利玛窦、金尼阁《利玛窦中国札记》，第328—329页。

2　比得信《杨廷筠、李之藻、徐光启为何会成为基督徒》，《文化杂志》（中文版）第21期（1994年）。

万历四十四年（1616），礼部侍郎、署理南京礼部尚书沈漼向朝廷上疏，主张排斥天主教，以“崇正学，黜异端，严华夷”为借口，扬言天主教“有窥伺之心”，“有伤孝道”，“私习历法”，“伤风败俗”，请求朝廷禁止天主教。徐光启挺身而出，写了《辩学章疏》，维护天主教：“彼国教人皆务修身以事上主，闻中国圣贤之教，亦皆修身事天，理相符合，是以辛苦艰难、履危蹈险，来相印证。欲使人人为善，以称上帝爱人之意。其说以昭示上帝为宗本，以保救身灵为切要，以忠孝慈爱为工夫，以迁善改过为入门，以忏悔涤除为进修。”他的结论是：“诸陪臣所传事天之学，真可以补益王化，左右儒术，救正佛法也者。”所谓“左右儒术，救正佛法”云云，其实就是“易佛补儒”。[1]

万历后期，明朝与后金的战事屡遭败绩，徐光启多次上疏，建议“京师宜筑重层墩台，铸巨炮；蓟州、辽左诸台堡宜仿此修建”。[2]所谓“铸巨炮”，就是引进西洋的火炮技术，大量制造。在一份奏疏中说：“臣之愚虑以为，勘定祸乱，不免用兵；用兵之要全在选练……选用教师，群居聚处，日夜肆习之，又博求巧工利器，如车乘、甲胄、军火、器械等，尽法制造，以配给之。”[3]在另一份奏疏中，详细设计了“都城万年台”的计划：“臣再四思惟，独有铸造大炮，建立敌台一节，可保无虞。造台之

1 方豪《明末清初天主教比附儒家学说之研究》，台湾大学《文史哲学报》第十一期。

2 邹漪《启祯野乘》一集卷六《徐文定传》。

3 徐光启《敷陈末议以殄凶酋疏》，《徐文定公集》卷一《疏》。

法，于都城四面切附门垣，用大石垒砌，其墙极坚极厚，高与城等，分为三层，下层安置极大铳炮，中层、上层以渐差小。台径可数丈，每台约用惯习精兵五百人。其最大炮位平时收藏内府，第二三等藏之戎政衙门。闻有警急，既行修整安置，贼寇攻围，相机施放，虽有大众，一时歼灭矣。”[1]此后又遵旨陈述“急切事宜”六条，其中“议征求”条说：“军中所需精好器甲，大小神器及军火器材料，教师巧匠，有远方所有，近地所无者，须一一征求，以便传授制造。”主要是指“西洋大小诸色铳炮”，亦即通常所说的西洋大炮。[2]可惜的是，这些建议没有得到采纳。

崇祯二年，徐光启鉴于辽东形势日趋紧急，上疏请饬当事诸臣，筹备西洋大炮，由西洋人担任教练。皇帝采纳了他的建议，下旨：“着西洋人留京，任制造教演等事。徐光启还与总提协商酌行，仍择京营将官军士应用，但不得迂缓，多事劝谕。”[3]同年十一月，清军突破长城要塞，兵临北京城下。朝廷上下在“守城”与“城外扎营”之间犹豫不决，徐光启坚决主张“守城”，反对“城外扎营”，他说：“昔辽阳之变，臣再遗书诸当事云，城外列营置炮，万分不可，只凭城用炮，自足拒敌。宁远之捷，凭城用炮，歼敌万众，事可证焉。”皇帝当场采纳这一主张。说：“既如是，定于守城，乃令安

1 徐光启《辽左阽危已甚疏》，《徐文定公集》卷一《疏》。

2 徐光启《恭承新命谨陈急切事宜疏》，《徐文定公集》卷一《疏》。

3 李杕《徐文定公行实》，《中西文化会通第一人》，第241页。

民厂造西洋炮，从西士法。”徐光启遵旨，“昼夜练兵，饥渴俱忘，风雨不避，手面皲瘃，提点军士。二十三日，德胜门外三发大炮，戕敌甚众。十二月初九日，公奏请造大鸟铳二三千门，用资战守。二十二日，疏陈训练造铳四策。不一月，敌兵连遭挫折，公之力居多”。[1]此事可以看作徐光启把西学用于军事最为成功的尝试，也是他最受皇帝赏识的事功。

徐光启晚年作为礼部尚书最大的事功，毫无疑问是用西学修历一事。他自始至终强调向西方学习：

> ……臣等愚心，以为欲求超胜，必须会通；会通之前，先须翻译。盖大统书籍绝少，而西法至为详备，且又近今数十年间所定，其青于蓝、寒于水者，十倍前人。又皆随地异测，随时异用，故可为目前必验之法；又可为二三百年不易之法；又可为二三百年后测审差数，因而更改之法；又可令后之人循习晓畅，因而求进，当复更胜于今也。……万历间，西洋天学远臣利玛窦等尤精其术，四十等年，曾经部复推举，今其同伴龙华民、邓玉函二臣见居赐寺，必得其书、其法，方可以较正讹谬，增补缺略。盖其术业既精，积验复久，若以大

1 李杕《徐文定公行实》，《中西文化会通第一人》，第243页。

统书法与之会通归一，则事半而功倍矣。[1]

徐光启在与利玛窦等耶稣会士的交往中深刻认识到，西学是国家致盛治保太平之策。比得信说：“徐（光启）所发现的一种治学方法——向上天学习的方法，这一方法正如传教士们所示范的那样，这一方法又使他在继承传统的道德价值之上增加了重要地位和约束规条。‘天学’集各种学问之大全，并非孕育于任何人的头脑，而是奠基于被概括为‘天’的整个外在世界之上。同时这些学问不是受制于当局的法令批准，而是服从于每个人自身的查究实证。”[2]徐光启之所以成为一个科学家，与他成为一个天主教徒以及对天主教教义的信仰密不可分。或许可以这样说，如果没有耶稣会士，没有天主教，就不会有科学家徐光启。

裴化行在写到徐光启受洗时，激情洋溢地说：“就在这时，未来的阁老保禄·徐光启确定不移地归属于教会，以后他成为全中国最大的光明。中国理想中最合乎人情、最高度平衡的一切，绝妙地集于他一身，至今也无人不折服（《天主教月刊》1933年为纪念他逝世三百周年用汉语出版的专号，刊载了许多表示崇敬心情的文章）。事实上，当我们静观‘这位伟大的政治家，看见他位极人臣而始终保持谦逊平易，在比我们困难得多的条件下努力不懈

1 徐光启《新法算书》卷一。

2 比得信《杨廷筠、李之藻、徐光启为何会成为基督徒》，《文化杂志》（中文版）第21期（1994年）。

地运用其影响为基督为教会服务的时候’，我们不禁联想到与他同时代的那个人——英国人文主义最纯净光辉之一，即圣托马斯·莫尔。”他还说：“就是在这种相当混乱的情况下，利玛窦率人数不多的弟子（其中以后崭露头角的是保禄·徐光启），英勇无畏地继续其促成西方基督教文明和远东儒教文明之间文化伦理接近起来的工作，其深度、强度和影响，现今的史家才开始予以正确估价。”[1]

《几何原本》《泰西水法》《崇祯历书》，已经使徐光启的名字永远彪炳史册。如果时代为他提供更好的环境，也许他可以做出更多的贡献。邹漪为他立传，对此颇为感叹：“文定公固文武全才，即其所学，出入天人，上下经史，而身当笼钥，一拂意于珰人，再触忌于司马，遂不得竟其大用，殊可惜也！后之论世者，屈指两朝纶扉辅佐，文章节义，盖不乏人，而求其宏通渊博，足为万邦之宪，如公岂有二哉！”[2]他所说的“拂意于珰人”，是指天启五

◥《农政全书》书影
徐光启致力实学救国、实学救世，向利玛窦等传教士学习数学、天文、水利、机械等现代科技，以求富国强国。他编纂的实学代表作《农政全书》成于万历年间，刻于崇祯十二年，是中国古代五大农书之一。

1　裴化行《利玛窦神父传》，第482页。
2　邹漪《启祯野乘》一集卷六《徐文定传》。

年间魏忠贤专权，指使御史弹劾徐光启，致使他落职闲住；“触忌于司马”，是指与兵部尚书意见不合，遭到御史弹劾，移疾而归。万斯同谈到崇祯五年（1632）徐光启以礼部尚书兼东阁大学士入参机务，也有类似的感叹：“光启雅负经济才，有志用世，及是柄用，而年已老。周延儒、温体仁专政，亦不能有所建白。”[1]未免令人遗憾。

3.“以西法为宗”的李之藻

李之藻，字振之，又字我存，号淳庵居士，一号存园叟，杭州府仁和县人，嘉靖四十四年（1565）出生于杭州一个书香门第。万历二十六年（1598）进士及第，次年就开始与利玛窦交往，为利玛窦的人格魅力所折服，服膺天主教教义。他与徐光启、杨廷筠并称明末天主教三柱石，在“西学东渐”中的贡献，可与徐光启相媲美。他刊刻利玛窦的《坤舆万国全图》，与耶稣会士合作编译《同文算指》《圜容较义》《浑盖通宪图说》《乾坤体义》《简平仪说》《名理探》《寰有诠》等西学名著，编辑出版第一部天主教丛书《天学初函》，为后世学术界开启接受西学的门径。因此，方豪说：“西学传入我国，徐、李并称始祖。”[2]

万历三十五年（1607），汪孟朴在杭州重刻

1 万斯同《明史》卷三百五十六《徐光启传》。

2 方豪《明末清初天主教比附儒家学说之研究》，台湾大学《文史哲学报》第十一期。

《天主实义》，李之藻为之作序，对利玛窦的传教给予高度评价："利先生学术，一本事天，谈天之所以为天甚晰，睹世之亵天佞佛也者，而倡言排之；原本师说，演为《天主实义》十篇，用以训善坊恶……彼其梯航琛贽，自古不与中国相通，初不闻有所谓羲、文、周、孔之教，故其为说亦初不袭吾濂、洛、关、闽之解，而特于知天事天大旨，乃与经传所纪如券斯合。"[1]在他眼中，《天主实义》与儒家学说是不谋而合的。正如他在刻印《天学初函》的题辞中所说，天主教的"天学"，"不脱六经之旨"。他对天主教的信仰是十分虔诚的，但是经过了整整九年，一直到利玛窦去世前两个月，他才在北京受洗，正式成为天主教徒。

在他心目中，利玛窦是一位"异人"，不远万里甘冒各种风险来到中国，而不企求任何回报，实在是一位"智人"，也是一位"博闻与韬术之人"：崇拜真理，反对谬说，勤奋读书，过目成诵，懂得如此之多有关玄学、天文学、地理学、数学等前辈大师未曾明了的学问。在利玛窦的感召下，他在公务繁忙之余，从事有关天文学、数学著作的翻译出版工作。崇祯二年（1629），伴随《天学初函》的出版，他的努力达到高峰。该书收录了当时几乎所有在中国印刷的西学重要书籍。全书分为"理编"和"器编"两大部分，"理编"以《天主实义》为

1 李之藻《天主实义重刻序》，《利玛窦中文著译集》，第99—100页。

首，主要是有关教义的著作九种（附录一种）；“器编”以《几何原本》为首，主要是有关科学技术的著作十一种。

比得信分析李之藻皈依天主教的原因，指出两点：一是他和相当数量的士大夫们都为传教士带入中国的“科学”所吸引；二是他和许多人一样，被利玛窦的人格力量所征服。而这两者又是密不可分的，李之藻欣赏利玛窦的，是科学与美德的完美结合。李之藻说，他在万历二十九年（1601）目睹利玛窦的世界地图之后，做过计算，证实地球真的是大小如利玛窦所称的那样一个圆球。当利玛窦的世界地图出版之时，他认为那是“万世不可易之法”。他甚至花了一年时间来计算那些经纬度与天宇轨径相对应，以推测其形制合理。他在为该图所作的注释中，将地图上的事物与中国有关大千世界分为多极的古训联系起来。他感兴趣的是“科学”，以及“天学”，谋求学习更多学问和知识。因此他在“天学”的名目下，把科学著述和宗教著述一同出版。他在探究“永恒不变之法”，通过有关天体的数学和计算，通过对“东海”与“西海”具有相同精神和本性的意识，心甘情愿地接受这个永恒的万能的“天主”。[1]

李之藻的治学特点很明显，可以概括为五个字：“以西法为宗。”万历后期，礼部鉴于“大统法

1 比得信《杨廷筠、李之藻、徐光启为何会成为基督徒》，《文化杂志》（中文版）第21期（1994年）。

浸疏"，主张修订历法，上奏皇帝，把南京工部员外郎李之藻调来北京，与西洋人庞迪我、熊三拔等"同译西洋法"，"备参订修改"，其理由就是李之藻"以西法为宗"。[1]

万历四十一年（1613），已经改衔为南京太仆寺少卿的李之藻，向皇帝详细条陈"西洋法"，强调向西方学习，指出中国所不及者十四条："伏见大西洋国归化陪臣庞迪我、龙华民、熊三拔、阳玛诺等诸人，慕义远来，谈书论道，俱以颖异之资，洞知历算之学，携有彼国书籍极多，久渐声教，晓习华音。在京士绅与讲论，其言天文、历数，有我中国昔贤所未及道者，凡十四事。"在详细列举这十四事之后，总结道：

> 此十四事者，臣观前此天文历志诸书，皆未论及。或有依稀揣度，颇与相近，然亦初无一定之见。惟是诸臣能备论之，不徒论其度数而已，又能论其所以然之理。

接下来，他从天文历法说开去，纵论西学关于水利、数学、地理、医学等方面的优越性：

> 今诸陪臣真修实学，所传书籍又非回回历等书可比。其书非特历术，又有水法之书，机

1 阮元《李之藻》，《畴人传》卷三十二《明四》。亦见光绪《杭州府志》卷一百四十七《畴人传·李之藻》。

巧绝伦，用之灌田济运，可得大益。又有算法之书，不用算珠，举笔便成。又有测望之书，能测山岳江河远近高深，及七政之大小高下。有仪象之书，能极论天地之体，与其变化之理。有日轨之书，能立表于地，刻定二十四气之影线，能立表于墙面，随其三百六十向，皆能兼定节气。种种制造不同，皆与天合。有《万国图志》之书，能载各国风俗山川，险夷远近。有医理之书，能论人身形体血脉之故，与其医治之方。有乐器之书，凡各钟琴笙管，皆别有一种机巧。有格物穷理之书，备论物理事理，用以开导初学。有《几何原本》之书，专究方圆平直，以为制作工器本领。以上诸书，多非吾中国书传所有，想在彼国亦有圣作明述，别自成家，总皆有资实学，有裨世用。[1]

这是李之藻一篇很重要的奏疏，全面系统地阐述了他对西学的看法，表明他的“以西法为宗”，绝非泛泛而谈，而是建立在对西学深入细致研究基础之上的，宽阔的视野，精辟的见识，当时的一般官员难以望其项背。可惜的是，崇祯四年（1631）他病逝于任上，留下了才情未尽的遗憾。《杭州府志》为他立传，写他“卒于官”，有一段话很有意

1 李之藻《请译西洋历法等书疏》,《李我存集》卷一《疏》。

思："之藻没后，新法算书成，有许胥成者著《盖载图宪》，纯以西书为据。盖自之藻创其说，光启等继之，欧罗巴之秘尽泄矣。"[1]这句话也许并不全面，却道出了李之藻、徐光启等人向西方学习的成效是明显的——后继者著书立说"纯以西书为据"，便是一个证据；"欧罗巴之秘尽泄"，则是另一个证据。

李之藻放眼看世界，在"西学东渐"中的贡献，不仅在科学史上，而且在思想史上，刻下了深深的印迹，留下了丰富的遗产，却长期被官方忽视。裴化行感慨系之，写下一段颇动感情的文字："这位谦逊的开拓者迄今还被官方传记家几乎全然忽视，即使那些不得不给予他的好友保禄·徐光启以一席地位（虽然是极小的地位）者，也似乎千方百计不肯提及他。然而，没有他，十七世纪末、十八世纪初诸如顾炎武、阎若璩等等大学者就无从发展思想，对于这样的一个人全然抹煞，难道公正吗？这种蓄意遗忘，我们愿意归咎于哲学史家黄宗羲，既然黄宗羲过于受佛学偏见的影响。诚然，李之藻基本上是一位翻译家，不仅仅翻译科学著作，还翻译哲学、神学；但是，部分地缺乏独创性，难道就可以使普鲁塔克的译者安米约这样的作家不名列十六世纪法国文学光荣榜上吗？特别是假如我们把这位杭州进士的译述同

1 光绪《杭州府志》卷一百四十七《畴人传·李之藻》。

乾隆大百科全书（《四库全书》）收入的那些叫人难以下咽、催人入眠的著作相比较！”[1]虽然该书译者的翻译文笔实在令人难以恭维，我们还是看懂了裴化行的意思，他谈到了很重要的一点：如果没有李之藻的文化遗产，顾炎武、阎若璩等大学者“就无从发展思想”。这样的论断，恐怕是中国思想史研究者很少想到的。

4. 由佛教到天主教的杨廷筠

杨廷筠，字仲坚，号淇园，杭州府仁和县人，生于嘉靖三十六年（1557），祖父和从弟都是进士出身。他本人于万历七年（1579）乡试中举，万历二十年（1592）进士及第。作为明末天主教三柱石，他与徐光启、李之藻都是进士，仕途却有所不同——他的大部分仕途生涯是在地方基层度过的。不知什么原因，关于他的传记资料，杭州地方志所记很简略，且多错误。乾隆《杭州府志》写道：“杨廷筠，字作坚[2]，仁和人。万历乙未[3]进士，授安福知县，擢御史，巡太仓，会中旨取太仓库金三十五万，廷筠奏曰：‘祖宗积贮至今尚存八百余万，陛下御极以来支用七百余万，今一旦又支若干，脱有急需，何以应之？’时矿税之使四出，廷筠数以疏谏，尽发陈奉、马堂、陈增等奸状。出按

1 裴化行《利玛窦神父传》，第300—301页。

2 按：当为“字仲坚”。

3 按：当为“万历壬辰”。

江西[1]，以三吴民重困榷税，上减榷疏，迁按察副使，请告归。以荐起河南副使，迁顺天府丞。会魏忠贤用事，遂乞归。”[2]光绪《杭州府志》与之大同小异，也有不少错误，如把“字仲坚”误作“字作坚”，把“江西安福”误作“湖广安福”，把“出按苏松”误作“出按江西”。[3]清代杭州人已对杨廷筠不甚了了，令人百思不得其解。

杨廷筠进士及第后，历任地方官，政绩都很好。出任江西吉安府安福县的知县，“缓催科，均徭役，尤加意学校，月课岁试，奖进不倦……久旱，廷筠兼程至，雨亦随降，父老欢呼，称为‘仁侯雨’”[4]。万历三十三年（1605），出任苏、松等府巡按御史时，向朝廷建议停止编派绫纻与河工加赋。《松江府志》如此记载：“三十一年巡视漕运，又二年巡按苏松，论改织绫纻，苏松不下三十万（匹），向无额编，何以供命？请悉罢止。又论河工加赋，苏、松、常、镇四府当天下什三，焚林竭泽，民岂堪此！言甚剀切，不报。”此后，他督导学政，为方孝孺在松江的后裔作了不少善举。《松江府志》写道：“求方正学嫡裔在松江者，复其姓，捐三百金，建求忠书院，祀正学衣冠。其子孙奉烝尝不绝。”[5]

杨廷筠与李之藻是同乡挚友，关系密切，然而两人接受天主教与西学的心路历程截然不同。

1 按：当为“出按苏松等府”。

2 乾隆《杭州府志》卷八十一《人物一·名臣二·杨廷筠》。

3 光绪《杭州府志》卷一百三十四《人物·仕绩三·杨廷筠》。

4 乾隆《吉安府志》卷三十七《秩官志·安福名臣·杨廷筠》。

5 嘉庆《松江府志》卷四十二《名宦三·杨廷筠》。

杨廷筠有深厚的儒学、佛学修养，使他难以超脱或割舍。他在为官时期的言行，处处透露出他的这种修养。比如整顿学校风纪，改良文教设施，表彰节妇孝子，厚待大儒后裔，高扬道德意识，为顾宪成复兴东林书院出一臂之力。脱离官场退隐时，则提倡结社，弘扬道学，鼓励讲学活动。在乡里设立类似同善会的“仁会”，救济贫民。陈继儒为他的母亲立传，提及他“首捐资为倡”建立“仁会”，“馁者饩，寒者襦，疾者药，暴者殓，以逮孤茕故旧，皆倚为外府。其他倾廪以活饿人、积贮以需平价，助创先觉讲院，以纳远近负笈之门人”[1]。

这种背景，使他有别于李之藻。正如沈定平所说：“最能反映李、杨二人在学术志趣和素养上的差别，从而影响到他们接受西学的不同方式的，莫过于杨廷筠专注于‘形而上’的伦理道德宗教领域，希望从阐明人生性命的真谛和克己自律的道德实践中，重塑儒家的传统价值，以达到匡时救世的目的，充分显示了一个道学家的本色。而李之藻则在恪遵儒家价值观的前提下，更多地关心‘形而下’的具体实用之学，关心传统科学技术的现状和发展，俨然博物家的胸怀。”[2]

杨廷筠是一个虔诚的佛教徒。他出生在杭州，受明末三大高僧之一——云栖寺的袾宏法师影响巨

1 陈继儒《武林杨母吕恭人传》,《陈眉公先生集》卷四十五。

2 沈定平《明清之际中西文化交流史——明代：调适与会通》，第587页。

大，杨府一家都笃信佛教。他的父亲杨兆坊用来教导子弟的《杨氏塾训》，其中就有“戒伤生”的篇目，内列四十八则，显然受了袾宏法师宣扬“放生功德”的感化。杨廷筠本人熟读《华严经》《金刚经》《法华经》《维摩经》《无量寿经》《楞严经》《药师琉璃经》等。[1]他如何由一个佛教徒转化为基督徒，美国普林斯顿大学教授比得信有精深的研究。

万历三十年（1602），杨廷筠在北京会见了利玛窦，讨论“名理”问题，似乎谈得很投机，大有称兄道弟的趋势。但是他对利玛窦所谈的西方数学方面的内容，一窍不通；利玛窦也认为，杨廷筠没有徐光启、李之藻那样“聪明了达”。十年之后，情况终于发生了变化。

万历三十九年（1611）四月，李之藻丁忧回到杭州，郭居静神父、金尼阁神父同行。杨廷筠在吊唁李父时，遇见了郭居静、金尼阁，表示非常乐意探索他们宗教的奥妙。当他看见“主”的形象时，恭敬地朝向他，又如置身于“天主”面前，而“主”正给予他指引。为了学得更多，他抛开了其他一切事务，潜心探索“天学”的基本原理。郭居静和金尼阁神父向他讲解教义，他承认天主是天上和地球万物的主宰，但对它将会给信仰佛教的地方带来何种损害，感到疑惑。一天，金尼

1 葛谷登《奉教士人杨廷筠》（上），日本一桥大学《一桥研究》第17卷第1号。

阁神父和一位来自广东的中国教徒，向他解释基督教的仪式，他有些焦虑地问：这些都是怎么想出来的？上帝降临人间是为了赎回世人的罪孽，我怎么竟然还对此表示怀疑呢？其时，他已经准备好去相信这一切了。当杨廷筠向神父表示希望立即受洗时，金尼阁没有答应，因为他除了妻子，还有一个侍妾，并且为他生了两个儿子。他随即向李之藻诉苦，他作为一个以前的高官，心甘情愿为他们服务，而他们却以有侍妾而拒绝了他，佛教肯定不会如此对待他。李之藻解释说，这恰恰是佛教僧侣不能与来自西方的传教士相比的原因，传教士希望拯救别人，但不愿为了你破坏教规；他们希望改造这个堕落的世界，但不敢不尊重教规。杨廷筠放弃了侍妾，依教规行事。1611年（万历三十九年）6月，传教士为他入教受洗，赐予教名弥额尔。

据杨振锷《杨淇园先生年谱》援引的一些西方资料显示，正是李之藻的鼓励，加深了他对天主教的认识，才使得杨廷筠放弃佛教，投入天主教的怀抱。这种认识大约有五个方面：第一，隐匿于天堂和地球万物之后的天主，不仅属于遥远的西方，而且在任何时间、任何地点主宰着世界的每个角落；第二，任何关于释迦牟尼“擎天蔽日”的说法，由于不承认天主的万能，而被视为愚蠢，应该摈弃；第三，在“主”的品格中，“至善”和对人类的关心最为突出，这在“主”用自己的身体去赎回人类的罪孽，可以得到印证；第四，明白了此点后，他不再怀疑，迅速领悟天主教的真谛，十年之后他撰写《代疑编》绝非偶然；第五，从传教士因他蓄妾而固执地阻止他入教，他体会到，教规是不容改变和妥协的。[1]

一旦成为天主教徒，他就义无反顾地宣扬天主教教义，写了《代疑编》《代疑续编》《圣水记言》《鸮鸾不并鸣说》《天释明辨》《广放生说》等。在《代疑编》中，他主张，儒者不必把天主教看作异端，在“畏天命”“事上帝”上，天主教徒与儒者是一致的。在为耶稣会士庞迪我的著作《七克》所写的序言中，他认为天主教教义与儒家学说是“脉脉相符”的。在为耶稣会士艾儒略的著作《西学凡》所写的序言中，他说中国传统的“天学”几近晦暗，利玛窦等耶稣会士带来的西学能使“天学”重放光芒。[2]

他的代表作《代疑编》《代疑续编》是对儒者疑问的逐一解答，不妨略举一二，以见一斑。《代疑编》说：

> 西国之法，极重书教，以此系民之耳目，关民之心志。一讹则无所不讹，故先圣特预防之。掌教事者必当代圣贤，聪明睿智，高出人群，而传世之书，必经掌教亲目鉴定，毫厘无差，然后发镌。
>
> 若不农不贾，身必常贪。衣食既窘，不得不仰面求人。求之不遂，未免辗转营求，或装饰行径，或恢张言语。眼前流弊，诚可概见。

1 比得信《杨廷筠、李之藻、徐光启为何会成为基督徒》，《文化杂志》（中文版）第21期（1994年）。

2 方豪《明末清初天主教比附儒家学说之研究》，台湾大学《文史哲学报》第11期。

《代疑续编》说：

惜哉，世人营营朝夕，不越目前，无异蜉蝣蟪蛄，懵然而生，倏然而死。

夫死者必至之期也。高年者死，稚年亦死；多病者死，无病者死；困穷者死，荣富者死。死事无人替得，好歹只自承当，妻子父母、亲戚朋友如我何哉！

自己只有一身，更无二身。此身只一生死，无二生死。

《天释明辨》以天主教徒的立场彻底批判佛教：

今舍四民之业，径入空门，而身衣口食不免仰食十方。其势不得不生希冀，生希冀便增荣谋，增荣谋便入装饰，而掩恶著善之事无不有矣……一郡之中，披剃者数万人，失数万人之业，须倍得数万人之力作以养之。无功世间，虚叨供养。

今学佛者，或为窘迫事故，或为利人衣食，全非慕道之心。为之师长者，止令之供役使、守庵院、了应赴，绝无法嗣之意。求田问舍，不异俗人，而秽媟不可言，又俗家所未有者矣。

人之行仁，自有次第……亲亲而仁民，仁民而爱物，此次第法也……释氏却不从此理会。无论疏远，即至亲瓜葛，亦漠然等之路人。

他的耶稣会士朋友艾儒略的两本著作《西学凡》和《职方外

纪》，与他有着密切关系。

《西学凡》是第一本简要阐释有关欧洲耶稣会学校教育专业设置、学校体制和“建学育才”的纲要及其课程大纲的著作，被认为是向中国人介绍当时西方教育的一本教材，同时也是最早介绍西方近代学术分科知识的一本专著，可以视为一部西方学术与分科知识的“概说”。耶稣会士与中国学者曾经酝酿一个庞大的译书计划。利玛窦传教策略的忠实执行者金尼阁，万历四十一年（1613）奉命回到欧洲，在教皇支持下，收集了有关宗教、哲学和科学的西书七千部，于六年后运到澳门。以后他与艾儒略、杨廷筠、李之藻等商议全面的译述计划。天启三年（1623）艾儒略以答述的形式，将欧洲学校所授各科课程，按照文科、理科、医科、法科、教科、道科六部分，编成《西学凡》，对七千部书作了提纲挈领的介绍。他还打算，用十几年时间，把这些书翻译成中文，促进中西文化交流。[1]

天启三年（1623），《西学凡》在杭州刊印，杨廷筠为它作序。他在序言中说：“儒者本天，故知天、事天、畏天、敬天，皆中华先圣之学也。《诗》《书》所称，炳如日星，可考镜已。自秦以来，天之尊始分；汉以后，天之尊始屈。千六百年，天学几晦，而无有能明其不然者。利氏自海外来，独能洞会道原，实修实证，言必称昭事，当年名公硕

1 邹振环《晚明汉文西学经典：编译、诠释、流传与影响》，第225—226页。

士皆信爱焉。”清楚地表明了他的观点：一千六百年来，中国传统的“天学”几近晦暗，利玛窦等耶稣会士带来的西学使得“天学”重放光明。他还指出，这七千部西学书籍的传入，是以往传入的佛经无法比拟的：“所称六科经籍，约略七千余部，业已航海而来，具在可译。此岂蔡愔、玄奘诸人近采印度诸国寂寂数简所可当之者乎？”因此他决心与艾儒略等人把它们翻译出来：“假我十年，集同志数十手，众其成之。”[1]

《职方外纪》，艾儒略的一本世界地理著作。《四库全书》的提要如此介绍：“《职方外纪》五卷，明西洋人艾儒略撰。其书成于天启癸亥。因西洋利氏赍进《万国图志》，庞氏奉命翻译，儒略更增补以成之。盖因利玛窦、庞我迪[2]旧本润色之不尽，儒略自作也。所纪皆绝域风土，为自古舆图所不载，故曰《职方外纪》。其说分天下五大州……”这个提要，大体沿用艾儒略为该书所写的自序。艾氏写道：“吾友利氏赍进《万国图志》，已而吾友庞氏又奉翻译西刻地图之命，据所闻见，译为图说以献，都人士乐道之者，但未经刻本以传。迨至今上御极，而文物重新，骏骏乎王会万方之盛矣。儒略不敏，幸厕观光，慨慕前庥，诚不忍其久而湮灭也。偶从蠹简得睹所遗旧稿，乃更窃取西来所携，手辑方域梗概，为增补以成一编，名曰《职方外

1 杨廷筠《刻西学凡序》，《四库全书存目丛书·子部·杂家类·西学凡》。

2 庞我迪，当为庞迪我。

纪》。”在自序的末尾，他特别强调："淇园杨公雅相孚赏，又为订其芜拙，梓以行焉。”[1]也就是说，这部书是在杨廷筠协助下完成的。据邹振环说：《职方外纪》的明刊本，“原署名‘西海艾儒略增译，东海杨廷筠汇记’。‘汇记’是指文字加工润饰，所谓‘订其芜拙’，使文字显得比较儒雅，合乎中国读者的阅读习惯。该书两人同时署名，不难判断杨廷筠在编纂过程中出力甚多。”[2]

以上种种，足以显示，杨廷筠在西学东渐过程中的作用不容低估。他的这些著作涉及儒、道、佛三教，激起了巨大的反响——由于他主张儒、道、佛三教的宇宙观原理与天主教教义基本一致，被反天主教阵营攻击为背叛中国传统思想；在天主教阵营内部，因其受佛学影响至深，又被天主教信仰者指责为异端。杨廷筠在天主教信仰的思想史上是一个非常值得探讨的人物。

5.“读书必开眼”的方以智

出生于万历三十九年（1611）的方以智，是明末很有特点的文人，与侯方域、冒襄、陈贞慧并称为明末四公子。他出身名门，祖父方大镇、父亲方孔炤都是高官，自然算得上公子哥儿。温睿临说他“为人风流自喜”[3]，却没有侯方域与李香君、冒襄

1 艾儒略《职方外纪》卷首《自序》。

2 邹振环《晚明汉文西学经典：编译、诠释、流传与影响》，第258—259页。

3 温睿临《南疆逸史》卷四十《隐遁·方以智》。

与董小宛那样的风流韵事。他追随徐光启、李之藻、杨廷筠，服膺耶稣会士和他们带来的西学，却不是天主教徒，晚年皈依佛门，出家为僧。

桐城方家是当地的名门望族，以学问名世。方以智的曾祖父方学渐，没有功名，却是“方氏家学的草创者”[1]，不满于王畿的“四无说”，与顾宪成、高攀龙意见相合，曾到东林书院讲学。朱彝尊说：“方氏门才之盛，甲于皖口，明善先生实浚其源，东南学者推为职志焉。”[2]明善先生即方以智的曾祖父方学渐。他的祖父方大镇，万历十七年（1589）进士，官至大理寺少卿，曾在邹元标、冯从吾创办的首善书院讲学，因不满魏忠贤专权，辞官归乡。乡居时，与门人讲学不辍，潜心学问，著有《闻斯录》《桐川讲义》《易意》《诗意》《礼说》等，邹漪称赞他“端毅纯正，允为一代大儒”[3]。他的父亲方孔炤，万历四十四年（1616）进士，天启初为兵部职方司员外郎，得罪阉党头目崔呈秀而削籍。崇祯十一年（1638）以都察院右佥都御史巡抚湖广，后又总督大名军务。京师陷落，南奔留都，因马士英、阮大铖乱政，遂归隐。他一生研究易学，著有《周易时论》《潜草》，涉及天文、历法、博物等，对耶稣会士传入的西学怀有浓厚的兴趣。他的随笔集《潜草》，方以智在《物理小识》中再三引用。[4]

1 参见刘岸伟《围绕西学的中日两国的近世——方以智的场合》，《札幌大学教养部纪要》第39号。

2 朱彝尊《静志居诗话》卷十四《方学渐》。

3 邹漪《启祯野乘》一集卷二《方大理传》。

4 刘岸伟《围绕西学的中日两国的近世——方以智的场合》，《札幌大学教养部纪要》第39号。

在这样的家学渊源中熏陶出来的方以智，注定不是等闲人物。温睿临说他“少美姿貌，聪颖绝伦，书无所不读”[1]。朱彝尊说他“纷纶五经，融会百氏，插三万轴于架上，罗四七宿于胸中”[2]。《桐城县志》说他“九岁即善属文，比冠，著书数万言，与江左诸贤隽力倡大雅”[3]。

方以智，字密之，号曼公，又号浮山愚者。崇祯十二年（1639）举人，崇祯十三年（1640）进士，授翰林院检讨。京师陷落，乘间脱归，前往南京。由于五年前曾参与复社诸君子的《留都防乱公揭》，揭发阉党余孽阮大铖的真面目，遭到已在弘光小朝廷掌权的阮大铖报复，亡命广东。南明唐王、桂王先后起用他出任高官，均不赴，转侧于洞壑间，艰苦备至，旋即落发为僧，法号弘智，字无可。父亲去世，他回归桐城，庐墓三年，“励志砥行，惟与子弟讲业论道，语不及世事”。《桐城续修县志》写道：“家世理学，至以智益集其成。为人操履平恕，不耻恶衣食。博极群书，天人礼乐、象数名物，以及律历医药、声音文字，靡不淹洽精贯。”[4]一生著作颇丰，有《通雅》五十二卷、《物理小识》十二卷、《药地炮庄》九卷、《易余》二卷、《切韵声源》一卷，另有《浮山文集》（前后编）二十二卷，以及《方子流寓草》一卷。[5]以往学者研究方以智，多从理学角度开掘，对他关注西

1 温睿临《南疆逸史》卷四十《隐遁·方以智》。

2 朱彝尊《静志居诗话》卷十九《方以智》。

3 道光《桐城续修县志》卷十四《人物志·理学·方以智》。

4 道光《桐城续修县志》卷十四《人物志·理学·方以智》。

5 道光《桐城续修县志》卷二十一《艺文志》。容肇祖《方以智和他的思想》，《容肇祖集》，齐鲁书社，1989年，第447页。

学，放眼看世界，关注不够。而这恰恰是他最值得称道之处。

他的巨著《通雅》洋洋五十二卷，从写于崇祯十四年（1641）的自序来推断，此书的撰写应该在此前几年。四库馆臣将此书定位为“考证名物、象数、训诂、音声”之作，对它评价颇高：“明中叶以后，以博洽著者称杨慎，而陈耀文起而与争，然慎好伪说以售欺，耀文好蔓引以求胜。次则焦竑，亦喜考证，而习与李贽游，动辄牵缀佛书，伤于芜杂。惟以智崛起崇祯中，考据精核，迥出其上。风气既开，国初顾炎武、阎若璩、朱彝尊等沿波而起，始一扫悬揣之空谈。虽其中千虑一失，或所不免，而穷源溯委，词必有征，在明代考证家中，可谓卓然独立者矣。”[1]话说得不错，“考证精核”确实超越杨慎、陈耀文、焦竑辈，然而仅此而止，亦未免“千虑一失”，他的“迥出其上”，还另有所在，那就是对于西学的吸收与贯通，不但杨、陈、焦等人不及，连后继的顾、阎、朱也难望其项背。他在书中强调：“读书必开眼，开眼乃能读书……由此言之，苟非专精深几，眼何能开？又况闭而开之，开而闭之，习此坎埳，丧身失命，故知不少。”[2]他真的做到了“读书必开眼”，不仅开眼看古书，而且开眼看世界。

他的《通雅》多次提及利玛窦。谈到天文

1《四库全书·子部十·杂家类二·杂考之属·通雅提要》。

2 方以智《通雅》卷首三《文章薪火》。

时，提到利玛窦带来的西学对于纠正传统天文学的误解，令人眼界大开："九天之名，分析于《太玄》，详论于吴草庐，核实于利西江。按《太玄经》九天：一中天，二羡天，三从天，四更天，五睟天，六廓天，七咸天，八沈天，九成天。此虚立九名耳。吴草庐澄始论天之体实九层。至利西江入中国，而畅言之：自地而上为月天、水天、金天、日天、火天、木天、土天、恒星天。至第一重为宗动天，去地六万（应为亿）四千七百三十二万八千六百九十余里，地心至月天四十八万二千五百二十余里。地球周九万里，日轮大于地球一百六十五倍又八分之三，大于月轮六千五百三十八倍又五分之一，而地球大于月者三十八倍又三分之一。"[1]

关于崇祯设局修历，他提及耶稣会士汤若望、罗雅谷参与其事："崇祯时立局修历，玉山魏太乙奉旨别局改修《授时》《大统》诸法，已并用汤（若望）、罗（雅谷）两西士，立局讲求。"又分析了中历不及西历的原因："今《大统》本于《授时》，《授时》本于《大明》，千二百余年于此矣，焉得无差？而西历于万历癸亥方经改定，崇祯戊辰尚多测改，其疏密可知也……西历推其经纬，更真于月日，西法更立正弦、余弦、正切、余切、正割、余割等线，始以三角对数法为测量新义，详见《天步

1 方以智《通雅》卷十一《天文·历测》。

真源》……算惟随时，测之乃准耳。”[1]

他从利玛窦那里了解到“地与海本是圆形”：“地与海本是圆形，而同为一球，居天球之中，诚如鸡子，黄在青内。有谓地为方者，乃语其定而不移之性，非语其形体也。天既包地，则二极周度、纬度、赤道皆相应……利公自大西浮海入中国，至昼夜平线见南北二极，转南过大浪山见南极，出地三十二度，则大浪与中国正对矣。又按西书，南亚墨利加玛八作正中国对足处。”[2]

关于利玛窦带来的世界地图，他说：“利玛窦为两图，一载中国所尝见者，一载中国所未见者……真可谓决从古之疑。”[3]

即此数例，已经可见方以智放眼看世界之一斑。日本东京工业大学教授刘岸伟指出：他这个年轻时在南京看似放浪的“狂生”，却始终追求新的学问，访问耶稣会士毕方济，质问欧洲的历算和奇器，评论耶稣会士金尼阁的《西儒耳目资》。他以后的著作《通雅》《物理小识》中的学问性格和方法，就是在这时形成的。据刘岸伟统计，《物理小识》引用耶稣会士艾儒略《职方外纪》的文字，达五十处之多。他写于南京时代的《膝寓信笔》提到利玛窦，对这位西洋学者渡海来到中国，读中国书，感服孔子，表示钦佩。他说，自己读过李之藻编的《天学初函》，还和精通西学、著有《格致草》

1 方以智《通雅》卷十一《天文·历测》。

2 方以智《通雅》卷十一《天文·历测》。

3 方以智《通雅》卷十一《天文·历测》。

的熊明遇讨论过此事。[1]

其实，方以智不仅在《物理小识》中引用艾儒略的《职方外纪》，此前的《通雅》已经多次引用此书。最显著的例子就是“五大州”[2]，即欧逻巴州（欧洲）、利未亚州（非洲）、亚细亚洲（亚洲）、南北亚墨利加州（南北美洲）、墨瓦腊泥加州（大洋洲）。方以智写道：“……又以地势分五大州：曰欧逻巴，南至地中海，北至卧兰的亚及冰海，东至大乃河、墨河的湖大海，西至大西洋；曰利未亚，南至大浪山，北至地中海，东至西红海、仙劳冷祖岛，西至河折亚诺仓，即此州，只以圣地之下微路，与亚细亚相联，其余全为四海所围；曰亚细亚，南至沙马大腊、吕宋等岛，北至西增白腊，及北海，东至日本岛、大明海，西至大乃和、墨河的湖大海，西红海、小西洋；曰南北亚墨利加，全为四海所围，南北以微地相联；曰墨瓦腊泥加，尽在南方，惟见南极出地，而北极常藏焉……”[3]

方以智的著作中，尤以《物理小识》为最著名，影响也最大。四库馆臣的“提要”这样定位此书：“《通雅》之余绪，掇拾以成编者。”方以智自己把它归结为学习西学的成果：“万历年间远西学入，详于质测，而拙于言通几，然智士推之，彼之质测犹未备也。儒者守宰理而已，圣人通神明、类万物，藏之于易，呼吸图策，端几至精，历律医占皆

1 刘岸伟《围绕西学的中日两国的近世——方以智的场合》，《札幌大学教养部纪要》第39号。

2 现今所称“五大洲”，艾儒略写作“五大州”，方以智沿用此写法，作“五大州”。

3 方以智《通雅》卷十一《天文·历测》。

可引触，学者几能研极之乎！”[1]因此，书中引用耶稣会士有关西学的言论，比比皆是。列于首位的无疑是艾儒略和他的《职方外纪》，且举数例于下：

西齐里亚沸泉如醋，物入便黑。翁加里亚有水喷出地即凝石者，有冬月流而夏冰者，有投鞭成泥，再镕成铜者，有色绿而冻成绿石者。勿里诺山之泉，物坠其中，半月便生石皮，周裹其物。福岛无雨，而大树酿云气，夜生甘水，满树下之池。度尔格有一海，味碱性凝，不生波浪，而皆不沉，不生水族，命曰死海。水性不同如此，将怪而不信耶！[2]

度尔格内有国曰亚剌比亚，有一海，长四百里，水碱性凝，不生波浪，常涌大块如松脂，不能沉物，不生水族，名曰死海。[3]

多勒多城在山上作一器，盘水直至山城。延平有水老为一城人视水，入厨管朽频易，开则水至，塞则水止。[4]

提到其他耶稣会士的也不少，如引利玛窦的话，关于“岁差”：“万历中，利玛窦入，仍约六十六年八阅月而差一度，每年不及周天一分五十秒。”又如关于“日大于地”：“利玛窦曰：地周九万里，径二万八千六百六十六里零三十六丈，日径

1 方以智《物理小识》卷首《自序》。

2 方以智《物理小识》卷一《天类·水》。

3 方以智《物理小识》卷二《地类·弱水死海》。

4 方以智《物理小识》卷二《地类·水激成瀑法》。

大于地一百六十五倍又八分之三（距地心一千六百零五万五千六百九十余里），木星大于地九十四倍半（距地一万二千六百七十六万九千五百八十四里余），土星大于地九十倍又八分之一（距地二千七百四十一万二千一百里余），金星小于地三十六倍又二十七分之一（距地二百四十万六百八十一里余），月小于地三十八倍又三分之一（距地四十八万二千五百二十二里余），水星小于地二万一千九百五十一倍（距地九十一万八千七百五十里余）。经星有六等，皆大于地，以远故，望之小耳。[1]

关于温泉是否与硫有关，引用熊三拔、金尼阁的话："先儒曰：地中阳气遇湿而结为硫，雷火亦有硫气，阳气也。唐子西取硫置水，水不温，以此驳之。熊三拔谓：别无朱砂与礬之别。金尼阁曰：西国有七十余汤，各标主治。布那姑山皆硫，不闻泉汤也。"[2]

关于《崇祯历书》，他提及徐光启，也提及他的父亲方孔炤："自徐元扈[3]奏立历局，而《崇祯历书》今成矣。老父以学者从未实究，故作《崇祯历书约》。"[4]反映他们父子两代对于徐光启的崇敬之情。书中多次引用方孔炤的《崇祯历书约》，例如，谈到"日月行度"的一段文字："日一日行三百六十五度，全数恒星天过一度。月一日行一百五十三度，迟周天十二度，恒星天过十三度。

1 方以智《物理小识》卷一《历类·岁差乃星度与日周差而岁实无差》。

2 方以智《物理小识》卷二《地类·暖谷温泉》。

3 徐元扈当为"徐玄扈"，清人为避康熙帝讳，改"玄"为"元"。

4 方以智《物理小识》卷一《历类·圜体》。

月二十九日六时三刻，合于日而同度，为朔日。照月侧为弦十四日九时余，日月对望而见全圜，曰望。日光在月上，其魂不见为晦，日与天会，一年而多五日三时，曰气盈。月与日会，一年而少五日七时三刻，曰朔虚。其月行疾，日行迟者，以历算自东行西纪度也。月九行者四方，出入黄道者八，与黄道者为九也。”以下特别注明："五星行度，详老父《历书约》。”[1]所谓《历书约》即《崇祯历书约》。

方以智的学问，除了家学渊源，还源自老师虚舟先生。虚舟本名王宣，字化卿，金溪人，生于桐城。方以智为他作传，称道先生“迈志好古，为诗歌文词，凌铄晋唐，上轧周秦”。科场失意后，放弃举子业，倘然高蹈，自号虚舟子，以《易》为终始之学。方以智少年时师从于他："智十七八，即闻先生绪论，旷观千世，尝诗书歌咏间，引人闻道，深者征之象数。其所杂著，多言物理。是时先生年七十，益深于《河》《洛》，扬、京、关、邵，无有能出其宗者。智方溺于词章，得先生之秘传，心重之。自以为晚当发明，岂意一经世乱，遂与先生永诀哉！”[2]方以智的著作中，经常引用虚舟的论断，加以发挥。

家学与师承之外，方以智的学问更重要的是向耶稣会士学习所得，《通雅》《物理小识》多是

1 方以智《物理小识》卷一《历类·日月行度》。

2 方以智《虚舟先生传》，《浮山文集后编》卷一《药地愚者随笔》。

如此，《浮山文集》也留下了痕迹，其中为游子六《天经或问》写的序言，就是最突出的一例，对万历时进入中国的耶稣会士极为赞许，也指出他们在“通几之理”方面有所欠缺：

《天经或问》，建阳游子六所约以答客者也。概言历象，取泰西之质测，以析世俗之疑。往年良孺熊公作《格致草》《原象原理》，晚隐书林，而子六学焉。子六沉潜好学，角立渊渟，遇乱弃举子业，隐于历算日者，以养其母。专精天人之故，一室褐塞，风雨掩户，不汲不戚，萧然自得。愚者闻而敬之。读吾三世之《易》，反复鼎薪，致书见问，愚者答之曰：神无方，而象数其端几也，准固神之所为也，勿以质测坏通几，而昧其中理；勿以通几坏质测，而荒其实事。人者，天地之心，人不尽人，而委天乎？人不明天，乌知所以自尽乎？不通象数，乌知天人之本一而享秩序之不乱乎？……万历之时，中土化洽，太西儒来，脬豆合图，其理顿显，胶常见者骇以为异，不知其皆圣人之所已言也。特其器数甚精，而于通几之理，命词颇拙，故执虚者辟之。子曰：“天子失官，学在四夷。”犹信立静天以考度，定黄赤之两轴，穆天心主之冒如斯也，原不硋也。[1]

1 方以智《游子六〈天经或问〉序》，《浮山文集后编》卷二《药地愚者智随笔》。

容肇祖说，方以智早年留心西洋科学，后来，他和汤若望友好，对于西洋天文算学亦精，有他儿子的话为证。他的儿子方中通的《与西洋汤道未先生论历法》诗注："先生崇祯时已入中国，所刊历法故名《崇祯历书》，与家君交最善。家君亦精天学，出世后绝口不谈。"由此可见，他承认西洋科学的精确，但以为中国学问亦有贯通和先识的长处，颇有后来"中学为体，西学为用"的意味。[1]这一点，是否是当时先进中国人学习西方的普遍心态呢？

1 容肇祖《方以智和他的思想》，《容肇祖集》，第448—449页。

第六章

新气象：文人结社与言论

科举时代，士子们热衷于所谓“制艺”，即应试的本事，博取功名，踏上仕途。为此，他们或寻师觅友，或会集志趣相投者，互相切磋学问，交流心得，形成一个小圈子，少则十几人，多则几十人乃至几百人，称为文社，宗旨是“以文会友，以友辅仁”。这样的文人结社风气，晚明是很盛的。早在1930年代，谢国桢《明清之际党社运动考》就以大量篇幅论述这一问题：

> 结社这件事，本来是明代士大夫以文会友很清雅的故事。他们一方面学习时艺，来揣摩风气；一方面来选择很知己的朋友。所以侯方域《壮悔堂集》卷三《癸未去金陵日与阮光禄书》说：“及仆稍长知读书，求友金陵。”杜登春《社事始末》记：“杨维斗先生设帐于沧浪亭内，为其子焯择友会文。”求友的故事，见于记载很多。所以明季几社的成立，他们只师生通家子弟在一块结合，外人是不能参加的。后来才门户开放，“社集之日，动辄千人”。不意一件读书人的雅集，却变成了一种社会上政治的运动。[1]

1 谢国桢《明清之际党社运动考》，中华书局，1982年，第119页。

谢氏关注的是，“读书人的雅集”变成了“社会上政治的运动”。杜登春则着意于文社的本身：

“大抵合气类之相同，资众力之协助，主于成群聚会而为名者也”；“社之始，始于一乡，继而一国，继而暨于天下。各立一名以自标榜，或数十人，或数百人，或携笔砚而课艺于一堂，或征诗文而命驾于千里。齐年者砥节砺行，后起者观型取法。一卷之书，家弦户诵；一师之学，灯尽薪传。”[1]

顾炎武的说法则更具有学究气息：“社之名起于古之国社、里社，故古人以乡为社”，“今河南、太原、青州乡镇犹以社为称”，“后人聚徒结会亦谓之社”，“万历末，士人相会课文，各取名号，亦曰某社某社”。[2]亭林先生对于文社的说明很确切，因为他本人就是文社的一员，早年参加复社，是有文献为证的：“顾绛，字宁人，昆山人，后更名炎武。有《亭林诗集》。宁人早年入复社，与同邑归庄齐名，两人皆耿介不混俗，乡人有‘归奇顾怪’之目。”[3]顾氏认为“士人相会课文”的文社兴起于万历末是有根据的，广义地说，当时书院的“讲会”也可以看作“社”。东林书院的创办者顾宪成就把东林书院称为“东林之社”：“东林之社，是弟书生腐肠未断处，幸一二同志并不我弃，欣然共事，相与日切月磨于其中。”[4]

晚明的文社，不同于宋元以来的诗社，诗家朱彝尊说：“诗流结社，自宋元以来代有之。迨明庆、历间，白门再会，称极盛矣。至于文社，始天启甲

1 杜登春《社事始末》。

2 顾炎武《日知录》卷二十二《社》。

3 朱彝尊《顾绛》，《静志居诗话》卷二十二。

4 顾宪成《简修吾李总漕》，《泾皋藏稿》卷五。

子，合吴郡、金沙、槜李，仅十有一人……分主五经文字之选，而效奔走以襄厥事者，嘉兴府学生孙淳孟朴也，是曰‘应社’。”[1]在他看来，晚明文社始于天启四年的应社。

一 “虑圣教之将绝”的应社

1. 文人结社之风由来已久

谢国桢认为，应社的起源可以追溯到万历末年的拂水山房社。他说：“应社的成立，时间是很早的，在万历末年，苏州的拂水山房社，就是应社的起源。”为此，他援引计东《上吴祭酒书》：“应社之本于拂水山房，浙中读书社之本于小筑，各二十余年矣。”又引征李延昰《南吴旧话录》：“范文若，字更生，万历丙午举于乡。美姿容，以风流自命。与常熟许士柔、孙朝肃，华亭冯明玠，昆山王焕如五人为拂水山房社。而必跋文坛，必推更生为最。一日东南风大起，拂水岩如万斛珍珠，从空抛撒，更生把酒揖之曰：‘始觉吾文负于此。’”[2]他还引用朱倓《明季南应社考》的说法：“拂水山房倡与瞿纯仁，其同社皆常熟人，继之者许士柔、孙朝肃亦常熟人。承其遗风，乃与上海范文若、华亭冯明玠、昆山王焕如，仍用旧址，相结为社。此二十余年

1 朱彝尊《孙淳》，《静志居诗话》卷二十一。

2 谢氏所引，与原文有出入。兹将原文转录于下：“范更生，美姿容，以风流自命。与常熟许士柔、孙朝肃，华亭冯明玠，昆山王焕如五人为拂水山房社。而跸跋文坛，必推更生为最。一日，东南风大起，拂水岩如万斛珍珠，从空抛撒。更生把酒揖之曰：‘始觉吾辈诗文负于此。’”同书卷十三的范更生条，内容相近：“范更生，美姿容。知汶上县，以严察为治。改知秀水，案牍之间不废文翰。久之，再调光化，便意不自得，或兼旬不治事，扁舟往来江汉间，以钓筒诗卷自娱，远近称为‘仙吏’。”

中，拂水文社之见于记载者仅此九人。应社始于天启甲子，亦倡于常熟。”[1]

谢、朱二氏所说，应社的“会文”活动可以追溯到拂水山房社，自有其根据。但是，需要指出的是，早在拂水山房社之前，常熟已有文人结社的记载。且举一例：赵用贤的《北虞邵先生暨元配张孺人墓志铭》写道：“邵圭洁字伯如，一字茂斋，号北虞，常熟人，嘉靖二十八年举人，选德清教谕，卒。圭洁有文名，与瞿景淳、严讷辈结社为文，时称十杰，推圭洁为领袖。”[2]显然，这个文社在嘉靖年间已经存在，比拂水山房社早多了。

关于范文若，《上海县志》《松江府志》均有传，比《南吴旧话录》稍详：“范文若，字更生，初名景文，上海人，万历三十四年举于乡，与常熟许士柔、孙朝肃，同郡冯明玠，昆山王焕如五人为拂水山房社。以奇文鸣一时。四十七年成进士，知汶上县，以严察为治，调秀水，簿书填委，不废简翰。再调光化，意不自得，或兼旬不治事，扁舟往来江汉间，以钓筒诗卷自娱。迁南京兵部主事，为考功陈某中伤，左谪，稍迁南京大理寺评事，以忧去官，卒于家，时年四十八。文若，美姿容，工谈笑，雅慕晋人风度，好为乐府词章，识者拟之汤临川云。”[3]

应社成立于天启四年（1624），创立者是杨廷

1 谢国桢《明清之际党社运动考》，第123页。

2 赵用贤《松石斋集》卷十九《北虞邵先生暨元配张孺人墓志铭》。光绪《常昭合志稿》卷二十五的邵圭洁传，大同小异：“邵圭洁，字伯如，学于唐荆川，与瞿文懿、严文靖结社会文，时称十杰，圭洁为领袖，工古文辞，不斤斤绳削，而参轨名家。”

3 嘉庆《松江府志》卷五十五《古今人传·范文若》。

枢，地点是在常熟县的唐市。朱彝尊认为，晚明文人结社风气之盛，应社是一个重要的开端。他的《静志居诗话》多处提及此事：

> 杨廷枢字维斗，吴县人。崇祯庚午乡试第一。有《古柏轩诗集》。先生倡“应社”于吴中，评骘五经文字，张溥天如、朱隗云子主《易》，杨彝子常、顾梦麟麟士主《诗》，周铨简臣、周钟介生主《春秋》，张采受先、王启荣惠常主《礼记》，而先生与嘉善钱栴彦林主《书》，后与“复社”“几社”合。领解之后，声誉日重，门下著录者二千人……晚岁岩居，忽罹维絷，其舟中遗书云：“廷枢幼读圣贤之书，长怀忠孝之志，为孝廉者一十五载，生世间者五十三年，作士林乡党之规模，肩纲常名教之重任。惜时命之不犹，未登朝而食禄，值中原之有难，遂蒙祸以捐生，其年则丁亥之岁，其月则孟夏之中。”[1]

2. 应社与广应社

朱彝尊在谈到文社始于天启四年，提出了“应社”与“广应社”两个概念，他说：“诗流结社，自宋元以来，代有之。迨明（隆）庆、（万）历间，

1 朱彝尊《杨廷枢》，《静志居诗话》卷二十一。

白门再会，称极盛矣。”接下来谈到了应社与广应社：

> 至于文社，始天启甲子，合吴郡、金沙、檇李，仅十有一人，张溥天如、张采受先、杨廷枢维斗、杨彝子常、顾梦麟麟士、朱隗云子、王启荣惠常、周铨简臣、周钟介生、吴昌时来之、钱栴彦林，分主五经文字之选，而效奔走以襄厥事者，嘉兴府学生孙淳孟朴也，是曰“应社”。当其始取友尚隘，而来之、彦林谋推大之，讫于四海，于是有“广应社”。贵池刘城伯宗、吴应箕次尾、泾县万应隆道吉、芜湖沈士柱昆铜、宣城沈寿民眉生，咸来会，声气之孚，先自“应社”始也。[1]

关于这一点，陆世仪也谈到了：“先是，贵池吴次尾应箕与吴门徐君和鸣，时合七郡十三子之文为匡社，行世已久。至是，共推金沙（周钟）主盟。介生乃益扩而广之，上江之徽、宁、池、太及淮、阳、庐、凤，与越之宁、绍、金、衢诸名士，咸以文邮致焉，因名其社为应社。与莱阳宋氏、侯城方氏、楚黄梅氏遥相应和，于是应社之名闻于天下。”[2]这个闻名天下的应社，就是所谓的“广应社”。因此谢国桢说：

1 朱彝尊《孙淳》，《静志居诗话》卷二十一。

2 陆世仪《复社纪略》卷一。

> 那时应社的势力，逐渐地扩大，同社的吴昌时以为应社当其始取友尚隘，想把应社推广起来，于是有广应社之作。《七录斋集》卷一《广应社序》云："应之为名，有龙德焉。予昔尝一序其说，多恢愕怪宕，不可究诘之辞，及今视之，益杂而弗举矣。乃来之（吴昌时）、彦林（钱栴）欲因其社而扩大之，讫于四海，则将引意自明，夫亦言其可信焉……"因此，应社的范围既广，就有南北之分。

在他看来，应社（或者说广应社更为确切）可分为三部分——第一是江南的应社，第二是江北的应社，第三是河北的应社[1]——是有根据的。张溥在他的文集中就谈到他在京师时"从游者数十辈"，可以看作河北应社；又谈到以中州商丘为中心的江北应社。[2]他谈到"广应社"，除了上引《广应社序》，还有《广应社再序》，阐述了其志趣：

> 夫朋友之义与宗族之情，其本粲殊，比而同说，则安称焉。然而有其一者，所谓亲亲之道，彼此之通也。且以十五国之人，各方峻阻，一旦而道姓氏称兄弟，虽人事之应求，原其声气，不可谓非天也。天之所与，德者上也，才者次也，再况其下，则无之矣。是以社

1 谢国桢《明清之际党社运动考》，第125—126页。

2 张溥《江北应社序》，《七录斋诗文合集·古文近稿》卷一。

名之立义本《周官》，而今之文士取以为号，择而后交，在久不渝，四海之大，有同井之风焉。[1]

关于应社，当事人张采的记载无疑是最具价值的，他为杨彝的《四书稿》所写的序言，追述了应社创立前后的事情：

◥ 张采，苏州太仓人，崇祯元年进士。天启四年与张溥同创应社。福王时为礼部员外郎，南都失守归里，避难邻邑。

二十年前，余方冠，即知虞山有杨子常，读其文章，辄叹士不虚有名。时余因困踬一室，百步之内，为里儿所诮，不敢结远交。迨癸亥（天启三年）始通姓氏。甲子（天启四年）冬，始与张子天如同过唐市，问子常庐请见。唐市者，虞山北野镇，去娄（太仓）可七十里，子常所居地也。子常方与麟士同业，宾主叙述如平生，因遂定应社约。[2]

◥ 张溥，字天如，号西铭，世称"天如先生"，苏州太仓人，崇祯四年进士。选翰林院庶吉士。与同乡张采齐名，合称"娄东二张"。

这里透露了应社成立时是有《社约》的，就像后来的复社有《社约》那样。倘若没有张采的记录，后人很难知道《应社约》是什么。张采写道：

《约》之词曰："毋或不孝弟，犯乃黜。穷

1 张溥《广应社序》，《七录斋诗文合集·古文存稿》卷三。
2 张采《杨子尝四书稿序》，《知畏堂文集》卷二。

且守，守道古处，在官有名节。毋或坠，坠共谏，不听乃黜。洁清以将，日慎一日。”叙年，子常长，登坛申约，诸兄弟曰诺。

张采还写到了，应社“诸兄弟”之间如同手足的情谊，后来的“社事”以及杨彝特立独行的品格：“时子尝儿静，仅四岁，嘻嘻儿席间。余有初生女，诸兄弟遂赞成婚姻。丙寅（天启六年）春，以选政偕子尝泊吴门，偶游天平山，遇时相子赫奕叱行人辟路。余呼子尝：‘珰焰极，士大夫廉耻道丧。设一第，奈何？’子尝曰：‘噫！’子尝有老母，一第将亟归，自指颈曰：‘我弃此，血溅诸奸矣。’余曰：‘山神实闻诸。’子尝归舟犹愤愤。嗣后，社兄弟相继登科第，余亦以粃糠在前，而子尝至今仅明经……然使子尝初有名时即一第去，不过居官称贵人，乌能四海之内怀思观止！且文章小技不足艳，自约社，从未闻子尝有一辞之失。持身若处子，人固无横加子尝者，间有，第嗛嗛谢。六七年来，窃社事以卖名声者变百出，子尝介然玉立，既绝摇溷，复不急自别白……”[1]

3.“尊经复古”

张溥对于应社有许多回忆性的文字，记录了

1 张采《杨子尝四书稿序》，《知畏堂文存》卷二。

它的存在实态，其中关于应社的宗旨——“尊经复古”，最值得注意：

应社之始立也，所以志于尊经复古者，盖其志也。是以五经之选，义各有托，子常（杨彝）、麟士（顾梦麟）主《诗》，维斗（杨廷枢）、来之（吴昌时）、彦林（钱栴）主《书》，简臣（周铨）、介生（周钟）主《春秋》，受先（张采）、惠常（王启荣）主《礼》，溥与云子（朱隗）则主《易》。振振然白其意于天下，夫天下亦已知之矣……若是者五经之选其为时不已旷乎？于是孟朴（孙淳）慨然兴曰：“文教之不通，则朋友之疏为之累也，今欲聚诸国之远，开文论志，正其法式，讫于成事，伐木酾酒，不敢忘也。”[1]

谈到“定社之大指”——“先与乎其人，后与乎其文”，更值得注意：

应社之始立也，盖其难哉，成于数人之志，而后渐广以天下之意。五年之中，此数人者度德考行，未尝急于求世之知，而世多予之。其所以予之者何也？则以其诚也，无意于名，而有其实，不婴念于富贵贫贱，而当其既

1 张溥《五经征文序》，《七录斋诗文合集·古文存稿》卷三。

至，皆有以不乱。是故先与乎其人，后与乎其文，为人之道有一不及于正者则辞之，而不敢就。既与其人，而文或有未至者，则必申以正，因其材之所命而乐其有成，是以邪僻之意无所形之于文，而四方之欲交此数人者，尝观其文而即知其人之无伪，则定社之大指也。[1]

因此之故，应社很重视“社格”与“选例”：

此应社之立，所以与子常（杨彝）、麟士（顾梦麟）共之也。夫一经之学，人各为家，而其事弥困，则莫若折衷于一，以定其所向，故必同盟之人无不与闻乎。故而后其说可行，不得其人则无取乎多之也，既得其人则无取乎靳之也。虽然，吾党于今之人既无所靳矣，而复正之以社格，严之以选例，简其人矣，而又取其文之数而简之。[2]

应社的活动地点在常熟县的唐市，因而在地方志中留下了痕迹。常熟东南的唐市，仅仅是一个小市镇，居然成为吴中的文化中心。方燧深《唐市志序》写道：“唐市虽小，有水市，有物产，有名胜，有科第，有仙释节烈。经术之深湛，于明则有杨（彝）、顾（梦麟）；文章之雄伟，于本朝则

1 张溥《诗经应社序》，《七录斋诗文合集·古文存稿》卷五。

2 张溥《诗经应社再序》，《七录斋诗文合集·古文存稿》卷五。

有苏苞九、陶子师；书画擅长则有丘屿雪、黄尊古，诸家诸体咸备。”[1]《唐市志》介绍杨彝及应社的活动，说杨彝与顾梦麟并称“杨顾”，号称“唐市派”，在江南文坛影响很大，当时有“天下翕然从风”的美誉。又说，应社诸文士沉潜于五经，每人各治一经，杨彝专治《诗经》，弟子从学者无数，仅著录者即达数百人。此后成立的复社，杨彝也是中坚人物之一[2]。天启五年（1625），杨彝在唐市的凤基园召开应社文会，盛况空前，一时传为文坛佳话。当时人说，唐市出了个杨彝，“以故唐市之名闻天下”[3]。唐市成为吴中文士聚会的场所绝非偶然，天启初年柏小坡建造柏园，董其昌为其题写匾额“十亩之间”，风采雅致，“凡吴中骚人墨士、琴师棋客，咸集于中。园之主人每夜张灯开宴，家有男女梨园，按次演剧”[4]。

由此可见，虽然有“广应社”，但是应社的主要舞台是在常熟为中心的苏州地区，而杨彝与顾梦麟是当仁不让的主角。张溥说：“然而此数人者未尝一日忘古人也，慨时文之盛兴，虑圣教之将绝，则各取所习之经，列其大义，聚前者之说，求其是以训乎俗。苟或道里之远，难于质析，则假之制义，通其问难，于是专家之书各有其本，而匡救近失，先著于制义之辨，以示易见。若此诗义之行，则子常（杨彝）、麟士（顾梦麟）为之端也。”[5]杨、顾

1 乾隆《唐市志》卷首《唐市志序》。

2 乾隆《唐市志》卷中《人物》。

3 乾隆《唐市志》卷上《园亭》，卷首《唐市志序》。

4 乾隆《唐市志》卷上《园亭》。

5 张溥《诗经应社序》，《七录斋诗文合集·古文存稿》卷五。

等人匡救“时文之兴盛”“圣教之将绝”，提倡尊经复古，起到了重要的作用。钱谦益说得好：“万历之季，时文日趋于邪僻，娄江顾麟士、虞山杨子常申明程朱之绪言，典型先民，以易天下，海内谓之‘杨顾’……麟士于有宋诸儒之学，沉研钻极已深，知六经之指归，而毛郑之诗，专门名家，故其所得者为尤粹。”[1]看得出来，应社成立的初衷，以研讨五经文字为宗旨，互相分工，相得益彰，张溥、朱隗主攻《易经》，杨彝、顾梦麟主攻《诗经》，周铨、周钟主攻《春秋》，张采、王启荣主攻《礼记》，杨廷枢、钱栴主攻《尚书》，显然带有科举“制艺”的色彩。这些人都是当时的名流，影响巨大，各地士子遥相呼应，嘉兴孙淳、贵池吴应箕、泾县万应隆、芜湖沈士柱、宣城沈寿民等，都来交流切磋，形成了超越常熟地域的“广应社”，为日后的复社奠定了基础。

二 “负韬世之才，怀救时之术”的几社

1.“十人社”“六人社”与“十八子社”

松江的几社成立于崇祯初年。但是松江地区文人结社之风早已有之。明末清初松江人李延昰的《南吴旧话录》记录松江府的轶闻遗事，特辟一卷

1 钱谦益《顾麟士诗集序》，《牧斋有学集》卷十九。

题为“名社”，介绍当地的文社，写了拂水山房社、几社，还提及早期的其他文社。

其一是“十人社”：

> 林弘斋、董环亭、盛淳庵、王玉宇、钱傅岩、华绳庵、乔弦所取文社，李屯部南湄、朱司成文石两公为甲乙，共十人。初会则淳庵冠其曹，而弘斋亚之；次会文石首弘斋，而次淳庵；后林、盛俱登甲，余亦乡荐，所未经许可者竟无所遇。[1]

其二是“六人社”：

> 黄宪副明为诸生时，与顾文僖清、钱修撰福、李宪使希颜、曹侍御闵、顾比部斌，结社课文，乃当县治西共营一寓，留儒衣冠于其侧。遇朔望，必偕诣学官展谒。既退，以月课互相批阅，绝无假借。事竟，则沽酒尽饮，翌明各理归棹。[2]

其三是“十八子社”：

> 方众甫、范牧之、唐元征、董元宰、王敬夫、陆以宁、杨彦履、冯咸甫、何士抑、高皋

1 李延昰《南吴旧话录》卷二十三《名社·十人社》。

2 李延昰《南吴旧话录》卷二十三《名社·六人社》。

甫、陈子有，槜李冯开之，吴江沈孝通，所称十八子社。[1]

最值得注意的是“六人社”，他们的“结社课文”竟然早在弘治年间，令人大开眼界。顾清，字士廉，号东江，松江华亭人，弘治六年（1493）进士，累官至南京礼部尚书，死于嘉靖七年（1528）。钱福，字与谦，松江华亭人，弘治三年（1490）进士（会试、殿试皆第一），授翰林院修撰，诗文藻丽敏妙，弘治十七年（1504）卒，年仅四十四岁。曹闵，松江上海人，弘治九年（1496）进士，历任沙县知县、御史。诸生黄明与顾清、钱福、李希颜、曹闵、顾斌等人的“结社课文”，当在他们进士及第之前的弘治初年或更早。如果李延昰的记载可靠，那么松江文人结社之事，早于万历年间，是毫无疑问的。另一值得注意的是“十人社”，创办者林景旸，字绍熙，号弘斋，松江华亭人，隆庆二年（1568）进士，官至南京太仆寺卿。朱大韶，字象玄，号文石，松江华亭人，嘉靖二十六年（1547）进士，官至南京国子监司业。由此推断，“十人社”似应成立于隆庆、嘉靖之际。“十八子社”也值得注意，创办者是大名鼎鼎的唐文献（元征）、董其昌（元宰）。此事在《静志居诗话》中也有记载：“松江旧有‘十八子社’，唐文恪、董文敏，

1 李延昰《南吴旧话录》卷二十三《名社·十八子社》。

及吾乡冯祭酒与焉。”[1]唐文献，字元徵，号抑所，松江华亭人，万历十四年（1586）进士，累官至礼部侍郎。此人出于赵用贤门下，以名节相矜诩。董其昌，字玄宰，号思白，松江华亭人，万历十七年（1589）进士，累官至南京礼部尚书。其昌天才俊逸，以书画享誉后世。由唐、董二人进士及第的时间推断，“十八子社”似应成立于万历初年。由此可见，松江地区的文人结社由来已久。李延昰乃几社名士徐孚远的弟子，写松江“名社”，当然不会漏掉几社：

> 几社首倡六人，周勒卣立勋、杜仁趾麟徵、李舒章雯、徐闇公孚远、陈卧子子龙、夏瑗公允彝、彭燕又宾……周夭亡，杜成进士死，夏慷慨赴难死，徐漂泊二十余年，终不食死。李先客燕中，因就中书舍人。彭乃谒选司李汝宁卒。[2]

2.“绝学有再兴之几”

几社延续十人社、六人社、十八子社的传统，与邻近的应社、复社遥相呼应，以文会友，不仅仅满足于科举制艺的训练，更强调振兴绝学，之所以称为“几社”，就带有这种意味：“几者，绝学有再

1 朱彝尊《周立勋》，《静志居诗话》卷二十一。

2 李延昰《南吴旧话录》卷二十三《名社·六人社》。

◤ 朱彝尊，浙江秀水人。康熙十八年应博学鸿词科，授检讨，与修《明史》，对体例多所建议。罢官归里，专事著述。学问兼工诗、文、词、经学、考据。

兴之几。”[1]朱彝尊谈到徐孚远，写道：“徐孚远，字闇公，松江华亭人，崇祯壬午（十五年）举人。先生，达斋侍郎之裔，太师文贞公族孙，与卧子、彝仲、勒卣辈六人，倡几社于云间，切磨今古，文词倾动海内。”[2]谈到周立勋：“周立勋，字勒卣，松江华亭县学生……崇祯中，勒卣偕陈、夏诸公倡‘几社’，首事仅六人，以诗古文辞相砥砺，今所传《壬申文选》是已。”[3]强调几社“切磨古今”“以诗古文辞相砥砺”，至于他所说的《壬申文选》，就是崇祯五年（1632，壬申年）的《几社壬申合稿》。全书二十卷，收录几社诸子历年所写的赋、诗、序、论、议、封事、对、难、策文、册文、制辞、教、表、檄、启、弹文、章、书、说、辩、短长言、箴、问、颂、铭等。陈子龙写的《几社壬申合稿凡例》，陈述了他们“以文会友”的志趣：

> 文当规摹两汉，诗必宗趣开元，吾辈所怀，以兹为正。至于齐梁之赡篇，中晚之新构，偶有间出，无妨斐然。若晚宋之庸沓，近日之俚秽，大雅不道，吾知免矣……辛未（崇祯四年）之春，余与彝仲、让木、燕又俱游长

1 杜登春《社事本末》。
2 朱彝尊《徐孚远》，《静志居诗话》卷十九。
3 朱彝尊《周立勋》，《静志居诗话》卷二十一。

安，日与偕者，江右杨伯祥，彭城万年少，吴中杨维斗、徐九一，娄江张天如、吴骏公，同郡杜仁趾，拟立燕台之社，以继七子之迹。后以升落零散，遂倡和乡里，不及远方。[1]

陈子龙像

陈子龙，上海松江人，崇祯十年进士。明末政治人物、诗人，与夏允彝曾结几社，夏完淳之师。南明永历元年抗清失败，投水殉节。

字里行间流露出“再兴绝学之几”的愿望。

而与陈子龙等人以“社兄”“社弟”相称的挚友张溥，为该书所写的序言，对此是推崇备至的：

辛未（崇祯四年）之秋，联事乡党治古文辞者九人，壬申（崇祯五年）冬成二十卷，悉所期约……诸子生不出里闬，年未及强仕，为时几何，其言满堂，不綦盛欤！庚午之役，予偕勒卣（周立勋）、闇公（徐孚远）、卧子（陈子龙）、燕又（彭宾）东归，论著作抵夜分，卧子愤曰：“诚如子言，即不得官，可不恨。”大声慷慨，舟人动色。辛未，彝仲（夏允彝）、燕又、卧子罢春官归，谓予曰：“今年不成数卷书，不复与子闻。”今其言皆验……或谓诸子

1 陈子龙《几社壬申合稿凡例》，《几社壬申合稿》卷首。

文辞太盛，无束帛丘园之义，疑与儒者不合。然则六经非圣人作乎？委巷之言，君子所鄙，言久行远，四国赖之。[1]

毕竟是“社兄”“社弟”，志同道合，真正读懂了《几社壬申合稿》作者们急切地想大声发出声音，表明纠正时弊的意见，即使“与儒者不合”也在所不惜。这种心境，另外两位作序者也看出来了。姚希孟说：

近有云间六七君子，心古人之心，学古人之学，纠集同好，约法三章，月有社，社有课，仿梁园、邺下之集，按兰亭、金谷之规，进而受简，则勇竞倍于师中；聚而献规，又讥弹严于柱后。此二百年来所创见也。[2]

徐凤彩则从另一个角度窥探出几社诸君子写这些诗文的心态：“天下尝苦于鲜才，以诸君子观之，多卓乎之彦矣。平素之所讲论，皆古今之故，当世之急也……至于文章之事，非诸君所急也。各怀异才而无所用，壮心难抑，则假柔翰以解之，然其寄寓遐深，情见乎辞，古人所不免矣。天下多事，有可用之才而不见知，徒使其放情文史之林，良足悼也。”[3]因为怀才不遇，放情于文史之林，而文章讲

1 张溥《云间几社诗文选序》，《七录斋诗文合集·古文近稿》卷一。《几社壬申合稿》卷首，张溥序。

2《几社壬申合稿》卷首，姚希孟序。

3《几社壬申合稿》卷首，徐凤彩序。

论的主题看起来是“古今之故”，其实都是当今之急务。

3. 剖析朝政利弊的《几社壬申合稿》

这份“壬申合稿”的作者有十一人，比起初的“几社六子”——陈子龙、夏允彝、徐孚远、周立勋、李雯、彭宾，多了五人：朱灏、顾开雍、宋存楠、王元玄、宋存标。按照几社的规矩，“月有社，社有课”，其课艺不可避免带有科举应试的色彩，围绕同一个题目做文章，然后互相切磋，取长补短，是这本“合稿”的最大特色。例如陈子龙、李雯、徐孚远都写了同题的《皇明同姓诸侯王年表叙》，陈子龙、李雯、周立勋、夏允彝、朱灏、彭宾、顾开雍都写了同题的《中州灾异对》，陈子龙、周立勋、徐孚远、朱灏、李雯、夏允彝、顾开雍都写了同题的《拟山巨源答嵇叔夜绝交书》，陈子龙、徐孚远、周立勋、李雯、夏允彝、顾开雍都写了同题的《班定远西域铭并序》。

这些文章的立论与辞藻各有色彩，却有共同之处，用徐凤彩的话来说，就是“寄寓遐深，情见乎辞”，说得更直白一点，都着意于剖析朝政的利弊。明太祖朱元璋封建同姓诸侯王，原本想为皇权构筑屏障，求得长治久安，结果适得其反，引来了燕王朱棣的反叛，显然，没有接受西汉吴楚“七国之乱”与西晋“八王之乱”的历史教训。陈子龙《皇明同姓诸侯王年表叙》写道：

> 昔之建侯求其利，今之置王畏其害，何则？机变既繁，猜情日急，往事多戒，而后防益深也……汉家统千里之封，

晋室擅三军之势，而七国合逆，八王逞凶，原其丧乱，起于无制……至于骨肉相怨，肺腑摧裂。唐宋以来更酌时宜，亲近则虚崇名号，开邸京师，既鲜逾条，亦无重任……

明兴，高皇帝以海内殷远，天下新定，即位之三年，大封诸子以镇抚之。十三年复封，几二十余国。当此之时，诸王皆亲高帝子，或从高帝定天下，无不有帝制心。虽跨州连邑，与汉不侔，而厚蓄资财，盛设兵卫，纵横之资具矣。莫不冕旒逶蛇，龙章缤纷，护卫皆腾健之徒，官属有精采之士，庶子、子侯、尚王、支郡、上公、丞相拜伏下尘，俨然一国主焉。至于建文君之时，缘饰太平，隙开诸叔，晁错之谋益亟，田叔之火无闻，缚以裨将，幽之请室。文皇帝积不堪之心，藉可乘之业，奋兵北平，奄有天物。嗣是而后，虚礼攸崇，昔权益脱。夫既以此而得国，即以此而疑人，人情不其然欤！[1]

显然对明太祖的“封建”诸子有所非议，因为此举造成尾大不掉之势——“厚蓄资财，盛设兵卫”，终于导致燕王朱棣以高皇帝“祖训”为幌子，声讨仿效晁错削藩的齐泰、黄子澄，以清君侧为借口发动叛乱，夺取帝位。成祖文皇帝上台后，“既以此

1 陈子龙《皇明同姓诸侯王年表叙》，《几社壬申合稿》卷十二《序》。

而得国，即以此而疑人”，生怕此后的诸王如法炮制，从反对削藩一变而为积极削藩，使得以后的诸王不再拥有重兵，削夺其政权与财权。正德年间宁王宸濠的叛乱，迅即平定，原因就在于此。这样的分析不但否定了明太祖“封建”诸子的必要性，也否定了燕王（即后来的文皇帝）发动“靖难之役”的合法性。

李雯的同题文章也着眼于此：

> 高皇帝崩，太孙即位，群叔挟开章之谋，朝廷乏主父之算，动躁变起。而文皇用兴，大业既就，则精畏之虑亦颇相深矣。虽太祖诸王狃于自擅，见事既大，未循厥轨，然藩力之削，自此其始也。[1]

和陈子龙一样，他对明朝“二祖列宗”的“二祖”——太祖、成祖，没有什么好感。

这样的史识，也反映在明太祖杀戮功臣这种敏感话题上，对其后遗症感慨系之。陈子龙说：

> 明兴，高皇帝无尺寸之资，诸将皆起徒步，莫不并志一力，艰难尽瘁，或系身肺腑之间，或生长子姓之列，不独资以摧敌，盖将托之机务，岂有侯王之号招徕，以就权宜驰驱之

1 李雯《皇明同姓诸侯王年表叙》，《几社壬申合稿》卷十二《序》。

势，摇足而分强弱哉……胡、蓝（胡惟庸、蓝玉）株累，醢废绵联，至今二百余年之间，非有大变革也，佐命之臣摇落将尽……或云高帝春秋高，诸王咸有非常之望，故广布流言，倾危宿硕，理或有之，非所敢论。独以承平清宴，多历岁年，则开物定基，功非渺细，虽十世其可宥，睹九原以谁归？抚陵园而思股肱，临山河而凭血食。耿、贾高勋，徒在云台之上；房、杜后人，无复夏畦之祭。而竖儒俗吏，于国家无毫发之功，折枝之力，而坐拥高位，或世其家者累累也，可胜道哉！[1]

高皇帝“广布流言，倾危宿硕”，大兴胡惟庸党案、蓝玉党案，杀戮开国元勋数万，这恐怖的一页，给后世留下刻骨铭心的记忆。王世贞《高帝功臣侯伯年表序》说：“然至蓝氏之株累，而几若扫矣。夫以冯宋公、傅颍公之雄，而卒不免死嫌。”[2]冯宋公即宋国公冯胜，因为高皇帝“不欲诸将久典兵”，而被赐死——皇上赐宴，“酒归而暴卒”，美其名曰“赐死”。傅颍公即颍国公傅友德，也是皇上“赐死”的。其中细节是这样的：“蓝玉诛，（傅）友德以功多内惧，定远侯王弼谓友德：‘上春秋高，行且旦夕尽我辈……’太祖闻之，会冬宴，从者彻馔，彻不尽一蔬。太祖责友德不敬，且曰：‘召尔二

1 陈子龙《高帝功臣年表序》，《几社壬申合稿》卷十二《序》。

2 王世贞《弇州史料前集》卷一《高帝功臣侯伯年表序》。

子来！’友德出，卫士有传太祖语曰：‘携其首至。’顷之，友德提二子首以入，太祖惊曰：‘何遽尔忍人也？’友德出匕首袖中，曰：‘不过欲吾父子头耳。’遂自刎。太祖怒，分徙其家属于辽东、云南地，而王弼亦自尽。”[1]陈子龙所说“高帝春秋高，诸王咸有非常之望，故广布流言，倾危宿硕”，其内心独白盖出于王弼所说“上春秋高”云云。

陈子龙的社友们围绕这个题目做文章，所发的感慨是大同小异的。夏允彝说：

> 高皇帝数诏天下，未尝不曰我诸臣力。当其时，河山载起，丹圭永誓，仪惠饬优，溉及昆裔。盖一封而公者六，侯者二十八；再封而公者四，侯者二十一，伯者二。无德不仇，岂有恩欤？蓝、胡继偾，黄钺数下，旨酒娄封，宋、颍饮血，卒其所繇螯戾，岂咸得而昭觌者！[2]

这里所说的“蓝、胡继偾，黄钺数下”，当指胡惟庸、蓝玉党案；“旨酒娄封，宋、颍饮血”当指宋国公冯胜、颍国公傅友德“赐死”之事。至于“丹圭永誓”云云，是指大封功臣之后，高皇帝颁赐“免死铁券”，向功臣们发誓：“朕本疏愚，皆遵前代哲王之典礼，兹与尔誓：除谋逆不宥，其余若犯死

1 张岱《石匮书》卷七十一《冯国用冯胜傅友德列传》。

2 夏允彝《高帝功臣年表序》，《几社壬申合稿》卷十二《序》。

罪，尔免二死，子免一死，以报尔功。”[1]言犹在耳，那些功臣陆续以莫须有的“谋逆”罪名被处死，“尔免二死，子免一死”云云，不过是一句空话。皇帝赏赐的“免死铁券”，不是护身符，充其量只能算作荣誉证书，他可以变着法儿让你死，还不能说他出尔反尔、言而无信。夏允彝因此感叹“隙繇鷙启，戾以纤滋”。

徐孚远的同题文章用“呜呼”的口气写道：“高皇帝之深计，岂不欲扶绝继微，世世保其茅社也。然而衅繇二竖，诖误连类，微嫌自引，殃及苗裔者，不可胜言。至于末年，勋臣之有后者，殆不能十一也。”[2]这是在说，当年杀戮功臣是连根铲除的，所以到了几社诸子生活的崇祯时代，勋臣后裔还在的竟然不到十分之一。王元玄也有类似的感叹：“皇祖之意，徒以春秋既高，太孙尚幼，去此怏怏，用绥末命。然而始以一眚之绳，终乖十世之议，金瓮屡将于私里，丹书绝誓于子侯，报短功长，古以为悼。至乃靖难兴戈，老成徂丧，捍关据藩者，非无彻侯世将之子，而望实不敌，国步家声，同时殄悴。”[3]功臣宿将杀戮殆尽的后果是，建文帝为了平定燕王的叛乱，竟然无将可用，不得不让年迈的长兴侯耿炳文出征，败局已定。高皇帝岂不是在自毁长城！故而王元玄要说“国步家声，同时殄悴”。

1 关于免死铁券，可以参看吕毖《明朝小史》有关魏国公、韩国公铁券的记述。

2 徐孚远《高帝功臣年表序》，《几社壬申合稿》卷十二《序》。

3 王元玄《高帝功臣年表序》，《几社壬申合稿》卷十二《序》。

如果说几社诸子所写的“序”（或“叙”），偏重于历史，那么他们所写的“论”则着眼于现实。例如夏允彝的《拟皇明宦官列传论》，针对几年前的魏忠贤阉党专政，批判宦官干政：

> 引览前古，流祸则均，推之本朝，于斯为极。岂制不善哉？自汉迄宋，诸条阔疏，故势夷而祸杂。本朝文纪星繁，有司牙制，其为法也无不密，于宦官则疏……宦官扼中辏之枢，乘无制之势，即乱乌得而不剧哉……本朝之势专利宦官者三：君臣之交绝也，内官不隶廷臣辖也，在内者分相柄，在外者管将权，二重咸属也。[1]

夏允彝所说“在内者分相柄，在外者管将权”，看起来是在评述“本朝之势专利宦官”，其实他所处的崇祯时代何尝不是如此，他是有感而发的。

李雯的《朋党论》的现实针对性更加明显。崇祯元年（1628）会推阁臣，温体仁、周延儒为了阻止钱谦益进入内阁，以天启元年浙江科场舞弊案为口实，在御前会议上对钱谦益横加诬陷，激起其他官员的反感，吏科都给事中章允儒针对温体仁所说

◥ 李雯，松江府青浦县人，崇祯十五年举人。甲申之变后降清。

---

1 夏允彝《拟皇明宦官列传论》，《几社壬申合稿》卷十三《论》。

“满朝都是钱谦益党”，反驳道：“党之一字，从来小人所以陷君子，皆是这等说。臣犹记得当日魏广征欲逐赵南星，陈于廷诸臣于会推吏部尚书汪应蛟、乔允升，刑部尚书缺，使魏忠贤加一‘党’字，尽行削夺。大抵小人为公论所不容，将公论之所归者指之为党。流传至今，为小人害君子的榜样。”这一席话信手拈来，影射温体仁为小人，企图以“结党”的罪名陷害君子。但是他没有考虑周全，如果皇帝站在温体仁一边，岂不是支持小人陷害君子吗？崇祯皇帝已经意识到这一点，勃然大怒，大声呵斥：“胡说！御前奏事，怎这样胡扯？拿了！”[1]震惊朝野的这场辩论，李雯是记忆犹新的，于是乎写了这篇《朋党论》：

> 朋党者何？君子小人之分也。其族既异，则势不得而同。不同则必争，争则君子必负其名以败，小人虽败而可以复胜。负其名以败者，君子之不幸也。小人虽败而复胜者，君子之不断也……盖天下君子之类寡，而小人之徒众，为君子者不务精其识，而务博其途听悦耳之浅言……故曰：小人之党精于小人，精则纯，纯则胜；君子之党不精于君子，不精则离，离则败。今天下小人有胜君子之心，而无可以为胜之名；君子有可以胜小人之名，而

1 金日升《颂天胪笔》卷四《召对》。

又无不败之实。则朋党之论恐纷纷其未有已也……汉唐以前，朋党之名恒在小人；汉唐以后，朋党之名恒在君子。然则人主将疾朋党乎？疾之，则小人受其福，而君子蒙其祸。[1]

在李雯看来，既然小人用“朋党”之名来整君子，那么皇帝不分是非，一概打击“朋党”，其结果必然是“小人受其福，而君子蒙其祸”，这已为天启末崇祯初的政争所证明。何况当时有人指责几社也是“朋党”，李雯当然要辩论个一清二楚。

《南吴旧话录》写到几社时，有这样一条信息：“几社非师生不同社。或指为此朋党之渐，苟出而仕宦，必覆人家国。陈卧子（子龙）闻而怒，夏考功（允彝）曰：‘吾辈以师生有水乳之合，将来立身，必能各见渊源。然其人所言，譬如挟一良方，虽极苦口，何得不虚怀乐受？’卧子曰：‘兄言是。’乃邀为上客。”[2]师生之间水乳交融，志同道合，结为一社，切磋学问，与“朋党”风马牛不相及。

《几社壬申合稿》的文章，与科举制艺的八股文截然不同。晚明文人对于八股文的弊端已有清醒的认识，张岱所写的《文苑列传总论》分析得最为鞭辟入里：

二百八十二年以来英雄豪杰埋没于八股

1 李雯《朋党论》，《几社壬申合稿》卷十三《论》。

2 李延昰《南吴旧话录》卷二十三《名社·夏考功》。

中，得售者什一，不得售者什九。此固场屋中之通病也……李卓吾曰："吾熟读烂时文百余首，进场时做一日誊录生，便高中矣。"此虽戏言，委是实录……是以我明人物，埋没于帖括中者甚多。盖近世学者除四书本经之外，目不睹非圣之书者，比比皆是，间有旁及古文，怡情诗赋，则皆游戏神通，不著要紧，其所造诣，则不问可知矣。[1]

几社诸子深知其中利弊，与八股保持一些距离，直抒才情，当然要引来非议。《南吴旧话录》记录了一则轶闻："卧子常月夜泛舟白龙潭，匏尊独酌，兴至辄高咏良久。岸上一人曰：'足下少住。'亦棹扁舟携壶，竟上卧子船头。各不交语，吟咏间作，夜深始彻。其人上岸大声曰：'我朝以八股坏天下，几社诸君又以才情坏八股。'卧子欲与再谈，乃摇头而去。明日，卧子语夏瑗公（允彝），瑗公曰：'此公为刘公荣则不足，为顾子敦则有余。我辈终落其齿牙。'"[2]

1 张岱《石匮书》卷二百二《文苑列传总论》。

2 李延昰《南吴旧话录》卷二十三《名社·陈卧子》。

4."关于军国，济于时用"的《皇明经世文编》

几社诸君"以才情坏八股"，是非自有公论。

夏允彝所说的“我辈终落其齿牙”，并非戏言，崇祯十一年（1638），几社诸君编成一部五百余卷皇皇巨著《皇明经世文编》，震惊文坛。几社的青年才俊主张学问必须经世致用，在王朝走向末路的危难之际，把本朝有识之士的经世致用文章汇编成书，供当朝执政者借鉴。正如编者徐孚远在序言中所说：“当国者览此书，以为有裨于盐梅之用，庶几因是推其由来，以渐窥高皇帝之渊薮，或有弘益哉，或有弘益哉！”[1]

陈子龙在该书序言中指出：“明兴二百七十年，海内治平，驾周漂汉，贤才辈生，勋在竹帛，而遗文绪论未有统汇，散在江海。盖有三患焉：一曰朝无良史，二曰国无世家，三曰士无实学……积此三患，故成书也。”接下来他说：

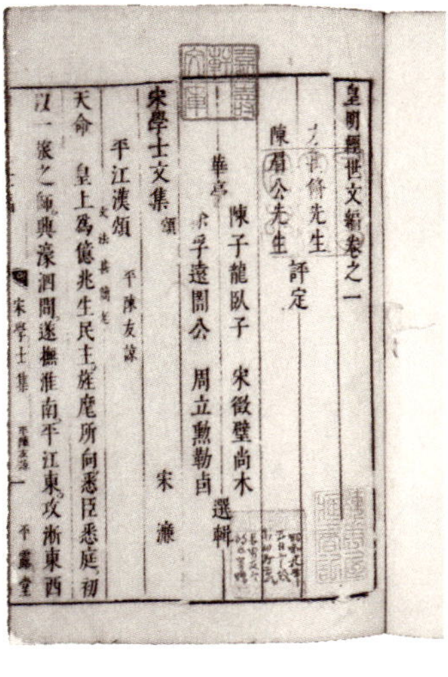
皇明經世文編卷之一
陳眉公先生 評定
華亭 陳子龍臥子 宋徵璧尚木
徐孚遠闇公 周立勳勒卣 選輯
宋學士文集 頌
平江漢頌 平陳友諒 宋濂
天命皇上為億兆生民主旌麾所向悉臣悉庭初
汉一旅之師興濠泗間遂撫淮南平江東攻浙東西
宋學士集 平露堂

◥《皇明经世文编》书影

> 予自幼读书，不好章句，喜论当世之故，时从父老谈名公伟人之迹，至于忘寝……夫王业之深浅，观于人才之盛衰。我明既代有翊运

1 《皇明经世文编》卷首，徐孚远序。崇祯年间出版的《皇明经世文编》，颇有广告意识与版权意识，封面上端横写着：“方禹修陈眉公两先生鉴定”，右边竖写着：“陈卧子先生评选”，左下方写着：“云间平露堂梓行”“本衙藏版翻刻必究”。

辅佐之臣，而主上旁求俊乂，用人如江湖，则是编也，岂惟益智，其以教忠哉！[1]

字里行间流露出追求“当世之故”“名公伟人之迹”，是编辑此书的旨趣，因而它的作用不仅仅是“益智”，更在于“教忠”，担负起天下的兴亡。

宋征璧为此书撰写的凡例，虽然略显繁琐，其宗旨与陈子龙并无二致。开宗明义指出，徐孚远、陈子龙、宋征璧三人，选取本朝名臣文集，撷其精华，编成一书，“志在征实”，所以题目叫做“经世”。接着他阐述了编辑的主旨，不妨选录若干条，以见一斑：

> 夫国家之景运既如彼，我皇之圣明又如此，必有异人并出，以助缉熙，不愧肃皇之世者。当拭目观其盛耳。予与徐子、陈子论昭代人才之概，而于名公贵卿深有望云。
>
> 天下有一定之理，有万变之事，正心诚意之言，亲贤远佞之说，治忽之分，罔不由兹。然义简而直，数语可尽，故集中惟元臣正士，入告我后者，载数十首，以概其余。
>
> 而治体事功，人文国典，关系一代。夫采野史则多失实，搜家乘则恒溢美，斯编折衷两端，间有标识，庶窃取乎识小之义，为异日作

1《皇明经世文编》卷首，陈子龙序。

史之资云尔。

本朝文士，风云月露，非不斐然，然求之经济，十不一二。至若宋文宪（宋濂）之精粹，李空同（李梦阳）之谅直，王浚川（王廷相）之练达，王弇州（王世贞）之博识，宁非卓尔之姿，济世之彦哉！罕有通才，未当一概。其他若丘文庄（丘濬）、霍文敏（霍韬）、冯文敏（冯琦）、徐文定（徐光启），学术渊深，足为世用，一称立言立家，一为实用之准。

高皇诏废中书，文皇政归内阁，三杨秉钧而后，势以益重，至嘉隆之间，几几真相矣。若洛阳（刘健）、余姚（谢迁）之谠亮，永嘉（张璁）、丹徒（杨一清）之才略，新都（杨廷和）、华亭（徐阶）之弘博，新郑（高拱）、江陵（张居正）之英毅，山阴（王家屏）、归德（沈鲤）之端方，内辅君德，外总机务，朝政之清浊，海内之安危，职任綦重，裒辑尤详。

当世所急，民穷本患，至征兵输饷，所在驿骚。然乞活鼠窃，已经数见，虽同飚风，旋即草薙。当时緤索在我，剿抚互施，取则不远，皆为前鉴。其谋可垂远，事多切今者，摭采无遗，庶励志请缨仗剑讨贼者知所审焉。[1]

1《皇明经世文编》卷首《凡例》。

看得出来，此书着眼于现实，突出“征实”与“经世”色彩，得到了为其写序的地方长官、知名人士的高度赞扬。

当时的松江知府方岳贡（即该书封面所写“鉴定者”方禹修）在序言中说：

> 今皇帝勤思大业，宵旦未遑，仰二祖之风猷，阐列宗之光烈，将以对扬厥美，旁求俊乂。而先朝股肱胥辅之臣，折冲御侮之士，或有钦其绩而不睹其文，睹其文而不识其用者，则后起之徒毋乃暗汶惑昧，不克当于天子之意。主日圣而臣日愚，卿大夫之辱也。贡待罪守郡十有一年，政拙心长，劳轻过重，犹幸此乡多文雅之彦，若徐文学孚远、陈进士子龙、宋孝廉征璧，皆负韬世之才，怀救时之术，相与网罗往哲，搜抉巨文，取其关于军国、济于时用者，上自洪武，迄于今皇帝改元，辑为经世一编。[1]

方岳贡以政治家的眼光为此书作“鉴定”，指出徐孚远、陈子龙、宋征璧三位主编负韬世之才、怀救时之术，决定了本书的特色——“关于军国、济于时用”。

应天等十府巡抚张国维的观点与方岳贡略同，

1《皇明经世文编》卷首，方岳贡序。方岳贡，字四长，号禹修，湖广谷城人，天启二年进士，崇祯时任松江知府多年，治绩卓异。

一个说“济于时用”，一个说“济世安邦”：“云间陈卧子同徐闇公、宋尚木所集《经世编》成，郡守以其书示余。余读而叹曰：猗与旨哉！我国家治安三百年，列圣之所畴咨，诸臣之所竭思，大约可见于兹矣。夫士大夫之学术，知今而不知古，其蔽也凡陋；知古而不知今，其蔽也迂疏。必欲兼之，则知古易而知今难者……今三君俱以通达淹茂之才，怀济世安邦之略，采遗文于二百七十余年之间，襄盛事于数月之内。”[1]

张国维所强调的是，陈、徐、宋三君，不同于一般士大夫“知今而不知古”或“知古而不知今”，既不“凡陋”，也不“迂疏”，用“通达淹茂之才”编成了这部“济世安邦”的巨著，无怪乎他要感叹：“猗与旨哉！”

自署“社弟”的张溥所写的序言，不同于地方长官，完全是同志兼兄弟的口气：

> 余间语同志，读书大事，当分经史古今为四部。读经者辑儒家，读史者辨世代，读古者通典实，读今者专本朝。就性所近，分部而治，合数人之力，治其一部，不出二十年，其学必成。同志闻者，咸是余说。而云间徐闇公、陈卧子、宋尚木尤乐为之，天才英绝，闭关讨论，直欲以一人兼四部不难也。客年与余

1《皇明经世文编》卷首，张国维序。张国维，字九一，号玉笥，浙江东阳人，天启二年进士，崇祯时任应天等十府巡抚，为人宽惠，得士大夫心。

> 盱衡当代，思就国史，余谓贤者识大，宜先经济。三君子唯唯，遂大搜群集，采择典要，名《经世文编》，卷凡五百。伟哉是书，明兴以来未有也……孰有分别政事，明白谠言，如《文编》者哉！三子志存治世，词不苟荣，进善退恶，一禀《春秋》。《文编》所载，网罗稍宽，有补兵食中礼乐者，殷殷收录，不忍遐遗，使明主见而拊髀，执事闻而交儆，用其言而显其人，弃其人而存其言，赏罚自在也，其思深，其文远矣。[1]

“社弟”张溥佩服“社兄”徐、陈、宋三君子，打通“读经”“读史”“读古”“读今”的界限，编成这部“明兴以来未有”的大书，目的在于“治世”。虽然他对于“网罗稍宽”有所批评，还是肯定这些文章对于明主（皇帝）和执事（大臣）是有益的，因为它“思深”而“文远”。

因为这样的关系，现代学者对于此书颇为赞誉，朱希祖《皇明经世文编跋》就是一例。他说："案陈（子龙）、徐（孚远）、宋（征璧）三子皆松江人，为明季几社名人，见于杜登春《社事始末》，而又同时入复社，见于吴应箕《复社姓氏》，故是书每卷之首书选辑之名，必有几社之人，列于陈、徐、宋三人之下，如夏允彝、彭宾、周立

1《皇明经世文编》卷首，张溥序。

勋、何刚、李雯等，皆几社之英俊，而作序之张溥又为复社之首领。此可见当时集社之人，尚以读书著作为事，非沾沾于功名利禄已也。张溥辑《汉魏六朝百三名家集》，又成《宋元史纪事本末》一百三十六卷，则其文史之业亦已盛矣。若陈子龙则既与徐孚远同撰《史记测义》一百二十卷，又删补徐光启《农政全书》六十卷，已为人所难能，至所辑《经世文编》，则其志更不在小，精深博大，超出于诸书之上远甚。盖痛夫浮文无裨实用，泥古未能通今，故发愤而为此书也。考此书凡例，言此编始于戊寅（明崇祯十一年）仲春，成于戊寅仲冬，仅阅十月而成书五百卷之多，盖出于几社众人之手，而三子总其成，故能汇集有明一代文集数百十部，或购或借，或弃或取，披沙拣金，而蔚成此巨著。”[1]

从《几社壬申合稿》与《皇明经世文编》来看，似乎几社诸子意在回顾历史，其实他们的目光始终没有离开现实。陈子龙就是最好的例证，他在崇祯十年（1637）得中进士之前一年（即崇祯九年），写过一系列策论，直击朝政的弊端。在《别邪正》中写道：

夫国家不幸而有朋党之祸，为人君者惟有速去小人，删除迸放之务尽，独用君子，以

1 朱希祖《明季史料题跋》，中华书局，1961年，第119—120页。

责其成效可也。若徒愤人臣之私交，而务破其党，则君子必败，小人必胜，而祸及于社稷……夫世主所切齿而去之唯恐其不速者，莫过于朋党。然使君子小人各植交以相角，而朋党之名必在君子，人主之所恶亦必在君子。小人未尝无党，而人主卒不可得而见之也，其何故哉？君子以道义相期，以意气相鼓，自以为其名甚高，其事甚显，翘翘然号为一辈；而小人之交亦自知无所执以为名也，故每阴相结纳，而人不知。君子有致君泽民之志，故好论天下之事，议论之合，交相引重；而小人志趣卑下，塞默安静，使人莫得其端倪。君子以仁恕为心，与人同功，亦与人同祸；而小人天性残忍，虽其私媛，时时有所割弃以自全。君子以廉耻名节为重，故一事之激，则群起而争之；而小人无耻，虽有难堪之辞，茹而不厌，至于鸷击之时，其党但阴为之谋，而不出师以相助，惟使一身搏战，以邀孤立之名……彼人君者立于巍巍之上，岂能尽知天下之情？而但见如此，则必以君子似私似横似有党，而小人似忠似柔似孤立。故臣曰君子必败、小人必胜也。[1]

1 陈子龙《别邪正（丙子岁作）》，《安雅堂稿》卷九《策》。

当时的文社成员，如李雯、夏允彝、吴应箕、侯方域等，先后都对“朋党”及“君子小人”这个话题发表触及时事的评论，而以陈子龙这篇最为深刻，最为尖锐。一看便知是针对当时以温体仁为首的小人以“朋党”来攻击诬陷复社的背景而发的议论，希望皇帝擦亮眼睛，透过“君子似私似横似有党，小人似忠似柔似孤立”的表象，看清小人的真面目，否则必将“祸及于社稷”。所以他在《去欺蔽》的策论中说：“人臣之大罪，人主所最恶者，莫甚于欺蔽。陛下亦尝发圣怒、设严刑以惩之矣，而其风不为衰止者，能惩一人之欺，而不能惩天下之皆欺；能知一时之欺，而不能知其欺之甚久也。”[1]

◥ 吴应箕，池州贵池人。明末著名社会活动家、文学家、复社领袖和抗清英雄。

有鉴于此，陈子龙忠心耿耿地向皇上进言：

> 今天子以英圣之姿，当壮盛之会，魁柄自握，纪纲毕张，而又以时方多难，意用重典，故朝夕坐便殿亲决庶事，一语诘责则百官惴惴，相随入司败矣，而缇衣之帅锒铛而收，方镇以下者相望于道……然则今天子之所为固合于求治之方矣，而成效不见，何与？臣以为知威权之可以御世，而不知所以用之之道，故令屡出而人疑，威尝试而反挫，求治甚速，而道远弥甚也。[2]

1　陈子龙《去欺蔽》，《安雅堂稿》卷十《策》。
2　陈子龙《振主权（丙子）》，《安雅堂稿》卷十《策》。

以上这些逆耳忠言，都是对当时朝政积弊的透彻分析，可见倡导“绝学有再兴之几”的几社君子们，并非一群只会吟诗作赋的书呆子。

关于几社，有一事需要厘清。复社成立之后，几社和其他文社都以团体成员加入，因而成为复社的一分子，不过他们的活动是有分有合的，或者说，复社的活动并没有取代其他文社自身的活动。在崇祯年间，复社的名声很大，几乎掩盖了几社，但几社在松江的活动依然有声有色。对于这一点，谢国桢说得非常好：

> 在崇祯初年，几社虽然与复社合作，但是复社对外，几社对内。复社整天地在外边开会活动，几社的同志却闭户埋首读书。复社开了三次大会，风头真是出够了，但是张天如已死，复社就嗣响终绝，而几社的文会却繁盛起来。杨钟羲《雪桥诗话》云：“云间几社，李舒章（雯）与陈卧子承复社而起，要以复王、李之学。共七十三人，王玠石为首，青浦邵景悦梅芬继之，与张处中、徐桓鉴、王胜受业于卧子，时称四子。少受知于知府方岳贡，岁科果试第一，问业者甚众，同时入学至十七人。王却非司空日藻、张蓼匪布政安茂皆出其门，与方密之、陆讲山、陆鲲庭皆订文字之交。当陈、夏《壬申文选》后，几社日扩，多至百人。”
>
> 那时几社的同志日渐众多，所选的制艺除宋存标《几社壬申文选》之外，还有《几社会义》初集……《几社会义》人数比较多了，我们知道的有宋徵舆、张安茂、徐孚远、张密、张宽等人。所以杜登春说：“《几社会义》初集扩至百

人。”……但几社由极盛而渐变成分裂之势，就分成求社、景风两派。[1]

杜登春所说“扩至百人”，并非夸张。嘉庆《松江府志》在写到徐尔铉、徐汲承父子“皆以诗文名几社”之后，专门提及不能立传的几社成员名单：“几社中声望最著者，同郡又有：郁汝持、陆亮辅、莫暨、杜林、谈璘、李延渠、李淑、徐铭敬、陆广、朱积、张寿孙、唐允谐、徐期生、盛翼进、宋卓、陈梦梅、杜甲春、翁起鹗、宋家祯、李是楫、陆公枢、王有孚、王钎、金震龙、杜骏徵、骐徵、李苞根、大根、何德著、徐恒鉴、彭师度、徐炜、王宗熙、顾必达、范彤弧、鳌弧、夏鼎、张宪、赵侗如、陈尔振、章飏、高何竹、唐铉、唐镕、汤瑶、郁继垣、骆金声、徐度辽、章阍、吴桢、王元一诸人，或终明世，或入国朝，间登仕籍，亦有失其行事，不能立传者，故附著之。”[2]

三　游走于学术与政治之间的复社

1. 复社的尹山大会、金陵大会与虎丘大会

晚明文社中规模最大、名气最响的无疑是复社，它有狭义的和广义的两个含义：前者是指作为

1 谢国桢《明清之际党社运动考》，第155—156页。谢著中《几社始末》一章的后半部分写得很详细，请参看该书第156—166页。

2 嘉庆《松江府志》卷五十五《古今人传·徐尔铉传》。

众多文社之一的复社，后者是指作为众多文社联合体的复社。朱彝尊写道：

> 崇祯之初，嘉鱼熊开元宰吴江，进诸生而讲艺，于是孟朴（孙淳）里居，结吴翻扶九、吴允夏去盈、沈应瑞圣符等肇举“复社”。于时云间有“几社”，浙西有“闻社”，江北有“南社”，江西有“则社”，又有历亭“席社”，昆阳“云簪社”，而吴门别有“羽朋社”“匡社”，武林有“读书社”，山左有“大社”，佥会于吴，统合于“复社”。复社始于戊辰，成于己巳，其盟书曰：“学不殖将落，毋蹈匪彝，毋读非圣书，毋违老成人，毋矜厥长，毋以辩言乱政，毋干进丧乃身，嗣今以往，犯者小用谏，大者摈。佥曰：诺。”是役也，孟朴渡淮、泗，历济鲁以达于京师。贤大夫士必审择而定衿契，然后进之于社。故天如（张溥）之言曰：“忘其身惟取友是急，义不辞难，而千里必应，三年之间，若无孟朴，则其道几废。”盖先后大会者三，“复社”之名动朝野，孟朴劳居多，然而敛怨深矣。[1]

由此可见，当时的吴江知县熊开元，聚集诸生研习科举制艺，孙淳与吴翻等创建了复社，那是崇

1 朱彝尊《孙淳》，《静志居诗话》卷二十一。孙淳，字孟朴，嘉兴府学生。

祯元年的事。吴翻与孙淳不仅参与创建复社，而且把它扩大为全国性的文社联合体。朱彝尊写道：

> 扶九居吴江荻塘，藉祖父之资，会文结客，与孙孟朴最厚，倡为“复社”。既而思合天下英才之文甄综之，孟朴请行，出白金二十镒，家谷二百斛，以资孟朴。阅岁，群彦胥来，大会于吴郡，举凡应社、匡社、几社、闻社、南社、则社、席社，尽合于复社。论其文为国表。虽太仓二张主之，实引次尾（吴应箕）、扶九相助。[1]

孙孟朴与吴扶九草创之功是显而易见的，还不应忘记吴应箕，他并非苏松名士（是池州府贵池县人），是复社执牛耳的数人之一，虽然此后在复社中成为领袖的是“娄东二张”——张溥、张采。

朱彝尊的说法是有根据的。夏燮写的《吴应箕年谱》提供了重要的信息：

> 崇祯元年戊辰，先生三十五岁。是年，娄东张天如吉士（溥）与同里受先大令（采）始倡复社之会，苏松名士杨解元（廷枢）、夏考功（允彝）、陈黄门（子龙）皆附之；大江以上则先生（应箕）及刘伯宗徵君（城）预焉。

1 朱彝尊《吴翻》，《静志居诗话》卷二十一。吴翻，字扶九，吴江县学贡生。

一时有“小东林”之目。[1]

夏燮的主要依据有两条，一是刘伯宗（刘城）所写的《吴应箕传》，其中提道：“崇祯初元，三吴中倡为复社，才十余人耳，不佞（刘城自称）与次尾（吴应箕）实共之。”另一是冒襄为吴应箕所写的序言，谈到复社的创立：“大江以上为吴楼山（吴应箕）、刘伯宗，大江以下为杨维斗（杨廷枢）、张天如（张溥）。然则此十余人者皆执牛耳，主坛坫，为东林之中兴。先生其一也。先生是时未至吴中，而声气之通若合符节。迨庚午（崇祯三年）金陵大会，复社之名遂闻于朝野间。”[2]

二张志同道合，张溥比张采小六岁，却比张采早死，张采为张溥写了传记——《庶常天如张公行状》，其中早年读书生涯，以及主持复社的经历，极具史料价值，遂录如下：

1 夏燮《忠节吴次尾先生年谱》，崇祯元年戊辰条。

2 夏燮《忠节吴次尾先生年谱》，崇祯元年戊辰条。

公讳溥，初字乾度，改字天如，号西铭，远近学者称天如先生最显。苏之太仓州人……公六七岁奇慧，不逐童戏……公日夜取成书断章手录，其后同采读书时，将所录本篇篇投火，复日夜手录，及十日或半月，同采高吟一过，又复投火。采问曷存斯，曰：“聊用强记，奈何留滞心路。”余笑谓：“世间节录本侈行，公如存者充栋矣。”用是右手握管处大指及掌心咸成茧，五六月须割去，冬月且皲，日数沃盥。其勤学殆天性，方私习举子业且一年，已成章，当年师犹未知……十五岁丧父，同金母出居西郭，颜一陋室曰“七录斋”，益读经史诸书亡厌。十九补博士弟子，声闻籍甚，交一时名贤，志为大儒。戊辰（崇祯元年）以覃恩选贡入太学。是年适余先成进士，公策款段之京师，托余邸，会所贡天下士，暨公卿雅流，咸愿获交公，幸一望见。公则循墙谢不敏，而乃拜瞻宫殿，访南北郊制，问辟雍石鼓文，上下齐鲁，伏谒阙里，气益优裕。两人先后归。冬季，采令临川，公送抵钱塘江，执手欷歔曰：“出处庸有时，弟舍我踽踽独学行，奈何？”泣数行别去。

先是六年前，公延余读书七录斋。公晨出，夜分入，两人扃户下帷。公上自皇古，下迄今兹，凡治乱典废，贤愚是否，无不殚厥理要。此如行舟，公自系帆，置余作相风，舟行不干相风，辄时占颜，以故两人深相得，不能顷步离。隔三日，即信使相望。

公既别钱塘归，果踽踽颇不聊，又念友生若参昴，古学罔攸明，因集吴越间俊造，凡经明行修一辈，定规模，要计程课。既集，公扬言于众曰：“不殖将落，毋蹈匪彝，毋读非圣书，毋违老成人，毋矜厥长，毋以辩言乱政，毋干进丧乃身。嗣今往，犯者小用谏，大则视勿与。世教衰，兹其复起，名社曰复，共勗诸。”众咸曰诺。于是复社之名振天下，由吴越以及四方，凡其地俊造，经明行修者，以不得与为耻。[1]

张溥在大会上慎重宣布的复社宗旨，用一种“盟词”的形式表达出来，可见是经过深思熟虑的共识。当时张采已经出任临川知县，获悉这一“盟词”后，他评论道：“善哉，张子志则广矣，难乎其后也。”[2]在他看来，这样的高标准对于日趋衰微的“世教”，可以起到当头棒喝的作用，令他担忧的是，今后能否坚持到底。张采所记录的“盟词”文字，与朱彝尊所记载的文字，有一些出入，但内容是一致的。这次会议，是复社成为文社联合体的标志性事件——崇祯二年（1629）的尹山大会。

关于尹山大会，《复社纪略》是有记录的：

吴江令楚人熊鱼山先生讳开元，以文章经术为治，知人下士，慕天如名，迎至邑馆。巨室吴氏、沈氏诸弟子俱从之授学。天如于是为尹山大会，苕、霅之间，诸名彦毕至。未几，臭味翕集，远自楚之蕲黄，豫之梁宋，上江之宣城、宁国，浙东之山阴、四明，轮蹄日至。比年而后，秦、晋、闽、广多有以文邮致者。

1 张采《庶常天如张公行状》，《知畏堂文存》卷八。

2 张采《庶常天如张公行状》，《知畏堂文存》卷八。

是时江北匡社，中州端社，松江几社，莱阳邑社，浙东超社，浙西庄社，黄州质社，与江南应社，各分坛坫，莫相统一。天如乃合诸社为一，而为之立规条、定课程，曰："自世教衰，士子不通经术，但剽耳绘目，几幸弋获于有司。登明堂不能致君，长郡邑不知泽民；人材日下，吏治日偷，皆由于此。溥不度德，不量力，期与庶方多士共兴复古学，将使异日者务为有用，因名曰复社。"又申盟词曰："毋蹈匪彝，毋读非圣书，毋违老成人，毋矜己长，毋形彼短，毋巧言乱政，毋干进辱身。嗣今以往，犯者小用谏，大则摈，勿与约。既布天下，皆遵而守之。"又于各郡邑中推择一人为长，司纠弹要约，往来传置。

天如于是裒十五国之文而诠次之，目其集曰《国表》，受先（张采）作序冠弁首。集中详列姓氏，以示门墙之峻；分注郡邑，以见声气之广云。[1]

此处所说的"盟词"与朱彝尊、张采记录的大同小异，可以看作第三种版本，值得注意的是朱张二氏没有提及，张溥在大会上针对"士子不通经术"，而提出"规条""课程"，以期达到"兴复古学""务为有用"之目的，道出了之所以命名为

1 陆世仪《复社纪略》卷一。

“复社”的原因。此处所说的《国表》，是张溥把各地送来的文章编辑成的文集，张溥在序言中说，“国表之文凡更四选，其名不易，虽从天下之观，亦以志旧日、示不忘也”。由各府县的社长先行审稿，比如苏州、松江等府由周钟、杨廷枢、杨彝、顾梦麟、周勒卣负责，浙江各府由钱栴、吴昌时负责，安庆等府由吴应箕、沈寿民、刘城等人负责，江西各府由陈际泰、罗万藻、艾南英负责，湖广各府由易道暹负责，福建各府由陈燕翼、陈元纶负责，山东各府由宋继澄负责，“是以人无滥登，文无妄予”。[1]

◤ 吴伟业像

吴伟业，号梅村，苏州太仓人，崇祯四年进士。顺治十年被迫应诏北上，官至国子监祭酒。顺治十三年底，以母丧为由乞假南归，此后不复出仕。长于七言歌行，自成新吟，后人称之为“梅村体”。一时广为流传的《圆圆曲》即为其作。

张溥关于“士子不通经术”的批评，据其门生吴伟业说，是在他作为贡生进入北京后有感而发的：

> 先生以贡入京师，纵观郊庙辟雍之盛，喟然太息曰：“我国家以经义取天下士垂三百载，学者宜思有表章微言、润色鸿业。今公卿不通六艺，后进小生剽耳佣目，幸弋获于有司。无怪乎椓人持柄，而析枝舐痔，半出于诵法孔子之徒。无他，诗书之道亏，而廉耻之途塞也。

1 张溥《国表四选序》，《七录斋诗文合集·古文近稿》卷四。

新天子即位，临雍讲学，丕变斯民。生当其时者，图仰赞万一，庶几尊遗经，砭俗学，俾盛明著作，比隆三代，其在吾党乎？”乃与燕赵卫之贤者为文言志，申要约而后去。[1]

这是他对北方（燕赵卫）文人贤者申述的“要约”，其中所说“今公卿不通六艺，后生小子剽耳佣目，幸弋获于有司”，与他在一年后在尹山大会所讲“士子不通经术，但剽耳绘目，几幸弋获于有司”云云，几乎如出一辙。

“兴复古学”是张溥为之奋斗的目标，他极力主张“正风俗”，关键在于士子的学风与文风：

风俗之不古也，士子为甚。逆珰之乱，献谄造祠者倡于松江；奴酋之横，开城乞降者见于永平。于是天下争言士子之变沦胥已极，几甚于尧时之洪水，周初之猛兽。要之，此其人不足以谓之士子也……今日之人心莫患乎讳道学之名，而指六经为迂阔，不乐闻封疆之急，而幸目前为苟安……则为今日太平之计，欲使风俗之正，亦教之以忠义而已矣。[2]

这是复社同人的共识，张采进一步解释道：“世教衰，急趋功名，上者耽文章，不知功名是才子余

1 吴伟业《复社纪事》，《梅村家藏稿》卷二十四《文集二·杂文》。

2 张溥《正风俗议》，《七录斋诗文合集·论略》卷一。

事，趋亦得，不趋亦得，与其趋也，三公曷贵？文章亦才子余事，天地生之，所期不止此……所以不肖绝去两端，专事理学，非绝功名与文章也。绝功名，将绝经济；绝文章，将绝经史。经济绝，世何由治平？经史绝，世何由闻见？但理学中两者具足，离之则为枝叶。不肖正绝去枝叶，专务根本耳。”[1]宋存标感慨道：“逮世下衰，无功矜功，无才忌才，豪杰始自爱其鼎，宁贫贱而轻世肆志焉……得志者功名盛而学术衰，其智不足权变，勇不足决断，仁不能以取予，强不能有所守，一旦有事，随风靡矣。”[2]徐汧也作如是观，“与娄东张采、金沙周钟倡立复社，联络声气。时文风诡谲，见者欲呕，公一以昌明宏硕返，始持正”[3]。

张溥短暂的一生，著作等身，大多是经学与史学。经学方面有：《周易注疏大全合纂》《尚书注疏大全合纂》《诗经注疏大全合纂》《春秋三书》《四书注疏大全合纂》《十三经诂释》等。史学方面有：《宋史纪事本末》《元史纪事本末》《通鉴纪事本末》《南北史异同》《历代史论》《读史管见》《皇明经济书》《历代名臣奏议》等。挚友张采谈到他的读书著述之勤奋，令人惊讶：“张子日高起，夜分后息，起即坐书舍，拥卷丹黄，呼侍史缮录，口占手注，旁侍史六七辈，不暇给。又急友声，书生故人子挟册问询，无用剥啄，辄通坐恒满，四方尺牍且咄

1 张采《答龚子书》，《知畏堂文存》卷一。

2 宋存标《送友之金陵序》，《秋士偶编》（不分卷）。

3 邹漪《启祯野乘》二集卷二《徐学士传》。

咄酬应。而张子俯仰浩落，未尝逾时废翰墨。”[1]又说：“天如小予六年，所读书较予不下多几万卷，卒未尝有骄色……且文虽小道，天如之文，其于十三经之表明，与二十一史之诠次，皆有撰述。每云：此书必十年可以见端，欲观厥成，其三十年乎？”[2]张溥对张采说：“经学微渺，未有究畅，欲用昔人限年法，几年月毕一经，统几年月毕诸经，令各就本绪，则如三传三礼者，虽分专家，义原一贯，当条序成列，融于大通。”又说：“穷经，则王道明；通史，则王事著。明王道者与立体，著王事者与适用。”[3]

看得出来，“兴复古学”在他那里不是一句空话，而是身体力行的。他痛感于“士子不通经术”，满足于道听途说，一知半解，进入仕途，上不能“致君”，下不能“泽民”，所以要大声疾呼：“兴复古学，务为有用。”这种宗旨，与应社、几社以及其他文社的同志是遥相呼应的，因此尹山大会与会人数之多，堪称盛况空前。《复社纪略》专门记录了参加此次大会的各地人员名单，日本学者小野和子在《明季党社考》中据此列出了统计表，我把这个表简化为文字：南直隶234，浙江168，江西123，湖广64，福建40，山东20，广东14，河南8，山西4，四川3，贵州1，共计679。[4]

到了崇祯三年（1630）金陵大会与崇祯六年

1 张采《西铭近集序》，《知畏堂文存》卷二。

2 张采《天如稿序》，《知畏堂文存》卷三。

3 张采《论略题辞》，《知畏堂文存》卷五。

4 小野和子《明季党社考》，同朋舍，1996年，第433页，表4。不知何故，人士最多的苏州府，表五统计为90人，我反复核对名单，却是91人。

(1633）虎丘大会，复社人数飞速增加达几倍之多，令人刮目相看。

2. 门户之争与政治谣言

文人结社本来都是地方性的，附近的士子相互切磋学问，赋诗作文，是令人羡慕的雅集。到了复社那里，竟然扩大成为全国性聚会，堪称前无古人的创举。虽说当时有结社的自由，但跨地域的全国性结社活动，毕竟闻所未闻。谢国桢说："复社的同志，本来仅集合太仓等七郡的人物，后来由江南而蔓延到江西、福建、湖广、贵州、山东、山西各省，吴应箕编《复社姓氏》二卷，其孙吴铭道又为《续录》一卷，著录复社同志共二千二十五人，那真可以说是秀才造反了。"[1]"秀才造反"云云，似乎过于夸张而失实，他们想的是如何"补天"，而不是"拆台"，怎么会"造反"？不过，一个"以文会友"的社团，规模大到这种程度，确实令人震惊。

关于复社成员名单数字，一向有不同说法。其资料来源无非是陆世仪《复社纪略》、吴翿《复社姓氏录》、吴应箕《复社姓氏》。谢国桢说是二千二十五人，朱希祖《钞本复社姓氏传略跋》则说："考复社姓氏者，有陆世仪《复社纪略》本，有

1 谢国桢《明清之际党社运动考》，第123页。

贵池吴应箕本，有吴江吴翻本。陆氏仅取《国表》首集七百余人，其数最少；翻本似取之《国表》一集二集，约二千二百数十人；应箕本则取之《国表》三集至五集，约二千四百余人。其后应箕之孙铭道，汇合两吴氏本相对校……附于应箕本前后两卷之后，共合三千余人。”[1]日本学者井上进广泛收集资料，进行考订，著成《复社姓氏校录》，统计出复社总人数为三千零四十三人（与朱希祖所说大致相近），其成员遍布全国各地，主要集中于太湖周边的苏州、松江、常州、镇江、嘉兴、杭州、湖州七府之地，有一千二百二十六人，其中又以苏州府为最多，有五百零六人。[2]这种盛况当然是金陵大会与虎丘大会以后的事。

崇祯三年（1630）适逢应天乡试，江南士子前往金陵参加考试，复社成员杨廷枢、张溥、吴伟业、吴昌时、陈子龙等，都高中举人，复社声誉一时高涨。在这种背景下，复社在金陵召开第二次大会。次年京师会试，吴伟业、张溥金榜题名，吴伟业为榜眼，张溥授予庶吉士。皇帝钦赐吴回乡完婚，张回乡葬亲，皇恩浩荡之下，复社在虎丘召开了第三次大会，进入了鼎盛阶段。

复社原本是一个以生员为主的文社，成员的经历集中在科举制艺，也就是说为了科举考试合格，才来入社的。随着它由一个地方性文社发展成为全

1 朱希祖《明季史料题跋》，第16页。

2 井上进《复社姓氏校录》，京都大学《东方学报》第六十五册。参看小野和子《明季党社考》，第432—434页。

国性的文社联合体，其所宣扬的“尊经复古”主张招来各种非议，卷入门户是非之争。复社的精英吴伟业说：

（崇祯）三年庚午省试，胥会于金陵，江淮宣歙之士咸在，主江南试为江西姜燕及（姜曰广）先生。榜发，维斗（杨廷枢）裒然为举首；自先生以下，若卧子（陈子龙）及伟业辈凡一二十人列荐名，吴江吴来之昌时亦与焉，称得士。而大士（陈际泰）同时始举于其乡，主者从废卷中力索之乃遇，燕及先生犹以不得介生（周钟）有余恨云。四年辛未，伟业举礼部第一，先生（张溥）选庶吉士，天下争传其文。而艾千子（艾南英）独出其所为书相訾謷。千子之学雅，自命大家，熟于其乡南丰、临川两公之言，未尝无依据；顾为人褊狭矜愎，不能虚公以求是。尝燕集弇州山园，卧子年十九，诗歌古文倾一世，艾旁睨之，谓此年少何所知？酒酣论文，仗气骂坐，卧子不能忍，直前殴之，乃嘿而逃去。已复侨居吴门，论定帖括，挟异同，贾声利，故为抑扬，以示纵横，非其读书本指已。先生既笃志五经诸史，不复用制艺与千子争短长，独取其事折衷于介生。[1]

1 吴伟业《复社纪事》，《梅村家藏稿》卷二十四《文集二·杂文》。

当时江西文坛名士艾南英与江南文坛名士周钟在制艺选文的标准上存在分歧，显示了江左与江右声气的差异。早在天启六年（1626），艾南英在给周钟的信中就指出："夫文之通经学古者，必以秦汉之气，行六经、《语》、《孟》之理。即问：降而出入于韩、欧、苏、韩、曾，非出入数子也。曰：是数子者，固秦汉之嫡子嫡孙也。今也不然，为辞章者，不知古文为何物，而猎弇州、于麟之古以为足，不知此非古也，六朝之浮艳而割裂补缀，饰之以《史》《汉》之皮毛者也。"在他看来，当今搞"制艺"的人们，根本"不知古文为何物"，对江南士子很是鄙夷。[1]周钟则认为艾南英"鄙儒不知时变"。[2]

艾南英获悉张溥与张采返回江南张扬社事，海内同人翕然公推张溥为宗主，便由客居的齐鲁赶赴苏州，约与周钟辩论。陈子龙自诩才高意广，驾一叶扁舟直驶吴门。艾、陈二人各持己见，互相诘难。艾南英抓住陈子龙的疏漏，痛加驳斥，讥讽道："《震川集》愿足下迟迟其论，足下学至震川，文至震川，驳之未晚。贵乡有娄子柔（名坚）、陈仲醇（名继儒）两人，虽未得欧韩之深，然皆能言其本末，足下宜贽请为师，得其一言，昼夜思之，思无越畔，然后十年读书，与不佞论文，未为晚也。"[3]这是对陈子龙极大的蔑视，结果发生了吴伟

1 艾南英《与周介生论文书》,《天佣子集》卷一。

2 陆世仪《复社纪略》卷一。艾南英，字千子，江西东乡人。万历末，科举场屋文字腐烂不堪，艾南英与同郡章世纯、罗万藻、陈际泰以兴起斯文为己任，时人翕然归之。

3 陆世仪《复社纪略》卷一。

业所说的，陈子龙上前殴打艾南英的事。

当时作为制艺的“房选”，出版了各家的选本，艾南英对其他各家的本子不予评论，唯独选择张溥的选本加以诋毁。他在《房选删定序》中说：“今世业制举业家所据以为名者，曰经也、史也、子也。是三者，两汉以后立言之士莫不由之，何独于今而疑之，而有不然者？”“今必赘经语以就题，复强吾意以就经，有况夫专经而不能通其解，业一经而误用其四，而号于人曰尊经。吾恐先圣有知，必以为秽而吐之矣！呜呼，今日制举之弊已至于此，一人唱之，人人和之，遂至臭腐而不可读，吾以为此皆空疏不学之过也。”[1]这显然是对应社、几社、复社“尊经”主张的肆意曲解。张溥表示忧虑：“世之所谓选文者，吾忧之，非忧其说之长也，以其无一辞之有，而盛矜己之色。己不自忧，而吾代之忧也。”[2]

艾南英依然故我，张溥不得不给在江西临川的挚友张采写信，表示他要反击的意思：“阅艾千子房选，显肆攻击，大可骇异！吾辈何负于豫章（指艾氏），而竟为反戈之举，言之痛心。兄见之须面责问其故。艾为人贪利无耻，出其本性，又在武林最久，中间构衅者不少，且往来俱铜臭之子，不识一字之流，固宜与名教悖戾也。弟断不能嘿无一言，特以闻之老兄……”[3]吴昌时也写信给张采，

1 陆世仪《复社纪略》卷一。

2 张溥《房稿文始经序》，《七录斋诗文合集·古文存稿》卷五。

3 陆世仪《复社纪略》卷一。

痛斥艾南英："天如（张溥）、介生（周钟）负海内重望，为我党尊师，与兄主盟周旋者非一日矣，而贵治子民有心怀反侧，倡议翻局，希建奇功，遂至指介生为罪人，目天如为黠恶者。两兄当之，可付不校，吾辈闻之，耻辱莫甚于斯！且其言论狂妄，视我应社皆目不识丁，愚陋如弟，宜受之矣，如吾兄也何？如同社诸兄弟何？人非至愚，必能别白邪正。而一种未附声气，与夫外附而中怀观望者，咸窃其说以为谈资，如吾乡之金五贞，岂非门墙一大患哉……弟不揣谬陈疏妄于长者之前，伏祈深结豫章之在声气者，独摈此叛道负友之小人，使乡党弃之，天下公愤之，则鬼魅之术立破矣。"[1]

张采收到张溥、吴昌时的来信，决意出面调停，写信给艾南英委婉规劝："江右江左并为人文渊薮，在豫章向操海内衡文之柄，近时介生、天如参执牛耳，然皆声气相倚，亦未有不尊奉豫章者也。宜共遵尊经笃古之约，力追大雅，以挽颓靡，幸勿自开异同，为世口实。"艾南英却固执己见，毫不退让，回信说："吾辈声价非谤者坏之，乃尊奉者坏之也。譬有人焉，遇周礼而知敬，及遇盗跖，亦以为周孔，则周孔何地可以自容？此不特大士（陈际泰）、大力（章世纯）、文止（罗万藻）诸兄学问渊源，尝为评其品地，不可向盐醋缸中埋杀，即老父母文章经术亦当有以自明。将来取盐醋缸中物，同

1 陆世仪《复社纪略》卷一。

类而并称之，老父母甘之乎？不肖备极苦心，独救一人，正为诸兄地步，并为老父母地步也。”[1]

从艾南英称呼张采为“老父母”来判断，这一事件发生在张采出任临川知县之后。具体的时间，据吴伟业说是在崇祯四年（1631）辛未会试之后，张溥的弟子吴伟业以会试第一名成为“会元”，张溥自己也进士及第，被选为庶吉士，“天下争传其文”，“而艾千子独出其所为书相訾謷”。就其性质而言，双方各执一词，或许可以说是学派门户之争，情况并不严重。

随着张溥与复社声誉的日趋高涨，情况发生了变化。吴伟业是张溥的门人，两年之内科举考试连连告捷，直摘会元鼎甲，皇帝钦赐归娶，天下以为无上荣耀。张溥也因吴伟业而声名大振。陆世仪写道：

> 远近谓士子出天如门者必速售，大江南北争以为然。以溥尚在京师，不及亲炙，相率过娄（太仓），造庭陈币，南面设位，四叩定师弟礼，谓之遥拜，挽掌籍者登名社录，人人得意而去。比溥告假归，途中鷁首所至，挟策者无虚日。及抵里，四远学徒群集萃止。癸酉（崇祯六年）春，溥约集社长为虎丘大会。先数月前传单四出，期会约结。至日，山左江右

1 陆世仪《复社纪略》卷一。

晋楚闽浙，以舟车至者数千余人。大雄宝殿不能容，生公台、千人石，鳞次布席皆满。往来丝织，游于市者，争以复社会命名，刻之碑额。观者甚众，无不诧异，以为三百年来从未一有此也！[1]

复社声誉如此鼎盛，张溥、吴伟业或许没有料到，从此卷入了政治斗争的漩涡，而且是最高层的权力斗争之中。温体仁与周延儒联手，在改组内阁之际，把竞争对手钱谦益打倒，周延儒升任内阁首辅，温体仁升任内阁次辅，两人之间的矛盾逐渐激化。他们互相倾轧的第一回合，是围绕着崇祯四年（1631）的会试而展开的。按照惯例，会试的主考官应该由内阁次辅担任，内阁首辅周延儒为了扩大自己势力，破例担任主考官，引起内阁次辅温体仁不满，因此被称为“温周相轧之第一事”。[2]科举考试一向的惯例，考生与主考官之间有所谓“门生”与“座主”的关系，一直维系到官场，结成帮派。进士及第的复社诸君不由自主地都成了周延儒的“门生”，不由自主地卷入“温周相轧”的政治纷争。

崇祯六年（1633），温体仁终于抓住机会，把周延儒赶下台，顺利升任内阁首辅。为了把周延儒的复社“门生”拉到自己麾下，他想出了一个绝妙

1 陆世仪《复社纪略》卷二。

2 陆世仪《复社纪略》卷二。

的主意；复社在苏州虎丘召开大会时，指使其弟温育仁申请加入复社。不料遭到张溥的坚决拒绝。恼羞成怒的温育仁仰仗兄长的强大后台，雇人写了《绿牡丹传奇》，来讽刺挖苦复社。陆世仪交代了事情的始末：

> 当天如之裒集《国表》也，湖州孙孟朴淳实司邮置，扁舟千里，往来传送，寒暑无间。凡天如、介生游踪所及，淳每为前导，一时有孙铺司之目。两越贵族子弟与素封家儿，因淳拜居张、周门下者无数。诸人一执贽后，名流自负，趾高气扬，目无前达。乌程温育仁，相国介弟也，心鄙之，著《绿牡丹传奇》诮之。杭俗好异，一时争相搬演，诸门生病之，飞书两张先生，求为洗刷。两张因亲莅浙，言之学臣黎元宽。元宽、南张同籍，声气主盟也，因禁书肆，毁刊本，桁杨书贾，究作传主名，执育仁家人下于狱……越中皈命社局者，争颂两张夫子不畏强御，而娄江与乌程显开大隙矣。[1]

关于此事，张鉴说得更为清楚：

> 此吾乡温氏启衅于复社之原。近日读而知其故者鲜矣……据《复社纪略》，各有指斥。

1 陆世仪《复社纪略》卷二。

其于越人疑亦王元趾、陈章侯一流，而吴兴沈重者，以在朝则影黎愧庵、倪三兰，在野则影张天如、杨子常、周介生辈。大致如《风筝误》《燕子笺》，亦明季文字风气所趋，而语语讥切社长，极嬉笑怒骂之致……盖相国子弟育仁暨二子俨、伉雇人为之。[1]

吴梅也如是说：

余按石渠此书，为乌程相国攻讦复社之端。当张天如创建复社也，湖州孙孟朴实为司邮，介绍两浙子弟。时乌程相国弟育仁欲入社不许，因请石渠作此词诮之，浙中梨园争相搬演。[2]

基于这样的背景，关于张溥与复社的各种离奇的诽谤，传得沸沸扬扬。陆世仪《复社纪略》记录了这些离奇的流言蜚语：随着复社声气遍天下，士子们都以“两张“为宗师，不敢直呼其名，称呼张溥为“西张”，称呼张采为“南张”；及门弟子则称呼为“西张先生”“南张先生”；以后又尊称为“西张夫子”“南张夫子”。更有甚者，把张溥的家乡太仓称为“阙里”，与孔子的故里相提并论，也享有配祀的待遇，他的弟子有所谓“四配”“十哲”“十

1 张鉴《书绿牡丹传奇后》，《冬青馆甲集》卷六。

2 吴梅《曲选》卷四《绿牡丹》。参考大木康《明末江南出版文化的研究》，《广岛大学文学部纪要》卷五十（特集一），第126—129页。

四配，原是指文庙中配享孔子的复圣颜子（颜回）、宗圣曾子（曾参）、述圣子思子（孔伋）、亚圣孟子（孟轲）。

十哲，原是指孔门中的十位弟子，出自《论语·先进》："从我于陈、蔡者，皆不及门也。德行：颜渊、闵子骞、冉伯牛、仲弓。言语：宰我、子贡。政事：冉有、季路。文学：子游、子夏。"

常侍"。"四配"是赵自新、王家颖、张谊、蔡伸；"十哲"是吕云孚、周肇、吴伟业、孙以敬、金达盛、许焕、周群、许国杰、穆云桂、胡周鼐；张溥的昆弟十人是"十常侍"：张浚、张源、张王治、张撙、张涟、张泳、张哲先、张漼、张涛、张应京；还有"依托门下效奔走展财币"的"五狗"：黄某、曹某、陈某、赵某、陶某。[1]

这样的流言蜚语实在匪夷所思，在当时政治体制下，简直是胆大妄为的僭越，以张溥的人品节操与学识涵养，他能纵容或指使这种咄咄怪事吗？答案自然是否定的。细细阅读《复社纪略》关于"阙里""四配""十哲""十常侍""五狗"的文字，前面有一段带出此段文字的引语，便可看出其中的端倪：

> 武林苕、霅之间为泽国，士大夫家备艅艎，悬灯皆颜复社。一人用之，戚里交相借托，几遍郡邑。久之，泖湖群盗多窃效，官司多捕获，当事颇以此为诟病，士绅力为禁戒，久而弗止，而谤讟兴矣。[2]

这段话中，最为关键的是句末的五个字"而谤讟兴

1 陆世仪《复社纪略》卷二。
2 陆世仪《复社纪略》卷二。

矣”，所谓“谤讟”就是诽谤的意思。紧接着这五个字的，就是关于“阙里”“四配”“十哲”“十常侍”“五狗”的一段文字。从上下文语气判断，这段文字是作为事例来说明“谤讟兴矣”的，这种“谤讟”的事例，自然不能作为已经存在的事实来看待。

这也可以从吴伟业那里找到佐证，吴氏谈及此事，其结论是“傅会指目”“语皆不经”：

> 往者邑子不快于社事，谓先生以阙里自拟，曰配，曰哲，傅会指目。先生葬母，门下士以古文字书志表，误配作妃，寻手自窜定，其本已有流传者。（周）之夔草《复社或问》，遂大书之，讦为僭端。又无名氏诡托徐怀丹檄复社十大罪，语皆不经。[1]

显然，吴伟业为张溥辩诬，是言之成理的，所谓“阙里”“四配”“十哲”之类荒诞不经的流言，不能信以为真。

紧接着“阙里”这段文字，下面更有一段描写：“溥奖进门弟子亦不遗余力，每岁科两试，多方引掖，有公荐，有转荐，有独荐。”公荐，首名下某案领批，某科副榜，某院某道观风首名，某郡某邑季考前列；次则门第，某公子某公弟，甚至某

1 吴伟业《复社纪事》，《梅村家藏稿》卷二十四《文集二·杂文》。

公孙某公婿某公甥；更次则门墙某等，受先门下某等。转荐，江西学臣王应华视荐牍发案，抚州三学诸生鼓噪，生员黜革，应华夺官。后学、臣相戒，不受竿牍。三吴社长更开别径，开通京师权要，转为投递。如左都御史商周祚行文南直学宪，牒文直书'仰甘学润当堂开拆'，名为公文，实私牍也。独荐，公荐虽已列名，恐其泛常，或有得失，又投专札。尔时有张、浦、许三生，卷已经黜落，专札投进，督学倪元珙发三卷于苏松道冯元飏，达社长另换誊进，仍列高等。局外之士复值岁科试，辄私拟等第名数，及榜发，十不失一二。所以为弟子者，争欲入社，为父兄者，亦莫不乐其子弟入社。迨至附丽者久，应求者广，才俊有文倜傥非常之士虽入网罗，而嗜名躁进、逐臭慕膻之徒，亦多窜于其中矣。"[1]

这段文字以绘声绘影的手法，向人们传递似是而非的信息：张溥与复社的名声成为士子们科举考试的晋身阶梯，张溥的一纸荐书可以决定十年寒窗苦读士子的命运，于是乎有了所谓"公荐""转荐""独荐"的花样。有了这样的推荐，科举考试十拿九稳——"私拟等第名数，及榜发，十不失一"。那个时代，科场舞弊屡见不鲜，但都是偷偷摸摸暗中进行，如此光天化日公开操纵考试，闻所未闻，其可信度是大成问题的。我们宁可相信吴伟

1 陆世仪《复社纪略》卷二。

业所说的“傅会指目”“语皆不经”，或者陆世仪所说的“谤讟兴矣”。

谢国桢在征引上述“公荐”“转荐”“独荐”的文字之后，得出了这样的结论：

> 复社既然握了极大的黜陟之权，所以一般士子士大夫都想与复社联合，而那一般够不上与复社联合的，就竭力造谣与复社作对。然而复社的领袖又借着民众的势力，来把持政权，膨胀社中的势力。因此复社本来是士子读书会文的地方，后来反变成势利的场所。[1]

谢先生看到了复社的“两面”，无疑是有眼光的，指出了“竭力造谣与复社作对”的同时，却说复社的领袖“把持政权”，把读书会文的地方变成“势利的场所”，实在令人难以苟同。复社的领袖张溥不过是小小的庶吉士，张采不过是小小的知县，不可能神通广大到“把持政权”的地步。我想提醒的是，千万不要把宵小之徒的流言蜚语当成事实真相。

细细阅读陆世仪《复社纪略》，便可找到这类谣言的来源，那就是对复社怀恨在心的宵小之徒——托名徐怀丹，捏造一篇声讨复社十大罪状的檄文。奇文共欣赏，疑义相与析，择其要者转录如下：

1 谢国桢《明清之际党社运动考》，第124页。

复社之兴主为张溥，佐为张采，下乱群情，上摇国是，祸变日深，愚衷哀痛。尝著其论于数年之前，而因循莫悟，今复举其十罪，开诉四方，共祈鸣鼓焉。

一曰僭拟天王。春秋之法，诛心为烈；素王之政，正名为先。惟天王至尊，称天以临之，莫有匹也。今张溥何人？敢僭号天如，其心之妄肆可知矣！且世有鹿马之指，而溥公然任之。张王治、张源、张质先、张浚等十人，时称“十常侍”，谚呼“十大王”。挟以江南小天子之威，聚财纳叛，隐姓埋名（一名李樽，一名沈景应），意欲何为？此罪之一也。

一曰妄称先圣。仲尼至德，远于尧舜，荡荡千古。而溥、采何人？窃其位号，并以赵、张、王、蔡名“四配”（赵自新、王家颖、张谊、蔡申），孚、肇、焕等称“十哲”（吕云孚、吴伟业、周肇、孙以敬、许焕、金达盛、吴周鼒、周群、吴国主、穆云桂十人），其诞妄如此，罪之二也。

一曰煽聚朋党。朝野清宁为福，至治大道为公，宦进勤职守，士子励志行，贵贱不可相援。而溥、采惟私声气，至于千里赴会，万艘停桡。僧道优倡，俱入社中；医卜星相，莫非友人。其品行如此，罪之三也。

一曰妨贤树权。夫赏罚为君柄，今溥、采擅之，入其社者功名可操，在社外者摈逐迭加，使人俱震其权。罪之四也。

一曰招集匪人。夫实行之士，杜门自守，今溥、采社中，或号神行太保（孙孟朴），或称智多学究（曾同远），种种奸匪，聚匿为群，有司莫敢过问。罪之五也。

一曰伤风败俗。夫圣王首重彝伦，今则托名士子，熏心利欲。富贵是图，子可以逐其父；名势相轧，弟可以倾其兄。其余长幼朋友，以及君臣，又何知乎？习以成风，恬不知怪。其罪六也。

一曰谤讪横议。夫有言责者自当建议，今复社中同己者则亲之，异己者即谤之。遭其诋毁，虽公侯可骤失贵；邀其盼睐，虽寒酸可立致身。噫，盟社如此，使人有履霜之警矣。罪之七也。

一曰污习丧品。士子，人伦之羽仪，志趣不高明无以为风化，行止不端谨无以为事功。今社中游博马吊之戏，老传而童习；中毒贾竖之言，途诵而口占。夸豪举于一掷，锱铢动兴诟詈；买欢笑于千觞，别袂已见睚眦。其劣薄如此，罪之八也。

一曰窃位丧功。夫有才干者必建功名，今复社自称名士者几数万人，未见文追管乐之猷，武比颇牧之绩。以致有志之士，不肯与社中人同应制科，盖羞与为伍也。其为人摈如此，罪之九也。

一曰召寇致灾。夫灾盗贵乎能弭，今社党布结，横于朝野，主司无非社友，道府多是社朋。苞苴所遗，不问而收；拳勇之徒，不呼而集。大则肆其愤毒，小则开其衅端。故愆阴伏阳之变，有召而来，近日风蝗，亦由其所感。罪之十也。[1]

1 陆世仪《复社纪略》卷四。

读者诸君看了这篇奇谈怪论，一定对其信口雌黄而感到震惊，居然能够编造出如此离奇的谎言来蛊惑人心，甚而至于把近日的风灾、蝗灾都归咎于复社——“亦由其所感”，简直匪夷所思。无怪乎此人不敢署真名，而假托“嘉定徐怀丹”，造谣者毕竟心虚。不过，他还是有点贡献的，至少让我们明白了，原来关于张溥、张采自比于孔子，把太仓自拟为阙里，还有什么“四配”“十哲”“十常侍”“五狗”之类，不过是谣言而已，其源盖出于此。

3.“朝廷不以语言文字罪人”

复社的成员大多是诸生，或刚入仕途的官员，由于他们的文章闻名遐迩，影响巨大，引起内阁首辅温体仁及其党羽的反感，视为政敌，必欲置之死地而后快。其中的原因是复杂的。崇祯四年（1631）会试的主考官是周延儒，得中进士的复社头面人物张溥、吴伟业等人成了周延儒的“门生”，在温体仁与周延儒的权力倾轧中，复社成员自然被他看作异己分子。正如吴伟业所说：“阳羡周挹斋先生主辛未会试，在先生（张溥）及伟业为座主，自以位尊显无所称于士大夫间，欲介门下士以收物望，寻谢政得请。而乌程（温体仁）窃国柄，阴鸷惨核，谋于其党刑部侍郎蔡奕琛、兵科给事中薛国观，思所以剸刃东南诸君子。”[1]

1 吴伟业《复社纪事》，《梅村家藏稿》卷二十四《文集二·杂文》。

此其一。其二是，崇祯六年（1633），升任内阁首辅的温体仁，为了把支持周延儒的复社纳入自己麾下，指使其弟温育仁加入复社，遭到张溥严词拒绝。温育仁策划了《绿牡丹传奇》来攻击复社，一时间闹得沸沸扬扬。故而陆世仪说："当是时，越中皈命社局者，争诵两张夫子不畏强御，而娄江（即'两张夫子'）与乌程（温体仁）显开大隙矣。"[1]更为主要的原因，温体仁掌权以来，推行没有魏忠贤的魏忠贤路线，打击排挤东林人士不遗余力，钱谦益、钱龙锡、文震孟、郑鄤都是被他整肃的。在他心目中，复社是东林的延续，必然是他的打击对象。

几社才子同时又是复社成员的夏允彝也看到了这一点，他认为，复社卷进党争，是以前东林卷进党争的继续。他说："而门户之说，为上所深恶。幸上神圣，知两党各以私意相攻求胜，上不欲偏听，故政府大僚俱用攻东林者，而言路则东林为多。时又有复社之名，与东林继起，而其徒弥盛，文采足以变一时，议论足以压众口，不自知其举国之若狂也。"[2]在他看来，东林一派的领袖，从顾宪成、邹元标开始，继起者有杨涟、左光斗，此后又有文震孟、姚希孟，最后则是张溥、马世奇辈，都是"文章气节，足动一时"之人。而"攻东林者"，由沈一贯开始，而后有亓诗教之流，继起者有魏忠贤、

1 陆世仪《复社纪略》卷二。

2 夏允彝《幸存录·门户大略》，留云居士辑《明季稗史初编》卷十四。清初叶珍撰《明季编遗》卷三《门户始末》，与《幸存录》几乎相同，只有少许文字差异。《明季编遗》写道："时又有复社之名，吴门诸君子为社长，凡四方儒宿英畏，附名复社者，无不自谓与东林绍起。而其徒众文采足以动一时，虽朝论每苛及之，不能止也。"

崔呈秀，此后是温体仁、周延儒，最后则是马士英、阮大铖，都是“公论所不与”之人。

巧合的是，逮捕钱谦益与攻讦复社，两案几乎同时而起。钱谦益革职为民，回到家乡常熟，“闲住”了七年，政敌温体仁仍不放过他。崇祯十年（1637），温体仁指使常熟知县衙门的师爷张汉儒，捏造罪名，诬陷钱谦益以及受牵连罢官的瞿式耜在乡里横行不法，作恶多端。张汉儒不愧为刀笔吏，有一手无中生有颠倒黑白的本领，“告御状”的状子写得十分厉害，一共列举了钱谦益与瞿式耜五十八条罪状。

与此同时，“复社之狱并起”。吴伟业写道：

> ……而乌程窃国柄，阴鸷惨核，谋于其党刑部侍郎蔡奕琛、兵科给事中薛国观，思所以剸刃东南诸君子。先生（张溥）扼腕太息，早夜呼愤。其门弟子从苕、霅间来者，具得相温（体仁）阴事，名为廉洁奉法，实纵子弟暴横乡里，招权利，通金钱。先生引满听之，以为笑谑，语稍稍流闻相温（体仁）。时盛修郄虞山（钱谦益），思一举并中之，未得间也。会上忧耳目壅阏，诏吏民极陈时政缺失……相温（体仁）阴计此便，遂钩致陈履谦、张汉儒与谋。履谦、汉儒者，故虞山胥吏，有罪亡命入

京师，而政府遣腹心延之东第，密受记，告牧斋（钱谦益）及其门人瞿公式耜所为不法，相温（体仁）从中下其章，锒铛逮治，而复社之狱并起。[1]

于是有太仓市井无赖（所谓“驵侩无行”）陆文声、苏州府推官周之夔先后上疏诬陷复社的案件发生。

文秉《烈皇小识》崇祯十年（1637）四月条，也有简单的记述：

太仓民陆文声疏言，风俗之弊，皆起于士子。因参太仓庶吉士张溥、前任临川知县张采，倡立复社，以乱天下。有旨：着提学御史倪元珙核奏。既而元珙回奏，极斥文声之妄。而申详者苏松道冯元飏也。有旨：元珙、元飏着该部从重议处。后部覆上，俱降三级调用。去岁张汉儒疏参虞山（钱谦益），以致逮问，故一时谗小得意，告讦四起。先是，苏州推官周之夔，以争军储事与溥、采相忤。盖溥欲利尽归于太仓，而之夔欲公普之合郡，事本甚公甚正。后之夔密揭溥等于漕抚，并伤知州刘士斗。于是众议沸然，皆归罪于夔。夔与士斗俱不安其位以去。至是，之夔亦讦奏溥等树党挟持，则曲甚矣。[2]

1 吴伟业《复社纪事》，《梅村家藏稿》卷二十四《文集二·杂文》。

2 文秉《烈皇小识》卷五。

周之夔诬奏“复社紊乱漕规”，对于这种无端捏造，张溥十分气愤，写信给挚友侯方域，希望在朝为官的其父侯恂出面辩白。侯方域在回信中，一方面指出是温体仁在幕后操纵的报复之举，另一方面有劝他不必与周之夔这批宵小之徒“屑屑角逐”。信中写道：“承示，闽漳（指周之夔）事有关于漕粮者即当转白家大人。闽漳初以文人操入室之戈，已自支离，今乃以军国如许重务博一快己，此其心术岂尚可问哉？西铭清识至德，本末了然，亦不必屑屑与角逐也。某窃谓，朋党所以报汉，而汉亡于朋党；道学所以扶宋，而宋弱于道学。此其故在上在下固两失之，然欲为调停之说，则君子不取。盖与其失身无益，不如终守道也……而当路乃坚报复恩怨之旨，借忮刻为孤立，以耸动人主，而夙负处士，更有咄咄持空函以邀之者，不止闽漳一辈，说者亦必愿西铭针汉士之褊狭，药宋儒之阔迂，刓方就圆，与时消息，不识果遂以为可否……贵乡虞山（钱谦益）之争枚卜，长洲（文震孟）之去国，为数年来极有关系事，长洲已与日月争光，天下所观望者，惟虞山与娄东耳。”[1]信写得很有意思，所说的“当路”

侯方域像

侯方域，字朝宗，河南商丘人。明末清初文人，著有《壮悔堂文集》。侯方域与青楼女子李香君的爱情故事被清代戏剧家孔尚任编成戏剧《桃花扇》。

1 侯方域《答张天如》，《壮悔堂文集》卷三《书》。

无疑是指温体仁，投靠他门下的不止周之夔一个。遭到诬奏，调停固然不可取，针锋相对也大可不必，清者自清，希望张溥珍惜“天下观望者”的美誉。

关于陆文声、周之夔攻讦复社一案，记载最为详细的当属陆世仪《复社纪略》。根据他的记载，情况大致如下：陆文声，字居实，少年时在外祖父周文潜家，张采与他同学。崇祯九年（1636）三月，两人因小事失和。陆文声怀恨在心，进京上疏，攻讦张采“交通上官，把持武断”。太仓望族王时敏是前内阁首辅王锡爵的后人，与温体仁有“两世通家之谊”，深受温体仁倚重，恩礼较其他亲信尤厚。当时太仓望族首推琅琊王氏、太原王氏、清河张氏。琅琊王氏即万历时官至刑部侍郎的王世贞家族，太原王氏即万历时官至内阁首辅的王锡爵家族，清河张氏即复社的张溥家族。以前难以与琅琊王氏、太原王氏相抗衡的张溥倡立复社之后，门墙炽盛，许多望族子弟皆贽居门下。王时敏由此蓄怨于复社，陆文声正是看准了这一点，才找上门去，告以入京之意。王时敏说：“相君（温体仁）仇复社，参之正当其机，但相君严重，不轻见人，耳主局者惟德清（蔡奕琛）为政，宜就商之。”陆文声遵嘱拜访了蔡奕琛，呈进疏稿。温体仁看了蔡奕琛送来的疏稿，回应道：“谁为张采？不过三家村兔园学究耳，乌足渎圣听！今朝廷所急者张溥耳，能并弹治溥，当授官如（陈）启新也。”蔡奕琛把这一意见转告陆文声，命他修改疏稿。几天后，蔡奕琛向温体仁献计：“张汉儒讦钱、瞿，已遣缇骑。此案遽列名，当并得逮，江南一时兴两狱，恐耸上听，反至起疑。不若借端筹饷，历陈奸弊，末后指及党局，姑下地方查复，俟钱、瞿狱竟，乃具第二疏指名究处耳。”于是陆文声再次修改疏稿，从“借端筹饷，历陈奸弊”角度攻讦张溥。

皇帝很快下达圣旨：“三吴逋饷悉由奸胥揽解，分派侵吞……俱关地方重大情弊，着该抚逐款详查，明白奏夺。至太仓复社结党恣行，把持武断，提学臣所职何事？致士习嚣横如此！着倪元珙一面查究惩饬，据实回奏。”

张溥获悉后，立即派人对陆文声之子陆茂贞说：“忝在同里，与尊君素昧平生。若因他人负罪，而无故加兵，是城火池殃也，如阴骘何？”陆茂贞马上赴京，向父亲转告张溥之意。当时复社成员夏允彝、陈子龙、吴克孝等都在京，以为陆文声必定受人指使，为了社局的安定，莫如为之谋求一个“善地员缺”，让他不再参奏。到了崇祯十年（1637），得到陆茂贞的确信，张溥拜谒苏松道冯元飏、苏州知府陈洪谧，并且转告苏松提学御史倪元珙。徐汧对倪元珙说：“社中有杰才，科名恒出其中，但使社局得无恙，公祖目前虽暂屈，后必大伸。”倪元珙于是根据府道的申文，遵旨“据实回奏”：

> 臣受命督江南学政，奉有复社一案。夫结社会友，乃士子相与考德问业耳，此读书本分事，不应以此为罪。陆文声挟私憾诋欺瞒，故奏事不以实，荧惑上听，臣昧死据实以闻。[1]

1 陆世仪《复社纪略》卷四。

倪元珙的据实回奏起到了稳定社局的作用，却付出了降级调用的代价。吴伟业说："州人陆文声者驵侩无行……踵汉儒上章诬奏。上疑两案难并逮，下提学御史山阴倪公元珙验治。倪公贤者，即苏松道慈溪冯公元飏所谳以奏曰：'臣奉诏董诸生，而复社多高材生，相就考德问业，不应以此为罪。文声挟私憾，瞒谰抵欺，荧惑上听，所奏故不以实，昧死闻。'有诏，并（冯）元飏镌级调用。"[1]

谈迁《国榷》系此事于崇祯十年三月："先是，奸人陆文声诡陈风俗之敝皆原于士子，士子皆以复社乱天下。盖太仓庶吉士张溥、前临川知县张采倡复社，海内靡然趋之。事下南直提学御史倪元珙按之，元珙奏：社有之，非有把持武断之迹。上责其蒙饰，俾更核。元珙不屈，已，降光禄寺录事。"[2]

邹漪为倪元珙立传，这样写道：

> 时张太史溥、张仪部采倡立复社，四方名士络绎奔会。而苏州推官某，以漕兑事与张讦口，遂迎执政（温体仁）意，举以入告，几构党祸。事下提学御史勘议，公力护持，辨言："诸生引徒众讲习，实非党，无可罪者。且文章为士精心，即国元气，厉治士不便。"执政恨公庇士，严旨切责，镌秩补光禄寺录事，升行人司副。[3]

1 吴伟业《复社纪事》，《梅村家藏稿》卷二十四《文集二·杂文》。

2 谈迁《国榷》卷九十六，崇祯十年三月庚子。

3 邹漪《启祯野乘》一集卷四《倪光禄》。

他对倪元珙有很高的评价："凡除害兴利，有益地方者，咸挺然身任。生平无不可告天地鬼神之事，合亲疏远迩皆乐归依。学一本诸姚江，为诸生便以天下为己任。"并且为之写了这样的评语："迹先生去官以复社，则先生之大有功于三吴人士可知"。

案件并未就此了结，蔡奕琛以授予御史为诱饵，催促陆文声再上第二疏，重申"复社结党恣行"的意见。陆文声"佯言他事以谢"，没有再上第二疏；尔后他被选调为湖广永州府的"吏目"，离开了这个是非之地。

倪元珙离职后，苏松提学御史由亓玮继任，奉旨再次勘查复社一案。不久，亓玮因为丁艰回乡守制，提学御史由张凤翮继任，对复社一案压下不理。蔡奕琛计无所出，命前任泗州卫弁拿了他的手书前往福建，要前任苏州府推官周之夔再次挑起事端。于是周之夔的《复社首恶紊乱漕规逐官杀弁朋党蔑旨疏》出笼了，依然是老调重弹：

> 惟是臣职兑护漕，受翰林院庶吉士张溥、江西临川告病知县张采毒害，抚按不敢言。即近日圣明严究复社，天下共晓，而溥、采正复社首恶，宁代受谴，莫肯实对者，同党相护也。

其中连篇累牍谈到漕运事宜，说张溥张采"把持徇饰""逐官杀弁"，不过是一个幌子，在奏疏的末尾显露了杀机：

> 至溥、采自夸社集之日，维舟六七里，祖道六百人，

生徒妄立“四配”“十哲”，兄弟致号“常侍”“天王”。同己者虽盗跖亦曰声气，异己者虽曾闵亦曰逆邪。下至娼优隶卒，无赖杂流，尽收为羽翊。使士子不入社，必不得进身；有司不入社，必不得安位。每一番岁一番科，举劾照溥、采操权饱壑，孤寒饮泣。恶已彰闻，犹为壅蔽。臣恐东南半壁从此不可治矣！

其他娄场弊，窝盗贼，诈乡民，有证据之赃，已累巨万。一疏难尽，容臣列款详奏。臣母服未满，何敢冒渎？缘受害冤深，奉旨严查，犹经年寝阁，万不得已，七千里匍匐伏阙。臣孤立无援，撄此雄锋，自分必死。然生无可报国，不惜捐躯以明漕储利害，朋党罪恶。伏望皇上立奋乾纲，大破党局，提张溥、张采与臣面鞫。得实，乞斩溥、采以谢朝廷，并斩臣以谢朋党。[1]

谈迁《国榷》系此事于崇祯十年五月，“前苏州推官周之夔讦奏太仓庶吉士张溥、前临川知县张采，倡诸生立复社，树党挟持，紊漕政，逐上官。章下所司。”[2]

周之夔的用心极其险恶，企图以“四配”“十哲”“常侍”“天王”之类僭越的称呼，激起皇帝的怒气，置张溥、张采于死地，而且直截了当地乞求

1 陆世仪《复社纪略》卷四。

2 谈迁《国榷》卷九十六，崇祯十年五月己丑。

皇帝处死娄东二张。皇帝并没有发怒，只是把奏疏转发给有关部门，有关部门又把它转给苏松提学御史，张凤翮把它压下不予回复。一场“乞斩溥采以谢朝廷”的闹剧不了了之。原因就在于，事件的幕后主使者温体仁于这年六月罢官而去。八月，钱谦益案件得以平反，以处死诬陷者张汉儒等而收场。复社一案自然不再追究。

事情并未了结。新任内阁首辅张至发继承温体仁的衣钵，复社的危险仍然存在。正如当时已任翰林院编修的吴伟业所说，首臣张至发新猷方始，故辙犹存，其近辩温体仁曰孤执，曰不欺。夫体仁当国，有唐世济、闵洪学、蔡奕琛、张汉儒、陆文声驱除异己，何得谓孤？庇枢贰，则总理可不设，而事败乃设；徇凤抚，则镇可不移，而事败乃移。何得谓执？家窝巨盗，孽子招权，何得谓不欺？今首臣涤心改行，以收实效，臣何敢议？如其不然，首臣亦何以酬主恩而塞舆望耶！[1]张至发并没有“涤心改行”，担任首辅的时间不长；此后担任内阁首辅的薛国观也是温体仁的羽翼，一年后遭到“削籍”的处分。

崇祯十四年（1641）五月，张溥病逝于家。十一月，蔡奕琛因贿赂薛国观被逮捕，不肯入狱，上疏为自己鸣冤：“庶吉士张溥、故礼部右侍郎常熟钱谦益等倡复社，朋陷及臣。”还说：“复社杀臣，

1 吴伟业《劾元臣疏》，《梅村家藏稿》卷五十七《文集三十五·奏疏》。

谦益教之也。”这简直是胡搅蛮缠，第一，蔡奕琛贿赂薛国观这一事实，与复社是否“朋陷”无关；第二，钱谦益并不是复社的倡立者；第三，“复社杀臣”毫无根据，“谦益教之”更没有根据。皇帝还是要他们三人对质。

钱谦益与娄东二张并不是同一代人，且与复社无关，当然不能接受这种无端的诬陷，上疏答辩道：

> 臣自往岁触权被构，蒙皇上鉴臣无辜，宽赦归里。顶踵高厚，杜门屏迹，朝夕焚香，祝颂万寿。顷于十一月十二日接得刑部咨文，内开：“原任刑部侍郎蔡奕琛奏为再陈神通广大等事。奉圣旨：‘复社一案，屡奉明旨，延捱不结，明有把持。今观《复社或问》及《十大罪》之檄，僭妄奸贪兼备，于人才治乱大有关系，何可不问？张溥、张采、钱谦益殊干法纪，俱着回将话来，还勒限去。该部知道。钦此。’钦遵。”……臣于复社有无干涉，不容不力辩于圣明之前者，敢矢心沥血为皇上缕陈之。
>
> 奕琛疏称张溥首创复社，臣中万历庚戌科进士，溥中崇祯辛未科进士，相去已二十余年。结社会文，原为经生应举而设。臣以老甲科叨冒部堂，何缘厕迹其间？其不容不辩者一也。
>
> 《复社或问》系原任苏州府推官周之夔所作，及徐怀丹《十大罪檄》，原本具在，未曾只字及臣。若臣果系复社，则之夔何不先指臣，直待奕琛始拈出耶？其不容不辩者二也。
>
> 复社屡奉明旨察奏，亦未曾有臣姓名。屡旨见在御前。

其不容不辩者三也。

复社一案，闻往年抚按回奏，已经部复。臣方被逮在京，无由与知。其有未经回奏者，事在所司。有无把持，诸臣见在可问。其不容不辩者四也。

复社自复社也，臣自臣也。奕琛欲纽而一之，而无端插入一语曰：谦益发纵。此所谓捕风捉影也。其不容不辩者五也。

复社自复社也，奕琛自奕琛也。复社自有周之夔之案，奕琛自有薛国观之案，奕琛又欲纽而一之，而曰复社操戈，由臣指授。此所谓桃僵李代也。其不容不辩者六也。

……奕琛以旧辅温体仁姻戚，疑臣报复。不知臣生平素无藏蓄，固未尝仇体仁于生前，乃奕琛顾欲代体仁仇臣于身后。人之不同量若此，又何言哉！[1]

钱谦益列举事实为自己声辩的同时，点明了事情的本质，蔡奕琛作为温体仁的姻戚与亲信，继承其衣钵，妄图把钱谦益拖入复社之狱的泥淖中。

已经杜门养病的张采，也遵旨回话，写了《具陈复社本末疏》为复社辩护：

原任江西抚州府临川县知县告病回籍臣

1 钱谦益《遵旨回话疏》,《牧斋初学集》卷八十七。

张采谨奏为遵旨回话事。臣系崇祯元年进士，选授前职，在官两载，以劳成疾，告病归家十余年，残废在床，不能窥户外。

今十月中忽闻邸报，有原任刑部侍郎某一本《再陈神通广大合谋构陷事》，奉圣旨云云钦此……惟复社一案责张溥及臣回奏，惜溥已死，臣谨斋沐陈之。

我朝制科取士，因重时文，凡选乡会中式文曰程墨，选进士文曰房书，选举人文曰行卷，其诸生征文汇选曰社稿，从来已久。若复社之起，臣已为县令，不预书生事。张溥时犹未第，故选社文，以臣向同砚席，代臣作序。及溥成进士，而臣已病废矣。岂意臣里中奸人私隙中伤，有复社一款，下苏松提学。前学臣倪元珙曾经具覆，奉旨再察。既学臣亓玮以丁忧去，张凤翮以外转去，悬案未结，事会致然，罪不在溥与臣也。乃夏五月初八日溥病身死，惟臣仅生，谓复社是臣事，则出处年月不符；谓复社非臣事，则溥实臣至交，生同砥砺，死避罗弋，负义图全，臣不出此。

窃惟文者昭代之所重，社者古义所不废。推广溥志，不过欲楷模文体，羽翼经传耳，未尝有一毫出位跃冶之思也。至于《或问》及罪檄，此忌溥者罗织虚无，假名巧诋，不惟臣生者不闻，亦溥死者不知。若使徐怀丹果有其人，臣愿剖心与质；倘其人乌有，则事必诬构。独念溥日夜解经论史，矢心报称，曾未一日服官，怀忠入地，即今严纶之下，并不得泣血自明，良足哀悼。臣虽与世隔越，孤立杜门，而兢兢勉学，颇知省察，不欲一字自欺，岂敢一字欺皇上！[1]

张采强调复社是为了科举应试而倡立的文社，宗旨不过是“楷模文体，羽翼经传”而已，没有一丝一毫“出位跃冶之思”，陆文声、周之夔之流“罗织虚无”，托名徐怀丹者“假名巧诋”，表示愿意和他对簿公堂，谅他不敢，故而说：“倘其人乌有，则事必诬构。”

皇帝终于明白真相，下达圣旨：“书生结社，不过倡率文教，无他罪，置勿问。”[2]据杨彝《复社事实》说，崇祯十五年，御史金毓峒、给事中姜埰，各上疏白其事，始奉旨：“朝廷不以语言文字罪人，复社一案准注销。”[3]

因为这样的关系，姜埰的奏疏很值得一读。

……自古文章兴狱，事不多见。臣闻东南久学之士，彬彬盛美，爰有复社之名，敢云人尽才能。要而论之，阐明经史，锐情讲诵。其间即有二三之士怀古忧时，慷慨持言，扶进正论、嗤犯盛者，或亦规勉大义，匡翊明时，非盛世所宜讳也。

如以分外为狂瞽，宋臣范仲淹不自其为秀才时以天下为己任乎？乃自罪辅密承衣钵，事

1 张采《具陈复社本末疏》，《知畏堂文存》卷一。

2 邹漪《启祯野乘》一集卷七《张庶常传》。邹氏写道：“公死后，复有攻公希跳狱者，再得严旨，责公及张公采各自陈。采具疏备述颠末……疏上，上亦鉴书生结社，不过倡率文教，无他罪，置勿问。”

3 杨彝《复社事实》，转引自谢国桢《明清之际党社运动考》，第137页。张廷玉《明史》卷二百九十五《金毓峝传》：“因言复社一案，其人尽缝掖，不可以一夫私怨开祸端。帝多采纳。”邹漪《启祯野乘》一集卷十一《金御史传》：“其解党锢一疏，尤诤于群小罗织清流之日，而为海内所传诵者也。”万斯同《明史》卷三百七十一《姜埰传》：“温体仁与复社之狱，七年未结，（姜）埰言：‘诸生率阐明经史，无可罪，而张溥一代著述才，赍志以没，宜责易名之典。时周延儒已复召当国，事乃大解。”

类坑儒，不曰诽谤，即曰结党，一事而株连无尽，一人而毛疵必求。嗟乎！罪辅固未之深思耳……孔子曰：天下有道，则庶人不议。此言上下之相应也……宋时太学诸生佐阙朝政，假使大臣壅塞专固，严猛迫促，民力屈绝，当时小臣不敢直言而士子代之，士子不敢直言而文章代之，此亦世道之不幸而执政者之羞矣……且罪辅亦知天下之事，士子不当留心，谁当留心者？布衣担簦之时，朱绂簪笔之日，总此人才，国家累世育养，幸有经济明法之儒，指陈切隐，裨益上理。士苟不考古今治乱之端，当日得失之故，其人之贤不肖为何如也。若慕仁义者号称多事，忤权奸者辄为狂生，几何不轻学校而罢师儒也。不独此也，学校可轻，而畏谗口者继乃讳文事；师儒可罢，始而废社课者继而坏文臣，其于皇上岂弟作人之道，化成之治，不大伤哉！目今乡、会两试，正人文消长之时，仰祈天语申饬，俾天下之士勿以复社为危机，维系国运不小。

抑复社之祸，始于周之夔之诬讦张溥。张溥，一代著述之手，砥砺名行，折衷古今，不幸赍志以没，天下惜之。昨见台臣刘熙疏请表章圣学，幸蒙睿鉴，并祈皇上予以易名之典，以重文学之臣……[1]

1 孙承泽《山书》卷十《江南复社》。

议论纷纭十几年，复社终于从皇帝那里讨回了公道，以前强加于它的种种诬陷不实之辞，诸如“操纵朝政”“把持科场”“横行乡里”“自拟阙里”云云，统统是站不住脚的。皇帝所下的结论：“书生结社，不过倡率文教”，以及“朝廷不以语言文字罪人”，对于复社和其他文社而言，无疑是最有权威性的定论，也是最符合事实真相的。

4. 复社的理想政治——吴应箕的个案

崇祯时期围绕复社的政治风波，其实是东林党争的延续，吴应箕写了《东林本末》来回顾这段历史，说：“东林者门户之别名也，门户者又朋党之别号。夫小人欲空人国，必加之以朋党，于是东林之名最著，而受祸为独深。要亦何负于人国哉！东林争言真伪，其真者必不负国家，伪者或至负东林。”又说：“尝观国家至败亡，未有不起于小人倾君子之一事；而小人之倾君子，未有不托于朋党之一言。”[1]显然是针对群小诬陷复社而发的议论。

万历、天启时代党争，“实录”不实，正史多曲笔，吴应箕反其道而行之，为当代史揭示真相。对此，周钟给予高度赞扬：

清议所病固非一端，独如神宗朝四十八

1 吴应箕《东林本末》卷上《门户始末》。

年，其大者始争、国本、晚争三案，诸疏恒芟削不详，他小人邪说倾翻，则连章累牍书之；其次者邹南皋先生论张江陵夺情，江陵败，先生除给事，既又以言事被谪，诸疏亦不尽载，诸小人之攻之者，则又连累书之……江上吴子次尾有忧之，每抵掌时政，奋髯垂涕，悲愤交作。三年以其所作诗文若干卷视周子曰："古之君子得志则以其所行者纪载之，不得志则以其所见者著明之，此予是编所由成也。"[1]

这是周钟为《楼山堂集》所写的序言。吴应箕所说的"不得志则以其所见者著明之"，就是他所写的《国朝纪事本末论》《东林本末》《两朝剥复录》等当代史，为洞察崇祯年间的"党争"提供一面镜子。

这种史论，其实就是政论，用历史委婉地批评当时的朝政。看一下侯方域所写的《朋党论》便可以明白。由于孔尚任的《桃花扇》的流传，明末四公子之一的侯方域留给人们的印象，似乎是风流倜傥的公子哥儿，掩盖了他的见识与才情。其实他是很有思想的才子，请看他的这篇文章：

君子小人之不能不分也久矣。其祸必成于小人，其罪必归于君子，此二者相持不并立之

1 吴应箕《楼山堂集》卷首，周钟序。

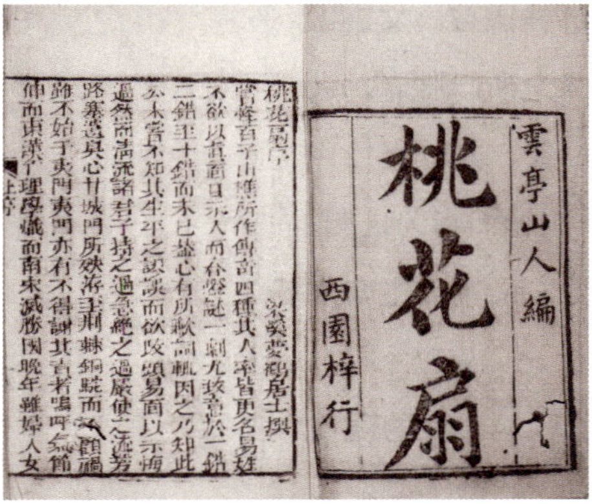

◤《桃花扇》西园刻本书影

> 势也。而小人必胜，君子必败。其小人之所以胜者，大率自称孤立；其君子之所以败者，必以为朋党……夫主上居深宫之中，与臣庶隔绝，常恐天下之欺己，而密以为防，群天下之人而有朋，群国家之臣而有党，此岂人主所乐闻哉……自世之既衰也，而党人之目在下，盖小人既逐君子，则朝廷之上可以惟我所为，而恒恐君子之在下者得而非议之。于是因其议论而指为讥刺，观其风节而诬为标榜，群天下名彦之士，而尽陷之语言文字之中，使其辨之无可辨，而逃之不可逃，则小人之势成矣！[1]

他在文章末尾，特别写了一句画龙点睛之笔："人主奈何不之悟也！"据文集编者徐邻唐的点评："此系朝宗少年作"，文集的另一位编者徐作肃的点评也指出："明朝门户自四明（沈一贯）始分，至乌程（温体仁）而后，士大夫之祸始烈。朝宗家学最熟最悉，故两篇议论凿凿，无一字依傍影响。"[2]由

---

1 侯方域《朋党论》，《壮悔堂文集》卷七《论》。

2 侯方域《朋党论》，恭士（徐作肃）、尔黄（徐邻唐）所写的"点评"，《壮悔堂文集》卷七《论》。

此可见，这篇文章针对温体仁攻讦钱谦益、文震孟等东林人士，故而文中说“其小人之所以胜者，大率自称孤立”，因而得到皇帝的信任。其时复社声誉高涨，而招来小人疑忌，“因其议论而指为讥刺，观其风节而诬为标榜”。所以他要感叹：“人主奈何不之悟也！”

由此可以透视出吴应箕《东林本末》的现实意义。

吴应箕是复社初创时期的中流砥柱，屡屡在科举考试中落第——“七试南都不第”，始终没有踏入仕途，主要精力都集中于著书立说与社事活动。据他的年谱记载，万历四十六年（1618）他二十五岁，参加金陵乡试，不第而归，从此开始“励志于学”。[1]天启七年（1627），四应南都试不第，便于崇祯元年（1628）投入张溥、张采创建复社的事宜中。崇祯三年（1630），五应南都试不第，当即投身复社的金陵大会，并与同乡刘城（伯宗）创办“国门广业之社”，成为复社人士的一个分支活动。所谓“国门”当然是指南京，“广业”则是南京国子监的一个厅堂的名称，每次乡试，诸生论文考艺，都集中于广业堂中。当年考试之后，诸生们在广业堂举行雅集，由吴应箕、刘城、沈士柱（昆铜）主持，并且约定，以后每三年举行一次，与会者轮流主持。[2]吴应箕在《国门广业序》中回忆道：

1 夏燮《忠节吴次尾先生年谱》，万历四十六年戊午条。

2 夏燮《忠节吴次尾先生年谱》，崇祯三年庚午条。

南京故都会也，每年秋试，则十四郡科举士及诸藩省隶国学者咸在焉。衣冠阗骈，震耀衢街，豪举者挟资来，举酒呼徒，征歌选伎，岁有之矣。而号为有气志能文章者耻之，键户若无闻，遇则逡巡从道旁避去。数十年来，求胜游之可传，高会之足纪者，盖渺耳。自崇祯庚午（三年）秋，吾党士始合十百人为雅集。其集也，自其素所期向者遴之，称名考实，相聚以类，亦自然之理也。计其时为聚者三，主之者刘伯宗、许德先、沈昆铜也。癸酉（六年）则杨龙友、方密之。再一举行，而莫盛于姚北，若丙子（九年）之役。夫吾党自庚午后，汇聚之士半为升用，其本末固已见于天下矣，攻之者且四面至，物盛而忌，夫何怪乎！于是天下方以社事为讳，而姚子独于忧疑满腹、谗口方张之日，大聚吾徒，而盟之曰："吾党所先者道也，所急者谊也，所讲求者异日之风烈事功，所借以通气类者，此文艺而假以宣彼我之怀者……"姚子独毅然行之，一无所畏，固为其难者哉！[1]

最能反映复社理想政治的，是吴应箕写于崇祯九年（1636）的《拟进策》。他从邸报见到臣民纷纷进言，皇帝都有批示，有的人因此"骤荷进用"。

1 吴应箕《国门广业序》，《楼山堂集》卷十七《序》。

但是在他看来，这些奏章“于天下大计俱有未当也，私以为言者皆负上”，因此草拟了十策。由于他是无名之辈，无法呈进朝廷，后来收入文集，成为书生论政的一个记录。这篇《拟进策》[1]包括十个方面：持大体、别邪正、谨信任、审言术、励廉耻、重变更、储边材、罢无用、养民财、塞贪源。略选其中若干，以飨读者：

持大体

总纪纲、挈要领，一切兵刑钱谷各责之所司而已……此所谓大体得也。体失而后务为操切，操切之过，臣下奉行不及，则益工为欺蔽，而丛脞因之。至于丛脞，则操切亦有时而穷，而废隳因之，究之，柄且为人所旁操而不觉。是故得体而治，失体而乱，自古至今，未有能易者也……臣观神宗初年，张居正为相，其荡涤振刷不可谓无功，然亦似稍刻矣。神宗一以宽大继之，迹若倦勤，而政实得体，故海宇晏如者几五十年矣。迨其末年，不无废弛惰窳之象，亦其势然也。因而（熹宗即位）□□边隅孳生宫禁，逆珰之祸，海内沸然。幸陛下神明践祚，然后人心始有所恃，于是惩先朝之失驭，创群工之积弛，手揽万机，躬亲庶政，至于闾阎铢两之奸，皆勤诏旨，虽汉宣之精

1 吴应箕《拟进策并序》，《楼山堂集》卷九《策》。

励，岂能及陛下之万一哉！然臣固有虑焉，事无大小，俱自上操，使天下皆重足而立者，欺罔之藉也；言无是非，俱得达陛，使天下皆裹足不至者，奸佞之丛也。大臣无所执持，小臣相为朋比者，衰乱之征也。是故欲惩贪而愈以风之，欲革弊而愈以启之，何也？失体也。

他用张居正的操切来反衬神宗的宽大，看似倦勤，其实是“得体”，所以几十年海内晏如。再谈到当今陛下手揽万机、躬亲庶政，励精图治的汉宣帝不及陛下之万一。然后话锋一转，崇祯一朝九年来，皇帝大权独揽，过于操切，天下重足而立、裹足不至，欺罔奸佞丛生，贪弊愈演愈烈。根源就在于“失体”，亦即皇帝没有“持大体”。

别邪正

今夫国家之患，莫大于人臣之自为朋党，而其病由于人主之不分邪正。夫不分邪正，使君子小人杂进，于是君子以小人为小人，小人亦以君子为小人；小人指君子为朋党，君子亦自以为党而不辞。始未尝不从国家起见，后不过争竞门户。迨争竞门户，而君子常易衰弱，非易衰弱也，君子难进而易退，难荣而易辱。于是小人揣得其情，攻之以必忌，持之以难久。不幸君子或授之以间，又不幸附君子者或因之为市，而君子之势孤矣。君子之势孤，国家之事去矣……陛下试观即位以来，谁为顺悦，谁为憨直？谁重气节而轻于祸福，谁矢念于国家，谁快心于报复？其挤援阅历不可谓不熟矣。又试观神庙以来，所谓身在朋党横被攻击者，其后之孤忠劲节、甘死如饴者何如？又观天启中所谓志在进取、力攻朋党者，其时之诵德称功、嗜利无耻者何如？而邪正之数有不较然乎？今之时势又与先朝不同，则夫希名而附和，与夫惩迹而矫饰者，其苍素黑白诚难遽别，然而泾渭之源流自在也。陛下诚能穷治之源，而登进斥逐，一以其权归之于上，使众正汇进，而憸险小人无所缘而售其奸，将国家之治理可以计日而待。

他和李雯、夏允彝、侯方域等人一样，提及当时热门的话题：朋党与君子、小人，尖锐地指出，病根在于皇帝“不分邪正”，结果是君子日趋孤立，“国家大事去矣”。如果能使“力攻朋党”的阴险小人无以售其奸，国家何患不治！

谨信任

臣闻天下之患莫大乎君有疑其臣之心，而信任之不专，尤莫患乎臣有要其主之心，而信任之太笃。不专之与太笃，皆足为患，而第其轻重则无所别，而笃任之者其为祸甚深也……高皇帝神武开天，犹失之胡惟庸；肃皇帝英明绝世，犹失之严嵩。是故信任之不可不谨，其在英主为尤甚。皇上躬戡珰祸，手揽万机。念夷寇之交讧也，尚方之赐时出；悯财赋之日匮也，司农之任独久。总纪纲于中丞，归操柄于冢宰，不专之患，可幸无之。且陛下始欲借内镇以风励诸臣，未几撤之如脱槁，即昨日召置辅相，士大夫方举手加额，而旋以一人之言弃之。人方疑陛下信任之理太轻，臣即窃于此有虑者……故臣愿陛下益去其菲薄臣下之见，程力量能，执虚公以驭下。[1]

这是在讨论理想的君臣关系，君不能有疑臣之心，否则对臣的信任就会不专；臣不能有要主之心，否则对臣的信任就会太笃。他以胡惟庸、严嵩为例，指出了皇帝笃信宠臣的危害，特别强调“信任之不可不谨，其在英主为尤甚”，显然是在影射崇祯皇帝过于笃信温体仁。

在谈到审言术、励廉耻、重变更、储边材、罢无用、养民财之后，吴应箕的第十策是“塞贪源”。他说“今天下盗贼生于民贫，民贫由于官贪”，陛下赫然严惩，反而愈演愈烈，原因在于只治“贪之流”，而未治“贪之源”。他列举了一些“贪之源”，其一是士子金榜题名刚入仕途，就必须“营选”“钻缺”，为了打点，不息借高利贷。因此早晨刚上任，晚上讨债者就赶到。为了填补漏洞，“外官取偿于民，京官取偿于外官”，源头是相同的。各种关系都需要打点，比如，有奥主，有座师，有同年，有乡曲，哪一个都要摆平。此外还时时有各种需索，比如有考核官员的大计、京察之类，还有遭到弹劾请求从轻发落，希望受到推荐求得肥差，都是要花钱的。他慨乎言之：“凡此能虚得之乎？视

1 吴应箕《拟进策并序》，《楼山堂集》卷九《策》。

其人之崇卑戚疏，以厚薄其贻馈，而其人即以其厚薄之数为效力之浅深。乡贡监吏之属，苟有所求，益愈竭其资而不恤。尤可怪者，今以功令之严，益设为简易之法，入国门者皆短刺空函，而金已达其家矣。又变白（银）为黄（金），取诸其寄，所以致之者愈巧。”[1]这就是为什么“禁愈严而贪愈炽”的根本原因。然而要想“塞贪源”谈何容易！

5.《留都防乱公揭》

吴应箕的理想政治并不停留于口头上，有时也有实践的尝试，最值得称道的是起草了掷地有声的《留都防乱公揭》。

陈贞慧（字定生）《书事七则》之《防乱公揭本末》说，阉党余孽前光禄寺卿阮大铖，在清查阉党逆案时，受到“削籍”的惩处。此人小有才华，却心术不正，一心想翻案，企图重登官场，来到南京招摇过市，吴应箕看穿阮大铖本性难改，如不予以迎头痛击，后患无穷。崇祯十一年（1638），他和顾宪成之孙顾杲（字子方）商议，顾杲义正词严地表示：“杲也不惜斧锧，为南都除此大憝。”两人同去征求陈贞慧（字定生）的意见，陈贞慧奋然回应道：“（阮大）铖罪无藉揭，士大夫与交通者，虽未尽不肖，特未有‘逆案’二字提醒之。使一点

1 吴应箕《拟进策并序》，《楼山堂集》卷九《策》。

破，如赘痈粪溷，争思决之为快，未必于人心无补。”于是吴应箕在陈贞慧寓所起草了声讨阮大铖的檄文。

然而，为吴应箕撰写年谱的夏燮考证，此事有一个过程。他说，留都防乱的议论起于崇祯九年。这年夏，在金陵“三举国门广业之社”；秋，吴应箕与冒襄（辟疆）、陈贞慧（定生）、顾杲（子方）等在桃叶渡寓所，会见天启年间遭阉党迫害致死诸公的遗孤十三人，杨涟之子因故未至。就在这次会上，谈及避乱于金陵的阮大铖，“遂起留都防乱之议”。据冒襄回忆，当时魏大中之子魏学濂把其父临终前所写的血书，出示给社中同人，魏学濂为亡父鸣冤奏疏提及阮大铖，激起众人齐声痛骂阮大铖。接下来夏燮写道：“值大铖方居金陵，欲以新声高会，招徕天下，为夤缘起用地。复社诸君子适睹此疏，共愤填膺，于是始起留都防乱之议。”不过仅仅是议论而已，真正起草要到两年之后。地点并非陈贞慧所说的在他的寓所，而是在无锡顾杲家中。证据是吴应箕《与顾子方书》，夏燮说：“证之先生集中与顾子方书，乃戊寅（崇祯十一年）在梁溪所草，虽戊寅之前早有此议，不过徒托空言。”[1]具体情况是这样的：

1 夏燮《忠节吴次尾先生年谱》，崇祯九年丙子条。

崇祯十一年戊寅，先生四十五岁。夏六

月，东游梁溪，主顾子方家凡两月。游锡山，谒道南祠，与子方合刻《梁溪唱和集》。时陈定生自荆溪过访，示以沈眉生劾杨嗣昌夺情疏，遂及大铖，于是先生与子方、定生成留都防乱揭……先生与子方、定生三人共成此揭。其余列名之一百四十人皆在后也。[1]

这年八月，吴应箕从无锡来到宜兴，入住陈贞慧家。可能此时吴应箕又修改了檄文，所以陈贞慧以为揭文起草于他家。随后是向复社成员征求对揭文的意见，因为有不同意见，所以吴应箕写了《与友人论〈留都防乱公揭〉书》。

这篇檄文，分头寄给各地复社成员，获得绝大多数人的支持，只有杨廷枢表示异议，以为小题大做。陈贞慧《书事七则》引用杨廷枢的话："(阮大)铖不燃之灰，无俟众溺，如吾乡逐顾秉谦、吕纯如故事。在乡攻一乡，此辈窘无所托足矣。"吴应箕在给友人的书信中谈及此事，所说"小题大做"者，就是指杨廷枢。他的这封书信，把起草《留都防乱公揭》的思考写得淋漓尽致：

留都防乱一揭，乃顾子方倡之，质之于弟，谓可必行无疑者，遂刻之以传。当刻揭时，即有难之者二，谓揭行则祸至。此无识之

1 夏燮《忠节吴次尾先生年谱》，崇祯十一年戊寅条。

言，不足辨矣。又谓，如彼者何足揭，而我辈小题大做。此似乎有见，而亦非也……夫我辈非欲自附于正人也。邪正之辨，自根人天性学问，岂待附乎？

若谓逆案已定，何待再辨？夫我正为既定而不得不辨，何也？今士大夫曾有谓此逆人也而绝之者乎？缙绅不与交欢，交欢而不为之驱使者，谁也？士子不从之游，从之游而不互相赞诵，多为招引者，谁也？

夫法加于人，有时而尽。邪根中于人心，逆气流为风俗，天下之患可胜道哉？使我辈不言，则将来变为从逆世界，必有以钦定为非，而恨魏忠贤之不复出也。足下以为此可已乎，不可已乎？

故不若挟清议以攻之，负众力以撼之，使知名节与法纪，原表里山河，而我辈之尊君安国，为高皇帝留读书种子之心，无在不寓，又何有今日异日之别乎？[1]

次年，复社人士乘金陵乡试之机，在冒襄（辟疆）的淮清桥桃叶渡河房，召开大会，正式发布《留都防乱公揭》，声讨阮大铖，在《公揭》上签名的有一百四十二人，领衔的是东林弟子代表顾杲，天启被难诸家代表黄宗羲。这篇檄文揭露阮大铖的

1 吴应箕《与友人论〈留都防乱公揭〉书》，《楼山堂集》卷十五《书》。

逆案祸首老底，写得慷慨激昂，气势夺人：

> 杲等伏见皇上御极以来，躬戳党凶，亲定逆案，则凡身在案中，幸宽铁钺者，宜闭门不通水火，庶几腰领苟全足矣。矧尔来四方多故，圣明宵旰于上，诸百职惕励于下，犹未即睹治平，而乃有幸乱乐祸，图度非常，造立语言，招求党类，上以把持官府，下以摇通都耳目，如逆党阮大铖者，可骇也！大铖之献策魏珰，倾残善类，此义士同悲，忠臣共愤，所不必更述矣。乃自逆案既定之后，愈肆凶恶，增设爪牙，而又每骄语人曰："吾将翻案矣，吾将起用矣。"所至有司信为实然，凡大铖所关说情分，无不立应，弥月之内，多则巨万，少亦数千，以至地方激变，有"杀了阮大铖，安庆始得宁"之谣。意谓大铖此时亦可稍惧祸矣。乃逃往南京，其恶愈甚，其焰愈张，歌儿舞女，充溢后庭，广厦高轩，照耀街衢。日与南北在案诸逆交通不绝，恐喝多端。而留都文武大吏半为摇惑，即有贤者，亦噤不敢发声。又假借意气，多散金钱，以至四方有才无识之士贪其馈赠，倚其荐扬，不出门下者盖寡矣。[1]

1 吴应箕《留都防乱公揭》，转引自《明清之际党社运动考》，第148页。

在揭露了阮大铖种种劣迹与野心之后，最后写道：

> 杲等读圣人之书，附讨贼之义，志动义慨，言与愤俱，但知为国除奸，不惜以身贾祸。若使大铖罪状得以上闻，必将重膏斧锧，轻投魑魅。即不然，而大铖果有力障天，威能杀士，杲亦请以一身当之，以存此一段公论，以寒天下乱臣贼子之胆，而况乱贼之必不容于圣世哉！谨以《公揭》布闻，伏惟戮力同心是幸。[1]

真是大快人心事，复社同人举杯庆祝。夏燮如此描述当时的盛况："时四举国门广业之社，凡揭中之一百四十余人，大半入会中，周仲驭（钟）亦至焉。于是留都防乱之揭传播南中……金沙周仲驭抗疏归，有重名，时以谢丧来南都，集门徒五百余人于高座寺。于是揭中之执牛耳者，布衣则推先生（吴应箕），缙绅则推仲驭（周钟），贵胄则推定生（陈贞慧），而东林之后推子方（顾杲），忠臣之后推南雷（黄宗羲）。日置酒高会，辄集矢怀宁（阮大铖），嬉笑怒骂以为常。"[2]

阮大铖慑于清议的威力，不得不躲进南门外的牛首山，暂避锋芒，派遣心腹四出收买《公揭》文本，孰料愈收愈多，传布愈广。彷徨无计之时，他想到了刚刚来到南京的侯方域，阮与其父司徒公（侯恂）有年谊，算是侯公子的父执辈，企图利用

1 吴应箕《留都防乱公揭》，转引自《明清之际党社运动考》，第150页。

2 夏燮《忠节吴次尾先生年谱》，崇祯十二年己卯条。

这一人脉来缓和与复社的关系，由亲信王将军代他出面示好，不惜重金撮合侯公子与秦淮名妓李香君。侯方域严词拒绝，他后来写信给阮大铖重申自己的立场：

执事（阮大铖）仆之父行也，神宗之末与大人同朝，相得甚欢。其后乃有欲终事执事而不能者，执事当自追忆其故，不必仆言之也……忽一日，有王将军过仆甚恭。每一至，必邀仆为诗歌，既得之，必喜而为仆贳酒奏伎，招游舫，携山屐，殷殷积旬不倦。仆初不解，既而疑，以问将军。将军乃屏人告仆曰：“是皆阮光禄所愿纳交于君者也。光禄方为诸君所诟，愿更以道之君之友陈君定生、吴君次尾，庶稍湔乎。”仆敛容谢之曰：“光禄身为贵卿，又不少佳宾客，足自娱，安用此二三书生为哉？仆道之两君，必重为两君所绝。若仆独私从光禄游，又窃恐无益光禄，辱相款八日，意良厚，然不得不绝矣。”凡此皆仆平心称量，自以为未甚太过，而执事顾含怒不已，仆诚无所逃罪矣。[1]

侯方域为李香君所写的传记提及此事，措辞更加直白：“初，皖人阮大铖者，以阿附魏忠贤论

1 侯方域《癸未去金陵与阮光禄书》，《壮悔堂文集》卷三《书》。

城旦，屏居金陵，为清议所斥。阳羡陈贞慧、贵池吴应箕实首其事，持之力。大铖不得已，欲侯生解之，乃假所善王将军，日载酒食与侯生游。姬（李香君）曰：‘王将军贫，非结客者，公子盍叩之？’侯生三问将军，乃屏人述大铖意。姬私语侯生曰：‘妾少从假母识阳羡君，其人有高义，闻吴君尤铮铮，今皆与公子善，奈何以阮公负至交乎？且以公子之世望，安事阮公？公子读万卷书，所见岂后于贱妾耶！’侯生大呼称善，醉而卧，王将军者殊怏怏，因辞去，不复通。”[1]

令人赞叹的是侯方域在崇祯十六年（1643）已经察觉到，日后阮大铖一旦得志，必定大肆报复的心态，他写道：“仆今已遭乱无家，扁舟短棹，措此身甚易。独惜执事忮机一动，长伏草莽则已，万一复得志，必至杀尽天下以酬其宿所不快，则是使天下士终不复至执事之门，而后世操简书以议执事者，不能如仆之词微而义婉也。”[2]不幸被他言中，后来阮大铖在弘光小朝廷的所作所为正是如此。

可惜的是，复社君子们的努力，难以挽回明王朝日暮途穷的末路，这或许是生不逢辰的悲剧吧！

1 侯方域《李姬传》，《壮悔堂文集》卷五《传》。夏燮《忠节吴次尾先生年谱》记载，此事后来为孔尚任《桃花扇》渲染，以杨龙友替代王将军："而王将军一事遂为孔东塘《桃花扇·却奁》一剧之蓝本，又以杨龙友代王将军。传奇之体，装点排场，巧配脚色，义亦无嫌，惟以侯生纳李姬，大铖办装，系之癸未三月，则不然也。"

2 侯方域《癸未去金陵与阮光禄书》，《壮悔堂文集》卷三《书》。

6. 报国无门的悲剧

吴应箕没有进入仕途，始终是一介文士，报国无门令他很无奈，写信给阁老钱士升，一吐胸中的郁闷：

> 相公阁下，某虽不肖，尝有意于天下之故，自恨不得稍藉尺寸，使有所发抒其志气。又尝欲以当世所急，及胸中所筹画可行之事，上书于公卿大僚，及巡方守土诸官，徒以势分悬绝，雅无知故，虽言之，恐不见省录，故卒郁郁，不得一吐。[1]

甲申之变以后，他又写了长篇大论，反思亡国之痛。其中《原君》《原相》两篇最有见地。

客问："古有君明而国亡者乎？"他的回答，陷入了两难境地，一则说"乌有是哉"，再则说"非主不明而亡"。其实他对崇祯皇帝是有所批评的，一是过于明察，二是过于操切。他说："夫主贵明而忌察，察则伤明也，故多恃，恃而莫予抗也，于是下务为蔽匿则生疑，疑而莫予当也，于是上益务。夫操束，则滋扰，卒于法不必信，用违其才，朝出令而夕责成，前见贤而后获罪，奸雄适以藉资，庸下趋之仆负，譬之木心已蠹而枝叶尚在，方以为此翘然者可资栋梁而假荫庇也。讵知大风过而干摧根拔，遂已全无木哉。"[2]但是面对客人的提问："然以先帝之忧勤，犹无救覆亡，则岂有荒暗淫虐者足乂

1 吴应箕《上嘉善钱相公书》，《楼山堂集》卷十三《书》。

2 吴应箕《原君》，《楼山堂集》卷十九《客问》。

安保世乎？”他又为崇祯皇帝辩解，充满了同情与惋惜：“崇替者运也，废兴者数也。天之所去，谁能留之？且夫以（泰）昌（天）启之末运，而承阉祸溃决之余，丞辅覆悚，列职负乘，独恃此一人者，兢唐业虞，挈此将羸极敝者，以累存枵枝于十七年之久。”在他眼中的先帝，仅凭一人之力支撑十七年之久，已属难能可贵；更何况他“毅然身死社稷，其风烈足以视二帝三王而无愧哉”。因此他的结论是：“国不幸而亡也，非主不明而亡也”，“吾君非亡国者也”。[1]

在《原相》篇中，回答客人的问题：“崇祯十七年，所置相几五十人，岂无贤者？而任不专，专不久，岂无专且久者？而益不治，其谓之何？”他说得很干脆：“崇祯时谓之无一相可矣，何谓数十人哉？”在他看来，崇祯一朝的内阁辅臣没有一人值得称道：“夫蒲州（韩爌）豈非君子哉，先帝初立，即召之，天下方望其风采，而不能使人主信且惮者，则道不足而术疏也。于是乌程（温体仁）以娇行愎，而见谓精忠；阳羡（周延儒）以柔济贪，而舞其机用；武陵（杨嗣昌）资悍，以兵败而计穷；韩城（薛国观）意忌，卒谗行而身死。此数人者，方其人主信之，同列下之，天下士大夫附之，所谓专且久者是也。挟全盛之余资，负英主之方向，岂难强国庇民，创弊夷患，而乃强敌在门，重宝入

1 吴应箕《原君》，《楼山堂集》卷十九《客问》。

室，封疆日蹙，门户牢持。”然后他一一列举：

温体仁执政八年，“蕴祟滔天之大变”；

杨嗣昌督师前线，“遽增饷至七百余万，用兵无丝毫功，岂惟藩国覆、巨寇张、骄镇叛，而大势亦自是不支矣”；

薛国观“未穷厥慝，卒蒙恶声”；

周延儒复出，“憪然自以为姚、宋（姚崇、宋璟）而不疑，方其起废籍，蠲积逋、撤内缉、出久系，探怀纳说，捷若转圜，岂不亦救时雅望哉？而牢笼翕张，以恩为市，如京师大贾，所居积转贩倾天下，天下廉耻，益以堕坏”。其结果是严重的——“于是使人主切齿，以为人臣无一可信，故一切按诛，而国家之事去矣。”[1]

吴应箕分析得鞭辟入里，精彩之极！由此人们可以清楚地看到，复社虽然是一个文社，却并非不问世事的象牙塔，间或议论时政，抨击弊端，目光之透彻，言词之锐利，一般官僚望尘莫及。

吴应箕的人生结局和大多数复社成员一样，是慷慨激烈的。弘光元年五月十五日，南京陷落。闰六月，金声在徽州绩溪起兵抗清，吴应箕在池州起兵响应。那时的他，获得了平生第一个官职——福建隆武政权授予的池州推官监纪军事，不过如同昙花一现，很快兵败被清军俘虏，牺牲于家乡贵池县之石灰冲。壮志未酬的五十二年人生以悲剧告终。

1 吴应箕《原相》,《楼山堂集》卷十九《客问》。

莫谓书生空议论，头颅掷处血斑斑。

一百多年后，处死他的大清王朝已然进入盛世，忽然大发慈悲，追谥他为“忠节”。这样的皇恩浩荡未免晚了一点，不过对于吴氏后人而言，多少是一个安慰。

四　余论

晚明的文人结社活动，随着明清之际的改朝换代，在政治高压与文化专制的双重打击之下，已成强弩之末，日趋萎缩。顺治十五年（1658），皇帝在给户部的谕旨中，明确表示要对江南乡绅、进士、举人、贡监、生员等拖欠赋税的现象给予严厉打击。在苏州府、松江府、常州府、镇江府、江宁府这些赋税重地，查出拖欠赋税者一万三千多人，以“抗粮”的罪名，革去功名、官职，并处以重罚。所谓“抗粮”，近乎吹毛求疵，刚刚成为“探花”（进士一甲第三名）的叶方蔼拖欠税银一厘，折合制钱一文，竟被革去功名，民间哄传：“探花不值一文钱。”被新朝任命为国子监祭酒的吴伟业，也以少量欠税而遭到革职处分。可见当局此举并非着眼于区区一点欠税，而是借故迫使江南乡绅、士子就范。正如松江人董含《三冈识略》所说，其结果是“鞭朴纷纷，衣冠扫地”。这正是奏销案所要追求的目标。与此相伴随的科场案，也是借题发挥，意在打击江南文人以及他们所依托的家族和社会。江南乡试案比顺天乡试案犹有过之而无不及，两房主考官、十八房考官被处死，家产充公，妻子籍没为奴；参与舞弊的考生锒铛入狱，发配充军。杜登春《社事始末》说：江浙文人牵涉丁酉乡试案的不下一百人，一向兴旺的围绕科举应考的社事活动，从此萧条，几乎停息。一年之间，人们忙于为囚车送行李，为躲藏者送衣食，没有消停的日子。

顺治十七年（1660），礼科给事中杨雍建上疏，要求严禁文人结社，他写道："朋党之害每始于草野，而渐中于朝宁，拔本塞源，尤在严禁结社订盟。今之妄立社名，纠集盟誓者，所在多有，江南之苏松，浙江之杭嘉湖为尤甚。其始由于好名，其后因之植党，相习成风，渐不可长。请敕部严饬学臣实心奉行，约束士子，不得妄立社名，纠众盟会，其投刺往来亦不许用'同社''同盟'字样，违者治罪；倘奉行不力，纠参处分，则朋党之根立破矣。"皇帝接受了这一要求，下达圣旨："士习不端，结社订盟，把持衙门，关说公事，相煽成风，深为可恶，着严行禁止。以后再有此等恶习，各该学臣即行革黜参奏，如学臣隐徇，事发一体治罪。"[1]"严行禁止"的结果是可以预料的："自是，家家闭户，人人屏迹，无有片言只语敢涉会盟之事矣。"[2]晚明文人结社之风，至此烟消云散，以后也不曾再现。何以见得？请看下文。

康熙、雍正、乾隆三朝号称盛世，却推行文化专制政策，大兴文字狱，吹毛求疵，望文生义，以片言只语定罪，置人于死地。一朝比一朝更为严

1 王先谦《东华录》，顺治朝卷三十四，顺治十七年正月。冯玉荣《明末清初松江士人与地方社会》，中国社会科学出版社，2011年，第104—105页。

2 杜登春《社事始末》。

酷，更为强词夺理，愈演愈烈的恐怖气氛弥漫于整个社会。

康熙时代，当局最忌讳的是明清鼎革之际的历史，文人稍有涉及，便遭杀身之祸。庄廷鑨的“明史狱”，戴名世的“南山集狱”，令人不寒而栗。庄廷鑨是湖州南浔镇富商，顺治年间购得同乡前辈朱国祯的《明史稿》，聘请名士修改，增补了天启、崇祯及南明史事，以《明史辑略》书名作为自己的著作出版。一时轰动，被乌程县知县告发，遂酿成大狱。康熙二年（1663），庄廷鑨已死，遭到斫棺戮尸的刑罚，凡是为该书作序、校补、刻印、发售者，乃至与该书有一字牵连者，几乎无一幸免，先后处死七十多人，株连七百多户人家。戴名世是安庆府桐城县人，康熙四十八年（1709）进士，任翰林院编修。戴名世的文集《南山集》中，把南明福王、桂王政权视为正统。都察院左都御史赵申乔告发他用南明弘光、永历年号，酿成大狱。不仅戴名世被处死刑，其祖孙三代亲属，年龄在十六岁以上的，全被处死，受株连的有几百人之多。

雍正时代，汪景祺、查嗣庭、钱名世、曾静等，都因文字遭祸。礼部侍郎查嗣庭在江西主持科举考试，被别有用心的人告发，所出试题中有“维民所止”字样，竟然说“维”字、“止”字是有意砍去“雍正”的首级，大逆不道。这是典型的拆字游戏式样的文字狱。为了找到更为直接的证据，在他的日记中查出“狂妄悖逆”的字句，如他认为侍讲钱名世因为写诗歌颂大将军年羹尧，遭到革职处分，是“文字之祸”。因为这些话是在私下的日记中流露出来的，被定罪为“腹诽朝政，谤讪君上”。查氏死在监狱，又遭戮尸的刑罚，亲属学生受到牵连。

乾隆时代的文字狱变本加厉。戴名世死后，隔了五十多年，乾隆皇帝借“南山集案”大兴冤狱，处死举人蔡显，株连二十四人。由头是，有人揭发蔡显的著作《闲闲录》有“怨望谤讪”之词。所谓“怨望谤讪”之词，不过是蔡显引用古人《咏紫牡丹》诗句“夺朱非正色，异种尽称王”，原意是说，红牡丹才是上品，把紫牡丹奉为上品是夺了牡丹的正色，是“异种称王”。到了那些制造文网的酷吏眼里，看出了另外的意思，指责蔡显影射夺取朱明王朝的满人是“异种称王”。面对这种令人毛骨悚然的罪状，蔡显只得被迫自首，祈求宽大处理。结果，坦白并未从宽，两江总督高晋、江苏巡抚明德上报皇帝，主张按照“大逆”罪凌迟处死蔡显。乾隆皇帝看了高晋和明德的奏疏以及随同奏疏附上的《闲闲录》，大发雷霆，下达圣旨，把蔡显的凌迟改为斩首，却对高晋和明德大加训斥。因为乾隆自己从《闲闲录》中看到了这样的字句：“戴名世以《南山集》弃市，钱名世以年（羹尧）案得罪。”而高晋、明德查办此案时，竟然没有发现这些非议朝政的字句，是“有心隐跃其词，甘与恶逆之人为伍”，该当何罪！[1]

此后的王锡侯《字贯》案，更为离奇，更加蛮不讲理。江西举人王锡侯，鉴于《康熙字典》篇幅庞大，使用不便，编了一本精简的字典——《字

1 参见孟森《〈闲闲录〉案》，《明清史论著集刊正续编》，河北教育出版社，2000年，第408—418页。

贯》。江西巡抚海成立即报告皇帝，王锡侯擅自删改《康熙字典》，另刻《字贯》，狂妄不法，建议革去他的举人功名。乾隆皇帝原本以为是一个寻常诳诞之徒，妄行著书立说。待到他亲自看了随同海成的奏疏附上的《字贯》，发现该书序文后面的凡例中，把圣祖（康熙）、世宗（雍正）的庙讳以及自己的“御名”，都开列出来，大为愤慨，认为是“深堪发指”“大逆不法”之举，应该按照“大逆”律问罪。但是海成仅仅主张革去举人功名，大错特错。他在给军机大臣的谕旨中狠狠训斥道：海成既然经办此案，竟然没有看过原书，草率地凭借庸陋幕僚的意见上报。上述“大逆不法”的字句就在该书第十页，开卷就可以看见，“海成岂双眼无珠茫然不见耶？抑见之而毫不为异，视为漠然耶？所谓人臣尊君敬上之心安在？而于乱臣贼子人人得而诛之之义安在？”结果，王锡侯处死，海成革职，押送京城，交刑部治罪。[1]

乾隆时代，诸如此类的文字狱有一百多起，占整个清朝文字狱的百分之七十左右。此起彼伏的文字狱，使得文人们噤若寒蝉，处于极度恐怖之中。

美国汉学家富路特（Luther Carrington Goodrich）1935年出版的英文著作《乾隆时期的文字狱》所得到的结论是：乾隆大兴文字狱完全是一种心理畸形。乾隆总的来说是个应该受到历史谴责的暴君，

1 参见孟森《〈字贯〉案》，《明清史论著集刊正续编》，第398—407页。

他干预学者的独立研究，故意篡改历史，残酷地迫害文人，接二连三地禁书、毁版。乾隆朝虽然号称盛世，实际上是清朝衰落的开始，而《四库全书》的编纂虽名为保存国粹，实际上是别有用心地为了达到钳制思想的目的。富路特的著作出版后，受到西方学界欢迎，有的评论者指出，以往西方人只知道乾隆的文治武功，富路特的贡献在于首次揭示出了乾隆的阴暗面，让人们看到了盛世中隐藏的危机和衰败的萌芽。[1]

所谓盛世竟然如此色厉内荏，它的由盛转衰也就不足为奇了。

1 参见顾钧《西方学者眼中的乾隆朝文字狱》，《中华读书报》2014年4月2日。

樊树志

复旦大学教授。代表著作有：《江南市镇的早期城市化》（2023）、《明史十二讲》（2021）、《图文中国史》（2020）、《重写晚明史：王朝的末路》（2019）、《重写晚明史：内忧与外患》（2019）、《重写晚明史：新政与盛世》（2018）、《重写晚明史：朝廷与党争》（2018）、《晚明大变局》（2015）、《明代文人的命运》（2013）、《明史讲稿》（2012）、《张居正与万历皇帝》（2008，2022）、《大明王朝的最后十七年》（2007）、《国史十六讲》（2006）、《江南市镇：传统的变革》（2005）、《权与血：明帝国官场政治》（2004）、《晚明史（1573—1644年）》（2003）、《国史概要》（1998）、《崇祯传》（1997,2021）、《万历传》（1993，2020）、《明清江南市镇探微》（1990）、《中国封建土地关系发展史》（1988）等。其中，《晚明史（1573—1644年）》获第十四届“中国图书奖”；《晚明大变局》入选《人民日报》、《光明日报》、《中华读书报》、新华网、新浪网等二十余家媒体2015年度好书。

目　录

第一章　嘉靖隆庆时代的政局与内阁　001

一　拨乱反正的呼声　003

1. 张居正《论时政疏》　003

2. 杨继盛《请诛贼臣疏》　009

3. 严嵩、严世蕃父子的下场　013

4. 海瑞《治安疏》　029

5. 张居正《陈六事疏》　034

二　力挽狂澜的铁腕人物：徐阶、高拱、张居正　045

1.“天下翕然想望风采”　045

2. 徐阶与高拱的嫌隙与倾轧　057

3.“期于周召夹辅之谊”　065

三　顾命大臣内讧：张居正、冯保与高拱斗法　072

1. 高拱、张居正由合作到分裂　072

2. 冯保其人其事　085

3. 张居正“附保逐拱”　093

四“王大臣案”——张冯权力联盟的强化　103

1.“先生忠而高拱邪”　103

2.“王大臣”闯宫事件　105

3. 危机的化解 110

第二章 张居正与万历新政 121

一 万历新政的展开 124

1. 整顿吏治，推行考成法 124

2. “今之从政者大抵皆然，又不独学校一事而已”
——教育和考试制度改革 133

二 改革的反弹：余懋学、傅应祯、刘台的非议 145

1. 余懋学的“政严则苦，法密则扰”论 148

2. 傅应祯的“三不足”论 152

3. 刘台的“擅作威福”论 157

三 围绕张居正“夺情”的政治风波 165

1. 张居正“丁忧” 165

2. “夺情起复”的幕后与台前 170

3. 咄咄逼人的反对声浪 176

4. 余波与回响 184

四 新政的深化：财政经济改革 197

1. “不加赋而上用足” 198

2. “田赋之弊孔百出” 209

3. 田亩“清丈”的渐次推行 215

4. 万历清丈的利弊得失 222

五 赋役改革：一条鞭法的推广 238

1. 一条鞭法的由来 238

2. 张居正与一条鞭法的推广　248
3. 关于一条鞭法的争议　255
4. 余论　267

第三章 皇帝朱翊钧与首辅张居正　271

一　从皇太子到小皇帝　273
1. 隆庆皇帝朱载垕的皇太子　273
2. 隆庆皇帝驾崩　278
3. 朱翊钧登极　285

二　视朝、日讲与经筵　287
1. 小皇帝视朝　287
2. 日讲与经筵　304
3. 讲章及其他　311
4. 起居注制度的恢复　325
5. “好学之笃”　330

三　皇帝大婚与张居正归葬　337
1. 皇帝大婚　337
2. 张居正返乡安葬亡父　352
3. “朝廷大事俱暂停以待”　359
4. “臣不以天下之重任自任而谁任耶?”　364

四　“惴惴之心无一日不临于渊谷”　371
1. 耕耤礼　371
2. 谒陵礼　375
3. “高位不可以久窃，大权不可以久居”　380

第四章 张居正之死与朱翊钧亲政 391

一 张居正之死 393

1. 张居正病危 393

2. 举国若狂的祈祷 399

3. 张居正时代的告终 404

二 过渡首辅张四维 410

1.“隐然负公辅之望” 410

2.“今海内厌苦操切久矣” 417

三 “冯保欺君蠹国” 426

1. 依仗太后，挟持皇帝 426

2.“发南京新房闲住” 431

四 “居正功在社稷，过在身家” 441

1. 言官交章弹劾张居正 441

2. 围绕刘台平反的纷争 458

3. 辽王案与查抄张府 467

4.“举朝争索其罪，不敢举其功” 473

五 “肃杀之后，必有阳春”——申时行的相业 494

1.“阁臣与言路相水火” 494

2.“事苟治，不必苛责；民苟安，不必过求” 503

3.“雍容朝列，为太平宰辅” 514

4.“朕亲览章奏，何事不由独断” 529

第五章 盛世的武功：万历三大征

543

一 平定宁夏哱拜叛乱 545

1.“事有言之甚易，行之甚难者” 545

2.“外实修和，内欲兼战” 551

3.“吾等欲报宿怨” 555

4.“绝勾虏，携胁从，用水攻” 563

二 东征御倭援朝 568

1.“假道入明”的“大东亚构想” 569

2.“朝暮望救于水火之中” 577

3.“爰整六师，大彰九伐” 584

4.“就其请贡行成之机，可施调虎离山之术” 595

5.“秀吉妄图情形久著，封贡亦来” 605

6.“授册封贡，可保十年无事”？ 616

7. 战端再起，戛然而止 627

三 平定播州杨应龙叛乱 639

1. 播州宣慰使司与杨氏家族 639

2. 举棋不定的“抚”与“剿” 642

3. 杨应龙的末路 648

第一章

嘉靖隆庆时代的政局与内阁

所谓晚明，并无统一的定义。谢国桢《晚明史籍考》与李文治《晚明民变》，所涉及的时间段就不相同。如果与晚清相比较，或许有所启发，找到一个大多数人可以接受的说法。学术界比较倾向于把1840—1911年之间的清朝称为晚清，约七十一年的时间。如果我们把晚明定位于万历元年至崇祯十七年，即1573—1644年，恰好也是七十一年。这当然是偶然的巧合。明清两朝都有二百六七十年历史，七十一年还不到三分之一，以早、中、晚来划分，把最后的七十一年称为“晚”，大概是不成问题的。为了说明历史，还得向前追溯到嘉靖、隆庆时代。

一　拨乱反正的呼声

1. 张居正《论时政疏》

◤ 张居正像

万历朝堪称有明一代最为繁荣昌盛的一段时光，倘要推崇它的奠定者，那么非张居正莫属。万历元年至万历十年（1573—1582）担任内阁首辅兼帝师的张居正，辅佐十岁的小皇帝朱翊钧治理国家，大刀阔斧地推行改革，力挽狂澜，扭转了嘉靖以来国匮民穷的颓势。当然，在帝制时代，如果没有皇帝的支持，再出类拔萃的大臣也难以施展拳脚。张居正是幸运的，他得到了皇帝和他的生母慈圣皇太后的全力支持，得以大权独揽。正如他自己所说，他是代帝摄政，按当时人的说法，叫做“宫府一体”，把皇帝与政府的大权集于一身，使得改革得以顺利实施。因此我们也可以说，是张居正与朱翊钧联手缔造了辉煌的万历时代。张居正在嘉靖年间提出的《论时政疏》，隆庆年间提出的《陈六事疏》，都没有得到采纳，更谈不上付诸实施；到了万历元年以后，他的治国理念才得以付诸行动，这当然和皇帝与太后的支持有很大的关系。明神宗朱翊钧对张居正敬重备至，言听计从，对这位首辅兼帝师的长者，待之以“师臣”之礼，口口声声称“先生”或“张先生”，从不直呼其名；在下御札时，只称“先生”或“元辅”；在传旨批奏时，只写“谕元辅”。群臣附和，在奏章疏稿中，也多不敢直呼其名，只称“元辅”。直到张居正死后，余威犹存，言官奏事，欲仍称“元辅”，碍于元辅已有新任，便改称“太师”[1]。

张居正，字叔大，号太岳，湖广荆州府江陵县人，按照当时官场以籍贯相称的惯例（如夏言称作夏贵溪，严嵩称作严分宜，徐阶称作徐华亭），称“张江陵”。嘉靖二十六年（1547）是丁未年，张居正顺利通过会试与殿试，登上了科举的最高台阶，进士及第。按照常规，新科进士必须有一个见习的过程，张居正也不例外，被分配到翰林院充当庶吉士。翰林院是掌管

1 王世贞《嘉靖以来首辅传》卷七《张居正传》。王世贞《觚不觚录》，《弇州史料后集》卷三十九。

制诰、修史、图书的机构，庶吉士是没有品级的练习生，其中的优秀者可以授予翰林院编修、检讨，直至升为侍读学士、侍讲学士，统称为翰林。仅从字面上理解，翰林院是一个清闲机构，其实不然。在明朝的政治体制中，内阁大学士以及吏、礼二部尚书、侍郎，大多是翰林出身。当时人把庶吉士看作“储相”——内阁的储备人才，内阁大学士的候补队伍。与张居正同科成为进士的都是一时之选：一甲第一名李春芳，后来成为张居正的顶头上司；其他如殷士儋、王世贞、汪道昆、王宗茂、凌云翼、陆光祖、宋仪望、杨继盛等，都声名显赫。张居正自诩为磊落奇伟之士，鹤立鸡群。一般进士大多沉迷于写诗作文，他夷然不屑，潜心讲求国家典故与政务之要。[1]在翰林院期间，他为内阁首辅严嵩起草过一些歌功颂德的文章，和严嵩的关系处得不错。内阁诸大佬如徐阶等，都很器重他，竞相推许。

嘉靖二十八年（1549），翰林院编修张居正向皇帝呈上《论时政疏》，首次显示不同凡响的政治眼光，企求改革政治的强烈渴望。奏疏开头就挑明犯颜直谏的缘由：“臣闻明主不恶危切之言以立名，志士不避犯颜之诛以直谏，是以事无遗策，功流万

嘉靖皇帝像

1 傅维鳞《张居正传》，《明书》卷一百五十。

世……臣虽卑陋，亦厕下庭之列，窃感当时之事，目击心怀，夙夜念之熟矣。”[1]张居正用人身来比喻国家，他说，人之所以有生命，全赖血气，血气流通不息，身体各个部分都受到熏蒸灌溉，于是乎耳聪目明，手脚便利而无害。人身一旦壅瘀，血气不能升降，就会形成臃肿痿痹的疾患。他推断当今的世势，似乎存在血气壅瘀之病一种，臃肿痿痹之病五种，如果现在不抓紧治疗，今后再来补救，恐怕无能为力了。

什么是血气壅瘀之病？张居正用一代明君——弘治皇帝的勤政来批评嘉靖皇帝的倦怠。他说，从前弘治皇帝急于求治，早朝以后，继续与亲信大臣密议国家大事，直至日暮，仍不停息；鼓励六科给事中与监察御史大胆批评，虚心采纳，即使语气有些狂悖，也不加罪。因为这样的关系，弘治时代堪称盛世，“百工奉职，宫无留事，德泽旁洽，流于无穷，一时际会之盛，至今可想也”。相比之下，嘉靖时代又如何呢？他对于“今陛下即位以来二十八年”的评价很差：“阴阳不调，灾异数见，四夷未宾，边尘屡警。”国事如此不堪，却不能引起皇上“宵旰之忧”，原因何在？是奉职者未得其人，还是君臣上下心志未通呢？张居正把它归结为皇帝痴迷于道教玄修而不理朝政——“今群臣百僚不得望陛下之清光已八九年”，八九年来，大臣见不到

1 张居正《论时政疏》，《新刻张太岳先生文集》卷十五。按：张居正文集有不少版本，本书乃其中之一，由其子张懋修编辑，唐国达于万历四十年刊刻出版，卷首有张居正门生沈鲤、吕坤所写序言。

皇帝一面，实在是咄咄怪事。“今陛下所与居者，独宦官宫妾耳。夫宦官宫妾岂复有怀当时之忧，为宗社之虑者乎？今大小臣工虽有怀当时之忧，为宗社之虑者，而远隔于尊严之下，悬想于於穆之中，逡巡噤口而不敢尽其愚。异日以台谏不言之故，常加谴责矣，是臣下不匡之刑也。而至今无一人举当时之急务以为言者，无已则毛举数事以塞责。”[1]造成这种现象的根源就在于皇帝的倦怠、君臣之间的沟通渠道堵塞，“大臣虽欲有所建明而未易进，小臣虽欲有所献纳而未敢言”。因此张居正断言，病症就在于，血气壅瘀而不通，导致臃肿痿痹之病乘间而生。

张居正一一列举“臃肿痿痹之病”——五种政治的积弊。

一是宗室骄恣。明朝开国皇帝朱元璋把他的二十几个儿子封为藩王，代代世袭，到了嘉靖时期，成为庞大的寄生群体，成事不足，败事有余。“一二宗藩，不思师法祖训，制节谨度，以承天休，而舍侯王之尊，竞求真人之号，招集方术逋逃之人，惑民耳目。斯皆外求亲媚于主上，以张其势，而内实奸贪淫虐，凌轹有司，抟刻小民，以纵其欲。”[2]

二是庶官瘝旷。所谓“瘝”，有痛苦之意；所谓“旷”，有荒废之意。造成官员痛苦而荒废的现

1 张居正《论时政疏》，《新刻张太岳先生文集》卷十五。

2 张居正《论时政疏》，《新刻张太岳先生文集》卷十五。

状，责任不在官员自身，而在朝廷用人不当。张居正说："今国家于人才素未常留意以蓄养之，而使之又不当其器。一言议及，辄见逐去。及至缺乏，又不得已轮资逐格而叙进之，所进或颇不逮所去。今朝廷济济，虽不可谓无人，然亦岂无抱异才而隐伏者乎？亦岂无罹微玷而永废者乎？"

三是吏治因循。官僚队伍风纪不振，敷衍塞责，歪风盛行，是正德、嘉靖时期的老问题，张居正把它作为"臃肿痿痹"五大病症之一揭示出来。地方长官只知对上级部门"奔走成顺"，以应付考核为急务，以承望风旨为精敏。而上级部门对下属又不深入考察，以至于举劾参差，毁誉不定，结果是官吏的升降进退严重失实，贿多者、巧宦者官运亨通。他大声责问："以此成风，正直之道塞，势利之俗成，民之利病，俗之污隆，孰有留意者乎？"

四是边备未修。明朝的边患始终是"北虏"，虎视眈眈的漠北蒙古各部，时常越过长城边关南下。就在张居正上疏的第二年，由于内阁首辅严嵩的失职，导致蒙古铁骑兵临北京城下，朝野震惊，引为堂堂天朝之奇耻大辱，史称"庚戌之变"（嘉靖二十九年是庚戌年）。张居正在此之前已经预感到形势的严重性，他曾说："今虏骄日久，迩来尤甚，或当宣、大（按：指宣府、大同），或入内地。小入则小利，大入则大利。边圉之臣皆务一切幸而不为大害，则欣然而喜，无复有为万世之虑，建难胜之策者。"

五是财用大匮。嘉靖时期财政困境日趋严重，可以用"国匮民穷"一言以蔽之。海瑞的名言"嘉靖者，言家家皆净而无财用也”，可谓真实写照。张居正的看法是：“天地生财自有定数，取之有制用之有节则裕，取之无制用之不节则乏。今国赋所出，仰给东南，然民力有限，应办无穷，而王朝之费又数十倍于国初之时，大官之供岁累巨万，中贵征索溪壑难盈。”在这种情况下，财用大匮是必然的。

他给皇帝的建议是：“览否泰之原，通上下之志，广开献纳之门，亲近辅弼之佐，使群工百僚皆得一望清光，而通其思虑，君臣之际晓然无所关格，然后以此五者分职而责成之，则人人思效其所长，而积弊除矣。”[1]希望皇帝振作起来，急于求治，君臣上下同心同德，积弊何患不除！正如他在奏疏开头所说，“明主不恶危切之言以立名，志士不避犯颜之诛以直谏，是以事无遗策，功流万世”。嘉靖皇帝最不喜欢臣下向他犯颜直谏，《论时政疏》如石沉大海，但是也没有给张居正带来什么麻烦，和以后的杨继盛、海瑞因上疏致祸相比，要幸运多了。

◤ **杨继盛像**
杨继盛，保定容城人，嘉靖二十六年进士。嘉靖三十二年上疏弹劾严嵩，被诬陷下狱；狱中备受重刑，于嘉靖三十四年遇害，年四十。后追赠太常少卿，谥号“忠愍”，世称“杨忠愍”。

2. 杨继盛《请诛贼臣疏》

嘉靖三十二年（1553），兵部员外郎杨继盛（字仲

---

1 张居正《论时政疏》，《新刻张太岳先生文集》卷十五。

芳，号椒山，保定府容城县人）上疏，弹劾内阁首辅严嵩“十大罪”“五大奸”。所谓“十大罪”是：一、坏祖宗之成法——太祖革除中书省，不设丞相，而严嵩俨然以丞相自居，挟皇上之权，侵百司之事；二、窃人主之大权——严嵩以代帝拟旨，窃弄威福，用舍赏罚之权既归于严嵩，大小臣工又依附于严嵩；三、掩君上之治功——见皇上行政之善，即令其子严世蕃传言于人，归功于己，是掩君美也；四、纵奸子之僭窃——严嵩的“拟旨”全由其子严世蕃代拟，一个是“既以臣而窃君之权”，一个是“复以子而弄父之柄”，故而京师有“大丞相”“小丞相”之说；五、冒朝廷之军功——严嵩之孙严效忠，并未亲历战场，妄冒奏捷军功，授予锦衣卫千户，窃皇上爵赏之权，以官其子孙，又以子孙之故，升迁其私党；六、引悖逆之奸臣——仇鸾因为贪虐受到惩处，严嵩通过严世蕃接受仇鸾三千两银子贿赂，威迫兵部推荐其为大将军，进用贤者应受上赏，进用不肖者应受显戮，严嵩之罪出仇鸾之上；七、误国家之军机——嘉靖二十九年（1550），蒙古军队深入内地，严嵩指示兵部尚书丁汝夔按兵不动，坐误战机。及至皇上下旨逮治丁汝夔，严嵩犹许密疏奏保；八、专黜陟之大柄——严嵩窃据皇上激励人心之大柄，以中伤天下之善类：郎中徐学诗因弹劾严嵩而罢官，又借考察连累其兄徐应丰；科臣厉汝进因弹劾严嵩降职为典史，再借大计予以削籍；九、失天下之人心——严嵩大权独揽，吏部、兵部官员之选除，不论人之贤否，惟论贿银之多寡，后果是，武官多朘削，而士卒失所；文官多贪虐，而百姓流离；十、坏天下之风俗——严嵩当政，谄谀以欺君，贪污以率下，所谓嵩好利天下皆尚贪，嵩好谀天下皆尚谄，习俗渐成，牢不可破。[1]

严嵩又有五种奸术以掩人耳目，使皇上堕于术中而不觉。其一，厚贿皇上左右太监，凡圣意所在，皆得预知而逢迎，是皇上左右皆嵩贼之间谍；其二，严嵩以干儿赵文华任职通政司使，阻塞天下之言路，御史王宗茂弹劾严嵩之奏疏，赵文华扣留五日，是皇上之喉舌皆嵩贼之鹰犬；其三，严嵩惧怕厂卫缇骑缉访，令其子严世蕃与东厂、锦衣卫高官结姻，以遂其掩饰之计，是皇上之爪牙皆嵩贼之瓜葛；其四，严嵩畏惧监察御史与六科给事中弹劾，凡进士初选，非出其门者不得为言官，推荐县官，非通贿者不得与征取，是皇上之耳目皆嵩贼之奴仆；其五，严嵩顾虑六部官员有言，令其子严世蕃将各部有才望者全部网罗门下，耿介者斥逐殆尽，是皇上之臣工皆嵩贼之心腹。

杨继盛的结论是，希望陛下察其奸，治其罪，重则置宪典，轻则着致仕，以全国体。[2]

长期清虚学道的皇帝，痴迷于道家的养生术，祈求长生不老，对于处理繁杂的朝政不感兴趣，特地从大内搬往西苑，和道士们混在一起，把朝政全权委托给宠臣严嵩，纵容他擅权乱政。因此，严嵩“十大罪”“五大奸”的根源就在皇帝身上。在这种情况下，杨继盛无异于明知山有虎偏向虎山行，他自知弹劾严嵩必定触怒皇帝，绝不会有好下场，还

1 杨继盛《请诛贼臣疏》，《杨忠愍公集》卷一。孙奇逢《杨忠愍公传》，《夏峰先生集》卷五。陈建、沈国元《皇明从信录》卷三十一，嘉靖三十二年正月。

2 杨继盛《请诛贼臣疏》，《杨忠愍公集》卷一。孙奇逢《杨忠愍公传》，《夏峰先生集》卷五。陈建、沈国元《皇明从信录》卷三十一，嘉靖三十二年正月。

是冒死谏诤。

杨继盛书生气太足，居然在奏疏中批评皇上“甘受嵩欺”“堕于术中而不觉”，还要让他的三子裕王、四子景王来揭发严嵩的罪恶。老奸巨猾的严嵩抓住把柄，指责杨继盛心怀叵测，胆敢挑拨皇帝与藩王的关系。嘉靖皇帝勃然大怒，当即拿起朱笔，在杨继盛的奏疏上写下这样的批示：“这厮因谪官怀怨，摭拾浮言，恣肆渎奏。本内引二王为词，是何主意？着锦衣卫拿送镇抚司，好生打着究问明白来说。”杨继盛赤胆忠心的谏诤，在皇帝看来是别有用心，是贬官后的肆意发泄，牵连两位藩王，肯定有什么不可告人的阴谋，必须严刑拷打。关进了特务机构锦衣卫的镇抚司监狱之后，既然圣旨明言“好生打着究问明白”，那些打手们毫不手软地动用种种酷刑，追究他为何要把裕王、景王牵涉进来。杨继盛堂堂正正地回答，除了二位藩王，谁不怕严嵩？行刑前好心人给他送来蚺蛇胆疗伤，他淡然回绝：我自己有胆，何必蚺蛇胆？随即遭到一百棍杖责，顿时皮开肉绽。夜半时分，他用碎碗片，把腿上的腐肉连带筋膜一并割去。一旁的狱卒掌灯察看，差一点昏厥。杨继盛却意气自若，自叹道：“忽然而死，忽然而生，如睡又醒，人之死生固甚易也。”[1]庭审时，他口吟一诗：

1 孙奇逢《杨忠愍公传》，《夏峰先生集》卷五。张廷玉《明史》卷二百九《杨继盛传》。

风吹枷锁满城香，簇簇争看员外郎。
岂愿同声称义士，可怜长板见君王。
圣明德厚如天地，廷尉称平过汉唐。
性癖生来归视死，此身原自不随杨。[1]

他被处死时年仅四十，临刑前，他留下了绝命诗：

浩气还太虚，丹心照千古。
平生未报恩，留作忠魂补。[2]

诗句中流露的是至死不悔之心，对置他于死地的皇上毫无怨言，对自己来不及报答皇恩有所遗憾，真是一片赤胆忠心。而皇帝对他却视之如草芥，弃之如敝屣。这样的悲剧令人感慨，引来后人无尽的追思。

1 陈建、沈国元《皇明从信录》卷三十一，嘉靖三十四年十一月。

2 陈建、沈国元《皇明从信录》卷三十一，嘉靖三十四年十一月。《明史》本传所记绝命诗与之相同，但“平生”写作“生平”。

3. 严嵩、严世蕃父子的下场

严嵩，字惟中，号介溪，江西袁州府分宜县人，十九岁中举人，二十六岁成进士。此人很有一些才华，办事干练老到，从翰林院、国子监等清水衙门做起，直至进入权力中枢，嘉靖十五年（1536）升任礼部尚书，嘉靖二十一年（1542）进入内阁，嘉靖四十一年（1562）罢官，专擅朝政二十年之久，究其原因，最关键的就是深得皇帝宠信。

皇帝朱厚熜痴迷于道教玄修，醉心“求长生”。大臣们阿谀奉承，全力支持他“静摄”，为他撰写“青词”。所谓青词，是道教举行斋醮仪式时奉献给玉皇大帝的表文，因用红笔写在青藤纸上，故名。严嵩颇有文才，早年和文坛著名的“前七子”——李梦阳、何景明、徐祯卿、边贡、王廷相、康海、王九思互相唱和。这样的文字功底，用来写青词贺表，简直是“小菜一碟”。正如《明史》所说：“醮祀青词，非嵩无当帝意者。”[1]因而博得“青词宰相”之名。执迷不悟的皇帝需要一个投其所好、让他放心的内阁首辅来摆平朝廷政治，严嵩正是这样一个角色。谄媚逢迎是他的品格特征，马屁功夫十分了得，皇帝把他看作心腹股肱，他则把皇帝当作护身符。

◥“前七子”是明代弘治、正德年间七位进士出身的官员组成的文学流派。他们在政治上不满腐败的朝政和庸弱的士气，在文学上则全力反对台阁体和八股习气，主张复古，被后人总结为“文必秦汉，诗必盛唐”。

严嵩出任内阁首辅时，已经六十五岁，操弄政坛权术愈加老辣，但毕竟年岁不饶人，精力不济，便把儿子严世蕃推到了前台。严世蕃是他的独子，相貌奇丑，五短身材，又是独眼龙，虽然机智敏捷，却不学无术，很难从科举正途向上爬。依靠父亲的“恩荫”，进入国子监镀金，尔后在顺天府混个五品官，越级升任尚宝司卿（替皇帝掌管印信、发布

1　张廷玉《明史》卷三百八《严嵩传》。

政令）。后调任工部左侍郎，其实是在代行父亲的内阁首辅权力，号称“父子两阁老”。内阁处理朝廷日常事务的权力由严世蕃一手操纵，大臣向严嵩请示，他一概回答：去问小儿东楼（严世蕃号东楼）。“小丞相”的政治智慧远远不及“大丞相”，却有他的应付办法，豢养一帮门客——赵文华、鄢懋卿、万寀之流，结成一个盘根错节的权力网络，为他出谋划策，收受贿赂，还陪他宴饮嬉戏，寻欢作乐。为了聚敛财富，“小丞相”公然卖官鬻爵，“按质论价”，有监察权的言官，白银五百两、八百两至一千两；有人事权的吏部郎中、主事，白银三千两至一万三千两。何乔远说：“（严）世蕃嗜酒凶诞，姬妾满前，倚父宠，窃国柄无忌，受四方财贿累数百万。”[1]

▼严嵩像

所谓“财贿累数百万”云云，显然估计不足。王世贞说，明朝遭到“籍没”（抄家）的巨贪权贵六人，其中三个是太监：王振、刘瑾和冯保，另外三个是佞幸：江彬、钱宁以及奸臣严嵩[2]。严嵩倒台后，籍没家产，《留青日札》与《天水冰山录》记载的抄家清单，文物珍宝、黄金白银、田地房产、店铺商号，应有尽有，令人眼花缭乱。在中国贪官行列中，严嵩足可以和乾隆时代的巨贪和珅相比。

1　何乔远《名山藏》卷九十四《臣林杂记四·严嵩》。

2　王世贞《弇州史料后集》卷三十六《国朝从记·籍没权贵》。

有人估计，和珅贪赃财产相当于国库几年的总收入。严嵩、严世蕃的赃财岂止数百万而已！

上行下效，官场贪风愈演愈烈，政治腐败至极。严嵩设计陷害内阁首辅夏言，排挤打击内阁次辅翟鸾，激起正直官员的义愤，纷纷弹劾他“人品卑劣”“素著奸恶”“专柄揽权”，在嘉靖皇帝看来，批评他的宠臣，“本色则是谤讪”——其实是在诽谤讥讽皇帝，所以经常帮严嵩说话，树立他的威信。比如说，在西苑万寿宫，当着大臣的面，给他嘉奖手谕，赏赐“忠勤敏达”银质印章一枚，可以用来“密封言事”，直接向皇帝密报朝廷动态。又比如说，严嵩在家乡建造豪华宅邸，皇帝为他书写匾额，厅堂的匾额是“忠弼”二字，楼堂的匾额是“琼翰流辉”四字。以此昭告世人，在皇帝眼里，严嵩是“忠勤”“忠弼”的大臣。何乔远说：“上玄西苑坛而醮，命辅臣冠道士冠，诣坛上香。（夏）言不奉旨，嵩独笼纱帽而入，既诣坛，脱帽见冠上香。（夏）言故以此得罪，而天子久内亲嵩。嵩既为首相，念自幸于天子，即朝夕直苑中板房，不敢洗沐私家。天子称嵩‘忠勤敏达’，每召对便殿，辄至夜分，赏赐频繁逾等。”[1]因此，无论官员们如何前仆后继地弹劾，都无法扳倒他。

嘉靖二十九年（1550），由于严嵩失职，致使蒙古军队兵临城下，激起公愤。朝廷中的高级官僚慑

1 何乔远《名山藏》卷九十四《臣林杂记四·严嵩》。

◤ 沈炼，嘉靖十七年进士。为人刚直，以“十罪疏”弹劾严嵩，被处以杖刑，贬至边塞为民。嘉靖三十六年因遭严世蕃联合党羽诬告谋反而遇害。

◤ 赵文华，浙江慈溪人，嘉靖八年进士。认严嵩为义父，后任工部尚书，因骄横失宠被革职。

◤ 邹应龙，嘉靖三十五年进士。任御史期间，弹劾严嵩父子及其党羽。隆庆年间巡按云南，查证并核实黔国公沐朝弼对抗朝廷罪状。后因被诬，削籍为民。

于严嵩的威势，个个噤若寒蝉。一个小官沈炼（字纯甫，浙江绍兴人）挺身而出，向皇帝指责奸臣误国，矛头直指严嵩。皇帝命内阁辅臣李时起草谕旨，李时不敢自作主张，向严世蕃征求意见。和被弹劾者商量处理意见，岂不荒唐！更为荒唐的是，严世蕃居然和赵文华一起炮制了“票拟”，让李时照抄，然后作为皇帝圣旨公布。结局是可想而知的，沈炼被加上了“恣肆狂言，排陷大臣”的罪名，杖责之后，流放塞外。六年后，在严氏父子的指使下，沈炼竟然以莫须有的“谋叛”罪名被处死，长子充军，次子、三子被活活打死。[1]严嵩用这样的手法向人们显示，企图扳倒他的人绝没有好下场。

儒家政治伦理熏陶出来的士大夫精英分子把气节看得高于一切，宁为玉碎不为瓦全，于是有杨继盛更加严厉的弹劾。此后对严嵩、严世蕃父子的弹劾始终没有间断，吴时来、张翀、董传策的弹劾都以失败而告终。严嵩之所以不能被扳倒，原因很简单，有皇帝撑腰。一旦失去皇帝的恩宠，情况就大不同了。

嘉靖四十一年（1562）的某一天，江西道御史邹应龙（字云卿，陕西长安人）为了避雨，进入太监房中，攀谈中得知，皇上请道士蓝道行扶乩，沙盘上出

1　王世贞《沈少卿青霞公志略》，《弇州史料后集》卷十七。尹守衡《沈炼传》，《明史窃》卷九十二。

现了这样几行字："贤不竞用，不肖不退"；"贤如徐阶、杨博，不肖如嵩"。笃信道教的皇帝对蓝道行的扶乩深信不疑，以为是上天对他的告诫，遂有罢黜严嵩之意。[1]邹应龙从太监那里得到了这样高度机密的情报，机不可失，时不再来，连夜赶写奏疏，弹劾严嵩、严世蕃父子。

邹应龙从太监处得到机密情报，弹劾严氏父子，这一说法为朱东润所引用，出现在他的名著《张居正大传》中[2]，流传颇广。然而，和其他史料加以比较，就会发现，另一种说法似乎更有说服力。这种说法是，邹应龙是得到内阁次辅徐阶的授意，才上疏弹劾严氏父子。

张岱《石匮书》说："壬戌（嘉靖四十一年〔1562〕）五月，上命方士蓝道行扶乩，直指嵩父子不法事，上心动。（蓝）道行出，以告大学士徐阶，（徐）阶授意（邹）应龙，遂劾奏疏。"[3]

◥ 明清之际张岱著《石匮书》，始作于崇祯元年，明亡后，"携其副本，屏迹深山，又研究十年，而甫能成帙"，"五易其稿，九正其讹"。顺治年间浙江学政谷应泰编《明史纪事本末》多取材此书。

亲历嘉靖、隆庆两朝的监察御史沈越（字韩峰，南京人）所写的《皇明嘉隆两朝闻见纪》，写到"大学士严嵩罢，诏逮系其子世蕃于狱，论戍边"，透露了一些不为外人所知的信息："其子世蕃，以父任

1　张廷玉《明史》卷二百十《邹应龙传》，卷三百八《严嵩传》。

2　朱东润《张居正大传》，陕西师范大学出版社，2009年，第65—66页。按：此书初版于1943年，此后多次再版重印，陕西师大版为最新版本。

3　张岱《邹应龙列传》，《石匮书》卷一百五十四。

历官工部左侍郎，贪恣狠愎，无所不至。以中书舍人罗龙文为心膂，厮养严年为羽翼，鬻官剥民，公行不忌。上亦微知之，念嵩不忍发。会有术者蓝道行，以箕仙术进，上事必咨之。一日命中使持片楮焚于鼎，密书云：'世蕃恶毒，上帝何不殛之？'（蓝）道行潜匿御札，以别楮焚之，诡作仙笔报云：'世蕃罪恶贯盈，固宜殛之，以在辇毂下，恐震惊皇帝，欲俟外遣，戮为齑粉耳。'上心益动，亟欲遣逐而无由。至是，御史邹应龙上疏，劾世蕃……"[1]

◤唐鹤徵，隆庆五年进士。抗倭英雄唐顺之之子，历官光禄寺少卿、太常寺少卿，后托病归里。

万历时的太常寺少卿唐鹤徵（字凝庵，常州武进人），揭示了徐阶在幕后操纵的细节。他的这段文章值得细细品味：

> 先是，嵩子世蕃卖官鬻爵，恣肆无忌，上亦微知之，念嵩不忍发。会有术者蓝道行以箕仙术进，上颇信眷，事必咨之。（徐）阶因深与之交。上有所问，密封使中官至乩所焚之，不能答，则咎中官秽，不能格真仙。中官乃与方士谋，启示而后焚之，则所答具如旨。（蓝）道行狡，乃伪为纸封若中官所赍者，及焚而匿其真迹，以伪封应。
>
> 上一日问：今天下何以不治？

1　沈越《皇明嘉隆两朝闻见纪》卷十一，嘉靖四十一年四月。

对曰：贤不竟用，不肖不退耳。

则问：谁为贤、不肖？

曰：贤者辅臣（徐）阶、尚书（杨）博，不肖者（严）嵩父子。

上复问：我亦知嵩父子贪，念其奉玄久，且彼诚不肖，上真胡以不震而殛之？

报云：世蕃罪恶贯盈，固宜速殛，以在辇毂下，恐震惊皇帝，欲俟外遣，戮为齑粉矣。

（蓝道行）密以告（徐）阶，阶恐稍迟则圣意解，半夜遣人邀御史邹应龙具疏，劾嵩父子，诘朝上之。上勒嵩致仕，下其子世蕃狱，戍之。[1]

由此可见，蓝道行把扶乩的秘密告诉徐阶，徐阶授意邹应龙上疏弹劾严氏父子，是真实的。以邹应龙的性格，断然不敢根据太监的风闻贸然上疏。皇帝勒令严嵩致仕之后，每每念及他"赞修"之功，竟然忽忽不乐，写了一纸手札给新任内阁首辅徐阶："严嵩已退，其子已伏罪，敢有再言者，同应龙俱斩。"[2]流露出对邹应龙弹劾严氏父子的不满情绪。邹应龙感受到了杀身之祸，不敢赴新任——通政司参议，在徐阶的调护下，才惴惴不安地赴任视

1 唐鹤徵《徐文贞阶》，《皇明辅世编》卷五。
2 张岱《邹应龙列传》，《石匮书》卷一百五十四。

事。如果不是徐阶授意他弹劾严氏父子，徐阶何必冒险为他“调护”呢？

邹应龙的弹劾奏疏虽然是授意之作，却写得有理有据，气势逼人，值得一看：

> 工部侍郎严世蕃，系大学士严嵩之子，凭借父势，专利无厌，私擅爵赏，广致贿遗。每一开选，则视官之高下而低昂其值；及遇升迁，则视缺之美恶而上下其价。以致选法大坏，市道公行，群馈竞趋，索价转巨。聊举一二，如刑部主事项治元以一万三千金而转吏部，举人潘鸿业以二千二百金而得知州。夫以司属末职、郡邑小吏，而贿以千万计，则大而卿尹方岳，又何所涯际耶？至于交通赃贿、为之关节者，不下百十余人。而伊子锦衣严鹄、中书严鸿，家奴严年，中书罗龙文为甚。即数人之中，严年尤为黠狡，世蕃委以心腹，诸所鬻官卖爵自世蕃所者，(严)年率十取其一。不才士夫竞为媚奉，呼曰鹤山先生，不敢名也。遇嵩生日，(严)年辄万金为寿。彼一介仆隶，其尊大富侈如是，则主人当何如耶？……今天下水旱频仍，南北多警，民穷财尽，莫可措手者，正由世蕃父子贪婪无度，掊克日棘，凡四方小吏莫不竭民脂膏、剥民皮骨，欲偿己买官之费。如此，则民安得不贫，国安得不竭，天下灾警安得不迭至也？

奏疏揭露了严氏父子的罪状和他们对于国家的危害。邹应龙亮出了他的底牌——严世蕃斩首，严嵩罢官：“臣请斩世蕃首，悬之藁竿，以为人臣不忠不孝者戒。其父嵩受国厚恩，不思报效，而溺爱恶子，任其播弄利权，植党蔽贤，黩货斁法，亦宜亟令休退，以清政本。”在奏疏的末尾，他振振有词地发誓：“如臣有一言不实，即斩臣之首，以谢嵩父子之恨，并为言官欺诳者戒。”

皇帝看了奏疏，随即降旨：“严嵩力赞玄修，寿君爱国，人所嫉恶既多年矣，乃纵爱逆子，言听计行，不复思朕优眷，特命致仕，乘传以去，仍岁给禄米百石。世蕃等命锦衣卫逮赴镇抚司拷讯。”三法司审讯以后，判处严世蕃遣戍烟瘴地区，严鹄、严鸿、罗龙文遣戍边远地区，严年禁锢于狱。[1]

严嵩虽已退休，并未伤筋动骨；严世蕃流放雷州，不过虚应故事而已，行至半路就返回江西老家，威风依旧。他的党羽罗龙文也从流放地逃回江西分宜严府，与严世蕃策划如何翻盘。

袁州知府了解到这一动向，通报给巡江御史林润，夸张地说严府“聚众练兵谋反”。林润先前曾经弹劾严世蕃的党羽鄢懋卿，已与严氏结有不解之仇，得到消息，立即上报朝廷，添油加醋地说：“臣巡视上江，备防江洋，盗贼多入逃军罗龙文之家。龙文卜筑深山中，乘轩衣蟒，有负险不臣之志，素

◥ 林润，福建莆田人，嘉靖三十五年进士。任御史期间不畏权贵，弹劾严嵩之子严世藩死党鄢懋卿等人大逆罪。后因病卒于任上。

1 张岱《邹应龙列传》，《石匮书》卷一百五十四。

推严世蕃为主，事之若奴隶。世蕃自罪谪之后，愈肆凶顽，日夜与龙文诽谤时政，动摇人心。近者假治第，而聚众至四千余人，道路汹汹，咸谓变且不测。乞早正刑章，以绝祸本。”[1]字里行间流露出严世蕃、罗龙文图谋不轨，有聚众谋反的嫌疑。

皇帝朱厚熜对于严嵩罢官有点后悔，严世蕃流放途中擅自逃回，也就睁一眼闭一眼，不予追究。作为一国之君，可以容忍贪赃枉法，绝对不能容忍谋反，接到林润的报告，他马上下达圣旨：逮捕严世蕃、罗龙文，押解来京。林润再次上疏，揭发严世蕃种种骄奢淫逸、横行不法之事。一则说，严世蕃罪恶滔天，积非一日，近日不法之事又非一端，任用彭孔为主谋，罗龙文为羽翼，恶男严轸等人为爪牙，穷凶极恶，无所不至。二则说，严氏父子在袁州霸占官地，侵夺民房，建造五座府邸，南府为严鹄所居，西府为严鸿所居，东府为严绍庆所居，中府为严绍祥所居，而严嵩、严世蕃所居之相府，廊房回绕万间，环亘数里。三则说，严世蕃召集四方亡命之徒为护卫之壮丁，森然有分封之架势。数千壮丁，白天伐鼓而聚，黄昏鸣金而散。比当年宁王宸濠谋反，有过之而无不及。最后总结道：严嵩宠冠百僚，公然欺主。严世蕃流放途中逃回，朦胧包庇，以王言为不足恤，以国法为不足遵，惟知私恩，不知公议，以为严嵩不能无罪。[2]

1 张岱《林润列传》，《石匮书》卷一百五十四。

2 林润《申逆罪正典刑以彰天讨疏》，《皇明经世文编》卷三百二十九。张岱《林润列传》，《石匮书》卷一百五十四。

皇帝下旨，命三法司审讯。严世蕃似乎早就做好了预案，胸有成竹。他听说官员们想通过治他的罪，为沈炼、杨继盛平反，很是高兴，洋洋得意地对党羽说“任他燎原火，自有倒海水”。那么，他的“倒海水”是什么呢？在审讯、定案时，可以接受贪赃枉法罪，因为皇帝对此并不在意；最可怕的是“聚众谋反”之类的罪状，务必要买通关节，删去这些词句；必须强调沈炼、杨继盛的冤狱，因为是皇帝钦定的案子，以此来激怒皇帝。一旦皇帝勃然大怒，推翻此案，便可安全脱身。他的党羽到处制造舆论，一则说，沈炼、杨继盛之冤渴望昭雪；再则说，平反冤狱可以慰藉士大夫愤懑不平之心；三则说，如果牵扯所无之事，人们不信，皇上也会生疑，岂非“佯秉公论，阴主奸谋”！与此同时，严世蕃通过昔日的关系网，很容易地买通了三法司的官员，接受他的主张。果然，“其语渐闻于当道，刑部尚书黄光昇、都察院左都御史张永明、大理寺卿张守直，亦以为然，依其说具稿”[1]。这段史料值得细细回味，三法司的首长黄光昇、张永明、张守直“亦以为然”的是严世蕃党羽的说辞；“依其说具稿”云云，就是完全按照严世蕃的对策，在定案文书中强调为沈炼、杨继盛平反的文句。由此

◥ 黄光昇，福建泉州人，嘉靖八年进士。历任浙江布政司参议、广东按察司副使、四川布政司左参政、都察院右副都御史等职。嘉靖四十年任南京户部尚书，四十一年任刑部尚书。

1 张岱《林润列传》，《石匮书》卷一百五十四。

可见，已经沦为罪犯的严世蕃能量之巨大，“任他燎原火，自有倒海水”，并非虚言。这是一个很难觉察的阴谋，因为对于沈炼、杨继盛的惩处，是皇帝亲自决定的，为沈、杨翻案，就等于要皇帝承认错误，即所谓“彰上过”，这必定会激怒刚愎自用的皇帝。这样的话，可能性极小的严世蕃翻盘计划，或许由于皇帝的一句话，成为现实。

严世蕃精心策划的险招，被老谋深算的内阁首辅徐阶识破了。三法司官员把严世蕃定罪文书草稿交给徐阶过目，他一下就看出了问题——要害就是“彰上过”，却隐忍不发，若无其事地打了一句官腔：“法家断案良佳。”然后把三法司的黄光昇、张永明、张守直引入内室，屏退左右，推诚布公地分析“彰上过”的要害，双方之间有一场精彩的对话。

徐阶问：“诸君子谓严公子当生乎死乎？”

黄光昇等回答：“死不足赎罪。”又补充道，为杨继盛、沈炼平反，必须“抵死”。

徐阶笑着说：“别自有说。杨、沈事诚出其谋，诚犯天下万世公恶。然杨（继盛）以计中上所讳，取特旨；沈（炼）暗入招中，取泛旨。上英明，岂肯自引为己过？一入览，疑法司借严氏归过于上，必震怒，在事者皆不免，严公子平平打发出国门矣。赦出固善，抑法司不能辞责，我亦何以自解？我不足惜，诸公方负物望，擢居要地，旦夕冢宰，此举又众所瞻仰，如斯而已乎！”

这一席话令三法司首长个个目瞪口呆，表示要把文件带回去重新改写。

徐阶严肃地说：“离此一步，迟此一刻，泄此一语，从中搅挠者必多，事且有变。今当以原疏为主而阐发聚众本谋，以试上意。”所谓“阐发聚众本谋”，意即在聚众谋反上做文章。并且说，按照常规应当由刑部尚书执笔。吓得黄光昇连声说不敢当。

众人说：“天下事惟相公能测。”希望徐阶勉为其难。

徐阶早有准备，不慌不忙地从袖子中拿出一个文件，让他们过目，问道：“拟议久矣，诸公以为何如？”徐阶的基调定在严世蕃与罗龙文“聚众谋反”上——“多聚亡命，南通倭，北通虏，共相响应”。众人点头表示同意。随即唤入书吏，按照正式文书誊写，加盖三法司印章密封，送呈皇上。[1]

严世蕃约略知道三法司文稿的大意，暗自窃喜自己的阴谋已经得逞，对罗龙文说：他们要以你我为沈、杨抵命，奈何？罗龙文不解其意，没有说话。他抓住罗龙文的手耳语道：且畅饮几杯，不出十日释放而归，皇上因怀念老父别有恩命，亦未可知；虽然，先取徐阶首，当无今日，亦是老父欠断，养成其恶；今落我度中，且暂归，再来收拾徐阶还不晚。严世蕃果然诡计多端，心狠手辣，殊不知徐阶棋高一着，使他的如意算盘落空。

徐阶代替三法司起草的定罪文书，强调的重点别出心裁，是皇帝毫不知情的新罪状：通倭、通虏、谋反。为此虚构了不少情节。例如说：“曩年

1 王世贞《徐文贞状略》，《弇州史料后集》卷九。谷应泰《明史纪事本末》卷五十四《严嵩用事》。张岱《林润列传》，《石匮书》卷一百五十四。

◤ 汪直，又作王直，徽州歙县人。徽州商人集团首领。嘉靖年间纠集日本浪人组织武装走私集团，是嘉靖时期倭患的重要人物。

逆贼汪直勾倭内讧，罪在不宥。(汪)直徽州人，与罗龙文姻旧，递投十万金于世蕃，拟为授官。”又说：“龙文亦招集汪直通倭余党五百余人，谋与世蕃外投日本。其先所发遣世蕃班头牛信，径自山海卫弃伍北走，拟诱致北虏，南北响应。”这些情节显然意在证明严世蕃“通倭”“通虏”。下面的情节则意在证明他妄图谋反：“诸所专擅僭越，淫逸凶恶之事，擢发难数。陛下曲赦其死，谪充雷州卫军，不思引咎感恩，乃怏怀怨望，安居分宜，足迹不一至戍所。龙文亦自浔州卫逃归，相与谩言诅咒，构煽狂谋，招集四方亡命奸盗，及一切妖言幻术天文左道之徒，至四千余人，以治宅为名，阴延谙晓兵法之人，训习操练。厚结刺客十余人，专令报仇杀人，慑制众口。至于蓄养奸人细作无虑百数，出入京城，往来道路，络绎不绝。”[1]

严世蕃擅权乱政，贪赃枉法，罪大恶极，不杀不足以平民愤。不过平心而论，把子虚乌有的“通倭”“通虏”“谋反”的罪状强加于他，是用不实之词掩盖真正的罪状。不过这样一来，避开了“彰上过”的要害，皇帝朱厚熜平静地接受了，指示三法司：仅凭林润的揭发材料，还不足以定案，也不足以昭示天下后世，必须进一步审讯核实。徐阶和三

1 张岱《林润列传》,《石匮书》卷一百五十四。谷应泰《明史纪事本末》卷五十四《严嵩用事》。

法司再度耍弄手腕，根本没有审讯核实，径直由徐阶代替三法司向皇帝报告："事已勘实。其交通倭虏，潜谋叛逆，具有显证，前拟未尽其辜，请亟正典刑，以泄神人之愤。"[1]

嘉靖四十四年（1565）三月二十四日，皇帝下达圣旨，批准三法司的拟议，以"交通倭虏，潜谋叛逆"的罪名，判处严世蕃、罗龙文斩首。严、罗二人得到消息，大失所望，抱头痛哭。家人请他们写遗嘱给父亲及妻子，手颤抖不能成字。京师百姓人心大快，相约各自带酒前往西市观看行刑，饮酒庆祝，一时间西市热闹得如同节日。随之而来的是查抄严府，严嵩黜革为民，孙子充军。曾经不可一世的权奸，精神彻底崩溃，寄食于墓舍，一年之后命归黄泉。王阳明的弟子邹守益（字谦之，号东廓，江西安福人），对严嵩之死的细节描摹得颇有意味，他写道："籍没时，（严嵩）携故衣以出，向县官拱手曰：'还我一介书生去也。'临死，援笔书曰：'作屋因募夫，诬以聚兵名。其曰数千辈，无影并无形。千古含冤事，伤哉何繇明？'又大书云：'死后从人说是非。'长吁一声而绝。此老到底护短。"[2]

严嵩、严世蕃父子恶贯满盈，罪有应得，留给人们深思的是，以往持续多年的义正词严的弹劾，为何始终不能奏效，而充满阴谋与权术的做法却取得了成功？几年后，新朝的史官编纂《明世宗实

1 张岱《林润列传》，《石匮书》卷一百五十四。

2 许重熙《嘉靖以来注略》卷五，嘉靖四十四年三月条引"邹守益曰"。

录》，对此表示质疑：严世蕃凭借父亲的权势，“浊乱朝政”，“盗弄威福”，“罄国帑，竭民膏”，完全可以用“奸党”罪处死，三法司偏偏要用毫无根据的“谋逆”罪处死，显然是“悉非正法”的处置。[1]万历时的礼部尚书徐学谟（字叔明，一字子言，号太室山人，苏州府嘉定县人）也有类似看法：“（严）世蕃一凶罔竖子耳，即其罪状，宜作奸党之条，岂谓无可杀哉？指为谋叛，非正法也。”[2]所谓“非正法”云云，就是没有以事实为依据，以法律为准绳，用非法手段处死本该处死的罪犯。史官和徐学谟的评论毫无疑问是正确的，但有些书生气。须知，要想用“浊乱朝政”“盗弄威福”的罪名处死严世蕃，几乎不可能，因为这是“彰上过”。

4. 海瑞《治安疏》

▼ 海瑞像

严嵩倒了，嘉靖皇帝还活着，依然故我，朝政没有起色，这令有识之士忧心忡忡，最终引来了震动天下的海瑞上疏。黄仁宇《万历十五年》对此有一段精彩的议论：“嘉靖皇帝当日已御宇四十年。他的主要兴趣在于向神仙祈祷和觅取道家的秘方以期

1 《明世宗实录》卷五百四十四，嘉靖四十四年三月辛酉。

2 许重熙《嘉靖以来注略》卷五，嘉靖四十四年三月条引“徐学谟曰”。

长生不死。他住在皇城的别墅里，然而又不能以一般的荒惰目之，因为他除去不在公开场合露面以外，对于国家大事仍然乾纲独断，有时还干涉到细节。这位皇帝的喜爱虚荣和不能接受批评世无其匹，只接近少数佞臣，听到的是各种虚假的情况。当他发现大事已被败坏，就把昔日的一个亲信正法斩首，以推卸责任而平息舆论。这种做法使得廷臣但求自保而更加不去关心国家的利害。1565年，严嵩去职虽已三年，但人们对嘉靖的批评依然是‘心惑’、‘苛断’和‘情偏’。然而他对这些意见置若罔闻，明明是为谀臣所蒙蔽，他还自以为圣明如同尧舜。”[1]

嘉靖四十五年（1566）二月，户部云南清吏司主事海瑞向皇帝上疏，题目是“为直言天下第一事以正君道明臣职求万世治安事”。他在奏疏中两次提及严氏父子倒台后，朝政依然没有起色。一处说：“迩者严嵩罢黜，世蕃极刑，差快人意，一时称清时焉。然严嵩罢相之后，犹之严嵩未相之先而已，非大清明世界也，不及汉文帝远甚。”另一处说：“即近事观，严嵩有一不顺陛下者乎？昔为贪窃，今为逆本。梁材[2]守官守道，陛下以为逆者也，历任有声，官户部者，至今首称之。虽近日严嵩抄没，百官有惕心焉。无用于积贿求迁，稍自洗涤。然严嵩罢相之后，犹严嵩未相之先而已，

1 黄仁宇《万历十五年》，中华书局，1982年，第138页。

2 梁材，字大用，号俭庵，南京人，弘治十二年进士。嘉靖时累迁户部尚书，执掌国家财政，砥节如一日，因得罪权幸郭勋，失帝意，被勒令致仕。

诸臣宁为严嵩之顺，不为梁材之执。今甚者贪求，未甚者挨日，见称于人者，亦廊庙山林，交战热中，鹘突依违，苟举故事。洁己格物，任天下重，使社稷灵长终必赖之者，未见其人焉。”他是有感而发的。

刚直不阿的海瑞，以无所畏惧的姿态，锋芒毕露的文字，批评皇帝，抨击朝政。一时间，这份奏疏广为传抄，朝野轰动，誉为“直声震天下”。所谓“直声震天下”，并非浪得虚名。沈炼、杨继盛、林润等人的直言极谏，都集中于弹劾严氏父子，并未涉及皇帝，不敢“彰上过”。而海瑞偏偏要“彰上过”，所以有人称为海瑞“骂皇帝”。

——陛下即位初年，天资英断，政令一新，天下欣然望治。乃未久而妄念牵之而去，一意玄修，侈兴土木。二十余年不视朝，纲纪弛矣；数行推广事例，名爵滥矣。二王不相见，人以为薄于父子；以猜疑诽谤戮辱臣下，人以为薄于君臣；乐西苑而不返宫，人以为薄于夫妇。

——天下吏贪将弱，民不聊生，水旱靡时，盗贼滋炽。自陛下登极初年亦有之，而未甚也。今赋役增常，万方则效。陛下破产礼佛日甚，室如悬磬，十余年来极矣。天下因即陛下改元之号，而臆之曰:“嘉靖者，言家家皆净而无财用也。”

——……兴宫室，工部极力经营；取香觅宝，户部差求四出。陛下误举，诸臣误顺，无一人为陛下正言焉……夫天下者，陛下之家也，人未有不顾其家者。内外臣工，其官守，其言责，皆所以奠陛下之家而磐石之也。一意玄修，是陛下心之惑也；过于苛断，是陛下情之偏也。

——陛下之误多矣，大端在修醮，修醮所以求长生也。自古圣贤止说修身立命，止说顺受其正……使陛下得以访其术者陶仲文，陛下以师呼之，仲文则既死矣。仲文不能长生，而陛下独何求之？

海瑞列举了皇帝的种种过失，希望他能幡然悔悟，日视正朝，与宰辅、九卿、侍从、言官，讲求天下利害，洗数十年君道之误，使其臣亦得洗数十年阿君之耻。天下何忧不治，万事何忧不理，此在陛下一振作间而已。

最后他说明此次上疏的缘由："君道不正，臣职不明，此天下第一事也。于此不言，更复何言？大臣持禄而外为谀，小臣畏罪而面为顺。陛下诚有不得知而改之行之者，臣每恨焉。是以昧死竭惓惓为陛下一言之。"[1]

上朝前，海瑞特地买了一口棺材，诀别了妻儿老小，把后事托付给同乡好友庶吉士王弘诲。这一切表明，他决心冒死谏诤，为了使皇上幡然悔悟，必须言辞激烈，就好比治重病要下猛药。对皇帝下猛药，旧史家称为"批逆鳞"，势必引起龙颜大怒，进谏者往往难逃一死。他知道后果的严重性，慷慨赴死。他一向反对官场上的庸俗风气——"医国者

1 海瑞《治安疏》，《海忠介公集》卷一。

只一味甘草，处世者只二字乡愿”，用味甜性温的甘草无法医治国家的重病，用明哲保身的乡愿哲学混迹于官场必将祸国殃民。

这帖猛药让嘉靖皇帝无法消受。此公自比为尧舜，书斋也以“尧”命名，而海瑞说他连汉文帝都不如，气得他浑身发抖，把奏疏扔到地上。过了一会，又捡起来，看看后面还写些什么。勃然震怒之余，他吩咐身边的太监黄锦：把他抓起来，不要让他跑了！黄锦告诉他：海瑞自知触怒皇上必死无疑，诀别妻子，买了棺材来上朝，等待入木，不会逃跑的。并说海瑞为人刚直有声，为官不取一丝一粟。听了黄锦的话，皇帝平静下来，再三阅读这份奏疏，叹息道：真是忠臣，可以和比干相媲美，但朕并非殷纣王。随即给内阁首辅徐阶写手谕：“今人心恨不新其政，瑞可见也，疏言俱是。”这不过是私底下的表态，只有徐阶一个人知道，为了维护自己的威望，皇帝一定要处死海瑞。徐阶内心赞成海瑞对皇帝的批评，这从他后来代替嘉靖皇帝起草的遗诏，可以看得很清楚。如果直白地说出来，局面反而不好收拾。他用另外的方式援救海瑞，对皇帝说：海瑞这样的草野小臣，无非是想沽名钓誉，如果杀了他，恰恰成就了他青史留名，不如留他一命，使他无法沽名钓誉，也显得皇恩浩荡。[1]

不久，嘉靖皇帝突然驾崩。海瑞在狱中听到

1 王弘诲《海忠介公传》，焦竑《国朝献征录》卷六十四。黄秉石《海忠介公传》，《海忠介公集》卷首。何乔远《名山藏》卷七十七《臣林记·嘉靖臣六·海瑞》。

噩耗，如丧考妣，呼天抢地，嚎啕大哭，呕吐得一塌糊涂，昏厥了过去。次日清晨，他披麻戴孝，为死去的皇帝服丧。史家评论说，由此可以看到真正的忠臣心态。海瑞骂皇帝，并不是痛恨他，而是希望他从此振作起来，做一个好皇帝。比起那些“一味甘草，二字乡愿”的官僚，他才是真正的忠臣。

徐阶在嘉靖、隆庆交接时期，拨乱反正，代替大行皇帝起草遗诏，让已经死去的皇帝检讨自己痴迷于道教玄修的错误，为那些因进谏而遭到惩处的官员恢复名誉和官职。海瑞由此得以释放，官复原职，后来又提升为都察院右佥都御史，巡抚苏州、松江等府。这一带是全国的经济中心，朝廷想借重他的威望，整顿这个财赋重地。海瑞的任命一公布，那些贪官污吏慑于他的声威，望风挂印而去；一向骄横的苏州织造太监，出行坐八抬大轿，听说海瑞将至，立即去掉四个轿夫；一些显赫的豪门富室，为了炫耀，把门墙涂成红褐色，听到风声，一夜之间改成黑色。[1]

5. 张居正《陈六事疏》

嘉靖四十五年（1566）十二月十四日，嘉靖皇帝朱厚熜逝世，徐阶起草的遗诏，用遗言的形式反省

1 何乔远《名山藏》卷七十七《臣林记·嘉靖臣六·海瑞》。

清虚学道、斋醮玄修的失误，为遭到惩处的建言官员平反昭雪，处分道士，停止斋醮。十二月二十六日，穆宗隆庆皇帝即位，徐阶起草的即位诏书，强调了遵奉遗诏，启用因建言而得罪的诸臣，处罚道士，停止斋醮，破格擢用贤才，裁革冗员。徐阶把嘉隆之际的政治交接处理得巧妙妥帖，先是以遗诏的形式让先帝表示悔悟，再让穆宗以遵奉遗诏的形式拨乱反正，避免了“改祖宗之法”的非难。

◤ 高拱，河南新郑人，嘉靖二十年进士。穆宗为裕王时，任侍讲学士，在裕邸九年。嘉靖四十五年因首辅徐阶推荐，为文渊阁大学士，颇有能名，“负经济才，所建白皆可行”，然性情高傲，不能容物。

内阁中，徐阶是元老耆宿，李春芳折节好士，郭朴、陈以勤是忠厚长者，唯独高拱最不安分，躁率而又不得志于言路。高拱对徐阶引用门生张居正起草遗诏，瞒过内阁同僚，耿耿于怀，在外面散布流言蜚语，怂恿言官弹劾徐阶。徐阶在嘉靖、隆庆之际的政绩有目共睹，人们把他与正德、嘉靖之际的内阁首辅杨廷和相提并论，赞誉为“杨廷和再世”。高拱此举激起很多官员的反感，纷纷弹劾高拱，迫使他引疾辞官，郭朴也因言官论及，辞官而去。

但是，权力斗争仍在继续，徐阶的好景不长，不久也遭到言官弹劾，只得向皇帝请求辞职。穆宗皇帝居然同意了，举朝挽留不成。于是李春芳升任内阁首辅。此公为人温和，不倚势凌人，持论平允，又不事操切，但是抱负、才力远远不及徐阶。

内阁中还有陈以勤、张居正。万斯同写道："居正与春芳同年，而恃才傲物，视春芳蔑如也。（徐）阶以人言罢去，春芳叹曰：'徐公尚尔，我安能久容，计旦夕乞身耳。'居正遽曰：'如此，庶保令名。'春芳愕然。"[1]

◥ 李春芳，南直隶扬州人，嘉靖二十六年状元。《明史》称其"恭慎，不以势凌人。居政府持论平，不事操切"。嘉靖四十四年入内阁，隆庆二年接替徐阶为内阁首辅。

隆庆二年（1568）八月，张居正向皇帝呈上了著名的《陈六事疏》，全面阐述他的治国理念和改革思想。张居正不以文章驰名，但这篇奏疏写得很有气势，不但论证详尽，逻辑严密，而且文采斐然，掷地有声。开篇就直奔主题——图治之大本与救时之急务："臣闻帝王之治天下，有大本，有急务。正心修身建极，以为臣民之表率者，图治之大本也；审几度势，更化宜民者，救时之急务也。大本虽立，而不能更化以善治，譬之琴瑟不调不解，而更张之不可鼓也。"所谓"不能更化以善治"，也就是救时之急务，他简单概括为："近来风俗人情积习生弊，有颓靡不振之渐，有亟重难反（积重难返）之几，若不稍加改易，恐无以新天下之耳目，一天下之心志。"他把颓靡不振之渐、积重难返之几，梳理为六大事项，并且针对性地提出改革措施。

第一是省议论。就是少发议论，多干实事。他的核心理念是两句话，一句是"虑之贵详，行之贵

1　万斯同《明史》卷三百三《李春芳传》。

力”——考虑贵在周详，行动贵在得力；另一句是“谋在于众，断在于独”——谋划要靠众人，决断必须独裁。

他说，近年以来，朝廷内部议论太多，每每遇到一件事情，甲赞成乙反对，同一个人早晨赞成晚上反对，前后背道而驰，毁誉自相矛盾。大是大非混淆于唇吻之间，采用或舍弃取决于个人爱憎，因此政策不断变更，没有统一的法纪。总督、巡抚初到地方，下车伊始，就大发议论，或者漫言数事，或者更置数官，给人造成颇有才华、敢于任事的假象。其实莅任之始，地方利病岂能尽知？属官贤否岂能洞察？辞藻虽然华彩，却空洞无物，无所指归，过了一阵，自己早已把当初的豪言壮语忘得一干二净。他对官场的弊病深恶痛绝：“始则计虑未详，既以人言而遽行，终则执守靡定，又以人言而遽止。加之爱恶交攻，意见横出，谗言微中，飞语流传，寻之莫究其端，听者不胜其眩，是以人怀疑贰，动见诪张，虚旷岁时，成功难睹。语曰：‘多指乱视，多言乱听。’此最当今大患也。”他关于励精图治的对策是：“扫无用之虚词，求躬行之实效。”如果要办

▼ 张居正《陈六事疏》

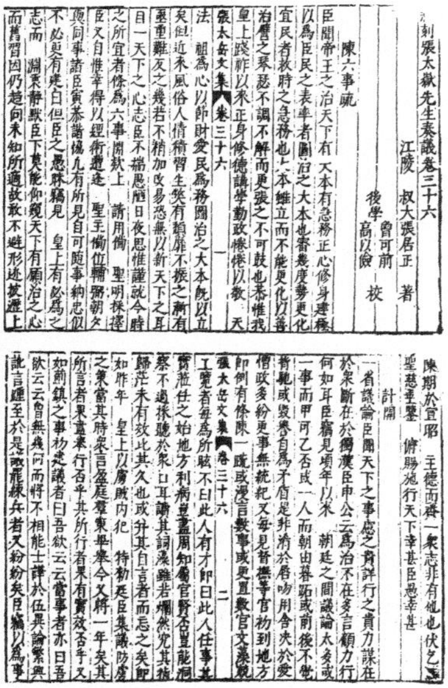
刻張太嶽先生奏議卷三十六
江陵　叔大張居正　著
後學　曾可前　高以儉　校
陳六事疏
臣聞帝王之治天下有大本有急務正心修身建極
以爲臣民之表率者圖治之大本也審幾度勢更化
宜民者救時之急務也大本雖立而不能更化以善
治譬之琴瑟不調不解而更張之不可鼓也恭惟我
皇上踐祚以來正身修德講學勤政惓惓以敎　天
張太岳文集　卷三十六　一
法　祖爲心以節財愛民爲務圖治之大本既以立
矣但近來風俗人情積習生弊有頽靡不振之漸有
積重難反之幾若不稍加改易恐無以新天下之耳
目一天下之心志臣不揣愚陋日夜思惟謹就今時
之所宜者條爲六事開款上　請用備　聖明採擇
臣又自惟幸得以經術遭逢　聖主備位輔弼朝夕
與同事諸臣寅恭諧協凡有所見自可隨事納忠似
不必更有建白但臣之愚昧竊見　皇上有必爲之
志而　淵衷靜默臣下莫能仰窺天下有願治之心
而舊習因仍趨向未知所適故敢不避形迹披瀝上
陳期於宣昭　主德而齊一衆志非有他也伏乞
聖慈垂鑒　俯賜施行天下幸甚臣愚幸甚
計開
一省議論臣聞天下之事慮之貴詳行之貴力謀在
於衆斷在於獨漢臣申公云爲治不在多言顧力行
何如耳臣竊見頃年以來　朝廷之間議論太多或
一事而甲可乙否或一人而朝由暮跖或前後不覺
背馳或毀譽自爲矛盾是非淆於唇吻用舍決於愛
憎政多紛更事無統紀又每見督撫等官初到地方
即例有條陳一疏或漫言數事或更置數官文藻競
張太岳文集　卷三十六　二
工覽者每爲所眩不曰此人有才即曰此人任事其
實莅任之始地方利病豈盡周知屬官賢否豈能洞
察不過采聽於衆口耳譚其詞藻雖若爛然究其指
歸茫未有效此其久也或并其自言者而忘之矣即
如昨年　皇上以虜賊內犯　特勅廷臣集議防虜
之策當其時衆言盈庭羣策畢舉今又將一年矣其
所言者果盡行否乎其所行者果有實效否乎又
如薊鎮之事初建議者曰吾欲云云當事者亦曰吾
欲云云曾無幾何而將不相能士譁於伍異論繁興
訛言踵至於是敵　罷糧兵者又紛紛矣臣竊以爲事

一件事，事先须审慎考量，务求周到停当，一旦决策已定，立即当机立断予以推行。朝廷提倡“省事尚实”的宗旨，各部门一切章奏务必简切，是非可否明白直陈，不得彼此推诿，徒托空言。

第二是振纪纲。就是加强法纪，统一号令。核心理念是一句话：“综核名实，信赏必罚。”他的口号是：“法所当加，虽贵近不宥；事有所枉，虽疏贱必申。”

他说，近年以来，纪纲不肃，法度不行，官场上下务为姑息，办事推诿徇情，调停矛盾的唯一做法就是模棱两可，善于做官的不二法门就是委曲迁就。法律只强加于身份微贱之人，强梗者虽然破坏法纪，谁也奈何不得。如果加以整肃，必定有人反对，不是说违背人情，就是说务为操切。他认为，徇情并非顺情，振作并非操切。所谓徇情，是不顾理之是非、事之可否，只从人情考虑。所谓振作，是整齐严肃，把法律宣示于民众，而使之不敢犯法。严刑峻法，虐使其民，才是操切。他的对策是：“张法纪以肃群工，揽权纲而贞百度，刑赏予夺一归之公道，而不必曲徇乎私情；政教号令必断于宸衷，而毋致纷更于浮议。”[1]

第三是重诏令。就是朝廷制定法令必须审慎，一旦制定，就要不折不扣地执行，令行禁止。国君主持政令，臣下执行君令治理人民；如果国君不主

1 张居正《陈六事疏》，《新刻张太岳先生文集》卷三十六《奏疏一》。

持政令，臣下不执行君令，无法无天，必将天下大乱。

他说，根据旧规，各衙门的奏疏，如果有“某部看了来说”的圣旨，必定是紧要事情、重大机务；如果有“某部知道”的圣旨，虽然稍缓，也是必须实行的事务，或是关系各地方民情利病，有关衙门应该参酌缓急，分别答复。但是，近年以来，吏治败坏，官员的考成形同虚设，朝廷政令被各级政府看作一纸具文，根本不照办。他的原话是这样说的：“朝廷诏旨多废格不行，抄到各部，概从停阁；或已题奉钦依，一切视为故纸，禁之不止，令之不从。至于应勘应报、奉旨行下者，各地方官尤属迟慢。有查勘一事而十数年不完者。”简直匪夷所思，因此他希望皇上指示六部、都察院等衙门，不论大小事务，既然有明确的圣旨，必须在几天之内做出答复。如果事理清楚明白，就应该据理做出决断，不得推诿给地方的巡抚、巡按去议论处理。至于交给地方政府办的事情，也要根据轻重缓急、路程远近，严格规定期限，责令尽快报告处理结果，由中央政府有关部门设立号簿，登记注销。如果有超越期限不行奏报的官员，处以“违制”之罪，吏部要以此作为官员考成的依据。张居正后来推行的考成法的雏形，已经清晰可见。

第四是核名实。就是官员的任免与奖惩是否得当，关键在于“综核名实”，亦即全面考核官员的名声与实绩。现在的问题是，名实不核，拣择不精，所用非其所急，所取非其所求。于是乎形成这样的状况：把笨牛与良马绑在一起驾车，结果两败俱伤；把优秀的乐师与滥竽充数者混在一起演奏乐曲，结果良莠莫辨。

他指出当前人事制度的问题在于，没有综核名实，事前不试用，事后不考成，形成种种怪现状：“椎鲁少文者以无用见讥，而大言无当者以虚声窃誉；倜傥伉直者以忤时难合，而脂韦逢迎者以巧宦易容。其才虽可用也，或以卑微而轻忽之；其才本无取也，或以名高而尊礼之。或因一事之善，而终身借之以为资；或以一动之差，而众口訾之以为病。加以官不久任，事不责成，更调太繁，迁转太骤，资格太拘，毁誉失实。”有鉴于此，他的对策是，主管人事的吏部，应该严格官员的考课制度，京官三年一次考核，外官六年一次考核，分别评定为“称职”“平常”“不称职”，以此决定晋升、留用、降级、开除，而不是皆大欢喜的滥给恩典。值得注意的是，他提出了辩证的用人原则：“用舍进退，一以功实为准，毋徒眩于声名，毋尽拘于资格，毋摇之以毁誉，毋杂之以爱憎，毋以一事概其平生，毋以一眚掩其大节。”他的意思是，对于一个官员的任用或罢免，提升或降职，应该用事功与实绩为唯一的衡量标准，不要被他的名声所迷惑，不要完全拘泥于资格，不要摇摆于对他的赞誉或诋毁之词，不要掺杂个人喜爱或厌恶的感情，不要用一件事情来概括那个人的一生，不要用一点过失来否定那个人的大节。这样的高明眼光，不独当时人望尘莫及，即令现代人也叹为观止。

◥ 隆庆皇帝像

第五是固邦本。就是巩固国家的根本。《尚书》

说："民为邦本，本固邦宁。"既然人民是国家的根本，那么安定人民就是"固邦本"的前提。只有百姓安乐，家给人足，才能做到邦本深固。

他说，由于前朝各种靡费，导致民穷财尽，必须矫枉过正，若不痛加省节，恐怕不能挽救。皇上应该为天下带头，停免一切不急工程、无益征办，敦尚俭素。然后指示吏部，慎选良吏，牧养小民，凡事守己端洁，实心爱民，才可以定为"上考称职"；如果仅仅善事上司，对于百姓没有实政者，只能定为"中考"；如果贪污显著者，除了严限追赃，还应罢官流放。他认为皇上还须指示户部，悉心研究财政收入日益匮乏弊端何在，举凡风俗侈靡、豪强兼并、赋役不均等，都应整治。消除了这些弊端，财政自然充裕，何必勒索穷困之民，自耗国家元气！

第六是饬武备。就是加强国防建设。他认为，当今之事最可虑的，莫重于边防，庙堂之上应当日夜谋划者，莫急于边防。具体说来，北方蒙古南下侵扰日甚一日，而边防事务早已废弛，已经到了刻不容缓的地步了。但是战争毕竟是危险的事，未可轻易言战，如今的上策，莫如自治（即同意"封贡"）。有人担忧兵不多、食不足、将帅不得其人，他认为此三者皆不足患。"臣之所患，独患中国无奋励激发之志，因循怠玩，姑务偷安，则虽有兵食良将，亦恐不能有为耳。"[1]

1 张居正《陈六事疏》，《新刻张太岳先生文集》卷三十六《奏疏一》。

《陈六事疏》充分体现了张居正的法治思想。他虽以儒术起家，但深知单用儒术不足以力挽狂澜，非用申不害、韩非的法术不可。“综核名实，信赏必罚”，“法所当加，虽贵近不宥；事有所枉，虽疏贱必申”，就是这种法治思想。他根据这一宗旨，提出的六条，切中时弊，如果照此认真执行，朝政的改观是大有希望的。隆庆皇帝对此颇为欣赏，批示道：“览卿奏，俱深切时务，具见谋国忠恳，该部院看议行。”[1]

既然皇帝圣旨要求六部、都察院等“看议行”，各衙门立即响应，都察院针对“振纪纲”“重诏令”，提出具体方案；兵部针对“饬武备”，提出具体方案；户部针对“固邦本”，提出具体方案。一切似乎可以付诸实施了。但是内阁首辅李春芳不以为然，他是一个“一味甘草，二字乡愿”之类的人物，只想用“甘草”来治理国家，用“乡愿”来明哲保身。万斯同为他立传，评论道：“及代（徐）阶为首辅，益务以安静称帝意。帝亦察其廉谨，深倚信焉。”[2]所谓“以安静称帝意”，就是维持现状，不想有所作为，更不想大动干戈。内阁次辅陈以勤明白李春芳的意图，干脆不置可否。张居正的治国理念和改革建议，没有得到内阁的认可，当然无法付诸实施。他的这些理念，直到自己出任内阁首辅之后，才得以实施。

1 张居正《陈六事疏》，《新刻张太岳先生文集》卷三十六《奏疏一》。

2 万斯同《明史》卷三百三《李春芳传》。

从《论时政疏》到《陈六事疏》，所体现的思想是一贯的。隆庆五年（1571），他再次批判朝政的四种弊病：病在积习、病在纪纲、病在议论、病在名实，实际上是《陈六事疏》的继续发挥。他特别强调："法不可以轻变也，亦不可以苟因也。苟因则承敝袭舛，有颓靡不振之虞，此不事事之过也。轻变则厌故喜新，有更张无序之患，此太多事之过也。二者法之所禁也，而且犯之，又何暇责其能行法哉！"他遵循的原则是"法制无常，近民为要；古今异势，便俗为宜"。依据这样的原则，他抨击当时存在的四种弊病。

一是积习之病。这和他的理念——法治应该严肃而不松弛，人情必须振奋而不懈怠——格格不入。"今固已怠矣，干蛊之道如塞漏舟，而今且泄泄然以为毋扰耳。一令下，曰何烦苛也；一事兴，曰何操切也。相与务为无所事事之老成，而崇尚夫坐啸画诺之惇大。以此求理，不亦难乎。"

二是纪纲之病。这和他的理念——天下之势理应上重下轻——格格不入。"今法之所行，常在于卑寡；势之所阻，常在于众强。下挟其众而威乎上，上恐见议而畏乎下，陵替之风渐成，指臂之势难使。"

三是议论之病。这和他的理念——多指乱视，多言乱听——格格不入。"今或一事未建，而论者盈庭；一利未兴，而议者踵至。是以任事者多却顾之虞，而善宦者工遁藏之术。"

四是名实之病。这和他的理念——采其名必稽其实，作于始必考其终，则人无隐衷，而事可底绩——格格不入。"今一制之立，若曰著为令矣，曾不崇朝而遽闻停罢；一令之施，若曰布海内矣，而畿辅之内且格不行，利害不究其归，而赏罚莫必其后。”[1]

他的结论是，这四种弊病，熟于人之耳目，入于人之心志，已非一日，如今若不大力祛除这些弊病，冲决壅堵，疏通障碍，要想推行法治，即使每日更改制度，每月修订法令，也毫无益处。历史上的明君之所以能够振刷综理，其不二法门就是：实事求是，而不采虚声；信赏必罚，而真伪无眩。[2]

万历元年，张居正出任内阁首辅以后，大权在握，才得以把他的治国理念付诸实施，雷厉风行地推行改革。他给太仆寺卿李世达的信，强调“法所宜加，贵近不宥；才有可用，孤远不遗。务在强公室，杜私门，省议论，核名实”，就是先前在《陈六事疏》中反复阐述的准则。他在信中写道：

> 明兴二百余年矣，人乐于因循，事趋于苦窳。又近年以来习尚尤靡，致使是非毁誉纷纷，无所归究。牛骥以并驾而俱疲，工拙以混吹而莫办，议论蜂兴，实绩罔效。所谓怠则张而相之之时也。况仆以草茅孤介，拥十龄幼主立于天下臣民之上，国威未振，人有侮心，若不稍加淬励，举祖宗故事以觉寤迷蒙，针砭沉痼，则庶事日隳，奸宄窥间，后欲振之不可得矣。故自仆受事以来，一切付之于大公，虚心鉴物，正己肃下，

1 张居正《新刻张太岳先生文集》卷十六《辛未会试程策二》。

2 张居正《新刻张太岳先生文集》卷十六《辛未会试程策二》。

法所宜加，贵近不宥；才有可用，孤远不遗。务在强公室，杜私门，省议论，核名实，以尊主庇民，率作兴事。亦知绳墨不便于曲木，明镜见憎于丑妇，然审时度势，政固宜尔。且受恩深重，义当死报，虽怨诽有所弗恤也。[1]

由此，人们也可以看出《陈六事疏》的深意了。如果要深入追究的话，张居正的治国理念和改革思想，深受前辈徐阶、高拱的影响。

二 力挽狂澜的铁腕人物：徐阶、高拱、张居正

张居正的政治生涯中，有两位导师徐阶、高拱，对他提携扶持，关怀有加。这两位导师先后担任内阁首辅，张居正尊称他们为“师相”，感恩不已。他的文集中，《答上师相徐存斋》《少师存斋徐相公七十寿序》《少师存斋徐相公八十寿序》，以及《翰林为师相高公六十寿序》《门生为师相中玄高公六十寿序》诸篇，清楚地显示了这一点。

1.“天下翕然想望风采”

隆庆二年（1566）七月，徐阶一再“乞休”，终

1 张居正《与李太仆渐庵论治体》，《新刻张太岳先生文集》卷二十五《书牍》。按：李世达，字子成，号渐庵，陕西泾阳人，嘉靖三十五年进士。累官至刑部尚书、都察院左都御史。

于获得皇帝恩准，得以致仕回乡。已经出任内阁大学士的张居正写信向他致谢。这封信在他的文集中标题为《答上师相徐存斋》，向老师吐露心声："不肖受知于老师也，天下莫不闻老师以家国之事托之于不肖也；天下亦莫不闻丙寅之事，老师手扶日月，照临寰宇，沉几密谋，相与图议于帷幄者，不肖一人而已。既而获被末光，滥蒙援拔，不肖亦自以为不世之遇，日夜思所以报主恩、酬知己者。后悟人事不齐，世局屡变，使老师经纶匡济之业未获尽纾，不肖感激图报之心竟成隔阂。故昨都门一别，泪簌簌而不能止，非为别也，叹始图之弗就，慨鄙意之未伸也。"[1]

◥ 徐阶，松江华亭人，嘉靖二年进士。嘉靖四十一年扳倒严嵩后任内阁首辅，隆庆二年致仕。隆庆三年海瑞任应天巡抚，整治苏松钱粮税赋，令徐阶等豪绅退田。隆庆五年时任首辅高拱再次因之前的私人恩怨打击报复徐阶。隆庆六年高拱被罢，徐阶的生活方归于平静。万历十一年因病卒。

徐阶与张居正的关系非同一般，他是张居正在翰林院担任庶吉士时的指导老师。当时徐阶以吏部左侍郎身份兼任翰林院掌院学士，职责之一就是指导庶吉士，是张居正名副其实的业师。这种师生关系在官场至关重要，日后徐阶提拔重用张居正都与此有关。看似平静的朝廷已经隐约可见风云变幻的迹象，徐阶非常需要张居正这样的得力助手，因此多方提携，先是把他从翰林院编修提升为右春坊右中允，兼任国子监司业；继而又把他调入裕王府邸，担任裕王朱载垕（即后来的穆宗皇帝）的讲读官。这

1 张居正《答上师相徐存斋》，《新刻张太岳先生文集》卷三十四。

是深谋远虑的安排，成为皇储的侍从亲信，一旦朱载垕即位，就是从龙功臣。信中所说的“丙寅之事”，就是嘉靖四十五年世宗去世，徐阶和张居正起草世宗遗诏以及穆宗即位诏书之事。此事瞒过了内阁同僚，确实如信中所说“老师手扶日月，照临寰宇，沉几密谋，相与图议于帷幄者，不肖一人而已”。

隆庆六年（1572），徐阶七十大寿时，张居正向乡居已达三年多的“师相”寄去贺信，表达感激之意：“余既为公门人，不自意又从公政府之后，诸所为佐国家者，一惟公是师。”[1]从庶吉士时代的门生身份，到政府中的助手，张居正一直尊徐阶为师。徐阶八十大寿时，万历新政成就卓著，张居正把这一切都归之于“师相”的教导：

> 居正尝谓，士君子所为尊主庇民，定经制，安社稷，有自以其身致之者，有不必身亲为之，而其道自行于天下，其泽自被于苍生者，窃以为此两者惟吾师兼焉。当嘉靖季年，墨臣柄国，吾师所为矫枉以正，矫浊而清者，幸及耳目，其概载在国史，志在缙绅，里巷耆长尚能道焉。此以身致治者也。比成功而归老也，则挈其生平所为经纶蓄积者，尽以属之居正……万历以来，主圣时清，吏治廉勤，民生

1 张居正《少师存斋徐相公七十寿序》，《新刻张太岳先生文集》卷七。

康阜，纪纲振肃，风俗朴淳，粒陈于庾，贯朽于府，烟火万里，露积相望……一时海内号称熙洽，人咸谓居正能，而不知盖有所受之也。此不必身亲为之者也。故此两者惟吾师兼焉。[1]

这并非张居正的阿谀之词，徐阶确实当得起他的赞誉。申时行称赞徐阶“神襟迥秀，而内持养深坚，执义甚果”。徐阶身为诸生时，就与出任华亭知县的聂豹切磋理学；出任京官以后，又与欧阳德、邹守益、罗洪先、郑晓、赵时春、唐顺之等学者型官僚，阐明王阳明的良知之学，相磨淬砺。他有深厚的学识，却不迂腐，从政游刃有余。申时行说他“于群书无不综贯，而惟以资经济，自本朝典章条格，边防阨塞，度支盈缩，刑名比详，远方谣俗利蠹，耳濡手注，强记精识。长于议论，与人言，刃迎缕解，愈扣而愈响应无穷者。喜诱引后进，当世知名士多出其门”。[2]

◥ 申时行，苏州长洲人，嘉靖四十一年状元。初授翰林院编修，历左庶子，掌翰林院事。万历六年入阁，十一年为首辅。后因建储事为言官所劾，罢归。

徐阶，字子升，号少湖，一号存斋，松江府华亭县人。嘉靖二年（1523），他以第三名进士及第，

1 张居正《少师存斋徐相公八十寿序》，《新刻张太岳先生文集》卷七。

2 申时行《特进光禄大夫柱国少师兼太子太师吏部尚书建极殿大学士赠太师谥文贞徐公墓志铭》，《赐闲堂集》卷二十三。

张岱写道："（徐）阶为人短小白皙，秀眉目，善容止。辅臣杨廷和见而异之，指以语其僚曰：'此少年名位不下我辈。'"[1]杨廷和是正德、嘉靖之际的内阁首辅，面对复杂形势，运筹帷幄，拨乱反正，天下仰望其风采。他的戏言"此少年名位不下我辈"，居然一语成谶。徐阶在嘉靖、隆庆之际，力挽狂澜，"务收人心，用物望，严杜筐篚，天下翕然想望风采"[2]，被人们赞誉为杨廷和再世。

徐阶在严嵩专权的险恶形势下，能够与之合作共事而又安然无恙，充分显示了智谋和权术兼而有之的秉性。张岱说："（徐）阶为人阴重，有权略，其始事嵩甚谨，与缔交联姻，治第分宜，曰：'谢政后且居分宜就公。'"[3]所谓"阴重""有权略"，就是阴谋与权术兼而有之，为了消除严嵩的戒心，不惜与之联姻，而且在严嵩家乡分宜县建造住宅，打算退休后和严嵩比邻而居，时时请教。这并非张岱的一家之言，万历朝的高官于慎行也提及徐阶附籍江西一事，说得更加具体，"分宜相（严）嵩既杀贵溪（夏言），逐诸城（翟鸾），专任二十年。独华亭（徐阶）与之左右，势且不免。会吴中有岛寇，华亭（徐阶）即卜宅豫章（江西），佯为避寇之计，有司为之树坊治第，附籍江右，又与世蕃结亲。江右士大夫皆讲乡曲之谊，于是分宜（严嵩）坦然，不复介意。"[4]又说："分宜（严嵩）在位，权宠震世，华亭（徐阶）屈己

1 张岱《徐阶列传》，《石匮书》卷一百四十八。申时行的《文贞徐公墓志铭》，记杨廷和对同僚所说的话是："是少年者我辈人也。"

2 唐鹤徵《徐文贞阶》，《皇明辅世编》卷五。

3 张岱《徐阶列传》，《石匮书》卷一百四十八。

4 于慎行《谷山笔麈》卷四《相鉴》。

事之，凡可以结欢求免者，无所不用，附籍结姻以固其好，分宜（严嵩）不喻也。其后分宜（严嵩）宠衰，华亭（徐阶）即挤而去之。”严嵩罢官、严世蕃处死以后，徐阶立即把江西分宜的宅邸出售，解除了江西的户籍。可见他的讨好严嵩，不过是权宜之计，一种权术而已，目的是保全自己，寻找机会，潜移帝意，促使严氏父子垮台。

徐阶主政以后，拨乱反正，在内阁办公室的墙壁上写了一个条幅：

以威福还主上
以政务还诸司
以用舍刑赏还公论[1]

他成为内阁首辅以后，邀请内阁次辅袁炜一起办公，共同为皇帝票拟谕旨。皇帝以为不妥，认为只须首辅一人票拟即可，徐阶解释说，事情出于众人合议就公正，而公正是所有美德的基础；独断专行就自私，而自私会导致百弊丛生。当时给事中、御史不断抨击勾结严氏父子的官员，皇帝对此很反感，徐阶委婉曲折地作出解释，缓解了皇帝的怒气，保护了言官。[2]

嘉靖四十二年（1563）正月十一日，徐阶和皇帝谈起人才难得，希望皇上“广听纳”“容人言”。他

1 申时行《特进光禄大夫柱国少师兼太子太师吏部尚书建极殿大学士赠太师谥文贞徐公墓志铭》，《赐闲堂集》卷二十三。王世贞《嘉靖以来首辅传》卷五《徐阶传》。

2 唐鹤徵《徐文贞阶》，《皇明辅世编》卷五。

说：自古人心难测，因为最大的奸佞貌似忠诚，最大的欺诈貌似诚信，这就是知人很难的原因；必须广泛听取各种意见，那么就有人为我抵挡穷凶极恶，为我揭发隐匿深情，而且能够不让没有用的人才滥竽充数，即使已经用了也不至于再侥幸留用；做到了这一点，皇上不下堂阶就可以周知天下事情。他还以严世蕃害国戕民为例，如果皇上早日听取人言，也不会如此之甚。因此凡是官员进言，必须详加询察，如果事情大，言有实据，就采纳实行；如果所言不实，事情小就不必计较。事情大也须容忍，稍加谴责就可，目的是广泛吸收天下之言。[1]皇帝听了他的一番宏论，“称善良久”。[2]

可见他对于治国、用人是很有一些想法的。他引用门生张居正为裕王（即后来的穆宗皇帝）讲学，保证皇位更替得以顺利进行。世宗皇帝临终之时，他连夜紧急召见张居正，一起谋划，起草遗诏，次日清晨当朝公布，稳定了嘉靖、隆庆之际的政局。

嘉靖四十五年（1566）十二月十四日，皇帝朱厚熜去世，他的遗诏并非临死之前口授，而是由徐阶和张居正起草的，其基调是，让已故皇帝作自我检讨：“只缘多病，过求长生，遂致奸人乘机诳惑，祷祠日举，土木岁兴，郊庙之祀不亲，朝讲之仪久废……每一追思，惟增愧恨。盖愆成美，端仗后贤。皇子裕王仁孝天植，睿智夙成，宜上遵祖训，

1 徐阶《答知人谕（嘉靖四十二年正月十一日）》，《世经堂集》卷二《奏对二》。

2 唐鹤徵《徐文贞阶》，《皇明辅世编》卷五。

下顺群情，即皇帝位，勉修令德……各稽祖宗旧典，斟酌改正。自即位至今，建言得罪诸臣，存者召用，殁者恤录，见监者即先释放复职，方士人等查照情罪，各正刑章。斋醮工作，采买等项不经劳民之事，悉皆停止。”[1]这些话，一看便知不是朱厚熜愿意讲的，而是徐阶和张居正想要表达的政见。

徐、张二人之间的密切关系于此可见一斑。正如张居正自己所说："天下亦莫不闻丙寅（嘉靖四十五年〔1566〕）之事，老师手扶日月，照临寰宇，沉几密谋，相与图议于帷幄者，不肖一人而已。"[2]这种关系，隆庆元年（1567）大理寺右丞耿定向也看到了，他在给徐阶的信中，直截了当地指出："某尝念门下士无虑千数，乃阁下独属意江陵张君，重相托付，诚为天下得人矣。同志中有识者佥谓'此阁下相业第一筹也'。"[3]可谓知人之论。

◤ 耿定向，湖广红安人，嘉靖三十五年进士。隆庆初擢大理寺右丞，与高拱不睦，谪横州判官。隆庆末年高拱罢后，量移衡州推官，后晋右副都御史、刑部侍郎、南京右都御史等职，因卷入政争上疏求退。

同年十二月二十六日，穆宗皇帝即位，他的即位诏书也是由徐阶和张居正起草的，一再强调遵奉先帝遗诏，既避免了"改祖宗之法"的非难，也进一步把他们的政见具体化。这份即位诏书，列举了三十多条拨乱反正的政策措施。其中三条是执行遗

1 徐阶《拟遗诏》，《世经堂集》卷五《视草》。
2 张居正《答上师相徐存斋》，《新刻张太岳先生文集》卷三十四。
3 耿定向《启徐存斋相公书》，《耿天台先生文集》卷四《书牍二》。

诏的具体措施：一是遵奉遗诏，自正德十六年（1521）四月以后至嘉靖四十五年（1566）十二月以前为建言而得罪的官员，存者召用，殁者恤录，吏部、礼部、兵部尽快查开职务姓名，报告朝廷。二是遵奉遗诏，方士人等查照情罪，各正刑章，有的按照“妄进药物致损圣躬”罪，命锦衣卫拿送法司，从重究问；有的以画符做法而滥叨恩赏，立即押送原籍；书造局、真人府聘用的道士，一律发还原先道观；太常寺授予的官职、名号，全部取消。三是遵奉遗诏，斋醮工作悉皆停止，因斋醮而形成的赋税加派，全部取消。其余各条大多涉及各种弊政的对策，兹选录几条于下：

——朝廷用人，惟求任当其才，若拘泥资格，使举人绝望于九卿（京官），岁贡不得为方面（地方官），殊非饬吏治、作士风之意。今后吏部用人，毋拘三途，但有才能卓异者，即便破格擢用，以示激励。

——各处府州县大小繁简、冲僻难易不同，或逸而得誉，或劳而速谤，既乖升黜之宜，遂起避趋之巧，士风日坏，吏治不修。吏部通将天下府州县逐一品第，定为上中下三等，遇该推升选补，量才授任。

——在外两司有司官贪酷恣肆，皆由巡按御史不能正身格物，及举劾不公所致。其御史失职，又由都察院徇情，将考核视为虚文所致。今后御史出差回道，都察院务要秉公持正，严行考核，如或隐护，该科即行纠劾，该科如敢扶同，事发一体重究。

——今后在京在外文武衙门大小官员，俱要励端慎廉静之节，去虚浮怠玩之私，上报国恩，下保名位。一应弊政，诏书开载未尽者，陆续自行查议奏革。其凡可以正士习、纠官邪、安民生、足国用等项长策，仍许诸人直言无隐。[1]

这些政策举措，体现了徐阶在积重难返之际，力挽狂澜的治国方略，其中不少为张居正所汲取，在万历新政中付诸实施。

徐阶的治国方略，不仅体现在他代拟的即位诏书中，自他出任内阁首辅以来，日夜思考如何拨乱反正，整顿颓靡的政局。他在给同僚的信中感叹："仆浅薄，叨冒天恩，踰溢涯分，犬马之齿亦遂六十……即日局面似有更新之机，但人心陷溺已久，非有重望不能转移；诸务废弛已极，非有高才不能整顿。而仆皆无之，此昔贤所以有'有时无人'之叹也。"[2]还说"天下事非一人所能为，惟是倡率则有所在。仆不肖，幸夙闻父师之教，朋友之切磨，又滥荷圣明之误眷，所谓倡率，不敢辞其责矣。"[3]他的"整顿""倡率"并没有停留在口头上，而是谨慎地采取了行动。

他推心置腹地敦请严讷（字敏卿，号养斋，苏州府常熟县人）出任吏部尚书，整顿吏治。严讷为了改变严嵩造成的"吏道污杂"局面，与同僚约法三章：

一、谈公事一律到吏部衙门，不得到他的

1 徐阶《拟登极诏》，《世经堂集》卷五《视草》。

2 徐阶《复杨朋石提学》，《世经堂集》卷二十四《书三》。

3 徐阶《复胡柏泉中丞》，《世经堂集》卷二十四《书三》。

◤ 严讷，苏州常熟人，嘉靖二十年进士。选庶吉士，历任礼部尚书、吏部尚书、武英殿大学士等职。执掌铨政期间，任人唯贤，破格超擢人才，令吏治一新。后以病乞归。

私宅。

二、慎重选择吏部的郎中、主事等中层官员，要他们“务抑奔竞”，也就是杜绝开后门、通路子。

三、选拔人才不要拘泥于资格，即使是州县小官，如果政绩优异，就应该破格提升。

申时行对此有详细的描述：“亡何，吏部尚书阙，上手诏用公（严讷）。公自以荷上眷知，位冢宰（吏部），操群吏黜陟，宜矢心戮力以报。而又念向者柄臣墨吏相贸市为奸，浊乱海内，非苦身为天下率，吏治不清。乃下教诸以公事谒及攻吾阙者之待漏所，毋私第，吾不受私谒。又饬其家张具，若召客者实亡所召，而尽呼苍头饮食，劳苦之曰：‘若辈幸守吾操束，内迹毋外。’择谨厚吏守邸舍，而戒之曰：‘若幸视吾扃钥，外迹毋内。’有郡守使人上谒，公（严讷）以属吏而镌守三秩，曰：‘吾不爱一守以明吾志。’门庭阒然。然延接宾客，咨访人才，孜孜无倦，一时卓行异能之士，毋问乡举岁荐，皆骤得优擢，曰：‘祖宗朝兼用三途，奈何以资格限天下士！’异时名公卿屏田间，上所尝谴怒而不欲收者，乘间为请，次第推毂起家几尽。于时耆贤布列，吏治烝烝不奸，天下翕然以公（严讷）为知人能任职也。”[1]

---

1 申时行《光禄大夫太子太保吏部尚书武英殿大学士赠少保谥文靖严公合葬墓志铭》，《赐闲堂集》卷二十三。

严讷的整顿，改变了先前“吏道污杂”的状况，“铨政一新”——吏治焕然一新。严讷并不居功，上则归功于内阁首辅徐阶，下则归功于司属官员。他说吏部是一个特大部门，我掌管吏部两年，适逢徐阶主持内阁，大力支持，办事毫无阻力。确实如此。徐阶不仅全力支持严讷，而且尽量争取皇帝的默许，使得吏治整顿得以顺利进行。为此他经常向皇帝赞誉严讷，比如他说：“臣闻（严）讷在吏部殊有志，为皇上守法，但请托既绝，恐不免怨谤。此却仰赖圣明主张，乃能行其志也。”[1]为了打破论资排辈的陋习，他向皇帝建议：“缘循资按格，其来已久。（严）讷初到部，未能即破旧套，今须仰仗圣明，特降一谕，使唯才是用，勿专论资格，庶（严）讷有所遵奉也。”为此，他尖锐地批判陈腐的人才观：“臣窃见士大夫以虚文巧适为有才，而诚悫者则诋以为拙；以怙势作威为风力，而敬慎者则笑以为懦；以怠安泄沓为得体，而勤励者则鄙以为俗流；以容奸庇恶为长厚，而明作者则谤以为生事。甚至以谋国为过计，以恤民为迂谈，以持法为苛刻，以秉公为乖僻。”[2]但拨乱反正，谈何容易！所以请求皇帝下一道特别谕旨：“唯才是用，勿专论资格。”

徐阶不仅重用吏部尚书严讷，而且重用兵部尚书杨博（字维约，号虞坡，山西蒲州人）、工部尚书雷礼（字必进，江西丰城人）。他向皇帝谈到人才，特别表扬了这

1 徐阶《答冢宰力行谕（嘉靖四十二年七月初一日）》，《世经堂集》卷二《奏对二》。

2 徐阶《答推用某某等谕（嘉靖四十二年十一月十七日）》，《世经堂集》卷二《奏对二》。

三位："（严）讷为人畏慎，又肯留意人才，孜孜查访，今仕路颇清，实得其力。（杨）博之任未见有可代者……臣见（雷）礼每事皆亲干，面垢声哑……答云：工部官钱粮在手，第一要不贪，第二要任劳任怨，第三要知工作事宜，会调度。"他由此发挥关于人才的标准："大抵用人须得心行才识俱好，若才识好而心行不好，则反以其才坏事，心行好而才识不好，则又干不得事。"[1]

2. 徐阶与高拱的嫌隙与倾轧

正当徐阶大展宏图之际，政坛高层的倾轧渐露苗头，最突出的表现就是内阁中徐阶与高拱的矛盾明朗化。高拱于嘉靖四十五年（1566）进入内阁，这得益于徐阶的推荐。徐阶的考虑是周全的，一方面，高拱先后主持礼部、吏部工作，办事干练，很有革新精神，徐阶希望得到他的协助；另一方面，高拱长期在裕王府邸工作，与当时的皇储（后来的皇帝）关系非同一般，徐阶希望他在皇位交替过程中起到沟通作用。

高拱此人性格刚直，自视甚高，入阁以后，颇为骄横，与其他阁僚对待徐阶的态度截然不同。李春芳在内阁中排名仅次于徐阶，却谦虚谨慎，见到徐阶，"侧行伺偻若属吏"。[2]位居第三的郭朴，也

1 徐阶《答用人谕（嘉靖四十四年三月十四日）》，《世经堂集》卷三《奏对三》。

2 张岱《高拱列传》，《石匮书》卷一百六十五。

是徐阶引荐的，很是谦恭。位居第四的高拱最不安分，经常挑战徐阶的权威，攻击徐阶“大假言路”“非大臣体”[1]。徐阶非常不满，授意他的同乡、吏科都给事中胡应嘉弹劾高拱“不忠”。无非是说，高拱在内阁值班，嫌“直庐”(值班室)过于狭隘，擅自把他的家搬到西安门外，半夜潜回家中。皇上近来身体违和，他竟然把内阁直庐的器具搬回家中。胡应嘉认为高拱“不守直庐”“骤移器具”，是“不忠”，请求皇上“究斥”。高拱惶恐奏辩，幸亏此时皇上病重，没有理睬，事情不了了之。[2]

徐阶瞒过内阁同僚，与张居正起草“遗诏”和“登极诏”，高拱极为不满，抓住“遗诏”中先帝表示悔悟的词句，攻击徐阶把先帝的过错公示于天下，诋毁先帝，大逆不道。他的同乡郭朴在朝堂上扬言，徐阶诽谤先帝，可斩。高拱与他一唱一和。由此，徐高两人之间的嫌隙暴露于光天化日之下，愈演愈烈。一天，内阁成员会餐，高拱突然对徐阶发问：我经常半夜不寐，多次按剑而起——你在先帝时，带头写青词以求媚，皇上晏驾，就一夕变脸；如今交结言路，全力驱逐藩邸心腹之臣，为什么？徐阶惊愕语塞，良久才回应道：你错了，言

◥ 郭朴，河南安阳人，嘉靖十四年进士。选庶吉士，历官礼部右侍郎、吏部尚书等职，嘉靖四十五年入阁，与李春芳、严讷、袁炜被称为“青词宰相”。因与高拱为同乡，关系颇密。隆庆元年致仕。

1 张岱《高拱列传》,《石匮书》卷一百六十五。

2 王世贞《徐高之郄》,《弇州史料后集》卷三十三《国朝丛记三》。

路口舌很多，我哪里能够一一交结，又怎么能够指使他们来攻击你？而且我能交结言路，你就不能交结？我并非违背先帝，而是想为先帝收拾人心，使恩惠由先帝发出——你说我带头为先帝写青词，归罪于我，难道你忘记了当初在礼部的事情？先帝写了密札问我：高拱愿意效力斋醮事宜，可许否？这份密札还在我手上。这一席话说得高拱面红耳赤，张口结舌。李春芳出面打圆场，拉着高拱向徐阶谢罪。两人撕破了面皮，都向皇帝引罪，坚卧不出，皇帝只得再三挽留。[1]

◤ 杨博，山西蒲州人，嘉靖八年进士。历官兵部右、左侍郎，兵部尚书，吏部尚书加少师兼太子太师等职，以善兵事著称，深得嘉靖帝倚重。万历元年因病致仕归乡。

◤ 胡应嘉，淮安沭阳人，嘉靖三十五年进士。历任吏科给事中、都给事中等职，不畏权势，多次弹劾官员劣迹。曾弹劾大学士高拱庇护乡里、执法不公、为臣不忠等罪状，为高拱所嫉恨。

隆庆元年（1567）正月，新任吏部尚书杨博主持京官的考察工作，罢黜了言官郑钦、胡维新，而杨博的山西同乡都不在罢黜之列。吏科都给事中胡应嘉弹劾杨博“挟私愤”“庇乡里”，为郑钦、胡维新鸣不平。高拱因胡应嘉曾经弹劾他“不忠”，乘机报复，说胡应嘉作为吏科都给事中，辅佐吏部考察京官，公然批评考察工作，显然自相牴牾，应该处以重罪。皇帝把胡应嘉交由内阁议处，高拱一脸怒气，以为应该严惩。徐阶主张宽容，为了避嫌，不敢力争。郭朴奋然说：胡应嘉无人臣礼，应当革职为民。于是内阁就按照郭朴意见拟旨“斥为民”。此举引来言官们极大的不满，谴责高拱“以私怨

1　张岱《高拱列传》，《石匮书》卷一百六十五。

逐应嘉”，一时间舆论哗然。兵科给事中欧阳一敬上疏，说高拱奸险无异于蔡京，声称胡应嘉的奏疏他事先与闻，罢黜胡应嘉不如罢黜自己。给事中辛自修、御史陈联芳也上疏力争，为胡应嘉求情。徐阶拟旨，胡应嘉降调为建宁县推官。言官们还不解气，不断攻击高拱。高拱要求把一两个带头的言官抓起来，实施“廷杖”酷刑，徐阶不同意。高拱在内阁中当面斥责徐阶，徐阶从容不迫为之辩证，使得高拱理屈词穷。高拱仍不罢休，写了语气粗鲁的奏疏，攻击徐阶“专权蠹国”，诬蔑徐阶曾反对以裕王为皇储，还附带指责李春芳“声势相倚”。他自己不出面，由他的门生御史齐康署名，弹劾徐阶。[1]言官们认为齐康受高拱指使，群集朝门外，对他责骂唾弃。尤其值得注意的是，时任大理寺丞的海瑞也公开支持徐阶，谴责高拱、齐康，他说：“(徐)阶自执政以来，忧勤国事，休休有容，有足多者。而(齐)康乃甘心鹰犬，搏噬善类，其罪又浮于(高)拱。”又说：“徐阶在先帝朝不可不谓之容悦之臣，其在今日不可不谓社稷之臣。”[2]皇帝采纳了海瑞的意见，谴责齐康“妄言”，把他降二级外调。

舆论依然汹涌，言官们弹劾高拱无虚日，送到皇帝御案上的奏疏堆积如山，有几十份之多。在强大的舆论压力下，高拱无可奈何“引疾乞归”，得到皇帝批准，黯然离去。郭朴因与高拱关系密切，

1 王世贞《徐高之郄》，《弇州史料后集》卷三十三。张岱《高拱列传》，《石匮书》卷一百六十五。

2 沈越《皇明嘉隆闻见纪》卷十二，隆庆元年五月。张岱《徐阶列传》，《石匮书》卷一百四十八。

惴惴不安，也“引疾乞归”。

隆庆二年（1568）七月，徐阶由于遭到兵科给事中张齐弹劾，心灰意冷，萌生去意，一而再再而三地向皇帝乞休，皇帝一再挽留不成，终于批准他致仕，以高于当年杨廷和的优厚待遇荣休，终于离开了这个是非之地。

令人奇怪的是，在徐阶与高拱互相倾轧之时，张居正选择了中立、沉默，没有像海瑞那样挺身而出为“师相”讲几句好话。为此他感到内心有愧，给乡居的“师相”写信请罪：“捧读台翰，涕泗交零，以不肖之浅薄，猥辱老师甄陶引拔，致有今日，恩重于丘山，报微于毫末。元年之事，选懦中立，不能昌言以树正帜，一罪也。及谗言外哄，中人内搆，不能剖心以明老师之诚节，二罪也。”[1]这一席话，清楚地表明在隆庆元年徐高二人互相攻击时，他懦弱地选择了中立，没有旗帜鲜明地站在徐阶一边，也没有对各种谗言进行反击，更没有对高拱予以批判。这究竟是为什么呢？张居正为自己预留了后步，他预判皇帝会敦请高拱再度出山。事实上正是他促成了此事。他对内阁的李春芳、赵贞吉充满了失望与不满，暗中和司礼监太监李芳等人密谋策划，鼓动皇帝重新召用高拱入阁，并且兼任吏部尚书，来遏制赵贞吉，削夺李春芳的权力。

徐阶虽然荣休回乡，却难以优游林下，怡然自

1 张居正《答上师相徐存斋》，《新刻张太岳先生文集》卷三十四。

得。隆庆三年（1569）十二月，皇帝召回了高拱，以内阁大学士兼任吏部尚书。高拱大权在握，首先想到的是打击报复徐阶。张居正也想到了这一点，在给朋友的信中多次提及。一则对徐阶的家人说，高拱不至于如此："中玄（高拱）再相，未及下车，区区即以忘怨布公之说告之。幸此翁雅相敬信，近来举动甚惬舆情。区区在位一日，当为善类保全一日。"[1] 再则对主管松江地区政务的应天巡抚说，请他出面慰藉徐阶："存斋老先生以故相家居，近闻中翁（高拱）再相，意颇不安，愿公一慰藉之。"[2]

▼ 赵贞吉，四川内江人，嘉靖十四年进士。选庶吉士，授翰林院编修。历任户部右侍郎、礼部左侍郎兼翰林院学士，充经筵日讲官。隆庆三年以礼部尚书兼文渊阁大学士入参机务，四年因与首辅高拱不协，上疏乞归。

高拱自己也写信给徐阶，信誓旦旦，捐弃前嫌，决不报复。信中写道："仆不肖，昔在馆阁，不能奉顺公（指徐阶）意，遂至参商，狼藉以去。暨公谢政，仆乃召还。佥谓必且报复也。而仆实无纤芥介怀，遂明示天下以不敢报复之意。天下之人固亦有谅之者，然人情难测，各有攸存。或怨公者，则欲仆阴为报复之术；或怨仆者，则假仆不忘报复之名。或欲收功于仆，则云将甘心于公；或欲收功于公，则云有所调停于仆。然而皆非也，仆之意盖未得甚明也。古云无征不信，比者地方官奏公家不法事，仆则恻然谓公以元辅居家，岂宜遂有此也！且

1　张居正《答囧卿徐敬吾》，《新刻张太岳先生文集》卷三十四。
2　张居正《答应天巡抚朱东园》，《新刻张太岳先生文集》卷三十四。

兔死狐悲，不无伤类之痛，会其中有于法未合者，仆遂力驳其事，悉从开释，亦既行之矣，则仆不敢报复之意，亦既有征可取信于天下矣。盖虽未敢废朝廷之法以德报怨，实未敢借朝廷之法以怨报怨也……今以后，愿与公分弃前恶，复修旧好，毋使借口者再得以鼓弄其间，则不惟彼此之幸，实国家之幸、缙绅大夫之大幸也。丈夫一言，之死不易，皇天后土，所共鉴临，惟公亮之不宣。"[1] 口口声声"决不报复""不敢报复"，表示要和徐阶"分弃前恶，复修旧好"，而且发誓"丈夫一言，之死不易，皇天后土，所共鉴临"。其实是在释放烟雾，暗地里指使地方官以"横行乡里"的罪名，把徐阶的三个儿子逮捕入狱，把徐家数万亩田产充公。难道是"修复旧好"？

这使得张居正陷入尴尬境地，他声称要"为善类保全一日"，并且关照地方官"慰藉"徐阶，如今出现这样的状况，他依然不相信出于高拱的指使。在给蔡国熙的信中如是说："乃近闻之道路云，存翁相公（徐阶）家居，三子皆被重逮，且云吴中上司揣知中玄相公（高拱）有憾于徐，故为之甘心焉。此非义所宜出也。夫古人敌惠敌怨，不及其子，中玄公光明正大，宅心平恕，仆素所深谅，即有怨于

◤ 蔡国熙，北直隶广平人，嘉靖三十八年进士。任苏州知府时主审徐阶之子徐璠案件。

1　吴履震《高拱与徐存翁书》，《五茸志逸》卷三。陈继儒《见闻录》卷六。

人，可一言立解，且中玄公曾有手书奉公，乃其由衷之语，必不藏怒蓄恨，而过为已甚之事者也。且存翁以故相终老，未有显过闻于天下，而使其子皆骈首就逮……”[1]其实蔡国熙是策划其事的主要人物，松江人李延昰揭露了实情，蔡国熙原本是徐阶门生，为了讨好高拱，仰承他的旨意，下此辣手。李延昰说："方新郑（高拱）之入也，对士夫曰：'华亭（徐阶）于我有旧恩，后小相失，不足为怨。'及柄用久，情志稍露，门下士各务效奇博宠。广平蔡国熙者，故华亭门下士也，且以讲学事华亭。至是，请行抵吴郡邑，刺华亭苍头不法，文致其三子，皆论戍边。三子者，一为太常，二为尚宝。华亭子孙牵衣号泣，华亭曰：'吾方逃死，安能相活耶？'即跳杭之西湖避之。平湖陆五台亦华亭门人，皆号为入室，因往为华亭求解，冀以门情故谊动之，而终不可得。"[2]蔡国熙一手策划此事，平湖人陆光祖以同门的身份，请求蔡国熙看在"门情故谊"份上，从宽发落，遭到拒绝。

事情总算有了一点转机，高拱迫于舆论压力，把这个案子暂时搁置下来。其中的缘由，请看张岱的记载："（徐）阶从困中上书（高）拱，其辞哀，拱心动，居正亦婉曲为解。蔡国熙所具狱，戍其长子璠、次子琨、瑛，其少子瑛，家人之坐戍者，复十余人，没其田六万亩于官。御史闻之朝，拱拟旨谓

1 张居正《答松江兵宪蔡春台（讳国熙）》，《新刻张太岳先生文集》卷三十四。

2 李延昰《南吴旧话录》卷下《徐华亭》。

太重，令改谳。（蔡）国熙闻而色变曰：彼卖我，使我任怨而自为恩。”[1]从蔡国熙所说“彼卖我”一句，足以证实高拱幕后指使的勾当。所以李延昰说：“华亭（徐阶）受谤，无所不至”，“新郑（高拱）不免以怨报德”。[2]高拱以怨报德，手段毒辣，正如王世贞所说：“诋媒翕訿，顷刻万状”，“而爪牙吏横出，为郡邑守令，至号召奸黠创狱以拟，太常君兄弟（指徐阶之子）几不免”[3]。

不过，高拱的“改谳”没有来得及，他就被张居正、冯保联手打倒。在张居正关照下，徐阶儿子得以昭雪，长子、次子官复原职，徐氏家族逃过一劫，徐阶终于可以颐养天年。他八十寿诞之际，张居正向万历皇帝进言：“（徐）阶辅相世庙，承严嵩之后，矫枉以正，澄浊为清，一时朝政修明，海内治安……今八十，宜有优典。”皇帝接受这一请求，派遣使臣前往松江存问，赏赐白金蟒币，任命少子为中书舍人。徐阶每每告诫儿子：“无兢之地，可以远忌；无恩之身，可以远谤。”[4]可谓久经政治风波之后的经验之谈。

1 张岱《高拱列传》，《石匮书》卷一百六十五。

2 李延昰《南吴旧话录》卷下《徐华亭》。

3 王世贞《徐文贞公状略》，《弇州史料后集》卷九。

4 张岱《徐阶列传》，《石匮书》卷一百四十八。

3.“期于周召夹辅之谊”

张居正与高拱的关系一向很好，尊称他为“师相”。隆庆五年高拱六十大寿，张居正写了两份祝寿词。一份以翰林名义的祝寿词写道："今少师高公起家词林，已隐然有公辅之望，公亦以平治天下为己责。尝与余言，大臣柄国之政，譬之提衡，与之轻重，与之低昂，而已无与焉。在皇极之畴曰无偏颇，无作好恶，无偏党反侧，而后人无有比德，民无有淫朋，是谓平章军国之理。余深味其言，书之座右，用以自镜。其后与公同典胄监，校书天禄，及相继登政府，则见公虚怀夷气，开诚布公，有所举措，不我贤愚，一因其人有所可否，不我是非，一准于理；有所彰瘅，不我爱憎，一裁以法；有所罢行，不我张弛，一因于时。无兢兢以贬名，无屑屑以远嫌。身为国相，兼总铨务，二年于兹，其所察举汰黜，不啻数千百人矣，然皆询之师言，协于公议。即贤耶，虽仇必举，亦不以其尝有德于己焉，而嫌于酬之也。即不肖耶，虽亲必斥，亦不以其尝有恶于己而嫌于恶之也。少有差失，改不旋踵，一言当心，应若响答。盖公向之所言，无一不售者，公信可谓平格之臣已。"[1]称赞高拱为政"开诚布公"，"一准于理"，"一裁以法"，"一因于时"。

另一份以个人名义的祝寿词对高拱的政绩讲得更加具体："今少师中玄高公相肃皇帝及今天子有年矣。入则陈王道之闳，启乃心纳乎圣听；出则兼冢宰之重，鸠众材庀乎主职。……虏从庚子（嘉靖十九年）以来，岁为边患，一旦震惧于天子之威灵，执

1 张居正《翰林为师相高公六十寿序》，《新刻张太岳先生文集》卷七。

我叛人，款关求贡，中外相顾，骇愕莫敢发，公独决策，纳其贡献，许为外臣。虏遂感悦，益远徙不敢盗边，所省大司农刍粟以巨万计。曹沛淮徐间数苦河决，公建请遣使者按视胶莱，河渠修复，海运故道又更置督漕诸吏，申饬法令，会河亦安流，舳舻啣尾而至，国储用足。是时方内乂安，四夷向风，天下翕然称治平矣……即余驽下，幸从公后，参预国政，五年于兹，公每降心相从，宫府之事，悉以咨之，期于周召夹辅之谊，以奖王室，此神明所知也。"[1]

其中不免有次辅对首辅的恭维之词，但也并非无根之谈。两人长期相处，了解至深，大多是由衷的赞扬。其中最重要的是末尾一段话，张居正跟随高拱五年，虚心学习处理宫廷与政府事宜的经验，相期以周公、召公辅佐周天子为楷模，重铸天朝辉煌。

◤王世贞，苏州太仓人，嘉靖二十六年进士。官刑部主事时，杨继盛下狱，时进汤药，又代其妻草疏；杨继盛死，复棺殓之，严嵩大恨。后累官南京刑部尚书，移疾归，卒年六十五。

王世贞对高拱有这样的评价："(高)拱为人有才气，英锐勃发，议论蜂起。而性迫急，不能容物，又不能藏蓄需忍，有所忤，触之立碎。每张目怒视，恶声继之，即左右皆为之辟易。既渐得志，则婴视百辟，朝登暮削，唯意之师，无敢有抗者。"[2]

---

1 张居正《门生为师相中玄高公六十寿序》，《新刻张太岳先生文集》卷七。

2 王世贞《嘉靖以来首辅传》卷六《高拱传》。

对高拱个性的描摹刻画可谓入木三分，栩栩如生。但是，他说“拱刚愎强忮，幸其早败，虽有小才，乌足道哉”[1]，未免过于武断，过于轻描淡写。

高拱颇有政治眼光，精明干练，敢作敢当，和张居正的性格颇为相近，互相之间也颇为欣赏。朱载垕封为裕王之后，高拱就进入裕王府邸，成为裕王的侍讲官，深受裕王信赖。张居正成为裕王侍讲官以后，和高拱有了同事关系。高拱以太常寺卿兼任国子监祭酒，张居正是国子监司业，成为高拱的副手。张居正比高拱小十几岁，资历也浅得多，以下级对待上级、晚辈对待前辈的姿态，希望得到高拱的提携。两人都对当时朝政的颓靡腐败深表不满，希望有所整顿，有所改革，在这一点上两人是有共同语言的。

从隆庆三年（1569）十二月第二次入阁，到隆庆六年（1572）六月下台，高拱掌权达两年半时间，已经展示出骄人的政治业绩。例如与北方的蒙古达成“隆庆和议”，也就是张居正所说的“公独决策纳其贡献，许为外臣，虏遂感悦，益远徙不敢盗边，所省大司农刍粟以巨万计”。又如开凿山东新河，也就是张居正所说的“胶莱河渠修复”，“河亦安流，舳舻啣尾而至，国储用足”，如此等等，很难用“无足道哉”一笔抹煞。

王世贞对高拱以内阁首辅兼任吏部尚书颇有非

1 王世贞《嘉靖以来首辅传》卷六《高拱传》。

议，他说："故事，居内阁者不当出理部事，理部事不当复与阁务。拱称掌，不言兼，当为部臣矣。"[1]为了使自己不过分突兀，怂恿阁僚赵贞吉兼掌都察院，任左都御史。王世贞说："拱绾绶历年两司内外考察，至居首揆，尚握铨柄，出而启事，入而条旨，尤为异闻。"[2]从中可以看到高拱的权势欲，但也可以看到他企图凭借权势大力整顿的愿望。他的整顿，首先从吏治入手，先后撰写《论考察》《再论考察》，详细论述先前有关"考察"的弊端，以及今后的改进措施。

高拱在《论考察》中提及官员考察的弊端：其一是，不照规章制度办事，照理京官三年考察一次，每次三轮考察，之后才谈得上升级或降级，但是有不到三年而升官的，又有升官不满三年又升、再升的，四五任都没有考察一次，哪里谈得上"三考"！其二是，地方官六年考察一次，但是，以六年之官而由二三人考察，又以二三日来考核六年之事，哪里能够得到善恶之真？其三是，每次考察所淘汰的名额是固定的，天下岂有六年之间不肖者皆有定数！考察原本为了淘汰不肖者，如果不肖者多，不妨全部淘汰；如果没有不肖者，不妨全部保留。其四是，考察之时，不肖者造谣生事，煽风点火，陷害好人。被淘汰者不需答辩，言官纠劾不公，遂使权奸乘机忮害。为此他主张，今后官员淘

1 王世贞《嘉靖以来首辅传》卷六《高拱传》。

2 王世贞《弇州史料后集》卷四十八《异典述二》。

汰之事，令吏部考功司、都察院河南道在三、六、九年考满之时进行，比较合理。原因是“考察”简略而“考满”详细，“考察”暧昧而“考满”明白。他主张把以前的考察标准“略”“粗”“暧昧”“匆剧”，改变为考满标准“详”“精”“明白”“从容”。考察也不可无，但不必定在六年，偶一为之，去其太甚者数人以示惩戒。如果有被害亏枉者，许人申诉，审查核实后予以昭雪，以期小人不得施其溷，蜚语不得遂其谗，奸人不得终其毒。[1]

在《再论考察》中，对于在京五品以下文职官员，以及在外布政司、按察司官员的考察，有所谓“八法”（即八项标准）——一贪；二酷；三不谨；四疲软，冠带闲住；五老；六疾，致仕；七才力不及；八浮躁浅陋，降调外任——都有细致规定，但是具体执行者往往含糊其词，暧昧不明。比如说“贪”，不列举贪污的具体情况，徒有其名目，没有列举事实，难以压服人心，原因就在于察访不确，所知不真，不但含糊其词，而且以无作有，以轻作重。所以他主张，今后在考察时，吏部、都察院务必核名实，如说某官贪，必须列举贪污事实。其余皆然，一概明指直言。[2]

有关官员考察，他还有一系列具体规定，例如官员赴任或回籍，有严格的时限：“将见任者的限文到三月以里，回籍者的限文到半年以里，俱要依

1 高拱《论考察》,《高文襄公集》卷二十九。

2 高拱《再论考察》,《高文襄公集》卷三十一。

期问结回奏。过限不到，听本部该科参降，并容臣等通将以前提勘未报各抚按查催，分别罚处。”[1]再如官员调动，务必到任支俸，并以到任支俸之日起始，计算考满日期：“京官以命下之日为始者，谓其身未出京原无旷日云尔。若乃自内而外，如部院之为督抚；自外而内，如督抚之回部院。自此而彼，如某督抚升调某处督抚，虽皆系京官，然必到任支俸，乃作实历，非谓命下之日即实历之日也。近来法纪渐废，朦胧弊多，遂有命下为始之说，不必到任支俸，皆作正日而计以考满者，非唯以虚为实，事属欺罔……以后或自内而外，或自外而内，或自此而彼，俱以到任支俸之日为始，总计考满，其在途在家日月，不许一概朦胧扣算。”[2]

日本学者樱井俊郎认为，高拱是和张居正一样的铁腕首辅，都力图以法治国，以法治吏，在革新吏治方面都引入了强化管理的制度化手段，因此，从高拱的考课法到张居正的考成法，有着内在的有机联系。在嘉靖到万历初的历史转变时期，独断专行型的首辅政治是必要的，在共同的时代背景之下，他们两者之间的连续性是不言自明的。[3]这是很有意思的政治现象。从徐阶到高拱，从高拱到张居正，都为了最高权力而互相倾轧，正如张岱所说：“新郑（高拱）狠躁自用，屡中奇祸，亦是其性气使然。而华亭（徐阶）一言不协，用成仇隙，两虎相

1 高拱《申饬朝觐考察重典以励庶官疏》，《高文襄公集》卷十四。

2 高拱《申明京官考满事例以一法守疏》，《高文襄公集》卷九。

3 樱井俊郎《隆庆时代的内阁政治——以高拱的考课政策为中心》，载小野和子编《明末清初的社会和文化》，京都大学人文科学研究所，1996年，第27—59页。

争，遂无已时。乃新郑再正揆席，鱼肉华亭，政用自快，而又岂知江陵（张居正）之议其后乎！”[1]然而作为政治家，他们的形势判断，以及政策取向，竟然惊人的一致，因此从嘉靖末年到万历初年，政策的连续性始终没有被打断。高拱无情地打击报复徐阶，却继承了他的整顿吏治政策；张居正无情地打倒高拱，却继承了他的考课政策。对于张居正而言，徐、高两人都是他尊重的“师相”。

三　顾命大臣内讧：张居正、冯保与高拱斗法

1. 高拱、张居正由合作到分裂

隆庆五年（1571）五月，李春芳致仕，高拱升任内阁首辅。十一月殷士儋致仕，内阁中剩下了高拱、张居正二人（这种状况一直维持到隆庆六年四月高仪入阁）。高、张二人的行事风格类似，权力欲望极强，都喜欢大权独揽。所谓“一山难容二虎”，两人的关系由此从合作走向分裂。

张居正是内阁次辅，又是后辈，欲与高拱较量，显然处于劣势。为了弥补这种劣势，他结交势头日甚的司礼监太监冯保。高拱一向精明强干，对于张居正与冯保的关系，早有所知。他晚年所写的

1 张岱《高拱传》，《石匮书》卷一百六十五。

回忆录，这样回顾往事："荆人（张居正）卖众，别走路径，专交通内臣，阴行事于内。而司礼太监冯保者，狡黠阴狠，敢于为恶而不顾者也。荆人倾身结之，拜为兄弟，谄事无所不至。（冯）保有慧仆徐爵，极所信任，即阴事无不与谋。荆人深结之，每招致于家，引入书房，共桌而食，啖以重利。唯其所为皆倾意为之成就。（徐）爵深德之，为之斡旋于内，益固其交。于是，三人者遂成一人，而（徐）爵无日不在荆人所，喘息相通。荆人每有意指，即捏旨付（冯）保，从中批出，以为出自上意，而荆人袖手旁观，佯为不知。此事已久，予甚患之，而莫可奈何。"[1]

如果说高拱是当事人，他的回忆录可能掺杂一些情绪，未必客观，那么申时行作为一个旁观者，谈到高、张二人由合作到分裂，或许比较客观："始，新郑（高拱）再起，与江陵（张居正）比，事无巨细必相与商榷，江陵有所荐引，无不如志。而新郑之门生幕客，殷勤杯酒间以私干请者，皆不得入，则思所以间之。一日，新郑问诸门生：'外间云何？'皆对曰：'师虽秉铨部，实江陵为政，江陵所荐拔皆引为己功，外人知江陵不知师也。'新郑乃渐疏江陵，事皆专决，不复有所咨问。而江陵亦自疑。诸为间者，益复以蜚语相煽，两家遂为水火。辛未（隆庆四年）今上在东宫，议以明春出阁讲学，时

1 高拱《高文襄公集》卷四十三《病榻遗言·矛盾原由上》。

余（申时行）与王少保元驭为左右中允，新郑皆题升谕德，以余为穆宗日讲官，而元驭掌南院，去东宫讲读，校书悉以门生充补。江陵数举以语人曰：‘两中允见为宫僚不用，而用其私人者何也？’新郑为之愧悔，而恨江陵益深。然新郑方操权据位，所为耳目爪牙，用者率非端人，故时望咸属江陵。两家客百方居间，终莫能解也。”[1]

张岱为张居正立传，谈及高拱报复徐阶，张居正从中缓解，提供了一个细节：高拱的门客挑唆，说张居正收了徐阶儿子三万两银子贿赂。高拱怀恨在心，一日谈及居正多子，调侃道：造物不均，为何你独多子呢？张居正大叹苦经：多子多累，颇为衣食担忧。高拱忽然正色说：你有徐氏三万两银子，何忧衣食？张居正脸色大变，对天发誓，绝无此事。高拱语气缓和道：这是外人说的，我哪里知道。谈完这一细节，张岱写道：“以故两自疑，而（高）拱之客谓间可乘也，日稍稍以居正过闻（高）拱。都给事中宋之韩具疏且论居正，草成，居正知之，走见拱，盛气言曰：‘公不念香火盟，忍逐我耶？’拱错愕出不意曰：‘谁敢论公者？’居正曰：‘公之门人宋之韩已具草矣。’拱曰：‘亟呼而止之。’居正曰：‘公发之，安能止之？’拱曰：‘请出之外，以明我心。’”次日清晨高拱来到吏部，把宋之韩调到外省去当参政，平息此事，从此高拱“疑居正益甚”。[2]

1 申时行《赐闲堂集》卷四十《杂记》。

2 张岱《张居正列传》，《石匮书》卷一百六十六。

高拱为了约束张居正，向皇帝请求内阁添人。张居正拟旨交付冯保，以皇帝名义批出：二人同心辅政，不必添人。高拱感到进退两难：一方面，朝中大臣都以为皇上充分信任内阁辅臣高、张二人，不必添员，足可胜任；另一方面，张与冯在算计自己，自己一旦遭到弹劾，就要回避，独剩张居正一人，便可与冯保内外为计，置自己于死地。[1]

隆庆六年（1572）三月初，皇太子朱翊钧出阁就学。按照以前的旧制，阁臣只看视三天，以后就不再看视。高拱以为皇太子年幼，讲官又是新手，不在旁边有点于心不安，建议阁臣“五日一叩讲筵看视”。不料冯保在旁与高拱唱反调：“东宫幼小，还着阁臣每日轮流一员看视才好。”穆宗皇帝以为言之有理，表示同意，冯保便将“着阁臣每日轮流一员看视才好”的圣旨传出。高拱原本想讨好皇帝，反而落得个疏慢的嫌疑。而且，阁臣每日轮流到文华殿关注皇太子学习，为张居正与冯保交流提供了机会。高拱后来回忆道：凡是轮到张居正“看视”皇太子讲学的日子，冯保必定到文华殿东小房，两人屏退左右，秘密交谈，直到皇太子讲学完毕，方才分手。[2]

高拱、张居正分裂的标志性事件，是户科给事中曹大埜（字仲平，号荔溪，四川巴县人）弹劾高拱。三月下旬张居正的幕僚曾省吾（字三省，号确庵，湖广钟祥人）

1 高拱《高文襄公集》卷四十三《病榻遗言·矛盾原由上》。

2 高拱《高文襄公集》卷四十三《病榻遗言·矛盾原由上》。

向门生曹大埜授意，皇上病重，不省人事，凡事都由冯太监主行，而冯太监与张相公实为一人，你此时弹劾高阁老，必定成功。张相公一旦秉政，一定大力提拔你。[1]曹大埜心领神会，立即上疏弹劾大学士高拱“大不忠十事”：

◥ 曹大埜，四川巴县人，隆庆二年进士。擢户科给事中。隆庆六年参劾高拱十大罪，被贬乾州判官。万历年间，累迁右副都御史，巡抚江西，以贪劾免。

——陛下身体违和，群臣寝食不宁，唯独高拱谈笑自若，还到姻亲刑部侍郎曹金家饮酒作乐；

——东宫皇太子出阁讲读，应当每日近侍左右，高拱只欲三八日叩头而出，是敢于自尊，无人臣礼；

——自从高拱复出，即以复仇为事，凡是昔日直言高拱过错的官员，如岑用宾等二三十人，一概罢黜，善类一空；

——高拱掌管吏部以来，越级提拔的都是亲信门生，如儿女亲家曹金，由副使超升至刑部侍郎；如亲爱门生韩楫，由给事中超升为右通政使；

——科道官（给事中、御史）是陛下耳目，高拱为了蔽塞言路，每次选授科道官，必先在吏部训诫，不许擅言大臣过失；

——科道官多是高拱心腹，对于高拱的罪恶皆隐讳不言，只知有高拱，不知有陛下；

——昔日严嵩只是总理阁务，如今高拱兼掌吏

1 高拱《高文襄公集》卷四十三《病榻遗言·矛盾原由上》。

部，官员的用舍予夺，都在他掌握之中，权重于严嵩，专权放恣；

——高拱亲开贿赂之门，接受副使董文寀贿赂，提升为河南参政；接受侍郎张四维贿赂，即授予东宫侍班，招权纳贿，赃迹大露；

——沈炼弹劾严嵩，流放保安，受杨顺、路楷诬陷而死，人人切齿，高拱接受路楷贿赂，为之强辩脱罪；

——给事中吴时来在先朝弹劾严嵩，所谓忠臣，高拱因私仇，借一小事罢黜。大学士徐阶受先帝顾命，所谓元老，高拱以私恨，多方陷害，必欲置之死地。[1]

曹大埜所说的"大不忠十事"，并非不实之词，但这一奏疏上的不是时候。穆宗皇帝对高拱正有所依赖，视为股肱，加之重病缠身，心情不畅，看了奏疏立刻大怒，下旨处治曹大埜。司礼监太监冯保不得不按皇上意思拟旨："曹大埜这厮，排陷辅臣，着降调外任。"拟旨后，赶紧征求张居正意见。张居正稍作修改，抹去"这厮排陷辅臣"及"降"字，改成"曹大埜妄言，调外任"，缓和了语气。张居正和曹大埜的关系，由此露出了一些蛛丝马迹。朱国祯说，曹大埜是曾省吾的门生，曾省吾则是张居正同乡中"最相厚者"。[2]或许可以这样说，曾省吾指使曹大埜弹劾高拱，其实仰承张居正

1 吴瑞登《两朝宪章录》卷二十，隆庆六年三月己酉。朱国祯《皇明大事记》卷三十八《阁臣》。

2 朱国祯《皇明大事记》卷三十八《阁臣》。

之意。

高拱受到曹大埜弹劾，料定后面有人指使，立即反击。一手是，撂乌纱帽，向皇帝“乞休”，引来兵部尚书杨博、给事中雒遵、御史唐炼等人的奏疏，请求皇帝挽留，造成声势。另一手是，策动言官攻击曹大埜，矛头直指张居正。御史张集的奏疏含沙射影地指向张居正，其中写道：“昔赵高杀李斯而贻秦祸甚烈。又先帝时，严嵩纳天下之贿，厚结中官为心腹，俾彰己之忠，而媒蘖夏言之傲，遂使夏言受诛，而己独蒙眷，中外蒙蔽离间者二十余年。而后事发，则天下困穷已甚。”[1]

张居正看了张集的奏疏，顿时脸红气急，良久，大声喊道：“这御史如何比皇上为秦二世？”冯保密切配合，派太监到内阁传话：“万岁爷爷说：张集如何比我为秦二世！”同时在朝廷上公开扬言：“上怒，本（指张集奏疏）在御前，意叵测，将欲廷杖为民矣。”“廷杖时，我便问他：今日谁是赵高？”[2]

这些消息不胫而走，张集早已吓得魂不附体，每日在朝房等候逮捕，以为必遭廷杖，便买了蚺蛇胆、棺木，吩咐家人准备后事。张居正的门客见状，询问道：“这事如何了？”张居正轻描淡写地说：“再困他几日，使他尝此滋味。”虽然冯保

1 高拱《高文襄公集》卷四十三《病榻遗言·矛盾原由上》。

2 高拱《高文襄公集》卷四十三《病榻遗言·矛盾原由上》。

已将张集奏疏扣下，但它的抄本早已流传各衙门，联系到曹大埜事件，不少言官都攘臂切齿要弹劾张居正。郎中王篆对张居正说："张集事一日不了，则添一日说话。见今人情如此，而尚可激之乎？"张居正当即派王篆到朝房对张集说，张相公致意，奏疏已不下，无事了，你回家吧。剑拔弩张的形势一下子缓和了。

高拱也不想把事情闹大，就在朝房约见科道官，劝他们以君父为重，不必再提此事。既然高拱态度趋向和解，张居正也顺势下台阶，专程赶赴高府致歉。两人的对话，高拱显得理直气壮，张居正则小心翼翼。

高拱问："公何言？"

张居正嗫嚅再三，说："曹大埜事，谓我不与知，亦不敢如此说。今事已如此，愿公赦吾之罪。"

高拱举手指天说："天地、鬼神、祖宗、先帝之灵在上，我平日如何厚公，公今日乃如此，如何负心如此？"

张居正说："以此责我，我将何辞？但愿公赦吾之罪，吾必痛自惩改，若再敢负心，吾有七子，当一日而死。"

高拱乘机问道："昨姚旷封送秘帖与冯保，不图吾见之。问之，则曰遗诏耳。我当国，事当我行，公奈何瞒我而自送遗诏与（冯）保乎？且封帖厚且半寸，皆何所言？安知非谋我之事乎？"

张居正低头说："公以此责我，我何地自容？今但愿赦罪，容改过耳。"

高拱见张居正诚心诚意悔过，就不再追究，淡然地说："公不须困心，兹科道啧啧有言，吾已托四科官遍告，力止之矣。”[1]

一场风波就此暂时平息。事实表明，张居正信誓旦旦地对高拱说“若再敢负心，吾有七子，当一日而死”，不过说说而已，后来他两次“负心”，他的七个儿子也没有一日而死。把政治家的发誓当一回事，未免过于天真。

穆宗皇帝死后，冯保与张居正的交往越发频繁，或遣使往来，或秘帖相传，一日数次，旁若无人。高拱不能容忍大权旁落，决定拿冯保开刀。他多次向刚刚即位的小皇帝请求，今后凡有内降命令、府部章奏，都应公听并观，博咨详核，一切必须自己决断。[2]意图显而易见，要扩大内阁的权力，遏制司礼监太监的权力，不让冯保过多干预朝政。唯恐他凭借大内总管的权力，疏通皇后、贵妃门路，局面难以收拾，决定先下手为强。

高拱想争取阁僚高仪的支持，对他说，现在新主年幼，冯、张二人所作所为，必成社稷之忧。要想去掉这二人，有碍于先帝之托。委而不顾，不忠；依违取容，则有负于先帝之托，更不忠。怎么办呢？

高仪（字子象，号南宇，浙江杭州人），隆庆六年（1572）四月以礼部尚书兼文渊阁大学士，入阁办事，人微言轻，不愿意卷入这场政治赌博，面对高拱的问话，顾左右而言他：天道六十年一周，正德初年

1 高拱《高文襄公集》卷四十三《病榻遗言·矛盾原由上》。

2 文秉《定陵注略》卷一《逼逐新郑》。

(1506)，太监刘瑾弄权，其时内阁的刘健、谢迁被逐，而另一阁僚李东阳委曲求全，得以留用；六十年后的今日，事情相像，岂非天意！

高拱不以为然：我不是刘健（字希贤，号晦庵，河南洛阳人，弘治十一年接任首辅）。李东阳不过暗通刘瑾，还顾忌行迹。如今皇上才十岁，张居正阴狠更甚，交通冯保不顾行迹，我的一言一行都报告冯保。凡是他的谋划一概交付冯保实施，而冯保的所作所为都出自他的主意。明明是欺侮幼主，以为得计。如此，我怎么能治理国家？

高拱意在逼高仪表态，谨小慎微的高仪避免表态，只是反问：然则如何？

高拱只得和盘托出：日前接受顾命时，我已向先皇以死相许，不复有其身。我只根据正理正法而行，成功，是国家之福；不成功，为正理正法而死，犹可见先皇于地下。而且皇上登极后，即当行事，他们阴谋从中相左，与其争执费力，不如预先挑明。我准备在皇上登极之日，在奏疏中提出五项事宜，使君父做主，政有所归，既防止太监假传圣旨，又防止他们彼此串通。如果行得通，再提出致治保邦之策；如果行不通，那就任凭他们朋谋倾陷，死生不顾了。[1]

高拱在官场奋斗多年，虽有挫折，最终还是胜利，排斥了对手。他最不能容忍大权旁落，听任摆

1 高拱《高文襄公集》卷四十四《病榻遗言·矛盾原由下》。

布，倘若落到这一地步，还不如斗个鱼死网破。所以已经草拟了《陈五事疏》，准备新皇帝登极时，立即呈上，以突然袭击的方式，攻倒冯保，然后钳制张居正。对于近乎赌博的政治较量，高仪感到没有把握，不置可否地对高拱说：你说得对，确实是大丈夫的事，然而祸福难以预料，我不敢赞成，也不敢劝止。[1]他采取明哲保身的超然态度。

高拱自视甚高，对事情的复杂性估计过低。他决定《陈五事疏》采用阁臣联名的方式，确保一举成功。高仪已经打过招呼，当然还得征求张居正的意见。他派心腹韩楫（字伯通，号元川，山西蒲州人）把此事通报张居正："当与公立此不世功。"张居正当面一口答应，还佯笑道："小事耳，何足言不世功！"[2]等韩楫一走，立即派人通报冯保，早做准备，二人合力对付高拱。

六月初十日，高拱向小皇帝提出新政所急五事，奏疏的题目是《特陈紧切事宜以仰裨新政事》。这份奏疏很重要，《明史·高拱传》只写了一句话："拱以主上幼冲，惩中官专政，条请黜司礼，权还之内阁。"王世贞《嘉靖以来首辅传》也是一笔带过，但他说"大指使政归内阁而不旁落"，还是抓住了焦点。《明实录》虽然写了一个摘要，却大大冲淡了"惩中官专政"的微言大义。高拱自己写的《病榻遗言》，收录了全文，从中可以看到他的良苦

1 高拱《高文襄公集》卷四十四《病榻遗言·矛盾原由下》。

2 张岱《石匮书》卷二百八《宦者列传下·冯保》。高拱《高文襄公集》卷四十四《病榻遗言·矛盾原由下》。

用心。他所说的新政所急五事，大体如下：

——今后令司礼监每日将该衙门应奏事件，开一小揭帖，写明某件不该答，某件该答，某件该衙门知道，及是、知道了之类。皇上御门（上朝）时收拾袖中，待各官奏事，取出一览，照件亲答。至于临时裁决，如朝官数少，奏请查究，则答曰：着该衙门查点。其纠奏失仪者，重则锦衣卫拿了，次则法司提了问，轻则饶他，亦须亲答。

——命司礼监查复旧规，将内外一应章奏，尽数呈览，果系停当，然后发行。庶几下情得通，奸弊可弭，而皇上亦得以通晓天下之事。

——上朝之后，请皇上在文华殿接见阁臣，当面陈奏。此外若有紧要事情，容许阁臣不时请见。

——请求皇上，今后所有奏疏全部发给内阁，由阁臣票拟谕旨，如有不当，退回内阁改拟。如果有未经内阁票拟的奏疏，容许阁臣查明，方可施行。

——今后所有奏疏，径行发下，倘有未发者，容许原上疏之人再次上疏，请求皇上明旨。[1]

高拱表面上是以顾命大臣、内阁首辅的身份，辅导小皇帝如何处理朝政，连细节也一一交代清楚，而隐含于内的深层用意，就在于限制司礼监太监的权力，由内阁全权处理奏疏，票拟谕旨。平心而论，高拱的意见是无可争议的。正德年间，皇帝

1 高拱《高文襄公集》卷四十四《病榻遗言·矛盾原由下》。亦见《明神宗实录》卷二，隆庆六年六月丁卯。

把批答奏疏的权力交给了司礼监太监刘瑾，使他成为皇帝的代言人，当时人称刘瑾是“立地皇帝”。大臣们上朝时，坐在龙椅上的皇帝朱厚照，完全听凭站在身边的刘瑾吩咐。大臣们山呼万岁，跪地叩拜时，受礼的不仅是皇帝，还有刘瑾。因此京师盛传这样的政治谣言：“一个坐皇帝，一个立皇帝”，“一个朱皇帝，一个刘皇帝”。就这样，刘瑾有了“立地皇帝”的桂冠。高拱的本意是不想看到冯保成为第二个刘瑾，但是又不能明说，所以这份奏疏由高拱、张居正、高仪三名阁臣联名，带有顾命大臣按照先皇付托，悉心辅佐之意，并非专为冯保而发，可谓用心良苦。倘若得到皇帝批准，所有奏疏都由内阁处理，票拟谕旨的大权收归内阁，以后再发动言官弹劾冯保，由内阁票拟谕旨，予以罢黜，便水到渠成。

冯保毕竟不是等闲之辈，接到高拱的奏疏，并不转送内阁，而由他代皇帝拟旨：“知道了，遵祖制。”短短六个字，高拱一看便知，这是皇帝不予理会的委婉表达方式。[1]于是，他再上第二疏强调“本月初十日恭上紧切事宜五件”的重要性，指出“臣等第一条奏未发票，即未蒙明白允行，恐失人心之望”，“伏望皇上鉴察，发下臣等拟票”。冯保无奈，只得于第四天把高拱的奏疏发给内阁“拟票”。高拱随即在自己的奏疏上，草拟皇帝的批语：

1 吴伯与《高文襄公状略》，《内阁名臣事略》卷九。吴氏写道，高拱的奏疏呈进后，“（冯保）私念如此则事权悉归内阁，而司礼益轻，乃请上批云：照旧制行。公（指高拱）见之，夷然曰：‘安有十岁天子能裁决政事者乎？’”此话被冯保抓住，作为把柄，导致高拱下台。

“览卿等所奏，甚于时政有裨，具见忠荩，俱依议行。”[1]这就意味着，皇帝已经批准了“权还之内阁”的主张。

高拱以为时机已经成熟，便策动他的门生故吏弹劾冯保。他自恃与言官关系不错，招之即来，发动一场舆论攻势，迫使冯保下台是有把握的。

2. 冯保其人其事

冯保，号双林，真定府深州人。其人文化修养之高，在太监中可谓凤毛麟角。万历、天启年间的太监刘若愚对他有真切的了解，在《酌中志》中这样形容冯保：“冯保，号双林，笃好琴书，雅歌投壶，有儒者风。神庙（指神宗皇帝）曾赐牙章，曰‘光明正大’，曰‘尔惟盐梅，汝作舟楫’，曰‘鱼水相逢日，风云际会时’。凡冯（保）写大字匾联之类，即以前章或‘双林’及‘景仰前哲’诸图书印识之。”又说，神宗身边的太监孙海、客用之流，每天多以狗马拳棍引导皇帝习武，冯保则反其道而行之，引导皇帝习文，他所主持的司礼监，为皇帝刊刻了《启蒙集》《四书》《书经》《通鉴直解》《帝鉴图说》等书，“至今见之者每为咨嗟叹惜焉”。[2]

知书达理，喜爱琴棋书画，颇有儒者风度的太监，在明朝确实不多见。开国皇帝朱元璋深知历

1《明神宗实录》卷二，隆庆六年六月丁卯。

2 刘若愚《酌中志》卷五《三朝典礼之臣》。

朝宦官干政的弊端，内廷深宫之中又少不了这帮阉割过的奴才，既要使用又要加以制约，为此，他明令宦官不许读书识字，目的是防止他们干预朝政。他的子孙违背了这一“祖训”。燕王朱棣为了刺探朝廷的政治动向，收买建文帝身边的宦官，为他的“靖难之役”立下汗马功劳。待他登上皇帝宝座以后，特别重用宦官，派他们出使、专征、监军，设立由宦官掌控的特务机构——东厂，刺探臣民隐私。成祖朱棣的孙子——宣宗朱瞻基，继承了祖父的传统，在宫内设立内书堂，挑选十岁以下的小宦官，由大学士、翰林教他们读书识字，从此成为定制。以后的宦官大多有一点文化，但不过粗通文墨而已。像冯保那样的少之又少。

关于他何时进宫，在嘉靖年间的经历，史书大多语焉不详。万历十年（1582）他写过一份向皇帝请辞的奏疏，回顾自己进宫以后的履历。这是一份简单的自传，很多史家忽略了，王世贞独具慧眼，把它揭载出来：“臣嘉靖十五年蒙选入内中馆读书，十七年钦拨司礼监六科廊写字，三十二年转入房掌印。三十九年升管文书房，蒙简拔秉笔，与黄锦一同办事，赏蟒衣、玉带、禄米，许在内府骑马，寻赐坐蟒。四十五年龙驭上宾，恩典照旧，赐凳杌，命提督东厂官校办事，又命掌御马监事。隆庆六年五月内，圣躬不豫，特召内阁辅臣同受顾命，以遗嘱二本令臣宣读毕，以一本恭奉万岁爷爷，一本投内阁三臣。次日卯时分，先帝（朱载坖）强起，臣等俱跪御榻前，两宫亲传懿旨：‘孟冲不识字，事体料理不开，冯保掌司礼监印。’蒙先帝首允，臣伏地泣辞，又蒙两宫同万岁（朱翊钧）俱云：‘大事要紧，你不可辞劳，知你好才用你。’

迄今玉音宛然在耳，岂敢一日有忘。”[1]

从他所说“犬马之年见逾六十”，“犬马效劳四十余年”，可以推知，他嘉靖十五年（1536）进宫当小宦官时，不过十四岁左右，在内书房读书，以后在六科廊写字（“写字”是一项职务，皇帝叫他“大写字”[2]），嘉靖三十九年（1560）升任文书房秉笔太监，后转司礼监秉笔太监。嘉靖四十五年（1566）世宗驾崩，穆宗即位，他升提督东厂太监，兼掌御马监，地位仅次于司礼监掌印太监孟冲。隆庆六年（1572）五月，穆宗临终前，任命他为司礼监掌印太监，成为权力最大的太监。

明朝的宦官不仅权重，而且机构庞大，号称“内府”（宫内的政府），共有二十四衙门，即十二监、四司、八局。

十二监：

司礼监——掌管皇城内一应仪礼刑名，处理内外奏疏，按照内阁票拟批朱；

内官监——掌管国家营造宫室陵墓，以及婚礼所需铜锡妆奁器用，下辖东行、西行、油漆、火药等十个作坊，以及米盐、营造、皇坛等仓库；

御用监——掌管御前所用围屏、床榻等木器，紫檀、象牙、乌木、螺钿等玩器以及书籍画册；

司设监——掌管皇帝的卤簿、仪仗、帷幕等；

御马监——掌管马匹及其他动物；

1 王世贞《弇州史料前集》卷十六《中官考六》。

2 张居正《司礼监太监冯公预作寿藏记》，《新刻张太岳先生文集》卷九。张氏写道：公昔以勤诚敏练，早受知于肃祖（指世宗皇帝），常呼为“大写字”而不名。

神宫监——掌管太庙等皇家庙宇的洒扫、香灯诸事；

尚膳监——掌管御膳、宫内食用，以及筵席宴请诸事；

尚宝监——掌管宝玺、敕符及将军印信等；

印绶监——掌管古今通集库与铁券、诰敕、贴黄、印信、勘合、符验、信符诸事；

直殿监——掌管大内各宫殿及廊庑扫除事宜；

尚衣监——掌管御用冠冕、袍服、履舄、靴袜之事；

都知监——掌管各监的行移、关知、勘合之事。

各监编制有太监（正四品），左右少监（从四品），左右监丞（正五品），典簿、长随、奉御（从六品）等。

四司：惜薪司（掌管薪炭之事）、钟鼓司（掌管上朝钟鼓及内乐、传奇、过锦、打稻等杂戏）、宝钞司（掌造粗细草纸）、混堂司（掌管沐浴之事）。

八局：兵仗局（掌管制造军器）、银作局（掌管打造金银器件）、浣衣局（年老及罢退宫女居所，兼管洗衣）、巾帽局（掌造宫内所需帽靴）、针工局（掌造宫内所需衣服）、内织染局（掌管织染御用及宫内应用绸缎）、酒醋面局（掌管宫内食用酒、醋、酱、面等物）、司苑局（掌管蔬菜瓜果）。

以上总称二十四衙门。宦官机构不止这些，另有很多库、房，比如：内府供用库、司钥库、内承运库、甲字库、乙字库、丙字库、丁字库、戊字库、承运库、广盈库、广惠库、赃罚库，以及御酒房、御药房、御茶房、牲口房、刻漏房、更鼓房、甜食房、弹子房等。

林林总总，无所不有，所以称为宫内的小政府，几乎可与宫外的大政府相比拟。其中尤以司礼监的权力最大，设有掌印太监一员，秉笔太监、随堂太监四五员或八九员。地位最高的是掌印太监，人称“内相”，视若外廷的内阁首辅。其次是秉笔太监兼东厂提督太监，视若外廷的都察院左都御史、内阁次辅。司礼监太监的权力来源于皇帝，他们的职责是代替皇帝批阅公文，凡是每日呈进的奏疏等公文，皇帝御笔亲批几本，其余都由司礼监太监“分批”。司礼监太监遵照内阁所票拟的字样，用朱笔楷书批在公文上。他们是皇帝的机要秘书，也是耳目喉舌，在宫内位高权重。每个司礼监太监都有一套工作班子，即所谓“各家私臣”：有的叫做“掌家”——掌管一家之事；有的叫做“管家”——办理食物，出纳银两；有的叫做“上房”——掌管箱柜锁钥；有的叫做“掌班”“领班”——钤束两班答应宦官；有的叫做“司房”——打发批文书，誊写应奏文书，此外还有一些看管琐碎事务的宦官。[1]

隆庆元年（1567），冯保已经是司礼监秉笔太监兼东厂提督太监。[2]此时的他，权势已十分显赫，还想上升一步，成为司礼监掌印太监。当时掌印太监恰巧空缺，按照惯例，冯保由秉笔太监升任掌印太监，是名正言顺的。事不凑巧，冯保因小事冒犯皇帝，内阁首辅高拱一向忌惮冯保权力过于膨胀，乘机推荐御用监太监陈洪代理。按宫中规矩，御用监太监不能掌管司礼监，高拱的推荐显然不合常例，意在钳制冯保，由此招致冯保的嫉恨。

1 万斯同《明史》卷七十《职官志下·宦官》。刘若愚《酌中志》卷十六《内臣职掌纪略》。

2 东厂设立于永乐十八年，与先前设立的锦衣卫并称“厂卫”，是直接听命于皇帝的特务机构。东厂的外署设于东安门外以北，内署在宫内东上北门之北街东，混堂司之南，是冯保为了扩张权势于万历元年设立的。

陈洪受此推荐，感恩戴德，极力为高拱“内主”，互相策应。但是此人是个大老粗，没有文化，不久因忤旨而罢官。高拱一不做二不休，还是不推荐冯保，而推荐尚膳监太监孟冲。孟冲因为主管皇上饮食而深得宠信，破例滥竽充数，当上了司礼监掌印太监。[1]

穆宗皇帝临终前，冯保终于升任司礼监掌印太监。高拱断定，冯保活动于皇后、皇贵妃处，斥逐孟冲，由自己取而代之，而且是作为穆宗遗诏当众宣布的“着冯保掌司礼监印”，他认为其中颇有“矫诏”的成分，意思是这个遗诏是假的。[2]冯保的说法截然相反：“隆庆六年五月内，圣躬不豫，特召内阁辅臣同受顾命，以遗嘱二本令臣宣读毕，以一本恭奉万岁爷爷，一本投内阁三臣。次日卯时分，先帝强起，臣等俱跪御榻前，两宫亲传懿旨：‘孟冲不识字，事体料理不开，冯保掌司礼监印。’蒙先帝首允，臣伏地泣辞，又蒙两宫同万岁俱云：‘大事要紧，你不可辞劳，知你好才用你。’”[3]言之凿凿，高拱所说“矫诏”云云，纯属臆测，冯保出任司礼监掌印太监是穆宗与皇后、皇贵妃以及皇太子的共同意愿。

问题在于，按照当时的惯例，司礼监掌印太监与东厂提督太监，权力太大，一向由两个人分别担任。东厂提督太监的关防上刻了十四个字“钦差总

1 王世贞《嘉靖以来首辅传》卷六《高拱传》。

2 高拱《高文襄公集》卷四十三《病榻遗言·顾命纪事》。

3 王世贞《弇州史料前集》卷十六《中官考六》。

督东厂官校办事太监关防”，受皇帝钦差，行使凌驾于三法司的权力，气焰嚣张，不宜再担任司礼监掌印太监，控制枢密大权。只有前朝太监麦福、黄锦兼领二职，大多数时候是不兼领的。冯保居然兼领二职——“以印带厂”，不可一世。[1]高拱与冯保的矛盾激化了。

按照高拱的部署，首先发难的是以工科给事中程文（字载道，号碧川，江西东乡人）为首的一批言官。他们弹劾冯保有“四逆”“六罪”“三大奸”，罪名骇人听闻，措辞毫不掩饰，直截了当，欲置冯保于死地。比如“不可赦”罪第一条——“冯保平日造进诲淫之器，以荡圣心；私进邪燥之药，以损圣体。先帝因以成疾，遂至弥留”，显然指责冯保为害死先帝的元凶。第二条指责冯保玩弄“矫诏”手段升任司礼监掌印太监。第三条是将先帝遗诏以邸报方式公布，内中有皇太子“依三阁臣并司礼监辅导”字句，一时人皆传抄，传遍四方，为自己擅权造舆论。第四条是神宗登极典礼之时，冯保在皇帝御座旁站立，逼挟天子而同受文武百官朝拜。此外还有“耗国不仁”“窃盗名器”“贩鬻弄权”之类的罪状。言官们请求皇上“敕下三法司，亟将冯保拿问，明正典刑。如有巧进邪说、曲为保救者，亦望圣明察之”。[2]这前一句，不仅要把冯保罢官，而且要他的性命；这后一句，含沙射影指向张居正，不得“曲

1 沈德符《万历野获编》卷六《东厂》《东厂印》。

2 高拱《高文襄公集》卷四十四《病榻遗言·矛盾原由下》。

为保救”，使冯保没有回旋余地。

其中第一条指责冯保向皇帝进献房中术与春药，使之得病，并非无根之谈。朱载垕的父亲朱厚熜，打着“养生”的幌子，热衷于“采阴补阳”的“房中术”。有其父必有其子，前几年已有言官在进谏中隐隐约约提及此事。例如隆庆二年（1568）正月，户科给事中石星条陈六事，第一条就指出，皇帝“入春以来天颜渐癯”，原因就在于“纵长夜之饮，耽声色之欲”，“万一起居失调，圣躬亏损，悔将安及？”[1]又如隆庆三年（1569）三月，给事中吴时来条陈九事，其中第三条希望皇上“戒嗜好”——“声色宝玩最易溺人，小人借以固宠，人主因之丧邦”。[2]也隐约涉及“诲淫”之事。由此可见程文等言官所揭发的情节，并非向壁虚构。

接着是六科的两巨头的弹劾，分量也很重。吏科都给事中雒遵（字道行，号泾坡，陕西泾阳人）的弹劾，直斥冯保为“僭横”：“方今司礼太监冯保，僭窃横肆，坏乱朝纲，若不明法大斥其罪，则祸本未除，其何以号令天下，而保安社稷哉！”他忿然指责冯保，不过是一个侍从之仆，竟敢在皇上即位之日，立于御座之旁，文武百官是拜皇上，还是拜冯保？欺陛下幼冲，无礼至此！要求皇上务必将冯保交付三法司，追究其僭横情罪，依法惩处。[3]

礼科都给事中陆树德（字与成，号阜南，松江华亭人）

1 沈越《皇明嘉隆闻见纪》卷十二，隆庆二年正月。

2 沈越《皇明嘉隆闻见纪》卷十二，隆庆三年三月庚午。

3 万斯同《明史》卷三百二十六《雒于仁传（附父遵）》。高拱《高文襄公集》卷四十四《病榻遗言·矛盾原由下》。

在奏疏中谴责冯保："刚愎自用，险恶不悛，机巧善于逢迎，变诈熟于窥伺，暴虐久著，贿赂彰闻。"他特别指出冯保升任司礼监掌印太监是个阴谋："五月二十六日卯时，先帝崩逝；辰时，忽传冯保掌司礼监。大小臣工无不失色，始而骇，既而疑。骇者骇祸机之隐伏，疑者疑传奏之不真，举相谓曰：果先帝意乎？则数日之前何不传示，而乃传示于弥留之后？是可疑也。"因此他主张不要授予他大权，以免后患。[1]

广西道监察御史胡涍（字原荆，号蓬渠，常州无锡人）弹劾冯保"窥视名器"，他表示：原先的司礼监掌印太监孟冲没有听说有革职令旨，就被冯保取代，所传令旨出自冯保，臣等相顾惊愕，请皇上严格驾驭身边近臣，不要为他们的谄谀所迷惑。[2]

一切都按照高拱的布置在进行。为了防止冯保利用司礼监的权力，扣押奏疏，高拱事先要官员把奏疏的副本送到内阁，有利于造成"倒冯"舆论，他正好从中拟旨，驱逐冯保。

1 高拱《高文襄公集》卷四十四《病榻遗言·矛盾原由下》。万斯同《明史》卷三百一十六《陆树德传》。

3. 张居正"附保逐拱"

冯保虽然老谋深算，对嘉靖以来朝中的权力斗争早已司空见惯，但如今自己挨整，毕竟有点手足无措。他唯恐百官面奏皇上，局面难以收拾，便

2《明神宗实录》卷二，隆庆六年六月己巳。朱彝尊《静志居诗话》卷十三《胡涍》：胡涍因此事卷入政治斗争漩涡，终于落职为民。

派亲信徐爵向张居正请教对策。张居正说：不要怕，正好将计就计应付。他不同于谨小慎微的高仪之流，精通申不害、韩非的权术，深知协助高拱逐去冯保对自己并无好处；反之，协助冯保逐去高拱，自己就可以升任首辅。正如文秉所说，张居正是“深中多谋”之人，“耻居拱下，阴与（冯）保结为生死交，方思所以倾（高）拱”。[1]何况他对冯保的印象一向很好，根本不相信高拱与言官所说的“矫诏”之事。作为顾命大臣了解很多外人所不知的内情，他日后回忆：“穆宗不豫，召辅臣至御榻前受顾命，公（指冯保）宣遗诏，音旨悲怆。今上（指神宗）践祚，奉先帝遗命，以公掌司礼监事。适余得上召见于平台，付以国政，宫中府中事无大小，悉咨于余而后行，未尝内出一旨，外干一事。”[2]这一说法与冯保的自述是一致的，这种互相信任提供了合作的基础。穆宗临终之际，皇后、皇贵妃和皇太子极力主张冯保出任司礼监掌印太监，因此只要激怒皇后、皇贵妃和刚刚由皇太子即位的小皇帝，冯保就可以化被动为主动。张、冯的亲信姚旷、徐爵连夜开东华门，三番五次往来沟通声气。

◥ 文秉，文震孟子，苏州人。撰有记载明末史事、人物之著作多种，如《先拨志始》《烈皇小识》《定陵注略》等。

冯保终于抓住高拱的把柄。高拱一向自傲，口

1 文秉《定陵注略》卷一《逼逐新郑》。

2 张居正《司礼监太监冯公预作寿藏记》，《新刻张太岳先生文集》卷九。

不择言，出口伤人。十岁的小皇帝即位以后，他在公开场合多次感叹：十岁太子如何治天下？张居正和冯保定计抓住这一句话，激怒皇后、皇贵妃、小皇帝。关于此事，各种文献的记载大同小异。

吴伯与说：冯保抓住高拱所说“安有十岁天子能裁决政事者乎！”遂谬其辞以激上曰：“高阁老言十岁孩子安能决事！”[1]

朱国祯说：“(隆庆六年〔1572〕五月二十六日）卯初刻，上（指穆宗）崩，三臣在阁，闻报皆哭，(高）拱尤悲切，屡顿足曰：‘十岁的太子如何做得皇帝！’冯保素惮（高）拱强直难与言，即遣小竖飞报两宫曰：‘高阁老呼太子为十岁的孩子做不得皇帝。’两宫皆讶之，太子在侧色变。”[2]

◤ 万斯同，浙江鄞县人。自幼拜黄宗羲为师，致力于经史研究。康熙十八年清廷开明史馆，万斯同以布衣身份参与修史，并“行总裁之实”，康熙三十年编成《明史稿》。康熙三十三年续修《明史》，万斯同应总裁王鸿绪聘请，承担了史稿列传部分的修改审定工作。

万斯同说：“一日，内使传旨至阁，(高）拱曰：‘旨出何人？上冲年，皆若曹所为，吾且逐去若曹矣。’(冯）保大惊，居正亦欲逐拱，觊首辅，遂与（冯）保合谋。”[3]

以上诸位的措辞略有差异，要点却是一致的，高拱怀疑十岁的孩子如何能够做皇帝。王世贞的说法别具一格：“时居正当视陵地不出，(高）拱使所厚语居正曰：‘当与公立此不世功。’因语云云。居

1 吴伯与《高文襄公状略》,《国朝内阁名臣事略》卷九。
2 朱国祯《皇明大事记》卷三十六《纪事》。
3 万斯同《明史》卷四百六《宦官传下·冯保》。

正阳笑曰：'小事耳，何足言不世功。'而密遣人报（冯）保，保得为备，乃言于皇后、贵妃曰：'拱欺太子幼冲，欲迎立其乡周王以为功，而己得国公爵矣，又多布金于两宫之近侍，俾言之。'皇后与贵妃皆错愕。保乃抑给事、御史疏不遽达，而拟旨逐拱。"[1]不知王世贞所谓"迎立周王"的说法有何根据？从史料考证来看，此说迹近于谣言。张岱却信以为真，在高拱列传中全文照引。[2]

最为正确的记载来自申时行，他作为亲历者目击者，提到高拱所说的"十岁天子安能决事"的来龙去脉，说得最为具体细致，也最可信。他写道：高拱呈上新政所急五事疏，"上御文华，讲读毕，即与阁臣面决政事，具仪式以请。（冯）保念以为审尔，则事权悉归内阁，而司礼益轻，欲格其奏，乃请上批云：'照旧制行。'使文书内臣持到（内）阁，新郑（高拱）言：'此疏不发阁议拟，而旨从中出者何也？'内臣以御批对，新郑曰：'安有十岁天子而能裁决政事者乎？'内臣还报，（冯）保失色，故谬其词以激上曰：'高阁老云：十岁孩子安能决事？'上怒，入奏两圣母，皆相持而哭。是日，给事、御史论劾（冯）保恣横不法疏凡七上，（冯）保益惶急，而故善江陵（张居正），则使所亲问计，江陵方恶新郑，与乘机逐之，则以计授（冯）保。"[3]

于是乎，张居正"附保逐拱"的好戏上演了。

1 王世贞《嘉靖以来首辅传》卷六《高拱传》。

2 张岱《高拱列传》，《石匮书》卷一百六十五。

3 申时行《赐闲堂集》卷四十《杂记》。

隆庆六年（1572）六月十六日，宫中传出话来："有旨，召内阁、五府、六部众皆至！"高拱满以为是皇上要下令处分冯保，颇为兴高采烈。高仪预感到不祥之兆，为了避祸，称病在家。张居正前几天前往天寿山视察穆宗陵地，归途中暑，正在家中调理，几经催促，才姗姗来迟，扶曳而入。高拱见了他，难以抑制兴奋的心情，连声说："今日之事，必是为昨科道本（指科道官弹劾冯保）。有问，我当对，我必以正理正法为言，言必忤意，公可就此处，我去则无事矣。"张居正心中自然有数，并非"为昨科道本"，但又不能点破，便不置可否地敷衍了一句："公只是这样说。"[1]

高拱、张居正一行来到会极门，太监王蓁手捧圣旨出来，文武百官下跪接旨。王蓁朗声喊道："张老先生接旨！"全场一片肃静，只听得王蓁一字一句地高声念道："皇后懿旨、皇贵妃令旨、皇帝圣旨：说与内阁、五府、六部等衙门官员，我大行皇帝宾天先一日，召内阁三臣在御榻前，同我母子三人亲受遗嘱，说：'东宫年少，要你们辅佐。'今有大学士高拱专权擅政，把朝廷威福都强夺自专，通不许皇帝主管。不知他要何为？我母子三人惊惧不宁。高拱便着回籍闲住，不许停留。你每大臣受国家厚恩，当思竭忠报主，如何只阿附权臣，蔑视幼主，姑且不究。今后都要洗心涤虑，用心办事。如

1 高拱《高文襄公集》卷四十四《病榻遗言·矛盾原由下》。

再有这等的，处以典刑。钦此。”[1]

今日之事大大出乎高拱预料。先是王太监所说“张老先生接旨”一句，便大有蹊跷，他是首辅，为何不说“高老先生接旨”？已经感到大事不妙。愈往下听，愈觉得不对劲，想不到遭到斥逐的不是冯保而是他自己，顿时浑身瘫软，直冒冷汗。据王世贞描述，当时高拱“面色如死灰，汗陡下如雨，伏地不能起”，在一旁的张居正“掖之起”，“使两吏扶携出”。[2]

高拱毕竟是久经风雨的老政客，对这种结局多少也作过一些考虑。在上五事疏之前，就曾向高仪提及“若不得行，则任彼朋辈倾陷，死生不复顾”；今日上朝时，又与张居正说起“言必忤意，公可就此处，我去则无事”。[3]只是这样的结局来得太突然，而且已经无法挽回，圣旨严令“回籍闲住，不许停留”，次日就离京返乡。高拱的下场出乎很多官员的意料，引起猛烈的震动，吏部左侍郎魏学曾就是一个例子。张岱描写道：“壬申（隆庆六年）神宗践祚，（高）拱与江陵张居正同在政府，各以才相倾轧，朝臣分左右袒，（魏学）曾独中立其间。亡何，高拱罢，廷臣失色，（魏学）曾独大言曰：‘践祚甫数日，上首逐顾命大臣，岂正始事？且诏出何人手，不可不明示！’百官朝罢，要九卿诣居正所，诸大臣有至有不至者，居正则谢病罢客。拱遂狼狈行，而居

1 朱国祯《皇明大事记》卷三十六《纪事》。何乔远《名山藏》卷二十九《典谟纪二十九·穆宗庄皇帝》。《明神宗实录》卷二，隆庆六年六月庚午。各书所写字句大同小异，如“东宫年少，要你们辅佐”一句，《名山藏》作“东宫年少，赖尔辅导”，《明实录》作“东宫年少，要他每辅佐”。

2 王世贞《嘉靖以来首辅传》卷六《高拱传》。

3 高拱《高文襄公集》卷四十四《病榻遗言·矛盾原由下》。王世贞《嘉靖以来首辅传》卷六《高拱传》。

正不无怏（魏学）曾意，未几，晋南京右都御史，嗾言官论列，诏褫新命，以侍郎归里。”[1]可见对于高拱罢官，廷臣都大惊失色，噤若寒蝉，唯独魏学曾公然对诏书表示怀疑，而且知道张居正参与其事，要找他理论。张居正避而不见，事后又对魏学曾打击报复。张居正“附保逐拱”的蛛丝马迹，已经显露无遗。

张居正为了避嫌，与高仪联名上疏，请皇后、皇贵妃、皇帝收回成命，挽留高拱。这篇奏疏写得情真意切，丝毫没有落井下石的意味，张居正说：“臣不胜战惧，不胜忧惶。臣等看得高拱历事三朝三十余年，小心端慎，未尝有过。虽其议论侃直，外貌威严，而中实过于谨畏，临事兢慎如恐弗胜……惟先帝付托之重，国家忧患之殷，日夜兢兢，唯以不克负荷为惧，岂敢有一毫专权之心哉！”张居正还为高拱的陈五事疏辩解，其本意不过是恢复祖制，明确职掌，有益于新政，虽然词句直率，其实并无他意。何况又和臣等彼此商榷，联名同上，倘若皇上以此为高拱之罪，那么臣等也罪责难逃，请求将臣等与高拱一体罢斥。[2]在不明真相的人看来，张居正果然君子坦荡荡，挺身为高拱分担罪责，百端为高拱评功摆好，希望皇上予以挽留。然而联系到连日来与冯保密谋策划如何斥逐高拱的活动，人们不禁对他的虚情假意感到愕然，为政治

1 张岱《魏学曾列传》，《石匮书》卷一百七十四。

2《明神宗实录》卷二，隆庆六年六月庚午。高拱《高文襄公集》卷四十四《病榻遗言·矛盾原由下》。

家特有的两面派作风感到汗颜。皇帝的圣旨很快下达："卿等不可党护负国。"[1]不同意收回成命、挽留高拱。这其实是在张居正预料之中的，他的上疏不过是显示姿态而已。

第二天一早，高拱赶去辞朝，向皇帝告别。张居正对他说：我为你向皇上乞恩，请你驰驿行。所谓驰驿行，是指高级官僚享受国家驿站提供交通工具的优待特权。张居正的意思是让高拱体面地离京回乡，高拱却不领情，一口回绝：走就走，何必驰驿行？还顺便挖苦一句：你不必如此，难道不怕"党护负国"圣旨再次下达吗？张居正尴尬地应了一句：你到底只是如此。

高拱辞朝后，仓促乘坐一辆骡车离开京城，出宣武门踏上返乡的归路。张居正所说的"乞恩驰驿行"，倒并非敷衍之词，果然在高拱辞朝后，对皇帝说，高拱原籍河南，距离京师一千五百余里，长途跋涉，实在苦难，伏望皇上垂念旧劳，特赐驰驿行。[2]

因为没有享受驰驿行的特权，高拱出京途中十分狼狈，厂卫的缇骑兵丁踉跄逼逐，所带行李囊箧被抢夺一空，随行的奴婢仆人带了盘缠四散逃亡。出都门二十余里，饿极了，在一家野店胡乱进食果腹。[3]高拱一行途经良乡真空寺，正好有亲朋故友前来接风送饭。高拱刚下车，就见到一名小吏手持

1《明神宗实录》卷二，隆庆六年六月庚午。

2《明神宗实录》卷二，隆庆六年六月壬午。

3 文秉《定陵注略》卷一《逼逐新郑》。

文书进入寺中，原来是张居正派何文书送来“驰驿行”的勘合（证件）。到了此时此际，高拱仍然耿耿于怀，他始终认为自己的下台是张、冯串通一气的阴谋，请求恩准驰驿行是做给别人看的政治手腕。他那傲视一切的习性压抑不住地流露出来，对着文书讽刺张居正，“欲上本救我，则上本救我；欲言党护负国，则言党护负国；欲乞驰驿，则乞驰驿；欲准驰驿，则准驰驿”。说得激动，形容两面三刀的民间俗语脱口而出：“俗言云：‘又做师婆又做鬼’，‘吹笛捏眼，打鼓弄琵琶，三起三落’。”[1]这话粗俗不堪，却生动之极，流露出高拱对张居正的看法：“又做师婆又做鬼”，“三起三落”云云，讥刺张居正任意拨弄皇上于掌股之间。饭毕，高拱负气不愿“驰驿行”，送行的亲朋故友再三相劝，他也思忖：虽是张居正的安排，但既称君命，安敢不受！乘势下台阶，放弃骡车，改为“驰驿行”。

卧病在家的高仪，听到高拱“回籍闲住”的消息后，大惊失色，担心连累自己，忧心忡忡，顿时病情加剧，呕血三日而死。高仪入阁办事才一个多月，与高拱、张居正一起成为顾命大臣，在两位铁腕人物的倾轧中，避免了麻烦，虚与委蛇，称病不出。高仪身为高官，却一向淡泊明志，简静寡欲，徐象梅说他：“雅饬如书生，自视恂恂无他技，及见权势煊赫，群然风靡者，若无有也。雅恬素绝纷华

1 王世贞《嘉靖以来首辅传》卷六《高拱传》。

珍玩之好，家不蓄姬媵，独文史自娱。官三十年，世业不增尺寸。”[1]高仪一生秉礼循法，过着清贫生活，旧屋焚毁后并未再建，一直寄居于他人篱下，如此清正之人以这样的方式谢世，结束三十年的为官生涯，未免令人唏嘘，令人感慨。

三位顾命大臣，一逐，一死，剩下张居正一人，理所当然地成为内阁首辅，一人独当辅佐小皇帝的重任。不久吕调阳以礼部尚书文渊阁大学士身份入阁，毕竟人微言轻，难以撼动张居正的权力。张居正“附保逐拱”的结果，意味着内阁与司礼监的关系达到前所未有的牢不可破，为张居正日后厉行改革，实施新政，奠定了坚实的权力基础。正如日后他的副手申时行所说：“由是，宫禁事皆决于（冯）保，而朝廷政务悉归阁中，江陵（张居正）得行一意，无阻挠者矣。”[2]天启年间出任阁臣的朱国祯，谈到嘉靖以来内阁的权力斗争，不无感慨地说：张璁刚愎自用逼逐费宏、杨一清，严嵩陷害夏言至死，徐阶以阴柔扳倒严嵩，议论道：“凡若此者，原非同调，便生异心。小者逞口谇，大者动杀机，势逼使然，深心独运。然未有新郑（高拱）之知江陵（张

◥ 朱国祯，一作国桢，浙江乌程人，万历十七年进士。累官国子祭酒。天启年间历迁礼部尚书兼东阁大学士，改文渊阁大学士，累加少保兼太子太保，辅助首辅叶向高。叶向高被罢后任户部尚书，后任首辅。为魏忠贤所弹劾，引疾归。著有《皇明史概》《涌幢小品》等。

1 徐象梅《礼部尚书文渊阁大学士高子象仪》，《两浙名贤录》卷十四。

2 申时行《赐闲堂集》卷四十《杂记》。

居正)，与江陵逐之之狠者。”[1]政治斗争就是如此，“小者逞口谇，大者动杀机”。斥逐高拱固然心狠手辣，不过是“逞口谇”，后面的“王大臣案”才是“动杀机”。

四 “王大臣案”——张冯权力联盟的强化

1.“先生忠而高拱邪”

六月十九日，小皇帝为了表示嘉奖之意，在平台单独召见新任内阁首辅张居正。与乾清宫相对的云台门的两旁，东面是后左门，西面是后右门，也称云台左右门，这就是平台，是皇帝召见阁臣的地方。

张居正因为视察穆宗陵墓，中暑致病，在家调理。十九日清晨，接到宫中内侍传达圣旨，宣召入宫，立即赶来。小皇帝已在平台御座上等候，请张居正到御座前，对他嘉奖一番，其中最重要的一句话是“先生忠而高拱邪”。小皇帝说：“父皇在御日，尝一再聆德音，谓先生忠而高拱邪。先生幸自爱，悉心见辅。”[2]斥逐高拱引来一片非议声，听到皇上如此斩钉截铁的表态——先生忠心而高拱邪恶，张居正再三叩头谢恩，感激得不能仰视，索性伏在地

1 朱国祯《皇明大事记》卷三十八《阁臣》。

2 张岱《张居正列传》，《石匮书》卷一百六十六。

上回答皇上的关照——“凡事要先生尽心辅佐”，说：“臣叨受先帝厚恩，亲承顾命，敢不竭力尽忠，以图报称。方今国家要务，唯在遵守祖制，不必纷纷更改。至于讲学亲贤，爱民节用，又君道所当先者，伏望圣明留意。”[1]这是张居正作为内阁首辅第一次向皇帝阐明施政纲领，这位极力主张扫除廓清历年积弊的改革家，此时只字不提改革，反而强调“遵守祖制，不必纷纷更改”，用心良苦，非不为也，是不能也，地位尚未巩固，时机还不成熟。他是个“沉深有城府，莫能测”[2]的政治家，正在为今后的改革创造条件。小皇帝望着这位身材颀长，眉目清秀，长须至腹的美髯公，对他说的“遵守祖制”云云，表示赞同：“先生说的是。”谈完了政事，张居正还不忘以长辈身份叮嘱皇上：“目今天气盛暑，望皇上在宫中慎起居，节饮食，以保养圣躬，茂膺万福。”小皇帝答道：“知道了。”随即吩咐左右内侍：“与先生酒饭吃！”赏赐白银五十两，苎丝四表里（即衣料面子、里子各四套），内中有蟒龙、斗牛各一匹。[3]

这次平台召见，是朱翊钧即位后第一次与内阁首辅张居正的单独对话。在朱翊钧方面，一则感谢他为父皇陵寝奔波的辛劳，二则肯定张居正忠而高拱邪，希望他尽心辅佐。在张居正方面，一则对皇上的信任与厚爱表示感谢，二则以顾命大臣、内阁

1 张居正《新刻张太岳先生文集》卷三十七《奏疏二·谢召见疏》。

2 张岱《张居正列传》，《石匮书》卷一百六十六。

3《明神宗实录》卷二，隆庆六年六月癸酉。张居正《新刻张太岳先生文集》卷三十七《奏疏二·谢召见疏》。

首辅的身份告诫皇上，遵守祖制，讲学亲贤，爱民节用。

张居正叩头谢恩退出后，觉得意犹未尽，立即写了《谢召见疏》，呈送小皇帝。这是他十年辅佐生涯给神宗皇帝的第一份奏疏，除了谢恩的客套话，着重表达秉公为国的思想："人臣之道，必秉公为国，不恤其私，乃谓之忠。臣少受父师之训，于此一字，讲明甚熟……臣之区区，但当矢坚素履，罄竭猷为。为祖宗谨守成宪，不敢以臆见纷更；为国家爱养人才，不敢以私意用舍。"希望皇上"讲学勤政，亲贤远奸，使宫府一体，上下一心，以成雍熙悠久之治"。[1]他所提出的这几条原则，颇为真切地反映了要想有所作为的心态。而要想有所作为，必须营造"宫府一体"——宫廷与政府意见一致的局面，他后来的十年辅政生涯确实达到了"宫府一体"的目标，而张冯权力联盟就是实现这一目标的保证。

2."王大臣"闯宫事件

高拱回籍闲住，冯保胜利了，心里还不踏实。事实上，高拱有过回籍闲住后再度复出的先例，为了防止他东山再起，一手策划了诬陷高拱的"王大臣案"。

1 张居正《新刻张太岳先生文集》卷三十七《奏疏二·谢召见疏》。

万历元年（1573）正月十九日清早，皇帝朱翊钧按例出宫视朝，他的轿子刚出乾清门，晨雾迷蒙中，有一个太监打扮的男子，从西阶下直奔过来，被警卫人员抓住。初步审讯后，知道此人名叫“王大臣”，是常州府武进县人，其余一概不说。司礼监掌印太监兼东厂提督太监冯保作为主管，将此事报告皇帝，声称在他身上搜查出刀剑各一把。皇帝当即下旨：“王大臣拿送东厂究问，还差的当办事校尉着实缉访来说。”[1]其实，王大臣身上的刀剑是冯保事后安放在他身上的。[2]

张居正与冯保密切配合，立即以内阁首辅的身份插手此案，向皇帝报告案情，并且要求追查幕后主使人。他说：“适见司礼监太监冯保奏称：十九日圣驾出宫视朝，有一男子身挟二刃，直上宫门礓䃰，当即拿获……虽其人当即擒获，逆谋未成，然未然之防，尤宜加慎。臣等窃详，宫廷之内侍卫严谨，若非平昔曾行之人，则道路生疏，岂能一径便到！观其挟刃直上，则其造蓄逆谋殆非一日。中间又必有主使勾引之人。据其所供姓名、籍贯，恐亦非真。伏乞敕下缉事问刑衙门，仔细究问，多方缉访，务得下落，永绝祸本。”[3]张居正的意思十分明显，要顺藤摸瓜，查出“王大臣”的幕后主使勾引之人。皇帝当即批复：“卿等说的是，这逆犯挟刃入内，蓄谋非小。着问刑缉事衙门，仔细研访主逆勾

1《万历起居注》，万历元年正月十九日庚子。

2 朱国祯《皇明大事记》卷三十八《阁臣》。朱氏写道：冯保“令人以刀剑各一，置（王）大臣怀袖中”。

3《万历起居注》，万历元年正月二十二日癸卯。

引之人，务究的实。该日守门内官，着司礼监拿来打问具奏，守卫法司提了问。”[1]

在官样文章掩盖下，一场政治阴谋正在悄悄酝酿、发作。因为皇帝有旨，将案犯拿送东厂审问，而东厂正是冯保主管的部门，一切按照他的谋划，企图把高拱定为“主使勾引之人”，以行刺皇帝罪，置他于死地。

高拱是受害者，而且是无辜的，他晚年在回忆录《病榻遗言·毒害深谋》中对此案的始末记述得特别详细，兹转述于下：

正月十九日早朝，皇上出乾清门，见一内使（宦官），行走慌张，左右随从人员上前捕获。搜查后得知，此人是无须男子穿内使巾服，冒充内使。审讯后，知其本名章龙，从总兵戚继光处来。张居正听说后，急忙派人对冯保说：“奈何称戚总兵！禁勿复言。此自有作用，可借以诛高氏灭口。”随即票拟谕旨一道：“着冯保鞫问，追究主使之人。”冯保派人把刀剑各一把，置于王大臣怀袖中，随后亲自去东厂审问，关紧门窗，屏退左右，悄声对王大臣说：“汝只说是高阁老使汝来刺朝廷，我当与汝官做，永享富贵。”随后给心腹伙长辛儒赏银二十两，嘱咐他与王大臣朝夕相处，教他诬陷高拱指使行刺的口供，又教他诬陷高阁老的家人李宝、高本、高来参与同谋。冯保当即派东厂校尉前往河南新郑

1《万历起居注》，万历元年正月二十二日癸卯。

县，捉拿高府家人李宝、高本、高来，作为证人，定高拱之罪。

《皇明从信录》记载此事，取材于高拱的《病榻遗言》，这表明了这部编年史作者的倾向，认为事实真相就是如此："时正月十九日早，上出乾清宫，见一无须男子，假装内使，趋走章皇。左右执之，问其名，曰王大臣。问自何来，曰自总兵戚继光所来。时辅臣张江陵随票旨：'着东厂鞫问。'且嘱曰：'奈何称戚总兵，禁勿复言，此自有作用。'大臣既下（东）厂，随有一辛儒者，与朝夕同处，供其饮食男女之欲，备极款厚，因教之曰：'但称自阁老高拱所来，欲阴行刺上，而（东）厂校缇骑已集高之门矣。"[1]

学者型官僚朱国祯与高拱所说大同小异，这"小异"之点很重要：此案原非张居正的本意，但又不能与冯保对立，所以才上疏皇帝，请求追究主使人，引来外界的种种怀疑。朱氏写道："万历元年正月十九日早朝，上出乾清门，见一内使趋走周章，执之，则无须男子假内使巾服者也。问其名，曰王大臣（本名章龙）。问自何来？曰自戚总兵来。阁票着冯保鞫问，保令人以刀剑各一把置大臣怀袖中，而自下厂莅之，密语大臣曰：'汝只说是河南高老使汝来刺朝廷，我与汝官，享富贵。'随嘱一心腹伙长辛儒，赏银二十两，使与大臣朝夕同处，共

1 陈建、沈国元《皇明从信录》卷三十四，万历元年正月。

饮食，唆行前计，又教之诬称高老家人李宝、高本、高来同谋。保发（东）厂校五名，至新郑拏此三人，硬成其事。原非张（居正）本意，又难与保异同，复疏请令追究主使。中外大骇，谓居正实主之。”[1]确实如此，事件发生后，“中外大骇，谓居正实主之”，人们并没有冤枉他。

一时间，朝廷内外，街头巷尾，人们莫不汹汹惊愕。张居正感受到巨大的舆论压力，与刚刚转任吏部尚书的三朝元老杨博商量：“此事当如何处？”杨博说：“此事关系重大，若果为之，恐惹事端，且大臣人人自危，似乎不可。”张居正颇为沮丧。杨博与都察院左都御史葛守礼（字与立，号与川，山东德平人）是同年，关系相当深厚，便将此事透露给他。葛守礼又把这一消息告诉右都御史陈省（字孔霞，号约斋，福建长乐人）。陈省原是张居正的幕僚，当即向张居正通报。消息不胫而走，太仆寺卿李幼滋（字元树，号义河，湖广应城人）一听此事，不顾疾病缠身，支撑起身体赶往张府，对张居正说：“公奈何为此事？”张居正否认：“何谓我为？”李幼滋说：“朝廷拿得外人，而公即令追究主使之人。今（东）厂中称主使者即是高老。万代恶名必归于公，将何以自解？”张居正仍矢口否认：“我为此事忧不如死，奈何谓我为之！”[2]

给事中和御史们忿忿不平，欲上疏挑明此事，又畏惧张居正的权势，不敢贸然行动。多名刑科给

1 朱国祯《皇明大事记》卷三十八《阁臣》。

2 高拱《高文襄公集》卷四十四《病榻遗言·毒害深谋》。

事中互相议论：此事关乎刑科职责，若无一言，我辈如何见人！于是写了语气平和的奏疏，建议把案犯王大臣从东厂送出，交由三法司审理。为了取得张居正的首肯，他们前往朝房向他解释。张居正极力劝阻，告诉他们事情已经成了。

言官们接连等了五天，从早到晚，不见张居正的踪迹。御史钟继英（字乐华，广东东莞人）按捺不住，上疏影射此事。张居正票拟谕旨“令回话”，又恐更多言官上疏言事，不好收拾，颇为踌躇，便去午门关圣庙求签。但见那签文写道：

才发君心天已知，何须问我决嫌疑。
愿子改图从孝悌，不愁家室不相宜。

下面还有一段注解：“所谋不善，何必祷神，宜决于心，改过自新。”[1]

张居正委派锦衣卫左都督朱希孝会同冯保一起审讯案犯王大臣，成为案件的转折点，而促成转折的关键人物正是杨博、葛守礼。

3. 危机的化解

何乔远《名山藏》记载，张居正与杨博商量如何处理王大臣案，杨博说：“事大，迫之恐起大

1 高拱《高文襄公集》卷四十四《病榻遗言·毒害深谋》。

狱。抑上神圣英锐，待公平察。高公虽粗暴，天日在上，万无此事。”又说：“愿相公持公议，扶元气。厂中（指东厂太监冯保）宁有良心？倘株连者众，事更有不可知者。”张居正表示愿意挽回，但不知后局如何了结，杨博为他出了个主意：“相公患不任耳，任何难结，须得一有力世家与国休戚者，乃可委按。”所谓“有力世家与国休戚者”，既是皇室亲戚又手握大权的元老重臣，当然非锦衣卫左都督朱希孝莫属。张居正领悟了他的意思，松口说：“上前度处之。”意思是要向皇上请示才能定夺。[1]

◤ 葛守礼，山东德平人，嘉靖八年进士。历官彰德府推官、兵部主事、河南提学副使、山西按察使、陕西布政使、吏部侍郎等，在南京礼部尚书任上被严嵩排挤致仕。隆庆初起任户部尚书，转任刑部尚书、督察院左都御史。

张居正请示皇帝批准，命东厂太监冯保与都察院左都御史葛守礼、锦衣卫左都督朱希孝，三堂会审。朱希孝知道此事冯保一手操纵，事情十分棘手，受命后恐惧而哭，急忙找张居正商量。张居正要他去见杨博。杨博对朱希孝说：“欲借公全朝廷宰相体耳，何忍陷公！”[2]

◤ 朱希孝，成国公朱凤之子、定襄王朱希忠之弟。掌锦衣卫事，与内阁首辅张居正等交好。

杨博还为朱希孝出主意如何平反冤狱，为高拱昭雪。万斯同《明史》对此有详细记叙，被张廷玉奉敕编纂的《明史》采用，很值得一看：“及王大臣狱兴，居正与冯保将借以杀（高）拱。（杨）博间语居正曰：‘事不可诬，高公虽粗暴，天日在上，安得有此？’居正面发赤而退。都御史葛守礼语（杨）博

1 何乔远《高拱传》，《名山藏》卷八十《臣林记·隆庆臣一》。

2 谈迁《国榷》卷六十八，万历元年正月庚子。

曰：'事急矣，非公莫能救。'即同造居正，博曰：'愿相公持公议，养元气。'因历数先朝政府同心辅政，及后数公递相倾轧，可为殷鉴。居正愤曰：'二公谓我甘心高公耶？'博等曰：'吾两人非谓相公甘心高公，以回天非相公不能耳。'会帝命（葛）守礼偕都督朱希孝会讯，希孝惧甚，博阴为画计，使校尉怵（王）大臣改供，又令（高）拱仆杂稠众中，令（王）大臣识别，茫然不辨也，事乃白。人以是益称博长者。"[1]

都察院左都督葛守礼在其中的作用也不可小觑。《国榷》记载，葛守礼获悉王大臣案，拉着吏部尚书杨博去见张居正，展开了一场唇枪舌剑般的交锋。

张居正明确表示支持东厂对此案的处理："东厂狱具矣，同谋人至，即疏处之。"

葛守礼反驳道："守礼敢附乱臣党耶，愿以百口保高拱。"张居正沉默不语。葛守礼继续说："先时，如贵溪（夏言）、分宜（严嵩）、华亭（徐阶）、新郑（高拱），递相倾轧，相名坐损，可鉴也。"

张居正愤愤然说："二公意我甘心高公耶？"奋起入内，取出一份东厂揭帖给二人看，意思是此案系东厂所为，与己无关。揭帖中张居正亲笔加了四个字"历历有据"，自己却忘记了，葛守礼认识张居正的笔迹，就笑着把揭帖藏入袖中。张居正此时

1 张廷玉《明史》卷二百一十四《杨博传》。

才省悟，讪讪地说："彼法理不谙，我为易数字耳。"一下子暴露了他参与此案的秘密。

葛守礼乘机规劝道："此事密，不即上闻，先政府耶？吾两人非谓公甘心新郑，以回天非公不能。"

张居正口气软了下来："苟可效，敢不任，第后局何以结？"

杨博说："公患不任耳，任何难任，须世臣乃可共。"[1]

赵吉士所记，与此大体相同："张江陵欲甘心高新郑，左都督葛守礼与冢宰杨博力争之。居正愤曰：'二公意我甘心高公耶？'奋入内，取厂中揭帖，投（杨）博曰：'是何与我事？'中有居正窜改四字，曰'历历有据'，居正忘之。守礼识其字，笑纳诸袖。居正觉曰：'彼法理不谙，为易数字耳。'（葛守）礼曰：'机密重情，不即上闻，先政府耶？吾二人非谓相公甘心高公，以回天非公不能。'居正揖谢曰：'苟可效，敢不任。'高拱卒无虞。"[2]

因此，人们对葛守礼给予高度评价。申时行说："公立朝大者，当其夙夜兢兢，进止有恒度，事上最谨，而不蕲为恭。称引国事当否，徐以数言折群议，屹然中立，不与众俯仰，不蕲为直。"[3]于慎

◤《国榷》是记载明朝历史的私家编年体史书。谈迁于天启元年开始编撰，历时六年而成初稿；顺治四年全稿失窃，谈迁发奋重写，前后历三十余年而成。全书共一百零八卷，记述了自明太祖朱元璋诞生，到顺治二年五月清兵入南京、福王政权灭亡为止的三百一十七年间的历史。

---

1 谈迁《国榷》卷六十八，万历元年正月庚子。

2 赵吉士《寄园寄所寄》卷一《囊底寄·智术·张江陵》。

3 申时行《赐闲堂集》卷二十二《太子少保都察院左都御史赠太子太保谥端肃葛公墓表》。

行说他“居常峻峻简默，言不出口，及当大义大谋，众莫敢发，公独守经据古，侃侃指画，常以片言取决。平生取予去就，严于一介，至臧否人物，常依宽大，耻为刻深。盖老成正直君子也……历事三朝，一意奉法，孤立无所阿曲，正色直气，望之俨然。”[1]

朱希孝得到杨博、葛守礼的指点，为了万无一失，会审之前做了周密的安排。一是花几千两银子贿赂宫中大太监，请他们尽量缓解皇贵妃（即朱翊钧生母慈圣太后）的怒气。二是派锦衣卫校尉提前秘密审问王大臣，要他从实招供，或可免罪。问他从哪里来？他回答：从冯保那里来，所有口供都出自冯保之口。校尉对他说，进宫谋逆按照法律要株连九族，为什么甘心为此？如果讲实话，或许可以免罪。王大臣茫然而哭：开始时对我说，主使者罪至大辟，自首者不但无恙，还可做官获赏。哪里晓得应当讲实话。朱希孝还令高府家人李宝、高本、高来混杂在身穿便服的校尉之中，要王大臣辨认同谋之人，王大臣根本无法辨认（原本子虚乌有）。朱希孝又诘问王大臣：刀剑从何而来？王大臣回答：冯保家奴辛儒所给。这一切都在会审之前进行，冯保并不知晓。[2]

二月十九日，是三堂会审的日子。这天原本风和日丽，朱希孝、葛守礼、冯保一行来到东厂，突

1 于慎行《谷城山馆文集》卷二十五《明故太子少保都察院左都御史赠太子太保葛端肃公神道碑铭》。

2 谈迁《国榷》卷六十八，万历元年正月庚子。

然狂风大作，雾霾弥漫，不一会，又雨雹不止。东厂“理刑官”白一清对另外两个“问官千户”说：天意如此，不可不畏。高老是顾命元老，此事原本与他无关，强加诬陷，我辈都有身家妻子，他日能免诛夷之祸？二位受冯公公厚恩，当进一忠言为是，何况王大臣言语不一，二位所取“招由”，却说“历历有据”，是何所据？两个“问官千户”回答：“历历有据”四字，是张阁老亲笔改的。白一清又说：你该当死罪，东厂机密狱情怎么可以送给内阁修改？

等了一些时辰，天色稍稍开朗，会审开始。按照惯例，东厂、锦衣卫审案，必须对案犯先加刑罚，以杀威风。于是先打王大臣十五大板。

王大臣大叫：“原说与我官做，永享富贵，如何打我？”

冯保打断他的话，喝问：“是谁主使你来？”

王大臣瞪目仰面说：“是你使我来，你岂不知？却又问我。”

冯保见他的阴谋已被揭穿，气得面色如土，为了挽回局面，又强问：“你昨日说是高阁老使你来刺朝廷，如何今日不说？”

王大臣回答：“你教我说来，我何曾认得高阁老？”

朱希孝见真相大白，唯恐王大臣把隐情和盘托出，局面难以收拾，厉声喝道：“这奴才，连问官也攀扯，一片胡说，只该打死。”顺势对冯保说：“冯公公，不必问他。”

在一片尴尬气氛中，会审草草收场。

冯保还不罢休，回宫后，仍然坚持“高老行刺”的说法。皇帝身边年逾七旬的殷太监听后，跪下启奏：“万岁爷爷，不要听他。那高阁老是个忠臣，他如何干这等事！他是臣下，来行刺，将何为？必无此事，不要听他。”转过身来对冯保说：“冯家（原文注：宫内宦官同行列者相互称呼以姓，曰某家），万岁爷爷年幼，你当干些好事，扶助万岁爷爷。如何干这等事！那高胡子是正直忠臣，受顾命的，谁不知道？那张蛮子夺他首相，故要杀他灭口。你我是内官，又不做他首相，你只替张蛮子出力为何？你若干了此事，我辈内官必然受祸，不知死多少哩！使不得，使不得。”太监张宏也对冯保说，此事不可。

冯保听了大为沮丧，猛然省悟，当即差人报告张居正：“内边有人说话，事不谐矣。”张居正知道事情已经不济，便对言官发布消息：“此事我当为处，只不妨碍高老便了，你每不必上本罢！”

事已至此，冯保恐怕真相败露，连夜派人让王大臣饮生漆酒，使他变成哑巴。第二天（二月二十日）夜里，王大臣押往三法司审讯时，已经不能说话。二十一日，三法司再次审讯，当即宣判王大臣死刑，匆匆了事。[1]

这是高拱《病榻遗言》关于王大臣案的追述，细节颇为具体，读来不由人不信其为真。

申时行作为这一事件的目击者，他的回忆录证实高拱所说并非虚构。申氏说：“（王）大臣者，浙中庸奴，以浮荡入都，与一小竖交匿，窃其牌帽，阑入禁门。群阉觉其有异，捕送东厂。（冯）保素恨新

1 参见高拱《高文襄公集》卷四十四《病榻遗言·毒害深谋》。

郑（高拱），未有以中之，阿意者遂欲因事锻炼，乃以双剑置（王）大臣两腋间，云受新郑指，入内行刺，图不轨。搒掠不胜楚，遂诬服，为言新郑状貌及居址城郭云云……是时，道府以兵卫环新郑家而守之，祸且不测。然众论皆知其冤，颇尤江陵（张居正）。江陵迫公议，亟从中调剂。（冯）保意解，乃独归罪（王）大臣，论斩。新郑得无恙。”[1]

天启年间任礼部尚书兼文渊阁大学士的朱国祯，对此事有所耳闻，他认为“张欲杀高甚的”。他在《涌幢小品》中说：“王大臣一事，高中玄谓张太岳欲借此陷害灭族，太岳又自鸣其救解之功。看来张欲杀高甚的。张不如是之痴，或中有小人，窥而欲做，则不可知。一曰冯保之意，庶几得之。”[2]朱国祯的另一个身份是历史学家，他写的《皇明大事记》，谈到王大臣案，大量转引高拱《病榻遗言》的文字，在他看来，高拱的记述基本可信。朱氏关于此事的记述，从万历元年（1573）正月十九日早朝王大臣闯宫写起，直到二月二十一日王大臣被斩首处决，与高拱《病榻遗言》完全一致。只在末尾一段，表明自己的看法：“二月二十日夜，（王）大臣送法司，已中毒，哑不能言。二十一日，三法司同审，更不问所以，王大臣亦只伏首处决。张对人曰：‘高老一事我忧愁，今才救得下。’又写书南都及四方之人，皆以救高为功。中间虽有饰词，然全

1 申时行《赐闲堂集》卷四十《杂记》。

2 朱国祯《涌幢小品》卷九《阁臣相构》。

以坐之，则未阴狠而拙至此！”[1]

朱国祯所说，“写书南都及四方之人，皆以救高为功”，值得细细分析。张居正为此事写了不少信件，替自己洗刷。一封信写道：“尔顷奸人挟刃入内，诬指新郑（高拱）所使。上自两宫主上，下自闾阎细民，一闻此语，咸以为信。而抵隙者遂欲甘心焉。中外汹汹，几成大狱。仆切心知其不然，未有以明也，乃面奏主上，斯事关系重大，窃恐滥及无辜，又委曲开导以国法甚严，人臣不敢萌此念，请得姑缓其狱，务求真的，乃可正法。荷主上面允，而左右中贵人亦皆雅相尊信，深谅鄙心，不敢肆其钩巨之巧。伏念六七日至于旬时，果得真情，新郑之诬始从辩释，国家元气乃得无损。不然，此公之祸固不待言，而株连蔓引，流毒缙绅，今不知作何状矣。嗟乎，如仆苦心，谁则知之？日来为此形神俱瘁，须发顿白，啖荼茹蘗，又谁与怜之？耿耿丹心，只自怜耳。”[2]另一封信写道：“不穀与玄老（高拱）为生死交，所以疏先后先，虽子弟父兄未能过也。叵奈中遭险人交构其间，使之致疑于我，又波及于丈（指曹傅川）。悠悠之谈诚难户晓，惟借重一出，则群喙自息，况此乃区区推毂素心，敬闻命矣。”[3]联系到前面所说有关王大臣案的来龙去脉，不免令人怀疑，冯保原本确实想借此株连高拱，置他于死地，张居正是知情的、支持的，却只字不提，只强

1 朱国祯《皇明大事记》卷三十八《阁臣》。

2 张居正《答张操江》，《新刻张太岳先生文集》卷三十四《书牍》。

3 张居正《答司马曹傅川》，《新刻张太岳先生文集》卷三十五《书牍》。

调后来派朱希孝参与会审，处死王大臣结案，还高拱清白。他“以救高为功”，到处宣扬，唯恐别人不谅解他的苦心，以至于“形神俱瘁，须发顿白”。

但是，凡事都有两面。对于张居正而言，经过“附保逐拱”和“王大臣”案，促成了内阁与司礼监的权力整合。张居正与冯保向政坛显示了他们的默契配合，难以动摇的权力联盟，为他们辅佐幼主，推行新政，创造了较为理想的政治环境。经过此次风波，高拱虽然幸免于难，不过东山再起的可能性几乎断绝。一方面，正如朱国祯所说，高拱受到极度惊吓，“自是奄奄不复振”[1]，再度复出几无可能。另一方面，在皇帝心目中留下了极深印象——张居正忠而高拱邪。直到万历六年九月，高拱去世，夫人张氏向皇帝请求恢复原先的政治待遇，皇帝愤愤地说：“高拱不忠，欺侮朕躬，他妻还来乞恩，不该准他！”由此可见，即使高拱不死，皇帝也不会再度起用他。在张居正担任内阁首辅的年代，没有一个人能够威胁他的权力和地位，这对于推行新政是一个极有利的条件。

万历元年（1573）九月，冯保在京城西南二十里香山碧云寺附近，为自己建造一座“寿藏”（寿坟），胜利者志得意满的情绪流露无遗。万历二年九月工程完成，他请盟友张居正为“寿藏”写一篇碑文。在碑文中，张居正对冯保称颂不已：“今上践祚，奉

1 朱国祯《皇明大事记》卷三十八《阁臣》。

先帝遗命，以公掌司礼监事。余适得上召见于平台，付以国政，宫中府中事无大小，悉咨于余而后行，未尝内出一旨，外干一事。调和两宫，赞成圣孝，侍上左右，服勤备至，凡宸居早暮、出入饮膳，皆有常度，贽御供事皆选端慎者以充。上日御讲幄，无间寒暑，公惓惓劝学，侍立终日，日无惰容。凡宫中冗费悉从减省，务在节财爱民，如大庖减供御，惜薪司裁去柴炭，御马监省刍豆数，皆公所奏施行。余每对便殿，从容语及国家事，有关于君德治道者，公必导上曰：'先生忠臣，先帝简托以辅上者，所言宜审听之。'宫壸之内尤极严肃，有干纪者悉置之理，虽所厚亦不少贷。故上以冲龄践祚，中外宁谧，宫府清晏，盖公之力为多。"[1]这篇歌功颂德的碑文，核心是在表扬司礼监掌印太监对内阁首辅的大力支持与密切配合，宫中、府中事无大小全部由张居正决策，冯保"未尝出一内旨，外干一事"，达到"宫府一体"的理想境界。冯保经常在皇帝面前谆谆教导：张先生是忠臣，他的话"宜审听之"。冯保为张居正营造了"中外宁谧，宫府清晏"的氛围，张居正自然感激涕零。这就是他之所以写这篇碑记的根本原因。

1 张居正《司礼监太监冯公预作寿藏记》，《新刻张太岳先生文集》卷九。

第二章

张居正与万历新政

◤ 吕调阳，广西桂林人，嘉靖二十九年榜眼。授翰林院编修，嘉靖四十三年为国子监司业。隆庆年间，历任国子祭酒等职，至礼部尚书兼翰林院学士。隆庆六年由张居正举荐入内阁参预机务。

从隆庆六年（1572）六月到万历三年（1575）八月，在内阁与张居正共事的仅吕调阳一人。此后，阁臣先后增加了张四维、申时行、马自强，却形同虚设，朝廷大事无一不取决于张居正，名副其实的独断专行。大权在握，张居正按照自己的治国理念，大刀阔斧地推行改革。于是，万历新政以崭新的面貌登上历史舞台。正如史家所说："时上冲幼，虚己委居正。居正既得国，亦慨然以天下为己任，中外想望风采。"[1]"居正之为政，大约以尊主权、明赏罚、一号令，万里之外，朝下而夕奉行，如疾雷迅风，无所不披靡。"[2]

万历五年（1577）八月，张居正向皇帝表白，为了推行新政不惜鞠躬尽瘁："（先帝）临终亲握臣手，嘱以大事"，"用是盟心自矢，虽才薄力孱，无能树植鸿巨，以答殊眷。惟于国家之事，不论大小，不择闲剧，凡力所能为，分所当为者，咸愿毕智竭力以图之。嫌怨有所弗避，劳瘁有所弗辞，惟务程功集事，而不敢有一毫觊恩谋利之心"。[3]

史家强调的是"慨然以天下为己任"，"朝下夕奉行，如疾雷迅风"。张居正自己强调的是"嫌怨

1　张岱《张居正列传》，《石匮书》卷一百六十六。
2　王世贞《嘉靖以来首辅传》卷七《张居正传》。
3　张居正《纂修成书辞恩命疏》，《新刻张太岳先生文集》卷四十《奏疏五》。

有所弗避，劳瘁有所弗辞”。从不同侧面反映了张居正作为改革家的风格。为了贯彻自己在《陈六事疏》中所勾画的新政主张，他不遗余力，遵循申不害、韩非的法治主义，综核名实，信赏必罚，雷厉风行，大刀阔斧，扫除廓清，大破常格，无所顾忌地推行新政。

一　万历新政的展开

张居正的改革首先从政治领域开始，然后转向财政经济领域，道理是显而易见的。如果不整顿吏治，不严格考成，做不到令行禁止，那么涉及根本利益的改革就无从谈起，也无法推行。

1. 整顿吏治，推行考成法

隆庆六年（1572）七月，张居正向皇帝说明，为了纠正弥漫官场的颓靡之风，必须对文武群臣进行一番戒谕。他说：“人心陷溺已久，宿垢未能尽除，若不特行戒谕，明示以正大光明之路，则众心无所适从，化理何由而致？”七月十六日早朝，皇帝命吏部官宣读张居正代他起草的“戒谕”。群臣侧耳倾听皇上对吏治败坏的批评：“乃自近岁以来，士习浇漓，官方刓缺，钻窥隙窦，巧为猎取之谋；鼓煽朋俦，公肆挤排之术；诋老成廉退为无用，谓谗佞便捷为有才。爱恶横生，恩仇交错，遂使朝廷威福之柄徒为人臣酬报之资。”接下来又听到皇上准备大事廓清的决心：“朕初承大统，深烛弊源，亟欲大事芟除，用以廓清氛浊……自今以后，其尚精白乃心，恪恭乃职，毋怀私以罔上，毋持禄以养交，毋依阿淟涊以随时，毋噂沓翕訿以乱政……当虚心鉴物，毋任情于好恶，以开邪枉之门。”职能部门，或内或外，各宜分猷念以济艰难；监察部门，公是公非，各宜奋谠直以资听纳。[1]

张居正凭借内阁首辅代替皇帝拟旨的特权，把自己“大事芟除，廓清氛浊”的思想，变成了皇帝的旨意，告诫各级官员崇养德望，砥砺廉隅。营造出荡涤污泥浊水的气氛后，张居正在万历元年(1573)六月正式提出整顿吏治的有力措施——考成法。这显然是对于高拱考课法的继承与延伸，不过角度有所不同。

在官僚政治时代，政府职能运作，很大程度上依赖于公文的传递与处理，一言以蔽之，是一种公文政治，极易滋生官僚主义、文牍主义、形式主义之类的弊端。最为突出的就是，六部、都察院的公文，发至地方巡抚、巡按复勘时，地方官或是考虑到事情不易推行，或是还须按查复核，或是两方各执一词需要对质，或是以私相轧、扣押公文。结果是，拖延数十年而不决，搁置起来成为一堆废纸。[2]

有鉴于此，张居正检讨了近年来各级衙门公文反映出来的积弊：“近年以来，章奏繁多，各衙门题复，殆无虚日，然敷奏虽勤，而实效盖少。”这些

1《明神宗实录》卷三，隆庆六年七月己亥。张居正《请戒谕群臣疏》，《新刻张太岳先生文集》卷三十七。

2 王世贞《嘉靖以来首辅传》卷七《张居正传》。

积弊表现形式多种多样：

——言官建议一项法案，朝廷批准，通过邮驿传到四方，言官已经尽责，不必过问这项法案是否便于实施；

——六部决定厘清一项积弊，朝廷批准，通过邮驿传到四方，六部已经尽责，不必过问这项积弊是否已经厘清；

——某官员的罪状应当提审，但是碍于请托之私，一再拖延；

——某项事宜应当议决，但是由于意见分歧，有的赞成有的反对，难以上报朝廷；

——赋役的征发有时间规定，有催督稽验，往往成为一纸空文。对于圣旨，也是敷衍，不是说“着实奉行”，就是说“该科记着”。

张居正把这种现象概括为一句话：“上之督之者虽谆谆，而下之听之者恒藐藐。”他对此大为不满，甚至引用民间谚语加以比喻：“姑口顽而妇耳顺。”感叹道：“今之从政者殆类于此，欲望底绩而有成，岂不难哉！”[1]

为此，他回顾自己在隆庆年间提出的《陈六事疏》，内有“重诏令”一款，曾经提及，吏部发文，欲各衙门都建立勘合文簿，下达各地巡抚、巡按，明确订立公文处理程限。但是没有听说各衙门有如期执行者，寝格如故。对于这种积重难返的官场积

1 张居正《请稽查章奏随事考成以修实政疏》，《新刻张太岳先生文集》卷三十八。

弊，他忍无可忍，以为是违反《大明会典》所规定的祖宗成宪，必须制订一种明确可行又易于检查监督的制度。他说："查得《大明会典》内一款，凡六科每日收到各衙门题奏本状奉圣旨者，各具奏目送司礼监交收，又置文簿，陆续编号，开具本状，俱送监交收。又一款，凡各衙门题奏过本状，俱附写文簿，后五日，各衙门具发落日期，赴科注销，过期稽缓者参奏。又一款，凡在外司府衙门每年每月按将完销过两京六科行移勘合，填写底簿，送各科收贮，以备查考。钦此。及查见行事，例在六科，则上下半年仍具奏目缴本；在部院，则上下半月仍具手本，赴科注销。以是知稽查章奏自是祖宗成宪，第岁久因循，视为故事耳。请自今伊始，申明旧章。"[1]表示考成法并非新创，而是祖宗成宪的再现。

他的后人所写《太师张文忠公行实》说："万历元年七月上言：臣当先帝时所上便宜六事，其一愿上幸综核名实，乃当事者玩岁愒月，卒不能以实应，即所敷奏徒文具耳。请令自今天下吏民所上封事，有事下四方郡国者，请令诸曹皆置记籍，与为约期，而月令科臣按之，设所在抚按奉行诏书不以时奏报，或已奏报而诸曹故慢令，不与可否者，臣等当条列其事，请诏下所司诘问，责令对状。报可。"[2]表面上看起来，考成法的起点似乎很低，其

1 张居正《请稽查章奏随事考成以修实政疏》，《新刻张太岳先生文集》卷三十八。

2《太师张文忠公行实》，《新刻张太岳先生文集》卷四十七。

实是寓有深意的。它规定：凡是六部、都察院把各类章奏及圣旨，转发给各衙门，事先酌量路程远近，规定处理程限，并设置文簿存照，每月底予以注销。除通行章奏不必查考者，其他转行复勘、提问议处、催督查核等公文，另造处理文册两本，注明公文内容提要及规定处理程限，一式两份，一份送六科注销，一份送内阁查考。六科据此逐一核查，下月陆续完销。上下半年各总结汇查一次，分类检查簿内事件有无违限，未予注销。如有耽搁拖延，即开列上报，并下各衙门责问，令其讲明原委。次年春夏季再次通查上年未处理完事件，秋冬二季也照此进行，直到查明完销为止。如有不照此规定执行的衙门、官员，必加追究。巡抚、巡按拖延耽搁，由六部举报；六部、都察院在注销时容隐欺蔽，由六科举报；六科在缴本具奏时容隐欺蔽，由内阁举报。如此，月有考，岁有稽，使声必中实，事可责成。

这样就形成了一个自上而下的考成系统：由内阁稽查六科，由六科稽查六部、都察院，由六部、都察院稽查巡抚、巡按，建立起健全的行政运作系统。在这个系统中，最关键的是六科。所谓六科，是指洪武六年（1373）设立的吏、户、礼、兵、刑、工六科，每科设置给事中若干，对口稽查驳正六部（如吏科稽查驳正吏部，户科稽查驳正户部）的违误。六部尚书是二品衔，六科的首长——都给事中仅为七品衔，却可以纠劾封驳六部。以小官钳制大官，以六科监察六部，是明朝的创举。张居正把六科的职能予以扩大，使之直接向内阁负责，成为内阁控制政府各部门的重要助手。

皇帝完全赞成考成法，在张居正的奏疏上批示："卿等说的是，事不考成，何由底绩？这所奏都依议。其节年未完事件系紧要的着该部院另立期限，责令完报；若不系紧要及年远难完的，明白奏请开除，毋费文移烦扰。”[1]皇帝说“都依议”，即意味着全部照办，于是大权集于内阁，政令必责实效，从六部到地方政府，必须按时考查，所谓月有考、岁有稽，以求法之必行，言之必效，朝下令而夕奉行。

考成法收到明显的成效，最显著的是吏治肃清。万历元年（1573），张居正在写给南京太仆寺卿李世达（字子成，号渐庵，陕西泾阳人）的信中谈及改革，发了一通议论，从中可以看到此时此际他的内心思考：“明兴二百余年矣，人乐于因循，事趋于苦窳。又近年以来习尚尤靡，致使是非毁誉纷纷，无所归究。牛骥以并驾而俱疲，工拙以混吹而莫办，议论蜂兴，实绩罔效。所谓怠则张而相之之时也。况仆以草茅孤介，拥十龄幼主立于天下臣民之上，国威未振，人有侮心，若不稍加淬励，举祖宗故事以觉寤迷蒙，针砭沉痼，则庶事日隳，奸宄窥间，后欲振之不可得矣。故仆自受事以来，一切付之于大公，虚心鉴物，正己肃下，法所宜加，贵近不宥；才有可用，孤远不遗。务在强公室，杜私门，省议论，核名实，以尊主庇民，率作兴事。亦知绳墨不便于曲木，明镜见憎于丑妇，然审时度势，政固宜尔。

◤ 李世达，嘉靖三十五年进士。授户部主事，改吏部文选司、考功司郎中，为吏部尚书严讷所倚重。隆庆二年、三年大计，当事者拱手听裁。隆庆五年任南京太仆寺卿。累官至刑部尚书、都察院左都御史。万历二十一年因赵南星、赵永贤事牵连，告老还乡。

1 张居正《请稽查章奏随事考成以修实政疏》，《新刻张太岳先生文集》卷三十八。

且受恩深重，义当死报，虽怨诽有所弗恤也。”[1]

万历三年（1575），张居正与出任山东巡抚的李世达再次谈到整顿吏治，对考成法充满信心，概括为一句话：“考成一事，行之数年，自可不加赋而上用足。”他写道：“窃闻致理之要在于安民，欲民之安，责在守令。今主上年虽冲龄，已知注心邦本。然而上泽未能下究，下隐未能上通者，则以吏治欠核，而玩权挠法之豪，诡御窃辔之奸，鲠乎其中故耳……昨计部稍去太甚者，然未能尽拔根株，俟一二年后，将盐法、屯田经理就绪，内外储蓄少充，当尽罢之。考成一事，行之数年，自可不加赋而上用足……故仆以浅薄谬膺重寄，主上虚己而任之，自受事以来，昼作夜思，寝不寐，食不甘，以忧国家之事，三年于此矣。”[2]

万历四年（1576），张居正在给保定巡抚孙丕扬的信中，又一次强调，百姓安才能邦本固，而肃清吏治是前提，他写道：“近来吏治颇为肃清，惟司牧者计日待迁，终鲜实效。夫均徭、赋役、里甲、驿递，乃有司第一议，余非所急也。四事举，则百姓安，百姓安则邦本固，外侮无可患矣。”[3]为了肃清

◥ 孙丕扬，陕西富平人，嘉靖三十五年进士。万历元年擢右佥都御史，巡抚保定诸府。万历十五年拜刑部尚书，二十二年为吏部尚书。时朝政起伏，人事错综，孙丕扬几度辞官，几度起复。万历三十七年以七十八岁高龄应诏，“白首趋朝”，三十九年京官大计后辞归。家居两年后卒，年八十三。

1 张居正《与李太仆渐庵论治体》，《新刻张太岳先生文集》卷二十五《书牍》。

2 张居正《答山东抚院李渐庵言吏治河漕》，《新刻张太岳先生文集》卷二十七《书牍》。

3 许重熙《嘉靖以来注略》卷七，万历四年六月。

吏治，他主张用人应当首先考核功能，而不必拘泥于资格。《嘉靖以来注略》记载了一次君臣对话，很有意思。山东巡抚向皇帝报告，昌邑知县居官贪鄙，窃取帑金。皇帝拿了奏疏对辅臣说："此人与盗何异？"张居正回答："方今法纪粗张，贪风未止。若要太平，须是官不要钱。"皇帝问："此人乃进士，何无耻如此？"张居正说："惟自恃进士，故敢放肆。皇上用人惟当考其功能，不必拘以资格，若不要钱者，虽异途下僚，亦当显擢；贪赃坏法，即高第贵游亦当重处。"[1]

◤ 石应岳，隆庆五年进士。选庶吉士，历任户科给事中、礼科给事中、应天府尹、顺天府尹、兵部侍郎、户部侍郎等职。

万历六年(1578)，户科给事中石应岳(字钟贤，号介峰，福建龙岩人)等人向朝廷报告考成法实行的成效："自考成之法一立，数十年废弛丛积之政渐次修举。今逾岁终，例当纠举。臣等节据吏部等衙门开报……逐款稽查，共一百三十七事，计抚按诸臣胡执礼、郑国仕等七十六员，完报属愆期，法当参奏。但其中接管有先后，历任有深浅，伏乞圣明区别多寡，量加罚治一二。"数十年积弊渐次修举，是一大成效；稽查出七十多名官员没有按照考成法办事(完报愆期)，也是一大成效，是考成法题中应有之义。皇帝立即批示："这各官且饶这遭，今后查参考成，还要分别在任久近议罚。"[2]可见考成法是在认真实行的，

1　许重熙《嘉靖以来注略》卷七，万历四年十月。
2　《明神宗实录》卷七十一，万历六年正月乙巳。

有成效的。不过也暴露出一些问题，在一百三十七件中有七十六人愆期，并非小数目，说明积重难返，骤然绳之以法，谈何容易！

在传统政治中，官僚主义、文牍主义、形式主义是顽固而保守的陈年积习，看来只能限制，难以铲除。无论监察部门议建一法，或行政部门议厘一弊，习惯程序是：写一公文，上报朝廷，获得批准后，通过邮递部门传达四方，就算大功告成。至于各衙门是否照办，办的成效如何，根本不闻不问。于是，一批批公文从京师发出，经过长途跋涉，进入各衙门以后，便束之高阁，并不着实奉行。因循积习，年久日深，张居正偏要反其道而行之，扫除廓清，严厉整顿，给各级官员施加压力，不得再像以往那样混日子，阻力之大是可以想见的。

从宏观视角看来，考成法只是张居正整顿吏治的一个方面。另一方面是按照“综核名实信赏必罚”的原则，强调公铨选、专责成、行久任、严考察。

所谓公铨选，讲究的是官员的用舍进退，一以功实为准，不徒眩虚名，不尽拘资格，不摇之以毁誉，不杂之以爱憎，不以一事概生平，不以一眚掩大节。用人先求其平淡，而后求其聪明，只要能办事，不计较其他，故而才路大开，不觉人才匮乏。

所谓专责成，强调既用一人，就要赋予事权，使之得以施展才能。勤加指导，俾可成就；笃于信任，俾免沮丧。人臣能诚心担责，是国家之宝，能够荐达保护，即使蒙嫌树怨，也不回避。

所谓行久任，强调官员任职必须久任，才能熟悉事理，善于行政，否则，成效难见，贤否难分，无从综核名实。应该反对官不久任，更调过于频繁，迁转过于急骤，因为那将导致事不责成、毁誉失实。

所谓严考察，强调定期考察，或者随事考成，或者探访告诫。定期考察即一定期限届满，考察官员政绩，以此决定升降去留。京官六年一次考察，叫做“京察”；外官三年一次考察，叫做“外察”。随事考成即对于每件公事要限期办完，不得拖延推诿。探访告诫即对官员的奏报是否符合事实，必须加以探访，防止隐瞒不报或奏报不实。

扫除廓清、大破常格的政治革新，营造了雷厉风行的氛围，大小臣工鳃鳃奉职，中外淬励，莫敢有偷心。改变了官场的颓靡之风，实在是了不起的成功。

2.“今之从政者大抵皆然，又不独学校一事而已”——教育和考试制度改革

学校教育培养人才，与科举考试密切相关，也就是说，人才通过科举考试的选拔机制，成为官员的后备队伍，士风的好坏直接影响官场的风气。因此教育和考试成为政治问题，而引起朝廷的高度重视，正是在这种意义上，教育和考试制度改革的本质就是政治改革。万历二年（1574）四月的一道圣谕说：“责成提学官，近来造士徇情姑息，借誉士口，以致习尚浮薄，学行空虚。投之以政，全无实效，殊失朝廷育才待用之意。今后有不职者，该科参奏。”[1]

1 许重熙《嘉靖以来注略》卷七，万历二年夏四月。

显然这道圣谕并没有就教育论教育，就士风论士风，直接点明“习尚浮薄，学行空虚”的后果，是“投之以政，全无实效”，落脚点在政治上。

万历三年（1575）五月，张居正向皇帝提出教育和考试制度的改革，意在整顿士风，振兴人才，落脚点也在政治，说它是政治改革也不为过。张居正的这篇奏疏洋洋洒洒，开列了十八条改革举措；为了引出十八条改革举措，他集中火力抨击当时的学校风气与官场风气。话题从学校和督学说起：“养士之本在于学校，贞教端范在于督学之臣。”明初最重督学之臣的选拔，不独须学行优秀，又必须能执法持宪、正己肃下。这“执法持宪”和“正己肃下”，就是极高的政治标准。张居正说他年幼时所见到的提学官，“多海内名流，类能以道自重，不苟徇人，人亦无敢干以私者，士习儒风犹为近古”。话锋一转，近年以来情况大不一样，学官地位下降，自己又不自重，“既无卓行实学以压服多士之心，则务为虚谭贾誉，卖法养交，甚者公开倖门，明招请托……以故士习日敝，民伪日滋，以驰骛奔趋为良图，以剽窃渔猎为捷径。居常则德业无称，从仕则功能鲜效”。这几句话是在讲学官的堕落，实际是对整个官场的素描——虚谭贾誉，卖法养交，公开倖门，明招请托，以驰骛奔趋为良图，以剽窃渔猎为捷径——其中任何一条都可以在官场找到影子。如果整个官场风气不变，单要学官改变风气，必然流于空谈。张居正说，去年就要吏部整顿学官，一年过去，毫无效果，原因在于整个官场风气未变：“良以积习日久，振蛊为艰，冷面难施，浮言可畏。奉公守法者，上未必即知，而已被伤于众口；因循颓靡者，上未必即黜，而且博誉于一时。故宁抗朝廷之明诏，而不敢挂流俗之谤议；宁坏公家之法纪，而不敢违私门之请托。盖今之从政者大抵皆然，又不独学校一事而已。”[1]

张居正对政坛的积弊洞若观火，因循颓靡，违法乱纪，私门请托等，积习已久，所以他说“今之从政者大抵皆然，又不独学校一事而已”，由此可以看到，他请求“申旧章饬学政振兴人才”，本意还在于革新政治。他提出的十八条改革举措，放在这个背景下才能理解其良苦用心。

一、“圣贤以经术垂训，国家以经术作人，若能体认经书，便是讲明学问，何必又别标门户，聚党空谭？今后各提学官督率教官、生儒，务将平日所习经书义理，着实讲求，躬行实践，以需他日之用。不许别创书院，群聚徒党，及号招他方游食无行之徒，空谭废业，因而启奔竞之门，开请托之路。违者提学御史听吏部、都察院考察奏黜，提学按察司官听巡按御史劾奏，游士人等许各抚按衙门访拿解发”。

二、“孝弟廉让乃士子立身大节，生员中有敦本尚实，行谊著闻者，虽文艺稍劣，亦必量加奖进，以励颓俗。若有平日不务学业，嘱托公事，或捏造歌谣，兴灭词讼，及败伦伤化，过恶彰著者，体访得实，不必品其文艺，即行革退”。

三、“我祖宗设立卧碑，天下利病，诸人皆许

1 张居正《请申旧章饬学政以振兴人才疏》，《新刻张太岳先生文集》卷三十九《奏疏四》。

直言，惟生员（引者按：府州县学的学生，即秀才）不许。今后生员务遵明禁，除本身切己事情许家人抱告，有司从公审问，倘有冤抑，即为昭雪。其事不甘己，辄便出入衙门，陈说民情，议论官员贤否者，许该管有司申呈提学官，以行止有亏革退。若纠众扛帮，聚至十人以上，骂詈官长，肆行无礼，为首者照例问遣，其余不分人数多少，尽行黜退为民”。

四、“国家明经取士，说书者以宋儒传注为宗，行文者以典实纯正为尚。今后务将颁降《四书五经》《性理大全》《资治通鉴纲目》《大学衍义》《历代名臣奏议》《文章正宗》，及当代诰律典制等书，课令生员诵习讲解，俾其通晓古今，适于世用。其有剽窃异端邪说，炫奇立异者，文虽工弗录。所出试题亦要明白正大，不得割裂文义，以伤雅道”。

五、“各省提学官奉敕专督学校，不许借事枉道，奔趋抚按官，干求荐举。各抚按二司官亦不许侵伊职掌行事，若有不由提学官考取，径自行文给与生儒衣巾，及有革退生员赴各衙门告诉复学者，即将本生问罪革黜。若提学官有行止不端、怠玩旷职者，许巡按御史指实劾奏”。

六、“该管地方每年务要巡视考校一遍，不许移文代委。及于隔别府分调取生儒，以致跋涉为害。亦不许令师生匍匐迎送，考毕即于本地方发落，明示赏罚。不许携带文卷于别处发案，致令吏书乘间作弊，士子无所劝惩。亦不许招邀诗朋酒友，游山玩水，致启倖门，妨废公务”。

七、“提学官巡历所属，凡贪污官吏单民不法重情，及教官干犯行止者，原系宪司理当拿问……其生员犯罪，或事须对理者，听该管衙门提问，不许护短曲庇，致令有所倚恃，抗拒公法”。

八、“廪膳（引者按：官府发给在学生员的膳食津贴）增广，旧有定额。迨后增置附学名色，冒滥居多。今后岁考务要严加校阅，如有荒疏庸耄，不堪作养者，即行黜退，不许姑息。有捏造流言，思逞报复者，访实拿问，照例问遣。童生必择三场俱通者，始收入学，大府不得过二十人，大州县不得过十五人。如地方乏才，即四五名亦不为少。若乡宦势豪干托不遂，暗行中伤者，许径自奏闻处治”。

九、“两京各省廪膳科贡，皆有定额。近来有等奸徒利他处人才寡少，往往诈冒籍贯，投充入学。及有诡写两名，随处告考。或假捏士夫子弟，希图进取；或原系倡优、隶卒之家，及曾经犯罪问革，变易姓名，援纳粟纳马等例，侥幸出身，殊坏士习。访出严行拿问革黜。若教官纳贿容隐，生员扶同保结者，一体治罪革罢”。

十、“府州县提调官员宜严束生徒，按季考校，凡学内殿堂、斋房等屋损坏，即办料量工修理。其斋夫、膳夫、学粮、学田等项，俱要以时拨给，不许迟误克减”。

十一、“生员之家，依洪武年间例，除本身外，户内优免二丁差役”。

十二、“生员考试不谙文理者，廪膳十年以上，发附近去处充吏；六年以上，发本处充吏；增广十年以上，发本处充吏；六年以上，罢黜为民”。

十三、“儒学教官，士子观法所系，按临之日，考其学行俱优者，礼待奖励。其行履无过，但学问疏浅者一次考验，姑行戒饬，再考无进，送吏部别用。老病不堪者，准令以礼致仕。若卑污无耻，素行不谨者，不必试其文学，即拿问革黜”。

十四、“考贡（引者按：考入国子监读书的生员即贡生）照近日事例，每岁预将次年应贡生员限年，六十以下、三十以上，屡经科举者六人，严加考选，取其优者充贡。定限次年四月到部，听候廷试。文理不通者即行停降，年老衰惫者姑授与冠带荣身，不许但挨次滥贡”。

十五、“补贡有缺，务查人文未经到部，果在一年以里者将原给批咨硃卷追缴，方取年力精壮、文学优长者一人补贡，定限该贡年份，次年到部，方准收考”。

十六、“遇乡试年份，应试生儒名数，各照近日题准事例，每举人一名，取科举三十名，此外不许过多一名。两京监生亦依解额照数起送，有多送一名者，各监试官径行裁革，不许入场”。

十七、“名宦乡贤、孝子节妇，及乡饮礼宾，皆国之重典，风教所关。近来有司忽于教化，学校是非不公，滥举失实，激劝何有？今后提学官宜以纲常为己任，遇有呈请，务须核真。非年久论定者，不得举乡贤名宦；非终始无议者，不得举节妇孝子；非乡里推服者，不得举乡饮宾僎。如有妄举，受人请求者，师生人等即以行止有亏论，其从前冒滥混杂，有玷明典者，照近例径自查革”。

十八、“所辖境内有卫所学校，一体提调整理，武职子弟悉令习读《武经七书》《百将传》，及操习武艺。有愿习举业者，听社学师生一体考校，务求明师责成，量免差役。其行止有亏，及训诂句读音韵差讹，字画不端，不通文理者，即行革退”。[1]

这十八条举措，非常具体细致，对违背祖宗旧章的肆意妄为，痛加批判，措辞严厉，一个接一个的“不许”，如有违犯，一律拿问黜革，决不姑息。由于明初定制，生员（俗称秀才）可以享受优免差役特权，除本身外，家庭成员还可以优免两人的差役。获得举人、进士等功名，优免特权更大。学校教育和科举考试，成为获取特权利益的手段，各种弊端层出不穷。为了制止这些弊端，张居正提出各种举措。例如第五条规定，已经革退的生员，通过关系而复学，立即问罪开除；如系提学官渎职，巡按御史应该指实弹劾。又如生员名额旧有定额，以后增加的名额，大多数属于冒滥，应予开除；第九条规定南北两京以及各省的名额固定，一些奸徒利用某些地方考生较少，假冒籍贯投充入学，也就是后世所谓移民考试入学，一经查实，应予问罪，如有教官纳贿容隐，一体治罪。如此等等，目的在于纠正歪风邪气。

最值得注意的是，这一改革的着眼点是统一思想，钳制舆论。这在第一条和第三条、第四条反映得最为明显。嘉靖以来王学流行，冲决旧思想的网罗，以至于“六经注我，我注六经”。针对这种倾向，张居正主张遵循儒家经术，体认经书便是讲明

1 张居正《请申旧章饬学政以振兴人才疏》，《新刻张太岳先生文集》卷三十九《奏疏四》。

学问，不许别标门户，聚党空谭，更不许剽窃异端邪说，炫奇立异。这些规定在正统经学家看来，似乎是天经地义的事情。张居正并非正统经学家，却比他们更为厉害。一方面宣布不许各级学校的生员议论“天下利病”，另一方面宣布不许别标门户、聚党空谭，不许别创书院，打出来的幌子是提倡“躬行实践”，反对“空谭废业”。不仅说说而已，真的付诸“实践”，万历七年（1579）正月，皇帝发布诏令：毁天下书院。这个诏令以常州知府施观民私创书院赃私狼藉为借口，不但把他创办的书院捣毁，而且明确宣布，各地方所建书院，遵照皇明祖制，一律改为公廨衙门，书院的田粮查归里甲。同年七月、十月，再次重申这一禁令。

请看《万历邸钞》关于“毁天下书院”的记载：“吏部题复参究文武不职官员，大肆枭贪等事。奉旨：‘施观民原劾赃私狼藉，不止科敛民财，私创书院一节，明系勘官私庇容隐，独以一事坐罪。姑依拟，着革了职，冠带闲住。其所创书院，并各省直有私建的，着遵照皇祖明旨，都改为公廨衙门，田粮查归里甲。再不许聚徒游食，扰害地方，各巡按御史仍将查过缘由，立限从实具奏。其各提学官，候科场事毕，你部里会同礼部，照前旨从公考察。目今预行体访，如有违背敕谕徇私作弊的，着不候考察，即便奏来处治。’本年七月，吏部又奉

◥《万历邸钞》为万历年间的邸报抄本。其按时间顺序抄录并整理了万历元年至万历四十五年间部分记录重大事件的邸报。邸报是古代一种通告性的报纸。

旨：‘该省书院，应存留改建改正等项，俱依拟。其田粮，除白鹿洞留三百亩供祀外，其余都召民上价承买，各归里甲，办纳粮差，仍将召买价数，并归入里甲缘由，类造核册，报部稽查。各省直都照例行。’十月，又旨：‘今后巡盐御史再不许仍立书院名色，旷废本职，聚徒讲授，致滋奔竞嘱托之弊。如违，回道之日听本院考察参奏。’”[1]

◤ 夏燮，当涂人，清道光元年举人。曾入曾国藩幕府任事。所著《明通鉴》是记述有明一代历史的编年体史书。

从“姑依拟”“俱依拟”的字面看来，这些谕旨都是根据张居正的票拟发出的。正如夏燮所说：“是时士大夫竞讲学，张居正特恶之，尽改各省书院为公廨，凡先后毁应天等府书院六十四处。”[2]打着不许“空谭废业”的幌子，明令规定“不许别创书院，群聚徒党”，其本意就是钳制舆论、统一思想，不许士子们在书院里肆意议论朝政，对当前的改革说三道四。不管其出发点如何合理，落脚点必然矫枉过正，缺乏法理的支撑，显得太不合事理。另一条同样不合事理，居然宣称：国家政治的利弊得失，民众都可以直言，唯独府州县学校的生员不许发表意见。禁止学生议论国家大事，无论对学校或者对国家，有百害而无一利。

根据皇帝的诏令，取缔并捣毁全国六十四处书

1 钱一本《万历邸钞》，万历七年己卯卷，春正月毁天下书院。
2 夏燮《明通鉴》卷六十七，万历七年正月戊辰，诏毁天下书院。

院，许多历史上声名远扬的书院，都在这时寿终正寝。宋代以来蔚然成风的书院讲学活动，繁荣了学术，培养了人才，居然在这时戛然而止，弦歌之声终成绝响，令人惋惜之至。然而在张居正的逻辑中，却是理所当然的。他一再声称“嫌怨有所弗避”，不在乎别人对他有什么非议和埋怨，昂首阔步，独断专行。运用政权的力量来统一舆论，是法家惯用的手段，韩非、李斯主张“以法为教”“以吏为师”，以法律作为教材，以官吏作为教师，就是为了统一舆论。张居正继承了这一点，他在第四条中强调，国家以经术选拔士子，学校教育应该以宋儒传注为宗，熟读四书五经之外，特别指出，“当代诰律典制等书，课令生员诵习讲解，俾其通晓古今，适于世用”。所谓“当代诰律典制”，就是大明的法律，诸如《大诰》《大明律》《皇明制书》《大明会典》之类，“课令生员诵习讲解”，颇有“以法为教”“以吏为师”的味道。不许生员议论“天下利病”(即国家大事)，由此可以获得索解。

这种矫枉过正的做法激起众多儒生的反感，著名的何心隐事件就是一例。何心隐本名梁汝元，江西永丰人，以聚徒讲学而闻名。当时王艮的泰州学派高举反潮流旗帜，讲学风靡天下。何心隐与之遥相呼应，游学南北，到处聚徒讲学。这种行为触犯了当局“不许别创书院，群聚徒党”的规定，何况他还率性而行，在讲学时讽议朝政，违反了生员不许议论国家大事的规定。张居正对于何心隐“鸠聚徒众，讥切时政”极为愤怒，示意湖广地方官严加惩处。湖广有关官员，迎合内阁首辅的旨意，把何心隐击毙在监狱中。

著名的离经叛道思想家李贽，为此写了一篇纪念文章——

《何心隐论》:"人莫不畏死，公（何心隐）独不畏，而直欲博一死以成名……公今已死矣，吾恐一死而遂湮灭无闻也。今观其时武昌上下，人几数万，无一人识公者，无不知公之为冤也。方其揭榜通衢，列公罪状，聚而观者咸指其诬，至有嘘呼叱咤不欲观焉者，则当日之人心可知矣。由祁门而江西，又由江西而南安而湖广，沿途三千余里，其不识公之面而知公之心者，三千余里皆然也。非惟得罪于张相（张居正）者有所憾于张相而云然，虽其深相信以为大有功于社稷者，亦犹然以此举为非是，而咸谓杀公以媚张相者之为非人也。"[1]

万历七年（1579）颁布的"毁天下书院"的诏令，显然矫枉过正，有悖于时代潮流。四年之后，许多官员向朝廷呼吁，重建书院，恢复昔日自由讲学的风气。其中最有代表性的首推吏科给事中邹元标，他在万历十一年（1583）八月向皇帝进言五事：培君德、亲臣工、肃宪纪、崇儒术、饬抚臣。其中"崇儒术"提及毁书院一事，措辞严厉地指出，毁天下书院的实质是"假伪学以钳天下之口"。

◤ 邹元标，江西吉水人，万历五年进士。东林代表人物之一。入刑部观察政务，为人敢言，因反对张居正"夺情"，被当场廷杖八十，发配贵州。万历十一年任吏科给事中，多次上疏改革吏治，再遭贬谪。以疾归，居家讲学近三十年。天启元年任吏部左侍郎，后因魏忠贤乱政求去。

他写道："臣所忧者学术未明，而儒道大诎也，儒道大诎始于上之推刹而法令行也。常州知府施观

---

1 李贽《何心隐论》，《焚书》卷三《杂述》。

民靡费民财，私创书院，毁之诚是矣。乃概将先贤遗迹一概拆废，臣不知其解也。彼敢于蔑先圣之道者，不过恶聚讲，假伪学以钳天下之口耳……宋真宗赐九经于州县学校矣，尤及聚徒讲诵之所。聚徒讲诵自古已然，未闻概以伪学斥也。天下生材，囿于所禀，资有纯驳，故功有真伪，百伪之中得一真焉，亦足以维世道、匡颓风，因伪弃真，是因沙废金，因噎废食矣……天启圣明，将宋儒白鹿、石鼓等院不许概弃，是陛下且欲卫先圣之道以诏来兹。虽然，岂谓我朝人物出宋下哉？祖宗菁莪朴棫作人者深，诸儒渐仁摩义特立者众，如薛瑄、陈献章、罗伦、王守仁等先后以理学名者不下数十人，禔躬垂训，宛然濂洛家法，未可谓国无真儒也。今儒风不振久矣，上之所禁，下之所避；上之所作，下之所效也。士不鼓不趋，教不振不从。臣愚以为，凡所拆过书院先贤遗迹，宜敕礼部令郡邑或概议修复，或量为调停，虽未必真儒辈出，然使天下晓然知陛下崇儒重道盛心。学术从此而正，士习从兹而端，未可知也。”[1]

邹元标讲得有理有据，“聚徒讲诵自古已然，未闻概以伪学斥也”，用毁书院的手段来“钳天下之口”，无异于因噎废食。朝廷采纳了他的建议，很多书院陆续修复，新的书院不断兴建，自由讲学的风气再度重现。

1 邹元标《直抒肤见以光圣德以奠民生疏》，《万历疏钞》卷二《圣德类》。钱一本《万历邸钞》，万历十一年癸未卷。

二　改革的反弹：余懋学、傅应祯、刘台的非议

张居正的新政毫无疑问是切中时弊的，但过于操切，矫枉过正，一开始就遭到强烈的反对，引来诸多怨声，一时间甚嚣尘上。鉴于新政拨乱反正，成效卓著，反对者难以抓住把柄，便从攻击张居正个人品行下手，离间皇帝与他的关系，达到迫使他下台，中断新政的目的。

要攻击张居正，找一些话题，其实是并不太难的。

譬如，有的下属对他拍马奉承，阿谀献媚，竟然送给他黄金制成的对联，上面写道：

日月并明万国仰大明天子
丘山为岳四方颂太岳相公[1]

那些进士出身的官员，多少有一点文学底子，用在拍马屁上绰绰有余，文字对仗工整，把“太岳相公”与“大明天子”相提并论，颇有点僭妄嫌疑，张居正却安之若素。

又如，皇太后、皇帝把朝廷大权全部委托给张居正，又有冯保与之配合，宫府一体，使他得以专断独行，对于言官的批评议论极为反感。正如王世

1 吕毖《明朝小史》卷十四《万历纪》。

贞所说："一事小不合，诘责随下，敕令其长加考察。以故御史、给事中虽畏居正，然中多不平。"[1]御史、给事中偏偏有不少耿介之士，喜欢唱反调，对新政的不满和对张居正本人的非议，纠缠在一起。

再如，人们对张居正显赫之后善于敛财，议论蜂起。有的说，严嵩被抄家，十分之九财产进入宫中，后又逸出，大半落入宗室朱忠僖家，"而其最精者十二归江陵（张居正）"，"江陵受他馈遗亦如之，然不能当分宜（严嵩）之半计"。[2]虽然不及严嵩一半，也令人咋舌了。张居正忙于营建自己的私第，也引起了人们的注意。万历元年（1573）他在江陵城东建造太师府邸，皇帝不但为他亲笔书写堂匾、楼匾和对联，而且还拿出一大笔内帑银两赞助。上行下效。于是湖广官员纷纷出资行贿。这座豪华府邸历时三年建成，耗资二十万两银子，张居正自己拿出来的不到十分之一。[3]他还在北京建造了同样豪华的官邸，据目击者说，"其壮丽不减王公"；他死后，这座建筑改为全楚会馆（湖广同乡会馆）。[4]由此推知，其规模之大非一般住宅所可比拟。

一些阿谀奉承之徒为了讨好张居正，千方百计为他的儿子参加科举考试开后门、通路子。万历二年（1574），沈一贯担任会试主考官，同僚以张居正之子相托，沈一贯有点担忧："某于阅卷，鬼神临

1 王世贞《嘉靖以来首辅传》卷七《张居正传》。

2 王世贞《觚不觚录》，《弇州史料后集》卷三十九。

3 王世贞《嘉靖以来首辅传》卷七《张居正传》。光绪《荆州府志》卷七《地理志·古迹》，引《江陵志余》。

4 光绪《顺天府志》卷七十《故事志·杂事》。

◤ 沈一贯，浙江鄞县人，隆庆二年进士。万历二年出任会试同考官，历任翰林院编修、日讲官兼经筵讲官。累官少傅兼太子太傅、吏部尚书、建极殿大学士，万历二十九年为首辅。

之，私安敢？”对方说：“相公功在社稷，录其子不为私。”沈一贯不愿意作弊：“所以糊名易书者何？既知其人矣，谓非私不可。”将要发榜时，同僚再次请求沈一贯通融：“公不可，得毋累吾辈何！”沈一贯不为所动：“休矣，复相公（张居正），第云：沈生不可。”又说：“如有复我者，当鸣鼓于堂乃出。”发榜后，张居正“为拂然久矣”。[1]但是其他主考官并不都像沈一贯那样坚持原则，张居正的几个儿子相继跃登龙门，人们怀疑其中颇有花样。

平心而论，这些现象在当时的上层官僚中是司空见惯的。如果张居正是一个平庸之辈，人们也许置若罔闻。然而张居正是一个独断专行的内阁首辅，对下属特别是言官钳制甚严，引来强烈的反弹。《五茸志逸》记录一则逸闻，足以印证这一点：

> 曹介人述江陵相公钤束台省，台省不敢扬眉吐舌，绝无一人轻言说者。士人因编一噱语云：
>
> 江陵谓选郎：“科道最难得人，即如孔门四科十哲，未必人人可用。”
>
> 文选曰：“德行如回，何如？”
>
> 张公曰：“回也，于吾言，无所不说（借读言

1 徐象梅《两浙名贤录》卷十四《吏部尚书中极殿大学士沈肩吾一贯》。

说之说），未可用也。”

“文学如商何如？”

张公曰：“商也人闻圣道而说，出见纷华而说，未可用也。”

（文选曰：）“政事如求何如？”

张公曰：“非不说子之道，未可用也。”

张公曰：“然则政事如由，但恐其好勇耳。”

张公曰：“子见南子，子路不说，尽可用，尽可用。”

选郎唯唯而退。[1]

士人所编的这一“噱语”，是否杜撰，不得而知。但说张居正钤束科道官过严，当不太离谱，引来科道官的反感也在情理之中。

1. 余懋学的“政严则苦，法密则扰”论

第一个出来弹劾张居正的，是人称“抗劲喜事者”——南京户科给事中余懋学。余懋学，字行之，徽州婺源人，隆庆二年（1568）进士，万历初年（1573）提升为南京户科给事中。万历二年（1574）五月，翰林院有白燕，内阁有碧莲花早开，张居正把这种现象当作“祥瑞”，献给皇上。遭到冯保的当面批评：“主上冲年，不可以异物启玩好。”[2]碍于冯保的特殊地

1 吴履震《五茸志逸》卷二《曹介人述江陵相公钤束台省》。

2 万斯同《明史》卷四百六《宦官传下·冯保》。

位，张居正没有话好说。不料余懋学也抓住此事大做文章，弹劾张居正，大意是说，皇帝正在为大旱担忧，特地颁布罪己诏，希望与百官共同修身禳灾，而张居正却献祥瑞，不是大臣应有之宜。[1]小小的给事中也敢借此为口实，对内阁首辅指手画脚，张居正十分嫉恨，却不便发作，确实被人抓住了辫子。

万历三年（1575）二月，余懋学再次弹劾张居正，从崇惇大、亲謇谔、慎名器、戒纷更、防谀佞五个方面，对新政提出非议。所谓“崇惇大”，意在非议考成法，“精明之过则操切乘之”。他说：“陛下临御以来，立考成之典，复久任之规，申考宪之条，严迟限之罚，大小臣工靡不鳃鳃奉职，治功既精明矣。臣愚所过虑者，政严则苛，法密则扰。今综核既详，弊几尽剔，而督责复急，人惧不堪。诏旨多切责之辞，臣工右刻核之治，窃谓非所以培元气而存浑厚之体也。”他主张反其道而行之，“政令之行，依于忠厚，而不专尚刻核之实，更乞明诏群吏，洗涤烦苛，宁为山薮之藏，无为渊鱼之察”；“庙堂议事，无竭泽以焚林；台谏论人，勿索瘢于洗垢”。由此营造“宽严相济，政是以和”的局面。[2]这显然是和新政唱反调，反映了一些官员对于考成法过于操切、过于烦苛的不满情绪。

所谓“亲謇谔”，意在为言官提供宽松的环境：“言路通塞，治忽攸关……臣顷见诸臣属疏再四迟

1 焦竑《大司空余公传》，《皇明文海》卷四百一十九。张岱《余懋学列传》，《石匮书》卷一百六十七。

2 余懋学《陈五议以襄化理疏》，《万历疏钞》卷一《圣治类》。

回，惧触时忌。窃以为危言危行之时不宜有也。夫谏官未必皆贤，所言未必皆是，为君人者须宽假之、优待之，庶謇谔之气由之而振。”

所谓“慎名器”，意在提醒皇帝要牢牢掌握名器：“惟名与器不可假人，国制诰敕之典以风有位，非考满称职不与，非大庆覃恩不与，至慎重也……旧制难逾，邪心无厌，其渐不可长也。”

所谓“戒纷更”，意在强调“祖宗之法不可变”：“《诗》咏率章，《书》言由旧，祖宗之法不可变也，则自古记之矣……迩年以来，建白者炫奇，题覆者徇私，今日以某言立某法矣，明日辄以某言而罢之；今日以某言更某法矣，明日又以某言而复之。法令滋更，从违靡定……愿陛下申饬群工，恪守成宪，诸臣建白，酌之事体，无得剿说以邀名；该部题复，要于妥帖，无得依违以取媚。”

所谓“防谀佞”，意在批评六部大臣谀佞阁臣之风：“敬事后食，臣子之节，上下相谀，非国家之利。切见近时该部题复边功，往往首列阁臣勋猷，盛夸督抚功伐。”还说：“涿州桥工告完，天下明知为圣母济人利物之仁，而该部议功，乃至夸述阁臣、司礼之绩，例虽沿旧，词涉献谀。”讽刺部臣向张居正、冯保献媚。他认为，“该部尤不得辄加赞扬，以长谀佞，庶几朝多不伐之风，人怀敬事之念”。[1]

1 余懋学《陈五议以襄化理疏》，《万历疏钞》卷一《圣治类》。

含沙射影，指桑骂槐，一向是言官常用的笔法，张居正岂有不知，看了这份奏疏，勃然大怒，立即票拟谕旨，以圣旨名义发出，将余懋学革职为民。《万历邸钞》这样写道："春正月庚辰，南京给事中余懋学削籍。懋学疏陈五事……居正怒，有旨：某妄指时政操切，假借惇大之说，邀买人心，阴坏朝政，必得受赃官富豪贿赂，为之游说。似这等乱政险人，本当依律论治，念系言官，姑从宽革职为民，永不叙用。"[1]圣旨说他"受赃官富豪贿赂，为之游说"云云，显然是无稽之谈，他反对新政反对考成法，出于自己的政见，与受贿游说无关。此人为官一向清正廉洁，在罢官回乡途中，路过徽州府城，适逢歙县、休宁、婺源等五县民众争议丝绢不妥，他为此写了《豁释丝绢大辟疏》。[2]此时他已无官一身轻，却还要上疏言事，其忠心忧民之情也可见一斑。

张岱为他立传，对于他"好言事不谐于时"印象深刻。张居正死后，余懋学官复原职，愈加意气发舒，直言慷慨，晋升南京尚宝司卿。当时人人以争言为快，余懋学看到了问题的症结，"恐渐致壅蔽，乃列为十蠹上之。为执事者，得必居功，而失则归挽回之难，曰诬上之蠹。受官公家而因以为市，曰招权之蠹。己不受言而苛求于上，曰讳疾之蠹。敢于拂天子而难于忤要人，曰雷同之蠹。逆距

1 钱一本《万历邸钞》，万历三年乙亥卷，春正月。

2 康熙《婺源县志》卷十二《艺文志》。小野和子《东林党和张居正》，载《明清时代的政治和社会》，京都大学人文科学研究所，1983年，第63—102页。

言者而销其气，曰阻塞之蠹。倒置是非，曰欺罔之蠹。好胜不已而忿争，忿争不已而党比，曰争胜之蠹。结欢要津，媚悦近习，曰谀佞之蠹。自负时流，急于表异，不触而撞击，无疾而呻吟，曰乖戾之蠹。后言皆验，而亦以好言事不谐于时。”[1]对余懋学的评判是深刻的——“好言事不谐于时”，他的反对新政，反对考成法，也应作如是观。

2. 傅应祯的“三不足”论

如果说余懋学的弹劾不过是序幕，那么傅应祯的弹劾便是重头戏。

傅应祯，字公善，号慎所，江西安福人，隆庆五年进士，曾任零陵知县，万历初年出任御史。万历三年（1575）十二月二十一日，河南道试御史傅应祯向皇帝上疏，议论三事：其一是“存敬畏以纯君德”，其二是“蠲租税以苏民困”，其三是“叙言官以疏忠谠”。这篇奏疏用尖刻的措辞非议新政，弹劾张居正误国，批评皇帝失德，写得毫无顾忌。

他所说的第一事，是要皇帝常存敬畏之心，以纯君德。他向皇帝一连发出三个问题：岂真以天变不足畏乎？岂真以祖宗不足法乎？岂真以人言不足恤乎？进而谴责“敬天”“法祖”“求贤”之心未纯：

1 张岱《余懋学列传》，《石匮书》卷一百六十七。

——臣闻今岁雷震端门兽吻，地震于京师直省，不下数次……虽由大小臣工失职，曾未见皇上下修省一语，以回天意，晏然如处无事。岂真以天变不足畏乎？要亦敬天之心未纯也。

——遣太监往真定府抽扣，原非国初令典，事创于正统间也。先朝用李芳之言，停止前差，地方稍稍苏息。今不能纳科臣之谏，必欲差往，奈何甘心效中朝失德之故事。岂真以祖制不足法乎？要亦法祖之心未纯也。

——臣又近闻户科给事中朱东光陈言保治，不过一二语直切时事，犹未若古人臣之解衣危论，折槛抗疏也。几于触犯雷霆，本又留中。岂真以人言不足恤乎？要亦侧席求贤之心未纯也。

兜了一大圈，图穷匕首见，傅应祯终于把张居正与王安石挂起钩来："此'三不足'之说，王安石所以误（宋）神宗，陛下肯自误耶？"

文章写得漂亮，思想却颇为迂腐。所谓"三不足"，即天变不足畏、祖宗不足法、人言不足恤，是王安石变法的精神支柱，无可非议。改革者如果没有"三不足"思想，势必一事无成。傅应祯以此批评皇上"自误"，其实是指责内阁首辅张居正以"三不足"误皇上，流露出对新政的不满。他希望皇帝乐于纳谏，宽容言官："凡人臣进言，如朱东光批鳞蹑尾，岂无畏死之心？无非感荷国恩，思效犬马，不必计其论列之是与非也，均当容受，使知朝廷乐于从谏；不必计其章疏之当与否也，俱下该衙门知道，使知朝廷无所忌讳。”[1]其实是以朱东光为例，希望朝廷乐于从谏，为自己犯颜进谏预留退路，没有料到自己的下场会如此之惨。

他所说的第二事“请蠲逋税以苏民困”，是请求减免欠税。他回顾神宗皇帝初登宝位时下诏宣布，蠲免嘉靖三十四年至隆庆元年之间的“未完钱粮”——所欠田赋全部免缴；隆庆二年（1568）至四年未完钱粮，一律“免三征七”——减免三成只征七成。由于实行考成法，征税作为一项考核指标，使得原先的德政化作泡影。他写道：“官司乃尔穷追，不过为囊橐计耳。近奉稽查章奏，完不及分数者，抚按听参，郡县听降，诸司望风而股慄……钱粮一日未完，则俸一日不开，俸一日不开，则罪谴一日未释。彼之处心积虑，设法杖并者将无不至，民之椎膏折髓，彼暇顾哉！盖朝廷以此责成抚按，抚按以此责成郡县矣，其取盈于民者亦势也。尝见披枷带锁相藉于道路，提携保抱逃窜于他境，形似失巢之鸟，苦如游釜之鱼。”[2]为了征收未完钱粮，朝廷责成各省巡抚、巡按，巡抚、巡按则向下责成府州县官，钱粮一日未完，就停发官员俸禄，官员为了俸禄，千方百计催征，不顾人民椎膏折髓。这种负面信息，放大了新政不为人知的另一面。

1 傅应祯《披血诚陈肤议以光圣治疏》，《万历疏钞》卷一《圣治类》。傅应祯两次提到的朱东光，号存敬，原籍江西临川，徙居福建浦城，嘉靖四十年举人，隆庆二年进士。曾任祁门知县，以政绩卓异提升户科给事中，上疏请皇上防微杜渐。

2 傅应祯《披血诚陈肤议以光圣治疏》，《万历疏钞》卷一《圣治类》。亦参见钱一本《万历邸钞》，万历四年丙子卷，春正月；文秉《定陵注略》卷二《建言诸臣》。

他所说的第三事“叙用言官以开忠谠”，是为余懋学翻案。他说：“南京给事中余懋学条陈五事，直切时政，其间不无指摘太过。皇上将余懋学禁锢终身，不使再用。无非寓仁恕于惩戒之内，使言者慎重而不敢轻也。”接下来话锋一转，指出后果的严重性：“远近臣民不悟，遂谓朝廷之讳直言如此，其逐谏官又如此，相与思、相感叹，凡事之有关于朝政者，皆畏缩不敢陈矣。”如果皇上能够重新起用余懋学，“则正直之气弘，而謇谔之风兴，岂非太平盛事也哉”！[1]

这当然是不可能的，他不但救不了余懋学，连自身也难逃厄运。张居正推行新政，岂能半途而废，又岂能有人反对就改弦更张！尤其使他不能容忍的是，傅应祯竟敢用王安石以“三不足”之说误宋神宗，来影射他以“三不足”之说误明神宗。张岱说得好：“时江陵（张居正）当国，（傅应）祯上疏言三事……疏入，江陵大怒，谓以王安石语侵己，拟旨逮（傅应）祯，诏狱拷讯，五毒备至。”[2]张居正草拟的圣旨语气极为严厉：“朕以冲昧为君，朝夕兢兢……傅应祯无端以‘三不足’诬朕，又自甘欲与余懋学同罪。这厮每必然阴构党与，欲以威胁朝廷，摇乱国是。着锦衣卫拿送镇抚司，好生打着问了来说！”[3]

傅应祯的下场比余懋学要惨多了。因为他落到

1 傅应祯《披血诚陈肤议以光圣治疏》，《万历疏钞》卷一《圣治类》。

2 张岱《傅应祯列传》，《石匮书》卷一百六十七。

3《明神宗实录》卷四十五，万历三年十二月乙酉。

了锦衣卫镇抚司的手里。设立于洪武十五年（1382）的锦衣卫是一个特务机构，有两大任务：一是直驾侍卫，二是巡察缉捕。为了巡察缉捕，锦衣卫专设镇抚司，直接承办皇帝交付的重案要案，特设“诏狱”——遵照皇帝诏令查处人犯的监狱，权力凌驾于政府的司法部门之上，惯于刑讯逼供。既然皇帝圣旨明言“好生打着问”，要追究“阴构党与”之事，镇抚司诏狱的严刑拷打便名正言顺。傅应祯始终没有屈打成招，没有招认子虚乌有的“阴构党与”。[1]被打成重伤之后，户科给事中徐贞明（字伯继，号孺东，江西贵溪人）闻讯，披头散发赤脚进入狱中，为他送药粥。广东道御史李桢、陕西道御史乔岩也随之赶来，慰问傅应祯。朝廷察觉此事，诘问三人，徐贞明辩解道：“傅应祯直臣也，臣知其无罪，故往问之，无他意。”皇帝大怒，把三人降二级调外任。[2]

十二月二十三日，傅应祯被发配往定海卫充军终身。傅应祯喜出望外：“臣无生理，主上犹待以不死，使得执戟海上，臣老死奚憾！”到了定海，市井小民拦路围观，纷纷说，这就是上奏减免欠税，救活我小民的人啊。争相让出房屋给他居住，送子弟向他求学。[3]

万历四年（1576）正月，皇帝在文华殿讲读完毕，对张居正谈起傅应祯的事，仍心有余恨。

1 邹元标《南大理寺丞慎所傅公状》，《皇明文海》卷九百十一。

2 张岱《傅应祯列传》，《石匮书》卷一百六十七。康熙《安福县志》卷三《傅应祯传》。

3《明神宗实录》卷四十五，万历三年十二月丁亥。张岱《傅应祯列传》，《石匮书》卷一百六十七。

皇帝问："昨傅应祯以'三不足'之说讪朕，朕欲廷杖之，先生不肯，何也？"

张居正答："此无知小人，若论其罪，死有余辜。但皇上即位以来，圣德宽厚，海内共仰，此何足以介圣怀。且昨旨一出，人心亦当儆惧，无敢有妄言者矣。国家政事或宽或严，行仁行义，惟皇上主之。"

皇帝说："前有救应祯者，既疏称其母老，朕查应祯止有父在，而顾言母，欺朕如是！"

张居正说："言官不暇致详，何足深罪。"

皇帝对在旁的阁臣吕调阳、张四维说："昨文书房持应祯疏到阁，二先生何故不出一语？须同心报国，不得避忽。"

吕调阳、张四维听到皇上的批评，赶忙表态："臣等敢不同心！"[1]

这场君臣对话，反映了皇帝与内阁首辅步调完全一致，向非议新政者显示了毫不退让的强硬态度。而且看起来皇帝对傅应祯的痛恨比张居正更甚，竟然打算廷杖，若不是张居正出面劝阻，傅应祯此番不是死于杖下，也要重伤致残了。

1 钱一本《万历邸钞》，万历四年丙子卷，春正月。《明神宗实录》卷四十六，万历四年正月庚子。

3. 刘台的"擅作威福"论

言官中颇有一些不怕死的人。傅应祯的同乡、辽东巡按御史刘台挺身而出，写了长达五千字的奏疏，弹劾张居正，反对新政。

刘台，字子畏，江西安福人，隆庆五年（1571）进士，授刑部主事，万历初年改御史，巡按辽东。他对于张居正钳制言论，动辄斥责言官，植党营私，动摇国是的“专恣”作风早已不满。他虽是张居正所选拔的士人，却不愿徇私而缄口沉默，扬言：忠臣不私，私臣不忠，终不可以荐举之私恩忘君父之大义。[1]就在傅应祯充军一个月后，即万历四年（1576）正月二十三日，写了题为《恳乞圣明节收辅臣权势》的奏疏，弹劾张居正。他不像傅应祯那样以“三不足”之说影射张居正，而是直截了当地指名道姓，谴责张居正“擅作威福”，“畏居正者甚于畏陛下，感居正者甚于感陛下”，这种离间皇帝与首辅的手法是极易奏效的。张居正推行新政，一再强调遵循祖宗之法，他就从“祖宗之法”切入，层层批驳。

首先提及的是，张居正以宰相自居，擅作威福，显然违背祖宗之法。他说：太祖高皇帝鉴于前代之失，废除丞相。成祖文皇帝开始设置内阁，参预机务，当时官阶不高，不可能专制。二百年来，即使有擅作威福者，也惴惴然避宰相之名而不敢居，因为有祖宗之法在。张居正居然以宰相自居，“自内阁大学士张居正专政以

1 万斯同《明史》卷三百二十四《刘台传》。康熙《安福县志》卷三《刘台传》。按：张居正主考会试，刘台中第七名；廷试时张居正是读卷官，刘台中二甲第四名；刘台列部属官三年，张居正荐举其为辽东巡按御史。

来，每每自道必曰：‘吾相天下，何事不可作止，何人不可进退？’大小臣工，内外远近，非畏其威，则怀其德”；“居正自大学士高拱逐去后，擅威福者三四年矣。每一闻谏官微言婉辞稍侵及之，必曰：‘吾奉天子守祖宗法，若等安得为是狂直耶！’”[1]

刘台紧紧抓住“吾守祖宗之法”这一挡箭牌，列举事实，逐条批驳。

——往者王大臣狱兴，诬连高拱。夫拱擅则有矣，逆未闻也，公议籍籍不平。（居正）密为书令拱切勿惊死，恐己负杀大臣名。夫逐之诬之，宰相威也，已而私书安之，宰相福也。祖宗之法若是乎？

——今诏旨一下，果严耶，居正曰：‘我费多少力方如此’。由是人不敢不先谢之，是人畏居正甚于畏陛下矣。果温耶，居正则曰：‘我费多少力方如此’。由是人不敢不先谢之，是人怀居正甚于怀陛下矣……祖宗之法果如是乎？

——居正条陈章奏考成，有曰：各省抚按凡考成章奏，每二季该部各造册二本，一本送内阁，一本送（六）科。抚按延迟，该部举之；该部隐蔽，该科举之；该科隐蔽，阁臣举之。

1 刘台《恳切圣明节收辅臣权势疏》，《万历疏钞》卷十八《发奸类》。钱一本《万历邸钞》，万历四年丙子卷，春正月。

夫部院分理邦事，举而劾之其职也；科臣封驳奏疏，举而劾之其职也。阁臣例无印信，衔列翰林，翰林之职止备顾问，不侵政事，祖宗制也。居正创为是说，不过欲制胁科臣，总听己令……祖宗之法如是耶？

在咄咄逼人的驳斥后，刘台揭发张居正作威作福的事例：

——为固宠计，献白燕、白莲，致诏旨切责，传笑天下。

——为择好田宅计，指授该府道，诬辽王以重罪，今武冈王又议罪矣。

——为子弟连中乡试，而许御史舒鳌以京堂，布政使施尧臣以巡抚，今年嫡子又起觊心矣。

——居正之贪，不在文官而在武臣，不在腹里而在边鄙。不然，入阁未几，而富冠全楚，果何致之耶？宫室舆马，妻妾奉御，有同王侯，果何供之耶？

为了激起皇帝对张居正的愤恨，刘台对皇帝说："当此之时，谏人主易，言大臣难。而为大臣者，每每一闻人言，则藉人主之宠，激人主之怒，或曰诽谤，或曰奸党，或曰怨望，或罪一人以畏惕乎众，或连众人以阴杜乎后……于是有一种无籍恶徒起而附会之，言者之祸益烈，大臣之恶日滋，而天下国家之事日去矣……臣故曰谏人主易也，但言涉辅臣，则祸在不测。余懋学反覆四条，隐言张居正之辅政操切；傅应祯愤发三款，俱比王安石之辅政不职，此固天下所共知也。天下所共知犹可言也，至其中则有负性刚果，持身正大，不从其指授，不出其门下，举不当其意，劾不出其私，则乘机会以他事中之迁之。迁之而遇考察也，则又以考察锢之。”[1]

神宗皇帝看了如此肆无忌惮的言论，大为光火，以为是“诬枉忠良，肆言排击，意在构党植私，不顾国家成败”，下令锦衣卫把他逮捕。[2]张居正更加不能容忍，刘台把前两次弹劾联系起来，说余懋学是“隐言张居正之辅政操切”，傅应祯把他“比王安石之辅政不职”，又多次攻击他以权谋私，什么“子弟何功，而尽列巍科”，什么“家殷于全楚，道路宣言”，什么“居正之贪不在文官而在武臣，不在腹里而在边鄙”等。使他陷于空前的被动之中，不得不向皇帝当面辩解：“(刘)台与傅应祯素厚，应祯之言，实有所主。彼见应祯谪戍，三御史又以连累得罪，妄自惊疑，惧将来之不免，故无顾忌而发愤于臣。以为排击辅臣，既可免于公法，又足以沽直声而希后用，此为臣致谤之由。”他还颇带感情地对皇帝慨叹：自从遭到刘台弹劾，“其门巷寥寂，可设雀罗”，“国朝二百余年并未有门生排陷师长，而今有之”。[3]

由于遭到二百余年未有的门生排陷师长的奇耻大辱，张居正于次日(二十四日)向皇帝递交了辞呈。皇帝颇感意外，赶紧慰留：“卿赤忠为国，不独简在朕心，实天地祖宗所共降监。彼谗邪小人，已有旨重处。卿宜以朕为念，速出辅理，勿介浮言。”[4]看来，刘台对他的伤害确实比余懋学、傅应祯厉害，

1 刘台《恳切圣明节收辅臣权势疏》，《万历疏钞》卷十八《发奸类》。

2《明神宗实录》卷四十六，万历四年正月丁巳。

3 钱一本《万历邸钞》，万历四年丙子卷，春正月。

4 张居正《被言乞休疏》，《新刻张太岳先生文集》卷三十九。

第二天（二十五日），张居正再次提出辞呈。他一方面承认，现在朝廷诸多事务还未走上正轨，海内百姓尚未咸若，不是言去之时。另一方面表示，“擅作威福”的非议，有损他的气节，声辩：“言者以臣为擅作威福，而臣之所以代主行政者，非威也，则福也。即其近似而议之，则事事皆可以为作威，事事皆可以为作福。虽皇上圣明，万万不为之投杼，而使臣常负疑谤于其身，亦岂臣节所宜有乎！”皇帝理解他的想法，肯定他的气节，再次慰留：“卿精诚可贯天日，虽负重处危，鬼神犹当护佑，谗邪阴计岂能上干天道！朕亦知卿贞心不二，决非众口所能摇惕……卿宜即出视事，勉终先帝顾托，勿复再辞。”[1]

据说，张居正向皇帝递交辞呈时，难过得伏地痛哭流涕，迟迟不肯起身。皇帝走下龙椅，手掖张先生站起，对他说：“先生起，吾为逮（刘）台，竟其狱以慰先生。”再三慰问，张居正仍不肯出来办公。[2]皇帝只得派司礼监太监孙隆，拿着他的亲笔手谕和赏赐品，到张府慰问，当面传达皇上的谕旨：“先帝以朕幼小，付托先生。先生尽赤忠以辅佐朕，不辞劳，不避怨，不居功，皇天后土祖宗必共鉴知。独此畜物为党丧心，狂发悖言，动摇社稷，自有祖宗法度。先生不必介意，只思先帝顾命，朕所倚任，保安社稷为重，即出辅理，朕实惓惓伫

1《明神宗实录》卷四十六，万历四年正月己未。张居正《被言乞休疏》，《新刻张太岳先生文集》卷三十九。

2 王世贞《嘉靖以来首辅传》卷七《张居正传》。万斯同《明史》卷三百二十四《刘台传》。

望。特赐烧割一份，手盒二副，长春酒十瓶，用示眷怀。先生其钦承之，慎勿再辞。”张居正捧读御笔谕旨后，立即上疏谢恩：“司礼监太监孙隆恭捧到臣私寓，臣焚香望阙，叩头祗领，捧诵未毕，涕泪交零……既特孚皇上昭鉴，则呶呶之口诚无足为重轻……虽嫌怨以奚辞。”皇帝看到“虽嫌怨以奚辞”，高兴地说：“览卿奏，知卿勉出辅理，朕心乃悦。”[1]

几天后，刘台披枷带锁从辽东押解至北京，关进锦衣卫镇抚司诏狱。在狱中，受到严刑拷打，他没有屈服，言辞越发尖刻。众人莫不为他的处境而担忧，他却慷慨自若。[2]镇抚司审讯后，决定以“廷杖遣戍”上报。张居正虽然对刘台恨之入骨，还是请求免于廷杖。他不得不这样做，因为上次傅应祯谤讪皇上，他曾请求免于廷杖，这次刘台诋毁内阁首辅，更应该免于廷杖。所以他在奏疏中说：“前傅应祯诬损圣德，臣再三恳宥免杖，天下莫不称仁。今（刘）台所诬诋者臣，比之君父悬矣。若欲尽法，是臣所恶于天下者，事上而爱君父不如爱己，臣不敢也。”[3]皇帝十分欣赏他的处事原则，称赞道：“（刘）台谗狠奸人，卿犹申救，可谓忠慈之至矣。”[4]既然张先生已经表态，刘台诬诋首辅，罪状应该低于诬诋皇帝的傅应祯，于是下旨将刘台削籍为民。

1 张居正《谢恩疏》，《新刻张太岳先生文集》卷三十九。《明神宗实录》卷四十六，万历四年正月庚申。

2 康熙《安福县志》卷三《刘台传》。

3《明神宗实录》卷四十六，万历四年正月丁巳。

4《明神宗实录》卷四十六，万历四年正月丁巳。

余懋学、傅应祯、刘台掀起不大不小的政治波澜，在皇帝与内阁首辅的通力合作下，终于打压下去了。不过付出了沉重的代价，留下了难以弥补的政治后遗症。人们对于他们同情多于憎恨，影响绵延多年。汤显祖有诗赞扬刘台：

> 哀刘泣玉太淋漓，棋后何须更说棋。
> 闻道辽阳严谴日，无人敢作送行诗。[1]

◥ 汤显祖，江西临川人，万历十一年进士。隆庆五年起，汤显祖连续四次参加三年一次的进士考试，后两次考试时，因谢绝张居正的延揽而落选，直至张居正去世的第二年方才得中。

余、傅、刘的言论或许偏颇甚至迂腐，同情他们的人并非都赞同他们的观点，但是对于言官的封驳职权遭到无情打压，有一种难以言说的不满情绪。张岱对张居正钳制言官的批评，就是如此："以江陵（张居正）之威力，控制一二言官，政如泰山压卵，无不糜烂。乃又有石压笋斜出，如七君子之闵不畏死者，亦铮铮为天下之奇男子矣。嗟乎，江陵防口如川，乃决壤穿垠，水势奔腾，毕达其性。江陵虽忮，其亦奈之何哉！[2]继余懋学、傅应祯、刘台之后，吴中行、赵用贤、艾穆、沈思孝前仆后继，掀起另一番波澜，可歌可泣。张岱把他们并称为不怕死的七君子，铮铮之奇男子。

---

1 汤显祖《题东光驿壁刘侍御台绝命处》，《明诗纪事》庚签卷二。

2 张岱《余赵吴傅沈艾刘列传》，《石匮书》卷一百六十七。

三　围绕张居正“夺情”的政治风波

1. 张居正“丁忧”

张居正在神宗皇帝支持下，仍一如既往地实施新政。万历四年（1576）十月，他以少师兼太师、吏部尚书、中极殿大学士的职衔，九年考满。十九日，皇帝对张先生以一品九年考满，向吏部下了一道圣旨：“元辅受命皇考，匡弼朕躬，勋德茂著。兹一品九年考绩，恩礼宜隆。着加进左柱国，升太傅，支伯爵俸，兼官照旧，给予应得诰命，还写敕奖励，赐宴礼部，荫一子尚宝司司丞，以称朕褒答忠劳至意。”[1]为了褒奖，他派文书房太监前往张府，赐银五十两、苎丝四表里、羊三只、茶饭五桌、酒三十瓶、新钞五千贯。

面对如此皇恩隆遇，张居正有点诚惶诚恐，立即上疏辞免，说自己“学术迂疏，行能浅薄。朝夕献纳，不过口耳章句之粗；手足拮据，率皆法制品式之末。心力徒竭，绩效罔闻”。因此，面对非常之赏，不胜感激惶惧之至。[2]次日，皇帝特遣司礼监随堂太监孙秀带着他的亲笔手谕前往张府，再次表示恩赏之意，请勿再辞。尔后，又派文书房太监孙得胜带去奖励敕书一道。张居正还是感谢、辞免。次日，皇帝再下圣旨，表彰张先生功在社稷，

1《明神宗实录》卷五十五，万历四年十月丙子。

2 张居正《考满辞免恩命疏》，《新刻张太岳先生文集》卷四十《奏疏五》。

泽被苍生，所辞不允。张居正继续辞免，情辞颇为恳切，大意是，人之受享，各有分量，受过其量，鲜不为灾。早夜思维，如负芒刺。皇帝再次降旨，赞扬他精忠大勋，经邦论道，特晋崇阶，允孚公论。张居正还是辞免，皇帝不得已。准予辞去太傅头衔与伯爵俸禄。[1]

父荣，子随之而贵。万历五年（1577）二月，张居正的次子张嗣修，会试中式。张居正因儿子即将殿试，请求回避读卷。皇帝不允："读卷重要，卿为元辅，秉公进贤，不必回避。"[2]这场会试仅仅是形式而已，结果是在意料之中的：张嗣修进士及第，成为榜眼（一甲第二名）。张居正利用讲课的机会，当面向皇帝谢恩："臣男嗣修，钦蒙圣恩，赐进士及第。"皇帝回答得很直爽："先生大功，朕说不尽，只看顾先生的子孙。"[3]原来如此！皇帝是用"看顾先生的子孙"作为报答的，所谓"看顾"，就是特批。如果说要追究科场舞弊，那么这算得上最大的舞弊，不过在皇恩浩荡掩盖下，又算不得舞弊，因为那些"进士及第出身"，都是皇帝赏赐的，赐予张三与赐予李四，别无二致。

然而人算不如天算。正当张居正志得意满之时，噩耗传来，父亲病故。对于一般人而言，父亲去世是家庭私事，但是对于张居正这样众人瞩目的首席大臣而言，如何处理亡父的丧事，竟然蒙上了

1 张居正《考满谢手敕加恩疏》《再辞恩命疏》《三辞恩命疏》，《新刻张太岳先生文集》卷四十。《明神宗实录》卷五十五，万历四年十月丙子。

2《明神宗实录》卷五十九，万历五年二月乙丑。

3 钱一本《万历邸钞》，万历五年丁丑卷，三月壬寅策士条，写道："赐沈懋学、张嗣修、曾朝节等进士及第出身。嗣修，居正嫡子。上御文华（殿）讲毕，居正致词：'臣男嗣修钦蒙圣恩，赐进士及第。'上答曰：'先生大功，朕说不尽，只看顾先生的子孙。'前刘御史台疏云'子弟连中乡试，今年嫡子又起觊心'者此。"

一层浓烈的政治色彩，酿成轰动一时的特大风波。

张居正的父亲张文明，字治卿，号观澜，在科举道路上困顿得很，连考七次乡试，都名落孙山。在二十岁那年，花钱补了一个府学生，一直到死，还是名府学生。父以子贵，儿子既为内阁首辅，父亲也就非同一般，有点得意忘形，纵容家人奴仆横行乡里。张居正无法掩饰，只得低声下气向地方官打招呼："老父年高，素怀坦率，家人仆辈颇闻有凭势凌轹乡里，溷扰有司者，皆不能制。"[1]言外之意，希望地方官多多包涵。

万历五年(1577)，七十四岁的张文明患病，张居正本想请求皇上赏赐一个月的假期，回乡为父母二老祝寿。恰逢宫中筹备皇帝大婚，作为内阁首辅，身系重任，请假之事难以启齿。因此常常缅然长思，伤心落泪。皇帝也看出张先生近日面容清瘦，问左右侍从，是否思念父母？左右侍从叩头回答：正是思念二老。于是皇太后、皇帝拿出内帑，派人送往荆州张府，皇帝还亲笔写了手谕给张先生，说明这是"朕致先生父母"的心意。张文明受到太后、皇帝的赏赐，感动得五体投地，向使臣再三跪拜说：臣文明死无以报，愿借助臣的儿子报答陛下。张居正见皇上如此恩礼隆异，越发不敢提出回乡探亲的请求了，毕竟放心不下，写信给叔父，想把父母接来北京奉养。岂料张文明不同意，回信

1 张居正《与楚抚赵汝泉言严家范禁请托》，《新刻张太岳先生文集》卷二十五。

把儿子训斥一通：怎么可以为了照顾老人，而分散效忠国家之心？请看他的原话："肩巨任者不可以圭撮（按：圭撮是很小的计量单位）计功，受大恩者不可以寻常论报，老人幸未即衰，儿无多设不然之虑，为老人过计，徒令奉国不专耳。"为了解除儿子的后顾之忧，张文明每天要家童抬轿携酒，与二三老者游行于山水之间，故作矫健状。因此友人从江陵赴京，总是向张居正报告"大父善饭"的好消息。不料故作矫健弄巧成拙，某日登"王粲楼"，冒着秋天的霜露在外面小睡，受到风寒，一病不起，十一天后便与世长辞。[1]

张居正原本想在明年夏初回乡探望老父，不料万历五年（1577）九月十五日父亲遽尔病逝。二十五日，噩耗传到北京。次日，内阁辅臣吕调阳、张四维把噩耗报告皇上，希望引用先朝金幼孜、杨溥、李贤的"夺情起复"故事，请求皇上挽留张居正。

中国的传统伦理讲究孝道，皇帝都标榜"以孝治天下"，官僚必须遵守"丁忧"制度。所谓"丁忧"，就是嫡亲祖父母、父母死亡，作为子孙的官僚应该辞去官职，回家服丧守孝二十七个月，叫做"丁忧守制"。期满以后，再回到原来的岗位，叫做"服满起复"。这种规定，未免过于死板，过于迂腐，作为政府首脑的内阁大臣，离开岗位二十七个月，朝务难以顺利进行，因此就有了变通的特例。

1《太师张文忠公行实》，《新刻张太岳先生文集》卷四十七。

宣德元年（1426）正月，内阁大学士兼礼部尚书金幼孜（名善，以字行，号退庵，江西新淦人），母亲死了，要去“丁忧”，皇帝用诏书的形式“夺情”——不准他回乡服丧守孝，继续留在岗位上工作，即所谓“夺情起复”。宣德四年（1429）八月，内阁大学士杨溥（字弘济，湖广石首人），以母丧“丁忧”离职，随即“夺情起复”。成化二年（1466）三月，内阁首辅李贤（字原德，河南邓州人）遭父丧，宪宗皇帝只让他“丁忧”了两个月，就“夺情起复”了。

不过这种特事特办，不符合祖宗旧制。“国初令，百官闻丧，不待报，即去官。后京官有勘合，在外官有引，起复有程限，夺丧、短丧、匿丧有禁，视昔加严云。”对于官员“匿丧”，正统七年（1442）有令“俱发原籍为民”，意味着革职罢官。正统十二年（1447）又有令：“内外大小官员丁忧者，不许保奏夺情起复。”[1]所以此类事例并不多见。明武宗时代的内阁首辅杨廷和，父亲病故，他请求回家奔丧“丁忧”，皇帝不许，经过再三请求，才得到批准。在“丁忧”期间，皇帝要“夺情起复”，杨廷和再三坚持，始终没有“夺情起复”。内阁首辅能够为父母丁忧二十七个月，杨廷和开创了先例，得到不少人的赞扬。官员们必定会拿杨廷和的先例来要求张居正。张居正面临的压力之大，可想而知。

1 万历《大明会典》卷十一《吏部十·丁忧》。

2.“夺情起复”的幕后与台前

按照人之常情及祖宗旧制，官员必须丁忧守制。但是张居正不是一个按常规办事的人，经常说：有非常之人，然后有非常之事，何恤訾议！况且大权在握，新政正在展开，他不愿意因为丁忧而离开岗位二十七个月。碍于祖宗旧制和舆论压力，必须策划一个两全之计。接到荆州来的讣闻后，他首先与司礼监掌印太监冯保谋划，竭力促成皇上“夺情起复”。谋划已定，就示意内阁次辅吕调阳、张四维，由他们出面，引用先朝金幼孜、杨溥、李贤的“夺情”先例，请求皇上挽留张居正。与此同时，冯保在皇帝面前一而再再而三地敦促“夺情”。这些幕后活动的细节，在正史中找不到痕迹，只有史家个人所写的别史才有所透露。不妨略举一二：

朱国祯《皇明大事记》写道：“万历五年九月，其父文明讣至，时夜漏已下二鼓。昧爽，特旨留之。香币油蜡金钞布粲之赐，以千百计。内竖络绎至，(张居正)对之作擎曲状，扶以仆隶，叩头强之立而受，曰：‘此头寄上冯公公也。’密议起徐华亭代首揆，以俟终制。二次辅阿指，引夺情例以闻，褒答日赴，请勉留文。遣吏部尚书张瀚往谕，六卿而下踵门如织，保留之疏南北大小衙门几遍。内阁官送本票旨，即举笔曰：急务不可缓也。”[1]从中可

1 朱国祯《皇明大事记》卷三十八《阁臣》。

以看到几点，其一是，吕调阳、张四维请求皇帝挽留张居正，是“阿指”，即按照张居正的旨意行事。其二是，皇帝下达“特旨”挽留张居正，是冯保促成的，所以张居正要向小太监叩头，并且声明“此头寄上冯公公”。其三是，张居正与冯保甚至已经做好预案，万一皇帝不“夺情起复”，建议起用已经退休多年的徐阶代理首辅，等待张居正终制复出。

这并非孤证，文秉《定陵注略》写到“万历五年九月大学士张居正丁父艰，上命夺情视事”，透露的内情大体相同：“大珰冯保，挟冲主，操重柄，江陵（张居正）素卑事之。新郑（高拱）既逐，（冯）保得江陵甚，凡事无不相呼应如桴鼓。江陵闻父讣，念事权在握，势不可已，密与（冯）保谋夺情之局已定，然后报讣。次辅蒲州（张四维）进揭，即微露其一斑……疏入，漏下已二鼓。昧爽，特旨从中出，留之。香币油蜡之赐以千百计。内阉将司礼之命络绎而至，附耳蹑踵。江陵时作謦曲状，令小斯扶掖内阉，乃叩头谢，强之立而受，云：‘此头寄上冯公公也。’”[1]这段文字与朱国祯所写的主体部分，亦即吕调阳、张四维“阿旨”、冯保促成“夺情”几乎一样，所不同的是文秉特别强调，“夺情起复”是张居正的本意——“念事权在握，势不可已，密与（冯）保谋夺情之局已定，然后报讣”。

1 文秉《定陵注略》卷一《江陵夺情》。

钱一本《万历邸钞》所写虽然简略，也强调“夺情起复”是张居正自己的愿望，不屑于按照常理服丧守制：“居正闻丧，初辞疏，即云：‘守制是常理小节。’且云：‘有非常之人，然后有非常之事，何恤訾议。’再辞，忽且请留京守制，以次子驰驿回籍营丧事。盖其自为计非朝夕，以故讣疏方上，而慰留即下云。”[1]从“讣疏方上”，“慰留即下”，“自为计非朝夕”，隐约透露与冯保密谋“夺情”之局的微言大义。

当然，“夺情”是皇帝的特权，一切取决于皇帝的态度。皇帝朱翊钧本人深感不可一日无“元辅张先生”，更不愿新政半途而废。所以他接到吕调阳、张四维的奏疏后，立即下旨：“元辅张先生亲受先帝付托，佐朕冲年，安定社稷，关系至重。况有往例，卿等亟当为朕劝勉，毋事过恸。”他还写了手札给张先生：“朕今览二辅所奏，得知先生之父弃世已十余日了，痛悼良久。先生哀痛之心，当不知如何哩！然天降先生，非寻常者比，亲承先帝付托，辅朕冲幼，社稷奠安，天下太平。莫大之忠，自古罕有。先生父灵，必是欢妥。今宜以朕为念，勉抑哀情，以成大孝。朕幸甚，天下幸甚。”[2]接着他又指示吏部：“元辅朕切倚赖，岂可一日离朕！父制当守，君父尤重，准过七七，照旧入阁办事，侍讲侍读，期满日随朝。该部即往谕朕意。”[3]

1 钱一本《万历邸钞》，万历五年丁丑卷，秋九月。

2 张居正《闻忧谢降谕宣慰疏》，《新刻张太岳先生文集》卷四十一《奏疏六》。

3《明神宗实录》卷六十七，万历五年九月己卯。

张居正闻命，过了“七七”，照旧入阁办事，有所为难。对皇上说：臣幸而未死，报国之日还长，而且国家没有战争之事，而令披麻戴孝的大臣在朝廷，非盛世所当有。皇上潸然流涕说：卿笃孝至情，朕非不感动，但念朕当十龄而皇考见背，丁宁卿尽心辅导，朕垂拱仰成，顷刻离卿不得，何况远待三年？且卿身系社稷安危，其勉遵前旨，以副我皇考委托之重。张居正接到皇上的诏书，三天水浆不入口，又叩心流涕上疏：先帝临终属臣以大事，臣何敢中道弃去！但念生离臣父十九年，即死不及殡，攀号莫及。愿赐臣归葬，使得身自负土，加一篑丘垄之上，过此以往，死生唯陛下所用，臣死且不朽。皇帝看了奏疏，焦然不宁，写了手谕给张先生：卿言终是常理，今朕冲年，国家事重，岂常时可同！连日不见，朕心如有所失，七七之期犹以为远。卿平日所言，朕无一不从，今日此事却望卿从。又给内阁发去谕旨：元辅必不可离，即百疏不允。吕调阳、张四维把皇上的旨意转告张居正，张居正嚎啕大哭。[1]

然而张居正毕竟是“非常之人”，他并不想真的丁忧守制，离开政坛，碍于传统伦理纲常，不敢冒天下之大不韪。冯保要皇上一而再再而三地降旨，挽留元辅张先生；而张居正一而再再而三地上疏，乞求归里守制，演出了一幕逼真的戏文。张

1《太师张文忠公行实》，《新刻张太岳先生文集》卷四十七。

岱一语道破："居正惑之，乃阳上书乞守制，而露意冯保，使固留之。时识者皆以为非，然不敢颂言之。"[1]

九月二十六日，张居正在私寓接到司礼监太监李佑送来皇上的御札，再次上疏："本月二十五日，得臣原籍家书，知臣父张文明以九月十五日病故。臣一闻讣音，五内崩裂。兹者伏蒙皇上亲洒宸翰，颁赐御札……臣不忠不孝，祸延臣父，乃蒙圣慈曲轸，哀怜犬马余生，慰谕优渥。臣哀毁昏迷，不能措词，唯有痛哭泣血而已。"[2]次日，皇帝特意派司礼监太监魏朝送来太后、皇帝所赏赐的香烛布匹等物，张居正表示感谢："臣一家父子，殁者衔环结草，存者碎首捐躯，犹不足以仰报圣恩于万一也。"[3]

九月底，他向皇帝表示，对于皇上的"夺情"，一则说他十分痛苦："臣在忧苦之中，一闻命下，惊惶无措。"再则说他能承受："臣闻非常之恩者，宜有非常之报。夫非常者，非常理之所能拘也。"这其中，话里有话，他强调"非常"一词，即"非常理之所能拘"，是为下文做铺垫："如皇上之于臣，若是之恳笃者，此所谓非常之恩也。臣于此时，举其草芥贱躯，摩顶放踵，粉为微尘，犹不足以仰答于万一。又何暇顾旁人之非议，徇匹夫之小节，而拘拘于常理之内乎！"[4]

由于张居正的本意是希望皇上"夺情"，但又

1 张岱《张居正列传》，《石匮书》卷一百六十六。

2 张居正《闻忧谢降谕宣慰疏》，《新刻张太岳先生文集》卷四十一《奏疏六》。

3 张居正《谢遣官赐赙疏》，《新刻张太岳先生文集》卷四十一《奏疏六》。

4 张居正《乞恩守制疏》，《新刻张太岳先生文集》卷四十一《奏疏六》。

不得不按照惯例向皇上“乞恩守制”，所以这篇奏疏写得颇费周章。既要向皇帝“乞恩守制”，又要向皇帝表示可以接受“夺情”，他可以不拘常理，不顾非议，以反潮流的姿态坚守岗位。《明实录》的编者在记述他的《乞恩守制疏》时，也看出了这层意思，点评道：“观此，而夺情之本谋尽露矣。”[1]可谓一语道破其中奥秘。“夺情”本是皇帝以强制手段剥夺大臣丁忧服丧之情，一般大臣多不愿意“夺情”。张居正则不然，他可以不顾非议，不徇小节，不拘常理，与冯保策划了“夺情”之局，即所谓“夺情之本谋”，但又不能公开提请皇帝“夺情”，所以《乞恩守制疏》就显得很别扭。

十月初五日，他再次乞恩守制，依然是这样的语气：“先帝不知臣不肖，临终托臣以大事，叮咛付嘱，言犹在耳。中道而背之，虽施于交友，然且不可，乃敢以此事吾君父，而自蹈于诛夷之罪乎！”[2]流露出来的仍是不忍遽尔离去之意。十月初八日，他第三次乞恩守制。皇帝依然不同意，下旨：“朕为天下留卿，岂不轸卿迫切至情，忍相违拒！但今日卿实不可离朕左右。着司礼监差随堂官员一员，同卿子编修嗣修驰驿前去营葬卿父，完日即迎卿母来京侍养，用全孝思。”[3]同时派司礼监太监带去亲笔敕谕，除了重申挽留之意，还告诉他，已经决定派遣司礼监随堂太监随同其子嗣修，一起赶赴江陵安

1《明神宗实录》卷六十八，万历五年十月丙戌。

2 张居正《再乞守制疏》，《新刻张太岳先生文集》卷四十一《奏疏六》。

3 张居正《三乞守制疏》，《新刻张太岳先生文集》卷四十一《奏疏六》。《明神宗实录》卷六十八，万历五年十月辛卯。

排丧事，丧事完毕迎接老母来京侍养云云。[1]

既然皇上再三挽留，并且作了妥善安排，张居正顺水推舟，不再坚持乞恩守制，转而提出“在官守制”的折中方案：遵旨在家中服丧七七四十九天，七七期满后，不随朝，赴阁办事，所有薪俸尽数辞免，一应祭祀吉礼全不参与；侍讲侍读以及在阁办事，容许臣青衣角带，回家后仍旧披麻戴孝；使执事不废于公朝，下情得展于私室。[2]皇帝除了不同意他提出的明年春季允许假期归葬之事，其他一概批准。

这就是张居正的“在官守制”。为了表明“守制”的虔诚之心，他特地辞去俸禄。皇帝过意不去，向内府及各衙门发去谕旨：元辅张先生俸禄都辞了，他平素清廉，恐怕生活拮据，关照主管宫内膳食的光禄寺，每天送去酒饭一桌；其他衙门每月送米十石、香油二百斤、茶叶三十斤、盐一百斤、黄白蜡烛一百支、柴二十扛、炭三十包。[3]所得之数远远超过他的俸禄。[4]如果加上“不可胜计”的“其余横赐”，那就更可观了。神宗皇帝以这种方式表示他对张先生“在官守制”的支持。

3. 咄咄逼人的反对声浪

“夺情”之局以“在官守制”的形式定了下来，政府的运作一切如常，张居正依然大权在握。岂

1 张居正《谢降谕慰留疏》，《新刻张太岳先生文集》卷四十一《奏疏六》。《明神宗实录》卷六十八，万历五年十月辛卯。

2 张居正《乞暂遵谕旨辞俸守制预允归葬疏》，《新刻张太岳先生文集》卷四十一《奏疏六》。《明神宗实录》卷六十八，万历五年十月丙申。

3 张居正《谢内府供给疏》，《新刻张太岳先生文集》卷四十一《奏疏六》。

4《明神宗实录》卷六十九，万历五年十月己未，记述张居正辞去俸禄后所得赏赐，评论道：“直逾俸赐”。

料，这一安排激起一些官员的强烈反对，其声势之咄咄逼人，为朱翊钧与张居正始料不及。

反对得最为激烈的是翰林院编修吴中行、翰林院检讨赵用贤、刑部员外郎艾穆、刑部主事沈思孝，他们分别写了措辞严厉的奏疏，弹劾张居正。

十月十八日吴中行首先上疏。吴中行，字子道，号复庵，常州武进人，嘉靖四十年（1561）乡试中举，隆庆五年（1571）进士及第，选为庶吉士，万历元年（1573）授翰林院编修。张居正丁忧，与冯保谋划"夺情"之局，内阁同僚吕调阳、张四维援引前朝"夺情"先例，促成"夺情"，这些让他极为愤怒。赵南星为他立传，提及此事，这样写道："上冲年委政，江陵横甚，见公至谬厚，欲收之。会其父死，姻权不欲归，同官知其意，即以夺情之例请。而一时公卿台省皆上疏保留，得旨。公发愤上疏……"[1]《毗陵人品记》所写，与之相似："万历丁丑十月，彗星见。会张居正有父丧，矫制夺情，廷臣交章，（冯）保留中。（吴中）行不胜愤，因星变陈言，上《植纲常明大义疏》，言婉而刺。"[2]

◤赵南星，北直隶高邑人，万历二年进士。任文选司员外郎，上疏陈四大害，触时忌乞归。再起考功司郎中，主京察，要路私人贬斥殆尽，落职为民。天启年间累拜左都御史，慨然以整齐天下为己任，进吏部尚书，锐意澄清，起用废锢，中外方忻忻望治，后遭魏忠贤矫旨削籍，戍代州，卒年七十八。

吴中行的这篇奏疏的主旨，是申论张居正应该"乞归守制"，因为这是"万古之纲常所系，四方之

---

1 赵南星《明侍读学士复庵吴公传》，《赵忠毅公诗文集》卷十三《传》。

2 毛宪、吴亮《毗陵人品记》卷十《吴中行》。

观听攸关”，不可等闲视之。奏疏写得颇有感染力：“元辅夙夜在公，勤劳最久。谓父子相别十九年矣，则子之由壮至强，由强至艾；与其父从衰至白，从白得老，音容相睽，彼此未睹。而今长逝于数千里之外，遂成永诀。乃不得匍匐苫块，一凭棺临穴，其情有弗堪者。”接下来，笔锋一转，在婉约的言辞中充满了讥刺，点到了“夺情”的焦点不在于丁忧本身，而在于政治：“皇上之特眷元辅者，不以其贤乎！域中之共仰元辅者，又不以其贤乎！贤者，礼义之宗也，矧位当天下之重任，则身系海内之具瞻，必正己然后可以正百官，而后可以正万民，其理有必然者。今皇上之所以必留，与元辅之所以不容不留者，其微权深意，非圆神通方者，未可告语。彼遐观逖听之夫，拘曲守常之士，人人然也。或因其不去之迹，而归以不韪之疑，安能家喻户晓，而使之无里谈巷议乎！”如果说这些话是含沙射影，那么下面所说就直截了当多了：“乃内阁辅臣（按：指吕调阳、张四维）首题之疏方以讣闻，遂以例请，亦谬矣！至台省诸谏官乞留之疏，实为赘辞，尤昧成宪，抑又谬矣！”他特别强调，丁忧守制二十七个月，是祖宗成宪，庸人小吏“匿丧”，不丁忧守制，要受到法律严惩。以前曾有“夺情起复”的先例，大多是提前“起复”，并非一天也不去“守制”，即使如此，也受到当时诤言、后世讥讽。[1]言

1 吴中行《植纲常疏》，《赐余堂集》卷一。吴中行《因变陈言明大义以植纲常疏》，《万历疏钞》卷五《纲常类》。按：《万历疏钞》编者吴亮是吴中行之子。

外之意，张居正一天也没有回乡守制，只有“夺情”，并无“起复”可言，更加违背祖宗成宪。

吴中行把奏疏呈上后，将副本送给张居正过目，张居正愕然问道："疏进耶?”吴中行回答："未进，不敢白也。”[1]

◤赵用贤，苏州常熟人，隆庆五年进士。选庶吉士，授翰林院检讨。万历四年任《大明会典》修纂官。万历五年上疏弹劾张居正“夺情”，被廷杖六十，削籍去官。万历十一年正月起复原职，十五年任南京国子监祭酒，十八年改任南京礼部右侍郎，二十年入京为礼部右侍郎转礼部左侍郎兼翰林院侍读学士，二十一年陷于党争旋涡，请辞，二十四年因病卒于家中。

十月十九日，赵用贤上疏，把张居正“夺情”事件与“维人纪”“定国是”“隆圣治”相联系。赵用贤，字汝师，号定宇，苏州府常熟县人，少年即有才名，隆庆五年进士，官翰林院检讨。邹元标为他的文集作序，称赞道："铁面长髯，矢口直肠，在班行中望之如长松拂霄，又如群少年袨服为欢，忽一燕赵奇男子排闼而至，令人骨竦。”[2]张居正不奔丧，冯保扣押言官弹劾奏疏，他上疏抗言夺情非法。他着重分析辅臣张居正一再请求丁忧守制，陛下一再“夺情”挽留之不妥。

一则说，陛下强留张居正，使得多年积累的勋望败于一日："陛下所以不允辅臣之请者，岂非谓朝廷政令赖以参决，四海人心赖以观法乎？今辅臣方负沉痛，其精神之恍惚，思虑之迫切，必有不能如曩日之周且悉，而四海之逖听风声者，又且以拘曲寻常之见疑之，亦何以如曩日之敬信而承服。是辅臣之勋望积之以数年，而陛下顾败之于一日，臣又

1　张廷玉《明史》卷二百二十九《吴中行传》。
2　邹元标《松石斋集序》,《松石斋集》卷首。

不知陛下何忍而为此也！”

再则说，如果推贤让能，类似张居正的人才自当涌现：“陛下诚于朝讲之暇，悉心体采，自内阁讲读以至部院大臣，非时召对，考之行以验其心术之端邪，委之事以稽其才猷之通塞，使人人得以所长自见，当必有如辅臣者踵出于其间，以称陛下之任使。如是则辅臣即去，犹之其留，陛下不至以孤注视辅臣，而辅臣因是以获推贤让能之誉，顾不愈于以忧劳萃辅臣之一身，使其乖父子之性，而伤天地之和也哉！”

因此他的建议是，遵循先朝故事，特派礼部官员护送张居正回乡丁忧守制，限定时间返回，不得延误。如此一举而两得：“如是则父子音容之乖隔于十九年者，庶几泄其痛于凭棺一恸，辅臣之心既可少安，天下之人心亦可以无疑，而陛下所以处辅臣君臣父子之间者，庶几备道而无遗议矣！”[1]

十月二十日，艾穆、沈思孝联名上疏——“俯容辅臣奔丧守制以植万古纲常”。艾穆，字和父，号纯卿，湖南平江人，嘉靖三十七年（1558）举人，累迁刑部员外郎。沈思孝，字纯父，号继山，浙江嘉兴人，隆庆二年（1568）进士，累迁刑部主事。他们二人联名的奏疏，写得气势非凡，表明了昧死进言的决心：“顷大学士张居正有父之丧，朝廷援杨溥、金幼孜、李贤事例，夺情勉留……讵期附炎鄙夫如御史曾士楚、都给事中陈三谟，甘犯清议，望

1 赵用贤《星变陈言疏》，《松石斋集》卷一《奏疏》。赵用贤《星变陈言以维人纪以定国是疏》，《万历疏钞》卷五《纲常类》。钱一本《万历邸钞》万历五年丁丑卷，冬十月。

风保留，致使人心长死，举国若狂，纪纲风俗将大坏而不可反矣。矧今星变未消，火灾随继，天地祖宗之灵，所以儆圣衷者益惓切焉。臣又安得以无言责而缄默苟禄哉！臣非不知陛下雷霆之威不可测也，顾思平生所学何事？而又爱君忧国，天植其性，与其徒泣无益，不若昧死进言，即进言以死，而万古纲常获赖以明，则臣虽死犹生也。”既然是昧死进言，当然就无所顾忌，痛斥“夺情”。

——今陛下举天下以听居正，固以居正为心腹臣也……且明主之治天下，未有不自元辅始也，以元辅大臣者，纲常之表也。居正今斩然在缞绖之中，柴骨灰心，形影相吊，而强颜所不安，使之峨冠茹哀于岩廊之上，大非朝廷礼。

——今居正以例留，而厚颜就列矣，如异时国家有大庆贺、大祭祀，为元辅大臣者，若云避之，则于君臣大义为不可；欲出，则于父子至情又不安。臣不知斯时陛下何以处居正，居正何以自处？

因此，艾穆、沈思孝向皇上建议：“速令奔丧守制，以全忠孝大节，则纲常植而朝廷正，朝廷正而百官万民莫不一于正，而一正足以格天，尚何灾异之不可弭哉？”[1]

1 艾穆、沈思孝《俯容辅臣奔丧守制以植万古纲常疏》，《万历疏钞》卷五《纲常类》。钱一本《万历邸钞》，万历五年丁丑卷，冬十月。

值得注意的是，钱一本在引述吴中行、赵用贤、艾穆、沈思孝的弹劾奏疏之后，有一段议论："而疏中实先言其预谋夺情，恋位遗亲云。至是，闻讣之夜，漏已下二鼓，而昧爽时，特旨即从中出留也。香币油蜡金钞布粲之赐，悉以千百计。内竖将司礼之命，络绎至，附耳蹑踵。居正时作擎曲状，至以仆隶扶掖内竖乃叩头谢，强之立而受云：'此头寄上冯公公也。'（吴）中行等触目击衷，遂各有伏阙之思。十八日（吴）中行疏上，十九日（赵）用贤疏上，二十日（艾）穆、（沈）思孝合疏上。"[1]钱一本的意思很清楚，吴、赵、艾、沈四人对于张居正"预谋夺情，恋位遗亲"，已经有所觉察，"触目击衷，遂各有伏阙之思"，于是接连上疏表示反对。

这些人谴责"夺情"，立论的支撑点当然是传统伦理纲常，其中又夹杂对新政的不满情绪，使得"夺情"之争蒙上了浓厚的政治色彩。司礼监掌印太监冯保把这些奏疏"留中"不发，让被弹劾者张居正票拟谕旨。张居正怒不可遏，与冯保商定，对四人实施"廷杖"酷刑，以非常手段制止此风蔓延。

礼部尚书马自强（字体健，号乾庵，陕西同州人）料知事情不妙，出面向张居正疏通，说："外议藉藉，并有章奏在，相公自处，息此纷争。"张居正一时语塞，竟把往日矜持的风度抛得一干二净，向马自强

1 钱一本《万历邸钞》，万历五年丁丑卷，冬十月。

下跪，一手捻着长须，口中念念有词："公饶我，公饶我！"[1]

吏部右侍郎申时行与翰林院掌院学士王锡爵，一起向张居正请求宽恕反对"夺情"的官员，张居正拒不接受。申时行只得密谋于锦衣卫的主管，行刑时手下留情。[2]

◤ 王锡爵，嘉靖四十一年进士。授翰林院编修，隆庆元年为经筵讲官，三年任国子监司业，隆庆五年、万历二年为会试同考官，四年充任《世宗实录》副总裁官。万历五年在张居正"夺情"事件中保持中立。万历十二年以礼部尚书衔兼文渊阁大学士入内阁，二十一年为首辅。

翰林院掌院学士王锡爵（字元驭，号荆石，苏州太仓人）聚集翰林院与礼部官员数十人，径直闯入张府，为上疏诸人求情，说："书生轻率，亦是一种道理，平平处之，则无事矣。"张居正辩解说："圣怒不可测。"王锡爵说："即圣怒，亦为老先生而怒。"张居正无言以对，突然下跪，举手索刀作刎颈状，说："上强留我，而诸子力逐我，且杀我耶！"又连声喊道："你来杀我，你来杀我！"吓得王锡爵赶忙逃出，深知事情已经不可挽回了。[3]这种极富戏剧性的细节，并非杜撰，焦竑、李维桢为王锡爵立传，都提到这一细节。焦竑写道："是岁，江陵父死，谋夺情视事。编修赵用贤、检讨吴中行疏劾之。先生（指王锡爵）忧祸叵测，约秩宗而下数十人，诣江陵

1 钱一本《万历邸钞》，万历五年丁卯卷，冬十月。朱国祯《涌幢小品》卷九《张太岳》。朱国祯《皇明大事记》卷三十八《阁臣》。

2 吴伯与《国朝内阁名臣事略》卷十三《申文定公状略》。

3 《明神宗实录》卷六十八，万历五年十月乙巳。钱一本《万历邸钞》，万历五年丁卯卷，冬十月。朱国祯《涌幢小品》卷九《张太岳》。朱国祯《皇明大事记》卷三十八《阁臣》。

求解，拒不见。先生径造丧次切责之，江陵不知所对，泣且拜曰：'上强留我，而诸子力逐我，我何以处？第有自刭而已。'竟入不顾。"[1]李维桢所写大体相同："江陵不奔父丧，史臣赵用贤、吴中行疏论之。(王锡爵)与同官诣江陵求解，拒不见，公径造丧次，江陵泣且拜曰：'上固留我，而诸子力逐我，我将何居？有死而已。'直入不顾。"[2]简直是一幕生动的喜剧，王锡爵的勇气可嘉，张居正的做功令人绝倒。

这样一来，"夺情"的幕后戏闹到了台前。十月二十二日，圣旨下达：命锦衣卫押解吴、赵、艾、沈四人至午门前"廷杖"；吴、赵二人各杖六十，发原籍为民，永不叙用；艾、沈二人各杖八十，发极边充军，遇赦不宥。[3]

4. 余波与回响

吴中行获悉"廷杖"的圣旨后，显得格外镇定，向南遥拜远在常州的母亲殷氏，说："儿死矣，有子事吾母也。"然后告别夫人毛氏，说："知子能事母托孤，吾长逝无所恨。"说毕，准备跃马而出，锦衣卫缇骑已经到了家门。他回首对儿子吴亮喊道："取酒来！"一饮而尽之后，大步随缇骑锒铛而去。[4]

1 焦竑《光禄大夫少保兼太子太保吏部尚书建极殿大学士赠太保谥文肃荆石王先生行状》，《澹园续集》卷十六。

2 李维桢《王公神道碑》，《王文肃公文集》卷五十五。

3《明神宗实录》卷六十八，万历五年十月乙巳。

4 赵南星《明侍读学士复庵吴公传》，《味檗斋文集》卷九。

吴、赵、艾、沈廷杖时，天气骤变，赵南星说："天晴，阴云倏起，雷隆隆动城阙。"[1]不仅私家记载如此说，连一本正经的《明实录》也如此说："阴云忽结，天鼓大鸣，惨暗者移时。"[2]艾穆事后回忆当时那种令人胆战心寒的情景，写道：廷杖时，长安街上聚集了数以万计看热闹的人群，御林军围成几圈，手持兵器和木棍者林林而立。司礼监太监与随从十余人手捧圣旨而来，大喝一声："带犯人上来！"千百人齐声回应，响彻长安街上空。然后由司礼监太监宣读圣旨，先杖吴中行、赵用贤六十棍，后杖艾穆、沈思孝八十棍。[3]

廷杖完毕，锦衣卫校尉用布条把他们拖出长安门，用门板抬走。

吴中行口耳鼻都在流血，抬出后，几乎气绝。中书舍人秦柱（字汝立，号余山，常州无锡人）带了医生赶来，紧急治疗，剜去大腿及臀部腐肉几十块，一尺方圆，深达一寸，敷药包裹以后，才慢慢苏醒。故人好友纷纷前来探视，士兵立即询问记录。不久，东厂、锦衣卫的命令接踵而至，吴中行仓促裹伤而行，彻夜呻吟不止。事后他对赵南星说：廷杖时，张居正派太监在边上监视，欲击毙，其恶如此！[4]

赵用贤身体肥胖，受杖刑后，臀部皮肉腐烂掉落。他的妻子把掉落的肉腌渍之后，保存起来，用作刻骨铭心的纪念。[5]

1 赵南星《明侍读学士复庵吴公传》，《味檗斋文集》卷九。

2《明神宗实录》卷六十八，万历五年十月乙巳。

3 艾穆《艾熙亭先生文集》卷四《恩谴记》。

4 赵南星《明侍读学士复庵吴公传》，《味檗斋文集》卷九。《明神宗实录》卷六十八，万历五年十月乙巳。

5 万斯同《明史》卷三百二十五《赵用贤传》。

艾穆、沈思孝受杖刑后，身负重伤，戴上镣铐，关入监狱。三天后，用门板抬出都城时，仍不省人事。艾穆遣戍陕西行都司的凉州卫（今甘肃武威），沈思孝遣戍广东高州府的神电卫（今广东电白东）。艾穆是张居正的大同乡（同是湖广人），遭受如此严惩，张居正仍有点悻悻然，对人说：当年严嵩没有同乡攻击者，我比不上严嵩！[1]沈思孝遣戍岭南，差一点被巡抚暗害，朱彝尊记载他的事迹，提及此事："先生封事，大触江陵怒，杖毕即加镣铐，复下狱三日始佥解发戍。既抵岭南，巡抚欲杀之，以媚政府，遽以尺符召之行。至恩平，先生袖匕首示县令曰：'巡抚必欲杀我，我当与俱毙，不然，伏尸军府中，令天下士大夫皆知巡抚所杀也。'县令密以告巡抚，得不死。蔡副使文范作《壮哉行》送之。其归也，胡元瑞赠诗云：'豆蔻花前千里梦，桄榔树下十年人'。"[2]

用"廷杖"这种酷刑来惩罚官员，是太祖高皇帝朱元璋的发明。此公信奉"以重典驭臣下"，认为臣下应该唯唯诺诺，否则，即施以廷杖。永嘉侯朱亮祖父子被当廷打死，工部尚书薛祥毙于杖下，便是两个显例。他的后代继承这一传统，廷杖之事几乎不绝于耳。一些官员无辜被杖，天下以为无上光荣，终身令人羡慕。病态社会酿成的病态心理，是正常社会的正常人难以理解的。这四名官员离开

1 万斯同《明史》卷三百二十五《艾穆传》。

2 朱彝尊《静志居诗话》卷十五《沈思孝》。

京城时，许多人唯恐避之不及，日讲官许国（字维桢，谥文穆，徽州歙县人）对被杖诸公倾慕之至，赠诗留念。《万历邸钞》《皇明大事记》《皇明从信录》记载：

> 十月二十四日，四人同时受杖。（吴）中行、（赵）用贤即日驱出国门，人不敢候视，许文穆方以庶子充日讲官，镌玉杯一，曰：
>
> 斑斑者何？卞生泪。
>
> 英英者何？蔺生气。
>
> 追之琢之，永成器。
>
> 以赠中行。
>
> 镌犀杯一，曰：
>
> 文羊一角，其理沉黝。
>
> 不惜剖心，宁辞碎首。
>
> 黄流在中，为君子寿。
>
> 以赠用贤。[1]

几十年之后，朱彝尊提及此事，仍充满无限感慨："江陵夺情，事在万历五年七月，迨十月之朔，彗星见，大内火。于是既望三日，吴公疏上；次日赵检讨用贤疏上；又次日，艾员外穆、沈主事思孝疏上。江陵怒不可止，而诸公均受杖矣……许文穆以庶子充日讲官，为吴赵二公饯，镌玉杯一，铭曰：'斑斑者何？卞生泪。英英者何？蔺生气。追

1 朱国祯《皇明大事记》卷三十八《阁臣》。钱一本《万历邸钞》，万历五年丁丑卷，冬十月乙卯。陈建、沈国元《皇明从信录》卷三十四，十月二十四日。按：《万历邸钞》将"永成器"误写成"永成国器"。

之琢之，永成器。’以赠吴公。犀杯一，铭曰：‘文羊一角，其理沉黝。不惜剖心，宁辞碎首。黄流在中，为君子寿。’以赠赵公。玉杯今不见，犀者为吾乡何少卿蕤音所得，余尝饮此作歌。”[1]

吴中行等人因上疏获罪，翰林院侍讲赵士皋、张位、于慎行、李长春，以及翰林院修撰习孔教、沈懋学等人，纷纷上疏申救。但是，奏疏无法呈进。沈懋学写信给他的同年、张居正之子张懋修，请他为之疏通，信中不乏批评之意："老师（指张居正）之留，原出圣明眷注，且古人豪杰为天下安危，一己虚名弗顾也，人亦安得执常行议之。顾皇上留之既恳矣，老师亦不忍恝然请归矣。而保留之疏似出逢迎，此诸君所以有激而言也……且子之孝臣之忠同伦一心，原无轩轻。老师以纯忠报主，而容诸君存孝之说，以植纲常、收人心、广相业，计当出此。而廷杖之举，老师竟不力救，门下（指张懋修）亦不进一言，不得称诤子矣！天下所系以为安危者在老师，而老师英风独智，位绝百僚，谀者不欲规，愚者不能规，而疏远者又不敢规，非门下谁尽言哉？往者不可谏，来者犹可追，惟门下深思而预计之，则人心尚可收，相业尚可广，天下久安长治，而祸机不启，门下家世亦永有休光。"[2]

张懋修致函沈懋学，为其父"夺情"辩解："今日之事，尽孝于忠，行权于经。"意思是说，"夺

1 朱彝尊《静志居诗话》卷十五《吴中行》。

2 沈懋学《与张孝廉书（名懋修，江陵家子）》，《万历疏钞》卷五十《上书类》。

情”之举是在尽忠中尽孝，在纲常中求权宜。沈懋学复信予以反驳，语调仍然客客气气："昨捧诵手札，谓今日之事，尽孝于忠，行权于经，是矣是矣。顾不佞前所奏记意或未蒙深察耳……不佞愚衷，盖不徒以老师之不奔丧为离经，而实以老师之不力救为失策，乃门下云云，或未深察，故复陈固陋如此……老师之留为世道计，而诸子之疏亦为世道计，独奈何视为狂童，斥为仇党乎？二语出，而天下疑，所云力不能救者，人不之信矣。夫宰相为天子定社稷、福苍生，必以安人心、培善类为首策。古今未有失天下之志，阻天下之善，而可以有为者。”[1]

沈懋学又写信给张居正的亲戚、新任工部尚书李幼滋（字元树，号义河，湖广应城人），表明他的看法："师相之去宜决，台省之留宜止。"希望这位张居正的姻亲能够出面斡旋。李幼滋回信说："以若所言，宋儒头巾语，此宋之所以终不竞也。今师相不奔丧，是圣贤之道，直接揖逊征诛而得其传者，若竖儒腐生安能知之！"[2]李幼滋其人以讲学博名，与张居正关系非同一般，每次会见，常晤谈竟日。对于此次张居正“夺情”，他是大力支持的，但在公开场合又故作伉直姿态，故而沈懋学写信向他求援，不料遭到如此这般训斥。沈懋学一气之下，引疾归乡。[3]

1 沈懋学《又复张孝廉书》，《万历疏钞》卷五十《上书类》。

2 钱一本《万历邸钞》，万历五年丁丑卷，冬十月。

3 文秉《定陵注略》卷一《江陵夺情》。《明神宗实录》卷七十，万历五年十二月癸未。

与李幼滋相类似的，是都察院左都御史陈瓒(字廷裸，号雨亭，苏州常熟人)。此人久病在家休养，得知此事，以为机不可失时不再来，急忙写信给礼部尚书马自强，说：师相之事，公卿宜乞留，你应该倡导。如上奏疏，慎勿遗漏我名。马自强接到此信，连连叹息，在信后写了批语："嗟乎，此老之病必不起，以其心先死也。"[1]

面对这种态势，皇帝以严厉的言词训斥："群奸小人，藐朕冲年，忌惮元辅忠正，不便己私，借纲常之说，肆为挤排之计，欲使朕孤立于上，得以任意自恣。兹已薄示处分，再有党奸怀邪，欺君无上，必罪不宥。"[2]但是，反对"夺情"的人仍大有人在。

十月二十四日，刑部办事人员，新科进士邹元标(字尔瞻，号南皋，江西吉水人)，初涉政坛，锋芒毕露，他认为吴、赵、艾、沈的奏疏还不够尖锐，决心自己再闯一下刀山火海，即使遭受廷杖也不在乎。他的奏疏题为《亟斥辅臣回籍守制以正纲常疏》，坚决要求张居正"回籍守制"，措辞比四君子厉害多了。

首先，他否定张居正的新政，以为此人不堪重用，因此皇上以"夺情"的手段挽留他是错误的决断。"皇上之留居正，岂以其有利社稷耶？不知居正之在位也，才虽可为，学术则偏；志虽欲为，自

1 钱一本《万历邸钞》，万历六年戊寅卷，三月。文秉《定陵注略》卷一《江陵夺情》。

2《明神宗实录》卷六十八，万历五年十月丙午。

用太甚。诸所施设，乖张者难以数举。”他列举了“进贤未广”“决囚太滥”“言路未通”“民隐未周”等事例，来证明新政一无是处。既然不堪重用，为什么还要挽留？若令在京守制，天下后世谓陛下为何如主？

他引用皇上挽留敕谕中的话——“朕学尚未成，志尚未定，先生既去，前功尽隳”，放肆地讽刺道：“幸而居正丁艰，犹可挽留，脱不幸遂捐馆舍(意即死亡)，陛下之学将终不成，志将终不定耶？”

其次，他驳斥张居正自诩非常之人，不恤匹夫小节的说法。

——臣观居正疏言，是有非常之人，然后办非常之事。若以奔丧为常事，而不屑为者，不知人唯尽此五常之道，然后谓之人。今有人于此亲生而不顾，亲死而不奔，犹自号于世曰：我非常人也。然人不曰残忍，则曰薄行；不曰禽彘，则曰丧心，可谓非常之人乎？

——且其疏又曰：不顾旁人之非议，徇匹夫之小节。非病狂丧心，有此言哉？三年之丧，无贵贱一也，可谓小节乎？先朝李贤夺情起复，罗伦力排斥之。居正之不归，无情可夺，无复可起，远非(李)贤之俦矣。[1]

1 邹元标《论辅臣回籍守制疏》，《邹忠介公奏疏》卷一。邹元标《亟斥辅臣回籍守制以正纲常疏》，《万历疏钞》卷五《纲常类》。《明神宗实录》卷六十八，万历五年十月丁未。

邹元标写成奏疏后，揣入怀中去上朝，适见吴中行等人受廷杖，他在一旁发愤切齿顿足，怒不可遏。等廷杖完毕，向太监提交奏疏，谎称这是“告假本”，又塞给他一些银子，才使得奏疏得以呈进。明知山有虎，偏向虎山行，这种千方百计犯颜极谏的精神，后人钦佩之至。

结局是在预料之中的。当天圣旨下达：“邹元标这厮，狂躁可恶，但上疏前未见昨日谕内大义。姑着照艾穆例处治。以后再有迷顽不悟的，必遵祖宗法度置之重典不饶。”[1]皇帝特别开恩，鉴于他没有看到前一天的敕谕——“群奸小人，藐朕冲年，忌惮元辅忠正，不便己私，借纲常之说，肆挤排之计，再有党奸怀邪，欺君无上，必罪不宥”，从宽发落，按照艾穆的先例，廷杖八十，发配极边卫所充军。

据沈德符说，廷杖诸人，吴、赵稍轻，沈、艾较重，邹元标最重。沈思孝事后回忆当时情景：“杖之日，交右股于左足上，以故伤其半，出则剔去腐肉，以黑羊生割其臑，敷之尻上，用药缝裹，始得再生。”在发配途中，血还涔涔而下。邹元标的伤势比沈思孝更重，每遇阴天，腿骨间常隐隐作痛，因此晚年不能作深揖。[2]

邹元标充军的地方贵州都匀卫，僻处万山丛中。据他后来回忆：“谪戍贵州都匀卫，投荒万里，

1 邹元标《论辅臣回籍守制疏》，《邹忠介公奏疏》卷一。

2 沈德符《万历野获编》卷十八《廷杖》。朱彝尊也说：“先文恪公进言曰：‘（邹）元标在先朝，直言受杖，至今余痛未除也。’”（《静志居诗话》卷十五，邹元标）

母子暌隔，伶仃孤苦，日濒九死，甘瘗骨掘穴岩之中矣。”[1]已经做好埋骨荒山的准备，索性坦然处之，静下心来研究理学。邹漪为他立传，提及这一细节：“在戍所，读书讲学，生徒就者数百人。有巡方御史至卫操阅，公（指邹元标）必戴铁帽号衣，持戟负弩，杂军伍中。巡方知之，亟遣人谢罪。公厉声曰：‘此君命也，何以谢为？’”[2]

“夺情”风波至此告一段落。十月二十六日，张居正向皇帝谈起他的苦衷：“今言者已诋臣为不孝矣，斥臣为贪位矣，詈臣为禽兽矣，此天下之大辱也，然臣不以为耻也。……今诸臣已被谴斥，臣不敢又救解于事后，为欺世盗名之事。前已奏称遵谕暂出，今亦不敢因人有言，又行请乞，以自背其初心。但连日触事惊心，忧深虑切。”[3]皇帝照例给予安慰：“卿为朕备加恩恤，曲全父子之情；卿为朕抑情顺命，实尽君臣之义，于纲常人纪何有一毫亏损！这厮每明系藐朕冲幼，朋兴诋毁，欲动摇我君臣，倾危社稷。卿务勉遵谕旨，以终顾托。”[4]

转瞬间，张居正父丧七七四十九天期满。十一月初五日，皇帝派鸿胪寺少卿陈学曾传旨给张居正：父丧七七期满，请他于初六日入阁办事。到了初六，皇帝特差文书房太监孙斌宣召，要张居正到平台接受召见。这是“夺情”以来君臣二人的首次会晤。张居正《谢召见疏》对读，可以还原本次召

1 邹元标《直抒肤见以光圣德以奠民生疏》，《万历疏钞》卷二《圣德类》。

2 邹漪《启祯野乘》一集卷三《邹忠介公传》。

3 张居正《乞恢圣度宥愚蒙以全国体疏》，《新刻张太岳先生文集》卷四十一《奏疏六》。

4 张居正《乞恢圣度宥愚蒙以全国体疏》，《新刻张太岳先生文集》卷四十一《奏疏六》。《明神宗实录》卷六十八，万历五年十月己酉。

见细节。

皇帝说："先生孝情已尽了。朕为社稷屈留先生，先生只想父皇付托的意思，成全始终，才是大忠大孝。"

张居正听了悲哀哽咽地说："伏奉皇上前后谕旨，委曲恳切，臣愚敢不仰体？又昔承先帝执手顾托，誓当以死图报，今日岂敢背违。但臣赋性愚直，凡事止知一心为国，不能曲徇人情，以致丛集怨仇，久妨贤路。今日若得早赐放归，不惟得尽父子微情，亦可保全晚节。"这当然是一种姿态，并非真想就此辞官。

皇帝也知其意，还是免不了劝慰几句："先生精忠为国之心，天地祖宗知道，圣母与朕知道。那群奸人乘机排挤的，自有祖宗的法度治他，先生不必介怀。"

少顷，皇帝又说："今日好日子，先生可就阁办事。"说罢，赏赐白银五十两、彩缎四表里，吩咐左右太监："与张先生酒饭吃！"用膳毕，张居正在太监孙斌陪同下，前往内阁处理公务。

其实，他对内阁公务的掌控，一天也没有停止。前些日子，他居丧在家，一应大事仍非他拍板不可。他在家服丧期间，从未间断公务的处理。内阁办事人员不断拿着奏疏到张府，请他票拟谕旨，然后禀报内阁次辅吕调阳、张四维。有时候，吕调阳、张四维索性去张府请示。司礼监掌印太监冯保也常常派人赶赴张府，请问"某人某事张先生云何"？张居正虽然居丧，仍以政务为重，来者不拒，应付自如。为了接见官员方便起见，他索性在丧服中穿了官服。接见官员谈公事，就脱去外面的丧服；办丧事时，在官服外套上丧服缞绖。[1]他确实是一个不曲徇于人情世故，嫌怨有所不避的磊落奇伟之士。

“夺情”事件算得上万历五年（1577）政坛上的一件大事，其影响之大，震动了朝廷上下，民间里巷也沸沸扬扬。在反对“夺情”的人群中，有一些打着维护纲常伦理的幌子，对张居正和他的新政有所非议，企图迫使张居正离职守制，从而达到中断新政之目的。有一些人出于纯粹道德层面考虑，为了端正士风民俗，而犯颜直谏，他们的立论或许有些迂腐，但不畏权势，敢讲真话的风格，令人尊敬。至于张居正，在衡量了新政与守制的轻重后，毅然冒天下之大不韪，策划“夺情”之局，固执到底，毫不退让。手段固然不足为训，精神却令人感动，显示了对各种谤议在所不顾的政治家风度，也流露出这位铁腕人物对权位的贪恋心态。这样的“夺情”之局，究竟是福是祸，颇难意料。

友人写信给他，语重心长地谈及“夺情”的利弊：“伏闻哀讣，朝野震惊，以为相公不日跣奔归矣。而闻诸道路，天子下旷世之典，将使相公不得终丧。仆愚以为相公留，天下苍生幸甚；相公去，天下万世幸甚。相公名已遂矣，功已成矣。天其或者爱相公而夺尊大人以年乎！欲留者情，必去者礼……窃恐四海之内，百世之后，不以相公之自信者信相公，而以不肖度相公，且令群臣以疑乐羊之

1 钱一本《万历邸钞》，万历五年丁丑卷，十一月。《明神宗实录》卷六十九，万历五年十一月戊午。

心动主上，则主上疑。主上与群臣交疑，而合之以风影之事，异日者虽百口何以自文？”[1]这是为张居正日后的下场顾虑，倘若到了“主上与群臣交疑”的时候，将百口莫辩。

更多的人是在为廷杖诸君辩护，一直持续到张居正死后。万历五年（1577）十一月，南京浙江道御史朱鸿谟说：“五臣（指吴、赵、艾、沈、邹）之罪，惟在执常人之见耳，若谓挤排辅臣，图便己私，不惟诸臣所不忍为，圣明在上，宪典俱存，此何时也，而敢萌此念哉？臣谓诸臣之罪虽不可逭，而其情尚可矜也……而诸臣蒙被恩宠，咸通仕籍，或列侍从，或厕郎署，或叨黄甲，犬马报主之心方有待于异日，乃以一眚之玷自弃明时，遣戍者未卜生还之期，削籍者永绝国门之望，后虽欲致身图报，其道无由……陛下以社稷恳留辅臣，而乃使辅臣不安于心，陛下纵不为诸臣惜，独不为辅臣惜乎！”[2]到了万历十年（1582）九月，南京河南道御史郭惟贤再次提及此事：“臣窃见往者翰林院编修吴中行、检讨赵用贤、刑部员外郎艾穆、主事沈思孝、刑部办事进士邹元标，各以建言伏蒙天恩廷杖，遣戍为民，遇例不宥……今其罪废也已六年于兹矣。远戍者坚志于瘴乡，削籍者杜迹于衡门，悔悟创艾之日久，而慕君爱国之思深。耿耿孤忠，神明鉴之，行道之人恻之，皇上闻而见之，未有不愀然动也……伏乞敕

1 吴履震《五茸志逸》卷三《宋尧俞上张江陵书》。

2 朱鸿谟《恳乞圣明俯矜狂愚小臣以广皇仁疏》，《万历疏钞》卷十五《揆直类》。

下该部复议，如果诸臣情有可矜，所言不谬，望早赐特恩宽宥。”[1]万历十三年（1585）八月，兵科给事中李弘道再次提及此事，鉴于吴、赵、沈、邹已经起用，唯独艾穆尚未复出，他说：“沈思孝、邹元标曾未受挫于居正，而艾穆又其乡人，吴中行、赵用贤又其所夙厚，则亦何私忿于居正也？夫以无私忿之素，而又当居正方盛之时，其死其败俱难逆睹，则五臣之明目张胆陈忠孝大义，而言也无非以朝廷纲常为重，直犯权臣之锋而甘之矣，讵望复有今日耶？臣故谅五臣之忠矣……故五臣其庶几乎此之节概，其足以振颓风而高物表，载之青史，谓之本朝人杰可也，而与立功名于一时者可并论乎！”[2]

看来“夺情”的是是非非，真是一言难尽。

四　新政的深化：财政经济改革

尽管新政招致诸多非议，张居正仍义无反顾，坚持不懈。他在给朋友与同僚的信中，显示了毫不动摇的决心。在给工部右侍郎陆光祖的信中说：“仆以一竖儒，拥十余龄幼主，而立于天下臣民之上，威德未建，人有玩心。况自隆庆以来，议论滋多，国是靡定，纪纲倒植，名实混淆。自仆当事，始布大公、彰大信，修明祖宗法度，开众正之路，杜群枉之门，一切以尊主庇民、振举颓废为

1 郭惟贤《恳乞天恩矜宥言事诸臣以全臣节疏》，《万历疏钞》卷十五《援直类》。

2 李弘道《明圣之朝不宜使蹇蹇忠臣难于在位疏》，《万历疏钞》卷十五《援直类》。

务，天下始知有君也。而疾之者乃倡为异说，欲以抑损主威，摇乱朝政，故不得不重处一二人，以定国是，以一人心。盖所谓刚过乎中，处大过之时者也，而丈（指陆光祖）乃以为失士心，误矣。吾但欲安国家、定社稷耳，怨仇何足恤乎！”[1]在给原工部尚书雷礼的信中说：“不肖猥以浅薄，谬膺重任，窃见嘉隆以来纪纲颓坠，法度陵夷，骎骎宋元之弊辙。自以亲承顾命之重，幸逢英明之主，不揣绵力，欲一举而振之，乃以此致恨于群小，流言不啻于三至矣。然礼义之不愆，何恤于人言！”[2]因此，虽有波折，新政一如既往地向着更深更广的方向推进着。

1.“不加赋而上用足”

万历新政是从政治改革切入的，政治改革取得一定成效之后，转入财政经济改革。要面对长期积累下来的国匮民穷的老大难问题，非大动干戈不可。而这样做，必须以综核名实、信赏必罚为原则，以考成法为激励手段，方可保证有令必行，有禁必止，才能使改革不流于形式。

财政经济的困难由来已久，远的姑且不说，嘉靖、隆庆年间，国库几乎年年亏空。据全汉昇、李龙华研究，从嘉靖七年（1528）到隆庆五年（1571），太

1 张居正《答奉常陆五台论治体用刚》，《新刻张太岳先生文集》卷二十八《书牍》。

2 张居正《答司空雷古》，《新刻张太岳先生文集》卷三十《书牍》。

仓银库每年收入、支出银两的统计数字比较的结果，没有一年是有盈余的。

嘉靖七年至隆庆五年太仓银库收支数（单位：两）

年　　份	岁入银数	岁出银数	盈亏约数
嘉靖七年（1528）	1 300 000	2 410 000	亏1 110 000
嘉靖二十七年（1548）	2 000 000	3 470 000	亏1 470 000
嘉靖二十八年（1549）	3 957 116	4 122 727	亏165 611
嘉靖三十年（1551）	2 000 000	2 950 000	亏950 000
嘉靖三十一年（1552）	2 000 000	5 310 000	亏3 310 000
嘉靖三十二年（1553）	2 000 000	5 730 000	亏3 730 000
嘉靖三十三年（1554）	2 000 000	4 550 000	亏2 550 000
嘉靖三十四年（1555）	2 000 000	4 290 000	亏2 290 000
嘉靖三十五年（1556）	2 000 000	3 860 000	亏1 860 000
嘉靖三十六年（1557）	2 000 000	3 020 000	亏1 020 000
嘉靖四十二年（1563）	2 200 000	3 400 000	亏1 200 000
嘉靖四十三年（1564）	2 470 000	3 630 000	亏1 160 000
嘉靖四十四年（1565）	2 200 000	3 700 000	亏1 500 000
隆庆元年（1567）	2 014 200	5 530 000	亏3 515 800
隆庆二年（1568）	2 300 000	4 400 000	亏2 100 000
隆庆三年（1569）	2 300 000	3 790 000	亏1 490 000
隆庆四年（1570）	2 300 000	3 800 000	亏1 500 000
隆庆五年（1571）	3 100 000	3 200 000	亏100 000

资料来源：全汉昇、李龙华《明中叶太仓岁出银两研究》，载香港中文大学《中国文化研究所学报》第6卷第1期。

无怪乎隆庆二年（1568）穆宗皇帝向户部索取银两时，张居正向皇上大叹苦经："臣等看得，祖宗朝国用、边饷俱有定额，各处库藏尚有赢余。自嘉靖二十九年虏犯京师之后，边费日增，各处添兵添马，修堡修城，年例犒赏之费，比之先朝，数几百倍，奏讨请求，殆无虚日。加以连年水旱灾伤，百姓征纳不前，库藏搜括已尽。臣等备查御览揭帖，计每岁所入，折色钱粮及盐课、赃赎事例等项银两，不过二百五十余万，而一岁支放之数，乃至四百余万，每年尚少银一百五十余万，无从措处。生民之骨血已罄，国用之费出无经。臣等日夜忧惶，计无所出。"[1]这里所说的，每年收入白银不过二百五十余万两，支出竟达四百余万两，每年亏空一百五十余万两，与上述表格所显示的数字，大体相符。鉴于财政拮据，百姓穷困的状况，张居正与同僚向皇上建议，政府有关部门必须"加以牧养"，所谓"牧养"，意即与民休息，人民穷饿或遇灾荒，应该免除过重的赋税。他还指出，太仓储存的粮食足支八年，而大内帑藏银两短缺，民间又苦于缴纳粮食而终岁勤动，不得休暇，因而建议把百姓缴纳的粮食（实物赋税），十分之三以上改折银两。这一建议当时并未采纳，若干年以后才得以实施。[2]

万历元年（1573），张居正出任内阁首辅后，为了摆脱困境，开源节流双管齐下，加强理财的力

1 张居正《请停取银两疏》，《新刻张太岳先生文集》卷三十六《奏疏一》。

2《太师张文忠公行实》，《新刻张太岳先生文集》卷四十七。

度。他从汉武帝时代的理财家桑弘羊“民不益赋而天下用饶”的思路出发，提出“不加赋而上用足”的方针。他在给山东巡抚李世达的信中，论述了“不加赋而上用足”的方针，有赖于考成法的切实执行，很自信地说：“考成一事，行之数年，自可不加赋而上用足。”不加赋而上用足，意即不必增加赋税，国家财政可以得到满足，是了不起的思想。因此之故，这封信很值得一读：

> 窃闻致理之要在于安民，欲民之安，责在守令。今主上虽冲幼，已知注心邦本。然而上泽未能下究，下隐未能上通者，则以吏治欠核，而玩权挠法之豪，诡衔窃辔之奸，鲠乎其中故耳……鬻爵诚为弊政，昨计部稍去太甚者，然未能尽拔根株，俟一二年后，将盐法、屯田经理就绪，内外储蓄少充，当尽罢之。考成一事，行之数年，自可不加赋而上用足。今计开纳所入岁不过四十万，稍加剂量，致此固无难也……仆以浅薄，谬膺重寄，主上虚己而任之。自受事以来，昼作夜思，寝不寐，食不甘，以忧国家之事，三年于此矣。[1]

1 张居正《答山东抚院李渐庵言吏治河漕》，《新刻张太岳先生文集》卷二十七《书牍》。

“不加赋而上用足”是一个高招，那些只会以加赋手段满足国用的庸才，是无法理解的。它不是一句漂亮的门面语，也不是用来炫耀政绩的幌子，而是有切实措施保证的，那就是极其强硬的两手："惩贪吏以足民"和"理逋负以足国"。他在与应天巡抚宋仪望（字望之，号阳山）的信中，详细地论述了这一思想："自嘉靖以来，当国者政以贿成，吏朘民膏，以媚权门。而继秉国者又务一切姑息之政，为逋负渊薮，以成兼并之私。私家日富，公室日贫，国匮民穷，病实在此。仆窃以为贿政之弊易治也，姑息之弊难治也。何也？政之贿惟惩贪而已，至于姑息之政，倚法为私，割上肥己。即如公（指宋仪望）言，豪家田至七万顷，粮至二万，又不以时纳……故仆今约己敦素，杜绝贿门，痛惩贪墨，所以救贿政之弊也；查刷宿弊，清理逋欠，严治侵渔揽纳之奸，所以砭姑息之政也。上损则下益，私门闭则公室强，故惩贪吏者所以足民也，理逋负者所以足国也。官民两足，上下俱益，所以壮根本之图，建安攘之策，倡节俭之风，兴礼义之教……今议者率曰吹求太急，民且逃亡为乱。凡此皆奸人鼓说以摇上，可以惑愚暗之人，不可以欺明达之士也。夫民之亡且乱者，咸以贪吏剥下，而上不加恤；豪强兼并，而民贫失所故也。今为侵欺隐占者权豪也，非细民也，而吾法之所施者奸人也，非良民也。清隐占，则小民免包赔之累，而得守其本业；惩贪墨，则闾阎无剥削之扰，而

◥ 宋仪望，江西吉安人，嘉靖二十六年进士。万历二年张居正将其从大理寺少卿提携为右佥都御史、应天巡抚，万历四年升南京大理寺卿。

得以安其田里。”[1]

在这封长信中，张居正阐述的观点很鲜明，嘉靖以来，由于贿赂成风，贪污横行，各级政府姑息养奸，造成国匮民穷的恶果；解决的途径就是“惩贪吏以足民”和“理逋负以足国”。

什么是贪污？贪污就是化公为私，把国家财政收入据为己有，把国库收入塞入私人腰包，这是一个永无底止的大漏洞。不堵塞这个漏洞，企图扭转“私家日富，公室日贫”的局面，不啻痴人说梦。张居正“惩贪吏”雷厉风行，明确告诫吏部：发现贪官污吏必须及时报告，不得推诿放纵。以下事例足以证明，这一政策是有成效的。

——隆庆六年（1572）八月，根据云南巡抚、巡按揭发，兵科给事中的弹劾，把贪赃枉法的黔国公沐朝弼逮捕，押解北京，交由三法司审讯。

——隆庆六年（1572）八月，吏部左侍郎魏学曾贪污受贿，徇私枉法，革职查办。

——隆庆六年（1572）九月，江油知县赵佐贪污国库银子二千多两，判处死刑。

——万历元年（1573）正月，湖广总兵陈王谟在担任漕运总督期间，损失粮食百万石（实际是用“损失”名义掩盖的贪污），撤职查办。

——万历元年（1573）十二月，大同巡抚刘应箕侵吞国库银两，撤职查办。

1 张居正《答应天巡抚宋阳山论均粮足民》，《新刻张太岳先生文集》卷二十六《书牍》。

如此等等，严厉的打击，以非常手段遏制贪污风气的蔓延。

在奖廉抑贪方面，张居正率先垂范。他写信给两广总督刘尧诲（字君纳，号凝斋），严厉批评广东官场的贪污贿赂之风："监司抚按取受不严，交际太多，费用太泛，皆嘉隆以来积习之弊，各省大抵皆然，而广中为甚。"他说，两广官员不断向他贿赂，都被他一一回绝："自不穀（张居正自称）戴罪政府以至于今，所却两广诸公之馈，宁止万金！若只照常领纳，亦可作富家翁矣！"他反问，诸如此类的费用，不取之于民又从何而来？为何屡禁不止？原因在于上级官员没有以身作则，"司道之取与不严，欲有司之从令，不可得矣；督府之取与不严，欲司道之从令，不可得矣！"因此稽察吏治，关键在于"清其本源"，就地方而言，本源在于巡抚巡按，就中央而言，本源在于政府。他自律甚严："不穀当事以来，私宅不见一客，非公事不通私书，门巷阒然，殆如僧舍。虽亲戚故旧，交际常礼，一切屏绝。此四方之人所共见闻，非矫伪也。"他感叹道："屡拟严旨，奖廉抑贪，欲庶几以身帅众，共成羔羊素丝之风，而终不可易，乃苞苴之使未尝绝也，钻刺之门未尝堙也。虽餐荼茹堇，徒自苦耳，何裨于治理耶！"[1]

◥ 刘尧诲，湖广临武人，嘉靖三十二年进士。任南京刑科给事中，因弹劾权贵被罢官。隆庆元年复出为官，先后巡抚福建、江西，迁兵部侍郎兼御史中丞、两广总督，旋晋南京都御史、户部尚书等职。

1　张居正《答两广刘凝斋论严取与》，《新刻张太岳先生文集》卷三十一《书牍》。

多年形成的积弊，要想在短期内消除，绝非易事，恰恰显示了“惩贪吏以足民”的重要性。

什么是“逋负”？“逋”的意思是逃亡、拖欠，“逋负”亦即“逋赋”，通俗地说就是逃税、欠税。土豪劣绅凭借权势逃税、欠税，国家本来应该收上来的赋税，被他们规避掉了。这个漏洞不堵塞，要想扭转财政的亏空，岂非空谈！他在给应天巡抚宋仪望的信中，已经表态：“来翰谓苏松田赋不均，侵欺拖欠云云，读之使人扼腕。公以大智大勇诚心任事，当英主综核之始，不于此时剔刷宿弊，为国家建经久之策，更待何人？诸凡谤议皆所不恤，即仆近日举措，亦有议其操切者，然仆筹之审矣。”[1]

万历四年（1576）七月，张居正向皇帝建议，将明年春季例行的官员考核与“蠲逋赋，安民生”结合起来。他阐明这样一个道理：治理之道首先在于安民，欲安民就必须加意于官员的治理。经过前几年的整顿，地方官莫不争自淬励，修炼职业。但是，虚文矫饰的旧习尚存，例如：“剥下奉上以希声誉”，“奔走趋承以求荐举”，“征发期会以完簿书”，“苟且草率以逭罪责”。因此，当明春地方官考察之期，希望皇上指示吏部，预先虚心访核各级官员贤能与否，以安静宜民为“上考”，以沿袭旧套、虚心伪饰为“下考”。如果巡抚、巡按不能悉心甄别

1 张居正《答应天巡抚宋阳山论均粮足民》，《新刻张太岳先生文集》卷二十六《书牍》。

官员，而以旧套敷衍了事，那么抚按官就“考”为不称职，吏部宜秉公革职。如果吏部不能悉心精核，而以旧套敷衍了事，那么吏部官员就“考”为不称职，朝廷宜秉公更置。只有以这种态度才能解决“逋赋”(逋负)问题。长期以来，势豪大户侵欺积猾，规避赋税，地方官畏纵，不敢过问，反而责令下户贫民包赔。另一方面，各级政府不能约己省事，无名之征求过多，以致民力殚竭，不能缴纳正常的赋税。近几年来，因推行考成法，地方官担心降罚，不分缓急，一概严行追缴。更有甚者，追缴所得落入贪吏之囊橐。因此在处理“逋赋”时，还应注意对下户贫民予以减免，以苏民困。[1]很显然，清理逋赋是针对势豪大户“侵欺积猾规避赋税”而发动的。

神宗皇帝对此是理解的，他在七月初六日接到张先生的奏疏，当天就指示吏部、户部：“朕奉天子，注存邦本，欲固国安民，必得良有司加意牧养。近来各地方官虽颇知守己奉法，然虚文粉饰旧习未除。今朝觐考察在迩，吏部访察贤否，惟牧爱宜民为最，有虚文趋谒、剥下奉上，以要浮誉者，考语虽优，必置下等，并抚按官一体论黜。”对于逋赋即钱粮拖欠，他特别强调：“钱粮拖欠，原非小民，尽是势豪奸猾，影射侵欺，以致亏损常赋。今朝廷既于例外施恩，各抚按官共严督有司，详核人户等则，均数减免，务使小民得沾实惠。”[2]所以张居正

1 张居正《请择有司蠲逋赋以安民生疏》,《新刻张太岳先生文集》卷四十《奏疏五》。

2《明神宗实录》卷五十二,万历四年七月丁酉。

与河道总督吴桂芳（字子实，号自湖）谈到“蠲逋赋”时说：“顷蠲豁旧逋，乃发自圣心，仆不过仰承之耳。然须得良有司悉心综理，庶几主泽得以下究。”[1]

由此可见，在理财思想方面，皇帝与首辅有相当多的共同点，足以推动万历新政的财政经济改革能够顺利进行。据日本学者岩井茂树研究，以“不加赋而上用足”为特色的改革，可以概括为以下四个方面：

——抑制国家财政和宫廷财政的支出，其中包括削减南京官员的编制（按：永乐年间首都从南京迁往北京，南京仍保留中央政府的架构），终止或削减宫廷的织造项目，节约宫廷的节庆、宴会开支，缩减大规模的工程、营造等。

——强化对于边防重镇的钱粮与屯田的管理，以减轻边镇军饷日趋增大的财政压力。

——为了解决地方的“民困”与中央的“国匮”，限制各种既得利益，诸如对于官僚利用驿站特权的限制，削减驿站的开支，抑制宗藩（皇室亲戚）的冒滥，削减生员的定额等。

——强化户部的财政事务管理机能。户部尚书王国光（字汝观，山西阳城人）为此采取了一系列措施：一、大规模整理征收赋税的簿册；二、督促户部的十三清吏司的各员外郎、主事等官员的出勤；三、进行边疆军饷的实态调查，制定边疆军饷政

1 张居正《答河道吴自湖言蠲逋赋疏海口》，《新刻张太岳先生文集》卷二十八《书牍》。

策；四、加强地方政府对户部的财政报告，使得户部能够在把握全国财政状况的基础上运营财政。[1]

▲王国光，嘉靖二十三年进士。隆庆五年升户部尚书、总督仓场。万历二年充殿试读卷官，五年由张居正推荐任吏部尚书，十年致仕。

这种紧缩的财政政策，张居正与地方官有过多次探讨。在与应天巡抚宋仪望谈到紧缩财政时说：节省用度，则里甲无征索之扰；减少趋谒，则驿递无供亿之繁，可以使得上下各自相安。他以驿递为例加以分析："今驿递一事，在东南不知何如？畿辅诸郡，十减六七，行旅初觉不便，近来亦颇相安，若小民欢呼歌诵，则不啻管弦之咈溢矣。且此项钱粮贮积甚多，将来裕国足民，更不外索。即此一事，余可类推。以今全盛之天下，为国者肯一留意于此，时时修明祖宗法度，精核吏治能否，由此富国富民，兴礼义，明教化，和抚四夷，以建万世太平之业，诚反手耳。"[2]他以驿递为例，阐明紧缩财政对于裕国足民，建万世太平之业的意义。无怪乎他与都察院都御史李世达再次谈及驿递，不免有些感慨："近来驿递困敝至极，主上赫然思以鳌振之，明旨屡饬，不啻三令五申矣，而犹不信。承教谓，外而方面（指地方官），内而部属以上（指京官），凡得遣牌（通行证）行者，有司不敢不一一应付。若如近旨，

1 岩井茂树《张居正财政的课题和方法》，载岩见宏、谷口规矩雄编《明末清初期的研究》，京都大学人文科学研究所，1989年，第225—269页。

2 张居正《答应天巡抚论大政大典》，《新刻张太岳先生文集》卷二十八《书牍》。

但无勘合者皆不应付，则可尽复祖宗之旧，甦疲困之民。夫有司官卑，岂敢与大官相抗！所赖以行法振弊者，全在抚按耳。抚按官狃于故常，牵于私意，而责有司以奉法令、抗大官，势不能也。朝廷欲法之行，惟责之抚按，不责之有司，异日倘有犯者，或别有所闻，则抗命之罪必当有归。”[1]要对违规使用驿递的官员绳之以法，追究抚按抗命之罪，足见紧缩财政决心之大。

2.“田赋之弊孔百出”

农村的耕地按照田亩面积、课税等则，分夏秋两季征收赋税，即夏税和秋粮，简称税粮，又称钱粮。一些势豪大户常常隐瞒田亩面积，规避赋税，花样百出。嘉靖《宁波府志》揭示的陋习颇具代表性，势豪大户用隐匿田亩的方式规避税粮，在田地买卖、地权转移时尤为显著。该书的编者指出“豪民作奸”的种种花样：“乃有飞洒、诡寄、虚悬诸弊，故无田之家而（黄）册乃有田，有田之家而（黄）册乃无田，其轻重多寡皆非的数，名为黄册，其实伪册也。”[2]黄册是一种户籍，政府从户口入手来掌握赋税与徭役，每十年编造一次，其中“人丁事产”项目，按照“旧管”“新收”“开除”“实在”四个栏目，分别登记在册。但是豪猾富户买通衙门书

1 张居正《答总宪李渐庵言驿递条编任怨》，《新刻张太岳先生文集》卷二十九《书牍》。

2 嘉靖《宁波府志》卷二十四《书三·田赋书》。

吏，从中作弊，出现“飞洒”“诡寄”“虚悬”，致使黄册不能反映真实情况，被人们蔑称为“伪册”。

何谓“飞洒”？富人田多，为了规避重役，贿赂奸邪的衙门书手，把自家田地分别“飞洒”到别户若干亩若干分，把自家税粮“飞洒”到别户若干升斗，如果积累数十户，就可以“飞洒”田地数十亩，“飞洒”税粮数石。而被“飞洒”人家往往不明底细，或者怯懦害怕官府，忍气吞声。甚至有的农户家无立锥之地，竟然在黄册中有田亩、税粮。可见“飞洒”是“损人裕己”的手段。

何谓“诡寄”？多田之家，为了规避赋役，把自家田地“诡寄”于有优免特权的乡宦、举人、监生、生员名下，或者“诡寄”于主管赋役的坊长、里长名下，或者“诡寄”于不必承担赋役的灶户名下。这些统称为“寄庄”。可见“诡寄”是“避重就轻”的手段。

何谓“虚悬”？举例说，赵甲把自己拥有的田地，开到钱乙名下，钱乙又把它开到孙丙名下，孙丙又把它开到李丁名下，最后，李丁再把它开到赵甲名下，但是赵甲不收。于是乎这块田地以及它所承担的赋税，就“虚悬”在那里，没有了业主，自然没有了缴纳赋税、承担徭役的人。一言以蔽之，“虚悬”就是“一切欺隐以负国课”的手段。[1]

此外还有各种手段：

1 嘉靖《宁波府志》卷二十四《书三·田赋书》。

一曰“影射”——贿赂衙门书手，把田地和税粮挂到书手户下，书手利用其职权，把这些田地所应承担的税粮，分十年逐渐“消豁”到百户农民之中。

二曰“挪移”——由于官田税重，民田税轻，民田“虚悬”的税粮，假称官田，“以一埋十”。

三曰“买户”——买田十亩，只开写八九亩，仍留一二亩于原户（即卖户）。或者买田时只过割田地，不过割税粮，致使卖主无田而仍纳税，买主有田而不纳税。

四曰“干没”——买户购进田地，不除去卖户的税粮，使得一块田地而有两户承担税粮。

嘉靖年间，宁波知府曹山、鄞县知县黄仁山、奉化知县陈缟多次改革，收效甚微。有鉴于此，《宁波府志》的编者提出清查积蠹的七条建议：一，开首告之门；二，严保勘之法；三，清书手之户；四，明收除之数；五，革田粮重会之弊；六，禁洗补之弊；七，重诡寄之役。毕竟是建议而已，似乎难以实施。[1]

嘉靖年间出任江西巡按御史的唐龙（字虞佐，号渔石，浙江兰溪人），也提及飞洒、诡寄之类弊端，感叹“此弊惟江西为甚”。他写道：“江西有等巨室，平时置买田产，遇造册时，贿行里书，有飞洒见在人户者，名为活洒；有暗藏逃绝户内者，名为死寄。有花分子户，不落户眼者，名为畸零带管。有留在卖

1 嘉靖《宁波府志》卷二十四《书三·田赋书》。

户，全不过割者；有过割一二，名为包纳者。有全过割者，不归本户，有推无收，有总无撒，名为悬挂掏回者。有暗袭京官、方面（地方官）、进士、举人脚色，捏作寄庄者。”这种陋习造成的后果非常严重，赋役黄册沦为“纸上之桑”，户籍沦为“空中之影”，以至于地方基层组织“图”之中的虚假者数以十计；“都”之中的虚假者数以百计，县之中的虚假者数以千计乃至数以万计，此其一。其二，因历年征缴税粮、编派差役没有着落，全部由小户赔偿，迫使小户逃亡。小户逃绝，转由里长赔偿。里长逃绝，转由粮长赔偿。粮长负累既久，也皆归于逃绝。一般人家被佥当粮长，一家老小相对哭泣，亲戚相吊，民间至有“宁充军毋充粮长”之谣。其三，由于这样的关系，流亡的移民载道，死亡相枕，户口减少。由是鼠狗窃发，劫掠公行，盗贼兴起；由是争斗不息，告讦日滋，狱讼频繁。[1]从唐龙的一席话，足见豪门富户规避税粮后果之严重。

同时代的礼部右侍郎顾鼎臣向朝廷揭露南直隶的田赋积弊，与唐龙的看法十分接近。他指出，府州县衙门的总书、书手勾结贪官污吏，造奸作弊，手段花样百出：一、私雕印信，诈领钱粮；二、依仿判笔，套写花押；三、将上司坐派擅自增减数

◥ 顾鼎臣，苏州昆山人，弘治十八年进士。授翰林院修撰，迁左谕德。嘉靖初年任经筵官，历官礼部右侍郎、吏部左侍郎、礼部尚书。嘉靖十七年入阁，十八年接替夏言为首辅。

1 唐龙《均田役疏》，《皇明疏议辑略》卷十三。

目；四、将府州县案卷擅自追改年月；五、将朝廷宥免的赋税，重复课征；六、将临时性的暂征一概改作固定的岁派；七、钱粮征收的总数与撒数不合，官簿与底簿不同；八、将已经征收的赋税，支调侵分；九、私收入己，申报民欠；十、将官田改作民田，肥荡改作瘦荡，损失税收；十一、将蠲免税粮额度，叩卖别区；十二、将应该征收的大户富民税粮，洒派到细户小民身上。造成的后果是："每年粮额（税粮数额）欠以千万计，负累该州县善良人户，包补日积月欠，坐致困穷。"[1]

张居正对这种积弊是有充分认识的，正如《太师张文忠公行实》所说："岁久伪滋，编户末民无所得衣食，其势必易常产（出卖田地），令豪民得以为奸，以故田赋弊孔百出，而其大者，曰飞诡，曰影射，曰养号，曰挂虚，曰过都，曰受献。久久相沿，引为故业。于是豪民有田无粮，而穷民特以力薄，莫可如何，始受其病矣。及县官责收什一，贫民鬻子妻不能输纳，则其势不得不行摊派，盖自浮粮所在多有，而天下尽受其病矣。然民愁无聊，亡逃山林，转为盗贼，则其势又不得不请减额……盖自所减额日以益多，而国家又受其病矣。太师日夜忧劳，念欲为君国子民计，非清丈不可。"[2]

为了以身作则，张居正写信给儿子张嗣修，要他清查江陵县自家的田地税粮是否有诡寄、影射情

1《明世宗实录》卷一百十八，嘉靖九年十月辛未。

2《太师张文忠公行实》，《新刻张太岳先生文集》卷四十七。

形。张嗣修清查后，向湖广巡抚陈省报告，确实存在诡寄、影射等弊："近奉家父严命，查户内田粮实数，恐有诡寄、影射等弊。因吊本县《赋役丈册》一查，内开内阁张优免六百四十余石，不胜竦骇。职向闻家父相承祖产，并自置田土，计(税)粮不过七十余石，此五百余石者，何自而来耶？及细加查复，乃知其中积弊多端。有族人倚借名号，一体优免者；有家童混将私田概行优免者；有奸豪贿赂该吏，窜名户下，巧为规避而免者；有子弟族仆私庇亲故，公行寄受而免者。是以十分中论，本宅仅得其一，余皆他人包免。今既奉父命查出，岂容姑息！愿将本宅田粮七十四石例得优免者，尽数与小民一体当差。"[1]陈省接到张嗣修的揭帖，当即写了《查首冒滥恳辞优免以均赋役》的奏疏，向朝廷说明张府田产近年并无增加："臣昔叨巡按历荆(州)，见元辅田惟祖遗，居惟祖屋，淡泊清约，一如寒士。今叨巡抚历荆(州)，见元辅祖业屋居，尽与诸弟侄，惟赐宅纯心堂一区，与诸子同居。其家常服用，寒素无改。"他派遣官员调查核实，张居正户下田粮实止七十四石四斗，又算遗田粮四斗八升，遵例应免共七十二石，房族弟侄有官职即生儒人等，应免十五石外，其余狡民以亲识里排，共九十九名，俱据律问罪。陈省会同郧阳抚治杨俊民、巡按朱琏，向朝廷建议："国家经制，莫重于

1 钱一本《万历邸钞》，万历九年辛巳卷，夏四月。

赋；生民休戚，莫切于役。赋役之所以不得其平者，惟是官豪势要假借优免，遂致田粮多诡寄，差役多影射，弊孔多端，莫可穷诘。恳乞天语谕令在京大臣，以及内外庶官，将各员项下粮地，逐一著令本家清查，一遵题准事例优免，有亲族冒免，猾吏奸民影射者，许自觉察改正，并行各省直抚按官，照例着实清查。”[1]

3. 田亩“清丈”的渐次推行

所谓“清丈”，又叫做“清丈田粮”，它包含清丈田亩、清理税粮的双重含义，张居正把它叫做“丈地亩，清浮粮”。首先在福建省试点，然后推行到其他各省。

经过充分酝酿，万历六年（1578）十一月，皇帝下达谕旨，在福建省试行清丈。皇帝的谕旨说：“以福建田粮不均，偏累小民，命抚按着实清丈。”[2]从福建的一些地方志的零星记载中，可以约略窥知当时清丈开展的情况：

——福州府于万历七年（1579）正月丈量官民田亩，具体做法是：“履亩丈量均匀摊补，其亩视田高下为差，其则以原县额为定，截长补短，彼此适均”。[3]

——万历七年（1579），福宁州鉴于浮粮累民，奉命丈田。将官民田地全部清丈，补足税粮原额，

1 钱一本《万历邸钞》，万历九年辛巳卷，夏四月。

2《明神宗实录》卷八十一，万历六年十一月丙子。

3 万历《福州府志》卷七十五《时事》；卷七《食货·户赋》。

并且把丈量后确定的新额田地赋税，刊刻书册，予以颁布。[1]

很明显，福建的清丈，包括丈地亩、清浮粮两个方面。改变以前官田税粮重、民田税粮轻的状况，把官民田地的税粮科则统一，所有田地根据其肥瘠程度，定为上中下三则征收税粮。这些原则后来在各地得到了推广。

在此期间，内阁首辅张居正与福建巡抚耿定向多次书信往还，探讨清丈之事，显示了他对此事的高度关注。在与耿定向议论“王霸之辩”的信中，他写道：“仆自秉政以来，除密勿敷陈、培养冲德外，其播之命令者，实不外此二事（按：指足食、足兵），今已七八年矣。而闾里愁难之声尚犹未息，仓卒意外之变尚或难支焉，在其为富且强哉。公今不以仆为卑陋，而留心于此，诚生民之福也。第须一一核实考成，乃可有效……丈田一事，揆之人情，必云不便。但此中未闻有阻议者，或有之亦不敢闻于仆之耳。苟利社稷，死生以之，仆比来唯守此二言，虽以此蒙垢致怨，而于国家实为少裨，愿公之自信而无畏于浮言也。”[2]这是要耿定向顶住压力，把清丈进行到底。

◥ 王霸之辩，先哲最严于“义利之辩”，深一层讲，就是所谓“理欲之辩”，而其表现于政治上的，就是“王霸之辩”。王道尚“德”，霸道尚“力”；王道重“礼”，霸道重“法”；王道贵“义”，霸道贵“利”；王道出乎“天理”，霸道出乎“人欲”。

1　万历《福宁州志》卷四《食货志》。

2　张居正《答福建巡抚耿楚侗谈王霸之辩》，《新刻张太岳先生文集》卷三十一《书牍》。

在另一封信中，他重申这一意见："丈地亩，清浮粮，为闽人立经久计，须详审精核，不宜草草。"[1]

万历八年（1580）九月，福建清丈完毕，张居正会同阁僚张四维、申时行以及户部尚书张学颜决定，把福建清丈之法推行到全国各地，以朝廷名义颁布清丈的八项规定。其中前五项是政策性规定：

——清丈以税粮是否漏失为前提，失者丈，全者免。

——清丈工作由各省的布政使总管，分守兵备道分管，府州县官专管本境。

——田有官田、民田、屯田数等，税粮有上中下数则，清丈时逐一查勘明白，使之不得诡混。

——清丈之后，恢复各类田地原本应该缴纳的税粮，如民种屯田者，即缴纳屯田税粮；军种民田者，即缴纳民田税粮。

——清丈中，有历年诡占田地及开垦荒地未申报者，如系自首，免罪；如系首报不实者，连坐；豪右之家隐占田地者，发遣重处。[2]

后三项是技术性规定，即关于丈量的日期、丈量的计算方法，以及丈量的经费等。

清丈令颁布后，地方官必须切实执行，否则严惩不贷。万历九年（1581）十二月，松江知府阎邦宁、汝州知府郭四维、安庆知府叶梦熊、徽州府掌印官

1 张居正《答福建巡抚耿楚侗》，《新刻张太岳先生文集》卷三十一《书牍》。

2《明神宗实录》卷一百六，万历八年十一月丙子。

李好问等，因为清丈工作“怠缓”，遭到朝廷处分：“各住俸戴罪管事”[1]。

在强大的政治压力下，从万历八年（1580）到万历十一年（1583），清丈工作在全国陆续完成。《明实录》记录了各地总督、巡抚向户部提交清丈报告的时间，从中可以看到各地清丈工作的大体进程：

福建，万历八年（1580）九月庚辰；

顺天，万历九年（1581）四月己未；

山东，万历九年（1581）九月乙亥；

江西，万历九年（1581）十二月己亥；

保定，万历十年（1582）正月庚午；

大同，万历十年（1582）正月庚午；

辽东，万历十年（1582）三月甲子；

蓟辽，万历十年（1582）三月丁卯；

山西，万历十年（1582）三月甲寅；

宣府，万历十年（1582）七月丙辰；

应天，万历十年（1582）七月辛酉；

贵州，万历十年（1582）七月癸亥；

广西，万历十年（1582）七月甲子；

浙江，万历十年（1582）七月己卯；

凤阳，万历十年（1582）八月庚寅；

河南，万历十年（1582）九月戊午；

湖广，万历十年（1582）十月癸丑；

宁夏，万历十年（1582）十一月乙卯；

1《明神宗实录》卷一百十九，万历九年十二月己亥。

四川，万历十年（1582）十一月戊午；

广东，万历十年（1582）十二月壬辰；

陕西，万历十年（1582）十二月戊申；

陕西三边，万历十一年（1583）正月丁卯；

甘肃，万历十一年（1583）二月戊申；

云南，万历十一年（1583）五月庚子。[1]

这是各地督抚上报清丈成果的时间。清丈后，编制簿册，统计田亩面积与税粮，均需时日，因此清丈实际完成时间，当早于此。大体而言，全国性清丈在万历九年至十年（1581—1582）陆续完成，进度还是比较一致的。

清丈的方式，以百姓自丈与官方复丈相结合为原则。这是参照嘉靖、隆庆年间某些地区局部性清丈经验而制订的。所以考察嘉隆时期的清丈方式，有助于了解万历清丈。

例如：应天府的溧阳县，嘉靖十七年（1538），知县吕光洵通括该县田土丈量，取消官田与民田税粮科则的差别，"令民自量，画图造册，里长类总，送县查算，谓之手实册"。嘉靖二十年（1541）溧阳知县沈炼推行的清丈，方法颇为细致。先把一县土地分为东西南北四区，各区草拟形似的地图，推选"大老"四人担任"区老"，手持各区地图，遍行区中，将区内田地每十里或数十里为一坂，绘制一坂的地图。再将各坂地图汇总到区图之中，形成鱼鳞

1 西村元照《张居正的土地丈量》，《东洋史研究》第30卷1、2、3期。

图，上报县衙门。县衙门再在区内推选诚实能干者若干人，充当“坂老”。“坂老”遍行坂中，以一里或半里为一坵，绘制坵图。推选诚实能干的人充当“坵老”，手持坵图，“令其于坵中备查田地山塘段数，一一填补坵图之中，有渗漏者罚之”。可惜刚开始推行，沈炼就离任而去，半途而废。隆庆三年（1569），知县邹学柱继续进行清丈，“适当隆冬之时，低洼田水深至数尺，只因催督甚严，承役人不及沿坵丈步，止将草绳绕塍（田埂）围转，便将丈尺计之，以见亩数，殊未的确”。[1]看来田亩清丈并非易事。

又如：隆庆元年（1567）海宁县的清丈，把全县三十二个“都”，划分为三个“段”，每段设置“段长”二名，“段长”下辖“都长”（每十里设一名）、“图长”（每里设一名），都由殷实、老成、公正之人担任，负责清丈事宜。先由业主将自己所有的田地山荡丈量一番，每日丈量一坵，在田地中树立木牌，上写：某字第几号田坵，系某人得业，东至西若干，南至北若干。有段长、都长、图长将丈量所得数据，填注手册一本，送县衙门备查。[2]

这样就形成了清丈图册，即清丈后编制的鱼鳞图册。隆庆六年（1572）和州知州康诰制订的《丈田方略》对此有详细的描述。康诰认为，和州地处山区，由于土地兼并造成欺隐偏累的弊端，非清丈不可。但是要由政府操作，不免滋生新的弊端，因

1 顾炎武《天下郡国利病书》原编第八册《江宁庐安》，引《溧阳县志》。

2 万历《杭州府志》卷七《国朝纪事》。

此他主张由民间“自丈量”。所以他的《丈田方略》的第一条就是“议自丈量以免骚扰”:“查得本州所属含山县田地共计六千一百七十二顷六十亩九分有零，中间兼并欺隐偏累情弊不可胜言。丈量之法势不可已。如必逐亩亲量，未免稽延岁月，若或分委失人，未免增滋弊端，且骚扰小民，广开骗局，徒糜费民财而无益于事也。为今之计，似不必本州及委官沿坵履亩细量。惟责之各里都亲管排年老人，各令田主、佃人，同本都书手、算手二人，执弓如法，各自丈量。如一户某，田几坵，量得横若干弓，直若干弓，该田若干亩，东西各至某田，南北如之，俱明白标记，插立标桩，不许欺隐分厘，填入册内。限一月内各县缴报，以凭本州先委官沿坵测量回报，候本州亲诣各田，随意间抽测量。如或中有欺隐，测量得出，即将前田没官。如此，庶丈量刻期可完，而民亦不知量田之骚扰矣。”[1]民间自丈，官府抽检，如有欺隐，田地充公，既可以按期完成丈量，又不骚扰人民。

至于具体做法，每里每都各画一总图，备载本里本都田亩、山圩、民房、桥道之形。如本州共有四十一里（里甲之里），造册四十一本，每本首页各画一图，表明乡名，画某乡某民田坵亩段。刊刻一版，用薄竹纸一张印刷，上面写明某里某都某民田或官田一处，坐落某地，东至某田，西至某田，南

1 顾炎武《天下郡国利病书》原编第八册《江宁庐安》，引《和州志》。

至某田，北至某田，面积若干亩，或系价买，或系承租，或系祖产。下半幅书画田形、丈量日期，以及田主、佃户、书手、算手姓名。丈量完成后，再按照田地种类、肥瘠程度，分上中下三等，确定税粮。

万历清丈大体也是自丈与抽检相结合的做法，例如：万历十年（1582），常州府武进县知县孙一俊清丈该县田亩，每图设立图正、图副、弓手、书手、算手六名，对该图田亩进行清丈。又从今年轮空的黄册书手中指派二名，管造一乡的总图；又指派近年轮空的粮长负责监督。[1]又如：苏州府长洲县，百姓自丈后，官府派人“携册临图复丈”，如果“弓口数目相同，验过等则无异，即与印记‘丈验相同’四字于册，以便攒造归户（实征文册）”。[2]当然，也有少数地方草率从事，全部仰赖自丈，没有进行履亩复丈。[3]

1 万历《常州府志》卷四《户口》。

2 康熙《长洲县志》卷十二《徭役》。

3 万历《汶上县志》卷四《政纪志·土田》。

4. 万历清丈的利弊得失

清丈在各地普遍展开，由于各地方官的思想与态度不同，效果也迥然有别，利弊得失各不相同。一般说，凡认真按照朝廷制订的准则进行清丈，“诸所谤议皆所不恤”，就能体现清丈在当时具有的合理性。

第一，清丈之后，田地有定数，赋税有定额，部分地改变了税粮负担不均的状况。嘉兴府海盐县人谈及万历九年（1581）的清丈，赞誉有加："其法将田土分段立号，算实弓口亩数，备书坐落、都图、里分，业户姓名，及田爿四至，挨编入册，藏之县库。盖一准国初鱼鳞（图册）之旧，而益核之。吾乡田土自赵公（嘉靖间知府赵瀛）均平以来，此番丈算尤为一大清楚……吾乡田地丈量以后，经界既正，润色无难。若于每册推收过割之年，清查在册之总撒，抽对旧籍之号数，无心差误者听改，有意裁除者必罪，尚可支持四五十年不至于大紊。"[1]清丈可以使田亩经界清楚，税粮负担落实，在一个时期中不至于紊乱，不能不承认这是一个显著的成效。

南方如此，北方也是如此。北直隶河间府沧州，清丈以前，官宦广占田地，逃避赋役，形成负担不均的积弊。奉命清丈以后，"清浮粮，苏民困"，把该州田地细分为几类：民地（1 674.13顷），实在行差民地（1 088.79顷），优免民地（461.55顷），寄庄民地（123.79顷），灶地（308.14顷）。各类田地分明，按照科则征税，就比较明确，"不分肥瘠、高洼之异，一例催征"，因此"清丈之后，田有定数，赋有定额，有粮无地之民得以脱虎口矣"。[2]

第二，清丈的结果，查出了不少隐匿田地，以及这些隐匿田地所规避的税粮，使得政府掌握的承

1 天启《海盐县图经》卷五《食货篇第二之上·田土》。

2 万历《沧州志》卷三《田赋志》。

担税粮的田地面积有明显的增加。如果一个县的税粮总额不变，那么每一亩田地摊派到的税粮就有所减少。例如，南直隶宁国府的宁县，万历九年(1581)清丈田、地、秧田、水荡，耕地面积“较原额丈出有余”，在重新编派税粮时，把水田一亩按照八分七厘七毫征税，把山地一亩按照一分三厘三毫征税。[1]也就是说，水田一亩分摊到原先的87.7%的税粮，山地一亩分摊到原先的13.3%的税粮，在税粮总额不变的前提下，每亩田地的负担明显减轻了。

浙江衢州府的情况与此相类似。该府所属的西安县，清丈后，不仅改变了原先因为隐匿而形成的田地缺额致使部分税粮无所着落的状况，而且新增了一些田地补足原额，之外还净增田六顷一十三亩、地一百零七顷四十五亩。把这些清丈出来的田地均摊到全县承担税粮的田地中，结果田一亩只须分摊原先的98%税粮，地一亩只须分摊原先的67%税粮，水淤田三亩承担原先一亩的税粮，山荒地二亩承担原先一亩的税粮。[2]

这种情况似乎是全国的通例。

山东巡抚何起鸣、巡按陈功在万历九年(1581)九月的清丈报告中，特别提到全省田地税粮负担如何减轻。山东清丈后新增民地三十六万三千四百八十七顷、屯地二千二百六十八顷，较原额增加了

1 康熙《宁国府志》卷八《田赋》。

2 天启《衢州府志》卷八《国计志》。

50%，全省税粮“悉照旧，往日荒地包赔者，以余地均减”。[1]这就是说，原先隐匿田地规避的税粮，归由清丈后新增的田地承担，不必再由别的田地“包赔”。

江西省也有类似情况。巡抚王宗载在万历九年的清丈报告中说：江西六十州县清丈后，在田地原额外丈出六万一千四百五十九顷五十四亩，约为原额的30%，“免另行升科，即将抵消该省节年小民包赔虚粮”。所谓“免另行升科”云云，意为不增加税粮总额，用新增田地的税粮来抵消先前小民“包赔”的“虚粮”。这种做法，蓟辽总督吴兑称为“议以多余之地，补失额之粮”。[2]

显然，清丈后承担税粮的耕地面积有较大幅度的增加，耕地的负担趋于相对合理化，是不争的事实。

第三，北方地区统一亩制，改变了先前存在的大亩与小亩相差悬殊的陋习，一律以二百四十步为一亩。很多地方清丈后耕地面积显著增加，与亩制的变化有很大的关系。例如济南府青城县，万历十年（1582）清丈后，耕地面积比原额增加七百余顷。请看以下数据——清丈前原额：官地83.05顷，民地2 281.79顷，合计2 364.84顷；清丈后新额：上地499.11顷，中地1 674.88顷，下地368.42顷，成熟地469.38顷，荒地27.28顷，合计3 039.07顷。

1《明神宗实录》卷一百十六，万历九年九月乙亥。

2《明神宗实录》卷一百二十一，万历十年二月丁酉。

《青城县志》解释该县“突然增地六百七十四顷”的原因，一是“地狭易于综核”；二是“(清丈前）地不分上中下，三百四步作一亩，至万历十年清丈，地分上中下，以二百四十步作一亩。较之原额，每亩涨出六十四步，地安得不增？”[1]

济南府武定州商河县的情况也是如此。万历九年（1581）清丈后，耕地较原额增加三千顷（原额七千九百三十八顷五十二亩，新额一万零二百十六顷十二亩)。这一地区的清丈，做得很马虎，“大奸巨猾隐匿无算”，主持清丈的官吏“惮于改正，一切苟简从事”，因此隐匿田地大多没有清查出来，耕地面积增加三分之一，主要是大亩改成小亩的结果。[2]

兖州府沂州也属于这种类型。万历九年（1581）清丈前，以六百四十步为一亩，清丈后，统一改成二百四十步为一亩，耕地面积扩大为原额的三倍：

原额地	11 075.34 顷
清丈后计地	32 234.91 顷[3]

此外，北直隶的广平府、河间府，都有“将大亩改作小亩”，“以小亩起科”的事例。[4]

第四，万历清丈不仅统一了亩制，地无分南北，一律以二百四十步为一亩，而且在此基础上，统一了官田与民田的税粮科则，即所谓“官民田一则”。

1 万历《青城县志》卷一《土田》。

2 万历《商河县志》卷三《食货志》。

3 万历《沂州志》卷三《田赋》。

4 万历《威县志》卷三《田赋》。万历《交河县志》卷三《赋役志》。

此举改变了以前官田与民田税粮科则不一的弊端，消除了官田税粮过重，豪民多占轻则民田，小民多占重则官田的不合理状况。地方志关于万历清丈的记载中，“官民田地山塘均为一则”[1]，“将官民（田地）并为一则”[2]，诸如此类的说法比比皆是。

官田与民田税粮科则一元化后，确立了根据土质优劣分上中下三则课税的方法。万历清丈前的税粮科则十分烦琐，清丈后，实行官民田一则，分上中下三等课税。例如江西弋阳县，万历清丈前，田地税粮科则分为八则：上晚官田、中晚官田、下晚官田、下早官田、上晚民田、中晚民田、下晚民田、下早民田。清丈后，定为三则：上则有水源肥田、中则瘠薄田、下则无水高潦田。在课税时，上则田以一亩实为一亩，中则田以一亩五分为一亩，下则田以二亩为一亩，一律按照实亩科则征收秋税米、夏税丝、棉、布等。[3]

江南地区出现的“均田均役”改革，也与此有关。例如嘉兴府，知府赵瀛于嘉靖二十六年（1547）创议，不分官田、民田，不分等则，一概以每亩三斗起征税粮。以后又改革役法，把原先按照里甲人户摊派徭役的做法，改变为按照田亩为主摊派徭役，称为“均田均役”。但是，这一改革一直要到万历九年（1581）清丈以后才得以实施，原因就在于：“必待丈量清楚，豁尽虚粮，然后均齐划一之政

1 康熙《婺源县志》卷七《食货》。

2 崇祯《开化县志》卷三《赋役志》。

3 万历《弋阳县志》卷五《田赋》。

可行”。其中的道理，天启《海盐县图经》说得很清楚：“均田议嘉靖间已有之，至万历九年（1581）始克举，则自有说。”该书列举了三个原因：

——“一则，以照田编里，则田多里分须升，田少里分须并，甚有都分亦须销并者。成规顿改，难免非常之惧，未到势穷理极时，有司尚未敢做。”（按：此处所说的“里”“都”是农村基层结构的称呼。）

——“一则，以此时士夫优免尚无限制，但有田地借荫在户下，并不充役。若行均甲，势必先将免额删定，然后可将余田派配……有此种种难调之情事，亦未易举。”

——“一则，以自国初到今，各里田粮偷漏渐多，坐下虚额，向系本里包纳。今若均田，将里分销并，此粮属之何人？取报升者裨补，既数不相当，就概县田摊赔，又情未通允。必待丈量清楚，豁尽虚粮，然后均齐划一之政可行。此均里美政直待二百余年积弊之后，合县士夫帖然无议之日，又适逢明例，通丈田土机会，种种凑合，可以有为。”[1]

总之，万历清丈后，大多数地方都不分官田民田，一律按照上中下三则征税。官民田合并为一则，统一按照土地的肥瘠征税，是赋税制度简化的重要一步，与同时推广于全国的一条鞭法是相呼应的。

1 天启《海盐县图经》卷五《食货篇第二之上·税粮》；卷六《食货篇第二之下·役法》。

第五，在清丈的基础上重新编制鱼鳞图册。嘉兴府海盐县清丈时，对以前编制的鱼鳞图册进行复核，“其法将田土分段立号，算实弓口亩数，备书坐落都、图、里分，业户姓名，及田爿四至，挨编入册，藏之县库。盖一准国初鱼鳞之旧，而益核之”。[1]万历三十九年（1611），知县乔拱璧谈到新编鱼鳞图册时说：“鱼鳞册乃原丈之粮，其中号段，卖者照此号而除，买者照此号而收，号内有分收若干者，俱照除注明。”[2]这表明，万历九年（1581）清丈时编制的鱼鳞图册，在以后的三十年中，民间买卖田地，让渡所有权时，广泛地用来作为凭证。

常州府、镇江府也是如此。万历十年（1582）常州府清丈后，“尝造鱼鳞图”，“每图实费数金”，“推求缮写不啻再三”。[3]可见重新编制鱼鳞图册的工作，颇受政府的重视。该府所属武进县，把编制鱼鳞图册作为清丈的主要手段。每乡、每都以四境为界，境内田地划分为圩，圩与圩紧相挨接，绘于图册，如鱼鳞状。田地按官、民、高、圩、腴、瘠、山、荡，一一注明。后面书写业主姓名、年月、买卖、开除。因此人们对鱼鳞图册十分重视，“人虽变迁不一，田则一定不移，是之谓‘以田为母，以人为子’，子依乎母而的的可据”。[4]邻近的镇江府在其中后，“必如国初之制造鱼鳞图”，“田有区段，各有四至，内开某人见业。乡有封界，又

1 天启《海盐县图经》卷五《食货篇第二之上·田土》。

2 天启《海盐县图经》卷六《食货篇第二之下·役法》。

3 万历《常州府志》卷四《钱谷》。

4 顾炎武《天下郡国利病书》原编第七册《常镇》。

有大四至，内计为田若干，自一亩至万亩，自一里至万里。各以邻界挨次而往，造成一图。则一县之田土、山乡、水乡、陆乡、洲田，与沿河有水利常稔之田，其间道路之所占几何，皆按图可见”。[1]

情况表明，万历清丈后编制的鱼鳞图册，较之洪武时期的鱼鳞图册，更为完备。明清之际陆世仪所写的《论鱼鳞图册》一文，论及鱼鳞图册的重要性，提出若要厘正赋役，“莫若废黄册，专用鱼鳞图册”，“凡赋税徭役一以鱼鳞图册为主，即所谓坐图还粮也”。[2]黄册是户籍，鱼鳞图册是地籍，废黄册专用鱼鳞图册，意即把政府的关注，从人户转向田地，它反映了赋役由人户转向田地的发展趋势。清初，黄册已经极为罕见，而鱼鳞图册仍在通行，并且不断重新编制。

当然，万历清丈并非尽善尽美，有一利必有一弊。清丈带有局部调整土地关系及赋役负担的意味，如果在旧的土地关系遭到破坏的背景下，清丈就比较顺利；反之，在没有社会动乱的背景下，进行清丈，使税粮负担合理化，阻力是相当大的。

万历九年(1581)五月，大同巡抚贾应元、巡按茹宗舜揭发饶阳王府镇国中尉廷𣚥、潞成王府奉国将军俊㭿等，依仗特权，“阻挠丈地”。他们认为，并非大同一处如此，其他各地王府宗室也有类似现象，请求朝廷“通行天下王府，各严谕宗室，凡置

1 顾炎武《天下郡国利病书》原编第七册《常镇》。

2 贺长龄《皇朝经世文编》卷二十九《户政·赋役》。按：该书的实际主编是魏源，贺长龄不过挂名而已。

买田土，俱听抚按官查勘明白”。朝廷十分重视此事，处分了俊椰等人，并指示各地巡抚、巡按：“丈田均粮，但有抗违阻挠，不分宗室、官宦、军民，据法奏来重处。”[1]

阻力不仅来自王府，还来自官僚豪绅。万历九年（1581）十二月，江西巡抚王宗载向朝廷报告：“及清丈命下，建德县豪民徐宗式等阻挠丈量，徽宁兵备道程拱宸复为部民党护。”[2]江南是财赋重地，也是清丈的重点地区，张居正一再表示：“吴中财赋之区，一向苦于赋役不均，豪右挠法，致使官民两困。”[3]因此这一地区清丈阻力很大，“豪右挠法”现象严重。例如，嘉兴府所属嘉兴县、秀水县清丈之际，豪绅们贿赂清丈官吏，隐瞒田地三万三千五百亩，规避的税粮由邻近的嘉善县“摊赔”。有些豪绅推荐地痞流氓担任清丈的书手、算手，欺上瞒下，任意挪移隐瞒田地数字；在新的鱼鳞图册还未编成之际，就销毁旧册，使之毫无凭据可以查对，“听其欺隐，妄报羡余，大开骗局”。[4]

另一方面，清丈自身也存在问题。张居正严格遵循法治精神，“综核名实，信赏必罚”，严格推行考成法，以清丈的结果作为考核官员的依据，形成自上而下的强大政治压力。不少地方官为了确保清丈后田地与税粮数字不致减少，不惜弄虚作假，采取“缩弓”“加田”“加税”等手段，来增加田地与

1《明神宗实录》卷一百十二，万历九年五月庚午。

2《明神宗实录》卷一百十九，万历九年十二月己亥。

3 张居正《答应天巡抚胡雅斋言严治善爱》，《新刻张太岳先生文集》卷二十九。

4 江东之《改正虚粮疏》，《瑞阳阿集》卷一。

税粮数字，邀功受赏。于是出现了一系列不合理现象。万历时期常州人唐鹤徵对此有透辟的分析："万历初年，江陵（张居正）奉旨遍宇内而丈焉。初意止期均赋，不期增额也。奉行太过，悉求增以为功。然围筑开垦为日已久，从实步之，未有不增者。始虞其无增，则严刑峻法，山场沟荡，悉丈为田，增额过当。及至归户，则上行其私，下恣其弊，所增之额全不在官矣。故畏法者取盈虚丈，仍有赋而无田；巧法者阴缩增额，终有田而无赋。于今二十年来，积弊日增。"[1]

弊端是由于官吏"悉求增以为功"而引起的。为了使清丈后的田地面积明显增加，不惜采取欺骗手段，最常见的是"缩弓取盈"，最简单的是"虚增地亩"。有的地方在清丈时，"恐田不足原数，顾乃促其弓步"，而使"田亩溢出额外"。[2]有的地方时奉户部之命"不许轻失原额"，不得不"缩弓取盈"。[3]都是缩小丈量的弓尺，比如把十寸为一尺，缩小为八寸为一尺，来求得田地面积的增加。这种做法，其实就是以每亩面积小于二百四十步的手段，取得虚假的田地面积的增加。有的地方采取更为简单的手法，在丈量时没有"缩弓取盈"，丈量后，"竟将实田一亩虚增二分七厘"。[4]也就是说原本一亩的面积，把它写成一亩二分七厘，虚增了27%。有的地方清丈后，发现"亏折原

1 万历《常州府志》卷四《钱谷》。

2 万历《宁德县志》卷一《舆地志·山川》。

3 康熙《高安县志》卷四《亩课》。

4 崇祯《开化县志》卷三《赋役志·土田》。

额七万八千八百七十五亩”，也就是说，比清丈以前的原额减少了七万多亩田地。如何填补这一亏空呢？最简单的办法就是玩弄数字游戏，仿照“虚粮事例”，“每熟田一亩加虚粮田一分六毛”。[1]那就是把根本不存在的“虚粮田”，洒派到“熟田”上，以“熟田”每亩承担110.6%的税粮，来掩盖“亏折原额”的真相。

短缩弓步，虚增顷亩，或者将非耕地、荒地一概当作耕地，使清丈失去了它固有的“均粮”（均税）意义。朝廷察觉以后，于万历十年（1582）九月下达公文，纠正清丈不实的现象：“各省直清丈田粮……如有短缩步弓，虚增地亩，及将山坡、湖荡、屋基、坟墓并积荒地土，升则派粮，贻累军民者，抚按官摘查明实，准与更正。但不许概行复丈，反复劳扰。”[2]然而此时清丈已接近尾声，诸多弊端已难消除。

为了虚增地亩，各地方清丈时，把并非耕地的山坡、湖荡、屋基、坟墓荒地等，都作为耕地予以清丈，看来是一个普遍现象。内阁次辅张四维给山东巡抚宋应昌书信，把这种现象归结为地方官“不能仰体朝廷之意”。他写道：“至于丈地，乃创行之事，民间甚惧。而有司者复多不能仰体朝廷之意，而下禁吏里之奸，即今事未举，而各处往往有称扰者矣。且部题丈田初议，原谓各州县只以原额为

1 康熙《溧水县志》卷四《田赋》。

2《明神宗实录》卷一百七十八，万历十年九月辛酉。

准，纵清出脱漏附余地，多亦从轻均摊，不加毫末。今闻各州县乃欲并关厢、村落民居丈之，又不分豁坟墓，此何说也？山中石田，贫民费力垦艺，而收获甚险；滨水退滩，水至则成川，皆不可入额者。且今两院方具题请，待秋收后举事，而地方吏书辈闻已有检勘人田数次者，其官长岂知之也？"他特别强调"今丈田只依原额取均，不求增益"，而且声明："坊厢不丈，民居不丈，坟茔不丈，山田丈至山根可耕之地而止，其深山石岩高岭不丈，滨水退滩水暂来暂去者不丈。"[1]由此可见，地方官为了求得田地面积的"增益"，把清丈的范围扩大到县城坊厢，乃至民居、坟茔，把山田延伸到深山石岩高岭，把水田延伸到"滨水退滩水暂来暂去"的湿地。虽然朝廷宣布"准与更正"，其实形同虚文。

张居正"不加赋而上用足"，"理逋负以足国"的理财思想，毫无疑问是高明的，清丈是把这一理财思想付诸实践的一种手段。当年因反对张居正"夺情"而遭到革职处分的赵用贤，在张居正死后得以昭雪，官复原职，不久升任右春坊右庶子兼翰林侍读学士，他对于江南的重赋，在清丈之后仍未改观深表不满，写了洋洋洒洒的长篇奏疏论述他的意见。有意思的是，他从"不加赋而上用足"谈起："臣窃惟财用者有国之大计，未有不取之于民而足用者，然欲其出之无穷，是必取之有制。故善理

1 张四维《复宋相冈》，《条麓堂集》卷十八《书》。

财者不加赋而用自足，非有异术也，不索民以非分之征，故惟正之供常足也。彼不善理财者，多其名色，烦其科敛，以为取盈之计，不知田地生财止有此数，取足于杂项，而反致亏于正额。此民力之所以益竭，而国用之所以常不足也。”然后切入正题，谈及江南财赋重地苏州、松江、常州、杭州、嘉兴、湖州六府的重赋问题，在清丈以后依然如故。他说：

“臣考天下财赋，东南居其半，而嘉湖杭苏松常此六府者，又居东南之六分，它舟车诸费又六倍之，是东南固天下财赋之源也。乃自顷岁以来，逋赋日积，而小民之嗷嗷者，十室九空，转死于沟壑者相望。二者可谓交弊而俱诎矣。臣尝与一二同志者今礼部办事进士袁黄等，考览沿革，究极根株，盖知其原不独在征敛之日增，而科派之无别，是以使重者之益重；其弊亦不独在征输之日急，而隐漏之多端，是以使困者之益困。当此之时，而不为之一裁制撙节焉，诚恐日甚一日，民力愈不能供，而国用愈致不足。”为了解决“民力愈不能供”“国用愈致不足”的问题，他开出一张“药方”，提出十四条举措：一曰议田赋之数，二曰议混派之弊，三曰议征税之则，四曰议蠲减之条，五曰议偏重之派，六曰议派剩之目，七曰议白粮之运，八曰议兵饷之实，九曰议折银之例，十曰议存积之重，十一曰议荒田之核，十二曰议征敛之欺，十三曰议徭役之累，十四曰议积谷之制。列举了这些之后，他颇有信心地说：“臣智识短浅，所得于见闻如此，非敢必遽能尽利弊之详也，亦非敢必遽能一一推行之而无遗也。然补偏救弊之要，足国裕民之本，已略举其要矣……今国家之于江南，固所谓良田美产也，可坐视其日就败坏而不为之所哉?”[1]

赵用贤是苏州府常熟县人，对于江南财赋重地的情况是了如指掌的，他说，天下财赋有一半出于东南，而嘉湖杭苏松常六府又占东南的十分之六，不算夸张。对于这一问题早就有人议论，但都议而不决。原因很简单，因为江南是财赋重地，国家经济命脉所系，任何人企图为江南减赋，都遇到自上而下的巨大压力。苏松一带的官僚士绅一谈及此，无不感慨系之：“有司动以国用为词，不以民命为念，可胜叹哉！”[2]宣德年间还作过一点减赋的尝试，正统年间的减赋只停留于纸面上，并未付诸实施；到了嘉靖、万历年间就更无可能了。正如康熙时江南巡抚韩世琦所追述的那样：“主计者但曰东南财赋之乡，减之则国用不足，勿可易也。自万历迄于明末，唯有不时额外之浮征，而无宽省之恩泽矣。”[3]万历清丈可以部分解决田地与税粮的隐漏问题，难以解决江南的重赋问题，便不难理解。赵用贤的条陈虽然很细致，却未必能够付诸实施，更未必能够取得成效，原因是不言自明的。

尽管有种种弊端，万历清丈的成绩是不能抹杀的。清丈后，全国丈出（新增）耕地面积相当可观，大多数可以从各地总督、巡抚提交户部的清丈报告中，看到比较确切的统计数字。请看下表：

1 赵用贤《议平江南粮役疏》，《松石斋集》卷二《奏疏二》。许重熙《嘉靖以来注略》卷八，万历十四年三月条，几乎全文引用赵用贤的这篇奏疏，足见许氏对它的重视，这也从侧面反映赵用贤的言论并非泛泛而谈。

2 吴履震《五茸志逸》卷四《方鹏复刘邦伯书》。

3 嘉庆《松江府志》卷二十一《田赋志》。

万历清丈耕地增额表（单位：顷）

地　区	耕　地　增　额
北直隶	33 255.00
南直隶	49 898.70
浙　江	45 896.15
江　西	61 459.54
湖　广	551 903.54
福　建	2 315.00
山　东	365 755.00
山　西	6 100.00
河　南	64 324.55
陕　西	3 988.32
四　川	264 520.00
广　东	80 194.64
广　西	768.87
云　南	15 084.34
贵　州	1 594.95
合　计	1 547 058.60
大　同	70 251.19
辽　东	32 578.70
蓟　辽	10 817.11
宣　府	63 110.36
延　绥	39 753.42
陕西三边	18 990.00
甘　肃	45 993.35
总　计	1 828 542.73[1]

1 北直隶、南直隶、浙江、江西、湖广、山东、山西、陕西、四川、广东、广西、贵州以及大同等九边地区，根据《明实录》所记载的清丈报告提供的数字；福建、云南的清丈报告没有耕地数字，根据《福建通志》《云南通志》与万历《大明会典》所载耕地数字估算。

根据梁方仲的统计，隆庆五年（1571）全国耕地面积约为：4 677 750.00顷。[1]而清丈后南北直隶与十三布政司耕地增额约为1 547 058.60顷，占全部耕地的31.81%。如果算上大同等“九边”地区的数字，那么增额的比率会更大。应当承认，清丈中的“缩弓取盈”以及大亩改小亩，导致的虚假增额，使得上述统计数字包含了不少水分。有鉴于此，至少可以说，清丈后政府征收税粮的耕地面积比先前有较大幅度增加，是毋庸置疑的。

五　赋役改革：一条鞭法的推广

“一条鞭法”又称“一条编法”，简称“条鞭”或“条编”，它是关于赋役制度的改革，其创造性贡献在于，把赋税（夏税、秋粮）与徭役（正役、杂役）以货币即银两的形式折纳，并且把征收方法简化为一次编审，为赋税、徭役趋向一元化，即俗称“随粮带征”——徭役折色银两跟随赋税折色银两一并征收，迈开了重要的一步。

1. 一条鞭法的由来

一条鞭法究竟始于何时？众说纷纭。可以肯定的是，它并不始于万历年间，张居正在推行新政

1 梁方仲《中国历代户口、田地、田赋统计》，《梁方仲文集》，中华书局，2008年，第268页。

时，发现了它的合理性，把它推广到全国。

那么它最早出现在什么时候？连明朝人也不甚了了。万历年间重新修订的《大明会典》有一条资料，标明为“一条鞭法之始”：“（隆庆）四年题准，江西布政司所属府州县各项差役，逐一较量轻重，系力差者，则计其代当工食之费，量为增减；系银差者，则计其扛解、交纳之费，加以增耗，通计一岁共用银若干，照依丁粮编派。开载各户由贴，立限征收。其往年编某为某役，某为头户、贴户者，尽行查革。如有丁无粮者，编为下户，仍纳丁银；有丁有粮者，编为中户；及粮多丁少与丁粮俱多者，编为上户，俱照丁粮并纳。著为定例。此一条鞭法之始。”[1]

崇祯初年担任南京国子监祭酒的陈仁锡，对经济素有研究，在综述明朝赋役制度时，全文引用上述文字，也用小字注明“此一条鞭法之始”。[2]看来他对此深信不疑。

其实这种说法是颇有问题的。即使就江西省而言，一条鞭法也并非始于隆庆四年（1570）。一条鞭法研究的开拓者梁方仲所写的论文《明代江西一条鞭法推行之经过》，已有详细而精确的考证。[3]嘉靖末年（1566）都御史庞尚鹏在浙江推行一条鞭法，江西巡抚周如斗力主推行一条鞭法，可惜病逝于任上；后任巡抚刘光济继承他的未竟之业，隆庆二年

1 万历《大明会典》卷二十《户部七·户口二·赋役》。按：原文“此一条鞭法之始”用小号字，引用时依照原样，只不过将竖排改为横排。

2 陈仁锡《皇明世法录》卷二十九《赋役》。

3 梁方仲《明代江西一条鞭法推行之经过》，收入梁氏《明代赋役制度》（《梁方仲文集》之一），中华书局，2008年，第283—307页。

(1568) 在江西推行一条鞭法。刊刻于万历四十三年的《新刻明政统宗》，在隆庆二年 (1568) 十二月条写到“江西都御史刘光济奏行一条鞭法”，有三点值得注意。其一是，江西推行一条鞭法由来已久：“嘉靖末，闻都御史庞尚鹏奏革天下郡邑库子 (引者按：库子是杂役之一种)，而都御史周如斗巡抚江西力主条鞭，议上之。民喁喁望。会卒官，民巷哭甚哀。(刘) 光济继之，奏可下。”其二是，关于一条鞭法的具体内容，他有详细记载：“一条鞭法者，通府州县十岁中夏税秋粮存留、起运额若干，均徭、里甲、土贡雇募加银额若干，通为一条鞭总征而役支也。有征收不轮甲，通一县丁粮均派之，而下帖于民，备载十岁中所应纳之数于帖，而岁分六限纳之官。其起运、完输若给募，则官府自支拨。盖轮甲则递年十甲充一岁之役，条鞭则合一邑之丁粮，充一年之役也。轮甲则十年一出，骤多易困；条鞭令每年出办，所出必易……”其三是，《新刻明政统宗》的编者涂山是江西人，出于亲历者的切身体验，对一条鞭法给予充分的肯定，列举了八大优越性，欣欣然说“愉快至于此”：

一、“通十里以编，不分年，则丁粮均”；

二、“法当优免者，势不能分数户以侥幸，则滥冒消”；

三、“核实数以编银，则赔累息”；

四、“合银力二差，并公私诸费，则名目简”；

五、“富人不近官，役人不坐名，则觊觎寝”；

六、“官给银于募人，而募人不得反复抑勒，则市猾屈”；

七、“去头户、贴户之派，则贫富平”；

八、“粮有多少，役无轻重，毋需花分，毋为诡寄，则册籍清”。[1]

由此可见，江西省推行一条鞭法并非始于隆庆四年（1570），隆庆二年（1568）刘光济的改革也不是首创，他的前任周如斗曾经试行过。梁方仲引用王宗沐《江西省大志》的记载，嘉靖三十五年（1556）江西巡按蔡克廉已经“倡议为一条鞭法”，“民翕然以为便”，由于驻在江西的王府反对，半途而废。[2]

梁方仲也并不认为隆庆四年（1570）是江西“一条鞭法之始”，他有一个委婉的解释：“《会典》以为此即一条鞭之始，盖至是始获户部正式批准也。”[3]

以宏观眼光来看，明中叶赋役制度变革是一个漫长的过程，一条鞭法是这一过程的产物。

赋税与徭役是国家行为，前者以实物（粮食、布帛等）为主，后者以劳动力为主，要使之转化为货币，必须以商品经济相当发达为前提。在农业、手工业产品还不能大批量在市场上转化为货币的时代，赋役的货币化是不可能的。王安石变法时推行的免役法（雇役法），实质就是企图以钱代役，使徭役转化为货币，愿望是好的，何以行不通？说到底是社会条件还不具备。

到明中叶，这种条件具备了。商业性农业的发展，各级市场的星罗棋布，商品与货币流通量日

1 涂山《新刻明政统宗》卷二十九，隆庆二年十二月，《江西都御史刘光济奏行一条鞭法》。按：涂山在自序中自称“柱下史涂乔迁”，江西人。该书的校正、重订者有瞿九思、王穉登、宋应星等名人。

2 梁方仲《明代江西一条鞭法推行之经过》，《明代赋役制度》，第287页。

3 梁方仲《明代江西一条鞭法推行之经过》，《明代赋役制度》，第289页。

益增大，特别是对外贸易中白银的大量流入，满足了市场对白银（货币）的迫切需求。英宗正统初年（1436）宣布开放用银之禁，国家财政收支改用银两计算，原来用米、钞支付的官吏俸禄也改用银两，货币的银本位逐渐形成。赋税作为国家财政的主要收入，当然要作相应的改革。正统元年（1436），南直隶、浙江、江西、湖广、广东、广西、福建等地，陆续实行赋税粮食改纳银两。税粮平米（正米加耗米）四石折合白银一两，平米四百万石折合白银一百万两。这种由税粮改折的银两称为改折银，由户部铸成银锭，叫做金花银，意即精良之银。弘治年间，北方税粮也开始折纳银两。

与此相适应，弘治、正德年间，徭役的佥派方式也发生了变化：以银代役，出现了一批折纳银两的役目，形成了与力差相对而言的银差。各项徭役（主要是杂役），每名折纳银两若干，由政府雇人充役。银差的出现，是徭役全面货币化的开端，为嘉靖年间赋役制度的变革打开了新的一页。

梁方仲发表于1944年的论文《明代十段锦法》，开篇就说："明代赋役制度到了嘉靖中年变革甚多，其中一种一度盛行于南直隶及浙、闽等地的，它的总名叫做十段锦法。此法在各种史料中以种种不同的名称而出现，如'十段锦册法'为此法的全称；'十段法'、'十段册'、'十段文册'，皆为它的简称；'十段田册'、'十段丁田'、'十段粮米'、'十段差米'、'十段均徭'，都对它的课税对象（后亦指征解的手续）而言；'提编'、'额外提编'、'编提'、'均徭提编'、'均徭十段流编法'，都对它的课税范围或方法而言；'均平'、'均平需鞭'，都是对它的目的而言。”[1]看来似乎简单的问题，其实颇为复杂。

日本学者岩见宏的专著《明代徭役制度的研究》，有一章专门研究嘉靖前后的赋役改革，分别论述了“纲银法”“十段锦册法”“征一法”“一串铃法”“一条鞭法”。他认为，徭役的主要机能，是为地方行政的末端事务以及官衙的杂务提供劳动力，它的雇役化是宋代以来的大势所趋，明代先在均徭中设立银差，以后银差遍及所有的徭役，是货币经济发展途中当然的要求。[2]在一条鞭法之前，最值得注意的是十段锦册法。这种称为“十段锦”的徭役编派方法，是正德年间常州府同知马某首先在武进县施行的，办法是：把一县田地分为十段，编造十段文册，每年编审一段。嘉靖十四年(1535)，武进知县马汝章把它进一步完备化，把官田、山荡、人丁按照不同的比例，折算成民田。具体说来，官田五亩折算成民田一亩，山荡十亩折算成民田一亩，人丁一丁折算成民田一亩。这样折算成民田一万四千五百五十七顷五十九亩，把它分作十段，每年按以其中一段(即全县田地的十分之一)作为编派徭役的对象，因此称为十段锦册法。[3]

陈仁锡《皇明世法录》提及，嘉靖四十四年(1565)“议准江南行十段锦册法”，侧重点略有不同：“算该每年银力差各若干，总计十甲之田派为定则，如一甲有余，则留二三甲用；不足即提二甲补

1 梁方仲《明代十段锦法》,《明代赋役制度》，第436页。

2 岩见宏《明代徭役制度的研究》，京都同朋舍，1986年，第107—134页。

3 岩见宏《明代徭役制度的研究》，京都同朋舍，1986年，第114页。

之。乡宦免田，十年之内止免一年，一年之内止于本户。寄庄田亩，不拘同府别府，但已经原籍优免者，不许再免。又令，凡流寓客户，查入版籍，协济均徭，酌派丁粮。”[1]但是，徭役有里甲（正役）和均徭（杂役）之分，仍需编审两次，不免扰烦百姓。最终把两者合并，也就是说，把里甲（正役）并入均徭（杂役），编派各项合用数目，总会而并征。

役法的这种变革，虽然名为十段锦册法，实际上已经具备一条鞭法的因素了。在浙江实行役法改革，提倡一条鞭法的浙江巡按庞尚鹏，就是由十段锦册法进一步实行一条鞭法的。他针对赋役不均而实行改革时说，他自嘉靖四十四年（1565）赴任以来，议立十段锦册法，同行各府州县，具体做法是："十甲内丁粮通融均作十段，分定十年编佥徭役。”[2]这是庞尚鹏把余姚县、平湖县试行的做法推广的结果。嘉靖四十二年（1563），余姚知县周鸣就已经“申银力二差一概征银”，“雇募役法始平著为令”。[3]与此同时，平湖知县顾廷对也在推行“条鞭均徭法”。[4]庞尚鹏在一篇奏疏中说：“近该臣查得余姚、平湖二县原著有均徭一条鞭之法，凡岁编徭役俱于

◥ 庞尚鹏，广东南海人，嘉靖三十二年进士。嘉靖四十年任浙江巡按，推行里甲均平法、十段锦册法。万历四年巡抚福建，推行“一条鞭法”。

1 陈仁锡《皇明世法录》卷三十九《赋役》。
2 庞尚鹏《百可亭摘稿》卷一《厘宿弊以均赋役疏》。
3 乾隆《余姚县志》卷十《田赋》。
4 乾隆《平湖县志》卷十二《宦绩》。

十甲内通融，随粮带征，行之有年，事尤简便。盖以十年之差而责之一年，则重而难；以十年之役而均之十年，则轻而易。官免编审之劳，民受均平之赐。”[1]他把这种做法称为“均徭一条鞭法”，在浙江省内推广。义乌县的情况是：“夫十段锦之行也，嘉靖四十四年始也。其法，每十年算该力差各若干，总计十甲之田派为定则，如一甲有余，则留二甲用，不足则提二甲补之。”[2]温州府的情况是：“嘉靖四十五年，巡按庞（尚鹏）条议均平，裁革里长、支应、库子、差解、买办等项。隆庆六年，（永嘉）知县伍士沈奉文，议一应均平等项钱粮，均为十段条鞭，派各里甲，逐年出办，给由帖，为十年执照。”[3]值得注意的是，这种改革称为“十段条鞭”，显然是由十段锦法向一条鞭法的过渡形式。在余姚县、平湖县则称为“均徭一条鞭法”。顾炎武认为“此杂泛差役改为一条鞭之始”，他写道：“嘉靖之四十四年，南海庞公尚鹏来巡浙土，洞晰两役（引者按：指里甲正役与杂泛差役）为民大害，乃始总核一县各办所费，及各役工食之数，一切照亩分派，随秋粮带征。其分银为二款，一曰均平银，一曰均徭银，岁入之官，则官自为买办，自为雇役。而里甲之提牌轮办，与力差之承应在官者，尽罢革焉。此杂泛差役改为一条鞭之始。民至今得保田庐妇子者，皆庞公赐也。”[4]

1 乾隆《平湖县志》卷十二《宦绩》。

2 崇祯《义乌县志》卷八《时务书·田赋》。

3 万历《温州府志》卷五《食货·贡赋差》。

4 顾炎武《天下郡国利病书》原编第二十二册《浙江下·泛差》。

万历《大明会典》说隆庆四年江西的改革是“一条鞭法之始”，《天下郡国利病书》又说嘉靖四十四年浙江的改革是“一条鞭之始”，各有各的依据，都失之武断。根据官方的说法，“一条鞭法之始”似乎更早，这有《明实录》的记载为证：“嘉靖十年三月己酉，御史傅汉臣言：‘顷行一条鞭法，十甲丁粮总于一里，各里丁粮总于一州一县，各州县总于府，各府总于布政司，布政司通将一省丁粮均派一省徭役。内量除优免之数，每粮一石审银若干，每丁审银若干。斟酌繁简，通融科派，造定册籍，行令各府州县永为遵守，则徭役公平，而无不均之叹矣。’广平府知府高汝行等以为遵照三等九则旧规，照亩摊银，而不论其地之肥瘠，论丁起科，而不论其产之有无，则偏累之弊诚不能免，宜更查勘，取殷富之产补沙薄之地，然后周悉。奏入，俱下所司。”[1]从傅汉臣所说“顷行一条鞭法”的说法，可以推断，在嘉靖十年之前已有一些地方在实行一条鞭法，它的基本原则就是“通将一省丁粮均派一省徭役”。也就是说，把一切徭役折成银两，再把役银按照人丁和税粮来均派，把赋役简化为一次编审，随粮带征。梁方仲评论道：“傅氏之言‘布政司通将一省丁粮均派一省徭役’，后来各省采行一条鞭法时，都是如此做法。这种‘量出为入’的原则，在中国财政史上殊不多见。梁氏以为‘照

1《明世宗实录》卷一百二十三，嘉靖十年三月己酉。

亩摊银，而不论地之肥瘠，论丁起科，而不论其产之有无’，正是一条鞭法执简驭繁的精义所在。”[1]日本学者栗林宣夫认为，《明实录》嘉靖十年（1531）三月己酉条所载傅汉臣奏言“顷行一条鞭法”，乃是他所列举的丁地共派、通县均派、合群目为一纲的一条鞭方式发展趋势的反映。[2]

早在庞尚鹏之前，有些地区已经出现了一条鞭法。嘉靖十二年（1533），南直隶宁国府，有所谓“十年一条鞭派”：“宁国府自今军需，不论该年里甲，并于该府丁粮总算，一条鞭派。”[3]嘉靖十六年（1537），苏州府、松江府出现了“照田多寡为轻重，凡大小差役总计其均徭数目，一条鞭征充”。[4]嘉靖二十年（1541），湖州知府张铎在《申请均摊税粮起征议》中说，苏州府“里甲丁田、均徭银力等差”，“民壮力役，每年随粮带征之法，委果明白简易，经久可行”，主张仿照施行，按照田亩“均派税粮、均徭、里甲等项”。[5]

海瑞在隆庆年间出任应天巡抚时，又将庞尚鹏在浙江的做法在应天府境内推广。海瑞罢均徭、均费等，不分银差力差，全部一条鞭征银，由官府听候支解。其法颇为详备：“十甲丁粮总于一里，各里甲丁粮总于一州县，州县总于府，府总于布政司，通计一省丁粮，均派一省徭役。”于是，均徭、里甲与两税合而为一，凡一县丁粮毕输于官，官为佥

1 梁方仲《明代一条鞭法的论战》，《明代赋役制度》，第111页。

2 栗林宣夫《关于一条鞭法的形成》，载《清水博士追悼记念·明代史论丛》，东京大安出版社，1962年。

3 嘉靖《徽州府志》卷八《食货志》。

4 乾隆《苏州府志》卷十一《田赋·役法》。嘉庆《松江府志》卷二十七《田赋志·役法》。

5 万历《湖州府志》卷十一《赋役》。

募，以免一岁之役。[1]这种做法与前引傅汉臣的说法，基本一致。

看来，探讨一条鞭法的由来，并不是一件容易的事。

2. 张居正与一条鞭法的推广

由于地区的差异，对于一条鞭法的看法自然难以一致，有人以为便，有人以为不便，张居正写信给有关官员，谈了自己的观点："条编之法，有极言其便者，有极言其不便者，有言其利害半者。仆思政以人举，法贵宜民，执此例彼，俱非通论。故近拟旨云：'果宜于此，任从其便，如有不便，不必强行。'朝廷之意但欲爱养元元，使之省便耳，未尝为一切之政以困民也。若如公言，徒利于士大夫，而害于小民，岂是上所以恤下厚民者乎？公既灼知其不便，自宜告于抚按当事者，遵奉近旨罢之，仆之于天下事，则不敢有一毫成心，可否兴革，一顺天下之公而已。"[2]

他为皇帝草拟的圣旨，是留有余地的，主张"任从其便"，"不必强行"。但是出于对一条鞭法优越性的认知，他主张向各地推广，在给都察院左都御史李世达的信中强调，一种有益于人民的举措，不应以南北差异为借口而拒绝："条编之法，近旨已

1 乾隆《苏州府志》卷十一《田赋·役法》。

2 张居正《答少宰杨二山言条鞭》，《新刻张太岳先生文集》卷二十九《书牍》。

尽事理，其中言不便十之一二耳。法当宜民，政以人举，民苟宜之，何分南北？”他还说：“天下至大，非一手一足之力所能成……而一时士大夫乃不为之分谤任怨，以图共济，亦将奈之何哉！”[1]

有鉴于此，张居正大力支持一条鞭法推广到全国各地，尤其是北方地区，把徭役按照户、丁编派的方法，改变为按照丁、地编派，这就意味着，把一部分徭役摊派到田亩（税粮）中去，并且折纳银两。与此同时，原先赋税征收的实物也改折成银两，由官府统一征收、解运。

经过大力推广，一条鞭法不仅在南方各地普遍展开，而且渐次遍及北方各地，在万历年间的地方志上留下了丰富的记录，略举数例于下。

山东

曹县——“原额均徭应役，官吏坐理，始法甚善，行之既久，寖失初意。每一役出，辄下乡索括金钱，谓之攒回流。小民不胜其扰，故有‘家有二顷田，头枕衙门眠’之谣。万历三年（1575），知县王圻莅任，思为一条鞭法，即古免役（法），一切照丁地征银，官为雇役，民甚便之……条鞭之法既行，曹民始有其身家，当是时，里无追呼，号称极治。”[2]

汶上县——“按均徭、里甲出于门、丁，旧有头户、贴户、见年之名，其费不赀。自条鞭行而民

1 张居正《答总宪李渐庵言驿递条编任怨》，《新刻张太岳先生文集》卷二十九《书牍》。

2 顾炎武《天下郡国利病书》原编第十五册《山东上》，引《曹县志》。

始甦矣。今之里排虽轮甲应役，然止于催办，惟柜头、倈头尚存大户之名，故百姓之托籍侨寓，借势荐绅诡寄丛生，冀脱是耳。使尽行条鞭之法，官募柜头，官倈种马，则民出役钱安坐无事，地之系于平民犹士夫也，名之编于排甲犹客户也，诡寄诸弊不革自清矣。”[1]

东昌府——“万历十五年（1587）条编法行，吏无巧法，民鲜危役，阖境帖然，如就衽席。近议有便有不便者，夫条编非尽便也，相提而论，便多于不便也。”[2]

河南

罗山县——“知县应存初立为一条鞭法，一条鞭法云者，以各项银差并力差工食，合为一处，计银若干数，然后照丁之高下，（税）粮之多寡，以此派之。征毕则分此以为银差起解，及为官觅力差人之工食也。百姓完此外，无一事矣。法诚良哉，所愿官是邑者因而行之……则国计民生两裨之矣。”[3]

彰德府——“近年题准征银募应，民间甚称便矣……旧例，州县里甲轮役，十年一周，其该应者率计丁粮审编，靡费不赀，冲繁尤甚。万历六年（1578）郡守（知府）常公酌量繁简，议定会银，例分为三等。公费必用者，名曰额支，数最多；带征备用者，名曰待支，次之；其名曰杂支者，备额外不时之需，又次之。有余则抵作来岁正数。概县通融

1 万历《汶上县志》卷四《政纪志·赋役》。

2 万历《东昌府志》卷十二《户役志》。

3 顾炎武《天下郡国利病书》原编第十三册《河南》，引《祥符县志》。

征银，丁粮不满百钱，官择殷实人役主之，严为稽查，银有定额，用有常度。下之各属通行，宿弊顿革，岁省数万金，民赖以苏。此法之最良，可行永久者也。”[1]

山西

泽州——“自条鞭之议出，而无艺之征息，里胥之穴窒矣。”[2]

陕西

同官县——“今惟条鞭一立，画一可守，庶称宜民之善术。”[3]

华阳县——“万历中，檄行条鞭……总里甲、钱、力各项，一切通派，输银在官，官自分办。”[4]

日本学者谷口规矩雄对华北一条鞭法的展开做了深入的研究，观其制作的华北一条鞭法实施状况表，可以获得一个总体印象，故摘引于下[5]：

万历年间华北一条鞭法实施状况

时　间	地　点	资　料　来　源
万历四年（1576）	兖州府曹县	《天下郡国利病书·山东上》
万历六年（1578）	兖州府东阿县	《明神宗实录》卷一百六十一
万历六年（1578）	真定府灵寿县	康熙《灵寿县志》卷四田赋
万历八年（1580）	河间府沧州	万历《沧州志》卷三田赋

1 顾炎武《天下郡国利病书》原编第十三册《河南》，引《彰德府续志》。

2 万历《泽州志》卷七《籍赋志·税粮》。

3 万历《同官县志》卷三《田赋》。

4 万历《华阳县志》卷四《食货》。

5 谷口规矩雄《明代华北一条鞭法的展开》，载岩见宏、谷口规矩雄编《明末清初期的研究》，第301—350页。本表载于该书第347页，原题为“华北一条鞭法的实施状况”，引用时依据年代重新编排次序，删去嘉靖、隆庆两条，并删去“实施者”一栏。

续 表

时间	地点	资料来源
万历八年（1580）	兖州府曹州	康熙《曹州志》卷八田赋
万历十一年（1583）	青州府	万历《青州府志》卷五徭役
万历十二年（1584）	开封府中牟县	天启《中牟县志》卷二
万历十二年（1584）	开封府扶沟县	光绪《扶沟县志》卷六田赋
万历十二年（1584）	河南府新安县	乾隆《新安县志》卷十五艺文
万历十三年（1585）	归德府宁陵县	《去伪斋集》卷五
万历十三年（1585）	汝宁府上蔡县	康熙《上蔡县志》卷十五艺文
万历十三年（1585）	济南府章丘县	万历《章丘县志》卷十二条鞭
万历十四年（1586）	汝宁府光山县	乾隆《光山县志》卷十二田粮
万历十五年（1587）	兖州府单县	康熙《单县志》卷四
万历十五年（1587）	东昌府冠县	万历《冠县志》卷三田赋
万历十六年（1588）	济南府沾化县	万历《沾化县志》卷三
万历十八年（1590）	保定府安州	乾隆《安州志》卷四
万历十九年（1591）	太原府保德州	康熙《保德州志》卷四田赋
万历十九年（1591）	大名府东明县	乾隆《东明县志》卷三

续表

时间	地点	资料来源
万历二十年（1592）	青州府益都县	《天下郡国利病书·山东下》
万历二十一年（1593）	太原府榆次县	万历《榆次县志》卷三赋役
万历二十二年（1594）	西安府同州	天启《同州志》卷五食货
万历二十三年（1595）	大同府应州	万历《应州志》卷三食货
万历二十三年（1595）	永平府滦州	万历《滦州志》壤则二

万历新政的意义在于，排除干扰，把一条鞭法推广到北方及其他还未实行一条鞭法的地区。过去按照户、丁编派徭役的方法，改变为按照丁、地编派，意味着徭役的一部分摊派到田亩（税粮）之中，并且折纳银两。而税粮的大部分（除了漕运白粮）也都折纳银两，使“随粮带征”成为可能，由官府统一征收、解运。日本学者川胜守以北直隶广平府邯郸县为例，考察一条鞭法实行后赋役的变化：夏税、秋粮、均徭（银差、力差、听差）、里甲等项，全部折成银两，按照地亩与人丁的等则均摊。请看他制作的三个表格。[1]

原先北方均徭、里甲出于门、丁，也就是说，徭役的折色银向门户和人丁摊派，所以有门银、丁银。文献中有这样的说法：“旧法，编审均徭，有丁

1 川胜守《中国封建国家的统治结构——明清赋役制度史研究》，东京大学出版会，1980年，第401页。

万历年间邯郸县税粮、均徭、里甲折银统计（单位：两）

项　目	起运存留折银	各场折价该项解银	合　计
夏　税	1 651.954 664	15.356 503	1 667.311 2
秋　粮	5 191.403 166 1	79.750 804 9	5 271.154 0
马　草	4 937.467 1	49.775 27	4 987.242 4
驿传银			2 421.76
马　价	1 050.0 本色（30 两） 1 992.0 折色（24 两）	19.92	3 061.92
种马草料	590.0	5.9	595.9
均　徭	9 181.021 63	28.413 4	9 209.435 0
里甲银			834.919 42
共　计			28 049.641

万历年间邯郸县地亩征银统计（单位：两）

项　目	面　积（亩）	每亩征银	合　计
有优免中地	38 223.642	0.589 2	2 252.209
无优免中地	200 466.47	0.828 2	16 602.26
寄庄加倍中地	14 950.433	1.047 26	1 565.695
有优免下地	2 630.082	0.338 77	89.089
无优免下地	83 701.476	0.469 9	3 933.225
寄庄加倍下地	4 020.940 2	0.590 2	237.278 4
共　计	3 439.930 45		24 679.752

万历年间邯郸县人丁征银统计（单位：两）

户则	人丁	每丁征银	合计
上中	2	0.88	1.76
上下	5	0.77	3.85
中上	17	0.66	11.22
中中	23	0.55	12.65
中下	22	0.44	9.68
下上	55	0.33	18.15
下中	401	0.22	88.22
下下	29 376	0.11	3 220.36
合计			3 365.89

银、门银，而无地银。”[1]万历年间推行一条鞭法，废止了向门户征收的门银，设立了向田地征收的地银。把徭役负担由门户转向土地，是合理的。

3. 关于一条鞭法的争议

一条鞭法的推广，在赋役制度改革进程中具有重大意义，它相对地改变了过去赋役负担不均的状况，简化了赋役征收的方法。

庞尚鹏在谈到他担任浙江巡按御史时推行一条鞭法的初衷，就是为了纠正赋役不均的弊端。他指出“赋役不均实由于优免之太滥”，他的改革举措

1 万历《兖州府志》卷十五《户役志》。

是："凡官吏、举监生员、军匠灶丁，例系应优免者，即将应免之数开列名册前，如或各甲内俱有丁粮，止从一甲内优免，其余免剩者，挨造入册，与民一体编差。"[1]他还指出，奸民利用诡寄、花分等手段，避重就轻，频年告免，赋役"轻重愈失其平"，这种趋势必须制止，而一条鞭法乃是制止的手段之一。[2]

清初学者孙承泽评论庞尚鹏的改革："庞尚鹏巡按浙江时，乃奏行一条鞭法，其法通府州县十岁中夏税秋粮存留起运若干，均徭、里甲、土贡雇募加银若干，通为一条鞭，总征而均支之也。其征收不轮甲，通一县丁粮均派之，而下帖于民，备载一岁中所应纳之数于帖，而岁分六限纳之官。其起运完输若给募，皆官府自支拨。盖轮甲则递年十甲充一岁之役；条鞭则合一邑之丁粮，充一年之役也。轮甲则十年一差，出骤多易困；条鞭令每年出办，所出少易输……诸役钱分给主之官承募人，势不得复取赢于民；而民如限输钱讫，闭户卧，可无追呼之扰。此役法之善者也。"孙承泽在赞扬庞尚鹏之后，也对张居正把一条鞭法推广到全国给予充分的肯定："江陵相当国，复下制申饬海内通行者将百年。"[3]

◥ 孙承泽，顺天大兴人，崇祯四年进士。著述宏富，著有《春明梦余录》《天府广记》《庚子消夏记》《九州山水考》等四十余种。

1 庞尚鹏《百可亭摘稿》卷一《厘宿弊以均徭役疏》。
2 庞尚鹏《百可亭摘稿》卷一《均徭役以杜偏累以纾民困疏》。
3 孙承泽《春明梦余录》卷三十五《户部一·一条鞭》。

海瑞有志于改革赋役不均，在担任淳安知县时说："民间不苦朝廷正差，独苦均徭、里役，富者破产，贫者逃亡，图图有之，是诚未可轻议也。"[1]他出任应天等府巡抚，就大力提倡一条鞭法，认为它是"便民良法"，他在"督抚条约"中说："均徭银力二差，近日题准总一条鞭编银，不得已而为补偏救弊之法，一时良法也。"[2]

后人提及海瑞的改革，给予高度评价："往昔田粮未均，一条编未行之时，有力差一事，往往破人之家，人皆以田为大累。赖巡抚海公均田粮，行一条编法，从此役无偏累，人始知有种田之利，而城中富室始肯买田，乡间贫民始不肯轻弃其田矣。至今田不荒芜，人不逃窜，钱粮不拖欠。"[3]这些话可能有所夸张，但"役无偏累"确是不争的事实。这对于纠正先前的役法流弊是有一定作用的。所以当时人说："正（德）、嘉（靖）以来，事日增，役日繁，在小民利于官产，而官产少；在优免人户利于民田，以省杂徭。而买者卖者，或以官（田）作民（田），或以民（田）作官（田），以各就其所利。于是民田减价出鬻者日益多，而差役之并于细户者日益甚，猾胥乘之，恣诡寄、花分之类。而惟时不急之征，无名之费，一切取责于现年，现年竭产不足支一岁之役。而所索于花户者，每粮一石至银四五两。盖宇内尽然，而南都为甚。维时一条编法已行

1 海瑞《海忠介公文集》卷一《均徭申文》。

2 海瑞《海忠介公文集》卷一《督抚条约》。

3 顾炎武《天下郡国利病书》原编第八册，《江宁庐安·寄庄议》。

数省矣。隆庆中，中丞海公巡抚计以官田承佃于民者日久，各自认为己业，实与民田无异，而粮则多寡悬殊，差则有无互异。于是奏请清丈，而官民悉用扒平，粮差悉取一则，革现年之法为条编，考成料价，一应供办，俱概县十甲人户通融均派，向来丛弊为之一清。优免之家不失本等恩例，而佃民偏累之病一旦用瘳，于是田价日增，民始有乐业之渐矣。”[1]

不独此也。一条鞭法对于税银与役银的征收办法也有革新。正如《嘉定县志》所说：“条编之法行，则岁中出入无虑数十万，而宿猾不得有所支吾。盖岁贡之目，有京库，有里甲，有均徭，有兵饷。旧以粮长主办京库，而有掌收者，谓之折白收头，则有税粮县总总计之。以里长主办里甲、均徭，而又有掌收者，谓之均徭收头，则又有均徭县总总计之。又有练兵书手，总练兵之饷出于民者一也。而其名多端，则多置册籍，可以藏慝，可以长奸。譬以千金尽置之一堂，而综其出入之数，虽有黠者莫敢染指焉。分置之三室，而使三人主之，又教挹彼注兹，往来假借，必有窃金者矣。条编之法，其数既定，则为循环簿二，一收之官，一付之吏，互相对验，一日之内细收若干，总收若干，不待明者而知其异同也；一岁之内收数若干，放数若干，亦不待明者而知其存积也。”[2]

毋庸讳言，一条鞭法主要是依据南方情况制

1 顾炎武《天下郡国利病书》原编第八册，《江宁庐安·田赋》。

2 万历《嘉定县志》卷五《田赋考中·田赋》。

定的，而南北方经济状况不同，赋役通行习惯有所差异，把它推行到北方，在一个短期内必然会带来一些不便，引起社会舆论纷纷，争议不断。山东籍的户科都给事中光懋（字子英，号吾山，山东阳信人），先后两次上疏抨击一条鞭法。一则说："近年创立一条鞭法，一概混征。及至起解，随意先后。每遇查盘，有尽一县欠户而皆治罪，尽一户欠粮而皆问赎者。"[1] 再则说："（一条鞭法）不分人户贫富，一例摊派；不论仓口轻重，一并夥收。其将银力二差与户口钞盐并之于地，而丁力反不与焉。商贾享逐末之利，农民丧乐生之意。然其法在江南犹有称其便者，而最不便于江北。"[2] 他的说法——一条鞭法便于江南不便于江北，是有代表性的舆论。

一些山东籍的官员多有类似看法，李开先（字伯华，号中麓，山东章丘人）说得更为厉害，他认为赋役制度愈改愈糟糕："派粮旧法，惟照均徭九则分别，所以钱粮易办，俱在当年以里报完。嘉靖二十年（1541）以后，分为上中下三等，虽不如前，民亦称便。今乃变为一条鞭，如上户银一两，下下户亦如之。差分九等，粮独不可九等、三等，而乃一条鞭乎？名虽一条鞭，实则杀民一刃刀也。典卖田产，市鬻女男，离弃乡井，苦死牢禁，不唯下户，虽中户亦有之矣。"[3] 把一条鞭法形容为"杀民一刃刀"，显然意气用事。他的家乡章丘县士民的看法截然相反：

1《明神宗实录》卷五十三，万历四年八月辛未。

2《明神宗实录》卷五十八，万历五年正月辛亥。

3 李开先《苏息民困或问》，《李中麓闲居集》卷十二《杂文》。

“本县未行条鞭之先，乡官、举监生员，各照例优免税粮、丁银之外，一应杂办差银，毫不与及，其种地百姓有三等九则之丁银……又有大户收头之赔费，斗（级）、禁（子）、铺兵、头役之苦累”；“行条鞭之后，士大夫所免止于例，例有限，而所加者因乎地；地无穷，地愈多银愈加，致使新行所加派者反多于旧例所优免者”，“而犹以其（民户）所减派之银数，加派于有地士夫之家”，因此，结论是：“便于庶民而不便于士夫”，“无怪乎乡官、举监、生员之屡屡陈诉也”；“忠实者固自不作奸，赖猾者亦自不能作奸。民自办租纳粮之外，不知城市为何地，官自听谳问俗之余，不知百姓为何状。盖至今十年矣，闾阎殷富，地价腾踊。然则所谓有治人无治法者，岂通论哉”！[1]

由此可见，对于一条鞭法的争议，有一个立场问题。因为它“便于庶民而不便于士夫”，站在庶民立场，必然说它好；站在士夫立场，必然说它坏。乡官、举监生员“屡屡陈诉”，原因就在于此。李开先的“杀民一刃刀”论，不过是一小撮人的牢骚而已。

另一位山东籍官员葛守礼（字与立，号与川，山东德平人）说，一条鞭法无视土地肥瘠与贫富差别，“贫民之地皆不售者，非沙碱则不毛，富人之田膏沃易治，所得籽粒，比贫民或加十倍。一例纳粮，贫者

1 万历《章丘县志》卷十二《条鞭法》。顾炎武《天下郡国利病书》原编第十五册《山东上》，引《章丘县志》。

何以堪乎"。又说："闻今布政司分（税）粮量为上中下，上者每一石价九钱，中者八钱，下者六钱……一县户亦有上中下，可以例推也。且虽上县，未免有下户，一条鞭论上县之下户亦九钱，何以堪也！下县未必无上户，一条鞭论下县之上户亦六钱，何其幸也！"[1]他的说法虽然没有李开先那么极端，仍然有一个以偏概全的问题，需要进行具体分析。

请看当时山东人的分析："一条鞭之法，缙绅类能言之，然或有谓其当行，或有谓其不当行，其见盖人人殊矣。时无论缙绅，即父老百姓，愿行者十有七八，不愿行者亦有二三。查得各处条鞭，不问丁之贫富，地之肥瘠，一概征银，殊失轻重，是以贫弱小民多有不愿。而富民田盈阡陌，多方诡计营干下则者，反得借口鼓惑小民，腾谤官长，百计阻挠。官府摇动于浮言，牵制于毁誉，屡行屡止。致使忠实良民田鬻大半，户口尚高，经年累月独当各样重差，无息肩之日，苦累不可胜言……今酌议条鞭，地论肥瘠而征银之多寡既异，丁论贫富而户口之高下悬殊，名虽条鞭，而实为调停之法，故命名曰调停徭赋册。盖不拂愿行者之心，而亦善体不愿行者之意。卒之规制一定，士民胥庆，即有一二奸民，亦无以为辞矣。"[2]尽管愿行者十有七八，不愿行者只有二三，当局也能适当调停，既不违背愿行者之心，也能善体不愿行者之意，这就叫做"有治

1 葛守礼《与姜蒙泉中丞论田赋书》，《葛端肃公文集》卷十四。

2 顾炎武《天下郡国利病书》原编第十五册《山东上·条鞭总论》。

人无治法”。

另一位山东籍官员于慎行（字可远，更字无垢，山东东阿人）谈到“条鞭便否”时，进一步阐释“有治人无治法”的深意。他首先介绍山东东阿县实行一条鞭法的情况：“所谓条鞭者，自万历初年敝邑旧尹（前任知县）白君始议行之，至今且二十年，邑民皆称其便。而他邑则有谓不便者，此有故焉……夫条鞭者，一切之名，而非一定之名也。如粮不分廒口总收分解，亦谓之条鞭；差不分户则以丁为准，亦谓之条鞭；粮差合而为一，皆出于地，亦谓之条鞭。丁不分上下一体出银，此丁之条鞭；地不分上下一体出银，此地之条鞭。其名虽同，而实不相盖也。敝邑所谓条鞭者，税粮不分廒口，总收起解；差役则除去三等九则之名，止照丁地编派；丁不论贫富，每丁出银若干，地不论厚薄，每亩出银若干；上柜征收，招募应役，而里甲之银附焉……今东省州邑百有八城，又如敝邑之称便者，不知其几何……又有说天下有治人无治法，敝邑所以至今称便者，以十余年来长吏皆得其人，能润色而损益之也。”

接着他分析了一条鞭法的四大便利：一，“不坐头役之便”；二，“不佥大户之便”；三，“不应里甲之便”；四，“不审均徭之便”。

——“差役之法，如夫役一名该银若干，各佥上八则人一户，谓之头役。而以九则花户贴之，别

◥ 于慎行，隆庆二年进士。选庶吉士，授翰林院编修。万历元年充经筵讲官。因上疏谏张居正夺情而辞归，后起复为官。万历十七年升礼部尚书，十九年乞休，三十三年复官，三十五年应诏入内阁参预机务。

有闲民代当，给领由帖，自向头役打讨，如数受成，使其取偿于贴户。而所谓贴户者人数众多，居有远近，所贴银数，或以钱计，或以分计。头役不能遍讨，甘于包赔。而代当之人亦不能纯得银钱，大率尺布斗粟皆昂其值以予之，故两受其负。自条鞭法行，差银上柜，按季给银，代当者得本色银钱，无折准之苦；应差者照丁地出银，无包赔之累。此不坐头役之便也。”

——“旧时征派税粮，预选殷实之家佥充大户，列肆自收，完日各照廒口给批自解。当其收时，钱银入手，未免妄费；及至解纳，侵渔已多，势必赔偿。甚有鬻产质田，尽室流徙者。自条鞭法行，粮银上柜收征，但佥一柜头守之，止知投入，不晓锱两，无从侵牟，亦免赔补。此不佥大户之便也。”

——“旧时里甲之役十年一轮，谓之见年，一切买办支应俱出其手，九年之息不足以当一年之费。今将里甲银数并入差银，上柜收支，官为代办，而轮当支应之苦皆得免焉。此不应里甲之便也。”

——“旧时门丁均徭分为九则，三年一审，置产多者则自下升上，弃产多者则自上擦下，故里书造册有诡寄之弊，士夫居间有请托之弊，里老供报有贿买之弊，官吏受财有轻重之弊。自条鞭法行，均徭不审，产有更易，田无增减，而此弊尽除矣。此不审均徭之便也。”[1]

1 于慎行《与抚台宋公论赋役书》，《谷城山馆文集》卷三十四。顾炎武《天下郡国利病书》原编第十五册《山东上·户役论》。

于慎行的看法是实事求是的，既承认其优越性，也指出其局限性，他说："统论此法，便于南者多，便于北者少；便于粮者多，便于差者少。"[1]对于北方而言，它的不便表现在三个方面：

其一是，"旧法编审均徭，有丁银、门银，而无地银，则以资本产业稳拈并论也。今去其门银，而以地银易之，则田家偏累，而贾贩之流握千金之资，无陇亩之田者，征求不及焉。此病农而逐末者利也。"

其二是，"上八则人户旧有丁、门二银，今去其门银，而易以地银，未有加也，下下丁户止有丁银，旧无门银。今丁银既无差等，而又益以地银，是下户病而中人以上利也。"

其三是，"兖（州）之属城，固有平皋垦壤，地利尽辟者，以地科差可矣。至如东南沂、费、郯、滕，皆荒弃不耕之地，西南曹、单、金、城，皆濒河被水之区，当受其灾，一望无际，颗粒不收，秋夏税粮犹累里排包纳，若更加地差（银），则里排亦不能支矣，是成垦之田利，而荒弃之田病也。"[2]

尽管有一些不便，也有一些反对意见，并没有导致一条鞭法的取消。随着时间的推移，一条鞭法的可取之处逐渐显现出来。正是基于这一基本事实，万历以来的地方志大多对它赞颂有加，崇祯《历乘》（山东地方志）所列举的"条鞭十利"是有典型

1 于慎行《与抚台宋公论赋役书》，《谷城山馆文集》卷三十四。

2 顾炎武《天下郡国利病书》原编第十五册《山东上·户役论》。

意义的：

> 一利：通轻重苦乐于一邑十甲之中，则丁粮均而徭户不苦难；
>
> 二利：法当优免者不得割他地以私荫；
>
> 三利：钱输于官而需索不行；
>
> 四利：折阅不赔累；
>
> 五利：合银力二差并公私诸费，则一人无从役；
>
> 六利：去正副二户，则贫富平；
>
> 七利：承禀有制而侵渔无所穴；
>
> 八利：官给银于募人，而募人不得反复抑勒；
>
> 九利：富者得弛担，而贫者无加额；
>
> 十利：银有定例，则册籍清，而诡寄无所容。[1]

在传统的政治体制下，任何好的制度推行日久，便会走样，由利转化为弊，一条鞭法也不例外。清朝初年一些人回头探索时，对于一条鞭法"规制顿紊，不能尽遵"的社会问题，不胜感慨。有的说："虽然条鞭已折差役，而里徭之科派不止，则条鞭之名实舛。"[2]有的说："名一条鞭"，"不啻十条鞭"，即条外有条，鞭外有鞭。[3]有的说："里

1 崇祯《历乘》卷七《赋役考》。

2 任源祥《问条编征收之法》，《皇朝经世文编》卷二十九。

3 顺治《襄阳府志》卷六《里甲》。

中一二无赖，又簧鼓一条鞭法为便者，使徭尽归于地，是专行田租而除庸调也。岁少不登，则中下地尽荒，其徭安从出乎？初增入地者仅十之二三，今增至十之五，是一条鞭法与徭役并行也。”[1]有的说：“余读《怀柔县志》载赋役议曰：‘天下有名为节省，而其实有大不便于民者，则今日之清减条鞭是矣。’里甲之累，民易知也，以故改而为条鞭，立法者贵其可继，故改鞭之始尚宽裕有余，以俟有司酌处。乃一倡为节省之说，各款尽为裁减，减之又减，以至于必不能行矣。而各款将终焉已乎？必不能已，则私役里甲以济之者也。昔止一里甲之累，而今两累之。大家为掩耳盗铃之计，其害更甚于加赋。窃谓，今日之裁减太甚，徒掣贤者之肘，而益以恣不肖者之无忌惮，困民极矣。司国者将有策以复条鞭之旧乎！”[2]

人们呼吁“复条鞭之旧”，可见问题不在一条鞭法的本身，而是地方官不能尽遵一条鞭法的规制。正如明末人士所分析的那样，“今均徭变为条鞭”，“始未尝不善，久之弊生，非其法之罪也”。[3]

用历史的眼光看问题，一条鞭法毫无疑问是赋役发展史上的一大进步。它把各种徭役折成银两，与税粮折成的银两合成一个总数，统一征解，使得赋役趋于简单化。比较而言，田多粮多者出银就多些，与以前相比，相对合理化了。而且赋役一律以

1 顾炎武《天下郡国利病书》原编第十五册《山东上》，引《滕县志》。

2 孙承泽《春明梦余录》卷三十五《户部一·一条鞭》。

3 崇祯《历乘》卷七《赋役考》。

银两（货币）形式征收，适应了当时整个社会商品经济的发展趋势。

4. 余论

张居正的万历新政的财政经济改革，效果是显而易见的。由于开源节流双管齐下，财政赤字渐趋消失，并且扭亏为盈。《明实录》编者总结这段历史说："十年海宇肃清，四夷詟服，太仓粟可支数年，冏寺积金钱至四百余万。"[1]此话是有坚实的事实根据的。

户部管辖的太仓的每年收入，嘉靖、隆庆年间，不过二百万两白银，到了万历初期，激增至三百万两到四百万两之间。[2]从隆庆六年到万历五年（1572—1577），这一变化十分显著。这期间，"太仓银库实在银数"根据《明实录》记载，呈现以下态势：

隆庆六年（1572）六月	2 525 616 两
隆庆六年（1572）十月	2 833 850 两
隆庆六年（1572）十一月	4 385 875 两
万历三年（1575）四月	4 813 600 两
万历三年（1575）六月	5 043 000 两
万历四年（1576）四月	4 984 160 两[3]

根据户部报告，隆庆元年前后，京师仓库储存

1《明神宗实录》卷一百二十五，万历十年六月丙午。

2 全汉昇、李龙华《明中叶后太仓岁入银两的研究》，载香港中文大学《中国文化研究所学报》第5卷第1期。

3 岩井茂树《张居正财政的课题和方法》，载《明末清初期的研究》，第255页。

的粮食约七百万石，可支给经营官军两年消费；到了万历五年（1577），京师仓库储存的粮食足可供六年消费。[1]

兵部管辖的太仆寺（即所谓冏寺）的白银收入，到万历五年（1577）一举突破四百万两的大关。[2]

从隆庆元年到万历二十年（1567—1592），太仓银库岁入银两增长明显。如果把嘉靖二十七年（1548）太仓岁入银2 000 000两定为指数100，那么到了万历二十年指数增长为225.60，是令人惊讶的。请看全汉昇、李龙华提供的数据：

隆庆元年至万历二十年太仓岁入银两及指数变化

（单位：两）

年　份	岁入银数	指　数
隆庆元年（1567）	2 014 200	100.71
隆庆二年（1568）	2 300 000	115.00
隆庆三年（1569）	2 300 000	115.00
隆庆四年（1570）	2 300 000	115.00
隆庆五年（1571）	3 100 000	155.00
万历元年（1573）	2 819 153	140.96
万历五年（1577）	4 359 400	217.97
万历六年（1578）	3 559 800	177.99
万历八年（1580）	2 845 483	142.27
万历九年（1581）	3 704 281	185.21
万历十一年（1583）	3 720 000	186.00

1 岩井茂树《张居正财政的课题和方法》，载《明末清初期的研究》，第256页。

2 岩井茂树《张居正财政的课题和方法》，载《明末清初期的研究》，第255页。

续表

年份	岁入银数	指数
万历十三年（1585）	3 700 000	185.00
万历十四年（1586）	3 890 000	194.50
万历十八年（1590）	3 270 000	163.50
万历二十年（1592）	4 512 000	225.60[1]

1 全汉昇、李龙华《明中叶后太仓岁入银两的研究》，载香港中文大学《中国文化研究所学报》第5卷第1期。

毫无疑问，这是万历新政带来的变化。万历时期成为明朝最为富庶的几十年，绝不是偶然的。

第三章

皇帝朱翊钧与首辅张居正

一　从皇太子到小皇帝

朱翊钧登极后，改年号为万历，人称万历皇帝；死后，庙号神宗，史称明神宗。

他出生的时候，祖父明世宗当朝，父亲（即后来的明穆宗）还是一个亲王——裕王。据说，嘉靖十八年（1539）二月，皇帝册立第二子为皇太子，三子为裕王，四子为景王。大礼举行完毕，各王府太监手捧册宝回府，误将皇太子册宝与裕王册宝调错，太子拿的是裕王册宝，而太子册宝却到了裕王府。其时太子已身患绝症，不久夭折，年仅十四岁。这一差错引起朝廷内外一片惊骇，因为裕王与景王虽然排行三、四，其实同岁，大臣们以为皇上有所偏袒。孰料，景王于册封四年之后去世，人们议论纷纷，以为册宝之兆久定于冥冥之中。终世宗一朝，未再建储位，但皇位继承人已非裕王莫属了。[1]

▼ 万历皇帝像

1. 隆庆皇帝朱载坖的皇太子

嘉靖四十五年（1566）十二月十四日，明世宗逝世。十二月二十六日，裕王朱载坖即位，改明年为隆庆元年（1567），这就是隆庆帝。隆庆帝共生育

1　沈德符《万历野获编》卷四《太子册宝》。

四个儿子，长子、次子先后夭折，仅存三子朱翊钧、四子朱翊镠，均为李氏所生。李氏，顺天府郭县人，其父李伟为避乱，携家迁居京师。不久李氏被选入裕王府，作为宫人。嘉靖四十二年（1563）生朱翊钧。朱载垕即位后，于隆庆元年册封李氏为贵妃。[1]次年，李贵妃又生朱翊镠，四岁时册封为潞王。

朱翊钧生于嘉靖四十二年（1563）八月十七日酉时。那时，他的两位兄长已经去世，而弟弟还未出世，深得父亲喜爱，意欲册立为王世子。隆庆二年（1568）春，张居正以内阁辅臣的身份，向皇帝建议册立朱翊钧为皇太子。他说，太子是国之大本，从来圣明帝王莫不预定储位，表示对宗庙、社稷的尊重。张居正说，当他初到裕王府邸时，就知道皇子聪明岐嶷，睿质夙成。去年皇上登极之初，吏部官员就曾请求册立太子，而皇上以为皇子年幼，拟先赐名，而后册立。本朝早立皇太子不乏先例：宣宗于宣德三年（1428）立英宗为皇太子，时年两岁；宪宗于成化十一年（1475）立孝宗为皇太子，时年六岁；孝宗于弘治五年（1492）立武宗为皇太子，时尚未满岁。现在皇子已经六岁，伏望皇上于今春吉旦，早立储宫之位，以定国本，以慰群情。[2]

隆庆帝采纳了这一建议。隆庆二年（1568）三月初八日，隆庆帝亲自告于奉先殿，以册立皇太子。

1 郑汝璧《皇明帝后纪略》。万斯同《明史》卷一百五十一《后妃列传下》。

2 张居正《请册立东宫疏》，《新刻张太岳先生文集》卷三十六。

奉先殿即皇极殿，俗称金銮殿，在皇极门内，居中向南，金砖玉瓦，巍然屹立在须弥座台基上，南向九间，是紫禁城内最大的建筑物。殿中设宝座，四周环绕六根沥粉金漆蟠龙柱，顶上罩蟠龙井。这个庄严肃穆的宫殿是皇帝举行隆重仪式的场所。告奉先殿后，穆宗派英国公张溶、镇远侯顾寰、驸马都尉乌景和、安乡伯张鋐等祭告郊庙社稷。[1]

三月初九日，皇帝传旨，册立皇子为皇太子。命成国公朱希忠为正使持节，内阁首辅徐阶为副使捧册宝，诣文华殿行礼。朱希忠字贞卿，凤阳府怀远县人，嘉靖十五年（1536）承袭父亲朱凤的爵位（成国公），掌管后军都督府、右军都督府。由元老重臣与当朝首席大臣主持皇太子册立典礼，显示了皇帝对太子的珍爱。

册立皇太子的文书是一篇典型的官样文章，以皇帝的口气说道："盖闻万国之本，属在元良；主器之重，归于长子。朕恭膺景命，嗣抚丕图，远惟古昔早建之文，近考祖宗相承之典，爰遵天序，式正储闱。咨尔元子，日表粹和，天资颖异。诞祥虹渚，夙彰出震之符；毓德龙楼，允协继离之望。是用授尔册宝，立为皇太子，正位东宫……"[2]

这一天，皇帝诏告天下。诏书重申"预定储贰，所以隆国本而系人心"的道理，表彰朱翊钧"英姿岐嶷，睿质温文，仁孝之德夙成，中外之情

1《明穆宗实录》卷十八，隆庆二年三月庚辰。

2《明穆宗实录》卷十八，隆庆二年三月辛酉。

元属”。还向臣民表白，册立皇太子实在是出于群臣的再三恳请。为了普天同庆，皇帝特地颁布“宽恤事宜”，对宗室子女、亲王郡王及其他皇室亲戚，文武官员和边境军人，都给予优惠。此外，还宣布对臣民普施皇恩：

——隆庆二年（1568）三月十一日以前，凡官吏军民犯法，除真犯死罪，及驱骗侵欺钱粮等，罪在不赦外，其余不论已发觉未发觉，已结正未结正，一概赦免；

——浙江等处布政司，并南直隶、北直隶府州县，隆庆二年（1568）份秋粮（田赋），除漕运四百万石外，其余各存留地方者，减免十分之三；

——南直隶、浙江原先派征蓝靛、槐花、乌梅、栀子、红花等染料，今后都准予免派，由工部招商买送织染局应用；

——各处逃亡人户，愿复业者，免除差役二年。山东、淮扬、凤阳等处抛荒田土，许诸人告官承种，免除粮差（赋役）五年。[1]

三月初十日，皇帝在皇极殿接受群臣上表称贺，六岁的皇太子朱翊钧在文华殿东廊，接受群臣上笺行礼。[2]

这一切对于一个娃娃来说，似乎在演戏。然而在他的父皇看来，却是非同小可的头等大事，皇太子是他的接班人，非得着力调教不可。隆庆六年

1《明穆宗实录》卷十八，隆庆二年三月辛酉。

2《明穆宗实录》卷十八，隆庆二年三月壬午。

(1572) 二月，皇太子十岁时，皇帝为他选择教官（东宫辅导），都是声名显赫的高官：高仪、张四维、余有丁、马自强、沈鲤、许国等。到了三月，皇太子正式“出阁就学”，开始接受传统文化与伦理道德的训练，以便有朝一日成为一个称职的皇帝。

一天，朱翊钧在御道西侧遇见内阁辅臣，客气地说：“先生良苦翊赞。”辅臣顿首答道：“愿殿下勤学。”朱翊钧应道：“方读《三字经》。”少顷又说：“先生且休矣。”[1]朱翊钧孝顺而聪明，某日见隆庆帝在宫中骑马奔驰，劝谏道：“陛下天下主，马必双控徐行，示威重，若独骑加鞭，宁无衔蹶忧？”那意思是，您一个人快马加鞭，不怕摔下来吗？儿子天真无邪的爱意，让穆宗感到说不出的欣慰，立即下马，对他爱抚了一番。朱翊钧对陈皇后也很孝敬。陈皇后不是他的生母，而是嫡母，因为有病而居于别宫。他每天早晨起床后，必定要随生母李贵妃到别宫去向陈皇后请安，称为“候起居”。陈皇后无子，很喜欢朱翊钧，每天早晨听到太子与贵妃的脚步声，心情特别欢快。见到太子，便拿出经书，询问他的学习情况。朱翊钧无不对答如流，在一旁的李贵妃心中也暗自窃喜。由于孩子的沟通，两宫日益和睦。[2]

然而，皇太子的准备时间委实太短了。朱翊钧出阁就学才两个月，父皇就驾崩了。

1 吕毖《明朝小史》卷十四《万历纪》。

2 万斯同《明史》卷十九《神宗本纪上》。

2. 隆庆皇帝驾崩

隆庆六年（1572）正月下旬，皇帝患病，且有腕疮，御医诊断为服用热药过多所致。在宫中调理一个多月，稍有好转。闰二月十二日出宫，前往皇极门视朝。森严的紫禁城内响起了沉闷的钟声，文武百官闻声入班。隆庆帝正欲登上金台，忽然眩晕，几乎跌倒。左右太监赶紧扶起。内阁首辅高拱与次辅张居正从内阁出来，徐徐北上，过了会极门，抬眼望去，御路中央皇帝的轿子已经等候在那里。但见皇帝并不乘轿，径自向文华殿走去。[1]几个太监跑步赶来传呼高拱、张居正，高、张二人赶忙向皇帝身边走去。隆庆帝面带愠色走下金台，太监们环跪在轿子两旁。见到高拱，他的脸色平缓了些，拉住了高拱的衣服。高拱早在隆庆帝还是裕王时就在他身边担任教官，关系很融洽，便问道："皇上为何发怒，今将何往？"

隆庆帝答道："吾不还宫矣。"

高拱劝解道："皇上不还宫，当何之？望皇上还宫为是。"

隆庆帝稍作沉思，表示同意："你送我。"

高拱应声答道："臣送皇上。"

隆庆帝握住高拱的手，露出手腕上的疮疤，说："看，吾疮尚未落痂也。"

1 刘若愚《酌中志》卷十七《大内规制纪略》：过皇极门再东，曰会极门；会极门里向东南入，曰内阁。文华殿在会极门东向南，是皇帝与大臣商议国事之地。

高拱随皇帝走上金台，只听皇上连声说："祖宗二百年天下，以至今日。国有长君，社稷之福。争奈东宫（太子）小哩。"一语一顿足，连说了几遍。他自知病入膏肓，而太子还小，令他担忧。今日一反常态，其源盖出于此。

隆庆帝在高拱一行陪同下，一直走到乾清门，进入乾清宫的寝殿。他登上御榻坐定，右手仍握住高拱的手不放，眷恋之情蔼然，言谈间还流下了眼泪。临危托孤的心情流露无遗。[1]

这时，内阁次辅张居正、成国公朱希忠也进入了寝殿，在御榻前向皇上请安。站在一边的高拱，手被皇帝握住，只能鞠躬，不能屈膝叩头，面对同僚的叩拜，颇为尴尬。隆庆帝看到高拱局促不安，松开了手。高拱赶紧退到御榻下，向皇上叩头，并与张居正、朱希忠退出寝宫，在门外候旨。须臾，皇帝命太监召唤高、张、朱三人。待三人在御榻前立定，他缓缓说道："朕一时恍惚，自古帝王后事……卿等详虑而行。"[2]三人叩头后，退至乾清门外候旨。少顷，太监高声传旨：

"着高阁老在宫门外，莫去！"高拱随即对张居正说："我留，公出，行迹轻重唯为公矣。公当同留，吾为之奏。"转身对太监说："奏知圣上，二臣都不敢去。"[3]

薄暮时分，太监传旨："高阁老宿宫门。"高拱

1 高拱《高文襄公文集》卷四十三《病榻遗言·顾命纪事》。朱国祯《皇明大事记》卷三十六，隆庆六年闰二月十二日。《明通鉴》的编者夏燮，写到"上御皇极门视事，疾作，遽还宫"，有一段"考异"颇有意思："《明书》《通纪》所载，谓上执高拱手，有'国有长君，东宫尚幼'，及'天下甚事不由内官败坏'等语，皆据高拱自撰《病榻遗言》。是时帝疾作，遽还宫，拱安得闻此语？而所云'天下事坏于内官'者，明是泄其后为冯保所构之愤，而托为穆宗弥留中语。故《明史·高拱传》及《三编》皆不载。今并删之，而附识于此。"（见该书卷六十五，隆庆六年闰二月丁卯）

2 高拱《高文襄公文集》卷四十三《病榻遗言·顾命纪事》。按：省略号处，系高拱自注："下此二句听不真，意是预备后事。"

3 高拱《高文襄公文集》卷四十三《病榻遗言·顾命纪事》。何乔远《名山藏》卷二十九《典谟纪二十九·穆宗庄皇帝》。

碍于宫廷礼仪，委婉推辞："祖宗法度甚严，乾清宫系大内，外臣不得入，昼且不可，况夜宿乎！臣等不敢宿此，然不敢去，当出端门宿于西阙内臣房。有召即至，有传示即以上对，举足便到，非远也。"[1]显然，隆庆帝在正月大病后，心有余悸，已经在考虑后事了，所以才命阁老在宫内过夜。高拱足智多谋，想出了两全其美的办法，在离乾清宫不远的西阙太监直庐过夜，静候传唤。既然内阁辅臣留宿西阙，那班五府六部大臣也都不敢回家，只得留宿朝内，谓之"朝宿"。

不久太监传来消息：圣体稍安。高拱马上写了一个劄子呈上，请求皇上批准府部大臣不必"朝宿"，回到各自的部门办事，而他与张居正仍旧昼夜留在宫内。皇帝以为然，立即降旨，命百官散去。过了四天，皇帝觉得身体"益平愈"，便派遣太监慰劳高拱、张居正，命他们回家，一场虚惊才算过去。

几天后，皇帝兴致大发，乘坐轿子来到内阁，高拱、张居正大吃一惊，急忙出迎，俯伏在地。隆庆帝将两人扶起，搀着高拱的手臂，仰望天空良久，欲语还休。高拱搀扶皇上行至乾清门，隆庆帝才说了一句话："第还阁，别有论。"似乎有所交代。善于机变的张居正从旁细细观察皇上"色若黄叶，而骨立神朽"，已经病入膏肓，虑有不测，暗自写

1 何乔远《名山藏》卷二十九《典谟纪二十九·穆宗庄皇帝》。

了后事处分十余条，密封后派人送给司礼监太监冯保，要他早作准备。五月二十二日，宫中传出“上不豫增剧”的消息。三天后，又传来“上疾大渐”的消息。[1]

五月二十五日，病危的皇帝在乾清宫召见内阁辅臣高拱、张居正、高仪，接受顾命。三人急急忙忙进入寝殿东偏室，但见皇上倚坐在御榻上，皇后、皇贵妃隔着帏帘坐在御榻边，皇太子朱翊钧立在御榻左面。[2]坐在御榻边的皇后，即孝安皇后陈氏。陈皇后无子，移居别宫，抑郁而病，外廷传闻，议论纷纷。不久陈皇后还是回到了坤宁宫。皇贵妃李氏，是皇太子朱翊钧的生母。

高、张二人跪在御榻下。隆庆帝望着身边的后妃和太子，对高拱等人托孤，断断续续说道“以天下累先生”，“事与冯保商榷而行”。[3]尔后，便命冯保宣读遗诏。遗诏有两份，一份是给皇太子的，另一份是给顾命大臣的。给皇太子的遗诏写道：“遗诏，与皇太子。朕不豫，皇帝你做，一应礼仪自有该部题请而行。你要依三辅臣并司礼监辅导，进学修德，用贤使能，无事荒怠，保守帝业。”[4]给顾命大臣的遗诏写道：“朕嗣祖宗大统，今方六年。偶得此疾，遽不能起，有负先皇付托。东宫幼小，朕今付之卿等三臣，同司礼监协心辅佐，遵守祖制，保固皇图。卿等功在社稷，万世不泯。”[5]

1 何乔远《名山藏》卷二十九《典谟纪二十九·穆宗庄皇帝》。《明穆宗实录》卷七十，隆庆六年五月己酉。

2《明穆宗实录》说：“中宫及皇贵妃咸在御榻边，东宫（太子）立于左。”《病榻遗言》说：“皇后、皇贵妃拥于榻，皇太子立榻右。”一说左，一说右，大约是视角不同，在皇帝眼里，皇太子立于御榻左；在高拱眼里，皇太子立于御榻右。

3 王世贞《嘉靖以来首辅传》卷六《高拱传》。

4 高拱《高文襄公文集》卷四十三《病榻遗言·顾命纪事》。

5 高拱《高文襄公文集》卷四十三《病榻遗言·顾命纪事》。吴伯与《高文襄公状略》，《国朝内阁名臣事略》卷九。何乔远《名山藏》卷二十九《典谟纪二十九·穆宗庄皇帝》。

这两份遗诏，引起外廷大臣议论纷纷，高拱极力扬言是张居正与冯保所拟，并非皇上本意，未免有点过分。给皇太子的遗诏中“朕不豫，皇帝你做”的语气，似乎是隆庆帝口授冯保笔录的。至于给顾命大臣的遗诏，文字典雅，似乎不是皇帝口授冯保笔录，但依然是皇帝的本意。高拱最为怀疑的“卿等同司礼监协心辅佐”一句，以为是冯保“矫诏”。其实不然，穆宗在临危托孤时，亲口对高拱说“事与冯保商榷而行”，便是确证。当时在场的皇贵妃即后来的慈圣皇太后万历六年（1578）二月在一道慈谕中，回忆说“司礼冯保，尔等亲受顾命”云云[1]，更是确证。张居正的回忆：“穆宗不豫，召辅臣至御榻前受顾命，公（指冯保）宣遗诏，音旨悲怆。今上践祚，奉先帝遗命，以公掌司礼监事。”[2]则从另一个侧面证明隆庆帝对冯保的信任。因此，高拱所谓遗诏并非皇帝本意，看似臆测，实质与权力斗争有关。

而《明实录》纂修官疏于考订，为了调和矛盾，竟然将遗诏中“同司礼监协心辅佐”一句中的“同司礼监”四字删除，在“协心辅佐”前加一“宜”字。见于《明实录》的遗诏是这样的：“朕嗣祖宗大统，今方六年。偶得此疾，遽不能起，有负先皇付托。东宫幼小，朕今付之卿等三臣，宜协心辅佐，遵守祖制，保固皇图。卿等功在社稷，万

1《明神宗实录》卷七十二，万历六年二月壬子。

2 张居正《司礼监太监冯公预作寿藏记》，《新刻张太岳先生文集》卷九。

世不泯。”[1]高拱亲受顾命，又领受了遗诏文本，在回忆录《病榻遗言》中抄录了遗诏全文，明白写着“同司礼监协心辅佐”一句，而且他事后多次对这句话发表议论，认为“自古有国以来，未曾有宦官受顾命之事”。[2]足见遗诏中确实有“同司礼监协心辅佐”的文字。朱国祯的有关记载与高拱所说完全相同，谈及遗诏，写道：“于是太监冯保以白纸揭帖授皇太子，称遗诏；又以白纸揭帖授（高）拱，内曰：‘朕嗣祖宗大统，今方六年。偶得此疾，遽不能起，有负先皇付托。东宫幼小，朕今付之卿等三臣，同司礼监协心辅佐……”[3]史官删削“同司礼监”四字，显然出于某种政治意图，故意掩盖事实真相，实在不足为训。

言归正传。且说高拱等听完隆庆帝的顾命之辞，大为悲恸，边哭边说：“臣受皇上厚恩，誓以死报。东宫虽幼，祖宗法度有在，臣务竭尽忠力辅佐。东宫如有不得行者，臣不敢爱其死，望皇上无以后事为忧。”[4]说完嚎啕大哭，在旁的皇后、皇贵妃也失声痛哭。少顷，太监扶起高拱、张居正、高仪，三人长号而出。

次日，即五月二十六日，隆庆帝在乾清宫驾崩。他生于嘉靖十六年（1537）正月二十三日，卒于隆庆六年（1572）五月二十六日，终年三十六岁。第二天发丧，向全国颁布遗诏：“夫生之有死，如昼之

1《明穆宗实录》卷七十，隆庆六年五月己酉。

2 高拱《高文襄公文集》卷四十三《病榻遗言·顾命纪事》。

3 朱国祯《皇明大事记》卷三十六，隆庆六年五月二十五日。

4 高拱《高文襄公文集》卷四十三《病榻遗言·顾命纪事》。

有夜，自古圣贤其孰能免？惟是继体得人，神器有主，朕即弃世，亦复何憾！皇太子聪明仁孝，令德天成，宜嗣皇帝位。其恪守祖宗成宪，讲学亲贤，节用爱人，以绵宗社无疆之祚。内外文武群臣协心辅佐，共保灵长，斯朕志毕矣。其葬礼悉遵先帝遗制，以日易月，二十七日释服，毋禁音乐嫁娶。宗室亲王，藩屏是寄，不可辄离本国。各处镇守、巡抚、总兵等官，及都、布、按三司官员，严固封疆，安抚军民，不许擅离职守。闻丧之日，止于本处朝夕哭临三日，进香遣官代行。广东、广西、四川、云南、贵州及各布政司，七品以下衙门俱免进香。”[1]

从遗诏可以看出隆庆帝的秉性与风格，主张做事不要大事声张，尽量低调。他是明朝皇帝中最不显眼的一个，也是在位时间较短的一个。虽然平庸，却也有自己的特色：清静、宽仁，所谓“清静合轨汉帝，宽仁比迹宋宗”。[2]把他与汉文帝、宋仁宗相提并论，未免过于溢美，不过清静宽仁倒是事实。

他一上台，就一改先皇（世宗）的苛政，“黜不经之祀，罢无用之作，蠲非艺之征，绝无名之献，除烦苛，节浮冗，恤困穷，理冤滞，崇奖遗逸，汰斥憸邪”。早在裕王府时，厨师常烩制一道名菜——驴肠，令他爱不释口。即位后，他问明侍

1《明穆宗实录》卷七十，隆庆六年五月庚戌。

2 何乔远《名山藏》卷二十九，《典谟纪二十九·穆宗庄皇帝》。

从，才知道是烩驴肠，于心不忍，对侍从说："若尔，则光禄寺必日杀一驴，以备宣索，吾不忍也。"下令光禄寺停止制作此菜。每逢岁时节庆，游娱行幸，光禄寺为供膳煞费苦心，提前将菜单呈上，请旨裁定。他总是选取最简单的方案，以示节俭。他是一个"刚德内用，柔道外理"型帝王，在宫闱掖庭极为严格，"周防慎察，严肃整齐，无敢出声"；与大臣接触，则施以宽仁柔道，"臣庶廷谒，小不如仪，常假借宽宥；左右近侍，未尝轻降辞色"。[1]

隆庆帝驾崩的次日，礼部左侍郎王希烈前往天寿山考察陵墓。九月十一日，穆宗的梓宫（棺材）被运往昭陵。九月十九日辰时，梓宫迁入皇堂，举行题神主礼。未时，掩闭玄宫，葬礼完成。[2]

3. 朱翊钧登极

国不可一日无君。既有先帝付托，隆庆驾崩后第三天，即五月二十八日，内阁首辅高拱等上疏"劝进"，希望皇太子早日即位，为此草拟了"登极仪注"。五月三十日，文武百官在会极门上表"劝进"。朱翊钧接到劝进表后，为了显示某种姿态，遵从某种礼仪（一般都要经过三次劝进），没有立即同意。他回答道："览所进笺，俱见卿等忧国至意，顾于哀痛方切，维统之事岂忍遽闻，所请不准。"

1《明穆宗实录》卷七十，隆庆六年九月壬寅。

2《明神宗实录》卷五，隆庆六年九月庚子。张居正《山陵礼成奉慰疏》，《新刻张太岳先生文集》卷三十七《奏疏二》。

六月初一日，天刚亮，有日食。百官忙于隆庆帝丧事，在思善门哭临。哭临毕，又到礼部举行护日礼。少顷，朱翊钧身穿縗服来到文华殿，在前殿的“绳愆纠谬”匾下，再次受到百官“劝进”。朱翊钧召见内阁辅臣，交谈片刻，发出谕旨：“卿等为宗社至计，言益谆切，披览之余，愈增哀痛，岂忍遽即大位，所请不允。”[1]六月初二日，朱翊钧身穿縗服来到文华殿，百官第三次劝进。这次，他不再推辞了。召见内阁、五府、六部官僚，稍作商议，传出谕旨：“卿等合词陈请至再至三，已悉忠悬。天位至重，诚难久虚，况遗命在躬，不敢固逊，勉从所请。”[2]

六月初三日，礼部呈上登极仪注。六月初十日，皇太子朱翊钧正式举行即位典礼，宣布明年为万历元年。这样，他就成了明朝第十三代皇帝。即位后的第一件事，便是按照惯例颁布大赦诏书，宣布：

——自隆庆六年（1572）六月初十日以前，官吏军民人等，凡是犯有窃盗、逃军、匿名文书、未及害人谋杀人伤而不死者，悉免处死，至于犯该死罪，监禁十五年以上，笃疾者免死释放；

——宗室节年因事减革禄粮者，除败伦伤化奸盗人命重情外，其余诏书到日，全革者准支三分，减去一分二分者准全支；

1《明神宗实录》卷二，隆庆六年六月乙卯。

2《明神宗实录》卷二，隆庆六年六月丙辰。

——宗室子女奏请名封选婚者，即题复施行；

——凡在凤阳高墙内禁锢的宗室，本人已故，所遗子孙妻妾无罪拘系，未及放回者，奏请释放；

——自嘉靖四十三年（1564）至隆庆元年拖欠钱粮（田赋），除金花银外，悉从减免；隆庆二年至四年（1568—1570）拖欠钱粮，减免十分之三；

——陕西、苏州、杭州、嘉兴、湖州、应天等处，差人坐守织造之丝绸等项，悉皆停免；

——自嘉靖四十五年（1566）十二月以后，至隆庆六年（1572）五月以前，因上疏建言获罪诸臣，如果情非挟私，才力堪用者，议拟具奏起用。[1]

对军民人等普施恩泽，用皇恩浩荡显示一个新时代的开始。

二　视朝、日讲与经筵

1. 小皇帝视朝

作为一个皇帝，尽管年幼，权力仍是至高无上的。况且朱翊钧与乃父朱载垕迥异，有点类似祖父朱厚熜，是一个有头脑有才干的人。十岁登极的他，也要按照规矩视朝，处理国家大事。有一些是纯粹礼仪举动，但也不尽然，在视朝时常常就国家大事有所指示。如果以为内有皇太后李氏“垂帘听

1《明神宗实录》卷二，隆庆六年六月甲子。

政”，司礼监太监冯保提携，外有内阁首辅张居正统揽大权，朱翊钧是一个任人摆布的玩偶，未免失之偏颇了。

父皇临终前再三叮嘱，要他依靠顾命大臣的辅佐，因此对顾命大臣极为尊重，对于张居正的革新主张积极支持，对很多事件的看法，所见略同，力图振兴朝政，一改前朝萎靡不振的状况。

其一，他主张简才图治。即位伊始，吏部送上一个考察条规，涉及吏治整顿，着重议论裁汰冗官问题。该条规指出，各衙门事有繁简，人有纯驳，难以一律，有则汰黜数人亦不为多，无则不黜一人亦不为少。这是小皇帝即位后要面对的一大难题，他的批复是这样的："卿等务要尽心甄别，毋纵匪人，毋枉善类，以称朕简才图治之意。"[1]

他所说的“毋纵匪人”，不是浮泛套语。隆庆六年（1572）十月二十三日视朝，因湖广随州知州周行贪墨太甚，革职为民，交巡按御史审讯，并就此事指示吏部："近来查勘官员久不奏报，贪吏无所惩戒，亏枉久不获伸，抚按官所干何事？便令上章完报，不得推诿故纵！"[2]万历元年，他用严厉的口吻敕谕群臣："比来士习浇漓，官方刓缺，窥伺径窦，鼓煽朋党，遂使朝廷威福之柄徒为人臣报复之资，兹用去其太甚，薄示戒惩，余皆贷，与之更始。诸臣亦宜祓除前垢，共襄荡平，毋怀私以罔上，毋持

1《明神宗实录》卷二，隆庆六年六月癸未。

2《明神宗实录》卷六，隆庆六年十月丙子。

禄以养交，若或沉溺故常，坚守途辙，获罪祖宗，朕不敢赦。”[1]

万历二年（1574）正月，根据张居正的请求，他指示吏部、都察院，在皇极门接见全国各地前来京师朝觐的廉能官员。是日，接见浙江布政使谢鹏举等二十名官员，当面嘉奖激励，赏赐银币、酒馔。[2]

这一切都体现了他的“简才图治”思想。

其二，他主张“毋徒为修省虚文”。隆庆六年十月二十四日，他看了广西道监察御史胡涍（字原荆，号莲渠，常州无锡人）的奏疏，对他的妄言很是反感。胡涍这个人有点迂腐，以“妖星见懿庆宫”为由头，认定此次星变与宫女有关，信口议论嘉靖、隆庆两朝宫女闭塞后宫，老者不知所终，少者实怀怨望，寡妇旷女愁苦万状。由此，他提出当务之急是释放宫女，无论老少，一概遣散出宫。为了增加说服力，此公还不伦不类地引经据典，说什么“唐高不君，则天为虐，几危社稷，此不足为皇上言之，然往古覆辙亦当为鉴”云云。[3]

◤ 胡涍，嘉靖四十四年进士。历任永丰县令、安福县令、广西道监察御史。

胡涍所说的星变，是十月初三夜里有星象之

1 万斯同《明史》卷十九《本纪十九·神宗上》。

2 夏燮《明通鉴》卷六十六，万历二年春正月甲午。

3 胡涍《矜放宫人以光圣德疏》，《万历疏钞》卷二《圣德类》。《明神宗实录》卷六，隆庆六年十月丁丑。

变，到十九日夜晚，原先如弹丸般的星变得大如灯盏，赤黄色光芒四射。对于敬畏天变的皇帝和大臣，这是非同小可之事。朱翊钧警惧得连夜在室外焚香祈祷。第二天张居正对他说："君臣一体，请行内外诸司痛加修省，仍请奏两宫圣母，宫闱之内同加修省。"他表示赞同，便给礼部发去一道谕旨，要他们查一下旧例。礼部查了旧例后报告，援引嘉靖四十二年（1563）"火星迭行"之例，百官青衣角带办事五日。他当即批示："为臣的都要体朕敬畏天戒之意，着实尽心修举职业，共图消弭，毋徒为修省虚文。"他把礼部"百官青衣角带办事五日"的馊主意，谴责为"徒为修省虚文"，他主张"尽心修举职业"，做好本职工作，不要搞"修省虚文"的花架子。在这当口，偏偏来了一个胡涍，把天变归咎于后宫，要求释放宫女，把偌大的天戒起因落到了皇帝身上，显然是大胆妄言。这个胡涍，在小皇帝即位六天后，曾经上疏反对任用冯保取代孟冲执掌司礼监，要求皇上"严驭近习，毋惑谄谀，亏损圣德"。引起小皇帝和冯保的不满。[1]此时他又妄言释放宫女，小皇帝忍无可忍。次日，文华殿讲读完毕，他便拿出胡涍的奏折，指着"唐高不君，则天为虐"一句，交张居正看，责问道："所指为谁？"张居正淡淡地解释："胡涍疏本为放宫女尔，乃漫及此言，虽狂谬，心似无他。"小皇帝怒气未消，降

1 王世贞《胡涍传》，《弇州史料后集》卷五。

旨谴责胡涍。胡涍接旨后，诚惶诚恐地承认有罪，终于落得个革职为民的处分。[1]

两天以后，兵科都给事中李己（字子复，号月滨，河南磁州人），上疏为胡涍求情，说："人君善政不一，莫大于赏谏臣；疵政不一，莫大于黜谏臣"；"胡涍官居御史，补过拾遗，绳愆纠谬，乃职分所宜。今一语有违，即行谴斥，恐自今以后，阿言顺旨者多，犯颜触忌者少"。希望皇上或薄加惩戒，或令复职。小皇帝不予理睬。[2]

此事并未了结。万历元年（1573）正月十二日，户科给事中冯时雨（字化之，号昆峰，苏州长洲人）重新提起旧事。他条陈六事，其中第五事就是"释幽怨"，与胡涍相呼应，主张内廷的宫女逐一检查，凡是未经先帝"御幸"过的，全部释放出宫。其中第六事是"宥罪言"，请求宽恕胡涍，重新启用。小皇帝此时心情早已平静，对他条陈的前面四事——"笃孝恩""广延纳""重题复""革传奉"，表示赞许，对后两事——"释幽怨""宥罪言"，不予考虑。他在奏疏上批示："本朝事体与前代不同，今在宫妇女，不过千数，侍奉两宫，执事六局，尚不够用，又多衰老，出无所归。胡涍狂悖诬上，朕念系言官，姑从轻处。如何与他饰词求用！"[3]

关于宫女，他有自己的看法，用以侍奉两宫

1《明神宗实录》卷六，隆庆六年十月戊寅。

2《明神宗实录》卷六，隆庆六年十月庚辰。

3《明神宗实录》卷九，万历元年正月癸巳。钱一本《万历邸钞》，万历元年癸酉卷，春正月。

皇太后，执事宫中六局，还不够用，怎么谈得上遣散！因此，他不容许外人对内宫之事说三道四。但是，对于宫女失职，他处罚极严。万历元年十一月某一天，他在文华殿与张居正谈及宫女张秋菊逸火事件，说："此人系先帝潜邸旧人，素放肆。圣母止欲笞五十。朕曰：此人罪大，不可宥。杖之三十，发安乐堂煎药矣。"

◥ 宫中六局为尚宫局、尚仪局、尚服局、尚食局、尚寝局、尚功局，掌管侍奉皇帝和后妃日常生活之事。

张居正附和道："圣母慈仁，不忍伤物。皇上君主天下，若舍有罪而不惩，何以统驭万民！"

小皇帝说："然，法固有可宽者，亦有不当宽者。"

张居正说："诚如圣谕。昔诸葛亮言，宫中府中俱为一体，陟罚臧否，不宜异同。正此之谓。"[1]

他与张居正颇有共同语言——"法固有可宽者，亦有不当宽者"，日后他支持张居正实施新政，是有思想基础的。

其三，小皇帝很关注官员的纪律与作风。隆庆六年（1572）十二月初六日，他按例视朝，命令检查出席人数。竟然有抚宁侯朱冈等一百七十三名文武官员不来上朝。他当即决定予以严惩：各罚俸三月。[2]万历元年（1573）正月十九日，他视朝时，纠仪御史面奏：查点文武官员失朝者共计有新宁伯谭国

1 《明神宗实录》卷十九，万历元年十一月辛巳。

2 《明神宗实录》卷八，隆庆六年十二月戊午。

佐等一百十九名。他还是予以严惩：各罚俸三月。[1]万历二年二月二十三日，他又命御史纠查失朝者，竟然有抚宁侯朱冈等二百七十四名官员不来上朝，各夺俸一月。接连不断地重申官员纪律，以后失朝者明显减少。

◤ 谭纶，嘉靖二十三年进士。嘉靖二十九年出任台州知府，在当地招募乡勇，练兵抵御倭寇。后任浙江海道副使、福建巡抚等职，与戚继光配合抗倭，称为“谭戚”。隆庆二年调蓟辽总督。万历初为兵部尚书。

他对于抓住别人小节随意弹劾他人的言官，十分反感。万历元年二月春分，他派遣成国公朱希忠前往朝日坛代祭大明，有兵部尚书谭纶（字子理，号二华，江西宜黄人）奉命陪祭。谭纶近日身体小恙，陪祭时不断咳嗽。此事被言官景嵩（福建道御史）、雒遵（吏科都给事中）、韩必显（山西道御史）抓住，小题大做，给谭纶扣上“大不敬”的帽子，说什么“岂不能将祀事于一时者，能寄万乘于有事”，言下之意，这样的人根本不配当兵部尚书。小皇帝看了他们的奏疏，颇不以为然，语带讽刺地批示：“咳嗽小疾易愈，本兵（兵部尚书）难于得人。这所奏，着吏部看了，就问景嵩等要用何人？会同吏科推举来看。”[2]吏部官员没有领会这道谕旨的讽刺意味，认真地向皇上报告：“抡选本兵委难得人，进退大臣当处以礼，若以一嗽之故，敕令致仕，非惟不近人情，亦且有失国礼。”这样的答复，正中下怀，小皇帝立即批示：“咳嗽小失，何至去一大臣！这厮每一经论

---

1 《万历起居注》，万历元年正月十九日庚子。

2 《明神宗实录》卷十，万历元年二月癸亥。

劾，即百计搜求，阴唆党排，不胜不止。若用舍予夺不由朝廷，朕将何以治天下？”[1]吏部认为，景嵩等言官吹毛求疵，抓住咳嗽这样的小过失，竟然要罢免兵部尚书，既不近人情，又有失国礼。小皇帝认同这一观点，认为“咳嗽小失，何至去一大臣”，显然这些言官别有用心——“阴唆党排”。于是降旨：景嵩、雒遵、韩必显各降三级，调外任。对于谭纶，只是稍加警告——罚俸一月，着照旧供职。这样的处理方式，比那些言官高明多了。

不过小皇帝毕竟初视朝政，一切都感到陌生，因而对于首辅张居正事事仰赖，尊重备至，开口即称“元辅张先生”，尊他为师长。张居正也尽心尽责辅佐小皇帝，无不一一关照。

隆庆六年十二月，接近年关了。张居正在讲读后对皇上说，先帝丧期未过，春节期间宫中请勿设宴，并免去元宵灯火。小皇帝表示同意，说：烟火灯架，昨天已经传谕停办。又说：宫中侍奉圣母用膳甚简，每顿都是素食，遇到佳节，不过增加甜食果品一桌，也不用音乐。张居正说：如此，不但见陛下追思先帝之孝，而且节俭财用，自是人主美德，愿陛下常有此心。小皇帝随即传谕光禄寺：节日期间宫中酒饭筵席全部停办。据称，仅此一举，就节约银子七百余两。[2]

万历二年，年关将近，小皇帝又问张居正：元

1 钱一本《万历邸钞》，万历元年癸酉卷，二月。《明神宗实录》卷十，万历元年二月戊辰。

2《明神宗实录》卷八，隆庆六年十二月甲戌。

宵节晚上的鳌山烟火是否祖制？言外之意是，前年与去年元宵烟火都已停止，今年总可以不停了吧！何况又是祖制，年年如此的。

张居正的回答令人扫兴：鳌山烟火并非祖制，它始于成化年间，用以侍奉母后，当时就有言官、翰林上疏劝谏。嘉靖中，间或举行，用来奉神，并非游观。隆庆以来每年元夕都有鳌山烟火，靡费无益，是新政应当节省的。

朱翊钧还是个孩子，当然想搞一下元宵烟火，尽兴玩玩，听了张先生的话，只得改变初衷，接口道：是啊，鳌山不过是把彩灯扎成大棚，在殿上挂灯笼，也很足观，何必鳌山！

在一旁侍候司礼监太监冯保深知皇上的心意，为了不至于太扫兴，插话道：他日天下治平已久，或可间或举办一次，以彰盛事。毕竟是从小形影不离的“大伴”，道出了皇上的心思，小皇帝一听，高兴地说：朕看一次，等于看千百次。

张居正毫不让步，严肃地说：明年虽然丧服之祭已经结束，但接下来还有皇上大婚、潞王出阁等大事。每一件都要用数十万两银子，如今天下民力衰竭，有司束手无策，只能时时加意节约，以备不时之需。那意思还是要皇上注意节俭。小皇帝知趣地回应：朕极知民穷，如先生言。张居正紧盯一句：新年节庆各种赏赐及无名花费太多，也应当节省。[1]

1《明神宗实录》卷三十三，万历二年闰十二月庚寅。谈迁《国榷》卷六十九，万历二年闰十二月庚寅。

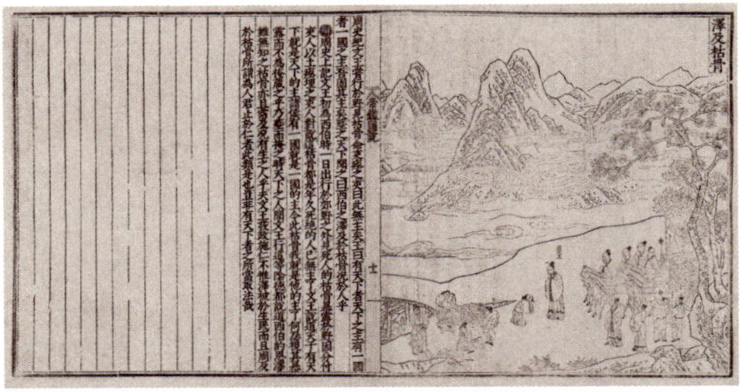

◥《帝鉴图说》书影

张居正巧妙地把节省宫廷开支的思想化作皇上的行动，使宫廷内部出现了一番新气象。

隆庆六年十二月十七日，张居正向小皇帝呈上一部《帝鉴图说》。这是他要马自强等官员考究历代帝王成败事迹，编写的图文并茂读本，选取“善可为法者”八十一事，“恶可为戒者”三十六事，每一事绘一图，后面附有传记本文。书名“帝鉴图说”之“帝鉴”，取自唐太宗以古为鉴之意。张居正对此作了说明：“唐太宗曰：‘以铜为鉴，可正衣冠；以古为鉴，可见兴替。’臣等尝因是考前史，所载治乱兴亡之迹，如出一辙。大抵皆以敬天法祖，听言纳谏，节用爱人，亲贤臣，远小人，忧勤惕厉即治；不畏天地，不法祖宗，拒谏遂非，侈用虐民，亲小人，远贤臣，檠乐怠傲即乱。出于治，则虽不阶尺土一民之力，而其兴也勃焉；出于乱，则虽藉祖宗累世之资，当国家熙隆之运，而其亡也忽焉。譬之佩兰者之必馨，饮酖者之必杀。以是知人主欲长治而无乱，其道无他，但取古人已然之迹，而反己内观，则得失之效昭然可睹矣。”[1]马自强等官员从历史中选择一百十七件事例，张居正希望小皇帝能够从中领会，历代帝王“其兴也勃焉”“其亡也忽焉”的道理，要想长治久安，就必须以史为鉴，反己内观。所以他希望小皇帝能够认真阅读这本书。“伏望皇上俯鉴愚忠，特垂省览。视其善者，取以为师，从之如不及；视其恶者，用以为戒，畏之如探汤。每兴一念、行一事，即稽古以验今，因人而自考。高山可仰，毋忘终篑之功；覆辙在前，永作后车之戒。则自然念念皆纯，事事合理。德可媲于尧舜，治将埒于唐虞。而于万世之下，又必有愿治之主，效忠之臣，取皇上今日致治之迹，而绘之丹青，守为模范者矣。”[2]

张居正把奏疏面呈皇上，小皇帝随手翻阅，朗读了几句，抬眼对张先生说：“先生每起。”张居正起身走近御案，把奏疏读完，捧出《帝鉴图说》呈上。小皇帝站起来，翻阅图说，约略能够看懂一半。他完全赞同张先生以史为鉴的意见，随即写了圣旨：“览卿等奏，见忠爱恳至，朕方法古图治，深用嘉纳。图册留览，还宣付史馆，以昭我君臣交修之义。”[3]此后，他一直把《帝鉴图说》置于座右，每逢讲读的日子，便叫张先生解说，习以为常。

为了使小皇帝知人善任，万历二年十二月，张

1 张居正《进〈帝鉴图说〉疏》，《新刻张太岳先生文集》卷三十八《奏疏三》。

2 张居正《进〈帝鉴图说〉疏》，《新刻张太岳先生文集》卷三十八《奏疏三》。

3《明神宗实录》卷八，隆庆六年十二月己巳。《太师张文忠公行实》，《新刻张太岳先生文集》卷四十七。

居正与吏部尚书张瀚、兵部尚书谭纶，特制御屏（职官书屏）一座，上绘全国疆域图，登录知府以上官员姓名籍贯，供皇上省览。张居正向小皇帝做了说明，强调以下几点：

——“安民之要，在于知人；辨论官材，必考其素。顾人主尊居九重，坐运四海，于臣下之姓名贯址，尚不能知，又安能一一别其能否而黜陟之乎”；

——“考之前史，唐太宗以天下刺史姓名，书于御座屏风，坐卧观览”；“我成祖文皇帝尝书中外官姓名于武英殿南廊”；

——“仰惟皇上天挺睿明，励精图治，今春朝觐考察，亲奖廉能。顷者吏部奏除，躬临铨选。其加意吏治人才如此，顾今天下疆里尚未悉知，诸司职务尚未尽熟，虽欲审别，其道无由”。[1]

小皇帝表示嘉悦，当即把屏风放置于文华殿后殿，便于日常观看。次日，讲读毕，他把屏风细细看了一遍。张先生在一旁解说：天下幅员广阔，皇上一举目便可遍览山川地理形胜，以及文武职官，希望皇上对于用人名实时时留意。小皇帝应声回答：先生费心，朕知道了。

前年的《帝鉴图说》与这次的“职官书屏”，对于初次治理朝政的小皇帝，起到了很好的启蒙作用。

1 张居正《进职官书屏疏》，《新刻张太岳先生文集》卷三十八《奏疏三》。《明神宗实录》卷三十一，万历二年十二月壬子。

小皇帝深知张先生的良苦用心，为了表示自己的积极态度，特命太监赶制牙牌一块，亲笔手书十二事于上，为谨天成、任贤能、亲贤臣、远嬖佞、明赏罚、谨出入、慎起居、节饮食、存敬畏、节财用等。要工匠刻在牙牌上，作为自己的座右铭，用以自警。万历三年四月初四日，文华殿讲读完毕，他拿出牙牌给张居正、吕调阳过目。张居正称赞说，这十二事把修身齐家治国平天下之道全包括在里面了，可以终身奉行。今后皇上所行与所写如果不合，左右臣下得执牌进谏，皇上欣然同意。[1]

皇帝与首辅之间政见如此一致，关系如此融洽，为历朝罕见。以下几件事，更加显现他们君臣关系确实非同一般。

万历二年五月八日，小皇帝在文华殿讲读，听说张先生偶患腹痛，亲自动手调制辣汤一碗，赏赐镶金象牙筷两双，要次辅吕调阳陪张先生一起吃，希望缓解张先生的腹痛。[2]像这样充满人情味的事，屡有所闻。小皇帝询问近侍太监张先生父母状况，左右回答，先生父母年龄七十，身体健康。他随即给张先生写了手谕："闻先生父母俱存，年各古稀，康健荣享，朕心嘉悦。特赐大红蟒衣一袭，银钱二十两，又玉花坠七件，彩衣纱六匹，乃奉圣母恩赐。咸宜钦承，着家僮往赍之。外银钱二十两，

1《明神宗实录》卷三十七，万历三年四月壬申。

2《明神宗实录》卷二十五，万历二年五月辛巳。

是先生的。”命文书官刘东把手谕和赏物送到内阁，张居正叩头领受，立即写了谢恩疏，表示感激：“恩出非常，感同罔极”；“士而知己，许身尚不为难；臣之受恩，捐躯岂足云报”。并且说，马上派遣家僮星夜兼程赶往江陵老家，归奉亲欢，给子孙作为传家宝。[1]张居正对于皇太后和皇帝亲如家人般的关怀，感激之情溢于言表。

小皇帝对皇太后极孝，耳提面命，唯唯诺诺，从不违抗。他的生母慈圣皇太后笃信佛道，很是虔诚。她要在北京附近的涿州建造一座娘娘庙，祭祀碧霞元君。司礼监太监冯保为了讨好太后，竭力促成此事，向外廷传达慈圣皇太后谕旨：“圣母发银三千两，与工部修建涿州娘娘庙。”这件事可难为了工部，在此之前已经奉太后谕旨，有圣母赐银五万两在涿州修建胡良河即北关外桥梁，为此工部添补了二万两银子。现在又要修建庙宇，三千两银子何济于事！工部无奈地向皇上报告：此端一开，渐不可长，伏乞皇上收回成命。工科给事中吴文佳（字士美，号凤泉，湖广景陵人）支持工部的意见，反对修建娘娘庙：“娘娘庙不知所由起，窃闻畿辅众庶奔走崇奉，风俗日非，犹望皇上下禁止之令。”户科给事中赵参鲁（字宗传，号心堂，浙江鄞县人）也表示反对：“发银建庙以奉佛祈福，尽皆诞妄……若以大赈穷民，其于祈福禳灾多矣。”[2]小皇帝统统不予理睬。

1 张居正《谢恩赉父母疏》,《新刻张太岳先生文集》卷三十八《奏疏三》。

2《明神宗实录》卷二十四,万历二年四月戊午、四月壬戌。

但是，当圣母与张先生意见不一致时，他还是听从张先生的。万历二年九月，刑部奏请处决在押囚犯，慈圣太后听说后，借口皇上冲年，仍宜停刑。小皇帝把太后懿旨转告张先生，希望能够获得谅解。张居正是主张法治的，很不赞成停刑，解释道："圣母好生之心敢不将顺？但上即位以来停刑者再矣，春生秋杀，天道不偏废，恐稂莠不除，反害嘉谷。"他觉得有理，回答说："然，朕徐为圣母言之。"在征得圣母同意后，小皇帝下旨照例行刑。[1]

到了这年十月，法司报告审录囚犯，慈圣太后听说后又主张停刑。张居正说："皇上奉若天道，乃天虽好生，然春夏与秋冬并运，雨露与霜雪互施……今看审录揭帖，各囚所犯皆情罪深重，概加怜悯，则被其杀害者独何辜，而不为偿抵乎？"

小皇帝说："圣母崇奉佛教，故不忍动刑耳。"

张居正说："佛氏虽慈悲为教，然其徒常言：地狱有刀山、剑树、碓舂、炮烙等刑，比之王法万分惨刻，安在其为不杀乎？"

小皇帝听了大笑。

张居正又说："嘉靖初年，法司奏应决犯囚，不过七八十人……至中年后，世宗奉玄，又好祥瑞，每逢有吉祥事，即停止刑。故今审录重囚至四百余人，盖积岁免刑之故也……臣窃以为，宜如祖宗旧制，每岁一行为便。"

1《明神宗实录》卷二十九，万历二年九月辛巳。

小皇帝深以为然，回宫向太后说明，第二天就降旨处决死囚三十余人。[1]这件事情既反映了太后的开明豁达，也反映了皇上的冷静理智，不以母子亲情影响朝廷大政方针。

小皇帝每次视朝，都亲自阅读官员的奏疏，十分认真。万历三年（1575）十月某天，直隶的两名巡按御史暴孟奇、张宪翔各有题本奏报审决囚犯事宜，是万历二年（1574）十一月奏进的。他看了以后感到奇怪：如今直隶巡按已经不是暴孟奇、张宪翔，为何奏疏仍是这二人的名字，中间年月有差谬？就派文书官拿了奏疏到内阁问明所以然。

少顷，张居正赶来，小皇帝便问张先生："今年已有旨免刑，何真定巡按又报决囚？且本后称万历二年十一月，何也？"

张居正回答："臣等通阅所奏，乃去年差刑部主事刘体道会同关内关外巡按御史暴孟奇、张宽翔处决囚犯，事完即具本，付刘体道亲赍复命，非二臣差人来奏者。"

小皇帝问："即如是，何故至今封进？"

张居正答："旧时，刑部司属多借审决差便道回籍，科臣于精微批定限，率优假一年，所乃相沿宿弊。此奏该去年二御史付之刘体道亲赍，而体道持疏回籍，今已限满复命，至始封进耳。"

小皇帝听了大为不满："岂有北直隶地方去年

1《明神宗实录》卷三十，万历二年十月癸丑。

处囚，今年始复命者！宜令该科参看。”那意思是要刑科给事中弹劾查处。第二天他下旨：“刘体道着都察院提了问。差官审决限期，着法司定拟来说。”都察院遵旨提问后，将刘体道贬谪为外任官。[1]这一事件使大臣们大吃一惊，感叹皇上对于章奏无不亲览，其精察一至于此。

又有一次，张居正拿了陆炳之子陆绎的奏疏，请皇上裁定。陆炳，字文孚，浙江平湖人，母亲是世宗皇帝的奶妈，他随母入宫，历任锦衣卫副千户，担任皇帝的警卫员。嘉靖十八年（1539），随皇帝南巡至河南卫辉，半夜行宫起火，他冒死救出皇帝。从此深受皇帝宠信，官至锦衣卫左都督（一把手），权势倾天下。隆庆年间遭到弹劾，穆宗命法司严惩，抄了他的家，追赃数十万两银子。[2]过了五年，陆家资财罄竭，已无可追，陆绎向朝廷请求免予追赃。

小皇帝看了奏疏问道：“此事先生以为何如？”

张居正回答：“陆炳功罪自不相掩……论炳之罪，未与反逆同科，而翊主保驾之功不能庇一孤子，世宗在天之灵必不安于心者矣。”

小皇帝说：“既如此，先生宜为一处。”

张居正说：“事关重大，臣等岂敢擅专。”

小皇帝说：“不然。国家之事，孰不赖先生辅理，何嫌之有！”

1《明神宗实录》卷四十三，万历三年十月癸未。

2 徐阶《陆公墓志铭》，《世经堂集》卷十七。万斯同《明史》卷四百四《佞幸传下·陆炳》。

张居正叩头承旨出。次日，宫中传旨："陆炳生前功罪及家产果否尽绝，着法司从公勘议。"法司奉命勘议后报告，陆炳家产勘明，已经尽绝。于是朝廷同意不再追赃，此事圆满了结。[1]

这位十岁登极的小皇帝颇有一点励精图治之意，力图洗涤前朝政治弊端，有所作为。毕竟年幼，他放手让张居正总揽朝政，自己潜心于日讲与经筵。

2. 日讲与经筵

皇太子出阁讲学，是太祖高皇帝朱元璋定下的祖制。洪武初年（1368），朱元璋命侍读学士宋濂（字景濂，号潜溪，浙江金华人），在大本堂向皇太子诸王讲授儒家经典。此后讲学的地方从大本堂移至文华殿，再改至便殿。讲学的内容，先读四书，再读经或史。讲毕，在侍书官指导下习字。读书三月后，有一次温习背诵。至于写字，春夏秋三季每日一百字，冬季每日五十字。凡节假日或大雨风雪、严寒酷暑，日讲暂停。朱翊钧作为皇太子出阁讲学，也遵照祖制按部就班进行。隆庆六年改设皇太子座于文华殿之东厢房。每日讲读，各位讲官在东华门外东西向站立，候穆宗御日讲毕，皇太子出阁升座，讲官开讲。日讲起初，阁臣连续侍奉五日，以后每

1《明神宗实录》卷三十七，万历三年四月壬戌。

逢三、八日必至，拜出后，讲官进入，开讲。

朱翊钧即位后，讲学仍不停辍。因为有先皇遗言，要他“进学修德”“用贤使能”。作为顾命大臣，张居正对此更是认真。隆庆六年六月，张居正向小皇帝建议，在秋凉之际开始皇帝的日讲。他在奏疏中说，帝王虽具神圣之资，仍须以务学为急，而辅弼大臣的第一要务，便是培养君德，开导圣学。鉴于先皇丧事还未过去，援引弘治朝先例，定于八月中旬择日，在文华殿开始日讲。至于经筵会讲，推迟到明年春天再举行。对于这种合乎祖宗成宪的安排，小皇帝是必须接受的，他立即表示同意：“览卿等奏，具见忠爱，八月择吉先御日讲，经筵候明春举行。”[1]

第二天，张居正为他排定了视朝与日讲的日程表。在张居正看来，对于十岁的小皇帝而言，“视朝又不如勤学为实务”，所以在处理视朝与讲读的关系时，把讲读放在第一位。具体的安排是：每逢三、六、九日视朝（含十三、十六、十九以及二十三、二十六、二十九日），其余日子都到文华殿讲读。也就是说，一旬之中，三天视朝，七天讲读，除了大寒大暑，一概不得停辍讲习之功。对于这个日程安排，他表示接受，批复道：“今后除大礼大节，并朔望升殿，及遇有大事不时宣召大臣咨问外，每月定以三六九日御门听政，余日俱免朝参，只御文华殿讲读。”[2]

1 张居正《乞崇圣学以隆圣治疏》，《新刻张太岳先生文集》卷三十七《奏疏二》。《明神宗实录》卷四，隆庆六年八月辛酉。

2 张居正《请酌定朝讲日期疏》，《新刻张太岳先生文集》卷三十七《奏疏二》，《明神宗实录》卷四，隆庆六年八月壬戌。

张居正的建议，经过圣旨的正式认可，从此成为定制。

八月十三日，小皇帝来到宣治门视朝。[1]张居正不愧是讲究综核名实的人，作风雷厉风行，在上朝时递上《日讲仪注》，把先前议定的日讲事宜具体化为八条：

——皇上在东宫讲读《大学》《尚书》，今各于每日接续讲读，先读《大学》十遍，次读《尚书》十遍，讲官随即进讲。

——讲读毕，皇上进暖阁少憩。司礼监将各衙门章奏进上御览。臣等退在西厢房伺候，皇上如有所咨询，即召臣等至御前，将本中事情一一明白敷奏。

——览本后，臣等率正字官[2]，恭候皇上进字毕。若皇上欲再进暖阁少憩，臣等仍退西厢房伺候。若皇上不进暖阁，臣等即率讲官再进午讲。

——近午初时，进讲《通鉴节要》，讲官务将前代兴亡事实直讲明白。讲毕各退，皇上还宫。

——每日各官讲毕，皇上有疑，乞即下问，臣等再用俗语讲解，务求明白。

——每月三六九视朝之日，暂免讲读。仍

1 宣治门在皇极门（奉天门）之右，也叫西角门，与它对称的是弘政门（东角门）。见刘若愚《酌中志》卷十七《大内规制纪略》。

2 正字官，从九品，掌缮写装潢。

◤ 马自强，陕西同州人，嘉靖三十二年进士。选庶吉士，授翰林院检讨。隆庆年间充经筵讲官，纂修《明世宗实录》，后升国子祭酒。隆庆六年为礼部右侍郎，充日讲官。万历三年升任礼部尚书，四年担任《大明会典》副总裁官。

◤ 陶大临，浙江会稽人，嘉靖三十五年进士。隆庆年间为翰林院侍读，参与编撰《明世宗实录》。

◤ 陈经邦，福建莆田人，嘉靖四十四年进士。选庶吉士，授翰林院编修。隆庆年间为东宫讲读官，为太子讲学。

◤ 沈鲤，河南归德人，嘉靖四十四年进士。选庶吉士，授翰林院检讨。隆庆年间为太子日讲官。历任礼部右侍郎、吏部左侍郎，万历十二年任礼部尚书，二十九年为东阁大学士入参机务，后改文渊阁大学士。

望皇上于宫中有暇，将讲读过经书从容温习，或看字体法帖，随意写字一幅，不拘多少，工夫不致间断。

——每日定以日出时，请皇上早膳毕，出御讲读。午膳毕，还宫。

——非遇大寒大暑，不辍讲读。本日若遇风雨，传旨暂免。[1]

为此，朝廷任命东宫讲官马自强、陶大临、陈经邦、何雒文、沈鲤，侍班官丁士美等，为日讲官，马继艾、徐继中仍为侍书官。[2]

转眼间，到了万历元年新年。这是朱翊钧即位改元后的第一个春节。正月初一，他驾临皇极殿，在金碧辉煌的宝殿里，接受百官朝贺。正月初五，他传谕内阁："初七日开讲。"其实，皇帝也有节假日，按照常例要休息到正月二十一日。大臣对于皇上自己决定提前开始讲读，十分钦佩，交口称赞他"好学之笃"。[3]

正月初十，张居正遵照祖宗成宪，请求皇上开

1 张居正《拟日讲仪注疏》，《新刻张太岳先生文集》卷三十七《奏疏二》。《明神宗实录》卷四，隆庆六年八月丙寅。许重熙《嘉靖以来注略》卷七，隆庆六年八月辛未。

2 《明神宗实录》卷四，隆庆六年八月丁卯。

3 《明神宗实录》卷九，万历元年正月壬午、正月戊子。《万历起居注》，万历元年正月五日丙戌。

经筵。他说，日讲举行后，经筵亦宜次第举行，在二月内择日开始，任命“知经筵”“同知经筵”“侍班讲读”“执事侍仪”等，届时举行经筵。[1]从宋朝开始，为皇帝讲解经传史鉴而特设的讲席，称为经筵。明朝沿袭这一旧例，但没有固定时间固定场所。英宗即位后，开始常规化，每月逢二日（二日、十二日、二十二日）在文华殿举行。它的制度仪式比日讲隆重，由元老重臣一人担任知经筵事，内阁辅臣担任知经筵事或同知经筵事，尚书、都御史、通政使、大理寺卿担任侍班讲读，翰林学士、国子监祭酒二员进讲，春坊官二员展书，御史二员侍仪，鸿胪寺、锦衣卫官员各一名供事鸣赞。文华殿虽小，却很精致，左右为两春坊，是皇帝的便殿，经筵就在这里举行。中间设皇帝的御座，龙屏向南，在御座之东设御案，在御座之南设讲案。举行经筵的当天，司礼监太监预先把所讲经书放在御案上，另一册放在讲官的讲案上，讲官自己撰写的讲章（讲义）也放在案上。当天一早，皇上在文华殿升御座，鸿胪寺官引知经筵、侍班讲读、执事侍仪等官员，在丹陛上行五拜三叩头礼毕，依次上殿，依照品级东西站立。鸿胪寺官宣布进讲，讲官一员从东班出，一员从西班出，进至讲案前。展书官跪在御案前，翻开经书，于是讲官开讲。[2]

1 张居正《请开经筵疏》，《新刻张太岳先生文集》卷三十八《奏疏三》。

2 万历《大明会典》卷五十二《礼部十·经筵》。朱国祯《涌幢小品》卷二《经筵词》。

◤ 朱希忠，嘉靖十五年承袭父亲朱凤的爵位为成国公。万历年间任知经筵官太师兼太子太师。

◤ 丁士美，淮安人，嘉靖三十八年状元。选庶吉士，授翰林院编修，参与重录《永乐大典》、纂修实录。

◤ 许国，徽州歙县人，嘉靖四十四年进士。选庶吉士，授翰林院检讨。万历元年充日讲官，历礼部左、右侍郎，改吏部，掌詹事府。万历十一年主持会试，拜礼部尚书，兼东阁大学士，入阁参赞机务，位居次辅。

正月十六日，皇帝给知经筵官朱希忠、张居正，同知经筵官吕调阳三人发去敕谕，宣布二月初二日举行经筵，命朱希忠、张居正、吕调阳三人分直侍讲，张居正、吕调阳及陶大临、丁士美、陈经邦、何雒文、沈鲤、许国，日侍讲读，要他们在讲解中明白敷陈，委曲开导，着重阐明理欲消长之端，政治得失之故，人才忠邪之辨，统业兴替之由。[1]

二月初二日，皇帝如期开经筵。经筵仪式隆重而烦琐，进讲完毕，鸿胪寺官员出班中跪，赞礼毕，身穿大红袍的高级官员，身穿青绿锦绣袍的中级官员，转身向北，恭听皇上吩咐："官人每吃酒饭！"全体下跪承旨，隆重的气氛顿时松弛下来，准备去吃皇上赏赐的精美筵席。光禄寺在奉天门的东庑早已备下筵席，款待参加经筵的官员们。按照惯例，皇帝赏赐的酒饭以经筵最为精美，而且还允许官员的随从人员、堂吏、家僮，拿了饭盒筐篮之类，把酒菜带回去。[2]临走时，分班向北叩头谢恩而退，给人的印象似乎是感谢赐予的酒菜。

这种场景，与经筵的严肃性形成强烈的反差。每逢经筵之日，讲官们事先在家中把衣冠带履熏香，斋戒沐浴，以示虔诚而不敢亵渎之意。到了文

1 《明神宗实录》卷九，万历元年正月丁未。

2 朱国祯《涌幢小品》卷二《经筵词》。

华殿还要表现出诚惶诚恐的样子，一举一动必须合乎礼仪。然而讲课之余却可以大吃一顿，吃不了还可以带回去，实在有失风度。把“经”与“筵”连在一起，称为“经筵”，其初衷大概就在于此吧，否则，为什么要把经书和筵席两个风马牛不相及的事物连在一起呢？恭恭敬敬地向皇帝讲解经书之后，众人便退到一旁，饱尝皇帝赏赐的美酒佳肴，大快朵颐，与先前斋戒沐浴虔诚可掬的样子一对照，未免有点滑稽。明末时曾任经筵展书官的杨士聪，有一则关于经筵的趣闻，颇能反映当事者对经筵的观感。他说：“经筵届期，诸臣候于文华门外，大雪不止。至午后，上不出，传免。午门外设宴已久，遂撤去。余时当展书，颇惮其难，戏语同官曰：‘经筵进讲，不过老生常谈，何如将此宴便赐诸人，岂不省事！’旁一内珰赞曰：‘此位先生讲的是，大雪如此，只是赐宴，即与经了筵的一样。’同官皆笑。余因述今早来时，遇一宿科省员于长安门，彼此班役相问，其人曰：‘怪得雪中如此早来，原来今日该吃经筵。’且说经筵如何可吃？与‘经了筵’之云正相类也。”[1]真是绝妙佳语，“吃经筵”“经了筵”，难道不是对经筵的反讽？简直可以进《世说新语》。

◥ 杨士聪，山东济宁人，崇祯四年进士。崇祯朝任经筵展书官。崇祯十七年投降大顺政权，后入清为官。

1　杨士聪《玉堂荟记》。

不过，小皇帝对经筵是认真的。对于深奥难懂而又枯燥乏味的经书，居然端拱倾听，目不旁视。第二天，视朝完毕，他来到文华殿，突然对张先生说："昨日经筵讲《大学》的讲官，差了一字，朕欲面正之，恐惧惭。"张居正只得代讲官请求宽恕："讲官密迩天威，小有差错，伏望圣慈包容。"又说："人有罪过，若出于无心之失，虽大亦可宽容。"小皇帝表示同意。[1]

五月初二日，小皇帝下旨：以后经筵春讲，二月十二日起，至五月初二日免；秋讲，八月十二日起，至十月初二日免，永为定例。[2]

张居正见皇帝睿智日开，学业有所上进，向皇帝建议，义理必时习而后能悦，学问必温故而后知新，希望皇上将平日讲过经书，时时温习，融会贯通。他还将今年所进讲章重复校阅，编成《大学》一本、《尚书》一本、《通鉴》一本，供皇上温故而知新。[3]

3. 讲章及其他

令人感兴趣的是，日讲与经筵的讲官，如何讲解晦涩难懂的经书？他们的讲章（讲义）是什么样子？有幸的是，当时的讲官在文集中保留了这些文本，人们可以从中窥探一二。试以张四维为例，在

1《万历起居注》，万历元年二月三日甲申。

2《明神宗实录》卷十三，万历元年五月辛巳。

3《明神宗实录》卷二十，万历元年十二月乙丑。

他的文集中有四卷关于日讲与经筵的讲章。涉及“四书”（《论语》《孟子》《大学》《中庸》）、《尚书》《贞观政要》《通鉴节要》《大宝箴》等。从他的讲章看来，日讲和经筵的讲法并无二致。略举数例于下。

◥ 张四维，山西蒲州人，嘉靖三十二年进士。选庶吉士，授翰林院编修。万历三年以张居正之荐入内阁，在张居正去世后担任首辅。

先看日讲。

其一，讲章引用《大学》的文字：“所谓修身在正其心者，身有所忿懥，则不得其正；有所恐惧，则不得其正；有所好乐，则不得其正；有所忧患，则不得其正。心不在焉，视而不见，听而不闻，食而不知其味。此谓修身在正其心。”然后用白话讲解：“‘身’，有的‘身’字，当作‘心’字。‘忿懥’是恼怒的意思，‘恐惧’是畏怕的意思，‘好乐’是欢喜的意思，‘忧患’是愁虑的意思。曾子说经文所谓修身在正其心者为何？盖恼怒、畏怕、欢喜、愁虑这四件，是人心里发出来的情，人人都有。但当察各道理，随事顺应。若先有个意思横在心中，或道理上不当恼怒，却在恼怒，则恼怒便偏了；不当畏怕，却去畏怕，则畏怕便偏了；不当欢喜，却去欢喜，则欢喜便偏了；不当愁虑，却去愁虑，则愁虑便偏了。这四件偏了，心便不正，如何能修得自家身子？盖人心是一身的主宰，心得其正，则无不正。”因此，他的结论是：“所以君子常要存着此心，检束此身。”[1]

1 张四维《条麓堂集》卷十《讲章一·四书》。

其二，讲章引用《大学》的文字："所谓平天下，在治其国者上，老老而民兴，孝上长长而民兴，弟上恤孤而民不倍，是以君子有絜矩之道也。"然后用白话讲解："'上'是指人君说，'老老'是尽事老之礼于父母，'长长'是尽事长之礼于兄长，'恤'是哀矜，'孤'是幼而无父的人，'倍'是违背，'絜'是度，'矩'是为方之器，以喻心能度物的意思。这是《大学》传之十章，释治国平天下的说话。曾子说，经文所谓平天下在治其国者何耶？盖天下之本在国，国之本在家。故能老其老，尽孝之道，以教于家，那国人每也都敬顺他的父母，而兴于孝；上能长其长，尽弟之道，以教于家，那国人每也都恭敬他的兄长，而兴于弟；上能恤他孤幼，尽慈之道，以教于家，那国人每也都怜恤他的孤幼，而不背上之所行。言此三者上行下效，捷于影响，可见国人之心无异于家矣。"[1]这是在说明"齐家"与"治国"的关系。

再来看经筵。经筵的讲章与日讲基本一样，不妨略举数例。

其一，引用《大学》的文字："《诗》云：乐只君子，民之父母。民之所好好之，民之所恶恶之，此之谓民之父母。"张四维讲解道："这是《大学》传之十章，曾子释圣经治国平天下的说话。《诗》是《小雅·南山有台》之篇，'乐'是嘉乐，只是

1 张四维《条麓堂集》卷十《讲章一·四书》。

语助辞；'君子'是指上位的人说。曾子说道，平天下之道固在絜矩，然絜矩之实只在能顺民情。《诗经·小雅·南山有台》之篇，曾说在上位的君子，有可嘉乐之德，就是百姓每的父母。夫父母于子一体而分，君之于民势分悬绝，诗人却说为民父母者为何？盖人之贵贱虽殊，其情之好恶则一。君子既能絜矩，以自己的心体百姓每的心，如饱暖佚乐，民心所好的在此，则必从而好之，凡便民之事一一施行，使百姓每都得遂那好的心。饥寒困苦，民心所恶者在此，则必从而恶之，凡害民之事一一禁止，使百姓每都得遂那恶的心，这却与父母爱子的心肠一般了，那百姓每见君子爱他如此，也都感戴君子的恩德，愿其安富尊荣，愿其多寿多福，爱君子与爱父母一般，此所以说是民之父母也。"[1]这是在讲君子是民之父母的道理，君子如果能够好民之所好，恶民之所恶，顺应民情，百姓就会如同爱父母一样爱君子。

其二，引用《论语》的文字："仲弓曰：居敬而行简，以临其民，不亦可乎！居简而行简，无乃太简乎！"这句话不容易理解，张四维的讲解另有一功："这是《论语》第六篇，仲弓对孔子论治道的说话。仲弓是孔子弟子，姓冉名雍。'敬'是敬慎不怠忽，'简'是简易不烦琐。仲弓因孔子称子桑伯子之简，遂对说道：人君总理万事，统驭庶民，

1 张四维《条麓堂集》卷十《讲章一·四书》。

因贵于简易不烦，然其根本切要处，还须以敬为主。若能自处以敬，常时收敛此心，无一念放纵；检束此身，无一毫怠惰，则中有主而自治严矣。由是，行简以临治那百姓，如政事则务举大纲，不规规于细故；号令则务存大体，不屑屑于繁文。这是居敬而行简以临其民。夫以敬谨的心，行简易的政，则事无烦苛，民不纷扰，自然上下相安，治化有成。这样的简，不亦可乎！”[1]他试图告诉皇上居敬行简的道理，人君以不放纵不怠惰的敬谨之心，实行简易的政治，自然上下相安，治化有成。

其三，引用《贞观政要》的文字：“贞观三年，太宗谓侍臣曰：中书、门下机要之司，擢才而居，委任实重，诏敕如有不稳便，皆须执论。比来唯觉阿旨顺情，唯唯苟过，遂无一言谏诤者，岂是道理！若惟署诏敕、行文书而已，人谁不堪？何须简择以相委付！自今诏敕疑有不稳便，必须执言，无得妄有畏惧知而寝默。”张四维的讲解不再“说文解字”，而是阐明唐太宗鼓励大臣谏诤，君臣联手缔造贞观之治的道理：“中书、门下省俱是唐时宰相衙门。擢是抽拔的意思。贞观三年，唐太宗御太极殿，对侍从诸臣说道，国家设立宰相，有中书省掌佐天子执大政，凡制册诏敕，都教他详定申复施行；有门下省掌出纳帝命，凡国家政务都教他与中书省总挈参订。这两个衙门乃机务紧要之司，所以

1 张四维《条麓堂集》卷十《讲章一·四书》。

选择贤才，不次拔用，其所委任最为隆重，视九卿百司不同。盖九卿百司凡事俱奉诏敕遵行，诏敕俱由这两衙门而出，若朕所出诏敕或于事体有妨，或于百姓不便，不论大小，为宰相的都该坚执奏闻，明白指陈，使朕得以省改。近来但觉阿旨顺情，但有诏敕行下，都唯唯答应，苟且过去。万机至繁，朕一人聪明有限，所行诏旨岂能一一都当于理？而卿等绝无有一言谏诤，开陈诏敕之不便者，这等含糊承顺，行到外面，妨政害民，岂是道理！为宰相者，若但在诏敕上署各名字，打发往来文书，则不过是吏胥的职事，哪个人做不得？”张四维由此谈到自己读史的心得：“尝观唐史所载，贞观之世谏诤之臣最多，房玄龄、杜如晦皆一代伟人，岂循默保位者！而太宗因诏敕执奏者少，即切责如此，其求言兴治之切何如也！所以号令纪纲，焕然可述于后世者，岂偶然哉！”[1]虚心纳谏的皇帝不希望大臣“阿旨顺情”。

皇帝的经筵，除了读经，还要读史，讲读《贞观政要》是有深意的。唐太宗最为难能可贵的是，能够虚心听取臣下的批评意见，也就是所谓善于纳谏。他的谋士魏徵是一个不看皇帝脸色敢讲真话的大臣，提反对意见无所顾忌。唐太宗和魏徵，一个虚怀博纳，从谏如流；一个直言极谏，面折廷诤，形成中国历史上少见的君臣关系和政治风气。这就

1 张四维《条麓堂集》卷十一《讲章二·贞观政要·政体》。

是被史家津津乐道的贞观之治。张居正和他的同僚选择《贞观政要》作为经筵的教材，大概希望重现这样的太平盛世吧。

另一大臣申时行也有讲章留存，他的儿子申用懋、申用嘉为父亲编文集，关于“讲章”有一个说明：“经筵、日讲撰次颇多，录副本藏之东阁，焚毁殆尽，笥中仅仅存此。”数量虽然不多，却也有自己的特色，略举数例于下。

第一条：“仲尼祖述尧舜，宪章文武，上律天时，下袭水土。”

讲解：“这是《中庸》三十章子思称赞孔子的说话。仲尼是孔子的字，祖述是远宗其道，宪章是近守其法，律是法，袭字解做因字。子思说，自有生以来，惟以孔子为至圣。孔子所以为圣之至者，以其能兼备帝王天地之全也。盖古之帝天下者，道莫盛于尧舜，仲尼则远而祖述其道，如博约之训，一贯之旨，都是从精一执中敷衍出来，直接着唐虞以来相传之道统，所以说祖述尧舜。古之王天下者，法莫备于文武，仲尼则近而守其法，如礼乐则从先进，梦寐欲为东周遵守着祖宗的成宪旧章，不敢自专自用，所以说宪章文武。春夏秋冬运行而不滞者，天之时也。仲尼仰观乎天，便法其自然之运，如可仕可止，可久可速，都随时变通，无所凝滞，就与天道之运行一般，所以说上律天时。刚柔缓急，殊风而异俗者也，地之理也。仲尼俯察于地，便因其一定之理，如居鲁居宋，之齐之楚，都随遇而安，无所不宜，就与地道之奠位一般，所以说下袭水土。”申时行解释了经义之后，联系当下发挥道：“皇上以聪明睿智之资，居治教君师之位，既欲接帝王相传之道统，必当存仲尼好学之诚心，尊所闻，行所知，务造于高明光大之域；诵其诗，读其书，倍加夫讲习讨论之功，内以检束乎心身，外以发挥于政事，将见圣德日新，皇猷允塞。孔子之功虽不见于当时，而其道则大行于今日矣。臣等无任惓惓仰望之至。”[1]

第二条：“子曰：为政以德，譬如北辰居其所，而众星拱之。”

讲解：“这是《论语》第二篇孔子论治道的说话。政是法制禁令，所以正人之正者；德是行道而有得于心，北辰是天上的北极，拱是向。孔子说，人君以一人之身，宰制万国，统驭万民，要使那不正的人都归于正，必有科条禁令、法制品节以统治之，这个叫做政。然使不务修德以为行政之本，则己身不正安能正人？民亦将怠玩而不从矣。所以人君为政必要躬行实践，以身为先，如纲纪伦理先自家体备于身，然后敷教以化导天下；纲纪法度先自家持守于上，然后立法以整齐天下，这才是以德为政。如此，则出治有本，感化有机。以己之所有者去责人，人谁不从？以己之所无者去禁人，人谁不止？身不出乎九重，而天下百姓自然心悦诚服，率从其教化，譬如北辰居天之中，凝然不动，只见那天上许多星宿四面旋绕，都拱向它，这北辰居其所，就是人君修德于上，恭己南面的一般。众星拱之就是万民观感于下，倾心向化的一般。盖所谓不动而敬，不言而信，笃恭而天下平者，正此之谓也。”申时行联系当下发挥道：“盖孔子所谓为

1 申时行《赐闲堂集》卷三十九《讲章》。

政以德者，三代而后惟我圣祖（指太祖高皇帝）足以当之。伏望皇上遵旧章而率由，务修德以立本，饬恭端范，正己率人，自广众大庭至于燕居独处，无非修德之时；自讲学穷理至于纳谏听言，无非修德之事。贤人君子可以辅德者，当任之不疑；玩好逸游足以损德者，当防之于渐。如此则圣德圣政将远媲乎虞周之盛，追扬乎列祖之光矣。”[1]

讲官们致力于向皇帝讲解《四书》《通鉴节要》《贞观政要》，而皇帝似乎对当代史更感兴趣。他和列祖列宗的态度有所不同，即位伊始就下诏，为建文朝殉节诸臣建庙祭祀，颁布《苗裔恤录》，对他们的后裔给予抚恤，又在南京建立表忠祠，祭祀被杀害的徐辉祖、方孝孺等人。[2]看来他对建文帝颇有追怀景仰之情。万历二年十月十七日，讲读完毕后，他在文华殿与张居正等大臣谈起建文帝的事，提出了思虑已久的问题："闻建文当年逃逸，果否？"

张居正也说不出所以然，便如实回答："国史不载此事，但先朝故老相传，言建文当靖难师入城，即削发披缁从间道走出。后云游四方，人无知者。至正统间，忽于云南邮壁上题诗一首，有'沦落江湖数十秋'之句。有一御史觉其有异，召而问之，老僧坐地不跪，曰：'吾欲归骨故园。'乃验知为建文也。御史以闻，遂驿召来京。入宫验之，良是。

1 申时行《赐闲堂集》卷三十九《讲章》。

2 建文元年，燕王朱棣以"清君侧"为借口，打着"靖难"的幌子，发动武装政变，于建文四年攻陷首都南京。朱棣取而代之，登上皇帝宝座，是为成祖文皇帝。他大开杀戒，建文帝的旧臣齐泰、黄子澄、徐辉祖、方孝孺等人被杀，牵连他们的家族、亲友、门生，有"诛十族""瓜蔓抄"之称。

是年七八十矣。莫知其所终。”[1]

关于建文帝的下落，众说纷纭，莫衷一是。根源就在于，朱棣为了粉饰政变的合法性，指使臣下篡改历史，掩盖真相，销毁建文时期编纂的《明太祖实录》，重新改写，大肆歪曲建文、永乐之际的历史真相。对已经当了四年皇帝的朱允炆，既不称惠帝，也不称建文帝，改称建文君，无视明朝第二代皇帝的存在，无异于否定了太祖高皇帝亲自指定接班人的合法性。还宣称，建文君由于无脸见人，在宫中自焚而死。颇具讽刺意味的是，朱棣自己并不相信建文帝真的自焚而死，怀疑他已经逃亡，随即派户科都给事中胡濙，以寻访道长张邋遢（张三丰）为幌子，暗中侦查建文帝踪迹，前后达十四年之久。《明史·胡濙传》写道：“惠帝之崩于火，或言遁去，诸旧臣多从者。帝疑之，五年，遣胡濙颁御制诸书，并访仙人张邋遢，遍行天下州郡乡邑，隐察建文帝安在……二十一年还朝，驰谒帝于宣府。帝已就寝，闻（胡）濙至，急起召入，濙悉以所闻对，漏下四鼓乃出。先，濙未至，传言建文帝蹈海去，帝分遣内臣郑和数辈，浮海下西洋。至是，疑始释。”所谓“疑始释”，即胡濙报告在西南地区发现了建文帝的踪迹，因而否定了“蹈海去”的传言。

假如朱棣真的相信建文帝已经自焚而死，何必如此兴师动众呢？正如孟森《建文逊国事考》所

1《明神宗实录》卷三十，万历二年十月戊午。许重熙《嘉靖以来注略》将此事系于万历二年闰十二月。

说："夫果如横云所言，成祖命中使出其尸于火，已验明的系建文，始以礼葬，则何必疑于人言，分遣胡潆、郑和辈，海内海外，遍行大索，大索至二十余年之久？"[1]逻辑严密的反问，直指朱棣内心深处：公开宣称建文帝自焚而死是为了夺取帝位，暗中派人侦查他的下落是为了防止他东山再起。清朝的史官在编纂《明史》时进退失据，致使建文帝本纪的写法自相矛盾："都城陷，宫中火起，帝不知所终。燕王遣中使出帝后于火中。越八日壬申葬之。或云：帝由地道出亡。"[2]

夏燮《明通鉴》对这种写法有所非议："既云'帝不知所终'，何以下文又有'出帝后于火中'之语，未免上下矛盾。"他自己的写法就比较合乎逻辑："上（建文帝）知事不可为，纵火焚宫，马后死之。传言：帝自地道出，翰林院编修程济、御史叶希贤等四十余人从。"根据夏燮的考异，《明史·恭闵帝纪》所说"出帝后于火中"云云，照抄《明成祖实录》，"帝不知所终"云云，则是"野史之说"。他说，明人有关此事的记载，有"数十百种之多"，即使收入《四库全书存目》的也有二十多种，大多是说建文逊国以后"为僧之事"，而不认为"宫中火起便是建文结局"。[3]夏燮的史识，显然比张廷玉领导的史官高明多了。

记载建文帝逃亡事迹的野史，首推他的随行官

1 孟森《明清史论著集刊正续编》，河北教育出版社，2000年，第12页。

2 张廷玉《明史》卷四《本纪第四·恭闵帝》。

3 夏燮《明通鉴》卷十三《惠帝·建文四年六月乙丑》。

员史仲彬写的《致身录》、程济写的《从亡随笔》，由于政治忌讳，这两本书难以流传。因此钱谦益认为是万历年间突然冒出来的“伪书”。陈继儒、胡汝亨、文震孟等博学名士为之作序，可见他们并不认为它是“伪书”。张岱《石匮书》写到建文帝逃亡事迹，大量引用《致身录》与《从亡随笔》。他写道：“建文帝出奔事，见史仲彬《致身录》及程济《从亡随笔》。”“建文革除事，传疑久，一似耿耿人心者。兹《致身录》出自从亡手，含荼茹苦，自尔真功，其文质而信，怨而不伤，独史氏书也哉，足以传矣。”[1]

祝允明写于正德六年（1511）的《野记》，早已提及“建庶人（按：永乐以来官方对建文帝的称呼）国破时，削发披缁骑而逸”。到英宗正统年间复出，送回北京，经老太监验证，确凿无疑，“上命迎入大内某佛堂中养之”。[2]嘉靖时官至兵部尚书的郑晓所写《建文逊国记》，对于建文帝逃亡生涯有很详细的记载。比如：写到叛军兵临城下，“诸内臣哗言，不如逊位去。须臾宫中火起，传言帝崩，成祖为发丧治葬……或曰：帝发火宫中，即削发为僧人入蜀。或曰：去蜀未几，入滇南，常往来广西、贵州诸寺中。”又如：临危之际，打开高皇帝遗留的红色铁匣的情节，与《致身录》所记相似：“或曰：帝之生也，顶颅颇偏，高皇知其必不终，尝匣髡缁之具戒

1 张岱《石匮书》卷二《让帝本纪》。

2 祝允明《野记》卷二。按：祝允明《野记》四卷，收于邓士龙《国朝典故》卷三十一至卷三十四。

之曰：必婴大难，乃发此。以故遂为僧去。”据他自己说：“余好问先达建文时事，皆为余言。”[1]如果说《致身录》是伪书，那么这些建文帝流亡史事又是从何而来？

但是小皇帝朱翊钧并不把它当作传闻，姑妄听之完事。他兴致十足地追根究底，要张居正把建文帝的题壁诗背给他听。听罢，慨然兴叹，请张居正抄写进览。全诗如下：

沦落江湖数十秋，归来白发已盈头。
乾坤有恨家何在？江汉无情水自流。
长乐宫中云气散，朝元阁上雨声愁。
新蒲细柳年年绿，野老吞声哭未休。[2]

张居正遵命录诗以进，以为是靡靡之音，规劝皇上：“此亡国之事，失位之辞，但可为戒，不足观也。臣谨录圣祖皇陵碑及御制文集进览，以见创业之艰难，圣谟之弘远。”[3]他不愿意小皇帝纠缠于建文帝这个复杂人物，力图把注意力引开。他所说的皇陵碑，就是开国皇帝朱元璋所写的自传体碑文，现仍屹立于凤阳皇陵边上。据说，起先有翰林侍讲学士危素起草，大多粉饰之词，朱元璋很不满意，自己动手用浅白的语言徐徐道来，坦率而生动，读来朗朗上口：

1 郑晓《建文逊国记》，《吾学编》第十一。

2《明神宗实录》卷三十，万历二年十月戊午。祝允明《野记》所录此诗，首句作“寥落东南四十秋”。郑晓《建文逊国记》所录题壁诗多首，其中一首为：“风尘一夕忽南侵，天命潜移四海心。凤返丹山红日远，龙归沧海碧云深。紫微有象星还拱，玉漏无声水自沉。遥想禁城今夜月，六宫犹望翠华临。”

3《明神宗实录》卷三十，万历二年十月戊午。

"殡无棺椁，被体恶裳。浮掩三尺，奠何肴浆。"——写家中贫穷，父母病死无法安葬。

"众各为计，云水飘扬。我何作为，百无所长。依亲自辱，仰天茫茫。既非可倚，侣影相将。突朝烟而急进，暮投古寺以趋跄。仰穹崖崔巍而倚碧，听猿啼夜月而凄凉。魂悠悠而觅父母无有，志落魄而佒佯。西风鹤唳，俄淅沥以飞霜。身如蓬逐风而不止，心滚滚乎沸扬。"——写他的流浪生涯，走投无路，只得到皇觉寺（按：原名乌觉寺、於觉寺）当小和尚。

"住方三载，而有雄者跳梁。初起汝颍，次及凤阳之南厢。未几陷城，深高城隍。拒守不去，号令彰彰。友人寄书，云及趋降。既忧且惧，无可筹详。旁有觉者，将欲声扬。当此之际，逼迫而无已，试与知者相商。乃告之曰：果束手以待罪，亦奋臂而相戕。知者为我画计，且默祷以阴阳。如其言往卜，去守之何祥？神乃阴阴乎有警，其气郁郁乎洋洋。卜逃卜守则不吉，将就凶而不妨。"——写友人劝他投奔红巾军，踌躇再三的经过。[1]

碑文写得颇具个性，读来如见其人，如闻其声，确实是一篇不可多得的奇文。

小皇帝朱翊钧读了，感慨系之，第二天在文华殿向张居正谈了读后感："先生，《皇陵碑》朕览之数遍，不胜感痛。"张居正乘势引导："自古圣人受

1 朱元璋《太祖文集》卷十四《御制皇陵碑》。

艰辛苦楚，未有如我圣祖者也。当此流离转徙，至无以糊口，仁祖、文淳皇后（按：指朱元璋的父母）去世时，皆不能具棺敛，藁葬而已。盖天将命我圣祖拯溺亨屯，故先使备尝艰苦。正孟子所谓动心忍性增益其所不能者也。故我圣祖自淮右起义师，即以伐暴救民为心。既登大宝，衣浣濯之衣，所得元人水晶宫漏，立命碎之；有以陈友谅所用镂金床者，即投于火。孝慈皇后（按：指朱元璋发妻马氏）亲为将士补缝衣鞋。在位三十余年，克勤克俭，犹如一日。及将仙逝之年，犹下令劝课农桑，各处里老、粮长至京者，皆召见赐官，问以民间疾苦。臣窃以为我圣祖以天之心为心，故能创造洪业，传之皇上。在皇上今以圣祖之心为心，乃能永保洪业，传之无疆。”朱翊钧心领神会，答应道：“朕不敢不勉行法祖，尚赖先生辅导。”[1]

4. 起居注制度的恢复

起居注是皇帝日常起居言行的记录，汉朝有《禁中起居注》《明帝起居注》，魏晋以来专设著作郎、起居舍人、起居郎等官职，负责编撰起居注。唐宋两代起居注的编撰最为正规，也最详细，成为史官编修正史的资料依据。明朝初年设立起居注官，每天随侍皇帝左右，记录他的言行。洪武十四

1《明神宗实录》卷三十，万历二年十月戊午。

年（1381），主张以重典驭臣下的太祖高皇帝朱元璋，在废除中书省及丞相制度一年以后，废除了起居注官制度，其意图是不言自明的。此后将近两百年是没有起居注的时代。

为了给新政增光添彩，万历元年（1573）八月，翰林院编修张位向皇帝上疏，主张恢复起居注。他在奏疏中说："臣闻古者左史记动、右史记言，故当时圣君明臣经世之迹炳然侈于后观。历代建置不同，厥任均重。我祖宗时，尚设起居注官，故《圣政记》《日历》诸书谟烈孔彰，允为昭代启佑之典。后因详定史职，以翰林修撰、编修、检讨专任纪载之事，而起居注遂罢。今国史之员虽设，其名存其实废矣……窃见先朝政事不过檃括章疏之存者纪之，若非出于诏令，行诸建白，则近者以无据而略，远者以不知而遗。中间精神脉络每有不相联贯，致使圣代鸿猷茂烈郁而未章，非所以媲前徽而光后范也。旧闻史氏中亦有随所睹记暗疏之者，因事无专责，往往中辍。纪载既失其职，徒令野史流传，淆乱失真，甚无谓也。"因此，他建议，先由史官中每日轮值，专门记录皇帝的谕旨，以及朝讲、召对、宫禁、游习中的一言一行，兼顾大臣见闻的皇帝言行，各衙门所奏所行的大事。初稿写成后，由阁臣裁定，妥善收藏，以备日后修史参考。[1]

1 张位《恳切圣明申饬史职以光新政疏》，《万历疏钞》卷九《史职类》。

◤ 张位，江西新建人，隆庆二年进士。选庶吉士，授翰林院编修。万历初因与首辅张居正抵牾被贬官，张居正去世后累迁为国子监祭酒。万历十九年因申时行举荐入内阁。

不知什么原因，张位的建议一直到万历三年(1575)二月才提上议事日程。张四维接到内阁转来的张位奏疏，与礼部议论后，支持张位的建议，主张恢复起居注。他说："国初设起居注，迨后详定官制，乃设翰林院修撰、编修、检讨等官，盖以纪载事重，故设官加详，原非有所罢废。但自职名更定之后，遂失朝夕记注之规，以致累朝以来史文阙略。即如迩者纂修世宗皇帝、穆宗皇帝实录，臣等职在总裁，一切编纂事宜俱遵先朝故事，不过总集诸司章奏，稍加删润，檃括成编。至于仗前注下之语，章疏所不及者，即有见闻，无凭增入。与夫稗官野史之书，海内所流传者，欲事访辑，又恐失实。是以两朝大经大法，虽罔敢或遗，而二圣之嘉谟嘉猷实多所未备。凡此，皆由史臣之职废而不讲之所致也。"[1] 有鉴于此，他提出了八项具体举措：

——考礼仪定式，凡遇皇极门常朝，史官站立于文武大臣第一班之后，各科给事中之前，便于就近观听皇上言行。会极门午朝，史官站立于御座东南，专门记录一言一动。如遇郊祀、耕耤、幸学、大阅等典礼，史官跟随记录。如遇经筵、日讲，史官每日轮一人记注起居。

——恢复旧规，内阁题稿及所藏谕札、诏敕等，由两房官员录送史馆；六部等衙门的论奏、题复，应将副本送交内阁，转发史馆。

1 张四维《乞申饬史职疏》,《条麓堂集》卷八《奏疏》。

——起居注必须逐日记载，每日轮日讲官一员，专记起居，兼录谕札、诏敕、册文，以及内阁题稿、留中章疏。至于六部章奏，由资深史官六员，分为二班，一人负责两个部，每月轮流一次。

——史官记录以皇上起居为主，兼及其他事务，以备日后参考。所贵详核，不妨尽载原文，不必改动文字。但事由始末，月、日先后不能混淆。

——东西四馆，原系史臣编校之所，接近朝堂，记述方便。今后令史官四员在东馆专事记述。

——仿照古代金匮石室收藏谨严流传永久之意，每月设置一小柜，每年设置一大柜，安放于东阁左右房内。史官每月编完草稿，装订七册，一册为起居注，附以谕札等项，六册为六部事迹，写明年月、史官姓名，妥善收藏。

——从现在史官誊录官员中选取勤谨善书者四员，专门誊录秘密文字。另选善书贴吏十二名，专门誊写六部章奏。

——万历二年以前皇上言动起居，以及重大政令，有关大臣耳闻目睹，应该追忆记录；日讲官、史官应将二年以前初政，并力编纂，尽快补完。[1]

张居正根据礼部的题复，向皇帝请示，恢复祖宗旧制起居注，详细列举八项具体措施：一、分管责成；二、史官侍直；三、纂辑章奏；四、记录体例；五、开设馆局；六、收藏处所；七、誊录掌管；

1 张四维《乞申饬史职疏》，《条麓堂集》卷八《奏疏》。

八、补修记注。与张四维所说大同小异，其中一、三、四条说得更为严密周到。

第一条分管责成："照得史臣之职，以纪录起居为重，顾宫禁邃严，流传少实；堂帘远隔，听睹非真。则何以据事直书，传信垂后？看得日讲官密迩天颜，见闻真的，又每从阁臣之后，出入便殿，即有密勿谋议，非禁秘不可宣露者，阁臣皆得告语之。合令日讲官日轮一员，专记注起居，兼录圣谕、诏敕、册文等项，及内阁题稿。其朝廷政事见于诸司章奏者，另选年深文学素优史官六员，专管编纂。事分六曹，以吏、户、礼、兵、刑、工为次，每人专管一曹，俱常川在馆供事，不许别求差遣，及托故告假等项，致妨公务。"

第三条纂辑章奏："照得时政所寄，全在各衙门章奏。今除内阁题稿，并所载圣谕、诏敕等项，该阁臣令两房官录送史馆外，其各衙门章奏，该科奉有旨意，发抄到部，即全抄一通，送阁转发史馆。至于钦天监天文祥异，太常寺祭祀日期，各令按月开报。其抄本不必如题奏揭帖格式，但用常行白纸，密行楷书，不论本数多寡，并作一封送入。"

第四条纪录体例："照得今次纪录，只以备异日之考求，俟后人之删述。所贵详核，不尚文词，宜定著体式。凡有宣谕，直书天语，圣谕、诏敕等项，备录本文。若诸司奏报一应事体，除琐屑无用、文义难通者，稍加删削润色外，其余事有关系，不妨尽载原本，语涉文移，不必改易他字。至于事由颠末、日月先后，务使明白，无致混淆。其间事迹可垂劝诫者，但据直书，美恶自见，不得别以己意，及轻信传闻，妄为褒贬。"

万历三年二月二十日，奉圣旨："史臣记录时政，我祖宗成宪具存，但近年任此职者因循旷废，遂成阙典，今宜及时修举，卿等既议处停当，都依拟行。"[1]

皇帝批准以后，起居注制度付诸实施，因此留下了《万历起居注》，如今北京大学出版社把它影印出版，人们可以由此窥知起居注的模样。[2]起居注看似官样文章，却在无形中对皇帝的言行起到了约束作用。孙承泽《春明梦余录》说："一日，神宗顾见史官，还宫偶有戏言，虑外闻，自失曰：'莫使起居闻知，闻则书矣。'起居（注）之有益于主德如此。"[3]

5. "好学之笃"

朱翊钧逐渐明白读书的好处。万历二年十月二十二日，文华殿讲读完毕，他对内阁辅臣说："今宫中宫女、内官，俱令读书。"这比他的老祖宗高明多了。朱元璋即位后，为了防止宦官干政，不准他们读书识字。其实是愚民政策的延伸。日后宦官势力尾大不掉，出现了王振、刘瑾之流专擅朝政的权奸。问题不在于这些奴才是否识字，而在于皇帝自身。张居正明白个中利害关系，立即表示赞同："读书最好，人能通古今，知义理，自然不越于规

1 张居正《议处史职疏》，《新刻张太岳先生文集》卷三十九《奏疏四》。

2 1988年10月北京大学出版社影印出版《万历起居注》，底本是北京大学图书馆所藏民国抄本。南炳文《影印本〈万历起居注〉主要底本的初步研究》指出，北京大学出版社影印该书时，删去了署名兼山者所写的"识语"。

3 孙承泽《春明梦余录》卷十三《皇史宬》。

矩。但此中须有激劝之方，访其肯读书学者，遇有差遣，或各衙门有管事缺，即拔用之，则人知奋励，他日人才亦如此出矣。”[1]

有明一代的很多皇帝对经筵、日讲都很马虎，往往敷衍了事。朱翊钧则不然，根据张居正的安排，每天黎明就到文华殿，听儒臣讲读经书，稍憩片刻，又御讲筵，再读史书，直到午膳后才返回寝宫。每逢三六九日常朝之日，才暂停讲读。如此坚持十年之久。时人惊叹：“主上早岁励精，真可只千古矣。”[2]

朱翊钧聪明好学，他写的咏月诗颇有“童子功”：

团圆一轮月，清光何皎洁。
惟有圣人心，可以喻澄澈。[3]

他的聪明好学还表现在酷爱书法，写得一手好字。他的书法，起初临摹赵孟頫，以后又学章草。[4]后人传言，文华殿的匾额——“学二帝三王治天下大经大法”，是神宗朱翊钧的御笔。《定陵注略》这么说，《明神宗实录》也这么说。一个少年能写出如此擘窠大字，实属不易。不过，据在内廷当太监多年的刘若愚说，文华殿后殿匾额“学二帝三王治天下大经大法”十二字，“乃慈圣老娘娘御

1《明神宗实录》卷三十，万历二年十月癸亥。

2 沈德符《万历野获编》卷二《冲圣日讲》。

3 文秉《定陵注略》卷一《圣明天纵》。

4 文秉《定陵注略》卷一《圣明天纵》。

书，后人以为神宗书”。刘若愚还说，文华殿前殿匾额——“绳愆纠谬”，也是慈圣老娘娘（朱翊钧生母）御书。[1]刘若愚耳闻目睹，他的说法似乎较为可信。即便如此，这一传闻本身已经印证了朱翊钧精于书法。

精于书法的他，还喜欢把自己的书法作品赏赐给大臣。隆庆六年十一月十日，文华殿讲读之后，他突发兴致，当场写了几幅盈尺大字，赏赐给辅臣。给张居正的是“元辅”“良臣”，给吕调阳的是“辅政”。[2]张居正接到皇上的墨宝，激动不已，称赞道：“笔意遒劲飞动，有鸾翔凤翥之形”，“究其精微，穷其墨妙，一点一画，动以古人为法”。[3]过了几天，朱翊钧又引用《尚书·说命》赞美宰辅大臣词句，写了“尔惟盐梅”“汝作舟楫”大字两幅，派文书房太监送到内阁。张居正接到墨宝后，写了奏疏称赞“墨宝淋漓”“琼章灿烂”。[4]

万历二年三月二十五日，朱翊钧当面对张居正说：“朕欲赐先生等及九卿掌印官并日讲官，各大书一幅，以寓期勉之意。先生可于二十五日来看朕写。”到了二十五日，讲读完毕，但见太监手捧泥金彩笺数十幅，皇上在御案上健笔如飞，顷刻间写成大书“宅揆保衡”“同心夹辅”各一幅，“正己率属”九幅，“责难陈善”五幅，“敬畏”两幅，每个字都一尺见方。[5]

1 刘若愚《酌中志》卷十七《大内规制纪略》。

2《明神宗实录》卷七，隆庆六年十一月壬辰。

3 张居正《谢御笔大书疏》，《新刻张太岳先生文集》卷三十七《奏疏二》。

4 张居正《再谢御书疏》，《新刻张太岳先生文集》卷三十七《奏疏二》。

5《明神宗实录》卷二十三，万历二年三月庚子。

次日（二十六日）是视朝的日子，早朝后，他郑重其事地命太监在会极门颁发御书。把“宅揆保衡”赐给张居正，“同心夹辅”赐给吕调阳，“正己率属”九幅赐给六部、都察院、通政司、大理寺的掌印官，“责难陈善”五幅赐给日讲官，“敬畏”两幅赐给正字官。[1]张居正称颂皇上，“翰墨之微”，“臻夫佳妙”，“二十余纸，八十余字，咄嗟之间，摇笔立就。初若不经意，而锋颖所落，奇秀天成”。[2]

于慎行作为身临其境的官员，对此也赞不绝口，他写道：“上初即位，好为大书，内使环立求书者常数十纸，而外廷臣僚得受赐者，惟内阁、讲臣数人而已。所赐江陵（张居正）如‘弼予一人’、‘永保天命’、‘尔惟麴糵’、‘汝作盐梅’、‘宅揆保衡’及‘捧日精忠’，堂阁之扁不可数计。字画遒劲，鸾回凤舞，濡毫挥洒，顷刻而成。时圣龄十余岁矣。一日谓相君曰：朕欲为先生书‘太岳’二字。相君曰：主臣不敢。上乃已。甲戌（万历二年）四月，内赐辅臣江陵张公居正‘宅揆保衡’四字，桂林吕公调阳‘同心夹辅’四字，六卿‘正己率属’各一，讲臣六人‘责难陈善’各一。时，行（按：‘行’系于慎行自称）尚未与讲，六人者学士丁公士美、宫坊何公雒文、陈公经邦、许公国、学士申公时行，及翰撰王公家屏也。丙子（万历四年）殿读张公位及行补入讲幄。一日，上顾相君曰：‘新讲官二人尚未赐与大

1《明神宗实录》卷二十三，万历二年三月辛丑。

2 张居正《谢御笔大书疏》，《新刻张太岳先生文集》卷三十八《奏疏三》。

字。’相君曰：‘惟上乘暇挥洒。’一日，内使濡墨以俟，上遂大书二幅，赐位（张位）及臣行（于慎行），字画比赐诸公者稍大，而老成庄劲又若胜前岁者。盖御龄已十五矣。”[1]

张居正也并不是一味吹捧。早在写“宅揆保衡”时，他就委婉地指出，写字并非帝王要务：“上幸向意文字，即操觚染翰，非帝王要务，亦无不究极精微，动以古人为法，臣知所以事上矣。”[2]万历二年闰十二月十七日，讲读完了，朱翊钧召张先生至暖阁，挥笔写了“弼予一人，永保天命”八个大字，赐给张先生。张居正抓住时机批评皇上，过分热衷于书法大不可取。他先是肯定皇上留心翰墨成效可嘉，超过了前代帝王；接下来话锋一转，说：“帝王之学，当务其大者。”提醒他不要本末倒置。然后列举汉成帝通晓音律，又能吹箫度曲；六朝的梁元帝、陈后主，以及隋炀帝、宋徽宗、宋宁宗等，都能文善画，然而无救于乱亡。有鉴于此，他规劝道：“宜及时讲求治理，以圣帝明王为法。若写字一事，不过假此以收放心，虽直逼钟、王，亦有何益？”[3]话说得直截了当，毫不客气，显示了这位铁腕人物的性格。许重熙记载张居正这段话后，写了小皇帝的反应：“上颔之”，虚心接受张先生的批评。[4]

万历八年（1580），内阁辅臣为了让皇上集中精

1 于慎行《谷山笔麈》卷二《纪述二》。

2《太师张文忠公行实》，《新刻张太岳先生文集》卷四十七。

3《明神宗实录》卷二十三，万历二年闰十二月丁亥。

4 许重熙《嘉靖以来注略》卷七，万历二年冬十月。

力于朝政，不再沉迷于书法，要儒臣将累朝宝训、实录副本分门别类摘编，以供皇上阅读。他们指出："皇上春秋鼎盛，宜省览章奏，讲究治理，于字书小学不必求工。以后日讲，请暂免进字，容臣等将诸司题奏紧要事情，至御前讲解，面请裁决，伏奉谕旨……臣等谨属儒臣，将累朝宝训、实录副本逐一检阅，分类编摩。总计四十款：曰创业艰难，曰励精图治，曰勤学，曰敬天，曰法祖，曰保民，曰谨祭祀，曰崇孝敬，曰端好尚，曰慎起居，曰戒游佚，曰正宫闱，曰教储贰，曰睦宗藩，曰亲贤臣，曰去奸邪，曰纳谏，曰理财，曰守法，曰警戒，曰务实，曰正纪纲，曰审官，曰久任，曰重守令，曰驭近习，曰待外戚，曰重农，曰兴教化，曰明赏罚，曰信诏令，曰谨名分，曰却贡献，曰慎赏赉，曰敦节俭，曰慎刑狱，曰褒功德，曰屏异端，曰饬武备，曰御夷狄。虽管窥蠡测之见，未究高深，而修德致治之方亦已略备矣。但简册浩繁，遽难卒业，容臣等次第纂辑，陆续进呈，拟俟明岁开讲。"[1]如此繁忙的朝廷政务，如此沉重的讲读课业，皇帝朱翊钧当然不可能沉迷于书法了。

不过，他的书法却日趋完美。万历年间的举人沈德符（字景倩，又字虎臣，浙江嘉兴人），对"今上御笔"推崇备至："今上自髫年即工八法，如赐江陵（张居正）、吴门（申时行）诸公堂匾，已极伟丽，其后渐入

1 陈建、沈国元《皇明从信录》卷三十四，万历八年十二月。

神化。幼时曾见中贵手中所捧御书金扇，龙翔凤翥，令人惊羡。嗣后，又从太仓相公（王锡爵）家，尽得拜观批答诸诏旨，其中亦间有改窜，运笔之妙有颜柳所不逮者。真可谓天纵多能矣。”[1]由此一斑也可见朱翊钧并非一般王孙公子无所事事之辈，英年才华横溢。万历二十一年（1593），内阁首辅王锡爵仰慕皇上书法精妙，敦请赐字，有幸得到御笔大字。此后，他不再以书法赏赐大臣。[2]

朱翊钧不仅书法精妙，对诗词书画鉴赏也有浓厚的兴趣与学养。清初学者朱彝尊《静志居诗话》记前朝逸闻，透露出若干信息：“宋制，祖宗翰墨储藏于玉堂之署，观陈骙《中兴馆阁前后录》，道君墨迹俱存，此康誉之得题‘年年花鸟无穷恨，尽在苍梧夕照中’之句也。迨元，而奎章、宣文之阁，旧典不改。明则藏之大内，词臣未由睹矣。万历九年，帝御文华殿，宣召入直史臣五人，文端（王家屏）居首，其余修撰则沈公懋孝、张公元忭，编修则刘公元震、邓公以赞也。既进见，示以景陵（宣宗）御笔‘玄兔图’，圜以淡墨，作满月胎，上有桂子垂枝，下藉软草，兔居其中，并臻妙境。谕诸臣题诗于轴并得用私印识之。阅三日，诗成进御，自首辅张文忠（居正）外，凡三十有五人。当日讽咏优游，

◥ 朱彝尊，浙江秀水人，明末清初著名学者、藏书家。康熙十八年应试博学鸿词科，以布衣授翰林院检讨，与修《明史》。康熙二十三年被弹劾罢官。著有《经义考》《日下旧闻》《明诗综》《明词综》《曝书亭集》等。

---

1 沈德符《万历野获编》卷二《今上御笔》。
2 沈德符《万历野获编》卷二《今上待冯保》。

不事促迫，彩花银叶，赐予便蕃。自永宣以来，词林盛事，遇此罕矣。”[1]君臣之间的闲情逸致、诗画雅兴，居然在万历年间再度重现，映衬着盛世的太平气象。

三　皇帝大婚与张居正归葬

1. 皇帝大婚

朱翊钧一天天长大，万历四年五月间，他开始束发。古代男孩成童时束发为髻，因而束发就是成童的代称。对于已经是皇帝的朱翊钧而言，束发大礼是宫廷的一项重要仪式。

束发大礼之后，宫中着手皇上大婚的筹备工作。承运库太监崔敏等人为了皇上大婚需用金珠宝石之类，援引先例，要户部加紧采买。张居正推行财政紧缩政策，主张节省宫中不必要的开支，政府各部门都遵循这一原则办事。户科都给事中光懋（字子英，号吾山，山东阳信人）上疏驳回承运库太监的请求，他说，各边军费及修河、开海、蠲赈都要大笔开支，皇上大婚所需金珠宝石，照例应由主管宫内财务的内府负责，而户部是主管国家财政，供给军国之需的机构；要户部为宫内采买金珠宝石，不合章程。户部主官也持这种观点，向皇上建议：“拟

1 朱彝尊《静志居诗话》卷十五《王家屏》。

如光懋所言。”皇帝不同意户科与户部的意见，按照承运库太监的请求，命户部采买大婚所需金珠宝石。[1]

朱翊钧一如乃父，常常标榜自己“躬行俭约”，不过是装点门面而已。万历四年某一天，他来到文华殿讲读，撩起身穿的龙袍问张先生：此袍何色？张居正回答：青色。他立即纠正，不是青色而是紫色，因为穿久了褪色成这个样子。张居正本来就主张节俭，乘机规劝皇上：既然容易褪色，请少做几件。世宗皇帝的衣服不尚华靡，只取其耐穿。每穿一袍，不穿到破旧绝不更换。而先帝（穆宗）则不然，一件新衣服穿一次就不要了。希望皇上以皇祖（世宗）为榜样，如果节约一件衣服，那么民间百姓几十人就有衣可穿；如果轻易丢弃一件衣服，那么民间就有几十人要挨冻。朱翊钧原本是借穿旧衣标榜自己节俭，不料张先生发了一大通议论，只能点头称是。[2]但是，他对于大婚采买金珠宝石的巨额开支，却毫不吝啬。根据户部报告，为了皇上大婚采买各色珍珠重达八万两，足色黄金二千八百两，九成色黄金一百两，八成色黄金一百两。[3]委实是一笔不小的开支，不过并非宫廷内府支出，而是户部的国库支出的。

为了迎接大婚，兴师动众地把乾清宫（皇帝寝宫）修缮一新。不久，宫中传出两宫皇太后的旨意，要

1《明神宗实录》卷五十一，万历四年六月丁丑。

2《明神宗实录》卷五十七，万历四年十二月庚寅。

3 张居正《请停内工疏》，《新刻张太岳先生文集》卷四十《奏疏五》。《明神宗实录》卷六十二，万历五年五月戊申。

重修她们的处所慈庆宫和慈宁宫，表面上说“修理见新，只做迎面”，实际是要大兴土木。张居正委婉地说明，慈庆宫、慈宁宫万历二年时曾经大修，巍崇隆固，彩绚辉煌，距今还不到三年，壮丽如故，不必重修。况且日前工部和工科官员屡次提及“工役繁兴，用度不给”，皇上也有圣旨：“以后不急工程一切停止。”如果现在无端开工，岂不显得皇上不讲信用！朱翊钧不得已接受劝谏，转告皇太后，命文书房太监口传圣旨：“先生忠言，已奏上圣母停止了。”[1]

万历五年正月，朱翊钧的嫡母仁圣皇太后、生母慈圣皇太后宣谕礼部，为皇上选婚——选择皇后。八月初四日，两宫皇太后鉴于已选定锦衣卫指挥使王伟长女为皇后，传谕礼部：大婚之时一应礼仪，要该部会同翰林院议定。[2]

八月初六日钦天监遵旨报告：选择大婚吉期，宜用十二月。张居正以为今年十二月似嫌太早，明年十二月又嫌太迟，请求两宫皇太后准予更改。但是钦天监这个专管观察天象、推算节气的机构，颇多迷信，一口咬定：“一年之间，只利十二月，余月皆有碍。”张居正一向对天变吉凶之类不甚相信，对钦天监的推断不以为然。他认为，帝王之礼，与士人庶民之礼不同，不必拘泥于时日禁忌的民间俗尚。他坦率地说：“臣居正素性愚昧，不信阴阳选

1 张居正《请停内工疏》，《新刻张太岳先生文集》卷四十《奏疏五》。《明神宗实录》卷六十二，万历五年五月戊申。

2《明神宗实录》卷六十五，万历五年八月己未。《明史·后妃传》记载：“神宗孝端皇后王氏，余姚人，生京师。万历六年册立为皇后。性端谨，事孝定太后（神宗生母），得其欢心。”

择之说。凡有举动，只据事理之当为，时势之可为者，即为之，未尝拘泥时日，牵合趋避。”正巧，皇太后的意思也以为明年二三月举行大婚较妥。张居正便建议选择二三月，不迟不早，最为协中。[1] 当天，文书官传皇太后谕旨：“先生说的是，今定以明年三月。”次日，皇帝也降旨：“朕奉圣母慈谕，着于明年三月内择吉行礼。”[2] 皇帝的大婚吉期就这样定了下来。

皇帝的大婚礼仪十分烦琐。先期须向即将成为皇后的女子进行纳采问名礼，而且得有元老重臣作为正副使节前往女方家中行礼。礼部遵照皇上旨意，决定由英国公张溶为正使，大学士张居正为副使。张居正还在服丧期间，一直是青衣角带入阁办公，不适宜参与吉庆大典。皇帝也知道张先生有所顾虑，特地差文书官丘得用向他口传太后的慈谕：“这大礼还着元辅一行，以重其事。”又要丘得用传达自己的旨意：“忠孝难以两尽。先生一向青衣角带办事，固是尽孝，但如今吉期已近，先生还宜暂易吉服在阁办事，以应吉典。出到私宅，任行服制。”正月十七日，他特地派文书官给张先生送去吉服——坐蟒、胸背蟒衣各一袭，说是圣母赏赐的，要元辅张先生正月十九日起，身穿吉服入阁办事。[3]

不料，此事遭到户科给事中李涞（字源甫，号养愚，

1 张居正《奏请圣母裁定大婚吉期疏》，《新刻张太岳先生文集》卷四十《奏疏五》。

2《明神宗实录》卷六十五，万历五年八月辛酉。

3《明神宗实录》卷七十一，万历六年正月庚午。《万历起居注》，万历六年正月十八日。

江西雩都人）的反对：张居正丁忧守制，有丧在身，不宜任副使。他振振有词地说："皇上之留居正，固以军国重事，不可无社稷臣，大婚副使与经国筹边不同。况肇举大礼，以守制者行之，将事违其宜，非所以观。乞别荐大臣任使，以光盛典。"[1]这话说得不无道理，只是有点不合时宜，皇帝很不高兴。他当即命文书官拿了李涞的奏疏和自己的手札，送到内阁，请张先生过目。手札类似便条、信函，不比圣旨，行文比较随意，充分显示皇帝的个性。手札写道："昨李涞说，大婚礼不宜命先生供事。这厮却不知出自圣母面谕朕，说先生尽忠尽不的孝。重其事，才命上公、元辅执事行礼，先生岂敢以臣下私情违误朝廷大事！先朝夺情起复的，未闻不朝参、居官、食禄，今先生都辞了，乃这大礼亦不与，可乎？看来，今小人包藏祸心的还有，每遇一事，即借言离间。朕今已鉴明了，本要重处他，因时下喜事将近，姑且记着，从容处他。先生只遵圣母慈命要紧，明日起暂从吉服，勿得因此辄事陈辞。"[2]

张居正接到李涞的奏疏与皇帝的手札后，当天（正月十八日）立即请皇上另派大臣充当副使。这种自谦，不过是应付舆论的姿态，其实他心中早已接受了这一委任，对李涞之流的议论不屑一顾。他在给皇上的奏疏中写道："伏念臣前者具奏，遵旨暂留，原以大礼期近，图效犬马微劳，以终顾命之重。然

1《明神宗实录》卷七十一，万历六年正月庚午。

2《万历起居注》，万历六年正月十八日。张居正《请别遣大臣以重大礼疏》，《新刻张太岳先生文集》卷四十一《奏疏六》。

亦自知服色不便，不可与执事、辱大典。乃蒙天语谆谆，传示圣母慈谕，谓先朝旧典，凡大婚纳采问名，发册奉迎，皆用班首勋臣及内阁首臣将命。又委曲谕臣，暂易吉服从事。盖圣母与皇上以腹心手足待臣，实与群臣不同。故凡国家大事，皆欲臣为之管领，而臣亦妄信其愚，不敢以群臣自处。凡可以抒忠效劳者，皆不避形迹，不拘常礼，而冒然以承之。且士民之家，其父母有大喜庆事，为子孙者，亦不敢以己之私忌，而违父母之使命，况事关君父，而臣又臣子之最亲信者乎？然此实非外臣之所能窥，众人之所可谕也。”[1]他强调的是，自己与群臣不同，乃是圣母与皇上的腹心手足，任何事情都可以不避形迹、不拘常礼地尽忠效劳。皇帝在他的奏疏上批示道：“只遵奉圣母慈命，勿以小人之言自阻。”[2]于是张居正便从正月十九日起，遵旨身穿皇太后赏赐的吉服入阁办公，与往昔毫无异样地参与一切吉庆大典。

随着大婚日子的临近，朱翊钧生母慈圣皇太后，向张居正提出即日起从乾清宫搬回慈宁宫的想法。为了表示郑重起见，慈圣皇太后差司礼监随堂太监张鲸、慈宁宫管事太监谨珂，一同到张居正私第，传达她的慈谕：“皇帝大婚在迩，我当还本宫，不得如前时，常常守着看管。恐皇帝不似前向学勤政，有累圣德，为此深虑。先生亲受先帝付托，有

1 张居正《请别遣大臣以重大礼疏》，《新刻张太岳先生文集》卷四十一《奏疏六》。

2《明神宗实录》卷七十一，万历六年正月庚午。

师保之责，此别不同。今特申之，故谕。外赐坐蟒、蟒衣各一袭，彩缎八表里，银二百两，用示惓惓恳切至意。”[1]张居正捧读慈谕之后，不由得想起当年皇上即位时，圣母欲迁居慈宁宫的往事。当时正是他劝圣母留在乾清宫的，他曾说：皇上年龄还小，圣母慈驾还是暂时居住乾清宫，与皇上朝夕相处为好，俟皇上大婚之后，再移居也来得及。圣母接受了这一建议，与皇上同住在乾清宫暖阁。阁中两床东西相向，太后与皇上对榻而眠。太后对皇帝朝夕“守着看管”，管束极严，规定宫女三十岁以下者不许在皇帝左右供事；每日视朝、讲读之后，立即返回乾清宫侍奉圣母；除非得到许可，不得迈出殿门一步；饮食起居都有节度，小有违越，即当面谴责。因此，朱翊钧即位以来多年，举动没有大的过失，仍保持着莹粹纯真的秉性。故而《起居注》说：“实赖母后训迪调护之功。”[2]耳提面命，无异于垂帘听政。一晃几年过去了，慈圣皇太后遵照前议，要搬回慈宁宫去了，希望张先生能够担当起首辅兼帝师的双重职责，代他看管好皇帝。

张居正一向对慈圣皇太后很尊重，接到慈谕后，立即向太后致谢。追怀当年先帝付托的情景，悲感交集，对太后倾心教育小皇帝给予高度评价：“仰赖我圣母天笃慈仁，躬亲教育，居则同宫，寝则对榻。使非礼之言不得一闻于耳，邪媟之事不敢一陈于前。

1 张居正《谢皇太后慈谕疏》，《新刻张太岳先生文集》卷四十一《奏疏六》。

2《万历起居注》，万历六年正月二十一日。

凡面命耳提，谆谆教戒，不曰亲近贤辅，则曰听纳忠言；不曰怀保小民，则曰节省浮费。盖我圣母之于皇上，恩则慈母也，义则严师也。”[1]这些话并非吹捧，事实确是如此。所以当皇太后提出迁回本宫时，他颇感踌躇，不能违背当年的承诺，便提出一个折中方案：今日暂回慈宁宫，明日仍返回乾清宫与皇上同处，待到册立皇后之后，再定居慈宁宫，有一个过渡时期。慈圣皇太后接受了这一建议。[2]

正月二十七日，皇帝朱翊钧在皇极殿隆重宣布：“以都督同知王伟长女为皇后，遣英国公张溶、大学士张居正持节，行纳采问名礼。”[3]纳采问名礼是古代婚礼程式的第一步。据《大唐开元礼》规定，按照儒家六礼的原则，有纳采、问名、纳吉、纳征、请期、亲迎六个步骤。纳采，原意为纳其采择，由男方派使者到女方送求婚礼物。纳采那一天，使者公服执雁来到女家门口，女方主人出迎，入门升堂，使者授雁，以雁为贽，取其顺阴阳往来之义。纳采礼毕，使者回到门外，执雁问名——询问女方姓名。女方家长再次迎使者入内，设酒宴招待。

皇帝的纳采问名礼极为隆重。预先要选择日子，祭告天地、宗庙。到了纳采问名那一天，在奉天殿设皇帝御座，鸿胪寺官员两班站立。皇帝御座前设置节案、制案，供置符节、制书。内官监与礼部把纳采问名的礼物陈列于文楼下，教坊司则在殿

1 张居正《谢皇太后慈谕疏》，《新刻张太岳先生文集》卷四十一《奏疏六》。

2《明神宗实录》卷七十一，万历六年正月癸酉。

3《明神宗实录》卷七十一，万历六年正月己卯。

内布置中和乐的乐队、乐器。到了那天早晨，锦衣卫在丹陛丹墀安排卤簿（仪仗），礼部陈列礼物于丹陛上，内官监设采舆（轿子）于奉天门外，教坊司设大乐于奉天门内。奏乐，钟鼓齐鸣，鸿胪寺官员请皇帝升殿。皇帝头戴衮冕身穿龙袍来到奉天殿，按照常仪升座，身穿朝服的文武官员叩头，分左右站立。执事官员引导正使、副使行四拜礼，执事官把节案、制案安置到丹墀中道。这时由传制官宣读制书：兹选取某官某女为皇后，命卿等持节行纳采问名礼。正副使节取符节、制书，放入采舆中，仪仗队、乐队前导，从中门中道前行，出大明门外，正副使节把朝服更换为吉服，骑马前往皇后府第行礼。礼官宣布：奉旨建后，遣使行纳采问名礼。正副使节捧符节、制书先行，主婚人随行，在正堂放下制书、符节，然后行礼。正使宣读纳采制书，授予主婚人，主婚人转交执事者，执事者把它置于北案左面；副使宣读问名制书，授予主婚人，主婚人转交执事者，执事者把它置于北案右面。执事者取答问名表授予主婚人，主婚人把它授予正使，行礼毕，正副使退出，把答问名表置于采舆中。主婚人出大门外，向正副使致辞，正副使再次入内。酒宴完毕，主婚人送正副使之大门外。一行人等在正副使带领下，经由大明门进至奉天门外，把答问名表、符节交给司礼监太监，捧入复命。纳采问名礼宣告结束。[1]

1 万历《大明会典》卷六十七《礼部二十五·婚礼一·皇帝纳后礼·纳采问名》。

慈圣皇太后是一位负责的母亲，当她即将离开乾清宫时，特地在二月初二日给将要完婚的儿子发去一道谕旨："说与皇帝知道，尔婚礼将成，我当还本宫。凡尔动静食息，俱不得如前时闻见教训，为此忧思。尔一身为天地神人之主，所系非轻。尔务要万分涵养，节饮食，慎起居，依从老成人谏劝。不可溺爱衽席，任用非人，以贻我忧。这个便可以祈天永命，虽虞舜大孝不过如此。尔敬承之，勿违。"[1]张居正从皇帝那里看到皇太后的慈谕，大为感动："臣等俯而捧读，仰而叹曰：大哉，我圣母之训乎！龟鉴药石，不足以喻其明切也。渊哉，我圣母之德乎！明德宣仁，不足以为之比伦也。"随即劝谏皇帝："子于父母，必服从其教训，不贻父母之忧，乃为至孝。况我皇上一身承祖宗基业之重，为天地神人之主，比之士民之家，其所关系宁止万倍……大婚礼成之后，视朝讲学，比前更宜勤敏。至于晏息幸御，有望万分保爱，万分撙节。必存兢业，俨如圣母之在前；身服教言，恒若慈音之在耳。"[2]朱翊钧明白，圣母离开乾清宫，已将日后管教的责任托付给了首辅兼帝师的张先生，所以向他表示："朕当惓惓服膺，尚赖卿等朝夕诲纳。"[3]

与此同时，慈圣皇太后还发出两道谕旨。一道给内夫人（乾清宫宫女领班）等："说与夫人、牌子（乾清宫管事太监）知道，我今还宫，皇帝皇后食息起居，俱

1《万历起居注》，万历六年二月二日。《明神宗实录》卷七十二，万历六年二月癸未。

2 张居正《乞遵守慈谕疏》，《新刻张太岳先生文集》卷四十一《奏疏六》。

3《明神宗实录》卷七十二，万历六年二月癸未。

是尔等奉侍，务要万分小心，督率答应的并执事宫人，勤谨答应，不可斯须违慢。如皇帝皇后少违道理，亦须从容谏劝，勿得因而阿谀，以致败度败礼。亦不可造捏他人是非，暗图报复恩怨。如有所闻，罪之不恕。”[1]另一道给司礼监掌印太监冯保：“说与司礼监太监冯保等知道，尔等俱以累朝耆旧老成重臣，冯保又亲受顾命，中外倚毗，已非一日。但念皇帝冲年，皇后新进，我今还本宫，不得如前时照管。所赖尔等重臣，万分留心，务引君于当道，志于仁义。倘一切动静之间，不由于理，不合于义，俱要一一劝谏，务要纳之于正，毋得因而顺从，致伤圣德。尔等其敬承之勿替。”[2]

就在这一天（二月初二日），皇帝在皇极殿宣布：聘都督同知王伟长女为皇后，派遣定国公徐文璧、大学士吕调阳、张四维等，举行纳吉纳征告期礼。纳吉，即男方把问名占卜的好结果通知女方。纳征，也称纳币，即男方把聘礼送给女方。告期，也称请期，男方占卜得结婚吉日，把日期通知女方。纳吉纳征告期礼，大致与纳采问名礼相似，所不同的是，纳吉纳征告期的礼物更多。根据《大明会典》记载，纳采问名礼物如下：

玄纁苎丝四段　金一百两　花银八百两　珍珠五样

1《万历起居注》，万历六年二月二日。《明神宗实录》卷七十二，万历六年二月癸亥。

2《万历起居注》，万历六年二月二日。《明神宗实录》卷七十二，万历六年二月癸亥。

苎丝八十匹　大红线罗四匹　白生土纱四匹

各色熟绢八十匹　绵胭脂一百个

蜡胭脂二两（用金盒二个）　珠儿粉十两

（另有“开合”：丝、绢、羊、猪、鹅、茶、酒、白米、白面、圆饼等）

纳吉纳征告期礼物如下：

玄纁苎丝四段　玉谷圭一支　金龙珠翠燕居冠一顶

燕居服素夹四件　大带各色线罗四条　玉革带一条

玉花采结绶一副　玉佩玎珰一副　玉云龙霞帔坠头一个

金钑花钏一双　金素钏一双　金连珠镯一双

首饰一副　珠面花二副　翠面花二副

四珠葫芦环一双　八珠环一双　排环一双

玉禁步一副　青素苎丝滴真珠描金云龙舄一双

珠翠花四朵　蜡胭脂二两（金合二个）　金镶合香串一副

金八百两　花银二千六百两　宝钞二千锭

白绵五十斤　五样珍珠二十八两　苎丝八十匹

银丝纱八十匹　素线罗八十匹　大红素线罗八匹

熟绫八十匹　妆花绒锦四十段　白生阔土纱八匹

各色熟绢二百八十匹　各色衣服七十件　各色被六床

白绢卧单四条　裁剩苎丝纱罗锦二束

朱红漆戗金皮箱三十对　翟服匣一座　朱红漆柳箱二对

擎执宫人用衣帽等件九十六件　马十二匹

（另有“开合”：丝、绢、羊、猪、鹅、酒、茶、圆饼、白面等）[1]

二月初八日，十六岁的朱翊钧按照传统举行“上巾礼”（加冠礼），是大婚前必不可少的一项礼仪。按照祖宗旧制，前一天内官监太监就在奉天殿正中布置御冠席，又在南面设立冕服案、香案、宝案。是日，举行隆重而烦琐的仪式，按部就班，百官拱手加额，高呼“万岁万岁万万岁！”待到仪式完毕，典仪官、侍仪官宣布礼毕，皇帝起身离开，乐声大作，百官依次退出。皇帝改服通天冠、绛纱袍，入宫拜谒皇太后。[2]

二月十九日，皇帝在皇极门宣布：派遣英国公张溶、大学士张居正等捧制敕册宝，前往皇后府第，举行奉迎礼，宣读册立皇后册书。一应仪式举行后，皇后登上采舆，在奉迎仪仗队、乐队前行，司礼监太监拥导，正副使节随行，一行人等从大明门中门入，文武百官在承天门外迎候。皇后采舆至午门外，钟鼓齐鸣，正副使节以节授司礼监官，先入复命。捧册宝官捧册宝，伞扇仪仗女乐前导，宫人拥护皇后采舆由奉天门进内庭幕次。皇后出采舆，由西阶进，皇帝由东阶降迎，揖皇后入内殿。内侍请皇帝至更服处，换上冠冕；女官请皇后

1 万历《大明会典》卷六十七《礼部二十五·婚礼一·纳采问名礼物、纳吉纳征告期礼物》。

2 万历《大明会典》卷六十三《礼部二十一·冠礼一·皇帝冠礼》。

至更服处，换上礼服，在奉天殿行礼后，进入皇后宫中。[1]

接下来要举行合卺礼。《礼记·昏仪》说“合卺而酳”，经学家孔颖达解释，把一个瓠分为两个瓢，称为卺，丈夫、妻子各执一瓢，舀酒漱口，就是所谓合卺。后来把婚礼雅称合卺，典出于此。不过皇帝皇后的合卺礼，要讲究多了。太监先在正宫殿内设皇帝座于东，皇后座于西，在帝后座位正中稍南设置酒案，上面放着四个金爵和两个卺盏。待皇帝、皇后拜谒奉先殿后，内侍与女官请皇帝皇后各就更服处，皇帝换上皮弁服，皇后也更衣，来到内殿。女官取金爵酌酒呈上，帝后饮毕，女官以卺盏酌酒，帝后合和进酒。礼毕，帝后再到更服处，换上常服。[2]

二月二十日，帝后一起举行朝见两宫皇太后礼。

二十一日早晨，皇帝身穿冕服，皇后身穿礼服，一起前往两宫皇太后处，举行谢恩礼。谢恩礼毕，皇帝来到皇极殿，把册立中宫（皇后）之事诏告天下。[3]

二十二日，皇帝大婚礼成，接受文武百官上朝庆贺。与此同时，皇帝传旨：“册刘氏为昭妃，杨氏为宜妃，礼部具仪，择日来闻。”[4]

三月初三日，皇帝在皇极殿宣布：派遣徐文

1 万历《大明会典》卷六十七《礼部二十五·婚礼一·皇帝纳后仪·发册奉迎》。

2 万历《大明会典》卷六十七《礼部二十五·婚礼一·皇帝纳后仪·合卺》。

3《明神宗实录》卷七十二，万历六年二月辛丑、二月壬寅。

4《明神宗实录》卷七十二，万历六年二月癸卯。

璧、杨炳持节，吕调阳、张四维捧册，举行册立昭妃、宜妃仪式。[1]

三月初四日，以皇帝大婚礼成，吏部遵旨加两宫皇太后尊号：仁圣皇太后为仁圣懿安皇太后，慈圣皇太后为慈圣宣文皇太后，祭告天地、宗庙、社稷。[2]朱翊钧从此开始了新的宫闱生活，他的生母慈圣皇太后也由乾清宫搬回慈宁宫，从台前走向了幕后。慈圣皇太后李氏是一位了不起的女性，她全力支持张居正推行新政，功不可没。

◤ 慈圣皇太后，李氏，明穆宗皇贵妃，万历帝生母。全力支持张居正推行新政。

清初史家万斯同对她赞誉有加："大学士张居正以帝方十岁，请慈圣太后留居乾清（宫），护视起居，慈圣从之。敕帝从居正受学，用其言，以三六九日视朝，余日御文华殿讲读。而太后亦于宫中课帝如严师，夜则与帝对榻而寝。当视朝日，五更辄先起，至帝榻呼曰：帝起！令左右掖之坐，取水为頮面，拥以登舆。退朝则时训以亲贤、纳谏、爱民、惜费，及御讲筵，入令效讲官进说于前，以验其识否。帝在宫中读书，或少怠，必令长跪责数之，中外夹待甚严，故帝鲜有失德。太后凡居乾清（宫）七年，以帝将昏，当还御慈宁（宫），然心殊念帝，谕之曰：'大孝之道在节饮食、慎起居、毋溺衽席，毋用匪人，以祈天永命。'又传谕居正曰：'皇帝乍离

1 《明神宗实录》卷七十三，万历六年三月甲寅。
2 《明神宗实录》卷七十三，万历六年三月乙卯。

予侧，大惧勤学听政不克如初，先生尚朝夕纳诲，辅成其德，用终先帝付托，钦哉！’居正顿首受命，上疏太后言：‘臣敢不殚厥愚忠，对扬休命，然外臣不知内事，伏惟太后陛下，还宫之后，调护圣躬，开导圣学，终始勿替，幸甚。’……当是时，太后以天下委居正，而居正不避嫌怨，务举祖宗法度以禁切上下，虽于太后未尝少假。尝有诏厚赐太后父武清伯伟，居正引祖制力争，且言：‘孝在无违，而必事之以礼；恩虽无穷，而必裁之以义。贵戚之家不患不富，患不知节富而循礼，富乃可久，故越分之恩非所以明厚，逾涯之请非所以自保。’……太后初不以为忤，且愈益任之。居正所以得展才略，内修政事，外策疆场，一变文武恬熙之习。万历十年中，兵强国富，令行禁止，号为治平者，太后力也。”[1]这样的赞誉，并非溢美之词，显示了史家独有的眼光。如果说，万历新政是张居正与慈圣皇太后协力促成的，也不为过。

2. 张居正返乡安葬亡父

万历六年二月二十八日，皇帝大婚礼成，张居正向皇帝递上《乞归葬疏》，要求请假返乡安葬亡父。他回顾道：“臣于去年九月二十五日闻臣父忧，屡疏乞请回籍守制，未蒙俞允，仰荷圣恩特遣

1 万斯同《明史》卷一百五十一《列传二·后妃下·穆宗皇后李氏》。

司礼监官为臣父造葬，降谕慰留，至再至三。臣不得已，奏乞暂遵谕旨，辞俸在京守制，乃候大婚礼成，再请归葬……今赖圣明在上，中外事体帖然底定，倘蒙天恩垂悯，慨然允臣回籍终制，固为万幸矣。若皇上必欲留臣驱使，俾竭其驽骀之力，则愿乞数月之假，候尊上圣母徽号礼成之后，星驰回籍，送臣父骨归土，即依限前来供职，以毕臣惓惓图报之忠。臣得了此一念，剖心裂肝，死无所恨。”[1]皇帝不同意，回答说：“卿受遗先帝，辅朕冲年，殚忠宣劳，勋猷茂著。兹朕嘉礼初成，复奉圣母慈谕，惓惓以朕属卿，养德保躬，倚毗方切，岂可朝夕离朕左右！况前已遣司礼监官营葬，今又何必亲行？宜遵先后谕旨，勉留匡弼，用安朕与圣母之心，乃为大忠至孝。所请不允。”[2]

二十九日，张居正再次上疏乞求归葬，疏文写得十分恳切：“痛念先臣生臣兄弟三人，爱臣尤笃。自违晨夕，十有九年，一旦讣闻，遂成永诀。生不得侍养焉，殁不得视含焉，今念及此，五内崩裂……数月以来，志意衰沮，形容憔悴，惟含恸饮泣，屈指计日，以俟嘉礼之成，冀以俯遂其初愿耳……比得家信，言臣父葬期择于四月十六日。如蒙圣慈垂怜，早赐俞允，给臣数月之假。俟尊上两宫圣母徽号礼成，即星驰回籍，一视窀穸（墓穴），因而省问臣母，以慰衰颜。倘荷圣母与皇上洪庇，

1 张居正《乞归葬疏》，《新刻张太岳先生文集》卷四十二《奏疏七》。

2《万历起居注》，万历六年二月二十八日。

臣母幸而康健无病，臣即扶侍同来。臣私念既遂，志意获纾，自此以后，当一心一虑服勤终身，死无所憾。是今虽暂旷数月，而后乃毕力于终身。皇上亦何惜此数月之假，而不以作臣终身之忠乎？”[1]

皇帝被他的真情感动，批准了归葬请求，不过要他限期返京，圣旨写道：“朕勉留卿，原为社稷大计倚毗深。至览卿此奏，情词益迫，朕不忍固违，准暂回籍襄事。还写敕差文武官各一员护送。葬毕，就着前差太监魏朝敦趣上道，奉卿母同来，限五月中旬到京。”[2]

皇帝批准张居正归葬，却始终不放心，三月十日派司礼监太监王臻到张居正府第，一是赏赐路费银五百两，二是请他对朝政大事有所关照，三是希望他按时返回。王臻当面递交了皇上的手谕，那上面写着：“朕大礼甫成，倚毗先生方切，岂可一日相离！但先生情词迫切，不得已准暂给假襄事，以尽先生孝情。长途保重，到家少要过恸，以朕为念，方是大孝。五月中旬，就要先生同母到京，万勿迟延，致朕悬望。又，先生此行，虽非久别，然国事尚宜留心。今赐先生‘帝赉忠良’银记一颗，若闻朝政有阙，可即实封奏闻。”[3]流露了对张先生的无限信任，要他在江陵家中遥控朝政。

三月十一日，是皇帝在文华殿讲读的日子，张居正前去向皇帝当面辞行。在文华殿西室君臣之间

1 张居正《再乞归葬疏》，《新刻张太岳先生文集》卷四十二《奏疏七》。

2《万历起居注》，万历六年二月二十九日。

3《万历起居注》，万历六年三月十日。《明神宗实录》卷七十三，万历六年三月辛酉。

有一场颇动感情的对话。

张居正说："臣仰荷天恩，准假归葬。又特降手谕，赐路费银两、表里及银记一颗。臣仰戴恩眷非常，捐躯难报。"

皇帝说："先生近前来些。"张居正走到御座前，皇帝又说："圣母与朕意，原不肯放先生回，只因先生情词恳切，恐致伤怀，特赐允行。先生到家事毕，即望速来。国家事重，先生去了，朕何所倚托？"

张居正叩头感谢说："臣之此行，万非得已。然臣身虽暂违，犬马之心，实无时刻不在皇上左右。伏望皇上保爱圣躬，今大婚之后，起居食息尤宜谨慎。这一件是第一紧要事，臣为此日夜放心不下，伏望圣明万分撙节保爱。又，数年以来，事无大小，皇上悉委之于臣，不复劳心。今后皇上却须自家留心。莫说臣数月之别，未必便有差误。古语说：一日二日万几。一事不谨，或贻四海之忧。自今各衙门章奏，望皇上一一省览，亲自裁决。有关系者，召内阁诸臣，与之商榷停当而行。"

皇帝说："先生忠爱，朕知道了。"

张居正说："臣屡荷圣母恩慈，以服色不便，不敢到宫门前叩谢，伏望皇上为臣转奏。"

皇帝说："知道了，长途保重，到家勿过哀。"

张居正不胜感恋，竟伏地哭泣，说不出话。

皇帝劝慰说："先生少要悲痛。"话未说完，自己也哽咽流涕。

张居正见此情景，赶忙叩头告退。只听得皇上对左右侍从说："我有好些话，要与先生说，见他悲伤，我亦哽咽，说不得了。"随即特遣文书官太监孙斌、暖阁牌子太监李忠，赏赐张先生食品八盒。

皇帝把这些话告知圣母，圣母也感到悲痛，差管事牌子太监李旺，赏赐张先生银八宝六十两，又传慈谕："先生行之后，皇上无所倚托。先生既舍不得皇帝，到家事毕，早早就来，不要待人催取。"[1]

皇帝与张居正之间，除了严肃的君臣关系之外，还多了一份师生亲情，成年累月在一起探讨朝政，相得甚欢。一旦张先生离去，皇帝实在舍不得。一则他身边确实少不得张先生，二则新政正在展开，张先生离开之后唯恐有变。慈圣皇太后也有类似担心，所以叮嘱张先生早日返回。

三月十三日，皇帝照例视朝，特地命司礼监太监张宏到京郊为张先生饯行，赏赐甜食二盒、干点心二盒。张居正朝紫禁城方向叩头祗领，辞别代表皇帝的太监张宏，以及前来送行的同僚，踏上了归乡之路。[2]

他的归葬之行，排场非同一般。在浩浩荡荡的随从与护卫人员的簇拥下，气势不凡，衣锦荣归。一路上摆出"我非相，乃摄也"的显赫架势，不仅有尚宝司少卿郑钦和锦衣卫指挥佥事史继书护送，还有戚继光派来的，装备了火铳和弓箭的士兵保镖。真定知府钱普非常善于拍马溜须，特地为他赶制了一顶特大的轿子，当时人形容为"如同斋阁"——就像活动的房子。它的前半部是起居室，

1 张居正《召辞纪事》，《新刻张太岳先生文集》卷四十二《奏疏七》。

2 张居正《谢遣官郊饯疏》，《新刻张太岳先生文集》卷四十二《奏疏七》。《明神宗实录》卷七十三，万历六年三月甲子。

后半部是卧室，旁边有走廊，童子在左右侍候，为之挥扇焚香。“八抬大轿”与它相比，简直是小巫见大巫。如此豪华至极的庞然大物，要三十二个人才能扛得起来，名副其实的三十二抬大轿。这个真定知府钱普深知张居正对美食很是讲究，专门为他找来一名无锡厨师，博得张居正的欢心。

许重熙写道：“真定守钱普创为步舆，以媚居正。前轩后寝，二童子侍，挥箑炷香，用卒三十二人舁之。又能为吴馔，居正食而甘之。”[1]王世贞写得更加具体生动：“居正所坐步舆，则真定守钱普创以供奉者，前为重轩，后寝室，以便偃息。旁翼两庑，庑各一童子侍立而左右侍，为挥箑炷香，凡用卒三十二舁之。始所过州邑邮牙，盘上食水陆过百品，居正犹以为无下箸处。而真定守无锡人，独能为吴馔，居正甘之曰：‘吾行路至此，仅得一饱。’此语闻，于是吴中之善为庖者召募殆尽，皆得善价而归。”[2]张居正沿途下榻之处，地方官使出浑身解数，千方百计搜罗山珍海味，来款待这位内阁首辅，他竟然说：没有下筷处。只有钱普的无锡厨师做的菜，使他满意，于是地方官纷纷寻觅无锡厨师，让他大快朵颐，一时成为人们街谈巷议的话题。

或许有人以为这是野史的道听途说，其实不然，官方的邸报亦有些微透露：“居正乞假归葬，途

1 许重熙《嘉靖以来注略》卷七，万历六年三月。

2 王世贞《嘉靖以来首辅传》卷七《张居正传》。张岱《张居正列传》，《石匮书》卷一百六十六，所写相同。

中为安舆，舁者卒百人，仪从率数百人，俨然乘舆。时锡人为真定守，极意供张，得其欢。”[1]

有一插曲颇值得一提。张居正归葬途中，路过河南新郑县，高拱得到消息，抱病赶来迎接，两人抱头痛哭。张居正到了江陵老家后，写信给高拱，一诉衷肠：“相违六载，只于梦中相见，比得良晤，已复又若梦中也。别后归葬，于四月抵舍，重辱遣奠，深荷至情，存殁啣感，言不能喻。使旋，草草附谢，苦悰恸切，不悉欲言，还朝再图一披对也。”[2]葬礼完毕，回京途中经过新郑，张居正专程拜访高拱。回京后，又写信问候：“比过仙里，两奉晤言，殊慰夙昔，但积怀未能尽吐耳。承教二事，谨俱祗领，翁第专精神厚自持，身外之事不足萦怀抱也。”[3]两人之间真的捐弃前嫌了吗？假如真的话，这大概是所谓政治家风度吧！于慎行的一则随笔，或许可以窥探一些信息：“新郑（高拱）既为江陵（张居正）所逐，罢归里中，又有王大臣之构，益郁郁不自安。一日遣一仆入京取第中器具，江陵召仆，问其起居，仆泣诉：‘抵舍病困，又经大惊，几不自存。’江陵为之泣下，以玉带器币杂物可值千金，使仆齎以遗之。又新郑家居，有一江陵客过，乃新郑门人也，取道谒新郑，新郑语之曰：‘幸烦寄语太岳（张居正），一生相厚，无可仰托，只求为余荆市一寿具，庶得佳者。’盖示无他志也。万历戊寅（六年）

1 钱一本《万历邸钞》万历六年戊寅卷，三月甲子。

2 张居正《答高中玄相公（三）》，《新刻张太岳先生文集》卷三十四《书牍》。

3 张居正《答高中玄相公（四）》，《新刻张太岳先生文集》卷三十四《书牍》。

江陵归葬，过河南，往视新郑，新郑已困卧不能起，延入内，相视而泣云。”[1]这是一种解释，而另一种解释的视角有所不同。王世贞说：“高拱之逐，其自出居正，而有王大臣狱，居正复与发而旋救之。（高）拱既内恨刺骨，而畏其权与文深，又不能不外示戚。居正始归葬，道新郑，（高）拱已病若痱，故为笃状，舆诣居正，抚之乃大哭，谓：‘往者几死冯珰（冯保）手，虽赖公活，而珰意尚未已，奈何？’居正笑曰：‘珰念不至此，且有我在，无忧也。’居正归，而（高）拱意其不即召，使使贿太后父武清伯谋代之。武清伯纳其贿，不得间。居正既入而知之，诮让良苦。（高）拱既失贿，而知其泄，忧懑发疾死。”[2]

3.“朝廷大事俱暂停以待”

张居正归葬时，内阁中还有吕调阳、张四维，又新进了马自强、申时行，它的运转应该不成问题。按照惯例，位居第二的吕调阳理应代行首辅的职务。但是皇帝并没有这样的打算，三月十五日他下了一道手谕给吕调阳等人，告诫他们，一切国家大事不得擅作决定。手谕写道：“一切事务都宜照旧，若各衙门有乘机变乱的，卿等宜即奏知处治，大事还待元辅来行。”“有大事毋得专决，仍驰驿之

1 于慎行《谷山笔麈》卷四《相鉴》。

2 王世贞《嘉靖以来首辅传》卷七《张居正传》。

江陵，听张先生处分。”[1]这道手谕，一方面显示了皇帝支持张居正推行新政的决心，不允许各衙门乘机变乱新政；另一方面，也表露了他对内阁第二把手吕调阳的不甚信赖。王世贞谈到朝廷大事要驰驿到江陵请张居正决策，评论道：“人谓古称伴食同事则有之，未有伴食于三千里外者。以调阳、四维当拂衣，而调阳独怏怏不乐，然未能果也。”[2]这对于吕调阳而言，着实相当难堪。他领旨后，立即表态：“遇有事情重大，费处分，亦先奏闻皇上，待居正至日定议请行。”[3]不过他内心很苦闷，由他推荐入阁的马自强，不受张居正待见；张四维、申时行都是张居正的亲信，因此，他不过是摆设，或者如王世贞所说的“伴食同事”而已。

此时，恰巧辽东捷报传到京师，皇帝归功于张居正调度有方，撇开吕调阳，派使者快马加鞭赶到江陵，请张居正拟定赏赐条例。此事让吕调阳内惭之极，既然自己可有可无，不如干脆请辞。何况他身体确实不佳，既有肺病，又有足疾，便于四月十一日再次向皇上提出辞呈，这是他第六次上疏“乞归”了。皇帝不想让他这时辞去，劝他继续留任，派御医为他治病。吕调阳去意已决，一直到第十次“乞归”，才获得恩准。吴国伦为他写的“行状”，对于他“乞归”的原因，说得冠冕堂皇：“会病肺久，而足又患痿，徙履渐不自胜。顾恐一日负

1《明神宗实录》卷七十三，万历六年三月丙寅。王世贞《嘉靖以来首辅传》卷七《张居正传》。

2 王世贞《嘉靖以来首辅传》卷七《张居正传》。

3《明神宗实录》卷七十三，万历六年三月丙寅。

主，未忍言去。至戊寅（万历六年）秋，公（吕调阳）见皇上年日盛，学日新，朝政次第修举，又自度病寖剧，恐归不及首丘，喟然叹曰：'帷幄非病臣素食地也！'因上书乞骸骨。书屡上，上屡固留之，而求去益力，书至十上，乃得请。上徐遣御医视药，行人（行人司官员）护行。”他为人颇为正派，正如吴国伦所说：“生平深沉简谅，内辨而色温，于人不轻喜怒，事不轻可否，而人亦无所用其间”。[1]这样的人，在张居正内阁中显得可有可无，离去是迟早的事。

四月十六日，张居正之父张文明的棺材葬入太晖山，那是皇帝敕赐的坟地。既然皇太后、皇帝都如此重视首辅之父的葬礼，各级地方官岂敢怠慢！参加葬礼的官员，有皇帝派来营葬的司礼监太监魏朝、工部主事徐应聘，有专程前来谕祭的礼部主事曹诰，有护送张居正的尚宝司少卿郑钦、锦衣卫指挥佥事史继书，以及已经晋升刑部右侍郎的湖广巡抚陈瑞、抚治郧阳都御史徐学谟，还有一些司道官和府州县官。总之，当地的官员几乎全部到齐，不但行礼，而且送礼，史家轻描淡写一句“赙遗不可胜记，光彩倾远迩”[2]，已可窥知其中的奥妙了。

葬礼已毕，照理应该启程返京了。张居正考虑到正值酷暑，老母年迈，难耐旅途炎热，写信给皇帝，请求推迟归期：“今葬事已竣，即宜遵奉前旨，

1 吴国伦《光禄大夫柱国建极殿大学士少傅兼太子太傅吏部尚书赠太保谥文简豫所吕公调阳行状》，焦竑《国朝献征录》卷十七《内阁》。

2 王世贞《嘉靖以来首辅传》卷七《张居正传》。张岱《张居正列传》，《石匮书》卷一百六十六。

同臣母星驰赴阙，图报国恩。但臣母今年七十有三，一向多疾，去年痛臣父殁，旧疾转增。今年正月间，伏枕数日，饮食顿减，此司礼监太监魏朝所亲见……奈今天气渐暑，道路阻修，高年多病之躯，岂能跋涉二三千里之远……惟祈圣慈俯赐宽限，容臣暂停至八九月间，天气凉爽，扶侍臣母一同赴京。”[1]

皇帝接到奏疏，明确表示不得宽限，派文书官到内阁传谕：“朕日夜望其早来，如何又有此奏？”内阁、六部、都察院等部门官员有鉴于朝廷大政暂停运转，纷纷请求皇上敦促张居正尽快返京。皇帝当即发出圣旨：“朕日夜望卿至，如何却请宽限？着留先差太监魏朝，待秋凉伴送卿母北来，卿宜作速上道，务于五月终到京，以慰朕怀，方是大忠大孝。便写敕差锦衣卫堂上官一员，星夜前去催来，勿再迟延。”[2]

五月十六日，锦衣卫指挥佥事翟汝敬奉旨赶到江陵张府，宣读皇帝敕谕：“朕念卿孝心恳切，不忍固违，暂准回籍襄事，限五月中旬回京。实非得已。自卿行后，朕惓惓注念，朝夕计日待旋。兹览来奏，复请宽假，欲待秋凉，奉母同来，殊乖朕望。兹特命锦衣卫指挥佥事翟汝敬驰驿星夜前去，守催起程。卿母既高年畏热，着先差太监魏朝留待秋凉，伴送来京。卿可即日兼程就道，务于五月末旬回阁办事。”为了表示对张先生的尊重，皇帝让翟汝敬捎去他的亲笔手书：

1 张居正《请宽限疏》，《新刻张太岳先生文集》卷四十二《奏疏七》。

2 张居正《奉御还朝疏》，《新刻张太岳先生文集》卷四十二《奏疏七》。

元辅张先生：自先生辞行之后，朕心日夜悬念，朝廷大事俱暂停以待。今葬事既毕，即宜遵旨早来，如何又欲宽限？兹特遣锦衣卫堂上官赍敕催取。敕到，即促装就道，以慰惓惓。先生老母畏热难行，还着太监魏朝将先生父坟未尽事宜再行经理，便候秋凉护送先生老母同来。先生宜思皇考付托之重，圣母与朕眷倚之切，早来辅佐，以成太平之治。[1]

如此再三严词催促，张居正岂敢怠慢，当即于五月二十一日起程北上。

虽然是"更服墨缞"，依然是声势显赫，所过之处，地方官都亲自迎送，行长跪礼，并且身为前驱开道。路经襄阳，襄王也破例迎候，为张居正设宴接风。按照当时惯例，虽然位居元老重臣，谒见藩王时，也要执臣礼。张居正还不具备公侯头衔，见到襄王时仅执宾主之礼，不过作一长揖而已；宴请时，还位居上座。[2]这在当时实属罕见。按照礼仪，皇帝出行到藩王境内，藩王须出迎拜谒。但也有不少例外，武宗勋猷频繁，均未见藩王出迎拜谒之事。只有嘉靖十八年，世宗出巡游承天府，预先敕谕路近藩王出城候驾。于是赵王迎于磁州，汝王迎于卫辉，郑王迎于新郑，徽王迎于钧州，唐王迎于南阳。大明旧制规定，藩王非迎驾及扫墓，不许

1 张居正《奉御还朝疏》，《新刻张太岳先生文集》卷四十二《奏疏七》。

2 张岱《张居正列传》，《石匮书》卷一百六十六。

出城一步。唯独此次张居正路过，襄王、唐王都出城迎谒，而且宾主倒置，不是张居正行朝见伏谒之礼，而是襄王、唐王以奉迎为幸事。当时人议论纷纷，以为张居正“僭紊至此，安得不败！”[1]据王世贞说，还有一件怪事：“江陵（张居正）归葬毕，两道请阅操。吉服上座，一用总督军门礼，花红赏赉，累赐百金。亦桑梓间怪事也。”[2]张岱说得更为具体：“既葬毕，兵备副使与分守关帅，约请居正阅操，用大帅礼。居正欣然许之，改服上所赐蟒绣以御。礼成，大出其金帛，劳使加等。”[3]内阁首辅盛装阅兵，自然也是“僭紊”之举，张居正居然安之若素。

回京途中遇到滂沱大雨，耽搁了一些时日。张居正赶到北京城郊时，已是六月十五日。皇帝特命司礼监太监何进在真空寺设宴接风，何进口传皇上谕旨：“若午时分进城，便着张先生在朝房稍候，朕即召见于平台。若未时分进城，着先生迳到宅安歇，次日早，免朝召见。”[4]足见皇帝对张先生企盼之心切，无怪乎他要再三催促。

4.“臣不以天下之重任自任而谁任耶？”

六月十六日一早，文武百官列班迎接张居正入朝。皇帝在文华殿西室召见张先生，不过小别三

1 沈德符《万历野获编》卷四《亲王迎谒》。

2 王世贞《觚不觚录》，《弇州史料后集》卷三十九。

3 张岱《张居正列传》，《石匮书》卷一百六十六。

4 张居正《谢遣官郊迎疏》，《新刻张太岳先生文集》卷四十二《奏疏七》。

月，似乎久别重逢，亟待诉说衷肠。君臣之间进行了多年罕见的长谈。

皇帝先开口："先生此行，忠孝两全了。"

张居正答谢："臣一念乌鸟私情，若非圣慈曲体，何由得遂？感恩图报之忱，言不能宣，惟有刻之肺腑而已。"

皇帝说："暑天长路，先生远来辛苦。"张居正叩头谢恩，并为违限超假向皇上请罪。

皇帝安慰道："朕见先生来，甚喜，两宫圣母亦喜。"

张居正也表达了对皇上与太后的挂念："臣违远阙庭，倏忽三月，然犬马之心未尝一日不在皇上左右。不图今日重睹天颜，又闻圣母慈躬万福，臣不胜庆忭。"

皇帝说："先生忠爱，朕知道了。"接着转换话题，问道："先生沿途见稼穑何如？"

张居正报告了经过河南、畿辅（河北）等地麦子丰收，稻苗茂盛。

皇帝又问："黎民安否？"

张居正答："各处抚按有司官来见，臣必仰诵皇上奉天保民至意，谆谆告诫，令其加意爱养百姓，凡事务实，勿事虚文。臣见各官兢兢奉法，委与先年不同。以是黎民感德，皆安生乐业，实有太平之象。"

皇帝又问："今边事何如？"

张居正答："昨在途中，见山西及陕西三边督抚、总兵官，具有密报，说虏酋俺答（蒙古鞑靼部首领）西行，为挨落达子（蒙古瓦剌部）所败，损伤甚多，俺答仅以身免。此事虽未知虚实，然以臣策之，虏酋真有取败之道。夫夷狄相攻，中国之利，此皆皇上威德远播，故边境乂安，四夷宾服。”说完便叩头称贺。鞑靼、瓦剌是明朝北边大患，隆庆年间，按照高拱、张居正的建议，对鞑靼实行封贡互市，封俺答为顺义王，加以笼络。

皇帝随即表扬道：“此先生辅佐之功。”

张居正乘势引导皇上，切不可轻视俺答，仍应封贡如初：“虏酋若果丧败，胡运从此当日衰矣。但在我不可幸其败而轻之。盖圣王之制夷狄，惟论顺逆，不论强弱。若其顺也，彼势虽弱，亦必抚之以恩；若其逆也，彼势虽强，亦必震之以武。今后乃皇上扩并包之量，广复育之仁，戒谕边臣，益加恩义。彼既败于西，将依中国以为固，又恐乘其敝而图之。若我抚之不改初意，则彼之感德益深，永为藩篱，不敢背叛。此数十年之利也。”

皇帝听了很高兴，再三首肯：“先生说的是。”

要谈的话差不多了，皇帝为了表示关怀，说：“先生沿途辛苦，今日见后，且在家休息十日了进阁。”随即赏赐银一百两、苎丝六表里、新钞三千贯、羊二只、酒二瓶、茶饭一桌，烧割一份，还吩咐司礼监太监张宏引导张先生到慈庆宫、慈宁宫，朝谒两宫圣母。[1]

九月十五日，张居正母亲赵氏在司礼监太监魏朝伴护下，抵达京郊。皇帝特命司礼监太监李佑到

1 张居正《谢召见疏》，《新刻张太岳先生文集》卷四十二《奏疏七》。《明神宗实录》卷七十六，万历六年六月丙申。

郊外，两宫皇太后也派太监前往郊外，迎接慰劳。[1]稍事休息后，魏朝陪同张母进城。一路上，仪从煊赫，路人围观如堵。三天后，皇帝和皇太后命太监前往张府，赏赐张母金银珠宝等大量礼物。

这一切是何等的恩宠，何等的荣耀！皇帝、皇太后对张母如此恩礼有加，如此亲如家人，实为君臣关系所罕见。正如史书所说，皇帝、皇太后对待张母，“几用家人礼”。[2]对待皇亲国戚的恩礼，与之相比，也有所不及，处处流露出皇帝与首辅的关系非同寻常。

还在张居正归葬江陵时，皇帝收到户部员外郎王用汲（字明受，福建晋江人）弹劾张居正的奏疏。这篇题为《乞察总宪欺罔以重正气以彰国是疏》，从张居正归葬时官员之间的纠葛写起，名义上是弹劾都察院都御史陈炌，实则是指责张居正喜好阿谀奉承，排斥异己，专擅朝政。

◤王用汲，隆庆二年进士。历任淮安府推官、常德府同知、户部员外郎。万历六年因弹劾张居正而被削籍。张居正殁，起补刑部，累官南京刑部尚书。

事情的缘由是这样的：张居正为父亲举行葬礼，湖广的各级官员都到了，唯独湖广巡按御史赵应元（字文宗，号仁斋，陕西泾阳人）不来，张居正心中怏怏不快，虽未显露出来，还是被他的门客现任佥都御史王篆察觉到了。不久，赵应元接到新的任命，托病推辞。王篆迎合张居正的意思，嘱咐都察院左

1 《明神宗实录》卷七十九，万历六年九月癸亥。

2 张廷玉《明史》卷二百十三《张居正传》。

都御史陈炌指责赵应元有意规避，使得赵应元遭到除名的处分。王用汲获悉后不胜愤慨，向皇上递交奏疏，澄清事实真相。

王用汲在奏疏中说：臣近读邸报，内叙四月十六日张居正葬父于太晖山之原，湖广官员毕集，独巡按御史赵应元不见。数月后，赵应元因病乞休，都御史陈炌求悦辅臣，参论赵应元托病欺罔。由此追究下去，他以为皇上只知其一不知其二："陛下但见（陈）炌之论劾赵应元恣肆任情，巧为趋避，即罢斥之有余辜也，至其意之所从来，不为其事，而为其人；不为此事，而为他事。陛下安得而知之。如旧岁星变示警，奉旨考察，所以应天变也，而不知所以惩抑者半为不附宰臣之人。姑举最著者云之。翰林习孔教则以进士邹元标之故，礼部张程则以御史刘台之故；刑部浮躁独多于他部，则以艾穆、沈思孝之故；而所往来尤密者，主事蔡文范也；考后分转赵志皋则以吴中行、赵用贤之故……臣不意陛下以其消灾弭变之举，而仅为宰臣酬恩报怨之私，不但宰臣，而凡附宰臣者，亦窃得各酬其私矣。"下面几句话是全文的关键，分量最重："臣谓今天下事事私矣，人人私矣，独陛下一人公耳。陛下又不躬自听断，而委政于众所阿奉之元辅。是以大臣益得成其私，而无所顾忌；小臣益苦于私，而无所控告，其势不得不奔走乎私门矣！"这里所说的"众所阿奉之元辅"，与前面所说的"辅臣""宰臣"，都是直指张居正的。这个王用汲真是锋芒毕露，批评了张居正之后，又批评起皇帝来了："以陛下之圣智，何不日取庶政而勤习之，大小章奏务躬自省览，孰公孰私，孰便孰不便，陛下先以意可否焉，然后宣付辅臣，俾再商榷。可则行之，未可则票拟复请"；"威福者陛下所当自出也，乾纲者陛下所当独揽也，一寄之于人，不谓之旁落，则谓之倒持矣”！[1]

王用汲分明是在暗示已经大婚的皇上应该亲政，不要大权旁落，不要太阿倒持，不要让张居正继续专擅朝政。不仅抨击了张居正，也嘲讽了皇帝，实在有点肆无忌惮了。幸亏当时张居正还在江陵，吕调阳卧病在家，由比较温和的张四维拟旨，从轻发落，将王用汲革职为民。皇帝虽然十分恼火，只得同意张四维的意见，亲笔写了一道谕旨：“都御史总司风纪，御史不法，得以指实参治，此是祖宗宪制。赵应元差回，既托疾乞休，明系蔑视法纪，岂可置之不问？朕特斥之，这厮乃敢逞肆浮词，越职妄奏，好生怀奸比党，挠乱国是。本当重处，故从轻，着革了职为民。再有这等的，并这厮重治不饶。”[2]

张居正回京看到奏疏时，王用汲已经处分完毕，他以为处分太轻，迁怒于张四维，严词厉色，怒火中烧。[3]还在余怒未消之时，他意气用事地写了奏疏递给皇上。在奏疏中，他一语道明：“(王)用汲之言，阳为论(陈)炌，实阴攻臣也。”然后逐条批驳，这在张居正的奏疏中实属罕见，他一向对批评他的人以高屋建瓴的姿态予以反击，从不纠缠于细节。这次一反常态，逐一辩解，明显地流露出被动招架的样子。一则说，“臣看得(王)用汲疏中，

1 王用汲《乞察总宪欺罔以重正气以彰国是疏》，《万历疏钞》卷六《国是类》。钱一本《万历邸钞》，万历六年戊寅卷，五月壬寅。

2 钱一本《万历邸钞》，万历六年戊寅卷，五月壬寅。

3 万斯同《明史》卷三百二十四《王用汲传》。

为臣前葬父事毕谢恩疏，无御史赵应元名；谓臣有所憾于应元，而（陈）炌阿附臣意，遂因其称病而纠之。此大诬也”。再则说，“又谓旧岁以星变考察，其所惩者半为不附宰臣之人，此又大诬也”。然后触及他最为敏感的话题，说：“然此二端，皆借言也，至末后一段谓，皇上当独揽朝纲，不宜委政于众所阿奉之元辅，此则其微意所在，乃陷臣之机阱也。”他引用历史上明君委政于良相的事例，有点激动地写道：“夫国之安危，在于所任，今但当论辅臣之贤不贤耳。使以臣为不贤耶，则当亟赐罢黜，别求贤者而任之；如以臣为贤也，皇上以一身居于九重之上，视听翼为，不能独运，不委之于臣而谁委耶？先帝临终，亲执臣手，以皇上见托。今日之事，臣不以天下之重自任而谁任耶？”[1]

他所说的，“不委之于臣而谁委耶？”“臣不以天下之重任自任而谁任耶？”未免太过于自信，太过于目空一切，尽管皇帝对他十分信任，一切朝政都委托他全权处理，但是皇帝毕竟已经完婚，已经成年。张居正再以天下舍我其谁的口气讲话，很容易引起皇帝的反感。这一层，张居正在志得意满之际是不会仔细考虑的。不过透过王用汲奏疏，他隐约看到一些官员对他的不满情绪。这种倾向他看得很透彻，向来置之不理，这次却有点惶惶然了，需要皇上出来帮他讲几句话。皇上一如既往地支持

1 张居正《乞鉴别忠邪以定国是疏》，《新刻张太岳先生文集》卷四十三《奏疏八》。

他："奸邪小人假公伺隙，肆为谗谮者，累累有之。览奏，忠义奋激，朕心深切感动。今后如再有讹言诪张，挠乱国是的，朕必遵祖宗法度，置之重典不宥。"[1]

此后虽然不再有类似王用汲那样的"谗谮"，但张居正已逐渐感到压力，这位一向不屈不挠的铁腕人物，心中开始生出"乞休"的念头。无奈时机还不成熟，皇上的耕耤礼、谒陵礼还未举行，怎忍言去！

四 "惴惴之心无一日不临于渊谷"

1. 耕耤礼

随着皇帝朱翊钧步入成年，传统的耕耤礼提上了议事日程。

先秦时代，天子的公田称为耤田，为了表示对社神（土地神）、稷神（谷物神）的崇拜，为了表示对农业生产的重视，天子定期举行耕种耤田的礼仪。《诗经·噫嘻》就是周成王举行耕耤礼所唱的乐歌。在春天降临大地之际，天子在群臣陪同下，亲自到耤田上操起农具耕田，以期告诫农官要勤于王田上的农事。这种习俗代代相传，到了明朝，完全成了有名无实的礼仪形式。

1《万历起居注》，万历六年六月二十二日。

洪武二年(1369)，太祖高皇帝祭祀先农后，太常卿奏请皇帝在耕耤位南向而立，三公以下的高级官员各就各位，户部尚书向皇帝进耒耜(古农具)，太常卿导引皇帝手持耒耜在土地上推三下，谓之“三推”。户部尚书跪受耒耜，皇帝复位，南面坐。然后由三公“五推”，尚书“九推”，各退就位。太常卿高唱礼毕，导引皇帝还宫。接下来应天知府与上元、江宁两县知县，率领庶人，把耤田耕种完成。朝廷在先农坛举行宴会，慰劳百官耆宿。[1]

永乐年间迁都北京后，耕耤礼更为隆重。祭祀先农毕，皇帝来到耤田处，户部尚书捧鞭跪进，教坊司官员率领乐队奏乐，皇帝举行“三推”礼毕，至仪门升座，乐声大作，观看三公九卿耕耤，教坊司上演大乐、百戏，皇帝退回殿内，在音乐伴奏下进汤进膳。顺天府官员率领耆老人等谢恩，百官行礼，赐百官酒饭。乐队先奏“本太初之曲”，再奏“仰大明之曲”，三奏“民初生之曲”，鸿胪寺官员宣布礼毕，皇帝回宫。[2]

礼部根据祖宗旧制，题请皇上于万历七年(1579)二月二十五日举行耕耤礼。不巧得很，十七岁的皇帝朱翊钧正月出疹，视朝、讲读都暂免，在宫中服药静摄。[3]鉴于这种特殊情况，张居正向皇帝提议:“出疹之后，最忌风寒，伏望善加珍摄，耕耤之礼改于明岁举行。”[4]

1 万历《大明会典》卷五十一《礼部九·耕耤》。

2 万历《大明会典》卷五十一《礼部九·耕耤》。

3《明神宗实录》卷八十三，万历七年正月庚午。

4《明神宗实录》卷八十四，万历七年二月丙子。

皇帝出疹，引起皇太后的不安。笃信佛教的慈圣皇太后为此向菩萨许愿：待皇帝身体康复后，要举办法会超度僧众。不久，文书官口传慈圣皇太后慈谕："前因皇上出疹，曾许僧人于戒坛设法度众。今圣躬万安，宜酬还此愿。"张居正不信这一套，也不想在宫中搞什么佛事法会，找了个借口回奏太后："窃惟戒坛一事，奉有世宗皇帝严旨禁革，彼时僧人聚集以数万众，恐有奸人乘之，致生意外之变，非独败坏风俗而已。隆庆以来僧徒无岁不冀望此事，去年四月间，游食之徒街填巷溢，及奉明旨驱逐，将妖僧如灯置之于法，然后敛戢。今岂宜又开此端！"[1]既然张先生如此说，太后也只好作罢。

皇帝身体康复后，根据礼部建议，于万历七年(1579)三月初九日恢复视朝。这是他病后首次视朝。前一天，他派文书官到内阁告诉张先生："朕明日御朝，切欲与先生一见，奈先生前有旨，不在朝参之列，明日未朝之时，先于平台召见。"[2]

次日黎明，皇帝祭告奉先殿后，来到平台，召见张先生。张居正叩头，对皇上身体康复表示祝贺。

皇帝说："朕久未视朝，国家事多劳先生费心。"

张居正说："臣久不睹天颜，朝夕仰念，今蒙特赐召见，下情无任欢欣。但圣体虽安，还宜保重。至于国家事务，臣当尽忠干理，皇上免劳挂怀。"

皇帝说："先生忠爱，朕知道了。"随即赏赐银

1《明神宗实录》卷八十四，万历七年二月癸未。

2 张居正《召见纪事》，《新刻张太岳先生文集》卷四十二《奏疏八》。

五十两、彩币六表里、烧割一份、酒饭一桌。张居正叩头称谢。

皇帝说："先生近前，看朕容色。"张居正跪到御座前，皇帝抓住他的手，又说："朕日进膳四次，每次俱两碗，但不用荤。"

张居正以长者的身份叮嘱："病后加餐，诚为可喜。但元气初复，亦宜节调，过多恐伤脾胃。然不但饮食宜节，臣前奏疹后最患风寒与房事，尤望圣明加慎。"

皇帝回应道："今圣母朝夕视朕起居，未尝暂离，三宫俱未宣召。先生忠爱，朕悉知。"皇帝把他的日常生活也向张先生报告了，说明他已经注意到"疹后最患风寒与房事"。最后关照张先生，经筵于十二日恢复，日讲则拖延到五月上旬再开始。

张居正叩头退出后，御门才传来上朝的钟声。皇帝来到皇极门，接受百官的称贺。视朝完毕，匆忙赶赴慈庆宫、慈宁宫，去拜见皇太后。

万历八年（1580）二月十八日，皇帝举行耕耤礼，当朝的元老重臣都参加了。皇帝任命定国公徐文璧、彰武伯杨炳、大学士张居正充当三公，大学士张四维、兵部尚书方逢时、吏部尚书王国光、户部尚书汪宗伊、礼部尚书潘晟、戎政兵部尚书杨兆、刑部尚书严清、都察院都御史陈炌与吴兑，充当九卿，举行"五推""九推"礼仪。[1]

1《明神宗实录》卷九十六，万历八年二月戊子。

次日，皇帝为耕耤礼顺利完成，赏赐参加仪式的三公九卿绸缎等礼品，其他执事官员也分别赏赐银两、布匹等礼品。[1]

2. 谒陵礼

耕耤礼成之后，要举行谒陵礼。这是朱翊钧即位以来首次以皇帝的身份与皇太后前往天寿山祭谒祖陵。

明朝建都于南京，它的开国皇帝朱元璋死后安葬于此，称为明孝陵。明成祖朱棣迁都北京，此后的皇帝死后都安葬于北京。永乐七年（1409）五月，朱棣在昌平州为自己寻觅寿陵的吉壤，礼部尚书邀请江西的风水先生到昌平州，遍阅诸山，判定黄土山最为吉利。朱棣亲临视察，对此颇为满意，随即把黄土山封为天寿山，开始修建自己的寿陵。陵前有总神路，有门，门外刻石文武大臣像、兽石柱、牌楼，南面有红门，门内是拂尘殿，殿外有石牌坊。陵墓宝城正前方有明楼，楼前有石几筵，又前为祾恩殿、祾恩门。所谓“祾”，有祭而受福的意思；所谓“恩”，有罔极之恩的意思。[2]

此后这片位于昌平州西北、八达岭东南、居庸关正东的山地，成为明成祖以下各代帝后陵墓所在地。

明成祖文皇帝后陵曰长陵。

明仁宗昭皇帝后陵曰献陵，在长陵西。

1《明神宗实录》卷九十六，万历八年二月己丑。

2 孙承泽《春明梦余录》卷七十《陵园》。

◥《出警入跸图》局部
《出警入跸图》描绘的是万历皇帝谒陵的盛况。《出警图》与《入跸图》虽是各自分开的两幅长卷，但是所绘的却同是扫墓、巡视的过程，因而通常被合称为《出警入跸图》。

明宣宗章皇帝后陵曰景陵，在长陵东。

明英宗睿皇帝后陵曰裕陵，在献陵西。

明宪宗纯皇帝后陵曰茂陵，在裕陵西。

明孝宗敬皇帝后陵曰泰陵，在茂陵西。

明武宗毅皇帝后陵曰康陵，在泰陵西。

明世宗肃皇帝后陵曰永陵，在景陵东南。

明穆宗庄皇帝后陵曰昭陵，在康陵东南。[1]

1 编者按：《春明梦余录》卷七十《陵园》中记录的位置部分有误，今根据实际情况做了更正，特此说明。

为了郑重其事地操办谒陵礼，皇帝朱翊钧向光禄寺发去旨意，要把先前节省下来的膳费中拿出十万两银子供开支。户科给事中郝维乔（号中岩，河南扶沟人）表示异议，认为区区十万两恐怕不够，希望由宫中内库调拨银两，供谒陵使用。[1]朱翊钧不接受，下令仍从前旨。十万两银子哪里够用！不久，太监高福传达圣旨：随驾扈卫官军所需六万两银子，要政府拨给。张居正不便反对，委婉提出折中

1 《明神宗实录》卷九十六，万历八年二月庚寅。

意见：隆庆二年穆宗皇帝谒陵时，此项费用均由宫中内库提供，要政府拨给经费不合旧例。既然宫中内库缺乏，拟由户部和兵部从太仓折草银、太仆寺马价银两项税收中，各动支三万两，以济急需。[1]

三月十二日，皇帝与两宫皇太后以及后妃一行，在众大臣的陪同下，从京城出发，抵达巩华城行宫。蓟辽总督梁梦龙（字乾吉，号鸣泉，直隶真定人），昌平总兵杨四畏（字敬甫，号知庵，辽东辽阳人），昌平州的官吏与学校师生，赶往行宫朝见皇帝一行。次日一早，皇帝一行从巩华城出发，午时驻跸感恩殿。

这次谒陵，皇室人员、文武百官、扈卫官军构成一支庞大的队伍，一路浩浩荡荡，地方官迎送接待，无异于一次大骚扰，对百姓更是一场大灾难。皇帝似乎也想到了这一层，传谕户部："朕兹躬谒山陵，经过地方百姓劳苦，本年分田租量与蠲免，以示优恤，尔部酌开分数来看。"[2]那意思是用减免沿途地方的赋税，来弥补地方百姓的损失，为此要求户部确定减免赋税的比例。

三月十四日，皇帝一行抵达天寿山红门。关于此次谒陵的具体情形，《躬谒陵寝记》有简要的记录："万历八年三月，上奉两宫皇太后，率后妃谒陵，行春祭礼。辛亥，发京，次巩华城，从官行礼毕，蓟辽总督官梁梦龙、昌平总兵官杨四畏，及昌平州官吏师生，朝见于行宫。赐元辅张居正、次辅

1《明神宗实录》卷九十七，万历八年三月己酉。

2《明神宗实录》卷九十七，万历八年三月壬子。

张四维、申时行膳酒有差。壬子，驾发巩华城，至天寿山红门。降辇，由左门入。两宫皇太后升舆，上驾前导，后妃后随，至感恩殿。侍膳毕，上升座，从官行叩头礼。本日驻跸感恩殿。祭日质明，上具青袍，奉两宫皇太后率后妃，乘舆至长陵门东，降舆。皇太后、后妃于陵殿左右设障屏少待。导引官导上至左门外，典仪唱：执事官各司其事，内赞对，引导至拜位，奏就位，诣前上香。上三上香跪讫，复位，四拜。传赞：同奠帛行初献礼。导至御案前献帛，导至文皇帝御座前献爵，又导至文皇后御前献爵，复位跪。传赞：众官皆跪。读祝，俯伏，兴平身。传赞：同亚献礼终。献礼执爵者代献，四拜。传赞：同读祝官捧祝，进帛官捧帛，各诣燎位。上退拜位之东。捧祝帛官出殿门，礼毕。传赞：同百官上幄次，即次出，先谒永陵，候驾。执事官彻牲，设酒果脯醢。上奉两宫皇太后，率后妃入，女官奏：就位，行四拜礼；奏：上香，女官捧香，皇太后三上香讫；奏：复位跪，皇太后跪，后妃皆跪，上跪于皇太后之左，读祝官跪于上后，读讫；奏：兴四拜礼毕，出次，诣永陵、昭陵，行礼如长陵。”[1]

在祭祀了长陵、永陵、昭陵之后，皇帝派遣公爵徐文璧，侯爵李言恭，伯爵陈王谟、杜继宗、陈景行、李伟分别祭祀献陵、景陵、裕陵、茂陵、泰

1 孙承泽《春明梦余录》卷七十《陵园》。

陵、康陵，都督沈至祭祀景皇帝陵寝，都督李鹏祭祀恭让章皇后陵园，司礼监太监祭祀宪宗废后陵园，都指挥佥事蒋克谦祭祀哀冲、庄敬二太子陵园，侯爵张建元祭祀天寿山神功。春祭完毕，原本打算继续住在感恩殿，当皇帝与太后听说当地供水困难，立即起程赶回巩华城。[1]以扈驾谒陵行礼毕，赏赐辅臣张居正、张四维、申时行白金纻币，赏赐蓟辽、昌平、宣大等处迎驾防护官军，以示朝廷抚恤恩优垂念边兵之至意。次日，由巩华城抵达功德寺行宫，皇帝与太后及后妃一行，乘坐龙舟回京。文武百官、军民耆老聚集于西直门迎驾。[2]

3.“高位不可以久窃，大权不可以久居”

耕耤礼与谒陵礼的举行，标志着十八岁的朱翊钧已经成年，独立治理朝政的条件成熟了。张居正作为顾命大臣，辅佐幼帝的任务似乎可以告一段落了。他不想让人们议论自己把持朝政不放，深感“高位不可以久窃，大权不可以久居”，便于三月二十二日向皇帝提出“乞休”的请求，意欲把朝廷大权归还皇上。奏疏写得很有感情：

> 臣一介草茅，行能浅薄，不自意遭际先皇，拔之侍从之班，畀以论思之任。壬申（隆庆

1《明神宗实录》卷九十七，万历八年三月癸丑。孙承泽《春明梦余录》卷七十《陵园》。

2 孙承泽《春明梦余录》卷七十《陵园》。

六年）之事，又亲扬末命，以皇上为托。臣受事以来，夙夜兢惧，恒恐付托不效，有累先帝之明。又不自意特荷圣慈眷礼优崇，信任专笃，臣亦遂忘其愚陋，毕智竭力，图报国恩。嫌怨有所弗避，劳瘁有所弗辞，盖九年于兹矣。每自思惟，高位不可以久窃，大权不可以久居。然不可遽尔乞身者，以时未可尔。今赖天地祖宗洪佑，中外安宁，大礼大婚，耕耤陵祀，鸿仪巨典，一一修举。圣志已定，圣德日新。朝廷之上，忠贤济济。以皇上之明圣，令诸臣得佐下风，以致升平，保鸿业无难也。臣于是乃敢拜手稽首而归政焉。[1]

这九年来，他任重力微，积劳过虑，形神顿惫，气血早衰。不过年逾五十，头发胡须由黑变白，已呈未老先衰之态，自己感到聪明智虑将日就昏蒙，如不早日辞去，恐怕使得王事不终，前功尽弃。所以他请求皇上批准他骸骨生还故乡，保全晚节。[2]

这篇奏疏，不加掩饰地透露出张居正辅政九年之后的真实心态。尽管他对权位是热衷而贪恋的，也不得不作深长的计议，以免前功尽弃，中途翻车（也就是他所谓“驽力免于中蹶”）。虽然他位极人臣，功高权重，皇太后、皇帝对他尊重备至，恩礼有加，

1 张居正《归政乞休疏》,《新刻张太岳先生文集》卷四十四《奏疏九》。

2 张居正《归政乞休疏》,《新刻张太岳先生文集》卷四十四《奏疏九》。

但伴君如伴虎的后果，也不得不有所考虑。况且已过了精力最旺盛的年龄，繁重的政务，错综复杂的人际关系，新政的重重阻力，都令他形神憔悴，疲惫不堪。与其中途翻车，不如急流勇退。他的这一归政乞休请求，既是一种政治姿态，也是一种自谋策略。

此时此地的张居正，隐约有不祥的预感。他在给湖广巡按朱琏的信中，谈起地方官为他建造“三诏亭”的事，感慨地说：“作三诏亭，意甚厚。但异日时异势殊，高台倾，曲沼平，吾居且不能有，此不过五里铺上一接官亭耳，乌睹所谓三诏哉？盖骑虎之势自难中下，所以霍光、宇文护终于不免。”[1]他归葬亡父时，一天之内接连收到皇上三道诏书催促回京，湖广地方官引为桑梓的无上光荣，在江陵为他建造“三诏亭”以资纪念。此事竟然使他生出“骑虎之势自难中下”的感叹，联想到历史上和他类似的大臣——霍光、宇文护——的悲惨下场。

霍光，西汉河东平阳（今山西临汾）人，与桑弘羊同时受汉武帝遗诏，辅佐年幼的汉昭帝，任大司马大将军，封博乐侯。汉昭帝死，他迎立昌邑王刘贺为帝；不久又废刘贺，迎立汉宣帝。他前后执政二十年之久，功不可没，但汉宣帝却视他为芒刺在背。他死后，遭到政治报复，株连家族，酿成一桩惨案。当时民间谚语说：“威震主者不畜，霍氏之祸

1 沈德符《万历野获编》卷九《三诏亭》。

萌于骖乘。”[1]这就是“威权震主，祸萌骖乘”这一成语的由来。

宇文护和霍光地位类似，政治品格有所不同。他是北周代郡武川（今内蒙古武川）人，西魏时任大将军、司空，继宇文泰执掌西魏朝政，拥立宇文觉登上宝座，建立北周，自任大冢宰，专断朝政。以后又废宇文觉，另立宇文毓，继而又杀宇文毓，另立宇文邕（周武帝）。结局与霍光一样，“威震主者不畜”，为周武帝所杀。

张居正联想到霍光、宇文护这些威权震主的权臣之下场，不免有点惶恐，所以想急流勇退。然而皇帝一点思想准备都没有，这时的他，虽然已经感受到张居正威权震主，却还没有芒刺在背的体验。于是毫不犹豫地下旨挽留：“卿受遗先帝，为朕元辅，忠勤匪懈，勋绩日隆。朕垂拱受成，倚毗正切，岂得一日离朕！如何遽以归政乞休为请，使朕恻然不宁。卿宜仰思先帝叮咛顾托之意，以社稷为重，永图襄赞，用慰朕怀，慎无再辞。”[2]

张居正此次乞休是深思熟虑的，接到圣旨两天后，再次上疏乞休。他向皇上流露了近年来惴惴不安的心情：“自壬申（隆庆六年）受事，以至于今，惴惴之心无一日不临于渊谷。”这位铁腕人物，一向标榜“嫌怨有所弗避”，却原来每天都如临深渊如履薄冰，实在出乎人们的意料。他诉说内心的苦

1 班固《汉书》卷六十八《霍光传》。

2 张居正《再乞休致疏》，《新刻张太岳先生文集》卷四十四《奏疏九》。

闷："中遭家难，南北奔驰。神敝于思虑之烦，力疲于担负之重。以致心血耗损，筋力虺隤，外若勉强支持，中实衰惫已甚。餐荼茹堇，苦自知之。恒恐一日颠仆，有负重托，欲乞身于圣明之前，非一日矣。独念国事未定，大礼未完，口嚅嚅而不忍言，心依依而未能舍。"为此他提出一个折中方案：只是请假，并非辞职，不过是请长假。数年之间暂停鞭策，少休足力，国家或有大事，皇上一旦召唤，朝闻命而日就道。[1]

听了他的肺腑之言，皇帝有点踌躇了，以他的性格，并非不想早日亲操政柄。只是如此重大的人事变动，他做不了主，还得通过"垂帘听政"的圣母才行。于是他把张先生要求请假之事，向圣母请示。不料，慈圣皇太后的态度很坚决，恳切挽留张先生，对儿子说："待辅尔到三十岁，那时再作商量。"朱翊钧遵奉母后的慈谕，拒绝张先生的请求，亲笔写了一道手谕，把皇太后的慈谕原原本本转告张先生，并且郑重其事地特派司礼监太监孙秀、文书房太监丘得用，前往张府递送手谕。张居正叩头拜读，但见皇上写道："谕元辅张先生：朕面奉圣母慈谕云：'与张先生说，各大典虽是修举，内外一应政务，尔尚未能裁决，边事尤为紧要。张先生亲受先帝付托，岂忍言去！待辅尔到三十岁，那时再作商量。先生今后再不必兴此念。'朕恭录以示先

1 张居正《再乞休致疏》，《新刻张太岳先生文集》卷四十四《奏疏九》。

生，务仰体圣母与朕惓惓倚毗至意，以终先帝凭几顾命，方全节臣大义。先生其钦承之，故谕。”[1]显然，慈圣皇太后对儿子亲政还不放心，对张先生的信赖仍一如既往，所以斩钉截铁地定下辅佐到三十岁的规矩。张居正对于圣母的慈谕，“感惧兼抱”，向皇上表示：“臣于此时若复固求私便，是为自冒谴诛。但臣愿忠之心无穷，而任事之力难强，仍乞皇上朝夕于圣母前达臣微悃，曲赐矜涵。”[2]

皇太后如此明白无误又毫无商量余地的表态，使得皇帝朱翊钧、首辅张居正都陷入了尴尬境地。

对于朱翊钧而言，在母后眼里，自己还是个孩子——“内外一切政务，尔尚未能裁决”，不得不打消亲政的念头；“待辅尔到三十岁，那时再作商量”，似乎意味着张先生在世一日，亲政便永无指望。物极必反，朱翊钧对张居正由崇敬向怨恨转变，这是一个很重要的伏笔，张居正一旦死去必将有所发泄。

对于张居正而言，皇太后既然说“今后再不必兴此念”，岂敢再提“乞休”之事！他答应即日赴阁供职，却难以摆脱如临深渊如履薄冰的担忧，进退两难的考虑日益明朗化了。他写给亲家、刑部尚书王之诰（字告若，号西石，湖广石首人）的信，透露了此时的心情：“弟德薄享厚，日夕懔懔，惧颠跻之遄及耳。顷者乞归，实揣分虞危，万非得已。且欲因

1 张居正《谢圣谕疏》，《新刻张太岳先生文集》卷四十四《奏疏九》。《明神宗实录》卷九十七，万历八年三月癸丑。《太师张文忠公行实》记此事：“上赐太师龙笺手敕曰：‘自今以往三十年，愿行实无复出口矣。’太师遂不得辞。”

2 张居正《谢圣谕疏》，《新刻张太岳先生文集》卷四十四《奏疏九》。

而启主上以新政，期君臣于有终。乃不克如愿，而委任愈笃，负载愈重，孱弱之躯终不知所税驾矣，奈何！”[1]

在他权势最鼎盛，事业最成功的时刻，担心中道颠蹶，并非杞人忧天，舆论对于他颇有微词。许重熙写他上疏乞休，有这样一段话很值得注意：“时居正扈上谒诸陵归，即具疏乞休，中云：‘拜手稽首归政，隐然复子明辟。’凡再三上，而上慰留恳切，最后手书上慈圣口谕：‘张先生亲受先帝付托，岂忍言去。俟辅尔至三十，而后商处。先生毋复兴此念。’居正乃出，而子懋修状元及第矣，懋修弟敬修与（张）四维之子甲徵皆在前列，得礼部主事。时人为之语云：‘首甲幸有三人，云胡靳此二子。’或俚言，书而粘之宫墙。”[2]

张岱写到圣母慈谕后，意味深长地评论：“居正乃出，而懋修即状元及第矣，敬修得礼部主事。懋修、嗣修共列史馆，每出，则众相指而诅，或作俚谚，书而粘之宫墙。居正门下客王篆、曾省吾等骄横日甚，南北给事御史傅作舟、王蔚、秦耀、李选、朱琏、顾尔行等，为之爪牙。”[3]

关于张居正几个儿子登科之事，《万历邸钞》提供了一些细节：“甲子策士，赐张懋修、萧良有、王廷譔等进士及第出身。懋修，居正第三子。先丁丑科，居正第二子嗣修赐及第第二名。是科懋修遂

1 张居正《答司寇王西石》，《新刻张太岳先生文集》卷三十二《书牍》。

2 许重熙《嘉靖以来注略》卷八，万历八年三月。

3 张岱《石匮书》卷一百六十六《张居正传》。

裒然居首，嗣修、懋修先后制策，皆何雒文代为之云。居正长子敬修，亦二甲十三名。御史魏允贞疏云：‘大学士之充读卷官，与礼部之充知贡举官，皆登进人才，关系职掌，非如监试同考出自临时，可甲可乙。自居正外托回避之名，而内擅拟题之柄，丁丑榜眼，庚辰状元，皆出其家，惟此之故者。此按邪佞附炎逐臭，无所不至。’”[1]把这三条史料对照阅读，其间的信息清晰可见。

不久，新科进士魏允中（字懋权，直隶南乐人）、刘廷兰（字国徵，福建漳浦人），给他们的座师申时行写信，议论时政。钱一本指出他们写信的动机：“时江陵（张居正）擅政，时事乖刺，二人相对，忧形于色，曰：‘吾侪新进，何能为？盍私诸申座师乎，庶可默回万分一也。”[2]

魏允中是魏允贞之弟，与兄长有类似的政见，他在信中说：“今天下渐不可长者，抑莫甚于人情。事有异有常，而人情有安有骇。天之常日月星辰，而孛蚀异；人之常君臣父子，而乱贼异；中国之常礼乐文章，而左衽异；官使之常贤智忠良，而险邪异；政治之常刚柔正直，而偏诐异。常则安，异则骇，人之情未有不然者也。”他列举事实为证，“主事赵世卿疏时政，天子幸不切责，吏部黜以为长史。御史刘台言事得罪，天下悲其忠，安福奸民乘间诬奏之。进士南企仲乞归终养，听抚按勘。中外

1 钱一本《万历邸钞》，万历八年庚辰卷，三月。

2 钱一本《万历邸钞》，万历八年庚辰卷，十二月。

诸上书，与诸省程录，动称大臣功德，言不及君。此皆耳目所不习，非常可异者也”。因此他向申时行指出：“此其渐可使长耶，不可使长耶？所关于世道理乱得失，巨耶细耶？窃以为宜及今而娇之，尚有可为；而矫世之责，实惟门下。”[1]所谓“动称大臣功德，言不及君”，直斥阿谀奉承的官员只知有首辅，不知有皇帝。他希望申时行有所矫正。

刘廷兰的信也在“动称大臣功德”上做文章：“天下之元气萧然，日索一日，灾异之应，烂然可睹矣。而中外上书，动称大臣功德，比于舜禹。于泛然章奏之中，陡入谀语，漫不顾上下。”又说：“天下无事，士大夫争相慕效，皆欲保爵禄、顾子孙、买田宅，为逸乐富贵之计。故以官而博言者，百不得一；以身而博言者，千不得一；以身家破亡之祸而博言者，亿万不得一。”他对于“英雄之所以垂首，忠谏之所以结舌”，十分不满，用激烈的言词揭露盛世的另一面：“今天下子弑父，仆戕主，郡邑榜箠租税，民至析骨易孩而食，自经死者相望，聪明才智之士，业不得致于学校，其计划未卜何之。俺答土蛮动拥数十万，窥我边疆，人心惶惶，无有固志。”有鉴于此，他批评座师申时行，“岂可舍社稷安危之计，而顾私家疑忌之嫌哉”！[2]

申时行对两个小人物的来信置之不理，是不屑一顾，抑或是有所顾忌呢？

1 魏允中《上申相公书》，《万历疏钞》卷五十《上书》。钱一本《万历邸钞》，万历八年庚辰卷，十二月。

2 刘廷兰《上申相公书》，《万历疏钞》卷五十《上书》。钱一本《万历邸钞》，万历八年庚辰卷，十二月。

朱翊钧从少年步入成年，从幼稚走向成熟，已经不必首辅张先生搀扶，可以独立行事了。但是母后要他一如既往地听从张先生的辅佐，对于一个权力欲极强的皇帝而言，这种长期压抑与管束，是难以承受的，总有一天会爆发出来。

第四章

张居正之死与朱翊钧亲政

一　张居正之死

1. 张居正病危

长期的重负，使张居正身心交瘁，体质日趋衰弱。万历九年（1581）七月，他病倒了，一连几天不能到内阁办公。皇帝获悉后，派遣四名御医前往张府诊视。为了感恩，他上疏致谢，谈到了患病的缘由："臣自入夏以来，因体弱过劳，内伤气血，外冒盛暑，以致积热伏于肠胃，流为下部热症。又多服凉药，反令脾胃受伤，饮食减少，四肢无力，立秋以后转更增剧。自以身当重任，一向勉强支持，又恐惊动圣心，未敢具奏调理。"既然皇上已经知晓病情，便乘机提出病休几日，理由是："臣自察病原，似非药饵能疗，惟澄心息虑，谢事静摄，庶或可痊"。[1]皇帝对他的病情的严重性并不了解，以为稍加调理即可痊愈，所以命他"慎加调摄，不妨兼理阁务"。[2]这就意味着，不同意他请病假，要他边治疗，边处理公务。文书官孙斌奉旨前往张府探望病情，并送去皇上赏赐的一只猪、一只羊、一坛酱菜、二石白米、十瓶酒。张居正扶掖起床，叩头祗领，随即上疏感谢："切感难名，沉疴顿释。九恩未报，敢退托以求安？一息尚存，矢捐糜而罔惜。"[3]不再请病假，也没有前往内阁办公。

1 张居正《患病谢医并乞假调理疏》，《新刻张太岳先生文集》卷四十五《奏疏十》。

2《明神宗实录》卷一百十四，万历九年七月戊寅。

3 张居正《谢赐粥米食品疏》，《新刻张太岳先生文集》卷四十五《奏疏十》。

过了几天，皇帝派司礼监太监张鲸赴张府探视，还奉上皇上的亲笔信："张少师：朕数日不见先生，闻调理将痊可。兹赐银八十两，蟒衣一袭，用示眷念。先生其钦承之。月初新凉，可进阁矣。"皇帝的意思是，希望他月初入阁处理公务。张居正立即表示："帝星垂照，人间灾祟当不禳而自除。天语定期，凉入秋中必勿药而有喜。"[1]虽然说"不禳自除""勿药有喜"，依然是卧病在床。皇帝再派文书官丘得用前去探视病情，赏赐银八宝四十两、甜食一盒、干点心一盒，催促张先生早日进见。张居正向皇上表示："数日以来，始觉痊可，再假五六日，俟气体渐复，即当钦遵圣谕，趋赴阙庭。"[2]八月十一日，张居正病情稍愈，赶到文华殿，与参加讲读的皇上见面。次日，又与参加经筵的皇上见面，两人还商议了宫中挑选淑女之事。[3]

张居正此次患病，是身体日趋虚弱的信号，暂时康复是一个假象，病根并未消除。皇帝以为真的痊愈，很是高兴，在十一月二十一日，张先生十二年考满之时，为了表示对他的嘉奖，特遣司礼监太监张鲸带去亲笔敕谕："卿亲受先帝遗嘱，辅朕十年，四海升平，外夷宾服，实赖卿匡弼之功。精忠大勋，朕言不能述，官不能酬。兹历十五年考绩，特于常典外，赐银一百两，坐蟒、蟒衣各一袭，岁加禄米二百石，薄示褒眷。"[4]又派文书官吴忠赏赐

1《明神宗实录》卷一百十四，万历九年七月丁亥。张居正《谢圣谕存问并赐银两等物疏》，《新刻张太岳先生文集》卷四十五《奏疏十》。

2 张居正《谢遣中使趣召并赐银八宝等物疏》，《新刻张太岳先生文集》卷四十五《奏疏十》。

3《明神宗实录》卷一百十五，万历九年八月壬寅、八月癸卯。

4《明神宗实录》卷一百十八，万历九年十一月辛巳。

银一百两，苎丝四表里（内大红坐蟒一表里、蟒衣一表里），原封钞一万贯，茶饭五桌，羊十只，酒五十瓶。[1]为了郑重起见，他派司礼监掌印太监冯保传谕吏礼二部："元辅张居正受先帝顾命，夙夜在公，任劳任怨，虽称十二年考满，实在阁办事十有五年，忠勤与常不同，恩荫例当从厚，其酌议来看。"吏部议论后认为，张居正的恩数，不应拘泥于以往杨廷和、徐阶的旧例。皇帝表示同意，随即决定：给予张居正伯爵俸禄，加上柱国、太傅头衔；原先的兼官照旧，给予应得诰命，写敕奖励；礼部赐宴，恩荫其一子为尚宝司丞；赐给太傅牙牌一面。[2]

面对如此厚重的皇恩，张居正受宠若惊，又惶恐不安，两次上疏，辞免恩命。先是说："穹阶勋禄，一朝并加，隆礼殊荣，冠绝前后。臣扪心自愧，何功何劳，可以堪此。夫天道所最忌者，非望之福；明主所深惜者，无功之赏。臣以驽下，谬当艰巨，日夕兢兢救过之不给。虽十年以来，四海乂安，百蛮宾服，皆皇上神威广运，圣化旁敷，臣安敢贪天之功，以为己力。"[3]皇帝要他"勉遵成命，副朕眷怀，无复固辞"，他再次"固辞"，仍把一切归功于皇上："臣闾巷韦布之士耳，非有硕德鸿才，可以庶几古人之万一。幸逢英主在上，臣得以谫劣佐下，风效启沃。十年之间，志同道合，言听计从，主德昭宣，圣化旁洽。"他真心认为，"三

1 张居正《考满谢手敕赐赉疏》，《新刻张太岳先生文集》卷四十六《奏疏十一》。

2《明神宗实录》卷一百十八，万历九年十一月癸未。

3 张居正《考满谢恩命疏》，《新刻张太岳先生文集》卷四十六《奏疏十一》。

公穹阶，五等厚禄，上柱崇勋，在先朝名德咸不敢当，乃一朝悉举而畀之于臣，所谓溢恩滥赏也。”因而恳切地说：“反复思惟，如坠渊谷，故不避烦渎，再控于君父之前，伏望圣慈谅臣之衷，素无矫饰，矜其愚而俞允焉。”[1]平心而论，张居正并非故意矫饰，并非虚情假意，他似乎感受到高处不胜寒，渴求低调为人。皇帝为他真切而诚恳的态度所感动，准许他辞免伯爵俸禄、上柱国头衔以及礼部宴会。[2]

万历十年（1582）二月，张居正旧病复发。他去年秋天患的“下部热症”，就是痔疮，稍加调理，病根未除，缠绵至今。他在给恩师徐阶的信中谈到他“元气大损”，归结于痔疮，请看他的说法：“贱恙实痔也，一向不以痔治之，蹉跎至今。近得贵府医官赵裕治之，果拔其根。但衰老之人，痔根虽去，元气大损，脾胃虚弱，不能饮食，几于不起。日来渐次平复，今秋定为乞骸骨计矣。”[3]令人不解的是，既然痔疮已经“拔其根”，怎么会“元气大损”呢？内中一定有难言之隐，他不便向恩师和盘托出。

倒是同时代人王世贞道出了真情：“病得之多御内而不给，则日饵房中药，发强阳而燥，则又饮寒剂泄之，其下成痔，而脾弱不能进食。使医治痔小效，寻下壅结，而不能畅，不获已，复用寒剂泄

1 张居正《再辞恩命疏》，《新刻张太岳先生文集》卷四十六《奏疏十一》。

2《明神宗实录》卷一百十八，万历九年十一月丁亥。

3 张居正《答上师相徐存斋》，《新刻张太岳先生文集》卷三十四。

之，遂不禁，去若脂膏者，而大肠亦遂出，日以羸削。”[1]王世贞寥寥数语，道出了他的难言之隐，为了“多御内”而“发强阳”，不断服用“房中药”，导致身内燥热难耐，于是服用寒剂来发泄，结果不但形成痔疮，而且导致脾胃虚弱，不能饮食。因此治好了痔疮，也无济于事，房中药慢性中毒，已经成为不治之症。王世贞是私人修史，没有史官修史的许多忌讳，直白地道出了张居正本人难以启齿的病根。原来这位道貌岸然的大学士也未能免俗，和上流社会中人一样，热衷于房中术，喜爱房中药。他的亲信奴仆游七（号楚滨），对主人的喜好窥测得一清二楚，千方百计满足其所需，博得欢心，其中之一就是提供房中药，供其纵欲。[2]他所重用的兵部尚书谭纶精通房中术，经常向张居正介绍经验，他的亲信大将蓟镇总兵戚继光，不断花费巨资购买美女送给张居正，供他享用。请看王世贞的描述：“戚继光者，亦东南良将也。既移镇蓟门，多挟南兵，而北人嫉之，继光惧。而是时，兵部尚书谭纶与继光以财通。（谭）纶善用女术，颇干居正。居正试之而验，则益厚（谭）纶，以示宠。继光乃时时购千金姬，进之居正，且他所摹画多得居正意，以是事与之商确。”[3]

王世贞还揭露张居正严冬腊月不戴暖耳，何以故？因为长年服用房中药而中毒，头脑发热，故而

1 王世贞《嘉靖以来首辅传》卷七《张居正传》。

2 韦庆远《张居正和明代中后期政局》，广东高等教育出版社，1999年，第829—830页。

3 王世贞《嘉靖以来首辅传》卷七《张居正传》。

严寒天气不戴暖耳，以便散热。这样一来，害得内阁次辅以下文武百官都不敢戴暖耳。王世贞的文字颇有讥刺之意："故事。上许百官戴暖耳，则皆戴之于纱帽以朝。时江陵（张居正）多服房中药，燥发头目间，或却不戴。次相以下无敢戴者，六卿至庶僚其自左序上，有暖耳则手去之，不问上之戴与否也。一御史偶与其僚语而忘之，朝既罢后，众相顾其首而笑，御史觉，以手扪之，大惊悸无人色，彷徨者累日，寂不见江陵问，乃稍自安。"[1]关于这一点，沈德符提供了另一种说法，因为大量服用房中药，毒性转移至头部，严冬腊月不戴貂皮帽："张江陵当国，以饵房中药过多，毒发于首，冬月遂不御貂帽。"[2]由此可见，张居正的病根并非痔疮，而是药物中毒引起的内热，不仅发于下部，也发于上部，而且已经深入头颅，即使治愈痔疮，也难免一死。

不过当时张居正还是一味治疗痔疮，万历十年二月，他向皇帝请假，在家中治疗痔疮："臣自去秋患下部热病，仰荷圣慈垂悯，赐假调理，虽标症少减，而病根未除，缠绵至今，医药罔效。近访得一医人，自家乡来，自言能疗此疾，屡经试验，其术颇精。但须静养半月二十日，乃得除根。"因此他请求皇上给他二十天至一个月的假期，暂免朝参、侍讲，至于内阁事务，容许他在家中办理。[3]到了

1 王世贞《弇州史料后集》卷三十六《国朝从记（六）·却暖耳》。

2 沈德符《万历野获编》卷九《貂帽腰舆》。

3 张居正《给假治疾疏》，《新刻张太岳先生文集》卷四十六《奏疏十一》。

三月九日，病情仍不见好转，张居正请求延长假期，皇帝再次批准，并且关照说："卿其慎加调摄，不妨兼理阁务，痊可即出辅理。"[1]三月十五日，皇帝派司礼监太监张鲸前往张府探视病情，带去了皇上赏赐的银一百两、蟒衣一袭、甜食二盒、干点心二盒、烧割一份。当时他已做了痔疮割治手术，不能起床，只能伏枕叩头，感谢皇恩。[2]三月二十七日，皇帝派遣文书官吴忠到张府问候，颁赐银八宝四十两、银叶二十两、甜食二盒、干点心二盒、烧割一份。张居正仍不能起床，伏枕叩头而已。他继续向皇上提请延长假期："臣宿患虽除，而血气大损，数日以来，脾胃虚弱，不思饮食，四肢无力，寸步难移，须得再假二十余日。"[3]

2. 举国若狂的祈祷

内阁首辅张居正久病不愈，朝廷上下人心惶惶。朝中官僚上自六部尚书侍郎、九卿五府、公侯伯爵，下至翰林、言官、部曹、冗散，无不设斋醮于寺庙道观，为之祈祷。很多人甚至抛弃本职工作，朝夕奔走，做佛事，摆道场。仲夏时节，曝身于炎阳之下，不以为苦，反以为荣。《万历邸钞》只有短短一句话："居正病，合朝群臣为之祈禳。"[4]

王世贞身为目击者，详细记录了这一怪现象：

1《明神宗实录》卷一百二十二，万历十年三月丁卯。

2 张居正《给假谢恩疏》，《新刻张太岳先生文集》卷四十六《奏疏十一》。

3《明神宗实录》卷一百二十二，万历十年三月乙酉。张居正《恭谢赐问疏》，《新刻张太岳先生文集》卷四十六《奏疏六》。

4 钱一本《万历邸钞》，万历十年壬午卷，六月。

"万历十年，江陵（张居正）久病不愈，六部大臣、九卿五府、公侯伯，俱为设醮祝釐。已，翰林、科道继之；已，吏礼二部属继之；已，他部属中书、行人之类继之；已，五城兵马、七十二卫经历之类继之。而同乡、门生、故吏，有再举至三举者。每行香，宰官大僚执炉日中；当拜章，则长跪竟夕弗起。至有赂道士，俾数更端，以息膝力者。所拜章必书副，以红纸红锦幕其前后，呈江陵（张居正）偶颔之，取笔点其丽语。自是，争募词客，不惮金帛费，取江陵（张居正）一颔而已。不旬日，南都（南京）仿之，尤以精诚相尚，其厚者亦再三举。一中丞夸于人：'三举而吾与者三，今膝肿矣。'闻山东两台司道俱即东岳祝釐，漕河亦建醮，而楚之太和、衡山可知也。"[1]

吕毖所写，与王世贞大同小异："内阁张居正久疾不愈，上时下谕问疾，大出金帛为药资。六部大臣、九卿五府、公侯伯，俱为设醮祝釐。已而，翰林、科道继之；已而，吏礼二部属继之；已而，他部属、中书、行人之类继之；已而，五城兵马、七十二卫经历之类继之。于仲夏赤日，舍职业而朝夕奔走焉。其同乡、门生、故吏，有再举至三举者。每司香，宰官大僚执炉日中，当拜表章则长跪，竟疾弗起。至有赂道士，俾数更端以息膝力者。所拜章必书副，以红纸红锦幕其前后，呈江

1 王世贞《弇州史料后集》卷三十六《国朝从记（六）·相府祝釐》。

陵（张居正）。江陵深居不出，厚赂其家人，以求一启齿，或见而颔之，取笔点其丽语一二。自是，争募词客，不惮金帛费，取其一颔而已。不旬日，南都仿之，尤以精诚相尚，其厚者亦再三举。自是，山陕楚闽淮漕，巡抚巡按藩臬，无不醮者。”[1]

在举国若狂的祈祷中，也有一些特立独行的清流名士，不为所动，不随波逐流。如其后名噪天下的顾宪成，当时不过是一个户部主事，但文章气节已为人景仰。据赵南星回忆：“是时，江陵（张居正）当国方横，举国若风中之蒲苇，公（顾宪成）与南乐顾公允中、漳浦刘公廷兰，慷慨议论，持天下之名教是非，江陵闻之不平……江陵大病，举朝醵金为祭祷于神。公拒不预，同曹代为署名，公使人涂灭之。”[2]

五月初五日，端阳佳节到了。皇帝照例赏赐三位辅臣上等珍品。又想到这天是张先生的诞辰，便派太监前往张府，带去银一百两、蟒衣红苎丝四表里、银质福寿字四十两，以及食品等物。[3]六月九日，张居正考虑到病情愈加严重，向皇上提出退休的请求：“臣自患病以来……元气愈觉虚弱，卧起皆赖人扶，肌体羸疲，仅存皮骨。旁人见之，亦皆为臣悲悼。及今若不早求休退，必然不得生还。”因此，希望皇上准许他退休，“早赐骸骨，生还乡里”。[4]皇帝当然不会同意，回答说：“朕久不见卿，

1 吕毖《明朝小史》卷十四《万历纪》。

2 赵南星《明南京光禄寺少卿泾阳顾公碑》，《味檗斋文集》卷十。

3《明神宗实录》卷一百二十四，万历十年五月壬戌。

4 张居正《乞骸归里疏》，《新刻张太岳先生文集》卷四十六《奏疏十一》。《明神宗实录》卷一百二十五，万历十年六月乙未。

朝夕殊念，方计日待出，如何遽有此奏？朕览之，惕然不宁。仍准给假调理，卿宜安心静摄，痊可即出辅理，用慰朕怀。”[1]

六月十一日，张居正再次上疏乞休，话说得很透彻，也很哀伤，他已经知道自己来日无多：“缕缕之衷，未回天听，忧愁抑郁，病势转增。窃谓人之欲有为于世，全赖精神鼓舞。今日精力已竭，强留于此，不过行尸走肉耳，将焉用之？有如一旦溘先朝露，将使臣有客死之痛，而皇上亦亏保终之仁。此臣之所以跼蹐哀鸣，而不能已于言也。伏望皇上怜臣十年拮据尽瘁之苦，早赐骸骨，生还乡里，如不即死，将来效用尚有日也。”[2]皇帝仍不同意：“卿受皇考顾命，夙夜勤劳，弼成治理。朕方虚己仰成，眷倚甚切，卿何忍遽欲舍朕而去！览之心动。其专心静摄以俟辅理。”[3]为了表示慰留之心，派司礼监太监魏朝前往张府，带去他的亲笔手谕：“朕自冲龄登极，赖先生启沃佐理，心无所不尽。迄今十载，海内升平，朕垂拱受成，先生真足以光先帝顾命。朕方切永赖，乃屡以疾辞，忍离朕耶？朕知先生竭力国事，致此劳瘁。然不妨在京调理，阁务且总大纲，着次辅协理。先生专养精神、省思虑，自然康复，庶慰朕朝夕惓惓至意。”[4]

张居正不想客死京城，乞求骸骨归里不成，病情却日趋恶化。六月十八日，皇帝命司礼监太监张

1 张居正《再恳生还疏》，《新刻张太岳先生文集》卷四十六《奏疏十一》。

2 张居正《再恳生还疏》，《新刻张太岳先生文集》卷四十六《奏疏十一》。

3《明神宗实录》卷一百二十五，万历十年六月丁酉。

4《明神宗实录》卷一百二十五，万历十年六月庚子。

◤ 梁梦龙，北直隶真定人，嘉靖三十二年进士。隆庆四年擢右佥都御史，巡抚山东，五年迁右副都御史，巡抚河南。万历初为户部右侍郎、兵部左侍郎，总督蓟、辽、保定军务，坚持抗击蒙古土蛮，加兵部尚书。

◤ 余有丁，浙江鄞县人，嘉靖四十一年进士。授翰林院编修。隆庆初年充实录纂修官，又充经筵讲官。万历二年升为南京国子监祭酒，八年为会试主考官，十年由张居正举荐以礼部尚书兼文渊阁大学士入内阁。

◥ 曾省吾，湖广钟祥人，嘉靖三十五年进士。隆庆末年以右佥都御史巡抚四川，《明史稿》称其“娴将略，善治边”，万历三年升兵部右侍郎。因与张居正交厚，万历十年十二月受牵连被勒令致仕。

鲸前去探视，送去他的亲笔书信：“太师张先生：今日闻先生病势不粥，朕为深虑。国家大计当为朕一言之。”这显然是要张先生嘱托后事了。张居正也自知行将就木，应该留下一点政治遗言，勉强支撑起病体，写了一本密揭。所谓密揭，也称密奏，它比一般的奏本狭而短，里面的字写得比较大，外面用文渊阁印密封，直接送到皇帝那里，左右近侍无从得知。[1]

由于皇上要他推荐内阁人选，所以张居正在密揭中开了一个名单，首先推荐的是前礼部尚书潘晟，其次推荐尚书梁梦龙、侍郎余有丁、许国、陈经邦，再次推荐尚书徐学谟、曾省吾、张学颜，侍郎王篆等，皆可大用。[2]次日，皇帝视朝，按照张先生的推荐宣布：原任太子太保礼部尚书潘晟，着以原官兼武英殿大学士；吏部左侍郎余有丁升为礼部尚书兼文渊阁大学士，俱入阁办事。[3]潘晟人品极差，张居正对他并无好感，也不重视，因为是冯保的老师，冯保勉强要张居正推荐，而当时张居正已经迷糊，无法自主判断。[4]

---

1 陈继儒《见闻录》卷六。

2 王世贞《嘉靖以来首辅传》卷七《张居正传》。

3 《明神宗实录》卷一百二十五，万历十年六月乙巳。

4 王世贞《嘉靖以来首辅传》卷七《张居正传》：“潘晟虽居正故识，然不甚重之。而冯保，（潘）晟故所授书者也，强居正使荐之。时居正已昏甚，不能有所主矣。”

3. 张居正时代的告终

万历十年六月二十日夜，太傅兼太子太师吏部尚书中极殿大学士张居正病逝。他缠绵病榻多时，不准任何人进入他的卧室，死的时候悄无声息。据王世贞说："居正待其子弟严，每三五日入问安，颔之而已，不交一言，而以貌羸甚，恶人见之，卧帷中。至明不闻声，家人怪而发焉，则气绝矣。"[1]

二十一日黎明，正在视朝的皇帝得到讣告，怆悼辍朝，当即派遣司礼监太监张诚前往张府视丧，赏赐银五百两，苎丝六表里，罗六表里，纱六匹，白布五十匹，檀降香二百炷，攒香五十斤，蜡烛二百对，香油三百斤，茶叶二百斤，白米二百石，麻布二百匹，棉布五十匹，钞三万贯，木柴二千斤，炭二百包，盐二百斤。两宫圣母赏赐银八百两，麻布二百匹，米二百石。皇帝与潞王合送丧仪银二千三百两。[2]对于张居正之死，皇帝给予最为崇高的待遇，给他谥号文忠，赠上柱国头衔，恩荫一子为尚宝司丞，并遣官造葬。特命四品京卿、锦

◤ 张学颜，北直隶肥乡人，嘉靖三十二年进士。由曲沃知县入朝任工科给事中，后改调山西参议、永平兵备副使，转调蓟州。隆庆五年进右佥都御史，巡抚辽东。万历六年拜户部尚书，十一年调兵部尚书。

◥ 王篆，湖广荆州人，嘉靖四十一年进士。初任吉水知县，后升吏部郎中。万历元年升太常寺少卿，二年迁通政司右通政，五年再迁都察院左佥都御史，八年改任刑部右侍郎，十年为吏部左侍郎，巡抚四川。

---

1 王世贞《张公居正传》，焦竑《国朝献征录》卷十七《内阁》。

2 钱一本《万历邸钞》，万历十年壬午卷，六月丁未。王世贞《嘉靖以来首辅传》说："又与潞王合赙白金二千三百两。"万斯同《明史·张居正传》说："两宫太后及帝、潞王合赙白金百四十余斤。"大体相当于二千三百两。按：赙金，为丧事送的礼金。

衣卫堂上官、司礼监太监等护丧，归葬江陵。[1]

七月二十九日，在司礼监太监陈政等护送下，张居正的灵柩，以及张母赵氏一行，返回家乡江陵。他的灵柩、辎重，以及随行人员，共动用七十余艘船只，三千多船夫，船队前后绵延十余里，浩浩荡荡向荆州进发。[2]他虽然死了，余威犹在，皇恩浩荡，一如当年归葬亡父时的景况。

张居正临终前向皇上推荐"皆大可用"的官员，除了潘晟，都是他多年来一手提拔的亲信。梁梦龙、曾省吾是他的门生，王篆是他的长子敬修的亲家，徐学谟曾是抚治郧襄都御史，为张府出力甚多。潘晟则是冯保的老师，冯保为了在张居正死后在内阁中安插一个亲信，极力怂恿张居正推荐潘晟；他自己还在皇上面前为潘晟美言，终于促使皇上下旨，将赋闲在家的潘晟起用为武英殿大学士，派行人司官员赶赴浙江新昌，召他驰驿来京。

◤ 徐学谟，苏州嘉定人，嘉靖二十九年进士。万历初任江西参政，迁湖广按察使、右布政使，转左布政使。与张居正交厚，万历四年，以右佥都御史抚治郧阳；八年召为刑部右侍郎，晋左侍郎，擢礼部尚书；万历十一年为邹元标所劾，罢归。

潘晟（字思明，号水濂，浙江新昌人），嘉靖二十年（1541）进士，累官至礼部尚书致仕，此人卑鄙而贪腐，为士论所不齿，竟然被启用为阁臣，朝臣无不讪笑，愈加追恨张居正。新任内阁首辅张四维深知申时行不愿屈居潘晟之下，二人一起向六科给事

1 《明神宗实录》卷一百二十五，万历十年六月丙午。

2 《明神宗实录》卷一百二十六，万历十年七月甲申。王世贞《嘉靖以来首辅传》卷七《张居正传》。

中、监察御史吹风，示意他们弹劾潘晟。

御史雷士祯（初名士煌，字国柱，陕西朝邑人）首先上疏，弹劾潘晟“清华久玷，不闻亮节异能，廉耻尽捐，但有甘言媚色”。他揭露潘晟的老底，说他初任礼部尚书时，秽迹昭彰，先帝（穆宗）常加斥责。再起之后，舆情深恶痛绝，皇上又予以斥革。像这种鄙夫，优游林下已经过分了，现在竟然要委以重任，岂不是为贪荣竞进之徒开方便之门吗？希望皇上收回成命，更择耆硕之人。[1]

皇帝接到奏疏，很不高兴，当即传旨："潘晟元辅遗疏所荐，这本如何旧事渎扰！”不同意收回成命。但是，此后言官们群起反对，给事中张鼎思、王继光、孙玮、牛惟炳，御史魏允贞、王国等人，接二连三上疏弹劾潘晟，气势很盛。潘晟毕竟心虚，一看苗头不对，赶快上疏辞职，内阁首辅张四维迅速作出反应，代皇帝拟旨："放之归！”皇帝顺水推舟，着潘晟以新衔致仕。[2]

这时，潘晟已在赴京途中，刚到杭州，突然接到“着以新衔致仕”的圣旨，委顿丧气地折回新昌。对他来说，无异于当众出丑。冯保小病在家调理，闻讯后气愤地说："我小病也，而遽无我！”[3]潘晟是冯保极力推荐的，如今遭到阁臣的拒绝和言官的弹劾，迫使他未任而辞，冯保显得很没有面子。岂止面子而已，其实是一个信号，张居正已死，冯

1《明神宗实录》卷一百二十五，万历十年六月乙酉。

2 张鼐《大学士水濂潘公志略》，《宝日堂初集》卷十六。

3 王世贞《嘉靖以来首辅传》卷八《张四维传》。

保失去了外廷的支撑，再难呼风唤雨了。而促成这一转机的是新任内阁首辅张四维。《国朝内阁名臣事略》说："自江陵柄国，以刑名一切，痛惩海内，其治若束湿，人心嚣然。比既殁，而亲信用事之人尚据要地，与权珰（冯）保为表里，相与墨守其遗法，阁中议多龃龉不行。公（张四维）燕居深念，间为同官申公（时行）言：'此难以显争，而可默夺。今海内厌苦操切久矣，若以意示四方中丞直指，令稍以宽大从事，而吾辈无深求刻责，宜可稍安人心。'会皇嗣诞生，公（张四维）喜而曰：'时不可失。'乃手书劝上宜以大庆施惠天下，省督责，缓征徭，举遗逸，恤灾眚，以养国家元气。而出诸司所议宽条，属申公（时行）损益，凡数十事以进。上欣然命行之。席江陵宠者惮公，嗾御史劾公，上曰：'元辅忠臣，御史何得妄言！'持其章不下，手诏趣公出，而惮公者愈不安。"[1]

皇帝与内阁政治态度的微妙变化，明白无误地预示着新的政治动向，毕竟张居正时代已经结束了。

张居正已死，却盖棺不能论定。同时代人于慎行所写的祭文，对他推崇备至："爰自初服，龙翔凤翥。学掩群流，气盖千古。宏览渊谟，冥搜博取。光射斗墟，珍罗册府……帝曰康哉，嘉乃丕庸。委国授政，虚心恭己。学而不臣，坐则为起。异数殊

1 吴伯与《张文毅公传略》，《国朝内阁名臣事略》卷十三。

恩，古无其拟。莹耀乾坤，光镜图史。”[1]而另一个同时代人王世贞却对他并无好感，一则说：“居正性整洁，好鲜丽，日必易一衣，冰纨霞绮，尚方所不逮。时锦衣大帅朱希孝，所畜名书画甚富，且死，裒其精绝者，以识别居正。既露之，于是日有进，以博一解颜。然尚不能当严氏（嵩）之十二，而他珍奇瑰异稍浮之矣。”再则说：“居正天资刻薄，好申韩法，以智术驭下，而士大夫之险黠者争投其意。”三则说：“其秉政乃好饰祥瑞，以上下两蛊媚言，及灾异，则怒而见颜色，于是一切为蒙蔽。”[2]

明末清初的史家对他也是毁誉参半。张岱一方面称赞他：“居正为政，大约尊主权、课吏实、信赏罚、一号令，万里之外，朝下夕奉行，如疾雷迅风。”又说：“始居正自矫饰，虽不能无任情，而英敏善断，捭阖挥霍，誉之者以为有魏相姚元之风，居正亦雅自负不世出。”另一方面批评他：“江陵有相才无相量，其振饬纪纲，驾驭中贵，神宗方幼冲，十年之间益亦赖之。第其生平学申韩，而内多欲，自夺情以后，益与正士为仇，日引群小横行，胸臆一切，务为苛刻聚敛，海内人心汹汹思乱，至死不悔，可哀也哉！”[3]

万斯同则认为张居正秉政，得失参半：“秉政之初，雅自矫饰，英敏善断，中外群誉之。以先

1 于慎行《祭太师张文忠公文》，《谷城山馆文集》卷三十一。

2 王世贞《嘉靖以来首辅传》卷七《张居正传》。

3 张岱《张居正列传》，《石匮书》卷一百六十六。

朝用人颇拘资格，为不得才。令举人、官生下至吏员，皆得与进士一体录用，勿为限量。尤重边事，凡督抚镇将以下，皆不数更易，一切假便宜，以久任责成功。有所建白，即令其人经略之，恐任事者与建议者或龃龉不相应也。课守令殿最，首重逋赋，督责甚严。或遇民间水旱饥荒，亦时请蠲之。岁断狱皆速为决遣，狱无滞囚。以是，万历初政人多颂美。惟不能以平易宽大为政，而又不能无所私，故于人情物理，以及朝常国政，皆得失参半。”而且对他的为人颇多非议：“居正本利禄徒，志在逢世，无学术风节，遭两朝鼎革，奋起功名之会。后交结大珰（冯保），倾同官（高拱）而夺其位，挟宫闱，凌幼君，无人臣礼。恋权势，不奔父丧，与天下贤士为仇，得罪公论，大节已亏，不足道。其天性峭刻，好言申商韩非之学，多杀而寡恩，专以苛察综核为能，而其精强敏悍之才足以济之。”[1]

在今人看来，王世贞作为同时代人，对张居正有所非议，不难理解。张岱、万斯同作为后世的史家，与万历朝的人与事应无利害关系，如此非议张居正，或许是读史阅世的眼光有所差异，或许是所秉持的是非标准有所差异。读者诸君完全可以凭借自己的眼光和标准，得出自己的结论。评判历史人物的功过，确实不是一件容易的事。

1 万斯同《明史》卷三百二《张居正传》。

二　过渡首辅张四维

张居正去世时，内阁辅臣只有张四维、申时行二人，不久增补了余有丁，无论排序，还是资历，申、余二人都无法与张四维相比肩，因此他顺理成章地成为内阁首辅。孰料，次年四月他的父亲逝世，按照常例，张四维必须回乡守制二十七个月，这一次，皇帝没有“夺情起复”。而且守制的时间还没有满，他自己也突然病逝，不可能重新复出。所以张四维担任内阁首辅的时间不过十个月而已，是名副其实的过渡首辅。

当时官场，都把张四维、申时行看作张居正的亲信。其实这两个人的政见与作风都与张居正有很大的差异，只是在强势首辅的压制下，两人隐忍不发，处处顺从，不露锋芒而已。

1.“隐然负公辅之望”

申时行为张四维写的神道碑，谈到两人之间的友谊：“余与公共事三朝，自词林讲幄，暨简纶扉，先后皆获从公。凡公之议论著作，与其厝注于国家者，皆余所亲睹。”确实如此，两人

◥ 万历帝处理朝政
（《徐显卿宦迹图》）

共事嘉靖、隆庆、万历三朝，知之甚深，谈起他在翰林院任职期间的事，写道："词林少事，日游敖征逐，公独与同志揵户读书，自传记、诸子、百家，无不穷诣博览，而尤好深沉之思，盖隐然负公辅之望焉。"[1]所谓"隐然负公辅之望"，是说他早就有辅佐朝政的志向，他的治国才华也为徐阶所推重，誉为"异日济大业者"。[2]

张四维，字子维，号凤磐，山西蒲州人，嘉靖三十二年（1553）进士。他当年写的《时政论》，论述了政治的变与不变、便与不便，约略可以看出他出任首辅后，一反张居正的操切，推行宽大之政的缘由。他说："臣闻，政无古今，趋时者善；法无因革，责实者成……是以圣人之为政也，因其时之所极，而为之准；察其势之所渐，而为之防。以故其政宜于民，悠然而变，而民不觉……夫政缘时者也，时之不变则因之，时之既变则更之。更之者求以便于时也；更之而不便于时焉，宁勿更之为愈也。以其不便而又更焉，则民骇矣；将遂守之而不更焉，则政弊矣。"又说："故圣人之为政也，犹梓人之作室也，责实则成，徇名则废，其极一而已矣。方今天下之事，小大有经，中外有纬，体统正而纲纪肃，庶政辑而四国顺。自古语治安之世，若无大加于此者。"[3]他看重的是知变与责实。

嘉靖三十四年（1555），他出任翰林院编修。不

1 申时行《光禄大夫柱国少师兼太子太师吏部尚书中极殿大学士赠太师谥文毅张公神道碑铭》，《赐闲堂集》卷二十。

2 王家屏《张文毅公行状》，《条麓堂集》卷三十四《永信录下》。

3 张四维《条麓堂集》卷九《论·时政论（癸丑选馆首卷）》。按：癸丑即嘉靖三十二年。

久，因母亲王氏病故，回乡守制。嘉靖三十七年(1558)起复，担任原官，鉴于当时严嵩专权，吏治败坏，他洁身自好。王家屏说："是时，宠贿滋章，士以造请相尚。公独辟一斋，与乾庵马(自强)公、正峰孙(铤)公数人吟诵其中，自守泊如也。"[1]

张四维倜傥有才智，明习时事，和久历边陲的杨博、王崇古交往，探讨边防事宜，为高拱所赏识。隆庆四年(1570)，高拱掌吏部，超擢张四维为翰林学士，两个月后晋升为吏部右侍郎。当时"俺答封贡"提上议事日程，朝廷中反对声浪很盛，议而不决，张四维极力斡旋，支持高拱的谋划，促成俺答封贡，因而深得高拱的赞赏。[2]这年秋天，张四维以翰林院学士掌管院务。朝廷极重视这一职务，不轻易授人，皇上显然受到高拱的影响，任命张四维担任这一职务，引起强烈反响。正如王家屏所说："众翕然谓天子且相张公矣。"[3]这并非空穴来风，赵贞吉辞去内阁职务，高拱想援引张四维入阁，不料殷士儋捷足先登。阁臣之间互相钩心斗角，御史赵应龙弹劾殷士儋。此时张四维已经升任吏部左侍郎，也遭到言官弹劾，不得已引退，殷士儋也随之辞去。

隆庆六年(1572)，太子出阁，皇帝召张四维出任侍班官，协理詹事府事。给事中曹大埜扬言张四维贿赂高拱，多次获得起用。张四维上疏请辞，皇

1 王家屏《张文毅公行状》，《条麓堂集》卷三十四《永信录下》。

2 万斯同《明史》卷三百十一《张四维传》。

3 王家屏《张文毅公行状》，《条麓堂集》卷三十四《永信录下》。

帝敦促他立即入朝。行之半途，穆宗驾崩。此时适逢高拱与冯保、张居正斗法，张居正“附保逐拱”，高拱狼狈离京。张四维感念高拱的提携，在赴京途中从获鹿县改道前往栾城县，与高拱会面。此时的高拱已经成为罪人，张四维毫无顾忌地前往迎接，嘘寒问暖，是需要有点勇气的。他的道德准则是：“为人孝友，笃于故旧，人有一德一饭不忘。”[1]许国和王锡爵提供了很有意思的细节，显示两位张公的品德差异。许国说：“公（张四维）初在词林，与新郑（高拱）、江陵（张居正）二公为莫逆交。二公继在政府有隙，新郑去国，而公适赴召命，从获鹿取道，会新郑于栾城。江陵公知之，迎谓公曰：‘上方震怒，安得私见罪人？’公曰：‘畴昔事高公，犹事公（张居正）也，一亲一疏，谓交道何？’江陵嘿然。”王锡爵说：“新郑、江陵两公者，并以才识交公（张四维）。新郑公得罪去，公起家宫端，取他道会于逆旅。江陵公怪问故，公曰：‘畴昔之事高公，犹今事公（张居正），奈何以去而远之！’其敦厚雅素类此。”[2]对于这样坦荡荡的君子风度，张居正无言以对，也只有“嘿然”而已。

抵京以后，他写信安慰高拱，希望他闭门谢客，绝口不言时事，相信时间会作出公正的结论。信中写道：“栾城拜别，北行忽忽如失，迄今且匝月矣。都中人情事体俨如革代，不忍见，不忍言。初

1 许国《张文毅公墓志铭》，《条麓堂集》卷三十四《永信录下》。

2 许国《张文毅公墓志铭》，《条麓堂集》卷三十四《永信录下》。王锡爵《张文毅公墓表》，《条麓堂集》卷三十四《永信录下》。

心刺谬恨在里，发轫之早也。在栾奉台谕，谓岳老（指张居正）与不肖（高拱自称）无他嫌，乃妒忌者从而构陷之。则初意亦且不坚，天下事未可知也。岳翁与翁金石夙契，一旦决裂，中心殊有慚沮，无奈群小不得志于翁者，百端捏造，殊足愤悒……前奉台谕，薄游名山川，极为高致。今则未可，且闭门谢客，绝口勿言时事，以需时日，何如？”[1]

在张四维的文集中，收存了写给高拱的书信九封，写给张居正书信六封，对于两公在内阁合作共事寄予厚望，请看他写给高拱的信 :“某最不肖，久不为同人比数，乃门下不以为不才，曲借齿颊，复从而提掇之。门下素有人伦之鉴，世所取信，且秉持化轴，可以轩轾时材，此同人所以不平而深忌也……今翁（高拱）与岳翁（张居正）夙投心契，非一日矣。乃兹并任鼎铉，实天开此一代之治，非偶然者，二翁之交，胶漆金石，不足比拟。”[2]

及至张居正与高拱二人决裂，高拱受到诬陷，他愤懑不平地对高拱说 :“顷自家舅所得邸报，见狂夫流言，披猖无忌，殊增愤懑。我翁心事勋业已轩揭天地，薄海内外共所闻见，视丁卯（隆庆元年）蓄德未曜时，何啻千里！而彼狂乃欲变乱白黑耶，可恨可恨！鸺鹠之鸣，蚍蜉之撼，不足为台端溷，希勿芥蒂。”[3]

冯保以“王大臣案”诬陷高拱派人行刺皇上，

1 张四维《条麓堂集》卷十七《寄高相公六》。

2 张四维《条麓堂集》卷十七《寄高相公一》。

3 张四维《条麓堂集》卷十七《寄高相公三》。

他去信致意，表明自己的态度："入春，骤闻意外之诬，令人骇愁郁悒，莫可控告，惟有叩心吁天，肠一日九回而已。"[1]

对于高、张二人的决裂，已经引疾回乡的张四维深感惋惜，多次写信给张居正，表示自己的不安。毕竟日后还要在他手下共事，语气小心委婉："顷者，事端骤起，匆匆在告，遂不获从容叙所私，辱顾又未获领终教。及捧札示，为之惘惘竟日。嗟夫群小害正，萋菲成锦，盖自古患之矣。今二翁同心翊宣元化，天下已骎骎向理，假之岁月，太平之业，端可坐致。乃心膂之间不免有挠惑，若此，古人所以嫉彼谗人，欲投畀豹虎，有北而不恤也。某受知门下甚深，而窃为社稷苍生过计，闻命至食寝俱不安便。已而深思，又若不足忧者。"[2]他希望二人能够捐弃前嫌，相逢一笑泯恩仇："玄老（指高拱）机事不密，泛与轻信，故尝为小人所罔。与翁（指张居正）同道同心且三十年，所谓金石胶漆，非物可间。虽惑于簧鼓，暂时蔽乱，旋当融释耳……唯愿二翁欢然相得，不失囊雅，岂惟鲰生一人私幸，宗社苍生实深赖之。"[3]

张四维始终认为高拱蒙受不白之冤，一直想为他昭雪。申时行回忆说："公（张四维）又为余言，欲白新郑（高拱）冤，请恤而未得间。今以遗公。余出新郑门下，深愧其言。"[4]

1 张四维《条麓堂集》卷十七《寄高相公七》。

2 张四维《条麓堂集》卷十七《寄张相公一》。

3 张四维《条麓堂集》卷十七《寄张相公三》。

4 许国《张文毅公墓志铭》，《条麓堂集》卷三十四《永信录下》。

万历二年（1574），张四维奉旨再起，以原官仍掌詹事府事，充《世宗实录》副总裁。明年三月，张居正提请增置阁臣，推荐张四维，于是他遂以礼部尚书兼东阁大学士，入阁参预机务。他受命后的第一件事就是侍候皇上的讲读，受到皇上的赞誉，赏赐御书“一德和衷”四个大字。张四维叩头谢恩退出后，皇帝对左右随从说：“新辅臣器度与众不同。”久久注视着他的背影。[1]

此时内阁辅臣有三名：张居正、吕调阳、张四维，一切由张居正独断，次辅不过摆设而已。张四维不同于吕调阳，他有自己的主见，不赞成张居正过于操切的做法，但又不能公然显露，心情颇为苦闷。他的同僚许国看得很清楚：“时江陵公当国，一务核刻，狭登进，广诛戮，严关传，急催科，恶闻灾伤，喜行聚敛，最后算缗履亩，法令烦苛，海内嚣然苦之。公（张四维）居其间，悒悒不得志。”[2]万斯同作为后代的史家，也有类似的看法：“时吕调阳为次辅，老而懦，政事一决居正；居正亦无所退让，视同列蔑如也。四维既由居正进，益谨事之，无敢出一语相可否，但随居正后拜赐进官而已……四维虽曲事居正，然为其所制，积不能堪，且不善居正所为，凡忤居正者，当四维调旨，每不尽如居正意，居正亦渐恶之。”[3]张四维虽由张居正引荐入阁，却不唯其马首是瞻。

1 王家屏《张文毅公行状》，《条麓堂集》卷三十四《永信录下》。

2 许国《张文毅公墓志铭》，《条麓堂集》卷三十四《永信录下》。

3 万斯同《明史》卷三百十一《张四维传》。

2.“今海内厌苦操切久矣”

在张居正权力鼎盛时期，张四维就提醒他小心谨慎，要察其微、防其渐：“私虑主上甚少，古称危疑。今宫府驯调，全仗渊略，然事机变幻，当察其微；物情多端，须防其渐。事固有出人意料外者，不动声色措天下泰山之安，在今日非异人任也。”[1]他对张居正铁腕治国的操切做法颇有微词，在给张居正的亲信、现任兵部尚书梁梦龙（字乾吉，号鸣泉，直隶真定人）的信中，清晰地表达了自己的观点：“刑罚本以御暴，前绣衣使者（厂卫缇骑）乃以苛刻为风裁，昏阍执拗不可告语，一时儇薄子承望先意，巧诋刺骨，庶僚万姓凛如寝食，兕虎丛中，莫必其命，虽藩臬诸公亦惴惴然，畏此幺麽若蜂虿也。昔商鞅之法，独文致者深耳。今不察事之有无，情之真伪，群小意有喜怒，即妄加雌黄，使者信如神明，即肆行屠剥。商君者，其谬乱有若是耶？至乃秽辱衣冠，戕杀耆德，泰然若所当然，视同蚁蠛，此何说也？”[2]在给礼部侍郎王篆的信中，谈及张居正刚愎自用：“岳老（指张居正）当柄久，不似前时小心长慎，孤（张四维）私忧之，密有规讽，时亦见听，然积不相悦矣。奸人窥之，遂横生枝节，多方毁诋……然孤非欲自异，乃欲相成，顾岳老不察耳。使岳老信

1 张四维《寄张相公五》，《条麓堂集》卷十七。

2 张四维《寄梁鸣泉三》，《条麓堂集》卷十六。

孤如前时，凡事相订确求，当如前时，则伊周事业可冀，安有后来纷纷者！惟其末年猜忌太甚，而中外争为谀悦，遂以交欢巨珰（冯保）为安身至计，使圣主蓄念于上，四海人心积怨于下。自古迄今未有专恣若此而以善终者也。”[1]

张居正死后，张四维继任内阁首辅，致力于纠正以前过于操切的倾向，反其道而行之。与张四维合作共事的申时行参与其事，这样描述当时的政治动向："自江陵（张居正）柄国，以刑名一切，痛绳海内，其治若束湿，人心嚣然。既殁，而亲信用事之人尚据要地，与权珰（冯保）为表里，相与墨守其遗法，阁中议多龃龉不行。公（张四维）燕居深念，间为余（申时行）言：'此难以显争，而可以默夺。今海内厌苦操切久矣，若以意示四方中丞直指，令稍以宽大从事，而吾辈无深求刻责，宜可以少安人心。'会皇嗣诞生，而公（张四维）喜可知也，曰：'时不可失'，乃手疏劝上：宜以大庆施惠天下，省督责、缓征徭、举遗逸、恤灾眚，以养国家元气。而出诸司所拟宽条，属余（申时行）损益，凡数十事以进。上欣然命行之。”[2]这段话准确而扼要地反映了张四维的施政纲领，其要旨就是“今海内厌苦操切久矣”，“稍以宽大从事”。万斯同认为，“自是朝政稍变，言路亦发抒，诋居正时事，于是居正党大惧”。[3]

而张居正的亲信——所谓“楚党”，以及张居

1 张四维《复王少方三·又》，《条麓堂集》卷十九。

2 申时行《光禄大夫柱国少师兼太子太师吏部尚书中极殿大学士赠太师谥文毅张公神道碑铭》，《赐闲堂集》卷二十。

3 万斯同《明史》卷三百十一《张四维传》。

正的盟友司礼监掌印太监冯保，预感到形势不妙，合谋策划引荐潘晟入阁，企图以潘晟取代张四维，继续掌控内阁大权。关于这一点，不久后入阁的许国看得很清楚："初，江陵公病亟，而楚党大惧失势，乃诈为江陵公遗疏，荐起新昌（潘晟）以自代，而谋去公（张四维）。先因权珰（冯）保所亲信者徐爵，结保为内应，而外嗾三御史伺间交章排公（张四维）也。于是，一御史先论罢王（国光）太宰尝之，一御史重劾太宰，连及公（张四维）。"[1]

由于张四维、申时行反应迅速，策动言官揭发潘晟一向贪鄙的老底，使得取而代之的阴谋没有成功。对方继而弹劾吏部尚书王国光（字汝观，山西阳城人），牵连张四维，企图迫使张四维下台。

御史杨寅秋弹劾王国光"欺君蔑法，钳制言官"等六大罪状。皇帝有旨："王国光欺侮君上，蔑视法纪，本当重治究追，念系大臣，姑从宽革了职冠带闲住。"[2]接着御史曹一夔借弹劾王国光牵连张四维，张四维接连遭到弹劾，只得在私宅席稿待罪。皇帝派遣文书官孙斌前往私宅宣读圣旨："谕元辅：御史曹一夔一本论王国光及卿，其王国光欺肆，卿亦未知，朕亦不信，卿宜安心佐理，不必介意。"张四维接到圣旨后，向皇上提请乞休："伏念臣赋性钝直，学术短浅，备员丞弼，委为忝窃，罪譽丛积，辅理无状，以致言官论列，负乘致寇，理

1 许国《张文毅公墓志铭》,《条麓堂集》卷三十四《永信录下》。

2 钱一本《万历邸钞》，万历十年壬午卷，冬十月甲戌。

有固然……臣斤两有定，伎俩已竭，必使鞭策求前，必不能加于往昔。况臣蒲柳之质日渐衰朽，目眊耳聋，齿摇气怯，自膺事任，寝食顿减，既深误国之虞，兼有忧生之虑，久拟乞休，趑趄未果。此同事诸臣所共知，非敢饰说也。”[1]为了乞休，他连续上了三本奏疏。御史张问达继续弹劾，激怒了皇帝，在他的奏疏上批示："元辅恳疏乞休，已有旨慰留了，张问达如何妄言渎扰？本当重处，姑从轻着降三级调外任。再有奏扰的，一并重治。”[2]

张四维终于抓住反击的时机，促使皇帝斥逐冯保，瓦解反对派阵营。皇帝对于司礼监掌印太监冯保的骄横恣肆，早有不满，司礼监太监张诚把这一信息透露出去。张四维授意门生李植、江东之揭发冯保的罪状。皇帝震怒，命张四维拟旨："奴辈盗我威福久，其亟诛之。”立即逮捕冯保的亲信徐爵关入锦衣卫诏狱论死，冯保流放南京，抄了他的家。“楚党”梁梦龙、王篆、曾省吾等人也都罢黜。万斯同认为这是“朝事一大变”。[3]

在“朝事一大变”的氛围下，御史孙继先疏请重新起用因建言而获罪的诸臣，他列举了翰林院编修吴中行、翰林院检讨赵用贤、刑部员外郎艾穆、刑部主事沈思孝、刑部办事进士邹元标，以及给事中余懋学、御史赵应元、傅应祯、朱鸿谟、孟一脉，员外郎王用汲、郭惟贤等。皇帝接受了这一主

1 张四维《壬午谢人言第一疏》，《条麓堂集》卷九。

2 钱一本《万历邸钞》，万历十年壬午卷，谪御史张问达外任。

3 万斯同《明史》卷三百一《张四维传》。

张，降旨："朕一时误听奸恶小人之言，以致降罚失中，这本内有名建言得罪的，起用。王国光着复原职致仕。郭惟贤着复原职。其余有降非其罪的，吏部都查明来奏。"[1]万历十一年（1583）正月，吏部向皇帝报告，原任编修吴中行、检讨赵用贤官复原职，原任刑部主事艾穆起为户部河南司，原任户部员外郎王用汲起为刑部湖广司，原任刑部主事沈思孝起为刑部贵州司，进士邹元标回部听选，原任南京户科给事中余懋学、原任南京浙江道御史朱鸿谟、原任南京陕西道御史孟一脉、原任河南道御史赵应元与傅应祯，都官复原职。[2]与之相对应的是，籍没冯保、张大受、杨舟、徐爵家产，罢免"楚党"殷正茂、陈瑞、陈省等人官职。

◤魏允贞，河南南乐人，万历五年进士。任御史期间，弹劾不避权贵。张居正归葬，群吏趋事恐后，允贞独不赴；又疏陈张居正、吕调阳等以权谋私，以言过其实被贬官出京。《明史》称魏允贞、王国、余懋衡皆"以卓荦闳伟之概，为众望所归"。

时人评论道："时六卿半易，朝省虚位，乃请诏台省，举骨鲠端亮之臣向所遗弃者，布列庶位。一时六官之长皆民誉云。每见，必语之曰：'今主上神圣，公道昭明，各举其职，无废宪度，阁臣自不相挠也。'于是事归六列，言归台谏，公（张四维）为调剂而奏之，更一切束湿之政。"[3]

万历十一年三月，御史魏允贞上疏议论四事，

---

1 钱一本《万历邸钞》，万历十年壬午卷，十二月。
2 钱一本《万历邸钞》，万历十一年癸未卷，春正月。
3 王家屏《张文毅公行状》，《条麓堂集》卷三十四《永信录下》。

第一件事“公文武之用”，批判张居正的用人政策：张居正辅政以来，文职与武职官员，吏部、兵部皆不得自推用，必须关白内阁，因此清要部门多是他的门士乡人，直枉混淆，举措倒置。第二件事“严科举之防”，由批判张居正入手，进而非议现任阁臣张四维、申时行。首先说：“居正诸子倩人代作，监试官又加意誊硃，分别式样，以拟主司圈点批评，诸子后先及第，海内人士无不愤叹，以为二百年科举之制坏自今始。”接下来调转锋芒，看似不经意而捎带提及：“请辅臣子弟中式者，如张甲徵、申用懋，其廷试读卷，比照内外官引嫌回避事例，俱以卑者避尊者，不得以大臣回避子弟。其有怀才抱志，堪及第中秘者，退仕以后，听从自便。”他的意思很直白，既然父亲担任高官，儿子就应该回避，不得参加进士考试。殊不知，二月份的科举考试中，朝廷已经录取李廷机等三百五十名，其中就包括阁臣张四维之子张甲徵、申时行之子申用懋。魏允贞显然是在影射又一次科举舞弊。皇帝当然明白他的微言大义，立即下旨：“言官建白，须顾大体、据实迹，虚心为国言事。这本漫逞私臆，语多过当，着都察院参看来说。”[1]

事关自己和家族的名誉，张四维当即上疏声辩：“今日蒙发下文书，内有御史魏允贞一本，条陈四事，其第二款言科举事，诋猜臣等三子中式非

1 钱一本《万历邸钞》，万历十一年癸未卷，三月。

公，欲令回避，待臣等去位之后方许廷试。臣等见之，不胜骇怍……昨因辅臣张居正以欺肆得罪，言者争讦其前时愆咎，遂诋其三子登科皆非公举。皇上特以居正党奸乱政，并其子斥之。殷鉴至明，臣等虽愚，岂肯甘蹈覆辙，以自贻戾哉！彼时若顾避行迹，不令子弟入试，可免今日谗忌……伏望圣明俯加照察，行令厂卫科道等衙门，遍行体访，果有一毫行私实迹，即将臣等置之重典，以为重臣负国之戒。”[1] 申时行也上疏辩解，请求皇帝收回张甲徵、申用懋的功名，回籍肄业。皇帝为了维护辅臣的威信，不同意张、申二人的请求。户部郎中李三才（字道甫，陕西临潼人）挺身支持魏允贞。皇帝光火了："魏允贞方奉旨参看，尚未处分，这厮辄敢出位妄言，窥探上意，好生党护欺肆，本当重处，从宽降三级，调外任。”御史魏允贞被降为徐州判官，李三才则被降为东昌府推官。[2]

就在三月间，张四维的父亲嵋川公病逝于家。四月初，张四维接到讣告，哀毁骨立，痛不欲生。皇帝获悉后，派遣太监前去慰问，孝心当尽，还宜节哀。太监传达皇上旨意，希望“夺情起复”，让他依旧在内阁视事。张四维鉴于张居正的前车之鉴，婉言推辞："生不逮养，殁不奔丧，何颜以立于世？为我谢上，臣死不敢奉诏。”皇帝也不勉强，同意他回乡守制二十七个月，赏赐苎丝六表里、银

1 张四维《癸未辩科举事疏》，《条麓堂集》卷九。

2 钱一本《万历邸钞》，万历十一年癸未卷，三月。

三百两、钞一万贯，以及米油香烛等物，特命礼部员外郎张志致祭，工部主事沈一中造葬，遣行人司官员护行。临行前，张四维到文华殿向皇上面辞，叩头说："臣行能薄劣，日侍左右，无所裨益。今当远离，伏望皇上法祖孝亲，讲学勤政，清心寡欲，惜时爱民，日慎一日，保终如始。臣不胜惓惓。"[1]这是他作为首辅的最后叮嘱。

张四维原本就身体虚弱多病，丧事忧伤过度，于万历十三年（1585）十月十六日病逝，享年六十岁。

张四维在后张居正时代，有如昙花一现，迅即凋零，似乎是走过场的人物，顾天埈、王家屏独具慧眼，对他高度评价。

顾天埈（字升伯，号开雍，苏州昆山人）说："公弱冠读书中秘，是时宰相云间徐（阶）公，即公之座师也。一日阁试，试题系军国大事。公于广众中举以质徐公，欲立竟其本末，徐公叹曰：此参政他日忧也。自兹徐公每见公辄有商榷，必以公辅相许。甫二十年，果跻相位，与江陵张公从事。张公始得公欢甚，机务纷错，一切咨公，公无不应声决者。后以一二事触忤张公，张公乃大嗛之，然求所以中公者，万方而卒无从也……江陵张公雄迈峭特，世无与敌，春生秋杀，在于掌握，有不合意者，戮辱定不旋踵。公能悍然忤之而不遭其毒，则公岂非大豪杰哉？"[2]顾天埈是政坛后辈，万历二十年（1592）

1 王家屏《张文毅公行状》，《条麓堂集》卷三十四《永信录下》。

2 顾天埈《条麓堂集序》，《顾太史文集》卷三。

才进士及第，在他的心目中，张四维是一位“大豪杰”。

◤ 王家屏，山西大同人，隆庆二年进士。选庶吉士，授翰林院编修，预修国史及《世宗实录》。万历初进修撰，充日讲官，升侍讲学士，十一年兼任翰林侍读学士，十二年擢升礼部右侍郎，旋以吏部左侍郎兼东阁大学士入内阁，十九年出任内阁首辅。

王家屏虽自谦为张四维的“桑梓后进”，其实可算是同时代人，他的评价尤为独特：“家屏为公桑梓后进，实踵公武于词林，在史局诵公文章，见其春容尔雅，蔚为宗工。比从讲筵，窃窥公学术，则见其直谅多闻，纳乎圣听。然而未睹公大全也。公既居中持国柄，乃伏睹公忧劳夙夜，蹇蹇匪躬，以身任天下之重。方其芟邪剔蠹，一日而宇宙回春，此与司马文正公元祐之政岂异哉！夫文正公晋人也，阅数百年，而公乃绍美，其罢新法复旧章同，旋乾转坤之效同，而劳瘁以致疾又同。然溯观其德，则均之以诚心自然为本云。”[1]真是惊世骇俗的视角！把张居正比作王安石，把张居正改革比作王安石变法；把张四维比作司马光，把张四维的宽大之政比作司马光的元祐更化。是耶，非耶？王安石的政绩早已彪炳于史册，他的变法过于急功近利，所立标准又过于超前，急于求成，操之过急，引来不少非议。元祐元年，宰相司马光与吕公著、文彦博等元老大臣“以恢复祖宗法度为先务”，罢废新法，史称元祐更化。此后，新法与旧法的争议不断。用更加超脱的眼光来看，司马光与王安石是异

1 王家屏《张文毅公行状》,《条麓堂集》卷三十四《永信录下》。

中有同的，他们的分歧，实质是运用什么手段摆脱积贫积弱的分歧。王安石说，他与司马光“相好之日久，而议事每不合”，是由于“所操之术多异故也”；司马光也说，他与王安石“趣向虽异，大归则同”。两人的政见各有其合理性，后人大可不必是甲非乙，非此即彼。对于张四维与张居正的政见差异，亦应作如是观。

三 “冯保欺君蠹国”

1. 依仗太后，挟持皇帝

慈圣皇太后对司礼监太监冯保一向十分信赖，特别关照冯保，要他“万分留心，引君当道，勿得顺从，致伤圣德”。[1]皇太后的意思是要冯保对小皇帝严加管束，不可稍有放纵。冯保唯太后懿旨是从，寸步不离地看管小皇帝，小皇帝对冯保这个“大伴”心生畏惧。当时的日讲官于慎行如此描述小皇帝与冯保的关系：“上初登极，或时与宫中小内使戏，见冯珰保入，即正襟危坐曰：‘大伴来矣。’小内使侍上游戏者，冯珰常阴罪之，故宫中皆严冯珰。珰亦稍专横，即上有所责罚，非出冯口，毋敢行者。及上稍长，积不能平，而左右一二亲昵，稍稍以冯珰罪状闻，上以太后故，不敢发，然心恨

1《明神宗实录》卷七十二，万历六年二月癸未。

之云。一日，上戏以所御扇藏殿中隐处，戒左右毋泄，而令冯珰求扇。冯流汗四驰，求之不得，以是为剧。又一日，见冯珰衣大红色甚鲜，问曰：‘何处得此？’方食蜜饴，即以赐冯，亲为纳之袖中，油尽污乃止。冯退而泣。”“慈圣内教极严……而一二大珰奉太后懿旨，左右挟持，时至过当。比上春秋稍长，积有所不堪，而难于发也。”[1]

张岱为冯保列传，也有类似的说法：“神宗之初即位也，(冯)保朝夕视起居，拥护提抱，差有力焉。帝小有扞格，保即闻之慈圣皇太后。盖慈圣诲上严切，责之甚苦，且曰：‘内廷可耳，即使张先生闻之，奈何？’于是上甚重居正，而冯保意自得，所以事上不能一切顺，上渐长而厌之。保内恃太后，外挟居正，侍上左右，御紥殊苛峻。小与上狎，辄牵下加笞责，诸有财力可资藉监局，多持不与，而与所私门下阉张大受辈，使为上耳目，颇倚保势，藐上左右如孙海、客用。”[2]

冯保内恃太后，外挟张居正，连皇帝也对他怀有畏惧之心。这使得冯保得意忘形，颐指气使，俨然成为宫中炙手可热的实权人物。慈圣皇太后的父亲，也就是小皇帝的外祖父——武清侯李伟，见了冯保，也叩头唯谨，尊称他为“老公公”。冯保对这位当朝皇上的外公的恭敬礼节，居然安然接受，只是小屈膝答应：“皇亲免礼。”驸马见了他也要叩

1 于慎行《谷山笔麈》卷二《纪述一》。

2 张岱《石匮书》卷二百八《宦者列传下·冯保》。

头，他甚至倨傲地垂手小扶，根本不还礼。[1]实在有点忘乎所以了。

乾清宫执事太监孙海、客用是皇帝的近侍，关系十分亲昵，经常引导皇上骑马奔驰，挽弓击剑，甚至酗酒豪饮。这是冯保极为反感的。他自诩知书达理，喜好琴棋书画，对皇上“凡事导引以文”，颇以“蒙养之绩”为功。[2]

万历八年（1580）某一天，孙海、客用引导皇上豪饮，喝得酩酊大醉，佩剑夜游。孙海、客用因平日受冯保笞辱太甚，不堪忍受，便以言语激起皇上对冯保的不满，把身边的两名小太监（冯保的养子）打成重伤（一说杀死）。然后骑马到冯保住所，大声训斥冯保。冯保很恐惧，抱起巨石支撑大门。次日拂晓，冯保赶忙向慈圣皇太后报告昨晚皇上失态的情况。[3]慈圣皇太后怒不可遏，一反常态，换上了青布袍，拔去头上戴的簪珥，怒气冲冲地扬言：欲特召阁部大臣，谒告太庙，废黜皇帝，另立其弟潞王为帝。故意让这一消息在宫中四处传播。朱翊钧得知圣母要把他废了，此惊非同小可，赶忙前去向母后请罪。慈圣皇太后对他数落道：“天下大器，岂独尔可承耶？”命冯保取出《汉书·霍光传》，要他看看皇帝废立的先例，扬言要召见潞王。朱翊钧跪在地上哭泣多时，皇太后才肯宽恕。太后要冯保逮捕孙海、客用，杖责之后逐出宫门，发配南京孝陵种

1 王世贞《觚不觚录》，《弇州史料后集》卷三十九。

2 刘若愚《酌中志》卷五《三朝典礼之臣纪略》。

3 钱一本《万历邸钞》，万历八年庚辰卷，十一月戊寅。王世贞《嘉靖以来首辅传》卷七《张居正传》。张岱《石匮书》卷二百八《宦者列传下·冯保》。

菜；没收乾清宫所有的兵器，并要皇帝写诏书自责：“孙海、客用凡事引诱，无所不为，着降作小火者，发去孝陵种菜。尔等司礼监并管事牌子，既受朝廷爵禄，我一时昏迷，以致有错，尔等就该力谏方可，尔等图我一时欢喜不言。我今奉圣母圣谕教诲我，我今改过。奸邪已去，今后但有奸邪小人，尔等司礼监并管事牌子，一同举名来奏。”[1]在检讨自己的错误的同时，明显地流露出对冯保的不满情绪。

第二天，他还把怨气发泄到张居正身上，怪他这位辅臣没有及时提醒：“昨朕有御笔帖子，先生看来未曾？孙海、客用，朕越思越恼，这厮乱国坏法，朕今又降作小火者，发去南京孝陵种菜。先生等既为辅臣，辅弼朕躬，宗庙社稷所系非轻，焉忍坐视不言？先生等既知此事，就该谏朕，教朕为尧舜之君，先生也为尧舜之臣。”张居正立即对他进行开导，先是夸奖他即位以来讲学勤政极为认真，寥寥数语以后，笔锋一转，直言不讳地批评道，皇上近几个月来稍不如前，宫中起居颇失常度。但是身隔外廷，不知宫中之事，即有所闻，也不敢轻信。几天前曾问过文书官，听说皇上夜间游行，左右近侍都带着短棍兵器。文书官说并无此事，便以为所闻为妄传。直到读了皇上的御笔帖子，才知道孙海、客用两人，每天引诱皇上游宴别宫，而且身穿窄袖小衣，长街走马，挟持刀仗，沉迷于奇巧戏玩之物。幸而圣母及时教诫，

1 刘若愚《酌中志》卷五《三朝典礼之臣纪略》。文秉《定陵注略》卷一《慈圣壶范》。

皇上幡然悔悟，屏去奸邪，引咎自责。张居正认为，孙海、客用处分太轻，应该削为净军；而且应该除恶务尽，谄佞希宠的近侍宦官不止孙、客二人，司礼监太监孙德秀、温泰，兵仗局掌印太监周海，也应该一并降黜。有鉴于此，张居正要求皇上，“仰遵圣母慈训，痛自改悔。戒游宴以重起居，专精神以广胤嗣，节赏赉以省浮费，却珍玩以端好尚，亲万几以明庶政，勤讲学以资治理”。[1]

这一事件虽已了结，但皇帝与冯保的关系，从此由信赖、畏惧转化为怀疑、怨恨。孙海、客用引导他夜游的事，是冯保向慈圣皇太后告密的；事后又要张居正代他起草《罪己诏》，向内阁辅臣检讨认错，措辞又过于贬损，极大地损伤了他的自尊心；张居正奏疏中开列的谄佞希宠太监名单，又是冯保提供的，乘机排斥异己分子。

冯保依仗太后的宠幸和张居正的支持，有恃无恐，对皇帝钳制过甚，这必然要引起反感。一旦时机成熟，他的垮台是在意料之中的。正如于慎行所说：“珰（冯保）亦稍专横，即上有所责罚，非出冯口，毋敢行者。及上稍长，积不能平，而左右一二亲昵稍稍以冯珰罪状闻，上以太后故，不敢发，然心恨之云。”[2]于慎行还说：“天下之事，持之过甚，则一发而溃不可收拾。人主在深宫中，醉饱过误，何至假太后之威，中外相应，制之股掌之间，使之

1 张居正《请清汰近习疏》，《新刻张太岳先生文集》卷四十四《奏疏九》。钱一本《万历邸钞》，万历八年庚寅卷，十一月。

2 于慎行《谷山笔麈》卷二《纪述一》。

藏怒蓄极而发。”[1]《明史》也有类似的说法，不过前者强调的是“心恨之”“藏怒”，后者强调的是，要想赶走他但心有余而力不足：“后（冯）保益横肆，即帝有所赏罚，非出保口，无敢行者，帝积不能堪。而保内倚太后，外倚居正，帝不能去也。”[2]

“心恨之”又“不能去”，必然要发泄出来。某一天，讲读完毕，皇帝兴致大发，书写大字赏赐辅臣及九卿，冯保在一旁侍候。突然，他用沾满墨汁的毛笔，猛烈地掷向冯保的大红衣衫，红衣上几乎溅满了墨渍。一向骄横的冯保大惊失色，张居正也显得手足无措。皇帝朱翊钧却若无其事，起身返回乾清宫。后来申时行的长子申用懋向沈德符谈起这一逸闻，颇为感叹：“此时，上意已作李辅国、鱼朝恩之想，而冯珰尚以少主视之，了不悟也。”[3]李辅国、鱼朝恩是唐代安史之乱后两名飞扬跋扈的宦官，因权势过盛而为皇帝所杀。朱翊钧把冯保看作李辅国、鱼朝恩，埋下了日后剪除的伏笔。

2.“发南京新房闲住”

张居正已死，冯保失去了外廷强有力的支持者，剪除时机成熟了。

司礼监秉笔太监张鲸为皇帝秘密策划了剪除冯保的计划。张鲸原先的顶头上司张宏，是老于世故

1 许重熙《嘉靖以来注略》卷七，引“于慎行曰”。

2 张廷玉《明史》卷三百五《宦官二·冯保》。

3 沈德符《万历野获编》卷二《今上待冯保》。

的太监，侦知了这一计划，暗中劝张鲸："司礼冯公前辈，有骨力人，留着他好多哩！"[1]张鲸不予理睬，令其门客乐新声向外廷透露"倒冯"的信息。

与此同时，言官们弹劾吏部尚书王国光，牵连内阁首辅张四维。次辅申时行怀疑是冯保在暗中捣鬼，便对张四维说："事迫矣。"那意思是，向冯保摊牌的时机到了，先下手为强，后下手遭殃。便私下物色言官揭发冯保亲信徐爵、冯保等人"表里为奸"的罪状。[2]十二月初七日，御史江东之上疏弹劾徐爵；十二月初八日，御史李植弹劾冯保。江东之、李植都是张四维的门生，他们的行动受到张四维的授意；而张四维之所以这样做，显然已经摸清了皇上的意图。申时行说："是时，权珰（冯保）骄恣甚，上（皇帝）积不能平，语浸淫闻外，言官亦微知上指，乃共疏论（徐）爵及（冯）保不法状。"[3]许国也说："当是时，上已心向公（张四维），而衔故用事者，无所发怒，日望外廷弹章。而他御史密测上意，交章起抨击，先论（徐）爵逋匿禁地，交通不法事；寻乃论（冯）保，历数保大罪十余。"[4]申时行、许国是亲历其事的高官，都不约而同地指出，言官弹劾冯保、徐爵，完全迎合了皇帝的心意。

十二月初七日，山东道御史江东之（字长信，号念所，徽州歙县人）上疏，弹劾冯保的亲信书记官徐爵。他揭发徐爵这个逃犯在冯保卵翼之下如何为非作歹："锦衣

1 刘若愚《酌中志》卷五《三朝典礼之臣纪略》。

2《明神宗实录》卷一百三十一，万历十年十二月戊子。

3 申时行《光禄大夫柱国少师兼太子太师吏部尚书中极殿大学士赠太师谥文毅张公神道碑铭》，《赐闲堂集》卷二十。

4 许国《张文毅公墓志铭》，《条麓堂集》卷三十四《永信录下》。

卫指挥同知徐爵，嘉靖间犯罪发遣，潜逃在京，夤缘武职锦衣卫，又复倚势张威，窃弄朝政。如王国光之欺侮，陛下黜之，（徐）爵乃扬言曰：‘此我罪之冯司礼者也’；梁梦龙之谦谨，陛下用之，（徐）爵乃扬言曰：‘此我荐之冯司礼者也。（徐）爵果能进言于冯保，保果信任爵与否，臣不敢知，但（徐）爵身为锦衣卫官，未尝一日至锦衣卫堂上。臣每巡视皇城，辄遇爵由东安门进，守卫官军不敢问其行踪，不知（徐）爵奉何职役，而出入禁门欲和谋议，而常居直庐也。且（梁）梦龙谢恩之日，即往拜（徐）爵门，举酒款洽，二鼓始返，朝臣及市井细民无不知之。夫冯保服劳年久，未闻干预外政，（徐）爵指之以邀惠大臣，是误（冯）保不能永其终誉者（徐）爵也。（梁）梦龙初掌铨衡，未闻亲为不善，（徐）爵诱之以交结近侍，是误梦龙不能正其始进者（徐）爵也。虽然，误保与梦龙此犹小者，陛下德追尧舜，威服中外，大小臣工奉法惟谨，而（徐）爵以狎邪小人，窃弄于下，虚张声势，肆无忌惮，不敬之罪孰有大于（徐）爵哉？伏乞圣明大奋乾纲，将徐爵敕下法司追论原罪，或不即加显戮，亟行窜逐。庶内臣无由招议，得保其近侍之荣，外臣无由夤缘，可塞其官邪之径，将见宫府肃清，而威权不下移矣。”江东之还揭露梁梦龙用三万两银子贿赂冯保，谋求吏部尚书之肥缺；又将孙女许配冯保之弟为儿媳；谢恩之日前往徐爵家拜谒等等罪状。[1]

1 沈思孝《明故中议大夫都察院右佥都御史念所江公墓志铭》，《瑞阳阿集》卷首。

皇帝下旨将徐爵逮入锦衣卫诏狱，严加审讯，送刑部拟斩。至于梁梦龙暂时没有碰他，待到御史邓炼、赵楷等人再次弹劾时，勒令致仕。[1]这是一个重要的信号，时人评论说："锦衣卫指挥徐爵倚（冯）保，出入禁闼，舔痔兼车，鸣鹞吞腐。公（江东之）劾爵，因以撼（冯）保，并及梁太宰。上怒，诛爵逐保，一时挟炭之子趣冶之门者气夺。"[2]江东之的奏疏之所以有如此威力，关键在于正中皇帝下怀。

十二月初八日，江西道御史李植（字汝培，山西大同人）上疏，指名道姓地弹劾冯保十二条罪状，权势不可一世的冯保由此而垮台。如此重要的文献，不知何故，《明神宗实录》《万历邸钞》都没有收录。今人可以在《万历疏钞》中看到此疏的全文。李植毫无顾忌地亮明他的观点："司礼监掌印太监冯保，狠毒异常，奸贪无比，窃弄威福，包藏祸心，十年于兹矣。"为了证明他的观点，列举了冯保当诛之罪十二条：

◥ 李植，父辈自大同徙居江都，万历五年进士。选庶吉士，万历十年冬张居正卒，冯保犹用事，李植揭发冯保十二大罪，由是受知于神宗，但未及三年而贬。

——宦官张大受、书手徐爵都是太监李彬的亲信，本该论死，逃回北京后，被冯保任为股肱心腹，一个升为乾清宫管事太监，一个升为锦衣卫指挥。

---

1 《明神宗实录》万历十年十二月辛卯。

2 郭子章《明中议大夫右佥都御史念所江公墓志铭》，《瑞阳阿集》卷首。

——冯保掌管东厂，凡罢黜官员潜往北京者，都用作私室爪牙，掌管司礼监，将有罪宦官置于根本重地。

——引用徐爵，参预批阅奏章。凡重大机务，紧密军情未经核实御览，未送内阁票拟，徐爵已事先知晓，泄露于外。徐爵擅入宫禁，窥伺皇上起居，探察圣母动静，戏言亵语无不与闻，宣扬于外。因此，奔竞者慕其威灵，巧宦者附其声势，其门如市，权倾中外。

——永宁公主选婚，冯保受贿，驸马曲庇入选。

——皇上赏赐给乳母戴夫人庄田银两，冯保先勒索二千五百两。

——宫内御用监采买珍珠玉器等物，冯保拣低劣者呈进，贵重者尽入私囊。赃罚库历年籍没的抄家物资，冯保以赝品换取真品，将古器重宝窃为己有。

——二十四监宦官，凡稍有财富者，冯保必搜求一过，吓骗其钱财；有病故者，冯保必封锁房屋而搜括其家资。因此，冯保私宅所藏财富，相当于朝廷一年贡赋收入。

——冯保的第宅、店铺遍布京师，不能悉数。在北山口为自己建造寿坟，其花园之壮丽堪与皇宫西苑媲美。又在原籍深州建造私宅，规模之华峻，不亚于藩王府邸，共有五千四百八十间，名为一藏。

——冯保擅作威福，恣意凌辱临淮侯、刘皇亲等勋戚。

——冯保之弟冯佑，在皇太后所居之慈庆宫高声辱骂太监，冯保之侄冯邦宁兄弟，竟在皇帝诏选九嫔之中，挑选绝色美女二名，纳为侍妾。

——冯保只是宦官，竟敢僭用皇上之黄帐。

——潞王分封，皇上令冯保选择善地，冯保向皇上推荐的地方为此，向圣母推荐的地方为彼。欺君罔上，莫此为甚。

在列举了十二条罪状之后，李植请求皇上，将冯保、张大受、徐爵处死，将冯保弟侄冯佑、冯邦宁等问罪。[1]

皇帝朱翊钧早就对这个令他畏惧的“大伴”心生厌恶，必欲除之而后快，接到这一奏疏，马上降旨："冯保欺君蠹国，罪恶深重，本当显戮。念系皇考付托，姑从宽处，降为奉御，发南京新房闲住。"[2]这还是念在“大伴”多年陪伴服侍的情分上，看在先帝顾命付托的名分上，从宽发落，虽然革了职，剥夺了权力，却并不处死，让他到南京去养老。对冯保的弟侄就不客气了，一概革职，发回原籍为民。张大受等宦官，都降做小火者，发配南京孝陵从事苦役。[3]

冯保作为宫内地位最高的太监，须臾不离地在皇帝身边侍候，时刻不停地沟通宫廷与政府之间的信息，向两宫皇太后通报皇上的生活起居。从皇太子时代到登上皇帝宝座，朱翊钧一直在冯保的陪伴下，所以把他叫作“大伴”“冯伴伴”，对他有一种两难心情。作为自己的耳目喉舌，一刻离不开他，又对他心存畏惧、戒备。随着岁月流逝，这种矛盾

1 李植《奸险近臣久肆欺罔罪大恶极恳乞乾断亟赐重戮以彰国法以安社稷疏》，《万历疏钞》卷二十《阉宦类》。

2 陈希美《罪人既得天讨难容恳乞圣明亟加诛戮以绝乱萌以安宗社疏》，《万历疏钞》卷二十《阉宦类》。

3 谈迁《国榷》卷七十一，万历十年十月己亥。

逐渐明朗化，但要对他处以“重戮”，还下不了手。据说，李植的奏疏呈进时，冯保正在私宅休沐。皇帝在如何处分冯保的分寸上有所踌躇。张鲸等太监乘机揭发他的种种罪恶，怂恿皇上传旨“着冯保私宅闲住”。皇帝担心地说：“冯伴伴来奈何？”“若大伴来我不管。”张鲸为他壮胆：“既奉皇爷处分，渠怎敢来！”“既有旨，冯某必不敢违。”[1]

冯保的命运就这样定了下来，他的下场是耐人寻味的，也是他自己始料不及的。十二月初八日，皇帝圣旨“发南京新房闲住”传出，人们以为处分太轻。浙江道御史王国（字之桢，陕西耀州人）上疏，力言冯保罪大恶极，应按法律重处。他列举冯保欺君误国之罪十条：

——擅权肆恶，独揽朝政，潜引充军在逃人犯徐爵，结为腹心。

——大开贿赂，勒索沿边诸将领，或二三万，或数十万两银子。

——盗窃内府珍宝，或藏于私宅，或送于原籍。

——聚敛天下之财物以肥身家，搜括天下之宝货以为玩好。

——纵容其侄子冯邦宁、冯邦柱等，强梁生事，强夺京城内外平民庄田。

——所积金银珍宝，富过于国。至于外国奇异

1 文秉《定陵注略》卷一《江陵覆车》。

之物，为陛下所未有。

——擅作威福，人人畏惧。

——冯保称徐爵为樵野先生，徐爵称冯保为大德恩主，终日引入宫内，密谋诡计。

——近日辅臣张居正病故，冯保令徐爵索其家名琴七张、夜明珠九颗、珍珠帘五副、金三万两、银十万两。

——原任工部尚书曾省吾，现任吏部左侍郎王篆，勾结冯保，相倚为奸。曾省吾送冯保金五千两、银三万两；王篆送冯保玉带十束、银二万两，图谋升官。

鉴于以上种种罪恶，王国希望皇上比照武宗皇帝处死权阉刘瑾的先例，依法重处冯保，以清内奸；斥革曾省吾、王篆，以清外奸。[1]

御史王国的揭发当然有根有据，无奈皇帝主意已定，不想处死冯保，而是要他到南京养老。王国对皇上的心意揣摩未透，要求像武宗处死刘瑾那样处死冯保，自讨没趣，皇帝下旨将王国调往南京别衙门待用，显然带有贬谪的意味。言官们依然不依不饶。御史李廷彦继续上疏揭发冯保贪纵不法诸事，希望皇上对他重处。皇帝对言官再次渎扰有点光火了，命李廷彦停职反省。[2]

皇帝对冯保的处分是手下留情的，他不忍处死从小形影不离的“大伴”，但对冯保聚敛的财富

1 王国《逆恶中珰交通内外包藏祸心恳乞圣明重加究处以正国法疏》，《万历疏钞》卷二十《阉宦类》。

2《明神宗实录》卷一百三十一，万历十年十二月甲午。

极为关注，毫不放松。李植揭发，“冯保私宅所藏，可当朝廷一年贡赋之入”。王国揭发他，“盗窃内府珍宝，或藏于私宅，或送于原籍”；“张居正病故，冯保令徐爵勒索其家名琴七张、夜明珠九颗、珍珠帘五副、金三万两、银十万两”；此外还收受曾省吾、王篆的巨额贿赂等。冯保贪赃枉法，富甲天下，当时人所共知。不仅宫内太监要向他“孝敬”，而且外廷大臣无不向他贿赂。于慎行说，冯保接受大臣贿赂，每一笔都有记录，几乎所有公卿大臣都在账簿中留下了贿赂，唯独刑部尚书严清没有记录。[1]这一点，皇帝也早已心知肚明。冯保“发南京新房闲住”后，慈圣皇太后与皇帝谈起潞王婚礼所需的金银珠宝尚未备齐，皇帝轻松地回答：“办此不难，年来廷臣无耻者尽货以献张（居正）、冯（保）二家，其价顿高。”[2]

几天后，皇帝下旨籍没冯保、张大受、徐爵的家产。户部向皇帝报告：抄没冯保田产变卖折银一万九千余两。工部向皇帝报告：抄没冯保住宅变卖折银六万九千余两。[3]区区十万两银子的家产，显然与李植、王国等言官揭发冯保富可敌国的状况不相匹配，关键是没有提及冯保财富的主体部分——金银珠宝书画等浮财。东厂总督太监张鲸会同锦衣卫都督同知刘守有，奉旨查封冯保在京城内外的全部房屋，清点浮财。但是报上来的数目

1 于慎行《谷山笔麈》卷五《臣品》。于氏写道：“万历十年，籍没冯珰，阅其簿籍，公卿大臣皆有问遗，惟无司寇严公清名。上甚重之，内中因呼为‘严青天’。未几，拜太宰，盖特简也。”

2 朱国祯《皇明大事记》卷三十九《神宗》。

3 钱一本《万历邸钞》，万历十一年癸未卷，春正月。

仍不能令皇帝满意。其中原因不外乎两点：一是老奸巨猾的冯保早已把浮财转移隐匿，二是负责抄家的官员中饱私囊，乘机大捞外快。据御史毛在揭发，锦衣卫掌卫事都督同知刘守有等负责抄家的官员，在查抄冯保、徐爵、张大受等人家产时，监守自盗，“搬运鼠窃，报官者十一二耳”；各案犯家属买通关节，“转为方便”，使得财产大量转移。[1]

刘守有等监守自盗事发，总督东厂太监张鲸奉皇上圣旨查处此事，勒令他们把贪污盗窃的金银、睛绿、珠石、帽顶、玉带、书画、新旧钱币、各色蟒衣、苎丝绸绢等全部上缴，甚至把他们家中财产扫荡一空，悉数运入宫中，皇帝才稍稍满意。[2]其实，冯保从皇帝眼皮底下堂而皇之运走了大批价值连城的珍宝。据南京兵部郎中陈希美报告，冯保由北京抵达南京时，“犹携带佞儿数十辈，装载辎重骡车二十辆”。[3]毫无疑问，冯保已经把最有价值的财宝随身带到了南京。皇帝是心知肚明的，当慈圣皇太后向他打听籍没冯保家产的情况，他回答道：“奴黠猾，尽窃而逃。”[4]

曾经在政坛上不可一世的冯保，从此结束了他的政治生命，随同他的天价珍宝一起，销声匿迹。以后又悄无声息地死去，葬于南京皇厂。[5]

1《明神宗实录》卷一百三十二，万历十一年正月乙丑。

2《明神宗实录》卷一百三十三，万历十一年二月丙戌。

3 陈希美《罪人既得天讨难容恳乞圣明亟加诛戮以绝乱萌以安宗社疏》，《万历疏钞》卷二十《阉宦类》。

4 朱国祯《皇明大事记》卷三十九《神宗》。朱氏在“奴黠猾，尽窃而逃”后面，写道：“自此，内中‘张先生’、‘张太岳’字面绝以为讳，而日后籍没之芽亦伏于此。”

5 刘若愚《酌中志》卷五《三朝典礼之臣纪略》。

四 “居正功在社稷，过在身家”

1. 言官交章弹劾张居正

张居正与冯保，一死一去，皇帝朱翊钧挣脱了昔日钳制他的两只大手，亲操政柄，可以完全按照自己的心意行事了。朝廷内外一下子失去了两个令人望而生畏的铁腕人物，长期受压制的言官们如释重负，顿时活跃非凡。在君主专制时代，政治风云变幻莫测，皇帝个人的是非好恶主宰一切。昔日炙手可热的冯保，一道圣旨，逐出紫禁城，发往南京闲住，似乎是一个政治信号。对于政治气候嗅觉特别灵敏，原是官僚的本性，他们中的投机分子更是急不可耐，以为大显身手的机会到了。既然冯保可以攻倒，张居正有何不可？言官们从冯保事件窥探到皇帝内心的微妙变化，交章弹劾张居正，一时间政治风云突变。

万历十年十二月十四日，善于窥伺的陕西道御史杨四知首先出马，弹劾已故内阁首辅张居正。他把张居正与冯保、徐爵并列为“社稷之元恶三人”，声称：“三人同心一体，挟天子以令群臣，权倾中外，包藏祸心。”在他笔下，三人的关系非比寻常：“逃军徐爵，素有机智，（冯保）尊为谋主，生死相依。徐爵昼则匿冯保直房，屏去左右，附耳低语；夜则潜投张居正，置之上座，称为樵野先生，促膝计议，每至夜分。都人相语，以为今日之徐爵，居正之子房（张良）也；今日之冯保，居正之赵高也。而为（徐）爵者又扬扬夸示曰："皇上游戏无度，章奏漫然不理，朝廷政令惟张公与我耳。"使天下人心皆归张氏，其意欲何为哉？是以十年之间，天下但知有冯保、居正，而不知有皇上，皆徐爵之谋也。"由此入手，他列举张居正十四条罪状：

一是贪婪之罪——"居正之奸贪穷古未有，且无论其江陵所充积，但据其身死回籍，骡车三十辆，搬运一月，填满京衢，粮船八十艘，绵延百里，阻塞运道……十年以来，稀世之珍，四夷之宝，尽归私室。"

二是树党之罪——"总理练兵左都督戚继光，用万金托尤（游）七，拜居正为义父，每年馈送不下数万。若居正所进刺绣肃灑、奇巧花灯，皆继光代造。手握强兵，恩结父子，天下为之寒心。"

三是招权之罪——"吏部左侍郎王篆，用万金属尤（游）七，结居正为姻亲，不数年，由文选（司）而骤升都宪（都察院）、铨曹（吏部），天下货赂未登相府，而先及王门。身居衡宰，势焰婚媾，天下为之侧目。"

四是欺君之罪——"国家设科取士，称至公也。甲戌（万历二年）会试，居正愤编修沈一贯不取子嗣修中式，以会元孙鑛系（沈）一贯所取，遂不置一甲，题名记至今未立。丁丑（万历五年）殿试，嗣修原后列，徐爵密通冯保，置之榜眼，人人共愤，无敢言者。庚辰（万历八年）未及会试，居正自撰策题，先为子懋修请客对策，都中预知必为状元……至期，懋修果登状元，敬修果登进士。居正探知人心不服，使徐爵扬言于外曰："圣母皇上念元辅功高，特赐拔擢。"其谁欺乎？人有贴张氏门联曰：‘一正当朝乱国政，三修登第实堪羞。’都人至今诵之。”

五是欺君之罪——“居正自登第历官三十余年，未闻归省。及其父死，百官密语曰‘张公必不去’，臣犹未信。后果蒙皇上眷留，而居正当寝苫块之时，每日于灵几前票旨，二三阁臣独不能乎？是时诸臣上疏劝其丁忧者，无非欲移孝为忠也，致激圣怒，奉旨廷杖。而内官呵令行杖者曰：‘张师傅叫着实打！’是何说也。”

六是僭分之罪——“裁革驿递，名为节省矣。乃其归葬，沿途五步一井以清行尘，十步一庐以备茶灶。旅馆邮亭金碧辉煌，笙箫金鼓，山岳震动。父老望之而叹息曰：‘世宗皇帝南幸，未见有此。’”

七是殃民之罪——“锦衣卫总旗庞清，素称巧佞也，尤（游）七荐为居正造宅，三年升东厂管刑千户。锦衣卫千户冯昕，考察革职矣，尤（游）七荐于居正，起用东司房掌刑。二人受尤（游）七颐指气使，凡有睚眦之嫌，即访拏拷打，逼求重贿。”

八是穷奢之罪——“居正每一退朝，美人钟鼓，高会罗列，自睹金坞玉山，意甚厌之，乃访问古器，天下争相买求，以投所好。河洛之间，三代帝王陵墓发掘殆尽，居正家商彝周鼎秦镜汉尊，不知其几也。”

九是蔽主之罪——“自居正擅权，专意伺察台谏，凡其章疏少干时政，轻则补外，重则中伤。以是人心恐惧，士气销堧，掩蔽聪明，上下间隔，而彼得以肆行无忌矣。”

此外还有：罔上之罪、凶残之罪、僭逆之罪、误国之罪、纵肆之罪。[1]

杨四知的奏疏言辞尖刻，调子高而实证少，与几年前傅应祯、刘台的奏疏相比，并没有多少新鲜内容，也没有惊人的说服力。但是两者的命运截然不同，前者激起皇帝盛怒，对上疏者严加惩处；后者却正中下怀，欣然同意，显然是帝王独裁心理在作祟。杨四知凭借此事而官运亨通，升任大理寺右少卿。兵科给事中王德完揭发他，其实是一个首鼠两端的小人："以小人之尤而假君子以贾誉，外窃麟凤之形，而内藏枭獍之性，张牙露爪。"张居正病危时，"为居正祈祷，称功颂德，而自夸其巧"。先是巴结王篆、朱琏，攻击张四维；后来看到大势已去，则又附和张四维，攻击张居正。此人的手腕相当了得，"行浊言清，欺上罔下，才足以变黑易白。如负隅之虎，而人莫敢撄；如傅肤之蝎，而人不敢动"。[2]

皇帝朱翊钧对首辅张居正的态度，微妙而复杂，由先前尊崇备至，言听计从，一变而为深恶痛绝，全盘否定。独裁者的心理活动令人琢磨不透，拿捏不准，不过有一点是可以断定的，绝对不能容忍威权震主的大臣，即使暂时容忍，最终还是要报复清算。对于朱翊钧而言，十年来，这位威严的首辅兼帝师对他管束过严，干涉过多，甚至对他的宫闱生活也说三道四，使他不敢随心所欲。张居正自

1 杨四知《追论党恶权奸欺君误国乞正国法彰天讨疏》，《万历疏钞》卷十八《发奸类》。《明神宗实录》卷一百三十一，万历十年十二月戊戌。

2 王德完《寺臣大奸巨猾横肆贪残乞议处以快舆情疏》，《万历疏钞》卷十九《纠邪类》。

以为有皇太后的支持，以严师对待学生的态度对待小皇帝，一次朱翊钧读《论语》，误将“色勃如也”的“勃”字，读作“背”音，张居正厉声纠正：“当作‘勃’字！”声如雷鸣，小皇帝“悚然而惊”，在场的官员们无不大惊失色。[1]曾为日讲官的于慎行对此评论：“及考注释，读作去声者是也。盖宫中内侍伴读，俱依注释，不敢更易；而儒臣取平日顺口字面，以为无疑，不及详考，故反差耳。此一字不足深辨，独记江陵震主之威，有骖乘之萌，而不自觉也。”[2]所谓“震主之威”“骖乘之萌”云云，就是“威权震主，祸萌骖乘”，于慎行当时已经察觉到这一点，这就叫做旁观者清当局者迷，所以说“江陵震主之威，有骖乘之萌，而不自觉也”。朱国祯也有类似的感喟：“凡日讲，阁臣侍班，轮讲者稍稍句字之误，免纠。称曰先生，礼待最优。一日讲过位章‘色勃’，勃字当作入声，误为去（声），盖南北音异也。张（居正）呵之声颇厉，上不怿。此时冲主，权臣习以为故，然了不自觉。”[3]虽然指出张居正“了不自觉”，但没有提到“震主之威”“骖乘之萌”，缺乏于慎行的深度。

慈圣皇太后配合张先生的调教，在宫中对皇帝严加教训，“常常守着看管”，“使非礼之言不得一闻于耳，邪媟之事不敢一陈于前”，“帝或不读书，即召使长跪”，或有过错，“数其过，帝涕泣请改乃

1 于慎行《谷山笔麈》卷二《纪述二》。许重熙《嘉靖以来注略》卷七，万历五年五月。

2 于慎行《谷山笔麈》卷二《纪述二》。

3 朱国祯《皇明大事记》卷三十九《神宗》。

止”。小皇帝对张先生极为忌惮，慈圣皇太后动辄谴责：“使张先生闻，奈何！”[1]十年来，他这个皇帝所受掣肘实在太多，听命于太后犹有可言，受首辅摆布难以长期忍受，还是勉强忍受了，总有一天会爆发。于慎行提及皇帝在太监孙海、客用引诱下酗酒闹事，议论道：“翌日，太后大怒，遣人传语阁臣，江陵（张居正）具状切谏，其词甚激，有鬻拳之风，且草罪己御札呈览发行。而太后召上长跽痛数其过，至云‘天下大器岂独尔可承耶’？内中因有传于上云，太后令冯珰向阁中取《霍光传》入览。上心以此大恨。再逾年，江陵死，冯逐而张族矣。此后，太后惮上威灵，不复有所谕，辅导诸臣亦不敢极力匡维，而初政渐不克终矣。江陵自失臣礼，自取祸机，败在身家，不足深论。而于国家大政有一坏而不可转者，何也？凡天下之事，持之过甚，则一发而溃不可收，譬如张鼓急则易裂，譬如壅水决则多伤。即以内使一事言之，人主深宫之中，以醉饱过误断一阉人之发，不为非过，而未至大失，辅弼大臣付之不问，则犹有惮而改，即欲规正，亦当从容陈说，使之自解，何至假太后之威，中外相应制之股掌之间，使之藏怒忿志，蓄极而发，从此为所欲为无复畏惮。”[2]于慎行对皇帝心态的转变，张居正悲剧的铸就，概括为八个字“藏怒忿志，蓄极而发”，分析得入木三分。

1 张居正《谢皇太后慈谕疏》，《新刻张太岳先生文集》卷四十一《奏疏六》。万斯同《明史》卷一百五十一《列传二·后妃下》。

2 于慎行《谷山笔麈》卷二《纪述二》。

◤ 章潢，江西南昌人。曾于东湖之滨聚徒讲学，主白鹿洞书院讲席，参与江西诸多讲会之会讲活动，学术为王守仁一脉。西儒利玛窦在南昌时，章潢与之交厚，曾请利氏登白鹿洞书院讲堂。所著《图书编》收录利玛窦《舆地山海全图》，此图采用椭圆投影法，与西文世界地图外形相似。

明朝内阁辅臣职权的轻重，因人而异，因时而异。章潢在《图书编》中说，永乐初建内阁，在东阁门内取翰林解缙等七人在阁办事，以备顾问，官衔不过学士而已。终永乐之世，杨士奇、杨荣官止五品。至仁宗朝，其意渐失，杨士奇升为礼部侍郎，加少保转少傅，兼华盖殿大学士；杨荣为太常卿，进太子少傅兼谨身殿大学士；杨溥为太常卿兼翰林学士。此"三杨"破格之始。但宣德以前内阁与外九卿为平交，执礼持法不相顾忌。宣德以后，"三杨"权重，渐柄朝政。英宗九岁登极，凡事请示太后，太后规避专权，令内阁议行，从此开始由内阁票拟谕旨。及至景泰易储之后，虽皇帝亦藉内阁以为己用，但其官品仍不脱学士之衔。天顺初年（1457），李贤开始以兵部侍郎升吏部侍郎兼翰林学士入阁，薛瑄由大理寺卿升礼部侍郎兼翰林学士入阁。成化、弘治年间，多由侍郎升尚书入阁，若先升尚书，则无入阁之命。至正德初年（1506），刘瑾专权，其党羽焦芳以吏部尚书入阁。嘉靖初年（1522），宠臣张璁（张孚敬）入阁，"直以相体自尊，危坐诸卿之上"。[1]此后的内阁首辅如严嵩、高拱的职权已无所不统，张居正犹有过之。沈德符对此洞察尤深：张居正受顾命辅政，"宫府一体，百辟从风，

1 章潢《图书编》卷八十五《内阁》。

相权之重，本朝罕俪。部臣拱手受成，比于威君严父，又有加焉”。[1]所谓“宫府一体”云云，即把皇帝与政府的事权集于一身，货真价实的威权震主。

蓄之既久，其发必速，正如于慎行所说：“藏怒忿志，蓄极而发。”现在既然亲操政柄，不把威权震主达十年之久的张居正的余威压下去，何以树立自己的威权！以这样的心态看杨四知的奏疏，皇帝如获至宝，蓄积已久的怨气喷涌而出，对张居正全盘否定：“居正朕虚心委任，宠待甚隆，不思尽忠报国，顾乃怙宠行私，殊负恩眷。念系皇考付托，待朕冲龄，有十年辅佐之功，今已殁，姑贷不究，以全始终。”[2]昔日仰赖崇敬的元辅张先生，如今成了“不思尽忠报国，顾乃怙宠行私”的坏蛋，暂时不予追究，已是皇恩浩荡了。至于他的亲信游七、庞清、冯昕之流，统统不宽恕，由锦衣卫逮捕，交镇抚司诏狱严刑审讯。

张居正的亲信，尤以游七最为跋扈。游七名守礼，号楚滨，不过是张府的家人（奴仆）之子。张居正权倾一时，他狐假虎威，作威作福，花钱买了个幕职清衔，与沈德符往来宴会。一般无耻官员巴结张居正，无不买通游七的关节，拍马唯恐不及。此人可与冯保亲信徐爵相比拟，冯保被劾，徐爵论斩；张居正被劾，游七入镇抚司诏狱，自然难逃一死。王世贞说：“江陵当国，家人子游七，司

1 沈德符《万历野获编》卷九《阁部轻重》。

2《明神宗实录》卷一百三十一，万历十年十二月戊戌。

其出纳，署号楚滨，无不称楚滨者。翰林一大僚为记以赠之，而给事李姓与之通婚媾。翰林诸公赠诗及文，而九卿、给事、御史投刺人四五至矣，彻侯缇帅延饮必上坐。衣冠跃马，扬扬长安中，势尤可畏。后事败，一坐绞，一坐斩，人心虽快，而士夫之体则已糜烂不可收拾矣。”[1]

皇帝谴责张居正“怙宠行私”，确凿无疑地发出清算信号。十二月十八日，南京四川道御史孙继先（字荫甫，一字世胤，号南川，山西盂县人）率先遥相呼应，为前几年因为建言而获罪的官员伸张正义。他说：“臣不知诸臣何罪，乃欲禁锢终身，若此，居正之心亦狠，而其手亦毒矣！此忠臣义士扼腕不平，良非一日。近日以来，伏见皇上闻言即悟，从谏如流，纳御史李植之言，则斥冯保而籍其家；纳御史江东之之言，则籍徐爵而置之法；纳御史杨四知之言，则怒居正而追问坏法之事。臣益知问罪诸臣非皇上本意也。臣又闻，当居正有丧之日，冯保罪恶已彰彰在人耳目，保谓不留居正，则己恶必不可掩；不深罪言官，则己罪终不可逃。故假以勉留元辅之故，导皇上以制伏言官，钳天下之口，便一己之私。是陷居正有无父之名者，冯保也；误皇上有屏弃言官之迹者，亦冯保也。”[2]有鉴于此，他请求起用遭到罢黜的贤臣，诸如原任编修吴中行、原任检讨赵用贤、原任刑部员外郎艾穆、刑部主事沈思

1 王世贞《觚不觚录》，《弇州史料后集》卷三十九。

2 孙继先《录用建言诸臣以昭圣德疏》，《万历疏钞》卷十六《起废类》。

孝、原任刑部办事进士邹元标，以及原任南京都察院右都御史魏学曾、原任户部右侍郎胡执礼、原任礼部右侍郎王锡爵、原任都察院右佥都御史保定巡抚宋纁、原任南京都察院右佥都御史操江提督张岳等，说以上诸臣“品格虽殊，要旨才德优隆，志行高洁，持身不二，有谔谔大臣之风；秉正不阿，有蹇蹇匪躬之义”。而且在目前形势下，“欲制伏小人，莫若广用君子。盖君子众多，则邪不胜正，纵有幺麽，彼自潜消默夺，不敢逞矣……当此群奸慑伏之时，正世道清明之会，起用贤臣实我国家可稍缓哉！”[1]

与此同时，吏科给事中陈与郊、云南道御史向日红等，也上疏翻此旧案。使得皇帝非常被动，因为惩处这些建言诸臣，都是他批准的；为了把张居正威权震主的影响消除干净，他决定启用那些反对张居正的官员，为此不得不承担一点责任，检讨几句：“朕一时误听奸恶小人之言，以致降罚失中。这本内有名建言得罪的，起用。”[2]皇帝原本要求言官“不必追言往事”，不要翻陈年老账；但是又向“追言往事”的言官让步，允许他们翻案，这是他亲操政柄后面临的一大难题。这个口子一开，引起了连锁反应，弹劾奏疏如同雪片般飞向乾清宫。

山西道御史魏允贞弹劾吏部历任尚书张瀚、王国光、梁梦龙阿谀张居正、冯保，在吏部会推官员

1 孙继先《录用建言诸臣以昭圣德疏》，《万历疏钞》卷十六《起废类》。《明神宗实录》卷一百三十一，万历十年十二月壬寅。

2 钱一本《万历邸钞》，万历十年壬午卷，十二月。

之前，接受张居正、冯保内定的名单，“然后会推，九卿科道徒取充数”，搞个形式而已。因此吏部选拔的官员十分之九没有德器才望。[1]

万历十一年正月，贵州道御史张应诏弹劾南京刑部尚书殷正茂（字养实，号石汀，徽州歙县人）、总督两广兵部尚书陈瑞（字孔麟，福建长乐人），以金银珠宝贿赂张居正、冯保，以及游七，而得以升官。他说，殷正茂先前担任户部尚书，秽迹大著，遭到忽视摈斥，由于厚贿张居正之故，起用为两广总督，当即以金盆两个、天鹅绒八匹，以及金玉币帛珍奇等物，共计一百箱，送到张居正私宅致谢，同时送十箱给游七，送四十箱给冯保。不久，转为南京刑部尚书。而陈瑞与殷正茂是一丘之貉，自为官至今，习为奔竞，担任湖广巡抚期间，以馈送张居正为名，括取全省赎金数十万。为了取媚于张居正以图升转，全不顾体统，不惜名节。在张府吊丧毕，即请见张居正之母，有一心腹内官姓向者在侧，居正母对陈瑞说：“陈公祖看顾向官儿。”陈瑞立即起身回答：“只有向公公看顾得陈瑞，陈瑞安敢看顾向公公。”奴颜婢膝，官常扫地，天下嗤笑。升转两广总督后，到任不及三个月，就搜括二省官银八十余万两，置买金玉珠宝象牙珍奇等物，馈送张居正、冯保。因

◤ 殷正茂，嘉靖二十六年进士，张居正同年。历任兵科给事中、江西按察使等职，隆庆五年以南京兵部尚书兼任两广总督。万历三年召为南京户部尚书，九年转南京刑部尚书，十一年因遭弹劾辞官。

◤ 陈瑞，嘉靖三十二年进士。嘉靖四十三年以山东道监察御史擢山西按察司提学副使，万历三年升湖广巡抚，十年春以兵部尚书兼署两广总督。

---

1 《明神宗实录》卷一百三十一，万历十年十二月丙午。

此他认为，这两个人“贪虐异常，钻刺冒滥，为公议所不容”，请求皇上将殷正茂、陈瑞亟行罢斥。皇帝当即降旨，命殷正茂、陈瑞致仕。[1]

广东道御史黄钟（字律元，号丽江，苏州长洲县人）弹劾湖广巡抚陈省，心术邪险，人品卑污，不齿于士论，屡遭言官纠弹。原以巧佞狡猾，曲当张居正之心，躐升湖广巡抚。陈省倚张居正为泰山，张居正亦视陈省为奇货。张居正之子张懋修高中状元，陈省即送贺仪银一万两。尤有甚者，“居正受贿无算，藏富于家，所虑者盗耳，陈省欲为之防护，设兵数百，每岁给饷数千两”。皇帝下旨，将陈省革职为民。[2]

万历十一年七月，南京河道御史郭惟贤（字哲卿，号希宇，福建晋江人）弹劾都御史陈炌。他说：“惟人心之事君也，始未尝不怀忠挟信，后卒罔上而负国者，其患有三：曰贪禄位，曰植私党，曰戕忠良。此戕忠良之心生于植私党之心，植私党之心生于贪禄位之心，三者相因而萌。于是乎有如王宗载之文致刘台以献媚者，有如胡槚之戕杀（宁国知府）吴仕期以献媚者，又有如今都御史陈炌参罢御史赵应元以媚权臣张居正，其事比于（王）宗载等之所为虽异，而其心之媚人行私则一。今如（王）宗载如（胡）槚，皇上举已灼其奸，斥之且将重罪之矣……独（陈）炌尚安于其位而不去，臣焉能无言乎？”[3]

1 张应诏《贪虐大臣久干公议乞赐罢斥以警官邪疏》，《万历疏钞》卷十七《惩贪类》。《明神宗实录》卷一百三十二，万历十一年正月壬戌。

2 黄钟《奸媚抚臣剥民附势乞赐显斥以快人心疏》，《万历疏钞》卷十九《纠邪类》。《明神宗实录》卷一百三十二，万历十一年正月戊辰。

3 郭惟贤《邪鄙大臣久坏风纪乞赐罢斥以重台纲疏》，《万历疏钞》卷十九《纠邪类》。

皇帝每天处理这些弹劾奏疏，终于光火了，愤愤然训斥这些言官："在前权奸结党行私，科道官寂无一言，及罪人斥逐，却纷纷攻击不已，有伤国体。"[1] 这分明是在谴责这些鼓舌如簧、走笔如神的言官们，太善于见风使舵，随机应变。年轻的皇帝对官员们避祸趋利又自视甚高的习气，不能容忍，发出旨意："有显迹的既已处治了，其余许令省改修职，不必再行搜索。以后有怙恶怀奸，仍前恣肆的，指实参来重究！"[2]他的意思很明白，劣迹昭彰的主要党羽已经处治了，不必再继续株连、搜索，政局应该平静下来。然而，皇帝自己打开闸门，潮水喷涌而出，已经难以控制。弹劾冯、张的口子一开，岂能立时三刻堵住！官场上，人们仍在忙于"搜索"，忙于攻击。

南京刑科给事中阮子孝揭发，张居正的三个儿子（张嗣修、张敬修、张懋修），王篆的两个儿子（王之鼎、王之衡），都属于"滥登科第"。关于这种倚仗权势的科场舞弊，阮子孝讲得十分具体，显然事先做过调查，言之凿凿，令人深信不疑。他说："先是，嘉靖年间有大学士翟鸾执政，其子翟汝谏、汝孝皆得中式，当时言官纠论，有'一鸾当道，双凤齐飞'之语。世宗皇帝超然顿悟，并皆黜革不叙。遐想此时公道尚昭昭未泯也，乃今则有大谬不然者。盖缘故太师张居正秉政十余年，值皇上冲年，擅作威福，而伊亲吏部侍郎王篆又以邪媚小人为之鹰犬，附己

1《明神宗实录》卷一百三十二，万历十一年正月庚午。

2《明神宗实录》卷一百三十二，万历十一年正月庚午。

者虽甚不肖，必居显荣；忤己者虽极忠贤，悉蒙摈弃。是居正与王篆之喜怒，即天下荣辱之所关也。”[1]

他列举事实予以说明。张居正的儿子嗣修、懋修、敬修，都是膏粱子弟，不识一丁。张敬修中癸酉（万历元年）湖广乡试，系巡按御史舒鳌所取，张居正当即许愿舒鳌晋升京官，后来被御史刘台揭发，许愿未果。张嗣修中丙子（万历四年）顺天乡试，又连中会试及廷试，乃是徐爵密通冯保，内定一甲第二名。张懋修己卯（万历七年）湖广乡试，系巡按御史郭思极所取，懋修墨卷只完成两篇，郭思极以为奇货，即置之袖中。会试墨卷俱在外请人代做，临时传递。廷试题悉张居正所拟，预先透露给懋修，请人条对，然后赴试，得中一甲第一名，敬修也得中二甲。张居正的宠仆游七对人说：“我家已有状元、榜眼，后来还有探花。”此虽出自小人之口，安知非居正家庭之常谈？

招权纳贿的王篆的两个儿子，王之鼎是监生，王之衡是生员，原本文理不通，京中缙绅奔走王篆门下者，购买坊间时文，代为笔削，冒充王之鼎兄弟的窗稿，大加圈点，刊刻发行，企图令人勿疑。王之鼎由北京前往应天考试，由与之连号的考生代做。尚未发榜，士民纷纷传言“王之鼎已中了”。及至发榜，果然中了二十一名。

阮子孝的结论是：“居正挟皇上威令以予夺天

1 阮子孝《科场重典罔上行私乞赐究处以惩欺蔽疏》，《万历疏钞》卷三十四《制科类》。

下，而伊男三人相继擢巍科。王篆假居正权势以慑服天下，而伊男二人并得中乡试，是居正与篆但知为身后子孙计，而不复知为陛下计也。奸邪人但知有居正与篆，而不复知有陛下也。”有鉴于此，他建议，将张嗣修、张懋修、张敬修、王之鼎、王之衡概行罢黜不叙。[1]

皇帝见他说得有理，要内阁拟旨，将五个“滥登科第”者予以革黜。首辅张四维没有盲从，因为此事与他本人有一些干系，所以他主张区别对待：张居正的三个儿子按其科举学业都可录取，只是两科连中三人，又占取高第，引起士论的妒忌，谤议失实。至于王篆的两个儿子，不知学业如何，应予复试，再决定是否可用。他建议张居正的两个在翰林院供职的儿子，调到别的衙门，在部署供职的儿子，可以照旧；王篆的两个儿子，由吏部与都察院出题，在午门前复试。[2]

张四维的折中主义处理方式，皇帝不满意，主张严惩，亲自降旨：“张懋修等并王之鼎、王之衡都着革了职为民。张居正、王篆结连冯保，罔上行私。冯保弟侄及名下，已皆革职治罪了，居正、篆诸子，不论进取公私，都一体斥去。”[3]在他看来，张居正与王篆的儿子不论是否有真才实学，统统革职为民，是平息舆论的最好办法。但是言官们并不满足，继续追打那些阿谀奉承的宵小之徒。

1 阮子孝《科场重典罔上行私乞赐究处以惩欺蔽疏》，《万历疏钞》卷三十四《制科类》。

2《明神宗实录》卷一百三十二，万历十一年正月癸酉。

3 钱一本《万历邸钞》，万历十一年癸未卷，正月癸酉。

山东道御史丁此吕抓住皇帝圣旨“居正、篆诸子，不论进取公私，都一体斥去”，大做文章，穷追不舍。他说，幸蒙皇上圣明，先后采纳言官建议，赫然将张居正及王篆之子概行除名，其鹰犬主司如陈思育、曹慎、刘志伊诸人也次第削籍。但还有同恶群奸拥位如故，何以平大法而垂永鉴？例如，万历四年（1576）为张嗣修座主的，是如今山西提学副使陆檄；为张敬修座主的，是如今河南参政戴光启。万历十年为王之鼎座主的，是翰林院修撰沈懋孝。以上诸臣“开私窦于公门，而恣行胸臆；盗国典为奇货，而投媚权奸”，性质与曹慎等相同，罪行并无差异。尤有甚者，有运筹布局甘为奸佞之魁者，如原任礼部左侍郎何雒文：“雒文自馆选时即为居正所昵，向以干儿畜之，凡属意群奸，必藉雒文为介绍。嗣修、懋修及第制策，皆雒文代为之；又雕刻其卷，传示士绅间，以涂人耳目。有识者莫不掩鼻唾骂，而彼方肆然得志，若罔有闻，盖不复知有人间廉耻矣。”又如现任礼部左侍郎高启愚，万历七年（1579）主考南闱（应天乡试）密承张居正风旨，以“舜亦以命禹”为题。“盖舜禹之事臣知之矣，此居正之逆萌也，（高）启愚故为是以觇人心，传示四方，妄相风拟，至禅继之嗣亦所不讳，盖人心之为其摇惑已甚矣。”因此，他乞求皇上将高启愚等革职查办，警戒敢于欺罔而有二心的大臣。[1]

1 丁此吕《党恶群奸欺君乱政乞赐显逐以彰国法疏》，《万历疏钞》卷三十四《制科类》。

真是越说越离奇，除了科举舞弊，竟然还扯上了为“禅让”造舆论那样不可思议的话题。

朱翊钧亲政后，为了树立自己的威权，致力于打击威权震主的张居正，清除其余党。这是他亲操政柄独自做出的重大决策，正如他屡次在谕旨中声明的那样：“冯保、张居正事，出朕独断。”[1]但是，他并不想把朝廷上下搞得乱七八糟，使他无法治理，所以再三强调不要违旨搜索往事，重翻旧账。这是一个两难选择。打倒张、冯，必须排除他们的亲信，这样做，就意味着否定新政。这种政争所带来的副作用，是他始料不及的。发展到后来，士大夫意气用事，互相攻击，追名逐利，无所不用其极，乃至结党行私，是非不分。如果说万历一朝的朋党之争，其源盖出于此，也不算过分。

万历十一年四月刚刚入阁的大学士许国敏感地察觉到这种势头，在奏疏中作了透彻的分析：“窃见近日以来，士习险陂，人情反复，国是动摇。盖昔之专恣在权贵，今之专恣乃在下僚；昔之颠倒是非、肆言无忌在小人，今之颠倒是非、肆言无忌乃在号为君子者。彼以其发于感激，动于意气，甘冒刑谪，搏击权豪。偶成一二事，自负以不世之节，非常之功，持此以立赤帜，号召一等浮薄轻进、好言喜事之人，党同伐异，诬上行私，公卿大臣动见掣肘。一不快意，便攘臂而起，每诧于众曰：‘某所

1《明神宗实录》卷一百六十，万历十三年四月戊辰。

建白，上所听信，不必下部也。’或又曰：‘某尝进言于首相，渠不见听，将乞归也。’以此挟制六卿，决裂纪纲。臣之闻此风久矣。第与大学士申时行等仰奉德意，示以公平，付之罔闻，冀其悔悟，不欲使有比周之名，以为清名之累。不意彼乃扬扬自谓得志，无敢阻挠，日甚一日。如御史江东之、给事中王士性、御史李植，同日三疏联袂而上，哗然群攻吏部尚书杨巍，并及大学士申时行，横口诋排，期以必胜……夫正人固指邪人为邪，邪人亦指正人为邪，惟在辨其所以，为邪正之实而已，古今治乱之几实决于此。”因此，他希望皇上先将自己罢斥，以谢言者，然后徐议诸臣孰是孰非，孰正孰邪，孰轻孰重；切责言官今后务必虚心平气分别人品，先公义而后私怨，毋缉缉翩翩以构谗，毋翕翕訿訿以立党，各守职分，务期共济，以定国家之议，而消党比之私。[1]

虽然皇帝对他的奏疏赞许为“忠猷谠论”，要求他“主持国是，表率庶僚”。[2]但是许国担忧的“党同伐异”之风，一点也没有收敛，反而愈演愈烈。

1 许国《乞辨邪正以消党比疏》，《许文穆公集》卷三《奏疏》。

2. 围绕刘台平反的纷争

2 吴伯与《国朝内阁名臣事略》卷十四《许国》。

皇帝接受言官们的意见，重新起用因反对张居正而遭到惩处的官员，开启了平反与翻案的风潮。在这一风潮中，纠缠得最多的莫过于刘台案。

平心而论，刘台反对新政，遭到惩处，并非毫无道理。但是，刘台既已革职为民，事情本该了结，张居正却不依不饶，穷追不舍。对此，沈德符写了一篇极富洞察力的评论："江右刘侍郎（台），江陵（张居正）辛未（隆庆五年）所录士，受知最深，以比部（刑部）郎改西台（御史），出按辽左（辽东）。时方奏捷，故事，按臣主查核，不主报功。刘不谙台规，以捷上闻。江陵票旨诘责太峻，刘遂疑惧，露章数千言，劾江陵诸不法，颇中肯綮。"刘台的奏疏触及张居正的痛处，尤其是门生弹劾座师，是他无法容忍的。沈德符接着说："江陵虽盛怒，然内愧且服，止从削籍。但每对客，辞色多露愤恚不堪意。谄者思中之，诬其在辽时婪肆，抚按从而勘实之。又令刘台乡人告刘居乡诸不法状，亦对簿追赃。"[1] 以后刘台所遭厄运，虽出于无耻官吏的献媚之举，根子却在张居正，他容不得刘台，必欲置之死地而后快。

刘台革职后回到家乡江西安福县，地方官迎合张居正心意，怂恿刘台的仇人出来诬告。当地人认为，这是张居正指使江西巡抚王宗载干的勾当："（刘台）得生还，居二年，居正嗾江西抚臣王宗载，诱其仇家诬奏他事，文致其狱。"[2] 这个仇家就

1 沈德符《万历野获编》卷十九《台省》。

2 康熙《安福县志》卷三《刘台传》。

是江西安福人谢燿，他诬告刘台劣迹甚多，在辽东贪赃数万两银子。[1]僻处乡间的谢燿何由得知辽东的事情？颇值得怀疑。皇帝未经调查核实，就贸然下旨：命该抚按官提问具疏。又派文书房太监丘得用到内阁传旨："刘台这厮，先年枉害忠良，朕意要打死他。因先生论救，饶了。今却有这等暴横害人，本内说，辽东贪赃数万。着拏解来京。"还是张居正想得周到，拏解来京，查无实据怎么办？便回奏说："若拏解本犯，不免并逮干证，宜下抚按鞫问。"[2]也就是说，把此案交给江西巡抚王宗载、巡按陈世宝去处理。而王、陈二人早已对张居正的意图心领神会，欲加之罪何患无辞！与此同时，刘台在任辽东巡按御史时的同僚，辽东巡抚张学颜（字子愚，号心斋，广平府肥乡县人），此时升任户部尚书，投其所好，诬告刘台在辽东"私赎锾"（贪污）。现任辽东巡抚于应昌也"捏报虚赃"，诬告刘台。王宗载对陈世宝说："了此狱，政府乃以巡抚处公。"陈世宝心领神会，对刘台严刑逼供，令其"苦楚万状"。[3]

万历五年（1577），江西巡抚王宗载、巡按陈世宝联名向朝廷报告审查结论："刘台合门济恶，灭宗害民，应发边远充军终身。伊父刘震龙、伊弟刘国八并刘允鉴等，分别徒杖。"都察院审核后，皇帝批准依拟执行。[4]于是刘台遣戍广西浔州，父亲、弟弟遭到徒刑、杖刑处分。后来刘台惨死在戍所，

1 文秉《定陵注略》卷一《江陵擅政》。

2 文秉《定陵注略》卷一《江陵擅政》。

3《明神宗实录》卷一百三十二，万历十一年正月戊辰。

4 文秉《定陵注略》卷一《江陵擅政》。

身遭诬陷，死得不明不白，衣服棺材全无，十分凄凉。据说，刘台的死，与张居正的死，是同一天，何其巧合乃尔！[1]

万历十一年正月，山东道御史江东之翻出旧案，弹劾因陷害刘台而升官的都察院右佥都御史王宗载、御史于应昌、陈世宝，“合谋宰杀直臣刘台”，取媚于张居正。他在奏疏中，首先抨击张居正：“大学士张居正十年勤劳，不谓无辅理之功，但才太高，性太拗，权太专，心太险，媚己者立跻之要地，异己者坠之重渊。是以邪佞之徒趋媚太甚，以成居正之恶。”

接下来揭露刘台案的真相：“原任御史刘台论劾居正，其词严义正，忠义之心不出赵世卿、余懋学、赵用贤、邹元标下也。台不死，当与诸臣并用矣。奈何（右）佥都御史王宗载前任江西巡抚，欲杀台以快居正心，门生属官承受密谋，用银五十两买其仇家代创诬本，遣人伴送来京妄奏。辽东巡按御史于应昌奉旨查勘，同心狐媚，逼胁司属捏报虚赃，宗载复啖江西巡按御史陈世宝曰：‘了此狱，政府以巡抚处公。’遂拟台远戍。台家产不足偿赃十一，乃宥充军，该死人犯代为完赃，以实其罪，所以凌虐台者万状。台至浔州身死，衣衿棺木俱无，行道之人莫不流涕曰：‘此长安故刘御史也，何罪而至此极也！’是杀台之惨，主谋者宗载，行

1《明神宗实录》卷一百三十二，万历十一年正月戊辰。康熙《安福县志》卷三《刘台传》。

凶者则于应昌、陈世宝也！世宝呕血暴卒，天实报之，臣无论矣。外参照得（右）佥都御史王宗载，甘为冯保义子，自恃居正私人，阿附权势，谋害忠良，法当首论也；巡按御史于应昌诬赃以陷僚友，枉法以媚要津，当以从论者也……二臣惟知有权门，不知有天子，杀人可为，将何事不可为？”因此，他乞求皇上赦免刘台之罪，谅加恤典；不仅应该将王宗载、于应昌革职，而且应该抵命。[1]

这时的王宗载是江东之的顶头上司，按照都察院的惯例，御史上疏，必须先送副本给长官过目。江东之拿了副本进衙门，王宗载迎上去问：江御史何言？江东之答：为死御史鸣冤。王问：为谁？江答：刘台。王宗载垂头丧气而退。[2]

万历十一年二月，江西巡抚贾如式揭发，诬陷刘台的谢燿有不可告人的内幕：刘台的同宗——原任国子监监丞刘伯朝及举人刘寿康，与刘台有宿怨，欲乘机中伤刘台使之造奇祸，以邀张居正欢心。适逢刘台买谢燿家田地，因价格不合，引起谢燿仇恨。刘伯朝等唆使谢燿诬告刘台，吉安县推官陈绅也极力怂恿。官府勘问时，刘伯朝出庭对质，使刘台有口难辩。至于辽东“赃银”五千两，刘台无力退赔，牵累当地富室代纳。据此，贾如式建议都察院查处刘伯朝、陈绅，由江西巡抚衙门提审刘寿康、谢燿。皇帝批准了他的奏请。[3]

1 江东之《邪臣残忍太甚杀人媚人乞究治以快公愤疏》，《万历疏钞》卷十九《纠邪类》。魏禧《明右佥都御史江公传》，《瑞阳阿集》卷首。

2 魏禧《明右佥都御史江公传》云：“故事，御史上疏，必以副（本）白堂上官。公严服捧疏升堂，宗载迎，谓公曰：‘江御史何言？’公曰：‘言公杀人媚人耳。’宗载失气反走。于是上大怒，戍宗载、应昌于边。”《明史·江东之传》大体据此，个别文字略有不同：“故事，御史上封事，必以副封白长官。东之持入署，宗载迎谓曰：‘江御史何言？’曰：‘为死御史鸣冤。’问：‘为谁？’曰：‘刘台也。’宗载失气反走，遂与应昌俱得罪。”

3《明神宗实录》卷一百三十三，万历十一年二月戊申。按：此疏误将陈绅写作刘绅。

经过各级衙门对刘台案重新审理，同年九月，刑部把审核结果上报皇帝：刘台戍死一事，系原任巡抚王宗载先以密帖指示安福县推官陈绅，嗾使谢燿诬告刘台。刘台族人博士刘伯朝、举人刘寿康合谋构陷，陈绅出钱资助谢燿赴京告状。朝廷命巡抚王宗载与巡按陈世宝审问，二人共相诬捏，以成其罪。又经辽东巡抚李如松查明，原任御史刘台各项赃银俱无指证。原先奉旨查办各官，如巡按御史于应昌、分守参政张崇功、分巡副使周于德、管粮通判陈柱、薛思敬等人，勘报不实，均属有罪。刑部等衙门议决如下：

——王宗载，应照律文“官司故入人罪，全入者，以全罪论”，议充军；

——于应昌，应照律文“奉制推案问事，报上不以实者”，拟判徒刑；

——谢燿，依“诬告人因而致死随行有服亲属一人”律，判绞刑，仍令谢燿名下赔偿路费，又将财产一半断付刘台家供养赡费。[1]

皇帝看了刑部等衙门的报告，提笔批示：“这厮每挟私枉法，陷害无辜，险狠可恶。王宗载主谋杀人，律应反抵，着发边卫充军；于应昌承勘虚捏，姑依拟，与陈绅、刘伯朝都革了职为民；张崇功、周于德俱降一级调用；陈柱、薛思敬着辽东抚按官提了问；谢燿监候定决。”[2]相比较而言，皇帝的处

1《明神宗实录》卷一百四十一，万历十一年九月壬午。

2 钱一本《万历邸钞》，万历十一年癸未卷，九月。

分稍宽一些，除王宗载依拟充军外，于应昌由徒刑改为革职，谢燿由绞刑改为监候定决。

刘台被诬陷而遭遣戍，冤死戍所，家属也受连累，实属冤案一桩。至此终于平反昭雪，安福县人士为了表彰刘台与傅应祯，为他们二人建立祠堂，寄托思念之情。作为一种冲击波，凡是参与迫害刘台的官员都难辞其咎，言官当然不会轻易放过他们。

刑科给事中刘尚志（字行甫，号景孟，南直隶怀宁县人），弹劾原任大理寺丞贺一桂，揭发了这样一个事实：王宗载之所以能事先得到谢燿的奏稿，是贺一桂授意陈绅干的。因此，贺一桂应该罢黜究问；陈世宝与王宗载同时受理刘台案，王宗载已受处分，陈世宝虽死不宜独免。皇帝批示："贺一桂黜为民，陈世宝原官诰敕俱行追夺。"[1]

工科给事中王毓阳（字春裕，号解竹，陕西绥德县人），弹劾原任吏部左侍郎王篆假故相姻戚，引用朋党王宗载等，陷害忠良，元凶巨蠹，不宜使之优游田里。他说："（王）篆假居正以立威，而居正亦藉篆以张其焰。（王）宗载者则其颐指气使者也，非宗载辈则（刘）台之狱不成，非篆之指授，则宗载辈未必肆然无忌如此也。始而谋之，终而成之，篆之罪果轻耶？譬之猎然，宗载等鹰犬也，篆其发纵指示者也。即以应昌之言责之，彼亦无以自解矣……要而

1《明神宗实录》卷一百四十一，万历十一年九月甲午。

论之，居正之恶，篆逢之，而宗载诸人之狂，为篆误之也。”因此，他认为王篆“罪实莫容，法难轻纵”。[1]皇帝并没有采纳“法难轻纵”的意见，不过批示“王篆黜为民”而已。[2]

言官依然穷追不舍。御史孙继先（字荫甫，号南川，山西盂县人）指出，现任兵部尚书张学颜在辽东巡抚任上诬陷刘台贪赃，理应受到惩罚。他揭露张学颜与刘台之间的纠葛：刘台巡按辽东时，巡抚张学颜有杀降冒功、以败报捷等劣迹，日夜惴惴不安，唯恐刘台向朝廷举报，派人暗中侦伺刘台的动静。刘台起草弹劾张居正疏稿，他的暗探偶见“张”字，误以为弹劾张学颜。张学颜茫然若失，急忙拜谒刘台，要求通融免劾。刘台为人耿介迂执，全无城府，直率地回答：“豺狼当道，安问狐狸！台所论者，大学士张居正也，安能与你问是非哉！”张学颜听到这些话，恨之入骨。不久他晋升为户部尚书，决计报复，无中生有地诬陷刘台贪赃一万两银子。张居正遭到刘台弹劾后愤懑之极，正欲惩治刘台以钳制舆论，得到张学颜的诬赃报告，如获至宝。一面要求辽东的于应昌追查，一面要求江西的王宗载勘问，铸成刘台的冤案。有鉴于此，孙继先断言：“杀刘台者虽曰王、于二臣，使王、于二臣杀刘台者，臣不敢曰他人，而曰居正；使王、于二臣杀刘台者虽曰居正，使居正借赃以杀刘台者，臣

1 王毓阳《极恶权奸罪大罚轻乞重加究处以雪公愤疏》，《万历疏钞》卷十九《纠邪类》。

2《明神宗实录》卷一百四十一，万历十一年九月丁酉。

不敢曰他人，而曰学颜。向使学颜不憾于台，而有此揭，则居正虽欲甘心于台，无所凭据，王、于二臣亦何所勘而何所问哉？”因此他请求皇上，将张学颜亟行罢斥，以为人臣党权行私诬陷言官之戒。[1]

孙继先讲得不无道理，但是皇帝一反常态，百般回护张学颜，反而谴责孙继先：“刘台被诬事情，各经该官员都从重处分了，如何又捏词牵引，排诋大臣！孙继先狂躁妄言，姑降一级调外任。”[2]

山东道御史曾乾亨（字于健，号健斋，江西吉水县人）不服，再次上疏弹劾张学颜。他说：“兵部尚书张学颜结纳故相张居正，潜通货贿，欺隐钻刺，以致九列，此俱昭灼在人耳目矣。乃今南京工科给事中冯景隆一事，其人品心术尽皆毕露，所关于窃威福，蔑公论，非甚小也。皇上可不重廉其状而亟罢之乎！”[3]皇帝仍不动摇，下旨斥责：“曾乾亨这厮，本意欲党救冯景隆，却乃捏词排陷大臣。彼刘台之事，俱已有旨处分，今后再有借言刘台之事，诬陷大臣的，必重加处治。曾乾亨姑着降一级调外任。”[4]

张学颜接连遭到弹劾，感受到压力，上疏极力否认诬陷刘台之事，并以辞职来表明心迹。皇帝赶忙好言挽留。[5]看来皇帝在惩处张居正亲信时，还

1 孙继先《奸臣党权诬陷言官乞彰国法以快公论疏》，《万历疏钞》卷十八《发奸类》。

2 钱一本《万历邸钞》，万历十一年癸未卷，冬十月。文秉《定陵注略》卷二《建言诸臣》。

3 曾乾亨《奸险大臣蔑视公论乞赐罢斥以正人心疏》，《万历疏钞》卷十八《发奸类》。《明神宗实录》卷一百四十二，万历十一年十月庚戌。

4 钱一本《万历邸钞》，万历十一年癸未卷，冬十月。

5《明神宗实录》卷一百四十二，万历十一年十月庚戌、乙卯。

是有所选择的，鉴于辽东边事重大，不愿意处分李成梁，更不愿意颇有才干的张学颜辞去兵部尚书这个要职。

皇帝朱翊钧对于刘台案的处理，带有明显的平反昭雪意义，不论动机如何，承认过去的错误，不再文过饰非，总是值得赞许的。与此适成对照的是，为辽王宪㸅翻案，从而引发对已故张居正的追加处分，完全是意气用事，寻找事端，借题发挥，不但一无可取之处，而且酿成此后长时间的政局混乱。

3. 辽王案与查抄张府

辽王朱植，是明朝开国皇帝朱元璋的第十五子，洪武十一年（1378）册封为卫王，二十五年（1392）改封为辽王，次年就藩辽东广宁，因宫室未成，暂驻大凌河北树栅为营。燕王朱棣发动叛乱，辽王朱植与宁王朱权奉召回京（南京），朱植改封于湖广荆州，世代相袭。嘉靖十六年（1537），辽王的第七代传人朱致格死，其子朱宪㸅嗣位。

辽王朱宪㸅喜好方术，秉性淫虐，见皇上学道玄修，也假装崇事道教，向上献媚。果然博得皇上欢心，特赐道号“清微忠孝真人”，赏给金印及法衣法带等物。他在荆州街上出行，每每身穿皇上所赐衣冠，前面的开道者高举“诸鬼免迎”牌匾，以及拷鬼械具之类。路人见到这种不伦不类模样，既害怕又好笑。更为荒唐的是，堂堂藩王竟然闯入百姓家中，为之斋醮，自称法术无边，索取高额酬金，无赖至极。又炫耀符咒妖术，欲得活人首级，在街上割去醉汉顾长保的头颅，一城为之惊怪。[1]

辽王府在荆州城北，始建于永乐二年（1404），以后又不断翻修，备极豪华。弘治年间所建造的宝训堂，为辽王府内堂，用来收藏历代皇帝所赐宸翰。另有味秘草堂，专门收藏图书，朱宪㸅的文集《味秘草堂集》便以此为名。内院又有素香厅、听莺亭，还有曲密华房，是辽王曲宴之地。又有苏州房，养了一批歌舞妓女。士人有诗曰：

> 湘帘尘暗锦屏空，香径年深藓迹重。
> 春月似怜红袖尽，乱移花影入房栊。

王府之外，还有一处园林——成趣园，位于荆州子城外东北角，引水为池，负土为阜，步檐曲阁，是充满野趣的辽王别业。[2]

隆庆元年（1567），御史陈省上疏弹劾辽王各种横行不法行径。皇帝下旨，剥夺“清微忠孝真人”名号以及先帝所赐金印。次年，巡按御史郜光先（字子孝，号文川，山西长治人）揭发辽王十三条罪状。朝廷派刑部侍郎洪朝选（字舜臣，号芳洲，福建同安人）前往荆州查勘，查得辽王“淫虐僭拟”等罪状。皇帝获悉后大怒，本拟处死辽王朱宪㸅，念他是宗室亲戚，免于一死，废为庶人，被禁锢于凤阳高墙。从此辽王便成了“废藩”。

1 沈德符《万历野获编》卷四《辽王封真人》。

2 光绪《荆州府志》卷七《地理志·古迹》。

期间还有一个插曲。副使施笃臣与辽王结怨甚深，洪朝选到荆州，施笃臣伪造辽王书信，贿赂洪朝选。施笃臣反过来以此为把柄，要挟辽王。辽王岂肯就范，不管三七二十一，竖起一面大白旗，上面写着“讼冤之纛”四个大字。这下给施笃臣抓住尾巴，一面报告“辽王谋反”，一面调动五百士兵团团包围辽王府邸。洪朝选返京后，报告查勘结果，只列举“淫虐僭拟”等罪状，只字不提“讼冤之纛”。

张居正家在荆州，原先与辽王府有过节，对于洪朝选没有向朝廷揭发辽王谋反情节，很是不满。洪朝选一气之下，辞官回到家乡同安县。张居正嘱咐福建巡抚劳堪罗织洪朝选罪状。

辽王被废后，辽府宗人划归楚王管辖，辽府事宜则由广元王带管。

平心而论，辽王被废是咎由自取，与张居正并无关系，本不应牵连到他。但政治毕竟是政治，它的演化颇难预料。

万历十年十二月，陕西道御史杨四知弹劾张居正十四大罪，五天之后，兵科给事中孙玮（字纯玉，号蓝石，陕西渭南人）首先提出这桩早已了结的公案，把它与张居正联系起来。他由抨击原任福建巡抚现任都察院左副都御史劳堪入手，牵连张居正：“奈何以奸险贪忍之夫，如左副都御史劳堪者，而使之协理院事哉！夫（劳）堪始承简命，即人言啧啧，咸为不平。臣犹以堪素冒清名，未应至是。意者出于爱憎之口也。其后，日益久，人言益炽，凡缙绅者不曰‘劳堪胡以有此转’，则曰‘庙堂胡为用此人’。甚至有愤嫉贱恶不比为人者，臣心始大疑焉。乃一访之，而知堪者气节丧于媚灶之巧，险诈熟于通天之神，贪恶并至，逢迎独深，诚有不可一日使其居其位者也。”[1]

原来，福建巡抚劳堪为了讨好张居正，命同安知县罗织洪朝选罪状，然后由他飞章奏明朝廷。朝廷还没有下达命令，劳堪就把洪朝选逮捕入狱，断绝其饮食三天，致使洪朝选死于狱中，还不准殓尸，任其腐烂。张居正死后，洪朝选之子洪竞（都察院检校）向朝廷诉冤。劳堪此时已升任都察院左副都御史，还未赴京，听说洪竞诉冤，立即写信给冯保，将洪竞革职廷杖，遣归乡里。孙玮揭发此事，指责劳堪贪虐，“希居正意，杀朝选媚之，极其惨酷”，“倚法作奸，杀人媚势，神人共愤，国法难容”。皇帝接到这份奏疏，只是罢了劳堪的官，并未追究张居正的责任。[2]

既然有人出面讲话，洪竞便于万历十二年正月为父伸冤：“臣父子与居正初无异也。及勘辽狱，父轻罪以全朝廷亲亲之恩，而居正始憾父矣。及父辞朝一疏，有权势主使之语，而居正益怒父矣。世仇刘梦龙等乘其隙行间，父与邹进士（元标）、吴编修（中行）私通造作，言语激怒居正，居正杀父之意不可解矣。（劳）堪受居正之意，遂肆豺狼之毒。”洪竞详细罗列了劳堪害死其父的经过：“同安知县金枝曾以漏报贼情，为军门住俸，意父有甚憾也，即与刘梦龙等谋，百计罗织，着吕应魁伪造条款，申报劳堪诬奏。命甫下，堪即遣把总杨昌言差兵三百

1 孙玮《协理台臣险恶异常乞赐罢斥以重风纪疏》，《万历疏钞》卷十九《纠邪类》。

2《明神宗实录》卷一百三十一，万历十年十二月癸卯。

名，五鼓环居，露刃迫寝，扭辱拥驱，行至县，仍束缚星驰解府。囚禁冷铺候待，饮食绝不可通。劳堪又添差官军，中途催促，两日夜驰百里，及至，首押入按察司重囚禁中。不二日，父不知作何身死。夫人而已死，有人心者亦宜恻隐。乃谬言父在四川有还魂丹，禁不收殓。直至六月，蚋蝇杂沓，臭腐难近，方许地方舁出。”死得如此之惨，无怪乎他对劳堪痛恨得咬牙切齿：“臣区区之愚，愿与劳堪同死，不愿与劳堪同生。”[1]洪竟的奏疏声泪俱下，令人感动，但皇帝的批示却冷静得很：“这事情屡有旨处分了。曾否冤抑不明，着法司从公勘明了来说。”[2]

与此同时，都察院左副都御史丘橓（字茂实，山东诸城人）条陈积弊八事：

一考绩之积弊，二请托之积弊，三访察之积弊，四举劾之积弊，五提问之积弊，六拘资格之积弊，七处佐贰教职之积弊，八馈遗之积弊。皇帝赞誉为“切中时弊，有裨风纪”。[3]于是他再条陈三事，其中第三事是“请均处邪媚之臣”。他说：“江西巡抚王宗载及巡按于应昌致死御史刘台，宗载已拟充军矣，应昌不但同谋，而又下手，乃止罢其官。福建巡抚劳堪致死侍郎洪朝选，与宗载俱为居正鹰犬，而杀其仇以献媚，其妄杀之罪亦同。今宗载已充军，而堪止罢官，是二者俱为失刑。”[4]皇帝

1 钱一本《万历邸钞》，万历十二年甲申卷，三月。

2《明神宗实录》卷一百四十五，万历十二年正月丙申。

3 钱一本《万历邸钞》，万历十二年甲申卷，春正月。

4《明神宗实录》卷一百四十七，万历十二年三月癸巳。

批示："这本说的是，内称各官邪媚，吏部会同都察院即便查明，分别议处来说。"[1]吏部遵旨查明议处各官，皇帝下旨："各官既已查明议处停当，劳堪不必再勘，与张一鲲都着革了职为民。"[2]既然"劳堪不必再勘"，张居正当然也就牵连不上。

这时有一个险恶小人——云南道御史羊可立（字子喻，河南汝阳人）跳出来，无中生有地说："已故大学士张居正隐占废辽府第田土，乞严行查勘。"[3]用心极其险恶，因为只有如此这般，才可以将张居正与废辽事件相联系。其实辽王被废完全是咎由自取，何况是在隆庆二年（1568），当时张居正是内阁第四把手，即使要追究责任，也应该算在第一把手高拱身上。皇帝并未轻信，指示湖广巡抚、巡按查实报告，此举无异于容忍对张居正清算的逐步升级。

久欲伺机翻案的辽王家属以为时机已到，便由辽王次妃王氏出面，向朝廷呈递题为"大奸巨恶丛计谋陷亲王强占钦赐祖寝霸夺产业势侵金宝"的奏疏。除了为辽王辩冤，特别强调，已废辽王家财，"金宝万计，悉入居正府"。[4]素有聚敛财富癖好的皇帝朱翊钧，早就对张居正家财有所垂涎，抄没了冯保家财后，就想对张家动手，苦于找不到合适的借口。朱国祯写到籍没冯保家财时，朱翊钧与慈圣皇太后之间的对话："潞王婚礼所需珠宝尚未备，太

1 钱一本《万历邸钞》，万历十二年甲申卷，春正月。

2 钱一本《万历邸钞》，万历十二年甲申卷，二月。《明神宗实录》卷一百四十七，万历十二年三月癸未。

3《明神宗实录》卷一百四十七，万历十二年三月壬子。

4 钱一本《万历邸钞》，万历十二年甲申卷，四月。《明神宗实录》卷一百四十八，万历十二年四月乙卯。

后间以为言。上曰：‘办此不难，年来廷臣无耻者尽货以献张、冯二家，其价顿高，虽仅完一二，已用银数万两。’太后曰：‘已抄没矣，必可得。’上曰：‘奴黠猾，尽窃而逃。’自此，内中‘张先生’、‘张太岳’字面绝以为讳，而日后籍没之芽亦伏于此。”[1]皇帝早就打算籍没张居正家财，辽王次妃的奏疏为此提供了一个极佳的口实，毫不犹豫地作出反应，下了一道措辞严厉的圣旨：“张居正侵盗王府金宝，伊父占葬王坟，掘毁人墓，罪犯深重。你等如何通不究拟？着司礼监张诚、刑侍丘橓、左给事杨廷相、锦衣卫都指挥曹应魁，前去会同抚按官，查照本内王府仓基房屋，并湖池洲田，及一应财产，都抄没入官，变卖解京。原占坟地归湘府军校看守，积欠税课追并完纳。还将王氏奏内金银宝玩等物，务要根查明白，一并追解。如有透漏、容藏、庇护的，拿来重治。”[2]

4.“举朝争索其罪，不敢举其功”

这道抄家圣旨，对于已死的张居正，不啻是政治上的彻底否定，使得张居正从政治巅峰一下子跌入万丈深渊。皇帝先前对“元辅张先生”尊重备至，如今竟然无情地下毒手，何以故？一言以蔽之，独裁心理作祟。他亲操政柄，必须彻底肃清张

1 朱国祯《皇明大事记》卷三十九《神宗》。

2 钱一本《万历邸钞》，万历十二年甲申卷，四月。

居正威权震主的影响，否则不足以树立自己的威权。早在一年之前，他看了大理寺呈上的游七、冯昕在狱中的供词后，就下令剥夺他亲自颁赐给张居正的一切政治荣誉，把他的儿子革职为民，就是为此采取的措施。然而人们无论如何没有想到，事态竟会发展到抄家的地步。

这道圣旨一出，朝野震动。一些有正义感的官员挺身而出，为已故张居正求情，请求皇上宽恕。这与张居正在世时阿谀奉承之徒有天壤之别，那时是趋炎附势，现在是逆流而动，要担风险。其中最引人瞩目的是都察院左都御史赵锦。

赵锦，字元朴，号麟阳，浙江余姚人，嘉靖二十二年（1543）中举，次年成进士。历任江阴知县、河南道御史，因弹劾严嵩，被逮入诏狱，罢斥为民。穆宗即位，官复原职，晋升为太常寺卿。万历时出任南京都察院右都御史，转任南京刑、礼、吏三部尚书，是三朝元老。此人风骨嶙峋，特立独行，批评张居正新政太过于操切，张居正授意言官弹劾，迫使他辞官而去。正如朱赓所说："时江陵秉国，欲引公为助。而公挺然无所依阿，时或讽议朝政得失。语稍闻江陵，江陵衔之，阴令所厚劾公。公遂致仕。"[1]张居正死后，廷臣交相推荐，皇帝任命他为南京吏部尚书，不久调入京都，出任左都御史，执掌都察院大权，侃侃不阿，丰采有加。他对

1 朱赓《资德大夫正治上卿太子少保刑部尚书赠太子太保谥端肃麟阳赵公墓志铭》，《朱文懿公文集》卷十。

于全盘否定张居正的风气有所不满，上疏指出："言官论劾大臣当权，其人品事业不宜概事诋毁，乞诏起大臣出视事，切责御史过言，以存国体。"他反对籍没张府，对皇上说："肃皇帝籍（严）嵩时，株连无辜以足其数，至今江西未苏。今日之事必类此。愿陛下曲贷一家，毋流毒三楚。"[1]他具体分析道："居正之家，臣等不敢谓其一无所藏，然比之冯保，万分不侔……今居正之罪迁延日久，即有微藏，亦多散灭。况人心愤恨，言常过当。"万一再有当年抄没严府连累无辜之事，那么对湖广的流毒将十倍于江西。他还批评皇上对张居正的惩罚过于严酷，必令今后大臣产生恐惧心理。既然已经剥夺其封谥，其子也已革职为民，已是正法。他认为："居正生平操切，垄断富贵，决裂名教，故四方归怨，实无异志。且受先皇顾命，辅上冲龄，夙夜勤劳，中外宁谧，功安可泯！惟陛下不忘帷幄之谊，庶全国体。"[2]

赵锦不愧为耿直大臣，先前受到张居正的打压，如果为泄私愤，完全可以乘机落井下石。然而他却秉持一贯的作风，仗义执言，说得合情合理，无论张居正如何擅权，如何操切，毕竟功大于过，断不至于受到抄家的严惩。但是皇帝听不进去，振振有词地说："张居正负朕恩眷，蔑法恣情，至侵占王府坟地产业，岂可姑息！尔等大臣乃辄行申

1 朱赓《资德大夫正治上卿太子少保刑部尚书赠太子太保谥端肃麟阳赵公墓志铭》，《朱文懿公文集》卷十。

2 谈迁《国榷》卷七十四，万历十二年四月丙辰。

救？[1]老实说，所谓“蔑法恣情”究竟如何，皇帝心知肚明，至于“侵占王府坟地产业”云云，显然是诬陷不实之词，拿来作为抄家的藉口而已。

谈迁引用赵锦反对抄家的奏疏之后，附录了沈德符的一段议论，堪称持平之见：“张江陵身辅冲圣，自负不世之功，其得罪名教，特其身当之耳。江陵功罪约略相当，身后言者指为奇货。如杨四知追论其贪，谓银火盆三百，诸公子碎玉碗玉杯数百，此孰从而见之？又谓归葬沿途五步凿一井，十步盖一庐，则又理外之论矣……然则杨何不明纠当事之政府，而追讨朽骨之权臣也！”[2]这不仅是在嘲讽杨四知、羊可立之流，而且是在影射翻脸不认人的皇帝。

皇帝圣旨既然发出，抄家已成定局。刑部右侍郎丘橓奉命前往荆州查抄张府的消息传出后，侍讲官于慎行写信给他的山东同乡丘橓，希望他奉旨办事时手下留情。于慎行并非张居正的亲信，当年张居正“夺情”，他与同僚赵志皋、张位等七人联名上疏，力言其不可。吴中行、赵用贤因为反对“夺情”而遭到廷杖，次辅吕调阳从中劝止于慎行不要再谈此事。张居正埋怨他说：“子吾所厚，而亦从人为此耶？”于慎行正色回答：“以公厚我，故为此相报耳。”[3]说得张居正怫然良久。在这种情况下，他只得引疾辞官而去。张居正死后，他重新被起用，

1《明神宗实录》卷一百四十八，万历十二年四月丙辰。

2 谈迁《国榷》卷七十二，万历十二年四月丙辰。

3 叶向高《于公慎行墓志铭》，《苍霞续草》卷十。

获悉要查抄张府，竟挺身讲几句公道话，实在难能可贵。

于慎行给丘橓的信，写得很有水平，对官场的人情世故、世态炎凉分析得鞭辟入里，凛然正气洋溢于字里行间："生行滥竽词林，阅有年岁，江陵始末皆所目睹。其殚精毕智，勤劳于国家，与其阴祸深机，结怨于上下者，皆颇能窥其大概，而未易更仆数也。当其秉政之时，举朝争颂其功，而不敢知其过；至于今日既败，举朝争索其罪，不敢举其功，皆非情实也。而连日廷中士夫见其处分过当，亦甚有惜之者，至于九卿一疏，切中机宜，关系国体，又莫不传诵欣服，以为义举。然主上愤结之日久矣，又有积怨于海内，意欲有所出之。其是非功过卒难别白，且方此其时，论亦未定也。惟是籍没一事，责在使者，窃有深虑，敢为老伯陈之。上之所为籍江陵者，一则恨冯珰之厚藏，而欲求当于外；一则考分宜（严嵩）之故事，而欲合符于前，故致在必行而不恤也。夫使江陵家诚如（严、冯）二氏，即籍而正法，不已晚耶？然以事理度之，窃知其不然甚也。何以实之？夫冯珰所取者中贵之积也，内中大小监局号为二十四衙门，以及门厂库藏，执扫除之役者何止千万！每有一缺，即纳金于（冯）保，大者以万计，其次数千，小乃数百。予者不以为贿，以为例也；受者不以为贪，以为例也，如输粟鬻爵而已。江陵安得有是……此九卿疏中所谓'比之冯保万分不侔'者也。乃若分宜之事，又不同矣，何也？分宜父子以鬻官为事，如列肆市门，交手相易，万货毕萃，众价俱陈，积蓄巨万，固其所耳。江陵则不然，其生平显为名高，而阴为厚实，以法绳天下，而间结以恩。故其深交密戚则有赂，路人则不敢；债帅巨卿一以当十者则有赂，庶吏则不敢；得其门而入者则有赂，外望则不敢。此其所入亦有限矣。且此老以盖世之功自豪，固不肯甘为污鄙，而以传世之业期其子，又不使滥有交游。其所通关窃借者，不过范登、冯昕二三鼠辈。而其父弟家居，或以间隙微有网罗，如此而已，则所入亦有限矣……江陵太夫人在堂，年八十老矣，累然诸子皆佻儇书生，不涉世事，籍没之后，一簪不得着身，必至落魄流离，无所栖止，此行道所为酸楚，而士林伤心者也。望于事宁罪定国法已彰……或为之，疏请于上，乞以聚庐之居；或为之私谕有司，恤以立锥之地，使生者不至为栾却之族，死者不至为若敖之鬼，亦朝廷帷盖之仁也。”[1]

于慎行的这封书信，写得洋洋洒洒，酣畅淋漓，客观冷静地评论张居正的功过是非，对于士大夫的投机行径颇有微词："当其秉政之时，举朝争颂其功，不敢言其过；至于今日既败，举朝争索其罪，不敢举其功。”他认为，不应把张居正与严嵩、冯保相提并论，过分根究株连，否则，势必导致湖广公私重受其累。在当时的政治气氛下，讲这种公道话，是要有点魄力的。正如叶向高所说："当江陵世，士大夫附丽称功颂德者十人而九，死而被祸，所为引大体调护营救者惟公。谈者不谓然，而以公尝取忤江陵，无以难也。事定之后，始相与服。公所与司寇书，天下传而诵之。”[2]朱彝尊对于慎行致

1 于慎行《与司寇丘公论江陵事书》，《谷城山馆文集》卷三十四。

2 叶向高《于公慎行墓志铭》，《苍霞续草》卷十。

丘橓书也有高度评价，引用其中一段名言："江陵以盖世之功自豪，固不肯甘为污鄙，而以传世之业期其子，又不使滥有交游。其平生显为名高而阴为厚实，以法绳天下而间结以恩。其深交密戚则有赂，路人不敢也；债帅巨卿则有赂，小吏不敢也。当其柄政，举朝争颂其功，而不敢言其过；及其既败，举朝争索其罪，而不敢言其功。皆非其事情矣。"评论道："此足以当爰书。"朱氏认为，"江陵之秉国成，可谓安不忘危，得制治保邦之要矣。近灵寿傅尚书维鳞撰《明史记》，乃与分宜合传，毋乃过欤！"傅维鳞编明史，把张居正与严嵩放在一起列传，未免过分。[1]

然而，丘橓并没有接受于慎行的意见，其中颇有一点个人恩怨的因素。丘橓，字懋实（一作茂实），号月林，其先山东寿光人，始祖彦成迁居山东诸城之柴沟。传五世至橓，家贫，负笈就师。嘉靖二十二年（1543）中举，二十九年（1550）成进士。为官耿直，屡屡上疏抨击时政，言辞激切，无所顾忌，被斥革为民。[2]万历初年言官交相举荐，张居正以为"此子怪行，非经德也"，拒不召用。到了万历十一年秋，才起用为都察院左副都御史，以一柴车就道。上任伊始，即条陈吏治积弊八事，得到皇帝的赞许，调任刑部右侍郎。他对张居正本有积怨，对于慎行的劝告自然充耳不闻，不但不手下留

1 朱彝尊《静志居诗话》卷十三《张居正》。朱彝尊引用的文字与于慎行的原文略有出入。

2 乾隆《诸城县志》卷三十一《丘橓传》。

情，反而变本加厉，竭尽勒索之能事。未抵荆州，先期命地方官登录张府人口，查封房屋，一些老弱妇孺来不及退出，门已封闭，饿死十余人。[1]

地方官奉丘橓之命查抄张府，锱铢必究，很快就把查抄结果上报：江陵原住宅内，金二千四百余两，银十万七千七百余两，金器三千七百一十余两，金首饰九百余两，银器五千二百余两，银首饰一万余两，玉带十六条，蟒衣、绸缎、纱罗珍珠、宝石、玳瑁尚未清点。[2]不久，刑部主事韩济也上报，查抄张居正在京房产等物，折银一万零六百两，另有御赐匾额四面、敕谕二面。[3]

这一结果与皇帝事先的估计相去甚远。张居正为官谈不上清廉，他既不是海瑞那样的清官，也不是严嵩、冯保那样的贪官。尤其是在他显贵之极时，自持甚严，很少接受下属馈赠。辽帅李成梁受封伯爵，为表示感激，特遣使者赠送黄金千两，白银万两，遭到张居正婉拒。他对来使说："若主以血战功封一官，我若受之，是且得罪于高皇帝，其毋再渎。"[4]正如于慎行所说："其深交密戚则有赂，路人则不敢；债帅巨卿一以当十者则有赂，庶吏则不敢；得其门而入者则有赂，外望则不敢。此其所入亦有限矣。"[5]

丘橓奉皇帝圣旨籍没巨额财产，区区小数，如何交账？不得不大施酷刑，穷追硬索。张居正的三

1 张廷玉《明史》卷二百二十六《丘橓传》。谈迁《国榷》卷七十二，万历十二年四月丙寅。

2 钱一本《万历邸钞》，万历十二年甲申卷，四月。

3《明神宗实录》卷一百四十九，万历十二年五月庚辰。

4 谈迁《国榷》卷七十二，万历十二年四月丙寅。

5 于慎行《与司寇丘公论江陵事书》，《谷城山馆文集》卷三十四。

子张懋修经不起严刑拷掠，屈打成招，枉供向曾省吾、王篆、傅作舟、高志进各家转移财产，约值银三十万两。[1]其实是子虚乌有之事。张居正的长子张敬修在如此高压下，精神彻底崩溃，自缢身亡。他以一死表示最后的抗议，留下了一纸绝命书，控诉张府遭到浩劫的罪行：

忆自四月二十一日闻报，二十二日即移居旧宅，男女惊骇之状惨不忍言。至五月初五日，丘侍郎到府。初七日提敬修面审，其当事噂沓之形，与吏卒咆哮之景，皆平生所未经受者，而况体关三木，首戴幪巾乎……在敬修固不足惜，独是屈坐先公以二百万银之数，不知先公自历官以来，清介之声传播海内，不惟变产竭资不能完，即粉身碎骨亦难充者。且又要诬扳曾确庵（省吾）寄银十五万，王少方（篆）寄银十万，傅大川（作舟）寄银五万。云："从则已，不从则奉天命行事。"恐吓之言，令人胆落……嗟乎！人孰不贪生畏死，而敬修遭时如此，度后日决无生路……不得已而托之片楮，啮指以明剖心。此帖送各位当道一目，勿谓敬修为匹夫小节，而甘为沟渎之行也。祖宗祭祀，与祖母、老母饘粥，有诸弟在，足以承奉，吾死可决矣……丘侍郎，任抚按，活阎

1 谈迁《国榷》卷七十二，万历十二年五月癸卯。

王！你也有父母妻子之念，奉天命而来，如得其情，则哀矜勿喜可也，何忍陷人如此酷烈！三尺童子亦皆知而怜之，今不得已，以死明心。[1]

在绝命书中，张敬修流露了面临死神时的求生欲望，割舍不下六岁的儿子，梦中得到吉兆，希冀事情会有转机，没有立即自缢。到了十二日会审时，“逼勒扳诬慑以非刑，颐指气使，听其死生”，实在走投无路，才自缢而死。他在绝命书的最后，特别提及张四维：“有便，告知山西蒲州相公张凤磐，今张家事已完结矣，愿他辅佐圣明天子于亿万年也！”[2]

此前，张敬修曾写信给张四维，谈及张府岌岌可危的处境，希望他能施以援手。张四维回信说：“缘冯阉横肆，圣怒积久而发，赫不可遏。惟以平日交契绸缪，迁怒尊翁，谓为同罪。仆于时若堕汤火，以去就争之，寝食俱废者数日，幸得从宽，真不异回天也。已而呶呶者不息，乃使诸友无端被抑，仆疚心特甚。其异时罪斥诸人，往往摭拾无根，若刘若陈，源源不已。仆心力俱竭，幸圣心渐解，以后必无意外可虞，希诸友善奉老伯母，无过忧也。风俗薄恶，不特今日楚中，更冀诸友明达善处之，以纾此厄会也。仆自十二月得羸疾，近今未

1 朱东润《张居正大传》，湖北人民出版社，1981年，第393—395页。

2 朱东润《张居正大传》，第393—395页。

复。岳翁碑铭又不欲托人代笔，俟稍健，当具稿报命。”[1]他原本打算为张居正撰写墓志铭，不久，由于丁忧守制，辞官而去，随后发生籍没张府之事。两年以后，他病逝于家乡。这期间，他再未过问朝政，张敬修“愿他辅佐圣明天子于亿万年”，显然带有嘲讽的意味。

看了张敬修的绝命书对“活阎王丘侍郎”的控诉，人们对于丘橓的印象简直是一个惨无人道的冷血动物，无怪乎荆州人要说他“胸次浅隘，好为名高，不近人情”。[2]因为此次抄家，回京后，他升迁为刑部左侍郎，后又晋升为南京吏部尚书。要他手下留情的于慎行并不把他看作酷吏，而是一个克己奉公的直臣：“君其方如觚，而直如矢，见惮畿扆，则汲内史食才脱粟，出或无车如贡大夫，白首不渝，廷绝私书，门无昵馈，皎然四知。”[3]万斯同为他立传，也多有赞誉之词：“万历十一年秋，始起右通政，未上，擢左副都御史。橓以一柴车就道，僦宿野店，为荷担者所呵，置不问。既入朝，慨然以澄清自任……未几，偕中官张诚往籍张居正家。橓初为居正所挫，人谓持之必急。比抵荆州，张氏筐篚所寄，惟坐王篆、曾省吾、傅作舟、高志进数家，余无连蔓者。”[4]

张敬修自缢身亡的消息传到北京，朝廷上下为之震惊。内阁首辅申时行看到传来的绝命书，写信

1 张四维《复张公子》，《条麓堂集》卷十九《书》。

2 光绪《荆州府志》卷七十八《杂志记·纪事》。

3 于慎行《同乡会集丘简肃公文》，《谷城山馆文集》卷三十二。

4 万斯同《明史》卷三百七《丘橓传》。

给湖广巡抚，流露出忐忑不安的心情："江陵籍没之事，出自圣衷，势不能挽，而吾辈将命行事，审法求情，要当于无可奈何之中，而求有可少宽之路。且如抄没财产明旨也，一毫一缕岂得不严为搜求！至于鞫审之际，或刑至童仆可矣，诸子尝忝衣冠，非有叛逆缘坐之罪，及拷掠之旨，而概被以刑具，窘辱备至，此敬修所以死也，亦可悯矣。昨见传来遗帖，行道之人皆为陨涕。此上关国体，下系人心，岂渺小哉？死者不可复作，而生者尚可曲全，奄奄之老母，茕茕之诸孤，若不加抚恤，脱有它变，则地方诸公不得不任其责矣。"[1]

下旨抄家的皇帝也感到事态严重，谴责地方官疏于防范，下令逮捕荆州知府郝如松。刑科给事中刘尚志以为责任不在荆州知府，为郝如松求情，乞求免于逮问。皇帝嫌他"渎扰"，下旨剥夺三个月的俸禄。[2]

刑部尚书潘季驯（字时良，号印川，湖州乌程人）闻讯，仗义执言："陛下闻张敬修自缢，而赫然罪其守臣，曾不齿及财物之多寡。仰见保全旧臣后裔之初心，顾诚虑严旨既下，该府防闲倍密，逾八之母，柔脆之子若媳，恐惧莫必旦暮。伏乞特降恩

◥ 潘季驯，嘉靖二十九年进士。嘉靖四十四年由大理寺左少卿进右佥都御史，总理河道，开始治黄生涯。万历八年奏报"河工告成"，升工部尚书兼都察院左副都御史，九年任南京兵部尚书，十一年调为刑部尚书。万历十二年，张居正被抄家清算，潘季驯上疏求情。

1　申时行《答李岷山巡抚》，《赐闲堂集》卷三十五《简牍》。
2　《明神宗实录》卷一百四十九，万历十二年五月癸卯。

纶，将居正家属暂行保放。”[1]又说："籍没居正家，伊家丁饥死十余人。”[2]此举获得正直官员的赞许，王锡爵说："江陵狱起，公（潘季驯）反上书为江陵讼冤，触时讳。”[3]

内阁首辅申时行也感到有些过分，写信给丘橓，要他顾惜国体："江陵财产搜籍入官，天威已彰，国法已尽矣。至于奄奄待毙之老母，茕茕无倚之诸孤，行道之人皆为怜悯。受诏籍产，不闻孥戮，此仁人所动心也。死者不可复起，而生者尚可曲全，圣德好生，既已籍人之财，亦不欲戕人之命，而门下海内人望，以慎狱敬刑为职，亦岂肯使覆盆有不照之冤，比屋有不辜之叹哉！仆非为江陵惜，为国体惜耳。”[4]

基于"为国体惜"的考虑，申时行向皇帝进言："窃见故臣居正虽以苛刻擅专，自干宪典。然天威有赫，籍没其家，则国典已正，众愤已泄矣。若其八旬老母衣食供给不周，子孙死亡相继，仰窥圣心，必有恻然不忍者。”希望皇上从宽发落。申时行此时的心情是复杂的，身为内阁首辅，介于皇帝与大臣之间进退两难，他写信给湖广巡抚，要他们适可而止："惟急令亲族保拘讼系，续食可以延旦夕之命，幸留意。攀累之家原由胁迫，如此，则事无完期，全楚骚动矣。”[5]

皇帝迫于大臣的压力，稍作让步："张居正大负

1《明神宗实录》卷一百四十九，万历十二年五月癸卯。

2 钱一本《万历邸钞》，万历十二年甲申卷，秋七月。

3 王锡爵《总理河道提督军务太子少保工部尚书兼都察院右副都御史印川潘公墓志铭》，《王文肃公文集》卷八。

4 申时行《答丘月林侍郎》，《赐闲堂集》卷三十五《简牍》。

5 申时行《答李岷山巡抚》，《赐闲堂集》卷三十五《简牍》。

恩眷，遗祸及亲。伊母垂毙失所，委为可悯，着拨与空宅一所，田地十顷，以资赡养。便马上差人传与张诚等遵旨行。”[1]

对于籍没张府财产，却丝毫不肯放松。司礼监太监张诚多年在皇上身边侍候，深知皇上的秉性，籍没完成后立即上报：“抄没故相张居正住宅、坟地、财物，及诰命、牌坊等，并分路解进。”皇帝特别叮嘱：“居正太师等加官已削，原给诰命及特降谕札，都追缴。石兽等物，并应拆牌坊，变价解京……隐匿收寄者勘实追并。其侵占府第、王坟等罪，及干碍人员，候勘明辽府事日，并拟奏夺。”之后又命有关衙门，将张居正在京财产共一百十扛，全部送宫廷内府查收。[2]还要张诚把荆州张府财物，迅速押解来京，来不及变卖的，交由当地抚按官员陆续起解，不许延缓。十一月间，张诚奉旨将抄没财物一百扛，解回北京，送入宫廷内府。[3]

到了这一地步，事情照理可以了结了，皇帝却不肯罢休。日前刑部尚书潘季驯等人在奏疏中提及，因为抄家，张府饿死十多人。鉴于抄家是他下的命令，因此耿耿于怀，要张诚查明回奏。张诚唯恐承担责任，以大事化小小事化了为上策，回奏说，缢死二人，回避了饿死多少人这一事实。皇帝把这两个数字混为一谈，叫文书官传话给内阁：“张诚本说，居正家属缢死止是二人，如何说饥死十余

1《明神宗实录》卷一百四十九，万历十二年五月癸卯。钱一本《万历邸钞》，万历十二年甲申卷，六月己酉。

2《明神宗实录》卷一百五十，万历十二年六月戊午；卷一百五十一，万历十二年七月戊子。

3《明神宗实录》卷一百五十三，万历十二年九月庚子；卷一百五十五，万历十二年十一月戊寅、丙戌。

人？着出旨查问。”首辅申时行只得出面打圆场：“臣等前见诸大臣疏内曾有此言，问之则云：出湖广抚按承差口。彼时大臣欲仰祈圣恩宽宥罪孽，惟知模写其可怜之状，一时轻信，无所逃罪。若加追究，则必提科承差，方可质对。往返旬月之间，大臣俱当待罪，衙门事务未免耽误，伏乞宽宥。”看了申时行的奏疏，皇帝知道他在回护潘季驯等大臣，余怒未消，仍然要求严查。事有凑巧，工科给事中杨毓阳出来认罪，承认他曾经说过饿死十余人，不知为风闻所误。皇帝要追究的并不是他，又不能置之不理，便下旨剥夺杨毓阳薪俸一年，以示惩戒。[1]

事情还未了结。江西道御史李植政治嗅觉特别灵敏，他知道皇上要追究的并非杨毓阳，而是潘季驯，便阿附上意，矛头直指潘季驯：“故辅臣张居正，挟权阉之重柄，藐皇上于冲龄，残害忠良，荼毒海内，诸臣所已言者，臣不敢复赘……夫何刑部尚书潘季驯，昔为私党，深衔卵翼之恩，今藉恤旧，甘为跖犬之吠，摇唇鼓舌，大肆谤言。不曰居正之产宜抄也，而曰皇上好货贪财；不曰居正之罪宜诛也，而曰皇上损德伤体……其（张府）重资厚蓄埋匿他所者十之六七，其奇珍轻赍馈献要路者十之三四，室之所存仅千百之一二耳。奉差诸臣惧无以塞皇上之命，少加推问，理或有之，至谓铜

1《明神宗实录》卷一百五十一，万历十二年七月己卯。

椤铁夹，断肢解体，拷毙数命，饿死十人，恐诸臣未必若是之惨，而臣实未之闻也。季驯又倡言惑众，公然疏援，且讽科臣代为陈乞，恣其胸臆，而涂皇上之聪明；造为伪言，而悚皇上之心志……伏乞皇上大奋乾纲，将季驯速行罢斥，以为党逆欺君之戒。”[1]这些话是顺着皇上旨意说的，不仅罔顾事实，而且带有杀机，“甘为跖犬之吠”“倡言惑众”“欺诳皇上”云云，无所不用其极。然而正中下怀，皇帝抓住时机，责令潘季驯回话，潘季驯无话可说。于是皇帝下旨：“潘季驯疏纵罪犯，纵放复拘，怀无君之心，本当重究处治，念系大臣，着革了职为民，其诰命等项，俱着追夺入官。”就这样，把一个敢于讲真话的正直大臣打了下去。

潘季驯在嘉靖、隆庆、万历三朝治理黄河卓有成效，因此受到张居正的器重，李植说他是张居正“私党”，分明是乱扣帽子。后人对他的政绩赞誉有加：“印川（潘季驯）自嘉靖乙丑（四十四年）受命治河，至万历庚辰（八年）工成，著有《宸断大工录》。先后四总河务，晚辑《河防一览》，其大指谓：‘通漕于河，则治河即以治漕；会河于淮，则治淮即以治河；合河淮而同入于海，则治河淮即以治海。’立意在筑堤束水，借水刷沙，以此奏功。百年以来俱守其指画，可谓能捍大患者。”[2]

皇帝决定对张居正抄家以来，一直怀疑“诸大

1 李植《大臣朋党诬上欺君乞独断以昭臣鉴疏》，《万历疏钞》卷十八《发奸类》。《明神宗实录》卷一百五十一，万历十二年七月己卯。

2 朱彝尊《静志居诗话》卷十三《潘季驯》。

臣党庇”，御史李植攻击潘季驯党庇张居正，深得他的欢心，立即指示吏部，李植、江东之、羊可立三人，“尽忠言事，揭发大奸有功”，应该“不次擢用”。吏部遵旨，越级提升李植为太仆寺少卿，江东之为光禄寺少卿，羊可立为尚宝司少卿。[1]这三个凭借整人而发迹的政治暴发户，骤然成了皇上的红人。

上有倡导，下必效尤，官员们彼此攻讦，一派乌烟瘴气。明末学者、大学士文震孟之子文秉，对此有洞察入微的评论：“江陵在位，大小臣工咸以保留献媚为事，直谓朝无人焉可也。迨江陵殁，而后来之权势远不相及，于是气节自负者咸欲以建白自见。顾九列大老犹仍向前陋习，群指为妖冶，合喙以攻之，而大臣与小臣水火矣。辛（自修）、海（瑞）两中丞挺然独立，南北两院之席俱不暇暖，是大臣与大臣水火矣。又有奔走权门，甘心吠尧者，小臣复与小臣水火矣。”[2]

反对张居正的翻案风愈刮愈猛，再发展下去，必然是“废辽必复”，必然是“居正且戮尸”，舆论气势汹汹。果然不出所料，万历十二年八月九日，皇帝派文书官宋坤向内阁传旨，要各衙门议论有关辽王事宜，并且定下调子：“拟辽复爵，及重治居正罪。”[3]此事非同小可，一向小心谨慎的内阁首辅申时行不敢随便附和，向皇上委婉地表明自己

1《明神宗实录》卷一百五十一，万历十二年七月庚子。

2 文秉《定陵注略》卷二《大臣党比》。

3《明神宗实录》卷一百五十二，万历十二年八月丙辰。

的意见："居正罪状已著，法无可加。(辽王) 觊觎之端，修废第于民穷财尽之时，复废国于宗多禄少之日，举朝无一人以为宜者。"把皇上的旨意顶了回去。皇帝自知理亏，环顾左右，说了一句话："内阁言是。"不得不将恢复辽王原爵——替辽王翻案之议搁置起来。但是，仍然坚持应当"重治居正罪"。

都察院等衙门遵照皇上旨意，呈上"题复大奸臣恶等事"的公文。皇帝在上面亲笔写下朱批："张居正诬蔑亲藩，侵夺王坟府第，钳制言官，蔽塞朕聪。私占废辽地亩，假以丈量遮饰，骚动海内，专权乱政，罔上负恩，谋国不忠。本当斫棺戮尸，念效劳有年，姑免尽法追论。伊属张居易、张嗣修、张顺、张书，都着永戍烟瘴地面，永远充军。你都察院还将居正罪状榜示各省直地方知道。"[1]皇帝对于张居正的盖棺论定竟然是"专权乱政，罔上负恩，谋国不忠"，而且应该受到"斫棺戮尸"的严惩，暂不"尽法追论"，已经是皇恩浩荡了。

张居正死后遭到皇帝如此无情的惩处，是他本人生前始料不及的，也是与皇帝当初尊崇备至的态度大相径庭的。专制体制下，皇帝视臣子若草芥，可以捧上云霄，也可以打入地狱，即使有盖世之功的张居正也莫能外。伍袁萃议论道："自世庙迄今，居首揆者，大多江陵以前以攻击得之，故去位受惨祸。"[2]此话有一些道理，夏言、严嵩、徐阶、高

1 钱一本《万历邸钞》万历十二年甲申卷，八月。《明神宗实录》卷一百五十二，万历十二年八月丙辰。

2 伍袁萃《林居漫录》别集卷一。

拱、张居正，莫不如此。伍袁萃只注意到同僚互相攻击的一面，而忽略了最为关键的一面——皇帝态度的变化。张居正的悲剧，有树敌过多的因素，而以“威权震主”而得罪皇帝，才是根本原因。

司礼监太监张诚因此次抄家有功，得到皇帝嘉奖：荫其侄子一人为锦衣卫百户。以后，又升任司礼监掌印太监，并兼掌东厂及内官监，权势可与冯保相比拟。在很多方面，他与冯保相似，喜爱读书，规劝皇上每每引经据典，而暗地讥笑谩骂，无所顾忌。[1]张居正的政治生涯，居然和宦官相始终，虽然纯属巧合，但也透露出那种制度的必然性。他打倒高拱，取而代之，得力于司礼监掌印太监冯保。他受宠于皇帝、太后，恩礼无以复加，都假手于冯保。他的夺情、治丧、归葬，无不有太监参与；直到病故，也由太监护丧归乡。无怪乎时人要感叹：“一切殊典，皆出中贵人手。而最后被弹，以至籍没，亦以属司礼张诚。岂所谓君以此始，必以此终乎？”[2]

皇帝朱翊钧在平反冤狱的同时，亲手制造了一桩更大的冤案，留给他的子孙去平反，简直是莫大的讽刺！天启二年（1622），皇帝朱由校给张居正平反昭雪，恢复原官，给予祭葬礼仪，张府房产没有变卖的一并发还。崇祯三年（1630），皇帝朱由检进一步为他恢复名誉，给还其子官荫与诰命。士人

1 刘若愚《酌中志》卷五《三朝典礼之臣纪略》。

2 沈德符《万历野获编》卷九《江陵始终宦官》。

评论道：当大明王朝行将崩溃之时，皇上“抚髀思江陵，而后知得庸相百，不若得救时相一也”。[1]明末时的那些“庸相”，哪里可以和“救时相”张居正比肩！人们有感于此，在江陵张居正故宅题诗抒怀：

恩怨尽时方论定，封疆危日见才难。[2]

堪称史诗，显示了后人对张居正的怀念之情。他的后人所写的《太师张文忠公行实》，难免有为尊者讳的通病，鉴于当时的特殊背景，也就可以谅解了：“太师处性淡泊，遇事有执持，外壮而内平，无所矫饰，事求当诸理，不拘文牵俗。居常慕子房、邺侯之为人，贵在实造，不为文言虚词。自登仕籍，伉厉守高，不植党与。暨入政府，调剂宇内，遂杜绝私门，戒阍者无敢通一刺为人造请。已，诸公咸亮其特介，不为私谒，门外寝不见长者车……太师湛静沉默，声色不露，以身系天下轻重者若而年，虽操心坚正，风节稜稜。”[3]

以历史学家冷静客观的眼光看来，张居正辅佐小皇帝，革除积弊，缔造新政，而呕心沥血，鞠躬尽瘁，功绩不可抹杀。《明神宗实录》的纂修官给张居正的盖棺定论，写得还算平直公允，较少意气用事的成分。一方面确认：“沉深机警，多智数……

1 林潞《张江陵论》，见光绪《荆州府志》卷七十九《杂记志三·纪文》。

2 林潞《张江陵论》，见光绪《荆州府志》卷七十九《杂记志三·纪文》。

3《太师张文忠公行实》，《新刻张太岳先生文集》卷四十七。

受顾命于主少国疑之际，遂去首辅，手揽大政。劝上力守祖宗法度，上亦悉心听纳。十年海内肃清，四夷詟服，太仓粟可支数年，冏寺积金至四百余万。成君德，抑近幸，严考成，综名实，清邮传，核地亩，洵经济之才也。”另一方面，也毫不掩饰他的过失，尽管过不掩功，也足以使他陷入无法摆脱的困境：“偏衷多忌，小器易盈，钳制言官，倚信佞幸。方其怙宠夺情时，本根已断矣。威权震主，祸萌骖乘。何怪乎身死未几，而戮辱随之也。识者谓：居正功在社稷，过在身家。”[1]“威权震主，祸萌骖乘”是悲剧的根源，“功在社稷，过在身家”是评价功过的另一种视角。关于“功在社稷，过在身家”，海瑞说得更为深刻：“居正工于谋国，拙于谋身。”[2]后来的礼部尚书、东阁大学士于慎行不无感慨地说：“万历初年，江陵用事，与冯珰相倚，共操大权，于君德夹持，不为无益。惟凭借太后，携持人主，束缚钤制，不得伸缩。主上圣明，虽在冲龄，心已默忌，故祸机一发，遂不可救。世徒以江陵摧抑言官，操切政体，为致祸之端，以夺情起服（复）、二子及第为得罪之本，固皆有之，而非其所以败也。江陵之所以败，惟在操弄主上之权，钤制太过耳。”[3]分析得不落俗套，所谓“操弄主上之权，钤制太过”，与“威权震主，祸萌骖乘”可以互相印证。

1《明神宗实录》卷一百二十五，万历十年六月丙午。

2 谈迁《国榷》卷七十一，万历十年六月丙午条引海瑞语。

3 于慎行《谷山笔麈》卷四《相鉴》。

五　“肃杀之后，必有阳春”——申时行的相业

张四维出任内阁首辅后，有意识地消除前些年过于操切的政治弊病，对次辅申时行说：“稂莠之余，要在芟刈。”申时行应声答道：“肃杀之后，必有阳春。”焦竑认为，“肃杀之后，必有阳春”八个字，奠定了申时行日后执政的基本方针。[1]所谓“阳春”云云，就是推行宽大之政，有双重含义。一方面，不要像前几年那样过于操切，过于肃杀；另一方面，要改变内阁首辅专擅朝政的印象，大政方针交由皇帝独断。然而谈何容易！先前遭受张居正打压，如今重新起用的官员，都把张四维、申时行看作张居正的亲信，在清算张居正的同时，不断牵连到他们。张四维丁忧守制，离开了这个是非之地后，一切的压力集中到内阁首辅申时行身上。他与次辅余有丁、许国主持政务，在拨乱反正的同时，冀存大体，尽量避免更大的震动。但是言官们仍龂龁不已，唯恐天下不乱。申时行进退维谷，不得不妥协自保。

1.“阁臣与言路相水火”

申时行，字汝默，号瑶泉，是一位苏州才子。

1 焦竑《特进光禄大夫左柱国少师兼太子太师吏部尚书中极殿大学士赠太师申公时行神道碑》，《澹园续集》卷十一。焦氏写道：“壬午，江陵病卒，蒲州代之，语公曰：‘稂莠之余，要在芟刈。’公应曰：‘肃杀之后，必有阳春。’盖一言而公之相业定矣。”

万历皇帝议政
（《徐显卿宦迹图》）

焦竑说他“少敏悟过人，所览辄能诵，为一时偶俪之文，绝出伦辈，郡县及督学使者试辄冠。嘉靖辛酉（四十年）举乡试第三，明年廷试，上见公所对策，词札兼美，亲擢第一人，授翰林院修撰。”[1]此后，历任礼部右侍郎、吏部右侍郎。万历六年以吏部左侍郎兼东阁大学士，参预机务。万历十一年，张四维丁忧后，升任内阁首辅。

万斯同谈及申时行内阁的处境，以“自此阁臣与言路相水火”[2]来概括当时的政坛，可谓一语中的。

御史张文熙从张居正辅政十年，天下苦于操切入手，进而诋毁内阁专擅，侵犯六部权力，违背祖宗旧制。其实是以此为借口，企图削夺申时行的权力。皇帝是信任申时行的，出面讲了公道话：“朕于天下事不能尽知，尝咨询内阁，若内阁都不与闻政事，设此官何为？”他告诉申时行，不要介意张文熙的言论。[3]申时行自然明白张文熙目的在于推翻“考成法”，削弱内阁权力，立即反击说：“国家典制

1 焦竑《特进光禄大夫左柱国少师兼太子太师吏部尚书中极殿大学士赠太师申公时行神道碑》，《澹园续集》卷十一。
2 万斯同《明史》卷三百十一《申时行传》。
3 万斯同《明史》卷三百十一《申时行传》。

及阁臣责任，言官皆不深考，使臣等居密勿之地，冒专擅之嫌，窃恐难于展布，不敢不为皇上明之。”他驳斥张文熙的观点——六部、都察院不应当设置考成簿送内阁稽考。义正词严地指出，考成法是祖宗旧制，内阁并未越权：

> 按祖宗旧制，诸曹每月领内阁精微簿，开列事件，月终送内阁收掌，年终类送六科。此系二百年成规。今考成簿与精微簿相同，但详略稍异耳。然则各部院之事未尝不使阁臣与闻也。且先年题奉明诏，凡抚按奉行考成法，过除未完者，六科每岁两次稽考，阁臣则止于稽考，本不题参。又罚俸止及抚按，未尝借以督责部院也。夫国家纪纲法度掌于部院，而统归于朝廷。阁臣则参机务、备顾问者，若于诸司之事全不与闻，即皇上有问，臣等凭何奏对？即有票拟，臣等凭何参酌？此岂皇上委任责成之意哉？且如吏部官不称，则当去，未闻禁吏部之铨选也；户部官不称，则当去，未闻禁户部之会计也。使阁臣不职，即黜罢可耳，若并其责任而尽削之，不几因噎而废食乎！[1]

清楚而坚定地表明立场，不能因为清算张居正，而否定他所倡导的考成法。

1 吴伯与《国朝内阁名臣事略》卷十三《申文定公状略》。

他还对张文熙所谓“四方抚按行事不当密揭请教”，指责内阁钳制各省巡抚巡按职权，反驳道：“部臣各有职掌，督抚各有责任，初未尝事事取裁，事事请教。但阁臣以平章事为职，而用人则政事之大者，故文臣自京朝堂上官，武臣自参将以上，部中亦与臣等酌量，无不虚心为国，以示慎重公平之意。今二部尚书见在，臣等何曾行一私意，用一私人！但当问其所用之人公与不公，不当问臣等知与不知也……此皆朝廷大计，即诸臣揭问，不为阿承；即臣等示以方略，不为侵越。但论事体之当与不当，不必论臣等知与不知也。盖议者徒见前人之弊习，而并欲防后人之将来，不知专擅在人不在于法，择人以守法则可，因人而废法则不可。假令臣等居位食禄，事事皆委之不知，岂不甚逸！然祖宗建立阁臣之意谓何？臣等受陛下高厚之恩谓何？”[1]

这里涉及内阁与部臣、地方官的关系，以一方侵越职权，另一方阿谀奉承来概括，未免过于简单化。争论的实质，是要不要继续推行考成法，推行新政。申时行认为，不能因为张居正的专擅，就把他倡导的考成法全盘否定。所以他说，“议者徒见前人之弊习，而并欲防后人之将来，不知专擅在人不在于法，择人以守法则可，因人而废法则不可”。皇帝对于他的观点深以为然。但是言官并不买账，把申时行视为张居正的党羽，抨击交至。

1 吴伯与《国朝内阁名臣事略》卷十三《申文定公状略》。

早在万历十一年三月，御史魏允贞条陈四事，其中第二事“严科举之防”，从张居正之子的科场舞弊，牵连到张四维之子张甲徵、申时行之子申用懋。皇帝谴责魏允贞“漫逞私臆，语多过当”，张四维、申时行为了自证清白，请求按照魏允贞的意见，取消张甲徵、申用懋的科举考试资格，“回籍肄业，待臣等去位之后，候补廷试”。[1]焦竑谈及此事赞誉道：“有魏允贞者，以公子登第为言，公第请复试而已，不以一语侵之。顷之，且置之要秩，朝士无不啧啧归公之量矣。”[2]

尽管如此，公子登第的话题仍不断被渲染，作为政治攻击的手段。万历十二年正月，都察院左副都御史丘橓条陈三事，其中第二事为“均处邪媚之臣”：“密中居正之子张懋修，林应训、张一鲲为监试官；而密中王篆之子王之鼎，钱岱为监试官；先期请居正第六子回乡赴试，会居正病故不果，而密中王篆之子王之衡。此其怀私作弊皆同”。这些官员都应该罢斥。[3]

同年三月，山东道御史丁此吕再次提及此事，点名批评阁臣申时行、余有丁、许国：“丙子（万历四年）科为张嗣修房考者，今兵部员外郎稽应科，主考则许国；庚辰科张懋修房考者，今山西提学陆檄；为张敬修房考者，今河南参政戴光启，主考则申时行、余有丁。壬午（万历十年）之后，居正死

1 钱一本《万历邸钞》，万历十一年癸巳卷，三月。

2 焦竑《特进光禄大夫左柱国少师兼太子太师吏部尚书中极殿大学士赠太师谥文定申公神道碑》，《澹园续集》卷十一。

3 钱一本《万历邸钞》，万历十二年甲申卷，正月。

矣，乃余威所为，王之鼎主考者修撰沈懋孝。又如侍郎何雒文，嗣修、懋修及第制策，皆（何）雒文代为之。又如侍郎高启愚，己卯（万历七年）主考南闱，辄以‘舜亦以命禹’为题，此居正逆萌也，盖人心为其摇惑也甚矣。”[1]把高启愚命题“舜亦以命禹”，作为张居正图谋“篡位”的“逆萌”，用心极其阴险。

被丁此吕点名的阁臣申时行、余有丁、许国不得不出来申辩：“两京乡会试，内帘所看，系是誊过朱卷，止有字号，而无姓名，又无笔迹，鬼神莫知，难容私意。丙子乡试，臣（许）国主考，庚辰（万历八年）会试，臣（申）时行、（余）有丁主考。（丁）此吕论人，搜求殊失正大公平之体。若稽应科等以此被罪，则臣等岂得诿之不知，请下吏部议处。”吏部遵旨议处后，吏部尚书杨巍（字伯谦，号梦山，广东海丰人）就丁此吕恶意中伤，斥之为无稽之谈。他说：“‘舜亦以命禹’，谓帝王相传之道不外乎尧，尧既以此命舜，舜亦以此命禹耳。若谓禅继之事，不知出何注疏？刘世延乃无籍之人，不顾书旨，肆言无忌。（丁）此吕为台谏之臣，反踵之以害善良。嘉靖中，王联曾以诗句陷巡抚胡缵中，赵文华曾以策题陷吏书李默，至今士人无不切齿，亦未敢变乱经旨，陷人以无将大逆如（丁）此吕者。”有鉴于此，杨巍怒气冲冲地责问：“朝廷之上，邪说横行若此，

1 钱一本《万历邸钞》，万历十二年甲申卷，三月。

并无一人敢言之，可谓国家有人哉？害正人，乱国政，上欺圣君，下诬贤臣，若丁此吕不知可仍在台谏与诸臣并列否？”[1]

丁此吕受到降调外任的处分，立即引来礼科给事中王士性的反击，他弹劾吏部尚书杨巍：“阿媚相臣（申）时行，谪降言官冯景隆、孙继先、曾乾亨、黄道瞻、孟一脉、邹元标、范俊、丁此吕等，阻塞言路。”御史江东之、李植相继上疏附和。没有等杨巍申辩，皇帝直接下旨谴责王士性：“元辅（申时行）忠诚体国，敬慎无私，朕倚毗方切，这牵摭浮言，不必介意，宜尽心辅理，以副眷怀。杨巍老成持正，如何说他阿媚？着安心供职。你每言官论人，须要分别邪正，岂可一概论斥？”[2]

皇帝赞扬了申时行、杨巍，却仍然指责高启愚“出题谬妄，附媚干进”，把他革职为民，而丁此吕继续留用。首辅申时行为自己辩解：臣二子中科，文字可复试而知，士大夫自有公论，自己无弊。

次辅许国认为：留用丁此吕，无以安首臣申时行及吏部尚书杨巍之心。他写了长篇奏疏，抨击言官，支持申时行、杨巍：“窃见近日以来，士习险陂，人情反复，国是动摇。盖昔之专恣在权贵，今之专恣在下僚；昔之颠倒是非、肆言无忌在小人，今之颠倒是非、肆言无忌乃在号为君子者。彼以其发于感激，动于意气，甘冒刑谪，搏击权贵，偶成

1 文秉《定陵注略》卷二《大臣党比》。

2 钱一本《万历邸钞》，万历十二年甲申卷，四月。

一二事，自负不世之节，非常之功，持此以立赤帜，号召一等浮薄轻进、好言喜事之人，党同伐异，诬上行私。公卿大臣动见掣肘，一不快意，便攘臂而起……臣之闻此风久矣。第与大学士申时行等仰奉德意，示以公平，付之罔闻。冀其悔悟，不欲使有比周之名，以为清明之累。不意彼乃扬扬自谓得志，无敢阻挠，日甚一日。如御史江东之、给事王士性、御史李植，同日三疏联袂而上，哗然群攻吏部尚书杨巍，并及大学士申时行，横口诋排，期以必胜……臣窃谓刚方端亮如（杨）巍，固非阿附之人，而公清如（申）时行，亦非所可阿附者也。前时御史朱琏钻刺播弄，动摇阁部大臣，赖上圣明，深烛其奸，旋行斥远，而国论始定。方今之事，何以异此？夫正人固指邪人为邪，邪人亦指正人为邪，惟在辨其所以为邪正之实而已。”[1]

面对言官的攻击，申时行、许国、杨巍向皇上乞求罢免。激起正直官员强烈反响，刑部尚书潘季驯、吏科都给事中齐世臣、都察院左都御史赵锦、副都御史石星、工部尚书杨兆、工部侍郎何起鸣、吏部侍郎沈鲤、陆光祖等纷纷上疏挽留申、许、杨三臣。刑部尚书潘季驯的言词最为激烈："邪议蜂起，国是大摇，如（申）时行之翼翼忠勤，杨巍之侃侃正直，中外大小诸臣靡不慕其为人，乃目之为邪媚，是非紊乱，忠佞混淆。不图明盛之世，突然有

1 许国《乞辨邪正以消党比疏》,《许文穆公集》卷三《奏疏》。

此怪异之事。今（申）时行与（杨）巍已恳疏求去，许国誓不与此辈同朝，六卿诸臣垂头丧气，咸无固心。今陛下慰留三臣之命方下，而御史叶成遇论（杨）巍之疏又上矣。盖三五诸臣，棋局素定，次第夹攻，不胜不止。以小臣而制大臣之命，以小人而冒君子之言，是非不明，则政体必乱；邪说得肆，则善类必殃，他日之祸必有不可言者。”[1]

双方剑拔弩张，一些意见领袖纷起攻击阁部大臣，一时甚嚣尘上。

右春坊右赞善赵用贤声称：“言官之于宰相，其是非可否，两相重者，言官不当，岂能逃圣鉴之明，掩廷论之公。何今之大臣纷然群起而求胜耶……彼大臣固自有体也，是不过踵昔年保留之故智耳。且自古未有台谏之言，而必根株其所由者，岂欲其以聋聩视天子之豪杰哉？”[2]

司经局洗马吴中行扬言：“借留贤之名，以保辅臣，此谄谀之极也，甚可耻也。借去谗之名，而参言官，此壅蔽之渐也，不可长也……何迩年以来，每遇辅臣辞位，必群然起而留之，颂功赞德，累牍联章，此其心何心哉？”

刑部主事张正鹄说：“祖宗特严奸党之禁，二百年来，并无大臣纷纷保留宰辅之事……而乃复见此事哉！人心邪媚，至此极矣。”

四川道御史李廷彦则以张居正时代钳制言官，

1 钱一本《万历邸钞》，万历十二年甲申卷，四月。文秉《定陵注略》卷二《大臣党比》。

2 钱一本《万历邸钞》，万历十二年甲申卷，四月。

影射申时行内阁："当御史丁此吕论（高）启愚，特一事耳，杨巍劾之。而王士性、江东之则疑为阿附，许国又指江东之、李植、王士性为倾排，暗指赵用贤、吴中行为号召。陆光祖遂请敕都察院分别去留，以安阁部大臣之心。往者权奸当路，钳制言官，喜谄佞，斥忠良，自以为一世之雄矣。卒之身死名灭，为天下唾。光祖乃以此术安大臣，其视大臣为何如人耶？"[1]

皇帝谴责这些官员"肆意渎扰"，明确地支持阁部大臣。申时行在等待反击的时机。

2."事苟治，不必苛责；民苟安，不必过求"

万历十三年四月十七日，皇帝朱翊钧因天旱不雨，由文武百官陪同，步行出大明门，来到南郊，进行祈祷。

礼拜后，他召见内阁辅臣九卿，对他们说："天时亢旱，虽由朕不德，亦因天下有司贪赃坏法，剥害小民，不肯爱养百姓，以致上干天和，今后还着该部慎加选用。"

申时行回答："皇上为民祈祷，不惮勤劳，一念精诚，天心必然感格。其屡祷未应，皆臣等奉职无状所致。今天下有司官果然不能仰体皇上德意，着

1 钱一本《万历邸钞》，万历十二年甲申卷，四月。文秉《定陵注略》卷二《大臣党比》。

实奉行。臣等当即与该部商量申饬。”

皇帝说：“还着都察院行文与他每知道，务令着实奉行，毋事虚文。”

申时行说：“今后如有不着实奉行，虚文塞责者，容臣等请皇上重法惩治。”

皇帝说：“先生每说的是。”[1]

皇帝前往郊坛祈雨，在当时具有浓厚的政治色彩，他谴责官员不肯爱养百姓，以致上干天和。一些机灵的言官抓住机会，从“有司贪赃坏法”，联系到李植、江东之、羊可立之流近来的斑斑劣迹，纷纷上疏。浙江道御史蔡系周弹劾太仆寺少卿李植：“古者朝有权臣，狱有冤囚，则旱。（李）植数为人言：‘至尊呼我为儿，每观没入宝玩，则喜我。’其无忌惮如此。陛下欲雪枉，而刑部尚书（潘季驯）之枉先不得雪。今日之旱，实由于（李）植。”[2]江西道御史孙愈贤等人也交章纠弹李植。江东之、羊可立与李植同气相求同声相应，立即反击，企图把水搅浑，声称蔡系周、孙愈贤等人是“怀冯保、张居正私恩”的奸党。[3]

申时行看到羊可立奏疏中说“一时奸党怀冯保、张居正私恩者，造为无影之言”云云，特别气愤，向皇上奏告：“（孙）愈贤疏尚未处分，（羊）可立何由争之？且问可立，奸党为谁？有何实迹？”羊可立、江东之、李植三人是皇帝一手提拔起来的，

1 申时行《召对录》。《明神宗实录》卷一百六十，万历十三年四月戊子。

2《明神宗实录》卷一百六十，万历十三年四月戊辰。

3《明神宗实录》卷一百六十，万历十三年四月戊辰。

颇为偏袒，但见申时行如此光火，只得充当和事佬。给都察院发了一个手札："谏官务存国家大体，何得以私灭公，挑激争端，淆乱国是？自今各修尔职，不许琐词渎扰。敢有仍前不悛，重治无贷。"这是在指责蔡系周、孙愈贤，也是在督责都察院加紧管束御史。与此同时，他又在羊可立奏疏上批示："冯保、张居正事出朕独断，久已处分，谁敢怀私报复，自干宪典！以后不许借言奸党，攻讦争辩，违者罪之。"[1]这是在批评羊可立等人，实际上是借此回避对李植的追究。

事情趋于复杂化。几天后，京城盛传一份匿名揭帖，假借蔡系周、孙愈贤的名义，说内阁辅臣许国图谋打倒李植等人，授意二御史出面纠弹李植。刑科给事中刘尚志（字行甫，号景孟，安庆怀宁人），抨击刻印揭帖混淆视听的手法，他认为，这一事件与去年涂改吏部尚书杨巍的春帖，今年又在礼部尚书沈鲤门上张贴传单等事，阴谋如出一手。字里行间流露对李植、江东之、羊可立的怀疑，因而锋芒一转，尖锐地指出："乃有一辈言事之臣，妆缀旧闻，不曰交冯保，则曰不终丧；不曰杖言官，则曰毁书院。诸如丈田、铸钱、捕盗、多杀之类，鼓己如簧之舌，而刺刺不休……岂欲将万历十年以前凡居正共事之臣，皆谓之党，尽行罢斥而后已乎？"一语道破近年来政治斗争中的倾向：企图把万历十年以前

1《明神宗实录》卷一百六十二，万历十三年六月丁卯。

与张居正共事的官员全部赶下台。皇帝看了刘尚志的奏疏，下令东厂、锦衣卫、五城兵马司严密缉拿匿名揭帖的炮制者；对于刘尚志指出的那种倾向，他含糊其词："章疏就事直陈，不得摭拾旧事，烦言渎扰。"[1]

由李植的事情牵涉到前刑部尚书潘季驯，因为后者是遭到诬陷而罢官的，御史董子行上疏为潘季驯申辩。他说，李植弹劾潘季驯两大罪状，所谓冯邦宁之狱为无君之罪，此是大罪，并非真罪；所谓轻信人言张居正家死十数人，此虽小罪，却是真罪。"罪非真而显斥之，罪非大而重法之，陛下必有不忍于心者矣！"话说得很直率，要皇上在众目睽睽下回答难题，勇气可谓不小。御史李栋亦相呼应，声称潘季驯治理河道有功，两河之岸屹立又如长城。皇帝岂肯承认处分潘季驯有错，下令剥夺两名御史俸禄一年，以示警诫。[2]

看来皇帝丝毫不肯追究李植的责任。转机终于被申时行抓住了。

皇帝朱翊钧为了营建自己的寿宫（死后的陵墓），由礼部尚书徐学谟（字叔明，一字子言，号太室山人，苏州府嘉定县人）选择大峪山吉壤。万历十三年八月初一日，皇帝派申时行前往视察。不料，太仆寺少卿李植、光禄寺少卿江东之、尚宝司少卿羊可立借题发挥，无事生非，上疏说大峪山并非吉壤，由于申时行与

1《明神宗实录》卷一百六十二，万历十三年六月丁卯。

2《明神宗实录》卷一百六十三，万历十三年七月甲戌。

徐学谟关系密切，随便同意徐学谟的选择。企图激怒皇帝，一举攻倒申时行。

申时行心里明白，这是皇上自己钦定的吉壤，他决定抓住此事，把这三个人的嚣张气焰压下去，狠狠批驳这三个人的奏疏。皇帝自知此事与申时行毫不相干，严厉斥责李植等三人："阁臣职在佐理，岂责以堪舆使（风水先生）耶！"下旨剥夺李植等三人半年俸禄；派太监传谕内阁，安慰申时行："大峪（山）佳美毓秀，出朕钦定；又奉两宫圣母阅视，原无与卿事。李植等亦在扈行，初无一言。今吉典方兴，辄敢狂肆诬构。朕志已定，不必另择，卿其安心辅理。"[1]

李植等人借寿宫之意攻击申时行，是有预谋的。几天后，真相大白。他们企图借口寿宫选址不妥，迫使申时行辞职，另推去年入阁的王锡爵继任，并且引荐刑部侍郎张岳（字汝宗，号龙峰，浙江余姚人）、太常寺卿何源（字仲深，号心泉，江西广昌人）入阁。这种暗箱操作的阴谋，难登大雅之堂，理所当然遭到王、张、何三人的严词拒绝。

王锡爵写的《因事抗言求去疏》写得尤为真切感人。他因为被小人利用而引咎自责，以为应当辞官而明志，理由有三：大臣不能帅群臣，当去；师不能训子，当去；老成而为恶少年所推，亦当去。由此，他痛斥当前的政坛不良风气："诸臣近乃创

1《明神宗实录》卷一百六十四，万历十三年八月己亥。申时行《赐闲堂集》卷四十《杂记》。

为一种风尚，以为普天之下除却建言之臣，别无人品；建言之中除却搜括张冯旧事，别无同志。”他回顾道：“臣尝私譬张居正之门客，如群倡之倚市，劳来送往，取适一时耳。今冰山既泮，黄犬成空，士有恸轮渍酒不忘死生之交者鲜矣。况本非（王）安石，谁为章（惇）、蔡（京）？”然后把话题转向申时行：“今大学士申时行泊然处中，唾面不拭，以强陪诸臣之颦笑，不过为重国体、惜人才耳。乃诸臣见其弱，则愈以为不足畏，而凌辱之；受其容，则愈以为縻我而疑之；被论，则以为嗾人攻之；求去而票允，则以为逐之；票留，则又以为苦之；或票虽留而旨欠温，则以为阳顺上意而阴忌之。喘息纵横，千荆万棘，令人无路可去，无门可解。皇上试观典籍，自古及今岂有人臣操天子之权，小臣制大臣之命，一至此极，而朝政不乱、国是不淆者乎？”[1]

王锡爵并不因为李植等人是自己的门生，而与之相呼应；也不因为与张居正有宿怨而大肆挞伐，取申时行而代之。大义凛然谴责那批品德不良的“建言之臣”，令李植、江东之、羊可立无地自容。皇帝对这三个人一向宠信，看了王锡爵的奏疏，才改变主意。这时，御史韩国桢（字柱甫，号洙泉，苏州人）、给事中陈与郊（字广野，号玉阳仙史，浙江海宁人）等言官，也纷纷纠弹李、江、羊三人的无耻行径。皇

1 王锡爵《因事抗言求去疏》，《王文肃公文集》卷三十一。吴伯与《国朝内阁名臣事略》卷十五《王文肃公状略》。

帝当即下旨：李、江、羊三人各降三级。吏部遵旨作出处理：李植降为户部员外郎，江东之降为兵部员外郎，羊可立降为大理寺评事。[1]这三人的嚣张气焰一下子被压了下去。

多年后，申时行回忆起这件往事，仍然对皇上的英断念念不忘。他说，为了皇上的寿宫，命吏部选择谙熟地理的官员，与钦天监官员协同选址，推举南京刑部尚书陈道基、通政司参议梁子琦、听补佥事胡宥，会同钦天监官员张邦垣、杨汝常一同前往。梁子琦刚愎自用，与众议不合，单独推荐八处“吉地”。皇上亲临视察，发现地处断崖深谷，大为不满，另定形龙、大峪两处，命定国公徐文璧、辅臣申时行及司礼监太监张宏率领堪舆官员前去复阅。礼部没有把梁子琦列入复阅官员名单，梁子琦大怒，弹劾礼部尚书徐学谟，并对申时行恶语相加。皇上对此人极为厌恶，勒令他罢官闲住。而李植、江东之与梁子琦有交情，企图借此挑起事端，与羊可立一起上疏，扬言大峪山并非吉壤，钦天监官员张邦垣贿赂皇上亲信——当时号称“十俊”的小太监，游说皇上不宜择大峪山为吉壤。当时皇上前往视察的銮舆已经出动，供费浩繁，各部大臣皆有忧色，疏请皇上独断。皇上在陵区感恩殿东室召见申时行等大臣商议，决定不改变大峪山吉壤的选择，把李、江、羊三人各降三级。申时行感叹道：

1《明神宗实录》卷一百六十四，万历十三年八月己酉。

"余始被命阅视，第以首臣在行，原未习形家之说，而阁臣职业从来未有以相地为轻重者，诸臣别有拥戴，欲击去余与新安（许国）等，而上英断，终不为所荧惑也。"[1]

李植、江东之、羊可立不但连降三级，而且还从京师贬往外地。李植贬为绥德知州，不久引疾归乡。江东之贬为霍州知州，不久也因病免职。羊可立贬为山东佥事。这三人以打击别人抬高自己为能事，曾经不可一世，红了三年之后，黯然从政治舞台上消失。

在与言官的较量中，申时行略胜一筹。但是为了稳定起见，他也不得不做出妥协，缓和舆论。取消他先前竭力维护的考成法，就是最突出的事例。

万历十四年（1586）正月，六科把去年的考成记录送交皇帝审批，皇帝看了以后，考成不合格的官员，批示"从重处分"。申时行写了详细的公文，分析考成法利弊，提出"事苟治，不必苛责；民苟安，不必过求"的方针，取消考成法，减轻内阁的压力。他说："窃惟考成之法，所以稽查勘合，催督未完。自皇上登极，允辅臣居正之请，行之十余年矣。初年类参常一二百件，摘参常四五十件，俱不过罚治。节年奉过明旨，历历可查。近年以来，伏睹皇上治尚励精，政先综核，在外抚按凛凛奉法，不敢怠荒。今次六科本内类参不过四十件，摘参止

1 申时行《赐闲堂集》卷四十《杂记》。

五件，则是完报者多，未完者少，比于先年不啻倍徙矣。其间所以不能尽完之故，则请为皇上毕陈之。”接下来，他列举了三大事项：一是催征钱粮，二是捕获贼犯，三是提问官员。关于催征钱粮，他认为由于考成法的压力，地方官“过于严急”，使得“百姓不安”，解决之道是安民，“欲安民则当斟酌缓急，以宽有司之罚”。关于捕获贼犯，亡命之徒四散奔逃，潜踪隐迹，无法捕获。如果以此追究地方官，势必“将平民拷逼承认，抵数报完，无辜被冤”。关于提问官员，地方官审理案件，调取人证，颇费时间。地方官为了躲避参劾与处罚，急促了事，“恐有锻炼文致，潦草疏略之弊”。因此，他的结论是：“皇上所以警饬臣工，肃清吏治，不过欲事治民安而已。事苟治，不必苛责；民苟安，不必过求。”[1]

申时行自己说，他万万不敢“姑息苟且，坏朝廷之法”，其实恰恰是在姑息苟且，坏朝廷之法。许重熙评论此事说：“说者谓，（申）时行之疏行，而事事因循，苟且岁月，远近无任事之能吏，而万历之政衰矣。”[2]万斯同虽然对申时行有同情之理解——迫不得已出此下策，但是他的批评更为犀利：“时行知天下士论之不与居正也，欲尽反其行事，以收拾人心，首请罢考成法。略言：赋敛过于苛急，则百姓不安；缉盗过于督责，则无辜被枉。

1 陈建、沈国元《皇明从信录》卷三十五，万历十四年正月。

2 许重熙《嘉靖以来注略》卷八，万历十四年正月。

道里有辽阔，则时日有稽迟，倘畏避纠劾，期于速竣，必滋锻炼周纳，苟且疏略之弊，非治体也。陛下肃清吏治，期于事集民安而已。欲集事，不宜多事；欲安民，不宜扰民。”接下来，万氏笔锋一转：“于是居正一切综核之政，尽为改易。士大夫得用自宽，益歙骳，不事事而相竞于言，上下恬熙，风俗偷惰，驯至法纪隳坏，国势凌夷。虽由言路激成，而亦（申）时行之矫枉过正使然也。”[1]万斯同的措辞极其严厉，击中要害，张居正推行考成法，大小臣工鳃鳃奉职，中外淬砺，莫敢有偷心的状况，到了申时行时代逐渐化为乌有。

申时行自以为是在补偏救弊，消除以往“操切”的弊端，所以两个月以后，他再次重申宽大之政，主张“顺人情之所欲而去其害”，写了长篇奏疏来论述自己的政见：“三代之所以保固邦本，享国久长者，惟在顺人情之所欲而去其害也。臣等反复思维，方今安民之要亦不出此。”他列举了四大危害：一是催科急迫之害，二是征派加增之害，三是刑狱繁多之害，四是用度侈靡之害。这些危害由来已久，张居正试图用考成法来加以遏制，有一点效果，但并未根本改变；申时行要想消除这些危害，就更加束手无策了。所以他感叹道：“明旨申令不啻三五，而民生卒未能安，治效卒未能睹者，何哉？盖其说有二：曰议论不一，曰诏令不行。斯二者非

1 万斯同《明史》卷三百十一《申时行传》。

独民生之害，害且在国家矣。”

他分析“议论不一”的危害：“台省之臣职司言路，岂得不指陈时政、条奏便宜？然或有意见稍殊，而行多窒碍，及言词甚善而业已施行者，部院即当斟酌可否，分别从违，可行则行，当止即止。今乃重拂其意，辄为之词，明知其见行也，而请旨申饬；明知其难行也，而下抚按再议。徒使文书旁午，邮传纷纭，政令无常，观听滋惑。有司勾较簿书，酹应上官之不暇，而暇求民疾苦修其职业乎？”至于“诏令不行”的危害，更加严重：“今明旨非不森严，而人情犹复玩愒。尝禁馈遗矣，而馈遗之故套尚存；尝惩贪墨矣，而贪墨之余风未殄。即辇毂之下令且不行，而欲使溥海内外丕应而徯志也，不亦难乎？”

于是乎问题又回到考成法的本意上了：“窃以为，欲议论之一，则题复不可以不慎；欲诏令之行，则查参不可以不严。伏望皇上敕谕部科，自今条陈章奏，旨下部院，或事在见行及难行者，不妨停寝，毋得迁就题复。诸凡奉旨严禁，或令部科查参，或令该科记著者，如有故违，即行参奏，毋得徇情容隐。则议论可免于烦多，诏令不至于壅遏。”[1]

张居正的考成法原本就是针对“议论不一”“诏令不行”，而采取的强有力举措，申时行迫

1 陈建、沈国元《皇明从信录》卷三十五，万历十四年三月。

于言官的压力，把它废弃，而又想纠正“议论不一”“诏令不行”的陋习，岂非空谈！申时行一方面试图纠正张居正过于操切的流弊，推行宽大之政，另一方面又感叹“议论不一”“诏令不行”带来的种种问题，又缺乏令行禁止的手段，以及雷厉风行的魄力，终于陷入了进退失据的困境。

3.“雍容朝列，为太平宰辅”

万斯同为申时行立传，说他“承居正之后，海内清晏，雍容朝列，为太平宰辅”。[1]这位太平宰辅并非无所事事，有不少德政值得一提。

其一，促成王守仁从祀孔庙。

嘉靖七年王守仁病逝，朝廷宣布他的学说是“坏人心术”的邪说、伪学，禁止传播与学习，否则“重治不饶”。[2]嘉靖、隆庆之际的内阁首辅徐阶拨乱反正，敦促隆庆皇帝为王守仁平反昭雪。有识之士普遍认为王守仁继承并发扬了孟子的学问，应该从祀孔庙，却迟迟未能实现。直到万历十二年，由于申时行的努力，才得以实现。

早在隆庆元年，大理寺右丞耿定向就题请王守仁从祀孔庙，未果。万历十二年六月，御史詹事讲（字明甫，号养贞，江西乐安人）上疏，请求朝廷批准王守仁、陈献章从祀孔庙。礼部向皇帝报告，对此有两

1 万斯同《明史》卷三百十一《申时行传》。

2《明世宗实录》卷九十八，嘉靖八年二月甲戌。

种不同意见：兵科给事中赵思诚、南京福建道御史石檟认为王守仁、陈献章不宜从祀孔庙；户科都给事中魏时亮、都察院右副都御史徐栻、礼科给事中宗洪选、户科给事中赵参鲁、御史谢廷杰、徐乾贞等，都主张王守仁、陈献章应该从祀孔庙。既然意见有分歧，皇帝下旨："从祀重典，着各该儒臣及九卿、科道，从公品荐议奏，务协舆论。"[1]

都察院左副都御史耿定向写了长篇奏疏，主张王守仁、陈献章应该从祀孔庙。他说："守仁之学措之行履，信在乡邦；发之事业，功在社稷，臣不具论。乃其讲学淑人，单揭要指曰致良知。夫曰良知云者，即孔子之所谓仁，是人之所生者也。本诸身，而能视能听能言能动；显诸伦，而为忠为孝为弟为信。是非淑慝，灵昭不昧，乃蒸民之所同具，无圣凡古今一也，特有致有不致耳……皇上今绥其猷，此非千载一时哉！臣等集议咸切切焉。皇上俎豆守仁于孔庙之庑者，非曰祀其人已也，盖借此以树杓的，将令天下臣庶率由于其道也。"又说："若（陈）献章，当训诂汩溺之余，名理棼呶之日，而学以静观默识为务，以致虚立本为宗，其深造自得之趣，竖贞明懿之履，抑可谓乎醇者矣。昭代学术知反约而求诸心，不为口耳支离之骛者，实其开先也。"[2]

在意见纷纭的情况下，首辅申时行一锤定音。

1 钱一本《万历邸钞》，万历十二年甲申卷，六月。

2 耿定向《议从祀疏（甲申左院草）》，《耿天台先生文集》卷二。

他写了题为“遵明旨析群议以成盛典事”的奏疏，作了极具说服力的分析：

先该御史詹事讲建白，先臣王守仁、陈献章从祀学宫，或又诋訾守仁，议者纷纷，迄无定论。今该部（杨）巍复议，乃请独祀布衣胡居仁。臣等切以为未尽也。彼诋訾守仁、献章者，除所谓伪学、霸儒，原未知守仁，不足深辨。其谓各立门户者，必离经叛圣，如老佛庄列之徒而后可。

若守仁言致知，出于《大学》；言良知本于《孟子》。献章言主静，沿于宋儒周敦颐、程颢，皆祖述经训，羽翼圣真，岂其自创一门户耶？事理浩繁，茫无下手，必于其中提示切要，以启关钥，在宋儒已然。故其为教，曰仁，曰敬，亦各有主，独守仁、献章为有门户哉？其谓禅家宗旨者，必外伦理、遗世务而后可。今孝友如献章，出处如献章，而谓之禅可乎？气节如守仁，文章如守仁，功业如守仁，而谓之禅可乎？

其谓无功圣门者，岂必著述而后为功。夫圣贤于道，有以身发明者，比于以言发明，其功尤大也。其谓崇王（守仁）则废朱（熹）者，不知道固互相发明，并行不悖。盖在宋时，朱（熹）与陆（九渊）辩，盛气相攻，两家弟子又如仇隙。今并祀学宫，朱氏之学既不以陆废，今独以王废乎？

大抵近世儒者褒衣博带以为容，而究其实用，往往病于拘曲，而无所建树；博物洽闻以为学，而究其实得，往往狃于见闻，而无所体验。习俗之弊，沉痼久矣。今诚祀守仁、献章，一以明真儒之有用，而不安于拘曲；一以明实学之自得，而不专于见闻。斯于圣化岂不大有裨乎！若居仁之纯心笃行，众议攸归，亦宜并祀。[1]

申时行议论风生，显示了深厚的儒学功底，对王守仁、陈献章学说有透彻的理解，不仅可以与朱子学互相发明，而且可以纠正近世儒者的流弊。因此得到皇帝采纳，当即批准王守仁、陈献章、胡居仁从祀孔庙，下旨："皇祖世宗尝称王守仁有用道学，与陈献章、胡居仁，既众论推许，准祀孔庙。朝廷重道崇儒，原尚本实，操修经济，都是学问，亦不必别立门户，聚讲空谈，反累盛典。礼部便遵旨行。"[2]

王守仁从祀孔庙，不仅是他个人地位的晋升，而且是有关王学发展的大问题，对于晚明的思想解放，有重大的意义，申时行自然功不可没。

其二，支持徐贞明开发京畿附近水田。

徐贞明，字伯继，号孺东，江西贵溪人，隆庆五年（1571）进士。万历三年（1575）由浙江山阴知县调任工科给事中，向朝廷条陈水利。他说，京师雄踞上游，兵食宜取之于附近，如今全部仰食东南，运输成本耗费巨大，常以数石致一石。京师附近各府，有支河、涧泉的地方，都可以灌溉成水田，种

1 钱一本《万历邸钞》，万历十二年甲申卷，十一月。

2《明神宗实录》卷一百五十五，万历十二年十一月庚寅。

植水稻。如果请南方农夫指导耕艺，那么北起辽海，南到山东，都可以成为良田。内阁把这一奏疏转给有关部门，探讨其可行性。工部尚书郭朝宾（字尚甫，号黄涯，山东汶上人），借口“水田劳民，请俟异日”，将其束之高阁。[1]徐贞明并不灰心，在调任南直隶太平府知府后，把他的主张系统化，写成《潞水客谈》一书。巡关御史苏瓒、湖广道御史徐待，极力称赞其说可行，工科给事中王敬民特地向皇上推荐此书。

《潞水客谈》的主要内容可以概括成以下五点：一，京畿得依存于从江南运来的四百万石漕粮，这种经济结构导致南方与北方之间赋役负担的差距，应该消除；二，开掘沟渠，分流河道，克服当地的缺水问题；三，强化北方防务体制的人力与物资基础；四，恢复以农为本的地域社会秩序；五，增加王府庄田自身的产量，从而减轻朝廷的宗禄开支。徐贞明特别强调要改变南粮北调的状况，主要的对策就是在京畿周边增加水稻的产量，逐步减少江南运来的漕粮数量。他认为，开发水利与水田，“畿辅诸郡皆可行也，盍先之于京东永平之地；京东永平之地皆可行也，盍先之于近山濒海之地”；“京东辅郡，而蓟（州）又重镇，固股肱神京，缓急所必须者，矧今地负山控海，负山则泉深而土泽，控海则湖淤而壤沃”。为了开发京东永平地区，必须先

1《明神宗实录》卷四十四，万历三年十一月己酉。张廷玉《明史》卷二百二十三《徐贞明传》。

开发滦河、潮河、滹沱河、桑干河、卫河等流域的水利。[1]

万历十三年，朝廷任命徐贞明为尚宝司卿，受命前往京师附近州县，与地方官落实水田开发事宜。徐贞明在京东州县踏勘以后，提出实施方案，得到户部尚书毕锵（字廷鸣，号松坡，池州石埭人）的支持。同年九月，朝廷任命徐贞明兼任监察御史领垦田使，有权劾治阻挠其事的地方官。皇帝特地下旨："开垦荒田，疏通水道，系兴水便民首务。着所议俱依议行。银两准于德州仓给发。徐贞明着兼河南道御史职衔，及承委官员，照抚按例一体举劾，有推诿阻挠的，许参奏处治。"[2]到次年二月，已开垦水田三万九千余亩。[3]

然而反对的声音很大，户科都给事中萧彦（字思学，号念渠，宁国泾县人）的言论就是一个代表。他说："自元臣虞集，有京东濒海一带水田之议，而未及行。先臣丘濬又言之，而未及议。识者憾焉。顷徐贞明倡议于先，苏瓒、徐待力持于后，且苏瓒次第试之矣。适工科都给事中王敬民条陈可行之状，并欲专任（徐）贞明。奉旨下部查议。此宗社长久之计，万世臣民之幸也。"接下来，萧彦列举了"不可不成"四条理由：

——"我国家定鼎燕京，转漕东南。今水利既兴，仓庾露积，畿辅皆外府也。是昔取诸东南，而

1 田口宏二朗《关于明末畿辅地域的水利开发事业——徐贞明和滹沱河河工》，载《史学杂志》第106卷第6号。

2 钱一本《万历邸钞》，万历十三年乙酉卷，九月。

3《明神宗实录》卷一百七十二，万历十四年三月癸卯。

今取之堂奥之外也。此万世长策。”

——“乃昔水旱频仍，民力告诎，而东南为甚。西有水利，则东南可息肩，而输转之费、漕卒之供，所省有几何矣。此国计长利。”

——“虏利于马，不利于陆，试使近边阡陌有限，沟洫有制，虏即欲长驱得乎？是不墙而堵，不丘而守也。此制虏长策。”

——“凡议边安，必先实边。有生聚，斯有教训，故实之贵也。水利既兴，民将甘其食、美其服、安其居，闾阎相望，鸡犬之声相闻，昔之旷莽，今也生育。此安边长利。”

上面所说不过是一种愿景，萧彦的重点是提醒朝廷，关注“不可不审议”的四条理由：

——“西北之人不谙水田久矣，一旦驱而为之，人将哗焉。询之则有所不能，而违之则有所不可。且事有专官，官有专职，非若委之抚按徐而图者可比，有司之督责能无严乎？能以渐乎？能听其自便乎？缓之则无济于事，而亟之则有戾于民。”

——“垦田之夫，每邑不下千人。将派之民也，民称厉矣。将征之江南也，千里赍粮，远赴佃作，有望风而走耳。将招募也，往者河工募夫日银五分，犹然称累，何者？官之募与民间自募不同，势则然也。臣恐其募之而不继也，将劝民自为也，脱劝而无有应者，计将安出？”

——“西北有可耕之地，常无可耕之人。军习于戈而安飨其饷，而轻去其业……今近京无论已，近塞之民倘亦有类此者乎。垦田百万，法当给五万人。若曰自领之而自垦，脱无领者，将不垦之乎？若曰既垦之而后领之，脱或又领者人将强之乎？顷都御史赵锦之议曰：'未必处处可开，必有可开之处；未必人人能行，必有能行之人。'此计得矣。倘行之专而且骤，臣恐后将无措也。"

——"沿边无粮（税）旷土，军民利而私种之久矣，垦而为田，势必起科，必能欣然就也？至旷野有沙压之虞，水滨有泛滥之虞，又勿论矣。"[1]

萧彦所说的这些不得不审议的困难，是客观存在的，要在京畿附近推广水田，阻力之大可以想见。而且在京郊拥有大量田产的皇亲国戚以及太监，他们唯恐损害自己的利益——"水田兴而己失其利"[2]，会纷纷在皇帝面前散布流言蜚语，致使皇帝对此犹豫不决。

万历十四年三月初六日，皇帝特地在暖阁召见申时行等辅臣商议此事。

皇帝说："近开水田，人情甚称不便，不宜强行。"

申时行主张区别对待："前者科道官纷纷建议，谓京东地方田地荒芜，废弃可惜，相应开垦。京南常有水患，每年大水至时，淹没民田数多，相应疏通，故有此举。昨御史既言滹沱河难治，宜且暂停。若开垦荒田，则蓟州等处开成已五六万亩，不宜遽罢。"

皇帝坚持己见："南方地下，北方地高，南地湿润，北地碱燥。且如去岁天旱，井泉干竭，水田如

1 钱一本《万历邸钞》，万历十三年乙酉卷，九月。

2《明神宗实录》卷一百七十二，万历十四年三月癸卯。

何可做？”

申时行只得随声附和：“臣等愚意亦只欲开垦荒田，不欲尽开水田。”[1]京畿地区水田开发的尝试因此半途而废，未免令人有点遗憾。

二十多年后，赋闲在家的申时行，对于当年在京东推广水田一事依然不能释怀。他的回忆补充了许多细节：“京东诸州县多卑洼，沮洳弥望，或云可开水田如江南耕耨法，岁收自倍。而徐尚宝贞明特主其说，具在《潞水客谈》。余深是之，乃请旨下近京郡县酌量修举，以尚宝兼宪职董其事。尚宝(徐贞明)从河间经始，工费无所出，至令人募化筑堤捍水，颇有绪。乃至蓟州招南兵之习农者，使画地耕作，仍给之饷。一时农兵大集，垦田以亿计，亩收一钟。抚臣及司道方次第开报，而北人官京师者倡言水田既成，则必仿江南起税，是嫁祸也，乃从中挠之。御史王之栋疏请罢役，而中官在上左右者多北人，争言水田不便，上意亦动。会朝毕，召余及同官于皇极门，而谕以水田当罢。余对言：‘高田宜黍麦，下田宜粳稻，今民间游惰，下田皆弃不耕，荒芜寖多，故议开垦，非欲尽废已熟之田地。’上云：‘荒田可开，水田不可做。’余退而上疏极陈利便，而上意竟不可回，遂切责尚宝(徐贞明)以为扰民，而初议尽格矣。彼中开垦已成，收获甚富，一闻诏下，尽拆毁堤岸，斥为闲田，垂成之功废于

1《明神宗实录》卷一百七十二，万历十四年三月辛丑。

一旦，良可惜也！余归已二十年，而乡人自北来者云：京东稻田颇广，白粲辄输京师供上用，其值减于往时。盖农兵留彼中，自行开垦，不关有司，而人亦无挠之者。”[1]民间自发地在京东地区种植水稻，取得意想不到的成功，直接供应皇宫，使得京城的米价下跌。由此可见，徐贞明在京东开发水田的设想，不仅有先见之明，而且是可行的。作为江南人的申时行尽力支持徐贞明的尝试，由于北方籍官员的反对半途而废，令人惋惜。

其三，海瑞再度出山。

一身正气两袖清风的海瑞，嘉靖四十五年向皇帝上《治安疏》，由于内阁首辅徐阶的缓颊，幸免一死。嘉靖皇帝去世，徐阶拨乱反正，用“遗诏”的名义将他官复原职。不久海瑞以都察院右佥都御史的身份巡抚苏州、松江等府。这一带是全国经济中心，朝廷显然想借重他的威望，加强对财赋的控制。任命一公布，贪官污吏慑于他的声威，望风挂印而去；一向骄横的苏州织造太监，出行坐八抬大轿，听说海瑞将至，立即去掉四个轿夫；苏州的显赫豪门富户，为了炫耀身价，把门墙涂成赭色，听到风声，一夜之间改成黑色。苏松一带盛行“投献”，具有功名背景的“乡官”，利用“投献”，霸占民田，规避赋税。海瑞上任以来，上万乡民向他告状陈词。海瑞以他一贯的风格，雷厉风行予以

1 申时行《赐闲堂集》卷四十《杂记》。

整顿，并且要求已经退休回到松江华亭的徐阶带头“退田”。徐阶有恩于他，他却丝毫不讲情面，非“退田过半”不可。言官戴凤翔站在“乡官”立场上，攻击他“沽名乱政”，“迂狂颠倒之甚，不可一日居地方”。海瑞据理驳斥：“今日乡官之肉，乃小民原有之肉，先夺今还，先夺其百，今偿其一。臣恐（戴）凤翔亦是此等乡官也。”把戴凤翔驳得理屈词穷。无奈海瑞势单力薄，遭到既得利益集团的打击报复，把他调往南京总督粮储，明升暗降。海瑞感叹“今日皇上有锐然望治之心，而群臣绝无毅然当事之意，苟且因循，排奖牵制”，愤然辞官而去。这一去就是十多年，直到万历十三年正月，由于内阁首辅申时行的推荐，再度起用为南京都察院右佥都御史。[1]

这年五月十二日，已经年过七旬的海瑞抵达南京，甫一上任，就上书当道：“主上励精，天下悬望，愿与公等同辅太平之盛，今天下之称赋差烦苦，官吏残贪，此习弊未易为，未知能如愿否耳？”[2]据说，他上任的那天，围观的百姓堵塞道路，互相传问：海都堂今天已经来了吗？

万历十四年（1586）正月，他调任南京吏部侍郎，向皇帝条陈《一日治安天下疏》。指出当今朝政的主要问题在于“失之有刑而刑轻”，所以贪风不止。他非常赞赏太祖高皇帝的惩贪措施：贪赃

1 王弘诲《海忠介公传》，焦竑《国朝献征录》卷六十四。过庭训《本朝分省人物考》卷一百十二《海瑞》。

2 陈建、沈国元《皇明从信录》卷三十五，万历十三年十月。

八十贯处绞刑，剥皮囊草。他赞美弘治年间的太平盛世，士多廉介之节，民无渔夺之扰。对如今江流日下，民室悬磬，官则富有，扬扬闾里。对此，他非常不满："贪其害之大者，与贪相因而见，同乡、同科、门生、故吏之各于其党，借权门为泰山靠，则先意以心，其志多私，不下贪吏之害犯，此抚按官为甚。吏部未有报之酌抚按进退者，抚按得以容贪，贪可得而禁乎？京师四方之极，而京官借口公费，无一衙门无有，辇毂之下而义利之辨不明至此，贪又可得而禁乎？"因此，他希望朝廷下大力整治，"先两京后抚按，先二司官后府州县，为小民有一日少安之序"。[1]

看来朝廷对他的这一见解颇为欣赏，任命他为南京都察院右都御史，意图显而易见，希望他来整肃官场风气。海瑞本着他一贯的作风，洁人先洁己，要整肃百官，必须先整肃御史，对自己管辖的御史约束既严又峻，由此带动官场风气的大变。史家这样评述他的政绩：南京都察院的御史很少到衙门办公，海瑞惩治一人，警戒众人。有一个御史大摆筵席，他在公堂召集御史说：尔等听说高皇帝有杖责御史的法律吗？不顾诸御史的请求，毅然杖责了举办戏宴的御史。又对五城兵马司等衙门违法乱纪，公款消费的陋习，予以厘革。"每下一令，不数语洞中情弊。而都人途传巷诵，自大僚至丞郎，

1 海瑞《一日治安天下疏》，《万历疏钞》卷一《圣治类》。

无不凛凛奉法。其市物必以价，无敢剧饮为大宴乐，雨花（台）、牛首（山）、燕（子）矶诸处，官舫游屐顿绝。往时城社豪猾皆屏息莫敢出”。[1]大摆筵席、公款游览的风气顿时消失。

南直隶提学御史房寰，人品卑劣，凌虐士人，收受贿赂，恣睢狼藉，当地人称他为“倭房公”，写了模拟《阿房宫赋》的杂文来泄恨。房寰知道海瑞惩贪不遗余力，害怕自己遭到惩处，恶人先告状，极力诋毁海瑞“大奸极诈，欺世盗名，诬圣自贤，损君辱国”。[2]房寰的卑劣行径，激起舆论强烈的反响。

万历十四年七月，吏部办事进士诸寿贤、彭遵古、顾允成联名上疏，痛斥房寰：“虽然辞可文也，难掩其实；人可欺也，难枉其天；瑞之口可掩，而天下之口不可尽掩也。当其时，朝野闻之无不切齿抱愤……不意人间有不识廉耻二字如（房）寰者”。房寰诋毁海瑞“同流合污俨然媚世之乡愿”“色厉内荏惟畏人知之穿窬”“患得患失吮痈舐痔之鄙夫”，诸、彭、顾三名新科进士奋力反击：“臣等自十余岁时即闻海瑞之名，以为当朝伟人，万代瞻仰，真有望如天上人不能及者。及稍知学，得海瑞直言天下第一事疏，其大有功于宗庙社稷，垂之千万年不磨，盖从万死一生中树节于我朝廷者。”至于房寰，早已臭不可闻：“及稍得志，遂贪污狼

1 陈建、沈国元《皇明从信录》卷三十五，万历十三年十月。

2 陈建、沈国元《皇明从信录》卷三十五，万历十三年十月。

藉，私橐巨万，资甲乡闾，浙人每谈及者，无不掩鼻，视若臭秽。今其田宅资产之侈，与月旦乡评之丑，皆万目所共视也……臣等何仇于（房）寰，何私于（海）瑞？但天下之公论郁而不宣，一海瑞不足惜，正人有如海瑞者相继而指为邪，则君子之道日消矣！一房寰尚不足畏，邪人有如房寰者相继而妨贤能，则小人之道日长矣！”[1]与海瑞相比，房寰实乃贪鄙的小丑而已。

但是，令人不解的是，皇帝在慰留海瑞、切责房寰的同时，因“出位言事”处分了三名进士。圣旨写道：“海瑞以直节召用，近因被论辞办，已屡旨慰留。房寰论劾不当，已切责了。朝廷是非原是明白。彭遵古等尚未授官，如何便出位言事！本内援引太学生击鼓上言，是何事体？好生轻肆，姑各革去冠带，退回原籍。进士既在各衙门办事，着该堂上官教训约束，再有浮薄喜事、妄言渎奏的，参来处治。”[2]

这种各打五十大板的做法，有失公允，激起官员们的反弹。南京太仆寺卿沈思孝对圣旨所说“出位言事”云云，颇有微词。他说：“二三年间，今日以建言防人之口，明日以出位加人之罪，且移文各衙门讥察禁阻。而进士观政者，复令堂官约束教训。夫约束奔竞等风可也，而反约束其谠言直谏；教训忠言等语可也，而反教训其钳口缄唇。此风一

1 诸寿贤、彭遵古、顾允成《邪险宪臣扫灭公论乞彰乾断以快公愤疏》，《万历疏钞》卷十九《纠邪类》。

2 钱一本《万历邸钞》，万历十四年丙戌卷，七月。

倡，其弊何极！谏官避祸希宠不言矣，而庶官又不当言，大臣持禄养交不言矣，而小臣又不许言。甚非社稷之利也。盖盛世必广求言之门，而本朝原无出位之禁。臣尝历稽掌故，正统间历事举人陈纲上中兴要务，成化间初选庶吉士邹智上祛邪直谏。而观政进士之建言者，如成化七年卢玑以史事奏，成化二十三年敖毓元以星变奏，及嘉靖初年张璁以议礼具疏，并未闻以出位加罪。今彭遵古等之言，而又罪之，未审国家禁例果合乎否也？”[1]

这篇奏疏措辞凌厉，据理直陈，为三名进士伸张正义。皇帝根本听不进去，固执己见：“国家事体，关系安危利害，及职分当言的，何尝禁人不言？若朝廷处分公当，是非原自明白。乃浮躁新进之徒，却又纷纷渎扰，有乖政体，故特加惩处，以正士风。沈思孝以改官怨望，借事逞词，岂是忠直，姑且不究。”[2]

万历十五年（1587），海瑞病逝于任上。好友入视其住所，寒酸之极，有寒士所不堪者，纷纷叹息泣下。翻箱倒柜，仅有十几两银子积余，士大夫捐钱为他置办殓具。出丧那天，士民痛哭，罢市数日。丧出江上，穿白衣戴白帽为之送行者，盈两岸无隙地，箪食壶浆之祭，数百里不绝。苏人朱良作诗吊之：

批鳞直夺比干志，苦节还同孤竹清。

1 钱一本《万历邸钞》，万历十四年丙戌卷，七月。

2 钱一本《万历邸钞》，万历十四年丙戌卷，七月。

龙隐海天云万里，鹤归华表月三更。
萧条棺外无余物，冷落灵前有菜羹。
说与旁人浑不信，山人亲见泪如倾。[1]

一年之后，南京户科给事中徐常吉弹劾房寰贪赃枉法，“溪壑之欲未厌，径窦之路潜通。其子房应斗遍游吴中，其亲翁严范大通关节，贿滥滔天，名教扫地。以致士子有《阿房宫赋》之拟，庶民有‘此房出卖’之标，其同年沈思孝劾之曰‘觍颜师儒之任，大开贿赂之门’，此岂妄语哉！”皇上怒其“出位言事”，意为“言之非职”，并非“言之非是”。[2]南京御史陈邦科、直隶巡按御史荆州士，奏请录用诸寿贤、彭遵古、顾允成，吏部批复同意，皇帝下旨：“你部里既这等说，彭遵古等姑准授教职用。”[3]房寰终因劣迹昭彰而罢官、削籍。

1 陈建、沈国元《皇明从信录》卷三十五，万历十三年十月。

2 徐常吉《纠劾贪肆枭臣以明公道疏》，《万历疏钞》卷十九《纠邪类》。

3 钱一本《万历邸钞》，万历十六年戊子卷，八月。

4.“朕亲览章奏，何事不由独断”

后张居正时代，没有了“威权震主”的内阁首辅，皇帝朱翊钧最常说的话就是“朕亲览章奏，何事不由独断”。

万历十一年九月，吏部推升宣大总督郑洛为协理京营戎政，四川巡抚孙光裕为南京大理寺卿。郑洛（字禹秀，保定安肃人）万历二年在山西巡抚任上，万历七年（1579）在宣大总督任上，对于督责俺答贡市，确保边境安宁，运筹有方，应予提升。至于孙光裕，则因为担任巡抚多年，按照资历应予升迁。

皇帝看了奏疏，不以为然，找来内阁首辅申时行，谈了他对这次人事调动的看法："（郑）洛在边镇，节省钱粮，是好官，边上该用他。如推他京营，放在闲散。孙光裕在任未久，如何又推升？"

申时行解释："（郑）洛在边九年，劳绩已久。（孙）光裕先任应天巡抚三年，今任四川（巡抚）又一年，资俸应及。"

皇帝说："既卿等所奏，朕已点用，今后但凡各处要紧事情重大的，不必以资格历俸为则，必须推其堪任的用。"[1]他明确表示，这次既已决定，下不为例。今后提升官员，不必拘泥资历，应该看他的能力是否堪任。以后他把郑洛调为陕西甘肃山西经略，发挥他的安边才能，体现了人尽其才的精神。

万历十三年五月十九日，皇帝视朝后，在平台召见内阁辅臣，商议朝政，重点仍在用人问题上。皇帝把一份奏疏递给申时行，说：这是陕西巡按御史董子行的奏疏。申时行一边披览奏疏一边说：臣昨日看过董御史奏疏，知道它的概略，其一说抚镇官应当亲自巡历地方，其二说巡抚应当久责成，其三说……申时行正在查找原文时，皇帝立马插话补正：其三是说方面官。

1《明神宗实录》卷一百四十一，万历十一年九月乙巳。

申时行接着说："是。沿边兵备宜加优异。其四言沿边同知、通判等官宜慎选用，破格迁除。言亦多切。"

皇帝说："不然。边事重大，抚镇不亲历地方，专委小官，岂不误事！"

申时行说："诚如圣鉴，边事全赖抚镇，若每年巡历地方，下人不敢欺，自能尽心料理。巡抚迁转，昨蒙皇上以方弘静任浅，不准推升，臣等深服圣断。久任法行，不惟人才得以展布，而百姓亦得相安。"

皇帝说："然。即有年久者，宁加俸加衔，不可轻易更动。此疏先生将去看来，自今有政事再与先生商之。"[1]

据《明实录》的编者说，这次平台召见辅臣，是孝宗以后的第一次。[2]其实，万历七年皇帝曾经在平台召见张居正，不过当时只是寒暄，并未议论朝政。在平台与辅臣议论朝政，确乎是第一次。朱翊钧把停止了近百年的"辅臣召对之典"予以恢复，足见他独断朝政的强烈欲望。

万历十五年三月十三日，朱翊钧患病初愈，多日未视朝，便把内阁辅臣召到皇极门暖阁议事。一见面，他就说："朕偶有微疾，不得出朝，先生每挂心。"不等申时行等叩头致谢完毕，就从袖中拿出两份奏疏，交给申时行。

1 朱国祯《皇明大事记》卷三十九《神宗》。

2《明神宗实录》卷一百六十一，万历十三年五月己丑。

申时行一看，原来是前两天吏部员外郎顾宪成（字叔时，号泾阳，常州无锡人）、刑部主事王德新（字应明，江西安福人）的奏疏。

顾宪成的奏疏，就言官高维嵩等四人参劾工部尚书何起鸣，而遭到谴谪之事，希望皇上无论对于大臣小臣、近臣远臣，一视同仁。万历十五年是丁亥年，适逢京察（京官考察），官场俗称丁亥大计。身为吏部稽勋司的官员，顾宪成主张调和对立两派官员的纷争，强调“各务自反”。他写道：“原任工部尚书何起鸣，君子欤？小人欤？其讦都御史辛自修也，果有据欤？而御史高维嵩之纠（何）起鸣也，公欤？私欤？此皆不待辨而知者也。皇上为（何）起鸣罢御史何欤？以为用人出自朝廷。今者起鸣讦自修，则罢自修；讦维嵩，则降维嵩等，何谓出自朝廷欤……何怪乎人言之啧啧也。故为当事者今日计，莫若务自反而已。元辅申时行虚衷雅度，天下共推；次辅许国、王锡爵一心一德，和衷弼理，偕臻斯道，正自不难，要在卓然以皋夔稷契相勖，不但如近时所称名相而已，庶几可以答天下耳。若乃以智角智，以力角力，释仁义道德之用，而竞巧拙于毫毛，假饶得济，终属杂霸杂吏，非今日所宜用也。”[1]顾宪成虽然支持高维嵩，但表述得比较委婉，希望调和矛盾。而刑部主事王德新的奏疏，直截了当，明确表示，高维嵩不宜降职，何起鸣结

1 顾宪成《睹事激衷恭陈第一切务恳乞圣明特赐省纳以端政本以回人心事疏》，《泾皋藏稿》卷一。

纳左右，以簧鼓请甘，斧钺不避，事非出于皇上宸断。[1]

皇帝圣体初安，肝火很旺，要阁臣草拟谕旨，从重处分顾、王二人，申时行以为不应当重处，只拟罚俸。皇帝因为王德新说“事非出于皇上宸断”，十分恼火：“如今用人，哪一个不是朕主张，二主事肆言，却说不是朕独断，好生狂妄！”

申时行见皇上动火，赶忙附和说：“皇上天纵聪明，乾纲独运，即今朝廷政事，各衙门章奏，无一件不经御览，无一事不出圣裁。司属小臣不知妄言，原无损于皇上威德。”

皇帝怒气依然未消：“臣下事君上，也有个道理。他每把朕全不在意，朕非幼冲之时，如何说左右簧鼓？先生每拟的太轻，还改票来！”

申时行劝慰道：“二臣狂妄，罪实难逭。但臣等仰见皇上明并日月，量同天地，区区小臣不足以亵雷霆之威。即外论疑及臣等，宁使臣等受诬谤，不必轻动圣怒。”

皇帝说：“先生每是朕股肱，与别的不同，须要为朕任怨。若只要外边好看，难为君上。”

申时行说：“臣等受皇上厚恩，虽犬马无知，也当图报，敢不任怨！”

皇帝说：“他每说话，必有主使之人，着追究出来。”

1《明神宗实录》卷一百八十四，万历十五年三月壬寅。文秉《定陵注略》卷二《大臣党比》。

申时行赶忙解释："建言的也有几样，有忠实的人，出自己见，不知忌讳者。有愚昧的人，不谙事体，道听途说者，未必出于主使……"

皇帝打断他的话，反驳道："还是沽名卖直的多。若不重处，不肯休歇。前有旨各衙门戒谕司属，通不遵依，也问他。"

申时行还想申辩，皇帝突然打住话头，吩咐道："先生每便将去改票来！"申时行等只得叩头告退。[1]

申时行回到内阁，立即遵旨改票，并呈上奏疏稍加说明：顾宪成、王德新二人虽同为司属官，都是越位上疏，但词旨各异。王德新所谓"事非宸断"，纯属揣摩；顾宪成虽逞浮词，意思尚属和缓，处分似乎应当有所区别。皇帝仍不满意，自己动笔写了谕旨。关于顾宪成："这本党护高维嵩等，肆言沽名，好生轻躁。顾宪成着降三级调外任。前有特谕，各部司属欲陈所见的，都呈禀堂官定议具奏。顾宪成曾否禀呈堂上官，也着回将话来。"关于王德新："朕亲览章奏，何事不由独断？近日独用何起鸣，言官每挟私攻击，姑降罚示惩，如何说是左右簧鼓？王德新这厮，妄言揣疑，肆口非议，视朕为何如主？好生狂悖，这必有造言主使之人，着锦衣卫拿送镇抚司追究明白来说。"镇抚司追究后，查不出"主使之人"。皇帝再次降旨："王德新这厮既

1 申时行《召对录》。

知国家事体，悉由独断，何又捏词疑谤，好生欺肆反复。既无主使之人，姑不再究，着革了职为民当差。”[1]

后人评述此事，曾提及顾宪成进京补官的当口，专程去拜谒同乡王锡爵。王锡爵关切地问：“公家居久，知都下近来有一异事乎？”顾宪成当然不知，便请教道：“愿闻之。”王锡爵妙趣横生：“庙堂所是，外人必以为非；庙堂所非，外人必以为是。不亦异乎？”顾宪成的应对更加妙不可言：“又有一异事，外人所是，庙堂必以为非；外人所非，庙堂必以为是。”王锡爵听了大笑而起。[2]王、顾二人都有敏锐的眼光，洞察时政的奥妙，由于所处立场不同，结论迥异。不过二人在谈笑谐谑之间，把皇上的偏执，大臣的党比，刻画得惟妙惟肖。孰料，还不到一年，顾宪成竟因此连降三级，由京官谪调外任。

朱翊钧的权力欲极强，张居正代帝摄政，使权力欲受到了抑制。物极必反，亲政以后受到长期压抑的权力欲肆无忌惮地发泄出来，他处理朝政的口头禅是：“朕亲览章奏，何事不由独断。”为了满足自己的权力欲，不惜派遣锦衣卫校尉作为自己的耳目，去侦听司法部门的审讯情况。锦衣卫掌管侍卫、缉捕、刑狱之事，是直接听命于皇帝的特务机构。开国皇帝朱元璋创设这一机构，屡兴大狱。在

1 钱一本《万历邸钞》，万历十五年丁亥卷，三月。《明神宗实录》卷一百八十四，万历十五年三月壬寅。

2 文秉《定陵注略》卷二《大臣党比》。

这点上，朱翊钧酷似他的老祖宗。

万历十五年（1587）十一月，太常寺参劾大兴县知县王偕擅责舞乐生事，交由法司审讯。这种芝麻绿豆小事，皇帝照例不必过问，朱翊钧却不然，秘密派遣锦衣卫校尉二人前去侦听，要他们把供词记录下来向他报告。刑部尚书李世达（字子成，号渐庵，陕西泾阳人）委婉地拒绝锦衣卫校尉旁听，借口人犯未齐，尚未开审，希望明日来听记。到了第二天，刑部巡风主事孙承荣又推托说，祖宗旧制一向没有校尉在旁观察法司审理的先例，如果奉有皇上密旨，也应该在密室潜听。这两个锦衣卫校尉碰壁后，回宫向皇上报告，不免添油加醋渲染一番。皇帝听了大怒，一面派文书官传谕内阁，意欲将此案移交锦衣卫镇抚司审问；一面又传旨刑部，大兴问罪之师："先年严（清）尚书在部，亦曾着人听记，如今为何不容？从公问理，没有私弊，如何怕人听记？"吓得刑部尚书李世达慌忙请罪。[1]几天后，皇帝怒气稍解，仅对刑部有关官员给与罚俸二月的处分，审讯仍由刑部进行。

刑科都给事中唐尧钦（字寅可，号韦轩，福建长泰人）等人非要争个明白，写了奏疏，对锦衣卫校尉进入法司听记，大发议论：校尉专管缉访，可施于民间，不可加于部院，而且听记法司审讯原非祖宗旧制。严清为刑部尚书时，镇抚司校尉押犯人到部，

1《明神宗实录》卷一百九十二，万历十五年十一月乙未。钱一本《万历邸钞》，万历十五年丁亥卷，十一月。

开庭时站立一旁，并非听记。何况法司审理案件，须经许多官员之手，岂容纵枉！大可不必取信于校尉之口。这些话显然是在反驳皇上给刑部的谕旨，说得有理有据，皇帝无法发作，只得退一步为自己辩解："奉旨究问人犯，皇祖时曾有听记，非自今日始，该役带有信牌，如何说全无凭据？"坚持要锦衣卫校尉进入法司听记。御史郭万里、文德，给事中和震、郭显忠、梅国楼、侯先春等人，力言其不可，希望皇上"重体统，慎使令，停伺察，以杜诈伪"。[1]皇帝就是不听，我行我素。

在这种情况下，申时行这个内阁首辅委实难当，既要调和皇帝的独断与言官的谏诤，又要应付皇上别出心裁的举动，让他这个饱学之士颇感捉襟见肘。不妨略举二例：一是关于唐太宗与魏徵的评论，二是关于边防军务的看法。

先说第一件事例。万历十六年（1588）二月初一日，经筵完毕，阁臣们起身告辞，刚走到文华门附近，被赶上来的内侍叫住。少顷，司礼监太监张诚拿了《贞观政要》前来，对阁臣说："上问先生，魏徵何如人？"其实历史早有定论，魏徵是唐太宗时的谏议大夫，以善于进谏而著称于史，其言论大多记载于《贞观政要》。唐太宗李世民与魏徵的关系，堪称历史上君臣关系的楷模。

对于张诚传达的问题，申时行答道："魏徵事

1《明神宗实录》卷一百九十二，万历十五年十一月乙未。钱一本《万历邸钞》，万历十五年丁亥卷，十一月。

唐太宗，能犯颜谏诤，补过拾遗，亦贤臣也。”张诚随即把皇上对魏徵的看法转告申时行：“魏徵先事李密，后事（李）建成，又事太宗，忘君事仇之人，固非贤者。”诚然，魏徵早年追随李密，降唐后，在太子李建成手下担任“太子洗马”的官职，玄武门之变后，李世民杀死李建成，登上皇位，魏徵又追随唐太宗李世民。朱翊钧把他斥责为“忘君事仇之人”，否定他是一位贤能之人，未免有点偏激。申时行回答得很巧妙：“以大义责（魏）徵，诚如明谕。第其事太宗却能尽忠。即如伊尹就桀，后佐汤，成代夏大功，即称元圣。管仲事纠，后佐桓公，一匡天下，孔子遂称其仁。即如我太祖开创之时，刘基、陶安、詹同辈，皆元旧臣，顾其人可用否耳。魏徵强谏如《十思》《十渐》，至今称为谠论，不可以人废言也。”

张诚听了，立即返回文华殿转告皇上。皇帝仍不改初衷，再命张诚传达他对于唐太宗的评价：“唐太宗胁父弑兄，家法不正，岂为令主？”申时行说：“太宗于伦理果有亏欠，闺门亦多惭德，第纳谏一事为帝王盛美，故后世贤之。若如我太祖家法，贻之圣子神孙，真足度越千古，皇上当遵守。其前代帝王唯尧舜禹汤文武为可师，唐太宗何足言哉！”张诚再次返回文华殿转述，又到文华门对申时行传达皇上的意见，今后在经筵中不再讲读《贞观政要》，而改讲《礼记》。申时行不敢顶撞，附和道：“《记》中多格言正论，开讲极为有益。第宋儒云：读经则师其意，读史则师其迹。在孝宗朝，尝命阁臣纂辑《通鉴》，以备经筵，若将《通鉴》与《礼经》（《周礼》）开讲，则知今古成败得失，足为省戒之功。”张诚转告后，皇上又叫他传谕申时行，坚持对魏徵的看法，认为“魏徵忘君事仇，大节已亏，纵有善言，亦是虚饰，何足采择！”决定在经筵中停止讲读《贞观政要》。据说，在旁的讲官听了这场讨论，对于皇上留意经史，评论古今人物的独特见解，莫不叹服。[1]

这一场由太监充当“二传手”来回传达的讨论，反映了申时行与朱翊钧君臣之间，对唐太宗、魏徵的不同评价。毫无疑问，朱翊钧是从帝王的立场来看待一切的，评判标准偏重于忠君的伦理道德，以为伦理道德有亏，其他就不足称道。未免以偏概全，攻其一点不及其余。对于历史人物，道德评价与历史评价应该兼顾，而以历史评价为主。其实，朱翊钧之所以讨厌魏徵，焦点就在于此人能犯颜直谏，他根本不想仿效唐太宗从善如流，也不希望看到大臣像魏徵那样不断谏诤。面对这样的皇帝，内阁首辅实在难当，最稳当的策略莫过于一切顺从上意。

再说第二件事例。万历十八年（1590）七月二十六日，皇帝视朝完毕后，在皇极门暖阁召见阁臣申时行、许国、王家屏，讨论边防军务。

皇帝拿出陕西巡抚赵可怀奏报边防军情的公文，递给申时行，说道：“朕阅陕西督抚梅友松等所奏，说虏王引兵过河，侵犯内地，这事情是如何？”

申时行回答：“近日洮州失事，杀将损军，臣等

1《明神宗实录》卷一百九十五，万历十六年二月乙丑。崇祯《吴县志》卷四十《申时行传》。沈德符《万历野获编》卷二《贞观政要》。

正切忧虑。”指的是“西虏”虎落赤等四千骑兵进犯旧洮州古尔占堡，流掠洮州、岷州，副总兵李联芳追击包家山，中伏而死，全军溃败。

回答说：“番人也是朕之赤子，番人地方都是祖宗开拓的封疆。督抚官奉有敕书，受朝廷委托，平日所干何事？既不预先整理防范，到虏酋过河侵犯，才来奏报，可见边备废弛。皇祖时，各边失事，督抚都拿来重处，朝廷自有法度。”

申时行说：“皇上责备督抚以不能修举边务，仰见圣明英断，边臣亦当心服。如今正要责成他，着他选将练兵，及时整理。”

皇帝说：“近时督抚等官，平日把将官轻贱凌虐，牵制掣肘，不得展布，有事却才用他。且如今各边但有些功劳，督抚官有升有赏，都认做自己的功。及至失事，便推与将官及些小武官，虚文搪塞。”

申时行说：“各边文武将吏，各有职掌，功罪须要核实。如总督、巡抚只是督率调度，若临战阵，定用武官。武官自总兵以下，有副总兵，有参将、游击、守备，各分信地。如有失事，自当论罪。”

皇帝说：“古时文臣如杜预，身不跨鞍，射不穿札；诸葛亮纶巾羽扇，都能将兵立功，何必定是武臣！”

申时行附和道：“此两人都是名臣，古来绝少人才，自是难得。臣等遵奉圣谕，即当传谕兵部，转谕督抚诸臣，尽心经理，以纾皇上宵旰之忧。”

皇帝转换话题：“将官也要拣选好的，必谋勇兼全，曾经战阵的才好。”

申时行赞同道："将才难得，如今都是选择用的。但是款贡以来，边将经战阵的少了。"

皇帝说："重赏之下，必有勇夫。要好的也有，只是不善用他。虽有关张之勇，也不济事。"

申时行说："近日科道官建言，要举将才。臣等曾对兵部说，及早题复，着九卿科道官会同推举。"

皇帝说："前日有御史荐两个将官。"

申时行应声答道："荐的将官，一个是王化熙，曾提督巡捕，臣等亲见他，也是个中常之才，只宜腹里总兵。一个是尹秉衡，先年是个好将官，如今老了。"

皇帝不以为然："这不论他年老，赵充国也是老将，只要有谋略。"

申时行表示赞同："将在谋，不在勇。圣见高明，非臣等愚昧所及。"

皇帝叮嘱道："朕在九重之内，边上事不能悉知，卿等为朕股肱，宜常为朕用心分理。如今边备废弛，不止陕西，或差有风力的科道或九卿前去，如军伍有该补足的，钱粮有该措处的，着一一整顿。《商书》云：事事有备无患。趁如今收拾还好，往后大坏，愈难收拾了。"

申时行对皇上留意边防，明习政事，深表钦佩。[1]

申时行毕竟是一介文人，对边防军务所知甚

1 以上君臣对话均见申时行《召对录》；亦见钱一本《万历邸钞》，万历十八年庚寅卷，七月；以及文秉《定陵注略》卷一《圣明天纵》。

少，所以皇帝要他“用心分理”。谈迁记述此事，有这样的评论：“上念西陲，故召谕辅臣，而辅臣故旅进退，于边事愦愦也。王化熙、尹秉衡俱未当推毂，余无其人乎？果夙夜在公，宜立举其人以对，而茫无所应。徒为梅友松等缓颊，养交市德……危而不持，颠而不扶，则焉用彼相为哉？噫，假江陵而在，当不汶汶如是矣。”[1]对申时行的批评深刻而不偏激，尖锐而不苛求。无论才干与魄力，申时行确实无法和张居正相比拟，无怪乎谈迁要感叹：“假江陵而在，当不汶汶如是。”然而此时皇帝需要的恰恰是不如张居正的申时行，因为他处处顺从上意，颇受皇帝器重，稳稳当当地做他的“太平宰辅”。御史万国钦弹劾申时行“无事不欺君，而于边事尤欺之甚；无事不误国，而于边事尤误之甚”。皇帝毫不犹豫地为他撑腰：“元辅忠诚清慎，朕所鉴知，近时召议边事，参酌机宜，甚称朕意。万国钦如何任私诬蔑，好生狂躁，本当重处，念系言官，姑着降一级调外任用。”[2]申时行因此被人讥为“软熟”之相，也就是所谓“太平宰辅”。

1 谈迁《国榷》卷七十五，万历十八年七月乙丑。

2 文秉《定陵注略》卷二《建言诸臣》。

第五章

盛世的武功：万历三大征

万历一朝最值得注意的大事，除了张居正与万历新政之外，莫过于万历三大征，即平定宁夏哱拜叛乱、东征御倭援朝、平定播州杨应龙叛乱，在西北、东北、西南几乎同时展开三大战役。一方面显示了明朝国力强盛，颇有重振天朝雄风之慨；另一方面反映了当时君臣关注边事，力图改变祖辈无所事事的倾向。尽管万历朝受人非议之处不少，但万历三大征却是最受人赞许的政绩。《万历三大征考》《万历武功录》《经略复国要编》《平播全书》的出现，绝不是偶然的。

一　平定宁夏哱拜叛乱

1.“事有言之甚易，行之甚难者”

申时行在卸任之后，议论哱拜叛乱事件，比较客观地分析了它的起因，与西北封疆大吏的政策失误有很大关系：“洮河失事后，议者动称贡市失策，宜绝款决战。适遣官阅边，皆以刻核相尚，而宁夏党中丞尤苛，敛啬失人心，镇兵刘东阳、许朝遂怒杀中丞，据城以叛。”[1]这里所说的“贡市”，是指当年高拱与张居正一手策划的俺答封贡事件，由朝廷册封俺答汗为顺义王，开边互市，换来北方边境与蒙古的和平共处。所说的“以刻核相尚”的官

1 申时行《赐闲堂集》卷四十《杂记》。

员，是指以兵部尚书兼右副都御史总督陕西、延绥、宁夏、甘肃军务的魏学曾，以及宁夏巡抚叶梦熊；所说的“尤苛”者，即宁夏巡抚党馨。魏学曾与叶梦熊都对俺答封贡不以为然，主张革去封号，武力围剿。内阁次辅王锡爵写信指责他们草率鲁莽：“事有言之甚易，行之甚难者，即如公议，革顺义王封，则宣大又为战场，公能遥策其必胜乎？能策其必胜，而异日过河之衅谁人任之？”[1]此事说来话长。

明朝建立后，游牧于蒙古地区的鞑靼、瓦剌各部，与中原王朝分庭抗礼。有明一代，北方边防始终是当务之急，东起鸭绿江，西抵嘉峪关，绵亘万里，分兵把守，有所谓九边重镇：辽东、蓟州、宣府、大同、延绥、宁夏、甘肃、固原及山西偏关。蒙古鞑靼部的俺答汗统一各部后，于隆庆五年（1571）接受明朝皇帝的册封，称为顺义王，达成朝贡关系，可以在沿边各地开展和平的贸易活动。所谓隆庆和议与俺答封贡，是一种松散的羁縻关系。进入万历时代，沿边一度发生军事冲突，由于张居正的运筹帷幄，紧张关系才趋于平静。万历九年（1581）十二月，俺答死，皇帝厚加抚恤，赐祭七坛，彩币十二双，布百匹。俺答妾三娘子率俺答长

◥ 魏学曾，陕西泾阳人，嘉靖三十二年进士。历任辽东巡抚、右副都御史、吏部左侍郎等职，因与张居正不睦被贬。万历十九年受命为兵部尚书兼右副都御史，总督四镇军务。

◥ 叶梦熊，广东惠州人，嘉靖四十年进士。隆庆二年为户部主事，迁监察御史。万历二年出任赣州知府，十年升浙江巡抚副使，十七年升右佥都御史，巡抚贵州、陕西，后晋右副都御史，署陕甘总督。

1　万斯同《明史》卷三百三十三《叶梦熊传》。王锡爵《叶龙潭总督》，《王文肃公文集》卷二十二。

子黄台吉上谢表，进贡马匹。万历十一年（1583）闰二月，皇帝封黄台吉为顺义王。万历十四年（1586）二月，黄台吉死，其子扯力克嗣位。万历十五年（1587）七月，皇帝封扯力克为顺义王，三娘子为忠顺夫人。[1]

封疆大吏郑洛的恩威并施政策，收到了很好的效果。郑洛，字禹秀，号范溪，保定安肃人，嘉靖三十五年（1556）进士。早年作为山西参政，辅佐王崇古推动俺答封贡。万历七年（1579），他以兵部左侍郎的头衔总督宣府、大同、山西军务，鉴于俺答部众在边界骚动，派遣使节责问俺答，罚赎驼马牛羊。三娘子发挥了很大的作用。万斯同说："俺答妾三娘子者，聪明有权略，能佐俺答主贡市，约束诸部。前总督吴兑抚之甚厚，三娘子益归心中国。"[2] 俺答死后，黄台吉（一作辛爱）袭封，更名乞庆哈黄台吉，欲娶三娘子为妻，三娘子不从，率领部众西走。郑洛说，三娘子别属，我封此黄台吉何用？派人游说三娘子："夫人能归王，不失恩宠，否则塞上一酋妇耳。"[3] 三娘子听命回归，乞庆哈黄台吉贡市惟谨。俺答封贡以来的和平局面，得以继续维持，

◤ 郑洛，由登州推官入朝为御史，劾罢首辅严嵩党羽鄢懋卿等。万历七年以兵部左侍郎总督宣府、大同及山西军务，累加太子太保，入朝为兵部尚书。万历十四年改戎政尚书，十八年加右都御史，经略陕西、延绥、宁夏、甘肃及宣府、大同、山西边务。

◤ 王崇古，山西蒲州人，嘉靖二十年进士。曾任常镇兵备副使，在夏港、靖江抗击倭寇有功。嘉靖三十四年同原副总兵俞大猷追倭出海，斩获甚多。隆庆元年总督陕西、延绥、宁夏、甘肃军务，四年总督宣府、大同、山西军务。力主与俺答议和互市，自此边境休宁，史称"俺答封贡"。万历三年任刑部尚书，五年改任兵部尚书。

1　谷应泰《明史纪事本末》卷六十《俺答封贡》。
2　万斯同《明史》卷三百十三《郑洛传》。
3　谷应泰《明史纪事本末》卷六十《俺答封贡》。万斯同《明史》卷三百十三《郑洛传》。

郑洛因此晋升为兵部尚书兼右副都御史。

万历十四年（1586），顺义王乞庆哈黄台吉死，其子扯力克（一作撦力克）应当袭位，三娘子益年长，自己练兵万人，筑城别居。郑洛唯恐贡市无主，告诫扯力克："夫人三世归顺，汝能与之匹则王，不然封别有属也。"扯力克遣散诸妾，十月间进入三娘子帐中合婚。次年七月，朝廷封扯力克为顺义王，三娘子为忠顺夫人。郑洛三次册封顺义王告成，恐怕边将狃于小利，横挑大衅，向皇上上疏阐述他的安边方略——抚赏与兵威两手并用，先文谕而后攻战。他写道：

> 顺义再封，边境无虞，各部进马请市者络绎而至。非抚赏无以羁縻，非兵威无以詟服。臣在事九年，恩威节目有慨于中，兹敢抒其一得。
>
> 夫议贡之初，宣镇利款市之速成，抚赏无节，市马无数。大同、山西虽有定数，而部人恣意要索，叩首乞哀。当事者不得已，而丝丝与之，积尺成丈。臣任事以来，三镇幸无溢费，今宜仍如旧额，宣府市马二万匹上下，不得逾三万；大同一万四千，山西六千。诸部如约则市，否则闭关绝之，使彼不敢恣其所求，亦不至遂开衅隙，费省而款可久，数世之利也。部人以盗窃为生，制驭在我。[1]

1 万斯同《明史》卷三百十三《郑洛传》。

因此，他的方针是：勿徇虚喝，勿轻私饵；兵不可玩，威不可亵；小过弗责，小隙必杜；先文谕而后攻战，则威常伸而体常尊。[1]

朝廷对他的安边方略颇为赞许，由太子少保加至太子太保，由兵部侍郎晋升为兵部尚书，万历十八年（1590）七月，又命他以兵部尚书兼右都御史，经略陕西、延绥、宁夏、甘肃、宣府、大同、山西边务，并且要他兼领总督之职。郑洛只接受七镇经略之职，推辞总督之职。阁臣王锡爵推荐魏学曾以兵部尚书兼右副都御史，总督陕西、延绥、宁夏、甘肃军务。这种人事安排显然欠妥，经略与总督职责交叉重叠，何况两人的安边方略截然不同，势必互相掣肘。

魏学曾一向反对俺答封贡，在一份奏疏中明确阐述他的观点，一则说："初臣以吏部侍郎与论款贡，臣谓款贡非国家久安长策。若欲许之，须事事立有规制，约令遵守。一年如约，一年抚之；二年三年如约，二三年抚之。倘逾请横索，即断绝。而内侵乃二百余年，边事常调，不为大患，但恐边臣以为成事之利不可复坏，迁就依违，养成宋人之祸，事之利害全在于此，不可不防。"再则说："国家许虏款贡，今二十年，闻岁赏多至百倍，宜彼以德我戴我，而反称兵内讧，恣其蹂躏，何也？岂人情无厌，渐生骄心贪心，遂蓄异志。其逆而有顺

1 万斯同《明史》卷三百十三《郑洛传》。

者，亦将如弭宋故智耳，非真顺也。”他还对经略与总督互相掣肘，有所不满，主张经略兼任总督：“今尚书郑洛出而经略，联络七镇，贯为一事矣。但经略而不兼总督，臣窃疑之，经略得征七镇将士矣，至则总督用之乎？倘总督欲宣、大等镇出兵牵制，必咨请经略行之，他省镇见在陕西总督也，将悉心行之乎？抑犹有彼此之心乎？一柄两持，动见牵绊，岂如以总督即付经略兼之，征调驱使，牵东击西，伸缩自由，易于奏绩。”[1]

王锡爵推荐魏学曾时，吏部尚书宋纁（字伯敬，号栗庵，河南商丘人）对王锡爵说：“当今边才无逾于郑范溪（郑洛），魏公前辈望重，必不肯为之下，不如俟范溪成功，然后用之。”都察院左都御史李世达也主张暂缓魏学曾的行期，王锡爵不听。魏学曾到任后，果然与郑洛不合，与宁夏巡抚叶梦熊诋毁郑洛“玩寇”。王锡爵此时才后悔莫及。[2]魏学曾在奏疏中多次提及“如弭宋故智”“养成宋人之柄”，是以北宋对西夏的妥协退让，影射俺答封贡之失策。到后来，索性诋毁郑洛为秦桧、贾似道。请看万斯同的记述：“督抚魏学曾、叶梦熊等侦谋不明，借听流言，或云撦力克将俟秋高大举，或云火真欲还两川。两人盛气请战，梦熊有腾书都下。（郑）洛恐款事，奏言：‘兵凶战危，臣度时势，未可轻动。如梦熊议，委生灵于锋镝，贻忧君父，非所敢闻。’梦

1 魏学曾《陈御虏以竭愚虑疏》,《万历疏钞》卷三十八《边防类》。

2 万斯同《明史》卷三百三十三《魏学曾传》。

熊不听，擅调苗兵三千为先锋，诋（郑）洛为秦桧、贾似道。”[1]当时廷臣多主战，非议郑洛的款贡。兵科都给事中张栋的言论就是一个代表，他攻击郑洛：“今日奉书顺义王，明日奉书顺义王，今日致意三娘子，明日致意三娘子，全凭口舌一藉通丁。若以为群虏刻期可归，奏凯还朝指日可必，而于经略实事漫不关心……岂经略之责专在求虏媚虏，而无实事可为乎？则又何怪乎疑者之蜂起，而言者之猬丛也。”[2]后来顺义王北归，遣使请罪，乞复贡市。有的官员竟然无中生有诬陷郑洛出重金贿赂顺义王北归。郑洛只得谢病辞官而去。不久兵部尚书石星为他昭雪：“（郑）洛所领经费锱铢不爽，无重利啗敌事。”[3]

◤ 石星，山东东明人，嘉靖三十八年进士。隆庆元年为吏科给事中，因劝谏被处以杖刑，贬斥为民。万历元年复出为官，万历五年因不满张居正夺情上疏弹劾，解职归田。万历十二年，由左佥都御史升为左副都御史，旋升兵部左侍郎。万历十五年负责修建定陵，十九年转兵部尚书。石星在兵部尚书任内，逢万历三大征之宁夏之役与朝鲜之役，遂总理其事。

2.“外实修和，内欲兼战”

万历二十年（1592）出任监军御史的梅国桢（字克生，号衡湘，湖广麻城人），把西北边事划分为三个阶段。从洪武至嘉靖为第一阶段，特点是“虏无岁不犯，我无岁不备，各军虽有战守之劳，无刻削之苦”；从隆庆至万历十八年为第二阶段，特点是“和议既

1 万斯同《明史》卷三百十三《郑洛传》。
2 张栋《玩寇使过疏》，《万历疏钞》卷三十八《边防类》。
3 万斯同《明史》卷三百十三《郑洛传》。

成，不修战守，各军虽有刻削之苦，无操练之劳”；从万历十八年至二十年为第三阶段，特点是“外实修和，而内欲兼战。修和则不免仍刻削为媚虏之资，兼战则徒有操练而无望首功”。[1]在修和与兼战之间举棋不定，结果两头落空。

万斯同认为，魏学曾的鲁莽从事，促成哱拜之乱。他写道：“套酋土昧明安入市毕，请赏。（魏）学曾气方盛，令总兵官杜桐、神木参将张刚、孤山游击李绍祖，出其不意击之，临阵斩明安，俘首四百八十级，夺战马、杂畜、器械称是。（魏）学曾以功加太子少保。而明安子摆言太声言复仇，诸部皆动，明年遂助哱拜反。”[2]哱拜的叛乱在这样的形势下爆发，当然有更为深刻的背景。

哱拜，蒙古鞑靼部人，因内讧而投降明朝守将。朱国祯写道：“哱拜虏，黄毛种也。嘉靖中，虏势甚盛，（哱）拜得罪其酋长，父兄皆见杀，（哱）拜伏水草中得免。投降平虏城守备郑印，隶麾下，骁勇多武艺，尝击虏大青山，斩其酋九人。（哱）拜与土谷赤、阿木高、郑旸、虎卜亥五人，称五虎将。再捣虏花马池有功，历都指挥使。万历五年（1577），以游击统标下二营，家丁千余，请得专敕钤束。总督石茂华、巡抚罗凤翔以闻，报可。于是（哱）拜始擅一军，十年授参将。”哱拜妻生子名承恩，妾生子名承宠，又有义子哱塞、哱云、哱洪，皆勇悍

1 梅国桢《西征集》卷一《第一疏》。参看冈野昌子《万历二十年宁夏兵变》，载小野和子《明末清初的社会与文化》，京都大学人文科学研究所，1996年，第597页。

2 万斯同《明史》卷三百三十三《魏学曾传》。

难制。[1]万历十七年（1589），哱拜因年迈以副总兵致仕，有儿子哱承恩袭为指挥使，充巡抚门下旗牌官，积资巨万。[2]

万历十九年（1591），经略郑洛征兵宁夏，巡抚党馨议遣游击土文秀率千骑西援，哱拜惊讶道："文秀虽经战阵，恐不能独将。"前往经略辕门，向郑洛表示，愿以所部三千兵马与儿子哱承恩一起从征，郑洛对他的豪壮之举深表赞许。但是党馨厌恶他的自荐，事事刁难，不给增调马匹。哱拜怏怏而去，至金城，见各镇兵马弱不经战，更加跋扈无忌。兵还宁夏后，党馨每每裁抑，一是企图治哱拜"冒粮"之罪；二是借口哱承恩"强娶民女为妾"，鞭笞二十；三是不给哱云、土文秀晋升职衔；四是久久不发冬衣、棉布、棉花和月粮。党馨还扬言："此有挟而求，渐不可长，彼不畏族乎？"哱拜的部众怨望不已，正兵营"家丁"刘东旸拔掉巡抚衙门前的鹿角，发泄心中的怒气，哱拜纵容道：尔等任意为之。于是"群哄不可制"。此外，党馨"驭将卒严刻，铢两之奸，绳以军法，众亦不附"。[3]这些因素错综在一起，促成了兵变。

如果深入探讨，兵变的爆发是矛盾长期积累的结果。据林延清研究，从正德四年至崇祯十七年（1509—1644）的一百三十余年中，规模较大的兵变多达六十余次，平均每两年爆发一次。[4]据冈野昌

1 朱国祯《皇明大事记》卷四十二《宁夏之变》。茅瑞徵《万历三大征考·哱氏》所记略同。

2 万斯同《明史》卷三百三十三《魏学曾传》。嘉庆《宁夏府志》卷二十二《杂记·纪事》。

3 瞿九思《万历武功录》卷一《宁夏·哱拜哱承恩列传》。亦见茅瑞徵《万历三大征考·哱氏》及谷应泰《明史纪事本末》卷六十三《平哱拜》。

4 林延清《论明代兵变的经济原因和历史作用》，《明史研究论丛》第四辑，第368—372页。

子研究，兵变与士兵待遇及欠饷问题密切相关。明代边防军中普遍存在“家丁”，一是军队所属的可以免除杂役、有期限的“在营家丁”；二是属于将领私人的“随任家丁”，而以后者居多。它的来源有三：一是从卫所军士中来，二是招募而来，三是从非汉族中选择勇武出色，具有通译能力者。这些“家丁”所支给的粮饷是一般士兵的两倍至十倍。万历初年出现了一个将领拥有二三千名家丁的现象。要养如此庞大的额外队伍，巨额的军饷超过了个人的负担能力，逐渐由私人支出转变为公家支出，这种具有公私两重性的“家丁”不断增多，导致军费大增，国库不堪重负。问题不止于此。当时“家丁”的身份在一般军士之下，待遇却在军士之上，于是出现了复杂的矛盾：一般军士与“家丁”之间，“在营家丁”与“随任家丁”之间，汉人“家丁”与非汉人“家丁”之间，有力将领的“家丁”与废闲将领的“家丁”之间，发生形形色色的倾轧与冲突。然而他们面临同样的境遇——“家丁”和一般军士同样领不到粮饷。因此从万历十年(1582)开始，西北边境兵变频繁爆发，例如：万历十年宁夏灵州土军杨文遇、马景之乱；万历十一年陕西灵武关军士李现之乱，万历十六年延绥神木军士之乱，甘肃营兵之乱。由此可见，万历二十年宁夏兵变绝非偶然现象。[1]

1 冈野昌子《万历二十年宁夏兵变》，载小野和子编《明末清初的社会与文化》。

3.“吾等欲报宿怨”

万历二十年（1592）二月十八日，哱拜指使与他歃血为盟的刘东旸纠众发难，共推刘东旸为会长。

关于此次兵变，朱国祯写道：“刘东旸者，靖虏卫人，正兵营家丁也，素枭桀夸诞，有逆志，每以（党）馨朘削欲为乱。至是，遂劝（哱）承恩纠党八十人，入关王庙，共视杯中酒沤大者当之，独（刘）东旸沤大，久不灭，遂共推之。期廿八日伺镇巡官宴演武台时发难。反形大露，巷市汹汹。坐营江廷辅急上变，请给银安众心，（党）馨曰：‘此有挟而求，渐不可长，虏不畏族乎？’而总兵张维忠素鲜威望，为众积轻。二月十五日，丁卒催前银，并见领月粮，犹不肯给。（哱）承恩于是复纠党至关王庙申盟，乱遂决。”[1]瞿九思写道：“苍头军请冬衣布花、草价及月粮，方欲出给，而（哱）承恩遂召苍头军刘东旸、许朝、何应时、陈雷、白鸾等议曰：‘吾等欲报宿怨，则盍不假此起？有如异时绳我等以军法，我等谓党军门裁削我廪食也。’于是立刘川白为大会长，刘东旸、张文学为二会长，期二月十八日，并驰总戎张维忠所，鼓梁出骂詈语，若乌能为我

◤ 瞿九思，湖广黄梅人。从同乡耿定向游学，不仕。撰《万历武功录》，记万历朝征讨事颇详。

1 朱国祯《皇明大事记》卷四十二《宁夏之变》。

主乎。”[1]

总兵张维忠在军中毫无威望，刘东旸等纠集叛军进入帅府，张维忠惊恐万状，束手无策。叛军继而涌进巡抚衙署，河西副使石继芳翻墙逃跑，千总黄培忠报告张维忠，要他鸣号集合军队擒拿叛贼，张维忠不听，只身前往排解纠纷。当张维忠乘坐轿子赶来时，被叛军拥入书院，一言不发，只是叮咛哱拜劝阻。身穿红袍的哱拜，在马首对部下说，我已不是前日的“阿拜”，随即号令部下披上盔甲，大喊：“所不如令者斩！”身披盔甲的军士冲入军门，纵火焚烧公署，抓住躲藏于水洞的党馨，立即处死；又抓住石继芳，杀死于奎星楼下。张维忠吓得双腿颤栗，面无人色，叛军命他向朝廷报告：“党馨侵粮激变。”[2]

二月二十日，三边总督魏学曾行部花马池，获悉叛乱消息，派遣标下张云、郜宠前去劝降，毫无成效。哱拜的义子哱云和土文秀所部也与叛军合流。二月二十五日，刘东旸向总兵张维忠索取敕印，张维忠交出后畏罪自杀，刘东旸自称总兵，一切听从哱拜指挥，授予哱承恩、许朝为副总兵，土文秀、哱云为左右参将。面对官府的招降，刘东旸宣称：“必欲我降，依我所自署授官，世守宁夏。不者，驰而南下，谁能御我？”[3]二月二十七日，从河西至玉泉的四十七个城堡相继陷落，陕西为之

1 瞿九思《万历武功录》卷一《宁夏·哱拜哱承恩列传》。

2 钱一本《万历邸钞》，万历二十年壬辰卷，二月。

3 茅瑞徵《万历三大征考·哱氏》。亦见谷应泰《明史纪事本末》卷六十三《平哱拜》。

震动。总督魏学曾一面派兵沿河堵截，不使叛军南渡；一面率部阻击河套骑兵，使之无法连成一体，迫使哱拜龟缩于宁夏镇城内。哱承恩登上南城，向下喊话："吾父子万死为国捍边，蒙恩至上将。抚臣（党馨）朘削激变，自取灭亡。吾父子勒部曲待命，当事不察，反以为罪。今首恶具在，乃不罪倡乱，罪戢乱者。吾宁保此完城，结塞北自全耳。"[1]官军因粮饷不继，进攻受阻，徒唤奈何。

此次宁夏兵变，河西望风披靡，河东全陕震动，引起朝廷重视。前不久奉旨前往宁夏视察的尚宝司少卿周弘禴失职，皇帝斥责他"奉使辱命，徇私酿乱，欺君罔上，遗害地方"，给他一个降职处分。[2]大臣们纷纷向皇帝献计献策，尽快平定叛乱。

◤ 李成梁，辽东铁岭人。隆庆元年为副总兵官，协守辽阳。镇守辽东计三十年，多有边功，封宁远伯。万历十九年为言官弹劾，被罢职。《明史》称其"英毅骁健，有大将才"。

浙江道监察御史梅国桢（字克生，湖广麻城人），向皇帝推荐原任辽东总兵李成梁的儿子李如松等，前去平定叛乱。他在奏疏中说："除各边见任及已经调遣，不宜更议外，若退闲可任，则无如原任辽东总兵李成梁者，屡经战阵，纪律严明。其子李如松、李如柏、李如桢，皆负大将之材，李如梅、李如樟又为少年之杰。其家丁自各有官守之外，尚多同心敢战之人。世受重恩，必不自颓于末路；屡经论列，更思昭雪其前功。年力未衰，威名久著，各

1 谷应泰《明史纪事本末》卷六十三《平哱拜》。
2 钱一本《万历邸钞》，万历二十年壬辰卷，四月。

边将领谁不畏服？上下相信，父子同心，不惟勇略足以成功，亦且先声可以夺气。若虑其权多分属，地非素历，宜于文臣中晓畅军情，实心任事者，公举一人监其军事，谋勇相资，调遣随便……若辽东未代，旷日持久，或令伊子原任总兵李如松先往料理，勒限起程。即未必刻期擒剿，必足以制其死命。”[1]皇帝批准他的建议，任命李如松为总兵，梅国桢为监军，抽调宣大山西精兵五千人前往宁夏平叛。

兵部尚书石星向皇上条陈，宁夏乱卒猖獗，一时难以荡平，可以掘黄河大坝，用河水淹没宁夏镇城。他说："黄河大坝之水，比宁夏西塔顶高数丈，若决坝灌城，贼可立厄。但城中宗室生灵甚众，相应亟行魏学曾遣敢死士，持钦定赏格，明示祸福，令城中人自为计。如数日内不擒斩逆酋来献者，即将坝水决开，一城之人尽为鱼鳖。”[2]这一方案得到皇帝认可，以后果然采用决河灌城的方法，始作俑者便是兵部尚书石星。而监军梅国桢极力促成水攻，他策划的“制贼三策”，就是“绝勾虏”“携胁从”“用水攻”，使得局面大定。[3]

甘肃巡抚叶梦熊向皇上请命，愿意率兵征讨宁夏叛军。兵部议复，叶梦熊慷慨请行，毅然以讨贼为己任，且甘肃离宁夏不远，请求皇帝即命叶梦熊星夜前去，协同魏学曾扑灭逆贼。皇帝立即照准，

1 梅国桢《叛丁悖乱异常时事万分可虑恳切宸断决机宜任宿将清弊政以消祸萌以安人心疏》，《万历疏钞》卷四十四《哱播类》。

2 钱一本《万历邸钞》，万历二十年壬辰卷，四月。

3 钱谦益《通议大夫兵部右侍郎兼都察院右佥都御史赠副都御史梅公神道碑铭》，《牧斋初学集》卷六十四《神道碑铭三》。

下旨："叶梦熊慷慨以杀贼自任，忠义可嘉。着以原官提兵星夜前赴该镇，协同魏学曾、朱正色，一心并力，刻期灭贼。"[1]

为了尽快讨平宁夏，皇帝赏赐魏学曾大红苎丝麒麟服一袭，银四十两；并且颁布赏格：擒哱拜、哱承恩者，封伯爵世袭，赏银万两；擒哱云、土文秀、刘东旸、许朝者，赏银五千两，升都督指挥同知，世袭指挥使。[2]然而，重赏并非万能。总督魏学曾向皇上大叹苦经：宁夏叛逆未平，套部骑兵又从旁侵扰，势难两头兼顾，请求皇上增发宣府、大同兵马助战。兵部尚书石星对魏学曾顾此失彼的处境有所谅解，要宣大总督挑选精锐兵丁，速发总兵李如松统领，兼程前进。皇帝批准这一请求，下旨："魏学曾刻期灭贼，功在垂成，宣大兵可亟催前去助战御虏，毋得迟延。"[3]

此时战局仍无转机，陕西巡按向朝廷报告，形势十分危急："自前月攻城，业已垂入，因各官兵心不齐，遂被贼伤，以贼气益骄，守城益固。又悉镇城金帛啖虏助逆，我兵进取往往为其败衅。昨用云梯攻城，被贼截住，迄今十日尚未回还。粮饷一百余车，尽数抢去。督臣魏学曾自花马池抵灵州，被贼围困，若非许参将救之，亦几不免。"他还向朝廷报告哱承恩、刘东旸僭称伪号的事："逆贼哱承恩，先因邪术诳惑，今敢僭为伪号。刘东旸为一字

1 钱一本《万历邸钞》，万历二十年壬辰卷，四月。

2 钱一本《万历邸钞》，万历二十年壬辰卷，四月。茅瑞徵《万历三大征考·哱氏》。

3 钱一本《万历邸钞》，万历二十年壬辰卷，五月。

混天王，又擅写通行榜文，以惑众鼓乱，声言已入庆阳，据省会。”[1]

到了六月，宁夏战事仍无进展，皇帝对魏学曾督师无方流露出明显的不满情绪，指责道：“魏学曾讨贼数月未平，且容胡虏助逆，漫无经略，多是威令不肃，以致诸将怠玩，中间又有希功忌能观望的。念系用兵之际，都且不究。”他还吩咐兵部尚书石星，赐予魏学曾尚方宝剑一把，申明军令，将帅有不用命的，便于军前斩首示众。[2]领受了重赏，接受了尚方宝剑，魏学曾依然束手无策，居然向朝廷提议，以招安代替征战。皇帝大怒，以为是奇耻大辱，恨恨地训斥道：“叛贼抵拒王师，屡生变诈。魏学曾每凭懦将，堕其奸计，好生负委任。这招安事不得轻信，还着他与叶梦熊、朱正色同心定议，督率诸将，饷兵秣马，刻期剿贼。堂堂天朝，因此幺麽小丑，连兵累月，未克荡平，岂不辱国！秋高马肥，事在须臾，若复延迟怠误，罪有所归。”[3]

在此期间，叶梦熊抵达灵州，调来神炮器二百车；李如松、梅国桢率领辽阳、宣府、大同劲旅赶到宁夏城南，切断哱拜与蒙古军队的联络。但是魏学曾仍然无所作为。

七月初，监军御史梅国桢向朝廷报告，魏学曾督战不力：“攻城军士反叫贼从城上烧梯，似此人

1 钱一本《万历邸钞》，万历二十年壬辰卷，五月。

2 钱一本《万历邸钞》，万历二十年壬辰卷，六月。

3 钱一本《万历邸钞》，万历二十年壬辰卷，六月。

心，皆诸将素无恩结，不能鼓舞所致。鞑虏数万已从沙湃大入，断我粮道，将及韦州、庆阳等处，杀戮人民，强夺头畜，烧毁房屋，抢去粮料不知其数，各将皆不以报。”他还揭发魏学曾领兵无方，居然军中无旌旗、无金鼓、无号令、无行伍：“自古旌旗以教目，今军中无旌旗矣；金鼓以教耳，今军中无金鼓矣；号令以教心，今军中无号令矣；编之行伍始知行伍，今军中无行伍矣。军之命在食，今绝粮矣；军之力在马，今病饿死者过半矣。长技在弓矢，臣到时已缺箭，昨取之督臣，发到万枝，以四万人计之，是四人而共一箭也。”梅国桢感叹道：“臣诚不忍见逆贼得志，虏骑横行，国家之兵制法纪荡然至此极也！”[1]

皇帝对于魏学曾如此玩忽职守大为震惊，当即下旨逮捕魏学曾至京审讯，任命余懋学以兵部右侍郎总督陕西三边军务，并赐监军御史梅国桢尚方剑。[2]皇帝圣旨措辞极为严厉：“主帅军令不严，何以督率军士？梅国桢既具奏前来，可马上传与叶梦熊知，着他申明前旨，总副官及三品以上，有抗违妒功的，便指名参来重治；其三品以下的，以军法从事。内陈守义、张诗勘实，着就在彼处斩，以肃军威。其决水灌城之谋，毋得异同误事。军士久困，着重赏他。其纵贼酿乱，损军辱威，耽延日久，以致叛贼勾虏入犯，残害黎民，弛我饷道，

1 钱一本《万历邸钞》，万历二十年壬辰卷，八月。

2 徐象梅《两浙名贤录》指出，这一人事变动是内阁辅臣赵志皋提出的。徐氏写道：“魏总督学曾合诸镇兵讨之，久无功，上怒，亟逮学曾，下之狱。（赵志）皋荐叶巡抚梦熊代，又请赐监军御史梅国桢尚方剑，诛不用命者。”

绥师遗害，大辱国体。魏学曾着锦衣卫差的当官校，扭解来京问。还着监军梅国桢记录功罪，不时参奏。”[1]

兵部尚书石星对于皇帝临阵更换督臣颇有顾虑，以为可能导致将心不一，希望皇帝收回成命。皇帝毫不犹豫地把这一主张驳回，批复道：“宁夏讨贼无功，皆因主帅军令不肃。叶梦熊既受新命，军中事宜受他节制，听他便宜行事，诸将不用命的，就以军法处斩。”[2]朝廷更换总督，是此次平叛战争的关键一招。魏学曾兵临宁夏城下，举棋不定，贻误战机。于慎行评论道：“攻城之法，有当急，有当缓……在我为声罪之师，在彼有不赦之辟，急之则变从内生，不战而溃；缓之则彼得为谋，其势日成。故不可不急也。朔方哱氏之变，使总督之臣提兵急趋，掩其未备，数夕之间可以授首。而游却无定，逗挠不前，师老财殚，贼势日盛。”[3]此话言之有理。其实，魏学曾的招抚主张，与兵部尚书石星的态度有很大的关系。石星是魏学曾招抚主张的积极支持者，他曾写信给魏学曾，谈了对于平定宁夏的意见：“不佞老矣，仅一襁中儿，诚不欲以滥杀种祸，彼能束手，则死囚数人足代了事也。”[4]对于盘踞宁夏的哱氏而言，不啻是一种不切实际的妄想。事到如今，已非血战一场不可了。

1 钱一本《万历邸钞》，万历二十年壬辰卷，八月。

2 钱一本《万历邸钞》，万历二十年壬辰卷，八月。

3 谈迁《国榷》卷七十六，万历二十年八月辛卯。

4 谈迁《国榷》卷七十六，万历二十年八月辛卯。

4.“绝勾虏，携胁从，用水攻”

叶梦熊接到朝廷授权，节制诸军，可以便宜行事，一反魏学曾之所为。为了尽快结束战事，决定立即决黄河水灌淹宁夏城。位于黄河西北岸的宁夏城，低于黄河水面，城西北地势更低，且与金波、三塔诸湖相近，东南又有观音湖、新渠、红花渠，形如釜底。为了决河灌城，官军先在宁夏城四周筑堤，使河水不外溢，直冲宁夏城内。七月十七日至十八日，长约一千七百丈的长堤筑成，叶梦熊下令掘开黄河大坝，水灌宁夏城。汹涌的黄河水流向宁夏城下，把整个宁夏城浸泡在滔滔洪水之中。从七月二十日开始，洪水逐渐流入宁夏城内。八月初一日，宁夏城外水深达八九尺。城内一片惊慌，据生擒的俘虏说："城中乏谷，士尽食马，马余五百骑。民食树皮、败靴，死相属。"[1]哱拜、哱承恩、刘东旸派遣士兵乘坐小艇，挖掘围堤，以求泄水。虽然城中食物缺乏，叛军“宁至死弗乱”，饥民却希望招安。[2]

八月十二日，监军御史梅国桢向城内叛军发去檄文，大意为：许朝等如欲请招安，必须先以饥民若干人具报县官，并为饥民准备钱谷。檄文到达三日后，打开城门迎接大军进入。三天过后，毫无响

1 茅瑞徵《万历三大征考·哱氏》。朱国祯《皇明大事记》卷四十二《宁夏之变》。

2 瞿九思《万历武功录》卷一《宁夏·哱拜哱承恩列传》。

应。梅国桢怒发冲冠说，我特佯装许诺，试探尔等是否诚实，尔等岂以为我中尔奸计！[1]

梅国桢的檄文被叛军断然拒绝，饥民蜂拥至衙署请求招安，遭到弹压。显然叛军在等待河套的蒙古军队救援，企图内外夹击，置围城官军于死地。果然，八月二十一日河套部着力兔率骑兵前来解宁夏之围。总兵李如松与麻贵、李如樟左右夹击，着力兔溃败，奔至贺兰山，退至塞外。李如松挫败着力兔，是平定宁夏叛乱的关键一仗，使困守宁夏的哱氏集团陷于孤立无援的境地。谈迁说："哱氏勾虏（河套部），则我再受敌，疲于奔命，势难断也。李如松身击虏，驱之塞外，则哱氏孤，直阱中耳，授首有日。"[2]叶梦熊、朱正色、梅国桢向朝廷报告捷闻，皇帝批示："宁夏退敌，斩获数多，各官协力奋勇，宜先加赏赉，以示激励。"[3]

九月初，浙兵及西南地区的苗兵、庄浪兵，作为增援部队先后抵达，对宁夏城发动总攻的时机成熟了。九月三日，总督叶梦熊在军中发布悬赏令：有能先登城者赏银万两。九月五日，宁夏城北关由于长期浸水，城墙崩塌。三天后，南关城墙也崩塌。叶梦熊一面调动舟筏佯攻北关，诱使哱承恩、许朝奔赴北关应战；一面指挥李如松、萧如薰在南关埋伏精锐兵力，伺机攻城。

城内叛军见河套部蒙古军远遁，陷入绝望，派

1 瞿九思《万历武功录》卷一《宁夏·哱拜哱承恩列传》。

2 谈迁《国榷》卷七十六，万历二十年九月壬申。

3 瞿九思《万历武功录》卷一《宁夏·哱拜哱承恩列传》。

人传话，愿见梅监军，面陈归顺。钱谦益写道：哱拜、哱承恩、刘东旸等人隔着城壕望拜而去。许朝逾濠来见梅国桢，逡巡纳刃屈脚下拜，梅监军披襟而与之交谈。城上下炮石焰天，鼓角殷地，梅国桢神观安闲，进止自如。九月八日半夜二更，有三人缒城来告："贼以重阳入大城置酒，南城可得也。"诸将莫敢信，梅国桢拍板攻南城。七十岁的总兵牛秉忠率先登城，梅国桢在梯前大喊："老将军先登矣！"士兵争先恐后登城。情景十分惨烈："降人杀守者，血流活活有声，公（梅国桢）踞坐血酱中，籍记功次，传呼止杀。男女燃灯夹拜，欢呼再生。"[1]

哱承恩见南城陷落，率军退入大城，派人向叶梦熊请求宽贷，暗中筑垒断堑，加紧防守。宁夏城的南城、大城都是重险，破了南城，再破大城并非易事。硬攻不行，只有智取。

南关有个名叫李登的卖油郎，挑着担子在街上边走边唱："痈之不决，而狃于痏。危巢不覆，而令枭止。"[2]梅国桢料知此人并非等闲之辈，把他招来，交给他三封信，到大城去见哱承恩，巧施离间计。

李登跛一足瞎一眼，一路上不引人注目。他见了哱承恩，转交了一封信，传话给他：哱氏有安边功劳，梅监军深为可惜，请杀刘东旸、许朝以自赎。随后李登又来到刘东旸、许朝处，向二人转交

1 钱谦益《通议大夫兵部右侍郎兼都察院右佥都御史赠副都御史梅公神道碑铭》，《牧斋初学集》卷六十四《神道碑铭三》。

2 谷应泰《明史纪事本末》卷六十三《平哱拜》。

了信件，传话道：首恶是哱氏，将军本汉臣，何必横身代人受祸，望能审时度势，转祸为福。这样的离间计并不高明，但在叛军行将分崩离析之际，发生了效力。

九月九日，官军的包围圈愈来愈紧，刘东旸唉声叹气：何以一败而是！佯装疯癫，杀死土文秀，振振有词地说：好头颅，毋令他人砍之。九月十六日，哱承恩、毕邪气前往南关，杀死许朝和他的儿子许万锺。毕邪气又到北关，杀死刘东旸。哱承恩把刘东旸、许朝的首级悬挂在城头上，示意投降。于是李如松、杨文率军登城，萧如薰、麻贵、刘承嗣随后跟进。宁夏大城平静地落入官军之手。[1]

哱承恩拥有一支劲旅——苍头军，不可掉以轻心。叶梦熊在灵州闻讯后下令：如不立即灭哱氏者，当服尚方剑！

九月十七日，哱承恩骑马去南门谒见梅国桢，被参将杨文擒服。李如松紧急提兵包围哱拜家。哱拜畏罪自缢，阖家自焚。李如樟部下何世恩从火中斩得哱拜首级，活捉哱拜次子哱承宠、养子哱洪大等。

九月十八日，总督叶梦熊、巡抚朱正色、监军梅国桢等官员进入宁夏大城，宁夏哱拜叛乱至此宣告平定。[2]

九月二十日，兵部接到叶梦熊派快马送来的红

1 茅瑞徵《万历三大征考·哱氏》。

2 瞿九思《万历武功录》卷一《宁夏·哱拜哱承恩列传》。钱一本《万历邸钞》，万历二十年壬辰卷，九月。

黄二旗捷报，立即奏报皇上。皇帝大喜，对内阁辅臣说："览卿等及本部所奏捷音，皆赖上天默佑，祖宗荫庇，文武同心，将士戮力，乃成厥功，朕甚嘉悦。"随即降旨："逆贼负固，久逃大诛，兹闻平定捷音，朕心慰悦。待督抚官奏报至日，告庙宣捷，大行升赏，以答忠劳。"[1]

十一月，叶梦熊等班师回朝，押解哱承恩、哱承宠等抵达京师，皇帝亲临朝门接受群臣祝贺，随即下诏，将哱承恩凌迟，哱承宠、哱洪大、土文德等斩首，刘东旸妻赵氏和儿子年哇、洗哇，许朝妻何氏和长孙汉哇、孙女仰哇，哱云之子继勋、继业，土文秀之子希卫，以及哱承恩家室，没入县官为奴婢。[2]皇恩浩荡之下，叶梦熊晋升为都察院右都御史，荫一子为锦衣卫千户；朱正色晋升为都察院右副都御史，梅国桢晋升为太仆寺少卿，各荫一子为锦衣卫百户；李如松晋升为左都督，荫一子为锦衣卫指挥同知；萧如薰晋升为都督同知，荫一子为锦衣卫指挥佥事；麻贵、刘承嗣、李如樟、牛秉忠等也各有晋升。魏学曾从狱中释放，致仕回籍；石星加太子太保，荫一子为锦衣卫千户。

宁夏叛乱的平定，宣扬了明朝在西北边境的国威，沿边的蒙古各部慑于威势，此后相当长一个时期不敢轻易入塞骚扰。

1 瞿九思《万历武功录》卷一《宁夏·哱拜哱承恩列传》。

2 朱国祯《皇明大事记》卷四十二，宁夏之变。兵科都给事中许弘纲的《西夏叙功敬陈末议以重爵赏疏》，对论功行赏颇有异议，他认为，对于将领应分别"遏贼之功""退虏之功""间贼之功""灭贼之功"行赏；对于总督、巡抚、监军三者，"全军皆属驾驭，成则一体论功，正不必以某事某策分彼此、较低昂"。（《万历疏钞》卷四十四《哱播》）

二　东征御倭援朝

十六世纪的东北亚是一个是非之地，中国、日本、朝鲜之间的关系错综复杂。万历二十年至二十六年（1592—1598），日本统治者丰臣秀吉发动了侵略朝鲜的战争，先后持续七年之久。

由于立场不同，各方对这场战争的称呼截然不同。

日本方面大多称为“文禄庆长之役”[1]，例如池内宏写的《文禄庆长之役》（1914），中村孝荣写的《文禄庆长之役》（1935），石原道博写的《文禄庆长之役》（1963），当然也有日本学者直呼为“朝鲜侵略”的，例如冈野昌子写的《秀吉的朝鲜侵略和中国》（1977）。

朝鲜方面则称为“壬辰丁酉之倭乱”[2]。

明朝皇帝应朝鲜国王请求，出兵援助，对这场战争的称呼自然不同。例如：茅瑞徵《万历三大征考》称为“东征”；谷应泰《明史纪事本末》写这场战争的始末，题目是“援朝鲜”；张廷玉奉敕纂修的《明史》则称之为“御倭”“救朝鲜”。本书的标题

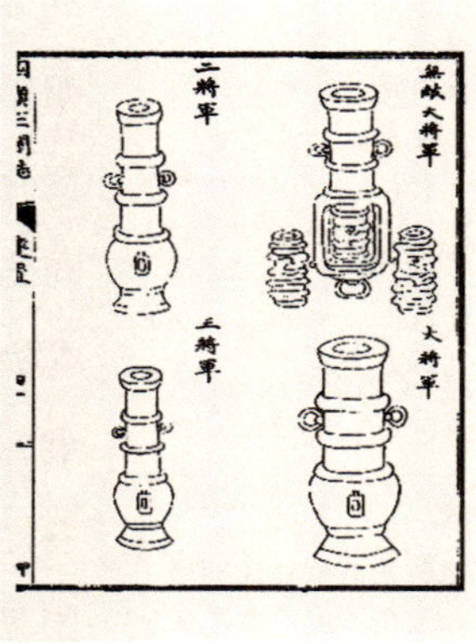

戚继光《纪效新书》里的将军炮

1　“文禄”“庆长”为日本的年号。
2　“壬辰”即万历二十年，“丁酉”即万历二十五年。

“东征御倭援朝”，沿用上述称呼。

1.“假道入明”的“大东亚构想”

丰臣秀吉是尾张国爱知郡中村人，在织田信长部下转战各地，称羽柴氏。1583年，出身寒微的秀吉被天皇任命为“关白”（辅佐大臣），赐姓丰臣。经过多年战争，丰臣秀吉统一全国，逐渐形成野心勃勃的“大东亚构想”，第一步就是吞并朝鲜。

据日本学者研究，丰臣秀吉出兵朝鲜之目的，是利用朝鲜的跳板，“假道入明”，侵占中国，实现其“大东亚构想”。铃木良一援引“前田家所藏文书”，披露了丰臣秀吉在天正二十年（1592）的一封信，其中提及构建以北京为首都的“大东亚帝国”的梦想，现在已经众所周知。[1]三田村泰助认为，丰臣秀吉征服明朝的构想，客观背景是东亚局势的变化导致明朝国际地位低下，主观背景则是丰臣秀吉统一全国后出现的战争体制。[2]丰臣秀吉出任“关白”后，在书简中署名时，常用假名（日文字母）书写“てんか”，这个词不仅意味着“殿下”，还具有“天下”的意思，野心勃勃地想统治世界。[3]中田易直认为，丰臣秀吉在推进国内统一政策的过程中，已经显示出强硬的威胁外交倾向。天正二十年（1592）的“唐入”（按：意为侵入中国）图谋，是其吞并全

1 铃木良一《秀吉的“朝鲜征伐”》，载《历史学研究》第155号。

2《信长和秀吉》，载《日本史之谜和发现》（9），每日新闻社，1979年，第65—67页。

3 三田村泰助《明帝国和倭寇》，载《东洋历史》（8），人物往来社，1967年，第323—324页。

世界计划的一部分。天正十九年（1591）敦促吕宋岛朝贡的文书，反映了这种外交性格。其中说："自壮岁领国家，不历十年，而不遗弹丸黑子之地，域中悉统一也。遥之三韩、琉球，远邦异域款塞来享。今也欲征大明，盖非吾所为，天所授也。"[1]

这个意欲雄霸天下的丰臣秀吉，中国史籍称为平秀吉。谷应泰这样介绍他："平秀吉者，萨摩州人仆也。始以鱼贩卧树下，有山城州倭渠名信长，居关白职位，出猎遇（平秀）吉，欲杀之，（平秀）吉善辩，信长收令养马，名曰木下人。信长赐予田地，于是为信长画策，遂夺二十余州。会信长为其参谋阿奇支刺杀，（平秀）吉乃统信长兵，诛阿奇支，遂居关白之位，因号关白，以诱劫降六十六州。"[2]

◥ 谷应泰，号霖苍，顺天丰润人，顺治四年进士。历官户部郎中，顺治十三年提督浙江学政佥事，利用公余，延揽名士，于西湖畔设"谷霖苍著书处"，广稽博采，综合多种明代史料，仿袁枢《通鉴纪事本末》之例，编写了《明史纪事本末》，于顺治十五年末成书。

与谷应泰同时代的历史学家万斯同，对平秀吉的描述大同小异，不过更为详细："秀吉，太清平盛家奴。一日贩鱼醉卧树下，遇旧关白信长出猎，欲杀之，秀吉口辩，留令养马，曰木下人。因助信长

1 中田易直《近世对外关系史研究》，吉川弘文馆，1984年，第121—122页。日本学者也有另外的观点，例如：西嶋定生《中国古代国家和东亚世界》第六章"东亚世界和日本史"之八"秀吉的朝鲜出兵及其国际环境"，这样写道：丰臣秀吉出兵朝鲜之目的，以向大陆侵攻的协力体制作为维持已达成的国内统一的手段，出兵目的是与大明国恢复国交，尤其是复活勘合贸易（《中国古代国家和东亚世界》，东京大学出版会，1983年，第635—636页）。

2 谷应泰《明史纪事本末》卷六十二《援朝鲜》。

夺二十余州。会信长为参谋阿奇支刺死，秀吉统信长兵，诛阿奇支，遂居关白之位。诱六十六州，分为二关，东曰相板，西曰赤门，各船数千艘。后遂废倭王山城君，自号大阁王，改元文禄，以义子孙为关白。关白如汉大将军，大阁如国王，上又有天王（天皇），自开辟以来相传至今，不与国事，惟世享供奉而已。每年元旦，王率大臣一谒天王（天皇），他时并不相接。秀吉筑城四座，名聚快乐，院内盖楼阁九层，妆黄金，下隔睡房百余间，将民间美女拘留淫恋。尝东西游卧，令人不知。”[1]

就是这样一个为明朝士大夫所蔑视的人，一时间把东北亚搅得四邻不安。万历二十年（1592），丰臣秀吉派小西行长、加藤清正、黑田长政等将领，率领号称二十万大军出征朝鲜。日本军队的兵力配置，径直称为“征明军力编制”，以朝鲜为跳板觊觎中国的图谋昭然若揭。具体兵力如下：

第一军，小西行长等，18 700 人；

第二军，加藤清正等，22 800 人；

第三军，黑田长政等，11 000 人；

第四军，岛津义弘等，14 000 人；

第五军，福岛正则等，25 000 人；

第六军，小早川隆景等，15 700 人；

第七军，毛利辉元，30 000 人；

第八军，宇喜田秀家，10 000 人；

1 万斯同《明史》卷四百十三《外蕃传·日本》。

第九军，羽柴秀胜等，11 500人。[1]

四月十三日，日军在朝鲜釜山登陆，然后分兵三路向北直指京城。中路小西行长，东路加藤清正，西路黑田长政，势如破竹向北进袭。据朝鲜柳成龙《惩毖录》记载，天下太平二百年之后，突遇战争，君臣束手无策，百姓逃亡山谷，守土者望风投降。朝鲜国王沉湎于享乐，疏于防务。日军从釜山登陆二十天后，就攻陷了王京（汉城），俘虏了两名王子及陪臣。国王从王京逃往开城。日军迫近开城，国王北渡大同江，逃往平壤。八道几乎全部沦陷，国王向明朝求援的使节络绎于道。[2]

据李光涛研究，丰臣秀吉事先已明示动兵日期，作为试探朝鲜态度之计，可噬则噬，可止则止。然而朝鲜方面犹欲苟冀无事，唯以迁就弥缝为国策，勿致生衅。这样的措置，直如睡熟了一般。因而丰臣秀吉愈加生心，知道朝鲜易与，说道："是何异断睡人之头乎？"由这一句话，可见其时朝鲜不免有些处置失策了。[3]

丰臣秀吉获悉已经攻占朝鲜王京的消息，把征服明朝提上了议事日程，提出了二十五条所谓"大陆经略计划"，其要点是：拟把天皇移行至北京，日本的天皇拟由后阳成天皇的皇子良仁亲王或皇弟智仁亲王出任，丰臣秀吉自己拟移驻日明贸易要港宁波。[4]

1《信长和秀吉》，载《日本史之谜和发现》，每日新闻社，1979年，第74页。

2 茅瑞徵《万历三大征考·倭上》。谷应泰《明史纪事本末》卷六十二《援朝鲜》。

3 李光涛《朝鲜"壬辰倭祸"酿衅史事》，载《历史语言研究所集刊》第四十本。

4《信长和秀吉》，载《日本史之谜和发现》，每日新闻社，1979年，第76—77页。

五月上旬，辽东巡抚郝杰（字彦甫，号少泉，山西蔚州人）向兵部报告："据朝鲜国王咨称，本年四月十三日，有倭船四百余只，从大洋挂篷，直犯朝鲜，围金鱼山镇地方，本镇将领等督兵交战，贼势方炽，镇城外人家尽被焚烧。"[1]兵部把这一军情奏报皇帝，皇帝当即指示："这倭报紧急，你部里即便马上差人，于辽东、山东沿海省直等处，着督抚镇道等官，严加操练，整饬防御，毋致疏虞。"[2]

对于突如其来的形势剧变，有些官员疑惑不解，甚至怀疑其中有诈。朝鲜李朝《宣祖实录》的有关记载耐人寻味：

——壬辰五月戊子……时变起仓卒，讹言传播辽左，煽言朝鲜与日本连结，诡言被兵。国王与本国猛士避入北道，以他人为假王，托言被兵，实为日本向导。流闻于上国，朝廷疑信相半。兵部尚书石星密谕辽东遣崔世臣、林世禄等，以探审贼情为名，实欲驰至平壤，请与国王相会，审其真伪而归。

——六月癸巳，天朝差官崔世臣、林世禄等，以探审贼情道平壤，上以黑团接见于行宫。先问皇上万福，仍言彼邦不幸，为贼侵突，边臣失御，且因升平既久，民不知兵，旬日之间连陷内邑，势甚鸱张。寡人失守宗祧，

1 钱一本《万历邸钞》，万历二十年壬辰卷，五月。

2 钱一本《万历邸钞》，万历二十年壬辰卷，五月。

奔避至此，重劳诸大人，惭惧益深。

——盖是时天朝闻我国尝有与倭通信之事，且因浙江人误闻贡骗（与日本）等语，不知其为倭买去而诈言其受贡也，方疑我国之折而为倭。及闻关白平秀吉大起兵侵攻朝鲜，以为我国之向导。[1]

这种疑虑并非空穴来风。据日本学者北岛万次说，1590年（万历十八年，宣祖二十三年，天正十八年）十一月，丰臣秀吉在聚乐第接见朝鲜通信使一行。通信使祝贺丰臣秀吉统一全国，丰臣秀吉则想把他们当作服属使节，让他们带回的“答书”，明确提出要朝鲜国王充当“征明向导”。丰臣秀吉通过各种途径篡夺日本国王的权位，阴谋席卷琉球、朝鲜，吞并中国。同年十一月，明朝确认丰臣秀吉的“征明计划”的真实性，加固了沿岸的防备。[2]

在朝鲜战争爆发的初期，由于得到确切情报，不少官员已经洞察丰臣秀吉“假道入明”的图谋。

——山西道御史彭好古在奏疏中明确指出，日本出兵朝鲜，目的是“坐收中国以自封”。他说：“倭奴紧急，患在剥肤，正壮士抚膺之秋，臣子旰食之日。据报四百余船，即以最小者概之，已不下十万余众。以劲悍之贼，起倾国之兵，度其意料，必置朝鲜于度外，而实欲坐收中国以自封也。然不

1 参看李光涛《朝鲜“壬辰倭乱”酿衅史事》，载《历史语言研究所集刊》第四十本。

2 北岛万次《壬辰倭乱期的朝鲜和明》，载荒野泰典等编《亚细亚之中的日本史（2）·外交和战争》，东京大学出版会，1992年，第128—129页，131—132页。

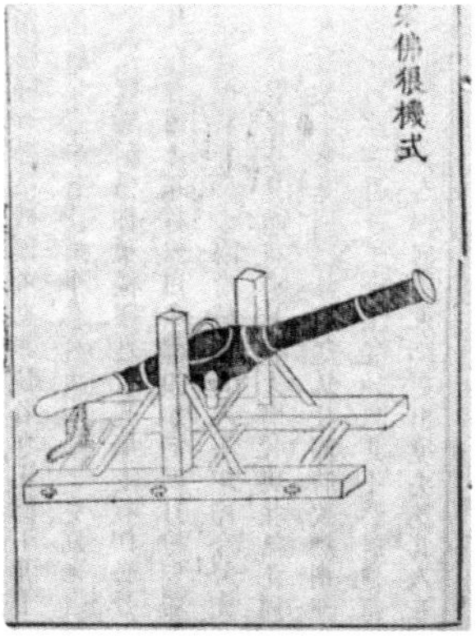

▼ 佛郎机炮（《武备志》）

遽寇中国，而先寇朝鲜者，惧蹑其后也。且以十万之众，势如泰山，朝鲜国小，坐见臣服，然后横行中国，何所不适哉！诚使以朝鲜为后援，以诸岛为巢穴，东风顺则可径达登莱，稍转南则可径达永平，再转而东则可径达天津，又再转而东南则可径达两淮。并力入犯，难与为敌。”因此，他提出了上中下三个对策：“今日御倭之计，迎敌于外，毋使入境，此为上策；拒之于沿海，毋使深入，是为中策；及至天津、淮扬之间，而后御之，是无策矣”。[1]

——兵科给事中刘道隆也指出，日本此举图谋“先并朝鲜，而后犯中国”。他说：“往者倭奴入寇，多在东南财赋之地，故乘风寇掠，满欲则归。今先并朝鲜，而后犯中国，且以大兵直捣西北之区，则其志不在小矣。倘朝鲜不支，必乘胜图内。而我之势分力寡，恐难为敌。兵法曰：以虞待不虞者胜。安可坐视以望其侥幸耶！”[2]

——礼科给事中张辅之说：“即今朝鲜不守，祸切震邻，倭船四百，众可十万，朝鲜财物不饱其欲，必不安于偏舟海岛之间。”[3]

——辽东巡按御史李时孳说：“倭寇猖獗，万分

---

1 宋应昌《经略复国要编》卷首《部垣台谏条议疏略》。
2 宋应昌《经略复国要编》卷首《部垣台谏条议疏略》。
3 宋应昌《经略复国要编》卷首《部垣台谏条议疏略》。

可虞。先是，许仪后传报，倭奴先收高丽，再议内犯。今已破朝鲜，盖凿凿左验也。”[1]

这是日本侵略朝鲜初期，明朝官方的反应，预判日本如此兴师动众，决不会以吞并朝鲜为满足，进犯中国才是它的根本目的。随着事态的进展，愈来愈多的官员认识到这一点。以“经略”名义东征的宋应昌在给部下的书信中说：“关白（秀吉）本以庸贩小夫，袭夺六十六岛，方虚骄恃气，非惟目无朝鲜，且不复知有中国。观其遣巨酋行长等辈，率领兵众，夺据平壤、王京，分兵旁掠八道，为窥犯中原之本。”[2]工科给事中王德完在一份奏疏中说：“倭奴兴兵朝鲜，原欲入犯中国。许仪初寄书内地云：‘关白（秀吉）欲上取北京，称帝大唐’；又云：‘（关白）善诈和假降以破敌国’。即遐迩市井之人，且有先知矣。”[3]

小西行长于六月十五日攻占平壤，不再前进。市村瓒次郎《东洋史统》分析日军攻占平壤后不再北进的原因，首先是日本海军的失利，朝鲜海军在李舜臣指挥下，在巨济岛玉浦冲之战、闲山岛之战大败日军。据《惩毖录》记载，李舜臣发明的龟甲船，外层包裹铁甲，前后左右布满火炮，横冲直撞，行动自如，日本兵船一碰上龟甲船，立即粉身碎骨。其次是朝鲜各地义兵蜂起，庆尚道、忠清道、全罗道、京畿道等地的官吏、军人、学者纷纷

1 宋应昌《经略复国要编》卷首《部垣台谏条议疏略》。

2 宋应昌《经略复国要编》卷六《檄李提督并刘袁二赞画书（万历二十一年二月二十八日）》。

3 钱一本《万历邸钞》，万历二十年壬辰卷，七月。

组织义军，抗击日军，使日军深感兵力不足，捉襟见肘。

但是这些都不足以扭转战局，朝鲜形势岌岌可危。

2.“朝暮望救于水火之中”

皇帝朱翊钧接到朝鲜国王派官员送来的报告，得知朝鲜国王处境危险，存没未保，向兵部发去谕旨：“朝鲜危急，请益援兵，你部里看议了来说。王来，可择一善地居之。”[1]这是皇帝首次就朝鲜战争表态，要求兵部筹划出兵援助与接纳朝鲜国王避难等事宜。

根据皇帝的指示，兵部于七月十八日召集五府九卿科道官会议，商量对策。各位高官的发言，由兵部尚书石星根据记录整理后，呈报皇帝。这个会议纪要的调子可谓五花八门。

定国公徐文璧等元老说：“倭克朝鲜，出师备援允为良策，但缓急之间须酌时而行之。”意思是，出兵援朝应当选择恰当时机，不可冒失。

吏部尚书孙鑨、吏部侍郎陈有年、陈于陛说：“征倭大臣之遣，诚攻心伐谋上策。但我师地形未习，馈运难继，未可轻议深入。”作为主管人事的高官，这三人似乎不主张贸然出兵。

1 钱一本《万历邸钞》万历二十年壬辰卷，七月。

户部尚书杨俊民说："江海辽阔，险夷难测，刍饷艰难，莫若焕发纶诏，宣谕朝鲜臣民，号召义兵光复旧国。该国素无火器，闻山东宋巡抚制造殊多，相应颁给。"作为主管财政经济的高官，首先考虑的是一旦出兵，粮饷供给颇为困难。不如提供一些火器，帮助朝鲜义兵光复旧国。

刑部尚书孙丕扬说："沿海督抚宜增备倭敕书，令其画地分防。顺天十路有游兵营，保定六府有民奇兵营，山东有备倭卫。再选曾经倭战之将，令其教习水战。"只字不提出兵援朝，倾向于防守，加强沿海各地的防卫，准备打击从海上入侵之敌。[1]

都察院左都御史李世达谈得最为具体详细，颇为深谋远虑："大臣征倭，义不容已，但揆时度势，施为宜有次第计。倭奴劫掠已满，不久必归，若仍在平壤等处，似宜只遵前旨行，令辽左督抚镇将先发去兵马二枝，或再添一枝。择谋勇将官多裹粮饷，径入其境，协同彼中各道勇将精兵，相机戮力，共图剿杀。或就近伏兵要害，击其惰归，宜无不胜。即果使倭奴窃据朝鲜两都，住而不起，而国王既来内附，彼中无主，人心无所系属，似必先宣谕国王，令彼中忠义陪臣急择本王子弟宗族之贤者，权署国事，多方号召各道豪杰，戮力勤王，亟图恢复。然后我乃选遣大将，率领精兵，水陆并进，务求殄灭，谅亦无难。又须先将应用兵马、船

1 石星《议征倭疏》，《万历疏钞》卷四十三《东倭类》。

只、刍饷作何处备，必皆充裕，乃可遣将。而今之计，惟宜亟行辽左镇抚，多差的当人役，速诣朝鲜，侦探倭奴去住消息，不时驰报，以为进止。”他认为征倭援朝是义不容辞之举，做好兵马、船只、刍饷等准备工作，对敌情有充分了解之后，派遣大将率领精兵，入朝作战，务求歼灭倭奴。

大理寺卿赵世卿说："朝鲜恭顺有年，一旦倭奴蹂躏至此，即遣官帅师征讨，以存亡国，以固藩篱，亦自长策。但倭奴新破朝鲜，中情遽难尽知，遣官征讨未可轻议。”他赞同发兵征讨，但目前情况不明，不可轻举妄动。

吏科都给事中李汝华等说："大臣深入征倭，地形不习，兵饷难继，势必不可遣。”他们的意见很干脆，不同意发兵征讨。

河南道御史傅好礼等说："倭奴不图金帛子女，窃据朝鲜，似有异志。矧关白以匹夫窃国，又兼并多国，遂破朝鲜。此亦劲敌，宜遣文武大臣经略，不宜据议征讨，深入彼境，等因为照。以全取胜者帝王之兵，推亡固存者天朝之谊。”他们的观点有点犹豫不决，主张派遣文武大臣前往“经略”，但不赞成深入朝鲜“征讨”。[1]

对于以上各位大臣的发言，兵部尚书石星作如下总结："顷该朝鲜奏报倭势猖獗，臣等职在本兵，义当扑灭。况已陷我恭顺属国，撤我密迩藩篱，封

1 石星《议征倭疏》，《万历疏钞》卷四十三《东倭类》。

家长蛇，宁有纪极！若令深根固蒂，必至剥床及肤。臣等初议，特遣文武大臣称兵征讨，不独彰我字小之仁，且以寝彼内犯之念。兵贵先声，意盖有在。至于道途难知、刍饷难继，诸臣所议固为有见。念国王方寄命于我，望救甚切，彼为向导，道途不患难知；彼资粮饷军需，不患难继。又该臣等曾遣精细人员深入平壤，目睹倭奴招抚人民，整顿器械，名曰二十余万，实亦不下数万。似此情形，宁容轻视！但辽东抚镇业发兵往应，特遣文武似应有待，以辽镇足以当之也。今据诸臣所议，言人人殊，均之忠于谋国。内如宣谕朝鲜，号召义兵，犹为振亡首策。乞赐焕发纶音，驰使面谕朝鲜国王，传檄八道陪臣，大集勤王之师，亟图恢复旧业。我则增遣劲兵，共图殄灭。”[1]石星的态度十分明确，应该发兵征讨，所谓道途难知、刍饷难继之类困难是可以克服的。但是似乎有些轻敌，以为只要辽东驻军就足以完成东征的任务。

根据五府九卿、科道官员的商议，以及兵部的意见，皇帝最后拍板，决定东征御倭援朝。兵部遵旨发兵，由于对敌情估计不足，只派辽东游击史儒率领一支兵马前往平壤，人生地不熟，又逢连日淫雨，史儒兵败阵亡。辽东副总兵祖承训随后带领三千兵马，渡过鸭绿江前往增援，又遭惨败，祖承训只身逃回。初战不利，与兵部尚书石星的轻敌有

1 石星《议征倭疏》，《万历疏钞》卷四十三《东倭类》。

很大关系。

朝鲜国王立即向明朝皇帝发来乞援奏疏，恳乞大振兵威，刻期剿灭。他把此次倭寇侵略朝鲜的始末作了简要回顾，然后说："臣窃念守藩无状，致覆邦域，失守祖先基业，栖泊一隅。钦蒙皇上仁恩，不问失职，反加存恤，遣馈银两，发兵应援，前后宠恩稠叠汪涉，自惟流离危迫，何幸得慈母之依，翘望阙庭，惟知感激流涕而已。臣仍念小邦将卒初败绩于海上，再败于尚州，三败于忠州，四溃于汉江，遂致京城不守，平壤见陷。国中形势尽为贼据，散漫猖獗，日肆杀掠。小邦疆土殆无一邑不被祸者，海隅黎民久荷皇灵，休养生息，乃今骈罹锋刃，肝脑涂地，惨不忍言。"最后，他提及此次明军平壤战败，表达了"朝暮望救于水火之中"的迫切心境："日前，辽东将官祖承训等仰遵明旨，援兵救援小邦人民，威幸再苏。不意天不助顺，辱及骁将……自夏徂秋，贼锋环逼，危亡莫保。西向引领，日望天兵早至，各道士民闻恩旨已降，欢欣奋跃，朝暮望救于水火之中。"[1]

初战失利的消息传到京师，朝野为之震动。兵部恳乞皇帝迅即派遣大臣经略征倭事宜："近得辽东镇臣禀报，倭寇朝鲜，所过伤残已亲见，国王复自平壤避出，及其臣民流离之状，所不忍言。关白（秀吉）犷悍，业必据为巢穴，以图我犯，若使入

1 宋应昌《经略复国要编》卷首《朝鲜国乞援疏》。

堂奥而复御之，则已晚矣。今宜大加征讨，预伐狂谋。伏乞圣明轸念社稷生灵安危大计，特遣素有威望、通晓兵事大臣一员，经略倭事，统领蓟昌保定南北兵马，直抵朝鲜，深入境内，大申挞伐之威。一以遏其猖狂，复存下国；一以阻其内讧，固我门庭。”[1]皇帝接受兵部的建议，任命兵部右侍郎宋应昌（字时祥，号桐冈，浙江杭州人）为备倭经略，下达圣旨：“宋应昌便着前往蓟保辽东等处经略备倭事宜，就写敕与他，钦此。”同时任命正在宁夏平叛战场的总兵李如松，提督蓟辽保定山东军务，刻期东征。宋应昌接到圣旨，立即表态：“臣本书生，未娴军旅，过蒙皇上特遣经略，臣遽承之，曷任悚惕。臣切计之，倭奴不道，奄有朝鲜，诡计狂谋，专图内犯。辽左、畿辅外藩与之比邻，山海关、天津等处畿辅水陆门户，俱系要地……顾今天下承平日久，军务废弛，人心习于治安，玩愒已极，不大破拘挛之见，则国事终无可济之理。”[2]看来他对经略备倭事宜的前景并不乐观。

◥ 宋应昌，嘉靖四十四年进士。历任绛州知州、济南知府、福建布政使，晋副都御史，巡抚山东，上《海防事宜》，预策倭患，进选将、练兵、积粟三策。官至兵部右侍郎，加右都御史。万历二十年以兵部右侍郎经略朝鲜、蓟辽等处军务。

宋应昌受命后，即去山海关整军备战，声称平日讲求一字阵法，用兵一万，须造车三百六十辆，火炮七万二千门，弓弩二万七千副，毡牌各二千面，弩箭数百万枝，火药铅子难以计数，此外还要

1 宋应昌《经略复国要编》卷首《部垣台谏条议疏略》。

2 宋应昌《经略复国要编》卷一《初奉经略请敕疏》。

轰雷、地雷、石子、神球、火龙、火枪等火器，以及军中一应所费，请皇上指示兵部，给与钱粮，制造备用。又请抽调“文武具备，谋略优长”的兵部职方司主事袁黄、武库司主事刘黄裳二人，作为军前赞画（相当于参谋长）。[1] 调动两名官员赞画军前，是不成问题的；成问题的是一下子要制造那么多的武器装备，似乎有寻找借口的嫌疑。

御史郭实抓住把柄，弹劾宋应昌出任经略不称职。宋应昌乐得顺水推舟，于九月初七日请求辞职，理由是，既然被人怀疑“不知兵”，何以号令将士？他说：“今臣未拜朝命，知臣者目臣为不知兵，则三军之士惑而不受令矣。臣又闻之兵法曰：疑志者不可以应敌。臣今内惭无实，外虑人言，不一心矣。以不一心之将统不受令之师，未有能济者……臣以无我之心从虚内照，经略责任在臣实不能堪，台臣之论原非谬也。”皇帝马上下旨：“倭奴谋犯，督抚各守防虏地方，战备一无所恃，且沿海数百里不相连属，一旦有警，深为可虞，特遣经略专任责成。郭实如何又来阻挠？”[2]

九月十三日，宋应昌再次请辞，又被皇帝驳回：“宋应昌已奉命经略，只为郭实一言，遂畏避不肯前去，沿海边务责成何人？浮言反重于朝命，国纪何在？倭报已紧，宋应昌可即择日行。九卿科道依违观望，今亦不必会议。郭实怀私妄奏，阻挠国

1 钱一本《万历邸钞》，万历二十年壬辰卷，八月。

2 宋应昌《经略复国要编》卷一《辞经略疏（万历二十年九月二十二日）》。

是，着降极边杂职用。再有渎扰的，一并究治。”[1]

皇帝已经发话，“再有渎扰的，一并究治”，宋应昌不敢再辞，很快领了敕书，起程赶往辽阳，履行经略的职责。一面督责沿海地方官整军备战，一面向朝鲜国王发去公文，回应“朝暮望救于水火之中”的呼声。这篇由辽东总兵转交朝鲜国王的公文写道：

> 圣天子赫然震怒，命本部以少司马秉节钺总权衡，爰整六师，大彰九伐。谋臣如雨，运筹借箸者接踵而来；猛士如云，齿剑淬刃者交臂而至。已行闽广浙直集战舰，合暹罗、琉球诸国兵，掩袭日本，以捣其巢。复调秦蜀燕齐敢战之士，并宣大山西诸镇雄兵，深入朝鲜，以殪其众。龙骧虎贲，长驱鸭绿江头；雷厉风飞，直抵对马岛下。合先行会本王，以便合师夹击……今天兵将至，恢复可期，宜收集散亡，召募勇敢，屯刍粮，扼险隘，察敌动止，相敌情形。伏天兵克日渡江，或用奇，或以正，或分道，或夹攻，务灭丑奴，廓清海岳。[2]

3.“爰整六师，大彰九伐”

宋应昌的公文写得气势如虹，“爰整六师，大

1 钱一本《万历邸钞》，万历二十年壬辰卷，九月。

2 宋应昌《经略复国要编》卷二《檄辽东杨总兵转谕朝鲜王（万历二十年十月二十五日）》。

彰九伐”，“龙骧虎贲，长驱鸭绿江头；雷厉风飞，直抵对马岛下”。落实到具体行动，却十分谨慎。因为他这个经略大臣可以支配的军队数量有限，已经赶到辽东的有：

蓟州镇兵七千五百名（马步各半）；

保定镇兵五千名（马步各半）；

辽东镇兵七千名（马兵）；

大同镇兵五千名（马兵）；

宣府镇兵五千名（马兵）。

合计二万九千五百名。

尚未赶到的有蓟州镇兵二千九百名，山西镇兵二千名，刘綎部川兵五千名，杨应龙播州兵五千名，延绥入卫兵三千名，合计约一万七千九百名。全部到齐也不过四万七千五百名。[1]而提督李如松的主力部队还没有赶到，入朝作战的条件还不成熟。宋应昌不断催促李如松尽快赶来，十月十七日写信："昨已亟趋辽阳，督促兵马，整饬战具，以候大将军之至。"[2]十一月二十三日写信："诸凡将兵、粮食、战具，一一整饬，专候大将军驾临，以图进取。"[3]

在此期间，宋应昌所做的是大战前的准备工作。颁布军令三十条，主要是激励士气，严肃军纪。其中第一条宣称："南北将领头目军兵人等，能有生擒关白（平秀吉），并斩真正首级来献者，赏银

1 宋应昌《经略复国要编》卷四《檄李提督书（万历二十年十二月初八日）》。

2 宋应昌《经略复国要编》卷三《与平倭李提督书（万历二十年十一月十七日）》。

3 宋应昌《经略复国要编》卷三《与平倭李提督书（万历二十年十一月二十三日）》。

一万两，封伯爵世袭；有能生擒倭将平行长、平秀嘉、平秀次等，及妖僧玄苏，及斩获真正首级来献者，赏银五千两，升指挥使世袭。”第二条：“中军旗鼓等官差传本部号令，因而误事者，斩。”第三条：“前锋将领遇有倭中通士说客至营，或拿获奸细，即时解赴本部军前，听指挥发落。有敢私自放归，及容隐不举者，副将以上按军法参治，参将以下，斩。”第四条：“各营将领有不严束兵士，谨防奸细，以致漏泄军机者，自参将以下，斩。”第五条：“将士经过朝鲜地方，务使鸡犬不惊，秋毫无犯，敢有擅动民间一草一木者，斩。”第六条：“官军有狎朝鲜妇女者，斩。”如此等等。[1]

宋应昌之所以如此严厉，因为他是皇帝特遣的钦差大臣，奉有圣旨“将领以下听节制，违者以军法从事”，且有皇帝赐予的尚方剑，可以便宜从事。黄汝亨为他写“行状”，特别提及这一细节：“诏拜公兵部右侍郎经略蓟辽山东保定等处防海御倭军务，有旨：‘宋某忠勇任事，又经特遣，这事权都专责任，他督抚毋得阻挠，将领以下听节制，违者以军法从事。’……有中使（太监）数辈来凝视公良久去。俄而持尚方赐出：‘赐经略宋某白金百两、大红苎丝四表里。’公叩首谢，惊喜俱集。中使耳语曰：‘上命视先生福器如何？我辈道报先生风姿雄伟，须眉面目英英逼人。圣情欣悦，特有此赐。’

1 宋应昌《经略复国要编》卷三《军令三十条（万历二十年十一月三十日）》。

公感极泣下，誓以身报国，即仗钺出都门。盖壬辰秋九月杪也。然是时经略创设，部署未定，一切甲兵、糗粮、军器仓卒未备。公从空中擘画，事事皆办。”[1]

十二月初三日、初四日，先发吴惟忠领兵三千，又发钱世祯领兵二千，渡过鸭绿江，驻扎于义州、定州，等待李如松到达，发起攻击。[2]

十二月初八日，李如松赶到辽阳，与宋应昌会合，相互誓约“彼此同心，勿生疑贰”。两人面议，将东征军士分为三支：中协、左翼、右翼。中协由中军副将都督佥事杨元率领，左翼由辽东巡抚标下副总兵都督佥事李如柏率领，右翼由协守辽东副总兵张世爵率领。十二月十三日，兴师东渡，直趋平壤、王京。[3]

此次东征，适逢平定宁夏叛乱，兵力难以集中，兵部尚书石星对东征取胜没有把握，寄希望于“招抚”，得到内阁辅臣赵志皋的支持。所谓“招抚”云云，讲得冠冕堂皇一点，就是不战而屈人之兵。为此，石星派遣市井无赖出身、精通日语的浙

◤ 赵志皋，浙江金华人，隆庆二年探花。授翰林院编修。万历五年因不满张居正夺情，上疏救吴中行，被外放广东副使。张居正去世后，起解州同知，旋改南京太仆寺丞，历国子监司业、南京吏部侍郎等，于万历十九年升礼部尚书兼东阁大学士，二十年暂任内阁首辅一职，二十一年正式任内阁首辅。

---

1 黄汝亨《经略朝鲜蓟辽保定山东等处兵部左侍郎都察院右都御史宋公行状》,《寓林集》卷十七。

2 宋应昌《经略复国要编》卷四《报石司马书（万历二十年十二月初四日）》。

3 宋应昌《经略复国要编》卷四《请加将领职衔疏（万历二十年十二月十二日）》。

江人沈惟敬，以游击将军头衔前往平壤，探听虚实，进行游说。关于沈惟敬其人，沈德符如是说：“沈惟敬，浙江平湖人，本名家支属，少年曾从军，及见甲寅（嘉靖三十三年）倭事。后贫落，入京师，好烧炼，与方士及无赖辈游。石司马（兵部尚书石星）妾父袁姓者，亦嗜炉火，因与沈（惟敬）善。会有温州人沈嘉旺从倭逃归，自鬻于沈（惟敬），或云漳州人，实降日本，入寇被擒脱狱。沈（惟敬）得之为更姓名，然莫能明也。嘉旺既习倭事，且云关白（秀吉）无他意，始求贡中国，为朝鲜所遏，以故举兵，不过折柬可致。袁信其说，以闻之司马（石星）……司马大喜，立题授神机三营游击将军。”[1]

十一月，沈惟敬接受石星的秘密使命前往朝鲜义州，表面上是“宣谕倭营”，进行“招抚”，实际上是寻求和平谈判的可能性。到平壤城北降福山下，立即与日军将领小西行长会谈。小西行长对沈惟敬诡称：“天朝幸按兵不动，我亦不久当还，当以大同江为界，平壤以西尽归朝鲜。”两人达成休战五十天的口头协议。[2]朝鲜国王接见沈惟敬，向他表示：“小邦与贼有万世必报之仇，前日坚守五十日之约，以待天兵，今反有意许和。以堂堂天朝，岂和小丑讲和乎？”沈惟敬置之不理，仍与小西行长会谈，对他说：“尔国诚欲通贡，岂必假道朝鲜？敕下廷议，若无别议，必查开市旧路（按：即宁波市舶司），

1 沈德符《万历野获编》卷十七《沈惟敬》。

2 谷应泰《明史纪事本末》卷六十二《援朝鲜》。北岛万次《壬辰倭乱期的朝鲜和明》，载《亚细亚之中的日本史（2）·外交和战争》，东京大学出版会，1992年，第141—143页。万斯同《明史·石星传》也说：“游客沈惟敬者嘉兴人，颇习倭事，而诡谲无赖，以秘策干（石）星，（石）星遣之入倭。还言：行长愿请封贡，以去平壤为信。（石）星大惑之。”

一依前规定夺。”李如松认为沈惟敬的做法有“辱国辱君”之罪。[1]

李如松接到沈惟敬的报告，倭酋小西行长愿意接受封贡，请退至平壤以西，双方以大同江为界。李如松不信此言，怒斥沈惟敬险邪，要将他斩首处死。参军李应试说，正可将计就计，出奇兵袭击。[2]

经略宋应昌对顶头上司石星的“招抚”主张，不便反对，只能保持一定的距离，可用则用。在他看来，兵不厌诈，只要能完成“经略”的使命，把倭奴赶出朝鲜，使用什么手段都可以，当然包括与战争并行不悖的“招抚”，这是他与石星的不同。因此他对于沈惟敬并不信任，多次提醒李如松谨防沈惟敬。在一封信中说：“许掌科书来论沈惟敬事，极诋其诈，与门下、鄙人意适相符。此人遨游二国间，须善待而慎防之。门下驭之必有妙算，不佞谆谆似为赘词。”[3]在另一封信中说：“沈惟敬随带布花（棉布、棉花）卖与平壤倭贼。但倭贼所缺者布花，今以此物与之，是借寇兵而资盗粮也……前者本部面审（沈）惟敬，见其言语错乱，疑有未尽之情。今果若此，因小事而误国事，罪莫甚焉。仰平倭提督即将沈惟敬、沈嘉旺俱留于营中，仍于紧要去处严加盘诘，不许沈惟敬并家人金子贵与倭传报一字。”[4]

宋应昌的折中态度，与他的赞画袁黄有很大的关系。袁黄，初名表，字坤仪，苏州府吴江县人，

1 北岛万次《壬辰倭乱期的朝鲜和明》，载《亚细亚之中的日本史（2）· 外交和战争》，第134—135页。

2 谷应泰《明史纪事本末》卷六十二《援朝鲜》。

3 宋应昌《经略复国要编》卷四《与李提督书（万历二十年十二月二十八日）》。

4 宋应昌《经略复国要编》卷五《檄李提督（万历二十一年正月初五日）》。

后入籍嘉兴府嘉善县。万历二十年（1592）出任经略帅府的赞画，收罗奇士绍兴人冯仲缨、苏州人金相为幕僚。沈惟敬与小西行长谈判“封贡罢兵”，袁黄与冯仲缨、金相颇有异议。潘柽章为袁黄立传，记录了三人关于此事的评论，意味深长。请看：

袁黄问冯仲缨曰：“倭请封，信乎？”

冯曰：“信。”

袁问：“东事可竣乎？”

冯曰：“未也。”

袁问：“何谓也？”

冯曰：“平秀吉初立，国内未附。（小西）行长，关白（秀吉）之嬖人，欲假宠于我以自固，故曰信也。（李）如松恃宠桀骜，新有宁夏功，加提督为总兵官，本朝未有也。彼肯令一游士掉三寸之舌，成东封之绩，而束甲以还乎？彼必诈（沈）惟敬借封期以袭平壤，袭而不克则败军，袭而克则败封。故曰东事未可竣也。”

金相曰：“袭平壤必克，克而骄，必大败，败封与败军两有之。”

袁黄曰：“善。”[1]

冯、金二人对沈惟敬的看法，对李如松将计就计攻克平壤的预判，为后来的事势所证实。宋应昌策划平壤之战，正是出于这样的考虑。他后来向朝廷报告自己的意图，就是利用沈惟敬与小西行长谈

1 潘柽章《松陵文献》卷六《人物志·明·袁黄》。

判为掩护，发动突然袭击，一举拿下平壤。他在奏疏中写道：“先是，沈惟敬七月内奉本兵尚书石（星）令，至倭营探听。十月内，自倭中回，见本兵，本兵具题，发臣标下听用。（沈）惟敬至山海关见臣，备言倭酋（小西）行长欲乞通贡，约六十日不攻朝鲜，以待回音。今已及期，愿请金行间，使（小西）行长收兵等语。臣默思军前诸务未集，乘此足可缓倭西向，复有本兵亲笔手书，嘱臣给发（沈）惟敬银一千两，臣遂照数牌行中军官杨元付（沈）惟敬前去……适（沈）惟敬复自倭中归，执称（小西）行长愿退出平壤，以大同江为界。臣姑然之，将（沈）惟敬发提督标下拘管，不许复入倭营，令随提督齐至平壤。（李）如松默听臣言，止许（沈）惟敬差家丁往见（小西）行长，约一二日内退出平壤。时（小西）行长尚在踌躇，家丁未及回话，而我兵已薄城下，出其不意，乘其不备，是以平壤遂捷，开城复收。”他把这种策略称之为“始事讲贡计破平壤”。[1]战事正是这样进行的。

兵不厌诈。一向骁勇善战的李如松，此番要尝试一下智取的谋略，事先派人与小西行长约定，即将抵达平壤附近的肃宁馆，举行“封贡”大典。

万历二十一年（1593）正月初四日，李如松率军来到肃宁馆，小西行长特遣牙将二十人迎接封贡使节。李如松突然喝令拿下，捉住三人，其余牙将逃

1 宋应昌《经略复国要编》卷十《讲明封贡疏（万历二十一年八月二十九日）》。

回。小西行长大惊，以为是翻译没有把意思转达明白，再派亲信小西飞前往说明。李如松为了迷惑对方，对他们抚慰备至。正月初六日，李如松率军抵达平壤城下，小西行长在风月楼瞭望，派部下夹道迎接。李如松命令将士整营入城，对方看出破绽，登城拒守。一场决战不可避免。

宋应昌事先对副将李如柏、李如梅布置了攻城的战术："查得平壤形势，东西短，南北长。倭奴在平壤者闻我进兵，彼必婴城固守。我以大兵围其含毬、芦门、普通、七星、密台五路外，当如新议，铺铁蒺藜数层，以防突出死战。其南面、北面、西面，及东南、东北二角，各设大将军炮十余位。每炮一位，须用惯熟火器手二十余人守之，或抬运，或点放，炮后俱以重兵继之，防护不测。每门仍设虎将一员守之，一有失误，即时枭首。止留东面长庆、大同二门为彼出路。须看半夜风静时，乘其阴气凝结，火烟不散，先放毒火箭千万枝入城中，使东西南北处处射到。继放神火飞箭及大将军炮，烧者烧，薰者薰，打者打。铁箭铅弹两集，神火毒火熏烧，其不病而逃者，万无是理。若逃，则必走大同江，俟半渡，以火器击之，又伏精兵江外要路截杀之，必无漏网。"[1]

正月初八日黎明，攻城激战爆发。战况之惨烈前所罕见："倭炮矢如雨，军稍却，李将军手戮一

1 宋应昌《经略复国要编》卷四《与副将李如柏李如梅书（万历二十年十二月二十一日）》。

人。我师气齐奋，声震天。倭方轻南面为丽兵，（祖）承训等乃卸装，露明盔甲，倭急分兵拒堵。李将军已督杨元等从小西门先登，李如柏从大西门入，火药并发，毒烟蔽空。方酣战时，吴惟忠中铅洞胸，血殷踵，犹奋呼督战。而李将军坐骑毙于炮，易马驰，堕堑，鼻端出火，麾兵愈进。我师无不一当百，前队贸首，后劲已踵，突舞于堞，倭遂气夺宵遁。”[1]乘着夜色逃跑的日军退保风月楼。夜半，小西行长提兵渡过大同江，退保龙山。此战斩获首级一千二百八十五，烧死、溺死无算。裨将李宁、查大受率精兵三千埋伏于江东僻路，斩获首级三百六十二。明军乘胜追击，李如柏收复开城，黄海、平安、京畿、江源四道相继收复。[2]送给朝廷捷报称：“本月初六日，至平壤城下。初八日，登城克捷，斩获倭级一千五百有余，烧死六千有余，出城外落水淹死五千有余。”[3]

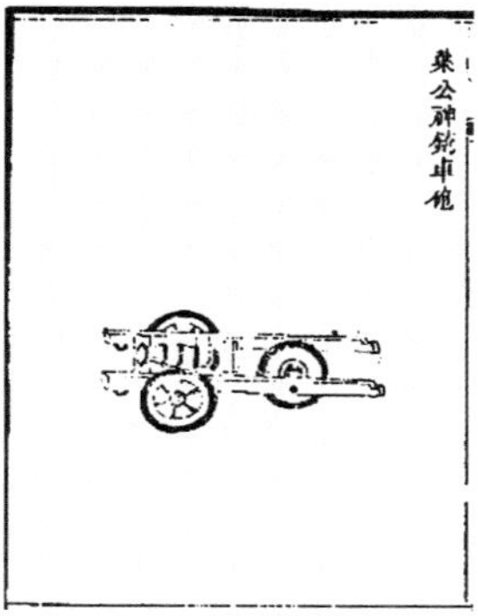

◤ 叶公神铳军炮
叶梦熊《神铳议》中所载万历时期大神炮分为三等：天字号，长三尺五寸，重二百八十斤；地字号，长三尺二寸，重二百斤；玄字号，长三尺一寸，重一百五六十斤。

从平壤撤退的日军，以及各地分散日军，全部向王京聚集，约有十几万之众。提督李如松过于轻敌，带领三千人马前往王京打探地形，在碧蹄馆落入日军的包围圈。正当千钧一发之际，杨元、张世

1　茅瑞徵《万历三大征考·倭上》。
2　谷应泰《明史纪事本末》卷六十二《援朝鲜》。
3　钱一本《万历邸钞》，万历二十一年癸巳卷，正月。

爵率领援军赶到，击溃日军，李如松突出重围。碧蹄馆之战，明军锐气受挫，李如松感叹众寡不敌，向朝廷请求以他人代替自己。[1]

在这种形势下，宋应昌休整军队，向王京朝鲜军民发去“招降免死”文告，发动分化瓦解的心理攻势：“示谕朝鲜王京等处被倭所陷军民男妇等知悉：尔等苦倭荼毒逼胁，勉强顺从。今天兵见在征剿，一战遂取平壤，杀掠倭奴殆尽。平壤军民来降者不下万余，随送尔国王处复学安插。今攻取王京等处在即，尔等被倭所陷者速当反邪归正。执此免死帖，前来军前投降，免死仍与安插。”[2]他还向朝鲜国王发去咨文，希望他密切配合，号召军民里应外合：“今平壤既复，大兵已进，当倭奴窜伏之时，正人心鼎沸之日。王速出令宣布军民人等，谕以世受先王恩泽，一旦被倭摧陷垢辱，苟有人心，急宜奋发。在王京者候天兵攻进，或献城门作为内应。其在各道者，或统义兵助斩倭级。其亲戚故旧在于王京者，相与密约内应，并为间谍，协助王师，懋建勋业。”[3]

在宋应昌看来，北山高昂，俯视王京，如果顺着山势而攻，可一举而下，要求兵部尚书石星调兵增援。然而石星一味依赖“招抚”解决朝鲜问题，用“封贡”作为交换条件，促使日军撤退。黄汝亨写道：“公（宋应昌）披图熟计，谓北山高逼王京，依山顺攻，可一鼓而下……而本兵（兵部尚书）密令（沈）

1 北岛万次《壬辰倭乱期的朝鲜和明》，载《亚细亚之中的日本史（2）·外交和战争》，东京大学出版会，1992年，第150—151页。

2 宋应昌《经略复国要编》卷五《招降免死信帖（万历二十一年正月十五日）》。

3 宋应昌《经略复国要编》卷五《移朝鲜国王咨（万历二十一年正月十八日）》。

惟敬议款，恶公转战，所调兵悉令支解：李承勋兵留山东，陈璘兵夺蓟镇，沈茂兵中途遣还浙。公拊臂叹曰：‘令我以疲卒当锐师，抑徒手杀贼耶！’”[1]

面对顶头上司石星的压力，宋应昌的选择是有限的，只能把沈惟敬正在进行的“议款”作为辅助攻战的手段，加大军事进攻的气势。最为关键的一招，就是用猛烈的炮火烧毁王京城南的龙山粮食仓库，迫使日军无法长久盘踞王京。这一招非常成功，正如黄汝亨所说：“公（宋应昌）又念倭不退王京，则朝鲜必不可复。而王京城南有龙山仓，朝鲜所积二百年粮食，资以饱倭，则倭必不退。乃夜令死士以明火箭烧龙山仓十三座，粮尽，倭大窘，乃弃王京去。”[2]黄汝亨说得过于简单，促使日军“弃王京去”，仅仅火烧粮仓是远远不够的，自然还少不了有关“封贡”的和谈。万斯同说：“二十一年春，师久无功，（小西）行长复请（封贡）于（沈）惟敬。帝从群议，不许。（石）星令（沈）惟敬阴许之。大学士赵志皋助（石）星于内，（宋）应昌附和于外，要以献王京，返王子陪臣，即如约。”[3]事情的经过当然复杂得多。

1 黄汝亨《经略朝鲜蓟辽保定山东等处兵部左侍郎都察院右都御史宋公行状》，《寓林集》卷十七。

2 黄汝亨《经略朝鲜蓟辽保定山东等处兵部左侍郎都察院右都御史宋公行状》，《寓林集》卷十七。

3 万斯同《明史》卷三百三十二《石星传》。

4.“就其请贡行成之机，可施调虎离山之术”

兵部尚书石星企图用“封贡”促使日军撤退，

得到内阁辅臣赵志皋的支持，宋应昌则在外与之附和。不过宋应昌与石星是有区别的，仅仅把“封贡”当作“调虎离山之术”。他后来在奏疏中解释之所以这样做的原因，是迫不得已的：“继而倭奴并集王京，合咸镜、黄海、江源等道之众，据报实有二十余万。我兵不满四万人，转战之后，士马疲劳，强弱众寡既不相当，雨霪泥泞，稻畦水深，天时地利又不在我，是以暂为休息。惟广布军声，扬言臣与（李）如松前后统兵不下数十余万。多行间谍，发免死帖数万纸，招出王京胁从之人，以散叛党。修筑开城城垣，以示久住。令死士夜持明火飞箭射烧龙山仓粮，以空积储。又时时添兵运饷于开城间，以示不久必攻王京之意。于是王京倭奴既畏我已试之威，又不识我多方之误，复致书与（沈）惟敬，仍欲乞贡退归。臣复思就其请贡行成之机，可施调虎离山之术，随即听从。”[1]

宋应昌把这种调虎离山之术，当作不战而屈人之兵的手段，多次向部下阐明。在给参军郑文彬、赵汝梅的信中说：“兵家用间，当在敌处两难之际。今倭奴欲守王京，则惧我兵火击；欲归日本，又畏关白（秀吉）族诛，正进退维谷时也。乘此机会，陈以利害，诱以封爵，啗以厚赍，无不乐从者。”[2]在给提督李如松和赞画刘黄裳、袁黄的信中说：“当其进退维谷之时，伸以甲兵挞伐之势，长驱直捣，谁

1 宋应昌《经略复国要编》卷十《讲明封贡疏（万历二十一年八月二十九日）》。

2 宋应昌《经略复国要编》卷六《与参军郑同知、赵知县书（万历十一年二月初一日）》。

云不可？但事忌已甚，谋贵万全。故平壤捷后，本部既檄提督间说（小西）行长诸酋，招之来降，待以不死，阴图关白，永绝祸根……况平定安集，圣哲所先；间谍行谋，兵家不废……仰平倭提督即便一面会同刘、袁二赞画，一面转行沈惟敬等，前赴倭巢陈说利害，开谕祸福，令报关白，使之反邪归正，与朝鲜无相构怨，彼此罢兵，永为盟好。仍复许以奏闻朝廷，遣官册封，永为属国。倘使听从，则在中国彰神武不杀之功，在日本有受封之荣，一举三得，诚计之善者。”[1]几天之后又说：“昨闻平行长移书沈惟敬，恳求封贡东归之意，似乎近真。故不佞特意宣谕，开其生路，既不伤上天好生之德，亦不失王者仁义并行之道。此谕幸门下即发王京倭，如听从，亦不战而屈人之兵矣。”[2]他发给平行长（即小西行长）的“宣谕”这样写道：“朝鲜为天朝二百年属国，义所当恤，即覆载内有此凶残，王者耻之。以故我圣天子震怒，特遣司马重臣发兵百万，援彼小邦，用彰天讨。兵压平壤，政所以除暴救民。故直斥沈惟敬通贡乞哀之说，一意进剿。不逾时而斩获焚溺者无算，驱兵长进开城八道等，势如破竹，天朝神威亦稍见矣……汝等果能涤志湔非，尽还朝鲜故土，并还两王嗣以及陪臣等，归报关白，上章谢罪，本部即当奏题，封尔关白为日本国王，汝辈速宜束装回国。”[3]

1 宋应昌《经略复国要编》卷六《檄李提督并刘袁二赞画书（万历二十一年二月二十八日）》。

2 宋应昌《经略复国要编》卷七《与李提督并二赞画书（万历二十一年三月初八日）》。

3 宋应昌《经略复国要编》卷七《宣谕平行长（万历二十一年三月初八日）》。

万历二十一年（1593）四月八日，双方在汉城府龙山和谈，达成以下四点协议：

一、返还先前加藤清正俘虏的朝鲜王子与陪臣；

二、日军从王京撤往釜山浦；

三、布阵于开城的明军，在日军撤出王京的同时撤退；

四、明朝派遣使节赴日本谈判相关事宜。[1]

四月十九日，日军放弃王京南撤。二十日，李如松率军进入王京。王京收复，国王向宋应昌表示感谢："此缘天声震迭，凶丑丧魂，不敢保聚负固抗拒。王师拯小邦水火之中，措生灵莫居之地，义系存亡，恩浃民心，君臣上下感激无已。"[2]同一天，宋应昌向国王发去回函，表示即将前往王京，筹划善后事宜。信函写得颇有一点文采："本部拟于五月二日自新安馆东发，历平壤以至王京。诵麦秀之歌，则欲谒箕贤之墓；悲草露之泣，则欲吊战场之魂。赈济流离，抚恤士卒。历形胜，由目击以实耳闻；观民风，思心契以合神会。少图善后之计，协助鼎新之基。务使天造东藩，从兹虎踞；明月沧海，永息鲸波。然后振旅而旋，方敢与王相遇，敬瞻丰度，庶慰积怀。"[3]几天之后，又致函国王，请他速发兵符，号召全罗、庆尚、忠清各道水陆军兵，协助天兵夹剿倭贼。[4]

1 北岛万次《壬辰倭乱期的朝鲜和明》，载《亚细亚之中的日本史（2）·外交和战争》，东京大学出版会，1992年，第150—151页。

2 宋应昌《经略复国要编》卷八《朝鲜国谢恢复王京咨（万历二十一年四月二十八日）》。

3 宋应昌《经略复国要编》卷八《移朝鲜国王咨（万历二十一年四月二十八日）》。

4 宋应昌《经略复国要编》卷八《移朝鲜国王咨（万历二十一年五月初三日）》。

五月初六日，宋应昌向内阁辅臣赵志皋、张位及兵部尚书石星报告："幸仗洪庇，已得王京，而调兵前后截杀，倘再得成，又何贡事足言哉！近贼于十九日尽离王京，日行止三四十里。二十九日才到尚州，未及一半，且又住下。至五月初三日尚未起身过河过江，随后尽毁船只桥梁，恐我兵追袭故也。若我兵亦不使骤进，缓缓尾后，只当护送，以安其心。"[1]这些话是讲给主张"封贡"的赵志皋、石星听的，宋应昌自己却另有打算，指示部下乘机歼灭日军有生力量，使它不致重返王京。他对新近入朝增援的总兵刘綎说："国王固已催促汉江以东各路搬运粮草，以济我兵。但残破之余，未知果能集否？不可不深虑也。本国龟船甚利，且发杠瓜子炮，比中国所制更奇。已于三月预设一千余只，并水兵万余，俱集海口，专俟倭归出港，遇其船或撞碎，或烧毁，使其前不可过海，后不可返王京。我兵则须俟其粮尽力竭，一鼓灭之，谅无难者。"[2]宋应昌担心日军的撤退并非真心，关照李如松与朝鲜军队前后夹击："近倭奴假贡请降，非出真心。本部明知其诈，将计就计，欲诱离王京，无险可恃，庆尚、全罗官军前途邀截，我兵从后追袭，前后夹攻，大加剿杀。"[3]直到五月二十七日，得知日军已经退至釜山，朝鲜全境业已恢复，他还不放心，关照李如松，纵令倭奴全部归岛，也应留兵代替朝鲜

1 宋应昌《经略复国要编》卷八《报赵张二政府并石司马书（万历二十一年五月初六日）》。

2 宋应昌《经略复国要编》卷八《与总兵刘綎书（万历二十一年五月初八日）》。

3 宋应昌《经略复国要编》卷八《檄李提督（万历二十一年五月十一日）》。

防守。[1]

根据协议，明朝议和使节谢用梓、徐一贯前往日本名护屋（名古屋），谒见丰臣秀吉。六月二十八日，丰臣秀吉提出议和七项条件：

一、迎明朝皇帝之女备为日本天皇之后妃；

二、两国年来因间隙而断绝的勘合贸易应予恢复，希望官船商船往；

三、明朝大臣与日本大名之间交换通好不变的誓词；

四、朝鲜一分为二，北部四道及京城返回朝鲜，南部四道给予日本；

五、以朝鲜王子及大臣一二人作为人质，送往日本；

六、归还去年俘虏的朝鲜二王子给朝鲜；

七、朝鲜大臣向日本提出誓词。

明朝使节提出三项条件：

一、返还朝鲜全部领土；

二、朝鲜二王子归国；

三、丰臣秀吉谢罪。[2]

七月二十日，谢用梓、徐一贯从日本返回釜山，小西行长随即送出王子、陪臣及家属。大批日军乘船离开釜山回国，小西行长带领部分日军前往海中的西生浦暂住，等待谈判使节小西飞的回音。[3]

1 宋应昌《经略复国要编》卷八《与李提督书（万历二十一年五月二十七日）》。

2 三田村泰助《明帝国和倭寇》，载《东洋历史》（8），人物往来社，1967年，第342—344页。《秀吉和信长》，载《日本历史之谜和发现》（9），每日新闻社，1979年，第60页。

3 宋应昌《经略复国要编》卷十《讲明封贡疏（万历二十一年八月二十九日）》。

问题在于，这一切朝廷并不知晓，一旦明白了原委，立即引起轩然大波。万斯同写道：“当是时，（石）星、（宋）应昌以封贡款倭，倭以封贡退师，而中朝犹未知也。六月，倭复送还王子陪臣，遣其将小西飞随（沈）惟敬俱来中朝，始知之。于是兵科都给事中张辅之、巡按山东御史周维翰劾（宋）应昌。应昌初抵讳言：臣许封不许贡，臣之许贡，特借以误倭，前破平壤，收王京，皆用此策，非实许也。”[1]看来张辅之、周维翰对宋应昌有点误解。

八月初五日，宋应昌写信给内阁辅臣王锡爵、赵志皋、张位及兵部尚书石星，说明自己见解：“不佞愚见，讲贡一事，始而平壤，继而王京，皆借此一着，用以退倭。翁台尊意亦复如是。故不佞原无奏疏，前次王京塘报亦只虚虚谈及，不敢实说……今日之事，只宜借用此着，了却前件，若待实做，委为不敢。乃畏倭之反复难定，实非因人言之哓哓也。”[2]待到张辅之、周维翰上疏弹劾，他写了洋洋洒洒的“讲明封贡疏”，为自己申辩：“惟是通贡一节，臣原无成心，亦未曾轻许。特以兵家之事，虚实有隐机，经权宜互用。臣固不敢谓始事，而度其计之必行；亦不敢谓既事，而矜其术之已遂。顾廷臣之中有疑臣之迹，而以为许成；又不谅臣之心，而以为开衅。”接下来，他追述了“始事讲贡计破平壤之说”“再事讲贡计出王京之说”“目前讲贡

1 万斯同《明史》卷三百三十二《石星传》。

2 宋应昌《经略复国要编》卷十《报三相公并石司马书（万历二十一年八月初五日）》。

退釜山之说”，来证明原本是“借此一着，用以退倭”，并非真正答应“封贡”。他反问道：“若谓臣真许其贡，则倭出王京之时，何以令大兵尾进？何以调朝鲜兵船？何以屡檄将领，不曰坐困以逼其归，则曰剿杀以灭其类？何以不奖（沈）惟敬之功劳，而责（沈）惟敬之罪进？”[1]

其实“封贡”的始作俑者是兵部尚书石星，遭到弹劾后，一面请求罢官，一面为自己辩解。他的辩解没有宋应昌那样理直气壮，把宋应昌比作胡宗宪，把沈惟敬比作蒋舟，显得不伦不类：“自御倭朝鲜以来，所有一应攻取计划，皆臣与经略宋应昌，或面相计，或书相达。近日议论愈多，观听愈淆，其势必至尽没将士血战之劳，大陷经略叵测之谋，臣之狗马愚衷，亦且死不瞑目。臣见往者胡宗宪有平倭大功，卒挂吏议，身且不免；谋士蒋舟等亦各以罪重谴。臣不及今一言，窃恐（宋）应昌之复为（胡）宗宪，而沈惟敬之再为蒋舟。将使用间机宜，为世大忌，文网过密，展布愈难，尤臣之所大惧也。”[2]他既要揽功，又要推卸责任，一则说：“经略（宋）应昌以挞伐为威，以许贡为权，冀成功，无嫌诈计。而其遣使行间，臣（石）星实与之谋。”再则说：“夫通贡屡奉明诏，孰敢轻许！即封号亦未尝轻假也。（小西）行长尚在西浦，关白未具表文，计出要求，未可遽听。”[3]

1 宋应昌《经略复国要编》卷十《讲明封贡疏（万历二十一年八月二十九日）》。

2 钱一本《万历邸钞》，万历二十一年癸巳卷，九月。

3 万斯同《明史》卷三百三十二《石星传》。

皇帝对宋、石两人的申辩，明确表态："朕以大信受降，岂追既往！可传谕宋应昌严备，劝彼归岛，上表称臣，永为属国，仍免入贡。"[1]

皇帝表示不追究既往，可是兵部职方司主事曾伟芳仍然不肯罢休，继续追究既往。在他看来"款贡"一无是处，主张"款贡"的大臣是首鼠两端："臣窃睹倭奴款贡之害，三尺竖子类能言之。乃疆场当事诸臣犹踌躇四顾而不能决，非谓不款则倭不去乎？臣则曰款亦来不款亦来……今称克开城，复王京，还王子陪臣，以议款故，则彼又何威我慑我，而能就我束缚，守我盟誓哉？且以沈惟敬前在倭营见与为媾，咸安随陷，晋州随拔，而欲恃此许贡以冀来年之不复攻，则速之款者速之来耳。故曰款亦来。夫不款无忧其不去，则何必借款以市其去。款之难保其不来，则何必重款以饵其来贡之当绝。此两者足以观矣。今不料绝贡之无关倭之去来也，而首鼠两端，阳讳阴设，内自树疑，以外招众口，窃为首事者惑焉。今日之计，以中国而守中国则易，以中国而为朝鲜守则难。欲不留兵，将前功尽弃；欲宿重兵，则师老力困，祸无已时。"又说："宜敕责朝鲜国王，数以荒淫沉湎、失守社稷之罪，朝廷已为若靡金数十万，恢复境土。今以俾汝，若不亟图，天且厌弃。如果不可化诲，其子光海君珲颇堪托国，俾自处分。"[2]皇帝对他的观点颇为赞

1 谈迁《国榷》卷七十六，万历二十一年九月壬戌。

2 曾伟芳《倭报欲去未去属国未复就复款贡非策留兵宜慎疏》，《万历疏钞》卷四十三《东倭类》。钱一本《万历邸钞》，万历二十一年癸巳卷。

同，朝鲜应该自己加强防守，至于更换国王，则以为不可。几天后，他致函朝鲜国王，就此次战事表明态度："尔国虽介海中，传祚最久……乃近者倭奴一入，而王城不守，原野暴骨，庙社为墟。追思丧败之因，岂尽适然之故！或言王偷玩细娱，信惑群小，不恤民命，不修军实，启侮诲盗，已非一朝，而臣下未有言者。前车既覆，后车可不戒哉……大兵且撤，王今自还国而治之，尺寸之土，朕无与焉。其可更以越国救援为常事，使尔国恃之而不设备，则处堂厝火，行复自及。猝有他变，朕不能为王谋矣。"[1]

既然皇帝主张"朝鲜自为守"，兵部尚书遂有撤兵之议。宋应昌奋然力争说："吾官可去，兵必不可撤！"立即上疏讲明理由："臣以兵力倦而姑听封贡，权也；守朝鲜全（罗）庆（尚）以备倭，俾不敢生心窥我，经也。臣能逐倭于朝鲜之境内，不能逐倭于釜山之海外。倭今日以畏威遁，他日必以撤兵来。且夷心狂狡，未可据封贡为信。"已经预料日军他日必定再来，但是朝廷不听，还是下达撤兵命令。宋应昌愤懑不已，突然中风，决定向皇帝乞求骸骨归乡。皇帝恩准："宋某东征劳苦，既有疾，着还朝调理。"经略职务由蓟辽总督顾养谦代理。[2]回京后，他多次上疏乞休，终于回到家乡杭州，"高卧西湖，绝口不谈东事"。[3]

1《明神宗实录》卷二百六十四，万历二十一年九月丙子。

2 黄汝亨《经略朝鲜蓟辽保定山东等处兵部左侍郎都察院右都御史宋公行状》，《寓林集》卷十七。

3 王锡爵《经略朝鲜蓟辽保定山东等处兵部左侍郎都察院右都御史桐冈宋公神道碑》，《王文肃公文集》卷六。

5.“秀吉妄图情形久著，封贡亦来”

皇帝给朝鲜国王的国书中，流露了即将从朝鲜撤军之意。蓟辽总督顾养谦（字益卿，号冲庵，南直隶通州人）上疏，力主从朝鲜撤军，皇帝当即批准。万历二十一年（1593）十二月，皇帝正式下令撤军，要顾养谦代替宋应昌前往朝鲜处理撤军事宜，蓟辽防务暂令顺天巡抚代管。

◤ 顾养谦，嘉靖四十四年进士。历任工部主事、福建按察佥事、广东副使、浙江右参议、右副都御史、南京户部右侍郎等职。万历十三年，晋右佥都御史、巡抚辽东。二十一年起兵部右侍郎，总督蓟辽军务。

兵是撤了，至于是否要同意日本的封贡请求，朝廷一时议论不决。多数官员持反对态度，吏科给事中逯中立立场最为鲜明，直斥兵部尚书石星以封贡误国。他说："自东倭未靖，而请封请贡之说兴也，中外诸臣言者甚夥，其揣情形析利害者亦甚备，虽三尺竖子亦知其不可矣……顾是说也，宋应昌始之，顾养谦成之，本兵石星力主之。沈惟敬密计于倭，刘黄裳昌言于朝，请封易而为请贡，请贡易而为开市，开市易而为和亲。顷已专意请封，业已奉有明旨矣。臣窃惟贡不可许，而封亦不可许也。是东征诸臣误本兵，而本兵因以误国也。"接下来，他分析封贡的危害："自倭奴狂逞，盘踞朝鲜，我皇上宵旰而忧，为之遣将出师者，计年余矣。蹂躏我属国，戕杀我士卒，靡费我金钱，是中国之仇也，而臣子之羞也。今不思灭此朝食，而反欲宠以封号，金册银章，赫奕岛外，此可令四夷见乎？”他毫不客气地批评石星：“当事者以冥冥决事，不曰选将，不曰练兵，不曰沿海修备，而今日议封，明日议贡。倭盘踞于釜山，为敢取之计；我冀望于侥幸，为苟且之谋。倭以款要我，而操术常行于款之外；我以款自愚，而智虑常陷于款之中。排盈廷之公论，捐战守之长策，阻忠臣义士之气，为逃责议功之资。此人臣之利，非国家之福也；旦夕之谋，非久远之计也。”[1]

刚刚受命出任朝鲜经略的蓟辽总督顾养谦，是支持石星的，他主张“封”与“贡”不可以分割，要么都批准，要么都拒绝。其实他是主张既批准“封”又批准“贡”的。皇帝要兵部会同九卿科道会议此事。[2]

参加此次会议的工科给事中王德完，写了一篇奏疏，其实是一份非正式的会议纪要，从中可以大体了解当时会议的情况。王德完责问石星：“外传总督（顾养谦）贻书，有贡市禁绝，能以身任等语，信然否？”石星答：“难必，倘强索贡市，只革其封号便是。”王德完又问：“釜山倭户肯尽数归巢否？”石星答：“难必。”王德完又问：“特遣辽东巡按亲至釜山，查看倭户有无归去，可行否？”石星答：“不可。”石星说：“倭得封，即飏去不吾犯也。”王德完反问：“倭即犯，胡以卒应？”石星答：“吾与总督、

1 逯中立《东事可虞庙谟当定乞杜衅萌以图万全疏》，《万历疏钞》卷四十三《东倭类》。

2《明神宗实录》卷二百七十二，万历二十二年四月甲寅。

巡抚三人当之。”王德完反唇相讥:“何足当此?三人即捐躯,其为二祖八宗之神器何?”并追问石星:“辽左战士有几?”石星答:“不过二千有零。”王德完问:“二千之卒何足御数万之倭?”与会的其他大臣说:“吴惟忠、骆尚志南兵暂留辽左,不宜速撤。”石星说:“业已先奔。”其他大臣又说:“刘綎兵撤回,亦要留住辽左。”石星说:“川兵难久,不如募土著,倭虏皆可挞伐。”王德完描述道,对话至此,“臣以为本官或自有主见,及叩其所以,茫如捉影捕风”,无怪乎与会大臣“相与咨嗟叹息”。[1]

王德完对石星所说“倭之封而不贡,倭之去而不留”云云,给出这样的判断:“毫无足凭,何能轻信”。他列举大量事实,揭穿石星所说只封不贡,并非真相。比如,在沈惟敬答倭书中,写道“既许尔乞降封贡”,显然“封贡已兼言之”。比如,倭国的表文写道“比照旧例”,“永献海邦之贡”,明白直言既封且贡。所以他责问石星:“何谓一封即可了事?”兴言及此,令人发指。[2]

石星把九卿科道会议情况报告皇帝,对于多数官员反对封贡,耿耿于怀。他说:“一意罢款,两言可决。但三旨许封,岂宜失信。况督臣(顾养谦)有言,若不与封,则小西飞无词以复(小西)行长,(小西)行长无词以复关白(秀吉)。此其说诚为有据。”他主张,由朝廷出具敕书,由小西飞递交丰臣秀吉。

1 王德完《目击东倭衅隙专备御疏》,《万历疏钞》卷四十三《东倭类》。

2 王德完《目击东倭衅隙专备御疏》,《万历疏钞》卷四十三《东倭类》。

敕书内容大略谓："封已许定，断在不疑。但釜山非封命所出之途，留兵非叩关乞封之礼。且表文要约未明，难以遽受，宜即归谕关白，更具表文，备开釜山之倭尽数撤回，永不侵犯。"然后派遣正副使节，从宁波旧道，附关乞款。如果译审无诈，朝廷也派正副使节前往日本册封。皇帝鉴于多数官员反对，下达了"未可轻拟"的圣旨："朝廷降敕，事体重大，未可轻拟。还行与顾养谦，一面谕令倭众归巢，一面将倭使赍来表文，验其真正与否，如果倭情真心归化，表文是实，即与奏请，候旨处分。"[1]

尚书陈有年，侍郎赵参鲁，科道官林材、赵完璧、徐观澜、顾龙、陈惟芝、唐一鹏等，陆续上疏反对封贡。

在众多反对封贡的声音中，福建巡抚许孚远（字孟中，号敬庵，浙江德清人）的议论最有针对性，也最为知己知彼。他之所以反对封贡，是基于派赴日本的密探提供的情报，作出判断——即使"封贡"也难以遏制日本对朝鲜的入侵。

◥ 许孚远，嘉靖四十一年进士。隆庆初任广东佥事，招降大盗李茂、许俊美，擒倭党七十余人。万历时知建昌府，闲暇则集诸生讲论学问。学宗良知，颇得王阳明正传。万历二十年升右佥都御史，巡抚福建，后累迁南京大理寺卿、兵部右侍郎等职。

此事说来话长。万历二十年（1592）十二月许孚远出任福建巡抚，下车伊始，就有两名指挥使级别的军官沈秉懿、史世用来参见，称是兵部尚

1　钱一本《万历邸钞》，万历二十二年甲午卷，四月。

书石星命他们秘密前往日本，“打探倭情”。许孚远鉴于沈秉懿年老，而史世用体貌魁梧，举止倜傥，便选用史世用作为密探。万历二十一年四月，史世用扮作商人，秘密到泉州府同安县，搭乘海商许豫的商船，前往日本萨摩州，同行的还有海商张一学等。六月出发，七月初四日抵达日本庄内国内浦港，得知萨摩州首领滕义久同中国商人许仪后，随关白丰臣秀吉去名护屋（名古屋）。名护屋是关白屯兵发船进攻朝鲜的基地，史世用与张一学分别潜入名护屋，一方面寻觅许仪后，一方面察看关白居住的城堡，刺探其动静起居。八月二十七日，许仪后随史世用来内浦与许豫会见。九月初三日，许豫与史世用带了绸缎等礼品，会见日本人幸侃，由许仪后翻译。九月十九日，大隅州正兴寺和尚玄龙来内浦，会见许豫，问道：“船主得非大明国福建差来密探我国动静之官耶？”许豫回答：“是，尔国侵伐高丽，杀害人民，我皇帝不忍，发兵救援。近闻差游击将军来讲和好，我福建许军门听知，欲发商船前来贸易，未审虚实，先差我一船人货来此，原无它意。”玄龙将信将疑。十一月，滕义久、幸侃又派黑田前再次试探后，准许许豫将购买的硫磺二百余担运载回国，并将滕义久文书一封转交许孚远。[1]

1 许孚远《请计处倭酋疏》，《敬和堂集》卷一。

万历二十二年（1594）正月二十四日，许豫回国，把刺探所得报告许孚远。许孚远把情报归纳为七点：

——探得关白姓平，名秀吉，今称大阁王，年五十七岁，子才二岁，养子三十岁。关白平日奸雄，诈六十六州，皆以和议夺之。

——前岁侵入高丽，被本朝官兵杀死不计其数，病死与病回而死者亦不计其数。彼时弓尽箭穷，人损粮绝，思逃无地，诡计讲和，方得脱归。

——关白令各处新造船只十余，大船长九丈，阔三丈，用橹七十枝；中船长七丈，阔二丈五尺，用橹六十枝。许豫访诸倭，皆云候游击将军和婚不成，欲乱入大明等处。

——日本六十六国，分作二关，东关名相板关，西关名赤间关。内称有船数千只，限三月内驾至大溪点齐，莫知向往何处。又点兵十八岁至五十岁而止，若有奸巧机谋者，虽七十岁亦用之。

——日本长岐（崎）地方，广东香山澳佛郎机每年至长岐买卖，装载禁铅、白丝、扣线、红木、金物等货。进见关白，透报大明虚实消息，仍夹带倭奴，假作佛郎机番人，潜入广东省城，觇伺动静。

——关白奸夺六十六州，所夺之州，必拘留子弟为质，令酋长出师以侵高丽，实乃置之死地。各国暂屈，仇恨不忘。及察倭僧玄龙与许豫对答语气，滕义久等甚有恶成乐败之意。许豫于写答间，亦微有阴诱之机。

——浙江、福建、广东三省人民被掳日本，生长杂居六十六州之中，十有其三。住居年久，熟识倭情，多有归国立功之志。[1]

十月十五日，许豫同伙商人张一学、张一治，把关白城堡侦探事情开报，许孚远加以整理，排除与许豫相同的内容，归纳为以下十一点：

——平秀吉始以贩鱼醉卧树下，有山城州倭酋信长，居关白位，出山畋猎，遇平秀吉冲突，欲杀之。平秀吉能舌辩应答，信长收令养马，名曰木下人，又平秀吉善登高树，呼曰猴精。信长渐赐与田地，改名森吉，于是助信长计夺二十余州。信长恐平秀吉造反，嘉奖田地，镇守大堺。有倭名呵奇支者，得罪信长，刺杀信长，平秀吉统兵乘势卷杀参谋，遂占关白职位。今信长第三子御分见在平秀吉部下。

——征高丽兴兵，平秀吉有三帅，名曰石田、浅野、大谷，大小谋议俱是三帅。

——平秀吉发兵令各州自备粮船干米，船运络绎接应，家家哀虑，处处含冤。

——丰护州酋首柯踏，统兵在朝鲜，闻大明助兵，丧胆逃回，平秀吉探知，剿杀一家，

1 许孚远《请计处倭酋疏》，《敬和堂集》卷一。

立换总督。

——兵入朝鲜，在内浦港抽选七十人，近回者止二十人。日向国有大船装倭三百，近回者止五十人，损失甚多。

——萨摩州乃各处船只惯泊之处，今从此发，有往吕宋船三只，交趾船三只，东埔船一只，暹罗船一只，佛郎机船二只。兴贩出没，此为咽喉也。

——器械不过黄硝、乌铅为害，硫磺系日本产出，焰硝随处恶土煎炼亦多。惟乌铅乃大明所出，有广东香山澳发船往彼贩卖，炼成铅弹，各州俱盛。其番枪、弓箭、腰刀、鸟铳、铁牌、盔甲，诚亦不缺。

——城池附在山城州，盖筑四座，名聚乐映淀，俱在大堺等处。每城周围三四里，大石高耸三四重，池河深阔二十余丈。内盖大厦楼阁九层，高危瓦版，妆黄金。下隔睡房百余间，将民间美丽女子拘留淫恋。又尝东西游卧，令人不知，以防阴害。

——日本有罪，不论轻重，登时杀戮。壬辰年，一以是六十六州水陆平宁，任其通行贸易。

——平秀吉丙戌年擅政，倭国山城君懦弱无为，壬辰征高丽，将天正三十年改为文禄元年。平秀吉号为大阁王，将关白职位付与义男孙七郎。七郎字见吉，年几三十，智勇不闻。

——掳掠朝鲜人民，多良家子女，糠餐草宿，万般苦楚。有秀才廉思谨等二十余人，被掳在日本，平秀吉令厚给衣食，欲拜为征大明军师，廉思谨等万死不愿。[1]

用现代眼光衡量，上述情报有不少属于道听途说，不够精确。但在当时信息封闭的时代，许孚远能有如此战略头脑，殊为难能可贵。

在提供上述情报之后，许孚远陈述自己的观点，作为封疆大吏，对于关系国家安危的大事，必须明确表明态度，提醒朝廷当道，平秀吉野心勃勃，即使封贡，也不能阻挡其侵占朝鲜，进而染指中国的图谋。他在奏疏中特别强调，绝不可小觑平秀吉，此人有奸雄之智，有攻伐之谋，有窥中国之心："看得平秀吉此酋，起于厮役，由丙戌（万历十四年）至今，不七八年而篡夺国柄，诈降诸岛，挚其子弟，臣其父兄，不可谓无奸雄之智。兴兵朝鲜，席卷数道，非我皇上赫焉震怒，命将东征，则朝鲜君臣几于尽为俘虏，不可谓无攻伐之谋。整造战舰以数千计，征兵诸州以数十万计，皆曩时之所未有。日夜图度，思得一逞，不可谓无窥中国之心。"

他提醒朝廷衮衮诸公，千万要警惕平秀吉"凭其破朝鲜之余威，思犯中国"的野心。因此他认为当朝大臣的封贡方案，无论从哪一个方面来看，都是不可取的。

其一是，若册封平秀吉为国王，将置山城君于

1 许孚远《请计处倭酋疏》，《敬和堂集》卷一。

何地——“窃谓日本有山城君在，虽其懦弱，名分犹存。一旦以天朝封号加之僭逆之夫，且将置山城君于何地？崇奸怙乱，乖纪废伦，非所以令众庶而示四夷也。”

其二是，企图依赖封贡求得日本退兵，迹近于幻想——“平秀吉无故兴兵，声言内犯，陷我属国，东征之师相拒日久，损失亦多，碧蹄战后，暂退釜山，尚未离朝鲜境上。而我以细人之谋，听其往来讲封讲贡，若谓朝廷许我封贡则退，不许我封贡则进，要耶非耶？近朝鲜国王李昖奏称，倭贼方于金海、釜山等处筑城造屋，运置粮器，焚烧攻掠无有已时，至称屠戮晋州，死者六万余人，尚可谓之退兵乞和耶？”

其三是，平秀吉豺狼之暴狐兔之狡，变诈反复，毫无信义可言——“（小西）行长、小西飞诸酋慑于平壤、王京之战，未能长驱直入，而又兵入朝鲜者死亡数多，恐无辞于秀吉丧师之戮，则亦姑假封贡之说，以绐秀吉而缓其怒。是以沈惟敬辈侥幸苟且之谋，得行乎其间。若我经略、总督诸臣不过因（沈）惟敬辈而过信（小西）行长诸酋，而错视平秀吉。不知秀吉豺狼之暴狐兔之狡，变诈反复，必不可信义处者也。”

其四是，平秀吉狂谋蓄积已久，封贡不足以厌其意——“平秀吉狂谋蓄积已久，一封必不足以厌其意。要而得封，必复要而求贡求市，得陇望蜀，凭陵及我，朝廷又将何以处之……今当事之议，欲令倭尽归岛，不留一兵于朝鲜以听命。顾彼方进兵攻掠，肆无忌惮，又安肯收兵还国，幡然顺从？揆情度势，臣等恐其不能得此于彼也，即使暂时退兵，旋复入寇。败盟之罪又将谁责耶？议者多谓封贡不成，倭必大举入寇，不知秀吉妄图情形久著，封贡亦来，不封贡亦来，特迟速之间耳。”[1]

许孚远的奏疏写得有理有据，建立在知己知彼的基础上，预见到“即使暂时退兵，旋复入寇”。同时代人对此给予很高的评价，孙鑛说：“时倭挠朝鲜，浪传乞封，本兵议许之，众论不然。方纷纭未定，然其端原自闽发之。公（许孚远）至福建，密募死士，往彼国侦焉。已而侦者来，悉得彼诡谋，并诸岛酋相仇状。疏闻于朝，谓发兵击之为上策，御之中策，不可轻与封。本兵至胶执，见之亦悚然。至亲见司礼道其实，谓即切责某数语，罢封贡最善。”[2]叶向高说：“时平秀吉猖狂岛中，滨海岌岌，朝议主封贡。先生（许孚远）侦得其情形，具言：其废主僭位，六十六州劫于威，上下怨毒，势必败。堂堂天朝奈何假之名器，而与之市！”[3]

在此之前，许孚远就向内阁首辅王锡爵表示对封贡的不同看法。待到“请计处倭酋疏”呈上后，再次向王锡爵陈述自己的观点，如果实行封贡，后患无穷，悔之无及。但是，由于主张封贡的势力过于强大，他的主张虽然得到共鸣，却并未付诸实施。[4]

福建巡按刘芳誉全力支持许孚远，再次力争。他在“侦探倭情有据”奏疏中说：“据商人许豫等探称，关白名平秀吉，令各处造船千余，大船长九丈，阔三丈，用橹八十枝；中船长七丈，阔二丈五

1 许孚远《请计处倭酋疏》，《敬和堂集》卷一。

2 孙鑛《明故兵部左侍郎赠南京工部尚书许公神道碑》，《姚江孙月峰先生全集》卷十。

3 叶向高《嘉议大夫兵部左侍郎赠南京工部尚书许敬庵先生墓志铭》，《苍霞草》卷十六。

4 三木聪《福建巡抚许孚远的谋略——围绕丰臣秀吉的“征明”》，载高知大学人文学科《人文科学研究》第4卷（1996年）。

尺，用橹六十枝。（许）豫访诸倭，皆云候游击将军和婚不成，即乱入大明等处。”之后他又在“贼臣和亲有据辱国难容”奏疏中，斥责兵部尚书石星辱国：“据新回海商黄加等投送朝鲜人廉思谨书，内开和亲一段云：往年游击将军沈惟敬进兵朝鲜时，与倭连和，约送大明王女于日本。据此以质于礼部郎中何乔远、吏科林材、御史唐一鹏之疏，若合符节……（石）星以握枢大臣，辱国至此，尚欲觍颜就列耶？”朝廷不但不予采信，反而把他贬谪为温州知府。[1]

6.“授册封贡，可保十年无事”？

已经任命为“经略”的蓟辽总督顾养谦，是兵部尚书石星封贡主张的坚决支持者，他有一整套似是而非的怪论。

一则说国家的大患是北方的“虏”（蒙古），而不是东方的“倭”（日本）：“国家患虏不患倭，倭不能越朝鲜犯中国，其势不足畏。自古御夷常以顺逆为抚剿，权恩威而用之。吾为朝鲜复疆土，归所侵掠，恩至厚。今倭且归命，宜因而听之，即不许贡，而姑縻之以封号，以罢兵为解纷，假虚名纾实祸，计无便于此者。今言者率称战守，战则不能必得志于倭；守则征兵远戍，岁耗大农金钱数十万，疲中国

1 钱一本《万历邸钞》，万历二十二年甲午卷，四月，百官集东阙议封倭；八月，补福建巡按御史刘芳誉年例。

之力，而代受其敝，令虏得乘虚而入，非策也。臣以中国为全局，以朝鲜为局外，假令关酋（平秀吉）王，而与故王不相下，则国内乱不暇谋，朝鲜即能附众立国，必德天朝，不复有异志。此中国与属国两利而俱安之道也。”[1]

再则说：“许则封贡并许，绝则封贡并绝。如用臣议，则谕倭众渡海，然后授册封贡，可保十年无事。如用廷议，势必弃朝鲜，画鸭绿江自守。倘既绝封贡，而又欲保朝鲜，臣不能任也。”[2]他的这种奇谈怪论，遭到廷臣的强烈反对。

迫于舆论压力，顾养谦索性掼纱帽，请求皇帝罢免。他说：“九卿科道之议，大都止绝封贡。臣当局而迷，诸臣旁观而清。又刑部侍郎孙鑛所筹划，及先后遗臣书，言之甚辨，断之甚勇。臣抚然自失，请罢免。”皇帝爽快地接受他的请辞，下旨道：“览奏，这封贡都着罢了。本内既荐孙鑛才望可任，就着前去经略，专一料理倭事。”[3]

既然圣旨说“这封贡都着罢了”，官员们顿时缄默不言。皇帝感到奇怪，责问兵部尚书石星：“朕前见廷臣争讲东倭封贡事宜，自奉旨停罢后，如何再无人言及倭事？你部里亦未见有奇谋长策来奏，不知善后之计安在？今宣捷告庙为录前功，此事尚未完结。朕衷将此倭情细思之，或遣兵驱去，若待再来，出兵征之；我或不许贡，但许市。这三策，

1 申时行《资善大夫都察院右都御史兼兵部侍郎顾公偕配封淑人李氏合葬墓志铭》，《赐闲堂集》卷二十七。

2 万斯同《明史》卷三百三十二《顾养谦传》。

3 钱一本《万历邸钞》，万历二十二年甲午卷，四月。

你部里可斟酌覆奏。”[1]

石星遵旨，在“三策”之外另提一策：立即着手册封日本国王事宜。其实是老调重弹：“事惟决断乃成，人惟专责乃效。今督臣职在封疆，惟以战守为急，议及封事，未免迟回不决。往返商议，便是春汛，再致他虞，谁任其咎？臣既力担封事，遑恤其他，自当吃紧决策，以收完局。为今之计，宜选将二员，一责令赍执檄文，驰赴辽阳地方，即为小西飞伴入山海关前来；一责令直抵釜山，宣谕（小西）行长等，作速率众起行，以表恭顺之心，以俟封使之至。封事既定，则夷使即可遣行。封使既行，釜（山）倭报退，则各回营理事。”皇帝看他说得头头是道，当即照准：“有不奉旨阻挠的，奏来拿问。但有腾架浮言，败坏封事，着厂卫衙门多差兵校，严行缉拿重治。”[2]与此同时，朝鲜国王也致信皇帝，请求允许封贡，以保危邦。皇帝指示兵部：“倭使求款，国体自尊，宜暂縻之。”[3]有皇上的圣旨，石星立即派官员赶赴辽阳，伴送小西飞（小西行长的家臣内藤如安）前来北京。同时派官员赶赴釜山，通知小西行长做好准备，一俟封事既定，马上从釜山撤退。[4]

十二月，日本使节小西飞抵达北京，石星优待如王公。阁臣赵志皋提议皇上在御门接见小西飞，皇帝鉴于“夷情未审”，拒绝接见，命令把小西飞

1 钱一本《万历邸钞》，万历二十二年甲午卷，九月。

2 钱一本《万历邸钞》，万历二十二年甲午卷，十一月。

3《明神宗实录》卷七十六，万历二十二年九月丁亥。

4 中村荣孝《丰臣秀吉的外征——文禄庆长之役》，载中村荣孝《日鲜关系史研究（中）》，吉川弘文馆，1969年，第197页。

安顿在左阙门，由有关官员与他会谈。[1]明朝官员向他提出三个条件：从朝鲜撤兵，册封而不朝贡，发誓不再进犯朝鲜。小西飞表示接受，并且留下口词记录三条：一，釜山倭众尽数退归，若得准封，一人不敢留住朝鲜，不敢留对马岛，速回国；二，一封之外，不得别求贡市，任凭分付，并无他求；三，十六年前关白、行长杀了日本国王（意为如今日本并无国王，无碍册封）。口词记录有小西飞的签字画押：“万历二十二年十二月十三日，日本差来小西飞押”。[2]

石星一手策划的册封平秀吉为日本国王之事，于万历二十三年（1595）正月正式启动。册封诏书写道：“惟尔日本，远隔鲸涛，昔尝受爵于先朝，中乃自携于声教。尔平秀吉能统其众，慕义承风，始假道于朝鲜，未能具达，继归命于阙下，备见真诚。驰信使以上表章，干属藩为之代请，恭顺如此，朕心嘉之。兹特遣后军都督府署都督佥事李宗城、五军营右副将署都督佥事杨方亨，封以日本国王，锡以冠服金印诰命。凡尔国大小臣民，悉听教令，共图绥宁，长为中国藩篱，永奠海邦之黎庶，恪遵朕命，克祚天庥。”[3]

皇帝委派的正使李宗城、副使杨方亨，在沈惟敬的陪同下，经由朝鲜前往日本，册封丰臣秀吉为日本国王。不知何故，册封使节的行动十分拖拉迟缓，直到万历二十三年（1595）年底，仍旧逗留朝

1《明神宗实录》卷二百八十，万历二十二年十二月甲寅。

2 钱一本《万历邸钞》，万历二十二年甲午卷，十二月。

3 谈迁《国榷》卷七十七，万历二十三年二月辛亥。

鲜境内，并未渡海。兵科给事中徐成楚弹劾兵部尚书石星，“东封竣事无期”。吏科给事中张正学也因“东封日久，情形可疑”，上疏弹劾石星轻信沈惟敬之言，请封日本，但是正副使节出使将近一年，“久住朝鲜，未闻渡海。顷接邸报，见东封三疏。据正使李宗城则云：（小西）行长五营尚在，（加藤）清正未行，或报阻封惧诛，或报留迎册使。据沈惟敬则云：已择十二月初六日行。凡此数语，俱涉支吾。臣切忧当事之臣轻信无赖，以误国家，损威非少。”[1]沈惟敬所说十二月初六日起行，也是假话。到了万历二十四年（1596）三月，正副使节不但没有渡海，反而传来正使李宗城突然逃亡的消息。据邸报记载，万历二十四年三月，“山东巡按李思孝报，沈惟敬被关白缚绑，李宗城闻知，夜即弃印逃出”。[2]这是个误传的消息，李宗城的逃亡另有原因。据万斯同说：“二十四年，遣临淮侯李宗城、都指挥杨方亨册平秀吉为日本王，给金印。（李）宗城次对马岛，闻太守仪智妻美，欲淫之。（仪）智怒，将行刺，（李）宗城惧，弃玺书夜遁。”[3]而李宗城自己的说法截然不同，逃亡是为了维护天朝使节尊严：“关白所要七事，不止一封，彼若望封若渴，何无一人相迎？陡于三月二十八日，有被掳福建人郭续禹，以买药为名，私相求见。职招至卧内，伊谓关白虎狼蛇蝎，使臣者去，必至羁留，且将质以要

1 钱一本《万历邸钞》，万历二十三年乙未卷，十二月。

2 钱一本《万历邸钞》，万历二十四年丙申卷，夏四月。

3 万斯同《明史》卷四百十三《外蕃传·朝鲜》。

索，少有不遂，定行杀害。又传，沈惟敬被关白一捆，关白云：予所要者七事，原不为封。又见近日关防甚严，情形渐异，遂于本夜捧节西还，仿古大夫出疆之义。拟至前途飞报，讵竟迷失道路，不食者六日。初八日始至庆州，理合揭报。”[1]

李宗城说得冠冕堂皇，大义凛然，究竟孰是孰非？看了谷应泰的记载，便可见分晓：“东封之使久怀观望，至是（二十四年正月）始抵釜山。而沈惟敬诡云演礼，同（小西）行长先渡海，私奉秀吉蟒玉、翼善冠，及地图、武经……取阿里马女，与倭合。李宗城纨绔子，经行之营，所在索货无厌。次对马岛，太守仪智夜饰美女二三人，更番纳行帷中，（李）宗城安之。倭酋数请渡海，不允。仪智妻，（小西）行长女也，（李）宗城闻其美，并欲淫之。（仪）智怒，不许。适谢周梓侄隆，与（李）宗城争道，（李）宗城欲杀之。（谢）隆诛其左右，以倭将行刺。（李）宗城惧，弃玺书夜遁。比明失路，自缢于树，追者解之，遂奔庆州。”[2]谷应泰所说是有根据的。万历二十五年（1597）三月杨方亨回京奏报出使的全过程，曾经提及“正使李宗城有被谢隆之惑，蓦然潜出”的情节。[3]足见万斯同、谷应泰所说不虚，李宗城则谎话连篇。朝廷任用这样的人去办册封大事，其结果自然可想而知。

皇帝下令扭解李宗城至京审讯，将副使杨方

1 钱一本《万历邸钞》，万历二十四年丙申卷，五月。

2 谷应泰《明史纪事本末》卷六十二《援朝鲜》。《石匮书·盗贼列传》所记略同。

3 钱一本《万历邸钞》，万历二十五年丁酉卷，三月。

亨提升为正使，任命随员沈惟敬为副使，立即前往日本。

九月一日，使节一行在大阪城会见丰臣秀吉。丰臣秀吉接受了册封诰命书、国王金印、明朝冠服，命相国寺承兑宣读诰命、敕谕。堀杏庵《朝鲜征伐记》说，当读到“万里叩关，恳求内附”时，丰臣秀吉勃然大怒。以后赖山阳《日本外史》进一步渲染夸张说，宣读诰命敕谕时，丰臣秀吉立即脱去冠服，抛到地上，并且把敕书撕得粉碎。据西嶋定生研究，这份敕书至今仍保存得相当完好，丝毫没有撕破的痕迹。万历帝的诰命现藏于大阪市立博物馆，敕谕现藏于宫内厅书陵部。[1]关于诰命敕谕，大庭脩有详细的研究。他说，诰命是册封的辞令，写在青赤黄白黑五色云鹤纹织锦上的，其文字“奉天承运皇帝制曰”云云，及“特封尔为日本国王”云云，以工整楷书分五十行书写。敕谕是讲和的具体指示，记载了封秀吉为日本国王而赐予的金印、冠服，以及赐予陪臣的官职、物品，最后还附记赐予国王冠服的目录。这些冠服原物至今仍保存在京都市的妙法院。[2]

九月二日，丰臣秀吉身穿明朝冠服，在大阪城设宴招待明朝使节。表面上看似乎取得了预料的结果，其实不然。册封事件从万历二十三年正月启动，直至万历二十五年正月，册封使节才回到朝鲜

1 西嶋定生《中国古代国家和东亚世界》，东京大学出版会，1983年，第636—637页。堀杏庵，即堀正意，江户时代初期藤原惺窝的弟子，《朝鲜征伐记》是其代表作。

2 大庭脩《关于丰臣秀吉封为国王的诰命——我国现存的明代诰敕》，载《关西大学东西学术研究所纪要》第四辑（1973年）。

釜山，延续了整整两年，有识之士已经敏锐地意识到问题的严重性。

万历二十四年十二月，兵部尚书石星奏报，册封大典已经完成，使节凯旋，釜山倭奴扫荡计在咫尺。兵科给事中徐成楚反驳道，事实恰恰相反："今月初四日，接到蓟辽总督孙鑛、辽东巡抚李华龙，各为紧急倭情情事，内称：关白密谋大举，朝鲜道咨告急，求调浙兵三四千，星火前进，进驻要害，以为声援……复朝鲜既灭之余烬也，人心内震，士马外残，取之如摧枯拉朽，不但八千釜（山）倭盘踞如故，且曰将以刻下渡海大兵，以明春继进。朝鲜不支，必折而入于倭；朝鲜折而入于倭，则辽以左、山以东，可依然安枕乎？"[1]

以后事态的发展，证实了有识之士的预判，封贡并不能满足丰臣秀吉的欲望，再次进军朝鲜不过是时间迟早的事情。万历二十五年正月，册封使节回到釜山，驻扎釜山的日军并未按照协议渡海回国。不久，朝鲜国王李昖因为"倭情紧急"，请明朝援助；派遣陪臣刑曹郑其远赶来，痛哭请援。兵科给事中徐成楚根据辽东副总兵马栋报告，正月十五日有倭将（加藤）清正带领倭兵船二百余只，已于十四日道朝鲜海岸，至原住机张营驻扎，其兵力当不少于二万余。所有防御事宜，应当及早图谋。但是昨日内阁首辅赵志皋说，封事已成，不知徐

1 钱一本《万历邸钞》，万历二十四年丙申卷，十二月。

成楚何故，深自张皇启祸。皇帝命廷臣立即召开会议，研究倭情。[1]二月间，册封使节杨方亨回渡鸭绿江，向朝廷奏报册封经过，隐约而含蓄地提请朝廷注意："岛夷狡猾叵测，自其天性，乃受封之后，尤为责备朝鲜之语，复欲狂逞肆毒于朝鲜，亦未可知。"[2]

三月，杨方亨回到北京，报告真实的倭情。谷应泰说："（杨）方亨始直吐本末，委罪（沈）惟敬，并石星前后手书，进呈御览。上大怒，命逮石星、（沈）惟敬按问。"[3]那么杨方亨讲了些什么呢？看他的奏疏题目——"直言封事颠末正欺罔绝祸源"，便可知晓他要杜绝欺罔，披露真相。原来他抵达釜山时，为了提防沈惟敬泄密，在奏疏中所写的是冠冕堂皇的假话，什么"关白平秀吉感激锡予封典，怀德畏威，恪遵典制，创公馆而特迎诰敕，率臣民而远效嵩呼"；什么"日本调兵渡海之事，在朝鲜固宜提备，亦不必过为张皇，而日本既听胡搜处分，似宜量为分解"云云[4]，并非真情实况。为什么呢？他透露其中隐情："今往返两国已历二年，目击耳闻颇真，是不敢不言之时。不但今日当言，即臣返棹之时业欲具奏，以（沈）惟敬密迩，若有一言，（沈）惟敬必知，（沈）惟敬一知，倭奴必觉。臣死不足惜，而龙节玺书，及随从数百员役，尚在虎口，万一不测，辱命之罪万死何赎！"[5]那么抵达

1 钱一本《万历邸钞》，万历二十五年丁酉卷，二月。

2 钱一本《万历邸钞》，万历二十五年丁酉卷，二月。

3 谷应泰《明史纪事本末》卷六十二《援朝鲜》。

4 钱一本《万历邸钞》，万历二十五年丁酉卷，正月。

5 钱一本《万历邸钞》，万历二十五年丁酉卷，三月。

鸭绿江时的奏疏为何不讲呢？因为收到兵部尚书石星的信函，暗示他“一封之外，别无干预”。所以只能隐约提及“岛夷狡猾叵测”。一旦抵达京师，他再也不敢隐瞒真相，披露石星与沈惟敬联手策划的封事背后的隐情。

其一是，沈惟敬忽然借口提前前往日本教导册封礼仪，于去年正月十五日随同小西行长渡海而去，音信杳然，人心危疑。恰在此时，正使李宗城受到谢隆追杀，突然逃亡。杨方亨向石星提醒“倭情狡诈，不敢保其无他”，请求派遣得力言官前来釜山查勘，相机而行，可封则封，可罢则罢。石星以“文臣破败封事”为借口，予以拒绝。使得他有一种“甘心为本兵鹰犬”的感受。

其二是，当初双方约定，釜山日军一个不留，始得前往日本册封。然而兵部尚书石星发来公函，要求“釜山倭户务安插得所”。石星还致书小西行长，令杨方亨或住对马岛，或住南戈崖，等候“钦补物件”。“（小西）行长乃日本之奴隶，本兵之与通书，用护封，称先锋，内有亲笔副启”。

其三是，以前所谓日本已无国王，无碍册封云云，显然是无稽之谈。杨方亨说：“又闻日本国王天正为文禄之父，一旦秀吉废其父而立其子，擅作威福，震詟国人。今天正、文禄父子俱在，而秀吉俨受王号，其篡逆之心又于此可见。”

其四是，沈惟敬其人可疑，石星却倚为亲信，由此忠心变而为昏昧。杨方亨说：“大都封事之误，误于（沈）惟敬一人。臣切睹本兵之初心，实忠于为国，但偏于所听，不能知人。沈惟敬何人？而遽任以国家大事；倭奴何人？而遽信为孝子顺孙。始则以（沈）惟敬之欺罔认为忠言，犹不失其本心之忠；继则以误就误，乃至掩耳偷铃。以（沈）惟敬之误已者，乃误国家，此本兵忠赤之心变而为昏昧也。”

其五是，杨方亨指责石星，“倭奴云集海隅，正宜长驱尽扫，何偏听独见，坚执许封。倭众未归，而大兵先撤。恒以省财费为言，更不知昔之所费有限，今之所费无穷。”

其六是，石星在册封使节随员中，擅自安插家人（亲信听差），且地位在其他随员之上。“本兵家人，当禁迹阃中，尚不可履武弁之门，况可以出外国，驷马高盖，博带峨冠，居诸从员之上，是何体也？意谓差官报事不实，故遣家人亲往，所报必实。竟无一字实报皇上，而仍前偏听，不知差家人之心是何心也”。[1]

获悉这些内情，皇帝大怒，降旨逮捕石星、沈惟敬，交法司审讯。

已经退休在家的申时行认为，石星、沈惟敬操纵的封事，不但误国而且辱国。他回顾道：“朝鲜有倭难，连章告急请援兵，朝议皆言可许。乃命将发兵，遣大臣经略，抽选各边精锐以往。本兵檄海上各以舟师来会，中外汹汹。余方卧家，客问余计将安出？余曰：‘朝鲜固属国，然国家不有其疆土，不征其租赋，与内地异……恶有以天朝戍外国者。朝鲜能自守，则吾助之兵粮，以示恤小之仁，或告谕日本使之罢兵则可耳。’已闻朝廷遣人谕倭，倭将

1 钱一本《万历邸钞》，万历二十五年丁酉卷，三月。

各引还釜山，以王京及所掳王子归朝鲜，诡云欲入贡天朝，为朝鲜所遏，故兴兵伐之。于是封贡之议起矣。庙堂若有主持，许其封而却其贡，即彼遣使来，当令辽东抚臣审实代奏，而后许封。待其表文既至，而后遣使，乃不失体。今小西飞乃倭将行长一书记耳，本兵尽撤营兵，夹道陈列而迎之；请驾御午门城楼引见，亦甚亵矣。闻京师百官军民无不愤恨，而本兵扬扬自以为得策也。已又遣两使臣赍冠服以往，而关白尚不知使臣，留待半岁。本兵自遣其仆往探之，竟不得命，而讹言四起。使臣且踉跄奔还，不惟误国且辱国，可为扼腕长太息也。"[1]可谓旁观者清，倘若当时他仍是内阁首辅，还能看得如此透彻吗？

7. 战端再起，戛然而止

就在这时，丰臣秀吉再次发动侵略朝鲜的战争。

万历二十五年（1597）正月十五日，辽东副总兵马栋报告，倭将清正带领兵船二百余只，已于十四日到朝鲜海岸，在原住地机张营驻扎，其兵力不下两万。朝鲜陪臣向明朝痛哭求援。兵科给事中徐成楚报告，倭将清正率兵船二百余只，倭将丰茂等帅兵船六十余只，之朝鲜西生浦等处，别起倭船络绎

1 申时行《赐闲堂集》卷四十《杂记》。

不绝过海而来。他抨击道“奸臣党蔽天听，谬为两国相争，只为礼文缺典。不知世岂有兴师十数万，浮海数千里，争一繁文缛节”之事！[1]

朝廷至此才知道寄予极大希望的“封事”已经失败，下令革去蓟辽总督孙鑛的官职，任命邢玠（字式如，号昆田，山东益都人）以兵部尚书出任总督经略，都御史杨镐（字京甫，号凤筠，河南商丘人）经理朝鲜军务，以麻贵为提督，东征援朝。

◀ 邢玠，隆庆五年进士。历任浙江道监察御史、河南佥事、山西行太仆寺卿兼佥事、山东右参政、陕西按察使等。万历二十二年以南京兵部侍郎总督川贵军务，处置播州杨应龙之乱。万历二十五年升任兵部尚书兼蓟辽总督。

石星因“封事”误国，皇帝给刑部的谕旨狠狠训斥道：“倭奴狂逞，掠占属国，窥犯内地，皆前兵部尚书石星谄贼酿患，欺君误国，以致今日，戕我将士，扰我武臣，好生可恶不忠！着锦衣卫拿去法司，从重拟罪来说。”[2]其实册封的诰命敕谕都是皇帝签署发出的，如果没有皇帝的纵容，石星何至于如此肆无忌惮。现在所有责任全推到他一人身上，法司遵旨从重拟罪：论石星大辟，妻子发烟瘴地面永戍。[3]

石星的悲剧在于，稍有小才，而对外交国防所知甚少，只知一味投机取巧，暗箱操作。在如此重大的外交国防问题上失误，断然难逃一死。日本学者冈野昌子评论道，石星对这场战争始终缺乏信

1 钱一本《万历邸钞》，万历二十五年丁酉卷，二月。
2 钱一本《万历邸钞》，万历二十五年丁酉卷，八月。
3 钱一本《万历邸钞》，万历二十五年丁酉卷，九月。

心，以兵部右侍郎宋应昌为经略，以市井无赖沈惟敬为游击将军，确立石星—宋应昌—沈惟敬路线，表面上采用筹集钱粮、制造武器、征发渔船、募集士兵的军事体制，暗中进行和平折冲。当时官僚中反对“封贡”者占七八成，赞成“封贡”者不满一二成。和平交涉的结果，是日军的再度入侵。[1]

据明朝官方的情报，此次侵略朝鲜的日军达十二万之众。其中清正一万二千，直政一万八千，行长一万，义弘一万，辉元二万，甲州太守、一州太守、土州太守、云州太守各兵六千，一政六千，隆景四千，安沽、安治四千，义智三千，广门二千。[2]明朝方面看清了日本的野心，朝鲜灭亡势必危及中国，必须采取长期作战的战时体制，因此出动的兵力明显增加，从《明神宗实录》来看，水军与陆军合计九万人；从朝鲜《宣祖实录》来看，明军有十一万之多。[3]需要说明的是，上述明军的数字，都是万历二十六年的统计，万历二十五年战争初期的兵力没有达到这一水平。

日军以兵力优势，很快攻破闲山、南原等地。据明朝方面记载，七月，日军夺取梁山、三浪，进攻庆州、闲山，朝鲜守将元均望风披靡，闲山陷落。闲山在朝鲜西海口，是南原的屏障，全罗的外藩。闲山失守，形势吃紧，经略下令严防王京西面的汉江、大同江，阻止日军西下。八月，日军包围

1 冈野昌子《秀吉的朝鲜侵略和中国》，载《中山八郎教授颂寿纪念·明清史论丛》，东京燎原书店，1997年，第143页、148页、154页。

2 钱一本《万历邸钞》，万历二十五年丁酉卷，九月。

3 冈野昌子《秀吉的朝鲜侵略和中国》，前揭《中山八郎教授颂寿纪念·明清史论丛》第157页。

南原，乘着夜色掩护，发动突然袭击。守将杨元毫无防备，听闻倭至，从帐篷中惊起，赤脚逃跑，辽兵护卫他向西奔去。当时全州有明将陈愚衷，忠州有明将吴惟忠，各自扼守要塞。而全州距离南原仅一百里，互为犄角。南原告急，陈愚衷怯懦，不发兵，听说南原已破，立即弃城撤退。麻贵派游击牛伯英赴援，与陈愚衷会合后，驻扎于公州。日军进犯全罗，逼近王京。当时明军兵力单薄，只得依靠汉江天险，退守王京一带。麻贵甚至向邢玠提出放弃王京，退守鸭绿江。海防使萧应宫坚决反对，从平壤日夜兼程赶往王京制止。麻贵发兵守卫稷山，朝鲜也征调都体察使李元翼由鸟岭出忠清道，阻挡日军。[1]经略邢玠向朝廷大叹苦经："朝鲜南原全州已失，倭势甚大。该国官民纷纷逃散，渐遗空城，不惟不助我兵，不供我饷，且将仓粮烧毁，绝军咽喉，反戈内向。萧墙变起，数支孤军，御倭且难，御朝鲜之贼益难。"[2]

朝鲜人记载，当时战况相当激烈："丁酉（万历二十五年）九月六日，天将副总兵解生、参将杨登山、游击摆赛颇贵等兵数万，迎战于湖西至境。解生等到金岛坪，巡审用武之便，分兵三协，为左右掩杀之计。陈愚衷自全州退遁，贼兵跟追，已渡锦江。上（朝鲜国王）日夜泣诉于经理（经略杨镐），慰解曰：'倘官军不利，主君宫眷可相救活。'即于麻贵

1 茅瑞徵《万历三大征考·倭下》。颜季亨《国朝武功纪胜通考》卷八《征倭后案》。谷应泰《明史纪事本末》卷六十二《援朝鲜》。

2 钱一本《万历邸钞》，万历二十五年丁酉卷，八月。

领大军行至水原下寨，遣兵于葛院，埋伏于芥川上下，以为后援。贼兵自全州天安直向京城。五日黎明，田秋福向洪庆院，先锋已至金岛坪。天兵左协出柳浦，右协发灵通，大军直从坦途，锣响三成，喊声四合，连放大炮，万旗齐颤，铁马云腾，枪剑奋飞，驰突乱砍，贼尸遍野。一日六合，贼逝披靡……翌日平明，贼兵齐放连炮，张鹤翼以进，白刃交挥，杀气连天，奇形异状，惊惑人眼。天兵应炮突起，铁鞭之下，贼不措手，合战未几，贼兵败遁，向木川清州而走。”[1]日将加藤清正损兵折将相当惨重。明朝方面报道说："先是，倭分三路，欲拥犯朝鲜王京，解生挫于稷山，又转向东南。彭友德等又进至青山等处。倭众遂溃南遁。”[2]这是再次开战后第一个胜仗，即所谓稷山大捷。

万历二十五年十一月二十九日，经略邢玠带着皇上颁发的犒赏银两，以及皇上钦赐的尚方剑，与监军御史陈效一起，率领增援兵力抵达王京。随即在王京召开军事会议，把全军分为三协：左协由副总兵李如梅指挥，右协由副总兵李芳春、解生指挥，中协由副总兵高策指挥。总兵麻贵与经理杨镐率领左协与右协军队，从忠州鸟岭向东安趋庆州，专攻日军加藤清正部。为了防止小西行长前来增援，命中协兵马策应左右两协，遏制全罗来援之敌。十二月二十日，杨镐、麻贵进至庆州，勘察蔚

1 李光涛《明人援韩与稷山大捷》，载《历史语言研究所集刊》第四十三本第一分册。李氏引赵庆男《乱中杂录》。

2 钱一本《万历邸钞》，万历二十五年丁酉卷，九月。

山敌情。二十三日，明军向蔚山发起进攻，先由游击以轻骑引诱日军进入埋伏斩杀日军四百余人，日军南奔岛山，构筑三寨固守。翌日，游击茅国器带领浙兵先登，连破三寨，斩杀日军六百六十一人。日军坚壁不出，等待援军。

监军御史陈效向朝廷报告蔚山大捷："督臣（邢）玠扼守王京，总兵麻贵、抚臣杨镐先后于十二月初八等日，由王京起行，齐至庆州，定计专攻蔚山。于二十三日巳时抵巢，贼兵万余迎战。斩获倭级四百四十余颗，生擒十名。贼弃蔚山，追走争渡，溺死甚众，退守岛山新城。二十四日抚镇督率官兵攻岛山，遂破伴鸠亭、城隍堂、太和江三寨，生擒倭贼四名，斩获首级六百一十一颗，焚烧寨内铺面住房万余，仓粮牲畜尽数烧毁。二十五日，复攻岛山。城险备周，不能遽上。"[1]

正当蔚山日军岌岌可危之时，小西行长派援军赶来解围。小西行长担忧如果倾巢出动，釜山空虚，一面挑选铳兵三千赶来，一面虚张旗帜于江上，制造大批援军从海上赶来的假象。朝鲜将军李德馨为假象迷惑，谎报"海上倭船扬帆而来"。杨镐未加核实，来不及下令，就率先西奔，大军失去指挥，顿时溃乱。加藤清正乘机反扑，明军死伤万余。[2]

李光涛评论道："朝鲜君臣乃至额手称庆，认

1 钱一本《万历邸钞》，万历二十五年丁酉卷，十二月。

2 茅瑞徵《万历三大征考·倭下》。颜季亨《国朝武功纪胜通考》卷八《征倭后案》。谷应泰《明史纪事本末》卷六十二《援朝鲜》。

为清正不难成擒矣。孰知天不欲灭倭，譬如大兵进围蔚山别堡之所谓岛山，凡十余日，而倭众正困于饥渴交迫，清正且一再至欲拔剑自裁。不意天忽大雨，以解其危，更兼倭援大至。当此之际，杨镐仓卒撤军，结果反为倭兵所乘，不利而退。”[1]所谓“不利而退”云云，过于轻描淡写，其实是小胜之后的大败。杨镐、麻贵奔往星州，退守王京。

皇帝接到蔚山大捷的喜讯，下令嘉奖：“东征再捷，此皆总督运筹，抚镇奋勇，以致将士争先效劳，有此奇捷，朕心嘉悦。杨镐亲冒矢石，忠尤可嘉。邢玠赏银一百两，杨镐、麻贵各八十两，再发太仆寺马价银五万两，犒赏将士。”[2]孰料，这一嘉奖令及犒赏银两还未送到前线，就传来惨败的消息：“二十七日，大雨昼夜，二十八日，东南风大作，海上援倭俱至。二十九日，海倭寨倭上下夹攻。至戊戌（万历二十六年）新正初二等日，李如梅、李宁、卢得功、屠宽、解生、祖承训、杨登山等九员大溃，死伤官兵十七八。经理（杨）镐、总兵（麻）贵俱遁。我兵自相蹂践，死者无数，合营俱败，三日方抵中州。”有关官员纷纷指责杨镐、麻贵“以败报胜，以罪报功”。[3]

朝鲜赞画、兵部主事丁应泰弹劾杨镐等人“贪猾丧师酿乱，权奸结党欺君”，不但批判杨镐，谴责麻贵、李如梅等将领，还牵连到内阁辅臣张位、

1 李光涛《明人援韩与杨镐蔚山之役》，载《历史语言研究所集刊》第四十一本第四分册。

2 钱一本《万历邸钞》，万历二十五年丁酉卷，十二月。

3 钱一本《万历邸钞》万历二十六年戊戌卷，正月。

沈一贯。他的奏疏写得非常尖锐，批判杨镐有这样的话："抚臣杨镐，谬妄轻浮，机械变诈，既丧师而辱国，敢漏报而欺君。倭至则弃军士之命而潜逃，兵败则画屯守之策而掩罪。"谴责李如梅有这样的话："副将李如梅，贪淫忌刻。欺罔奸谗，张虐势而凌眇将官，挟上交而淫掠属国。逗留观望，则且进且退；擅离信地，则独往独来。"谴责麻贵有这样的话："提督麻贵，巧于避罪，而文致报章；忍于弃军，而仓皇驰马。既已损威偾事，乃复冒赏乱功，诸将拊心，三军切齿。"他还揭露内阁辅臣张位、沈一贯"交结欺蔽之状"。皇帝对此十分重视，批示说："朕览此奏，关系军国切要重务，着五府、大小九卿、科道官，公同看议来说。"[1]

◥ 杨镐，河南商丘人，万历八年进士。累官右佥都御史，经略朝鲜军务。万历二十六年明军在蔚山大败，杨镐被劾隐瞒败讯不报，谎报军功，遂遭罢职，以万世德代之。

府部科道看议的结果，一是杨镐革职，回籍听勘；二是张位罢官、削籍。皇帝圣旨说得振振有词："杨镐乃卿密揭屡荐，夺情委用，专任破倭。乃今朋欺，隐匿军情，致偾东事，辱国损威，莫此为甚。"[2]

战事陷入了相持局面。

---

1 钱一本《万历邸钞》，万历二十六年戊戌卷，六月。丁应泰还揭发杨镐与李如梅"媚清正而与讲和"，确有其事。万历二十五年九月，日军逼近汉江，杨镐派遣张贞明拿着沈惟敬的手书，与日军谈判，结果行长退兵离王京六百里，清正退兵离王京四百里。（见《万历三大征考·倭下》及《明史纪事本末·援朝鲜》）

2 钱一本《万历邸钞》，万历二十六年戊戌卷，六月。

不料风云突变，从日本传来丰臣秀吉于七月九日死去的消息，日军士气顿时低落，阵脚大乱。据说，丰臣秀吉的死讯是严格保密的，五大老、五奉行向在朝鲜的大名发去撤退的指令。但是为此必须向明朝方面提出撤退的名分，例如以朝鲜王子为人质，朝鲜每年向日本缴纳稻米、虎皮、豹皮、药材、清蜜等租税。中国和朝鲜似乎已经刺探到丰臣秀吉的死讯，断然拒绝日本方面的要求，出兵追击撤退的日军。追击的主要指挥者是水军将领李舜臣。他阻断了小西行长的退路。这时，釜山和蔚山的日军撤退之后，小西行长和岛津义弘的军队成了殿后。小西遭到李舜臣的袭击，岛津为了援救小西，在露梁津与李舜臣的水军展开激战。李舜臣在这场海战中中弹而死。[1]

邢玠抓住战机，命总兵刘綎、董一元、麻贵分兵三路出击。日军各部无心恋战，纷纷渡海东归。战火终于熄灭。

如果丰臣秀吉不死，这场战争还将旷日持久地进行下去。他的死，导致日军的失败早日到来，吞并朝鲜的黄粱美梦化作泡影。清朝官方编纂的《明史》评论道："秀吉死，诸倭扬帆尽归，朝鲜患亦平。然自关白（秀吉）侵东国，前后七载，丧师数十万，糜饷数百万，中朝与朝鲜迄无胜算。至关白死，兵祸始休，诸倭亦皆退守岛巢，东南稍有安枕

1《秀吉和信长》，载《日本历史之谜和发现》（9），每日新闻社，1979年，第97—99页。

之日矣。”[1]

万历二十七年（1599）三月，皇帝降旨：征倭总兵麻贵班师回朝；任命李承勋提督水军，充任防海御倭总兵官，驻扎朝鲜；周于德移镇山东，为备倭总兵官。四月十五日，皇帝破例来到午门城楼，接受朝贺，并把平秀正等六十一名俘虏当场正法。闰四月初八日，皇帝为东征御倭胜利，向全国发布诏书：“朕念朝鲜称臣世顺，适遭困厄，岂宜坐观！若使弱者不扶，谁其怀德；强者逃罚，谁其畏威？况东方乃肩背之藩，则此贼亦门庭之寇，遏阻定乱，在于一人。于是少命偏师，第加薄伐，平壤一战，已褫骄魂。而贼负固多端，阳顺阴逆，本求伺影，故作乞怜。册使未还，凶威复煽。朕洞知狡状，独断于心，乃发郡国羽林之材，无吝金钱勇爵之赏，必尽卉服，用澄海波。”[2]

然而，在当时人看来，这场战争胜之不武，有不少负面评论，许重熙《嘉靖以来注略》反映得比较集中。他关于此次战争收场的记述，颇有讽刺意味：“万历二十六年十一月，倭将各统兵归国。时平秀吉已于七月九日死，诸酋久有归志。邢玠敛军中数万金贿诸酋，随之渡海，求秀吉之子永结和好。诸酋欣然扬帆，同日南去。经略万世德自六月受命（代替杨镐），迁延不敢前。比闻倭退，兼程驰至王京，会同邢玠奏捷，遣三百人分送三酋渡海，而三

1 张廷玉《明史》卷三百二十三《外国三·日本》。

2 谈迁《国榷》卷七十八，万历二十七年闰四月丙戌。

酋亦遣百人送（邢）玠渡鸭绿江。（邢）玠即缚之以献俘云。”[1]赞画丁应泰弹劾邢玠、杨镐，言官徐观澜弹劾阁部大臣，受到高层官员打击报复。许重熙披露了一些细节：随邢玠、杨镐东征的赞画丁应泰，弹劾邢玠、杨镐“假官赍贿，随倭渡海，并无战功，伪奏肤捷”。给事中刘余泽、陈如吉诬陷丁应泰“妒功”，皇帝下旨“应泰回籍听勘”。言官徐观澜弹劾阁臣沈一贯、兵部尚书萧大亨、总督邢玠、经略万世德，斥之为“四凶”，“党和卖国”。奏疏送到北京，被户部侍郎张养蒙扣下。徐观澜再次上疏，揭露“师中积蠹、阃外虚文弊端种种”。这是他亲自前往釜山、蔚山、忠州、星州、南原、稷山等地，“查核各处败状”，收集来的证据，据实报告朝廷。沈一贯利用职权，以“回籍调理”的名义，把徐观澜罢官。[2]

◤ 董其昌，松江华亭人，万历十七年进士。改庶吉士，授翰林院编修。曾任万历皇长子朱常洛讲官。历任湖广提学副使、福建提学副使、河南参政、国子监司业、南京礼部尚书等职。参修《明神宗实录》，擅书画。

列举了上述事实，许重熙引用董其昌的评论表明自己的观点。董其昌说：“倭以平秀吉之死，因而惰归，非战之功也。（丁）应泰以（邢）玠为赂倭，科臣即以（丁）应泰为党倭，岂为笃论。而（丁）应泰以此永废，可惜矣！（邢）玠谓（陈）效之死为（丁）应泰所逼，不胜愤懑，以激皇怒可耳。夫御史气吞郎

1　许重熙《嘉靖以来注略》卷九，万历二十六年十一月。

2　许重熙《嘉靖以来注略》卷九，万历二十六年十二月；万历二十七年二月。

署，岂受（丁）应泰凌轹且死哉。即言观理，是非自见。”[1]

在班师回朝之后的庆贺声中，人们看到的是一个论功行赏的圆满结局：邢玠晋升为太子太保，荫一子锦衣卫世袭；万世德晋升为都察院右副都御史，荫一子入国子监；麻贵晋升为右都督；杨镐以原官叙用。对此谷应泰不无讥刺地议论道：“邢玠飞捷之书，杨镐冒功之举，罔上行私，损威失重。煌煌天朝举动如此，毋怪荒裔之不宾也。向非关白恶病亡，诸倭扬帆解散，则七年之间，丧师十余万，靡金数千镒，善后之策茫无津涯，律之国宪，其何以辞。乃贪天之功，幸邀爵赏，衣绯横玉，任子赠官，不亦叵乎！”显然，谷应泰的批评不仅针对邢玠、杨镐的“罔上行私”，而且对于“煌煌天朝举动如此”，也有所微词。谷氏虽然生于明末，但编写《明史纪事本末》已是清朝初年，敢于无所顾忌地追究神宗皇帝的过失：“用兵之初，神宗气自甚锐，锐则期其速济，故不欲核其真。用兵之久，神宗忧自甚深，深则幸其成功，故不欲明其伪。卒之忠言者皆落职，欺君者冒功，而所遭逢异矣。”[2]从“不欲核其真”，到“不欲明其伪”，看似两个极端，本质却是一致的。茅瑞徵在总结此次战争时说“中朝经略数岁，迄不得要领”[3]，是否可以由此悟出一些道理来了呢？

1 许重熙《嘉靖以来注略》卷九，万历二十七年二月。

2 谷应泰《明史纪事本末》卷六十二《援朝鲜》。

3 茅瑞徵《万历三大征考·倭下》。

三　平定播州杨应龙叛乱

1. 播州宣慰使司与杨氏家族

明朝沿袭元朝制度，在西南地区设置土司（土官），授予当地民族首领官职，诸如宣慰使、宣抚使、安抚使、土知府、土知州、土知县等，实行间接统治。

由于种种原因，这些土司经常发动武装叛乱，朝廷的对策是，在平定叛乱之后，实行“改土归流”——裁撤土司，改设流官。所谓流官，就是由朝廷任命，定期更换的地方官——知府、知州、知县等等。例如，永乐十一年（1413），平定思南宣慰使叛乱后，把思南宣慰使司改为思南府、思州府、铜仁府、石阡府、黎平府，在此基础上设置行省一级的贵州布政使司。

播州古时为夜郎且兰地，汉朝时属于牂牁郡。唐朝贞观初年，分牂牁北部，设置郎州，领六县，以后改成播州。[1]播州地处四川南端，与贵州相邻。播州宣慰使司是由杨氏世袭的土司。杨氏的先世是山西太原人，唐朝末年，南诏叛乱，杨氏先祖杨端应募，至泸州、合江，直入白锦军高遥山，安营扎寨，为持久计。伺蛮入寇，出奇兵击破，朝廷授予

1 谷应泰《明史纪事本末》卷六十四《平杨应龙》。

武略将军，遂世守播州。由唐至宋元，前后十九代为藩臣，史册有记者如下：

杨端为武略将军，

杨克广为太师中书，

杨令贵为德州刺史，

杨震为都巡检使，

杨文广为武节大夫，

杨惟聪为修武郎，

杨邃为武经郎，

杨轸为秉义郎，

杨轼为成忠郎，

杨粲为武翼大夫，

杨价为雄伟军都统，

杨文为团练使，

杨邦宪为都指挥使、宣慰使，

杨汉英，朝廷赐名赛因不花，封播国公，为上将军，

杨如祖为安抚使，

杨鉴为招讨使。[1]

实际情况复杂得多，朱国祯说："唐祚移后梁，杨端忧愤疽发背死，子牧南嗣。四传为昭……无子。今莫州防御使杨延朗子贵迁，持符至广西，与昭通谱，即留为嗣，盖宋赠太师中书令裔孙。自是，有播州者皆贵迁之后也。"[2]

1 朱国祯《皇明大事记》卷四十二《平播州》，瞿九思《万历武功录》卷五《播酋·杨应龙传上》，茅瑞徵《万历三大征考·播州》。

2 朱国祯《皇明大事记》卷四十二《平播州》。

明初，杨鉴内附，改为播州宣慰使司。洪武五年(1372)，杨鉴进贡方物，上交元朝所授金牌、银币，太祖高皇帝赏赐绮币衣物。洪武二十年(1387)被征入朝，进贡马十匹，皇帝戒谕守土保身之意。洪武二十三年(1390)，杨鉴派遣儿子来朝，请求进入太学。洪武二十八年(1395)，朝廷赏赐有功将卒二万三千多人，给予钞一十二万三千余贯。从此以后，或一二年，或三四年入朝一次。[1]播州宣慰使司号称西南最大的土司，其地广袤千里，介于四川、湖广、贵州之间，西北堑山为关，东南俯江为地，领有安抚使司二：黄平、草塘；长官司六：真、播、白泥、余庆、重安、容山；统辖七姓：田、张、袁、卢、谭、罗、吴。[2]

洪武年间的学士宋濂撰《杨氏家传》，记叙播州杨氏家史甚详，其序言写道：

> 播州夷獠错居，时出为中国患。杨端藉唐之威灵，帅师深入，遂据其土。五传至昭，胤子中绝，而贵迁以同姓求为之后。三传至文广，威詟德怀，而群蛮稽首听命，益有光于前人。又三传至选，留意礼文，尊贤下士，荒服子弟皆知向学，民风为之一变。又二传至粲，封疆始大，建学造士，立家训十条以遗子孙。其子孙亦绳绳善继，尊尚伊洛之学，言行相

1 瞿九思《万历武功录》卷五《播酋·杨应龙传中》。

2 茅瑞徵《万历三大征考·播州》。

顾，一如邹鲁之俗，昔之争斗敚攘之祻亦几乎熄矣，何其盛欤。呜呼杨氏，以一姓相传，据有土地人民，侈然如古之邦君，由唐历五季，更宋涉元，几六百年，穹官峻爵，珪组照映，亦岂偶然之故哉！[1]

隆庆六年宣慰使杨烈死，其子杨应龙嗣位。杨应龙精于兵事，朝廷赐予他镇国将军头衔。万历元年以来，杨应龙奉朝廷之命出征喇嘛诸番，身先士卒，多所斩获，功劳卓著，皇帝赏赐苎丝狮子衣一袭，金千两。万历十三年进贡大木六十本，助修宫殿，皇帝特赐大红飞鱼服，晋升职级。杨应龙多次受赏，"意气扬扬，殊自得，又窥蜀兵单弱，遂起雄心"。[2]此人生性雄猜，阴狠嗜杀，专以酷杀树威，有小睚眦即戕杀，人人惴恐。他目睹四川官军弱不禁战，每有征讨必调拨土司兵马，因而骄横跋扈，自恃富强，滋生虎踞全蜀的野心。甚至蔑视朝廷法纪，在居所僭饰龙凤，擅用宦官，俨然一方土皇帝。[3]

1 朱国祯《皇明大事记》卷四十二《平播州》。

2 瞿九思《万历武功录》卷五《播酋·杨应龙传中》。

3 朱国祯《皇明大事记》卷四十二《平播州》，谷应泰《明史纪事本末》卷六十四《平杨应龙》。

2. 举棋不定的"抚"与"剿"

万历十七年（1589），播州宣慰使下属，黄平安抚使罗承恩、草塘安抚使宋世臣等，向朝廷递送加急文书，告发杨应龙谋反。贵州巡抚叶梦熊向朝廷请求发兵征讨，他向皇帝指出，播州宣慰使杨应龙凶恶不道，东川兵备使朱运昌有意纵恶。贵州巡按陈效也上疏弹劾杨应龙二十四大罪。鉴于三面与播州交界，四川士大夫的态度截然相反，数度向川贵两省主官表明立场："播（州）僻处西南隅，属夷以十百数，皆其弹压，兵骁勇，世恭顺，数赴川贵军门调，有微勋，翦除未为长策。"因此四川巡抚、巡按都主张"招抚"，反对征剿。皇帝以为四川士大夫说得有理，下旨调和分歧："两省会勘，（杨）应龙愿赴蜀不赴黔，乃就彭水县适中处听勘。"[1]

当时朝廷正为"西虏"进犯松潘而忙于调兵遣将，松潘为全蜀门户，四川封疆大吏不敢怠慢，征调播州土司兵协守。四川巡按李化龙（字于田，号霖寰，陕西长垣人）向皇帝请求，暂免勘问杨应龙，给他一个戴罪立功的机会。由此开启了"此惩彼宥，黔蜀异议"的局面。[2]四川方面以为杨应龙没有"可勘之罪"，贵州方面以为四川有"私昵"杨应龙之嫌。于是兵科都给事中张希皋等人向皇帝建议，考虑到事情重大，有关两省利害，拟派遣科道官员从公会勘，或剿或抚，毋执成见。万历十九年（1591）二月，皇帝根据兵部的提议，命四川、贵州两省抚按官会勘杨应龙，朝廷不派官员参与此事。

两省抚按官会勘的结果，意见仍然不能一致。

1 朱国祯《皇明大事记》卷四十二《平播州》。

2 谈迁《国榷》卷七十五，万历十八年十二月壬午。

贵州巡抚叶梦熊主张把播州宣慰使司及所辖五司，全部改土归流，划归重庆管辖。四川巡抚李尚思、巡按李化龙不以为然，反对将播州改土归流，索性引咎辞职。朝廷不予批准，事情就搁置下来。

万历二十年（1592）十二月，杨应龙被逮至重庆，对簿公堂，按律当处斩。杨应龙愿以两万两银子赎罪，御史张鹤鸣正欲驳问。事情突然出现了转机，倭寇进犯朝鲜，朝廷下令征调天下兵马。杨应龙向朝廷表示，愿意亲自率领五千将士“征倭”报效。皇帝考虑到“东征”大局为重，命令四川抚按官释放杨应龙。当杨应龙正要率兵北上时，忽然传来皇帝旨意：不必调杨应龙出征。新任四川巡抚王继光（字于善，号皋泉，山东黄县人）一上任，就下令严提杨应龙勘结。杨应龙盘踞播州，拒不服从。[1]

招抚不成，只得征剿。万历二十一年正月，王继光赶到重庆，与总兵刘承嗣、参将郭成决策，分兵三路，同时并进。大军进至娄山关，驻扎白石口。杨应龙佯装求降，暗中埋伏重兵，突然袭击，刘承嗣兵败，几乎全军覆没。王继光因此而遭罢官，只得仓皇撤退。四川道御史吴礼嘉指责参将郭成“失律”，皇帝认为吴礼嘉在为杨应龙辩护，不同意他的意见，发出谕旨：“本酋朝廷原无意必诛，大兵一至，应自缚军门请死。今御史报与本酋奏辩，顺逆悬殊，行严查奏，毋姑息。郭成等革任立

1 茅瑞徵《万历三大征考·播州》。朱国祯《皇明大事记》卷四十二《平播州》。

功。移蜀新抚臣谭希思星驰赴任，与刘承嗣通贵州抚镇相机征剿。”[1]郭成和谭希思受命出任四川巡抚，与贵州抚按商议“相机征剿”杨应龙。由于两省官员畏难，事情议而不决。

万历二十二年三月，为了摆平播州，皇帝任命邢玠以兵部侍郎出任贵州总督。次年正月，邢玠赶到四川，分析形势：永宁、酉阳、暨马、千斛等地土司，都与杨应龙有姻媾关系；而黄平、白泥土司，本与杨应龙有仇。决计先剪除杨应龙的党羽，对杨应龙施加压力，晓以大义，援引前不久宁夏叛乱的前车之鉴，向他指出，前来投诚，当贷以不死；否则，国家悬赏万金购尔首级。

四月，重庆知府王士琦拿了总督邢玠的招抚信函，抵达綦江县，敦促杨应龙到安稳（地名）听勘，由綦江知县前往宣谕。杨应龙派弟弟杨兆龙前往安稳，准备了邮传储粮，郊迎叩头，对来使（綦江知县）说：杨应龙待罪于松坎，之所以不敢到安稳，是因为安稳多仇人，欲伏兵刺杀，故请来使驾临松坎。五月初八日，綦江知县单骑前往松坎。杨应龙果然捆绑于道旁，泣请死罪，膝行向前，叩头流血，表示愿意把罪人及罚金献给朝廷。邢玠得报，立即派官员前去处理此事。杨应龙身穿囚服，匍匐郊迎，缚献黄元等十二名罪人抵充杨应龙，接受死刑；愿意缴纳赎银四万两。于是决定，将杨应龙革职，由

1 茅瑞徵《万历三大征考·播州》。

其长子杨朝栋暂代，将其次子杨可栋押往重庆作为人质。[1]

当时朝鲜战争还在进行，兵部专注于东征，播州事务只能暂缓。皇帝也考虑到杨应龙一向积有功劳，就批准了邢玠的处理方案，在松坎设立同知，治理该地，并以重庆知府王士琦为川东兵备使，在当地弹压。

其实这是杨应龙的缓兵之计。风头过后，他不但毫无悔改，反而变本加厉。不久借口次子死于重庆，扬言促取尸棺，拒不交出赎银，甚至要挟说：如果我的儿子复活，立即上缴银子。此后一面加强前方防备，一面收买后方民心。正如茅瑞徵所说："分遣夷目，置关据险，僭立巡警：江内七牌、江外四牌。搜戮奏民，劫掠屯堡无虚日。厚抚诸苗，用以摧锋，名硬手。州人稍殷厚者因事诛之，没其家以养苗，诸苗人愿为出死力"。[2]

对杨应龙的招抚实际上已经失败。他乘着朝廷忙于朝鲜战争，一时无暇顾及，不断武装袭击川南、贵州、湖广一带。万历二十七年二月，贵州巡抚江东之派指挥使杨国柱率领三千兵马征剿杨应龙，遭到惨败，杨国柱战死。朝廷罢免江东之，由郭子章（字相奎，号青螺，江西泰和人）代理贵州巡抚，起用李化龙以兵部侍郎出任湖广川贵总督兼四川巡抚，征讨播州叛军；并且把川将刘綎从朝鲜战场调

1 茅瑞徵《万历三大征考·播州》。谷应泰《明史纪事本末》卷六十四《平杨应龙》。

2 茅瑞徵《万历三大征考·播州》。

回，日夜兼程赶往四川。

杨应龙乘官军主力尚未赶到，先发制人，以八万兵力分头进犯南川、江津，攻陷綦江。重庆守臣惊恐万状，赶紧归还其子杨可栋尸棺，并用重金贿赂，企图缓解他的攻势。万历二十七年九月，四川巡按御史赵标向朝廷告急，一派无可奈何的口气："看得杨（应龙）酋破綦江后，我之骁将铳卒一时都尽，渝城（重庆）危急，人心动摇。我实无备，而姑以文告缓酋，亦是权计。然城下之盟，壮士且羞言之矣。乃酋原无必死之心，自觅生活之路，虽虎暇以思逞，旋狼顾而不前，趦趄嚣腾，恫疑恐吓，犹劫去仓库而逼要印领之初意也。况当时酋纵兵流劫，志已骄盈……乃总兵道府同驻，相视无奈，随意发付。索尸棺则尸棺，索奏民则奏民。何邦卿既以缢归，于春又复生，致优礼腆仪，曲中酋欢。何物殷勤，遂来感忆。吁嗟乎，诸臣屈体辱国，抑何至于此极也！卷查杨可栋尸柩，虽原有奉文，许令给发，然彼索送与且加货焉，则大非法纪……且置君命于何地也？嗟嗟，酋之入犯也，纵横剽劫，焚荡虔、刘、綦、合一带，绵亘数百余里内人烟断绝，凶暴酷烈，天地为之惨淡，鬼神为之悲号。"[1]

皇帝大为恼怒，下旨将前四川巡抚谭希思、贵州巡抚江东之革职为民："谭希思虽准听调，尚在地方，何得怠玩军情，致贻大患。江东之贪功浪战，

1 赵标《播兵压境要挟无已国体民生伤残太甚疏》，吴亮《万历疏钞》卷四十四《哱播类》。

损威辱国，都着革职为民当差，永不叙用，不许朦胧推升。”[1]他还给兵部发去一道谕旨："綦江失守，蜀事甚急，可忧。着该总督（李化龙）率属厉兵，相机防剿。陕西、甘肃、延绥、浙江等兵，俱难如议调用，刻期赴援。刘綎素称忠勇，你部里马上再行催他奋身报国。”[2]

◥ 刘綎，江西新建人，万历年间武状元。万历十年任云南副总兵，十三年平定罗雄之乱，二十年、二十五年抗倭援朝，二十八年参加播州之役，有“晚明第一猛将”之称。

3. 杨应龙的末路

万历二十八年（1600）初，总督李化龙分兵八路，围剿杨应龙。四川四路：总兵刘綎从綦江入，总兵马孔英从南川入，总兵吴广从合江入，副总兵曹希彬从永宁入；贵州三路：总兵童元镇从乌江入，参将朱鹤龄从沙溪入，总兵李应祥从兴隆卫入；湖广一路分两翼：总兵陈璘从白泥入，副总兵陈良玭从龙泉入。各路统兵三万，刻期出击。[3]为了协调三省，贵州巡抚郭子章驻贵阳，湖广巡抚支大可移驻沅州，李化龙自己率领中军驻扎重庆策应。部署既定，李化龙在重庆召集文官武将，登坛誓师，发布军令："关外且战且招降，多不可胜诛也。关内疾战勿受降，师不可久老，贼诈不可

1 钱一本《万历邸钞》，万历二十七年己亥卷，七月。
2 钱一本《万历邸钞》，万历二十七年己亥卷，六月。
3 李化龙《平播全书》卷五《叙功疏》。

信也。”[1]二月十二日，大军分道并发。朝廷鉴于湖广地域辽阔，特地选拔江铎（字士振，浙江杭州人）为偏沅巡抚。湖广分设偏沅巡抚，即始于此次平播战事。[2]

二十余万大军压境，三省封疆大吏督阵，杨应龙败局已定。

八路大军中，以刘綎部最为骁勇善战，李化龙把他放在顶要紧的綦江一线。杨应龙深知刘綎厉害，颇为惧怕，派重兵把守要害。二月十五日，刘綎分兵三面围攻，连克三峒。刘綎在阵前督战，左手拿着金锭，右手高举利剑，大喊：“用命者赏，不用命者齿剑！”[3]士兵个个锐不可当，初战告捷。

三月初，杨应龙派其子杨朝栋率精锐主力数万前去抵挡，分别由松坎、渔渡、罗古池三路并进。刘綎在罗古池埋伏万人，等待松坎来犯之敌；以万人埋伏营外，等待渔渡来犯之敌；另有一军左右策应。刘綎身先士卒，冲入敌阵，苗兵大惊失色，连声呼喊：“刘大刀至矣！”全军顿时溃败，刘綎追奔五十里，杨朝栋只身突围，差一点当了俘虏。[4]

其他各路也纷纷告捷。南川一路，经酉阳、石柱，攻克桑木关。乌江一路，经坝阳、永顺，攻克乌江关、河渡关。陈璘一路，攻击四牌，夺取天都。

刘綎乘胜攻至娄山关下。娄山关是杨应龙老

1 谷应泰《明史纪事本末》卷六十四《平杨应龙》。

2 张廷玉《明史》卷二百二十八《李化龙传》。

3 张廷玉《明史》卷二百四十七《刘綎传》。

4 谷应泰《明史纪事本末》卷六十四《平杨应龙》。道光《遵义府志》卷四十《年纪二》。

巢的前门，形势险要，易守难攻。远远望去，但见山峰高耸入云，唯一的上山通道掩映在丛箐中。仅仅几尺宽的羊肠小道，设置木关十三座，关楼之上堆积滚木、椶杆、垒石，关楼之下又有排栅数层，合抱大树横亘路中，沿路挖掘深坑，坑内密布竹签。如此严密布防，杨应龙自以为万险俱备，固若金汤。[1]刘綎派步兵绕道，分左右两路包抄娄山关后背，自己督率主力正面仰攻。两面夹攻，夺下娄山关。

四月初，刘綎屯兵白石口。杨应龙困兽犹斗，亲率苗兵决一死战。刘綎勒马冲坚，令将士分两翼夹击，挫败杨应龙。刘綎追至养马城，与南川、永宁两路军队会合，连破龙爪、海云两个据点，兵临海龙囤下。[2]

海龙囤是杨应龙的老巢，倚为天险，号称飞鸟腾猿不能逾越。此时八路大军云集于海龙囤下，把它团团围住。从五月十八日开始，各军轮番进攻。总督李化龙接到父亲去世的讣闻，皇帝命他“缞墨视师”，李化龙赤脚起草檄文，督促各军奋力进攻。连日大雨滂沱，将士驰骋泥淖苦战。

六月初四日，天气忽然开朗。次日，刘綎身先士卒，一举攻克土城。杨应龙坐困穷崖，连夜散发银子数千两，招募敢死队拒守。苗兵都惊骇四散，无人响应。杨应龙提刀巡视，只见四面火光冲天，

1 李化龙《平播全书》卷五《叙功疏》。

2 茅瑞徵《万历三大征考·播州》。谷应泰《明史纪事本末》卷六十四《平杨应龙》。

彷徨长叹，与妻子田氏相对而泣。次日天明，官军破城而入。杨应龙仓皇与妻妾关门自缢，纵火自焚。其子杨朝栋、弟杨兆龙等被俘。[1]

此次平播战役，先后一百十四天，斩敌二万余，以杨应龙的彻底失败而告终。

万历二十八年十二月，李化龙、郭子章、江铎等班师回朝，押解播州叛军头目六十九人，抵达京师。皇帝特地在午门城楼参加庆典。杨朝栋、杨兆龙等人在凛冽寒风中被凌迟处死。[2]朝廷以平播战功，晋升李化龙为兵部尚书，荫一子为锦衣卫指挥使；晋升郭子章为都察院右都御史兼兵部侍郎，晋升江铎为兵部侍郎，各荫一子为锦衣卫指挥佥事；支大可复原官，荫一子入国子监；刘綎、陈璘都晋升左都督，荫一子为本卫指挥使。[3]

令人不解的是，在征东与平播战争中立下赫赫战功的大将刘綎，后来竟以馈赠上司金银玉带，而遭到皇帝给予的“免官永不叙用”的处分，实在是过于赏罚失衡。当播州战事吃紧时，皇帝首先想到的是刘綎，说他“素称忠勇”，命令他从东征战场驰骋千里赶到西南边陲，“奋身报国”。[4]战事结束，总督李化龙把他评为“军中第一功”。皇帝却以区区“通馈”为借口，给予严厉处分，难道是怕他居功自傲，飞扬跋扈？还是危难已过，翻脸不认人？无怪乎谈迁要为刘綎鸣不平：“马或奔踶而致千里，

1 李化龙《平播全书》卷五《叙功疏》。茅瑞徵《万历三大征考·播州》。谷应泰《明史纪事本末》卷六十四《平杨应龙》。

2《明神宗实录》卷三百五十四，万历二十八年十二月乙未。

3 朱国祯《皇明大事记》卷四十二《平播州》。

4 钱一本《万历邸钞》，万历二十七年己亥卷，六月。

士或负俗之累而立功名，一二佚行，学士大夫或不免焉，况介胄豪举者哉！”“今刘将军以通馈败，其馈人多矣，不幸中弹墨。然窃以为当事过之。彼两台既自好，麾之门外，不必奏劾，即奏劾亦当曲请以东逐岛倭，西歼叛司，功未尽录，当夺一阶，俾省廉洁之效，何至褫秩等于文吏也！设刘将军掊饷溢敛，将何法以加之乎？国家少有风尘之警，动抚髀兴叹：廉如伯夷，信如尾生，驱之行间，始吏议不相绖耶！”[1]这些话表面上是在抨击言官，其实是在批评皇帝。更令人不解的是，当云南、四川叛乱又起，皇帝还是想到被他罢官的刘将军，居然再次出尔反尔，违反自己先前“永不叙用”的圣旨，起用他为总兵官，要他为朝廷效忠，以后又调到辽东战场，直至战死。

李化龙在平定播州以后，收集军中铜器，铸造铜鼎，分为三等，发给各土司永为鉴戒。铜鼎上的铭文写道：“维星拱北，惟水朝东。天王御极，八方会同。惟西南夷，各世其土。惟敬天念祖，庶不坠厥宗。顺天者吉，逆天者凶。以为不信，视杨应龙。”又铸造铜标，高一丈三尺，树立于海龙囤的山顶。上面刻着铭文：“皇帝二十有八年，播人告讧，天皇赫怒，爰整六师，以诛不供。百十有四日，尽俘群丑，遂赭其宫，设吏治之，方三千里，始入皇封。我勒铜标，永镇西南。臣李化龙。”[2]

1 谈迁《国榷》卷七十九，万历二十九年四月壬午。

2 朱国祯《皇明大事记》卷四十二《平播州》。

播州从唐朝乾符年间开始杨氏世袭统治，绵延达二十九世八百余年之久，直到杨应龙及其儿子死亡，宣告终结。万历三十一年（1603），中央政府在此实施改土归流政策，改播州为遵义、平越二府；遵义府下辖遵义、桐梓、绥阳、仁怀四县；平越府下辖黄州及余庆、瓮安、湄潭三县；以遵义府隶属于四川，平越府隶属于贵州。毫无疑问，播州土司杨氏势力的消灭，改土归流的实行，对于这一地区政治制度的统一，经济文化的发展，是有积极意义的。

茅瑞徵评论此次战争："是役征调兵凡二十万，出师甫逾百日，计三省征剿防守（银）二百万（两），而逆酋授首，辟要荒为郡邑，遂为西南一大奇捷。"[1]已经退休的前内阁首辅申时行，对于平播战争耗费湖广、四川、贵州三省财力过多，有所非议。他说："诏发三省兵及调旁近土司讨之，复添设抚臣，开府辰沅，加蜀抚总督军务，逾年遂平播州，设遵义府。然三省财力耗费以巨亿计，楚蜀之间绎骚甚矣。向使委官不索贿，（杨）应龙不系狱，调则必赴，召则必来，何至称兵叛逆，悍然不顾乎？挑衅启祸必有任其责者，故好事喜功，穷兵殚财，非国家之利，事可永鉴也。"[2]这些话并非毫无道理，但由此否定此役，一言以蔽之"好事喜功，穷兵殚财"，令人难以恭维。申公的批评固然大胆

1 茅瑞徵《万历三大征考·播州》。

2 申时行《赐闲堂集》卷四十《杂记》。

泼辣，却过于偏激，且本末倒置。凡事有一利必有一弊，播州之役也不例外。耗费了巨额财力，骚扰了地方，当然是事实，但是，若不重兵压境予以铲除，那么杨氏盘踞播州的局面将永无改变之日，那里的治安始终留有隐患。多次招抚杨氏均告失败的事实表明，以战争手段解决播州问题，是迫于无奈的选择。以历史的眼光看问题，如果此时不解决，到了清朝雍正年间大规模改土归流时，势必还得用暴力予以荡平。迟平不如早平，于国于民都是利大于弊的好事。

当时刚刚踏入官场的朱国祯的看法，就比申时行高明："播州一案，当时用兵，可不可乎？曰：可。蜀三面邻夷，且借为用，而播为最劲，此不可制。四起效尤，无蜀并无黔滇。且分八路，克险关，彼犹倔强如故，势安得已。曰：既克矣，因而郡县之，可不可乎？曰：可。悉天下全力，夷二千里奥区，为国家辟土开疆，此盛事也。"[1]确实，把播州改土归流视为万历一朝的盛事，并不为过。

1 朱国祯《皇明大事记》卷四十二《平播州》。

重写晚明史

樊樹志

朝廷與黨爭

中 华 书 局

樊树志

复旦大学教授。代表著作有：《江南市镇的早期城市化》（2023）、《明史十二讲》（2021）、《图文中国史》（2020）、《重写晚明史：王朝的末路》（2019）、《重写晚明史：内忧与外患》（2019）、《重写晚明史：新政与盛世》（2018）、《重写晚明史：朝廷与党争》（2018）、《晚明大变局》（2015）、《明代文人的命运》（2013）、《明史讲稿》（2012）、《张居正与万历皇帝》（2008，2022）、《大明王朝的最后十七年》（2007）、《国史十六讲》（2006）、《江南市镇：传统的变革》（2005）、《权与血：明帝国官场政治》（2004）、《晚明史（1573—1644年）》（2003）、《国史概要》（1998）、《崇祯传》（1997,2021）、《万历传》（1993，2020）、《明清江南市镇探微》（1990）、《中国封建土地关系发展史》（1988）等。其中，《晚明史（1573—1644年）》获第十四届“中国图书奖”；《晚明大变局》入选《人民日报》、《光明日报》、《中华读书报》、新华网、新浪网等二十余家媒体2015年度好书。

目　录

第一章　「争国本」：围绕册立皇太子的纷争　001

一　“争国本”的由来　003

二　朱翊钧的宫闱生活与酒色财气习性　012

1. 朱翊钧的“衽席之爱”“曲蘖之好”　012

2. 雒于仁：皇上之恙，病在酒色财气　017

三　册立东宫之争　030

1. “中外人情咸谓久当册立”　030

2. “朕怪其聒激渎扰，归过于上，要直于身”　035

3. 册立无望，大臣纷纷挂冠而去　042

4. 王家屏封还谕旨，以去格主　051

四　所谓“三王并封”之议　060

1. 赵志皋老迈无能　060

2. 王锡爵复出　066

3. “今日犹豫之旨，群臣将何所取信耶？”　073

4. “伏乞天恩，容令认罪改正”　082

五　皇长子朱常洛由出阁到册立　090

1. 皇长子朱常洛出阁讲学　090

2. 一拖再拖的冠婚礼与册立礼　096

第二章 疑影重重的内廷 107

一　楚王案　109

1. 封建与藩王　109

2.“楚藩大变异姓假王”　113

二　妖书案　122

1.《闺范》《闺范图说》与《忧危竑议》　122

2.《续忧危竑议》引发的政治地震　132

3.“妖书案”的株连　137

4. 且看“妖书案”如何收场　145

5. 余波：内阁成为众矢之的　154

三　梃击案　162

1. 皇太子朱常洛的厄运　162

2. 疑窦丛生的梃击案　168

3. 上谕：“毋得株连无辜，致伤天和”　177

第三章 勤于聚敛怠于临朝的皇帝 193

一　“帝耗天下以给福王”　195

1. 福王朱常洵的靡费　195

2. 一拖再拖的福王“之国”　199

3.“举江北半壁之天下，尽属藩使之鱼肉”　206

二　聚敛财富：矿税太监横行　214
1. 贪财君主的聚敛癖好　214
2. 矿税太监一瞥　221
3. 登峰造极的制度腐败　233

三　临清民变、湖广民变及其他　250
1. 太监马堂的横征暴敛与临清民变　250
2. 太监陈奉的鸱张狠毒与湖广民变　258
3. 苏州民变与云南民变　266
4. 只撤矿监，不撤税监　271

四　怠于临朝的朱翊钧　279
1. 为何怠于临朝？　279
2.“廊庙不成廊庙，世界不成世界”　288

第四章　东林书院的实态分析——「东林党」论质疑　299

一　“维世教觉人心”：东林书院的本来面目　301
1. 杨时的东林书院与邵宝的东林书院　301
2. 顾宪成兴复东林书院　307
3. 东林书院的规制、会约与院规　318

二　“课实功以穷经”，“绝议论以乐时”
——东林书院的日常生活　330
1. 大会、小会与日课　330
2.《东林商语》与《东林论学语》
——东林书院的讲义　339

3.“独以全力用之圣学” 351

三 政治诬陷:“讲学东林，遥执朝政” 366

1.“人情所最跂望者无如开言路、起废臣二事” 366

2.“顾宪成起升南京光禄寺少卿添注” 375

3.“直道难容，枉道易合”——关于《寤言》与《寐言》 386

4.淮抚李三才的为官风采 396

5.“料攻淮则东林必救，可布一网打尽之局”——顾宪成与李三才 402

6.“张四面之网，造无底之阱” 416

四 东林非党论 425

1.李三才:“以消党祸，以安天下” 426

2.“一支重整道德的十字军” 434

3.“小人之倾君子，未有不托于朋党之一言” 441

4.关于“东林”与“浙党” 450

第五章 泰昌到天启 461

一 昙花一现的泰昌朝 463

1.万历的最后岁月 463

2.来不及施展的泰昌新政 473

3.郑贵妃、李选侍上蹿下跳 481

4.泰昌皇帝朱常洛之死 492

二　从泰昌到天启的过渡　499
1. 围绕李选侍移宫的纷争　499
2. 天启皇帝朱由校即位　508
3. 短暂的“众正盈朝”局面　519

第六章　畸形的阉党专政时代　531

一　三位一体：朱由校·魏忠贤·客氏　533
1. 朱由校：醉心于玩乐的皇帝　533
2. 魏忠贤：市井无赖登上权力巅峰　540
3. 客氏：从乳媪到“老祖太太千岁”　548

二　正与邪的较量　559
1. 魏忠贤的阉党　559
2. 邹元标、冯从吾与首善书院事件　568
3.“空人国以庇私党，詈道学以逐名贤”
——文震孟、郑鄤的忿激之论　578
4. 另一种形式的较量　586

三　惊心动魄的倒魏风潮　593
1. 杨涟弹劾魏忠贤二十四大罪　593
2.“臣工先后申疏无不危悚激切”　604
3. 明知山有虎，偏向虎山行　611

四　反攻倒算：六君子之狱　623
1. 官场大清洗　623
2. 杨涟：“仁义一生，死于诏狱”　631

3. 左光斗："辱极苦极，污极痛极，何缘得生" 644
4. 魏大中："臣子死于王家，男儿常事" 656
5. "虎狼之肆威，狗彘之不食" 665

五 镇压正人君子的舆论攻势 675
1. 篡改当代历史的《三朝要典》 675
2. 仿效《水浒》一百零八将的《东林点将录》 686
3.《东林党人榜》及其他 697

六 浩气长存：七君子之狱 706
1. 黄尊素："正气长流海岳愁" 707
2. 高攀龙："心如太虚，本无生死" 714
3. 李应昇："十年未敢负朝廷" 720
4. 缪昌期："一死无余事，三朝未报心" 728
5. 周顺昌与"开读之变" 733
6. 周宗建与周起元之死 740

七 魏忠贤个人崇拜运动 749
1. 奢侈性成，服色僭制 750
2. 无上名号：九千九百岁爷爷 755
3. 遍地立祠，设像祝釐 761

第一章

“争国本”：围绕册立皇太子的纷争

一 “争国本”的由来

◤ 慈圣皇太后像

慈圣皇太后，即孝定皇后，李氏，明穆宗皇贵妃，万历帝生母。

皇后王氏秉性端谨，专心侍奉慈圣皇太后，颇得其欢心。在皇上疾病缠身静摄休养时，协助封识整理堆积如山的章奏公文。每当皇上提及某事，随即取出公文呈上，毫无错谬。她母仪天下四十二年，以孝慈著称。但万历六年（1578）大婚后，皇后多年没有身孕，直到万历九年（1581）十二月才生下皇长女。因无子嗣，皇太后未免有些焦急，文书房太监向内阁传达皇太后懿旨：“命专选淑女，以备侍御。”内阁首辅张居正心领神会，乘着经筵的机会，对皇上说：皇上仰承宗庙社稷重任，远为万世长久之图，而内职未备，储嗣未蓄，臣等日夜悬切。但选用宫女事体太轻，恐怕名门淑女不乐应选。不如参照嘉靖九年（1530）选九嫔事例，上请皇太后恩准。[1]

就在册选九嫔的时候，皇帝看中了皇太后身边的宫女王氏。此人一直在慈宁宫当宫女，多年来未曾引起皇帝注意。一天，皇帝往慈宁宫探望母后，索水洗手，宫女王氏捧了面盆服侍，皇帝见了甚为欢悦，看中了她。于是就有了所谓“私幸”，还赏了她一副“头面”（首饰）。一来二往，宫女王氏有了

1 《明神宗实录》卷一百十五，万历九年八月癸卯。

身孕。[1]

按照宫中惯例与祖宗家法，宫女受到皇上“宠幸”，必有赏赐，随侍的文书房太监必定记注皇上“宠幸”宫女的年月日，以及所赏赐的物品，以备日后查验。这就是所谓“内起居注”。皇帝自己对此却讳莫如深，左右内侍当然也守口如瓶。某日，皇帝侍候生母慈圣皇太后宴饮，母后问起此事，他沉默不语，继而矢口否认。太后命太监取来《内起居注》，让他自己看。皇帝面红耳赤，不再隐瞒，低头聆听母后的规劝：“我年老矣，尚未弄孙，若生男，宗社之福也。母以子贵，宁分差等耶?”深受宠幸的德妃郑氏，常在皇帝面前戏弄宫女王氏，动辄叫她“老嫫嫫”，暗含讥刺之意，皇帝也默然不自得。[2]听了母后的规劝，皇帝在万历十年(1582)六月册封怀孕的宫女王氏为恭妃，派定国公徐文璧、大学士张四维举行册封礼仪。[3]册封之后两个月，恭妃王氏果然生了一个男婴，就是皇帝朱翊钧的长子朱常洛。

皇长子诞生于大婚数年之后，当然是非同小可的喜事。成国公朱应祯等勋戚贵族代表皇帝前往郊庙、社稷，举行祭告仪式。皇帝本人则在皇极殿接受群臣祝贺。[4]次日，内阁辅臣张四维等题奏，皇子诞生，诏告天下，宜有颁恩条件，请皇上“乘此大庆，明降德音，蠲荡烦苛，弘敷惠泽”。[5]九月

1 李逊之《泰昌朝记事》卷一《孝靖》。按:《泰昌朝记事》《天启朝记事》《崇祯朝记事》分别成书，亦合成一种，即《三朝野记》。

2 文秉《先拨志始》卷上。李逊之《泰昌朝记事》卷一《孝靖》。张廷玉《明史》卷一百十四《后妃传》。

3《明神宗实录》卷一百二十五，万历十年六月壬寅。

4《明神宗实录》卷一百二十七，万历十年八月戊戌。

5《明神宗实录》卷一百二十七，万历十年八月己亥。

◤ 仁圣皇太后像
仁圣皇太后，即孝安皇后，陈氏，明穆宗皇后，万历帝嫡母，无子，与万历帝生母交好。

初六日，在皇长子满月日子到来之前，皇帝诏告天下，宣布大赦。诏文写道："以今年八月十一日第一子生，系恭妃王氏出，上副两宫圣母忧勤之念，下慰四海臣民仰戴之情。"因此颁布若干恩例，以示普天同庆。[1]

皇长子的诞生，按照惯例，两宫皇太后应该加奉徽号。九月初九日，皇帝亲自到慈庆宫，向嫡母仁圣皇太后恭上"仁圣懿安康静皇太后"徽号，群臣随至徽音门行礼。次日，他又到慈宁宫，向生母慈圣皇太后恭上"慈圣宣文明肃皇太后"徽号，群臣随至思善门行礼。[2]

诞育皇长女的皇后王氏、诞育皇长子的恭妃王氏，不受皇帝宠爱，真正受宠的是诞育皇二女的德妃郑氏。万历十一年十一月，德妃郑氏生皇二女，皇帝十分欣喜，破例赏赐内阁首辅申时行红云苎丝二匹，银抹金脚花二枝；赏赐内阁次辅余有丁、许国及讲官沈鲤等人，各红苎丝一匹，银脚花一枝。[3]这种做法已经有点出格，更为出格的是，万历十二年八月，册封德妃郑氏为贵妃[4]，其地位仅次于皇后，而高于恭妃及其他嫔妃。万历十四年正月初五

◤ 申时行，苏州长洲人，嘉靖四十一年状元及第。累官吏部尚书、中极殿大学士。万历十一年升内阁首辅。后因建储事为言官所劾，罢归。

1 《万历起居注》，万历十年九月初六日。
2 《万历起居注》，万历十年九月初九日、九月十日。
3 《明神宗实录》卷一百四十三，万历十一年十一月乙巳。
4 《明神宗实录》卷一百五十二，万历十二年八月庚戌。

日，郑贵妃生了皇三子朱常洵，进一步巩固了她受宠爱的特殊地位。由于生于万历十二年的皇二子于次年夭折[1]，因此郑贵妃所生的皇三子实际上就是次子。皇帝见爱妃喜得贵子，比皇长子诞生还要高兴，准备大加庆贺，特地传谕户部："朕生子喜庆，宫中有赏赉，内库缺乏，着户部取太仓银十五万两进来！"[2]

◥ 郑贵妃，明神宗宠妃，晋升为皇贵妃，地位仅次于皇后。生子朱常洵，郑氏欲立其子为太子，从而引发了长达十数年的国本之争，也是其后"妖书案""梃击案""红丸案"的矛盾焦点。

皇帝对皇三子的偏爱超过了皇长子，使朝廷大臣预感到即将面临一个棘手的难题：册立谁为太子？册立皇长子朱常洛，还是册立皇三子朱常洵，是牵涉到"国本"的头等大事。由此而引起旷日持久的所谓"争国本"事件，廷臣与皇帝争论不断，使人们的关注程度盖过了其他政治话题。

二月初三日，皇三子即将满月之际，内阁首辅申时行向皇上提议，尽快册立太子，奏疏的题目就是《恳乞宸断册立东宫以重国本事》。他委婉地建议尽快册立皇长子："窃惟国本系于元良，主器莫若长子……自万历十年元子（长子）诞生，诏告天下，五年于兹矣。即今麟趾螽斯，方兴未艾，正名定分，宜在于兹……惟国家大计，以今春月吉旦，敕下礼官，早建储位，以慰亿兆人之望，以固千万

1　张廷玉《明史》卷一百二十《诸王传》。据该书说，皇二子"母氏无考"。

2　钱一本《万历邸钞》，万历十四年丙戌卷，正月。

世之基。”[1] 申时行毕竟不是张居正，皇帝对他的建议置之不理，寥寥数语搪塞了事：“卿等以册立元子请，朕见婴弱，少俟二三年举行。”[2] 所谓“少俟二三年举行”，是一个托词，其实他另有算盘：不满意宫女所生的皇长子常洛，想册立郑贵妃所生的皇三子，来个缓兵之计。为了达到这一目的，他决定把郑贵妃的身份再提高一步——进封为皇贵妃。

此议一出，举朝哗然。

万历十四年二月初八日，户科给事中姜应麟（字泰符，浙江慈溪人）上疏劝阻。他指出，郑贵妃虽贤，所生只是皇上第三子，而恭妃所生才是长子，理应“主鬯承祧，乃其发祥”，为什么反而使恭妃屈居其下？伦理不顺，人心不安，难以重储贰，定众志。希望皇上收回成命，以协舆情。如果以为事势难以挽回，不妨先册封恭妃王氏为贵妃，再册封贵妃郑氏为皇贵妃。他还请求皇上采纳申时行的建议，册立皇长子为皇太子，以定天下之本。[3]

姜应麟的这一番议论，不温不火，句句入情入理，却触到了要害，令皇帝大为震怒，把奏本丢到地上，仍不解恨，把身边的太监统统叫来，无端地把他们当做靶子，发泄道：“册封贵妃，初非为东宫起见，科臣奈何讪朕！”越说越气愤，情不自禁地一再拍打桌子，吓得太监们纷纷跪下叩头请罪。[4] 少顷，怒气稍解，他在姜应麟的奏疏上批示：“这册

1《明神宗实录》卷一百七十一，万历十四年二月戊辰。

2 孙如法《储位尚虚乞正名定分以安人心疏》，《万历疏钞》卷三《国本类》。

3《明神宗实录》卷一百七十一，万历十四年二月戊辰。

4 张廷玉《明史》卷二百三十三《姜应麟传》。

封事，非为储贰，因其敬奉勤劳，特加殊封。立储自有长幼。姜应麟这厮心怀别故，窥探上意，疑君卖直，好生无礼，着降杂职于极边，该部不许朦胧升用。”[1]

姜应麟贬为山西广昌县典史，舆论不但没有被压服，反而更加汹涌了。吏部验封清吏司员外郎沈璟（字伯英，号宁庵、词隐，苏州吴江人），步姜应麟后尘，上了一本奏疏——《恳乞圣明定大本详大典以固国脉事》，请求皇上册立皇长子为皇太子，并且进封恭妃王氏为贵妃，庶几无独优贵妃郑氏之嫌。[2]皇帝不听，下旨切责：“已有旨了，这厮如何又来渎奏？姑降三级调用。”[3]皇帝不想听臣下“渎奏”，臣下偏偏“渎奏”不已。礼部官员出于职责有关，上疏请求皇上册立皇太子，并封恭妃王氏和贵妃郑氏为皇贵妃，与姜应麟、沈璟相呼应。不仅如此，吏科给事中杨廷相（字君赞，号宗鲁，福建晋江人）等言官挺身而出，上疏论救姜应麟、沈璟，造成强大的舆论压力。

二月十二日，皇帝与内阁辅臣谈及此事，强词夺理为自己辩解：“朕之降处（姜应麟、沈璟），非为册封，恶其疑朕立幼废长，揣摩上意。朕思我朝立储自有成宪，岂敢私己意以坏公论。彼意置朕不善之地，故有是处。”[4]他要求内阁票拟谕旨，替他解围，并在杨廷相等言官论救姜、沈的奏疏上批示：

1 钱一本《万历邸钞》，万历十四年丙戌卷，二月。

2 谈迁《国榷》卷七十三，万历十四年二月癸酉。

3 孙如法《储位尚虚乞正名定分以安人心疏》，《万历疏钞》卷三《国本类》。

4《明神宗实录》卷一百七十一，万历十四年二月丁丑。

“立储以长幼为序，祖宗家法，万世当遵。朕仰奉成宪，俯察舆情，岂肯以私意违拂公论。姜应麟等揣摩上意，动辄以舍长立幼为疑，置朕于有过之地。特降处示惩，非为奏请册立之故。国本有归，朕已明白晓示，待期举行。各官宜体朕意，再不许妄疑渎扰。”[1]这种欲盖弥彰的语调，意在压制舆论——“不许妄疑渎扰”，效果适得其反。

几天后，刑部山西司主事孙如法的奏疏，“渎扰”得更为厉害。他从申时行的《恳乞宸断册立东宫以重国本事》谈起，再提及姜应麟的《慎封典重储贰以慰人心事》，沈璟的《恳乞圣明定大本详大典以固国脉事》，对皇上的处理有所质疑。并且针对皇上所说，进封贵妃郑氏为皇贵妃，“非为储贰，因其敬奉勤劳，特加殊封”，予以辩驳。他认为这是一种托词：“天下之人但见恭妃王氏诞育元嗣，已及五年，是固左右宸居，朝夕奉御者也，岂毫无敬奉之劳？而未闻有奇封之典。贵妃郑氏敬奉勤劳，积有月日固然，而何其一生皇子，即有皇贵妃之封也？奇封之典贵妃能得之于皇子方生之日，而恭妃不能得之于五年敬奉之久？此天下之所以不能无疑也。”他为姜应麟、沈璟辩护，认为二人被贬，反而导致人心更加怀疑。姜、沈二臣所说，不过是“重储贰”“定大本”，因为立嫡以长自有定分，希望陛下早定而豫教，与陛下“立储自有长幼”之

1《明神宗实录》卷一百七十一，万历十四年二月丁丑。钱一本《万历邸钞》，万历十四年丙戌卷，二月。

意，正好相合。他们所说的“慎封典”“详大典”，不过是说，恭妃、贵妃都诞育皇子，贵妃不应该独封，希望并封恭妃，并没有阻止贵妃之封。这也和皇上所说“册封非为储贰”之言，并不违背。既然如此，为什么要把姜、沈二臣放逐、降级呢？这正是天下之所以深深怀疑的地方。所以他主张，册立皇长子为皇太子，将恭妃、贵妃同时进封为皇贵妃。[1]

恭妃像

恭妃，王氏，明神宗孝靖显皇后。原为慈宁宫宫女，虽生长子朱常洛，但不为明神宗所喜。朱常洛成为太子后，恭妃并未母凭子贵，后幽闭而死。

孙如法的奏疏，言词虽然和缓，气势却很凌厉，皇帝看了大为光火：“立储定序已屡颁明示，孙如法不系言官，如何出位渎扰救护！宫闱事体彼何由知？好生狂躁。本当重处，姑降极边杂职。再有妄言者，重治如法。”[2]皇帝一再严厉封杀批评意见，官员们只得缄默不响了。

三月初二日，贵妃郑氏正式进封为皇贵妃，进封册文对她赞誉有加，什么“妙膺嫔选，婉娩有仪”，什么“辄宣劳于视夜，厥有鸡鸣之助匡”云云。[3]进封郑贵妃为皇贵妃，是皇帝对她的最高册封。据当时人说，内廷嫔妃的尊称至贵妃而极；截至万历朝，二百五十年中，嫔妃册封为皇贵妃尊号的仅十六位，其中两位是死后追封的。[4]皇长子的

1 孙如法《储位尚虚乞正名定分以安人心疏》，《万历疏钞》卷三《国本类》。
2 《明神宗实录》卷一百七十一，万历十四年二月甲申。
3 《明神宗实录》卷一百七十二，万历十四年三月丁酉。
4 沈德符《万历野获编》卷三《历朝贵妃姓氏》。

生母恭妃王氏，在郑贵妃进封为皇贵妃后，始终未曾封为贵妃；万历二十九年册立长子为皇太子后，仍不封如故；直到万历三十四年，皇太子的长子诞生，才进封恭妃王氏为皇贵妃。[1]可见册封贵妃、进封皇贵妃，并非易事，皇帝在郑氏与王氏之间，厚此薄彼竟然如此悬殊，无怪乎“争国本”永无宁日。

郑贵妃进封皇贵妃已成定局，朝野上下仍然议论纷纭，官员们在猜测，皇上究竟立谁为皇太子，是否立幼不立长？一时间流言四起。礼部身负此责，首当其冲，不得不再次向皇上反映：先前阁臣及言官奏请册立皇长子为皇太子，不蒙允准，却进封郑贵妃为皇贵妃，群臣请求同时进封恭妃为皇贵妃，又不蒙允准，因此人心猜疑，讹言相煽。[2]这完全是按照祖宗旧制及皇室礼仪提出问题，皇帝无法驳回，不予理睬。河南道御史杨绍程试图再做一次努力，劝谏皇上：“皇贵妃位亚中宫，分位甚尊。恭妃诞育元子，系则至重。其间礼仪相接，名分相临，或恐有不自安者。”皇帝根本听不进，怒斥杨绍程是“掇拾余言，沽名渎奏”，剥夺他俸禄一年，并且警告言官，不得“再讪君卖直”。[3]

外廷议论得沸沸扬扬之时，宫内的慈圣皇太后也有所耳闻。她是喜欢恭妃王氏的，也心疼她的长孙。据文秉记载，某日，皇帝到慈宁宫向母亲请

1 张廷玉《明史》卷一百十四《后妃传》。

2《明神宗实录》卷一百七十三，万历十四年四月乙丑。

3《明神宗实录》卷一百七十三，万历十四年四月戊寅。

安，太后对儿子说："外廷诸臣多说该早定长哥（原注：宫中呼太子为长哥），如何打发他？"皇帝脱口而出："道他是都人（原注：宫中呼宫人为都人）的儿子。"太后听了心生不快，正色训斥道："母以子贵，宁分差等？你也是都人的儿子！"[1]这一下点中了要害。原来慈圣皇太后李氏也是宫女出身，早年作为宫女进入裕王（即后来的隆庆皇帝）府邸，生了朱翊钧以后，才进封为贵妃，朱翊钧即位后，上尊号为慈圣皇太后。听了母亲的训斥，他自知理亏，如果自己的长子因为宫女所生不能立为太子，那么他本人根本不可能成为太子，更遑论皇帝了。面对母亲，他惶恐万状，伏地请罪，迟迟不敢起来。[2]对于朱翊钧而言，母后训示的压力非同小可，超过外廷大臣的千言万语。以后皇长子常洛之所以能有转机，郑贵妃欲立皇三子的图谋之所以不能得逞，这是一个不可忽视的关键因素。

二　朱翊钧的宫闱生活与酒色财气习性

1. 朱翊钧的"衽席之爱""曲蘖之好"

皇帝朱翊钧是个酒色之徒，大婚以后沉迷于酒色，年纪轻轻，身体却虚亏得很。

万历十四年九月十六日以后，因病连日不去

1 文秉《先拨志始》卷上。文秉此处记录的母子对话，纯系口语，未经史官粉饰，颇具原始性。

2 张廷玉《明史》卷一百十四《后妃传》。

上朝。二十六日，又通知外廷继续暂停上朝。到了三十日，他不得不向内阁讲明自己的病情："朕前御门，已于卯初起矣。一时头晕眼黑，力乏不兴，已谕卿等暂免朝讲数日，以为静摄，服药庶效。近连服药饵，身体虚弱，头晕未止。"[1]

◤ 卢洪春，万历五年进士。万历初授旌德知县，治绩卓著，擢礼部主事。神宗久不临朝，洪春上疏极谏。帝怒，发午门外杖六十，削职回籍。

皇帝老是"头晕眼黑，力乏不兴"，引起了官员们的高度关注。礼部祭祀司主事卢洪春（字思仁，浙江东阳人），因为主管祭祀事务，听说皇上因为头晕眼黑不去享祭太庙，便郑重其事地上疏，要皇上"慎起居"，注意节制酒色之欲。卢洪春似乎精通医术，为皇上分析病理，说得头头是道："气血虚弱乃五劳七伤所致，肝虚则头晕目眩，肾虚则腰痛精泄……陛下春秋鼎盛，精神强固，头晕眼黑等症，皆非今日所宜有者，不宜有而有之，上伤圣母之心，下骇臣下之听。而又因以废宗庙之大典，臣不知陛下之心何安也？"他加重语气颇为危言耸听地指出："果如人言，则偶以一时驰骋之乐，而昧周身之防，其为患也浅。果如圣谕，则似以目前衽席之娱，而忘保身之术，其为患也深。"说得再明白不过，外间传闻皇上驰马受伤导致"头晕眼黑"并非事实，病根在于"衽席之娱"，即耽于女色，房事过密。卢洪春警告说，万一有稗家野史掇拾道

1　文秉《定陵注略》卷二《建言诸臣》。《明神宗实录》卷一百七十九，万历十四年九月己未。

听途说之言，私托笔记，传之后世，陛下又何以自解？[1]

卢洪春一片赤胆忠心，诚心希望皇上保养身体，无奈此等情事激起敏感，有损帝王尊严，朱翊钧哪里承受得了，看了奏疏顿时震怒，马上传谕内阁：卢洪春悖忤狂妄，命阁臣拟旨重治。这一下内阁首辅申时行感到左右为难，卢洪春并无错误，却要重治，又不能抗旨。于是出现了很滑稽的局面：申时行一面代皇帝拟旨，将卢洪春革职；一面上疏极力申救卢洪春。[2]

申时行吃力不讨好，皇帝以为他代拟的革职处分太轻，亲笔写了一道谕旨，轻描淡写地把头晕目眩的病因归结于“动火”，对卢洪春的分析只字不提，反而狠狠斥责：“卢洪春这厮，肆言惑众，沽名讪上，好生悖逆狂妄。着锦衣卫拿在午门前，着实打六十棍，革了职为民当差，永不叙用。”[3]

卢洪春赤胆忠心的劝谏，得到的回报却是廷杖、革职的处分，显然处置不当，引起言官们的不满。吏科给事中杨廷相等人冒险上疏，申救卢洪春。皇帝依然寸步不让，如果稍一让步，人们便以为卢洪春所讲不无道理，于是下旨谴责那些言官：“卢洪春狂肆无上，特加谴责，如何渎救！念言官，姑不究。”意在警告言官，不必就此大做文章。言官们偏偏有一股执拗劲，仍然议论不休，继续为卢

1 卢洪春《慎起居明诏旨以重祭典以光圣德疏》，《万历疏钞》卷二《圣德类》。

2《明神宗实录》卷一百七十九，万历十四年十月丙寅。

3 钱一本《万历邸钞》，万历十四年丙寅卷，九月。

洪春讲好话。皇帝认定他们是“党救”——结党渎救，为首的扣罚俸禄一年，其余各人扣罚俸禄八个月。[1]

到了万历十五年二月，皇帝头晕目眩的毛病仍不见好转，再次派文书官向内阁传旨：暂免经筵。申时行等阁臣连忙向文书官询问皇上起居情况，得知还是“连日动火，时作晕眩”。申时行判断决非偶然“动火”所致，赶紧写了奏疏，劝皇上注意养身之道，不过措辞十分谨慎，没有言官们那样露骨，只是说“因励精宵旰，临御勤劳，以致圣体不宁。唯望皇上清心寡欲，养气宁神，而倍加慎重”。[2] 申时行把皇上的病因归咎于“励精宵旰，临御勤劳”，不过是为尊者讳的门面语。他后面所说的“清心寡欲，养气宁神”，才是关键所在，其中不乏微言大义，却无损皇上的面子。过了几天，皇帝又因病不上朝，申时行再次奏请皇上“宜节慎起居”。[3] 依然是极其委婉的劝告，与日前所说“清心寡欲”有异曲同工之妙，仅仅点到为止而已。犹如一帖甘甜性温的甘草剂，当然于病无补。

皇帝的病情总是不见起色，万历十七年六月，皇帝传谕内阁：“朕自前月服平肝清心之剂，至今头尚眩晕眼黑，心满肠涨，饮食少思，寝不成寐，身体尚软。”刑科给事中刘为楫针对皇上自己所说

1《明神宗实录》卷一百七十九，万历十四年十月己卯。

2《明神宗实录》卷一百八十二，万历十五年二月庚午。

3《明神宗实录》卷一百八十二，万历十五年二月甲戌。

“饮食少思，寝不成寐”云云，提请皇上“圣躬之保护宜慎”。他开出的“药方”更加温和：“人主深居法宫，一切柔曼靡丽，悦目娱心甚众，自非大智大勇，鲜有不为所动者……臣伏睹圣谕云，皆属精神不足，以致诸症俱作。请自今独坐静思，凡一切声色嗜欲，万一有乘间而动者乎，即不能黜而不御，但使御而有节，则去其耗精神者，而精神日就完固，所以培养本原。”[1]他强调的是，对于“一切声色嗜欲”，不能“不御”，但要“御而有节”。南京吏部右侍郎赵志皋也是主张“御而有节”的，不过更加切近病根。他在奏疏中说：“臣近岁以少詹事侍朝讲，恭睹天颜和睟，稍有不豫，一养旋复，何自冬相沿至今也？得非衽席之爱不能割，曲蘖之好不能免乎？有一于此，足耗元气。皇上行之有节，而不沉溺，则元气自充矣。”[2]所谓“衽席之爱”“曲蘖之好”云云，便是酒色二字，点到了病根所在。但是讲得比较含蓄，似乎没有引起皇帝的注意。

八月初四日，新任礼部尚书于慎行针对皇上所说“至今头尚眩晕眼黑，心满肠涨，饮食少思，寝不成寐，身体尚软”，向皇上进谏：“理国之道譬如养身，养身者必早起夜卧，不敢放逸，然后血脉流通，肢体强固，而六气不沴。理国者必夙兴夜寐，不敢宴安，然后精神贯彻，臣工警惕，而万几

1 刘为楫《恭陈四札以裨端本防微疏》，《万历疏钞》卷二《圣德类》。

2 谈迁《国榷》卷七十五，万历十七年六月甲申。

无壅。伏惟皇上锐志化原，游心经术，自然形神和适，志意清明。不惟图治之要机，抑亦摄生之至道也。”[1]生怕得罪皇上，说得小心翼翼，近乎轻描淡写，说了等于没说。

2. 雒于仁：皇上之恙，病在酒色财气

不满于大小臣工开出甘甜性温的甘草剂，大理寺评事雒于仁敢冒天下之大不韪，给皇上开出一帖猛药，以其直言不讳的泼辣风格，激起朝野上下的强烈反响。

◤ 雒于仁，万历十一年进士。历任肥乡县、清丰县知县，均有美政。万历十七年入朝为大理寺评事。

雒于仁，字少经，陕西泾阳人，雒遵之子。万历初年，吏科都给事中雒遵弹劾冯保，说他不过是一个侍从之仆，竟敢立于天子宝座之旁，文武大臣是拜天子呢，还是拜太监呢？欺陛下幼冲，无礼之极。雒于仁似乎继承了父亲敢于直言无忌的精神，万历十七年十二月，以极大的勇气呈进《恭进四箴疏》，指出皇上的病根在于酒色财气，批评皇上的私生活，讲得头头是道，句句触及要害。他说："（皇上）经年动火，常日体软，圣政久废而不亲，圣学久辍而不讲。臣以是知皇上之恙医术难明，药饵难攻者也，惟臣四箴可以疗

1　于慎行《谷城山馆文集》卷三十六《请朝讲疏》。

病。请敬陈之。”他要敬陈的四箴，就是酒色财气四字：“皇上之恙，病在酒色财气者也。夫纵酒则溃胃，好色则耗精，贪财则乱神，尚气则损肝。”下面他一一列举纵酒、好色、贪财、尚气的症状：

——以皇上八珍在御，宜思德将无醉也。何醲味是耽，日饮不足，继之长夜。甚则沉醉之后，持刀舞剑，举动不安。此其病在嗜酒者也。

——以皇上妃嫔在侧，宜思戒之在色也。夫何幸十俊以开骗门，宠郑妃册封遍加。即王妃有育皇冢嗣之功，不得并封。甚则溺爱郑妃，而惟言是从，储位应建而久不建。此其病在恋色者也。

——以皇上富有四海，宜思慎乃俭德也。夫何取银两动支几十万，索潞紬至几千匹，略不知节慎。甚则拷宦官，得银则喜，无银则怒而加杖。如张鲸以贿通而见用，给事中李沂之言为不诬。若使无贿，皇上何痛绝忠良，而优容谗佞？况（李）沂之疮痍未平而（张）鲸凭神钱复入，虽皇上无以自解，何以信天下而服（李）沂之心耶！此其病在贪财者也。

——以皇上不怒而威，宜思有忿速惩也。夫何今日杖宫女，明日杖宦官矣。彼诚有罪，置以法律，责之逐之可也，不必杖之累百而不计其数，竟使毙于杖下。此辈密迩圣躬，使其死不当罪，恐激他变。甚则宿怨藏怒于直臣，范儁、姜应麟、孙如法，俾幽滞于林下，拘禁于散局，抱屈而不伸。

此其病在尚气者也。

他的结论是："皇上诚嗜酒矣，何以禁臣下之宴会？皇上诚恋色矣，何以止臣下之淫荡？皇上诚贪财矣，何以惩臣下之饕餮？皇上诚尚气矣，何以劝臣下之和衷？四者之病缠绕于心，系累其身，圣恙何时而可已？皇上春秋鼎盛之时，经年不朝，过此以后之年，当何如耶？今春会场，辅臣出题曰'圣贤所以尽其性'，是默指皇上好货好色，但其指引而未发。恐皇上亦未之悟也，臣特撰四箴以进之。但臣之说，逆耳之言，格心之论，对症之药石也。倘蒙俞允，出御便殿，多接正人，远彼宫妾，除此四累，将静摄不逾半年，而圣体必强壮康豫。如其不然，愿碎臣之首，甘当欺诳之罪。"

针对以上分析，雒于仁开出了一张药方——"四勿之箴"，即戒酒、戒色、戒财、戒气四句箴言：

——戒酒箴曰：耽彼曲蘖，昕夕不辍。心志内荒，威仪外缺。神禹疏狄，夏治兴隆。晋武衔杯，糟丘成风。进药陛下，酖醑勿崇。

——戒色箴曰：艳彼姝冶，食息在侧。启宠纳侮，争妍误国。成汤不迩，享有遐寿。汉成昵姬，历年不久。进药陛下，内嬖勿厚。

——戒财箴曰：竞彼镠镣，锱铢不剩。公廪称嬴，私家尘甑。武散鹿台，八百归心。隋炀剥利，天命难谌。进药陛下，货赂勿侵。

——戒气箴曰：逞彼忿怒，恣睢任情。法尚操切，政鳌公平。虞舜温恭，和以致祥。秦皇暴戾，群怼孔彰。进药陛下，旧怨勿藏。[1]

这四条箴言，文字深奥，意思却很简单，希望皇上以虞舜、夏禹、成汤等圣贤为楷模，对秦始皇、汉成帝、晋武帝、隋炀帝等的酒色财气，引以为戒。

平心而论，批评皇帝的酒色财气习性，有根有据，他确实酒色财气样样俱全。

万历八年十一月，他在太监客用、孙海陪伴下，豪饮过量，酩酊大醉，将一名宫女的头发割下，又将两名宦官杖责得差一点死去。[2]这是他纵酒肇祸的突出事例。

近年以来“眩晕眼黑”，是他好色的结果，这一点与乃祖乃父一脉相承。明朝皇帝大多是好色之徒，讲求房中术。他的祖父（世宗）痴迷于道家的修炼，说穿了就是用房中术来养生，正如陈继儒所说：“志在长生，半为房中术所误。”[3]他的父亲（穆宗）也精于此道，据给事中程文揭发，太监头子冯保投其所好，“平日造进诲淫之器，以荡圣心；私进邪燥之药，以损圣体”[4]。穆宗的短命，与讲求房中术和春药密切相关。他大婚以后，冯保仍是“大伴”，安知不故伎重演。他的头晕目眩、肝火过旺的症状，与其父何其相似乃尔。明代上流社会中

1 雒于仁《恭进四箴疏》，《万历疏钞》卷二《圣德类》。钱一本《万历邸钞》，万历十七年己丑卷，十二月。

2 钱一本《万历邸钞》，万历八年庚辰卷，十一月。刘若愚《酌中志》卷五《三朝典礼之臣纪略》。沈德符《万历野获编》卷九《江陵震主》。

3 陈继儒《见闻录》卷六。

4 高拱《高文襄公文集》卷四十三《病榻遗言》。

人，饱暖思淫欲，似是一种社会风尚，都沉迷于房中术。连道貌岸然的张居正也不例外，他的“下部热症”，据王世贞说，“得之多御内而不给，则日饵房中药，发强阳而燥，则又饮寒剂泄之，其下成痔”。[1]沈德符也说，这种“以饵房中药过多”，内热不仅发于下部，还发于头部，冬天不能戴貂皮帽。朱翊钧二十几岁患上头晕目眩、肝火过旺的病症，病根盖出于此。[2]何况他比乃祖乃父又有所发明，在沉湎女色的同时，又有恋童癖，玩弄“十俊”——十名小太监，“给事御前，或承恩与上同卧起”。[3]

◤ 沈德符，浙江秀水人。自幼喜闻朝野故事，著有《万历野获编》，记录明初至万历末年朝章国故等，是研究明代历史的重要史料。

至于贪财，他在明朝诸帝中尤为突出。下旨查抄冯保、张居正的家财，全部搬入大内，归自己支配，最明显地暴露了他的贪财本性。司礼监太监张鲸以贿赂皇上而受重用，遭到外廷大臣李沂等人弹劾，又以贿赂皇上而消灾避祸。以后变本加厉，派遣矿税太监四出搜刮钱财，成为社会的大祸害。

至于尚气，大抵是帝王的共同秉性，与太祖高皇帝朱元璋相比，不过是小巫见大巫。廷臣稍不合

1 王世贞《嘉靖以来首辅传》卷七《张居正传》。
2 沈德符《万历野获编》卷九《貂帽腰舆》。
3 沈德符《万历野获编》卷二十一《十俊》。

意，就下旨廷杖，残酷无比。前不久，礼部主事卢洪春要他节制酒色，他尚气使性，狠狠斥责："卢洪春这厮，肆言惑众，顾命讪上，好生悖逆狂妄。着锦衣卫拿在午门前，着实打六十棍，革了职为民当差，永不叙用。"[1]不过是众多廷杖者中的一例而已。

对于雒于仁的进谏，他又一次尚气使性，讳疾忌医，恨得咬牙切齿。万历十八年正月初一，即民间所谓大年初一，申时行等阁臣到会极门行礼祝贺。忽然听得太监传达皇上宣召。申时行、许国、王锡爵、王家屏等人，急忙跟随太监前往毓德宫西室。阁臣行礼祝贺后，才明白皇上对雒于仁的奏疏耿耿于怀。

皇帝首先开口："朕昨年为心肝二经之火时常举发，头目眩晕，胸膈胀满。近调理稍可，又为雒于仁这本肆口妄言，触起朕怒，以致肝火复发，至今未愈。"

申时行开导说："圣躬关系甚重，祖宗神灵、两宫圣母皆凭借皇上，当倍万珍护。无知小臣狂戆轻率，不足以动圣意。"

皇帝没有搭话，把雒于仁的奏本递给申时行，说道："先生每看这本，说朕酒色财气，试为朕评一评。"

申时行展开奏本，还没有来得及回话，皇帝急

1 钱一本《万历邸钞》，万历十四年丙戌卷，九月。

急忙忙说："他说朕好酒，谁人不饮酒？若酒后持刀舞剑，非帝王举动，那是有事。又说朕好色，偏宠贵妃郑氏。朕只因郑氏勤劳，朕每至一宫，她必相随。朝夕间她独小心侍奉，委的勤劳。如恭妃王氏，他有长子，朕着他调护照管，母子相依，所以不能朝夕侍奉。何曾有偏？他说朕贪财，因受张鲸贿赂，昨年李沂也这等说[1]。朕为天子，富有四海之内，普天之下莫非王土，天下之财皆朕之财。若贪张鲸之财，何不抄没了他？又说朕尚气。古云：少时戒之在色，壮时戒勇戒斗。勇即是气，朕岂不知！但人孰无气？且如先生每也有僮仆家人，难道更不责治？如今内侍宫人等，或有触犯及失误差使的，也曾杖责，然亦有疾疫死者，如何说都是杖死？先生每将这奏本去票拟重处。"如此长篇大论细细批驳臣下的奏疏，以前从未有过，可见他对此十分在意，也可见雒于仁击中了要害。

申时行当然明白其中的是非曲直，面对皇上的辩解，只能顺其意而劝慰："此无知小臣误听道路之言，轻率渎奏……"

皇帝打断他的话，气愤地说："他还是出位沽名。"

申时行接着说："他既沽名，皇上若重处他，适成其名，反损皇上圣德。惟宽容不较，乃见圣德之

1 "李沂也这等说"云云，指万历十六年十二月，吏科给事中李沂弹劾司礼监太监张鲸向皇帝广献金宝，多方请乞之事。事见《万历邸钞》万历十六年戊子卷，十二月。李沂《恶党就擒元凶未殄亟赐重处以绝祸本疏》，《万历疏钞》卷二十《阉宦类》。

盛。”说完便把雒于仁的奏本送还皇上。

皇帝沉吟片刻，说：“这也说得是，倒不是损了朕德，却损了朕度。”

申时行补上一句：“皇上圣度如天地一般，何所不容。”[1]

这场君臣对话，至此似乎应该结束了，但是皇帝意犹未尽，再次拿起奏本递给申时行，要他仔细看一看。毓德宫高大而阴暗，五十多岁的申时行看不真切，只是略表形式地翻阅一遍。其实这本奏疏在送达皇上之前，阁臣们已经看过，都了解其中内容。

皇帝的怒气、怨气还未平息，气呼呼地叮嘱：“朕气他不过，必须重处。”

申时行毕竟老练，劝皇上将此疏“留中”不发，防止扩散。他说：“此本原是轻信讹传，若将此本票拟处分，传之四方，反而当做实话了。臣等见前疏久留中，在阁中私相颂叹，以为圣度宽容，超越千古。臣等愚见，谓照旧留中为是。容臣等载之史书，传之万世，使万世称皇上是尧舜之君，此乃盛事。”

皇帝还是按捺不住自己心头的怒火，问道：“如何设法处他？只是气他不过。”

申时行以大事化小小事化了的态度回答：“此本既不可发出，亦无他法处之。还望皇上宽宥，容臣

1 申时行《召对录》。朱国祯《皇明大事记》卷四十《国本》。

等传谕该寺堂官，使之去任可也。”[1]

▼王锡爵，苏州太仓人，嘉靖四十一年会试第一，殿试榜眼及第。万历二十一年官至内阁首辅，后在国本之争中遭到弹劾下野。

皇帝原本要重处雒于仁，申时行却主张革职即可，便盯着旁边的王锡爵问道："卿意云何?"王锡爵赞同申时行的意见，解释道："(雒)于仁诚有罪，第当以重法，则(雒)于仁之罪，人不知以为讪上，而以为纳忠；皇上之法，人不知以为治狂，而以为拒谏。"听了这样的解释，皇上的怒气顿时释然。[2]

在谈话过程中，皇帝无意之间流露了"如今掌灯后看字不甚分明"，二十几岁的年轻人居然未老先衰，足见沉迷于酒色对身体危害之深，也足见雒于仁所言不虚，并非轻信流言蜚语。申时行心中也有数，雒于仁所说确有所据，只是不便说也不敢说，只能旁敲侧击地要皇上注意"清心寡欲"，其微言大义尽在不言中。

叩辞皇上后，申时行返回内阁，起草一份帖子，传谕大理寺少卿任养心，要他代替雒于仁请病假。接到大理寺的"雒于仁有病"的报告，申时行当即代皇上票拟谕旨："雒于仁前出位妄言，朕始容了。今又托疾规避，姑着革了职为民。"[3]申时行的这种处理方式，

1 申时行《召对录》。朱国祯《皇明大事记》卷四十《国本》。

2 焦竑《光禄大夫少保兼太子太保吏部尚书建极殿大学士赠太保谥文肃荆石王先生行状》，《澹园续集》卷十六。冯时可《王文肃公传》对此的记载，文字略有差异："公曰：'(雒)于仁疏发，人以为纳忠，若重罪之，遂成其名，人且以拒谏归上矣。'上意解。"

3 钱一本《万历邸钞》，万历十八年庚寅卷，七月。

既顾及了皇上的面子，不使酒色财气之说过于扩散，又保护了雒于仁，避免了廷杖之类严惩。雒于仁只不过丢了乌纱帽，比其他进谏的官员幸运多了。

内阁辅臣王家屏在召对时没有发言，回到内阁后，写了一篇奏疏，为雒于仁辩护，并且主动检讨自己的失职，因为他是“相臣”，早就应该提醒皇上。他的逻辑很有意思：“人主出入起居之节，庶官所不及知者，相臣得先知之；人主耳目心志之娱，庶官所不敢谏者，相臣得豫谏之。是以能止慝于未形，防欲于微渺……（雒）于仁庶官也，于皇上之起居尚及知之，于皇上之愆违尚能谏之。臣职亲于庶官，任专于辅导，乃尚有不知不谏。夫不知，失职也；知之而不谏，失职也。安可独罪（雒）于仁哉！”他认为，倘若雒于仁所说都有根有据，而遭此处分，实在于心不忍。雒于仁以箴言规劝皇上似乎有些狂妄，但有利于养生延年，所以臣以为雒于仁是忠臣。而反观自己，做不到这一步，理应请辞。他的姿态很有风度：“若臣者从谀承意，缄默苟容，无能匡正宸枢，弥缝衮阙。上亏圣明之誉，而下陷庶官，俾以愚戆蒙不测之威，此乃真所谓不忠之臣，不可一日在左右者也。伏乞皇上罢臣归里，以示尸（位）素（餐）之惩，矜宥（雒）于仁，以廓优容之度。”[1]

王家屏像

王家屏，山西大同人，隆庆二年进士。选庶吉士，授编修，参与世宗实录的编撰。万历初年担任皇帝的日讲官，因讲书恳切尽心，受到器重。万历十二年王家屏成为内阁辅臣。此时内阁首辅是申时行，其次是许国、王锡爵，王家屏位居最后。

---

1 王家屏《申救大理寺评事雒于仁疏》，《王文端公奏疏》卷一。王家屏《辅理失职上误圣明乞恩矜宥狂愚疏》，《万历疏钞》卷十五《援直类》。

王家屏不愿意做尸位素餐的不忠之臣，以“自劾请罢”的方式委婉地表达自己的不满，接连上了三本奏疏请求辞去官职。他颇动感情地说：“自臣至京一岁，皇上静摄之旨屡形传谕，曰眩晕动火，曰饮食稍思，曰眼目障涩，如此者不止一次，臣子之心能自安乎？否也。”“中外臣民系心已久，请册立未许，请豫教未许，国本莫定，群情危疑……禁庭深密之中，侍御仆从之事，喜怒过当，则圣情累其和平；苛责太严，则群小震于摧压。”[1]皇帝既不接受他的建议，也不允许他辞官，依然故我。

皇帝如果有一点自知之明的话，在挽回面子的同时，应当扪心自问，切实自律，防微杜渐。但是他没有这样做，仍旧我行我素，官员们意见很多。

吏科都给事中钟羽正（字叔濂，山东益都人）说，陛下临朝之初是一位励精图治之主，现今大不如前：“乃者偶以圣体违和，暂免朝讲已几半载，遂以为常。大小诸臣连章进谏，陛下卒不听也……向也数朝讲矣，而形神康泰；今也不朝不讲矣，而时复违和。则劳烦动火者，似不在一朝一讲之间；而所谓静摄者，似不在深居燕息也。”[2]“皇上励精图治十九年于兹，方其初政，旬日三朝，既无愆期矣……乃今静摄日久，黼座稀临，朝廷百执事之臣不睹耿光者数月矣。”[3]

1 王家屏《庚寅自劾请罢疏·第二疏》，《王文端公奏疏》卷二。

2 钟羽正《为励求治之初心广听纳以慰群情事》，《崇雅堂集》卷八。

3 钟羽正《入觐官员大集阙下恳切临朝听政以饬治功以风群吏事》，《崇雅堂集》卷八。

讲得最厉害的当推都察院左副都御史张养蒙(字泰亨，号元冲，山西泽州人)。此人作为监察机构高官，很敢讲话。万历二十四年(1596)十月，他针对朝政废弛，条陈五事：一曰部院之体渐轻，二曰科道之职渐轻，三曰抚按之任渐轻，四曰进献之途渐重，五曰内差之势渐重。[1]次年七月，他上疏指出，“重灾不可再玩，实政不可再虚”，希望皇帝以“正己心”来“回天心”，认为“罪己不如正己，格事不如格心”，十分坦率地批评皇上的四种“平日成心”：好逸、好疑、好胜、好货。他一一分析如下：

——一曰好逸。夫君德主于勤，故未明求衣，日昃忘食。一有好逸之心，则禋祀倦于时享，朝堂倦于时御，章奏倦于披览，卧起倦于晦明，恶烦恶劳，任情任性。斋居何作，静摄何功？乾健不息，似不如此。陛下以此思勤，则逸心当知戒矣。

——一曰好疑。夫君道主于诚，故明目达听，推心置腹。一有好疑之心，则逢人疑人，遇事疑事。疑及于近侍，则左右莫必其生；疑及于外廷，则僚寀莫奉其职。究且谋以疑败，奸以疑容。为物不二，似不如此。陛下以此思诚，则疑心当知戒矣。

1 钱一本《万历邸钞》，万历二十四年丙午卷，十月。

——一曰好胜。夫君道先于虚己，故设鞀求谏，止辇受规。一有好胜之心，则属威严而笼愚智，喜谄谀而恶鲠直，厌封驳而乐传宣。将逞志于一夫，亦甘心于众口。下济光明，似不如此。陛下以此思虚，则胜心当知戒矣。

——一曰好货。夫君道在乎富民，故投珠抵璧，发粟散财。一有好货之心，则以聚敛为奉公，以投献为尽节，珠玉唯恐不丰于帷幄，锦绣唯恐不侈于箧笥。琼林大盈，竟为谁积？造物忌满，似不如此。陛下以此思富，则利心当知戒矣。

他希望皇上戒除"好逸""好疑""好胜""好货"四种成心，进入一种新的境界："百志惟熙，必真见弊政不可不亟除，大典不可不亟举，以此光于祖宗，以此对于臣民，以此回天心，以此凝天福。"[1]

张养蒙的措辞并不比雒于仁委婉，却不见皇帝勃然大怒，也未将张养蒙严惩，只是不予理睬而已。可能是汲取雒于仁事件的教训，一事张扬反而扩大影响，不予理睬，淡化处理，使得进谏者自讨没趣，也就不至于引起回响。但是这种鸵鸟式的处理，丝毫不能掩盖他身上的毛病，纵酒、好色、贪财、尚气，好逸、好疑、好胜、好货，

1 钱一本《万历邸钞》，万历二十五年丁酉卷，七月。

终其一生都未曾改变，给朝政带来了极大的危害。张岱为雒于仁、张养蒙立传，对于神宗皇帝何以总是拒绝言官的进谏，有别出心裁的分析，以为是受了张居正的影响："张江陵恨言官入骨，于冲主之前极力丑诋，不曰套子，则曰沽名，遂使冲主不复以人言介意，而痛哭流涕之言，悉以谈笑置之。盖日堕其云雾中，而惝恍不之觉也。嗣后二十余年，不痛不痒之世界，总以江陵一语酿成，其害可胜道哉！"[1]是耶非耶？读者诸君自己评判吧。

三 册立东宫之争

1."中外人情咸谓久当册立"

皇帝朱翊钧宠爱郑贵妃，意欲册立她所生的皇三子为储，遭到廷臣与慈圣皇太后的反对，迟迟不愿册立东宫——皇太子。于是乎，这一事件多年来成为内宫与外廷关注的焦点。

万历十五年正月，内阁首辅申时行再次提及此事，他说："昨年，言事诸臣屡请建储，道路流传，妄有窥测。臣等心窃非之，以为皇上亲洒宸翰谕示臣等，明旨昭然，布告四方，圣志何尝不定？而乃设不然之虑，为此纷纷，以故逡巡待命，逾年于兹

1 张岱《石匮书》卷一百七十九，张养蒙、雒于仁等人列传之"石匮书曰"。

矣。及自新岁以来，则臣等亦有不容已于言者……臣等职在辅弼，国家休戚同之，故纲常一日未明，典礼一日未备，臣等之心亦一日不能自安者。故敢不避烦渎，辄效其愚，伏望皇上俯察迩言，早定大计，将册立、册封吉典及时举行，不胜幸甚。”[1]皇帝不予理睬。

内阁次辅王锡爵多次上疏提及“视朝”与“建储”。他说，万历十七年二月以来，皇上只有两次出朝，一次送潞王，一次到太庙祭祀，其余常朝日期全部传免，经筵、日讲也都暂停。外廷百官得不到皇上的信息，各种猜疑、讹言不可避免。有鉴于此，他向皇上建议三策：

——皇上苟欲明其不然，则莫如勤御朝讲，日亲外臣，使睟穆之天颜，缉熙之圣学，人人得以望下风而承休问，则天下幸甚。

——其或以天气渐暑，圣躬宜于静摄，则宫居十二时中，以六时晏息，三时游衍，一时定省慈闱，二时看阅章奏，罢曲晏，捐细娱，专精神，涤烦懑，使群下晓然知上意在尊生，不在厌倦；在色养，不在逸乐也，则天下亦幸甚。

——又或以天工人代，不必事事身勤，则深惟社稷之安，早定根本之计，升储出阁，发

1 陈建、沈国元《皇明从信录》卷三十五，万历十五年正月。

旨自中，然后委诸事于阁部，付烦言于刍狗，则天下亦幸甚。

所谓三策，目的还是引出“升储出阁”，以及册立东宫。所以他说：“今皇长子伦序有定，皇上三年前明旨已宣付史馆，播传天下。册立之举去年未行，犹曰未及也；今年未行，犹曰潞王尚未之国也。过此皆无说矣，而犹拱默迁延，日复一日，不早下九卿台谏之议，以顺臣民瞻戴之情，以塞道路揣摩之口。此臣之所以日夜拊膺流涕而出血者也。”[1]如此语重心长，换来的依然是不予理睬。

万历十八年正月初一日，皇上在毓德宫西室召见申时行、许国、王锡爵、王家屏等阁臣。申时行再次提及册立东宫的事，希望说服皇上，早日册立皇长子为皇储。他郑重其事地说：“臣等更有一事奏请，今皇长子已九岁，中外人情咸谓久当册立，望皇上早定大议。”

皇帝推脱说：“朕知之，朕无嫡子，长幼自有定序。郑妃亦再三陈请，恐外间有疑。但长子犹弱，欲候其壮健使出就外，才放心。”

申时行说：“此宗社大计，人情久仰，早定一日，则人心亦可稍安一日。近多妄议，亦皆由此。”“皇长子年已九龄，蒙养豫教正在今日，宜

1 陈建、沈国元《皇明从信录》卷三十六，万历十七年四月。

令出阁读书。乘此新春，请皇上早定大议，则皇长子便可习学。”所谓蒙养、豫教是一种形式，如果这种形式一旦举行，等于事实上承认皇长子为太子。

申时行显然是以退为进，皇帝却始终不肯松口：“人资性不同，或生而知之，或学而知之，或困而知之也。要生来自然聪明，安能一一教训。”

申时行紧盯不放：“资禀赋于天，学问成于人，虽有睿哲之资，未有不教而能有成者。语云：少成若天性，习惯如自然。须及时豫教，乃能成德。”

皇帝显得不耐烦，便打住话头：“朕已知之，先生每回阁去吧！”随即命左右侍从赏赐阁臣酒饭一桌、烧割一份。[1]

申时行等人叩谢后，离开毓德宫，离宫门已经几十丈远了，忽见司礼监太监从后面追来，传达皇上旨意：“且少候，上已令人宣长哥（皇长子）来，着先生每一见。”申时行等人返回毓德宫，跪候在宫门内东阶下。不久，司礼监太监传言：皇长子、皇三子到了。申时行等人在太监引导下进入西室暖阁，但见皇长子站在父皇膝前右边，皇上用手拉着他；皇三子还小，由奶妈抱着站在皇上左边。

皇帝对申时行等人说：“皇长子比前也觉长发了，只是略弱些。皇三子今年五岁了。”

1 申时行《召对录》。钱一本《万历邸钞》，万历十八年庚寅卷，正月。朱国祯《皇明大事记》卷四十《国本》。

申时行见皇上高兴，乘机进言："皇长子春秋渐长，正当读书进学。"

皇帝敷衍道："已令内侍授书诵读矣。"

申时行说："皇上正位东宫时方六龄，即已读书，皇长子读书已晚矣。"

皇帝还是那句老话"朕五岁即能读书"，说着指一指皇三子："是儿亦五岁，尚不能离乳母，且数病。"申时行等人稍稍向前，仔细观察皇长子，赞誉道："皇上有此美玉，何不早加琢磨，使之成器？愿皇上早定大计，宗社幸甚。"

皇帝说："朕亦知之，即皇贵妃亦再三请朕此事，劝朕早定，恐外有议。朕念无嫡子，所以从容……"

申时行说："圣意早定，此宗社无疆之休，容臣等具奏上请。"说罢，一行四人叩头退出。[1]

这是君臣之间关于册立东宫的一次最为深入的交谈，彼此平心静气地谈出了自己的想法。申时行以为皇上似有豫教皇长子的意思，就在第二天上疏敦促此事："皇长子伦序已定，今皇上内断于心，外廷未知也。臣等虽承面命，海内未知也。惟亟下明诏，使天下知皇上笃于爱子，不出臣下之仰赞，而出于渊衷。皇上重于升储，不由外廷之陈请，而由于特诏，何盛如之！"皇帝没有允准。此后又多次提及，都没有回音。于是，申时行再写了一份特疏，以强烈的语气指出皇上三条

1 申时行《召对录》。此次召对给申时行留下了深刻的印象，他后来回忆："今上聪明英毅，宫闱肃如，皇长子天序默成，宸情独注。余尝见于毓德宫，上手携皇长子拥树膝前，眷爱特至，无纤芥可疑。"（申时行《赐闲堂集》卷四十《杂记》）

过错：

——当今国家第一大事，无如册立元子，而臣等第一职业，无如建储一事。祖宗家法，储位未有不归元子者。祖法不可违悖，册立不可迟疑。

——臣等先年奉旨云："立储以长幼为序。"上后屡屡言之。今年元旦，上手挈元子令臣等谛视，亲谕臣等长幼之序。言犹在耳，皇上岂得失信于天下，失信于臣等？

——道路讹传，谓皇贵妃独蒙眷注，属意所生，中外臣民颇多后议。独臣等不信，以为元旦亲奉谕旨，谓皇贵妃每劝册立，安得此不根之言，乃今（郑）国泰之疏既上而不报，已票而不行。外间疑议，以为皇贵妃姑令（郑）国泰塞责，皇上姑为皇贵妃解纷，使疑在宫闱，忧在社稷，何以杜百万军民之口，副四海九州之心？[1]

皇帝的回答依然是"候旨行"，要申时行耐心等待。

1 焦竑《特进光禄大夫左柱国少师兼太子太师吏部尚书中极殿大学士赠太师谥文定申公神道碑》，《澹园续集》卷十一。

2."朕怪其聒激渎扰，归过于上，要直于身"

内阁次辅王锡爵与申时行密切配合，在正月

初一皇上召对之后，上疏议论“建储”和“豫教”，敦促皇上及早册立皇太子，并且对他进行正规的教育。皇上把豫教和册立分为两事，不同意册立，只同意豫教，还说皇长子已经在宫内由太监教他读书识字了。王锡爵不以为然，反驳道：“自古豫教太子，非止教以读书识字，付之阿保之手而已。必将使接近师儒，讲明义理，以养成作圣之器，以豫培有道之长……岂有天子之元子，而顾可以深居禁闼为慈爱，久逊尊名为谦抑者？故豫教与册立虽两事而实相为表里，行则当并行，又当断自宸衷，不当迫于公论而后行也。”[1]

皇帝没有回音，他又接连上疏。一是说：“乃连日以来，臣窃惟前疑方解，后疑复生。台省纷然异同之论，或露章显诤，或屏立私语，不曰册立豫教之请何故不行，则曰邹元标、姜应麟等诸臣推用之疏何故不发？”[2]二是因母病请假，回顾入京五年间的变化，感慨系之：“臣之在事满五年矣，抚今追往，犹记万历十三年以六月十二日见朝，是日微雨，皇上犹旰食听讲。至二十三日面恩，是日酷暑，皇上犹鸡鸣视朝。今五年之内，朝讲一月疏一月，一年少一年。此皆臣入京以后事也……臣又记，丙戌（万历十四年）之岁，群臣纷纷册立上请，臣时于会试场中传读圣谕，知大计之久定。乃五年内竟未举行，连豫教最急之务亦尚停阁。此又臣入京

1 王锡爵《元日召对建储豫教事体疏》，《王文肃公文集》卷三十四。

2 王锡爵《再请豫教疏》，《王文肃公文集》卷三十四。

以后事也。”[1]三是鉴于九卿科道官一再恳请册立东宫，责怪阁臣支持不力，他对皇上说：“近该两京九卿科道官合辞恳请册立东宫，各有揭帖先送臣等，责其不能赞大计，早定国本。臣等不胜惭愧……(皇长子)今年至十龄，久逾皇上出阁之期，而师友未亲，位号未定，以先后长幼之序而言，则不疑而反生疑，恐讹言日兴，非所以信明诏也。”[2]

王锡爵所说“两京九卿科道官合辞恳请册立东宫”事件，是指吏部尚书宋纁(字伯敬，号栗庵，河南商丘人)率领群臣向皇上吁请册立东宫，引起皇帝大怒。阁臣们为了表示不满，纷纷向皇上请病假，杜门不出。王锡爵夏秋之间也请过病假，后来抱病出来主持阁务，又一次向皇上提起建储之事，大叹苦经：“连日以来，同官某某相继杜门，臣实代为之领事。文书票拟既苦于故事之生疏，德意奉行且挠于众言之淆乱，臣之无状自知审矣。而目前更有宗社第一安危之计，皇上第一未明之心……夫建储一事，前有皇长子始生之明诏，后有臣等节年所奉之屡旨；公有两京各衙门之合奏，私有皇亲郑国泰之专请；近有满京委巷之流言，远有四方万姓之属望；而上则临之以九庙之神灵，两宫之慈训。此皇上岂可差举一念，而臣等亦岂可苟顺一言者。”处在皇上与

◤ 郑国泰，郑贵妃之弟。廷臣怀疑郑贵妃图谋国本，群言攻击以郑国泰为代表的郑氏家族。

1 王锡爵《母疾请给假疏》,《王文肃公文集》卷三十四。
2 王锡爵《恳请建储疏》,《王文肃公文集》卷三十六。

群臣之间，两头受气，苦不堪言。不但得不到群臣的理解，也得不到皇上的宽容："臣近从同官密进三揭，不惟不见允行，且适逢圣谕，极诋诸臣为悖逆，为离间，为求荣，为买直。夫此四罪者，使皇上以此加臣，臣可信之于心信之于天而不辨。若以此加群臣，则群臣有喙有耳者，方谓接本在臣，拟旨在臣，臣不能封还内降，以明忠臣孝子之心，三褫有余辜，万死有余责，而皇上又安用臣为哉！"由于群臣再三建议册立皇长子，皇上竟然无端地谴责是"私结人心"，王锡爵感叹道："元子（皇长子）未十龄，便防其私结人心，则自此日长月壮，群臣愈当避私结之嫌，永不敢再求册建，再议出阁。此岂君臣父子之间所宜有？而臣等又安所逃万世依阿误国之名哉！"[1]

王锡爵提到的"皇亲郑国泰之专请"，是郑贵妃的弟弟郑国泰，为了减轻郑贵妃的压力，故作姿态，请求皇上册立皇长子，以掩人耳目。而皇帝乘此机会，发表罕见的长篇大论，看似在谴责郑国泰"出位妄奏"，真正的用意是警告群臣，不得"聒激渎扰"。他的长篇谕旨写道：

> 昨览卿等所奏揭帖固是，但皇子体脆质弱，再少俟时月，朕自有旨，其于长幼之序岂有摇乱！内虽皇贵妃之尝言，以定名分，以

1 王锡爵《恳请建储疏》，《王文肃公文集》卷三十六。

免疑议。朕前已面谕卿等知之，今卿等又来陈奏，朕岂不知。朕意必待朕自处，不喜于聒激耳，岂有谣言而惑朕哉？卿等可看两京大小文武，自十四年于今日，有一年一月一日之不聒激者？盖此辈心怀无父，志欲求荣，不思君上之疾，但虑身家之望，固于此时欲激君上之加疾，以遂己之心志。朕度此辈意欲离间父子之天性，以成买直图报之逆志耳。其安心甚远，立意甚详，可见其沽名悖逆之甚甚耳。卿等可思，子乃朕子，岂有父子无亲之理？岂有越序定立之理？朕又思，安有子不望于君父之旨，而私结人心，以言激君父成者，孰理乎，孰否乎？而为臣者以言激之，其为忠乎，其求荣乎？欲朕之疾剧乎？朕固于所陈奏一概留中不发者，朕怪其聒激渎扰，归过于上，要直于身耳。非有别故。至于郑国泰之奏，朕欲留中，恐卿等不知，故与卿等知之。又思我朝戚臣未敢有言于国政者，而国泰出位妄奏，甚非礼制，姑且容之耳。其建储之事，还候旨行，不必又有陈渎，徒费纸笔。卿等可安心赞襄，协猷共治，不可以学此辈以激言之事，虚文塞责。[1]

一反常态的长篇谕旨，目的只有一个，迫使官员们今后不敢再谈册立东宫之事，否则便是目无君

1 钱一本《万历邸钞》，万历十八年庚寅卷，十月。王锡爵《申请册立豫教疏》，《王文肃公文集》卷三十六。朱国祯《皇明大事记》卷四十《国本》。

父，便是沽名求荣，便是私结人心。一句话，就是“聒激渎扰，归过于上，要直于身”。

皇帝想钳制舆论，但是事与愿违，舆论犹如脱缰野马，决非想钳制就能钳制的。礼部尚书于慎行考虑到册立东宫是礼部的职责，以自我检讨的方式向皇上进言：“臣等闻，自古以来皆以建储之礼为宗社之大庆，锡胤之大祥，为人主之上福……今大小臣工受恩深重，见元子睿龄已茂，储位尚虚，所以再三疏请，正欲延皇上国家之福，衍皇上本支之庆……盖虽章奏未免频繁，情词容或过切，而一念忠君爱国之心，则未有不出于至诚者……况臣等待罪礼官，系关职掌，及时不请，责有所归，屡渎宸聪，乃其官守也……臣等亟请举行者，惟以早立则侍从可简，而起居调护之人各有专责；早立则谕导可修，而诗书弦颂之习不致过时；早立则位号定而礼节易行，早立则人心安而烦言可省。所以体皇上爱子之心，成皇上教子之益也，岂有他哉！”他还说：“圣人举事，必顺人心，人心所同，即天意所在。皇长子册立拖延至今，册立臣部职掌，臣等不言，罪有所归，幸速决大计。”[1]

◥ 于慎行，山东东阿人，隆庆二年进士。万历十七年升礼部尚书。连疏请早立太子，以定国本，神宗大怒，指责于慎行“要君疑上”“淆乱国本”。万历十九年辞官归隐。著有《谷城山馆文集》等。

如此谦卑的自责，如此恭敬的请求，引来的居然是皇帝的斥责与处罚：“尔等既言长幼，以久奉明

1　于慎行《自陈典礼失职疏》,《谷城山馆文集》卷三十七。

旨，已定矣。如何屡催激，怠无虚日至今。尔等职典邦礼，其于要君疑上，淆乱国本，亦难逃责。故各罚俸三个月。”[1]礼部主官为此受到罚俸的处分，简直匪夷所思。

这时四名内阁辅臣，申时行、许国、王锡爵都请病假，杜门不出，只剩下王家屏一人主持阁务。王家屏责无旁贷，极力替于慎行缓解。皇帝仍然意气用事，派太监到内阁传谕：“建储之礼，当于明年传立，廷臣无复渎扰。如有复请，直逾十五岁。”那意思是说，如果廷臣再谈册立，那么明年就不办，以致拖到皇长子十五岁（再过六年）再办，分明是尚气使性。王家屏左右为难，把皇上的旨意转告礼部，把“如有复请，直逾十五岁”未作传达。于慎行接旨后，立即启奏皇上：“适逢玉音，谨已通行南北诸司，传示大礼有期，令其静候。”皇帝很是恼火，派太监责问王家屏：传示阁臣的谕旨，为何透露给礼部尚书？王家屏为自己辩解：“宗社大计，非臣等一人所能定。今疏屡请，又重罪之。臣等不能传示德音，以释众惑，且为众所诋。犬马之情，诚非得已。”[2]于慎行自从万历十七年出任礼部尚书以来，已经多次上疏请求册立东宫，在他上“自陈典礼失职疏”之前，已连上五个奏疏，均无效果。[3]

四天以后，皇帝又发出谕旨：“册立之事，朕以诚实待天下，岂有溺爱、偏执之意！少待过十

1 于慎行《自陈典礼失职疏》，《谷城山馆文集》卷三十七。

2 谈迁《国榷》卷七十五，万历十八年十月辛卯。

3 谈迁《国榷》卷七十五，万历十八年十月辛卯。

岁，朕自有旨，册立、出阁一并举行，不必烦言催渎。”[1]既然皇帝言之凿凿，册立东宫之争自然而然地暂告段落，人们在静候佳音。

3. 册立无望，大臣纷纷挂冠而去

到了万历十九年（1591），整个上半年，皇帝丝毫没有册立的意思。廷臣们按捺不住了：皇上失信于民！但又难于批评皇上食言，于是便有一系列迂回策略出现，以谴责内阁辅臣的方式发泄不满情绪。

南京吏部主事汤显祖就是如此，他弹劾申时行，给皇帝施加压力。一则说："皇上威福之柄，潜为辅臣申时行所移。"再则说："陛下经营天下二十年于兹。前十年，张居正刚而有欲，以群私人嚣然坏之；后十年，（申）时行柔而有欲，又以群私人靡然坏之。"隐隐约约，指桑骂槐，皇帝对他的"假借攻击"当然心知肚明，下旨斥责："朕前手谕，原为奸逆不道、科道失职而发，与辅臣无预。元辅（申）时行等屡揭慎起居、杜隐忧，何尝欺蔽？且威福出自朝廷，谁敢擅干！汤显祖乃假借攻击，掇拾诬诋，本当重处，姑从轻降极边杂职。"[2]

同年七月，福建佥事李琯（字邦和，江西丰城人）的奏疏说得更为直白，指责申时行"壅蔽权奸"。劈

1 钱一本《万历邸钞》，万历十八年庚寅卷，十月。

2 钱一本《万历邸钞》，万历十九年辛卯卷，五月。

头就说："乙酉（万历十三年）以前，（申）时行犹在押之鼠，尚敛缩而不敢为；乙酉以后，（申）时行犹负隅之虎，乃暴戾而不可犯。所以然者何哉？以大学士王锡爵为之党也……凡欺君罔上，何忍而不为，亦何人而敢犯其锋哉？"李琯列举申时行十大罪状，其中之一就是"倡为欲易储之说，使己有拥立之功"，把皇帝的责任推到申时行身上，显然是臆测之词，被皇帝抓住把柄，指出"储典之事出于朕断"，"李琯这厮横生异议，妄引先朝凶逆，排诋辅臣，不但倾陷忠良，实扰乱宗社大计"。结果给了他一个革职为民的处分。[1]

八月，工部主事张有德以筹备册立大礼物资为由，提及册立大计。他说，万历十八年十月二十九日皇上谕旨，明确提出"册储事明年传各该衙门造办钱粮，后年春举行册立"。既有成命，至今毫无动静：现在三秋过半，严寒将至，内外衙门都没有接到通知。懋建元良，储养睿质，实为当今第一急务，希望皇上公布册立日程。[2]其实皇帝所说"后年春举行册立"，不过是搪塞之词，正想寻找借口拖延时间，张有德的奏疏提供了一个极佳的借口："父子至亲，已有明谕，岂待你辈烦扰邀功。张有德这厮，琐言窥探，妄意图报，欲生离间，忘君卖谄，好生可恶！本当重处，姑且罚俸三个月。本欲过寿节举行，这厮辈屡屡催激，其册立

1《明神宗实录》卷二百三十八，万历十九年七月丁亥。钱一本《万历邸钞》，万历十九年辛卯卷，八月。

2 张有德《大礼届期仪物未备仰祈宣示以昭大信疏》，《万历疏钞》卷三《国本类》。

之事着改于二十一年行。各衙门又不得乱行请激，以致延改。”[1]

皇帝言而无信，一再拖延的态度，激起廷臣极大反响。工部尚书曾同亨（字于野，号见台，江西吉水人），鉴于张有德是他的下属，引咎自责，劝谏皇上，明年春天册立太子，不再改期。[2]

几天后，申时行、许国、王家屏三名内阁辅臣联名上疏，请求明年春天册立太子。这道奏疏是许国起草的，把申时行的名字放在第一，是考虑到他是内阁首辅。皇帝不明底细，派太监去责问申时行：先生为何自比于小臣？申时行回答：同官署臣名，其实并未参预。申时行做了十多年辅臣，深知皇上固执的秉性，当即写了一份密揭加以说明："臣方在告，初不预知册立之事，圣意已定，有德不谙，大计惟圣断亲裁，勿因小臣妨大典。”皇帝在申时行的密揭上批示："卿所奏，朕已悉知，建储之事已有旨。卿安心调理，即出赞襄，以解朕望思至意。”[3]

◥ 许国，徽州歙县人，嘉靖四十四年进士。万历十一年以礼部尚书兼东阁大学士参与机务，加太子太保兼文渊阁大学士。

所谓“密揭”与一般奏疏（公奏）不一样，直送皇帝，他人不得拆阅，用于君臣之间就重大事务

1 钱一本《万历邸钞》，万历十九年辛卯卷，八月壬子。
2 《明神宗实录》卷二百三十九，万历十九年八月壬子。
3 罗大纮《险臣私揭欺君蓄心叵测恳切独断罢斥疏》，《万历疏钞》卷十八《发奸类》。

交换意见。内阁次辅许国一个疏忽，把密揭与其他奏疏一起发给礼科，致使密揭不密，公之于众，群臣疑惑不解，舆论哗然，引来一场不大不小的风波。

◤ 罗大纮，江西吉水人，万历十四年进士。授行人，后调礼科给事中，上《定制书》数千言，建议明神宗“视朝宜勤”，并因揭斥首辅申时行“藏奸蓄祸，误国卖友”，被贬边疆任杂职，后革职为民。

八月底，礼科给事中罗大纮把申时行的密揭内容捅了出去，指责申时行两面派作风，表面上附和群臣之议，奏请册立，暗地里主张“圣断独裁”，“毋惑群言”。为了避免麻烦，申时行派人到礼科取回密揭，一睹皇上御批。他生性柔和，因为多次奏请册立皇太子未蒙应允，便不再坚持，听其自然，故而要皇上“圣断独裁”“毋惑群言”。这种息事宁人、明哲保身的态度正合皇帝之意。罗大纮揪住此事不放，写了措辞尖锐、气势凌厉的奏疏。一则说，“（申）时行少登巍科，骤历台辅，淹至九载，宠遇非常，制科荫典延及子孙。其受国家之恩，隆天厚地，不足以谕也。（申）时行焦心腐骨，以图报称，犹不能得其万一，况怀二心……臣独以彼密奏观焉，则志非纳约，意在藏奸。支遁其词以卖友，隐秘其语以误君”。二则说，“（申）时行私心惟以早建圣储为天下臣庶之愿，而妄意陛下牵系欲迟，故阳附和乎群臣请立之议，而阴缓其事以别取乎内交之计。使请之而得，则其阳之说行，而明居劳于羽翼；请之而不得，则其阴之说行，而暗收功于侥幸。盖（申）时行之窥陛下甚微，而所以取之者甚巧也”。因此他向皇帝请求，将自己和申时行一并罢斥，以重纪纲之地，以图万世之安。[1]如此狂妄无礼的言论，惹得皇帝火冒三丈："元辅奏揭，原为解朕之怒，非有别意。罗大纮这厮，见前疏所逞私臆，图报之心不遂，借言诬诋辅臣，实欲迟于册立。况且屡有明旨，不许激聒渎扰，以迟大典。罗大纮这厮明知故违，好生可恶，姑着降杂职于极边方用，不许朦胧升转。册立之事本该改更，姑且存此一次，再有党救烦扰的，定行延改。”[2]

申时行遭到罗大纮肆意抹黑，立即上疏声辩，深恨张有德之轻信，也颇悔阁臣上疏过早，因此仓促进呈密揭。既然皇上意思已定，无可再议，皇上勿因小臣屡言而误册立大典，希冀有所挽回，尽量调停斡旋。[3]尽管皇帝已经严厉谴责罗大纮，申时行也作了辩解，但是舆论难以压制，群情激愤，在声援罗大纮的同时，矛头直指申时行。

吏科都给事中钟羽正、吏科给事中侯先春率先声援。他们在奏疏中说："(罗)大纮不免于得罪者，则以言之太激耳。顾臣等以为大纮言诚过激，意无他也……大纮书生也，为谏官之日新，见隐约之词，则不能不疑；见异常之迹，则不能不骇。骇且疑，蓬勃愤懑于中，故不择词而出之，又安能委曲和平，以回明主之心。此大纮之所以得罪也。伏乞皇上矜悯大纮服官未久，免其降罚，仍将元辅原揭

1 罗大纮《险臣私揭欺君蓄心叵测恳切独断罢斥疏》，《万历疏钞》卷十八《发奸类》。《明神宗实录》卷二百四十，万历十九年癸亥。

2 钱一本《万历邸钞》，万历十九年辛卯卷，九月。

3《明神宗实录》卷二百四十，万历十九年九月癸亥。

发科通抄，明示天下，则元辅之心迹白，而众论自息，大典不淆矣。”[1]这显然是要把申时行的密揭曝光，置于众目睽睽之下，使他没有回旋的余地。皇帝当然不会答应，不仅对钟羽正、侯先春罚俸三个月的处分，而且将罗大纮“革了职为民”。[2]

◤黄正宾，徽州歙县人，以议政、阐发己见闻名。任武英殿中书舍人，万历十九年因册立太子事上奏章，遭廷杖削职为民。熹宗即位，官复原职，再任尚宝少卿，引病告归。受汪文言案牵连，被遣戍大同。后又因上疏事，被遣回原籍。

严厉的惩处并没有吓倒敢于讲话的官员，武英殿办事中书黄正宾官卑职微，胆量却不小，揪住申时行密揭不放，逐段逐句予以批驳：

> ——顾诸臣之请，有奏本而无揭帖，唯阁臣之请有公奏而更有密揭。以阁臣出入帷幄，得与闻国家机密故耳。然睹申时行所进揭帖，与所奏本大是矛盾。臣反复详参，不胜骇异。请诛其心，正言无讳，阁臣奏议，必次序书名，我国家设立政府以来，未有此甲而彼乙者。乃时行之揭曰：“中书官抄达揭帖，犹列臣名于首”，不胜局蹐，此何心也？
>
> ——册立盛典建议有年，(申)时行不致废耳目，谓未尝闻且见之，将谁欺乎？乃(申)时行之揭曰：“臣自抱病以来，不复与闻政事，近日票拟茫无所知。”此何心也？
>
> ——往岁明旨已定，朝野欣欣，诸司百执

1 钱一本《万历邸钞》，万历十九年辛卯卷，九月。
2 钱一本《万历邸钞》，万历十九年辛卯卷，九月。

事唯有翘首乐观盛典。陛下试问（申）时行，圣寿未祝之前，有谁小臣妄窥圣意，烦言欲奏者乎？乃（申）时行之戒曰："每见诸司，但有言及，辄谕止之。此何心也?"

——自来股肱耳目比于四邻，同心一德，事乃有济。有如昨者奏请册立之事，阁中平时有不议者，必无人心而后可。乃（申）时行之揭曰："臣在阁时，同官未尝言及，臣亦以为未可。"此何心也?

黄正宾由此得出结论："皇上聪明睿智，独奈何为（申）时行所蔽，竟以祖宗数百年之命脉，而消磨于（申）时行奸诡之谋乎?"[1]

皇帝根本不吃这一套，严厉斥责："黄正宾这厮，以卑官逞臆，出位狂吠，擅言国是，诬论辅臣，好生可恶！内必有主使之人，着锦衣卫拿送镇抚司，好生打着究问了来说，不许徇情容隐。"[2]

内阁次辅许国对于首辅申时行遭到李琯等人攻击，导致申时行不得已而求去，深为不满，挺身为之辩护。先是说："近日以来人习倾险，俗工揣摩，以为非排当事大僚，不足以成名；非招同好私助，不足以取胜。此唱彼和，一哄众咻，为此扰乱，岂成政体！"[3]继而说："首臣在阁十四年，事上最久，受知最深，以感皇上高厚之恩，不宜求去。即今时

1 黄正宾《皇储册立尚虚辅臣奸计可据疏》，《万历疏钞》卷十八《发奸类》。

2 钱一本《万历邸钞》，万历十九年辛卯卷，九月。

3 许国《请慰留首辅并处佥事李琯疏》，《许文穆公集》卷三。

事多艰，边患尤亟，以大臣委身殉国之义，不宜求去。”[1]随之又引咎乞休：“臣误随小臣之后，竟忘首臣之规，蹈激聒之烦，犯迂延之戒。上干圣怒，遂改前期，以致首臣不安，多言竞起。罗大纮移怒于（申）时行，而有丑诋之疏；胡汝宁归怨于臣（许）国，而有戕陷之疑。皆臣愚所自取，致衅孽之滋多，千指有余，万悔无及。虽横分碎磔，不足以快天下之心；虽远窜穷投，不足以泄天下之忿。”[2]

万历十九年九月初十日，皇帝终于批准许国“回籍调理”。许国罢归两天后，申时行也向皇帝乞休：“以数年劝导之苦心，蓦被无根之谤；以一时调停之微意，翻蒙不白之冤。有口不能自明，无颜可以就列。”连续上了二十七本乞休奏疏，才得到皇帝恩准，赏赐路费一百两、彩缎七表里、新钞三千贯，差行人司官员护送回乡。[3]

申时行有他的苦衷，作为内阁首辅，要在册立事件上调停皇帝与群臣的矛盾，充当和事佬，未免吃力不讨好。他没有张居正的胆略魄力，难以和皇上一起压制舆论，只能委曲求全。由于周旋太过，遭到群臣的嫌疑和非议，只能一走了之。

申时行的才学识在当时廷臣中堪称佼佼，万历十年之前被张居正的光辉所掩，万历十年之后又受亲操政柄的皇帝掣肘，难以施展才干，在政治斗争的漩涡中无奈地隐退，令人感慨。多年之后回忆

1 许国《请发佥事李琯疏》，《许文穆公集》卷三。

2 许国《感恩乞归并请册立以信王言以谢天下疏》，《许文穆公集》卷三。

3 钱一本《万历邸钞》，万历十九年辛卯卷，九月乙亥。焦竑《特进光禄大夫左柱国少师兼太子太师吏部尚书中极殿大学士赠太师谥文定申公神道碑》，《澹园续集》卷十一。

起这一场惊心动魄的纷争，他依然有些激动："庚寅（万历十八年）冬，忽遣文书内臣语阁中：'若诸司不来激聒，明冬传后年册立，如不遵者，待十五岁举行'，余乃与同官约：上已有明谕，臣下自当遵奉，稍需一岁，大事定矣。每诸司接见，皆以此告之，故辛卯（万历十九年）之岁自春及秋，未有言建储者。而工部主事张有德忽复言之，余时引疾在告，不胜惊愕。方欲待二公商榷，而新安（许国）故健忘，若不知有前谕者，乃曰：'小臣以建储请，而吾辈大臣噤无一言可乎？'仓促具一疏，首列余名以进。余闻之叹曰：'大事去矣，小臣虽犯激聒之戒，而吾辈大臣恪守明谕，不失信于上，乃可以要上之全信。今吾辈与小臣接踵上疏，上必呵责，小臣故犯，从中处分，册立事必且改期，吾辈疏特报闻耳，奈之何哉！'余乃别具一揭云：'臣已在告，不预阁中事，同官疏犹列臣名，臣不知也。臣谓册立之事圣意已定，谕旨已明，向来兢兢恪守，不敢违越，以俟来春举行。小臣愚妄，不谙大计，不足责也。惟上宸断亲裁，勿因小臣妨误大典。'上手赐批答，趣余亟出，而不及建储事。故事，阁臣密揭皆留贮阁中，不发科，而新安（许国）亦与诸疏同发。时罗大纮新任，余令典籍从科取回送阁，次日科臣来索，以故事却之。（罗）大纮乃疏论余'迎合上意以固位'；而武英黄中书正宾继之。余有疏辩，荷上

◥顾宪成像

顾宪成，常州无锡人，万历八年进士。因创办东林书院而被人尊称为"东林先生"。任京官，授户部主事，后被削籍革职。万历三十二年顾宪成会同顾允成、高攀龙、安希范、刘元珍、钱一本、薛敷教、叶茂才（时称"东林八君子"）等人，发起东林大会。

优答。然观人情世局如狂澜沸鼎，万万不能久安，遂决计归。归十余年，而储位定矣，向之纷纷竟何如哉！”[1]他在给顾宪成的信中，回顾自己担任首辅的九年，感慨系之："不肖归田二十年矣，追忆曩时，当事九年，颇竭心力，即庸庸碌碌无足比数。至于招权纳贿，妒贤嫉能，欺公坏法之事，盖亦深惩切戒，不敢少循覆辙，自丧其生平。”[2]这些坦诚的自白，并无粉饰或夸张成分，正如王家屏所说：申时行“在阁中十四年，事上最久，受知最深”，他一向“翼翼小心，孜孜为国，忠诚廉介，周慎包容”。[3]焦竑对申时行的人品给予很高评价："往公柄国者十有余载，推其至诚，与世相悃悃款款，无标奇猎异之心纤芥于其中。推毂贤者，杂遝而进，乃天下不知公之有所荐，曰：彼自以其材见拔也。博咨群言，择可而用，乃天下不知能择之为功，而曰某与某实议之也。亦且引绳批根，求多于公而鲜忌，乃不知公之能容止，而曰我固敢言也。当其时，公苦心密画，不激不随，靡以秋毫之端稍动于意气。故上贤重公而倚信之。方言者争为讦以忤上，与龋龁公以自名，公宛转徐解，不令大有摧折。”[4]

1 申时行《杂记》，《赐闲堂集》卷四十。

2 申时行《贺顾泾阳少卿》，《赐闲堂集》卷三十八。

3 王家屏《为首辅辩谤揭》，《王文端公奏疏》卷三。

4 焦竑《元辅申公七十寿序》，《澹园集》卷十八。

4. 王家屏封还谕旨，以去格主

王锡爵早已引疾归去，现在许国、申时行又相继辞去，内阁辅臣只剩下王家屏一人。其实，王家屏在申时行乞休之前，也曾乞赐罢归。他说，臣方以患病请假调理，忽于今早接到同官许国“准回籍调理”的圣旨，不胜惊悚，不胜震慄。“切念阁臣辅导，谊均一体，有罪斥罚不宜异同。臣与（许）国并厕机庭，协赞政务，即顷册立之事，（许）国与臣居平商议数矣。（许）国始具揭时，臣实赞之属草；揭既具，臣实与之连名，其始也谋同也。上揭之日，适值主事张有德疏至，初恐事势促迫，尚在逡巡。已见事机凑合，难复延缓，其从小臣之后附和，同也。既冒天威，致仅谴责，不思调停度处，从容转旋，徒以雷霆震惊，不遑宁息。虽引罪自劾，移疾求归，以致庶政壅滞，其耽误阁事之罪，抑又同也。臣罪既与（许）国同，则罚不应与（许）国异，（许）国既荷圣恩准其回籍，乃臣未蒙罢斥，尚此瓦全，在国体非所以示平，在臣愚能安于幸免……伏乞皇上垂悯迷冥，兼察衰惫，将（许）国留用，放臣早还，或并赐罢归。”[1]皇帝没有接受他的请求，有意让他升任内阁首辅。

王家屏，字宗伯，号对南，山西大同人，累官至吏部左侍郎兼东阁大学士，入预机务。每议事能秉公持法，不卑不亢，但毕竟资历声望稍显逊色，在此多事之秋，难以胜任首辅之职。所以在申时行辞职的次日，赶忙请求皇上收回成命，予以挽留。

1 王家屏《传旨不实致误群僚乞赐罢归以塞众望疏》，《万历疏钞》卷三《国本类》。

申时行已经一而再再而三地乞休，何况现在已经成为众矢之的，皇帝不可能再挽留，只能叮嘱王家屏："今内外章奏每日朕自亲览，应行的朕自批拟。"言外之意，大政方针有皇帝自己决定，王家屏作为内阁首辅只消协助处理政务即可。连日来，阁臣们请假的请假，辞职的辞职，章奏堆积盈几，皇帝希望他扶病入阁办公。[1]

两天后，皇帝按照申时行辞职前推荐的名单，不经会推手续，由他直接任命两名内阁成员。一名是赵志皋，以礼部尚书兼东阁大学士；另一名是张位，以吏部左侍郎兼东阁大学士。赵志皋、张位早先都与张居正意见不合，由翰林出任州同，不料十年以后两人同时拜相，楚中周御史写诗戏之曰：

龙楼凤阁九重宫，新筑沙堤拜相公。
我贵我荣君真羡，十年前是两州同。[2]

册立东宫之争导致内阁大换班，但是廷臣与皇帝在这一"国本"问题上的意见，仍然尖锐对立，丝毫不见松动迹象。

万历二十年正月，礼科都给事中李献可（字尧俞，福建同安人）等言官联名上疏，请求皇帝"豫教元子"，显然是委婉地建议册立皇长子的一种迂回策略。他的奏疏写道："皇长子今年已一十一岁，去古人八岁

1《明神宗实录》卷二百四十，万历十九年九月乙亥。

2 陈继儒《见闻录》卷四。

始学之期，已逾其三，过此则入大学时也。设或蒙养之道尚有未端，则作圣之功将何所赖？”他列举本朝以治平独称的宣德、弘治为例，宣宗出阁讲学时年仅九岁，孝宗出阁讲学时亦仅九岁。所以应该在今年孟春，安排皇长子出阁讲学事宜。他们反驳所谓宫内太监也可以辅导皇长子读书的说法：“或以为内侍中有知书直道如昔时覃吉其人者，亦可充辅导，尤非正论。夫内侍虽知书，不如讲幄之臣，虽抱直道，不如保傅凝丞，足以起敬惮而消邪心之为愈也”。[1]

这种机智而严密的论辩，使得皇帝再无推脱回旋的余地，令皇帝恼羞成怒，抓住奏疏中把年号“弘治”误写成“弘洪”，大发雷霆，强加一个“侮戏君上”的罪名，把李献可的奏疏以及他的亲笔御批转给内阁。皇帝的亲笔御批写道：“册立已有旨了，这厮每又假豫教，辄来烦激。且奏内‘弘治’错写‘弘洪’，显是逞意渎扰，侮戏君上，好生可恶！为首的姑降一级调外任，其余的各罚俸六个月。”[2]

内阁首辅王家屏态度十分明朗地支持李献可等人，不同意皇上这种强词夺理的做法，原封不动地把皇帝的御批退了回去，并且附上自己的意见，为李献可等人辩护：这只是敦请豫教，并非请求册立。皇上如果以为豫教还早，也应该采纳其言，即

1 李献可《泰序方新储教宜预乞端国本以慰人心疏》，《万历疏钞》卷三《国本类》。

2 钱一本《万历邸钞》，万历二十年壬辰卷，正月丁亥。

使不能采纳，也不应该遽加降罚。“窃恐严旨一出，群情惊异，益起疑端，众口沸腾，转滋争论，哓哓烦聒当无宁时。不将益溷宸聪，而增圣怒耶？臣敢封还批札，冒恳天恩，伏乞垂悯狂愚，特从矜宥，姑准留中。”[1]皇帝没有料到新任内阁首辅王家屏竟然敢于封还他的御批，内心十分不满，却又不便发作，干脆不予理睬。王家屏见皇上对他不屑一顾，只得托疾告假，无心再理阁务。

言官们不依不饶，吏科都给事中钟羽正、吏科给事中舒弘绪上疏申救李献可。钟羽正说：“（李）献可之疏，臣实赞成之，请与同谪。”[2]舒弘绪说：“若旋请旋改，将待何时？况今所请者乃豫教，非册立也。请豫教而加降罚，则请册立者将尽加乎罢斥乎？”[3]结果是可想而知的，钟羽正降调杂职，舒弘绪降调南京。内阁次辅赵志皋请求宽恕，遭到皇帝一顿训斥：“辅臣（王）家屏希名托疾，卿勿效尤。”[4]王家屏得到皇帝“希名托疾”的批评，更加无心问政，干脆请求罢免。

言官们仍旧前仆后继，一往无前，就在钟羽正、舒弘绪受处分两天以后，户科给事中孟养浩（字义甫，湖广咸宁人）继续为李献可鸣不平：“（李）献可甫跻礼垣，骤议巨典，一字之失，似属无心，遽蒙显斥，臣之私心以为不可者五。”他一一列举五个不可：

1 王家屏《封还御札申救言官揭》，《王文端公奏疏》卷四。王家屏《封还御批申救言官疏》，《万历疏钞》卷三《国本类》。

2 张廷玉《明史》卷二百四十一《钟羽正传》。

3 舒弘绪《言官陈大计蒙显罚恳切收回成命以光圣德以释群疑疏》，《万历疏钞》卷十五《援直类》。

4 谈迁《国榷》卷七十六，万历二十年正月甲申。

一不可——皇子天下根本，豫教之请是为根本考虑。皇上不但不听，反而斥责，今后谁再愿意就此进言？难道皇上忍心让皇子失学？

二不可——豫教和册立原非两事，既可以册立，为何不可以豫教？今日既迟疑豫教，来年又怎能慨然于册立？皇上先令天下人怀疑，难以昭示臣民。

三不可——父子之恩，根诸天性。豫教之举有益于皇子，皇上怒而罪责提议豫教者，非所以敦一体之恩，而示曲成之义。

四不可——皇上能容忍触犯雷霆的言者，为何言及宗社大计，反仅天威，士人愈加疑惑，莫测圣意所向。

五不可——李献可所说，真中外臣民之意。皇上一旦震怒，所罪者李献可一人，而所失者千万人之心。[1]

好个孟养浩，字字句句触及皇帝痛处，措辞之尖锐远远超过李献可。皇帝大发雷霆："孟养浩这厮，疑君惑众，狂吠激上，好生可恶。着锦衣卫拿在午门前，着实打一百棍，革了职为民，永不许朦胧叙用。"[2]

言官以监察为职责，其言论权理应受到保护。孟养浩以言官身份进谏，居然无端遭到廷杖，激起了言官们的义愤。六科的都给事中张栋、丁懋逊、

1 钱一本《万历邸钞》，万历二十年壬辰卷，正月丁亥。

2 钱一本《万历邸钞》，万历二十年壬辰卷，正月丁亥。

叶初春、吴之佳、杨其休、陈尚象等，云南道御史邹德泳，河南道御史贾名儒等，纷纷上疏，表示不满。结果，不是降级，就是革职为民。

其中贾名儒的奏疏写得最为厉害："近该礼科给事中李献可忠犯九重之怒，奉旨切责。初犹薄示降罚，诸臣相继疏救，愈激陛下风雷之威，一朝而斥逐者十人。群心惶惧，光景惨凄，九列大臣欲救不敢，欲正不能，相聚而咨嗟太息，计无所出。当此泰开物亨之时，万国展觐之日，乃有此番举动，传之四方，书之史册，皇上之盛德，国家之大体，不无少损。蒙谴诸臣业有成命，臣不敢望今日即召还原职。惟是言官可逐，而其说终不可不行；天下之口可钳，而豫教之道必不可不讲也……今二十四日事，臣非敢谓言者不当得罪，恐臣下自此以言为讳，国家从此多事矣。"[1]

如此有礼有节的进谏，皇帝一点也听不进去，依然是下旨切责："李献可轻疏欺侮，逞臆窥探，姑从轻处了。贾名儒这厮又来党救激君，好生可恶，姑着降杂职于极边方用，不许朦胧推升。"[2]

已经乞求罢免的内阁首辅王家屏，眼看舆论如此汹涌，请求皇上宽宥诸臣，并向皇上解释封还御批的缘由。他在奏疏中说："顷因科臣李献可等疏请豫教，蒙旨降罚，臣不揣轻鄙，冒昧封还。意以事系储闱，不宜盛怒，以损天亲之爱；言出台省，不

1 钱一本《万历邸钞》，万历二十年壬辰卷，正月。

2 钱一本《万历邸钞》，万历二十年壬辰卷，正月。

宜峻斥，以塞中谏之门。乃为圣德虑，为国体虑，非为（李）献可一人。揭请宽原，未蒙俞允。方当退而补牍，再沥悃诚。而科道诸臣申救（李）献可者，若钟羽正、张栋、陈尚象、邹德泳等，又已得罪。两日之内，严旨迭出，或夺其俸，或谪其官……至于孟养浩之杖一百，则更惨矣。雷霆横击，风日凄阴，凡举朝士绅，远方外吏，见者无不丧气，闻者无不摧心。诚不意圣哲之君有此举动，平明之世有此光景。而原其衅端由起，则自臣揭救（李）献可始……用是自陈愚戆，疏乞罢归。”[1]数日以来，惊悸不宁，因此他连上两份奏疏，乞求罢官归去。

皇帝根本不把这个首辅放在眼里，于三月三十日派文书官赴王家屏私第，当面递交一份手谕：“迩年以来，善事小臣狂肆不道，逞臆激扰，姑以薄罚。卿为佐治，见此要名不义之徒，自宜调停措处，缓词解谏，却乃径驳御批，故激朕怒，甚失礼体。及朕怒起，卿又不忍受，假疾具疏，文言求去。朕思卿真欲以此挟君废政，沽名逸卧，岂人臣之义哉？且卿辅朕，燮理赞襄，佐治有年，方今国务多艰，卿恝然高卧，其心可安乎？卿既有疾，准暂假数日，即出入阁办事。”[2]

朝政到了这般地步，王家屏封还不允，调停不能，除了引疾求去，别无他途。他向皇帝请求“罢归”，以保全自己的晚节，感慨地说：“乃今数月之

1 王家屏《乞罢归以全臣节疏·第二疏》，《王文端公奏疏》卷四。

2 钱一本《万历邸钞》，万历二十年壬辰卷，三月。

间，请朝讲不报，请庙享不报，请元旦受贺不报，请大计临朝臣不报。臣犬马微诚，不能感回天意，已可见于此矣！”[1]接连上了五份奏疏，才得到皇帝批准：“览卿所奏，情词恳切，既有疾，准回籍调理，着驰驿去。”[2]王家屏的首辅生涯是短暂的，却显示了宁折不弯的士大夫精神，他的“以去格主”，被后人赞誉为“先正模范”。[3]当时的礼部郎中于孔兼就此发表义正词严的评论：“辅臣王家屏调停之不能，封还之不允，古大臣风节，今仅见之，而无何且引疾矣，乞归矣。以道事君不可则止，义固如斯。独惜皇上昵内嬖之情，而欲摇主鬯之器，逐言事之臣。近传四方，远垂万世，不知谓皇上为何如主。”[4]

临行前，王家屏还向皇上条陈君德、时政大略，念念不忘册立之事。这位耿介大臣的告别辞是颇动感情的：

> 情依依而恋主，犹回弃妇之头。
> 心惙惙以忧时，横洒孤臣之泪。[5]

万历三十八年（1610）进士及第的钱谦益，以词林后辈的身份拜访退休在家的申时行，谈及王家屏的罢官，申时行说：“政有政体，阁有阁体。禁近之臣，职在密勿论思，委曲调剂，非可以悻悻建白，

1 王家屏《乞罢归以全臣节疏·第五疏》，《王文端公奏疏》卷四。

2 王家屏《乞罢归以全臣节疏·第五疏》，《王文端公奏疏》卷四。

3 孙承泽《春明梦余录》卷二十三《内阁》。

4 钱一本《万历邸钞》，万历二十年壬辰卷，三月。朱国祯《皇明大事记》卷四十《国本》。

5 董复亨《大学士对南山阴王公墓志铭》，黄宗羲《明文海》卷四百五十三。张岱《王家屏列传》文字略有差异，张氏写道：“再上，有旨放归。至疏辞有云：‘情依依而恋主，频回弃妇之头。心惙惙以忧时，横洒孤臣之涕。’”（《石匮书》卷一百六十八）

取名高而已。王山阴诤留一谏官，挂冠而去。以一阁老易一谏官，朝廷安得有许多阁老？名则高矣，曾何益于国家？”[1]此话不能说没有道理，反映了申时行的为官之道，王家屏宁折不弯的品格，申时行难以理解。何况王家屏的“挂冠而去”，并非仅仅为了“诤留一谏官”，而有复杂得多的原因，是无可奈何的选择。朱赓对他有理解之同情：“方务恢绰，而朝士多用诡激为声，公引大义委曲调剂，卒成和衷之美。迨居铉席，开诚布公，正色侃辞，庶士敛服终”；“天子之用公，不能尽公之用”。[2]朱赓所言比申时行更近于实情。

◥钱谦益像

钱谦益，号牧斋，苏州常熟人，万历三十八年进士。论士喜狂简，论文善养气。选翰林院庶吉士，授编修。天启三年出任少詹事兼侍读学士，时魏忠贤掌权，指其为东林党魁，被劾归。崇祯元年起复，官至礼部右侍郎。十七年甲申之变后，福王在马士英等拥立下即位于南京，改元弘光，钱谦益得授礼部尚书。后降清。著有《初学集》《有学集》等。

◥朱赓，浙江绍兴人，隆庆二年进士。万历二十九年以礼部尚书兼东阁大学士参预机务，时年上疏极陈矿税之害。万历三十四年辅臣沈一贯、沈鲤去位，朱赓独当国，时年已七十二岁。

四　所谓“三王并封”之议

1. 赵志皋老迈无能

连续多年的册立东宫之争，导致多名内阁辅臣拂袖而去，使皇帝感受到外廷的压力。继王家屏出任内阁首辅的赵志皋，无论从哪个方面都无法和他的前任申时行、王锡爵、王家屏相比拟。此人年逾七旬，老迈无能，为朝士所

1　钱谦益《历朝诗集小传》丁集中《申少师时行》。

2　朱赓《礼部尚书兼东阁大学士赠少保谥文端山阴王公墓表》，《朱文懿公文集》卷八。

轻。[1]他刚刚担当首辅重任，就想撂纱帽，向皇上大叹苦经，说他有五大难处：

——臣以初进，遂当国事，一难。

——皇上深居九重，天颜未睹，孚信未能上达，二难。

——国家多事，羽檄交驰，筹策素未谙历，三难。

——往时部院之事，先与阁臣拟议而后行，近因有言，臣等不欲侵越事权，各有所归，四难。

——人心叵测，议论横生，摇惑真言，倒持国是，五难。[2]

既然这也难那也难，赵志皋索性"无为而治"，唱起了高调，在朝房中张贴座右铭，摆出一副名士派头。一幅座右铭写道：

积诚以事主上，洁己以风庶官，折节以下忠贤，黜私以杜险佞。

另一幅座右铭写道：

以威福归朝廷，以事权还六部，以公论付

1 张廷玉《明史》卷二百十九《赵志皋传》。

2 钱一本《万历邸钞》，万历二十年壬辰卷，九月。

台谏，以请托谢亲友。[1]

这显然是在仿效嘉隆之际的内阁首辅徐阶。徐阶取代严嵩出任内阁首辅，在朝房中写了一个条幅："以威福还主上，以政务还诸司，以用舍刑赏还公论。"[2]表面上模仿是容易的，要真正做到却是另一回事，赵志皋哪里有徐阶的魄力才干，不过装装门面，掩饰自己的无能而已。他把自己的老迈无能，归咎于政坛人心险恶："今天下之治与乱，不在于他，而在于人心之险躁浮薄，敢于议论而无忌惮。又有一等倾危之士，弄雌黄之口，乱是非之真。鼓唇摇舌，而莫测其端；捕影捉风，而莫知其自。以致一人倡之，众人从而和之。无者捏而为有，假者摸而为真。沿习成风，恬不为怪，而是非淆矣。甚者媢嫉一生，谗谤交至，以僚属而害堂官，以偏裨而戕主帅。阳肆挤排，巧为陷阱，而国是皆倒置矣。事势至此，而不一禁之，恐举朝之人将化为鬼魅，而不可测识。天意人心，纪纲风俗，关系重大。今再不言，则病世误国，而臣何所逃罪！"[3]

徐阶朝服像

徐阶，松江华亭人，嘉靖二年探花。嘉靖后期至隆庆初年任内阁首辅。擅于谋略算计，嘉靖末年扳倒严嵩，稳定朝局。

对于他这些并无新意的高调，皇帝不置可否，

1 钱一本《万历邸钞》，万历二十年壬辰卷，九月。
2 申时行《文贞徐公墓志铭》，《赐闲堂集》卷二十三。
3 钱一本《万历邸钞》，万历二十年壬辰卷，九月。

要都察院去议论。礼部主事诸寿贤上疏弹劾赵志皋，指责他与兵部尚书石星的失误，说道："大学士赵志皋以书生而为辅臣，兵部尚书石星以书生而为枢臣。如借郭实以钳制言官之口，即所用甚非其人，举朝以为不可，而亦不顾，为无识。遇事周章，东支西吾，不急边事。而乞选中书为台臣；不采人望，而私荐市井为指挥，为无才。"[1]直指他无识、无才，不适合担任首辅。工部主事乐元声上疏，弹劾赵志皋"无量""无局"。[2]兵科都给事中许弘纲支持诸寿贤、乐元声对赵志皋无识、无才、无量、无局的批评。他说："乐元声越职而言，辅臣或者病其轻躁。然以臣愚计之，不必较，亦不可较，何也？不必较者，负山代庖之讥，意或别有所指。不可较者，有心于较人，人人且借吾之较以成名。终焉不至于不胜，较不已也。"他还说："大抵为大臣者，权衡虽定于己，而一己之毁誉不复问，故神闲气定，而其虑事也精。藻鉴虽当于人，而一人之异同不复言，故量大识宏，而其感人也至。忠信骄泰之间，所关于理乱不小矣。方旧相申时行之在阁也，陛下尝以事抑言者，臣曾以疏争之。谓人情之在天下，犹水之行地中，激之则跃，疏之则平。与其壅遏而助其澜，不若周流以杀其势。今棋局虽更，而区区之愚，所欲自效乎君相者，犹前志也。"有意思的是，皇帝一反常态，不支持首辅，

1 钱一本《万历邸钞》，万历二十年壬辰卷，九月。

2 钱一本《万历邸钞》，万历二十年壬辰卷，九月。

而支持言官的意见，批示道："这本持论平正，攸关时务。"[1]弄得首辅赵志皋很没有面子。

赵志皋当然不肯接受无识、无才、无局、无量的批评，向皇帝声辩自己并非无识、无才、无局、无量，大发牢骚："郭实阻挠国计，关系非小；宋应昌已奉旨钦遣，而诸寿贤以为当罢；郭实已奉旨谪降，而诸寿贤以为当留。皇上必有明断。石星又言，日被险毒，后背受人颐指，横加陵贱，不数为人。以贻累辅臣，传丑来世。臣已矣乎，不复能事陛下矣。"皇帝轻描淡写批示："臣当以国事为重，浮言何足介意。"都察院就赵志皋对于天下治乱的说法，遵旨作出评论："（赵）志皋所言纪纲风俗之忧，由来有渐，而转移有本，非可以泛求概责。"又说："朝廷有必不可紊之政体，天下有必不可枉之公论。"对赵志皋的说法颇不以为然。[2]

内阁次辅张位"陈言国是"的调子，与赵志皋如出一辙。他说："切见近时士大夫，习成一种圈套，小廉曲谨，苟且偷安，只知自保己官，不肯为朝廷任事。一言莫肯先发，一事莫敢深求，动为便身之图，念在脱手之易。有当兴革，而莫之动也，有当用舍，而莫之决也。不计国家利害，不论事体可否，揣摩观望，巧避自容。一遇忠荩之谋，共兴

◥张位，江西南昌人，隆庆二年进士。贯通经史，工诗善文。万历十九年以首辅申时行荐，与赵志皋被特简入阁办事，后升任内阁次辅。

1　钱一本《万历邸钞》，万历二十年壬辰卷，九月。

2　钱一本《万历邸钞》，万历二十年壬辰卷，九月。

忌阻之意，不自力，又禁他为。且宦成者多犯患得患失之戒，初进者即有嚣然不安其志之心。文法牵制于前，议论淆乱于后，猝有缓急，孰堪倚任？古人云：天下之患莫大乎不知其然。不知其然而然者，拱手而待乱也。臣请以国是纪纲进焉。所谓国是者，是而是焉，可无辨也。有是而似非，有非而似是也；有始是而卒非，有始非而终是也。众以为是，而莫知其非；众以为非，而莫知其是也。一事之中，而有是有非；一人之中，而有非有是也……尤可叹者，推避之徒借安静之谈，自掩庸拙，而巽软者托焉。无事则责人之过防，有事又责人之无备。利害不关于袖手，阻挠自恐于掀髯，是相率为废而已。暗陋之流，沽节省之誉，自炫修洁，而刻薄者宗焉。明裁合用之正供，暗启偏累之私窦，漏吞舟于密网，效赋芋于狙公，是相率为欺而已。斯二者，冒天下之虚名，似是而非，理所当辨者也。臣愚以为，与其贻祸于后，曷若预定于先。自后，凡遇军国大事，俱听会议，该部预将事体曲折，略具可否之端，传送九卿科道衙门，各据所见，明注职名于下，或注该部议是，或斟酌数语，俱付该部类奏，请自上裁。至如会推大臣，关系甚重，更宜仿此，以偕众论，而杜专擅。若裁决既定，后有妄为异同者，宜一切勿听。如此则忠益毕集，谋断兼资，庶任事者有专一之趋，无却顾之虑矣。”[1]张位

1 钱一本《万历邸钞》，万历二十年壬辰卷，十月。

所言还有很多，大抵空话多于实事，无补于时政，所以皇帝不置可否。

2. 王锡爵复出

赵志皋年迈无能，张位高谈阔论，都不能排忧解难，使得皇帝颇感失望。他需要一位得力的内阁首辅，为他分担压力，于是想起了告假的王锡爵（万历十九年六月，以母老乞求归省）。在皇帝心目中，王锡爵是难得的人才，敢作敢当，又有资望，现在正需要这样的人出来稳定局面。万历二十一年（1593）正月，皇帝把王锡爵召回。

◥赵南星，北直隶高邑人，万历二年进士。官至吏部尚书。万历二十一年主持大计京朝官时触动在朝者利益，被罢黜。此后在家闲居长达二十余年。天启朝重新启用。

王锡爵风尘仆仆从太仓老家赶到北京，出任内阁首辅。他从告假到复出，不过一年多时间，虽然谈不上新官上任，但也得显示一下与众不同的“三把火”。王锡爵的新政集中于两个方面，一是借由癸巳京察，打压吏部官员；二是顺从皇帝旨意，策划“三王并封”之议，引来轩然大波。

癸巳京察，又称大计京朝官，是对京官的一次例行考察。因为牵涉到一些官员的降罚，历来是非纷纭，有所谓阁部之争，这次也不例外。负责主持此事的吏部尚书孙鑨、都察院左都御史李世

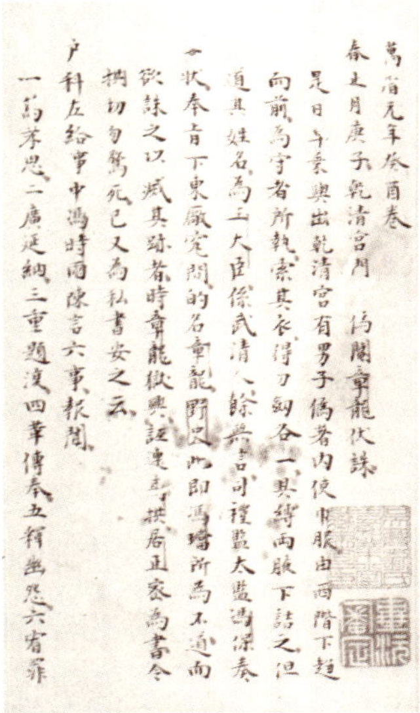
萬曆元年癸酉春
正月庚子乾清宮門　偽閹章龍伏誅
是日午乘輿出乾清宮有男子偽著內使巾服由西階下趨
向前為守者所執索其衣得刀劍各一其縛兩腋下詰之但
道其姓名為王大臣係武清人餘無所言司禮監太監馮保奏
一狀奉旨下東廠究問的名章龍[illegible]即馮璫所為不道而
欲誅之以滅其跡者時章龍欲興誣連[illegible]拱居正密為書令
捕切勿驚死已又為私書安之云
戶科左給事中馮時雨陳言六事報聞
一為孝思二廣延納三重題覆四革傳奉五釋幽怨六省罪

◥《万历邸钞》书影

达、吏部考功司郎中赵南星等人，自然有的人称赞，有的人抨击。《万历邸钞》这样记载此事："大计京朝官。吏部尚书孙鑨、左都御史李世达、考功司郎中赵南星，秉公持正，所黜多权门媚灶士，阁臣有不能堪者。科臣刘道隆疏诋（赵）南星，遂调旨切责：'该部专权结党，着回话。'吏书（孙）鑨不服罪，遂逐（赵）南星。（孙）鑨于是屡疏求去。是为（王）锡爵再入朝新政。"[1]显然把皇帝切责吏部"专权结党"，赵南星被逐，孙鑨求去，作为"（王）锡爵再入朝新政"来看待的。

都察院左都御史李世达作为参与其事的高官，责无旁贷地为吏部辩护。他说，此次考察京官，臣等与吏部诸臣共事，诸臣秉公评汰，无所徇私。例如，吏部员外郎吕胤昌是尚书孙鑨的外甥，也在黜革之列；吏科都给事中王三余是郎中赵南星的亲戚，也在黜革之列。凡是有问题的，即使有凭借，最终不得幸免。他们殚精竭虑，没有辜负皇上之委任，而仅仅因几个遭言官"纠拾"的庶官没有黜革就被言官揭发，以至于皇上降旨切责；由于"回话"不肯认罪之故，受到从重处罚，将吏部尚书孙鑨罚俸，郎中赵南星降三级调外任。遭到"纠拾"的司属官员虞淳熙虽好禅学清修，并无其他过错。另一名遭"纠拾"的司属官员杨于庭，虽有恃才躁妄之过，但有西夏平叛之功。因此只处分袁

1 钱一本《万历邸钞》，万历二十一年癸巳卷，正月。

黄，而保留虞淳熙、杨于庭。此二人不仅兵部尚书石星力救，即臣等与三位内阁辅臣也共知共言的。皇帝的谕旨却毫无商量余地："卿等为国大臣，不惜国体，以镇静为重，及市恩群小，哓哓烦言。赵南星、虞淳熙、杨于庭、袁黄，都着为民，不许朦胧推升。"[1]

礼部仪制司郎中陈泰来为赵南星等人鸣不平，质疑内阁首辅王锡爵有报复的嫌疑。他说，自己任官十七年，目睹四次京察，丁丑京察"钳制众口"，"芟除异己"；辛巳京察"禁锢建言之臣"；丁亥京察"侧媚当路，诬陷善类"；此次癸巳京察也不例外。"顷者庶僚拾遗，下部复议，虞淳熙素擅才名，杨于庭西功未叙，袁黄方赞东师，该部酌量评品，取自上裁，未尝概拟留用。科臣刘道隆据形纠摘，遂蒙严旨诘问。阁臣驾言于圣怒，识者扼腕而不平。此其故何也？郎中赵南星前以论劾吴时来，忤今元辅王锡爵意，引疾而归。元辅此来，亦有疑其干大计者，由二三戚里门生，自知挂议，实以二夫望之。（赵）南星在事，不白朝房，不谒私第，所论黜降如苏酂、徐泰时、殷都、王肯堂、李周策，皆枌榆瓜葛，不无刺心；而郝赢、胡汝宁、蔡系周、柯梃、杨四知、樊玉衡、张应登诸人，豢养有年。

◥ 陈泰来，浙江平湖人，万历五年进士。年十九岁授顺天府教授，进国子博士。后迁升为礼部仪制司郎中、员外郎。

1 钱一本《万历邸钞》，万历二十一年癸巳卷，正月。

帷盖无地意者甘心（赵）南星久矣。（刘）道隆之疏上，而专权结党之旨下。奇货在前，投袂而起，讵可动称上意，以涂人耳目也。外议悠悠，谓孙尚书抗礼不避，赵南星为郭实议言，两次辅亦衔之。揣摩如此，宁非药石……今日督过该部，裁抑司官，（赵）南星去，而王显仁、盖国士、冯养志之徒进。彼皆以货取者也，将来必挈权以阿阁臣，而后为不专擅；必植党以附阁臣，而后为不结党。伤老成持正之心，隳贤者励精之志，宵人坐观其报复，慑夫怯避于担当。谀风渐长，正气潜消，忠直不麾而去，不可不深辩也。”[1]

陈泰来的奏疏写得锋芒毕露，直指王锡爵在幕后操纵，乘机打击报复赵南星等人，造成“谀风渐长、正气潜消”的局面。他的奏疏得到贾岩、薛敷教、于孔兼、顾允成、张纳陛等人的呼应与支持。结果这些人都遭到惩处，皇帝谕旨极其严厉：“陈泰来这厮，前者屡屡恣肆狂悖，因未责处，心怀疑惧，故逞刁恶，欺君比于幼年，将朕独断处分佯作不知。诬赖辅臣，显然乱政惑众，好生可恶。本当拿问，姑从轻降极边杂职。贾岩、薛敷教、于孔兼、顾允成、张纳陛用谋结党，淆乱政体，都着降三级调外任，俱不许朦胧推升。”[2]

于孔兼的奏疏写得无所顾忌，称颂赵南星是“铨曹贤者”，“秉正嫉邪”，“不私亲故，不惮朝

1 钱一本《万历邸钞》，万历二十一年癸巳卷，正月。

2 钱一本《万历邸钞》，万历二十一年癸巳卷，正月。

权”。盛赞今年的京察为“二百年仅见”，“有功于国家”。由于赵南星“素不惬于辅臣（王锡爵），久欲乘隙而排挤之，（刘）道隆密受指于辅臣，乃遂具疏而逢迎之”，他把王锡爵比喻为“严嵩再生”“张居正复见”。指责王锡爵“自爱何其左，夫东倭未殄，边方有封疆之忧；册立未行，青宫有危疑之势。辅臣不尽虑而谋，科臣不悉心而议，方且借私隙以逐正人，媚阁臣而驱贤者。上下交相误国如此，人心何由而平，议论何由而息，世道何由而清乎？”[1]

王锡爵复出的第一步，就陷入了舆论的漩涡；他的第二步，向皇帝呈上密揭，策划“三王并封”，一下子使自己成为众矢之的。

他复出后劈头要面对的棘手事务，就是皇帝亲自允准今年举行册立大典。为了稳妥起见，他特地写了一份密揭给皇帝，敦请赶快决定大计，无论如何不能再拖延日期了，否则的话，是非蜂起，道路喧哗，臣虽有百口，不能为皇上压制。他特别在密揭上注明，这是他自己亲自誊写，没有让同官过目，希望在秘密之中与皇上商定此事。[2]

正月二十三日的密揭写道：“方今国家之事莫大于建储，而皇上之美莫美于揽权独断。乃前者册典垂行，而辄为小臣激聒改迟，君有美而弗扬，事欲成而反败，莫可追悔已。幸而皇上亲发大信，定以万历二十一年举行，且戒群臣不得激聒再改。于是

1 钱一本《万历邸钞》，万历二十一年癸巳卷，正月。

2《明神宗实录》卷二百五十六，万历二十一年正月丁丑。

群嚣寂然，奉之如金石之坚，券契之信。而及兹春令届期，竟未有先发一言者，盖皆知成命之在上，有所恃而无虞；又皆知覆辙之在前，有所惩而不敢耳……皇上万一机务殷繁，检点未暇，以致稽迟日期，过此春令，则外廷之臣必曰：昔以激聒而改迟，今以何名而又缓？是非蜂起，道路喧哗，臣等虽有百口，不能为皇上按压矣！”[1]

皇帝在他的密揭上作了批示，提出“三王并封”的主张，希望由王锡爵把他的意思作为内阁的票拟发出：“今早览卿密奏揭帖，悉见卿忠君为国之诚。朕虽去岁有旨，今春行册立之典，昨读《皇明祖训》内一条‘立嫡不立庶’之训，况今皇后年稚尚少，倘后有出，册东宫乎？封王乎？欲封王是违背祖训，欲册东宫，是二东宫也。故朕迟疑未决。既卿奏来，朕今欲将三皇子俱暂一并封王，少待数年，皇后无出，再行册立。庶上不违背祖训，下于事体两便，卿可与朕作一谕旨来行。”[2]

显然，这是皇帝朱翊钧苦心孤诣一番之后想出来的对策，借口“立嫡不立庶”，皇长子是庶出，不宜册立为皇太子，只好虚位以待。为了应付舆论，不如暂时将长子、三子和万历十年（1582）八月生的五子，一并封王。这就是所谓“三王并封”。其实质是不册立皇长子为皇太子，与其他诸子一样，仅仅册封为藩王而已。他想出了这个主意，却

1 王锡爵《密请建储疏》，《王文肃公文集》卷三十九。

2 王锡爵《答并封圣谕疏》，《王文肃公文集》卷三十九。钱一本《万历邸钞》，万历二十一年癸巳卷，正月。

要颇得人望的王锡爵代他承担责任。

王锡爵看了皇上的手谕，大大出乎意料，顿时有点惶惑了。一方面，嫡子尚未出生，却要“待嫡”；长子虽然庶出，现已十二岁却不能册立，实在有些说不过去。另一方面，申时行、王家屏都在这件事情上栽了筋斗，为了不重蹈覆辙，只有附和帝意方为上策。一向刚直不阿的王锡爵，这时显得畏首畏尾，做出了错误的抉择，卷进了难以自拔的是非漩涡。

王锡爵接到文书官李文辅送来的皇上手谕，焚香叩头，伏读一过，不觉感激涕零，再写密揭说明自己的观点：“今皇上嫡子尚未生，而庶子年已至十二龄，向未有待嫡之意，乃自今日发之，使臣等何以造次奉行！臣为皇上所虑，不过为中宫耳，而此事甚有成说，甚为易处。昔汉明帝取宫人贾氏所生之子，命马皇后养之为子；唐玄宗取杨良媛之子，命王皇后养之为子；宋真宗刘皇后取李宸妃之子为子，旋皆正位储宫，而三宫妃压于嫡母之下，并未尝加进位号。今日事体正与此同，与其旷日持久以待将来未定之天数，孰若酌古准今，以成目下两全之盛美。臣之愚见，以为必如此行，万妥万当。谨依阁中故事，遵谕票拟之外，更拟传帖一道，以凭采择施行。至于并封一说，纵万不得已，必欲权行，亦必须于谕旨中明白说定，立嫡立长的于何时，将来断无改移之意。则臣庶乎可以担当。”他极力想有所弥补，向皇上说，“皇长子既以中宫为母，即系正嫡所生之母，亦自不必加封”。皇帝坚持己见，写了手谕给他：“朕览卿奏，已知道了。且一代有一代之制，我圣祖垂训子孙，以防僭窃名分之意，岂敢背违祖训，学他人之假借，以伪乱真哉！今择卿所拟前谕，正合朕意，朕已批发。”[1]

所谓“卿所拟前谕”，就是王锡爵所说“拟传帖二道，以凭采择”。[2]其一是，令皇长子先拜皇后为嫡母，再行册立；其二是，长子、三子、五子“三王并封”。后一方案毕竟冒犯舆论，所以王锡爵特别强调，万不得已施行“并封”，必须在谕旨中明白说定立嫡立长的时间，将来不再更改之意。

经过皇帝与内阁首辅的秘密策划，“三王并封”之议终于敲定。万历二十一年正月二十六日，皇帝以突然袭击的方式，向礼部发出“三王并封”谕旨：“朕所生三子，长幼自有定序。但思祖训立嫡之条，因此少迟册立，以待皇后生子。今皇长子及皇第三子俱已长成，皇第五子虽在弱质，欲暂一并封王，以待将来，有嫡立嫡，无嫡立长。尔部里便择日具仪来行。”[3]外廷大臣原本在静候册立皇太子的佳音，不料等来了“三王并封”，大失所望，且有受戏弄之感。这是“国本”攸关的大事，廷臣们掀起了较前更为激烈的反对浪潮。

3.“今日犹豫之旨，群臣将何所取信耶?”

正月二十八日，光禄寺丞朱维京（字大可，号讷斋，四川万安人）带头发难，表达鲜明的反对立场——三王并封关系宗社安危甚大。他据理反驳皇上的谕

1 王锡爵《答并封圣谕疏》，《王文肃公文集》卷三十九。

2 朱国祯《皇明大事记》卷四十《国本》。

3 钱一本《万历邸钞》，万历二十一年癸巳卷，正月。

旨："往者有二十一年册立之旨，今忽改而为分封之诏。夫分封、册立二事也，皇子、诸王异等也。诸臣所谓者，册立之前旨；而皇上所颁者，分封之新令。臣民仰望之心谓何？人主失信之道谓何？圣谕谓立嫡为祖训，诚然；谓少迟册立，以待中宫之生嫡，则祖宗以来实无此制……祖宗朝原无迟以待嫡之典，而独自皇上发之，则后世子孙将藉以为口实，其流之弊，始有不可胜言者矣……今也分封之典，三王并举，则冠服宫室混而无别，车马仪仗杂而无章，府僚庶寀同而无辩，震位为之久虚，主鬯悬于莫属。名分不正，猜望愈多，天下可忧可虑之事，种种在此，皇上虽置百喙以家喻户晓，岂亦能解臣民之惑，道路之疑乎？"

笔锋一转，他把矛头直指内阁首辅王锡爵："臣又因是不能不责备于今之元辅焉。王锡爵迩者千里而来，海内延颈而望，以为必能收巷遇之功，定安汉之策也。乃者皇上虽有分封之意，犹不遽行，而以手札咨之锡爵。为锡爵者，即不能如李沆之引烛焚诏，独不能为李泌之委曲叩请，反复披陈至再至三，必求转移圣意而后已。如其不然，则王家屏之高踪尚在，皇上优礼大臣，必无韩瑗来济之辱也。奈何智不出此，噤无一语，即刻如旨拟敕，若吏胥之承行，唯恐后者，绝裾而行，兼程而至。所为若此，难以厌中外之人心矣！"[1]

1 钱一本《万历邸钞》，万历二十一年癸巳卷，正月。

皇帝见他苦心孤诣的对策，一出台就遭到臣下轻易否定，十分恼火，当然不会接受朱维京的批评。他首先为自己辩解："夫我圣祖垂训子孙，为正纲常、别名分、防窃乱耳。虽累朝之典，亦有正出有庶出，而正庶出者或有疾病之因，或有别故之异，故不稽祖训而定耳。况皇后年稚尚艾，倘后有出，欲追何及。姑且权宜以待将来，且谕旨晓然明白。"然后对朱维京大兴问罪之师，将他革职充军："朱维京这厮，出位要名，的系祖训所言奸臣。本当依训处斩，姑从轻，着革了职，发极边永远充军。"[1]

皇帝扬言要将朱维京"处斩"的恫吓，意在钳制舆论，殊不知难以奏效。刑科给事中王如坚（字介石，江西安福人）语气更加严厉，批评皇上言而无信："臣始而疑，既而信，终而骇，陛下言犹在耳，岂忘之耶？""是前日之明旨，陛下且不能自坚，今日犹豫之旨，群臣将何以取信耶？"并且直指要害："但宫闱之内，枕席之间，近习之辈，承意伺旨之徒，稍见形而生疑，安知不以他意窥陛下……今陛下援祖训为据，人咸谓假中宫以息天下之疑，执狐疑而来谗贼，持不断而开群枉，此几微之际，不可不慎也！"[2]

王如坚说得不错，"今日犹豫之旨，群臣将何以取信耶"？皇帝确实言而无信，出尔反尔，十四

1 钱一本《万历邸钞》，万历二十一年癸巳卷，正月。

2 王如坚《明旨未信并封未宜疏》，《万历疏钞》卷三《国本类》。

年正月说长子幼小，册立事等二三年举行；十八年正月说朕无嫡子，长幼自有定序；十九年八月说册立之事改于二十一年举行。虽然一再延期，但未曾停罢册立。不料到了今年忽传三王并封，不是言而无信是什么？

皇帝不反省自己言而无信，反而严词谴责："王如坚这厮，逞臆图报，巧词疑君，惑乱祖法，好生可恶，正是奸臣。本当依训处斩，姑从轻，着革了职，发极边永远充军。"[1]

不过廷臣们并没有望而却步。一些敢于讲话的官员，如顾允成、史孟麟、张辅之、于孔兼等，以同乡关系去见王锡爵，劝阻"三王并封"。

王锡爵问礼部郎中于孔兼：三王并封的礼部仪注呈进了没有？

于孔兼回答：未敢呈进。

史孟麟补充说：国朝只有立太子仪注，以及封王仪注，今以太子封王，于（孔兼）郎中怎么敢进仪注？

◥ 史孟麟，常州宜兴人，万历十一年进士。与顾宪成交好，曾讲学于东林。

王锡爵为了缓和气氛，说道：皇上处置王（如坚）给事中等四人，太重了。

史孟麟不无讥刺地说：国家养士正为今日，凡是廷杖、充军、谪官，自是建言者分内之事。老先

1　钱一本《万历邸钞》，万历二十一年癸巳卷，正月。《明神宗实录》卷二百五十六，万历二十一年正月壬午。

生只要把事体做得端正，诸公得罪也甘心。[1]

吏部考功司主事顾宪成代表吏部四司官员，联名向皇上呈进一份“公本”。顾宪成在“四司公本”中，针对皇上援引“祖训”，为三王并封，“以待将来有嫡立嫡无嫡立长”，寻求依据。他列举九条理由予以反驳，第一，“是为遵祖训乎，是为悖祖训乎”？第二，“皇上创得之见有加于列圣之上乎”？第三，“元子之封何以系乎”？第四，“逼则凌，凌则僭厉所阶也”；第五，“是凡皇子皆东宫也，无乃酿万世之大患乎”？第六，“皇上何不断以大义，而为此区区乎”？第七，“圣意屡迁而弥缓，非由预渎，非由众激，何以谢天下”？第八，“皇上尚不能如天下何，而况（王）锡爵哉”！第九，“皇上盛德大业，比隆三王，而乃来此意外之纷纷，不亦惜乎”！[2]态度鲜明地反对“三王并封”。顾宪成还写信给王锡爵，坦陈己见：“明旨一定，何以转移，人情汹汹，何以镇定？”告诫王阁老，由他出面挽回还来得及：“请期一着，尚自可图，而非阁下莫能任。”[3]

“三王并封”不得人心，也难以付诸实施。主管此事的礼部，接到皇上关于“择日具仪，并封三王”的谕旨，既不敢违抗，又不便执行，提出一个折中方案：册立太子与封王同时举行。皇帝根本不予考虑，振振有词地反驳：“祖训有立嫡之条，庶子

1 高攀龙《并封记事》，《高子遗书》卷十。

2 顾宪成《建储重典国本攸关不宜有待疏》，《万历疏钞》卷三《国本类》。

3 高攀龙《南京光禄少卿泾阳顾先生行状》，《高子遗书》卷十一。

虽长，不许僭窃而立。”为了替王锡爵解围，他向内阁发去谕旨，说明事情原委：“昨者元辅反复劝朕早行册立之典，此原是朕去岁之命，有何可疑？但恐违背祖训，日后事体难处，故将三皇子暂尔并封。随该元辅再引前代之例，欲令皇长子先拜嫡母，随行册立。朕非不嘉其苦心，但思以伪乱真，非正大光明之道。今外臣重复争论，不知疑朕是何主意，深可痛恨。卿等辅弼亲臣，岂不知朕心？何故又为疑阻，不肯担当？倘有后悔，将何以处？朕为天下主，无端受诬，卿等何忍见之，其于国体何？”[1]

看来朱维京、王如坚等人的奏疏确实刺痛了皇帝，使得他如坐针毡，急于要内阁次辅出来帮他说话，分担一些压力。但是他们都不敢冒天下之大不韪，始终缄默不语。尽管皇帝力图为王锡爵解围，王锡爵还是摆脱不了众矢之的困境。礼部仪制司主事张纳陛、顾允成，工部都水司主事岳元声，光禄寺少卿涂杰，光禄寺丞王学曾，礼部仪制司郎中于孔兼，礼部尚书罗万化，翰林院编修周应宾等，都在奏疏中明确主张皇长子当立，“三王并封”不可行。

光禄寺少卿涂杰、光禄寺丞王学曾上疏，请求“虚心议礼，以定册立大典”，遭到皇帝训斥：“并封已屡旨明白，涂杰等这厮，逞臆党救同类，谤讪疑

1 钱一本《万历邸钞》，万历二十一年癸巳卷，正月。

君，惑乱众听，好生可恶。本当处斩，以严祖训，姑且从轻，着革了职为民。”王锡爵感受到舆论的压力，向皇帝表示，由于自己“谋国无状”，导致“人言朋兴”，请求皇上批准召开高官会议，“共成大典”。皇帝毫不退让，重弹老调，“立嫡”是我圣祖垂示子孙的祖训，今三皇子皆为庶出，姑且等待嫡子诞生而已。他叮嘱王锡爵站稳立场，决不能动摇：“卿为首辅，已屡诤劝，故为权宜，今复畏阻，是卿亦疑朕。卿可安心辅理，此无识小畜，讪谤疑君，惑乱众听，波及诬诋，不必自惑，可即入阁办事。朕意已定，不必廷议。”[1]

礼部仪制司郎中于孔兼由于职责相关，接二连三上疏，反对“三王并封”。一则说，祖宗以来并未有虚东宫之位，等待嫡子诞生之先例。否则，恐酿将来之隐祸。二则说，主张皇长子当立，不容再缓者，是有礼于皇上之君子；主张并封可行，希逢上意者，是无礼于皇上之小人。三则说，“册立一事，臣职掌有所未尽，臣心已竭，臣说已穷。今日之势，不得不重其责于辅臣也……是皇上之国家主持在辅臣，而辅臣之身名保全在皇上也”。[2]

工部主事岳元声，礼科给事中李汝华、张贞观、许弘纲，吏科给事中史孟麟等人，赶到内阁，与王锡爵展开唇枪舌剑的辩论。

王锡爵为自己辩解：“并封事，部院大卿多以为

1 钱一本《万历邸钞》，万历二十一年癸巳卷，正月。

2 钱一本《万历邸钞》，万历二十一年癸巳卷，正月。

是，诸公又何言？”

史孟麟说：“外廷弹老先生调停至意，第祖宗二百年来，东宫不待嫡，元子不封王。创有此旨，殊骇人耳。”

王锡爵反问：“东宫不待嫡，某亦知之，但皇上必欲如此。元子不封王，穆庙之封裕王何也？”

史孟麟说：“世庙立太子，而穆庙同日封裕王，非以元子封王也。”

王锡爵沉思片刻说：“当如祖宗旧名。”[1]

在这场辩论中，岳元声（字子初，号石帆，浙江嘉兴人）最为锋芒毕露，面对王锡爵声色俱厉的训斥，岳元声责问：“阁下奈何误引亲王入继之文，为储宫待嫡之例？”王锡爵无言以对。

当众人打算告辞时，岳元声大声说：“大事未定，奈何出！”

王锡爵问：“然则如何？”

岳元声说：“诏已草，除挽回二字，别无商量。”又说：“当以廷臣相迫告皇上。”

王锡爵不无威胁地问：“书诸公之名以进，何如？”

岳元声毫不畏惧地回答：“请即以元声为首，杖戍惟命。”那意思是，请你把我岳元声的名字放在首位，即使廷杖、充军也在所不顾。

王锡爵见恫吓无效，辞色缓和了下来，解释

1 高攀龙《并封记事》，《高子遗书》卷十。

道："初意皇长子出阁，与三子、五子等威，亦自有别……"

岳元声打断他的话，说道："'等威'仪曹事，非阁臣事。"这一席话使得王锡爵哑口无言。[1]

庶吉士李腾芳（字子实，湖广湘潭人）当面交给王锡爵一封手书，对他的心态进行分析："公欲暂承上意，巧借王封，转作册立。然以公之明，试度事机，急则旦夕，缓则一二年。竟公在朝之日，可以遂公之志否？恐王封皆定，大典愈迟。他日继公之后者，精诚智力稍不如公，或坏公事，而罪公为尸谋，公何词以解？"

王锡爵读完了信，对他说："诸曹詈我，我无以自明。如子言，愿受教。但谓为我子孙计，我每奏皆手书，秘迹甚明，似无虞也。"

李腾芳说："揭帖手书，人何由知其言谓何？公反欲自恃，异日能使天子出公手书传示天下否？"

王锡爵沉默良久说："古人留侯（张良）、邺侯（李泌）皆以权胜。"

李腾芳对他引用张良、李泌全身而退的先例，不以为然："邺侯不欲以建宁为元帅，而咏摘瓜诗以卫广平。此经也，非权也。但与肃宗私议家事，恐上皇不安，而迟广平为太子，另是一则，然建宁之死殆此矣。若子房（张良）以强谏为无益，而招致四皓（商山四皓），有似行权，然未尝请太子与赵王并

1 许重熙《宪章外史续编》卷九，万历二十一年正月。谷应泰《明史纪事本末》卷六十七《争国本》。崇祯《嘉兴县志》卷十三《岳元声传》。

封。且行权必大智也，委曲婉转，或立语而移，或默然而定。若需之数年，更以他人，虽圣人不能保矣。”王锡爵听了，不觉凄然泪下。[1]

岳元声的谴责，李腾芳的规劝，使王锡爵感受到人言可畏，令他踌躇万端。尤其是岳元声所说，“非有拥立之显功，断不足偿虚储之实罪”，令他不得不考虑身后的功罪评判。

从正月底到二月初，王锡爵承受无数官员的责难，日子很不好过。他的门生钱允元、王就学相对叹息，忧形于色，相约同去老师家中规劝。见面后，两人直截了当指出，不得不考虑日后的危险：“此事外廷皆欲甘心于老师，恐有灭族之祸，贻秽青史。”说至动情处，涕泪满面。王锡爵笑着说：“痴子，痴子，斯乃外人浮论，吾自明明白白在那里。密揭屡进，无论皇上，即皇长子亦自知之。”王就学说：“不然！他人谁谅老师心者？恐一旦祸发，悔之无及。”王锡爵怃然良久说：“即当有处。”次日，就向皇上请求收回“三王并封”之议。[2]

4.“伏乞天恩，容令认罪改正”

在廷臣及门生故吏的规劝下，王锡爵幡然悔悟，毅然决定破釜沉舟，迫使皇上撤销“三王并封”的谕旨。二月初六日，他恳请皇上召见，意欲

1 谈迁《国榷》卷七十六，万历二十一年正月甲申。

2 钱一本《万历邸钞》，万历二十一年癸巳卷，正月。

向廷臣认错。他在奏疏中写道："臣至愚极陋，浅见寡闻，不自量力，欲以区区至诚感动天地，避要功好名之嫌。而一时登对欠详，心思未到，以致外廷异议转生，连日喧哗不停。"因此他希望能面陈利害，讲清"累朝典故与今日人言所自起"，"从长商议，务求得调停至当之术"。[1]他向皇上检讨，日前两票并拟（即代拟两道谕旨），过于草率，"彼时僚寀既不在前，书籍又无查考，止据臆见，匆匆具答，虽首尾词意主于册立一说，而不合拘守阁中故事"，"伏乞天恩，容令认罪改正"。[2]

王锡爵主动承认"三王并封"的错误，把皇帝置于十分尴尬的境地。尚气使性的皇帝一向不愿意向臣下认错，对王锡爵说："朕为人君，耻为臣下挟制。谤祖蔑训，国体何在？以此未欲见卿。今卿又有此奏，若自认错，置朕于何地？"[3]

经过两天思索，迫于舆论压力，皇帝无可奈何地向舆论让步，宣布收回"三王并封"的成命，下达谕旨："既是如此，俱不必封，少候二三年，中宫无出，再行册立。"[4]

"三王并封"之议，出笼不过十几天，终于化作泡影，随风飘去。

虽然"三王并封"已经作罢，但皇帝仍坚持要再过二三年，再谈册立皇太子之事，表面的理由是等待皇后生育嫡子，内心的想法依然是能拖则

1 王锡爵《请面陈册储事体疏》，《王文肃公文集》卷三十九。

2 王锡爵《误答圣谕引罪请改疏》，《王文肃公文集》卷三十九。

3《明神宗实录》卷二百五十七，万历二十一年二月辛卯。王锡爵《误答圣谕引罪请改疏》，《王文肃公文集》卷三十九。

4《明神宗实录》卷二百五十七，万历二十一年二月辛卯。王锡爵《误答圣谕引罪请改疏》，《王文肃公文集》卷三十九。

掩。王锡爵向皇帝进言："并封之谕，臣所以不敢与群臣辩，而直引为己过，亦自有说。盖连日翻阅祖训，委无皇储待嫡之条，且累朝二百年来从无封王之例。礼官所执委难通融，只有穆庙在世宗朝曾封为王，然封王之时，压于庄敬太子之下，并未曾以元子受封也。今幸圣心洞然，旋止封王之命，而再订二三年册立之期，真古帝王转圜从善之盛德，群臣自无可言。顾臣私忧过计，在皇上已成之诏旨，虽不争二三年迟速之期，而在近日未定之事机，恐难息千万人疑讪之口。所以然者，使皇上去年降谕时，原未说定今年举行册立豫教之典，则将来自不妨支吾曲处，今去年之命既改于今年，则又焉知今年之命不改于他日？此群臣之所以大疑也。外有抄录诏书，内将紧要句语用红签票出，乞皇上细览深思。"次日，皇帝派文书官潘朝用拿着他的亲笔御札来到内阁，答复王锡爵的疑问："朕原无疑卿，但卿昨云，妄言之徒以平淡处之。今疑君诬上愈甚，朝纲倒持，朕岂不怒，卿亦何安？已将各疏留中，看有无礼太甚，欲处一二。所以预戒卿党众，卿其知之。所进诏书，朕非忘之，但此时奸人不待中宫有出无出，希冀覃恩，蛊惑上意，不论纲常之正，嫡庶之分。且去岁中宫微有小疾，自昨冬已面朕矣。其册立已有旨了，卿不必附众疑阻。"[1]

王锡爵认为，外间流言蜚语的根源就在于太

1 王锡爵《请定册典以信初诏疏》，《王文肃公文集》卷三十九。朱国祯《皇明大事记》卷四十《国本》。

子长久不定，他以一人之力，委实不能承担泰山之重，支持万众之口，请求皇上把他放归乡里，再与诸臣商量对策。[1]他无意向皇上进行要挟，确实是真实心态的流露，压力实在太大了，一人难以支撑。皇帝当然不同意，派文书官传达他的谕旨："卿为首臣，既知朕心，又何避怨，亦来迫朕！"[2]王锡爵处于两难境地，在下则疑其逢君，在上则疑其迫君，可怜辛苦，度日如年。

万历二十一年（1593）十一月十九日，慈圣皇太后寿辰，即所谓"万寿圣节"。皇帝在皇极殿暖阁单独召见王锡爵。这是他出任内阁首辅以来，第一次面对面与皇上对话，他早就盼着这一天，机会难得，尤其是册立之事，有很多话要讲。

王锡爵行过叩头礼，说过客套话后，便直奔主题："臣今日正恐忠孝两亏，且如皇上召对，本付托以国家之事，目今外边诸务虽渐有头绪，苦于朝廷之上议论日繁，止因册立一事不定，生出无数疑心，使皇上受了无数烦恼。臣因此不甘，连进密揭，力劝皇上早断，使人无词。"

皇帝说："朕意久定，迟早总则一般，岂为人言所动。"

王锡爵说："圣意岂有不定，臣等亦岂有不知？但外人见无消息，止不住胡言乱嚷。臣窃痛皇上有何不明之心、难决之事，平白受人这等闲气。"

1 王锡爵《密奏》，《王文肃公文集》卷四十。

2 王锡爵《答圣谕并请豫教疏》，《王文肃公文集》卷四十。

皇帝说："朕知道了，恐后中宫有生，却怎么处？"

王锡爵说："这事数年之前说起犹可，今皇长子年至十三岁，待到何时？况且自古至今，岂有人家子弟十三岁不读书之理，何况皇子！"

皇帝说："朕知道了。朕子明年该长发之期，卿所奏洞悉苦心。"随即传谕，来春出阁读书。

王锡爵说："今日见了皇上，不知再见何时？伏望皇上念臣之苦，三思臣言，将此事作速早断，不必待到冬至之后。礼部礼科再请，连臣等二三阁臣亦若不与其事者，省了多少烦恼。自此之后，更望皇上时出御朝，频召臣等商量政事，天下幸甚。"

皇帝说："朕也要与先生每常相见，不料朕体不时动火。"

王锡爵说："动火原是小疾，止望皇上清心寡欲，保养圣躬万安，以遂群臣愿见之望。即如今日，圣驾一出，满朝欢呼，可见勤政视朝是治安急务。"他还想说些什么，皇帝已经起身，只得叩头退出。[1]

此次君臣对话，王锡爵处处为皇上考虑，对于"皇上受了无数烦恼""平白受人这等闲气"，耿耿于怀。但是皇帝还是不肯接受他所提建议，尽早册立皇长子，使他感到苦闷。回到内阁，立即写了密揭，向皇帝倾吐苦衷：第一，此次召对绝无影

1 王锡爵《召对纪事》，《王文肃公文集》卷四十五。钱一本《万历邸钞》，万历二十一年癸巳卷，十一月。

响——没有实质性进展，天下必定纷起责难，不是说臣为皇上文过饰非，便是说臣首鼠两端，阴观祸败，臣即使粉身碎骨，全家灭族，犹有余辜；第二，臣进入仕途三十余年，一向颇有清名，唯独今春册立一事未定，而遭到外廷官员笑骂；第三，皇长子十三岁尚未发蒙，不是臣之误国，又是谁呢？第四，侧闻外间有一种议论，以锢宠阴谋归之于皇贵妃，臣恐怕郑氏家族皆不得安宁，臣为此痛心疾首。[1]

皇帝看了奏疏，对前三点不置可否，抓住第四点大做文章，亲笔写了一道手札："谕元辅，昨奏已知。朕览卿累次揭帖俱有皇贵妃字，是何说？彼虽屡次进劝，朕亦难允。况祖训有言：后妃不干预外事。岂可辄而听信！"[2]

王锡爵在开读皇帝手札时，正巧次辅张位也在内阁办公，碍于脸面，不得不让他也看一下。两位阁臣对于皇上这种无端指责有所不满，"皆低首蹙额而不敢言，吐舌相顾而不能解"。[3]

对于皇帝强词夺理地替郑贵妃护短，王锡爵忍无可忍，写了奏疏为自己辩护："夫祖训所谓后妃不预外事者，不预外廷用人行政之事也。若册立，乃皇上家事，而第三皇子为皇贵妃亲子，皇上家事不谋之后妃一家之人，而谁谋乎？皇贵妃亲子不为之谋万世安全之计，而将谁为乎？且使皇上早定，则

1 王锡爵《召对谢恩并恳请册立豫教疏》，《王文肃公文集》卷四十五。《明神宗实录》卷二百六十六，万历二十一年十一月己巳。

2《明神宗实录》卷二百六十六，万历二十一年十一月甲戌。

3《明神宗实录》卷二百六十六，万历二十一年十一月甲戌。

已矣。一日不定，则一日与皇太子相形者，惟皇贵妃之子，天下不疑皇贵妃，而谁疑？皇贵妃不自任以为己责，而谁责？”[1]这几句话，柔中带刚，话中带刺，词风十分犀利。皇帝看了无可辩解，不得不在豫教问题上稍作松动，答应明年春季举行豫教出阁礼，但是有一个附加条件：皇三子与皇长子一并举行出阁典礼，理由是两人“龄岁相等”。[2]王锡爵立即予以反驳：“自外廷而观，皇长子明年十三岁，皇三子明年九岁，前后相去四年，岂得谓之相等？”[3]不同意皇三子与皇长子一并举行出阁典礼。

皇帝终于做出了让步，同意皇长子在册立前先出阁讲学：“皇长子册立一事，久已断自朕心，但以方在壮年，不妨待嫡稍缓，酌于来春先行出阁读书学礼。其皇三子少待次年另行，长幼之序即此为定。”[4]王锡爵的努力总算有了一点进展，但距离外廷官员的要求仍有相当大的差距。

伍袁萃（字圣起，号宁方，苏州吴县人）后来追忆，对王锡爵的处境与心情描述得十分细致：“癸巳岁，太仓公（王锡爵）应召入京。初至，予语公曰：‘老先生入朝，当以力请面君为第一义，召见当以力请建储为第一义。’及奉三王并封之旨，而人言纷起，公乃以仓卒错误自解，且求去。予贻书云：‘安社稷于俄顷，定变故于须臾，古人大手段多自仓卒中见之，而阁下独不尔耶。且已误之，己能挽之，然后

1《明神宗实录》卷二百六十六，万历二十一年十一月甲戌。

2《明神宗实录》卷二百六十七，万历二十一年十一月辛巳。

3《明神宗实录》卷二百六十七，万历二十一年十一月辛巳。

4 钱一本《万历邸钞》，万历二十一年癸巳卷，十一月。《明神宗实录》卷二百七十六，万历二十一年十一月辛巳。

可以有辞于天下，奈何一去塞责！’公复书云：‘来翰谓，古人大手段多自仓卒中见之，以此为罪，夫复何辞。自今当步步努力，不敢言去矣。’公服义如此。后日召见果以建储泣请，而豫教之命始下，主器安而前星耀，公亦有助云。”[1]伍袁萃以同乡友人的身份，对王锡爵有着同情之理解。确实，这一段时间内，王锡爵的处境一直很微妙，皇帝很信任，群臣很不满。对他的批判从未间断，最有影响的，例如顾宪成的《建储重典国本攸关不宜有待疏》，张纳陛的《乞遵宝训以重宗社大计疏》，顾允成的《恭请册立皇太子疏》，于孔兼的《建储有旨乞前旨以安人心疏》等，[2]都对“三王并封”进行猛烈的批判，王锡爵心情苦闷，在奏疏中有所流露。

◤ 项鼎铉，浙江秀水人，万历二十九年进士。任过京官。著有《呼桓日记》。

项鼎铉说，他收到陈继儒寄来一部《王文肃公奏草》，他家先有一部，少收十九篇。他在日记中引录了一篇“辩饶主政疏”，其中写道：“臣闻古人蒙谤，而有一君子知之，则自谓无憾，况且今日遭逢圣主，托庇于天空地容之中，而暴冤于日临月照之下。臣自反何惭，对人何腼，而必欲求去哉。只缘犬马病身自经简擢，望轻不足以镇物，力薄不足以匡时……故正直之士尚不欲居正直之名，今朋党之人反倡为攻朋党

1 伍袁萃《林居漫录》前集卷三。

2 顾宪成、张纳陛、于孔兼疏均见《万历疏钞》卷三，顾允成疏见《小辨斋偶存》卷二。

之说。士大夫如此议论，如此心术，虽有百臣必不能障狂澜矣。”项鼎铉由此回忆起往事，王锡爵因“三王并封”事遭到廷臣接连不断的弹劾，内心十分忐忑，既不能得罪皇上，又不能对抗舆论，进退失据，还自认为问心无愧。项鼎铉评论道：“文肃生平刻核，中情实一段忠愤，死不可吞。第中有‘芝草为莠，凤凰为枭’与‘一切报罢’等语，得无作近日留中之俑耶！”[1]对王锡爵的分析是细致入微的。

由于皇长子出阁讲学已成定局，君臣之间的冲突似乎有所缓和，却并未真正解决。由此引来的人事纷争，以及言官持续的弹劾，终于导致王锡爵的下台。关于他的一篇传记写道：“癸巳入朝，上嘉悦，有白金文绮麟服之赐。居数日，密以建储请，乃得三王并封之旨。于是外廷纷议，交疏劾奏，乃复停封。而言者犹不已。盖上英明独断，触忤者不复赐环，甚有以后言加罪前言，一事波及一署者。外廷不测，且以归咎辅臣，而士论愈激愈嚣，遂成水火之势。于是去志自此决矣。会病作，疏八上始允。”[2]

五　皇长子朱常洛由出阁到册立

1. 皇长子朱常洛出阁讲学

皇帝既然已经亲口答应皇长子朱常洛出阁

1 项鼎铉《呼桓日记》卷二，万历四十年六月十七日。

2 过庭训《本朝京省人物考》卷二十四《南直隶苏州府·王锡爵传》。

讲学，再无借口可以推托，便命太监估计出阁礼仪所需经费。负责此事的内承运库太监孙顺，摸透了皇上的心思，深知皇上不太乐意为皇长子办出阁礼，阿附帝意，开出一张令人咋舌的预算账单，总数不下数十万两银子。很多开支其实与出阁讲学毫无关系，比如：该用器皿金珠等项，约计价银三万六千四百余两；睛绿宝石等项，约计价银一十二万九千二百余两；珊瑚琥珀等项，约计价银一万八千七百余两；龙涎香等项，约计二万五千二百余两。廷臣以为过于铺张浪费。这就为皇帝找到了借口，向内阁发出谕旨："览卿等所奏，已知道了。且买办一节，此数乃朕亲自删裁过的。出讲在外，虽则简约，在内各衙门造其所用器皿物件，及其备用等项，所费不少。若如该部科言其过费，出讲少俟二三年，（与）册立一并举行，庶可省费。"这是企图以部科官员认为预算经费过多，遂行停止出阁讲学，二三年之后，与册立礼仪一并举行。经过礼部的努力，皇帝同意采纳折中方案："皇长子出阁在迩，合行冠礼，以见讲官。但思方未册立，既不可遽同东宫之仪，又不同亲王之服，姑令暂着常服出讲，待册立之日，再行冠礼。"[1]经费的障碍已经扫除，皇帝不得不宣布：万历二十二年二月初四日皇长子出阁讲学，侍卫仪仗一切从简。

1 钱一本《万历邸钞》，万历二十一年癸巳卷，十一月。

到了那一天，出阁礼如期举行，皇长子常洛向皇太子目标迈出了艰难的一步。

皇长子常洛生于万历十年，到万历二十二年出阁讲学时，已经十三岁了。由于是庶出的关系，境遇很是坎坷。从批准出阁讲学，到四年后举行冠礼，再过三年册立为太子，次年成婚，这条路一波三折，过于颠沛，后人概括为一句话："一切典礼俱从减杀。"[1]

皇帝对常洛的出阁读书并不重视。据那些讲官（老师）们说，原先进讲完毕，照例必定赏赐酒饭，所赐比常宴更为精致。而万历二十二年以后给皇长子讲学，讲官们都自带饭盒，从不赏赐酒饭；早先常有的银币、笔墨、节钱之类赏赐，已成绝响。讲官刘曰宁（字幼安，江西南昌人），曾对朱国祯（字文宁，浙江乌程人）调笑："我辈初做秀才时，馆谷每岁束脩不下五六十金，又受人非常供养。今为皇帝家馆师，岁刚得三十金，自食其食。每五鼓起身，步行数里，黎明讲书，备极劳苦。果然老秀才不及小秀才也。"[2]为皇帝的儿子上课，所得的报酬一年不过三十两银子，还要自带盒饭，远远不及民间塾师的待遇——年收入五六十两银子，还管吃管住。岂非咄咄怪事！其实这也是一个特例，反映了常洛地位

◥ 朱国祯，万历十七年进士。天启三年拜礼部尚书兼东阁大学士，改文渊阁大学士。魏忠贤窃权，朱国祯辅佐首辅叶向高，多所调护。著有《皇明史概》《涌幢小品》等。

1　李逊之《泰昌朝记事》卷一《光庙初出阁讲学》。

2　朱国祯《涌幢小品》卷一《出阁》。

之低下。对此外廷议论纷纭，讲官刘曰宁总是从旁安慰曲喻，希望皇长子依于仁孝，常洛也颇能心领神会。[1]

常洛对难得的读书学习机会十分珍惜。他聪明不凡，举止凝重，“间有问答，旁通大旨”，受到讲官们交口称赞。每次进讲，内阁辅臣一人入直看讲。皇长子的御案前有一对铜鹤，按照旧例，官员叩头完毕，从铜鹤下转而东西向站立，一阁臣误出其上，常洛用目光示意太监：“将铜鹤可移近些！”众讲官无不叹服其仁爱之情。[2]有一天，讲“巧言乱德”章，讲官刘曰宁解释道“以是为非，以非为是”，然后从容进言：“请问殿下，何以谓之乱德？”常洛朗声答道：“颠倒是非。”把讲官的话概括得十分贴切。[3]

给常洛讲课的讲官，有高官，也有学问家。万历二十二年二月初四日，皇长子出阁讲学时，配备的官员有：

侍班官二员：礼部左侍郎兼侍讲学士范谦，司经局洗马兼修撰李廷机；

讲读官六员：翰林院修撰唐文献、焦竑，翰林院编修邹德溥、郭正域、全天叙，翰林院检讨萧云举；

侍书官二员：制敕房办事鸿胪寺署丞范可慢，制敕房办事中书舍人茅闻诗。

1 张廷玉《明史》卷二百十六《刘曰宁传》。

2 李逊之《泰昌朝记事》卷一《光庙初出阁讲学》。

3 朱国祯《涌幢小品》卷一《出阁》。

阁臣王锡爵、赵志皋、张位轮流值日。[1]

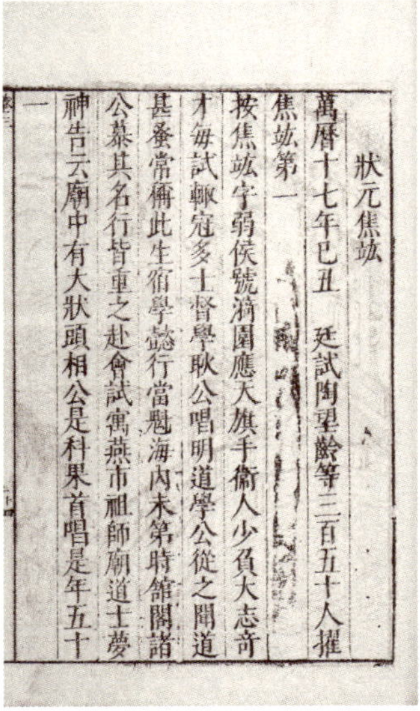
狀元焦竑
萬曆十七年己丑　廷試陶望齡等三百五十人擢
焦竑第一
按焦竑字弱侯號漪園應天旗手衛人少負大志奇
才每試輙冠多士督學耿公唱明道學公從之聞道
甚蚤常稱此生宿學懿行當魁海內未第時館閣諸
公慕其名行皆重之赴會試寓燕市祖師廟道士夢
神告云廟中有大狀頭相公是科果首唱是年五十
一

古籍中的焦竑简介

讲官中的焦竑，是一位学问大家。焦竑字弱侯，号澹园，南京江宁人，为诸生时即有盛名。向督学御史耿定向求学于崇正书院，又师从于罗汝芳。万历十七年（1589）以殿试第一名成为翰林院修撰，埋头研究国朝典章。他博览群书，善为古文，典正驯雅，卓然名家。曾在宫内教小内侍读书识字，一般人对这一教职敷衍了事，焦竑独不以为然，说："此曹他日在帝左右，安得忽之！"经常以古代宦官善恶事迹与小内侍论说，施以熏陶。皇长子出阁讲学，焦竑出任讲官，按照惯例，讲官很少提问，焦竑则不然，讲完后总是徐徐引导："博学审问，功用维均，敷陈或未尽，惟殿下赐明问。"常洛点头称是，但提不出问题。某日，焦竑又启发常洛质疑："殿下言不易发，得毋讳其误耶？解则有误，问复何误。古人不耻下问，愿以为法。"焦竑与别的讲官商量先启其端，正好讲到《尚书·舜典》，便举"稽于众，舍己从人"一句提问，常洛回答："稽者考也，考集众思，然后舍己之短，从人之长。"又

1　朱国祯《皇明大事记》卷四十《国本》。

◤ 罗汝芳像

罗汝芳，号近溪，江西南城人。学业者称其“近溪先生”，泰州学派代表人物。

一日，焦竑举“惟皇上帝降衷于下民，若有恒性”大义。常洛答：“此无他，即天命之谓性也。”对答如流，毫无滞涩，使讲官们更加竭诚于启迪。[1]为此，焦竑收集古代储君的事例，编成《养正图说》，给皇长子阅读借鉴。这件事，原本是王锡爵向讲官们交代的，他说：“此重任，我辈先年少着精神，故到今扞格乃尔。诸公看元子资向如何，择其近而易晓者，勒一书进览方佳。”不久，王锡爵离职，此事也就不了了之。焦竑仍放在心上，用心编成《养正图说》。遗憾的是，同官郭正域（字美命，号明龙，湖广江夏人）出于妒忌，攻击焦竑沽名钓誉，迫使他不能呈进此书。[2]

操柄在我，豈容怠荒，苟一或少惰，其權一
可復收，甚可懼也。我
祖嘗曰：人君日理萬幾，怠心一生，則庶務
不可勝言。朕即位有年，常以勤惕自勉，未
晡時而後還宮，夜臥不能安席，披衣而起，
象見一星失次，即爲憂惕，或量度民事，有
即次第筆記，待旦發遣。朕非不欲暫安，但
不敢故爾，此萬世所當法也。

◤《养正图说》书影

《养正图说》是太子朱常洛讲官焦竑收集古代储君故事，以图说形式供太子阅读借鉴的读物。

1　李逊之《泰昌朝记事》卷一《光庙初出阁讲学》。孙承泽《春明梦余录》卷十三《皇史宬》。张廷玉《明史》卷二百八十八《焦竑传》。

2　许重熙《宪章外史续编》卷九，万历二十二年二月。朱国祯《涌幢小品》卷十《己丑馆选》。

后来成为常洛讲官的董其昌，字玄宰，号思白，松江华亭人，万历十七年进士，以庶吉士授翰林院编修。其人天才俊逸，少负重名，作为皇长子的讲官，很注意因事启沃。某日，董其昌讲毕提问："择可劳而劳之？"常洛回答："此所谓不轻用民力也。"他颇为看重这位讲官，后来他即位后，询问左右："旧讲官董先生安在？"获悉他已辞官在家，马上召回，授予太常寺少卿，掌国子监司业。[1]

◥ 董其昌像
董其昌，松江华亭人，万历十七年进士。授翰林院编修，一度担任皇长子朱常洛讲官。官至南京礼部尚书。与邢侗、张瑞图、米万锺合称晚明"善书四大家"。

2. 一拖再拖的冠婚礼与册立礼

皇长子出阁讲学后，册立事宜便迫在眉睫，朝野上下议论纷纭。然而皇帝深居静摄，对言官的进谏充耳不闻，但是国事不至于败坏，何以故？御史马经纶发问："皇上数年以来深居静摄，上下情隔，中外俱抱隐忧。然而奸邪不至柄国，国事不至败坏，社稷灵长，海内晏然，岂独皇上威灵能坐制之哉？"问得真好，答案是祖宗基业犹存，士风正气犹存。马经纶分析道："所赖祖宗二百余年之培植，士风最正，清议最重，科道诸臣每每能明目张胆，为国家辨邪正，指斥奸雄。虽庙堂处分未必尽

1 李逊之《泰昌朝记事》卷一《光庙初出阁讲学》。许重熙《宪章外史续编》卷九，万历二十二年二月。孙承泽《春明梦余录》卷十三《皇史宬》。

从舆论，而缙绅公议颇足维持士风，此高庙神灵鉴佑之，岂非台省耳目之用大哉！”然后调转笔锋，直言不讳地批评：“皇上今日以泥沙视贤才，以草芥待台省，辱国伤重，莫此为甚。此万历二十三年以来第一大亏损也。且迩来乃邪正消长之机，大小往来之会，言官每切隼获，动遭沙射。今也天威震叠，日甚一日，南北科道几虚无人，奸雄倾善之计大行，相率弹冠而视事，豪杰敢言之气尽阻，相对垂首而灰心。从此清议不闻于上，邪谋得肆于下，社稷受祸，宁有底极，念之可为痛心矣。皇上年来厌薄言官，动辄罪以聒扰，今忽变而以钳口无言罪之……乃今自塞其耳，自障其目，自离其腹心，自戕其股肱，皇上将谁与共理天下？天下事又谁为皇上宰之运之闻之见之哉？”[1]所以他提请皇上优容言官，皇上依然我行我素。

万历二十五年三月初一，礼部奏请为皇长子举行冠婚礼。第二天阁臣赵志皋支持礼部的奏请，向皇帝指出：根据《大明会典》，皇子年十二或十五，举行冠婚礼，婚礼常在十五六岁。今岁冠礼，明岁婚礼。皇帝接到这些奏请，命礼部选择吉日，草拟仪注。[2]看起来似乎皇帝已经同意为皇长子举行冠婚礼，深知皇上心态的廷臣一眼看穿是敷衍之词，不断上疏促成其事。其中都察院右副都御史张养蒙所言最为切直：“国本必早建，以定人心，不则道路

1 马经纶《优容言官疏》，《万历疏钞》卷十五《援直类》。

2 谈迁《国榷》卷七十七，万历二十五年三月辛卯、三月甲午。

揣摩之谤恐未释也。”[1]

皇帝果然是在敷衍。万历二十六年五月，他传谕内阁：待新宫落成，举行皇长子冠婚礼。[2]那就意味着，新宫不落成，冠婚礼便无望。到了十一月二十七日，皇帝又改变主意，传谕礼部，把册立东宫与分封亲王一并举行。[3]这也是虚晃一枪。万历二十七年春，署理部务的礼部侍郎朱国祚上疏，争取早日册立，他说："九庙神灵，万邦黎庶，日望此举，天下有大本。愿陛下早践之，勿更推诿。”到了立秋，又上疏请求，在三礼并举之中，先行册立礼。到了次年春，再度感慨进言："士庶之家，衣食稍给，未有十九岁不冠婚之礼，况天子之元子！”[4]

人们引颈盼望一年又一年，仍不见动静，多次被耍弄，忍无可忍。万历二十八年新年刚过，便连珠炮似的向皇上发动攻势。

正月初三日，礼部尚书余继登（字世用，号云衢，北直隶交河人）奏请：先册立皇长子为太子，而后冠礼可致祝词，婚礼可致醮词。[5]余继登自从出任礼部尚书以来，不断奏请册立皇长子，举行冠婚礼，都没有得到皇上的允准，而抑郁成疾，每与同僚提及此事，就痛哭流涕："大礼不举，吾礼官死不瞑目。”这年七月，病死于任上，仍未见到大礼举行。[6]

正月初四日，南京道御史朱吾弼（字谐卿，广东高安人）上疏言事，第一条就是“建国本”——皇长子

1 钱一本《万历邸钞》，万历二十五年丁酉卷，七月。

2 钱一本《万历邸钞》，万历二十六年戊戌卷，五月。

3 钱一本《万历邸钞》，万历二十六年戊戌卷，十二月。

4 邹漪《启祯野乘》一集卷七《朱文恪传》。

5《明神宗实录》卷三百四十三，万历二十八年正月戊申。

6 张廷玉《明史》卷二百十六《余继登传》。

典礼当举。

正月初六日，内阁首辅赵志皋奏请举行皇长子三礼：册立礼、冠礼、婚礼。[1]

正月初七日，定国公徐文璧、驸马侯拱宸等分别奏请举行皇长子三礼。次日，内阁次辅沈一贯上疏，恳请举行皇长子三礼。[2]

迫于舆论压力，皇帝不得不表态，要阁臣代拟谕旨，命礼部择日具仪上报。赵志皋、沈一贯当即拟旨："册立冠婚次第举行，其皇三子、皇五子、皇六子、皇七子一并加冠、分封。"[3]皇帝写了亲笔手札给赵志皋、沈一贯，要他们传示各衙门，静候移宫（皇长子移至慈庆宫）完毕，即举行册立冠婚礼。[4]这一切，看似真的有所动作，其实仍旧是幌子而已。

◤ 沈一贯，浙江宁波人，隆庆二年进士。万历二十二年朝中推举阁臣时，沈一贯因已回家多年，超脱于派系争斗，遂被推举拜为南京礼部尚书兼东阁大学士，入阁参预机务。万历二十九年升首辅。

皇长子侍班官、南京礼部右侍郎叶向高不无担忧，连上二疏。他在《请举大礼疏》中说："臣等备员南京，窃闻皇长子册立冠婚久轸圣怀，近者明旨涣颁好逑豫定，人人举手加额，喜吾君之有庆，卜祚胤于无疆。臣等何幸躬逢圣典。乃自冬及春，为期已迫，在廷诸臣连章上请，一概留中。臣等庸愚莫窥圣意，不胜款款之衷，相与揆度，谓皇长子茂

◤ 叶向高，福建福清人，万历十一年进士。万历、天启年间两度出任内阁辅臣。屡上疏神宗请求举行册立皇长子冠婚礼。

---

1 《明神宗实录》卷三百四十三，万历二十八年正月辛亥。
2 《明神宗实录》卷三百四十五，万历二十八年正月壬子。
3 《明神宗实录》卷三百四十五，万历二十八年三月己巳。
4 《明神宗实录》卷三百四十六，万历二十八年四月戊寅。

龄今已十九，自古以来帝王之子未有当此之年而名号未正，元服未加，婚媾未遂者。”[1]没有得到回音，他再上一疏：“臣等以皇长子大礼逾期，曾于初春合词上请，未奉俞音。随从邸报伏诵敕谕，谓俟慈庆宫完，次第举行。臣等欢欣祗候，不敢再有渎陈。今工业报竣，而大礼尚稽，寒冬在即，势难再缓，及今不举，更待何时？”叶向高动情地说：“当婚未婚，当冠未冠，当册立未册立，屡期屡更，辄请辄废，遂使十九龄之元子垂发独居，未正名号，此寻常家人父子有不能一日安者。”[2]

叶向高的忧虑并非空穴来风。到了这年十月，问题终于显现出来了。皇帝抓住一个把柄——工科都给事中王德完居然大胆妄言宫闱秘闻，名正言顺地宣布延期举行皇长子的册立冠婚大礼。王德完的奏疏是这样说的：“臣自入京数月以来，道路喧传咸谓：中宫役使止得数人，忧郁数亲药饵，且阽危不自保。臣惊惶痛惋不胜。宫禁深严，虚实未审。臣即愚昧，窃知其不然。第台谏之官职得以风闻言事，果中宫之不得于皇上，万一有忧郁欤，则子于父母之怒，犹得以号泣几谏。矧中宫为万国母，安得隐忍不言……。”王德完的言外之意，倘若皇后死去，郑贵妃即为皇后，其子即为太子云云。皇帝大为恼怒，再次以言官“激聒”为由，推迟册立。[3]

万历二十九年二月，皇长子移居慈庆宫，按照

1 叶向高《请举大礼疏》，《苍霞草》卷十二。

2 叶向高《请举大礼再疏》，《苍霞草》卷十二。

3 王德完《披沥赤心恭请笃厚中宫以光圣德疏》，《万历疏钞》卷二《圣德类》。《明神宗实录》卷三百五十二，万历二十八年十月庚子。张廷玉《明史》卷二百三十五《王德完传》。

皇帝原先的承诺，举行册立大礼的条件已经成熟。皇帝又一次出尔反尔，不打算举行大礼。有些官员主张退而求其次，“姑顺上心所欲”——“先冠婚后册立”。言官们聚集于阁臣沈一贯处，议论此事。沈一贯反对在册立之前先举行冠礼婚礼的主张，他侃侃而谈：先冠礼，戴什么冠？太子冠还是诸王冠？先婚礼，妃子怎么称呼？太子妃还是诸王妃？婚后居于何处？宫中还是王府？名不正则言不顺，不正名而苟且成事，势必把元子降格为诸王，不如仍称皇长子，犹有希望。他认为冠礼、婚礼、册立礼三件事，其实是一件事，不可拆离，必须正太子名，冠太子冠，妃太子妃，而后礼成。他关照言官，暂时不必上疏提及此事，静候上谕。[1]

是沈一贯叫别人“暂时不必上疏”，但是到了八月，他自己也忍不住了，上疏力争：“皇长子以聪睿之性，近强壮之年，血气既充，天机日起，非皇上至慈，谁其体悉？皇上大婚及时，故得皇子甚早……皇上孝奉圣母朝夕起居，而集九御之朝，竭四海之奉，推念真情，不如早遂含饴弄子孙之为欢。”皇帝似乎心动，传谕即将择日举行皇长子三礼。[2]不久，皇帝发下谕旨，把册立皇太子与分封诸王的典礼定于十月十五日举行。到了十月十一日，他又变卦，借口各项经费还未准备，意欲拖延日期。已经升任内阁首辅的沈一贯，虽然老成持

1 徐象梅《两浙名贤录》卷十四《吏部尚书中极殿大学士沈肩吾一贯》。

2《明神宗实录》卷三百六十二，万历二十九年八月丙寅。谈迁《国榷》卷七十九，万历二十九年八月甲午。万历二十九年九月，赵志皋病逝，沈一贯升任内阁首辅，并增补沈鲤、朱赓二人入阁。

重，也按捺不住，冒着风险把皇上的谕旨原本封还，并附上密揭，说明为什么封还谕旨的原因："此皇上最善庆事，国家极重大典，天地祖宗百神无不环拱以待，宁独万方引领也。而倏言改日，则天下不谓所司不办，谓皇上生他端，众口沸啁甚于畴昔，而人心解体矣。臣万死不敢奉诏。"[1]沈一贯其人颇受诟病，这件事却办得漂亮！

皇帝无奈，只得恢复前议。册立皇太子之事，至此才算敲定。十月十四日，为册立事举行祭告天地、宗庙、社稷仪式。十月十五日卯时，皇帝在文华殿传制，命徐文璧等贵族为正使，持节，尚书李戴等为副使捧册，举行册立皇太子仪式，皇帝册立皇太子的诏书写道："朕长子常洛孝敬宽仁，天钟粹美……今十五日吉授册宝，册为皇太子。"[2]

皇帝没有忘记为册立皇太子而竭尽全力的前任内阁首辅申时行、王锡爵，特地派人把这一消息告诉两位优游林下的老人。早已成为散淡之人的申时行事后回忆，对皇上依然充满好感，谈及半夜下诏册立之事，颇为感慨："主上聪明英毅，事欲独断专决，而少有疑猜。向以章疏烦多，议论庞杂，至于忤旨触怒，遂乃决裂否鬲，诸所献纳，如水投石矣。然国家大计圣意自明，如册立一事，举朝争之而不行。及其少间，则半夜出手诏定矣。"[3]申时行在皇上身边多年，知之甚深，他讨厌章奏繁多、议

1《明神宗实录》卷三百六十四，万历二十九年十月乙亥。徐象梅《两浙名贤录》卷十四《吏部尚书中极殿大学士沈肩吾一贯》。

2《明神宗实录》卷三百六十四，万历二十九年十月己卯。

3 申时行《答李桂亭巡抚》，《赐闲堂集》卷三十八。

论庞杂，喜欢独断专行。所以申时行要由此引出“古今与讽而少直，先纳牖而次批鳞”的感叹。这样的感想，未免有为尊者讳之嫌。[1]

◤ 谷应泰，顺天丰润人，顺治四年进士。曾官浙江学政。由明入清，被誉为“清代文苑第一人”。著有《明史纪事本末》等。

作为后来的旁观者，谷应泰的评论就比较洒脱：“光宗本恭妃所产，神皇之元子也。恭妃无宠，擅宠者郑贵妃耳。乃自万历十四年辅臣申时行以建储为请，至二十九年而储位始定。自古父子之间未有受命若斯之难也……乃首以争国本获谴者，礼垣罗大纮、中书黄正宾也，又给事李献可、尚书李长春辈，或杖或戍，一鸣辄斥。甚至九臣面诘政府，十四官同时降削，而神宗动加激扰之名，箝钳天下之口。不特不欲建储也，因储礼之不举，而婚冠愆期，旷不豫教。其后乃令三王并封，又欲二王并讲。女戎伏妖，盖若是其忍乎……神宗乃以正天伦之语，为不入耳之言，深相怨毒，酷罚示威，则有物以蔽之也。”[2]

册立一拖再拖，耽误了豫教，也耽误了冠礼、婚礼。万历三十年二月十三日，皇太子常洛举行婚礼。皇太子妃郭氏是顺天府人，父维城，以女而贵，封为博平伯。郭妃卒于万历四十一年，天启皇帝即位后追谥为孝元贞皇后。[3]

---

1 申时行《答李桂亭巡抚》,《赐闲堂集》卷三十八。
2 谷应泰《明史纪事本末》卷六十七《争国本》。
3 张廷玉《明史》卷一百十四《后妃传》。

皇太子的豫教、讲读，始终未能正常进行，经常有各种借口而一停再停。万历三十六年礼部左侍郎杨道宾，对这种咄咄怪事感到不可思议。他说，万历二十五年以后，借口风雨而暂停；二十八年以后又借口隆冬盛暑而暂停；三十二年一停就停到了三十六年。每逢新年，阁臣择吉上请，统统不予理睬。“日月易迈，光阴几何？春一再请，不报，则盛暑旋至；秋一再请，不报，则隆冬旋至，而一岁便蹉跎矣。一岁如此，再岁复然；再岁如此，三岁复然。讲席无所资其益，凝丞无所关其忠。”“皇上岂以皇太子春秋已长，即静处春宫可自留心经史乎？”“皇上岂以皇太子出阁多年，充养已粹，无俟儒臣讲解乎？”[1]

▼ 孝元贞皇后像

孝元贞皇后，郭氏，朱常洛嫡妻，万历三十年册立为太子妃，万历四十一年去世。明神宗不愿意郭氏按太子妃的规格发丧，致其死后两年多不能安葬。

礼科都给事中胡忻也有类似看法：“皇太子四海所属，百姓之望，春秋正富，志业当成，正宜日亲官僚，承弼引翼，使之见正事，闻正言，行正道，克端元良之度。乃今闭阁不出者亦三年所。夫务学者将寸阴是惜，何三年耶……皇太子睿龄已逾弱冠，即教谕不可言早，而闭阁不出，虽有孝弟博闻道术之士，安所问其忠？纵皇太子天资聪明，无捐令德，我皇上之自为国本计，当不若是之疏矣！”[2]

---

1 杨道宾《青宫讲读一辍三年恳乞圣明及时亟举疏》，《万历疏钞》卷三十《朝讲类》。

2 胡忻《讲筵不可久虚储教不可久旷疏》，《万历疏钞》卷三十《朝讲类》。

皇太子讲读的长期停辍，皇帝对廷臣一而再再而三请求的置之不理，反映了皇帝对于皇太子的轻慢心理。这期间围绕皇太子出现的种种怪现象，也就不难理解了。

第二章

疑影重重的内廷

一　楚王案

1. 封建与藩王

▼ 明太祖朱元璋坐像

明朝开国皇帝朱元璋出身卑微，为了朱明王朝的长治久安，乞灵于早已被历史淘汰的封建制度，在洪武二年就叫御用文人编《祖训录》，其中重要的一条便是“定封建诸王国邑及官属之制”。这套封建制度完全模仿西周时代的做法，甚至连封建诸王的“册宝”，也严格按照西周的尺寸：方五寸二分，厚一寸五分，用篆文刻“某王之宝”。还按照西周制度规定诸王的国邑，以及册封礼仪。

洪武三年四月，朱元璋把太子以外的十几个儿子封建为藩王（或称亲王），举行“告太庙”仪式，礼成后，在奉天门及文华殿宴请群臣。酒酣耳热之际，他发表了关于“封建诸王”的训话：“昔者元失其驭，群雄并起，四方鼎沸，民遭涂炭。朕躬率师徒以靖大难，皇天眷佑，海宇宁谧。然天下之大，必建藩屏，上卫国家，下安生民。今诸子既长，宜各有爵封，分镇诸国。朕非私其亲，乃遵古先哲王之制，为长久长治之计。”一呼百应，群臣叩头高喊：“陛下封建诸王以卫宗社，天下万世之公议。”朱元璋继续他的训话：“先王封建所以庇民，周行之而久远，秦废之而速亡，汉晋以来莫不皆然。其间治乱不齐，特顾施为何如耳。要之，为长久之计，莫过于此。”[1]随即他宣布册封第二子朱樉为秦王，第三子朱棡为晋王，第四子朱棣为燕王，第五子朱橚为周王，第六子朱桢为楚王，第七子朱榑为齐王，第九子朱杞为鲁王，第十子朱檀为蜀王。

接下来，营建王府提上了议事日程。建国初期，财力有限，只得因陋就简，采纳工部尚书张允的建议，尽可能利用各地原有的建筑。例如，秦王府利用西安公廨，晋王府利用太原新城，燕王府利用元朝旧大内，楚王府利用武昌玉竹寺，齐王府利用青州益都县衙门等等。在诸王即将前往封国（当时叫作“之国”）前夕，规定了诸王每年的俸禄：米五万石，钞二万五千贯，帛四十匹，苎丝三百匹，纱罗各一百匹，绢五百匹，冬夏布各一千匹，绵二千两，盐二百引，茶一千斤，马匹草料月支五十匹等等。当时开国元勋最高年俸不过米五千石，两相比较，诸王的俸禄高得惊人，日后成为朝廷的沉重负担。

洪武十一年及二十四年，先后对洪武三年以后出生的皇子册封，如十一子朱椿为蜀王，第十二子朱柏为湘王，第十三子朱桂为豫王（后改封为代王），第十五子朱植为辽王，第十六子朱㮵为庆王，第十七子朱权为宁王，第十八子朱楩为岷王，第十九子朱橞为谷王，第二十子朱松为韩王，第二十一子朱

1 朱元璋《宝训》卷一《封建》。

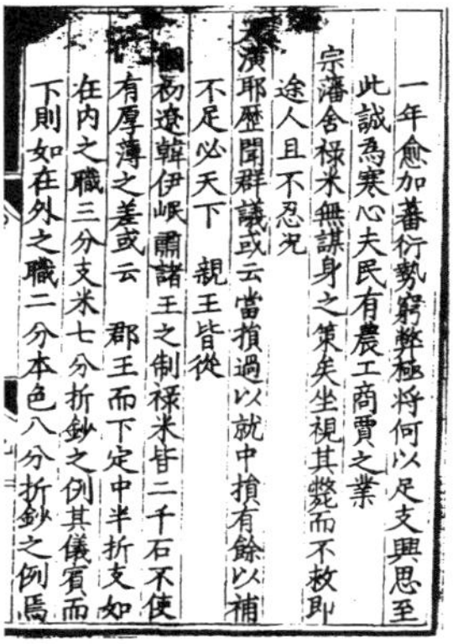
一年愈加蕃衍勢窮弊極將何以足支興思至
此誠爲寒心夫民有農工商賈之業
宗藩舍祿米無謀身之策矣坐視其斃而不救即
途人且不忍况
潢耶歷聞群議或云當損過以就中損有餘以補
不足必天下　親王皆從
勅遼韓伊岷肅諸王之制祿米皆二千石不使
有厚薄之差或云　郡王而下定中半折支如
在内之職三分支米七分折鈔之例其儀賓而
下則如在外之職二分本色八分折鈔之例焉

◤《宗藩条例》书影

模为沈王，第二十二子朱楹为安王。以后相继即位的皇帝也如法炮制，把太子以外的皇子册封为藩王。这些藩王都是世袭的，子子孙孙延绵不绝，形成庞大的寄生群体，成为王朝的沉重包袱，是导致政治腐败的一个重要因素。

根据《宗藩条例》《宗藩要例》，亲王的嫡长子年及十岁，立为王世子，亲王死后，由王世子承袭；亲王的次嫡子及庶子，年至十岁全部封为郡王，郡王死后，由嫡长子承袭；郡王的次嫡子及庶子全部封为镇国将军，镇国将军之子授予辅国将军名位，辅国将军之子授予奉国将军名位，奉国将军之子授予镇国中尉，镇国中尉之子授予辅国中尉，辅国中尉以下授予奉国中尉。[1]这种王二等、将军三等、中尉三等的封爵，意味着权力与财产的再分配，礼仪十分繁琐，弊端也随之滋生。

万历十五年，礼部尚书沈鲤说："据仪制清吏司案呈，查得《宗藩条例》，各王府亲（王）、郡王、将军、中尉之子，不分嫡庶，俱限以年岁奏请名封，并选婚配。本部随抄到日，即将玉册堂稿备查其父母封位生年奏报，及母妾内助奏选缘由，比对

1　万历《大明会典》卷五十五《礼部十三·王国礼一·封爵》。

相同，按季题复。但天潢派衍，册籍浩繁，架阁日久，不无浥澜失落，吏胥誊写间有遗漏差讹，兼之舞文者有洗改补缀之奸，妄请者有朦胧欺捏之弊。以故历年以来，有父母查无封位者，有本身查无奏报者，有妾媵查无行选者，种种情弊不可枚举。欲一概提请，则明例有碍；欲遂与立案，则宗室受抑。于是不得不与之行勘，或一事而驳勘数次，王府之勒诈，抚按之题覆，费皆不支，或一勘而动经数年，中间靡费多端，贫室困苦殊甚。至有无籍之徒投充校尉，诱骗诸宗，如往年张国臣假捏代府宗室廷壄等名封，及近日吴贵和私捏淮府永丰王翊铵等妻封，虽各犯旋即正法，而贻害已不可胜言矣！”[1]

楚王朱华奎假冒案，在这种背景下出现，不足为奇。楚府有假王之说，由来已久。

◥ 朱华奎，明朝宗室、第九代楚王，万历八年正式嗣位，任内陷入“伪楚王案”风波。崇祯十六年张献忠攻破武昌后，将其投入长江溺死。

嘉靖二十四年，愍王死，其子恭王嗣位。隆庆元年，恭王大病半废，卧床不起，于隆庆五年八月病逝。次年二月，楚府突然报出消息：宫人胡氏生二子，长子名为华奎，次子名为华壁。楚府宗室疑窦丛生：王久病不能御内，何以有孕？孪生儿面貌必相似，何以一个魁梧，一个癯陋，相去甚远？流言蜚语一时甚嚣尘上，知情者透露，恭王妃王氏见王无嗣，与太监郭伦引王妃族人王如綍商议，“取

1 沈鲤《刊布宗藩名封疏》,《沈龙江文集》卷一。

其弟如言妾尤金梅所生子仅数月入宫，（王）如綍亦将家人子寿儿生已岁余同入。魁梧者即华奎也”。[1]朱华奎年幼时，楚王府事务由武冈王朱显槐主持，王如綍的从弟王如训等试图揭发，被朱显槐阻止。

万历初年，楚府仪宾汪若泉向朝廷揭发此事。内阁首辅张居正鉴于荆州的辽王被废，舆论都归罪于他，颇不自安。收到汪若泉的奏疏，考虑到事情棘手，要湖广官员勘明。王妃王氏坚称为恭王所出，楚府郡王及宗室数百人，仪宾刘宗源等官员都支持王妃所说；主持王府事务的武冈王朱显槐也避嫌不敢质疑，隐忍不发。地方官勘议的结果是没有异议，于是朱华奎作为恭王之子，于万历六年被封为世子，万历八年继承王位。[2]

2.“楚藩大变异姓假王”

此事虽然暂时消停，始终是一个“定时炸弹”，总有一天要爆发。知情的宗室成员居此为奇货，从朱华奎那里得到实惠；宗室中的懦弱而自爱者，则闭口不言；另有一些宗室成员态度比较强悍，“时时忿争相激，王不能钳”。[3]最终把事情闹大的就是强悍的宗室成员——中尉朱华越，他向朝廷奏报“楚藩大变异姓假王事”，引起朝廷上下震惊。如何处置此事，政府高层意见分歧，礼部右侍郎郭正域

1 朱国祯《皇明大事记》卷四十四《楚事》。

2 张廷玉《明史》卷一百一《诸王世表二·楚王》。

3 朱国祯《皇明大事记》卷四十四《楚事》。

主张查明真相，得到内阁次辅沈鲤的支持；内阁首辅沈一贯似乎顾虑皇亲国戚的事情很棘手，不如开一眼闭一眼。朝廷中由此形成对立的两种意见，一时间闹得沸沸扬扬。

万历三十一年二月，通政使沈子木来到掌管翰林院的礼部右侍郎郭正域寓所，对他说：楚王府的仪宾袁涣等人，拿了宗室朱华越等人的奏疏，揭发楚王华奎是大变异姓的假王；内阁首辅沈一贯强令扣押奏疏，不准呈进皇上；袁涣等人苦苦哀告，不肯离去。沈子木很想听听老朋友的看法。郭正域的回应很是冷淡：不知道！沈子木请他看一看朱华越的奏疏，郭正域干脆回答：不愿与闻。富有责任感的郭正域并非畏惧内阁首辅，而是不想越位，因为宗藩事务不属于翰林院管辖，而属于礼部。一个多月后，他奉旨以礼部侍郎的身份署理部务（代行尚书之职），宗藩事务成了分内事，他便义无反顾地插手此事，主张查明朱华奎究竟是否异姓假冒，使得自己处于沈一贯的对立面。

郭正域，字美命，号明龙，湖广江夏人，万历十一年进士，授翰林院庶吉士，当时在翰林院担任导师的正是沈一贯，二人有师生之谊。由于政见分歧，升任翰林院编修的郭正域不再对沈一贯执弟子礼，张岱为他立传，如此写道："时馆师四明沈一贯以（郭）正域不执弟子礼，遂相左，每与谈天下事，（沈）一贯岳岳自负，（郭）正域意殊轻之，不为降也。"[1]

1 张岱《石匮书》卷一百七十八《郭正域列传》。

他在东宫担任讲官四年，照例不应当外调，沈一贯利用职权把他调为南京国子监祭酒。他恬然就职，在南祭酒任上大有声誉。万历三十年，郭正域升任礼部侍郎，与内阁次辅沈鲤意气相得，引为忘年交。两淮征税太监鲁保深得皇帝宠信，请求兼任浙江织造与江南织造，沈一贯打算批准，沈鲤反对，郭正域也力争不可，由此遭到沈一贯的忌恨。

次年五月，他与礼部司官吴默处理补谥改谥工作，决定剥夺黄光昇、许论、吕本的谥号，因为他们品德卑劣。黄光昇字明举，号葵峰，福建晋江人，嘉靖八年进士，官至兵部侍郎、楚蜀黔三省总督，升任南京刑部尚书，因贪墨而罢归，万历十四年卒，赠谥号恭肃。许论，字廷议，号嘿斋，河南灵宝人，嘉靖五年进士，积军功，升任兵部尚书，阿谀奉承严嵩严世蕃父子，嘉靖末年卒，隆庆元年赠谥号恭襄。吕本字汝立，号南渠，浙江余姚人，嘉靖十一年进士，任吏部尚书时，阿附严嵩旨意，凡不附严嵩者一概屏斥，万历十五年卒，赠谥号文安。剥夺这三个人的谥号，并非意气用事。沈一贯与内阁次辅朱赓是吕本同乡，气势汹汹地说："我辈在，谁敢夺者？"郭正域毫不相让地说："吾敢夺！"随即提笔写道："如黄光昇当谥，是海瑞当杀也；如许论当谥，是沈炼当杀也；如吕本当谥，是鄢懋卿、赵文华皆名臣，不当削夺也。"[1]言词掷地

1 万斯同《明史》卷三百十七《郭正域传》。

有声，由于内阁与礼部意见截然相反，官员们讳莫如深，此事不了了之。

楚王案的出现，使得郭正域与沈一贯的矛盾趋于激化。

中尉朱华越揭发楚王朱华奎异姓假冒，是有确凿证据的。他的妻子是王如言之女，而楚王朱华奎正是王如言妾尤金梅所生，因此她平时经常长吁短叹，欲言又止。临死前向朱华越吐露真情："父有族诛之祸，今虽死，恐株连，终不免。"又说："(楚)王实其弟，姐妹昆仲面貌言动酷肖。"随即把事情始末缕缕道来，和盘托出。朱华越得知真相，约宗人歃血为盟，联名举奏。楚王获悉后，迅速把他逮捕，企图杀人灭口。不久，朱华越逃脱，其妻也藏匿于仪宾家。楚王料知大事不妙："此去作大事矣！"[1]为了摆脱被动局面，他先发制人，于万历三十一正月向皇帝上疏，控告宗室朱华越"极恶悍宗，悖违祖训，欺辱亲王，挟制官员，杀伤官校"，乞求皇上"振法除奸，以全藩体，以安宗社"。皇帝批示："览王奏，恶宗罪状多端，该部院参看来说。"[2]

二月，楚府仪宾袁涣等带了朱华越的奏疏，进京递交给通政司。奏疏告发"楚藩大变异姓假王"。通政使沈子木请示内阁首辅，沈一贯要他把奏疏扣押下来，不得呈进皇上。楚王朱华奎获悉此事，立

1 朱国祯《皇明大事记》卷四十四《楚事》。

2 张问达《楚藩两奏事干世系情罪难确乞敕行勘问以正名分法纪疏》，《万历疏钞》卷三十二《宗藩类》。

即上疏自辩。这下子朱华越的奏疏再难扣押，沈子木得到沈一贯的授意，更改上疏日期，呈送给皇上。但是皇帝迟迟没有表态。

礼科都给事中张问达主张查明真相。他的奏疏写道："臣等复取华越等日所投揭览之，大都谓楚藩大变异姓假王，冒滥圭璋，污辱潢派，蠛法欺君，窃禄盗国，以楚王华奎为假王。其楚王奏称华越愈无忌惮，要结刁恶宗仪，暗行谣谤，明肆秽言，盖欲仿前此各恶灭孤之故智……如楚王华奎果非已故楚恭王所出，是为冒滥窃国，窃国者罪无赦。如华奎果系恭王妾胡氏所生之子，华越等乃怀私故捏为假，是为灭国欺君，灭国欺君者罪无赦。夫以两不可赦之罪，而不行勘问，谁能以纸上之谈、风闻之语，而悬断此不可赦之大罪乎？如以楚王华奎为假也，而封爵已三十年久矣，何敢遽执之以为假；如以华越等之奏为必虚也，而二十九宗之躯命悬于此一奏，又何敢必执之以为虚！或虚或非虚，或假或非假，楚王与华越等素有嫌隙，各奏之词，俱未可尽凭。武昌郡中阖府之诸宗不下三四十位，必自有天理人心、真情直道在，固可从公讯问而知也。"[1]

署理礼部的郭正域是武昌人，与楚王同城而居，早已风闻楚王有假，主张查明真相。他在奏疏中回顾此事的始末，言辞间颇有讥讽首辅沈一贯的意味：

1 张问达《楚藩两奏事干世系情罪难确乞敕行勘问以正名分法纪疏》，《万历疏钞》卷三十二《宗藩类》。

——今年二月间，臣尚在翰林院掌院事，通政司沈子木至臣寓邸，谓臣曰："楚府仪宾袁涣等持宗室华越疏，来奏楚王，首相沈老先生坚不欲上，而（袁）涣等苦告不去。"臣应以不知，（沈）子木谓："取原疏来看。"臣对以"不愿与闻"。又月余，而臣始奉旨署部事，楚王来奏华越矣。奉圣旨："览王奏，恶宗罪状多端，该部院参看来说，钦此。"

——值四月初一日日食，阁臣赴部救护。首相沈一贯问臣楚事，臣应之曰："闻宗室先有疏至矣，通政未之上也，惟当行抚按勘问。"时三辅臣皆然。临别时，（沈）一贯复私向臣耳语曰："贵部复本请无言通政匿疏事。"

——又继此而宗室华越至矣，仍赴部并各处诉冤。臣照例送会同馆羁留。甫半日，而通政司票取华越赴司改换月日，以疏上闻，候旨未下。华越投揭臣部，大略谓"邀截实封，广行贿赂"等情……奉圣旨："华越系楚属宗，如何结集群党辄参正王，以小犯大，岂得公论！该部院会同该科参看来说，钦此。"

——臣以为事情重大，自当行勘，随与（沈）一贯言之。乃（沈）一贯再三愁阻，谓："亲王不当勘问，但当体访。"而臣应之曰："臣与楚宗室同城而居，一有偏徇，祸且不测。事关宗社，不宜朦胧了事，若不行勘，科道官言之。"（沈）一贯冷笑而向臣

◥ 郭正域，武昌江夏人，万历十一年进士。万历二十二年任皇长子讲官。万历三十年升礼部右侍郎，主理"楚宗案"时，与首辅沈一贯意见相左，被御史攻击，遂辞官。

曰："科道断不言也。"

——臣之请勘，盖部中事体未有不勘而竟自处分者也，未有不勘竟自停阁者也。不勘则楚王之迹不明，不勘则各宗室之罪不定。今（沈）一贯先时于王疏则以为当勘，而今于各宗之疏则以为不当勘，亦何以服天下之心乎……夫沈子木匿疏也，则（沈）一贯主之也，不知（沈）一贯何意也？既（沈）一贯力主不欲勘也，不知又何意也？[1]

这个不大不小的楚王案，把沈一贯与郭正域的分歧，或者说内阁与六部的矛盾，暴露无遗，演化为朝政大事。正如朱国祯所说："首辅沈一贯讽止不可，又不能夺，阁部龃龉，口语交关，衅在楚并在朝矣。"[2]沈一贯借口阁部龃龉，干脆杜门不出，内阁次辅沈鲤支持郭正域的意见，票拟谕旨同意勘明真相。楚王获悉后恐惧万分，派人带来大量金钱，贿赂郭正域，请他高抬贵手，郭正域严词拒绝。钱谦益赞誉道："楚宗人华越上书首告楚王非恭王子。王大惧，辇输其金钱走阙下，使人私于郭公，幸毋穷治楚事，请以馈首相者馈公。公怒挥之去，而持楚事益力。四明（沈一贯）以下皆宛转为王请，公固不可。"[3]这段话透露了一个很容易忽视的细节："请以馈首相者馈公"，也就是说，楚王以贿赂内阁首辅沈一贯的规格，贿赂礼部侍郎郭正域，结果截然不同。沈一贯是欣然笑纳——"楚王百金为寿，许

1 郭正域《直陈楚藩行勘始末疏》，《合并黄离草》卷一。

2 朱国祯《皇明大事记》卷四十四《楚事》。

3 钱谦益《礼部右侍郎兼翰林院侍读学士赠太子少保礼部尚书谥文毅郭公改葬墓志铭》，《牧斋初学集》卷五十一《墓志铭二》。

万金为谢”[1]。他之所以要通政司扣押华越的奏疏，再三反对清查真相，由此可以得到解释。而郭正域却是“怒挥之去”，排除一切压力查个水落石出。

湖广武昌和楚王府陷于一片恐慌之中，华奎的真正生母，王如言的小妾尤金梅自缢而死，最早揭发此事的王如训逃匿，湖广巡抚赵可怀、巡按王立贤扣押楚王太妃与太监郭伦，要他们交代以故楚恭王的病情，以及其他有关踪迹，倾向于“以为真也”。直接责任人楚恭王妃王氏一口咬定，华奎是宫人胡氏所生。而郡主、县主等宗室成员竭力举证，“以为假也”。“干犯七十余人，宁死不承，未敢轻易出入”。[2]

皇帝收到楚王的奏辩，以及湖广抚按的勘报，要九卿科道“看议”。其实他并不想查明真相，让他的朱家皇室蒙羞。沈一贯也为自己辩解，并未收受贿赂之事，坚持自己的立场。站在沈一贯一边的官员纷纷出来质疑发难者朱华越，御史康丕扬认为，湖广查勘奏疏未尽之处有三，华越奏疏不通之处有七。户部尚书赵世卿认为，“华越之初揭可查明，武冈王之卷宗可复按，妇人之言决不可听”。皇帝终于定下了调子：“楚王真假之事，何至今发觉？且夫主讦奏其妻证见，岂可凭信！”[3]

形势急转直下，对郭正域越来越不利了。有人公然扬言，朱华越揭发楚王异姓假冒，是受郭正域

1 朱国祯《皇明大事记》卷四十四《楚事》。

2 朱国祯《皇明大事记》卷四十四《楚事》。

3 朱国祯《皇明大事记》卷四十四《楚事》。

指使的。钱谦益说："及楚中勘疏至，假王事颇有踪绪，华越首不尽诬，公（郭正域）持议益侃侃。诸为楚者，疾其梗己也，又患其知楚贿而轧己也，讼言楚宗之来，皆公使之，相与尽力排公"。[1]

刑科都给事中杨应文甚至诬陷郭正域"谋害"，他奋起答辩："昨闻刑科都给事中杨应文力言楚事，谓臣谋害，此事出于（杨）应文之口，不辩可也。但就事论事，如不分剖，则不知者将以为实矣。"他逐条驳斥杨应文的"谋害"论，最后说："夫谋害二字，必主谋而后可以为谋害，必首事而后可以为谋害，未有行勘而遂谓之谋害也。部中之法惟有行勘，行勘之外更无别法。皇上试检臣原疏，如曰：'楚王袭爵三十余年，何至今日而始发，不发于士民，而发于女子骨肉之间'，此岂谋害语乎？谋害二字，即楚中问断诸臣尚未以加于诸宗，而科臣乃以加于部臣乎！前此出沈子木之疏，犹曰不平之鸣，而（杨）应文遂和之乎，当时通政司以票取华越于会同馆中，彼时督官及大使等官可证。乃谓臣使二役引华越上门，此又沈子木之言也。臣不如是之愚也……惟是臣不能引嫌以取嫌，不能避怨以取怨，行能浅薄，才力疏庸，不能复立于朝矣。"[2]在这种情况下，郭正域不得不向皇上请辞。

迫于皇帝与首辅的压力，主管此事的礼部会议

1 钱谦益《礼部右侍郎兼翰林院侍读学士赠太子少保礼部尚书谥文毅郭公改葬墓志铭》，《牧斋初学集》卷五十一《墓志铭二》。

2 郭正域《科臣指摘无端请速罢斥以遂初心疏》，《万历疏钞》卷三十二《宗藩类》。

后，作出结论："楚藩讦奏事情年远无据，仇口难凭，真假甚明，不必再勘，便行与彼处抚按启王安心整理国事，华越等分别议处。"[1]

十月间，郭正域再次乞归。楚王不肯善罢甘休，发泄对郭正域的仇恨，请求皇上将他革职以示惩戒。以礼部左侍郎署理部务的李廷机奋起为之辩白："（郭）正域始终未尝以'假'之一字加王，无容再议。"[2]皇帝终于允准他致仕而去，出都门由潞河泊杨村，待开冻后南下。不料妖书案起，把他卷入了更大的政治风暴之中。

二　妖书案

1.《闺范》《闺范图说》与《忧危竑议》

朱常洛虽然贵为太子，日子却并不好过。史家说："光庙（朱常洛）在东宫，危疑特甚，有前后妖书事，皆宵小辈窥伺内意，以为神庙（朱翊钧）必有易储之举，以此构衅造间，且肆毒朝绅，各剪所忌，而门户之名立矣。"[3]这段话言简意赅，对万历、泰昌之际的朝政特点刻画得十分精准。此处所谓"前后妖书"，其中的前妖书，牵连到吕坤。

吕坤，字叔简，号心吾（或新吾），河南宁陵人，二十岁为生员，二十六岁成举人，三十九岁进士及

1 朱国祯《皇明大事记》卷四十四《楚事》。

2 朱国祯《皇明大事记》卷四十四《楚事》。

3 李逊之《泰昌朝记事》卷一《光庙在东宫》。

閨範序
先王重陰教故婦人有女師講明
古語稱引昔賢令之謹守三從克
尊四德以爲夫子之光不貽父母
之辱自世教衰而閨門中人竟棄
之禮法之外矣生閭閻內慣聽鄙

◤《闺范》书影

第。万历十五年，由吏部稽勋司郎中出任山东右参政，两年后升任山西按察使，写成《风宪约》《刑狱》，又与乔璧星、蔡元轩共订《台宪约》，这些著述后来都收入《居官必要》之中。[1] 他的政绩与思想有目共睹，立朝持正，以明道为己任。让他意料不到的是，他在山西按察使任内，把历史上的“列女”事迹编为一本《闺范》，引来了很大的麻烦。

吕坤写《闺范》时，翰林院编修焦竑正好奉使山西，便为此书写了一篇序言。吕坤是孜孜于求学问，以明道为己任的学者型官僚，焦竑是一位颇有知名度的饱学之士，他为之写序，遂使《闺范》广为流传，各地都有翻印本。[2]

内侍购得此书，传入宫中。郑贵妃看了以后，别有用心，令人增补，以汉明德皇后开篇，以郑贵妃终篇，嘱托她的伯父郑承恩、兄弟郑国泰重新刊刻，书名改为《闺范图说》，于万历二十三年问世。

1　山根幸夫《〈居官必要〉和〈实政录〉》，载《汲古》第33号。按：吕坤的代表作《实政录》，由他的弟子湖广监察御史赵文炳为之刊刻，把已经刊印的《明职》《民务》《乡甲约》《风宪约》《狱政》五书合刻为一书。

2　朱国祯《涌幢小品》卷十《己丑馆选》有云，焦竑为《闺范》作序后，有人宣称“将有他志”，疑忌者又借此下手，百般诋毁，焦竑因此而谪官。但是他自己“绝无几微怨色，对客亦不复谈及”。

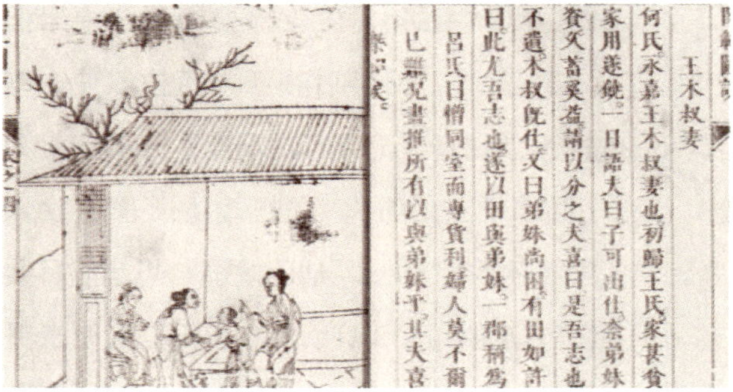
王木叔妻
何氏永嘉王木叔妻也初歸王氏家甚貧
家用蓬饒一日語夫曰子可由仕奈弟妹
養奚蓄奚盍請以分之夫喜曰是吾志也
不遺木叔既仕又曰弟妹尚困有田如許
曰此尤吾志也遂以田與弟妹一孫稱爲
吕氏曰憎同室而專貨利婦人莫不爾
已無兄妻推所有以與弟妹乎其夫喜

◥《闺范图说》书影
郑贵妃令人增补吕坤《闺范》，以汉明德皇后开篇，以郑贵妃终篇，改名《闺范图说》，重新刊刻。

使得吕坤所写的《闺范》，蒙上了浓厚的政治色彩，以至于“不可传”。

吕坤回顾道：“万历庚寅（十八年），余为山西观察使，观列女传，去其可惩，择其可法者，作《闺范》一书，为类三十一，得人一百十七。令女中仪读之，日二事，不得其解，辄掩卷卧。一日，命画工图其像，意态情形宛然逼真。女见其像而问其事，因其事而解其辞，日读数十事不倦也。且一一能道，又为人解说，不数月而成诵。余乃刻之署中，其传渐广，既而有嘉兴板、苏州板、南京板、徽州板。缙绅相赠寄，书商辄门粥，而此书遂为闺门至宝矣。初不意书之见重于世至此也。既而内臣购诸市以进，上览而悦之，赐皇贵妃，贵妃刻诸家夤缘者，附以顺天节烈妇十七人，而此书遂不可传矣。何也？予传各有类，而此十七人皆节烈；予传皆昔贤，而此十七人多万历时人，且多贵势家，又每系以‘吕氏赞曰’四字，尤为伪妄。有识自能辨之。自此刻出，而仇我者得以造其谗，不识我者莫不骇其事，而三二达者则坦然无疑矣！”[1]从吕坤的辨析中可以看得很清楚，他的《闺范》已经被改头换面，以后《闺范图说》卷入政治纷争，与吕坤毫不相干。

但是，一旦卷入政治纷争，事情就没有那么简单了。

万历二十六年，有一个托名燕山朱东吉的人，出于某种政治意图，为《闺范图说》写了一篇跋文，取了一个耸人听闻的题目：《忧危竑议》。这篇跋文以隐晦笔法隐射该书编者别有用心，虽无“易储”之谋，不幸而有其迹。于是乎，一本被别人篡改的议论妇女道德的书，已经政治化、现实化，触发了一场政治风波。

奇文共欣赏，疑义相与析。托名燕山朱东吉所写的《忧危竑议》并不长，援引于下：

东吉得《闺鉴图说》读之，叹曰：吕先生为此书也，虽无易储之谋，不幸有其迹矣。一念之差，情或可原。

或曰：吕素讲正学，称曲谨，胡忍辄与逆谋？

曰：君知其一，未知其二……

或曰：吕意欲广风化，胡不将此书明进朝

1 吕坤《辩闺范书》，《吕新吾先生去伪斋文集》卷二。

廷，颁行内外。乃奴颜戚畹，岂不失体？

曰：孔子圣人，佛肸应召，南子请见，志在行道，岂得为屈。

或曰：吕叙中直拟继述先朝圣母，置太后、中宫于何地？且称脱簪劝讲，毋乃巧为媚乎！

曰：公言误矣。曾见古来有以宫闱与现任大臣刻书者乎？破格之恩厚矣。恩厚则报隆，身为大臣胡忍自处以薄。

或曰：古今贤后妃多矣，胡《图说》独取汉明德一后；明德贤行多矣，胡《图说》首载其由贵人正位中宫？

曰：吕先生自辨精矣……

或曰：国本安危，宁逾太子！窃见"忧危疏"中列天下事备矣，胡独缺此？

曰：嗟乎，公何见之晚耶！夫人意有所专，则语有所忌。倘明奉册立，将属之谁？若归此，则前功尽弃；归彼，则后患自招，何若不言之愈也……[1]

这篇跋文用含沙射影、阴阳怪气的语调，把已经沸沸扬扬的册立皇太子久拖不决，得宠的郑贵妃另有图谋，这些敏感的政治话题，与《闺范图说》相联系，把原本已经复杂的册立事件引向更加混沌

1 文秉《先拨志始》卷上。

的境地。跋文特意提及“窃见‘忧危疏’中列天下事备矣”，就是指吕坤前不久所上的“忧危疏”，把它与《忧危竑议》挂起钩来，在不明真相者眼中，吕坤就成了罪魁祸首。

万历二十五年五月，已经升任刑部左侍郎的吕坤向皇帝上了《忧危疏》，亦即《直陈天下安危圣躬祸福以保万年永祚疏》，用意是提醒皇上关注天下安危祸福，显然与《闺范图说》毫无关系。

他在疏文开头就对当时的形势作出判断 :“今天下之势，乱象已形，而乱势未动；天下之人乱心已萌，而乱人未倡。今日之政皆拨乱机使之动，助乱人使之倡者也。”他从刑部的职责出发，向皇上指出，有四种“幸乱之民”：无聊之民、无行之民、邪说之民、不轨之民。那么如何防止他们作乱呢？他说 :“皇上约己爱人，损上益下，则无聊者归思，无行者守法，邪说者无所售其奸，不轨者不得行其智。四民皆我赤子，一失其心，而堕其计，四民皆我寇仇。”但是，现在“约己爱民，损上益下”做得很不理想，导致民穷国匮。他对两个方面做了分析 :

——臣久为外吏，熟知民艰。自饥馑以来，官仓空而库藏竭，民十室而九空。陛下赤子，冻骨冷肌，冬无被絮者居其半；饥肠饿腹，日不再食者居其半。流民未复乡井，弃地尚多荒芜，存者代去者赔粮，生者为死者顶役。破屋颓墙风雨不蔽，单衣湿地苫藁不完。男女啼饥号寒，父母吞声饮血。君门万里，谁复垂怜？

——今国家之财用耗竭可知矣。数年以来寿宫之费几百万，织造之费几百万，宁夏之变几百万，黄河之费几百万，今大工之费又几百万，采木之费又几百万。以上钱粮半非岁额，年年此土，年年此民，岂天雨菽粟，地涌金银耶？

他的结论是："百姓不足，君孰与足？""祖宗二百三十年百战山河，何忍坐视？臣切为陛下忧之。故曰人心者，国家之命脉也，不可失也！"为此他提出几个值得重视的问题。

一是停罢织造太监、烧造太监和矿税太监，也就是停止为宫廷搜罗绸缎、瓷器，以及开矿征税之类聚敛财富的弊政。他说："患不富耳，自古帝王之求富者亦多矣，史册所载开卷可知。陛下试观其时治乎乱乎，其君安乎危乎？夫天下之财止有此数，欲富则天下必贫，天下贫则君岂独富！故曰同民之欲者民共乐之，夺民之欲者民共夺之。天下贫穷财尽，未有甚于此时矣！陛下织造、烧造日增，办取采取益广，敛万姓之怨于一言，结九重之仇于四海，臣窃痛之。使万里江山千年如故，即乾清宫一无所有，谁忍使陛下独贫？"又说："今矿税无利，散民间而坐数纳银，民亦不能支，刮库银而无矿代解……朝廷得一金，郡县费千金，有司不敢声说，抚按不敢上闻。此岂陛下开矿之初意哉？"

二是开放言路："天下之存亡系言路通塞，言官者朝廷之耳目也，不可不重也。比年以来，新进小生好矜名节，遂激陛下之怒，波及台省之臣，驱逐既多，选补皆罢。臣以为天阍邃密，法座崇严，若不广达四聪，何由明见万里？"

三是勤于视朝，批阅章奏："祖宗以来有一日三朝者，有三日一朝，有一日一朝者。盖一人励精，万事严肃，惟朝门晏安早闭，谁敢兴邪起奸？陛下不视朝久矣，人心之懈弛极矣，奸邪之窥伺熟矣……惟愿陛下慎之。章奏不批，先朝未闻有如今日，强半留中。盖疏之照入也，会极有簿疏之进奏也，外廷不闻，万一有国家大事，邀截实封，扬言于外曰留中矣，人知之乎？万一有诈传诏旨，匿不封还，扬言于外曰进献矣，陛下知之乎？”

最后，他向皇帝发出警告：“今日之势，如坐漏船，水未湿身；如卧积薪，火未及体。望陛下之速登崖，而急起卧也。不然，积于千日，决于一旦，陛下虽有万箱锦绣，千笥金珠，岂能独享哉？”[1]

吕坤这一番语重心长的劝谏，没有引起皇帝一丝一毫的反应，或许他根本就没有看一眼，就“留中”了，使得吕坤“呼天叩地，斋宿七日”的慷慨陈词，顿时化作泡影，一气之下引疾乞休，回老家赋闲去了。

万历二十六年，托名燕山朱东吉的《忧危竑议》出来后，舆论哗然，一些人以为这和吕坤有关，回过头去清算。吏科给事中戴士衡（字章尹，福建莆田人）谴责吕坤“机深志险”，“潜进《闺范图说》，结纳宫闱”，“逢迎掖庭，菀枯之形已分”，暗指他讨好郑贵妃。皇帝考虑到吕坤早已辞官而去，而且牵涉到郑贵妃，干脆置之不理。

1 吕坤《直陈天下安危圣躬祸福以保万年永祚疏》，《万历疏钞》卷一《圣治类》。

吕坤无缘无故蒙受不白之冤，立即上疏辩白："臣自予告以来，杜门不与外事，忽于二月十五日传闻，吏科给事中戴士衡因论吏部郎中白所知，谓臣假托《闺范图说》，包藏祸心。夫假托大奸也，包藏祸心大罪也，臣安敢无辞！先是，万历十八年臣为按察使时，刻《闺范》四册，明女教也。后来翻刻渐多，流布渐广，臣安敢逆知其传之所必至哉？不意戚里郑承恩复刻《闺范图说》一部。惟时（戴）士衡口语臣亦有闻，即欲辩明，难以先发。今（戴）士衡为臣发端，臣之幸也。"接下来，他把事情来龙去脉向皇帝做了说明，然后请求查明是非："伏乞皇上洞察缘因，《闺范图说》之刻，果否由臣假托？仍乞敕下九卿科道，将臣所刻《闺范》与承恩所刻《闺范图说》，一一检查，有无包藏祸心？"[1]

与此同时，全椒知县樊玉衡（字玄九，号棠轩，湖广黄冈人），对皇长子不册不冠不婚而"遗天下大虑"，上疏称："皇上虽无废长立幼之意，而牵于皇贵妃体貌难处之故，优游隐忍，甘以宗社为戏，不知天下者非我皇上与皇贵妃之天下。"[2]

由于戴士衡、樊玉衡都提及郑贵妃，使她难于隐忍，哭诉于皇上，说《忧危竑议》出于戴士衡之手。重新刊刻《闺范图说》的郑承恩也声称，《忧危竑议》是戴士衡"假造伪书，中伤善类"，把戴士衡、樊玉衡并称为"二衡"，激怒皇上，并欲株

1 吕坤《辩明心迹疏》，《吕新吾先生去伪斋文集》卷二。

2 董其昌《神庙留中奏疏汇要》礼部类卷一《直隶滁州全椒县知县樊玉衡一本感时捐躯直陈天下根本大计以隆万事治安事》。

连户部侍郎张养蒙、山西巡抚魏允贞、吏科给事中程绍、吏部员外郎邓光祚等。皇帝自然是偏袒郑贵妃和她的兄弟郑承恩的，在肯定《闺范图说》的同时，也不想把事情闹大，因此下旨道："此《闺范图说》是朕赐与皇贵妃所看，因见其书中大略与《女鉴》一书辞旨仿佛，以备朝夕览阅。戴士衡等这厮每以私恨之仇，结党造书，妄指宫禁，干扰大典，惑世诬人，好生可恶。此事朕已洞知，不必深辨。"[1]

户部侍郎张养蒙受到诬陷，向皇帝申诉："臣检阅抄中，称近日都下刊《忧危竑议》一书，云《闺范图说跋》内，诬臣与魏允贞、程绍、刘道亨、白所知、邓光祚、薛亨等十人，咸举《春秋》大义子以母贵之说，同盟羽翼等语。臣一见，不觉心惊气结，抚枕长号。何物神奸，敢于尧舜之世，作瞒天罔人怪事若此！"皇帝为了息事宁人，安慰道："这事情原是戴士衡结党奸恶，报复白所知劣转之私仇，捏造书词，惑世诬人，朕已洞知，有旨处分了。张养蒙着安心供职。"[2]他所说的"有旨处分"，是指五月十七日他发给吏部等衙门的谕旨："前樊玉衡、戴士衡假以建言，报复私仇，妄指宫禁，干扰典礼，惑世诬人，捏造书词，摇乱人心。本当拿问严究重治，姑着革职，发烟瘴地面永远充军，遇赦不宥。"[3]

1 钱一本《万历邸钞》，万历二十六年戊戌卷，五月。

2 钱一本《万历邸钞》，万历二十六年戊戌卷，五月。

3《明神宗实录》卷三百二十二，万历二十六年五月辛丑。

皇帝心中很清楚，《闺范图说》是他推荐给郑贵妃看的，理由是，此书的主旨与《女鉴》类似，有益于教化。朱东吉、戴士衡、樊玉衡等人企图透过此书搞什么名堂，就等于指责皇帝有眼无珠，看不出其中的微言大义。所以他再三强调“不必深辨”，仅仅处分戴、樊二人了事。这种淡化处理，并没有消除问题，终于酿成了所谓“妖书案”。

2.《续忧危竑议》引发的政治地震

万历三十一年十一月，又冒出了《续忧危竑议》，仿照先前的《忧危竑议》的笔法，再次旧事重提，酿成了轰动一时的大案——“妖书案”。

所谓“妖书”，其实算不上一本书，不过是区区三百余言的短文而已，却仿佛一颗重磅炸弹，使政坛为之震动。《续忧危竑议》的主旨无非是说，皇上不得已册立皇长子为太子，但“从官不备”，显然有“他日改易之意”；把任用朱赓为阁臣作为旁证，“赓者更也”，与郑贵妃的想法暗合。[1]这种笔法和《忧危竑议》如出一辙，充斥着阴阳怪气的语调。谓予不信，请看原文：

> 或有问于郑福成曰：今天下太平，国本已固，无复可忧，无复可虞矣。而先生尝不豫，

1 朱国祯《皇明大事记》卷四十四《楚事》。张岱《石匮书》卷一百七十八《郭正域列传》。

何也？

郑福成曰：是何言哉，是何言哉！今之事势正所谓厝火积薪之下也。

或曰：亦太甚矣，先生之言也，得毋谓储位有未妥乎？

曰：然。夫东宫有东宫之官，一官未备，何以称安乎？皇上迫于沈相公之请，不得已立之，而从官不备，正所以寓他日改易之意也。

曰：改立其谁当之？

曰：福王矣。大率母爱者子贵，以郑贵妃之专擅，回天转日何难哉！

曰：何以知之？

曰：以用朱相公知之。夫在朝在野，固不乏人，而必相朱者，盖朱名赓，赓者更也，所以寓他日更立之意也……

或曰：沈蛟门一贯公独无言乎？

曰：蛟门为人阴贼，尝用人而不用于人，故有福己自承之，有祸则规避而不染，他日必有靖难勤王之事。[1]

1 文秉《先拨志始》卷上。沈德符《万历野获编》补遗卷三《癸卯妖书》。

篇末署名：吏科都给事中项应祥撰，掌河南道四川道监察御史乔应甲书。[2]

2 张岱《石匮书》卷一百七十八《郭正域列传》写作“乔应甲刊”。

这本所谓“妖书”的刻版，包括封面，一共有四页，封面题为《国本攸关》，封里题为《续忧危竑议》。[1]十一月十日，一夜之间散投于京城各处，上至宫门豪宅，下至街巷胡同，到处传遍。次日天明，人们看到这份类似传单的东西，指名道姓议论当时敏感的政治话题，大惊失色。关于郑贵妃欲废太子而以自己的儿子福王取而代之的谣言，早已在街头巷尾流传，但那毕竟是窃窃私语，如今竟然堂而皇之刊刻成书，到处散发。不明底细的人们噤若寒蝉，避之唯恐不及。东厂总督太监陈矩负有侦缉之职，最早向皇帝报告此事。皇帝勃然震怒，前次"妖书"事件未加追究，想不到变本加厉，嚣张到令他无法容忍，当即命令陈矩掌管的东厂，"多布旗校，用心密访，并着在京各缉事衙门，在外各抚按，通行严捕，务在必获"[2]。

"妖书"提到的朱赓，乃当朝阁臣，字少钦，号金庭，浙江绍兴人，与沈一贯、沈鲤同为内阁辅臣。他作为一名阁臣，在沈一贯、沈鲤的掩映下，并不显眼。但有一点很独特，那就是他致仕前是少有的文华殿大学士。清初学者朱彝尊说："明制，阁臣始入东阁，次进文渊阁、武英殿、谨身（殿）、华盖（殿），后为建极（殿）、中极（殿），独虚文华殿不拜。惟永乐间权谨以孝行拜斯殿学士，此后，则文懿公（朱赓）也。是时定陵（神宗）有意爰立二人，先太傅文恪公（朱国祚），暨冯文敏琦也。蛟门（沈一贯）阁老，亟以密揭止帝曰：'此二臣皆美器，当老其才

1 朱国祯《皇明大事记》卷四十四《楚事》。

2 文秉《先拨志始》卷上。

用之。’乃改命文懿（朱赓）。”[1]可见神宗皇帝对朱赓是颇为器重，另眼相看的。

万历三十一年十一月十一日清晨，朱赓在家门口发现一本“妖书”，外题是《国本攸关》，内题是《续忧危竑议》。一看内容，竟然直言无忌地诬陷自己“动摇国本”——他日更易太子。这可是性命交关的事体，他惊慌失措，赶紧诚惶诚恐地把“妖书”呈进皇帝，并且附上一份申辩书：“臣以七十衰病之人，蒙起田间，置之密勿，恩荣出于望外，死亡且在目前。复更何希何觊？而诬以乱臣贼子之心，坐以覆宗赤族之祸。”面临满门抄斩的大祸，有口难辩，为了自证清白，请求皇上哀怜，批准他罢官归乡。[2]

皇帝收到朱赓的奏疏，大为震怒，但不相信此事与朱赓有关。他一面派太监前去抚慰，说这是不逞之徒无端造谣，干卿何事，朱赓感动得匍匐在地，痛哭失声[3]；一面下令东厂、锦衣卫及五城巡捕衙门严行侦缉肇事者，认为“妖书”后面署名的项应祥、乔应甲“显是仇诬坐名也”，但也要这两人“从实回将话来”。[4]

当时有一部分人以为，“妖书”似乎出于清流之口，企图以此搞垮内阁首辅沈一贯。[5]“妖书”中提到沈一贯“为人阴贼”，“他日必有靖难勤王之事”，他与朱赓一样，成了郑贵妃的帮凶嫌疑犯。

1 朱彝尊《静志居诗话》卷十五《朱赓》。按：“次进文渊阁”，原文作“次进文渊殿”。

2《明神宗实录》卷三百九十，万历三十一年十一月乙丑。

3《明神宗实录》卷三百九十，万历三十一年十一月乙丑。邹元标《光禄大夫柱国少保兼太子太保吏部尚书文华殿大学士赠太保谥文懿金庭朱公赓行状》，《国朝献征录》卷十七。

4《明神宗实录》卷三百九十，万历三十一年十一月乙丑。

5 谷应泰《明史纪事本末》卷六十七《争国本》。

沈一贯不甘心无端受诬，请求皇上降旨缉事衙门，严查究竟是何人撰造？何人刊刻？是操何谋？欲冀何事？务求查出真正主使人及真凭实据，臣愿御榻当面对质。还说："此书之情，本为倾臣等而发，非敢犯上，愿缓之，毋使罗织。臣等书生，岂以刑名为政！若借此狱以快私仇，与奸贼何异也？"为了表明自己无辜，他希望皇上罢他的官，作为奉职无状之戒。皇帝心里有数，沈一贯有点冤枉，所以劝慰道："卿辅弼首臣，尤须居中镇定，何遽先自乞归！"[1]

1《明神宗实录》卷三百九十，万历三十一年十一月乙丑。

"妖书"中提到的"十乱"，除了郑贵妃，其余"九乱"都是当朝大官：兵部尚书王世扬、保定巡抚孙玮、陕西总督李汶、光禄寺少卿张养志、锦衣卫左都督王之桢、京营巡捕都督佥事陈汝忠、锦衣卫千户王名世与王承恩、锦衣卫指挥佥事郑国贤。这些人遭到"妖书"牵连，纷纷上疏洗刷，请求罢官，皇帝一概不准。[2]"妖书"的署名者项应祥、乔应甲遵旨回话："奸书谤人，无自名理。"声明与己无关。皇帝批示："奸书谤人，岂有自著姓名之理。"对这两人不予追究。[3]

2《明神宗实录》卷三百九十，万历三十一年十一月庚午。文秉《先拨志始》卷上，将郑国贤误作郑国泰。

3《明神宗实录》卷三百九十一，万历三十一年十二月丙戌。谷应泰《明史纪事本末》卷六十七《争国本》。朱国祯《涌幢小品》卷一《圣谕》。

"妖书"涉及太子的废立，皇帝唯恐太子朱常洛乍闻此事惊恐不安，特地召见他，当面安慰一番："哥儿，你莫恐，不干你事，但去读书写字。早些关门，晏些开门。"又说："我的慈爱教训天性之心，你是知道。你的纯善孝友好善的心，我平日尽知。近有逆恶捏造妖书，离间我父子兄弟天性亲亲，动摇天性。已有严旨缉拿，以正国法。我思念你，恐有惊惧动心，我着阁臣拟写慰旨安慰教训你。又有戒谕内外执事人等旨意。今日宣你来，面赐与你。”停了一会后，他又说：“还有许多言语，因此忿怒动火，难以尽言。我亲笔写的面谕一本，赐你细加看诵，则知我之心也。到宫内安心调养，用心读书写字，毋听小人引诱。”[1]

3.“妖书案”的株连

内阁首辅沈一贯口口声声不会“借此狱以快私仇”，然而事实恰恰相反，他借口清查“妖书案”，把矛头指向郭正域，并且牵连到内阁次辅沈鲤。这是同时代人及后世史家几乎一致的看法，不妨略举数例于下。

◤ 沈鲤，河南商丘人，嘉靖四十四年进士。万历二十九年拜礼部尚书兼东阁大学士。翌年入阁参预机务。为相勤于政事，多所匡救。因与沈一贯不和，于万历三十四年致仕。

其一，钱谦益为郭正域写的墓志铭提及此事：“上初得妖书也，以谓牵连宫禁，基间骨肉，愤懑不能食，下诏大索。四明（沈一贯）之私人聚族而谋曰：‘楚事方殷，而妖书踵作，此可以一网而尽也。以楚事傅致妖书，则妖书之人可悬购；而以妖书证

1 《明神宗实录》卷三百九十一，万历三十一年十二月丙戌。文秉《先拨志始》卷上。朱国祯《涌幢小品》卷一《圣谕》。

明楚事，则楚狱可立解也。’于是四明（沈一贯）从容为上言：‘妖书非他人，必臣下相倾为此。微引其端，以耸动人主。’御史康丕扬则曰：‘自华越讦楚王，而奸人无所忌惮。妖书、楚事，事不相侔，实一根柢。’给事钱梦皋则曰：‘首相（沈）一贯不主楚事，则妖书不出矣；次相（朱）赓不上楚揭，则妖书不出矣。妖书实出郭某，而沈鲤为乱臣贼子，实与同谋。’四明（沈一贯）乃拟旨穷治，务得真贼，并勒公（郭正域）以楚事听勘。荆门州故同知胡化，老而狂易，上书告州官阮明卿，谓妖书出其手。事下刑部，（钱）梦皋等告尚书萧大亨：‘胡化与郭（正域）同举于乡，郭在杨村，乘妇人舆，宿归德（沈鲤）邸舍，相与窜谋。不可失也。’（萧）大亨谳胡化，使引公（郭正域）及归德（沈鲤），（胡）化叩头大叫痛哭曰：‘阮知州杀我一家，我自来叫冤。郭（正域）举进士后二十年，音驿不通，何谓同作妖书？我亦不知谁为归德。公等但为蜀犬杀人媚人，即见皇上，断胡化之头，亦如此说。’蜀犬者，斥（钱）梦皋也。刑部郎王述古如其言具谳，上曰：‘诬也。’尽释之。”[1]

钱谦益明确指出，沈一贯与他的亲信康丕扬、钱梦皋一手策划，把楚事与妖书相联系，诬陷妖书出于郭正域之手，沈鲤是他的同谋。刑部尚书萧大亨阿谀沈一贯，企图威逼利诱荆门州同知胡化诬陷郭正域、沈鲤“同作妖书”。

1 钱谦益《礼部右侍郎兼翰林院侍读学士赠太子少保礼部尚书谥文毅郭公改葬墓志铭》，《牧斋初学集》卷五十一《墓志铭二》。

其二，朱国祯《皇明大事记》认为，沈一贯企图把楚事与妖书混为一谈，借此打压郭正域与沈鲤。他说，沈鲤入阁后，“踽踽望独重，众皆归之。郭（正域）又与相善，阁臣虽无水火之形，已缊其情，朝士左右袒益分。科臣杨应文、姚文蔚醇谨，颇为（沈）一贯所用，后又益以钱梦皋、御史康丕扬。至楚事发，杨（应文）、康（丕扬）攻郭（正域）甚力，钱（梦皋）亦有疏，其迹大露”。他还说，十二月一日，钱梦皋上疏攻击郭正域与沈鲤，大略谓：“有奸党而后有奸书，书中皆怨诬朝廷，中伤二辅（指首辅沈一贯、三辅朱赓）与当日曾议楚事之人，其刊刻流播又适在楚王疏入之时。假令楚王而终诬，此书必不作矣；元辅（沈）一贯早去，此书必不作矣。次辅朱赓不拟票不决楚事，此书必不首及矣。盖前侍郎郭正域乃次辅沈鲤之衣钵……群奸结为死党，计日取相位，故示凶焰以灭楚藩，而修怨亦为树威，即借楚事以逐元辅为己地……且（郭）正域身虽去国，而兄（郭）正位尚怡然此中，为奸党渊薮。其党或捐千金，或二千金，或三千金，使沈令誉、达观、贾山遍行贿于中外。（郭）正域出国门一月，尚逗留近地杨村，乘小轿三入都城，暗投次辅（沈鲤）家。圣旨所谓‘奸党可疑者’，孰过于此？独谓次辅（沈）鲤密勿重臣，休戚宜与圣上一体，胡屡屡为奸人缓颊？……”这份信口雌黄的奏疏，使得朝廷上下大为惊骇。孙丕扬与之相呼应，引用沈鲤门人刑部郎中于玉立、吏部郎中王士骐的书信，罗织沈鲤、郭正域。吏部左侍郎李廷机、詹事府詹事唐文献力为排解。谕德陶望龄（字周望，号石篑，浙江绍兴人）从南京典试回来，径直造访沈一贯府邸，声色俱厉地质问罗织郭、沈之事。又对朱赓说：“鱼肉正人，负万世恶名，我宁绍将不得比于人数，苟委之不救，陶生愿弃笏拜疏，与之同死。”[1]

▼ 谕德，官名。其职责为掌对皇太子教谕道德，随事讽谏。

其三，张岱《石匮书》也有类似看法。一则说：“时（沈）一贯与次辅沈鲤共事，与鲤议论相左，凡事必盛气加之，鲤不为动。后鲤门人礼部侍郎郭正域与（沈）鲤合力排挤（沈）一贯，每事必与为忤，一贯恨之……妖书事起，（沈）一贯嗾其门下给事中钱梦皋、御史康丕扬，直指（郭）正域，并及辅臣沈鲤。发卒围（郭）正域舟，捕其婢仆乳媪，下诏狱考讯，无所得。又围沈鲤私署搜索，亦无所得。”[2]再则说，妖书案发：“或曰妖书似出清流之口，将以倾沈一贯者。或曰此奸人作之以陷郭正域。（郭）正域时有清流领袖之目，见忌（沈）一贯……（沈）一贯恨（郭）正域，兼恨沈鲤，遂以妖书事坐（郭）正域，嗾给事中钱梦皋直指（郭）正域，并及沈鲤。御史康丕扬佐之。”“（钱）梦皋首攻（郭）正域，疏中称：‘沈令誉为郭氏之食客，胡化同乡之友，当亟讯奸党，治（郭）正域罪。次辅沈鲤屡为奸人缓颊，举朝曰大变，彼曰小事；举朝曰当捕，彼曰可容。所上揭有震动人心，亏损圣德等语，回互隐伏，意欲何为？’中外大骇，于是发卒围（郭）正域舟，捕其仆隶乳媪十三人。巡捕都督陈汝忠又获（郭）正域舍人毛尚文、江夏布衣王忠，巡城御史康丕扬捕僧达观、琴

1　朱国祯《皇明大事记》卷四十四《楚事》。
2　张岱《石匮书》卷一百七十七《沈一贯列传》。

士钟澄、百户刘相等，同沈令誉下诏狱考讯，无所得。逻校且环逼（沈）鲤邸，迫胁不堪。”[1]

其四，谷应泰《明史纪事本末》编撰时参考《石匮书》，故谈及“妖书案”，观点大体相同，文字也类似：“时（沈）一贯方以楚宗事恨郭正域。（郭）正域，辅臣沈鲤门生也。（沈）鲤素踽踽，尤负望，供‘天启圣聪’牌于阁，入则礼之。时开告密，（沈）鲤语人曰：‘此事何必张皇也。’（沈）一贯大不怿。（郭）正域放归，待冻潞河之杨村，闻问不绝，（沈）一贯益侧目。十二月壬午，给事钱梦皋直指（郭）正域，并及沈鲤，御史康丕扬佐之。初，侨医吴江沈令誉多贵游，（康）丕扬巡城迹捕之，搜得楚王揭华越副封，及刑部主事于玉立所致吏部郎中王士骐书，以（于）玉立起官，（王）士骐与（郭）正域左右之。又前汉中府同知荆门胡化、首渠县训导阮明卿撰妖书，廉问无据。而（阮）明卿为（钱）梦皋姻，故（钱）梦皋首攻（郭）正域……”[2]

几百字的“妖书”引发的政治地震，把朝廷上下闹得一团糟。内阁首辅沈一贯、三辅朱赓因为受到“妖书”指名道姓攻击，为避嫌疑，都杜门不出，待罪在家，阁臣中只剩下次辅沈鲤一人，由于受到沈一贯的亲信钱梦皋、康丕扬等人的诽谤，也岌岌可危。

沈鲤，字仲化，号龙江，河南归德人。万历

1 张岱《石匮书》卷一百七十八《郭正域列传》。

2 谷应泰《明史纪事本末》卷六十七《争国本》。按：此后文字与上引《石匮书·郭正域列传》中钱梦皋攻击郭正域文字相同，不重复引录。

二十九年赵志皋卒，沈一贯独当阁务，廷推沈鲤与朱赓同时入阁。万历三十一年七月，沈鲤入阁办事，时年已七十一岁。为人“清修亮节，重名行，守法度”[1]，一向为士人所推崇，声望很高，沈一贯因此有所顾忌，以为此来必定取他而代之，遂生嫌隙。待到“妖书案”发，内阁仅存沈鲤一人入直，外间讹言鼎沸，上下猜疑，沈鲤的日子很不好过。为了摆脱困境，也为了表明君子坦荡荡的心迹，他在内阁中供了一个牌位，上写“天启圣聪，拨乱反治”八个字，每天入阁办公的第一件事，就是焚香拜祝牌位。有人向皇帝进谗言，指责牌位有诅咒意味。皇帝命人取来一看，不以为然：“此岂诅咒耶？”进谗言者狡辩：“彼诅咒语固不宣诸口。”皇帝深知沈鲤为人正派，不相信这种无稽之谈。[2]沈一贯企图借“妖书案”来扳倒沈鲤，毫无根据地怀疑“妖书”出于沈鲤的门生、礼部右侍郎郭正域之手。先前郭正域在处理楚王案时，遭到沈一贯的忌恨。“妖书案”发，沈一贯力图通过郭正域来整一下沈鲤。东厂捕获“妖人”皦生光，断定他就是“妖书”的作者。皇帝不想把事情闹大到不可收拾，倾向于用皦生光来结案。但是沈一贯不愿意就这样结案，他的亲信——巡城御史康丕扬，公然扬言皦生光并非真凶，真凶是郭正域和他的哥哥——国子监丞郭正位。[3]沈一贯下令大肆搜索，一时间，京

1 张岱《石匮书》卷一百七十八《沈鲤列传》。

2 文秉《先拨志始》卷上。张廷玉《明史》卷二百十七《沈鲤传》。

3 钱谦益《礼部右侍郎兼翰林院侍读学士赠太子少保礼部尚书谥文毅郭公改葬墓志铭》，《牧斋初学集》卷五十一《墓志铭二》。钱氏写道：“……而东厂捕得妖人皦生光，异时尝以宿憾把郑皇亲造妖诗大署其门者。上意欲归狱于（皦）生光，四明（沈一贯）意未厌，揭请详鞫。（康）丕扬抗章讼（皦）生光之枉，请少缓其狱。贼之父子兄弟可授首阙下。所谓兄弟者，指公（郭正域）与其兄国子监丞（郭）正位也。”

师人人自危，莫必其命，连臣阁沈鲤的住宅也被锦衣卫和巡城御史派来的数百名兵丁团团包围了三天三夜，直到皇帝出面干预才解围。[1]

郭正域的处境更加险恶。他的船只停泊的杨村潞河沿岸，有重兵包围，敲打梆子的声音，高声呼叫的声音，昼夜不息。岸上时时传来官员的喝令："早自裁也，可以无辱。"郭正域回应道："大臣有罪，当伏法死都市，何为自屏草外？"五十初度的他，意气自如，赋诗曰：

浊酒一杯聊自寿，
大家头上有青天。[2]

◤ 达观，自号紫柏，门人称为尊者，明代四大高僧之一。以"妖书案"与沈令誉皆入诏狱，被拷打致死。

◤ 沈令誉，高僧达观弟子，精医术。入诏狱后屡受酷刑，抵死不诬友郭正域。

巡城御史康丕扬、京营巡捕都督佥事陈汝忠，受沈一贯之命，逮捕名僧达观、医生沈令誉等，欲从他们口中引出郭正域。结果，达观和尚被严刑拷打致死，沈令誉受刑后奄奄一息，并未招供。[3]被

---

1 伍袁萃《林居漫录》别集卷一。

2 钱谦益《礼部右侍郎兼翰林院侍读学士赠太子少保礼部尚书谥文毅郭公改葬墓志铭》，《牧斋初学集》卷五十一《墓志铭二》。

3 徐象梅《两浙名贤录》卷十四《吏部尚书中极殿大学士沈肩吾一贯》。徐氏说：沈令誉是游方郎中，"提一药囊，遍游权贵门，行径甚诡。康御史迹捕之，搜其装，得刑部郎于玉立、吏部郎王士骐手书。盖（于）玉立起官由（王）士骐，而郭侍郎为之地也。又得楚王宝揭，及华越副本。于是人言籍籍，并以妖书拟（沈）令誉，而郭与于、王皆危矣"。

逮捕的郭正域的仆隶、灶婢、乳媪、佣书者等十五人，遭严刑逼供，“刺爇针灼，五毒参至，每上彭考，两胁肉拉毁堕地”，竟然毫无所得。[1]

到了东厂、锦衣卫与三法司会审那天，陈汝忠把沈令誉家乳媪龚氏的十岁女儿作为证人。参与会审的东厂太监陈矩秉公主持，才未酿成冤狱。陈矩，字万化，号麟冈，北直安肃人，嘉靖二十六年入宫，万历二十六年由司礼监秉笔太监兼任提督东厂太监。此人平恕而识大体，处理妖书案谨慎公平，受冤者多所保全。[2]会审时，陈矩问龚氏女儿：你看到妖书的印版有几块？小女孩根本不知道什么印版，胡乱答道：满满一屋子。陈矩听了大笑：妖书只有二三张纸，印版怎么可能有一屋子呢？陈矩又问郭正域的书办（师爷）毛尚文：沈令誉告诉你刊印妖书是哪一天？毛尚文胡乱编造说：十一月十六日。参与会审的兵部尚书王世扬反驳道：“妖书在十一月初十日查获，怎么可能十一月十六日才开印呢？难道有两种妖书吗？”[3]显然上述证人证词都是严刑逼供的产物，毫无法律效力，对郭正域的诬陷

◥ 陈矩，为人廉洁，力主安静，矫正时弊，在任内成功处理了“妖书案”，稳定朝局。

1 钱谦益《礼部右侍郎兼翰林院侍读学士赠太子少保礼部尚书谥文毅郭公改葬墓志铭》，《牧斋初学集》卷五十一《墓志铭二》。

2 张廷玉《明史》卷三百五《陈矩传》。

3 钱谦益《礼部右侍郎兼翰林院侍读学士赠太子少保礼部尚书谥文毅郭公改葬墓志铭》，《牧斋初学集》卷五十一《墓志铭二》。

当然难以成立。

皇太子朱常洛得知郭正域因妖书案受到诬陷，十分焦虑不安。郭正域曾经当过讲官，太子知道他为人正派，多方为其鸣冤，对身边的太监说："何为杀我好讲官？"他还特地派内侍给阁臣传话："先生辈容我乞全郭侍郎。"又对东厂太监陈矩说："饶得我，即饶了郭先生吧！"[1]最后还是陈矩秉公处置，郭正域才免遭陷害。

其实，郭正域与妖书毫无瓜葛，遭到沈一贯及其亲信的诬陷，蒙受冤屈。关于这一点，伍袁萃说得再清楚不过了："四明（沈一贯）与归德（沈鲤）相左，会妖书事起，乃嗾其党钱梦皋论之。"[2]"给事中钱梦皋憸人也，夤缘四明（沈一贯）为幕宾，论郭宗伯勘楚事，论沈归德为妖书，皆四明嗾之也。公论籍籍。"[3]

1 文秉《先拨志始》卷上。谷应泰《明史纪事本末》卷六十七《争国本》。

4. 且看"妖书案"如何收场

轰动一时的妖书案迟迟无法破获，东厂、锦衣卫压力很大，必须找到一个嫌疑犯对此供认不讳，才能结案。

有一天，锦衣卫的值班室忽然收到一份匿名的帖子，上面写着几句文理不通的话："妖书已有人，协理掾张魁受银三百两，求他主的文告人郑福

2 伍袁萃《林居漫录》别集卷一。

3 伍袁萃《林居漫录》别集卷二。

成。"[1]郑福成何许人也？《续忧危竑议》的"郑福成曰"引人注目，全篇议论都出于此人之口。

这是一个重要的线索，厂卫的特务们立即四出搜捕。十一月二十一日晚，东厂校尉捕获一名可疑男子，名叫皦生彩。据此人供称，其兄皦生光，原是顺天府的秀才，万历二十七年，到西城的刻书作坊老板包继志家，手拿黄纸封条假称封门，敲诈银子三百两。万历二十九年，再次敲诈未遂，便捏造谣言，刊刻印文，诈得银子二百两。万历三十一年八月，又以造谣手段诈骗举人苗自成银子三百两，被苗自成之师田大有告发，提学御史将皦生光的秀才功名革去，发往大同地方当差。皦生光随后潜回北京，随即发生此案。[2]

锦衣卫校尉逮捕了皦生光及其子皦其篇、妻赵氏、妾陈氏，在他的住宅中搜出若干手稿。审讯时，皦生光对妖书事件矢口否认，仅供称：原系顺天府学生员（秀才），先年专以刊刻打诈为事。万历二十八年被生员田大有告发，革去生员功名，发往大同当差。日前逃来北京，潜住双塔寺云云。锦衣卫左都督王之桢如获至宝，马上向皇上报告：经多方研审亲笔供词，其中"侯之门仁义存"几个字，与妖书的笔迹相似，其行文风格也相同，请求皇上下旨，命三法司、东厂、锦衣卫会审。皇帝也想早日破案，当即批复："尔厂卫会同九卿科道究问了

1 文秉《先拨志始》卷上。

2《明神宗实录》卷三百九十，万历三十一年十一月丙子。

来说。”[1]

御史开始了一系列的审讯。据刻字匠徐承惠招供，他为皦生光刻过“岸游稿”十二张，以及“妖诗”小木板一块。所谓“妖诗”不过是四句胡诌的“打油”：

五色龙文照碧天，
谶书特地涌祥烟，
定知郑主乘黄屋，
愿献金钱寿御前。

署名是松风狂客。[2]

掌管锦衣卫的王之桢，武断地认定皦生光就是“妖书”的作者，向皇帝报告：“奸逆不止刊字者之质证也。诗内‘庶欲惑国本’，是即妖书内‘国本攸关’也；诗内‘戴首皆吾君’，是即妖书内‘长可立而次未必不可立’也。其他‘侯之门仁义存’，种种类类。”皇帝对此深信不疑，批复道：“这刊字匠徐承惠既已招承，还会同厂卫府部九卿科道，严鞫皦生光等，追究他造谋本意，同党之人，并研审明白具奏。”[3]

遵照皇帝旨意，厂卫府部九卿科道的官员严刑逼供，皦生光屈打成招，获得了以下口供：秀才问徒，逃回京师，受尽苦楚，皆由皇亲郑家。无计可

1《明神宗实录》卷三百九十，万历三十一年十一月己卯。

2 文秉《先拨志始》卷上。

3 文秉《先拨志始》卷上。

以报冤，只有国本二字事关大逆，故初刊“妖诗”，再刻“岸游稿”，犹以为动不得也。续改《国本攸关》一书，密雇徐承惠刊刻，令子皦其篇黑夜掷皇亲郑家，及各部诸大臣门首。盖谓此书流传下去，皇亲郑家定有不测之祸，可报大冤也。[1]看起来颇为自圆其说，其实是严刑拷打逼出来的假口供，亦即史家所谓“自诬服”。[2]参加会审的官员为了尽快结案，振振有词地说：“皦生光前作妖诗，继播妖书，众证甚确，自认无词。”皇帝为了减少宫廷压力，也想尽快结案，立即下达谕旨：“这事情既会同府部九卿厂卫科道等官研审，面对明白，逆犯皦生光着锦衣卫拿送三法司，其余各犯通行解发，问拟应得罪名以闻。”[3]

万历三十二年四月中旬，刑部尚书萧大亨（字夏卿，号岳峰，山东泰安人）将三法司拟定皦生光“论斩”的结论上报皇帝。皇帝以为太轻，要求另拟。萧大亨奏称，斩首与妖书之律符合，原非轻典，不敢法外擅拟。皇帝很不满意，训斥道：“这逆犯险恶异常，原出律文之外，以谋危社稷律处他。卿等即便复来。”[4]次日，萧大亨答复皇上：“国有成宪，未敢擅为轻重。而威灵出于皇上，君有严命难复，容其拟议。”表示左右为难，其实是要皇上自己定罪量刑。

四月二十七日，皇帝亲自给皦生光定罪量刑：

1 文秉《先拨志始》卷上。

2 查继佐《罪惟录》传记卷二《皇后列传·皇贵妃》。

3《明神宗实录》卷三百九十五，万历三十二年四月辛巳。

4 文秉《先拨志始》卷上。

"皦生光捏造妖书，离间天性，谋危社稷，无上无君，反形显然。妖书律未尽其辜，着加等凌迟处死。便着会官处决，仍枭首于人烟凑集之所。"[1]就这样，皦生光糊里糊涂被千刀万剐处死，然后枭首示众，他的妻妾儿子发配边疆充军。

稍微冷静地分析一下，便可发现此案漏洞百出，皦生光并非"妖书"作者，他只不过是了结此案的一个替死鬼而已。在他家搜出的物证，难以判定《续忧危竑议》是皦生光所撰。徐承惠的供词只涉及"妖诗"与"岸游稿"，与《续忧危竑议》无关。皦生光本人的口供"编造《国本攸关》一书"云云，显系严刑逼供的结果。此事就连阁臣沈一贯、朱赓都表示怀疑："蒙发下逆犯皦生光所作'岸游稿'，并榻旁帖一纸，臣等一一看详，空洞繁言，无足推求事实。"[2]

整个会审过程简直是一场闹剧，笑话百出。参与会审的御史余懋衡（字持国，徽州婺源人）曾向会审官员说："昨梦见观音大士说，妖书是（皦）生光造的。"在场的官员听了哄堂大笑。此话传入宫中，皇帝听了也为之绝倒。[3]另一个参加会审的御史沈裕（字以宁，浙江余姚人）急于了结审理，厉声对皦生光说："从重论，恐株连多人，无所归狱。"皦生光不得不自己诬服，以后不再翻供，叹息道："我为之，朝廷得我结案，如一移口，诸君何

1 文秉《先拨志始》卷上。

2《明神宗实录》卷三百九十，万历三十一年十一月辛巳。

3 文秉《先拨志始》卷上。

处求生活乎？”[1]

皦生光虽然是一个落魄文人，屈打成招后，却很有骨气，始终没有顺从某些会审官员的意图，随意攀诬沈鲤、郭正域。钱谦益有一段话写得很好："考皦生光妻妾及十岁儿，以针刺指爪，令引公（郭正域），皆不肯。（皦）生光坐篋舆中瞠目仰骂康（丕扬）、钱（梦皋）：'死则死耳，千刀万剐，我一身当之。奈何教我奉沈（一贯）相意，妄扳郭（正域）侍郎？'总宪三原温（纯）公、礼部侍郎晋江李（廷机）公越席而起曰：'谳狱者苦不承，安有既承而反相抵者乎？'御史牛应元、汤兆京、沈裕皆争之力。（陈）矩叹曰：'朝廷有人。'遂具谳上，大狱乃得解。"[2] 提督东厂太监陈矩向皇上汇报，追究幕后主使人的意图难以实现，无可奈何地说："（皦生光）忍刑辗转，书内词名一字不吐。"皇帝只得承认："皦生光证佐已明，忍刑辗转，未吐同谋主使真情。"[3] 刑部尚书萧大亨仰承沈一贯的旨意，再三诱使皦生光扳扯"同谋主使之人"，皦生光拒不服从，抗言道："我自为之，谁为主使？"[4] 会审时，萧大亨把预先写好的纸片塞

1 谷应泰《明史纪事本末》卷六十七《争国本》。
2 钱谦益《礼部右侍郎兼翰林院侍读学士赠太子少保礼部尚书谥文毅郭公改葬墓志铭》，《牧斋初学集》卷五十一《墓志铭二》。
3 《明神宗实录》卷三百九十一，万历三十一年十二月壬辰。
4 孙承泽《春明梦余录》卷十三《皇史宬》。

入刑部主事王述古（字信甫，号钟嵩，河南禹州人）的袖中，纸片上写着："脱（皦）生光而归，罪（郭）正域。"王述古正色拒绝："狱情不出囚口，出袖中乎？"[1]此案审理的黑幕由此可见一斑。

皦生光死后不久，舆论盛传，妖书并非皦生光所作。有人说，妖书出于武英殿中书舍人赵士桢之手。赵士桢一向慷慨有胆略，"妖书案"发，杜门不出。皦生光凌迟处死后，他精神错乱，屡屡梦见皦生光索命，一病不起。临死前，自己道出这一秘密。传闻赵士桢临死时，"肉碎落如磔"。[2]所谓"肉碎落如磔"云云，自然是民间的街谈巷议，带有因果报应的含义，姑妄言之姑妄听之。由此也曲折反映了老百姓心目中，皦生光之死实在冤哉枉也！

"妖书案"并不是孤立的偶发事件，它颇似一个晴雨表，映照出朝野上下对于皇太子地位的忧虑，力图用舆论压力迫使郑贵妃不敢贸然行动。因此朝廷的大多数官员都不愿意在此案中株连无辜官员，铸成大错。既然抓到一个皦生光，又有一个刻字匠作为人证，案犯又供认不讳，乐得草草了结。对于皇帝来说，真犯究系何人并不重要，把舆论压下去才是当务之急。

时过境迁之后，人们不仅为郭正域、沈鲤鸣不平，而且把清算的矛头指向了沈一贯。万历三十六

1 查继佐《罪惟录》传记卷十一《郭正域》。

2 文秉《先拨志始》卷上。

年，云南道监察御史史学迁回顾这一事件，发泄人们对“奸贼弄权”的积愤。史学迁的奏疏写道：“今日所称不平之甚者，孰有过于楚事、妖书耶？而今所称失刑失政之极者，亦孰有过于楚事、妖书也？故辅朱赓临死一疏，惓惓以楚事、妖书为辩，盖其一生病痛全在于此，身家祸根全在于此，故不胜其忧思苦楚。”

◥ 史学迁，山西翼城人，万历二十年进士。任云南道监察御史，廉洁奉公。因忧虑翼城古代礼制久废，编有《四礼图》。举荐杨涟等人才，关心国是。

接下来，他由楚事、妖书案件，引申出“天下知有一贯辈，不复知有皇上”这样尖锐的观点：“夫楚事方殷，臣在都中，楚狱已结，臣入楚中，故楚事、妖书之颠末，臣耳闻目见为最真切者……惟是皇上深居静摄，不与外廷相接见，而外廷之议论举动多不能达之皇上。阁臣沈一贯辈身居中扃，内外机关皆在其掌握，扼塞行取之一途，朝廷既苦无耳目，而豢养内外之私人，中外遂任其簸弄翻腾。天下知有（沈）一贯辈，不复知有皇上，皇上亦止听信（沈）一贯辈，而不复知天下有别情也。近奉圣旨谓：‘楚事、妖书皆朕亲裁处断。’顾裁诚圣裁矣，而奸贼之朦胧欺蔽千态万状，我皇上不得而知，则处断所不及也。何以言之？楚讦方兴，而万万金钱遂入都中，沈一贯受黄金一千两，银二万两，朱赓一万两，内若司礼监田义、东厂陈矩辈，外若通政沈子木、科臣钱梦皋辈，多者一二万，少者一二千，即号为一时之贤者亦入其贿，而不敢自为异同……此等奸贪，此等隐情，皇上知之否乎？”

在这种情势下，“中外摇手闭目，大家如坐陷阱”，正人君子危在旦夕：“重贿既入，主张遂定，有三十年无假之倡端，有诟辱饰辩之附和，有公论国法之死力。若张似渠，若姚文蔚，若司巡，若司捕，或运筹幕中，或张罗通衢。既逐发觉赃私之郭正域，又波及同心同德之沈鲤，中外摇手闭目，大家如坐陷阱。此等隐情，此等机械，皇上知之否乎？”

“毒心已逞，不杀不休，妖书之示，不先不后，此与昔日张位、戴士衡《忧危竑议》之书，欲杀张养蒙、魏允贞诸人之手段何异乎？即震惊我君父而不顾，危疑我东宫而不顾。自是，密尾杨村（郭正域）之舡，擒拿几尽；兵环次辅（沈鲤）之宅，水泄不通。无干若于玉立，若田大年，若王士骐，若郭正域，累累皆逐；无知若长班，若医生，若仆隶，若奶口，若书识，各各加刑。是时，（郭）正域之命悬于丝毫，沈鲤之危滨在旦夕。若非御史沈裕危言震撼，极力讽喻，当时不知作何景象也？此等奸恶，此等毒手，皇上知之否乎？”

因此，史学迁的结论是：“今日畜粉（钱）梦皋诸奸之肉，不足以谢神人之怒，而惟斩奸贼沈一贯之颈，庶不为圣明之累。”[1]在当时的政治格局下，这无疑是痴心妄想，不过史学迁的勇气着实令人敬佩。

1 史学迁《大冤未剖尽言披陈以明奸贼弄权以纾人心积愤疏》，《万历疏钞》卷十八《发奸类》。

5. 余波：内阁成为众矢之的

万历、天启年间的学者型官僚朱国祯，以亲历者的身份，谈及万历二十年代至三十年代的内阁，有言简意赅的综述，对了解当时的政坛颇有裨益。他写道："此后申时行、王锡爵、赵志皋、张位、沈一贯相轧之风稍息，渐与吏部水火，凡考察翰林官，必内阁与掌院为主。壬辰（万历二十年）一案，部议决用王肯堂，以出入申（时行）、王（锡爵）二家，指为党。其实原旧交非附丽，且学问优裕，行谊端方，辈中罕见其匹。主者协慧者，犹津津得意，称为自来考察第一。不知其解，此亦千古不白之冤也。（张）位与吏部尚书孙丕扬互讦，其语至不可读。沈一贯独相十年，沉沉嘿运，末年与总宪温纯相左。前以妖书事，欲罗织郭正域，则台省窥瞯者实有罪焉。又牵沈鲤同去，无以自解。朱赓持正存厚，李廷机清操直口，攻之曰奸曰顽，何异诋伯姬以淫，诬伯夷以盗。（朱）赓卒于位，（李）廷机杜门五年方得去，不克一日申眉。余方在家，李临川先生曰：'且待他做出来，又看此公论也。'台谏之横，抹煞天性，于斯极矣。"[1]朱国祯对阁臣的处境似乎有所同情，因而谴责言官过于骄横，以至于"抹煞天性"。这种立场，与他日后成为阁臣的身份，可能有点关系。平心而论，阁臣确实应该承担更多的

1 朱国祯《皇明大事记》卷三十八《阁臣》。

责任。

这一时期，所谓“独相十年”的沈一贯，在政坛上影响最大，招来的非议也最多，言官史学迁甚至主张“斩奸贼沈一贯之颈”。其实此人初入政坛时，也有不少好评。沈一贯，字肩吾，号龙江，浙江鄞县人，隆庆二年进士，选为翰林院庶吉士，授编修。张岱说：“（沈）一贯在史馆，不肯依附江陵（张居正），志节鲠介，闻于中朝，历官詹翰，蔚有声誉。”万历二十二年，他以礼部尚书兼东阁大学士，参预机务，“日当储位危疑，税使四出，疏揭陈请，敷陈剀切，天子以为忠勤，眷依弥切”。[1]万历二十九年内阁首辅赵志皋卒，他升任首辅，独断专行，与次辅沈鲤由于政见分歧，而导致权力倾轧。万斯同说：“自沈鲤入，（沈）一贯与相抵牾，朝论分优劣。逮假王议起，（沈）一贯力右（楚）王抑郭正域，又以妖书事，欲倾（郭）正域及（沈）鲤。自是不容于清议。”[2]

万历三十三年六月，听补南京兵部郎中刘元珍（字伯先，南直无锡人），指责政坛高层党同伐异——“元辅沈一贯实为戎首”。他在奏疏中说：“（沈）一贯自秉政以来，曾不闻佐辅皇上，救生灵于涂炭者何事；又不闻仰承德意，起忠良于摈扼者何人，舆论业已薄之。至年来嫉视善类，比昵佥人，乖谬尤甚……夫以辅弼之臣，不能导皇上驱逐群邪，廓清

1 张岱《石匮书》卷一百七十七《沈一贯列传》。

2 万斯同《明史》卷三百十一《沈一贯传》。

仕路，而反以身为丛奸聚慝之囮，使守法者抑勒无聊，席奥者高张无忌。将来谁肯为皇上触权要、持国是乎？（沈）一贯徒欲自快，而不知一时豪杰之士渐将解体，天下万世具有清评，即百喙胡以解之。”他毫不留情地抨击沈一贯的亲信——刑科给事中钱梦皋：“身自为党，而反以诬异己者，稍有建白，即以朋党目之。察其邪心，必至于翼赞（沈）一贯搏击朝绅，引用匪类，使君子蒙剥肤之惨，小人固凭社之安。然后颠倒纵横，无不如意，欲侥幸则无所不侥幸，欲倾危则无所不倾危。贤人遁而主势孤，锢蔽深而上下隔，私门炽而大柄移。从古小人乱天下率由斯路，盖未有不以朋党之说先空善类，而后群恣邪谋者。”[1]

一个月以后，南京浙江道御史朱吾弼（字谐卿，江西高安人），称赞刘元珍的奏疏是“宏议谠论”。他写道：“忽接邸报，见候补郎中刘元珍一本，宏议谠论，已先得臣心。（沈）一贯且有辩章，皇上既传圣谕，以（刘）元珍诽诬元辅，蔓及言官，令内阁看详，重加惩治矣。臣不胜惊愕，言终难已……（沈）一贯明明招权，当责以省愆图报；（钱）梦皋明明怙势，当亟于罢斥示惩；（刘）元珍明明忠直，当加之旌异超用者。今仰诵圣谕，反右权奸而左忠直，岂皇上姑为是存大臣之体乎？抑未灼见彼为权奸、此为忠直乎？”朱吾弼认为，原因就在于“（沈）一贯

1 刘元珍《国事纷纭权奸煽弄乞折邪萌以遏乱源疏》，《万历疏钞》卷十八《发奸类》。

阳施阴设，内交近侍，故皇上深居密勿，第闻（沈）一贯所独是非，不闻天下所共是非”，理应重用刘元珍，因为他“志希圣贤，心怀忠孝，不染一尘，不惮诸艰，当大任，决大疑，国家必不可无此等人”，如果皇上嘉其忠直，特赐优渥，奖励“敢言之气”，那么“正士有所恃而无恐，权奸有所慑而潜消”。[1]

万历三十四年七月，沈一贯、沈鲤同时致仕而去，人们以为前者早就应该离去，后者去得有点可惜。江西布政司参政姜士昌说：“天下舆评无不快（沈）一贯之去，又无不惜（沈）鲤之去，顾竟无一人敢为皇上明言者。第见辅臣朱赓请留（沈）鲤一疏，按臣王业宏‘地方人才提荐（沈）鲤’一疏，亦仅仅述（沈）鲤操行之大略而已。”他批评沈一贯：“百方招权，百方罔利，大坏士风吏道，俾悉走集其门。恐天下林居贞臣端士与己龃龉，则一切阻遏，其大指在摧折既往忠直，以杜将来……其摧阻忠义之术极巧极工，不知天下扼腕于沈一贯者，凡多于前此诸辅臣，则（沈）一贯意料所不及也。在廷守正不阿魁垒老成之彦，小有异同，亦巧计罢去，且空部院以便于择所欲用，空言路以便于恣所欲为。”他表扬沈鲤：“不肥身家，不择利便，惟裨主德、安国家，以众贤效之君为悦，以视（沈）一贯，忠邪远矣。（沈）一贯既归，货财如山，金玉堆积，人人皆

1 朱吾弼《权奸可畏忠直当原恳乞圣断以杜乱机疏》，《万历疏钞》卷十八《发奸类》。

知其贪。(沈)鲤家徒四壁，贫无余资，以视(沈)一贯，贪廉远矣！”[1]

万斯同感叹道:“(沈)一贯既去，言者犹追论不已，其乡人官于朝者，亦多被诋諆。及党势成，凡抨击邪党者，率以(沈)一贯为射的，至身殁未已云。”[2]并非毫无道理。

◥ 万斯同，世称“石园先生”，明末清初历史学家。师从黄宗羲。以布衣身份修《明史》。与张岱、谈迁、查继佐合称“浙东四大史家”。

之后继任内阁首辅的朱赓、李廷机，受到沈一贯的连累，也难以摆脱清流的穷追猛打。最引人注目的首推礼部仪制司主事郑振先，他对朱赓、李廷机的批判，语言之犀利尖刻，前所罕见——直斥为“古今第一权奸”。他由古代权奸李林甫、卢杞、秦桧谈起，笔锋一转说，他们与今日权奸相比，“其心虽毒，其机则显；其氛虽炽，其用则粗”，今日权奸比他们狠毒百倍。请看他的论证：

> 岂若今日辅臣，以避权而擅权，以擅权为无权，屈曲迂互，层层玲珑，层层幽秘，朝野疑而不可知，知而不可言。呜呼，极矣！故外廷似与内廷隔，而其实渊微之精神靡不得者；诸司似与政府隔，而其实人政之吃紧靡不操者。以独断归于上，而十躲九闪，尽在独

---

1 姜士昌《国是人才关系世道否泰安危疏》,《万历疏钞》卷六《国是类》。

2 万斯同《明史》卷三百十一《沈一贯传》。

断之中；以无事藏其身，而千端万绪，悉酿无事之内。谓其因人而入，而径窦不一其人；谓其伺便而出，而诡变不一其便……故盗大柄于皇上天纵神明之手，而形迹状貌反类绝无气焰奄奄可怜者。此自沈一贯开创从来奸相未有之窍，至于今日，愈出愈奇。

接下来，他列举今日权奸朱赓、李廷机十二条罪状。

第一条罪状："今朱赓等当国，每与朝臣论及时政，辄低眉蹙额曰：某事吾以去就争之不得，某事吾以死生争之不得，就使圣意果难转圜，犹宜委曲以全君父。况己未尝争，皇上未尝不从；己实为之，反诬上乎！其意直欲天下万姓一口怨上，而翘然冒爱君忧国、谨慎勤苦之名，其无天理人心极矣。"

第二条罪状："皇上宫中喜怒，岂外廷所宜知。乃（朱）赓等时时告人曰：今日皇上怒某人，明日皇上怒某人。去年南道御史李云鹄疏至，（朱）赓向廷臣言：'皇上欲处李御史，亲笔出旨，我适救之，皇上掷笔于地而寝。'此何等语，岂辅臣可出于口？其意只驾空说皇上专恶言官，钳之令不敢议己。"

第五条罪状："吏部冢宰百官之首，自李戴去后，累年不补，南北大僚冀得之者，辅臣皆许以推荐，以故兵刑钱谷俱废，至有妄杀邀功而不顾者。盖悬冢宰以饵众心，而人效其力；借冢宰以收众力，而终悬为饵，辅臣之利大矣，如国家之害何？当今贤否失序，铨政乖方，尽由于此。"

第七条罪状："自（沈）一贯、（朱）赓等执政，由山林以及在列，台谏以及诸司，大僚以及庶员，华近以及疏逖，无不人人禁锢，人人淹苦。或忌在此，而别有所借以疑众；或恶一人，而并有所逐以示公。举国空虚，一旦有事，将谁仗哉？”

第八条罪状：“廉耻士人之堤防，谨守之犹惧其或溃也。乃辅臣以一切顽钝无耻之法扫之，引疾者倏入倏出，被劾者竞辩竞进。考察至于一黜再黜，视事自如；亲死捱至两年三年，夺情何故？台省风纪之任也，钦留小印，岂不丑于斜封；巡抚保厘之秩也，候代多年，谁不偷于视荫？由此大臣不法，小臣不廉，贪污狼藉之人，刀笔狡黠之吏，遭一时缺官之会，莫不兼并攘夺，行同盗贼，风俗败坏，府库空耗。”

如此等等。

最后，郑振先用“过去、现在、未来”的模式，来描述政坛高层陈陈相因，明确指出朱赓、李廷机继承了沈一贯的衣钵，“灯灯相续，薪薪无穷”：“古之权奸固宠，肆毒止于一身，身去则已。今之辅臣乃有过去、未来、见在三身。沈一贯在位，王锡爵为过去，（沈）一贯为见在，朱赓为未来；（沈）一贯去位，则朱赓为见在，李廷机为未来；今（朱）赓与（李）廷机皆为见在矣……大抵心行迹象之相似，人地根蒂之相盘，决非（朱）赓与（李）廷机不相合者也。如此灯灯相续，薪薪无穷，而国从之矣。”[1]

1 郑振先《直发古今第一权奸疏》，《万历疏钞》卷十八《发奸类》。

由于涉及首辅、次辅，皇帝当即表态：“每日章奏皆朕亲览，裁度详断，阁臣有何专擅贿赂？这厮每屡屡逞臆，捏无影之事，诬蔑辅臣，倾害忠良……郑振先这厮出位沽名，诋污大臣，好生狂肆，本当拿问，姑降三级调极边方用。”[1]朱赓连忙为自己声辩：“(郑)振先数臣十二大罪，不言第一庸臣，而言第一权奸，似非实录，俱不敢承。惟是臣身秉国成，地居表率，凡人才进退，以及纲纪风俗、钱谷兵刑之属，何者非臣所当剂量？而人人郁滞，事事陵夷，诚有如郑振先之所责备者，听之真可汗颜，挽之无处下手。既不可尽委气运，亦不可全责所司，臣直任之曰：此则庸臣之罪也，不必加以权奸，而去有余辜矣。”[2]朱赓还算正派，不承认是权奸，却自认是庸臣，对于郑振先的责备感到汗颜。在郁闷之中度过半年，十一月死于首辅的岗位上。

李廷机(字尔张，号九我，福建晋江人)辩解道：“阁臣必面承顾问而后可言，必部复弹章有明言必另推者而后得拟。臣素寡交寡情，即乡曲同年、门生故吏，平日不相往来，天下人所共知。”[3]朱赓死后，他继任首辅，借口有病，始终杜门不出，不履行首辅职责，阁务全部推给次辅叶向高处理。言官们以为他是假装的，汤兆京、房壮丽、吴亮等二十多名官员连续上疏弹劾。他不为所动，坚卧不起，甚至躲到荒庙里面，避不见人，把朝政抛到九霄云外。皇帝不得不派行人司官员把他护送回乡。这种怪诞

1 钱一本《万历邸钞》，万历三十六年戊申卷，四月。

2 钱一本《万历邸钞》，万历三十六年戊申卷，四月。

3 钱一本《万历邸钞》，万历三十六年戊申卷，四月。

行径简直匪夷所思，无怪乎万斯同要说："辅臣以龋龁受辱，至屏弃积年而后去，前此未有也。"[1]

三　梃击案

1. 皇太子朱常洛的厄运

皇太子朱常洛的元配妃子郭氏，婚后无子。"妖书案"过后，宫中生活渐趋安定，皇帝朱翊钧盼孙心切，下旨为太子多选淑媛。顺天府少女王氏被选入宫，作为"选侍"，受到太子宠幸。

万历三十三年十一月十四日，选侍王氏生了个儿子，即朱翊钧的皇长孙，亦即以后的天启皇帝朱由校。王氏临盆时，已是深更半夜，朱常洛差老年宫女赶往仁德门外报喜，自己独自在殿陛间徘徊，焦急地等候回音。司礼监太监陈矩得报，立即禀报皇上，又转奏慈圣皇太后。全宫上下顿时一片欢腾，喜气洋洋。老宫女回禀后，朱常洛松了口气，脸上流露出难得的喜气。诞育皇长孙的王氏还没有名分，吏部拟封"夫人"，皇帝不同意，命吏部查考皇明典礼，改封为"才人"。

皇长孙诞生，举国上下欢欣鼓舞。南京吏部侍郎叶向高向皇帝祝贺："臣等近接邸报，伏睹敕下礼部，万历三十三年十一月十四日戌时，皇太子

1 万斯同《明史》卷三百十《李廷机传》。

第一子生。臣等躬逢大庆，不胜欢跃……臣等职列留京，情悬魏阙，五云天远，每翘首于凫趋，万叶祚长，欲斋心而燕贺。追惟元子诞生之日，曾于诏书未到之先，虔集群工，恭陈微悃，兹敬修乎旧典，庶仰答于洪休。盖茂发孙枝，实九庙神灵之显祐，而欣逢帝祉，乃万方臣子之同情也。伏愿益顺欢心，旁流涉泽，迓天休滋，至匪独乐于己，而同乐于民。贻哲命初生，以远垂于孙，如近垂于子，则鸿基燕翼……”[1]言外之意，希望皇上早日解决“国本”问题。在大臣心目中，皇太子已经册立，“国本”问题似乎仍旧悬而未决。

事实确实如此，皇太子朱常洛的处境依然没有改善。自他移居慈庆宫后，与居住于景阳宫的生母恭妃王氏几乎隔离，碍难来往。万历三十四年，由于皇长孙诞生，恭妃王氏被册封为皇贵妃。皇帝给礼部发去圣谕：“朕元孙诞生，恭上圣母徽号，书谕天下宗藩。复思皇太子生母恭妃王氏，先年每欲进封，因帑藏钱粮不敷，恐礼文未备，是以暂行停止。今宫闱大典业已告成，恭妃宜进封皇贵妃。其皇太子下钦命选侍王氏，亦当有封号，以襄盛典。尔部查照典礼，拟议上请，择吉来行。”[2]但是，太子生母王贵妃的待遇，与福王生母郑贵妃有着天壤之别。等到王贵妃病危时，才允许儿子朱常洛去景阳宫探视。朱常洛到了景阳宫，但见宫门紧闭，一

1 叶向高《公贺皇孙诞生疏》,《纶扉奏草》卷一。

2 钱一本《万历邸钞》，万历三十四年丙午卷，二月。

派门庭冷落景象。常洛见到的母亲，已经病入膏肓，眼睛近乎失明。王贵妃听到儿子的声音，用手抚摸着他的身体，凄楚地说："儿长大如此，我死何憾？"[1]常洛听了母亲如此心酸的话，泪如雨下，左右侍从莫不涕泪纵横，不能仰视。这时屋外有郑贵妃派来的人偷听，王贵妃若有所闻，小声对儿子说："郑家有人在此。"两人只好默然相对。[2]

万历三十九年九月十三日，王贵妃悄然病逝。皇帝向外宣布："皇贵妃王氏于本月十三日酉时薨逝，合行事宜，都照世庙皇贵妃沈氏例行。"礼部署理部务的左侍郎翁正春主张"礼宜加隆"。福建道监察御史穆天颜也向皇帝进言："皇上纲常之主，典礼之宗，必有斟酌于人情天理之极致，而不令天下后世有遗议焉者。"一向称病在家不理政务的内阁首辅李廷机，破例上疏向皇上问安。王贵妃患病与早逝，皇帝朱翊钧本应引咎自责，他却文过饰非，为贵妃所受冷遇辩解道："皇贵妃王氏，朕以诞育太子，命居一宫自适。前月间偶尔有疾，即着皇太子自问安数次。不意昨以疾终，朕深悼惜。览卿等奏慰，已知道了。"对于礼部起草的皇贵妃丧礼仪注，他轻描淡写地批复："发引，皇太子步送玄武门外，柩就舆，行路祭礼毕，回宫。"[3]由于皇帝不重视，久久不予卜葬。在礼部再三催促下，才同意由翁正春（字兆震，号青阳，福建侯官人）与太监一起前往天

1 查继佐《罪惟录》传记卷二《皇后列传·王恭妃》。文秉《先拨志始》卷上。

2 文秉《先拨志始》卷上。

3 钱一本《万历邸钞》，万历三十九年辛亥卷，九月。

寿山选择坟地，太监借口费用过多，有意刁难，翁正春勃然大怒："贵妃诞育元良，他日国母也，奈何以天下俭乎！"[1]在翁正春的坚持下，才在万历四十年六月初九日，将王贵妃的灵柩发到天寿山，七月十七日安葬，主持仪式的不过是两名侍郎而已。

王贵妃安葬一年之后，皇太子朱常洛遭到心怀叵测者的暗中诅咒，直到此时，他的地位仍然岌岌可危。

万历四十一年六月初二日，一个名叫王曰乾的武弁（锦衣卫百户），告发奸人孔学等人，受郑贵妃指使，纠集妖人诅咒谋害皇太子。[2]

据王曰乾说，有一个大姐，嫁给郑贵妃宫中太监姜严山，在阜成门外歃血为盟：必报郑贵妃厚恩，要结心腹好汉共图大事，欲将皇上镇魇，皇太子毒死，拥立福王。这年二月，孔学、赵宗舜等人设宴，请妖人王三诏等在家中，书写皇太后、皇上圣号，皇太子生辰，在学校后花园内摆设香纸桌案，以及黑瓷射魂瓶，然后由妖人披发仗剑，念咒烧符；又剪纸人三个，把新铁钉四十九枚钉在纸人眼上，七天后焚化；收坛相聚，约定在圣母（皇太后）诞辰前下手。[3]

皇帝得知此事后愤怒不已，责问近侍太监："此大变事，宰相何无言？"太监见皇上发话，便把内阁首辅叶向高早已呈进的奏疏递给皇上。

1 张廷玉《明史》卷二百十六《翁正春传》。

2《明神宗实录》卷五百九，万历四十一年六月己丑。查继佐《罪惟录》传记卷十三下《叶向高》。

3 钱一本《万历邸钞》，万历四十一年癸丑卷，秋七月。

叶向高，字进卿，号台山，福建福清人，万历三十五年五月以礼部尚书兼东阁大学士，与于慎行（十一月卒）、李廷机同时进入内阁。次年十一月，内阁首辅朱赓病故，李廷机升任首辅，却闭门养病，不理阁务，形成叶向高一人支撑内阁的局面。万历四十年李廷机致仕，叶向高多年一人“独相”。他忧国奉公，每事辄争，对皇太子尤为关注，获悉了王曰乾的告发，立即写了奏疏，建议皇上冷静处理此事。他说：“该通政司官告臣，有武弁王曰乾讦奏孔学等诅咒圣母、皇上及东宫事情。臣一闻之惊骇欲绝，不能言语。随密访其情由，乃知（王）曰乾、孔学等皆系京城棍徒，结告刑部事尚未了，又擅入皇城放炮进本。刑部以其禁地放炮，欲拟死罪，遂诪张至此，无所顾惜。此事大类往年之妖书，而妖书出于匿名，无可究治，故难于处置。今告者与被告者，人皆见在，法司一审，其情立见，自伏其辜。皇上但静以处之，不必张惶。一或张惶，则中外纷扰，其祸将不可言。彼奸人不过拼一条性命，乃国家之所损多矣，是反堕其计中也。至其疏中有一二语侵及皇贵妃、福王，尤可痛恨。以皇贵妃之贤明，福王之贤孝，感戴皇上厚恩，唯恐不千岁而万年，中外臣民孰不知之？彼狂悖诬谬之谈，不必介意。”[1]叶向高吸取了先前“妖书案”的教训，请求皇上务必冷静处之，尽量不要扩散影响。

1 叶向高《为王曰乾事情揭》，《纶扉奏草》卷二十。《明神宗实录》卷五百九，万历四十一年六月己丑。钱一本《万历邸钞》，万历四十一年癸丑卷，秋七月。

他似乎感到意犹未尽，六月初三日，再次向皇帝进呈密揭，重申上述意见，特别强调千万不可把王曰乾的告发内容向外泄露。他说："昨为奸徒妖言，臣已具揭，请皇上静以处之，不必张惶。不知圣明肯赐采纳否？要之，事理实当如此。夜来臣又再思之，此疏若下，上必惊动圣母，下必惶怖东宫，而皇贵妃与福王皆不自安。传之天下，书之史册，亦不为美。万一其中更有难处事体，将如之何？姑且留中，勿行宣布，所有奸徒当于别疏批出，或另传圣谕，下法司究治。中有干碍事情，不必尽露。要以正国法、尊国体，两尽而无伤，而又速定明春（福王）之国吉期，以息群喙，则天下恬然无事，宗社之幸大矣！"[1]这道揭帖呈进时，已漏下四鼓，深更半夜，皇帝还未就寝，仍在为此事烦心，绕着几案踱步。看了叶向高的揭帖，如同服了一帖良药，一下子镇静了下来。少顷，脱口而出："我父子兄弟得安矣！"[2]

叶向高的处理方式确实高明，使大事化小，小事化了。否则的话，一旦张扬出去，势必像"妖书案"那样，闹得满城风雨。六月初四日，叶向高授意三法司严刑拷打王曰乾，令其死于狱中，灭掉了口舌。这一原本真假难辨的案件，以不予审理、不加追查、不事张扬的方式悄悄了结。叶向高不愧老谋深算，采取与"妖书案"截然不同的处理方法，

1 叶向高《再为王曰乾事情揭》，《纶扉奏草》卷二十。钱一本《万历邸钞》，万历四十一年癸丑卷，秋七月。

2 文秉《先拨志始》卷上。

化险为夷，将隐患消弭于无形之中。

案件虽然化险为夷，却显示出一种不祥之兆。宫廷内部围绕皇太子的斗争，悄无声息，却处处刀光剑影。皇太子朱常洛的厄运难以摆脱，如临深渊如履薄冰，随时随地都可能发生危机。

2. 疑窦丛生的梃击案

万历四十一年十二月，皇太子妃郭氏病故，迟迟不举行葬礼。明眼人一看便知，此事折射出皇太子的地位问题，凡是关心“国本”的有识之士无不为之忧心忡忡。吏科给事中亓诗教把几年前去世的皇太子生母王贵妃，与皇太子妃郭氏死后的待遇联系起来分析：“皇太子母葬已有年，而膳田不给，香火无供，忍令坟园之荒废。皇太子妃逝几两载，而葬地不择，灵輀未发，宁无暴露之感伤？”[1]大理寺署理寺务的添注右寺丞王士昌也对此表示不满：“皇贵妃育东宫者也，膳田不给；郭妃配东宫者也，葬地不择。即此数事，皆出人情之外。夫人疑则猜生，猜生则奸生。”[2]

出于这样的缘故，朱常洛身边的侍卫十分松懈，他居住的慈庆宫门庭冷落，给行刺皇太子的“梃击案”，提供了诱发因素。

万历四十三年五月初四日黄昏时分，一个陌生

1 钱一本《万历邸钞》，万历四十三年乙卯卷，五月。文秉《先拨志始》卷上。

2 钱一本《万历邸钞》，万历四十三年乙卯卷，五月。文秉《先拨志始》卷上。

男子手持枣木棍，闯入皇太子居住的慈庆宫。第一道门寂然无人，第二道门只有两名老太监把守。这个男子打伤老太监李鉴，直奔前殿檐下。内侍韩本用闻讯，率领七八名太监赶来，把凶犯擒获，交给东华门守门指挥朱雄。皇太子当即派韩本用报告皇帝："本日酉时，不知姓名男子一名，手持枣棍一根，将守门官李鉴打伤在地，又打前殿檐下。韩本用拿住，交与东华门守门指挥朱雄。"[1]

朱雄把犯人交给巡视皇城御史刘廷元审问。犯人供认：本名张差，蓟州井儿峪人。此人言语颠三倒四，看上去好像疯子。经过再三审讯，张差的供词仍然语无伦次。事关宫廷安危，刘廷元立即将情况上报皇帝："据东华门守门指挥朱雄称，初四日戌时，有慈庆宫不知姓名内相六七人，拿获不知姓名男子一人，交与本门收留。见在即批发把总赵国忠查审。供名张差，系蓟州井儿峪民，语言颠倒，相似疯狂。又称，本犯属慈庆宫缠住者。再三拷讯，本犯止呶呶称：吃斋、讨封、效劳、难为我等浑语。话不情实，词无伦次。按其迹，若涉疯魔；稽其貌，的是黠猾。此不可不详鞫而重拟者。"[2]

消息不胫而走，很快传至宫外，京师人情汹汹，纷纷揣测是郑贵妃在背后捣鬼。

皇帝接到报告，命三法司提审凶犯张差，以便廓清是非。

1 钱一本《万历邸钞》，万历四十三年乙卯卷，五月。

2 钱一本《万历邸钞》，万历四十三年乙卯卷，五月。朱国祯《皇明大事记》卷四十《国本》。

刑部官员胡士相、岳骏声、赵会祯、劳永嘉奉旨审问，张差供称：自己的柴草被李自强、李万仓烧毁，气极，四月间从蓟州来到京城，要赴朝申冤。从东进，不认识门；往西走，适路遇男子二人，哄说你没有凭据如何进入？又说你拿一根棍子来使，可当作冤状。自己日夜气愤，失志癫狂，就在五月初四日，手拿枣木棍一根，从东华门直至慈庆宫门前，打伤守门官，跑入前殿下，被拿。胡士相等审问后，拟依照“宫殿前射箭、放弹、投砖石伤人律”，判处斩首，秋后处决。[1]这是一种淡化处理方式，仅仅以“疯癫闯宫”论处，按照宫殿前伤人罪处死张差一人，不追究是否有幕后主使人。这显然迎合了皇帝的心意。

但是众多官员认为，案情疑窦丛生，非要追究个水落石出不可。他们的代表人物就是刑部提牢主事王之寀、大理寺右寺丞王士昌、行人司正陆大受，以及工科给事中何士晋等。由于他们的坚持，案情真相逐渐显山露水，幕后主使人也呼之欲出。

刑部提牢主事王之寀（字心一，陕西朝邑人），五月十一日到狱中仔细观察案犯动态。此时正值狱中散饭，王之寀看见张差年轻力壮，并无疯癫迹象，决定对他突击提审。张差起先不肯招供，王之寀对他说：“实招与饭，不招当饿死。”张差望着边上的饭菜，低头不语：“不敢说。”王之寀令旁边的皂隶退

1 朱国祯《皇明大事记》卷四十《国本》。谷应泰《明史纪事本末》卷六十八《三案》。

去，张差招供道：“蓟州井儿峪人，小名张五儿，父张义病故。有马三舅（即马三道）、李外父（即李守才）教我跟不知姓名老公公，说：‘事成与你几亩地种，够你受用。’老公公骑马，小的跟走。初三，歇燕角铺。初四，到京。”问何人收留，又说：“到不知街道大宅子，一老公公与我饭吃，说：‘你先冲一遭，撞着一个打杀一个，打杀了，我们救得你。’遂与我枣棍，领我由厚载门进到慈庆宫，守门的把我一把拿，我一棍打倒，到里边轮了两棍，莫有轮着，老公公多了，就拿住我。小爷洪福大了。”[1]

从张差供词可知，他受宫中太监收买，闯宫梃击皇太子。这个情节十分重要，王之寀立即启奏皇上，指出此案的严重性与复杂性。他在奏疏中说：“太子之势危于累卵，皇上深居静摄，未见孤危形象。一夫不可狃，况众乎？臣看此犯，不癫不疯，有心有胆，惧之以刑法不招，要之以明神不招，啖之以饭食，始半吞半吐。中多疑似情节，臣不敢信，亦不敢言。臣一腔热血，惟冀感通皇上，保护东宫，为宗社生灵长久之计。伏愿皇上缚凶犯于文华殿前，朝审一番，或敕九卿科道三法司会问，则情形立见，祸端坐消。”[2]

王之寀揭开了此案幕后活动的隐蔽一角。张差闯宫梃击皇太子，是宫内太监一手操纵的，继续追踪下去，太监的主子必将无所遁形，这是需要一

1 钱一本《万历邸钞》，万历四十三年乙卯卷，五月。《明神宗实录》卷五百三十二，万历四十三年五月戊午。朱国祯《皇明大事记》卷四十《国本》。

2 钱一本《万历邸钞》，万历四十三年乙卯卷，五月。《明神宗实录》卷五百三十二，万历四十三年五月戊午。朱国祯《皇明大事记》卷四十《国本》。

点勇气的。邹漪为王之寀立传，对他的品格颇为赞许："性恭谨，好持高节，不苟同流俗人浮沉"，梃击案发，"奸人惧谋败坐诛，急欲杀张差结案。而诸臣左袒者，如御史刘廷元、刑部郎胡士相等，因缘掩覆，力主疯癫之说。公（王之寀）曰：'疯癫二字顾足以服人心万世哉？吾宁为法受恶，不愿为乱贼长焰。'"[1]因此，他主张在文华殿由九卿科道与三法司公审，把真相暴露在光天化日之下。

◥ 邹漪，师从吴伟业，清初明史学者。著有《启祯野乘》《明季遗闻》等。

这与皇帝的宗旨——大事化小小事化了——大相径庭，他当然不会接受王之寀的主张。几十年围绕皇太子的"争国本"，使得皇帝处处被动，实在不想这件案子再节外生枝，干脆把王之寀的奏疏留中不发。但是关于此案的具体情节早已流传出去，朝廷上下议论纷纷。

大理寺右寺丞王士昌（字永叔，号十溟，浙江临海人），以司法事务主管的身份发表意见，对皇上把王之寀奏疏留中不发表示不满。他在奏疏中一连追问："宸居何地？主器何人？张差何物？敢于持梃突入，如履无人之境。吁，可惧哉！业经道臣刘廷元、牟志夔，科臣亓诗教连章奏请，不报。臣思皇上自册立以来，虽念念止慈，然弥文煦奥之间，多不慰人望……乃至有不逞之徒，执梃入宫，伤及近侍，直

1　邹漪《启祯野乘》一集卷一《王侍郎传》。

逼檐下，何等危疑，何等急迫！乃令奴婢哀奏，仅仅曰‘法司提了问’。如此冷语，如路人赴诉于不相知者然。比提牢主事王之寀之疏载入，亦竟高阁，有此人情乎？”[1]王士昌把梃击案与先前皇太子的遭遇联系起来，批评皇上对于皇太子的所作所为“多不慰人望”，批评皇上处理这一案件的冷淡态度如同陌路，令人寒心。

王之寀、王士昌的态度，反映了多数官员对于梃击案的密切关注，人们不约而同地把怀疑目光投向了郑贵妃和她的兄弟郑国泰身上。碍于皇帝的恩宠，慑于郑氏家族的威势，没有人敢直犯其锋。这种僵局很快被敢于直言的陆大受、何士晋打破了。

户部郎中、行人司正陆大受（字凝远，常州武进人），一连提出几个疑问。一则问："青宫何地？男子何人？而横肆手棍，几惊储跸，此乾坤何等时耶？”再则问："张差业招一内官，何以不言其名？明说一街道大宅，何以不知其处？”他还巧妙地把怀疑的目光投向郑贵妃的兄弟郑国泰。前年，他因福王藩封逾额，曾经上疏弹劾“奸畹凶锋”；如今再度指向此人，绝非偶然，笔锋一转说："幸而不验于前日，而验于今日。”[2]

所谓“奸畹”，暗指外戚郑国泰，意在引而不发。郑国泰按捺不住，五月二十日写了一个揭帖给皇帝，极力为自己洗刷："倾储何谋？主使何事？

1 钱一本《万历邸钞》，万历四十三年乙卯卷，五月。《明神宗实录》卷五百三十二，万历四十三年五月甲子。

2《明神宗实录》卷五百三十二，万历四十三年五月辛未。朱国祯《皇明大事记》卷四十《国本》。

阴养死士何为？狂悖乱逆非惟心不敢萌，即口亦不敢言，耳亦不忍听矣……清明之世耳目最真，臣似不必哓哓与辩。”[1]口口声声“不必哓哓与辩”，其实已经颇为心虚地为自己辩个不休了，可是愈描愈黑，迹近于不打自招。

郑国泰这种过于敏感的反应，立即被机敏的工科给事中何士晋（字武莪，常州宜兴人）抓住，穷追不舍，揪住郑国泰辩词中的破绽，揭露他欲盖弥彰的拙劣伎俩：“本月二十日，戚臣郑国泰有‘部曹转疑转深’一揭，盖为户部浙江司郎中陆大受疏发也，查（陆）大受疏内虽有‘前年为藩府庄田直陈大难，身犯奸畹凶锋’等语，彼时特借此发端，以明杞忧之果验，而语及张差近事。原止欲追究内官姓名、大宅下落，并未尝直指（郑）国泰主谋。原疏见在御前，可复也。况此时张差之口供未具，刑曹之勘疏未成，（郑）国泰岂不能从容少待，而何故心虚胆战，辄尔具揭？目此一揭之张皇，而人遂不能无疑于（郑）国泰矣！”经过这一番分析，何士晋痛快淋漓地向郑国泰发出一系列疑问：“据其揭云：‘倾储何谋？主使何事？阴养死士何为？’又云‘灭绝门户，万世骂名’，又云‘事无踪影，言系鬼妖’。臣不知谁谓其倾储？谁谓其主使？谁谓其阴养死士？谁谓其灭门绝户？又谁无踪影？谁系鬼妖？”有鉴于此，何士晋向皇帝指出，既然郑国泰如此汲汲于自我辩

1《明神宗实录》卷五百三十二，万历四十三年五月辛未。

解，干脆把张差招供的太监庞保、刘成，亲戚马三道、李守才等人，交与三法司公审，谁为主谋，谁为助恶，谁为波及，必将洞若观火。

结论是显而易见的："种种不祥之语，自捏自造，若辩若供，不几于欲盖弥彰耶！即此揭词之狂悖，而人益不能无疑于（郑）国泰矣……胡为大小诸臣俱有屡疏，（郑）国泰至今寂无一语？勇于私揭，怯于公言，明告众人，而暗瞒皇上，掩耳盗铃，肺肝尽见，而人亦不能无疑于郑国泰矣！"何士晋抓住郑国泰露出来的尾巴，新账老账一起算："人之疑（郑）国泰亦非始于今日也。皇上试问（郑）国泰，三王之议何由而起？《闺范》之序何由而进？妖书之毒何由而构？此基祸之疑也，至今未有以对天下也。皇上又问（郑）国泰，孟养浩等何由而杖？戴士衡等何由而戍？王德完等何由而锢？此挑激之疑也，至今未有以谢天下也。"[1]诸如此类的疑问，他提出了一大串，字字句句直逼郑国泰，把他逼到了墙角，无法转身，无所遁形。人们有理由推测，梃击案并非孤立偶发事件，它与先前围绕皇太子的离奇事件若即若离，又环环相扣，郑贵妃和郑国泰脱不了干系。

王之寀、王士昌、陆大受、何士晋等人层层剖析，使得梃击案的幕后真相逐渐显山露水，不仅得罪了郑贵妃、郑国泰之流，也触怒了皇帝，他们

1 钱一本《万历邸钞》，万历四十三年乙卯卷，五月。

所背负的压力可想而知。一些官员阿谀帝意，主张以张差“疯癫”结案，纷纷攻击王之寀等人。正如邹漪所说，王之寀的审问，“乃尽得其所为谋主者，如椒戚郑国泰”，“而一时主疯癫者乃语塞。虽然，公（王之寀）之祸自此烈矣……其主疯癫者其说无以大伸，遂决意杀（张）差灭口，兼重罪公（王之寀）以实主疯癫者。而廷臣十八人会鞫所得口供逆状一十八条，乃径欲以‘莫须有’三字尽情抹杀矣”。天启五年，魏忠贤专政，昔日主张“疯癫”者飞黄腾达，王之寀被逮入锦衣卫诏狱，惨死于狱中。[1]陆大受的遭遇也不妙，上疏以后不久，就外调为抚州知府，尽管以清廉著闻，还是受到徐绍吉、韩浚之流借用“考察”手段，剥夺其官职，最终抑郁而死。[2]何士晋的奏疏写得最厉害，皇帝看了大怒，本欲处以重罪，考虑到已有迹象，恐怕更加招致人言，只得作罢。恰巧吏部本来拟将何士晋外放为浙江佥事，等候皇帝审批，三年未下。至是，皇帝批复吏部，按照前拟执行。吏部回复，时间过了三年，浙江佥事的空缺早已补上，请求皇帝改命。皇帝不许，命令将前补者调离，腾出空位。吏部申辩，何士晋资历已深，应当出任参议。皇帝恼羞成怒，切责吏部尚书，扣罚郎中以下官员俸禄。何士晋任职浙江佥事四年，调为广西参议。此后历任尚宝司少卿、兵部右侍郎兼两广总督。天启五年，魏

1 邹漪《启祯野乘》一集卷一《王侍郎传》。

2 张廷玉《明史》卷二百三十五《陆大受传》。

忠贤专政，当年主张追究梃击案主使者，相继获罪，何士晋革职，抑郁而死。[1]

3. 上谕："毋得株连无辜，致伤天和"

五月二十一日，刑部左侍郎张问达（字德允，陕西泾阳人）与有关官员会审张差。参加会审的官员有：胡士相、陆梦龙、邹绍光、曾曰唯、赵会祯、劳永嘉、王之寀、吴养源、曾之可、柯文、罗光鼎、曾道唯、刘继礼、吴孟登、岳骏声、唐嗣美、马德澧、朱瑞凤等十八人。

张差的招供涉及幕后主使人。他说：太监庞保在蓟州黄花山修铁瓦殿，舅舅马三道、外公李守才常往庞保那里送炭。庞保与另一个太监刘成商量，叫李守才、马三道对张差说："打上宫去，撞一个打一个，打小爷（按：太监称太子为小爷），吃也有你的，穿也有你的。"张差又说：朝外大宅子即太监刘成的住宅，庞保和刘成就在那里商量事体。刘公公领我进宫，对我说："你打了，我救得你。"张问达把上述会审所得供词向皇帝报告，指出事件的严重性："看得张差奸谋盖世，巨恶滔天。闯入禁庭，狂逞之形暴著；公持凶器，跋扈之势昭彰。打伤阉人，震惊储贰，倘非宗社有灵呵护，左右极力擒拿，则事且有不可知，而变且有不忍言者矣。"[2]

1 张廷玉《明史》卷二百三十五《何士晋传》。

2 钱一本《万历邸钞》，万历四十三年乙卯卷，五月。朱国祯《皇明大事记》卷四十《国本》。

庞保、刘成都是郑贵妃宫中的太监，庞、刘二人插手此事的消息传出，朝廷内外人言籍籍，纷纷猜测郑贵妃的弟弟郑国泰是幕后主使人。《明史·张问达传》写道："四十三年五月，谳问张差梃击事。（张）问达从员外郎陆梦龙言，令十三司会讯。词连郑贵妃宫监庞保、刘成。中外籍籍，疑（郑）贵妃弟（郑）国泰为之。（张）问达等奏上（张）差狱，帝见（庞）保、（刘）成名，留疏不下。"[1]显然，皇帝不想牵连到郑贵妃，因此扣下张问达的奏疏，企图以沉默来淡化此案的政治色彩。

内阁辅臣方从哲、吴道南鉴于刑部会审事情的严重性，请示皇帝："刑部司官会审张差事情，臣等阅其招词，不觉发指汗流，惊怖欲死。何物神奸，敢造通天逆谋，一至此极！真神人之共愤，天地所不容，即万死不足以尽其辜者。变出异常，法应重究。伏望皇上将原本即发臣等票拟，敕下法司严提究问，依律正罪，以伸国法，而慰群情。"[2]皇帝依然是留中不发，不予理睬。

阁臣方从哲、吴道南再接再厉，继续向皇上进言："张差一事，供招甚明，决非可以含糊苟完者，惟是数日之间未蒙乾断，人心愈益不安。皇上之意或者以一经审鞫，牵引必多，将来难于结局。臣等则以狱有真情，断狱有定法，据情正法，使有罪者不得漏网，无辜者不致波及。在诸臣自能辨此，皇

1 张廷玉《明史》卷二百四十一《张问达传》。

2 顾秉谦《三朝要典》卷二《梃击》。

上可无虑也。惟望明旨速下，使此狱早完一日，则人心早安一日。”[1]迫于外廷强大的压力，皇帝不能再装聋作哑，必须表明态度；既然要表明态度，索性就给案件画一个框框，定一个基调：“毋得株连无辜”。

五月二十六日，皇帝以“谕内阁”的形式宣称：“朕自圣母升遐，奉襄大典，恭迎神位几筵以来，追思慈恩罔极，哀慕不胜。……昨夏突有疯癫奸徒张差持梃闯入青宫，震惊皇太子，吓朕恐惧，身心不安。朕思太子乃国根本，岂不深忧？已传本宫添人守门，门防不时卫护。连日览卿等所奏宫闱等事，奸宄叵测，行径隐微，既有主使之人，即着三法司会同拟罪具奏。毋得株连无辜，致伤天和。”[2]这道谕旨虽然承认“既有主使之人”，重点却在“毋得株连无辜，致伤天和”。次日，皇帝又向刑部发去谕旨，再次强调“毋得连及无辜，致伤天和”：“这疯癫奸徒蓄谋叵测，震惊皇太子，朕心恐惧不宁。本内有名人犯，便着三法司严行鞫审，拟罪具奏，速正典刑。毋得连及无辜，致伤天和。”[3]

皇帝心目中的“无辜”，并非别人，正是郑贵妃与郑国泰。强大的舆论压力，使得郑贵妃感受到人言可畏，惶惶不可终日，不断向皇上哭诉。皇帝命郑贵妃向皇太子表明心迹，求得谅解。皇太子朱

1 顾秉谦《三朝要典》卷三《梃击》。

2 钱一本《万历邸钞》，万历四十三年乙卯卷，五月。朱国祯《皇明大事记》卷四十《国本》。

3 钱一本《万历邸钞》，万历四十三年乙卯卷，五月。顾秉谦《三朝要典》卷三《梃击》。

常洛为人忠厚，心慈手软，听了郑贵妃的解释，不想把事情闹大，恳请父皇召见群臣，当众表明是非曲直。一向胆小怕事的朱常洛对于此案牵连郑贵妃感到恐惧，希望迅速以张差疯癫结案。于是，父子二人对于案件结局达成共识。

五月二十八日早晨，司礼监掌印太监李恩传达皇上谕旨，在慈宁宫召见内阁辅臣、五府六部堂上官以及科道官。太监引导方从哲、吴道南及文武百官到圣母灵位前，行一拜三叩头礼，然后跪在慈宁宫门外地上。慈宁宫门外檐前，身穿白袍头戴白冠的皇帝，倚靠左门柱西向而坐；身穿青袍头戴翼善冠的皇太子侍立于父皇右边，皇孙、皇孙女四人一字儿站立在左阶下。皇帝开始说话了："自圣母升遐，哀痛不已。今春以来，足膝无力，然每遇节次朔望忌辰，必身到慈宁宫圣母座前行礼，不敢懈怠。昨忽有疯癫张差闯入东宫伤人，外廷有许多闲说。尔等谁无父子，乃欲离间我耶！适见刑部郎中赵会桢所问招情，止将本内有名人犯张差、庞保、刘成即时凌迟处死，其余不许波及无辜一人，以伤天和，以惊圣母神位。"[1]皇帝用无可争议的口气为"梃击案"定下调子，只惩处"本内有名犯人"张差、庞保、刘成，"余不波及"。

皇帝把话题转移到皇太子身上，他抚摸儿子的身体说："彼从六尺孤养至今，成丈夫矣！使我有别

1《明神宗实录》卷五百三十二，万历四十三年五月癸酉。朱国祯《皇明大事记》卷四十《国本》。谷应泰《明史纪事本末》卷六十八《三案》。

意，何不彼时更置，今又何疑？且福王已之国，去此数千里，自非宣召，彼能插翅飞至乎？”又说：“朕与皇太子天性至亲，祖宗、圣母俱所深鉴。小臣恣意妄言，离间我父子，真是奸臣。”

跪在最前面的方从哲赶忙叩头说：“诸臣岂敢如此。”跪在后面的刑部左侍郎张问达、大理寺寺丞王士昌，向皇帝报告本内五犯名字。皇帝关照：“止照本内名数，不许乱扯！”再次示意三法司，不许在张差、庞保、刘成三人之外牵连别人。随即他对身边的皇太子说：“你有何话再说来！”

这次召对是皇太子提出的，他想借机表明态度，自然有话要说。一句话是：“似此疯癫之人，决了便罢，不许株连。”另一句话是：“我父子何等亲爱，外廷有许多议论，尔辈为无君之臣，令我为不孝之子，深为可恨。”这两句话，言简意赅，纯属表态性质。由于张差梃击的对象是他，由他出面说“不许株连”，极具说服力，否则的话，“尔辈为无君之臣，令我为不孝之子”。皇帝很巧妙地利用皇太子之口，为梃击事件定了案。所以他马上对跪在下面的臣子说：“你每听皇太子所说否？”郑重其事地把皇太子的两句话重复了一遍，使之成为自己的谕旨。方从哲心知肚明，立即回话：“圣谕已明，人心已定，望皇上毋以此介怀。”[1]

1 朱国祯《皇明大事记》卷四十《国本》。顾秉谦《三朝要典》卷三《梃击》。

突然，跪在后班的御史刘光复（字敦甫，号贞一，晚号见初，池州青阳人）大声发言："皇上极慈爱，皇太子极仁孝！"对于如此无礼的叫喊，皇帝大为恼怒，他对外廷关于"梃击案"的议论早已不满，大声斥责："内廷慈孝，外廷妄肆猜疑，迹涉离间。"执拗的刘光复仍然喋喋不休，皇帝问身边的太监他说什么？太监回答：怨上。皇帝勃然震怒，连叫：锦衣卫何在？竟然无人答应，只得命太监将他逮捕，押往朝房听候发落。方从哲赶紧出来为刘光复开脱："小臣无知妄言，望霁天威。"少顷，皇帝再次把话题转回主题："疯癫奸徒张差闯入东宫，打伤内官，庞保、刘成俱系主使。""今只将疯癫张差、庞保、刘成三人决了，其余不许波及。"[1]

◥ 刘光复，万历二十六年进士。因在"梃击案"中君前失礼被逮下狱。

方从哲回到内阁，遵照皇帝的旨意，票拟了给三法司的谕旨，皇帝稍微修改后发出："昨张差以疯癫奸徒，闯入东宫，持梃伤人，罪在不赦……其所供内官庞保、刘成俱系主使之人，法司已审明确。见监疯癫奸徒张差，即便会官决了。内官庞保、刘成着严提审明，拟罪具奏另处。其本内马三道等，的系诬攀之人，斟酌拟罪来说。此外不许波及无辜，震惊圣母神位，致伤天和，称朕体天好生

1 钱一本《万历邸钞》，万历四十三年乙卯卷，五月。《明神宗实录》卷五百三十二，万历四十三年五月癸酉。李逊之《泰昌朝记事》卷一《光庙在东宫》。

之意。”[1]

五月二十九日，张差被凌迟处死。

五月三十日，司礼监太监遵旨会同三法司等官员，在文华门前审讯太监庞保、刘成。张差已死，庞、刘二人有恃无恐，拒不认罪。庞保称原名郑进，刘成称原名刘登云，与诸臣所说姓名不符，对于把张差引进宫内等情节，一概否认。正在审问间，忽然传来皇太子的口谕，为庞、刘开脱罪责：“本宫反复参详，庞保、刘成身系内官，虽欲谋害本宫，于（庞）保、（刘）成何益？料（庞）保、（刘）成素必凌虐于（张）差，今（张）差故肆行报复之谋，诬（庞）保、（刘）成以主使之条。本宫体念人命至重，造逆何等重大事情，岂可轻信仇口。株连无辜，天理何在！本宫连日奏求父皇，当速决张差，以安人心。其疯口诬攀庞保、刘成，若一概治罪，恐伤天和。况名姓不同，当以仇诬干连，从轻拟罪。”[2]明眼人一看便知，这些话虽然出于皇太子之口，传达的却是皇帝旨意，显然是想进一步大事化小小事化了，以杀一个张差了事。因为庞保、刘成是郑贵妃宫内的太监，此二人主使之罪难以成立，郑贵妃与此案便毫无关系可言了。

署理刑部事务的刑部左侍郎张问达，不甘心如此草率结案，提出异议。皇帝唯恐节外生枝，授意司礼监太监把庞保、刘成秘密处死。事后扬言，天

1《明神宗实录》卷五百三十二，万历四十三年五月癸酉。顾秉谦《三朝要典》卷三《梃击》。

2 钱一本《万历邸钞》，万历四十三年乙卯卷，五月。朱国祯《皇明大事记》卷四十《国本》。

气炎热，庞、刘二犯被严刑拷打致死。《明史·张问达传》写道：针对皇太子要求“从轻拟罪”，张问达认为“鞫审未尽”，向皇帝上疏：“奸人闯宫，事关宗社，臣等安敢含糊？今（张）差已死，（庞、刘）二囚易于抵饰。文华门尊严之地，臣等不敢刑讯，何由得情？（庞、刘）二囚偏词何足为据？（张）差虽死，其所供之词故在，而其同谋马三道等亦皆有词在案，孰得而灭之！况慈宁（宫）召对，面谕并决，煌煌天语，通国共闻，若不付之外廷会官严鞫，安肯输情；既不输情，安从正法。祖宗二百年来，未有罪囚不付法司，辄令拟罪者。且二人系内臣，法行自近陛下，尤当严其衔辔，而置之重辟，奈何任彼展辩，不与天下共弃之也！”说得合理合法，令皇帝无词以对。该书所写的下面一段最妙：“帝以（庞、刘）二囚涉郑氏，付外廷，议益滋。乃潜毙于内，言皆以创重身死。”[1]

“梃击案”至此草草了结。三名要犯，一名死于刑场，在众目睽睽之下；另两名不明不白地死于宫内，给人留下一片疑云。不过毁尸灭迹恰恰暴露了当事者心虚的一面，蛛丝马迹早已无可掩饰。由于皇帝与皇太子对此取得共识，配合默契，不想在张差、庞保、刘成之外牵连其他人，人们只能默认，或者表示谅解。已经退休在家的前内阁首辅叶向高的看法是有代表性的，他说：“张差之发，予在

1 张廷玉《明史》卷二百四十一《张问达传》。

里居，闻王之寀曾语侵张问达，故予往问张（问达），虚实云何？张（问达）言：'（王）之寀所发事事逼真，当时面谳皆同。所云疯癫者饰词也，安有持梃入宫而可称疯癫者！'余故《实录》中委婉载之。当时问官岳骏声力主疯癫，言官从风附会，而（王）之寀被重谴矣。当王曰乾告变，已云庞保、刘成有谋，所供复与之同，似又不出癫者之口。神祖毙二阉于禁中，不遣之就理，圣意渊然，可以默谕。"[1]此时的叶向高无官一身轻，坦率地表达自己倾向于王之寀、张问达的观点，与他当年处理"王曰乾告变"，大事化小小事化了的态度皆然不同。但是，对于神宗皇帝把庞保、刘成击毙于禁中的做法，他表示可以理解。叶向高的同时代人董其昌的视角略有不同，他高度赞扬皇太子（即光宗皇帝）的做法："张差一事，此国本之大窾系也。当时罪臣既得，满朝哗然。使光考（光宗）复持之坚，而皇祖（神宗）又无辞于外廷，则宫府之间必有大不安者。赖光宗以恬处之，陛前解谕，不为穷治，神祖之慈，益光考之孝矣。"[2]

◤ 夏允彝，夏完淳之父，松江华亭人，崇祯十年进士。与同郡陈子龙、徐孚远等人结成"几社"，与吴中著名文学团体"复社"相应和。任福建长乐知县，革除弊俗。弘光元年清军进攻江南，夏允彝与陈子龙等在江南起兵抗清，兵败后投河而死，时年五十岁。

后来的史家评论此事，或许受到叶、董二位"大佬"的影响，语调都比较平和。夏允彝说："张差处分之法，不过始则严讯之，继则以二珰（庞保、

1　许重熙《宪章外史续编》卷十一，万历四十三年三月。
2　许重熙《宪章外史续编》卷十一，万历四十三年三月。

刘成）及（张）差结局，所谓化大事为小事也。”[1]大事化小小事化了，可谓一语中的。李逊之说得更为透彻："方事初起，中外惊骇，至疯癫之说，倡议者谓其有所为。而王之寀直发逆状，刑部尚书张问达深以为然，形迹愈露。然必穷究其由来，所伤实多。神宗念大臣中无足与计，不得已自行诏谕……曲为周旋，法正而宫闱安，所全甚大。”[2]

案件虽然了结，争议却从未停息，人们把矛头集中到内阁首辅方从哲身上。天启元年御史张慎言的奏疏，反映了多数正直官员的共同倾向。张慎言（字金铭，号藐菇，山西阳城人）说："张差一狱，为辅臣者宜何如震耸，票拟严切。乃（方）从哲姑票曰：'着法司提了问。'若寻常细琐之事。于是承风望旨者遂以'疯癫'二字结此案矣。用张差者，非用其智也，用其愚也……此一狱也，若引绳批根，宫闱骨肉之间，君臣父子之际，大狱将兴，深未稳便。当群议沸腾，神宗御慈宁宫召百官，弃张差于市，毙庞（保）、刘（成）于宫，是群臣不得赞一词，士师无所措其手。伟哉，庙号神宗不虚矣。故不穷究党与，亟结此案者，所以全父子之情，然亦必摘发邪谋，阴褫奸魄者，亦政以明君臣之义，而陆大受、王之寀……必以考功之法中之，诸臣之意何居乎？”[3]

负责审理“梃击案”的刑部主事王之寀，万历四十五年京察时，遭到给事中徐绍吉、御史韩浚用

1 夏允彝《幸存录·门户大略》，《明季稗史初编》卷十五。

2 李逊之《泰昌朝记事》卷一《光庙在东宫》。

3 朱国祯《皇明大事记》卷四十《国本》。顾秉谦《三朝要典》卷四《梃击》。

▼ 王之寀，陕西大荔人，万历二十九年进士。

弹劾，诬陷他贪赃，因而削籍为民。天启元年，廷臣为之讼冤，王之寀得以官复原职。天启二年二月，王之寀鉴于崔文昇、李可灼用药导致泰昌帝猝死，联系到当年的梃击案，上疏欲为泰昌帝复仇。他在奏疏中披露了许多被掩盖的细节，怀疑张差疯癫的结论，怀疑“毋得株连无辜”的上谕，依然是当年铁面断案的风格。他回顾办案过程中的种种疑窦：

——乙卯（万历四十三年）之变，当张差执棍闯进时，突犯先帝，安危只在呼吸间，皇上安危亦只在呼吸间，此乾坤何等事也！乃巡视皇城御史刘廷元遮盖奸谋，以疯癫具奏矣。本部（指刑部）承行郎中胡士相等，改注口语，以卖柴成招矣。

——五月十三日，借名拜礼关王神，逼请堂官张问达力疾视事，五鼓批行，即于是日欲决张差灭口。而不知臣疏已在袖，即于是日入告君父，出揭各衙门也，后十三日复审，张差招：“同谋做事，里外有伏兵，他的人多着哩。”李守才招：“商量打伙朝来。”马三道招：“商量同来，兵在城外边。”详具张差出首手本，并抹杀逆情一十八条内。

——当时有内应，有外援，一夫作难，九庙震动。何物凶黠，敢于作乱至此？缘勋戚郑国太，私结刘廷元、刘光复、姚宗文等，金帛珠玉各满其欲，言官塞口，莫敢谁何。遂无复忌惮，而睥睨神器，欲化家为国耳。（郑）国太虽死，罪不容诛，法应开棺戮尸，夷其族，赭其宫，以为人臣大逆不道之戒。

——（崔文昇）用药之方，即通夷之术；通夷之术，即梃击之谋。共一线索，共一提掇。无非深怨积仇于先帝，而荼毒至今未歇也。向使张差事发，追究根因，究治逆奸，今日之卢受、崔文昇敢复逞哉？在京之方从哲敢不在位而谋政哉？

——长安公论有曰："疯癫"二字，欲抹杀乱臣贼子，就（刘）廷元评（刘）廷元也；"奇货无功"四字，欲抹杀忠臣义士，就（刘）光复评（刘）光复也。击不中而假之夷，夷势缓而促之药，是（崔文）昇之药惨于张差之梃也；是（卢）受之书烈于（方从）哲之书也。张差之前，从无张差；刘成之后，岂无刘成？诚恐乱贼接踵，而忠义难以凑手也。[1]

王之寀在奏疏中，首次披露了"张差手本"（张差自供状），供认梃击之事蓄谋已久。手本写道：张差母舅马三道，系红封教道人，同丈人李守才在侯伯郑爷、毛爷、赵爷处门下做庄头。（张）差到黄花山，撞见马三道、李守才、庞内相（太监庞保）、刘内相（太监刘成），众口说："来正好，只用你的名字使哩。"老

1 沈国元《两朝从信录》卷十二，天启二年二月，丙午。

公公与我枣棍一条。本月初二同到玉皇庙右内院里吃茶，说："明日去吧，好的多着哩。"初二日，离了山，庞公骑着马，我跟着走，到燕郊东，不知名姓铺歇了。初四日，来到不知街巷大宅子，内有刘公公，与我饭吃，说："不要饿着他，休要多了，你先冲一遭去。"领着从厚载门入，说："你的力大，逢着一个，就打杀一个，闯宫门入内，犯皇帝太子。死了，与你地土，吃不了富贵受用，还有大好处，还有红封印票，叫我从四十一年今还在收着哩。小的口吃述斋，他的天下人多着哩，商量三四年了。所首是实。"

王之寀看了张差的手本，问："毛爷是谁？"张差答："是侯伯，系郑（国泰）爷儿女亲家。"又问："赵爷是谁？"答："他门下的官，号梅山。"又问："撞着打杀，他家亦不得了？"答："还欲打上乾清宫去。"

王之寀补充说明："臣看此首词，怒发冲冠，即日具呈堂上面议，事重大，付职收讫。后十三司会审，招词与手本同。各司胡士相等从主疯癫者也，堂官（刑部尚书）调停疯癫者也。若无臣疏，疯癫结局矣。窃拟寺臣王士昌，疏忠而心佞，评无只字，颂多溢词。堂官张问达语转而意圆，先允疯癫，后宽奸宄，因人作事，欺世瞒心，傍一路行，骑两头马，玩神器于笔锋之上，鼓正人于口蜜之中。罪有重轻，法无偏护，伏乞圣裁。"[1]

1 沈国元《两朝从信录》卷十二，天启二年二月，丙午。

王之寀还揭发审问此案官员“抹杀逆谋情节”十八条。比如第三条，张差招供：“教我打上宫去，打小爷（太子）。”问：“庞保、刘成他见做官，怎么要害小爷？”张差招：“他一统天下，要迁官哩。”没有写入案卷。又如第六条，李万仓招供：“张差原莫有疯病，只是说话风风势势，莫见他吃药。”胡士相说：“写此一段，难为巡视（刘廷元）。”也没有写入卷。再如第十六条，劳永嘉、岳骏声、曾道唯责问：“山东司原招，谁人擅改？”李俸回答：“堂官令本科做招（陈述笔录），差处驳正，何为擅改？”定案文书就是如此写定的，王之寀感叹道：“嗟嗟，诸奸亦为人臣有人心者，心知非疯癫，口说疯癫。以堂官对众手单而突胆擅改之，以十八人会审公单，而私意增减之。国家大狱，宫禁大逆，欲朦胧结局，并乱臣贼子掩匿之，是何心机？是何行径？”奇怪的是，天启皇帝看了王之寀的奏疏，轻描淡写地批示：“奏内事情已经皇祖处分，不必追论。”[1]

其实“不必追论”是单方面的，即不再追论幕后主使人，但是对于王之寀反倒要追论不休。天启五年正月，阉党分子御史杨维垣气势汹汹追论：“王之寀幸功躐跻，诬皇祖，负先帝，不惟无功，抑且有罪。”又说：“从来君臣父子之间，闻以理喻，未闻以势激也。投鼠者既不忌器，则骑虎者岂复择

1 沈国元《两朝从信录》卷十二，天启二年二月，丙午。

音，彼中夜之泣何求不获。是先帝之危，不危于张差之一梃，而危于（王）之寀之一激也。即碎（王）之寀之骨，岂足赎哉！”王之寀随即削籍并逮捕审讯，竟以重谴而死。[1]

1　谷应泰《明史纪事本末》卷六十八《三案》。

第三章

勤于聚敛怠于临朝的皇帝

一　“帝耗天下以给福王”

清初史家万斯同对于明神宗孜孜于聚敛财富，宠爱福王朱常洵，颇有微词。他写道：“帝所遣矿使税使数十人，日有奉，月有进，所得珍宝不可胜计，号为人主私财。及福王之国，斥其十之九遣之。所赐庄田至四万顷，又所请杂税地，东至南畿，西至四川，使者乘传来往收利，所至为之骚然。民间藉藉谓：‘帝耗天下以给（福）王，而洛阳王邸富于大内’云。”[1]这段话极其深刻，不仅揭示了神宗皇帝贪财聚敛的秉性，以及宠爱福王所带来的后果，由此也折射出万历朝后期诸多社会问题的症结。

1. 福王朱常洵的靡费

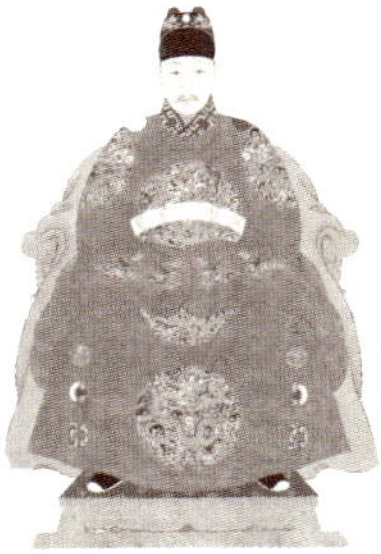

▶ 明光宗像
朱常洛，明神宗长子，为宫女所生，国本之争的焦点，登基后一月暴亡。

朱常洵生于万历十四年正月初五日，是皇帝朱翊钧的第三子（由于次子朱常溆一岁夭折，第三子实为次子）。万历二十九年，皇帝册立长子朱常洛为皇太子，册封朱常洵为福王。《明史·诸王传》写道：“福恭王常洵，神宗第三子。初，王皇后无子，王妃生长子，是为光宗。常洵次之，母郑贵妃最幸，久不立

1　万斯同《明史》卷一百五十四《诸王下·福恭王》。

太子。中外疑贵妃谋立己子，交章言其事，窜谪相踵，而言者不止，帝深厌苦之。二十九年始立光宗（常洛）为太子，而封常洵福王。”[1]虽然是既成事实，却在两个儿子之间厚此薄彼，厚常洵而薄常洛。

万历三十一年，皇帝忙于为十八岁的福王操办婚礼。十一月，福王婚礼日期迫近，钱粮亟缺，皇帝十分恼怒，下旨斥责户部有关部门，意欲严惩。户部赶紧报告，准备把通州粮厅的随粮轻赍银（漕粮的折色银两）结存二万四千八百余两银子，全部拨归福王婚礼之用，才免去了有关官员的处分。[2]二万多两银子显然不够，户部没有别的办法，只得向宫中老库暂借五万两银子，采办婚礼用品。[3]

福王府邸内部装修及一应家具等，由工部负责。皇帝提出，这一切全部折价，要工部向福王府支付现金。工部以为物件折价不便计算，何况福王府自称共用工匠三万二百余工，狮子大开口，超过潞王婚礼的规格，如果折价，肯定是一笔庞大的开支。皇帝不答应，一定要工部折价支付银两。[4]大操大办的结果是，福王婚礼费用竟高达三十万两银子。

这是一个创纪录的数字。万历六年，皇帝朱翊钧自己婚礼的费用不过七万两银子。万历十年，潞王（皇帝的弟弟）婚礼的费用虽然超过此数，也只是八万两银子。此后，皇太子常洛婚礼的费

1 张廷玉《明史》卷一百二十《诸王传·神宗诸子·福王常洵》。

2《明神宗实录》卷三百九十，万历三十一年十一月癸丑。

3《明神宗实录》卷三百九十，万历三十一年十一月癸亥。

4《明神宗实录》卷三百九十，万历三十一年十一月壬戌。

▼ 1900年的崇文门

用超过了十万两银子，长公主、七公主下嫁的费用，都是十二万两银子。[1]可见福王婚礼费用三十万两银子，是一个惊人的数字。何况，三十万两还不是全部，围绕福王的开支还有很多。在皇帝眼中，福王常洵与其他子女相比，明显高出一头。

在福王婚礼举行之前，皇帝就指示户部，每年支给福王禄米三千石。[2]这不是一个小数目，明朝开国元勋刘基的岁禄不过二百四十石。即使如此，福王还嫌不足，婚后指示王府办事人员开辟生财之道，在崇文门外开设皇店，招徕进京商人车辆货物寄宿，每年收取店租一万四千两银子。户部尚书赵世卿表示反对：如果商人罢市，那么崇文门这个商业闹市原先的税收将损失殆尽。皇帝却不以为然，回复道：福王府开皇店收取店租、牙钱，是他特别批准的破例举措，可以不必拘泥于原先提出的数额，酌量征收，但务必由福王府支配。[3]

福王的靡费，与当时的财政状况形成强烈反差。户部尚书赵世卿（字象贤，号南渚，山东历城人）说："苍生糜烂已极，天心示警特严，矿税貂珰掘坟

1 张廷玉《明史》卷二百二十《赵世卿传》。
2 《明神宗实录》卷三百九十一，万历三十一年十二月丙戌。
3 《明神宗实录》卷三百九十三，万历三十二年二月癸巳。

墓，奸子女，侮官虐民，成何世界？皇上尝曰：‘朕心仁爱，自有停止之日。’日以继日，更待何日也！”[1]户科都给事中田大益（字博真，四川定远人）说得更为尖锐：“皇上迩来乱政，不减六代之季。屡疏泣陈，而皇上坚塞两耳，不肯一听。一旦乱作，皇上与诸臣身之安危且不可必，尚何金玉玩好之有哉？”“皇上深居九重，目不见四方之颠连，耳不闻万口之怨言。而宵人奸棍妄谓小乱易治，搜刮奇巧，蛊惑圣心，遂以忧危为过计，忠赤之语为恐吓耳。积怨之民，穷极计生，斩木揭竿，四向而起。前此为陛下倚信者鸟兽逃遁，张空拳以御盗，能乎？”[2]

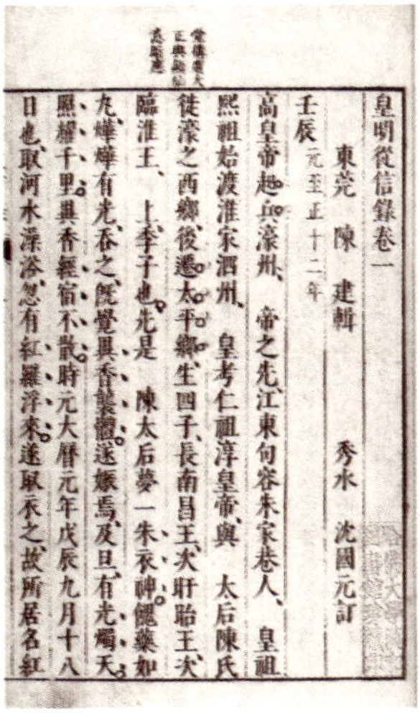
皇明從信錄卷一
東莞 陳 建輯　秀水 沈國元訂
壬辰 元至正十二年
高皇帝起兵濠州。帝之先江東句容朱家巷人。皇祖
熙祖始渡淮家泗州。皇考仁祖淳皇帝與 太后陳氏
徙濠之西鄉，後遷太平鄉，生四子，長南昌王，次盱眙王，次
臨淮王， 上季子也。先是 陳太后夢一朱衣神，饋藥如
丸，燁燁有光，吞之。既覺異香襲體，遂娠焉。及旦，有光燭天，
照耀千里，異香經宿不散。時元天曆元年戊辰九月十八
日也。取河水澡浴，忽有紅羅浮來，遂取衣之，故所居名紅

◥《皇明从信录》书影

田大益所说“斩木揭竿，四向而起”云云，在太平盛世似乎是天方夜谭，故意耸人听闻。其实未必。万历三十四年发生在南京的一件事情，便可作为一个旁证。请看《皇明从信录》的一则记载：“万历三十四年冬长至日，百官当诣孝陵上香，将出门，兵部忽传城外有反贼万余人，乘上陵，杀诸司官，据城僭号。已闭九门，毋得出，阖城汹惧，街市不见一人。次日，已擒得四十九人，付应天（府）狱。为首者刘天叙，断指挑膝筋。内外守备会鞫，

1　许重熙《宪章外史续编》卷十，万历三十二年七月。
2　许重熙《宪章外史续编》卷十，万历三十二年七月。

拟磔者七人，余皆斩。”[1]

2. 一拖再拖的福王“之国”

福王的藩封地在河南洛阳，结婚后理应前往洛阳。皇帝与郑贵妃对福王宠爱有加，不愿意他过早前往洛阳，但洛阳的福王府却必须动工兴建。这项工程的进展故意拖得很慢，一直到万历四十年四月才完成，花费银子四十万两，超过潞王府一倍，超过其他王府十倍。[2]其实四十万两银子云云，可能低估，项鼎铉说：“邸报，福王府邸成……是役也，所费金钱共五十余万云。”[3]

既然福王府已经完工，福王理应立即从京师前往洛阳就藩，当时称为“之国”。《大明会典》记载：“祖制，皇嫡子正储位；众子封王爵，必十五岁选婚，出居京邸，至长始之国。累朝以来，财赋地不封，畿辅地不封。之国不拘年岁。”亲王之国礼仪十分隆重：“凡亲王之国，洪武初定，王之国之日，百官送至龙江关。后定，是日上御奉天门，早朝毕，文武百官稍退侍立，上降宝座后坐。王冕服，由左顺门内引二人朝服前导，由东第二桥上奉天门，至御前行五拜礼。上赐王酒，饮讫，叩头。礼毕，上起送王至东阶上，王叩头下。上目送出午门，王复叩头，阖门。”“凡王之国，所过州县，文

1 陈建、沈国元《皇明从信录》卷三十八，万历三十四年冬。

2 谈迁《国榷》卷八十一，万历四十年四月戊辰。张廷玉《明史》卷一百二十《诸王传·神宗诸子·福王常洵》。

3 项鼎铉《呼桓日记》卷三，万历四十年七月十五日。

武官迎接，便服行四拜礼……王将到国，前三日致斋。至城外，本处文武官率耆老出城迎接。”[1]亲王之国是极其隆重的事件，皇帝朱翊钧却视同儿戏，一拖再拖。

廷臣们考虑到皇太子的地位不断受到福王的潜在威胁，主张严格按照祖制，敦促福王尽快离开京城，前往洛阳。

内阁首辅叶向高鉴于内阁只有他一人，被人称为“独相”，认为当时朝政急务莫过于推补阁臣。然而在他心目中，福王之国显得更为紧急：“今日阁臣推补真万分难缓，皇上可以察臣万不得已之心，为臣一决。此外，则福王之国事更为紧急……臣以为分封重典，臣子苟可仰体皇上之心何所不尽，自非无可奈何，岂有靳惜！昨户部有疏，言之甚详。臣以为福王一面之国，一面处置，亦无不可，不必因此稽留，反滋人疑议也。”[2]皇帝不予理睬，由于福王之国一再拖延，以至于征调来的船只拥堵河道，致使商贾不通。叶向高再次重申前议：“臣惟今日中外人情所最急者，莫如福王之国一事。毋论祖制难违，国典当重。即自张家湾以南沿河一带船只，尽皆拘禁，商贾不通，嗷嗷载道。而南京差来马快等船亦皆已到，官民船户不下数万人，逐日号叫于兵部门首，索取工食。若久无行期，将此数万人作何发遣？此其势之万不容缓者也。外间议论，

1 万历《大明会典》卷五十六，礼部十四《王国礼二·之国》。

2 叶向高《请福王之国揭》，《纶扉奏草》卷十八。

皆以宫闱之中留恋难割。此在臣子所当仰体，但向来诸王分封，并无久住京师之理，即多留一年半载，终须一行。若早行一日，则人情早安一日，而于福王之令德亦早著一日。何必多留此一年半载，以招中外之疑议乎！”[1]叶向高语重心长，已经把话讲得很透彻了，福王之国一再拖延，对于国家社会，对于宫廷皇室，对于福王本人，有百害而无一利。皇帝依然不理不睬，叶向高再接再厉，分析皇帝厚此薄彼的利弊得失："今东宫辍讲业已八年，其不奉皇上之天颜者闻亦久矣。而福王时节入宫，每月两次进谒，皆人所知。亲疏悬殊，已生猜忖。又以留滞迁延，久不之国，虽名分久定，万无可疑，然悠悠之口，难以家喻户说。小则巷议私谭，大则妖言恶语，蔓延无已。而皇上父子兄弟之间，且有难处之事，悔无及矣！”皇帝总算开了金口："其之国日期，今春诸无以备，且又逾期，已有明谕，不必疑惑。”[2]话说得含糊其辞，宗旨无非二字：拖延。

皇帝迁就郑贵妃和福王，一再寻找种种借口，设置障碍，拖延时间。其中一个重要原因，就是在“养赡地”的数量上讨价还价。福王向父皇奏请“养赡地”四万顷，也就是说，必须有四万顷“养赡地”，他才肯去洛阳。皇帝本人也是这个意思，他对福王奏疏的批示，不但不检讨福王奏请过多，

1 叶向高《请福王之国密揭》，《纶扉奏草》卷十九。

2 叶向高《回奏圣谕福王之国事情疏》，《纶扉奏草》卷二十。

反而责备地方官办事不力，耽误了福王之国日期："览王所奏，比例请给养赡地土，前已屡有明旨，着照景（王）、潞（王）二府事例拨给。今经已久，该地方官尚尔不遵，推诿支调，稽误大典。"为此，他振振有词地责令户部："尔部里还行文与河南、山东抚按等官，即于各地方细查各府所遗及应拨地土，务足四万顷之数，不得将荒芜搪塞，着归今府自行管业，以资养赡。"[1]

叶向高据理直陈，福王奏请养赡地四万顷毫无道理。首先，他指出，这是在为拖延"之国"日期寻找借口："福王之国久已愆期，大小臣工合辞苦请，始奉明春举行之旨，人情稍慰。乃顷者复以福王奏请庄田奉旨督责抚按，必欲足四万顷之数。于是中外臣民又喧然惊疑曰：'王之为此请也，果何为哉？夫使必待四万顷之田足数而后行，则之国将何日？'"其次，他针对福王声称符合"祖制""祖训"，据理反驳："福王疏中首以祖制为言，夫所谓祖制者，'祖训'也，'会典'也，累朝之'功令'也。今亲王四万顷之庄田，'祖训'有之乎？'会典'有之乎？累朝'功令'有之乎？臣不知王之所引祖制何所指也。如以景（王）府为辞，则自景（王）府而前，多少亲王，其庄田之数并未有出数千顷之外者。惟景（王）府以皇祖宠爱，逾涯越分，遂有此请，皇祖一时失计而听之。至今议者尚追咎其事，

1 钱一本《万历邸钞》，万历四十一年癸丑卷，五月。

以为坏祖制者乃景（王）府也，王奈何尤而效之乎？”再次，他坦率说明此举的危害极大：“即以事势论之，凡昔年废府之遗产已尽归潞王，今河南、山东抚按官极力搜刮只有此数，若求之不已，将恐有无籍奸徒挟仇报怨，以投献为名迎合王意，万一堕其术中，则刁风一倡，转相效尤，而中州齐楚之间人人危惧，凡少有地土者皆不安其生，而天下之乱从此始矣。”[1]叶向高所说“天下之乱从此始矣”，并未言过其实。十多年以后，河南民变蜂起，与福王等藩王的胡作非为密切相关。李自成打下洛阳，处死福王朱常洵，把他的肉和鹿肉煮了一大锅，称为“福禄宴”，绝非无缘无故。

◤李自成，陕西米脂人。出身农民家庭，崇祯三年率众起义，成为农民起义军领袖。后为闯王高迎祥部下，崇祯九年高迎祥卒，继称闯王。崇祯十七年正月建立大顺政权，年号永昌。

令人不解的是，皇帝朱翊钧一反常态，写了手谕，同叶向高辩论：“福王之国，所请养赡田土并钱粮等项，乃祖宗所赐，既有成例，非今创为。奉旨已久，尚无一备，何以之国？细味卿昨揭，言当皇祖时，皇考与景王名封比肩，故人心猜疑。今皇太子与福王名分不同，大义已定，又有诸皇孙，何疑之有？况祖制亲王之国，举行在春。今年已逾期，昨已谕卿，在于明春举行，必不再迟。何乃大小臣工不能静俟，纷纷渎扰，以滋烦聒。卿又言及矿税。若夫矿税之事，原为三殿肇举，帑藏匮竭，乃

1　叶向高《请减福藩庄田疏》，《纶扉奏草》卷二十。

一时权宜之计，非为福王之私。且亲王分封，养赡田土有前例可比，又无额外加增。今该地方各官不能仰承德意，清查拨给，徒务烦言，阻挠大典，甚非国体。”[1]

叶向高自然不敢与皇上辩难，不得不退让一步：“臣前揭有景王久不之国，致皇考在裕邸危疑不安之说，皇上为臣剖析，且以诸皇孙为言，愈见思虑深远，臣复何辞！”关于福王庄田，他仍然据理力争：“至于庄田一事，外间议论，方谓福王借此极难题目，以缓之国之期。臣以福王必无此心，乃请之不已，愈起人言。宁独非皇上所以爱王，王亦非所以自爱矣。”[2]叶向高点到了要害，福王借庄田（即所谓养赡地）这个“极难题目”，以达到延缓之国之目的，不过话讲得比较委婉。

其他大臣没有那么多顾忌，锋芒毕露。礼部右侍郎孙慎行（字闻斯，号淇澳，常州武进人）说：“福王之国，明春举行，顷已两月余，不闻明旨亟定行日。而庄田四万顷屡屡催取。祖宗朝未有过千顷者，今所奏四万顷，业如潞（王）府矣。如是而犹取盈焉，岂子之爱可加于弟之上耶？岂累朝之待子皆不必厚，而皇上之待子独当加异耶？诚不愿福王之初就藩，而有此逾涯之分量也。”他还批评说，福王不但奏请四万顷庄田，而且要由福王府自行征收地租，严重违反祖制，皇上如果批准自行征收，岂不贻害福

1 钱一本《万历邸钞》，万历四十一年癸丑卷，六月。《明神宗实录》卷五百九，万历四十一年六月庚寅。

2 钱一本《万历邸钞》，万历四十一年癸丑卷，六月。

王，使之处于大不安的境地，万一骚扰百姓而导致祸患，那就来不及了。他还说，养赡田土与福王之国是两码事，“两不相干涉”，当年潞王之国，只拿到奏请田土的六七分之一，福王为何不可？[1]

为了摆脱僵局，户科给事中官应震（字东鲜，号旸谷，湖广黄冈人）建议，鉴于福王庄田四万顷的数目难以凑足，希望皇上先宣布明春之国日期，再渐次清查确定庄田数额。另一名言官建议，不如从皇上的内帑积蓄中拨出一笔赏赐，使得福王不必费心经营庄田。皇帝一概置之不理。[2]

河南巡抚李思孝考虑到福王封地洛阳在河南境内，他有直接责任，因此向皇帝指出，要凑足四万顷土地极其困难，如果一定要办到，那么福王之国日期势必拖延。这正是皇帝希望看到的结局，所以他向户部发去谕旨：“（福）王之国养赡田地，已有屡旨，比照景（王）潞（王）二府事例拨给，如何尚不遵行？显是经管官员推诿支吾，姑且不究。该部还行文与河南、湖广等处各抚按官，上紧严查各府遗地，及相应地土，务足四万顷之数，定立界址，以归本府征收，自行管业，毋得仍前延迟稽误，必罪不宥。”户部迫于皇帝的压力，行文河南、湖广等处的巡抚、巡按等地方官，务必满足福王府养赡田地四万顷，自行征收管业的要求。[3]

此议遭到在京官员以及河南、湖广官员的一

1 钱一本《万历邸钞》，万历四十一年癸丑卷，六月。孙慎行《题为行期渐迫定吉宜颁事疏》，《神宗显皇帝留中奏疏汇要》卷一。

2《明神宗实录》卷五百十，万历四十一年七月丁巳。

3 钱一本《万历邸钞》，万历四十一年癸丑卷，七月。

致反对，皇帝无奈，稍作让步，同意减去一万顷，必须保证三万顷。[1]三万顷还是难以凑足，皇帝再次让步，减为二万顷，由河南、湖广、山东三省分摊。河南一万一千二百十顷，不足的八千多顷由湖广、山东分摊。山东自报有地一千二百八十余顷，还须补充一千二百余顷。湖广应该征地四千四百八十余顷，没有着落，湖广巡抚董汉儒提议，用一万两银子折抵地租。[2]

至此，福王的养赡田地问题已经接近于解决，但是福王之国仍旧举棋不定。

3.“举江北半壁之天下，尽属藩使之鱼肉”

福王之国的障碍，并非仅仅养赡田地而已，即使这一障碍逐渐解除，又会节外生枝。在福王前往洛阳日期迫近之际，郑贵妃企图借口慈圣皇太后七十寿诞，拖延行期，扬言要让福王参加万历四十三年慈圣皇太后稀龄大寿庆典之后，才去洛阳。皇帝居然顺从了这种无理要求，向内阁首辅叶向高发去一道圣谕：“朕思圣母圣寿稀龄在迩，朕当亲率皇太子及诸王，恭祝大典。庆贺礼成，于次岁春三月内，着钦天（监）择吉之国。卿等可传示大小臣工，不得过生疑虑，以乱视听。”叶向高封还了皇上的圣谕，要皇上坚持“来春举行”的明旨。皇

1 钱一本《万历邸钞》，万历三十一年癸丑卷，十一月。

2 钱一本《万历邸钞》，万历四十二年甲寅卷，二月。

帝固执己见，再派文书官到叶向高家中，再次重申在圣母圣寿稀龄大典之后，才准许福王之国。[1]叶向高不得不向皇帝晓以利害，措辞显得有点激烈："自顷旬日，闻外间喧传，谓皇上欲借圣母贺寿为题目，以留福王。所以大小各官无不惊疑，共约于今早诣文华门伏阙力请者……从前诏旨皆属虚文，而人情之惊疑愈甚，且谓此一贺也，皇上不为圣母之稀龄庆，而为福王之留行计。而福王日延一日，岁延一岁，其意将以何为？王曰乾等之妖言，人将信以为然。自此以后，中外无日不喧嚷，朝端无刻得安静。一年光阴，如何挨过？圣母闻之，必为之不欢。"[2]叶向高从万历四十一年六月发生的妖人欲加害皇太子事件，引出教训，鼓动皇上尽快促成福王之国，道理分析得十分透彻。皇帝权衡利弊得失，不得不维持原先宣布的明春（万历四十二年三月）福王之国的原议。

郑贵妃获悉后十分恼怒，派人对叶向高说："愿以爱东朝（太子）之余，稍及福（王）。"叶向高正色回答："此乃所以善（福）王也。皇上春秋高，乘此时就国，宫中乞请无不得。"郑贵妃听了无话可说。[3]赵吉士对叶向高的态度赞赏有加，他记载的这一情节，更为具体生动："福清叶公向高当国时，郑贵妃专宠，群臣咸虑福王夺宗，公时加调护，请福王之国甚力。一日，郑贵妃遣人来言曰：'先生全力为东

1 钱一本《万历邸钞》，万历四十一年癸丑卷，十月。

2 钱一本《万历邸钞》，万历四十一年癸丑卷，十月。

3 查继佐《罪惟录》传记卷十三下《叶向高传》。

朝，愿分少许惠顾福王。’公正色曰：‘此正是全力为（福）王处。人称万岁、千岁，及吾辈云百岁者，徒虚语耳。皇上寿登五十，不为不高，趁此宠眷时启行，资赠倍厚，宫中如山之积，惟意所欲。若时移势改，常额外丝毫难得，况积年口语可畏。王一之国，百口冰解，更得贤声。老臣为（福）王何所不至耶！’贵妃心动，乃如期行。”[1]

▼ 赵吉士，徽州休宁人。居官清廉，颇有政绩，主持编修史书多部。著有《寄园寄所寄》等。

赵吉士只知其一不知其二，其实并非郑贵妃“心动”才促使福王“如期行”，而是慈圣皇太后深明大义，根本不同意郑贵妃要留福王贺寿的主意，巧妙地回答郑贵妃，如果福王要留下来贺寿，那么我的儿子潞王是否也可以回来贺礼呢？正如钱一本所说：“史臣曰：福王之国之请，举朝争之累年不能得。先十月中，长安（指北京）盛哗皇贵妃欲浼皇太后止福王行，谓留待四十三年，贺皇太后稀龄寿，然后之国，且持金钱为寿。太后却之曰：‘吾潞王可宣来寿否？’说者语塞。”[2]巧合的是，万历四十二年二月初九日，慈圣皇太后病逝，并未活到稀龄大寿之日，彻底打消了福王拖延离京日期的最后借口。

万历四十二年三月二十四日，福王终于离京，带着皇帝赏赐的巨额财产，前往他的封地洛阳。《明史》说：“（福王）婚费至三十万，营洛阳邸第

1 赵吉士《寄园寄所寄》卷一《囊底寄·经济·叶向高》。
2 钱一本《万历邸钞》，万历四十一年癸丑卷，十二月。

至二十八万，十倍常制。廷臣请王之藩者数十百奏，不报，至四十二年始令就藩。先是，海内全盛，帝所遣税使矿使遍天下，月有进奉，明珠异宝文毳锦绮山积，他搜括羸羡亿万计。至是多以资常洵。”带了那么多金银财宝，还依依不舍，“临行出宫门，召还数四，期以三岁一入朝。”[1]

为了搬运福王府的财产，仅仅用于席殿、车辆的开支就达三万四千两银子，其中一万四千两从户部、工部事例内动支，二万两向太仆寺借支。[2]

一支由一千一百七十二艘船只组成的船队，载着福王府一干人等以及大量金银财宝，在一千一百名士兵护卫下，浩浩荡荡向洛阳进发，威风有如帝王出巡。想当年，郑王、淮王、荆王、庆王、梁王等五王之国，各备船只三百艘；德王、秀王、吉王、崇王、徽王等五王之国，各备船只七百艘；兴王、歧王之国，各备船只九百艘；潞王之国，船只不过二百四十艘。福王的规格排场凌驾于诸王之上。[3]

尽管如此兴师动众，如此挥霍浪费，谢天谢地，福王总算离开了京师，对于朝廷，对于皇太子常洛而言，不啻是一个福音。正如谈迁所说："宠王就国，中外交为东宫幸，如释重忧。”[4]

福王抵达洛阳后，依仗皇帝的宠爱，飞扬跋扈，颐指气使。下车伊始，就致力于奏讨养赡田

1 张廷玉《明史》卷一百二十《诸王传·福恭王常洵》。

2 钱一本《万历邸钞》，万历四十一年癸丑卷，九月。

3 谈迁《国榷》卷八十二，万历四十二年三月丙子。《国榷》卷八十二，万历四十一年九月辛未，说福王这些船只早已集结于通州湾待命，“久候资竭，人多苦之”。

4 谈迁《国榷》卷八十二，万历四十二年三月丙子。

土的地租。福王府的官吏四出清丈田地，催缴银两。万历四十二年十月，福王府官吏（承奉、门正）率领一行人等，突然出现于山东，一路骚扰，丈量庄田，把法定租额提高到50%，引起乡村骚动。地方官说："彩服巍冠，络绎拥后，皆乞人之思啜计者也。如此景象，过一邑，一邑丘墟；经一落，一落逃窜。"[1]

地方官为了维护社会秩序，试图阻止福王府到处丈量田地，禁止直接向农民征收地租，遭到皇帝申斥："福王奏讨养赡田地，比有秦（王）府等府自行征收管业事例，屡有明旨。今既报完送府，本府理宜差官查丈收掌，以为子孙永远之业。如何各官不谙事体，恣肆抗违，不容清丈，却又阻挠佃户交纳银两……"[2]

福王奏讨的养赡田地，虽未达到预定之数，但已大大超过中原地区诸王庄田的规模。据日本学者佐藤文俊研究，福王府庄田分布如下：

1 马孟祯《庄田凑补无策疏》，《马太仆奏略》卷下。

2《明神宗实录》卷五百十七，万历四十二年三月辛巳。

省	府	州县	庄田数（顷）	资料出处
河南	河南	洛阳	116.60	康熙《洛阳县志》
		孟津	746.27	康熙《孟津县志》
		巩县	6.32	雍正《河南府志》
		新安	21.11	雍正《河南府志》
		嵩县	8.11	乾隆《嵩县志》

续 表

省	府	州县	庄田数（顷）	资料出处
河南	归德	永城	9.00	康熙《永城县志》
		鹿邑	1 959.87	乾隆《鹿邑县志》
	汝宁	汝阳	20.00	嘉庆《汝宁县志》
		新蔡	50.39	嘉庆《汝宁县志》
		遂平	60.38	乾隆《遂平县志》
	开封	鄢陵	300.00	乾隆《鄢陵县志》
		兰阳	153.00	康熙《兰阳县志》
	卫辉	获嘉	7.74	康熙《获嘉县志》
		淇县	5.00	乾隆《卫辉府志》
	陈州	项城	118.07	乾隆《续河南通志》
南直隶	凤阳	亳州	1 719.00	顺治《亳州志》
	泾府遗地		1 281.98	《明史》卷一百四
	泾府补地		3 203.51	《明史》卷一百四
山东	济南		993.30	马孟祯《马太仆奏略》
	兖州		1 401.30	马孟祯《马太仆奏略》
	青州		200.00	马孟祯《马太仆奏略》
	莱州		102.50	马孟祯《马太仆奏略》
	登州		105.01	马孟祯《马太仆奏略》
	东昌		400.00	马孟祯《马太仆奏略》
湖广	安陆	潜江	205.60	康熙《潜江县志》
		钟祥	91.58	康熙《安陆县志》
		沔阳	108.71	光绪《沔阳县志》
合计			13 395.75	

资料来源：佐藤文俊《福王府和明末农民反乱》，载《中国——社会和文化》第三卷（1986），第162页。

由上表可见，福王府拥有的庄田约为13 395.75顷，而湖广大多地区以缴纳银两抵充田地，福王府实际控制的田地数量当超过上表提供的数字。与分封在中州的诸王相比，遥遥领先。据万历四十三年七月户部提供的资料，中州诸王拥有的庄田数据如下：

周王	5 200余顷；
赵王	990余顷；
唐王	140余顷；
郑王	360余顷；
崇王	8 500余顷；
伊王徽王	3 000余顷；
潞王	12 000余顷。[1]

因此，当时地方官所说，福王庄田的数量“迥逾常格”，是确凿无疑的。不仅数量多，而且对地方的骚扰极其严重，闹得地方上怨声载道。不妨略举数例：

——山东巡按马孟祯（字泰符，安庆桐城人）说：“自矿税煽祸，貂珰四出，人心怨恨尚犹未息，乃亲藩之虎狼复飞而食肉。河南、山东业已见告矣，然而犹未已也。讨芦洲，计必有清查芦洲之官；讨故相田地，计必有清查故相田地之官；货卖食盐，计必有货卖食盐之官；下至马店、山厂、竹木等厂，计必有群小假威福而肆咆哮。举江北半壁之天下，尽

1 钱一本《万历邸钞》，万历四十三年乙卯卷，七月。

属藩使之鱼肉。”[1]

——河南巡抚梁祖龄说：“中使擅作威福，杖毙无辜，佃户尽逃，人情大扰。”“福（王）府差伴读官闫时同温指挥等，出勘汝州地亩租银，要加五征收。将地方周化、鲁国臣打死，各佃户闻风畏惧，有垒门而逃者，有拆屋而去者。四境军民，奔逃殆尽。”[2]

——户科给事中官应震（字东鲜，号旸谷，湖广黄冈人）说：“三省一时骚动，土崩大势可虞。福王府太监、官校横行，所在播虐，飞而食人。至闫时擅用刑具，将无辜地户周化杖毙，鲁国臣垂毙。在山东，则承奉曹登、门正刘显带领官校百十余人，蚁聚省城，占住贡院，分道旁驰，蹂践其土，而齑粉其民。不匝月再来，则曹登入兖州，刘显入东昌。”[3]

——山东登莱道参政姜志礼（字立之，镇江丹阳人）认为，福王请给庄田二万顷是“圣朝第一过举”：“自高皇帝以迄于今，累十余世，封王子弟屡矣，有与之二万顷庄田者乎？有庄田跨连三省者乎？……试思他年比例陈请之际，王王二万，省省藩庄，普天之下莫非王土。臣恐一统舆图，仅足以供诸王之四分五裂，而天子且茕茕独处孤危上也，岂不殆哉！”[4]

福王贪得无厌，还向皇帝奏讨长江沿岸荻洲杂税，以及四川盐井、榷茶银。其中最为厉害的是

1 马孟祯《庄田凑补无策疏》，《马太仆奏略》卷下。钱一本《万历邸钞》，万历四十二年甲寅卷，十二月。

2 钱一本《万历邸钞》，万历四十三年乙卯卷，正月。

3 钱一本《万历邸钞》，万历四十三年乙卯卷，正月。

4 钱一本《万历邸钞》，万历四十三年乙卯卷，六月。

奏讨淮盐三千引，在洛阳等地开店出售。中州本来食用河东盐，福王下令一律改食淮盐，甚至颁布禁令：非福王府出售的淮盐不得买卖。不仅食盐之利尽入福王府，而且河东盐遭到禁止，边防军的军饷因此而短缺。[1]

二 聚敛财富：矿税太监横行

1. 贪财君主的聚敛癖好

万历皇帝朱翊钧“酒色财气”的秉性，不仅表现为围绕皇太子与福王的种种奇异乖张的言行，而且表现为聚敛财富的癖好，对万历朝后期的政局产生很大的影响。明清史一代宗师孟森写“万历之荒怠”，有这样的评论：“至（张）居正卒后，帝亲操大柄，泄愤于居正之专，其后专用软熟之人为相。而怠于临政，勇于敛财，不郊不庙不朝者三十年，与外廷隔绝，惟倚阉人四出聚敛，矿使税使，毒遍天下。庸人柄政，百官多旷其职；边患日亟，初无以为意者。是为醉梦之期。”[2]

他是一个贪财的君主，一生聚敛财富成癖，后半生疾病缠身，很多朝政弃之不顾，连续多年不上朝，安之若素，唯独聚敛财富抓得很紧，毫不放松。通过政府的正常渠道开辟财源，只能归政府部

1 叶向高《上福藩食盐揭》，《纶扉奏草》卷二十八。张廷玉《明史》卷一百二十《诸王传·福恭王常洵》。

2 孟森《明清史讲义》上册，中华书局，1981年，第246页。

门控制，他对此不感兴趣。他的动机是增加宫廷内库的收入，由自己直接支配，这就不能不委托身边的奴才——太监插手，派他们去开矿、征税。于是乎形成了一个特权群体——矿税太监，他们口含天宪，打着为皇帝办事的幌子，横行天下几十年。这就是万历皇帝一手导演、操纵的。那时候，大臣们紧要的奏疏他不阅不批，矿税太监的报告他每一件都看都批，而且是朝上夕下，早晨收到当天批复。为什么？一言以蔽之，念头就在一个字上：钱！

张居正死后，朱翊钧亲政，再无一名内阁首辅可以和张居正比肩，没有出现权臣专政的局面。一方面，皇帝本人不愿意大权旁落，不希望出现一个威权震主的大臣；另一方面，内阁辅臣们谁也不想重蹈张居正的覆辙，对怠于临朝的皇帝一味采取明哲保身的消极态度，不敢越雷池一步。皇帝经常因病不上朝，不召见大臣，内廷与外朝的沟通只有通过司礼监太监来进行。但是，以朱翊钧的秉性，不能容忍再出现像冯保那样专横跋扈的司礼监太监。他一向厌恶司礼监太监权势过于扩张，一旦越过了他所认定的界限，便毫不客气地予以剪除。张鲸、张诚的下场，应该说是重蹈冯保的覆辙。

张鲸，北直隶新城县人，嘉靖二十六年受阉进宫，列于太监张宏名下。此人刚介寡学，驰心声势，受小皇帝朱翊钧依赖，也曾为斥逐冯保出谋划策。冯保被逐后，张宏出任司礼监掌印太监，张鲸掌管东厂兼掌内府供用库。张宏秉性较为耿介，看到左右内侍多以财货蛊惑皇上心性，无可奈何地绝食而死。张宏死后，张诚升为司礼监掌印太监，掌东厂太监张鲸名位虽在张诚之下，权力却凌驾于张诚之上。[1]由于张鲸掌管东厂与内府供用库，内阁辅臣对他颇为忌惮。[2]张鲸的种种劣迹引起言官交章弹劾，御史何出光、马象乾开其端，给事中李沂把弹劾推向高潮，指摘“张鲸之恶百倍冯保”。[3]

张鲸罢斥后，张诚以司礼监掌印太监兼掌东厂及内官监，权力比张鲸有过之而无不及，又一个权阉代之而起。张诚每天向皇上进言，或引经据典，或指桑骂槐，无所顾忌，自以为查抄张居正家产有功，皇帝对他忌惮三分。为了培植自己的势力，授意其弟张勋（小名张老五）与外戚（武清侯李家）结为姻亲。他名下的太监萧玉、王忠等仗势恣肆。这种行径超越了皇帝所能容忍的界限。万历二十四年正月，皇帝突然下旨，斥退张诚，抄没家产，并把其弟张勋、侄子张绍宁，以及亲信党羽霍文炳、张桢、钱恩、萧玉、王忠等人的田地房产一并籍没入官。刑科给事中侯廷佩对皇上的处理颇有微词：“皇上于张诚之恶既明知之矣，于张勋所谓之凶横亦明知之矣，乃张诚则准其私家调理，（张）勋等止于为民回籍，不即正法，非所以务除恶而伸国宪。”皇帝反过来谴责侯廷佩放马后炮：“张诚诡役巨奸，假主威福，吓骗亲王，权横中外。尔等如何先无一吠之忠？今已发露，方才参劾，其于触邪指佞之责何在？”因为皇帝指责侯廷佩“如何先无一吠之忠”，

1 刘若愚《酌中志》卷五《三朝典礼之臣纪略》。

2 张廷玉《明史》卷三百五《宦官传·张鲸》。

3 钱一本《万历邸钞》，万历十六年戊子卷，十一月、十二月。李沂《恶党就擒元凶未殄亟赐重处以绝祸本疏》，《万历疏钞》卷二十《阉宦类》。

北京官场戏称他为“侯一吠”。[1]

皇帝原本要把张诚发配到南京孝陵去看管香火，后来改为南海子净军。张勋、萧玉、王忠等处死，其他党羽十余人押入监狱。

张诚斥逐后，由田义为司礼监掌印太监，陈矩为司礼监秉笔太监，孙暹为提督东厂太监。孙暹死后，由陈矩兼掌东厂。田义、陈矩颇为收敛，凡是司礼监事务，二人开诚布公，和衷共济。田义为人俭朴，沉默寡言，人不敢以私利干请。万历三十三年田义死，陈矩为司礼监掌印太监。陈矩为人平恕，识大体，万历三十五年死，皇帝赏赐“清忠”匾额。从冯保以来，司礼监掌印太监无不以擅作威福而获罪，只有田义、陈矩二人是例外。从此司礼监太监的权力受到极大的削弱，甚至司礼监缺员也不补充。到了万历末年，司礼监用事太监寥寥无几，东厂荒凉得青草满地。皇帝的膳食一向由司礼监太监轮流供给，以后因为司礼监乏人，改由乾清宫管事太监独自承办。[2]司礼监与东厂落到这个地步，无疑是对司礼监与东厂以往擅权枉法的一种惩罚，未尝不是朱翊钧晚年的一件德政，使中外相安无事。但是，他对于依赖太监聚敛财富却乐此不疲，把太监们的注意力从政治转向经济。把他们派出去充当他的特使，去开矿、征税，称为矿使、税使，为宫廷聚敛财富。

1 钱一本《万历邸钞》，万历二十四年丙申卷，春正月。

2 张廷玉《明史》卷三百五《宦官传·陈矩》。

矿税太监横行于全国各地，以搜刮为唯一目的，扰乱了经济，扰乱了社会，成为万历后期最大的弊政。万历时期很多决策，不同背景的官员的意见歧异很大，有的赞成，有的反对，很难取得一致，唯独对于矿税太监的看法出奇得一致——从头反对到底，因为这件事太过于荒唐，无论动机还是效果，都令人难以恭维。谷应泰评论道："……况王者藏富于闾阎，天子不下求金车，良以多欲者仁义难施，黩货者乱源斯伏，有天下者不可以不致谨也。神宗奕叶升平，边圉封贡，海内乂安，家给人足。而乃苞桑之忧不系于虑，日中之昃弗虞于怀。远贤士大夫，亲宦官宫妾。女谒苞苴，阴性吝啬。孳孳所谈，利之所萌耳。逮至万历二十四年，张位主谋，仲春建策，而矿税始起……大珰杂出，诸道纷然。而民生其间，富者编为矿头，贫者驱之垦采，绎骚凋敝，若草菅然。又不特此也，矿务之外，天津有店租，广州有珠榷，两淮有余盐，京口有供用，浙江有市舶，成都有盐茶，重庆有名木，湖口长江有船税，荆州有店税。又有门摊商税、油布杂税，莫不设珰分职，横肆诛求。有司得罪，立系槛车；百姓奉行，若驱驼马……以故高淮激变辽东，梁永激变陕西，陈奉激变江夏，李凤激变新会，孙隆激变苏州，杨荣激变云南，刘成激变常镇，潘相激变江西。当斯时也，瓦解土崩，民流政散，其不亡者幸耳！"[1]

1 谷应泰《明史纪事本末》卷六十五《矿税之弊》。

在谷应泰的心目中，矿税太监简直有百害而无一利。更何况，搜刮来的财富，绝大部分都由太监中饱私囊，皇帝所得只是一个零头。实在是莫大的讽刺。

当然皇帝也有不得已的苦衷。从他亲政以来，朝廷各项开支日增，特别是万历三大征的巨额军费，不堪重负。平定宁夏叛乱，耗费财政二百余万两银子；东征御倭援朝，耗费财政七百余万两银子；平定播州叛乱，耗费财政二三百万两银子。一千多万两银子在短短几年中流失，导致国库空虚，一时难以改变。

当时署理南京户部的叶向高敏锐地察觉到这一问题，一向号称富庶的南京，财政也日趋困难。他说："臣一介书生，不谙钱谷，顷因人乏，摄事户曹，诸曹郎见臣，辄蹙额愁眉谓：'帑藏匮竭，万分困急。'留都陵寝所在，六军庶府朝夕仰给，事势如此，莫知所终。臣稽之往事，搜之故牒，自万历二十年以前，库中存贮尚二百一十余万，其后日侵月割，耗费殆尽……而榷关所留亦仅二万有奇。所入无几，而无名之宣索，无穷之协济，无常额之供应，源源而来，滚滚而至。姑毋论其远者，即近六年之间，所准工部咨取已六十余万，目下制帛一项所费物料亦且五万，盖总计每岁出数可四十余万，入数只二十万，远不相当。今见在库银未及二十万，尚不足半年支给。若钦取之钱粮继此未已，则户部之帑立空，而枵腹脱巾之变可立待矣！"

问题确实很严重，那么原因何在呢？叶向高特别强调了制度腐败是填不满的无底漏洞："所取之物，名为供御，而实则群小营谋，视为奇货，影射凿空，巧立名色。一闻诏下，蚁聚蝇趋。奸商之冒滥，内使之侵渔，吏胥之横索，匠役之虚糜，百孔千疮，展转奸利。一金之直，动费十金；十金之直，动费百金。而其他道途之传送，舟车之络绎，驿递之骚扰，州县之赔累，又不知凡几。比入御府，亦徒委之泥沙，俟其朽烂而已。朝廷被其虚名，群小享其实利，当事者苦无米之炊，旁伺者幸不耕之获，似此奸弊，陛下不得而尽知之也。”[1]

这样的“奸弊”所反映的制度腐败，已经无药可救，到了矿税太监横行的年月，达到登峰造极的地步。企图用矿税太监来缓解财政的困境，无异于饮鸩止渴，使得财政更加枯竭。无怪乎谷应泰感慨系之：“当斯时也，瓦解土崩，民流政散，其不亡者幸耳。”[2]

皇帝口口声声说，派遣矿税太监开矿征税，是为了维修乾清宫、坤宁宫、皇极殿、建极殿、中极殿，筹集资金，其实是一个幌子。叶向高当时就对此表示异议：“武弁负恩，贪图侥幸，诳渎圣明。至于市井无赖，假捏矿山，枉辱褒奖。此等小人得志，横行既幸，陛下为其所中，复笑陛下为其所愚，无礼无义，一至于此……且明旨屡下，皆云协济大工，今宫中之一瓦一椽，有取自矿砂者乎？有取自店税者乎？”[3]事实表明，矿税太监聚敛的财富，并没有用于宫殿的修缮，而用到别处去了。万斯同一语道破：“帝所遣矿使税使数十人，日有奉，月有进，所得珍宝不可胜计，号为人主私财。及福

1 叶向高《请止钦取钱粮疏（署南户部上）》，《纶扉奏草》卷一。

2 谷应泰《明史纪事本末》卷六十五《矿税之弊》。

3 叶向高《请止矿税疏（掌春坊上）》，《纶扉奏草》卷一。

王之国，斥其十之九遣之。”[1]

2. 矿税太监一瞥

矿税太监，即开矿太监与征税太监，他们或分工，或一身而二任。用开矿来增加财政收入，本身无可非议。如果中央和地方两级政府通力协调，精心勘察，合理经营，那么反对的阻力也许会小得多。实践的结果表明，这是一项失败的尝试。问题不在于开矿本身，而在于监督开矿的太监对业务一窍不通，却口含天宪，胡乱指挥，贪赃枉法，与民争利。更有甚者，好事之徒投其所好，胡乱报告某处有矿，太监未经勘察，盲目开采，结果一无所获。太监为了交账，一定要地方政府与百姓承包子虚乌有的开矿收益。因此，开矿就成了横征暴敛的一种手段，引起举国上下一片反对声浪。

向工商业城市、水陆交通枢纽派出的税监，负责向商人、市民征税。从当时工商业繁荣、市场经济发达的背景来看，比先前增加一点税收，并非毫无可行性，后果不一定坏到哪里去。但是那批负责监督征税的太监们，不和地方政府协商，不考虑各地的实际情况，一味竭泽而渔，恣意横行，中饱私囊。运河沿线，长江两岸，太监们在原有的税关之外，大量增设新关，重复征税，搞得民怨沸腾，商

1 万斯同《明史》卷一百五十四《诸王下·福恭王》。

业萧条。

开矿太监的派出可以追溯到万历二十四年六月，皇帝派遣御马监太监鲁坤会同户部郎中戴绍科、锦衣卫佥书杨金吾到河南开矿，同时又派承运库太监王亮会同锦衣卫官员张懋中到真保蓟永等地开矿。《万历邸钞》明确说，矿税开端始于万历二十四年："差户部郎中戴绍科同锦衣卫佥书杨金吾河南开矿。差承运库内官王亮，同锦衣卫官张懋中，真（定）、保（定）、蓟（州）、永（平）等处开矿。兵部石星上言开矿往事：'自洪武十五年锢闭，永不许开，载在祖训。成化年间，开而即罢。嘉靖年间，再开再罢。诚有见于开采不已，必至延蔓；延蔓不已，必至抢攘。其患有不可胜言者。臣等恐中原腹心之地，从此多事矣。'是年，为矿税开端之始。"[1]

令兵部尚书石星担心的是，官府开矿会刺激民间私自开采，造成社会问题，进而导致官府与"矿盗"之间的武装冲突，影响治安。而皇帝的着眼点却在于经济收益，根本不把这种顾虑当一回事，继续不断向各地派遣太监开矿。同年八九月间，派太监陈增赴山东青州、沂州、栖霞、招远开矿，派太监王忠赴陕西横岭开矿，派太监田进赴永平府昌黎开矿，派太监王虎赴真定开矿。

◥ 石星，山东东明人，嘉靖三十八年进士。万历十九年官至兵部尚书。

1 钱一本《万历邸钞》，万历二十四年丙申卷，六月。

此端一开，各地好事之徒纷纷向朝廷“献矿”，仿佛雨后春笋一般，无数矿藏一下子冒了出来。于是乎，皇帝派遣的太监遍布全国各地。昌平有王忠，真定、保定、蓟州、永平、房山、蔚州有王虎，昌黎有田进，河南有鲁坤，山东有陈增，山西有张忠，南直隶有郝隆、刘朝用，湖广有陈奉，浙江有曹金、刘忠，陕西有赵鉴、赵钦，四川有丘乘云，辽东有高淮，广东有李敬，广西有沈永寿，江西有潘相，福建有高寀，云南有杨荣等。然而，开矿毕竟讲究科学技术，没有“芝麻开门”那么简单，随心所欲的结果是民怨沸腾。《明史·食货志》说：“矿脉微细，无所得，勒民偿之。而奸人假开采之名，乘传横索民财，陵轹州县。有司恤民者，罪以阻挠，逮问罢黜。时中官多暴横，而陈奉尤甚。富家巨族则诬以盗矿，良田美宅则指以为下有矿脉，率役围捕，辱及妇女，甚至断人手足，投之江。其酷虐如此，帝纵不问。”[1]

就聚敛财富而言，征税似乎更为便捷。万历二十四年十月，皇帝在派出开矿太监的同时，又派出大批征税太监。

明中叶，随着市场经济的繁荣，货物流通的迅猛，在通都大邑设置钞关。漷县、济宁、徐州、淮安、扬州、上新河、浒墅、九江、金沙洲、临清、北新等，这些钞关，按照商船的大小，征收数量不

1 张廷玉《明史》卷八十一《食货志五·坑冶》。

等的“船料”。收了“船料”不再收货税，唯独临清关、北新关兼收货税。到了万历二十四年以后，情况发生了变化，不仅征税地点增加，税收名目层出不穷。《明史·食货志》说：“迨两宫三殿灾，营建费不赀，始开矿增税。而天津店租，广州珠榷，两淮余盐，京口供用，浙江市舶，成都盐茶，重庆名木，湖口、长江船税，荆州店税，宝坻鱼苇及门摊商税、油布杂税。中官遍天下，非领税即领矿，驱胁官吏，务朘削焉。榷税之使，自二十六年千户赵承勋奏请始。其后高寀于京口，暨禄于仪真，刘成于浙，李凤于广州，陈奉于荆州，马堂于临清，陈增于东昌，孙隆于苏、杭，鲁坤于河南，孙朝于山西，丘乘云于四川，梁永于陕西，李道于湖口，王忠于密云，张晔于卢沟桥，沈永寿于广西，或征市舶，或征店税，或专领税务，或兼领开采。奸民纳贿于中官，辄给指挥千户札，用为爪牙。水陆行数十里，即树旗建厂。视商贾懦者肆为攘夺，没其全赀。负载行李，亦被搜索。又立土商名目，穷乡僻坞，米盐鸡豕，皆令输税。所至数激民变，帝率庇不问。”[1]

《万历邸钞》中有关矿税太监的记载很多，不妨摘录若干，以见当时的盛况。

万历二十四年九月，锦衣卫前所百户仝时雍奏：“昌黎县出金矿，仍产石青。迁安县荆家峪出银

1 张廷玉《明史》卷八十一《食货志五·商税》。

矿，开采。”有旨：“着太监田进会同该地方官作速前去开采。”差内官王虎于真定，王忠于昌平，千户陶寿等于房山、涞水等地方，各开矿。[1]

万历二十四年十月，开矿锦衣卫千户郑一麟奏告参将梁心、守备李获阳“欺君蔑旨”，有旨：“梁心等阻挠矿事，违背君旨，好生可恶。梁心着锦衣卫便差官校拿解来京究问，李获阳姑且降一级在彼戴罪管事。”[2]

万历二十四年十二月，遣太监张忠于陕西开矿，遣太监曹金同、把总韩太极于浙江观海、孝丰、诸暨等处开矿，遣太监赵钦同、百户段大金在陕西西安、临潼等处开矿。[3]

万历二十四年十二月，锦衣卫中所百户丘继勋、后所百户曲守正各献未尽遗矿。丘继勋奏：监田县湘子山里龙峪、香子台、白羊岔、龙家山等处有矿。曲守正奏：信阳州、禹州等州县，有遗漏矿洞。有旨：着差去陕西、河南官一并查验开采。[4]

万历二十五年正月，刑部主事洪其道上言：“方今皇上忧经费之不足，故谄谀小人争以利进，而建店取租，则自此始。今且愈推愈广，倘奉差者人人劾奏，被参者人人拿问，欲追赃则必取盈，欲问罪则必引例……矧古今之所讳言，而上下之所难共者，利之一事。上以为利而欲专之，下以为失利而欲夺之，上下交征，何以为国？语云‘财聚民散’，

1 钱一本《万历邸钞》，万历二十四年丙申卷，九月。

2 钱一本《万历邸钞》，万历二十四年丙申卷，十月。

3 钱一本《万历邸钞》，万历二十四年丙申卷，十二月。

4 钱一本《万历邸钞》，万历二十四年丙申卷，十二月。

怨岂在明。以皇上之圣智，岂不虑及此。一旦悟所获之无几，镜末流之可畏，求生财之大道，逐聚敛之小人，特此早脱间耳。”[1]

万历二十五年五月，河南巡按御史姚思仁疏，请停罢开矿。他列举开矿八大害处：一，矿盗啸聚，召乱之可虑；二，矿头累极，土崩之可虑；三，矿夫残害，逃亡之可虑；四，矿兵缺粮，呼噪之可虑；五，矿洞遍开，浪费之可虑；六，矿砂银少，逼买之可虑；七，民皆开矿，失业之可虑；八，奏官肆横，激变之可虑。[2]

万历二十五年九月，山东开矿太监陈增参劾福山知县常国贤阻挠矿务，山东巡抚万象春遮蔽属官。有旨：逮山东福山知县常国贤至京即讯，夺巡抚万象春俸禄一年。[3]

万历二十五年十二月，锦衣卫进郊祀地租银内库一千八百两，山东矿监陈增进银内库矿银五百三十余两，蓟永矿务郎中戴绍科进银内库八百一十余两，河南矿监鲁坤进银内库七千四百余两，中城御史佴祺进犯人张诚房租银内库八千四百五十余两，东厂进杨敢赃银内库一百五十两。[4]

万历二十六年三月，山西矿监张忠进银内库矿银八千零四十两；直隶保定矿监王虎进银内库矿银一千五百两；山东矿监陈增进银内库矿银一千两。[5]

1 钱一本《万历邸钞》，万历二十五年丁酉卷，正月。

2 钱一本《万历邸钞》，万历二十五年丁酉卷，五月。

3 钱一本《万历邸钞》，万历二十五年丁酉卷，九月。

4 钱一本《万历邸钞》，万历二十五年丁酉卷，十二月。

5 钱一本《万历邸钞》，万历二十六年戊戌卷，三月。

万历二十六年五月，真保蓟永矿监王虎进金银内库，矿银三千五十两，金五十六两一钱，石青二十七斤；河南矿监鲁坤进银内库矿银五千两；山东矿监陈增进金银内库，矿银二千一百七十余两，金一百二十八两，金秀石六两五钱；真保矿监王虎进金银内库，金二十两，银五千两，石青十三斤，样金十七两。[1]

万历二十六年六月，兵仗局副使、宣武门官、太监王朝奏：开采珠池有三利，省财、富国、助工。有旨：这所奏就着内承运库佥书官李敬，同叶本立等，前去采办。山西矿监张忠进金银内库，矿银一万五百九十九两，矿金三十八两八钱。[2]

万历二十六年七月，通湾太监张烨进银内库，夏季银二千四百两；山东矿监进银内库，胶州矿银四千七百五十两。差御马少监鲁保掣卖两淮没盐，疏请节制有司，如巡盐御史事例。[3]

万历二十六年八月，横岭矿监王忠进银内库，矿银五千七百十八两九钱；河南矿监鲁坤进银内库，矿银三千七十九两；河南开矿指挥杨宗武进银内库，矿银三千六百五十八两；山西矿监张忠进银内库，矿银七千五百余两；真定保定矿监王虎进金银内库，金三十五两，银三千五百余两；山东矿监陈增进金银内库，金二百六十八两，银二千五百四十六两；蓟永矿监王虎进银内库，掘出

1 钱一本《万历邸钞》，万历二十六年戊戌卷，五月。

2 钱一本《万历邸钞》，万历二十六年戊戌卷，六月。

3 钱一本《万历邸钞》，万历二十六年戊戌卷，七月。

窖银五千余两。[1]

万历二十六年九月，逮山东益都知县吴宗尧至京即讯，以揭奏开矿太监陈增。

万历二十六年十一月，江西湖口征税太监李道弹劾九江府经历樊圃，阻挠征收商税，特旨将樊圃降杂职调用；江西湖口税监李道九月进银内库，船税银三百零七两七钱；两淮盐监鲁保进银内库，羡银二万二百两。[2]

万历二十六年十二月，山东矿监陈增进金银内库，矿金三百一两七钱，银四千四十六两；天津税监马堂进银内库，八千一百余两，又进已故太监王朝房屋地土卖过银三千七百八十两；浙江矿监刘忠进银内库，凡一千四百两；横岭矿监王忠进银内库三千九百两；两淮盐监鲁保进银内库三万二百两。[3]

万历二十七年正月，差内官暨禄同原奏羽林百户马承恩，抽税仪真。[4]

万历二十七年二月，差内官监太监李凤同原奏府军右卫千户陈保，开采雷州处所珠池，兼市舶司征税；差奉御太监刘成同原奏留守百户张宗仁，征收杭嘉湖等处客货鱼课；差御马监太监王相同原奏大宁卫千户刘三槐，开采广州府从化县地方矿银；差锦衣卫千户韦梦琪查荆州地方税租；以原差苏杭织造太监孙隆，督原奏锦衣卫百户陈道元，征收苏

1 钱一本《万历邸钞》，万历二十六年戊戌卷，八月。

2 钱一本《万历邸钞》，万历二十六年戊戌卷，十一月。

3 钱一本《万历邸钞》，万历二十六年戊戌卷，十二月。

4 钱一本《万历邸钞》，万历二十七年己亥卷，正月。

州、松江、常州、镇江四府货税；以原差珠池太监李敬同原奏经历胡奉正，开采广东自置矿山；差奉御太监潘相督同原奏腾骧百户赵应璧，开采江西赣州等府矿场，征收货税；差奉御太监孙朝督同富峪卫指挥王锐，征收山西太原等府货税；差尚膳监太监杨荣同忠义右卫千户张国臣，开采云南地方金银矿洞；差御马监太监丘乘云同金吾左卫千户翟应泰，征收四川货税。[1]

万历二十七年三月，以原差开矿太监王忠同锦衣卫百户柳胜，征收密云地方货税每年六万两；以原差通湾监丞张烨同锦衣卫百户刘思忠，征收卢沟桥等处地方货物马匹；差尚膳监丞高淮同义勇前卫千户闫大经，开采辽东金银矿洞，征收马匹方物；下两淮盐监鲁保，追讨徽州府歙县吴时修等蒙财三十万两；河南开矿指挥杨宗吾进银内库三千三百余两；山西矿监张忠进银内库一万五千两。[2]

万历二十七年四月，浙江矿监刘忠进银内库一千八百两；河南矿监鲁坤进银内库四千七百三十二两。[3]

万历二十七年闰四月，山东矿监陈增进金银内库，金三百四十二两，银六千三百六两；差御马监丞高寀，征福建八府一州市税，带管矿务；真保开矿户部郎中戴绍科进银内库，银五百五十四两；湖广税监陈奉进样银内库，凡五百两；仪真税监暨禄

1 钱一本《万历邸钞》，万历二十七年己亥卷，二月。

2 钱一本《万历邸钞》，万历二十七年己亥卷，三月。

3 钱一本《万历邸钞》，万历二十七年己亥卷，四月。

进样银内库，凡五百两；陕西矿监赵钦进金银内库，矿金四十七两，银一千一百两；真保矿监王虎进金银内库，矿金三十六两，银四千七百两。[1]

万历二十七年五月，江西矿监潘相进样银内库，凡五百十四两五钱五分；辽东税监高淮进样银内库，凡二千两；山西税监孙朝进样银内库，凡六百两；广东珠池太监李敬进珠内库，大珠三颗，一颗重九分，一颗重七分三厘，一颗重一分二厘，珍珠一千一百一十两；以内官监太监张忠带管锦衣卫百户吴应麒，前去山西蒲、解二州，安邑等十县，征收盐课积余银两解进；以御马监太监陈奉带管锦衣卫总旗申敏，前去湖广旧有金银矿洞处所开采解进。[2]

万历二十七年六月，广东珠监李敬进珠内库，珍珠五百二十七两；广东税监李凤进银内库，市舶税银一千五百两；河南税监鲁坤进银内库，矿银四千四百余两，又掘出碎烂铜钱一万九千余文，变价银一百八十余两。[3]

万历二十七年七月，差南京守备太监邢隆、刘朝用，督率百户王遇桂，土民陈耀、胡忠、余天寿等，开采宁国、池州矿洞，征收南直隶地方铺面银两解进；两淮盐监鲁保进银内库，凡一万三千二百两，又犯人吴时修加罚课银十万两；山东矿监陈增进银内库，金三百两，银五千两；山西税监孙朝进

1 钱一本《万历邸钞》，万历二十七年己亥卷，闰四月。

2 钱一本《万历邸钞》，万历二十七年己亥卷，五月。

3 钱一本《万历邸钞》，万历二十七年己亥卷，六月。

银内库，凡一万两，又进木大小二万余根；辽东税监高淮进金银内库，样金一十六两，银一百五十两，貂皮二十张，人参七斤。[1]

万历二十七年八月，河南税监鲁坤进银内库，凡一万一千六百六十两；浙江税监刘成进银内库，凡一万二百两；湖广征税奉御太监陈奉，以“阳诬阴害，抗旨挠税”罪名，控告湖广巡按御史曹楷、襄阳知府李商耕、黄州知府赵文炜、荆门知州高则巽；江西税监李道进银内库，凡一万三千四百七十余两；通湾税监张烨进银内库，税银一万九百一十余两；蓟永矿监王虎进金银内库，金三十两，银三千余两。[2]

万历二十七年九月，横岭矿监王忠进银内库，凡三千二百余两；天津税监张烨进银内库，银一万四百四十余两，马三十匹；四川税监丘乘云进金银内库，税金四两，税银一千二十两。[3]

万历二十七年十月，皇帝谕旨：湖广税监陈奉督原奏仇世亨，查理该省积余银两；陕西税监梁永进银内库，赃银凡二千两；户部鉴于税监聚敛影响盐课收入，上言：“近日两淮春夏盐课，该二十余万，今历十月，尚无纤毫到部。若河东盐课，小人争变其说，官商俱困，业已大坏。臣等方怀私忧，势必及于浙福”。[4]

不必再一一列举，矿税太监横行的状况已经一

1 钱一本《万历邸钞》，万历二十七年己亥卷，七月。

2 钱一本《万历邸钞》，万历二十七年己亥卷，八月。

3 钱一本《万历邸钞》，万历二十七年己亥卷，九月。

4 钱一本《万历邸钞》，万历二十七年己亥卷，十月。

目了然。由上述资料可知，这三年矿税太监进奉内库的白银数量如下：

万历二十五年	18 140两
万历二十六年	149 239两
万历二十七年	533 164两

据学者估计，从万历二十五年到万历三十四年，矿税太监进奉内库的白银共计569万两。[1]平均每年进奉56.9万两银子，是一个什么概念呢？这笔收入与每年的农业税（夏税、秋粮）及盐税收入相比，是一个小数目。以万历六年为例，太仓银库岁入3 676 181.60两，其中农业税银为2 087 413.90两，盐税银为1 003 876.40两。[2]但与关税、商税相比，则是一个大数目。万历六年河西务、临清、浒墅、九江、杭州（北新）、淮安、扬州等钞关，解入太仓的关税银为234 000.00两；京师崇文门、通州张家湾、江西、山东、陕西、广东、云南等处的不完全统计，万历六年解入太仓的商税银为112 995.21两。[3]

由此可见，矿税太监每年向内库进奉的银两，是一个不大不小的数目，而且黄金、珍珠、貂皮、人参、马匹等等，还没有计算在内。这种超经济的强制聚敛，当然不可以等闲视之。原因在于，它是正税之外的额外榨取，并非国库收入，而是仅供皇

1 王天有《万历天启时期的市民斗争和东林党议》，载《北京大学学报》1984年第2期。南炳文、汤纲《明史》下册，上海人民出版社，1991年，第759—762页。

2《万历会计录》卷一《岁入》。

3 万历《大明会典》卷三十五《户部二十二·课程四》。以上参看全汉昇、李龙华《明中叶后太仓岁入银两研究》，载《香港中文大学中国文化研究所学报》第5卷第1期。

室支配的财富，弊端百出是不可避免的。这些太监长期深居宫中，对于国计民生，对于工商业近于无知，恣意妄为，贪赃枉法，中饱私囊，把全国上下搞得民怨沸腾。

3. 登峰造极的制度腐败

由太监来领导开矿，本身就显得滑稽可笑，他们哪里有这样的眼光和能力？一味蛮干的结果，就成了打着开矿的幌子，敲诈勒索。有的地方名为开矿，实际上开不出什么东西，太监们强令富户承包，不足之数由富户赔偿；或由地方政府承包，不足之数由地方财政抵充。这样一来，所谓开矿徒有其名，不过是另一种形式的摊派。万历二十五年五月，河南巡按御史姚思仁揭露开矿的八大弊端：一，矿盗啸聚，召乱之可虑；二，矿头累极，土崩之可虑；三，矿夫残害，逃亡之可虑；四，矿兵粮缺，呼噪之可虑；五，矿洞遍开，浪费之可虑；六，矿砂银少，逼买之可虑；七，民皆开矿，失业之可虑；八，奏官肆横，激变之可虑。[1]万历二十六年七月，户科都给事中包见捷上言开矿之害："陛下谓徒取诸山泽，在矿使实夺取之闾阎。槌击入山者十二载，虎狼出柙者半天下。"[2]同年九月益都知县吴宗尧弹劾矿监陈增"罔上营私"："益

1 钱一本《万历邸钞》，万历二十五年丁酉卷，五月。

2 谷应泰《明史纪事本末》卷六十五《矿税之弊》。

都有铅砂无银矿，（陈）增强之入银，业非法矣。更强采者代纳，稍缓，逮及吏民。陛下所得十一，而（陈）增私橐十九。”[1]皇帝所得不过是十分之一，十分之九落入太监私囊，这仅仅是经济损失。它造成的社会危害，亦即当时人所谓“土崩瓦解”的后果，将无法估计。

至于征税太监的派遣，意味着在原有的钞关之外增加了新的征税点，何况制度不健全，措施不协调，形成对行商货物重复征税的弊端。长江沿岸商业口岸林立，这种弊端尤为显著。万历二十九年五月，南直隶巡按御史刘曰梧就指出：“以臣所属，上有湖口，中有芜湖，下有仪（真）扬（州）。旧设有部臣，新设有税监，亦云密矣。湖口不二百里为安庆，安庆不百里为池口，池口不百里为荻港，荻港不百里为芜湖，芜湖不数十里为采石，采石不百里为金陵，金陵不数十里为瓜埠，瓜埠不数十里为仪真，处处收税。长江顺流扬帆，日可三四百里，今三四百里间五六委官拦江把截，是一日而经五六税也，谓非重征叠税可乎？”[2]皇帝为了区区蝇头小利，而毁坏黄金水道的商品流通，彻头彻尾的贪小失大！

◥ 刘曰梧，江西南昌人，万历十四年进士。万历二十八年巡按南直隶，在任上指陈对行商货物重复征税的弊端。天启元年起复顺天巡抚，闻开原、铁岭相继陷，以家资万金助军饷。

官员们一再向皇帝进谏，指摘矿税的弊端，皇

1 谷应泰《明史纪事本末》卷六十五《矿税之弊》。
2 《明神宗实录》卷三百五十九，万历二十九年五月甲寅。

帝一再狡辩，拒不接受。万历二十七年三月，户科都给事中包见捷等言官，奏请“罢矿税，撤中官，以弭乱本”，引来皇帝振振有词的狡辩：“朕恭阅祖宗训录，已知国初各省直皆有钦差内臣、镇守监枪等项，与该省文武将吏协同行事，体访官员得失、军民利病。其间征收税课，进献土产，以济国用。相沿已久，至于嘉靖年间暂撤停止。但今典礼相继，工作浩繁，费用不敷，若不权宜措办，安忍加派小民！朕敬天法祖，四海一家，稍候充足，自有处分。且矿店税课，屡旨已悉，非王官等招兵立营，阴蓄异谋之比。”明明是在巧立名目榨取，还说什么“安忍加派小民”。不但不检讨自己，反而谴责言官：“你每职司言责，不谙时务，党护徇私，邀名卖直，好生狂肆。包见捷这畜，本当拿问重治，姑降一级调外任用，不许朦胧推升，其余且各罚俸一年。”[1]

当然，矿税的弊端并非仅限于皇帝一个人，它是一种制度性腐败，或者说经由太监之手，把制度腐败演化到登峰造极的地步。具体说来，矿税太监是皇帝委派的钦差大臣，直接向宫廷内库进奉，不受中央政府监督，凌驾于地方政府之上，没有任何制度约束，形成了财政上的巨大漏洞。聚敛的财富究竟有多少？上缴几何，截留几何？是一笔糊涂账，只有矿税太监自己心里有数。于是乎，必然结

1 钱一本《万历邸钞》，万历二十七年己亥卷，三月。

果是，征多缴少，太监中饱私囊，大量财富落入他们的私人腰包。

万历三十一年十月，山西巡抚白希绣向皇帝揭发：税监孙朝每年在山西征收税银45 200两，只向朝廷内库进奉15 800两，其余29 400两由孙朝假托拖欠的手法，据为己有。[1]这就意味着，65%的税银被孙朝贪污了。

万历三十三年十二月，山东巡抚黄克缵向皇帝揭发：税监马堂每年在山东抽取各种税银不下250 000至260 000两，而向内库进奉仅仅78 000两，七年之中“隐匿”税银1 300 000两。[2]所谓“隐匿”，就是贪污的同义词，70%以上的税银被马堂贪污了。这些并非特例，而是普遍状态，几乎可以说，没有一个矿税太监不贪污的；贪污率高达65%、70%还不算惊人。据内阁辅臣赵志皋说，矿税太监“挟官剥民，欺公肥己，所得进上者十之一二，暗入私囊者十之八九”。[3]广东巡按御史林秉汉认为，矿税太监进奉内库的银两，还不到十分之一。他说，广东税监李凤“明取暗索，十不解一，金玉珠宝堆积如山，玲珑异物充塞其门，所进献于皇上者，特（李）凤之余也”。[4]贪污率高达80%至90%，甚至超过90%。换句话说，进封内库的只不过20%至10%，甚至不到10%。按照这个标准估算，矿税太监在万历二十五年至三十四年间，向内

1 文秉《定陵注略》卷四《内库进奉》。

2《明神宗实录》卷四百十六，万历三十三年十二月壬子。

3《明神宗实录》卷三百三十三，万历二十七年四月癸酉。

4 林秉汉《乞处粤珰疏（万历三十二年）》，《万历疏钞》卷二十《阉宦类》。

库进奉569万两白银，而落入他们私人腰包的白银极有可能超过5 000万两。简直匪夷所思。

由此可见，派遣矿税太监聚敛财富，来缓解宫廷财政困难，从根本上来说，是彻底失败了。对于皇帝而言，他的内库只不过拿到了一个零头，却把整个国家和社会搞得民穷财尽，经济萧条。这些年中，太仓的收入并无增长，国家财政年年亏损。万历三十年至三十五年太仓收支状况就是一个明证，请看下表：

年　份	收入银（两）	支出银（两）	盈亏（两）
三十年	5 073 750.848	6 228 314.056	亏1 154 608.208
三十一年	4 714 963.398	6 250 355.011	亏1 535 391.613
三十二年	5 018 164.366	6 167 054.231	亏1 148 189.865
三十三年	5 132 107.761	5 903 989.188	亏771 881.427
三十四年	5 052 638.658	5 936 416.685	亏883 778.027
三十五年	5 029 378.097	5 414 850.227	亏385 472.130

资料来源：顾炎武汇辑《皇明修文备史》之《太仓考删·国计疏》，户部尚书赵谨题为时势孔艰积储愈匮敷陈历年出入要览以襄国计事（万历三十六年三月二十八日）。

而那些矿税太监个个成了暴发户，他们才是矿税的真正受益者。这实在是具有讽刺意味的咄咄怪事。其实说怪也不怪，在政治专制、经济垄断的体制下，撇开中央和地方政府的正规渠道，搞宫廷皇室的小金库，本身就意味着制度腐败，其结局当然是加倍的腐败。从全局看，皇帝派遣矿税太监是得不偿失的愚蠢之举。其恶劣影响不仅局限于经济方面，还扩散到政治方面，而且久久难以消除。这批矿税太监，小人得志，颐指气使，所到之处肆意妄为，把本已混乱不堪的政局闹得更加混乱。因为他们背后有皇帝的支持，根本不把地方官放在眼里，地方官稍有异议，就遭到他们的打击报复。正如《明史》所说："神宗宠爱诸税监，自大学士赵志皋、沈一贯而下，廷臣谏者不下百余疏，悉寝不报。而诸税监有所纠劾，朝上夕下，辄加重谴。"[1]

当第一批矿税太监派出不久，吏科给事中戴士衡敏锐地察觉到"所在驿骚，安危之机未知所底"，弹劾陈增、鲁坤之流，"借陈矿务，干政擅权"。承运库太监陈增向皇帝要求："一应事宜听臣便宜行事，事竣之日，承委文武职官会同抚按，分别举刺，以示劝惩。"御马监太监鲁坤向皇帝要求："各官既承任使于臣，宜有所辖。"所谓"便宜行事"云云，就是想成为事实上的钦差大臣；所谓"分别举刺，以示劝惩"云云，就任由他们来评判、奖惩地方官。显然大大超越了矿税太监的职权范围，是名副其实的"干政擅权"。有鉴于此，戴士衡尖锐地指出："是欲以抚按自处也，是欲立于监司之上也。堂堂天朝，奈何令刀锯之余品题天下豪杰！"他担心，先前擅权乱政的大太监王振、刘瑾，将重现于今日，"祸播生民，毒流荐绅"。[2]他预感到矿税太监将要"干政擅权"，以后的事实不幸被他言中。

◥ 戴士衡，福建莆田人，万历十七年进士。授江西新建知县，擢吏科给事中。

1 张廷玉《明史》卷三百五《宦官传·高淮》。
2 文秉《定陵注略》卷四《矿税诸使》。钱一本《万历邸钞》，万历二十四年丙申卷，九月。

陈增到山东监督开矿不久，就向皇帝告御状，诬陷福山知县韦国贤“阻挠矿务”，指控山东巡抚万象春“遮蔽属官”。皇帝接到他的奏疏，不加核实，立即降旨：逮捕韦国贤至京即讯，扣罚万象春一年俸禄。万象春一气之下引疾辞官而去。[1]万历二十六年，新任山东巡抚尹应元忍无可忍，弹劾陈增二十大罪，也遭到罚俸的处分。皇帝对陈增欣赏有加，命他兼带征收山东的店税，与临清的税监马堂冲突，互相争税。皇帝不得不出面调解，马堂分管临清，陈增分管东昌。得到皇帝的宠信，陈增愈发肆无忌惮，指使党羽程守训、仝治、张大亨等，把搜刮的范围扩大到徐州、宿迁、淮安、扬州，乃至南京、苏州、杭州等商业繁华地带。动称奉皇帝密旨，搜罗金银财宝，诬陷富商巨贾藏匿违禁物品，抄家充公，致使上百家富豪因此而破产。甚至随意杀人，地方官不敢过问。

直隶巡抚刘曰梧上疏弹劾陈增：“奸人假托诏旨，擅置官属，往来京省，窃弄威福。道路喧传，有武英殿中书程守训称奉密旨，凡有大商巨室违法致富，及官民军舍怀藏珍宝者，悉听告发。臣初不信，比至，则旌盖车马填塞街衢，列金书钦命告密牌，四甲士翼而趋，戈矛剑戟拥卫如卤簿。以奸人仝治为中军，别踞高舰。逻卒数百，出匿名文书，指甲为乙，曰‘此富而违法者’，曰‘此家藏

1 钱一本《万历邸钞》，万历二十五年丁酉卷，九月。张廷玉《明史》卷二百二十七《万象春传》。

珍宝者’，皆被锒铛囊三木，曳而过都市。索贿多者万金，少亦不下数千百。如仪真监生李长才，京商王懋佶，淮扬高、汪、方、全诸巨姓，无不立碎其家。(程)守训方且至金陵，至芜湖，又过其原籍歙县，门建一坊曰‘帝心简在’。宴游赏赐之费动以百金，私置婢妾，妄称进御。又号于众曰：‘我天子门生，部院不得考察，督抚不得纠弹。’及臣细访，其人则市井无赖，屠沽淮上，窃伎而逃者也。”陈增竟然在各地胡作非为，刘曰梧希望皇上大奋乾断，处死程守训、全治之流，警告陈增。皇帝根本不予理睬。[1]

在皇帝的纵容下，陈增更加飞扬跋扈。万历三十一年，南京监察御史王藩臣弹劾陈增。矿税太监所至如焚，然而肆恶之广、流毒之深，未有如陈增；各地岌岌可危，人心叵测，也未有如徐淮之间。当年刘曰梧指责的情况，如今依然存在，而且变本加厉了。王藩臣揭发：陈增原本是一个狎邪小人，目不识丁，手不能算，愚蠢之极；却贪类狼嚝，恶同虎噬，狠毒之极。“以至愚之性，为至狠之事，其愚终不可破，其狠亦不可终回。初收巨恶程守训为阉门伶人，为阉门喽啰儿，连年穷凶极暴，具在诸臣参论疏中，擢发难数。续收充戍书手王桐石，听其阴恣鬼蜮，听其阳提傀儡，一应文移本章俱出其手。(王)桐石随起家三十余万，见今父

1 万斯同《明史》卷四百六《宦官传下·陈增》。

子纳监，与程守训一时并称豪富。其他如周子连、孟近川、王鹏、吴见田、袁友松等，不下三四十人，各复集党引类，又不啻数百。今日走东诈骗，明日走西吓抢；今日提解某犯，明日追征某赃。所管税务仅止徐州，而所害人家则遍及江淮南北诸郡。无辜之人卖妻鬻子，丧身破家，真在汤火，莫必其命。”[1]

皇帝只当耳旁风，不予理睬。直到凤阳巡抚、漕运总督李三才（字道甫，顺天通州人）揭发程守训贪赃劣迹昭彰，罪证确凿。陈增才感到惶恐不安，被迫向皇帝招供，程守训藏匿违禁珍宝，贪污白银四十万两。皇帝得知这一消息，下令把程守训押解进京审讯，处以死刑。陈增遭此惊吓，一病不起，于万历三十二年一命呜呼。皇帝闻讯，首先想到的不是别的，而是陈增搜刮的财富，特地下旨：“陈增既已病故，所收见在税课并一应钱粮、方物，俱着抚按委令兵道等官，公同查明，封记解进。”[2]同时规定，陈增原管矿税事务划归仪真税监暨禄兼办，继续陈增未完成的搜刮任务。

陈增并非特例，其他矿税太监莫不如此。御马监太监梁永，万历二十七年二月被皇帝派往陕西，征收名马货物税。按照规定，税监不得带兵。但是梁永招集亡命之徒，蓄积战马五百匹，组成一支骑兵，出入边塞。他的党羽锦衣卫千户乐纲最为桀

1 王藩臣《乞除阉恶以防要地祸变疏》，《万历疏钞》卷二十《阉宦类》。

2《明神宗实录》卷四百三，万历三十二年十一月甲辰。万斯同《明史》卷四百六《宦官传下·陈增》。

黠，帮助梁永干些作奸犯科的勾当。富平县知县王正志向朝廷揭发梁永的奸谋，皇帝不由分说地下令将王正志押解进京，关入锦衣卫诏狱四年之久，竟不明不白地死于狱中。[1]渭南县知县徐斗牛是和王正志一样的廉吏，对梁永颇为不满。梁永指使党羽杭大贤率领一支人马，直入渭南，向徐斗牛敲诈勒索，当场打死几人，在县衙大堂大放厥词，徐斗牛愤恨而死。

陕西巡抚贾待问（字学叔，号春容，广平威县人）为徐斗牛鸣冤，希望皇帝对梁永有所惩处。皇帝却要梁永参与审理此案。言官杨应文表示反对，说：徐斗牛之冤，陛下业已洞鉴，梁永身为主使者，罪与杭大贤同科，岂可偃然参与审理此案？他的反对毫无效果。梁永凭借钦命，在审理时反诬陕西巡抚贾待问、西安府同知宋贤，有挟私之嫌，将此数人一并勘察。是非颠倒、黑白混淆一至于此，皇帝却欣然同意。此后梁永气焰更加嚣张，公然向皇帝提出，兼领镇守职衔，率兵巡视花马、庆阳等盐池，征收盐课。更有甚者，梁永假借巡察为名，率领亡命之徒，打着旌旗伞盖吹吹打打四出游行，肆行劫掠，挖掘历代帝王陵寝，搜求古代金玉器物，到处勒索。知县不堪其扰，纷纷单骑脱走。梁永指使爪牙杖杀县丞郑思颜、指挥刘应聘等。[2]

万历三十四年，广东道御史周懋相披露，梁

1 张廷玉《明史》卷二百三十七《王正志传》。

2 万斯同《明史》卷四百六《宦官传下·梁永》。

永抵陕西征税以来，他的衙门简直就是盗贼渊薮："四方亡命蚁聚蝇趋，朝为狗盗之流，暮作入幕之宾，一人而二三其名，一日而三四其貌。税监（梁永）止计其投充之资多寡若何，甚有面目不及睹，姓名不及详者谓投充税府，即盗弗敢问，是税府为盗薮也。"[1]梁永手下那帮爪牙，拦路抢劫，甚至挖掘帝王陵墓，只要能聚敛财富，都可以投充在他的门下，白天干些鸡鸣狗盗的勾当，夜晚摇身一变成为他的幕僚。这样的税监衙门，与盗贼窝又有什么两样？

梁永超越职权，勒令咸阳知县宋时济贡献冰片、麝香等名贵药材，遭到拒绝。咸宁知县满朝荐（字震东，湖广麻阳人），严厉执法，将白昼行劫的梁永爪牙逮捕究治。梁永倒打一耙，向朝廷诬告宋时济、满朝荐"抗旨狂悖"。皇帝立即下旨谴责："有司何不仰体朝廷德意，乃敢抗违狂悖，主唆奸徒劫去税银，擅将奉差校番混拏，酷刑监禁。却又打伤土民参随，以致地方百姓不宁，好生可恶。奏内咸阳知县宋时济，并有名奸恶，着抚按官严行拏解来京究问。咸宁知县满朝荐，既仕未久，姑降一级调用。"[2]这种不公正的处理激起民愤，陕西巡抚顾其志向朝廷报警："秦民万众共图杀梁永！"内阁辅臣朱赓见事态严重，向皇帝进言：梁永一面之词未可尽信，且调停诏旨刚下，就逮捕有司官员，难

1 周懋相《税使饰词庇盗有司因事蒙谴疏》，《万历疏钞》卷二十《阉宦类》。

2 钱一本《万历邸钞》，万历三十四年丙午卷，正月。

以引导舆论视听。请求皇上把梁永押解回京，以安人心。皇帝当然不会把生财有道的梁永撤回，稍作让步，释放宋时济，恢复满朝荐官职，来缓解舆论压力。[1]

陕西巡按御史余懋衡查明梁永偷运赃物到北京附近藏匿，以及私自蓄养兵马等事，向皇帝报告。梁永恼羞成怒，派他的党羽乐纲，收买厨师毒害余懋衡。幸亏余懋衡命大，多次毒害不死，严刑拷问厨师，缴获贿金和毒药。拿到真凭实据后，余懋衡上疏揭发梁永罪状。言官们获悉后，莫不义愤填膺，争先恐后弹劾梁永。福建道监察御史陈宗契的奏疏就是一例："今接邸报，见有陕西巡按御史余懋衡所参梁永、乐纲蛊害一事，满朝臣工莫不错愕咋舌，而亦未尝不叹虐珰之流祸，小人之无极，国家之法纪。噬鲸吸脂敲髓，其为秦民荼毒已非一日，所见于诸臣参劾者，亦已非一疏矣。在梁永恨不欲剥尽秦民，在三秦亦恨不欲即收梁永所恃。御史余懋衡入关以来，恃斧断猾，疏膏畅泽，庶几伤心欲动之秦民亦谓控诉之有路，迁延旦夕，以不即及于乱耳。然三秦各为虑，（余）懋衡不可一日无；梁永自为虑，（余）懋衡不可一日有。遂以乐纲为腹心，又以张永桢、李可利为爪牙，贿毒布置，乘间连发。虽其觉露，适有天幸，而（余）懋衡之就死地者，危乎危乎间不容发矣……御史代天子巡方为命

1 徐象梅《两浙名贤录》卷十四《吏部尚书文华殿大学士朱少钦赓》。万斯同《明史》卷四百六《宦官传下·梁永》。

吏，而（梁）永等敢以炰烋之势，取天子之命吏而毒杀之，是目中无天子之吏，足见无天子之渐也。祸莫大于杀使，罪莫大于无君，梁永、乐纲宜加以何刑也乎？”[1]

陕西巡按御史王基洪报告朝廷：梁永斩关夺囚，杀伤吏民，料其必反。果然，梁永唯恐陕西军民发难，招集亡命之徒，手持剑戟弓弩，押运辎重，结阵而行。余懋衡紧急报告，梁永谋反，爪牙逃亡。梁永反咬一口，诬陷满朝荐伏兵渭南“劫贡”。矛盾已经完全激化了，皇帝仍然偏袒梁永，下令逮捕满朝荐，并要陕西地方官派兵护送梁永回京。[2]

皇帝为了聚敛财富，指使、纵容矿税太监到各地搜刮，横行无忌。地方官员无法制止，中央官员徒唤奈何，除了上疏发发牢骚，似乎无力改变这种局面。

◤ 魏允贞，河南南乐人，万历五年进士。东林人士，官至兵部右侍郎。万历二十一年因替赵南星辩护，以右佥都御史巡抚山西，裁减幕府及州县冗费，又巡视边防。进右副都御史，力陈矿监张忠、孙朝等税使之暴。为官一生，两袖清风。

税监孙朝抵达山西，榷税诛求百万，山西巡抚魏允贞每事裁抑，并且上疏揭发其罪恶。孙朝反诬魏允贞“倡阻抗命，煨烬木植，攘尅贪滥”。皇帝接到魏、孙两本奏疏，明显抑此扬彼，把魏允贞疏留中不发，把孙朝疏转发部院，意图很明显，要部院大臣提出惩处魏允贞的意见。部院大臣偏偏不买

---

1 陈宗契《税珰暴虐非常蛊毒宪臣有据疏》，《万历疏钞》卷二十《阉宦类》。

2 万斯同《明史》卷四百六《宦官传下·梁永》。谷应泰《明史纪事本末》卷六十五《矿税之弊》。

账，吏部尚书李戴（字仁夫，号对泉，河南延津人），都察院左都御史温纯（字景文，号一斋，陕西三原人）等大臣，极力称赞魏允贞贤明，请求将魏疏下发，与孙疏一并评议。吏部右侍郎冯琦（字用韫，山东临朐人）为魏允贞辩护："自抚晋以来，事事节省，公费廪给尽充修边赈荒之用，布衣蔬食，不携妻子，晋中士民皆谓巡抚但饮山西水耳。臣等细考（魏）允贞平日之事，参以孙朝今日之言，（魏）允贞孤立独行，多仇少与，即与阁部大臣时有争论，其不能屈意奉内臣可知。孙朝疏中至欲食其肉，寝处其皮，在皇上面前尚且如此骂詈，其在彼中盛气加抚臣可知。始而相疑，继而相争，抚臣既参内臣，内臣亦参抚臣，此乃二臣两相抗而相讦，非臣下敢抗诏旨也。其焚烧木植一节，或系奸民放火，或系邻火延烧，事在彼中，难以悬断。若谓有贪滥攘尅，赃至三十余万，则臣等敢以百口保之。（魏）允贞原籍南乐，去京不远，皇上试加细访，其房屋田产多寡，虚实当自了然。若指廉洁为贪滥，指节省为攘尅，使天下清吏闻之无不灰心，贪官闻之有以借口，非所以昭平明之理也……今以巡抚重臣因与中使相争而罢，则何以弹压冲边，激扬大吏！即有官吏贪赃攘财之事，更复何所畏惮！合一省而奉一内臣，又合群小而哄一内臣，奸弊丛生，谁敢究诘？则财之入于国者几何，而出于民者无算矣。"[1]

1 冯琦《枭獍恶臣大蠹国计首倡阻挠屡抗钦命疏》，《万历疏钞》卷二十《阉宦类》。

都察院左都御史温纯则从宏观角度，请求皇上“宽逮系”“停矿税”。他说：“皇上果喜果怒，而利大半归诸中使棍役矣。不然，刘有源之万六千，程守训之数十万，从何自来？而独一刘有源、一程守训已耶？夫皇上之喜怒，皇上之威福也，名虽窃于中使，实则落于棍役，内何有于法司，外何有于抚按！即抚按且数为龋龁，不安于位，而守令佐幕举人逮矣，生员逮至二三十名矣，何论军民！或弃之江，或毒以刑，或掘其冢，或折其臂，或拶其乳，或坐视群棍奸戏者，不可胜数。此何法也？欲何为也？无非用财货也，财货又大半入中使棍役也。”[1]

皇帝对大臣的议论不屑一顾。山西军民数千人专程赶到北京，在紫禁城外为魏允贞申冤，迫使皇帝不敢贸然对魏允贞作出处分。[2]

◤ 李三才，陕西临潼人，万历二年进士。万历二十七年以都察院右佥都御史担任漕运总督，巡抚凤阳诸府。任内数次上疏陈明矿税之害，并裁抑矿税太监。

对矿税之弊分析得最为透彻的当推李三才。万历二十八年五月，淮扬巡抚李三才就请求停止矿税：“窃自矿税繁兴，万民失业，朝野嚣然，莫知为计。阁部九卿台省百执事，无不诵言之；忠臣烈士孝子仁人，亦无不极言之。皇上莫之省也，岂以或出于风闻而不足凭与，抑以或过于激切而不能

---

1 温纯《庆典在即恳乞宽逮系并停矿税疏》，《万历疏钞》卷二十九《矿税类》。

2 张廷玉《明史》卷二百三十二《魏允贞传》。

听与……上下相争，惟利是闻……如臣境内，抽税者，徐州则陈增，仪真则暨禄；理盐者，扬州则鲁保；芦政者，沿江则邢隆。千里之区，中使四布，棋置星列，如捕叛亡。加以无赖亡命附翼于虎狼，不逞之徒托名于城社，如含山之潘元等，和州之陈所蕴等，淮安之马如壮等，扬州之蒋季柔等，瓜州之酆奎等，仪真之吴大川、汪三等，泰州之郭实等，宿州之顾其礼、戴环等。或假雕印信，而公行吓诈；或冒充名色，而明肆抢夺……至如中书程守训尤为无忌，假旨诈财，动以万数，破产倾家，十室而九空……皇上既溺志于货利矣，故目之所见，身之所接，昼之所思，夜之所梦，无非金宝珠玉者，所谓逐鹿不见泰山也！”[1]

皇帝没有反应。次月，李三才再上一疏："数月以来，远迩传闻，凡有章奏但系矿税，即束高阁，一切不省。臣且信且疑，且警且骇。信斯言也是治乱存亡之机也，臣不愿皇上有是也。夫天下之患莫大于忌讳而不敢言，尤莫大于固拒而不受言。忌讳而不敢言，罪在下，犹可说也；固拒而不受言，责在上，不可说也。臣之前疏，非泛常之疏也，国脉民命之所关，天心祖德之所在也……拆人之屋，掘人之墓，奸贪残贼，若近日秦楚等处所奏，即在敌国仇人犹所不忍，况吾衽席之赤子，无辜之齐民哉！穷困无聊，呼天叩地，奸雄乘机，遂生窥窃，

1 李三才《政乱民离目击真切恳乞圣明承天念祖救之水火以自尽君道疏》，《万历疏钞》卷二十九《矿税类》。谷应泰《明史纪事本末》卷六十五《矿税之弊》。

如徐州赵古元之类是矣。夫有土有众，则人皆知有朝廷；众叛土崩，则人皆起为敌国。一旦风驰尘骛，四方云扰，介焉之身，块然独处，即有黄金过斗，明珠填海，谁为守之？而又谁为运之？只以藉寇兵而资盗粮耳。”[1]

万历三十一年九月，李三才再次请求停止矿税，因为这是“万民剥肤之灾，国家燃眉之急”。他讲道理摆事实，首先指出，与内府缺乏相比，百姓更加缺乏：“皇上每有催征，必曰内府缺乏，不知天下百姓更缺乏之甚也。夫使内府果缺乏也，是社稷之福，灵长之庆也，所谓貌瘦而天下肥也，所谓仁者散财以得民也，缺乏在一人，而充盈在天下也。然而实不然也，皇上之所谓缺乏者，黄金未遍地，珠玉未际天耳；天下百姓之所谓缺乏者，朝夕不一饱，父子不相守耳。以此较彼，孰乏孰足，孰缓孰急，又何待臣辞之毕哉！”其次指出，矿税榨取数倍于国家的正税，而其中十分之九为群小所吞并：“姑即臣之境内言之，淮徐丰沛巨浸千里，凤泗颍亳闾阎一空，壮者散之四方，老弱转乎沟壑。乃取之于矿税，取之于芦洲，取之于盐课，取之于田房，纳之于公家者什一，吞之于群小者什九。何取非财，何财非民？是不数倍于正供耶？不但此也，有进贡之夫，有皇簰之夫，有修陵之夫，有挑河之夫，每差不下数千，每家不下数两。何夫非财，何

1 李三才《万民涂炭已极乞赐省览以救天下疏》，《万历疏钞》卷二十九《矿税类》。谷应泰《明史纪事本末》卷六十五《矿税之弊》。

财非民？是又不数倍于正供耶？”因此，他建议：“凡属矿税，尽数报罢，而后侧身修行，图安于危。”[1]

皇帝朱翊钧始终执迷不悟，我行我素。矿税太监的倒行逆施，激化了社会矛盾，引爆了民众动乱。

三　临清民变、湖广民变及其他

早在万历二十七年二月，吏部尚书李戴就已指出矿税太监所酿成的社会危机，迟早会触发民众的暴乱。他说：方今水旱灾害频仍，田野萧条，民不聊生，日甚一日，“此正奸宄窥伺窃发时也，而又益以纷纷矿店，以发其机而速其变，是岂可不为之寒心哉”？更何况，矿税太监干的是焚林竭泽的勾当，对地方而言，无异于剜肉割肤之惨，聚敛来的钱财大部分落入此辈私家囊橐，“徒使利归群小，怨归朝廷，厚贵未收，荣名顿损”。随之而来的后果不堪设想：“且恐轻悍任侠者出而奋臂一呼，四海民生，无生之乐，有死之心，云合响应。即便瓦砾化为黄金，何益于国家？”[2]李戴这些话并非危言耸听，后来的事实表明，一系列民变的爆发，其源盖出于此。

1. 太监马堂的横征暴敛与临清民变

山东的临清，京杭大运河穿越而过，是南北商

1 李三才《天变人离万恳省改疏》，《万历疏钞》卷三十三《修省类》。

2 钱一本《万历邸钞》，万历二十七年己亥卷，二月。

品转运的重要枢纽。大运河中段会通河疏浚后，临清成为“漕挽之喉”“萃货之腹”，“舟车络绎，商贾辐辏，天下商旅出于其途”。[1]

弘治二年，临清由县升格为州。万历中，临清的人口由明初的1 502户、8 356口，猛增到30 323户、66 745口。[2]顾炎武论述山东形势，指出山东要害之地有五处，临清居其一，它的重要就在于“南北之咽喉”。[3]万历二十七年临清民变爆发，官员们意识到问题的严重性，首先想到的就是“南北之咽喉”，纷纷指出：临清运道之咽喉，齐鲁之扼塞，民俗剽悍，加之东西南北之人贸易辐辏，乘乱一呼，云集雾合。此地一摇，京师欲安枕而不得。[4]

皇帝当初向这里派遣矿税太监时，恐怕没有考虑到“此地一摇，京师欲安枕而不得”，而是看中了它是一个很有油水的钞关所在地。早在宣德年间，朝廷鉴于商业的发展，在全国设置了七个钞关，临清是其中之一，此外还有河西务（顺天）、浒墅（苏州）、九江、北新（杭州）、淮安、扬州。从每年征收税银的数量来看，临清无可争议地占据首位：

1. 临清　　83 800两
2. 浒墅　　39 900两
3. 北新　　36 800两

1 乾隆《临清直隶州志》卷首，王俊《临清直隶州志序》。

2 康熙《临清州志》卷二《赋役》。

3 顾炎武《天下郡国利病书》原编第十五册《山东上》。

4《明神宗实录》卷三百三十四，万历二十七年闰四月壬午。

4. 河西务	22 900两
5. 淮安	22 700两
6. 九江	15 000两
7. 扬州	12 900两[1]

到了万历二十五年各个钞关的税银有了明显增长，临清仍遥居首位。据户部督饷侍郎张养蒙报告，每年各钞关税银数量如下：

1. 临清	108 000两
2. 河西务	61 000两
3. 浒墅	52 000两
4. 北新	43 000两
5. 淮安	32 000两
6. 九江	20 000两
7. 扬州	18 000两[2]

热衷于聚敛的皇帝，当然不会轻易放过这个财税重地，他命天津征税太监马堂兼管临清的征税事宜。万历二十六年十二月，马堂向内库进奉税银8 100两。[3]次年三月，马堂向皇帝奏请，增加天津、临清每年税银二万两。[4]为了达到增税目的，马堂公然违背原先颁布的条约“杂粮十石以下及小本生意免税”，在临清旧城、新城内遍布税吏，

1 万历《大明会典》卷三十五《户部二十二·课程四·钞关》。

2《明神宗实录》卷三百十五，万历二十五年十月辛酉。

3 钱一本《万历邸钞》，万历二十六年戊戌卷，十二月。

4 钱一本《万历邸钞》，万历二十七年己亥卷，三月。

竭泽而渔。凡是背负肩挑米豆杂粮的小贩，都不放过，一概征税，以致小商小贩不敢到城里做买卖，小民生计受到很大影响。矛盾激化，终于导致万历二十七年四月二十四日的民变。

据山东巡抚尹应元报告，民变的始末大致如下：

四月二十四日未时（午后），脚夫小民三四千名，聚众包围了马堂的税监衙门，声言：马监丞招募来的征税吏役，不遵守先前颁布的“杂粮十石以下及小本生意免税”条约，在本州新旧城，凡系背负米豆生理之类，尽行抽税，以致贩卖俱不进城，小民度日艰难。当时税监尚未开门，群众围在外面高声喊叫。突然衙门内冲出一批兵丁，手持木棍赶人，用弓箭射击，还捉拿了五六人，关进门内。外边群众高声叫喊：里面杀死人了！众心忿激之下，奋力冲进门内，放火焚烧税监衙门。在混乱之中，内外互殴及践踏而死亡三十多人。[1]

山东巡抚尹应元有意替马堂开脱，把责任推到征税吏役身上。天津巡抚汪应蛟的态度有所不同，把民变归咎于马堂“剥取太滥”。他在报告中说：“临清太监剥取太滥，商人不堪，约四月二十四日开刀，共图雪忿。不意二十二日，临清王（炀）守备差役进禀地方聚众之事，本监（马堂）不分皂白，将就差役腰剪取首，墙头盘舞，纵吓外人。见观如

1 钱一本《万历邸钞》，万历二十七年己亥卷，闰四月。

堵，即放乱箭，射伤人众。因纵火内焚，土人目击，横行无忌，卒然挺手相搏，打死委官人役四十余人。王（炀）守备见变起萧墙，躬亲往救，将太监（马堂）救出在家。今家家杜门自守，市肆寂然。此异常大变，不知将来作何状也。”[1]

马堂手下官员郑惟明为了替马堂掩饰罪行，把民变的责任推到王炀身上，诬告王炀“挟私造谋陈兵，鼓众烧房，抢夺钱粮”。皇帝接到奏报，立即下旨，把临清守备王炀押解京师审讯，而马堂却逍遥法外。[2]

临清民变是自发的民众暴动，其中“以负贩为业”的王朝佐起了很大的作用。马堂手下爪牙横行霸道，公然抢劫背负斗粟尺布的佣夫里妇，致使远近罢市，市面萧条，民众怨声载道。事发当天凌晨，王朝佐捶挝马堂衙署的大门，请求见面交涉，数万市民追随欢呼。马堂恐惧不敢出面，命令兵丁向外射乱箭，杀伤多人。王朝佐攘臂大呼，破门而入，愤怒的民众纵火焚烧衙署。官府奉旨逮捕王朝佐，并欲将追随者一并惩处。王朝佐说：吾实为首，奈何株连无辜？七月二十六日，王朝佐被处死，围观者无不叹息泣下。[3]

临清民变是民众对矿税太监倒行逆施的公然反抗，引起朝廷官员极大震动，敦促皇帝有所反省。当时担任皇长子侍班官的叶向高，就此事向皇帝进

1 钱一本《万历邸钞》，万历二十七年己亥卷，闰四月。

2《明神宗实录》卷三百三十四，万历二十七年闰四月庚辰。钱一本《万历邸钞》，万历二十七年己亥卷，闰四月。

3 文秉《定陵注略》卷五《地方激变》。朱国祯《涌幢小品》卷九《王葛仗义》。

谏。他首先谴责马堂虐害商民是激发此次民变的主因："臣等见临清告变，戕杀四十余人，中使马堂几乎不免，奉旨逮系守备矣。中外人情咸谓：马堂平日不能奉宣德意，信任爪牙，虐害商民，斗米寸薪，皆被攘夺，以致小民穷迫无聊，生心倡乱。为（马）堂者正宜改弦易辙，敛戢凶残，庶几可弭。乃计不出此，辄复擅杀立威，致深众怒，孽由己作，罪复何辞！"其次，他强调临清的安危关系到朝廷的纲纪、法度，不可掉以轻心："临清去辇毂下不数百里，白昼通都兵刃交接，此而不问，朝廷之纪纲安在？法度安施？政刑既失，奸宄窥人，是大乱之道也。若店税犹存，中官如故，而徒欲正法申威，捕治乱党，人心不服，祸变必生。一夫号呼，四方响应，又大乱之道也。"再次，他请求皇帝停止矿税，避免民众动乱再次爆发："陛下贵为天子，享四海九州之奉，尚犹患贫；彼蚩蚩编氓，囊箧几何，肯甘剥削！最可痛者，有一种穷民，营生无计，惟于行贾辏集之区，百货灌输之地，肩挑背负，赶脚推车，日觅数钱以资衣食，养父母妻子。一旦生计断绝，束手无如，千百为群，椎心饮泣，而其人又皆雄健多力之夫，不闲礼义之辈，挺而从乱，如决水东流，滔滔莫御。"[1]皇帝根本不予理会。

户部官员向皇帝指出形势的严重性：今天下各处饥馑，京城米价腾涌，征税太监项背相望，密如

1 叶向高《再请止矿税疏（宫坊上）》，《纶扉奏草》卷一。

罗网，严如汤火，势必人人裹足，家家悬金。希望皇上敕谕税监蠲免米麦豆谷的税收。皇帝不得不表态：各种肩挑背负小贩准予免税，其他商贾贩卖酌量收税。[1]

但是深受皇帝信任的马堂，并未受到任何惩处，也未调离临清，依然我行我素，指使号称“十虎”的帮凶，号称“槌师棒手”爪牙，白昼攘臂抢夺，夜晚杀人放火，致使众多商铺关门歇业。[2]御史徐缙芳（字奕开，福建晋江人）向皇帝揭发马堂九大罪状：

罪一，马堂原驻天津，今公然扬帆逾淮扬而南，蔑视明例，无复畏惮；

罪二，不闻题请，越疆恣行；

罪三，天津税务系马堂专管，既往扬州，托付何人？委君命于草莽；

罪四，势必重坏盐政；

罪五，益误边输；

罪六，将来不惟无课，抑且无商；

罪七，异时临清激变，今且必致地方鼎沸；

罪八，逋逃之众倚马堂为渊薮；喜乱之徒借马堂为口实，中都一摇，陵寝震惊；

罪九，一路动则诸路动，谁实戎首，启此厉阶！[3]

皇帝并不把马堂“蔑旨欺君”“惊扰地方”当

1《明神宗实录》卷三百三十九，万历二十七年九月戊辰。

2《明神宗实录》卷三百四十三，万历二十八年正月己巳。

3 钱一本《万历邸钞》，万历二十八年庚子卷。按：据小野和子考证，《万历邸钞》的万历二十八年庚子卷，所记史事应为万历四十年闰十一月之事（见《明季党社考》，同朋舍出版，1996年，第154—155页）。此说言之有据。但徐缙芳弹劾马堂，并非万历四十年闰十一月之事。

一回事，仍然信赖有加。就在临清民变过后不久，马堂还向内库进奉银子一万四千四百两、马三十匹。[1]从以后的记录来看，马堂不但是天津、临清的税监，而且还是兼征淮扬盐务银的盐监。

值得注意的是，马堂进奉给内库的税银数量并不大。从万历三十年到三十六年，一共进奉税银不过区区十二万两。[2]然而他对临清经济的破坏是难以弥补的。由于马堂的胡作非为极大地损害了商人与市民的利益，使得这个物流重地的集散功能受到严重打击，据万历三十年户部尚书赵世卿报告，临清原有绸缎店三十二家，关闭了二十一家；原有布店七十二家，关闭了四十五家；原有杂货店六十五家，关闭了四十一家。商业极度萧条，辽东布商几乎绝迹。[3]

临清是矿税太监横行的一个缩影，其他各地莫不如此。著名的交通重镇河西务，由于矿税太监的过度横征暴敛，致使商人大幅度减少，原先一百六十家布店，只剩下三十多家。至于临清等七大钞关的原先的关税收入，也有大幅度减少。户部尚书赵世卿说："曩时关税所入，岁四十余万，自为税使所夺，商贾不行，数年间减三之一。"[4]万历二十五年各钞关的关税共计417 500两，税监派出以后，关税逐年减少：万历二十七年，340 549两；万历二十八年，306 132两；万历二十九年，

1 文秉《定陵注略》卷四《内库进奉》。

2 文秉《定陵注略》卷四《内库进奉》。

3《明神宗实录》卷三百七十六，万历三十一年九月丙子。

4 张廷玉《明史》卷二百二十《赵世卿传》。

262 800两。[1]显然，万历二十九年比万历二十五年减少了约37%。从万历三十年到三十二年，临清等七大钞关的关税收入较前有大幅度亏损：临清亏损148 000两，淮安亏损63 800两，河西务亏损43 800两，浒墅亏损18 300两，北新亏损18 080两，扬州亏损10 290两，九江亏损4 000两，合计亏损306 270两。[2]

由此可见，矿税太监向宫廷内库源源不断进奉银两，似乎是在创收，殊不知这是在国库连年亏损的情况下实现的。[3]

2. 太监陈奉的鸱张狠毒与湖广民变

与临清民变相比较，湖广民变规模更大，持续时间更长。

万历二十七年七月，皇帝派御马监太监陈奉到湖广，征收荆州等地店税，兼顾兴国矿洞丹砂，以及钱厂鼓铸等事，总之是运用一切手段聚敛财富。陈奉骤然身领皇命，趾高气扬，恣行威虐，鞭笞官吏，剽劫行旅，商民恨之入骨。[4]吏科都给事中项应祥预感到危机一触即发："（陈）奉一言信若蓍蔡，按臣屡疏置若罔闻，臣恐鸱张太甚，则民心益骇；狠贪太毒，则民怨益深。三湘七泽之间，蒙奸衅起，与贼为应，西南半壁之天下，岌岌危哉。尔时

1《明神宗实录》卷三百七十六，万历三十年九月丙子。

2 文秉《定陵注略》卷四《内库进奉》。

3 参看冈野昌子《明末临清民变考》，载小野和子编《明清时代的政治和社会》，京都大学人文科学研究所，1983年，第103—133页。

4 万斯同《明史》卷四百六《宦官传下·陈奉》。

即磔（陈）奉、腐（陈）奉，亦何益矣！”[1]

果然不出所料，陈奉的狠毒激起荆州民变。数千商民上街游行示威，向陈奉投掷石块，幸亏陈奉溜得快，才躲过一劫。以后陈奉欲在沙市征税，沙市商民群起驱逐；欲在黄州团风镇征税，又遭镇民驱逐。陈奉恼羞成怒，无法拿哗变民众出气，便诬告襄阳知府李商耕、黄州知府赵文炜、荆州府推官华钰、荆门知州高则巽、黄州府经历车任重等官员，煽动暴乱，阳诬阴害，抗旨挠税。皇帝接到陈奉的奏疏，贸然下旨，逮捕华钰、车任重，贬谪李商耕、赵文炜、高则巽，罢免湖广巡抚曹楷。[2]为了支持矿税太监，皇帝不惜罢免一名巡抚、贬谪二名知府、逮捕一名推官和一名经历，无异于纵容他们更加肆意横行。

为了迎合皇帝的贪财心理，腾骧左卫百户仇世亨上疏，竟然信口开河地胡说，湖广二十五府所属州县各项赋税存留羡余等银两，“何止亿万余两，宜委官追查”。这简直是天方夜谭！编造这样的谎言还嫌不够过瘾，又耸人听闻地说，据兴国士民漆某等人报告，当地人徐某等“挖黄金万两，内有唐相李林甫夫人杨氏诰命金牌一面，对方二尺，厚二寸，金童一对；乌金炉瓶烛壶，金茶壶酒壶金面盆，重六斤半；金浴盆重二十四斤；金古钱，金木鱼，尚有左右金银窖未开”云云。[3]

1 钱一本《万历邸钞》，万历二十七年己亥卷，八月。

2 钱一本《万历邸钞》，万历二十七年己亥卷，八月。

3 钱一本《万历邸钞》，万历二十七年己亥卷，冬十月。

一望便知，这是一个小小百户为了邀功，而信口编造的谎言。全国一年上缴太仓的税银不过三四百万两，太仓历年积存银两从未达到“亿万余两”的数目，区区湖广一省何以会有“亿万余两”存留的税银！至于挖出李林甫夫人杨氏墓葬金银财宝，以及金银窖藏，不过是街谈巷议，如同讲鬼故事，无法证实也无法证伪。贪婪的皇帝竟然信以为真，十分顶真地下了一道谕旨：“这奏内，湖广通省各府州县积贮各项存留羡余等银，约有亿万余两，及兴国州民人徐鼒明掘古坟，黄金巨万，掩饰事情。且今帑藏匮乏，向不解进济用。着各督理矿税内官陈奉，不妨原务带管，督率原奏官仇世亨、原任守备戴烨、土民漆有光，前去会同彼处抚按，并经管有司官员查明。一半留与本省兵饷赈济支用，其一半及金银等件，一并解进应用。”发了这道谕旨，他意犹未尽，特地嘱咐司礼监太监写一道敕文给陈奉，要他“查理该省积余银两”。[1]

陈奉接旨后，立即督查此事。要把原本子虚乌有的东西追查出来，毕竟比制造这些谣言困难多了。湖广积存税银“亿万余两”，一时查无实据，只得搁置一旁。陈奉集中精力追查一笔横财——李林甫夫人杨氏墓葬金银财宝。结果大失所望，原来

◥ 李林甫，甘肃陇西人。唐朝远房宗室、权臣、奸臣。他担任宰相期间，大权独握，闭塞言路，排斥贤才，导致纲纪紊乱，还建议重用胡将，阻止边帅出将入相，导致安禄山势力坐大，最终发生“安史之乱”，唐朝因此而衰落。

1　钱一本《万历邸钞》，万历二十七年己亥卷，冬十月。

是一干人等胡编乱造的谎言。陈奉把徐鼒等人抓起来毒刑拷问，责令他们赔偿这笔虚构的财产。如此巨额的古董价值连城，徐鼒之流哪里赔偿得了。不得已，陈奉下令把湖广境内的古墓全部发掘一空，以便向皇帝有个交代。一时间，湖广民众怨声载道。湖广巡按御史王立贤试图阻止这种胡作非为，向皇帝说明，兴国府发掘的古墓，乃元朝吕文德妻之墓，并非李林甫夫人之墓，此事纯属“奸人讦奏，语多不雠”。请求皇帝下旨停止挖掘古墓。皇帝似乎感到扫兴，把王立贤奏疏留中不发，听任陈奉继续胡作非为。

一年来，陈奉在湖广不但肆意榨取，而且颐指气使，僭称“千岁”。按照惯例，皇帝称为“万岁”，皇帝册封的藩王称为“千岁”，小小的奴才阉宦竟敢称为“千岁”，狂妄到忘乎所以的地步。他派出的爪牙向富民豪绅敲诈勒索时，动辄声称“千岁爷爷要行奏请抄没”相威胁，逼迫他们拿出大批金银财宝。爪牙们依仗“千岁爷爷”的权势，横行霸道，常常闯入民居，借口身上藏带金银，逼捉脱衣，肆行奸辱；或者抓进税监衙门，关押欺凌。[1]

这种无耻行径，激起武昌、汉阳等地民众的公愤。生员王某之女、沈某之妻都遭受侮辱，众生员愤愤不平。万历二十八年正月，武昌、汉阳民众千余人聚集于湖广巡抚、巡按衙署大门口，击鼓控

1 万斯同《明史》卷四百六《宦官传下·陈奉》。

诉税监陈奉的罪行，抚按官不敢受理，群情更加激愤。受害民众聚集了一万多人，高喊："甘与陈奉同死！"哭声动地，气势震天。愤怒的人群游行到陈奉的税监衙门，蜂拥而入，抛砖放火，顿时浓烟四起。要不是巡抚、巡按带领兵丁赶来解围，陈奉此番必死无疑。[1]

南京吏部主事吴中明把此次民变报告皇帝，指责陈奉"吓诈官民，僭称千岁，其党至直入民家，奸淫妇女，或掠入税监署中。王生之女、沈生之妻皆被逼辱，以致士民公愤，万余人甘与（陈）奉同死。抚按三司护之数日，仅而得全。而巡抚支可大曲为蒙蔽，天下祸乱将何所底？"[2]内阁辅臣沈一贯也向皇帝进谏："陈奉入楚，始而武昌一变，继之汉口，继之黄州，继之襄阳之光化县，又青山镇、阳逻镇，又武昌县、仙桃镇，又宝庆，又德安，又湘潭，又巴河镇，变经十起，几成大乱。"请求皇上撤回陈奉，收回楚民之心。[3]皇帝一概置之不理。

一波未平一波又起。陈奉派人到谷城县开矿，盲目草率，一无所获。竟然胁迫谷城知县拿出县衙门库藏银两抵充，激怒县民群起而攻之，把这群凶神恶煞追打出境。

武昌兵备佥事冯应京（字可大，号慕冈，凤阳盱眙人），弹劾陈奉九大罪状。他的奏疏写得气势逼人：

1 文秉《定陵注略》卷五《军民激变》。谷应泰《明史纪事本末》卷六十五《矿税之弊》。

2 张廷玉《明史》卷三百五《宦官传·陈奉》。

3《明神宗实录》卷三百四十四，万历二十八年二月庚寅。

——臣于二十八年三月内到任，目击内监陈奉万状惨虐，逮官司士民无数，黜陟生死之权一由掌中玩弄，楚省丧亡之形已迫，而势不复待也……今（陈）奉之违旨极矣，其毒小民以乱地方，臣不能悉数矣……二十八年五月内，江西税监陈奉隔省重征，商船罹苦，奉圣旨："这税课有旨，不许重征叠收，湖广内官陈奉，如何重收至江西小池口，姑且免究。今后各处如有听信拨置违犯的，一并重治不饶，钦此。"乃陈奉藐旨抗违不改，仍于本年九月初一日，牌委黄州卫哨官杜修曰、除差百户王体仁、县丞沈继韶，前来征收。仰本官督同原役速赴清江镇（即小池口）征收税课，如再迟误，定行提究……陈奉得重征银两不可胜计，收入私囊，不行解进，而又分外索有司包税。此其违旨一也。

——武、汉、黄所属州县，正例矿税银两业十九完矣，更于额外指称开矿，吓广城韩知县银七千两，黄梅县库银一千五百两，参随项文科、赵大汉等共得银三百两，罗田县库银一千两，广济县库银一千七百两，黄安县银一千三百两，大冶县银七百两，曾立簿银三百两，蕲水县二千两……此其违旨二也。

——科索之外复行挟骗旨开墓金……卖田银四千两，收入私囊，不行解进。此其违旨三也。

——恐吓当铺、盐店吴大成、鲍日昌等十八家，得银一万二千两。……此其违旨四也。

——（掘）祖父冢四十七处……骨尸抛入江内……金盆珍宝等收入私囊。此其违旨五也。

——借以查税为名，日日勒索商萧继山等……活活将徐堂打死。此其违旨六也。

——又因索私银不遂，船户沈金以五十打死，马户邢思盘两刀杀死……童生五人砍去手足，丢入江中……此其违旨七也。

——正月初七日，陈奉与三司臣会饮于省城大观楼，率盗兵五百余人，持大刀数十把，拦截街衢耀武，不许人行，铳炮连天，旌旗蔽日……此其违旨八也

——与沈士问、陈登云等同饮，自言："我如今之像个楚王，事就到大富贵何难?"爰是招兵数千，日有增益，官员人等有不呼为"千岁"者，辄怒责之……此其罪又不止违旨九也。

——凡此，楚人无不侧目重足，恨不旦夕食其肉而寝其皮也！[1]

冯应京说得有根有据，陈奉却反诬冯应京"挠命""凌敕使"。皇帝大怒，立即降旨，把冯应京贬为杂职，调至边远地方。户科给事中田大益（字博真，四川定远人）等言官不服，交章弹劾陈奉，乞求皇帝宽宥冯应京。皇帝怒上加怒，不但不宽宥冯应京，反而将冯应京除名，连杂职官也不让他当。[2]

不久，锦衣卫缇骑抵达武昌，陈奉通衢大道发

1 冯应京《税监违旨剥民乞加诛责以安反侧疏》，《万历疏钞》卷二十九《矿税类》。

2 张廷玉《明史》卷二百三十七《冯应京传》。

布告示，公布冯应京罪状。此举激怒了民众，数万市民包围了陈奉的税监衙门。陈奉仓惶出逃，藏匿于楚王府。愤怒的民众抓住陈奉的爪牙六名，投入江中，打伤前来逮捕冯应京的锦衣卫缇骑，焚烧了税监衙门。躲避在楚王府的陈奉秘密派遣随从三百人，武力弹压示威民众，射杀数人，受伤者不可胜计，局面顿时大乱。当拘押冯应京的囚车经过大街时，身穿囚服的冯应京顾全大局，劝告示威民众，民众怒气稍稍缓解。后人回顾这一段惊心动魄的历史，对冯应京推崇备至："先是，楚苦税监陈奉之荼毒者二年，公（冯应京）入境，其焰颇戢，已复狂逞。辛丑（万历二十九年）春，公乃上疏劾其不法九大罪。而税监（陈奉）诬蔑之疏亦至。诏降公官，寻削籍，寻逮系。公初闻降报，即解组登舟，士民哄然，哭声震原野，苇舸攀追，夹岸号呼者信宿不绝。争绘像尸祝之，建生祠若干所。及在途，闻逮系报，遣妻子东还，而单骑赴中都龙兴寺候逮，冲襟愉色，谈道不敉。黎明即起，颂高皇帝御制文集。或询楚事，曰：'尽臣职耳，非有意为之也。'械入金吾（锦衣卫）署中，税监亦见撤。于是楚民不啻更生，而公且罹刑，鞫禁诏狱。薄海之内咸谓公以一身易全楚之命，烈日争光，而全楚世世感之刺骨。"[1]

却说藏匿于楚王府的陈奉慑于民众的威力，一个多月不敢露面，多次向皇帝请求回京。内阁辅臣

1 曹于汴《湖广按察使佥事慕冈冯公墓志铭》，《仰节堂集》卷五。

沈一贯、言官姚文蔚（字养谷，浙江杭州人）等官员，请求皇帝把陈奉撤回。皇帝犹豫不决。此时恰逢江西税监李道也向皇帝揭发陈奉“侵匿税银”“阻截商贩”“征三解一”“病国剥民”等罪状，皇帝才下决心把陈奉召回，另派承天府守备太监杜茂代理湖广税监；包庇陈奉的支可大也遭到撤职处分，另派工部侍郎赵可怀出任湖广巡抚。

陈奉在湖广两年，打着为内库敛财的幌子，中饱私囊，返京时随身带回的赃财多得惊人。为了防止沿途遭遇抢劫，由士兵护送出境，舟车相衔数里不绝。[1]

3. 苏州民变与云南民变

万历二十九年初，苏州织造太监孙隆手下的税官王建节，在苏州葑门外灭渡桥设立税关，凡进入此处的商贾，以及手持鸡鸭、布匹的乡民，都得征税，引起公愤。五月，苏州织造太监兼征税太监孙隆，勒令当地丝织业机户，每织机一架加征税银三钱。一时间舆情汹汹，讹言四起，机户纷纷关门罢织。被雇佣的织工（即所谓“佣织”）面临失业的威胁。

六月初三日，丝织作坊的“佣织”数千人，共推昆山人葛成为首领，举行反对税监孙隆的示威游行。游行的人群击毙孙隆爪牙多人，指责吴县知县

1 谈迁《国榷》卷七十九，万历二十九年三月乙巳。万斯同《明史》卷四百六《宦官传下·陈奉》。

孟习孔为“阉党”。浩浩荡荡的示威人群包围了孙隆的税监衙门，孙隆翻墙逃命。两天后，当局派兵弹压，逮捕首领葛成等人，迅即处死。[1]这次民变带有其他民变所没有的特点，可以看作前近代早期工人运动的前奏。

退休在苏州老家的申时行目睹了此次民变，以元老重臣的视角分析事变的教训，希望当局引以为戒：“万历辛丑（二十九年），吾郡城盖有民变云。初，矿税诏下，各省直俱遣内臣，纷纷四出。而奸黠无赖之徒百计夤缘，窜入参随名籍，从中簸弄，所在狼贪虎噬，商民不堪其苦。独江南税事并属织造（太监），不特遣。而一时罢闲官吏多以攀缘进者，所在关津各有委官。时税官王建节据葑门外之灭渡桥，无论往来商贾，即乡民持只鸡匹布入市者，皆见侵剥，众不胜愤愤，欲群殴之。而黠者更相与谋曰：‘税官率以贿进，从大家借贷得之，此祸本也，盍共掊击之！’乃集数百人先击杀王税官，而次及大户，又次及缙绅家，扑人至死，尸诸市，并燔其室庐，城中大扰。时太守（知府）山阴朱公某已擢任未行，余以书趣之，令亟出抚谕。而葛臣（应为葛成）者自诡首倡，挺身服辜，众稍解散。翌日始定，然磔裂死者数人，焚荡者数家，几有揭竿挺锄之变。而抚臣方坐句容，闻变而来，中途而返，若以吾郡为瓯脱者，殊可怪也！往时抚臣自周文襄（忱）来，

1《明神宗实录》卷三百六十一，万历二十九年七月丁未。崇祯《吴县志》卷十一《祥异（寇灾民变附）》。

皆驻吾郡城，而宋抚台某始移驻句容，避过客应酬之扰。余在阁中尝撰敕，有驻扎苏州语，遂复其旧。又数年而朱抚台某以句容为便，竟不奉敕，后遂因之，使郡城之兵皆番直抚院于句容，郡中无一卒可使者。猝遇民变，任其猖狂，而莫之谁何。”[1]

申时行把苏州民变的起因，归结于孙隆手下的爪牙的横征暴敛，而民变终于酿成大乱，则归结于管辖苏州的应天巡抚驻扎于句容，而不驻扎于苏州，致使苏州“无一卒可使”，“猝遇民变，任其猖狂”。其实并不尽然。

明末松江人吴履震记录苏州民变，对于民变爆发的全过程，记录很具体，对领袖人物葛成充满敬意：“万历辛丑岁（二十九年），催税事起，无赖狙侩因缘巨珰，相为奸利。自商贩作务，以及菜佣，细琐毕税。市人汹汹，遂期于六月初三日，诅于玄妙观。为首六十人，名曰团行，不呼而集者万余人，同声相应，以某巨魁（指孙隆）为讨，环其庐而拘之。会已亡，乃纵火，不取一钱，有私其入者，共击杀之，惟罪人是讨。当是时，事起仓卒，苏守（苏州知府）与长吴二令（长洲、吴县知县），欲问主者为谁，卒不可得。蚁聚五日，榜示万端，无一解散者。越八日，忽有壮夫袒肩摇蕉扇突众而出，长揖太守（知府）前曰：‘余为葛成，实倡是举，请戮成以申国法，余人乞置勿问。’太守义之，顾司理称叹者久之。

1 申时行《杂记》，《赐闲堂集》卷四十。

于是招谕众曰：'尔曹迫劫至此，非探丸杀人者比。'下令散其党。（葛）成独诣郡请囚，太守为之流涕，遂亦罢税。（葛）成既自诬服，兵使者杖之濒死，遂以（葛）成名闻之抚台……当事者始拟重辟，后渐轻减。一时倾动，争欲识荆。至有貌其像而祀之者，祈禳咸应，人目之为葛将军云。"[1]

葛成这位普通市民为了反对横征暴敛，挺身而出，只为声讨太监孙隆，而不谋私财。及至当局追责，又主动承担责任，不连累他人。不独令民众感戴，也令官员叹服，民间祭祀他为葛将军。明末名士张溥写了"义士葛成像赞"，对他赞美不已："义士有声吴中，久死而肖像，世谓雷将军复生也……义士当中贵蜂出，一击使服，吴中无名之税俱脱，其一时不死者天耳。天启之末，五人号呼，首悬市门，何欤？五人死不十月，坟墓高敞故中贵祠，当时所谓上公地也。义士愿洒扫居守其间，今虽后死，及地相见，可以无恨。然五人一奋血肉，诛死狼籍，义士械处数年，卒醒，吴人犹能见其老人形象。呜呼，可谓非时哉！"[2]

尚膳监太监杨荣，因为经常在皇帝面前讲究如何谋利，深得皇帝宠幸，派他到云南聚敛财富。杨荣到了云南以后，向皇帝奏称，阿瓦、猛密等地有宝井、晴绿宝石等珍奇瑰宝，请求皇帝让他专领其事，一年可以为内库增加数十万收益。杨荣其实是

1 吴履震《五茸志逸》卷六。

2 张溥《七录斋诗文合集》文集近稿卷二《义士葛成像赞》。

信口开河，一年上缴内库的银两，还不到他自报数目的十分之一。为了寻找借口，诬陷知府周铎“侵匿珠宝”，周铎因此被逮入狱。杨荣继而欺得厚利，请求皇帝命令丽江土官木增“退还侵地”，用来开采矿藏。云南巡抚宋兴祖极力反对：“丽江古荒服地，自本朝始率众归诚，太祖令木氏世知府事，限石门以绝西域，守铁桥以断吐番。国家自有云南以来，无西域之患者，以丽江为之蔽也……今欲退地听采，必失酋帅之心，祸将有不可胜言者。”[1]皇帝没有理睬，杨荣自此更加骄横不可一世，恣行威虐，被他杖杀的人有几千之多，府州官吏，早晨向朝廷奏报，晚上就被他逮捕。知府蔡如川、知州甘学书就因为清廉刚直，而受他诬陷，逮入锦衣卫诏狱。云南民众忍无可忍，一怒之下，烧了杨荣的税监衙门，杀了他的爪牙。大学士沈鲤劝告皇帝：“民怒如水火，不可犯也，请下诏宽宥，暴（杨）荣罪状。”[2]皇帝虽然知道杨荣暴虐，却不予追究。

万历三十四年正月，杨荣逮捕指挥使樊高明，在私第对他施以酷刑，筋骨断绝，仍要押解京师。又因所要马匹，逮捕指挥贺瑞凤，扬言要逮捕六卫官。御史指挥贺世勋等率领军民万人，包围杨荣的衙署，纵火焚烧，抓住杨荣本人，当即处死，把他的尸体投入烈焰之中，他的徒党与辎重也焚烧殆尽。消息传出，天下人心大快。皇帝却怒气冲天，

1 万斯同《明史》卷四百六《宦官传下·杨荣》。

2 万斯同《明史》卷四百六《宦官传下·杨荣》。

竟至绝食数天。直到皇太后劝解，阁臣慰问，才消气进食，对于民变仍耿耿于怀："(杨)荣不足惜，何纪纲顿至此？"[1]

皇帝责问别人"何纪纲顿至此"，但不检讨一下，原本是自己一手造成的。如果不派遣矿税太监，何至于到这步田地！多年来，上至阁部大臣，下至地方官员，几乎异口同声反对矿税太监。皇帝固执到底，是纪纲紊乱的罪魁祸首。

4. 只撤矿监，不撤税监

万历三十年二月，皇帝一度病危，紧急召见大臣到仁德门候旨。少顷，命内阁首辅沈一贯进入启祥宫后殿西暖阁。西暖阁内，皇太后站立于北面，皇帝在东面席地而坐，太子与诸王跪在他面前。沈一贯叩首请安后，皇帝对他说：先生向前，朕享国已久，疾病日益严重，死而无憾。请先生辅佐太子，做个好皇帝。面临死亡的威胁，他反省派遣矿税太监的过错，对沈一贯说：矿税事，朕因三殿两宫工程未完，权宜采取。今宜传谕：各处矿税及各处织造、烧造全部停止，先前因建言获罪，或反对税使而入狱者，全部官复原职。人之将死其言也善，沈一贯感动得失声痛哭，一旁的太后、太子、诸王也痛哭流涕。[2]这一细节流露了他内心深处的

1 钱一本《万历邸钞》，万历三十四年丙午卷，春正月。文秉《定陵注略》卷五《军民激变》。谈迁《国榷》卷八十，万历三十四年三月己卯。

2《明神宗实录》卷三百六十八，万历三十年二月己卯。文秉《定陵注略》卷四《矿税诸使》。万斯同《明史》卷三百十一《沈一贯传》。

秘密，为了修缮三殿两宫急需大量资金，故而派遣矿税太监四出搜刮。几年来弊端百出，是他始料不及的。因此在病危之际托付后事，首先想到的便是由他自己宣布停止这一弊政。这是他第一次曲折地承认派遣矿税太监、织造太监、烧造太监骚扰民间的错误，尽管是在放马后炮，也是难能可贵的。

独裁者只有面临死亡时才能忏悔自己的错误吗？果然，次日，他的身体奇迹般康复了，立即反悔昨天晚上的忏悔，要求追回昨天发出的停止矿税等弊政的谕旨。也就是说，他要一如既往地支持矿税太监的倒行逆施。司礼监掌印太监田义劝谏：谕旨已经发出，岂可反悔？皇帝恼羞成怒，要亲手杀死田义，见田义不为所动，便把刀放下，立即派二十几名太监前往内阁，传达他的口谕："矿税以济大工，不可罢。"沈一贯惶恐无计，只得缴还已经拟好的诏书，还不忘叮嘱一句："成命不可更，望圣主三思。"然而他的"圣主"不肯"三思"，坚决收回了"成命"。[1]这表明，他是明知故犯，知道是弊政，仍要固执到底。吏科给事中萧近高（字抑之，江西庐陵人），要求皇帝"坚持最初之一念，俯答臣庶之祈吁，将原传停税、逮系、起废三事一一施行"。[2]所谓"停税、逮系、起废三事"，就是皇帝在启祥宫后殿暖阁亲口宣布的谕旨："罢矿税，停织造烧

1 万斯同《明史》卷三百十一《沈一贯传》。万斯同《明史》卷四百六《宦官传下·陈奉》。

2 文秉《定陵注略》卷四《矿税诸使》。张廷玉《明史》卷二百四十二《萧近高传》。

造，建言获谴及忤税使系狱者俱复官”。[1]萧近高希望皇帝“坚持最初之一念”，反映了言官们的共同呼声，但是他拒不接受。

有了这样的反复，官员们反对矿税太监的议论更加汹涌。万历三十一年，礼部侍郎郭正域进谏，以太祖与世宗的先例，说明开矿“利官少，损民多”的道理，希望皇帝以太祖、世宗为法，以百姓为本，勿吝改过。[2]万历三十二年，陕西道御史汤兆京（字伯闳，号质斋，常州宜兴人）说：“臣以为，地方一日有内使，则朝廷不可一日无纪纲。如辽东高淮之驱民投虏，祸在萧墙；陕西梁永之逼死县官，咎征河竭；广东李凤之勾引红夷，搜括澳夷；山东陈增之雄据水陆，倚大猾程守训为心腹，商旅半不出途；云南杨荣之横行南服，藉巡抚陈国宾为贤主，地方屡至激变。”[3]

内阁辅臣沈鲤的一席话，意外触动了皇帝。万历三十三年的长至日（夏至日），内阁辅臣沈鲤、朱赓一同到宫门外叩首，向皇帝祝贺节日。皇帝赏赐酒饭，命司礼监太监陈矩陪席。席间，沈鲤向陈矩谈及矿税的危害。

沈鲤说：“某一路来，见矿税害百姓，所不忍见。再三疏请，皇上未见允行。”

陈矩皱着眉头说：“诚然。”

沈鲤说：“若说害百姓，还是第二义。”

1 万斯同《明史》卷三百十一《沈一贯传》。

2 文秉《定陵注略》卷四《矿税诸使》。

3 汤兆京《内使擅刑爵宗乞究处以存祖制以崇国体疏》，《万历疏钞》卷二十《阉宦类》。

陈矩不解地问："百姓受害，何谓第二义？"

沈鲤说："皇上受亏多了。"

陈矩问："何谓也？"

沈鲤说："如今人家也要风水兴旺，今国家把名山大川都凿破，灵气发泄尽了，将来圣躬岂不受亏？"

陈矩说："此利害真不小。"

饭后，沈鲤与朱赓谢恩告退，陈矩向皇上转告沈鲤的一席话。听说开矿破了风水、灵气，有所触动，对陈矩说："这话说得是，关系我身上的。你去与沈先生说：有甚培补法子，替我补一补？"陈矩遵旨前往内阁请教，沈鲤乘机进言："名山大川灵气发泄如何补得！但急停了矿，安静久了，灵气自复，便是培补的法子。"皇帝听了频频点头。不久，他就下达停止开矿的谕旨。[1]

《明史·沈鲤传》据此写道："(沈)鲤、(朱)赓谒贺仁德门，帝赐食，司礼太监陈矩侍。小珰数往来窃听，且执笔以俟。(沈)鲤因极陈矿税害民状，(陈)矩亦戚然。(沈)鲤复进曰：'矿使出，破坏天下名山大川，灵气尽矣，恐于圣躬不利。'(陈)矩叹息还，具为帝道之，帝悚然，遣(陈)矩咨(沈)鲤所以补救者。(沈)鲤曰：'此无他，急停开凿，则灵气自复。'帝闻为首肯……越月，果下停矿之命，(沈)鲤力也。"[2]

1 高攀龙《龙江沈先生泰交始末记》，《高子遗书》卷十。

2 张廷玉《明史》卷二百十七《沈鲤传》。

皇帝下令停止开矿，并非因为它危害民众，而是因为对自己不利，即沈鲤所谓“皇上受亏多了”“恐于圣躬不利”。万历三十三年十二月，他向户部、工部发去一道谕旨，宣布停止开矿，把开矿太监召回京城。他道出了这几年忐忑不安的心情：“朕以频年天象示警，心常兢惕，责己省愆，不遑宁处。”责己省愆的结果，觉得开矿得不偿失，为了补偏救弊，作出如下决定：

——其开矿抽税，原为济助大工，不忍加派小民，采征天地自然之利。今开矿年久，各差内外官俱奏出砂微细。朕念得不偿费，都着停免。若有见在矿银，就着矿差内外官员一并解进，驰驿回京，原衙门应役。凡有矿洞悉令各该地方官封闭培筑，不许私自擅开，务完地脉灵气。

——其各省直税课，俱着本处有司照旧征解。税监一半，并土产解进内库，以济赏赐供用之需；一半解送该部，以助各项工费之资，有余以济京边之用。

——其各处奏带员役，止着押解催攒钱粮，行文差用，不许私设关津，指称委官，容令地方棍徒肆行攘夺，致民生不安，商旅不行，反亏国家正课。抚按官还同该监不时访拿治罪。[1]

1 钱一本《万历邸钞》，万历三十三年乙巳卷，十二月。《明神宗实录》卷四百十六，万历三十三年十二月壬寅。文秉《定陵注略》卷四《矿税诸使》。

皇帝终于认识到盲目开矿弊大于利，不得不宣布停止，开矿太监一律撤回北京，回原衙门供职。但是，对于征税太监还是舍不得撤回，仅就暴露出来的漏洞，做一些修补，比如各地征收的税银一分为二：一半归税监，解送内库；一半归地方，解送户、工二部。又比如，禁止私设关津，不得妨碍正常商业活动，不使关津征税受损。

万历三十四年以后，税监仍在各地活动，权力已有所约束，进奉内库的税银数量有所减少。却没有根本解决问题，税监对于社会经济的危害，以及它所带来的后遗症难以消除。万历三十五年，户部尚书赵世卿的奏疏就是一个明证：

——何况巍巍聪明天纵之主，乃至以货闻哉！敛苍生之怨气，割明世之荣名，窃为皇上惜之。是以君德之切要论，则矿税宜先罢也。天下之事害与利相倚，散与聚相因。利小而散之速，则得害尚轻；利大而散之迟，则得害愈重，故聚敛而菑害丛生。

——自有矿税以来，貂珰渔猎，翼虎炰烋，掘坟墓而枯骨寒心，奸子女而淫污掩口。素封垂罄，已十室而九空；白骼塞途，且十人而九死。以致恨曲仇歌，人与为怒；火焚水葬，家与为仇。此而不已，后将何及！

——自榷采一兴，生民之骨肉既多毙于群虎之爪牙，生民之脂膏又尽润于群奸之橐囊。邦有硕鼠，泽无归鸿，以故数年来，催拖欠而拖欠绌，稽关税而关税微，取契镪而契镪分，搜库藏而库藏绝，课盐荚而盐荚薄，求赎锾而赎锾销。[1]

赵世卿作为职掌国家财政的大臣，分析税监对于国计民生的危害，十分深刻。皇帝依然故我，内阁首辅叶向高接二连三地向皇帝呼吁，也毫无效果。万历四十一年，叶向高以广东为例，说明税监导致海内困苦已极："臣惟抽税一事，海内困苦已极。然他处税额止于数万，地方犹黾勉答应，独广东一省至十七万，粤民苦累难堪。加以（税监）李凤、李敬之剥削，皮毛俱尽，痛入心骨。幸皇上先岁撤回李敬，稍宽一分。然而十七万之税终为难办。臣但逢广东士民无不疾首蹙额，如坐汤火中，时刻难度，翘首企足，以望蠲免。顷闻李凤病笃，皆以为沐恩有机，而阮昇之命又下矣。假使（李）凤未即死，是有两凤，即（李）凤死而（阮）昇代之，其诛求骚扰必更甚于（李）凤。此粤人之所以痛哭吁天，而言官之所以纷纷执争，不能自已也。"[2]

万历四十二年，叶向高向皇帝报告，福建税监高寀的横征暴敛激发民变，请求皇帝撤回高寀："（高）寀在福建日久，人甚苦之。近闻其带管广东，延颈企踵以望其去。然臣以为移此害彼，均是王民，不忍使广东独受其祸。而（高）寀以将

1 赵世卿《生民糜烂已极天心示警特严谨循职掌率属申恳亟行切要实政以光圣治以信圣言疏》，《万历疏钞》卷三十三《修省类》。

2 叶向高《请止阮昇抽税疏》，《纶扉奏草》卷二十二。

有粤行，搜括愈甚，造船蓄货，索取民间百物。凡领价者毫不给与，且加以鞭箠。人情愤怒，聚集该监衙门，由百而千，由千而万，喧哄不已。该监遂令左右行凶，杀死二三十人，尽焚其尸，射放火箭，烧毁民屋数百间。百姓聚集愈多，环起而攻之。地方官劝谕，方散。次日，该监复躬自提刀，率领百余人，皆张弓露刃，突入巡抚公署，捉拏巡抚并巡抚之子。至于街中，两司官李思诚、吕纯如等冒刃解救，方放巡抚回衙，复劫李思诚、吕纯如为质。次日，以陈同知代之，（李）思诚等方得脱身。其狼狈颠沛之状，不可尽言。”[1]税监高寀在福建巧取豪夺，无所不用其极，民愤极大，终于激化为民众暴动。高寀不但不反省，反而归咎于地方官镇压不力，率领打手冲进福建巡抚衙门，逮捕巡抚及其儿子。气焰嚣张，一至于此！叶向高请求皇帝撤回高寀，“非独为一方安危利害所关，亦为国家惜纪纲，为皇上惜体统”。[2]

这种弊政一直延续到万历末年，朱翊钧至死不悟。不得不由他的儿子朱常洛来收拾烂摊子，朱常洛在登极诏书中，以“先帝遗诏”的名义宣布：矿税尽行停止，税监张煜、马堂、胡宾、潘相、丘乘云等尽行撤回。但是地方经济、社会所遭受的摧残，已经无法挽回了。

1 叶向高《请撤税监高寀揭》，《纶扉奏草》卷二十七。

2 叶向高《请撤回税监揭》，《纶扉奏草》卷二十七。

四 怠于临朝的朱翊钧

1. 为何怠于临朝?

神宗皇帝朱翊钧晚年勤于聚敛，怠于临朝，对政府处于瘫痪状态，也不闻不问。当时的官员朱国祯说："上（神宗）益恭默，批发者内外庶僚推升只一'是'字。巡按复命举下部，凡阁臣部院条陈、告归疏，皆留中。淮抚李三才被劾，有救者，有再劾者，前后凡一年有余，迭积不可胜数。其余两衙门，听其自作自止，自相攻击，皆以不闻不见处之。"[1]

朱翊钧是一个权力欲望极强的皇帝，亲政以后励精图治，一度形成"事事由朕独断"的局面。为什么以后相当长时间内怠于临朝呢？这是研究万历朝历史值得细细探讨的问题，人们的见解很不一致，见仁见智，众说纷纭。

晚明名士夏允彝对此有这样的分析："自郑贵妃宠甚，上渐倦勤，御朝日稀。迨国本之论起，而朋党以分，朝堂水火矣。争国本者章满公车，上益厌恶之，斥逐相继。持论者益坚，上以为威悚之不止也，不若高阁置之，批答日寡。后遂绝不视朝，疏十九留中矣。郊祀不躬，经筵久辍，推升者不下，被纠者不处，上之一切鄙夷也。"[2]夏允彝在这里

1 朱国祯《皇明大事记》卷三十九《神宗》。

2 夏允彝《幸存录·门户杂志》,《明季稗史初编》卷十四。

勾画了万历皇帝怠于临朝的渐变过程：先是对朝政表现出倦怠之意，上朝的日子逐步减少；以后发展到绝不上朝，奏疏也懒于批答，束之高阁。当然是真实的写照，然而对渐变的原因分析得有点牵强。

首先，把“倦勤”“御朝日稀”归咎于宠幸郑贵妃，沉迷于儿女情长，失之偏颇。诚然，宠幸郑贵妃是确凿无疑的，但与“倦勤”“御朝日稀”没有必然联系。由于宠幸郑贵妃，在册立皇太子事件上意在与廷臣对抗，从而导致“三王并封”“妖书案”“梃击案”之类政治风波。透过这一系列事件，人们可以强烈感受到，他始终牢牢控制着局面，他独断专行、固执己见的秉性，表现得淋漓尽致。他和廷臣一样，都把这些与“国本”有关的事件，当作朝廷头等大事，紧盯不放，丝毫看不出由于宠幸郑贵妃而倦勤的迹象。夏允彝这位与陈子龙齐名的几社名士，对于晚明史常有真见卓识，不过对于此事的评述，难免落入“女人祸水”论的窠臼。他似乎以为，郑贵妃之于明神宗，犹如杨贵妃之于唐玄宗，其实不然。杨贵妃“女人祸水”论，前人早就有所澄清。郑贵妃等而下之，更无论矣。神宗的“倦勤”“御朝日稀”是应该从别的方面寻找原因的。

其次，把神宗后期“批答日寡”到“绝不视朝”，归咎于廷臣的朋党之争，是他对朝政反感的结果，显然是本末倒置了。万历一朝官僚队伍中的朋党之争、门户之见，其实是皇帝一手造成的。他在“倒冯”“倒张”的政治风潮中，支持一派，打击一派，为昔日反对新政而遭到罢黜的官僚平反，重新起用，委以重任。这些人上台以后，意气用事，力图把万历十年以前的一切全部否定。于是形成两派官僚、两种政见的明显对垒。以后围绕着“争国本”“妖书案”“梃击案”的分歧，使得这种对垒更加具有朋党色彩。如果把这种政治斗争看作是皇帝“批答日寡”“绝不视朝”的原因，实在是模糊了君主与臣下的责任界限，颇有臣下代君主受过之嫌。

由此可见，夏允彝的评论没有抓到点子上。那么近人的看法又如何呢？

明清史一代宗师孟森的《明清史讲义》，专叙万历一朝史事的第五章，标题赫然是“万历之荒怠”。他把万历皇帝亲操政柄的几十年称为“醉梦之期”，说他“怠于临政，勇于敛财，不郊不庙不朝者三十年，与外廷隔绝”，而把原因归咎于“专用软熟之人为相”。这“软熟之人”的魁首便是申时行，因为申时行“遇事迁就，以成其过”，章疏留中，讲筵永罢，都是申时行开的先例。[1]

香港大学亚洲研究中心的马楚坚，把孟森的论点加以发挥，把神宗的荒怠完全委过于申时行。他说：“迨申时行继为元辅，其为祸尤大，万历政弊与其有莫大关系……（帝）欲作解放不受束缚，故‘每遇讲期多传免’，时行不但不匡正此变态心理，反助帝偷学，疏其变态为巨流，并为帝虑一偷懒之法，以‘进讲章（讲义）’代讲授，‘自后为故事，讲筵遂永罢’……又助上怠政，教其将不愿接受之

1 孟森《明清史讲义》上册，第246、260页。

‘章奏留中’，‘毋下其章’。帝自后所以对奏疏不批不发，置之不理，实‘自此始’。又劝帝拒谏，不辨是非……自是以后，神宗遂以此而自由自在，日耽荒逸，纵情声色，饮酒使气，贪财好货为乐。”[1]

孟氏、马氏所论历历有据，并非臆测。但是，皇帝的怠于临朝，要内阁首辅来承担责任，未免太不公平。申时行为人“软熟”，“遇事迁就”，都是于史有征的。不过对此应该具体分析，申时行何以如此？他是出于张居正“威权震主，祸萌骖乘”的前车之鉴，把威权统统交还皇帝，事事由他独断裁决，让内阁辅臣回到“辅佐”的本来位置。申时行的迁就，为皇帝独断专行创造了条件，而不是为他的荒怠提供方便。从事实上讲，申时行担任内阁首辅的八九年间，是皇帝亲政以来最为繁忙的时期，事无巨细都要过问，根本谈不上荒怠疏懒。从逻辑上讲，申时行如果像严嵩那样专擅朝政，那么神宗才可以像他的祖父世宗那样，不理朝政，荒怠疏懒。

神宗怠于临朝，个中原因很多，最主要的一条，就是他长期以来耽于酒色，以致疾病缠身，使他对于日理万机感到力不从心。非不为也，实不能也。所谓怠于临朝，并非不理朝政的同义语，而且荒怠也有一个随着健康状况逐步恶化而不断加剧的过程。这个过程大致从万历十四年开始，一直持续

1 马楚坚《明政由治入乱之关键》，载吴智和主编《明史研究专刊》第五期（1982），台北大立出版社，第17—62页。

到万历四十七年去世为止。

万历十四年九月十六日，皇帝连日因病免朝，到了三十日仍未好转，再次命司礼监太监传谕内阁，说他原本欲御门临朝，已于卯时初刻（清晨五点钟）准备动身，无奈“一时头昏眼黑，力乏不兴”。可见日前暂免朝讲期间，“静摄服药”并无效果，仍然“身体虚弱，头晕未止”。[1]于是才会有礼部主事卢洪春上疏，指出陛下春秋鼎盛，精神强固，头晕眼黑等症皆非今日所宜有。[2]

皇帝“头晕眼黑、力乏不兴”的病情一传出，廷臣无不惊骇，也有人怀疑皇上托疾偷懒。其实是冤枉他了。他的暂免视朝日讲，是因病请假。这毛病拖到万历十五年，仍不见好转，二月初三日，他派文书官传谕内阁，暂免经筵，原因是“连日动火，时作眩晕”。[3]此后，他的身体时好时坏，视朝日讲经常宣布暂免，只要身体状况允许，他还是朝讲如初。例如万历十五年三月初六日，他“身体初安”，按照规定视朝，百官上殿庆贺，随后又在皇极门暖阁召见申时行等三名内阁辅臣，议论朝政，并向三位大臣打招呼：“朕偶有微疾，不得出朝，先生每忧心。”[4]又如万历十六年二月初一日，他按例到文华殿参加经筵，经筵完毕还和阁臣们议论《贞观政要》，品评唐太宗与魏徵。[5]不久旧病复发——头晕目眩，不能动脑筋，视朝、日讲、批阅奏章自

1《明神宗实录》卷一百七十八，万历十四年九月己未。

2 钱一本《万历邸钞》，万历十四年丙戌卷，九月。

3《明神宗实录》卷一百八十三，万历十五年二月庚午。

4《明神宗实录》卷一百八十四，万历十五年三月癸丑。

5《明神宗实录》卷一百九十五，万历十六年二月乙丑。

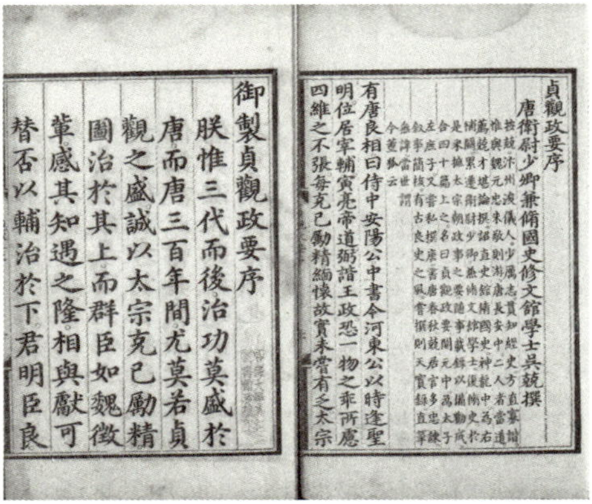

貞觀政要序
唐衛尉少卿兼脩國史修文館學士吳兢撰
有唐良相曰侍中安陽公中書令河東公以時逢聖
明位居宰輔寅亮帝道彌諧王政恐一物之乖所慮
四維之不張每克己勵精緬懷故實未嘗有乏太宗

御製貞觀政要序
朕惟三代而後治功莫盛於
唐而唐三百年間尤莫若貞
觀之盛誠以太宗克己勵精
圖治於其上而群臣如魏徵
輩感其知遇之隆相與獻可
替否以輔治於下君明臣良

◥《贞观政要》书影

然难以胜任。万历十八年正月初一日，即民间所谓大年初一，他因为雒于仁批评他酒色财气，召见申时行等阁臣。申时行向他指出，皇上的疾病需要静摄，也要兼顾朝政："皇上朝讲稀疏，外廷日切悬望，今圣体常欲静摄，臣等亦不敢数数烦劳起居，但一月间或二三次或三四次间一临朝，亦足以慰群情之瞻仰。"他听了并不恼怒，耐心地解释说："朕疾愈，岂不欲出。即如祖宗庙祀大典也要亲行，圣母生身大恩也要时常定省。只是腰痛脚软，行立不便。"[1]"腰痛脚软，行立不便"，即使每月仅有的三四次上朝也难以办到。这种状况以后成为常态。万历十九年闰三月，在病情稍微好转以后，他对阁臣谈起自己的健康状况："原朕之疾，因火生痰成病，故食少寝废，尝服药饵，未见瘳愈。以致庙享屡遣代行，朝讲久废。"[2]同年九月，他又向申时行

1　申时行《召对录》。
2　《明神宗实录》卷二百三十四，万历十九年闰三月壬申。

谈及病情："朕近年以来，因痰火之疾不得举发，朝政久缺，心神烦乱。"[1]真实地流露了久病不愈的内心痛苦。其后，王家屏、王锡爵辅政时期，病情仍不见好转。太常寺少卿王如训请求皇帝亲自庙享，他答复道："朕切念庙享重礼，罔敢安逸！近日以来，溽暑蒸湿，面目发肿，行步艰难，恐不能成礼，是以命官替代。其分献陪祀执事等官，宜体朕心，倍加谨慎，勿得怠忽。"[2]依然是"溽暑蒸湿，面目发肿，行步艰难"的老毛病，庙享不能成行，视朝也只能偶尔为之。

此后二十多年中，皇帝处理朝政，是通过批阅奏疏、发布谕旨的方式来实现的。他不上朝，不接见大臣，却始终牢牢地掌控朝廷的大政方针，这从万历三大征的全过程，可以看得很清楚。廷臣们对于皇上深居内宫，无法一睹"龙颜"有所不满，不断上疏进谏。

万历二十二年七月，皇帝传谕内阁，还是谈他的老毛病："朕自入夏以来，常中暑湿，身体屡生热毒，又头眩软弱，时享（郊庙）暂遣代行。"[3]遭到贵州道御史许闻造（字长孺，浙江海宁人）批评："顷岁以来，谓郊庙为常事，谓朝讲为虚文，谓公忠为党同，谓救谏为激聒……大臣一时杜门者，六卿几居大半；言官废锢草野者，两载几至七十余人。阙庭不闻采纳一言，台省不见挽回一事，奏牍沉阁而无从稽其

1《明神宗实录》卷二百四十，万历十九年九月己巳。

2 钱一本《万历邸钞》，万历二十年壬辰卷，七月。

3 钱一本《万历邸钞》，万历二十二年甲午卷，七月。

出纳，正士短气而无复关其忠鲠，贤者寒裳而求去，留者掣肘而难为……陛下试察旬日以来，诸臣弼违之章，视昔不稍减乎；謇谔之风，视昔不少沮乎？”[1]反映了一般官员对皇帝不郊庙、不上朝的怨气，对朝政混乱的不满情绪。

以后类似的批评接连不断。户部主事董汉儒（字学舒，大名开州人）说：“神圣御宇亦且二十三年，何始勤终怠？国是日非，频年深居，群臣罕得窥其面……国家堂堂一统，非不久安长治者，自朝讲希阔，壅蔽渐滋，忠直废弃，乖异侵起，九阁三殿之间，惟闻纵酒淫刑黩货而已。时事可忧，又不止帑藏空虚尔也。”[2]

御史马经纶批评得更为尖锐：万历二十三年以来，皇帝贬谪言官三十四人，“以泥沙视贤才，以草芥待台省”，是“第一大亏损事”。然后正话反说：“皇上年来厌恶言官，动辄罪以聒扰，今忽变而以钳口无言罪之。夫以无言罪言官，言官何辞。臣切观皇上所谓无言者，犹浅之乎罪言官也，乃言官今日之钳口不言，有五大罪。”

——皇上不郊天者有年，曾不能排闼牵裾，诤如故典，是陷皇上之不敬天者，臣等言官也。罪一。

——皇上不享庙者有年，曾不能排闼牵

1 钱一本《万历邸钞》，万历二十二年甲午卷，七月。

2 钱一本《万历邸钞》，万历二十三年乙未卷，五月。

裾，诤如故典，是陷皇上之不敬祖，臣等言官也。罪二。

——皇上辍朝不御，停讲不举，言官第言之耳，而竟不能强持之，是陷皇上不能如祖宗朝之勤政矣。罪三。

——皇上任贤不笃，去邪不决，言官第言之耳，而竟不能强得之，是陷皇上不能如祖宗朝之用人矣。罪四。

——皇上好货有癖，而御下少恩，肘腋之间，丛怨蓄变，言官共虑之，而卒不能批鳞谏止，是陷皇上甘弃万历美政而不克终矣。罪五。

马经纶身为言官，自我检讨五大罪，实际是在影射皇帝有五大罪。此前许多官员批评他怠于临朝，他无动于衷，不予理睬，马经纶的一席话，触到了他的痛处，迅即作出反应，训斥道："今日览文书，有御史马经纶心与奸逆报复，故讪君无上，借言申救，恐负奸逆之私，好生可恶！此必平素党类之人，宪赋重任如何置此奸肆之畜？本该重治，姑且降三级调外任，不许朦胧推升。"[1]此举引起工科都给事中林熙春、御史鹿久徵的不满，一个说"言路几空，士气重挫"，另一个说"霆威叵测"，提醒皇上"清议在前，信史在后"。皇帝索性将马经纶改为"降杂职调极边"，林熙春、鹿久徵各降一级

1 钱一本《万历邸钞》，万历二十四年丙申卷，正月。

调外任。[1]

2.“廊庙不成廊庙，世界不成世界”

万历二十四年七月十三日，仁圣皇太后陈氏病逝，按照常例，皇帝必须参加嫡母的葬礼。他再一次破例，派遣大臣以“奠代使”的身份，代替他行事，理由仍是患病，行动不便。十五日，他向礼部发去谕旨：“朕自闰八月初旬，偶尔痰流注于左足，动履不便。今大行皇妣发引，朕不能恭行扳送，不胜哀恸，着遣奠代使行事。”此举遭到廷臣极其严厉的责难。吏部左侍郎孙继皋（字以德，号柏潭，常州无锡人）上疏劝谏：“古今大纲常必不可亏，国家大典礼必不可缺，冒恳圣明扶疾扳送母后，以光圣人大孝，以慰寰海同情”。他说，看到本月十五日的圣旨，不胜狗马心，事关大纲常大典礼，四海观刑，万代瞻仰，请皇上深思力行，勿之有悔。[2]礼部郎中王就学（字所敬，常州武进人）说，由于皇上没有亲自扳送仁圣皇太后的丧舆，官员玩忽职守，沿途颠簸，少有防护，且日行三十里而止。丧舆停歇处，茫无一人看守。沿途祭奠，俱不成礼，至于玄堂安厝是否妥当，俱不可知，殊非臣子所忍言也。吏科给事中戴士衡（字章尹，福建莆田人）也对皇帝有所批评：“母子至情，送终大事，少知义理者，尚思竭擗踊

1 钱一本《万历邸钞》，万历二十四年丙申卷，正月。

2 钱一本《万历邸钞》，万历二十四年丙申卷，九月。

哀送之情，以申无已之忧，矧孝思纯笃。如陛下乃以玉体不调，遂失扳送。试追昔容之不复，思侍养之难再，终天之恨，能恝然乎？”官员的批评合情合理，皇帝则有苦难言。他一向以孝顺闻名，待嫡母仁圣皇太后恭谨备至，嫡母的葬礼都不能参加，可见病情不轻，“动履不便”并非托词。到了万历三十年二月，病情突然加剧。二月十六日，紧急召见高级官僚，又在寝宫单独召见内阁首辅沈一贯，当着慈圣皇太后、太子与诸王的面，嘱托后事，要沈一贯辅佐太子做个好皇帝。[1]足以表明，多年身患疾病的他，身体已经虚弱到极点，否则绝不会有这一场虚惊。

万历三十三年六月，皇帝在给内阁的谕旨中说：“朕自入夏以来，寒热不调，湿气熏蒸，头目时常眩晕，章奏未经细阅。”[2]十多年的老毛病始终未愈。

此后，他更加怠于临朝了。正如沈一贯所说：“皇上居深宫之中，不见群臣百姓，似谓可塞耳掩目，置人言于弗理。”[3]大臣们的批评不绝于耳。

万历三十四年四月，刑科给事中曹于汴（字自梁，号贞予，山西安邑人），批评皇帝不仅不临朝，而且连奏疏都不批复：“科道露章纠劾官邪下，不报；中外大僚被劾求去，不报；铨部推举升除、行取起用，不报。臣诚不知其所解。”在这点上，比不上列祖列

1《明神宗实录》卷三百六十八，万历三十年二月己卯。

2 庄廷鑨《明史抄略·显皇帝本纪三》，三十三年六月。

3《明神宗实录》卷三百九十九，万历三十二年八月己卯。

宗，甚至不如他的祖父世宗皇帝："皇上守祖宗之鸿业，必遵祖宗之家法，揆厥祖制，固将躬御前殿，面决章奏者也。即世庙中年深居静摄，而批答割决如流水无壅，是以中兴之治远绳祖武，未有朝御既虚，章疏亦阏者也……奈何建言者十弹而十不答，竟成空语；求去者累请而累不得，聊且羁留。言者未蒙乐受，直以抑其芒锋；被言者厓贻主眷，适以丧其生平。且望退之人既不获退，而应进之人复不获进，徒使杜门踌躇者冒濡滞之嫌，非所以明节也；待月淹迟者抱消磨之叹，非所以鼓气也。"[1]

同年七月，工科给事中王元翰（字伯举，号聚洲，云南宁州人）列举皇帝"静摄"的各种表现形式："静摄之初，犹有缩天下于方寸之意。静摄之久，潜有隔天下于万里之渐。是故大僚任其缺，而不补也；榷税任其毒，而不即罢也；台省任其不可支吾，而不即考选也；章疏任其高阁，而不即报答也；废弃任其沦落，而不即拔置也；边事任其悠相破滥，而不即禁核也；纪法分义任其颓荡凌乱，而不即整顿饬刷也。方今时事，孰大于此？乃诸臣至焦唇敝齿不得一俞可，皇上果违天下以自用，付时艰于东流乎？"因此王元翰恳切请求，"愿皇上定极思动，昧爽视朝，日进阁部大臣商榷急务，令科道官得随朝见面，陈天下利弊是非，皇上从中决发。"[2]这当然是徒劳的。

1 曹于汴《乞发章奏决用舍以成盛治疏》，《万历疏钞》卷一《圣治类》。

2 王元翰《圣躬静摄日久天下伏机可虑乞采公道以固社稷疏》，《万历疏钞》卷一《圣治类》。

万历三十五年七月，户科给事中萧近高（字抑之，江西庐陵人）认为，由于皇帝怠于临朝，上下否隔，朝政郁之为病。他列举了“十郁”，其中最久最大的，一是十数年不视朝讲，十数年不经天；二是天地祖宗以代摄为故常，天神人鬼能不怨恫？三是章疏留中，十常七八；四是南北大僚稀如晨星，哀恳乞休，裒如充耳。此外还有，郎署藩臬之推，催十数次而不下；郡守师帅之长，缺数年而不补，等等。[1]皇帝有什么反应？一如既往，“不报”（没有回音）。

虽然皇帝对于官员的批评，一如既往“不报”，官员们却不放弃进谏的机会。万历三十六年六月，云南道监察御史史学迁说：“今殿廷稀御，上下不交，十疏而九不报，百奏而一不闻。间有自帷中可者，又不过寻常故事，中有宵子之言。上既无前席之虚，下亦无造膝之谟。大臣以窥探逢迎为精神，以交结夤缘为工夫；小臣以奔走权门为得意，以背公觅党为职业。似此壅隔痞塞之象，宪宪泄泄之风，而欲国事得理，患难不作，必不可得之数也。”[2]

同年七月，浙江道监察御史李光辉感叹于“靡不有初，鲜克有终”，说：“我皇上临御初年，励精图治，兢业万几，一切章奏批答不停。惟时自宰臣而下，靡不精白一心，以承休德。是以在朝跄跄，

1 钱一本《万历邸钞》，万历三十五年丁未卷，七月。

2 史学迁《国事日急朝政日废恳乞亟悟改行疏》，《万历疏钞》卷一《圣治类》。

在野熙熙，廷无阙政，国无横征，人人励素丝羔羊之节，而鲜顽钝无耻之风。”抚今追往，他发出一连串责问：

曾有矿税剜民骨髓者乎？

曾有一人而兼数官，一官而兼数事者乎？

曾有披素摅款以希一当，而竟尔停阁者乎？

曾有频经指摘而日食大官，而挥之不去者乎？

曾有毕力穷讯，苦心边计，而反罹幽囚，莫必其命者乎？

曾有折槛匡时，批鳞悟主，而不一赐环者乎？

在一连串责问之后，他又发出一连串感叹：

方今海内自矿税之使煽虐以来，居者不能保其生，徙者不能保其骨，黔黎萧条，生灵磔裂。皇上何忍民命之草芥若此！

自大小臣工停补以来，内少寅亮之风，外鲜贞肃之度，事主模棱，人从长厚。皇上何忍吏治之窳惰若此！

自内帑充积累百万亿以来，闾阎竭有额之供，商民多呻吟之苦，朝野共征，人无固志。皇上何忍邦本之携二若此！自章奏壅滞，百不答一以来，声不及闻，而尊若隔九天。皇上何忍臣僚之阔绝若此！

自宰执重臣相延于洪泓以来，故廉隅不必饰，名节若可损。皇上何忍股肱之萎靡若此！

自满朝荐、王邦才等之相继被逮以来，输忠者丧气，申救者无门。皇上何忍忠良之摧折若此！

> 往年建言诸臣皆效忠于皇上者，乃立杖之马，一斥而俾其老死于牖下，间有二三栖迟于岩穴者，屡推不用。皇上何忍贤人之禁锢若此！[1]

御史李光辉可以说是一个无名之辈，他的这篇奏疏写得气势不凡，言辞犀利，咄咄逼人，对皇帝怠于临朝所造成的弊端，分析得淋漓尽致。

皇帝怠于临朝，不批答奏疏，官员不能及时任免，使得中央政府处于停摆状态。当时的内阁辅臣叶向高一再提请，增补阁臣与部院大臣，皇帝置若罔闻。翻阅叶向高的《纶扉奏草》，此类奏疏比比皆是。

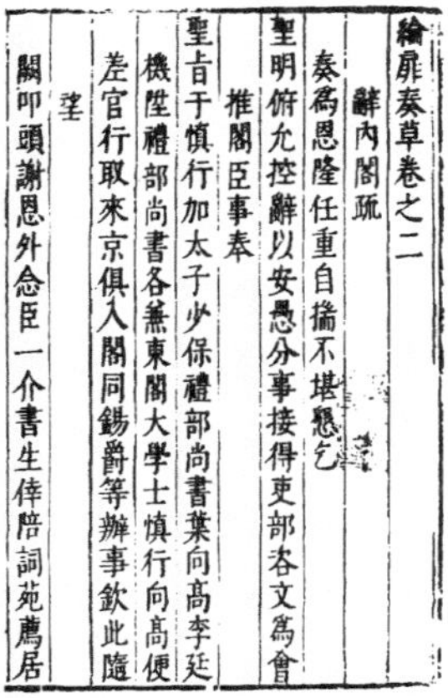

綸扉奏草卷之二

辭內閣疏

奏爲恩隆任重自揣不堪懇乞

聖明俯允控辭以安愚分事接得吏部咨文爲會

推閣臣事奉

聖旨于慎行加太子少保禮部尚書葉向高李廷

機陞禮部尚書各兼東閣大學士慎行向高便

差官行取來京俱入閣同錫爵等辦事欽此隨

望

闕叩頭謝恩外念臣一介書生倖陪詞苑薦居

▲《纶扉奏草》书影

万历三十六年六月，叶向高喟然长叹，内阁辅臣从没有像现在这般蒙受诟病，事出有因。他说："天下之议实有所由起，而难于自白也。其所由起者虽多，然其大端不过曰章疏停留、人才壅滞。夫章疏者，下情之所由达，上意之所由宣，譬如人之有口有语言，不可喑哑。若章疏停留，则上下隔绝，无以自通。而辅臣者身处禁近，为朝廷腹心，若不为之通其塞而达其情，

---

1 李光辉《国家危乱已兆朝政壅敝犹仍疏》，《万历疏钞》卷一《圣治类》。

则凡有结轖湮郁，孰不怨尤？而彼此猜度，如人行暗中，转相摸索。此议论之必不能免者也。”[1]言外之意，内阁辅臣之所以受舆论诟病，其源盖出于此，是在代皇帝受过。

万历三十六年十一月，叶向高向皇帝条陈时政：“臣观今日九卿大僚缺乏已极，每衙门不过一人，而又或以真病，或以被言，皆杜门求去。其见在供职者，惟戎政（兵部）尚书李化龙、礼部侍郎杨道宾、工部侍郎刘元霖三人，而（杨）道宾又欲给假，（李）化龙又偶感寒疾，尚未出户。长安道上遂几无九卿之迹。”真是咄咄怪事，中央政府竟然到了每衙门只有一人的地步，长安道上居然见不到部院大臣的身影。于此相关联的是难以弥补的财政危机，叶向高说：“户部尚书赵世卿以边饷匮乏，无可设处，困苦悲号，几无生趣，日来控诉于臣。工部又以赏夷无措，求借兵部。光禄寺又以供应难支，求借户、工二部。彼此束手，相怨相尤。臣每票拟此等章疏，则茫然莫知为计，不得已委之所司，而所司无可奈何，又复沥情苦告，展转支吾，终无了日。穷迫如此，尚可以为国乎？”[2]

万历三十七年二月，叶向高对皇帝谈及吏部、礼部缺掌印官（尚书）：“铨衡、典礼事务烦多，难以停滞，延迟一日则废一日之事。”[3]“往时掌印官缺，犹可令人暂署。今六部尚书、侍郎共只四

1 叶向高《论时事疏》，《纶扉奏草》卷二。

2 叶向高《条陈时政揭》，《纶扉奏草》卷四。

3 叶向高《吏部掌印揭》，《纶扉奏草》卷五。

人，皆以病杜门。即本部之事尚不能理，况于兼摄！”[1]“户部尚书赵世卿病将一载，兵部尚书李化龙病尚未愈，刑部尚书沈应文、工部侍郎刘元霖、都察院副都御史詹沂，皆称病笃。只一礼部侍郎杨道宾尚在供职，而春分陪祭朝日坛忽眩晕仆地，至今未甦。”[2]

这种状况始终没有改变，万历三十八年叶向高不厌其烦地向皇帝重复这一话题。先是催请任命刑部尚书：刑部尚书候命日久，催请数次，未蒙俞允。以至于狱囚积累至千人，不能审讯问断。甚至连狱囚的食米都无人筹措，都由铺户商家包赔。炎暑郁蒸，煎熬难过。[3]继而催请户、礼二部尚书：目前户部事务停阁已久，最为紧急的各边军饷，无人发给；各处解来银两，又无人签收。比如咽喉哽塞，一切饮食出纳皆不得通，最为困急。而礼部负责颁历贺冬，典礼之臣岂容长久缺失！[4]

吏部尚书孙丕扬（字孝叔，陕西富平人）由于考察官员，受到攻击，情迫乞归。叶向高不敢擅拟留或放，请示皇帝裁断。得到的回答是："览卿奏，情辞切至。朕疾虽愈，尚尔虚弱，不耐劳烦，点用大僚及察疏等事，朕即陆续检发。孙丕扬公忠直介，着出温旨勉留供职。且大臣分义体国奉公，何为自便相率恝然求去！[5]他要求大臣们不要引疾乞休，而自己却常常说"朕疾虽愈，尚尔虚弱，不耐劳烦"，

1 叶向高《吏礼掌印官揭》，《纶扉奏草》卷五。

2 叶向高《请补阁臣第三揭》，《纶扉奏草》卷五。

3 叶向高《催请刑部掌印官揭》，《纶扉奏草》卷十。

4 叶向高《请户礼二部掌印官揭》，《纶扉奏草》卷十一。

5 陈建、沈国元《皇明从信录》卷三十九，万历三十九年五月。

而怠于临朝。

皇帝依然如故，朝政依然如故，一向温文尔雅的叶向高终于忍无可忍，在万历四十年四月所上的第二十六道乞休奏疏中，大发牢骚："乃臣一日未去，则朝政一日不行，日复一日，将使纪纲尽坏，国体尽伤，廊庙不成廊庙，世界不成世界。臣虽木石其心，岂能安处？皇上即视臣如犬马，可以羁縻，进退去留，可以置之不问，乃官僚可尽空乎？言路可尽废乎？各省之按差可终不代乎？浙江、湖广、贵州之科场可不用监临乎？恐从古以来无此事也……今中外离心，人人愁叹，即辇毂之下，肘腋之间，怨声愤气已自满盈，种种祸机无人敢说。臣方深忧皇上之孤危，而皇上顾闭塞愈深，务与臣下隔绝，帷幄不得关其忠，六曹不得举其职，至于阁臣冢卿亦视若可有可无，举天下无一可信之人，而自以为神明不测之妙用，臣恐自古圣帝明王无此法也！"[1]痛快淋漓之极，把皇帝怠于临朝造成的恶果，揭示得入木三分，其中最精彩的一句："廊庙不成廊庙，世界不成世界"，令人拍案叫绝。

如此这般大声震喝，也难以奏效。皇帝既不同意他乞休，也不接受他的意见。过了一年，叶向高不无感慨地说："国家多事，朝政不行，臣浮沉其间，无所转移，实是有罪……皇上深居日久，如天之穆无声臭，听万籁之争鸣；如水之漫无堤防，任

1 叶向高《乞休第二十六疏》，《纶扉奏草》卷十五。

百川之自溃。典礼当行而不行，章疏当发而不发，人才当用而不用，政务当修而不修，议论当断而不断。”[1]

优游林下的申时行对叶向高的处境充满理解之同情，在私信中和他谈及朝政，不胜感慨：“近时事体与往时大相悬绝，阁中开导斡旋止凭揭帖，往时或奉御札，或令文书房回答，无中寝者。今答者什之二三，寝者什之七八，此一难也。往时六卿皆备，事体每相商榷，皆得与闻。今疏上报可，绝无违驳，遂至不相关涉，此二难也。一时风尚，率先气节，少年喜事，口语纷纭，前倡后随，党同伐异，狥之则不可胜从，违之则便相仄目，此三难也。”申时行不由惊叹：“自古国家未有如此而能久安长治者！”[2]

1 叶向高《乞休第四十一疏》，《纶扉奏草》卷二十一。

2 申时行《答叶台山相公》，《赐闲堂集》卷三十八。

第四章

东林书院的实态分析

——“东林党”论质疑

晚明史上轰动一时的无锡东林书院，创建于万历三十二年，禁毁于天启五年，只存在了短短的二十一年（1604—1625），却在当时社会激起巨大的反响，成为社会关注的焦点。朝野上下一时间纷纷攘攘，推崇它的誉之为“清议”，诋毁它的斥之为“结党”。与它同时代的人，对它的看法已经分歧至此，到了清朝编纂《明史》时，离真相愈来愈远。在这种背景下，东林书院与“东林党”成为晚明史上引人注目的话题，近几十年来，关于它的研究硕果累累，似乎久已成为定论，其实不然。如同诸多历史问题一样，这个问题仍然值得发掘史料，重新审视——东林书院究竟是不是一个议论政治的讲坛，是不是一个“党”，值得重新加以检讨。

▼ 杨时像

杨时，北宋洛学大家。世称“杨龟山”，以道学闻名，时称“南有杨中立，北有吕舜徒”。

一 “维世教觉人心”：东林书院的本来面目

1. 杨时的东林书院与邵宝的东林书院

东林书院原本是宋儒杨时的讲学场所。

杨时，字中立，号龟山，南剑将乐人，宋熙宁九年进士。当时河南程颢与其弟程颐，讲习孔孟绝学，河洛之士翕然师从。杨时调官不赴，到河南颍昌拜谒程颢，执弟子礼，相得甚欢。及其南归，程颢目送说："吾道南矣。"程颢死后，他又求学于程颐，"一日见（程）颐，颐偶瞑坐，（杨）时与游酢侍立不去。颐既觉，则门外雪深一尺矣"。[1]历史上脍炙人口的"程门立雪"，就是杨时求师心切的佳话。杨时在他的《中庸义序》中说："予昔在元丰中，尝受学明道先生之门，得其绪言一二，未及卒业而先生殁。继又从伊川先生。未几，先生复以罪流窜涪陵，其立言垂训为世大禁，学者胶口无敢复道……追述先生之遗训，著为此书，以其所闻，推其所未闻者，虽未足尽传先生之奥，亦妄意其庶几焉。"[2]

他以"龙图阁直学士"告老致仕，在无锡县城东隅创办东林书院，在此著述、讲学。康熙《东林书院志》说："东林者，宋杨文靖公龟山先生讲学之所也。考邑乘，东林在城东弓河上。宋政和间龟山先生寓是讲学十有八年，名东林书院，岁久倾圮。"[3]以继承杨时遗志为己任的顾宪成，在兴复东林书院时说："有宋龟山杨先生，受业两程夫子，载道而南。一时学者翕然从之，尊为正宗。考锡乘，先生尝讲学是邑十有八年，建有东林书院。岁久，旁落为东林庵，而书院废矣。距今五百余年，俯仰

程颢像

程颢，世称"明道先生"，北宋学者、政治家。历官太子中允、监察御史、宗宁寺丞等职。后追封豫国公，配祀孔庙。程颢与其弟程颐皆理学大师，世称"二程"。早年与程颐共师周敦颐。学说主张"明心见性"，重视"气"，为学"力行"，影响了陆九渊。

1 《宋史》卷四百二十八《道学二·杨时》。
2 杨时《中庸义序》，《龟山集》卷二十五。
3 康熙《东林书院志》卷上《沿革》。

▼ 程颐像

程颐，世称“伊川先生”，北宋理学家、教育家。历官汝州团练推官、西京国子监教授。后追封洛国公，配祀孔庙。主张“格物致知”，重视“理”，为学“穷理”，影响了朱熹。

顾盼，莫不喟然叹息。”[1]

明朝成化年间，无锡人邵宝“图修复之，不果”。所谓“图修复之，不果”云云，是大名鼎鼎的高攀龙所说：“（无）锡故有东林书院，宋龟山杨先生所居，……阐伊洛之学。后废为僧舍。邵文庄公（宝）图修复之，不果。”[2]身为无锡人的高攀龙只说对了一半，邵宝虽然没有修复位于城东的杨时书院，却在城南另建一所东林书院。关于此事，严榖作过辨析，写了一篇《两东林辨》，说无锡有两个东林书院，一个在城东（即东林本），一个在城南（即东林支）。邵宝欲兴复杨时书院未果，在城南锡伯渎畔另建一所东林书院。而杨时书院在城东弓河畔，万历年间顾宪成在此旧址上兴复东林书院后，城南东林书院逐渐荒废，无人知晓。

无锡人严榖写的《两东林辨》是一篇很有意思的文章，足以加深对东林书院的认识。他写道：

> 吾邑两东林，其可徵有三：
>
> 《东林摭遗》曰：龟山先生书院久废，隆（庆）万（历）间有庠长盛君鋆锐图兴复，具呈请

---

1 顾宪成《请复东林书院公启》，雍正《东林书院志》卷十七《文翰三》。

2 高攀龙《南京光禄寺少卿泾阳顾先生行状》，《高子遗书》卷十一。

之耿宗师。宗师嘉允，下其事于诸生，佥谓以僧区言，则保安本也，东林支也。（冯择贤《锡山志》：大寺各有所统，小寺各有所隶，故城内东林庵名保安寺下院，以为保安之所统也。）以书院言，则城东之东林本也，保安之东林支也。兹欲修复，盍专于本焉图之。一徵也。

孙少宰柏潭先生《东林庵记》略曰：考邑志，龟山讲诵故在东林禅院右偏，而王文成所记东林书院在伯渎之上，东望梅村二十里而遥，此则又与弓河之东林相去辽绝。二徵也。

高先生撰《顾端文公行状》略曰：杨先生令萧山归来，依邹忠公志完于毗陵。忠公寻卒，依李忠定公伯纪于梁溪，凡十八年，往来毗陵、梁溪间。栖止东林，阐伊洛之学。后废为僧舍，邵文庄公图修复之，不果。曰不果，则文庄讲学止在保安东林矣。三徵也。[1]

严瑴说法是有根据的，邵宝与王守仁的记载可以为证。邵宝《毗陵道南书院记》写道："道南书院曷为而建也？为祀宋龟山先生文靖杨公中立而建也。公南剑人也，常曷为祀之？公学于程门，还自伊洛，至常（州）而留焉。谓泰伯延陵之墟也，而邹周三公又与有故，故周旋延陵、勾吴之间，与诸生讲道者十有八年。其风流在士林，功化在后学

1 严瑴《两东林辨》，康熙《东林书院志》卷下。

者，博且弘矣。是以没而祀之，比诸乡先生。越绍熙初，郡始立祠。绍定、淳祐间，继祠益严。至胜国时，乃有龟山书院之创，而其圮也久矣。国朝成化初，尝起废焉，而不像。寓二贤祠者如故。前郡守宜宾王侯欲改图未果，今郡守前监察御史琼台陈侯，实乃卜吉而别建之……自孟子殁至于有宋，千有余年矣。南安之会，程子得周子之道而北，洛学于是乎大振，此斯文再启之源，天地间一大机会也。伊洛之游，龟山得程子之道而南，闽学因之大成，此斯文再传之，委天地间又一大机会也。是二机会者，人耶？天耶？其然也，孰能与之。是故君子谨诸南安有书院焉，名之曰道源，为周程志也。今是院也，为龟山志也，名曰道南，不亦宜乎。”[1] 这个重建的道南书院，就是城南东林书院。

◤ 王守仁像
王守仁，字伯安，浙江余姚人。自号阳明子，世称“阳明先生”。弘治十二年进士，起补兵部主事。官至右副都御史、南京兵部尚书。

王守仁为此专门写了一篇文章《城南东林书院记》，来纪念邵宝先生：“东林书院者，宋杨龟山先生讲学之所也。龟山殁，其地化为僧区，而其学亦遂沦入于佛老训诂词章者且四百年。成化间，今少司徒泉斋邵先生，始以举子复聚徒讲学于其间。先生既仕而址复荒，属于邑之华氏。华氏，先生之门人也，因先生之故，仍让其地为书院，用昭先生之迹，而复龟山之旧。先生则自述其废兴，而以记属

1　邵宝《毗陵道南书院记》，雍正《东林书院志》卷十五《文翰一》。

之某。当是时，辽阳高君文豸方来令兹邑，闻其事，谓表明贤人君子之迹，以风励士习，此吾有司之责……夫龟山没，使有若先生者相继讲明其间，则龟山之学邑之人将必有传者……从先生游者，其以予言而深求先生之心，以先生之心而上求龟山之学，庶乎书院之复不为虚矣。书院在锡伯渎之上，东望梅村二十里而遥。”[1]

邵宝，字国贤，号二泉，常州无锡人。杨一清对他赞扬有加："举甲辰（成化二十年）进士，出知河南许州，能以礼让为国，所举动多风化中事。作《新庙学》谕诸生义利公私之辨，及忠孝大节。闻者感动，皆知慎其所自立。次教之读书为文，矩则许之，文风蔚然改观……以荐为江西提学副使。至则以身为教，先行检而后辞艺，黜浮崇雅，士类勃兴。修濂溪书院，白于巡抚林公待用，檄取濂溪族孙守祠。改建白鹿洞书院，清学田，定课程，远近向慕……公平生操履端饬，自登第至侍养家居，一切馈遗不苟受，箧中无长物，唯图书、金石、遗文而已。公于家称孝子，于国称名臣，于世称纯儒，杰然为天地间完德君子。公性度端雅，贞介夙成，临事犹讲学，未尝疾言遽色，人或数百语不能终，公以数语即竟之。尝曰：'愿为真士夫，不为假道学'，于声色货利绝口不言。”[2]

邵宝兴建的城南东林书院，又名二泉书院，日

1 王守仁《城南东林书院记》，雍正《东林书院志》卷十五《文翰一》。

2 杨一清《资善大夫南京礼部尚书赠太子少保谥文庄邵公宝神道碑铭》，《国朝献征录》卷三十六。

久荒废。后人出资出力，于万历三十五年至三十六年，重修二泉书院，恢复旧观。顾宪成出于对邵宝的敬仰，撰写《重修二泉书院记》，记述重修二泉书院的经过，然后赞叹道："古称三不朽，太上立德，其次立功，又其次立言。先生诚心质行，表里皭如，贫贱不为移，富贵不为淫，威武不为屈，能立德矣。由释褐以至悬车，所在惠泽洽焉，教化行焉，风纪肃焉，典刑树焉。上获下信，暗而弥章，能立功矣。'简端录'寤寐圣贤，阐性命之精蕴；'日格子'折衷千古，定是非之权衡，能立言矣。"[1]而此时顾宪成兴复的东林书院已经如日中天，蜚声大江南北，邵宝的书院虽然得到重修，人们已经忘却它原本是城南东林书院，只知道它是二泉书院。有鉴于此，严瑴才会写《两东林辨》，告诉人们，无锡曾经有过两个东林书院。

2. 顾宪成兴复东林书院

顾宪成，字叔时，号泾阳，常州无锡人，嘉靖二十九年八月初七日，出生于无锡泾里。七岁时，读《大学》《中庸》，二十岁时师从张子期。张子期又名张淇，年轻时游学于唐荆川、薛方山两先生之门，他授书不拘泥于传注，直发其中所自得者。有人对宪成说："剑浦李公教其子读四书，只读白文。"

1 顾宪成《重修二泉书院记》，《泾皋藏稿》卷十。

宪成转告张先生，张先生说："朱子绝世聪明，却退然自处于章句，一字一训，若村学究然。诚欲天下后世三尺之童都晓得圣贤话头，做个好人，此天下之心也。吾辈如何这等说。"宪成说："恐毕竟非上智事。"[1]隆庆四年补县学诸生第一，即以文名世，坊间所刻诸论，皆其历试冠军之作。[2]万历四年，应天乡试第一名中举。据他的挚友高攀龙说："当是时，先生名满天下，其于文章斟酌古今，独辟乾坤，学者宗之如山于岳，如川于海。而先生退然谓，此非吾人安身立命处，心所冥契则五经四书，濂洛关闽，务于微析穷探，真知力践，自余皆所不屑矣。"[3]万历八年二月，会试中式第二十名；三月殿试第二甲第二名，赐进士出身，授户部主事，时年三十一岁。

顾宪成与另两名新科进士魏允中、刘廷兰，号称榜中三解元，以名世相期许，以道义相琢磨，慷慨激昂评论内阁首辅张居正。张居正颇为忌惮，对主持会试而成为"三解元"座师的申时行说，贵门生有三元会，你知道吗？每日都在评骘时事，居然华衮斧钺一世。内阁次辅申时行并不知情，张居正解释道，三元者即三解元顾某、魏某、刘某。这三人鉴于时事日非，相约上书申时行，请他出面匡救。顾宪成写成草稿，见魏允中、刘廷兰所写文稿，深表叹服，便在上面签了名。

1 顾与沐等《顾端文公年谱》，隆庆三年，二十岁。

2 顾与沐等《顾端文公年谱》，隆庆五年，二十二岁。

3 高攀龙《南京光禄寺少卿泾阳顾先生行状》，《高子遗书》卷十一。

这份上申相公书，反映了顾、魏、刘三人的政见：“窃闻君子在朝，则天下必治；小人在朝，则天下必乱。君子非自能在朝也，有君子之领袖为之连茹而进也。今宁无君子之领袖乎？而何未见其多？小人非自能在朝也，有小人之领袖为之连茹而进也，今宁有小人之领袖乎？而何未见其少？老师（指申时行）之于首揆（指张居正），将一切听而顺之欤，吾惧其为随抑逆而挽之欤！”[1]字里行间流露出对现状的不满情绪，希望申时行有所作为。在当时形势下，申时行必须与张居正保持步调一致，当然不可能出面“匡救”。

万历十年，张居正旧病复发，久治不愈，朝中高官纷纷放弃本职工作，朝夕奔走，为张居正做佛事，摆道场，冒着仲夏炎炎赤日，拜读表章，向上天祈祷。顾宪成期期以为不可。高攀龙写道：“江陵（张居正）病，举国若狂，为祷于神，先生独不可。同官危之，代为署名，先生驰骑，手抹去之。”[2]他的另一位挚友赵南星也有类似的回忆：“是时，江陵当国方横，举国若风中之蒲苇，公（顾宪成）与南乐魏公允中、漳浦刘公廷兰，慷慨论议，持天下之名教是非。江陵闻之不平……江陵大病，举朝醵金为祭，祷于神。公拒不预，同曹代为署名，公使人涂灭之。”[3]

万历十一年至十四年，顾宪成请假回乡，读

1 顾与沐等《顾端文公年谱》，万历八年三月。

2 高攀龙《南京光禄寺少卿泾阳顾先生行状》，《高子遗书》卷十一。

3 赵南星《南京光禄寺少卿泾阳顾公碑》，《味檗斋文集》卷十。

《易》《春秋》。万历十四年七月，假满北上，出任吏部验封司主事，依然保持特立独行的风格。进京后与内阁辅臣王锡爵的一番对话，足见一斑。王锡爵问："君家居且久，亦知长安（北京）近来有一异事乎？"顾宪成回答："愿闻之。"王锡爵说："庙堂所是，外人必以为非；庙堂所非，外人必以为是。"顾说："又有一异事。"王问："何？"顾说："外人所是，庙堂必以为非；外人所非，庙堂必以为是。"两人相与大笑而起。[1]

这一趣闻，流露出顾宪成对朝政的独特看法，看似轻松闲聊，实则与日后的贬谪、罢官不无关系。

万历十五年，考察京官，都察院左都御史辛自修（字子吉，号慎轩，河南襄城人）主持其事，工部尚书何起鸣列入"拾遗"中，引起内阁辅臣的不满。给事中陈与郊（字广野，号玉阳仙史，浙江海宁人）仰承风旨，纠弹二人，实则包庇何起鸣攻击辛自修，导致辛、何二人同时罢官。顾宪成不平，力陈"当今第一事务"，对内阁辅臣有所訾议："即如科臣陈与郊等，深诋（辛）自修，得非亦有所承望乎？何怪乎人言之啧啧也。故为当事者今日计，莫若务自反而已。元辅申时行虚衷雅度，天下共推；次辅许国、王锡爵一心一德，和衷弼理，偕臻斯道，正自不难。要在卓然以皋夔稷契相勖，不但如近时所称名相而已，

1 顾与沐等《顾端文公年谱》，万历十四年九月。高攀龙撰写的顾宪成行状，关于这一趣闻，文字稍异："娄江（王锡爵）尝一日谓先生（顾宪成）曰：'近有怪事，知之乎？'先生曰：'何也？'曰：'内阁所是，外论必以为非；内阁所非，外论必以为是。'先生曰：'外间亦有怪事。'公曰：'何也？'曰：'外论所是，内阁必以为非；外论所非，内阁必以为是。'相与笑而罢。"

庶几可以答天下耳。若乃以智角智，以力角力，释仁义道德之用，而竞巧拙于毫毛，假饶得济，终属杂霸杂夷，非今日所宜用也。”[1]

结果，顾宪成被贬谪为湖广桂阳州判官。刑部侍郎陈瓒问王锡爵，顾宪成立论最公，何以不免？王锡爵拂然说：“渠执书生之见，徇道路之言，焉知庙堂苦心。”陈瓒不以为然：“书生之见当守，道路之言当采，勋部（顾宪成）苦心，亦不可不察也。”[2]看来王锡爵对顾宪成颇有成见，贬谪是在意料之中的。

万历二十年，顾宪成晋升为吏部考功司主事、吏部验封司员外郎。“三王并封”之议一出，顾宪成又与王锡爵发生冲突，他偕同官上疏反对“三王并封”。随后写信给王锡爵，希望他幡然悔悟：“昨请教册立之事，实百其难。明旨一定，何以转移？人情汹汹，何以镇定？上欲不愆于明旨，下欲不骇乎人情，故曰难也。究竟则请期一着，尚可自图，然而非阁下莫能任……弥缝转易，挽回转难，岁复一岁，有何底止？窃以为宜听九卿科道，仍尊屡旨，合辞以请，而阁下从中调停，恳示定期，即甚迟不得越一年。庶几圣心确有所主，不开窥伺之端；人心专有所属，不萌二三之衅。议论方嚣而复定，国本几摇而获安，真阁下事矣。”[3]

以后在京察、会推时，多次与王锡爵意见相

1 钱一本《万历邸钞》，万历十五年丁亥卷，三月。

2 高攀龙《南京光禄寺少卿泾阳顾先生行状》，《高子遗书》卷十一。

3 高攀龙《南京光禄寺少卿泾阳顾先生行状》，《高子遗书》卷十一。

左。万历二十一年京察，顾宪成配合吏部尚书孙鑨、考功郎中赵南星，尽黜执政大老之私人。赵南星被斥，宪成疏请同罢，不报。不久，顾宪成迁文选郎中，力杜私谒，权贵不得关其说，所推举率与执政抵牾。先是，吏部缺尚书，王锡爵欲用礼部尚书罗万化（字一甫，号康洲，浙江绍兴人），顾宪成说：往者内阁不专用词林，今悉已为所据，只吏部铨衡一席可为外僚一展风采，词林又欲占据？力持不可，乃用陈有年（字登之，号心谷，浙江余姚人）。后廷推阁臣，罗万化又不在名单上。王锡爵愤然责问：始廷推吏部尚书，说词林不当预，今推内阁辅臣，也不当预？此时，王锡爵即将谢政，廷推代者，皇帝圣旨有"不举资品"等语。顾宪成与陈有年推举已经致仕的王家屏、沈鲤、孙鑨，以及沈一贯、孙丕扬、邓以赞、冯琦等七人。皇帝大为不悦，指责吏部"朋奸""专擅"，将顾宪成贬谪为杂职。谕旨一出，举朝大骇。户科给事中卢明诹抗疏论救，皇帝大怒，不仅卢明诹降级，而且将顾宪成削籍为民。兵科给事中逯中立申救顾宪成、卢明诹，皇帝益发愤怒，下旨将逯中立降级，卢明诹削籍为民，廷臣终于不敢出声。[1]万斯同感叹道："（顾）宪成既废，名益高，中外推荐无虑百十疏，帝悉不报。"[2]

离开了令他伤心令他绝望的政坛，顾宪成全身心投入著书立说、聚徒讲学之中。吏部公务繁忙，

1 钱一本《万历邸钞》，万历二十二年甲午卷，五月。

2 万斯同《明史》卷三百四十四《顾宪成传》。

◤ 薛瑄像
薛瑄，谥号文清，山西万荣人，永乐十九年进士。官至礼部右侍郎兼翰林院学士。薛瑄继曹端之后，在北方开创了“河东之学”，门徒遍及北方各地，蔚为大宗。

积劳成疾，万历二十二年九月回家乡后，他经常眩晕。在病中体究心性，有所心得，就记下来，日积月累，成为他的名著《小心斋札记》。邹元标称赞此书沉潜粹密，可以与薛瑄的《读书录》相媲美。抛却政治的烦恼，他把志趣转向了学术。他的后人编写的年谱，留下了宝贵的记录：

> ——万历二十五年，四十八岁。课士于同人堂。连岁弟子云集，邻居梵宇，僦寓都遍，至无所容。公商之仲季，各就溪旁近舍，构书室数十楹以居之，省其勤窳，资其乏绝。溪之南北，昼则书声琅琅如也，夕则膏火辉辉如也。过者停舟叹羡，即行旅皆欲出于其途。泾白公乃于小心斋之东辟同人堂，规制弘敞，萃四方学者，及弟子甥侄。月凡再试，泾白公临而课之，自为程以质多士，刻之曰《信心草》，赏罚激劝，会规严甚……缪昌期当时久困诸生，马世奇君尝方垂髫，并留之家塾。又数年，张大可观甫，以都司驻刘河，来问业，皆受公知遇最奇。其后，缪死珰，马死寇，张死登莱之难，论者以为程朱之门所未有也。
>
> ——万历二十六年，四十九岁。八月，会南浙诸同人，讲学于惠泉之上，作《质疑编》。此会之所由举也，时太仓管东溟志道，以绝学

自居，一贯三教，而实专宗佛氏。公与之反复辨难，积累成帙，管名其牍曰“问辨”，公亦名其编曰“质疑”……按是会，同邑叶参之茂才与焉，来书云：“末学喜附门墙，但愧无受教地耳。”后与高存之相继主东林之席。

——万历二十七年，五十岁。是时，乡郡诸君子以讲学为事者，宜兴安节吴公达可，武进启新钱公一本，暨薛公玄台辈数人，于其一也，名孔兼（景素），金坛人。

八月，会阳羡山中，作《质疑续编》。高存之日记云：会中俞定所问，乡愿既是同流合污，如何又忠信廉洁？先生曰：“乡愿之同流合污，从而不倡者也，大家一滚随去，凡事都不做头。既以忠信廉洁媚君子，而其同流合污又不为倡而为从，则君子亦宽之而不责矣；既以同流合污媚小人，而其忠信廉洁又不为真而为似，则小人亦安之而不忌矣。”

——万历二十八年，五十一岁。九月，会泉上。邹孚如（观光）作尚行书院，求之为记。公简友人曰：“孚如此举甚可敬，弟素有此念，数年来一病遂灰，然耿耿时不忘，屡欲问胜龙山，盖以此也。”

——万历二十九年，五十二岁。九月，会乐志堂。同志聚晤，往往论初入门工夫。公言：“此处亦难指定，才指定，便不免因药发病，故必从性地入，方稳。”

——万历三十年，五十三岁。六月，作《朱子节要序》：“……世好奇，朱子以平，平则一毫播弄不得，高明者遏于无所逞而厌之。世好圆，朱子以方，方则一毫假借不得，旷达者苦于有所束而惮之。故不便也，于是乎为之辞……”

一夕，梦杨龟山先生于崇正书院，拜而请曰："孔子删述五经，垂训万世，寻遭秦火，犹然无恙……"次年，创复东林，实文靖讲学故地。[1]

邹观光，湖广云梦人，万历八年进士。曾任吏部郎，公平廉正，门无私谒。藏书数千卷，于学宫建"尚行书院"，世称"大泽先生"。与吉安邹元标齐名，时称"二邹先生"。

从同人堂讲学开始，他就有志于创建一所书院，邹观光创建尚行书院，他有感而发："弟素有此念"。所以他会梦见杨龟山先生，生发出创复东林书院的念头。他常与挚友高攀龙谈及此事，高攀龙回忆道："于是先生时时谓攀龙曰：'日月逝矣，百工居肆以成事，吾曹可无讲习之所乎？'(无)锡故有东林书院，宋龟山杨先生所居。杨先生令萧山，归来依邹忠公志完于毗陵。忠公寻卒，依李忠定公伯纪于梁溪。凡十八年，往来毗陵、梁溪间，栖止东林，阐伊洛之学。后废为僧舍，邵文庄公图修复之，不果。及是，先生吊其墟，慨然曰：'其在斯乎？'遂闻于当道，葺杨先生祠，同志者相与构精舍居焉。"[2]这就是顾宪成兴复东林书院的缘起。

为了发扬光大杨时的道脉与学脉，争取无锡知县、常州知府支持兴复东林书院，顾宪成展开宣传："有宋龟山杨先生，受业两程夫子，载道而南。

1 顾与沐等《顾端文公年谱》，万历二十五年至三十年，节录。
2 高攀龙《南京光禄寺少卿泾阳顾先生行状》，《高子遗书》卷十一。

一时学者翕然从之，尊为正宗。考锡乘，先生常讲学是邑十有八年，建有东林书院。岁久，旁落为东林庵，而书院废矣。距今五百余年，俯仰顾盼，莫不喟然叹息。某等僭不自量，欲相与共图兴复。然念祠堂以崇先哲之懿范，则道脉系焉；书院以广友朋之丽泽，则学脉系焉。所关重大若此，非藉宠灵不足以树风声，而垂永永也。会庠友马希尹等合呈上请……幸亟允（马）希尹等之请，上之表章正学，焕发幽光，俨尔仪刑之如在，下之开示周行，振起来学，昭然向往之有归。不腆九峰二泉之间，行将坐收濂洛关闽之胜。”[1]

顾宪成提及的马希尹，是无锡县儒学生员。万历三十二年二月初七日，他联合生员王纯一、孙之贤，向无锡知县请求兴复东林书院。他们的呈文写道：“兹邑有杨龟山先生书院，创自政和之世，葺由嘉靖之初。从游一十八年……一时明道法之宗，瞻依孔孟；通邑洗异端之习，诵法程朱。讵期习与时移，教随人息。招提在望，仅闻演法坛场；书院久墟，无复谭经皋比……伏乞念士风之宜振，怜习俗之久污，亟赐主持，弘敷教泽，俾升堂入室，岿然开道术与东南。”[2]

脱离官场回到家乡无锡的高攀龙，与顾宪成通力合作，致力于兴复东林书院。他写信给常州知府欧阳东凤（字千仞，湖广潜江人），请他大力支持：“东林

1 顾宪成《请复东林书院公启》，雍正《东林书院志》卷十七《文翰三》。

2 马希尹等《请复东林书院呈辞》，雍正《东林书院志》卷十四《公移》。

书院见于王文成公之记者，不论矣。嗣后督学者三议兴复，一见于闻公名人诠，一见于耿公名定向，一见于谢公名廷杰。檄文具在，而皆不果。虽曾葺有祠堂三楹，后竟毁为他构，良以其规制芜陋，始未尝为久远之计也。今藉老公祖在，事以其时则可矣。故倡之自泾阳先生，二三同志和之，已集三百余金，可为堂构计。而必上闻于老公祖，且欲求转申两院及学台者，盖以此举为多士所愿，因其愿而重之。以当途主持，便可成风，风则动，未必不为流俗变化之机云耳。”[1]

得到无锡知县、无锡县学、常州知府、常州府学的支持，兴复东林书院的工程进展顺利，四月十一日开工，九月九日完工。书院的主体部分，如依庸堂、丽泽堂以及精舍等相继完工，所用经费主要来自志同道合者的私人捐助，官方资助的经费则用于祭祀杨时的道南祠的修建。顾宪成讲明了其中的原因，希望保持民办书院的独立品格："书院乃吾侪讲习之所，不宜上费公帑。而道南祠祀龟山先生，旧制殊未称，议以官府所捐者专供建祠之用。讲堂则同志者合并为之，依庸、丽泽次第营构。”[2]

东林书院完工后，常州知府欧阳东凤应邀撰写《重修东林书院记》，一则说："杨龟山先生载道而南，与晋陵邹道乡诸先生讲学东林之上，此东林书院所由创也。而地以人重，至今岿然。龟山非晋

1 高攀龙《与郡侯欧阳宜诸公祖书》，雍正《东林书院志》卷十七《文翰三》。高氏所说“督学者三议兴复”，是指嘉靖十三年督学闻人诠，始有光复故址之议；隆庆元年督学耿定向，万历元年督学谢廷杰，累议修举，而卒不果行。

2 顾与沐等《顾端文公年谱》，万历三十二年，五十五岁。

陵产也，以游寓也，而故所讲学处存之至今。”再则说：“倘宋儒之学，因是以张于晋陵，而大明于天下，滔滔世道亦且因是以有纲维，而不至如余前所脉脉者，其所补宁小小也？”三则说：“书院经始于甲辰（万历三十二年）之四月十一日，九月九日告成，费一千二百缗有奇，皆诸荐绅之所捐资。诸台使监司暨郡邑在列者，各分俸钱及赎锾佐之。荐绅倡始者谁？顾文选宪成、礼部允成，高行人攀龙，安封部希范，刘职方元珍，荆溪史奉常孟麟。而陈湖州幼学，叶尚宝茂才，张孝廉大受，同郡钱直指一本，王孝廉永图，并有助焉。”[1]明确指出，建造东林书院的经费来自缙绅的捐献。

3. 东林书院的规制、会约与院规

由于顾宪成、高攀龙诸君子学问博大精深，人品刚方耿介，重建的东林书院声誉日隆：“端文公（顾宪成）主盟，岁集吴越士一大会，月一小会。时中丞周公孔教、直指杨公廷筠、观察蔡公献臣，皆移檄授餐。而四方来观者，上自名公卿，下迨布衣，莫不虚己悚神，执经以听。东南讲学之盛，遂甲天下。”[2]顾宪成希望把这一盛况载入史册，嘱托刘元珍编纂《东林志》。

刘元珍，字伯先，号本孺，常州无锡人，性

1 欧阳东凤《重修东林书院记》，雍正《东林书院志》卷十五《文翰一》。

2 康熙《东林书院志》卷上《沿革》。

格伉爽，少年时即以名节自励。万历二十三年进士，授南京礼部主事，升任兵部职方司郎中。万历三十三年，内阁首辅沈一贯借考察之机，发泄私愤，刘元珍上疏，弹劾沈一贯“罔上行私”，给事中钱梦皋“顽钝无耻”。沈一贯恨之入骨，意欲廷杖。恰巧雷震郊坛竿木，皇帝取消廷杖之议，削籍为民。刘元珍回到家乡无锡，与顾宪成等在东林书院讲学，寒暑不辍。[1]万历四十二年，刘元珍写成《东林志稿》，顾宪成已于两年前去世，他只能请高攀龙为该书作序。可惜刘元珍英年早逝（五十一岁），此书未能刊行。[2]

▶《东林书院志》书影

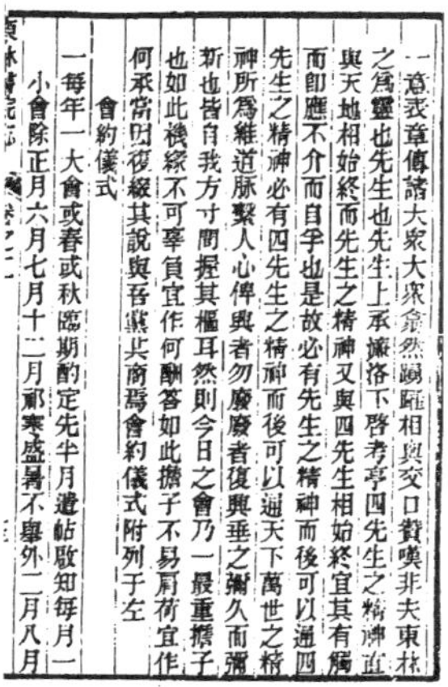
一意表章傳諸大衆大衆翕然蹻蹠相與交口贊嘆非夫東林之爲靈也先生也先生上承濂洛下啓考亭四先生之精神直與天地相始終而先生之精神又與四先生相始終宜其有觸而卽應不介而自孚也是故必有先生之精神而後可以通四先生之精神必有四先生之精神而後可以通天下萬世之精神所爲維道脉繫人心俾興者勿廢廢者復興垂之彌久而彌新也皆自我方寸間握其樞耳然則今日之會乃一最重擔子也如此機緣不可辜負宜作何酬答如此擔子不易肩荷宜作何承當因復綴其說與吾黨共商爲會約儀式附列于左

會約儀式

一每年一大會或春或秋臨期酌定先半月遣帖啟知每月一小會除正月六月七月十二月祁寒盛暑不舉外二月八月

明末清初讲学于东林书院的严瑴，在刘元珍《东林志稿》基础上，编成《东林书院志》，康熙八年由丽泽堂出版。严瑴，字佩之，号生轩，常州无锡人。一生笃学好古，凡经史百家靡不精究，尤其潜心于《易》《春秋》，对其弟严瑴说：“读书以理学为主，吾自得《高子遗书》，方知有归宿处。”既而与同乡先贤讲学于东林书院，其著作均与东林书院有关，如《重修

1　邹漪《启祯野乘》一集卷三《刘光禄传》。张岱《石匮书》卷一百七十九《刘元珍列传》。

2　严瑴《东林书院志序》，康熙《东林书院志》卷首。该书的刘本孺先生传有云：刘元珍“为东林护道甚力”，所著有《依庸絮语》《东林志稿》。

道南祠记》《高忠宪公年谱》《高子节要》《东林书院志》。[1]

天启五年，东林书院被毁，康熙三十二年重建，高廷珍等人为了重现东林书院昔日的辉煌，编成洋洋二十二卷的《东林书院志》，于雍正十一年出版，这就是目前最常见的一种东林书院志。

朱希祖《雍正刻〈东林书院志〉跋》说："顾《东林书院志》自明万历迄清雍正，作者有四，而皆传世甚鲜。创始者为刘元珍，其书成于万历甲寅（四十二年），然属稿未梓。明末严瑴因雠订刘氏原稿，附益志成二卷，附《两东林辨》暨《或问》凡三卷。清康熙己酉（八年），（高）攀龙从子世泰重辑为数卷，亦未刊行。"[2]其实，康熙《东林书院志》已于康熙八年刊行，作者是严瑴，并非高世泰。

东林书院位于无锡城东隅弓河畔，门一楹，榜曰"道南祠"（孙慎行书），左右联曰："伊洛渊源旧，梁溪俎豆新。"入门为前堂，进为祠堂，皆三楹。祠设五座几案，中间供奉杨龟山先生神位，左右四龛，供奉自宋以来各朝贤人之位。道南祠前堂有四块牌匾："理学宗传""继往开来""正学津梁""道在是矣"。前堂有四副对联：

道启东南，一代师儒光俎豆；学宗洛闽，四方贤哲共烝尝。

1 雍正《东林书院志》卷十二《列传六·严佩之先生传》。

2 朱希祖《明季史料题跋》，中华书局，1961年，第77页。

道衍二程无异学，理宗一贯有真传。

道幸南来，溯本本原原，洛水薪传延一线；恩由北至，看承承继继，锡山俎豆永千秋。

伊洛道统，自北而南，先生实承前启后；洙泗心传，有一无二，诸贤复尊闻行知。

祠堂有匾额五块：“洛闽中枢”“辅翼孔庭”“醇儒亮节”“伊洛正宗”“吾道前津”。有对联二副：

持正论，辟新经，独尊道统，如日月之中天；述粹言，续绝学，递启儒宗，若江河之行地。

载道而南，揭理一分殊之旨，十八年春风化雨；奉神以祀，萃仁至义尽之儒，两三朝威凤祥麟。

书院在道南祠之右，门一楹，榜曰“东林精舍”，内颜“洛闽中枢”。门前木坊颜曰“观海来游”。入门为丽泽堂，堂三楹，北壁置石刻《东林书院记》(欧阳东凤撰)、《依庸堂记》(邹元标撰)。进为依庸堂三楹，堂后庙门一楹，颜曰“燕居”。左右对联：“得其门而入，不可阶而升。”入门拾级而上，为庙一楹，设几案，供奉木主，祭祀至圣先师孔子，左右对联：“尽性至命立三才极，继往开来为万世师。”庙左右各有翼室，左为“典籍”，右为“祭器”。又右一楹为三公祠，设几案，供奉木主，祭祀有功于书院的常州知府、无锡知县。

书院南面有一池塘，济以木桥，桥前广道十丈余，建石坊，坊前为通衢，止于弓河。濒河而东，稍折而南，也有木桥。院建大门二楹，榜曰“东林书院”。门联曰：“此日今还再，当年道果南。”两旁翼房数间，仪门一楹。入门为丽泽堂三楹，左右对联曰：“愿闻己果，乐道人善。”进为川堂，再进为讲堂，即依庸堂三楹。依庸堂左右对联曰：“庸德之行，庸言之谨。”“坐间谈论人可贤可圣，日用寻常事即性即天。”堂左右有长廊，通大门，廊外俱有书室。丽泽堂对联有三：

言教莫如诗，观悟到《中庸》章句；
身教莫如礼，持循在《乡党》一篇。

光天下做个人，须循着规规矩矩；
落地来有场事，要识得皜皜巍巍。

一堂聚四海名贤，气节文章，俱自身心着力；
多士食百年旧德，读书尚友，须从伦物立根。

依庸堂有对联四：

主敬存诚，坦荡荡天空地阔；
穷理尽性，活泼泼鱼跃鸟飞。

堂号依庸，言行其垣墉也，谨信其涂塈也，精义入神窥阃奥；

室名丽泽，诗书则径路矣，讲习则步趋矣，践行尽性启门庭。

为道为法为则，守先待后；
不淫不移不屈，知命达天。

夫谁升堂，夫谁入室，宫墙在望，且游圣人之门；

何以明善，何以诚身，丽泽相资，庶友天下之士。[1]

邹经畬《讲堂纪实》笔下的东林书院，俨然弦歌声声的讲学圣地：“负北向阳，前为门，为丽泽堂，川堂中为依庸堂。堂后门一座，为先师燕居堂，奉先师神位……讲院左为道南祠。自讲院门首东至祠，椐树成林。祠前为门，为敞厅，厅后门一座，为祠，上设龟山先生神主，左右列罗仲素先生、喻玉泉先生、尤遂初先生、胡德辉先生、李小山先生、蒋实斋先生、邵二泉先生。有祠田百亩。每岁春秋仲丁，燕居堂行释菜礼，龟山祠行祭礼，即于是日讲学始，余月俱于十四、十五、十六三日。四方来学者，远近不同，而三吴士绅为多。皆诸先生递主之。盖始于万历甲辰（三十二年），东隅片地，遂成洙泗。自壬子（万历四十年）泾阳（顾宪成）先

1 康熙《东林书院志》卷上《建置》。雍正《东林书院志》卷一《建置》。

生下世，景逸（高攀龙）先生为政，不异曩时。癸丑（万历四十一年）冬，特延钱启新（一本）先生过东林讲《易》，凡两阅月，开关启籥，人人会心。壬戌（天启二年）景逸先生应诏起光禄，以东林无主，则属之吴觐华先生，而华翮庵与一二同志左右之，一禀二先生遗训。”[1]

◥ 钱一本，常州武进人，万历十一年进士。曾劾张居正假圣旨以塞言路，因上《论相》《建储》二疏论政弊，触怒神宗，削职为民。曾与顾宪成、高攀龙等分主东林讲席。

邹经畬所说的释菜礼、祭礼，据刘元珍记录，是颇有古风的。古代的释菜礼多在孟春举行，释奠礼则四时举行，东林书院每年正月举行释菜礼，行礼之前三日斋戒，前一日宿院中，在先师牌位前设置祭器、祭品。至日夙兴，主祭者与陪祭者都穿吉服，迎神、鞠躬、跪拜，宣读祝文：“末学某等，敢昭告于至圣先师孔子：惟师祖述尧舜，宪章文武，上律天时，下袭水土。如天地之无不持载，无不覆帱，如四时之错行，如日月之代明。兹当东林书院一岁讲习之初，恭修释菜之礼，尚飨。”同日，在杨时及七先生（罗豫章、胡德辉、喻玉泉、尤遂初、李小山、蒋实斋、邵宝）神位前设祭器、祭品，行礼如仪，宣读祝文：“末学某等，敢昭告于宋杨龟山先生之神曰：惟先生倡道东南，至止锡邑，十八年仪刑俨在，五百岁道化如新。兹当东林书院一岁讲习之初，恭修释菜之礼。谨以仲素罗先生、德辉胡先生、玉泉喻先

1　雍正《东林书院志》卷二十一《轶事一·东林轶事》。

生、遂初尤先生、小山李先生、实斋蒋先生、二泉邵先生配，尚飨。”释奠礼与释菜礼大体类似，更加繁复隆重。[1]

东林书院的讲习，有大会、小会之分。

大会每年一次，或春或秋；小会每月一次，全年共有八次：二月、三月、四月、五月、八月、九月、十月、十一月，酷暑的六月、七月及严寒的十二月、一月暂停（类似后世的暑假、寒假）。无论大会、小会，都有隆重的礼仪：“大会之首日，恭捧圣像悬于讲堂。午初，击鼓三声，各具本等冠服，诣圣像前行四拜礼。随至道南祠，礼亦如之。礼毕，入讲堂，东西分坐。先各郡各县，次本郡，次本县，次会主，各以齿为序，或分不可同班者，退一席。俟众已齐集，东西相对二揖，申末击磬三声，东西相对一揖，仍诣圣像前及道南祠，肃揖而退。第二日第三日，免拜，早晚肃揖用常服。其小会，二月、八月如第一日之礼，余月如第二日、第三日之礼。”[2]

顾宪成为东林书院制订“会约”，崇奉万世斯文之主孔子，以及善学孔子的颜渊、曾子、子思、孟子，以他们的教导为宗旨。他说明其中道理：“古昔圣贤，所以教人为学之意，莫非讲明义理，以修其身，然后推己及人。非徒欲其务记览、为词章以钓名声、取利禄而已。今之为学者，既反是矣。然圣贤所以教人之法，具存于经，有志之士固当熟读

1 康熙《东林书院志》卷上《祀典》。严瑴在凡例中说：“祠祀巨典，末学未敢轻议，谨仍刘本孺先生志草原文。”

2 雍正《东林书院志》卷二《会约仪式》。《顾端文公遗书》作“东林会约附”。《顾端文公东林会约》，由高攀龙、刘元珍、史孟麟、安希范编订。

而问辨之。”[1]为此，他遵循朱熹白鹿洞书院的院规，对东林书院的同志规定：饬四要，破二惑，崇九益，屏九损。

饬四要，即一要知本，二要立志，三要尊经，四要审几。

——“知本云何？本者性也，学以尽性也，尽性必自识性始。性不识，难以语尽；性不尽，难以语学。吾绎朱子白鹿洞规，性，学也，不可不察也。”他之所以要提倡知本，有纠正当时学界风气的意图：“窃见迩时论学，率以悟为宗，吾不得而非之也。徐而察之，往往有如所谓，以亲义别序，信为土苴；以学问思辨，行为桎梏，一切藐而不事者，则又不得而是之也。识者忧其然，思为救正，谆谆揭修之，一路指点之，良苦心矣。”

——“立志云何？志者，心之所之也。莫贵于人，莫灵于心。心欲超凡民而之豪杰，豪杰矣；心欲超豪杰而之圣贤，圣贤矣。”显然是针对士人不知自贵，浮生浪死而言的：“有不然者，由其漫然不知自贵耳。幸而知自贵矣，乃或遇富贵贫贱之交则动，遇毁誉之交则动，遇死生之交则动，是情识可得而挽也。又或凭一察，挟一班，语上则黜下，语实则摈虚，语顿则薄渐，语方则左圆，浑然之中强生拣择，是意见可得而挽也。于是纯者驳，通者碍，我之心且不得而有之。即有所就，揆之自家性

1 顾宪成《顾端文公遗书》所收《顾端文公东林会约》。《顾端文公遗书》由顾宪成曾孙顾贞观刊刻于康熙三十七年，全书收录《小心斋札记》《虞山商语》《东林商语》《经正堂商语》《志矩堂商语》《仁文商语》《南岳商语》《当下释》《还经录》《自反录》《证性编》《东林会约》。又见雍正《东林书院志》卷二《院规·顾泾阳先生东林会约》。

命，了无干涉。总之浮生浪死，虚担一个人名而已。”

——“尊经云何？经，常道也。孔子表章六经，程朱表章四书，凡以昭往示来，维世教，觉人心，为天下留此常道也。”然而人们对经典存在不敬的态度，有的穿凿，有的矫诬，有的玩物，有的执方，总之是“六经注我，我注六经”。因此他说：“若厌其平淡，别生新奇以见超，是曰穿凿；或畏其方严，文之圆转以自便，是曰矫诬；又或寻行数墨，习而不知其味，是曰玩物；或胶柱鼓瑟，泥而不知其变，是曰执方。至乃枵腹高心，目空千古，一则曰何必读书，然后为学；一则曰六经注我，我注六经。即孔子大圣一腔苦心，程朱大儒穷年毕力，都付诸东流已耳。然则承学将安所持？循乎异端曲说，纷纷藉藉，将安所折衷乎？”

——“审几云何？几者动之微，诚伪之所由分也。本诸心，必征诸身；本诸身，必征诸人，莫或爽也。凡我同会，愿反而观之，果以人生世间，不应饱食暖衣，枉费岁月。欲相与商求立身第一义乎？抑亦树标帜，张门面而已乎？果以独学悠悠，易作易辍，欲相与交修互儆，永无退转乎？抑亦慕虚名，应故事而已乎”？据吴桂森解释，所谓审几，是要审察当下讲学一念，诚耶？伪耶？为己耶？为人耶？[1]

破二惑，一是迷惑于无锡从未有讲学之会，二

1 雍正《东林书院志》卷二《院规·顾泾阳先生东林会约》。

是迷惑于学问只须躬行不必讲。顾宪成针对人们对东林书院讲学之会的讥笑或惊骇，分析道："所为笑者，谓迂阔而不切耳；所为骇者，谓高远而难从耳。窃惟伦必惇，言必信，行必敬，忿必惩，欲必窒，善必迁，过必改，谊必正，道必明。不欲必勿施，不得必反求，学者学此者也，讲者讲此者也。"他针对学问"只须躬行不必讲"的说法，分析道："士之于学，犹农之于耕。农不以耕为讳，而士乃以讲学为讳；农不以宋人之槁苗移诟于耕，而士乃以某某等之毁行移诟于讲学，抑亦舛矣。"吴桂森解释顾宪成的意思："所谓二惑者，一则曰讲学迂阔而不切，有高远而难从，如朱子(白鹿)洞规，皆须臾所不可离，曷云迂阔？夫妇所可知能，曷云高远？此不当惑者也。一则曰学顾力行何如耳，若讲之而所行则非，何益？不知此病在所行，非所讲耳，岂得亿逆其行而先诟讲学也。此不必惑者也。"[1]

崇九益，是说明东林之会有九大益处：

一、专以道义相切磨，使之诚意、正心、修身，以求达到圣贤之域。

二、本县缙绅及四方名硕惠临，向慕而来之草野齐民、总角童子皆得环而听教。

三、会讲之时，长者俨列于前，少者森列于后，耳目一新，精神自奋，默然相对，万虑俱澄。

四、会讲之时，非仁义不谈，非礼法不动，瞻

1 雍正《东林书院志》卷二《院规·顾泾阳先生东林会约》。

听之久，潜移默化，一切凡情俗态不觉荡然而尽。

五、一堂之上，雍雍济济，能彼此互相严惮，能彼此互相切磋，声应气求，随取随足。

六、一人之见闻有限，众人之见闻无限，或参身心密切，或叩诗书要义，或考古今人物，或商经济实事，或究乡井利害，片言立契，相悦以解。

七、会讲虽然每年八次，每次仅三日，每日仅数刻，足以弃旧图新。既会之后，常如会时，了此数刻间公案，岂非人生一大关键！

八、愿闻己果，乐道人善，责我也周，望我也厚，爱我也至。纵欲妄自菲薄，聊自姑息，也不可得，岂非人生一大幸事！

九、会以明学，学以明道。其立言以声为律，并非世俗所谓立言；其立功日新而富有，并非世俗所谓立功；其立节成仁取义，浩然塞天地，并非世俗所谓立节，岂非人生一大究竟！

关于九益，吴桂森有一个简单的概括：一、讲学教人为圣为贤，非止科名；二、广联同志；三、指视森严；四、整肃习气；五、寻师觅友；六、广见博闻；七、可以按既往，可以筹将来；八、人之责望我者愈重；九、我之自树立者方真。凡此九益，可以陶铸生平，决非小事。[1]

屏九损，就是要摒弃九种卑劣习气：鄙，僻，贼，浮，妄，怙，悻，满，莽。具体说来：一、比

1 雍正《东林书院志》卷二《院规·顾泾阳先生东林会约》。

昵狎玩，鄙也；二、党同伐异，僻也；三、假公济私，贼也；四、或评有司长短，或议乡井曲直，或诉自己不平，浮也；五、或谈暧昧不明，及琐屑不雅、怪诞不经之事，妄也；六、己有过，贵在速闻速改，而或恶人之言，巧为文饰，怙也；七、人有过，贵在委曲密移，而或对众指切，致其难堪，悖也；八、问答之间，已经偶殊，答者宜徐察问者之指若何，明白开示，而或遽为沮抑，使之有怀而不展；问者宜细绎答者之指若何，从容呈请，而或遽为执辨，至于有激而不平，满也；九、人是亦是，人非亦非，道听途说，略不反求，莽也。

顾宪成最后总结道，他所写的东林会约，大都从朱熹白鹿洞书院的院规引申而来，退而思之，更发深感——“今日之会，乃一最重担子也。如此机缘，不可辜负，宜作何酬答？如此担子，不易肩荷，宜作何承当？”因此他起草东林会约，求教于同志朋友。[1]

二 “课实功以穷经”，“绝议论以乐时”——东林书院的日常生活

1. 大会、小会与日课

顾宪成还为东林书院规定了会约仪式十一条，

1 雍正《东林书院志》卷二《院规·顾泾阳先生东林会约》。

从中可以看到一个民办书院的日常生活。

——每年一大会，或春或秋，临期酌定，先半月遣帖启知。每月一小会，除正月、六月、七月、十二月祁寒盛暑不举外，二月、八月以仲丁之日为始，余月以十四日为始，会各三日，愿赴者至，不必遍启。

——大会之首日，恭捧圣像悬于讲堂。午初，击鼓三声，各具本等冠服，诣圣像前行四拜礼。随至道南祠，礼亦如之。礼毕，入讲堂，东西分坐。先各郡各县，次本郡，次本县，次会主，各以齿为序。俟众已齐集，东西相对二揖。申末，击磬三声，东西相对一揖，仍诣圣像前及道南祠，肃揖而退。第二日、第三日免拜，早晚肃揖用常服。其小会，二月八月如第一日之礼，余月如第二日第三日之礼。

——大会每年推一人为主，小会每月推一人为主，周而复始。

——大会设知宾二人，愿与会者，先期通一刺于知宾，即登入门籍。会日设木柝于门，客至，阍者击柝传报，知宾延入讲堂。

——每会推一人为主，说四书一章。此外有问则问，有商量则商量。凡在会中，各虚怀以听，即有所见，须俟两下讲论已毕，更端呈请，不必搀乱。

——会日久坐之后，宜歌诗一二章，以为涤荡凝滞，开发性灵之助。须互相唱和，反复涵咏。每章至数遍，庶几心口融洽，神明自通，有深长之味也。

——会众毕聚，惟静乃肃，须烦各约束从者，令于门外听候，勿得混入，以至喧嚷。

——每会须设门籍，一以稽赴会之疏密，验现在之勤惰；一以稽赴会之人他日何所究竟，作将来之法戒也。

——每会设茶点，随意令人传递，不必布席。

——各郡各县同志临会，午饭四位一桌，二荤二素，晚饭荤素共六色，酒数行。第三日之晚，每桌加菜四色，汤点一道，攒盒一具，亦四位一桌，酒不拘，意浃而止。

——同志会集，宜省繁文，以求实益。故揖止班揖，会散亦不交拜。惟主会者遇远客至，即以一公帖迎谒。客至会所，亦止共受一帖。其同会中有从未相识，欲拜者，止于会所，各以单帖通名，庶不至疲敝精神，反生厌苦。[1]

其中有几点值得注意。

其一，顾宪成强调“每会推一人为主，说四书一章”，与朱熹白鹿洞书院的院规颇为一致，是书院的应有之义。由于后人把东林书院误解为议论政治的讲坛，揭出此点就有了特别的意义。这与“四要”中的“尊经”是相互呼应的，“孔子表章六经，程朱表章四书，凡以昭往示来，维世教觉人心，为天下留此常道也”，正是书院的宗旨。

其二，顾宪成主张讲习以后，“宜歌诗一二章”，颇有古时书院琅琅书声之外，弦歌一堂的风

1 雍正《东林书院志》卷二《院规·顾泾阳先生东林会约》。此处所谓“会约仪式”，《顾端文公遗书》作“东林会约附”。

韵。在讲习四书一章的要义之后，与会者咏唱歌诗，作为讲习的延伸，不仅“涤荡凝滞”，而且有“开发性灵之助”。当时吟唱的歌诗有杨时、朱熹的作品，也有陈献章、王守仁的作品，显示了东林书院兼容并蓄的风格。杨时的《东林道上闲步》唱道：

寂寞莲塘七百秋，溪云庭月两悠悠。
我来欲问林间道，万叠松声自唱酬。

朱熹的《克己》唱道：

宝鉴当年照胆寒，向来埋没太无端。
只今垢尽明全见，还得当年宝鉴看。

陈献章的《独速》唱道：

独速溪边舞钓蓑，月明醉影共婆娑。
手中握得桐江线，钓破江天不用多。

王守仁的《咏良知》唱道：

个个人心有仲尼，自将闻见苦遮迷。
而今指与真头面，只是良知更莫疑。[1]

1 康熙《东林书院志》卷下《院规·歌诗》。严瑴注曰：“歌绝句四首为一阕，或倍之，每首末句重歌。”此外还唱律诗。严瑴注曰：“旧《东林考》载前贤七言绝句四十首，律诗二十四首，皆东林会中所歌之诗也。原诗不能尽录，各载一阕，以志雅歌之风云。”

其三，东林书院每年一大会，每月一小会，是正式的讲会，仪式隆重，影响深远。《顾端文公年谱》记载："会期卜于月之初九日始，至十一日。谨闻是举也，上自京口，下至浙江以西，同志毕集。相与讲德论学，雍容一堂。泾凡公（顾允成）与高存之（高攀龙）、安小凡（安希范）、刘伯先（刘元珍）诸君子实相左右。远近绅士及邑之父老子弟，或更端而请，或环聚而观。一时相传为吴中自古以来未有之盛。"[1]除了大会与小会，还有学生自发举办的小会，"万历乙巳（三十三年）、丙午（三十四年）间，讲席方盛，每月三日大会之外，复有一小会。高先生门人秦彦熙氏尔载主之。约同志数人，每于月之十一日赴院讲论，有所得，辄疏记以就正先生。"[2]

这就是"诸生间请自为会，并自为约"，顾宪成大力支持，对诸生黄伯英说："友不厌少，贵其精；会不厌多，贵其真。"对诸生姚元升说："诸友之会为举业设耳，能斤斤交砥，一言一行唯恐少有愆戾，以辱东林。此即曾子所谓'以文会友，以友辅仁'也。"马希尹、邹期桢、吴桂森、张云鸾及陈奇龄，都是东林书院诸生中的佼佼者。[3]学生自发举行的"小会"，其实应该称为"小小会"，以区别于每年一次的大会，每月一次的小会。

其四，顾宪成、高攀龙、顾允成等人为诸生上课，更是东林书院的日常生活的主要内容。顾与沐

1 顾与沐等《顾端文公年谱》，万历三十二年十月。

2 雍正《东林书院志》卷二十一《轶事一·东林轶事》。

3 顾与沐等《顾端文公年谱》，万历三十三年，诸生间请自为会。

记载顾宪成“课士于丽泽堂”，写道：“公兄弟（指顾宪成、顾允成）皆乡居，每入城，即止书院。院内书室多为学人分寓，乃复于院旁拓地为之，岁有增益。今苏家巷数椽，即泾凡公（顾允成）小辨斋也，群子侄讲习其中。万历乙巳（三十三年），泾阳先生移泾里同人堂社于丽泽堂，月课多士，未进者得拔第一，文誉立著，辄青其衿。故士皆争自奋起，所奖成孤寒甚众。”[1]这其中就包括黄伯英、姚元升、马希尹、邹期桢、吴桂森、张云鸾、陈奇龄等。

高攀龙的入室弟子，则以华允诚（凤超）、陈龙正（几亭）最为有名。雍正《东林书院志》的编者高陛说：“先忠宪（高攀龙）倡道东林，一时从游之士响应云集。而世称入室弟子，则凤超先生而外，必推几亭先生。先生（指陈龙正）尊先忠宪之传而表章甚力，裒辑先忠宪遗书行世，俾师道大光，其功伟矣。”[2]雍正《东林书院志》的编者高廷珍说：“先生（指华允诚）自诸生时听讲东林，得忠宪（高攀龙）心性、静坐诸说，即于心学性学之辨，气静理静之殊，深信不疑。登第后，受学于忠宪之门，造诣益进。”[3]

此外，无锡人邹期桢（经畬），“读书攻苦，年三十始为郡诸生，屡举不售，经年矻矻，揣摩制义”。“既从顾泾阳、高景逸两公讲学东林，每寻格致之义，颇有所得……乃从先儒操存诸法遍参之，

1 顾与沐等《顾端文公年谱》万历三十三年，课士于丽泽堂。雍正《东林书院志》卷二十一《轶事一·东林轶事》。

2 雍正《东林书院志》卷二十二《轶事二·诸贤轶事》。

3 雍正《东林书院志》卷二十二《轶事二·诸贤轶事》。

最后独心旨高公所论‘观未发功夫，一观而用寂’一语。大率谓，观未发之学，以主静为诀，以主敬为宗，以礼经之九容为把柄，九容件件停当，身心内外一齐收敛，则终日研求经义，亦是栽培本体之助。至此始悟，看书、静坐原非两截。”[1]

无论大会、小会，还是日课，都以继承孔孟程朱的学脉道脉为宗旨。这就是顾宪成在东林会约中强调的“尊经”:“孔子表章六经，程朱表章四书，凡以昭往示来，维世教，觉人心，为天下留此常道也。譬诸日月焉，非是则万古晦冥；譬诸雨露焉，非是则万古枯槁。学者试能读一字便体一字，读一句便体一句，心与之神明，身与之印证。日就月将，循循不已。其为才高意广之流欤，必有以抑其飞扬之气，敛然思，俯而就，不淫于荡矣。其为笃信谨守之流欤，必有以开其拘曲之见，耸然思，仰而企，不局于支矣。”[2]万历四十年，顾宪成去世后，东林书院由高攀龙主持，坚持这一传统不变。天启元年，高攀龙复出从政后，东林书院由吴桂森（觐华）主持，重申顾宪成、高攀龙的院规，提炼为四条：

一、笃力行以宗教 宗教者，奉泾阳（顾宪成）、启新（钱一本）、景逸（高攀龙）三先生之教，宗而主之也。盖东林之教源本程朱，以穷理致

1 雍正《东林书院志》卷十一《列传五·邹经畬先生传》。

2 雍正《东林书院志》卷二《院规·顾泾阳先生东林会约》。

知，以居敬存养。三先生用几十年苦功而得之于性命之微，修悟之法，参究已极精，辨析已极透，定于一尊，所以嘉惠后学者至径至切。今只须奉为法程，尽力步趋，实实穷理，实实居敬。若夫谈空说玄之陋，不惟当屏去听闻，即如鹅湖姚江之辩，亦不必更烦拟议。惟并心一意确守读书之法，以求致知，默观静中之体，以为存养，于阐先生之教于方来，是为今日第一义也。

二、课实功以穷经 千圣精神蕴于五经，显而纲常名物，精而仁圣中和，无不具备。用世者，不明经以何为经济；求志者，不知经以何为抱负。所以卑言功利，见惑异端，病皆由此，先生所以揭尊经也。顾其书既浩博，其理更渊微，若非实下功夫，勤以习之，精以读之，不能闯其藩篱，何从窥其壸奥？今须积年累岁，立会讲诵，先《易》《尚书》，渐次《诗经》《麟经》《戴记》，期于必遍，使贯串于胸中，则出必为名世，处必为真儒，是为今日第一先务也。

三、绝议论以乐时 学问二字，原不尚议论。维昔先贤间出清议，以扶持世道，盖时或使然，万非得已。如吾侪闭户人也，原隔霄壤，幸逢盛世，圣天子当阳，登用必贞良，宣布必惠泽，何缘更有游乡之论？夫子不云乎："天下有道，则庶人不议。"自今谈经论道之外，凡朝廷之上、郡邑之间是非得失，一切有闻不谭，有问不对。一味勤修学业，以期不负雍熙，是为今日第一时宜也。

四、屏俗棼以尽分 道义同堂，休戚之情一邑本无不通，然有道情，有俗情。何为俗情？事涉利害，势切身家，或伸抑郁之思，或抱不平之惑是也。其端种种，非可一二数。夫布衣聚会，既无马腹之鞭；居肆讲求，岂堪蝇营之听。故愿会中一切是非曲直，嚣凌强弱之言，不以闻此席；凡夫飞书揭帖、说单诉辩之纸，不以入此门。稍近俗尘，一概谢却。若云将来解纷善应之方，请详规中处事接物之旨。诚以此端不杜，则取嫉取怨，兴谤兴尤，流弊叵测。先生九损中已先点破，今更宜谨毖，以安素位，是为今日第一禁戒也。[1]

清初，高攀龙的从子高世泰（彙旃）在东林遗址上盖草棚会讲，重新申订东林会约，仍然遵守顾宪成、吴桂森定下的规矩："每岁春秋上丁日开讲会友，至仲丁日设祭先圣之后为止，凡十日，依古礼三斋七戒之期，为十日讲习之实。是日，会友初到，先谒圣，次谒三公祠，次谒道南祠，讲毕再谒圣，俱行一揖一躬礼。"特别强调："勿乱威仪，勿私笑语，勿谈时事。质疑问难，俱于听讲毕后任从枚举。"[2]所谓"勿谈时事"，就是吴桂森所说的"自今谈经论道之外，凡朝廷之上、郡邑之间是非得失，一切有闻不谈，有问不对"，严格遵守书院谈经论道的规矩。

1 雍正《东林书院志》卷二《院规·吴觐华先生申订东林会约》。

2 雍正《东林书院志》卷二《院规·高彙旃先生申订东林讲会规则》。

2.《东林商语》与《东林论学语》——东林书院的讲义

顾宪成的曾孙顾贞观为曾祖父立传，题为“理学宗传”，说他削籍归乡后，益潜心理学，“而大致在教人识性，尝曰：论本体只性善二字，论工夫只小心二字……宪成有绝人之资，而以全力用之于圣学，故不为一切悬虚奇妙所惑。居官虽未得究其用，而与天子宰相争是非者，皆国本重计、宗社远猷。晚年倡道东林，引掖后学，论者谓其有万物一体气象，然于邪正义利之辨，毫末不少差。”[1]

这一特点，顾宪成在东林书院讲学活动中显示得淋漓尽致。他在东林书院的讲义，题为“东林商语”，收入后人所编的《顾端文公遗书》中，也收入《东林书院志》中。

顾宪成为东林书院规定，“每会推一人为主，说四书一章”，无论大会还是小会，都以探讨四书为宗旨。他自己以身作则，为东林书院所写的讲义，即《东林商语》，就以阐释四书的经义为主。从他的年谱可知，《东林商语》与《东林会约》都写于万历三十二年十月：“以月之九日。十日、十一日，大会诸同人于东林书院，作《东林会约》《东林商语》。”[2] 由于是逐年讲会的讲义，《东林商语》陆续写成，万历三十二年，计十则；万历三十三

1 顾贞观《理学宗传》，《顾端文公遗书》卷首。

2 顾与沐等《顾端文公年谱》，万历三十二年十月。

年，计八则；万历三十四年，计九则；万历三十五年，计七则；万历三十六年，计十六则。

万历三十二年的一则，是讲《论语》二章："《论语》曰：'群居终日，言不及义，好行小慧，难矣哉。'又曰：'饱食终日，无所用心，难矣哉。'"

顾宪成的诠释，与一般经学家斤斤于章句之学截然不同，他讲求的是义理之学："细玩此二条，圣人应是重有所感而发。盖当时人见孔子与群弟子讲于杏坛之上，非先王之法言不言，非先王之法行不行，多疑其迂拙，且以腐儒目之。那言不及义好行小慧的，却嚣然自以为伶俐。见孔子汲汲皇皇，忘寝忘食，略无休暇，多嗤其劳苦，至以戮民拟之。那饱食终日无所用心的，却飘然自以为撇脱。曾不知迂拙者极是稳当，伶俐者反落险途；劳苦者到底安闲，撇脱者竟何归着。是则流俗之所谓难，圣人之所谓易；流俗之所谓易，圣人之所谓难。其见真天渊之隔也。"又说："再玩此二条，不可泛泛看他。如泛泛看他，便如世间浮游浪荡子一般。此等人，圣人何须齿着他。当知群居终日，言不及义，好行小惠，是有作有为的学问；饱食终日，无所用心，是无作无为的学问。盖学之多歧，千万不等，而总其大都，只有两端：高则空寂，卑则功利，如是而已。"[1]他主张学问既不能空寂，也不能功利；宁可迂拙，决不可伶俐。

1 顾宪成《顾端文公东林商语》卷上《甲辰（计十则）》。

写于万历三十三年九月的《丽泽衍》，引用曾子的名言："以文会友，以友辅仁"，作为东林书院的座右铭。他解释道："自古未有关门闭户，独自做成的圣贤；自古圣贤未有离群绝类、孤立无与的学问。所以然者何？这道理是个极精极细的物事，须用大家商量，方可下手。这学问是个极重极大的勾当，须用大家帮扶，方可得手。故学者惟其无志于道则亦已耳，幸而有志于道，定然寻几个好朋友，并胆同心，细细参求，细细理会。未知的，要与剖明；已知的，要与印证；未能的，要与体验；已能的，要与保持。如此而讲，如此而习，讲以讲乎习之事，习以习乎讲之理……于是群一乡之善士讲习，即一乡之善皆收而为吾之善，而精神充满乎一乡矣。群一国之善士讲习，即一国之善皆收而为吾之善，而精神充满乎一国矣。群天下之善士讲习，即天下之善皆受而为吾之善，而精神充满乎天下矣。"[1]这分明是在描绘东林书院的愿景，"寻几个好朋友，并胆同心，细细参求，细细理会"，以继承孔孟程朱的学脉为己任。简而言之，就是"以文会友，以友辅仁"。

关于这八个字，他早在十年前就与友人讨论过，在《小心斋札记》中留下了记录。有人问他"'以文会友，以友辅仁'，旧作二句看，近来俱作一句看，孰是？"他的回答很妙："'以文会友'委

1 顾宪成《顾端文公东林商语》卷上《乙巳（计七则）》。

是‘以友辅仁’，‘以友辅仁’却不专靠‘以文会友’。盖‘以文会友’特‘辅仁’中一事，‘以友辅仁’则所指者广矣。由此言之，作一句看固佳，作二句看又自有深长味也。”[1]

顾宪成在东林书院讲学的同时，又应邀前往别的书院讲学，把《东林商语》的主旨加以发挥与引申。了解他在别处所讲，有助于理解《东林商语》的深度与广度。万历三十四年秋，他到虞山书院讲学，有人提问：《论语》中“吾十有五”一章，以前在东林书院“有说未竟”，希望赐教。顾宪成就此发表了长篇大论：“这章书是吾夫子一生年谱，亦便是千古作圣妙诀。试看入手一个‘学’字，得手一个‘矩’字，中间特点出‘天命’二字，真是血脉准绳一齐俱到。曰志曰立曰不惑，修境也；曰知天命，悟境也；曰耳顺曰从心，证境也。即入道次第，又纤不容躐矣。已而曰须知提这‘学’字，万两千斤；提这‘矩’字，千斤万两。何也？这‘学’字，乃与人指出一大路，以为由此，虽愚者可进而明，柔者可进而强。但一念克奋，自途人而上，个个做得圣人。此吾夫子所以曲成天下万世于无穷也。”又说：“吾夫子用了四十余年功夫，方才知得。吾侪自省十五时能如夫子之志否？三十时能如夫子之立否？四十时能如夫子之不惑否？如何便要说这个话，纵说得，亦属戏论，将焉用之！”

1 顾宪成《小心斋札记》卷一《甲午》。按：此条写于甲午年，即万历二十二年。

他对《论语》“吾十有五”一章的解读，并非泛泛而谈，有着明确的针对性。有人就这一话题问他：“耳顺，不思而得也，系之六十；从心，不勉而中也，系之七十。吾夫子所以致此，非一朝一夕之故矣。而近世王泰州（按：指泰州学派王艮）一派，率以不思不勉提人，何也？”

◤ 王艮，扬州泰州人，王阳明弟子，泰州学派创始人。

他对王艮一派学者不思不勉的风格是有所不满的，希望通过东林书院的讲学来纠正这种风气，所以非常认真地从两个方面回答这个问题。一则说：“圣人却步步是真，说的亦字字归真。真者何？无亏欠之谓真，无渗漏之谓真，无间断之谓真。是故自十五至于六十，但其间有一时一处待思而得，即其他时他处都不思而得，如此之易，便相率而轻言不思也。自十五至于七十，但其间有一时一处待勉而中，即其他时他处都不勉而中，亦不敢遽然以从心自命。不似而今，看不勉而中如此之易，便相率而轻言不勉也。”再则说：“若不明明研究，细细体贴，密密持循，紧紧收摄，绵绵保任，但靠自家意见作主，任自家意气发挥，无乃从心不从矩。于是乎有学，学则一点一滴俱不容草草抹过矣。然而求之也，未能至之也；即之也，未能安之也。无乃从矩不从心，于是乎学之十五不已，而三十；三十不已，而四十；四十不已，而五十；五十不已，而六十；六十不已，而七十。阅如是之岁月，萃如是之精神，殚如是之劬劳，历如是之阶级，方才表里精粗打成一片，从心便是从矩，从矩便是从心，随其所欲，无之而不可耳，”因此他的结论自然是批评王艮一派的：“近儒之所谓不思不勉，纵其得之，恐只是吾夫子十五前之从心所欲，而以望七十之从心所欲也，正相万里若其失之。”[1]

顾宪成认为这是孔子所谓“下学而上达”的真谛：“离下学而上达，则认天命在耳目心思之外；即下学而上达，则认天命在耳目心思之内；认天命在耳目心思之外，则求之愈远而愈超特，亦以其超特也反得以施其播弄；认天命在耳目心思之内，则求之愈近而愈平常，亦以其平常也，更无所容其矫饰。论至此，安知深之不为浅，浅之不为深也。是故必六十才够到耳顺，甚言即形即天命之难也；必七十才够到从心，甚言即心即天命之难也。可见吾夫子下学而上达，及其上达，依旧在下学里磨砻锻炼，所以修则真修，悟则真悟，证则真证，而为中庸之至也。”[2]所以他说：“试看孔子岂不是古今第一等大圣，还用了七十年磨炼工夫，方才敢道个从心。”[3]

有鉴于此，东林书院把“下学上达”作为宗旨。他的好友于孔兼（字元时，号景素，镇江金坛人）对顾宪成说：“兄主盟东林，只宜守定‘下学上达，躬行君子’八字。”顾宪成点头深表同意，于孔兼说：“近世率好言悟，悟之一字出自禅门，吾儒所不道

1 顾宪成《顾端文公虞山商语》卷中《丙午季秋》。

2 顾宪成《顾端文公虞山商语》卷中《丙午季秋》。

3 顾宪成《小心斋札记》卷一《甲午》。

也。”顾宪成并不认为悟之一字出于禅门，问题是处理好悟与修的关系。他说：“神而明之，《易》之言悟也；默而识之，《论语》之言悟也。特未及拈出悟字耳。至朱子曰：‘下学可以言传上达，必由心悟。’却明明道破矣，未可专归诸禅门也。又不可以好言悟为世病，据吾意，还病其好之未真耳。何则？天下未有不修而悟，亦未有悟而不修，悟者与修相表里者也。是故未悟则不可不修，既悟自不能不修。假令世而不好言悟，斯亦已耳，如其真好言悟也，丈（指于孔兼）所标八字（指‘下学上达，躬行君子’），彼将奉为指南，奚病乎？”[1]

顾宪成向学生讲解《孟子》“鸡鸣而起”一章时，鼓励学生走好人生的第一步。孟子曰：“鸡鸣而起，孳孳为善者，舜之徒也；鸡鸣而起，孳孳为利者，跖之徒也。欲知舜与跖之分，无他，利与善之间也。”他发挥道：“凡做人，须于起头处便着精彩。有一生之起头，则一生之吉凶悔吝系焉；有一日之起头，则一日之吉凶悔吝系焉。古者八岁入小学，十五入大学，一生之起头也。鸡鸣而起，一日之起头也。这都是紧关所在，不得草草……是就一日起头处，推出两个路头，并令人密密勘破后来搀上的心，诚能认取原初带来的心，那搀上的自然无所挂搭，诚能勘破后来搀上的心，那原初的自然无所混淆……愚请赘以两言：一日起处一正，便无往不

1 顾宪成《顾端文公南岳商语》卷中《戊申季春》，《顾端文公遗书》卷二十七。

正，纵或有时而斜，亦属偶误，容易涤除。起处一斜，便无往不斜，纵或有时而正，亦属偶合，容易消散。是故趋未定者，愿其审几之早也。一日一生不过百年，一日不过百刻，少未几而壮矣，壮不能复转而少；壮未几而老矣，老不能复转而壮。旦未几而昼矣，昼不能复转而旦；昼未几而夕矣，夕不能复转而昼。是故时已过者，愿其回头之早也。”[1]顾宪成推崇孟子的性善说，从孟子的话语，推出一个源头，令人直直认取当初带下的一片善心。东林书院就是要培养谦谦君子，心地澄澈明净的正人君子。

高攀龙协助顾宪成兴复东林书院，全身心投入书院的讲学事宜。他的学生叶茂才回忆，高攀龙每每对学者说：“诸兄虽从事讲学，终不可无端居静定之力，盖各人受病不同，而救疗之方，总以调养元气为主。大圣大贤善养浩然之气，故能收摄精神，主静立极。学者神短气浮，须得数十年静力，方可变化气质，培养德性。而其最受病处，又在自幼以干禄为学，先文艺而后德行，俗根入髓，非顷刻可拔。必埋头读书，使义理浃洽，变异其俗肠俗骨，澄神默坐，使尘妄消散，坚凝其正心正气乃可耳。”[2]高攀龙主张端居静定，培养浩然之气，也就是培养德性，为此必须埋头读书。

朱国祯为高攀龙写墓志铭，也着力强调，高攀龙在东林书院宣扬“端居主静”的宗旨：“每会拈

1 顾宪成《顾端文公东林商语》卷上《乙巳（计七则）》。

2 叶茂才《高景逸先生行状》，雍正《东林书院志》卷七《列传一》。

出大旨互证，要归于端居主静。谓大圣贤自有大精神，主静即在寻常日用中。学者神短气浮，以百当一，以十当千，积久厚聚，拔此俗根，庶见天则，即学即教。从前静定居多，间以会友应酬，至是无之，非静触处流行，不烦收摄。尝自言：'丙午（万历三十四年）以后，方实信性善，知本《中庸》之旨。此道绝去名言，程子名曰天理，阳明名曰致良知，总不若中庸二字，中者停停当当，庸者平平常常，本体如是，工夫如是，一毫造作走作不得。'"[1]

高攀龙在东林书院讲学，反复阐明上述思想，他的讲义，由门人周彦文（季纯）记录整理成《高景逸先生东林论学语》。他的"东林论学语"与顾宪成的"东林商语"风格不同，并非事先写好的讲稿，而是讲课时师生之间的问答，记录下来，便成了"论学语"，有点类似《朱子语类》。以下选择若干片段，以飨读者。

彦文曰："近看二程先生《语录》，开口便教人读《论》《孟》。今日看《论语》，夫子云：'事君尽礼，人以为谄也。'程夫子解云：'若他人言之，必曰我事君尽礼，小人以为谄。'彦文思之，真有味也。"高攀龙就此发挥出去，大谈致知格物与治国平天下的关系，要做有用的学问，不要成为腐儒："事即是学，学即是事，无事外之学，学外之事也。然学者苟能随事精察明辨，的确处之，事事合理，

1 朱国祯《资德大夫都察院左都御史赠太子少保兵部尚书谥忠宪景逸高公墓志铭》，《朱文肃公集》。

物物所得所，便是尽性之学。若是个腐儒，不通世务，不谙时事，在一身而害一身，在一家而害一家，在一国而害一国，当天下之任而害天下。所以《大学》之道，先致知格物，后必归结于治国平天下，然后始为有用之学也。不然，单靠言语说得，何用？”高攀龙熟读儒家经典，却又通世务、谙时事，不是一个腐儒，他也以这一标准教导学生。

一则说：“近日看来，学问最易简，却要多读书。朱子晚年云：某自过江以来，只不住教人仔细读书，这道理书中俱备。即如五经，便是五样，少看一经，便少一样妙理。理只是一个，妙处不同。所以传说告高宗说‘学’字，便云学于古训乃有获，如何可不多读书？”

再则说：“知言是格物致知，养气是正心诚意，都是一串工夫，不是两件，不要轻看了。知言即是知道，即是知德。淫、邪、遁三者，皆由心蔽而生。夫人之心一有所蔽，便淫不知其陷，邪不知其离，遁不知其穷。孟子之知言，皆由心无所蔽。”[1]

总之，他认为“事即是学，学即是事”，学问就是修齐治平的工夫：“《大学》‘始终本末’四字，括尽经世之术。何也？凡见一事，即有一个本末；凡做一事，便有一个始终。从本而治之，末在其中，审其何者为先，则知何者可后。如此处事，事皆不废矣。以一身言之，心为本而身为末，心得其

1 雍正《东林书院志》卷五《会语三·高景逸先生东林论学语（上）》。

正而身修矣。以一家言之，身为本而家为末，能修其身而家齐矣。以一国言之，家为本而国为末，能齐其家而国治矣。以天下言之，国为本而天下为末，能治其国而天下平矣。故曰君子不出家而成教于国，此之谓也。”高攀龙强调，东林书院的生活可以概括为六个字：“读书、会友、静坐。”他自己身体力行，心无旁骛地坚持读书、会友、静坐。请看他门人的记录：“有友言：‘某先生只是读书，某先生只是会友，云不读书不会友，则过不得日子。’先生曰：‘读书会友，俱是养法。’如身是鱼，书与友是水。读书与会友，如鱼之得水。李见罗先生更说得全，云读书、会友、静坐，三者缺一不可。但人不可有着耳，要随人便。切不可读书者厌人静坐，会友者厌人读书。”[1]

◤ 李见罗，即李材，江西丰城人，嘉靖四十一年进士。世称“见罗先生”，理学家，授刑部主事。聚徒讲学，至戍所，徒益众。

推而广之，东林书院的所有活动，都可以用“读书、会友、静坐”六个字包括殆尽。这与顾宪成主张的东林书院宗旨——“以文会友，以友辅仁”，是相辅相成的。只有各人都下工夫读书、静坐，到了每年一次大会，每月一次小会，互相切磋，就可以收到“以文会友，以友辅仁”之目的。请看他的说法：“先生曰：‘华氏三日之会，所得云何？’彦文曰：‘会中诸友真恳切实，甚有感激处。

1　雍正《东林书院志》卷六《会语四·高景逸先生东林论学语（下）》。

不肖亦不容不发愤矣。’先生曰：‘前者首日上午，方是会之正格。若往日之会，止算得以文会友，还算不得以友辅仁，何也？凡会之正格，是学者锻炼之大火候也。吾人终日孤居独处，虽云学问，未经锻炼，临此大会方血战是时，大家俱有一个收敛贴身意思。其中或有所疑，各呈所见，商量印证，方有益也。不然，会时单讲几章书义，只是故事而已。虽有所闻，亦不过长得些闻见，还不是会之正格。’彦文曰：‘诚然。’”[1]

高攀龙在东林书院讲学，注重兼收并蓄，在程朱与陆王之间，不必抑此扬彼。他对学生说：“人以陆象山先生为禅学，象山何尝看佛书？其学分明是孟子一脉，先立乎其大者。但彼资性高，当下见得如此，将得手处教人，言之太易。不善学者，无彼之天资，又无彼之人力，效其现成口吻，故有病耳。象山毕竟少了朱子穷理工夫，说他不入微则可，谓之是禅，非也。即阳明先生，分明是象山一派。象山从是非之心透入，阳明从致良知得手。彼之工夫，真万死一生中得来。后人夹杂情识，发用出来，都当了良知作用，乃其弊也。以四无立教，先生之过也。薛方山公有云：‘朱子之学，孔子教人之法也；陆子之学，孟子教人之法也。’此可为千古定案。”[2]在他看来，程朱与陆王的差异，类似于孔子与孟子的差异，比当时流行的看法高明多

1 雍正《东林书院志》卷五《会语三·高景逸先生东林论学语（上）》。

2 雍正《东林书院志》卷五《会语三·高景逸先生东林论学语（上）》。

了。他还说："《大学》一书，自得程朱发明后，惟有王阳明'致良知'，李见罗'止修'，俱不可废。但阳明格物断不是，彼云极力致良知于事事物物之间，使事事物物各得其正，却诚意正心事矣，非格物也。若见罗物有未格，则格之云云八条目，譬之一盘内有八样物，任人自取，却无先后矣。格物是《大学》最初下手处也。"[1] 高攀龙的学问似乎更倾向于程朱，但是他对当时程朱一派学者是有所批判的："口言程朱之学，终身不知所学何事。程朱之学主敬穷理，主敬者，主一之谓。今人说敬，与一无干。胸中真无事，方是一，方是敬。理者，性也；穷是穷此性，故曰穷理尽性。若泛泛思量道理，与穷理亦无干，大抵都是以讹传讹。"又说："程朱之后，明道者多，行道者少。学问须要身体力行才行，不然只是空口说空话。"[2]

看了顾宪成的《东林商语》、高攀龙的《东林论学语》，大体可以明白，东林书院究竟讲些什么，学些什么。"东林会约"所说："每会推一人为主，说四书一章"，决非门面语，而是切实遵守，认真履行的。

1 雍正《东林书院志》卷六《会语四·高景逸先生东林论学语（下）》。

2 雍正《东林书院志》卷六《会语四·高景逸先生东林论学语（下）》。

3."独以全力用之圣学"

赵南星为顾宪成立传，对于他在东林书院的生活，有一个言简意赅的记述："公兄弟（指顾宪成、顾允成）与群贤时聚而讲学。其学惟就孔孟宋诸大儒之书阐明之，温故知新，不离乎区盖之间。高明者闻之可入，始学者闻之不骇。"[1]吴亮为其立传，如此概括他在东林书院的生活："杜门却轨，益潜心理学，城隅得杨龟山先生东林故址，辟书院，与同志阐绎濂洛正脉。其说以性善为本体，小心为工夫。岁有札记，沉潜粹密，与《读书录》相表里。"[2]

与顾宪成一起在东林书院讲学十几年的高攀龙，对他知之甚深。

一则说："甲辰冬，始会吴越士友。先生为约，一以考亭'白鹿洞规'为教，要在躬修力践。尝言：'讲学自孔子始。谓之讲，便容易落在口耳边去，故先行后言、慎言敏行之训，恒惓惓焉。至其自道不居仁圣，却居为诲。看来说圣说仁，聪明才辩之士犹可觅些奇特，逞些伎俩，逞些精采，推到不厌不倦处，便一切都使不着。然则孔子所谓工夫，恰是本体；世之所谓本体，高者只一段光景，次者只一副意见，下者只一场议论而已。'深虑世之学者乐趋便易，冒认自然，故于不思不勉，当下即是，皆令查其源头，果是性命上透得来否？勘其关头，果是境界上打得过否？皆先生吃紧为人处也。"

再则说："先生之学，性学也。远宗孔圣，不参

1 赵南星《赵忠毅公诗文集》卷十一《明南京光禄寺少卿泾阳顾公碑》。

2 毛宪、吴亮《增修毗陵人品记》卷十《顾宪成》。

二氏；近契元公，恪遵洛、闽。尝曰：‘语本体，只是性善二字；语工夫，只是小心二字。’又曰：‘心不逾矩，孔之小心也；心不违仁，颜之小心也。’此其学之大旨矣。先生有绝人之资，其于世也，百家众技当无所不臻其妙，而独以全力用之于学，一切伎俩不得而歧之，故其功专其于学也；百家众说当无所不造其微，而独以全力用之圣学。一切玄妙不得而歧之，故其学纯。于凡五经、四书，直从神情血脉，字字咀嚼，故密察不差毫发。”

因此高攀龙给予顾宪成高度评价：“自孟子以来得文公（朱熹），千四百年间一大折衷也；自文公以来得先生（顾宪成），又四百年间一大折衷也。先生自甲午（万历二十二年）以来，见理愈微，见事愈卓，充养愈粹，应物愈密，从善如流，徙义如鹜，殆几于无我矣。”[1]

高攀龙所说“独以全力用之圣学”，达到“几于无我”的境界，是对退居林下的顾宪成的真实写照。其实高攀龙又何尝不是如此呢！

◤ 邵文庄公，即邵宝，常州无锡人，成化二十年进士。谥号文庄，世称“二泉先生”。弘治年间迁江西提学副使，修白鹿洞书院。正德年间因触忤阉宦刘瑾，被勒致仕离官。刘瑾伏诛后，重新起用。

叶茂才说：“明兴二百五十余年，吾邑以理学名者，邵文庄公而下，代不乏人。而隆（庆）万（历）以来，则有顾泾阳先生于邑之东林，辟道南精舍，以鼓舞善类，讲明正学，士蒸蒸向往，几与白鹿、紫阳鼎立宇内。维时与泾阳先生相左右，继先生为主

1 高攀龙《南京光禄寺少卿顾先生行状》，《高子遗书》卷十一。

盟而集其成者，高先生存之也。”“存之与泾阳先后主盟，每一开讲，得闻所未闻，靡不欣餍而去。存之每谓学者曰：‘诸兄虽从事讲学，终不可无端居静定之力。盖各人受病不同，而救疗之方，总以调养元气为主。大圣大贤善养浩然之气，故能收摄精神，主静立极。学者神短气浮，须得数十年静力，方可变化气质，培养德性。而其最受病处，又在自幼以干禄为学，先文艺而后德行，俗根入髓，非顷刻可拔。必埋头读书，使义理浃洽，变易其俗肠俗骨，澄神默坐，使尘妄消散，坚凝其正心正气乃可耳。’”[1]高攀龙在东林书院的十多年时间，始终坚持“读书、会友、静坐”的原则，教导学者端居静定，埋头读书，澄神默坐，使尘妄消散，拔除深入骨髓的俗根，培养浩然之气。

东林诸君子大率如是。顾宪成为英年早逝的弟弟顾允成写传记，特别指出他在东林书院：“每岁一大会，每月一小会，弟进而讲于堂，持论侃侃，远必称孔孟，近必称周程，有为新奇险怪之说者，辄愀然改容，辞而却之”。[2]高攀龙为他写行状，有一段颇堪回味：平生所深恶者，乡愿道学。为此一种人占尽世间便宜，直将弑父弑君种子暗布人心。一日，喟然发叹：今人之讲学只是讲学，任是天崩地裂，他也不管。而且讲的不过两句：在缙绅，只是“明哲保身”一句；在布衣，只是“传食诸侯”一句。

1 叶茂才《高景逸先生行状》，雍正《东林书院志》卷七《列传一》。

2 顾宪成《先弟季时述》，《泾皋藏稿》卷二。

顾宪成深表同意。[1]高攀龙说他，“不喜为通融和会之说，有疑其拘者，语之曰：‘若大本大原见得透，把得住，自然四通八达，谁能拘之？若于此糊涂，便要通融和会，几何不堕坑落堑，丧失性命。吾辈慎勿草草开此一路，误天下苍生。’闻者咸悚其论。”终其一生，顾允成一直坚持“绎孔孟微言，守程朱家法”。[2]

东林书院的另一位导师钱一本，罢官归乡后，回归学者本色。吴亮这样描述他：“归里，杜门绝迹，不入公府。郡守欧阳公建先贤祠，旁构‘经正堂’讲学，共推为主。时梁溪有东林书院，顾公宪成主之，递相往来，联合同志。生平无他玩好，终日兀坐，手不停披。尤潜心易学，钻研卦象，著《像象管见》，尽脱前人传注。又以《书》九畴数衍为四千六百八爻，爻有辞有象，占验吉凶，为《范衍》十卷，广大微密，非俗儒所能究。他如类取古今儒学正脉，作《源编》《汇编》；有手录时政大要，为《邸钞》。间出心得，勉人学问，为《黾记》。倡里中同寿同善会，性最方严，又最和坦，居恒角巾布素，混野畯无别。”[3]

◤ 吴桂森，常州无锡人，曾从顾宪成、高攀龙讲学东林书院，又从武进钱一本习《易》。

万历四十一年冬，钱一本应高攀龙与吴桂森

1 高攀龙《顾季时行状》,《高子遗书》卷十一。顾宪成《小心斋札记》卷十《癸卯（万历三十一年）》。

2 高攀龙《顾季时行状》,《高子遗书》卷十一。

3 毛宪、吴亮《毗陵人品记》卷十《钱一本》。

之邀，前往东林书院讲授易学。易学深不可测，钱一本慨叹："以夫子之圣，犹待数年之假，五十之学，且仅云可无大过……学者无'数年''五十'之功，而轻言《易》，不几如窭人说金，穷相终身未免乎？或再假年一倍，有无大过迄无小过，遂为富有，济矣，免于穷矣。"在讲学期间，抛砖引玉，形成《点朱余咏》。[1]高攀龙谈到邀请钱一本来东林书院讲学的缘由："说《易》者，自程朱两夫子而后，(钱)先生可谓再辟乾坤之门，而发其蕴矣。然《像象》之书行于世，理深文奥，学者至不能句，罕有知其义者。吾邑吴叔美(即吴桂森)诸君，谋于攀龙曰：'岂可当先生而不得其道一闻于锡之士耶？'龙曰然。于是迎先生说《易》东林。先生欣然许之，以十一月六日至，又四日而日长，至其夕，相与饮酒而乐。先生为诗示学者闭关之义，一时从游士赓而成集。"[2]叶茂才说，他对于《诗》与《易》一无所闻，听钱先生讲学，茅塞顿开："吾夫子因性牖民，循循善诱，《诗》以兴之，《礼》以立之，至于《易》，则以为田地鬼神之奥，不可雅言，直欲终身玩焉而不厌。而往日泾阳先生设教，亦每先日用而后深微，其于讲《易》，犹谦让而未遑也。盖性道难闻，而不轻抉以示人，意深远矣。由今日之会，庆今日之逢。窃愿闻先生之易学而深有得焉。始则自无而有不为实，继则自有而无不为虚，终则

1 钱一本《〈点朱余咏〉引》，雍正《东林书院志》卷十六《文翰二》。

2 高攀龙《跋〈点朱余咏〉》，雍正《东林书院志》卷十六《文翰二》。

愈有愈无、愈无愈有，而洗心与太极，妙契于无极。极则一矣，一则无所能，无所不能矣。”[1]

这就是一群学者“杜门却轨，潜心理学”的东林书院。万历四十二年刘元珍回顾书院的缘起，由于当时王学末流的风靡，顾宪成惕然而惧，“惧而思闲，莫若修其本以胜之。于是反而求之依庸。庸者何？即龟山先生所谓‘不可添一物’者。是先生特为拈出，显示荡平正直之规，阴折影响荒唐之见，期与同堂共识本心，精求善脉，以仰窥羲画厥中之秘。此书院所由复，讲会所由兴也”。[2]

然而到了清初，万斯同撰写《明史》时，对东林书院似乎有了误解：“邑故有东林书院，宋杨时讲道处也。(顾)宪成与弟允成修复之，三十二年落成，偕同志高攀龙、钱一本、薛敷教、史孟麟、于孔兼辈讲学其中。当是时，士大夫抱道忤时者，率退处林野，而东南诸郡邑尤多。于是闻风响附，学舍至不能容，宪成常曰：‘官辇毂，志不在君父上；官封疆，志不在民生上；居水边林下，志不在世道上，君子无取焉。’故其讲习之余，往往讽议朝政，裁量人物。而朝士慕其风者多遥相应和。由是东林名大著，而朝端忌嫉者亦多。”[3]

张廷玉奉敕纂修的《明史》，抄袭了上述说法：“邑故有东林书院，宋杨时讲道处也。(顾)宪成与弟允成倡修之，常州知府欧阳东凤、无锡知县林宰为

1 叶茂才《跋〈点朱余咏〉》，雍正《东林书院志》卷十六《文翰二》。

2 刘元珍《东林原志序》，康熙《东林书院志》卷下。

3 万斯同《明史》卷三百四十四《顾宪成传》。

之营构落成。偕同志高攀龙、钱一本、薛敷教、史孟麟、于孔兼辈，讲学其中，学者称泾阳先生。当是时，士大夫抱道忤时者，率退处林野，闻风响附，学舍至不能容。宪成尝曰：'官辇毂，志不在君父；官封疆，志不在民生；居水边林下，志不在世道，君子无取焉。故其讲习之余，往往讽议朝政，裁量人物。朝士慕其风者，多遥相应和。由是东林名大著，而忌者亦多。'"[1]

《中国历史大词典》的"东林书院"条，沿用张廷玉《明史》的说法，加以发挥："罢官家居的吏部郎中顾宪成，与其弟顾允成及友人高攀龙、钱一本、叶茂才、薛敷教、安希范、刘元珍等在此讲学，号东林八君，遂名盛一时……当时，士大夫抱道忤时者皆退居林野，闻风响附。讲学诸人又多议论朝政，品评人物，参与政治，反对空谈，朝士亦遥相应合。"[2]

事实真相并非如此。

在顾宪成看来，东林书院的最高理想就是维系道脉与学脉，他这样表达这一理想："祠堂以崇先哲之懿范，则道脉系焉；书院以广友朋之丽泽，则学脉系焉。"[3]意思是说，书院边上的道南祠，祭祀杨时等先哲，是为了维系儒家的道脉；书院的讲学场所丽泽堂，"以文会友，以友辅仁"，是为了维系儒家的正统学脉。顾宪成、高攀龙诸君子对于当时风

1 张廷玉《明史》卷二百三十一《顾宪成传》。

2《中国历史大词典》明史卷，上海辞书出版社，1995年，第103页。按："朝士亦遥相应合"句，系"朝士遥相应和"之误。

3 顾宪成《请复公启》，康熙《东林书院志》卷下《书》。顾宪成《请复东林书院公启》，雍正《东林书院志》卷十七《文翰三》。

靡一时的王学末流，颇多微词，意欲拨乱反正，回归程朱理学，以继承并弘扬正统学脉为己任。

王守仁的名言："夫学贵得之心，求之于心而非也，虽其言之出于孔子，不敢以为是也，而况其未及孔子者乎！求之于心而是也，虽其言之出于庸常，不敢以为非也，而况其出于孔子者乎！"[1]顾宪成对此是有所保留的，"阳明得力处在此，而其未尽处亦在此"；而对于王门后学把它发挥到极致，则深恶痛绝，"其势必至自专自用，凭恃聪明，轻侮先圣，注脚六经，高谈阔论，无复忌惮"。[2]

高攀龙也有类似的观点，他对阳明先生高度评价，对王门后学却持批判的态度："夫学者谁不学孔子，自阳明先生提挈良知以来，扫荡廓清之功大矣。然后之袭其学者，既非先生百年一出之人豪，又非先生万死一生之学力，往往掠其便以济其私，人人自谓得孔子真面目，而不知愈失其真精神。"[3]

因此，顾宪成为东林书院制订的"院规"，开宗明义就明确提出，一切遵照朱熹白鹿洞书院的院规。他说："朱子白鹿洞规至矣尽矣，士希贤，贤希圣，举不出此矣。东林之会惟是相与讲明而服行之，又何加焉！"[4]在此前提下制订的东林书院院规，可以概括为：四要、二惑、九益。所谓四要，即：一要知本，二要立志，三要尊经，四要审几。所谓二惑，即：迂阔高远、学顾躬行。所谓九

1 王守仁《传习录》中。亦见薛侃与王畿编于嘉靖十六年的《阳明先生则言》卷下。

2 顾宪成《与李见罗先生》，《泾皋藏稿》卷二。

3 高攀龙《虞山书院商语序》，《高子遗书》卷九上。

4 雍正《东林书院志》卷二《院规·顾泾阳先生东林会约》。

益，即：为圣为贤、广联同志、指视森严、整肃习气、寻师觅友、广见博闻、按既往筹将来、责我愈重、自树方真。值得注意的是，“四要”的第一条“知本”或曰“识性”，说：“识性云何？性者天之命也，民之彝也，物之则也。学以尽性也，必自识性始，不识性难以语尽性，不尽性难以语学。”这是针对王门后学强调顿悟而言的；“窃见迩时论学率以悟为宗，吾不得而非之也。徐而察之，往往有如所谓以亲、义、别、序、信为土苴，以学、问、思、辨、行为桎梏，一切藐而不事者，则又不得而是之也。”[1]“四要”的第三条是“尊经”，说：“尊经云何？经，常道也。孔子表章六经，程朱表章四书，凡以昭往示来，维世教，觉人心，为天下留此常道也。”也是针对王门后学“束书不观、游谈无根”的学风而发的：“若厌其平淡，别生新奇以见超，是曰穿凿；或畏其方严，文之圆转以自便，是曰矫诬；又或寻行数墨，习而不知其味，是曰玩物；或胶柱鼓瑟，泥而不知其变，是曰执方。至乃枵腹高心，目空千古，一则曰何必读书然后为学，一则曰六经注我、我注六经，即孔子大圣一腔苦心，程朱大儒穷年毕力，都付诸东流已耳。”[2]

由此可见，顾宪成等人创办东林书院，意在正本清源，使士子们了解孔孟以来的儒学正统，不被异端所迷惑。正如赵南星所说：“公兄弟（按：指顾宪

1 康熙《东林书院志》卷下《院规》。雍正《东林书院志》卷二《院规·顾泾阳先生东林会约》。前者谓：“四要，一曰识性。”后者谓：“四要，一曰知本。”两者大同小异，只是若干文字略有差异。

2 康熙《东林书院志》卷下《院规》。雍正《东林书院志》卷二《院规·顾泾阳先生东林会约》。

成、顾允成）与群贤时聚而讲学，其学惟就孔孟宋诸大儒之书阐明之，温故知新，不离乎区盖之间，高明者闻之可入，始学者闻之不骇。”[1]

从东林书院的讲义——《东林商语》与《东林论学语》，可以看到，东林师生关注、议论的焦点，不在政治而在学术。东林书院最为人们津津乐道的讲会，即每年一次的大会，每月一次的小会，届时各地学子纷至沓来，盛况空前。以往学者多以为这是一种政治性集会，“议论朝政，品评人物”。其实不然。顾宪成的本意，是想集思广益，把孔孟程朱的学问发扬光大。他的话说得很清楚：“自古未有关门闭户独自做成圣贤，自古圣贤未有离群绝类、孤立无与的学问。所以然者何？这道理是个极精极细的物事，须用大家商量，方可下手；这学问是个极重极大的勾当，须用大家帮扶，方可得手。故学者惟其无志于道则已耳，幸而有志于道，定然寻几个好朋友，并胆同心，细细参求，细细理会。未知的要与剖明，已知的要与印证；未能的要与体验，已能的要与保持。如此而讲，如此而习……于是怠者起，断者联，生者熟，相渐相摩，不觉日进而光大矣。于是群一乡之善士讲习，即一乡之善皆收而为吾之善，而精神充满乎一乡矣。群一国之善士讲习，即一国之善皆收而为吾之善，而精神充满乎一国矣。群天下之善士讲习，即天下之善皆收而为吾

1 赵南星《明南京光禄寺少卿泾阳顾公碑》，《赵忠毅公诗文集》卷十一。

之善，而精神充满乎天下矣。”[1]如此而已，大家聚集在一起，是为了取长补短，互相切磋道理与学问，不仅使每个人的道德与学问有所长进，而且把这种道德与学问推广到整个社会。

这不光是口头说说，而是付诸实践的，每次大会或小会都是如此。“每会推一人为主，主说四书一章。此外，有问则问，有商量则商量。凡在会中，各虚怀以听，即有所见，须俟两下讲论已毕，更端呈请，不必搀乱。”[2]很显然，大家聚集在一起，有主讲者讲解四书的一章，然后提问商榷，疑义相与析。

顾宪成为英年早逝的弟弟顾允成所写的小传，特别指出：“（东林书院）每岁一大会每月一小会，弟进而讲于堂，持论侃侃，远必称孔孟，近必称周程，有为新奇险怪之说者，辄愀然改容，辞而却之。”[3]

高攀龙也是如此：“东林故有道南祠，为杨龟山先生讲学遗址，先生与顾泾阳先生请复之，构精舍，与同志讲习其中。每会拈出宗旨，洗发提撕，远近负墙者人人得意，而先生以端居静定尤不可少。盖学人神短气浮，浸染世俗，必埋头读书，使义理浃洽，澄神默坐，使尘妄消散乃可耳。自言丙午（万历三十四年）以后，方信孟子性善之旨，程子鸢飞鱼跃必有事焉之旨，已及《大学》之本与《中庸》之旨。”[4]

1 雍正《东林书院志》卷三《会语·顾泾阳先生东林商语（上）》。

2 顾宪成《顾端文公遗书》卷三十七《东林会约附》。康熙《东林书院志》卷下《院规·会约仪式》。雍正《东林书院志》卷二《院规·会约仪式》。

3 顾宪成《先弟季时述》，《泾皋藏稿》卷二。

4 钱士升《资德大夫正治上卿都察院左都御史赠太子少保兵部尚书谥忠宪高公神道碑铭》，《赐馀堂集》卷八《碑》。

由于争国本而革职的钱一本（字国瑞，号启新），回到家乡常州府武进县，“归里杜门，绝迹公府”。[1]除了在经正堂讲学，还前往东林书院讲学，不再议论政治。正如纪晓岚所说：“东林方盛之时，（钱）一本虽与顾宪成分主讲席，然潜心经学，罕谈朝政，不甚与天下争是非，故亦不甚为天下所指目。”[2]

天启年间接替高攀龙主持东林书院的无锡人吴桂森（字叔美，号觐华），为诸生时，即以斯道为己任，每日手捧《周易》一编，玩味不辍。万历三十二年，顾宪成、高攀龙兴复东林书院，吴桂森从事讲学，又创立五经会，召集学生数十人，阐发圣贤教人之旨，身体力行。钱一本邃于《易》学，吴桂森师事钱公，尽得其奥。[3]他主持东林书院期间，继承了顾宪成、高攀龙的传统，重申“东林之教源本程朱，以穷理致知，以居敬有养”，强调“课实功以穷经”：“今须积年累岁立会讲诵，先《易》《尚书》，渐次《诗经》”，“期于必遍，使贯穿于胸中”，成为真儒。[4]

无锡人叶茂才（字参之，号玄台、闲适），罢官后在东林书院讲学。万斯同说：“（叶）茂才性和而介，与（顾）宪成辈讲学东林，亦不苟合，其清修雅操，乡井仪式焉。”他的学生邹其相在“行状”中这样描述老师与顾宪成、高攀龙、薛敷教等人在东林书院互相切磋学问的情形：“迹师居恒定志于恬淡，得

1 陈鼎《东林列传》卷二十一《钱一本传》。

2 纪晓岚为钱一本《黾记》所写提要，见《钦定四库全书总目》卷九十六《子部六·儒家类存目二》。

3 邹漪《启祯野乘》一集卷十三《吴贡士传》。

4 康熙《东林书院志》卷下《院规·申订院规》。雍正《东林书院志》卷二《院规·吴觐华先生申订东林会约》。

力于学问。交修互砥于三益——端文、忠宪、玄台三先生，其表表者。他如启新先生偕名孝廉许静余先生，均白首一日，师不徇友，友不徇师。每握手辄辨析争论如上殿状。未几，不失和气；又未几争执如初，彻宵旦不休。无欲而刚，道气可宝。耻不与党，似皇甫规；私恸人亡，似郭林宗；而绝迹梁砀，至端容正襟，危坐终日，似明道，又似晦翁。”[1] 邹其相把他与理学大师程朱相媲美。

武进人薛敷教（字以身，号玄台），家居二十年，与顾宪成兄弟及高攀龙讲学东林书院。高攀龙为他写墓志铭，追忆道：“甲辰（万历三十二年）顾泾阳先生修复东林书院，萃同志讲学，以身（薛敷教）喜曰：‘此吾归宿地矣。’自是恒居东林，所与知交，必劝之讲学，曰：‘天生英隽，决不欲其斤斤结裹。自家闺闼，捡柙祇贤，落魄尔日，脚跟站定，眼界放开。静躁浓淡间，正人鬼分胎处。’曰：‘道德功名，文章气节，自介然无欲始。’又曰：‘学苟不窥性灵，任是皎皎不污，终归一节。但世风靡矣，不忧著节太奇，而忧混同一色。托大道无名以济其私，则中庸之说诬之也。’平生所持如此。”[2]

无锡人刘元珍（字伯先，号本孺）因弹劾内阁首辅沈一贯、给事中钱梦皋，削籍为民。归乡后与顾宪成等在东林书院讲学，寒暑不辍，有倡率同志举行“同善会”。[3] 当时人说：“万历乙巳（三十三年），（刘元珍）

1 万斯同《明史》卷三百四十一《叶茂才传》。雍正《东林书院志》卷八《列传二·叶闲适先生行状》。

2 高攀龙《光州学正薛公以身墓志铭》，《高子遗书》卷十一《墓志铭》。雍正《东林书院志》卷八《列传二·薛以身先生墓志铭》。

3 邹漪《启祯野乘》一集卷三《刘光禄传》。张岱《石匮书》卷一百七十九《刘元珍列传》。

先生抗疏论四明相（沈一贯）庇其私人钱梦皋，遂除籍归。会顾泾阳先生倡复东林书院，先生实捐资筑讲舍，与同志讨论濂洛之源，精求性命之奥。既而泾阳遂属志于先生（按：顾宪成委托他编写东林书院志）。甲寅（万历四十二年）先生志成，景逸先生为之序其所以志。而先生自序，复大阐一时明善同人之旨，厥功伟矣。东林自壬子、癸丑（万历四十、四十一年）而后锋镝纷起，先生顾谓：'此吾辈一大炉钧，不如是，真者不成其真，赝者不成其赝，东林不成其东林。'盖先生居尝以子路自任，故卫道甚力。"[1]

无锡人张大受（改名梦时），字伯可，号弦所，万历三十二年会试落第，回到家乡，协助顾宪成、高攀龙兴复东林书院，"与诸公切偲砥砺其中，以参订道德性命之奥"。天启初年从安吉知州任上告老回乡，"家居讲道东林，刻有《会讲商语》《蒲榻笑拈》二编。每儿孙造膝，必与评文论古，或拈经书一二章，令细参之，次第质问，移时不倦。案头惟存彭泽、香山、明道、康节、白沙、阳明数编，以当尚友。"[2]

不必一一列举，东林书院并非议论政治的讲坛，已经毋庸置疑。正如李三才在万历四十四年所说："何以谓之东林哉？乃光禄少卿顾宪成讲道东南之所也。宪成忠贞绝世，行义格天，继往开来，希贤希圣。而从之游者，如高攀龙、姜士昌、钱一

1 雍正《东林书院志》卷八《列传二·刘本孺先生传》。

2 雍正《东林书院志》卷八《列传二·张弦所先生传》。

本、刘元珍、安希范、于玉立、黄正宾、岳元声、薛敷教等，皆研究性命，检束身心，亭亭表表，高世之彦也。”[1]

三　政治诬陷："讲学东林，遥执朝政"

东林书院并非议论政治的讲坛。陆续革职罢官的顾宪成、高攀龙等人，从对朝政失望，到厌倦政治，躲进象牙塔内，潜心于四书五经，以继承孔孟程朱正统学脉为己任。万历三十六年，朝廷突然起用顾宪成为南京光禄寺少卿添注，一下子把早已优游林下的顾宪成拉回到政治舞台的聚光灯下，从此改变了他最后四年的生命轨迹，引来很多纠葛。

1."人情所最跂望者无如开言路、起废臣二事"

起用废弃官员，是清议派多年来持续不断的呼声，这种呼声在万历三十六年达到高潮。对顾宪成的任命，其实是朝廷无可奈何之举。一则想借此封堵清议派官员的嘴巴，二则想把声望如日中天的顾宪成从山间林下拉回到体制内，以装点门面。谓予不信，不妨稍作回顾。

万历三十三年以来，官员们对于内阁首辅沈一

1　钱一本《万历邸钞》，万历四十四年丙辰卷，十月。

贯的批判持续不断。该年六月，听补南京兵部郎中刘元珍语气严厉地指出："不意今日乃有遍置私人，朦上钳下，如首辅沈一贯其人者。又不意有奸险异常，顽钝无耻，如刑科给事中钱梦皋其人者……（钱）梦皋身自为党，而反诬异己者少有建白，即以朋党目之。察其邪心，必至于翼赞（沈）一贯，搏击朝绅，引用匪类，使君子蒙剥肤之惨，小人固凭社之安，然后颠倒纵横，无不如意，欲侥幸则无所不侥幸，欲倾危则无所不倾危。贤人遁而主势孤，锢蔽深而上下隔，私门炽而大柄移。从古小人乱天下，率由斯路。"[1]南京浙江道御史朱吾弼立即与之相呼应，称赞刘元珍的奏疏，"宏议谠论，已先得臣心"。他对于沈一贯的自辩疏，以及皇上欲对刘元珍"重加惩治"的谕旨，深感忧虑："皇上深居密勿，第闻（沈）一贯所独是非，不闻天下所共是非。"鼎力为刘元珍辩护："（刘）元珍志希圣贤，心怀忠孝，不染一尘，不惮诸艰，当大任，决大疑，国家必不可无此等人"。[2]兵部武库司主事庞时雍立即跟进，说："自（沈）一贯辨论刘元珍、朱吾弼之疏一出，奸佞肝胆始大败露"，接着揭发沈一贯十大误国事例：一，损朝廷之元气；二，窃威福之大柄；三，废朝廷之巨典；四，顿朝廷之纪纲；五，空朝廷之积贮；六，启戎狄之睥睨；七，紊朝廷之黜陟；八，蛊士大夫之心术；九，壅朝廷之耳目；

1 刘元珍《国事纷纭权奸煽弄乞折邪萌以遏乱源疏》,《万历疏钞》卷十八《发奸类》。

2 朱吾弼《权奸可畏忠直当原恳乞圣断以杜乱机疏》,《万历疏钞》卷十八《发奸类》。

十，酿异常之天谴。尤其对于沈一贯打击异己耿耿于怀："累朝作养之人才，大半为（沈）一贯龃龉挫抑老且死，国家曾不得收其半分之用"。[1]

沈一贯迫于舆论压力，无可奈何辞官而去。皇帝本拟再度起用已经退休的王锡爵，王锡爵颇有自知之明，迟迟不愿应召。于是内阁的第二把手朱赓就被顶上了风口浪尖，此人完全继承沈一贯的衣钵，亦步亦趋，遭到严厉的批评。最为锋芒毕露的当推礼部主事郑振先。万历三十六年四月，他向皇帝呈上了"古今第一权奸疏"，列举朱赓十二大罪，认为他比历史上的权奸李林甫、卢杞、秦桧之流，有过之而无不及。郑振先写道：

◥ 郑振先，常州武进人，万历二十三年进士。曾任嘉兴县令、礼部主事。上书《直发古今第一权奸疏》，列举首辅朱赓十二大罪，先是被贬谪，随后遭罢官，从此乡居至死。

——前人所谓专权者，大抵挟其刚狠黠贼之才，乘主昏暗庸弱，或迎之以所喜，或劫之以所畏，使其惟吾欲为。于是明以威福操纵，鼓奢众庶，附我者必庸，背我者必死。其术止此矣。当其时所以欺蔽其主之故，人得而知之也；所以牢笼天下之故，人得而知之也。其心虽毒，其机则显；其氛虽炽，其用则粗。岂若今日辅臣，以避权而擅权，以擅权为无权，屈曲迂互，层层玲珑，层层幽秘，朝野疑而不可

1　庞时雍《奸佞首揆大肆欺罔误君误国疏》，《万历疏钞》卷十八《发奸类》。

知，知而不可言。呜呼极矣！故外廷似与内廷隔，而其实渊微之精神，靡不得者；诸司似与政府隔，而其实人政之吃紧，靡不操者。以独断归于上，而十躲九闪，尽在独断之中；以无事藏其身，而千端万绪，悉酿无事之内……此自沈一贯创开从来奸相未有之窍，至于今日愈出愈奇，所以（李）林甫辈之犹拙也。

——今朱赓等当国，每与朝臣论及时政，辄低眉蹙额曰：某事吾以去就争之不得，某事吾以死生争之不得。就使圣意果难转圜，犹宜委曲以全君父，况己未尝争，皇上未尝不从。己实为之，反诬皇上乎？其意直欲天下万姓一口怨上，而翘然冒爱君忧国、谨慎勤苦之名。其无天理人心极矣！

——古之权奸，固宠肆毒，止于一身，身去则已。今之辅臣，乃有过去、未来、见在三身。沈一贯在位，王锡爵为过去，（沈）一贯为见在，朱赓为未来；（沈）一贯去位，则朱赓为见在，李廷机为未来；今（朱）赓与（李）廷机皆为见在矣，王锡爵又以过去为未来。其他未来者，姑勿叱其姓名，大抵心行迹象之相似，人地根蒂之相盘，深藏密护之相照，决非（朱）赓与（李）廷机不相合者也，如此灯灯相续，薪薪无穷，而国从之矣。[1]

1 郑振先《直发古今第一权奸疏》，《万历疏钞》卷十八《发奸类》。钱一本《万历邸钞》，万历三十六年戊申卷，四月。

皇帝毫不犹豫地为阁臣辩护，口口声声说："每日章奏皆朕亲览，裁度详断，阁臣有何专擅贿赂？这厮每屡屡逞臆，捏无影之事，诬陷辅臣，倾害忠良"云云，并且把郑振先降三级调极边地方。朱赓也自我辩护："(郑) 振先数臣十二大罪，不言第一庸臣，而言第一权奸，似非实录，俱不敢承。"[1] 尽管如此，朱赓、李廷机的声誉已经一落千丈。在此背景下，起用废弃官员的呼声一浪高过一浪。

早在万历三十四年，吏部左侍郎杨时乔（字宜迁，号止庵，江西上饶人）代表吏部，向皇帝提交一份起废官员名单，说明："先年放逐诸臣，偶触诖误，困衡已深，不妨从众公举，一体叙录，以昭王道荡平"。这份名单中的两百多名官员，大多由于建言而遭到罢黜，吏部认为应该一体叙录。名单分为两类，一类是"诖误触犯官一百十员"，其中著名的有：

钱一本　南直人，福建道御史，万历二十年正月革职为民；

赵南星　北直人，吏部考功司郎中，万历二十一年三月革职为民；

安希范　南直人，南京吏部验封司主事，万历二十一年十二月革职为民；

顾宪成　南直人，吏部文选司郎中，万历二十二年五月革职为民；

1 钱一本《万历邸钞》，万历三十六年戊申卷，四月。

乐元声　浙江人，工部都水司郎中，万历二十四年五月革职为民；

冯从吾　陕西人，河南道御史，万历二十四年正月革职为民；

于玉立　南直人，刑部云南司郎中，万历三十一年十二月革职为民；

刘元珍　南直人，南京兵部职方司郎中起复候补，万历三十三年七月革职为民；

庞时雍　山东人，兵部武库司主事，万历三十三年七月革职为民。

另一类是“迁谪官九十六员”，著名的有：

邹元标　江西人，吏科给事中，万历十二年正月降南京刑部照磨，历升本部广西司郎中，丁忧；

于孔兼　南直人，礼部仪制司郎中，万历二十一年二月降浙江安吉州判官添注；

顾允成　南直人，礼部仪制司主事，万历二十一年二月降河南光州判官添注；

张纳陛　南直人，礼部仪制司主事，万历二十一年二月降河南邓州判官添注；

薛敷教　南直人，国子监助教，万历二十一年二月降河南光州学正；

高攀龙　南直人，行人司行人，万历二十一年闰十一月降广东揭阳县典史添注，丁忧。[1]

万历三十六年二月，河南巡抚都御史沈季文，为无端遭到罢黜的马犹龙申冤，提及钱一本、李世达、岳元声、温纯、赵南星、顾宪成、邹元标等名流。他说："马犹龙为推官，清慎明决，誉冠一时，以不听给事中陈与郊嘱托，仅升刑部主事。会御史钱一本论劾前御史祝大舟多赃，尚书李世达特举（马）犹龙往取卷案。（马）犹龙孤身兼程，尽法而还，令欲庇（祝）大舟者不得增损一字，依律遣戍，一时贪墨之风为之警息。寻擢督学，师表赫然。乃（祝）大舟之姻亲在要津，卒中以考功法而去。公论共为不平，当时工部郎中岳元声即上疏申救；比年都御史温纯亦条陈及之，而尚未有雪其冤者……及臣与在野诸臣如赵南星、顾宪成、邹元标等，泛论海内人物，诸臣无一人不首推（马）犹龙者。夫（赵）南星等为当世正人君子之领袖，心怀道义，口吐衡鉴，真心为天下国家，而不肯轻试一语之誉，以阿私所好者耶！"[2]三月，南京吏科给事中陈嘉训请求皇帝分别起用废弃诸臣："大抵诸臣之废弃者非一人矣，熟察才品累有数端。其间固有志存清献，疏植纲常，指事陈辞，议关宗社，卓然天壤俱存者。及奉身而退，居勤砥砺，不为建白懈其躬修，动成模范，能以学问融其气节……其次，则居官耻于诡

1 杨时乔《开读疏》，《万历疏钞》卷十六《起废类》。

2 沈季文《特举任事真材及时起用以尽抱负疏》，《万历疏钞》卷十六《起废类》。

随，遇事辄为慷慨一鸣，既斥而黜无尤，岩居绝竿牍之私，陋巷高汝南之旦。虽学问涵养未可尽知，亦可谓士之立节者矣。又其次，或以一事忤之而籍列编氓，偶因同曹之处而久辞簪笏，无处无誉，才有同于括囊；不协不罹，志愈坚于衡困，此又士之寡过者。”[1]

万历三十六年八月，礼科给事中张凤彩上疏：“乞录用废弃诸臣，如邹元标、顾宪成、赵南星等，又刘元珍、王德完、庞时雍等。”[2]

九月，刑科给事中彭惟成直言：“臣见数年以来，人情所最跂望者，无如开言路、起废臣二事。”他说，两年前吏部胪列二百人的名单，一概起而用之，未免迹近于滥，他经过虚心博访，从中选择二十二人，希望朝廷起用：“如原任南京刑部郎中邹元标，原任吏部郎中赵南星，原任吏部郎中顾宪成，原任福建道御史钱一本，刚折不挠，浩然充塞于宇宙；涵养益懋，粹然真入于圣贤……原任兵部郎中刘元珍，原任大理寺评事雒于仁，行人高攀龙，或以直谅以匡时，而正论久闻于朝廷；或清修以范俗，而公评允协于乡邦。”[3]

四川道御史董绍舒上疏，推荐邹元标、孟养浩、顾宪成、赵南星、王德完、庞时雍、刘元珍、宋焘、郑振先、姜士昌等。[4]

湖广道御史吴亮恳请皇帝“惩前毖后，任贤去

1 陈嘉训《恭绎明诏分别起用之旨以候圣断举行疏》,《万历疏钞》卷十六《起废类》。

2 钱一本《万历邸钞》,万历三十六年戊申卷，八月。

3 钱一本《万历邸钞》,万历三十六年戊申卷，九月。

4 钱一本《万历邸钞》,万历三十六年戊申卷，九月。

邪”，他说：“自申时行、王锡爵鉴政府相夷之祸，缔权门互结之缘，秘诀弥工，深心莫测……乃今沈一贯、朱赓抑又甚焉。朝廷都邑无一事不败坏，而闻于败坏中偶举一二行之，坏者以为主过，行者以为己功也；卿贰庶僚无一人不困抑，而间于困抑中稍举一二用之，用者以为己恩，困者以为主怨也。”又说：“职尝读《宋史》，丞相贾似道、史弥远、韩侂胄，越州相维，宋祚遂移。试观今日之端揆，宛似曩时之覆局，规随画一，授守坚凝，但求门户之无虞，不顾国家之有害。”[1]他的这番言论，与上疏言官起用废弃诸臣的主张，遥相呼应。

礼科给事中张凤彩再次弹劾前内阁首辅王锡爵，说他将赵南星、顾宪成、高攀龙、薛敷教等斥逐一空，至今海内扼腕，纠参贤人辅臣朱赓、李廷机明露机锋。[2]工科给事中何士晋弹劾王锡爵、朱赓斥逐正人如赵南星、顾宪成、薛敷教、张纳陛、于孔兼、高攀龙、安希范等。[3]福建道御史穆天颜呈上题为“阳德方舒，皇恩宜slot，以疏久滞，以通仕路事”的奏疏，说：“部推如邹元标、赵南星、王德新、刘道亨、刘为揖、陈洪烈、逯中立、白瑜、胡克俭、周师圣、涂乔迁、刘九经、薛敷教、高攀龙、何乔远等，俱各拟起用；王之栋、钱一本、李宗延、冀体、彭应参、邹德泳，俱各拟还职。”[4]

起用废弃诸臣的呼声一浪高过一浪，令当权大

1 钱一本《万历邸钞》，万历三十六年戊申卷，九月。

2 钱一本《万历邸钞》，万历三十六年戊申卷，十月。

3 钱一本《万历邸钞》，万历三十六年戊申卷，十一月。

4 钱一本《万历邸钞》，万历三十六年戊申卷，十一月。

老不能等闲视之。

2.“顾宪成起升南京光禄寺少卿添注”

起用顾宪成为南京光禄寺少卿添注的决定，就是在这种政治背景下做出的。万历三十六年十月二十一日，顾宪成接到任命：“顾宪成起升南京光禄寺少卿添注。”这一任命，一看便知是内阁辅臣朱赓等人敷衍舆论而采取的对策。万历二十二年顾宪成罢官之前，担任的是吏部验封司、考功司、文选司的郎中，握有人事实权。而光禄寺是掌管宫廷膳食的机构，何况又是南京的光禄寺，连宫廷膳食的职掌都没有，基本是一个“投掷闲散”的虚职。朱赓本不想起用顾宪成，故意用这样的虚职来搪塞，料定顾宪成必定推辞，他就可以博得起用废弃诸臣的美名。顾宪成本来就无意再度出山，挚友赵南星对他的心态了如指掌，这样写道：“戊申（三十六年）起南京光禄寺少卿，命偶下，公知当道无意用之，不出。”[1]

顾宪成知道当道衮衮诸公无意用他，但是这一任命毕竟是以皇帝圣旨形式发出的。他的《年谱》万历三十六年十月条记载：

> 奉圣旨：起升南京光禄寺少卿。
>
> 二十一日，接邸报，吏部一本开读事，奉

1 赵南星《明南京光禄寺少卿泾阳顾公碑》，《赵忠毅公诗文集》卷十一。

旨："顾宪成起升南京光禄寺少卿添注。"凭限次年二月二十五日到任。

时公与邹（元标）、赵（南星）诸公并在废籍，而恩命首及，海内闻者无不称庆。[1]

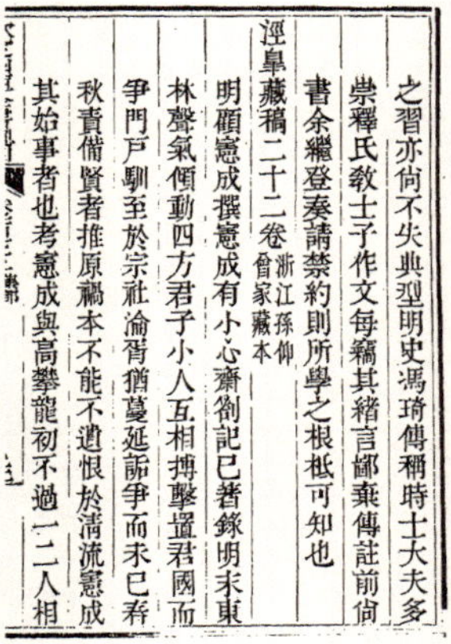
之習亦尙不失典型明史馮琦傳稱時士大夫多
崇釋氏敎士子作文每竊其緒言鄙棄傳註前尙
書余繼登奏請禁約則所學之根柢可知也
涇皋藏稿二十二卷 浙江孫仰曾家藏本
明顧憲成撰憲成有小心齋劄記已著錄明末東
林聲氣傾動四方君子小人互相搏擊置君國而
爭門戶馴至於宗社淪胥猶蔓延詬爭而未已春
秋責備賢者推原禍本不能不遺恨於清流憲成
其始事者也考憲成與高攀龍初不過一二人相

◥《泾皋藏稿》书影

既然是皇帝圣旨，就必须认真对待，但是顾宪成始终没有表态，直到次年三月份，才写了奏疏，向皇帝恳乞休致。北京的通政司收到这篇奏疏，显然不同意他的"恳乞休致"，将原疏退回给顾宪成。这就意味着这篇奏疏没有成为朝廷的文件，也没有收录于《泾皋藏稿》中，他的后人为他写的《年谱》，收录了这篇奏疏。从中可以看到当时顾宪成的心态，值得细细琢磨，故而不厌其烦引录于下：

万历三十七年，六十岁。

三月，奏为衰病交侵恳恩休致事。

五月，通政司将疏发还。疏言："臣以疏庸，重负任使，顷蒙皇上简录，谊当竭蹶而趋。惟是臣年六旬，两目昏花，两耳重听，起居尚须扶掖，何能勉效驰驱？反复思之，与其

1　顾与沐等《顾端文公年谱》，万历三十六年十月。

冒昧而进，孰若审量而退；与其出而颠沛，孰若处而苟全。伏乞敕下该部查臣别无违碍，容令休致，臣愚幸甚。”

又与诸相知书曰：“弟自分长卧烟霞，忽叨新命，能无感激图报？但思林下诸君子，计二百余人，有去国在弟先者，有科名在弟前者，有困顿十倍于弟者，又有与弟同事而被谴者，不与其事因弟波累者，皆未闻有弓旌之招，弟独何颜而先之乎！此一说也。东林之社是弟书生腐肠未断处，二三同志日切月磋，年来声气渐孚，可望求益。一旦委而弃之，既有所不忍。徐观时局，千难万难，出而驰驱，必至偾事，又有所不敢。此又一说也。水间林下，正与病骨相宜，非敢上负圣恩，下负知己，谅之谅之。”

疏至，举朝纷纷诣通政司，戒毋封进。[1]

这篇奏疏显示了顾宪成一贯直言无忌、锋芒毕露的风格，通政司之所以把原疏退还，是叶向高的意思，避免不必要的麻烦。去年十月二十一日顾宪成接到邸报时，内阁首辅还是朱赓，到了十一月，朱赓病故，而内阁次辅李廷机早已杜门不出。五月入阁的三辅叶向高，实际上成了阁务的唯一主持者。从大局考虑，他是希望顾宪成出山的，所以才有退还奏疏之事。《年谱》所说“举朝纷纷诣通政

1 顾与沐等《顾端文公年谱》，万历三十七年五月。

司，戒毋封进”，其实是叶向高的意思。《年谱》在此条之后写道：“叶公台山飏于众曰：‘顾君今日不出，将来林下诸贤赐环者，皆不敢不辞矣。有一不辞，是嗜进耶，谁甘之乎？’”于是叶向高写信给顾宪成，请他不要再推辞：“今海内以门下出处卜世道安危，盖不但如东山之安石，雒下之司马也。徵书一下，凡有血气者莫不欢腾。而高卧尚坚，来章甚恳，其何以答苍生之望乎？愿门下幡然夙驾。大疏纳言，君恐违众论，不敢进矣。”吏部尚书孙丕扬等高官，也写信敦促顾宪成北上。为此吏部再次宽限赴任日期，通知说：“看得本官才望茂著，品格清贞，乞休难以允从，相应勉留赴任，为此宽限本年十二月二十五日到任缴凭。”[1]

《年谱》所载“衰病交侵恳恩休致”奏疏，有几点值得注意。其一，顾宪成明白当道无意用他，婉言推辞“南京光禄寺少卿添注”任命。表面上的理由是健康状况不佳——“起居尚须扶掖，何能勉效驰驱”，深层的原因是遭到朝廷废弃林下诸君子，有二百余人，有的废弃比他早，有的资历比他老，有的困顿比他严重，有的受他波及而被谴，都没有起用，他没有颜面先出山。而且时局千难万难，他出来效劳，不但于事无补，反而会偾事。何况东林书院办得很有生气，蒸蒸日上，每天与二三同志切磋学问，一旦抛弃，于心不忍。必须指出的是，

1 顾与沐等《顾端文公年谱》，万历三十七年五月。

《年谱》把顾宪成的奏疏文字，与他的书信文字（即“又与诸相知书曰”以下一段）混在一起。其实“又与诸相知书”，就是写给挚友李三才的书信，从中可以看到他之所以推辞任命的真正原因。请看：

弟已自分长卧烟霞，而去冬忽叨光禄之命，圣明浩荡之至仁，知己拔拭之高谊，中心衔之，何能不感激思奋，少摅报效。且数年以来，今日言起废，明日言起废，至于口敝舌焦。顷者台省诸新郎君封事翩翩，充满公车，亦无不以此为第一义。弟非其人，却令聊塞斯白，何能不力图淬砺，勉赴鞭箠。

然而四顾徘徊，进退维谷，至于今犹莫知所决，何也？窃尝筹之矣。罪籍诸君子林林相望，计且二百余人，其间盖有去国在弟前者，有科名在弟前者，又有摧折困顿视弟十倍者，又有与弟同事被谴者，又有不与其事因弟波累者。今皆埋光草莽，弓旌之招，寂寂无闻，弟独何颜而先之乎？此一说也，犹未也。

东林之社是弟书生腐肠未断处，幸一二同志并不我弃，欣然共事，相与日切月磨于其中。年来声气之孚渐多应求，庶几可冀三益，补缉桑榆，无虚此一生。一旦委而弃之，既有所不忍。凭轼而观，时局千难万难，必大才如丈（指李三才），卓识如丈，全副精神如丈，方有旋转之望。如弟仅仅可于水间林下藏拙耳，出而驰驱世路，必至偾事，又有所不敢。于其所不忍而强为割，于其所不敢而冒为承，将来处不成处，出不成出，两无着落矣。此又一说也，犹未也。

弟也少不自爱，壮而善病。乙未（万历二十三年）、丙申（万历二十四年）之间，濒于死者屡矣，幸而获生。今年且六十矣，

> 所谓耳聪目明、手轻足健，一一不有；所谓耳重目昏、手迟足钝，一一不无。即令见作贵人，亦应去而返初服。况今鹿豕之与游，鸥鹭之与侣，正与病骨为宜，乃更去而就轩冕，何仆仆不惮烦乎！此又一说也。
>
> 凡此种种，都是实境实情实事实话。在他人前犹半含半吐，惟丈前不敢一毫不倾尽。丈其设身处地为我裁之，弟非敢妄自菲薄，上负圣明，下负知己。揆德量力，恰应如是，无希高，无慕大，始终成就得江东一老腐儒，亦所以不负圣明不负知己也。[1]

他说得非常清楚，时局千难万难，只有李三才的大才卓识、全副精神，才有旋转的希望，而他自己仅仅可以于水间林下藏拙，与同志在东林书院切磋学问，成为一个江东老腐儒，如此而已。

面对叶向高的规劝，以及吏部的宽限赴任日期，万历三十七年十一月，顾宪成再次上疏恳乞休致：

> 臣直隶常州府无锡县人，由万历八年进士，历任吏部文选司郎中，至万历二十二年罢归。寻蒙恩诏复官，至万历三十六年十月二十一日，接得邸报，吏部一本开读事，奉圣旨：'顾宪成起升南京光禄寺少卿添注，钦此。'

1 顾宪成《简修吾李总漕（二）》，《泾皋藏稿》卷五。

臣闻命自天，不胜感激，谨望阙叩首谢恩讫。

窃念臣猥以疏劣，重负任使，归田以来，日夜省惕。皇上宥弗为讨，亦已过幸。更荷圣慈裒然优录，谊当竭蹶而趋，捐躯图报。遂于今春二月启行。不意十五年前所患眩晕之症，一时陡发，不能前也。吏部业为宽限矣，延医调理至八月稍可，勉为启行。不意行至丹阳而加剧焉，又不能前也。吏部又为宽限矣，岂非不忍臣之卒废于明时哉！

独计臣少不自爱，逾壮便衰，行年六十，目昏耳聋，老态尽见，已不足效驰驱备鞭策。况今病入膏肓，纠缠无已，奈何尚欲侥幸于万一也。且夫入山唯恐不深，入林唯恐不密，恝然置安危理乱于不问，以自便其身图，臣之所大耻也。明知身之不能前矣，犹然徘徊道路，迁延岁月，偃蹇简书，迟速惟意，以自陷于大戾，尤臣之所大惧也。

查得吏部职掌，弘治四年题准，凡自愿告休官员，不分年岁，俱准致仕。又嘉靖十年题准，今后内外官员有疾，愿告致仕者听。臣谨沥诚上请，伏乞敕下该部，察臣别无假托，容令休致。自今以往，得保余生，与闾阎父老歌尧天而咏舜日，皆皇上再造之恩矣，臣无任迫切悬企之至。[1]

1 顾宪成《闻命亟趋屡牵夙疾恳乞圣恩俯容休致事疏》，《泾皋藏稿》卷一。

这篇奏疏的基调依然是乞恩休致，理由是“目昏耳聋，老态尽见，已不足效驰驱备鞭策”。其中的一段话颇值得推敲：“且夫入山唯恐不深，入林唯恐不密，恝然置安危理乱于不问，以自便其身图，臣之所大耻也。”其实是正话反说，意思还是不想再出山从政。所以“臣之所大耻”云云，不过是修辞而已，要强调的恰恰是“入山唯恐不深，入林唯恐不密”。这种想法在给李三才的信中有直白的表露：“凭轼而观，时局千难万难，必大才如丈、卓识如丈、全副精神如丈，方有旋转之望。如弟仅仅可于水间林下藏拙耳，出而驰驱世路，必至偾事。”所谓“水间林下藏拙”，就是“入山唯恐不深，入林唯恐不密”的另一种表述。这是东林书院时期顾宪成心态的真实流露。他常常对友人说：“弟向来筑室枯里中，日出而起，日中而食，日入而寝，其意以诗书为仇，文字为赘，门以外黑白事寂置不问。”[1]他久已把自己看作一个桃花源中人了：“予抱痾泾曲，日坐卧斗室中，酬应都罢，几如桃花源人，不复闻人间事。”[2]

钱谦益少年时代曾经跟随父亲到东林书院拜访顾宪成，以后又和他的儿子顾与渟、顾与沐交游，在他心目中，“端文为人，虚和闲止，不关世事，凝尘委衣，危坐终日”。[3]这种“虚和闲止，不关世事”的举动，和高攀龙是互相辉映的。高攀龙

1 顾宪成《与孙柏潭殿元书》,《泾皋藏稿》卷二。

2 顾宪成《龚毅所先生城南书院生祠永思碑记》,《泾皋藏稿》卷十。

3 钱谦益《顾端文公淑人朱氏墓志铭》,《牧斋初学集》卷六十一《墓志铭十二》。

给老师赵南星的信中，一再流露只做闲人、不问世事的心态："龙今年自东林会期外，即入山闭关，以学问宜静，以衰年宜静，以时局宜静，此时山中人不一味静默，非学矣"[1]；"世局如此，总无开口处，总无着心处，落得做个闲人，自家性命自家受用而已"[2]；"奉老师之命，不敢言时事，亦不忍言也……当此患难，非平生学力抵当不过。老师得力者，专望详示。龙屏居湖干，不见一客，洗心待尽而已"[3]。高攀龙自然是支持顾宪成恳乞休致的。赵南星也劝顾宪成不要出山，顾宪成回答道："是吾心也。"[4]

看来顾宪成不出山是明智的抉择。当时不少官员认为，仅仅启用为南京光禄寺少卿，是大材小用，应该任命更重要的岗位，朝廷都不予理睬，足见赵南星所说是千真万确的："戊申，起南京光禄寺少卿，命偶下，公知当道无意用之，不出。既而推京兆不下，易以他人，又推佥院为陪。"[5]这可以从当时官员的言论中可以看得很清楚。

"起顾宪成南京光禄寺少卿添注"的谕旨发出之后，工科给事中王元翰就上疏批评历任内阁首辅："陛下三十年作养之人才，一半扫除于（申）时行、（王）锡爵之手，一半禁锢于（沈）一贯、朱赓之手。"有鉴于此，他全力推荐邹元标、顾宪成、赵南星、高攀龙、薛敷教、于玉立、刘元珍、庞时

1 高攀龙《上侪鹤赵师（一）》，《高子遗书》卷八（上）。

2 高攀龙《上侪鹤赵师（二）》，《高子遗书》卷八（上）。

3 高攀龙《上侪鹤赵师（五）》，《高子遗书》卷八（上）。

4 顾与沐等《顾端文公年谱》，万历三十七年八月。

5 赵南星《明南京光禄寺少卿泾阳顾公碑》，《赵忠毅公诗文集》卷十一。

雍、王士骐、黄正宾等。[1]河南道御史刘光复条陈时务最急十事，其中第二条说："近起顾宪成数人，通都悉已弹冠，推类广收于科臣彭惟成、王元翰、台臣穆天颜所言，邹元标、赵南星、高攀龙、逯中立、汪若霖等数十人，一概牵复帝庭。"[2]要让几十名废弃官员随而起用，绝对是不可能的。言官一而再再而三呼吁，朝廷始终没有松口。

署理吏部事务的右侍郎萧云举忍无可忍，条陈八事，第四条是惜人才："臣见二十余年以来，孤忠谠论之士匿影埋名，赍志以殁者不少，若早蒙片纸召还，岂无半臂之力？而本部屡请屡格，未见施行，以致日月不停，头颅渐老，席旧齿者凋残几尽，投散局者沉顿不扬。近虽偶起一二名流，中间尚多停阁。臣等枝其尤者疏名以请，倘得及时超用，尚可嘘暖于寒灰，补完于破甑。彼知感报塞，其中必有瑰奇。"[3]萧云举所说的"本部屡请屡格"，"偶起一二名流，中间尚多停阁"，反映了朝廷对于起用废弃诸臣的消极态度。至于他所说的"投散局者沉顿不扬"云云，颇堪回味。起用顾宪成为南京光禄寺少卿，显然是"投散局"，结果必然是"沉顿不扬"。

当局可能是顾虑"投散局"之讥，万历三十八年二月，吏部推荐顾宪成出任太常寺少卿，遭到朝廷否决。《年谱》记载："二月，吏部因前疏留中，

1 钱一本《万历邸钞》，万历三十六年戊申卷，十月。

2 钱一本《万历邸钞》，万历三十六年戊申卷，十一月。

3 钱一本《万历邸钞》，万历三十七年己酉卷，三月。

复展限本年七月二十五日到任。推翰林院提督四夷馆太常寺少卿，疏上，奉旨：将洪文衡升补。洪（文衡）具奏言：‘臣不敢先顾某。’逊谢久之。福清相（叶向高）以书促其赴任曰：‘顾君已推佥院，不以一常少（太常寺少卿）为重轻也。’洪（文衡）乃就职。”[1]叶向高所说“顾君已推佥院”，是五月间之事。吏部鉴于都察院缺官情况严重，提议吕坤出任一把手（左都御史），许弘纲出任二把手（右都御史），顾宪成与高攀龙出任左佥都御史，再度被朝廷否决。

《年谱》记载：“五月，推都察院左佥都御史。时大僚多缺，都察院堂上官止孙公玮一员。廷推吕坤左都御史，许弘纲副之，公（顾宪成）及高公（攀龙）举以左佥都，协理院务。惟许（弘纲）得旨，余皆不下。”也就是说，朝廷只批准许弘纲为都察院右都御史，其他人选都不批准。究竟是什么原因，使得“廷推”的方案遭到否决？《年谱》在“余皆不下”后面有一段文字，或许可以看出一点端倪：“乔应甲（都察院官员）揭末云：‘顾老先生屡推本衙门，指日堂官也。知公必不轻出，故益无忌惮，与中州考功、东粤侍御皆无忌惮之甚者。四明某（沈一贯）实为发纵。众正交章代公（顾宪成）剖明，而段给谏然、吴侍御亮、汪侍御怀德，不胜愤，皆朝拜疏而夕弃官，尤班行中异事也。’梅给谏之焕疏有云：‘惜国脉者决不可借题目以攻东林，惜东林者决不可借东林以为题目。’公极

1 顾与沐等《顾端文公年谱》，万历三十八年二月。

赏之。”[1]看来障碍无非就是“东林”二字。

以此之故，后来吏部再推顾宪成为通政司左通政，依然是无果而终。[2]无怪乎吏部要感叹“二十年公廉寡欲之臣，奖拔未完，淹沦可惜”，在他们看来，起用顾宪成为南京光禄寺少卿，已经有悖于“咨访荐扬之苦心”，何况以后又屡荐未允，令人难以理解。因此这篇吏部奏疏值得一看：“维是原任陕西按察司副使姜士昌，官止参藩，寻以直言被斥。原任浙江处州府推官顾宪成，名寄光禄，曾无破格显荣，既违咨访荐扬之苦心，亦背着实举行之明旨。仰惟皇上一日二日有万几焉。窃思姜士昌、顾宪成所以屡推未允者，或亦以为犹夫人耳，不知固二十年前部院科道选于万人中，止得公廉几人，而两人即其二也。皇上聪明天授，悉此无难。乞将推升二官缘由题请明白，一以彰朝廷知人善任之美，一以完二臣未尽之用，通呈到部为照。报为之忠，原以荐士负国之罪，无如蔽贤，臣等所以屡推顾宪成左佥都御史，量升姜士昌尚宝司司丞者，非欲沽荐士之虚名，唯恐冒负国之实罪也。”[3]奏疏被皇帝留中，不予理睬。

3.“直道难容，枉道易合”——关于《寤言》与《寐言》

万历三十五年六月，已经退休的前内阁首辅王

1 顾与沐等《顾端文公年谱》，万历三十八年五月。

2 钱一本《万历邸钞》，万历三十九年辛亥卷，五月。

3 董其昌《神庙留中奏疏汇要》吏部类第四卷，万历三十九年十月十三日，《吏部一本二十年公廉寡欲之臣奖拔未完淹沦可惜乞恩即赐优擢以广德意事》。按：此处所说“原任浙江处州府推官顾宪成”，并无差错。万历十五年考察京朝官，都察院左都御史辛自修主持考察工作，工部尚书何起鸣列入“拾遗”中，引起内阁辅臣不满，辛、何二人一并罢官。顾宪成上疏为辛自修鸣不平，批评内阁辅臣，贬谪为桂阳州判官，不久调任处州府推官。

锡爵收到复出的召唤。一个月前，皇帝在给内阁首辅朱赓的谕旨中说："朕览卿奏，具悉忠爱详慎至意，会推诸臣已点用了。朕思在籍旧辅王锡爵，辅赞多年，忠诚正直，国家多事之际，可以共济时艰，欲召来同卿夹辅，协恭办事。"[1]在太仓家中的王锡爵，看到了六月初十日的邸报，才知道皇上要他出来"共济时艰"，而且赐给"少保兼太子太保"的头衔，再度出任内阁首辅。年逾七旬的王锡爵早已今非昔比，缠绵于病榻，立即写了推辞恩命的奏疏，表达了"感激战悚，涕汗交下"之情："曾未有如臣起家侍上之久，从无片言之忤，而及今则又以十三年去国之逋臣，七十四岁卧床之绵疾，犹然上廑惓怀，特蒙升召。君臣之间真可谓始终尽善尽美，臣纵有百身，岂不直剖心摩踵以报所天，忍死舆疾以趋严命……夫臣身未登朝，而病已至此，即一旦旅进阙廷，腼颜荣久，晨入暮出，借何力搀扶？拟票奉行，属何人代笔？此事势之必难勉强者。"[2]

王锡爵所说"君臣之间真可谓始终尽善尽美"，诀窍就在于，事事与皇帝保持高度一致，就是他自己所说的"从无片言之忤"。无怪乎皇帝要称赞他："辅赞多年，忠诚正直"。他的几上几下，也证明了这一点。万历十九年，因母病，多次恳请归省，才得到允准。不久皇帝多次下旨召还，他几次上疏推

1 钱一本《万历邸钞》，万历三十五年丁未卷，五月。王锡爵《辞召命一疏》，《王文肃公文集》卷五十二。

2 王锡爵《辞召命一疏》，《王文肃公文集》卷五十二。

辞未果，于万历二十一年入朝。由于三王并封之议，引来舆论哗然，迫使他于万历二十二年五月致仕。想不到十三年之后，皇帝再次要他入朝，无奈年迈体衰，力不从心，只得婉言谢绝。他接连上了十道推辞奏疏，万历三十八年，他的“十辞召命疏”发出不久，一命呜呼，此事才算了结。

王锡爵是一个颇有心机的人，在公开呈上“辞召命疏”的同时，写了“密揭”（或曰密奏），派家人专程送进皇宫。密揭不同于一般奏疏，不必经过通政司，即使内阁同僚也无法看到。进密揭是他的一贯风格，这次也不例外，他向皇帝说明情况：自己无法写字，儿子王衡卧在病榻，只能由年幼的孙子王时敏代笔。“记得先年在阁时，每遇此等密揭，常手自作书。今竟苦病眊绝笔，而男衡又病不能为之代书，只得令幼孙时敏未成文理之儿誊写。而臣亲自缄封，以付家人王勉随便附进。外不使通政司官知，内不使在阁同官知。”他不能应召入朝，政见还是要发表的。那么他想要表达什么政见呢？在一份“辞疏外密奏”中，他对于当前政坛指陈时政、卖直沽名的风气十分不满，对皇帝说：“臣虽在远，每窃观邸报中恶言詈语，总斥乘舆，鬼泣神号，遍传都市。甚而诬指清朝为叔季逆决，危乱于崇朝。皇上但以禽兽畜之，一切置而不理，以为我之量大，正不烦言；彼之气衰，久当自定。而不知此辈方将恃皇上之不瞋不喜，因得行此卖直沽名之计，将来其气愈盛，其言愈长，嚣凌诟谇之祸又有甚于今日者。”这显然是希望皇帝制止卖直沽名风气，防止嚣凌诟谇之祸。又向皇帝献策：“明开言路，阴散狂党”：“与其故意裁抑，留不肖以塞贤者之途，孰若稍事疏通，简新进以决旧日之壅。此则臣之私论，明开言路，阴散狂党，为今日揽权最上着也。”[1]

皇帝起用顾宪成为南京光禄寺少卿，是否受到王锡爵的影响，不得而知。但是两位起用而不赴任的官员之间，有了交集，却是不争的事实。据《年谱》记载：万历三十五年七月，顾宪成作《寤言》《寐言》。[2]距离皇帝起用王锡爵的谕旨发出，相去两个月，顾宪成判断王锡爵必将入朝出任内阁首辅，希望他好自为之，写了《寤言》《寐言》，两人之间还有书信往来。

两人的政见分歧是显而易见的，十多年前，顾宪成的罢官一大原因，就与此有关。如今获悉王锡爵即将复出，顾宪成的感受是复杂的，写信给昔日的“王相国”，首先想到了万历十四年秋天的一场对话。王锡爵说：京城近来有一异事，庙堂所是，外人必以为非；庙堂所非，外人必以为是。顾宪成立即调侃道：外间亦有一异事，外人所是，庙堂必以为非；外人所非，庙堂必以为是。[3]他在信中似乎不经意地旧事重提：“乃今先生耕闲钓寂，浃一纪而余矣。天下之故，国家之表里，当益筹之熟矣。向之所见以为是，究竟是乎否也？向之所见以为非，究竟非乎否也？”这样的争辩是非，未免过于咄咄逼人，于是话头一转，和缓地说：“又益阅之精矣，雄心锐气日销月镕，翼翼乎，休休乎，断断乎，穆穆乎，浩浩乎，中和之体备矣。是故根深者

1 王锡爵《三辞召命疏》，《王文肃公文集》卷五十二。

2 顾与沐等《顾端文公年谱》，万历三十五年七月。

3 顾宪成《小心斋札记》卷十七《庚戌》。

末必茂，源远者流必光，云龙风虎，万物快睹，将令天下后世咸知，吾君吾相之能相与大有为也。”信的末尾，感叹道：“时乎时乎，往者不可追，来者不可再。时乎时乎，惟先生三思，惟先生努力，惟先生珍重，惟先生加饭。”[1]

随信附上了先前所写的《寤言》《寐言》。前者是清醒的言论，后者是睡熟的梦话。意图无非是，把严肃的政治话题，包上一层朦胧的外衣，变成了不必深究的闲聊。

《寤言》是说七月一日下午假寐醒来，东里塾叟来访，两人之间有一场关于时局的对话。

塾叟问：听说王相国有新的任命，会出山吗？

顾宪成答：这要分析。出而大展平生，旋转乾坤，慰满四海喁喁之望，是上局。出而循守故常，如入宝山空手而回，是下局。坚卧不出，无咎无誉，是中局。众人揣摩相国之意，最大可能是中局。

塾叟说：如果相国是一个庸人倒也罢了，相国是一个大豪杰，几乎不可能。我为童子讲课之余，喜欢从缙绅先生处借读邸报，略知时局。当今执政者后先相承，有一个心诀：顺之则安，即使天下交口而哗之，偃然无恙；逆之则危，即使天下引领而属之，莫能久于其位。因此赵志皋遭到众多诟病，死而后已，还是得到皇上的恩恤，好像在位时有大

1 顾宪成《上娄江王相国书》，《泾皋藏稿》卷三。顾宪成《上王相公书》，《万历疏钞》卷五十《上书类》。

功劳似的。沈一贯到了十分狼狈的境地，罢官而去，还是得到皇上的温谕，眷眷不舍，好像不能一日离左右的样子。而王家屏早晨请辞，晚上就批准；沈鲤晚上请辞，次日早晨就批准。果然是直道难容枉道易合，自古而然？还是一时气运尔尔？不然的话，或许有暗中操纵线索的人？我愿相国出山，扭转这种局面。

顾宪成默然。

塾叟继续滔滔不绝：说者谓，宰相以知人用人为职责，吏部与阁臣斟酌天下贤不肖，以俟朝廷处分，其体势固难逊避，亦难异同。而近世阁臣惧威福之名，不复问吏部；吏部惧权贵之名，不复问阁臣，遂至互相冰炭，而朝廷亦不复信阁部。到底是吏部妨碍内阁，还是内阁妨碍吏部？到底是吏部不问是真，还是内阁不问是假？如果说内阁权轻吏部权重，为何不见吏部驱逐内阁，但见内阁驱逐吏部？我愿相国出山，为之表正于其间。

顾宪成还是默然无语。

塾叟说：近来执政的微指，鉴于吴中行、赵用贤等君子太劲而苦，用之不便；王篆、陈省等小人太靡而秽，用之不雅。莫若选择谨厚一路人而用之，这一路人既不喜为危言危行，轻作风波以梗我，也不恣为荡言荡行重溃堤防以溅我。人们都说，君子宜亲，这一路人不可疵其非君子；人们都说，小人宜远，这一路人不可疵其为小人。执两端而用中，以息阿比之端，绝喧嚣之窦，平偏党之论，杜好事之口，而天下且帖然驯服，无所施其纷纷。人人以模棱为工，事事以调停为便。遇贤否不欲两下分明别白，混而纳之于平等，而说我能剖破藩篱；遇是非不肯一下直截担当，漫而付之于含糊，而说我能脱落意见。久而久之，正气日消，清议日微，士习日巧，宦机日猾，只知有身，不知有国家，只知有私交，不知有君父。我愿相国出山为之挽回。

听了他的长篇大论，顾宪成居然睡着了。塾叟颇为不悦，拂袖而去。[1]

这篇寓言式的文章，假托塾叟之口，抨击朝政的弊端。执政的秘诀，可以由八个字概括：顺之则安，逆之则危；官员的命运，也可以由八个字概括：直道难容，枉道易合。因此执政的最佳策略，既不用“太劲而苦”的君子，也不用“太靡而秽”的小人，只用谨厚一路人，追求模棱、调停，不分贤否，不分是非，于是乎形成今日政坛之上，正气日消、清议日微、士习日巧、宦机日猾的颓靡之风。两人的对话，顾宪成始终是默默倾听，没有表态。这不过是一种写作技巧而已，人们透过塾叟锋芒犀利的话语，看到的是顾宪成对于政局的看法，其中也隐含着对王锡爵的非议。

《寐言》更加离奇，写的是梦中与王锡爵的对话，所以在文末特地点明“不作白日说梦矣”。话题是由《寤言》延伸而来，东里塾叟离去后，顾宪成步出中庭，徘徊往来，反复琢磨他的话语，不能自已。傍晚就寝时，忽然梦见王锡爵从太仓来到无锡，两人相会于芙蓉湖上。王锡爵首先开口：君必有以助我。顾宪成回答：宪成何知？只是当今有一

1 顾宪成《寤言》，《泾皋藏稿》卷三。顾宪成《寤言》，《万历疏钞》卷五十《上书类》。

大冤案，须先生昭雪。于是谈起当年他在吏部考功司工作时，处理邹元标谢病罢归一事，吏部左侍郎蔡国珍传达内阁首辅王锡爵话，皇上批示："着放他去"。

顾宪成说："此却更宜斟酌。试思皇上此念从何而来？是耶，宜将而顺之；非耶，宜匡而救之。若不问所以，皇上曰如是，相国遂亦曰如是，皇上且谓可以，惟其言而莫之违也，非所以光君德也。相国曰如是，部中遂亦曰如是，相国且为可以，惟其言而莫之违也，非所以光相道也。"

总之，在顾宪成看来当年邹元标的罢官是一桩冤案，而皇上的冤案，只有内阁能为之昭雪，请王锡爵留神。叮嘱再三，不觉放声大哭，家人大惊，急忙叫醒，原来是一场大梦。[1]

◤ 邹元标，江西吉水人，万历五年进士。与赵南星、顾宪成称为"三君"。曾因上书改革吏治触犯朝廷，罢官在野。

顾宪成想用这样奇特的方式，告诫即将出山的王锡爵，不要像以前那样事事处处都顺从皇上旨意，对的可以顺从，错的应该匡救。

王锡爵并非等闲之辈，尽管他一再推辞皇上的召命，无意再出任内阁首辅，但是对于顾宪成的批评，毫不客气地全盘拒绝。他的回信，只有开头一句话带有称赞的意味："今之道学家、文章家，胸中曾有此擘画，有此议论否？"接下来笔锋一转："惜

1　顾宪成《寐言》，《泾皋藏稿》卷三。顾宪成《寐言》，《万历疏钞》卷五十《上书类》。

乎未审不佞情事，浪以黄金掷虚牝，可叹也！”于是乎逐条反驳：

——“使不肖果已扶服装行，责成未晚。今一门疾痛，满座巫医，其身之死生未卜，焉卜出处，又焉卜理乱？”

——“不佞愚人也，诚不知阁部以何时异同？分宜（严嵩）、江陵（张居正）亦何曾见有异同之迹？且如蔡太宰以邹南皋之见废，驾言不佞，此异同在阁乎，在部乎？”

——“若据此而谓，不佞不出，出则必当挽回。则不佞且宁甘为乡愿，不敢作国家基乱之臣耳！”[1]

顾宪成收到王锡爵的复信，展诵再三，竟自茫然。两人对于一系列人事的观点如此大相径庭，竟然以为严嵩、张居正“亦何曾有异同之迹”，感到不可理喻。“反复踌躇，不得其说，又不可再渎，姑记所疑，而存诸箧中”。[2]

由于王锡爵连上十道“辞召命疏”，直至万历三十八年病逝于家，始终没有赴任。因此他们之间的书信往还，纯粹是私下的人情交往。顾宪成并没有公开评论王锡爵的进退，自然难以认定为“遥执朝政”。

当时官员对于王锡爵复出的反应，与此截然不同。

1 王锡爵《答顾泾阳光禄》，《王文肃公文集》卷三十《书》。顾宪成《王相国复书》，《泾皋藏稿》卷三《附录》。

2 顾宪成《顾宪成为王锡爵父子复书所写跋语》，《泾皋藏稿》卷三《附录》。

万历三十六年十二月，大学士叶向高奏请增补阁臣，说："宜念臣（朱）赓遗言，敕下九卿，从公推举，亟赐简用。其旧臣之忠贞夙负，身系安危者，特赐召用，而又焕发温纶，促（王）锡爵之来，谕（李）廷机之出。"[1]立即遭到言官们的强烈反对。

直隶巡按御史左宗郢说：朱赓遗疏断不可听，旧辅王锡爵断不可来，次辅李廷机断不可出。[2]

刑科给事中彭惟成说：辅弼大臣千载一时，宜上念国家安危至计，下顺天下好恶公心，助发皇威，善承天意。虽有同官之交情，共事之小嫌，然大义为重，情嫌为轻。尚可云促（王）锡爵之来，谕（李）廷机之出哉?"[3]

彭惟成条陈庙谟更新急务六事，第四条谈及大臣进退，认为沈鲤虽然白首，身体尚壮，可以起用，何必恋恋于王锡爵？[4]

万历三十七年正月，刑部山西司主事谢廷谅说："陛下将用（王）锡爵乎？而锡爵无可出之理；将用（李）廷机乎？而廷机无可晋之理。廷机之气弱而暗，奋螳螂之臂以当辙；锡爵之气高而扬，震虎豹之威以负隅。"[5]

刑科给事中张国儒说："中外喧传谓（王）锡爵必来。以臣度之，彼即涂面欲出，行人晕厥，初必力止之，亦何颜与俱来乎？其不来无疑也。惟是李廷机，当朱赓就木之后，尚欣欣有当国之思。此真

1 钱一本《万历邸钞》，万历三十六年戊申卷，十二月。

2 钱一本《万历邸钞》，万历三十六年戊申卷，十二月。

3 钱一本《万历邸钞》，万历三十六年戊申卷，十二月。

4 钱一本《万历邸钞》，万历三十六年戊申卷，十二月。

5 钱一本《万历邸钞》，万历三十七年己酉卷，正月。

宇内一大怪物，不可以人理论矣。”[1]

工科给事中何士晋说：“（王）锡爵‘逢’之一字足以蔽其精神，‘贼’之一字足以定其断案。”[2]

这些人的议论，足以显示王锡爵之名声不佳。毫无疑问，这些人的议论决非顾宪成煽动起来的，当然不能斥之为“遥执朝政”。

4. 淮抚李三才的为官风采

皇帝任命顾宪成为南京光禄寺少卿，顾宪成以身体有病难以驰驱为由，请求休致，未获批准。吏部则意在宽限赴任日期，并且不断推荐他出任太常寺少卿、都察院左佥都御史、通政司左通政。因此，这一时期顾宪成的官方身份颇为独特，是尚未赴任又未休致的南京光禄寺少卿。万历三十七年末至万历三十八年初，李三才遭到无端诽谤，顾宪成挺身而出，为之辩护，被别有用心的人诬陷为“讲学东林，遥执朝政”。

李三才是万历朝官僚队伍中少见的干才，在担任漕运总督、凤阳等府巡抚任上政绩卓著。此人作风泼辣，刚直不阿，敢于直言极谏，为清议派官员所推崇，后来竟然被别有用心的人扣上东林党魁的帽子，实在是非常荒唐的事。

李三才，字道甫，顺天府通州人，万历二年进

1 钱一本《万历邸钞》，万历三十七年己酉卷，正月。

2 钱一本《万历邸钞》，万历三十七年己酉卷，正月。

士，历任户部主事、郎中。万斯同说："(李) 三才雅负志节，与南乐魏允贞、长垣李化龙，以名世相期许。"[1]万历十一年三月，御史魏允贞条陈四事，其二是"严科举之防"，主张内阁辅臣张四维之子张甲徵、申时行之子申用懋，应该采取回避制度，取消进士资格，待到其父退任之后，再来参加进士考试。皇帝颇为不满，认为魏允贞"漫逞私臆，语多过当"。张四维、申时行为了避嫌，请求皇上将张甲徵、申用懋"回籍肄业"，"待臣等去位之后，候补廷试"。皇帝为了安慰张四维、申时行，下旨贬谪魏允贞。李三才奋然上疏说，魏允贞说得对，皇上应该采纳。皇帝大怒，将魏允贞贬为许州判官，李三才贬为东昌府推官。[2]由于他颇有政绩，陆续晋升为南京礼部郎中、河南参议、河南副使、山东学政、山西学政、大理寺少卿。万历二十七年，以都察院右佥都御史出任漕运总督、凤阳诸府巡抚。

李三才管辖的范围，北至徐州、淮安，南至扬州，运河沿线城镇密布，大多是矿税太监横行之地，徐州有陈增，仪真有暨禄，扬州有鲁保，沿江有邢隆。他们口含天宪，颐指气使，胡作非为，"延引奸徒，伪契符印，所至若捕叛亡，公行攘敚。而(陈) 增尤甚，数窘辱长吏。独三才以气凌之，随事裁抑，其爪牙肆恶者，密令死囚引为党，辄捕杀之，(陈) 增为夺气"。[3]他毫无畏惧地指责矿税太监

1 万斯同《明史》卷三百三十五《李三才传》。

2 钱一本《万历邸钞》，万历十一年癸未卷，三月。万斯同《明史》卷三百三十五《魏允贞传》。

3 万斯同《明史》卷三百三十五《李三才传》。

的胡作非为：

——窃自矿税繁兴，万民失业，朝野嚣然，莫知为计。阁部九卿台省百执事，无不诵言之，忠臣烈士孝子仁人亦无不极言之。皇上莫之省也，岂以或出于风闻而不足凭欤，抑以或过于激切而不能听欤？

——如臣境内，抽税者，徐州则陈增，仪真则暨禄；理盐者，扬州则鲁保；芦政者，沿江则邢隆。千里之区，中使四布，棋置星列，如捕叛亡。加以无赖亡命附翼于虎狼，不逞之徒托名于城社，如含山之潘元等，和州之陈所蕴等，淮安之马如壮等，扬州之蒋季柔等，瓜州之鄷奎等，仪真之吴大川、汪三等，泰州之郭实等，宿州之顾其礼、戴环等。或假雕印信而公行嚇诈，或冒充名色而明肆抢夺。陆续经臣批行该道，有见问未结者，有已问充军者，有致书内使求免提解者……然祸本不除，灶薪不去，左支右吾，终何底止？[1]

皇帝没有理睬，他再上一疏："数日以来，远迩传闻，凡有章奏但系矿税，即束高阁，一切不省。臣且信且疑，且警且骇，信斯言也是治乱存亡之机也，臣不愿皇上有是也。夫天下之患莫大于忌讳而

1 李三才《政乱民离目击真切恳乞圣明承天念祖救之水火以自尽君道疏》，《万历疏钞》卷二十九《矿税类》。

不敢言，尤莫大于固拒而不受言。忌讳而不敢言，罪在下，犹可说也；固拒不受言，责在上，不可说也。臣之前疏非泛常之疏也，国脉民命之所关，天心祖德之所在也……拆人之屋，掘人之墓，奸贪残贼，若近日秦楚等处所奏，即在敌国仇人犹所不忍，况吾衽席赤子无辜之齐民哉……夫有土有众，则人皆知有朝廷；众叛土崩，则人皆起为敌国。一旦风驰尘鹜，四方云扰，介焉之身块然独处，即有黄金过斗，明珠填海，谁为守之？而又谁为运之？只以藉寇兵而资盗粮耳！”[1]话已经讲得透彻之极了，皇帝仍然不予理睬。

万历三十年，皇帝突然患病，嘱托后事，宣布停止矿税太监的一切活动。不久病愈，出尔反尔，收回成命。李三才抗疏极陈国势严峻，请皇上继续履行前诏，皇帝不听。李三才愤然引疾求去。淮扬巡按御史崔邦亮，巡漕御史李思孝，给事中曹于汴，御史史学迁、袁九皋等官员，接连上疏乞求留任李三才。史学迁的话语说得最为激切：“陛下以陈增故，欲去（李）三才，故托辞解其官。夫三才今之管夷吾也，绥岩疆，荷国事，非三才谁可者，可以一（陈）增而去之耶？年来中使四出，海内如沸，所恃二三贤臣为之维挽其间。”皇帝充耳不闻。李三才离开淮安前往徐州，不断上疏请求委派取代他的官员。皇帝不同意他辞职，不派遣代理者，似乎很

1 李三才《万民涂炭已极乞赐省览以救天下疏》，《万历疏钞》卷二十九《矿税类》。

看重李三才，只是对他锋芒毕露的作风有所不满，有意杀杀他的威风而已。

既然皇帝还要用他，李三才再次向皇帝劝谏："皇上每有催征，必曰内府缺乏矣，不知天下百姓更缺乏之甚也。夫内府果缺乏也，是社稷之福，灵长之庆也，所谓貌瘦而天下肥也，所谓仁者散财以得民也，缺乏在一人而充盈在天下也。然而实不然也，皇上之所谓缺乏者，黄金未遍地，珠玉未际天耳。天下百姓之所谓缺乏者，朝夕不一饱，父子不相守耳。"因此他的结论是："为今之计，惟豁然天开，断焉勇改，大彰明信，一伸前旨，凡属矿税尽数报罢，而后侧身修行，图安于危"。[1]

结果还是"不报"——皇帝不予理睬的委婉表达方式。

李三才怀疑内阁首辅沈一贯从中作梗，才使得他的奏疏不被皇帝采纳，于是集中火力抨击沈一贯。先是采取影射手法，提醒皇上谨防"巧词危语，弄智使术"的"密勿亲近"，明眼人一看便知，非沈一贯莫属。李三才说："佞人之言其甘如饴，佞人之情其深如海，或微以浸之，或怒以激之，或阳救而阴挤之，或明诤而暗谀之。言在东而意在西，貌在彼而心在此。千方百计以结左右，巧伺神钻以苟富贵。盖患得患失之心胜，故如鬼如蜮之术工。朝夕祈求，惟愿皇上不视朝讲，不下章疏，不罢矿

1 李三才《天变人离万恳省改疏》，《万历疏钞》卷三十三《修省类》。

税，不起废弃，不用科道。彼方得以扬扬肆志，窃上威福，闪烁支吾，以托其不肖之身，更不知天下国家为何物，更不知君父为何人？”[1]

后来索性指名道姓：“首辅沈一贯恐沈鲤、朱赓逼己之位，既忌其每有谏说形己之短，又耻其事不由己，欲坏其成。故贿买左右，百计相倾，或冷言热语以惑圣聪，或借秦指汉以激圣怒，遂至一应好事俱不得行者……安有共事同僚互生猜忌，徒快己私，不顾君父，少有人心者亦不忍为，而首辅安忍为之？”[2]

万历三十四年七月，沈一贯、沈鲤先后致仕，新任内阁首辅的朱赓，继承沈一贯衣钵，朝政毫无起色。李三才希望皇上能纠正时弊，起用废弃诸臣。他语重心长地说：“诸臣原无触忤皇上者，清宫静夜皇上一一思之，谁为触忤者乎？如邹元标、赵南星、顾宪成等，清风劲节，亭亭物表，天下之人无论识与不识，皆称为忠臣义士，只以议论意见一失当路之旨，遂被谮蒙谗，一弃不收。总之，于皇上何忤乎？”[3]他认为朝政废坏已极，关键就在于内阁辅臣无所作为：“皇上龙飞之始，臣正束发登朝，备官郎署，窃见张居正刚愎致祸，嗣后辅臣遂多畏缩，不敢匡救，惟知承顺已耳。承顺不已，变为谄谀；谄谀不已，变为朦蔽。此理之自然，势之必至者，乃危机也。皇上不知，以为大小臣工莫敢谁

1 李三才《圣政通而忽滞请破机关以终盛治疏》，《万历疏钞》卷一《圣治类》。

2 李三才《极陈国家治乱大关疏》，《万历疏钞》卷一《圣治类》。

3 李三才《触弊感时直陈三事大义以裨圣治疏》，《万历疏钞》卷一《圣治类》。

何，从此遂无严惮之心矣。自此而郊庙不亲，自此而朝讲遂废，自此而厌薄大臣，自此而轻忽台省。至于采取矿税，横遣中官，停留章疏，怠弃庶政，自古乱亡之事毕集于今日矣！”[1]

他的言论触及要害，但过于锋芒毕露，得罪了申时行、王锡爵、沈一贯、朱赓、李廷机、叶向高等辅臣。沈一贯虽然已经下台，但他在内阁经营多年，扶植了一批亲信，形成了所谓“浙党”，当然不会善罢甘休，他们在寻找时机反扑，务必把他搞臭。

5.“料攻淮则东林必救，可布一网打尽之局”——顾宪成与李三才

万历三十六年十一月，内阁首辅朱赓病逝，次辅李廷机又杜门不出，内阁仅叶向高一人，补充阁员便成为当务之急。万历三十七年正月，李三才因为政绩卓异，皇帝加升他为户部尚书，照旧担任漕运总督、淮扬巡抚，因此成为阁员的热门人选。一些看好李三才的官员，主张阁员不必全从翰林词臣中挑选，应该从外僚中选拔干才，以增加内阁的执行力。

当时廷臣中派系林立，围绕权力的分配而互相倾轧，一旦达成互相认可的平衡，便竭力阻止外来

1 李三才《朝政废坏已极疏》，《万历疏钞》卷十三《时务类》。

势力破坏这种平衡。既有声望又有才干的李三才，当然不受阁部大佬的欢迎，他们必然要从中作梗。邵辅忠、徐兆魁之流对李三才的恶意诽谤，就是在这一背景下出现的。

沈一贯的同乡、李廷机的亲信工部郎中邵辅忠首先出马，攻击李三才贪、险、假、横，给李三才勾画一副贪婪虚伪的画像。他耸人听闻地说："(三才) 藉道学以为名，依贤豪以立脚，或无端而流涕，或无故而感慨，使天下士靡然从风，乘机躁进者愿依其幕下，感时忧事者误入其套中。一时只知有三才，不知有陛下，主势上孤，党与下甚。宇宙一旦变更为汉之延熹、唐之长庆、宋之熙丰，其意不过扫空词林，则必借才于外；打尽当路，则必抡选及身。闻其前则急欲枚卜，闻其今则急图总宪（都察院左都御史），总宪得则枚卜（入阁）无不得耳。"[1]这些话，毫无疑问是恶意中伤，企图以"只知有三才，不知有陛下"，来激怒皇帝，导致其垮台。尤其险恶的是，邵辅忠信口雌黄地渲染"藉道学为名""党与日甚"云云，把李三才定位于结党营私的政争层次上，明显地影射"东林"，把李三才与"东林"捆绑在一起，从此，党争风潮一发而不可收。

浙江道御史徐兆魁立即与邵辅忠一唱一和，手法同样卑劣，连遣词造句都一模一样，了无新意。

1《明神宗实录》卷四百六十五，万历三十七年十二月乙丑。

邵辅忠说“只知有三才，不知有陛下”，徐兆魁说“但知有三才，不复知有朝廷”。他在奏疏中诽谤李三才“结党行私”：“最可恨者，莫甚于结党行私，令志操不定，乞夫趋之如骛，但知有三才，不复知有朝廷。年来是非日以混淆，攻讦莫之底止，主盟挑衅，三才乃其戎首。总之，三才外假慷慨论列之名，尽愚天下耳目；内挟贪残恣睢之术，不顾一己防维。广布五交，潜开三衅。浮慕缁衣之好，而挥金走币，贤愚佥入牢笼；癖耽阿堵之藏，而逐臭嗜膻，渔猎难填沟壑……盖既阳附正人，谬希大位；复阴嗾小人，思倾正人。虽弥缝之计甚工，而肺肝之视如见。浑身污秽，廉耻尽亡，毕世奸险，讥弹难尽。”[1]徐兆魁的用词更加刻毒，可谓无所不用其极，尤为阴险的是，暗指李三才身后有一个“党”，而且他就是党魁（戎首）。

李三才君子坦荡荡，平白无故遭受恶意诽谤，为了表明心迹，向皇帝请求辞官，杜门待罪。反对李三才的官员仍不罢休，南京兵部郎中钱策，南京给事中刘时俊，御史刘国缙、乔应甲，给事中王绍徽、徐绍吉、周永春、姚宗文、朱一桂、李瑾，南京御史张邦俊、王万祚等，接二连三纠弹李三才，政坛上一派乌烟瘴气。给事中马从龙，御史董兆舒、彭瑞吾，南京给事中金士衡，给事中胡忻、曹于汴，南京给事中段然，御史史学迁、史记事、马

1《明神宗实录》卷四百六十六，万历三十八年正月癸丑。

孟祯、王基洪等，先后为李三才辩护，朝端聚讼纷纭，连绵数月。

邵辅忠、徐兆魁的挑衅，是一个政治阴谋。《年谱》写道：“东林时为清议所归，海内称公（指顾宪成）曰东林。近而同乡诸贤，远而吉水（邹元标）、高邑（赵南星），及一时守正忤权、建言抗节者，概籍之曰东林人。而闻声附和之流亦皆自负，以为我东林人也。修吾李公（三才）在淮久，屡推总院，而台垣又请枚卜兼用外臣。众疑诸贤为之推毂，四明、昆、宣之党，齮龁百方，料攻淮（淮抚李三才）则东林必救，可布一网打尽之局。于是邵辅忠以四明（沈一贯）乡人，挺为戎首，其攻淮疏有云：‘凡海内名流，皇上斥逐山林者，李三才以请托招之。’又云：‘若人在朝，士类无真道学以挑救者，即以陷救者。’既而救者力，攻者愈力，事内事外诸人争欲得公（顾宪成）言，定是非之衡。公曰：‘但无疑于鬼神，斯任之矣。’”[1]此处所谓“四明、昆、宣之党”，指宁波人沈一贯、昆山人顾天埈、宣城人汤宾尹为代表的浙党、昆党、宣党，他们一手策划政治阴谋——“料攻淮则东林必救，可布一网打尽之局”。

谦谦君子顾宪成没有看穿这一阴谋，本着“无疑于鬼神”的气概，以天下为己任，毅然决然写信给内阁首辅叶向高、吏部尚书孙丕扬，为李三才辩

1 顾与沐等《顾端文公年谱》，万历三十八年二月。

护。一则说："三才至廉至淡漠，勤学力行，为古醇儒，当行勘以服诸臣心。"[1]再则说："李公在淮扬能制税珰不敢动，安民弭乱之功甚大。其人磊落，非暮夜受金者。"[2]

这其实是很正常的舆情反映，并无丝毫朋党气息。李三才为官受到淮扬民众称颂，在政坛一向好评如潮。于慎行说他治理淮扬、治理漕运、治理河道都卓有成效："吾友李中丞道父（李三才字道甫），贞姿亮节，束发登朝，平生慷慨扶义，言论风旨凛凛，以名节自持。所交游海内英流，用意气相矜许，见宵人媚士，白眼酸鼻，若将浼焉。自为郎署，以上书陈言有所触忤，斥补外吏。邅延且二十年，卒被特简，以御史中丞监抚淮扬四郡……于抚则率作群吏，与之共忧元元，而澹涤其灾；于漕则瀹淮渠之塞，转百万之舳舻，而致之天府；于河则穷源疏委，别白所宜塞与通之故，以授豫兖。"因为这样的缘故，皇帝对他的态度非常特别："欲遂亲之，而又若有所惮；惮而欲遂疏之，而又若有所倚。"[3]

为这样一位政绩卓著的官员讲几句公道话，也是人之常情，况且这是私人信件，并非公文。宣大巡按御史吴亮出于好心，把这些私人信件当作公文发抄，印封邮递，遍送在京各衙门官员，企图造成舆论。[4]结果适得其反，被别有用心的人抓住把

1 谷应泰《明史纪事本末》卷六十六《东林党议》。

2 赵南星《明南京光禄寺少卿泾阳顾公碑》，《赵忠毅公诗文集》卷十一。

3 于慎行《李中丞抚淮奏草叙》，《谷城山馆文集》卷十二。

4 有的论者说，顾宪成的信件由吴亮"刻入邸报"，显然有误。《顾端文公年谱》记载："（顾宪成）遂为二书，贻阁铨。会去冬所致太宰（吏部尚书孙丕扬）书亦至，世所传诵为三书者也。吴侍御亮按宣大见之，遽令发抄，印封邮递，遍送在京各衙门。"

柄，大肆攻击。给事中朱一桂、御史徐兆魁在奏疏中扬言："顾宪成讲学东林，遥执朝政，结淮抚李三才，倾动一时。孙丕扬、汤兆京、丁元荐，角胜附和，京察尽归党人。"[1]几封私人信件，哪里谈得上"遥执朝政"？何况顾宪成"初意殊不及此"，朋友劝他"宜一言自明"，他回应道："吾惟知自反而已。"[2]

顾宪成也不是没有估计到政治风险，这从他当时所说"但无疑于鬼神，斯任之矣"，可以推知。出于对李三才人品操守的敬仰，他甘愿冒政治风险，讲几句公道话。他们两人早就相识相知，政见略同，互相以挚友相期许。去年推辞南京光禄寺少卿，向李三才吐露心声，一方面是时局千难万难，另一方面年老体衰，"凡此种种都是实境实情实事实话，在他人前犹半含半吐，惟丈前不敢一毫不倾尽"。鉴于时局千难万难，他寄希望于李三才："必大才如丈，卓识如丈，全副精神如丈，方有旋转之望"。[3]由此可以看到他之所以写信为李三才辩护的缘由，希望有助于旋转时局。事后，他给友人写信，坦率地道出他挺身"救漕抚"的原因：一是"漕抚（李三才）当风波汹涌之时，毅然出而挺身担荷，至于外犯权相、内犯权阉，死生祸福系之呼吸并不少顾，既历无限崎岖，幸而事定，旁观者遂群起而求多，吹索抨弹，不遗余力。又受无限摧挫，

1 蒋平阶《东林始末》，上海书店，1951年，第36页。

2 顾与沐等《顾端文公年谱》，万历三十八年二月。

3 顾宪成《又简修吾李总漕》，《泾皋藏稿》卷五。

始借其力以纾患，卒致其罪以快仇，不亦伤乎？漕抚尝简不肖曰：‘吾辈只合有事方出来，无事便归。’痛哉斯言，堪令千古英雄流涕，不肖独何心而忍默默”。二是“淮抚之蒙议，明知其必不能胜多口也，明知狂言一出，必且更滋多口也，夫亦曰聊以尽此一念而已”。[1]

及至事态日趋恶化，顾宪成才意识到问题的严重性。当他看到李三才遭到围攻，处境岌岌可危时，写信要他加意提防：“近颇有所闻，殊为足下危之。君子尽其在我而已，事变之来本不当一一预计，然而在我者实未易尽也。窃见足下任事太勇，忤时太深，疾恶太严，行法太果，分别太明。兼之辖及七省，酬应太烦，延接太泛，而又信心太过，口语太直，礼貌太简，形迹太略。固知前后左右在在俱有伏戎，亦恐嚬笑令居种种，可为罪案，检点消融得不加之意乎？”这是在提醒一向无所顾忌的李三才，检点消融，切勿再我行我素，授人以把柄。以后形势急转直下，对李三才愈来愈不利，又去信规劝，要他立即引退：“足下可以去矣，不可以留矣。去也可以速矣，不可以缓矣。前此犹曰漕事未竟也，今粮艘过淮矣，又过洪矣。于此时而浩然，报主之忠，洁身之义，见几之勇，用意之厚，一举而兼得焉，不亦善乎……万勿牵于二三之说，误落顽钝局中也。”[2]

1 顾宪成《与吴怀野光禄》，《泾皋藏稿》卷五。

2 顾宪成《又与李漕抚修吾》，《泾皋藏稿》卷五。

政局确实“顽钝”，党争愈演愈烈，政坛越发混乱不堪。贵州道御史刘国缙形容当时的形势：“国家乱机已动，乱兆已形”。他说，今日大势可以概括为“四空”“五祸”“六渐”。他特别强调五祸之中的“朋党之祸”：“揆之时事，高者执耳登坛，卑者依门傍户，力能使是非颠倒，黑白易位。今之纷纷，大都由于君子，而小人附之。夫虎而负隅，则人不敢撄，而害滋甚。小人而假君子之名，有何事不可为？”他所说的“六渐”之中的“士绅夤缘之渐”，被有识之士点评为“刺东林”。不妨细读他的原话：“昔之夤缘也在要路，今之夤缘也在山林。夫山林何以夤缘也？山林之士，雅负天民之望，而倡道淑人，有教无类，固自孔门家教，而无奈今人之非古人也。教者本欲以维世，而学者借以梯荣；教者本欲以陶真才，而学者且因而售赝品。卒之山林之士，名高于泰山北斗，而游于其门者，即破甑可称为完璧，遂使趋炎附势，捷功名富贵之往，奔走若狂。”[1]

户科给事中王绍徽扬言：福清（叶向高）、富平（孙丕扬）、耀州（王图）当次第驱逐，以断秦脉。[2]日讲官王图立即上疏辩解：“于十一月间传闻，浙江巡按郑继芳贻京中同官书，内有：欲去福清（叶向高），先去太宰（孙丕扬），欲除太宰，先除仓场（李三才）及耀州兄弟（王图、王国）。”[3]四川道御史李炳恭在揭发郑继芳的奏疏中

1 钱一本《万历邸钞》，万历三十八年庚戌卷，十一月。

2 钱一本《万历邸钞》，万历三十八年庚戌卷，十二月。

3 钱一本《万历邸钞》，万历三十八年庚戌卷，十二月。

指出："贿赂东林，尤为近来排击善类套语。"[1]

刑部山西司主事秦聚奎猛攻秦党（或曰秦脉、秦人）："祖宗二百年来，考察之大典，本凭以斥幽也，而秦人借之以发舒私怨。皇上五十余年培植之太宰（吏部尚书），本托以程材也，而秦党倚之以压伏人言。以故群小布置于左右，蜚语荧惑乎髦夫。察典既竣，人言啧啧，咸谓：顺秦者虽不肖而安如山阜，忤秦者虽贤良而批以绳根……或以数论淮抚李三才也而处，或以秦人耻入秦之党共目为跃治败群也而处"。他还阴阳怪气地说："李三才恁参不动，陡今正月内移舟出境，臣窃料此一去也，又有论三才之人饱毒手于大察中者矣"。[2]

都察院左副都御史许弘纲忧心忡忡："长安（指京师）门户既分，党祸将作。窃欲置身于大通之衢，明目张胆，竭力担当，庶几挽回一二，无奈臣之所处，既千难万难，而草土之昏迷，又多朝错暮错，前后章奏或以为纵，或以为偏矣。"[3]

在一片嘈杂声中，工部主事沈正宗挺身而出，奏请保护善人一脉："顾宪成、于玉立二臣，或一鸣之立斥未还，或九死之大冤未雪，白首绝青云之梦，长夜无将旦之期。天下无不闻风诵义，陨涕伤心，纵不相推于朝廷，宜可相忘于江湖。今旬日之内，众镝交加，臣心窃叹不能已。"接下来笔锋一转，集中火力抨击徐兆魁：

1 钱一本《万历邸钞》，万历三十九年辛亥卷，正月。

2 钱一本《万历邸钞》，万历三十九年辛亥卷，三月。

3 钱一本《万历邸钞》，万历三十九年辛亥卷，四月。

——徐兆魁巧诬顾宪成口语，非惟无涉，甚则相反。已经寺丞臣吴炯据实款析……臣所咨嗟慷慨愤闷不平者，唯是国酿空虚之祸，人喜禁锢之谋。天下方痛恨众君子之难进，（徐）兆魁反唯恐君子有一之或进，而预断其来。入山如此，出山宜何如？天下方痛恨众君子之易退，（徐）兆魁反唯恐有一君子之不求退，而且穷其路。垂翅如此，奋翅宜何如？而小人者人人可以高爵厚禄，但不宜及于君子。为君子者人人尽当声销影灭，断不许留在人间。二十年废弃，犹来捷径之讥，六翮摧残，未息关弓之志，（徐）兆魁意欲何为？

——（顾宪成）起而未出，（徐兆魁）反诋谪臣秽德之著，终朝谢事，甚至说冤道苦，举国如狂。一味讲学，反骂醉生梦死……退居以来，家事百不关心，独未能忘国耳。忠臣用心如此，今隐身不忘报国，却以为罪案矣。皇甫德参上书忤旨，唐太宗以为讪谤，魏徵曰：自古上书率多激切，即似讪谤，惟详其可否。忠臣告君如此，上书天子，不嫌讪谤。今一阁部书，便遥制国是，弹射不休矣。呜呼，范滂、李膺可对狱吏，司马诸贤可榜朝堂，自古正不胜邪，寡不敌众，往往皆是，今何足怪！[1]

1 钱一本《万历邸钞》，万历三十九年辛亥卷，五月。

顾宪成对此洞若观火，劝李三才引退，并且自我反省。他在给朋友的信中说："不肖从邸报中读南北诸君子疏，非惟不敢与较曲直也。有为之跃然以喜者矣，何喜也？喜闻过也。有为之赧然以耻者矣，何耻也？耻溢美也。又为之悚然以惧者矣，何惧也？惧滋竞也。又有为之愀然以忧者矣，何忧也？忧激祸也。然则凡曲直我者，皆鞭策我者也；凡鞭策我者也，皆玉成我者也。不知何修可副德意，况敢较乎！至漕抚（李三才）大节卓然，而小节出入，亦所未免，至于书（致阁部书）中不一并道破者，朋友相与，当其平居无事，则重在切磋，宜为之箴其所短；当其遭谗被谤，则重在剖雪，宜为之表其所长。嗟乎，人莫不有我也，与其人人只有我，各执自家一个是，不若人人皆无我，各认自家一个不是也。"[1]

顾宪成是坦荡的，既力挺李三才"大节卓然"，也不回避小节有所出入。对于上阁部书引发的政争，他主张"各认自家一个不是"。对于一些人的攻击，他冷眼旁观，不欲回应，默默地做了两件事：一是刊刻《以俟录》，二是撰写《自反录》，把事实真相留给后人来评判。

《以俟录》收录了写给内阁首辅叶向高、吏部尚书孙丕扬的三封书信，即通常所说的"阁部三书"或"阁铨三书"。顾宪成写了一篇序言，说明

1 顾与沐等《顾端文公年谱》，万历三十八年五月。

他并无“遥执朝政”之意，纯粹是好善、忧世的本性使然：“生平有二癖，一是好善癖，一是忧世癖。二者合并而发，勃不自禁。至是非者，天下之是非，自当听之天下，无庸效市贾争言耳。”[1]他的挚友高攀龙对他有深切的理解，完全赞同他的看法：“先生题丽泽堂两楹曰：‘乐道人善，愿闻己过。’于所上三书，见乐道人善之至矣；于不辩一语，见愿闻己过之至矣。此千古圣贤真血脉，非可以凡心凡眼窥也。同时归德（沈鲤）、江夏（郭正域）、吉水（邹元标）、高邑（赵南星）无不极赞，谓三书从一片虚明流出，而为友发言，谗谤交集，则公一人慨然当之。”[2]

《自反录》以平心静气的态度回顾阁部三书，以客观公正的眼光评价李三才，回击所谓“结党”“遥执朝政”的无端指责。写于万历三十九年冬的序言，强调写信给叶、孙二人，一是不敢辜负李三才，二是不敢辜负海内诸君子。对于邵辅忠、徐兆魁之流毫无实据的肆意诬陷，忍无可忍，不得不发。他写道：“客见《以俟录》而问曰：‘古者同心之交，闻流言不信，子之于李漕抚也，其庶矣夫。’泾阳子曰：‘所谓不信，非故不信也，所信自在也。乃予之信李漕抚，则非耑耑在漕抚也，正以邵（辅忠）、刘（国缙）、徐（兆魁）、乔（应甲）诸疏耳，百千罪过，胪列满纸，而实证一切茫如也。’”又鉴

1 顾与沐等《顾端文公年谱》，万历三十八年八月。

2 顾与沐等《顾端文公年谱》，万历三十八年八月。

于沈鲤的来信激励，他写道："又以沈龙江先生千里贻书耳，身在江湖，心存世道，若是乎爱国之心深也。" 于是就有了他的阁铨二书："至于上阁铨二老书，又何足为有无，抑亦曰始不敢负漕抚，终不敢负海内诸君子也！" [1]

《自反录》对于理解此时顾宪成的思想，提供了极有价值的一手资料，至少有三点值得注意。

第一是，由于枚卜阁员引发对李三才的围攻，是沈一贯的圈套。万历三十八年十月，许弘纲谈起李三才："看来功名盛了，亦便惹人忌。" 顾宪成说："然，自枚卜之说起，段给谏请兼用内外吏，垣长陈廉崖欲因以为漕抚罪，遂有疏暗刺之，其徒从而和之，广布流言，摇煽南北。于是忌者益众，漕抚一身遂为射的，四面皆兵，无可逃躲处矣。盖总之不出四明（沈一贯）圈套中，特其间有明知而为之用者，有不知而暗为所用者。"

◥枚卜，以占卜法选官。明代专指选大臣入内阁主事。

第二是，关于李三才的评价。有人问："李漕抚何如？" 顾宪成的回答是客观的辩证的："吾闻之，凡论人，当观其趋向之大体，趋向苟正，即小节出入，不失为君子；趋向苟差，即小节可观，终归于小人。又闻，为国家者，莫要于扶阳抑阴。君子即不幸有诖误，当保护爱惜成就之；小人即小过乎，

1 顾宪成《自反录·序》，《顾端文公遗书》卷三十。

当早排绝，无令为后患。又闻，古来豪杰种种不同，或谨严，或阔大，或悃愊，或挥霍，其品人人殊矣。总之，各成一局，各不害其为豪杰也。合此三言，可以定漕抚之案。”他始终认为李三才大节可观，即使小节有出入，也不失为豪杰，应当保护他、爱惜他、成就他。关于小节出入，一是“交际往来局面稍阔”，给人以挥霍浪费的印象；二是喜欢“寻彝觅鼎”，收集古董，“惹许多议论”，贪赃便是议论之一。顾宪成认为，“天下原有此一种豪杰，正不必拘拘尽绳以小廉曲谨耳”。

第三是关于“君子不党”。顾宪成为李三才辩护，反对者攻击得最厉害的就是“结党”。客人就此提问：“吾闻君子不党，子为李漕抚上书也，不近于党乎？”顾宪成据理反驳：如果这种逻辑能够成立，他早就是“吕坤党”“王国用党”“吴中行、赵用贤党”“江东之、李植党”“沈思孝党”，岂非笑话。他的反驳非常机智，且切中要害：“岂惟是哉。当丙戌、丁亥（万历十四、十五年）间，有毁吕宁陵坤于政府，欲中以考功法者，予极口明其不然，以至取忤，时则人以予为宁陵之党矣。王耀州国用计事失当路指，外迁，予承乏选司，特请于陈恭介（陈有年），擢卿太仆，时则人以予为耀州之党矣。吴晋陵中行、赵琴川用贤先后被群小望风倾陷，予不揣，辄起而攘臂其间，时则人以予为吴赵之党矣。江新安东之自邓州守超为光禄卿，李大同植即家起为绥德守，驯至大用，皆犯时贵所忌，时则人以予为江李之党矣。兹者又言沈嘉禾思孝于太宰，则又以予为嘉禾之党矣。”于是乎，他感叹道：按照这种逻辑，岂不是“何所不党哉”！在他看来以上诸君子各自成一局，不必意见尽同，其中往往互相为左，不必尽撤藩篱。

因此之故，党同吕坤者因我与吕坤意见相左，把我视为异己；党同王国用者因我与王国用意见相左，把我视为异己；党同吴中行、赵用贤者因我与吴赵意见相左，把我视为异己；党同江东之、李植者因我与江李意见相左，把我视为异己；至于今日，党同李三才者则因我与李三才意见相左，把我视为异己。于是乎他感叹："其又何所党哉！如此看来，有党乎，无党乎？一凭人谓何耳，予曷敢择焉！"[1]真是痛快淋漓，把徐兆魁、邵辅忠之流所谓顾宪成、李三才"结党"的谰言，驳得体无完肤。

6."张四面之网，造无底之阱"

政治一旦被权势与利益所绑架，人们便会不顾道德底线，不顾事实真相，信口雌黄。万历三十九年五月初，掌京畿道浙江道御史徐兆魁，为了搞臭顾宪成，搞臭东林，无中生有地说："今日天下大势尽归东林矣……东林之势益张，而结淮胁秦，并结诸得力权要，互相引重，略无忌惮。今顾宪成等身虽不离山林，而飞书走使充斥长安，驰骛各省，欲令朝廷黜陟予夺之权尽归其操纵。"为了耸人听闻，肆意编造东林书院"挟制有司，凭陵乡曲"的罪状：

一是东林书院在苏州近旁的浒墅关擅自征收关

1 顾宪成《自反录》，《顾端文公遗书》卷三十。

税："浒墅有小河，货舟往来如织，东林专其税为书院费，而榷关者不敢问，每关使至东林，辄以书招之，即不来亦须送银二三百两助修书院乃已"；

二是东林书院讲会期间，勒索无锡县衙门出资招待："凡东林讲学所至，主从每百余人，该县必先饰厨传戒，执事伺于境，迎于郊，馆穀程席之需，非二百金上下不能办"；

三是东林书院插手干预州县政务："会讲中必杂以时事，讲毕立刊为讲章，传布远近。讲章内各邑之行事有与之左者，必速改图，其令乃得安，不然淮抚与别院訾声至矣"；

四是富裕的徽商为东林书院提供政治献金："海内惟徽人最雄于赀，黄正宾系徽人，诸财豪见其气势如此，咸俛首听命不难麾多金以应正宾不时之需。淮抚、东林不独小可经营悉藉正宾力，即图大拜，正宾亦每引为己任"。[1]

稍有常识的人一看便知，这是徐兆魁信口编造的谎言，东林书院不过是一所学校而已，哪里会有如此这般的特权。光禄寺丞吴炯（字晋明，号怀野，松江华亭人）奋起抨击，为东林书院和顾宪成辩诬："顾宪成之人品信于天下久矣，顾宪成之学术正俗维风，江南赖以多君子，其有裨于国家弘矣。"他以目击者的身份揭穿徐兆魁的诬陷不实之词，逐条予以驳斥：

1 徐兆魁《部臣借事发端疏》，《万历辛亥京察记事本末》卷三。

——关于东林书院在浒墅关征税一事，针对徐兆魁所说“浒墅有小河，货舟往来如织，东林专其税为书院费”一节，驳斥道：“小河即在大关之傍，阔止五尺，有桥高三尺，名为便民桥，货舟不能过，惟小空船可过，以省伺候开关晷刻，从来无税”；

——关于东林书院勒索地方政府一事，针对徐兆魁所说“关使至东林，辄以书招之，即不来亦须送银二三百两助修书院”一节，驳斥道：“夫东林之会期日有定，皆里居缙绅与青衿子弟不招自来者，未尝招人，亦绝无送银之关使。况书院小屋数椽修复已久，本无厚费，何暇助工？”至于徐兆魁所说“讲学所至，主从每百余人……该县，馆毂程席之需，非二百金上下不能办”云云，驳斥道：“夫缙绅赴会固非一人，然俱二三仆驾小船，并无侈张舟从者，有则共鄙之。不受县官下程，不领县官一茶，主会者捐赀自办。日中腥素四碗，至晚腥素六碗，俱四人共一桌，费亦不多”；

——关于东林书院干预政治一事，针对徐兆魁所说“会中杂以时事……各邑之行事有与之左者，必速改图，其令乃得安”一节，驳斥道：“夫会中之规，每日轮客一位，讲书一章，互相问难，青衿皆得质所疑。讲毕，童子歌诗一章，遂散。举座无哗，并不谈时事，即民风土俗与会友家常之事，亦置不言，奚关各邑之行事”。[1]

1 吴炯《揭据实辨疏》，《万历辛亥京察记事本末》卷三。

翰林院提督四夷馆太常寺少卿洪文衡（字平仲，号桂渚，徽州歙县人），上疏批驳徐兆魁，支持吴炯的辨析。他说："职筮仕之初，与顾宪成同朝，见其谔谔持正，毫不阿狗，两入铨部而两见黜，俱以独持风节触忤权势，至于削籍，心窃重之。及其居乡，倡明理学，一以程朱为宗，所著有札记及商语，最能醒悟人，迄今晋陵多君子皆其造就之力。此尤谪籍中之表表者，何负于国家而嫉之若仇耶！"[1]

礼部主客清吏司主事丁元荐（字长孺，号慎所，湖州长兴人）针对徐兆魁之流所谓"讲学东林，遥执朝政"的谬论，反驳道：一个远在江南无锡的书院何以能够遥控朝廷政治呢？他机敏地利用对方言论中的破绽，以子之矛攻子之盾，一则说："既谓东林与考察（大计京官）原不相蒙，又云顾宪成等'遥制察典'一事，自相矛盾，臣所不解也！"[2]再则说："又曰东林而敢遥执朝政也，则东林不受。盖朝政者天子与天下匹夫匹妇共知者也，江陵（张居正）之悍焉而不能执，四明（沈一贯）之鸷焉而不能执，顾天埈、汤宾尹之横焉而不能执，赵焕之巧焉而不能执，何有于东林？夫使东林果操天下极重之势，则长安诸缙绅何不舍要津而趋山林，而乃操戈秣马以相攻也？"[3]

万历四十年五月二十三日，六十三岁的顾宪成在一片诽谤声中与世长辞。据《年谱》记载，五月上旬，他写了答都门友人书："时局纷纭，千态万

1 洪文衡《剖良心存公论疏》，《万历辛亥京察记事本末》卷三。

2 丁元荐《申辩公道疏》，《尊拙堂文集》卷一《封事》。

3 丁元荐《拟辨门户疏》，《尊拙堂文集》卷一《封事》。

状，非惟人事相激，殆亦气运使然。制驭之几莫知所出，姑言其臆，似宜平而剂之。大都在急于主张独是，不必急于抉摘众非；在急于联属同心，不必急于剪除异类。要使彼之有以自容，而于我无所致其毒，久之或渐消渐释。故独是伸则众非自诎，同心盛则异类自衰，斯为不抉摘之抉摘，不剪除之剪除耳。”[1]这是他留给人们最后的文字，依然是平和的心态，主张宽容不同意见。他在世上最后几天的情况大概是这样的：参加东林讲会三天，讲毕回到城内寓所休息。十八日患病，返回泾里老家。二十日，命次子顾与沐代笔，叮嘱在南京秋试的长子顾与渟。伏枕至第三日，忽然坐起，握着顾与沐的手，说：作人只伦理二字，勉之。讲完，恬然而逝。[2]

这位饱学之士的突然去世，令正直人士悲痛万分，尤其是对于他遭到的无端诬陷——“讲学东林，遥执朝政”，莫不义愤填膺。户部广东司主事李朴仗义执言：“顾宪成也久栖林壑，游心性命，即一书出而议及时事，可从则从，不可从则止。有何长鞭足以制人？乃满朝之人哄然四起，宛如敌国，不为‘遥制国是’，则为‘不肖渊薮’。且并其讲学而非之，道德涂辙，仁义竿牍，犹然不理于口也。此以宪成言之，而知明道之人望一空云。”[3]反映了舆论界的一般共识。

1 顾与沐等《顾端文公年谱》，万历四十年五月。

2 顾与沐等《顾端文公年谱》，万历四十年五月。

3 钱一本《万历邸钞》万历四十年壬子卷。据日本学者小野和子考证，《万历邸钞》的编者将万历四十年二月、三月史事，插入万历三十年壬寅卷，将万历四十年四月、五月史事插入万历三十一年癸卯卷。（小野和子《明季党社考》，京都同朋舍，1996年，第154—155页）。李朴的这一奏疏，见于万历三十一年癸卯卷，其实应该在万历四十年壬子卷。周念祖《万历辛亥京察记事本末》将李朴此疏系于万历四十年五月，可为旁证。

七月，在常州府、无锡县的乡贤祠举行祭祀活动。八月，在东林书院举行公祭仪式，生前友好及后学门生四十余人参加，他们是：于孔兼、钱一本、吴达可、薛敷教、朱凤翔、诸寿贤、王士骐、朱国祯、徐必达、洪文衡、姜士昌、岳元声、顾际明、于仕廉、黄正宾、陈敏中、汤兆京、吴亮、孙慎行、于玉立、张大受、吴正志、俞汝楫、高攀龙、刘元珍、文震孟、荆之琦、钱谦益、郁庭芝、史孟麟、丁元荐、徐鸣皋、安希范、贺学仁、任光祖、丁鸿明、刘廷炅、周继文、卞洪载、程由庚、赵璆、汪万里等。场面相当悲凉："先于东林会哭，及入泾（里）拜奠，皆相向失声，或留连浃日始去"。[1]

此后的一两年中，各界人士缅怀他的高风亮节，赞叹之声连绵不绝。

江西道御史徐缙芳说："故南京光禄寺少卿顾宪成，忠本天植，学为人师，所著诸书有体有用，断断乎名儒君子也。或咎东林触犯时忌，臣窃以为不然。"

尚宝司司丞章嘉桢说："顾宪成豪杰而圣贤者也，当官任事百折不回。而学脉之醇一，操守之精纯，神理之绵密，居处之淡泊，粹然真儒，一腔忠赤。惟思为国家进用贤才，其教泽几遍海内。"

河南道御史郭一鹗说："顾宪成忠原天挺，学称人师，抗颜权贵，泊然于功名富贵之场；恬意寂

1 顾与沐等《顾端文公年谱》，万历四十年八月，东林公奠。

寥，悠然于性命身心之旨。”

巡按河南御史方大镇说：“（顾宪成）接周程之脉，守孔孟之绳，持身则树清标，立朝则砺风节，抗时相而正议侃侃，领后进而师范巍巍。”[1]

罢官乡居的前礼部郎中于孔兼说：“贤哉泾阳，真丈夫也！进欲行其道，以昌天下之治，而命阻之；退欲明其道，以开天下之述，而命又阻之。一片苦心，日望正人之进用，而莫开元祐之籍，以故敬业乐群之日，常轸名贤凋谢之忧。一味厚道，不忍旧契之招尤，而反蒙党护之嫌，以故往来尺牍之中，强半引躬自责之语。”[2]

然而，对于东林书院的诽谤，并不因为顾宪成之死而有所收敛，恰恰相反，愈演愈烈。河南道御史田一甲对顾宪成的攻击就是一例。他打着追溯“门户”起源的幌子，谈到申时行、王锡爵、沈一贯、朱赓、李廷机，钵传灯续，怙宠弄权。孤愤之士出而批鳞被逐，于是聚徒讲学，以明性命而演道脉，此谁不仰之？而谁复訾之？话锋一转，无奈有奸雄盗建言之名，“窜道学之党”，矛头直指顾宪成：“以道学之名号召天下，凡生长其地者，宦游其地者，及旧之往来相知者，或实意仰高，或葛藤相绊，即以为真周程张朱之复出，而靡然从之，甚有为其所迫，而不得不入者。于是门户之名立矣。假道学之手段，到此益展矣。且其名利熏心，背公念

1 以上均见顾与沐等《顾端文公年谱》，万历四十年十月至四十一年四月各段。

2 顾与沐等《顾端文公年谱》，卷首，谱前，祭文（金坛于孔兼等撰）。

炽，遂复遥制朝绅，迫胁台辅，夷跖惟其所造，云泥惟其所置。朝中复有一二奸雄，彼此借资，气脉相通，呼吸相应，以钳天下之口，而操仕进之权。于是门户之威炽矣。”他所说的“门户”，就是“东林党”，所以接下来干脆用赤裸裸的语言，耸人听闻地高喊：“以故李三才、王元翰等，一入其党，而贪可为廉；黄克缵、史继偕等不入其党，而贤可为不肖。其在南之最煽者，则于玉立、吴正志、丁元荐也，在北之最煽者，则王图、胡忻、史记事也。”[1]

户部河南司郎中李朴立即指责对方结党：浙江人姚宗文、刘廷元，湖广人官应震、吴亮嗣、黄彦士等，山东人亓诗教等，四川人田一甲等，四省合为一伙，百人结为一心，“今日参东林乱政，明日参东林乱政，东林有何权势？见作何官？见在何衙门管事”？[2]

田一甲当即反唇相讥，黑白不分，是非互异，说什么君子亦以小人为结党，小人亦以君子为贪邪。无怪乎李朴以奸邪归之科道，以结党要钱归之科道，以驱逐正人、紊乱朝政归之科道。在李朴眼中所见，无非门户，“而姚宗文等与职（田一甲自称）皆其碍眼之人，宜其反噬矣”！[3]

云南道御史过庭训指责李朴甘为于玉立鹰犬，貌似公正地虚晃一下：“东林近世道学之别名，独

1 钱一本《万历邸钞》，万历四十一年癸丑卷，十月。

2 钱一本《万历邸钞》，万历四十一年癸丑卷，十二月。

3 钱一本《万历邸钞》，万历四十一年癸丑卷，十二月。

行好修之儒”，然后道出本意：“今日之公论，微不快于东林者，正以其门太杂，其锋太锐，其毒太深耳。试观三四年间，即有极贪极险之臣，一附入于门户之中，非称为非常豪杰，则指为绝世名流。一二刚正不阿之士，稍与之相左，或列大僚，或居言路，几于驱逐殆尽。此东林之所以负恨于天下，而一时侍从耳目之臣，有宁为此不为彼者，岂不自顾其身名哉！”[1]

南京陕西道御史孙光裕称赞邵辅忠、秦聚奎一言九鼎，世道嘉赖；讥刺李三才、王图百足之虫，死而不僵。把剑锋指向继承顾宪成主持东林书院的高攀龙：“不然（高）攀龙何以称最贤也，一则曰宪成既没，狎主夏盟，尊之为祭酒，一说也；一则曰淮抚之援书，谁人赞画？金吾之谤牍，谁为转寄？京察之构害，谁为经营？（高）攀龙当自知也！”[2]

万历四十二年五月，户部河南司郎中李朴因“逞臆妄言，好生狂肆”的缘故，连降三级，调任闲散。八月，内阁首辅叶向高辞官而去。此后党争更趋惨烈，正如江西巡按陈一元所说：“海内二三清议君子，倡问罪之师，捧江海之红轮，照昏沉之世界。彼辈无一自文，于是乎创为门户之说，以相煽惑。无识之夫不察，复自标榜之，以予人口实。遂酿数年来朝野蔓延之祸，张四面之网，无物不入笼罗；造无底之阱，无人不遭陷溺。大臣忧谗畏讥，

1 钱一本《万历邸钞》，万历四十一年癸丑卷，十二月。

2 钱一本《万历邸钞》，万历四十一年癸丑卷，十二月。

小臣缄口结舌。”[1]“张四面之网，造无底之阱”，这十个字，把当时的政治形势刻画得入木三分。

四　东林非党论

毛奇龄像

毛奇龄，号西河，浙江萧山人。明末清初经学家、文学家。一生著述宏富，著有《西河集》等。

我曾发表题为“东林非党论”的文章[2]，引起不小的反响，报刊上的评论，冠以“东林党不是党”的标题，人们以为非常异议可怪。

其实，“东林非党”并不是我的发明，清初学者毛奇龄早就说过这样的话：“东林非党也，有抗东林者而党始名，然而不敢显居于抗之者也，于是甘于抗东林者必文曰中立，夫使抗之者不敢显居于抗之而乃曰中立，则东林尊矣。”[3]不过我与毛奇龄论证“东林非党”的方法不一样，简而言之，以顾宪成为代表的东林书院，既非朋党，也非政党。毛奇龄所说的“有抗东林者而党始名”，这个“党”是朋党之“党”。明末学者吴应箕说得好：“东林者门户之别名也，门户者又朋党之别号。夫小人欲空其国，必加之以朋党。”[4]很显然，“东林党”这个称呼，是“抗东林者”那些小人强加于东林书院的蔑

1　钱一本《万历邸钞》，万历四十二年甲寅卷，十月。
2　樊树志《东林非党论》，《复旦学报》2001年第1期。
3　毛奇龄《西河集》卷二十三《笺·回友笺》。
4　吴应箕《东林本末叙》，《楼山堂集》卷十六《序》。

称，亦即东林君子所不齿的朋党。那么，东林是不是一个“政党”呢？也不是，因为东林书院只是一个民办书院，它既没有政党所必备的党章党纲，也没有政党的组织机构与组织形式。有的当代学者执意论证“东林党”是由传统朋党向近代政党的过渡形式，纯属想当然耳。欲知其详，请听在下一一道来。

吴应箕，池州贵池人，复社领袖，诗人、学者。著述甚丰，主要有《国朝纪事本末》等。

1. 李三才：“以消党祸，以安天下”

把东林书院诬为“东林党”的始作俑者，是徐兆魁之流。他们声称：“顾宪成讲学东林，遥执朝政，结淮抚李三才，倾动一时。孙丕扬、汤兆京、丁元荐角胜附和，京察尽归党人。”[1]田一甲说得更加活灵活现，他先是说顾宪成以道学之名号召天下，人们靡然而从，于是门户（朋党）之名得以成立；继而说，东林从此“遥制朝绅，迫胁台辅”，朝中一二奸雄与之气脉相通、呼吸相应，“钳天下之口，而操仕进之权”，于是门户（朋党）之威得以炽烈；最后的结论是：“以故李三才、王元翰等一入其党，而贪可为廉；黄克缵、史继偕等不入其党，而贤可为不肖”。[2]竟然凭空虚构出“一入其党”“不

1 蒋平阶《东林始末》。
2 钱一本《万历邸钞》，万历四十一年癸丑卷，十月。

入其党”之类荒唐话语，可是举不出李三才何时何地加入“东林党”的证据，只是为渲染顾宪成与李三才“结党”，鼓噪一番而已。

《明史·孙丕扬传》对此的描述是十分确切的：“先是，南北言官群击李三才、王元翰，连及里居顾宪成，谓之东林党。而祭酒汤宾尹、谕德顾天埈各收召朋徒，干预时政，谓之宣党、昆党，以宾尹宣城人，天埈昆山人也。御史徐兆魁、乔应甲、刘国缙、郑继芳、刘光复、房壮丽，给事中王绍徽、朱一桂、姚宗文、徐绍吉、周永春辈，则力排东林，与宾尹、天埈声势相倚，大臣多畏避之。”[1]“东林党”名称的由来，至此已经昭然若揭。

顾宪成去世后，徐兆魁之流集中火力猛攻李三才。李三才迫于形势，接连向皇帝呈上十五道请辞奏疏，皇帝既没有同意表示也没有表示不同意。李三才既然得不到皇帝的旨意，索性自作主张挂印而去，回到家乡通州。皇帝迟迟不批准他的辞职请求，也不任命替代者，使得漕运总督与淮扬巡抚的岗位空悬在那里。攻击他的人唯恐他东山再起，不把他搞臭决不罢休。

河南道御史刘光复冲出来充当打手，先是诋毁他“煽乱人心”：“年来于玉立、李三才逞其伎俩，煽乱人心，幻术通天，气焰盖世。柔者奉之若

1 张廷玉《明史》卷二百二十四《孙丕扬传》。

神，怯者畏之如虎，番谋世界，兆端已见。即老成历练亦有密输款诚，以图远大富贵，彼候命诸臣宁无一二脚跟不定者乎？”[1]继而又诬蔑他“翻天覆地”：“数年来，于玉立、李三才遥制朝权，指挥徒隶，几于翻天覆地，世界有不测之忧。”[2]

刘光复可能意识到“煽乱人心”“翻天覆地”的罪名过于虚空，不能激起皇帝的恼怒，于是改变策略，揭发他利用职务之便，把从运河运到通州修建皇宫的木料据为己有，营建私宅。他以夸张的语气说：“李三才居室连云，几于半州。所用木料，俱是先年奉旨差官解到鹰平木，凡二十二万八千有零。纵逃盗贼之名于一时，终不能逃盗贼之名于后世。”[3]

这一招十分阴险——“迎皇上惜费之睿心”，最易激怒皇帝。工科给事中刘文炳立即与之呼应，也在盗用皇木上大做文章：“李三才查法木虽多，不过头运二运，不离已收未收。以此两者，按籍而求，有无虚实可以立见。果原数不少，三才盗买，不待辨而自明；若原数有亏，商人倒卖，即有喙难以自解。”[4]江西道御史李徵仪也遥相应和：“臣查鹰木条桥等木，以五十七万三千二百余根为额，分作三运，除第三运未起运外，其头运木该二十一万一千一百一十六根，除收过外，尚少三万二千六百二十三根。”[5]他们两人都以骇人的数

1 钱一本《万历邸钞》，万历四十二年甲寅卷，十月。

2 钱一本《万历邸钞》，万历四十二年甲寅卷，十月。

3 钱一本《万历邸钞》，万历四十二年甲寅卷，十一月。

4 钱一本《万历邸钞》，万历四十二年甲寅卷，十一月。

5 钱一本《万历邸钞》，万历四十二年甲寅卷，十一月。

字，证实刘光复所言不虚。工部郎中聂心汤、大理寺丞王士昌也协助刘光复攻击李三才。[1]

对于刘光复等人的诬陷，李三才忍无可忍，向皇帝申诉，实乃“言官朋谋蒙蔽，假公陷害”。他指出，这是一场阴谋，有幕后指使者在操纵：“御史刘光复、李徵仪，俱系汤宾尹、韩敬至亲密友，诬职擅用皇木二十三万，又挟制工部林如楚、聂心汤，说木是李家强买去了。此非聂心汤本心，不过畏惧御史，为之出力，陷害报仇。清平世界，乃有卢杞、秦桧所不敢为者，今公然为之。”为了自证清白，他请求皇上查抄他的家产，以明心迹。[2]他还写信给李徵仪、聂心汤，希望他们不要“误为他人报仇”，看清刘光复之流的险恶用心：“假皇木如天之大祸，迎皇上惜费之睿心，计诱穷迫之客商，势挟软媚之司属，至巧至毒，极奸极狠”。要他们“平心思之，忍乎不忍乎”？[3]

然而形势已经难以逆转，主管此事的工部署理部务右侍郎林如楚，一方面为李三才讲几句公道话：如果仅仅是盗买，那么责任应该分于商人，而不专在本官；如果发商卖抵脚价，那么责任应该分于司官，又不在商人与本官。另一方面要他自我反省，身为大臣，贪图市价便宜，买官木以便私图，其过失不可掩盖。要他束身归命，听从朝廷处分，不得哓哓自辩。[4]御史刘光复紧追不舍：“李三才恣

1 万斯同《明史》卷三百三十五《李三才传》。

2 钱一本《万历邸钞》万历四十二年甲寅卷，十一月。

3 钱一本《万历邸钞》万历四十二年甲寅卷，十一月。

4 钱一本《万历邸钞》，万历四十二年甲寅卷，十一月。

肆不法，跋扈无将，擅用奉旨差官买来之皇木，盖造壮丽房屋数百间，起建受用花园，吞占国家祖宗相传木厂基地百余亩。役朝廷之官军，充私家之工用；去朝廷之城砖，砌私家之墙垣。”[1]

擅用皇木，侵占堆放皇木基地，建造私宅、花园，终于激怒了皇帝，下旨查勘李三才宅园。万历四十三年正月二十二日，署理部务的工部右侍郎林如楚，率领监察工程的兵科给事中吴亮嗣、工部郎中聂心汤、江西道御史李徵仪等，奉旨前往通州通惠河湾李三才宅邸清查此案。结果是在意料之中的。

吴亮嗣的清查报告，并无具体数据，堆砌了一大堆尖刻词语：“尚书李三才风尘念重，货利情多，惮物力于蘧庐，罔惜天孙之锦；逞浓华于土木，羞称金谷之春……历官四十年，何曾识清廉之字；虑周千万世，无非为骄纵之谋。”结论是：应该剥夺他的官爵，以清士望。[2]

林如楚的报告也是如此，他向皇帝描绘李三才的宅园：从前门进入，瑰丽神奇，见者惊诧；从后门进入，崔巍广大，势甚铺张；最后一幢为家眷所居，无法进入，据商人透露，这里占用木料最多。他提供了三条证据，一条是：所用木料多系南杉，但是“出卖无主，报税无票，此木非得自官，胡为乎无胫而至？”另一条是：盖造花园用地，“即系

1 钱一本《万历邸钞》，万历四十二年甲寅卷，十一月。

2 钱一本《万历邸钞》，万历四十三年乙卯卷，正月。

当年皇木厂基”，有州官、河道官之档案卷宗为凭。第三条是，从李府的二门至大门，占用广福寺香火地，以及户部仓库基地。[1]

万历四十三年三月，皇帝下旨，命三法司会审李三才用木占厂的事情。

为了配合会审，户科给事中官应震大造舆论：“李三才大奸大贪，今古罕俪，往宵小党护，交口清流。而当先摘贪状为邵辅忠、徐兆魁、钱策，已而王三善挺身请往勘。假令不待今日之勘，而早勘于当时，将海内贤奸一笔判断，于今五六年内，三才或有悛心，今三才败露极矣！”在丑化李三才的同时，顺带丑化东林书院：“东林理学，强半虚名，砥节夸修才一二止耳。方其盛时，缙绅为主，而诸生旁助之。今稍替，则诸生为主，而缙绅阴使之。方其盛时，意得志满，其气浮，故其恶亦浮，如猰貐虎豹，张牙踞齿，可畏亦或可避。近稍替，则奸谍憰计，其意深，故其恶亦深，如魑魅魍魉，潜踪匿迹，可畏而更不可测……以此景象，几成罗刹鬼国矣。”语言之恶毒，可谓登峰造极，意图很明显，要求朝廷“痛加惩创，以为植党恣睢者戒”。[2]所谓“植党”之“党”，当然是“东林党”。

万历四十四年十月，已经被定性为“大奸大贪”的李三才，本着一向直言不讳的风格，向皇帝呈进长篇奏疏，分析朋党之争对于政治的危害，主

1 钱一本《万历邸钞》，万历四十三年乙卯卷，正月。

2 钱一本《万历邸钞》，万历四十三年乙卯卷，四月。

张不要把李三才与东林混为一谈，消除党祸。虽然已经身败名裂，却一如既往，锋芒毕露，剖析沈一贯以来的所谓浙党、宣党，洞若观火："自沈一贯假捏妖书，擅戮楚宗，举朝正人攻之以去。此沈一贯自作之孽，原与浙人无干，而浙人何必死与正人为仇也。韩敬与汤宾尹交通关节，幸中会首，此自韩敬、(汤)宾尹自作之孽，又与浙人宣人无干，而浙人宣人又何必死与诸正人为仇也。今挺身主盟，目无君父，为沈一贯、韩敬报怨者，则大理(寺)少卿王士昌、御史刘光复，甘为王士昌、刘光复效力者，则御史刘廷元、李徵仪等，给事中商周祚、姚若水等，郎中聂心汤、陆梦龙等。"近年来他所遭到的攻讦，绝非无缘无故，有着明显的朋党背景，却反诬他人结党，甚嚣尘上的东林党论，其源盖出于此。所以他要站出来大声说，李三才是李三才，东林是东林。尽管有人诬陷他"一入其党"了，自己很清楚，并未"一入其党"，以旁观者的身份为东林辩诬。

他列举了正人贤者一批批遭到排挤打击，无不是"奸党仇正"的结果。进一步指出："今奸党仇正之报，不过两端，曰东林，曰淮抚。何以谓之东林哉？乃光禄(寺)少卿顾宪成讲道东南之所也。宪成忠贞绝世，行义格天，继往开来，希贤希圣。而从之游者，如高攀龙、姜士昌、钱一本、刘元珍、安希范、于玉立、黄正宾、乐元声、薛敷教等，皆研究性命，检束身心，亭亭表表，高世之彦也。异哉，异哉，此东林也，何负于国家哉？今不稽其操履，不问其才品，偶曰东林也，便行屏斥，顺人者以此恣行其奸，谗人者以此横逞其口。见任之科道，如马孟祯、周起元等，皆居然一代名臣，只以东林之故，而立为例转。已选之科道，如张光房、旷鸣鸾等，皆皭然一特硕彦，只以东林之故，而立见改拟。即一世人望，如邹元标、赵南星、杨东明辈，天下仰之如景星庆云，亦以此名加之，即迟而不推，推而不下。其所亟推巧于取旨者，非奸猾之史继偕、徐兆魁等，即奸贪之乔应甲、朱一桂等也。异哉，异哉，东林何负于国家哉?”话语毫无顾忌，直击要害：为什么要把“东林”作为整人的把柄，致使操履高洁、才品卓越的一世人望，难逃厄运?攻击别人为朋党，自己恰恰是朋党。

对于一个以讲学为宗旨的书院，竟然遭到如此不公平的对待，他以为是衰世不祥之兆：“嗟乎，嗟乎！此衰宋伪学之禁，奸人乱政之术也。由今观之，周程张朱不是伪学；由他日观之，顾高姜钱岂非君子耶?异哉，异哉，(王)士昌、(刘)光复何不羽翼圣学，辅赞皇朝，而乃谆谆切切、汲汲鳃鳃，日效衰宋奸邪之故，以报区区朋友之私怨哉！不忠不义，侮圣臧贤，无法之罪可胜诛耶……嗟嗟异哉，一负贤名，便遭罗网，在朝在野、除之必尽。国家二百年来，曾有此事例否耶?此严嵩、张居正之所不敢为也！”[1]

真是酣畅淋漓，把长期淤积心头的怒气怨气，倾泻而出，把奸人炮制的“东林党”论，驳得体无完肤。然而，得到的结果，不是奸人的失败，而是

1 钱一本《万历邸钞》，万历四十四年丙辰卷，十月。

李三才的革职为民。万历四十三年会审李三才擅用皇木占用厂基案件，由于不久之后发生梃击案，朝廷暂时无暇顾及。一直拖延下来，没有处理。恰恰就在此时，刑部把会审的结论上报皇帝。一向对李三才颇有好感的皇帝翻脸不认人，当即下达措辞严厉的圣旨："这奏内事情，屡次会勘明白，李三才身居宪职，进阶尚书，既属回籍官，不思省修行，辄敢盗买皇木，侵占厂基，胆大欺君。却又数逞狂妄，扰乱计典，好生可恶，本当置以重辟，念系大臣，姑从轻，着革了职为民当差，永不叙用。"[1]

李三才受到"革职为民、永不叙用"的惩处，是朋党政治结下的恶果，好在历史对他的评价是公正的。万斯同说："(李)三才才大而好用机权，善笼络朝士，抚淮十三年，结交遍天下，性又不能持廉，以故为众口所毁。其后击三才者，若邵辅忠、徐兆魁、王绍徽、徐绍吉、乔应甲、刘廷元、姚宗文、潘汝桢、吴殿邦辈，咸以附魏忠贤，名丽逆案。而推毂三才，若顾宪成、邹元标、赵南星、刘宗周，皆表表为时名臣，故世更以三才为贤。"[2]

2."一支重整道德的十字军"

邵辅忠、徐兆魁之流说顾宪成"讲学东林，遥执朝政"，是别有用心的，清朝钦定的《明史》未

1 钱一本《万历邸钞》，万历四十四年丙辰卷，十月。

2 万斯同《明史》卷三百三十五《李三才传》。

加细察，人云亦云，也说顾宪成“讲习之余往往讽议朝政，裁量人物”。[1]实在是不着边际之论，误导了后世学者，引起对东林书院的误解。

那么，应该如何看待东林书院呢？

台湾学者林丽月的论文《明末东林派的几个政治观念》，引用美国学者Charles O. Hucker对东林运动的精辟论断：“明末东林运动的失败，代表传统儒家观念与现实恶劣政治势力斗争的一个典型，他们是一支重整道德的十字军，但不是一个改革政治的士大夫团体。”[2]笔者以为，这是近几十年来关于东林书院比较准确的定位。值得注意的是，他不用“东林党”的说法，而称之为“东林运动”。林丽月也不用“东林党”的说法，称为“东林派”。她解释道：“天启年间，魏忠贤的党羽先后编列多种东林党人名录，成为魏珰整肃异己的依据，前后指目东林者，有东林点将录、东林党人榜、东林朋党录、东林同志录、东林籍贯录、盗柄东林夥、夥坏封疆录、东林胁从等……近人朱倓撰有《东林党人榜考证》与《东林点将录考证》二文，订正其讹误与改窜之处。故知后世所谓‘东林’，自不尽等于天启崇祯间诸名录中所列的‘党人’，是以本文姑将东林书院的领导人物及其清议的支持者，以及反对魏珰的士大夫称为‘东林派’而不称‘东林党’，以示与真伪措置的东林党人诸名录所指者有别。”[3]

1 张廷玉《明史》卷二百三十一《顾宪成传》。

2 林丽月《明末东林派的几个政治观念》，《台湾师大历史学报》第十一期，1983年，第32页。

3 林丽月《明末东林派的几个政治观念》，《台湾师大历史学报》第十一期，1983年，第22页。

以顾宪成为代表的东林书院诸君子着意于重整道德，广义地说，可以包括两个层次：在朝为官时整顿君臣的政治道德，在野为民时整顿士子的学术道德。高攀龙对此有极好的说明。他在万历二十年行人司任上写了一本奏疏，劈头就说："自古治天下者，未有不以教化为先务，而教化之污隆，则学术之邪正为之，所系非小也。是以圣帝明王必务表章正学，是天下晓然知所趋，截然有所守，而后上无异教，下无异习，道德可一，风俗可同，贤才出而治化昌矣！"[1]这段话反映了他们早年的政治理想，从上而下地重整道德，以期达到"贤才出而治化昌"的境界。

首先，关于为君之道。万历十五年身为吏部验封司主事的顾宪成，主张改变官僚队伍中的派系门户之争，认为关键在于皇帝："皇上何以不若尧舜，在廷诸臣何以不若皋夔稷契，天下何以不若唐虞？盖变化人才转移世道之机实在于此。《大学》曰：自天子以至于庶人，壹是皆以修身为本。《中庸》曰，正己而不求于人则无怨。《孟子》曰：行有不得者皆反求诸己，其身正而天下归之。又曰：善养人然后能服天下。"[2]他以儒家的伦理道德来要求皇帝，"以修身为本"，"以天下为心"。在他们看来，天下并非皇帝一己之私，不可以一己之私而掩天下，要以"天下为公"的道德来规范皇帝所有的言

1 钱一本《万历邸钞》，万历四十四年丙辰卷，十月。

2 顾宪成《睹事激衷恭陈当今第一切务恳乞圣明特赐省纳以端政本以回人心事疏》，《泾皋藏稿》卷一。

行。万历十四年廷对时，顾允成针对皇太子册立问题，直言不讳地指出：天下并非皇上一己之私。万历二十年顾允成针对“三王并封”，再次重申“天下事非一家私事”。[1]

其次，关于为臣之道。万历十四年南京提学御史房寰诋毁南京都察院右都御史海瑞，顾允成与同僚联名上疏，抨击以房寰为代表的邪恶势力，义正词严地说：“臣等自十余岁时即闻海瑞之名，以为当朝伟人，万代瞻仰，真有望之如天上，人不能及者。至稍知学，得海瑞‘直言天下第一事疏’读之，其大有功于宗庙社稷，垂之千万年不磨……如果臣言不谬，乞将（房）寰去之不疑，将（海）瑞任之不贰，使天下晓然知上意之所在，则君子之道日长，小人之道日消，三代直道复见于今，而朝廷永享平明之治矣。”[2]明确无误地倡导以海瑞这样的正人君子、清官廉吏为楷模，重建符合儒家伦理纲常的君臣关系。顾宪成、顾允成兄弟对弥漫于官场的乡愿哲学深恶痛绝。顾宪成主张像海瑞那样反对乡愿，慨乎言之：“乡愿之同流合污，从而不倡者也。大家如此，一滚随去，凡事都不做头，既以忠信廉洁媚君子，而其同流合污又不为倡而为从，则君子亦宽之而不责矣；既以同流合污媚小人，而其忠信廉洁又不为真而为似，则小人亦安之而不忌矣。”[3]顾允成也说，乡愿道学中人，“占尽世间便宜，直

1 高攀龙《顾季子行状》，《高子遗书》卷十一。顾允成《恭请册立皇太子疏》，《小辨斋偶存》卷二。

2 顾允成《恳除邪险疏》，《小辨斋偶存》卷二。

3 顾与沐等《顾端文公年谱》，万历二十七年八月，高存之日记云。

将弑父弑君种子暗布人心”。[1]

顾、高诸君子从官场退居林下，创办书院从事讲学活动之后，不再企求重整君臣之道，倾全力于重整学术之道。一言以蔽之，通过讲学活动纠正弥漫于社会的学术流弊。这种精神在东林书院成为一种潮流，强烈地凸显出来。正如华允谊所说：“嘉隆以降，则学术盖多歧矣。姚江（王阳明）扫除格致，单揭良知，其说深入人心髓，而程朱正脉几处闰位。于是顾端文（宪成）、高忠宪（攀龙）两先生倡复书院，阐绎而救正之。”[2]严瑴也有类似的说法：“乃文成（王阳明）倡学姚江，以致良知为宗，而或又疑其流于禅，则亦惟端文、忠宪二先生克辨，故端文曰小心，忠宪曰真知实践，皆凛凛劼毖于儒释朱陆几微异同之间，是功在学术。”[3]

不妨看看顾高两先生是如何重整学术道德的。

顾宪成在回顾近世儒学发展时，特别强调辨明朱熹与王阳明异同的重要性：“至朱王二子始见异同，遂于儒门开两大局，成一重大公案，故不得不拈出也。尝试观之：弘（治）正（德）以前，天下之尊朱子也甚于尊孔子，究也率流而拘，而人厌之，于是乎激而为王子。正（德）嘉（靖）以后，天下之尊王子也甚于尊孔子，究也率流而狂，而人亦厌之，于是乎转而思朱子。”[4]因此他要拨乱反正，高喊：“士之号为有志者，未有不亟亟于救世者也”。[5]而救世

1 高攀龙《顾季子行状》，《高子遗书》卷十一。

2 华允谊《东林续志序》，康熙《东林书院志》卷首。

3 严瑴《东林书院志序》，康熙《东林书院志》卷首。

4 顾宪成《日新书院记》，《泾皋藏稿》卷十一。

5 顾宪成《赠凤云杨君令峡江序》，《泾皋藏稿》卷八。

的手段就是“相期于道德”:“砥操砺节，昭昭冥冥，一禀于诚理，则外无亏玷之隙，而有以保其完矣，其于道德也几乎，则所以报也”。[1]这种道德的重整，是东林书院全部活动的出发点与归宿点，只消看看顾宪成的《东林会约》便可明白 :“窃见迩时论学率以悟为宗，吾不得而非之也，徐而察之，往往有如所谓亲、义、别、序、信为土苴，以学、问、思、辨、行为桎梏，一切藐而不事者，则又不得而是之也。识者忧其然，思为救正，谆谆揭修之，一路指点之，良苦心矣。”[2]顾宪成对父亲的品评，或许反映了东林书院重整道德所要达到的境界 :

> 非有一关一柝之寄，而能代人之忧；
>
> 非有升斗之储于家，而能急人之急；
>
> 非有移风易俗之任，而能折人之邪；
>
> 非有寻章摘句多闻多见之学，而拟是非、策成败，动中乎《诗》《书》;
>
> 非有沾沾煦煦之术，可以悦人要誉于井里乡党。[3]

对于重整学术道德，高攀龙亦作如是观 :“国朝自弘（治）正（德）以前，天下之学出于一；自嘉靖以来，天下之学出于二。出于一，宗朱子也；出于二，王文成公之学行也。”在他看来，王学自有

1 顾宪成《赠桂阳聚所罗侯迁兖州少府序》,《泾皋藏稿》卷八。

2 雍正《东林书院志》卷二《院规·顾泾阳先生东林会约》。

3 顾宪成《先赠公南野府君行状》,《泾皋藏稿》卷二十一。

其功绩，但流弊不小，有流入空虚、为脱落新奇之论的危险，到了王学末流弊端更甚，以虚见为实悟，以任情为率性："始也，扫闻见以明心耳，究且任心而废学，于是乎诗书礼乐轻，而士鲜实悟；始也，扫善恶以空念耳，究且任空而废行，于是乎名节忠义轻，而士鲜实修"。[1]他在东林书院多次评判程朱与陆王的异同、优劣，流露出急于补偏救弊的心情。他对学生说："学问俱有一个脉络，即宋之朱（熹）陆（九渊）两先生，这样大儒也各有不同，陆子之学是直截从本心入，未免道理有疏略处；朱子却守定孔子家法，只以文行忠信为教，使人人以渐而入。然而朱子大，能包得陆子；陆子粗，便包不得朱子。"[2]学生问他王畿论学失误的原因，他回答是阳明先生教导不够谨严，未免有放松处。他认为，阳明先生一路学问，看来毕竟有渗漏。[3]

在高攀龙心目中，东林书院的讲会致力于净化道德，澄心去妄。他晚年从北京寄回的家书，一如既往地肯定东林书院的这种追求，对晚辈说："到东林最可入头，大众会集时，满堂肃然，此时默坐澄心，看有妄想也无？听歌诗时，看有妄想也无？妄想一寂，即是真心。真昧成妄，妄醒成真，一反覆间耳。得此意，到东林实做工夫，方不做了人事，久之，其味无穷，受用无尽。"[4]他强调的是实做工夫，不做人事。

1 高攀龙《崇文会语序》,《高子遗书》卷九上。

2 雍正《东林书院志》卷五《会语·高景逸先生东林论学语（上）》。

3 雍正《东林书院志》卷六《会语·高景逸先生论学语（下）》。

4 高攀龙《高子遗书》卷十《家训·附杂训·勖赴讲会》。

东林书院的谦谦君子们，以澄澈明净的心境，来对待他们视为灵魂寄托的学问工夫，以一种近乎宗教般虔诚的态度从事讲学活动，外人是难以理解的。后人误以为他们是在“讽议朝政，裁量人物”，不是雾里看花，便是盲人摸象。吴桂森（觐华）发扬顾宪成与高攀龙的宗旨，重新申订东林会约，第一条就是“笃力行以宗教”：“宗教者，奉泾阳（顾宪成）、启新（钱一本）、景逸（高攀龙）三先生之教，宗而主之也。盖东林之教，源本程朱，以穷理致知，以居敬存养。三先生用几十年苦功而得之，于性命之微、修悟之法，参究已极精，辨析已极透，定于一尊，所以嘉惠后学者，至径至切。今只须奉为法程，尽力步趋，实实穷理，实实居敬。”[1]细细琢磨东林书院“笃力行以宗教”的精神，称他们是“一支重整道德的十字军”，实在是再恰当不过了。

3.“小人之倾君子，未有不托于朋党之一言”

◤ 复社是明朝末期的一个政治、学术团体，创建于崇祯二年，早期领袖为张溥与张采。初期成员多是江南一带的读书人，后来发展为全国性社团，前后入会者超过两千人。

复社成员吴应箕有感于当时的朋党政治对国家的危害，慨乎言之：“尝观国家之败亡，未有不起于小人倾君子之一事；而小人之倾君子，未有不托于

1　雍正《东林书院志》卷二《院规·吴觐华先生申订东林会约》。

朋党之一言。汉有顾、厨、俊，及唐有清流白马之祸，宋有新法、伪学，所号为党人流及之祸，祸中于君子，而国运随之以亡。兴言及此，真不知贾生之流涕尽而继之以血也！然党锢之祸，其流甚烈，而其源有渐。”[1]朋党是小人陷害君子常用的手法，其危害性不仅仅限于君子的命运，而是国家的败亡，可谓振聋发聩。

他写于崇祯九年的策论，其中之一题为“别邪正”，认为朋党的形成关键在于皇帝不分邪正：“国家之大患，莫大乎人臣之自为朋党，而其病由于人主之不分邪正。夫不分邪正，使君子小人杂进，于是君子以小人为小人，小人亦以君子为小人；小人指君子为朋党，君子亦自以为党而不辞。始未尝不从国家起见，后不过争竞门户。迨争竞门户，而君子常易衰弱，非易衰弱也，君子难进而易退，难荣而易辱，于是小人揣得其情，攻之以必忌，持之以难久。不幸君子或授之以间，又不幸附君子者或因之为市，而君子之势孤矣。君子之势孤，国家之事去矣。”这段话似乎是在泛泛而论，其实具有很强的现实针对性。他提醒崇祯皇帝：陛下试观即位以来，谁为顺悦，谁为戆直？谁揽权势而难于进退，谁重气节而轻于祸福？谁矢念于国家，谁快心于报复？又提醒皇上试观万历时代，所谓身在朋党横被攻击者，其后之孤忠劲节，甘死如饴者何如？[2]

1 吴应箕《门户始末》，《东林本末》上。吴应箕《东林本末》共有上、中、下三篇，《楼山堂集》卷七之《国朝纪事本末论》，只收《东林本末》下，不收《东林本末》上、中。文中所说“汉有顾、厨、俊”，是指东汉党锢之祸中遭到迫害的志士仁人，称为三君、八俊、八顾、八及、八厨，引为社会楷模。

2 吴应箕《别邪正》，《楼山堂集》卷九《策·拟进策》。

这种看法并非吴应箕所独有，而是明末清初的有识之士的普遍共识。谓予不信，请拭目以看下列诸位的高论。

复社成员侯方域很少写论文，唯独写了《朋党论》，观点与吴应箕极其相似，而目光之深邃，与吴应箕有异曲同工之妙。他说："君子小人之不能不分也久矣，其祸必成于小人，其罪必归于君子，此二者相持不并立之势也。而小人必胜，君子必败。其小人之所以胜者，大率自称孤立，其君子之所以败者，必以为朋党……夫主上居深宫之中，与臣庶隔绝，常恐天下之欺己，而密以为防，群天下之人而有朋，群国家之臣而有党，此岂人主所乐闻哉！彼小人者或缓言之或急言之，或密勿帷幄之地私札陈之，或以草野不经意之人伏阙请之。而左右各有所树，又阳探而阴讽焉。贤否混淆，利害贸乱，则主上岂暇究朋党之人为何如人，问党人之事为何事哉，势必去之而后止，又必尽去之而后小人之心安。顾君子无罪也，即或有罪矣，而众君子无罪也。一自党人之说出，则首必有主谋者，次必有同志者，又次则亦必有胁从者，群陷之而群逐之，此宁有虚实可辨，而众寡可分哉？"[1]这是对万历以降的朋党之争愈演愈烈，所做的深刻剖析，小人借用

◤侯方域像

侯方域，字朝宗，河南商丘人，复社成员。侯方域与青楼女子李香君的爱情故事，被清代戏剧家孔尚任编成戏剧《桃花扇》。著有《壮悔堂文集》等。

1　侯方域《朋党论（上）》，《壮悔堂文集》卷七《论》。

“朋党”陷害君子，不仅打击“主谋者”，也牵连到“同志者”“胁从者”，使得正气黯然，邪气嚣张，一派衰世景象。侯方域感慨道：“自世之既衰也，而党人之目在下，盖小人既逐君子，则朝廷之上可以惟我所为，而恒恐君子之在下者，得而非议之。于是因其议论而指为讥刺，观其风节而诬为标榜，群天下名彦之士，而尽陷之语言文字之中，使其辩无可辩，而逃之不可逃，则小人之势成矣。”[1]

侯方域感叹“人主奈何不之悟也”，所说的“人主”，不是抽象的，而是具体的，指的是万历、天启、崇祯三朝的皇帝，万历朝对于“东林党”的攻讦，到了天启朝登峰造极，崇祯朝虽然清查了阉党逆案，但阉党余孽温体仁之流推行没有魏忠贤的魏忠贤主义，继续攻讦“东林党”。所以《壮悔堂文集》的编者徐作肃对侯方域的《朋党论》点评道：“明朝门户自四明（沈一贯）始分，至乌程（温体仁）而后，士大夫之祸始烈。”[2]

几社名士陈子龙以汉宋两朝史事为例，说明对小人陷害君子的朋党之祸，对社稷危害极大，请求皇帝严惩小人，除恶务尽：“国家不幸而有朋党之祸，为人君者惟有速去小人，删除迸放之务尽，独用君子，以责成效可也。若徒愤人臣之私交，而务

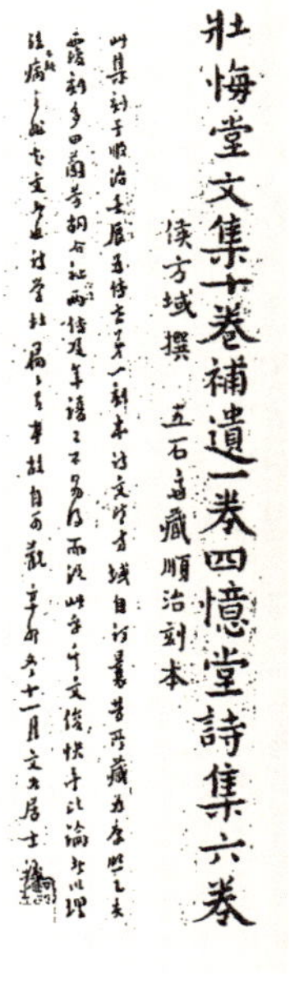

◥《壮悔堂文集》书影

1　侯方域《朋党论（下）》，《壮悔堂文集》卷七《论》。
2　侯方域《朋党论（下）》，《壮悔堂文集》卷七《论》。

破其党，则君子必败，小人必胜，而祸及于社稷，此东汉之事也。又若两无所信，而杂然并进，以杀其势，则国家徒受小人之患，而不得君子之用，卒至于小人大胜，而君子大败，国亦随之。此赵宋之事也。”他的这篇策论写于崇祯九年，这些话自然是讲给崇祯皇帝听的，背景却是万历、天启年间朋党之祸对他的刺激，剖析君子之所以被小人诬蔑为朋党的原因，具有与众不同的视角：“世主所切齿而去之惟恐其不速者，莫过于朋党。然使君子、小人各植交以相角，而朋党之名必在君子，人主之所恶亦必在君子。小人未尝无党，而人主卒不可得而见之也，其故何哉？君子以道义相期，以意气相鼓，自以为其名甚高，其事甚显，翘翘然号为一辈。而小人之交，亦自知无所执以为名也，故每阴相结纳，而人不知。君子有致君泽民之志，故好论天下之事，议论之合，交相引重；而小人志趣卑下，塞默安静，士人莫得其端倪。君子以仁恕为心，与人同功，亦与人同祸；而小人天性残忍，虽其私昵，时时有所割弃以自全。君子以廉耻名节为重，故一事之激，则群起而争之；而小人无耻，虽有难堪之辞，茹而不厌，至于鸷击之时，其党但阴为之谋，而不出师以相助，惟使一身搏战，以邀孤立之名。”[1]

以上不厌其烦地引用明末知名人士关于朋党

1 陈子龙《别邪正（丙子岁作）》，《安雅堂稿》卷九《策》。

的论述，读者诸君是否可以从中感知，他们对于朋党有不谋而合的共识：小人陷害君子最厉害的伎俩，莫过于给君子扣上“结党”的帽子，以期达到打击一大片之目的，酿成危害国家与社会的朋党之祸。“东林党”这个称呼，就是小人强加于顾宪成为首的东林书院的诬陷不实之词，所谓“李三才、王元翰等一入其党，则贪可以为廉；黄克缵、史继偕等不入其党，而贤可以为不肖”云云[1]，完全是无稽之谈。他们所谓的“东林党”，原本就子虚乌有，哪里谈得上“一入其党”呢！把东林书院视为“党”，而且还扯上“入党”“不入党”的组织关系，令人绝倒！人们必然要问：顾宪成何时“建党”？李三才等何时“入党”？莫名其妙！

把东林书院视作“党”，无异于重现南宋禁锢朱熹的“伪学逆党”之祸。南京工科给事中喻致知指出，这是不祥之兆：“今为世道计，不患讲学，患不讲学；又不患不讲学，患不真讲学……且伪学之禁，盛世不闻，仅于宋季见之。”他追溯南宋时当权者为了打击异己，把朱熹理学作为伪学加以禁止的史事，议论道：“从此伪学之禁网益密，宋之国祚以不振。臣非知学者，第幸际休明之运，幸生崇学之乡，窃计圣明在上，而使天下以理学为讳，书之史册，传之后世，成何景象？”[2]顾宪成与东林书院遭到不公平对待，当年朱熹创办白鹿洞书院，讲明

1 钱一本《万历邸钞》，万历四十二年癸丑卷，十月。

2 钱一本《万历邸钞》，万历四十一年癸丑卷，十二月。

理学，被诬为“伪学逆党”，遭到禁锢，并且炮制五十九人的“伪学逆党”黑名单，致使朱熹在忧心忡忡之中病逝。顾宪成与朱熹两人的命运，何其相似乃尔！

◤ 朱鹤龄，苏州吴江人。明亡后隐居家乡，专心著述，与顾炎武、钱谦益、吴伟业、万斯同、徐乾学等有往来。著有《毛诗通义》《愚庵小集》等。

有鉴于此，清初学者朱鹤龄发表“无党论”，因为“党祸”对国家只有坏处绝无好处。请看他的议论：“国之有党，犹木之有蠹(即蠹)。蠹之啮木也，不啮其外，而啮其心，日朘月蚀，中心凋丧，而枝干从之。历观汉唐宋以来之党祸，未有不犹是者也。汉唐之党以击宦官，宋之党以争新法，其始皆成于君子，其祸皆极于小人。若明季之党，则又异焉。东林首庸非不廉正有守，及名盛而附之者众，于是小人之雄，或阴托君子之籍，玄黄之战，一胜一负，屡胜屡负，而国运随之以尽，斯盖合汉唐宋之党祸为一者也。”他不同意这样一种意见：君子小人之党就像阴阳那样自然而然，明君圣王也无可奈何。他反驳道：“《大易》云：涣其群元吉。《洪范》云：无党无偏，王道平平。孔子亦云：君子群而不党。人皆比肩事主，国尔忘家，公尔忘私，何从有党？党固非小人之幸，亦岂君子之福哉？夫有党必立异同，同乎己者，援之惟恐不广。援之广，小人间工其术以媚我，亦为所中而不觉矣。异乎己者，锄之惟恐不力。锄之力，小人必合其类以㾊我，终为所困而不胜矣……况乎小人植党，君子胜之亦以党，角立之势终必两伤。欧阳子有言：小人所好者利达，所贪者财货。今目东林数公而外，其有不急利达者谁乎？有不滓财货者谁乎？”[1]朱鹤龄并非东林的同道，也不认为东林一切皆好，在他看来，东林“其义甚正，其名甚高，识者反以为迂阔而多事”。但是，他明确反对明季攻讦“东林党”的朋党政治，以为是集汉唐宋党祸之大成。所以他遵循孔子的意见——君子群而不党，提倡“无党论”。

“党”这个字，在现今人们的话语体系中的含义，几乎成了“政党”的同义语，诸如报刊上常见的社会党、民主党之类。政党是现代政治特有的现象，中国古代并无政党可言。然而史书中经常见到“党”的字样，那是朋党之“党”，而非政党之“党”。东汉的“党锢之祸”，唐的“牛党”“李党”，北宋的“新党”“旧党”以及“元祐党人”，南宋的“伪学逆党”，明末的“东林党”，毫无例外都是朋党，或者是被对立面诬为朋党。

汉字的特性是一字多义，在《辞海》中，“党”这个字的释义多达六项，既有政党之意，也有朋党、朋辈之意。现代人由于社会环境与语言环境的影响，对“党”字的直觉印象，往往侧重于前者，而忽略后者，或者将两者混为一谈。在英文中，政党的“党”是Parties，朋党的“党”是Factions，

1 朱鹤龄《无党论》，《愚庵小集》卷十一《论》。

区分得一清二楚，不至于把朋党混淆为政党。《剑桥中国隋唐史》写到“牛李党争”，特别指出两者的差别：“（牛党、李党）这种派别不论在当时或者后世历史记载中，都被称为‘党’（Factions），但绝不是我们今天意义上政党中的‘党’（Parties）。九世纪唐朝的党不是基于经济的、明确纲领和严格纪律的集团，它只是政治人物们的松散结合体，产生于难以确认的复杂的个人关系网络。唐代的朋党不像今天的政党那样根据政见的不同来吸收成员，它没有很强的核心结构；它的成员的属性也不固定。”该书的编者还特别强调：“中国的政治伦理通常都认为，如果准许在朝廷结成朋党（朋党乃是广泛的政治活动的必然结果），那么，人们所期待的能够实现长治久安的道德和社会秩序便要可悲地受到损害”；“‘党’这个字表示道德败坏，它对指控者和被指控者都有威力，都可能遭到贬谪”。[1]这种别开生面的解释，对于中国学者而言，极富启发意义。

毫无疑问，所谓“东林党”的“党”，也是朋党的“党”（Factions），而不是政党的“党”（Parties）。当然，东林书院的君子们决不会自诬为朋党，因为“‘党’这个字表示道德败坏”，所以“东林党”的称呼是政敌强加于东林书院的。名闻遐迩的《万历十五年》与《中国大历史》的作者黄仁宇，在《剑桥中国明代史》中，写到“东林书院与朋党之争”，

1 崔瑞德《剑桥中国隋唐史》，中国社会科学出版社，1990年，第655页、662页。

明确指出："东林党不是这个用语的现代意义的政治党派。翻译为'党派'的'党'字有贬义，在意义上更接近诸如'派系'或'帮伙'一类的词。成员的身份没有固定的标准；开始时，'党人'从他们的敌人得到这个称号。"[1]多么清晰的思路，多么确切的判断，"东林党"不是现代意义的政治党派，"党人"从他们的敌人得到这个称号。

西方学者对中国古代朋党政治的分析是独具只眼的，或许是旁观者清吧！然而这么简单的问题长期以来被人们曲解了，不少人习惯于把东林看作一个政党，或者看作一个有共同政治纲领的改革家团体。这种对"东林党"的定位，与历史的本来面貌相去甚远。东林其实并无所谓"党"，"党"是它的政敌强加的。

4. 关于"东林"与"浙党"

众所周知，政党起始于近代，17世纪70年代英国的辉格党、托利党便是近代政党的雏形。中国政党的雏形是19世纪末的兴中会，以及20世纪初的同盟会。此前并无政党可言。晚明史上的所谓"党"，无一例外都是朋党，而非政党。所谓朋党是指官僚结成的帮派，而所谓党争自然是指官僚帮派之间的斗争，它与民间人士无关。东林书院的创办

1 牟复礼、崔瑞德《剑桥中国明代史》，中国社会科学出版社，1992年，第575—576页。

者顾宪成、高攀龙等人虽然以前曾经是官僚，早已革职为民，在书院中以弘扬儒家学脉为己任，朝廷中的党争与他们有何干系？明末清初的人士追述这段历史，已经看得不甚真切，误导了后世读者。

夏允彝说："自万历以前，未有党名，及四明沈一贯为相，以才自负，不为人下。而一时贤者如顾宪成、孙丕扬、邹元标、赵南星之流，謇谔自许，与政府每相持。附一贯者言路亦有人。而宪成讲学于东林，名流咸乐趋之，此东林、浙党所自始也。"[1]很显然把东林与浙党相提并论，把万历年间的党争概括为"东林党"与"浙党"之争，浙党是以内阁首辅沈一贯为首的官僚帮派，东林不过是一个民办书院而已，两者不在一个档次上，"此东林、浙党所自始"云云，似是而非。

浙党的魁首沈一贯，万历二十二年进入内阁，万历三十四年致仕，在内阁十二年，担任首辅五年。《明史》对他的品评还算客气："自（沈）一贯入内阁，朝政已大非。数年之间，矿税使四出为民害。其所诬劾逮系者，悉滞狱中，吏部疏请起用建言废黜诸臣，并考选科道官，久抑不下……上下否隔甚。（沈）一贯虽小有救正，大率依违其间，物望渐减。"[2]岂止"物望渐减"而已，他利用"妖书案"，打击陷害沈鲤、郭正域，简直是一派流氓无赖的手法，引起正直人士极大反感。到了万历

1 夏允彝《幸存录·门户大略》，《明季稗史初编》卷十四。

2 张廷玉《明史》卷二百十八《沈一贯传》。

三十三年“乙巳京察”之时，沈一贯利用首辅的权力，在京察中排斥异己，提拔亲信，“南北台省莫敢言”。并非台省言官的刘元珍率先弹劾，庞时雍、朱吾弼等跟进响应，成为当时政治斗争一大焦点。[1]

万历三十三年六月，原任南京兵部职方郎中今听补刘元珍尖锐地指出：“不意今日乃有遍置私人，朦上钳下，如首辅沈一贯其人者”，“（沈）一贯自秉政以来，曾不闻佐辅皇上救生灵于涂炭者何事，又不闻仰承德意起忠良于摈厄者何人，舆论业已薄之，至年来嫉视善类，比昵险人，乖谬尤甚”。他揭发沈一贯的亲信钱梦皋“自身为党，而反以诬异己者，稍有建白，即以朋党目之”，“从古小人乱天下率由斯路，盖未有不以朋党之说先空善类，而后群恣邪谋者”。[2]皇帝对沈一贯信赖有加，不分青红皂白，谴责刘元珍“以补官未遂，辄造妄言，诽诬元辅，蔓及言官”，把他降一级调边远地方。[3]

七月，南京浙江道御史朱吾弼、兵部武库司主事庞时雍，继续弹劾沈一贯，声援刘元珍。朱吾弼支持刘元珍的宏议谠论，对于他受到惩处不胜惊愕，责问道：“考察何典？可以权使，可以奸逃，竟任小人紊旧章而为厉阶耶！则（沈）一贯明明招权，当责以省愆图报；（钱）梦皋明明怙势，当亟于罢斥示惩；（刘）元珍明明忠直，当加之旌异超用者。”[4]

1 文秉《定陵注略》卷三《乙巳大计》。

2 刘元珍《国事纷纭权奸煽弄乞折邪萌以遏乱源疏》，《万历疏钞》卷十八《发奸类》。

3 钱一本《万历邸钞》，万历三十三年乙巳卷，六月。

4 朱吾弼《权奸可畏忠直当原恳乞圣断以杜乱机疏》，《万历疏钞》卷十八《发奸类》。

庞时雍说："当今奸佞孰有如大学士沈一贯者，刘元珍虽言未详，朱吾弼虽又言，止及察事一件，日望台省诸臣昌言而卒重发，致（沈）一贯不肯心折，斥为流言。臣不忍当斯世有君无臣，不得不昧死一言。"[1]

◤ 刘元珍，常州无锡人，万历二十三年进士。历官南京礼部主事等职。万历三十三年适逢"京察"，因弹劾内阁首辅沈一贯、给事中钱梦皋，革职为民。归乡后，在东林书院讲学。

刘元珍、朱吾弼、庞时雍与沈一贯的较量，并非所谓"东林党"与"浙党"的矛盾显现。道理很明显，刘元珍罢官归里后，来到东林书院，受命编《东林志》，但是此前弹劾沈一贯，与东林书院无关；朱、庞二人则自始至终与东林书院毫无关系。

此类事件在万历一朝司空见惯，按照当时人的说法，是"阁部水火"——围绕京察而展开的内阁与部臣台省之间的矛盾。所谓京察是考察京官的定例，曾任吏部考功司郎中赵南星说："五品以下者，本部（吏部）会同都察院从公考察；四品以上者，具疏自陈，俱听皇上定其去留。其考察所遗及自陈幸留者，科道官方行纠拾。"[2]因而每逢京察大计，内阁与吏部、都察院争权，使得原本存在的阁部矛盾白热化。项鼎铉回顾万历朝的"阁部水火"时说："先是，顾泾阳（顾宪成）先生谓余：'曩阁权极重时，颇侵铨地（吏部）职掌，冢宰（吏部尚书）无弗唯之听，

---

1 庞时雍《奸佞首揆大肆欺罔误国疏》，《万历疏钞》卷十八《发奸类》。

2 赵南星《停论劾以重大典疏》，《味檗斋文集》卷一。

甚失祖宗朝重铨之意。自浙陆庄简光祖典铨事，多与阁持，始不相关白。孙清简鑨、陈恭介有年但守之不变。’”项鼎铉颇以为然，对陆光祖、孙鑨、陈有年先后出长吏部，与内阁争权，表示肯定：“持清议，与天子宰相抗，而世局一变。”[1]有意思的是，陆光祖、孙鑨、陈有年都是浙江人，是后起的沈一贯的乡先辈，却并非“浙党”。即此一端，已可见围绕京察的阁部矛盾由来已久，把刘元珍、朱吾弼、庞时雍弹劾沈一贯，称为“东林”与“浙党”的矛盾，是没有说服力的。

项鼎铉回忆道，万历二十年吏部尚书陆光祖与考功司郎中邹观光矢心任事，特简“公廉寡欲”“能甘清苦”的官员许孚远、顾宪成等二十二人，定为上品，请求皇帝褒宠赐宴，并且把贪渎官吏洗涤几尽。继陆光祖出掌吏部的孙鑨，把人事权全归吏部，比陆光祖有过之而无不及。[2]万历二十一年大计京朝官时，“阁部水火”明朗化，皇帝偏袒内阁，严旨谴责“吏部官这等专权结党”。其实何党之有？正如礼部仪制司郎中陈泰来所说：“今因吏部尚书孙鑨、考功司郎中赵南星秉公持正，遭圣旨切责‘该部专权结党’，将来必挈权以阿附阁臣，而后不为专权，必植党以附阁臣，而后为不结党。”[3]由于皇帝支持内阁，阁部水火的结果，导致孙鑨罢官，赵南星、虞淳熙削籍，陈泰来、于孔

1 项鼎铉《呼桓日记》卷一，万历四十年五月二十七日。

2 项鼎铉《呼桓日记》卷一，万历四十年五月二十七日。

3 钱一本《万历邸钞》，万历二十一年癸巳卷，正月。

兼等降级的处分。行人司行人高攀龙愤然上疏，直言："中外群臣不曰辅臣欲除异己，则曰近时不利用正人"，结果遭到"降杂职"的处分。[1]舆论一片哗然，南京刑部郎中谭一召、南京吏部主事安希范、给事中逯中立等纷纷表示谴责。吏部郎中顾宪成也卷入这一漩涡，对于赵南星秉公办事却遭到不公对待，有所不满，与吏部员外郎李复阳联名上疏，不接受"吏部专权结党"的指责，愿意与赵南星分担责任。他说："臣等与（赵）南星生平以道义相期许，及在同部，又以职业相切磨……今（赵）南星被罪，臣等独何辞以免？（赵）南星一意奉公，不以情庇，不以势挠，庶几少挽颓风以报皇上，而竟不免于罪……倘始终以为'专权结党'，乞将臣等一并罢斥。"[2]对此文秉评论道："门户之祸坚固而不可拔，自此始也。"[3]然而这时的"门户"，与"东林"风马牛不相及，理由很简单却很坚挺：东林书院要在十一年后才建立，当时还渺无踪影呢！有的学者总喜欢把"东林党"的起源追溯得越早越好，坚称"东林党"起源于万历二十年代。他们忽略了一个事实："东林党"因东林书院而得名，在没有东林书院的年代，"东林党"的名称从何而来？

万历三十年以后，这种斗争愈演愈烈，在沈一贯成为内阁首辅以后，呈现白热化状态，矛盾围绕

1 文秉《定陵注略》卷三《癸巳大计》。

2 顾宪成《闻命惕衷自惨独免恭陈愚悃以祈圣断事疏》，《泾皋藏稿》卷一。

3 文秉《定陵注略》卷三《癸巳大计》。

着“楚宗案”“妖书案”“乙巳京察”展现出来。日本学者城井隆志的论文《万历三十年代沈一贯的政治与党争》，对此有深刻的论述。[1]

万历三十四年，京察已过，矛盾仍在继续。先由吏科给事中王元翰陈言五事：一，责法令之行；二，专会推之权；三，慎名器之重；四，广赐环之诏；五，严奏办之体。[2]矛头直指内阁首辅沈一贯。漕运总督李三才也尖锐地抨击沈一贯，在奏疏中说：“首辅沈一贯恐（次辅）沈鲤、朱赓逼己之位，既忌其每有谏说形己之短，又耻其事不由己，欲坏其成，故贿买左右，百计相倾，或冷言热语以惑圣聪。”[3]皇帝极力为沈一贯辩护：“一应本章无不省览，发阁拟票，独断次第举行，孰敢专擅？”谴责李三才身为漕运总督，“不思尽心本职，辄敢逞臆妄言，排诬上下文武，牵引多端，惑乱视听，沽名要誉”，给了他罚俸五个月的处分。[4]

这位固执的皇帝终于挡不住汹涌的舆论，不得不下旨，让称病杜门不出的沈一贯致仕。阴狠的沈一贯为了不让内阁次辅沈鲤升任首辅，迫使沈鲤同时致仕。

这种政府高层的权力斗争，与僻处东南一隅的小小东林书院有何干系？非得说成“此东林、浙党所自始”呢？

所谓“东林党”与“浙党”对立云云，臆测多

1 城井隆志《万历三十年代沈一贯的政治与党争》，九州大学文学部《史渊》第122辑。

2 钱一本《万历邸钞》，万历三十四年丙午卷，正月。王元翰《直陈天下受病之由以光赞圣政疏》，《万历疏钞》卷一《圣治类》。

3 李三才《极陈国家治乱大关疏》，《万历疏钞》卷一《圣治类》。

4 钱一本《万历邸钞》，万历三十四年丙午卷，五月。

于事实，虚构多于实证。李三才甚至对“浙党”是否真正存在的实体表示异议，他认为，沈一贯是沈一贯，浙人是浙人，不必牵扯在一起。他说：“自沈一贯假捏妖书，擅戮楚宗，举朝正人攻之以去，此沈一贯自作之孽，原与浙人无干，而浙人何必死与正人为仇也！”[1]

据日本学者城井隆志考察，攻击沈一贯的官员共69名，即使按照当时的朋党标准来衡量，属于“东林”的不过10名而已；另有“昆党”5名，即胡应台、胡嘉栋、熊廷弼、张嘉言、郑振先；“齐党”2名，即周永春、韩浚；其中有些属于“反东林派”，共有12名：胡应台、胡嘉栋、张凤彩、彭惟成、李瑾、刘文炳、刘时俊、金明时、周达、张邦俊、房壮丽、刘光复。[2]这就意味着，在反对沈一贯的队伍中，并非单一的“东林”，还有“昆党”“齐党”以及“反东林派”，朋党之争的复杂性，由此可见一斑。

即如列入“昆党”的郑振先，就值得细细推敲。沈一贯下台后，朱赓、李廷机推行没有沈一贯的沈一贯路线，正直人士讥讽为“衣钵相传”。抨击得最厉害的要数礼部仪制司主事郑振先。他在万历三十六年四月，向皇帝上了一本“直发古今第一权奸疏”，把朱赓、李廷机斥为“古今第一权奸”：“今之辅臣以避权而擅权，以擅权为无权，屈曲迂互，层层玲珑，层

1 钱一本《万历邸钞》，万历四十四年丙辰卷，十月。

2 城井隆志《万历三十年代沈一贯的政治与党争》，九州大学文学部《史渊》第122辑。

层幽秘，朝野疑而不可知，知而不可言。呜呼极矣！故外廷似与内廷隔，而其实渊微之精神靡不得者；诸司似与政府隔，而其实人政之吃紧靡不操者。以独断归于上，而十躲九闪，尽在独断之中；以无事藏其身，而千端万绪悉酿于无事之内……故道大柄于皇上天纵神明之手，而形迹状貌反类绝无气焰奄奄可怜者。此自沈一贯创开从来奸相未有之窍，至于今日愈出愈奇，所以（李）林甫辈犹拙也。”在他看来，从王锡爵到沈一贯、朱赓、李廷机，是“灯灯相续”“薪薪无穷”。[1]皇帝给朱赓撑腰，谴责郑振先“捏无影之事，污蔑辅臣，倾害忠良，以自固位荣身”，下旨把他降三级，下放到边远地区。[2]

这本是普通事件，其影响却耐人寻味。郑振先是王绍徽《东林点将录》当中，排名为“地异星白面郎君翰林院庶吉士郑鄤”之父；而且顾宪成称赞弹劾朱赓、李廷机之举，是“顶门一针”，“吾辈林壑间复增一畏友”[3]。因为这样的关系，人们把此举视为“东林党”的行动。其实大谬而不然。

郑振先是“昆党”的头面人物——左春坊左谕德顾天埈的挚友，草拟“直发古今第一权奸疏”之

左春坊，东宫官署名，隶属詹事府。

顾天埈，苏州昆山人，万历二十年进士。授编修，升修撰。奉使朝鲜。后迁左春坊左谕德兼翰林院侍讲。

1　郑振先《直发古今第一权奸疏》，《万历疏钞》卷十八《发奸类》。
2　钱一本《万历邸钞》，万历三十六年戊申卷，四月。
3　顾宪成《与丁仪部长孺》，《泾皋藏稿》卷四。

前，与顾天埈推心置腹磋商，才做出决断。顾天埈后来回顾此事，说道："毗陵太初郑公，自邑令擢主曹政，不肖与之共聚京师友善。窃观朝政一切寝阁，间有朝奏而夕报俞者，因密探微嗳互参情势，久之，我两人大悟，握手叹曰：异哉，今之执政也！天下以庸人病执政，岂知执政以庸人欺天下，外冒庸人之名，阴操威福大柄，更巧于古昔权臣千万矣……时执政盖四明（沈一贯）也，及四明去，山阴（朱赓）继之复然。太初（郑振先）曰：吾不能忍矣，空言何为？毅然抗疏，详列奸状。"[1]可见郑振先与顾天埈关系之密切，非同一般。后来南京户科给事中段然弹劾顾天埈，顾天埈奏辩："自去年郑振先有直发权奸疏，害（郑）振先者欲阴搆之，臣与（郑）振先同乡有交，并构及臣，臣知祸已兆于此矣。"[2]郑振先与顾天埈的处境岌岌可危，一度想入山学道。在给朋友的信中说："十年来，冷淡滋味真同嚼蜡，迩来狼狈更甚。据胸中光景，已见世上了无可贪恋，每欲剃发入山，专精学道，而毕竟不能，仍跟随长班，上马拜客，混是一凡俗人。"[3]钱谦益是东林中人，并非昆党，对顾天埈有着同情之理解："万历初，江陵（张居正）以健败，其后执政者阴柔愦眊，递相师承。公独抉摘其隐秘，曰：'天下以庸人病执政，岂知执政冒庸人之名，阴操威福大柄，以欺天下。'自是，朝论较然，执政者遂无可

1 顾天埈《郑母董宜人传》，《顾太史文集》卷四。

2 钱一本《万历邸钞》，万历三十七年己酉卷，二月。

3 顾天埈《寄袁六休同年》，《顾太史文集》卷七。

解免矣。又谓：‘当世人才日粗，风习日伪。’著论击排，胥天下气节道学之士举不得免焉。公之手眼横骛侧出于一世之上，高而危矣。”[1]

城井隆志把郑振先与顾天埈一同列入“昆党”之中，按照以往的传统观点，“昆党”似乎以反对东林而著称，实际情况并不如此简单。叶向高认为，郑振先弹劾朱赓、李廷机，并非“结党”，实为自己升官——“旦夕望大拜”，“皆自为计”。[2]这对于喜欢把一切都纳入朋党之争的学者而言，不啻是一帖清醒剂。城井隆志认为，顾天埈的“昆党”并非一开始就与“东林”对立，万历中后期的“党争”，大多围绕内阁权力展开，并无明显的营垒观念，分化改组时时进行。[3]

对于把“浙党”作为“东林”的对立面，清初学者朱彝尊颇不以为然。他以带有历史沧桑感的笔调写道：“浙人不幸，万历以来，执政者前有四明（沈一贯），后有乌程（温体仁）、德清（方从哲），以是，朝士不附东林者，概目之曰浙党，此指一时阿比执政者而言则可尔。东林诸君子全倚浙人助之，人品盖棺论定。试观建文壬午、崇祯甲申杀身成仁，洁己自靖者，惟浙为多。顺治九年定谥甲申殉难文臣，计二十人，而浙居其六，继此授命者更难悉数。浙党之目庶几可以一洒矣。”[4]朱彝尊说得不错，朋党一概以籍贯来划分，未免牵强附会。

1 钱谦益《顾宫谕文集序》，《顾太史文集》卷首。

2 叶向高《蘧编》卷二。

3 城井隆志《关于明末的一个反东林势力——围绕顾天埈》，《山根幸夫教授退休纪念·明代史论丛》上卷，第262—281页。

4 朱彝尊《静志居诗话》卷二十《施邦曜》。

第五章

从泰昌到天启

一　昙花一现的泰昌朝

1. 万历的最后岁月

方从哲，顺天大兴人，万历十一年进士。授庶吉士，屡迁国子监祭酒。万历四十一年拜礼部尚书兼东阁大学士，继叶向高为首辅。

万历皇帝朱翊钧的最后岁月，是在对辽东战事的忧虑以及日益加剧的疾病中度过的。万历四十六年入夏以来，他的健康状况始终不好。六月初六日，他对内阁首辅方从哲说："朕入伏以来暑湿熏蒸，不时腹泄，头目眩晕，身体发软。见今服药未愈，临御不便。"[1]所谓"临御不便"云云，不仅不能上朝，而且也不能批阅奏疏，他多么需要得力的内阁辅臣为他排忧解难。自从万历四十五年内阁次辅吴道南丁忧回乡后，内阁只有方从哲一个人，形成"独相"局面。而方从哲偏偏不是一个勇于任事的股肱之臣，当此多事之际，畏首畏尾。加之自己的儿子方世鸿杀人犯法，遭到巡城御史追究连带责任，他索性借机向皇上乞求罢官。内阁只有他一个人，倘若他也走了，政府岂不瘫痪，皇帝自然不会答应。不久，天上出现彗星，京师又有地震，方从哲再次向皇帝表示，这些"妖象怪征"，表明他"奉职无状"，在"痛自修省"的幌子下，又想撂

1　《明神宗实录》卷五百七十一，万历四十六年六月癸亥。

纱帽。[1]

此举引来在朝官员的嘲笑、蔑视，他的声望一落千丈。河南道御史熊万化弹劾他辅佐无效，私下庇护辽东督抚，使得辽东战事愈来愈糟糕。方从哲索性躺倒不干，称病在家，坚卧不出。皇帝不能没有辅臣，只得好言劝慰，不必对言官的意见太过介意："方今国家多艰，须卿弘猷匡济，共图化理，岂可以浮言坚欲求去！"[2]

万历四十七年春节到了，正月初一，照例又是免朝，这已是近二十年来的惯例了。内阁首辅还是率领文武百官来到午门外，举行庆贺典礼，礼毕后又到仁德门致礼。回去后，向长期不见面的皇帝呈上一道奏疏，对近年来朝政流弊——大僚半缺、言路几空，发了一通牢骚。皇帝不检讨自己，反而振振有词："所请补大僚、用言官，俟朕详览，陆续简发……卿为首辅重臣，宜表率百僚，岂可托疾不出，国事何赖！"[3]深居宫中的皇帝对外廷动态了如指掌，从去年十二月以来方从哲称病在家，逍遥了四十多天，致使内阁大门白昼紧闭，辅臣揆席虚悬，无人理事。几天之后，皇帝派鸿胪寺堂上官前往方府宣谕："辅臣方从哲速出视事！"[4]方从哲不得不声称病痊，出来办公。辽东经略杨镐大败的消息传来，礼部主事夏嘉遇指责方从哲难辞其咎，吓得他不敢到内阁办公。直到皇帝优旨慰留，才放下

1 张廷玉《明史》卷二百十八《方从哲传》。

2《明神宗实录》卷五百七十七，万历四十六年十二月庚午。

3《明神宗实录》卷五百七十八，万历四十七年正月乙酉。

4《明神宗实录》卷五百七十九，万历四十七年二月丁巳。

心来，入阁视事如故。

为了减轻自己的压力，方从哲希望皇帝到文华殿，召开九卿科道会议，共图保卫辽东保卫京师之策。皇帝派文书官到内阁传话，因为疾病缠身，无法出席文华殿会议，希望大臣谅解。方从哲请求从速补充内阁成员，连上十几道奏疏，甚至在文华门候旨六天，还是得不到回音。过了两天，皇帝派人向方从哲传话：实在是病得不轻，无法批阅奏疏，“少俟朕稍愈，即旦夕详览简发”。[1]方从哲一反常态，改变以往虚与委蛇的态度，批评皇上并无真心实意：“辗转延误，日复一日，是皇上原无允补之意，不过借此示羁縻耳。”[2]话说得很尖锐，皇帝不便再拖，同意由吏部会推六七名候选人，供他从中点用。[3]过了几天，皇帝点用史继偕等两人，感到不太满意，把简用阁臣的文件压住不发，给方从哲的答复仍是老一套：“朕昨入夏以来，天气乍寒乍燠，以致腹痛泻痢，服药稍愈。近又连日阴雨，偶尔中暑，头目眩晕，动履艰难。各衙门章奏未经详览，见今服药调摄，俟朕稍瘳，次第简发。”[4]不过他的病始终不见好转，直到他病逝，仍未正式任命史继偕等两名阁臣。

这时候的朝廷哪里还像朝廷！皇帝久卧病榻，内阁只有一人，部院堂上官只有八九人，科道官只有十几人，中央政府难以运转，朝政处于半瘫痪状

1《明神宗实录》卷五百八十二，万历四十七年五月癸巳。

2《明神宗实录》卷五百八十二，万历四十七年五月癸巳。

3《明神宗实录》卷五百八十二，万历四十七年五月丙申。

4《明神宗实录》卷五百八十三，万历四十七年六月辛酉。

态。官员们对此极为不满，指责方从哲辅政无能。他早就想掼纱帽，乐得顺水推舟，请求皇帝“尽夺臣官，放归田里”。皇帝生怕政府完全瘫痪，下旨谴责言官，挽留方从哲。[1]

方历四十八年春节过后，皇帝的病情仍不见好转。四月初六日，皇后王氏病逝。四月十一日，方从哲前往思善门哭临，然后到仁德门恭请皇上圣安，要太监转告面见皇上的请求。少顷，太监口传皇上旨意，在弘德殿召见方从哲。

方从哲跟随太监来到弘德殿，但见皇上在御榻上侧身而卧。这是他进入内阁八年以来第二次见到皇上，他向皇上行四拜礼，请安以后，两人之间展开了最后一次对话。

方从哲说：“圣体违和，外间不能尽知。昨闻御医传示，臣不胜惊惧。又值中宫皇后崩逝，圣心哀悼。伏望皇上宽慰圣怀，善加调摄，以慰中外臣民之望。”

皇帝说：“朕知道了。国家多事，先生可尽心辅理。”

方从哲说：“臣蒙皇上厚恩，倘可图报，敢不尽力！”

皇帝说：“朕自昨岁三月以来，时常动火，头目眩晕。五月后又中暑湿，肚腹不调，呕吐几次，脾胃受伤。至今不时泻痢，身体软弱。因泻多，下部

1《明神宗实录》卷五百八十八，万历四十七年十一月甲申、丙申。张廷玉《明史》卷二百十八《方从哲传》。

肿痛难坐。又湿痰流注，右足痛，动履不利。每日文书俱朕亲览，但神思恍惚，眼目昏花，难以细阅。”由于久病虚弱，无力多说，便嘱咐身边太监：“都说与先生。”那意思是把病情一五一十全部告诉方先生。待太监说完，皇帝昂起头来对方先生说：“先生试看朕容。”

方从哲跪行到御榻边仰视，见皇上果然消瘦得厉害，便劝慰道：“皇上一身百神呵护，但加意调理，自然万安。”说完了皇上的病情，方从哲抓住难得的机会，把平时积压的问题简要地向皇上请示：“如今辽东虏情紧急，又值皇后大礼，阁中只有臣一人，且十分病困，实难支持，望皇上将已点二臣即赐简用。”

皇帝回答：“辽东的事，只因文武不和，以致如此。阁臣本已批了，因朕寿节文书多，不知安在何处，待查出即发。”

方从哲紧叮一句：“简用阁臣，乃今日第一要务，望皇上早赐查发。”

皇帝说：“待朕体稍安即行。”

方从哲还想谈第三个问题，虚弱的皇帝支撑不住，闭目就枕，口中喃喃道：“知道了……”渐渐入睡。方从哲只得叩头告辞。[1]

方从哲返回朝房，与同僚谈起皇上的病情，说皇上自言病状甚悉，又说皇上头晕目眩日久，耳朵

1《明神宗实录》卷五百九十三，万历四十八年四月戊午。

近于失聪，对话时每每回顾内侍，令他们复述，才能听清。[1]显然，皇帝已经病入膏肓了。

进入七月，皇帝病情恶化，有半个月没有进食。[2]七月十七日，方从哲从太监那里获悉此事，立即上疏安慰，皇帝已无力阅读，听太监转述后，口传谕旨："朕因脾胃受伤尚未痊愈，昨稍尔劳烦，近又中暑湿蒸，前疾复作，见今服药调摄，神思不爽。其紧要各项文书，俟朕疾稍瘳，即简发行。"病危的皇帝念念不忘痊愈后重理朝政，他自己没有料到，四天后竟一命呜呼。官员们也没有意识到皇上病情的严重性，科道官伏阙请对。

御史左光斗对方从哲说："公宜率百官问安。"

方从哲回答："上讳疾，即问，左右不敢传。"

给事中杨涟说："昔文潞公问宋仁宗疾，内侍不肯言，潞公曰：'天子起居，汝曹不令宰相知，将无他志？下中书省行法！'公诚日三问，不必见，亦不必上知，第令宫中知廷臣在门。且公当值宿阁中。"

方从哲说："无故事。"

杨涟说："此何时，尚问故事。"

方从哲避而不答。[3]

七月十九日，皇太子踟蹰宫门外，杨涟、左光斗对东宫伴读官说："上病亟，不召太子，非上意。今日已暮，明晨当力请入侍，尝药侍膳，向夜无轻

1《明神宗实录》卷五百九十三，万历四十八年四月戊午。

2 李逊之《泰昌朝记事》卷一，万历四十八年七月。许重熙《宪章外史续编》卷十二，四十八年庚申七月。

3 李逊之《泰昌朝记事》卷一，万历四十八年七月。许重熙《宪章外史续编》卷十二，四十八年庚申七月。

出。”[1]七月二十一日清晨，宫中传出“上疾大渐”的消息。英国公张惟贤、大学士方从哲、吏部尚书周嘉谟、户部尚书李汝华、兵部尚书黄嘉善、代理刑部尚书张问达、代理工部尚书黄克缵、礼部右侍郎孙如游等大臣，慌忙赶到弘德殿请安。也许是回光返照，皇帝居然开口说话，勉励大臣们“用心办事”。吏部尚书周嘉谟抓紧时机向皇上提出用人请求，他也随口答应。待大臣们退出，万历皇帝朱翊钧给内阁首辅发出最后一道谕旨：“朕嗣祖宗大统，历今四十八年，久因国事焦劳，以致脾疾，遽不能起，有负先皇付托。惟皇太子青宫有年，实赖卿与司礼监协心辅佐，遵守祖制，保固皇图。卿功在社稷，万世不泯。”[2]

在这道谕旨发出几个时辰之后，即二十一日酉时，朱翊钧在弘德殿逝世，享年五十八岁。他事先留下了遗诏，讲了三层意思：

——朕以冲龄缵承大统，君临海内四十八载于兹，享国最长，夫复何憾！

——嗣服之初，兢兢化理，期无负先帝付托。

——静摄有年，郊庙弗躬，朝讲稀御，封章多滞，僚寀半空，加以矿税烦兴，征调四出，民生日蹙，边衅渐开。夙夜思维，不胜追悔。[3]

1 许重熙《宪章外史续编》卷十二，四十八年庚申七月。

2《明神宗实录》卷五百九十六，万历四十八年七月丙申。

3《明神宗实录》卷五百九十六，万历四十八年七月戊戌。

看得出来，缠绵病榻之际，朱翊钧对自己在位四十八年做了深刻的反省，前半段兢兢化理，后半段怠于临朝，懒政弊政层出不穷。基于这样的检讨，他提出一些补救措施：

——内阁辅臣亟为简任，卿贰大僚尽行推补；

——建言废弃及矿税诖误诸臣酌量起用；

——一切榷税并新增织造、烧造等项，悉皆停止；

——各衙门见监人犯俱送法司查审，应释放者释放；

——东师缺饷，宜多发内帑以助军需。[1]

显而易见，这些措施对于整顿紊乱的朝政，不无小补。但是，毕竟是在放马后炮，为时已晚，难以改变后人对这位君主的看法。清初的万斯同这样评论明神宗朱翊钧："有明当隆（庆）万（历）之间，可称甚盛，盛极则衰，道在率作以持之而已。帝初以才臣为相，一切综核振举，宇内几于富强。既乃倦勤，流为荒怠，养成痿痹不仁之症，而国病矣。神理积弱，蛊蠹丛生，虽有扁卢亦安所用之乎！《易》曰：'天行健，君子以自强不息'，谅哉！"[2] 对于神宗倦勤、荒怠的批评，留有余地。相比之

1《明神宗实录》卷五百九十六，万历四十八年七月戊戌。

2 万斯同《明史》卷二十《本纪·神宗（下）》。

下，清朝官修《明史》的批评就厉害多了："神宗冲龄践祚，江陵（张居正）秉政，综核名实，国势几于富强。继乃因循牵制，晏处深宫，纲纪废弛，君臣否隔。于是，小人好权趋利者驰骛追逐，与名节之士为仇雠，门户纷然角立，驯至悊愍，邪党滋蔓。在廷正类无深识远虑，以折其机牙，而不胜忿激，交相攻讦。以致人主蓄疑，贤奸杂用，溃败决裂，不可振救。故论者谓：明之亡实亡于神宗。岂不谅欤！"[1]"明之亡实亡于神宗"，虽不免过于苛刻，却并不夸张失实，每一个字都有根有据。

一向对皇帝百依百顺的申时行，在万历四十二年，以八旬高龄所写的《临终遗疏》，终于"敢伸将死之鸣"，无所顾忌地批评道："臣窃有遗悃少裨圣明，于今元良鼎盛，讲读久疏，章奏留中，纪纲渐弛，民财尽而征敛苛，内地虚而边衅动。至于废弃诸臣省愆既久，人才难得，登用惟时。此皆宸衷所注存，实系当今之急务。愿皇上慎起居，以迓太和之福；振神气，以培积庆之源。"[2]这一批评距离朱翊钧的死还有六年，倘若他虚心接受，改弦更张，后人也许会对他另眼相看。但是他始终执迷不悟，直到临死，方才追悔。"人之将死，其言也善"，斯之谓也。

纵观朱翊钧的一生，前后判若两人，可谓功过参半。他参与缔造整个明代最为富庶强盛的万历

1 张廷玉《明史》卷二十一《神宗本纪》。

2 申时行《临终遗疏》，《赐闲堂集》卷七《疏》。

王朝，却又亲手加以毁坏。他临朝以来，对边地事务最为关注，创造的政绩也最引人注目，却又酿成辽东祸患，最终导致大明王朝的覆亡。他在临朝初期对张居正信赖备至，联手推行新政，综核名实、信赏必罚，成绩斐然；为了报复张居正威权震主，竟然不择手段，不计后果，使得新政逐渐化为乌有。由此引发的翻案风，开启了政坛的派系门户之争，以后他竭力想予以遏制，苦于心有余而力不足，被党争搞得焦头烂额，为他的两个孙子——熹宗朱由校、思宗朱由检留下无法摆脱的政治后遗症。他并非庸主，而是一个颇有英才之气的帝王，前半生的励精图治让人刮目相看。他的致命伤在于“酒、色、财、气”四字，铸就了后半生的一错再错。他宠幸郑贵妃，使这个野心勃勃的女子在政治帷幕的后面上蹿下跳了几十年，在他死后仍不罢休。他的尚气使性，使得臣下心灰意冷，离心离德，晚年的朝政趋于半瘫痪状态。他的贪财秉性，醉心于聚敛财富，把明代最为富庶的大好时光，搞得民穷财尽，元气大伤。后人“明之亡实亡于神宗”的感叹，大概是由此而发的吧！张岱说得好：“神宗冲龄嗣位，英明果断，有江陵辅之，其治绩不减嘉隆。迨二十年后，深居不出，百事丛脞，养成一骫髀之疾，且又贪呓无厌，矿税内使四出虐民。譬如养痈，特未溃耳。故

◥ 张岱，号陶庵，浙江绍兴人。长于史学，其小品散文亦冠绝一时，影响至远，有《陶庵梦忆》《夜航船》《西湖梦寻》等。有稿本《石匮书》《石匮书后集》。

戊午（四十六年）前后，地裂山崩，人妖天变，史不胜书。盖我大明之亡征已见之万历末季矣。乃世以其静居无事称为福主，则世岂有一日万几之主，可仅仅以无事为福也！”[1]孟森进一步分析："熹宗亡国之君也，而不遽亡，祖泽犹未尽也"；"思宗而在万历以前，非亡国之君也，在天启之后，则必亡而已矣"。[2]

2. 来不及施展的泰昌新政

万历四十八年七月二十一日酉时，皇帝驾崩，司礼监太监传皇太子令旨："你们会同内阁，查旧规，报讣于各宗室，其合行葬礼，着礼部会同翰林院计议，从优具仪注来看。"又传皇太子令旨："说与督理通湾等处税监张烨、马堂、胡宾、潘相、丘乘云知道，先年开矿抽税，为因三殿与两宫未建，帑藏空虚，权宜采用……今将矿税尽行停止，张烨等都着撤回原衙门应用，其见征在官税银等银，各解进应用。该衙门知道。"又传谕内阁等衙门官员："我父皇大行皇帝宾天，你每大小臣工俱受国家厚恩，竭忠报国，各要尽心供职，毋得怠惰误事，特谕。"[3]

神宗的最后一道谕旨，嘱托内阁首辅方从哲与司礼监太监协心辅佐皇太子朱常洛，帝位的交接显

1 张岱《石匮书》卷十三《神宗本纪·石匮书曰》。

2 孟森《明清史讲义》上册，第283页。

3 陈建、沈国元《皇明从信录》卷四十，万历四十八年七月二十一日。

得十分平静，几道皇太子令旨已经在行使准皇帝的权力了。

七月二十二日，皇太子朱常洛到奉先殿宣告大行皇帝宾天，报讣宗室，令吏部会同翰林院拟议大丧礼仪，令兵部、京营提督加强戒备护卫，尚未即位的朱常洛实际开始行使皇帝职权，传达先帝遗诏，致力于消除长期积累下来的弊政，在短短的几天中，新政措施一一颁布：

> 第一，以明年为泰昌元年，大赦天下，与民更始。
>
> 第二，遵照先帝遗诏，发内帑积储银一百万两，犒劳九边吏卒；发内帑一百万两，解赴辽东，犒赏辽东将士，以解辽东缺饷燃眉之急。
>
> 第三，遵照先帝遗诏，矿税尽行停止，税监张烨、马堂、胡宾、潘相、丘乘云等尽行撤回。
>
> 第四，再次考选，散馆、科道官都遵照先帝遗诏一一补用；以后又陆续任命五十多个空缺地方官。
>
> 第五，根据方从哲的请求，把先帝生前已经点用的史继偕（吏部右侍郎）、沈潅（南京礼部右侍郎）正式任命为礼部尚书

兼东阁大学士，入阁办事；此外又点用何宗彦（礼部左侍郎）、刘一燝（礼部右侍郎）、韩爌（礼部右侍郎），各升礼部尚书兼东阁大学士，入阁办事；又召旧辅叶向高于田间。命下之日，宇内弹冠相庆。

第六，遵照先帝遗诏，起用建言废弃及矿税诖误诸臣：邹元标为大理寺卿，周曰庠为太仆寺少卿，朱一桂为太仆寺少卿，朱国祚为南京礼部尚书，冯从吾为尚宝司少卿，王德完为太仆寺少卿，孟养浩为太常寺少卿，姜应麟、钟羽正为太仆寺少卿，一事共起用四十八名。[1]

由于朱翊钧多年不上朝，官员们习以为常，朱常洛即位后，骤然上朝，文武百官竟然不知所措，随从散漫，人声嘈杂。朱常洛对于这种现象非常不满，传谕内阁立即整顿："朕今早御门，见得有班行后随从执步洒金大扇。回至省愆居，忽听有散班官于会极门高声喝道。朕御门后深思治理，朝仪严肃，岂容亵慢！本当重治，姑且不究。卿可传示大小九卿科道各官，以后凡遇临朝，务要十分敬慎，如有仍前肆行，紊乱朝仪的，许纠仪官指名参来，

1 杨惟休《泰昌日录》卷上。李逊之《泰昌朝记事》卷一《上命》。

定行拿问，重治不宥。”[1]

除了起用建言废弃诸臣，朱常洛还注意破格选拔人才，指示吏部：用人毋拘资格，凡是才能卓异者，即破格擢用，以示激励。[2]显示了他即位伊始，力图有所厘革，有所作为。先帝留给他的烂摊子是棘手的，他想补偏救弊。官员们深知皇上的意图，陆续建言，拨乱反正，为新政造舆论。

御史张泼认为，先帝朝政废弛，完全是内阁辅臣的失误，因此任用阁臣应该谨慎，不必全用翰林院出身的词臣。他说：国初爰立阁臣，间从征辟，如今承讹袭舛，衣钵第传于词林，接引多出于知己，不知开端于何日？作俑者何人？沿习旧规牢不可破，必是阁臣欺君，谓旧例如此。其实前朝阁臣有中书舍人出身，有御史出身，有六部主事出身，何尝单用词臣！先帝静摄三十余年，一切军国重务全委托内阁票拟，内阁则与司礼监相为表里，一切破格温纶，阁臣从司礼监那里得到皇帝旨意，导致“中官固阴操人主之权，明制阁臣之命”，阁臣不敢与中官争天下。原因就在于阁臣全是词林出身。张泼的分析别具一格：“闻司（礼）监之款洽阁臣，不过供闲体面，而阁臣之谦卑逊顺更为过之。盖由阁臣起家翰林，一路淡薄，直至进步黄扉，始为羶路。功名一日到手，便自有欲无刚，转身便成软熟，遇事安能把持？故长安嘲言词林入阁，谓之‘吃蔗

1 沈国元《两朝从信录》卷一，庚申八月十三日。李逊之《泰昌朝记事》卷一《谕内阁》。

2 李逊之《泰昌朝记事》卷一《令旨》。

头’。夫蔗，甘蔗也，甜味也。入阁而既嗜其甘，又思其苦，故富贵功名，愈咀嚼愈有味。偶有意气，妻子夺之，所以含垢忍耻，宁死不去，但凭乞灵于中官，及不顾笑骂于人世……臣非敢谓由词林入阁者尽出于此，但据目见，沈一贯、朱赓奸贪鄙琐，漫无树立，谬意在习于清高、远于风尘，盘错未经，纷华易溺。一旦遗大投艰，不觉手忙脚乱。若外臣清议既重，纠察亦严，磨砻之久，颇多谙练，等到大位临头时，亦倦游思返，陈力就列，不能则止。”有鉴于此，他主张阁臣宜内外兼用，从全国搜求才识老成德望隆重的外臣，与词臣并推，标准是：有孙丕扬之执持而去其误，有张居正之作用而去其骄，才德相资，集思广益。[1]

御史申廷谟支持张泼的意见，他认为，今日推举阁臣，务必声望足以服众，才能足以济世，学术足以匡时，筹划足以集思，而又敢于独断者。国朝相业烂然彪炳于史册，不少是外臣出身，如杨士奇、李贤、张孚敬、杨一清等，都是郎署起家，一时表表，就是明证。[2]

御史黄彦士说：臣闻先皇践祚之初，励精图治二十余年，此后逐渐倦勤，吝惜官爵，蠹积财贿，寝缓批答，天下颓废于积弛积玩。皇上昔日在青宫所习见习闻，全是先皇倦勤之近事，因此谨陈励精图治要务十条：隆孝思、摄圣躬、备辅导、勤政

1 沈国元《两朝从信录》卷一，庚申八月六日辛亥。

2 沈国元《两朝从信录》卷一，庚申八月八日癸丑。

事、通言路、起废弃、振吏治、谨阉寺、严武备、固边防。关于“备辅导”，涉及点用阁臣，他主张：不论资格，不拘内外，不限方隅，惟其学问足以成君德，识力足以担世局，忠诚足以格主心，议论足以回睿听，才能足以调甘苦，方才可以点用。关于“起废弃”，他说：皇上业已指示吏部分别起用，吏部主张区别对待，有因“册立”而迹近于戆激者，有因反对矿税太监四出而邻于倨侮者，有弹击权要而招尤者，有救护忠良而并逐者，有诖误可原而全瑜难掩者，有形迹可疑而清议自存者。虽然才品不同，皆足备圣明录用。关于“振吏治”，他主张纠正多年的积弊：“迩年已来，吏道杂而多端，人情兢而鲜耻。风自下流，咎由上作。考迟速者孰不厌迟而趋速，求高下者孰不避下而就高，遂使苞苴竿牍公行于白昼大都之中，贤者不能自免，其势然也。若使高下一逞其才能，迁转一叙以资俸，显秩若此，迁谪亦然；正途若此，杂流亦然。”[1]

御史史永安鉴于先帝时上下否隔，朝政紊乱，提出交济之道。一方面，人臣应当自靖。先帝时，因否塞日久，章奏庞杂，连篇累牍无非鳞甲，聚讼纷纭几成鼎沸，甚至充斥鄙俚之谈、戏谑之语。国朝设立言官，欲因事而纳言，非欲言而索事。泛而陟之为支，强而聒之为噪，言不由衷，何以

1 沈国元《两朝从信录》卷一，庚申八月十三日戊午。

耸听！如今皇上批答及时，对扬不易，惟是洗涤寸心，滋培正气，不当言则守口如瓶，当言则可批逆鳞，勿顾虑而失可言之会，勿激烈而阻纳谏之门。宁就事而修达意之辞，勿恣意而饰不情之说，是成童得受言之利，而人臣无进言之名。且数年壅结一旦遭逢，希遇旷典，不得不言之时已经来到。另一方面，人君也应当自靖。人君尊为天日，喜则和风淑雨，怒则震霆迅雷，故以草野视明廷则言难，以庸职视圣主则言更难。今皇上励精聿始，图治正殷，临御日亲，召对日举。且温旨而询，和颜而受，固受言之第一义。人有瑕瑜，言岂无醇驳？于数十疏而得一疏，就是可采的葑菲；于千百言而得一言，就是可备的药石。[1]史永安的用意很明显，希望君臣和衷共济，联手缔造新政。

◤ 杨涟像
杨涟，湖广应山人，万历三十五年进士。著名谏臣，"东林六君子"之一。在"红丸案""移宫案"中据理力争，以正宫闱。天启五年因上疏劾魏忠贤二十四大罪被迫害致死。

礼科给事中杨涟有感于二十余年来，上下否隔，体统废弛，威严陵替，几乎不复知有朝廷之尊，若不及时申饬整顿，将来何所底止？因此，他特别强调以下几点：

——祖宗遗制，自御殿视朝而外，有午门御门之仪，凡机宜要务，与阁部大臣委曲

1　沈国元《两朝从信录》卷一，庚申八月十四日己未。

面商，咨诹详慎，不特传旨判可否而已。下至庶僚，凡衙门有事者，分管答应，皆得咫尺天颜，躬承扬榷。所以人无不得效其忠，事无不得要其妥……尤愿诸臣奏对之时，恳恩垂问，如吏部则问其叙用几人、特用几人？务为官而择人，无为人而择官。事有不称，并坐举主。户部则问其生财若何、节用若何？监司考成之法无属虚文，帑藏虚空之故作何料理？

——进退贵于自决，臣子之节也；黜陟取自宸断，人主之权也。自迩来章奏寝阁，裁决希闻，凡举世所号为大奸大贪，与夫顽钝无耻，公论所不容，朝野所共弃者，虽章满公车，安然不动。或闻言后奉身而退，似属见几。然其有事体重大，须凭勘处；或赃私狼籍，合当追究，以先帝宽仁大度，悉付之不较。故有幸免斥幽之典而悻悻言归，偶觉斧锧之条而扬扬自若，故黑白未分，是非安辨……人但谓先帝有办事之臣，当用而不用；臣独谓有窃位之人，当舍而不舍。夫用舍原自对立，使不肖者得营窟以蒙面自安，则贤者何以连茹继登？此邪正消长之机，治乱安危之本也。

——先帝时，封章多置高阁，于是渺无顾忌，言一事而旁及它事，言一人而搀入众人，或称其地，或称其官，捉影捕风……原其本意，只在邸报之流传，而不思宸衷之注听，但求其含蓄而味长，不务为明白而易晓，推其语涉含糊，人可更换。于是巧者阴用其卸脱，而顽者亦付之不知……今皇上锐精图治，百官章疏尽入御览。伏乞申饬诸臣，一应入告之文，务在情词晓畅，不必连篇累牍，每人直截指摘。[1]

杨涟的官职并不高，在泰昌、天启之际发挥的作用无与伦比，忠心耿耿，敢做敢言，目光尖锐，言论犀利，对万历朝的弊端看得很透彻，希望泰昌皇帝能够力挽狂澜。尤其难能可贵的是，在皇帝即位不久，他就关注到皇太子问题。先是从礼科的本职工作出发，提出册立已经十六岁的朱由校为皇太子，以正储位。[2]继而又提出谨慎选择皇太子身边的近侍太监，说："情以物迁，习与性成，其所渐靡，非朝夕之故也。愿陛下加意慎择，使忠直知礼义者周旋左右，而无令猿巧狼戾者得以杂进耳。"[3]他似乎已经察觉到朱由校身边的太监魏忠贤是"猿巧狼戾者"，希望由"忠直知礼义者"取而代之。可惜的是，朱常洛在位仅仅一个月，来不及付诸实施。后来的事实表明，杨涟的目光是有预见性的。

3. 郑贵妃、李选侍上蹿下跳

朱常洛三十多年的生涯，每时每刻都感受到郑贵妃的阴影笼罩着他，直到父皇驾崩，他已登极，仍难以摆脱这个阴影。父皇驾崩前有遗言在先："尔母皇贵妃郑氏，侍朕有年，勤劳茂著，进封皇

1 杨涟《申明体制疏（泰昌元年）》，《杨忠烈公文集》卷一《奏疏》。沈国元《两朝从信录》卷一，庚申八月十八日癸亥。

2 杨涟《请立东宫疏（泰昌元年）》，《杨忠烈公文集》卷一《奏疏》。

3《慎择东宫近侍疏（泰昌元年）》，《杨忠烈公文集》卷一《奏疏》。

后。”[1]明白无误地告诫儿子，必须把郑贵妃进封为父皇的皇后。朱常洛心中明白，进封郑贵妃为父皇的皇后并不妥当，却又难以拒绝。[2]他不敢违背父皇旨意，也不敢得罪郑贵妃，就在父皇驾崩的第二天向内阁发出一道谕旨："父皇遗言：'尔母皇贵妃郑氏，侍朕有年，勤劳茂著，进封皇后。'卿可传示礼部查例来行。"[3]这是转移矛盾。他深知进封郑贵妃为先皇的皇后，无论从什么角度，都怕找不到任何理由，料定外廷大臣绝不会同意，不妨借外廷力量来缓解自己的压力。

署理部务的礼部侍郎孙如游（字景文，浙江余姚人）出面，搬出"累朝典故并无此例"的挡箭牌，表示委婉的反对，因为不符合贵妃进封皇后的"从子之义"。情况确实如此，朱常洛的生母王贵妃还没有进封为先皇皇后，而将郑贵妃进封，其心必定不安。孙如游说，臣不敢以不忠事主，尤仰冀殿下以大孝自居。[4]内阁首辅方从哲也支持孙如游的立场，朱常洛把进封皇后的事暂时搁置下来。

当时宫闱之中情况相当微妙复杂，郑贵妃唯恐朱常洛挟前嫌而嫁祸于她，便串通朱常洛最宠幸的李选侍，两人一搭一档演出双簧，郑贵妃为李选侍请封皇后，李选侍密切配合，为郑贵妃请封皇太后。正如《明史》所说："帝崩，郑贵妃惧祸，深结李选侍，为请封后。选侍喜，亦为请封太后，以悦

1《明光宗实录》卷二，万历四十八年七月丁酉。

2 许重熙《宪章外史续编》卷十二《泰昌注略》。许氏说："上心知不可，未能显绝。"

3《明光宗实录》卷二，万历四十八年七月丁酉。

4 谈迁《国榷》卷八十四，万历四十八年七月丁酉。李逊之《泰昌朝记事》卷一《谕礼部》。

之。”[1]《宪章外史续编》也有类似说法：“时郑（贵妃）踞乾清宫，托保视之名，知李选侍被宠，为请封后结欢，李（选侍）亦请封郑太后，相引重。”[2]这时的朱常洛感到进退两难。

八月一日，朱常洛即位后，进封郑贵妃为皇太后的事仍悬而未决。内阁首辅方从哲建议，把先帝进封郑贵妃为皇后的谕旨藏于内阁，秘而不宣。他说：“事出创闻，例无可据，行之于今日，不无越礼，命之于先帝，疑于失言。臣自奉命之始尊藏阁中，不必传外。庶朝廷无逾制之嫌，臣下无显悖之迹。”[3]外廷拒绝进封，对于郑贵妃而言，是一个不祥之兆，她一向为自己的儿子朱常洵争夺太子地位，处处打击排挤朱常洛，如今朱常洛已经成了当朝皇帝，而进封她为皇后的先帝遗旨又遭廷臣搁置。形势迫使她不得不变更策略，力图使朱常洛捐弃前嫌，用的是美人计：“光宗嗣位，郑贵妃以前福王（朱常洵）故，惧帝衔之，进珠玉及侍姬八人啖帝”。[4]这一招果然奏效，击中了朱常洛的弱点。

朱常洛一向坎坷，即使册封皇太子后，也得不到应有的重视，因而郁郁不得志，日渐沉迷于女色。郑贵妃抓住他的弱点，投其所好，送给他八名美女，供他御幸。他很有政治头脑，即位后一反父皇的作风，日理万机，清理整顿多年积累下来的问题，全力以赴。他的身体本来就虚弱，一旦投入繁

1 张廷玉《明史》卷二百四十《孙如游传》。

2 许重熙《宪章外史续编》卷十二《泰昌注略》。

3 谈迁《国榷》卷八十四，泰昌元年八月壬戌。

4 张廷玉《明史》卷二百十八《方从哲传》。

忙的朝政，不胜负荷，郑贵妃又送来美女让他享用，内外交困，身体立时垮了下来。

这是史家比较一致的看法。文秉说："光庙御体羸弱，虽正位东宫，未尝得志。登极后日亲万机，精神劳瘁。郑贵妃欲邀欢心，复饰美女以进。一日退朝内宴，以女乐承应。是夜，一生二旦，俱御幸焉，病体由是大剧。"[1]李逊之也说："上体素弱，虽正位东宫，供奉淡薄。登极后日亲万机，郑贵妃复饰美女以进。一日退朝，升座内宴，以女乐承应。是夜，连幸数人，圣容顿减。"[2]

◥ 文秉，苏州人，自号竹坞遗民。文徵明玄孙，文震孟长子。杜门著书终其身。主要著作有《烈皇小识》《先拨志始》《甲乙事案》《定陵注略》《先朝遗事》等。

八月十日，朱常洛病倒，赵一贯诊视。十一日，他还坚持御朝处理政务，群臣见皇上"圣容顿减"，大为惊讶。十四日，崔文昇进药，皇上病情加剧，形势急转直下。

崔文昇原先是郑贵妃宫中亲信太监，朱常洛即位后，提升为司礼监秉笔太监兼掌御药房太监。皇帝病倒后，郑贵妃指使崔文昇以御药房太监的身份向皇上进药。皇帝服用了崔文昇送来的通利药——大黄，一昼夜连泻三四十次，支离于床褥间，顿时处于衰竭状态。[3]十六日，皇帝无法起床视朝，方

---

1 文秉《先拨志始》卷上。

2 李逊之《泰昌朝记事》卷一《上不豫》。

3 杨涟《郑贵妃移宫及召对李选侍移宫两朝始末记》，《杨大洪先生文集》卷上。

从哲等大臣赶到宫中问安，皇帝命内侍传话："数夜不得睡，日食粥不满盂，头目眩晕，身体疲软，不能动履。"[1]

服用太监崔文昇进献的药，导致皇帝病情加剧，一时舆论哗然，怀疑崔文昇受郑贵妃指使，有加害皇帝的异谋。这在《明史》中有明文记载：

——外廷汹汹，皆言（崔）文昇受（郑）贵妃指，有异谋。[2]

——都人喧言，郑贵妃进美姬八人，又使中官崔文昇投以利剂，帝一昼夜三四十起。[3]

——时都下纷言，中官崔文昇进泄药，帝由此委顿。[4]

当时郑贵妃还住在乾清宫，与李选侍过从甚密。皇帝病倒后，外戚郭、王两家（即元妃郭氏、才人王氏娘家亲戚），发觉郑贵妃、李选侍有异谋，遍谒朝中大臣，哭诉宫中凶危之状："崔文昇药，故也，非误也。皇长子（朱由校）每私泣：'父皇体力健，何遽至此？'郑、李谋得照管皇长子，包藏祸心。"[5]大臣们莫不忧心忡忡，兵科给事中杨涟（字文孺，号大洪，湖广应山人）、御史左光斗（字遗直，号浮丘，安庆桐城人）倡言于朝：郑贵妃当移宫。八月十六日，吏部尚书周嘉谟（字明卿，湖广汉川人）召集勋戚、大臣责问郑贵妃内

1 陈建、江旭奇《皇明通纪集要》卷四十一，光宗贞皇帝庚申八月十六日。

2 张廷玉《明史》卷三百五《崔文昇传》。

3 张廷玉《明史》卷二百四十四《杨涟传》。

4 张廷玉《明史》卷二百十八《方从哲传》。

5 张泼《庚申纪事》。

侄郑养性：先朝不早定国本，归罪于你的姑娘（姑母），你应该代姑娘坚决推辞进封皇太后之事。她为什么久居乾清宫？又进奉宝玉美女，萌生非常之念，规求无度，侵欲无厌。下面几句话分量极重："汝姑娘当无他意，不过只欲汝守富贵。我等文武在此，若汝听我等言，当为君包管；若不听我等言，胡乱想要封太后事，谁肯等你做？无论汝前番许多说话，今尚未干净，还要不避嫌疑？莫说富贵不可保，身家还不可知。"[1]郑养性听了这番义正词严的话，丧魂落魄而退。几天后，他果然向皇帝请求收回进封郑贵妃为太后的成命。

大臣们进宫向皇帝请安，听得内侍传达皇帝谕旨：头目眩晕，身体软弱，不能动履。杨涟仰天叹息："以千古一见圣君，臣子倘有血性，忍坐视其中阴奸以殁，不更图保护，且伏有后毒，而噤不发一语。谓此天日何！"立即起草题为"圣躬违和之由"的奏疏，极论郑贵妃派遣崔文昇妄用药物之罪："医家有余者泄之，不足者补之，其事明白易晓。以皇上日日万几，茕茕哀痛，精神不无损耗，于法止宜清补，文昇投何相反相伐之剂，遂令圣体一旦动履艰难，眠食俱围如此哉……恳发司礼监究问处分，传示中外，使知圣躬不安，全是用药之误，以解道路纷纷之口。"[2]希望皇帝将崔文昇拘押审讯，查个水落石出。问题出在崔文昇，根子却在郑贵妃。郑

1 杨涟《郑贵妃移宫及召对并李选侍移宫两朝始末记》，《杨大洪先生文集》卷上。

2 杨涟《郑贵妃移宫及召对并李选侍移宫两朝始末记》，《杨大洪先生文集》卷上。

贵妃迫于外廷强大的压力，不得不移出乾清宫，搬往慈宁宫。

八月二十日，六部与都察院官员纷纷上书内阁首辅方从哲，请调护圣躬，册立东宫。刑部主事孙朝肃、徐仪世之书信说："阁下知圣躬所以违和之故乎？以烦劳而致，犹可言也；若以不妨慎而致，不可言也。阁下知而悠悠忽忽，失妨慎于初，犹可言也；若知而袖手旁观，不清宫闱之隐蠡，以负先帝之托，更不可言也。"御史郑宗周的书信说："欲安圣躬，则以亟请召见择医为第一义。欲安皇长子，则以速行册立，速移慈庆宫为第一义。防微杜渐，使宵小知外廷有人，有所忌而不敢逞。"[1]

八月二十二日，锦衣卫官员传旨：宣阁部科道官方从哲、周嘉谟、孙如游、李汝华、张问达以及兵科给事中杨涟等人，入宫觐见皇上。大臣们担心，皇上此番特召杨涟，必定因上疏忤旨而廷杖。

孙如游对杨涟说：大洪，如何上昨日奏疏，不知今日传来锦衣卫校尉？恐怕皇上动怒。

杨涟说：崔文昇这奸人实在害了皇上，怎能忍心不言？

周嘉谟说：我听闻，皇上并未说误医。

杨涟说：此事中外共传，何以不知？今日召对，死即死，不敢不争。

周嘉谟、孙如游向方从哲建议，希望他出面为

1 陈建、江旭奇《皇明通纪集要》卷四十一，光宗贞皇帝庚申八月二十日乙丑。

杨涟开脱。

方从哲回答：宫中事原不好讲，如今皇上圣体违和，恐怒不测，须杨公认一错。

杨涟态度非常强硬，拒不认错：皇上明明被奸医所误坏，如今明知而不言，相公还说我错，此等事如此含糊。我不要做乱臣贼子，不认错！

周嘉谟劝解道：方老先生是好意。

杨涟回答：岂不知是好意，只为我惜死。死何可怕，只是“错”字说不得。[1]

言谈间，诸大臣进入了乾清宫，但见皇上虽有病容，却和颜悦色，丝毫没有动怒迹象。新任内阁辅臣刘一燝、韩爌首先称名致谢，皇帝对刘韩二人说：“国家事卿等尽心……为朕尽心分忧。”他稍作停顿，注视各位大臣，接着说：“朕在东宫饮食不调，至今四五月始愈，登极后劳着些，又未得静一静，今大病，服药不效。”说话的口气平静而和蔼。

内阁首辅方从哲抓紧时机请示：“臣等请皇长子移宫，不知何日？”

朱常洛说：“朕便令他别处去不得，科臣说他该常在朕前。”目光注视着科臣杨涟，手指皇长子说：“他的事都停当了，服侍人都有了。”

孙如游请示进封李选侍的事，皇帝回应道：“是

刘一燝，江西南昌人，万历二十三年进士。选庶吉士，授翰林院检讨。光宗即位，擢礼部左侍郎、礼部尚书兼东阁大学士。因拥熹宗朱由校登基继承皇位有功，任内阁首辅，主理朝政。魏忠贤专权时，遭中伤被削职。崇祯元年魏党败，复官。

韩爌，山西蒲州人，万历二十年进士。历官庶吉士、少詹事、东宫讲官、礼部尚书兼东阁大学士。崇祯十七年甲申之变后忧愤卒，年八十岁。

1　李逊之《泰昌朝记事》卷一《杨忠烈自述》。

事朕有年，生育多，服侍久。”指着皇长子说：“也疼他不是，朕也不封。”

大臣们请求皇上慎医药，皇上回答：“有十余日不进了。”

周嘉谟说：“医药犹第二义，皇上清心寡欲，自然不药而愈。”

清心寡欲云云，是有微言大义的，皇帝注视着大臣，转移话题：“宫中无什么事。”然后对皇长子说：“哥儿你说一说。”

皇长子朱由校顺着父皇的意思说：“宫中无别事，先生每传一传，莫听外边闲说。”

这场召对之后，皇帝下旨，把崔文昇从宫中开除，收回进封郑贵妃为太后的成命。[1]

不料，一波刚平，一波又起，终于酿成震惊朝野的“红丸案”，导致龙驭上宾。

八月二十三日，方从哲、韩爌、刘一燝在内阁办公，鸿胪寺官员李可灼说有仙丹要献给皇上。方从哲鉴于崔文昇的前车之鉴，认为向皇上进药应该万分谨慎，韩、刘二人便命李可灼离去。李可灼不肯就此罢休，径直进宫向太监进药，太监不敢擅作主张，向内阁请示：“帝疾已大渐，有鸿胪寺官李可灼来思善门进药。”方从哲等人断然阻止：“彼称仙丹，便不敢信。”[2]

少顷，朱常洛在乾清宫召见方从哲等十三名

1 李逊之《泰昌朝记事》卷一《杨忠烈自述》。

2 张廷玉《明史》卷二百四十《韩爌传》。

大臣，对他们说："朕难了，国家事卿等为朕尽心分忧，与朕辅皇长子要紧，辅他为尧舜之君，卿等都用心。"然后对身旁的皇长子朱由校说："哥儿说一说。"朱由校遵命说了一句："先生劳苦，听父皇言。"

朱常洛又把话题转移到寿宫之事，显然他自知去日无多，已在考虑自己的后事了。方从哲等人没有一点思想准备，以为皇上提及的寿宫是指先帝（神宗）的安葬事宜，回答道："皇考山陵工有次第。"朱常洛立即纠正："是朕寿宫。"方从哲马上说："圣寿无疆，何遽及此！"朱常洛再三强调此事要紧，说话时神情黯伤，大臣们不免伤心哽咽起来。[1]

这时从帷幔后面走出一个小太监，对皇长子朱由校耳语一番，朱由校摇头不答应。忽然，一个身穿红衣的妇人把朱由校从皇帝的病榻边拉到帷幔后面。朱由校从帷幔后面走出来时，面色大变，忿忿然向父皇说："皇爹爹，要封皇后。"主管册封事宜的孙如游反应极快，把"封皇后"转换成"封皇贵妃"，说："皇上要封李选侍为皇贵妃，臣等不敢不遵命，即着仪注来。"皇帝随口应声："着仪注来。"随手指着皇长子朱由校说："辅他要紧。"[2]

片刻沉寂后，皇帝突然提问："有鸿胪寺官进药，何在？"方从哲回答："鸿胪寺丞李可灼自云仙

1 谷应泰《明史纪事本末》卷六十八《三案》。

2 杨涟《郑贵妃移宫及召对并李选侍移宫两朝始末记》，《杨大洪先生文集》卷上。按：一个多月后，皇长子已经即位，他在一道谕旨中回忆此事："前皇考病笃，阁部大臣俱进内问安，有李选侍威挟朕躬使传封皇后，复用手推朕，向大臣觍颜口传。至今尚含羞赧。"（沈国元《两朝从信录》卷二，庚申九月二十七日辛丑）

丹，臣等未敢轻信。”皇帝却对此抱有一线希望，命内侍宣召李可灼进宫诊视。

对此杨涟持反对态度，又不便直接道明，便在八月二十四日上疏议论崔文昇用药之误，提醒皇上注意。他的奏疏写得很有水平：“臣观寻常士庶人家主人偶有疾病，二三亲友犹必寻医看视。一医无效，急为责逐，更求端士，不忍以主人性命误之。庸医而漠不痛心，听之造化，而不为设法。何况臣子之于君父，顾有所顾忌，而不沥血披心以告者。我皇上缵承大统以来，励精图政，锐意勤民，兼之体节过劳，哀思过节，以致小有违和，原非有沉痼宿积之疾也。”然后把话题一转，十六日竟有“头目眩晕，身体软弱，不能动履”的症状，“全是用药差误所致”，而这个“贼医”不是别人，就是太监崔文昇：“（崔）文昇不知医，不宜以宗社神人托重之身，妄为尝试。如其知医，则医家有余者泄之，不足者补之，其事明白易晓。以皇上之日日万几，茕茕哀痛，精神不无耗费，于法止宜清补，（崔）文昇何投相反相伐之剂？遂令圣体一旦动履艰难，眠食俱困如此哉？”因此他主张，由阁部大臣在诸臣中寻访知医者，每日在宫门外斋心候问，与御医细细讲求药饵，多方斟酌，封付忠慎内官如法煎和以进，防止用药之误再度发生。[1]

1 杨涟《劾内官崔文昇疏（泰昌元年）》，《杨忠烈公文集》卷一《奏疏》。

4. 泰昌皇帝朱常洛之死

八月二十六日，宫中传出“上疾大渐”的消息，皇上要召见群臣。内阁辅臣方从哲、刘一燝、韩爌，英国公张惟贤、尚书周嘉谟、李汝华、孙如游、黄嘉善，都御史张问达，给事中杨涟等，来到乾清宫。但见皇上在东暖阁依榻凭几而卧，皇长子侍立于榻边。

大臣们问安毕，朱常洛要大臣们向他靠拢，连声说：“朕见卿等甚喜。”还说“封李选侍”“速封”云云。

主管此事的孙如游不愿意“封李选侍”，却回答得滴水不漏：“圣谕臣等自当仰体，但前奉圣谕，上二后徽称，并郭元妃、王才人封谥，皆未经告竣。若论先后次序，宜俟四大礼既举之后；若论皇储保护厥功之懋，则选侍之封惟恐不早，即从该监之请，亦未为不可。”

朱常洛坚持己见：“着照该监原择九月初六日举行。”诸臣叩头而退。[1]

八月二十九日，皇帝再次在乾清宫暖阁召见方从哲等十三名大臣，主要意图仍是册立皇贵妃。方从哲把话题转移到册立皇太子，说：册储原卜期应移近，早竣吉典，以慰圣怀。皇帝顺势叮嘱：卿等辅佐为尧舜。[2]

1《皇明通纪集要》卷四十一，庚申八月二十六日辛未。

2 沈国元《两朝从信录》卷一，庚申八月二十九日甲戌。谷应泰《明史纪事本末》卷六十八《三案》。

就在这一天，李可灼向皇帝进奉“红丸”，铸成大错。

皇帝不顾杨涟等大臣的劝告——防止用药之误再度发生，执意请李可灼为他诊视处方。着实是病急乱投医，反误了自己性命。李可灼奉召前来为皇上诊视病情，指出病源及治疗方法，皇帝听了很高兴，命他从速进药。方从哲有点不放心，要李可灼同御医商量后再定处方。在场的官员面面相觑，谁也不敢说究竟该不该服用此药，等于默认了李可灼的处方。

中午时分，李可灼调制好红色的丸药，送到皇上御榻前。皇帝命群臣靠近看他服用“红丸”，高兴地对李可灼说：忠臣，忠臣。群臣退至便殿不久，内侍传出消息：“圣体用药后，温润舒畅，思进饮膳。”大臣们放心地退出乾清宫。

傍晚，李可灼出宫对方从哲说：皇上恐药力衰竭，欲再进一丸。又说，在旁的御医多以为不宜再服，但是皇上催促很急，只得遵命让皇上再服一丸。大臣们关切地询问服药后情形如何。李可灼说，圣躬安适如前，平善如初。[1]

谁也不曾料到，朱常洛服了两粒红色丸药之后，到了次日（九月初一日）五更，病情加剧，突然死去。大臣们听到内侍的紧急宣召，急忙赶到宫中，皇上已经龙驭上宾了。

1 文秉《先拨志始》卷上。谷应泰《明史纪事本末》卷六十八《三案》。

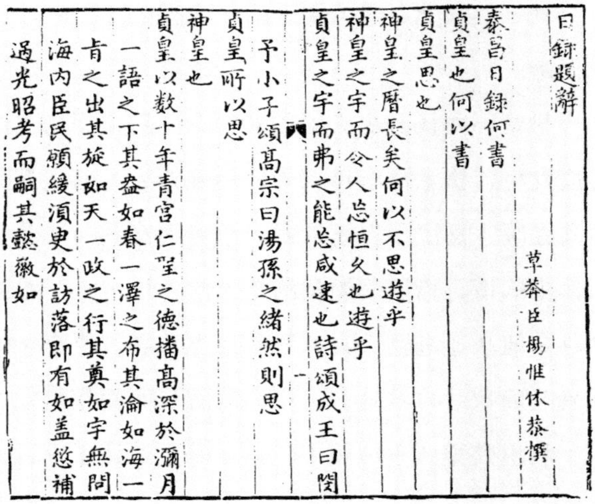
日錄題辭
草莽臣楊惟休恭撰
泰昌日錄何書
貞皇也何以書
貞皇思也
神皇之曆長矣何以不思遊乎
神皇之宇而令人忘恒久也遊乎
貞皇之宇而弗之能忘咸速也詩頌成王曰閔
予小子頌高宗曰湯孫之緒然則思
貞皇所以思
神皇也
貞皇以數十年青宮仁聖之德播高深於瀰月
一語之下其盎如春一澤之布其渝如海一
肯之出其旋如天一政之行其奠如宇無問
海內臣民願綏須臾於訪落即有如蓋愆補
過光昭考而嗣其懿徽如

◥《泰昌日录》书影

对于突如其来的噩耗，群臣惊愕万分，心中疑窦丛生。联系到皇上登极一个月来的种种遭遇，舆论顿时沸腾。正如《泰昌日录》所说："九月丙子帝崩。帝疾自夙膺重，以悲痛且万几积弛，涣汗迅发……哀劳交集，遂至增剧。传闻惊遽，颇有意外之疑，即渐知医药之误，而一误于崔文昇，再误于李可灼，斯事之大痛也。"[1]外廷舆论的焦点集中于郑贵妃，文秉如此概括道："宫中（郑贵妃）盅进美女，上体由是虚损；御医房内阉崔文昇复投相反相伐之剂。给事中杨涟已具疏论其合谋弑逆。至是，以服（李）可灼药，遂至大故。籍籍之口遂渐不可解。"[2]这

1 杨惟休《泰昌日录》卷下。

2 文秉《先拨志始》卷上。

段话要言不烦，抓住了“红丸案”的要害，崔文昇的大黄药已经种下了致死的祸根，李可灼的红丸加速了死期的到来。所谓红丸，其实是红铅金丹，又称三元丹，由红铅（妇女经血）、秋石、人乳、辰砂炮制而成。大黄性寒，红铅性热，两者同时用于虚脱的身体，岂有不一命呜呼之理！崔文昇、李可灼已经暴露在外，人们在寻找幕后指使人，不约而同地聚焦于郑贵妃这个野心勃勃的女人身上。

御史王安舜追究李可灼“庸医杀人”之罪，他的奏疏写得尖锐而深刻：“先帝（指朱常洛）之得病，外廷所知也。三次临御，俨然步履；数次召见，蔼然辞色。诸臣方日祈天永命，愿以身代。病虽经旬，未应迅速，乃突闻有宾天之事，此衷如割。但见众论纷纷，咸谓不知谁为荐李可灼者，进红铅一丸，先帝服之不豫，臣不敢信也。忽接邸报，奉令旨：赏李可灼银五十两、二表里。夫医不三世，不服其药。先帝之脉雄壮浮大，此三焦火动，面唇赤紫，满面升火，食粥烦躁，此满腹火结，宜清不宜助明矣。红铅乃妇人经水，阴中之阳，纯火之精也，而以投于虚火燥热之症，几何而不速之逝乎？然医有精有不精，尚可借口。臣独恨其胆之大也，以堂堂之圣体，而敢以方外下吏，不参众论，自神其术，此其胆真可以包天。中外危疑之日，而敢以无方无制之药假言金丹，此胆更不见有人矣……此等妖人，重则当罪以妖术惑人之罪，轻亦当治以庸医杀人之条。乃蒙我殿下颁以赏格，果酬其药价乎，抑酬其经验良方能起死回生乎？窃谓不过借此一举以塞外廷之议论也。人见其于先帝初崩之日扬扬得意，私窃危之，而不知其线索已关通矣！”[1]王安舜所说的殿下是指皇太子朱由校，此时仍在郑贵妃、李选侍的控制之下，由他出面颁布令旨，嘉奖李可灼，企图堵塞外廷议论之口，可谓此地无银三百两——“其线索已关通矣”，蛛丝马迹暴露无遗。针对王安舜的奏疏，宫中发出皇太子的令旨：“李可灼先帝病革之时，具本进药不效，殊失敬慎，但亦臣爱君意，姑从轻罚俸一年。”[2]居然为李可灼辩护，轻描淡写为“进药不效”，仅仅扣罚一年俸禄而已。这些话并非皇太子朱由校的本意，而是郑贵妃、李选侍的口气，欲盖弥彰，更加令人生疑。

御史郑宗周追究崔文昇的罪责，以为罪当“寸斩”(凌迟)。他的奏疏写道：“顷崔文昇包藏祸心，用药不慎，大行皇帝明哲宽仁。履位匝月，一旦崩逝，社稷失依，神人怨恫，中外臣民无不痛心疾首，恨不食其肉而磔其骨。此其罪弥天，尚可一日缓诛，俾奸人复有以窥殿下之浅深哉！”他请求皇太子殿下立即将崔文昇交由三法司审讯，是否故意误医，有无谋划主使？即使无心，亦当寸斩，以谢九庙。皇太子的令旨也出乎意料，为崔文昇开脱罪责，说什么先帝在青宫时就有宿疾未痊愈，即位后哀思劳瘁，以致前疾增剧。至于崔文昇，仅仅指出进药日期及药方有无错误，交由司礼监查明。[3]崔文昇本身就是司礼监秉笔太监兼掌御药房太监，他

1 沈国元《两朝从信录》卷二，庚申九月三日丁丑。

2 沈国元《两朝从信录》卷二，庚申九月三日丁丑。

3 沈国元《两朝从信录》卷二，庚申九月三日丁丑。

的罪责竟然交由司礼监来查处，明眼人一看便知，这是有意不让追究幕后指使者。

有些官员以为，皇太子的令旨是方从哲票拟的，怀疑方从哲“回护”崔文昇、李可灼，“难免党同合谋之疑”。[1]于是乎给事中惠世扬弹劾方从哲，列举十大罪状：

独相七年，妨贤妒国，罪一；
骄蹇无礼，失误哭临，罪二；
梃击青宫，庇护奸党，罪三；
恣行胸臆，破坏丝纶，罪四；
纵子杀人，蔑视宪典，罪五；
阻抑言官，蔽塞耳目，罪六；
陷城失律，宽议抚臣，罪七；
马上催督，断送全师，罪八；
徇情罔上，鼎铉贻羞，罪九；
代营榷税，辱国殃民，罪十。

◤ 惠世扬，陕西清涧人，万历三十五年进士。政绩卓著，多有建言。熹宗即位，以灾异陈言，参劾大学士孙如游，荐高攀龙、刘宗周等。

这十条罪状，牵涉到方从哲担任内阁首辅期间的失误，惠世扬对他全盘否定：“自辅臣方从哲秉成以来，国事日非，封疆日蹙，端人正士听幕宾之主张伤残殆尽；纪纲法度惟私情之徇比颓废无章……

1 文秉《先拨志始》卷上。

有如奸相方从哲者，可容一日总天下大政乎？”但惠世扬的本意，并非要攻倒方从哲，而是要引出郑贵妃、李选侍。请看他的论述：

——有此十罪，已不容于尧舜之世，而况其无君之罪，又有秦桧、卢杞所不忍为者乎！郑贵妃包藏祸心，宫中以因皇祖有所牵制而不肯发，先帝有所顾忌而不忍言。封后之举，先帝盖有深意，满朝臣子于九庙之傍倡义执争，（方）从哲两可其间。

——李选侍原为郑氏私人，丽色藏剑。先帝未正，且以因缘近幸之故，欺抗先圣母，为人臣子不共戴天。（方）从哲独非人臣乎？及受刘逊、李进忠盗藏美珠，夜半密约，必欲封为贵妃。封妃不得，又欲占住于乾清（宫），至初九移宫，是视登极为儿戏，而天子可以护宫人也。（方）从哲何心，灭绝人臣礼至此！

——崔文昇轻用下泄剥伐之药，伤损先帝，科臣先言之，台臣追论之，心痛而声急，自是臣子迫切至情。方从哲又何心而代拟出脱耶？[1]

新任礼部尚书孙慎行、都察院左都御史邹元标等有影响的大臣，也纷纷追究方从哲的责任，一时间沸沸扬扬，置方从哲于百口莫辩之地。幸亏内阁

1 沈国元《两朝从信录》卷二，庚申九月八日壬午。

辅臣韩爌出面解释，把红丸呈进的经过公之于众，与闻其事的张问达（新任吏部尚书）、汪应蛟（新任户部尚书）证实韩爌的说法，才使得方从哲摆脱困境。

不过郑贵妃在朱常洛之死事件中所扮演的角色，始终留在人们的怀疑之中。南京太常寺少卿曹珍的言论是有代表性的："以天子三十日忽焉之变，若以先朝恩幸犹存，内廷处分不易，则本朝忠厚之法、情理之用，当自有在。如既露之情状可竟掩乎？作奸之爪牙可竟不问乎？若以宫廷御幸不必深言，恐此辈预料今日不发，而窃幸其夙昔之阴谋，则此辈何幸，而先帝何不幸也！今众口哗传，流布已遍，笔诛口议，天下应有书之者，而独不能得乎明廷之上、法宫之中？使事有必行，奸有必戮，卧逆党于近榻，而不复虑有后患……先帝之升遐一日不明，则内廷之奸谋一日不破；内廷之奸谋一日不破，则圣躬之安危安能尽保？"[1]

二 从泰昌到天启

1. 围绕李选侍移宫的纷争

一系列蹊跷之事发生在万历皇帝朱翊钧死后一个月中，似乎与死者无关，其实不然。透过历史的迷雾，人们依稀窥见死者的阴魂不散。郑贵妃利用

1 沈国元《两朝从信录》卷二，庚申九月十九日癸巳。

朱翊钧生前的宠幸，摆布着即位仅仅一个月的泰昌皇帝的命运。朱常洛虽然成了皇帝，却始终难以摆脱笼罩了几十年的厄运，当了一个月皇帝，就一命呜呼，泰昌朝如同昙花一现，迅即凋零。

移宫事件不同于红丸事件，却同样是万历朝留下的政治后遗症。

万历四十八年四月初六日，万历的皇后王氏(孝端显皇后)病逝。此时皇帝已经病入膏肓，颇有心计的郑贵妃抓住时机，借口侍奉皇上，住进了乾清宫。在侍疾期间，她还争取到皇帝的遗言：进封郑贵妃为皇后。对于郑贵妃而言，她几十年梦寐以求的目的即将达到。一旦皇帝驾崩，即位的朱常洛虽不是她的亲生儿子，却可以皇太后的身份垂帘听政。对于朱常洛而言，这是他最不愿意看到的现实，然而毕竟是父皇留下的遗言，不能违背。在先帝驾崩的第二天就向内阁传达了这一遗言：进封郑贵妃为皇后，企图借助外廷的力量来对付郑贵妃。果然，廷臣一致认为这件事不合乎祖宗典制，坚决抵制，才使得郑贵妃的皇太后梦，成为一枕黄粱。

但是郑贵妃仍赖在乾清宫，不肯主动离开，显然破坏了宫廷的制度和礼仪。八月初一日，朱常洛登极，照理他应该从太子居住的慈庆宫搬到皇帝居住的乾清宫。秉性懦弱忍让的他，恐怕得罪郑贵妃，听任郑贵妃留在乾清宫，自己继续住在慈庆

孝端显皇后像

孝端显皇后，万历帝皇后王氏。王皇后善于规劝调和，多次在万历帝面前保护时为皇太子的朱常洛，褒奖贤良正直的大臣。

宫。在恪守儒家名教纲常的大臣看来，这是僭越名分、本末倒置的咄咄怪事。但是忙于老皇帝的丧礼和新皇帝的登极，暂时无暇顾及移宫之事。待到发生了司礼监秉笔太监兼掌御药房太监崔文昇进药事件后，大臣们忍无可忍，由杨涟、左光斗出面，迫使郑贵妃于八月二十一日从乾清宫搬往慈宁宫。移宫是一种礼仪形式，意味着某种特权的丧失。郑贵妃移宫以后，便把赌注押在了李选侍身上。

朱常洛的太子妃郭氏逝世后，没有再册封太子妃，只有才人、选侍、淑女在旁陪侍。其中才人王氏是他的长子朱由校的生母，万历四十七年去世。因为这样的关系，朱由校少年时代就没有了嫡母（元妃郭氏）、生母（才人王氏）。当时朱常洛身边还有两位姓李的选侍，宫中称为东李、西李（以所居宫室方向区别）。东李地位高于西李，为人仁慈寡言笑，宠幸不及西李。朱由校的弟弟朱由检的生母淑女刘氏早逝，由东李抚育成人。西李最受朱常洛宠幸，万历皇帝朱翊钧疼爱长孙朱由校，命西李抚育。此后史书所称李选侍专指西李。

李选侍与郑贵妃所处地位相似，关系密切，郑贵妃力图为李选侍请封皇后，李选侍则为郑贵妃请封皇太后。朱常洛的元妃郭氏死后，没有再册立元妃，他即位后，皇后成了空缺。李选侍急于填补这个空缺，想当皇后，朱常洛也有这个心思，不过按照规矩，得先进封皇贵妃，才能进封皇后。[1]八月

1 谷应泰《明史纪事本末》卷六十八《三案》。

初十日，朱常洛传谕礼部：“选侍李氏侍朕勤劳，皇长子生母薨逝后，奉先帝旨委托抚育，视如亲子，厥功懋焉，其封为皇贵妃。”[1]八月二十六日，朱常洛在病榻前召见阁部大臣，催促速封李选侍为皇贵妃。主持礼部事务的孙如游回答：孝端皇太后（朱常洛嫡母）、孝靖皇太后（朱常洛生母）的尊谥，以及加封郭元妃、王才人为皇后的事宜，还未办成，册封李选侍为时过早。难以预料的是，九月初一日泰昌皇帝朱常洛突然驾崩，册封李选侍为皇贵妃的预想落空，更不用说皇后了。

朱常洛死，皇长子朱由校继位，即将从慈庆宫搬往乾清宫。先前陪伴朱常洛住在乾清宫的李选侍，照理应该搬出乾清宫。这个女人不寻常，她仿效郑贵妃的榜样，赖在乾清宫不走。其意图不言而喻，迫使朱由校即位后尊奉她为皇太后。郑贵妃与李选侍密谋，把朱由校留在乾清宫，“欲邀封太后及太皇太后，同处分政事”。[2]

这时，司礼监太监王安（字允逸，号宁宇，保定雄县人）挺身而出。此人万历六年进宫，在冯保名下当差。以后长期充当朱常洛的伴读太监，朱常洛即位后，他升任司礼监秉笔太监，匡辅秉政，知无不言，在泰昌短短一个月的新政中，颇多左右策划之力。[3]朱常洛死后，王安获悉李选侍与郑贵妃的密谋，出具揭帖，遍投外廷大臣，揭发“选侍欲拥立东朝

1 杨涟《敬述移宫始末疏》，《杨大洪先生文集》卷上。

2 文秉《先拨志始》卷上。

3 刘若愚《酌中志》卷九《正监蒙难纪略》。文秉《先拨志始》卷上。

（皇太子朱由校），仿前朝垂帘故事。”王安所说李选侍企图垂帘听政，确有所据。朱由校即位后，在谕旨中透露了秘密：“朕览文书，见御史左光斗具奏，朕避宫之繇。朕昔幼冲时，皇考选侍李氏恃宠，屡行气欧圣母，以致怀愤在心，成疾崩逝，使朕有冤难伸，惟抱终天之痛。前皇考病笃，阁部大臣俱进内问安，有李选侍威挟朕躬，使传封皇后，复用手推朕，向大臣靦颜口传，至今尚含羞赧。因避李氏毒恶，心不自安，暂居于慈庆宫。李氏又差李进忠、刘逊等传，‘每日章奏文书先来奏我看过’，方与朕览，仍即日要垂帘听政处分。”[1]

对于李选侍与郑贵妃的图谋，外廷大臣洞若观火，有人主张把朱由校托付给李选侍，杨涟奋起反对：“此万万不可，皇帝无托之妇人之理。且此选侍者，东宫时事无问，如昨日当先帝对群臣时，强今上入，复推之出，勒要封皇后，是何光景？无论先帝四十岁皇帝不能堪郑贵妃及诸蛊惑毒手，且李、郑交结权既非一朝，彼岂能做好事者？若今上一入其手，我等恐无见今上之日。以职之见，此时急宜请见今上，一见即呼万岁，以定危疑，即拥之出乾清宫，请住慈庆宫。”[2]周嘉谟等大臣都表示赞同。

九月初一日卯时，方从哲率大臣进宫哭临，欲觐见皇长子，被守门太监挡住。杨涟厉声喝道：“皇上崩，正臣子入临之会，谁敢辱天子从官者！”又

1 沈国元《两朝从信录》卷二，庚申九月二十七日辛丑。许重熙《宪章外史续编》卷十三《天启注略》。

2 杨涟《郑贵妃移宫及召对并李选侍移宫始末记》，《杨大洪先生文集》卷上。

说："先帝宣召诸臣，今已晏驾，皇长子少，未知安否？汝等与宫人闭宫坚阻，不容顾命大臣应召请见，意欲何为？"一番义正词严的申饬，镇住了太监，不敢再阻拦。群臣来到乾清宫哭临毕，问皇长子所在，太监们避而不答。内阁辅臣刘一燝厉声问："皇长子安在？"司礼监秉笔太监王安闻声而至，回答："李选侍匿禁暖阁中，要封皇贵妃。"刘一燝大喝一声："谁敢匿新天子者？"王安进去通报李选侍，李选侍拉着朱由校的衣服不放，王安上前抱住朱由校，把他扶持出暖阁。[1]

大臣们见到皇长子，立即叩头，英国公张惟贤捧着他的右手，大学士刘一燝捧着他的左手，连呼万岁。朱由校连声说不敢当，然后仓促登上轿子，张惟贤、刘一燝、周嘉谟、杨涟等人亲自抬起轿子，走了几步，轿夫赶到。在众大臣拥护之下，朱由校坐着轿子来到文华殿。群臣先行叩慰礼，随后请皇长子进位，再行五拜三叩头礼。礼毕，大臣们请皇长子即日登极，朱由校不允，答应初六日即位。朱由校在群臣拥护下，回到慈庆宫。朱由校高兴地看着王安说："伴伴，今日安在？得髯阁下（刘一燝满脸髯须，故称髯阁下）伴我，乃无恐。"[2]

自称"万历旧史官"的钱谦益，追述此事，高度评价刘一燝。请看他的生动记叙："庚申之八月，光宗皇帝宅忧嗣复，即日拜公（刘一燝）礼部尚书东

1 杨涟《敬述移宫始末疏》，《杨大洪先生文集》卷上。

2 邹漪《启祯野乘》一集卷五《杨忠烈公传》。赵吉士《寄园寄所寄》卷一《囊底寄·刘一燝》。

阁大学士，与蒲州韩公（韩爌）并命。光庙仁孝，事郑贵妃如母，李选侍受其饵，关通煽动。光庙属疾，凭几见群臣，选侍红袖闯御幄，推挽皇太孙，传旨封皇太后、皇后。公（刘一燝）要廷臣力争而止。八月晦，光宗宾天。中人李进忠等阑乾清宫门，不听群臣入临。比入，举哀毕，公诘问群奄：‘皇长孙当柩前即位，今不在者何也？’群奄东西走，不置对。秉笔太监王安喏曰：‘选侍匿禁暖阁中，不得出一步，可若何？’公（刘一燝）整襟大言：‘谁敢匿新天子者？’（王）安曰：‘徐之，公等慎勿退。’遂趋而入。上（朱由校）见（王）安至，呼曰：‘好伴伴来救我！’（王）安软语选侍：‘上不出，诸大臣不肯退，第令一出即返。’选侍颔之，且中悔，揽上（朱由校）裾不释手。（王）安直前拥抱，疾趋而出。公亟迎升辇，比及门，宫中厉声呼：‘哥儿却还！’遣使追蹑者三返，公傍辇疾驰，掖上升文华殿，登宝座，即东宫位，群臣叩头呼万岁。然后择吉告庙受朝，事始大定。是日，群臣上笺劝进毕，选侍犹疾呼还阁，公亟奏曰：‘乾清（宫）未净，殿下请暂居慈宁（宫）。’上色喜，顾（王）安曰：‘伴伴今日安往？得髯阁下伴我，我乃无恐。’”[1]

九月初二日，吏部尚书周嘉谟等大臣联名上疏，请李选侍移宫（从乾清宫移出）。他们指出：李选侍虽有抚爱之心，且不无形骸之隔，且殿下年龄渐

1 钱谦益《特进光禄大夫柱国少傅兼太子太傅吏部尚书中极殿大学士谥文端刘公墓志铭》，《牧斋有学集》卷二十八《墓志铭》。

长，婚礼未成，蛾眉粉黛时混目前，万一防护稍疏，所关非细。朱由校表示同意，要李选侍立即移住仁寿宫。李选侍还想拖延时间。御史左光斗积极支持杨涟，在奏疏中论述李移宫的必要性："内廷之有乾清宫，犹外廷之有皇极殿也，惟皇上御天居之，惟皇后配天得共居之。其余妃嫔虽以次进御，遇有大故即当移置别殿，非但避嫌，亦以明尊卑、别贵贱也。历代相传，未之或改。今大行皇帝宾天，选侍李氏既非嫡母，又非生母，俨然居正宫，而殿下乃居慈庆（宫），不得守几筵、行大礼，典制乖舛，名分倒置，臣窃惑之。且问李氏侍先皇无脱簪鸡鸣之德，侍殿下又无抚摩育养之恩，此其人岂可以托圣躬者？且殿下春秋十六龄长矣，内辅以忠直老成，外辅以公孤卿贰，何虑乏人，尚须乳哺而襁负之哉！又况睿智方开，正宜不见可欲，而何必托于妇人女子之手乎？故在先皇时，屡请名封而不许……倘及今不早决断，将借抚养之名，行专制之实，武后之祸将见于今，臣诚有不忍言者矣。"[1]左光斗的话讲得无所顾忌，尖锐泼辣，指责李选侍赖在乾清宫不走，企图借"抚养"之名为幌子，"行专制之实"——垂帘听政，到时候，武则天的祸患就将再现。

李选侍见左光斗把自己比作武则天，勃然大怒，多次派太监宣召，左光斗严词拒绝："我天子法

1 沈国元《两朝从信录》卷二，庚申九月二日丙子。陈建、江旭奇《皇明通纪集要》卷四十一，光宗贞皇帝庚申九月初二日。邹漪《启祯野乘》一集卷一《左忠毅公传》。

官也，非天子召不赴，若辈何为者！”李选侍更加怒不可遏，派太监邀朱由校到乾清宫，共同议处左光斗。杨涟正巧在麟趾门遇上太监，正色告诫：“上已十六岁，他日即不奈选侍何，若曹置身何地？”并要太监传话给李选侍：“殿下在东宫位太子，今则为皇帝，选侍安得召！”说完怒目而视，太监只得退回乾清宫。[1]

李选侍迟迟不肯搬离乾清宫，杨涟反复在朝房、掖门、殿廷等处侃侃而谈。他在慈庆宫门外，要内阁首辅方从哲赶快催促李选侍移宫。方从哲以为“迟亦无害”，他反驳道：“昨以皇长子就太子宫犹可，明日为天子，乃反居太子宫以避宫人乎？”太监往来如织，有为李选侍求情的，杨涟断然拒绝：“选侍能于九庙前杀我则已，今日若不移宫，死不去。”[2]刘一燝、周嘉谟等大臣支持杨涟，声色俱厉。

九月初五日，杨涟上疏敦促移宫：“深宫中有先朝选侍，欲俨然以母道自居，外托保护之名，阴怀专擅之实，大小臣工心切疑之，不敢以宗庙神灵所托重之身，轻付之不可倚信之手。故力请陛下暂居慈庆宫者，实有鉴于皇祖郑贵妃之事，欲先择别宫而迁之，然后奉驾还正乾清（宫），此臣等之私愿，忠于陛下之深心也……今臣等静俟五日矣，登极已定明日矣。天子既登大宝，岂有还偏处东宫之

1 张廷玉《明史》卷二百四十四《左光斗传》《杨涟传》。

2 杨涟《敬述移宫始末疏》，《杨大洪先生文集》卷上。

理！而怙恃宠灵，妄自尊大者，犹逼处于其间，种种情形实为非分非法。且又奉有移宫明旨，若仍复借择吉耽延，岂真欲中外之共主长逊避一宫嫔乎？人言纷纷，且谓令李进忠、刘逊、魏进忠等擅开宝库，盗取珍藏，岂必欲尽先朝之有而后出宫乎？抑指借皇贵妃名色，遂目无幼主乎？”[1]杨涟揭露李选侍“外托保护之名，阴怀专擅之实”，与左光斗谴责李选侍“借抚养之名，行专制之实”，遥相呼应。他不仅这样说，而且付诸行动，俨然以顾命大臣自居，在慈庆宫门外露坐五日五夜，率领锦衣卫校尉警卫，禁止中宫乳母、宫人进入，操劳得须发尽白。[2]

李选侍经受不住外廷大臣的强大压力，也经受不住内廷太监王安等人的恐吓，不得不仓促移宫。她来不及等待侍从，自己抱着女儿（八公主），徒步从乾清宫走向仁寿殿哕鸾宫。

2. 天启皇帝朱由校即位

泰昌皇帝朱常洛于九月初一日去世，留下了遗诏，由皇长子朱由校继承帝位。九月初二日开读遗诏：“朕以眇躬，嗣登大宝，夙夜祗惧，罔敢宁居。于凡用人行政遵明皇考遗命，力疾举行，哀劳交瘁，奄至弥留。定数未移，考终何憾。但念朕绍

1 杨涟《乞早清宫禁疏》,《杨忠烈公文集》卷一《奏疏》。沈国元《两朝从信录》卷二，庚申九月五日己卯。

2 吴应箕《赠太子太保兵部尚书忠烈杨涟传》,《楼山堂集》卷十八《传》。

承洪绪，茕疚方新，志业未就，所期缵述，端属后贤。皇长子茂质英资，克荷神器，宜早嗣皇帝位。其恪守祖宗彝宪，亲贤勤学，立政安民，朝讲一遵典制，冠婚择吉早行。出入起居倍宜兢慎，左右侍御务近端良。内外文武百执事之臣，尚怀隐痛，同心协赞，永保基图。”[1]照理朱由校应该即日继位，由于李选侍霸占乾清宫，致使登极仪式推迟举行。

九月初六日，朱由校在皇极殿即皇帝位，是为明熹宗，改明年为天启元年。关于年号，一度议论纷纭。其复杂性在于，神宗死于万历四十八年七月二十一日；光宗八月一日即位，宣布改明年为泰昌元年，但是还没有改元，他就在九月一日死去；九月六日熹宗即位，宣布改明年为天启元年。于是乎出现了棘手的问题：今年仍旧是万历四十八年，明年是天启元年，那么存在一个月的泰昌朝的年号无形之中就消失了。这显然不符合礼制，必须寻找一个两全之计，为此大臣们开会讨论此事。

礼科给事中李如珪说："先帝即位虽仅匝月，而善政已足千秋，岂可使年号之不存！臣谓除明年正月初一日为殿下（朱由校）纪元，今年八月初一日先帝登极之日，以至十二月终，断宜借之先帝，俱称泰昌，万历年号断自今年七月终止，则是先帝之年号既不亏万历之实数，有不碍殿下明年之称元。"意思很清楚，七月以前仍旧称万历四十八年，八月

1 沈国元《两朝从信录》卷二，庚申九月乙亥。

一日至十二月，改称泰昌元年，明年则为天启元年，摆平了三个年号的关系，是一个比较切实可行的方案。

御史张泼则有不同意见："先帝八月登极，以明年为泰昌，不忘皇祖也。今上九月登极，以明年为天启，不几忘先帝乎？当仍以明年为泰昌元年，再逾年始改为天启。在先帝不忍忘皇祖，在今上亦不忍忘先帝，事死如生，其志一，其事同。乃天启元年之诏已颁，而泰昌改元之议方起，明年天启已难反汗，今年万历，遂无泰昌……不得已而以今年八月为泰昌，以明年正月为天启，毕竟于先帝不遽改元之意不甚符合，然亦于不安中求其近似者以之。若欲弃泰昌之号而不存，第曰未及改元而崩，于义不忍。"他主张仍以明年为泰昌，后年改元天启，"今上"必须在一年零四个月中顶着先帝的年号，显然顾此失彼。

御史黄士彦的意见似乎更多着眼于"今上"，他说："先帝即位一月，善政不胜书，其为共主明矣。而登极之诏称以明年为泰昌元年，实未尝改元也。今先帝晏驾逾月矣，臣子乃追而改之，如八月可改为泰昌，则九月可改为天启矣。"[1]

左光斗比较倾向于李如珪的意见，他为此两次上疏。先是简单提及此事："今日之议万历，自应系以四十八年，泰昌自应系以元年，但史书自八月以

1 陈建、江旭奇《皇明通纪集要》卷四十二，庚申九月十四日。

前仍书万历，自八月初一日起至本年十二月终止，则书泰昌，并存不悖，古今通行。其明年仍用今上年号，于理允协。”[1]

当大臣们讨论此事时，他发表详细的意见，极具说服力：

——年号何为而议也？曰：为泰昌也。泰昌之年号何为而议也？曰：为泰昌之崩而存之，非为泰昌之生而改之也。何为其存与改也？曰：生而急欲尊大之之为改，崩而不忍斩削之之为存也。故今日之议，两言决之曰：天启之议泰昌，非泰昌之议万历也。泰昌之议万历则不宜改，而天启之议泰昌则当存也。若使泰昌晏驾稍待半年，或稍待二三月，又或泰昌之诏未宣，而泰昌之历已颁，则可以无今日之议。惟诏已颁矣，历未改矣，天启之明年已定矣，泰昌二字茫无安顿，于是追思先帝之懿美者，不得不曲全先帝之年号，而纷纷之议直欲削之。臣愚不知其解。夫天下之事，情与理二者而已矣。泰昌虽一日亦君也，今一月中而万历四十八年之美厚其终，天启亿万年之祥开其始，将不称宗乎？不附庙乎？称宗祔庙，有庙号而无年号乎？

——泰昌之于万历，犹天启之于泰昌也。

1 左光斗《登极必用诏书疏》，《左忠毅公集》卷一《奏疏》。

泰昌不忍其亲则存之，天启独忍于其亲则削之，是陷皇上于不孝也。即不忍于祖而忍于其父，犹之不孝也。急于全泰昌之孝，而不思所以全皇上之孝，是议者之过也。何也？泰昌之改元以明年者，亦曰亿万斯年行有待耳，今已矣，复何待哉？生为一世之君，没不得享一日之号，仰又不能得之于父，俯又不能得之于子，则泰昌在天之灵必不安，夺子之不足以增己之有余，则万历在天之灵亦必不安。皇祖皇考之灵不安，而谓皇上之心能安乎？[1]

于是朝廷达成共识，决定以万历四十八年八月至十二月，为泰昌元年，明年为天启元年。

严格说来，泰昌朝只不过一个月而已，既然已经确定从八月到十二月全部按照泰昌纪年，朱由校登极以后的最初四个月，仍然是泰昌元年，要到次年正月才是天启元年。这种特殊性决定了这四个月乃是一个过渡时期，朝廷的关注焦点仍集中于泰昌一月的政治遗留问题上。

首当其冲的依然是崔文昇用药问题。早在九月三日，御史郑宗周就提出："崔文昇包藏祸心，用药不慎，大行皇帝明哲宽仁，履位匝月，一旦崩逝，社稷失依，神人怨恫，中外臣民无不痛心疾首，恨不食其肉而磔其骨。"立即将崔文昇交由三法司审

1 左光斗《年号议疏》，《左忠毅公集》卷一《奏疏》。

讯是否故意，有无谋使？即使无心，亦当寸斩。[1]九月十四日，他再次上疏论劾崔文昇，认为应当“敕下法司，明正典刑”，并且批评内阁首辅方从哲票拟谕旨“着司礼监查明奏处”极为不妥。[2]

九月十九日，南京太常寺少卿曹珍敦请皇上查究“医药奸党阴谋”。他把崔文昇用药事件与当年的梃击案联系起来，说：“二十年来，忠臣义士受杖受谪以争册立者，正以先帝故耳。今先帝卒崩之变，当与先年梃击青宫同一奸谋。”又说：“天子三十日忽焉之变，若以先朝恩幸犹存，内庭处分不易，则本朝忠厚之法、情理之用，当自有在。如既露之情状可竟掩乎？作奸之爪牙可竟不问乎？若以宫庭御幸不必深言，恐此辈预料，今日不发，而窃幸其夙昔之阴谋，则此辈何幸，而先帝何不幸也！今众口哗传，流布已遍，笔诛口议，天下应有书之者，而独不能得乎明廷之上、法官之中，使事有必行，奸有必戮，卧逆党于近榻，而不复虑有后患……先帝之升遐一日不明，则内庭之奸谋一日不破；内庭之奸谋一日不破，则圣躬之安危安能尽保？”[3]

十月二十四日，南台御史傅宗皋继续追究崔文昇用药之误：“(崔)文昇何心，遽忍为此？意者几微奥窍之中，别有爪牙蟠结之奸，造成一定不移之局，或并(崔)文昇之身而用之，卒相推挟，以至

1 沈国元《两朝从信录》卷二，庚申九月三日丁丑。

2 陈建、江旭奇《皇明通纪集要》卷四十二，庚申九月十四日。

3 沈国元《两朝从信录》卷二，庚申九月十九日癸巳。陈建、江旭奇《皇明通纪集要》卷四十二，庚申九月十九日。

于是，未可知也。今（崔）文昇活口具在，不可拷而问乎？尤可异者，先帝长君践祚，郑贵妃以皇祖宫嫔，恋住在宫，未闻迁避，故违皇祖家法——内侍多先宜引避，遣往先帝御前，沾沾以承奉为名。今查浃月以来，所屡迁者何人？所承奉者何物？何以致先帝于寝疾而崩殂而谓可脱然无与乎？臣谓贵妃所遣承奉先帝御前，门监必有登记，司礼监应为查出，与（崔）文昇一并敕下，候三法司会同司礼监、阁中、词林、卿寺、科道，逮付各犯，俾之廷鞫根因，分别正罪，然后家法不失，国宪以明。”[1]

崔文昇、李可灼用药事件，也就是所谓“红丸案”成为天启朝一大敏感政治话题，魏忠贤专权以后，炮制《三朝要典》，重新评定“三案”（梃击案、红丸案、移宫案），大做翻案文章，整肃正人君子。

◥《三朝要典》书影

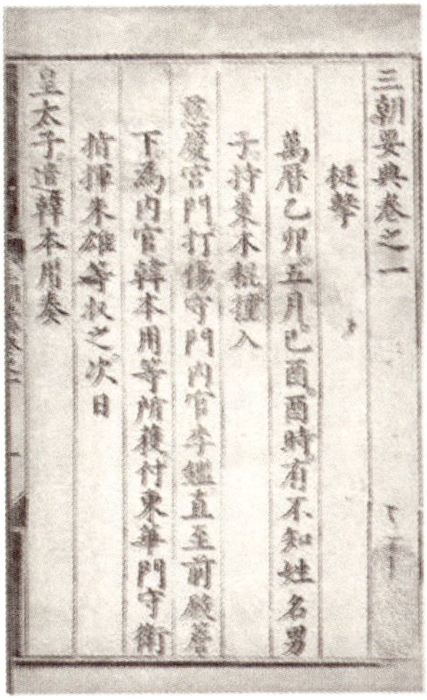
三朝要典卷之一
梃擊
萬曆乙卯五月己酉酉時有不知姓名男
子持棗木棍闖入
慈慶宮門打傷守門內官李鑑直至前殿簷
下為內官韓本用等所獲付東華門守衛
指揮朱雄等收之次日
皇太子遣韓本用奏

其次是关于李选侍与移宫的善后问题。九月二十七日，先前竭力主张李选侍移宫的御史左光斗，一反常态，希望皇上善待李选侍：“惟是自移宫之后，自当存以大体，捐其小过。皇上如天之度，宜无所不包涵；先帝在天之遗爱，宜无所不体恤。此其特恩在圣衷，调护在辅相，非小臣之能臆度。

1 沈国元《两朝从信录》卷三，庚申十月二十四日丁卯。陈建、江旭奇《皇明通纪集要》卷四十二，庚申十月二十四日。

若复株连蔓引，使宫闱不安，是即与国体不便，亦大非臣等建言初心。”皇帝朱由校看了奏疏，非常认真地写了批示，流露了他对李选侍既恨又惧、忐忑不安的矛盾心态：“朕览文书，见御史左光斗具奏朕避宫之繇。朕昔幼冲时，皇考选侍李氏恃宠，屡行气殴圣母（朱由校生母），以致怀愤在心，成疾崩逝。使朕有冤难伸，惟抱终天之痛。前皇考病笃，阁部大臣俱进内问安，有李选侍威挟朕躬，使传封皇后，复用手推朕，向大臣靦颜口传，至今尚含羞赧。因避李氏毒恶，心自不安，暂居于慈庆宫。李氏又差李进忠、刘逊等传‘每日章奏文书，先来奏我看过’方与朕览，仍即日要垂帘听政处分。御史（左光斗）有言李氏他日必为武氏之祸者，朕思祖宗家法甚严，从来有此规制否？朕今奉养李氏于哕鸾宫，月分年例供给钱粮，俱仰遵皇考遗爱，无不体悉。外廷误听李党喧谣，实未知朕心尊敬李氏之不敢怠也。”[1]

十二月十二日，兵科都给事中杨涟写了一本《敬述移宫始末疏》，详细回顾李选侍移宫的始末。他说，详细情形只有扈驾诸臣知道，外廷未必尽知，中外臣民则尽不知，所以有必要将初一至初五逐日记录在案。他与左光斗是当时坚决主张移宫的官员，对于宫中传出的流言蜚语，极为不满：“乃移宫之后，不知何来蜚语，有捏倡选侍徒跣踉跄，欲

1 沈国元《两朝从信录》卷二，庚申九月二十七日辛丑。陈建、江旭奇《皇明通纪集要》卷四十二，庚申九月二十七日。

自裁处；并捏称皇八妹失所，至于投井者。或传处罪珰过之甚者，有内外交通做成此事者。是夙夜忧时之士误收为一时感慨叹息之资，恐作此日不白之案，有关系不但在臣职，安敢无言……至今日有以此为选侍惜者，臣谓宁可使今日惜选侍，无使移宫不速，不幸而成女后独览文书，称制垂帘之事。彼三十余年凭依蟠结之群邪，又或得以因缘多事，于以保惜先年宠爱则得矣，而辅皇上要紧之深意，在天之灵，果以此为愉快也？”[1]

皇帝对于杨涟的观点是赞同的，批示道：“登极移宫事情，不惟科臣所亲历，且文武大小臣工共见者，乃极正极公，极切极真，览奏甚惬朕衷，着昭示中外，以释群疑。杨涟当日竭公忿争，志安社稷，忠直可嘉。”[2]鉴于近来关于移宫有不少流言蜚语，皇帝发布洋洋千言的诏书，不厌其烦地叙述自己“避宫”与李选侍“移宫”之始末，希望臣民的观点和他保持高度一致：

——朕自冲龄登极以来，仰托祖宗默佑，内外清平，每加喜悦，以为大小臣工皆朕臣子，开诚布公，励勤庶政，定无异议。不意外廷近来乃有谤语妄生，猜疑日至，轻听盗犯之讹传，酿成他日之实录。诚如科臣杨涟所奏者，朕不得不申谕避宫始末，以释群疑。

1 杨涟《敬述移宫始末疏》，《杨忠烈公文集》卷一《奏疏》。

2 杨涟《敬述移宫始末疏》，《杨忠烈公文集》卷一《奏疏》。

——九月初一日，皇考宾天，阁部文武大臣科道官进宫哭临毕，请朝见朕躬。李选侍将朕阻于暖阁，卿等再四奏请，欲朝见朕不可得。当时若非司礼监等官设法，请朕出暖阁面见大臣，李选侍许而后悔，暨朕出暖阁，又使李进忠等请回。如此者两三次，不放出暖阁。司礼监等官又奏说，大臣朝见了就回，选侍方许朕出暖阁。至乾清宫丹陛上，大臣扈从前导，选侍又使李进忠等将朕衣拉住不放。若非司礼监奏请，朕前进不可，退又不能出见大臣矣。及至前宫门，选侍又差人数次着朕还宫，不令朕御文华殿。

——卿等亲见当时景象，安乎危乎？当避宫乎？不当避宫乎？一向刑部及各衙门欲行庇护之谋，先藉安选侍为题目，使是非溷淆，朝政不宁。辅臣义在体国，为朕分忧，如此等景象，何不代朕传谕一言，屏息纷扰，君臣大义何在？

——初一日，朕自慈庆宫至乾清宫躬视皇考入殓，选侍又阻朕于暖阁，不放出入。司礼监王体乾等奏请说，大臣在前宫门恭候扈驾，请早回。选侍全然不听，王体乾等请三四次，方许朕出暖阁。初二日，朕至乾清宫朝见选侍毕，恭送皇考梓宫于仁智殿。未行礼毕，选侍差人传，着朕必欲再朝见选侍毕，方许回慈庆宫。扈从大臣科道各官皆所亲见，一朝不肯，必至于再朝，乃明明是威挟朕躬垂帘听政之意。

——朕蒙皇考派在选侍照管，朕不在彼宫居住，其饮膳衣服，皆系皇祖、皇考所赐，与选侍毫无相干。只每月往选侍宫中行一拜三叩头礼，因不往她宫中住，选侍之恨更深，其侮慢凌辱不堪，朕昼夜涕泣六七日。此阖宫内臣宫眷共见，而不忍言者……选侍所行极毒极恶之事，朕曾秘谕阁臣不令发抄。若避宫不早，则选侍爪牙成列，盈虚在手，朕亦不知如之何矣！

——朕今奉养李选侍、皇八妹，饮食衣服各项钱粮，俱从优厚，且安享无恙。各官何乃猜度过计，藉为口实，如异日选侍患病而逝，将用人以抵命乎？将归咎于朕乎？[1]

朱由校如此喋喋不休地向臣民倾诉自己与李选侍的恩怨情仇，可见这个问题比人们想象的要复杂得多。尽管杨涟的奏疏与皇帝的诏书，已经把移宫始末讲得很清楚了，但是谣言还是不胫而走。人言可畏，杨涟愤然辞官而去。他在乞归奏疏中说："臣发明移宫之故，只以疑关禁近，事恐传讹。垂帘之秘事未闻，入井之烦言啧起。不得不洗发一番，使天下后世晓然知皇上所以善处家人骨肉之际，危疑恩义之间而已。乃旋荷纶綍之褒，过邀忠直之誉，使臣区区发扬主德之苦心，反为诧诩臣节之左券。"[2]流言蜚语使这位刚直不阿的言官感到不安，一走了之。

传播流言确有其人，湖广道御史贾继春就是一例，皇帝说他"捏造李选侍雉经（自经）、皇八妹入井（投井），播煽流言，诬诋朕躬"，下旨将他革职为民，永不叙用。[3]夏燮对此评论道："杨（涟）左（光斗）

1 沈国元《两朝从信录》卷四，庚申十二月十二日。陈建、江旭奇《皇明通纪集要》卷四十二，庚申十二月十二日。

2 杨涟《乞归田里疏一（天启元年）》，《杨忠烈公文集》卷二《奏疏》。谷应泰《明史纪事本末》卷六十八《三案》。

3 沈国元《两朝从信录》卷六，天启元年四月丁丑。

◤ 夏燮，别号谢山居士，当涂人，清道光举人。因不满意《明史》，另起炉灶，仿司马光《资治通鉴》编年史体例编修《明通鉴》。

之请移宫，贾继春之请安选侍，二者皆是也。惟（贾）继春误信流言，而入‘雉经投井’语于疏中，后亦悔之，故具揭自明……及其呈身魏（忠贤）阉，重述移宫一案，则力诋杨左，不顾清议，此岂其初心哉？熹宗疑其有党，而不知党非救（贾）继春之君子，而实附魏阉之小人也。杨忠烈之论此谓，恐酿今日之疑端，流为他年之实事。卒之实者既虚，而疑者未已，岂非外廷之附阉者借以行其杀人媚人之术哉！”[1]这样的后果，不仅杨涟难以预料，也令读史者唏嘘不已。

3. 短暂的“众正盈朝”局面

从泰昌到天启的过渡，不仅使得泰昌由一个月延长为四个月，也使得天启初期的政治，保持了与泰昌政治的连贯性。朱常洛力图拨乱反正，主张大量起用万历朝由于各种原因而遭到废弃的官员，御史黄彦士就把这一政策概括为“起废弃诸臣”。他说：皇上业已指示吏部分别起用，吏部针对废弃诸臣的情况，分别列出以下几种：为了争国本而迹于戆激者，为了反对矿税太监四出而邻于倨侮者，为了反对权要而招尤者，为了救护忠良而遭逐者，也

1　夏燮《明通鉴》卷七十七，天启元年四月，御史贾继春削籍。

有诖误可原而全瑜难掩者，有形迹可疑而清议自存者。他认为，这些人虽然才品不同，都足以备用。[1]

朱由校即位后，这一政策得以延续，起用废弃诸臣成为朝廷上下的共识。给事中惠世扬主张开放先前的“党禁”，高攀龙、刘宗周、王之寀等人都是可用人才：“年来剪除异己，百计排摈，有指之为东林之党而处之者，有变而为西北之党以处之者，又有目之为东朝之党而处之者。夫言东林则东林耳，何必借事于西北；言西北则西北耳，何必发难于东朝？仇视君父，芥视缙绅，若高攀龙、刘宗周、孙居相、刘策、王之寀、陆大受等，草木朽枯，迄不见用，则舆论之所以愤愤不平也。圣朝无弃人，何昭旷之途不可共游，而倾陷无已时乎？”[2]给事中赵时用附和惠世扬的主张，反对门户之争：“若今之时事，有议论已定而不必追寻者，门户之说是也。年来之抢攘不休，既已两受其败，今日之喘息方定，岂可再触其狂！非但不可张之口喙，亦且不可留之胸中。若有分别彼此之心，必且复激玄黄之战，‘党’之一字为害万端。”[3]

御史方震孺继续反对门户之争，为遭到禁锢的叶茂才、赵南星、高攀龙、刘宗周等人鸣不平：“夫门户二字原不当闻之君父，臣言之已自心惊，然而不新不梦也，臣又不容不平心一言以扫门户之葛藤也。东林之中原多依草附木之流，奸险贪横实繁有

1 沈国元《两朝从信录》卷一，庚申八月十三日戊午。

2 沈国元《两朝从信录》卷三，庚申十一月甲戌。

3 沈国元《两朝从信录》卷三，庚申十一月甲戌。

徒，尔时不肯依附者自是刚肠男子。然不当因不肖以及贤，而遂为竭泽之渔也；又不当因亲以及亲，因友以及友，而更为瓜蔓之抄也。除诸臣已经会议，及在仕籍者无容再赘。如清慎之叶茂才，经济之钟应举、赵南星，挺劲之魏云中、马孟祯，洁净之高攀龙、刘策，练达之李邦华，苦节之鲍应鳌、刘宗周等，有何罪过而锢之终身？”[1]

御史周宗建进一步跟踪追击，万历三十六年以后的君子小人之争，万历四十年至四十一年的君子小人之争，所造成的恶劣影响："无奈此诸小人占风息影，择便投膻，不问国家之利害，不思事理之有无，不审寸心之安危，不计后来之破败。唯一时尚之题目据为眼下之灵符，苟有不合于时者，辄举而入之罗中……夫此数翻诸人，方其患得之时，车可填门，金堪成穴，官常任其把握，仕路信其雌黄，侭足自谓英雄，而迨于一朝垂尽，焰冷光残，平时之辣手化为粪土之蛺蝇，不身死于贱行辱人，即魂消于蛇行鼠伏。嗟嗟，诸人夫亦何利之有哉……姑以用人一案言之，如前后诸臣所引董应举、高攀龙、史孟麟、李邦华、熊明遇、魏云中等，不下二十余人，类皆磊落奇才，风霜老骨，在举者光明洞达，各谅无他；在用者直截了当，无嫌旁摘。”[2]

在如此这般密集的舆论攻势之下，一些废弃已久的官员陆续起用，再度登上政治舞台。天启元年

1 沈国元《两朝从信录》卷五，天启元年正月二十二日。

2 沈国元《两朝从信录》卷五，天启元年二月十三日。

闰二月，起用董应举为大理寺左寺丞，孙玮为南京吏部尚书，魏养蒙为南京户部侍郎兼佥都御史总理粮储，朱僖为南京国子监祭酒。三月，起用陆大受为尚宝司少卿，鲍应鳌为礼部祠祭司郎中，刘宗周为礼部仪制司主事，高攀龙为光禄寺丞，倪思蕙为太常寺少卿，徐时进为南京光禄寺少卿，王之寀为刑部浙江司主事。湖广道御史方震孺对鲍应鳌、刘宗周、高攀龙给予高度评价：

——鲍应鳌于孝靖皇太后寝园一事，费尽苦心，卒能委曲调停，勉成大礼，体皇祖之隐伤，慰先帝之沉痛，此其作用有大过人者。

——至于刘宗周，明知其清华将及，却不肯隐忍数日，而必欲发抒其本心，此其意何求也哉？十载林居，至衣食断绝，而眉头无终皱时，此等男子可于肥肉大酒中求乎？万一用不及时，位不配望，书之史册，主爵者之羞也。

——高攀龙当太仓炙手之时，有恤才远佞之疏，一身许国，九死投荒。里居三十年，绝口不言朝事。人称其洁净中廓大，宽博中精严，直欲远比周程，近追罗薛，亦今世之祥麟威凤矣。[1]

万历朝遭到排挤打击的正直官员陆续起用，“众正盈朝”的政治局面渐次形成。

邹元标里居了近三十年，光宗朱常洛召拜为大理寺卿，熹宗朱由校登极后，进为刑部右侍郎。

1 沈国元《两朝从信录》卷六，天启元年三月丙子。

天启元年四月，他上言当今国事以推贤进贤、和衷共济为第一要务：

——臣谓今日国事，皆二十年诸臣酝酿所致也。往者不以推贤进贤为事，以锢贤逐贤为第一义，递相祖述。言臣不以公心为事，而以分门割户共为衣钵，奈何朝不多事？而究大臣已死，恩赍泉壤，诸人存者谈笑林皋，落得臣等与诸臣共忧其危，何济于事！

——臣谓今日急务，惟朝臣和衷而已……朝臣一和，天地之和应之，此必然之理，无不可知者。何论事论人者各有偏见，偏因迷，迷生执，执而为我，不复知有人，不复知有人锢且移于国。此不和之流弊也。古人上殿相争如虎，下殿不失和气，争如虎者为国也，不失和气几于无我矣。今论一人当惟公惟平，无遽摇笔端论一事，许惩前虑后，无轻试耳食。

——臣意急在用人，各处添设巡抚，诸臣言之矣。然臣所知者如涂宗浚不动声色，功在边塞。李邦华赤心壮猷，宜当破格，诸臣业举之矣。熊明遇、刘宪宠、陆大受、周起元，皆一时伟望，今已推升。臣所知则有，南户部尚书汪应蛟邃学沉机，通政吴可达端简纯诚，大理寺丞余懋衡丹衷石画，副都御史刘曰梧刚方正直，应天府尹徐必达壮达弘猷，太仆寺卿周士登学明正宗，光禄寺卿蔡献臣冲襟实学，副使马孟祯澄清为志，布政萧近高恬约自如，宜在左右以借前筹。此外如磊磊落落忼慨力能任事之岳元声，晓畅军务之申用懋，老年壮猷半生未竟之李绾，可备急使。[1]

忧国忧民爱才心切的邹元标，一口气推举了十八名废弃官员。几天之后，他再次上疏，向皇上“续陈末议”，提出“拔茅”“阐幽”等大事，论述“保泰”的原则：一是“简”，二是“俭”，三是“和”，四是“厚”。所谓厚，旨在厚待诸臣。他列举了二十多名卓越官员（有生者有往生者），先谈生者：“生品如十年太仆五卿，一真自如之叶茂才，力障狂澜进贤斥奸之赵南星，恬约邃学三十余年之高攀龙，有白华濯濯天真自如之安希范，有箪瓢陋巷乐道安贫之刘宗周，有屡进危言磊磊落落之岳元声，有主事数月即锢之丁元荐、贺烺，此皆国之名贤也，启事迟迟，物望谓何？”对于已经逝去的往生者，他也赞颂备至，反衬昔日对他们的废弃是何等的不公：“有往生之品，则有澄清三楚一死报国之冯应京，则有进贤为任不涅不淄之王教、孟化鲸。此诸臣者，顾宪成、邹观光辈中人，谈之发竖，念之涕零。幽微不阐，国典无光，则有英风壮气昌言去国之罗大纮，则有四箴效忠之雒于仁，则有力排封事心行双清光禄寺少卿涂杰、王学曾、朱维京、陈尚象、王如坚，则有暮夜指正之侍郎何选、给谏颜文选、杨文焕，则又有倡道东南顺事没宁故侍御之

1 沈国元《两朝从信录》卷六，天启元年四月丁丑。

钱一本，故参政之姜士昌，故省郎之于孔兼，故主事之诸寿贤、薛敷教。生为名儒，千古不朽，不加恤录，重泉永閟。若复加磨勘，日月迁延，雌黄杂出，诸臣不负国，国负诸臣。”邹元标谈得平允公正合情合理，皇帝批示：“续陈诸款，俱见有用实学，该部一并议行。”[1]

皇帝朱由校对邹元标颇为器重，天启元年十二月，都察院左都御史张问达升任吏部尚书，邹元标随之升任都察院左都御史，两人配合默契，为起用废弃诸臣，做出了不可或缺的贡献。因创建首善书院，与同志讲求实学，遭到无端诬陷，罢官而去，死于江西吉水老家，时年七十四岁。

另一位关键人物是颇受清流推崇的赵南星，里居二十余年，天启元年三月起用为太常寺添注少卿。其时他已是七十三岁的老人，感慨系之对皇帝说，他担任吏部考功清吏司郎中时，“血气方刚，锐意有为，作事孟浪，罪废屏居者三十年矣。臣年七十三岁，古称三十年为一世，七十为老。臣之同时废弃与为臣所累，如曾乾亨、于孔兼多人皆已弃世，臣犹视息人间，以待陛下龙飞利见之期，录用旧人。”[2]《明史》对此有一个简短的概括：“南星里居，名益高，与邹元标、顾宪成海内拟之三君，中外论荐者百十疏，卒不起。光宗立，起太常少卿，俄改右通政，进太常卿，至则擢工部右侍郎。居数

1 邹元标《续陈末议疏》，《邹忠介公奏疏》卷三。沈国元《两朝从信录》卷六，天启元年四月丁丑。《明熹宗实录》卷九，天启元年四月己酉。

2 赵南星《辞太常疏》，《赵忠毅公诗文集》卷十九。

月，拜左都御史，慨然以整齐天下为任。”[1]

鉴于吏治败坏已经积重难返，出任左都御史之职之初，他向皇上进言：“臣望陛下涣发德音，使领民之吏知贪酷之必不可为，巡方之臣知贪酷之必不可荐，提荐揭荐必不可行，所荐者必不可为溢美之言，所劾贪酷之吏必不可仅拟降调。从此惕然猛省，涊然愧汗，翕然回心而向道，共图百姓之安，使臣无怨之可任，而诸臣功名日高，禄位从之，名实甚粹美，光庆及子孙，岂非仕人之上愿哉！”[2]以后他接替张问达出任吏部尚书，大力起用人才，为“众正盈朝”勾画浓墨重彩的一笔。正如孙奇逢所说：“寻改吏部尚书，有再剖良心等疏，推高攀龙总宪，杨涟副院，左光斗佥院，邹维琏、夏嘉遇、程国祥等人铨曹，魏大中辈相次枋用，群小滋不悦。”[3]所谓“群小滋不悦”，《明实录》提供了一些细节：“至是，擢长吏部，锐意澄清，独行己志，政府及中贵惮其刚严，不敢有所干请。魏忠贤雅重南星名，遣其甥傅应星谒见，拒不纳。遇（魏）忠贤于朝，正色语曰：‘主上冲龄，我辈内外臣子各宜努力为善。’忠贤嘿然，怒形于色。大学士魏广微，南星友允贞子也，素以通家子畜之。广微入阁，三至

◄ 孙奇逢像
孙奇逢，世称“夏峰先生”，保定容城人，明末清初大儒。与东林人士来往密切。左光斗等“东林六君子”被魏忠贤诬陷，孙奇逢等三人写信要求孙承宗出面营救。明亡后，清廷屡召不仕。

1 张廷玉《明史》卷二百四十三《赵南星传》。
2 赵南星《申明宪职疏》，《赵忠毅公诗文集》卷十九。
3 孙奇逢《赵忠毅公传》，《夏峰先生集》卷五。

南星门，谢弗见。又尝叹曰：‘见泉无子！’见泉，允贞别号也……广微恨刺骨，与魏忠贤比而龁南星。然当是时叶向高、韩爌方辅政，南星掌铨，而秉宪及科道卿贰等皆东林正人，激扬讽议，忠贤颇惮之。”[1]《明史·赵南星传》的一段话，据此演化而来：“魏忠贤雅重之，尝于帝前称其任事。一日，遣娣子傅应星介一中书贽见，南星麾之去。尝并坐弘政门选通政司参议，正色语忠贤曰：‘主上冲龄，我辈内外臣子，宜各努力为善。’忠贤默然，怒形于色。大学士魏广微，南星友允贞子也，素以通家子畜之。广微入内阁，尝三至南星门，拒勿见。又尝叹曰：‘见泉无子！’见泉，允贞别号也。广微恨刺骨，与忠贤比而龁南星。东林势盛，众正盈朝，南星益搜举遗佚，布之庶位。高攀龙、杨涟、左光斗秉宪（都察院），李腾芳、陈于廷佐铨（吏部），魏大中、袁化中长科道，郑三俊、李邦华、孙居相、饶伸、王之寀辈，悉置卿贰，而四司之属邹维琏、夏嘉遇、张光前、程国祥、刘廷谏，亦皆民誉。中外忻忻望治，而小人侧目。”[2]

所谓“小人侧目”云云，过于轻描淡写，岂止是“侧目”而已，“小人”们在魏忠贤的卵翼之下，发起一阵阵猛烈反扑。在这种处境之下，履职的艰难可想而知，年迈的赵南星一再请求辞职。他在天启四年七月初七日的一份奏疏中写道：“臣以老病

1《明熹宗实录》卷三十六，天启三年十月己卯。

2 张廷玉《明史》卷二百四十三《赵南星传》。

求去，非容一毫虚假也，屡疏上，皇上屡留之，臣再有言，不过老病二字……臣皇上之大臣也，又老臣也。今之强有力者不贵贵，不长长，臣以阻抑用贤之故，才一分别是非，而恶声已至。区区司官彼视之犹鸡肋也，曾不能当其一指之弹，而望之不畏强御，良亦难矣！臣尝论之，万历年间近于以强陵弱，此时之人近于以众暴寡。力可弄权，人人皆为吏部；财能买爵，处处俱是傍门。面皮世界，书帕长安……士风如此，公道业已灭绝。苟非天骨清挺之士，鲜不剥民之脂膏，以求华膴，民安得不困穷而作乱？此刘宗周所以耻之、厌之、恨之，而不肯一日留之，臣乃老病不去。若士人之良心不萌，积习不改，外察伊迩，大贪大酷皆以书帕获免。如汪心渊之事，不肖者受贿而曲庇，贤者闻声而附和，虽使臣有返老还童之术，与执簿呼名之吏无异，适足以败其平生，而无补于国家，旋当以恶声去耳。夫今之吏部如久闭之宅，墙垣顿擗，蔓草满地，徐徐扫除，当自门庭始。”[1]措辞虽然委婉，却绵里藏针，其中这一句话最值得注意：“今之强有力者不贵贵，不长长，臣以阻抑用贤之故，才一分别是非，而恶声已至”。这个“强有力者”是谁？看了前面引用《明实录》《明史》的细节，读者诸君想必恍然：非魏忠贤莫属！上疏辞职不允，苦苦挣扎的赵南星，竟被魏忠贤矫旨削籍，遣戍山西代州而死，

1 赵南星《蒙恩再出力挽干进疏》，《赵忠毅公诗文集》卷二十。

时年七十八岁。

邹元标、赵南星的离去，或许是一个标志，“众正盈朝”的局面，有如灿烂的樱花，怒放之后迅即凋零。

第六章

畸形的阉党专政时代

一　三位一体：朱由校·魏忠贤·客氏

1. 朱由校：醉心于玩乐的皇帝

◤ 明熹宗像

明熹宗，明光宗朱常洛长子朱由校。十六岁即位，在位七年，魏忠贤专权，朝政紊乱。无子嗣，传位于弟弟朱由检。

明熹宗朱由校生于万历三十三年，即位时虚度十六岁。在此前的岁月中，父亲朱常洛连遭厄运，久久不能册立为太子，不能豫教，他作为其子更逊一筹，应有的豫教几乎完全缺失。父皇登极一个月突然死去，朱由校连皇太子的身份还没有册立，皇储的一系列学习培训还没有来得及进行。因而，他可能是明朝所有皇帝中最没有文化教养的一个。

无怪乎明清史专家孟森说“熹宗为至愚至昧之童蒙”[1]；传记文学专家朱东润甚至认为，朱由校是“文盲儿子”，“一字不识，不知国事”[2]。这些说法未免带有夸张的成分，但点到了要害，朱由校确实是一个没有文化教养的人。从他即位后处理李选侍与移宫事件的一系列言论看来，断定他是一个白痴，似乎有点冤枉，不过他对政治不感兴趣，倒是不争的事实。

然而，朝政仍旧在旧轨道上滑行，除了盈朝的“众正”，还有赖于一个得力的内阁班子。这是泰昌朝的政治遗产——内阁中有方从哲（十二月致仕）、史

1　孟森《明清史讲义》上册，第293页。

2　朱东润《陈子龙及其时代》，上海古籍出版社，1984年，第25页。

继偕、沈㴶、何宗彦、刘一燝、韩爌、朱国祚、孙如游。新帝登极，前任内阁首辅叶向高于天启元年十月入阁，出任内阁首辅，阁臣有刘一燝、韩爌、史继偕、沈㴶、何宗彦、朱国祚、孙如游。天启二年，孙如游致仕，孙承宗入阁。天启三年，朱国祯、顾秉谦、朱延禧、魏广微入阁。天启四年，叶向高、韩爌、朱国祯先后致仕，何宗彦去世，孙承宗出镇辽东，内阁落入顾秉谦、魏广微之手，唯魏忠贤马首是瞻，那是后话。

叶向高时代的内阁，运转仍属正常，竭力维护内阁应有的职权。他在一份奏疏中说："臣事皇祖八年，章奏必发臣拟，即上意所欲行，亦遣中使传谕。事有不可，臣力争，皇祖多曲听，不欲中出一旨。陛下虚怀恭己，信任辅臣，间有宣传，恐滋疑议。请凡事悉令臣等拟上，宜停中旨，重纶音。"又说："臣往昔在纶扉，正当宫府睽隔之日，呼天泣血，眼泪为枯。今再起，又值东西告变，薄海驿骚，当大坏弊之后，难尤倍于往时，惟望同官诸臣各竭智谋，共期匡济……一心徇国，将从前闲言碎语尽行捐弃，毋复相构相讦，上疑圣心，下成党祸，如汉唐宋之季，天下事庶犹可为乎？"[1]

朱国祯天启三年奉召入阁，对内阁活动有一些记录。比如，天启四年二月十二日，皇上参加经筵的实况，他是这样描述的："甲子二月十二日，皇上

1《明熹宗实录》卷三十六，天启元年十月壬辰。

御经筵。是日黎明，步入朝门，天气清朗，不着纤云，不飘微飔。同阁中诸老循会极门而东，红光荡漾，楼阁蜚胜，皆作金碧色，亘以雉堞，如束玉然，真天上五城十二楼景界也。坐直房少选，隐隐闻跸声渐近，阁臣部院科道俱吉服至文华门外，分东西班立。班首英国公张惟贤居东，韩相公爌在西相对，时首揆叶（向高）求归不出。余东班肩次英国。门开，传呼皇上升宝座，合班行五拜三叩头礼。分班循左右门而入，立殿门外，复行叩头礼。循左右门入，分立殿中，去宝座仅二丈余。序班四人抬大讲案，置上前；又二人抬小讲案，置其下，离可三丈。两讲官自班中分出，立小讲案下，可三尺，行叩头礼。两展书官亦分出，立讲案旁，在小讲案上可三尺。东展书官丁乾学循砖而上，转至正中，一躬复转身，踏上板台，御案之侧，跪行一步，展书，移镇纸压定。两侧一司礼对展，起下转正中，又一躬，循砖而下，立定。东讲官成基命讲四书'居敬'、'行简'二节，退下原立处。西展书官陈子壮，西讲官李康先亦如之毕。两讲官又行叩头礼，与展书官都入原班。玉旨亲传：'官人每吃酒饭！'两班皆承旨退出殿门外，再行叩头礼，俟上下宝座，方出至午门外赐宴。宴毕，复至会极门，叩头而退。是日，两讲官声音嘹亮，与展书官仪度雍容，文武大臣及近侍皆色动。天颜大喜，传言：'讲得甚好。'"[1] 看得出

1 朱国祯《朱文肃公集》第八册《自述行略》。按：朱国祯文集不分卷，编为八册。

来，朱由校依然遵循皇祖朱翊钧的经筵传统，虽然形式大于内容，但总比后来一切罢废，无法无天，要好得多了。

罢废经筵与魏忠贤的操纵密切相关。朱由校一向贪玩，醉心于骑马看戏，最大的爱好就是做一个工匠，而且手艺颇精。当时人这样描写他们的皇上："上性好走马，又好水戏，好盖房屋，自操斧锯凿削，巧匠不能及。又好油漆，凡手使器具，具皆内官监御用监办进。性又急躁，有所为，朝起夕即期成"。[1]

朱由校的这种癖好，与身边太监魏忠贤的诱导有密切关系。正如张岱所说："时熹宗为皇太孙，忠贤谨事之，导之嬉游，甚得太孙欢。"[2]万历、天启年间在宫中当太监的刘若愚，以亲历者的目光描述得更加栩栩如生："逆贤（指魏忠贤）善射，好蹴踘跑马。先帝（指熹宗）好跑马，好看武戏，又极好水戏。用大木桶、大铜缸之类，凿孔创机，启闭灌输，或涌泻如盆珠，或澌流如瀑布。或使伏机于下，借水力冲拥圆木球如核桃大者，于水涌之，大小盘旋宛转，随高随下，久而不觉坠下。视为嬉笑，皆出人意表。逆贤喝彩赞美之：天纵聪明，非人力也。圣性又好盖房，凡自操斧锯凿削，即巧工不能及。又好油漆匠，凡手使器具，皆内官监、御用监办进。先帝与亲近之臣，如涂文辅、葛九思……，朝夕营

1 李逊之《三朝野记》卷二下《天启朝记事》。抱阳生《甲申朝事小纪》初编卷十《进御秘闻》。

2 张岱《石匮书》二百十四《宦者列传下·魏忠贤》。

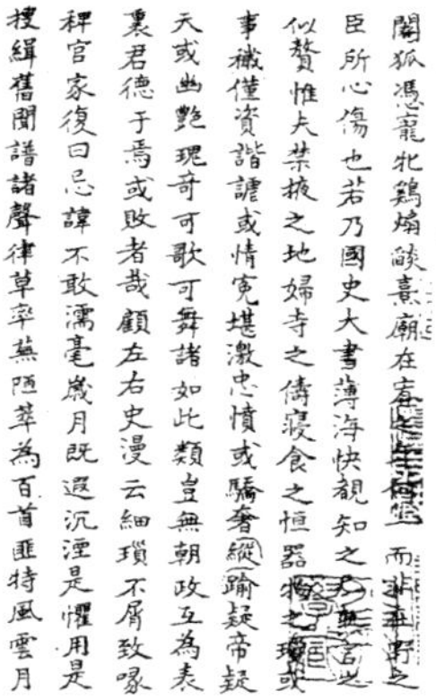
熹廟拾遺雜咏序
閹狐憑寵牝鷄煽禍熹廟在宥[illegible]而[illegible]之
臣所心傷也若乃國史大書溥海快覩知之[illegible]之
似贅惟夫禁掖之地婦寺之倚寢食之恒器[illegible]或
事織僅資諧謔或情寃堪激忠憤或驕奢縱踰疑帝疑
天或幽艷瑰奇可歌可舞諸如此類豈無朝政互為表
裏君德于焉或敗者哉顧左右史漫云細瑣不屑致喙
稗官家復曰忌諱不敢濡毫歲月既遐沉湮是懼用是
搜緝舊聞譜諸聲律草率蕪陋萃為百首匪特風雲月

◤《熹庙拾遗杂咏》书影

造而嘻嘻，不久而弃，弃而又成，不厌倦也。且不爱成器，不惜天物，任暴殄改毁，惟圣意之适……先帝每日营造得意，即饮膳可忘，寒暑罔觉，可惜玉体之心思精力尽费于此。”[1]

成书于崇祯十六年的《熹庙拾遗杂咏》专写宫中琐事，提供了皇帝醉心于玩乐的一些细节。一类是勤于做工匠：

——上好雕木器，尝于护灯八幅小屏，刻寒鹊争梅，畀小珰令鬻之，谕以御制，价须一万。翌日，如数奏进，上大悦。

——上好手造漆器，砚床、梳匣之类，饰以五彩，工巧绝伦。当斫削得意时，有急切章奏，命识字女官朗诵官职、姓名、硃语毕，辄谕王体乾辈曰："都知道了，你们用心行去。"于是徇爱憎恣意施行。

——上性多营建，回廊曲室多手操斤斧为之。喜厌不恒，成而毁，毁而复成。宫中旧有蹴园亭，上又手造蹴园堂。高永寿（太监）好蹴

1　刘若愚《酌中志》卷十四《客魏始末纪略》。此书有《丛书集成》排印本，分为二十四卷。本人引用的是《四库禁毁书丛刊》史部七十一册，影印清钞《明季野史汇编》本（《酌中志》二十三卷，《酌中志余》十卷）。

踘，故怂恿造堂以习此戏。未几复毁。

——铜缸盛水，凿孔设机激动之，能令水逆飞。初如瀑布，徐如散雪，最后亭亭直上，如玉柱然。下预伏一镀金木毬，大类核桃，忽涌上玉柱之尖，盘旋上下，久而不堕。宫中旧无此戏，上意创为之。

另一类是喜欢演戏看戏：

——上创造水傀儡戏。用铜方池纵横各三丈，贮水浮竹板承傀儡。池侧设帐障之，钟鼓司官隐身帐内，引其机，辄应节转动。左右鸣锣鼓者、宣题目者、代傀儡问答者又数人。所演有"方朔偷桃""三宝下西洋"等。

——上设地炕懋勤殿，御宴演戏临幸焉。尝演"金牌记"，至疯魔和尚骂秦桧，忠贤趋匿壁后。

——宫人竞为斗鸡戏，届期登场，施五色幔于笼上，到场开笼，多者至三四百。啄胜者以彩缯结小毬分缠颈上，入笼迎归，所获珠翠不啻百金。

——回龙观多海棠，有六角亭，每岁花发时临幸焉。上尝于亭中自妆赵太祖（宋太祖赵匡胤），同高永寿辈演"雪下访赵普"戏。[1]

1 秦元方《熹庙拾遗杂咏》。按：高永寿是皇帝宠信的太监，据秦元方说："御前牌子高永寿，年未弱冠，丹唇秀目，姣好如处女，宫中呼为高小姐。宴会之际，高或不与，举座为之不欢。"天启五年端午，陪皇帝游湖，船翻淹死（亦见《熹庙拾遗杂咏》）。

一个十足小顽童的形象跃然纸上。朱由校在率性的玩乐中，流露出创造发明的才智，动手能力之强令人叹为观止，在明朝所有皇帝中难见可与比肩者。如果不当皇帝的话，肯定是一位能工巧匠，比起那班一无所长的王孙公子要好多了。与当木匠泥水匠漆匠相比，他当皇帝极不称职，对于朝政丝毫不感兴趣。每天都和亲昵近侍太监涂文辅、葛九思等潜心于斧凿刀削，解衣盘礴，其他人不得窥视。司礼监秉笔太监兼掌东厂总督魏忠贤，每每乘皇上兴致勃勃埋首工艺时，传奏紧急公文，请示谕旨，皇帝不耐烦地说："你们用心去行，我知道了。"[1]

既然皇帝听任大权旁落而无所顾惜，便为满怀政治野心的魏忠贤提供了极佳时机。他使皇帝成为傀儡，操纵自如地把持朝政，俨然成了皇帝的代言人。他把皇帝侍候得舒服妥帖，心满意足，皇帝对他更是爱护备至，信任有加，在谕旨中和魏忠贤平起平坐，动辄称"朕与厂臣"如何如何，所谓"厂臣"即东厂总督魏忠贤是也。魏忠贤则照单全收，肆无忌惮地以"九千岁"自居，距离"万岁"仅一步之遥。

明朝的遗老遗少谈到天启朝的历史，异口同声地归咎于宦官之祸。张岱说："我明三百年宦官之祸，始于正统，横于正德，复横于天启。正统、正德犹对口发背之症，壮年力旺，毒不能内攻，几死

1 刘若愚《酌中志》卷十四《客魏始末纪略》。李逊之《三朝野记》卷二下《天启朝记事》。

复活。天启则病在命门，精力既竭，疽发骨，旋痈溃毒流，命与俱尽矣。烈宗虽扁鹊哉，其能起必死之症乎？且又求愈太急，多服劫剂，元气日耗，神气不守，风邪卒乘，有立毙已矣。则是宦官之祸，种毒既深，国与随尽，可不畏哉，可不畏哉！[1]万斯同也说："宦官之祸抑何其甚哉！明自中叶，政在内珰，渐积蔓延，以至于是，汉唐而降，固未有若斯之酷烈者也。群小肆毒，正类一空。人之云亡，家邦殄瘁，土崩鼎沸之势，宁待乾纲解纽之日而后知之哉，抚卷兴悲，能无浩叹？"[2]宦官之祸是不争的事实，如果追问一句：造成宦官之祸的根子何在？那么皇帝显然难辞其咎，或许可以说，宦官之祸的罪魁祸首就是皇帝。没有皇帝朱由校甘心于太阿倒持的纵容，魏忠贤及其阉党何至于如此嚣张。朱由校一直到死，都认为魏忠贤所做的一切都是绝对正确的，在他的圣旨中喋喋不休的是："赖厂臣秘授神略""赖厂臣一腔忠诚""赖厂臣赤心忠计""赖厂臣殚心筹划""赖厂臣干国精忠"。正是这个昏庸的皇帝使得宦官之祸达到登峰造极的地步。

1 张岱《石匮书》卷十五《熹宗本纪·石匮书曰》。

2. 魏忠贤：市井无赖登上权力巅峰

魏忠贤，北直隶河间府肃宁县人，生于隆庆二年（1568）正月三十日，死于天启七年（1627）十一

2 万斯同《明史》卷四百六《宦官传·魏忠贤》。

月初六日。隆庆二年是戊辰年，所以他的小名叫作“辰生”，长大以后，取个大名叫“进忠”。

关于他的家庭出身，有两种说法。其一是刘若愚《酌中志》说，他的父亲叫魏志敏，母亲刘氏，都在当地务农。其二是明末出版的《梼杌闲评》说，他的父亲魏丑驴，母亲侯一娘，都是耍杂技的艺人，侯一娘有一个情夫魏云卿，是一个戏子，两人私通，生下了这个小名叫辰生的孩子。这两种说法哪一种较为可信呢？要找到确切的证据比较困难，正史上对魏忠贤入宫前的记载很少，他发迹之后对自己早年事迹讳莫如深。刘若愚《酌中志》写到他的家庭出身，可能源于魏忠贤自己的叙述，带有掩饰成分也未可知。《梼杌闲评》是演义，其中不少来自民间传闻，却颇有可信度。只要和其他野史对比，便可见分晓。

◤ 刘若愚，凤阳定远人，明朝宦官。魏忠贤倒台之后被判入狱，作《酌中志》为己伸冤，崇祯时大赦出狱。

明末朱长祚写道：“万历中，肃宁人魏忠贤者，初名进忠，市井一亡赖耳。形质丰伟，言辞佞利，目不识丁，性多狡诈。然有胆气，日务樗蒲为计，家无担石而一掷百万。若其歌曲弦索，弹棋蹴踘，事事胜人，里中少年竞相与狎。迷恋青楼翠袖之间，落魄无行，依人醉醒。不问妻子饔餐韦布，游手好闲以穷日月。”[1]由此可以看到，魏忠贤长得一

1 朱长祚《玉镜新谭》卷一《原始》。

表人才，高大伟岸，能说会道，又聪明伶俐，唱歌奏乐，下棋踢球，样样胜人一筹。

谷应泰写道："魏忠贤初名进忠，河间肃宁人也。少黠慧无籍，好酒善啗，喜驰马，能右手执弓，左手彀弦，射多奇中。目不识丁，然亦有胆力，能决断，顾猜狠自用，喜事尚谀。尝与年少赌博不雠，走匿市肆中，诸少年追窘之，恚甚，因而自宫。"[1]

万斯同写道："（魏忠贤）少亡赖，嗜酒善啗，好驰马，射多奇中，虽未尝识字，而粗有胆力，猜狠自用。尝与群少年博不胜，走入市肆，为群少所窘辱，恚而自宫。"[2]

《酌中志》说："忠贤少孤贫，好酒色赌博，能饮啗嬉笑，喜鲜衣驰马，善右手执弓，左手彀弦，射多奇中。不识文字，人多以傻子称之。亦担当能断，故猜狠自用，喜事尚谀，是其短也。"[3]

这样的人，不可能出于老实巴交的农民魏志敏与刘氏家庭，只有戏子魏云卿与杂耍艺人侯一娘才培养得出。何况"市井无赖"乃是商业街市的产物，不可能存在于穷乡僻壤。

他十几岁的时候，父母给他成了家，妻子姓冯，生了一个女儿。由于他不务正业，沉迷于赌场与青楼之间，吃喝嫖赌，倾家荡产以后，逼着母亲改嫁给姓李的男人，自己也由魏进忠一变而为李进

1 谷应泰《明史纪事本末》卷七十一《魏忠贤乱政》。

2 万斯同《明史》卷四百六《宦官传·魏忠贤》。

3 刘若愚《酌中志》卷十四《客魏始末纪略》。

忠（日后发迹了，才恢复魏姓）。妻子受不了折磨，改嫁他乡，女儿卖给别人做童养媳。走投无路之际，他想到了进宫去当阉宦。

他的家乡肃宁县本是个出阉宦的地方。宫里招收阉宦，有一定的程序，从十几岁的少年中选拔，像他这样已经结婚生子的成年人，不符合条件。私自阉割违反大明法律，而且风险很大。颇有“胆气”的他，铤而走险，私自阉割，因出血过多昏死过去，幸亏被庙里的小和尚发现，紧急救治，才捡回一条性命。

正是无巧不成书，他遇上了第一个恩人——司礼监秉笔太监兼东厂总督孙暹，把他带到宫外的私宅去当差。由于他仪表堂堂，又能说会道，很受孙暹喜欢，便把他带进宫里，从阉宦的最底层做起，当一个“小火者”，做些洒扫打杂之事。所谓“小火者”之“小”，是指地位低下，并非年龄小。其实他当时已经二十多岁了。据刘若愚说：“万历十七年选入，隶司礼监秉笔掌东厂太监孙暹名下，派与御马监刘吉祥照管”。[1]他生于隆庆二年（1568），到万历十七年（1589），按照传统计算方法，应该是二十二岁。

虽然是小火者，毕竟是司礼监秉笔太监孙暹名下的人，又与同门太监徐应元、赵进教成为酒肉朋友。市井无赖的经历，擅长逢迎拍马，谄媚

1 刘若愚《酌中志》卷十四《客魏始末纪略》。

上司，因而得到第二个恩人——内官监太监马谦的赏识，把他推荐到宫中十大库房之一的“甲字库”去当差。甲字库保管布匹染料、中草药之类，是一个很有油水的部门。在那里当差，比小火者自然阔气多了，使他有足够的钱财去巴结太监的上层人物。

这时他结识了第三个恩人——乾清宫管事太监魏朝。魏朝隶属于司礼监秉笔太监王安名下，是当时的太子朱常洛和他的儿子朱由校的近侍太监，朱常洛当上皇帝以后，提升他为乾清宫管事太监。魏忠贤看中了魏朝的权势，和他结拜兄弟。魏朝虽然官阶高，年龄却比魏忠贤小，只能屈居为弟，宫中称呼他们“大魏”（魏忠贤）“小魏”（魏朝），两人关系非同一般。由于魏朝的介绍，魏忠贤被破格提拔为朱由校生母王才人的典膳太监。王才人死后，他又成为朱由校庶母李选侍的近侍太监。因为这样的关系，使他有机会接近朱由校，成为可以信赖的心腹。

这是魏忠贤登上权力巅峰的重大转折点。刘若愚回忆道：“光庙（朱常洛）在青宫淡薄，先帝（朱由校）既诞之后，生母孝和王皇后即才人王娘娘也，无人办膳，（魏忠）贤遂夤缘入宫，办才人娘娘及先帝之膳。其介绍引进者魏朝，（魏）朝乃王（安）太监安之名下，光庙久宠信之。（王）安素刚正，主持一宫事，魏朝昕夕誉（魏忠）贤，（王）安为（魏）朝所惑，颇信之。（魏）朝初与先帝之乳媪客氏暗有私，即古所称对食者。（魏）朝以侍（王）安，及答应光庙，多不得暇，而（魏忠）贤遂乘间亦暗通客氏，分（魏）朝爱焉。（魏忠）贤性狡猾，指称办膳为名，于十库诸内臣如药张等，皆骗其食料醯酱，或玩好财物，以至非时果品花卉之类，必巧营取之，而私献光庙、先帝，以固宠也。”[1]刘若愚文化程度不高，他写的文章读起来很费力。史家笔下的文字就清楚多了，谷应泰写道："时熹宗为皇太孙，忠贤谨事之，导之宴游，甚得皇太孙欢心。孝和王后（王才人）太孙生母也，忠贤夤入宫办膳，其介绍引进者魏朝。（魏）朝故属太监王安名下，（王）安素刚正，主持一宫事。（魏）朝日誉忠贤，（王）安善视之。”[2]万斯同写道："熹宗与生母王才人无典膳者，忠贤因王安门下魏朝荐以入，益以珍果美馔及玩好物，献熹宗，导之宴游，得其欢，遂与（魏）朝淫于熹宗之乳媪客氏。及熹宗立，忠贤、客氏始有宠，而未敢肆，乃一意奉王安，结（魏）朝为兄弟。”[3]

由此可见，此人确实是个“有胆力，能决断”的角色，巴结上皇位继承人的近侍太监魏朝，通过魏朝的关系，一步步成为朱由校生母的典膳太监，朱由校庶母（李选侍）的近侍太监，进而成为朱由校的亲信。也是由于魏朝的不断夸奖，魏忠贤终于获得刚直不阿的大内总管王安的赏识，初步确立了在宫内不可或缺的地位。

为了登上权力巅峰，他看准了朱由校的乳媪客氏，并借助她的力量除掉了魏朝和王安，扫清登上权力巅峰的障碍。这两个人都对他有恩，他却恩将仇报，市井无赖的本色暴露无遗。

魏忠贤首先除掉的是结拜兄弟魏朝，个中情

1 刘若愚《酌中志》卷十四《客魏始末纪略》。

2 谷应泰《明史纪事本末》卷七十一《魏忠贤乱政》。

3 万斯同《明史》卷四百六《宦官传·魏忠贤》。

节颇为离奇。客氏原先与魏朝私下相好，称为“对食”，魏忠贤是“第三者”插足，也和客氏“对食”。刘若愚称为“一穴两蛟，争竞必至，而（魏）朝之为人也佻而疏，（魏忠）贤之为人也憨而壮”，魏忠贤明显处于上风。朱由校即位数月后，“大魏”与“小魏”在乾清宫暖阁内争拥客氏，醉骂相嚷，拳脚交加。吵醒了皇帝朱由校，也惊动了司礼监掌印太监卢受、东厂太监邹义、秉笔太监王体乾、高时明、沈荫、宋晋。当时魏忠贤已经晋升为秉笔太监掌管惜薪司，魏朝（改名为王国臣）晋升为乾清宫管事太监掌管兵仗局，两人一齐跪在皇帝御榻前，听候处分。皇帝知道两人与客氏的关系，出于对自己的乳媪的爱护，丝毫没有动怒，和颜悦色地问客氏：“客奶你只说你处心要跟谁？我替你断。”客氏的反应如何呢？据刘若愚回忆是这样的：“客氏久厌国臣（魏朝）猥薄，而乐逆贤憨猛，且系中年自宫，不识字之人朴实易制，遂心向逆贤。”[1]魏朝心有不甘，苦苦向客氏哀求，在一旁的王安看到自己名下的魏朝如此丑秽不堪，打了他一个耳光，勒令他告病假，到兵仗局调理。魏忠贤得胜后并没有罢休，假传圣旨，把魏朝发配到凤阳去看守皇陵。魏朝不服气，半路逃跑，被魏忠贤抓住把柄，以违抗圣旨罪处死。刘若愚评论道：“此时逆贤尚名魏进忠（按：此后不久皇帝赐名为忠贤），始得专事客氏，从此无避忌

1 刘若愚《酌中志》卷十四《客魏始末纪略》。

矣。先帝（朱由校）端拱于上，惟客魏之言是听，而尾大不掉之患成焉。”[1]

除掉了魏朝之后，他又把矛头对准了王安。王安字允逸，号宁宇，保定府雄县人，万历六年进宫，在培训阉宦的内书堂读书，后来在司礼监掌印太监冯保名下当差。冯保籍没后，他因为年幼未受牵连，又得到张宏的庇护，一路晋升为司礼监秉笔太监。王安一向对魏忠贤颇有好感，在二魏大闹乾清宫事件中站在魏忠贤一边。魏忠贤表面上对王安毕恭毕敬，一见面就撩衣叩头，非呼不应，非问不答，心中却盘算着如何除掉这位三朝元老，扫除障碍。

天启元年五月，原司礼监掌印太监卢受因故撤职，发配凤阳，皇帝意欲任命王安接替此职，王安写了辞呈婉谢。客氏一面劝皇帝接受王安的辞呈，一面与魏忠贤谋划如何除掉王安，说："外边或有人救他，圣心若一回，你我比西李（李选侍）何如？终吃他亏。"[2]这是指不久前王安迫使李选侍移宫之事，恐怕日后吃亏。魏忠贤嗾使给事中霍维华弹劾王安。霍维华是直隶东光县人，当时任给事中，其妻弟陆荩臣天启元年入宫为内官，宫中动静霍维华最先知道，立即上疏弹劾王安。[3]王安再次上疏请辞，皇帝听从魏忠贤和客氏的意见，起用王体乾出任司礼监掌印太监，魏忠贤则以司礼监秉笔太

1 刘若愚《酌中志》卷十四《客魏始末纪略》。

2 刘若愚《酌中志》卷九《正监蒙难》。朱长祚《玉镜新谭》卷一《进用》。

3 刘若愚《酌中志》卷十五《逆贤胁从纪略》。

监兼任东厂总督。王体乾仰承客魏鼻息，矫旨把王安降为南海子净军。魏忠贤把先前遭到王安惩处的太监刘朝释放出狱，充任南海子提督，借用他的报复情绪整死王安。这手借刀杀人之计，十分恶毒，王安果然死于刘朝之手，身首异处，尸体被扔去喂狗。[1]

王安之死令人唏嘘，刘若愚认为他自己也有过失："王太监安，何不留国臣（魏朝）以啖客氏，用国臣以制逆贤。或不然就将贤与国臣坐惊御之罪，而一并先黜，候大婚礼成，优容客氏以金帛，而亦黜于外。何其明于防西李老娘娘（李选侍）之垂帘，而昧于防客氏之淫纵也。呜呼，知经而未达权耶？抑拘理而寡于术耶？自剪爪牙，束身入阱，殃遗身后，祸及缙绅，千古之下有余痛也。"[2]这当然是马后炮，发发议论而已，区区王安哪里是客魏的对手！

3. 客氏：从乳媪到"老祖太太千岁"

朱由校的乳媪客氏，实在是一个不简单的女人。她姓客，名巴巴，一名印儿，是保定府定兴县人侯巴儿（又名侯二）之妻，十八岁时生下了儿子侯国兴，就被选入宫中，充当朱由校的乳媪。当时朱常洛、朱由校父子连遭厄运，客氏不过是一个极普

1 刘若愚《酌中志》卷九《正监蒙难》。朱长祚《玉镜新谭》卷一《权任》。

2 刘若愚《酌中志》卷十四《客魏始末纪略》。

通的奶妈而已。朱常洛突然去世，朱由校即位，她立即活跃起来。客氏为人妖冶，与魏朝、魏忠贤的“对食”，就是人们窃窃私语的谈资。太监在后宫经常接近皇帝的嫔妃以及宫女，进宫前必须阉割净身，使之丧失男人的性功能，沦为不是男人的男人。为了排遣寂寞，太监和宫女常结成“对食”关系。所谓“对食”，从字面上看，意为在一起吃饭，其实是一种非典型的夫妻关系。客氏表现得尤为出格，同时和两个姓魏的太监“对食”，引得他们在乾清宫争风吃醋，惊动皇帝出来做裁判，客氏喜新厌旧，抛弃了“猥薄”的魏朝，选择了“憨猛”的魏忠贤，足以显示此人之妖冶非同一般。更值得注意的是，他们的“对食”带有强烈的政治动机。夏允彝说：“客氏者，熹庙之乳母，与忠贤私为夫妇者也。（皇）上于庶务皆委不问，宫中惟忠贤、客氏为政。”[1]与夏允彝同时代的宋起凤则说：“魏（忠贤）虽腐余，势未尽，又挟房中术以媚，得客（氏）欢。”[2]对于魏忠贤而言，这种“对食”已经超越男女之情，成为一种政治手段——“宫中惟忠贤客氏为政”。

更为“妖冶”的是，宫中有秽闻传出，朱由校大婚以前，客氏已经“先邀上淫宠”。[3]这大大超越了乳媪的身份，而朱由校对她的关怀也大大超越了奶妈的关系，即位不过十天，就加封客氏为奉圣夫

1 夏允彝《幸存录·门户大略》，《明季稗史初编》卷十四。

2 宋起凤《稗说》，《明史资料丛刊》第二辑，江苏人民出版社，1982年。

3 抱阳生《甲申朝事小纪》初编卷十《禁御秘闻》。

人，出入形影不离。天启元年五月，朱由校大婚，册立张氏为皇后、王氏为良妃、段氏为纯妃。朱由校忙于和后妃过从，引起客氏不悦，朱由校不得不用重赏加以抚慰，宠幸较前更甚。

◥奉圣夫人，皇室册封皇帝乳母的封号。

六月初，朱由校下旨给礼部，要给奉圣夫人客氏加恩。礼部感到棘手，回答："奉圣夫人客氏无例可加恩典。"皇帝立即驳回："加恩既云无例，尔部所存是何典故？所载累朝常例备写来看。并此亦无，只是典章不存，不是无例，仍行各衙门备查，或如照别项恩例推广具奏。"[1]以后他又下旨，借口奉圣夫人客氏"保护效尤劳绩"，要户部立即拨给客氏良田二十顷，作为"护坟香火之用"。御史王心一以为不妥，理由是，明主恩不先于至近，赏必加于有功，即使以为客氏有劳绩，不妨赏赐金帛，赏赐田土不合祖制，有损圣上之美德。朱由校很是恼怒，训斥道："这奏内奉圣夫人护坟地亩，前有谕旨，念阿母比例不同，增数不多，为何又来激聒？"[2]

客氏的身份是乳媪，按照惯例，朱由校长大以后，乳媪就应该出宫。但是她始终不愿离去，朱由校也不想让她离去。如今他已经当了皇帝，举行了婚礼，身边有了皇后与嫔妃，作为乳媪的客氏再也

1 沈国元《两朝从信录》卷七，天启元年六月己卯。
2 沈国元《两朝从信录》卷七，天启元年九月初一日。

没有理由继续留在宫中。官员们担心她凭借皇帝的宠信，干预朝政，又不便明说，只能从维护宫廷礼仪规范出发，讲些冠冕堂皇的话，请求皇上让客氏出宫。御史刘兰的言论最为振振有词："方皇上初登宝位，怙恃无亲，大小臣工莫不推调护之功。今幸冠礼久成，吉典洊臻，厘降之仪肇举，关雎之庆方新，则宫廷之内有皇上主持于上，中宫佐赞于内，是以侍朝夕而奉起居。清严之地似亦无所容客氏住足，客氏之当就外宅也明矣。闻皇祖大婚之后，保姆即令出宫，则旧例不可不循也。客氏即云勤慎，顾恩礼所重，权势归之，则嫌疑不可不避也。传闻客氏但欲资财饶富，一切身外名利俱系常物，则止足不可不知也。其家已膺锦衣之荣，其秩亦隆夫人之号，酬报既已满足，臣子何敢言功，则退逊不可不早也……应如科臣之请，皇上优以金帛，大赐赏赉，使之生有所养，老有所归，即令勿恋内廷，出外第悠游家食之乐，早离擅势之嫌，常守富贵之荣，亦无是非之及。"[1]委婉的措辞把意思表达得很清楚，皇上已经给客氏之子侯国兴加升为锦衣卫指挥，其夫侯二也已加官为诰命了，应该知足，更应该回避"擅势之嫌"。

朱由校即使留恋客氏，也没有理由把她继续留在宫中，只得令她出宫。九月二十三日，客氏无可奈何地离去。客氏一走，朱由校立即后悔不已，整

1 沈国元《两朝从信录》卷七，天启元年七月庚辰。

日寝食难安，竟然下旨把她召回来："朕前有谕，着择于九月二十三日午时吉，奉圣夫人客氏出去。朕思客氏朝夕勤侍朕宫，未离左右。自出宫去讫，午膳至晚，通未进用；暮夜至晓，忆泣痛心不止，安歇勿宁，朕头眩恍惚。以后还着时常进内奉侍，宽慰朕怀。外廷不得烦激。卿等传示大小臣工知之，特谕，钦此。"[1]皇帝言而无信，出尔反尔，引起官员们强烈的反响。既然皇帝自己言而无信在先，官员们当然也不把他的话——"外廷不得烦激"，当一回事，不断上疏"烦激"。湖广道御史马鸣起说得直截了当："此番举动未协舆情，烦激所不免者"。理由很简单："客氏者既出而复入，已去而复留，意不容割，使经纶弗经，喜怒乖量，非所以令天下后世见也"。他列举客氏出而复入有六大不便：一，保姆长居禁地，有悖朝廷家法；二，保姆轻易出入，无法严肃宫禁之防；三，怙宠邀恩之渐，恐有意外之虞；四，客氏与权珰线索易通，涓涓细流将成江河；五，以一宠妇之故驱逐言官，贻累圣德；六，使天下后世说皇上视辅臣不及一保姆，轻朝廷而羞当世。马鸣起所说的"权珰线索易通"，明显触及当时的政治尖端——客氏与魏忠贤的特殊关系与特殊权势，所以才有"皇上视辅臣不及一保姆"的感叹。朱由校心知肚明，立即下达圣旨为自己辩解："奉圣夫人客氏，遵圣母孝和皇太后遗旨，保护

1 沈国元《两朝从信录》卷九，天启元年十月癸未。

朕躬，于外廷政事有何干预？本内线索字样，指何事件？是何主意？且前谕已明，马鸣起如何故不遵承又来渎扰，本当杖处，念辅臣具揭申救，姑从轻罚俸一年。再有这等的，定行重治不饶。”[1]

虽然皇帝有言在先，“再有这等的，定行重治不饶”，官员们却毫无顾忌地支持马鸣起，穷追不舍。吏科给事中侯震旸说，先前听说客氏出宫，缙绅士庶无不举手加额，涂歌巷舞。不到两日居然召回客氏，难道是矫托？不出于皇上之手？青天白日之下断无此理。难道皇上情不忍割，突然反悔了？臣又不敢信。他提醒皇上深思：客氏未出，举国何以惶惶然望？客氏既出，举国何以跃跃然喜？客氏出而复入，举国何以凛凛然忧？结论是显而易见的：“皇上即为客氏一身富贵计，亦宜早加裁抑，曲示保全，不宜格外隆恩，以宠而益之毒。”[2]侯震旸已经敏感到，客氏的出而复入，不是一个简单的感情问题，而是一个政治问题，亦即马鸣起所说的“权珰线索易通”，所以才会举国担忧：“中涓群小，炀灶借丛，王圣宠而煽江京；李闰之奸，赵娆宠而媾曹节、王甫之祸，可为寒心”。[3]

言官倪思辉、朱钦相继续发挥马鸣起、侯震旸的观点，论述客氏问题的严重性。朱由校为了阻止这种议论，再次下旨严厉谴责：“朕今早览文书，内倪思辉、朱钦相论奉圣夫人客氏，有何干预，指比

1 沈国元《两朝从信录》卷九，天启元年十月癸未。

2 沈国元《两朝从信录》卷九，天启元年十月癸未。

3 沈国元《两朝从信录》卷九，天启元年十月癸未。谷应泰《明史纪事本末》卷七十一《魏忠贤乱政》。

宋虏？前有谕旨明白，又来激聒，是逞臆沽名，欺朕幼冲。本当重处，姑从轻，俱降三级调外任用。如有再来奏扰的，重治不饶。”[1]

吏部尚书周嘉谟、户部侍郎王德完、给事中李遇知、御史王远宜等，陆续上疏申救，朱由校置若罔闻。江西道御史王心一说，朱钦相、倪思辉论奉圣夫人客氏，不过强调圣明之谕旨不可不信，祖宗之家法不可不守，宫禁之防闲不可不肃，希望皇上为尧舜，朝廷清明而已。竟然罪以沽名，遽加降调。言者一段苦心积虑不能透彻于圣上之心，显然是佞臣进拒谏之计，那么，不但言者危，而且天下也与之俱危。朱由校非常恼怒：严谕不许渎扰，王心一如何又来激聒，悖谬不伦，好生狂妄，本当重处，姑从轻降三级调外任用。[2]刑部右侍郎邹元标，都察院左都御史张问达、南京吏部尚书孙玮，太常寺卿白瑜，言官姜习孔、李希孔、薛凤翔、李养志等，都请求宽恕倪思辉、朱钦相、王心一，毫无效果。[3]

此次事件以客氏的完胜终结，以无声的事实向人们显示，她在皇帝心中具有不可或缺的地位，此后再难撼动。从此魏忠贤与客氏联手，把持内廷，浊乱朝政，史家如此描述二人的默契配合：“忠贤告假，则客氏居内；客氏告假，则忠贤留中。”[4]“内有客氏保护起居，旦夕不相离；外有忠贤曲意逢

1 沈国元《两朝从信录》卷九，天启元年十月癸未。

2 沈国元《两朝从信录》卷九，天启元年十月癸未。

3 沈国元《两朝从信录》卷九，天启元年十月癸未、十一月甲申。

4 计六奇《明季北略》卷二《魏忠贤浊乱朝政》。

迎，巧会旨趣，客氏亦悦之。客氏即后封奉圣夫人者，时偕相佐，寝食在侧……熹宗登大宝，加封近御诸人，而忠贤素所宠信，气指颐使，骤列大珰。且倚客氏，表里为奸，事权一旦把握矣。”[1]

客氏原先住在乾清宫西二所，天启元年，皇帝大婚后，她移住隆德殿西南的咸安宫。每天黎明从咸安宫赶到乾清宫暖阁，在朱由校身边侍候，直到午夜，才回咸安宫休息。她的侍候是全方位的，尤其是一日三餐，都由她亲自操办，宫中闻名的“老太家膳”，多年如此，无怪乎她一走朱由校就不思饮食。关于这一点，刘若愚的一段文字颇堪回味：“祖制，于乾（清宫）东设房五所，乾（清宫）西设房五所，系有名封大宫婢所住。泰昌元年冬，客氏迁乾西二所，先帝亲临为之移居，升座宴饮，钟鼓司房丘印等扮戏承应。司礼监卢受、邹义安居，而王安、王体乾、沈荫、宋晋随侍。另设吃膳之处于所内侧室。客氏自此在宫中乘小轿，派内官近侍抬走，俨如先朝妃嫔之体，止缺一青纱伞盖，而茵褥精美为最胜焉。天启元年以后，改住咸安宫，各衙门答应钱粮，比御前更吃紧。夏则大凉棚冰无算，冬则大地坑炭无量也。其骄奢僭逾，真日异而月不同。凡客氏生日，先帝必临幸升座，欢宴赏赐无限，即中宫及皇贵妃等千秋，迥不及也。每日先帝所进之膳，皆客氏下内官造办，名曰老太家

1 朱长祚《玉镜新谭》卷一《进用》。

膳，圣意颇甘之。正经司礼监掌印、掌东厂、秉笔大膳房，遵照祖制所造办膳酒，只为具文备赏用而已。”[1]俗话说，女人如欲俘获一个男人，必先俘获他的胃，朱由校从小到大，都吃客氏的“老太家膳”，甘之如饴，当了皇帝以后，按照祖宗旧制，膳食由司礼监掌印太监、秉笔太监等轮流造办，但是朱由校根本不尝一口，专门用来赏赐官员。

在朱由校的心目中，客氏的“老太家膳”是无可取代的，因此她在宫中的地位也无与伦比。在宫中行动，乘坐太监扛抬的小轿，侍从前呼后拥，俨然“圣主八母之一”的待遇。每逢她的生日（十一月十九日）朱由校必定亲自前往祝贺，升座劝酒，场面之隆重，超过皇后、皇贵妃生日（千秋节）。按照祖宗旧制，凡是皇帝生日万寿节，以及皇后、皇贵妃的千秋节，所有内执事宫人，太监王体乾等，以及山陵等处内官，各有赏例，每人一两以上。十月初六日是皇后生日，朱由校却自顾自前往内教场围猎，以刺杀狼、獐、狐、兔为乐。张皇后闷闷不乐，不肯庆祝生日，赏赐也不合旧制。所以刘若愚说：“盖遇千秋之日，总不似客氏十一月十九日生日，即先行宴乐，赏赐喧阗，将二十日也。”[2]

客氏在紫禁城有住所咸安宫，在宫外还有豪华的私宅，每年都要回归私宅三四次。每当她五更时分出宫，皇帝必传特旨，清尘除道，内侍都蟒袍

1 刘若愚《酌中志》卷十四《客魏始末纪略》。

2 刘若愚《酌中志》卷十四《客魏始末纪略》，刘氏曰：“夫以乳媪俨然住宫，自视为圣主八母之一，亦僭妄殊宠极矣。”

玉带步行排队，客氏乘坐锦玉辇，随从宫婢数百人在前面提着香炉，点燃沉香、龙涎香，烟雾氤氲缭绕。一路上纱灯、角灯、红蜡、黄炬、亮子成百上千，把昏黄的街道照耀得如同白昼，回避肃静的呼声，由远及近，可与皇帝出行相比拟。[1]刘若愚亲眼目睹，记录得栩栩如生："凡客氏出宫暂归私第，先期奏知先帝，传一特旨：某月某日奉圣夫人往私宅去云云。至日五更，钦遣乾清宫管事牌子王朝忠或涂文辅等数员，及暖阁数十员，穿红圆领，束玉带，在客氏前摆列队步行。客氏自咸安宫盛服靓妆，乘小轿由嘉德（门）、和顺（门）、德祐（门），经月华门至乾清宫门西一室，亦不下轿，而径坐至西下马门……管库近侍、把牌硬弓人等，各穿红蟒衣窄袖，在前后摆导，围随者数百人。司礼监该班监官、典簿、掌司人数等文书房官，咸跪叩道旁，得客氏目视或颔之，则荣甚矣。内府供用库大白蜡灯笼、黄蜡巨燃亮子，不下二三千枝，轿前提炉数对，燃烧沉香如雾。客氏出自西下马门，换八人大围轿，方是外人抬走。呼殿之声，侍从之盛，远在圣驾游幸之上。灯火簇烈，照如白日，衣服鲜丽俨若神仙，人如流水，马若游龙。天耶？帝耶？都人士从来不曾见也……客氏在宅，升厅坐，自管事起至近侍止，挨次叩头，'老祖太太千岁'之声，殷然震天。"[2]这种排场岂是乳媪所应有，"老祖太太

1 计六奇《明季北略》卷三《客氏出宫》。抱阳生《甲申朝事小纪》初编卷十《禁御秘闻》。

2 刘若愚《酌中志》卷十四《客魏始末纪略》。

千岁”岂是乳媪所应有！俨然一副“圣主八母之一”的架势。

这毫无疑问是僭越。然而还有比僭越更甚的事情，客氏勾结魏忠贤，暗害先后怀孕的皇后嫔妃。懿安皇后张氏常常训诫客氏，客氏忌恨在心。天启三年张皇后怀孕，客氏和魏忠贤把她身边的宫女全部调走，换上少不更事的新手。一日张皇后腰痛，宫女按摇过度，导致张皇后流产，皇帝的嫡长子就此夭折。裕妃张氏怀孕，客氏和魏忠贤恚其异己，在皇帝面前竭力诋毁，矫旨把裕妃身边的宫女内侍全部驱逐，断绝水火，将裕妃独自封闭在宫墙之内，几天之后，气绝于宫门外。看守宫女奏明皇帝，朱由校竟然将裕妃的封号革去，以宫女死亡事例焚化。容妃范氏进封皇贵妃，后失宠。成妃李氏在侍寝时为范氏乞怜，客氏、魏忠贤侦知，矫旨将她革去封号，绝其饮食。幸亏成妃鉴于裕妃先例，暗藏食物，不至于饿死。后来客氏、魏忠贤怒气稍解，将她以宫女身份贬往乾清宫西所，仅得幸存。刘若愚感叹道："此外，冯贵人等或绝食勒死，或乘其微疾暗害之。总因偶有违言，误触客魏所忌，而置之死地。在先帝亦未如之何也已。谁秉内政，而忍令至此？呜呼痛哉！"[1]这个客氏岂止是“圣主八母之一”，岂止是“老祖太太千岁”，简直成了后宫的霸主。后来杨涟弹劾魏忠贤二十四大罪，其中第

1 刘若愚《酌中志》卷八《两朝椒难》。

九条罪状是“皇上不能保其妃嫔”，第十条罪状是“皇上亦不能保其第一子”，都是他与客氏联手造成的。

二　正与邪的较量

1. 魏忠贤的阉党

朱由校的纵容，造就了客氏的僭妄殊宠，也造就了魏忠贤的飞扬跋扈，一个称为“老祖太太千岁”，一个则称为“老爷千岁千千岁”。大字不识的文盲竟然担任司礼监秉笔太监，在明朝不说绝无也是仅有，不过区区五个而已，即隆庆时的孟冲，万历时的张明，天启时的魏忠贤、孙进、王朝辅五人，唯独魏忠贤权力最大。每日通政司送奏章到宫中文书房，由文书房太监拆开阅读，书写摘要。然后送进乾清宫，交付司礼监掌印太监王体乾、秉笔太监李永贞、石元雅、涂文辅，分投互看。凡有紧要处，夹进一寸许白纸条，并用指甲掐一重痕，请示魏忠贤。由李永贞、石元雅、涂文辅三人轮流朗诵，王体乾在一旁讲解，魏忠贤听毕，商量处理意见。待到皇帝批阅奏疏时，先由王体乾把处理意见向皇帝报告。魏忠贤不识字，却颇有记性，在一旁插话赞扬、附和、植党、徇私之类，或者危言冷语挑激圣怒。[1]朱由校不过亲笔朱批几本而已，大多

1 刘若愚《酌中志》卷十三《本章经手次第》。

数由王体乾等依照魏忠贤旨意代批，所以人们称之为“矫诏”或“矫旨”。

客氏的生日的排场超过后妃，魏忠贤的生日也非同一般。刘若愚说：“逆贤生于戊辰年正月三十日，自元宵节后，送寿者祝延做法事，佥事者每早乾清宫西丹墀几满。将至正日，绶带挤击挨摩之声铿然，闻有挤伤衣带腿足者。‘老爷千岁千千岁’之声，殷訇若雷。”[1]

魏忠贤在宫外也有豪华私宅，在客氏私宅附近。客氏私宅在正义街过西薷市街北，魏忠贤私宅在街南斜对门不远。这两人“满拟后来得请林下，受享富贵，齐眉到老”。[2]

凡是司礼监掌印太监、秉笔太监，非奉公事不敢出宫。天启元年、二年，魏忠贤虽外出，还不敢太远。天启四年以后，有外廷暗助，羽翼已成，宫内又有客氏、王体乾、李永贞、石元雅、涂文辅等人把持，逐渐远至涿州等地，无非假公济私，巧立名色，炫耀权势。“凡出外之日，先期十数日庀治储偫于停骖之所，赍发赏赐银钱，络绎不绝。小民户设香案，插杨柳枝、花朵，焚香跪接。冠盖车马缤纷奔赴，若电若雷，尘埃障天而声闻于野。有狂奔死者，有挤蹈死者。燕京若干大都人马，雇赁殆尽。凡达官戏子、蹴踘厨役、打茶牢役、赶马抬杠之人，其数不止数万。每遇逆贤远出，则京中街市

1 刘若愚《酌中志》卷十四《客魏始末纪略》。

2 刘若愚《酌中志》卷十四《客魏始末纪略》。

寂然空虚，顿异寻常者将数日焉。大约外廷之欲亲炙逆贤，内廷之献谀乞怜者，凡四人之轿将数百乘矣。怒马鲜衣束玉，而为之前后追趋、左右拥护者又百千余矣。跑马射响箭，鸣镝之声不绝于耳；鼓乐笙管数十余簇，且行且奏。夏则大车载冰，冬则炭火如山，古今所罕见也。”[1]这样的架势，岂止是“老爷千岁千千岁”，直追万岁爷，勃勃野心恣意显露，无所顾忌。何以如此嚣张？因为他有一个强大无比的阉党。

《明史·魏忠贤传》写道："当此之时，内外大权一归（魏）忠贤。内竖自王体乾等外，又有李朝钦、王朝辅、孙进、王国泰、梁栋等三十余人，为左右拥护。外廷文臣则崔呈秀、田吉、吴淳夫、李夔龙、倪文焕主谋议，号‘五虎’；武臣则田尔耕、许显纯、孙云鹤、杨寰、崔应元主杀戮，号‘五彪’。又有吏部尚书周应秋、太仆寺少卿曹钦程等，号‘十狗’。又有‘十孩儿’、‘四十孙’之号。而为（崔）呈秀辈门下者又不可数计。自内阁六部至四方总督巡抚，遍置死党。”[2]这个死党，人数众多，仅从上述文字看，就有太监三十余人，外廷官员五虎、五彪、十狗、十孩儿、四十孙，加起来有七十人。他们并非等闲之辈，从内廷到外廷，从中央到地方，大权在握，统统拜倒在魏忠贤脚下，所以说“内外大权一归忠贤”。但是这个名单有重大疏

1 刘若愚《酌中志》卷十四《客魏始末纪略》。

2 张廷玉《明史》卷三百五《宦官传·魏忠贤》。

漏，仅与《明史·宦官传》比对，太监中就漏掉了李永贞、石元雅、涂文辅、刘若愚。再与《明史·阉党传》比对，除了五虎崔呈秀、田吉、吴淳夫、李夔龙、倪文焕，十狗中的周应秋、曹钦程，还有内阁辅臣顾秉谦、魏广微、黄立极、施凤来、张瑞图、来宗道、杨景辰，其他还有刘志选、梁梦环、石三畏、王绍徽、霍维华、徐大化、阎鸣泰、贾继春、李鲁生、杨维垣、邵辅忠、徐兆魁、刘诏、孙杰、卢承钦等。[1]

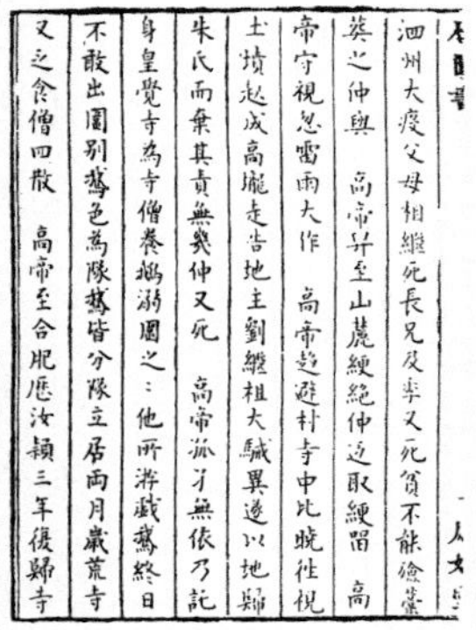
石匱書
泗州大疫父母相繼死長兄及季又死貧不能殮葬
葬之仲與　高帝舁至山麓綆絕仲返取綆留　高
帝守視忽雷雨大作　高帝趨避村寺中比曉往視
土墳起成高壟走告地主劉繼祖大駭異遂以地歸
朱氏而棄其責無幾仲又死　高帝孤子無依乃託
身皇覺寺為寺僧養鵝溺圈之之他所游戲鵝終日
不敢出圈別鵝色為隊鵝皆分隊立居兩月歲荒寺
又乏食僧四散　高帝至合肥歷汝穎三年復歸寺

◥《石匮书》书影
《石匮书》，又名《石匮藏书》，张岱所著纪传体明史，起自洪武，迄于天启。

还是才子张岱目光犀利，在《石匮书》中专辟一卷“逆党列传”，在二百五十二人之中选取五分之一。他说：“使东林而尽君子也，则魏党真不胜诛矣。余见新朝官籍强半皆东林表表之人，而逆党中之蒙面事仇者，反屈指可尽也。日蚀中天，狐狸昼啸，人之足以锢党，而党之不足以锢人，盖已明矣。余叙别魏党一传，凡二百五十二人，今仅存其五分之一，盖谓事仇之罪浮于逆党，贤者既已如此，不肖者何足深责哉！”[2]

张岱在逆党列传卷首的“总论”，强调逆党中人也应区别对待：“魏忠贤一手障天，以泰山压卵之势，逆之者辄糜。人当其时，一由正道则死辱随

1　张廷玉《明史》卷三百五《宦官传》；卷三百六《阉党传》。
2　张岱《石匮书》卷一百九十六《逆党列传·卷末总评》。

之。智士达人如欲苟全性命，虽刚介之性，亦不得不出于委蛇，而况彼伊阿踷踖者乎！”又说：“余谓人至不幸生而为此时之人，不可概责其入党，但当于入党之中，取而分别其甚与不甚。如虎彪之以杀人媚人，赞道之以并尊耦帝，刘志选之欲动摇中宫，徐大化之欲兴起大狱，颂美者惟恐其不为天子，祠祝者妄拟其即是圣人。则是同一入党之人，而党之中又有此数等之人，则尤可痛恨者也。”[1]

他为“尤可痛恨者”开列了名单附上了小传，为首的当然是“五虎”：兵部尚书兼都察院左都御史崔呈秀、工部尚书吴淳夫、太仆寺卿兼河道总督倪文焕、兵部尚书田吉、都察院右副都御史李夔龙；“五彪”：锦衣卫掌堂指挥使田尔耕、镇抚司理刑千户许显纯、镇抚司贴堂千户崔应元、镇抚司理刑千户孙云鹤、镇抚司理刑千户杨寰。

其次是“动摇中宫”的顺天府丞刘志选、太仆寺少卿兼河南道御史梁梦环；“倾心赞导”的有：工部尚书徐大化、太仆寺少卿曹钦程、工部尚书孙杰、太常寺少卿陈尔翼、太仆寺少卿李鲁生、兵部尚书霍维华、太仆寺少卿李蕃、工部尚书邵辅忠、浙江道御史张讷、兵部左侍郎郭巩、刑部尚书徐兆魁、侍讲孙之獬、刑部尚书薛贞。

再次是“颂美”：吏部尚书周应秋、户部尚书郭允厚、工部尚书薛凤翔、登莱巡抚副都御史孙国

1 张岱《石匮书》卷一百九十六《逆党列传总论》。

祯、宣大总督兵部尚书冯嘉会、太仆寺少卿安伸、户部左侍郎张我续、太仆寺少卿刘徽、兵部左侍郎秦士文、漕运总督都察院右副都御史郭尚友、四川参政郭士望。“建祠”：兵部尚书阎鸣泰、兵部左侍郎刘诏、巡抚浙江都御史潘汝桢、巡抚延绥都御史朱童蒙、都察院左都御史曹思诚、南京兵部左侍郎毛一鹭、户部尚书李精白、南京户部尚书张朴、锦衣卫指挥孙如冽、国子监生陆万龄。

最后是“反覆”：太仆寺少卿杨维垣、都察院左佥都御史贾继春。“另传”；太子太保文渊阁大学士冯铨、少师建极殿大学士魏广微、少傅文渊阁大学士顾秉谦、光禄寺卿阮大铖。张岱在“另传”名单之后评论道：“既为党人，而传又列于党人之外者，以其恶不止于党人也；传在党外，而名又列于党人之中者，以其恶不离于党人也。魏广微、顾秉谦庸庸固无足数；冯铨欲掀翻逆案，而投诚闯贼；阮大铖欲报复东林，而迎立弘光，大明天下一败涂地，则是明天下之亡，犹亡于魏党也，魏党之祸岂不烈哉！”[1]

毫无疑问上述人员都是魏忠贤阉党的骨干分子，既然叫做阉党，姓“阉”，他的核心人物是以魏忠贤为首的太监，他们架空皇帝，代替皇帝发号施令，掌控朝廷，才会有那么多官员俯首帖耳，亦步亦趋。请看魏忠贤的太监班子：

1 张岱《石匮书》卷一百九十六《逆党列传》。张氏在逆党另传中写道：“李三才，官至漕运总督右副都御史，已经削籍，厥罪戍。爰书曰：建祠孝陵前，主使有人，代奏宜罪。”显然错误，把李之才误作李三才。在孝陵卫前建造魏忠贤生祠的是李之才，而非李三才。

王体乾，顺天府昌平州人，万历六年选入皇城，在苏杭织造太监孙隆名下读书正途。万历二十八年升入文书房。泰昌元年八月，用重贿买通李选侍的亲信太监李进忠（魏忠贤进宫时曾用李进忠名，为了区别，改为魏进忠），升任典玺局掌印太监，以后又晋升为司礼监秉笔太监兼御马监掌印太监。魏忠贤在李选侍移宫前，与李进忠一起参与盗宝勾当，王体乾建议魏忠贤杀掉李进忠灭口，又与客魏合谋除掉王安。在客魏的支持下，他得以升任司礼监掌印太监，但是处处听命于地位比他低的司礼监秉笔太监兼东厂总督魏忠贤。刘若愚说："客氏惮（王）安刚直，喜（王）体乾软媚，遂矫旨准（王）安辞免，将司礼监印付（王）体乾掌之。复升诸栋等为帮手，屡有中旨巧留客氏，与逆贤比昵为奸。又外结沈漼为谋主，逐大臣王纪、满朝荐、刘一燝等，杀内臣王安、王国臣（魏朝）等，心粗胆大，渐及妃嫔，皆（王）体乾力也。"[1]

李永贞顺天府通州人，五岁时阉割，十九岁（万历二十九年）选入皇城，旋即升任坤宁宫近侍太监。因故关押多年，万历四十八年（泰昌元年）释放，恢复原职——坤宁宫近侍，始与魏忠贤结识。天启元年，魏忠贤与王体乾串通，特升史宾、诸栋、梁栋、张文元、裴伸为司礼监秉笔太监，李永贞成为诸栋的幕僚，遂与魏忠贤心腹掌班刘荣结拜，颇有

1 刘若愚《酌中志》卷十五《逆贤胁从纪略》。

相见恨晚之感。经过刘荣推荐，成为魏忠贤的幕僚，升任文书房太监、司礼监秉笔太监。李永贞从小熟读四书五经、《史记》《汉书》，精书法，善弈棋，能诗文，颇受魏忠贤器重。《明史·李永贞传》说："（李永贞）与（王）体乾、（涂）文辅及石元雅，共为忠贤心腹。凡章奏入，永贞等先钤识窾要，白忠贤议行。崔呈秀所献（"天鉴""同志"）诸录，永贞等各置小册袖中，遇有处分，则争出册告曰：此某录中人也。故无得免者。"[1]

石元雅，保定府雄县人，万历二十九年选入皇城，在兵仗局担任"写字"。此人虽然担任"写字"工作，却不喜欢读书，爱好射箭、打猎，与魏忠贤臭味相投。泰昌元年十一月，经魏忠贤推荐，进入司礼监文书房，升任秉笔太监，兼任针工局掌印太监、南海子提督。他延请许秉彝为"掌家"，通过许秉彝，替崔呈秀与魏忠贤"通线索"，每次见魏忠贤，即屏退左右，密语移时方出。[2]

涂文辅，保定府安肃县人，中年自宫，姿容尔雅，有心计，喜好射箭弹琴。此人有文化，善于书算，被客氏看中，成为她的儿子侯国兴的家庭教师。天启元年选入皇城，天启四年升任司礼监秉笔太监，兼任御马监掌印太监，总督四卫营、太仓银库、节慎库，成为客魏的财务总监。照例太仓银库归户部管，节慎库归工部管，涂文辅打着皇帝的旗

1 张廷玉《明史》卷三百五《宦官传·李永贞》。

2 刘若愚《酌中志》卷十五《逆贤胁从纪略》。

号，凭借客魏的气焰，凌驾于户部尚书、工部尚书之上，他的办事处号称“户工总部”。刘若愚如此描写他的嚣张气焰：“太仓银库户部事也，节慎库工部事也，（涂）文辅并总督之。藉先帝宠灵，客魏逆焰，诣两部到任，勒司官行属礼。坐八人明轿，使甘蔗大棍，舒徐容与，扬扬长安道上。其呼殿者比阁臣道子还雅，其音清细而长，仿佛圣驾清御警跸之报，内官外官无不下马回避。又强买戚臣李承恩宅，大创廨宇，其署额曰‘户工总部’。”[1]

此外还有李朝钦、梁栋、孙进、王朝辅、纪用、葛九思、徐应元、赵进教、王国泰、马谦，尤以李朝钦最受魏忠贤信任。

魏忠贤兼任东厂总督，东厂是一个特务机构，日常事务交给李朝钦处理。凡是各地东厂特务报来的事件，先送到位于东混堂司南面的东厂内署，内署衙门高悬“朝廷腹心”匾额，李朝钦作为魏忠贤的腹心在这里处理公文，交给司房人员删改润色，密封后，加盖“东厂密封”印章，送交魏忠贤发落。[2]东厂的特务遍布各个角落，信息灵通，令人防不胜防，弥漫着恐怖窒息的气氛。正如当时人所说：“威福日盛，鹰犬日众，四方孔道，民间无敢偶语者。驿使停骖，即卧榻间无敢提一‘魏’字。身在京华，童仆往来，无敢带一家书者。去国诸臣，典衣觅骑，萧条狼狈，全无士气。而一经削夺，门

1 刘若愚《酌中志》卷十五《逆贤胁从纪略》。

2 刘若愚《酌中志》卷十六《内府衙门职掌·东厂》。

无敢谒，郊无敢饯者，虽师生戚友之谊，亦荡然扫绝。重足而立，道路以目。凡衣冠士庶相见之间，皆缄嘿不敢吐半言，即寒温套语，问讯起居并忘之矣，唯长揖拱手而已。”[1]

这是什么氛围？人们何以如此反常？一言以蔽之，阉党专政是也。

2. 邹元标、冯从吾与首善书院事件

有明一代，继承宋元以来书院讲学的传统，万历初年张居正柄政，取缔书院，他死后，书院陆续恢复，徽州、江右、关中、无锡遥相呼应，又以无锡的东林书院最为著名。北京是首善之地，却没有讲学的书院，嘉靖年间罗洪先、徐阶与在京名儒，大多借用寺庙举行讲会，引为一大憾事。天启二年，都察院左都御史邹元标（字尔瞻，号南皋，江西吉水人），左副都御史冯从吾（字仲好，号少墟，陕西长安人），有感于此，得到同僚的支持，在宣武门内东城墙下构建书院一所。邹、冯两先生退朝公余时间，不通宾客，不赴宴会，专心致志在书院讲学。有志于学术的缙绅先生，环而静听，间或提问讨论，无不畅所欲言。首善书院声誉鹊起，影响非常之大：“一时转

罗洪先像

罗洪先，号念庵，江西吉水人，嘉靖八年进士，殿试状元。被称为与荷兰近代地图学家墨卡托同时代的东方最伟大的地图学家。所绘《广舆图》是现存较早的较为完整的全国性综合地图集。

1 朱长祚《玉镜新谭》卷一《纳奸》。

相传说，咸知顾名义，重廉耻，士风为之稍变。”[1]

内阁首辅叶向高应邀撰写《首善书院记》，肯定在京师建立书院的创举，他说：自从白鹿洞书院以来，创办书院蔚然成风，通都大邑所在皆有书院，而京师独缺，这种状况持续二百年之久，现在得以改变，首善之地非其他通都大邑可得而比也。他对邹、冯二位学者型官僚的学问推崇备至：“邹先生之学，深参默证，以透性为宗，以生生不息为用。其境地所诣，似若并禅机元旨而包括于胸中。冯先生之学，反躬实践，以性善为主，以居敬穷理为程。其识力所超，又若举柱下竺乾而悉驱于教外。要之，于规矩准绳、伦常物理，尺尺寸寸，不少逾越，与世之高谈性命忽略躬行者，大相径庭。”[2]他看得很准，邹、冯二人并不空谈性命，而是躬行实践，所以才会有“顾名义，重廉耻，士风为之稍变”的结果。

令人不可思议的是，书院一旦名声大噪之后，便会带来麻烦，被卷进政治风波，东林书院是如此，首善书院也不例外。或者可以说，对首善书院的攻讦，是诽谤东林书院的延伸。鼓噪得最厉害的是兵科都给事中朱童蒙，此人日后成为阉党骨干分子，对于邹元标再度出山，担任吏部左侍郎、左都御史，举荐东林人士，极为不满。在奏疏中特别点出“东林”二字：“昔在皇祖时，有理学之臣顾宪

1 孙承泽《春明梦余录》卷五十六《首善书院》。

2 孙承泽《春明梦余录》卷五十六《首善书院》。

成、郭正域开讲东林，其初以发明圣贤蕴奥，开启后学，岂不甚善？逮从游者邪正兼收，不材之人借东林之徒以自矜诩，甚至学士儒生挟之以扞文网，冠裳仕进借之以树党援。欲进一人也，彼此引手；欲去一人也，共力下石。京察黜陟，非东林之竿牍不凭；行取考选，非东林之荐扬不与。日积月累，门户别而墙壁固。所以朝端之上，士林之间，玄黄血战十有余年。摧残几多善人，戕伤几许国脉，皆讲坛之贻害也。”[1]

正与邪的较量，日趋短兵相接，太仆寺少卿满朝荐的奏疏，一再反问："祖宗朝有是颠倒乎"？矛头直指魏忠贤为首的邪恶势力：

——世有大奸，巧饰谀辞，暗倾善类，点痈借援，骧治而为乱，亦千古一辙也……周嘉谟、刘一燝顾命倚重之大老，以构谗去；孙慎行守礼介石之宗伯，以封典讪；王纪执法如山之司寇，以交章革职。祖宗朝有是颠倒乎？

——二建言耳，倪思辉、朱钦相等之削籍，已重为钳口之嗟。周朝瑞、惠世扬等之拂衣，又中一网打尽之计。祖宗朝有是颠倒乎？

——阁臣职掌调燮票拟，主持清议，况今剥伏关头，政宜谋断共矢，从前救正不为不多，何至今日见有忌才坏法之疏，不公斥之，

1《明熹宗实录》卷二十一，天启二年九月庚子。

轻则两可其说，重则径行其言矣；见有殛奸匡国之疏，不公持之，轻则姑不究，重则递加罚矣。祖宗朝岂有是颠倒乎？

——凡此种种颠倒，成于陛下者十之一二，成于当事大臣者十之八九。刚愎者泼纵而播弄机锋，柔险者委蛇而固护营垒，狙狯者观望而密探声息，浮游者虚拥而弁视蓬芦。[1]

咄咄逼人的声讨，引来的结果是，奉圣旨落职为民。

钳制舆论是魏忠贤的一贯伎俩，发展到登峰造极，就是捣毁全国所有书院，攻击邹元标、冯从吾的首善书院，不过是小试牛刀而已。朱童蒙充当了急先锋，打着忠于职守的幌子，宣称："宪臣议开讲学之坛，国家恐启门户之渐，大公之世偶生门户，则衅孽必作；职业之外分用身心，则责任不专。"[2]

邹元标还是先前那种宁折不弯的秉性，想当年他敢于冒着廷杖致死的风险上疏弹劾张居正，如今区区朱童蒙的恫吓根本不在话下，当即写了长篇奏疏，反驳朱童蒙的谬论。他说，本月初四日也接到兵科都给事中朱童蒙的奏疏，为宪臣议开讲学之坛，国家恐起门户之渐，与臣等安心本分，爱惜精神，以东林为戒云云，驳斥道："先正云：本分之外不加毫末，人生闻道始知本分内事，不闻道则所谓

1 沈国元《两朝从信录》卷十五，天启二年八月壬子。

2 谈迁《国榷》卷八十五，天启二年九月丁酉。

本分者未知果是本分与否也。天下治乱系于人心，人心邪正系于学术。法度风俗刑清罚省，进贤退不肖，舍明学则其道无由。无偏无党，王道荡荡；无党无偏，王道平平。臣等所讲习讨论者，惟是销反侧以归正直，会有极以归皇极。若分门别户，则名教所不载也。”既然朱童蒙提到了东林，他当然要为东林讲几句公道话：“东林诸臣有文有行，九原以往，惟是在昔朝贵自歧意见，一倡众和，几付清流。”

他回忆起当年遭到贬谪的流放生涯，学问对于自己何等之重要：“臣志学非自今日始也。臣弱冠幸举孝廉，从诸长者一登讲堂，此心戚戚。既谢计偕，独处深山者三年。嗣入夜郎，兀坐深箐者六年。浮沉南北，栖迟田亩，又三十余年，赖有此学，死生患难，未尝陨志。”

由此，他讥讽不学无术的朱童蒙之流，“自训诂帖括外，别无功课；自青紫荣名外，别无意趣。恶闻讲学者，实繁有徒。盖不知不闻道即位极人臣，勋勒旂常，了不得本分事，生是虚生，死是虚死。朽骨青山，黄鸟数声，不知天与昭昭者漂泊何所？此臣所以束发至老，不敢退堕自甘者也。”[1]

邹元标分析得入情入理，无可挑剔，皇帝只得打圆场：“朱童蒙疏亦有旨了，卿积学真修，方资表率，不必介意。”[2]

1 孙承泽《春明梦余录》卷五十六《首善书院》。

2 沈国元《两朝从信录》卷十五，天启二年九月癸丑。

▼ 冯从吾像
冯从吾，号少墟，陕西西安人，万历十七年进士。世称“少墟先生”。官至工部尚书，不阿“魏党”，后削籍归里。杜门谢客，潜心著述。与邹元标创首善书院。

冯从吾也上疏回击朱童蒙，论述讲学无罪——“窃惟世道之所以常治而不乱者，惟持有此理学之一脉，亦惟持有此讲学之一事。讲学创自孔子，而盛于孟子……至宋儒出，而始有以接孟氏之传。然中兴于宋，而禁于宋，是宋之不竞，以禁讲之故，非以讲之故也。”他诘问朱童蒙之流：“臣之望其君以讲学，而自己不讲，是欺也。倘皇上一日开讲，问讲官曰：诸臣望朕以讲学，不知诸臣亦讲学否？不知讲官何以置对。倘皇上一日御朝闻诸臣，讲学亦有定所否？不知诸臣又何以置对？”他堂堂正正声明：今臣等创建书院于此，岂为名，岂为利，岂为官爵，岂为一身宴游之地，岂为子孙世守之业！原为两京十三省俱有，而京师为天子之都，为首善之地，反无书院，非所以壮帝都而昭一代文明之盛况。对于朱童蒙的无端攻击，他感慨系之，请求皇上罢官，使庙堂之上省一番议论。[1]

冯从吾讲得有理有据，滴水不漏，皇帝不得不回应：“朕留心学问，岂禁臣下讲学，且仕学相资，何可偏废？”[2]

---

1 孙承泽《春明梦余录》卷五十六《首善书院》。
2 沈国元《两朝从信录》卷十五，天启二年九月癸丑。

表面上看皇帝并没有偏袒朱童蒙，但邹元标、冯从吾感受到的压力是无形的，给事中郭允厚力挺朱童蒙，诋毁都察院的一二把手，唯恐在明年的考察中遭到报复，非得把他们二人赶下台不可。这一点连内阁首辅叶向高也看出来了："无奈人情多端，过生猜疑，必逐去邹元标而后快也。"为了政局安定，他在十月初八日的奏疏中指出，如果邹元标、朱童蒙等人辞官而去，谁来主持即将到来的京察大典？他说："但恐人心不同，烦嚣易起，若不稍为剖明，必将有非二臣者，又将有非非二臣者，纷纭排击，无有纪极。昨日有伪作铨臣之疏，欲毁书院者，世情险怪一至于此。今台臣冯从吾又求去矣，铨臣张问达亦苦苦言，(邹)元标行当即继之去矣。察典几何时？而在事诸臣势将一空，谁为皇上了此事者？"在他心目中，邹元标这样的正人君子是不可多得的人才，是职掌都察院的最佳人选："邹元标在皇祖朝，直声振于朝野，三尺童子无不知其为忠臣。淹伏数十载，海内共惜，皇上拔之田间，任以九列，足称清朝盛举。臣素不习元标，近与周旋，见其恳恳爱人之念、浑浑赤子之心，绝无分毫负气笼罩矫饰之态，心甚慕之。"因此，他反对朱童蒙、郭允厚逐去邹元标的图谋："若逐去元标，则其他之讲学气节如邹元标者，皆不得安其位，人心必为不平，纷争又将不了，门户之祸必与国家相终始，朝廷之上已先自乱，又何暇问封疆之事哉！"他也反对朱童蒙、郭允厚谎称"宋室祸败由于讲学"，反驳道："宋方盛时，正以濂洛关闽讲明学术，比及南宋，王淮、韩侂胄、陈贾辈始立伪学题目，构陷朱熹诸贤，而宋祚遂终。"又掷地有声地反问："如以讲学为结党，则世之结党者岂尽讲学之人？苟欲结党，何待讲学？”[1]

这一番话由三朝元老叶向高讲出来，不仅令朱童蒙、郭允厚之流理屈词穷，也令幕后的魏忠贤哑口无言，发出温和的圣旨：“大臣真品实学，自能维扶世风。言官意见参差，不妨互相质证，但不得参以歧念，迹涉猜防。卿虚衷持衡，剖陈剀切，足定国是，以正人心。邹元标、冯从吾已有旨谕留，这所奏朕知道了。”[2]

话讲得很漂亮，“邹元标、冯从吾已有旨谕留”云云，不过是一个幌子。步朱童蒙、郭允厚的后尘，言官郭兴治变本加厉地诽谤邹元标。朱童蒙则抓住叶向高撰写《首善书院记》，暗指他是邹、冯的后台。叶向高愤然上疏，请求辞职。在奏疏中，他讲明了两个观点。其一是，朱童蒙攻击邹元标讲学，郭允厚诽谤邹元标的人品，郭兴治进而称邹元标为“贼”，叶向高感叹道：“三人之意同，而其说则已三变，其攻（邹）元标可谓不遗余力矣。”其二是，朱童蒙引用张居正禁毁书院之事，影射叶向高违背祖宗朝旧制。他据理驳斥：“禁讲学，毁书院，沙汰生员，此乃张居正所为，非祖宗朝法也。居正之得罪于清议，背成宪，失人心，正为此事。（朱）童蒙奈何引之？臣为书院记文，固云世必有执江陵（张居正）之见以诮余者，何其言之偶中乎！”[3]更令他难以容忍的是，“屡奉内传数语为臣之险毒”，不如

1 叶向高《留邹都御史疏》，《续纶扉奏草》卷六。

2 叶向高《留邹都御史疏》，《续纶扉奏草》卷六。

3 孙承泽《春明梦余录》卷五十六《首善书院·叶向高又请休致疏》。

一走了之。这是他第十四个辞职奏疏了，得到的回答依然是不同意辞职："卿以元老主持国是，且忧心世道，保护善类，自大臣事，小臣臆窥之言何必介意！封疆阽危，兵食单匮，正赖卿延纳群策，入告远猷，用副朕军国倚重至意，慎勿再陈。"[1]

邹元标、冯从吾没有这么好的运气，先后罢官而去。邹元标在临别之际，还不忘提醒皇上千万不要开启门户之争："近时臣工或以门户自相猜疑，此从身名上起念。臣与冢卿（吏部尚书）张问达相处年余，陛下试问张问达，臣曾说门户中一人乎？盖臣实见天地间一草一木、一民一物，不忍伤残，其有才有猷者安其职事而已耳。又实见得人之禀气各有偏全，人之识见各有高下。从德性用事者，反求诸身，不作异闻见，不作人我想；从情识用事者，但求诸人，东猜而西疑，左旋而右转。曾不思前数年，诸人始而酌水盟心，既而倒戈相向者何人？而犹不务行所知，以不负所学，能耶？"[2]这并非杞人忧天，后来的事实表明，门户之争愈演愈烈，以至于不可收拾。

由于朱童蒙公然扬言"以东林为戒，而不复讲学"，高攀龙作为东林书院的代表人物，挺身为东林辩诬："黄门（朱童蒙）所言东林，非东林也，乃攻东林者之言也；所言东林之祸，非东林能祸人，乃攻东林者欲祸东林也。数年来，职每自诧理义人心

1 叶向高《乞休第十四疏》，《续纶扉奏草》卷六。

2 沈国元《两朝从信录》卷十六，天启二年十月甲寅。

同然，何以言理义者辄目为朋党，而不容于世乎？一日憬然曰：正惟同然也，故以为党也。国家用一当用，行一当行，去一当去，必曰是东林之脉也。或有人言一当用，言一当行，言一当去，必曰是东林之人也。不论东西南北，风马牛不相及之人，苟出于正，目为一党。东林何幸，而合天下之众正；何不幸，而受天下之群猜，弓蛇石虎，塗豕鬼车，皆非实事也。即如郭明龙正域，生平未尝讲学，生平不识东林，黄门（朱童蒙）谓与顾宪成开讲东林。即此而观，他可例推。无亦黄门（朱童蒙）师生姻娅之间，涵濡浸灌之久，于时局之说不自觉其入之之深乎？不然何以二三年来，门户去于人口，依然还作当年口吻耶！”这一席话，一气呵成，痛快淋漓，把朱童蒙信口雌黄的本来面目暴露无遗。和高攀龙这样的名师大儒相比，朱童蒙不过是一个不学无术的小丑，他哪里会懂得高攀龙所说的道理：“人不知学，世道交丧，于是朋党祸起。相安则交安，相危则交危，故党类之党不能无，是群分之品也；偏党之党不可有，是乱亡之本也。知党类之不能无，使之各得其所，而勿相猜忌；知偏党之不可有，使之各惩其祸，而勿为已甚，但得人人自反，勿专尤人，则无不可融异为同，化小为大。”[1]

遗憾的是，以后形势的发展和高攀龙愿望相反，朋党之祸愈演愈烈，阉党排挤正人君子，打击

1 孙承泽《春明梦余录》卷五十六《首善书院·高忠宪攀龙论学揭》。

异己分子，不分青红皂白扣上“东林”帽子，于是乎就有《东林点将录》《东林党人榜》的出笼。由是观之，首善书院事件不过是一个前哨战而已。

3. “空人国以庇私党，罣道学以逐名贤”——文震孟、郑鄤的忿激之论

邹元标、冯从吾的罢官，激起正直人士的公愤，对皇帝和朝廷流露出极大的不满情绪。人们希望年轻的皇帝亲操政柄，重振朝纲。两名新科进士文震孟、郑鄤，初登官场，没有包袱，直言无忌地表达了压抑于许多人心中的呼声。

文震孟，字文起，号湛持，苏州吴县人，著名学者文徵明之曾孙，国子监博士文彭之孙，卫辉府同知文元发之子，颇有家学渊源，尤于《春秋》经学颇有造诣。邹漪说：“世以道德文雅冠冕海内，十五出应童子试，名噪一时。年二十一，举甲午贤书，束躬砥操，日手一编咿唔，绝迹城市，尤严竿牍之戒。居父丧，哀毁几于灭性，营竺坞新阡以葬父，即倚墓结庐而居，一时有真孝廉之目。时海内名贤若吉水邹忠介（元标）、关中冯恭定（从吾）、高邑赵忠毅（南星），皆以麟凤在野。”[1]主盟东南文坛的顾

文徵明，苏州人，世称“衡山先生”。与祝允明、唐寅、徐祯卿常相切磋，人称“吴中四才子”。擅画山水、花卉、兰草与人物，与其学生成“吴门画派”，又与沈周、唐寅、仇英合称“明四家”。

1 邹漪《启祯野乘》一集卷一《文文肃传》。

宪成、高攀龙对他敬仰备至，远近清流不远千里前往请教。但是从万历二十二年参加进士考试，九次失利，直到三十年后的天启二年才进士及第，又以殿试第一名（俗称状元），授予翰林院修撰。真可谓不鸣则已一鸣惊人，“胪传之日，儿童妇女皆知其名，指目为忠孝状元”。[1]

这时的文震孟已经年近五十，不再年轻，好不容易到来的功名，理应倍加珍惜。但是他毕竟是文徵明、文彭的后代，熟读儒家经典，以治国平天下为终身抱负，对于朝廷不像朝廷，官僚不像官僚，深恶痛绝，尤其是亲眼目睹邹元标、冯从吾两位正人君子的离去，义愤填膺，贸然上疏，从“国步綦艰”到“杜乱源”，侃侃而谈。关于他上疏时的心态，邹漪的刻画是到位的：“先是，光宗以神庙遗诏，召久废诸臣于田间，故熹庙初元新政，众正盈朝，天下想见太平。而公（文震孟）又以宿学登上第，物望倾注，其忠宪诸贤侃侃发舒，凡貂珰戚畹力谢往还。既而外廷有借逆珰以指鹿（为马）始祸者，因禁讲学兴党议，邹忠介、冯恭定两公以次窜逐，公上疏请讲学勤政。”[2]

状元所写的文章，人们总是很感兴趣，不妨看看文状元的这篇奏疏：

——乃今日之势岂惟厝火，几于燎原

1 钱谦益《赠文文起宫相六十序》,《牧斋初学集》卷三十六。

2 邹漪《启祯野乘》一集卷一《文文肃传》。

矣……此真大小臣工戮力同心，尝胆卧薪之日。而因循格套，粉饰虚文，即皇上具为尧为舜之资，亦毫无启心沃心之助，将使祖宗金瓯无缺之宇宙，日销月削，势将瓦解，东支西溃，又同河决。

——今日非皇上独奋精明，大破常格，以鼓舞豪杰之心，发舒忠义之气，天下事固未知所终也……皇上昧爽临朝，寒暑靡辍，于政非不勤矣。而勤政之实未见也。鸿胪引奏，跪拜起立，第如傀儡之登场，了无生意，则皇上之聪明何由开畅?

——职意祖宗之制，倡六科，则六科必当以此白事；倡西台(御史)，则西台必当以此白事；奉旨某部知道，则某部之正卿亚卿又必当以此白事。职纠弹者纠弹，职条奏者条奏，剖析机宜，献替可否。皇上凭而听焉，与辅弼大臣面商而裁决焉，雷厉风行，断不逾顷。不惟圣智日以明习练达，即在廷诸臣亦且可以徵其气节，可以试其仓卒。当事者精思于职守之内，而无有轶志事外者。

——职闻祖宗之朝，君臣相对如家人父子，军国重事，闾阎隐微，无不咨询，无不洞达。故虽深居九重，而情形毕照。怀奸挟术，既无窦可以自藏；左右近习，亦无缘可以蒙蔽。若仅尊严若神，上下拱手，精神不振，提醒不灵，恭默之容或久而生倦，跛倚之众亦怠而欲休。

——皇上之神情既与群臣不相浃洽，则皇上之灵爽必与天下不相昭融，及退入内廷，而耳目所触发，德性所薰蒸，自不越于中涓常侍之口颊。夫大君临照之体段，帝王宏远之规模，又岂若辈之所能解……而失机之成案，更来众喙之纷纭，潨罗织者既引绳而批根，护善类者复因枝而惜叶，国宪刑章悉付之于葛藤，此何法也？

——乃近日中朝举动则更有可异者，空人国以庇私党，几似浊流之投；詈道学以逐名贤，有甚伪学之禁。唐宋末季可为用鉴，亦未有以明告我皇上者耳。去者为荣，则仕者不贵。夫天子之所以励世作人者，惟此爵禄名号，而致使策蹇快于驰驿，角巾尊于冠冕，此岂清平之世所宜有哉？[1]

文震孟所要表达的意思非常清楚，现在的上朝徒具形式，鸿胪寺官员当司仪，大臣们按照口令跪拜起立，按照固定的程式排演，没有君臣之间的对话交流商议，所以他说“第如傀儡之登场，了无生意”。既然皇帝与外廷大臣缺乏融洽交流，势必至于在内廷听从太监的耳濡目染，于是乎出现“空人国以庇私党”“詈道学以逐名贤”的一些列怪现象，国法刑章荡然无存。皇帝钦定的头名状元，矛头直指魏忠贤和他的阉党，不可等闲视之。魏忠贤利用职权，把奏疏扣压下来，不报告皇帝；乘皇上看戏时，他突然呈上这份奏疏，断章取义地摘取“傀儡登场”一句，说：文状元疏中以偶人比万岁，不杀

1 沈国元《两朝从信录》卷十六，天启二年十月甲寅。

无以示天下。皇帝点头表示同意。次日，皇帝讲筵完毕，魏忠贤假传圣旨：廷杖文震孟八十！当天首辅叶向高请假，在场的次辅韩爌、礼部尚书盛以弘等极力申救，才免于杖责。[1]

魏忠贤所忌恨的是文状元所说，帝王宏远之规模，岂是太监之流（即所谓“中涓常侍”）所能理解，又不能就此发作，便歪曲原意，说文状元疏中以偶人比万岁。显然文状元的原意并非如此，他是说上朝的大臣像傀儡。请看原文：“鸿胪寺引奏，跪拜起立，第如傀儡之登场，了无生意”。像傀儡登场的是跪拜起立的大臣，而不是坐在龙椅上的皇帝。

和他同时进士及第，比他小二十岁的郑鄤，以少年新进的锐气为文震孟鸣不平。郑鄤，字谦止，号峚阳，常州武进人，天启二年进士，改庶吉士。其父郑振先，万历三十六年上“直发古今第一权奸疏”，把内阁辅臣朱赓、李廷机斥为“古今第一权奸”：“以避权而擅权，以擅权为无权，屈曲迂互，层层幽秘，朝野疑而不可知，知而不可言”，“此自沈一贯创开从来奸相未有之窍，至于今日愈出愈奇，所以（李）林甫辈犹拙也”。[2]有其父必有其子，郑鄤的奏疏写得一如乃父风格，尖锐泼辣，无所顾忌。

——顷见修撰文震孟一疏，私庆有为明主忠言之人，意皇上天佑圣明，必将逖思深悟，

1 张廷玉《明史》卷二百五十一《文震孟传》。邹漪《启祯野乘》一集卷一《文文肃传》。谈迁《国榷》卷八十五，天启二年十月庚辰。

2 郑振先《直发古今第一权奸疏》，《万历疏钞》卷十八《发奸类》。

立见施行矣。乃候之浃旬，未蒙报可，臣切疑之。臣惟章奏之批答，宫府间之腠理也，或朝上而夕下，或夕上而朝下，则君与臣相知，君与臣相知则大臣不得以揽权，小臣不得以营窟，近臣不得以蔽明。一付之阁寝，而中有不可知者矣。夫上书不报者，是留中之渐也；留中不下者，是壅遏之萌也；壅遏不通者，是窃弄之机也。此不可不深长思也。今若经御览而留中，则非止辇转圜之义；若不经御览而留中，必伏戎援粤之奸。

——本朝故事，此弊惟武庙与神祖末年最多，在武祖时皆因权珰之炀灶，在神祖时则系奸辅之藉丛。臣稽史册中凡召乱之端有二，而今皆已见之，曰内降也，留中也。内降之屡旨用以肆斥大臣，其机关使人骇；而留中之一线，用以阴淆圣虑，其径窦使人疑。清明之朝，岂宜有此！[1]

◤郑鄤，郑振先子，常州武进人，天启二年进士。因上疏弹劾阉党被降职外调。天启六年因同情“东林六君子”遭削职。崇祯年间重新起用，被诬“杖母”，凌迟处死。

郑鄤的奏疏并没有点名，通篇都在影射魏忠贤，“壅遏不通者，是窃弄之机也”；“内降之屡旨用以肆斥大臣，其机关使人骇”；以及“权珰之炀灶”云云，无不直指魏忠贤。其结果是可想而知的，即

1　沈国元《两朝从信录》卷十六，天启二年十月甲寅。谈迁《国榷》卷八十五，天启二年十月辛卯。

日颁下圣旨（当然是矫旨）把文震孟与郑鄤一并处罚："朝仪大典，累朝成规，如何辄肆轻亵，比拟傀儡，藐视廷臣如戏。文震孟好生可恶，郑鄤这厮党护同乡，窥探上意，本当重处，念朕首科取士，新进书生不知大体，姑从轻，俱降二级调外任。"[1]

▼ 文震孟石刻像

文震孟，文徵明曾孙，天启二年状元。授翰林院修撰。为官刚正不阿，直指熹宗诸事不理，犹如"傀儡之登场"。思宗即位，任日讲官、少詹事，秉直言政。崇祯八年特擢礼部左侍郎兼东阁大学士，参预机务。与首辅温体仁不和，被夺官。

文震孟、郑鄤出于公心，希望皇帝重整朝纲，不要大权旁落，竟然遭到降级的处罚，一些官员纷纷上疏申救。内阁首辅叶向高也写了洋洋洒洒的奏疏，向皇帝求情：翰林院修撰文震孟、庶吉士郑鄤因上疏触忤，致蒙降谪，举朝臣工无不惋惜，臣与同官冒昧申救，尚未足动天听，欲再申一言。

——窃观（文）震孟所言讲学勤政，此皆皇上所极留心，其所以干圣怒，只在朝仪一节。此乃祖宗朝相沿旧规，非创自今日。（文）震孟书生也，但见史册所载，前代帝王无不与臣下面议政事，臣下有所献纳，无不面奏，即在二祖时亦是如此。今百官奏事皆是常套，堂陛之分虽存，君臣之情未畅，故不胜款款之愚而欲效之。此书生泥古之过，非有他也。

1　沈国元《两朝从信录》卷十六，天启二年十月甲寅。

——震孟夙负时名，皇上首拔于多士之中，胪传之日，举朝相庆，以为得人，四海闻之，莫不称快。乃以单词片语遽罹谪逐，非但无以彰圣主纳谏之明，而于盛典亦大不光矣。人情遇小小知己，即思报答，苟有所知之人，亦无不欲爱护而保全之。震孟受皇上千载殊异之知，当何如感戴？倘有一毫欺谩之心，即非人类。皇上既拔擢震孟，称知人之哲矣，曾未数月，而遽摧折之，亦岂圣心之所安乎。

——若郑鄤所言，盖因震孟疏留中，为之申请。且鉴于向时留中之弊，欲杜其萌，亦书生之见。好名则有之，非敢党护于震孟也……郑鄤亦三吴之名士也，今与震孟同去，殊为可惜。

——窃窥圣心，或以词臣言事非其职掌，故欲小示挫抑，以成就其才耳。然臣观国朝词臣以言斥者，皆得盛名，罗伦、罗洪先皆以状元坐此谪官，至今称不愧科名者以二臣为第一，而惜当时处分之太过。今震孟等之被谴，于名得矣，而使他日复以惜二臣者惜震孟等，得无为圣德之累乎？[1]

句句为朝政考虑，处处替皇帝着想，但是皇帝拒不接受。关键是魏忠贤在作祟，他绝不会轻易放过任何一个向他挑战的官员，何况是扬言“傀儡之

1 叶向高《救文修撰郑鄤常疏》，《续纶扉奏草》卷七。

登场”“窃弄之机”的新科进士。现在票拟谕旨的程序已经完全破坏，照例文震孟、郑鄤的奏疏如何处理，应该有内阁首辅票拟意见，经皇帝审定后作为圣旨发出。如今票拟职权已经由内阁转移到司礼监，皇帝圣旨自然体现了魏忠贤的意志："览卿奏进阁，朕心甚慰，知道了。制科累朝所重，朕方作养人才，岂忍摧折！但书生不知忌讳，文震孟、郑鄤遵前旨行。卿还仰体朕意，不得再来申请。”[1]

所谓“遵前旨行”，就是“俱降二级调外任”。文、郑两位不愧为三吴名士，宁折不弯，拒绝降调的圣旨，抛弃乌纱帽，愤然回到家乡。

4. 另一种形式的较量

魏忠贤阉党势力有一个逐步扩大的过程，外廷权奸也有一个逐步投靠的过程。刘若愚回忆道："逆贤既窃柄杀王安，遂升梁栋、史宾、裴伸、张文元为秉笔（太监）；驱逐原选熹庙张后之刘克敬于凤阳，而后矫旨杀之；摈退掌（东）厂之沈荫，而畀宋晋。驱逐大臣王纪、满朝荐、钟羽正等，词臣文震孟等，建言刘宗周、王心一等。托心腹掌班刘荣结交阁臣沈㴶，导上以武，暗通线索，设立内操。差刘朝、胡良辅、纪用等往山海关送器械，实所以开内镇守之基也。”[2]这一段话中最值得注意的是，魏忠

1 叶向高《救文修撰郑庶常疏》，《续纶扉奏草》卷七。

2 刘若愚《酌中志》卷十《逆贤乱政纪略》。

贤与内阁辅臣沈潅暗通线索，在宫内设立内操，尝试掌控军权。

第一个投靠魏忠贤的内阁辅臣沈潅，字铭缜，湖州乌程人，万历二十年进士，累官至南京礼部侍郎。《明史》对他的评价是“素乏时誉”，除了善于阿谀谄媚，不遗余力排斥天主教，影响恶劣。万历四十四年作为南京礼部侍郎的沈潅，上疏排教，以崇正学、黜异端、严华夷为幌子，禁止天主教，造成轰动一时的南京教案，《明史》说“识者韪其言”。[1]万历末年，他与内阁首辅方从哲因同乡关系而亲密，方从哲推荐沈潅、史继偕入阁。天启元年六月，沈潅以礼部尚书兼东阁大学士，进入内阁。此人当年以翰林院检讨的身份，在内书堂给宦官上课，做过魏忠贤的老师。因为这样的关系，他入阁后为了讨好魏忠贤，特意建议在宫内搞内操，在东阳、义乌、扬州、淮安等地招募勇士两百多名，送交魏忠贤搞内操。《明史》写道：“故事，词臣教习内书堂，所教内竖执弟子礼，李进忠、刘朝皆（沈）潅弟子，李进忠者魏忠贤始名也。（沈）潅既至（意为入阁后），密结二人（指魏忠贤、刘朝），乃奏言：‘辽左用兵亟，臣谨于东阳、义乌诸邑及扬州、淮安，募材官勇士二百余，请以勇士隶锦衣卫，而量授材官职。进忠、朝方举内操，得（沈）潅奏大喜，诏锦衣官训练募士，授材官王应斗等游击以下官有差。

1 张廷玉《明史》卷二百十八《沈潅传》。

（沈）淮又奏募兵，后至者复二百余人。”[1]

沈淮劣迹昭彰，引来言官惠世扬、周朝瑞弹劾，谴责他勾结太监刘朝搞内操。刑部尚书王纪揭露他的奸恶，可比宋朝的蔡京。沈淮反咬一口，诬陷王纪庇护熊廷弼，导致王纪革职为民。在汹涌的舆论压力下，沈淮不得不于天启二年七月致仕而去。

正与邪较量的结果，双方达成妥协，天启三年，增补阁臣顾秉谦、朱国祯、朱延禧、魏广微，加上排名靠前的五位：叶向高、韩爌、史继偕、何宗彦、朱国祚（四月致仕），内阁辅臣竟有九人之多。顾秉谦、魏广微等人的入阁，使得魏忠贤得以控制内阁机要部门的大权。《明史·阉党传》说：“（天启）二年，魏忠贤用事，言官周宗建等首劾之，忠贤于是谋结外廷诸臣，（顾）秉谦及魏广微率先谄附，霍维华、孙杰之徒从而和之。”又说：“自（顾）秉谦、（魏）广微当国，政归忠贤，其后入阁者黄立极、施凤来、张瑞图之属，皆依媚取容，名丽逆案。”[2]

另一方面，天启二年十一月，赵南星被任命为都察院左都御史，监察工作大有起色。天启三年三月初十日，赵南星在申明都察院职责的奏疏中说：“陛下即位以来，宵衣旰食，未得享一日太平之乐，为臣子者乃以市恩自便，有人心者之所必不忍为也。臣望陛下涣发德音，使领民之吏知贪酷之必不可为，巡方之臣知贪酷之必不可荐，提荐揭荐必

1 张廷玉《明史》卷二百十八《沈㴶传》。

2 张廷玉《明史》卷三百六《阉党传》。

不可行，所荐者必不可为溢美之言，所劾贪酷之吏必不可仅拟降调。从此惕然猛省，涊然愧汗，翕然回心而向道，共图百姓之安，使臣无怨之可任，而诸臣功名日高，禄位从之，名实甚粹美，光庆及子孙，岂非仕人之上愿哉！”[1]皇帝的批示是冠冕堂皇的：“上下狥情，市恩避怨，以致吏治日偷，民穷思乱，所关岂细！这所奏差满举劾、咨访考察等事，俱依议。卿以忠公举职，申明宪纪，表率振饬各官，遵承规例，察吏安民，人思尽职，有何嫌怨？仍着为令，开载宪纲，永远遵行。”[2]

既然皇帝如此表明态度，官员们发起了新一轮舆论攻势。

天启三年三月，御史方大仁弹劾给事中郭巩勾通魏忠贤，并揭发魏忠贤“甲第壮丽，葬地逾制”。[3]

同年八月，顺天提学御史左光斗针对魏忠贤企图颠倒移宫案是非，进而排斥异己，上疏澄清事实，希望皇上召还文震孟、郑鄤等人。[4]

左都御史赵南星鉴于官僚队伍的不良倾向：“务于市恩而莫肯任怨也，不过曰此我之同乡故旧，不能恝也；曰此权要之所托也，是能报复，不可动也”，主张加强都察院的监察作用。[5]

天启四年正月，福建道御史呈上题为“补救时事”的奏疏，指出今日天下有三大忧患：一是夷狄吭背之患，二是盗贼肘腋之患，三是小人腹心之

1 赵南星《赵忠毅公诗文集》卷十九《申明宪职疏》。

2 赵南星《赵忠毅公诗文集》卷十九，三月十三日奉圣旨。

3 谈迁《国榷》卷八十五，天启三年三月己酉。

4 谈迁《国榷》卷八十五，天启三年八月丁丑。

5 谈迁《国榷》卷八十五，天启三年八月丙戌。

患。尤其值得警惕的是小人腹心之患："试思冲主在上，垂帘尚不忍言，况权臣在朝，禅受是何题目？执绋之巡抚方恨玷我名山，媚灶之考官妄得并翻公案。狂澜一倒，谁不披靡？于是新妖四出，伏莽渐兴，或势若负隅，巧通脉络；或谋成卷土，密布机关。虽死灰不燃，恐百足未已"。因此他希望皇上"出入起居必董于逸荒之戒，独正于群阴之上，常立于无过之途，志气如神，赏罚不乱"。[1]这一席话，转弯抹角提及"垂帘""禅受""新妖""伏莽""群阴"，显然是在影射魏忠贤专权乱政。

同年三月，山东道御史黄尊素上疏议论"时事十失"，在列举"邪正杂糅，忠谗并进"等十项弊政之后，笔锋一转，含沙射影地指向魏忠贤与客氏："阿保重于赵娆，禁旅近于唐末，萧墙隐祸，惨于夷狄，异日有欲言不敢、欲闻不得者"。[2]此处"阿保"影射乳媪客氏，"禁旅"影射在紫禁城内操练军队的太监魏忠贤。

正邪双方逐渐剑拔弩张，短兵相接。

天启四年四月，魏忠贤的亲信刑科给事中傅櫆首先出招，扬言"邪臣比昵匪人把持朝政"，乞求皇上"立赐处分，以清隐忧"。他极尽颠倒黑白之能事："宪臣左光斗，貌丑心险，色取行违，自命为血性男子，人亦视为聪明丈夫。然职久知其为匪类也，欲貌为君子而不能，欲不为小人而不得。夫

1 陈建、江旭奇《皇明通纪集要》卷五十二，天启四年正月。

2 谈迁《国榷》卷八十六，天启四年三月辛酉。

甚之而不顾名简，遂反戈君子而忍为之，且呈身于小人而甘心矣。”他实在举不出什么例证，便以内阁中书汪文言“父事内监王安，内外交通”作为话柄，说：“光斗身在宪府，不能追论，而且引为腹心”。傅櫆还攻击刚刚晋升为吏科都给事中的魏大中，“职忝谏垣，不行驱除，而且助其资斧。自是脉络潜通，机锋并露，相与招摇都市，揽泊升迁。甚至小人以从邪为得计，君子亦以比匪为无伤”。他主张立即将左光斗、魏大中撤职，严刑究处汪文言。[1]

◤ 魏大中，浙江嘉善人，万历四十四年进士。“东林六君子”之一。天启四年杨涟上疏劾魏忠贤，魏大中亦上《击逆珰疏》，率同僚弹劾魏忠贤。天启五年与杨涟、左光斗等同被构陷，投入诏狱，折磨致死。

这个傅櫆，口口声声说左光斗、魏大中是小人，“以从邪为得计”，其实恰恰是自己的写照。魏大中日后回忆道：天启四年四月十八日，予升吏科都给事中。“十九日，傅櫆疏上。时魏阉如涿祠，元君阮留涿，燃秸相拜，作竟夜谈。（傅）櫆既结继教（东厂理刑千户傅继教）为兄弟为内应，复伺归奄（魏忠贤）于道左以通款。奄甫至，而（傅）櫆疏下，汪文言逮矣。”[2]显然，傅櫆完全是秉承魏忠贤旨意行事的。谈迁对此颇为感慨：“仕路如阱，端人刚士择地而蹈，犹若浼焉，矧敢轻其身于磷缁杂沓之场哉……议者甚（傅）櫆之险，钳网始构。”[3]谈迁所说

1　陈建、江旭奇《皇明通纪集要》卷五十四，天启四年四月。
2　魏大中《藏密斋集》卷一，自谱，天启四年甲子五十岁条。
3　谈迁《国榷》卷八十六，天启四年四月乙巳。

的“钳网始构”四字，言简意赅地点明了事情的本质，一张钳制正人君子的禁网已经悄悄打开了。

都察院左佥都御史左光斗首先出面反击，他说，傅櫆的奏疏题为“邪臣比昵匪人把持朝政”，但是一篇之中终不得其指归着落何在？“倒戈于君子”，君子何人？“呈身于小人”，小人何人？原来傅櫆心虚，担心考察，先下手诬陷参与考察的官员，逐去邹维琏，不留程国祥，不欲魏大中到任，又害怕左光斗持清议，于是乎罗于一网。左光斗一针见血指出，小小的刑科给事中，哪里来这么大的权力？原来他有后台：“以科臣（傅櫆）之权力，能使朝廷不能用人，铨司不敢就列，首垣不许到任，把持朝政者莫科臣。若科臣又尝冒认东厂理刑傅继教为兄弟脉络，机锋长安，冷觑久矣。窟穴深藏，布置已定，将用邵辅忠陷毛士龙故事，比昵匪人者莫科臣。”[1]“窟穴深藏，布置已定”八个字，后台是谁，昭然若揭。

还未履任的吏科都给事中魏大中也上疏揭露傅櫆的险恶用心：“（傅）櫆何以若是惴惴焉其自危也？大都宵小之志最不便于铨院吏垣，有秉正嫉邪，不可力挠不可党劫之臣。故冢臣锐意治平，求贤如渴，得一清恬伉直之邹维琏用之于铨，而（傅）櫆自危；又得一清恬伉直之程国祥用之于铨，而（傅）櫆又自危；（左）光斗佥院，而（傅）櫆自危；臣忝吏垣，

1 左光斗《科臣挟逞私心倒翻国是疏》，《左忠毅公集》卷二。

而（傅）櫆又自危。故（邹）维琏逐之，并（程）国祥逐之，且并铨臣吴羽文而逼之逐之。三驱之后，继以一网，疏攻（左）光斗并及臣……既诋君子为小人，必且饰一真小人之尤者号为君子，奉之坛坫之上，外有备，内有援，而（傅）櫆之招权纳贿始得之矣。”[1]

由此可见，傅櫆并非孤军奋战，他“外有备，内有援”，而且并非仅仅针对左、魏，而是企图一网打尽。看到左、魏的反驳奏疏，正直官员义愤填膺，御史袁化中、给事中甄淑相继上疏为左、魏诸臣剖白，揭露傅櫆的意图在于“逞私逐贤”，使得“举国将空”，瓦解“众正盈朝”的局面。[2]傅櫆有恃无恐，再次上疏攻击左光斗、魏大中，力图把事态扩大化。[3]

显然这一切都是魏忠贤在幕后操纵，新任都察院左副都御史杨涟洞若观火，无所畏惧地揪出这个幕后操纵者，弹劾魏忠贤二十四大罪，把正与邪的斗争引向白热化。

三　惊心动魄的倒魏风潮

1. 杨涟弹劾魏忠贤二十四大罪

杨涟在泰昌、天启之际的“拥立”“移宫”事件中，功勋卓著，却被从暗处传来的不少流言蜚语

1 魏大中《斥倾危之臣以护善类疏》，《藏密斋集》卷八。

2 谈迁《国榷》卷八十六，天启四年四月丁未。陈建、江旭奇《皇明通纪集要》卷五十四，天启四年四月。

3 陈建、江旭奇《皇明通纪集要》卷五十四，天启四年五月庚午。

恶意中伤。他一气之下辞官而去，以明心迹。正直人士愤愤不平，希望皇上挽留有功之臣。皇帝为了平复舆论，对外宣布准许杨涟回乡疗养身体，病愈后再为朝廷效力。崇祯六年，郑鄤撰写《杨忠烈公文集序》时，仍然难以抑制愤懑之情："小人之倾公（杨涟）者，其说有二：曰移宫，曰封疆。夫移宫以尊朝廷恩礼，以安选侍，皆公言也。执公之后一言，以罪公之前一言可乎？经略（熊廷弼）之败，公告君父有参疏，告朋友有恨书，直以楚人故罗之曰护熊可乎？盖小人之言此者借也，依违于小人之言者借小人也。"[1]

身在江湖，心在魏阙。杨涟在家闲散的日子，丝毫没有"采菊东篱下，悠然见南山"的优哉游哉，念兹在兹的依然是朝廷政事。他的年谱写道："居恒独处，每阅邸报，闻魏忠贤、刘朝恣横状，辄潸然泣下。恐负先帝恩，曰：'吾得面圣，碎首陈先帝付托之重，誓诛此贼，以报知遇。'亲友如陈元朴、王思延辈常规之曰：'今权在若辈，能诱之向正则可，空言徒起祸，无益耳。'公时亦深以其言为然。"[2]为了不辜负先帝的托付，他发誓要除掉魏忠贤这个恶贼。天启三年朝廷起用他为礼科都给事中，家人都有喜色，他对子女说："今冲圣孑立，外有兵戎，内有逆竖，疆场、宫府皆我死所，忧且不暇，何喜之有？"念及母未终养，子女尚未婚嫁，

1 杨涟《杨忠烈公文集》卷首，郑鄤序。

2 杨涟《杨忠烈公文集》卷末，补遗，杨忠烈公年谱，壬戌（天启二年）五十一岁。

悄悄向亲友嘱托后事，每每笑言："杨某这番出山，不知归路是何为也？"[1]他是带着殉道赴死的心情进京赴任的。

天启四年，五十三岁的杨涟晋升为太常寺少卿，再晋升为都察院左佥都御史、左副都御史。对于他个人而言，可谓官运亨通，然而国运却十分堪忧。《年谱》写道："魏忠贤用事，群小附之，惮众正盈朝，不敢大肆。公（杨涟）与赵南星、左光斗、魏大中辈，激扬讽议，务植善类抑险邪。忠贤及其党啣之刺骨，遂兴汪文言狱，将罗织诸人。"[2]

在此危急关头，杨涟连上两疏，矛头直指魏忠贤。第一份奏疏的主旨是"止内批屡降"，请求皇帝剥夺魏忠贤内降矫旨的权力，把生杀予夺大权归还皇帝，把票拟权归还内阁，人事权归还六部，是非权归还都察院、六科。他写道：

——东厂太监魏忠贤怙势作威，朋奸乱政四年于兹。先是，满朝大小臣工交章请剑，皇上不即震怒，贷以不死，且为之杖御史林汝翥矣，且为之杀屯郎万燝矣……数月以来，寂然静听，而忠贤亦稍自敛戢，阁中传宣渐稀。方幸其洗肠涤胃，改过自新。讵意包藏祸心，乘间报复，借覆山西巡抚一事，大发难端，降吏科都（给事中）魏大中矣，文选员外夏嘉遇矣；

1 杨涟《杨忠烈公文集》卷末，补遗，杨忠烈公年谱，癸亥（天启三年）五十二岁。

2 杨涟《杨忠烈公文集》卷末，补遗，杨忠烈公年谱，甲子（天启四年）五十三岁。

吏部尚书赵南星、左都御史高攀龙上疏自劾，勒令回籍矣；并降升救科臣沈惟炳矣，又降升救科臣许誉卿矣。数日之间，内降斜封层见叠出，问之阁臣，阁臣不知也，甚至旨下而阁臣犹然不知也。且公然大言于众曰：‘不知何妨也?’是何忠贤，大胆如此极哉，彼不过托言圣怒云耳。

——奈何皇上不自为喜怒，以忠贤之喜怒为喜怒哉。忠贤又不自为喜怒，以外廷之恩怨为喜怒哉。从此丝纶不必设内阁，黜降不必设部曹，是非不必设台谏，止凭忠贤一手躬定大平。而附忠贤者不得志于清议，日借助于忠贤，日夜图谋，暗进百官之图，明注党人之籍……不问世间何者为善，但与我善者即是善人；不问世间何者为恶，但与我恶者即是恶人，朝取一人焉而逐之，暮取一人焉而逐之。始犹小臣，渐及大臣矣；始犹斥逐，渐及杀戮矣……只知恣一己之凶横，不顾剥宗社之元气。臣恐祖宗二百余年培养之人才，不堪忠贤一朝之芟刈；祖宗栉风沐雨之天下，不当忠贤一朝之断送也。

——从来小人误人家国，必先比附中官；中官专权乱政，必先驱逐言官，摈除大臣。驱除摈逐必先借径内批，借径内批必先挑激圣怒，挑激圣怒必曰朋谋结党。及天下公论不服，人主往往代为分过，曰亲裁，曰独揽，又援引前代之异事而同名者，以钳制天下人之口，自古及今，如出一辙。

杨涟的结论是：以票拟还内阁，以黜降还部曹，以是非还台谏，即贷忠贤以不死，严加戒谕，令其小心谨慎，保全恩宠，毋代人操刃，擅作威福，自取罪殃。[1]显然留有余地，只要魏忠贤改过自新，便可贷以不死。虽然仁至义尽，却缺乏震慑力，皇帝与魏忠贤毫无反应，说了等于白说。忍无可忍，迫使杨涟使出杀手锏。

天启四年六月初一日，杨涟以舍得一身剐的大无畏气概，揭露魏忠贤二十四大罪。这篇震惊天下的奏疏，酝酿多时。《年谱》写道："公出山之日，即密缄一稿，欲起写，恒泣出声。家人惊问，则以思念先君为言……继而怀疏入朝，之易公等见稿乃夜半写物也，举家惶惶，佥骇祸迫。公曰：'明知有祸无益，但骑虎将成，无使后世谓顾命（大臣）之中此时无一人有男子气。'斯言也，早已义不顾身矣。"[2]他已经把生死置之度外了，所以奏疏的文字尖锐泼辣无所顾忌，声讨魏忠贤"怙势作威，专权乱政，欺君蔑法，无日无天，大负圣恩，大干祖制"，要求皇上"大奋乾断，立赐究问"。为此列举二十四大罪状。

第一条罪状："忠贤原一市井无赖人耳，中年净身，夤入内地，非能通文理，自文书司礼起家者也。皇上念其服役微劳，拔之幽贱，宠以恩礼，原名进忠，改命今名。岂非欲其顾名思义，忠不敢为奸，贤不敢为恶哉。初犹谬为小忠小佞以幸恩，继乃敢为大奸大恶以乱政。祖宗之制，以票拟托重阁臣，非但令其静心参酌，权无旁分，正使其一力担

1 杨涟《止内批屡降疏》，《杨忠烈公文集》卷二。

2 杨涟《杨忠烈公文集》卷末，补遗，杨忠烈公年谱，甲子（天启四年）六月。

承，责无他卸。自忠贤专擅，旨意多出传奉。传奉而真，一字抑扬之间判若天渊；传奉而伪，谁为辨之？近乃三五成群，勒逼讲嚷，政事之堂几成哄市。甚至有径自内批，不相照会者，假若夜半出片纸杀人，皇上不得知，阁臣不及问，害岂渺小！以致阁臣郁郁叹闷，有坚意求去者。坏祖宗二百余年之政体。”

第二条罪状：“旧阁臣刘一燝，冢臣周嘉谟，同受顾命之大臣也，（刘）一燝亲捧御手，首定大计；（周）嘉谟倡率百官于松棚下，义斥郑养性。立寝后封以清宫禁，皇上岂遂忘之！忠贤交通孙杰论去，急于剪己之忌，不容皇上不改父之臣。”

第三条罪状：“先帝强年登极，一月宾天，进御进药之间普天实有隐恨。执《春秋》讨贼之义者，礼臣孙慎行也；明万古纲常之重者，宪臣邹元标也。忠贤一则逼之告病去，一则嗾言官论劾去。至今求南都片席不可得……是何亲于乱贼，何仇于忠义，偏不容先朝有痛念弓鼎之老臣。”

第四条罪状：“王纪、钟羽正先年功在国本，及（王）纪为司寇，执法如山；（钟）羽正为司空，清修如鹤。忠贤一则使人喧嚷于堂，辱而迫之去；一则与沈漼交构，陷之削籍去。至今请一复职起用不可得。顾于柔媚善附之人，破格点用，骤加一品以归。是真与我善者为善人，与我恶者为恶人，必不容盛世有正色立朝之直臣。”

第五条罪状：“国家最重无如枚卜，忠贤一手握定，力阻前推之孙慎行、盛以弘，更为他辞，以锢其出，岂真欲门生宰相乎？妄预金瓯之覆宇，窃作貂座之私情。”

第六条罪状：“爵人于朝，莫重廷推。去岁南太常、北少宰推，皆点陪，一以盖枚卜点陪之案，一以伏借用为逐之奸，致一时名贤不安俱去。颠倒有常之铨政，掉弄不测之机权。”

第七条罪状："圣政初新，正资忠直。乃满朝荐、文震孟、郑鄤、熊德阳、江秉谦、徐大相、毛士龙、侯震旸、贾继春等九人，抗论稍忤忠贤，传奉尽令降斥。屡经恩典，竟阻赐环，长安谓：'皇上之怒易解，忠贤之怒难饶'。"

第八条罪状："上年皇上南郊之日，传闻宫中有一贵人，以德性贞静，荷皇上宠注。忠贤恐其露己骄横状，谋之私比，托言急病，立刻掩杀。是皇上且不能保其贵幸矣。"

第九条罪状："裕妃以有喜传封，中外欣欣相告矣。忠贤以抗不附己，嘱其私比捏倡无喜，矫旨勒令自尽，不令一见皇上之面。昔尧以十四月而生，假令当日裕妃幸存，安知不为尧母？是皇上又不能保其妃嫔矣。"

第十条罪状："中宫有庆，已经成男，凡在内廷当如何保护，乃绕电流虹之祥，忽化为飞星堕月之惨。传闻忠贤与奉圣夫人实有谋焉。以皇上麟趾开祥，何妨斯男则百，而忠贤包藏祸心若此，是皇上亦不能自保其第一子矣。"

第十一条罪状："至于先帝之在青宫四十年，操心虑患，所与护持孤危，威劫之不动，利诱之不变者，仅王安一人耳。登极一月尧舜，（王）安不可谓无微功；皇上仓卒受命，拥护防卫，（王）安亦不可谓无微忠。即使有罪，亦当听皇上明正其罪，与天下共见之。而忠贤以私忿矫旨，掩杀于南海子，身首异处，肉饱狗彘。是不但仇王安，而实敢于仇先帝之老奴与皇上之老犬马而略无顾忌也。此后内臣谁复肯为忠义者？其余大小内臣无罪而擅杀擅逐者，又不知其数千百也。”

第十二条罪状：“今日讨奖赏，明日讨祠额，要挟无穷，王言屡亵。今又于河间府毁人居屋，起建牌坊，镂凤雕龙，干云插汉。筑愁筑怨，饮恨吞声，又不止于茔地擅用朝官，规制僭拟陵寝而已。”

第十三条罪状：“今日荫锦衣，明日荫中书，金吾之堂，口皆乳臭；诰敕之馆，目不识丁。如魏良弼、魏良辅、魏良材、魏良卿、魏希孔，及外甥野子傅应星等，五侯七贵，何以加兹。不知忠贤有何军功，有何相业？亦甚亵朝廷之名器矣。”

第十四条罪状：“用立枷之法以示威，前岁枷死皇亲家人数命矣。其枷号家人者，欲攀陷皇亲也；其攀陷皇亲者，欲动摇三宫也。当时若非阁臣力有护持，言官极为纠正，椒房之戚，久兴大狱矣。”

第十五条罪状：“良乡生员章士魁即有他罪，自有提学，乃以争煤窑伤其坟脉，托言开矿而死矣。假令盗长陵一抔土，何以处之？赵高鹿可为马，忠贤煤可为矿。”

第十六条罪状：“王思敬、胡遵道侵占坟地果真，小则付之有司，大则付之抚按学院足矣，而径拿黑狱，三次拷掠，身无完肤。以皇上右文重道，秋爽幸学，而忠贤草菅士命，使青磷赤碧之气先结于璧宫泮藻之间，孔子之神，将无怨恫？”

第十七条罪状：“科臣周士朴执纠织（造太）监一事，原是在工言工，忠贤径停其升迁，使吏部不得专其铨除，言官不敢司其封驳，险邪因之以偷换手眼，那移升叙。致（周）士朴卒困顿以去，于以成中官之尊大得矣，而圣朝则何可有此名色？”

第十八条罪状：“北镇抚（司）臣刘侨不肯杀人媚人，自是在刑慎刑。忠贤以其不善锻炼，竟令削籍，明示大明之律令可以不守，而忠贤之意旨不可不遵。将使罗钳吉网然后快心，于以彰忠贤之威焰得矣，而国脉则何可崇此蕴毒？”

第十九条罪状：“科臣魏大中到任已奉明旨，鸿胪（寺）报单忽传诘责。及科臣回话，台省交论，又再亵王言，几成解训。无论玩言官于股掌，而皇皇天语，提起放倒，信手任心，令天下后世视皇上为何如主？”

第二十条罪状：“东厂原以察奸细缉非常，非扰平民也。自忠贤受事，鸡犬不宁，而且直以快恩仇、行倾陷，野子傅应星为之招摇引纳，陈居恭为之鼓舌摇唇，傅继教为之投甌打网，片语违忤则驾帖立下。如近日之拏中书汪文言，不从阁票，不会阁知，不理阁救。而（傅）应星等造谋告密，犹日夜未已。势不至兴同文之狱，刊党锢之碑不已者。当年西厂汪直之横，恐未足语此。”

第二十一条罪状：“贼虏未靖，内外戒严，东厂访缉何事？前韩宗功潜入长安打点，实往来忠贤司房之家，事露始令避去。假令天不悔祸，（韩）宗功奸细事成，一旦贼逼城下，忠贤固为迎敌首功之主人矣。”

第二十二条罪状：“祖制不蓄内兵，即四卫之设，备而不操，原有深意。忠贤谋同奸相沈漼创立内操，不但使亲戚羽党交互盘踞其中，且安知其无大盗刺客之人寄名内相家丁，倘或伺隙谋乱，发于肘腋，智者不及谋，勇者不及拒，识者每为寒心，忠贤复倾财厚与之交结。昔刘瑾招纳亡命，曹吉祥弟侄倾结达官，忠贤盖已兼之，不知意欲何为？”

第二十三条罪状："且皇上亦见近日忠贤进香涿州之景象乎？铁骑之拥簇如云，蟒玉之追随耀日，警跸传呼，清尘垫道，人人以为驾幸涿州。及其归也，以舆夫为迟，改驾四马，羽幢青盖，夹护双遮，则已俨然乘舆矣。其间入幕密谋，叩马献策者，实繁有徒。忠贤此时自视为何如人？"

第二十四条罪状："宠极则骄，恩多成怨。闻今春驰马御前，皇上曾射杀其马，贷忠贤以不死。圣恩宽厚，忠贤不自伏罪请死，且闻进有傲色，退有怨言，朝夕堤防，介介不释，心腹之人，时时打点。从来乱臣贼子只争一念放肆，遂至收拾不住。皇上果有此事，奈何放虎兕于肘腋间乎？"[1]

杨涟在弹劾奏疏最后写道，他所揭露的罪状证据，都得之于邸报、招案，以及北京共传共见的事实，并非捕风捉影的臆度之言。魏忠贤惧怕内廷有人揭发，杀者杀，换者换，吓得左右近侍都不敢言；惧怕外廷有人揭发，逐者逐，锢者锢，致使外廷官员都观望而不敢言。更有一种无识无骨苟图富贵之徒，或攀附枝叶，或倚托门墙，或密揭居停，或投充门客，逢其所喜，挑起所怒，无所不至。即使奸状败露，又有奉圣夫人客氏为之弥缝其罪戾，故而气焰嚣张，掖廷之内只知有魏忠贤，不知有皇上；都城之内只知有魏忠贤，不知有皇上；即大小臣工积重之所移，积势之所趋，亦不觉其不

1 杨涟《劾魏忠贤疏》，《杨大洪先生文集》卷上。杨涟《劾魏忠贤二十四大罪疏》，《杨忠烈公文集》卷二。

知有皇上，而只知有魏忠贤。甚至于皇帝做出任何决定都得听魏忠贤的意见，每每遇见中外有紧切当做之事，当起用之人，皇帝必定说："要与内边（魏忠贤）说说。"或者人不得用，事不得行，皇帝也只是说："内边（魏忠贤）不肯"。所以杨涟感叹道："宫中府中大事小事无一不是忠贤专擅，即章奏之上，反觉皇上为名，忠贤为实……伏念皇上天纵聪明，春秋鼎盛，生杀予夺岂不可以自主，何为受制么麼小竖？"[1]

杨涟列举二十四大罪状，涉及魏忠贤专权乱政的各个方面，以至于宫廷与政府大小事务都由魏忠贤掌控，形成"皇上为名，忠贤为实"的太阿倒持局面。最为令人咬牙切齿的是，第九条罪状所说"皇上又不能保其妃嫔"，第十条罪状所说"皇上亦不能自保其第一子"，致使皇帝朱由校断绝子嗣。刘若愚作为魏忠贤的亲信，崇祯初年被捕入狱后，交代魏忠贤与客氏迫害皇后、裕妃、成妃的细节，见于《酌中志》的"两朝椒难"，可谓罪证确凿。仅凭这两条，按照大明律令，就可以判处魏忠贤极刑。所以杨涟希望皇帝立即将魏忠贤就地正法，客氏驱逐出宫。杨涟在那个黑白混淆、是非颠倒的年代，敢于如此直言无忌，是要冒杀身之祸的。他此前已经意识到："杨某这番出山，不知归路是何如也"？意识到"明知有祸无益"。[2]一旦不能扳倒魏

1 杨涟《劾魏忠贤疏》，《杨大洪先生文集》卷上。杨涟《劾魏忠贤二十四大罪疏》，《杨忠烈公文集》卷二。

2 杨涟《杨忠烈公文集》卷末，补遗，杨忠烈公年谱，癸亥（天启三年）五十二岁、甲子（天启四年）五十三岁。

忠贤，他自己必死无疑，对他而言，这是一场你死我活的搏斗。

后来的历史表明，不仅杨涟惨遭杀害，凡支持杨涟反对魏忠贤的正直官员都未能幸免于难，六君子之狱、七君子之狱，惨不忍睹。有人非议杨涟"纠逆近激"，以为弹劾魏忠贤之举过于偏激。郑鄤反驳道："公（杨涟）疏未发之前，逐阁辅，逐冢宰，逐宗伯、司寇，珰焰何尝不烈？君子之祸何尝不棘？又谁激之耶？"又说："余观公（杨涟）论事甚平，闻公与人甚和，尝怪何以得祸至此。及读遗编，忾然而叹：人事忌认真，而公最真；物情忌勘透，而公最透。"[1]可谓知人之论。

2."臣工先后申疏无不危悚激切"

杨涟要把不可一世的魏忠贤置之死地的呼声，极大地鼓舞了朝廷内外正直官员的斗志，犹如一石激起千层浪，引起轰动，仿佛一场政坛地震。

色厉内荏的魏忠贤面对强大的舆论压力，惊慌失措，请内阁次辅韩爌出面帮他讲话，遭到韩爌严词拒绝。不得已，到皇上面前哭诉，客氏从旁委曲调护，决定由内阁辅臣魏广微票拟谕旨。魏广微这个无耻之徒早已拜倒在魏忠贤脚下，被人们讥讽为"门生宰相"，杨涟奏疏中提及的"门生宰相"就是

1 杨涟《杨忠烈公文集》卷首，郑鄤序。

指他。[1]魏忠贤佯装辞去东厂总督之职的奏疏，上面的朱批就是心有灵犀的魏广微代皇帝草拟一道温旨："尔闻言增惕，不一置辩，更见小心。"[2]

此时杨涟奏疏仍旧"留中"，乃是魏忠贤一手掌控的结果。请看谷应泰提供的细节："(杨)涟疏成，意欲于午朝面奏，出疾雷掩耳之计。缮写甫竟，次日免朝。恐再宿则机泄，且害成也，遂循例封进。故忠贤得以弥缝。(杨)涟愈愤激，冀补牍以伺对仗。忠贤闻之，阻遏上不御朝者三日。至四日，乃出御皇极门，刀剑倍于往时，侍班官僚更为严谨，左班诸臣不许擅出奏事。"[3]内阁首辅叶向高鉴于外间舆论汹涌，请求皇帝将杨涟奏疏与魏忠贤答辩奏疏一并发下，使真相大白于天下。他在六月初二日的奏疏中说："今日发下司礼监太监魏忠贤本，为左副都御史杨涟参论，自请罢斥，奉有传谕拟票进呈。其杨涟本已逾两日，未蒙发下，圣意渊微，非臣等所知。即臣等亦以为方今多事之时，朝端不宜纷扰，但事体关系颇大，人情猜忖易生。皇上既以忠贤久侍左右，任事过直，素蒙鉴信。而杨涟当两朝鼎革，忠诚肝胆，为先帝及皇上所知，疏中事情总在圣鉴。惟原奏与辩疏俱发之听讼，然两造具备，片言可明。即宫闱邃密，道路哗传之言，皇上自不难明一晓谕。其余外廷用人行政等事，逐款辩明，人人洞悉，无论政体宜然，而言者即属过

1 文秉《先拨志始》卷上《熹庙偶以小恙》。

2 沈国元《两朝从信录》卷二十二，天启四年六月辛未。谈迁《国榷》卷八十六，天启四年六月甲申。

3 谷应泰《明史纪事本末》卷七十一《魏忠贤乱政》。

计，得以自释疑衷；被言者即果风闻，亦得以尽白疑迹，传之中外，闻于四方，不至为朝廷增一疑事矣。”[1]

叶向高力图不偏不倚，保持中立的姿态，希望理情越辩越明，过于一厢情愿。得到的圣旨，明显偏袒魏忠贤，每一句话都在谴责杨涟：“一切政事朕所亲裁，未从旁落。至于中宫、皇贵妃并裕妃事情，宫壸严密，况无指实，外廷何以透知？内言毒害中宫、忌贵妃皇子等语，凭臆结祸，是欲屏逐左右，使朕孤立于上，岂是忠爱！杨涟被论回籍，超擢今官，自当尽职酬恩，何乃寻端沽直，本欲逐款穷究，念时方多事，朝端不宜纷扰，姑置不问。以后大小各官务要修职，不得随声附和。有不遵的，国法具在，决不姑息。”[2]处处在为魏忠贤辩解。叶向高原本想调和矛盾，讨了个没趣，郁闷地请求辞职。这是他第五十九次乞休了，理由是苦于疾病折磨——“郁火熏蒸，前后闭结，水火不通”，“今此数日所苦愈加，日夜呼号，求欲速死”。[3]

正直官员们义愤填膺，纷纷交章弹劾魏忠贤，挺身支持杨涟，掀起一波又一波声讨巨浪。气势之凶猛前所未有，史家如此描述：“一时臣工无不义愤。于是科道则有魏大中、陈良训、袁化中、周宗建、李应昇、黄尊素、方大任、刘芳、刘廷宣、许誉卿、房可壮、喻思恂、胡永顺、胡良机、朱大

1 叶向高《回奏魏太监本揭》，《续纶扉奏草》卷十三。

2 沈国元《两朝从信录》卷二十二，天启四年六月辛未。

3 叶向高《乞休第五十九疏》，《续纶扉奏草》卷十三。

典、陈奇瑜、翟学程、熊奋谓、刘之待、段国璋、霍守典、甄淑、孙绍统、周汝弼、吴弘业、刘其忠、陈熙昌、刘懋、王政新、李先春、潘士良，谢奇学、胡士奇、刘朴、杨王珂、刘先春；南科道徐宪卿、赵应期等；兵部尚书赵彦，詹事翁正春，太常胡世赏，太仆朱钦相，抚宁侯朱国弼，南公疏兵部尚书陈道亨等，先后申疏，或专或合，无不危悚激切。”[1]

第一个力挺杨涟的是吏科都给事中魏大中（字孔时，号廓园，浙江嘉善人），当他得知杨涟弹劾魏忠贤，兴奋地说：“是余志也，杨公乃先我着鞭。”[2]他早就有志于此，为了支持杨涟，率领同僚写了一份公疏，措辞尖锐凌厉。

首先历数魏忠贤的罪恶：“东厂太监魏忠贤擅威福制生杀，一杀王安以立威于内廷；一逐刘一燝、周嘉谟、王纪等诸臣，以立威于外廷。一日而逮三皇亲之家人，立枷而毙，以立威于三宫。结奉圣夫人客氏，在皇上之左右。纵私人傅应星、陈居恭、傅继教等，出入禁地，交通外官，因以饵其所善，而剪其所忌。人怒于下，天怒于上，舆情不胜愤愤，顾未有悉数其罪于皇上之前者。”

其次赞美杨涟的壮举深得民心：“宪臣杨涟受先帝之知，图国士之报，每念皇上圣明，中外多故，苟危吾身而可以有益于君，不难以其身死之诚见，

1 沈国元《两朝从信录》卷二十二，天启四年六月辛未。

2 邹漪《启祯野乘》一集卷五《魏忠节传》。

稔恶显祸，在皇上萧墙之内，肘腋之间，故列忠贤二十四大罪以告。疏闻之日，道路喧传，人情欢喜，以为今日而祸本可拔也。”

再次希望皇上采纳杨涟之言惩处魏忠贤：“乃（杨）涟疏未蒙发票，而忠贤之疏先下，念其勤劳，录其小心矣。又明日，而（杨）涟疏始下，没其忠爱，罪其沽直矣。忠贤种种之罪案，引为亲裁，而代之任咎；忠贤种种之逆德不能置辩，而代与分剖。安排布置，倒行逆施，自疏自票，疑尽出忠贤之意，与为忠贤代草者之手……若忠贤不戮，客氏煽祸合谋，恐左右之人尽忠贤客氏之人，皇上真孤立其中，莫可为仗耳。”[1]

因此，魏大中主张定魏忠贤之罪，籍没家产，资助辽东；客氏出宫，不得再入宫掖；逮捕傅应星、陈居恭、傅继教，治其内外交通之罪。皇帝依旧我行我素，听不进逆耳忠言，两天后圣旨下达：“这事情屡有明旨，如何全不遵奉……且宫闱邃密，何得妄生猜疑。好生逞臆渎扰，本当重处，念系言官公本，为首的罚俸五个月，其余的姑不究。”[2]或许皇帝根本就没有浏览此疏，完全是魏忠贤的旨意，而且圣旨一日三变。先是说“为首的罚俸五个月”，继而又说“为首的着降三级调外任用”，以后又说“为首的还着锦衣卫拏送镇抚司究问”。[3]

请辞未蒙批准的叶向高，仍然在履行首辅职

1 魏大中《合词请纳宪臣之忠以除逆珰疏》，《藏密斋集》卷一《奏疏七》。金日升《颂天胪笔》卷六《赠荫二·魏大中》。

2 魏大中《合词请纳宪臣之忠以除逆珰疏》，《藏密斋集》卷一《奏疏七》。金日升《颂天胪笔》卷六《赠荫二·魏大中》。

3 叶向高《回奏拟魏给事本揭》，《续纶扉奏草》卷十三。

责，出面为魏大中求情："自杨涟疏上，各官职在言路，自不能已，尚以后时为迟缓，以臣等不能执争为失职，责之缄嘿，渠自有辞。若云宫闱严密，则道路风闻，外廷疑议，各官不过就杨涟前疏一为剖发，原非自创说也……况言官职在敢言，科道自是公疏，伏望特鉴悃忱，统赐容贷。"[1]也许是叶向高的求情发生了作用，魏大中并没有"降三级调外任用"，更没有"着锦衣卫拏送镇抚司究问"，魏大中还是吏科都给事中。

魏忠贤对杨涟、魏大中恨之入骨，必欲除之而后快，但时机还不成熟，只能采取别的手段。其中之一就是阴谋暗杀杨涟，《杨忠烈公年谱》写道："自是内外互持未动，而忠贤日购死士刺公（杨涟）私第，皆至墙却步，若有云雾障护者，不得入。五城（兵马司）闻之，皆设兵防守。一夕，有人飞檐而至，公见之曰：'杀止杀我，毋伤我母。'其人曰：'吾实奉委，感君忠孝，何忍加害！'竟不言姓名而去。"[2]这一情节，看似小说家言，却实有其事。魏大中听说有大内刺客，立即写信给杨涟："微闻有警动，此何消息也？疑是山鬼伎俩耳，以不闻不见应之，何如？病不得叩，悬悬。"[3]

杨涟、魏大中等君子的处境是险恶的，随时随地有可能遭受不测，令善良的人们忧心忡忡。在籍家中的钱士升（字抑之，号御冷，浙江嘉善人）写信给魏大

1 叶向高《回奏拟魏给事本揭》，《续纶扉奏草》卷十三。

2 杨涟《杨忠烈公文集》卷末，补遗，杨忠烈公年谱，甲子（天启四年）。

3 魏大中《与杨大洪》，《藏密斋集》卷二十一《书牍八》。

中，道出了这种隐忧："伟哉，副院（杨涟）之疏真气塞天地，功著社稷矣！发端之后，章满公车，凭社者口噤，媚灶者胆落。几几以望明圣之一怒，而盘据愈固，微旨益温，岂外无杨文襄，内无张永，不能当机凑手耶？今骑虎之势已成，困兽之斗未已，将来益无顾忌，流毒中外，将有甚于今日者。惜乎发之太早，又且太尽，不稍留余地，以为后继也。诸君子一官可拼，六尺可拼，如国是何哉？言之欲裂……年兄前疏以直道明告君父，真肝胆质言，而丑正崇邪者见之侧目，若不容使其身一日安于朝廷之上，道之将废，且奈之何哉！"[1]

面对严峻的形势，正直官员们的议论依然危悚激切。御史袁化中（字民谐，一字熙宇，山东武定人）提醒皇帝注意魏忠贤的狐群狗党铤而走险。他在奏疏中说："忠贤之恶，外廷久知之，特皇上未之知耳。惟皇上未之知，故忠贤犹有畏心，时而为小忠小信以结权。今宪臣（杨涟）明明告之皇上矣，皇上即念潜邸微劳，未必不贷忠贤以不死，而忠贤则日日自惧一死。惧死之念愈深，将免死之术愈攻，其狗党狐群或忧祸之心转迫，将铤而走险……皇上明圣，试思深宫大廷之内，何可使多疑多惧之人日侍左右，而不急为之处分也。昔冯保在神宗初年，岂遽逞不轨，只以威权日重，党附日多，不肯回头，后神祖春秋渐盛，太阿独持，保遂殒其身命。今忠贤事正

1 钱士升《与廓园》，《赐馀堂集》卷六《尺牍》。

与（冯）保类，若不及今严为裁抑，恐形迹不避而罪恶贯盈，直至事败，皇上即欲全忠贤而不得。”[1]

3. 明知山有虎，偏向虎山行

沈国元，浙江秀水人，万历、天启间学者。著有《两朝从信录》《皇明从信录》《流寇陷巢记》《甲申大事记》等。

沈国元在袁化中奏疏之后，有一段评论：“时言者四起，已成骑虎之势，叶（向高）元辅意主调剂，谓讽忠贤退而诸议息矣。且望其迁善改过，使立召王纪、文震孟诸臣，复其原职，以著维新。意良善矣，而孰虞忠贤之决不能从也。说者不无归咎于阁臣持之不力，不知章疏留中，旨不下阁票拟，徒以一揭再揭敦请。忠贤根蒂盘固，能遽拔之使去耶？然则听其必趋之势，相与束手而受其毙乎？此际在阁部大臣宜用术用权，在廷事诸臣宜用胆用气。何谓权术？彼刑余之流，亦有骨肉心腹，其中岂无一二人知祸福利害者？当势激理禁，使了然于威福易尽，残虐必穷，私智有限，公论难沉，性命族属，何可不念！”[2]事情确实如此。

在这场斗争中，叶向高尽力不偏不倚，以调和折中为宗旨，正如《明史》所说：“（叶）向高为人光明忠厚，有德量，好扶植善类，再入相，事冲主，不能謇直如神宗时。”当杨涟弹劾魏忠贤二十四大

1 沈国元《两朝从信录》卷二十二，天启四年辛未。
2 沈国元《两朝从信录》卷二十二，天启四年辛未。

罪时，他很不以为然："事且决裂，深以为非。"[1]面对既成事实，他感到左右为难，深知魏忠贤"怒不可犯"，他的选择是"意在调护，以免缙绅之祸"。[2]

据文震孟之子文秉说，叶向高才能笼罩，魏忠贤颇为敬重，杨涟请叶向高"清君侧"，除掉魏忠贤："今魏忠贤怙恶擅权，国势将去，公为心膂重臣，同国休戚。小者不必问，宜请上御门，将忠贤杀皇子、贵人、妃嫔诸大逆状，明白奏请处分，以清君侧。失此不图，流祸将大，焉用彼相为？"叶向高不同意："仆老矣，不惜以身报国，倘主上不果听，公等置身何地乎？"魏忠贤获悉后，愤恨地回应："何待诸臣，我即请上御门，召问诸臣，如上以为有迹，寸磔何辞。不然，可自为计。"众人益发愤愤，叶向高只得两面调解。[3]

六月九日，叶向高写了题为《论魏太监事情》的奏疏，表达调停折中的观点。一则说，臣所不能曲为忠贤解者："顷都御史杨涟论劾太监魏忠贤，列其大罪二十四款，多穷凶极恶之事，骇人听闻，臣在病榻见之，亦魂摇心悸。举朝臣工无不以（杨）涟为忠直，言人所不敢言，于是连章叠疏，攻击纷然。皇上虽力为解释，终不能止，其仰烦宸衷亦已甚矣。臣平心而论，诸所论列，如中旨之频传，大臣之摈斥，言官之被逐，章奏之停留，凡属此类，虽皇上皆引以为圣裁，然九阍沉沉，何处可问？即

1 张廷玉《明史》卷二百四十《叶向高传》。

2 吴应箕《启祯两朝剥复录》卷一，天启四年七月。

3 文秉《先拨志始》卷上《福清叶向高》。

臣等地近密勿，亦未敢信其尽出宸断与否，况外廷远隔，能不猜疑？而忠贤独被宠任，人皆谓其所言皇上无有不听，故凡有不美之事，毕归之忠贤。此臣之所不能曲为忠贤解者也。”

再则说，臣之所以未敢遽为忠贤罪者：“至于堕中宫之胎，殒裕妃之命，髡御幸之宫人，则事在内廷，难以臆断。圣明在上，威柄独操，忠贤即怀无良之心，负吞天之胆，何敢作此等事！故缙绅有问臣者，臣皆对以不知，亦告同官（韩）爌谓：‘此言稍过。’人或以此病臣，臣笑曰：‘我为辅臣，若真知此事而隐忍不言，直待台臣之讦发，则其罪当与忠贤同，岂可一日容于人世哉！’此臣之所未敢遽为忠贤罪者也。”

三则说，忠贤之祸不发于今，必发于他日：“乃臣之所深虑者，则以忠贤一中官耳，非有大功劳于世，仅凭借皇上龙潜狎昵之爱，一旦富贵至此，可谓无妄之福，造物所忌。况海内人情怨恶日久，故杨涟一言，和者四起，（杨）涟疏传之天下，天下之人必以为言言皆真，件件是实，毋论忠贤不能自辩，即皇上代为忠贤辩，人亦不信。而臣窃观皇上临御以来，左右近幸之臣，朝被宠而夕蒙辜者接踵而是，则忠贤之祸不发于今，必发于他日。”

有鉴于此，叶向高提出平息事态的最佳方案，请魏忠贤辞去东厂总督，退归私第，远势避嫌，迁善补过。[1]

1 叶向高《论魏太监事情疏》，《续纶扉奏草》卷十四。

让魏忠贤自动放弃已经到手的权势和地位，显然是过于天真的想法，魏忠贤绝对不可能接受。皇帝日前向叶向高打招呼："举朝哄然，殊非国体，卿等与廷臣不同，宜急调剂，释诸臣之疑。"[1]所谓"释诸臣之疑"，就是要他帮魏忠贤辩护，叶向高的主张显然有悖于此。在反对魏忠贤的官员眼里，叶向高此举是在为魏忠贤"画策投欢"，竟然把他与正德年间投靠太监刘瑾的内阁辅臣焦芳相比拟。叶向高两头不讨好，再次上疏，向皇帝讲明他的良苦用心："臣等地居密勿，不敢自同于廷臣，即疑受谤，情固甘之。惟是人情纷扰不止，将至决裂，传至海内，愈生猜忖，忠贤之心终无以自白，其势亦终不得安。皇上固难以不见不闻之法而处此也。臣等再三思惟，皇上诚念忠贤，则当求所以保全之，而今日保全忠贤之计，莫如听其所请，且归私第，远势避嫌，以安中外之心。"[2]

皇帝的答复，是十分罕见的长篇大论，训斥叶向高，为魏忠贤评功摆好："朕览卿等奏，顷因杨涟疏论魏忠贤，以致诸臣渎奏殆无虚日，朕岂不闻不见，佯为不知而不深究？盖已内洞劳臣之心，欲外全宪臣之体。况忠贤事皇考于春宫时，朕在襁褓间便赖护卫。迨圣母升遐后，朕殷忧危险，皆所饱尝，服食起居总忠贤是赖。当皇考弥留之际，曾云：'内侍忠直，不避形迹，独此人耳。'今乃被

1《明熹宗实录》卷四十三，天启四年六月癸巳。

2 叶向高《论魏太监事情疏》，《续纶扉奏草》卷十四。

杨涟指摘牵诬，而大小臣工又随声附和，纷纷渎扰。今事事皆朕亲裁，有何专擅？有何疑忌……朕追惟往事，何忍忘忠贤今昔之劳，辄以浮言听其所请乎！”[1]

皇帝毫无保留的庇护，助长了魏忠贤的气焰，叶向高要他体面地下台，令他愤恨不已。魏广微乘机向魏忠贤献策：“必去叶向高而后可”。[2]还献上《缙绅便览》一册，开出六七十人名单，包括叶向高、韩爌、何如宠、钱谦益、成基命、缪昌期、姚希孟、陈子壮、侯恪、赵南星、高攀龙、杨涟、左光斗、魏大中、黄尊素、周宗建、李应昇等，“皆目为邪党，暗于上前借事摈斥”。[3]

叶向高处境岌岌可危，为了摆脱困境，竟然谎称：最近所写的奏疏并非出于自己意愿，而是门人缪昌期（字当时，一字又元，号西溪，常州江阴人）逼迫所为。文秉披露了这一细节：“应山（杨涟）疏上后，应者响合。福清叶向高亦密具一揭，讽上准魏监忠贤退归私寓，待之以优渥，比于勋戚大臣，庶上不失恩意，下明其退让，此两得之道也。揭入，大拂内意，福清（叶向高）惧，思有以自解。乃扬言此揭非出于吾意，乃门人逼我为之。门人指澄江缪昌期也。”[4]文秉的说法取材于缪昌期的自叙：“及应山（杨涟）疏上，余适过福唐（叶向高），湘州李公先在坐。福唐曰：‘大洪（杨涟）这疏亦太容易，彼其人（指魏忠

1 叶向高《论魏太监事情疏》，《续纶扉奏草》卷十四。

2 谈迁《国榷》卷八十六，天启四年六月癸未。

3 刘若愚《酌中志》卷十一《外廷线索纪略》。

4 文秉《先拨志始》卷上。

贤）于上前时有匡正。一日，有飞鸟入宫，上乘梯手攫之，其人挽上衣不得上。有小珰赐绯（衣），叱曰：此非汝分，虽赐，不许穿。其认真如此，恐大洪疏行，难再得此小心谨慎之人在上左右。'余曰：'谁为此说以欺老师？可斩也。'福唐色变。余先起，师先送余出。其语闻于应山，意不胜愤……先是，应山疏上，言者响合，福唐（叶向高）亦密具一揭，讽上准其退归私寓，过加优渥，比于勋臣者。然则上不失恩意，下明其退让，两得之道也。揭入，大拂内意，福唐惧，思有以自解者。乃扬言：'此揭非出我意，自我门生所迫也。'而流言自此始矣。且谓应山之疏尽出吾手。而忌者附会其说，益不可解。福唐归途逢人告诉：'西溪（缪昌期）骂我，彼与大洪一人日夜往来。'正与代草之说相呼应，以实其出揭非本意之言。嗟乎，福唐名宽大，岂真欲杀我哉？不过借以自解，而余遂不可解矣。"[1]

缪昌期的自叙是可信的，叶向高在危急关头，把起草奏疏的责任推到缪昌期身上，不过是"借以自解"。他与杨涟、魏大中、缪昌期关于魏忠贤的看法存在根本分歧，不主张猛烈抨击，而主张调停弥缝，结果适得其反，进退失据，一方认为"大拂内意"，另一方认为"画策投欢"，只有一走了之。他在乞休奏疏中感叹："连日病势愈增，加以愁闷郁抑，时刻难挨。即如魏忠贤一事，议论纷然，皇上

1 缪昌期《自叙》，《从野堂存稿》卷八《杂著》。

之所望于臣者，臣既不能得之于外廷，而外廷之所责备于臣者，臣又不能得之于皇上。以旦暮去国之人，而居此两穷之地，缄口既难，开口亦罪，即使无病亦万分当去，而况于真病且难医之病哉！”[1]天启四年七月初九日，他上了第六十七个乞休奏疏，哀叹："臣与阁事毫不预闻已半载矣，累然垂死之残躯，强之在此，亦有何益？”[2]终于得到皇帝恩准，驰驿回乡，离开了这个是非之地。

三朝元老叶向高在政坛的最后日子是颇为煎熬的，既有老病的折磨，更有精神的苦闷，调停弥缝于截然对立的两方，吃力不讨好，正如他自己所说。既不能得之于外廷，又不能得之于皇上，缄口既难，开口亦罪。而且魏忠贤的亲信太监根本不把他放在眼里，巡城御史林汝翥查办太监，魏忠贤下令廷杖，吓得他赶紧潜遁。太监以为他藏匿于叶向高寓所，一百多人冲进叶府搜索，一无所得，还大肆谩骂。这种刺激使他心灰意冷，毅然请归。[3]他与杨涟、左光斗、魏大中、缪昌期等人对于魏忠贤的态度，截然不同，后来魏忠贤阉党把他列为“东林党”的第二号领袖，实在冤哉枉也。

左光斗对叶向高的抽身而走给予理解之同情，写信说："今世所推社稷臣，则首称阁下，而首犯时忌，百计摧残者，亦惟阁下。此忠臣所以寒心，而义士所为发指也。斗忝天子耳目之官，与闻当世是

1 叶向高《乞休第六十二疏》，《续纶扉奏草》卷十四。

2 叶向高《乞休第六十七疏》，《续纶扉奏草》卷十四。

3 张岱《石匮书》卷一百八十六《叶向高列传》。

非之概，而坐见荃蕙为茅，兰芷不芳，中夜循床，当食废箸者，不知其几。非为阁下，为社稷也。迨至轻犯狂锋，力剪元憝，赖诸君子黾勉同心，复见天日。而糠秕在前，瓦砾在后，就中簸之扬之者，千态万状，又赖诸君子先事廓清，临期底定，得有今日，非为阁下也，为社稷也。盖今日弯弓而射者，日日为覆楚之谋矣。阁下且有东山之枕，未可轻掷一语矣。设局转奇，布著转下，至于君父安危，默然度外，鼠子敢尔，安问其他……山鬼伎俩，会有时尽，只在仲春见清明，而阁下之安车蒲轮，此其时已。"[1]左光斗还写诗送叶向高归去：

党锢将兴思乞归，如公当日号知几。
江湖何必分清浊，牛李难明孰是非。
生计青门瓜正熟，功名白发愿同违。
西行大祸犹能解，莫恋滩头旧钓矶。[2]

叶向高的离去，使得外廷失去了可以制衡邪恶势力的元老重臣，顾秉谦、魏广微得以把持内阁，希意阿旨，魏忠贤更加肆无忌惮。然而，正气依然昂扬，"众正"明知山有虎偏向虎山行。

工部屯田司郎中万燝提醒皇帝注意，政权一日不在人主，必有尾大不掉之虞；利权一日不在人主，必有毛将焉附之患。他说："窃见今太监魏忠

1 左光斗《叶台山相公》，《左忠毅公集》卷四《尺牍》。

2 左光斗《寄叶台山相公》，《左忠毅公集》卷三《诗·七言律》。

贤性狡而贪，胆粗而大，口啣天宪，手握王爵，所好生毛羽，所恶成疮痍。如荫子侄至一世再世，赏赍隶至千金万金；立枷士民，毙至十数命；驱逐大臣，处置言官，空至十数署。是一切爵赏生杀予夺之权，全不为皇上有，而尽为忠贤有。举国侧目，鳃鳃然有不胜太阿倒持之忧焉……仍祈皇上大奋朝纲，立置忠贤盗利权、误陵工之罪，于以谢先帝而快人心。”皇帝勃然大怒："着锦衣卫拏来午门前，着实杖一百棍，革了职为民，永不叙用。”[1]对于无缘无故的廷杖，大臣纷纷申救，毫无作用，万爆竟然被活活打死。

左光斗写诗寄托哀思：

> 黄雾四塞遮蓟北，浮云满天蔽白日。道上狐狸走入宫，壮士闻之声慄慄。西江万公真人杰，手揽斧柯伐三蘖。上疏直数中官罪，一时群小皆咋舌。胡为矫旨杖狱中，血肉淋漓声音绝。义士掩面各吞声，不觉唾壶尽击缺。果然恭显杀贤传，中朝之事尚何说。我有白简继君何能已，与君同游杖下矣。丹心留在天壤间，没没之生不如死。[2]

魏忠贤杀一儆百，却难以堵住言路。南京礼科给事中杨朝栋揭发，魏忠贤指使亲信在留都南京

1 沈国元《两朝从信录》卷二十二，天启四年六月辛未。

2 左光斗《哭万元白工部》，《左忠毅公集》卷三《诗·七言古》。

大肆搜刮，以满足其溪壑无涯之欲，稍不遂意，就扬言："曾与内边魏公处费了许多使用"，或者威胁道："必急走北京魏公处弄得一严旨下来"。杨朝栋责问："宫禁何地？票拟何事？宵小大言无忌，敢于玩弄，是陛下邃密之处，为忠贤垄断之所，讵可谓无外人知之觉也！今近而中国，远而四夷，孰不知朝廷之上有一恶珰魏忠贤者，是可生死予夺人也，是得窃票拟之权而大臣小臣惟所黜逐也。从此而趋膻赴臭者邀非分之求，耿介忠直者灰任事之念。"他希望皇帝敕下法司严加勘问，或诛或谴，自有祖宗三尺之法，不能为之宽贷。[1]

御史李应昇（字仲达，常州江阴人）为无辜廷杖致死的万爆鸣冤，仗义执言："而（万）爆今死矣，未报国恩，先填沟壑，六尺之孤绕膝，八旬之母依闾，旅榇无归，游魂恋阙。臣僚饮泣，道路咨嗟，然无不共亮非出于皇上之心也。彼时群珰横击，血乱神飞，监杖张威，伤痕甚重，兼以倒拖逆拽，蹴踏摧残，种种不支，故出于此。而今皇上损好生之德，负杀谏臣之名，故臣不暇为万爆冤，而深为皇上冤也。且天下士大夫所以激昂奋发，不能自已者，独念祖宗养士二百余年，祸在萧墙，且在旦夕，故怀忠仗义，感恩图报耳。而一言触忤，褫辱身死，岂所以作忠而劝士哉……悬之以必死之法，而求批鳞折槛之风，虽贤者犹或难之。若曰吾不用直言而可

1 沈国元《两朝从信录》卷二十三，天启四年七月。

以致治，则是剖心不亡，腹诽不灭，而惟言莫违。”[1]

南京兵部尚书陈道亨（字孟起，江西新建人）、侍郎岳元声（字之初，号石帆，浙江嘉兴人）率领同僚，向朝廷呈上一份公疏，支持杨涟，批评皇帝偏袒魏忠贤：“近日屡接邸报，左副都御史杨涟有逆珰怙势作威专权乱政一疏，列东厂太监魏忠贤罪状，恭奉严旨；又见魏忠贤孤臣戆直招言堇辞东厂一疏，恭奉温旨。因是在廷诸臣前后疏劾忠贤罪状宜核，杨涟疏奏宜纳，并奉严旨，群臣为之骇然。顷见阁臣揭帖，奉旨谆谆，乃知皇上竟念忠贤今昔之劳，不忍听其陈请，不但不加查处而已；于杨涟则谓其指摘牵诬，非无因而发，不但不赐采纳而已；又责群臣随声附和，纷纷渎扰，不但不蒙优容而已。此以知圣心坚如转石，即臣等奚容益之填耳哉！”他们奉劝皇帝，体察大小诸臣的赤胆忠心，魏忠贤恶贯满盈，必不可容；杨涟疏词逼真，必不可弃。这并非仇于魏忠贤而比昵杨涟，而是公听并观，洞察魏忠贤假以小劳恣其大逆，诸臣弹劾实为效忠于皇上，奚容致疑。“陛下秉道嫉邪，洞烛事机，若徒念忠贤勤劳末节，遂举魁柄而授之，恣所窃弄，任其决裂，姑息养奸，优柔酿乱，谓将以是酬劳，何待宦竖之太重，而视天下太轻耶！”[2]

署国子监祭酒事礼部右侍郎蔡毅中（字宏甫，号濮阳，河南光山人）率领国子监同僚：监丞金维基，博士

1 沈国元《两朝从信录》卷二十三，天启四年七月。

2 沈国元《两朝从信录》卷二十三，天启四年七月。

门洞开、邓光舒、王裕心，助教张翰南、徐伯徵、姚士儒、孙世裕、董天胤，学正王永兴、蒋绍煃，学录聂云翔、杜士基等，向朝廷进呈题为“请纳忠言以杜祸源”的公疏。这所最高学府的师长们语重心长地对皇上说：

——臣正与诸生讲“为君难”一书，忽接左副都御史杨涟论劾内监魏忠贤二十四罪疏，合监师生千有余人，无不鼓掌称庆，以为皇上有忠正之臣如此，僚寀有忠直之友如此，祖宗社稷有灵得忠直之臣如此；以为皇上见疏必憬然悟，赫然怒，雷霆之威加以三尺，将疏发下九卿科道逐一究问，以正权珰之罪矣。及奉圣旨，乃皇上不惟不行，而以一切朝政皆云亲裁，是皇上以权珰为真忠真贤，而代受其过矣。合监师生无不扪心愁叹不已也。

——臣谓二十四罪，魏珰之奸胆显恶大端毕尽矣，臣不敢剿说雷同以资天听……刘瑾虽多僭萌，未闻以私塚而等之陵寝也；刘瑾虽暴宫官，未有死宫妃圣储之显迹也，未闻以内操之甲兵四时入太庙也。今忠贤宫中之受害，陛下知之，外臣不敢尽言。即内操一节，鼓炮之声惊天动地，而九庙之神灵不安。每飨太庙，御路之上刀剑甲兵围侍如麻，两监掖圣躬步行如飞，臣等跪迎跪送俱在甲兵之后，欲一望见圣颜而不可得。设使有奸细刺客杂于兵戈之中，是时变在呼吸，何以为计？此二十四罪之中所当即行罢禁，不俟终日者也。

——至加以门户而驱逐正人，以无辜而枷死多命，窃恐党锢之祸成，忠谏之臣不免于凶人之手矣。此二十四罪中无一不当悉究，而此犹当急行昭雪者也。渐不可长，若待其恶满势成，不可救矣。[1]

这些大臣不顾自身安危，誓与魏忠贤不共戴天的精神，令人感动，令人钦佩。但是，他们把复杂的政治斗争看得过于简单，始终没有弄明白，他们寄予极大希望的皇帝朱由校，和魏忠贤、客氏三位一体，只要朱由校不死，魏忠贤和客氏就不会倒。政治斗争你死我活，正直大臣意欲置魏忠贤于死地，没有成功，魏忠贤稳住脚跟之后，反攻倒算，实施一场又一场大屠杀，朝廷上下一片愁云惨雾。

四 反攻倒算：六君子之狱

1. 官场大清洗

天启四年十月初一日，朝廷在太庙举行祭祀

1 沈国元《两朝从信录》卷二十三，天启四年八月。

仪式。皇帝身服冠冕，在群臣的簇拥下，礼拜如仪。奇怪的是，身为内阁次辅的魏广微居然无故缺席，直到典礼将要完毕，才踉跄赶来，插入队伍中跪拜。此举激起官员们极大不满，吏科给事中魏大中弹劾他无人臣礼：皇上升殿颁来岁之历，四方万国谁不俯首奉行？魏广微身为执政重臣，何以桀骜不驯，偃卧私家，不拜正朔？皇上在一日间行二大礼，魏广微颁朔不至，享庙则迟到，无礼于皇上太甚。

魏广微对魏大中恨之入骨，但自知理屈，不得不向皇帝检讨，假惺惺请求骸骨归乡。魏忠贤正要仰仗于他，当然温旨挽留。

官员们纷纷交章弹劾，李应昇伶牙俐齿，步步紧逼：阁臣魏广微，方其偃仰高卧，不拜正朔。迨至日中祭毕，然后闯入庙门。科臣魏大中纠弹，他自辩为“罪止失仪”。按照《大明律》规定，失仪朝贺者，笞四十；祭享失误者，杖一百。魏广微该当何罪？还有颜面复入中书之堂？李应昇还说，国家设立言官，称为耳目近臣，言及乘舆，则天子改容；事关廊庙，则宰相待罪。魏广微之父魏允贞，曾为言官，公正发愤，得罪阁臣而罢官，声名传至今日，魏广微独不怀念，竟然将言官比之鹿马。不与此辈为伍，必然与另一辈为缘。方今圣天子在上，贤公卿在下，魏广微有何疚心之事？清夜抱

◥ 李应昇，常州江阴人，万历四十四年进士。天启年间擢为御史，曾为无辜廷杖致死的万燝鸣冤。天启五年遭阉党诬陷为“东林护法”而削籍，次年被害于诏狱。

惭，每见指摘，辄自张皇，不啻十目十手之暴其隐也。魏广微当退而读父书，保其家声，毋倚三窟，于言官为难，异日亦可以见乃父于地下。通篇奏疏锋芒毕露，嬉笑怒骂，令魏广微无言以对。结果，皇帝不但没有谴责魏广微，反而指责李应昇“恣肆”，“借端轻侮，不谙大体”，罚俸一年。[1]

经过此次事件，魏广微更加死心塌地投靠魏忠贤，为之出谋划策，铲除异己。文秉写道：“魏广微深恨众人之纠劾也，揣忠贤以应山（杨涟）衔（魏）大中等，因欲借刀剪除。遂与比周密谋，以党者人主之所恶也，乃谮于上曰：‘杨（涟）、左（光斗）、袁（化中）、魏（大中）与在朝诸臣，蔑主冲幼，结党擅权，不尽窜杀无以明主威，而服天下轻蔑之心。’上意遂移，忠贤得以肆行排陷。初犹挑激上怒，传奉票拟；继则从中发票语，付阁誊进。（魏）广微在其门下，初称宗弟，后称宗侄。内外交通，而缙绅之祸始烈。”[2]

另一个卖身投靠魏忠贤的无耻之徒是崔呈秀。崔呈秀，顺天府蓟州人，万历四十一年进士，天启初年晋升御史，巡按淮扬，贪赃枉法，声名狼藉。天启四年十月，左都御史高攀龙向皇帝揭发他的劣迹：“臣去年奉差而出，复命而入；今年复奉差而出，复命而入，往来淮扬间，所见淮扬士民无不谓，自来巡方御史未尝有如（崔）呈秀之贪污者。强

1 文秉《先拨志始》卷上，四年冬十月颁朔。谷应泰《明史纪事本末》卷七十一《魏忠贤乱政》。沈国元《两朝从信录》卷二十三，天启四年十月。

2 文秉《先拨志始》卷上。

盗，地方大害也，每名得贿三千金辄放；访犯，地方大恶也，得贿千金辄放。不肖有司应劾者，多以贿免；不应荐者，多以贿荐。至御史出巡，每有节省公费助国用者，（崔）呈秀到处透支一万四千两，各县赔补，不胜其苦。”[1]皇帝敕下吏部议复，吏部尚书赵南星决定将他革职遣戍。走投无路的崔呈秀，连夜微服拜谒魏忠贤，送上巨额贿赂，并且以干儿子自居，称魏忠贤为父。魏忠贤正需要这样的得力干将，大喜过望，立即矫旨，官复原职。这个人在阉党中的作用不容小觑，正如文秉所说：“（崔）呈秀素与内阁许秉彝善，魏广微与内阁王朝用善，许为石元雅掌家，石与王皆在逆贤名下。于是崔、魏两人互相谋画，咸借内力，以图报复矣。”[2]刘若愚说得更为透彻：“崔呈秀之通内也，始自（崔）呈秀之旧居停许秉彝导引。凡有字帖及《点将录》《同志录》《天鉴录》，俱将原本付朝钦收掌，而永贞、元雅、文辅亦各照抄小楷折子，藏于袖中，每日早斋，付逆贤直房按名回话：今日升官本内有无折子姓名，参官本内有无折子姓名？面同简举，罔敢异同。”[3]又说：“初，替崔呈秀传递线索者许秉彝也。其年十二月，复逮汪文言。至五年春，兴大工后，逆贤指称看工催工名色，无日不与崔呈秀面会，会即屏人密语，移时方散。或授受害人姓名，如《天鉴》等录之类，逆贤奉为圣书，心甚悦之，以为

1 沈国元《两朝从信录》卷二十三，天启四年十月。

2 文秉《先拨志始》卷上。

3 刘若愚《酌中志》卷十《逆贤乱政纪略》。

‘崔家疼我，替我设法报仇出气也’。一时捏词献谀入告者，梁梦环、李鲁生、曹钦程等也。”[1]

政坛大清洗逐步展开。先是降调吏科给事中魏大中、吏部员外郎夏嘉遇、御史陈九畴。给事中沈惟炳上疏申救，指出：对圣旨所说“朋谋结党”，提出异议：“诸臣方比肩立朝，同心报国，谁为此言以告皇上？从来小人祸国，必指正人为党，盖攻一人者仅可去一人，而党之一字则可以空一国，发端甚微，贻祸甚烈”。[2]

当时山西巡抚空缺，吏部尚书赵南星不用那些行贿求官者，推荐沉静有为的谢应祥，指示吏部员外郎夏嘉遇办理此事。夏嘉遇转告掌河南道袁化中，袁化中深以为然，又转告魏大中，魏大中竭力赞成，便向朝廷会推。遭到御史陈九畴反对，说谢应祥昏耄，魏大中“有所私”。皇帝有旨“会看”，吏部、都察院等衙门答复：御史论人失实。魏忠贤矫旨：陈九畴、夏嘉遇、魏大中各降三级调外任，并且严厉谴责部院大臣“含糊偏比”，吏部尚书赵南星、都察院左都御史高攀龙引罪求去。内阁辅臣韩爌、朱国祯等向皇帝进谏，因为一件小事而免去两位大臣，降处多名言官，而且这一御批直接从宫中发出，没有经过内阁，希望皇上挽留赵、高二臣，以及多名言官。得到的圣旨，毫无商量余地：“卿等奏优礼大臣，朕岂不知。但我祖宗设立会推

1 刘若愚《酌中志》卷十一《外廷线索纪略》。

2 沈国元《两朝从信录》卷二十三，天启四年十月。

会看，原非为师生植党比。今冢臣（赵南星）及宪臣（高攀龙）附和依违，全无公论，知有情面，不知有朝廷。或世庙时必不敢如此。其沈惟炳妄言逞臆，降调已示薄惩……朕前已有谕旨，着部院一体申饬，卿等心膂重臣，不必挺身救解，亦不可过生猜忖，致滋烦扰纷嚣，还遵前旨行。”[1]

御史谢文锦，礼科给事中许誉卿，吏部文选司郎中张光前、吏部考功司郎中邹维琏纷纷上疏，规劝皇帝收回前旨。得到的回答是严厉的申饬：“尔大小臣庶坐享国家之禄，靡怀君父之忧，内外连结，呼吸答应，盘踞要地，把持通津，念在营私，事图颠倒，诛锄正人，朋比为奸，欺朕幼冲，无所忌惮。迩年以来恣行愈甚，忠贞皆为解体，明哲咸思保身，将使朕孤立无与而后快……谕尔徒众，姑与维新，洗涤肾肠，脱换胎骨，果能改图，仍当任用。如有怙其稔恶，嫉夫善类，甘为指纵之鹰犬，罔虑贻遗之祸患，朕将力行祖宗之法，决不袭姑息之政矣！”[2]通篇黑白颠倒、是非混淆，把阉党之流“内外连结”“诛锄正人”的勾当，诬陷到正人君子身上，而且发出威胁：“决不袭姑息之政”。这是魏忠贤发出的警告信号！

赵南星、高攀龙、魏大中等人先后罢官而去，各衙门奉旨会推吏部尚书。

署理部务的左侍郎陈于廷推举乔允升、冯从

1 沈国元《两朝从信录》卷二十三，天启四年十月。

2《明熹宗实录》卷四十七，天启四年十月辛丑。

吾、汪应蛟，得到的圣谕不但全盘否定，而且谴责陈于廷等人老奸巨猾、冥顽无耻："吏部、都察院浊乱已久，失祖宗设立初意，朕已屡谕更改，如何此次会推仍是赵南星拟用之私人？显是陈于廷、杨涟、左光斗钳制众正，抗旨徇私。三凶既倡率于前，谁敢不附和于后？又会推职名，都察院不曾全列，况近日杨涟既曾亲接圣谕，今值会推之日，岂可佯为不知，怙恶不悛，注籍躲闪。又前与高攀龙会看陈九畴之事，党比不公，颇属杨涟、左光斗主张，而乃了不引咎，公然欺朕幼冲，真巨猾老奸，冥顽无耻。陈于廷前奏，从来会推吏科、河南道概与画题，袁化中不无扶同情弊。陈于廷、杨涟、左光斗俱恣肆欺瞒，大不敬，无人臣礼，都着革了职为民，仍追夺杨涟、左光斗诰命。"[1]

文震孟这样描写官场大清洗："杨（涟）、左（光斗）既逐，奸党益无忌惮，遂肆行诬陷。于是魏广微手写所欲起用之人：黄克赞、王绍徽、王永光、徐大化、霍维华等五六十人，目为正人，各加两圈。又将《缙绅便览》如韩爌、缪昌期、曹于汴、李邦华、郑三俊等百余人，目为邪党，重者三点，次者二点，托内阉王朝用转送逆贤处，以行黜陟。而（王）绍徽复造《东林同志录》，罗列诸贤姓名。又韩敬造《东林点将录》，计一百八人，邮致都门，按籍搜索。于是诸贤受祸，无一人遗漏矣。"[2]这是

1 沈国元《两朝从信录》卷二十四，天启四年十一月。

2 文秉《先拨志始》卷上。

一个值得注意的新动向，凡是反对魏忠贤专权乱政的官员，都被称为“邪党”，也就是“东林党”，而不问是否出身于东林书院，也不论与顾宪成、高攀龙有没有关系，一概划入“东林党”的行列，把批判魏忠贤的正义斗争，歪曲为“东林党”的倒行逆施，把万历末年对“东林党”的声讨延伸到天启年间，于是乎，魏忠贤及其亲信披上了继承皇祖遗志的合法化外衣。

一个叫作乔应甲的官员引起了魏忠贤的注意，此人在万历年间就以力排东林而著名，杨涟遭到罢黜后，他被起用为都察院左副都御史。心领神会的乔应甲在一月之内连上十三份奏疏，攻击“东林党”。一份大谈“三朝舆论渐明”，说什么“赵南星年老昏蔽，为群小所欺。旧抚李三才，君子中其魔术，小人利其重赂，世界三十年，不使一日宁静”。[1]一份大谈“时局门户”，说什么“李三才任淮抚十三年，加总督尚书，谋大拜。当年授意南道段然，疏有‘祖制废弛已极，内外登庸宜均’，盖为三才地也。嗣是议论蜂起，有保三才，复有参三才；有保而参，即有参而复保。此门户所由分也。后三才赃私难掩，又匿陈增税银，出一奇策，借势顾宪成投阁部院三书，书从宣大巡抚吴亮封入。疏内臣东林人也，又保三才：‘臣一言以蔽之曰不贪。’此东林之名所自来也。今几二十年，私人推戴，力

1 谈迁《国榷》卷八十七，天启五年正月乙亥。

排公论。有东林则有羽翼，张问达假门户以翻局，赵南星假门户以固局。乞皇上查段然、吴亮之疏，付之史馆，为时局门户之证”。一份则攻击汪文言、魏大中。[1]

沈国元对于乔应甲，有这样的评论："左副都御史乔应甲在道陈言，请早剖门户，疏凡十上，总以东林得淮抚（李三才）则暗有所恃，淮抚得东林则两有所挟……疏中以李三才为党魁，张问达、赵南星、高攀龙、曹于汴、段然，皆在论列。"[2] 显而易见，提起旧事，是为了打倒张问达、赵南星、高攀龙等现任官员。此后工部主事曹钦程攻击周宗建"私引邪党"，李应昇"专护法东林"，还说：周宗建、张慎言、黄尊素、李应昇"甘作赵南星之鹰犬，为魏大中之爪牙"，出于同一目的，都是东林名目，应该一律打倒。

2. 杨涟："仁义一生，死于诏狱"

魏忠贤以为时机成熟，终于大开杀戒。先前工部屯田司郎中万燝揭发魏忠贤在香山碧云寺为自己建造坟墓模仿帝王陵寝规格，魏忠贤矫旨廷杖一百，太监把他从家中押往午门途中，一顿乱棍，打得他血肉横飞，还未廷杖已经气息奄奄。[3] 再加上午门前的一百棍，当即气绝而死。这一幕不过是

1 谈迁《国榷》卷八十七，天启五年正月丁亥。吴应箕《启祯两朝剥复录》卷一，天启四年十二月。

2 沈国元《两朝从信录》卷二十五，天启五年正月，左副都御史乔应甲在道陈言。

3 邹漪《启祯野乘》一集卷五《万忠贞传》："疏入，上震怒，命杖一百。首辅叶向高揭救，不听。是时，杨忠烈二十四罪疏上，中外相知，和章满公车，忠贤欲借曹郎示威，命群竖从公邸拉至午门，白挝横击，血乱神飞，未受杖已奄奄尽矣。"

投石问路而已，正如邹漪所说“忠贤欲借曹郎示威”，预示着反对魏忠贤的官员们在劫难逃。

天启五年三月底，锦衣卫镇抚司许显纯严刑拷打汪文言，威逼他扳诬杨镐、熊廷弼公行贿赂在京官员，魏忠贤以皇帝圣旨名义逮捕杨涟、左光斗、袁化中、魏大中、周朝瑞、顾大章六君子，与已经逮捕入狱的汪文言，“一并究问追赃”。[1]所谓“追赃”云云，纯粹是为了“六君子之狱”编造的一个借口，所谓欲加之罪何患无辞！

杨涟自从弹劾魏忠贤二十四大罪以来，就料定魏忠贤不会放过他，迟早有这一天。接到革职为民的圣旨，青衣小帽的杨涟与左光斗携手同归，在涿州分手。魏广微为了找到罪证，企图在途中搜查行李，东厂奸细暗中侦查并无异样，魏忠贤以为搜查并非稳着。后来见到杨涟策蹇就道，行李寥寥，这两个姓魏的同宗私底下说：“幸无搜，搜没趣矣。”[2]《杨忠烈公年谱》提及构陷的大致经过：“时忠贤杀念既炽，诸奸又复投欢构阱。遗札云：‘同乡憾之者乘机挑激，以致忠贤假子徐大化教之：放开手眼，广募同心。’于是梁梦环举汪文言旧网，首出媚疏；霍维华、杨维垣感恩应募，以封疆、移宫锻炼（汪）文言，使招公，以为身亡家破之计。（汪）文言身临五毒，必不承时调。许显纯主其狱，遂以徐、魏意，派赃指掌。”[3]

1 吴应箕《启祯两朝剥复录》卷二，天启五年四月。

2 杨涟《杨忠烈公文集》卷末，补遗，年谱，甲子（天启四年）。

3 杨涟《杨忠烈公文集》卷末，补遗，年谱，乙丑（天启五年）。

汪文言始终没有诬陷杨涟。邹漪写的《杨忠烈传》提供了一些细节："公（杨涟）扼腕流涕，首疏劾二十四罪，遂群攻之。忠贤惊且恚，掷地哭，群小慰之曰：'毋恐，逐杨某，公（魏忠贤）可安矣。'忠贤假会推事，尽逐公（杨涟）等。群小又嗾之曰：'不杀杨某，公（魏忠贤）之祸未艾也。'忠贤大惧，急徵公（杨涟）等坐故经略熊公廷弼赃……熊公下狱，忠贤以赃坐公（杨涟），曰：'不如此，无以杀杨某也。'先是，考汪文言，五刑备极，迫使引公（杨涟），（汪）文言仰天笑曰：'安有贪赃杨大洪乎？'至死不服。"[1]

赵吉士写的《杨忠烈公传》更为精确细致："公（杨涟）疏列二十四大罪，尽发其奸，忠贤惶恐，泣诉御前，客氏与阉党王体乾曲为弥缝，温旨慰（魏忠）贤，且责公'寻端沽直'。然自公首请上方，而攻忠贤者疏且捆至矣。会荐冢宰，公以注籍不与，矫旨责以'规避'褫职。而憾公刺骨，必欲杀之，第移宫名甚正，难以坐罪，复逮汪文言，构熊廷弼大狱。（熊）廷弼者，公垣中所推也。熊（廷弼）为台省排构，公疏翼之谓：'议经略（熊廷弼）者终难抹煞其功，怜经略者亦难掩饰其罪。功者支撑辛苦，得二载之幸安；罪在积衰莫振，怅万全之无策。'熊（廷弼）得解任听勘，公持论甚平。阉党迎阉（魏忠贤）意，诬公与左（光斗）、魏（大中）等纳贿故纵，遣缇骑逮公。先酷拷汪文言，逼使引公，（汪）文言仰天笑

1 邹漪《启祯野乘》一集卷五《杨忠烈公传》。

曰：'安有贪赃杨大洪乎？' 有甥见其受刑惨毒，悲失声，(汪) 文言叱曰：'孺子真不才，死岂负我哉，而效儿女子泣耶？' 死不承。"[1]

天启五年三月十九日，魏忠贤矫旨逮捕杨涟，圣旨写道："杨镐、熊廷弼既失封疆，又公行贿赂，以希幸脱。杨涟、左光斗、袁化中、魏大中、周朝瑞、顾大章，俱着锦衣卫差的当官旗扭解来京，同汪文言一并究问追赃。其本内受赃赵南星等十五人，除已经削籍外，俱削了籍，着抚按提问追赃具奏，不许徇情。"[2]

锦衣卫缇骑前来逮捕时，杨涟谈笑自若，从容就道，派人抬着棺材跟随。沿途哭送者数万人，几乎激成民变。杨涟披枷戴锁泣告父老：锦衣卫旗校未尝苦我，朝廷未必杀我，众人如此，则忠反为逆，累我族诛。众人稍稍平息，炷香设祭祝忠臣生还，菜佣贩夫争相捐钱为之凑盘缠，押解的官兵也为之感动。[3]

杨涟在押解途中写了一份揭帖，认为自己所受诬陷不值得一辩，是非自有公论，谁能一手遮掩天下耳目？但是，国家的大是非大安危是要辩论到底的。这篇揭帖是不可多得的好文章，字里行间洋溢着浩然正气：

涟今逮矣，逮以杨镐、熊廷弼失陷封疆，

1 赵吉士《杨忠烈公传》，《杨忠烈公文集》卷末。

2 佚名《虐政集》，天启五年三月。《杨忠烈公文集》卷末，补遗，年谱，乙丑三月十九日。

3 杨涟《杨忠烈公文集》卷末，补遗，年谱，乙丑（天启五年）。

公行贿赂，营求幸脱，而涟与左光斗等为贿营之人也。此事而果有也，即颜甲千重，不能遮人之共唾；纵喙长三尺，安能欺念之独知！如其无之，不见莫须有竟埋杀赤心人也，此不必辩者也。

至涟之有此一逮也，久已自知之。而涟之遂成此一逮也，由来之故，天下亦能共知之。谁将一人手掩得天下目？又无俟辩者也。人之计算此一逮也，封疆题目压得人头，缄得人口，可以污其名陷其身耳。

血性男子，痴愚不识避忌，既以不爱官不爱生矣。前日无所不拼，今日当无所不听，辩复何为？此皆心之不欲辩者也。而何以不欲辩？非不敢辩不能辩，私心窃有自盟。我辈入告君父，出对天下，辩驳执争只当在国家大是非大安危，不当在一己胜负一身利害。今日之事，大狱频兴，有无关系，有无枉抑，会有任其责者。从涟自看，毕竟只是身名两字耳。盗金不辩，昔人或为之，况在君父之前。涟所自恨，三朝豢养，一念独盟，毫无补于今日尧舜，大有负于先帝恩知，徒作明时累臣，死且不瞑。[1]

1 金日升《颂天胪笔》卷五《赠荫·杨涟》。

杨涟深知，已经投诉无门，突发奇想，以给玉

皇大帝奏疏的形式，公开阐明自己的初衷："窃见司礼太监魏忠贤、奉圣夫人客氏，欺藐至尊，肆无忌惮，几使中外不知皇上，只知有忠贤，势已无天，渐岂可长！涟感先帝之特知，荷今上之眷顾，忠心愤激，声罪力攻。明知撩虎自危，夫亦妄意一击，令其稍知主仆之分，略顾祖宗不许干预外政家法，庶知一点尊君父、杜微渐之念耳。不意微诚不足以格主，孤忠不足以济用。秖深狠毒，一网善类，内外砌谋，凭空栽陷……今乃无影相加，赃私罗织，缇骑诏逮矣。涟欲避，非所以尊君命；而自裁，又无以明臣心。明知此行不死于奸人道路之摧残，即死于诸凶圜土之困辱。然一出乡关，即是身归君父，幸不死于妻子之手，得死所矣。分既无逃，仁又何怨？唯是血心未能报主，而痴念尚虑吾君，如此四方多事，冲圣孑立……更恐隐忧无歇。"[1]

天启五年五月二十九日，杨涟押解途中，在河南朱仙镇写了告岳飞文，再次公开表明，弹劾魏忠贤，自己无怨无悔："天启四年，见司礼太监魏忠贤与乳母客氏表里为奸，太阿窃弄，即帝子帝妃可以生死任情，天语天宪可以喜怒唯意，目已无君，渐岂可长。此涟义不能忍，声罪纠参。明知彼虎不可料，涟祸不可试，只以当日凭几惓惓，安可今日同人默默。庶知博浪一击，万一宗社有灵，令忠贤稍知主仆之分，不至谓外廷无人，涟亦可以了此臣子

1 金日升《颂天胪笔》卷五《赠荫·杨涟》。

忠心，无但骗朝廷官做也。不意微诚不足济事，孤直反以厉阳，播恶同气同乡，削籍空国空署。今且横诬以乌有赃私，并指前移宫事，为通王安罪案，父子长途，赤炎蒸背，闻者见者不免伤心。涟则谓自古忠臣受祸者何独涟一人，即如武穆王（岳飞）何等功勋，而莫须有竟杀忠良，何况么麽直言如涟！此行定知不测，自受已是甘心，但所恨者人借涟以结内外之欢，因借忠贤以快恩仇之报。如刘一燝、周嘉谟等之削籍，如左光斗、魏大中等之锒铛，徒伤明主手滑之威，益乱祖宗干政之制。”[1]

六月二十六日，杨涟与左光斗关入锦衣卫镇抚司诏狱。此前，周朝瑞、袁化中五月初已经入狱，顾大章五月二十六日入狱，魏大中六月二十四日入狱。六月二十八日，对六君子严刑拷讯，诸君子正言答辩，推翻欲加之罪。审问官许显纯一无所获，从袖子里拿出预先写好的成案，要书记员抄写，作为审问笔录呈送朝廷。杨涟大声叱责："此地明心堂，如何改作昧心处？天下后世汝肉不足食。"许显纯大怒，动用五刑，羞辱六君子，骨裂髓飞，惨不忍言。[2]

此后每隔五天就用严刑拷问一次，杨涟所受酷刑最为厉害，皮开肉绽，牙齿脱落，还用钢丝刷子把皮肉刷得碎裂如丝，体无完肤。杨涟坚贞不屈。魏忠贤不断以皇帝圣旨名义命令许显纯严厉"追

1 金日升《颂天胪笔》卷五《赠荫·杨涟》。

2 吴应箕《赠太子太保兵部尚书忠烈杨涟传》,《楼山堂集》卷十八。

比”。杨涟大声斥责许显纯：“熊廷弼初在辽阳，我有参疏，广宁陷后，我奉命而出，及失事入，我有何辞一死之语？廷弼恨欲杀我，此岂受贿为营脱者？若移宫始末，曲突徙薪，皇天后土，实鉴此衷。汝昧心杀人，狗彘不食其余。”[1]许显纯的严刑逼供毫无作用，想把审讯的难题推给刑部，遭到圣旨训斥：“杨涟党比熊廷弼，沦没封疆，且纳贿招权，扰乱朝政，移宫一事陷朕不孝，罪恶滔天。许显纯如何擅求刑部？明属徇私，姑且不究。还着本司照原参数目严比追赃，限五日一回奏，不得宽纵。”[2]许显纯遵旨加重酷刑，用铜锤敲打，致使肋骨寸断，再用土囊压身，杨涟被折磨得气息奄奄。

七月十五日，垂死的杨涟写信给家中的母亲儿子，向他们诀别。给母亲的信中写道：

> 字禀太太：儿死狱中矣。无能侍养左右，儿九泉之恨也。太太辛苦一生，无子送终良苦，然有死忠之子，太太亦可同范母矣。可怜一家赤贫如洗，尚在追迫忧苦之中，是儿前生之孽，今生贻累父母子孙，奈何奈何！夏儿、会儿、五儿，各有他的造化，即无衣食，慢慢挨去。教他苦心读书，即不能报父之仇，也思结已之局。此在太太吩咐之。骈儿大小一根草，自有一点露水养他，至于大哥抱养之子，

1 吴应箕《赠太子太保兵部尚书忠烈杨涟传》，《楼山堂集》卷十八。

2 徐肇台《甲乙记政录》，天启五年七月初七日。

如力不能养，还是大哥抚养也罢。天乎，天乎，从古忠良惨祸无如儿者，又奈何！七月十五，儿涟血肉淋漓中绝笔。[1]

给儿子的信中写道：

字寄夏儿诸子：汝父死矣，身无完肤，肉供蝇蛆，亦自忠臣死事之常。但家破人离，累我诸儿。汝兄弟收藏我尸之后，还当攻苦读书，得有寸进，鸣父之冤，即是汝孝。汝等赤贫如洗，只有读书一路。莫言读书似我甚苦，人生梦幻，忠义千秋不朽，难道世道只是昏浊的？读书做官，做得些好事，也不枉生一场。[2]

七月二十四日夜，许显纯用大铁钉钉入杨涟头颅，杨涟气绝身亡。许显纯却向朝廷报告“杨涟病故”。[3]

誓死不屈的杨涟临死前留下了绝笔：

枉死北镇抚司杨涟绝笔书于狱神之前。涟以痴心报主，不惜身家，久付七尺于不问矣！目前赴逮，不为张俭之逃亡，杨震之仰药，亦谓雷霆雨露莫非天恩，故赤日长途锒铛不脱，欲身之生死归之朝廷。且不忍概于今公论与

1 杨涟《狱中寄母书》，《杨忠烈公文集》卷三。

2 杨涟《狱中寄子书》，《杨忠烈公文集》卷三。

3 徐肇台《甲乙记政录》，天启五年七月二十五日。

人心天理，俱不足凭，徒以怯缩自裁，只取妻子环泣，令明时有身死不明之大臣耳。不意身一入都，侦逻满目，即发一揭亦不可得，至于如此打问之日。汪文言死案密定，固不容辩，血肉淋漓，生死顷刻，不时追赃，限限狠打。此岂皇上如天之仁、国家慎刑之典、祖宗待大臣之礼？不过仇我者立追我性命耳！借封疆为题，追赃为由，徒使枉杀臣子之名归之皇上，而因我累死之冤，及于同类。

……

涟沉死狱底之人，语言亦复何味？而人之将死，两朝豢养，一念忠爱，恨生前未一发明，不忍不于死时痛心一宣吐也，惟同朝诸君子念之。若夫家破人离，老母无终，幼子无聊，债家逼促，都非涟所屑及，亦终不怨天尤人矣。好笑，好笑！读书作官人，于国家大体紧关之际，只当唯诺从人，作秦越之视，为两踩之船，当事无半句商量，背后冷言冷语，为目前自卸妒人计，作后日逢人功名地，岂不仕路上大乖巧、大便宜事？何苦痴愚，从君父国家远念，不顾性命身家，务欲尽其在我，又复好直，触忤多人，使尸无全体，谁是独食朝廷饭者？好笑，好笑！

然吾师致身家法，先哲尽忠典型，自当成败利害不计，乃朝廷之所以不虚养士也。若个个讨乖趋势，只恋功名长久，不顾朝廷安利，圣贤书中，忠义心上，终不敢许。即范滂临刑，欲汝为善则我不为恶，父子相诀之语。涟亦谓子孙，何不更勉之忠义，而作此隐语！替人读书之念如此，尧舜其心，至今在是何证据？大笑，还大笑，但令此心未尝死，白日冥冥，于我何有哉！[1]

这篇二千余言的绝笔写成后，杨涟亲手托付给同狱难友顾大章。狱中耳目严密，顾大章把它藏在关圣大帝画像后面，以后又埋于狱室北壁下。[2]一个偶然的机会，才得以从狱中传出，落到杨涟之子杨之易手上，流传后世。从中可以看到，初入诏狱，杨涟还对朝廷抱有幻想，以为“见天有日”。日后明白“仇我者立追我性命”，便淡然处之，置生死于度外。

杨涟临死前还写了一篇二百八十字的血书，藏在枕头里，死后随尸体抬出，落到家属手中。血书流露了视死如归的凛然气节：

涟今死杖下矣。痴心报主，愚直仇人，久拼七尺，不复挂念。不为张俭逃亡，亦不为杨震仰药，欲以性命归之朝廷，不图妻子一环泣耳。打问之时，枉坐赃私，杀人献媚，五日一比，限限严旨。家倾路远，交绝穷途，身非铁石，有命而已。雷霆雨露，莫非天恩，仁义一生，死于诏狱，难言不得死所，何憾于天、何怨于人？惟我身副宪臣，曾受顾命。孔子云：托孤寄命，临大节而不可夺。持此一念，终可以见先帝于在天，对二祖十宗与皇天后土、天

1 杨涟《绝笔书于狱神之前》，《杨忠烈公文集》卷二。

2 金日升《颂天胪笔》卷二十一《附记·诏狱惨言》。

下万世矣！大笑大笑还大笑，一刀砍东风，于我何有哉！[1]

杨涟死后七日，尸体由家属领回。时值盛夏，早已腐烂不堪，仅存残骨一具而已。

杨涟的家产被抄，全部动产不动产折合白银不足一千两，距离“追赃”的数字相去甚远。德安知府李行志亲自书写募捐文告，应山知县夏之令在四个城门设置募捐箱，士民纷纷慷慨解囊，抵充“赃银”一万余两。魏忠贤的亲信吏部尚书周应秋还不罢休，勒限严催，罗织无已。杨府老仆击毙，杨涟幼子惊死。吴应箕叹息道：“诸臣死后之惨，亦无有过（杨）涟者。”[2]

万历三十六年，三十七岁的杨涟曾经担任常熟知县，兴文教，奖节义，裁抑织造太监的敲诈勒索，被评为“清官第一”。[3]常熟县的知名人士，崇祯初年担任户科给事中的瞿式耜，为杨涟讼冤，写了激情洋溢的奏疏：“夫（杨）涟何如人也？自为诸生，孝友端方，慨然以澄清天下为己任，家徒壁立，志气轩如。其筮仕臣乡常熟也，铁面冰棱，吏

▼ 瞿式耜像

瞿式耜，苏州常熟人，万历四十四年进士。崇祯年间擢户科给事中，屡上疏劾斥掌权佞臣，后遭温体仁等排挤陷害罢归。

1 杨涟《杨忠烈公文集》卷三《狱中血书》。

2 吴应箕《赠太子太保兵部尚书忠烈杨涟传》，《楼山堂集》卷十八。

3 杨涟《杨忠烈公文集》卷三，卷末，补遗，年谱，戊申（万历三十六年）、癸丑（万历四十一年）。

胥不敢仰视，而爱民如子，即婴儿妇媪咸得自尽其情。莅虞（常熟）五年，不名一钱，百废俱举，钱粮之绝火耗，上下百年仅见涟一人耳。入计时，止余两袖清风，欲送其老母归楚，至不能治装以去。及居言路，扬清激浊，屏绝馈遗，寒素之风依然白屋。但一言及国家之事，未有不耳热面发赤，如念其祖宗父母，回肠刺心。谈及神祖光宗，未有不涕泗交下。故其临死之日，亦旁无一语，但呼高皇帝陛下而已。逮系之日，涟自湖广达京师三千余里，只身策蹇驴，未尝一日乘小肩舆，未尝一日骑马背。入都门，小民有叹息：‘杨都御史清官，今日何至于此！’诘朝而叹息之人毙命于厂卫矣，谁复敢私语称其冤者？涟死于溽暑，逾四日方奏闻，比领尸骸，手指肿烂欲断，足之联于胫丝毫耳。迨下令湖广追赃，涟倾斜一屋所值几何？涟母栖城楼，诸子乞食以养之。县官无可奈何，为设柜于四门，远近士民争来投柜，纳至万余金。夫应山非甚富饶也，惟正之供犹自难完，而争为涟纳此，岂能征发期号哉？夫人臣抗节直言，慷慨杀身，历代史书常常有之，如涟之贫不言清，劳不言功，从容就死，无怨无尤，方之宋岳飞明知十二金牌出自秦桧之手，而俯首就戮，斯亦可谓人臣之极则矣！”[1]

瞿式耜把杨涟与岳飞相比拟，推崇为人臣的顶

1 瞿式耜《特表忠清疏》，《瞿忠宣公集》卷一《掖垣疏草》。

级楷模。这样一位赤胆忠心的好官清官，居然死在皇帝的圣旨之下，呜呼哀哉！

3. 左光斗："辱极苦极，污极痛极，何缘得生"

在泰昌、天启之际，杨涟与左光斗作为中流砥柱，从移宫事件到弹劾魏忠贤，两人始终步调一致，携手奋斗，因而时人并称杨左。两人同时被革职为民，同时被逮捕入狱，同时死于诏狱。当时有人赞许杨涟贬抑左光斗，吴应箕表示异议："天下称杨左并矣，而多有绌左者何欤？"他给出了解释。[1]黄道周也不同意"绌左"，说："(杨左）二公定危疑植大义，声名相峙，而左公又以屯田学政绩特闻。"[2]

安庆桐城人左光斗，字道直，一字共之，号沧屿，别号浮丘，生时月当大斗，故名光斗。其父潜修力学，以行谊享誉乡里，生九子，光斗排行第五。六岁跟随塾师开卷，一目十行；九岁能文，开始购书，喜读节侠传；十四岁写《窗前瑞麦赋》，才名初露。二十六岁，庚子（万历二十八年）乡试中举；辛丑（万历二十九年）、甲辰（万历三十二年）两次会试落第，发愤馆榖；三十三岁得中丁未（万历三十五年）进士。担任中书舍人时，书写对联明志："奉薄俭常

1 吴应箕《赠都察院左都御史左光斗传》，《楼山堂集》卷十八。

2 黄道周《明都察院左佥都御史赠太子少保都察院左副都御史谥忠毅左公神道碑》，《左忠毅公文集》卷五。

足，官卑清自尊”。[1]泰昌、天启之际，他与杨涟并肩战斗，拥戴朱由校即位，迫使李选侍移宫，在政坛崭露头角。此举对于阻止李选侍垂帘听政，有着决定性意义，得到皇帝朱由校的肯定。后来由于魏忠贤、刘朝借题发挥，左光斗感到祸且不测，把公署的钥匙交给杨涟，做好死的准备。幸亏皇上说明移宫缘由，事态有所缓和，他得以调任大理寺丞、大理寺少卿。

杨涟晋升为都察院左副都御史，左光斗晋升为左佥都御史，可谓受命于危难之际，正如邹维琏所说："时赵公南星为冢宰（吏部尚书），众正盈庭，群小错愕，乃借声援于魏忠贤，附进'百官图'，某宜先驱，某宜后击，某宜正射，某宜借攻。布置已定，羽翼已成。"[2]同在一个衙门办公的杨左二公，经常一起商量对策，决定由杨涟首先发难，弹劾魏忠贤二十四大罪，左光斗继而跟进，力图使弹劾逐步升级。倪元璐写道："其时，杨公左公并为御史中丞，两公又相与谋：今京贯连串，指鹿日甚，天下事不可言。于是杨公先上疏，列忠贤二十四罪，左公继之，草三十二斩疏，未上而谋泄。于是小人为忠贤谋，矫旨斥杨公左公并为编氓。"[3]

左光斗的"三十二可斩疏"，列举魏忠贤、魏广微应当斩首的罪状三十二条，自知此举可能危及性命，事先把家眷遣返老家，准备在十一月初二日

1 邹维琏《明故都察院左佥都御史特赠太子少保都察院右副都御史谥忠毅左公行状》，《左忠毅公文集》卷五。

2 邹维琏《明故都察院左佥都御史特赠太子少保都察院右副都御史谥忠毅左公行状》，《左忠毅公文集》卷五。

3 倪元璐《左佥都御史特赠太子少保都察院右副都御史谥忠毅左公行状》，《左忠毅公集》卷五。

上疏。可惜还未呈进就泄密，万斯同提供的细节值得注意："杨涟之劾魏忠贤，（左）光斗与其谋，又与（高）攀龙共发崔呈秀赃私。忠贤暨其党咸怒，及忠贤逐（赵）南星、（高）攀龙、（魏）大中，次将及光斗、（杨）涟。光斗愤甚，草奏劾忠贤及魏广微三十二斩罪，拟十一月二日上之，先遣家累南还。忠贤诇知，先二日假会推事，与（杨）涟俱削籍。"[1]陈子龙说魏忠贤与魏广微对杨涟左光斗恨之入骨，非杀不可："会杨公疏珰二十四大罪，珰惊且恚，群小以疏出公（左光斗）手，阴中之。又以叩马献策，语为公同乡所发也。嗣南乐（魏广微）谋入首辅，公已草二魏交通三十二可斩疏。将上而泄，遂假会推，尽逐公等。尔时京贯势合，内之恨杨过于左，外之恨左过于杨，明唆暗嗾，相谓：'不杀杨不可也，左不杀犹之不杀杨也。'"[2]

令人遗憾的是，左光斗这篇"三十二可斩疏"，已经消失，关于它的全文，无从知晓。左光斗的弟弟浙江巡按御史左光先说，当时慑于魏忠贤的淫威，把这篇奏稿付之一炬，《左忠毅公集》是"鲁壁仅存"。[3]左光斗的小儿子左国材也说："呜呼，忠毅大人曩膺珰祸，闻踉跄出都，时以逻卒四布，生平著作，家人尽付祖龙，即典兵事与二魏交通三十二可斩等疏，亦不复存，伤哉！"[4]

虽然"三十二可斩疏"并未正式提交，但信息

1 万斯同《明史》卷三百五十一《左光斗传》。

2 左光斗《左忠毅公集》卷首，陈子龙序。

3 左光斗《左忠毅公集》卷二，附录，左光先跋。

4 左光斗《左忠毅公集》卷二，附录，左国材跋。

已经泄露，结果左光斗和杨涟一起被革职为民，两人同时离京南下。在回归家乡桐城的途中，赋诗感怀，既庆幸得以生还，又担心随时可能降临的大祸：

幸未遭严谴，居然许放还。
愿难成栗里，祸恐续椒山。
空有安危计，谁开语笑颜。
龙眠旧卜筑，长在汨罗间。[1]

诗中所说“祸恐续椒山”，是指当年弹劾严嵩严世蕃父子而招致杀身之祸的杨继盛，担忧杨继盛悲剧在自己身上再演。

他写诗给归里的杨涟，抒发的是报国无门的黯然神伤：

痛杀龙髯攀不及，幛天毒雾满朝危。
触阶流血君方见，叩阍排帘宫始移。
北阙雨风号二祖，西山霜雪致三疑。
至今永夜伤心事，空问乾清涕泪垂。[2]

左光斗为官清廉，又慷慨好施，急人所难，在仕途十八年，囊中如洗，家中老屋仅避风雨而已。清苦还好对付，如何向双亲交代即将面临的大祸，

1 左光斗《左忠毅公集》卷三《诗·五言律·遭珰逐道中感怀(其二)》。

2 左光斗《左忠毅公集》卷三《诗·七言律·杨大洪归里感示惠元孺给谏二首(其一)》。

煞费苦心。他自分得忌权奸，万无生理，苦于无计告白双亲，便命人扮演杨继盛，演唱《赴西市》戏曲，并对母亲讲解东汉范滂故事，暗示自己日后可能的遭遇。[1]

◥范滂，东汉名士，“江夏八俊”之一，正直高洁。建宁二年汉灵帝刘宏大批诛杀党人，范滂去监狱投案，英勇就义。

豺狼当道，满朝都是幛天毒雾，大祸随时可能降临。上有年逾八旬的双亲，下有五岁的小儿，左光斗这位铁打的汉子惴惴不安。为了避祸，他求度于道教法师门下，实在是无可奈何的选择。他的《求度誓辞》颇堪回味：

奉道弟子左光斗，谨焚香誓辞于圣极度师案下。

伏念斗泥土陈人，侏儒贱品，既无道可以匡时致主，又无术可以媚世全生。其在辇下之司，曾以撩须触讳，暨居堂上之座，屡以投鼠招尤，媪相不容，丛神为甚。至于彼其之子，尤为眼中之钉。虽削秩还山，君恩甚厚，而除根剪草，珰怒方殷。殆将以我为李膺，岂肯容予为范蠡，似兹人道之患，何暇阴阳之忧。上有八旬之双亲，非予孰养？下有五龄之弱子，匪我谁成？勇士不忘丧元，圣人原无死地。所幸圣师乞灵上清，护持善类，遂使下愚得草宝

1　董其昌《明都察院左佥都御史特赠太子少保都察院右副都御史谥忠毅左公传》，《左忠毅公集》卷五。

箓，珍摄余生。从此山北山南，我自忘人于世外，即使舌锋腹剑，伊难弄我于术中。[1]

然而，护持善类的圣师并没有保佑他，左光斗珍摄余生的奢望很快破灭。魏忠贤及其阉党必欲置他于死地而后快，但又不能拿移宫事件作为罪证，因为迫使李选侍移宫，避免了垂帘听政，皇帝朱由校是赞成的。而接受杨镐、熊廷弼贿赂，贻祸辽东封疆，是皇帝不能容忍的。于是乎逮捕法办的圣旨发出，左光斗等六君子被陆续关进锦衣卫镇抚司诏狱。左光斗的同乡后辈方中履认为，移宫是左公奠安社稷的功劳，也是他招致杀身之祸的根源。

方中履说："天启中，逆奄用事，吾邑左忠毅公与杨忠烈公同死诏狱。人徒知公之死于奄，而不知公之死于群小假奄以杀公也。迄今遗民野老追寻往事，从公子子厚先辈游，乃洞晰本末，盖有余痛焉。今读公移宫前后疏，有不正冠肃容者乎？当是时，尊位方虚，大臣犹恐，不知所为。谠论一出，而邪谋顿寝，然后知国家开言路重台谏之深意，其得人收效至于此而后见也……然则选侍之不垂帘专政，坏三百年之祖制，谁之功欤？公之奠安社稷在是，而公之所以杀身在是。盖移宫之名正，未可以罪公，故假借封疆，坐以贿赂。既而定三案，刊要典，依附经术，文致爰书。鸣呼，此岂刑余之谋哉？"[2]

1 左光斗《隶度誓辞》，《左忠毅公集》卷四《杂著》。

2 方中履《左忠毅公奏议序》，《左忠毅公集》卷首。

得到锦衣卫缇骑南下逮捕的消息，杨涟劝他“勿恨”，他回答：“死何恨，但死不归君父，而先时择便，我辈怕死矣。”每天谈笑自若，收拾行装准备缇骑到来，私下对弟弟左光先说：“父母老矣，吾何以为别？”又说：“为忠臣，不能为孝子矣。”妻子环相泣，他嘱咐弟弟：“率诸儿读，勿以我戒而谓善不可为。”[1]

他写诗向双亲诀别：

再别不能去，中堂有老亲。
著书成令子，传世学忠臣。
逢难心犹烈，居官家更贫。
白云何可望，回首尽烟尘。[2]

写诗向乡亲诀别：

斑马鸣萧萧，长河水潏潏。
歧路一尊酒，行者皆声失。
念我平生交，执手如胶漆。
子弟各依依，啼呼向落日。
幼儿尚嬉游，不识六与七。
旧德无足存，生还未可必。
天王本圣明，众女善妒嫉。
临风从此辞，孤臣委汉室。

1 孙承宗《明都察院左佥都御史赠右副都御史太子少保浮丘左公墓志铭》，《高阳集》卷十七。

2 左光斗《左忠毅公集》卷三《诗·五言律·别双亲赴诏狱》。

流离戴君恩，努力全臣节。
直道不可为，微劳易过切。
安得浮云开，与子归衡泌。[1]

锦衣卫缇骑抵达桐城，宣读逮捕谕旨，原本晴空万里，忽然大雨如注，读罢，雨止。当地人从数百里外赶来，哀号设醮，并在公共场所张贴大字报，表达愤激之情。左公说："速我死矣！"请求他们停止忿激行动。押解他的槛车缓缓启行，全城的父老子弟遮拥马前，哭声震动天地，顶香遥拜北阙，拜锦衣卫缇骑，缇骑们被感动得涕泗交加，莫能仰视。一路上都有民众前来迎送，容城孙奇逢、孙奇彦来拜会，左公对他们说："自古皆有死，惟椒山（杨继盛）得其所。"[2]

进入诏狱后，受到严刑拷讯，诬陷杨左二人接受熊廷弼贿赂，各二万两银子。勒限退赔。左光斗拒不认罪，立即施以酷刑，几天之后，体无完肤。他的得意门生史可法（字宪之，一字道邻，河南祥符人），化装成清扫工，潜入狱中探望老师，已经面目焦烂，难以辨认。

说起左光斗与史可法的师生情谊，颇有一点传奇色彩。桐城方苞说："乡先辈左忠毅公视学京畿，一日风雪严寒，从数骑出微行，入古寺，庑下一生伏案卧，文方成草。公（左光斗）阅毕，即解貂覆

1 左光斗《左忠毅公集》卷三《诗·五言古·别同乡赴诏狱》。

2 孙承宗《明都察院左佥都御史赠右副都御史太子少保浮丘左公墓志铭》，《高阳集》卷十七。

生，为掩户。叩之寺僧，则史公可法也。及试，吏呼名至史公，公瞿然注视，呈卷，即面署第一。召入，使拜夫人曰：'吾诸儿碌碌，他日继吾志事，惟此生耳。'" 对于恩师的爱才惜才，史可法始终念念不忘，于是便有冒险探监之事。方苞提供了独家资讯："及左公下厂狱，史（可法）朝夕狱门外。逆阉防伺甚严，虽家仆不得近。久之，闻左公被炮烙，旦夕且死，持五十金，涕泣谋于禁卒，卒感焉。一日，使史（可法）更敝衣草屦，背筐，手长镵，为除不洁者，引入，微指左公处，则席地倚墙而坐，面额焦烂不可辨，左膝以下筋骨尽脱矣。史（可法）前跪抱公膝而呜咽，公辨其声而目不可开，乃奋臂以指拨眦。目光如炬，怒曰：'庸奴，此何地也，而汝来前，国家之事糜烂至此。老夫已矣，汝复轻身，而昧大义，天下事谁可支拄者？不速去，无俟奸人构陷，吾今即扑杀汝。' 因摸地上刑械，作投击势。史（可法）噤不敢发声，趋而出。后常流涕述其事，以语人曰：'吾师肺肝皆铁石所铸造也。'"[1]

正如史可法所说，左公肺肝是铁石铸造而成，视死如归，在狱中和其他五君子秉烛夜话，赋诗一首：

噫嘻哀哉，当今之事不可问，谁信慷慨回气运。长安猛虎昼食人，雾盖燕云十六郡。我

1 方苞《纪事·左忠毅公逸事》，《望溪先生文集》卷九。

欲呼天，天高不可呼。我欲告人，人心毒如荼。皋陶平生正直神，瓣香可能悉其辜。夜来床头生芝干如铁，不在李膺之前则在范滂之侧。英雄对此益增奇，天地愁之失颜色。噫嘻吁嗟乎，明月蚀于天，高山崩入渊。如何长夜如长年，安得魂去飞翩翩。上与二祖列宗诉其缘，肯教鸾凤独死枭獍乘权。[1]

许显纯秉承魏忠贤的旨意，诬陷六君子收受杨镐、熊廷弼贿赂，拷掠狠毒无比。六君子对于无端的诬陷拒不认罪，左光斗和诸君子商议，如果坚决不承认，必死无疑，不是酷刑击毙，就是狱卒潜杀；如果承认，就可以转交三法司审判，还有见天之日。诸君子都赞同他的分析，陆续自诬服，左光斗自己承认坐赃三万两银子。殊不知魏忠贤并非要他们的钱，而是要他们的命，不断矫旨严令许显纯五日一次酷刑拷打，根本不送交三法司，诸人始悔失计。[2]

左光斗之弟左光明昼伏夜行，千方百计筹集钱款，燕赵侠义之士，以及受左公荐拔的名士，一呼百应。容城孙奇逢、定兴鹿正因左光斗有德于畿辅百姓，倡议捐献，诸生纷纷响应，慷慨解囊，筹得数千两银子，以求缓刑。然而左公已经与杨公同时死于杖下，时为七月二十四日，卒年五十一岁。临死之前，

1 左光斗《左忠毅公集》卷三《诗·七言古·狱中同杨大洪、魏廓园、顾尘客、周衡台、袁熙宇夜话》。

2 万斯同《明史》卷三百五十一《左光斗传》。

从茶壶中传出绝命辞："辱极苦极，污极痛极，何缘得生，何苦求生，死矣死矣。愿以此报皇上报二祖列宗，血点泪痕，与数行淡墨，依稀断纸而已。"[1]

桐城民众为家乡赤子左光斗而自傲，赞誉他为"一代伟人，三朝正气"。当他遭到逮捕追赃时，桐城父老在四个城门张贴檄文，为之鸣不平：

◥ 左光斗像
左光斗，安庆桐城人，万历三十五年与杨涟同年进士。"东林六君子"之一。为官清正、磊落刚直，被誉为"铁面御史"。

> 今观佥宪左公，一代伟人，三朝正气。文章名世，学识共尊，斗山经济，满寰兆姓，均沾霖雨。抗弹章于豸绣，狐鼠销魂；振铎响于兰台，菁莪式化。居乡饮人醇醪，三尺无欺；作宦洁己冰霜，一丝不苟。即今廿载历仕，犹然四壁萧疏。真明时清白之懿型，为我邦缙绅之雅范……奈何黜削未几，倏尔逮系，随加旨下追赃，诬以不疑之攘金，有是事乎？诏严扭解，辱以范滂之囊头，变无日矣。吾桐素称文宪之邦，不乏忠毅之辈。睹接诏时之露雨，何异六月飞霜。听取义人之覆盆，能禁二天洒血。爰是倡盟约我同心，共矢借剑之英风，期辨窃丛之伪旨。及今拘留缇使，预图剖明，然后匍匐彤墀，代求矜释，庶贞人不毙于刀几，而公道顿豁于阴霾。请观今日之威严，竟是何

1 董其昌《明都察院左佥都御史特赠太子少保都察院右副都御史谥忠毅左公传》，《左忠毅公集》卷五。

人之世界？[1]

桐城百姓上疏朝廷，引用孟子的话加以发挥：杀人之权不在左右，不在大夫，并不在天子，而在国人。恳乞皇帝察舆情、怜冤抑，赦免左光斗：

今原任左佥都御史被逮左光斗，不知何罪冒干天威，削夺之谴，遐方细民已不胜骇愕，突闻差官拿问。以桐城二百余年所未有之事，桐民父老所未经见之惨，而忽加于桐百姓所共仰赖之人。闻报之日，官哭于署，吏哭于庭，农哭于野，商哭于市，行道哭于途，妇女哭于室，相顾痛悼，不解何故。至开读，谓熊廷弼失陷封疆，受贿出脱。嗟乎，冤哉！

世未有居乡不爱钱，而居官爱钱者；未有不爱本等之钱，而爱分外之钱者；未有除奸剔蠹禁人之受贿爱钱，而反身陷爱钱之诛者。皇上亦知左光斗居家不事生业，居乡惟高仁义乎！亦知急难有闻必告，谢仪闭目不睹乎！亦知一编裕后家，无绮纨之子弟，三尺应门人尽司马之纯仆乎！亦知二十余年之科第，不改四壁萧萧之家风乎！

至若道德文章，望隆江左，鉴空蓟北。生平不计身家，动念惟知君父。防微杜渐，共倾

1 金日升《颂天胪笔》卷五《赠荫·左光斗》。

夹日之功；触忌缨鳞，时洒回天之泪。有臣若此，犹当十世庑之，纵或罪在罔赦，亦宜付以三宥八议之典，何一旦威加莫测，坐以极冤。受贿何名？扭解何法？罪未定于司寇，刑遽上于大夫，举朝之公议虽泯，三代之直道仍在。

光斗为范滂，亲为滂母，骈首就戮，垂芳青史，天下后世以皇上为何如主哉？则光斗之身不特不忍杀，不当杀，且不可杀。与其置九死以快一人，何如留一生以谢通国。[1]

皇帝闭目塞聪，魏忠贤一手遮天，这些恳切的呼吁，统统化为泡沫。左光斗被迫害致死后，可爱的家乡民众还在继续呼吁，希望给死者以崇敬。安庆府学、桐城县学的生员上书朝廷，为左光斗“请祠崇祀”。[2]安庆府、桐城县的里老、约保、耆民，叩请当局俯允为左光斗建祠，以全优恤之典，以伸风励之用。[3]在阉党专政时代，这无疑是异想天开之事。好在历史毕竟是人民书写的，家乡民众终于了却心愿，在桐城县城建造了“左忠毅公祠”，世世代代祭祀不绝。[4]

1 金日升《颂天胪笔》卷五《赠荫·左光斗》。

2 金日升《颂天胪笔》卷五《赠荫·左光斗》。

3 金日升《颂天胪笔》卷五《赠荫·左光斗》。

4 道光《桐城续修县志》卷四《营建志·祠墓》。

4. 魏大中：“臣子死于王家，男儿常事”

魏大中，字孔时，号廓园，浙江嘉善人。性

狷介，为诸生酷贫，读书砥行。为孝廉十余年，足迹从不至官府之门，设馆糊口，欣然自足。[1]他是六君子中唯一与东林书院有关系的人，万历三十八年，会晤顾宪成、高攀龙诸公；次年，执弟子礼于高攀龙先生。[2]万历四十四年，赴廷试，赐同进士出身三甲第十三名，至大理寺观政，受职行人司行人。[3]以后累官至吏科都给事中，始终廉洁自守。瞿式耜说他，“自成进士以至受职行人，擢选谏职，从未尝受人一钱。官至吏掌垣，犹赁屋以居，无一椽一瓦。邑中豪强与缙绅家凛然畏如严师，而独与闾里小民如家人父子”。[4]万斯同说：“（魏）大中为人刚方严冷，嫉恶若仇，在官不以家自随，止二苍头给爨。入朝则键其户，寂无一人。有外吏以苞苴（贿赂）至者，举发之，自是无敢及其门。”[5]嘉善名士陈龙正（字惕龙，号几亭），与他同出高攀龙师门，有同学之谊，知之甚深：“忆自癸卯（万历三十一年）、甲辰（万历三十二年）间，出入联榻，风雨悬灯，相与搜剔乎经史，而渐劘以文义，斤斤自矜，多属吸风食柏之心，与冷铁严霜之致。迄于今，簪发几年，要津几年，而一夫之亩不盈，藜藿之羹常匮。噫嗟何为乎？”[6]

正如万斯同所说，魏大中刚方严冷、嫉恶若仇。有人以为他嫉恶过严，优容不足，瞿式耜认为这和他多年身居谏垣之职大有关系：“然亦安知其胸中确然自有绳墨，世间曲相自不堪受彼一引弹

1 万斯同《明史》卷三百五十一《魏大中传》。瞿式耜《特表忠清疏》，《瞿忠宣公集》卷一《掖垣疏草》。

2 魏大中《藏密斋集》卷一《自谱》。

3 魏大中《藏密斋集》卷一《自谱》。

4 瞿式耜《特表忠清疏》，《瞿忠宣公集》卷一《掖垣疏草》。

5 万斯同《明史》卷三百五十一《魏大中传》。

6 陈龙正《祭魏忠节公》，《几亭全书》卷五十八《文录》。

耳……况当乱臣贼子人将相食之时，而欲使居谏垣者禁不发一语，然则必使天下须眉尽化为女子，人类尽化为狐狸，然后可以称大贤耶？”[1]在天启年间的言行，由此可以获得索解。比如，太常少卿王绍徽素与东林为难，千方百计营求晋升巡抚。魏大中鄙视其人品卑劣，上疏抨击，迫使他自引而去。当时大臣冒滥恤典，子弟每每夤缘要路，封荫一官半职，魏大中深恶痛绝，一切按照祖宗旧制裁量，杜绝夤缘之途，引来怨恨无数。吏部尚书赵南星欣赏他的贤能，任事任免多征求他的意见，言必采纳，引起一些人的反感。

给事中章允儒鼓动傅樾，借汪文言的由头，率先发难，弹劾魏大中与左光斗“反戈于君子，呈身于小人，以内阁中书汪文言为私人”。魏忠贤见到这一奏疏大喜过望，立即矫旨逮捕汪文言，关入诏狱。魏大中据理反驳刑科给事中傅樾：“臣不知（傅）樾指何如人为君子，而臣尝反戈；又不知樾指何如人为小人，而臣有呈身之事。若文言游于缙绅间，即江右缙绅多与之游。臣无私，无庸畜人以行其私，至谓臣有资斧及人，则臣不能也。顾樾何以若是惴惴焉其自危也。大都宵小之志，最不便于铨院吏垣，有秉正嫉邪不可力挠不可党劫之臣。故冢臣锐意治平，求贤如渴，得一清恬伉直之邹维琏用之于铨，而樾自危；又得一清恬伉直之程国祥用之于铨，而

1 魏大中《藏密斋集》卷首，瞿式耜序。

樾又自危；(左)光斗佥院，而樾自危；臣忝吏垣，而樾又自危。故维琏逐之，并国祥逐之，且并旧铨臣吴羽文而逼之逐之。三驱之后，继以一网，疏攻光斗，并以及臣。”[1]把傅樾驳得体无完肤，连皇帝也不得不承认："魏大中新推吏垣，据奏，心迹既堂堂，即到任供职。”[2]既然皇帝下旨“到任供职”，次日，魏大中赴任吏科都给事中，鸿胪寺也已经报名面恩，魏忠贤竟然违反惯例，突然矫旨借口魏大中与傅樾“互讦未竣”，不得赴任，说什么“魏大中、傅樾互参，事情尚未明结，何得到任面恩，以后有这等的，鸿胪寺不得开写朝仪起数”。魏大中只得杜门席藁，静听斧钺。[3]如此出尔反尔，举朝为之骇愕。魏忠贤自知理亏，顺势下坡，发出圣旨说“魏大中既认罪，且称遵旨到任，着供职，免面恩”。[4]显然这是正反两方势力较量的结果，万斯同评论道："然自是朝端水火，诸正人咸不安其位矣。”[5]

杨涟弹劾魏忠贤二十四大罪，魏大中首先响应，率领同官劝谏皇帝："从古君侧之恶非遂能祸人国也，有忠臣不恤其身之危以告之君，而君不信，乃始至于不可救。”可谓一语中的，皇帝朱由校与太监魏忠贤的关系正是如此，所以他批评道："忠贤种种之罪案，(皇上)引为亲裁，而代之任咎；忠贤种种之逆德，不能置辩，而代与分剖；安排布置，倒行逆施，自疏自票，疑尽出忠贤之意”。仿佛四

1 魏大中《请斥倾危之臣以护善类疏》,《藏密斋集》卷八《奏疏七》。

2 魏大中《请斥倾危之臣以护善类疏》,《藏密斋集》卷八《奏疏七》。

3 魏大中《乞恩认罪疏》,《藏密斋集》卷八《奏疏七》。

4 魏大中《乞恩认罪疏》,《藏密斋集》卷八《奏疏七》。

5 万斯同《明史》卷三百五十一《魏大中传》。

两拨千斤，一举击中要害，魏忠贤大怒，矫旨切责："好生逞臆渎扰，本当重处，念系言官公本，为首的罚俸五个月"。[1]罚俸不过是暂时的警告，报复在后面。吏部推举谢应祥出任陕西巡抚，作为吏科都给事中的魏大中全力支持，魏广微唆使亲信陈九畴发难，攻击魏大中出于谢应祥门下，推举不公。魏忠贤与魏广微抓住把柄，贬谪魏大中。离京时感慨系之，他赋诗与诸君子告别：

> 岂有书生面，难将赭似酡。
> 遮藏图学茧，引闭拟为螺。
> 亦念君恩重，其如物态何。
> 安危君等在，余意已烟萝。[2]

此时此地他的心境充满惆怅：

> 题墨当年愧碧纱，重过今日鬓生华。
> 天心如此人谁料，臣罪伊何愿敢奢。
> 果不鉴临惟有死，纵然归去已无家。
> 能垂勺露宽于海，好好朝霞与暮霞。[3]

"天心如此人谁料"，"纵然归去已无家"，预感到日后无法安生。他在年谱中说："五年乙丑，五十一岁。予一意杜门谢客，而邸报中声息汹汹，

1 魏大中《合词请纳宪臣之忠以除逆珰疏》，《藏密斋集》卷八《奏疏七》。

2 魏大中《藏密斋集》卷十《诗·出都留别诸君子》。

3 魏大中《藏密斋集》卷十《诗·乙丑夏五（月）二十日宿奉圣禅院用辛酉旧题韵》。

不敢宁居，仓卒与濂儿毕姻以四月十一日。二十一日而逮者至，二十四日就逮。”[1]天启五年四月二十四日，朝廷派来的锦衣卫缇骑逮捕魏大中，嘉善同乡数千人号泣送行。押解船只由运河北上，经过苏州时，周顺昌（字景文，号蓼洲，苏州吴县人）登船问候，并把自己的小女儿许配给他的孙子，用缔结婚姻表示对忠臣的敬重之情。官船经过常州，知府曾樱前来迎送，潸然泪下，魏大中颜色不变，安慰道：“臣子死于王家，男儿常事，何必尔尔。”曾樱拿出自己的清俸银子一百两，托郑鄤转交，魏大中婉言谢绝：“譬如嫠妇孀居数十年，垂死中偶动一念，便属失节，箦华而睆，不敢以不易也。”[2]

高攀龙在平望镇迎候，又在无锡高桥之北依依惜别。魏大中所写“自谱”，到此戛然而止。他的儿子魏学洢补写了北上入狱直至死亡的全过程，感人至深，请看这篇饱含血泪的文章：

先君闻难后，扬扬欢笑如畴昔，而一出于真。洢等悲忧填膺，睹颜色则亦欢笑，不复知大阨之在后也。

五月五日，舟过锡山，陈发交携蒲觞相饯，欢笑竟日。

初六日凌晨，遣濂（次子学濂）归行，纳采礼于周蓼洲。惧洢尾舟而行，或为缇骑觉也，

1 魏大中《藏密斋集》卷一《自谱》。

2 瞿式耜《特表忠清疏》，《瞿忠宣公集》卷一《掖垣疏草》。

遣雇小舟先发。洊别而北，濂别而南，草草分散，不料自此竟长别也。於乎痛哉！

六月十二日，槛车经良乡，遣奴鸿飞以此谱（即“自谱”）授洊，诫勿求见。（附注：魏大中关照魏学洊，“自谱”稿当藏之莫示人，以后修订。）十三日，入都，羁锦衣卫东司房。十六日午间，入北镇抚司狱。越十日而杨公至。

二十八日，许显纯、崔应元奉旨严鞫。许（显纯）既迎二魏（魏忠贤、魏广微）意，构汪文言招词，而急毙之以灭口，对簿时遂踉踉如两造之相质。一拶敲一百穿梭，一夹敲五十杠子，打四十棍，惨酷备至。而抗辩之语，悉闵不得宣。

七月初一日，旨下，则直云：“六人伏辜矣，仍着北镇抚（司）严刑追比，五日一回奏”。闻者莫不丧魄。外魏（广微）佯请付法司以解于众，而令内魏（忠贤）故留中以奢台省之将言者。

初四日，输三千金，（许）显纯概不用刑，以用刑闻，且请从辅臣（魏广微）言，盖聊以市德云……派赃有至四万者，而先君独三千有奇，似属未减，且金又似可徐徐输也。及旨下，切责（许）显纯。

初九日，概笞十棍。旨下，仍切责。十三日，同杨、左各三十棍。先君自此大困。（许）显纯又限五日再比，所输数更日增，洊惴惴惧不给矣。十六日，旨下，又切责（许）显纯、（崔）应元各降一级，洊惶怖绝望，欲代刘执输金之役。（附注：刘，即旧邻刘启先，负责输金）。一见先君，刘苦相尼。十七日，刘入，先君俯相劳苦，且辞曰：“惫极矣，未刑时茎茎毫孔俱疼，殆不能支，姑毋令我儿知也。”刘微以洴意告，先君大惊。比输金，杨、左受严刑，余四人竟免。刘出，洴又私喜过望，叩头谢刘，谓毒盖偏有中矣，急奔定兴江村告贷于鹿太公。太公义至高，然家故清窭，转展旁贷，仅得十五金。洴未至，太公先已传告同好，深乡剧贫之士素不通姓名者，争贸易所有以相应许显纯，宗族多与焉。然汇之曾不盈五十金。洴且感且愧且悲，急奔之良乡，讯十九日消息，则六公同被酷刑，一如初鞫时矣。

二十一日，奔至城，则当日又同杨、左各三十棍矣。洴狂骇惊怛，不知所为。究其故，则倪文焕以细事忤中贵，赖崔呈秀以免，急攻蓼洲（周顺昌）媚之，中及缔姻事。蓼洲褫，而先君之祸遂益烈。暂宽忽严，倪文焕为之也，於乎痛哉！

二十四日，刘入，先君不复能跪起，荷桎梏平仆堂下。刘膝行而前，见额帕垂覆目，整之，背半露掩之，群蝇啮腐肤，驱之。问：“安乎？”曰：“病，病甚。”问：“亦强进粥乎？”曰：“勿言勿言，促我儿逸去。”刘不觉哭失声，众呵之出。是日，又一夹敲四十棍。刘请于里门，卒隐垣隙窃窥，初犹闻痛楚声，已殊寂然。刑毕，拽入。少顷，（许）显纯令管事官二人进狱，久之方出。众莫测其所为，但闻杨、左、魏已舁至后监。

二十五日，菜帖入，不复出矣。杨、左以是日报亡。

二十六日，报先君以巳时亡，然终不知死期与死法也。於乎痛哉。时天暑发雷，相验领埋之旨故迟迟不降，而东厂卒日巡洴寓如织。

三十日，始差官发尸，偕杨、左从牢穴中出，骸涨而黑，圾圾有零落。忧急，并移褥卷之入棺。[1]

魏大中在诏狱受到严刑拷打，在场的外甥不禁痛哭失声，魏大中斥责道："孺子真不才，死岂负我哉，而效儿女子相泣耶！"严审四次，酷刑备加，实在不能堪，仰视许显纯说："吾口终不肖汝心，任汝巧为之，我承焉可也。"许显纯于是任意诬赃，魏大中蹶然而起说："天乎冤哉！以此蔑赤贫之士，有死不承。"[2]家乡父老为了挽救魏大中生命，愿意筹措银两代为退赔，魏大中婉言谢绝，七月初三日从狱中寄出片纸，写道："百姓许概县派赔，万万不可。我穷苦一生，并无分银粒米施及邻里乡党，今日之祸又非为合县公事，岂可相累！"[3]

魏大中遇难后，挚友陈龙正撰写祭文："呜呼魏兄，生平不忘沟壑，而事与运卒副其意。死之日，肤浮髭脱，面目不可复认，而仅有斑斑血裳为之记。呜呼，人谁不死，死所良异，孰知夫床笫之有时非所，而缧绁或得捐生之地也……今焉兄之长暝于桎梏也，亦洎乎归其所寄。想兄尔时戴皇天、履后土、游名山、涉大川，浩浩乎通未生以前之元气焉。而里党交亲所不忍耳而目者，则惟泪枯之嫠，长号之孤，痛忘餐而惊难寐。"[4]

1 魏大中《藏密斋集》卷一《自谱》。

2 金日升《颂天胪笔》卷六《赠荫二·魏大中》。

3 金日升《颂天胪笔》卷六《赠荫二·魏大中》。

4 陈龙正《祭魏忠节公》，《几亭全书》卷五十八《文录》。

5.“虎狼之肆威，狗彘之不食”

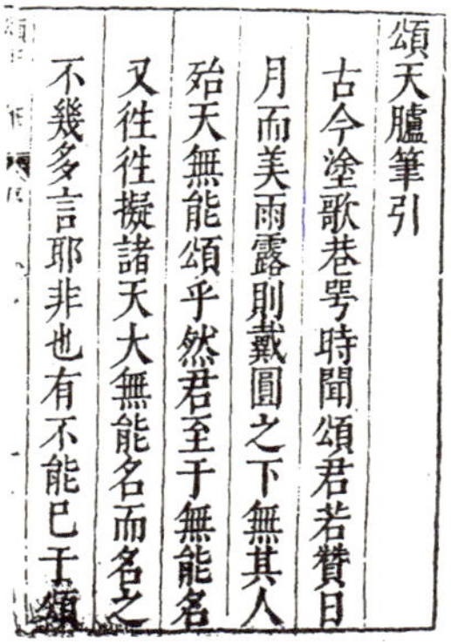
頌天臚筆引
古今塗歌巷咢時聞頌君若贊日
月而美雨露則戴圓之下無其人
殆天無能頌乎然君至于無能名
又往往擬諸天大無能名而名之
不幾多言耶非也有不能已于頌

▼《颂天胪笔》书影

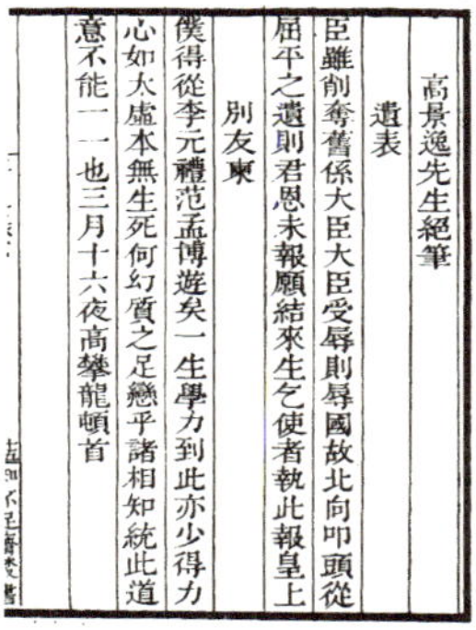
高景逸先生絕筆
遺表
臣雖削奪舊係大臣大臣受辱則辱國故北向叩頭從
屈平之遺則君恩未報願結來生乞使者執此報皇上
別友柬
僕得從李元禮范孟博遊矣一生學力到此亦少得力
心如太虛本無生死何幻質之足戀乎諸相知統此道
意不能一一也三月十六夜高攀龍頓首

▼《碧血录》书影

锦衣卫是一个军事特务机构，它的镇抚司诏狱，是直接受命于皇帝的非典型司法机构，故而称为“朝家禁狱”。金日升说：“镇抚（司）为朝家禁狱，列圣颁旨极严，凡漏泄狱情者，处以斩刑；擅入狱中者，即刖其足。故片纸只字及单辞半语，出入最为不易。”[1]它凌驾于三法司（刑部、大理寺、都察院）之上，可以法外用刑，人犯一旦进入诏狱，很少有活着出去的。由于六君子之死为世人所瞩目，其惨无人道的内情渐次暴露于外。

金日升的《颂天胪笔》、黄煜的《碧血录》，所披露的真相最为深刻，也最为令人惊骇。

金日升记载镇抚司诏狱的五种刑具：

一是械具，用坚木制成，长一尺五寸，阔四寸许，中间开凿两孔，固着于臂上，虽受刑时也不脱下。

二是镣具，用铁制成，俗称锒铛，长五六尺，盘于左脚上（因右脚要受刑，有所不便）。

---

1 金日升《颂天胪笔》卷二十一《附记·诏狱惨言》。

三是棍具，用杨树榆树木条制成，长五尺，弯曲如匕。执手处大如人小指，着肉处将近一寸。每次动用棍刑，用绳索紧束人犯腰部，使其不得转侧。或用绳索绑住两脚，一人负之背立，使之不得伸缩。

四是拶具，用杨木制成，长一尺余，直径约四五分。每用拶刑，两人扶受刑者起跪，用绳索绑住拶具两端，用棍棒左右敲击，使得拶具上下，增加痛楚。

五是夹棍具，用杨木制成，两根一副，各长三尺余，离地五寸许，贯以铁条，每根中间各绑拶具三副。用刑时，直竖其棍，安于人犯脚上，用绳索绑定，又用大杠一根，长约六七尺，直径四寸以上，从右面猛烈敲击足胫。[1]

其实诏狱的刑具，决不仅仅限于这些，还有一些非典型刑具，比如用来敲打的铜锤，用来压人身体的装满泥土的麻袋，长达五六寸的铁钉等等。经受这些刑具折磨以后，势必体无完肤。

魏大中之子魏学濂说，其父受刑之后，“指断胫裂，股大于腰。叠棍所中，结为黑丁，澌为深坎，不一再宿，复棍棍击赤肉。肉败蛆生，淋漓零落，堕阶上者魂如斗。盖严刑之下，既无力图生，且无力图死。”[2]这就是“奉天承运皇帝诏曰”掩盖下的诏狱的真相。金日升感叹道：“读未终篇，顿

1 金日升《颂天胪笔》卷二十《讼冤》。

2 金日升《颂天胪笔》卷二十一《附记·诏狱惨言》。

使人发指眦裂，气塞泪淋。按古之狱吏张汤、来俊臣诸恶孽，未有今日许显纯之惨毒也。真虎狼之肆威，狗彘之不食，恨不磔其体，而醢其肉，以飨六君子之忠魂，以雪天下之公愤。”[1]

黄煜《碧血录》逐日记录六君子受到严刑拷打的真相：

入狱当天，“诸君子各打四十棍，拶敲一百，夹杠五十”。

七月四日，六君子从狱中提出审讯，“各两狱卒挟扶左右手伛偻而东，一步一忍痛，声甚酸楚……诸君子俱色黑而颠秃，用尺帛抹额，裳上脓血如染”。

七月十三日午饭后，六君子到堂审讯，“（许）显纯辞色颇厉，五日一限，限输银四百两，不如数，与痛棍。左（光斗）、顾（大章）哓哓置辩，魏（大中）、周（朝瑞）、袁（化中）伏地不语。杨呼家人至腋下，大声曰：‘汝辈归，好生服侍太奶奶，分付各位相公不要读书。’是日，各毒打三十棍，棍声动地。嗣后受杖诸君子股肉俱烂，各以帛急缠其上，而杨公独甚”。

七月十七日拷问，杨（涟）、左（光斗）各三十棍。

七月十九日拷问，“杨（涟）、左（光斗）、魏（大中）俱用全刑，杨公大号而无回声，左公声呦呦如小儿。周（朝瑞）、顾（大章）各受二十棍，拶敲五十；

1 金日升《颂天胪笔》卷二十一《附记·诏狱惨言》。

袁（化中）拶敲五十。魏（大中）呼家人至前，谓之曰：‘吾十五日已后闻谷食之气则呕，每日只饮寒水一器，苹果半只而已。命尽想在旦夕，速为吾具棺，然家甚贫，无能得稍美者，差足掩骼可也。’”。

七月二十一日拷问，“杨、左俱受全刑，魏三十棍，周、顾各二十棍……杨公举头欲辩，而口不能言，遂俱舁出。彼时诸君子俱已进狱，独杨、左投户限之外，臀血流离，伏地若死人……是日雨，棍湿重倍常，且尽力狠打，故呼号之声更惨”。

七月二十四日拷问，“杨（涟）、左（光斗）、魏（大中）各全刑，顾（大章）拶敲五十。刑毕，（许）显纯呼牢狱前张目曰：‘六人不得宿一处。’遂将杨、左、魏发大监……（狱）吏嗟吁曰：‘今晚各位大老爷当有壁挺（方言死也）者。’是夜，三君子果俱死于锁头（狱卒头目）叶文仲之手”。

七月二十九日，“三君子之尸俱从诏狱后户出……籍以布褥，裹以苇席，束以草索，扶至墙外，臭遍街衢，尸虫沾沾坠地”。

八月十九日，袁化中死于锁头（狱卒头目）颜紫之手。

八月二十八日，周朝瑞死于锁头郭某之手。

九月十五日夜，顾大章投环而死。[1]

袁化中，字民谐，号熙宇，山东武定人。万历三十五年进士，历任内黄知县、泾县知县，治绩卓

1 黄煜《碧血录》，附录《天人合征纪实》。

著，晋升御史。天启初年目睹时事不平，屡次上疏弹劾逆珰，遭魏忠贤忌恨。他作为河南道御史，揭发淮扬巡抚崔呈秀贪赃枉法，得到都察院左都御史高攀龙，以及吏部考功司郎中邹维琏支持，提问追赃，拟遣戍，崔呈秀投身魏忠贤，图谋报复。天启四年，傅櫆纠弹汪文言，牵连魏大中、左光斗，袁化中上疏申辩。天启四年六月初一日杨涟弹劾魏忠贤二十四大罪，袁化中奋起响应，向皇帝上疏——“宪臣逐奸之论甚正，朝廷辨恶之法宜明，谨循职掌合词共吁，恳乞皇上即敕究处，消弭隐祸以安人心疏”[1]。他尖锐地指出：“禁廷之内乃有大奸巨恶如掌东厂太监魏忠贤其人者。忠贤事皇上不为不久矣，皇上之恩宠不为不极矣，感恩图报，只合安分小心，以护圣躬。一切不法之事毫不萌念，岂不称真忠贤哉？乃四年以来，障日蔽明，逞威作福，乘皇上之初临，视大臣如奴隶，斥言官如狐雏，杀内廷外廷如草菅。自杀王安后，其手渐滑；逐刘一燝后，其势愈炽。朝野相危，神人共愤，其恶状已悉俱臣堂官杨涟疏中，臣等无容再列。但斥奸逐佞，言官事也，今臣等不能先发，而臣堂官发之，臣等已抱寒蝉之愧。”然后话锋一转，针对皇帝对于杨涟奏疏的态度，批评道：“又以为疏上之时，皇上不知如何震怒，立下法司究问矣。今在宪臣则责以‘凭臆构祸，寻端沽直’；在忠贤则奖以‘一言不

1 吴应箕《熹朝忠节死臣传·赠太仆寺卿河南道御史袁公传》，《东林始末》，中国历史研究资料丛书，上海书店，1982年，据神州国光社1951年版复印。

置辩，更见小心’。是何斥奸者反加不美之词，而暴横者反承翼翼之褒乎！且奸厂之疏先下，而后批答之旨继之，是何王言之倒置，而国体之渐轻也。臣等以为，忠贤势焰熏天，触之者焦，谁肯逞其言词？今宪臣矢心报国，不避权贵，正大臣防微深心，忠爱之大孰过于此！若以蹇蹇者非忠爱，则容容者为忠爱乎？灰正直之气，长奸珰之志，莫此为甚。”词锋凌厉，句句触及要害，却又句句在理，六月七日的皇帝圣旨泛泛而谈：“杨涟本奉旨已明，如何又来渎扰。朕御下严明，朝夕左右，岂得不知？若如外廷所疑，谓朕为何如主？好生不谙大体。念系言官，且杨涟倡首已置不问，姑不深究。”[1]所谓“不深究”当然是一句门面语，秋后还是要算账的。果然，因吏部会推事件，袁化中附和赵南星、陈于廷，遭到削籍处分。杨涟、左光斗被逮捕，袁化中也因移宫、封疆两案遭到逮捕，坐赃六千两银子。许显纯按照魏忠贤的旨意，严刑拷打，身受重伤。“公（袁化中）每从狱中出，两狱卒挟扶左右手，伛偻而行，一步一忍痛，声甚酸楚，面色墨，而头秃，用尺帛抹额，裳上脓血如染。（许）显纯高坐，叱咤颇厉，究验所纳赃数，不中程受全刑（夹拶棍杠敲）。公素善病，遂僵卧不起。”八月十二日，袁化中退赔全部赃银，仍不发刑部审理，十九日被狱卒头目颜紫击毙于狱中。五日后家属才可以

1 金日升《颂天胪笔》卷六《赠荫二·袁化中》。

领埋尸体，其时肢体已经腐烂，家人布裹含殓，见者无不悲酸凄楚。[1]

周朝瑞，字思永，号衡台，山东临清人。万历三十五年进士，历任中书舍人、礼科给事中，与同官杨涟志同道合。移宫之议起，力挺杨涟。御史贾继春有“安选侍”之议，与杨涟唱反调，周朝瑞三次上疏辩难，触犯时忌。天启二年，皇帝朱由校停止经筵日讲，他疏请照常讲学，语侵皇帝身边近侍，有“借丛指鹿”等语。疏中写道：“经筵日讲已奉暂免之旨，果自圣意乎？抑阁臣实先意逢迎，欲假圣旨停之乎？若圣意倦勤，蹈此杳不闻声之覆辙，阁臣宜引义力争，何待人言之毕。如其阁臣阿中涓意，实有先言，遂叨中旨。阁臣亦读圣贤书，岂不闻人主宜使务学，接见贤士大夫。况皇上冲龄，志气未定，即一二亲信内侍亦不明乎？天下安则皇上安，而若辈亦安。种种借丛，皆堪覆国。独有朝讲不辍，诸臣尚得睹皇上龙颜，庶几有牵裾之忠，犹可白指鹿之佞。”[2]魏忠贤、客氏怀恨在心。阉党分子炮制《东林点将录》，对魏忠贤说：“此录中一百八人皆结党谋，欲杀祖爷者也。”魏忠贤深信其说，命诸奸先逮捕为首的十人。诸奸反复推敲几昼夜，最终确定六君子名单，其中就有周朝瑞。金日升说：“此六人非但鲠直，为逆珰所恨，兼有才智，为奸党所畏，谓先剪灭此，则余皆发蒙振

1 金日升《颂天胪笔》卷六《赠荫二·袁化中》。

2 金日升《颂天胪笔》卷六《赠荫二·周朝瑞》。

落耳。则公之才品可推矣。”[1]天启五年，汪文言狱起，被逮捕入诏狱，坐赃一万两银子。周家迅速退赔完毕，即将出狱，被狱卒击毙。[2]

顾大章，字伯钦，号尘客，南直隶常熟人。万历三十五年进士，由常州府儒学教授晋升国子监博士、刑部主事、郎中。魏忠贤用事，群小阴谋杀害杨、左，诬称顾大章为“杨左党”，逮入诏狱。杨、左、魏、袁、周五君子先后毙命，顾大章即将移送刑部，命法司定罪。顾大章慷慨陈词：“某奉旨送法司，据招定罪，岂容复辩？欲辩则抗圣旨也，欲不辩则自欺本心，欺法司，且欺天下后世，是亦欺皇上也。不抗即欺，无一而可也。且五人者皆前死矣，借某以实五人之招，则某既自诬服，又代五人诬服，何以见五人地下乎？明公能昭雪此案，则万代瞻仰。不然，有镇抚（司）原招在，某复何言？”[3]法司环坐愕眙，无言以对。顾大章叹息：汪文言犹能为贯高，我度不能乎？吾不可以再辱矣。说罢，与弟弟顾大武诀别，服毒自尽，气未绝，再自缢而死。时为天启五年九月十四日，享年五十岁。[4]

死前数日，顾大章写自叙，彰显他特立独行的个性：“余锐意政事，遇事辄攘袂争之，而得者十之七，然犹郁郁不乐。得奇疾，弃官归家。遇外家立嗣事，颇任嫌怨，卒捐外父所赠以明志，家居三载。改常州教授，丁父忧。丧毕，见正人日就摧

1 金日升《颂天胪笔》卷六《赠荫二·周朝瑞》。

2 吴应箕《熹朝忠节死臣传·赠太仆寺卿礼科周公传》。

3 钱谦益《陕西按察司副使赠太仆寺卿顾公墓志铭》，《牧斋初学集》卷五十《墓志铭一》。

4 钱谦益《陕西按察司副使赠太仆寺卿顾公墓志铭》，《牧斋初学集》卷五十《墓志铭一》。

贾彪，东汉学者、名士、太学生领袖，后受党锢之祸。

顾厨，东汉时期太学生把敢于同宦官进行斗争的清流人物冠以“三君”“八俊”“八顾”“八及”“八厨”等称号，表示对宦官集团的不满和蔑视。

残，慨然曰：‘昔贾彪不入顾厨之目，牵西行以解其难。余向与东林疏，此正可以彪自况也。’补国子博士，颇为世道效力，人皆不知。后以同事诩其功，余名亦渐彰，为人所忌矣……群小谮余手玛，谓王纪攻客氏疏皆出余手。余无崆峒之才，而有其祸，自此始也。”[1]在诏狱中，他写下了《对簿词》《狱中笔记五条》，悲叹狱中的苦楚：“某等六人同逮，而某为最苦。彼五人死于镇抚（司），未到法司成招，天下或有冤之者。某既送法司，欲辩，则奉旨：‘原是据招定罪，岂容复辩以抗圣旨。’欲不辩，则自欺本心，欺台臺，即是欺皇上，且欺天下后世。况不但自诬服，而并借某以成五人之招。此招一成，某身名俱败矣，故曰最苦也。问：‘与五人如何交结？’某曰：‘杨（涟）为常熟县令，因此相知。左（光斗）同年同乡，是以相知。魏（大中）素极厚，袁（化中）、周（朝瑞）踪迹皆疏。’对簿词止如此。末云：‘台臺能为此案昭雪，则万代瞻仰，在此一举，如其不然，则有镇抚（司）原招在。”[2]又说：“入诏狱，声息俱遥闻，不能觌面，是即死也。何天玉云：‘在诏狱写单索饮食于外，譬如祖宗之显灵；家人送食，传单而进，譬如子孙之祭享。’非久困于狱者，乌能描写至此乎？余入诏狱百日，而奉旨暂

1　金日升《颂天胪笔》卷六《赠荫二·顾大章》。
2　金日升《颂天胪笔》卷六《赠荫二·顾大章》。

发部者十日，有此十日之生，并前之百日皆生矣。何者？与家人相见，前之遥闻者皆亲证也。余既叨此一百十日之生，视彼先逝者幸已甚矣，复何忧哉？复何恋哉？”[1]

写诀别诗，其中有“故作风波翻世道，常留日月照人心”之句。慨然叹息：“自唐虞至今才四千年，吾生五十年，已得八十分之一，不可为不寿，即以凶终，不犹愈于老死牖下者乎？”[2]

六君子遭受诬陷，惨死诏狱的事实，在官方文书中竟然是另一副样子。刑部尚书李养正、周应秋，都察院左都御史王绍徽，副都御史徐大化，佥都御史潘濬，大理寺少卿吴之皋、倪思辉、潘文，大理寺丞张论臣、启光、孙杰等签署爰书（定案文书），向皇帝奏报三法司对六君子之狱的标准宣传口径：“顾大章与已故杨涟、左光斗、周朝瑞、魏大中、袁化中、汪文言，皆以狂悖窃附威权，惯罔上以沽名，惯崇奸而谋利。堂构无恙，何定策之敢言；社稷有君，孰垂帘之可托。自汪文言潜通线索，致王（安）内监突起风波，（左光）斗曰‘日后可虞’，（杨）涟曰‘移宫宜亟’。直房密计，疾如风雨之至，令康妃（李选侍）踉跄失措，不知祸之自来，禁里传呼，势如剽劫之临，即皇妹亦号恸堪怜，曾无言之可诉。乘皇上谅阴之始，得以恣行，快中涓报复之谋，惟其所欲，擶众听而背遗言，恫先灵而

1 金日升《颂天胪笔》卷六《赠荫二·顾大章》。

2 金日升《颂天胪笔》卷六《赠荫二·顾大章》。钱谦益《陕西按察司副使赠太仆寺卿顾公墓志铭》，《牧斋初学集》卷五十《墓志铭一》。

亏圣孝。有臣若此，岂可胜诛！犹且招摇作势，标榜为名，斥异己之贾继春；片言刺骨，进党同之周朝瑞。三辩衔恩，曰谁任击排？则袁化中、魏大中拳勇可藉；曰谁供颐使，则顾大章绕指堪收。”[1]这种空话连篇虚张声势的爰书，不值得继续引用，墨写的文字毕竟难掩血腥的事实。不过对于魏忠贤而言，却如获至宝，阁臣票拟的诏书同样黑白颠倒是非混淆：“杨涟、左光斗、周朝瑞、汪文言凶恶小人，目无法纪，素与内侍王安互相交结，妄希定策，首倡移宫，夤缘作弊，扶同奏启，威逼康妃(李选侍)，亏朕孝德。又与魏大中、袁化中、顾大章结成一党，紊乱朝政。明知熊廷弼失陷封疆，罪在不赦，乃敢贪其重贿，共为营脱，巧言谏免，暗邀人心。赖九庙神灵，罪人斯得，诛心定法，律当情真。虽已瘐死囹圄，还当戮尸都市，姑从轻典，以示法外之恩。”[2]

读者诸君如果不知“信口雌黄”一词的含义，这可是极佳的例证。

1 沈国元《两朝从信录》卷二十七，天启五年九月丙寅。

2 沈国元《两朝从信录》卷二十七，天启五年九月。

五　镇压正人君子的舆论攻势

1. 篡改当代历史的《三朝要典》

与此同时，魏忠贤指使亲信发动舆论攻势，篡改当代历史，为镇压正人君子提供依据。这项工作的重点是重新解释不久之前发生的三案：梃击案、红丸案、移宫案，推翻这些重大政治事件已有的结论，全面翻案。阉党重新解释历史，并非有什么考据癖，而是出于不可告人的政治目的，此类手段古已有之，不过天启年间做得更加粗暴露骨。

舆论攻势有一个逐步升级的过程。

天启五年正月，都察院左副都御史乔应甲十次上疏，请求朝廷“早剖门户”，强调的要点是，“东林得淮抚则暗有所恃，淮抚得东林则两有所挟”，把淮抚李三才称为东林的党魁，以下有张问达、赵南星、高攀龙、曹于汴、段然等干将。[1]十分清楚地显示了舆论攻势的矛头直指东林。

同年二月，御史杨维垣在题为“险臣非分之酬”的奏疏中，首先提出重新评价“三案”的是非曲直。他认为审理梃击案有功的王之寀，是“幸功躐跻，诬皇祖（神宗），负先帝（光宗），不惟无功，抑且有罪”。魏忠贤立即矫旨将刑部侍郎王之寀革职为民，并且宣称：“皇祖慈爱，皇考孝友，中外臣民共知，张差一事，王之寀贪冒进取，上诬皇祖，并负皇考，且陷朕不孝，又致毙内外无辜多命。”[2]

1 沈国元《两朝从信录》卷二十五，天启五年正月。

2 徐肇台《甲乙记政录》，天启五年三月三十六日。

皇帝圣旨已经为翻案定了调子——“上诬皇祖，并负皇考，且陷朕不孝”，阉党分子奋起响应，最为卖力的当推刑科给事中霍维华。

◤ 霍维华，北直隶东光人，万历四十一年进士。依附阉党魏忠贤、崔呈秀。天启四年迁刑科，追论“三案”，官至兵部尚书。天启七年熹宗病重，霍维华献“灵露饮”，数月后熹宗亡故。

天启五年四月，霍维华写了扬扬数千言的长篇奏疏，议论“三案”，直截了当亮出了政治意图：“顷者邪臣假借题目，诬蔑宫廷，亏损圣德，如所谓梃击、红丸、移宫三案，已捏形章奏，簧惑听闻，更欲窜入纂修，迷乱万世。用是不避忌讳，据实剖明，快祖宗在天之灵，畅皇上继述之志”。获得魏忠贤高度赞赏的奏疏，毫无疑问是一篇奇文，不妨细细看来。

霍维华首先从距离最近的移宫案谈起：“先帝弥留之际，所拳拳叮咛，不厌谆切者，辅导嗣皇帝与册封李选侍而已。选侍之居乾清宫也，从侍先帝也。宫车晏驾，选侍自应移居别宫，亦自应候旨令选侍移居何宫，而后可移也。选侍何敢擅移？亦何俟臣子争执之而始移也。丙子昧爽，元辅以下文武大臣以及省台郎署，无弗入者，何为杨涟一人独以排闼称也？比群臣见皇上即罗拜呼万岁，又何烦刘一燝、杨涟、左光斗等侈口拥戴之功哉？且元辅之方从哲，首垣之范济世，掌道之顾慥，无日无事不在（刘）一燝、（杨）涟、（左）光斗之前者，又何以拥戴之功独三人攘臂自居也？使当时洒扫别宫，请选侍入居，谕以登极后遵遗命行册封贵妃礼，此不过一内使传示足矣，何至烦诸臣之纷纷也。”振振有词的一番议论，目的无非引出后面的结论，刘一燝、杨涟、左光斗在移宫事件中不但没有功劳，而且有罪。

罪状之一，杨涟、左光斗等人与司礼监太监王安内外勾结，无事生非。霍维华说，王安一向仇视李选侍，无所顾忌，经常在宫内箕踞怒骂李选侍："如今还要我叩头，叫他认得我。"杨涟、左光斗对他口诵心维，神昵而形就。很多关于李选侍的谣言，例如李选侍意图垂帘听政，盗取乾清宫珍宝，牵连到太监李进忠、刘朝以及李选侍的生父。这些莫须有的质疑，由王安炮制于内，杨涟、左光斗传播于外。

罪状之二，杨涟、左光斗等人假借移宫，虐待李选侍及其女儿皇八公主。霍维华说："移宫之日，密布多人，罄掳选侍之奁箧，并攫及头上之簪珥，令自负皇八公主踉跄徒跣而奔一号殿，吞声饮泣，莫从控吁。而随侍之李进忠、刘朝等十余人，且殴伤狼狈，面缚下狱，立刻拟斩，连及（选）侍父惴死……此不过假盗宝以为名，因杀此数人以灭口耳。"他认为盗宝之说不能成立，理由是："选侍之物实先帝之赐予也。以选侍之物，选侍之人自移之，何得谓之盗也？且徒手数人，所执有限，何得谓之盗至数万也？"

罪状之三，"王安夙仇选侍，百计排挤，毫无顾忌，犹权珰跋扈之常态，无足深怪。（杨）涟与（左）光斗等读圣贤书，受累朝深恩，亦复甘心蹈乱贼之辙，犯神人之愤，而不恤者何也？不过欲假此以结欢王安，依为奥援，线索潜通，祸福立见，可以庇邪害正，纳贿招权，为所欲为，而无不如意耳”。[1]

霍维华的目的是把万历、泰昌、天启三朝的正直官员统统打下去，当然不会仅仅满足于移宫案，他要全面翻案，追溯到先前的梃击案、红丸案。

他全盘推翻关于梃击案的结论，认为实录不实——“实者未必录，录者未必实”，原因在于“门户为政，授意纂修”。此处所谓“门户”，就是“东林”的别称，用意很深——梃击案是东林一派虚构而成的案子，其实子虚乌有。请看他的说法：“然臣犹惓惓于实录者，特以年来门户为政，授意纂修，实者未必录，录者未必实。当神祖壮年在御，册立东宫稍迟，一时诸臣私忧过计，群起而争，委出忠爱。乃争之愈众，持之愈坚，无非欲事出宸断，以见欲行册立之本怀，是以建言者皆蒙谴谪，而笃爱震器之心始终不渝。及外廷寂然无言，而明纶忽涣，元良既建，宗社有主，二十余年宫闱晏然，未尝有他说也。”皇太子的册立不过稍迟而已，岂有他意！至于疯癫张差闯宫行刺，完全是王之寀等官员无端编造的谎言。霍维华写道：“倘果有如奸邪所捏，称废立巫蛊之谋，则九阍邃密，必别有诡秘之术，而后可侥幸于万一，乃徒藉一风癫之张差白昼持梃闯重门，入大内而行刺弑，有是理乎？当日巡视御史刘廷元之奏报鞫审，司官唐嗣美、曾道唯、岳骏声等之口词，明白惬当。独

1 沈国元《两朝从信录》卷二十六，天启五年四月。

赃私狼藉，自分被察之王之寀与同恶相济之陆大受等，无端造舛谬之说……向非神祖同先帝与皇上慈宁之御，亲赐剖决，其开衅骨肉，流毒缙绅，可胜道哉？”[1]

对于铁证如山的红丸案，霍维华的解释更加离奇，竟然假造圣旨——“皇考进药亦升天，不进药亦升天”，为崔文昇、李可灼及其后台开脱，而且要追究清查红丸案的官员孙慎行、杨涟、左光斗等人的罪责。

他的逻辑同样很离奇，一则说，先帝身体素质清弱，不能以误用药，归罪于崔文昇。“先帝犹口授皇上传谕诸臣，以为原有夙疾，因劳致甚，大小臣工莫不钦承。此当日父子君臣出口入耳，由衷根心之言，亦至仁至明，危而不乱之证，足尽破从前狐疑之说矣，何为复有向后蛇足之口也”。再则说，谁不愿得到长生久视的药方，延长万载无疆的寿命，李可灼是遵旨进药，何罪之有？“先帝病系劳弱，则（李）可灼红铅正属对证，况迫以先帝立待之严旨，（李）可灼安能不进药？皇上与群臣亦安能不令（李）可灼进药？”然后把矛头对准刚刚起用的礼部尚书孙慎行，“借题红丸，诬先帝以受鸩之惨，加（方）从哲以弑逆之罪。片纸传播，旋奉圣旨：‘旧辅方从哲素称忠慎，皇考弥留，李可灼进药，原出圣意。卿言虽忠爱，然事系传闻。并进封、移宫等

1 沈国元《两朝从信录》卷二十六，天启五年四月。

事，当日九卿科道官多所亲见，还着据实会奏，以释群疑。其李可灼轻易进药，不能无罪，着并议来说，该部知道。’吏部尚书张问达削去前段，止将‘卿言虽忠爱’以下半段发出，并改‘会奏’为‘会议’，以启邪党之附和，以示指鹿之奸谋。承望风旨者欲杀人以媚人，畏避凶锋者不信心而违心，饶有半吞半吐之词，多属畏首畏尾之论……时非皇上天语亲传，有‘皇考进药亦升天，不进药亦升天’之旨，邪党穷追不已，罗织之祸势且燎原而不可扑灭矣”。

有鉴于此，他的结论是：“伏乞皇上严谕监修纂修诸臣，将未完神祖实录从实记载，将已完先帝实录再行磨勘，并将公忠发愤如刘廷元、黄克缵、王志道、范济世等，与假借诬蔑如王之寀、孙慎行、杨涟、左光斗等，一应章疏单揭，备细搜录，与臣疏一并宣付史馆，务存公案，以垂信史，庶是非邪正开卷瞭然。”[1]

图穷而匕首见，霍维华洋洋洒洒几千字的奏疏，不仅攻击了刘一燝、韩爌、孙慎行、张问达、王之寀、杨涟、左光斗、周朝瑞、袁化中、魏大中、顾大章等人，显露一股杀气，还要重修实录，并且就如何篡改历史提出了思路，以东林为口实，全面翻案。正如吴应箕所说：“予观逆党之翻三案也，必以东林为口实。盖以并封者三案之源，而东

1 沈国元《两朝从信录》卷二十六，天启五年四月。

林者以并封而著，不倾东林，何以护持三案乎？然前之争并封，与后之争三案，人虽殊也，其效忠则功相等也，而受祸尤酷。东林之为东林，[1]至后而愈难哉！夫东林之能，既见于天下如此，其攻东林者，又作逆如彼此，即三尺童子能起而明其趣舍者，而世之人犹好指摘贤人君子之细，以巧谈而乐道之。吾然后知大道之不明，而乱臣贼子所以不绝踵于也也。”[2]

因此，当时人评论霍维华奏疏，“乃一部三朝要典也”。[3]那意思是说，霍维华奏疏实际是日后出笼的《三朝要典》的一个大纲，一个雏形。无怪乎魏忠贤看了要大声喝彩：“这本条议一字不差！”既然是一字不差，意味着完全赞同霍维华的主张，随后颁发的圣旨几乎就是霍维华奏疏的一个提要：“本内说张差疯癫逼直，至于移宫、进药情形，尤朕所目睹。刘一燝党邪害正，韩爌庇护元凶，孙慎行借题修怨，张问达、周嘉谟私改旨意，朋比为奸，本当削籍，念系股肱辅弼之臣，姑不深究……仍将史馆从实纪载，其修成皇考实录另行改正。王之寀诬陷骗官，并杨涟、左光斗逮至追赃，一体治罪。范济世、王志道、汪庆伯、刘廷元、徐景濂、郭如楚、张捷，当狂澜既倒之时，有持梃不移之节……”是与非、功与罪，完全颠倒了。吴应箕对此评论道：“此疏伏《三朝要典》之根也。疏中朋党

1 李逊之《三朝野记》卷三上《天启朝纪事》。

2 吴应箕《要典三案》，《楼山堂集》卷七《国朝纪事本末论·东林本末》。

3 李逊之《三朝野记》卷三上《天启朝纪事》。

后宫，巧脱大逆，且欲治刘一燝等之罪，其言祷张悖恶，敢于杀人。（霍）维华之罪通天矣。”[1]可谓一语中的，击中要害。

御史徐景濂与霍维华一唱一和，主张“翻三案”，是非标准以及语调，和霍维华一模一样。他针对礼部尚书孙慎行弹劾旧辅方从哲，允许李可灼进红丸为“弑逆罪案”，为方从哲辩护，紧紧抓住“弑逆”二字做文章：“今日论（方）从哲，且勿问其他，最吃紧者‘弑逆’二字，须辨明真不真也。真则乱臣贼子人人得而诛之，宁止议削而议夺！不真则天地鬼神犹默鉴之，谁敢杀人以媚人？”关于李选侍，他说：宫中一段真情景，只有皇上自己知道，太监之耳，臣僚之目，都是捕风捉影，垂帘听政一语也是如此。祸根在于王安之煽构簸弄，邪臣狐媚而不自醒。结论自然是：“伏祈皇上特谕纂修诸臣矢公矢正，无宽无刻，无轻言弑逆，以伤主德，以玷国史，正世道人心一大关领也”。[2]就是为“翻三案”制造舆论。

究竟如何翻案？礼科给事中杨所修给出了答案：“三案宜仿《明伦大典》，命史臣成书，以示天下。”具体而言，“请命史臣将三案内前后章奏，撮其大略，分别编次成书，刊行天下”。[3]

天启六年正月十五日，以皇帝圣谕的形式宣布编纂《三朝要典》，并为之定下基调：“皇祖神宗显

1 吴应箕《两朝剥复录》卷二，天启五年四月。

2 沈国元《两朝从信录》卷二十六，天启五年四月。

3 谈迁《国榷》卷八十七，天启五年五月己未。沈国元《两朝从信录》卷二十六，天启五年五月。

皇帝早建元良，式端国本，父慈子孝，原无间然。而奸人王之寀、翟凤翀、何士晋、魏光绪、魏大中、张鹏云等，乃借梃击以要首功。我皇考光宗贞皇帝一月御天，千秋称圣，因哀得疾，纯孝弥彰。而奸人孙慎行、张问达、薛文周、张慎言、周希令、沈惟炳等，乃借红丸以快私怨。迨皇考宾天，朕躬续绪，父子承继，正统相传。而奸人杨涟、左光斗、惠世扬、周朝瑞、周嘉谟、高攀龙等，又借移宫以贪定策之勋，而希非望之福，将凭几之遗言委诸草莽，以待封之宫眷视若寇仇，臣子之分谓何？敬忠之义安在？”随即宣布特命内阁辅臣顾秉谦、丁绍轼、黄立极、冯铨为总裁官，施凤来、孟绍虞、杨景辰、姜逢元、曾楚卿为副总裁官，徐绍吉、谢启光、余煌、朱继祚、张翀、华琪芳、吴孔嘉、吴士元、杨世芳为纂修官。[1]定好调子，搭好班子，正月二十六日开馆编纂。几个月之后终于炮制完成，由礼部刊刻发行。全书围绕“三案”展开，卷一至卷八，梃击；卷九至卷十六，红丸；卷十七至二十四，移宫。卷首有：御制三朝要典序、圣谕、圣旨，还有凡例、三朝要典原始。

卷首的“御制序”，其实是由内阁首辅顾秉谦草拟的，企图以“钦定”的假象来钳制舆论：“疑梃击，则托护东宫者进矣；疑红丸，则援不尝药者进矣；疑移宫，则造为垂帘者进矣。总三案之奸

1 顾秉谦等《三朝要典》卷首《圣谕》。

凶，皆一堂之衣钵，将使皇祖皇考抱疑不白，而朕躬亦几陷于不孝，深用痛心。幸正论时闻，业已区分陟斥，犹虑遐方耳目，缘簧鼓而渐致论胥。来祼汗青，杂狐疑而罔知断案，又以事历三朝，或多挂漏，特降手谕，俾史臣仿《明伦大典》故事，将前后明旨章奏编辑成书。”[1]卷末有总裁官顾秉谦所写的“后序”，强调的仍然是皇上“钦定”之意：“是《三朝要典》者，乃我皇上遹追先德，爰命儒臣编辑成书，特赐以嘉名者也。《书》曰天叙有典，明此典为天之所叙，而皇上即天也，则叙之固惟我皇上……皇上既体天垂教，诸臣当奉天不违，故臣敢于《要典》篇终，阐无偏无党之大义。”[2]顾秉谦所谓“阐无偏无党之大义”，显然是自我标榜，天大的笑话，明明是站在阉党立场上说话，哪里谈得上“无偏无党”！

《三朝要典》打着“无偏无党”的幌子，拥戴魏忠贤，陷害正人君子，欲盖弥彰。吴应箕说得好：“予观《要典》之作，盖诸臣借以脱其倾正人之罪，而掩其拥戴逆珰之私者也。然而欲盖弥彰，其是书之谓欤！”又说：“故三案者实一事也，而借三案以杀人者实一事也。本朝近三百年，其间大礼大狱争者不一，受祸者亦不一，要无如三案之酷。其他是非或俟久而论定，三案则自定之，故《要典》者逆珰借以杀人之书。”[3]“杀人之书”四个字，可

1 顾秉谦等《三朝要典》卷首《御制三朝要典序》。

2 顾秉谦等《三朝要典》卷末《三朝要典后序》。

3 吴应箕《两朝剥复录》卷三，天启六年正月。

谓入木三分！

2. 仿效《水浒》一百零八将的《东林点将录》

《三朝要典》是魏忠贤阉党"借以杀人之书"。杀什么人？指向十分明确：东林党人。吴应箕概括霍维华奏疏的要害："大略谓东林标门户之帜，圣世见玄黄之战，借题污蔑宫廷，损亏圣德云云"。[1]

御史倪文焕赤裸裸地鼓吹东林还未得到清算，东林巨魁尚未全部伏诛。他的奏疏写道："自东林以假道学簧鼓，呼朋引类，阱陷正人，巧就一己之功名，沉埋数十年公论，为圣主之僇民久矣。幸天庙皇上宸衷，诸奸屏逐不一，庶几仕路澄清，再见中天之宇宙。然狐藏鸷伏，实繁有徒，在今日为漏网，在他日为煽毒，为翻局。以臣所见，尚存数人焉。"倪文焕耿耿于怀的"漏网"数人，首先点名原任兵部侍郎李邦华，定性他为"东林高足"，"昔年与李三才诸人为死党"，与赵南星、魏大中等人"聚百阴谋，狡计险衷，毒肠辣手，善类又为之一空"。其次点名原任吏部文选司员外周顺昌，"只因窃附东林，得升吏部，与魏大中结党同盟"，魏大中被逮路过苏州，周顺昌与之联姻，"此其意欲何为？目中已无皇上矣！"皇帝立即批示严惩不贷：

1 吴应箕《两朝剥复录》卷二，天启五年四月。

“李邦华东林高足，向与李三才皆为死党，同侄李日宣狡计阴谋，倾害善良。周顺昌窃附东林，营入吏部，贪横异常，仇逐朱童蒙，不安其位，厚结汪文言，呼吸相通。又与魏大中构党同盟，逮过姑苏，留连十日，以女许婚配，目中罔知国法……内有赃私狼藉者，还着抚按提问，追赃充饷。其私创书院，扁额虽去，碑记犹存，着礼部即时毁碎回奏，以为植徒聚党之戒。”[1]表明朝廷不仅要抓人，还要摧毁东林书院，流露出一股杀气。

御史张讷更进一步，主张取缔天下所有书院。他从北京首善书院谈起，提及全国四大书院：东林书院、关中书院、江右书院、徽州书院。然后一一列举应当取缔的理由：

——东林书院其来久矣，乃李三才科敛东南财赋，竭小民膏血为之修建者，良田美宅不下数十万金。孙慎行、高攀龙辈窟穴其中，肆行秽事，其用以交结津要，纳贿行私，皆是物也；

——关中书院原系税监张永所置私第，张永死后，冯从吾占为书院，张永所侵占官地民田计千百余，尽归书院。冯从吾居家居乡凶秽种种。顷犹恣口横议，通书京都，胁制当路，张牙露爪，谋欲翻案未已也；

孙慎行，常州武进人，万历二十三年探花。精研理学，并讲学东林书院。天启元年任礼部尚书，因弹劾大学士方从哲进荐李可灼之红丸一案，为权贵所忌。

1　吴应箕《两朝剥复录》卷二，天启五年七月。沈国元《两朝从信录》卷二十七，天启五年七月。

——徽州书院则皆富家巨贾走集供输，其费更巨万，而以余懋衡主之，群不逞之徒附之，所谓铜山金穴，争趋如骛。而近来郑三俊、毕茂良等拾级而登。而无奈邹元标出山潦倒，反借气势于东林，靠引手于西北。

张讷向朝廷献策——废天下讲坛："伏乞敕下各省抚按官，但凡有书院处所，尽数撤改，将房屋田土逐一登报，亟行估计变价，解助大工，不许隐漏"。[1]显然，醉翁之意不在酒，目的并非变价所得的银子，而是摧毁民间书院这个讲坛，钳制舆论。为此捏造了书院的罪状，比如说东林书院"乃李三才科敛东南财赋，竭小民膏血为之建造者，良田美宅不下数十万金"，彻头彻尾的诬陷不实之词。查《东林书院志》可知，建造的资金大多是志同道合者自愿捐献的，与李三才毫不相关。顾宪成、高攀龙、顾允成等书院同人十五名共捐银560两，地方官员捐银666两。[2]此外，常州府无锡县儒学，动员县内缙绅先生共集银300两；无锡县衙拨银312两，常州府衙拨银100两；常州府衙另拨银220两用来购置龟山祠祠田一百亩。[3]

张讷的谎言不攻自破，皇上却信以为真，当即批准："其东林、关中、江右、徽州一切书院，俱着拆毁，暨田土房屋估价变卖，催解助工。本内有名如邹元标，少负忠名，出山潦倒，其身虽死已久，

1 吴应箕《两朝剥复录》卷二，天启五年八月。沈国元《两朝从信录》卷二十七，天启五年八月。

2 雍正《东林书院志》卷一《佐工》《佐饩》《佐产》《佐修》。

3 吴应箕《两朝剥复录》卷二，天启五年八月。

然巨恶依势，余虐尚存，着削了籍追夺诰命，外如孙慎行、冯从吾、余懋衡，名虽假乎理学，行无异乎市井，或通关节而居之不疑，或躬窝主而觍颜无耻，甚至假仙惑世，吞产欺孤。读之令人发指。此三员都着削了籍为民，仍追夺诰命”。[1]

御史石三畏摆出一副算总账的架势，从万历三十九年辛亥京察谈起，说什么“李三才结连顾宪成，搅番世界。王图谋大拜，假书一纸，激素望隆重偏听使气之孙丕扬。于是寻一只手障天者，可布弥天之阵，遂相与倾附曹于汴……汤兆京、王宗贤朋比为奸。一时正人如乔应甲、刘国缙，暨职京堂王绍徽辈，驱逐必尽。许弘纲才欲调停，便见排挤；徐兆魁屡疏纠正，又见揶揄”。接着谈到天启三年的癸亥京察，“从千谋百计中拥戴一穷天极地之大恶赵南星，助以赃贪之张问达，群小在局外遥制其柄，局内者不得自专，流毒播虐，天日为黑”[2]明确地发出清算东林党人的信号。

在这种背景下，清算东林党的黑名单应时出笼，以便魏忠贤将东林党人一网打尽。

始作俑者是投靠魏忠贤门下的内阁辅臣魏广微，在天启四年年底编了一本《缙绅便览》，“手写所欲起用之人：黄克赞、王绍徽、王永光、徐大化、霍维华等五六十人，目为正人，各加两圈或三圈。又将《缙绅便览》如韩爌、缪昌期、曹于汴、

1 吴应箕《两朝剥复录》卷二，天启五年八月。

2 吴应箕《两朝剥复录》卷二，天启五年七月。沈国元《两朝从信录》卷二十七，天启五年八月。

李邦华、郑三俊等约百余人，目为邪党，重者三点，次者二点，托内阉王朝用转送逆贤（魏忠贤）处，以行黜陟”。[1]

影响最为恶劣的，当推都察院左都御史（后升任吏部尚书）王绍徽编的《东林点将录》，仿照《水浒传》中梁山一百零八将的名号，编成东林一百零八人的黑名单，献给魏忠贤，要他按照名单逐一清算。《两朝剥复录》说：“以王绍徽为都察院左都御史，（王）绍徽撰《东林点将录》，与逆珰谋害诸君子。”[2]《明史》说：“（王）绍徽在万历朝素以排击东林为其党所推，故（魏）忠贤首用居要地。（王）绍徽仿民间《水浒传》，编东林一百八人为《点将录》献之，令按名黜汰。以是，益为（魏）忠贤所喜。”[3]此人秉性卑劣，为献媚魏忠贤无所不用其极，无名氏《遣愁集》说：“王绍徽为魏忠贤干儿，官至吏部尚书，进退一人必禀命于忠贤，时称‘王媳妇’。尝造《点将录》倾害东林诸君子，忠贤阅其书叹曰：‘王尚书妩媚如闺人，笔挟风霜乃尔，真吾家之珍也。’”[4]

文秉《先拨志始》收录了《东林点将录》，刘若愚《酌中志余》收录的《东林点将录》，与之略有差异。现将《东林点将录》展示于下：

开山元帅托塔天王南京户部尚书李三才

1 文秉《先拨志始》卷上。

2 吴应箕《两朝剥复录》卷二，天启五年八月。

3 张廷玉《明史》卷三百六《阉党传·王绍徽》。

4 王绍徽《东林点将录》。

总兵都头领二员

天魁星及时雨大学士叶向高

天罡星玉麒麟吏部尚书赵南星

掌管机密军师二员

天机星智多星左谕德缪昌期

天闲星入云龙左都御史高攀龙

协同参赞军务头领一员

地机星神机军师礼部员外郎顾大章

正先锋一员

天杀星黑旋风吏科都给事中魏大中

左右先锋二员

天暗星青面兽浙江道御史房可壮

地周星跳涧虎福建道御史周宗建

马军五虎将五员

天勇星大刀手左都御史杨涟

天雄星豹子头左佥都御史左光斗

天猛星霹雳火大理寺少卿惠世扬

天威星双枪将太仆寺少卿周朝瑞

天立星双鞭将河南道御史袁化中

马军八骠骑八员

天英星小李广福建道御史李应昇

天捷星没羽箭陕西道御史蒋允仪

天空星急先锋山东道御史黄尊素

天退星插翅虎浙江道御史夏之令

天凶星没遮拦吏科给事中刘宏化

天满星美髯公刑科给事中解学龙

地揭星毛头星刑科给事中毛士龙

地镇星小遮拦工科给事中刘懋

总探声息走报机密头领二员

天速星神行太保尚宝司丞吴尔成

地速星中箭虎光禄寺少卿丁元荐

行文走檄调兵遣将头领一员

地囚星旱地忽律广西道御史游士任

掌管钱粮头领二员

天富星扑天雕礼部主事贺烺

地狗星锦毛犬尚宝司少卿黄正宾

定功赏罚军政司头领二员

地正星铁面孔目左佥都御史程正己

地奴星催命判官左通政涂一榛

掌管行刑刽子手头领二员

地损星一枝花礼部尚书孙慎行

地平星铁臂膊刑部侍郎王之寀

捧把帅字旗将校一员

地贼星鼓上蚤内阁中书汪文言

守护中军大将十二员

天寿星混江龙大学士刘一燝

天微星九纹龙大学士韩爌

地短星出林虎大学士孙承宗

地转星立地太岁吏部尚书周嘉谟

地角星独角龙吏部尚书张问达

天伤星武行者左都御史邹元标

天贵星小旋风右都御史曹于汴

地轴星轰天雷礼部尚书王图

天牢星病关索刑部尚书乔允升

地强星锦毛虎工部尚书冯从吾

地巧星笑面虎吏部左侍郎陈于廷

天巧星浪子左春坊左谕德钱谦益

四方打听邀接来宾头领十二员

地明星铁笛仙户部左侍郎郑三俊

地壮星母夜叉礼部右侍郎张鼐

地妖星摸着天光禄寺少卿史记事

地全星鬼脸儿光禄寺寺丞李炳恭

地文星圣手书生翰林院修撰文震孟

地阔星摩云金翅翰林院检讨姚希孟

地阴星母大虫翰林院检讨顾锡畴

地异星白面郎君翰林院庶吉士郑鄤

地满星玉旛竿吏部员外郎周顺昌

地兽星紫髯伯吏部员外郎张光前

地惠星一丈青吏部员外郎孙必显

地暗星锦豹子礼部主事荆养乔

马步三军头领四十六员

天彗星拼命三郎刑部尚书王纪

天狐星花和尚兵部左侍郎李瑾

天暴星两头蛇兵部右侍郎孙居相

地勇星病尉迟兵部右侍郎李邦华

地恶星没面目兵部右侍郎刘策

地佐星小温侯兵部右侍郎何士晋

地奇星圣水将户部右侍郎陈所学

天哭星双尾蝎左副都御史孙鼎相

天佐星金枪手右佥都御史徐良彦

地刑星菜园子右佥都御史周起元

地丑星石将军右佥都御史张凤翔

地火星独火星右佥都御史朱世守

地巧星玉臂匠右佥都御史程绍

地暴星丧门神右佥都御史王洽

地健星险道神右佥都御史李若星

天异星赤发鬼左通政司刘宗周

地俊星铁扇子大理寺少卿韦藩

地定星小霸王太常寺少卿韩继思

地会星神算子太常寺少卿赵时用

地佑星赛仁贵太常寺少卿李应魁

地阖星火眼狻猊太常寺少卿程註

地稽星操刀鬼光禄寺少卿沈应奎

地飞星八臂哪吒吏部郎中夏嘉遇

地走星飞天大圣吏部郎中邹维琏

地察星青眼虎吏科给事中陈良训

地煞星镇三山兵科给事中甄淑

地雄星井木犴户科给事中郝士膏

地杰星丑郡马兵科给事中沈惟炳

地幽星病大虫户科给事中薛文周

地孤星金钱豹子兵科给事中萧基

天罪星短命二郎湖广道御史刘芳

天败星活阎罗江西道御史方震孺

地辟星打虎将山东道御史李元

地微星矮脚虎福建道御史魏光绪

地捷星花项虎四川道御史练国事

地威星百胜将河南道御史谢文锦

地数星小尉迟云南道御史李日宣

地猛星神火将贵州道御史张慎言

地乐星铁叫子山东道御史刘思诲

地伏星金眼彪湖广道御史刘其忠

地隐星白花蛇河南道御史杨新期

地耗星白日鼠湖广道御史刘大受

地遂星通臂猿山西道御史侯恂

地灵星神医手云南道御史胡良机

地魔星云里金刚四川道御史宋师襄

地理星九尾龟河南道御史熊则祯

镇守南京正将一员

地煞星混世魔王操江右佥都御史熊明遇

分守南京汛地头领六员

天竟星船火儿南京广东道御史王允成
天损星浪里白条南京吏部郎中王象春
地英星天目将南京江西道御史陈必谦
地进星出洞蛟南京山西道御史黄公辅
地退星翻江蜃南京四川道御史万言扬
地劣星活闪婆南京工科给事中徐宪卿[1]

明眼人一看便知，名单中大多数人与东林书院毫无关系，或者说与顾宪成、高攀龙等东林人士毫无关系。王绍徽的意图是向魏忠贤提供一个黑名单，把那些敢于同魏忠贤作对的官员扣上“东林党人”的帽子，一网打尽。正如孙承泽所说：“有明之初各省俱有书院，自张江陵当国始行严禁。江陵殁，复稍稍建置，一时著名者徽州、江右、关中、无锡。而至天启中，京师始有首善书院。然人不知各处书院，而统谓之东林；又不知东林所自始，而但借东林二字以为害诸君子之名目。”[2]

《东林点将录》的作者是谁，一向众说纷纭，有的说韩敬，有的说阮大铖，有的说王绍徽。《四库全书总目》编者经过考证，仍然认定是王绍徽所作，是令人信服的：“《东林点将录》一卷（江苏巡抚采进本），明王绍徽撰。绍徽，陕西咸宁人，万历戊戌（二十六年）进士，官至吏部尚书，事迹具《明史·阉党传》。其书以《水浒传》晁盖、宋江等一百八人

1 文秉《先拨志始》卷上《点将录》。刘若愚《酌中志余》卷二《东林点将录》。

2 孙承泽《春明梦余录》卷五十六《首善书院》。

天罡、地煞之名，分配当时缙绅。今本阙所配孔明、樊瑞、宋万三人，盖后人传写佚之。卷末有跋，称甲子（天启四年）、乙丑（天启五年）于毗陵见此录，传为邹之麟作，所列尚有沈应奎、缪希雍二人，与此本不同。盖其时门户蔓延，各以恩怨为增损，不足为怪。又称许其孝、陈保泰、杨春茂、郭巩四人后列逆案，不知何以厕名，或作此书时四人尚未附忠贤耶？阎若璩《潜邱札记》亦有与王宏撰书曰：顷问《点将录》果出贵乡王绍徽手否？先生以此书实出阮大铖，王（绍徽）偶失阉欢，谋所以解之术于阮，阮授以是书，而王上之，而世遂以名之。细思之，殊不然。儿时读《点将录》，记没遮拦穆宏乃（阮）大铖，岂有自作此录而窜入己姓名者云云。则当时已传闻异词。然崇祯钦定逆案，以此录属之绍徽，于时公论方明，谅非诬蔑。《明史》本传亦以此书属绍徽。然则辗转传写，虽或有窜改，其造谋之人，要终不能以浮词他说解也。”

◤ 元祐党籍碑

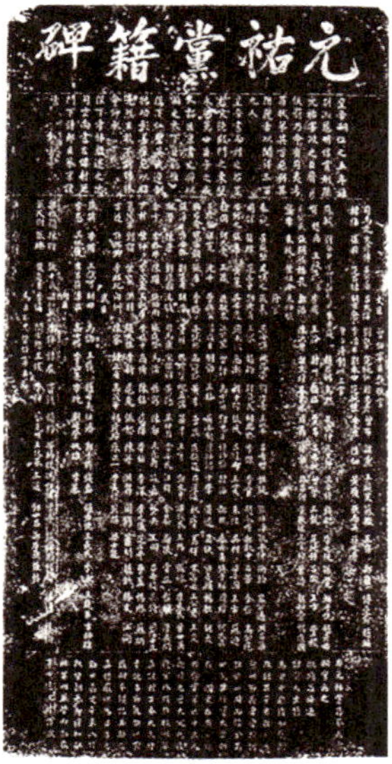

3.《东林党人榜》及其他

阉党干将、御史卢承钦感到一百零八人太少，仿照宋朝“元祐党籍碑”的样板，炮制了三百零九人的大名单，请魏忠贤对东林党人彻底清洗。

却说北宋熙宁新政到元祐更化，变法与反变法的斗争演化为朋党之争。宋徽宗时的宰相蔡京以推行新法为幌子，大搞派系倾轧，打击异己势力。他早年追随王安石的变法派，司马光“元祐更化”时，转而反对新法；绍圣时章惇恢复新法，他又转而依附章惇。一旦大权在握，他再度以变法派面貌出现，把文彦博、吕公著、司马光、苏辙、程颐等一百二十人，定为“元祐奸党”，又把元符三年向太后执政时主张恢复旧法的官员与之合为一籍——“元祐党籍”，共计三百零九人，由宋徽宗书写后刻石立碑，称为“元祐党籍碑”。随之而来的是，按照名单进行政治迫害，或流放，或罢官，或降职。

《东林党人榜》完全仿照“元祐党籍碑”，甚至三百零九人的数字也一模一样。此举正中魏忠贤下怀，他于天启五年十二月以皇帝谕旨的形式，把《东林党人榜》正式向全国刊布。其政治意图十分明显，一方面要证明，作为政治结社的“东林党”实体确实存在；另一方面要有关部门按照这个名单清除异己势力。[1]文秉说得很清楚：“御史卢承钦疏参曹珍、董应举、李遇知，因历举东林自顾宪成、李三才、赵南星而外，如王图、高攀龙等谓之副帅，曹于汴、汤兆京、史记事、魏大中、袁化中等谓之前锋，李朴、贺烺、沈正宗、丁元荐谓之敢死

1 小野和子《明季党社考》，同朋舍，1996年，第382页。

军人，孙丕扬、邹元标谓之土木魔神，宜将一切党人不论曾否处分，俱将姓名罪状刊刻成书，榜示天下。人皆谓此疏何异元祐党碑。”[1]

卢承钦其人《明史》有传："（卢）承钦余姚人，由中书舍人擢御史，首劾罢户部侍郎孙居相等。因言东林自顾宪成、李三才、赵南星而外，如王图、高攀龙等谓之副帅，曹于汴、汤兆京、史记事、魏大中、袁化中谓之先锋，丁元荐、沈正宗、李朴、贺烺谓之敢死军人，孙丕扬、邹元标谓之土木魔神。请以党人姓名罪状榜示海内。忠贤大喜，敕所司刊籍，凡党人已罪未罪者，悉编名其中。”[2]为了让读者一睹全貌，笔者不厌其烦引录如下：

李三才	叶向高	顾宪成	邹元标
赵南星	高攀龙	杨　涟	左光斗
魏大中	周朝瑞	袁化中	顾大章
汪文言	周顺昌	缪昌期	周宗建
黄尊素	丁乾学	吴裕中	万　燝
吴怀贤	刘　铎	周起元	夏之令
李应昇	熊廷弼	鹿继善	吕维祺
孙承宗	贺逢圣	汪乔年	范景文
焦源溥	侯震旸	贺　烺	蔡懋德
惠世扬	李　亥	顾宗孟	魏光绪
练国事	蒋允仪	解学龙	刘　懋

1 文秉《先拨志始》卷下。

2 张廷玉《明史》卷三百六《阉党传·卢承钦》。

赵洪范	吴尔成	刘宗周	万言扬	陈于廷	朱国祯
孙　鑨	王　纪	黄公辅	涂世业	季希孔	汤兆京
章嘉桢	王象春	孙居相	孙鼎相	乔允升	钱谦益
曹于汴	黄正宾	邹维琏	孙慎行	房可壮	曾　樱
丁元荐	游士任	王之雅	崔景荣	刘宪宠	程正己
涂一榛	方震孺	王允成	徐宪卿	陈必谦	冯从吾
郑三俊	文震孟	郑　鄤	毛士龙	李炳恭	李邦华
史记事	夏嘉遇	甄　淑	刘思诲	许誉卿	熊奋渭
郝士膏	章允儒	熊德扬	欧阳调律		刘　璞
张慎言	马鸣起	江秉谦	李日宣	乔可聘	刘　芳
薛敷教	沈思孝	顾允成	徐石麒	周嘉谟	刘一燝
翟学程	韩　爌	杨惟休	蔡毅中	宋　槃	张拱宸
沈正宗	王　洽	王心一	李宗延	倪思辉	张鹏云
程　註	赵世用	方员度	沈惟炳	朱钦相	姚思仁
胡良机	杨　姜	萧　基	李遇知	霍守典	汪应蛟
杨维新	蒋大中	姚希孟	胡永顺	麻　僖	魏应知
王时熙	陈士元	杨建烈	宋师襄	乔成诏	潘云翼
胡良辅	李乔仑	翁正春	朱大典	陈奇瑜	吴弘业
孙绍统	洪如钟	欧阳东凤		杜三策	朱国弼
林汝翥	杨朝栋	王振奇	赵　彦	唐绍尧	周洪谟
陈道亨	岳元声	张问达	周汝弼	郑继孟	刘廷佐
史永安	田　珍	段　然	方逢年	李继贞	顾锡畴
黄承业	李若星	师　众	毕佐周	李承恩	王之寀
邓　渼	何栋如	吴用先	孟淑孔	许念敬	熊明遇

何士晋　王龙光　杨时乔　卢化鳌　徐良彦　钱士晋
施天德　王　图　翟凤翀　陈一元　陈长祚　毕懋康
李腾芳　赵昌运　彭遵古　程国祥　朱光祚　徐如珂
钟羽正　蒋正阳　林乔枝　韩　策　汪先岸　郭正域
孙丕扬　胡　忻　王元翰　王宗贤　余懋衡　孙　玮
李孔度　李仙品　周道登　朱世守　杨一鹏　陆完学
陈良弼　陈　言　李　玄　王祚昌　霍　英　杨新期
谈自省　马孟祯　韩奇象　方有度　金世俊　米万钟
王继谟　李思诚　方大任　陶朗先　陈熙昌　张国纯
何如宠　戴　忠　冯　琦　刘元珍　姜志礼　于孔兼
耿如杞　区九伦　梅之焕　姜习孔　金士衡　侯　恪
韩　霖　易应昌　江东之　宋　焘　钱龙锡　姜逢元
陈一敬　刘　策　陈子壮　黄道周　王淑汴　满朝荐
沈　演　刘鸿训　成基命　王国兴　张国纪　杨嘉祚
王康瑶　史孟麟　安希范　李复阳　林　宰　张永祯
刘起肤　陈新芝　朱　灏　刘宪章　韩钟勋　周孔教
黄毓祺　贺王醇　赵德遴　孟称先　刘斯陛　戴　埙
陈仁锡　刘弘化　吴道坤　张道浚　李守俊　刘之凤
王钟庞　公　鼐　吴弘济　刘士章　张经世　徐遵阳
侯　恂　徐缙芳　萧　近　彭汝南　沈应时　薛文周
陈邦瞻　赵清衡　何吾驺

这份三百零九人的名单，冠名为“东林党人榜”，其实与东林书院有关的不过寥寥数人而已。《东林书院志》的编者引录这份名单之后，写了按语，一举击中要害——“不过魏珰借东林名目为罗织耳”。请看：“天启五年十二月乙亥朔，逆阉魏忠贤矫旨，以《东林党人榜》颁示天下。生者削籍，死者追夺，已经削夺者禁锢，凡三百有九人。不过魏珰借东林名目为罗织耳，实则其人有与东林毫不相涉者，有托足东林而人品不类者，有人品虽端而与学脉终隔者，其间相去奚翅倍徙。要之，既与诸君子同祸，则此重公案不可没已。”[1]

出于某种政治目的，这份名单不但把早已去世的顾宪成、顾允成兄弟等列入其中，而且把一些毫不相干的现任官员如鹿继善、吕维祺、范景文等一概网罗在内，甚至还胡乱地混入了一些阉党分子。以此为依据对各级政府官员进行清洗，必然要制造一系列冤假错案。这样说其实低估了这份黑名单，魏忠贤打击异己势力，镇压反对派的所有行动无一不是冤假错案。

阉党分子炮制的黑名单当然不止以上两份。为了配合《东林点将录》《东林党人榜》，大造声势，他们陆续编造了《东林籍贯》一卷、《东林同志录》一卷、《东林朋党录》一卷、《盗柄东林夥》一卷。

《东林籍贯》把所谓“东林党人”按照籍贯分类：

北直隶，孙承宗、赵南星等八人；

1 雍正《东林书院志》卷二十一《轶事一·东林轶事》。

南直隶，缪昌期、钱谦益、孙慎行、董其昌、高攀龙、左光斗、薛敷教、许誉卿、周宗建、顾大章、文震孟、郑鄤、姚希孟等四十三人；

浙江，朱国祯、丁元荐、魏大中、黄尊素、李日华、岳元声等十一人；

江西，邹元标、李邦华、邹维琏、熊明遇、朱吾弼等十六人；

湖广，周嘉谟、杨涟、沈惟炳、段然、钟惺、袁中道、胡应台等二十人；

河南，乔允升、周汝弼等七人；

福建，叶向高、董应举、周起元等五人；

山东，王象乾、毕自严、张凤翔、房可壮、袁化中、王象春等十三人；

山西，韩爌、孙居相、程正己、魏云中、魏光绪、荆养乔等十五人；

陕西，王图、王之寀、冯从吾、南居益、惠世扬、史记事等十八人；

四川，欧阳调律、王祚昌等五人；

广东、云南、贵州各一人：曾陈易、王元翰、王祚远。

这份名单和上述名单一样粗制滥造，四库馆臣已经指出其破绽："其北直郭巩、陕西薛贞，后皆名丽逆案，是又当考其究竟，不当以一时之记录为断矣。"[1]

《东林同志录》在标题下面特地注明："补点将录"，

1 刘若愚《酌中志余》卷五《东林籍贯》。

表明它的编造意图是补充《东林点将录》的不足。它的特点是按照各位“东林同志”的职务来分类：

政府，叶向高、刘一燝、韩爌、吴道南、孙承宗、朱国祯等六人；

词林，孙慎行、缪昌期、钱谦益、钱士升、文震孟、姚希孟等十九人；

部院，李三才、赵南星、王纪、高攀龙、邹元标、曹于汴、张问达、杨涟、左光斗、王之寀等五十七人；

卿寺，顾宪成、于玉立、姜士昌、吴亮、周道登、胡琳、薛敷教、陈所学、傅宗华等七十三人；

台省，魏大中、陶崇道、熊奋渭、沈惟炳、袁化中、毛士龙、李应昇、黄尊素等七十六人；

部曹，郑振先、夏嘉遇、邹维琏、王士琪、熊明夏等四十一人；

藩臬郡邑，顾大章、吴正志、尹伸、钱士晋、瞿式耜等二十六人；

赀郎武弁山人，吴养春、汪文言、黄正宾、茅元仪等二十一人。[1]

《东林朋党录》的编造方法很特别，在每个人的姓名下方注明“已处”“未处”“重处”“回籍”“在籍”“降级”“革任”“闲住”“见任”“已故”字样，其政治意图十分明显，对于那些“未处”“见任”的官员要重点关注。而且还注明是哪

1 刘若愚《酌中志余》卷四《东林同志录》。

一年的进士，座师是谁，以便进一步株连。名单的前半部分，是以赵南星、张问达、叶向高、孙慎行为首的九十四人。最为奇特的是名单的后半部分——“东林胁从”五十三人，为首的竟然是现任内阁首辅、苏州昆山人顾秉谦，令人百思不得其解，名单的胡编乱造由此可见一斑。

《盗柄东林夥》则把所谓“东林党人”按照时期分为“东林初”“东林盛”“东林晚”三类：

“东林初”以邹元标为鼻祖，以下有顾宪成、赵南星、高攀龙、孙丕扬、吕坤、张养蒙、沈鲤、温纯、薛敷教、顾允成等二十人；

“东林盛”（注明“入主出奴，渐移国柄”），以杨时乔为鼻祖，以下有叶向高、李三才、刘曰宁、郭正域、岳元声、史孟麟、黄正宾、邹德泳、钱一本、朱国祯、顾天埈、庞时雍、刘元珍、丁元荐、何士晋、熊廷弼、荆养乔、郑振先、刘宗周、梅之焕等一百七十六人；

“东林晚”（注明“朋执朝权”），以刘一燝为鼻祖，以下有叶向高、孙承宗、孙慎行、韩爌、周嘉谟、惠世扬、左光斗、杨涟、魏大中、盛以弘、缪昌期、钱谦益、周道登、钱士升、冯从吾、袁化中、周朝瑞、顾大章、房可壮、李应昇、姚希孟、李腾芳、周延儒。周宗建、文震孟、郑鄤、郑三俊、王之寀等一百九十八人。[1]

1 刘若愚《酌中志余》卷六《盗柄东林夥》。《四库全书总目·盗柄东林夥一卷提要》说：“杨涟、左光斗诸人名下已注毙狱字，则此书成于天启末年也。”

这份名单的炮制者缺乏最起码的政治常识，把邹元标、杨时乔、刘一燝封为不同时期的“东林党鼻祖”，简直匪夷所思。即此一端已经可见肆意编造的破绽，不必深究其他细节之荒诞了。

◥ 杨时乔，江西上饶人，嘉靖四十四年进士。世称“止庵先生”。万历年间官至吏部左侍郎。

上述这些黑名单，据刘若愚说：“忠贤悦甚，目为圣书。于是王体乾辈各抄一小本，挟之袖中，每阅廷臣章奏，涉录中姓氏者，即粘寸许纸条，志责处之法，赍送忠贤直房，且读且解，悉委忠贤首肯，然后除去纸条，临期奏进。”[1]如此这般，黑名单经过魏忠贤的转述，化作皇帝的旨意，对不同政见者的镇压便蒙上了名正言顺的色彩。

六　浩气长存：七君子之狱

天启六年二月，苏杭织造太监李实以“欺君蔑旨”的罪名，向皇帝控告周起元、周宗建、缪昌期、高攀龙、李应昇、黄尊素、周顺昌七君子，将他们逮捕入狱，实质上是魏忠贤按照黑名单镇压不同政见者的既定步骤。表面看起来似乎同黄尊素、李实的个人瓜葛有关。苏杭织造太监李实并非魏忠贤的亲信，黄尊素与他有所交往，民间传闻黄尊素想利用李实除掉魏忠贤，引起魏忠贤的怀疑，也让

1　刘若愚《酌中志余》卷十《天启宫词百首并引》。此段文字为“听罢封章纸片除”宫词的引言。

李实感到惶恐，生怕招来杀身之祸，立即向魏忠贤的亲信太监李永贞求救。李永贞为他谋划以攻为守的策略，代他起草一份奏疏，揭发黄尊素、周起元等七君子，署名是苏杭织造太监李实，因为是李永贞代写的，李实没有签署，称为“空头本”。日后钦定逆案时，这一细节为李实减轻了罪责，那是后话。在当时，这个“空头本”发生了极为恶劣的影响，成为七君子之狱的由头。

▶ 黄宗羲像

黄宗羲，世称“梨洲先生”，与顾炎武、王夫之同称为明末清初三大思想家。其父黄尊素为著名东林人士，被魏忠贤杀害。十九岁时曾入京为父讼冤。后领导复社成员与宦官权贵斗争。清兵南下，他招募义兵，组织“世忠营”，被南明鲁王任为左副都御史。明亡后隐居著述，康熙时举博学鸿儒，荐修《明史》，皆不就。学问渊博，对天文、算术、乐律、经史百家以及释道之书无不精研。著有《宋元学案》《明儒学案》《明夷待访录》《南雷文案》等。

1. 黄尊素：“正气长流海岳愁”

黄尊素之子黄宗羲回忆：“甲子（天启四年）阮大铖之发难也，内外合谋，借中书汪文言以兴大狱。苟（汪）文言之狱不解，则杨（涟）左（光斗）魏（大中）三公之逮不至乙丑（天启五年）矣，故魏忠节书片纸求救于先忠端公（黄尊素）云：‘事急矣，勿杀义士。’斯时某年十五，接此纸，入呈于先公。先公即至金吾（锦衣卫）刘侨所密计，不竟其狱，于诸公得无连染。未几，金吾以宽（汪）文言削籍，金吾亦遂委过于先公。群小意忌诸君子中惟先公智勇深沉，必为吾侪患……乙丑冬，讹言繁兴，谓三吴诸君子谋翻局，先公用李实为张永以诛逆奄（魏忠贤）。逆奄闻之大惧，刺事至江南，四辈漫无影响。刑部侍郎沈演欲自以为功，奏记逆奄曰：‘事有迹矣。’逆奄使人日谯诃李实，取其印信空本，填七君子姓名云：‘俱系吴地缙绅，尽是东林邪党。’盖因讹言起于吴地，而不知先公实越人也。先公三疏劾奄，虽为其所恨，然非讹言则祸亦不若是之酷；非解（汪）文言之狱，以救杨左魏三公，为群小所丧胆，则亦无此讹言也。”[1]黄宗羲以“越人”而非“吴人”为父亲辩解，未免低估了魏忠贤的政治手腕，黄尊素落入七君子之狱自有其必然性，与吴人、越人无关。

黄尊素，字真长，号白安，浙江余姚人。万历四十四年进士，授宁国府推官，精敏强执。天启二年晋升为御史，次年疏请召还余懋衡、曹于汴、刘宗周、周洪谟、王纪、邹元标、冯从吾，弹劾尚书赵秉忠、侍郎牛应元，迫使赵牛二人引罪而去。皇帝在位三年，未尝召见一名大臣，他奏请恢复便殿召对制度，君臣面决大政方针。皇帝不予理睬。天启四年二月，沙尘暴覆盖北京城，大风扬沙，白昼如同黑夜，持续达十天之久。三月初，又发生多次地震。黄尊素愤然上疏，由灾异谈到时政的十大失误，然后慨乎言之：“陛下厌薄言官，人怀忌讳，遂有剽窃皮毛，莫犯中扃者。今阿保重于赵娆，禁旅近于唐末，萧墙之忧惨于敌国，廷无谋幄，边无折冲，当国者昧安危之机，误国者护耻败之局。不于

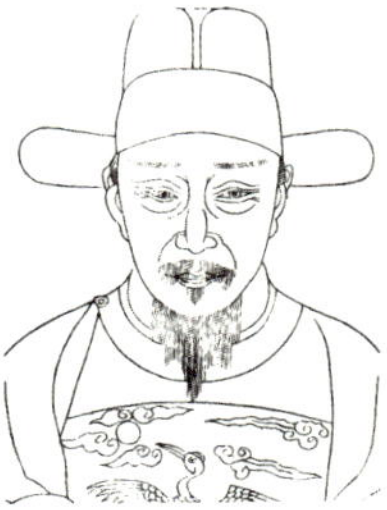

黄尊素像

1　黄宗羲《辩野史》,《南雷文定》前集卷十一。

此时进贤退不肖，而疾刚方正直之士如仇雠，陛下独不为社稷计乎？”[1]他所说的时政十大失误，以及“阿保重于赵娆，禁旅近于唐末，萧墙之忧惨于敌国”，矛头直指祸国殃民的魏忠贤与客氏。魏忠贤大发雷霆，图谋用廷杖来煞煞黄尊素的傲气，幸亏韩爌极力营救，才改为夺俸一年的处分。

天启四年六月初一日，杨涟弹劾魏忠贤二十四大罪。六月初九日，黄尊素与之相呼应，慷慨陈词：

> 昨臣堂官杨（涟）参劾太监魏忠贤二十四大罪，而台省诸臣公疏、单疏相继而发，此岂要结使然！宪臣之心，台省诸臣之心也；台省之心，即通国孩稚妇女之心也。宪臣为忠义所激，不顾其身而先为发，通国孩稚妇女为幽隐所隔，不得其言而无可鸣，天下之人情如是，夫岂有仇于忠贤？不过为皇上惜威权，为祖宗爱成宪，为宗社计灵长，必欲清君侧而后皇上安，而后天下安耳。
>
> 臣前灾异一疏谓‘阿保重于赵娆，禁旅近于唐末，萧墙之忧惨于戎狄，毫末不札，将寻斧柯’，此中已有微言之者。而遽逢严旨，夫亦知忠贤之怙宠恃权，摇撼中外，而忠贤所用之私人，设机布阱，招摇市都，欲提即提，欲陷即陷，表里之形已成，而道路之间以目。皇

1 黄尊素《灾异陈十失劾魏忠贤客氏疏》，《黄忠端公文集》卷一。杨坤、缪敬持《东林同难列传·黄尊素传》。

上试计，天下有权珰拥势，窃弄威福，而到底令终者乎？天下有政归幸门，予夺旁移，而世界清明者乎？天下有中外汹汹，无不欲食其肉，而此人顾可在侧者乎？推皇上之意必以为此犹曲谨可用也，而不知不小曲谨不大无忌；必以为此犹在驾驭中也，而不知不可驾驭则不可收拾矣。

皇上临御数载，仅仅发轫，而旧宰执、旧铨宪、旧言官望风罢归……皇上不于此称孤立，乃以去一近侍为孤立于上也？今忠贤诸不法状，廷臣暴露亦不遗余力。夫小人为恶，往往畏主知、畏人言，则尚有悚惕。及其已知之，而皇上视为不痛不痒之物；已言之，而群臣莫获片语单词之益，形见势穷，复何顾忌，忠贤于此必不能复收其已纵之缰，而净涤其肠胃。忠贤之私人于此必不能复回其已往之棹，而默消其冰山。始犹与士大夫为雠，继将以皇上为注。柴栅既深，螫辣谁何？此时不惟台谏折之不足，即干戈取之亦难为力矣。[1]

不但揭发魏忠贤窃弄威福，而且批评皇帝无动于衷，不痛不痒，为倒魏风潮火上浇油。

工部郎中万燝遭廷杖，魏忠贤又欲廷杖御史林汝翥。言官们齐集朝廷抗争，阉党宵小之徒数百人

1 黄尊素《谨题为舆情不可不孚圣断不可不早疏》，《黄忠端公文集》卷一。金日升《颂天胪笔》卷八《赠荫四·黄尊素》。

蜂拥至内阁，攘臂呼喊，肆意叫骂，内阁辅臣俯首帖耳，不敢言语，黄尊素厉声斥责：内阁乃丝纶之地，即使司礼监非奉诏也不敢进，若辈胆敢如此无礼！宵小之徒慑于义正词严，只得悄悄散去。万燝因廷杖重伤而死，黄尊素忿然抗议："今乃以披肝沥胆之臣子，枉死于壅蔽之左右，棰挞之俄顷，与夫磨牙砺齿之宦竖，在皇上之左右必且欣欣相告曰：吾侪借天子之尊，今而后可以立威，可以钳口矣。不知轻用皇上之威而怒詈，而死于市者，颠倒于一时，使皇上有杀言者之名，而防口甚于防川者，贻讥于后世。后世有秉董史之笔，作朱子之《纲目》者，书曰：某月某日部臣万燝以言某事死。可不为圣明之一累哉……进此廷杖之说者必曰，祖制不知二正之朝，王振、刘瑾为之；世庙之时，张孚敬与严嵩辈为之。神庙初年张居正为之。奸人有所行其权，唯恐忠臣义士从而掣肘，必借廷杖以快其私，使人主居拒谏之名，己受乘权之实，而仁贤且有抱蔓之形。于是乎为所欲为，莫有顾忌，而祸即移之国家矣。"[1]黄尊素把魏忠贤与王振、刘瑾比为一丘之貉，要为万燝恢复名誉，破格抚恤，永垂不朽。此举更加惹恼魏忠贤，乘他前往陕西巡视茶马贸易之机，指使曹钦程弹劾黄尊素"搏击善类，助高攀龙、魏大中虐焰"，魏忠贤立即矫旨将他削籍为民。

天启六年二月，魏忠贤用苏杭织造太监李实

1 金日升《颂天胪笔》卷八《赠荫四·黄尊素》。

的“空印白疏”，矫旨命锦衣卫逮捕黄尊素等七君子。三月十八日锦衣卫校尉到苏州逮捕周顺昌，引起民众抗议。锦衣卫前往浙江逮捕黄尊素的船只停泊胥门外，被民众发现，击沉船只，焚毁衣冠，所有辎重全部投入河中。锦衣卫校尉始知城中有变，狼狈逃窜。[1]朝廷不得不命令浙江巡抚巡按派人将黄尊素押解来京，沈国元解释说：“时吴中有开读之变，于是旗校相戒不敢复出，故有本处抚按起解之议。”[2]五月，黄尊素解到，关入镇抚司诏狱。六月初二日，许显纯、崔应元秉承魏忠贤的旨意，严刑追赃，一夹棍一百杠一拶百念撺打六十棍，坐赃二千八百两。三日一比，比即四十棍。身无完肤，血肉淋漓。藉门生徐石麒多方设处，同年洪如钟、虞廷陛捐资助赃，也难以挽救。闰六月初一日未时，黄尊素死于狱中。死前留下绝命诗，诗云：

> 正气长流海岳愁，浩然一往复何求。
> 十年世路无工拙，一片刚肠总祸尤。
> 麟凤途穷悲此际，燕莺声杂值今秋。
> 钱塘有浪胥门泪，惟取忠魂泣镯镂。[3]

钱谦益为他写了很动感情的墓志铭：“乙丑（天启五年）党祸大作，杨公、魏公考死，公除名为民。丙寅（天启六年），以织监疏逮系，坐赃拷掠，体无完

1 沈国元《两朝从信录》卷三十，天启六年四月。

2 沈国元《两朝从信录》卷三十，天启六年四月。

3 黄遵素《正命诗·闰六月朔》，《黄忠端公文集》卷五《诗略》。

肤，慷慨谈笑，抵死不少屈。临难赋诗一章，南北向叩头以谢君父。丙寅闰六月朔日也，年四十有三。越五日出狱，肌肉涨烂，头面不可别识矣。公为人通敏博达，明习掌故。自为理官，引大体，折大狱，多所保全耆定。及为御史，南乐（魏广微）附逆奄入相，朝右交关鼓扇，杨公、魏公暨高邑赵忠毅公、无锡高忠宪公出死力相榰柱。公语门人徐石麒曰：'乾六龙一亢，姤豕至矣。姤一豕蹢躅，玄黄至矣。群贤之龙战，可谓亢矣。南乐其姤豕也，不务坚贞用晦，敦复以俟时，而出一决无复之之计，其可几乎？'群公善其言而不能用也。公去郡，郡人持短长，蜚语相中，总宪邹公（元标）力持之。初入台，即进规于邹曰：'京师非讲学地也，徐文贞已丛议于盛世矣。'邹公卒用是去。群小之撼君子自此始也。万爆之杖也，公语杨公：'可以去矣。'杨曰：'苟济国，生死以之。'公曰；'言不用，何济？君子不顾生死成败，不可不顾出处。'魏（大中）公将攻南乐（魏广微），公曰：'颁朔后朝，小过也。攻之急，势不反顾。二憾交作，不可为矣。'魏曰：'一死可以尽节。'公曰：'不然，李固机失谋乖，遗梁冀书犹恋恋不能已，君子爱国之心甚于爱臣节也。'公志在弘济艰难，雅不欲婞直偾事。每有搏击，飞章廷争，未尝不为人先。公固曰：'吾宁不与诸君子同其功，不愿不与诸君子同其祸也。'"[1]看来黄尊

1 钱谦益《山东道监察御史赠太仆寺卿黄公墓志铭》，《牧斋初学集》卷五十。

素与杨涟、魏大中在对待阉党的策略上有所差异，如果说杨涟、魏大中是激进派，那么黄尊素就是温和派，不过在反对魏忠贤这个大方向上并无二致。所以钱谦益说，“公志在弘济艰难，雅不欲婞直偾事”，更加注重策略。即便如此，魏忠贤也没有放过他。他自称不愿与诸君子同功，不愿不与诸君子同祸，一语成谶，钱谦益叹息：“公之与诸君子同祸，天为之矣，又何尤哉！”[1]

◀高攀龙像

高攀龙，东林领袖，万历十七年进士。天启六年魏忠贤命人伪造织造太监李实的奏本，诬告高攀龙、周起元、周顺昌、缪昌期、李应昇、周宗建、黄尊素七人贪污白银十余万两。高攀龙从容不迫，先去拜谒宋儒杨中立庙宇，而后跳水自沉而死，其自尽之处即为今“高子止水”。

2. 高攀龙：“心如太虚，本无生死”

七君子之中唯一没有死于诏狱的是高攀龙，在锦衣卫缇骑逮捕他的前一天，在自家园池自沉，维护了朝廷高官的尊严。他在给皇帝的遗疏中说：“臣虽削夺，旧系大臣，大臣受辱则辱国，故北向叩头，从屈平之遗则。君恩未报，结愿来生。臣高攀龙垂绝书，乞使者执此报皇上。”[2]

高攀龙，字存之，号景逸，常州无锡人。他与顾宪成意气相投，无论事功抑或学术，都极其相

1 钱谦益《山东道监察御史赠太仆寺卿黄公墓志铭》，《牧斋初学集》卷五十。

2 高攀龙《遗疏》，《高子遗书》卷七。

似，引为同志。万历十四年，顾宪成应无锡知县李元冲邀请，在泮宫讲学，绅士听者云集，高攀龙也在其中。他后来回忆自己的学术生涯说，二十五岁那年听顾先生讲学，开始有志于学问，把顾宪成看作启蒙导师。那一年，顾先生三十七岁，长他十二岁。朱国祯说："丙戌、丁亥（万历十四、十五年），顾泾阳先生方讲学，听之甚喜，即曰：'学将为圣人也，出口则议论，入手在躬行，岂可泛求！'一日看《大学或问》朱子说'入道之要莫如敬'，悚然曰：'是矣。'一以整齐严肃为主。"[1]正是那一段日子，奠定了他的学问倾向，也规范了他的为官准则。

万历十七年得中进士，座师赵南星对他有"知学"之评。因父丧，回家守孝三年。服阕后，出任行人司行人，他视为"深造"的机会。四川佥事张世则诋毁程朱，企图篡改《易经》传注。他不胜愤懑，写了题为"崇正学辟异说"的奏疏，得到皇帝赞许：有关世教，语极剀切。在吏部任职的赵南星称赞此疏简约而精当，字字体贴。[2]但是他的《今日第一要务疏》，希望皇上"法祖操心，讲学勤政"，却遭到冷遇。

万历二十一年冬，鉴于朝廷之上善类摈斥一空，大臣如孙鑨、李世达、赵用贤等，小臣如赵南星、陈泰来、顾允成、薛敷教、张纳陛、于孔兼等，纠弹内阁首辅王锡爵，附丽权势的户部郎中杨

1 朱国祯《资德大夫都察院左都御史赠太子少保兵部尚书谥忠宪景逸高公墓志铭》，《朱文肃公文集》第二册。

2 朱国祯《资德大夫都察院左都御史赠太子少保兵部尚书谥忠宪景逸高公墓志铭》，《朱文肃公文集》第二册。

应宿反唇相讥，皇帝不分是非，各打五十大板，杨应宿降二级，高攀龙贬谪为揭阳县添注典史。万历二十四年回乡守制，从此开始了家居二十多年的读书讲学生涯。万历三十二年，他协助顾宪成创建东林书院，重整学术道德。叶茂才说："每月集吴越士绅会讲三日，远近赴会者数百人。存之与泾阳先后主盟，每一开讲，得闻所未闻，靡不忻餍而去。"[1]钱谦益说："家居二十余年，水边林下，洗心退藏，尤于静中得力。湛渊之时，内不获身，外不见水，皆我之静境也。"[2]

泰昌、天启的过渡，不过短短几个月，政坛形势却发生了微妙的变化，万历时期受到排挤打击的官员陆续起用，出现了与以前截然不同的"众正盈朝"局面。言官交相举荐，朝廷起用他为光禄寺丞。他颇为踌躇，这些年来对政坛失望之极：总无开口处，总无着心处，原本想婉言推辞。书院同人纷纷劝驾，以为义不可辞，才痛下决心，把东林书院交给挚友吴桂森主持，随即单车就道赶往京城，再度登上政坛。有了前些年的沉潜磨炼，心态已与年轻时大不一样，看重的是醇儒的真性与本心，把官位看得很淡，可仕可止，可有可无。本着这种精神，他荡涤官场不正之风无所顾忌。

天启元年，他升任光禄寺少卿，主持日常事务。光禄寺职掌宫廷祭祀、宴会、膳食，适逢上元

1 叶茂才《高景逸先生行状》，雍正《东林书院志》卷七《列传一》。

2 钱谦益《资德大夫都察院左都御史赠太子少保兵部尚书谥忠宪高公神道碑铭》，《牧斋初学集》卷六十二《神道碑铭一》。

节，太监恣意需索上供天鹅。高攀龙援引祖宗旧例，用家鹅代替天鹅，太监们敢怒而不敢言。礼部尚书孙慎行追论红丸案，弹劾方从哲，高攀龙读后赞叹“此一部《春秋》也”，持论极少顾忌。[1]次年，他调任太常寺少卿，上疏弹劾前任内阁首辅方从哲、外戚郑养性，嬉笑怒骂：“孝也不知其为孝，不孝也以为大孝；忠也不知其为忠，不忠也以为大忠。忠孝大节皆可反黑为白，何事不可指鹿为马？”[2]皇帝以为讽刺他“不孝”，意欲严惩。内阁首辅叶向高极力劝阻：“斯人有重望，处则满朝必争，吾亦与之同去。”皇帝无可奈何，只得罚俸了事。[3]

天启四年六月，都察院左副都御史杨涟上疏，弹劾魏忠贤二十四大罪，许多正直官员遥相呼应，掀起巨大的声讨浪潮。十月，刚刚升任都察院左都御史的高攀龙揭发两淮巡盐御史崔呈秀贪腐成性，劣迹斑斑，主张严惩，吏部尚书赵南星坚决支持。皇帝据此下旨，崔呈秀革职听勘。崔呈秀惊恐万状，连夜奔走魏忠贤住所，叩头乞哀，诡称赵南星、高攀龙“挟私排陷”，痛哭流涕，请求魏忠贤收他为养子。当时魏忠贤遭到廷臣接连弹劾，有些惶恐，正想在外廷物色亲信打手，决意收下这个干儿义子。崔呈秀不负干爹所望，不断向干爹进献《天鉴录》《东林同志录》，以东林人士为仇敌，大

1 朱国祯《资德大夫都察院左都御史赠太子少保兵部尚书谥忠宪景逸高公墓志铭》，《朱文肃公文集》第二册。

2 高攀龙《恭陈圣明务学之要疏》，《高子遗书》卷七。

3 朱国祯《资德大夫都察院左都御史赠太子少保兵部尚书谥忠宪景逸高公墓志铭》，《朱文肃公文集》第二册。

肆清洗。魏忠贤高兴地说："崔家爱我，替我出气报仇也"。[1]因此之故，崔呈秀官运亨通，升任兵部尚书，兼任都察院左都御史，掌控军事与监察大权，成为魏忠贤阉党"五虎"之首。

魏忠贤以为时机成熟，大开杀戒，天启五年三月，发动"六君子之狱"，杨涟、左光斗、袁化中、魏大中、周朝瑞、顾大章先后死于诏狱。阉党意欲追究高攀龙"赃籍"，锦衣卫指挥吴孟明以百口担保，始得幸免。不久，还是削籍为民，追夺诰命。

回到家乡无锡，苦心经营的东林书院，已经在"禁毁天下书院"的圣旨声中，化为一片废墟。天启六年春，魏忠贤又发动"七君子之狱"，以"欺君蔑旨"的罪名，逮捕七君子。高攀龙得知缪昌期、周宗建被逮入镇抚司诏狱的消息，自度不免，不露声色地准备后事。叶茂才记录了他度过的最后日子：

◥ 叶茂才，常州无锡人，万历十七年进士。罢官后在东林书院讲学。

> 至三月十六日早，肃衣冠，谒龟山祠归，与一二亲知看花园中，谈笑自若。忽传有（锦衣卫）缇骑消息，存之微笑曰："此信果的，吾视死如归耳。"又数举"原无生死"四字以示在座，曰："原无生死，何得视生死为二。若临

1 刘若愚《酌中志》卷十一《外廷线索纪略》。

死转一念，便堕苦海，安得称立命哉？平生讲学，此处看透，得力不少。”是夕，祖孙父子相聚晚酌，无一言及家事，第云：“吾有赡田二百亩，售之，可当缇骑费，俟天明萧然就道耳。儿辈各归寝，吾亦安枕矣。”

至夜半，复传前信至。存之起坐，问曰：“信的乎？”步入书斋，取纸书数行锁箧中，复至夫人所，款语半晌出。两孙趋侍，谕之曰：“吾此行未卜归期，叮咛汝者只四字曰‘毋贻祖羞’而已。”复取箧中纸，手自封固，置几上，曰：“以此付官旗，勿先启视。”两孙出，寝户闭，以为复就榻矣。顷之，不闻声响，子若孙推户入，第见一榻枵然，遍觅不可得。亟发几上封视之，乃遗笔也，云：“臣虽削夺，旧系大臣，大臣受辱则辱国，故北向叩头，从屈平之遗则。君恩未报，结愿来生。臣攀龙垂绝书，乞使者执此报皇上。”诸子读未竟，大惊，急趋视池滨，已化去矣。是十七日丑时也。

午后府帖至县，知官旗于隔晚到府。存之赴水适当其时，岂其静养一生，神明默启，至诚前知耶？胡其从容暇豫，不疾不徐，一至此耶！所最异者，平立水面，冠不湿，履无泥，拥起竟日，无滴水出口。停敛数日，以待长君，颜色如生，观者无不惊为神云。[1]

1 叶茂才《高景逸先生行状》，雍正《东林书院志》卷七《列传一》。

他早已参透"原无生死"，视死如归，三月十六日夜写信给友人："仆得从李元礼（李膺）、范孟博（范滂）游矣。一生学力到此亦得少力，心如太虚，本无生死，何幻质之足恋乎？"[1]身为大臣，不愿受到刑辱，决意投水自沉，质本洁来还洁去。说来也奇，家人把他救起时，居然帽子不湿，鞋子无泥，口中无水滴出，面色如生。钱谦益赞叹："公初闻有使收捕，与家人处分燕语，若将治严就征者。夜分窥其室，炉香拂然也，封题宛然也，及诸河，形神离矣。裳衣戌削，口鼻未尝少沾湿也。湛渊洁身，不以苟生辱国；北向叩头，不以垂绝废礼；结愿来世，不以之死忘君。从容就义，守死善道，呜呼难哉！"[2]

3. 李应昇："十年未敢负朝廷"

李应昇，字仲达，号次见，常州江阴人。万历四十四年，二十三岁时得中进士，出任南康府推官，决疑狱，除苛税，士民服其公廉，政治与教育业绩卓越，修紫阳堤，恢复白鹿洞书院，尤为引人注目。天启初年擢为御史，不满于魏忠贤专擅朝政，接连上疏谏诤。

天启四年正月十四日，他上疏责问罪珰："数年以来，二竖之患不可谓不深矣。皇上试问罪珰，遗

1 高攀龙《临终与华凤超》，《高子遗书》卷八下。

2 钱谦益《资德大夫都察院左都御史赠太子少保兵部尚书谥忠宪高公神道碑铭》，《牧斋初学集》卷六十二《神道碑铭一》。

而嫚书入者何人？马上催而三路败者何人？中枢执拗而经抚受败者何人？贪残激变而贻患黔蜀者何人？贿脱盗库表里为奸，而一网善类者何人？”一连串的追问，无不指向魏忠贤，只是没有指名道姓而已，被圣旨谴责为“词多泛漫”，不予理睬。[1]

同年三月十九日，他上疏对魏忠贤在紫禁城内搞内操，提出异议：“语曰：忠言逆耳利于行，良药苦口利于病。臣备员耳目，忠爱微忱，思之数日，不能自已，岂敢侥幸无罪，亦庶几乘勿药之初，未忘苦口之味，不至以规为瑱也。”得到的圣旨是：“内操旧规，多事戒备，前已屡有旨了，不得又来渎奏！”[2]

对此，钱谦益评论道：“公（李应昇）入台班，则忠贤燎原之日也。公连章切谏，谨逸游，罢内操，停立枷，皆以剪阉机芽而落其角距。”[3]吴伟业评论道：“方公（李应昇）入为御史，哲皇帝冲年御服，群小欲矫弄威福，日导主上以嬉游燕豫。公慨然忧之，其拜入台第三疏所言数条，皆军国大务，而末以逸游为戒。固未尝指斥某事也，群奄已大哗阁中曰：‘李御史何人？教万岁灯也不看。’福唐相（叶向高）缓之，乃解。公闻之益发舒，于圣躬违豫，则请止内操；热审推仁，则请除立枷；万燝之毙杖也，则梳理其冤；王永光、魏广微之柄用也，则疏纠其恶。”[4]

天启四年六月初一日，杨涟上疏揭发魏忠贤二十四大罪，李应昇奋起响应，于六月初四日上疏：

1 李应昇《抚时直发狂愚触事略商补救以备圣明采择疏》，《落落斋遗集》卷一《奏疏上》。

2 李应昇《敬陈保身之要以明修身之实疏》，《落落斋遗集》卷一《奏疏上》。

3 钱谦益《福建道监察御史赠通议大夫太仆寺卿谥忠毅李公墓志铭》，《牧斋有学集》卷二十九。

4 吴伟业《福建道御史忠毅李公神道碑铭》，《梅村家藏稿》卷四十一《文集十九·神道碑铭一》。

昨臣堂官左副都御史杨涟疏参东厂太监魏忠贤二十四大罪，此非（杨）涟一人之私言，通国之公言也。通国之人畏忠贤甚于畏皇上，故切齿不平，摇手相戒。涟独冒死危论，感悟圣心，谓宜大奋乾刚，立加斥逐，以正其窃弄威福之辜。忠贤亦应束身待罪，以谢天下忠臣义士之口。乃一疏乞怜，温旨先下，羽翼四布，谬曰“孤臣恣睢无忌”，谬云“忠赤不知谁为代草以欺皇上者”。皇上因其不辩，转谓小心。夫忠贤非不欲辩也，千真万真无可辩也，千罪万罪又不胜辩也。忠贤不能自辩，而皇上反代为之辩，则中旨真可听其伪传乎？阁臣真可听其爰立乎？外廷真可听其交通乎？老臣真可听其驱逐乎？直臣真可听其禁锢乎？生杀真可听其自操乎？爵禄真可听其掌握乎？奸细真可听其深藏乎？兵柄真可听其在手乎？出入真可听其僭拟乘舆乎？

他开宗明义表明自己的态度，这并非杨涟一人的私言，而是全国民众的公言。然后向皇帝一连提出十个问题，引出结论——务必罢黜魏忠贤：“故忠贤不去则皇上不安，而今日被论之忠贤不去，则皇上愈不安。臣为皇上计，莫如听忠贤之引退以全其命，而解其烛影之疑。即为忠贤计，亦莫如早自引决，以释中外之疑。”[1]得到的圣旨是：“已有屡旨，

1 李应昇《罪当巧于护身明主不宜分过谨直发其欺君之罪以祈圣断疏》，《落落斋遗集》卷二《奏疏下》。

如何又来渎扰！姑不究。”[1]

一个月以后，工部郎中万燝被廷杖致死，李应昇上疏为其鸣冤，抨击专擅朝政的魏忠贤。奏疏写道：“原任工部郎中万燝以陵工补牍，遂触宸威，然恭诵明旨，一则曰从轻，一则曰为民，仰见皇上圣明，以为燝之罪不至死矣，杖亦必不至死，意（万）燝生出国门，编氓原籍，长为皇上太平之民也。而（万）燝今死矣，未报国恩，先填沟壑。六尺之孤绕膝，八旬之母依闾，旅榇无归，游魂恋阙，臣僚饮泣，道路咨嗟。然无不共亮，非出于皇上之心也。彼时群珰横击，血乱神飞，监杖张威，伤痕甚重，兼以倒拖逆拽，蹴踏摧残，种种不支，故至于此。而令皇上损好生之德，负杀谏臣之名。臣故不暇为万燝冤，而深为皇上冤也。且天下士大夫所以激昂奋发不能自已者，独念祖宗养士二百余年，祸在萧墙，且在旦夕，故怀忠挟义，感恩图报耳。而一言触忤，褫辱身死，岂所以作忠而劝士哉？”[2]

李应昇坚决支持杨涟，非把魏忠贤拉下马不可，他已经估计到后果的严重性，做好了罢官的准备。写信给父亲说：“都中议论纷纷，权珰作恶，昨副堂杨大洪具疏参之，喧传为之纸贵。男与魏廓园（大中）、许霞城（誉卿）诸兄弟，先具疏助之，已甘为削籍，归侍二亲。今幸邀主上宽恩，从此遇事不得不言，则一官置之度外。”[3]五个月以后，再次向父

1 金日升《颂天胪笔》卷八《赠荫四·李应昇》。

2 金日升《颂天胪笔》卷八《赠荫四·李应昇》。

3 李应昇《官西台寄父亲（七）》，《落落斋遗集》卷九《家书》。

亲报告京城的险恶政治形势和自己的处境："自发前字后，每日悬悬，十夜有四五夜梦在膝前，以此卜归期不远矣。珰熖方张，日日以中旨处人，既已逐冢宰、总宪去，又削副院、佥院之籍。至陈中素温厚和平，初无得罪，而以会推不如魏广微之意，亦削其籍。小臣如魏廓园、夏绳北、张浮西、沈炎洲、许霞城、袁熙宇、房海客、邹匪石，降谪者已十余人。而又切责韩、朱二阁下，将逐之去。父亲谓如此世界尚可做官否？虽缄口不言以避祸，亦必不可久也。"[1]

天启五年三月，魏忠贤的亲信曹钦程用"护法东林"的帽子向他扣来，致使李应昇罢官而去。

天启六年二月，苏杭织造太监李实以"欺君蔑旨"诬陷诸臣，魏忠贤矫旨："周起元背违明旨，擅减原题袍段数目，又措勒袍价，以致连年误运。且托名道学，呼朋引类，各立门户，一时逢迎附和有周宗建、缪昌期、周顺昌、高攀龙、李应昇、黄尊素，尽是东林邪党，与(周)起元臭味亲密，干请说事，大肆贪婪，吴民恨深切齿。除周宗建、缪昌期已经逮解外，其周起元等五人，都着锦衣卫差的当官旗扭解来京究问。"[2]李应昇因此被锦衣卫缇骑逮捕，他写诗抒怀：

便成囚伍向长安，满目尘埃道路难。

1 李应昇《官西台寄父亲（十）》,《落落斋遗集》卷九《家书》。

2 沈国元《两朝从信录》卷二十九，天启六年二月。

父老惊心呼日月，儿童洗眼认衣冠。
文章十载虚名误，封事千言罪孽殚。
寄语高堂休苦忆，朝来清泪满供餐。[1]

在押解途中，给大哥寄去诗三首，其一是：

长途连袂若为欢，咫尺京华不忍看。
此去幽囚肠百转，总余清泪对谁弹？

其三是：

兄自料生聊暖眼，我惟料死总灰心。
双亲但有平安字，传得些儿抵万金。[2]

◤李逊之，天启六年九岁，父应昇被害，遗命“寄语儿曹焚笔砚，好将犁犊听黄鹂”。读书二十年，守此志不忘。崇祯元年在伯父李应炅陪同下，与东林人士后裔黄宗羲、周子佩等上京讼父冤。弘光元年至南京疏请补谥。甲申国变后，感泣抚膺，绝意仕进，筑听鹏轩，赋诗见志。编刊父遗集，刻年谱，著有《三朝野记》。

给儿子李逊之（《三朝野记》作者）的遗书写道：“吾直言贾祸，自分一死以报朝廷，不复与汝相见，故书数言以告汝。汝长成之日，佩为韦弦，即吾不死之日也。”向他提出六点要求：一是俭以惜福——“汝生于官舍，祖父母拱璧视汝，内外亲戚以贵公子待汝，衣鲜食甘，嗔喜任意。娇养既惯，不肯服布旧之衣，不肯食粗粝之食。若长而弗改，必至穷饿，此宜俭以惜福，一也”。二是俭以守身——

1　金日升《颂天胪笔》卷八《赠荫四·李应昇》。
2　金日升《颂天胪笔》卷八《赠荫四·李应昇》。

"汝少所习见游宦赫奕，未见吾童生秀才时低眉下人，及祖父母艰难支持之日也。又未见吾今日囚服逮及狱中，幽囚痛楚之状也。汝不尝胆以思，岂复有人心者哉！人不可上，物不可凌，此宜俭以守身，二也"。三是孝以事亲，四是公以承家，五是桑梓之义，六是文章一脉。特别强调："吾居官爱名节，未尝贪取肥家"；"吾苦生不能尽养，他日俟祖父母千百年后，葬我于墓侧，不得离远"。[1]押入镇抚司诏狱后，不断受到酷刑拷问，遍体鳞伤。在狱中给父亲寄去两封书信，前一封报告受酷刑的情况："男不意一到即审，故受伤甚重。幸一番即允，尚有余生。卧床一月，疮口未平，再得一月功夫也。天时人事，生路未绝，赃得早完，即过刑部。今五日一比，盼望家信眼穿。此中乞告既穷，束手无策，又不免棰楚之苦矣。在狱日则愁赃，夜则苦痛，只脾旺身健，酒食过于往时，此可慰二亲悬念也。"[2]这后面二句"脾旺身健，酒食过于往时"云云，显然是安慰二老的善意谎言。闰六月初三日，他就向父亲发出临终遗书，示意诀别："男遭此祸，久已义命自安。只念两亲万苦千辛，所以死不瞑目，愿善自宽解，与范滂之母千载同传耳。"[3]此时，七君子中多人已经毙于杖下，黄尊素一息尚存，遇害前三日，黄公在隔壁以拳垂壁，喊道："仲达，我已先去。"李应昇应声回答："君行，我亦至

1 李应昇《付逊儿、付逊之》，《落落斋遗集》卷九《家书》。黄煜《碧血录·付逊之儿手笔》。

2 李应昇《狱中寄父亲》，《落落斋遗集》卷九《家书》。

3 李应昇《临终寄父亲》，《落落斋遗集》卷九《家书》。

矣。”[1]死时年仅三十四岁。

李逊之记录了其父遇难经过，读来心酸：“先人以丙寅（天启六年）三月十七日闻逮信，从容拜辞祖父母，县令到门，即携手就道，绝不作儿女恋恋。十九日抵郡，宿吴霞舟先生斋，谈笑欢酌如平时，与吴先生往复诀别，语具载《端友集》中。时缇骑需索甚奢，逼勒不肯开读，而阖郡士民攘臂奋呼，欲逐缇骑而甘心焉。赖郡侯曾公二云力为调护，又捐俸慨助，以饱缇骑之欲，得毋及于变。途中与伯父联袂偕行，相对劳苦，惟以不得终养祖父母为憾。盖已知生还无望，然恐有伤祖父母心，故途次狱中三次贻书，犹作解慰语。至四月二十日抵京，羁锦衣（卫）东司房，为季叔作圹志。二十三日奉旨，镇抚司究问。镣扭送诏狱，许（显纯）彪迎内意，酷刑交加，血肉淋漓，惨不忍言，竟诬赃四千，勒限严追，五日一比，比必受棍……迨六月下旬，而同事诸公相继遇害矣。先人即作绝笔诗四首，缄付狱卒，又寄祖父、伯父二纸。纸仅径寸，字仅如豆，纸尾书闰六月初三午刻，盖即于是日报亡云。时值炎暑，越三日，始有旨领埋，而肌肤毁烂，几不可识别……痛哉先人，一生忠国忘家，孝亲忘私，即临难绝笔犹云：惟父母兄妹刻刻在心，与‘十年未敢负朝廷’之句。岂非尽瘁孺慕之念，千古如生者耶！至遗训逊之，惟以立身孝亲与居家

1 吴伟业《福建道御史忠毅李公神道碑铭》，《梅村家藏稿》卷四十一《文集十九·神道碑铭一》。

读书为嘱。逊之时方稚龄，呱呱在抱，不知言之堪痛。”[1]“十年未敢负朝廷”，是李应昇的绝命诗，全诗如下：

> 十年未敢负朝廷，一片丹心许独醒。
> 只有亲恩无可报，生生愿诵法华经。[2]

4. 缪昌期：“一死无余事，三朝未报心”

缪昌期，字当时，一字又元，号西溪，常州江阴人。他大器晚成，万历四十一年得中进士时，已经五十二岁，选翰林院庶吉士，三年后授翰林院检讨。他在天启六年写的“自叙”，提及自己的科举仕途：“明年庚子（万历二十八年）举应天廿一名，时年已三十九矣……余诸生二十余年，乡举十余年，不营产业，公车之费不赀，家日益挫。至癸丑（万历四十一年）无以治装，谋之虞山诸友，得三十金以行，其困苦如此。幸博一第，齿已五十二矣。”[3]

他弱冠即有文名，远方宿儒多抠衣受业。无锡顾宪成慕名延聘他为家塾老师，教育他的几个儿子。由于这样的因缘，日后被人扣上“东林”的帽子。其实真相并非如此，他的挚友钱谦益看得清楚：“端文（顾宪成）前辈名家，公（缪昌期）与之上下议论，才辩蜂涌，端文无以难也。年三十九举于

1 李应昇《落落斋遗集》卷末，附录。

2 金日升《颂天胪笔》卷八《赠荫四·李应昇》。

3 缪昌期《自叙》，《从野堂存稿》卷八《杂著》。

乡，两都人士聚观叹息，以谓衣冠有异，如唐之李邕矣……端文与高忠宪公（攀龙）辟讲堂于东林，公退而语予：‘东林诸君子有为讲学，而有意立名，党锢道学之禁殆将合矣。’公既登朝，癸丑、甲寅（万历四十一、四十二年）之间，朝论攻东林甚急，还观其所为，壹皆便文养交，蝇营狗苟，附时相，走私门，恶清流清议为害己，欲锄而去之者也。公未尝心许东林而疾党人滋甚，每叹曰：‘吾惟恐人为伪君子，肯与人为真小人乎？’往往盱衡扼腕，形于言色。朝论遂以东林目公，公弗辞也。”[1]原来如此这般，“朝论遂以东林目公”。当时馆选庶吉士，得到金沙于玉立的举荐而入选，自此有“东林之目”。

万历四十三年，梃击案发，御史刘廷元以“疯癫”结案，刑部主事王之寀主张追究主谋，御史刘光复支持刘廷元，攻击王之寀。缪昌期讥讽两位姓刘的御史：“一卯金（按：刘的繁体字俗称‘卯金刀劉’）以‘疯癫’二字出脱乱臣贼子，一卯金以‘首功奇货’四字抹杀忠臣义士。”[2]主张以“疯癫”结案者恨之入骨，工科给事中刘炳文上疏弹劾，缪昌期一气之下，移疾而归。

天启元年三月，缪昌期返京，官复原职。形势仍不容乐观，他在给友人的信中说：“不肖以仲春入朝，诸君子异同之迹已龃龉露牙颊矣，其端竟不知所自。而后乃日甚，虽一决不复收。闻彼中之人且

1 钱谦益《奉直大夫左春坊左谕德兼翰林院检讨赠通议大夫詹事府詹事兼翰林院侍读学士缪公行状》，《牧斋初学集》卷四十八《行状二》。

2 缪昌期《自叙》，《从野堂存稿》卷八《杂著》。钱谦益《奉直大夫左春坊左谕德兼翰林院检讨赠通议大夫詹事府詹事兼翰林院侍读学士缪公行状》，《牧斋初学集》卷四十八《行状二》。

拍手相贺，欲乘其两敝之后，而徐起收渔人之功者比比也。时事至此，可不寒心哉？幸旬日之中，懋明（李邦华）入，景逸（高攀龙）又入，二君子者将悉力弥缝，以掩前瑕而销后衅。如其得济，则吾党如天之福，亦二君子百世之功也。”[1]此时魏忠贤跋扈骄横，杀死司礼监太监王安，驱逐阁臣刘一燝。叶向高奉召再度入阁，缪昌期正告他："内传不可奉，顾命大臣不可逐，公三朝老臣，当以去就争之，力遏其渐，无令中人手滑。”[2]所谓“无令中人手滑”，意谓不要让魏忠贤为所欲为，叶向高对魏忠贤颇有好感，不以为然。

赵南星出任吏部尚书，号召海内清名之士，澄汰品流，塞绝侥幸。缪昌期与高攀龙、杨涟、左光斗、魏大中参预其议。“朝右皆侧目挪手，怨诅交作”。[3]杨涟弹劾魏忠贤的奏疏写成，缪昌期密告左光斗，内无有力的太监，外无有力的阁臣，一旦不中，国家受累。左光斗默然不应。杨涟的奏疏呈上后，内阁首辅叶向高颇有微词：杨大洪这疏亦太容易，魏忠贤在皇上跟前时有匡正。一日有飞鸟入宫，皇上登梯去捉，魏忠贤拉住皇上衣服不让他得上去。有小太监收到皇上赏赐绯衣，魏忠贤叱责："此非汝分，虽赐，不许穿。”他如此认真，恐怕杨大洪奏疏实施，难再得此小心谨慎之人在上左右。缪昌期反对叶向高对魏忠贤的吹捧："谁为此说以欺

1 缪昌期《答徐若谷》，《从野堂存稿》卷六《尺牍》。

2 钱谦益《奉直大夫左春坊左谕德兼翰林院检讨赠通议大夫詹事府詹事兼翰林院侍读学士缪公行状》，《牧斋初学集》卷四十八《行状二》。

3 钱谦益《奉直大夫左春坊左谕德兼翰林院检讨赠通议大夫詹事府詹事兼翰林院侍读学士缪公行状》，《牧斋初学集》卷四十八《行状二》。

老师，可斩也。”[1]杨涟的奏疏引起朝野震动，纷起响应。叶向高为了缓解紧张局面，呈上密揭，希望皇帝准许魏忠贤交出权力，退休养老。结果吃力不讨好，魏忠贤大为恼怒。叶向高慑于他的淫威，自我解脱，扬言这份密揭非出我意，乃是门生缪昌期所迫。流言不胫自走，甚至有人说杨涟的奏疏也出于缪昌期之手。[2]缪昌期大祸临头，魏忠贤矫旨将他罢官。他写信给先前罢官的杨涟：“自兄跨驴而南，惊风怪雨日甚一日，诇弟者无所不至，相爱者劝弟稍避行迹，而弟之疏戆如故，得罢免之旨，而小人之喜可知也。”[3]

天启六年二月，缪昌期与其他六君子被捕入诏狱。他在给门生的信中谈及得祸缘由：“仆之得祸，总缘应山（杨涟）一疏，兼以桐城（左光斗）、嘉善（魏大中）之交。然应山、桐城、嘉善死不负国，仆即死不负朋友，此心可对天日耳。”[4]他向高攀龙表示，自己无怨无悔，做好了从容赴死的准备：“知有今日久矣，与李膺、范滂同游地下，亦复何憾！”[5]他以东汉党锢之祸中遭受迫害的李膺、范滂为楷模，决意与他们同游地下，有诗吟咏道：

◤ 李膺，东汉名士，位列“八俊”之首，有“天下模楷”之称。党锢之祸的受害者。

1 缪昌期《自叙》，《从野堂存稿》卷八《杂著》。
2 缪昌期《自叙》，《从野堂存稿》卷八《杂著》。
3 缪昌期《寄杨大洪》，《从野堂存稿》卷六《尺牍》。
4 缪昌期《答门生陶圣洋》，《从野堂存稿》卷六《尺牍》。
5 缪昌期《与高景逸》，《从野堂存稿》卷六《尺牍》。

尝读膺滂传，潸然涕不禁。
而今车槛里，始悟夙根深。
一死无余事，三朝未报心。
南枝应北指，视我实园阴。[1]

在就逮之前所写的“自叙”，回顾自己的一生，同样无怨无悔：“余行真而未笃，口直而多躁，心慈而色厉，为文有笔而无学，为学有志而无养，种种欠缺，人所共见。而不敢营私背君，欺心卖友，一念亦天地神明所共鉴也。祸至于此，岂非往因，闻报之后，了无怖恋，但义不屑以三朝作养之躯，辱于狗奴狞贼之手耳。”[2]料知必死无疑，他向挚友钱谦益托孤，照顾两个儿子虚白、贞白：“弟异姓骨肉惟仁兄一人，平居左提右挈，今日拯溺救焚所不能得之宗党姻亲者，惟仁兄是望耳……两儿在家皆以兄为天，兄即以子视之。余无可言者，感不尽，说不尽。”[3]他给儿子的诀别诗谆谆叮嘱：

诸儿初了了，长大竟无成。
世事浑如梦，贻经累后生。
覆巢宁有卵，刈草岂留萌。
幸得收吾骨，还须隐性名。[4]

天启六年四月二十九日，缪昌期死于诏狱，五

1 金日升《颂天胪笔》卷七《赠荫三·缪昌期》。

2 缪昌期《自叙》，《从野堂存稿》卷八《杂著》。

3 缪昌期《与钱牧斋》，《从野堂存稿》卷六《尺牍》。

4 金日升《颂天胪笔》卷七《赠荫三·缪昌期》。

月二日狱中传出死讯，时年六十五岁。钱谦益记载：“‘诏狱死状秘，外人莫得知’，四月二十九日，橐饘中传出寸纸，自是而绝。五月二日，狱吏以死上，竟莫知何日也……而其家遂以四月二十九日为忌辰。[1]

5. 周顺昌与“开读之变”

锦衣卫缇骑抵达苏州逮捕周顺昌，阉党的倒行逆施，触犯众怒，激发轰轰烈烈的民众反抗运动，史称“开读之变”。

周顺昌，字景文，号蓼洲，苏州吴县人。万历四十一年进士，授福州府推官，清正廉洁，敢于整治矿税太监高寀的非法行径。高寀的爪牙颐指气使，横征暴敛，引发民众骚乱，劫辱巡抚袁一骥，把他的儿子与副使吕纯如扣留为人质。有人建议由周顺昌去顶替人质，周顺昌期期以为不可：“此身许国，非许上官。必君父有难，方可身殉，吾素不与彼狎，四丧未葬，敢轻一死于鸿毛耶？”[2]由于周顺昌仗义抵制高寀，平息众怒，骚乱得以消解。朝廷获悉后，将高寀撤回，周顺昌因此晋升为吏部稽勋司主事。天启初年调任文选司员外郎，主管官员选拔事务，全力杜绝请寄，抑制侥幸，以清操闻名。或许是厌恶官场的浑浊，向皇帝请假回归家乡。

他为人刚方贞介，嫉恶如仇。天启三年，应

1 钱谦益《奉直大夫左春坊左谕德兼翰林院检讨赠通议大夫詹事府詹事兼翰林院侍读学士缪公行状》，《牧斋初学集》卷四十八《行状二》。

2 杨坤、缪敬持《东林同难列传·周顺昌传》。

天巡抚周起元（字仲先，福建海澄人）揭发苏杭织造太监李实，贪污料银四万两。李实为掩盖罪行，诬陷苏州府同知杨姜。周起元挺身申救，连上三疏弹劾李实，其时魏忠贤气势嚣张，包庇李实，矫旨将杨姜罢官。周起元处境岌岌可危，依然刚方贞介，天启四年江南水灾，周起元派人前往湖广采购米粮，平粜救济。并且弹劾苏松道臣朱童蒙，触怒魏忠贤，矫旨削籍。周顺昌不畏强权，撰文为周起元送行，指斥权珰无所顾忌。魏大中被逮，经过苏州，他设宴为之饯行，毅然决然将自己的女儿许配给魏大中的孙子，便是对正人君子的敬仰之情。他特地买了船只，跟随官船远送魏大中，锦衣卫校尉呵斥禁止，他怒目圆睁回应："若不知世间有不畏死男子耶？归语忠贤，我即故吏部郎周顺昌也。"[1]一面说一面高举手臂，直呼魏忠贤的名字，骂不绝口。

魏忠贤获悉后，授意干儿子——御史倪文焕弹劾周顺昌，与罪人魏大中缔结姻亲，诬陷他贪赃受贿。魏忠贤收到奏疏，立即矫旨将他削籍罢官。先前因人质问题结怨的吕纯如也是苏州人，此时以京官家居，挟前嫌向苏杭织造太监李实、应天巡抚毛一鹭进谗言。李实追论曾经揭发他的周起元，牵连周顺昌"请属有所干没"。魏忠贤派锦衣卫缇骑前往苏州逮捕周起元、周顺昌。沈国元这样记载此事："天启六年三月，逆珰魏忠贤矫旨逮故巡抚都御

1 杨坤、缪敬持《东林同难列传·周顺昌传》。

史周起元等，中及故吏部员外郎周顺昌，同恶内臣李实所构陷也。”[1]

三月十五日，携带诏书的锦衣卫缇骑抵达苏州。按照惯例，诏使抵达，地方官必须亲自通知被逮官员。吴县知县陈文瑞是周顺昌的门生，半夜叩门求见，抚床而恸，周顺昌反过来安慰他：“吾固知诏使必至，此特意中事耳，毋效楚囚对泣。”次日，他召见故人，与之诀别，夫人吴氏号泣昏迷，苏醒后再次昏厥，儿女们环拥着他，嚎啕大哭，声彻街市。他神色自若，准备就逮，环顾左右，见书桌上铺开的白纸，对人说：这是龙树庵僧人嘱托书写，已经答应，今日可了，以免失信。随即信笔题写“小云栖”三字，字大如斗，体法遒劲，投笔而起，意气浩然。刚一迈出家门，百姓为之鸣冤聚送者已不下数百人，但见周顺昌身穿囚服，头戴小帽，前往巡抚衙门，士民聚集愈来愈多。巡抚毛一鹭有些惶恐，自揣不协舆情，命下属不断转移关押地点，但是远近风闻者逐渐增至数千人，以为周吏部清忠亮节，朝廷以何罪逮捕？民众十分激动：“或悻悻若怒，或愀愀若悲，或茕茕若无告，或昏昏若梦魇，而无以自明，相守至昏夜犹不散，旦则复聚。自十五日至十八日，盖通国皇皇也。”[2]

却说三月十五日锦衣卫缇骑抵达苏州后，向周顺昌家属敲诈勒索，并且威胁说，倘若不从，那

1 沈国元《两朝从信录》卷三十，天启六年四月。沈国元自注：“此纪为吾友王贞明手述。盖贞明与吾师刘渐于为周公（顺昌）莫逆，虽当患难，不废周旋，故所睹记最为详确。”

2 沈国元《两朝从信录》卷三十，天启六年四月。

么周顺昌在押解途中性命难保。周顺昌为官一向清正廉洁，两袖清风，正如姚希孟所说："(周)顺昌贫彻骨，以吏部郎归，敝庐数椽而已。然小民冤抑未申，并水旱征徭之事，必力请于当事，穷交寒酸，游扬援引，不惜齿颊，士民深德之。"[1]如此好官清官竟然遭到迫害与勒索，苏州士民怒不可遏，商人之子颜佩韦挺身而出，上街高呼：要救周吏部的，跟我来！颜佩韦的朋友马杰也上街呼号，一时间自发跟从者有上万人。锦衣卫原定三月十八日开读圣旨，逮捕周顺昌，苏州民众数万人上街游行示威，场面令人感动。请看王贞明的描述：

◥ 姚希孟，苏州人。天启时授检讨，纂修神宗实录。作《开读始末》记吴民反阉党事。

开读之日，郡中士民送者无虑数万，相聚谋曰："吾侪小人无由上达天子，顷当投哀两台(指巡抚、巡按)，恳其疏救。"或曰："此皆东厂陷害忠良，虽抚按可奈何，吾辈一死耳，无足惜者。"语气激烈，有识者惧生变，稍加慰曰："朝廷圣明，君等皆忠义，欲活吏部(周顺昌)，当为吏部门户计，不如乞命两台为得。"于是百姓皆执香迎顺昌于县署，号声震天，挥汗如雨，县官马不得行。日午，至西察院时，抚按未至，人情汹汹，天地阴惨。诸生五百余人

1　姚希孟《开读始末》，周顺昌《周忠介公烬余集》卷四。

公服立门外，私忧曰："人心怒矣，特以天子诏，不敢发耳，抚按至，事未可知。我辈代为请命，差足慰百姓，无贻桑梓忧。"诸生皆喏。顷巡抚毛公一鹭、巡按徐公吉至，百姓执香伏地，呼号之声如奔雷泻川，轰轰不辨一语。诸生王节、刘羽仪、文震亨、杨廷枢、殷献臣、王景皋、袁徵、朱隗、沙舜臣、王一经等，乃迎两台于门，痛哭而陈曰："周铨部清忠端亮，舆望久归，一旦以触忤权珰遂下诏狱，百姓怨痛，万心若一人。民心国之本也，贤士大夫民之望也。《诗》云：'人之云亡，邦国殄瘁'，言失民心丧股肱也。况顺昌等不由台谏论列，而出于刑臣，尤人心愤懑不平之极者。今东南赤子咸愿百身以赎。明公为天子重臣，何以慰汹汹之众，使无崩解之患。"言讫，诸生皆恸哭。毛（一鹭）公恐，流汗被面，惴惴不敢出一语。（锦衣卫）旗尉文之炳等妄自尊大，不察民情，持械击百姓，且厉声曰："东厂严旨逮官，迺容鼠辈置喙！"百姓颜佩韦等闻之，还问曰："尔言东厂逮官，则此旨出魏监耶？"诸旗虎面豹声曰："速剜若舌，旨出东厂将何如？"（颜）佩韦等不胜愤，振臂大呼曰："吾辈谓天子诏耳，东厂何得逮官！"首击（文）之炳，百姓从者千计，而覆水不收之势成矣。[1]

1 沈国元《两朝从信录》卷三十，天启六年四月。

姚希孟说：三月十八日，群众听说周顺昌即将上槛车，倾城出动，执香者烟涨蔽天，呜冤呼声数十里外都能听见。百姓一听“东厂”二字，知道是魏忠贤下令来逮人，更加气愤，颜佩韦、杨念如、沈扬、周文元、马杰等上前痛打文之炳，一时群情激奋：“忽如山崩潮涌，舂然而登，攀栏折楣，直前奋击，诸缇骑皆抱头窜，或升斗拱，或匿厕中，或以荆芥自蔽。众搜捕之，皆搏颡乞命，终无一免者。有蹴以屐齿，齿入其脑立毙……其逾墙出者，外人复痛捶之”。[1]

这就是“开读之变”，又称“苏州民变”。这次事变对魏忠贤震动很大，让他领略到反对派的力量不可等闲视之，不仅有士大夫，而且有支持士大夫的成千上万的老百姓，非得以迅雷不及掩耳之势镇压不可。他立即命令逮捕带头闹事的颜佩韦等人，并且秘密把周顺昌押解到北京。周顺昌关入镇抚司诏狱后，受到许显纯严刑拷打，誓死不屈。许显纯用铜锤打落他的牙齿，喝问：“复能骂魏上公否？”周顺昌把满口鲜血喷向许显纯，骂得更加厉害，猛然把头撞向石壁，鲜血直流。魏忠贤授意当即处死。天启六年六月十七日夜里，狱卒颜紫把他击毙。镇抚司在报告中轻描淡写地说：“犯人周顺昌病故。”[2]

被逮捕的颜佩韦等人，也难逃魏忠贤的魔掌。

四月初，应天巡抚毛一鹭向朝廷报告苏州民变

1 姚希孟《开读始末》，周顺昌《周忠介公烬余集》卷四。金日升《颂天胪笔》卷二十一《逮行始末》。

2 徐肇台《续丙记政录》，天启六年六月二十日。

的消息，当然是黑白颠倒的自我粉饰之词：“本年三月十八日，因犯官周顺昌奉旨下逮。臣等齐赴公所，正开读间，忽士民拥入鼓噪，变起仓卒，势甚危迫。臣等不胜骇异，力为解散……次日，讹言偶语，遍街塞巷，臣等惟有密加防护，严行申饬，自辰至酉，方始解散。”圣旨随即下达：“愚民狂逞，至挤伤旗尉，虽云变起仓卒，抚按等官平日禁约谓何？据奏，犯官既已前来，姑不深究。还着密拿首恶，以正国法，不得累及无辜。其苏（州）常（州）等处私造书院尽行拆毁，刻期回复。”[1] 此后巡抚毛一鹭和巡按徐吉再次请示，五月初六日圣旨下达：“这缉获乱民颜佩韦等，分别正法，其漏网巨魁着作速确查具奏。”[2]

▼ 张溥石刻像

张溥，苏州太仓人，复社领导人。一生著作宏丰，编述三千余卷，著有《七录斋集》，辑有《汉魏六朝百三家集》。

天启六年十月，颜佩韦、杨念如、沈扬、周文元、马杰被杀害。“临刑，相顾笑别，延颈以受”。[3] 一年后，魏忠贤伏法，苏州百姓在毛一鹭为魏忠贤所建生祠废墟上，为颜佩韦等建造五人之墓，墓道上面的石牌坊刻着“义风千古”四个大字。复社领袖张溥撰写碑文，这就是脍炙人口的《五人墓碑记》。上面写道：“五人者，盖当蓼洲周公之被逮，急于义而死焉者也。至于今，郡之贤士大夫请于当道，即除逆阉废祠之址以葬之，且立石于其

1 沈国元《两朝从信录》卷三十，天启六年四月。

2 徐肇台《续丙记政录》，天启六年五月初六日。

3 周顺昌《周忠介公烬余集》卷四《五人传》。

墓之门，以旌其所为。呜呼，亦盛矣哉……凡四方之士，无不有过而拜且泣者，斯固百世之遇也。不然，令五人者保其首领，以老于户牖之下，则尽其天年，人皆得以隶使之，安能屈豪杰之流扼腕墓道，发其志士之悲哉！”[1]

七君子之狱的元凶是苏杭织造太监李实，帮凶则是应天巡抚毛一鹭。无名氏《虐政集》写到御史周宗建、李应昇、黄尊素，侍读学士缪昌期，应天巡抚周起元，左都御史高攀龙，吏部员外郎周顺昌，被缇骑逮治，特别注明："以李实参之，实则毛一鹭主使之"。[2]无名氏《邪氛集》不仅指责毛一鹭谋害七君子，而且嘲讽他不得好死："(毛)一鹭在应天，约织监李实，过苏州同谋害正，(李)实随诬奏高攀龙、周起元、周顺昌、黄尊素、李应昇、周宗建、缪昌期，俱被逮问。顺昌素得乡党心，缇骑至激变，为苏人所殴，有死者。(毛)一鹭疏挑珰怒，复杀倡义五人。或曰，(毛)一鹭临死，蜎缩才如小儿，岂阴力诛之乎？(毛)一鹭抚应天，或夜粘对联于军门鼓楼之上，曰：'拔一毛，一毛不肯；杀一鹭，一路太平'。"[3]

1 张溥《五人墓碑记》，《古文存稿》卷三。金日升《颂天胪笔》卷二十二《附记·五人碑记》。

2 无名氏《虐政集》，天启六年二月。

3 无名氏《邪氛集》，天启六年二月，以毛一鹭巡抚应天等处。

6. 周宗建与周起元之死

周宗建，字季侯，苏州吴江人。万历四十一年

◤ 周宗建石刻像

周宗建，苏州吴江人，万历四十一年进士。官至御史，天启间上疏弹劾权阉魏忠贤，下狱致死。

进士，历任武康知县、仁和知县，政绩卓异，晋升为御史。天启元年，上疏为已故官员顾存仁、王世贞、陶望龄、顾宪成请谥，追论万历朝小人，历数钱梦皋、康丕扬、亓诗教、赵兴邦乱政罪。辽东战败，沈阳陷落，他上疏谴责当事大臣，请求破格用人，召还熊廷弼。是年冬，奉圣夫人客氏出宫，一天之后皇帝反悔，要她回宫。周宗建抗疏极谏："两日之间乍出乍入，人且谓天子成言有同儿戏，法宫禁地仅类民家。无论圣明之举动有乖，亦恐内外防闲甚亵，今既无以信众，后将何以令人？所关圣政，岂复渺小！即皇上今日或谓阶前寸土，不足为意，妇人女子束缚何难。不知此辈无知，一叨恩格，便思逾涯，而后狎昵亡纪，渐成骄恣，人之多言，靡所不至，必谓皇上溺爱近习，故徇其苟得之情；重割小恩，遂忘其私昵之讟。衅孽渐起，宠竞日繁，皇上于此时而始悔今日之优柔，思始事之不断，虽欲追挽，亦将何及！"[1]次年四月，力陈四事，其中之一专攻魏忠贤："近日政事，外廷啧啧，咸谓奥窍之中莫可测识，谕旨之下有物凭焉。如魏进忠（即魏忠贤）者目不识一丁，而陛下假之嚬笑，日与相亲，一切用人行政堕于其说，东西易向而不自知，邪正颠倒而不觉。况内廷之借端与外廷之投合，互

1　金日升《颂天胪笔》卷七《赠荫三·周宗建》。

相扶同，离间之渐将起于蝇营，谗构之衅必生于长舌，其为隐祸，可胜言哉！”[1]这种鞭辟入里的分析，此后一一应验。但是当时的皇帝只当耳旁风，置之不理。魏忠贤当时正与客氏结为对食，一些官员暗中阴附，权势逐渐显赫，见到周宗建奏疏恨之入骨，隐忍不发。邹元标建首善书院，周宗建参与具体建造事宜。邹元标罢官，周宗建请求和他一起罢官，皇帝不允。

当是时，魏忠贤气焰日趋嚣张，周宗建顾虑“内外合谋，其祸将大”，于天启三年二月二十八日上疏抨击魏忠贤：

> 臣闻，见邪不击非忠臣也，畏死不言非勇士也。故虽一介之士剔肝露胆，死亡之诛有所不避。矧臣位列交戟，身沐圣恩，衣冠之祸，蔓衍将成，狐鼠之奸，凭依难破，而臣犹顾瞻七尺，隐忍不言，俟其布阱既深，毒形尽见，而后起而争之，即杀一身亦何益于事哉！
>
> 内臣魏进忠者，固今辇毂之下所为望而震焉者也。处（魏）进忠之威势，可以咳唾而成风云；计（魏）进忠之财力，可以呼吸而驱鬼神；极（魏）进忠之线索，可以使爱者升天、怒者坠渊。而臣义激于中，曾于去岁指名而弹劾之，臣于时已不知死所矣。幸蒙圣恩薄示诘

1 杨坤、缪敬持《东林同难列传·周宗建传》。

责，未快其愿，闻于文华殿上撤讲之后，（魏）进忠狺狺恨臣，摘臣疏中“千人所指，一丁不识”两语，哓哓诟辨，至怒激之声直达宸听……此事在朝诸臣无不相传，忧臣者谓，臣后必有无端中伤，臣时即欲乞告自全，而以时方多事，遂而中停。然而（魏）进忠之心固无一日忘臣也……（魏）进忠以为中伤臣者舍郭巩无他属……嗾以倾臣并倾诸异己者，而（郭）巩乃密受指使，造为新幽大幽之说，把持察典，编辑诸臣数十余人，汇为一册。复闻于交单数日后，造为匿名文书，罗织五十余人，投之路旁。于省，则以刘弘化为首，次及周朝瑞、熊德阳，及现在诸科臣等，而欲一网尽之。于台，则以方震孺为首，次及于江秉谦，及现在诸台臣等，而欲一网尽之，而臣则其网中之一人也。既欲罗诸臣以快报复之私，而更欲独中臣以快（魏）进忠之私。

臣观先朝汪直、刘瑾其人，虽皆枭獍，然幸言路清明，臣僚隔绝，故不久终败。今乃有（郭）巩者结连胶合，取旨如寄。权珰之报复反借言官以伸，言官之声势反假中涓而重。数月以来，一斥熊德阳、江秉谦，一斥侯震旸，一斥王纪，一斥满朝荐，一去邹元标、冯从吾，一逐文震孟、郑鄤。近且欲扼孙慎行、盛以弘而弃之，摘瓜抱蔓，正人重足。此等机关，举朝之人无不知且痛恨，第各爱惜一死，无有敢明言犯其锋者。

臣若尚顾微躯，不为点破，将内有进忠（忠贤）为之指挥，旁有客氏为之操纵，中有刘朝等为之典兵卖威，而下复有（郭）巩等从而蚁附蝇集，内外交通，驱除善类，而天下事尚忍言哉！臣今誓捐此生为皇上明言之，伏乞皇上即将魏进忠立赐锄斥，仍问郭巩何故以言官交结近侍，何故以一人私挠察典，勒令回话，坐以应得罪名。[1]

奏疏呈进后，魏忠贤更加愤怒，率领刘朝等在皇帝面前哭泣，请求自髡出家，以此激怒皇帝。皇帝当即下旨，指责周宗建"逞辩求胜""无端牵引"，责令周宗建为"内外交通"举证，"从实回将话来"。[2]周宗建无所畏惧，立即遵旨回话，侃侃而谈，一一举证：

——所言交结设陷诸语，臣既揣合之人情，复徵验之事理。计今（魏）进忠方极尊宠，指挥如意，而指名纠劾者独臣一人，今（郭）巩既织成数十人为一册，复闻有捏为匿名文书出之一人袖中者，罗列多人。仍欲借以中臣，以快（魏）进忠报复之心。此事情之可信者一也。

——（郭）巩时常在外倡言：（魏）进忠欲劝皇上做几件好事。此语人多闻之。夫（郭）巩以言官何以得闻此说，而乃擅自卖弄，口口进忠不置。此又听闻之可据者一也。

——夫巡视者不能自循职掌，而反恨监督者之精明，复恨持论者之相助。至与内监引

1 金日升《颂天胪笔》卷七《赠荫三·周宗建》。

2 金日升《颂天胪笔》卷七《赠荫三·周宗建》。

眷称兄，相视莫逆，人言啧啧，诸臣皆有揭发抄。此又其事之可据者一也。

皇帝却罔顾事实，强词夺理："周宗建奉旨回话，自当明白确奏，乃尚牵连揣度，诿于风闻，好生恣意沽直，姑从轻罚俸三个月。"[1]

因此之故，周宗建被魏忠贤、客氏视为眼中钉、肉中刺，必欲置之死地而后快。天启六年二月，以周宗建"赃私"为借口，矫旨将周宗建与缪昌期一并扭解来京，于四月押入镇抚司诏狱。在狱中备受酷刑，铁钉钉身，沸水浇身，皮肉尽烂，六月十八日去世。镇抚司照例上报："十八日犯官周宗建病故。"[2]

周起元，字仲先，号绵贞，福建澄海人。万历二十九年进士，历任浮梁知县、南昌知府，以廉洁贤惠著称。万历四十年晋升为湖广道御史，其时宵小之徒群起而攻东林书院讲学，周起元挺身反驳，大犯时忌。被贬谪为桂平道参议，有政绩，天启三年晋升为太仆寺少卿，不久，以右佥都御史出任应天巡抚，本着一贯风格，多次纠参苏州织造太监李实滥派数额。天启三年闰十月初五日的奏疏中说："苏松岁徵料银不过四万有奇，额编止有此数。往年织造（太监）孙隆，与近时吕贵，皆未尝过溢于编数之外也。今织监李实谬张虚额，一味诛求，倚信

1 金日升《颂天胪笔》卷七《赠荫三·周宗建》。

2 徐肇台《续丙记政录》，天启六年二月十八日、六月二十三日。

参随，百计冒破……今阖郡士民见本官杜门，惶惶泣留，而通属荐绅将士无不称冤，愿借（李）实仇有司，则拂百姓；拂百姓则百姓必将仇（李）实。念及于此，可不寒心！而况暗于纠劾大权，将置抚按何地？不独下拂舆情，抑且上关国体。”[1]织造太监李实为了掩盖自己的贪赃劣迹，诬陷苏州府同知杨姜贪污，皇帝偏袒李实，指责杨姜“贪肆久著，借端掩罪”，命巡抚周起元“从公参处”。[2]

周起元接旨后，再上一疏，重申前疏所说杨姜无罪，“字字实录，不敢饰说偏护”。他认为：“杨姜一小吏耳，词之遣之何足惜，独惜贤奸从此混淆，纪纲从此倒置，凡有求不遂者，皆得挟私忿中人以不测之祸，甚非清世所宜见耳。”问题出在织造太监李实身上：“惟是织造一事，当泰昌时已尽撤回，李实承领此差，因而再遣。若肯如孙、刘、吕等各监，照依两府料银额编之数，按运解给，不窥别项解京钱粮。又若肯遵照旧规管两府袍段，不搀管十郡岁改，创从前未有之例，贻江南官民之扰，则衔命天使，臣等岂有不愿同心协力，而故生枝节，分枘凿以成水火之形哉！”[3]皇帝依然偏袒李实，降旨：“杨姜这厮抗旨擅减袍服，致误上供，深属不敬。本当差官拿治，念抚臣力请，姑着革职为民，发回原籍当差，永不叙用。其误运袍段，并岁改造段匹料价，该地方掌印官作速措办解监，上紧攒

1 金日升《颂天胪笔》卷九《赠荫五·周起元》。

2 金日升《颂天胪笔》卷九《赠荫五·周起元》。

3 金日升《颂天胪笔》卷九《赠荫五·周起元》。

织，补解应用。再有违慢的，定行重治不饶。周起元着安心供职。”[1]

虽然皇帝说“周起元着安心供职”，但是得罪了太监，“安心供职”不过是一句空话。天启四年十一月十五日，他上疏弹劾苏松兵粮道右参政朱童蒙渎职之罪，指出他“受事一年，吴淞、青村、南汇等营，有五月无粮，有六月无粮者，甚至有十月无粮者，几至脱巾。该道逐月报臣循环粮册只属虚文相蒙耳。”而且此人“性近坦率，事多乖方，细人翻云覆雨之奸，易以惑听赤子呼天抢地之苦，绝不关情，一切暧昧浮议有关趣操者，臣不必更行物色胪列，而其轻浮孟浪之概亦可见矣”。[2]显然得罪了阉党，皇帝的圣旨自然不会好听：“周起元曲庇杨姜，屡悖明旨。今又诬劾朱童蒙，显是排挤正人，好生抗违无礼，本当重处，姑着削职回籍。”[3]

◤朱童蒙，山东莱芜人，万历三十八年进士。被魏忠贤拉拢，崇祯帝即位后清查阉党逆案，朱童蒙被列入逆案。

天启六年二月，魏忠贤欲杀高攀龙、周顺昌、缪昌期、黄尊素、李应昇、周宗建等人，知道李实怀恨周起元，派人取得李实的空印疏本，令亲信李永贞、李朝钦诬告周起元在担任应天巡抚时贪污帑金十余万两，每天与高攀龙辈往来讲学。这年六月，魏忠贤矫旨将其逮入镇抚司诏狱。

---

1 金日升《颂天胪笔》卷九《赠荫五·周起元》。
2 金日升《颂天胪笔》卷九《赠荫五·周起元》。
3 金日升《颂天胪笔》卷九《赠荫五·周起元》。

周起元得到逮捕的消息，变卖家中的首饰酒器，不满一百两银子。父老乡亲及地方官在四个城门口设柜捐献，助一臂之力。捐献者摩肩接踵，有手持金钱来投的，有不留姓名的，有穷巷老妪脱钗簪质钱来投的，有为人抬轿的佣夫手持脚力钱来投者。终于凑满了锦衣卫缇骑所需费用。全城士绅陆续前来问候称冤，漳州士绅领袖梅岩公老病不能行走，坐了轿子赶来向周起元号哭："子屡犯政府，为民抗珰，以报国家养士之恩，得死所矣。恨吾老不能从，甘与同刑。"周起元感谢道："当出疏时，知有今日，无悔也。"毫无戚容出门就逮。其时长子尚未弱冠，仲子、季子还是孩提，依依膝下，周起元抚摸孩子，说道："汝父不及教育，汝惟依所亲，以期成立。"缇骑赶来时，百姓填塞街衢，嗟叹愤激，欲攻缇骑，周起元长跪请求："臣子事君，身非己有，雷霆雨露，莫非君恩。乡里爱我，岂可陷我不法耶！"众意始解。就道时，士绅父老妇孺数千人相率追送，悲号之声久久萦绕。[1]

周起元押入诏狱后，魏忠贤指示不必审讯，就按照李实的指控，迫使周起元承认赃银十万两。周家倾家荡产退赔，仍不能挽救一命，天启六年九月死于狱中。[2]

金日升如此记述他的最后日子："彪恶许显纯高坐谩骂，夹敲一百四十，拶敲一百，棍打八十，公

1 金日升《颂天胪笔》卷九《赠荫五·周起元》。

2 杨坤、缪敬持《东林同难列传·周起元传》。

抗辩不屈。自后每五日或三日一比，各棍打三十。九月初四日，（许）显纯再加酷刑，着取病呈。初十日竟死狱中。越三日，旨下，尸出，七窍流血，胸破面溃，手足杖夹伤烂，身无寸缕。见者莫不悲哀洒泪，好义争助之，得扶榇南归。”[1]

临死前，他给儿子寄去最后一封家书，一吐心中的悲愤郁闷："一家祸至此，我死何足惜，乃天命未终，尚延数月残喘。冀白孤忠，然岂易得哉！汝等亦为忠孝自慰，毋烦过虑。第日费已尽，四顾无亲，一日未死，尚暂支持。恐人非木石，难以久延耳。苦寸心之不白，清而受染，留身后之大累，忠以蒙欺。然我自历宦清白，积些俸钱，今以尽还朝廷，亦复何恨？汝等无分文之积蓄，当知艰苦，居家孝顺，顾诸弟妹，万勿拚弃，汝母要保养，勿以愁伤。追赃之后，庵庙亦可栖身。得汝劝我保摄宽心之说，亦一时相慰。夫我今以待死之身，延难挨之生，熬刑苦肉，亦说不得。毕在旦夕，谁鉴孤忠？我固以速死为幸，实生不如死也。”[2]

1 金日升《颂天胪笔》卷九《赠荫五·周起元》。

七　魏忠贤个人崇拜运动

中国历史上宦官专权的事情，屡见不鲜，然而晚明的魏忠贤阉党专政，不仅登峰造极，而且十分独特，那就是大大小小的官僚们演出了一幕幕魏忠

2 金日升《颂天胪笔》卷九《赠荫五·周起元》。

贤个人崇拜的丑剧。个人崇拜在历史上算不上罕见现象，奇怪的是，崇拜的对象不是皇帝，而是一向受人鄙视的太监。这不能不说是畸形时代的畸形政治，把黑暗时代人性的丑恶面，毫无遮掩地暴露在光天化日之下。

1. 奢侈性成，服色僭制

魏忠贤这个昔日穷困潦倒的流氓无赖，一旦登上权力巅峰之后，利令智昏，忘乎所以。和他有亲密接触的太监刘若愚如此描述他："逆贤奢侈性成，服色僭制，出外戴束发冠，端阳悬珍珠牌穗。而内织染局之掌印齐良臣，及南京内守备杨国瑞等，刘文耀、胡良辅、胡滨等，各代为绣造。或亵衣袄裤，而金线蟒龙，或方补戎衣，而苍龙头角，较藩王止欠一爪，比御服仅让柘黄。至于按节令应景制造更从古以来所未有者，而晏然服饰，恬不为异。贤性贪饕善饮啖，尤好噉犬肉。秉笔涂文辅、管事刘忠每自乡间烹来，于乾清宫大殿内以享逆贤，既饱，饫令其名下胡明佐等手夺口噉，须臾立尽，以为笑乐。说者曰殿内有神明，逆贤了不畏忌，其恣肆傲诞如此。"[1]

司礼监掌印太监、秉笔太监，位高权重，日常机要事务繁忙，一般不敢出宫远行。天启四年以

1 刘若愚《酌中志》卷十《逆贤乱政纪略》。

后，魏忠贤有外廷暗助，羽翼丰满，依仗宫内有客氏，且有王体乾、李永贞、石元雅、涂文辅等亲信主持工作，经常出宫远行，招摇过市。他的外出排场，完全模仿皇帝巡幸的规格："凡出外之日，先期十数日庀治储偫于停骖之所，赉发赏赐银钱，络绎不绝。小民户设香案，插杨柳枝、花朵，焚香跪接。冠盖车马缤纷奔赴，若电若雷，尘埃障天而声闻于野。有狂奔死者，有挤蹈死者。燕京若干大都人马，雇赁殆尽。凡达官戏子、蹴踘厨役、打茶牢役、赶马抬杠之人，其数不止数万。每遇逆贤远出，则京中街市寂然空虚，顿异寻常者将数日焉。"那些一心想巴结魏忠贤而无缘一见的外廷官僚和内廷太监，乘此机会拍马奉承，大献殷勤，前呼后拥不亦乐乎："大约外廷之欲炙逆贤，内廷之献谀乞怜者，凡四人之轿将数百乘矣。怒马鲜衣束玉，而为之前后追趋、左右拥护者又百千余矣。跑马射响箭，鸣镝之声不绝于耳；鼓乐笙管数十余簇，且行且奏。"[1]

这种出行带有浓烈的政治色彩，以炫耀权力扩大影响为目的，包括他的朝山进香，也不仅仅是宗教行为。魏忠贤早年微贱时，曾乞怜于涿州山神，每每处于饥寒颠沛境地，必定来到神像下，卜梦祈籤，神灵总是许以后福。不过眼前温饱都成问题，不得不向道士乞食，常遭侮慢。只有一个道童

1 刘若愚《酌中志》卷十四《客魏始末纪略》。

看他可怜，偷偷给他一些食物。魏忠贤铭感在心，显贵以后，思赎前耻，借着皇帝的宠荣，顶着奉旨进香的名义——上保圣躬清泰，下祈四海丰稔。所以他的进香就带有代表皇帝的意味："得蒙俞旨前三日，谕令地方有司，修葺道途及安架桥梁，洁净城市，整备舆马。若外应之铺设供帐，州县日夜为之忧惕，奔走经营。军民大小任其勤劳，事事周详如上供，人人欣睹为驾幸也。是日侵晨，忠贤陛辞出城，以羽林三千，鲜衣利刃，站立旁道，各戒队伍，旗帜蔽天。中官百人蟒衣玉带，趋随夹马，尽执旃檀，烟云映日，铁骑纷纷围绕其车，冠裳肃肃拥护于道。五彩绚耀，屈曲羽幢垂地；一人游幸，飘摇翠盖笼头。千骑竞指乎神州，万乐齐鸣于警跸。"一派皇帝巡幸的派头，无怪乎人人以为皇帝大驾光临。一路上皇帝派来的人员络绎不绝，有的送来御赐的饮食，有的带来公文请求指示，有的是往来问安的，有的是来入幕议事的，有的是来献策的。这些活动岂是"进香"二字可以涵盖，简直是把朝廷搬了个地方。三天以后，皇帝派遣使者接踵而至，馈遗筐篚络绎于途，催促他回京。[1]

有意思的是，当他欢度六十大寿时，当年救济他的那个道童居然不请自来，颇有一点传奇色彩。

魏忠贤生于戊辰年（隆庆二年）正月三十日，显赫以后，每年都要大庆。刘若愚目击生辰的排场："自

1 朱长祚《玉镜新谭》卷六《进香》。

元宵节后，送寿礼者做法事，祝延签字者每早乾清宫两丹墀几满。将至正日，绶带挤击挨摩之声铿然，闻有挤伤衣带腿足者。‘千岁千千岁’之声殷訇若雷。”[1]

天启七年正月，魏忠贤在私第庆祝六十大寿，他的“诞迷”达到巅峰，也成为绝唱，因为再过几个月他就命归黄泉了。朱长祚《玉镜新谭》用很大篇幅叙述六十寿诞的细节，排场可比皇帝寿辰，读来兴味盎然：

朱长祚，顺天人，大约活动于天启、崇祯年间。著有《玉镜新谭》一书，描写魏党作乱及败亡经过。

> 丁卯（天启七年）春三月，魏忠贤年六十，上赐彩缎四表里，宫花二枝，金玉羊酒甚厚。各藩府遣币差官致贺，天下督抚总镇竞投，密献异宝谀词。廷臣自三公九卿八座兰省柏台戚畹勋卫，称觞者衣紫拖金，填街塞户。金卮玉斝，镌姓雕名；锦屏绣障，称功颂德。珍奇充栋，筐篚盈庭。悬帨于层门，五彩炫目以迷离；奏乐于高堂，八声振耳而喧阗。貂珰蟒玉百人，侍立座旁；绯袍文武千官，罗拜堂下。忠贤俨然南面受贺，总之半躬言谢。沉檀芳馥，香烟舒卷成云；丝竹悠扬，飞声顿激飘尘。舞女长袖，婀娜翩跹；歌童短拍，节奏依

1　刘若愚《酌中志》卷十四《客魏始末纪略》。

违。权阉荫孽广设山肴海错之佳宴，干儿义孙纷上王乔赤松之誉图。穆穆熙熙，擅作一己之威福。

以上写的是六十寿宴非同一般的排场，接下来笔锋一转，写到当年的道童，如今的老道登场，有如武侠小说一般：

忽有一道人幅巾市氅，藤杖尘拂，踵门求见。

阍者叱之曰：“几许元老钜卿竟日伫候，不能接见，笑汝一游食之徒，如何便欲见我千岁爷乎！亟走，免汝责。稍迟，遭乱梃。”

道人曰：“我与魏公贫贱交，今日觌面一言，为寿千秋也。”

阍者不敢报，以爪椎斧钺指其头颅，而詈逐之曰：“汝辄敢狂言无忌，幸今寿日，若他时，当膏此器耳。”

道人以杖叩其鼓，众皆失色大惊而擒之。忠贤陡闻，以为圣人传旨，否则孰敢乃尔。

众拥道人进禀云：“此道求见不容，擅自击鼓，致犯天威。”众皆叩头请死。

道人长揖厉声曰：“与公久别，今日复得相见于此。公今富贵极矣，宁相忘耶？”

忠贤大怒曰：“妖道何其肆妄，我岂与汝交乎？”叱左右缚付镇抚司严究。

道人曰：“我风鉴一世，阅人多矣，独不识汝盗贼其形，而虎狼其心乎？第欲挽回，以全忠臣义士之多命也。”一手指天曰："汝能欺君欺人，彼苍可能欺乎？吾当看汝寸磔，殆狗彘不食汝余也。汝岂能杀我耶？"将身振跃，绑索俱断，两袖拂空，清风骤至。举座咸惊，蓦地不见。盖前者相士修真运气，精炼遁法隐去耳。

忠贤势成嵎虎，略不自悔，意为当此士大夫之前，恐泄夙昔丑行，以辱没生平，而必置之死，以绝其迹也。忠贤是时稍抑其威，而面色亦为之减。众乃竞捧觞解说："今日上公贵诞，感动神仙临凡称贺，特显其术以骇吾辈凡夫耳。上公自膺永享遐龄，当与上仙并驾也。"忠贤顿为之喜，欢笑满堂。夜午而散，殊不省此相士之始以周济成其富贵，终以提醒令其觉悟也。[1]

2. 无上名号：九千九百岁爷爷

如果仅仅只有魏忠贤自吹自擂，绝对不可能形成对他的个人崇拜，根源在于皇帝的倡导与推波助澜。皇帝朱由校不断在圣旨中，让魏忠贤与他平起平坐，口口声声"朕与厂臣"如何如何。皇帝甚至不称他的姓名，而以"厂臣"代替，对"厂臣"的吹捧无以复加，诸如"赖厂臣秘授神略""赖厂臣赤心忠计""赖厂臣干国精忠""赖厂臣一腔忠诚"

1 朱长祚《玉镜新谭》卷六《诞迷》。

等，把他吹得神乎其神，一切听凭“厂臣”摆布，皇帝如同傀儡，魏忠贤成了事实上的皇帝代言人。上行下效，大小官员都不敢直呼其名，歌功颂德唯恐不及。朱长祚说：“凡一切奏章不敢指忠贤姓名，而云‘厂臣’者，稽古迄今，对君之言，未有此体格也。丙寅（天启六年）丁卯（天启七年）间，诏旨批答，必归功厂臣，厂臣居之不疑。外廷奏疏不敢明书忠贤姓名，以尽废‘君前臣答’之礼。”又说：“臣子之章疏，有谁敢一事不誉颂厂臣，而入奏者又谁敢一字不称功厂臣？而举证者甚而骈词对偶，称圣称神，止知有厂臣，不知有皇上；止知尊厂臣，不知尊皇上。”[1]

紫禁城三大殿的修缮工程，与身为东厂总督的魏忠贤毫不相干，奇怪的是，大工完成之后，君臣上下一致归功于魏忠贤。内官监太监上疏称颂魏忠贤“殿工”干得好，引来皇帝圣旨一片赞誉声：“皇极殿工，我皇祖迟延未举者三十余年，诚重之也。爰及朕躬襄兹巨典，是皆厂臣魏忠贤心无二虑，算有定谋。惟断乃成，经始赞维王之卜；用人则裕，提衡致将作之勤。开节有方，财用赢于久诎；劳来不怠，庶民悦以忘劳。遂使户牖可铭，扆紵堪御，俾朕藉手以稍继述，厥功茂矣。其晋秩为上公，仍加恩三等，还赏银一百两，彩缎八表里，羊二只，酒三十瓶，新钞三千贯，赐敕奖励。原封太子太保

1 朱长祚《玉镜新谭》卷六《诞迷》。

肃宁侯魏良卿，晋封宁国公，世袭官衔，照旧给与应得诰券，以昭茂赏。其余内外大小官员，着该部优叙具复。”[1]

皇帝的调子如此之高，大臣岂敢落后。吏部尚书周应秋挖空心思地吹捧：“皇穹烈宗，显佑阴隙，笃生元臣魏，盖诚映日，谋画规天。寰宇总入甄陶，而虑切宵旰之端拱；事功尽资冶铸，而计先昼接之趋跄。以治国之法治工，曲木不加梁柱；以课吏之条课艺，秋毫莫肆侵牟。夙夜在公，志气专而山川争献其珍异；综理精密，纪纲肃而工倕竞劝于恪恭。心计运乎无限，省金钱者何啻亿万；指使联于有位，董将作者捷于公输。”[2]协助工部主持三大殿修缮的工科都给事中的称颂，也无所不用其极：“美奂美轮，不啻竹苞而松茂，一何神速至此耶？揆厥所由，皆赖厂臣擘画出之独断，经营运以真心。捐助首倡，兴作海内急公之义；省用式精，鼓舞群工趋附之诚。所以百灵神助，万方子来，举数十年难就之工作，千百万莫措之浩费，而一旦奏功于俄顷，节约于无算。此其勋绩何等较著，即内外诸臣竭蹶从事，各效勤劳，均有不容泯灭者，然其振纲提领，综核料理，又孰非厂臣率作之功哉？”[3]

辽东战事不归“厂臣”指挥，奇怪的是，所有的捷报统统记在魏忠贤的功劳簿上。天启六年，袁崇焕在宁远击退努尔哈赤，而后又击败皇太极，是

1 朱长祚《玉镜新谭》卷三《称颂·无上名号》。

2 沈国元《两朝从信录》卷三十二，天启六年十月。

3 朱长祚《玉镜新谭》卷三《称颂·大工鸿绪》。

明朝用兵辽东十余年来从未有过的大捷，魏忠贤居然贪天之功为己有，并且嗾使言官排挤袁崇焕，于是乎朝廷上下争颂“厂臣”之功。文秉写道：“丙寅（天启六年）秋，宁远被围急，兵备袁崇焕固守不下，逾月围始解。内外文武大吏咸归功逆贤，佥曰：仰赖厂臣指授方略，克奏肤功，不有殊典，曷酬大勋？吏部周应秋等，翰林杨景辰等，太常寺卿林宗载等，给事中吴弘业等，御史安伸等，南京吏部尚书王在晋等，俱具疏颂逆贤功德，或合辞，或单奏，揄扬铺张，欢呼舞蹈。旨亦应之如响。于是复晋魏良卿为宁国公，魏良栋为东安侯（时良栋止四岁），魏鹏翼为平安伯（时鹏翼止三岁）。大小九卿科道等官各加宫保、尚书、都御史、太常、太仆等衔，荫锦衣（卫）者几千。止升袁崇焕为右佥都御史、巡抚宁远地方。崇焕以赏薄觖望，次年建祠矣，靳赏如故，乃引疾回籍。”[1] 在一片赞歌声中，皇帝的声音最为响亮：“近日宁锦危急，实赖厂臣调度有方，以致奇功，说得是。袁崇焕暮气难鼓，物议滋重，准引疾求去。”又说：“这锦宁之捷，赖厂臣秘授神略，亟措军需，故获此奇胜。”再说：“魏忠贤报国心丹，吞胡志壮。严正戒备，立三捷之奇功；雪耻除凶，洗十年之积恨。绩奏安攘，烈茂山河，宁晋彝典昭烈，世爵褒封允当。”[2]

◥ 袁崇焕像

袁崇焕，广东东莞人，万历四十七年进士。授职兵部，守卫山海关及辽东，大力构筑“关宁锦防线”，指挥宁远之战、宁锦之战，战功卓著。

1 文秉《先拨志始》卷下，丙寅秋。

2 朱长祚《玉镜新谭》卷三《称颂·宁锦三捷》。

功劳既然如此之大，自然应该论功行赏，圣旨称："锦宁之捷，振起积靡，克畅天威，皆赖厂臣魏忠贤一腔忠诚，万全筹算，恩威迭运。手握治平之枢，谋断兼资；胸涵匡济之略，安内攘外，济弱扶倾。念殊勋之难酬，宜恩礼之申锡。着加恩三等，荫弟侄一人，与做锦衣卫指挥使世袭，给与应得诰命，赏银八十两，彩缎六表里，羊二只，酒三十瓶，新钞三千贯，仍赐敕奖励，以示优异。监臣王体乾、梁栋、李永贞、石元雅、王朝辅、郝隐儒、李实、涂文辅、崔文昇，功参密勿，绩茂储胥，着各加恩二等，荫弟侄一人，与做锦衣卫指挥同知世袭，给与应得诰命，赏银五十两，彩缎四表里。"[1]

既然连魏忠贤的小兄弟都有嘉奖，岂能少了客氏！皇帝的圣旨别出心裁："奉圣夫人事朕襁褓清弱之时，劳深调护，及受顾托，益勤兢业，倍加节宣。近朕冲龄嗣服，倚毗周旋，更着劳绩。二十三年始终一心，忠慎不替。兼以捐俸急公，不一而足，德茂渊懿，真可嘉尚。兹殿工捷音两次叙赉，宜隆报元功，着加恩三等，赏银一百两，彩缎六表里，羊四只，酒六十瓶，新钞五千贯。赐敕奖励外，荫弟男一人与做锦衣卫指挥使世袭，给与应得诰命。"[2]

皇恩浩荡之下，魏忠贤的无上名号节节攀升。

1 沈国元《两朝从信录》卷三十五，天启七年七月。

2 沈国元《两朝从信录》卷三十五，天启七年八月，圣谕。

从厂臣、元臣到上公、尚公，已经有悖于祖制，当时的官员评论道："尊忠贤为厂臣，尊忠贤为尚公，而诏布中外，不可解。盖宦官乃朝廷之奴隶，百官乃朝廷之臣子，以奔走于宫闱者，而与引冀于殿陛者，同一称诸可乎？且'尚'之义更不容窃，盖'尚'者无以加之谓也，尚公之称明与至尊相侔。历稽前代，惟周之太公望尊为'尚父'，此千古以来未有之封号。以是而加之忠贤，其义何居？"[1]然而魏忠贤并不满足，意欲逐步升级。他的干儿义子投其所好，给他各种"无上名号"。

崔呈秀称他为"殿爷"。有人揭发："崔呈秀在陵工，魏忠贤每每差官送饭，密语附耳，不知何事。语既毕每每即云：'多拜上殿爷。'殿乃殿下之殿，奉阉人于王侯之尊，而且有亲爷之称，而且有崔二哥之唤，望望然不父其父而称其阉，意欲何为哉？"[2]

苏杭织造太监李实称魏忠贤为"祖爷"，蓟州巡抚刘诏称之为"老祖爷"。刘诏诬陷遵化兵备副使耿如杞，送金杯玉器讨好魏忠贤，得到魏忠贤赏钱十千，喜气洋洋告诉家人："老祖爷甚喜，遵化道（耿如杞）逮矣。"[3]

殿爷、祖爷、老祖爷之类，似乎还不能够满足其权力欲望，于是乎便有"千岁""九千岁"这样的称颂。耿如杞揭发：密云商人陶文，命人制

1 朱长祚《玉镜新谭》卷三《称颂·无上名号》。

2 朱长祚《玉镜新谭》卷三《称颂·无上名号》。

3 朱长祚《玉镜新谭》卷三《称颂·无上名号》。

作魏忠贤巨幅画像，头上有帝王专用的冕旒，悬挂于喜峰口，巡抚、副总兵经过，“俱五拜三叩头，显呼千岁”。[1]阉党分子甚至直呼魏忠贤为九千岁，据贾继春揭发：“询之恶党之私呼魏忠贤也，除崔呈秀直呼为‘亲父’外，其余皆以‘九千岁’呼之者。”[2]

一些无耻之徒高喊“九千岁”私呼意犹未尽，居然高呼“九千九百岁爷爷”。吕毖记载：“太监魏忠贤，举朝阿谀顺指者，俱拜为干父，行五拜三叩头礼，口呼九千九百岁爷爷！”[3]

皇帝称为“万岁”，魏忠贤称为“九千九百岁”，距离“万岁”仅一步之遥，魏忠贤的政治野心暴露无遗。

3. 遍地立祠，设像祝釐

魏忠贤个人崇拜运动的高潮，无疑是许多官僚为之建造生祠的滚滚热浪。祠，也称祠堂，原本是祭祀死去的祖宗或先贤的场所。为活着的人建造生祠，是那个专制时代畸形政治的产物，是无耻政客为了迎合魏忠贤漫无底止的政治野心，而掀起的个人崇拜运动。为了某种政治目的，也为了个人的飞黄腾达，一向饱读儒家经典的官僚们，早已把伦理道德抛到九霄云外去了，做出了一桩桩寡廉鲜耻的咄咄怪事。

1 朱长祚《玉镜新谭》卷三《称颂·无上名号》。

2 朱长祚《玉镜新谭》卷三《称颂·无上名号》。

3 吕毖《明朝小史》卷十六《天启记·九千九百》。

始作俑者是浙江巡抚潘汝桢。他在天启六年闰六月初二日向皇帝提出，为魏忠贤建立生祠，用致祝釐。他在奏疏中说："东厂魏忠贤心勤体国，念切恤民。鉴此两浙岁遭灾伤，顿蠲茶果铺垫诸费，举百年相沿陋习积弊，一旦釐革。不但机户翻然更生，凡属兹土，莫不途歌巷舞，欣欣相告，戴德无穷。公请建祠，用致祝釐。"他不仅捏造"百年相沿陋习积弊，一旦釐革"的虚假信息，而且捏造子虚乌有的"途歌巷舞"大好形势。这种献媚之举正中魏忠贤下怀，立即得到的圣旨，其实就是魏忠贤的意思，不过用的是皇帝的口气："据奏，魏忠贤心勤为国，念切恤民，悯两浙连岁之灾伤，蠲百年相沿铺垫。宜从众请，用建生祠。着即该地方营造，以垂不朽，祠名永恩。"[1]

◥ 潘汝桢，安庆桐城人，万历二十九年进士。为魏忠贤建生祠的始作俑者。崇祯帝即位后整肃阉党，判处充军。

文秉评论道："此生祠之始，从此效尤成风矣。"[2]此例一开，善于投机钻营的官僚敏锐地觉察到政治风向，争先恐后兴建魏忠贤生祠，一股举国若狂的滚滚热浪席卷华夏大地。

孝陵卫指挥同知李之才奏请，在南京孝陵前建造魏忠贤生祠，得到皇帝批准："据奏，厂臣魏忠贤恤小民之艰，蠲不给之资，功德被于留都矣。至于捐

---

1 徐肇台《续丙记政录》，天启六年闰六月初二日。文秉《先拨志始》卷下。

2 文秉《先拨志始》卷下。

俸以苏造作，筑垣以固边陲，裁革佥当，肃清弊窦，虽建祠允顺舆情，赐额宜昭盛典，其名祠曰‘仁溥’。着南京守备孝陵掌印二监臣享祀春秋，永虔修祝。”[1]

应天巡抚毛一鹭为魏忠贤建生祠于苏州虎丘。苏杭织造太监李实报请皇帝，按照江西先例，地方官春秋祭享。

蓟辽总督阎鸣泰为魏忠贤建生祠于蓟州，请求皇帝赐予亲笔题写的祠额："人心之依归，即天心之向顺。恭照厂臣魏忠贤安内攘外，举贤任能，捐金捐俸，恤军恤民，非但学识纲常之际独萃其全，且于兵农礼乐之司共济其盛。治平绩著，覆载量弘，亟请祠名，用志功德。"信口开河地为魏忠贤脸上贴金，皇帝看了非常高兴，立即题写"广恩"二字。文秉一针见血指出阎鸣泰此举，醉翁之意不在酒，意在"拥戴""劝进"："(阎)鸣泰铺张功德，足示拥戴矣。人心依归，天心向顺，尸祝之疏，几作劝进之笺。像安得不冕旒，礼安得不五拜三叩头也。照曰恭照，心不胜诛矣。"[2]

蓟州生祠建成后，举行隆重的仪式，迎接魏忠贤的"喜容"(宝像)，场面煞是热闹。巡抚刘诏行五拜三叩头礼——朝见皇帝的最高礼仪，遵化道兵备副使耿如杞见魏忠贤的"喜容"垂旒执笏，一副帝王相，有所反感，只作长揖而不拜。刘诏立即上疏纠弹，魏忠贤马上派遣锦衣卫缇骑，把耿如杞逮入

1 沈国元《两朝从信录》卷三十二，天启六年十月。

2 文秉《先拨志始》卷下。

诏狱。对他打问追赃，送交刑部拟罪，刑部尚书薛贞以为罪当大辟，应当论斩。文秉感叹道："嗟乎(耿)如杞，以谄媚成风之日，独能挺立不阿，冰霜之操，自足流芳千古。而薛贞以其见逆贤像揖而不拜，遂论大辟，忍心若此，与禽兽又何异焉。"[1]

阎鸣泰一举成名后，再接再厉，越出其管辖的地盘，向皇帝奏请在密云、昌平、通州、涿州、河间、保定等地建造魏忠贤生祠，请求皇帝题写祠额。皇帝当即照准，密云生祠名"崇德"，昌平生祠名"崇仁"，通州生祠名"章德"，涿州生祠名"弘爱"，河间生祠名"仰德"，保定生祠名"旌功"。

在总督阎鸣泰的影响下，宁远巡抚袁崇焕请求为厂臣建祠于宁远，并请皇帝题写祠额。皇帝御赐祠名"德芳"。

天津巡抚黄运泰请求为厂臣建祠于天津，并请祠额。皇帝有旨：祠名"威仁"。黄运泰特地到天津城外迎接魏忠贤的"喜容"，场面十分壮观：一行人等五拜三叩头，乘马前导，如同迎接皇帝诏仪。待到"喜容"在生祠安放完毕，黄运泰等人列队在丹墀下五拜三叩头。然后黄运泰到"喜容"前致辞，口称某年某月某事蒙九千岁(魏忠贤)扶植，叩头谢；又某年某月蒙九千岁提拔，叩头谢。致辞完毕，退回队列，再五拜三叩头。旁观者都汗下浃踵，黄运泰却得意洋洋。

1 文秉《先拨志始》卷下。

大同巡抚王点跟风建造生祠，祠成上梁之日，王点为了避免跪拜，托病不出，当即被魏忠贤斥逐，起用张翼明。新任大同巡抚张翼明到任后，无可献媚，请求为魏忠贤建立牌坊。时人以为黔驴技穷，“愈奇而愈下矣”！皇帝却十分乐意批准：“宣镇赤城共请坊额，以示华夏，着与做一代宗功。”[1]

山西巡抚曹尔桢疏请为厂臣在五台山建生祠，皇帝赐予祠额“报功”。

登莱巡抚李嵩奏请为厂臣建生祠，皇帝当即批准建造两所：“准于府城、水城各建生祠，以慰远人感德之诚。宁海县祠名‘景仁’，蓬莱关祠名‘留敬’。”[2]

延绥巡抚朱童蒙疏请为厂臣建祠，有旨：祠名“祝恩”。

督理三山工部郎中何宗圣疏请为厂臣建祠于房山，有旨：祠名“显德”。

庶吉士李若琳等疏请为厂臣建祠于上林苑，有旨：祠名“广仁”。上林苑监丞张永祚疏请为厂臣建祠建坊于上林苑，有旨：良牧署祠名“存仁”，坊名“功高册府”；嘉蔬署祠名“洽恩”，坊名“洪恩流芳”；林衡署祠名“永爱”，坊名“一代元勋”。

督理卢沟桥事务工部郎中曾国祯疏请为厂臣建祠于卢沟桥，有旨：祠名“隆仁”。

巡视五城御史黄宪卿等疏请为厂臣建祠于京城宣武门外。顺天府尹李春茂疏请为厂臣建祠于宣武门内，

1 文秉《先拨志始》卷下。

2 文秉《先拨志始》卷下。

并请御制碑文。“兴工之日，设毡满地，无一官肯拜肯揖，独一（府）尹八拜跪伏，意气扬扬自得，不半月升右都御史，仍管府事矣。当日（府）尹乃宣布：不揖者死，缩头后至者罪。在京大小臣工痛心疾首”。[1]

提学御史李蕃疏请为厂臣建祠于京城永安门，有旨嘉允。文秉评论道：“时李蕃在逆贤名下，与李鲁生、周昌晋称为三杰。（李）蕃提挈大纲，发纵指示而已。（周）昌晋论人，语多暗刺，不甚指斥姓名。（李）鲁生则胸饶鳞甲，笔森戈戟，遭者无不立碎。时为之语曰‘一周二李，其权无比’。后（周）昌晋持斧出，易以刘徽，改语曰‘二李一刘，其权莫俦’。横行一时如此。”[2]

更有甚者，不知从哪里冒出个无聊文人——国子监生陆万龄，献媚唯恐落后，居然向皇帝提出，让魏忠贤从祀孔庙，以魏忠贤配祀孔子，以魏忠贤之父配祀孔子之父，在国子监西侧为魏忠贤建造生祠。他的奏疏，把魏忠贤杀戮忠臣义士，比拟为孔子诛少正卯，把魏忠贤炮制《三朝要典》，比拟为孔子笔削《春秋》，振振有词地说，魏忠贤的功劳不在孟子之下。真正是一篇奇文：“臣闻纵横之世，杨墨充塞，圣道榛芜。子舆氏起而辟之，廓如也。故万世谓孟子之功不在禹下，至今千秋庙貌比隆尼山。我明历圣相继，圣道昭明。不意显皇帝中年，东林始盛，自立旗帜，欲钓高名，忍捏浮词，污蔑君父，

1 文秉《先拨志始》卷下。朱长祚《玉镜新谭》卷七《建祠·刘梦潮疏》。

2 文秉《先拨志始》卷下。

诬先帝为不得令终，陷陛下为不能善始。罪恶滔天，圣学坠地。此孔笔之所必诛，孟舌之所不赦也。恭遇中岳毓灵，尼山吐气，笃生圣辅。督厂魏忠贤提不世之贞心，佐一朝之乾断，披丹开导，首劝銮舆视学，竭力匡勷，立补累朝缺典。而且清军实以壮国威，蠲逋税以甦民困。宸居递建，而九赋无增；藩邸同封，而四方不扰。其最有功于世道人心，为圣门攸赖者，芟除奸党，保全善类。自元凶就系，而天下翕然称明。此即厂臣之诛少正卯也。自《要典》昭垂，而天下翕然称明，此即厂臣之笔削《春秋》也。朝廷之上，昔为魍魉纠结之区，今日何由开朗？孔孟之门，昔为邪慝冒借之窟，今日何由清明？是厂臣驱蔓延之邪党，复重光之圣学，其功不在孟子下。臣等涵濡厂臣之教，佩服厂臣之训，念帝都为起化之地，国学为首善之区，伏愿于（国子）监西敕建厂臣生祠。后楹即祀宁国先公，与启圣先圣之祀，同举并行。更愿皇上制碑文一道，勒石显扬。”通篇颠倒黑白、混淆是非，却得到皇帝首肯：“自东林邪人聚徒簧鼓，淆乱国是，构衅宫闱，朕甚恨之。赖厂臣独持正议，匡挽颓风，一时门户之奸，若镜照胆；两朝仁孝之徽，如日中天。功在世道，甚非渺小。至于安内攘外，剔蠹除奸，免税蠲逋，扶良抑暴，衿弁之徒，得以帖席缓带，家诵户弦，皆厂臣恩德所被。太学诸生请于国学建祠祝釐，具见彝好，即着鸠工举行。”[1]

1 文秉《先拨志始》卷下。

一个遵奉孔子为大成至圣先师的读书人，竟然要在国子监建造魏忠贤生祠，要让文盲魏忠贤配祀孔子，简直是斯文扫地，辱没先师。居然还博得皇帝喝彩叫好，命他们赶紧动工。

如此这般，在全国各地掀起了一场建造魏忠贤生祠的政治运动，有人策划，有人造势，有人献房，搞得昏天黑地。清初学者朱彝尊对此颇为感慨："逆祠之建始浙江，巡抚桐城潘汝桢择地于关壮缪、岳忠武双庙之间，祠成闻于朝，赐额'普德'。由是封疆大吏尤而效之。清苑阎鸣泰巡抚顺天，总督蓟辽保定军务，于所部建魏珰祠七所。天津则巡抚永成黄运泰，长芦则御史合肥龚萃肃，蓟州则巡抚杞县刘诏，保定则巡抚代州张凤翼，房山则部曹何宗圣，卢沟桥则工部主事临川曾国桢，宣府则巡抚蒙阴秦士文，南直隶苏州则巡抚遂安毛一鹭、巡按蕲州王珙，扬州则巡盐御史藁城许其孝、巡按莆田宋桢汉，淮安则总督漕运户部尚书潍县郭尚友，徽州则知府祁县颉鹏，应天则指挥李之才，山东济宁则总督河道工部尚书南乐李从心，德州则巡抚颍州李精白，登州则巡抚荥河李嵩，山西大同则巡抚魏县王点，代州五台山则总督阆中张朴、巡抚兴州曹尔桢、巡按临邑刘宏光，河东则巡盐御史缙云李灿然，河南开封则巡抚大名郭增光、巡按余姚鲍奇谟、参政海宁周锵、祥符知县泰兴季寓庸，陕西延

朱彝尊像

朱彝尊，浙江秀水人，诗人、词人、经学家、藏书家。著有《经义考》《日下旧闻》《明诗综》等。

绥则巡抚莱芜朱童蒙，固原则巡抚武定史永安，湖广武昌则巡抚慈溪姚宗文、巡按东莞温皋谟。”[1]

短短一年多时间内，究竟建造了多少生祠？有人说四十处，其实不止，韩大成、杨欣的统计是七十多处。[2]看来远不止此数，据当时人钱嘉徵说“天下之请建祠百余所”[3]。清初学者朱彝尊说，蓟辽总督阎鸣泰一人，“于所部建魏珰祠七所”；京城内外建造的生祠多得数不胜数：“至都城内外建祠尤多，勋臣则保定侯梁世勋、博平侯郭振明、武清侯李诚铭，词臣则庶吉士大兴李若琳，台臣则日照李蕃、庐陵黄宪卿、寿张王大年、旌德汪若极、平定张枢、河间智铤，府尹则阳城李春茂。余若主事张化愚，上林（苑）监丞张永祚，争先营建。六街九衢祠宇相望，有建于内城东街者，工部郎余姚叶宪祖私曰：‘此天子幸辟雍驰道也，驾出，土偶岂能起立乎？’侦者以告忠贤，即日削其籍。”[4]不久，魏忠贤畏罪自杀，清查阉党逆案，生祠全部被百姓捣毁，建造生祠者都要列入逆案，究竟建造了多少生祠，恐怕谁也说不清了。

对于一般读者而言，数量多少无关紧要，令人好奇的是，被这批无耻之徒顶礼膜拜的魏忠贤“喜容”是什么模样？它是泥塑木雕的人偶，大小和真人相仿，一副帝王相，垂旒执笏，头戴冠冕。朱彝尊描述：“祠以闳丽相尚，瓦用琉璃，像加冕服，有

1 朱彝尊《静志居诗话》卷二十二《徐茂晖》。

2 韩大成、杨欣《魏忠贤传》，人民出版社，1997年，第273—274页。又见该书附录“各地生祠表”（第322—325页）。

3 外史氏《圣朝新政要略》卷一，天启七年十月二十七日。

4 朱彝尊《静志居诗话》卷二十二《徐茂晖》。

沉檀雕者。眼耳口鼻手足，宛转一如生人，肠腑则以金玉珠宝充之，髻空一穴，簪以四时花朵。”[1]把一个活人作为偶像供奉起来，竟是这般模样。“喜容”的边上悬挂着镏金楹联：

至圣至神中乾坤而立极
乃文乃武同日月以长明[2]

硬要把一个政治小丑打扮成“至圣至神”，如同日月乾坤一般。其他生祠楹联大同小异，比如：

至神至圣中乾坤而立极，
多福多寿同日月以常明。[3]

特地乾坤成两朝，
大慈大孝佐九重。

功既高于鼎彝，
报宜列于俎豆。[4]

对魏忠贤的个人崇拜趋于疯狂，近乎丧失理智。正如朱长祚所说：“窃观一刑余之人，而天下贡谀献媚、忍心昧理之徒，翕然附和而尊崇之，称其功如周、召，颂其德如禹、汤，以致遍地立祠，设

1 朱彝尊《静志居诗话》卷二十二《徐茂晖》。

2 朱彝尊《静志居诗话》卷二十二《徐茂晖》。

3 李逊之《三朝野记》卷三下《天启朝记事》。吕毖《明朝小史》卷十六《天启记·祠宇对联》。

4 金日升《颂天胪笔》卷二十三《附记篇·祠联》。

像而祝釐焉。呜呼，当此岁祲民匮之日，一祠之费奚啻数万金哉！飞甍连云，巍然独峙于胜境；金碧耀日，俨如无上之王宫。各题其额则曰‘崇德懋勋，普惠报功’；两翼其坊则曰：‘三朝捧日，一柱擎天’。嗟嗟从事，何其谬欤！怙威胁众，伤财劳民，竭人间之脂，起海内之怨，可胜道哉？若蒙面屈膝者，竞叨不次之擢，如强项掉臂者，即加不测之祸，是以人心惶惑，而希旨成风。清平世界自此大坏，甚可危也。”[1]

如果皇帝朱由校不是在天启七年八月死去，那么魏忠贤个人崇拜将会发展到何种地步，是难以预料的。一个目不识丁的流氓无赖，居然被君臣联手哄抬为众人顶礼膜拜的偶像，在中国历史上绝无仅有。张岱感叹：“魏珰祠遍天下，不特官竭帑藏，民竭赋徭，即朝廷所赐祠额重至沓出，韵山字海亦搜括尽矣。乃不移时，而峣榭云楶鞠为茂草，请祠之疏与建祠之官彰彰具在，不可复泯，则是以彼须臾争我千古也。呜呼，祠哉，人哉？”[2]这种畸形的政治现象确实是值得深思的，正如当时的工部主事陆澄源所说：“祝釐遍于海内，奔走狂于城中，誉之以皋夔，尊之以周孔，且皋夔周公当时亦未尝有是赞美。惟汉代王莽称功颂德者至四十八万七千余人，忠贤既贤，必不屑与之合辙，而无奈身为士大夫者，首上建祠之疏，以至市蠹儒枭在在效尤，士习

1 朱长祚《玉镜新谭》卷七《建祠》。

2 张岱《石匮书》卷一百九十六《逆党列传·建祠》。

渐降渐卑，莫此为甚。”[1]

阉党专政，倒行逆施，镇压持不同政见的反对派，六君子之狱，七君子之狱，触目惊心，从根本上摧毁了士大夫精英阶层对朝廷的期望，举国上下陷于难以言说的绝望之中，离心离德。大明王朝濒临灭亡的边缘。

历史学家孟森回顾这段历史，感慨系之："熹宗，亡国之君也，而不遽亡，祖泽犹未尽也；思宗，自以为非亡国之君也，及其将亡，乃曰有君无臣。夫臣果安往？昔日风气未坏，正人君子，屠戮之而不能遽尽，故无君而犹有臣；至崇祯时，则经万历之败坏，天启之椓丧，不得挽回风气之君，士大夫无由露头角矣。思宗而在万历以前，非亡国之君也；在天启之后，则必亡而已矣。”[2]

说得何等好啊！言简意赅，读来令人唏嘘不已。

1 朱长祚《玉镜新谭》卷七《建祠》。

2 孟森《明清史讲义》上册，第283页。

重写晚明史

樊树志

内憂與外患

中华书局

樊树志

复旦大学教授。代表著作有:《江南市镇的早期城市化》(2023)、《明史十二讲》(2021)、《图文中国史》(2020)、《重写晚明史: 王朝的末路》(2019)、《重写晚明史: 内忧与外患》(2019)、《重写晚明史: 新政与盛世》(2018)、《重写晚明史: 朝廷与党争》(2018)、《晚明大变局》(2015)、《明代文人的命运》(2013)、《明史讲稿》(2012)、《张居正与万历皇帝》(2008, 2022)、《大明王朝的最后十七年》(2007)、《国史十六讲》(2006)、《江南市镇: 传统的变革》(2005)、《权与血: 明帝国官场政治》(2004)、《晚明史(1573—1644 年)》(2003)、《国史概要》(1998)、《崇祯传》(1997,2021)、《万历传》(1993, 2020)、《明清江南市镇探微》(1990)、《中国封建土地关系发展史》(1988)等。其中,《晚明史(1573—1644 年)》获第十四届“中国图书奖”;《晚明大变局》入选《人民日报》、《光明日报》、《中华读书报》、新华网、新浪网等二十余家媒体 2015 年度好书。

目　录

第一章　崇祯：清查阉党逆案　001

一　受命于危难之际的朱由检　003

1. 熹宗朱由校何以绝嗣？　003

2. 兄终弟及，信王入继大统　009

二　不动声色逐元凶处奸党　021

1. “奉圣夫人客氏出外宅”　021

2. “崔呈秀令静听处分，回籍守制”　026

3. “许太监魏忠贤引疾辞爵”　032

4. 魏忠贤悬梁自尽　043

三　钦定逆案　052

1. 榜示魏忠贤、客氏、崔呈秀罪状　053

2. 清算五虎五彪及其他阉党骨干分子　063

3. “逆党审语”一瞥　070

4. 推翻《三朝要典》　075

5. 清查逐步引向深入　085

6. 公布“钦定逆案”　092

7. 余论：对于钦定逆案的评估　116

四　反思·昭雪·维新　124

1. 对制度腐败的反思　124

2.“朕原不欲以东林二字禁锢人才” 130
3. 伸冤与昭雪，一浪高过一浪 139
4.“朝廷已为动色”，“天下以望澄清” 150
5. 维新之治 156

第二章 辽东：大明王朝的隐患 163

一 举棋不定的辽东战略（上）
——从李成梁到熊廷弼 165
1. 辽东·建州女真·努尔哈赤 165
2. 辽东总兵李成梁 169
3.“辽左事势非常，变乱将起” 181
4.“告天兴师”：努尔哈赤宣战 190
5. 疲于奔命的杨镐、熊廷弼 197

二 举棋不定的辽东战略（下）
——从袁应泰到孙承宗 207
1. 袁应泰兵败自缢 207
2. 辽沈陷落，朝廷上下议论纷纭 214
3. 熊廷弼传首九边 226
4. 孙承宗督师辽东 239

三 “以辽人守辽土，以辽土养辽人” 249
1.“诸将罔敢议战守，议战守自袁崇焕始” 249
2.“十年积弱，今日一旦挫其狂锋” 260
3. 袁崇焕：“五年而东夷可平，全辽可复” 269
4. 宁远兵变与辽东军饷难题 278

四 袁崇焕与毛文龙的功过是非 287
1. 毛文龙“持孤剑穿贼中” 287

2.“将江山而快私忿，操戈矛于同室” 295
3.“一无是处”？“一无错处”？ 308
4. 己巳之变 316
5. 袁崇焕“依律磔之” 331

第三章 皇帝急于求治，大臣倾轧不已 341

一 “此时不矫枉振颓，太平何日可望” 343
1. 胡焕猷：“辅奸者不可一日容于圣明之世” 344
2.“新政十事”与“五不自知” 355
3. 韩一良：“何官非爱钱之人？” 362
4. 刘宗周：“求治之心操之过急” 373

二 “诸臣但知党同逐异，便己肥家” 385
1. 会推阁员引发的政争 386
2. 温体仁：“满朝都是钱谦益一党”——御前会议实况记录 394
3. 钱谦益：“事到抽身悔已迟，每于败局算残棋” 406
4.“温体仁以告讦见知于上” 414

三 “欲借此以起大狱翻逆案” 428
1. 袁崇焕与钱龙锡“低徊私商” 428
2.“群小合谋，必欲借边才以翻逆案” 435
3. 黄道周力排众议 442

四 “大奸似忠，大佞似信”：周延儒与温体仁 454
1.“以图大拜”“以图翻局”的周延儒 455
2. 温周相轧，阁体大坏 465

3. 阁臣与太监党比 471

五 “崇祯皇帝遭温了” 483

1.“内阁翻成妓馆” 483

2. 推举逆案中人吕纯如 491

3. 排挤正人君子文震孟 498

4. 郑鄤惨遭磔刑 511

六 “亡国之祸体仁酿之” 524

1. 温体仁何以能久居相位？ 524

2. 刘宗周：“八年之间谁秉国成，而至于是？” 527

3. 钱谦益案峰回路转 533

4. 朱由检：“体仁有党！” 541

第四章 民众反乱，中原土崩瓦解 551

一 黄土高坡的造反烽火 556

1. 从“白水王二”到李自成、张献忠 556

2.“秦民因饥起变” 564

3. 圣旨：“抚字得法，自然盗息民安” 570

4. 杨鹤的悲剧结局 581

二 燎原烈火蔓延晋豫 591

1. 洪承畴的围剿 592

2. 三十六营集结山西 598

3. 能战则战，不能战则走 608

三 从渑池渡到车箱峡 619

1.“秦晋兵力厚集，贼必窥虚犯豫” 619

2. 诈降计掩盖下的渑池渡　624
3. 陈奇瑜出任五省总督　633
4. 车箱峡——陈奇瑜重蹈覆辙　642

四　“古今未有之奇变”　655
1. 打着“古元真龙皇帝”旗号直捣凤阳　655
2. 朝廷上下素服修省　669
3. “洪承畴督剿西北，卢象昇督剿东南”　680
4. 卢象昇调任宣大山西总督　691
5. 孙传庭的“三胜之气”　696

五　“四正六隅”，“十面张网”　705
1. 杨嗣昌的安内攘外论　705
2. 杨嗣昌的足食足兵论　716
3. 熊文灿出任五省总理　727
4. 张献忠谷城受抚　735
5. 李自成败退商雒　744

第一章

崇祯：清查阉党逆案

一　受命于危难之际的朱由检

1. 熹宗朱由校何以绝嗣?

◤ 魏忠贤，北直隶河间肃宁人，明末宦官。自宫后进宫，皇帝赐名魏忠贤。天启年间，出任司礼监秉笔太监，极受宠信，被称为“九千岁”。排除异己，专断国政，以致世人“只知有忠贤，而不知有皇上”。明思宗即位后，打击惩治阉党，治魏忠贤十大罪。魏忠贤自知难逃一死，上吊自杀，其余党亦被肃清。

天启五年五月十八日，朱由校在客氏及魏忠贤陪同下，祭祀方泽坛后，到西苑游乐。客、魏二人在桥北浅水处大船上饮酒寻欢。朱由校和司礼监掌印太监王体乾，及亲信小太监高永寿、刘思源在桥北深水处泛舟荡漾，相顾欢笑，俨若神仙。忽然一阵狂风刮来，小舟倾覆，四人一起落水。两岸随从见状，顿时大惊失色。幸亏近旁的管事太监谈敬等人奋身抢救，朱由校、王体乾幸免一死，两名小太监溺水死亡。魏忠贤惊魂未定，专为此事到大高玄殿作道场法会，放河灯追荐。[1]朱由校虽未淹死，但受此一番惊吓，本来不佳的身体，从此每况愈下。

天启七年夏，朱由校的病情加剧，引起朝臣密切关注。七月二十八日，河南道御史倪文焕上疏：圣体欠安，是否起居失调？如果是这样，那么应该讲求清心寡欲。[2]到了八月十一日，内阁首辅黄立极率领文武百官到宫门问安。朱由校在乾清宫西暖

1　刘若愚《酌中志》卷十《逆贤乱政纪略》。李逊之《三朝野记》卷三《天启》。

2　李长春《明熹宗七年都察院实录》，天启七年七月二十八日。

阁召见大臣，待御医报告诊脉情况后，他对大臣们说：圣体素来虚弱，近来因辽东战事焦虑劳累，终于病倒。目前正在静心休养，凡是重大朝廷事务全由阁臣与厂臣计议商榷，用心赞襄。[1]

次日，黄立极率九卿科道等官，再次来到乾清宫西暖阁拜谒皇帝。大臣们知道圣体尚未“霍然勿药”，明显感到皇上病重，却念念不忘国家大事，与以前判若两人。这也怪，身体健康时对朝政从来不感兴趣，到了生命垂危之际，竟轸念起国事来了。大概是人之将死其言也善吧！少顷，他向大臣发布了在位的最后一道谕旨，除了再次重申对王体乾、魏忠贤的信任，特地透露了昨天单独召见五弟信王朱由检的信息。[2]他没有透露谈话内容，用意十分明显：要大臣们知道，由信王朱由检入继大统，是他自己的安排。

◥ 黄立极，北直隶大名元城人，万历三十二年进士。天启五年为礼部尚书兼东阁大学士，入阁参预机务。天启六年迁武英殿、建极殿大学士，升首辅。

朱由校何以要传位给五弟朱由检呢？实在是事出无奈，因为他本人没有子嗣。这就怪了，《明史·诸王传》明明写着熹宗有三子：慈然、慈焴、慈炅。仔细一查，原来都夭折。

他的长子慈然，是皇后张氏天启三年十月十二日所生。《诸王传》竟然糊里糊涂写道：“怀冲

1　李长春《明熹宗七年都察院实录》，天启七年八月十五日。
2　《明熹宗实录》卷八十七，天启七年八月乙巳。

太子慈然，不详其所生母。”[1]而《明史·后妃传》在懿安皇后条写道：“（天启）三年，（皇）后有娠，客魏尽逐宫人异己者，而以其私人承奉，竟损元子。”[2]明白无误地指出，张皇后是皇长子的生母，怎么可能“不详其所生母”呢？令人百思不得其解。同一部书，相隔不过寥寥数页，自相矛盾一至于此，众手修史的弊端彰显无遗。幸好有其他记载可以佐证，否则岂不成了一桩无头公案！《国榷》天启三年十月己巳条写道：“皇长子慈然生，旋殇。中宫出。”[3]所谓“中宫出”云云，即皇后所生。其他史料也证明了这点，可谓确凿无疑。万斯同说：“熹宗皇后张氏，祥符人，以天启元年立为皇后，父国纪封太康伯。魏忠贤、客氏惮后骾直，数于帝前离间，至诬后为死囚孙二女。及后有娠，乃尽逐宫人异己者，而以其私人代之，奉御无状，胎竟殈。”[4]这个“殈”字，意思是鸟卵未孵成而开裂，此处所谓“胎竟殈”，可以理解为早产，并非流产。因为孩子生下来以后朝廷确实庆贺过一番：“圣嗣诞生，命国公张惟贤祭告南郊，伯张庆臻祭告北郊，驸马侯拱宸祭告社稷，祭毕，百官庆贺，谕停刑。”[5]如果是流产，不可能有这类祭告仪式。皇后诞生皇长子，在明代并不多见，自然非同小可，日后理所当然成为皇太子、皇位继承人。如此一个宝贝怎么会“旋殇”呢？原来是客氏、魏忠贤在捣鬼。

1 张廷玉《明史》卷一百二十《诸王五·熹宗诸子》。

2 张廷玉《明史》卷一百十四《后妃二·熹宗懿安张皇后》。

3 谈迁《国榷》卷八十五，天启三年十月己巳。

4 万斯同《明史》卷一百五十一《后妃下》。

5 沈国元《两朝从信录》卷二十，天启三年十月。

孕育皇长子的皇后张氏，名嫣，字祖娥，小字宝珠，河南祥符人。天启元年朱由校即将大婚，先期召选十三岁至十六岁的淑女，十五岁的张嫣体态颀秀而丰整，应召入宫。朱由校的乳母客氏年逾三十，以妖艳惑帝，见到张嫣又惊又忌，执意反对。无奈朱由校早已看中，四月二十七日册立为皇后。当时客、魏恣睢跋扈，玩弄皇帝于股掌之上。张皇后有所察觉，经常指责客、魏变乱宫中规章，客、魏既忌惮又怨恨，多次欲加陷害。[1]天启三年，张皇后怀孕，倘生一子，皇后的地位更加不可动摇。客、魏二人设计陷害，把皇后身边的宫女全部驱逐，代之以自己的亲信宫女，伺机下手。

◥ 张嫣，明熹宗懿安皇后。天启元年选美入宫，同年被册封为皇后，有母仪天下的风范。崇祯十七年甲申之变，在寝宫中自杀殉国。

十月十二日，皇后分娩，果然是一个男孩，因为早产，不久就夭折。这是客氏与魏忠贤一手策划的阴谋，万斯同《明史》与张廷玉《明史》都如此说，其他史书也证实了这一点。比如抱阳生《甲申朝事小纪》说："天启时，客氏以乳母擅宠，妒不容后有子……及张氏有孕，客氏暗嘱宫人，于捻背时重捻腰间，孕坠。"[2]纪昀《明懿安皇后外传》说："天启三年，后有娠，客、魏尽逐宫人之异己者，而以私人承应。后腰胁偶痛，召宫人使捶之，

◥ 张廷玉，安庆桐城人，康熙三十九年进士。康、雍、乾三朝重臣，《明史》总纂修官。

◥ 纪昀，字晓岚，清代乾隆年间朝臣、学者，《四库全书》总纂修官。

1 纪昀《明懿安皇后外传》，《虞初广志》卷一。

2 抱阳生《甲申朝事小纪》初编卷十《禁御秘闻》。

宫人阴欲损其胎，捶之过猛，竟损元子焉。”[1]此事宫内外都有传闻，故而天启四年六月，左副都御史杨涟弹劾魏忠贤二十四大罪，这一阴谋成为第十条罪状：“中宫有庆，已经成男，凡在内廷当如何保护。乃绕电流虹之祥，忽化为飞星堕月之惨。传闻忠贤与奉圣夫人实有谋焉。以皇上麟趾呈祥，何妨斯男则百，而忠贤包藏祸心若此，是皇上亦不能自保其第一子矣。”[2]

朱由校的第二子慈焴，比长子迟十天出生，时为天启三年十月二十二日，生母是天启二年册封的慧妃范氏。皇长子夭折后，又降生一子，朱由校喜出望外，闰十月十六日以皇次子诞生，大赦天下，诏书中洋溢着“所望早昌嗣续，以慰在天之灵”的激动心情。[3]不久，进封范氏为皇贵妃，为皇次子成为皇太子创造条件。可是好景不长，皇次子慈焴就在次年六月死去，活了不到一年。

天启三年五月，册封的裕妃张氏怀孕了，皇帝特地为她举行了铺宫礼。[4]性情刚烈的裕妃无意中得罪了客、魏，被他们视为眼中钉，假传圣旨，把她幽禁于宫中，关闭宫门，驱逐身边宫女，断绝水火。一个下雨天，饥渴的裕妃爬到屋外，匍匐在地上啜饮屋檐滴下的雨水，慢慢气绝身亡，腹中的胎儿就此夭折。此事朝廷上下人所共知，成为杨涟弹劾魏忠贤二十四大罪的第九条罪状：“裕妃以有喜

1 纪昀《明懿安皇后外传》，《虞初广志》卷一。

2 杨涟《劾魏忠贤二十四大罪疏》，《杨忠烈公文集》卷二。

3《明熹宗实录》卷四十，天启三年闰十一月壬寅。

4 孙承泽《思陵典礼记》卷二云：“皇上初幸妃宫，谓之铺宫。”

传封，中外欣欣相告矣。忠贤以抗不附己，嘱其私比，捏倡无喜，矫旨勒令自尽，不令一见皇上之面。昔尧以十四月而生，假令当日裕妃幸存，安知不为尧母？是皇上又不能保其妃嫔矣。”[1]

慧妃范氏因皇次子慈焴夭折，逐渐失宠。朱由校召成妃李氏侍寝，成妃在皇上面前代范氏乞怜。此事被客、魏侦知，假传圣旨革去范氏的皇贵妃封号，把她幽禁于别宫，断绝饮食。幸亏范氏鉴于裕妃张氏的先例，预先储存食物于壁间，苟延残喘。后来客、魏怒气稍解，把她降为宫女，得以不死。[2]

朱由校的第三子慈炅，生于天启五年十月初一日，生母是容妃任氏。不久，任氏因诞育皇三子而册封为皇贵妃。看得出来，朱由校连丧二子以后，对皇三子是寄予厚望的。不料，皇三子与皇二子一样，十月生，次年二月死，活了几个月。天启六年二月十八日，朱由校降旨：“朕第三子诞生，念系国本攸关，已下诏加恩，所在均庆，不意未周（岁）而旋殒，深怆朕衷，抚旧悲新，应同悯恤，兹特追谥怀献太子。”[3]

从客氏、魏忠贤的专擅跋扈、阴险狠毒的所作所为看来，他们别有所图，不愿皇帝有子嗣，三位皇子的相继夭折，都与他们脱不了干系。为了把持内廷，他们什么事都干得出来。万斯同写道：“凡天

1《明熹宗实录》卷四十三，天启四年六月癸未。杨涟《劾魏忠贤二十四大罪疏》，《杨忠烈公文集》卷二。

2 李逊之《三朝野记》卷二《天启》。万斯同《明史》卷一百五十一《后妃下》。

3《明清史料》乙编《礼部题敕谕追谥怀献太子残稿》。

启七年之间，（皇）后及诸后宫，生皇子三、皇女二，皆以客、魏故，致夭绝。其怀孕伤堕者不在此数。当是时，六宫咸委命客、魏，惴惴莫保朝夕……诸如胡贵人、冯贵人之属，或绝食勒死，或因其微疾杀之，偶有违言，无不立死者。而客、魏尤忌（皇）后不置，后父（张）国纪又于帝前面折其奸。帝尝至后宫，后方读书，帝问：'何书？'曰：'《赵高传》也。'帝默然。客、魏益怒，嗾刘志选、梁梦环复诬（皇）后非（张）国纪女，如前说。（张）国纪坐削爵，而客、魏怒犹未已。于是令壮士挟刃伏便殿，帝御殿，忠贤搜得之以闻，帝大惊，送厂卫治之。忠贤乃诬（张）国纪谋立信王，为不轨，欲兴大狱。王体乾沮之，乃杀其人以灭口，事得寝。"[1]因此，如果说，朱由校绝嗣是客氏魏忠贤一手造成，恐怕不算过分夸张吧！

明熹宗像

明熹宗，明光宗朱常洛长子朱由校。十六岁即位，在位七年，魏忠贤专权，朝政紊乱。无子嗣，传位于弟弟朱由检。有"木匠皇帝"之称。

2. 兄终弟及，信王入继大统

天启七年八月二十二日，熹宗朱由校驾崩。次日，礼部接出皇后懿旨："大行皇帝奈素秉虚弱，兼东事焦劳，得患时疾，医药罔愈，于天启七年八月二十二日申时崩逝。合行丧仪事理，着礼部便会同

1 万斯同《明史》卷一百五十一《后妃下》。

翰林院计议，从厚具仪来看。”[1]既然熹宗绝嗣，皇位继承人只能按照“兄终弟及”原则，在他的弟弟中选择。熹宗的父亲光宗生有七子，长子是朱由校，二子、三子、四子、六子、七子都已夭折，硕果仅存的只有五子朱由检，也就是说，皇位只能由朱由检继承。

朱由检与朱由校是一对同父异母兄弟，从小共同生长于父亲的太子宫中，两人相差不过五岁。朱由检的生母贤妃刘氏，初入宫时是淑女（淑女地位低于才人、选侍），万历三十八年十二月二十四日生朱由检，不久失宠被谴，郁闷而死，年仅二十三岁。[2]太子朱常洛悄悄把刘氏安葬于西山，告诫身边近侍不得泄露此事。当时朱由检才四岁，父亲朱常洛把他托付给选侍李氏（人称西李）抚育，西李自己生了女儿后，就把他托付给另一个选侍李氏（人称东李）抚育。东李与西李同为选侍，秉性截然不同。万历四十七年三月，朱由校的生母王氏死后，他遵父命到西李宫中生活。朱常洛即位不久病危，在病榻上嘱咐：封李选侍（西李）为皇贵妃，西李在帘后指使朱由校出来传话：要封皇后。由于大臣坚决反对，也由于光宗突然死去，册封西李为皇贵妃的事来不及办，更不消说册封为皇后了。但是她仍旧居住在乾清宫，于是在朱由校即位后引发了一场“移宫”纷争，成为日后魏忠贤整人的话柄。

1 沈国元《两朝从信录》卷三十五，天启七年八月。

2 孙承泽《思陵典礼记》卷二。

另一个选侍即东李（庄妃），为人仁慈，寡言笑。朱由检在东李抚育下成长，养成了良好的生活习惯，每天清晨起床后，先拜天，随即向东李请安，尊敬如生母。东李也确实以母道待之，多方调教其品德，养成独立奋斗的坚毅性格。

天启二年九月二十三日，司礼监太监王体乾向大臣宣读圣谕："朕皇五弟今封信王，其已故生母选侍刘氏，诞育勤劬，见在选侍东李抚育有劳，朕念皇五弟已封，刘氏所有谥典，李氏应得封号，尔部便查例来行。"[1]当时朱由检居住在勖勤宫，常常思念生母，询问近侍太监：西山有申懿王坟吗？近侍答：有。又问：旁边有刘娘娘坟吗？近侍答：有。随后悄悄吩咐近侍太监前去祭扫。[2]这种浓烈的思母之情，久久萦绕在他心中。待到他即位后，不仅追封生母为孝纯皇太后，而且特地命人画了一幅生母肖像，时时瞻仰，以寄托思母之情。[3]

▼ 孝纯皇太后像

孝纯皇太后，明光宗朱常洛嫔妃，明思宗朱由检生母。失宠，朱由检四岁时病卒。

天启六年十一月二十五日，朱由检由勖勤宫迁往信王府邸，正式开始了他的亲王生活。次年二月初三日，十八岁的信王举行婚礼，选南城兵马司副指挥周奎之女为王妃。王妃周氏是懿安皇后从三名

1 《明清史料》乙编《礼部题圣谕信王生母养母谥号查封稿》。
2 张廷玉《明史》卷一百十四《后妃二》。
3 孙承泽《思陵典礼记》卷二。

候选人中选拔出来的。[1]

朱由校这个人一向昏聩，但对于懿安皇后张氏、信王朱由检，却十分注重情义。有两件事最能说明问题。

其一，某日宫门发现匿名传单，上面列举魏忠贤种种劣迹。魏忠贤怀疑此事出于懿安皇后之父太康伯张国纪，以及被逐诸臣之手，企图抓住此事整一下张国纪，从而动摇皇后的地位，妄想用自己的侄儿魏良卿之女取而代之。顺天府丞刘志选获悉魏忠贤的意图，首先上疏诬陷张国纪，御史梁梦环和他一唱一和。朱由校出于对皇后的信任，果断下旨谴责刘志选，使得他们不敢轻举妄动。

其二，某日朱由校来到皇后宫中，看到皇后正在阅读《赵高传》，默然不语。魏忠贤以为皇后用赵高来隐喻他，怒不可遏。次日，在殿内埋伏全副武装的士兵，朱由校发现埋伏后，立即命令警卫把那些士兵押送东厂、锦衣卫处置。魏忠贤企图借题发挥，诬陷张国纪"谋立信王"，并借此镇压异己势力。司礼监掌印太监王体乾对魏忠贤唯命是从，这次却竭力阻止，因为他深知皇上脾性，说道：主上凡事愦愦，独于兄弟夫妇间不薄，如有不测，我辈没命了。魏忠贤听了大惊失色，匆匆杀了那些士兵灭口。[2]"凡事愦愦，独于兄弟夫妇间不薄"，寥寥数语道出了朱由校对皇后与五弟的信任，而这一

1 孙承泽《思陵典礼记》卷二。张廷玉《明史》卷一百十四《后妃二》。

2 李逊之《三朝野记》卷二《天启》。计六奇《明季北略》卷二《魏忠贤怒张后》。张廷玉《明史》卷一百十四《后妃二》。

点正是日后五弟在张皇后支持下入继大统的重要保障。

朱由校此次病危，果然想到了五弟朱由检，八月十一日单独召见他。朱由检与朱由校从小一起长大，自然有着同胞手足之情。当时魏忠贤专政，气焰嚣张至极，朝廷内外人人自危，身为信王的朱由检也感受到了莫名的威胁，不得不表现出淡泊权势的姿态。《崇祯长编》有一段话十分确切地透露了朱由检当时的内心世界："帝（朱由检）初虑不为忠贤所容，深自韬晦，常称病不朝。"[1]这是一种大智若愚的韬晦之计，以称病的手法躲避权势倾轧，避免魏忠贤的猜忌。

这次奉召入见，实在是迫不得已。朱由检进入乾清宫西暖阁向皇兄请安问疾后，朱由校直截了当地对他说："来！吾弟当为尧舜。"这句话虽未明确表示要他入继大统，但意思已尽在不言中了。朱由检听了顿时感到万分惶惑，惧不敢当，也不敢应，不知如何回答才好。沉默一阵之后，他才回奏："臣死罪，陛下为此言，臣应万死。"魏忠贤疑忌他的，正是这一点；他长期以来深自韬晦的，也正是这一点，不得不用坚定的口气推辞。但是，朱由校早已深思熟虑，不容他推辞，慰勉再三，然后叮嘱他入继大统后注意两件事：一是"善视中宫"，二是"忠贤宜委用"。[2]这前一点是不成问题的，对于

1《崇祯长编》卷一。

2 李逊之《三朝野记》卷四《崇祯》。《崇祯长编》卷一。

皇嫂（张皇后），他一向尊如母后。这后一点却颇为棘手。自从他册封为信王后，为了避祸，总是给人与世无争的印象："衣冠不整，不见内侍，坐不倚侧，目不旁视，不疾言，不苟笑。"[1]目的是消除魏忠贤对他的疑忌。现在皇兄既要他入继大统，又要他委用魏忠贤，使他感到如骑虎背，进退两难。然而皇帝主意已定，此事已成定局。

八月十二日，朱由校再次召见大臣，向大臣们透露日前召见信王的事："昨召见信王，朕心甚悦，体觉稍安。"[2]明白无误地向大臣们表示，由信王入继大统，是他的既定方针，是出于自己的安排。

皇帝病危，朝廷上下一片混乱，魏忠贤及其亲信为了延长这个傀儡皇帝的生命而奔忙，他们不愿意一个难以摆布的人继承皇位，从而改变既定的权力结构。阉党的得力干将兵部尚书霍维华，向皇帝进献"仙方灵露饮"，就反映了他们病急乱投医的慌乱心态。不知霍维华从哪个道士或游方郎中那里搞来的秘方：用上好粳米淘净，放入木甑蒸煮，甑底部安放长颈大口空银瓶，接纳流下来的"灵露"。一边蒸煮一边添米，少顷，更换新米。几次更换后，银瓶中的"灵露"已满。据说，这种"米谷之精"有延年益寿之功效。朱由校服用后并无不适，却毫无疗效，身体日益浮肿，难以进食，不得不停止服用这个"仙方"。[3]

1 王世德《崇祯遗录》。郑达《野史无文》卷三《烈皇帝遗事上》。

2《明熹宗实录》卷八十七，天启七年八月乙丑。

3 李逊之《三朝野记》卷三《天启》。谈迁《国榷》卷八十八，天启七年八月癸丑。

天启七年八月二十二日，熹宗皇帝朱由校在乾清宫懋德殿逝世，年仅二十三岁。次日，礼部接到张皇后懿旨："大行皇帝奈素秉虚弱，兼东事焦劳，得患时疾，医药罔愈，于天启七年八月二十二日申时崩逝。合行丧仪事理，着礼部便会同翰林院计议，从厚具仪来看。"[1]信王朱由检也发布了皇五弟令旨："皇兄崩逝，今有文武大小官员于文华殿行问慰礼。"[2]

大权在握的魏忠贤却秘不发丧，显然别有用心。他对于朝政久有觊觎之心，妄想再高升一步，获得"摄政"的权力。八月十九日，他向阁部大臣"吹风"，意欲把未来的皇帝当作傀儡，由他来"垂帘居摄"，仿效王莽的样子。内阁辅臣施凤来怕担骂名，期期以为不可："居摄远不可考，且学他不得。"[3]魏忠贤不悦而罢。但是他并不甘心，自从皇帝召见信王以来，他就心存异志，与掌握宫廷警卫大权的锦衣卫都督田尔耕秘密商量，图谋发动宫廷政变。田尔耕一向唯魏忠贤马首是瞻，对于此种政治赌博心存疑虑，唯唯诺诺，不敢表态。魏忠贤又与掌握兵权的兵部尚书崔呈秀议论此事，崔呈秀掂量出事态的严重性，拒不搭腔，再三追问之下，才

◤ 施凤来，浙江平湖人，万历三十五年榜眼。曾依附魏忠贤，官至内阁首辅，崇祯初年乞休。

◤ 崔呈秀，北直隶蓟州人，万历四十一年进士。依附魏忠贤，官至兵部尚书，崇祯初年被枭首示众。

1 沈国元《两朝从信录》卷三十五，天启七年八月。
2 沈国元《两朝从信录》卷三十五，天启七年八月。
3 计六奇《明季北略》卷三《信王登极》。

说了一句话："恐外有义兵。"魏忠贤不得不打消了宫廷政变的念头。[1]

关于魏忠贤心存异志，还有其他种种传闻。比如，阉党中人向他献计，诡称皇后怀孕，暗中以魏良卿之子抱入宫中，冒名顶替，然后由魏忠贤辅佐，仿效王莽辅佐孺子婴的方式，进而篡夺帝位。[2]魏忠贤向皇后建议，要她假称怀孕，然后把魏良卿之子作为自己的儿子，继承帝位，遭到皇后的断然拒绝。[3]又比如，魏忠贤想拥立福王朱常洵入继大统。[4]这些都是传闻之辞，真假参半，不必当真。不过由此反映了魏忠贤在由谁入继大统问题上，确实心存异志，他不愿意看到他无法控制的信王朱由检登上皇帝宝座，是不争的事实。

毕竟有熹宗遗言在先，魏忠贤及其亲信不敢轻举妄动。何况皇后张氏十分坚定地支持信王入继大统。据说，魏忠贤曾派人向皇后"吹风"，意欲阻止信王继位，皇后明知安危操于魏忠贤之手，仍毫不犹豫地拒绝。她对来人表示：从命是死，不从命也是死，一样是死，不从命可以见二祖列宗在天之灵。[5]皇后随即规劝皇帝尽快召见信王，由他入继大统。皇帝对她说：忠贤告诉我，后宫有二人怀孕，他日生男，作为你的儿子，立为皇储。皇后断然拒绝，晓之以理，皇帝方有所悟，秘密召见信王，要他接受遗命。信王欲推托，皇后从屏风后面

1 谈迁《国榷》卷八十八，天启七年八月乙丑。

2 李逊之《三朝野记》卷三《天启》。

3 纪昀《明懿安皇后外传》，《虞初广志》卷一。

4 孙承泽《思陵典礼记》卷二。

5 李逊之《三朝野记》卷三《天启》。

走出，对信王说：皇叔义不容辞，而且事情紧急，恐怕发生变故。信王这才欣然拜受遗命。朱由校指着皇后相托：中宫配朕七年，常正言匡谏，获益颇多。今后年少寡居，望吾弟善待。[1]

八月二十二日，熹宗驾崩，皇后立即传遗诏，命英国公张惟贤等迎立信王即位。魏忠贤无可奈何，不得不在次日向外宣布皇后懿旨："召信王入继大统！"[2]由此可见，《明史·后妃传》所说"及熹宗大渐，折忠贤逆谋，传位信王者，后力也"[3]，是确有所据的。

紧接着颁布熹宗遗诏："若夫死生常理，人所不免。惟在继统得人，宗社生民有赖，全归顺受，朕何憾焉？皇五弟信王由检聪明夙著，仁孝性成，爰奉祖训兄终弟及之文，丕绍伦序，即皇帝位。"[4]于是乎内阁辅臣施凤来、黄立极和英国公张惟贤等元老重臣遵照大行皇帝遗诏和皇后懿旨，前往信王府"劝进"。按照惯例，"劝进"必须三次，"劝进笺"也必须递交三次，以示劝进者的诚意，以及被劝进者的谦让。信王朱由检对第一道劝进笺这样答复："览所进笺，具见卿等忧国至意，顾予哀痛方切，继统之事岂忍遽闻！所请不允。"对第二笺的答复也一样："卿等为祖宗至意，言益谆切，披览之余愈增哀痛，岂忍遽即大位！所请不允。"待到第三笺呈上，朱由检才表示同意："卿等合词陈情至再三，

1 纪昀《明懿安皇后外传》，《虞初广志》卷一。

2 孙承泽《思陵典礼记》卷二。李逊之《三朝野记》卷四《崇祯》。

3 张廷玉《明史》卷一百十四《后妃二》。

4《明熹宗实录》卷八十七，天启七年八月乙丑。《崇祯长编》卷一，天启七年八月乙丑。

已悉忠恳。天位至重，诚难久虚，遗命在躬，不敢固逊，勉从所请。”[1]

虽然群臣再三劝进，但对于朱由检而言，通往登极的道路还会发生什么波折，尚难预料，似乎有点如临深渊如履薄冰的感觉。魏忠贤派遣忠勇营提督太监涂文辅前往信王府迎接他进宫时，他念念不忘的是皇后张氏的秘密告诫：“勿食宫中食！”[2]他是带了自家制作的麦饼，放在袖子里，跟随涂文辅进宫的。这一细节，反映了当时的形势十分微妙，张皇后和朱由检都感受到了来自魏忠贤的无形压力，又不能挑明，只能暗中提防。从王世德的记载可以看到，危险确实存在：“熹宗大渐，上（指朱由检）入内，忠勇营提督涂文辅魏党也，帅兵护卫。后（涂）文辅告人曰：‘当日天命未改，魏忠贤不敢有逆谋，否则王之命悬于俄顷耳。’”[3]

◥ 王世德，少袭锦衣卫指挥佥事。明亡后，有感于崇祯帝神武之君却在自缢而亡后遭人诽谤，写《崇祯遗录》一卷以正视听。

张岱的记载则从另一个侧面印证当时的情况颇多变数：“上崩，魏忠贤自出迎（信）王入，遍召百官，中外岌岌，恐有他变。百官迟疑，厥明始至殿门，宦者持门，不得入，告以宜服缟。既服缟，又言未成服，宜如常。群臣奔走出入者三，气喘且不续，哀诉宦者，乃得入。既哭临，司礼监太监王体

1 《崇祯长编》卷一，天启七年八月丙辰。

2 孙承泽《思陵典礼记》卷二。李清《三垣笔记·附识上》。

3 王世德《崇祯遗录》。

乾及忠贤在丧次，独体乾语礼部备丧礼。忠贤独呼兵部尚书崔呈秀入，屏人语，移时，面奏信王曰：大行皇帝某贵妃有遗腹未诞，请宽登极之期。信王霁颜许之，暂受监国，以俟圣嗣诞生。诸大臣争之力，乃即以二十四日践天子位，受百官朝，毋贺。”[1]

当时宫中形势确实有点紧张，朱由检知道魏忠贤心狠手辣，什么事情都干得出来，抱着一种警惕心态静观事态变化。入宫后，一夜未眠，秉烛而坐，做好应付事变的准备。一名佩剑的巡视太监走来，朱由检和他攀谈，把他的佩剑取下，佯装观赏，留在桌上，许诺给予重赏。他为了应付不测事件，主动与巡逻的警卫人员搞好关系，叫近侍太监从光禄寺取来酒食犒赏警卫人员，众人欢声如雷。[2] 信王妃周氏没有跟随入宫，在信王府邸暗暗祈祷平安，正如文秉所说："周后在外邸，祷卜无虚晷，亦虞入朝有他变也。"[3] 由此可以感受到，阉党专政所造成的恐怖气氛已经严重到何种程度，连皇位继承人都如此胆战心惊，遑论其他！

◤ 信王妃，周氏，即明思宗周皇后，与思宗伉俪情深。仁心贤德，掌管后宫厉行节约，甲申之变时自缢而亡。

◤ 文秉，苏州人，自号竹坞遗民。文徵明玄孙，文震孟长子。杜门著书终其身。主要著作有《烈皇小识》《先拨志始》《甲乙事案》《定陵注略》《先朝遗事》等。

朱由检以兄终弟及方式入继大统，想不到竟然在战战兢兢的氛围中进行。如果他是一个谨小慎

1 张岱《石匮书后集》卷一《烈皇本纪》。
2 李逊之《三朝野记》卷四《崇祯》。文秉《烈皇小识》卷一。
3 文秉《烈皇小识》卷一。

微的平庸之辈，日后不是成为傀儡，便是被废。然而朱由检并非等闲之辈，他有胆识魄力，在度过即位危机，站稳脚跟之后，给魏忠贤及其党羽迎头痛击，是势所必然的。目前时机还不成熟，他必须巧妙应付，韬光养晦。

八月二十四日，信王朱由检在皇极殿举行即位仪式。宫中三大殿，从万历二十五年遭灾以来，直到天启七年八月二十日才修复完毕。两天后就举行登极大典，令鸿胪寺官员茫然不知所措。因此仪式搞得匆忙凌乱，礼部堂上官、侍班史官、导驾科员、殿班御史一行人等，分东西两行排列未定之际，新皇帝已经身着冠冕来到建极殿。这时奉遣南郊的魏忠贤侄子魏良卿正好返回禀报，朱由检大声回答：知道了！语音震肃严厉。随即宣布：百官免贺免宣表。在一行人等拥护下，朱由检从建极殿经过中极殿来到皇极殿。侍班官两旁面驾一躬，侍立于帘下，帘子卷起，朱由检从中径登上九级宝座，座旁站立的两名太监在新皇帝的呵斥之下悄然退去。[1]

八月二十六日，朱由检颁布即位诏书，向天下臣民宣告："惊闻凭几之言，凛念承祧之重，而文武群臣及军民耆老合词劝进，至于再三，辞拒弗获，乃仰遵遗诏，于八月二十有四日祗告天地、宗庙、社稷，即皇帝位。"[2]并宣布以明年为崇祯元年。关

1 孙承泽《春明梦余录》卷七《正殿》，引蒋德璟《大殿侍班记》。一些史籍说，信王即皇位于中极殿，蒋德璟以身临其境的侍班官身份，亲眼目睹登极仪式在皇极殿举行，似不应有错。

2《崇祯长编》卷一，天启七年八月丁巳。孙承泽《思陵典礼记》卷一。

◤ 明思宗殉国处

朱由检，明思宗，明朝最后一位皇帝，从明熹宗手上接过千疮百孔的大明王朝。即位之初以雷霆手段惩治魏忠贤，肃清阉党之祸。励精图治而中兴梦灭，“非亡国之君，当亡国之运”，自缢殉国。

于年号的选择，经过一番斟酌考虑。八月二十三日，内阁呈上四个年号供他选择：一是“乾圣”，朱由检说“乾为天，圣则安敢当”；二是“兴福”，朱由检说“中兴甚好，亦不敢当”；三是“咸嘉”，朱由检说“咸旁为戈，今方欲息干戈，勿用”；四是“崇祯”，被他选中。[1]

受命于危难之际的朱由检在位十七年，试图挽狂澜于既倒，缔造中兴局面，虽然出现了转机，终究未能成功。在内忧与外患的两面夹击下，演出了一幕并非亡国之君的亡国悲剧，以身殉国。南明弘光朝追谥他为思宗烈皇帝，清朝则追谥他为怀宗端皇帝。

二　不动声色逐元凶处奸党

1.“奉圣夫人客氏出外宅”

◤ 客氏，明熹宗朱由校乳母，被封为“奉圣夫人”。与魏忠贤是“对食”关系，勾结作乱。明熹宗死后，被笞死于浣衣局。

朱由检登极后首先要面对的棘手问题，便是如何处置专擅朝政、气焰嚣张的客氏与魏忠贤。如果听之任之，放任客、魏继续为非作歹，那么他就可能成为第二个熹宗，当一个傀儡皇帝。这是一个刚毅自强的君主所不能容忍的。而魏忠贤则试图使他

1　孙承泽《思陵典礼记》卷一。

成为第二个熹宗，继续玩弄于股掌之上，因此故技重演，进奉绝色女子四名，既是讨好，又是迷惑。朱由检和他的列祖列宗绝不相同的一点，就是不好女色，本想拒绝，唯恐引起魏忠贤疑心，顺水推舟收下。随即对她们搜身检查，发现每个人都在裙带顶端佩戴香丸。此物名叫“迷魂香”，它的独特功用在于：男子一接触便产生“迷魂”效应，性欲顿起。朱由检毫不犹豫毁弃这些“迷魂香”，以杜后患。魏忠贤第一招失灵，又生一计。几天后一个晚上，朱由检与大臣议论朝政后，正在静心思考，一阵阵奇异香味幽幽传来，似有若无，缕缕不绝，使他这个不好女色的人也“闻香心动”。立即命近侍太监秉烛检查，查遍了墙壁角落，一无所获。少顷，望见远处角落有微弱的火星闪烁，前往一查，是一个小太监持香端坐于复壁内。经审问，原来是魏忠贤派来的。朱由检不由得长叹一声：“皇考皇兄皆为此误！”[1]他不愿意如同皇兄那样，听任客、魏摆布，但是要摆脱这两个人，并非易事。

客、魏一个自称“老祖太太千岁”，一个自称“九千岁”，宫内宫外布满了亲信党羽，内外呼应，盘根错节，朝廷上下都在他们控制之下，稍有不慎，局面就难以收拾。朱由检是一个既有主见又有韬略的君主，心有城府，不露声色，以大智若愚的姿态应付自如。他需要等待时机，一方面，摆出

1 计六奇《明季北略》卷三《闻香心动》。

若无其事的样子，集中精力册封后妃，筹办先帝丧葬事宜，让客、魏感到与以前没有什么异常。另一方面，一如先帝那样，继续优容客、魏，对于弹劾客、魏及其党羽的奏疏，一概置之不理，给客、魏之流造成错觉。

即位次日，他要礼部详议追尊生母贤妃刘氏的相关事宜，尽自己多年思念的一片孝心。[1]几天后，他又要礼部挑选吉日，册封元妃周氏为皇后。礼部遵旨议定，九月二十一日，追谥贤妃刘氏为孝纯皇太后；九月二十七日，册立元妃周氏为皇后。皇后的册封礼举行完毕，又把皇后之父周奎由南城兵马司副指挥提升为右军都督同知，任命皇后的兄长周文炳、周文燿为兵马司副指挥。与此同时，内阁大学士施凤来会同司礼监太监、工部尚书侍郎、礼部郎中、钦天监正等官员，选择大行皇帝陵墓地点。

十月十五日，朱由检自己开始接受皇帝必需的传统教育——日讲。他来到文华殿，听礼部侍郎孟绍虞、翰林院侍讲徐时泰等官员讲解《大学》《尚书》首章，以及《帝鉴图说》一则。三天后，他决定免讲《帝鉴图说》，改讲《祖训》《资治通鉴》。[2]

一切如同往昔新皇帝登极一样，按部就班，丝毫没有什么异样。

◤ 孟绍虞，河南杞县人，万历四十一年进士。历少詹事、礼部侍郎、礼部尚书。崇祯初年因结交近侍被罢官，甲申之变后忧愤而死。

◤ 徐时泰，浙江杭州人，天启二年进士。天启七年升翰林院侍讲，崇祯元年被革职。

1 《崇祯长编》卷二，天启七年八月戊午。

2 《明思宗烈皇帝实录》，天启七年十月己酉。

然而，对于魏忠贤、客氏而言，这种平静似乎于无声处听惊雷，惴惴不安。九月初一日，魏忠贤率先打破沉默，向皇帝提出辞去东厂总督的职务，这显然是一种试探。朱由检为了稳住魏忠贤与客氏，明确表示不许辞职。九月初三日，客氏请求从宫中迁回私宅。客氏原先是作为熹宗乳母兼保姆的身份居留内宫的，熹宗已死，继续留在宫中已经没有丝毫理由，朱由检当即予以批准。这显然是把魏忠贤和客氏分开的重要一步，名正言顺又不露痕迹。客氏接到皇帝圣旨——“奉圣夫人客氏出外宅”，于五更起身，穿上缞服，前往熹宗灵堂祭奠一番，从一个小盒中取出黄龙绸缎包袱，把熹宗幼年时的胎发、痘痂，以及历年剪下的头发、指甲，一并焚烧，化作一缕青烟，痛哭而去。[1]客氏对熹宗的复杂感情，剪不断，理还乱，从此丧失“老祖太太千岁”的权位，种种失落感交织在一起，从哭声中喷发而出。

客氏的出宫是名正言顺的，对于魏忠贤的党羽来说，无疑是一大震慑。由于巴结客魏而成为司礼监掌印太监的王体乾，预感到事态的严重性，立即在次日向皇帝提出辞职请求。朱由检自然明白，这又是一次试探，不予批准。王体乾为人柔佞深险，从尚膳监太监升为司礼监秉笔太监，仍不满足。王安推辞司礼监掌印太监之职，他急忙谋求于客、

1 李逊之《三朝野记》卷四《崇祯》。计六奇《明季北略》卷三《客氏出宫》。

魏，终于登上太监的最高职位——司礼监掌印太监，从此一心一意附和客、魏，竭力效劳。按照宫中规矩，司礼监掌印太监地位在秉笔太监兼东厂太监之上，王体乾为了讨好魏忠贤，破例把自己置于魏忠贤之下。魏忠贤目不识丁，无法代替皇帝“秉笔”，一切由王体乾代劳，做他的“谋主”，凡是“票红文书”“改票”，都出于王体乾之手。[1]朱由检深知王体乾与魏忠贤二人之间的关系，暂时不动王体乾，也就稳住了魏忠贤。

对于政治动向十分敏感的官员，嗅出了政治气候的微妙变化。九月十四日，由都察院右副都御史调任南京通政使的杨所修，弹劾魏忠贤的亲信：兵部尚书崔呈秀、工部尚书李养德、太仆寺少卿陈殷、延绥巡抚朱童蒙。理由是十分冠冕堂皇的，而且和天启朝的政治毫无关系。他说：皇上御极之初，首崇圣母之封，表明以孝治天下。自古求忠臣必于孝子之门，且缞绖视事殊为不祥。但是近日崔呈秀、李养德、陈殷、朱童蒙等人，父母过世，都因先帝“夺情”而留任，有悖于以孝治天下的准则，希望皇上准令他们辞官回籍守制，以明万古纲常。他还附带批评吏部尚书周应秋没有恪守职责。[2]醉翁之意不在酒，很明显，杨所修的言外之意是在以孝治天下的幌子下，以回籍守制的方式，削去他们的权力，试探皇帝的态度。朱由检何尝不

1 张廷玉《明史》卷三百五《宦官二·王体乾》。

2《崇祯长编》卷二，天启七年九月丁丑。

想这样做，可惜时机还不成熟，不能操之过急。他不但没有接受这一建议，反而斥责杨所修“率意轻诋”，在圣旨中发了一通议论：“朕初御极，政当肃清。崔呈秀、李养德、朱童蒙皆先帝以殿工边警，谕使夺情料理。周应秋秉铨清慎，大计在迩，倚毗方殷。杨所修既离言职，岂得辄加轻诋，使大臣不安其位，本该降处，姑免究。以后有纷嚣乱政的，定行重处。”[1]遭到弹劾的崔呈秀、李养德等人毕竟心虚，陆续请求回籍守制，皇帝统统不予理睬。

老奸巨猾的魏忠贤如堕五里雾中，摸不透皇上意欲何为。为了试探虚实，九月二十五日，他向皇帝乞求停止为他建造生祠的活动。为此，不识字的魏忠贤特地请人帮他写了一本奏疏。朱由检看了他的《久抱建祠之愧疏》，轻描淡写地批复：“以后各处生祠其欲举未行者，概行停止。”[2]从这些话中揣摩，皇上对魏忠贤生祠似乎采取既往不咎的态度，其实不然，这不过是权宜之计，账还是要算的，只是时机未到。

2.“崔呈秀令静听处分，回籍守制”

阉党分子当然不会甘心束手就擒，这场斗争牵涉每个人的政治前途、身家性命，必然要继续下赌注，负隅顽抗。

1 徐肇台《崇祯皇帝新政》，丁卯九月十六日。外史氏《圣朝新政要略》卷一，天启七年十月十五日。谈迁《国榷》卷八十八，天启七年九月己卯。

2 朱长祚《玉镜新谭》卷七《建祠》。

◤ 陈尔翼，浙江绍兴人，万历四十四年进士。官至吏科都给事中，崇祯二年以阉党被削籍。

吏科都给事中陈尔翼以攻为守，倒打一耙。他在奏疏中抓住前几天南京通政使杨所修弹劾崔呈秀、周应秋之事，大做文章，斥之为“播弄多端，葛藤不断”，归结为“东林余孽遍布长安，欲因事生风”，公然请求皇帝下令东厂、锦衣卫及五城兵马司严加缉访，企图再度造成恐怖气氛，钳制舆论。这种明目张胆的反扑，意在把水搅浑，以朋党之争来为阉党开脱罪责。朱由检的表态恰到好处，以表面上不偏不倚的态度，果断地制止了阉党专政再现：“群臣流品经先帝分别澄汰，业已清明，朕初御极，嘉与士大夫臻平康之理，倘有奸人诪张变幻，暗布机关，搅乱新政，缉事衙门严行缉访，确有实据，重处不宥。亦不许揣摩风影，致生枝蔓。”[1]对此历史学家谈迁有精彩的评论：“甚哉！佥人之过虑也。睍见将销，兔窟欲避，遂以缇校钳结将来之口……（新主）幸未中其说，薄示优容，彼辈益自以为得计矣。”[2]所谓“薄示优容”，是指皇帝在驳斥陈尔翼主张缉拿“东林余孽”的同时，嘉奖魏忠贤、王体乾赞襄登极典礼之功，给他们的亲属恩荫锦衣卫指挥佥事；几天后又以表彰东江战功，再次嘉奖魏忠贤、王体乾及兵部尚书崔呈秀，恩荫亲

◤ 谈迁，原名以训，明亡后改名迁，浙江海宁人，自称“江左遗民”。以佣书、幕僚为生。明末清初史学家，著有《国榷》。

1 徐肇台《崇祯皇帝新政》，丁卯十月初五日。《明思宗烈皇帝实录》，天启七年十月辛丑。

2 谈迁《国榷》卷八十八，天启七年十月辛丑。

属锦衣卫指挥同知。

陈尔翼的以攻为守策略无法奏效，另一个阉党分子云南道御史杨维垣施展“丢车保帅”之计。他接连上疏弹劾兵部尚书兼左都御史崔呈秀，力图把人们对魏忠贤专政的不满情绪全部转移到崔呈秀身上。他在十月十三日的奏疏中说：兵部尚书崔呈秀立志卑污，居身秽浊。初以淮扬巡方败事，舆论一时称快。及大行皇帝召环，奴颜婢膝，趋向愈下。上言大臣德政律有明禁，何况内臣！崔呈秀交结宦寺，肆作威福，因与旧辅冯铨有隙，招募吴淳夫攻讦，数月间由郎官骤跻卿贰。又勾结倪文焕为死党，报复夏之令，提拔为掌河南道御史。尤有甚者，以其弟为浙江总兵，以前曾有兄为兵部尚书而弟握兵权于外之先例否？种种欺君误国，不可枚举。令人震惊的是，杨维垣揭发一条重要信息：“当大行皇帝崩逝之日，百官闻皇上将御文华殿，急自乾清宫趋出，忽有数内臣招呼：‘兵部尚书崔家来！’闻者莫不错愕，所言公，当与众公言之，天下事岂（崔）呈秀一人所可私与者？言及此，又不觉而悚矣。”看起来声讨崔呈秀义正词严，其实不过是虚晃一枪，目的是为魏忠贤开脱而已。他紧接着说：“总之，先帝信任厂臣甚专，而厂臣亦孜孜竭力，任劳任怨，以图报称。独是误信（崔）呈秀一节，而呈秀又交结厂臣王掌家，而厂臣未之知耳。

◥ 杨维垣，山东文登人，万历四十四年进士。依附魏忠贤，天启五年首先提出重新评定“三案”。

◥ 冯铨，顺天涿州人，万历四十一年进士。曾附会魏忠贤担任《三朝要典》总参判官，崇祯元年削籍居家。

◥ 吴淳夫，福建泉州人，万历三十八年进士。天启五年经崔呈秀推荐成为魏忠贤义子，官至工部尚书、太子太傅。思宗即位，以阉党处死。

◥ 倪文焕，扬州江都人，万历四十七年进士。魏忠贤义子。思宗即位，以阉党处死。

且内谀厂臣，外擅朝政，又有吏部无骨大臣周应秋，专与朋奸，而其秽状不可胜道也。”[1]整篇奏疏只字不提魏忠贤的罪状，反而为他评功摆好，错误只有一点，“误信呈秀”，而且是太监王掌家（王朝辅）误导所致，丢车保帅的意图暴露无遗。朱由检佯装不知，甚至连“车”也不让“丢”，下旨谴责杨维垣：“先帝振刷积弛，澄清流品，克副皇考尧舜之训。朕丕绍大统，亦欲中外臣工和辑安静，共臻宁一之理，屡旨自明。奏内诸臣俱经先帝简擢，杨维垣如何率意轻诋！厂臣孜孜竭力，任怨任劳，功绩彰灼，岂得轻议！念朕临御之初，优容言路，姑不深责。”[2]对魏忠贤、崔呈秀、周应秋不予追究。

既然皇帝声称“厂臣孜孜竭力，任怨任劳，功绩彰灼”，声称“优容言路”，十月十八日，杨维垣再次弹劾崔呈秀“通内”，基调依然是“丢车保帅”，不过这次重点是美化魏忠贤。他揭发崔呈秀担任工部尚书时，既管大工，与厂臣周旋，“时时称功颂德，私密之处，更复备极丑态。凡求拜于厂臣，呈秀尸其德；凡急于仕进者，无不奔走其门。此明白彰著，非止鼠窃行径已也。故当杨左之时，人皆以不参厂臣为罪；当呈秀之时，人又以不誉厂臣为罪。不为呈秀所惑者，满朝不过数人而已。”话说得一本正经，似乎无懈可击，不过是一个幌子，其本意是要引出下面赞扬魏忠贤的话语：

1 外史氏《圣朝新政要略》卷一，十月二十一日。吴应箕《两朝剥复录》卷五，天启七年十月兵部尚书崔呈秀准回籍守制条：“珰事将败，御史杨维垣即首劾呈秀以护局。”吴氏以“护局”二字概括杨维垣，可谓入木三分。

2 徐肇台《崇祯皇帝新政》天启七年十月十六日、十月二十日。外史氏《圣朝新政要略》卷一，天启七年十月二十一日。

“不知者谓呈秀于厂臣为功首，于名教为罪魁。臣谓呈秀毫无益于厂臣，而且若为厂臣累。盖厂臣公而呈秀私，厂臣不爱钱而呈秀贪；厂臣尚知为国为民，而呈秀惟以恃权纳贿为事。”[1] 杨维垣兜了一个圈子，真正要讲的话无非三句：“厂臣公”“厂臣不爱钱”“厂臣尚知为国为民”。

一年后，杨维垣和杨所修都列入阉党逆案名单，明白了这一点，他们言论之形左实右就不足为奇了。

对于另一个名列逆案的贾继春，也应作如是观。十月二十三日，直隶提学御史贾继春上疏，和杨所修、杨维垣一唱一和：“人臣立朝事君，惟忠与孝。忠者洁己奉公，砥名义以奉一人；孝者明伦尽礼，敦人纪以笃天性。兵部尚书崔呈秀狐媚为生，狼贪成性，以听勘御史未及二年骤升宫保，卖官鬻爵，家累百万，种种贪淫秽迹难以枚举。堂堂盛朝，当边尘少净之时，而必藉才于苫块方新之人，吏部娓娓拥戴，知有倿而不知有君；呈秀罔罔丧心，知有官而不知有母。岂有三纲废绝人禽不辨，而望以安攘之献，可责以君父之义者乎？至若田吉，以二载曹郎而尚书极品；单明翊以作令不逾

◥ 贾继春，河南新乡人，万历三十八年进士。李选侍“移宫案”中曾上书指责东林人士干涉内政。

1 徐肇台《崇祯皇帝新政》，天启七年十月二十日。外史氏《圣朝新政要略》卷一，天启七年十月二十一日。《崇祯长编》卷二，天启七年十月壬子。

期，而督抚侍郎。此真笑破士绅之口也。”[1]

皇帝朱由检考虑到崔呈秀的罪状已经暴露无遗，作为第一步，斩断魏忠贤的左右手，无论如何是极其必要的，所以在奏疏上批示："令静听处分。”经过两天周密思考，他终于作出惩处阉党的第一个重要决定：免除崔呈秀兵部尚书、都察院左都御史两项职务，令其回籍守制。[2]魏忠贤手下掌握实权的崔呈秀，以一种体面的方式下台，官员们敏锐地察觉到，皇上打击阉党的决心已经初露端倪，在政坛上激发出强烈的震荡。

◤ 陆澄源，浙江平湖人，天启五年进士。官工部主事，在魏党与东林之间不偏不倚，政见独特。

十月二十二日，工部主事陆澄源首先把矛头指向魏忠贤，“宠逾开国，爵列三等，锦衣遍宗亲，京堂滥乳臭”；“先帝不自圣，诏旨批答必归功厂臣，而厂臣居之不疑。外廷奏疏不敢明书忠贤姓名，尽废君前臣名之礼。至祝釐遍于海内，奔走狂于域中，誉之以皋夔，尊之以周孔”。已经触及魏忠贤专权乱政的实质问题，皇帝朱由检不但没有赞扬，反而严词谴责："陆澄源新进小臣，如何出位多言，且言之不当，本该重处，姑不究，以后再有渎扰的定行重处。”[3]这位陆澄源颇值得注意，在阉党与东

1 外史氏《圣朝新政要略》卷一，天启七年十月二十三日。
2 《崇祯长编》卷二，天启七年十月甲寅。
3 徐肇台《崇祯皇帝新政》，天启七年十月二十三日。《明思宗烈皇帝实录》，天启七年十月丙辰。

林之间不偏不倚，特立独行，所以他的言论与以上诸人截然不同。朱彝尊为他立传，特别强调他的独特政见："有市恩修怨，举劾失平者，虽东林亦可谓之小人，不得以杨左为护身之符。有特立独行，恪共厥职者，虽非东林，不失为君子，不得以崔魏为陷人之阱。""臣宁寡援孤立，为硁硁之小人，绝不依草附木，为疑似之君子。"[1]他向皇帝直陈利弊四款：正士习、纠官邪、安民生、足国用，颇有深度。比如"正士习"指出："台省庶僚不闻靖共尔位，惟日以称功颂德为事……以周孔等王莽，称功德者至四十八万人，士大夫首上建祠之疏，以致市蠹儒枭在在效尤。木匠夫头俱为卿贰，内臣总理库藏，使户工二部司官罗拜堂下，成何体统？"稍稍触及为魏忠贤歌功颂德、建造生祠之类敏感话题。第三款"安民生"，则对阉党专政滥用刑罚提出质疑："欲安民生，在慎刑罚，今立枷之设，罪未定，而三四日内命已绝矣。且一经厂卫捕风捉影，严刑酷拷，遂无生理。"[2]

3."许太监魏忠贤引疾辞爵"

天启七年十月二十五日，兵部主事钱元悫的奏疏，把弹劾魏忠贤的声浪提升到新的高度："臣尝读《诗经》假乐之章曰：'百辟卿士，媚于天子。'

1 朱彝尊《静志居诗话》卷十八《陆澄源》。

2 外史氏《圣朝新政要略》卷一，天启七年十月二十四日。按：该书编者将此事系为"工部都水司主事陆鳌，为恭应明诏直陈利弊事，内列四款"。此陆鳌应为陆澄源之误。谷应泰《明史纪事本末》记此事："工部主事陆澄源上言四事：正士习、纠官邪、安民生、足国用。"可为确证。

◤ 钱元悫，浙江湖州人，天启五年进士。崇祯帝即位后进言诛杀魏忠贤，弘光时任尚宝卿、太仆少卿。

乃迩年以来，不媚天子，而媚权珰，以至仆厮贱隶夤缘扳挤，立跻要路，玷列卿贰朝署，常伯有续貂之诮，烂羊兴关内之谣。纲维既隳，廉耻日丧，于是有败伦犯义、伤坏名教如呈秀者。夫呈秀之败于贪横无忌，皆缘借厂臣魏忠贤。今呈秀虽去，而忠贤犹存，威权所在，群小蚁附，极重之势渐成难返。称功颂德布满天下，几如王莽之妄引符命；列爵三等畀于乳臭，几如梁冀之一门五侯；遍列私人分置要津，几如王衍之狡兔三窟；舆珍辇宝藏积肃宁，几如董卓之郿坞自固；动辄传旨钳制百僚，几如赵高之指鹿为马；诛锄士类伤残元气，几如节甫之钩党株连；阴养死士陈兵自卫，几如桓温之壁后置人；广开告讦道路以目，几如则天之罗钳吉网。”这篇奏疏开篇与众不同，由《诗经》入手，揭出“不媚天子，而媚权珰”的怪现象。中篇写得极有气势，一连几个排句，用历史上的奸雄王莽、梁冀、王衍、董卓、赵高、节甫、桓温、武则天，来比拟魏忠贤的专权乱政。由此转入下篇：“彼魏良卿辈既非开国之勋，又非从龙之宠，安得玷兹茅土，污此彝章，亦宜速令解组。至如告讦获赏之张体乾，锻炼骤贵之杨寰，夫头乘轿之张凌云，奉委开棍之陈大同，号称长儿之田尔耕，宁国契交之白太始、龚翼明等，与凡牙爪鹰犬，俱令廷臣明正其罪，令奸党清肃，人情安，士气振。从此平台暖阁不时宣召大臣，军国利弊臣下咸得面陈，俾假托者无所售其奸，而上下血脉常流矣。”钱元悫的奏疏写得漂亮，无奈皇帝朱由检以为时机还不到，还有待加温，淡淡地驳了回去：“这本说崔呈秀等，朕自独断，已有旨了。钱元悫小臣如何又来多言？姑不究，该部知道。”[1]

兵科给事中许可征，弹劾魏忠贤“罪在三爵重封，生祠广建，倾动天下至举朝不敢论事”[2]。山东道御史吴尚默弹劾崔呈秀：“鬻身奥援之门，入宾阉寺之幕，炀灶者每假大柄以作威作福。而呈秀复假其所假，树丛者犹盗大柄以攘功。而呈秀复盗其所盗，凡负罪谴而获免者，未有不夤缘于呈秀而免者；凡邀显擢而诡得者，未有不夤缘于呈秀而得者。黄金白镪未厌，而罗奇珍以进；美珠宝玉未厌，而市丽姬以献。横开奔竞之门，广肆苞苴之窦，颠倒任意，翻覆在手。”谈了一大通崔呈秀之后，捎带提及魏忠贤：“列爵惟五而三，据之茅土，侈于一时，此尸祝而彼俎豆，庙食遍于天下。试从贼臣以问厂臣，能无觍颜愧心乎？”[3]

皇帝朱由检对这两名官员的奏疏并不满意，不痛不痒地批示：“崔呈秀已有旨了，厂臣魏忠贤事，各官不必牵扯。”[4]在众多奏疏中，唯独对于嘉兴府海盐县贡生钱嘉徵的奏疏比较满意。此疏题为“请清宫府之禁，以肃中兴之治，以培三百年士气”，

1 外史氏《圣朝新政要略》卷一，天启七年十月二十五日。钱元悫奏疏中的“节甫”，夏燮《明通鉴》作“曹节、王甫”（卷八十，天启七年十一月甲子）。

2 外史氏《圣朝新政要略》卷一，天启七年十月二十五日。

3 外史氏《圣朝新政要略》卷一，天启七年十月二十六日。

4 外史氏《圣朝新政要略》卷一，天启七年十月二十六日。

揭发魏忠贤十大罪状：并帝、蔑后、弄兵、无二祖列宗、克剥藩封、无圣、滥爵、掩边功、朘民、通关节。这篇奏疏行文纵横恣睢鞭辟入里，它的作者钱嘉徵，字孚于，海盐人，天启元年顺天乡试，以国子监生中副榜。这样一名默默无闻之辈抨击魏忠贤，被后人视为豪杰之举，成为魏忠贤倒台的一个转折点——“自是言者相继而起，元恶乃除”。朱彝尊赞扬道：“孚于以秋试留国门，首上书论魏忠贤十大罪。自汉东京、宋南渡诸太学生后，久无此风节矣。或劝其勿上，孚于慷慨言曰：‘虎狼食人，徒手亦当搏之。举朝不言，而草莽言之，以为忠臣义士之倡，虽死何憾。’自是言者相继而起，元恶乃除，信豪杰之士也。”[1]我们不妨认真阅读这位草莽豪杰的文章吧：

> 切见权奸肘腋，道路寒心，如东厂太监魏忠贤，可容一日逭四凶之诛，窜魑魅之投畀哉？
>
> 一曰并帝。夫大行皇帝龙飞在御，天无二日，而阿附诸臣，凡有封章必先关白忠贤，至颂夸功德，必以上配先帝，及奉俞旨，必曰朕与厂臣。从来有此奏体否？此滔天之罪一也。
>
> 二曰蔑后。夫大行皇帝之中宫，天下臣民之母后也。皇亲张国纪未罹不赦之条，闻先帝

1 朱彝尊《静志居诗话》卷十八《钱嘉徵》。

令忠贤宣皇后，而忠贤灭旨不传，致皇后当先帝御前折逆权奸，遂罗织皇亲多方，欲致之死。赖先帝仁明，只膺薄谴，不然，几危中宫。滔天之罪二也。

三曰弄兵。祖宗朝不闻有内操之制，忠贤外胁臣民，内逼宫闱，操刀割刃，炮石雷击，谋图不轨。赖九庙有灵，潜消睥睨。滔天之罪三也。

四曰无二祖列宗。伏读高皇帝垂训，中涓不许干预国政，盖鉴前代之失，垂后来之戒，至法程也。乃忠贤军国重事一手障天，立仗之马必叱，吠尧之犬必庸，屠毒缙绅，株连士类。凡钱谷衙门、边腹重地、漕运咽喉，多置腹心，意欲何为？滔天之罪四也。

五曰克剥藩封。夫桐封大典皆金枝玉叶，自宜从厚，以体祖宗之心，以光先帝孝治者也。今三藩一时之国，其庄田赐赉合三藩不及福藩之一，而忠贤封公侯伯之田土，拣选膏腴不下万顷。是祖宗本支百世之亲，反不若一豪悍之家奴。滔天之罪五也。

六曰无圣。夫至圣先师为万世名教，主配天而享太牢，虽历代帝王践祚，必先躬亲释奠。忠贤何人，而敢建祠太学之侧？实逼处此以刀锯之余孽，而拟洙泗之俎豆。八月二十一日陆万龄等起工营祠，而先帝遽以次日宾天，亦可为凛凛矣。滔天之罪六也。

七曰滥爵。夫非军功不侯，古制凛然。祖宗册封公者，除魏国、定国、英国、黔国、成国外，虽开平伟迹，亦止封侯。今忠贤竭天下物力佐成三殿工，至激变江南，几成斩木揭竿，损朝廷威望。而公然袭上公之封，靦不知省。滔天之罪七也。

八曰掩边功。自奴酋犯顺以来，堕名城，俘士女，杀大将，神人共愤。今未恢尺寸地，即锦宁之捷，差强人意。袁崇焕舒十年未雪之愤，而忠贤虚冒边功，封公封侯封伯。假使辽阳、广宁、开铁复归版籍，又何以酬忠贤功乎？且文武诸臣出死力以捍国，忠贤居樽俎以冒赏，致豪杰短气。滔天之罪八也。

九曰朘民。夫国课岁额不过四百九十万，况经连年水旱，东西交讧，或流离，或啸聚，以致仰屋司农泣告水府。而天下之请建祠百余所，计一所之费不下三万金，是岂四民所乐输，皆阿附之奸挨门敲剥而出之者……滔天之罪九也。

十曰通同关节。设科取士而揭榜在二十六，拆卷在二十四日，为忠贤所私者贴出三名，复上贤书，夤缘要结，不可胜数。此下第之刘蕡吁天叩阍，冀援祖宗朝考官刘三吾等故事，翘首皇上覆试，而逡巡踌躇者。滔天之罪十也。

凡此十恶，有一于此，骈首夷族，况种种无法无天。社佣灶养，叨世袭于皇家；干儿荫子，滥襟裾于绅族……试询忠贤，弥留之旨何人伪传，大府之藏何故若扫？[1]

1 外史氏《圣朝新政要略》卷一，天启七年十月二十六日。亦见《明思宗烈皇帝实录》，天启七年十月庚申。

因此，钱嘉徵请求皇上将魏忠贤交付法司明正典刑，以雪天下之愤，以彰正始之治。

皇帝朱由检对这本奏疏颇为欣赏，认为向魏忠贤摊牌的时机到了，命他听内侍朗读钱嘉徵的疏文。[1]内侍用尖细嗓音读出来的每一句话，都直刺魏忠贤的要害，令他惊慌失措，汗流浃背。奇怪的是，皇帝对于钱嘉徵奏疏的批示，竟然是一如既往的调子："魏忠贤事体，廷臣自有公论，朕心亦有独断，青衿书生不谙规矩，本当重处，姑饶一遭。"[2]这显然是引而不发的策略，所谓"廷臣自有公论"，意在借助舆论的强大压力，迫使忐忑不安的魏忠贤自己表态。

果然，群臣的"公论"接二连三而来，锋芒毕露，主张立即将魏忠贤明正典刑。刑部员外郎史躬盛的奏疏题为"直发欺君误国之奸，恳祈速正典刑，以光圣治"。其中写道："切惟上所驭下者权，权不容轻假；下所自安者分，分不可僭逾。盖自忠贤以阉宦窃国柄，而朝野并归决裂。"史躬盛用五句话来形容"朝野并归决裂"的状况：

◥ 史躬盛，浙江湖州人，万历四十七年进士。首辅周延儒同乡，曾受周延儒所托罗织黄宗昌罪名，致使不愿代办的继任知县崔泌之下狱。

---

1 谷应泰《明史纪事本末》卷七十一《魏忠贤乱政》。谷氏记载："陆澄源、钱元悫直攻忠贤，至钱嘉徵十大罪疏上，忠贤不胜愤，哭诉于上，上命内侍读（钱）嘉徵疏，使听之。忠贤震恐丧魄。"

2 外史氏《圣朝新政要略》卷一，天启七年十月二十七日。

——举天下之廉耻澌灭尽矣；

——举天下之元气剥削尽矣；

——举天下之官方紊乱尽矣；

——举天下之生灵鱼肉尽矣；

——举天下之物力消耗尽矣。

然后逐条予以解释：

何谓澌灭廉耻？夫赏足劝善，罚足惩贪，则廉耻生。夫既羶其途以为招，复严其绳以钳吓，彼以羽毛疮痏，供倏喜倏怒之资，人遂奴颜婢膝，效趋荣避祸之计。试想今日之官僚行径，其昼可告妻子，夜不愧衾影者，曾几人几事也！宁复有廉耻耶？

何谓剥削元气？国之有才品，其原委则祖宗培植之，起家则科名策励之，其入仕路也，则爵禄功名鼓舞之。况国家功令考核，年例森然，或降或推，亦宜还以应得之名目。乃魏忠贤意少不合，概曰久依门户，削职为民，追夺诰命。问其门户者何人，所依者何事？无论旁观骇然，即身受削夺者亦莫不自讶其无因。此不过悬坐之题，陷人之局也。致令孝子伤心，劳臣丧气，而宁复有元气耶？

何谓紊乱官常？臣该《会典》嘉靖十年准兵部官推曾按边邮练军务，或曾任兵备等官有将略才望者，疏请简用。彼（崔）呈秀有一相合者否？以一听勘之台臣骤躐崇阶于司马，至母死半年仍恋鹰犬于权门，任逍遥于蟒玉，笑骂由人，禽行自认，长安三尺儿童谁不掩口而笑……且令一部缙绅几成戏局。滥觞至此，良由忠贤欲自为地，假朝廷之名器，借破例之私恩，成其僭逾之志。试问忠贤有何开国元勋，乘先帝大渐之时，急急分茅胙土，券荫列侯。列圣章程委之无用，而官方宁不陨越耶？

何谓鱼肉生灵？国家设三法司以惩不轨，古之帝王必于万死之中求一生之路。乃忠贤则有异焉，广布缉番托名访缉，彼贪功图利者捉影捕风，追至参进刑部，而苦拷之下罗织既成，肢体残极矣。大工兴建以来，财用万分告匮，加派不已，继之搜括，搜括不已而通融事例。小民剜肉医疮，当事捉襟露肘，亦自夸功尸祝……自有忠贤以来，而数百年整齐之世界，翻为混浊之世界，真天下万世之罪人也！

这篇奏疏对魏忠贤的批判，鞭辟入里，皇帝的批示竟然是寥寥七字："魏忠贤已有旨了。"[1]

礼科都给事中吴弘业的奏疏题为"权奸既去，公论渐伸，更祈圣明澄清仕路，以增新政之光"。一则说："大行皇帝以冲龄践祚，一切机务独任厂

◥ 吴弘业，云南河阳人，万历四十四年进士。崇祯初年，任礼科都给事中，上《权奸去国疏》弹劾魏忠贤一党，因病归乡。

1 外史氏《圣朝新政要略》卷一，天启七年十月二十八日。《明思宗烈皇帝实录》，天启七年十月己未。谈迁《国榷》卷八十八，天启七年十月己未。

臣魏忠贤，而威福渐以下移。忠贤又偏听一（崔）呈秀，而是非惟其倒置，致今朝纲不砺，廉耻不惜，窃八柄以饵人，营三窟以谋利。”再则说：“独有一无骨大臣如冢臣周应秋者，即为呈秀作买卖之人也，弹射纷纭，亵如充耳。秉铨以来，非呈秀欲用之人，一推不得，三四人七八人而亦不得。”三则说：“今天下众怨所归，谓拆毁民居，败坏公所，逼处陵寝孔庙，而大干公牍者，非创建生祠耶？向谁首先献谀作此厉阶者，非南京兵部右侍郎原任浙江抚潘汝桢耶？”四则说：“科场试卷弊端皆礼部与职科覆阅之责也。先是顺天场事揭晓后，人言啧啧，谓崔呈秀之子崔铎只三篇半文字，已贴而复中，心甚讶之。”[1]

◤ 潘汝桢，安庆桐城人，万历二十九年进士。为魏忠贤建生祠的始作俑者。崇祯帝即位后整肃阉党，以魏忠贤党羽充军。

这篇奏疏并无新意，皇帝朱由检的批示却分外认真：“所奏崔呈秀事情，着九卿科道从公会勘具奏。其子崔铎着覆试定夺。潘汝桢首倡生祠献媚，显是患失鄙夫，着行削籍，追夺诰命，以为佞臣之戒。其各处生祠，抚按尽行拆毁，变价解京助边。魏忠贤已有旨了。”[2]这是朱由检即位以来对于阉党最为明确的表态，有几点值得注意，一是要有关部门审查崔呈秀，二是潘汝桢罢官削籍，三是拆毁各处魏忠贤生祠。尤其令人关注的是“魏忠贤已有旨

1　外史氏《圣朝新政要略》卷一，天启七年十月二十九日。
2　外史氏《圣朝新政要略》卷一，天启七年十月二十九日。

了”七个字，此前对于钱嘉徵奏疏的批示，说到“魏忠贤事体廷臣自有公论，朕心亦有独断”，什么“独断”没有明说；对于史躬盛奏疏的批示已经说过“魏忠贤已有旨了”，究竟是何“旨”，颇费猜测。对于魏忠贤而言，这七个字无疑是悬在头顶上的达摩克利斯剑，性命交关！

一向专横跋扈的魏忠贤顿时失魂落魄，急忙去找他的密友，当今皇上的亲信太监、先前的信王府太监徐应元，打探消息，商量对策。这个昔日不可一世的大人物，此时低声下气地与徐应元称兄道弟，送给他大批珍珠宝贝，请求他从中斡旋。徐应元给他出了个主意：辞去东厂总督之职，暂避锋芒。[1]十月二十九日，魏忠贤正式向皇帝提交辞呈，理由是“衰病难堪”，不能继续担当重任。皇帝朱由检立即予以批准，措辞十分委婉：“尔奉祀先帝，历练有年，殿工边务多方拮据，剔奸厘弊，夙著勤劳，朕所鉴知。有旨慰留，乃屡疏引疾求去，情词恳切，至义不可强，准回私宅调理，以成尔恬退之美。”[2]魏忠贤又请求收回“世爵成命”，皇帝降旨：“尔奉祀先帝，爵赏优隆，今退归私宅，控辞三爵，具见诚恳，准改公为锦衣卫指挥使，侯改指挥同知，伯改指挥佥事。”[3]魏忠贤原以为皇上或许会温旨挽留，没有想到那么干脆：“许太监魏忠贤引疾辞爵！”[4]

1 谷应泰《明史纪事本末》卷七十一《魏忠贤乱政》。谷氏写道：“知信邸内监徐应元为上所任，忠贤屈身事之，馈以货。告之辞东厂印，援为后劲。”

2 外史氏《圣朝新政要略》卷一，天启七年十月二十九日，“东厂魏忠贤衰病难堪事”。

3 外史氏《圣朝新政要略》卷一，天启七年十月二十九日，“东厂魏忠贤衰病难堪事”，又一本“世爵成命未收事”。

4《崇祯长编》卷三，天启七年十一月甲子。《明思宗烈皇帝实录》，天启七年十月辛酉。

4. 魏忠贤悬梁自尽

皇帝得知魏忠贤辞职的主意是他身边的太监徐应元出的点子，勃然大怒，一面斥责徐应元，把他贬到显陵当差；一面以迅雷不及掩耳之势，在十一月初一日作出勒令魏忠贤到凤阳祖陵司香的谕旨，[1]粉碎了魏忠贤继续留在宫中徐图进取的幻想。江山易改本性难移，魏忠贤这个政治暴发户在离京时，依然摆出威风凛凛的架势，俨然昔日九千岁模样，卫队亲信前呼后拥，平日豢养的私家武士押着装满金银珠宝的四十辆大车，呼啸而去，给人意气扬扬雄心未已的印象。官员刘应遇向皇帝揭发："(魏忠贤)籍没既尽，自当还之大内。但凤阳蒙遣之日，尚买布袋千余，所装何物？南来商民见其车载百辆，骡载千骑，此非内帑积贮，亦民间膏血乎！闻忠贤欲归河间，彼造有砖城万雉，第宅连云，恐以饱飏之鹰，为负隅之虎，是以重资借寇者也。"[2]朱长祚说："慨自逆珰事败而伏国宪也，犹荷圣明宽厚，姑置凤阳。然怙恶不悛，仍悻悻就道，拥护几及千人，皆素所蓄壮士，身佩短兵，满载金珠奇玩四十

◤ 朱长祚，大约活动于天启、崇祯年间。所著《玉镜新谭》描写魏党作乱及败亡经过。

1 吴应箕《两朝剥复录》卷五，天启七年十一月。

2 朱长祚《玉镜新谭》卷八《遣戍》。

辆，骡马数百骑，意气扬扬，雄心未已。”[1]

这一消息传入宫中，激怒了皇帝。十一月初四日，他向兵部发出谕旨，严厉谴责魏忠贤：“朕御极以来，深思治理国事。有逆恶魏忠贤擅窃国柄，奸盗内帑，诬陷忠直，草菅多命，狠如狼虎。本当肆市，以雪众冤，姑从轻处，降发凤阳。岂巨恶不思自改，辄敢将畜亡命之徒，身带凶器不胜其数，齐拥随行，势若叛然。朕心甚恶，着锦衣卫差的当官旗前去扭解，押赴彼处交割明白，至经过地方着各该抚按官等多拨官兵，沿途护送。所有跟从群奸即就擒拿具奏，勿得纵容遗患。若有疏虞，责有攸归。尔兵部马上差官夜传示各该衙门，特谕。”[2]

都察院左副都御史兼工科都给事中郭兴言上疏，题为“君侧之巨奸虽除，祖宗之大法未正，谨再悉罪状，以祈圣断”，历数魏忠贤之罪当立即处死的五条理由：一、忠贤修怨，以缙绅以攻缙绅，大权一入，牢不可出，中官擅预国政；二、非军功擅荫公侯伯爵；三、欲杀皇亲张国纪；四、皇亲李承恩乃世宗宁典公主驸马李和之子，袭锦衣卫加升都督，无大罪过，只因得罪魏忠贤而冤死；五、耿如杞、胡士容不拜生祠，置之大辟。皇帝批示：“所列忠贤五罪，甚快人心，堪称权奸铁案。”[3]随即向礼部发出圣旨：“原封成妃李氏，因逆党魏忠贤窃弄国柄，矫旨革夺，衔冤未雪。朕思皇兄在天之灵，

1 朱长祚《玉镜新谭》卷八《自缢》。

2 外史氏《圣朝新政要略》卷二，天启七年十一月初四日。《崇祯长编》卷三，天启七年十一月丁卯。

3 外史氏《圣朝新政要略》卷二，天启七年十一月初四日。

仍复成妃。”又向文书房发去圣旨：“籍没犯人魏忠贤及客氏家私，着秉笔太监张邦纪等跟同厂卫及五城御史等官打点，勿得隐匿。”向兵部发去圣谕，将魏忠贤派往各处的镇守太监全部撤回，“谕到之日，各内臣即着作速驰驿回京，将原领在官器械、马匹如数并交与督抚官，分给诸将以备战守”。[1]这些谕旨，既是表明态度，又是防范不测，保证惩处魏忠贤不致引出意外。

一切准备妥当之后，皇帝向锦衣卫发去圣谕，历数魏忠贤的种种罪行，表明严加惩处的决心：

朕闻之除恶务尽，御世之大权，人臣无将有位之炯戒。我国家明悬三尺，严绳大憝，典至重也。朕览诸臣屡疏陈列逆恶魏忠贤滔天罪状，具已洞悉。切思先帝以左右微劳，稍加恩宠，忠贤不思尽忠报国，以酬隆遇，专一逞私植党，怙恶作奸，盗弄国柄，擅作威福，难以枚举。略举数者：

将皇兄怀宁公主生母成妃李氏，假旨革夺，致令含冤未雪；

威迫已封裕妃张氏，虽死九泉，其目未瞑；

擅将敢谏忠贞之臣罗织削夺，惨毒备至，又复串同腹心酷刑严拷，诬捏赃私，立毙多命；

他若蹇谔痛于杖下，柔良苦于立枷，臣民

1 外史氏《圣朝新政要略》卷二，天启七年十一月初四日。

重足，道路以目，而奸恶身受三等爵崇五等，人臣未有之荣；

通同客氏，表里为奸，当先帝弥留之时，犹复加恩晋秩，竟无纪极。

今赖祖宗在天之灵，海内苍赤有幸，天厌巨恶，神夺其魄，二犯罪案次第毕露。朕思忠贤不止窥攘名器，紊乱刑章，将我祖宗蓄积库储传国珍奇珠宝金银等物，朋党盗窃，几至一空。何物神奸大胆乃尔！本当寸磔，念梓宫在殡，姑置凤阳，即将二犯家产，着锦衣卫会同五城及缉事衙门，亲诣住所，一应家私、庄田及违禁等物，尽数籍没入官，逐件从实开具来看。其原籍违制服舍等项着落，有司亲查的确具奏。如有隐匿蒙蔽等情，许据实纠参，一并连坐，亦不得株连无辜。其冒滥弟侄亲属，俱发烟瘴地方永远充军。

呜呼！大奸脱距，国典用彰，自罹上辟，情罪允孚。[1]

殊不知，发出这道圣谕时，魏忠贤已经一命呜呼了。

且说魏忠贤经由良乡、涿州、新城、雄县、任丘、河间、献县，于十一月初六日抵达阜城县南关，找了个旅舍宿夜。这时他已获悉，皇帝派来逮

1 外史氏《圣朝新政要略》卷二，天启七年十一月十五日。《崇祯长编》卷三，天启七年十一月甲子。

捕他的官旗，正在赶来的途中，料想此去必无生还可能，顿时惶惶然不知所措，长叹僵卧。左思右想，与其扭解回京领受极刑，还不如自寻了断。半夜起身，解下裤带，悬梁自尽。他的贴身随从李朝钦梦中惊醒，看到主子已死，随即上吊殉葬。

隔了几个时辰，家丁听不到房中动静，开门一看，两人早已气绝僵硬，急忙报告知县衙门。消息传出，远近为之震动，看热闹的，浑水摸鱼的，拥挤杂沓，四十辆大车的行李大多在混乱中散失。树倒猢狲散，随从人员害怕当作“跟从群奸”捉拿归案，纷纷四出逃亡。朱长祚描述当时的情形颇为生动：“行至阜丘，就旅舍宿，忽有心腹密传杨通政上言云云，旦夕祸且不测矣。于是忠贤长叹僵卧，戒左右歇息，明日早行。听壁厢人静，夜半自起，随解所系之带，悬于梁上。其所亲爱小中贵李朝钦，梦中惊起，亦自经。逾时，家丁六十儿不闻其声息，启户视之，二人皆气绝矣。急报县尹，震动一方，观者杂沓，行李散失，舆从逸去。”[1]

据说，魏忠贤自缢那天晚上，有一个北京来的白姓书生，在旅店外面唱一首《挂枝儿》小曲，为他催命：

听初更，鼓正敲，心儿懊恼。想当初，开夜宴，何等奢豪。进羊羔，斟美酒，笙歌聒

1 朱长祚《玉镜新谭》卷八《自缢》。

噪。如今寂寥荒店里，只好醉村醪。又怕酒淡愁浓也，怎把愁肠扫？

二更时，展转愁，梦儿难就。想当初，睡牙床，锦绣衾绸。如今芦为帷，土为炕，寒风入牖。壁穿寒月冷，檐浅夜蛩愁。可怜满枕凄凉也，重起绕房走。

夜将中，鼓咚咚，更锣三下。梦才成，还惊觉，无限嗟呀。想当初，势倾朝，谁人不敬？九卿称晚辈，宰相谒私衙。如今势去时衰也，零落如飘草。

城楼上，鼓四敲，星移斗转。思量起，当日里，蟒玉朝天。如今别龙楼，辞凤阁，凄凄孤馆。鸡声茅店月，月影草桥烟。真个目断长途也，一望一回远。

闹攘攘，人催起，五更天气。正寒冷，风凛冽，霜拂征衣。更何人，效殷勤，寒温彼此。随行的是寒月影，吆喝的是马声嘶。似这般荒凉也，真个不如死！[1]

计六奇记录这首《挂枝儿》小曲，随后评论道："时白某在外厢唱彻五更，形其昔时豪势，今日凄凉，言言讥刺。忠贤闻之益凄闷，遂与李朝钦

◥ 计六奇，常州无锡人，明末清初史家。顺治年间两应乡试不第，从此放弃仕途。著有《明季北略》《明季南略》《南京纪略》等。

1　计六奇《明季北略》卷三《魏忠贤自缢》。

缢死。”[1]

十一月十九日，魏忠贤自缢身死的消息才传到紫禁城。直隶巡按卓迈向皇帝报告：“魏忠贤同李朝钦于十一月初六日缢于阜城县店主家，相验是实。”[2]

负责前去逮捕的锦衣卫千户吴国安，赶到阜城县时，魏忠贤早已死了，立即上报朝廷，皇帝批示：“逆恶魏忠贤及李朝钦缢死既真，该县相视明白，姑与掩埋。其行李解河间府，同籍没家产一并具奏。随押内官唐昇，着解来司礼监究问。家人六十儿、店主、骡夫审无别情，即与释放。”[3]保定巡抚张凤翼负有地方之责，前往实地察看后报告了详情，皇帝再次批示：“魏忠贤、李朝钦缢死既真，姑着相埋。其行李，该地方官公同查点，与他见搜赃物进奏。”[4]

◤张凤翼，山西代州人，万历四十一年进士。天启六年巡抚保定。崇祯三年任兵部尚书，崇祯九年清兵进逼北京，张凤翼怯不敢战，日服大黄，病卒于行营。

崇祯元年二月十一日，巡按卓迈等官遵照皇帝圣旨，“将逆贤原尸磔之，枭首于河间府西门之内”[5]。开棺戮尸时，李朝钦尸体已经腐烂仅存残骨一具；魏忠贤尸体不化，似乎是在等待“天刑行戮”，随即寸磔于市。[6]

---

1 计六奇《明季北略》卷三《魏忠贤自缢》。
2 外史氏《圣朝新政要略》卷三，天启七年十一月十九日。
3 朱长祚《玉镜新谭》卷八《自缢》。
4 朱长祚《玉镜新谭》卷八《自缢》。
5 刘若愚《酌中志》卷十四《客魏始末纪略》。
6 朱长祚《玉镜新谭》卷八《自缢》。

魏忠贤这个河间府肃宁县的市井无赖，荣耀了一阵之后，居然死在老家南面数十里的阜城县，是他自己始料不及的。正如民间俗语所说：善有善报，恶有恶报；不是不报，时候未到；时候一到，统统都报。

这当然是一种规律。但是，要和这种人较量，并不是每个人都能稳操胜券的。此前几年，试图扳倒他的正人君子，无不死在他的手下。真是应了“不是不报，时候未到”这句老话。崇祯皇帝朱由检深知其中三昧，不急于求成，先是大智若愚，顾左右而言他，等待时机成熟，一举发力，罢官、遣戍、抄家，直至置之死地。这不仅需要地位与权力，更需要胆识、魄力与韬略。在同魏忠贤较量中，朱由检确实不同凡响。明末清初知名人士对此无不一唱三叹，各有精彩至极的评论。

夏允彝说：“烈皇帝不动声色，逐元凶，处奸党，宗社再安，旁无一人之助，而神明自运。较之世宗之中兴为更难矣。时在朝者皆魏党，莫能发其奸。杨维垣实首纠（崔）呈秀，始自相携贰。然于珰仍不敢致讯也。陆澄源、钱元悫乃直指珰罪，至钱嘉徵所言十大罪，乃详尽。珰不胜愤，哭诉于上，愈触上怒，始放之出。至中途，言者益甚，珰知上必重处之，遂自缢于旅店中。”[1]

谈迁对此击节赞叹：“逆阉在于肘腋，若急霆迅

1 夏允彝《幸存录》，《明季稗史初编》卷十五。

雷以处之，事或叵测，唯探骊如睡，市虎不惊，彼志渐安，疑忌稍泯，思长保郿坞，当不失为富家翁。始出之外宅，寻置中都（凤阳），纡徐容与，然后司寇操三尺以律之。”[1]

文秉也有不俗的看法：“上既登极，所以优容客魏者一如熹庙，而信邸承奉尽易以新衔，入内供事。后将李朝钦、裴有声、王秉恭、吴光成、谭敬、裴芳等，次第准其乞休，逆贤羽翼剪除一空，复散遣内丁，方始谪逐逆贤。肘腋巨奸，不动声色，潜移默夺。非天纵英武，何以有此？”[2]

他们的评论并没有夸张失实。即位还不到三个月，朱由检就如此干净利落除掉了魏忠贤这个肘腋巨奸，与列祖列宗相比，确实不同凡响，勇气胆略与权谋术数兼而有之，或许前者更为重要。

魏忠贤生前倒行逆施，残害忠良，人们对他恨之入骨。他死后，民众的愤恨之情喷薄而出，其中一个表征便是以魏忠贤为题材的文学作品纷纷问世。最早的是《警世阴阳梦》，从题为“戊辰六月砚山樵元九题于独醒轩”的序言看来，此书出版于崇祯元年六月，距离魏忠贤之死仅仅半年，反应不可谓不快。继之而来的有《峥霄馆评定新镌出像通俗演义魏忠贤小说斥奸书》八卷，《皇明中兴圣烈传》五卷，《新镌魏监磨忠记》二卷等。与此相呼应，纪实性的史著也陆续出现，为惨遭魏忠贤迫害

1 谈迁《国榷》卷八十八，天启七年十一月甲子。

2 夏允彝《幸存录》，《明季稗史初编》卷十五。

的仁人志士鸣冤昭雪，例如《玉镜新谭》《杨大洪先生忠烈实录》《周吏部纪事》等，都在崇祯年间广为流传。[1]《玉镜新谭》史料翔实，笔底洋溢感情，他写到魏忠贤寸磔后，评论道："逆珰已矣，富贵其可久享乎？奸雄其可长保乎？今日再能威劫海内乎？死后可免千秋遗臭乎？果忠乎？果贤乎？何以见先帝乎？何以对诸忠臣烈士乎？以三尺绳而能饶汝寸磔乎？我以草莽中人，不能效杨（涟）都宪之论汝于凶锋烈焰之时，而骂汝于千刀万剐之后，我亦自愧矣，第编此帙以昭万恶，供世之笑骂云尔。"[2]一连串责问，咄咄逼人，气势凌厉，蓄积已久的怨气喷涌而出，痛快之极！

三 钦定逆案

魏忠贤之死引起政局大震荡，阉党的土崩瓦解指日可待。此人得势后倾全力结党拉派，经营自己的小山头。正如《明史·魏忠贤传》所说："当此之时，内外大权一归忠贤。内竖自王体乾等外，又有李朝钦、王朝辅、孙进、王国泰、梁栋等三十余人，为左右拥护。外廷文臣则崔呈秀、田吉、吴淳夫、李夔龙、倪文焕主谋议，号'五虎'；武臣则田尔耕、许显纯、孙云鹤、杨寰、崔应元主杀僇，号'五彪'。又吏部尚书周应秋、太仆少卿曹钦程

1 大木康《明末江南的出版文化研究》，《广岛大学文学部纪要》（特集一），50卷（1991年9月）。

2 朱长祚《玉镜新谭》卷八《自缢》。

等，号‘十狗’。又有‘十孩儿’‘四十孙’之号。而为（崔）呈秀辈门下者，又不可数计。自内阁、六部至四方总督、巡抚，遍置死党。”[1]显然，魏忠贤阉党已成盘根错节之势，不连根铲除，彻底清算，势必遗留后患。对于这一层，朱由检是有充分估计的，决定进行一场政治大清洗，为维新之治扫清道路；其他事情可以暂缓，唯独这件事情必须趁热打铁，穷追不舍。

长期以来，言路被阉党钳制，负有监督纠弹责任的给事中、御史，慑于其淫威，或者闭目钳口，沉默无声；或者卑躬屈膝，卖身投靠。企图仰赖这些言官去清算阉党，岂非白日做梦！朱由检考虑到这一点，特地下了考选令，先后选拔曹师稷、颜继祖、宗鸣梧、瞿式耜等人为给事中，吴焕、叶成章、任赞化等人为御史，希望他们以揭发阉党为职责，使朝政渐趋清明。[2]此端一开，那些受蒙蔽或受控制的言官大多反戈一击，掀起了从天启七年十一月持续至崇祯二年三月，清算阉党逆案的政治风潮。

1. 榜示魏忠贤、客氏、崔呈秀罪状

清算阉党逆案的第一步，必须对畏罪自杀的魏忠贤，以及遭到贬斥的客氏、崔呈秀的罪状进行大

1 张廷玉《明史》卷三百五《宦官二·魏忠贤》。

2 文秉《烈皇小识》卷一。

张旗鼓的声讨，为清查阉党逆案造成强大的舆论攻势。由于魏忠贤已死，首当其冲的自然非崔呈秀莫属。此人是阉党“五虎”之首，无论地位权力抑或是劣迹罪状，都在其他四虎（工部尚书吴淳夫、兵部尚书田吉、太常寺卿倪文焕、副都御史李夔龙）之上。权倾一时的他，头衔是少傅兼太子太傅、兵部尚书兼都察院左都御史，一手控制军事与监察两个要害部门，气焰嚣张之极。熹宗驾崩，群臣入宫举行哭临礼，魏忠贤单独召见他，屏退左右，秘密商议，十分神秘。据传闻，魏忠贤“欲自篡”，崔呈秀以为“时未可”，予以制止。[1]可见，两人的关系非同一般。

魏忠贤死后，崔呈秀成为众矢之的。天启七年十一月初七日，太仆寺少卿龚萃肃揭发此人野心勃勃，觊觎内阁辅臣的宝座：“崔呈秀初以部堂兼总宪，尚非其意所欲为，而政府一片席，正其所垂涎者。当时适冢宰缺人，谋推冢宰，以为枚卜地。旧宪臣刘廷元、道臣王业浩闻（崔）呈秀之妄图非据，耻预会推。（刘）廷元则注籍，（王）业浩临期引避。而统均之念既阻，岩立之念未谐，衔恨矣。原任南吏部侍郎钱龙锡以清贞之端品，不依门户，不阿权贵，应简辅臣，而（崔）呈秀阴挠之。”[2]吏科给事中陈尔翼支持龚萃肃的意见，皇帝批示：“崔呈秀事迹如会议斟酌定，爰书具奏，以听裁夺。”[3]

两天后，户部员外郎王守履揭发崔呈秀杀头之

1 李逊之《三朝野记》卷三《天启》。张廷玉《明史》卷三百六《阉党·崔呈秀》。

2 外史氏《圣朝新政要略》卷二，天启七年十一月初七日。

3 外史氏《圣朝新政要略》卷二，天启七年十一月初七日。

罪，比如：借口铸钱将太常寺所藏历代钟鼎彝器熔化，先帝大渐时假传圣旨，摇身一变而为兵部尚书兼左都御史，等等。总之是招权纳贿诸恶备极，不杀不足以平民愤。[1]皇帝朱由检批示："这本说崔呈秀罪状明悉，先行削了籍为民，追夺诰命，余会勘定夺。"[2]

早已罢官回到蓟县老家的崔呈秀，获悉皇帝已命三法司对他"会勘定夺"，自知难逃一死，不如自寻了断。十一月十一日，他在家中与宠妾萧灵犀等人享受最后的晚餐——送终宴，放肆痛饮，然后把巧取豪夺来的珍异酒器统统摔得粉碎。这个为虎作伥的无耻之徒带着对荣华富贵无限依恋之情，步魏忠贤的后尘，上吊而死。[3]张岱的评论别出心裁："先帝时连年杀大司马，有市井曰：'一日杀一兵部尚书，则人未必肯做；若一月杀一兵部尚书，则人还肯做。'夫崔呈秀戴尚书头且一年有奇，其算实胜市井。而至其投缳之日，爱骨董不舍，爱丽妾不舍，而欲其舍此一头，则又千算万算所不肯即舍者也。天下人肯舍此头，则何事不可做？而以此好头颅轻掷于刑余，则又不可解者矣！"[4]

得到这个消息，朱由检立即下令籍没崔呈秀的家产。奉命查抄的直隶巡抚几天后上报查抄的结果：共计白银七万余两，黄金三百余两，箱柜三百余件，书籍十七号，房屋二十六所四千余间，田地

1《崇祯长编》卷三，天启七年十一月壬申。

2 外史氏《圣朝新政要略》卷二，天启七年十一月初七日。

3 计六奇《明季北略》卷三《诛崔呈秀》。谈迁《国榷》卷八十八，天启七年十一月甲戌。

4 张岱《石匮书》卷一百九十六《逆党列传·五虎》。

三百余顷。显然崔贼事先已经把财产转移隐匿，籍没的还不到十分之一。[1]不久，廷议崔呈秀罪状，皇帝批示："（崔）呈秀负国忘亲，通同擅权，虽死尚有余辜，法司其按律暴其罪。"[2]

吏部尚书房壮丽、户部尚书郭允厚会同九卿科道，会勘已死罪臣崔呈秀，提出初步意见："（崔呈秀）人同獍枭，心似鬼蜮。巡方而赃私狼藉，以致掌院露章之纠；夤缘而投附权珰，逆徼意外赐环之幸。念头既已不正，尚安改图。初则青衣小帽以乞悯，五经扫地；继则假父义子以结契，四维尽捐。称颂倍至，呼吸潜通，浸假而巡视，浸假而总宪，浸假而蟒玉宫保。威福惟其旁窃也，则矫托之上传；线索由其暗提也，则概归之由意。假门户为陷阱，而无辜波及，宁复玉石之分？借助工为标题，而诬赃枉坐者，谁怜薏苡之谤？至若丘志充之六十元宝，则擅权纳贿有凭；如一单中滥推十三武弁，则悬秤卖官有据。最可恨者，身亦属于毛里，贪叙封功而忍忘母丧；尤可鄙者，念一僻于娼扰，而辱钦点，妄图司阃。且也身据中枢，而使恶弟握兵权于重地，意殊可诛。总之，首倡颂功以成其结交近侍之迹，罪焉可逭？恶罄竹以难书，奸弥天而更大，不惟台省交发其秽，抑亦我圣明深洞其微。虽（崔）呈

◥ 房壮丽，保定安州人，万历二十三年进士。崇祯初年任吏部尚书，清理冤案积案，对被魏忠贤迫害至死者恢复名誉，在世者恢复官职，后乞归。崇祯九年清军南下时遇害。

◥ 郭允厚，山东曹州人，万历三十五年进士。天启四年升任户部尚书，加太子太保，崇祯时被罢官削籍。

1 《崇祯长编》卷三，天启七年十一月壬辰。
2 《明思宗烈皇帝实录》，天启七年十二月甲午。

秀业已自刎，家资罄竹籍没，似少快中外之心，稍泄神人之愤。但一死委有不尽之辜，比律尚有应得之罪。恳乞皇上敕下法司，按律拟罪，暴其恶于天下后世，庶足为人臣负君忘亲通擅权者之戒。”[1]

与魏忠贤狼狈为奸的客氏也在劫难逃。就在崔贼畏罪自杀六天之后的十一月十七日，太监王文政奉命把客氏从私宅押赴宫内浣衣局，严刑审讯。客氏招供：先帝病危时，宫女八人怀孕，原来是她擅自带入宫的侍媵，妄图效法古时吕不韦故事，觊觎皇位。此等大逆不道的罪状一经招供，立即被活活打死。其子侯国兴也被逮入锦衣卫诏狱。[2]几天后与魏忠贤侄子魏良卿同时处死；客氏兄侄客光先、客璠等遣戍边地。[3]

公布魏忠贤、客氏、崔呈秀罪状，迫在眉睫。十二月二十一日，刑部、大理寺、都察院遵旨会议结果，向皇帝提交魏忠贤、客氏、崔呈秀的爰书(定案文书)。爰书的开头写道：

会议得犯人三名口：

魏忠贤，年六十岁，系直隶河间府肃宁县人，系净身男子，于万历十七年间选入皇城，历转司礼监太监总督东厂官旗办事；

客氏，年四十八岁，系定兴县人侯二妻，选乳进内，封奉圣夫人；

1 外史氏《圣朝新政要略》卷三，天启七年十二月初一日。

2 外史氏《圣朝新政要略》卷三，天启七年十一月庚辰。《崇祯长编》卷三，天启七年十一月辛巳。

3《崇祯长编》卷四，天启七年十二月丙辰。

崔呈秀，年五十五岁，系顺天府蓟县人，中万历癸丑（四十一年）进士，历升兵部尚书。

由于魏忠贤与客氏表里为奸，沆瀣一气，他们的爰书是合在一起的：

魏忠贤平生狡险异常，先年伏侍先帝青宫，些小殷勤，巧结宠爱，瞯登大宝，厕身禁密。就不合踞东厂印信，恣意作恶。又不合串合阿乳客氏，关通线索，百般煽恶，任凭出入诏旨，宫闱外廷事权只手握定，敢有触忤，应时殄灭。又不合嗔怒左都御史杨涟等，同工部郎中万燝露章交攻罪恶，先将万燝矫旨廷杖一百棍，爪牙内监多人拥门揪发，棍殴锥刺，不日身死。钳制九卿科道，缄口吞声。广布戮番（密探打手），四处捉打事件，无端风闻小事，动辄擅用数百斤大枷，立枷九门等处，枷死不下百十余人。复遣缇骑逮系杨涟、左光斗、周朝瑞、魏大中、袁化中、顾大章、王之寀、周宗建、缪昌期、夏之令等，着令锦衣卫田尔耕、镇抚司许显纯等，非刑酷拷，罗织成招，先后毙命，身无完肤，备极惨毒。又唆苏杭织造府心腹内监李实，捏疏参论都御史高攀龙、巡抚周起元、周顺昌、黄尊素、李应昇等，飞遣骁悍缇骑，激变地方。高攀龙投水身死，（周）起元等四命刑毙诏狱。又将无影诗句逮系扬州知府刘铎，百计诬害，密串腹弁张体乾、谷应选飘空捏坐咒咀，斩绞立杀五命。又将番役搜拿顾同寅、孙文豸旧书诗章，内有讥讽魏忠贤字样，硬坐妖书枭斩。又诱吴养春义男，首讦黄山课税，坐陷养春全家毙狱。又将吏部尚书等官张问达等，捏坐赃私追比。又将守法无罪官员耿如杞、唐绍尧等，无辜逮问，坐赃悬罪。又串客氏索取皇亲张国纪米石不遂，捏占皇店，将（张）国纪家人立枷，毙死数命。多方动摇中宫，竟唆腹党刘志选、梁梦环诬劾（张）国纪，径逐回籍，致遗国母忧愤。时忠贤凶狠炽发，日唆捕弁杨寰、孙云鹤将平民凭空捉拿，斩绞立枷，致死千命。恶焰熏天，震动宫闱，为因客氏悍妒，与怀宁公主母成妃李贵人，及裕妃冯贵人不睦，忠贤诚恐二妃漏泄奸诡事情，不思主母分尊，辄敢大逆不道，欺瞒先帝，即时矫传假旨，将成妃革夺，裕妃逼令自尽，冤惨弥天。又不合借名内操，身典禁兵，蓄养死士千余，阴谋不轨。擅将山海、宣大等镇设立心腹内监数十员役镇守，所有咽喉地方兵马、钱粮、漕运，处处布置私人李明道等，便其呼应。又不合同客氏将一切内府财物、乘舆、服饰，及祖宗朝历代传国镇库奇珍异宝，令伊侄魏良卿与客氏男侯国兴搬运一空，堆积私家，填屋充栋。见奉旨抄没，各城陆续进内，册籍可据。[1]

1 金日升《颂天胪笔》卷二十四《附纪·诛逆爰书》。

一人得道鸡犬升天，魏忠贤的侄子魏良卿和其他亲属的斑斑劣迹，爰书中专门单列一段：

有忠贤孽侄魏良卿，初授锦衣卫指挥，历升都督，冒封肃宁侯伯，寻冒太师、宁国公，敞建府第，广拨庄田，颁给诰券。又将伊侄四岁乳臭魏良栋冒封太子太保东安侯，三岁乳臭魏鹏翼冒封太子少师安平伯，魏志德都督同知，魏希舜左都督，魏希孔世袭左都督，魏抚民尚宝司卿，魏希孟世袭指挥同知，伊亲杨文昌太子太保左都督，杨胤昌都督佥事，冯继先都督同知，傅之琮都督同知，董芳名都督佥事，杨昌祚都指挥使，王禄都指挥使。俱皆冒支俸禄，辄敢勒石立碑，安竖司礼监公署，心犹未厌，又唆腹党丰城侯李承祚疏请比徐达例，封两公世袭。[1]

崔呈秀的爰书如下：

比崔呈秀，先任淮扬巡盐御史贪污，被先任左都御史高攀龙参论罢职，勘问追赃。见得魏忠贤专权擅政，亦不合青衣小帽哀求庇饰，忠贤即矫旨召复原官。又不合故违交结近侍律，奴颜婢膝结拜忠贤为义父，身为义子，尊称忠贤尚公、祖爷等名号。出入禁闼，招权

1 金日升《颂天胪笔》卷二十四《附纪·诛逆爰书》。

纳贿，引用匪人，把持朝政，谋泄私怨，与忠贤计杀高攀龙等多命。假借门户名色排陷善类，重则辟遣，轻则削夺。以背后讥议，怒吏部郎中苏继欧，吓令自缢。以布政丘志充买官银三千，诬卸之礼部尚书李思诚，削籍追赃，抱冤莫诉。夤缘巡视工程，骤躐工部尚书兼衔左都御史，讣闻母忧，不肯回籍奔丧。机乘先帝弥留，兵部员缺，不由会推，借忠贤矫旨升补。又不合将今革任未到官伊弟崔凝秀冒升浙江总兵，又将先存今故娼贱乐户萧惟中滥推钦点密云车营都司。（崔）呈秀兄弟奸党中外掌握兵权，要做忠贤外应，先期安排串同别案问斩孙如列、曹代何等，称颂忠贤功德，创建生祠，僭与文庙并峙，倾动海内人心。又令其腹党参将靳廷桂为天津守祠官，游击钱体乾为河间府守祠官，都司张梦吉为蔚州守祠官，百户沈尚文为浙江守祠官。到处献媚，劳民伤财，动费百万。

……

崔呈秀在官长男崔铎，冒侧生员，幸中顺天乡试；又将在官次男崔镗滥授锦衣卫指挥使；三男崔钥滥荫锦衣卫指挥佥事。犹复借口叙功等项名色，与忠贤冒滥荫袭，恩赏不计其数。[1]

1 金日升《颂天胪笔》卷二十四《附纪·诛逆爰书》。朱长祚《玉镜新谭》卷九《爰书》。

十二月二十二日，浙江巡按徐吉在奏疏中揭发："崔呈秀以一勘问之贪夫，鼓其翻天覆地之手段，一年间，要总宪即为总宪，要尚书即与尚书，兄既滥竽中枢于内，弟（崔）凝秀握兵柄于外，意欲何为哉？盖欲一手拿定，以遂其不可知之举动。至具贪饕，始而爱金玉，既而爱古董、爱美姬，宠妾二十八人，以应二十八宿。至魏殿爷、崔二哥之称，笑破中华之口。有子崔铎，前场贴出，夤缘中式。"奉圣旨："览奏，崔呈秀种种罪状，并弟与子俱有旨处分。徐吉曾参逆珰朋奸，亟宜治处，具见风裁。"[1]

◀ 徐吉，四川内江人，万历四十四年进士。曾于天启六年以巡按御史身份在苏州逮捕东林人士周顺昌等，崇祯年间被免职。

朱由检批示："奸恶魏忠贤串通逆妇客氏，恣威擅权，逼死裕妃、冯贵人，矫旨革夺成妃名号，惨毒异常，神人共愤。朕与昭雪复号，以慰先帝在天之灵。其戕害缙绅，盗匿珍宝，未易枚举，皆由崔呈秀表里为奸，包藏祸心，谋为不轨。仰赖宗社有福，阴谋随破，二凶天殛，人心大快。乃五虎李夔龙等附权骤擢机锋，势焰赫奕逼人；五彪田尔耕等受指怙威，杀人草菅，幽圄累囚，沉冤莫白。其元凶客氏、魏忠贤、崔呈秀早定爰书，虎彪俱照各官前后参疏，着法司并行依律拟罪，以伸国法。"[2]

1　外史氏《圣朝新政要略》卷四，天启七年十二月二十二日。

2　金日升《颂天胪笔》卷二十四《附纪·诛逆爰书》。外史氏《圣朝新政要略》卷四，天启七年十二月二十二日。

崇祯元年正月二十六日，皇帝颁布圣旨，榜示天下：魏忠贤戮尸凌迟、崔呈秀斩首，刊布魏忠贤、客氏、崔呈秀爰书。

圣旨称："逆恶魏忠贤扫除斯役，凭借宠灵，睥睨宫闱，荼毒良善。非开国元勋妄分茅土，过至尊而自命尚公，盗帑弄兵，阴谋不轨。串同逆妇客氏，传递声息，把持内外。崔呈秀委身奸阉，无君无亲，朋攘威福之柄，大开缙绅之祸。无将之诛，国有常刑。既会议明确，着行原籍抚按，魏忠贤于河间府戮尸凌迟，崔呈秀于蓟州斩首，其客氏身尸亦着查明斩首示众。仍将爰书刊布中外晓谕，以为奸恶乱政之戒。魏志德等俱依前旨发烟瘴地面永远充军，诰命概行追夺。其魏良栋、魏鹏翼、崔镗、崔钥既系孩稚无知，准释放，以彰朝廷法外之仁。"[1]

2. 清算五虎五彪及其他阉党骨干分子

既然称为阉党，其核心领导力量无疑是魏忠贤及其亲信太监。朱由检即位后，首先整顿的就是太监班子，即司礼监掌印太监王体乾、司礼监秉笔太监李永贞、石元雅、涂文辅等人。刘若愚《酌中

◤ 刘若愚，凤阳定远人，明朝宦官。魏忠贤倒台之后被判入狱，作《酌中志》为己伸冤，崇祯大赦时出狱。

1 外史氏《圣朝新政要略》卷六，崇祯元年正月二十六日。

志》专门有一卷来交代他们的下场[1]：

李永贞 天启七年八月二十四日，朱由检即位。二十七日，李永贞告病辞职，未允。九月初二日，派往天寿山看择先帝寿宫，初四日回见，赏赐赤金二十两，李永贞洒泪固辞，龙颜不悦，勉慰领受。九月初七日，皇帝批准辞职回归自宅院内，闭关读书。二十六日获悉魏忠贤辞爵，欲投靠当今皇上亲信太监徐应元，“合为一局”，“从新另做世界”。无奈人算不如天算，徐应元因帮助魏忠贤谋划退路，受到皇帝詈斥，李永贞开始手忙脚乱，秘密派心腹馈赠王体乾、王永祚、王文政各五万两银子。这三个姓王的太监畏惧李永贞反复无常，忌惮今上圣明，拒绝收受馈赠，十一月十七日上缴皇帝。当日晚，李永贞暗中准备快马，化装潜逃。二十六日，奉旨降李永贞为净军，发配湖广承天府显陵当差，但是他的下落不明。十二月初九日，李永贞外宅来了一名报信男子，手持李永贞亲笔信，来取盘缠衣服银两。皇帝获悉，派人在黄河岸边将他抓获，押赴显陵。崇祯元年二月，李永贞同徐应元调发凤阳。李永贞在提解途中，服砒霜不死，绝食十日不死。四月十三日押入刑部大牢。六月二十日会审结果，拟斩决不待时，在等候圣旨期间，李永贞自缢两次，都由于绳断跌晕不死。七月十六日，押赴正义街处斩，时年四十六岁。他的随从亲

1 刘若愚《酌中志》卷十五《逆贤胁从纪略》。

信四散躲避，改头换面。李永贞身首异处，没有一人为之殓埋。

石元雅　天启七年九月，石元雅见大势已去，请求辞职。十月，逃走。奉旨着司礼监拿问，降做净军，发配凤阳。崇祯元年六月，科臣祝世美纠参，奉旨提解入狱。刑部侍郎丁启睿等审讯结果，查无实据，仍旧发配凤阳，后客死于此。

涂文辅　此人姿容尔雅，有心计，善书算，通文理，能辩论，喜好弹琴射箭，因此与词林人物特别是冯铨等关系密切。朱由校死后，魏忠贤考虑到涂文辅一向受到徐应元照管，又是客氏儿子的私人教师，派他与王朝辅前往信王府迎接今上圣驾践祚。涂文辅眼见客、魏失势，欲与李永贞联手拥戴徐应元。皇帝察觉后，把他发配凤阳。崇祯元年三月，调发南京新房闲住。

徐应元　北直隶雄县人，与魏忠贤同年，称兄道弟。此人不识字，幼无行，宿娼饮博样样沾染。长相奇丑，好诙谑谩骂，坐立倾倚，唇不盖齿，形虽瘦长而眉目无神采，腰股筋骨若不相联属，如病之初起者。神庙时为管库近侍，绰号徐呲牙。天启七年八月晋升司礼监秉笔太监，十一月发配承天，降为净军，后调发凤阳。

王体乾　司礼监太监中地位最高权力最大的王体乾，由于善于玩弄手腕，竟然逃脱明正典刑的下场。刘若愚说：客氏矫旨准王安辞免，将司礼监印付与王体乾掌握，提升诸栋等人为帮手，屡有中旨巧留客氏，与逆贤比暱为奸。又外结沈潅为谋主，驱逐大臣王纪、满朝荐、刘一燝等，杀内臣王安、王国臣等。心粗胆大，渐及妃嫔。先帝孤立，忠言见忌，士大夫之祸从此不可收拾，况又开廷杖之端，导称颂之路，令无骨力无远识、患得患失之阁臣，出四六丽语之旨。凡口奏文书之际，王体乾必历指姓名，因钱谦益、黄尊素而波及无辜。天启七年八月，先帝不豫已久，王体乾为魏忠贤划策，乘先帝弥留恍惚之际，于八月十一日召今上至御榻旁，玉音迭迭不已。而是日阁揭所批中旨，礼臣、厂臣、辅臣等字样，皆王体乾庇奸固位之计。今李永贞、石元雅已死，而王体乾、涂文辅利用重贿苟买平安。

直到钦定逆案，王体乾才革职、抄家。[1]

随着魏忠贤、客氏、崔呈秀的倒台，惩处五虎五彪及其他阉党骨干分子，提上了议事日程。

天启七年十一月二十四日，户科给事中李觉斯上疏纠参魏忠贤之十孩儿、五虎及弟侄等。又提及苏杭织造太监李实，诬陷周起元、周顺昌、高攀龙、黄尊素、李应昇等五人，一投水死，四人尽毙囹圄。涂文辅自有内衙门，何为出坐户工二部大堂？宜一并究问。皇帝批示："这奏内元凶虽殄，群党五虎未正国宪，岂容扬扬载归，骚扰驿递！五虎其未知其一的系何人，着指名参奏，无得疑畏庇护。各党应得何罪，着三法司会议具奏……李实献媚诬参，以致缇骑激变地方，罪责莫辞，着降级

◥ 李觉斯，广东东莞人，天启五年进士。天启年间曾上疏颂魏忠贤功德。历礼科、兵科给事中，魏忠贤败，改户科给事中。崇祯十三年被削籍，广州陷落后降清。

1 张廷玉《明史》卷三百五《宦官二·王体乾》。

奉御，发南京校房闲住。涂文辅勒造衙宇，縻费公帑，岂容牙爪吓索多金。本当重处，姑从轻降做小火者，发去凤阳司香。”[1]

皇帝既然明言“五虎其未知其一的系何人，着指名参奏”，李觉斯遵旨报告，此人就是倪文焕。皇帝随即指示：“倪文焕既系五虎之一，着法司一并会议具奏。”[2]

十二月十八日，南京吏科给事中郭如闇揭发：“文绅中之刘诏，乃忠贤所颐指气使者；武弁中田尔耕、许显纯，乃忠贤助焰扬波者。”[3]

崇祯元年正月初六日，太仆少卿兼直隶巡按御史提醒朝廷，在清算五虎五彪十孩儿的同时，不应放过阿附魏忠贤的前内阁首辅顾秉谦。他说：“逆珰擅权，结其欢心者不过五虎、五彪、十孩儿，如告讦，如罗织，如请封公封侯封伯，如授意纠参，此其大者。夫害当求其去，罪当诛其大，其无甚关理乱之类，亦可无事吹求也。然犹有说焉，其贪邪当舍者如旧辅顾秉谦，贪鄙乃其生平也，故魏忠贤呼为老实。窜入枚卜推官许其进，钻营乃其生平也。”[4]

◤ 顾秉谦，苏州昆山人，万历二十三年进士。天启三年入阁，与魏忠贤交好，史称为人“庸尘无耻”“曲奉忠贤，若奴役然”。天启五年升任内阁首辅。

---

1 外史氏《圣朝新政要略》卷三，天启七年十一月二十四日。
2 外史氏《圣朝新政要略》卷四，天启七年十二月初八日。
3 外史氏《圣朝新政要略》卷四，天启七年十二月十八日。
4 外史氏《圣朝新政要略》卷五，崇祯元年正月初六日。

正月初七日，刑科给事中薛国观主张权奸伏辜党羽当治，例如劣迹斑斑的梁梦环、刘志选、王绍徽、乔应甲等人，不可轻易放过。他揭发："太仆卿梁梦环，因魏忠贤欲谋逐张国纪，以断先帝之耳目，遂与刘志选共出死力参逐，以摇秽中宫。今（刘）志选附籍，梁梦环犹然居位，公论共为不平"；"旧冢宰王绍徽，一味阴谋报复，使人参害无辜，而使闲居少迟半月冯从吾亦作狱中鬼矣。至用乔应甲，从来未有都察院副都（御史）出而建牙开府者，有之，自（王）绍徽之用（乔）应甲始。在（王）绍徽借之以纾仇怨，在（乔）应甲乘之以充囊橐。至乔应甲之贪纵秽状，到处同声，亘古罕有，三秦传为笑柄，万世留为骂名。所勘定一万五千赃银，尚不尽十之一二"。因此他请求朝廷一并惩处，皇帝下旨：梁梦环着冠带闲住，乔应甲再加勘议。[1]

◥薛国观，陕西韩城人，万历四十七年进士。天启年间任刑科给事中。崇祯十年入阁，十二年任首辅，曾建言向皇亲国戚征收税费，十四年因受贿赐死。

正月初八日，锦衣卫指挥同知许梦麟揭发逆珰爪牙许显纯、孙云鹤、杨寰、王莅民四奸："慨自魏、崔表里为奸，招权纳贿，匪独士绅惨毒，即细民无所措手足，中外汹汹，势同鼎沸。今忠贤、呈秀籍没矣，田尔耕亦复籍没矣，人心大快。犹有许显纯、孙云鹤、杨寰、王莅民，此四奸非逆珰之爪牙乎？最可恨者，许显纯之敲扑缙绅皮开肉绽，而

1　外史氏《圣朝新政要略》卷五，崇祯元年正月初七日。

目不一瞬。假此诏狱之威势，所取何啻数十万金。至如孙云鹤、杨寰以缉访事件为名，招集吓诈，无中生有，缙绅则曰门户，戚畹则曰犯禁，或削夺，或立枷，或斩绞……更可骇者，杨寰何人也？私家营造敢用大工木料，而张凌云日为之督工。至王莅民已经参处之千户，夤缘差题，所得吴养春赃私不啻数万。四奸者逞狐假之威，恣狼贪之欲，所当一并籍没者。”[1]

◤ 项煜，苏州人，天启五年进士。崇祯二年曾弹劾兵部尚书王洽，使其下狱，十年任东宫讲官，弹劾首辅张至发把持考选。李自成入京后投降，后南逃。

正月十二日翰林院检讨项煜认为，李实、倪文焕罪该处死。他的理由是拨乱难，保治更难，而拨乱保治的关键是除恶务尽。他以李实、倪文焕为例说明这个道理："渠魁、胁从法有轻重，宦官自大逆不轨魏忠贤而外，则有罪盈恶积之李实可诛也。（李）实之涂炭江南，惨毒难以言状，即一疏而陷名流高攀龙辈五人罹之死罪，罗钳吉网不是过矣。此忠贤之第一帮手，急宜与忠贤并肆诸市朝，以为宦官作恶者之戒。而他若总督内镇作福作威，虽经撤回，仍行窜殛可也，奸党自禽行兽心崔呈秀而外，则有如鬼如蜮之倪文焕可诛也。（倪）文焕之厕身阉寺，八拜呼爷，以笑破海内之口，亘日夜与（崔）呈秀合谋杀人媚人，荼毒忠良，数载倚势骗钱，积至赃私累万者。（崔）呈秀之第一帮手，亟宜与（崔）呈

1　外史氏《圣朝新政要略》卷五，崇祯元年正月初八日。

秀并诛市朝，以为小人党恶者之戒。”[1]

3.“逆党审语”一瞥

顺应群臣的呼声，早在天启七年十二月二十三日皇帝朱由检就正式宣布：命内阁及部院大臣“定阉党逆案”。所谓定阉党逆案，就是彻底清查形形色色的阉党分子，根据罪状作出惩处结论。当务之急是先把“五虎”“五彪”之类下法司议罪。

由于三法司的主要官员与被清查者有着千丝万缕的关系，审议的结论是轻描淡写的：吴淳夫、倪文焕“削秩夺诰命”，田吉、李夔龙“革职”，许显纯“逮论”，杨寰、孙云鹤、崔应元“削籍”。明眼人一看便知，这是三法司有意包庇纵容，阉党骨干五虎五彪罪恶滔天，尚且如此从轻发落，那么其他阉党分子还从何严惩？皇帝朱由检大为不满，以为惩处太轻，没有尽法，下旨再议。[2]主持此事的刑部尚书苏茂相、都察院左都御史曹思诚、大理寺署事少卿姚士慎，都对魏忠贤和阉党颇有感情，所谓“香火情深”之辈，他们对五虎五彪之流曲加护持，说穿了，目的是降低“逆案”的规格，以保全自己。“奉旨再议”的结果，似乎较前有所加重：吴淳夫、李夔龙、田吉、倪文焕四人引用“职官受财枉法”律，发配边疆卫所充军，并由各原籍抚按官

1 外史氏《圣朝新政要略》卷五，崇祯元年正月十二日。

2《明思宗烈皇帝实录》，天启七年十二月丙辰。

追赃：倪文焕五千两（白银），吴淳夫三千两（白银），李夔龙、田吉各一千两（白银）。田尔耕、许显纯引用“职官故勘平人因而致死”律，判处斩监候；崔应元、杨寰、孙云鹤引用“同僚知情共勘”律，减等杖一百流三千里，发配边疆充军。[1]

皇帝以圣旨形式予以肯定：“奸逆盗权，阴谋叵测，凡厥党与所宜严惩。这五虎五彪既会议的确，李夔龙、吴淳夫、倪文焕、田吉，行原籍抚按照数追赃解助边饷，完日，发附近卫所充军。田尔耕、许显纯都着原籍监候处决，崔应元、杨寰、孙云鹤行原籍抚按，发边卫充军。各犯诰命通行追夺，以为附权蠹政之戒。”[2]

◤ 蒋允仪，常州人，万历四十四年进士。天启五年遭魏忠贤党人弹劾削籍。崇祯四年以右佥都御史抚治郧阳，七年因误击援兵陈大金部而下狱。

由九卿科道审议，河南道监察御史蒋允仪主笔的“逆党审语”，反映了当时主管部门对于五虎五彪等阉党骨干分子的态度。请看“逆党审语”的摘要：

一、刘志选、梁梦环

看得逆焰方张之时，举国若狂，非称功颂德献媚以为容，则挑衅构祸逢恶以肆毒，大率

1 李逊之《三朝野记》卷四《崇祯》。《崇祯长编》卷五，崇祯元年正月戊子。

2 外史氏《圣朝新政要略》卷六，崇祯元年正月二十七日，刑部一本，奉旨。

操戈矛于侪辈，开罗网于缙绅。或假手以快其所仇，或害人以规脱己祸，则钉在眼而不得不除，矢在弦而不得不发。涂面丧心不顾得罪于天下后世，然至此极矣。未有窥伺宫闱之隙，敢发大难之端，一疏再疏，此呼彼应，皆搏击贵戚之名，行离间国母之实，如刘志选、梁梦环所为者。

夫熹庙之世，恩礼僭滥，岂在椒房，宫中府中但知有客姆，不复知有懿安皇后。（刘）志选官居京兆，果如所云，见影察行，折萌剪蔓，则请剑击奸，固宜在彼不在此，而独甘心于张国纪何也？即其罗织事端动不过数款，而“鬻狱辄称懿旨，法司几于无权”二语，则明目张胆直侵母后矣……而（刘）志选所未敢深言者，（梁）梦环且挑之使言也。夫客魏朋逆能使先帝不自保其嫔嫱，而犹以名分严惮于母后，故忿无所泄，欲借（张）国纪以示威。而二奸窥其意指，辄效剪除之合力，当时两疏继入，内传汹汹，（张）国纪几不保首领，阁臣以去就死生争之，方徼回籍之宽政。不然，果令天子不得庇其外戚，国母不能全其生父，即寸斩二奸不足赎矣。

二、刘诏

刘诏起家县令，不十载躐跻宫保，建节近圻，其为逆珰私人不问可知。建祠称颂以媚珰也，参劾强项道臣耿如杞亦以媚珰也……夫（刘）诏身膺节钺，不思洁己奉公，风励将领，乃侵克饷价至五千八百有奇。盖以剥削为献媚之资，不复知有封疆之寄。

三、倪文焕、田吉、崔应元、孙云鹤

看得虎彪一案，前谳曲从轻典，比拟失律，以致公论不平，言官交章参驳，圣明赫怒，屡旨解讯。迁延一载，始得执罪人而问之……何文焕丧心涂面，摇尾呈身，知崔呈秀之入幕，遂叩头而乞哀，引进珰门，亦为义子，于是为之剪除所忌，则首论清忠之周顺昌以献媚，而削夺不已，继之逮讯惨死矣。问（周）顺昌何罪？则以结婚魏大中、怒骂魏忠贤，而代为报仇也。再论伉直之夏之令以献功，则封疆借题，立就诏狱惨死矣。问（夏）之令何罪？则以纠参傅孟春触怒（崔）呈秀，而代为推刃也。自此结欢，势倾中外。

田吉乃以逆珰之肺亲，遂徼经略之汲引，户部未任而调兵部赞画矣，又未几而升太常少卿，管职方矣。传衣钵于吴淳夫，听颐指于崔呈秀、倪文焕，启事无非债帅，各边遍置私人……是以官爵为市，而以封疆为戏也。故以八月之职方，而冒滥加级至于太保尚书，是与三等分茅之逆孽同一辙也。

崔应元则镇抚（司）理刑，而许显纯之亚也。向在东厂为珰门厮役，乃忽逐北司之吴孟明，而夺其位。自此诏狱诸臣无不死其毒手，当会审时，诸臣之后人泣问当时致死情形，讯供断指、折足、拔齿、破肋，及湿纸蒙面、土袋压口等刑，惨动天地。

孙云鹤则东厂贴刑，而杨寰之亚也。旧制贴刑官不过千百户，而（孙）云鹤起家旗役，躐跻宫保蟒玉，何功何能？不过告密罗织，以他人之头颅博自己之富贵耳。

盖总四犯而论之，（崔）应元、（孙）云鹤、（倪）文焕皆忠贤假手杀人之刽子，田吉则忠贤弄兵应手之私人。而（孙）云鹤所杀者犹是平民，至（崔）应元所杀者尽皆忠义……而（倪）文焕、田吉读圣贤之书，受朝廷之爵禄，而投身珰幕，入则为义子干孙，出则为长蛇封豕，为彪为虎同是一家骨肉，盖人心士气至此尽矣。

四、吴淳夫、李夔龙

审得吴淳夫以察处部郎，藉崔呈秀一荐，妄引叙功之例，复原官起用，则李春烨为之引手也。比再入枢曹，即觊职方一席，嫌前人之碍手，或嗾人论斥之，或内批削逐之，遂得超乘而上，为所欲为。于是各边将领非为（崔）呈秀树私人，即为自己营囊橐……从此权势益张，富贵相逼，不数月以郎中躐跻侍郎，旋加保傅尚书。从来速化未有若斯之甚者，非交结之左验乎？文选、职方两者并重，（吴）淳夫既握枢衡，李夔龙复滥典剧，又引田吉为后身，灯灯相续，幸门如市，狼狈相依。如援引姻帅俞咨皋，通贿逆珰，致其跋扈自雄，不受抚臣节制，媚贼养寇，酿成桑梓之祸而不顾。临清催砖，往返不过四月，即倡建祠之举，请“萃德”之名，因恨东昌知府王尧民守正不屈，立论逐之。又非其交结之左验乎？此一犯者本是破甑，巧借奥援，前此十六载之甲科何以尚羁郎署，后此两年之灰焰何以遽列上卿？盖得力始于呈秀之吹嘘，而侧身附逆，窃弄威权，几于虎而翼矣。

李夔龙初入铨部，即挂弹章而归。及逆珰用事，夤缘复出典选。六月所推毂者大率皆附逆之人，如霍维华、刘志选、陈九畴、杨邦宪等，虽破格超迁，无不朝上夕报。而稍稍见忤者，即以推升削夺，盖受意于珰，借启事为处分之地。此虽暗里机关，其实肺肝如见，人心所共为不平者也……总之，淳夫因呈秀以进身，而夔龙又借淳夫以固宠，转转相附，根蒂益深，私门之党与日多，则公室之威权日去，紊朝政而乱天下。职此之由，律以交结之条，难开一面之网。[1]

4. 推翻《三朝要典》

随着揭发批判的深入，清查阉党逆案的罗网逐渐撒开，那些当年卖身求荣的显要人物陆续被揪了出来。原内阁首辅顾秉谦就是一个例子。此人天启元年晋升为礼部尚书，掌管詹事府事。魏忠贤为了把持朝政，图谋与外廷大臣勾结，顾秉谦与魏广微率先谄附，两人遂以东阁大学士入阁参预机务。天启四年十一月内阁首辅韩爌致仕，顾秉谦取而代之担任首辅，直至天启六年九月致仕，任首辅两年之久。

顾秉谦其人庸劣无耻，票拟谕旨完全秉承魏忠贤的旨意，凡是陷害忠良的谕旨，都出于他的票拟。臭名昭著的《三朝要典》由他担任总裁，并且代替皇帝撰写“御制序”，篡改历史，钳制天下之舆论。魏忠贤、客氏、崔呈秀爰书刊发之时，他正在昆山家中逍遥自在。崇祯元年正月，太仆寺少卿

1 金日升《颂天胪笔》卷二十四《附纪·逆珰审语》。

汪裕率先对他进行抨击："旧辅顾秉谦贪鄙乃其生平也，故魏忠贤呼为老实，窜入枚卜。"[1]工科给事中祖重晔揭发顾秉谦，为了爬上内阁首辅的位子，献媚图宠，居然捻着白胡子向魏忠贤"呼儿认孙"，"官箴尽裂，廉耻已亡"。[2]说的是顾秉谦为了爬上内阁首辅的高位，带着儿子去拜见魏忠贤，献媚道：我本来想认您为父亲，怕您不喜欢我这个白胡子儿子，所以带了儿子来拜您，请认他为孙子吧。正所谓"千臭万臭马屁不臭"，魏忠贤心花怒放，帮助他顺利当上内阁首辅，年幼的儿子也封为尚宝司丞。这样一个无耻之尤，在魏忠贤、客氏、崔呈秀死后，居然还在家乡昆山逍遥自在。直到崇祯二年钦定逆案，被定为"交结近侍又次等"的"谄附"罪，判处徒刑三年，出钱赎为平民。昆山民众一泄心中的怒气，放火烧了他的家。这一情节《明史·顾秉谦传》写得很生动："崇祯元年，为言官祖重晔、徐尚勋、汪应元所纠，命削籍。已，坐交结近侍，入逆案中，论徒三年，赎为民。二年，昆山民积怨（顾）秉谦，聚众焚掠其家。秉谦年八十，仓皇窜渔舟得免。乃献窖藏银四万于朝，寄居他县以死。"[3]

然而顾秉谦主编的《三朝要典》并不会自动消失，成为横亘在清查逆案中的巨大障碍。如何看待先帝朱由校钦定的著作，在当时无疑是敏感的政治

1 外史氏《圣朝新政要略》卷五，崇祯元年正月初六日。

2《崇祯长编》卷五，崇祯元年正月己巳。

3 张廷玉《明史》卷三百六《阉党·顾秉谦》。

问题。就其内容而言，这部书为魏忠贤专权乱政制造舆论，为整人寻找口实，从头到尾充满了诬陷不实之词，必须彻底否定。但是要否定它，劈面就是先帝的“御制序”，给此书蒙上了先帝“钦定”的外衣，要否定它，谈何容易！如果绕开它，或者搁置不议，那么清查阉党逆案势必虎头蛇尾，不了了之。由此看来，推翻《三朝要典》要冒相当大的政治风险，考验当今皇上的政治智慧。

崇祯元年三月，新授南京兵部武选司主事别如纶，首先触及这一问题。他指出，皇上登极后，雾霾全消，但是非未定，这就是《三朝要典》。《三朝要典》中指为奸邪而遭到斥逐的官员，都是皇上许恤、许谥，许为理学节义之人，如果仍要把《三朝要典》看作信史，那么还有是非可言吗？许显纯之流当年受魏忠贤指使，迫害杨涟、左光斗等人的所谓供词，都记录于《三朝要典》，难道不应该删削吗？崔呈秀已经抄家戮尸，他写的一篇疏文赫然列于《三朝要典》篇末，难道还要保存而与皇上圣意相悖吗？因此，他请求对《三朝要典》的是非重新加以评定。[1]

也许是别如纶对《三朝要典》的批判没有抓到要害，也许是皇帝朱由检对此缺乏足够的思想准备，他没有同意这一意见。皇帝的批示称：《三朝要典》纂修虽在逆党窃柄之年，实天启前事，史臣曾

1《崇祯长编》，崇祯元年三月乙丑。

楚卿等被逐几尽，书成绝不加恩。书中人品不同，议论各异。孔子云：不以言举人，不以人废言。朕仰承谟烈，俯察品流，存是书以定君臣父子之衡，虚其心以画用舍进退之法，本自画一，有何矛盾？别如纶妄言，姑不问。[1]由于别如纶强调《三朝要典》的“断案”与皇上圣意矛盾，显然把当今皇帝置于同先帝矛盾的境地，朱由检很不高兴地反问：有何矛盾？其实矛盾是明摆着的，只是不能过于张扬，要讲究政治策略。

时隔一月，翰林院侍读倪元璐再次上疏提及此事，把别如纶关于删削《三朝要典》的主张，升格为销毁《三朝要典》。这一回，朱由检却毫无反感地欣然同意，何以故？倪元璐恰到好处击中《三朝要典》的要害，此书并非天下之公议，而是魏忠贤之私书，义正词严，理直气壮。

倪元璐，字玉如，号鸿宝、园客，浙江上虞人，天启二年进士，授翰林院编修。三个月前，他上疏议论国是，旗帜鲜明地请求朝廷为东林平反，辨明是非，肃清阉党专政流毒。他说：“臣以典试复命入都，从邸钞见诸章奏，凡攻崔魏者，必引东林为并案，一则曰邪党，再则曰邪党，何说乎？夫以东林诸人为邪人党人，将复以何名加诸崔魏之辈？

◥ 倪元璐像
倪元璐，崇祯初年力排魏党，上书为东林平反，八年遭温体仁妒忌去官，十五年再起。疏陈制敌机宜多有见地，李自成入京后自缢身亡。

1 谈迁《国榷》卷八十九，崇祯元年三月乙酉。

崔魏而既邪党矣，向之首劾忠贤，重论呈秀者，又邪党乎哉？以臣虚衷之心，合之事后之论，夫东林则亦天下之才薮也。其所宗主者，大都禀清挺之标，而或绳人过刻；树高明之帜，而或持论太深，此谓之非中行则可，谓之非狂狷不可也！其所引援为用者，亦每多气魄之俦、才干之杰，其间即不无非类，要亦可指数而尽耳。而其中则又有泊然无营，修乎自远，谢华膴其若脱，付黜陟于不闻，而徒以声气心期遥相推奖，此其人尤所谓淡漠宁静，纯乎君子者也。今而曰邪党，则无不邪党者矣。"[1] 据说，此疏一出，海内传颂，以为长久未闻的至理名言。

崇祯元年四月二十五日，倪元璐呈上的奏疏主题是"公议自存私书当毁"，一如前疏风格，尖锐泼辣，酣畅淋漓："臣观梃击、红丸、移宫之三议，哄于清流；而《三朝要典》之一书，成于逆竖，其议不必不兼行，而其书不当不速毁。"为了说明自己的观点，他回顾了"三案"发生期间，时局与政争的实质：

——主梃击者力护东宫，争梃击者计安神祖；主红丸者仗义之言，争红丸者原情之论；主移宫者弭变于几先，争移宫者持平于事后。六者各有其是，不可偏非，以为忠悃则皆

1 倪元璐《首论国是疏》，《奏牍》卷一。倪会鼎《倪文正公年谱》卷一，崇祯元年正月。按：倪会鼎系倪元璐之子。

忠悃，以为明见则皆明见。总在逆珰未用之先，群小未升之日，虽甚水火，不害埙篪。此一局也。

——既而杨涟二十四罪之疏发，魏广微此辈门户之说兴，于是逆珰杀人则借三案，群小求富贵则又借三案，经此二借，而三案之面目全非矣。故凡推慈归孝于先皇，正其颂德称功于义父，又一局也。

——网已密而犹疑有遗鳞，势极重而或忧其翻局，于是崔魏诸奸乃始创立私编，标题“要典”。以之批根，今日则众正之党碑；以之免死，他年即上公之铁券。又一局也。

以这样周密的分析为基础，他列举必须销毁《三朝要典》的四条理由：

——三案者同心之共议，要典者魏氏之私书；三案自三案，要典自要典。今为金石不刊之论者，诚未深思。若夫翻即纷嚣，改亦多事，如臣所见，惟有毁之而已。夫以阉竖之权而屈役史臣之笔，亘古未闻。当毁一。

——未易代而有编年，不直书而加论断，若云仿佛明伦，规模大典，则是魏忠贤欲与肃皇帝争圣，崔呈秀可与张孚敬比贤，悖逆非伦。当毁二。

——矫诬先帝，伪撰宸篇，既不可比司马光《资治通鉴》之书，亦不得援宋神宗手制序文为例，假窃诬妄。当毁三。

——又况史局将开，馆抄具备，七载非难稽之世，实录有本等之书，何事留此骈枝，供人唾詈。当毁四。

总而言之，倪元璐认为留着《三朝要典》，必然成为朝廷的累赘，“累之不已，元气又必大伤。当今正气日伸，方隅渐化，自应进其平饮，沃其温汤。倘复克伐不休，正恐清宁无日。然而逆珰之遗迹一日不湮，则公正之愤心千年不释也”。所以他向皇帝建议，立即销毁《三朝要典》，开馆纂修《天启实录》，捐化成心，编纂信史。[1]

朱由检对倪元璐这本奏疏十分欣赏，本拟立即批准他的建议，孰料内阁辅臣来宗道代皇帝票拟的谕旨，却强调“这所请关系重大，着礼部会同史馆诸臣详议具奏”，他看了很不满意，在下面补写了“听朕独断行”五个字。[2]公布出来的四月二十八日圣旨就成了这个样子：“览奏，三案两端之议原当并存，但已有实录，自不必复增要典。且既说史臣编纂苦心，则其论断之有难传信，在史臣亦自念之。这所请关系重大，着礼部会同史馆诸臣详议具奏，听朕独断行。熹庙实录着择期开馆纂修，务以平心存其两是，余诸臣亦各宜和衷共济。这疏持论虚平，有裨新政。”[3]“听朕独断行”五个字，表明了皇帝朱由检坚定不移的态度，流露出对内阁辅臣态度

◤ 来宗道，浙江萧山人，万历三十二年进士。崇祯元年任内阁首辅，后致仕。

1 倪元璐《请毁要典疏》，《奏牍》卷一。《崇祯长编》卷八，崇祯元年四月己未。计六奇《明季北略》卷五《倪元璐疏三案》。

2 李逊之《三朝野记》卷四《崇祯》。文秉《烈皇小识》卷一。

3 倪元璐《请毁要典疏》，《奏牍》卷一。

暧昧的反感，一切得由他说了算数，其他人不得在这件事情上说三道四。

这个来宗道，当时人称“清客宰相”，与魏忠贤、崔呈秀关系非同一般。倪元璐抨击魏忠贤、崔呈秀，他颇不以为然，讥笑道：“渠何事多言？吾词林故事，止香茗耳！”[1]在这个“清客宰相”看来，翰林院的词臣不过是喝茶清谈的闲职，何必惹是生非！仅此一例，足以说明推翻《三朝要典》并非易事，清查阉党逆案阻力重重。

既然圣旨明确指出，“着礼部会同史馆诸臣详议”，大臣们当然要议论一番，大多数人倾向于销毁《三朝要典》，少数人坚决反对销毁。尤有甚者，翰林院侍讲孙之獬仿佛感受到了灭顶之灾，跑到内阁力争不可销毁《三朝要典》，号啕大哭，声彻内外。随后他写了题为“力竭不能供职”的奏疏，再三强调《三朝要典》不可销毁的理由，先帝的“御制序”岂可投之于火？御史吴焕抓住这点，批驳道：这是以“御制”二字压制皇上不敢动。吴焕针对孙之獬所说“皇上同枝继立，非有胜国之扫除，何必如此忍心狠手，于祖考则失孝，于熹庙则失友”，予以层层批驳。他认为，这是功罪不明，邪正颠倒，所以辩言乱政，邪说横行，应该将孙之獬

◥ 孙之獬，山东淄川人，天启二年进士。崇祯初年皇帝下令毁掉由阉党编写的以排斥、诛杀异己为目的的《三朝要典》，孙之獬抱着《三朝要典》到内阁痛哭。被归为阉党，削籍返乡。

1 蒋平阶《东林始末》，崇祯元年。张廷玉《明史》卷三百六《阉党·来宗道》。

立即革职。来宗道接到吴焕的奏疏，竭力为孙之獬辩护，代皇帝票拟一旨："孙之獬已经回籍，词林闲局，不必过求。"[1]

◤ 霍维华，北直隶东光人，万历四十一年进士。天启六年曾上书为"梃击案""红丸案""移宫案"翻案，天启七年官至兵部尚书。崇祯九年下狱遣戍，忧愤而死。

协理戎政兵部尚书霍维华，是当年"翻三案"的急先锋，极力主张编一部《三朝要典》，而且构思了框架与内容，魏忠贤赞叹不已。他本人也因此官运亨通。如今生怕连累自己，公开扬言《三朝要典》稍加删正即可，不必销毁。[2]看来《三朝要典》并非简单的史书，而是阉党专制政治的象征，如果不销毁，势必为阉党余孽留下回旋的余地，后患难以估量。

◤ 李逊之，常州江阴人。天启六年九岁，父应昇被害，遗命"寄语儿曹焚笔砚，好将犁犊听黄鹂"。读书二十年，守此志不忘。崇祯元年在伯父李应炅陪同下，与东林后裔黄宗羲、周子佩等上京讼父冤。甲申之变后，感泣抚膺，绝意仕进，筑听鹏轩，赋诗见志。编刊父遗集，刻年谱，著有《三朝野纪》《崇祯朝记事》。

◤ 朱国祯，浙江乌程人，万历十七年进士。天启三年拜礼部尚书兼东阁大学士，改文渊阁大学士。魏忠贤窃权，朱国祯佐首辅叶向高多所调护。叶向高忤魏忠贤愤然去，朱国祯升为首辅。著有《皇明史概》《涌幢小品》等。

李逊之在谈到倪元璐销毁《三朝要典》的主张，引来孙之獬等人的反对时，征引朱国祯的评论："甚哉小人之愚，自供罪案，又代为他人发扬盛美也。《要典》一书，先列争者之疏，附以史断，曲诋妄詈，无所不至，然后附以驳者之疏，其人则杨维垣、赵兴邦、徐大化、刘志选、崔呈秀也，由今而视之，五人之肉足食乎？骨之臭可洗乎？……于争者无不叹赏，于驳者无不唾骂，而史臣数语段段可羞可恨，秽莫加焉，罪孰甚焉！天夺其魄，自投秽厕中，没顶而不可援也。五人既坐大诟，其二又撄大僇。此外又如刘廷元、岳骏声、霍维华，才

1 文秉《烈皇小识》卷一。

2 《崇祯长编》卷九，崇祯元年五月庚午。

皆有为，皆入其中。吾惜逆贼既害多少善人，又累多少才人，故立身者不可不慎。总之功名之念淡，则思过半矣。”朱国祯过于温情主义，颇为刘廷元、岳骏声、霍维华的才华感到惋惜，李逊之批评道：“文肃（按：朱国祯谥文肃）此论畅矣，然似微为刘、霍致惜者。亦知倡疯癫二字以护梃击者，（刘）廷元也；首开通内之径阴导逆珰戕善类者，（霍）维华也。即谓之才，亦小人之才耳，何足言！”[1]两相比较，李逊之的识见略高一筹，他认为：“《三朝要典》一书乃逆党顾秉谦、崔呈秀、冯铨等迎合魏珰意，借题以实诸正人罪者也。其所指罪魁，红丸则以孙慎行为首，移宫则以杨涟为首，梃击则以王之寀为首，当日名贤一网俱尽。”[2]在这样的大是大非问题上，决不能含糊。

经过充分的舆论准备，朱由检不顾先帝“御制序”，不顾“忍心狠手”之讥，于五月初十日奋然决定销毁《三朝要典》。他宣布：“朕惟皇祖皇考洎于熹皇，止慈止孝炳若日星，载之实录，自足光照盛美。乃复增《三朝要典》一书，原不能于已明之纲常复加阐扬，徒尔刻深傅会，偏驳不伦，朕无取焉。可将皇史宬内原藏一部取出毁之，仍传示天下各处官府学宫，所有书板，尽毁不行。自今而后，官方不以此书定臧否，人才不以此书定进退。”[3]真是快刀斩乱麻，痛快淋漓，毫不拖泥带水。这就是

1 李逊之《崇祯朝记事》卷一。

2《崇祯长编》卷九，崇祯元年五月庚午。

3《崇祯长编》卷九，崇祯元年五月庚午。

他先前所说的“听朕独断行”的内涵，当初没有明说，如今一字一句地说出来的话，掷地有声。不但销毁《三朝要典》，而且郑重声明，今后不得以此书的论调，决定是非的臧否、人才的进退。他的可贵之处就在于，没有对此书的“御制序”讳莫如深，缩手缩脚；倘若凡是先帝作出的决定都不可以推翻，那么清查阉党逆案根本无从谈起，拨乱反正，缔造新政也无从谈起。

5. 清查逐步引向深入

在朱由检的大力策动下，对阉党逆案的清查逐步引向深入，一些善于变色的两面派，以及隐藏较深的人物，陆续揭发出来。杨维垣、霍维华之流千方百计为自己“弥缝”，企图蒙混过关。[1]杨维垣演出了“丢车保帅”的把戏；霍维华摇身一变，以兵部尚书协理戎政，想“行边督师”，暂避锋芒。贵州道御史任赞化尖锐地指出：天下不患有真小人，而患有伪君子。伪君子是谁？就是改头换面的杨维垣。此人原本是崔呈秀一丘之貉，他之所以攻击崔呈秀，是因为“见势之将败，而翻身于局外”，妄想“借击崔（呈秀）之名，立身于风波不到之地”。[2]

御史任赞化、吴玉、邹毓祚、邓英、毛羽健等言官，接连揭发阉党分子的种种伎俩：“杨维垣把

1 张廷玉《明史》卷三百六《阉党·霍维华》。

2《崇祯长编》崇祯元年五月癸亥。

持朝政，党邪害正诸罪，已奉下部议处斥革矣。至是而原任尚宝卿黄正宾上除恶务本疏，略云：结交内侍明律森严，乃虎彪肆行，而子孙蟠集，究其所为，作俑者魏广微，发纵指示者徐大化也。（徐）大化始以攻熊廷弼为媚珰贽见，既而逢迎（魏）广微，以担当共谋富贵，某宜戍，某宜削，一一疏记与（魏）广微，使大肆其排挤之毒手。夤缘督理大工，日奉魏忠贤色笑，克减工银无算。最后私受铜商厚贿，挪借惜薪司钱粮二十万两，拂忠贤之意，罢令闲住。及睹逆局将败，令表侄杨维垣疏参崔呈秀，为翻身转局地。目今（徐）大化、（杨）维垣虽奉谴斥，潜居辇毂，日与阉臣往来。”[1]

皇帝指示有关衙门，对杨维垣这种机灵善变的角色进行审核。几天后，广西道御史邹毓祚揭发，杨维垣是“逆党私人，占气最先，转身最捷，贪天为功，卖名市重”。[2]他还弹劾礼科给事中李恒茂，与“十孩儿”之一的李鲁生、李蕃并称阉党“三李”，杨维垣的密友，声势熏灼，北京有民谣“官要起，问三李”。李鲁生、李蕃已经遭到罢免，李恒茂也应该给予处分。皇帝接受了这些意见，立即下旨：太仆寺添注少卿杨维垣削籍，礼科给事中李恒茂免官。[3]

与此同时，工科给事中颜继祖指斥霍维华“满面骄容，浑身媚骨”，从一个小小给事中三年而骤

1 李逊之《崇祯朝记事》卷一。

2 谈迁《国榷》卷八十九，崇祯元年五月丙寅。

3《崇祯长编》卷九，崇祯元年五月丙寅。张廷玉《明史》卷三百六《阉党·李蕃、李鲁生、李恒茂》。

升至尚书，无叙不及，有赉必加。此人善于占望风气，魏忠贤声势显赫时借刀杀人，不任其怨；魏忠贤一死，摇身一变成为批判魏忠贤的斗士。皇帝接到奏疏后，下旨罢免霍维华行边之遣。[1]两天后，礼科给事中阎可陛、户科给事中汪世亨、山东道试御史戴相，分别揭露霍维华实为魏忠贤"五虎"之一，崔呈秀是山头虎，霍维华是云中虎。当时官场盛传一句政治谚语"蓟州当前，东光接步"。[2]所谓"蓟州"是指蓟州人崔呈秀，所谓"东光"是指东光人霍维华，两人的品质在这八个字中流露无遗。皇帝随即下旨免去霍维华协理戎政兵部尚书之职。

御史吴焕弹劾总督漕运太监崔文昇："引进李可灼，漫投寒剂，以致光庙宾天，实坐不赦之条。而甘为逆贤心腹，总督漕运，控扼江淮要害，与刘志选虎踞南北，遥为声援。贪污惨刻，人人切齿。（崔）文昇在淮尤为纵肆，剥军虐民，应行逮问。"崔文昇吓得屁滚尿流，拉着同伴跑到宫门外嚎啕大哭。皇帝听到了哭声，看到了吴焕的奏疏，立即下旨：将崔文昇和另外两名太监各杖一百棍，降为净军，发配孝陵。[3]

此后，更多的阉党分子被揪出来。

原任督理辽饷户部尚书黄运泰、工部尚书阎鸣泰，"摇尾乞怜，胁肩屏息，魏崔欲用即用之，欲升即升之，欲削夺即削夺之，甚至欲公则公、侯则

1《崇祯长编》卷九，崇祯元年五月甲子。张廷玉《明史》卷三百六《阉党·霍维华传》。

2《崇祯长编》卷九，崇祯元年五月丙寅。

3 李逊之《崇祯朝记事》卷一。

侯、伯则伯，婢膝奴颜”。皇帝下旨，将黄、阎二人革职为民。[1]

原任工部尚书孙杰，身藏“袖珍手册”，胪列朝野正直人士姓名，称为门户，提供给魏忠贤作为排斥异己的依据。皇帝下旨，将孙杰削籍。[2]

已故原内阁辅臣魏广微也未能幸免。此人以同乡同姓关系与魏忠贤套近乎，作为觐见礼，把内阁大权拱手相让，遂致魏忠贤气焰嚣张，毒遍海内。吴应箕说：“（魏）广微以认宗通内，自称为侄，遂怙势偃蹇。会初一日颁历不到，又庙享行礼来迟，于是诸给事中、御史魏大中、许誉卿、李应昇等合纠之。广微因益走内，思得而甘心焉。盖先是忠贤虽横，犹惮外廷也，自广微合，而阉遂借外廷以攻外，焚原之势于是乎不可复弥矣。”[3]因此之故，廷臣交章弹劾，皇帝考虑到其人已死，原本不想惩处；待到罪状明朗化以后，改变了看法，以为非惩处不可：“故辅魏广微逞臆借威，钳害朝正，以国家大柄授手逆党，毒遍海内，广微实为祸首。会论佥同，朕不敢私，以先朝焦芳例，除名为民，追夺恩荫，以为人臣不忠之戒。”[4]

◥ 魏广微，万历三十二年进士。父魏允贞为东林人士，与赵南星交好。以同乡同姓附结魏忠贤。天启三年拜礼部尚书兼东阁大学士，入阁参预机务。

◥ 吴应箕，池州贵池人，复社领袖，诗人、学者。著述宏富，主要有《国朝纪事本末》等。

---

1 《崇祯长编》卷十，崇祯元年六月戊戌。

2 《崇祯长编》卷十，崇祯元年六月己亥。

3 吴应箕《两朝剥复录》卷一，天启四年十月。

4 《崇祯实录》（嘉业堂藏旧抄本），崇祯元年六月壬子。张廷玉《明史》卷三百六《阉党·魏广微》。

与魏广微一丘之貉的顾秉谦，此时仍在昆山家中逍遥自在，几经弹劾都没有伤其毫毛。当地百姓怒不可遏，终于引发六月五日火烧顾府的民众暴动。由于顾秉谦实在名声太臭，知县衙门对民众暴动作壁上观。随着民众自动揭发顾秉谦罪状的揭帖到处流传，民众进一步看清这个老贼的本来面目，群情更加激愤，七月十三日，百姓捣毁顾府部分房屋，七月二十四日愤怒的人群斩门入室，洗劫资财，纵火焚烧。年已八十的顾秉谦仓皇逃命，窜入乡间渔舟躲藏，才幸免一死。[1]这一事件反映了当时民众对于阉党的仇恨心理，也从侧面印证了清查阉党逆案是顺应民心的举措。

自从天启七年十二月二十三日，皇帝朱由检下令清查阉党逆案以来，阉党分子的罪状陆续昭示于天下，定案的条件成熟了。崇祯二年正月十七日，朱由检在平台召见内阁辅臣韩爌、李标、钱龙锡，吏部尚书王永光，都察院左都御史曹于汴，要他们确定应该列入阉党逆案的人员名单。他对阁臣明确指示钦定逆案的原则，以及具体操作办法："朕欲定附逆人罪，必先正魏崔客氏首逆，次及附逆者；欲分附逆，又须有据。今发下建祠、称颂诸疏，卿等密与（吏部尚书）王永光、左都御史曹于汴在内阁评阅。如事本为公而势非得已，或素有才力而随人点缀，须当原其初心，或可责其后效。惟是首开谄

1《崇祯长编》卷十七，崇祯二年正月丁卯。张廷玉《明史》卷三百六《阉党·顾秉谦》。

附，倾陷拥戴，及频频颂美，津津不置，并虽未祠颂而阴行赞导者，据法依律，无枉无徇。卿等数日内确定，不许中书参预。阁臣看详讫，分款书名，再同刑部尚书乔允升据依律例，各附本款。”[1]看得出来，他是经过深思熟虑的，既要体现除恶务尽的宗旨，又要区别情况分别对待，特别关照要秘密地在阁部大臣中商定，不受外界干扰，不可假手于办事人员（即所谓中书）。但是身负重任的阁部大臣或多或少与阉党分子有些瓜葛，显得畏首畏尾，企图以和稀泥的方式草草了事，不想广搜树怨。因此第一次上报的名单仅仅只有四五十人。朱由检非常不满，下令再次广泛搜求，都应当重处，至少也要削籍。阁部大臣再次上报的名单仍然只有几十人，朱由检发怒了，斥责他们“不称旨”，指出：称颂赞道速化为题，皆当列入。又说：“忠贤一人在内，苟非外廷逢迎，何遽至此？其内臣同恶者亦当入之。”大臣们以外廷不知宫内事为借口，敷衍推诿，皇帝一针见血批评道：“岂皆不知，特畏任怨耳。”[2]

过了几天，朱由检再度召见阁臣，御案上放了几个大包袱，里面全是当年为魏忠贤歌功颂德的“红本”（奏疏），要大臣们仔细看看，并说：“此皆结党实迹也，当一一按入之。”阁臣们至此才明白，皇帝要彻底清查，势难敷衍，便寻找借口推脱：“臣等职掌唯司票拟，三尺法非所习也。”再次流露畏

1 谈迁《国榷》卷九十，崇祯二年正月庚辰。李逊之《崇祯朝记事》卷一。

2 李逊之《崇祯朝记事》卷一。夏允彝《幸存录》，《明季稗史初编》卷十五。

◤ 王永光，河南长垣人，万历二十年同进士出身。万历年间累官至南京大理寺卿。天启时官至兵部尚书，大败努尔哈赤。崇祯元年，历任户部尚书、吏部尚书等，四年以吏部尚书致仕归里。

缩不前的怯懦心态。朱由检无可奈何，只得转而委托吏部尚书王永光，孰料王永光也不愿意挑这副重担，借口是："吏部止谙考功法耳，不习刑名。"[1]其实王永光心里有鬼，不久就有言官指责他"阴附阉党"，现在又企图"曲庇香火，借为己地"。[2]朱由检不得已，只能退而求其次，起用刑部尚书乔允升负责处理阉党逆案名单。

二月二十六日，朱由检召见阁臣及刑部尚书乔允升、都察院左都御史曹于汴，对他们报上来的第三个名单仍不满意，针对天启六年、七年担任内阁辅臣的张瑞图、来宗道不在名单上，责问："张瑞图、来宗道何以不处？"阁臣回答："无事实。"朱由检说："（张）瑞图以善书，为逆珰书祠额碑文。（来）宗道题（崔）呈秀母恤典，称在天之灵，其罪更重。"又问："贾继春何以不处？"阁臣回答："其请善待选侍，不失厚道，后虽改口，觉反复，其持论亦多可取。"朱由检反驳："惟其反复，所以为真小人。"随即要他们补充遗漏者，重拟第四个名单。[3]

---

1 夏允彝《幸存录》，《明季稗史初编》卷十五。谈迁《国榷》卷九十，崇祯二年正月庚辰。

2 谈迁《国榷》卷九十，崇祯二年二月丁亥。

3 李逊之《崇祯朝记事》卷一。夏允彝《幸存录》，《明季稗史初编》卷十五。谈迁《国榷》卷九十，崇祯二年二月壬子。

6. 公布“钦定逆案”

清查阉党逆案并非一帆风顺，其间颇多曲折反复，后来终于按照皇帝的旨意定案。崇祯二年三月十九日，朱由检向吏部、都察院发出圣谕，公布钦定逆案。他在圣谕中说：

> 朕惟宪天出治，首辨忠邪；臣子事君，先明顺逆。经凛人臣无将之戒，律严近侍交结之条。邦有常刑，法罔攸赦。
>
> 逆竖魏忠贤，儇狡下才，备员给使，窃弄智巧，党借阿保。初不过窥颦笑以市阴阳，席宠灵而饕富贵，使庶位莫假。其羽翼何蠢尔，得肆其毒痡。乃一时外廷朋奸之误国实繁有徒，或缔好宗盟，或呈身入幕。或阴谋指授，肆罗织以屠善良；或密策合图，扼利权而管兵柄。甚且广兴祠颂，明著首功，倡和已极于三封，称颂浸淫于五等，遂成逆迹，致长燎原。
>
> 及朕大宝嗣登，严纶屡霈，元凶逆孽，次第芟除。尚有饰罪邀功，倒身窜正，以望气占星之面目，诿发奸指佞之封章，迹其矫诬，恶能错贷！朕鉴察既审，特命内阁部院大臣，将发下祠颂红本，参以先后论劾奏章，胪列拥戴、谄附、建祠、称颂、赞导诸款，据律推情，再三订拟。首正奸逆之案，严于五刑；稍宽胁从之诛，及兹三褫其情罪轻减者，另疏处分，姑开一面。此外，有原心宥过，纵有遗漏，亦赦不究。

自今惩治之后，尔大小臣工宜洗涤肺肝，恪修职业，共遵王路，悉斩葛藤，无旷官守而假事诪张，无急恩仇而借题参举。[1]

我们不妨一个不漏地看一下钉在历史耻辱柱上的这些嘴脸吧：

一　首逆

魏忠贤　凶残祸国，僭肆逼尊，罪恶贯盈，神人共愤，逆行已著，寸磔允宜。

客　氏　乳保恃恩，凶渠朋结，凌尊窃势，纳贿盗珍，阴逆首奸，死不尽罪。

以上依谋大逆律，不分首从，皆凌迟处死，已经正法。

二　首逆同谋

崔呈秀　负国忘亲，通内窃柄，凶谋立赞，党祸首开，佐逆罪魁，戮尸犹幸。

李永贞　主谋代笔，盗帑淫刑，佐逆兴谋，上刑正法。

李朝钦　附奸久与逆谋，殉缢未尽其罪。

魏良卿　济恶首孽，伪冒三封，盗帑窃

1 王世德《崇祯遗录》，崇祯二年三月十九日吏部都察院接出圣谕。《崇祯长编》卷十七，崇祯二年三月丁丑。

权，罪浮于辟。

侯国兴　妖种盗库，同谋逆孽，骈诛允当。

刘若愚　刀笔深文，朋奸害众，辟刑次等，具载爰书。

以上依谋大逆但共谋者，不分首从，皆凌迟处死，律减等拟斩。

三　交结近侍

刘志选　谄附拥戴

倾摇母后，驱逐戚臣，骂母之律尚宽，通内之诛难逭。

梁梦环　谄附拥戴

与刘志选并力合谋，情罪维均，律法宜正。

倪文焕　谄附拥戴

拜逆为父，嫉忠若仇，奸党无辞，上刑非枉。

田　吉　谄附拥戴

珰姻内转，躐加尚书，窃势鬻官，拟辟允协。

刘　诏　谄附拥戴

媚逆首凶，叠建生祠，参道臣几至死地，迹昭附逆，罪蔽冠军。

孙如洌　谄附拥戴

京祠首建，谀颂不伦，朋奸骗赃，辟刑允当。

许志吉　谄附拥戴

矫旨派赃，附逆流毒，黄山一案，重辟何辞。

薛　贞　谄附拥戴

执法无闻，媚奸有迹，刘铎一案，已足抵偿。

曹钦程　谄附拥戴

媚逆窃权，张威纳贿，报复代参正类，削夺竟至殒生，佐使杀人，情法允协。

吴淳夫　谄附拥戴

媚奸迁秩，附逆建祠，推债帅分贿酬恩，纵姻弁丧师贻患，九迁稔恶，一辟明刑。

李夔龙　谄附拥戴

夤缘线索，起据铨衡，附奸伐异党同，媚逆望风承旨，几酿清流之祸，何辞两观之诛。

陆万龄　谄附拥戴

倡祠国学，侮圣媚奸，名教罪魁，极刑莫贷。

李承祚　谄附拥戴

勋爵党奸，称颂无等，两公再请，三尺难容。

田尔耕　谄附拥戴

侍卫近臣，朋比首逆，冤毙多命，死有余辜。

许显纯　谄附拥戴

诏狱酷刑，逆奸授意，冤毙忠谏，宜正辟刑。

崔应元　谄附拥戴

北司贴刑，迎合逆珰，索赃戕命，拟辟非苛。

张体乾　谄附拥戴

献谀杀人，戕杀五命，刘铎冤对，大辟宜偿。

孙云鹤　谄附拥戴

理刑阿逆，骤列官衔，冤命宜偿，大辟非枉。

杨　寰　谄附拥戴

用刑酷烈，杀害多人，应正典刑，戍死为幸。

以上，依诸衙门官吏与内官互相交结，泄露事情，夤缘作弊，而符同奏启者律斩，秋后处决。

四 交结近侍次等

魏广微 首开谄附，阴行赞导

失仪忿劾，因合内谋，私票潜通中旨，因而祸国，委柄至于不收。

徐大化 倾心阉党，阴行赞导

阴拱元凶，显为戎首，魏广微始祸，原与逆谋杨涟等惨冤，更多主使。

霍维华 谄附拥戴

主持三案，罗织多人，复魏忠贤叙功疏云茅土尚觉其轻，复魏良卿加九级至太师尚余一级，助逆显著，闪烁何为？

张 讷 谄附赞导

首参赵南星戍死，善类株连，推兄张朴巡抚，用示酬报，桐封迫遣，似赞阴谋。

阎鸣泰 颂美

畿辅三镇，请建七祠，即刻会题，何不少避行迹？人心依归，天命向顺，形诸奏牍，岂得尽委呈详！

周应秋 颂美

称颂三十九本，题请公侯伯诰，改武荫为文

荫，借媚人以处人，逆孽封公本，有“厂臣心存浴日、志切补天，宜进尚公之典，永坚带砺之盟”等语。

李鲁生　谄附赞导

倡执中宅中之说，为二魏解嘲，凡杀人媚人之凶，皆一言流毒，至攻周起元一案，尤胜颂首恶十本。

杨维垣　阉党赞导

王纪参客魏，徐大化出疏挤排，大化杀周朝瑞、顾大章，嗾使代劾。至参崔奸疏中，犹为魏逆称颂，欲更别局，兼示酬恩。

潘汝桢　首开谄附

交结织监，潜通内廷，首建逆祠，尤为始祸。俯顺舆情本有“厂臣心勤国恤，念切民隐”等语。

郭　钦　谄附

首逆姻亲，躐推戎帅，夤缘不避，罪累何辞？

李之才　颂美

建祠孝陵前，主使有人，代奏宜罪。

以上，依交结近侍官员引名例律，减等充军，仍敕下法司，行各该抚按官招拟具奏。如有赃私情节，一并勘明奏请，候部复发落。

五　逆孽军犯

魏志德　魏良栋　魏鹏翼　魏抚民　魏希孔　魏希舜

魏希尧　魏希孟　魏鹏程　傅应星　杨六奇　客光先

徐应元　刘应坤　王朝辅　涂文辅　孙　进　王国泰
石元雅　赵秉彝　高　钦　王朝用　葛九思　司云礼
陶　文　纪　用　李应江　胡明佐

六　交结近侍又次等

冯　铨　谄附赞导

父虽向与内通，到阁因而协赞，门生密友，代嗾噬人，要典主持，尤为罪案。传闻揭救周宗建等，又分遣中使时曾有阻止，积愆莫赎，末减可需。

顾秉谦　谄附

天启四年十二月至六年九月止，皆由票拟，中间止遣内镇，微有规陈。刑赏僭滥，一无匡正，褒纶轻亵，阿逆何辞？圣明有“顽钝依阿，大负先帝付托”之旨，允是定评。

张瑞图　颂美

逆祠坊额碑文，人言多其缮写，已达天听，岂是风闻。

来宗道　颂美

为崔呈秀请恤，有“在天之灵”等语，虽由司呈，何无驳正？仰聆圣谕，鉴察凛然。

郭允厚　颂美

题覆称颂四十疏，请逆封庄田禄米六本。颂有“达聪明目居高听卑”，及“安即安社稷之安，平非平一方之平”等语。

薛凤翔　谄附颂美

题覆称颂四十七本，请给逆封第宅铁券四疏。首颂厂臣伟绩本，有“劳著大工，勋高社稷，既赐通侯之爵，允膺第宅之封”等语。

李　蕃　建祠赞导

师友朋比，合谋参劾，多其代草，望门投拜，人传为“四姓奴”。建祠谀称，至呼九千岁。

孙　杰　赞导

首劾刘一燝，再劾周嘉谟，给事召还，尚书躐级。剪忌已见杨涟疏内，附珰遂与崔逆齐名。

张我续　谄附颂美

军饷中旨开销，夤缘荐起，户侍助工逾万，馈内有征。颂本有“心膂重臣，公忠谋国，嫉邪扶正，世宙清明”等语，罪有定评，饷宜严勘。

朱童蒙　谄附颂美

建祠佐逆，母死夺情，颂本有“厂臣赤心报君，吁谟定国，俎豆兼军旅之学，衮衣治征讨之任”等语。

杨梦衮　谄附

给事三年，宫保八座，管工结纳，不避嫌疑，大工侵牟，见于劾奏。

李春茂　颂美

宣武门建茂勋祠，给助库银三千两，祠成传帖庆贺叩拜。建祠本有“至德莫可名言，下情惟有祝釐”等语。

李春烨　颂美

例转给事，躐升尚书，辞恩本有“皇极鼎建，内则厂臣监臣，竭力抒忠；外则阁臣工臣，宜念分猷”等语。又先为移宫事疏救罪珰，为终始通内之证。

王绍徽　颂美

造《点将录》，佐中旨处分，劾冯从吾，致抑郁身死。

徐兆魁　赞导

惠世扬、顾大章诬案，皆其在刑部时所拟，诅咒一招，珰名并列。

刘廷元　赞导

梃击一案，党祸开先，参张差误主疯癫，王之寀竟以惨死。

谢启光　赞导

纂修《要典》，动称中旨，恐吓词林，稍有异同，径自涂改，斥南厚馈珰奸，缉获弥缝闲住。

徐绍吉　赞导

窜身史局，纂修《要典》，斥废惨杀诸臣，各欲留一罪案，叱呵词臣，涂更原稿。

邵辅忠　颂美赞导

府丞骤列尚书，攻击多其主使，送藩封本有“监体悉厂臣节制，俾臣得行其事”等语。

杨所修　颂美赞导

吏部不驳封爵，转南微及夺情，三事定案一疏，又为《要典》张本，颂本有“厂臣身事视君，家事视国”等语。

贾继春　赞导

保护选侍，藉发难端，四罪一疏得罪公论，出处占望，反覆无恒。

范济世　颂美

颂疏自叙，一岁五迁，搜括助工钱粮数十万。捐资助饷本有“劳在封疆，庆贻宗社”等语。

李养德　颂美

郎署加衔尚书，夺情忍同败类。颂本有“禁地元忠，密勿赞襄，主持在内”等语。

阮大铖　颂美赞导

因杨涟有叩马献策之语，报复有魏大中杨左之参，至合算七年一疏，尤为珰逆巧护解嘲。

姚宗文　颂美

湖广建隆仁祠，颂本有“东厂魏上公间出名世，以澄清世道为任，翊戴圣明为心”等语。

陈九畴　赞导

借谢应祥一事，倾赵南星、高攀龙等，受嗾得报，乙榜亚卿。

亓诗教　赞导

谏垣专政，珰谕起官主盟，俄而建牙失职，依然眈视。

赵兴邦　赞导

兵垣贿闻失职，吏部营起复仇，赵太宰力致谴赃，五御史一疏骈斥。

傅　魁　赞导

结同宗潜通内廷，持异见显开始祸。

安　伸　颂美

按差已满，留金助祠，颂本有“天眷圣明，赉心膂以赞内外。臣衙门已有公疏，不能自陈芹曝之忱”等语。

孙国桢　颂美

抚登称颂二疏，有“圣主中兴，明良会合，厂臣忠诚贯天地，勇略震华夏”等语。

郭　巩　赞导

为魏忠贤报首参之仇，致周宗建有逮死之惨，亚卿躐转，通内可知。

冯嘉会　颂美

部务请嘱多徇，称颂十有六疏，复刘应坤本有“厂臣精忠体国，矢志筹边，既荷特达之知，必蒙破格之眷”等语。

曹思诚　颂美

河间醵金，建祠要津，摧折善类。辞恩本有“赤心报国，殚力图度，费省功倍之亲臣”云云。

孟绍虞　颂美

署礼部，九天轮换一新本有“心膂元老笃生应运”等语。

张　朴　颂美

建四祠，颂十二本，有“皇天开亿万载灵长之祚，上公应五百年名世之期”，又“天启明良”，又“内镇清忠，元臣指授”等语。

李恒茂　赞导

荐起崔呈秀等，为“三李”中一人，入幕参谋，朋比害正。

郭尚友　颂美赞导

畿抚报南星恨，总漕建瞻德祠。神功参天地本有“厂臣扫逆如雷如霆，翼正为雨为露，弘德无涯，大功无并”等语。

李精白　颂美

东省三祠，谀颂六疏。元辅功高普被本有“厂臣孤贞报主，殚力匡时，挈魁柄以还至尊，扫浮云而开九照”。传闻颂联有“至圣至神，多福多寿”等语。

秦士文　谄附颂美

祠颂七疏，馈器镂名。颂本有“业赫圣明之世，昭上公之功”等语。葛九思荐士文“忠诚天授，敏捷飙飞”。

张文熙　颂美赞导

逆党姻亲，群邪契好，嗾倪文焕诬周顺昌，巡视光禄，有颂珰疏。

杨惟和　赞导

主事加衔，副都暱奸，曲尽谄媚。

何廷枢　颂美

封爵已定给赐应优本有“查拨额地七百顷，银二千两”，及“查参违例逋欠”等语。

陈朝辅　颂美

安平庄田催报各属先报田数，挪解钱粮。

许宗礼　赞导

户都吏垣，更调管察，考选曲徇，要路跻升，同乡党比。

卓　迈　颂美

二祠一颂，珰败反攻，代崔呈秀报仇，参夏之令逮死。庙算制胜本有“厂臣知人善任，樽俎折冲”等语。

卢承钦　颂美

谀颂二疏，又请刻党籍榜示海内。建祠本有“股肱良弼，社稷元勋，扶圣主于中兴，焕宸居于大壮”等语。

陈尔翼　颂美

颂逆有“内外诸臣心厂臣之心”等语，荐崔呈秀为本兵，请五城逻东林余孽。

石三畏　赞导

王官夤缘考选，噬效生死遭诬。

郭兴治　赞导

攻道学例转，因中旨复还，参方震孺逮问，荐吴淳夫京堂。

刘　徽　颂美赞导

称颂十一本，诬房可壮、樊尚燝盐赃，参熊廷弼悬赃百万。颂本有“厂臣干国精忠，尽心筹划，三战三捷，奏此肤功”等语。

智　铤　颂美

通内得选北道，嗾伤善类多人，参解学龙、侯恪削夺，颂本有“运筹帷幄，付托得人”等语。

何宗圣　颂美

房山建显德祠，祠成买香火地。题祠本有“厂臣睿算参微，精诚格天”等语。

王　珙　颂美赞导

参方大任，问徒追赃。祠颂疏中不名厂臣，谢恩本有“厂臣志虑精勤，经营得法，俾三朝之阙典克行”等语。

汪若极　颂美

阿逆珰两疏谀颂，罗王赞化一狱媚奸。天心助顺颂美本有“厂臣缉奸助饷，中外感激精忠”等语。

陈维新　颂美

参王允成，荐张我续疏云“无奸不照”，又云“清明再辟”。

门克新　赞导

罗织孙文豸、顾同寅冤斩，词连文震孟、陈仁锡、郑鄤除名。

游凤翔　赞导

假参高攀龙，自辨复原职，借纠宫秉忠，连劾惠世扬。

田景新　赞导

始在师门，窃柄用事，殿工疏荐崔呈秀侍郎兼右佥都御史。

吕纯如　颂美

惠藩监随，掠毙夫役，复命疏荐，归美厂臣。

吴殿邦　赞导

媚珰劾樊王家追赃，通参改尚宝卿破例。

黄运泰　颂美

建祠守祠称颂十本有“厂臣志切恢复，知人善任，运筹帷幄，文武承受方略”等语。

李从心　颂美

祠颂五疏，河道叙劳本颂有“厂臣本擎天捧日之赤心，运旋乾转坤之妙用，独居首功，当膺特典”等语。

杨邦宪　颂美

江西建祠，元勋功德甚隆本有“厂臣魏上公，光岳元精，扶舆正气”等语。

郭增光　颂美

河南会建戴德祠，有“厂臣德隆”；乞请额名本有“体国精诚，感民倾慕”等语。

单明翔　谄附

主事三年，躐跻巡抚，肃宁城工得力，畿辅筹边未闻。

王　点　颂美

巡抚大同，会建嘉猷祠，助工本有“厂臣纯忠为国，默助自天，边将末吏，敢不体厂臣，以体宸衷”等语。

李　嵩　颂美

登莱二祠，称颂七疏有“厂臣神谋秘算，授计筹边，赫声濯灵，扬威各镇”等语。

牟志夔　颂美

建祠派银，属员稍迟，立毙解役。

张三杰　颂美

巡抚甘镇，称颂五本有“厂臣与阁部和衷筹画，远烛边陲，纪纲振肃”等语，臬司骤跻开府，夤缘攀附有征。

曹尔祯　颂美

抚晋建祠三本有“心膂重臣，早夜经营，细大拮据”等语。

毛一鹭　颂美

苏州同王珙建祠，被逮周顺昌激变。

张文郁　谄附

主事骤躐侍郎，督工贪缘媚逆。

周维持　赞导

疏请刻党籍、拆书院，论刘一燝、周嘉谟等削籍。

徐复阳　赞导

诬郝士膏追赃，参方逢年等削籍，持局结案二疏，护奸害正有征。

黄宪卿　颂美

中城山东，二祠二颂，元勋万古为烈本有“厂臣赤心，中天日月，热肠特地乾坤，成两朝大慈大孝，佐九重允文允武”等语。

许其孝　颂美

扬州会建瞻恩祠，颂本有“督厂魏上公，天付英姿，灵钟名世，功高社稷，德被商民”等语。

张素养　颂美

荐邪被劾，复官巡方，二祠一颂，王师屡捷本有“赖厂臣以安社稷之心，定制胜之画，方略密授，机宜悉符”等语。

汪　裕　颂美

建祠守祠，谀颂七疏，元臣功德天崇本有“魏忠贤丹渊浴日，灵腕补天，德耀乾坤，勋在社稷”等语。

梁克顺　赞导

受人意指，横肆劾弹，蒙恩本有“东林元凶大憝，立为逮诘削夺，海宇共睹清醒”等语。

刘弘光　颂美

两院回稿，建报功祠，屡疏抨弹，多属善类。

温皋谟　颂美

湖广建隆仁祠本有“厂臣翼赞朝廷，计安社稷，懋德崇功，藏在盟府”等语。

鲍奇谟　颂美

河南会建戴德祠，颂与郭增光同。

陈以瑞　谄附

叩逆像长揖佛前，致珰疑旋被斥逐。

庄　谦　颂美

会建祝恩祠，并颂二本有“厂臣德著庙堂，中外享有道之福，内扶社稷，遐迩承无疆之休”等语。

龚萃肃　颂美

盐差建祠本有“厂臣魏上公颙然柱国元勋，卓尔清朝硕辅”等语。

李应荐　颂美

荐潘汝桢监试，中崔铎招嫌。

何可及　颂美

颂疏五本，先帝逆珰并称。

李时馨　颂美

改折本内有“火灾修省，天心仁爱，内有竭忠之臣，外有调元之相，何难消弭？此真尧有九年之水，益成其为圣帝”等语。

刘　渼　颂美

两疏媚逆，科参可凭。

王大年　颂美

巡城建祠，虽由合疏，中台执法，宪纪何存？

佘合中　颂美

恭陈闻见本有“臣蜷伏田里，台臣崔呈秀等交章荐拔”，又“有洁己急公之厂臣，保护于内，凤至麟生”等语。

徐　吉　颂美

建祠本有“厂臣泽被海隅”等语，祠成，仍疏叙效劳官，有“厂臣功德不朽”等语。

宋祯汉　颂美

淮南建瞻德祠，会疏同词谀颂。

张汝懋　赞导

诬参樊尚燝、房可壮、杨嘉祚追赃。

许可徵　颂美

兵垣以边事颂，加衔至左副都，捷音俘解本有“厂臣先机运筹，阁部沉心谋赞，内镇督抚道将鹰扬阃外”等语。

刘述祖　颂美

抚院回稿建祠，谀颂无所规正。

李灿然　颂美

河东会建褒勋祠本有“魏上公帝简笃生，佐兴间出，允九五之元臣，洵五百之名世”等语。

刘之待　颂美

会潘汝桢疏到稍迟，后以例推被削。

孙之獬　赞导

中崔铎啧有人言，哭《要典》大贻嗤笑。

吴孔嘉　赞导

登馆即工通内，黄山惨杀多人。

季寓庸　赞导

奸党荐入铨司，钻营见于参疏。

潘士闻　颂美

闽中试录序文有“圣主当阳，帝赉良弼，策问有庙堂之上，帷幄之中，胜算密谋，出奇授略”等语。

王应泰　赞导

试录列内监督抚序文，有“心膂股肱”等语。

张元芳　赞导

逆枢至戚，荐入铨司。

阮鼎铉　颂美

诬参吕坤、郑三俊，三案元凶一疏，颂珰备极称扬。

李若琳　颂美

上林官民建祠，列名不能坚拒。

张永祚　颂美

建良牧署存仁祠、嘉荫署洽恩祠、林衡署永爱祠。

周良材　赞导

珰孽逆封，案呈题复。

曾国祯　颂美

建卢沟桥隆恩祠本有“厂臣精神格天，睿算通微”等语。

张化愚　颂美

建崇文门广仁祠，元功德业普施本有“精忠贯日”等语。

李桂芳　颂美

大工谀颂，有守令怠缓本参贺仲轼、胡敬辰，有“厂臣急工之念，可容草莽委之”等语。

张一经　颂美

军国大计本有“天眷圣明，笃生厂臣，安内攘外，功高千古”等语。

陈　殷　赞导

主事卿仆，夺情视事。

夏敬承　颂美

拜祠首倡谀言，上公高悬榜谕。

周　宇　谄附

附胡监乡亲厚善，夸魏祖神道通灵。

魏　豸　谄附

自认义孙，逆祠朔望谒拜。

郭希禹　颂美

输田二百顷，为生祠祭田。

颉　鹏　颂美

逆祠倡拜题额，升郡称建专祠。

李际明　谄附

劣转贿奸升官，逆祠治品供献。

魏宏政　谄附

借胡监分金荐扬，而拜逆祠，绕门引水。

岳骏声　赞导

诬王之寀受赃，竟至逮死，梃击诬案已毁，肆辩不休。

郭士望　赞导

直陈东林陷害本有“厂臣魏上公，转阴霾日月，为光明乾坤，臣何幸遭逢明良盛世”等语。参南居益、魏大中等，又自称曾经崔呈秀特荐。

张聚垣　谄附

准贡附珰，躐转管差，贪累万金。

周　锵　颂美

河南督修戴德祠，毁王府民房二千余间，起宫殿九楹。

徐四岳　颂美

任子工部，加衔卿贰，颂本有“臣莅任以来，木税一节倍意厘剔，一念微衷莫非仰体厂臣德意”等语。

辛思齐　颂美

谀颂二本，凭珰攘官。

胡桂芳　谄附

凭恃奥援，复仇害正。

以上依交结近侍官员律，引名例律减二等，坐徒三年，纳赎为民。

七　谄附拥戴

李　实　李希哲　胡良辅　崔文昇

李明道　刘　敬　徐　进　冯　玉

杨　朝　胡　宾　孟进宝　刘　镇

王体乾　梁　栋　张守成　商承德

以上一款十六人并前一款徐应元等十六人中，有见在闲住的，并放回原籍的，都着革去冠带，为民当差。奉圣旨："览卿等奏，这逆谋党附诸人，罪状各殊，刑章宜正，除重辟以上监候逮问见拟外，其充军发遣，及赎徒为民，行该抚按照款结止具奏。朕遵明国宪，敕法除奸，申儆官刑，昭布中外，还同敕谕一并通行。该部院知道，钦此。"[1]

在钦定逆案名单之后，内阁首辅韩爌做了补充说明："臣等钦奉上屡谕，参定附逆一案，反复商酌，除将祠颂赞导诸臣分别重罪拟戍，以至削籍为民，开列款项，具疏奏闻。及圣谕事本为公，而势

◥ 韩爌，山西蒲州人，万历二十年进士。历官庶吉士、少詹事、东宫讲官、礼部右侍郎。泰昌时任礼部尚书兼东阁大学士。天启四年任首辅，杨涟参劾魏忠贤二十四大罪，魏忠贤求救于韩爌，韩爌不应，次年遭人弹劾去职。崇祯元年再为首辅，三年因门生袁崇焕诛杀毛文龙被罢。

1　以上钦定逆案名单见文秉《先拨志始》卷下《钦定逆案》及韩爌等《钦定逆案》，两书中个别人名顺序不同。

非得已，素有才力而随人点缀，如封疆辽黔，及素任无过诸臣，俱置物议外，若称颂稍次前诸臣，或居位鲜匡维之略，而指纵亦无奸谋，或滥竽备筹采之员，而线索初非自主，或径本歧邪，播珰恶非为戎首；或阶因骤躐，稽职掌尚未全堕，以逮专阃建牙，品原庸碌散员冗吏，识昧挺特者，臣等欲再拟减等，则恐前重而后轻，欲概拟削籍，又虑罪轻而罚重，谨依考功法不谨例一款，将诸臣并拟闲住，另请上裁。如蒙皇上俯允，彼重处者知媚逆之不可为，即宽政尚从褫削，此量惩者幸身名之未尽辱，纵枯槁亦沐恩波。其于激扬人心，培养元气，未必不均有藉矣。至内中军民商匠数本，臣等初拟行抚按查究，既复思之，此辈幺么末品，见缙绅尚且风靡，彼效尤何足深怪之！闻上本时多奸棍捏名，希荣窃润，今名虽在而人半非，必行追究恐有桃僵李代之虞。其真正倡谋罔利者，地方官执而治之有余，可无重烦宸断为也。再照此举，臣等凛奉圣谟，胪分二案，考据不敢不核，程量不敢不平，秉心不敢不虚，持议不敢不正。年来目睹耳闻，收括略尽，即更有溢出，或存疑者，决无元恶大憝得窜逃于指示之外。圣谕谓'纵有漏遗亦赦而不究'，大哉王言，真与覆载同量。从此静戢玄黄，各修职业，养世道平康之福，慰圣明宵旰之忧，臣等愿与大小诸臣共勉之矣。臣等不胜冒昧之至，为此谨具奏闻。"[1]

1 韩爌等《钦定逆案》。文秉《先拨志始》卷下《钦定逆案》。

韩爌奏疏所说的“臣等”，是指内阁辅臣韩爌、李标、钱龙锡、周道登，吏部尚书王永光，都察院左都御史曹于汴，他们的宗旨是能宽则宽，对于四十四名重要人物予以从宽发落。其中包括：“代言柄轴，碌碌徇人，出镇珰封，唯唯听命”的黄立极；“票拟不闻力诤，趋谄亦未当先”的施凤来；“掌院曾有颂疏，入值未闻显过”的杨景辰；“泾渭漫无主裁，线索随人指授”的房壮丽；“在工一味恭谨，幸犹见机去早”的董可威等。全部按照“考察不谨例”，拟“冠带闲住”。皇帝批示同意：“这次款所列量惩，各官拟议允协，都着照不谨例，闲住。”

另外又开列“附逆案漏网”名单，有张枢、赵胤昌、薛国观等二十一人，俱应补入赞导，从重拟罪；又有田一甲、曾楚卿、朱继祚等三十人，俱应补入谄附定罪；张凤翼、袁崇焕等六人，亦俱建祠，但与诸奸不同，宜减等论处。

7. 余论：对于钦定逆案的评估

此次清查阉党逆案，包括首恶魏忠贤及客氏，罪犯分作七类：首逆二人，首逆同谋六人，交结近侍十九人，交结近侍次等十一人，逆孽军犯二十八人，交结近侍又次等一百二十八人，谄附拥戴十六人，共计二百一十人，如果加上祠颂四十四人、漏网五十七人，共计三百十一人。

首逆同谋六人：兵部尚书崔呈秀，宁国公魏良卿，锦衣卫指挥使侯国兴，太监李永贞、李朝钦、刘若愚，按照大逆律本应凌迟处死，现减等拟斩。交结近侍十九人，如提督操江右佥都御史刘志选，太仆寺卿署御史梁梦环、倪文焕，兵部尚书田吉，总督蓟辽兵部尚书兼右副都御史刘诏，太仆寺少卿孙如冽、曹钦程，工部尚书吴淳夫，右副都御史李夔龙，国子监生陆万龄，锦衣卫左都督田尔耕、许显纯，锦衣卫同知崔应元、张体乾，锦衣卫右都督孙云鹤、杨寰等，按照交结近侍奸党律论斩，秋后处决。这些都罪有应得。但是罪恶并不逊色于上述诸人，如大学士魏广微、工部尚书徐大化、吏部尚书周应秋、兵部尚书霍维华、总督尚书阎鸣泰等，作为“交结近侍次等”，仅仅判处“减等充军”，未免过于宽纵。至于“交结近侍又次等”，人数最多，更加宽纵，大学士冯铨、顾秉谦、张瑞图、来宗道，延绥巡抚朱童蒙，吏部尚书王绍徽，光禄寺卿阮大铖等，仅仅判处“坐徒三年，纳赎为民”，实际上不过“削籍”而已，与他们的罪孽不相匹配。等而下之大学士黄立极、施凤来、杨景辰，吏部尚书房壮丽，督师辽东兵部尚书王之臣等，只是判处“冠带闲住”，可谓高高举起轻轻放下。

皇帝朱由检亲自确定清查阉党逆案的方针，再三督促阁部大臣一定要做到无一遗漏，除恶务尽。逆案名单从最初的几十人，扩展到三百多人，阻力重重，要真正做到“除恶务尽”，谈何容易！他自己也没有坚持原则，指示阁部大臣点到为止，“纵有漏遗，亦赦而不究”。

因此，钦定逆案遭非议，就不足为奇了。李逊之说：“此案主笔者首辅韩（爌），参定者次辅钱（龙锡）、李（标），暨部院三人也。首辅持正有余，刚断不足。况冢宰（吏部尚书王永光）身曾颂逆，而与定附逆之案，有不私庇同党掣肘当事者乎？所赖圣明嫉恶甚严，申谕再四，诸臣惕于明纶，不敢不遵命以从事。然欲上副圣天子错枉之权，下昭万世臣民之戒者，尚有未尽也。自此以后，谋翻局者伺之十七年如一日，上之坚持者亦十七年如一日。直至南渡后马（士英）阮（大铖）用事，案翻而国运随之以尽。尚得谓小人之进退不关兴亡大数哉！[1]李逊之的批评是深刻的，内阁首辅韩爌刚断不足，吏部尚书王永光自身附逆，怎能定附逆之案？因此，除恶务尽成为一句空话。崇祯一朝十七年，阉党余孽的翻案活动或隐或显，始终没有消停，直至南明福王小朝廷马士英、阮大铖掌权，全面推翻阉党逆案，王朝的末路已无可挽回。

文秉也有类似的批评："定逆案者，辅臣韩爌、李标、钱龙锡、周道登，冢臣王永光、宪臣曹于汴也。当大憝斩除之后，自应穷治其党，上以副圣天子错枉之权，下以昭千万世人臣之戒。《春秋》之义，首严乱臣贼子，而必先治乱臣贼子之党，法至严也。王永光业已本兵颂美矣，以颂珰之人，为定附珰之案，谬孰甚焉！且也，杨世芳为蒲川公（韩爌）也戚，薛国观为沈惟炳也友，俱邀恩一面之网。于是同事者皆援例而逃吏议。操法纪以佐圣天子者，固若是耶？"文秉不仅指出吏部尚书王永光是"颂珰"之人，岂能定"颂珰"之案；还指出韩爌为亲戚杨世芳网开一面，其他参与定案的人

1 李逊之《崇祯朝记事》卷一。

援例仿效，宽纵与漏网自然难以避免。他还质疑一系列定案中的问题：

——人臣非有大功不许封公侯，此祖制也。所司朦胧奏请，当该官吏即受封之人皆斩，律也。今逆孽魏良卿斩矣，而奏请三封之周应秋，何以不辟？

——交结内官近侍人员者斩，谋杀人造意者斩，律也。而显行通内之霍维华、孙杰、冯铨、邵辅忠，罗织熊（廷弼）案之徐大化、杨维垣，何以未斩也？

——又律上言大臣德政者斩，何况阉寺。而首建生祠之潘汝桢，何以幸免也？

——又律子孙骂父母者绞，此就愚氓言也。刘志选、梁梦环甘作鹰犬，直攻懿安，忍下华歆之毒手，显行成济之操戈。怀奸如此，骈斩何疑？而仅拟一绞，何以平人心也。

——《三朝要典》明为逆贤权书矣，而纂修之曾楚卿、朱继祚等，何以意格外也？

——捐助之楚藩勋臣，建祠之梁世勋、李诚铭、郭振明，捐资之李守锜、汤国祚，颂美之张惟贤、常胤绪，独不可奏请处分乎？

——黄立极等身入纶扉，而满朝颂德，遍地生祠，不闻诤正，焉用彼相？

——顾秉谦位居首辅，而播恶成祸皆出其手，区区赎徒，遂足蔽其辜乎？至闲住一款为居官不职者设耳，诸人既属逆贤私党，岂容复厕衣冠之末，而犹以不职之例列之乎？

揭示了这些疑团以后，他提出正确的处理方案，虽然是马后炮，毕竟反映了舆情民意。请看他的意见："草莽放论，窃谓刘志选、梁梦环应照崔呈秀，决不待时，妻孥没入，家产籍官。通内显著孙杰等，熊（廷弼）案主谋徐大化等，与首开祸始之顾秉谦，请题三封之周应秋，首建生祠之潘汝桢，应照吴淳夫等，监候处决。其僭谀在天之来宗道，叩首九千岁之黄运泰，尧天帝德之李精白，哭争《要典》之孙之獬，与原拟充军之阎鸣泰等，俱应改发边外为民，仿古投诸四夷以御魑魅之义。其原拟赎徒张我续、郭尚友等，应改充军……其赞导漏网张枢、袁鲸等，纂修《要典》曾楚卿、朱维祚等，试题颂美张士范、陈盟等，建祠颂美史永安、张凤翼、梁应泽等，颂美漏网王永光、苏茂相等，申详生祠司道张维世、宁三翰等，与原拟闲住黄立极、房壮丽等，俱应改为民。其楚藩与勋臣郭振明等，应题请停爵革禄，用是以惩。"[1]总之，文秉强烈主张不要让阉党的残渣余孽蒙混过关，这也印证了"除恶"并没有"务尽"。

在清查阉党逆案的同时，己巳京察即崇祯二年的北京察、南京察，也在进行之中。毫无疑问，此次京察的首要任务，应是清除官僚队伍中的阉党分子，正如吴应箕所说："南北二察皆以驱除逆党为主。"[2]

1 文秉《先拨志始》卷下。

2 吴应箕《两朝剥复录》卷八《己巳京察》。

当时主持北京察的是吏部尚书王永光、都察院左都御史曹于汴、吏科都给事中沈惟炳、河南道御史蒋允仪等。他们检查出一些附逆官员，诸如：

“美大工而献谀词”的太仆寺少卿李宣培；

“拆白鹿洞书院”的南京太常寺少卿彭惟城；

“既为崔魏之官，自应为诐邪之事”的太常寺卿蒋一骢；

“（王）绍徽之浊乱世界皆其谋”的浙江巡抚兼兵部右侍郎张延登；

“认田尔耕为同宗”的四川巡抚兼右副都御史田仰；

“柔媚无骨阴险多机”的太仆寺卿管太常寺少卿事吴弘业；

“人既昏庸心复阴险”的太仆寺卿管少卿事王大智；

“奸邪巨擘鹰犬前茅”的太仆寺少卿安伸；

“诬攻逆党素忌之人以投其好”的工部营缮司员外郎刘斌；

“以告密为首功”的户部浙江司主事王廷谏；

“称厂臣一柱擎天寸丹捧日”的户部广东司郎中白鲲；

“与韩敬等造《天鉴录》一书”的户部河南司主事沈德先等。

主持南京察的是南京户部尚书郑三俊（南京吏部尚书缺员）、南京都察院左都御史陈于廷等人，检查出的附逆官员有：

“附冯铨而作魏珰之幕客，非馆职而充《要典》之总裁”的大理寺左寺丞谢启光；

“其所喜必为逆珰所喜之佥人，其所劾必为所憎之良士”的都察院河南道御史何早；

“包揽词状殆无虚日”的都察院山东道御史刘汉；

“原以魏广微亲侄强认忠贤义孙”的户部广西司郎中魏豸；

“以周应秋之爱婿作魏忠贤之义孙”的礼部祠祭司郎中虞大复；

“夸魏祖爷真活神道到处通灵”的礼部车驾司郎中周宇宠等。

南京吏科给事中钱允鲸等揭发的附逆官员有：

“擢升总为崔魏传灯，起废竟与奸邪护局”的吏部尚书房壮丽；

“奔竞情浓，弥缝术巧”的四川巡抚田仰；

“发纵指示作虎彪之先驱”的太仆寺卿张文熙；

“本是凶阉假子，巧作关门盗臣”的兵部尚书王之臣；

“钻入逆珰之幕首开杀机”的兵部左侍郎邵辅忠；

“佐察则清流抱投浊之冤，伪史为正人修刺骨之怨”的户部侍郎徐绍吉；

“主持邪局无限阴谋，虎彪是其驱用之爪牙”的工部尚书刘廷元；

“性类贪狼毒逾乳虎”的兵部尚书霍维华；

“因珰焰之顿张致官阶之速化”的兵部侍郎吕纯如等。

吴应箕《己巳京察》中列出的上述名单再次表明，在阉党专政的非常时期，大批官员卖身投靠魏忠贤，极尽奴颜婢膝之能事，为了升官发财，对魏忠贤及其阉党献媚邀宠无所不用其极。及至阉党倒台，又千方百计隐匿掩饰，佯装揭发，妄图撇清关系，浑水摸鱼。倘若不对他们进行彻底清算，要想推行崇祯新政，几乎是痴人说梦。由此看来，钦定逆案以这种方式终结，有其必要性与合理性，尽管难以除恶务尽，但已经是当时所能达到的较为可取的结果。

◤ 文震孟像

文震孟，苏州人，文徵明曾孙，天启二年状元。授翰林院修撰。为官刚正不阿，直指熹宗诸事不理，犹如“傀儡登场”，忤逆魏忠贤，遭廷杖。思宗即位，任日讲官、少詹事，秉直言政。崇祯八年特擢礼部左侍郎兼东阁大学士，参预机务。与首辅温体仁不和，被夺官。

由于观察问题视角的差异，有些人从相反的角度对钦定逆案进行非议，夏允彝就是一个例证。他对钦定逆案的看法与众不同，一方面指出：“阁臣韩爌端而厚，钱龙锡和而谨，亦不欲广搜树怨”，另一方面指出：“是案所罗列甚广，几无一遗。”作为“罗列甚广”的证据，他举例说：“如杨维垣首参(崔)呈秀，不宜入也；以其力扼韩爌、文震孟之出，遂处以谪戍。虞廷陛曾参孙居相者，于赵南星原无弹章，以纠南星误处之。吕纯如虽有颂珰之疏，疏至，熹庙已宾天，霍维华取其疏稿削去之矣，竟据邸报以入之。此何等事而草草罗入，致被处者屡思翻案，持局者日费提防，纠缠不已。迄南都再建，逆案翻而宗社墟矣。此则当局者之咎矣。”[1]夏允彝所举实例或许不无可以商榷之处，但其结论实在难以恭维——把逆案中人屡思翻案归咎于当局者定案时罗列太广，且草草了事，显然是过于意气用事的偏执之见。事实恰恰相反，崇祯一朝逆案中人不断企图翻案，继之弘光朝这种翻案风更加嚣张，充分表明钦定逆案除恶务尽的方针是何等正确何等必要，由于主事大臣手下留情，从轻发落一些要犯，后患是多么严重。政治风云变幻莫测，权力之争残酷无情，即使当初定案时慎之又慎，时过境迁，仍

1　夏允彝《幸存录》,《明季稗史初编》卷十五。

然会有人跳出来翻案，这不以人们的善良愿望为转移。夏允彝与阉党并无瓜葛，上述论断只能看作是不谙世事的书生之见。

有明一代，宦官专权造成政治祸乱共有三次：王振、刘瑾、魏忠贤，一次甚于一次。魏忠贤之乱几乎颠覆社稷，原因就在于，宦官与朋党合而为一，结成所谓阉党。身临其境的政治家兼学者文震孟说得好："(王)振、(刘)瑾之时，小人附之者，犹视为旁门曲径，唯恐人知……逆贤之时，小人附之者视为康庄大道，共知共见。凡为正人者，为小人所恶，即为逆贤所仇，不必其积怨逢怒于己也，夫一人之仇有限，以众小人之仇仇天下，而君子始涤地无类矣。"[1]在这种背景下，如果不对阉党逆案彻底清算，势必铸成历史性错误。由此看来，朱由检排除各种干扰，钦定逆案，是政治家远见卓识之举，无论对于明朝而言，抑或对于中国历史而言，都是值得称道的有声有色的大手笔。

四　反思·昭雪·维新

1. 对制度腐败的反思

朱由检登极之后，对天启朝的制度腐败有所反

1 文震孟《黄忠端公神道碑铭》，《明文海》卷四百六十四《墓文》。

思，发出一系列谕旨。

撤销派往各地的监军太监——“上谕兵部：各处镇守内官一概撤回，凡相机度宜，约束吏士，无事修备，有事却敌，俱听督抚便宜调度。无复委任不专，体统相轧，以藉其口。各镇督抚诸臣及大小将领，务提起精神，殚精忠荩，以副朕怀”。

暂停织造太监活动——“上谕户部：封疆多事，征输甚烦，朕殊悯焉。苏松等处织造，朕不忍以衣被组绣之工，重用此一方民，其俟东南底定之日方行开造，以称朕敬天恤民至意”。

褒赠恤荫死难诸臣——“上谕吏部：魏忠贤、崔呈秀天刑已极，臣民之愤稍纾，而诏狱游魂犹然郁锢，含冤未伸。着该部院九卿科道将已前斥害诸臣从公酌议，采择官评。有非法禁毙情最可悯者，应褒赠即与褒赠，应恤荫即与恤荫。其削夺牵连者，应复官即与复官，应起用即与起用。有身故捏赃难结，家属波累羁囚者，应开释即与开释，勿致久淹，伤朕好生之心”。

禁止私自阉割为宦——“上谕礼部：朕览《会典》自宫禁例一款，民间有四五子以上，许以一子报官阉割，有司造册送部院，收补日选用。敢有私自净身者，本身及下手之人处斩，全家发烟瘴地面充军。两邻歇家不举者治罪。我祖宗好生德意真至周密，故立法严明。近来无知小民希图财利，私行阉割，童稚不堪，多至殒命，违禁戕生，深可痛恨。自今以往，且不收选，尔部可宣布朕命，多列榜文，谕到之日为始，敢有犯者按法正罪。仍许诸色人等当时首告，本地方官司奏闻，邻右歇家不举从重治罪，有司知而不禁，并行究处。倘有强阉他人，希图诬赖的，讯明反坐，决不徇纵”。[1]

显然，这些都是对于魏忠贤专权乱政导致的制度腐败，所引出的反思，有着很明显的针对性——防止再度出现类似的制度腐败。顺应皇帝的思路，有远见卓识的官员们纷纷反思昔日的制度腐败。

天启七年十一月十八日，户部郎中刘应遇论述“天下有六大苦情”，就是颇有深度的反思。

一是诸臣逮系之苦：自杨涟二十四罪之疏，请斩逆珰忠贤，而海内缙绅之祸从此始。但彼时尚苦无题目，后以移宫一案悬坐尤苦无赃，借题封疆受熊廷弼贿，而缇骑出矣。初逮杨涟，一时士民若狂，各州县设醮祈祷至数百处，老妪、菜佣、瞽废、乞儿争持一钱以馈。（杨）涟行至许州，有旧识吏部郎中苏继欧以一饭而遭惨毒。高攀龙、左光斗以同官惨死。

二是诸臣拷死之苦：自杨涟逮下镇抚（司），而诸臣之续逮者俱不赴司寇（刑部）矣。借赃加刑，因刑速毙。杨涟之死，体无完肤，童仆惊散，得旨而后敢殓，又值暑月，尸供蝇蛆，仅以血溅旧衣裹置棺内。此则其受顾命、锄奸邪一场结果也。有人心者独不怜乎如是，疑其点窜疏稿。词臣缪昌期死，疑其募资结姻。而铨臣周顺昌死，天地寒心，鬼神饮血。而王恭厂希有之变，非此希有之冤致之哉！

三是诸臣追赃之苦：自借题封疆以杀善类，而

1 文秉《烈皇小识》卷一。

杨涟悬坐二万，顾大章悬坐四万，二臣极苦。而（杨）涟尤甚，亲戚乡人以及佛寺道观无不好义施助，母子住于城楼，男妇栖于客店。有挈族尽逃海滨，其子或死于狱死于途，父子妻儿俱为昼号之鬼。于是夤缘捷径者，日以杨左为彼富贵之媒，亦可伤也。

四是仕路去就之苦：自门户株连如火燎原，不独被谴者无乐生之意，虽陈列者亦无安枕之情。刀山剑海，举足皆惊。万苦千辛幸逃食息三年，四方孔道无敢偶语者；驿路停骖，无敢言一魏字者。去国诸臣萧条狼狈，全无士气。

五是新进禁锢之苦：凡推升题差株连削夺者，已经铨次起用，乃初列班行，未经受职如文震孟、陈仁锡、姚希孟、郑鄤、程良筹等，皆未衔一命之士也。

六是廷臣被削之苦：自忠良被杀以来，惟勋臣朱国弼一疏而已，逆珰妖姆作祟，先帝且不得保其宫妃懿亲，况外臣乎！[1]

皇帝朱由检赞同刘应遇的分析，批示道："权奸窃柄煽虐，惨毒异常，所奏诸臣苦状，朕为恻然。逆恶魏忠贤原籍房产尽没入官，已有旨了。其逮死各官，已征在官，既经奏报者，抚按查实解进，未完的都与豁免，家属悉与释放。所荐诸臣分别录用，俱有旨了。"[2]

1 外史氏《圣朝新政要略》卷二，天启七年十一月十八日。

2 外史氏《圣朝新政要略》卷二，天启七年十一月十八日。

南京吏部主事涂绍煃从另外的角度反思，提出“太平八要”。如果说刘应遇的奏疏侧重于“破”，那么涂绍煃的奏疏侧重于“立”，为构建太平盛世而献策。

一要乾纲独揽——陛下登极几何时，弛张刚柔之间，环海内外莫不钦大圣人举动，以为即尧舜复生莫能过焉。惟是尧兢兢舜业业，此段心法须臾不可忘。经筵欲勤，而后聪明日扩；召对欲频，而后釜鬵无虞；郊天礼庙时一举行，而后怨恫无归。大法小廉，审于毖饬，乾纲独揽，颦笑欲严。

二要未雨绸缪——陛下知奴（满洲）酋之逆我颜行，而数不利于国乎？道路流言佥以为，今夏奇捷莫非鹿马之奸。夫奴子方以大兵东渡击朝鲜，安得又有大兵蹂乱我中国乎？此忠贤欲邀边功以冒上赏，即袁崇焕不欲自以为功，其意可知也。今及时未雨绸缪，以收成功于万举万当。

三要急讲生财之大道——陛下知民穷财尽，至今日而极不堪头会乎哉！当忠贤之世，又加派，又横征，又设措，又搜括，又追赃，吸髓剥肤，三空四尽。窃以惟正不可不蠲也，辽饷一事亦须从长酌议。崇祯元年为陛下改元之初，请准免天下辽饷，所籍忠贤、客氏、呈秀诸赃，不知几百千亿万，亦可少抵。至如生财之要莫如钱，莫如屯，莫如盐。

◥ 涂绍煃，江西新建人，万历四十七年进士。历官南京工部虞衡司主事、吏部考功司郎中、四川督学、河南汝南兵备道、广西布政使、云南巡抚等，与宋应星等交往，赞助过《天工开物》的出版。

造钱有要，颁钱有则，广钱有本，行钱有道。屯有边屯有腹屯，粟可得而食也。考于盐之利，盐之害，榷可得而筦也。急讲生财之大道。

四要匡天地尊宗社——陛下知文运国运相关乎哉！今日经生家言伪辞伪理，谁非厉气？且以命题为献谄之计，致诸生又以我夫子献媚珰父，可权启圣射圃，可占生祠，病狂丧心，至此极哉……吾道无光，今日已极，尊吾道所以匡天地尊宗社。

五要问渠恶清乱源——陛下知忠贤罪恶滔天，岂独凭宠任之过哉！外则崔呈秀之招权纳贿，内则李永贞自雄学海，狐鼠辈亦奉为智囊，宵小朋比，实繁有徒。虽不必苦株连伤元气，亦安得不问渠恶清乱源！

六要慎于用人——陛下知魏广微之与忠贤谬结同姓，实为戎首乎哉！今天夺其魄，未受显诛，而不追夺于身后，恐无以雪诸臣愤冤于地下。至于李夔龙之秽迹多端，俨然为群豸长，岂不玷宪体、羞群吏乎！用人不可不慎。

七要补给追夺之诰命——陛下方以孝治天下，奈何不弘锡类，以沛孝思乎哉！陛下初登宝位，追崇圣母，人孰不有父母？从前所追夺之诰命，一应补给。至于物色之起，又在后也。

八要许诸人直言无隐——陛下亦知忠言不可攸伏，而多言亦易滥觞乎！当忠贤窃柄钳结，天下郁郁已极。今言路弘开，火燃泉达，势不可禁，启陛下厌听之端，转开堂帘暌隔之路。职闻止戈为武，今且以言止言，乞先赐罢职，为多言戒。其余一切真实利病，凡可以纠官邪、正士习、安民生、足国用等项，仍许诸人直言无隐，庶授言之益。[1]

涂绍煃的太平八要，算不上谠言宏论，却有很强的现实针对性，对于消除魏忠贤专权乱政的影响，营造太平盛世，不无小补。皇帝朱由检没有立即表态，待到次日，江西道御史林栋隆条陈新政六事：重票拟、伸公论、惜爵赏、严核实、慎言路、审机权，才一并表态："万几虽烦，朕当思执要之法。这所奏保躬，知道了。票拟关系国事，是阁臣实力担当，说得是。至伸公论、惜爵赏、核功能、审执权，救时要论。"[2]可见他对于太平八要、新政六事，是感同身受的。

◥ 林栋隆，浙江宁波人，万历四十七年进士。初授漳州府推官，天启七年授江西道御史，魏忠贤招揽不至。崇祯年间起用，官至刑部右侍郎、吏部左侍郎。

2. "朕原不欲以东林二字禁锢人才"

魏忠贤阉党专政，为了钳制舆论，排斥异己，严厉镇压持不同政见的官员，六君子之狱与七君子之狱就是典型事例。为了宣示镇压的正确性，对这些正人君子一概扣上"东林邪党"帽子，而不管他们与东林书院有没有关系。要给遭到迫害致死的君子们平反昭雪，首先必须推翻强加给他们的"东林邪党"诬蔑不实之词。

1 外史氏《圣朝新政要略》卷五，崇祯元年正月十三日。
2 外史氏《圣朝新政要略》卷五，崇祯元年正月十四日。

◤ 罗元宾，浙江绍兴人，天启二年进士。天启四年授太常寺博士，崇祯元年擢河南道监察御史，巡按福建期间清廉有为，使全闽获安。后历太仆寺少卿、右副都御使等，皆有作为。十三年因病乞归，甲申之变后绝食而死。

崇祯元年正月二十一日，河南道御史罗元宾首先触及这一问题，写了洋洋洒洒长篇奏疏。虽然他对东林与门户各打五十大板，毕竟还是主持公道之论："迨二十四罪之疏一出，而触怒权逆，流毒冠绅，昔之气焰一旦摧折，攻东林者快之。然而其盟主则（魏）忠贤也，其传头则（崔）呈秀也，其护法则虎彪也，其败局则贪位慕禄之徒，借《要典》之公议，以泄其私愤，执门户之虚套，以畅其毒心。比之东林，殆又甚焉，能无败乎！究而论之，门户群小所构煽而成者，是依附之局，非东林之局也；攻门户权奸所侵假而成者，是魏崔之局，非攻门户之局也。"[1]

二月初一日，翰林院检讨项煜从"平人情定国是"的角度，谈及这一问题："当事者之过在于防君子太严，而待小人太恕，何也？分别门户之号，皇上已化之，诸臣必欲留之；名节忠义之派，皇上已怜之，诸臣必欲锢之。斯不亦严于防君子乎？何以信从公酌用之明旨，而塞斯民直道之口也。臣请平心质之，东西南北皆臣子，何人独外于光天？父兄师友亦偶然，安得便锢其一世。不惟影响株连者可用，即真正东林亦可用；不惟会推升转题差之被斥者可用，即曾经弹射者更可用……不问是党非党，

1 外史氏《圣朝新政要略》卷六，崇祯元年正月二十一日。

但问是贤非贤，捐城府以遵明旨，秉虚公以慰舆望，此则平人情定国是之大机括也。”[1]皇帝朱由检明确表示赞成：“朕立贤无方，原不欲以东林二字禁锢人才。”[2]

在这一问题上讲得最透彻的，莫过于翰林院编修倪元璐。他所写的反驳杨维垣的奏疏，立场鲜明地站在东林人士一边。

——臣读（杨）维垣入告诸疏，则深讦其仰负圣心，且若与陛下相反然者。盖陛下之谕，一则曰分别门户已非治征，一则曰化异为同，一则曰天下为公。而（杨）维垣之言则曰孙党、赵党、熊党、邹党。陛下之于韩爌、文震孟曰清忠有执，曰已着起用，而（杨）维垣于（韩）爌、（文）震孟曰非贤曰不简。是陛下之于方隅无所不化，而（杨）维垣之于方隅实有未化；陛下之于正气无所不伸，而（杨）维垣之于正气实有未伸；陛下事事公虚，而（杨）维垣言言我见。

——（杨）维垣怪臣盛称东林，盖以东林之尊李三才而护熊廷弼也，然亦知东林中有首参魏忠贤二十四罪之杨涟，及提问崔呈秀欲追赃拟戍之高攀龙乎？且当时之议，其于（李）三才特推其挥霍之略，而未尝不指之为贪；于（熊）

1 外史氏《圣朝新政要略》卷七，崇祯元年二月初一日。

2 外史氏《圣朝新政要略》卷七，崇祯元年二月初一日。

廷弼特未即西市之诛，而未尝不坐之以辟，则犹未为失论失刑也。若以今日之事言之，以魏忠贤之穷凶极恶积赃无算，而（杨）维垣犹且尊称之曰‘厂臣公’，‘厂臣不爱钱’，‘厂臣为国为民’，而何况李三才！

——东林已故及被难诸贤，自邹元标、王纪、高攀龙、杨涟之外，又如顾宪成、冯从吾、陆大受、周顺昌、魏大中、周起元、周宗建等之为真理学、真气节、真清操、真吏治，戍遣如赵南星之真骨力、真担当。其余被废诸臣，臣不敢疏名，以冒荐举之嫌，而其间之为真名贤、真豪杰者多有其人，岂有矫激假借而然哉！

——总之，东林之取憎于逆珰独深，受祸独酷，在今日总当曲原其高明之慨，不当毛举其纤寸之瑕，而揭揭焉徒予逆珰以首功，反代为逆珰分谤，斯亦不善立论者矣。

看了这篇是非分明、入情入理的奏疏，朱由检颇为心动，表示“朕总览人才，一秉虚公”，这与他日前所说“不欲以东林二字禁锢人才”是一致的。[1]

在此前的另一奏疏中，倪元璐毫不掩饰地表达了对东林的敬仰之情：“从邸抄见诸章奏，凡攻崔魏

1 倪元璐《驳杨侍御疏》，《奏牍》卷一。外史氏《圣朝新政要略》卷七，崇祯元年二月初一日。

者必引东林为并案，一则曰邪党，再则曰邪党，何说乎？夫以东林诸臣为邪人党人，将复以何名加诸崔魏之辈？崔魏而既邪党矣，向之首劾忠贤，重论呈秀者，又邪党乎哉？以臣虚衷之心，合之事后之论，夫东林则亦天下之才薮也。其所宗主者，大都禀清挺之标，而或绳人过刻；树高明之帜，而或持论太深，谓之非中行则可，谓之非狂狷不可也。其所引援为用者，亦每多气魄之俦，才干之杰。其间即不无非类，要亦可指数而尽耳。而其中又有泊然无营，修乎自远，谢华膴其若脱，付黜陟于不闻，而徒以声气心期遥相推奖，此其人尤所谓淡漠宁静纯乎君子也。今而曰邪党，则无不邪党者矣。”[1]张岱对倪元璐的这一奏疏给予高度评价：“疏上，天下传颂之，遂为东林定案。”[2]

在这一背景下，死难君子的遗孤，陆续上疏伸冤，掀起了平反昭雪的浪潮。

崇祯元年三月初九日，原任福建道监察御史周宗建的儿子周延祚、周延祉，首先为父鸣冤：“臣父周宗建，职居言路，性秉孤忠，首发逆珰魏忠贤必至之祸，横罹陷赃，惨讯殒命。在臣父杀身报国，无负夙心。独臣等痛父之冤，血泪迸竭，延

◥ 周宗建像
周宗建，苏州人，万历二十九年进士。官至监察御史，天启年间上疏弹劾权阉魏忠贤，下狱致死。“东林七贤”之一。

---

1 倪元璐《首论国是疏》，《奏牍》卷一。文秉《烈皇小识》卷一。

2 张岱《石匮书》卷一百八十五《顾宪成列传》。

喘旦夕，万苦难言。今幸遇圣明御极，离照当天，尽烛逆珰大恶，深悯诸臣极冤，屡奉圣谕，怜及诏狱幽魂，一则曰借旨擅杀敢谏忠直之臣，一则曰串同心腹酷刑严拷，诬捏赃私，立毙多命。近科臣祖重烨疏称，臣父首攻魏忠贤、客氏在杨涟之先，祸惨功烈，奉有明旨，内云周宗建击邪惨死，着与优恤。科臣颜继祖疏称，臣父冤死狱中，复奉明旨，内云受祸独酷，着早与赠荫，以慰忠魂。臣等捧诵纶音，拊心感涕，犹不披沥控陈，则臣父于诸臣中纠逆独先之忠，于诸冤死臣中被祸独惨之状，于立身居官极清极直之操，俱含泣九泉，无以自白……臣父五年县令，一介不污，乃欲于八年离任之久，考选七年之后，驾空诬为狼藉，安所据乎？抚臣毛一鹭承望风旨，移文搜索，而藩臬有司百口昭雪，三邑士民聚万讼冤。案墨具在，足凭也。（毛）一鹭无隙可寻，勉强坐赔该县公费并夺俸资追银一千二百五十两。而臣家三世百亩之传尽矣。忠贤犹以勘问未足杀臣父，又授意腹珰李实巧摭恶啧，狠下杀机，旋即矫旨扭解来京究问。缇骑纵横，多人威诈，而臣家寸丝尺缕无不充官旗之橐者。及下镇抚司，逆党许显纯、崔应元等首责臣父云：‘汝是首发，祸种久办，着极刑待汝。’遂炮烙酷加，筋脉断绝，较之夹拶棍杖倍极惨毒。更可异者，拷掠时乃有名为听记者偃倨堂上，指挥授意；又有名为打事件者络绎道路，每一打问，必得忠贤命然后发落。万千威逼，臣父宁死不屈，而（许）显纯等竟悬坐赃银五千二百五十两。然忠贤犹未快也，更矫旨尽数穷追。昨日伤残剩骨，复遭惨讯奇凶……仍复五日一严刑，迫臣父立就鬼录。酷暑蒸腐，肢体残落。且臣父于六月十八日毙狱，独至二十四日方许领埋，身填牢户，尸供蝇蛆，视诸臣犹得以血溅囚服裹置棺内，而臣父一丝不挂，身首零落，此则半生忠直首折逆奸之结果也。”[1]

朱由检看了饱含血泪的控诉，动情地批示：“周宗建首折逆奸，惨死可悯，着该部从优恤荫，诬坐赃银准与豁免，仍补还敕命，以旌忠直。附恶诸奸已有旨处分，该部知道。”接到圣旨后，周延祚、周延祉感激涕零，乞求皇上指示礼工二部，准照例给予应得祭葬专祠，使得“首忠得以自表”，“贞魂不致无依”。皇帝当即批准：“周宗建三疏发逆，忠鲠尤著，所请全恤，着该部酌给，仍于赃银蠲免外，准给银五百两，以昭怜悯。”[2]

皇帝态度如此鲜明，发出了明确的信号，给予死难者遗孤极大的鼓舞，掀起一阵伸冤昭雪的巨浪。

原任山东道监察御史黄尊素的长子黄宗羲为父亲伸冤。黄宗羲当时还是一名生员，日后成为赫赫有名的思想家，他写的讼冤疏文自然值得一读：

——臣父黄尊素秉正嫉邪，攻发逆珰魏忠贤罪恶，被逮死狱。臣从舞象之年招魂归里，泣血至今，靡宁朝夕。伏睹皇上践祚，离照当

▼ 黄宗羲像

黄宗羲，浙江余姚人，世称“梨洲先生”，与顾炎武、王夫之同称为“明末清初三大思想家”。清兵南下，他招募义兵，组织“世忠营”，被南明鲁王任为左副都御史。明亡后隐居著述，康熙时举博学鸿儒，荐修《明史》，皆不就。学问渊博，对天文、算术、乐律、经史百家以及释道之书，无不精研。著有《宋元学案》《明儒学案》《明夷待访录》《南雷文案》等。

1 金日升《颂天胪笔》卷二十《讼冤》。
2 金日升《颂天胪笔》卷二十《讼冤》。

天，大奸距脱。此直臣冤抑见伸，千载一时也，立起赴阙讼臣父冤。

——臣父中万历丙辰进士，授宁国府推官，壬戌考选，除山东道监察御史，侃侃直节自持。入班未逾一载，而疏凡十三上，悉中逆奸之隐。时魏逆与客氏表里为奸，形已厝火，势必燎原。臣父预抱隐忧，因灾异示警，直陈时政得失。谓阿保重于赵娆，禁旅近于唐末，萧墙之忧，惨于戎敌，毫末不札，将寻斧柯。当奉严旨切责。此甲子三月初六日疏也。至毒焰方张，渐不可制，于六月初九日复上圣断不可不早一疏。谓忠贤与其私人柴栅既深，螫辣谁何，势必台谏折之不足，即干戈取之亦难，请先帝默察人情，自为国计，即日罢忠贤厂务。于是忠贤不杀臣父不已，臣父亦自分必死而后已也。至七月初十日，业已杖死工部郎中万燝，臣父首上士气已竭一疏，论奸人必借廷杖以快其私，将为所欲为莫有顾忌，而祸移诸国。且曰生臣死臣勿敢计，而魏逆杀臣父之心益不能须臾待矣。

——未几，彪虎纵横，有希旨逆徒为忠贤义子曹钦程，首发大难于内，腹心李实罗织无端于外，交口蔑诬取中旨如寄，倏而削夺，倏而逮系矣。时值缇骑激变于姑苏，留滞不前。臣父闻之，即拊心自念忠良总人臣之义，生死皆君父之恩，即日投呈按臣，赍本步行至京就系，一段慷慨不避之概，臣言之而未尽也。迨下镇抚司打问，许显纯、崔应元承顺逆指，酷刑严拷，体无完肤，诬坐赃银二千八百两。臣痛父血比遍贷臣乡之商于京者，并父之同年门，至差足交赃将完，而杀机遂决矣。一日，狱卒告臣父曰：“内传今夜取汝命，有后事可即书以遗寄。”臣父乃于三木囊头之时，北向叩头谢恩，从容赋绝命诗一首，中有“正气长留海岳愁，浩然一往复何求”等语。自是而臣父命毕于是夕矣。噫，黑盆蒙面，巨索缒胸，何等奇惨，而犹以“病故”欺先帝。此臣辛酸酷烈，日夜悲愤，不能不哀控于我皇上者也。

——然臣父之惨死虽由逆珰恣擅，实附逆之曹钦程、李实借以希荣。同谋杀人有律，尚可为大奸迟一日死乎？且曹钦程管陵工、神木厂二役，侵匿不下数十万；李实苏杭织造侵盗不啻百余万，坐拥巨资，杀人草菅，诚举朝公愤所不容者。

——伏乞敕下部院查臣父前后奏疏，果否预折逆萌，臣父杀身果否（曹）钦程、李实陷害，速逮（曹）钦程与李实，立正典刑，上扶国宪，仍将两奸资产没入助边。使臣父清节直气大著于时，则愿忠者众；小人之凶锋恶焰明肆诸市，则为不肖者警，以裨圣政于万一也。

黄宗羲为父讼冤的疏文，声声泪字字血，读来令人扼腕。皇帝批示：“黄宗羲奏谢知道了。曹钦程、李实等已屡有旨处分，该衙门知道。”[1]

1 金日升《颂天胪笔》卷二十《讼冤》。《崇祯长编》卷九，崇祯元年三月戊子。

3. 伸冤与昭雪，一浪高过一浪

平反昭雪的炉火已经点燃，热度还不高，需要添把柴，加点油。快把那炉火烧得通红，趁热打铁才能成功。

六月初二日，户科给事中瞿式耜上疏，为冤死狱中的杨涟、魏大中、周顺昌大义凛然的风节叫好，为他们伸张正义，堪称趁热打铁的佳作。他说："自阉贼魏忠贤与奸相魏广微表里为奸，罗织忠臣，诛锄义士，一时惨死诸臣讵可置短长于其间哉……则于诸臣中，职独揭三人焉，曰杨涟、魏大中、周顺昌，三臣以公正发愤而遇灾祸，天下亦了了见之矣，然亦混迹于同死诸臣之中，而未有能发其幽光者。"

◤ 瞿式耜像

瞿式耜，苏州常熟人，万历四十四年进士。授江西永丰知县，廉政爱民得连任。崇祯元年擢户科给事中，转兵科给事中，有直谏之名。曾师从钱谦益，后因受钱谦益牵连而削职下狱。甲申之变后起用，后抗清而亡。

——杨涟自为诸生，孝友端方，慨然以澄清天下为己任，家徒四壁，志气轩如。其筮仕臣乡常熟也，铁面冰棱，吏胥不敢仰视，而爱民如子，即婴儿妇媪咸得自尽其情，莅虞五年，不名一钱，百废俱举，钱粮之绝火耗，上下百年仅见涟一人耳。入计时，止余两袖清风，欲送其老母归楚，至不能治装以去。及居言路（出任给事中），扬清激浊，屏绝馈遗，寒素之风，依然白屋。但一言及国家之事，未有不耳热面发赤，如念其祖宗父母，回肠刺心。谈及神祖、光宗，未有不涕泗交下。故其临死之日，亦旁无一语，但呼高皇帝陛下而已。逮系之日，涟自湖广达京师三千余里，只身策蹇驴，未尝一日乘小肩舆，未有一日骑马背。入都门，小民有叹息："杨都御史清官，今日何至于此！"诘朝而叹息之人毙命于厂卫矣。谁复敢私语称其冤者？涟死于溽暑，逾四日方奏闻，比领尸骸，手指肿烂欲断，足之联于胫丝毫耳。迨下令湖广追赃，涟倾斜一屋，所值几何？涟母栖城楼，诸子乞食以养之。县官无可奈何，为设柜于四门，远近士民争来投柜，纳至万余金。夫应山非甚富饶也，惟正之供犹自难完，而争为涟纳，此岂能征发期号哉！夫人臣抗节直言，慷慨杀身，历代史书常常有之，如涟之贫不言清，劳不言功，从容就死，无怨无尤，方之宋岳飞，明知十二金牌出自秦桧之手，而俯首就僇，斯亦可谓人臣之极则矣。

——魏大中为孝廉（举人）十余年，足迹不一至郡县之门，设馆糊口，欣然自足。自成进士以至授职行人，擢选谏职（给事中），从未尝受人一钱。官至吏垣（吏科都给事中），犹赁屋以居，无一椽一瓦，邑中豪强与缙绅家凛然畏如严师，而独与闾里小民如家人父子。逮之日，微臣与南京吏部主事魏浣初往送之，见阖邑哭声震天，槌胸踊地，黄童白叟，无不皆然。及览追赃之疏，不过里老代完银若干，士大夫代完银若干，大中书剑卖质银若干而已。当魏珰逆焰熏天，耳目布满之日，使大中不真贤，岂能号召士民为之还赃？使大中不真贫真苦至于此极，有司又敢如此上闻乎？……至其诣镇抚（司）也，大中受殊刑未死，狱吏以藁席卷其肢体，倒竖于地。如是三日，启而视之，大中目睛犹彀彀如转轮。既死，魏贼令狱卒投其尸以喂狗，故夫大中之尸所存者狗之食余耳。

——周顺昌赋性清严，疾恶如仇，即亲朋不少假借。官福州司理（推官），墨吏望风咸解绶去。值税珰高寀肆毒，顺昌方署府篆，挺身抗其凶锋，民赖以靖，忤珰之声，喧播朝野。擢居吏部，一洗陋习，四方竿牍，绝弗敢通。请告归籍，止用肩舆一乘，行李二抬而已。里居时，微臣时一过访之，见其田无数亩，室无数楹，萧然如老衲寒僧，意豁如也。魏大中逮过阊门，顺昌以大中必死，亲诣其船，缕缕问其家事，遂以女许大中之孙。缇骑以闻，珰衔之最毒，遂假手（苏杭织造太监）李实一疏，逮贤臣七人，而顺昌与焉。顺昌居乡，不畏高门，不侮鳏寡，等之大中。以故俄顷之间，吴阊数万士民狂号乱哭，众愤所激，击死官旗，几成大变。顺昌跪而哀求谓尔杀官旗而又不散，贻我不忠，且灭我族。小民无奈顺昌之哀辞，而后散去。民诚无知，而顺昌之生平亦可略见矣。初诸臣之逮至也，魏贼使人给左光斗曰："尔辈第不辨一言，当俾尔等生还。"于是光斗诫诸臣："我辈留此身，异日尚可为朝廷用，今日徒死何益？"是以诸臣无一言，然终以死。顺昌实愤之，故至镇抚司而唾骂者惟顺昌耳，而顺昌因此被刑尤烈。顺昌已死，（狱卒）逾墙而掷其尸于夹道中，狱中巡卒抚其尸，以磁锋割其股，血溃而苏。复荷枷至锦衣（卫）堂上，顺昌触石碎首，血溅几案，骂魏贼不绝，复加重刑，立时殒命。[1]

瞿式耜感慨地说："此三臣者，其清风高节无愧于高攀龙、邹元标，而死事之奇惨过之。死事之奇惨诸臣多有相同，而清之至极，忠之至纯，三臣似犹觉振衣千仞之上……似应将三臣特加旌表，于赠官荫谥之外，总敕一祠，仍给一匾额，俾三臣生前为第一清忠之品，死后亦邀第一褒恤之恩。"皇帝批示："这本说杨涟、魏大中、周顺昌之死最惨，宜全给荫谥，建祠赐额，着该部议复。"[2]

有了瞿式耜的呼吁以及皇帝的批示，杨涟、魏大中、周顺昌三臣的遗孤，先后上疏伸冤，吁请昭雪。

十月初十日，原任吏科都给事中魏大中的次子魏学濂上疏，向皇帝痛陈家难，请求为亡父湔雪冤情。

◥ 魏学濂，浙江嘉善人，崇祯十六年进士。"东林六君子"之一魏大中之子。李自成入京后拜官，后自惭自缢而亡。长于诗画，著有《后藏密斋诗稿》《日知录》《内斋集》等。

——先臣（魏大中）自少贫孤，惸惸靡托，撷菜为糜，纫蓑为被，虽四壁无有也。通籍之后，不改穷素……一生硁硁类如此。至发霍丘县官之馈，则苞苴之及门尤耻，而必却者也，死竟坐贿三千三百余金。辽阳之陷，杨镐等

1　瞿式耜《特表忠清疏》,《瞿忠宣公集》卷一《掖垣疏草》。
2　瞿式耜《特表忠清疏》,《瞿忠宣公集》卷一《掖垣疏草》。

奉旨从宽议处，先臣疏争，（杨）镐卒长系。后（杨）镐及熊廷弼等奉旨贷以不死，先臣于朝审日坚不画题，且为刑垣具公疏，而议定则口口辟诸缧臣。天下共耳目也，死竟坐杨镐、熊廷弼賄三千三百余金，天乎冤哉！

——先臣之被逮也，举家惊痛，臣母屡绝屡苏，诸孤诀于水浒，绞肠如轮，恨不得父子兄弟相抱一恸俱毙。而先臣怡怡就道，眉不为颦。会大风雨，屋瓦皆飞，父老子弟送者数万，绵绎于途，呼声动地，炰烋缇骑亦为涕零。臣兄（魏学洢）踯躅赴难，不敢同行，变易姓名，夜趋昼伏，得不死于逻卒手者几希。

——先臣掷下诏狱，则受窘奸弁，且诟且呵，弛扭受拶，弛镣受夹，弛拶与夹，仍镣扭受棍。暑日炎炎，锻炼竟日，先臣有死不承，如“明心堂岂是昧心堂”数语，即东厂听记者也。许显纯、崔应元竟为诬服词具奏，而不时追比之严旨下矣。先臣指断胫裂，股大于腰，叠棍所中，结为黑丁，渐为深坎不一。再宿复棍，棍击赤肉，肉败蛆生，淋漓零落，堕阶上者块如斗。

——盖严刑之下，既无力图生，且无力图死……不知何以掩杀，而徐以病故闻。殷雷溽暑，旨下迟迟，越六七日出尸牢穴，骸涨而黑，面与鼻平，几不成殓。尔时邑人尚争为先臣设醮，诸孤日冀父生还，亡何而臣兄已扶榇归矣，兄弟相见，焦腑寸裂。臣兄曰：“侍生父往，竟侍死父还，视父死杖下不能救，生不如死。”于是昕夕号咷，水不入口，哭而病，病复哭，每至丙夜，泪尽舌枯。臣以浆进，却之曰：“父诏狱中，谁夜半而进之浆者？”乃号咷至于死。

奏疏末尾，魏学濂对皇帝说：“故臣行乞入都，谢皇上而告其哀，窃痛先臣刻苦一生，伶仃九死；臣兄以身殉父，祸更洊臻。先帝得什死忠之臣，独先臣得一死孝之子。皇上忠无不恤，孝自当旌。臣乌敢请第先臣兄，奉旨祭葬建祠，倘得祔于墓，祭配于祠，则臣之私也。”四天以后，皇帝批示：“览奏，魏大中惨死情状殊恻朕心，魏学洢殉孝捐躯，不愧忠后。祔葬配祭，听从所请，昭朕孝治天下之意。”[1]

魏学濂同时呈进的另一奏疏，要求严惩杀人凶手。他说：“使非逆珰（魏忠贤）煽祸，而义甥、义子、义孙教以杀人之法，予以杀人之券，则先臣之忠不于死著，又何有臣兄之孝？”他特别提醒皇帝注意阮大铖、傅应星、傅继教、傅櫆之流，非严惩不可。他说：“先臣之嫉奸者既甚，奸人之嫉先臣者亦从此耽耽，而倾危之阮大铖遂兄事忠贤之甥傅应星、傅继教，以固援于内，并率傅櫆兄事（傅）应星、（傅）继教，以植党于外。既夜叩忠贤于涿州，进百官图，旁签王振、刘瑾故事，导之杀人，以肆毒于外。又嗾傅櫆道旁伏谒忠贤，

◥ 阮大铖，安庆怀宁人，万历四十四年进士。早年依附魏忠贤，造《百官图》攻击东林人士，崇祯时期不予起用。南明弘光时官至兵部尚书。清军南下后降清。

1　金日升《颂天胪笔》卷二十《讼冤》。

借长安共往共来之汪文言为阱于国中，以授题于内……崔呈秀则又疑先臣与闻其革职，魏广微又衔先臣直纠其失仪，所以（魏）广微之姻家陈九畴以寺臣谢应祥之推抚攻逮先臣于前，（崔）呈秀之私人倪文焕以铨臣周顺昌之订姻，促杀先臣于后。总之，杀机既发，不过儿女之姻，师友之雅，俱可坐为死罪。”因此他请求皇上，敕下部院，提审阮大铖、傅櫆，罪有所据，应当抵偿杀父杀兄之冤。皇帝批示：“魏学濂沥血上书，情殊可悯。奏内阮大铖、傅櫆事情，部院看议来说。”[1]皇帝在追赠魏大中太常寺卿的同时，为此写了一道制文：“尔魏大中，其生有自，视死如归，原其至清绝尘，大刚制物，可以贪绳蝉蚓，肉视虎狼……今者世灰大涤，天宇重晶，朕是用章阐幽忠，崇敷显秩，震雷一夕。”[2]

十一月初八日，杨涟之子杨之易为父亲“泣称冤苦”：

——臣父杨涟孤介性成，忠贞自励，初任常熟县知县，考察天下清官第一人，选授户科给事中，候命七年，实补兵垣。当皇考光宗朝，三蒙特召，亲承顾命，随先帝鼎成。以移宫一事杜渐防微，忧危六月，发须顿是皤然，然不敢居功，因请归田里。越二年，以礼科召

1 金日升《颂天胪笔》卷二十《讼冤》。

2 谈迁《国榷》卷八十九，崇祯元年十月丁酉。《崇祯长编》卷十四，崇祯元年十月壬寅。

还，由太常寺卿升副都御史。每思恩重身轻，誓图仰报，遂以逆珰一击，遭群奸百计朋杀。

——自二十四罪之疏上，首破逆珰之胆，日夜合算，思死臣父。故狼狈归里，束身待毙。而逆珰之怒不休，果借封疆题目而逮系之旨下矣。时值酷暑，钮锁锒铛，惨如炮烙，城郭士民哄然激变。臣父四向叩头，告以君臣大义，始得解散，入别孀母，出就槛车。明知必死，舆榇偕行。

——及至都城，竟下镇抚（司）拷打锻炼，皮绽骨断。悬赃二万，不时研比，死而复苏。臣父大叱许显纯曰："熊廷弼初在辽阳，我有参疏；及广宁陷后，我为奉命而出，失事而入，敢辞一死之语。（熊）廷弼恨欲杀我，此岂受贿为营脱者？若夫移宫始末，曲突徙薪，皇天后土鉴臣热肠。昧心杀人，狗彘不食汝肉。"（许）显纯大怒，竟将头面乱打，齿颊尽脱。臣父骂不绝口，仍加铁钉贯胸，立刻处死。挨延七日始得领埋，止存血衣数片残骨一具。

——臣父家世清贫，平日尚多称贷，并臣伯父杨清分产，尽没入官，不足千金。祖母漂寄于城楼，父棺暴露于荒野。母子兄弟计惟骈死，知府李行志不避侦逻，亲书募文；知县夏之令四门设柜，捐俸首倡。士民怜忠，倾家乐助，完及一万余两。后欠之数，周应秋巧逢珰恶，勒限四月，催檄如火，罗织无休。老仆笞死，幼弟惊殂。诬赃总欲污名，合郡惨过抄没。

杨之易向皇帝请求：将附逆杀人之罪明正典刑，申朝廷三尺

之法，得瞑冤臣九泉之目。[1]并且随奏疏递上父亲在狱中绝命书：“枉死北镇抚司杨涟绝笔封于狱神之前：涟以痴心报国，不惜身家，久付七尺于不问矣！日前赴逮，不为张俭之逃亡，杨震之仰药，亦谓雷霆雨露莫非天恩，故赤日长途锒铛不缓，欲以身之生死归之朝廷……不意身一入都门，侦逻满目，即发一揭亦不可得，下情不通至于如此……生死顷刻，犹冀缓死杖下，见天有日。乃就本司不时追赃，限限狠打，此岂皇上如天之仁，国家慎刑之典，祖宗待大臣之礼？不过仇我者立追我性命耳。”接着他追述“移宫”的是非曲直，然后说：“但愿国家强固，圣德刚明，海内长享太平之福。涟即身无完肉，尸供蛆蚁，原所甘心。”[2]这份绝笔原本是写给当时的皇帝朱由校的，希望有朝一日能付诸实录。没有料到送到了朱由校的继承者朱由检手上，使得他的遗愿曲折地获得实现，总算可以瞑目了。

十二月十五日，周顺昌之子周茂兰写了血书，为父亲剖析沉冤：

——臣父顺昌中万历四十一年进士，始仕福州府推官，勺水自尝，纤尘不染。值税监高寀擅行威福，臣父不屑一见。时有监司假名调停，实左右之，致变羁囚，恬不知耻者。臣父鄙之，每事相左，几为其所中。幸公道彰明，

1 金日升《颂天胪笔》卷二十《讼冤》。

2 杨涟《狱中绝笔》，《杨大洪先生文集》卷下《杂著》。黄煜《碧血录·杨大洪先生绝笔》。《崇祯长编》卷十四，崇祯元年十月癸丑。

得入铨署，计供职十有五年，弊绝风清，未尝受一粒一缗，即寻常一竿牍，谨勿轻投。退食之余，惟与同乡一二相知切靡道义而已。壬戌（天启二年）之受事署铨政，与一科道不合，拂衣竟归。归装惟有布被一床，残书数卷。抵家杜门，半刺不入公府，正色力持者独乡绅大体。至地方利弊，犹呕心区画，以其身隐系维桑梓之重。

——迨逆珰煽祸，臣父攒眉扼腕，恨不从杨涟诸臣后，请尚方之剑。会科臣魏大中逮过吴门，臣父痛其介特孤踪，横罹罗网，问及身后，遂与缔婚。舟次忧危，谈及中朝事，辄拍案怒骂。缇骑还京具告，逆珰痛恨臣父不减杨涟、大中。五虎倪文焕瞯珰微指，首先操戈，而臣父削籍矣。

——前此抚臣毛一鹭多炎凉世态，臣父微致反唇，（毛）一鹭遂从杭州敦请织监李实之苏州，促膝献计。更有同乡破甑希进之人，借臣父以媚（倪）文焕。杀机既发，罪罟斯张，而臣父逮矣。逮命既至，万人愤攻争殴，得杀臣父者而甘心焉。乃缇骑反逞咆哮愈于众怒，澒然一声，攘臂四起。臣父大叱疾呼，谓尔曹不散，吾先触死。知府寇慎、知县陈文瑞更委曲理谕，稍稍解去。

——臣父身赴诏狱，讯鞫之日，奋词慷慨，声彻棘林。致肌骨为糜，指胫俱裂，活剥生挦，立刻追命。种种楚毒，狱吏传示外人，与台省形之奏章，皆以臣父气更壮语更烈，死亦更惨。臣言及此，肠如攒剜，痛慕号泣，一字不能矣。尤可恨者，当日开读起变，疾召风雨，若抚按直据情形连章入告，逆珰或能悔祸。乃抹杀公论，主在周顺昌植党附邪，仰干圣怒。向与诸人互相标榜习气，高自矜诩，阴承漏网之旨，明种株连之祸，何忍心辣手至此！[1]

皇帝对于每一篇讼冤血书都认真对待，这次在周茂兰血书上批示："周茂兰所奏事情知道了。倪文焕既已解到，着究拟正罪；毛一鹭媚奸建祠，本当追究，姑念已故，不必再求。血书原非奏体，以后悉行禁止。"[2]看来他不希望继续收到血书形式的奏疏，一切应该回归常态，奏疏自应用墨书写，不应用血书写。

当时各位遗孤为了表明内心怨愤，给皇帝的讼冤奏疏，大多用血书写。朱彝尊就见到周茂兰血书真迹，他说："公子（周）茂兰，字子佩，尝啮指沥血，书疏草讼公（周顺昌）冤，故邀恤典特优渥。子佩高隐不仕，乡人私谥端孝先生，其血书副本尚存于家，予曾见之，为跋其尾。"[3]

皇帝对于遭受迫害的志士仁人是深表敬仰的，这在追赠周顺昌为太常寺卿的"制文"中有充分体现。一则说："尔吏部文选司员外郎周顺昌，希圣得清，择节取苦……当其出为从事，入典铨衡，并以晶心，章其茂节。"再则说："尔对簿不屈，绝命弥雄。"三则说："今摈轴既旋，衮钺并设。碑踣元祐，大升公正之群；墓显汤阴，恍见孤忠之气。用赠尔

1 金日升《颂天胪笔》卷二十《讼冤》。周顺昌《周茂兰鸣冤疏》，《周忠介公烬余集》卷四。

2 金日升《颂天胪笔》卷二十《讼冤》。周顺昌《周茂兰鸣冤疏》，《周忠介公烬余集》卷四。

3 朱彝尊《静志居诗话》卷十七《周顺昌》。

太常寺卿。国家谨严近寺，培养人才，而在旁之奸烈于二正，岁寒之节见彼前贤，要以道极一时，义激天下，明兴以来一人而已。”[1]这不仅是对周顺昌为官时能择节取苦，受迫害时能慷慨从容，给予高度评价，也是对于天启年间遭阉党迫害诸君子的普遍赞扬。

4.“朝廷已为动色”，“天下以望澄清”

为遭受迫害的志士仁人平反昭雪，是大势所趋，却并不一帆风顺。由于大多死难者是江南人，时任应天巡抚李待问（字葵孺，广东海南人）义不容辞，向朝廷请求，为死难诸臣高攀龙、左光斗、缪昌期、周顺昌、李应昇、周宗建、顾大章等建祠尸祝。他的奏疏写道：“诸臣生平各有本末，砺树咸著，朝端揆厥，致祸非击魏逆之奸萌，即褫崔贼之贪魄，不然触凶抗忌，构端以陷之者也。彼时虐焰四张，群凶罗织，殒身破家之惨，无不为之号霜泣旱，冤愤实有同情。此时天日重开，褒爵赐荫之恩，无不幸其润枯嘘槁，昭揭尤有同志。此各府士民相继以尸祝请也，乞下该部具复，特允本地建祠崇祀，庶忠魂大慰泉台，直节永光来禩。”朝廷的批复，以委婉的措辞驳回应天巡抚的请求：“郡邑乡贤祠原以俎豆示风劝，近来滥入太多，亵越巨典，

1 谈迁《国榷》卷八十九，崇祯元年十二月癸丑。

殊非旧制。这惨死诸臣风节较著，着有司遵旨送祀，使士子晓然知忠孝之义，不必建祠。”[1]这道圣旨是内阁次辅周道登（字文岸，苏州吴江人）票拟的，显然有悖于公论。《明史》说他不学无术，奏对鄙浅，传以为笑。[2]其实票拟这样的圣旨，与是否有学术造诣无关，实质是人品问题，立场问题。

请看李逊之的评论："拟此旨者次辅吴江周道登也，实欲阻乡人之建祠，故以送祀乡贤为词。试观当时缙绅即庸碌致位，考终牖下者，何一不入贤祠？且入贤祠止须地方官批行，何必奉旨哉！闻之前辈云：吴江（周道登）本与珰党臭味颇忮，嫉诸正人，憎及死骨，故不喜同乡有此盛事也。后经台臣王道直、刘士祯论列，亦指及此，可见公论有在矣。故瞿公稼轩是时柬先祖父有云：'朝政日见清明，邪党尚守珰局，如圣虑皇皇求旧，彼必肆力挤排；皇衷恳恳恤冤，彼必痛加沉抑。有君无臣，直使人扼腕太息耳。'噫，向非圣主独断，即一切恤典亦安能如此之优渥哉！”[3]事实确实如此，如果没有皇帝朱由检的独断，死难志士的平反昭雪，是不可能如此顺利的。

◤李应昇，李逊之之父，常州江阴人，万历四十四年进士。曾上陈魏忠贤七十二大罪，为无辜廷杖致死的万爆鸣冤，后被罢官迫害致死。“东林七贤”之一。

李应昇的昭雪就是一例。李逊之为父亲李应昇

1 李逊之《崇祯朝记事》卷一。
2 张廷玉《明史》卷二百五十一《周道登传》。
3 李逊之《崇祯朝记事》卷一。

的陈冤奏疏写道：

——臣父应昇一生忠孝，十载清廉。为御史时独首击三大贼：曰魏忠贤，曰魏广微，曰崔呈秀。其劾忠贤也，有"罪珰巧于护身"一疏；其劾广微也，有"阁臣负罪愈骄"一疏；其管理章奏代堂官高攀龙草疏劾崔呈秀也，有"贪污御史"一疏。皆发其秽恶，著其无将，铁笔诛心，血丹负日。三贼衔恨入骨，朋谋构陷，必欲杀而后已。首嗾曹钦程诬论臣父拥戴高攀龙，以报呈秀代草之恨。臣父削夺斥归，臣祖父母诰命遂并追夺矣。

——贼党李永贞等复授计李实，诬劾抚臣周起元，牵入臣父，矫旨逮狱。臣父即日就絷过郡城，闻（高）攀龙已赴水死。有讽臣父自裁者，臣父泫然曰："昇尚有老亲，如草草毕命，陷吾亲缧绁，即死不瞑目。归死诏狱吾分也。"郡城士民万余执香号哭，欲甘心缇骑。臣父踞谕解散，牵衣别臣祖父曰："杨左诸臣之累，累妻累子，今昇妻弱子幼，是逮同而累亲独也。"比至镇抚司，逆党许显纯极刑搒拷，骨碎肉飞。臣父毅然不屈，惟大呼"天地祖宗鉴临在上"而已。

——六月初三日，（崔）呈秀夜出片纸，令杀臣父。臣父已知必死，援笔赋诗云："十年未敢负朝廷，一片丹心许独醒。只有亲恩无可报，生生愿诵《法华经》。"书毕，望阙叩首，就死桎床之上。时方溽暑，死越两日，显纯秘不奏，待尸身分烂，然后掷出，以快崔魏之心。

——臣父死年止三十四岁，历任囊无一钱，田无半顷，飞陷多赃，移属追比，旅榇无归。闻者断肠，见者魂消。尽鬻祖父之产，不及三分之一。赖臣父房师礼臣周延儒，科臣许誉卿、陆文献，台臣蒋允仪等，及同门汤道衡、曹文衡诸臣，不惧波累，倡义纠扶，始克勉完。[1]

李逊之请求皇帝，特赐怜悯，准以臣父新赠官衔，改给臣祖父母诰命。皇帝朱由检批准了他的请求，派遣常州府知府石万程，谕祭原任福建道御史、今赠太仆寺卿李应昇，祭文曰："惟尔望峻凝山，忠坚誓日，自西台抗简，首效忠猷，嗣北面披衷，甘投危地。迹其治己治人之论，提挈头颅；病内病外之防，酌调药石。见大则严保身，以明修省；履险在摭珰罪，以暴奸欺。念死谏之臣并开言路，引失仪之律屡触凶锋……朕以是特悯忠贞，懋昭赠恤。并游何在，觍颜英俊之称；为烈于今，始食养士之报。九原可作，尚克歆承。"

祭品有：猪一口，羊一腔，馒头五份，粉汤五份，果子五色（每色五斤），按酒五盘，凤鸡一只，煠肉一块，煠鱼一尾，酥饼酥锭（各四个），鱼汤一份，鸡汤五份，降香一炷，烛一对（重一斤），焚祝纸一百张，酒二瓶。

同时颁发通议大夫太仆寺卿李应昇诰命一道："奉天承运皇帝制曰：朕闻李膺之被钩党也，曰事

1 金日升《颂天胪笔》卷二十《讼冤》。

不辞难，罪不逃刑。三复斯言，数为太息。而先朝有志义之士，致死于逆阉之手，其无愧斯言矣。朕岂靳恤死以劝生乎！尔原任福建道监察御史李应昇，少读古人之书，长怀世道之虑。名节忠义，学务立其大端；介直廉明，志耻独为君子。司郡理而著明允，为御史而茂风裁。保身修省，爱君有加于痛哭；抚时补救，谋国实切于徙薪。击奸臣之贪状于方张，朝廷已为动色；锄逆阉之祸机于叵测，天下以望澄清……”[1]

这种异乎寻常的平反昭雪举措，并非仅仅为李应昇个人而发，实际上是对所有遭受迫害的志士仁人的缅怀与表彰。

缪昌期之子缪虚白的讼冤奏疏，同样得到赠荫与诰命。缪虚白向皇帝报告父亲遭到魏忠贤迫害致死的缘由："(臣父缪昌期) 生平正直，不顾嫌怨，为吉士时，见时事不平，辄愤惋昌言，以故忌者挤归。迨复职未几，目击逆珰魏忠贤矫窃诏旨，擅作威福，先臣早为寒心。适副院杨涟、佥院左光斗过先臣旅邸，相顾叹息，共图剪恶。二臣曰：'不去此贼，无以报国。'先臣曰：'首辅叶向高见蒙先帝委任，力能驱除大憝。若外廷先抗疏列其罪状，而后辅臣援外廷公论，面奏先帝，立黜忠贤，便消阴祸。'涟亦首

◥ 缪昌期，常州江阴人，万历四十一年进士。万历年间因上言"梃击案"被劾归。天启年间因拒为魏忠贤建生祠而被列入东林党籍，后因汪文言案被捕，惨死狱中。

1 李应昇《落落斋遗集》卷首。

肯曰：'吾蓄此志久矣。'议定，而涟疏上。先臣因以大义责辅臣，辅臣畏逆珰凶焰，迁就不决。乃巧趋捷径者，借先臣为贽，献媚逆珰，谓杨涟二十四罪疏，属先臣代草。夫涟忠愤有素，先臣宁以此居功？但同心除慝，捐躯赴义，实与共之。所以忠贤恨先臣最深，始闲住，继为民，旋又矫旨被逮。"

缪虚白继而向皇帝报告父亲逮入诏狱之后，所受到的种种非人迫害："许显纯授意狱卒，先臣手上比诸臣独加一杻，实仇其'代草'也。鞫时，（许）显纯考曰：'你江南才子，如何与杨左往来，干此通天大事？'先臣曰：'涟为常熟令，即相倾；光斗为同年，幸同臭味，何能不往来？实不知何为通天大事？'又考曰：'你赃私从实招出。'先臣曰：'翰林冷局，又素守清节，赃私何处得来？'（许）显纯两问语塞，因受榜笞，极其严酷。三次锻炼，骨节尽断，肤肉不留。先臣并不作凄楚声，但曰：'二祖十宗有灵，臣死不恨。'因诬坐赃三千，家贫路遥，不能应限，（许）显纯随授内意，仅十有八日，先诸臣毙于狱。"

缪虚白请求皇上，特加怜悯，准照杨涟、周顺昌、魏大中等事例，赐额建祠，早定易名之典。皇帝批示："缪虚白为父缪昌期奏谢，知道了。（缪）昌期忤奸贾祸，惨死可悯，已经赠荫，还与他谥，及妻李氏新衔诰命。"[1]

1 金日升《颂天胪笔》卷二十《讼冤》。

崇祯二年九月，皇帝朱由检正式下旨，为已故诸君子赠官衔、谥号，例如：已故都察院左都御史高攀龙赠太子太保，谥号忠宪；已故都察院左副都御史杨涟赠右都御史，谥号忠烈；已故吏科都给事中魏大中赠太常寺卿，谥号忠节；已故吏部员外郎周顺昌赠太常寺卿，谥号中介，等等。这些谥号的共同点是突出一个“忠”字，忠于大明王朝，无所畏惧地与邪恶势力殊死搏斗，为了捍卫王朝的根本利益，献出了宝贵的生命。皇帝的赠荫与褒奖，正是对这种精神的肯定，目的在于激励群臣致力于维新之治。

5. 维新之治

崇祯元年的到来，意味着一个黑暗时代的终结，曙光普照之下，给人以新政的希望，君臣们为营造维新之治，携手共进。

正月十五日，吏科给事中刘汉儒为“圣政聿新”条陈三事：一、仕途之澄汰宜急；二、议论之淆乱宜清；三、权门之群小宜处。皇帝朱由检批示：“王道本乎人情，此是荡平要论。起用诸臣及见在加级加衔诸臣，都细加分别，务要确论，严禁嚣纷。”[1]

◥ 刘汉儒，顺天大城人，天启二年进士。崇祯年间历太常寺少卿、吏科给事中、右佥都御史、四川巡抚等。明亡后降清。

1 外史氏《圣朝新政要略》卷五，崇祯元年正月十五日。

同日，礼科给事中阎可陛就“圣政更新”条陈五事：

其一是仕路宜清——曾未见置身权珰之门，而尚望有光明俊伟之业。今仕路邪类恐不止田吉、吴淳夫诸人，使奴颜婢膝借以捷收其利，今遂改头换面而巧避其名。无论难外睿鉴，且不可以逃长安士大夫之口，若不严加澄汰，薰莸混淆而班行无色，何以肃官箴！

其二是众正宜登——自魏忠贤柄政，三百年培养之人才磨耗无余，以门户为摧折之题目，以削籍追夺为刻成之印版。有数省人才之薮尤为抱蔓，几非仕阈。皇上既去邪勿疑，自当任贤勿二，如三案所削夺，近日诸臣所荐人员，速与分别起用。

其三是冤抑宜伸——年来厂卫捕风捉影，盗贼滋多，西市之鬼夜号，圜扉之魂不散。今死者不可复生，亦当昭雪以瞑其目。而未死如耿如杞、胡士容、惠世扬、方震孺等，罪何致死，情亦可原，胡不尽为复用？

其四是恩滥宜裁——魏忠贤一门三等，半百锦衣，薄金吾而垂涎符卿，乏弟侄而移荫外姓，皆千古创见，惟已滥而不得不滥。自内珰及文绅武弁，金吾之席几无坐处。诸如此类，皇上即一概涂抹，勿令久玷冠裳。

其五是励政宜革——天子藏富于民，郡县之充实，闾阎之康阜，上即其富。未有扫天下之积聚至大内，以为富者。自崔呈秀辈导利以媚魏忠贤，而魏忠贤借以自润，搜刮作俑，有不应而数少者削职。于是患失鄙夫惊之若狂，争多以求胜人。所当速焕新猷，与天下更始。

皇帝批示：“这本说驱散恶党，以慎起居，朕自鉴悉。录才伸抑、请裁冒滥，俱有旨了。藏资于民，其论甚正，以后有司官除搜刮银两已经奏报者，照旧解进，余不得借名措办，扰害百姓，违者重处。”[1]

看来君臣之间在肃清弊政，营造维新之治方面，是有共识的，无论是裁抑冒滥，昭雪冤抑，还是澄清仕路，起用正人，还是藏富于民，天下更始，都是新政必须面对的重大问题。

正月十六日，浙江道御史范良彦全面论述维新之治，涉及六个方面：

一曰慎察典——迩来悬价鬻爵，称金买官，仕路卑污已甚。今须考察，以惩贪为第一义。

二曰公会推——吏部旧制会推，凡部堂督抚有缺，必集九卿科道会推于东阙松林中。比年只成故事，冢臣与司官商于密室，注于手折，业一定不易，止徇故事。今当秉公无我，凡所推举，务求备时论之望。

三曰清奸党——魏崔逆谋诚罪之首，凡称功颂德，创建生祠者，亦当分别生祠见在地方，谀词俱在御前，但以创建之早晚，称颂之多寡，为罪案之重轻。

四曰急录恤——逆珰前后矫旨逮捕士绅不下二十余人，如万爆首犯凶焰（而杖死），刘铎之身首异处，高攀龙之投水。诸如累累冤魂，应荫应恤宜速。

1 外史氏《圣朝新政要略》卷五，崇祯元年正月十五日。

五曰严升叙——世宗入承大统，正刘瑾乱政之后，诏令大臣自陈，一时罢尚书等官数十人。今殿工、边功、河工、藩封，不啻满朝皆太保，一部两尚书。皇上宽仁，听其自裁，满盘托出，彻底澄清。

六曰正士习——甲子（天启四年）以典试处陈子壮、周子纲等。今科主司命题，摹拟称颂，士子巧合意旨，场屋文体大坏。应当一洗前弊。

皇帝批示："大计重廉，素著秽迹者必黜无赦，会推公典务集众思。说得是。清党恤录，有旨了。向来升叙之滥，欲行澄汰，以后科道部属俱着铨臣酌议辞衔，一并具奏，武臣并加清查。正文体，广科额，着该部议复。"[1]

◤ 梁天奇，河南南乐人，万历四十七年进士。天启七年任试监察御史，后升任湖广道试御史。勤勉国事，崇祯九年劳瘁至死。

◤ 陈尧言，浙江永嘉人，万历四十七年进士。掌乡试，所举皆名士，天启二年授行人。崇祯朝为南京户科给事中，后降陕西参议，病归。

正月十八日御史梁天奇就图治新政条陈六事：一曰恪遵祖制，二曰勤勉圣学，三曰爱养民生，四曰慎简边将，五曰防范士习，六曰厘正民俗。皇帝批示："览奏，治平道在因人，而要于人君之明断，说得是。"[2]正月十九日，南京户科给事中陈尧言条陈新政六事：一曰定圣志，二曰先泰交，三曰慎人才，四曰慎边防，五曰息纷嚣，六曰重名器。皇帝批示："这奏定君志、先泰交，此是治平要论。废籍诸臣还着次第起补，冠带诰命准与先复……近来买

1　外史氏《圣朝新政要略》卷六，崇祯元年正月十六日。
2　外史氏《圣朝新政要略》卷六，崇祯元年正月十八日。

官名色，委玷仕谱，宜加澄汰，该部与议复。”[1]

从君臣之间的议论可见，维新之治的第一要务是起用推行新政的人才。吏部遵旨对陈尧言的奏疏议复，先前因反对魏忠贤及阉党分子而遭削夺的官员，应该官复原职。初步提出九十人的名单：

原任太子太保吏部尚书周嘉谟　太子太保吏部尚书崔景荣　南京吏部尚书余懋衡　吏部侍郎陈于廷　南京户部尚书周希圣　侍郎区大伦　右侍郎魏说　礼部尚书李腾芳　尚书孙慎行　南京礼部侍郎张鼐　兵部侍郎张凤翔　侍郎孙居相　侍郎李瑾　侍郎王国祯　南京兵部左侍郎岳元声　右侍郎郝名臣　兵部侍郎解经邦　兵部侍郎刘策　刑部左侍郎沈演　右侍郎朱世守　工部尚书朱光祚　右侍郎南居益、董应举　都察院右副都御史喻安性、程正己、毕懋康、杨鹤、郭尚宾、刘可法　南京都察院右都御史曹于汴　通政司涂一榛　南京通政司倪思辉　左通政王孟震　左通政管右参议事韩国藩　右通政刘宗周　大理寺卿曹珍　右少卿易应昌、韦蕃、陈徽从、萧毅中、伦肇修　右寺丞杨一鹏、张廷拱、彭鲲化　南京大理寺右寺丞姜习孔、彭维城

1 外史氏《圣朝新政要略》卷六，崇祯元年正月十九日。

少詹事钱谦益　右春坊庶子叶灿　修撰文震孟　编修侯恪、陈子壮、方逢年　检讨姚希孟、顾锡畴　庶吉士郑鄤　……

吏部建议：一、以上各官为民者、削夺者，给予应得诰命；二、各衙门从公酌议，分别起用。皇帝批示："废籍诸臣沉沦已久，朕此番昭雪，非徒弘旷荡之恩，正欲考其进退始末，以衡人品。览奏，周嘉谟（等）九十员被黜年月虽已开载，其各官削逐情节尚未详明，还着分款查细具奏。"[1]此后吏部又提出"大小九卿科道访单"——一个包罗广泛的大名单：

北直隶二十一人，包括崔景荣、高第、成基命、田唯嘉、米万钟等；

南直隶九十八人，包括余懋衡、陈于廷、何如宠、郑三俊、徐光启、何士晋、倪思辉、钱谦益、文震孟、顾锡畴、姚希孟、郑鄤、张凤翼、许誉卿、夏嘉遇、贺烺、徐石麒、蒋允仪、方震孺等；

浙江四十人，包括薛三省、钱象坤、骆从宇、岳元声、刘宗周、丁元荐、姜逢元、方逢年、钱士晋等；

江西四十三人，包括萧近高、李邦华、朱世守、朱一桂、熊明遇、彭惟城、章允儒、李日宣、邹维琏等；

1 外史氏《圣朝新政要略》卷八，崇祯元年二月十三日。

湖广五十人，包括周嘉谟、周希圣、李腾芳、朱光祚、胡应台、梅之焕、杨鹤、满朝荐、游士任、万言扬等；

福建二十人，包括董应举、涂一榛、曾楚卿、陈一元、林汝翥等；

河南三十三人，包括乔允升、王辉、扶克俭、李若星、练国事、杨玉珂、侯恂、刘之凤等；

山东二十五人，包括张凤翔、谢启元、刘策、曹珍、亓诗教、房可壮、王象春、宋鸣梧等；

山西三十九人，包括李瑾、王之寀、孙鼎相、程正己、孙居相、潘云翼、张光房、魏光绪、王允成、张光前、荆养乔等；

陕西二十八人，包括王国祯、郝名宦、南企仲、南居益、惠世扬、史记事、刘懋、马鸣世、宋师襄等；

四川二十一人，包括徐绍吉、倪斯蕙、胡世赏、李应魁等；

广东十一人，包括区大伦、郭尚宾、曾陈易、陈子壮等；

此外，还有云南二人、贵州一人、辽东二人。[1]

拨乱反正，维新之治，力度不可谓不大，崇祯新政初露端倪。不过，这仅仅是策划与议论，如何落到实地，收到实效，人们拭目以待。

1 外史氏《圣朝新政要略》卷末，附录。

第二章

辽东：大明王朝的隐患

一　举棋不定的辽东战略（上）——从李成梁到熊廷弼

1. 辽东·建州女真·努尔哈赤

万历、天启之际，辽东的建州女真日渐强大，成为东北边疆十分棘手的问题。朝廷上下忙于党争，也为辽东边事疲于奔命。

天启年间以兵部尚书兼右副都御史出任辽东经略的王在晋，可谓辽东问题专家，著有《三朝辽事实录》十七卷。他这样界定辽东："辽地东起鸭绿江，西抵山海关，一千四百六十里；南起旅顺海口，北抵开原境外，一千七十里。三面濒夷，一面阻海。境外有虏酋土蛮等部落住牧，东北有建州、毛怜、女直等卫，西北有朵颜、福余、泰宁三卫。自泰宁抵喜峰（口）近宣府，曰朵颜；自锦义历广宁至辽河，曰泰宁；自黄泥窪逾沈阳、铁岭至开原，曰福余。三卫俱立市通贡。虏中酋首以百计，子姓部落以数十万计。"[1]

◤ 王在晋，苏州太仓人，万历二十年进士。授中书舍人，累官兵部左侍郎。天启二年升兵部尚书，经略辽东等地。后改南京兵部尚书。崇祯元年历刑、兵两部尚书，后削籍归乡。著有《三朝辽事实录》等。

居住在这一地区的民族，先秦时称为肃慎，与周天子有朝贡关系；两汉时称为挹娄，臣属于玄菟

1　王在晋《三朝辽事实录》首卷《总略·辽境诸夷》。

郡管辖下的扶余；魏晋南北朝时称为勿吉，与中原王朝有朝贡关系；隋唐时称为靺鞨，地处南面的粟末靺鞨建立渤海国，时时来长安朝贡；黑龙江流域的黑水靺鞨，唐朝设置黑水郡、黑水都督府。后来黑水靺鞨臣服于契丹（辽），改称女真。契丹为了加强对女真的统治，把生活在辽阳一带接受辽文化的女真部落编入辽的户籍，称为熟女真，又称为“曷苏馆女真”（意为“篱笆内的女真”）。生活在松花江以北宁江州（今吉林扶余）以东的女真部落，保持本族习俗，不编入辽的户籍，称为生女真。此后，女真的称呼一直沿用到明末，其间由于避讳辽兴宗耶律宗真的名字，把女真改称女直。臣服于明朝的女真，分为建州女真、海西女真、野人女真三部。建州女真定居于苏子河、浑河流域；海西女真定居于开原边外，分为扈伦四部（哈达、叶赫、乌拉、辉发）；野人女真定居于黑龙江中下游一带。对于这样的沿革，王在晋有一个精当的概括：“女真，古肃慎国，在夫余东北千余里，后汉谓之挹娄，元魏谓之勿吉，隋唐谓之黑水靺鞨。部落在南者籍契丹，为熟女真；在北者不入籍，为生女真。初，靺鞨强盛，号渤海，后寖弱，臣于辽。辽避兴宗讳，更（名为）女直。地有混同江、长白山，江水微黑，亦名黑龙江。白山黑水，金所由开国也。宋为完颜氏，金归元，设开元路，改万户府五以总摄之。国初，分为三种。其极东曰野人女直，去塞远，岁附海西市开原，不入贡，亦不寇边。其一东方诸夷之为卫所者甚众，而建州领其名，并毛怜，曰建州女直，即今之□□□□（此处原文空四格，似应为努尔哈赤）之属。其一曰海西女直，则开原南北之夷，并故都督王台

◤ 努尔哈赤像

努尔哈赤，后金第一位可汗。

部也。”[1]

建立后金（清朝的前身）的努尔哈赤，就出于建州女真。王在晋感叹道：“建州等卫，分处女直诸余孽，而奴酋所居建州老营地，即中国岁取参松处。其地北屏长白，南邻朝鲜，东滨乌龙，西附我抚清、宽叆等处，以宁公塔（宁古塔）寨为巢，以五岭、喜昌、石门、骂多儿木、其夹山、兀鸡等关为要害，颇称险阻。然屡叛屡平，鸱张为边患……奈之何也边臣失算，竟至西虏合并，各边被其骚扰，不止为一隅之寇矣。”[2]

所谓“不止为一隅之寇”，显然是指建州女真的首领努尔哈赤（明朝称为“奴儿哈赤”，又称“奴酋”“奴贼”“逆奴”）。万历四十四年，努尔哈赤正式宣告与明朝断绝关系，在赫图阿拉（即兴京，今辽宁新宾）建立大金王朝，史称后金，定姓为爱新觉罗。在满语中，“爱新”意为金，“觉罗”意为族，表明他们要举起金朝的旗帜，收拾女真诸部的人心。万历四十六年四月十三日，努尔哈赤以七大恨告天，公开向明朝宣战，从此辽东无宁日。孟森说：“太祖（努尔哈赤）亦倏进倏退，可伸可屈，深中明季苟且之隙。僭号在万历四十四年丙辰，至四十六年戊午四月十三日壬寅，以七大恨告天。（七大恨原文今不见，并非《实录》所载

1 王在晋《三朝辽事实录》首卷《总略·建夷》。

2 王在晋《三朝辽事实录》首卷《总略·辽境诸夷》。

之文。今北京大学史料室存有天聪四年正月日印刷黄榜，为再度入关复述戊午七恨之文，事实颇有不同，当尚是戊午原状。事隔十三年，对明之心理尚未变，且明边内外耳目相接，所需此榜文之效用，尚未悟其无谓，故有复述榜发之举。可信其正是原文；纵有改窜，必最相近。《实录》之始修，已在天聪九年，时已觉榜示七恨之徒扬己丑，特史中不能不存一告天事实，乃改窜以录之。故有《实录》以后，即是改本。余别有文考之，于此不复述。）”[1]孟森所说的“别有文考之”，即《清太祖告天七大恨之真本研究》，此文援引北大研究所所藏天聪间木刻揭榜之七大恨文，第一恨为“忽于万历年间，将我二祖无罪加诛”，第二恨为“同是外番，事一处异，何以怀服”，第三恨为“欺压如此，情何以堪”等等。[2]毫无疑问，“将我二祖无罪加诛”是最大的生死之恨。

此事说来话长，不妨长话短说。英宗正统年间，明朝把建州卫一分为三：建州卫、建州左卫、建州右卫。目的是互相牵制，分而治之。宪宗成化年间，董山继承猛哥帖木儿之位，出任建州左卫指挥使，乘机兼并李满住的建州卫与凡察的建州右卫。朝廷不希望看到一个强大而统一的建州卫，出兵把董山处死，捣毁他的老巢——虎城；朝鲜出兵协助，杀死李满住父子，凡察不知所终，建州卫的军事实力大为削弱。此后，建州右卫指挥使王杲乘势而起，雄霸建州，被明朝军队杀死。继之而起的王兀堂称雄建州，遭到明军围剿而败。群龙无首

1 孟森《明清史讲义》下，中华书局，1981年，第380—381页。

2 孟森《明清史论著集刊正续编》，河北教育出版社，2000年，第104—119页。

◤ 李成梁，辽东铁岭卫人，辽东将领。镇守辽东三十年间，屡奏大捷。万历十九年罢官。其后十年间，辽东边备益弛。万历二十九年复职，辽东再次出现安定局面。

的建州女真，分裂为浑河、栋鄂、苏克苏护河、哲陈、完颜、鸭绿江、朱舍里、讷殷等部。辽东总兵李成梁扶植苏克苏护河部的尼堪外兰，成为建州诸部的首领。李成梁在尼堪外兰的配合下，捣毁王杲之子阿台章京的城堡，杀死阿台章京的部将——叫场（名字）父子。朝廷发去敕书、马匹，安抚叫场的孙子努尔哈赤，命尼堪外兰修筑界藩城堡，迫使努尔哈赤归附朝廷。

这就是努尔哈赤七大恨的由来。

爱新觉罗·努尔哈赤，自称是建州左卫指挥使猛哥帖木儿的后裔，为了报二祖之仇，攻占尼堪外兰的图伦城、界藩城，消灭尼堪外兰的势力，迈开统一女真各部的步伐。先是统一建州女真各部：浑河、栋鄂、苏克苏护河、哲陈、完颜；继而兼并长白山南麓的鸭绿江部，以及叶赫、哈达、乌拉、辉发、科尔沁、锡伯、瓜尔佳、朱舍里、讷殷各部。此后着手统一海西女真、野人女真各部，和明朝分庭抗礼的时机逐渐成熟。

2. 辽东总兵李成梁

隆庆四年九月，辽东总兵王治道（字子弘，号毅斋，锦州卫人）战死，副总兵李成梁擢升总兵，从此开始了一代名将镇守辽东二十二年的军旅生涯。

李成梁，字汝契（一作汝器），祖籍朝鲜，高祖李英从朝鲜迁居辽东，当上了铁岭卫指挥佥事，后裔世代生活于辽东。出生于将门之家的李成梁，英毅骁勇，精于骑射，有大将才干。家贫不能袭职，年四十犹为诸生。颇得巡方御史器重，受其资助入京深造，始得袭职，积功为辽东险山参将，在守卫险山、孤山的战役中屡建战功，晋升为副总兵，王治道阵亡后，顺理成章出任辽东总兵。辽东总兵的岗位为他提供了施展才干的空间，他大修战具，甄拔将校，招收四方健儿为家丁，给予优厚待遇，培养了一批能征善战的"选锋"，辽东军威由此大振。

万历初年，内阁首辅张居正依法治国，也以法治边疆，他赏识李成梁的帅才，大力奖拔。李成梁感恩图报，发愤图强。《明史钞略》说："万历初，张居正当国，以法绳边吏，无所纵舍，独奖拔（李）成梁逾于诸帅，（李）成梁亦自奋。"[1]李成梁讲究战术，捷报频传。按察使冯时可（字敏卿，号元成，松江华亭人）分析道："辽左累年奏捷，李帅（成梁）力良多。帅非能抗虏也，贼入则深沟固垒，纵其外掠，已饱而后击之。大抵御饱贼易，御饥贼难。盖饱贼狃而多获也，有生心而无死气，又多淫湎，强弩之末自难穿缟。饥贼势穷，背死借一，其孰能御！用兵有老营为正，方能出奇。胜兵还营，鼓衰力竭，解鞍熟寝，穷寇踵其尾，一不戒，虽万人莫能谁何

1 庄廷鑨《明史钞略·李成梁》。参看和田正广《李成梁一门战绩的实态分析》，载《八幡大学社会文化研究纪要》第20卷（1987年）。

矣。”[1]出身将门世家的李成梁深谙战略战术，曾经到辽东前线视察的给事中侯先春（字元甫，号少芝，常州无锡人）如此概括李成梁的战法：“战有堵截，有捣巢。虏入犯，或大举或零窃，而与战者名曰堵截；虏不入犯，而我出剿者，名曰捣巢。”[2]李成梁不仅讲究战法，而且治军甚严，瞿九思多次提及，万历二年王杲之战“李将军军法严，毋敢逗留弗前者”；万历八年王兀堂之战，“李成梁益严军令”。欲知其详，请看瞿九思的描述：

◤ 瞿九思，湖广黄梅人。早年事罗洪先，从学耿定向、曹大章、瞿景林等，后讲学于岳麓、石鼓书院。所著《万历武功录》是有关“万历三大征”的重要史籍。

关于万历二年王杲之战——“（王）杲为人聪慧有才辩，能解番汉语言字义，尤精通日者术，舞智而剽悍，建州诸夷悉听杲调度。杲乃视杀汉官如艾草，菅弗为意……欲犯辽沈，杲益大会八家儿五千余骑，意欲大举。于是兵巡使贺溱驰锦义，兵备使李松驰宁前，大将军李成梁亦驰抚顺，击牛酒犒军……于是李将军成梁以一军军沈阳，杨将军腾以一军军邓良屯，王将军惟屏以一军军马根单，曹将军簠即提兵驰大冲，挑虏战……我兵四面并起，殊疾力，旗鼓甚都。虏望见汉兵盛，辄皆反踵走，走者大半入杲寨。先是，杲九合诸酋，阻坚城以为险，深沟高垒，日夜提逻兵、击刁斗以自卫。诸虏皆自以为得天险，汉兵仓卒不能至。李将军度是

1 冯时可《纪边事三》，《皇明经世文编》卷四百三十四。
2 侯先春《安边二十四议疏》，《皇明经世文编》卷四百二十八。

时诸虏方蚁聚一寨，我破其巢，可坐而就缚也。于是列南西营为阵，类一字二字，然后以初十日用火炮、火枪、火箭，如雷直捣其寨。寨中校联颇坚固，即以斧斫校联数层，我兵攀缘而上。虏乃发矢石，弗可当。是时，李将军军法严，毋敢逗留弗前者。我兵亦不避矢石之难……我兵益从大将军环而攻之。会大风起，遂纵火焚烧杲室屋五百余间，及茔茭烟火相望，诸虏大败北。我兵乘胜先登，斩首捕虏凡一千一百四级。”[1]

关于万历八年王兀堂之战——“（王兀堂等部七千余）击宽奠、叆阳城堡。大将军李成梁颇恶（王）兀堂辞倨侮，大不敬，即与游击熊朝臣、参将杨燮驰河东，副总戎孙朝梁亦提大兵至……其十三日，虏骑至千余从水奠堡、十岔口入，道上吹掌海螺，横行益亡所畏忌，遂倾折柞木而入。堡中鸣双柳，声闻四达。（李）成梁即以羽檄征副总戎兵，并冲锋，直捣诸虏。虏见汉兵盛不可当，辄弃旗鼓走。我兵益乘胜追亡，逐北虏乃尽出塞。李成梁决策欲穷追，于是以裨将秦得倚、孙守廉、李成材、李如梧、李平胡、李得全、张相、查大受、郑应时、胡尚忠等，为一字阵先锋；而使游击苏国赋、王惟屏监军，裨将姚大节、黑云龙、戴朝弁、张奇功、王九贡、李世珍、王懋德，为二字阵；而使游击刘承武、千户傅汝霖、祝光启监军，列左右。成梁与

1 瞿九思《王杲列传》，《万历武功录》卷十一《东三边》。

熊朝臣、杨燮、李仲武军居中，复使孙朝梁、宿振武、范芝从佐将军，皆听李宁、李兴旗志所号召，亟下令曰：进，敢逗留不进者，斩首以殉三军。既兵行至鸭儿匮，去边可二百余里，诸虏皆闳匿故寨中坚壁。顷之，吹掌海螺，复拥精兵披甲上马，鏖汉兵。其步虏皆奔走，上山顶鼓噪。李成梁益严军令，令击寨及山。于是汉兵并攻寨，殊疾力破之。杀气蔽空，斩勒勒把都等首凡七百五十四级，夺获男妇凡一百六十人。”[1]

申时行担任内阁首辅后，遵照张居正的一贯方针，对李成梁给予充分信任。万历十一年九月，南京工科给事中冯景隆（字叔熙，浙江山阴人），就辽东大宁堡失事，追究参将熊朝臣、备御朱延庆畏惧逃避之责，弹劾蓟辽总督周咏与辽东总兵李成梁全无调度，听任部将放弃城堡，有损朝廷威重，罪莫大焉。进而揭发李成梁屡屡冒功请赏，朝廷竟然听之任之：“今日报捷，明日告庙，而论功之命下矣，论功而总镇之升荫首及矣，习以为常，恬不知怪。即辽东总兵李成梁屡次奏称擒剿大功，率皆类此……盖因辽东地远，任其捏报，而勘核不真。且（李）成梁不惜重贿，馈送要津动以千百，而人皆乐为之蒙蔽，故得历升伯爵，今伯而且世袭矣，其诸子姓荫以锦衣外卫等官者又不止一二十辈。”冯景隆说得振振有词，皇帝却以为将才难得，不必苛求，反驳

1 瞿九思《王兀堂赵锁罗骨列传》，《万历武功录》卷十一《东三边》。

道："边事重大，将才难得，若大将尽忠奋勇，替朝廷出死力的，却误信浮言，横加诋斥，反不如避事偷安可免訾议。这等是非倒置，功罪不明，何以服人心、作士气？李成梁封爵照旧，着益加奋励，勿以人言隳沮，有负国恩。冯景隆轻率妄言，姑着调外任。"[1]

皇帝的这一立场，与内阁首辅申时行的态度有很大的关系。开原道参政王缄揭发李成梁"贪功生事，多杀无辜"，申时行毫不犹豫地为之辩护："海西诸夷，顺即当抚，叛即当剿，其理甚明……若王缄欲脱其主抚之失，而反咎主剿之非，以驱除凶孽为贪功，以斩首夷众为枉杀，则朝廷之赏罚，边境安危所系，臣等窃以为不可也……今九边事情独辽东为难，九边官长忠勇独李成梁为最，数年以来，无岁不战，无日不防，可谓竭尽心力矣。"[2]

◥ 申时行，苏州长洲人，嘉靖四十一年状元及第。万历六年入阁，万历十一年任首辅。万历十九年因册立事件委曲求全，遭群臣非议，上疏乞休。

然而李成梁逐渐居功自傲，虚冒战功，避实捣虚，纵兵杀掠，诸如此类的事情屡有所闻，引起愈来愈多的非议。

万历十八年四月，李成梁向朝廷报捷，朝廷给予李成梁、李如桢、张国彦、郝杰等奖赏。云南道御史朱应毂对此表示异议："迩来边臣率多纵敌以苟

---

1 冯景隆《总镇重臣冒功掩罪大肆欺罔伏乞宸断重惩积弊以固边防疏》，吴亮《万历疏钞》卷四十《边功类》。

2 《明神宗实录》卷一百九十一，万历十五年十一月甲寅。

全，而且隐罪以冒功，于东北之虏愈为猖獗，而战不足言矣……臣服阕赴部，行至中途，即闻辽东达贼入犯八万余骑，深入八日，杀戮吾民不知其数。且猾虏料知吾兵乘彼之虚，必出捣巢，帐下潜伏精兵，以为内应。吾军不知有备，果堕其计，致损精壮家丁千有余人。”又说：“臣闻辽东达贼入寇，吾军不过袖手旁观，任其杀掠，而莫敢与之敌。俟其志得意满，饱载而归，劫尾其后，扑拾一二老病之贼，以为追剿之功。又不然俟其去后，暗将临边属夷有部落孤微者，尽数屠戮，捏称捣剿之利。督抚诸臣喜闻其胜，恶闻其败，惟计吾兵斩贼之功，而不计吾民被虏之惨，即以吾民千百而易一贼，亦且甘心矣。”因此他提醒朝廷：“饰罪冒功，欺君误国，莫此为甚，若不急为之处，日复一日，因循怠缓，臣恐辽东一失，蓟镇将不知所终。东北之隐忧所当念者如此。”由于阁部大臣庇护李成梁，朝廷没有采纳朱应毂的意见，皇帝圣旨宣称：“虏贼犯边，已着巡按御史查勘，失事将官已参革了。李成梁出塞剿捕，斩获多功，亦系按臣核实。朝廷叙功论罪何尝不明？朱应毂如何轻信妄言！”[1]

万历十九年春，吏科给事中侯先春阅视辽东，李成梁图谋“捣巢”邀功，派副将李宁等领兵攻击镇夷堡，获小胜。回师途中遭遇埋伏，李宁率先逃跑，全军大败，死伤数千人。李成梁与蓟辽总督蹇

1 钱一本《万历邸钞》，万历十八年庚寅卷，夏四月。

达（字汝上，号理庵，四川巴县人），隐瞒不报。万历十九年七月，辽东巡按御史胡克俭揭发李成梁先后欺罔罪状，言语之中连带讥刺阁部大臣。胡克俭的奏疏题为“边臣御虏不实，朝臣谋国不虚”，洋洋洒洒数千字。

首先，揭露李成梁“欺罔”：“辽镇总兵李成梁二十年来功次，臣非不闻之甚详，但经勘核，恩赉具有成命，臣未敢求之以苛。惟昨年十月大举，今春闰三月出塞，则职之所亲见者，总皆故套，总属欺罔。如贼不过二万，即虚张其势曰二十余万；贼本月二十八日出境，即先驰报曰二十三日出境。贼至，大将军（李成梁）统兵束手，任其杀戮，如秦视越。不惟不肯对垒，即虏求一见而亦不可得。闻自（李）成梁做总兵以来都如此。往年有副将曹簠好战，为其所忌，而陷之以罪，今日谁敢一战？夫既不肯战，姑存军士保守城池可矣，奈何今春又图冒升赏，尽驱而使之在外乎……乘阅臣（侯先春）在此，可尽数杀来张功。抚臣郝杰初亦不肯，已与阅臣侯先春议罢。及（侯）先春方离广宁，而（郝）杰不自由，全师虽出塞矣。黑夜袭杀一小营，掠其旄倪二百余颗，其间有数骑达贼一呼，李宁遂策马先逃，众各弃甲曳兵而走。原未交兵，止因互相蹂践与溺河跌岩而死。入至离边五十里镇静市，夷回又大肆杀掳，以故数千之兵，旋即不十之一二。”

其次，批评阁部大臣庇护李成梁：“大学士申时行密勿不知边陲，昨孙守廉之参，始以书阻臣，继止票听勘。臣叹边事日非，不得其言，扼腕成疾，欲告未果。今参李宁，微及李成梁，又与（大学士）许国各曲庇（李）成梁，谓不可以邀功抑之，谕臣以宽文法……故臣谓，近日边事固坏于边臣之欺蔽，亦坏于辅臣之调停。使非辅臣调停，而言官得行其说，欺蔽无所容，而功罪明、赏罚当，又谁敢不实心任事也。如徒知一将之罪为当宽，而不顾一路生灵为可惜；徒幸一时无事以为安，而不顾百年贻臭为可虑。见小遗大，谋近忘远，辅臣不当如是矣。大学士王锡爵本嚼然不渣者，常以至诚之心而听欺诳之说，每隳小人之术而不知，由曰从来杀虏在所不免。此亦自是偏护处。成梁扬言曰：'太仓王恩府（指王锡爵）说：渠在位一日，我父子安心做一日。' 总兵此言如无，是（李）成梁假虎威以吓众，固为可恶；如有之，是（王）锡爵为其所欺而不知也。"

◤ 王锡爵，苏州太仓人，嘉靖四十一年榜眼。万历二十一年任首辅，在国本之争中，阿神宗意旨，拟"三王并封"。万历二十二年称病引退。

胡克俭谴责在位的三名内阁辅臣，结果是可想而知的，皇帝下旨："孙守廉、李宁被参事情，已有旨了。先年节次边功，俱系巡按御史覆实具奏，方与叙录。胡克俭不曾亲验，如何悬度妄议，牵蔓多端。"随即借别的事由将他降二级调外任。[1]

侯先春回朝后，站在胡克俭一边，抨击李成梁。在舆论压力之下，李成梁多次请求辞职，皇帝听从御史张鹤鸣的意见，解除了李成梁的官职。

1 钱一本《万历邸钞》，万历十九年辛卯卷，秋七月。

胡克俭、侯先春的抨击并非毫无根据，李成梁功成名就之后，骄横跋扈，军纪败坏。侯先春奉命阅视辽东，把目睹的实情向朝廷报告，提出“安辽”建议二十四条，有的是理想化的举措，有的是对李成梁的批评。比如说：“大将军（李成梁）遣各将领提兵屯驻各城堡，近者一月，远者两三月，或更番往复，岁以为常。每丁军所至，城堡骚然，酒食尽出于民家，妇女多遭其淫辱。一家倾竭，蚕食别室。稍不如意，尽行毁虏。马蹄经过，鸡犬一空，弓兵悬门，人皆丧魄。且卒领将官尽是婪秽之辈，非惟不知禁戢，又身先导之，被害者安所控诉乎？其丁军未必御虏，而先遭一强虏也。民谣有云：‘若遭大虏还有命，若遭家丁没得剩。’盖深苦之也。”他所说的“大虏”是指女真军队，“家丁”是指明朝军队。对于辽东民众而言，两者都是骚然，而后者尤甚，作为统帅的李成梁难辞其咎。侯先春还批评将领忽视征战而热衷于生财：“夫边军所以备征战也，迩来私役百端，科索万状。即如镇静之夷马，开原之貂皮，清河、抚顺、宽奠、叆阳之人参、皮张、松果等类，无论其把持夷市，压买商贾。而牧放夷马，治料参斤，以至搬运百货，约用军士不止千名也。其采取木植，而清河等堡之军昼夜皆居塞外；烧炒铁斤，而宽奠等城之军终岁不得宁家。盖州之布帛，长奠之金银，海州之海参、鳆鱼，右屯之鸡鹅蛏蚬，如此之类难以枚举。凡可谋利生财，无非军士取办。”他还批评辽东士兵待遇太差导致士气低落：“夫辽左之军，惟家丁选锋月粮一两二钱耳，更叠科克，所余几何？逼之以不得不从之威，而挟之以不敢不扣之势。何怪乎营军之家十九为之悬罄也。既疲其力，又夺其财，则安望其出死力抗强虏哉？”[1]所谓“家丁选锋”乃将领的嫡系亲军，待遇尚且如此，其他士兵的待遇可想而知。辽东战事每况愈下，绝非偶然。

李成梁在辽东二十二年，可谓功过参半，晚年的过错与早年的功绩，互相掩映，孰轻孰重？万斯同为李成梁立传，对他的功过评判有独到之见。

◤ 万斯同，浙江宁波人。少从黄宗羲受业，熟读二十一史及明各朝实录，名重一时。明亡守节不仕，以纂修明史为己任。康熙十七年诏征博学鸿儒，力辞得免。次年开局修《明史》，委以刊削之事，以布衣参史局，不署衔，不受俸，而稿皆由其审定。

一则说他的武功之盛二百年来未有，但是贵极而骄：“（李）成梁镇辽二十二年，先后奏大捷者十，帝辄祭告郊庙，受廷臣贺，蟒衣金缯之赐，岁常二三，边帅武功之盛二百年来未有也。其始锐意封拜，师出必捷，盛名震于殊方。已而位望益隆，子弟尽列崇阶，奴隶无不荣显。贵极而骄，奢侈无度，军资、马价、盐课、市赏，岁干没无算。全辽商民之利尽笼入己，以之灌输权门，结纳朝士。中外要人无不饱其重赇，为之左右。每一奏捷，内自阁部，外自督抚而下，悉共沾庆典，大者进官荫，小亦增俸赉金，恩施周叠，震耀当世。”

再则说他屡遭弹劾，都因权臣庇护而难以撼动：“而其战功率在塞外，易为缘饰。若寇入内地，则以坚壁清野为词，拥兵观望，任其剽掠。甚且掩败为功，杀良冒级。当事明知之，共为蒙蔽，反承庆赏。督抚监司稍忤意，辄排而去之，使不得举其

1　侯先春《安边二十四议疏》，《皇明经世文编》卷四百二十八《侯给谏奏疏》卷一。

法。先后按臣陈登云、许守恩，廉得其杀降冒功状，拟论奏之，为抚臣李松、顾养谦调护而止。既而物议沸腾，御史朱应毂、给事中任应徵、佥事李琯交章抨击，事颇有迹，卒赖要人之力，言者反被诘责。最后，申时行、许国、王锡爵相继谢政，（李）成梁失其内主，遂以去位。”

三则说他罢官后，留下的后遗症难以治愈：“盖（李）成梁诸战功率藉帐下健儿，其后健儿若李平胡、李宁、李兴、秦得倚、孙守廉辈，皆身都富贵，坐拥专城，暮气难振，而又转相掊克，士马萧耗。暨（李）成梁去辽，十年之间更易八帅，而边备益弛。”[1]

李成梁虽然骄横，却能摆平辽东，此后的继承者不见得比他清廉，又屡遭败绩，反衬出他的独特价值。万历二十九年八月，辽东总兵马林战败获罪，内阁首辅沈一贯向皇帝极力推荐李成梁复出，说“成梁虽老，尚堪将兵”。七十六岁的李成梁受命，再度出镇辽东。英雄暮年，已无早年的锐气，治辽方略由征战改变为安抚，在开原、广宁开辟马市、木市，使建州诸部得到贸易之利，不再骚扰。所以他在辽东的最后八年，居然太平无事。

◥ 沈一贯，浙江宁波人，隆庆二年进士。万历二十九年任首辅，在位期间接见利玛窦，对西方文化持开放态度。上书推荐李成梁复出。

1 万斯同《明史》卷三百二十二《李成梁传》。

3.“辽左事势非常，变乱将起”

然而这种表面的太平无事，毕竟难以掩盖辽东潜在的隐忧。侯先春当年就已经敏感地察觉到这种隐忧，他概括为元气大伤：“臣窃以为，边境之安危，在民生之元气，未有不先扶持元气而可以安边御虏者也。今辽虏患频仍，民生涂炭，权归武弁，利饱囊中，狐假虎以噬人，狗续貂而蠹国。钱粮冒破，行伍空虚，民脂竭于科求，马力疲于私役，法令不行，将不用命，民不见德，远迩离心。”

他针对当时存在的弊端，提出带有战略性的方案二十四条，大致可以分为民生与军事两大类。为了扶持民生之元气，他提出以下建议：

一是“禁抽垛”。所谓“抽垛”，是为了防守辽阳，从周边二十五卫抽补壮丁。抽补的对象大多是贫弱之家，负担沉重，“一人补伍，四家帮贴”，“一经抽补帮贴，不三年而家立破，人立槁”，“变产卖妻，剥臂折腰，投井自缢者比比矣”。因此应该禁止抽垛之法。

二是“积粮饷”。辽东僻处关外，仅一线之路与内地相通，物资流通不便。丰收之年，谷物不能输出，导致价格太贱而伤农；歉收之年境外谷物不能输入，导致价格太贵而无所资脱，再遇战争，数万大军粮饷成为问题。所以应该把粮食作为战略物资储存，广宁、辽阳原有仓库虽多，却破败不堪，应予修整，一年可以积存三月之食，三五年可存一年所需之食。

三是“取地利”。天下之事无全利，也无全害，权其利害而变通，才是足国之良谋，安边之要术。开矿炼金就是一例，辽东不同于内地，四方亡命之徒无从啸聚，如果一概禁止，无异于自我放弃天生美利。如能选派廉能将官主持其事，亲验以防其欺，觉察以稽其弊，公私两利，既可以惠贫民，也可以弭盗贼；既可以积谷备荒，也可以补助兵饷之不足。

四是“消隐忧”。这点最为根本，侯先春说：“臣闻天下之患不在夷狄而在中国，故土蛮、三卫诸酋不足畏，而暴虐横行、民穷财尽可畏也；边圉空虚，人无固志可畏也；死亡接踵，民有离心可畏也；盖虏之入犯中国，未有中国人不为之用而肆虐地方者。迩年以来，虏岁掠我人以万计，辄散处于板城而恩养之，给之妇使生子女，给之牛马田土使孳息耕种，待其心志无变易，而后用为奸细，用为向导……而饥寒困苦之民又闻，先被掳者之有妻子牲畜田土也，谓虽犬羊不类，犹得以缓其死，遂因虏入而愿随之去者比比也。是则大可忧也。”如果能够确保辽东边民有牛马田土，生活无虞，那么上述隐忧自然而然便可消除，辽东的持久稳定便可维持。

关于军事方面，他提出如下建议：

一是“修壕墙”。辽阳、海州以西地势平衍，无山险可恃，间或有一些壕墙，高深不及三尺，无法阻挡敌方骑兵。倘若修建深沟高墙，每隔三里设一墩台，有二十名士兵配备火器火枪打射，另有三十名士兵挟弓矢枪炮周边巡逻；每隔五十里屯兵千人，视敌军所攻方向，六合而响应。小股敌人必不能入，即使大举入侵，填壕挖墙颇费时日。“攻拒久而野易清，烽堠明而兵易集，无论调伏兵马，突击应援，虏且虑归之难，而不敢深入，即入亦不敢久”。

二是“调将令”。以辽人担任辽将，有很多害处：其一，熟知军丁贫富，而克剥易行；其二，旁牵亲族要求，而展布易沮；其三，拘于人数，则屡黜屡用；其四，局于一隅，则莫见莫传。以故相倚为奸，同声附和，一切功罪勘问不明，既非地方之福，亦非朝廷之利。

三是“驻边堡”。宁远前线边墙长四百余里，墙台久已废弃，屯堡也已凋残，胡汉一家，几为无守。“零虏窥伺，乘间窃发，风飘而来，电闪而往，即出兵追袭，虏已驰去”。为长远之计，不如将边堡向前移，守住门户，以逸待劳，以饱待饥。有事则战守，无事则耕耘，以耕助战，逐步重建边墙墩台。

四是“核功罪”。近年以来，议者多怀疑辽事日为欺蔽。内之所以疑外，外之得以欺内，原因在于不明夷人之顺逆，来犯之大小，战争之主客，以及功罪之所归。“何谓夷之顺逆？辽有东夷，有西夷，奴儿哈赤、那林孛罗二夷皆在辽之东，总名曰东夷；土蛮与三卫皆在辽之西北，总名曰西夷。东夷通贡称忠顺，而西夷土蛮每大举入犯，三卫则多零窃，亦随大举。是三卫与土蛮声势相倚，而东夷之与西夷则风马牛不相及也”。应当以来犯之大小，进入内地之浅深，时日之久近，来定功罪。凡出兵堵截设伏张疑，不使虏入，或入而不深不久者，以功论；凡虏入三百里，超过三日者，以罪论。

五是“核给散”。辽东守军没有其他收入，依赖军饷为生。近年来军饷支给每不依期，有两三月而后给散，导致军丁无以为生，不得不借高利贷。如借贷一月，扣除利息，军饷仅剩十分之六七；如借贷二月，扣除利息，军饷仅剩十分之三；如果超过三个月，则军饷尽为他人所有。此外，将领常借口“有事”，向军丁摊派，以军饷抵扣，以至于军饷仅剩一二钱，甚至几分。如欲守卫辽东，必须改变这种状况，按时按量给散军饷。

此外，还有“禁科敛”“清冒滥”“罢听用”“重马政”“清驿递”“禁擅骑”“核收保”等。[1]

或许是这些条陈过于理想化，或许是辽东将帅出于自身利益考虑，或许是朝廷方面无所作为，侯先春的长篇大论说了等于白说，他所揭露的弊端依然如故。他随后陆续呈进两个奏疏，同样被弃之不顾。

一个奏疏谈“今秋防守事宜”。他说，辽阳、海州地势平衍，无山险可恃，无边墙可守。这两个地方兵马寡弱，必须调拨大营兵不可。请朝廷下达明旨，命总兵官于八九月间，率领所部兵马移驻辽阳城中，派出偏师驻扎于辽阳、海州之间，辽阳副将防守辽阳之北，海州参将防守于海州之东，各据要害，互相犄角，不得株守城中逗留观望。开原、铁岭守军移师沈阳等处，金州、复州守军移师耀州，宽奠守军移师析木，以备策应。各城只令守备官督率兵马守卫，不得借口“贴防”，分散兵力。

1 侯先春《安边二十四议疏》，《皇明经世文编》卷四百二十八《侯给谏奏疏》卷一。

往年处处“贴防”，兵力愈分愈寡，成为不战之罪的借口，今秋更不得援此例。“虏恃得志，联营直入，则令我兵倏忽潜伏，姑勿与战，惟秣马蓐食，缮甲厉兵，徐俟其变而图之。”[1]侯先春作为一介儒生，对如何排兵布阵说三道四，指手画脚，辽东将帅哪里会当真！

另一个奏疏谈马政，他对辽东的马政几乎全盘否定：“辽之最急者马，而辽之最不堪用者亦马；辽之最耗国储者马，而辽之最累军士者亦马。”请看他的论证：前几年辽东马市（马匹交易），利益归于权势之家。前任巡抚顾养谦补偏救弊，实行“官买军领”，用银二万两买马，分送军队领养。奈何上有政策下有对策，在“官买”上营私舞弊，依然难以改变“利归权势”的旧弊。他感叹道：“辽中事势与各镇迥别，隔远关外，僻在海隅。武弁则如猬如蚁，文官则如参如辰，真有军中但闻将军令，不闻天子诏者。故虽以抚臣之重，按臣之权，而法不能尽行之于下，情不能尽达之于上也……盖将官之得以贩易夷马而恣无忌惮者，虽由法令不行，亦以官买之马少，而所不买者多也。军丁之所以买补营马，而不胜苦累者，虽由处置之无法，亦以官给之马少而所不给者多也。”在左右为难之中，他提出对策：“自今以后，凡夷马尽数官买之，将官富商不得私买一马，有私买者即以私出境外走泄事情论；

1 侯先春《为审势量力酌陈今秋防守事宜疏》，《皇明经世文编》卷四百二十九《侯给谏奏疏》卷二。

凡军马尽数官给之，将官富商亦不得私卖一马，有私卖者即以私卖战马论。”[1]严禁将官富商买卖马匹，做得到吗？正如他自己所说“军中但闻将军令，不闻天子诏”，他的议论必然沦为一纸空文。

侯先春所揭露的积弊，此后不仅存在，而且变本加厉。辽东的社会、经济、军事陷入残破、疲敝的困境之中，从皇帝到大臣，无不忧心忡忡。皇帝说：“朕闻辽东残破已久，昼夜忧思。”[2]兵部在复奏兵科给事中桂有根的公文中说：“辽左残破已极。”[3]户部尚书赵世卿慨叹：“全辽凋瘵已极。”[4]造成这种局面的原因是复杂的。各级将领对军饷、马价、盐引的榨取；朝鲜战争对辽东的影响；矿税太监毫无节制的科敛诛求，导致兵变、民变不断，纷纷投降东夷，诸如此类的因素共同促使辽东形势日趋严峻。[5]

内阁首辅沈一贯向皇帝建议，收拾辽东非李成梁不可，于是才有李成梁的复出。万历三十四年李成梁与蓟辽总督蹇达、辽东巡抚赵楫，借口宽奠新疆（孤山堡、险山堡、新安四堡等新开拓的八百里之地）孤悬难守，决定放弃，强迫居民迁徙内地。居民留恋乡土，则以大兵驱赶，死者狼藉。这种对辽东防务丧失信心的举动，遭到辽东巡按御史熊廷弼的强烈反对，谴责他们“弃地啖虏”八条罪状：

（赵）楫与（李）成梁身为督抚，不能开疆拓土，

1 侯先春《清马政以裨边疆重务事》，《皇明经世文编》卷四百二十九《侯给谏奏疏》卷二。

2《明神宗实录》卷二百七十八，万历二十二年十月庚午。

3《明神宗实录》卷三百六十一，万历二十九年七月己亥。

4《明神宗实录》卷三百七十，万历三十四年癸丑。

5 和田正广《李成梁一门战绩的实态分析》，《八幡大学社会文化研究纪要》第20卷（1987年）。

而反挈数百里膏腴土地，拱手奉夷，罪一；

不徙民实塞下，而反劫塞下六万余人，以至殍死，罪二；

以车价买贡不得，复以疆界买贡，长夷酋之桀骜，罪三；

与属夷歃血盟誓，受城下之辱，罪四；

边地弃即以内地为塞，开门揖寇，罪五；

遣人教夷索我土地，逐我人民，罪六；

盗陛下之府库，以赂夷狄，罪七；

丧地辱国，犹内外通同，务为欺罔，以冒陛下之秩荫，罪八。

有鉴于此，熊廷弼主张赵楫与李成梁当斩，兵部尚书萧大亨、内阁辅臣李廷机也应当连带追责。皇帝不予理睬。[1]

兵科都给事中宋一韩支持熊廷弼，他认为，虽然赵楫、李成梁已经解任，但是责任还得追究。他的准则是："人臣谋国，甚不可有诡遇功名之念，亦不可有自便身家之图。古人行一不义，杀一不辜，虽得天下不为，况守封疆者乎！一命而上，皆思为国家计久远，苟利社稷，死生以之，况秉国成者乎！"接下来对李成梁、赵楫等人，依次进行批判。

批判李成梁——"李氏自罟爵以来，志愿差酬平生所嗛焉，未足者独不得世守辽东如滇镇耳。故向来聚族而谋者，惟是取朝鲜而郡县之，乃可以长

1 钱一本《万历邸钞》，万历三十七年己酉卷，二月。

有东土。而环视诸虏，惟建酋密迩该国，即有事于兼弱攻昧，非结连恃以为东道主，能无虑奴酋议其后耶。故自（李）成梁秉钺，即与酋首他失通好者两世矣。失殂、奴儿哈赤未几晋都督，未几晋龙虎将军，未几僭号王，未几并海西毛怜等卫。我谋未就，而酋已横不可制矣。比朝鲜中更倭难，维时颇有取朝鲜之说。所幸（李）成梁解任，李如松死于虏，其议竟寝。”

批判赵楫——“（万历）二十八年赵楫抚辽，二十九年李成梁再来镇守，两人以亲戚谋议，何事不成？凡可以曲媚建酋者，无所不至。已而酋使张海子骨利来说我新地，抚镇遂借言招抚，驱吾民以奉之。膏腴弃而不耕，旧边弃而不守矣。此则三十年事也，而具题在三十三年十月，得旨在三十四年九月。是冬李廷机激建酋几变，而贡始不来。时抚镇寂无一言者，意酋在吾彀笼中，言则虞其交携而谋泄也。”

宋一韩随带批判了原任兵部尚书萧大亨、内阁辅臣李廷机，“叙功但凭御史，已破勘复之规；通虏移遣鸿胪，难辞专擅之罪。买贡覆辙也，不难原饵之投；竖碑狂谋也，甘受谩书之辱”。[1]

辽东的忧患远不止此，皇帝派出聚敛财富的矿税太监对于辽东的危害，使得辽东民怨沸腾，离心离德。万历三十六年五月，兵科都给事中宋一韩议

1 钱一本《万历邸钞》，万历三十七年己酉卷，三月。

论辽东忧患，矛头直指辽东一霸——征税太监高淮：

——税监高淮本市井亡赖，有妻有子，少时包揽崇文门税课，深知税之有利，故贿买奸弁代奏，抽榷辽左。又鼓弄神术，溷称镇守二字，借此恐吓将领，刻削军士。年来借税杀人，黩货无厌，阴蓄夷丁数百人、战马数百匹，靡费无算。诸臣明知而不敢问死，可骇也。且名马、参貂产自建州，（高）淮不但骚扰驿递，凌轹军卒，且每借口交易输情外夷，起窥伺之谋，招侵侮之渐。而淮因欲以消其平日之技痒。（高）淮之罪罄竹不足书矣，岂止前屯激变一事已耶……（高）淮既知此，何不蚤求罢免，必待众怒难犯，始将家私宝货搬回私第龙窝，为图归计晚矣。龙窝本名打狗屯，（高）淮改今名，此其意可胜诛哉！

——近据人言，咸谓高淮之横，实藉总兵李成梁之势，故每见（李）成梁辄呼太爷，稽首俯伏。而（李）成梁于（高）淮亦以儿子辈畜之，彼此以权力互援。微高淮之力，马林必不得去，（李）成梁必不得再来登坛；微（李）成梁之力，高淮必不得捆载于辽，辽人必剚刃（高）淮之腹中。两人深相结连，人逾不可支矣。谣云："辽人无脑，皆淮剜之；辽人无髓，皆淮吸之。"实（李）成梁代剜之代吸之矣。试观高淮参巡抚，参巡按，参前总兵，而独不参（李）成梁，意可知已。巡抚赵楫虽不与高淮比，不能不与（李）成梁相和，每见（李）成梁等所为，亦尝心知而窃叹之。然李氏气焰熏灼，已成难更之势，无但从谀税使渔猎军食为然。即抚臣咨用将领守操以下，何尝不关白总镇，倘非其意所欲用，逐之若奴隶耳。甚至抚院之去来，或凭其爱憎，抚臣即欲不听其所为，不可得也。

——此辽左大坏极弊，即有识者徒仰屋窃叹，无可奈何。盖其受病深矣。乃近日抚镇合揭，欲乘朝鲜之乱，取而郡县之，举动益属诪张……臣初犹过望二臣以经理建酋，而今乃知其无能为也；岂惟无能为，且虑其坚外夷之交，促肘腋之祸，必自此始矣。[1]

宋一韩所揭示的“辽左受病之原”，不是战事的成败，不是一城一地的得失，而是民心的丧失。作为皇帝的钦差大臣，征税太监不顾人民死活的横征暴敛，使得民众与朝廷的心理距离愈来愈远，得不到民众支持的战争岂能不败！正如京营戎政尚书李化龙所说：“夫皇上差（高）淮，不过为榷税助工耳。（高）淮以堂堂天子之使臣，何至卖马、买豆、散香袋、散包头，猥琐鄙亵，出乖弄丑，损重辱国，因之激变边民，招引虏骑。此时尚不撤回，必待大变起，全辽失，而后戮之以谢天下，不亦晚乎？”[2]

4.“告天兴师”：努尔哈赤宣战

李化龙所说的“辽左事势非常，变乱将起”，

1 宋一韩《直陈辽左受病之原疏》，吴亮《万历疏钞》卷四十一《辽建类》。

2 李化龙《辽左事势非常变乱将起疏》，吴亮《万历疏钞》卷四十一《辽建类》。

并非夸张之词，形势确实不容乐观。万斯同如此描述当时的情况："辽三面受敌，无岁不用兵。自税使高淮朘削十余年，军民益困。而先后抚臣皆庸才，玩愒苟岁月。天子又置万几不理，边臣呼吁漠然不闻，致辽事大坏。"[1]辽事大坏的突破口，出乎朝廷的预料，并非边臣原先视为头号敌人——西夷与兀良哈三卫，而是边臣千方百计招抚的东夷努尔哈赤。

万历四十六年四月十三日，努尔哈赤以"七大恨"告天，控诉明朝对女真的迫害。努尔哈赤自称"金国汗"，向军民人等宣称：

> 我祖宗以来与大明看边，忠顺有年。只因南朝皇帝高拱深宫之中，文武边官欺诳壅蔽，无怀柔之方略，有势利之机权，势不使尽不休，利不括尽不已，苦害侵凌，千态莫状。其势之最大最惨者，计有七件：
>
> 我祖宗与南朝看边进贡，忠顺已久，忽于万历年间，将我二祖无罪加诛。其恨一也。
>
> 癸巳（万历二十一）年，南关、北关、灰扒、兀剌、蒙古等九部，会兵攻我，南朝休戚不关，袖手坐视。仗庇皇天，大败诸部。后我国复仇，攻破南关，迁入内地，赘南关吾儿忽答为婿，南朝责我擅伐，逼令送回，我即遵依上

1 万斯同《明史》卷三百四十七《李维翰传》。

命，复置故地。后北关攻南关，大肆掳掠，南朝不加罪。然我国与北关，同是外番，事一处异，何以怀服？所谓恼恨二也。

先汗忠于大明，心若金石，恐因二祖被戮，南朝见疑，故同辽阳副将吴希汉，宰马牛，祭天地，立碑界铭誓曰："汉人私出境外者杀，夷人私入境内者杀。"后沿边汉人，私出境外，挖参采取。念山泽之利，系我过活，屡屡申禀上司，竟若罔闻，虽有冤怨，无门控诉……欺压如此，情何以堪！所谓恼恨者三也。

北关与建州，同是属夷，我两家构衅，南朝公直解纷可也，缘何助兵马，发火器，卫彼拒我？畸轻畸重，良可伤心。所谓恼恨者四也。

北关老女，系先汗礼聘之婚，后竟渝盟，不与亲迎。彼时虽是如此，犹不敢轻许他人，南朝护助，改嫁西虏。似此耻辱，谁能甘心？所谓恼恨者五也。

我部看边之人，二百年来，俱在近边住种。后南朝信北关诬言，辄发兵逼令我部远退三十里，立碑占地，将房屋烧毁……使我部无居无食，人人待毙。所谓恼恨者六也。

我国素顺，并不曾稍倪不轨，忽遣备御萧伯芝，蟒衣玉带，大作威福，秽言恶语，百般欺辱……所谓恼恨者七也。

有鉴于此，努尔哈赤说："怀此七恨，莫可告诉。辽东上司，既已尊若神明；万历皇帝，复如隔于天渊。踌躇徘徊，无计可施，于是告天兴师，收聚抚顺，欲使万历皇帝因事询情，得申冤怀。”[1]

初战告捷之后，努尔哈赤派人把这份“告天兴师”文书送达辽东明朝官方，声称为七宗恼恨发兵，要求明朝派官前往谈判“赴贡罢兵”事宜。[2]关于此事，王在晋记载较为具体：“闰四月，奴儿归汉人张儒绅等，赍夷文请和。自称建州国汗，备述七宗恼恨，呈按院（巡按御史）陈王庭。内云：先年李成梁、李如松父子无故杀我祖父叫场，夺我土地，一恨；又差部鞑围猎界上，杀我人，抢马匹，二恨；私自过界，盗斫粮草，三恨；求婿北关，赖我亲事，四恨；又将大兵五百名助北关交战，五恨；纵放辽民越地盗去参种，六恨；我与北关、朝鲜同为藩臣，他厚我薄，七恨。故因动发兵马叛抢是实。”[3]所说七大恨，与努尔哈赤向军民宣告的内容大体相似。

实事求是地说，努尔哈赤要向明朝宣战，蓄谋已久，所谓七大恨不过是一个借口而已。

四月十五日，抚顺集市开集之日，努尔哈赤命令士兵扮作赶集的商贩，混入抚顺城内，发动突然袭击，俘获驻守抚顺的游击李永芳。抚顺城就这样被努尔哈赤轻而易举地攻陷。王在晋记叙道：“万历四十六年，辽事起。四月十五日，奴儿哈赤计袭抚顺，佯令部夷赴市，潜以精兵踵后，突执游击李永芳，城遂陷。（李）永芳降奴，去须发为夷，与奴缔

1 孟森《清太祖告天七大恨之真本研究》，《明清史论著集刊正续编》，河北教育出版社，2000年，第111—112页。

2《明神宗实录》卷五百六十八，万历四十六年四月丙辰。

3 王在晋《三朝辽事实录》卷一，万历四十六年闰四月。

姻，百惟调度，因以汉字传檄清河，胁并北关。巡抚李维翰趋总兵张承胤应援。”[1]

辽东巡抚李维翰、蓟辽总督汪可受意识到事件的严重性，相继向朝廷告急，调兵请饷的奏疏纷纷沓沓送进紫禁城。朝廷接到抚顺陷落的报告，第一反应就是向兵部指示防剿事宜：“狡虏计陷边城，一切防剿事宜行该地方官相机处置，军饷着上紧给发。其调发应援，该部便酌议具奏。”[2]代理兵部尚书薛三才（字仲儒，号青雷，浙江定海人）并没有立即调兵遣将，而是向皇帝大叹苦经：辽东缺饷已历三年，户部应发额饷，从去年秋天到今年夏天，拖欠银子五十万两，即使不能全部照发，也应该先发一半，以解燃眉之急。兵部自身也拖欠辽东马价银十一万七千八百两，只能先发四万两。另外还欠新兵饷银四万七千一百两。至于调兵之事，薛三才只是敷衍一番：蓟辽总督汪可受已在选调蓟镇兵六千五百名，刻期援辽；其他各镇多事，征调不便。希望皇上拨发内库帑金，由辽东巡抚、总兵自己招募兵丁。身为军事主官的薛三才显然对此次辽东战事的严重性估计不足，仅仅把它看作以往常有的骚扰。皇帝也是如此，薛三才要求发放内帑，立即以“内帑空虚”予以回绝，要兵部户部自己想办法。不过他比薛三才敏感，意识到辽东形势危急，下旨要九卿科道研究赶紧商议“大举进剿”。[3]

1 王在晋《三朝辽事实录》卷一，万历四十六年四月十五日。

2《明神宗实录》卷五百六十八，万历四十六年四月甲辰。

3《明神宗实录》卷五百六十八，万历四十六年四月庚戌。

四月二十一日，前往增援的总兵张承胤、副总兵颇廷相、游击梁汝贵，中埋伏阵亡，全军覆没。[1] 代理兵部尚书薛三才意识到对方有备而来，向皇帝报告“东事殆不忍言”。皇帝立即指示：“辽左覆军陨将，虏势益张，边事十分危急。尔部便会推堪任总兵一员，令刻期到任，料理军务。一应防御驱剿事宜，着督抚等官便宜调度，务期殄灭，以奠封疆。其征兵转饷等事，即遵旨会议具奏。”[2] 有关部门遵旨会议以后，薛三才向皇帝报告应对步骤：

一、征调真定、保定等地壮士，可得三万人；

二、各边废弃家丁皆许效用军前，可得数千人；

三、山海关为蓟辽门户，应任命一员大将提兵弹压，兼为辽东声援；

四、起用原总兵杜松驻守山海关，总兵王宣驻守关内。

皇帝一一照准，下令杜松原官起用，星夜赶往山海关赴任。[3]

◤ 杜松，陕西榆林人，明代著名将领。由舍人从军，累功为宁夏守备，迁东路副总兵。不久起孤山副总兵，擢都督佥事。万历三十六年镇辽东。时蓟辽多事，令以总兵官镇山海关。

闰四月初一日，河南道御史熊化向朝廷提议：宜速发粮饷，命蓟辽总督汪可受先期率兵数千直抵广宁，相机提调；巡抚李维翰移驻沈阳，与新任总

1　王在晋《三朝辽事实录》卷一，万历四十六年四月二十一日。《明神宗实录》卷五百六十八，万历四十六年四月甲寅。

2　《明神宗实录》卷五百六十八，万历四十六年四月丙辰。

3　《明神宗实录》卷五百六十八，万历四十六年四月戊子。

兵李如柏协力拒守，待援军抵达后徐图进取。兵部赞同这一方案。皇帝批准这一方案，特别强调以下几点：

◥ 李如柏，辽东铁岭卫人，李成梁次子，辽东总兵。萨尔浒之战兵败，逃回后自裁。

一、督臣出关调度，事出创见，似难轻举。尔部既与多官议妥，汪可受着统兵前去，相机进止，务期持重，以保万全；

二、抚臣李维翰着视虏情缓急，再为移镇；

三、顺天巡抚与保定巡抚移驻山海、易州，互相应援；

四、内地空虚，着速行招募充补；

五、兵部尚书黄嘉善着差人催他星夜前来，共图安攘。[1]

总督汪可受奉旨率兵出关，胆怯犹豫，在山海关逗留不前，还为此寻找借口。说什么先前曾大张声势，宣称发兵数万，如今仅仅数千人前往，对于奴虏不足以起到威慑作用。必须等待新任山海关总兵杜松率兵赶到，兵部补充的健马，以及工部打造的盔甲，全部到齐之后，才能出关备战。一句话，尽量拖延时间。皇帝对他畏缩不前的态度十分不满，训斥道："毋得逗遛观望，致误军机！"[2]

朝廷不屑一顾的"奴虏"，居然吓到了堂堂天朝的督抚将帅，努尔哈赤的宣战已经收到先声夺人

1 《明神宗实录》卷五百六十九，万历四十六年闰四月己未。

2 《明神宗实录》卷五百六十九，万历四十六年闰四月丁卯。

的效果。

5. 疲于奔命的杨镐、熊廷弼

◤ 杨镐，万历八年进士。万历二十五年被任命为右佥都御史，奉命经理援朝军务。万历三十八年巡抚辽东。万历四十六年后金攻破抚顺，杨镐以兵部右侍郎经略辽东，力主讨伐。次年萨尔浒大败，被弹劾下狱，崇祯二年处决。

为了部署辽东的战略反攻，朝廷任命熟悉辽东事务的杨镐（字京甫，号凤筠，河南商丘人），以兵部右侍郎的头衔出任辽东经略兼辽东巡抚，懦弱无能的辽东巡抚李维翰革职听勘，要求都察院速差有魄力的御史取代杨一桂，出任辽东巡按。[1]皇帝显然把辽东战略反攻的希望寄托在杨镐身上，赐给他尚方宝剑，重其事权，总兵以下将官如不听命死战，可以先斩后奏，军法从事。杨镐新官上任三把火，申严纪律，征召四方兵马，准备大举进攻。七月，后金军队由鸦鹘关攻占清河，副将储贤战死，杨镐祭出尚方宝剑，把清河逃将陈大道、高炫斩首，企图以此激励将领出关迎战，摆出一副决战的架势。[2]

万历四十六年年底，四方援兵已经齐集，杨镐仍没有发动战略反攻。皇帝接到兵科给事中赵兴邦的报告，得知努尔哈赤进犯会安，杨镐仍无动作，很是不满，责问道："经略（杨镐）任事已久，各处援兵俱集，如何又有会安之失？平时备御无策，事后

---

1 《明神宗实录》卷五百七十，万历四十六年五月壬子。

2 《明神宗实录》卷五百七十三，万历四十六年八月己未。万斯同《明史》卷三百四十七《杨镐传》。

勘报不明，欺玩如此，镇道诸臣岂得无罪？”[1]看得出来，皇帝迫切希望辽东战事立即出现转机，毕其功于一役。这对朝廷大臣有很大的压力，内阁首辅方从哲、兵部尚书黄嘉善、兵科给事中赵兴邦等官员，为了避免“师久饷匮”，都主张速战速决。

按照当时的态势，速战速决显然不是明智的决策，唯一正确的战略是稳固防守伺机反击，逐步收复失地。但是，从皇帝到内阁、兵部都低估了努尔哈赤的力量，以为大兵一到，所向披靡，胜利指日可待，所以接连发出红旗，催促杨镐进军。

万历四十七年正月，杨镐会同蓟辽总督汪可受、辽东巡抚周永春、辽东巡按陈王庭商议决定，二月十一日誓师，二十一日出塞，兵分四路：

第一路，原任总兵马林率领副将、游击麻岩、郑国良、丁碧、葛世凤等，从靖安堡直插开原、铁岭；又令窦永澄督促北关守军配合，攻其北翼；

第二路，山海关总兵杜松率领参将、游击刘遇节、柴国栋、王诰等，从抚顺直插沈阳，攻其西翼；

第三路，辽东总兵李如柏率领副将、参将、游击贺世贤、张应昌、李怀忠、戴光裕、冯应魁、尤世功等，从鸦鹘关直插清河，攻其南翼；

第四路，总兵刘綎率领副将、游击祖天定、姚

◥ 刘綎，江西南昌人，都督刘显之子，因父荫任指挥使。万历年间，因征讨缅甸莽应里而成名，后参与朝鲜之役，屡立战功。

1 《明神宗实录》卷五百七十七，万历四十六年十二月乙丑。

国辅、徐九思等，从凉马佃直插宽奠，攻其东翼，捣其后路。

四路人马号称四十七万，实际十万左右，以绝对优势的兵力，期于三月初二日在二道关会师，齐头并进，直捣努尔哈赤的老巢赫图阿拉。[1]

这种战略部署看起来气势逼人，稳操胜券，其实带有很大的盲目性冒险性，如果其中一路失利，必然会牵制其他三路，甚至满盘皆输。加之天公不作美，从十六日开始，辽东原野下起茫茫大雪，给大部队行动带来很大的困难，出发日期不得不从二十一日改为二十五日。[2]更为严重的是，泄露了军事机密，努尔哈赤对于明朝军队的行动了如指掌，集中兵力打击其中一路。双方还未交手，胜负已成定局。

战事的进展果真如此。杜松想抢头功，先期从抚顺出发，渡过浑河，抵达南岸的萨尔浒。遭到埋伏在那里的努尔哈赤精锐部队的突然袭击，全军覆没。

马林率军从三岔儿出发，得知杜松兵败的消息，立即停止进军，结营自固。猝不及防地遭到突然袭击，大败而逃。

坐镇沈阳的杨镐获悉两路兵败，马上下令李如柏、刘綎停止出击。李如柏奉命不进，刘綎早已孤军深入三百里，虽然取得小胜（连克十五寨，歼敌三千余），

1 王在晋《三朝辽事实录》卷一，万历四十七年正月。

2《明神宗实录》卷五百八十，万历四十七年三月甲申。

却铸成大错。击败杜松、马林之后，努尔哈赤集中兵力阻击刘綎。一场激烈的混战后，骁勇善战的大将刘綎阵亡。此次战役，明朝损失文武将吏三百、士兵四万、马匹二万八千。[1]

战败的塘报传来，京师震动，本以为捷报唾手可得，没有料到竟然一败涂地，以致内阁首辅方从哲惊慌失措地要求皇帝召开御前会议，共同讨论保卫辽东保卫京师的方案。皇帝也感到大事不妙，向兵部发去谕旨，对杜松贪功冒进而兵败，表示愤慨，对马林应援失期有所不满，要他戴罪立功。

◥ 方从哲，浙江德清人，万历十一年进士。万历四十一年拜礼部尚书兼东阁大学士，继叶向高为首辅。独相七年，多顺从皇帝旨意，对国事无所匡救。光宗“红丸案”时，方从哲为内阁首辅，带李可灼进献红丸。泰昌元年乞休。

战局毫无起色，开原、铁岭相继沦陷，言官交章弹劾杨镐。皇帝随即作出决定，下令逮捕此次战败的主要责任者杨镐，关入锦衣卫诏狱论死，崇祯二年伏法。[2]

为了扭转局面，朝廷起用熊廷弼为辽东经略，出来收拾残局。

熊廷弼，字飞白，号芝冈，湖广江夏人。万历二十五年举乡试第一，次年成进士，授保定府推官，不久晋升为御史。万历三十六年巡按辽东，对巡抚赵楫、总兵李成梁放弃宽奠疆土八百里极为不

---

1 万斯同《明史》卷三百四十七《杨镐传》。王在晋《三朝辽事实录》卷一。

2 万斯同《明史》卷三百四十七《杨镐传》。王在晋《三朝辽事实录》卷一。

满。他在辽东几年中，杜馈遗，核军实，按劾将吏，不事姑息，风纪大振。由于人事矛盾，调任南直隶督学，依然严明，声誉鹊起。因杖死诸生一事，与巡按御史荆养乔互相攻讦，两人同时罢官。万历四十七年杨镐丧师辱国，皇帝想起了熊廷弼熟悉辽事，任命他为兵部右侍郎兼都察院右佥都御史，经略辽东。

当时辽东一片混乱，军队溃散，残兵无人统率。熊廷弼走马上任，还未出京师，开原沦陷，他向皇帝分析辽东形势：辽东是京师的肩背，河东是辽东的腹心，开原又是河东的根本。欲保辽东，开原必不可放弃。敌人未破开原时，北关、朝鲜还可以成为敌人腹背之患，如今开原沦陷，北关不敢不服，朝鲜不敢不从。既无腹背之忧，敌必东西两路交攻。辽阳、沈阳如何可守？由此他提出一系列要求：一遣将士，二备刍粮，三修器械，四毋窘臣用（财政），五毋缓臣期（粮饷），六毋中格以阻臣气（朝廷），七毋旁挠以掣臣肘（言路），总而言之一句话："毋独遗臣以艰危，以致误臣误辽兼误国。"[1]皇帝急于确保辽东平安，欣然同意，立即降旨："恢复开原乃御虏安边急务，应用兵马、器械、钱粮、刍豆等项，着各该衙门火速处办，刻期齐备，毋得借口缺乏，致误军机。"[2]并且赐予尚方宝剑，以重其事权。

1《明神宗实录》卷五百八十三，万历四十七年六月己卯。万斯同《明史》卷三百四十七《熊廷弼传》。

2《明神宗实录》卷五百八十三，万历四十七年六月己卯。

熊廷弼在皇帝如此器重之下奔赴辽东，踌躇满志。然而形势十分严峻，他刚一出山海关，铁岭又告失守，沈阳及各城堡军民迅速逃散，辽阳人心惶惶。他星夜兼程，劝逃亡者回归，斩逃将刘遇节、王捷、王文鼎，以此祭祀死节将士，杀贪将陈伦，罢免总兵李如桢，以李怀信顶替。与此同时，督促士兵建造战车、火器，疏浚城壕，加固城墙，作长期守御之计。几个月间，令严法行，辽阳守备大固。

万历四十七年九月，他从五个方面分析辽东形势，上报皇帝：

一是险要之大略——贼之出路有四：东南为叆阳，南为清河，西为抚顺，北为柴河、三岔儿间。都应设重兵。而镇江、南障四卫，东顾朝鲜，亦不可少。

二是联络之大略——四路首尾相护，每路设兵三万，裨将十五六员，分奇正，以当一面；镇兵设二万，裨将七八员，一半驻扎义州，一半驻扎镇江，夹鸭绿江而守。

三是兵将之大略——清河、抚顺、三岔儿，山多漫坡，可以骑兵步兵并行，应当用西北兵，由西北大将统率。宽奠、叆阳一带，林箐险阻，可以专用四川兵，由西南大将统率。镇江地处水陆要冲，应当兼用南北兵将。

四是坐困而转蹙之大略——各路兵马到达，尽地而守，小股骚扰，自为堵御；大敌入犯，互相应援，挑选精悍部队，不时出击阻挠。

五是征行居守之大略——善行师者，行必结阵，止必立营，贮放粮草，兼作退路。再设兵二万驻辽阳，以壮中坚；海州设兵一万，以备后劲；金州、复州设兵一万，以杜南侵。[1]

万历四十七年十一月，熊廷弼向皇帝陈述制敌方略，不外乎恢复、进剿、固守三者之间的抉择。他认为从当前形势考虑，漫谈恢复、进剿，显然过于草率，不如固守最为稳当，须知“守”正是为了“战”。为了挡住敌方的进攻势头，他主张“步步为营，渐进渐逼”，以守为攻的战略方针。然而固守也不容易，敌军有十万，我军应有十八万，而现在仅有八万，还在精简淘汰之中，不能作为实数。只有招募新兵、征调内地军队，使之达到十八万的实数。因此需要朝廷拨发十八万军队的饷银三百二十四万两，米粮一百零八万石，马豆九十七万石。[2]从当时的战略态势来看，熊廷弼主张固守，反对盲目出击，无疑是唯一正确的选择。[3]皇帝批准了这个方案：“审度贼势，分布战守方略，颇合机宜。防守既固，徐图恢复、进剿，尤是万全之策。”[4]

有皇帝的大力支持，熊廷弼经略辽东一年，取得了明显的成效，局势渐趋稳定。辽阳颓城整修一新，逃亡人民纷纷回归，遭到战争威胁的奉集、沈阳两座空城，如今俨然成为重镇，民安于居，贾安于市，商旅纷纷于途。[5]

但是，辽东的困境并没有根本改变，这一点熊

1 王在晋《三朝辽事实录》卷一。

2《明神宗实录》卷五百八十八，万历四十七年十一月癸卯。万斯同《明史》卷三百四十七《熊廷弼传》。

3 姜守鹏《熊廷弼、孙承宗、袁崇焕经辽研究》，《东北师大学报》1992年第4期。

4《明神宗实录》卷五百八十八，万历四十七年十一月癸卯。

5 王在晋《三朝辽事实录》卷三。

廷弼看得很清楚，多次向朝廷指出局势严峻：

——兵贵精之说牢固不破，辽阳、沈阳、抚顺、清河、叆阳、宽奠、镇江，皆当贼来路，不置兵无以阻其阑入，不多置兵无以当其聚攻。而主贵精之说，必屯聚一处，其去诸处远者四百里，近亦百里，如何能济？[1]

——自开、铁失后，九十月以来，煖兔、炒花、伯要儿等营住我内地，绝虏粮食人畜报无虚日，甚至东入清河二百余里之远。[2]

他在给兵部尚书黄嘉善的揭帖中写道："今半个残辽见在旦夕死生中，而悠悠然似极缓极太平，而不必过忙者……辽事已失误至此，请此后勿更支吾犹自以为劳也。"[3]在给皇帝的奏疏中责问："辽阳城中独一经略卧理军务，请问皇上要辽东否？再问朝臣要辽东否？如要辽东，奈何屡屡推补各道漠然罔闻也！"[4]

熊廷弼有一个致命的弱点——"性刚负气，好谩骂，不为人下，物情以故不甚附"。[5]刚愎自用，目空一切，人缘很不好，容易遭到言官抨击。他一度赌气辞官，皇帝好言劝慰："辽事败坏，皆地方官玩愒所致，熊廷弼一意振刷，恢复封疆，朕深切倚赖。今夷情甚急，岂经略释肩之时，自弃前功！着

1 王在晋《三朝辽事实录》卷二。

2 王在晋《三朝辽事实录》卷二。

3 王在晋《三朝辽事实录》卷二。

4 王在晋《三朝辽事实录》卷二。

5 万斯同《明史》卷三百四十七《熊廷弼传》。

益殚忠任事，与诸臣协心共济，毋为人言所阻。”[1]在以后几个月中，皇帝朱翊钧身患重病，对熊廷弼仍分外关注，别的奏疏不看，熊廷弼的奏疏非看不可，而且无不一一批答，随上随下。[2]皇帝对辽事的关切，对熊廷弼的信赖，使得熊廷弼能够安于其位。

万历四十八年七月二十一日，皇帝朱翊钧病逝，熊廷弼失去了强有力的支撑，言官群起而攻之。给事中姚宗文疏陈“辽土日蹙”，诋毁熊廷弼“废群策而雄独智”，“军马不训练，将领不部署，人心不亲附，刑威有时穷，工作无时止”。御史顾慥弹劾熊廷弼“出关逾年，漫无定画，蒲河失守，匿不上闻，荷戈之士徒供挑浚，尚方之剑逞志作威”。[3]御史冯三元更厉害，弹劾熊廷弼“无谋者八，欺君者三”。他说：“熊廷弼精神不以筹边，而意气偏以角内，才能不足胜敌，而推扯用以覆短。以杀为威，以愎拒谏，人心不附，方略全无。天下事已坏，乃欲卸担而去之。此可谓封疆之臣乎？中外之人皆知其必误辽事，特惧有阻挠之名，而莫敢言也。”刚刚即位的天启皇帝朱由校下旨：着九卿科道会议具奏。兵科给事中杨涟的观点比较折中，认为熊廷弼功过参半：“奴酋不长驱，遂以为素无大志，我可安然无恙，而不知吾之寨日劫也，堡日空也，人民日杀掠也，马畜日驱赶也。我招获

1《明神宗实录》卷五百九十一，万历四十八年二月壬申。

2《明神宗实录》卷五百九十一，万历四十八年六月丁未。

3 万斯同《明史》卷三百四十七《熊廷弼传》。

之数不如丧败之数。树无皮而不能生，边寨无屯堡，人民马畜而能存乎？议经略（熊廷弼）终难抹杀其功，怜经略者亦难掩饰其咎，职所以不能为廷弼讳也。”[1]

熊廷弼愤而答辩，乞求罢官，招致更为激烈的弹劾。御史张修德攻击他“大误封疆事，重负国恩，诡言谢病，无人臣礼”。熊廷弼益加愤怒，再次上疏自我辩解，“辽已转危为安，臣且之生致死”，缴还尚方剑，力求罢斥。给事中魏应嘉、薛凤翔、御史张至发纷纷弹劾，朝议允熊廷弼辞去，由袁应泰代替。临去之时，熊廷弼还不忘为自己辩护：“辽师覆没，臣始驱羸卒数千踉跄出关，至杏山而铁岭又失，廷臣咸谓辽必亡。而今且地方安堵，举朝帖席，此非不操练不部署者所能致也？若谓拥兵十万，不能斩将擒王，诚臣之罪。然求此于今日，亦岂易言！令箭催，而将帅殒命；马上催，而三路丧师。臣何敢复蹈前轨。”[2]

平心而论，熊廷弼经略辽东，收拾残局，毕竟功大于过。言官弹劾的动机不一，其中不乏出于门户之见的无端攻击。辽东的许多问题都是前任经略积累下来的，要熊廷弼在一年之中荡涤一新，岂非强人所难！正如张鼐所说，十万大军聚集弹丸之地，“市肆骚然，民不有其室家”，“物价踊贵，而兵民两困，全线不能饱战士之腹，而朝议渐忧其师

1 王在晋《三朝辽事实录》卷三。

2 万斯同《明史》卷三百四十七《熊廷弼传》。

之老，又恐数十万之饷久靡难继，以速一战为快，而不知策未易言。且辽之易困者，患在客兵安插无方，而粮饷挽输接济无奇术也”。[1]这些问题不但困扰前任经略，也困扰着现任经略。熊廷弼虽是进士出身的文官，却是“有胆知兵，善左右射”的文武全才，在担任辽东巡按时就极力主张“守边”，担任经略以后，“主守御益坚”。[2]因此不可能攻城略地立竿见影，势必与朝廷的战略方针——速战速决以免“师老靡饷”——发生冲突，他的下台是迟早的事。

二　举棋不定的辽东战略（下）——从袁应泰到孙承宗

1. 袁应泰兵败自缢

袁应泰，字大来，陕西凤翔人，万历二十三年进士。担任地方官颇有政绩，比如任临漳知县期间，筑长堤四十余里，捍御漳水，调繁河内穿太行山，引沁水成二十五堰，灌溉农田数万顷，邻近州县都得到好处。又如出任淮徐兵备参议期间，发生大饥荒，设立粥厂救济灾民，饥者尽得食；又动用额外税、马价银数万两，赈济灾民。户部指责他“擅移官禀”，遂引疾辞官而去。不久，以兵备按察

1 张鼐《题熊侍御疏牍叙》，《宝日堂初集》卷十一。

2 万斯同《明史》卷三百四十七《熊廷弼传》。

使身份练兵永平府（位于山海关西面）。当时辽东战事频繁，袁应泰“练兵缮甲，修亭障。饬楼橹，关外所需刍茭、火药之属，呼吸立应”，成为经略熊廷弼倚赖的得力帮手。

泰昌元年九月，袁应泰以都察院右佥都御史出任辽东巡抚，十月，晋升为兵部右侍郎，代替熊廷弼出任辽东经略，由薛国用为辽东巡抚。以袁应泰顶替熊廷弼，显然是朝廷用人的一大失误，无论从哪个方面相比，袁应泰都无法与熊廷弼比肩，由他担任辽东经略，实在是勉为其难，他可以做一个好的地方官，却难以胜任辽东的大帅。正如万斯同所说：“（袁）应泰历官精敏强毅，用兵非所长，规划颇疏。（熊）廷弼在辽持法严，部伍整肃；应泰以宽矫之，多所更易。”[1]朝廷的用非所长，铸就了他的悲剧结局。他走马上任，给朝廷的奏疏表明决心与辽东共存亡：“臣病则医于辽，死则丧于辽。”时人评论：悲其志而危之。[2]

袁应泰颇想有所作为，天启元年正月，他向朝廷陈述战略部署，以收复抚顺为重点。他的奏疏写道：

> 窃惟辽左系天下安危，而今战守系辽左安危，故有从长之策，昔日以为宜，而今日不出于此；昔日力未能及，而今日之稍可进取者，

1 万斯同《明史》卷三百四十七《袁应泰传》。

2 张鼐《袁经略先生死事述》，《宝日堂初集》卷十六。

则惟有复抚顺一策是已。

自奴酋初发难也，始于抚顺。盖抚顺为奴酋出入经繇之处，彼可以来，我可以往，是必争之地，而全辽之枢纽也。但复抚顺不可不兼备清河、宽（奠）、叆（阳），然须先制木城以自捍。奴酋以抚顺教场为屯兵之处，如坐通衢，来去若风雨，刈人如草菅。所陷清河、开（原）、铁（岭），延袤三百里，杀掳官兵军民数十万。而我叛贼李永芳、佟养性等日夜引导筹画，为陷阵封侯王之举。

今奴且威胁朝鲜，而时围猎于开、铁、汛、懿之境矣，造钩梯，另采木打钉，新造为攻城之具。即今蛰伏不动，非特畏我甲兵之强也。奴之举事，节短而机深，每有稳着，彼实欲蚕食虎视，而安受吾利耳。奴向以杀戮，又多纵舍，志不在小，脱一旦以重兵薄城下，事未可知也。夫臣以自量，岂不知才弱敌强，未可乘危。然我不逼贼，贼且逼我，当其坐困，孰与进而扼要。兵法固有置之死地而后生，置之亡地而后存者。

收复抚顺之议看起来很有道理，不过是纸上谈兵而已。袁应泰也明白这一点，目的是打动朝廷，尽快拨发更多的兵马钱粮。所以他在奏疏的末尾说：“然此言之似易，而行之甚难。抗屡胜之敌，而夺必争之地，则难于进；处孤危之城，而为久住之计，则难于守。此二难者臣任之，若夫兵马不足，而征调不应于手，则战难；钱粮缺乏，而转输不及时，则胜难；此二难者庙堂任之。兵马钱粮足，而战不能用，请治臣之罪；若兵马不足，钱粮乏，则臣不敢以三军为尝试，国家为侥幸也。”[1]等了两个月，朝廷并没有什么反应，他再次上疏，老调重弹：

> 辽左当屡衅之余，奴酋席屡胜之势，破开（原）、铁（岭）不移时，擒宰赛如反掌，日收西虏之降以益其兵，而三韩土地人民几丧其半，且与我叛臣旦夕图谋大逞。
>
> 臣非能知兵者也，但所仗者兵马耳，钱粮耳，器械耳，将吏耳。至于布置平时，相机临敌，臣功臣罪且未暇论，无论诸项之中有一可缺乏者乎？有一可耽延者乎？

他所说的“缺乏”“耽延”，具体说来就是“兵马应援太缓”“钱粮应援太缓”“器械应援太缓”“将吏应援太缓”。据此，他希望皇上“大赐乾断，凡臣从前所请，立刻应援，勿再迟缓，使微臣早得措手，或守或战，或进或退，期于中机，断不敢为孟浪之举也”。[2]既然朝廷没有“立刻应援”，他有言在先，“臣不敢以三军为尝试”，“断不敢为孟浪之举”，因此先前谋划收复抚顺的战略计划，也就泡汤了。

你不打他，他就来打你。天启元年三月，努尔哈赤军队运载攻城的钩梯，倾巢出动，十一日夜半

1 沈国元《两朝从信录》卷五，天启元年正月。

2 沈国元《两朝从信录》卷六，天启元年闰二月。

渡过浑河，十二日进犯沈阳，次日攻陷沈阳城，总兵贺世贤、尤世功从西门逃出，士兵溃散。辽东巡按御史张铨派飞骑向朝廷告急："今沈阳既陷，则奉集已失犄角之势，弹丸孤堡何以自存？而贼从沈阳直走辽阳百余里，中无险阻可抵。辽之战将劲兵半萃于沈（阳）、奉（集），半分应援两副将，见今辽（阳）城兵不满万，皆真（定）、保（定）、山东之兵，身无介胄，器不精利，以守二十余里之城，分城布列且难，况于捍敌……大约将士畏奴如虎，心胆俱裂，无一敢战者。"[1]兵部收到紧急塘报，立即报告皇帝。皇帝大为震怒："昨日览辽东巡按御史张铨塘报，奴贼攻陷沈阳，辽（阳）城万分危急。该镇各地方文武各官职任封疆，全无备御，疏防怠玩，应援各将拥兵结营自固，坐视陷城，威令何在？姑都着策励任事，兵部便马上差人传与经督抚按各官，作速挑选精锐兵马，各陈方略，相机拒堵，务保万全。如有仍前坐视的，即以军法从事。"[2]

朝廷把责任全部推到封疆大吏身上，指责将领坐视不救，指责经略抚按"威令何在"，唯独不检讨自己为何不从速应援兵马钱粮，为何要用袁应泰顶替熊廷弼？御史江秉谦就此上言："熊廷弼受命田间，仓皇赴召，四方之征调未集，士卒之胆落未定，甲马器械无一可恃。而（熊）廷弼出万死不顾一生，单骑从数千弱卒出关，犹复收拾余烬，城守经

1 沈国元《两朝从信录》卷六，天启元年三月。

2 沈国元《两朝从信录》卷六，天启元年三月。

年，令奴贼终不能得志……使（熊）廷弼得安其位而展其雄抱，定不致败坏若此！”[1]

却说二月十五日，沈阳的败报传到辽阳，经略袁应泰催调各路兵马守卫辽阳。还未布防停当，敌军以迅雷不及掩耳之势，直逼辽阳而来。十八日，袁应泰与将吏士民讨论战守事宜。都说：开原、铁岭不战而溃，今欲守辽，必须力战。日暮黄昏，袁应泰身穿军装佩带宝剑，从东门出，引领大兵渡河设伏，迎击敌军，留川兵守城下，自己夜宿城东北看花楼。隐蔽在太子河边的伏兵，丧失斗志，擅自撤回，使得敌军轻而易举地渡过太子河，形势危急。十九日，袁应泰手拿尚方剑督战：“诸将以下骁勇敢战者，人各加一级。”自己从南门出，指挥教场大战，歼敌万余。将领朱万良因不救沈阳当斩，朱万良请求戴罪自效，宁死于敌，随即冲入敌阵战死。二十日敌军从西北隅开闸泄水，官兵夹壕对击，喊声震天，用火箭烧茅屋，迫使敌军撤退。当天深夜，袁应泰在城东楼守卫，官兵大多逃跑，他只身提剑在城上巡逻。连夜起草遗疏、家书，命随从缮写多份，分别由仆人带着逃回京城，呈于朝廷，告于亲人。

给皇帝的遗疏写道：“臣受命度辽之日，见人心不固，逆知辽事不可为，是以有葬辽之疏。今奴贼攻辽，十九日杀贼颇众，二十日固守，二十一日力

1 沈国元《两朝从信录》卷六，天启元年三月。

竭而死。伏乞圣明收拾人心，为恢复计。臣临死垂泣，不知所云。”[1]

给父亲的遗书写道：“男不孝，不能长侍老父，罪也。然念吾家世受国恩，盟心已久，今以城陷，死矣。愿老父颐养天和，以终天年。”[2]

他还给总督、巡抚留下了书信，嘱咐他们报告朝廷，希望固守广宁、山海关为后图。

二十一日凌晨，敌军攻入城内。袁应泰在城楼上，命令随从撤除围屏，把破盔甲推在一起填进火药，然后身佩宝剑官印，自缢而死。内侄姚居秀陪同自缢，仆人唐世名痛哭流涕，不肯离去，举火焚楼而死。同时以身殉国的还有：监军何廷魁，命妻女投井，自己自缢而死；监军崔儒秀下城与徐都司痛饮对泣，自缢而死；巡按御史张铨坐在衙门，骂贼不屈而死。[3]

内阁辅臣把辽阳陷落的消息报告皇帝，得到这样的圣旨：“览奏，知辽阳失陷。旬日而克两坚城，未闻堵截片时。该镇各官平时抚驭乖方，人不用命，深可痛恨。卿可传示总督文球、巡抚薛国用，用心料理，倡率忠义，死守危疆，以安内地。”[4]对于以身殉国的经略、巡按、监军都司等官员，还能责备他们“人不用命”吗？那些临阵脱逃的将领，散布流言蜚语，谴责袁应泰收罗“降夷”招来祸患，冀以自宽罪责。张鼐为袁应泰讲了公道话：

1 张鼐《袁经略先生死事述》，《宝日堂初集》卷十六。

2 张鼐《袁经略先生死事述》，《宝日堂初集》卷十六。

3 张鼐《袁经略先生死事述》，《宝日堂初集》卷十六。

4 沈国元《两朝从信录》卷六，天启元年三月。

——当旧经略（熊廷弼）解任时，疏公（袁应泰）自代，而以死属公久矣。公受其难而任其劳，不济则以死继之，公之所安也。夫悬千钧于一缕，而咎引者之丧，其千钧尝试其人于虎狼之穴，而反笑其受食之为愚天下岂复有人心哉？

——经略（袁应泰）以真实济国，以宽大豫众，而威不胜其德，权不配其位。自司道骤秉节钺，其畴昔受辖者，遽与齐肩，而于僚偶中又暴起居其上，以故相济少而害成多。切其所与共死生者，皆二三其德之人，无死气而有生心。嘘残破之余烬，当方张之强贼，视熊公之守辽抑又难矣。熊公不免众口，而迄不成其挞伐之功，公（袁应泰）又安能调停共事，而共图战胜却敌之事哉？[1]

言外之意，应当追责的不是袁应泰，而是朝廷，是皇帝。

2. 辽沈陷落，朝廷上下议论纷纭

辽东战略重镇沈阳，政治中心辽阳，相继陷落，对于明朝而言毫无疑问是战略性惨败。辽东形势岌岌可危，醉心于派系门户之争的政坛强烈

1 张鼐《袁经略先生死事述》，《宝日堂初集》卷十六。

震动，猛然惊醒，朝廷上下纷纷检讨屡战屡败的原因。

◤ 薛国用，陕西洛南人，万历二十六年进士。历官山东参政，分守辽海道，以右佥都御史代袁应泰巡抚辽东，进兵部右侍郎，又代为经略。历官纯谨，会清兵不至，赖以苟安，卒于位。

辽东巡抚薛国用把责任推到失事诸将身上，为此他写了长篇奏疏来论述他的观点：

其一，所谓固守并非坐拥孤城，任凭敌军纵横驰骋——“窃惟辽事之坏也，种种之弊套酿成奴祸，诸不具论。惟有三路败衅后，中外争以躁率相戒，不敢藐视奴而轻言战，切切惟守是图，诚为得策矣。顾所谓守者，非徒婴雉堞、深壕堑之孤城，固将四处之村落是护。即不轻战者，亦止未敢妄急犁扫以探虎穴，原非谓寇入门庭可纵之饱欲而去，不为截杀也。”

其二，诸将习蒙蔽为故智，以掩饰为长谋——“两年以来，修守亦稍犁具，兵马亦渐屯集，我虽戒往事而不敢轻入，则奴亦当詟我兵威而不敢远出。今何以舍老寨而结新寨，近且盘踞抚顺也？又何昔之抢掠犹在我兵戍守之外，今且深入沈（阳）、奉（集）之内，而肆然无忌也？此果奴之兵力所向无前，奴之诡谋神鬼莫测哉？良繇我之指挥者习蒙蔽为故智，以掩饰为长谋。烽燧每每不明，侦探常常爽失，故或醉梦终日而一筹之莫展，或仓皇失措而站立之不定，或虚骄恃气而观望为之不前。是以来则不知，进则不敌，去则不追，甚且张铺满纸，掩罪为功，任其大入大利，小入小利，而曾不能一创也。”

其三，未有皮毛俱尽，而本根犹能独存者——“狡奴之计固在攻堡，实图抢掠。我之将士军役亦曰保孤城可幸无罪，而村屯抢掠姑置不论也。不知奴每一掠，既得其粮，又得其子女牲畜，是我盗保城之虚声，而奴得捆载之实利矣。辽围绝塞，兼值兵荒，虽村屯寥落，人烟稀少，然一草一木皆其皮毛，未有皮毛俱尽，而本根犹能独存者……倘从此一举而略威宁一带，再举而掠虎皮左右，沈（阳）奉（集）孤注，势必不支，而辽阳危矣。此时即治臣等以不职之罪，粉身碎骨竟何益于成败之数哉？”

其四，大将徒拥名位，不肯出死力——“国家建大将之旗鼓，用一人即期得一人之用。今辽左建牙者济济，徒拥名位，竟不肯出死力，以为士卒先，而报我朝廷万分之一。真可为痛哭流涕者也……辽事至今破坏极矣，臣等岂敢过求速效，且时值乏才拊髀干城，又岂敢不爱惜诸将，但奴祸日剥月削，业已及肤，非得诸将同心戮力，大破积套，率众贾勇，期以血战，必不能遏奴锋而阻其来也。”[1]

薛国用所说都是实情。辽东军中参谋张思任，在兵败逃亡中，向沈阳、辽阳官兵了解兵败情状。

有的说，沈阳之战，降将李永芳兵还未入城，守将贺世贤就打开城门逃跑。

有的说，沈阳城外配备火炮抵御奴兵，贺世贤

1 沈国元《两朝从信录》卷六，天启元年闰二月。

以保城为名，把炮手全部调入城内，而且不许轻易放走。

有的说，沈阳城破，李永芳俘获炮手，给予重赏，向守城的川军开炮，川兵无不立卒。

有的说，奴兵结阵，前一层用五六寸厚木板制作战车，以避枪炮；第二层用弓箭手；第三层用小车装载泥土，用来填埋沟堑；第四层用装甲骑兵，待我火炮既发，突然冲锋，势若风雨。

有的说，奴贼惯用奇兵，前驱佯装败北，以诱惑我军，已而伏兵四起，无不崩溃。

有的说，辽阳城破，李永芳与贺世贤并辔入城，李永芳坐都司衙门，贺世贤坐经略衙门。

张思任的结论是："此间将士尪弱如鬼，甲仗不完，闻奴风声皆已胆落，一有缓急，不死即走，且二百里之间，逃窜成群，流亡满目。"[1]

在兵败如山倒的形势下，有的官员主张以安定人心为根本大计。云南道御史张新诏批评阁部大臣在此主忧臣辱之际，依然悠悠泛泛，无动于衷：

——辽自有事以来，征兵征饷，几遍海内；主战主守，几无剩议。说者谓奴缓而我因之亦缓，其实我缓而奴未尝缓也；奴急而我因之亦急，其实奴急而我未见其急也。不但逆奴非我族类，为犷为悍，亦且精于用兵，善谋善

1 沈国元《两朝从信录》卷六，天启元年四月。

作，以致陷我城堡，兵不血刃。勾连西虏，捷同应响。沈阳破而辽阳见危，长安堡破而三岔河路梗，东夷西虏已结同心，河东河西首尾莫顾。即令辽阳之经道将吏，或焚渡河之舟，或决背城之战，置之死地而生，反乱为治，反危为安，皆不可知。而以大势揆之，山海（关）以东岌岌乎殆，恐非我国家所有也。

——主忧臣辱，正此其时，阁部大臣尚可悠悠泛泛等之寻常，聚讼会议，犹同筑舍乎？成败利钝宜身为任之，是非毁誉当付之不问，率大小臣工日宿公所，部院科道仍择一静密公署屏绝厮役，时为商确，谋有定画，一面质之相臣，一面入告君父。其章疏不必连篇累牍，但求明白直截，不但省烦文，便于观览，且得主上将此事明白于心，其用一人拔一将，当立限刻期，仍不可使之借名套辞以滋规避，逗留观望者必罪不宥。[1]

山东道御史江泗论认为，观察今日大势，最为首要的急务，莫如收拾人心，以图恢复。他说："自逆奴入犯，辽沈失陷，河以东抹血心灰，河以西闻鼙股栗。且将有金汤不足恃，粟帛不足多，兵革不足强，望而待毙之象。今百万之金钱，皇上不吝政务以授之，三军之旗帜立可新也。征调召募，群策

1 沈国元《两朝从信录》卷六，天启元年四月。

毕举，带甲控弦，立可无单弱也。然臣以为此但得其具，未得其势；得其势者，得其心者也。”接下来他分析收拾人心的重要性：“辽沈未失时，闻川浙兵衣不掩身，而日支五分，仅得三分五厘到手，人人生怨，经台（经略巡抚）主将一切付之罔闻。近日督臣之书，谓除降夷一事，其余着着不差也，无奈辽人之离心耳。传闻辽（阳）城内应，约期举事，皆辽之巨族倡之至百余家。前车既覆，后车可鉴，则边之人心宜亟收也。”[1]

新任刑部右侍郎邹元标，秉持其一贯言论犀利的风格，认为辽东战败应该从内政方面寻找原因。他说：“今日国事皆二十年诸臣酝酿所致也。往者不以推贤进贤为事，以锢贤逐贤为第一义，遍相祖述，言臣不以公心为事，而以分门割户共为衣钵，奈何朝不多事？”因此他的意见是，“今日急务，惟朝臣和衷而已”。请看他的论述：“朝臣一和，天地之和应之，此必然之理，无不可知者。何论事论人者各有偏见？偏因迷，迷生执，执而为我，不复知有人。不复知有人祸，且移于国，此不和之流弊也。古人上殿相争如虎，下殿不失和气；争如虎者为国也，不失和气几于无我矣。今论一人，当惟公惟平，无遽摇笔端；论一事须惩前虑后，无轻试耳食。以天下万世之心，衡天下万世之人与事，议论未尝不平，风波未尝不息。”[2]

他的议论与辽事相联系似乎有点牵强，次日再

1 沈国元《两朝从信录》卷六，天启元年四月。

2 沈国元《两朝从信录》卷六，天启元年四月。

上一疏，加以具体化。基调依然是辽事应从内政寻找原因。比如说到辽饷，他指出："辽饷频年，奴酋为难，新饷虽苦，未有如再加之苦，处处剥皮，人人吮髓，有司焦劳于上，里巷嗷嗷于下。"寥寥数语点到了要害。为了辽东战争，朝廷在正赋之外征收附加税，称之为辽饷。战事经年不断，辽饷不断征收，加派之后再加派，无异于剥百姓皮吮百姓髓。朝廷之所以要尽快结束战事，也是无可奈何的选择。所以他要说："今为奴酋事，司农（户部）头须为白，无门可控，独是加赋一事不可长。恃年年辽事不宁，年年加赋，奴酋未入中国，中国先受困矣。"再比如说到振武，他指出："今日奴酋作难，说者谓奴酋强，臣非谓奴酋强中国弱也。又曰满一万不可敌，此更不足信也……臣谓非不可敌，中国之失算也。何为失算？兵法百里趋利，蹶上将深入奴巢，皆自坐败局，奈何不败？临敌易将，兵家所忌，彼着着胜算，此着着败道，取困固宜。"[1]都说到点子上，辽东的战败，关键在于朝廷决策的失算，"深入奴巢"指的是杨镐的惨败，"临敌易将"指的是用袁应泰取代熊廷弼，所以说"着着败道，取困固宜"。如欲扭转败局，朝廷决策者首先应该检讨。

有鉴于此，有的官员直斥兵部尚书崔景荣无能。广西道御史游士任尖锐地指出，兵部尚书崔景荣不但难辞其咎，而且应当斩首。他列举应当斩首

1 沈国元《两朝从信录》卷六，天启元年四月。

的三条理由：

> ——奴事急矣，旦晚必渡河矣，广宁兵将城池无一可恃，旦晚又不可知矣。所檄各镇兵马若干，绝无一至，而庸枢崔景荣口传九纸催文，便谓足以办贼。向来只说“镇静”二字，竟断送了两个坚城，误杀了百万性命。应斩一。
>
> ——今又不差官速催，闻臣言，尚不急差官，又只写几句催文，兵来定不速，必又断送了广宁。应斩二。
>
> ——广宁一去，山海、蓟门皆奴破竹，又必断送了蓟门一带。应斩三。[1]

游士任的弹劾鞭辟入里，辽沈陷落，兵部尚书崔景荣难辞其咎。当时多名言官齐集兵部后堂，大声叫骂崔景荣，带头攘臂者是方震孺。压力之下，崔景荣不得不引咎请辞。辞职奏疏是由下属司官耿如杞代为起草的，承认“破坏封疆，辜负任使，请速正典刑，以为人臣误国之戒”。皇帝接受他的请辞，下达温旨：“崔景荣解任回籍调理。”兵部尚书由王象乾担任。[2]

他对“必又断送了广宁”的预判非常准确；他预判广宁失陷以后山海关、蓟门必将不存，也为后来事态的发展所证实。然而阁部大臣依然故我，说

1 沈国元《两朝从信录》卷六，天启元年四月。

2 王在晋《三朝辽事实录》卷四，天启元年五月。

了也是白说。

尽管说了也是白说，更多的官员还有话要说，纷纷向朝廷献计献策。

湖广道御史方震孺条陈紧急军务：一、宁前道参议王化贞熟悉西虏情形，应该从速加上左佥都御史职衔，令其便宜行事，与辽东巡抚薛国用一同守御河西一带；二、兵事急如星火，凡是辽事奏疏，请求皇上随览随下，切勿仍沿旧例；三、迅速派遣风力科道官十多员，给予敕印，限定时刻，前往各地招募兵员；四、任命练兵少詹事徐光启，集中精力制造火器，修建敌台；五、辽阳失守，海运难行，应当拼力开通陆运；六、从京师到山海关，每十里设一报马（探马），从速传递军情；七、辽事紧急，京官纷纷送家眷出京，动摇人心，应当予以制止。[1]

◥ 王化贞，山东诸城人，万历四十一年进士。天启元年后金兵攻陷辽阳、沈阳后，进右佥都御史，巡抚广宁，与辽东经略熊廷弼有隙，经抚不和。天启二年兵败西平堡，部将孙得功叛，失广宁，退走入关，获罪处死。

刑科给事中董承业向朝廷建议："为今之计，紧关要地唯有三岔河口一带，尚可坚守，而将卒器械安在？已出关未出关之兵马，所当星火催促，以资备御。又速发火药器械，以为奴酋必来之防。一面布置三岔河，一面布置山海关，而京营、保定之兵，不得不作速挑之以出矣。"为此提出以下具体举措：一、必须严守蓟州、密云等处；二、征召天下总兵副总兵，各带家丁若干，前往兵部报到；

1　沈国元《两朝从信录》卷六，天启元年四月。

三、再次增调南兵一万名；四、征调延绥、宁夏、甘肃、固原兵员一万五千名；五、工部征调各地能工巧匠，赴京制造器械火药。[1]

兵科给事中明时举有鉴于“当事日玩一日，人心日惧一日”，必须壮自家声势以褫贼胆，提出一系列大胆的计策：一、派遣名将前往山东登州莱州，招募水兵，渡海直捣奴穴；二、派遣使臣前往朝鲜，晓之以利害，说服朝鲜发兵袭扰；三、广宁地处孤注，难以守御，应授权王化贞结盟西虏，联手防御；四、蓟门系京师帝陵重地，今后应该停止征调蓟镇兵员援辽，全力确保京师无虞；五、从速调户部侍郎李长庚入京，全力筹措辽饷；六、朝廷应严催熊廷弼刻期赴召，再次出任辽东经略，料理边事，安定人心；七、兵部议调劲兵，如四川土兵、广西狼兵骁悍，可以吞奴，当并议调用。[2]

这些方略停留于议论，难以付诸实施，辽东形势每况愈下。对辽事了如指掌的兵部侍郎王在晋向皇帝报告辽东形势，概括为“五空八竭”，充满了悲观失望的情绪：“我国家幅员万里，声灵赫濯。只缘逆酋为难，致开（原）、铁（岭）、辽（阳）、沈（阳）、南卫相继陆沉。二百年来生养横罹荼毒，衣冠化为辫发，名城遽尔丘墟，殚天下之财力，不能立制狂酋之死命。目前五空八竭之状有非一言可悉者。”于是乎，他首先逐

1 沈国元《两朝从信录》卷六，天启元年四月。

2 沈国元《两朝从信录》卷六，天启元年四月。

条列举“五空”：

一是帑藏空——盖自金钱尽输于塞外，上颁转散于行间，决如涌泉，去如流水，而帑藏空。

二是田野空——赋税既溢额以加编，旱潦又相仍而不已，寒烟环堵，月照逃亡，而田野空。

三是闾阎空——少壮佥名以应募，丁夫戮力以从戎，比屋靡宁，穷乡滋扰，而闾阎空。

四是行伍空——强者毕命于戈矛，弱者惊魂于风鹤，抱头鼠窜，暴骨如林，而行伍空。

五是家室空——青闺有劳人之梦，黄沙有夜泣之魂，妇子凄其藁砧寂寞，而家室空。

王在晋接着列举“八竭”：

一是将材竭——三路（败）北，而正偏裨将领死者三百一十余员，迨辽沈沦亡不知凡几，而将材竭矣。

二是生命竭——抚顺、开（原）、铁（岭）破，而姓名登鬼录者五万六千五十余人，又杀戮人民不可胜算，而生命竭矣。

三是孳畜竭——宽奠败而马骡驼死者二万八千六百余匹只，又东运买牛倒死数万，而孳畜竭矣。

四是刍粮竭——飞挽飘零于渤澥，转输汗漫于沧溟，括同珠玉，委若泥沙，而刍粮竭矣。

五是舟航竭——雇募则索艅艎于海澨，打造则僝材木于江皋，飓风时侵，水滨莫问，而舟航竭矣。

六是器械竭——火药利器极万输边，大铳神枪累千籍寇，我失其御，彼得其资，而器械竭矣。

七是五金竭——芜湖之铜商不至，武库之建铁已穷，炉冶空悬，采办莫继，而五金竭矣。

八是膏血竭——熬骨之诛求未已，剜肉之偿补堪怜，渔泽无遗，焚林几尽，而民间之膏血竭矣。

辽东官员无不以“兵力单弱为忧”，他认为“兵不弱于寡，弱于多而不精”。兵多而不精，必然带来四大忧患：

一是不能养之患——兵聚而食指繁，势必至于枵腹；

二是不能制之患——兵聚而嚣凌起，势必至于跋扈；

三是不能稽核之患——兵聚而影射生，势必至于冗耗；

四是不能简练之患——兵聚而群心涣，势必至于离披。

何况广宁弹丸之地，十二万兵马聚集，必然带来许多问题：“路狭人稠，商稀货少，米珠薪桂，百物沸腾，束草价增几倍，斗米贵至数钱。月饷未能周身，食力不堪糊口，兵之无以聊生易知也。兵无以安其生，何以令其舍身以杀贼？”[1]王在晋所涉及的许多困难，久已存在，而且愈演愈烈，难以解决。这使得当政者陷于两难境地，要想在辽东持久防守，必然被巨额的兵马、粮饷、器械开支压垮，正如邹元标所说：“年年辽事不宁，年年加赋，奴酋

1 王在晋《三朝辽事实录》卷五，天启元年七月。

未入中国，中国先受困矣。”[1]道理是很明显的，增兵增饷的结果，必然以加派赋税的形式转嫁到百姓身上，民穷财尽将导致社会崩溃。要想速战速决，收复失地，明朝军队根本没有这样的实力。

3. 熊廷弼传首九边

辽沈陷落以后，朝廷惊慌失措，一筹莫展，不得不起用被罢斥的熊廷弼出任辽东经略。毫无疑问，这意味着最高当局当初决定由袁应泰取代熊廷弼是一大错误。更何况，勒令“熊廷弼回籍听勘”的决策是内阁作出的，得到皇帝认可，以皇帝圣旨的形式发布出去，尽人皆知。如今要请熊廷弼再度出山，岂不是自打耳光！千错万错，皇帝永远不错，为了找个台阶，维持体面，把责任统统推到当初弹劾熊廷弼的言官身上。要求言官承担责任，实属无理，引起言官猛烈反弹，御史苏述的言论集中反映了言官的不满情绪。苏述说：

> ——即近如熊廷弼辽东回籍听勘，今辽阳之失陷，致烦圣思，及经略更换缘由，而欲罪言者。臣窃度之，此无论廷弼告病在先，被言在后，其去也果言者出之乎？抑经部议会复，奉旨而去之乎？

1 沈国元《两朝从信录》卷六，天启元年四月。

——倘使大臣有定见定力，当言官纠论之时，谓保全辽事非廷弼不可，决当久任，登坛可信。惶恤一军之惊，为将推羊，无问盈筐之谤，不早断葛藤，省今日之再召也哉！乃今日会议，明日具奏，今日议勘，明日议复，因而拟票，因而奉旨，廷弼始望榆关而迁矣。此其言官之故乎？大臣之故乎？

——如曰辽阳隔远，其诸功罪非往勘焉不可，则言者亦皆隔远之人，未勘时之言也。勘者不得不勘，则言者亦何得不言。总之，未勘以前之廷弼，不惟言者疑，即我皇上亦疑也，不疑而何以勘也？既勘以后之廷弼，不惟皇上信，即言者亦信也，不信而何以更不言也？

——廷弼奉旨而去，遵召而来，陶镕总是君恩，终始成其臣节，岂不堂堂正正，乃必驱逐出自小臣！若朝廷倒持其柄以授者，抑何大臣之不广也，且言官何权之有？

——即今庸枢误国，宰辅嫉言，徒烦请剑之章，空补折槛之牍，论者自论，留者自留……或者愤辽阳之破，而恨袁应泰，恨应泰而思廷弼，因追论廷弼者，溯流穷源，递而罪之乎？夫愤辽阳，则当问守辽者；恨应泰，则当问荐应泰者；即廷弼亦当问会议廷弼者。舍当境而问言官，彼言官当日亦何尝曰代廷弼者必应泰可也？[1]

1 沈国元《两朝从信录》卷六，天启元年五月。

御史苏述的奏疏写得滴水不漏，是非分明，把当初票拟熊廷弼“回籍听勘”的阁臣逼到了墙角，也令皇帝难堪。皇帝岂肯承担责任，下达强词夺理的圣旨：“这查议熊廷弼更换缘因，及开写御史冯三元等，原本倡议辽事，直攻廷弼解任回籍，后来料理疏玩，辽沈相继陷没，断送无万生灵，惨毒异常，深为可恨可悯。朕心日夜不宁，故着查议处。你每部院大臣当时既不从公主持，今又含糊回奏，且求宽解。看来朝廷疆土人民、海内安危利害，不若二三小臣当职情面更重，大臣任怨何得如是！冯三元、张修德、魏应嘉扶同排挤，致误封疆，都着降二级调外任用；姚宗文阴险倾陷，实为祸始，本当逮问，姑从轻革了职为民当差，永不叙用。”[1]惩处四名言官，为熊廷弼的复出铺平了道路。

经历了忽下忽上的折腾，熊廷弼显得更为沉稳，此番以兵部尚书头衔经略辽东，前途吉凶未卜，如临深渊如履薄冰。他的就职报告，只有“早图恢复，以救危祸，以宽圣忧”十二个字略显雄心壮志，通篇忧心忡忡，着意强调“事本难而视之愈易，势已急而应之愈缓，着宜先而布之愈后，心当同而构之愈异”：

——何谓事本难而视之愈易？贼已猖决，极难抵当，国家全力若兵将若粮饷若器械等

1 沈国元《两朝从信录》卷六，天启元年五月。

项，尽掷于辽阳。今从新计算，极难置办。而议者但曰守着三岔河，用着西北虏，而河西可无事；兵马调若干，募若干，鳞次云集，可不患寡；有帑金，新旧饷可无虞匮竭。火器车营兴工制造，可战有具，而独患乏大将一事耳。何言之易也！

——何谓势已急而应之愈缓？夫贼势之急固也，即在事诸臣一闻儆报，纷纷守城门、送家眷、请召募、移督抚，岂不皇皇着急之甚？而今忘之矣，调兵则边镇发遣无时，募兵则科道起程何日？上兵则路途遥远难到，钱粮则兵（部）户（部）争执不休，器械则工部推诿不管。

——何谓着宜先而布之愈后？以辽论，则三岔（河）、广宁为先着；以京师论，则山海关为先着；以恢复论，则广宁、登莱、天津三路皆先着。医家急则治标，一应兵饷战具，宜尽一时财力，合诸臣精神，全用于此当先紧要之着。此着一定，贼自不能飞越，京师自可安枕。而纷纷留兵、募兵、筑台、浚池，皆以护京师为名，争此帑金，四分五裂。及其要做先着，则金已早尽，而莫可措手，又何舛也！

——何谓心当同而构之愈异？……今中外臣工于此不但为君父计，即自为身家性命计，亦可以同矣。而部堂与部堂异，有司与有司异，属官与堂官异，小臣与大臣异，议臣与任臣异，省镇与庙堂异，文官与武将异。以致请讨本急，而阻之以为异；劳绪本就，而坏之以为异；事体本定，而变之以为异；情分本谐，而挑之以为异。

互相掣肘，我行我素，原因何在？熊廷弼指出："诸臣又非不知大事之难势之急，着之宜先，而心之当同也。只缘一团自顾之私意锢结于胸中，而不能割。各部曰：且顾我衙门；省镇曰：且顾我地方；京师曰：且顾我辇毂；门户曰：且顾我局势；乡曲曰：且顾我香火。甚至顾体面，顾套数，顾禄位，顾讥弹，谁复有一付心肠为皇上顾封疆，顾宗社？"

他在兵部几天，已经了解到，拟议中的调兵十一万，只有一万到了辽东，其余十万"了无着落"；募兵十一万连影子也没有，当然也"了无着落"。有鉴于此，他有言在先：调兵、募兵"真所谓纸上兵"，请求朝廷督促兵部设处催趱，与臣应急，如有失误，臣不代咎。兵马不但在途缺乏行粮，还在辽缺乏粮食与饷银，户部难辞其咎。兵部户部如有失误，臣不代任其咎。辽东形势已经到了危急关头，"及今立从难处、急处、先处、同处下手做去，而势已过重，时已难返，若再因循不改旧套，臣有不忍逆睹者"！[1]真是一语成谶，他所"不忍逆睹者"还是降临到他身上。

驻守广宁的辽东巡抚王化贞发来加急文书，报告朝廷：奴酋谋犯广宁已非一日，盔甲器械船只俱已齐备分两路进犯。臣屡次请求调兵不得，难道要臣"剪纸为兵"来抵御？他请求皇上速催援

1 沈国元《两朝从信录》卷七，天启元年六月。

兵及武器马匹，并且催促熊廷弼迅速出关调度，敌兵一闻其出关，必定趦趄而不敢进兵，也不敢逗留。[1]

皇帝为了鼓舞士气，特地指示兵部：经略尚书熊廷弼特膺新简，奉命专征，为了重其事权，特赐敕书一道、尚方剑一口，将士不用命者可以先斩后奏。在兵饷经费之外，特发帑金以佐军需。赏赐大红麒麟一品官服，苎丝四表礼，白银四十两。离京前在都城设宴，由五府兵部掌印官陪同饯行。[2]经略尚书的出场果然不同凡响，但是当他到了辽东，与巡抚王化贞在战略上发生重大分歧，以致“经抚不和”。此时兵部尚书已由张鹤鸣代替王象乾，处处支持王化贞，遥控战局，经略熊廷弼完全被架空。

事情的由头是熊廷弼不同意王化贞“分兵防河”的方略，主张集中兵力防守广宁，朝廷支持这一主张。王化贞恼羞成怒，“经抚不和”公开化。万斯同说：“而化贞以计不行愠甚，尽委军事于廷弼；廷弼乃请申谕化贞不得借口节制，坐失事机。先是，四方援辽之师化贞悉改为平辽，辽人多不悦。廷弼言，辽人未叛，乞改为平东或征东，以慰其心。自是化贞与廷弼有隙，而经抚不和之议起矣。”[3]

王化贞派出的都司毛文龙袭取镇江，举朝大

1 沈国元《两朝从信录》卷七，天启元年七月。

2 沈国元《两朝从信录》卷七，天启元年七月。

3 万斯同《明史》卷三百四十七《熊廷弼传》。

喜，以为有机可乘，立即命令登莱、天津发水师二万，接应毛文龙；王化贞督率广宁守军四万进据河上，会合蒙古军乘机出击，由熊廷弼居中调度。这是基于对形势错误判断，而想当然的决策，身在前线的各个总兵互相观望，不敢轻举妄动。唯独王化贞急于立功，向朝廷报告：敌军已经放弃辽阳，河东沦陷区的军民日夜盼望官军归来，而且西部的虎墩兔、炒花都表示愿意出兵相助；敌兵守卫海州不过二千，河上辽兵三千，如果潜师夜袭，势在必克；敌军布防于南面的军队听到败讯，必然北归，我军据险出击，定获全胜。

◥ 毛文龙，浙江杭州人。善骑射。进京后由其舅沈光祚推荐给辽东总兵李成梁，补内丁千总。兵巡道白某主持武举人考试，毛文龙名列第六，三年后晋升为守备。天启元年辽东经略袁应泰命他制造火药，他两个月就办成，晋升为游击。后占据皮岛，为皮岛总兵。

兵部尚书张鹤鸣完全赞同王化贞的主张，向皇帝建言，时不可失机不再来。御史徐卿伯与之一唱一和，请皇帝命令熊廷弼进驻广宁，蓟辽总督王象乾移镇山海关。于是乎兵部仓促下令全面出击，熊廷弼不得已出关，在右屯驻扎，向朝廷报告：海州取易守难，不宜轻举。王化贞以为有阁部大臣撑腰，一意孤行，正如万斯同说："化贞为人騃（意为傻）而愎，素不习兵，轻视大敌，好谩语，文武将吏进谏悉不入，与廷弼尤抵牾。妄意降敌者李永芳为内应，信西部言，谓虎墩兔助兵四十万，遂欲以不战取全胜。一切士马、甲仗、糗粮、营垒，俱置不问，务为大言罔中朝。尚书（张）鹤鸣深信之，所请无不允。以故廷弼不得行其志，广宁有兵十四万，而廷弼关上无一兵，徒拥经略虚号而已。”[1]

熊廷弼多次指出，王化贞的布置，有万一不必然之虞，还说：辽人不可用，西部不可恃，李永芳不可信。王化贞置若罔闻，朝廷大臣大多支持王化贞，非议熊廷弼。气得熊廷弼大叹：臣有经略名而无其实，辽左事惟枢臣（张鹤鸣）与抚臣（王化贞）共为之。王化贞扬言，我一渡河，河东人必定内应。并且向朝廷保证，仲秋之月，可高枕而听捷音。熊廷弼请求皇帝敕谕王化贞：慎重举止，毋为敌所笑。王化贞立即反唇相讥，信誓旦旦：愿请兵六万，一举荡平。当此之际，熊廷弼处境艰难，王化贞不听节制，又要受朝中言官讥刺，愤然叹息："经抚不和，恃有言官；言官交攻，恃有枢部（兵部）；枢部佐斗，恃有阁臣。臣今无望矣！”[2]

结果正如熊廷弼所料，西部并无援兵，李永芳也没有内应，王化贞进退两难。还没有等敌军压境，参将江朝栋谎称敌军进城，扶掖王化贞上马，两名仆人跟随，放弃广宁，踉跄逃跑。在大凌河遇到熊廷弼，王化贞嚎啕大哭。熊廷弼微笑问道：请兵六万一举荡平，究竟如何？王化贞建议退守宁远与前屯，熊廷弼说，为时已晚，只有掩护溃民入关，说罢，把自己率领的五千兵马交给王化贞，命他殿后，把积储的物资付之一炬。广宁惨败，朝廷对经略与巡抚各打五十大板，逮捕王化贞，熊廷弼革职听勘。

1 万斯同《明史》卷三百四十七《熊廷弼传》。

2 万斯同《明史》卷三百四十七《熊廷弼传》。

天启二年四月初九日，三法司大堂会审熊廷弼、王化贞。刑部尚书王纪、都察院左都御史邹元标、大理寺卿周应秋等大臣，联名向皇帝进呈经抚之狱的“狱词”(爰书)。虽然是一篇官样文章，却并不空泛，值得一看：

◥ 三法司，刑部、都察院、大理寺合称三法司。凡重大案件均由三法司会勘。刑部定疑谳，都察院纠核，大理寺平决。

会审得当奴酋之猖獗也，辽阳失陷，都城震惊，此正主忧臣辱枕戈待旦之日也。我皇上不难拔(王)化贞于监司，起(熊)廷弼于田间，畀以军旅重任，可谓非常之宠遇矣。在昔侠士犹知为知己死，况两人颇以豪杰自负，感恩图报，宜同心戮力，誓灭此而后朝食。其济则爵列通侯，垂功名于竹帛；不济则以死继之，岂不毅然一须眉丈夫！

不虞其相闹一场，挈河西拱手送奴，竟以一逃结局也。试问今日辽山辽水竟属谁家？数百年相传疆土沦于夷狄，数百年生养赤子化为左衽，孰是经略？孰是巡抚？酿此丧败，望风先遁，罪将谁委乎？不于大公案一眼觑破，一口道破，而区区拾纸上之残沈，争长竞短，强生分别，吁！亦左矣！

王化贞……生来是一朴实头地人，全不知兵，用虏而反为虏用，用间而反为间用。其叛逆如孙得功辈日侍左右而不悟，认贼作子，伎俩已知，乃敢口口声声要战渡河。及至胡笳一鸣，风鹤皆兵，鼙鼓铁骑尚隔在百里之外，而弃广宁如敝履，匹马宵遁若追逃之蹑其后，而惊魂迄今未定也。哀哉，化贞，有忧国之心而无谋国之智，有吞胡之志而无灭胡之才，是天下热心人也，亦天下痴心人也。事已至此，安所逃罪，宜伏上刑，以正厥辜。

若熊廷弼才识气魄睥睨一世，往年镇辽而辽存，去辽而辽亡，关系似非小可。再起经略，廷弼居然以卫（青）霍（去病）自许，而人亦莫不（以）卫霍（视）廷弼也……其料事之智岂不远过化贞哉，独刚愎之性，虚骄之气，牢不可破。以争毛文龙功罪一事，开衅化贞，水火之形既分，玄黄之战遂力。今日具一疏，明日具一揭，笔锋舌阵相寻不已。而搜乘训卒，厉兵秣马，凡可以为守备计者悉等闲置之。迨虏骑动地而来，错愕不知所出，急急飞檄督战，若将曰胜可以成吾之名也，即败亦可以验吾之言也，吾已筹之熟矣。不知前后矛盾，战不成战，守亦不成为守……闻大兵既败，疾呼不救，先奔榆关。尚书平日何等威风，一旦作此举动，岂不负国恩而遗笑于天下乎？即有盖世之气，料夷之明，亦不足以赎丧师失地之罪矣。嗟乎！封疆大臣破坏封疆，国有定律，百口何辞？……宜用重典，以警将来。[1]

1 沈国元《两朝从信录》卷十三，天启二年四月初九日。

皇帝批准三法司的结论，下达圣旨："熊廷弼控制无方，王化贞弃城不守，以致河西失陷，内地震惊。正当封疆多事，正中外观望之日，情罪即殊，法难悬异，会同复审既明，俱依拟。"[1]

三法司的狱词，对熊廷弼、王化贞各打五十大板，同样判处死刑，时人以为偏袒王化贞，苛求熊廷弼。平心而论，广宁惨败主要责任人是王化贞，以及支持他的兵部尚书张鹤鸣。熊廷弼屡次反对，而朝廷置之不理，阁部大臣也难辞其咎。后来由于熊廷弼得罪魏忠贤，由死刑升级为斩首之后再传首九边。万斯同讲出了其中奥秘："四月，刑部尚书王纪、左都御史邹元标、大理寺卿周应秋等奏上狱词，廷弼、化贞并论死。后当行刑，廷弼令汪文言贿内廷四万金，祈缓。既而背之，魏忠贤大恨，誓速杀廷弼。及杨涟等下狱，诬以受廷弼赇，甚其罪……冯铨亦憾廷弼，与顾秉谦等侍讲筵，出市刊《辽东传》谮于帝曰：'此廷弼所作，希脱罪耳。'帝怒，遂以（天启）五年八月弃市，传首九边。"[2]

冯铨、顾秉谦以《辽东传》诬陷熊廷弼，足见阉党对熊廷弼恨之入骨，必欲置之死地而后快。因此，时人认为熊廷弼不死于封疆而死于党争。崇祯时的官员李清说得很清楚："予壬戌（天启二年）赴公车，见张司马鹤鸣以及台省部郎，皆与熊经略廷弼构，群推一愚率之王抚化贞，以抗廷弼。而廷弼疏

1 沈国元《两朝从信录》卷十三，天启二年四月初九日。

2 万斯同《明史》卷三百四十七《熊廷弼传》。

言："广宁必失，河西必危，乞留臣言以券"一疏，尤为先见。及事败，与化贞同辟，人以为冤。至《辽东传》一书，为丁辅绍轼等进呈以杀廷弼者。予曾见此传，最俚浅不根，而指为廷弼撰授，尤诬。赴市时，挺立不跪，下刃仅及颈半，行刑者即以刀逆割之，惨哉！闻（丁）绍轼舆行长安道上，白日见廷弼，回寓脑裂死。（张）鹤鸣以陷廷弼卸罪生还，后为流贼索贿，倒悬城门，身首碎裂，亦天道也。崇祯初，韩辅爌疏请归葬，有'不死于封疆，而死于门户'等语，公道始明。"[1]

全祖望像

全祖望，浙江宁波人，世称"谢山先生"。乾隆年间进士，史学家、文学家。研治宋末和南明史事。著述丰富，代表作有《鲒埼亭集》《困学纪闻三笺》《经史问答》等。

对于熊廷弼的悲惨下场，后人无不为之喊冤。清初史家全祖望的评论最有深度："明启祯间，东事之坏如破竹之不可遏，一时大臣才气魄力足以搘拄之者，熊司马一人耳。古称温太真挺挺若千丈松，虽磥砢多节，自是足用。司马（熊廷弼）之卞急伉厉，盖亦此种。用人者贵展其才，原不当使一二腐儒操白简以议其旁也。关门再出，庙堂诸公忌其有所建白，乃以全不解兵之王化贞，漫夸六十万兵平辽，为之掣肘。时江侍御秉谦力陈：'经臣（熊廷弼）不得展布尺寸，反使抚臣（王化贞）得操节制之柄，必误国事。'不幸而中矣。当国者苟有人心，即寸斩抚臣以谢经臣，犹且不足，反以不能死绥罪之，是犹

1　李清《三垣笔记·附识上》。

束乌获之手足，使力不胜匹雏者代之任重。及蹶而偾，则曰是亦获有同咎可乎？爰书将定，枢辅孙公承宗、大司寇乔公允升、太仆周公朝瑞、刑曹顾公大章，皆援‘议能议劳’之例，而太仆凡四上疏，褎如充耳。独怪大司寇王公纪、大中丞邹公元标、都谏魏公大中，亦皆力持以为当死。是则予之所不能解者。有明三百年，以文臣任边疆之事者，惟曾襄愍公铣，并司马（熊公）耳。曾死于西，熊死于东，英雄之所遇一也。”[1]可谓知人之论，如果熊廷弼能够大展宏图，辽事不可能如此一败涂地。

可能是出于对英雄的追怀，全祖望这位严肃的历史学家，似乎相信民间传闻“传首九边”之首级并非熊廷弼的头颅。请看他的描述：

始宁倪生安世尝为予言，其尊人曾从里中仓桥陈氏见其先世《秋曹日录》一书。其人在明熹庙时为狱官，凡魏阉所杀君子，不下东厂而下刑部者，皆载其狱中事甚悉。而熊襄愍公最怪。其言曰：“襄愍既入狱，一饮一食，魏阉令狱官以帖子报知。然襄愍亦无所事，其卧用一藤枕，不分寒暑，未尝以去身。每晚人静，焚香再拜，礼北辰，则取此藤枕供之，莫能知其意也。或以问，襄愍亦笑不答。已而刑有日，襄愍神色不变，手书遗疏，犹为上言边

1 全祖望《书明辽东经略熊公传后》，《鲒埼亭集外编》卷二十八。

事，又作绝命词。其遗疏为西曹郎所遏，曰：'囚安得上书。'襄愍曰：'此赵高语也……（此处删去十二字），圣朝时安得有此？'怡然就刃。时奉有传首九边之旨，西曹郎俄录其首，则法场中空无有，但见一藤枕，大骇，相戒毋泄。亟密报魏阉，则命取熊氏子弟家人拷问大索，竟无所得。魏阉计无所出，遂秘其事不宣。而九边所传之首，盖并非襄愍真颅也。魏阉败后，公子（熊）兆璧连疏请首归葬。蒲州（韩爌）为力言于烈庙（崇祯皇帝），得允。亦明知其非公首，特借以消此冤案而已。"[1]

4. 孙承宗督师辽东

孙承宗，字稚绳，号恺阳，北直隶保定府高阳县人，万历三十二年进士，唱名第二，任翰林院编修，累官左春坊中允、左谕德、司经局洗马。熹宗即位，充日讲官，拜詹事府少詹事，加礼部右侍郎，仍兼日讲官如故。钱谦益说："公为史官，不造请权要，不征逐游宴，厚自贵重，泊如也。顾不屑为低眉拱手，悠闲养望。馆阁间有大议，矫尾厉角，奋褎而谭，往往自公一言而决。"[2]兵部尚书崔景荣老迈无能，御史方震孺请求孙承宗取代，举朝响应，奏疏上百。九卿科道上朝完毕，在会极门拦

1 全祖望《明辽督熊襄愍公轶事略》，《鲒埼亭集》卷二十六。

2 钱谦益《特进光禄大夫左柱国少师兼太子太师兵部尚书中极殿大学士孙公行状》，《牧斋初学集》卷四十七。

住孙承宗，相率下拜，请他为社稷考虑，出任兵部尚书。他再三推辞，遂被推为兵部添设侍郎，主持辽东事务。天启二年，广宁兵败，皇帝鉴于辽东紧急，任命他为兵部尚书兼东阁大学士，上午处理阁事，下午处理部务。

上任伊始，他向皇帝直言："今天下事无一不难，而兵事更难。自非负十分精敏之才，兼几分痴騃之性，决不肯妄承于身。所谓痴騃者，习闻忠君爱国之说，不徇人情，不听私属，投之贿必告于朝，遗之书必闻于众。其勤勤恳恳，期于集思，不以护党；期于广益，不以植私。故能劳怨不避，毁誉不闻，不化长安之习性，不顾从旁之螋口。"这是他的夫子自道，也是他的自律准绳。本着这种精神，他希望"皇上虚明以察事理，详密以烛人情，饬厉文武诸臣，勿角口语，勿事虚文，以公忠忧国之心，励精敏有为之气。事关军国大务，群策群力，一德一心，同议干理，同议节缩。司兵马者，不得恣意于所不可多而不顾供亿之难；司钱谷营造者，不得刻意于不可少而不顾星火之急。"[1]

他向皇帝条陈目前急切要务，首先必须收拾人心："年来兵多不练，饷多不核；以将用兵，而以文官招练；以将临战，而以文官指发；以武为备边，而日增文官于幕；以边任经抚，而日问战守于朝。其一种因循诞谩之象，徒相与咨嗟而不能返，故以

1 钱谦益《特进光禄大夫左柱国少师兼太子太师兵部尚书中极殿大学士孙公行状》，《牧斋初学集》卷四十七。

一隅勤天下，遂至敛天下之兵于边，而既坏一隅，兼坏天下。臣以为今天下急务在收拾人心；而欲收人心在大振天下之气。其纲纪大要，在皇上敕厉臣工，共奉祖宗之法度，而先选精敏有为之材……方今百吏因循，庶政丛脞，宜令吏部细加体察，凡宽博近迂，文藻近弱，迟暮近衰，急为量移。务得精敏有干局者，布列兵马钱粮之司，抚道俱极一时之选，大破常格，毋拘资叙。”他特别强调，必须改变以文统武的敝法，提高武将的权力：“文吏得与谋议供军实，不得制其师。盖兵之道，精不可以事窥，粗不可以理解。而文吏泥拗，好用小见解，沾沾将吏之上，能令将吏羁绊而不得展。以文统武自是敝法；以极不知武之文，统极怕文之武，更属极敝之法。故臣谓今天下当重武吏之权。”至于武吏，宜精择将略，不拘曾在战阵，曾为大将，亦不拘文武，宜令兵部遍核诸将才望，选择沉雄有胆略者。“大将既得其人，便当以辽事付之，小胜小衅皆勿问，要于守关无阑入，俟兵力之厚为恢复。”[1]

然而要选择沉雄有胆略的大将，谈何容易。熊廷弼革职听勘后，廷推解经邦为辽东经略，解经邦畏难推却，遭到削籍处分。廷臣再推王在晋，王在晋也苦苦推辞，又恐怕步解经邦后尘，不得已而赴任。到了山海关以后，就大谈消极退守论调——永平以西至通州一带可守，人们谴责为“意欲弃关以

1 沈国元《两朝从信录》卷十二，天启二年二月。

捐重任”。在舆论压力之下，王在晋不得不退而求其次：在山海关外八里铺建筑重关，长四千余丈，费用约一百二万两白银。理由是：“外关破，内关尚可守。”关门僚佐袁崇焕、沈棨、孙元化极力反对，争论不下，请求内阁首辅叶向高裁断。叶向高处事谨慎，以为不可臆断，应当到现场查勘后决定，孙承宗自请前往查勘。

◥ 叶向高，福建福清人，万历十一年进士。万历年间曾任首辅，乞归。天启元年还朝复为首辅。因魏忠贤擅政，知时事不可为，乞归。

六月十五日孙承宗单车就道，兵部职方主事鹿继善、赞画中书舍人宋献同行。六月二十六日抵达山海关，查勘新城，离旧城八里，其他道口在八里之外。孙承宗非常反对王在晋的方案，两人展开一场辩论。

孙承宗问：新城建成，就把旧城四万兵马移驻此地吗？假如守不住，四万人成为俘虏，还是退入内关？

王在晋答：应当另外设兵防守。

孙：如此，八里内守军需要八万，一片石西北难道不应当防守？战兵是否守兵？抑或另有战兵？筑关于八里之内，新城之背就是旧城之趾，旧城原有的品坑地雷，为敌兵而设，还是为我新兵而设？新城可守，何用旧城？如不可守，那么四万新兵倒戈旧城之下，将开关延入，还是闭关委之敌军？

王：关外有三道关可入。

孙：既然如此，敌军一来，守军溃逃如故，何用重关？

王：将建造三个山寨，收留溃卒。

孙：仗还没有打，兵还没有溃，预先建筑山寨收留溃卒，岂不是教唆溃败。如果这样，又何用重关？而且败兵入三道关，敌兵不会尾随而入？人心一溃，不又是辽东溃败的再现吗？

王：将在八里内，南面负山，北面抵海，开掘二十里长的深沟，阻挡骑兵。

孙：如今不筹划恢复大计，切切然画关而守，将尽撤藩篱，日闹堂奥，京畿以东还有宁宇吗？

王在晋语塞而止。[1]

建造重关的计划遭到否决，关门的防守大计依然悬而未决。阎鸣泰主张守宁远卫东南的觉华岛，袁崇焕主张守宁远卫，王在晋主张守靠近八里铺的中前所。袁崇焕向孙承宗提出，给他五千兵马出守宁远，说宁远距离关门二百里，距离十三山不足二百里，假使驻守宁远，便可以壮十三山之势。孙承宗觉得这个建议很有战略眼光，很想更换短服快鞋，策马去宁远、觉华一带察看军情，王在晋力持不可。孙承宗考虑到所谓“重关”无用已经显而易见，而宁远、觉华一带回环向背，扼当要冲，非亲自前往踏勘不可。王在晋以安全为由，再三哀求，孙承宗只得行至中前所而止。不过此行使他坚定了守卫宁远、觉华的战略方针。他说：“（山海）关以东，

1 钱谦益《特进光禄大夫左柱国少师兼太子太师兵部尚书中极殿大学士孙公行状》，《牧斋初学集》卷四十七。

宁远以西，五城二十七堡，独一城一堡仅存。前哨将左辅名驻中前，实不出八里铺，知守关者之无意于关外，即守中前亦非其本怀也。如中前所，所过荒落，井臼依然。登其城，潸然下新亭之泪。遥望宁前，天设重关，以护神京。觉华岛孤悬海中，与宁远如左右掖，天设以为用水制奴之地。而益知画关（而守）者之失策也。”[1]由于辽东经略是王在晋，这一战略方针必须由王在晋向朝廷提出，孙承宗对他苦苦相告，谈了七昼夜，王在晋始终不同意。

回京途中，孙承宗向皇帝报告“阅关”事宜，总结为四个方面：

一是论守关——与其以百万金钱浪掷于无用之新城，不如把这些资金用于修筑宁远城，更以守八里铺之八万人守宁远要冲，与觉华岛互为犄角。奴贼窥探宁远，则岛上之兵旁出三岔河，烧其浮桥，绕其后横向攻击。即使没有战事，也可以驱西虏于二百里之外，渐远于关城，收二百里疆土为我所有。

二是论抚虏——蓟辽总督王象乾主张利用西夷（西虏）对付奴贼，有“抚夷用夷”之说，臣有种种疑问。喇慎、朵颜诸部果然能为我守卫，何不令其守卫宁远以东，而我得以守卫宁远；如果彼不能守宁远，亦何能守山海关？请皇上敕谕经略、总督二臣，力修内备，勿以此为实着。

1 钱谦益《特进光禄大夫左柱国少师兼太子太师兵部尚书中极殿大学士孙公行状》，《牧斋初学集》卷四十七。

三是论安插辽人——孙承宗强调指出："以辽人守辽土，以辽土养辽人，此大计也。"又郑重提出："法当如袁崇焕议，驻兵宁远、觉华，迎护以归，强者为兵，弱者屯牧，此复辽之资也。"至于如何实现"以辽人守辽土，以辽土养辽人"，他建议：关内之辽人，散布于玉田、丰润一带，拥犊车，载妇女，朝东暮西，呼号于道。对于这些辽人，应当把他们聚集起来，分别到各个卫所乡堡，不再流移不定，以免日久生变。关上之辽人，环绕关城之外居住窝棚，应当招募强壮者为兵，安插于中前、前屯、宁远，其家属可以就近屯田、放牧。

四是论战守大略——"为今之计，不尽洗天下之肺腑，不能起朝气；不尽改天下之观听，不能收残局；不尽破庸人之论，则中外之闻闻见见不清；不尽驱逃溃之人，则幕府之是是非非不正。"当务之急是立练精兵、精选良将，必须有沉雄博大端谨精详之大臣，提挈道将，其主意在守，而其守在力修战具，无一人无一念不在关外，切勿局促于十六里之内。[1]

应该说孙承宗的战略方针，比王象乾、王在晋高明多了。关于"以辽人守辽土，以辽土养辽人"，他在给内阁首辅叶向高的书信中有进一步的论述："凡客兵利速战，主兵利久守。今关城合秦、晋、川、湖、齐、梁、燕、赵之众，尽客兵也。五方乌

1 钱谦益《特进光禄大夫左柱国少师兼太子太师兵部尚书中极殿大学士孙公行状》，《牧斋初学集》卷四十七。

合，额饷而外不能加毫末于身，而责其捐坟墓、弃妻子，固结于我，已自为难。而况粮料不继，即其继也，能固结于我，不逋不哗，而坐食便自坐困。竭天下物力，每岁养十数万坐食之人，事久变生，师老财匮。天下之安危宁在贼之来不来哉？今以速战之备为久守之谋，进则不足，守则必变。局外计止眉睫，局中敢忘久远？故兵必议土著，而守关以内非辽人亦客兵也……城必不可不修，田必不可不屯，又为掘煤煮盐，请修边垣，曰以辽人守辽土，以辽土养辽人。”[1]他显然看到了持久守卫的战略方针，与大量调用客兵的矛盾——“每岁养十数万坐食之人，事久变生，师老财匮”，因此应该“以辽人守辽土，以辽土养辽人”。但是如何付诸实施，难度极大。

七月二十八日，孙承宗拜谒定陵、庆陵之后，回到京城。

八月初九日，在经筵讲席，孙承宗当面向皇帝陈述方略，极言王在晋不足倚，但勤瘁可念，当改任他职。皇帝当即召还王在晋，改任南京兵部尚书。随后，他向皇帝表示：臣愿以本官赴山海关督师。如果奴来窥关，以见在之将，督率三军，必不使匹马横行。形势稍稍缓和，再挑选骁雄胆智之将，训练兵马，指授方略。待兵将调和，文武豫附，进可以攻，坐可以守，然后选择可以托付大事

1 孙承宗《又启叶首揆》，《高阳集》卷十九《尺牍上》。

者，出任经略、巡抚。他的意思是，目前由他全权处置辽东军事。皇帝大悦，立即下旨，孙承宗以内阁大学士兼兵部尚书的身份，出任督理关城及蓟辽、天津、登莱各处军务，便宜行事，不从中制。俟功有次第，即召还朝。皇帝还赐给敕书："夫内安外攘，夙称重任，出将入相，尤鲜兼才。惟卿以密勿赞襄之臣，兼干城腹心之任。既谟谋于帷幄，复筦摄乎戎枢。今且秉钺以统元戎，建牙而专外阃。安危之任，实惟一身。朕所倚赖，亦惟卿一人。汉则孔明，唐惟裴度。卿其勉建勋猷，除凶雪耻，标名麟阁，毋逊前徽，用副朕委任至意。"[1]这道敕书，出于首辅叶向高的票拟，把他比作诸葛亮、裴度，给予督师大学士极高的荣誉。八月十九日，皇帝御门临遣，赐予尚方剑、坐蟒，文武百官入朝祝贺，内阁辅臣送至崇文门外。

九月三日，孙承宗抵达山海关。当时的情况确实不容乐观，关兵花名册人数有七万，其实是个虚数，其中冒领军饷者不少。普遍是兵少将多，一营兵四十而官十七，号称数百，仅仅数十。上万士兵聚集于关城弹丸之地，经常哗变，居民不堪骚扰，店铺关门歇业，民不安居，兵不得食。孙承宗的首要任务是大力整顿。

首先是整顿军纪。定兵制，立营房，五人一房，三千一营，十五营为三部。将帅都在营部驻

1 钱谦益《特进光禄大夫左柱国少师兼太子太师兵部尚书中极殿大学士孙公行状》，《牧斋初学集》卷四十七。

扎，做到兵不离将，将不离帅。军纪改善后，市肆充盈，民安而兵不哗。关城的埤堄处驻防士兵，又修造十八垛、三直庐，屯驻军队。车营操练，子母炮攻打彻日。后来袁崇焕宁远大捷，就用车营子母炮。

其次是修筑关城。南防海口，北防角山；水路从望海台出芝麻湾，三面环海，安置大炮横击。陆路有三道关之石城，可以顿兵万人，可以乘夜色突击。北水关外有峻岭，修建十一个号台，设置大炮。原先可以操作火器的士兵不过三百，孙承宗注意训练，建立火器营；训练骑兵，建立骑兵营。

再次是按核钱粮。把兵马、军器、火药、抚夷、买马各项开支，由幕僚掌管，定粮饷关支，核器甲营造，如有虚冒，一律处斩。军中禁馈遗、绝宴会、罢供帐、却邮马、省参谒。

五个月下来，初见成效："兵民按堵，文武辑睦，商旅填咽，卒乘竞劝。立六馆招天下豪杰，奇才剑客争摩厉以求自效。"

天启三年二月二十六日，孙承宗召集将吏，问道：各位多次说巡视宁远，为何屡次延期？

众人回答：请督师决定日期。

孙承宗说：明日前往，如何？

众人惊愕不已。

孙承宗说：此毋庸再卜！

次日出关，抵达前屯，总兵赵率教买马置牛，烧土种秫（高粱），屯练修举，军容大振。孙承宗大喜，慰劳赵率教，把自己的乘舆送给他。两天后抵达宁远，登首山眺海，南望觉华岛，三山连踞，若与首山相招邀，大海东来，以觉华湾环宁远，形势险要，确为兵家必争之地。登上宁远城，孙承宗喟然感叹："好家居，为纤儿撞破，安得不致恨于焚城撤守者乎？"[1]

当时一些当权者主张"画关退守"，孙承宗反其道行之，力主出关防守，把防线由山海关向前推进至前屯，再推进至宁远。袁崇焕率三名大将经营宁远，三大将更番练兵于二百里内外。

令人遗憾的是，不久孙承宗受到阉党爪牙无端攻击，被迫辞官回乡。一切苦心经营，一切运筹帷幄，一切文韬武略，统统落空了。辽东局势急转直下，新任辽东经略高第撤退山海关外守军，努尔哈赤乘机率领主力进犯宁远（今辽宁兴城），镇守宁远的袁崇焕面临强大的压力，也使得他崭露头角。

◤ 高第，北直隶永平滦州人，万历十七年进士。天启五年任兵部尚书，以原官经略辽东等处军务。

三 "以辽人守辽土，以辽土养辽人"

1."诸将罔敢议战守，议战守自袁崇焕始"

袁崇焕，字元素，号自如，祖籍广东东莞县，落籍于广西藤县。故而张岱说："袁崇焕，广西藤县籍东莞人。"[2]万历四十七年进士，出任邵武知县。

---

1 钱谦益《特进光禄大夫左柱国少师兼太子太师兵部尚书中极殿大学士孙公行状》，《牧斋初学集》卷四十七。

2 张岱《石匮书后集》卷十一《袁崇焕列传》。阎崇年《袁崇焕籍贯考》，《燕步集》，北京燕山出版社，1989年。

他虽然是一介文人，却颇有英武之气，万斯同说他，“为人慷慨，负胆略，好谈兵，遇老校退卒，辄与论塞上事，晓其扼塞情形，以边才自许”。[1]因此，得到都察院左都御史侯恂的赏识，天启二年正月朝觐，侯恂向朝廷请求破格任用袁崇焕，遂被提升为兵部职方主事。广宁兵败之后，廷议扼守山海关。袁崇焕以兵部职方主事身份单骑出关考察，多日失联，家人也不知所往。几天后，他回京，向朝廷报告关上形势：给我兵马钱谷，我一人足以守此。廷臣欣赏他的才干胆识，越级提拔为佥事，监督关外军事，发给帑金二十万两银子，用于招募军人。当时山海关外为哈喇慎（朵颜）诸部占据，不久接受招抚，经略王在晋命袁崇焕移驻八里铺东北的中前所，监督参将周守廉、游击左辅，经理前屯卫军事。为了安置失业辽人到前屯定居，袁崇焕前往中前所东北的前屯考察，夜行于荆棘虎豹之中，四更时分进入前屯城，将士为其胆魄折服，经略王在晋颇为倚重，任命他为宁前兵备佥事。袁崇焕鄙薄王在晋没有远略，对他主张在八里铺建造新城，不以为然。

袁崇焕像

袁崇焕，广东东莞人，万历四十七年进士。明末名将。因诛杀毛文龙、在己巳之变护卫不力以及擅自与后金议和等被判以凌迟之刑。

大学士孙承宗行边督师，极力支持袁崇焕驻守宁远的主张，天启三年九月，派遣总兵满桂率

1 万斯同《明史》卷三百六十四《袁崇焕传》。

军随同袁崇焕前往宁远。原先参将祖大寿受命建筑宁远城墙，他考虑到朝廷不主张守宁远，筑城敷衍马虎。袁崇焕到达宁远，制定规制，城墙高三丈二尺，雉堞高六尺，城墙底部宽三丈，顶部宽二丈四尺，次年竣工，宁远俨然关外重镇。袁崇焕勤奋尽职，誓与宁远城共存亡，又善于抚恤将士，将士乐为尽力。由此商旅辐辏，流民骈集，远近人民视为乐土。为了巩固宁远外围，天启四年九月，袁崇焕偕大将马世龙、王世钦率领水陆马步军一万二千，东巡广宁，抵达位于锦州（左屯卫）东面的右屯卫。由于业绩显著，晋升为兵备副使、右参政。天启五年夏，孙承宗与袁崇焕计议，派遣将士分别占据锦州、松山、杏山、右屯、大凌河堡、小凌河驿，修缮城郭。从此锦州一带成为前线，宁远成为内地，开疆拓土二百里。

十月间孙承宗罢官，兵部尚书高第出任辽东经略。皇帝特地在文华殿接见，赐予尚方剑、坐蟒、玉带、银币。随即发给他一道谕旨："朕览卿奏，有'开诚布公，集思广益'之语，朕心嘉悦。念自逆奴发难以来，于今八载，征兵转饷，宇内骚然。选将练军，茫无实效，致天诛之尚缓，实人谋之不臧。特允廷推，授尔经略，文武将吏一体提衡，进止机宜不从中制。果能诚心任事，何事不成？公道待人，何人不奋？众思既集，便能择善而从，忠益既广，何难同心共济？毋徇情废法，毋偏听生奸，毋以意见为聪明，毋以恩仇为诛赏。务使将吏用命，士马饱腾，战可犁庭，守能坚壁。顺时以动，无幸未必之功；好谋而成，无中巧尝之计。意气无朝盈而暮怠，谋议无先漏而后行。事事经心，时时惊醒，大张挞伐之绩，仰纾宵旰之忧。克践所言，用慰朕意。”[1]看来皇帝对他是寄予厚望的，可惜用错了人，他根本不是“大张挞伐之绩，仰纾宵旰之忧”的干才，根本做不到自己所说的“集思广益”，也做不到皇帝所说的“毋以意见为聪明”。此人刚愎自用，而又胆小如鼠，故而《明史》说他“经略蓟辽未数月，以恇怯劾罢去”。[2]

他的最大错误是，把孙承宗与袁崇焕一手开创的大好局面，随心所欲地毁掉，白白放弃二百里江山。还没有见到敌人，就预先退却，断言关外必不可守，擅自下令撤退锦州一带各城堡的守军，退入关内。监督屯田的通判金启倧上书袁崇焕：“锦右、大凌三城皆前锋要冲，倘收兵退守，既安之百姓复罹播迁，已复之封疆反归夷虏，榆关内外更堪几次退守耶？”袁崇焕向高第据理力争不可撤退：“兵法有进无退，锦右一带既安设兵将，藏卸粮料，部署厅官，安有不守而撤之？万万无是理。脱一动移，示敌以弱，非但东奴即西虏亦轻中国……锦右摇动，宁前震惊，关门失障，非本道之所敢任者矣。”[3]高第固执到底，不仅要放弃锦州一带，还要放弃宁远。袁崇焕以死相争：“我宁前道也，官此，当死此，我必不去！”高第无法撼动宁远，下令撤退锦州、右屯、大小凌河及松山、杏山、连山、塔山守军守具，驱赶屯田士兵与农民入关，丢弃粮食十余万石，死亡载途，哭声震野。[4]

1 沈国元《两朝从信录》卷二十八，天启五年十月。

2 张廷玉《明史》卷二百五十七《高第传》。

3 王在晋《三朝辽事实录》卷十五，天启五年十月。

4 万斯同《明史》卷三百六十四《袁崇焕传》。

高第的畏惧退缩，诱发敌军大举西进。天启六年正月二十三日，兵临宁远城下，形势千钧一发。努尔哈赤自以为战无不胜攻无不克，区区宁远小城不在话下，立等可取。

◤ 满桂，蒙古族，河北宣化人。天启初擢副总兵，后与袁崇焕守宁远，远近莫不归附。崇祯初官大同总兵。

◤ 祖大寿，辽东兴城人。明末将领，吴襄的妻舅，吴三桂的舅父。

在孤立无援的绝境之中，袁崇焕拒绝努尔哈赤的诱降，誓死决战。他偕同总兵满桂，副将左辅、朱梅，参将祖大寿，守备何可纲，召集将士誓师，刺血为书，激励忠义，将士纷纷表示愿意效死。据沈国元说："（袁）崇焕当奴贼未至之时，椎牛杀马，引佩刃自割其肉，烹之以飨将士，精诚格天，故有此胜。"[1]袁崇焕誓与宁远共存亡的决心，激励守军士气，同时做了周密细致的战术布置。在敌军到来之前，预先把距离宁远五里的龙宫寺储存的好米，全部转运到觉华岛，剩余烂米全部烧毁；把近岛海岸的坚冰全部凿开，使敌军不能从冰上过海；下令焚毁城外民居，兵器全部入城，坚壁清野，等待敌军到来。努尔哈赤的军队善于骑射，野战所向无敌，攻坚战并非所长，尤其是面对高三丈宽三丈的宁远城墙，一筹莫展。守军在城上利用火器杀伤敌军。

一是"万人敌"——把火药均匀筛于芦花褥子上，卷起点火，抛向城下，爆炸燃烧，威力凶猛，

1 沈国元《两朝从信录》卷二十九，天启六年正月。

愈扑愈炽烈，敌兵无不糜烂。[1]

二是西洋“红夷大炮”（又名红衣炮）——这种从外国引进的大炮威力无比，放大炮者必须在数百步外挖掘土堑，点燃导火线后，立即翻身下堑躲避。形势危急时，袁崇焕命令唐通判亲自放炮，唐通判不晓其法，竟被震死。辽东民谣说“苦了唐通判，好了袁崇焕”，即指此事。[2]

战斗进行得十分激烈，敌军遭遇前所未有的惨败，清朝官方对此十分避讳。我们不妨看看明朝方面的记载，先请看金日升如何说：

> 天启六年正月，奴酋大举渡河，众至数万。其最劲者，人被铁铠二重，号铁头子，鸷悍尤不可当，三岔至宁远四百余里，列城六七，皆料不敌，尽敛士马入宁远城。辽兵辽将为多，恨奴入骨，以故决意死守。
>
> 廿三日，虏列营城下。
>
> 次日，疾攻东门，俱推坚车薄城。车用数寸厚板冒以生牛革斜盖其上，藏健酋于下锤凿，坏城十余处，矢石不能制。后拥铁骑，其酋长督率严酷，势颇张。宁前道袁公崇焕与诸将议，架西洋大炮十一门，从城上击，周而不停。每炮所中，糜烂可数里。而诸火器无不尽发，发亦必伤。独城下未有以施，急束藁秸灌

1 计六奇《明季北略》卷二《袁崇焕守宁远》。

2 张岱《石匮书后集》卷十一《袁崇焕列传》。万斯同《明史·袁崇焕传》说，还有一个通判金启倧，“亦以燃炮死”。

脂，渗以铳药，燃之，用铁钩投下。车鳞叠不得开，焚死甚众。毙其锦服者十余人，即彼所谓孤山、牛鹿（引者按：指八旗高级军官）者也。虏号哭舁尸而去。是日，自辰至晡，杀虏二三千人，虏少却。

廿五日，转攻西门，其势更悍，先登者更众。城中御之如前。虏冒死攻益力。而我兵所击杀更倍于昨。未晡，虏却。

两日来，城中卒尽登陴（引者按：陴，城墙上凹凸形矮墙）用命，士女传餐饱之。每中虏，咸鼓掌欢呼，其勇可贾。虏自此竟退。袁公即夕募敢死士五十人缒城而下，悉焚其遗弃车械。次日，拾虏矢得十余万枝。见城上大小穴至七十余，而查硝黄库亦已尽，咸惊喜不置。[1]

计六奇的记载与此大同小异，侧重推崇“万人敌”的杀伤力：

正月初四日，忽报东兵入边，初十（日）外即至宁远。以星夜倍道疾驰，士马疲罢，恐我师出战，皆坐马佞佛。

时（袁）崇焕与总兵满桂、赵率教、左辅等，俱闭城不出。须臾围城，骑（兵）可二万，将铁裹车撞城，声轰然。久之，城为之撼且碎

1 金日升《颂天胪笔》卷二十三《附纪·谨叙东事确略》。

矣。又用状如云梯而高过城者击撞，上以板遮蔽，兵藏于下掘城。垣墉将堕，以长阶沿石掷下，东兵多死。及攻既久，城基俱成凹龛，兵匿深处挖掘。城上以石掷之，又不能及。

城将破，合城大惧，俱怨曰："袁爷为己一人，累我一城百姓。"时有通判某，浙江人也，有智略，急造火药，不置炮中，匀筛于芦花褥子及被单上，卷之，号"万人敌"。药甫成，通判爇火欲试，忽火星飞于须上，立刻焚死。万人敌着一火星即不得生，其厉害如此。守者用此掷于城下，东兵方攻城，忽见被褥遍地，大喜，趋出争夺。城上望见，即以火箭、硝黄等物掷于被褥上，火大发，扑之愈炽。火星所及，无不糜烂，延烧数千人。东师大惊，解围。[1]

可见西洋大炮与土法上马的"万人敌"各有长处，前者用来杀伤攻城的后续部队，后者用来杀伤已经攻到城下的部队，平心而论，真正起到解围作用的，首推西洋大炮，即红衣炮。王世德说："红夷来朝贡大炮，即所谓红衣炮也。"[2]这种大炮威力强大，炮火过处，敌兵死伤无数，努尔哈赤黄龙幕帐中的一名裨王被炮火击伤，努尔哈赤很可能也受了伤。因为这样的关系，皇帝下旨，封西洋大炮为

1 计六奇《明季北略》卷二《袁崇焕守宁远》。

2 王世德《崇祯遗录》。

“安国全军平辽靖虏大将军”，还特地遣官致祭。[1]

宁远大捷的消息，是袁崇焕派杨景松缒下城墙口头报告的。兵部收到捷报，立即上报皇帝：“二十三日，大营鞑子俱到宁远，扎营一百。至二十四日寅时攻打西南城角。用火炮打死无数。贼复攻南，推板车遮盖，用斧凿城数处。用捆柴浇油并搀火导，用铁绳系下烧走。至二更方才打退。又选健丁五十名，从城上系下，用棉花火药等物，将贼战车尽行烧毁。今奴贼见在西南上，离城五里龙宫寺一带扎营，约有百余骑。其龙宫寺收贮粮米，俱运至觉华岛，遗下烂米俱经烧毁讫。近岛海岸，冰俱凿开，贼不能过海。”[2]敌军撤退后，袁崇焕再次派遣杨景松、马有功从城上缒下，报告军情：“看得奴兵五万余围宁远城，自寅至亥，攻打一日，顶车凿城，势甚凶狠。该道督率官兵，坚志固守，多方应变，打死贼夷数多，并焚其战车。而贼风（锋）稍挫。然尚扎营设计，复图狂逞，狡谋叵测。除一面申饬道镇将领等官，万分加谨提备，务保万全。”[3]

皇帝收到捷报，喜出望外，立即向吏部、户部、兵部发出圣谕：“朕览塘报，贼攻宁远甚急，当被城中道将诸臣协心，设法炮打火攻，贼营少退，危而得安。且速焚寺粮米，不为贼虏之资；遍凿近岸坚冰，潜消过海之患。袁崇焕血书示众，将士协

1 沈国元《两朝从信录》卷二十九，天启六年三月。

2 王在晋《三朝辽事实录》卷十五，天启六年正月。沈国元《两朝从信录》卷二十九，天启六年正月。

3 沈国元《两朝从信录》卷二十九，天启六年正月。

心，筹运师中，调度有法。满桂等捍御孤城，矢心奋勇，虽未尽歼逆奴，然已首挫凶锋。似此忠劳，朕心嘉悦，今特赐奖谕，仍着该部从优升叙，照旧供职。户兵两部发银十万，为犒赏之资，用鼓战气，以励军心。其经督镇道诸官还要大家倍加细心料理，相机接应，以为宁远声援，以固山海保障，务在万全，期奏肤功。不可以小胜自满，仍锐意灭奴，全复疆土，庶仰雪三朝之耻，慰朕宵旰之怀。”[1]

这次宁远惨败，令努尔哈赤愤恨不已，不久就死于沈阳。不过死因都说是“发背疽”。如《颂天胪笔》说：“是秋，老奴（努尔哈赤）愤郁，疽发背死。”[2]孟森也说：“太祖（努尔哈赤）视宁远城小，围攻意可立拔，两日为（袁）崇焕再挫，死伤多，乃撤围还，咄咄自恨，谓生平未遇此败，疽发背以八月殁，称号十一年。”[3]确实，努尔哈赤自二十五岁征战以来，自称战无不胜攻无不克，在宁远城下败北，愤恨而死，不论是否受伤，他的死与宁远惨败直接相关。

事态的发展无疑给明朝扭转辽东战局提供了极佳的时机，连清朝钦定的《明史》都不得不承认：“我大清举兵，所向无不摧破，诸将罔敢议战守，议战守自（袁）崇焕始。”[4]

情况确实如此。当年熊廷弼分析形势，就指出这种倾向，岂止“诸将罔敢议战守”而已，整个朝

1 王在晋《三朝辽事实录》卷十五，天启六年正月。

2 金日升《颂天胪笔》卷二十三《附纪·谨叙东事确略》。

3 孟森《明清史讲义》（下），中华书局，1981年，第382—383页。

4 张廷玉《明史》卷二百五十九《袁崇焕传》。

廷上下充满悲观失望的情绪，以为辽东必亡。他在乞罢奏疏中说："当是时，河东士民谓辽必亡，纷纷夺门而逃也；文武官谓辽必亡，各私备马匹为走计也；各道谓辽必亡，遣开原道韩善、分守道阎鸣泰往沈（阳），皆不行，而（阎）鸣泰且途哭而返；河西谓辽必亡，议增海州、三坌河戍，为广宁固门户也；关内谓辽必亡，且留自备而不肯转饷也；通国谓辽必亡，不欲发军器火药，而恐再为寇资也；大小各衙门谓辽必亡，恐敌遂至京师，而昼夜搬家眷以移也；中外诸臣谓辽必亡，不议守山海都门，则议戍海州为辽阳退步，戍金（州）伏（州）为山东塘埤也；即敌亦谓辽必亡，而日日报辽阳坐殿以建都也。其间惶惶之状，不能以旦夕待。"[1]

这种畏敌如虎的状况始终没有改变，当敌军围困宁远时，又一次流露宁远必亡的情绪。万斯同说："中朝闻警，兵部尚书王永光大集廷臣议战守，无善策。经略（高）第、总兵（杨）麒并拥兵关上，不救。中外谓宁远必不守。"[2]捷报传来，举朝大喜，立即提升袁崇焕为都察院右佥都御史，以资鼓励。敌军拿不下宁远，攻打觉华岛，高第、杨麒再一次拥兵关上不救，被朝廷罢官，以王之臣代高第，赵率教代杨麒。

◤赵率教，袁崇焕爱将，历任总兵、左都督、平辽将军。宁远之战后，赴锦州经营，并在宁锦之战中坚守锦州，击退后金的进攻。

1 计六奇《明季北略》卷一《熊廷弼回籍》。
2 万斯同《明史》卷三百六十四《袁崇焕传》。

2.“十年积弱，今日一旦挫其狂锋”

宁远大捷之后，袁崇焕向朝廷阐述辽东战略。开宗明义就宣称他是督师辅臣孙承宗战略思想的坚持者：“臣以书生，不闲军旅，从督师辅臣孙承宗与旧抚阎鸣泰后，力主恢复，时论是之。不意已奄有宁前，跨及锦右。始终共关外之事，则总兵赵率教、满桂二人。”他一再向人介绍自己的战法：“战则一城援一城，守则一节顶一节，步步活棹，处处坚牢。如此作略，恐天下人所同心也。其议创于枢辅孙承宗，其行之不果，而时亦无及。臣今因之耳。然敌势甚强，奴一出辄十余万；西虏之驯养，能必其终处，此盖甚难也。况臣忧病之身，孤睽之迹。然不如此不足以守关门而压强敌，守关门与复辽不得分作两下工夫，而战即在守。”为了恢复辽东，必须守住目前的地盘。

接着陈述他对赵率教、满桂两总兵的战略部署：“臣今驻扎宁远，远在敌冲，为责颇重，又不得不分其责于二人。往时止以关门为经督抚镇之信地，宁前一带俱驻防兵马，东则哨探屯种而已。今皇上已敕臣驻扎宁远，则既复之地如宁远以西，便当随地分认设立专官；未复之地亦分头探哨，渐图恢复。如总兵赵率教则驻前屯，领关内三部，各一车营，马步共六营，后劲属之，仍辖中前一所，前屯一卫，与关上俱其信地。总兵满桂则驻宁远，领前中后各一车营，马步亦六营，前锋属之。中右一所、宁远一卫、中后一所，俱其信地。而令其司三路哨探，远出锦右，又广以明一军之耳目。二镇各逐堡修理，分地授田；台隍烽堠，地日辟而归日减，渐以复祖宗之旧。”又说：大抵两总兵更迭而前，交相为援。如今年满桂在宁远，为前锋，则赵率教为后劲；明年赵率教东出锦州，为前锋，而满桂在宁远为后劲。再一年，满桂又跨前，则锦州成为后劲。如此这般，八万大军逐步而前。[1]

四个月之后，袁崇焕再次向朝廷陈述，他的战略重点是稳固防守，不要把防守与恢复看成对立的两件事。他的方针是：“战则不足，守则有余；守既有余，战无不足。不必侈言恢复，而辽无不复；不必急言平奴，而奴无不平。”为此他写了长篇奏疏，来论述这一方针。

他首先从宁远大捷谈起：“切照奴衅以来，合中外文武边腹之全力以为防，然捐弃两河，未有胜着，此未易以言悉也。惟旧督臣王象乾、经臣王在晋抚存西虏，奴穷于无所入；旧枢辅孙承宗与原抚今督阎鸣泰，决出关用辽人之议，奴穷于无所导，故静伏者三年。自去秋河上，遂觑我之虚实，故倾巢入犯，视蕞尔之宁远如机上肉。而兵过锦右一带，彼不知臣之先行撤入，而谓我畏先逃，故一往无复顾忌，直抵宁远城下。臣又偃旗息鼓待之，城中若无人，彼愈易而拼力以攻，孰知臣之厚备而奋击也，出其意外，故措手不及而败走。”他的意思是说，只要战略战术得当，敌军并非不可战胜。

1 沈国元《两朝从信录》卷三十，天启六年四月。

然而敌人兵多将广，能征善战，决不可轻视。目前的治标之法是“一味死守”与“不贪功”：“目前雨患，城塌艰于修筑，然已拼力为之。即迟来速至，臣都有可以相当者。饶他千态万状，臣只一味简易平常。彼之远来者利速战，能战之兵又利在得战。臣只一味死守，令至无得而与我战，便自困之，惟困之乃得而与图之。”“断不令奴近关门，关内只紧闭，不令一兵出入，便是完全胜算。盖不贪功便无由以致败，若贪一击之利，合属交锋，从前之祸立见。”

那么治本之法又如何呢？还是一句老话：“以辽人守辽土，以辽土养辽人。”他分析道：“奴而能为中国患，则其独拥一方，生杀予夺之自由，生聚教训之不易。而我调四方乌合当之，彼以专，我以散；彼以常，我以暂，宜乎不相及。”目前关内关外兵马不足，如要继续征调，势必增加赋役，但是赋穷于无可继，役不堪再，唯一的办法就是，以辽人守辽土，用辽人为辽兵，且守且战，平时屯田，战时出征。[1]

以主兵（辽兵）取代客兵（四方征调之兵），是他的一贯想法。征调各地军队弊端很多，且不论耗费巨大，劳民伤财，问题是，正军未必肯来，辗转而雇佣惯于逃跑的游手好闲之徒，平时原无固志，临敌必定先奔。因此辽东兵马号称十多万，不过徒张空

1 沈国元《两朝从信录》卷三十一，天启六年八月。

名，而内地已经看作征兵之实绩。因此决定将宣府、大同、陕西客兵尽行撤回，招募辽人照数补充，既可以免除各地征调之累，又可以坚辽人效死之心。[1]

要实现“以辽人守辽土”，必须“以辽土养辽人”，办法就是屯田。他分析不实行屯田有七大害处：

其一是，今日全辽兵食全部仰赖在天津截留的漕粮，等于是瓜分了京都的仓储；

其二是，如果招商海运，弊端更多，派洒挪移，交卸都移，疲累北直隶、山东民众；

其三是，米粮由海道运输，船户与客官因缘为奸，添加水和沙，运至辽东米粮霉烂不可食，只得贱卖酿酒之家，另从市场买米，本色有名而无实；

其四是，辽地新复，土无所出，数十万人坐食，故粮食价格上涨，官兵交受其困；

其五是，调来的新兵游手好闲，不使之屯田，不使之久居世业，倏忽逃亡，然后如何调募？

其六是，兵不屯则身无所顾，缺乏恒产如何保证其必有之恒心，故前之见贼辄逃者，皆乌合无家之众；

其七是，士兵每月饷银二两，并不算少，但没有屯田也就没有其他收入。驻防之地诸物常贵，银二两不如内地数钱之用。[2]

1 沈国元《两朝从信录》卷三十二，天启六年十一月。

2 沈国元《两朝从信录》卷三十二，天启六年十二月。

实行军队屯田，是以辽东持久防守为前提的。问题是明朝是否能够持久守住锦州至宁远一线大片原野，而屯种的田地恰恰是在城墙外面的原野，而不是城墙里面的弹丸之地。当时明朝军队可以控制的是锦州、中左、大凌及宁远等城堡，随时面临着敌军袭击，一旦大军袭来，城外被掳掠一空。因此当时人对"以辽土养辽人"，并不看好，以为不免流于空谈。

但是，袁崇焕的"一味死守"战略是成功的。天启七年五月至六月间，锦州与宁远两城保卫战取得大胜，比前次宁远大捷又进一步，除了守城，还有了地面野战，一刀一枪拼杀。

镇守锦州的总兵赵率教报告：五月十一日辰时，奴子出动十余万兵马，至锦州城外四面扎营。十二日，分兵两路，抬拽车梯、挨牌，骑兵、步兵轮番交攻西北两面。赵率教指挥总兵左辅、副总兵朱梅身披盔甲，督促各营将领拼力发射炮火，矢石交下如雨。从早晨打到傍晚，敌军尸横遍野。乘着夜色，奴兵拖走尸体烧毁，退兵五里。十三日一早，敌人骑兵围城游走，尚未撤兵。六月初四日，敌兵数万蜂拥而来，我兵用火炮、火坛与矢石打死敌兵数千，击伤数千。敌军兵败回营，大放悲声，至五更撤兵，锦州解围。此役大战三次，大胜三捷，小战二十五日，无日不战。[1]

1 王在晋《三朝辽事实录》卷十七，天启七年六月。

锦州解围与满桂增援有很大关系。山海关总兵满桂报告："锦州被围已久，业经两次发兵剿杀。奴酋前哨势重，不得深入。于本月十九日，选差健丁前去锦州，哨探情形，进城见纪太府（监军太监纪用）、赵总兵吩咐城里防备甚严，贼今俱往松（山）、杏（山）等处一带安营暗伏……满桂以锦州被困，发兵鼓勇前进，奴部执五色标旗，于灰山、窟窿山、首山、连山、南海分九营。官兵撤进壕内，周围安营。有总兵孙祖寿、副将许定国在西门扎营；（满）桂令副将尤世威严整火器预备，望见城东灰尘蔽天，贼分投前来围城。（满）桂即亲督红旗，督率各营将领等官祖大寿等迎敌，贼伤无数，贼抬尸至双树堡西焚烧。（满）桂被贼射中数箭，（满）桂马与尤总兵马亦被射伤。各将安设红夷、灭虏等炮，将东山坡上奴贼大营打开，贼死数多。自卯至午，贼见我兵力战，不能得前，撤兵东去。"[1]

锦州攻打不下，敌军转而攻打宁远。据报：五月二十八日午时，贼夷数万来至宁远东北山下扎营，职即发令箭，催督车营都司李春华等，率领勇士对安营奴贼，驰冲数阵。我兵奋勇，用红夷、木龙虎、灭虏等项神器，齐力攻打，打死贼夷约有数千，尸横满地。[2]总兵赵率教见宁远被围，发兵救援。敌军见锦州守军出动，立即回师攻打锦州，从三十日打到六月初四日。据报："初四日丑时，提

1 王在晋《三朝辽事实录》卷十七，天启七年六月。

2 王在晋《三朝辽事实录》卷十七，天启七年六月。

马步兵数万，抬运车梯齐攻南面，自寅至午，连攻数十阵，贼死于司礼监魏忠贤发来火炮及火坛，矢石填满沟渠，平地积之如山。四王子在教场下黄帐房，穿黄衣，力催攻城。又过三时，贼死更倍。而竟日贼亦用火炮攻打城墙。至酉时，贼方撤兵败归。所造挨牌、车梯、战具，随发兵下城烧毁。”[1]这里所说的在黄帐房身穿黄衣的四王子，就是努尔哈赤的继承者皇太极，他迫切想为父亲报仇，想不到又在宁远、锦州大败而归。

辽东巡抚袁崇焕总结此次战役：“十年来，尽天下之兵未尝敢与奴战，合马交锋。今始一刀一枪拼命，不知有夷之凶狠剽悍。职复凭堞大呼分路进追，诸军忿恨此贼，一战挫之。”[2]

兵部向皇帝报告：“奴子深入重地，久留不归，盖欺我兵援者不敢进，守者不敢出耳。乃今宁远城下之一战，横尸遍野；锦州城下之攻，大败归营……当此二捷之后，贼气已沮，我气愈张，今虽驰骋于塔（山）、杏（山）之间，必不敢蚁聚于坚城之下。徐而图之，其机可乘。”[3]皇帝朱由校欣喜若狂，在嘉奖谕旨中说：“十年积弱，今日一旦挫其狂锋。”[4]

奇怪的是，“一旦挫其狂锋”之后，有功之臣袁崇焕竟然罢官而去。罪责居然是没有从宁远出兵救援锦州，且被斥责为“暮气”，袁崇焕一气之下

1 沈国元《两朝从信录》卷三十四，天启七年六月。

2 王在晋《三朝辽事实录》卷十七，天启七年六月。

3 王在晋《三朝辽事实录》卷十七，天启七年六月。

4 李长春《明熹宗七年都察院实录》，天启七年六月初七日。

向皇帝乞休，皇帝丝毫没有挽留之意，当即下达圣旨："袁崇焕暮气难鼓，物议滋至，已准其引疾求去。"[1]明明打了胜仗，为何说"暮气难鼓"？而且以不救锦州为暮气，也说不通。敌军围攻锦州，目的就在于围点打援，吸引宁远守军出城救援，乘机拿下宁远。袁崇焕深知宁远的重要性，按兵不动，命令山海关总兵满桂前往锦州救援，两面夹击，解锦州之围，确保宁远安然无恙，袁崇焕何错之有？当时的蓟辽总督阎鸣泰就认为袁崇焕固守宁远是上策："今夏锦州之围，臣闻警东驰，即先呼（袁）崇焕之参谋丘磊，而秘嘱以报曰：锦州之守原属非策，今既误矣，岂容再误！锦（州）即有得失，不系安危，为一意固守宁远为主，切勿轻动，致堕奴计。盖锦（州）去无损于宁（远），宁（远）一摇，则关门震动，而天下事不忍言矣。"[2]王在晋很赞同阎鸣泰的观点，点评道："是时奴兵结五大营于塔山一带，以北围锦（州）而西窥宁（远）。我以逸待劳，一战大捷，锦（州）围遂解，此兵家所谓致人而不致于人之法也。"[3]

◤ 阎鸣泰，保定清苑人，万历二十六年进士。历任辽东参政、佥事，山东参政等。天启六年任顺天巡抚、蓟辽总督。

由此可见，袁崇焕的罢官另有原因。

其一是，得罪了魏忠贤。当初魏忠贤派心腹太

1 王在晋《三朝辽事实录》卷十七，天启七年七月。
2 王在晋《三朝辽事实录》卷十七，天启七年七月。
3 王在晋《三朝辽事实录》卷十七，天启七年七月。

监刘应坤、纪用到宁远前线监军，意欲控制宁远军务，袁崇焕坚决抵制。从此与魏忠贤结下了梁子，后来的罢官与此有关，万斯同说："宁锦大捷，（满）桂、（赵）率教功为多。（魏）忠贤因使其党论（袁）崇焕不救锦州为暮气，（袁）崇焕遂乞休。中外方争颂（魏）忠贤，（袁）崇焕不得已，亦请建祠，终不为所喜。七月遂允其归，而以王之臣代为督师兼辽东巡抚，驻宁远。"[1]

其二是，袁崇焕擅自与敌方秘密议和，引来朝臣非议。天启六年八月，努尔哈赤病逝，袁崇焕派遣使节前往吊唁，一方面窥视军情虚实，另一方面试探议和可能性。皇太极随即派遣使节回访，袁崇焕意欲议和，写了书信交来使带回。对此督师王之臣非常不满，立即向朝廷报告："虏来谢孝，赍有夷书，目大金国天命元年，即此观之，果系恭顺而来降乎？"还说："（抚臣）又谓合词上闻，臣实未知，何敢谬认为知，而自欺欺人也！"[2]两人的意见是截然对立的，给人的印象是袁崇焕擅自议和。御史李应荐对于袁崇焕的"假吊修款"颇有微词，以为"向后暮气鼓之实难"，应该罢官："抚臣袁崇焕撑持残疆，拮据数载，惟是假吊修款，设策太奇。顷因狡虏东西交讧，议者遂啧啧嗤为愚，并以不急援锦州鄙其为葸。此似不可为该抚解，向后暮气鼓之实难，准其病归而优优叙录，其于抚臣亦庶几无相负

1 万斯同《明史》卷三百六十四《袁崇焕传》。

2 王在晋《三朝辽事实录》卷十六，天启六年十二月。

哉！”[1]“袁崇焕暮气难鼓”的圣旨，就是针对李应荐奏疏而发的，而李应荐的奏疏则是仰承魏忠贤的鼻息而写的。

3. 袁崇焕：“五年而东夷可平，全辽可复”

新皇帝朱由检即位后，清查阉党逆案，拨乱反正，廷臣纷纷请求召回袁崇焕。朱由检也对袁崇焕寄予厚望，就在天启七年十一月起用他为都察院右都御史、兵部添注左侍郎。

吕纯如，苏州吴江人，万历二十九年进士。厕身魏党，阿谀颂美。崇祯元年任兵部左侍郎，“欲借边才以翻逆案”。

崇祯元年四月，兵部署理部务的左侍郎吕纯如请求皇帝重用袁崇焕，他的奏疏写得别具一格，对袁崇焕的评价也独具只眼：“臣持议必欲朝廷用袁崇焕者，只认定‘不怕死，不爱钱’与‘曾经打过’十个字耳。强敌压境，人方疾呼而望援兵，而崇焕乃置母妻于军中。纸上甲兵人人可自命也，而实实从矢石锋刃中练其胆气，而伎俩较实，此臣所以谓始终可用也。”[2]皇帝接受这一建议，提升袁崇焕为兵部尚书、右都御史，出任督师，主管蓟辽登莱天津军务，把辽东军事全权委托给他。

应该说皇帝是有眼光的，袁崇焕确实是进士出身的官僚中屈指可数的帅才，正如吕纯如所说，他

1 王在晋《三朝辽事实录》卷十七，天启七年六月。
2 《崇祯长编》卷八，崇祯元年四月丙子。

“不怕死，不爱钱”“曾经打过”。不但有过人的勇气和胆略，置身家性命于不顾，而且在运兵布阵、计谋策略上，也是行家里手。朱由检即位伊始，渴望扭转辽东的忧患局面，袁崇焕是最恰当不过的人选。七月十四日，他在平台召见群臣的同时召见新任督师袁崇焕，专门讨论平辽事宜。

朱由检说：“奴酋跳梁十载于兹，封疆沦陷，辽民涂炭，卿万里赴召，忠勇可嘉，所有平胡方略，具实奏闻。”

袁崇焕说：“所有方略已具疏中，皇上千古之尧舜，行此不难。臣受皇上特达之知，注臣于万里之外。臣六年前早已期定，倘皇上假臣便宜，计五年而东夷可平，全辽可复，以报皇上。”

朱由检说：“五年灭奴，便是方略。朕不吝封侯之赏，卿其努力以解天下倒悬之苦，卿子孙亦受其福。”

四名内阁辅臣周道登、李标、钱龙锡、刘鸿训都说，袁崇焕肝胆、意气、识见、方略种种可嘉，真奇男子也。刘鸿训补充说，袁崇焕真堪副皇上阃外之寄。

袁崇焕说：“在外调度，所有奏闻一凭阁臣处分，阁臣不可不力主持。”随即谢恩退出。[1]

参加御前会议的兵科给事中许誉卿，乘皇上暂退便殿稍憩之机，当面向袁崇焕请教“五年而东夷

1 金日升《颂天胪笔》卷三《召对三》，崇祯元年七月十四日癸酉。

可平”的方略。袁崇焕没有滔滔不绝陈述，而是不假思索地吐出五个字：“聊慰圣心耳。”许誉卿说：“上英明，岂可漫对，异日按期责功，奈何？”袁崇焕怃然自失。[1]

待皇上休息完毕回到殿中继续召对，袁崇焕为了冲淡刚才夸下的海口，急忙对“五年而东夷可平”加以解释，提出许多前提条件，力图表明这是一个理想化目标，然后侃侃而谈：“东夷四十年蓄聚，此局原不易结。但皇上留心封疆，宵旰于上，臣何忍言难。臣所赖者皇上圣明，雨露无不栽培，雷霆无不挫折。臣居平打算又约五年，但五年之中须事事应手，首先钱粮。盖自为辽而有加派之新饷，臣昨与户臣王家祯对面打算，查每岁新饷入数与出数，已缺一百二十万。臣能于臣督属中裁省六十万，部臣自措六十万，则不忧不足矣。但饷有旧当新者还，臣将新抵旧，令臣不充于用。”

皇帝要户部尚书解释新饷旧饷问题，王家祯说：“新旧饷原分两库，近因北直州县籴买辽米辽豆，动支旧饷，宜扣新饷抵还，非挪借也。迩者盐课已将解到臣部，当尽数解边。且关内外有新饷而无旧饷，宣大有旧无新，蓟密永津新旧兼有。臣部以新饷发关外，以旧饷发各镇，新旧款项丝毫不差。”

袁崇焕继续说：“东奴为谋已久，其器械锋利，

1 文秉《烈皇小识》卷一。

马匹时习，非容易可破之虏。况工部解来器械极是要紧，勿得苟且塞责。”

皇帝对工部尚书张维枢说："盔甲、弓箭、枪刀、火器等项，皆御虏长技，尔部制造俱要坚钢精利，铸定监工司官及匠作姓名，若有脆薄不堪，挨查究治。”

袁崇焕说："臣旧年请工部，器械俱尽刻监督主事匠役等名，正如皇上之旨。倘造不如法，指名参处。”

张维枢辩解道："九边军器，臣部额派钱粮甚少，自辽左发难，另多急需，其事例宜与辽阳相终始。”

皇帝谴责道："尔前如何不奏？且事例亦不得已而用者也。”又问阁臣："前止言粮草不足，军器未备。昨该部说事例须开一年，何又说与辽（阳）终始？”

阁臣刘鸿训解释："军器备办一年，便可常用。自今年九月始至来年八月止，辽事稍有头绪，再作区处。”

皇帝闵念军士寒苦，问道："海内加派何时得止？”

袁崇焕说："军中加一钱粮，未必见德；倘减一钱粮，便生怨望。但当此三空四尽，臣敢不节啬，只于到任后，必多方设法，如额饷再可减省，得以助工部抵造军器之资，并马匹赏赉间谍俱取足于此。虽兵家胜算难料，以臣计，毫厘不差，至五年之后，饷日以减，伍日以实，地日以辟，灭夷而全辽恢复。只留额饷一百五十余万，余可蠲免，以苏百姓加派之苦，则军民俱受皇上之赐不浅矣。然而五年之中事变不一，又要吏兵二部俱应臣手，所当用之人选与臣，所不当用之人勿要选用。”

皇帝当面嘱咐吏部尚书王永光、兵部尚书王在晋照办。

袁崇焕继续提出条件，那就是言官的舆论监督问题："圣明在上，各部臣俱公忠，无有不应臣手者。但以臣之力，制东奴而有余，调众口而不足。一出君门，便成万里，忌功妒能，夫岂无人？即凛然于皇上之法度，不以权掣臣之肘，亦能以意乱臣之方略。"

皇帝听得专注，不由得站了起来，听罢袁崇焕的话，略加思索，回答道："朕自有主持，请不必以浮言介意。"

袁崇焕再没有什么条件可提了，便以退为进，说道："皇上既为臣主浮议矣，又敕吏兵二部为臣用人，户工二部为臣转饷造器，臣若不灭除东夷，收复故土，何颜面见皇上！至臣学力疏浅，伏望皇上再为指示教训。"

皇帝已站立倾听多时，回答道："卿条对方略井井，不必谦逊。"

内阁辅臣纷纷附和皇上的语气，赞扬袁崇焕："此臣作法自别，向为县官，不要一钱。天生此臣以为社稷，佐皇上中兴。伏乞皇上假以事权，与之尚方；至如王之臣、满桂之尚方剑，俱望皇上撤回，以一事权。"皇帝接受阁臣的意见。

皇帝招呼袁崇焕走近，和颜悦色地对他说："早平夷酋，以纾四海苍生之困。"袁崇焕获如此宠信感激涕零，把手举到额角发誓道："皇上念及四海苍生，此一语天地鬼神降鉴。臣所学何事所做何官？而不仰体皇上早结此局。臣之作用仿汉之赵充国无异，勿烦皇上焦劳，惟皇上宽心。"皇帝叮嘱道："卿所奏更见忠爱，卿宜严明号令，抚恤士卒，与文武同心，何难灭虏。"袁崇焕表态道："谨遵明旨，铭之肺腑，前去告谕官军，以宣皇上威德，必须平夷。”随即叩头告辞。[1]

此次召对充分显示皇帝朱由检刻意营求中兴之治，急于消除辽东祸患的焦虑心态，对袁崇焕几乎言听计从，全力支持。他即位后着重抓两件大事：一是清算阉党，二是平定辽东。在他看来，只有办成这两件大事，中兴才有希望，否则一切都将沦为空谈。现在第一件大事已经大体就绪，他迫切期望第二件大事能够马到成功，因此对袁崇焕寄予厚望。袁崇焕看透了皇上的急切心理，投其所好，草率地夸下海口："五年而东夷可平，全辽可复。"这是袁崇焕犯下的不可挽回的错误，军中无戏言，君前更无戏言，而他在以戏言搪塞这位办事顶真的皇帝。正如当时在场的兵科给事中许誉卿所说："上英明，岂可漫对，异日按期责功，奈何？"[2]袁崇焕复出后的第一步走错，以后步步皆错，他的人生必然以悲剧结局，至于何种形式已无关紧要。

这与他在两次宁远围困中的镇定自如表现，判若两人，何以故？这位统率十多万大军的名帅的心态值得推敲。或许是，他在接连挫败不可一世的努尔哈赤、皇太极之后，滋长了骄傲情绪。[3]或许是，当他遭到阉党弹劾后，不得已为魏忠贤建生祠。[4]皇帝不但不予追究，反而委以重任，他感激皇上知遇之恩，故意迎合皇上急于求治的迫切心情，贸然立下军令状。或许是，两者兼而有之。不管怎么

1 金日升《颂天胪笔》卷三《召对三》，崇祯元年七月十四日癸酉。《崇祯长编》卷十一，崇祯元年七月癸酉。

2 文秉《烈皇小识》卷一。

3 万斯同《明史·袁崇焕传》："（袁）崇焕既解围，志渐骄，与（满）桂不协，请移之他镇。乃召（满）桂还，崇焕以（王）之臣奏留（满）桂，又与不协。中朝虑偾事，命（王）之臣专督关内，以关外属崇焕。"

4 文秉《先拨志始》："丙寅秋，宁远被围急，兵备袁崇焕固守不下，逾月围始解。内外文武大吏咸归功逆贤，佥曰：仰赖厂臣指授方略，克奏肤功……大小九卿科道等官，各加宫保、尚书、都御史、太常等衔，荫锦衣者几千，止升袁崇焕为右佥都御史、巡抚宁远地方。崇焕以赏薄觖望，次年建祠矣，靳赏如故，乃引疾回籍。"

说，以袁崇焕在辽东多年的戎马生涯，对敌我双方力量对比的真切了解，对这场战争旷日持久形势的判断，无论如何不能违心地许诺："五年而辽东外患可平。"一位学者指出，平台召对中袁崇焕的豪言壮语，如同梦呓。事实上，明与后金力量对比，早在万历末年萨尔浒战役后，即已发生根本性转变，明朝控制后金的凶猛攻击已属不易，更遑论收复失地！[1]袁崇焕对此是了如指掌的，所以用各种苛刻的条件来刁难各部尚书，力图为自己留下回旋的余地；不料皇帝一一满足，使他再无路可遁。也就是说，五年以后如果辽东外患没有平定，他只有死路一条。

一年后，一名监察御史冷静地回顾此事，作出如下评论："袁崇焕对陛下之言曰：五年复辽。臣心壮之，且服之矣。然窃恐督师之语非其平日胸有成竹，目无全牛。真如寇莱公之决澶渊曰'了此不过五日'；岳武穆之讨湖湘曰'但须少留八日'者也。恐是迫于陛下一时之顾问，直得猝然以对耳。"[2]真是别开生面的解释，当年寇准、岳飞都曾夸过类似的海口。看来平时胸有成竹的大帅，到了皇帝面前，都会"猝然以对"，以博得龙颜大悦，何况袁崇焕！张岱认为这与他的性格很有关系："袁崇焕短小精悍，形如小猱，而性极躁暴，攘臂谈天下事，多大

◤ 张岱，号陶庵，浙江绍兴人。长于史学，有稿本《石匮书》《石匮书后集》。其小品散文亦冠绝一时，影响至远，有《陶庵梦忆》《西湖梦寻》《夜航船》等。

1　王昊《崇祯帝与袁崇焕之死》，《史学集刊》1993年第1期。
2　《明清史料》甲编《云南道监察御史毛羽健题本》。

言不惭，而终日梦梦，堕幕士云雾中，而不知着魅着魇也。五年灭寇，寇不能灭，而自灭之矣。”[1]

御前会议两天之后，袁崇焕以“钦差出镇行边督师”的身份，向皇帝递上奏疏，为两天前的“漫对”做一个补充说明，试图从皇帝那里获得一点宽容的回旋余地。他从熊廷弼、孙承宗在辽东任上受人诽谤而不得竟其志，谈到自己的类似的处境，再三强调边臣的难处，既容易引起朝中大臣的疑虑或怨恨，又容易遭到敌人的离间之计。因此希望皇帝驾驭边臣应该采取不同于一般大臣的方针，从大局着眼，不必过于苛求一言一行之微瑕。向皇帝说明他的辽东战略方针及其顾虑：

> 恢复之计，不外前之“以辽人守辽土，以辽土养辽人”；“以守为正着，战为奇着，款（和）为旁着”之说。法在渐不在骤，在实不在虚。此皆臣与在边文武诸臣所能为，而无烦圣虑者。至用人之人与为人用之人，俱于皇上司其钥，何以任而勿贰，信而不疑，皆非用人者与为人用者所得与。夫驭边臣与他臣异，军中可惊可疑者殊多，故当论边臣成败之大局，不必过于求于一行之微瑕。盖着着作实，为怨则多，凡有利于封疆者，俱不利于此身者也。况图敌之急，敌又从外而间之，是以为边臣者甚

1 张岱《石匮书后集》卷十一《袁崇焕列传》。

难。我皇上爱臣至而知臣深，臣何必过为不必然之惧，但衷有所危，不敢不告。[1]

这一番话是在回答皇上召对时提出的问题："所有平辽方略可据实奏来。"他的平辽方略可以概括为三句话：一句是"以辽人守辽土，以辽土养辽人"；一句是"守为正着，战为奇着，款为旁着"；一句是"法在渐不在骤，在实不在虚"。显示了他对辽东局势的透彻认识，而确定的战略方针：固守、征战、和议三手同时并用，而以固守为主，辅以征战、和议，不求一时一事的得失，而求长远的成功。很明显，他主张在辽东打一场持久战，这与他前天许诺五年复辽，是自相矛盾的。他自己也知道已经陷入尴尬的处境，字里行间流露出瞻前顾后的忧虑。

皇帝朱由检是理解他的，接到奏疏，立即批复："嘉其忠劳久著，战守机宜悉听便宜从事，浮言朕自有鉴别，切勿瞻顾。"还赏赐蟒玉和银币，以示鼓励宽慰。[2]

深知袁崇焕在御前会议上"漫对"底细的兵科给事中许誉卿（字公实，松江华亭人），在袁崇焕奏疏呈上两天以后也递上奏疏，要求以法治边臣，显然是有所指的。他说：可以拔除向来积弊病根，鼓舞今日更新风气的，只有法律。他援引杨镐、熊廷弼、王

1《崇祯长编》卷十一，崇祯元年七月乙亥。万斯同《明史》卷三百六十四《袁崇焕传》。

2《崇祯长编》卷十一，崇祯元年七月乙亥。

化贞丧师的先例，意在证明：近来用人过滥，封疆大吏久已不知法律为何物。因此有必要请皇上重申法律，明示边臣，今后如敌军入境不能堵截，攻城不能入保，杀伤人口隐匿不报，在外巡按御史可以据实揭发，在内科臣可以参驳弹劾，按律逮治。[1]这些话是绝对不错的，必须依法治军，才能确保不再出现杨镐、熊廷弼、王化贞之类的事。如果继续发生敌军入境不能堵截等失职事件，一定要按照法律严惩。皇帝毫不犹豫地同意照办，对于袁崇焕而言，显然是一个不祥之兆。

“五年而东夷可平，全辽可复”，究竟是不是“大言不惭”“着魅着魔”？人们拭目以待。

4. 宁远兵变与辽东军饷难题

袁崇焕面临一大堆难题。他还未出关，辽东巡抚毕自肃传来了宁远兵变消息。冰冻三尺非一日之寒，这是长期积累下来的矛盾的一次小爆发。前不久毕自肃就看出征兆，向朝廷报告：辽东之结局无期，而给养装备不足，哪里谈得上“养分外之精神，致敌忾之果毅”？[2]驻守宁远的四川、湖广士兵因为欠饷四个月，向巡抚衙门请愿，巡抚衙门囊空如也，毕自肃赶紧向户部请饷，户部拒发，一营士兵因而哗变，其余十三营士兵纷起响应，抓住毕

1 许誉卿《三垣疏稿》卷二《兵垣（五疏）》。

2《崇祯长编》卷十一，崇祯元年七月乙丑。

自肃、总兵朱梅、推官苏涵淳等官员，在谯楼上拷打。毕自肃血流满面，幸亏兵备道郭广新赶来，用身体掩护毕自肃，谋求和解，千方百计搜求得二万两银子，向商民借得五万两银子，补发部分欠饷，勉强缓解了危机。经此一场严重事故，毕自肃自知治军无方，上疏引罪之后，逃亡中左所（塔山堡）上吊自杀。[1]

袁崇焕获悉后，提请朝廷追究兵部责任。兵部把欠饷导致兵变的责任推得一干二净，反而指责辽东士兵素质低劣——“援辽之兵皆乌合之众，原无急公效死之心，一有警报，借口缺饷以掩奔溃之实”。这当然是无稽之谈，两次宁远保卫战胜利，难道不是这批“乌合之众”“急公效死”取得的？皇帝似乎并不同意兵部的看法，指示兵部：“宁远川兵索饷，何遽逞逆干犯？同城中岂皆人人与乱？有能缚叛开门官兵，重加升赏，同党能缚戎首，即宥前罪。尔部即马上传与新旧督臣，速惟戢定，毋使东走。”[2]

八月初七日，袁崇焕奉命单骑出关，赶往宁远，来不及进入督师行辕，径直前往兵营，宣谕皇上德意，哗变士兵陆续返回营伍。待事态稳定，他与兵备道郭广新密谋，召见参与兵变的杨某张某，传达皇上“同党能缚戎首即宥前罪”谕旨。根据他们提供的线索，逮捕十几名兵变首领，枭首示众，

1《崇祯长编》卷十一，崇祯元年七月甲申。

2《崇祯长编》卷十二，崇祯元年八月庚寅。

一场风波才算平息。[1]

平息风波后，袁崇焕着手办两件事：调兵遣将、补发欠饷。

关于第一件事，他按照自己的意图重新部署将领。他向皇帝报告，全辽昔日只有总兵一员，自发难后更设不定。崔呈秀掌管兵部时，为了安插亲信，在山海关外添设总兵三四员，导致权力倾轧，互相掣肘。有鉴于此，他主张山海关内外各设一名总兵为妥。至于人选，现任关内总兵麻登云虽惯历战阵，但不如现任蓟辽总兵赵率教熟悉辽事，两人可以互相对调，加赵率教官一级，挂平辽将军印。关外总兵朱梅与祖大寿二人各辖宁远、锦州，可以合并，由祖大寿任总兵，解除抱病的朱梅之职，由何可纲以都督佥事代替朱梅驻扎宁远。他向皇帝表示，愿意与此三人同始终，若届期无效，他将亲手处死三人，然后自己向皇上请死。[2]皇帝批准了他的部署，以圣旨形式公布任命：赵率教挂平辽将军印，调任关内；麻登云以原官调任蓟镇；祖大寿加都督同知，挂征辽前锋将军印，镇辖诸路；何可纲以都督佥事仍署中军事。[3]为了统一指挥权，避免先前"经抚不和"覆辙，袁崇焕请求：乘毕自肃自杀之机，取消辽东巡抚建制；免除孙国桢职务，取消登莱巡抚建制。皇帝一一照准。至此，袁崇焕的督师辖区——辽东、蓟州、登莱（山东登州府、莱州府），

1《崇祯长编》卷十二，崇祯元年八月庚寅。

2《崇祯长编》卷十二，崇祯元年八月丙辰。

3《崇祯长编》卷十三，崇祯元年九月甲戌。

再无一人可与他的权力相抗衡。

第二件事，鉴于继宁远兵变之后又发生锦州兵变，必须立即补发欠饷：山海关内外积欠军饷银七十四万两，另欠太仆寺马价银、抚赏银四万两。以他在辽东多年的经验，以及最近接连发生兵变，促使他必须解决军饷问题。因为欠饷导致兵变，兵变导致士气低落，长此以往哪里谈得上“五年复辽”！

但是中央政府各部关于欠饷及其对策，看法分歧，使得事情变得非常棘手。兵部尚书在回答质询时，认为军饷之所以短缺，关键在于士兵太多使得岁饷“太浮”。[1]言官们则认为，近年以来兵籍空悬，蠹饷已达极点，有鉴于此，必须首先清理兵籍，“兵清自然饷足”。所谓“兵清”，就是清理淘汰虚冒的兵籍，核实“贪并隐冒”的军饷。[2]这些议论触及了当时军队中普遍存在的流弊，空谈容易，实际操作起来很难，尤其是对于辽东前线的军队，借口“贪并隐冒”而故意拖欠军饷，十分危险。皇帝对此有所认知，从实际出发，批准袁崇焕补发欠饷的请求。

十月初二日，皇帝在文华殿召开御前会议，命翰林院官员宣读袁崇焕请饷奏疏。然后提问：袁崇焕前疏说安抚了锦州，兵变可以制止；今疏又说军队意欲鼓噪，请求发放内帑，为何自相矛盾？

1《崇祯长编》卷十二，崇祯元年八月己亥。

2《崇祯长编》卷十二，崇祯元年八月甲寅。

内阁辅臣李标说：宁远军士缺饷，袁崇焕所请，实见危迫，乞求允发。

皇帝说：内帑空匮，户部有解来新饷，如何不行凑发？

户部尚书毕自严回答：新饷岁入不满四百万，内仍挂欠，每月所入仅三十万上下。一旦骤补百万之欠，委实不能。前已发过七十三万，日月如流，前月未完，后月复至。今辽途间远，运去尚有八万，可足七月之数，只欠八九两月，而十月又继之，所以三月如故，拖欠如故。

皇帝问：关内月饷几何？

毕自严答：关内八万，关外十四万五千，共二十二万五千。

皇帝又问兵部：关内外兵数几何？

兵部尚书王在晋答：关内四万，关外八万，共十二万。

皇帝问：袁崇焕前言汰兵减饷，如何饷金还用若干？

王在晋答：减汰之说，以来岁为始，今岁尚仍旧额。

皇帝问：刑部亦有赃银？

刑部尚书乔允升答：臣部有张凌云赃银四万，其余零星有四万，共计八万。

刑部侍郎丁启睿赶紧补充说明：本部赃银实止

◥ 李标，北直隶高邑人，万历三十五年进士。天启中拜礼部右侍郎，以师赵南星，党人忌之，列名东林同志录中，惧祸，引疾去。崇祯初拜礼部尚书兼东阁大学士，崇祯三年任内阁首辅，旋辞官回乡。持大体，中立无党。

五万，余尽虚悬，不敢概作实数，以误大事。

皇帝又问：户部事例如何？

毕自严答：事例除工部分去外，只得银二万，已借太仆寺作关内犒赏。

皇帝听了很不高兴：事例为边饷计，今边事无补，陵工尚缺，朕开此事例何用？接着叮问户部现在有多少现银。

毕自严如是回答：库内现存只有一万一千两。

皇帝很是吃惊：如何只有此数？

毕自严答：随到随发，故止有此数。今广东解银六万将至，又七库银尚有二万六千两，一并凑发十万之数。关门内外一月该银二十四万五千两，便该四十九万，仍望发帑银四十余万。

皇帝听说要动用宫内帑银四十万两，立即拒绝：朕在宫中极力节省，内费尚且不足，今金花银尚未解到，那得有此许多？

辅臣刘鸿训调和道：臣等共议，或得三十万亦可。

皇帝不松口：内帑委实空虚，三十万谈何容易！

辅臣周道登恳求：饥军思变，目今户部匮乏，须望皇上慨发，以救危疆。

皇帝再难推脱，调转话题：崇焕奏疏内说：臣已发鼓铸本犒赏。未知能弭目前之变否？查两项共有二十万许，既已发去，如何不能弭变？

毕自严解释：臣部发去五万，原系关门豆价。崇焕有疏，此银尚无实在，不知今补还否？此外仍有马价六万，已有买马领取者。且道臣郭广新前因兵变权发纸票，今求抵还此数，恐仍致拖延。

皇帝说：据崇焕奏疏说，初三日即变，今已初二，即此时发去已迟，何救于鼓噪？

辅臣钱龙锡说：皇上此时允发，饥军闻之，必先色喜，尚未为迟。

◥ 钱龙锡，松江华亭人，万历三十五年进士。累官吏部右侍郎，天启时忤魏忠贤削籍。崇祯初起礼部尚书，兼东阁大学士、内阁辅臣。

兵部尚书王在晋说起了风凉话：臣昔为督师，军士如家人父子，然不料今日乃至于此！

皇帝说：将兵者果能如家人父子，自不敢叛，不忍叛。不敢者，畏其威；不忍者，怀其德。那得有鼓噪之事！他又说：内帑外库俱系万民脂膏，原用以保封疆安社稷，若发去果实有用处，朕岂吝此。

诸臣连连说：袁崇焕原是忠肝义胆之人，且挟妻子在边，清节素著，定不肯冒破妄用，辜负陛下德意。

毕自严赶紧表态：陛下为社稷计，旦夕弭变，发此帑金，臣部敢不仰体圣意。外解到来，一一偿还。

礼部侍郎周延儒插话：国家最急无如关门，但昔只防虏变，今并防兵变。前宁远鼓噪不曾处治，流水发饷与他，今又欲鼓噪，欲发帑银。各边倘效尤，将何所底止？

◥ 周延儒，常州宜兴人，万历四十一年进士。会试、殿试第一名，颇有文才。崇祯二年进入内阁，次年升任内阁首辅。与同僚温体仁倾轧，崇祯六年辞去首辅。崇祯十四年再任内阁首辅。

皇帝听他说得有理，随即追问他有何建议。

周延儒答：臣非敢阻皇上发帑，此时安危呼吸，急则治其标，固当论宜与之。然非长策，今后还望皇上下廷臣从长计议，筹措一经久之策。

皇帝很欣赏周延儒的说法：此说良是，若事急，专一请帑，各边比例，这内帑岂不涸之源，何以应之？[1]

从御前会议的君臣对话，可以看到，中央财政确实非常拮据，堂堂天朝户部库存现银仅有一万两而已，不得不动用宫中内帑应急。辽东战事经年累月，这军饷难题令朝廷上下头痛不已。

首当其冲的自然是户部尚书毕自严。皇帝当面批评“尔等凡事不肯大破情面，极力担当，动称边饷缺乏”，就是针对他而发的。[2]其实，毕自严并非不肯担当的庸才，实在是难为无米之炊。

毕自严，字景曾，山东淄川人，万历二十年进士。天启六年出任户部尚书，魏忠贤为搜刮财富进宫，派内守备太监到毕自严私寓，欲将南京太仆寺牧马草场变卖，毕自严以“职掌弗关”，坚决拒绝。以后又多次拒绝魏忠贤亲信向户部索取年例钱粮，引疾辞官。朱由检即位后，鉴于阉党倒行逆施造成财政枯竭，亟须理财大臣整顿，便起用里居的毕自严再度出任户部尚书。他深知责任重大，上疏推辞：“兵氛未靖于东西，民力已穷于输挽，欲蠲征而九边之呼庚足虑，欲措饷而百姓之剜肉堪嗟。此其为任，非大有才望卓有经济之臣，未易胜其任而愉快者。”他对于扭转财政困境并不乐观，不想做无米之炊。朱由检求才心切，毫无商量余地：

1 金日升《颂天胪笔》卷三《召对六》，崇祯元年十月初二日己丑。

2 金日升《颂天胪笔》卷三《召对六》，崇祯元年十月初二日己丑。

"卿敬慎端亮，舆望久孚，司农重任特兹简畀，宜速来赴任，不准辞。"[1]毕自严接旨后，于七月中旬冒暑北上，以身体衰弱为借口，继续推辞，皇帝还是不准。[2]不料刚一上任，他就遇到了棘手的辽东军饷难题；何况因兵变而自杀的辽东巡抚毕自肃是他的胞弟，更令他左右为难。为此他特地上疏引咎自责："宁远兵变，臣弟殒生，有负国恩，无事溺职，谨束躬待罪，恭请罢斥，以伸国法。"站在他的立场，既要为胞弟辩护，又要为户部卸责："各边旧饷亦有迟至十余月者，然其兵则土著也，其所靠不专在户部年例，仍有民粮屯粮在也，即所欠亦系历年压支相延日久，非真数月无饷也。若辽则异是矣，以乌合蚁聚之人，当米珠薪桂之地，枕戈以待大敌，从来如奉骄子，四月无饷，人何以堪？"[3]皇帝对此表示理解，要他即出料理部务。于是才有了御前会议的那一场对话。基于他对辽东及户部的了解，坚持要求皇上拿出内帑，朱由检虽然不太情愿，还是按照阁臣的提议，准发袁崇焕饷银二十万两。[4]

二十万两银子，只有袁崇焕请求数字的四成，辽东军饷难题并没有解决。身负财政重任的毕自严，多次陈述这一难题的严重性，提请皇帝注意。第一，这是十年积累下来的问题，"延至今日，索饷愈急，措饷愈艰，至使饥兵跳梁，抚镇戮

1 毕自严《赴大司农初辞疏》，《石隐园藏稿》卷六。

2 毕自严《中途再辞疏》，《石隐园藏稿》卷六。

3 毕自严《宁远兵变待罪疏》，《石隐园藏稿》卷六。

4《崇祯长编》卷十四，崇祯元年十月己丑。谈迁《国榷》卷八十九，崇祯元年十月己丑。

辱。几年来新复之辽疆将有机摇震动之势，亦岌岌乎殆哉”；第二，户部收入不敷支出，每年收入仅仅四百万两银子，支出五百多万两银子，入不敷出；第三，辽饷并不少，但几经瓜分，如扣除黔饷一百万、岛饷七八十万，辽饷所剩无几，不敷开支是不争的事实。[1]

袁崇焕五年复辽的宏图大业，面对辽饷不敷、士兵哗变的现实，必将化作泡影。

四　袁崇焕与毛文龙的功过是非

1. 毛文龙“持孤剑穿贼中”

袁崇焕提倡“以辽人守辽土，以辽土养辽人”，却很难做到，因为他指挥的军队主力是“客兵”，并非“主兵”(辽兵)。真正做到“以辽人守辽土，以辽土养辽人”，恰恰是割据海岛之中的毛文龙。

◤ 董其昌，万历十七年进士。官至南京礼部尚书。与邢侗、张瑞图、米万锺合称晚明“善书四大家”。

天启元年十二月，史官董其昌(字玄宰，号思白，松江华亭人)在一道奏疏中，赞扬名不见经传的毛文龙“持孤剑穿贼中”，又说“使今有三文龙，奴可掳，辽可复”，希望引起朝廷注意。请看他的文章：

1　毕自严《辽饷不敷疏》,《石隐园藏稿》卷六。

臣伏睹奴酋发难以来，河东世将望风投降，反戈内向，荡我疆圉，百姓莫不剃头乞命，我之师臣与各道臣奔逃。郑重经略，三授尚方剑，加设抚臣，沛发内帑，竭天下力以供方虎之所指挥，竟无敢一矢东向者。而兵乱于内，疆促于外，举朝文武百官莫不变色相对。设曰无将无兵，臣窃惑之，岂辽东数千余里无一忠义，四海九州之大无一奇才异等之士，超距投石之勇，堪为国家吐气者？

……又幸有毛文龙者，持孤剑穿贼中，与其豪杰王一宁等，设计盟誓，以二百人（守）镇江，擒逆贼佟养真等献之阙下，且不费国家一把铁、一束草、一斗粮，立此奇功。当时登（莱巡）抚若肯疾速策应，资以器械衣粮，使之收拾残民立成一军，时出挠贼，凡诸陷贼之人必有思汉内应者，岂非制奴一奇策耶？奈何信王绍勋之偏私，借口先发为恨，一不策应，坐令孤绝。又虚誊塘报破坏功臣。

臣窃伤之，以为文龙不幸，既隔于奴，又隔于登莱，无生文龙矣。今回乡人又称：文龙于前月中设计杀奴贼二三千人，奴令李永芳、佟养性以车架炮，往与文龙为难。又放还朝鲜人，约共缚之。当事者以文龙无的报，恐回乡人为奴所遣以诱我，猾贼多计，其事诚不可知。然使实有此捷，而望其来报，则事势之至难者。

……臣愚以为，文龙纵无后功，但以镇江一事观之，此真奇侠绝伦，可以寄边事者。陛下试问满朝文武，从来有大将不费一铁一草一粮，而能立功如文龙者乎？有能置身四陷之地，孤绝无援，能当忠义孑遗，感发成功如文龙者乎？如

此胆略，夫岂易得！使今有三文龙，奴可擄，辽可复……[1]

董其昌所说或许有点夸张，却并不失实，反映了朝廷中一部分官员的看法。此人颇有些传奇色彩，且看计六奇笔下的毛文龙：

毛文龙，号振南，居钱塘（引者按：钱塘乃杭州府附郭县）荐桥忠孝巷，与于谦同里。万历丙子（四年）正月十一戌时生。家虽贫，有英气，虬髯，相者谓必登坛制阃。善骑射，尤嗜弈，尝云："杀得北斗归南。"友问之，文龙曰："行棋如决战，对垒若交锋，个中先天深意，谁能悟之？"道士逍遥子寓西湖净慈寺，文龙问弈，道士曰："昔马融有围棋之赋，班固作弈旨之论，谢安赌墅而秦军亡，费祎借谈而魏敌却，玄机不能尽述。"因对弈，寓兵法于中，文龙颇悟。临别授天书一函，遂晓畅兵机。

神宗乙巳（三十三年）仲春，舅氏沈光祚为兵部主事，因思入京，祈梦于庙。夜梦少保示书云："欲效淮阴，老了一半；好个田横，无人作伴。"盖韩信二十七岁为大将，文龙五十二岁作元戎，是老了一半也；田横有五百人同殉岛中，后袁崇焕止害文龙一人，是无伴

1 沈国元《两朝从信录》卷十，天启元年十二月乙酉。

也。梦亦征矣。[1]

如果说上面的描述多少有点传说意味，下面的叙述却是实录。毛文龙进京后舅舅沈光祚推荐给辽东总兵李成梁，补了个“内丁千总”。兵巡道白某主持武举人考试，毛文龙名列第六，三年后晋升为守备。天启元年，辽东经略袁应泰命他制造火药，他两个月就办成，晋升为游击。辽东巡抚王化贞任命他为练兵游击，要他前往河东等地招徕遗民，恢复疆土，给他配备千总张扳等四人为助手，率领士兵两百，米五百石，海船四艘。一行人从三岔河口行至猪岛，庐舍俱毁，寂无一人。行至广鹿岛，地广七十里，命守备苏其民擒拿岛官胡可实，安抚岛民七百。行至给店岛，地广三十里，命千总张继善擒拿岛官任光先，安抚岛民二百。行至石城岛，地广五十里，命千总张扳擒拿岛官何国用，安抚岛民四百家。这些岛官都是投降努尔哈赤的南人，擒拿岛官，意味着明朝收复了这些岛屿。继而又陆续收复了鹿岛、长山岛、小长山岛、色利岛、章子留岛、海洋岛、王家岛。毛文龙一行抵达弥串堡，上岸驻军，召集难民，归者甚众。弥串堡在朝鲜地界，距离鸭绿江二百里，过江就是镇江城，万历四十八年被努尔哈赤占据，由总兵佟养真把守。七月的一个夜晚，毛文龙率领将士九十七人，攻占镇

1 计六奇《明季北略》卷二《毛文龙入皮岛》。

江城，活捉佟养真。王化贞向朝廷奏捷，授予毛文龙广宁都司兼副总兵，驻守镇江城。努尔哈赤派五万军队，夺回镇江城。毛文龙的随员李景先是本地人，熟悉地形，建议在皮岛驻军。皮岛地广四百里，环山峭壁，形势险要。天启二年五月，来到皮岛，长期居守，辽民归附者数以万计。毛文龙也随之晋升为总兵。[1]

毛文龙居守皮岛，引起朝廷的重视，光禄寺少卿岳元声在奏疏中详细谈及“徒步海外之一毛文龙称将军于皮岛”之事：“所幸天助社稷，辽人忠智不二心之人之避祸各岛，与各岛辽民之生长于岛屿舟楫之间者，适与文龙遇合于间关险阻之区，由泺川浦至皮岛而止焉。至此而文龙之伎俩可次第见矣。文龙所居一皮岛也，而进之獐子岛、鹿岛、石城、广禄、长山诸岛，文龙据一岛，而诸岛皆皮岛之岛也。据皮岛则皮岛之人民与之训练，而安全之势必与文龙求其同生，不求其同死。而各岛之人民生死肝胆与文龙同也。计各岛之人民初之救死不赡，得文龙与之唇齿为命，而以渐观其中胆智勇敢之士，而札之以缨弁，给之以器械马匹，而壮士有死之心，无生之气，与文龙誓期食奴肉饮奴血，共有北向报效朝廷之心可知也。此文龙雄视岛中之情形可描写而得之者也。如此情形，而有不甘苦与共、饥寒与俱者，非必文龙与非文龙之为心，其同舟共楫

1 计六奇《明季北略》卷二《毛文龙入皮岛》。毛承斗编《东江疏揭塘报节抄》，浙江古籍出版社，1986年，第210—214页。尹韵公《袁崇焕诛毛文龙案考——兼论毛文龙》，《社会科学战线》1990年第1期。

之相顾相恤，亦势之所不得不然也。”岳元声引用毛文龙的豪言壮语：“龙踞皮岛，跨鲜制辽，控扼上游，蹂踏宽奠，搅扰南卫，枕奴手足，居奴腹心，更有剑道直捣巢穴。”建议皇帝降旨给他：“尔居岛中，山川形略，聚米可图，尔其垦溉屯牧，与士卒甘苦是共，练榜师沿海啸侦，以制奴出入；就关岭设奇潜伏，扼奴项背；与朝鲜臂指相通，不失辅车之倚。登莱、天津、山海诸要害，务为率然策应，使酋奴不得见长，万里金汤将在皮岛焉。”[1]

皮岛也称东江，又名椵岛，此岛与鸭绿江口的獐子岛、鹿岛构成三足鼎立之势。其地理位置介于辽东、朝鲜、山东登莱之间，号称海上孔道，颇具战略与经济价值。毛文龙登岛后，披荆斩棘，筹备器用，召集流亡辽民，招商引资，开通贸易渠道，输入南货绸缎布匹，输出北货人参貂皮，挂号抽税，不过几年，皮岛就号称北方雄镇。[2]

天启三年，毛文龙与部下商议，辽东要地首推金州（即金州卫，今金县），南通旅顺口，北通三牛坝，西通广宁，东出可以收复失地。如能夺取此城，陆路可遏制建州骑兵，水路可往登州运粮、停泊。随即命令守备张盘、程鸿鸣等率领部众由麻羊岛出发。七月初三日，至金州南门，各举火把呐喊放炮，守门士兵五百人从西门逃出。张盘等进城安抚居民，击退敌方盖州总兵佟养性的反扑。闰十月，

1 沈国元《两朝从信录》卷十四，天启二年七月辛亥。

2 文秉《烈皇小识》卷二。李光涛《毛文龙酿乱东江本末》，《历史语言研究所集刊》第十九本。

听闻敌方调集大军将渡河，毛文龙调兵三万，命将领陈继盛、许日新等进攻牛毛寨，王贵、杜贵进攻乌鸡，连战连捷。随即命张盘守卫金州，自己退回皮岛。朝廷收到捷报，加升毛文龙为左军都督府都督，挂将军印，赐予尚方剑。

取得大胜以后，他向朝廷建议收复广宁与三岔河，作为宁远的外围屏障："所驻须弥岛，即名西弥岛，一连有三山，周围广阔二百余里，中则云从山，前西弥岛，再后则真珠岛。以陆程计，云从之离铁山，有八十里；以水程计，铁山之至云从，仅三十里。云从与西弥从大路去，至义州止一百六十里，铁山从水路去，亦如之。义州与镇江相对，不过有三四里。镇江至辽阳三百六十里。是铁山与西弥与敌寨，总之相距在五百里内。""敌人止有二路：从镇静堡进，守广宁便可当镇静之锋；辽沈来，从三岔河过，驻三岔便可截强敌之渡。必如是，而宁远可以安堵，山海可以无虞。"[1]不过，按照当时明朝的军力还无法收复广宁、三岔河，他的设想没法落实。

在多年征战中，毛文龙屡建奇功，朝廷称赞他"浑身是胆，满腹皆兵"，"好大将才也"。[2]短短几年中，他由都司迅速升为总兵、左都督、平辽将军，原因就在于此。当时朝廷上下都认为毛文龙在海外，有牵制敌军的功劳，兵部的评价是：毛文龙

1 计六奇《明季北略》卷二《毛文龙入皮岛》。

2 毛承斗编《东江疏揭塘报节抄》，浙江古籍出版社，1986年，第152页、123页。尹韵公《袁崇焕诛毛文龙案考——兼论毛文龙》，《社会科学战线》1990年第1期。

灭奴不足，牵奴则有余。[1]工科给事中杨所修的评论颇有代表性："东方自逆奴狂逞以来，惟一毛文龙孤撑海上，日从奴酋肘腋间撩动而牵制之""奴未出老巢，则不时攻掠，以阻其来；奴离穴窥关，则乘机捣袭，以断其后。"[2]皇帝给毛文龙的谕旨多次赞许毛文龙，多方牵制，使奴狼顾，不敢西向，惟尔是赖。[3]内官监太监王敏政、御马监太监胡良辅奉旨前往朝鲜册封国王，特地转道前往皮岛，转交皇帝赏赐的银两、蟒衣，以示皇恩浩荡。

满洲方面对毛文龙十分忌惮，一度企图诱降。天启四年七月初二，派人与之议和，降将李永芳还写来了劝降信，以"中分土地"为诱饵，鼓动毛文龙叛变投敌。毛文龙不为所动，将来使与信件一并上交朝廷。天启七年四月，敌兵三万围攻郭山，杀朝鲜兵六万，烧毁粮食百万。五王子、六王子、李永芳、贺世贤、麻城塔等进攻义州。毛文龙派遣参将毛承禄、陈继盛等率兵一万五千赴救。又命张晓以万人设奇，自己统领八千精兵为后应，在安州决战，六王子中流矢，兵败。次日再战，敌退八里。毛文龙与曲承恩斩杀七名敌将，敌军拼力突围北走。毛文龙进入安州等地，安抚民众。[4]

毛文龙以明朝封疆大吏的身份，在皇太极继位以后，多次与之联系和平谈判，维持边疆安定。天启七年（清朝天聪元年），给皇太极的信中说："缅惟令

1《明熹宗实录》卷二十五，天启二年八月丁丑。

2《明熹宗实录》卷四十，天启三年闰十月甲辰。

3《明熹宗实录》卷五十五，天启五年正月丁丑。

4 计六奇《明季北略》卷二《毛文龙安州之战》。

◤ 皇太极像
皇太极，爱新觉罗氏，后金第二位大汗，清朝建立者及奠基人之一。

先君（引者按：指努尔哈赤）犯辽之举，皆由我国当元文武二臣，不本我先帝之命擅自妄为，以致令先君一怒而做出不和之事……但今两国相持，终无结局之期，何不一和相约，共图息肩之策？前有袁抚台议和之事，由于众官议论纷纭，故此处分未妥。若以本镇便宜海外，议疏甫奏，圣旨即允，实与别议不同者，定不蹈耽延两国大事之地也。”此后又去信指责对方言而无信，奸计百出：一面与我讲和，一面又来偷抢我人民，似此颠倒反复，良心何在？天理何在？[1]

2.“将江山而快私忿，操戈矛于同室”

对于毛文龙实力逐渐强大，明朝当局的心态是复杂的：“照得海外之事，论者多端，非过信则过疑。”[2]其实主要倾向并非“过信”，而是“过疑”，担忧他尾大不掉难以节制。兵部对他始终是疑信参半的，或者说宁可“过疑”，不可“过信”。在一道奏疏中，兵部如此评价毛文龙：“当毛帅之徘徊各岛也，岂真相奴要害，惟敌是求？夫亦骑虎之势，姑苟安焉以观时变。而流窜相依，渐乃成聚，将军于是乎有生气有幸心，而登陆以探之，乘夜以试

1 《明清史料》甲编《皮岛毛文龙致清太宗书》。
2 沈国元《两朝从信录》卷二十七，天启六年七月。

之。间有斩获，张而大之，庙堂之上亦不得不过情奖许，耀威远方，或一道也。俄而分曹渐广，哨瞭渐西，因旅顺之弃地而喙息焉，见金州之沃土而垂涎焉，艳恢复之高名而先手焉，意他镇之坐縻而傲睨焉。志本大而气亦张，则眇视乎同列；局已阔而力不副，则归怨于比邻。东（江）之于登（莱）也，卒多激词；而登（莱）之于东（江）也，认为讽语，岂待今日而知尾之大足之高乎！”所以给皇帝的对策建议有两点：其一是，不能把毛文龙当作“征剿之大兵”，只能当作“牵制之游兵”，用来招抚难民，不使为奴所用；其二是，毛帅孤悬海外，处境至险，正因为至险，所以至安，这叫作“制人不制于人”，毛帅所长专在于此，这叫作“崖欲其近也，不欲其远；兵欲其游也，不欲其扎”。[1]

然而毛文龙对于辽东军事态势与自身作用的看法截然不同，他认为，就对抗奴酋而言，东江与宁远同样重要：

> 夫兵事首论人心，次论地势，再次则算有成谋者，尤当以之而始局，即以之而终局矣。奴酋吞据辽沈，当其锋者首议三方布置，今着止宁远暨东江耳。
>
> 以人心论，宁远辽兵少而西兵多，东江则以海外孤悬，无所退避，尽用命之人心。

1 沈国元《两朝从信录》卷二十七，天启六年七月。

以地势论，宁远至山海（关）一线可通，诸凡饷械易输易足。东江则往来接济，春俟冻开，直至清明节后人方敢渡海，及冬稍冻，前无粮草，后无援兵，便成绝地。使能站立得定，亦非易事。

然宁远至辽沈俱系宽平坦道，无险要舍藏，难以出奇攻袭，可守而不可战。东江则凭险可以设疑出奇，可以制胜。水陆齐通，接济则艰，战守则得，悉有为地势。

人心与地势既以两得，其所以进剿恢复，终是东江事半而功倍。此非敢侈言也，实一定之情形，必然之事势。缘向来庙堂议论，以东江为牵制之虚局，不以为进剿之实事，钱粮半饥半饱，军需若有若无。奴不西去，不言牵制得力；奴一过河，便言职不牵制。岂不念全辽不复，山海（关）终危；奴贼不灭，终为国患。

因此，毛文龙批评朝廷，狃目前之小安，忘灵长之大计，而且尖锐指出目前困境的原因："庙堂全无一定之计，奴伏而群情泄泄，奴动而众议纷纷，更不以职言为是，急加粮饷军需，乘时剿复，致有今日。"[1]

当然，毛文龙有他的小算盘，希望得到与宁远同等的军饷，竟然狮子大开口，要求岁饷二百万两

1 沈国元《两朝从信录》卷三十一，天启六年九月。

银子，势必引起廷臣的反感，以为他居功自傲，飞扬跋扈。毛文龙极为不满，向即位不久的皇帝朱由检诉苦："臣势处孤危，动遭掣肘，功未见其尺寸，怨已深于寻丈，而皇上知之否？"朱由检深表同情，答复道："毛文龙本以义勇简任东江，数年苦心，朕所洞鉴，人言何足置辩？"[1]户部以为毛文龙虚冒军饷，于崇祯元年六月派户部员外郎黄中色专理东江饷务，前往皮岛核实，建议朝廷按照兵员三万六千之数发饷。毛文龙认为黄中色以一岛兵丁之数代替各岛兵丁之数，太过于昧良心。皇帝朱由检也不同意户部的这种做法，在给毛文龙的信中说："辽民避难，屯聚海岛，荷锄是民，受甲即兵，难与内地佥募额饷相同。文龙宜乘机奋勇，著有显效，谁得以糜饷为借口！"[2]皇帝不赞成以虚冒军饷为借口对毛文龙进行钳制，而主张对远在海外孤军奋战的毛文龙采取特殊政策，不妨在军饷上稍微宽松一点，以激励其奋勇报国之心。其实虚冒军饷是当时各边各镇的普遍现象，并非毛文龙所独有。何况毛文龙为了应付皮岛等岛屿以及金州等陆地驻军的开支，在海上经商，与朝鲜、日本、暹罗交易货物，每月收入十万两银子，尽充军饷。[3]因此，朱由检说"谁得以糜饷为借口"，是言之成理的。

但是袁崇焕与毛文龙的矛盾，不仅仅是"以糜饷为借口"那么简单。

1《崇祯长编》卷九，崇祯元年五月壬申。

2《崇祯长编》卷十一，崇祯元年七月戊辰。

3 毛奇龄《毛总戎墓志铭》，吴骞《东江遗事》卷下。

袁崇焕履任后，他的头衔是督师蓟辽兼督登莱天津军务，以钦差大臣的身份出镇行边，毛文龙毫无疑问在他的管辖范围之内。他久闻毛帅在海外多年，势如割据，不受登莱巡抚节制，因此他在离京前就确定了对毛文龙的基本态度：可用则用之，不可用则除之。这显然与天启、崇祯两位皇帝一贯十分倚重和优容毛文龙的政策大相径庭。袁崇焕的错误决策，不光是毛文龙的悲剧，也是袁崇焕自己的悲剧。

为了显示钦差大臣的下马威，他首先从经济来源上卡住毛文龙的咽喉，迫使他就范。抵达宁远之后，他立即宣布清严海禁：不许登州一船出海，凡运往东江（皮岛）物资装备，一概由关门运至宁远近海觉华岛（今菊花岛），经过督师衙门查验后，再经由旅顺口转运至东江；先前由天津运出的粮料，也改由觉华岛起运，全由督师衙门挂号，方许出海。这一举措，既控制了毛文龙粮饷装备的供给渠道，也切断了毛文龙海上贸易的命脉，无异于给他致命一击。毛文龙马上向皇帝申诉：自从受几十份奏疏诽谤以来，早已心如死灰，只因圣恩未报，才力疾以做未完之事，这是臣的愚忠，并非栖栖恋位。谁知袁督师封锁登州沿岸，不许一船出海，以致客船畏怯不敢前来，故而部下将士慌忙说："是拦喉切我一刀，必定立死。"[1]

1《崇祯长编》卷二十，崇祯二年四月甲辰。

“拦喉切我一刀”，此话未免有点夸大其词，却多少道出了毛文龙对袁崇焕的恐惧感。皇帝寄希望于袁崇焕五年复辽，当然希望毛文龙密切配合袁崇焕的大计，很难对袁毛之间的纠纷表态。毛文龙再次上疏，倾吐孤撑海外的苦衷：臣受命九年，自身甘苦与敌方情势之本末，已经报告多次。责臣虚冒军饷，是朝廷终于未明，而臣心又终于不白。是臣以虚报多数以冒领军饷？是臣以兵数定饷而贪图金钱？都不是。只不过力图恢复辽土，倘得饷具充足，便可乘机扫荡巢穴。臣一介末弁，孤处天涯，曲直生死，惟命是从，岂敢哓哓取憎？实在是文臣误臣，而非臣误国。毛文龙似乎预感到将要发生的祸变，对皇上慨乎言之：“诸臣独计除臣，不计除奴，将江山而快私忿，操戈矛于同室。”[1]

“将江山而快私忿，操戈矛于同室”，这十三个字，从一代枭雄毛文龙嘴里说出来，非同寻常，绝非耸人听闻之词。他似乎预感到同室操戈的悲剧即将发生，希望皇上采取果断措施予以制止。朱由检毕竟遥隔千里，对袁毛二人矛盾的激化程度无法深切了解，故而对毛文龙的奏疏轻描淡写地答复：“岛兵裁定，照额发饷，近已有旨。督师欲面咨筹略，军中一切事宜着从长商榷。”[2]他无论如何也没有料到，时隔不久，毛文龙就身首异处，再也无法“从长商榷”了。据后来袁崇焕向皇帝报告：“自去年

1《明清史料》甲编《平辽总兵毛文龙奏本》。

2《明清史料》甲编《平辽总兵毛文龙奏本》。

十二月，臣安排已定，文龙有死无生矣。”[1]可见他离京前所说“可用则用之，不可用则杀之”，不过是一个幌子，杀毛文龙是他的既定方针，同室操戈已经不可避免。

袁崇焕与毛文龙并无个人恩怨，为何非杀不可？或许有不得已的苦衷。他在御前会议上夸下海口五年复辽，皇帝赐予尚方宝剑，让他便宜从事。为了到期责成，他必须独揽大权，说一不二，不能容忍再出现先前那种“经抚不和”，互相掣肘的局面，因此他要撤销辽东巡抚与登莱巡抚两个建制。一向我行我素、不听节制的毛文龙，已经尾大不掉，拥有一支毛家军，又深受皇帝信赖，袁崇焕自然不能容忍，除了先斩后奏的非常手段，别无他法。

进士出身的袁崇焕，比行伍出身的毛文龙，更加工于心计、精通权术，而且督师钦差的权力，也使他处于主动地位，可以从容布置一个圈套，一举而置之死地。为了麻痹毛文龙，他请求朝廷先凑发十万两饷银，以缓解其怨气。继而又借口面授方略，商议东西夹击的军事计划，邀请毛文龙离开皮岛，前往三岔河与旅顺之间会晤。这一方案得到皇帝批准。[2]

袁崇焕要杀毛文龙，计议已久。据他日后说，崇祯元年进京时，与朝中大臣谈及毛文龙，他明确

1《明清史料》甲编《蓟辽督师袁崇焕题本》。

2《崇祯长编》卷二十一，崇祯二年闰四月己巳。

表示要“徐图之”——慢慢收拾他。内阁辅臣钱龙锡颇为疑惑，亲自到他的寓所面谈，问到辽东事宜，袁崇焕说：“当先从东江做起。”钱龙锡不解地问：“舍实地，而问海道，何也？且毛帅亦未必可得力。”袁崇焕解释：“可用则用之，不可用则杀之。”[1]他还对钱龙锡说：“入其军，斩其帅，如古人作手，臣饶为也。”[2]毛文龙的命运就这样决定了。

前一阵，袁崇焕一直忙于平息宁远兵变、锦州兵变，收拾关宁兵马，暂时无暇顾及此事。待到关宁兵马收拾停当，他就腾出手来对付毛文龙。

先是派文官以饷司名义前往皮岛视察。之所以派饷司而不派武官，是为了让毛部官兵有所利而无所疑，同时可为“毛帅冒饷”造成舆论。接着就是清严海禁，切断海上通道，一切粮饷物资均须经由宁远督师衙门批发，造成毛文龙的经济困境。到了这年十二月，袁崇焕“徐图之”的计划已经安排停当，毛文龙还蒙在鼓里，当他派人向袁督师索饷时，袁督师还佯装不知其详，故意在大庭广众之下说：“文官不肯体恤武官，稍有不合，便思相中，成何事体？既乏饷，何不详来？”于是把天津运来的粮饷拨十船给来人带回，并且写了一封信慰问毛文龙，随船送去犒赏银两，以及猪羊酒面之类。袁崇焕日后声称：“凡此，皆愚之也，文龙果堕彀中。”[3]也就是说，他是双管齐下，一手钳制，一手

1 文秉《烈皇小识》卷二。

2《明清史料》甲编《蓟辽督师袁崇焕题本》。

3《明清史料》甲编《蓟辽督师袁崇焕题本》。

迷惑。毛文龙到底是一介武夫，至死都没有识破督师大人算计他的阴谋。他还特地赶到宁远去参见督师大人，表示对顶头上司的礼节。袁崇焕为何不在自己的地盘处死毛文龙？那是考虑到毛的部下若不能亲眼目睹，恐怕激起事变，负隅顽抗，残局反而不好收拾。

袁崇焕决定深入海岛，到穴中擒虎。在宁远会晤时，就与毛文龙相约：在双岛再次会面，兼带检阅东江官兵。

崇祯二年五月二十五日，袁崇焕从宁远出发，经中岛、松木岛、小黑山、大黑山、猪岛、蛇岛、虾蟆岛，二十九日抵达双岛。三十日夜，毛文龙从皮岛赶来。次日，前往督师船拜谒，呈上币帛酒肴礼品，聊表欢迎之意。过后不久，袁崇焕来到毛文龙营帐回拜。

袁崇焕试探道："辽东海外，只我二人之事，必同心共济，方可成功。历险至此，欲商进取大计。有一良方，不知患者肯服此药否？"

毛文龙随口应道："某海外八年，稍有微功，因被谗言，粮饷缺乏，少器械、马匹，不能遂心。若钱粮充足，相助成功，亦非难事。"

袁崇焕起身告辞，对送行的毛文龙说："舟中不便张宴，借帐房于岛岸饮。"意思是将在岸边帐篷中设宴款待，毛文龙礼貌而恭敬地答应了。

六月初三日，袁崇焕再度登上双岛，毛文龙率领东江官兵列队欢迎。进入帐篷后，毛文龙的卫士带刀环侍于袁崇焕身边，显见得他是有所防备的。但见袁崇焕雍容大度，并无警卫随从，毛文龙感到不好意思，便斥退了自己的卫士。袁崇焕说："皇上神圣，合尧舜汤武为一君，臣子当勉旃疆场。"毛文龙似乎怏怏不得志，谈及熹宗皇帝恩遇之隆。袁崇焕不觉失色，请教他有何方略，毛文龙答道："宁（远）兵马俱无用，止用东江二三千人，藏云隐雾，一把火遂了东夷。"

次日，毛文龙为袁崇焕大人接风，两人又谈到晚上。此中密语，据后来袁崇焕奏报，大意如下：

袁：久劳边塞，杭州西湖尽有乐地。

毛：久有此心，但惟我知灭奴孔窍，灭了东夷，朝鲜文弱，可袭而有也。

袁：朝廷不勤远略，当有代君者。

毛：此处谁代得？

看似闲聊，已隐约闻到些许火药味。袁崇焕要毛文龙告老还乡，到杭州西湖去享清福。毛文龙反唇相讥，大有舍我其谁的意思。袁崇焕赶紧调换话题借口要赏赐官兵，每人银一两、米一石、布一匹，向毛文龙索要花名册。毛文龙不愿亮出家底，漫应道：这次带来双岛的不过三千五百人，就按这个数字领赏。袁崇焕还表达了改编部队、听从节制，以及在东江设置道厅行政机构等事宜。毛文龙同意编营伍、受节制两项，不同意设置道厅。

六月五日，袁崇焕在双岛召集毛部官兵，颁发犒赏。毛文龙进入袁崇焕帐篷面谢，问其何日发驾？袁崇焕说："宁远重地，来日行。今邀贵镇岛山盘桓，观兵角射。"随即指挥各营兵四面摆围，随从毛文龙的一百二十名军官俱在围内，其余兵丁截在营外。袁崇焕逐个询问姓名，不料都说姓毛，什么毛可公、毛可侯、毛可将、毛可相之类。毛文龙在一旁解释："俱是敝户小孙。"袁崇焕借题发挥："岂有俱姓毛之理？似尔等如此好汉，人人可用，我宁前官兵俸粮多于尔等，尚然不能饱。尔等海外劳苦，每月领米一斛，且家口分食此米。言之可为痛心。尔等亦受我一拜。为国家出力，此后不愁无饷。"[1]袁崇焕大人这一席话，既有同情又有煽惑，不加掩饰地流露出要收编的用心，毛部军官感动得连连叩头谢恩。

袁崇焕见时机已经成熟，便单刀直入，责问毛文龙："余节制四镇，严海禁者，恐天津、登莱受腹心之患。今设东江饷部，钱粮由宁远运来亦无不便。昨与贵镇相商，必欲取道登莱。又议移镇、定营制，分旅顺东西节制，并设道厅，稽查兵马钱粮，俱不见允。岂国家费许多钱粮，终置无用？余披沥肝胆，讲至三日，望尔回头是岸，谁知尔狼子野心，欺诓到底。目中无我犹可，圣天子英武天纵，国法岂能相容？"不待毛文龙辩解，袁崇焕立即当众宣布十二条当斩之罪：

一、兵马钱粮不经查核，夜郎自据，横行一方，专制孰甚，一当斩；

二、说谎欺君，杀降诛顺，全无征战，却占首功，欺诳孰甚，二当斩；

三、刚愎撒泼，无人臣礼，牧马登州，问

1《崇祯长编》卷二十三，崇祯二年六月戊午。

鼎白下，大臣无道，三当斩；

四、每岁侵饷银数千万，每月给米三斗五升，克减军粮，四当斩；

五、私开马市，潜通岛夷，五当斩；

六、命姓赐氏，不出朝廷，走使舆台，滥给札付，犯上无等，六当斩；

七、劫掠商人，夺船杀命，积岁所为，劫赃无算，身为盗贼，七当斩；

八、部将之女收而为妾，民间之妇没而为奴，好色诲淫，八当斩；

九、逃难辽民不容渡海，日给碗米，令往掘参，畏不肯往，饿死岛中，草菅民命，九当斩；

十、拜魏忠贤为父，迎冕旒像于岛中，至今陈汝明一伙盘踞京师，交结近侍，十当斩；

十一、奴酋攻破铁山，惨杀辽人无数，逃窜皮岛，掩败为功，十一当斩；

十二、开镇八年，不复寸土，观望养寇，十二当斩。[1]

袁督师所宣布的罪状很难令毛文龙心服口服，第二条说他“全无征战”，第十二条说他“开镇八年，不复寸土”，明显罔顾事实，皮岛、獐子岛、鹿岛等岛屿，旅顺、金州、复州等陆地，都是毛文

1《明清史料》甲编《蓟辽督师袁崇焕题本》。

龙通过征战夺得，怎么能说“全无征战”“不复寸土”呢？认真推敲起来，只有二三条够得上称为罪状，其余各条大多是官场与军队的通病，并非毛文龙所独有，何必非杀毛文龙不可！然而此时已经没有辩白的余地了，因为督师大人手上有皇上赐予的尚方剑，可以先斩后奏。宣布罪状之后，袁崇焕立即向西请命：“缚文龙，去冠裳！”毛文龙被突然袭击弄得惊诧莫名，一向桀骜不驯的他岂肯在自己的地盘就范，倔强地不愿束手就擒。袁崇焕申斥道：“尔疑我为书生，不知我乃朝廷一员大将？”又说：“尔欺君罔上，冒兵克饷，屠戮辽民，残破高丽，扰登莱，害客商，掠民船，变人名姓，淫人子女，尔罪岂不应死？”见毛文龙不服帖，大声说：“今日杀毛文龙，我若不能恢复辽东，愿齿尚方以谢。”又对毛文龙的部将说：“毛文龙如此罪，尔等以为应杀不应杀？若我屈杀文龙，尔等就来杀我。”[1]说罢做了一个延颈就戮的姿势。其实他早就命随行参将谢尚政布置停当，毛部将士已无反抗可能。众军官相顾失色，纷纷叩头哀告。袁崇焕声色俱厉地说：“文龙一匹夫耳，以海外之故，官至都督，满门封荫，尽足酬劳何得，借朝廷之宠灵，欺骗朝廷，无法无天！夫五年平奴，所凭者祖宗之法耳。法行自贵近始，今日不斩文龙，何以惩后？皇上赐尚方正为此也。”毛文龙听了此话，以为处死他乃是皇上

1《崇祯长编》卷二十三，崇祯二年六月戊午。

旨意，顿时神颓魂丧，无言以对，只得连声哀求："文龙自知死罪，只求老爷开恩。"督师大人岂肯松口："你不知国法久矣，若不杀你，这一块土非皇上所有！"随即向西叩头请旨："臣今诛文龙以肃军政，镇将中再有如文龙者，亦以是法诛之。臣五年不能平奴，求皇上以诛文龙者诛臣。"说罢，取下尚方剑交给旗牌官，斩毛文龙首级于帐前。[1]

袁督师宣布：毛文龙部下照旧供职，各复原姓；改编东江军队，分为四协，分别由毛文龙之子毛承禄、中军徐敷奏、游击刘兴祚、副将陈继盛统辖；东江一切事权由陈继盛代管。

次日，袁崇焕为毛文龙举行祭礼，在他的灵柩前拜祭道："昨日斩汝，是朝廷的法令；今日祭汝，是本部院的私情。"六月初九日，袁崇焕离开双岛，经旅顺返回宁远。[2]

3."一无是处"？"一无错处"？

袁崇焕先斩后奏，杀了毛文龙，事后向皇帝报告"斩帅"的始末。他在这篇洋洋数千言的奏疏末尾写道："但文龙大帅，非臣所得擅诛。便宜专杀，臣不觉身蹈之。然苟利封疆，臣死不避，实万不得已也。谨据实奏闻，席藁待诛，惟皇上斧钺之，天下是非之。臣临奏不胜战惧惶悚之至。"[3]这是他真

1《明清史料》甲编《蓟辽督师袁崇焕题本》。

2《明清史料》甲编《蓟辽督师袁崇焕题本》。

3《明清史料》甲编《蓟辽督师袁崇焕题本》。

实心态的流露，所谓“苟利封疆，臣死不避”，他始终认为办了一件好事，只不过方法或程序有些不妥而已。尽管皇帝赐予尚方宝剑，可以便宜行事，但是毛文龙也有先帝所赐的尚方宝剑，与一般总兵地位迥异。大敌当前，未经请示，竟然擅杀前方大帅，后果相当严重，无怪乎他要“席藁待诛”了。

皇帝朱由检接到这一消息，大为震惊，为何大敌当前要同室操戈？但是，既已把辽东事宜全权委托袁崇焕，再难以此谴责袁崇焕，否则的话辽东前线岂不要折损两位大帅？两害相较取其轻，决定支持袁崇焕。正如万斯同所说：“帝骤闻，意殊骇，念既死，且方倚崇焕，乃优旨褒答。俄传谕暴文龙罪，以安崇焕心。”[1]他不得不改变先前对毛文龙的优容态度，支持袁崇焕的先斩后奏，六月十八日发出谕旨：“毛文龙悬居海上，糜饷冒功，朝命频违，节制不受，近复提兵进登（莱）索饷要挟，跋扈叵测，且通夷有迹，犄角无资，掣肘贫碍。卿能周虑猝图，声罪正法，事关封疆安危，阃外原不中制，不必引罪，一切处置事宜遵照敕谕，仍听相机行。”[2]几天之后，他又向兵部发去谕旨，重申他对袁崇焕杀毛文龙的看法：“朕以边事付督师袁崇焕，阃外军机听以便宜从事。乃岛帅毛文龙悬军海上，开镇有年，以牵制为名，全无功效，剿降献捷欺诳朝廷，器甲刍粮蠹耗军国……近乃部署多兵，来登

1 万斯同《明史》卷三百六十四《袁崇焕传》。

2《明清史料》甲编《蓟辽督师袁崇焕题本》。《崇祯长编》卷二十三，崇祯二年六月戊午。

索饷，咆嚣跋扈，显著逆形。崇焕目击危机，躬亲执法，责其十二罪状，死当厥辜。决策弭变，自是行军纪律。具疏待罪，已奉明纶，一切善后事宜，委任道将。”[1]皇帝的这种态度，解除了袁崇焕的顾虑，进一步提出撤销东江的总兵建制，理由是先前毛文龙号称拥兵十万，全是谎言：“文龙一匹夫，不法至此，以海外易为乱也，其众合老稚四万七千，妄称十万。且民多，兵不能二万，妄设将领千。今不宜更置帅，即以（陈）继盛摄之，于计便。”皇帝批准了他的建议。[2]

这一事件的处置着实耐人寻味。对于朱由检而言，有无可奈何的苦衷，将在外君命有所不受，先斩后奏自然难以问罪。但是内心深处一向对毛文龙寄予厚望，为了不影响五年复辽的大计，不能追究袁崇焕责任。他只要求袁崇焕实现五年复辽的军令状，在此前提下，一切都可以听任他便宜行事。否则的话，新账老账一起算。对于袁崇焕而言，杀毛文龙是逞一时之快，犯了一个大错误，于国于己都没有好处。对己而言，他在斩帅前发誓：“我若不能恢复辽东，愿齿尚方以谢。”在给皇帝的奏疏中也说：“臣五年不能平奴，求皇上以诛文龙者诛臣。”这就把自己逼上了绝路，如果不能兑现五年复辽的诺言，日后的下场也许比毛文龙更惨。正如谈迁所说：“（袁崇焕）杀岛帅适所以自杀也。”[3]对国而言，

1《崇祯长编》卷二十三，崇祯二年六月壬申。

2 万斯同《明史》卷三百六十四《袁崇焕传》。

3 谈迁《国榷》卷九十，崇祯二年六月戊午。

临敌斩帅乃兵家之大忌，同室操戈，为皇太极消除后顾之忧，坐收渔翁之利。这一切不幸被毛文龙言中："将江山而快私忿，操戈矛于同室。"令人惊讶的是，袁崇焕杀了毛文龙之后也流露出同样的心情，在归途中赋诗一首，其中有这样的句子："边衅久开终是定，室戈方操几时休。"[1]

即如袁崇焕所说，毛文龙飞扬跋扈、虚冒军饷都有案可查，也不必采取断然措施，立即处死。是否可以令其戴罪立功，以观后效？他毕竟是雄踞一方的大帅，有着牵制敌军南下的战略意义，留着他只有好处没有坏处。这就是朝廷对他优容的原因，即所谓"奴离窥关，则乘机捣袭，以断其后"。[2]看到赞许袁督师斩帅的圣旨，兵科都给事中张鹏云实事求是地向皇帝指出："文龙所居皮岛去奴八百条里，以之自固远有余，以之牵奴原不及，闻旅顺一带逼近金、复、海、盖等处，实为要地，又距宁远且近，呼吸可以相通，倘宿兵于此，无事以壮声灵，有事可探虎穴。"[3]张鹏云所说的旅顺、金州、复州一带都在毛帅控制之下，他用一种曲折的方式肯定毛帅的牵制作用。稍后，兵科给事中宋鸣梧也委婉地承认毛帅的战略价值："按兵法有犄角以牵制之者，有多方以误之者。奴之播恶每借全师，非分疲其势，则攻捣徒劳，臣闻旅顺口沙滩之外，四面高山，西北有二城……形如葫芦口，宜置戍以衡。

1 袁崇焕《率性堂诗集·偕诸将游海岛》，无名氏著《袁督师事迹》。

2《明熹宗实录》卷四十，天启三年闰十月甲辰。

3《明清史料》甲编《兵科都给事中张鹏云题本》。

奴之胁我，议其后，奴必东应，则我击其首；我议其前，奴必西应，则我蹑其尾。首尾狼狈，奴劳而我逸，攻坚乘暇，势自在旋。而戍长生岛，以图复、盖二州，复镇江以窥辽沈，尤为全策。”[1]宋鸣梧提到的具有犄角牵制作用的战略要地，大多在毛帅军队控制之下，没有他就没有犄角之势可言。即使袁督师本人也不得不承认这一点：“东江一镇，乃牵制之必资也。”[2]

因此皇太极把毛文龙视为眼中钉肉中刺，派兵征讨屡遭败绩，试图招降又难以奏效。皇太极无法做到的事，袁崇焕帮他做到了，岂不令亲者痛仇者快？以后的事实证明了这一点。毛文龙被杀的直接后果，就是几个月后发生的“己巳之变”，它从反面证明，毛文龙的牵制作用一旦消除，敌军就可以肆无忌惮长驱直入，骚扰京畿重地，足以发人深省。

由于皇帝明确表态支持，朝中无人敢对袁督师斩帅表示异议。待到己巳之变，敌军兵临城下，袁崇焕被捕入狱后，人们纷纷发表评论，放马后炮。候补北科阮震亨听闻毛文龙部将有背叛迹象，不胜惊讶地说：弹丸海岛一旦落入敌人之手，足以成为明朝的大患，扬帆上下，可以无所不攻。[3]兵科给事中陶崇道也以“岛兵告变”，指责袁崇焕“借以行其私”，“毛文龙无罪就戮”，为今之计，应当

1《明清史料》甲编《兵科给事中宋鸣梧题本》。

2《崇祯长编》卷二十五，崇祯二年八月庚午。

3《崇祯长编》卷三十四，崇祯三年五月甲午。

尽快派其子毛承禄去安抚毛部将士。[1]但是，为时已晚，毛文龙的部将孔有德、耿仲明等人在登州发动武装叛乱，几乎所向披靡，酿成山东大乱。它以一种令人遗憾的方式向人们表明，毛文龙的军队并非只会冒饷不会打仗。不久，孔有德、耿仲明率部投降皇太极，日后成为南下攻城略地相当有杀伤力的部队。当然，孔、耿的叛变责由自负，但袁崇焕斩帅起到了为渊驱鱼、为丛驱雀的作用，是不可否认的。

对此，夏允彝的评论颇为独特："崇焕少好谈兵，见人辄拜为同盟，肝肠颇热。为闽中县令，分校闱中，日呼一老兵习辽事者与之谈兵，绝不阅卷。或问之，则曰：'士子宜中者，自有命在，随意抽取可也。'斯岂执事必敬者乎？宁远一捷，实为有功，遂自矜为东人已破胆，必肯献地讲和。召对，自言五岁灭东人，了无成算。"又说："崇焕锐而轻，每易言天下事。上询以东人何日可灭，崇焕漫应以五年为期……一至宁远，遂为讲款计。盖自崇焕宁远奏捷之后，即令番僧往吊东夷以讲和。以罢归未就。再出，无以塞灭东夷之命，遂以平东夷自诡。虑岛帅毛文龙泄其计，遂身入岛，诱文龙斩之。文龙当辽事破坏之后，从岛中收召辽人，牵制金、复、海、盖，时时袭东，有所斩获。颇有功，但渐骄恣，所上事多浮夸，索饷又过多，朝论多疑

1《崇祯长编》卷三十四，崇祯三年五月乙巳。

而厌之者。以其握重兵，又居海岛中，莫能难也。崇焕初杀文龙，上亦甚喜之，褒谕倍至，不嫌其矫诏。”[1]夏允彝似乎认为袁崇焕之所以要杀毛文龙，是害怕毛帅泄露他与东夷讲和的秘密，可备一说，却缺乏足够的证据。

前辈学者李光涛，在二十世纪四十年代，发表长篇论文《毛文龙酿乱东江本末》，探幽索微，清理毛文龙史迹，为后人研究这一段史事奠定了坚实的基础。[2]不知他出于何种考虑，把毛文龙在东江的作用全盘否定，说毛文龙“一无是处”，“死有余辜”。这种过于偏激的结论，与论文的实证风格大相径庭，令人费解，大有商榷之余地。

无独有偶，几十年之后，清史专家阎崇年从推崇袁崇焕为“民族英雄”的立场出发，为其斩帅百般辩解，极力证明袁崇焕杀毛文龙“一无错处”。[3]用心颇为良苦，可惜过于偏激，终难令人信服。

一个说毛文龙“一无是处”，一个说袁崇焕“一无错处”，为何要把话说得那么绝对呢？

笔者认为，现代历史学家应该不带任何偏见，恢复历史的本来面目，把毛文龙之死的真相告诉读者。毛文龙被杀后，毛氏后人以沉痛的心情写道：“将军虽牵制，仍厚图进取，以邀干城。而关宁诸大臣见大清兵不即前，忌牵制之劳，疑大清师本易与，无他长，纷纷讲东事，反谓毛帅跋扈不受节

1 夏允彝《幸存录·东人大略》，《明季稗史初编》卷十五。

2 李光涛《毛文龙酿乱东江本末》，《历史语言研究所集刊》第十九本。

3 阎崇年《论袁崇焕》《袁崇焕“斩帅”辨》，《燕步集》。

制，将有患。又年饥，国帑不给，岛兵多糜帑，于是分关宁、东江为两局。而欲诎东江者，动之以糜帑裁其兵。久之，即谓其帅亦可裁耳，于是恶之者，不至去毛帅不止。而不知八年之关宁，亦即八年之东江，以得有是也。”[1]曾任兵部尚书的王在晋说得更加尖锐：“袁崇焕得信心行事，中奴之诱，先杀毛文龙，除奴肘腋之患，己巳（之变）虏遂以蓟镇深入，薄都城，舍山海，而以蓟（州）宣（府）为屡犯之孔道。向使袁崇焕不使吊通奴，西夷必不叛，夷不叛则西路不可行；不杀岛帅则奴顾巢穴，必不敢长驱入犯。”[2]所谓“（袁崇焕）中奴之诱”，是否有根据，暂且不论。这末句所说“不杀岛帅则奴顾巢穴，必不敢长驱入犯”，是千真万确的。

◤陈继儒，号眉公，松江华亭人。为诸生，隐居小昆山，后筑室东佘山，杜门著述，工诗善文，书法苏米，兼能绘事，名重一时。著有《陈眉公全集》。

有的人把钱龙锡与陈继儒牵连进来，以为袁崇焕斩帅与这两个人有关，使得事情更趋复杂化。史惇说：“毛文龙据有东江，正值奴酋后户，奴入犯，毛即直捣其虚，为奴腹心之患。袁受奴间云：‘能杀东江，永永不侵不犯。’袁遂假以会师为名，至东江诱而杀之。主其议者华亭钱机山（龙锡），袁故钱声气门下士，而又先入盟名处士陈眉公（继儒）‘毛帅一除，太平立睹’之邪说，遂以国事侥幸乃至于

1 毛承斗编《东江疏揭塘报节抄》，浙江古籍出版社，1986年，第215页。

2 《袁崇焕资料集》，广西民族出版社，1984年，第232页。

此。故袁诛而钱并戍，正不足以正误国之案也。”[1] 笔者并不完全赞成史惇的说法，存此一段公案，以待后来者考证。

4. 己巳之变

正如王在晋所说：“不杀岛帅则奴顾巢穴，必不敢长驱入犯。”袁崇焕杀了毛文龙，为皇太极军队大举南下解除了后顾之忧，终于导致兵临城下的己巳（崇祯二年）之变。

崇祯初年，明朝的北方边防形势颇为吃紧，除了要对付辽东的满洲，还要对付漠南的蒙古，以防他们的铁骑越过边关南下骚扰。因为这个缘故，皇帝在任命袁崇焕为蓟辽登莱督师的同时，根据袁崇焕的举荐，任命三朝元老王象乾以兵部尚书兼右都御史督师行边，总督宣大（宣府、大同）。当时漠南蒙古的插汉虎墩兔攻掠哈喇慎、白黄台吉、卜失兔诸部，危及宣府、大同。皇帝朱由检在平台召见王象乾时，请教他有何方略？王象乾凭他多年之经验，力主招抚插汉虎墩兔，把他们安插在蓟镇沿边住牧，为我藩篱，东拥关门以断右臂，则永无边患。朱由检不无担忧地问：插汉如果不愿意受抚怎

◥ 王象乾，山东桓台人，隆庆五年进士。历佥都御史，代李化龙经理播州。巡抚宣府，在任七年，边境无事，累官兵部尚书。权警有胆略，前后历官督抚，威名著九边，累加太子太师，以病乞归。

1　史惇《恸余杂记·袁崇焕》。

么办？王象乾很有信心地说：从容联络，抚即可成。朱由检很高兴地说：卿抚插酋于西，袁崇焕御敌于东，恢复成功皆赖卿等之力。显然他对于任用袁、王二位大臣是很满意的，要他们共同协商边防大计。[1]

袁、王两督师计议的结果不谋而合："抚西以拒东。"这个道理很明显："西靖而东自宁，虎不款，而东西并急。"[2]意思是：西边太平了，东边自然安宁；如果插汉虎墩兔不受招抚，那么东西两面同时紧急，就危险了。"抚西以拒东"的战略方针自有可取之处，可以集中兵力于辽东，但也是不得已之计，退而求其次。文秉的评论是有道理的："崇焕原知辽不可复，冀以款羁縻岁月耳，观其举荐（王）象乾意可知矣，盖（王）象乾专主抚也。"[3]

后来的事实表明，"抚西以拒东"的方略并未奏效，因为皇太极深知漠南蒙古地位的重要性，极力拉拢，又是联姻，又是盟誓，又是封赏，力图为其南下寻找更多的突破口。在争取漠南蒙古的竞争中，皇太极的抚驭手段明显占据上风，使得明朝北方边防压力骤增。

崇祯二年初，皇帝给兵部发去谕旨："据报，西夷市买货物，明是接应东夷，借寇资盗，岂容听许！你部一面行督抚官加谨提备，仍着袁崇焕、喻安性（蓟辽总督）详加计度。"袁崇焕、喻安性查明情

1《崇祯长编》卷十三，崇祯元年九月辛未。张岱《石匮书后集》卷一《烈帝本纪》。文秉《烈皇小识》卷一。

2 张廷玉《明史》卷三百二十七《鞑靼传》。

3 文秉《烈皇小识》卷一。

况后，向皇帝报告："查得哈喇慎三十六家，原在蓟辽抚赏，仇于虎（插汉），而未与奴通。自去年虎酋攻伯彦黄台吉，据其故穴，彦死之，而我不能为各夷之依，夷遂依奴，以自固。且夷狄荒旱，粒食无资，人俱相食，且将为变。夫辽已能抗奴，夷即变，奚为？唯蓟门陵京肩背，而兵力不加，万一夷为向导，通奴入犯，祸有不可知者。"[1]确实，漠南蒙古为满洲铁骑让出通道，越过长城关隘，已经是迫在眉睫的危险。辽东明军内部同室操戈，袁崇焕杀毛文龙，为皇太极发兵南下提供了一个极佳的时机。

崇祯二年十月下旬，皇太极率领满蒙联军约十万之众，避开袁崇焕在锦州、宁远一线的重兵，绕道辽西，经由哈喇慎地面，选择明朝边防薄弱环节作为突破口。他们早已侦知蓟门一带"兵马瘦弱，钱粮不敷，边堡空虚，戈甲朽坏"。[2]因此很快突破喜峰口以西的长城关隘——大安口、龙井关、马兰峪，乘虚而入，几乎没有遇到什么有效的阻击，逼近长城南面的军事重镇——遵化城下。遵化县城距离北京不过二三百里，京城已经面临满蒙铁骑的威胁。紫禁城顿时惊慌不已，十一月初一日宣布京城戒严。[3]

出现这种局面，袁崇焕是难辞其咎的。他是蓟辽督师，除了防守辽东，还有防守蓟州的责任。从

1《明清史料》甲编《兵部行督师袁崇焕题稿》。

2《明清史料》甲编《马光远披陈愚悃奏本》。

3 谷应泰《明史纪事本末补遗》卷六《东兵入口》。

广义上讲，京城外围的整个顺天府都在蓟州镇的防务之内，但是他把所有的精锐野战部队都布置在辽东，忽略了蓟州镇的防务，出了问题，他脱不了干系。为了解除京城的危险，他立即命令原任蓟镇总兵现任山海关总兵赵率教星夜赶去救援。赵率教是一员骁将，接到命令火速驰援，行军三昼夜抵达三屯营（蓟州镇的治所）。三屯营总兵朱国彦不让他的部队入内，只得策马向西。十一月初四日，赵率教在遵化城下与满蒙骑兵激战，身中流矢阵亡，全军覆没。《明史》写道："十一月四日，战于遵化，中流矢阵亡，一军尽歿。帝闻痛悼，赐恤典，立祠奉祀。率教为将廉勇，待士有恩，勤身奉公，劳而不懈，与满桂并称良将。"[1]赵率教解围失利，使得战局趋于被动。次日，敌兵包围遵化县城，城中起火，守军崩溃。遵化县城失守，与城内叛兵内应有关。据李逊之说："北兵从长城下大安口直抵遵化，时新令汰冗兵，被汰者阴谋作乱，至城下，开门迎入。遵抚王元雅死于乱军中，同死者知县徐泽，以新任推官何天球已升未去，保定推官李献明以查盘至……"[2]副总兵朱来同等弃城逃跑，总兵朱国彦愤怒至极，将逃跑官员姓名张榜公布，把积蓄俸银五百两和衣服器具分给部卒，然后穿戴整齐，西向叩首，偕妻子张氏投缳而死。[3]

京师危急，袁崇焕不得不亲自出马。十一月初

1 张廷玉《明史》卷二百七十一《赵率教传》。

2 李逊之《崇祯朝记事》卷一。

3 谷应泰《明史纪事本末补遗》卷六《东兵入口》。

五日，他督率副总兵张弘谟，参将张存仁，游击于永绶、张外嘉、曹文诏等，进入山海关内增援。次日，又调参将郑一麟、王承胤，游击刘应国，以及总兵祖大寿接应。立即向皇帝报告他的总体部署：

以总兵朱梅、副总兵徐敷奏守山海关；

参将杨春守永平；

游击满库守迁安；

都司刘振华守建昌；

参将邹宗武守丰润；

游击蔡裕守玉田；

昌平总兵尤世威退守皇陵；

宣府总兵侯世禄守三河扼其西下；

保定总兵曹鸣雷、辽东总兵祖大寿驻守蓟州；

袁崇焕居中应援。

◥ 曹文诏，山西大同人。勇毅有智略，崇祯中以功擢延绥东路副总兵，升临洮总兵。调大同，为援剿总兵，于湫头镇战斗不支，自刎而死。

皇帝接到他的奏报，表示赞许："卿部署兵将精骑，五枝联络并进，蓟兵总属节制，分合剿袭，一禀胜算。宁镇守御当有调度，相机进止唯卿便宜。卿前在关忧蓟，遣兵戍防，闻警驰援，忠猷具见，朕用嘉慰。"[1]

十一月初十日，刚刚入阁办事的大学士成基命（字靖之，号毖予，北直大名人）鉴于形势严峻，向皇帝极力推荐原任阁臣孙承宗为兵部尚书兼中极殿大学士，

1 《崇祯长编》卷二十八，崇祯二年十一月戊子。

督理兵马钱粮，驻扎通州以控御东陲，确保京师安全。皇帝朱由检接受这一推荐，特地召见刚刚履任的孙承宗，和他磋商京师防务大计。

孙承宗是老资格的军事家，久历战事，对袁崇焕过于收缩防线于京城外围的消极部署，有不同的看法。他赞成守蓟州、顺义、三河一线，不赞成退守昌平、通州一线。君臣二人有这样一段对话：

朱由检问："守御百无一备，卿如何为朕调度？"

孙承宗答："臣闻袁崇焕驻蓟州，满桂驻顺义，侯世禄驻三河，此为得策。又闻尤世威回昌平，(侯)世禄驻通州，似未合宜。"

朱由检问："卿欲守三河何意？"

孙承宗答："守三河可以阻西奔，可以遏南下。"三河位于蓟州与通州之间，守住三河可以挫败敌军进犯通州逼近京城的企图，也可以防其南下香河、武清，包抄京城南翼。

朱由检点头称是："卿即为朕调度京师。"

孙承宗侃侃而谈："皇上当缓急之际不恤军士性命，而使之饥寒，恐非万全之策。"他进而提出整器械、厚犒劳、固人心等具体措施。

朱由检颇为赞赏，随即改变对他的任命："卿言是，卿不须往通(州)。"转而对在一旁的内阁首辅韩爌说："其为朕总督京城内外守御事务，仍参帷幄。"[1]

1 李逊之《崇祯朝记事》卷一。张廷玉《明史》卷二百五十《孙承宗传》。孙诠《孙文正公年谱》卷四。

孙承宗出宫时已是深夜，披星戴月巡视都城防务。到了次日半夜，皇帝又改变主意，以为“守近不如守远”，仍旧叫他镇守通州。当时战火已经逼近京城四郊，孙承宗从东便门出城，在二十七名骑兵护卫下，冒着烽烟疾驰通州。赶到通州后，立即与保定巡抚解经传、御史方大任、总兵杨国栋登城固守。[1]

此次虏变，暴露了兵部收集军事情报过于迟钝，闻警后又过于惊慌失措。十二日晚，皇帝向内阁发出谕旨，对连日来的战况表示担忧："连日不见动静，恐别有深谋。崇焕既屯蓟门，倘西绕密西、潮河、古北等处，东袭永平，关宁及他空虚间道、捷要隘口俱宜周防。卿等传与崇焕，远行侦察，预为筹度。若得的确情形，速行具奏。”[2]之所以“连日不见动静”，是敌军正在准备直捣北京的部署，“不见动静”，不过是调兵之计而已。

袁崇焕侦察后发现，敌军已经越过蓟州向西进攻，便率军跟踪。这是一个错招，理应阻击，而非跟踪。于是乎，敌军几乎毫无阻挡地连陷京城东面屏障三河、香河、顺义等城。十一月十五日，袁崇焕赶到河西务，与诸将计议前往京城。副总兵周文郁极力反对，他说：我军宜迎击敌军，不宜入都，况且敌军往通州，我屯张家湾，离通州十五里，粮饷取给于河西务，理应在此战守。外镇之兵未奉明

1 李逊之《崇祯朝记事》卷一。张廷玉《明史》卷二百五十《孙承宗传》。孙诠《孙文正公年谱》卷四。

2《崇祯长编》卷二十八，崇祯二年十一月丁酉。

旨，轻易进至京师城下，断断不可。袁崇焕不听，固执己见，说道：君父有急，顾不了这些，倘能济事，虽死无憾。[1]在这种思想指导下，他率领精锐部队直奔京城，于次日晚抵达广渠门外。

这一决策，铸成大错。本来应该把来犯之敌阻挡在蓟州至通州一线，展开决战，确保京城安全。他舍弃这个上策，先是跟踪敌军，继而又退保京城，无异于纵敌深入，把战火引到京城之下，犯了兵家之大忌。这种消极的战略，引起了居住在京城外面的皇亲国戚与太监的极大不满，纷纷向朝廷控告袁崇焕听任敌军恣意横行。文秉写道："（袁）崇焕虽名入援，听虏骑劫掠焚烧民舍，不敢一矢相加。城外戚畹中贵园亭庄舍，为虏骑蹂躏殆尽，皆比而揭其罪状入告。民谣云：'投了袁崇焕，达子跑一半。'兼崇焕出言无状，对百官讼言：'达子此来要做皇帝，已卜某日登极矣。'户部尚书毕自严至挢舌不能下，举朝皆疑之。"[2]

皇太极利用"举朝皆疑"的气氛，巧施离间计，散布谣言说，他与袁崇焕有密约在先，故意引满洲兵进入内地。[3]他还导演了类似《三国演义》中"蒋干盗书"的把戏，伎俩并不高明，却取得意想不到的效果。策划者是后金章京范文程，他随皇太极攻占遵化后，见袁崇焕重兵在前，便向皇太极"进密策，纵反间"。皇太极在广渠门佯装战败，嘱

1 谈迁《国榷》卷九十，崇祯二年十一月丙申。

2 文秉《烈皇小识》卷二。

3 谈迁《国榷》卷九十，崇祯二年十一月丙申。谷应泰《明史纪事本末补遗》卷六《东兵入口》。

咐副将高鸿中与参将鲍承先，故意在俘虏的明朝太监杨某面前低声耳语："今日撤兵，乃上（皇太极）计也。顷见上单骑向敌，有二人来见上，语良久乃去。意袁巡抚（崇焕）有密约，此事可立就矣。"杨太监佯卧窃听，悉记其言。次日，皇太极故意把杨太监放归。杨某进宫后，把此事密告皇上。[1]

这一切袁崇焕全然不知，他在前往京城的途中，向皇帝呈上奏疏，对自己指挥不力引咎自责。皇帝一如既往下旨安慰："卿治兵关外，日夕拮据，而已分兵戍蓟，早见周防，关内疏虞，责有分任。既统兵前来，其一意调度，务收全胜，不必引咎。"[2]十七日傍晚，袁崇焕率军抵达广渠门外。当时京城戒严，塘报一时无法递入，直到半夜塘报才送进宫中："建虏薄城下。"次日，消息传开，舆论哗然，民众纷纷指责袁崇焕"召敌"。兵部尚书为了证明"召敌"的真伪，招募智勇双全的能人潜入袁崇焕兵营打探虚实，沈自徵（字君庸，苏州吴江人）只身前往。关于此事，邹漪、赵吉士都有记载：

> 时督师袁崇焕握重兵壁城下，疑其有外心，大司马募士能入袁营探实者，予上赏。公（沈自徵）慨然应募。司马欲予骑（兵）三百，公曰："不可，崇焕无反心，某往必不敢加害，苟欲害某，三百骑亦不能救，徒滋疑耳。如崇焕

1 王先谦《东华录》，天聪三年十一月辛丑。

2《崇祯长编》卷二十八，崇祯二年十一月戊戌。

敢杀某，则反状明白，公即知所备矣。某又何惜以死报君。”大司马乃授以令箭，夜缒城出，至袁营，厉声呼曰：“大司马有语致督师！”诸军注弓执矢欲射，视之，一人耳，乃不疑，令入。公说曰：“天子新践祚，即不次擢公，可谓公知己，固知公必不忍负朝廷，但公列营城外而不入朝，天下何从识公忠诚哉？台省含沙，明主投杼，公族无噍类矣。且公往杀毛文龙，人已疑公，方冀公立功名自赎。稍不尽节，天下且争脔公，不可畏欤？”崇焕改容谢，请即日入朝，公曰：“误矣，城中人情汹汹，苟骤焉入朝，此卢杞所以阻怀光也。俟某入城，且以情告，而后进，则群议尽释，公安于泰山矣。”（袁崇）焕唯唯惜命。[1]

朝廷上下对于袁崇焕“召敌”的怀疑情绪，于此可见一斑。文震孟的日记从另一个侧面反映京城舆论动向：

（十一月）十八日，闻袁督师至城下。又云是奴酋奸细伪为袁者，忧惶殊甚。

十九日，至朝中，汹汹而已。

二十日，虏薄城六百，袁师杀伤相当。至德胜门，满桂总兵战败，城上放炮不能及虏，

1 邹漪《启祯野乘》一集卷六《沈文学传》。赵吉士《寄园寄所寄》卷一《囊底寄·经济·沈文学》。

杀伤残兵殆尽。晚刻，复至朝房会议，余以军旅未学，不敢为金声之见……半夜闻警甚，举家惊骇，坐以待旦。[1]

可见己巳之变以及袁崇焕的动向，对京城震动之大，朝廷上下陷入惶惶不可终日的非常状态之中。新任兵部尚书申用懋（字敬中，号元渚，苏州人，申时行之子）临危受命，钱谦益描述当时的情势："十一月，奴犯蓟东，上震怒，下本兵（王洽）于狱，命公（申用懋）署部事。越四日，诏公为兵部尚书，即日抵任。而奴已薄城下，九门昼闭，人情汹惧，执政莫敢言。公从容为上言，请弛一日禁，以通煤米，中外始安。"[2]

实际情况确实不容乐观。二十日，宣府总兵侯世禄、大同总兵满桂屯兵德胜门，与来犯之敌展开血战。城上守兵开炮误伤满桂所部将士，满桂本人也负伤，率领败兵百余人退入关帝庙中，随即避入德胜门瓮城。与此同时，袁崇焕率总兵祖大寿在广渠门与敌军殊死搏斗，身先士卒的袁崇焕差一点被刀砍中。几经交战，终于取得开战后第一场大胜，迫使皇太极退兵南海子。

二十三日，皇帝在平台召见袁崇焕、满桂、祖大寿、黑云龙等将领，以及新任兵部尚书申用懋。据笔者推断，此时皇帝已经从太监杨某那里得知袁

1 文震孟《文文肃公日记》，崇祯二年十一月十八日至二十二日。按：此为《北京图书馆珍本丛刊》第二十册影印之稿本，封面写"巳己日记"（应为"己巳日记"）。第一部分残稿注记为"天启元年至天启六年日记"；第二部分残稿注记为"崇祯七年甲戌"，细核内容，应为"崇祯二年己巳"。

2 钱谦益《资政大夫兵部尚书赠太子少保申公神道碑铭》，《牧斋初学集》卷六十五。

崇焕与皇太极有密约的消息，但是为了稳定军心，击退来犯之敌，也为了嘉奖德胜门、广渠门之战有功人员，他以若无其事的姿态召见这些手握重兵的将帅。袁崇焕虽然不知道皇太极的离间计，但由于在皇上面前夸下海口，如今不仅平辽毫无成效，反而导致兵临城下的危局，颇感自咎，心中忐忑不安。接到皇上的召见令旨，做好最坏的打算，脱去官服，身穿青衣头戴玄帽进宫。见到大臣，极力张扬敌军势不可挡，耸人听闻，企图由朝臣出面提议“城下之盟”，促成敌军撤退。见了皇上，他又强调局势危急。朱由检却顾左右而言他，拒不表态，一味慰劳袁崇焕等人，把自己身上的貂皮大衣脱下来给袁崇焕披上，随即向他询问战守策略。袁崇焕的回话，始终不敢提及“议和”之事。当他向皇上提出连日征战，士马疲惫，请求援引满桂进入德胜门瓮城的先例，准许部队入城休整，朱由检毫不犹豫地予以拒绝。[1]看来皇帝对袁崇焕已经有了戒备之心。

二十七日，袁崇焕派出五百人的特遣队，带了火炮潜往南海子附近，炮击皇太极的大营，迫使敌军逃遁。此后几日，京城外围局势渐趋平静。

十二月初一日，皇帝任命司礼监太监沈良佐、内官监太监吕直提督九门及皇城门；任命司礼监太监李凤翔总督忠勇营、提督京营。此举的用意很

1 谈迁《国榷》卷九十，崇祯二年十一月甲辰。万斯同《明史》卷三百六十四《袁崇焕传》。

明显，把京城与皇城的警卫置于自己的直接控制之下，以应付不测事件。待一切布置停当，他下令在平台召见袁崇焕。

此时袁崇焕正在指挥副总兵张弘谟追踪敌军，听到来使传旨“皇上召见议饷”，立即丢下军务赶往宫中。由于几天前召见时皇上一如既往信赖，所以没有了上次召见那种惶恐心态，进宫后，由一名太监迎候：“万岁爷在平台，速入！”便疾步趋入平台，但见满桂、祖大寿、黑云龙已经先到，预感有点不妙。

更加不妙的是，皇上并没有和他“议饷”，而是直截了当责问他三件事：杀毛文龙、敌军犯阙、射伤满桂。潜台词毫无疑问是杨太监向他提供的情报：袁崇焕与皇太极有密约。其实所谓“密约”云云，不过是敌人放出来的谣言，袁崇焕还蒙在鼓里，一时语塞，无言以对。皇帝以为他默认了，便命满桂脱去衣服显示身上的伤痕，言外之意是袁崇焕蓄意而为。其实，当时满桂战于城北，袁崇焕战于城南，互不相干。还没等袁崇焕说明，皇帝厉声下令：着锦衣卫拿掷殿下！锦衣卫的校尉们一拥而上，把袁崇焕的朝服脱去，扭解到西长安门外的锦衣卫大堂，发南镇抚司监候。[1]

这当然是天大的冤枉。文震孟在日记中写到获悉此事的感受：“十二月一日，忽闻上召袁崇焕督

1 谈迁《国榷》卷九十，崇祯二年十二月辛亥。《崇祯长编》卷二十九，崇祯二年十二月辛亥。计六奇《明季北略》卷五《逮袁崇焕》。

师，满桂、黑云龙、孙祖寿、祖大寿等抚戎。已闻崇焕擒下诏狱……余不觉顿足曰：‘噫！败矣……袁罪当诛，而此非其时也。’”[1]确实如此，即使要追究责任严加惩处，也应该等到敌军撤退以后再说。朱由检的一时冲动，差一点酿成大祸。

袁崇焕的爱将祖大寿在旁目睹袁督师被逮的情景，大为惊讶，以至于战栗失措，这对于血战沙场多年的骁将而言，实在是非同寻常的反应。在场的内阁辅臣成基命观察到了祖大寿的“心悸状”，立即顿首请皇上慎重慎重再慎重，并说：“敌在城下，非他时比。”其他阁臣也极力劝谏：“临敌易将，兵家所忌。”朱由检固执己见：“势已至此，不得不然。”[2]看得出来，他有不得已的苦衷，又不能把未经证实的“密约”传言放到桌面上，所以他与孙承宗谈及此事，只是追究袁崇焕作为督师的失职：“朕以东事付袁崇焕，乃胡骑狂逞，崇焕身任督师，不先行侦防，致（敌）深入内地。虽兼程赴援，又钳制将士，坐视淫掠，功罪难掩，暂解任听勘。”[3]理由固然冠冕堂皇，但是他没有考虑到“暂解任听勘”的后果将会多么严重。

十二月初二日，朱由检作出两项重大决定。

一是，鉴于城外战火激烈，暴露了城防工事偷工减料、敷衍潦草的问题，亲自下令把负有领导责任的工部尚书张凤翔逮捕入狱，把工部营缮司郎中

1 文震孟《文文肃公日记》，崇祯二年十二月一日。

2 万斯同《明史》卷三百六十四《袁崇焕传》。

3 谈迁《国榷》卷九十，崇祯二年十二月丙辰。

许观吉、都水司郎中周长应、屯田司郎中朱长世等直接责任者，廷杖八十。阁臣们请求宽恕，他毫不松口："目下与虏止隔一墙，宗庙社稷都靠这堵墙，这墙一倒，宗庙社稷都没靠了，岂不可重处！"[1]二是，提拔大同总兵满桂为总理，节制各路勤王之师。这是一个不恰当的任命，无论资历声望以及指挥能力，他都无法胜任这一职务。文震孟评论道："上自擒袁崇焕后，专任满桂。(满)桂本夷种，目不知书，一则曰总理，再则曰总理，号令全不当，驰驭无术。"[2]更大的问题是，皇帝没有估计到由满桂取代袁崇焕以后，辽东各路将领离心离德的动向。

当时的兵部职方司郎中余大成看到了这一点，十二月初二日向新任兵部尚书梁廷栋及时提醒："敌势甚炽，辽兵无主，不败即溃耳。今日之策，莫若出崇焕以系军心，责之驱逐出境自赎，既可以夺深入者之魄，又可以存辽左之兵。"

梁廷栋不以为然："辽兵有祖大寿在，岂遂溃哉？"

余大成解释道："乌有巢倾鸟覆而雏能独存者乎？(祖)大寿武人，决不从廷尉望山头矣。"

梁廷栋觉得有理，立即把这一意见转告在朝房

◥ 梁廷栋，河南鄢陵人，万历四十七年进士。授南京兵部主事，召改礼部，官仪制司郎中。天启五年迁抚治西宁参议，崇祯三年官至兵部尚书。曾与袁崇焕共事于辽。袁崇焕杀毛文龙之后，后金拥兵南下京城，梁廷栋上疏请斩袁崇焕。

1 文秉《烈皇小识》卷二。按：许观吉、周长应、朱长世三人年老体弱，都毙于杖下。

2 文震孟《文文肃公日记》，崇祯二年十二月十九日。

的同僚，刚刚入阁的大学士周延儒问余大成："公虑祖大寿反耶？"余大成作了肯定的回答，周延儒再问："迟速？"余大成答："不出三日。"周延儒再问："何也？"

余大成解释道："（袁崇）焕始就狱，（祖大）寿初意其必释，今日则庶几有申救而出之者。至三日，则知上意真不可回，而廷议果欲杀（袁）崇焕。（祖大）寿与（袁崇）焕功罪唯均者也，（袁崇）焕执而（祖大）寿能已耶？不反何待？"[1]

事态的发展果然不出余大成所料。

5. 袁崇焕"依律磔之"

辽东各路将领对袁崇焕十分感戴，祖大寿又与满桂互相抵牾，督师大臣被逮，又要祖大寿听从满桂节制，激起辽兵不满。祖大寿唯恐遭到皇上惩处，于十二月初四日悍然率部离开北京，回归宁远。这一突发事件引起朝廷上下震惊，敌军还未退去，一支最有战斗力的劲旅突然撤走，形势堪忧。

兵部尚书梁廷栋建议皇上召见余大成，谋求对策。奉命前来的余大成对皇帝说："（祖大）寿非敢反朝廷也，特因（袁）崇焕而惧罪，欲召（祖大）寿还，非得（袁）崇焕手书不可。"皇帝觉得有理，便责成在场的大臣："事有可行，宜急图无缓。"于是阁部

1 余大成《剖肝录》，无名氏著《袁督师事迹》。

九卿一行人等赶忙来到狱中，对袁崇焕多方开导。袁崇焕执意不肯："（祖大）寿所以听焕者，督师也。今罪人耳，岂尚能得之于（祖大）寿哉？"众人开譬百端，袁崇焕始终以为，不敢以缧臣与国事。余大成对他晓以大义："公孤忠请俎，只手擒辽，生死惟命，捐之久矣。天下之人莫不服公之义，而谅公之心。臣子之义，生死明君，苟利于国，不惜发肤，且死于敌、死于法孰得耶？明旨虽未及公业已示意，公其图焉。"[1]袁崇焕这才欣然从命，当即写了密信，言辞恳切，要祖大寿顾全大局。朝廷随即派专人拿了密信快马加鞭去追赶祖大寿，同时还要孙承宗以个人名义安抚祖大寿，并且转达皇帝谕旨："祖大寿及何可纲、张弘谟等，血战勇敢可嘉，前在平台面谕，已明令机有别乘，军有妙用。今乃轻信讹言，仓皇惊扰，亟宜憬省自效，或邀贼归路，或直捣巢穴，但奋勇图功，事平论叙。夫关宁兵将乃朕竭天下财力培养训成，又卿旧日部曲，可速遣官宣布朕意，仍星驰抵关，便宜安辑。"[2]

手持袁督师密信的官员终于在距离锦州一日路程的地方追上了祖大寿一行。祖大寿下马捧读督师手书，泣不成声，一军尽哭。随军同行的祖大寿老母果断地说："所以致此，为失督师耳。今未死，尔何不立功为赎，后从主上乞督师命耶？"将士们听了，无不踊跃，祖大寿这才下令回师关内，收复永

1 余大成《剖肝录》，无名氏著《袁督师事迹》。

2 谈迁《国榷》卷九十，崇祯二年十二月丙辰。

平、遵化一带。[1]

皇帝闻讯，大喜过望，他原本对袁崇焕疑虑重重，及至听说辽兵收复不少地方，顿时又闪现重新起用袁崇焕的意念，说道："守辽非蛮子不可。"[2]所谓"蛮子"，是皇帝对广西人袁崇焕的一种昵称。袁崇焕的命运似乎有了转机。

与此同时，孙承宗也在从中斡旋，希望皇上对祖大寿的行动表示谅解："(祖) 大寿危疑既甚，又不肯受满桂节制，乘一军惊骇，有放炮洗营之说，激而东溃，非诸将卒尽欲叛也。当慰谕将领，解散士卒，大开生路，以收众心。"孙承宗担心祖大寿与奴兵会合，传檄祖大寿及诸将："今日东兵西还，必无一毫罪戾。阁部四载关门，从无食言于将士，尔辈所悉也。"又给祖大寿一封密札，教他立即上疏向皇上自我检讨，带兵杀贼，以报浩荡之恩，以赎督师之罪。[3]祖大寿立即照办，上疏申述东奔的原因，皇帝也表示谅解，要他继续立功。袁崇焕的危机似乎已经渐趋化解。

然而事情的复杂性大大出乎人们的预料。由于袁崇焕被逮入狱，引发政局动荡，一些别有用心的人唯恐天下不乱，乘机制造事端。阉党余孽上蹿下跳，掀起钦定逆案以来第一场翻案风波，别有用心地牵连到阁臣钱龙锡，终于使得袁崇焕的罪状层层加码，丧失了转圜的可能。

1 谈迁《国榷》卷九十，崇祯二年十二月丁巳。

2 余大成《剖肝录》，无名氏著《袁督师事迹》。

3 钱谦益《特进光禄大夫左柱国少师兼太子太师兵部尚书中极殿大学士孙公行状》，《牧斋初学集》卷四十七。

原先皇帝下令逮捕袁崇焕时，并没有要把他处死的意思，不过是“暂解任听勘”而已。朝廷大臣都为袁崇焕鸣冤，惮于皇上震怒，不敢轻易进谏。独有兵科给事中钱家修冒险进言，说袁崇焕“义气贯天，忠心捧日”，“身居大将，未尝为子弟求乞一官”，“自握兵以来，第宅萧然，衣食如故”。因此他希望皇上“超释袁崇焕，照资拔用”。皇帝收到这份奏疏，并无丝毫反感，冷静地批复：“览卿奏，具见忠爱。袁崇焕鞫问明白，即着前去边塞立功，另议擢用。”[1]从中可以窥见皇帝仍想起用袁崇焕“边塞立功”的心情，这与他获悉祖大寿收复永平、遵化后，“复欲用焕于辽，又有‘守辽非蛮子不可’之语”[2]，可以互相印证。由于一些别有用心的人把袁崇焕与党争纠缠在一起，并且牵连阁臣钱龙锡，使得事情复杂化。崇祯初年钱龙锡奉旨清查阉党逆案，阉党余孽企图严惩袁崇焕与钱龙锡，发泄私愤，图谋翻案。透过现象看本质，事情原来如此。

首先是江西道御史高捷弹劾钱龙锡与袁崇焕同谋，钱龙锡为了避嫌疑，辞官而去。

接着，山东道御史史𡎺上纲上线，捏造事实诬蔑已经辞官的钱龙锡“主张袁崇焕斩帅致兵，倡为款议，以信五年成功之说，卖国欺君，秦桧莫过”。与袁崇焕商量平辽方略，是一个阁臣的分内之事，

1 余大成《剖肝录》，无名氏著《袁督师事迹》。

2 余大成《剖肝录》，无名氏著《袁督师事迹》。

居然被扣上“卖国欺君”的帽子，并与千古罪人秦桧相提并论，居心叵测。皇帝收到这份火上浇油的奏疏，怒不可遏，没有核实就草率下旨：“(袁)崇焕擅杀逞私，谋款致敌，欺藐君父，失误封疆，限刑部五日内具奏。(钱)龙锡职任辅弼，私结边臣，商嘱情谋，互蒙不举，下廷臣佥议其罪。”[1] 显然，他已经把袁崇焕“暂解任听勘”，逐步升级到“欺藐君父，失误封疆”，袁崇焕的命运岌岌可危。更为恶劣的是，史𡏖毫无根据地诬陷钱龙锡接受袁崇焕贿赂，而且煞有介事地说，钱龙锡把几万两赃银寄存在徐本高家。徐本高是已故内阁首辅徐阶的长孙，与钱龙锡都是松江人，万历三十九年徐、钱两家联姻，当时徐本高是锦衣卫千户，钱龙锡是翰林院庶吉士，都是卑冷之官，原无攀附党援的意图。徐本高上疏澄清，寄存几万两银子纯属无稽之谈。当时钱龙锡以内阁辅臣身份致仕，皇帝钦赐驰驿而归，恩礼优渥，何必把细软银子寄存于他人？皇帝对于这位历事四朝侍卫之臣的辩词表示理解，以为是“风闻”，不必追究。[2] 不过事已至此，袁崇焕是否贿赂钱龙锡，钱龙锡是否把赃银转移，已经无关紧要，皇帝要处决袁崇焕的决心已定。

八月十六日下午，皇帝先是在乾清宫暖阁召见内阁辅臣成基命等大臣，商议处决袁崇焕之事；然后又在平台召见内阁、五府、六部、都察院、通政

1《崇祯长编》卷三十七，崇祯三年八月癸丑。

2《崇祯长编》卷三十七，崇祯三年八月乙卯。

司、大理寺、翰林院等部门的文武大臣，共同商议处决袁崇焕事宜。所谓共同商议，其实是皇帝的一言堂，他先定基调："袁崇焕付托不效，专恃欺隐，以市米则资盗，以谋款则斩帅，纵敌长驱，顿兵不战。援兵四集，尽行遣散，及兵薄城下，又潜携喇嘛，坚请入城，种种罪恶。"在列举各种罪状之后，他以咨询的口吻问道："卿等已知之，今法司罪案云何？"对于如此重大事件，诸臣都不敢造次，也难以置可否，如果为袁崇焕辩解，则得罪皇上；如果赞成处死袁崇焕，则于心不忍。明哲保身之计莫过于沉默不语，一味顿首，听凭皇上发落。皇帝以为大家并无异议，就宣布他的决定："依律磔之！"所谓磔，是一种酷刑，即寸寸脔割致死。连袁崇焕的家属也不放过，妻妾子女及同产兄弟流放二千里外。听了皇上的决定，内阁辅臣率领群臣顿首称谢。皇帝又叮问一句："诸臣更何言？"内阁辅臣表态道："其罪不宥。"[1]既然诸臣都宣称"其罪不宥"，皇帝立即命令刑部侍郎涂国鼎前往西市监督行刑。如果说处死袁崇焕的元凶是朱由检，那么在场的大臣都有帮凶的嫌疑。

袁崇焕之死，令人惨不忍睹。据当时人记载，在西市对袁崇焕处磔刑的场景，令人实在难以想象："割肉一块，京师百姓从刽子手争取生啖之。刽子乱扑，百姓以钱争买其肉，顷刻立尽。开膛出其

1 谈迁《国榷》卷九十一，崇祯三年八月癸亥。《崇祯长编》卷三十七，崇祯三年八月癸亥。

肠胃，百姓群起抢之。得其一节者，和烧酒生啮，血流齿颊间，犹唾地骂不已。拾得其骨者，以刀斧碎磔之，骨肉俱尽。止剩一首，传视九边。”[1]袁崇焕之死，比熊廷弼、毛文龙要惨多了。呜呼，难道那个时代为国家拼杀疆场的忠臣，都要付出如此沉重的代价么？

袁崇焕的功过是非自有公论。万斯同说得好："崇焕无子，家亦无余资，天下冤之。”又说："初，崇焕误杀文龙；至是，帝误杀崇焕。自崇焕死，边事益无人，明亡征决矣。”[2]这段话堪称公正持平之论。如果说袁崇焕杀毛文龙是妄杀，是一大错误，那么朱由检杀袁崇焕更是妄杀，错上加错。两者均为亲者痛仇者快，使皇太极不费吹灰之力而除掉两员难以对付的大帅。大敌当前，本当以大局为重，捐弃前嫌，而不应该自相残杀。对朝廷而言，杀袁崇焕无异于自斩手脚，自毁长城，此后再难寻觅足以克敌制胜的帅才，辽事更加难以收拾。杨士聪说："袁（崇焕）既被执，辽兵东溃数多，皆言以督师之忠，尚不能自免，我辈在此何为？”“封疆之事，自此不可问矣。”[3]令人遗憾的是，皇帝朱由检对此浑然不觉，处死袁崇焕后还振振有词地说："袁崇

◤ 杨士聪，山东济宁人，崇祯四年同进士出身。少时为邹元标所赏识，与东林人士交往密切。

1 张岱《袁崇焕列传》,《石匮书后集》卷十一。
2 万斯同《明史》卷三百六十四《袁崇焕传》。
3 杨士聪《玉堂荟记》卷二。

焕通虏谋叛，罪不容诛。尔廷臣习为蒙蔽，未见指摘。今后有朋比行私，欺君罔上者，三尺具在。”[1]说袁崇焕“通虏谋叛”，实在是冤哉枉也！正如王世德所说：“崇焕误国之罪固无所逃，以为谋反则冤矣。”[2]

孟森发表于1936年的《明本兵梁廷栋请斩袁崇焕原疏附跋》，对袁崇焕之死有独到的见解：“（崇祯）二年六月，（袁崇焕）遂以便宜诛毛文龙。于是崇焕一身，在明诋为罪大恶极之人，而清太宗反间之计得行。阉党余孽，媒孽其间，思宗愚而自用，诸臣意气用事，崇焕至以磔死。定罪时本兵之书如此，犹曰一时君臣之愦愦也。乃至北都既覆，弘光之朝，正人君子，尚理崇焕通敌胁和之说，津津而道，若情事逼真。此则明统一日不绝，崇焕功罪一日不明。”“（毛文龙）乃身即被戮，毛兵亦无所依赖，自相屠杀，相率降清。论者又以此为崇焕之罪，不以为杀崇焕者之罪，至今尚纠纷不已。是用揭之，庶知三百年公论不定，一翻明末人当时之记载，愈坠云雾中，论史者将谓今日之人，不应妄断古人之狱，惟有求之故纸，凭耳目所及者之言以为信。岂知明季之事，惟耳目相及之人，恩怨是非，尤为纠葛。而崇焕之被谤，则于温体仁与钱龙锡门户相倾之旧套外，又多一虚矫爱国者之张脉偾兴，为清太宗反间所中，久而不悟。虽有正人，只能保钱龙

1 谈迁《国榷》卷九十一，崇祯三年九月己卯。

2 王世德《崇祯遗录》。

锡之无逆谋，不敢信袁崇焕之不通敌。对建州认识不真，对力能抗虏之疆臣，猜疑太过，皆为促亡之道。”[1]孟森极力为袁崇焕辩诬的观点，在《明清史讲义》中也有所论述，甚至专门单列一节“专辨正袁崇焕之诬枉”。[2]他认为，袁崇焕被诬枉，与温体仁出于门户之见倾轧钱龙锡，有极大的关系。关于这一点，李光涛有相类似的看法。李光涛说，促使思宗下决心处死袁崇焕的是温体仁。他引用《鸥陂渔话》所记“温体仁家书”，证实温体仁曾上密疏，促帝杀袁。[3]

---

1 孟森《明本兵梁廷栋请斩袁崇焕原疏附跋》，《明清史论著集刊》，中华书局，1959年，第17—27页。

2 孟森《明清史讲义》上册，第316—319页。

3 李光涛《明季边防与袁崇焕》，《国防季刊》1947年第四卷第四期。

第三章

皇帝急于求治，大臣倾轧不已

一 “此时不矫枉振颓，太平何日可望”

崇祯皇帝朱由检接收的是一个烂摊子，从万历到天启的政治腐败愈演愈烈，国匮民穷，士大夫离心离德，百姓怨声载道，社会濒临崩溃的边缘。他力图挽狂澜于既倒，矫枉振颓，急于营造太平之治。但是朝廷与官场积习难改，沿着旧轨道的惯性向下滑行，注意力集中于内斗，互相倾轧不已，使得“天下想望治平”的愿景，如同肥皂泡一般迅即消逝，化为乌有，令有识之士感慨不已。

明末遗老王世德（字克承，号中斋，扬州宝应人）回首先皇旧事，不胜感慨系之：

> 臣小臣，日侍先皇左右，目击时难，知祸所从来，非无故矣。盖治国必需经济之才，而以八股取之，所取非所用，故内外大小臣工求一戡乱致治之才，万不可得。诈贪成习，惟知营私竞进，下民其咨不恤，纪纲日坏而不问，举天下事付之胥吏，而在位者率朝夕自娱乐，循资格致卿相而已。
>
> 嗟乎，上即位诛逆珰，斥抑宦官，虚心委任儒臣。而所谓儒臣者类如此，天下事尚可为乎？以致边疆日蹙，中原盗贼蜂起。环顾中外，一无足恃，于是破格用人，求奇才以图匡济。而廷臣方以东林、浙党分门户，如其党即力护持之，误国殃民皆不问；非其党纵有可用之才，必多方陷害，务置之死，而国事所不顾。朋比为奸，互相倾轧。使天子徇众议以用人，既不效，排众议以用人，又不效，朝用一人夕而

败矣，夕用一人朝而戮矣。辗转相循，贼势日炽，天子孑然孤立，彷徨无所措，而宗社随之。[1]

这段话，把急于求治的皇帝，倾轧不已的廷臣，剪不断理还乱的纠葛，刻画得入木三分。

1. 胡焕猷："辅奸者不可一日容于圣明之世"

朱由检即位以后，不仅要面对以魏忠贤为首的阉党，而且要面对留下的颓靡政局，可谓煞费苦心。为了拨乱反正，为了大明王朝的中兴，他食不甘味，寝不安枕。《明史》说他"即位之初，沉机独断，刈除奸逆，天下想望治平"，"在位十有七年，不迩声色，忧勤惕励，殚心治理"。[2]

皇帝虽然换了一个，权力架构与官僚队伍依然故我。朱由检即位伊始，就谋划如何铲除阉党及其余孽，然而他身边的内阁辅臣清一色是魏忠贤安插的亲信。顾秉谦、魏广微之流率先谄附，其后入阁的大臣如法炮制，都谄媚取容于魏忠贤。朱由检即位时的内阁辅臣黄立极、施凤来、张瑞图等，就是这票货色。魏忠贤畏罪自杀后，户部四川司主事刘鼎卿首先开炮，弹劾内阁首辅黄立极"票拟曲从

1 王世德《崇祯遗录》卷首《叙》。

2 张廷玉《明史》卷二十四《庄烈帝纪二》。

忠贤”的种种劣迹，请求皇帝立即罢斥。他的奏疏写道：“首辅黄立极票拟，无一事不归功厂臣，甚而骈词对偶，称神称圣。当先帝未晏驾时，二十余日纶音之下如雨，此时票拟不知为谁？当以大不敬论者，如蓟辽总督刘诏，五年前不过卢氏县令，未几而副使，而按察司、布政（司），未几而建牙为总督，伊谁票拟耶？如户部尚书张我续，坐赃六十余万，为听勘之抚臣，倚助工为名，俄而侍郎，俄而尚书，俄而宫保，腰玉荫子。伊谁票拟耶？”[1]

不久，国子监生胡焕猷上疏，更加尖锐，不光抨击黄立极一人，进而认为四名内阁辅臣统统应该罢斥。他说：

> 窃惟巨奸当除，而辅奸者不可一日容于圣明之世。辅奸者阁臣黄立极、施凤来、张瑞图、李国樯是也。祖宗设立政府，首端揆席，予以票拟，假以事权，朝纲国事惟所主持。而听寺人造恶乎一时，人情惶惑，海内震惊，内外臣工一刻不安其位，而辅臣不能力为匡救，揣摩意旨，一味逢迎。度其心唯恐一言相左，获罪凶党，自招其祸。种种无君不法，论其罪，四相不减于二凶。自宜免官去国，无容观望，更不思台鼎何地，参知何官？甘与逆珰同朝数载，正当昌炽之秋，钳口结舌，无一字指

1 外史氏《圣朝新政要略》卷二，天启七年十一月初五日。

摘。浙直等处题建生祠，四相各为撰述碑文，称功颂德，百口难辨，律以纵奸辅奸之罪，将安逃乎？

今大小臣工如四相之辅奸者不少，有难枚举，如忠贤窃柄时，诸臣累牍赞扬，事事必归厂臣，心迹暴露，不问而知为逆珰鹰犬也。至若资俸未深，遽尔超越，无端而晋爵加恩，此又不问而知其为党类也。又如请建生祠，督臣张朴、史永安，抚臣毛一鹭、秦士文、王点、姚宗文、杨邦宪、李精白、郭增光，按臣卓迈、卢承钦、许其孝、刘洪先、黄宪卿，谄佞奸逆，致惑士民。伏乞敕加究夺。

又如忤珰之辅臣韩爌，谏臣刘宗周，词臣林钎、文震孟、顾锡畴、方逢年、郑鄤，科臣沈惟炳、郝士膏、章允儒、熊奋渭，台臣王心一，四海具瞻，两间正气，伏乞特加简用。[1]

胡焕猷奏疏的重点是在抨击辅奸之四相，随带提及类似辅奸的大小臣工，希望来一个大换班，起用遭阉党排斥的正直官员。这是大势所趋，却不能操之过急。朱由检为了清理阉党逆案工作能够顺利进行，暂时不宜对内阁辅臣下手，也不宜彻底大换班，所以没有采纳胡焕猷的建议。这是可以理解的。出人意料的是，他竟然以此为由对胡焕猷予以

1 外史氏《圣朝新政要略》卷三，天启七年十一月二十一日。

严惩，连下三道圣旨。先是说："览奏，胡焕猷幺么下士，纠荐多官，殊不思红牌有禁，逞臆妄言，轻诋大臣，难道出位乱政之咎，着大小九卿科道从公会审，依律正罪，限三日具奏。"[1]两天以后，户科给事中李觉斯遵旨回奏"严禁烦嚣"。皇帝据此发出圣旨："近来言路杂出，深觉淆乱，胡焕猷疏尤坏国体。这本（即李觉斯奏疏）说得是，着九卿科道作速会审，依律定罪。已有旨了：假揭纷纭，着缉事衙门严行缉治，以后言责尽归言官，再有旁嚣，重处不宥。监生胡焕猷拟杖九十，照例运灰赎罪，完日出革，发回原籍为民。"[2]接着又给刑部发去圣旨："胡焕猷辩言乱政，姑依律发落，以后再有横议的，定行重究。"[3]这显然有点过分，看来这位皇帝喜欢独断专行，不愿意臣下对他指手画脚。

阉党分子杨维垣以为捞到了一根稻草，乘机煽风点火，企图推翻逆案，追究胡焕猷的幕后主使之人。他说："会审时，见其（指胡焕猷）高谈，惟以驱除四相为首务，似必有人从旁贿使之者，不可不直穷到底也。今日所以提衡君子小人者，勿以门户为案，亦勿徒以崔魏为案，惟以有无通内为案。借忠贤之势以进退予夺天下者，不问知为通内。职生平不附杨左，而当其被逮将至时，未尝不随霍维华诸臣申救之。职今日力攻崔魏，而细阅年来被处人，断不敢附和时流，谓皆真者。一以存国体，一

1 外史氏《圣朝新政要略》卷三，天启七年十一月二十一日。

2 外史氏《圣朝新政要略》卷三，天启七年十一月二十三日。

3 外史氏《圣朝新政要略》卷三，天启七年十一月二十三日。

以维国是也。”皇帝的批示是不偏不倚的：“胡焕猷定罪，已有旨了，虽必有贿使之者，俱不必搜寻，以滋葛藤。惟起用一节，各秉虚公，加之慎重，着九卿科道作速参酌，无遗无滥，以听裁夺。这本防微杜渐，忧深虑远，于人情国事深有关系，朕甚嘉之。”[1]被皇帝赞许为“忧深虑远”的杨维垣，其实是一个真小人伪君子，以后才慢慢露出真面目。

皇帝的宽宏大量，使得黄立极、施凤来、张瑞图、李国檣四人陷入惶惶不安之中。确实，他们与魏忠贤有着千丝万缕的关系，胡焕猷称之为“辅奸者”是并不冤枉的。

黄立极，字中五，大名府元城人，万历三十二年进士，累官少詹事、礼部侍郎。天启五年，魏忠贤以同乡的缘故（大名府与河间府同属北直隶），把他提拔为礼部尚书兼东阁大学士，与丁绍轼、周如磐、冯铨一起入参机务。当时顾秉谦、魏广微主持内阁，不久，魏离职，周、丁死去，冯罢官，顾乞归，黄立极成为内阁首辅，与新入阁的施凤来、张瑞图、李国檣一起执政。遭到弹劾以后，他上疏大谈什么“名节宜慎”，皇帝对他赞赏有加：“览卿等奏，忠靖端亮，德望素孚，辅弼宏猷，洁慎有加。第奸恶魏忠贤窃柄擅权，诬陷内外忠良，岂胜枚举……其中诸事，卿等坚意主持，擅为调济，足征丹赤。诚然砥树之倚，终始无间，心迹自明，朕悉鉴知……方

1 外史氏《圣朝新政要略》卷三，天启七年十一月二十三日。

今国事纷嚣，东西未靖，正赖卿等竭力匡襄，安心辅理，以副朕怀。”[1]这些话语，是出于真心，还是权宜之计？皇帝的心思常人难以揣摩。

施凤来，字羽玉，浙江平湖人；张瑞图，字长公，号二水，福建晋江人。两人都是万历三十五年进士，施殿试第二名，张殿试第三名，同时被授予翰林院编修，同时升至少詹事兼礼部侍郎，又同时以礼部尚书入阁。两人官运亨通，运气相同，缘由就在于两人的秉性同样卑劣：施凤来素无节概，以和柔媚于世；张瑞图在会试策中竟然说“古之用人者，初不设君子、小人之名”，企图为无耻小人张目。这种荒唐言论遭到士林嗤笑，他却安之若素，为魏忠贤撰写生祠碑文不遗余力。[2]工科给事中郭兴言纠参已故阁臣魏广微时，捎带提及张瑞图：“已故次辅魏广微通魏忠贤，见今张瑞图假票拟献媚，骈语撰文，皆出其手。”皇帝立即为之辩解：“次辅张瑞图，谙练机务，倚毗方殷，不必苛求。”[3]

看来官员们所希望的“辅奸者不可一日容于圣明之世”，还须耐心等待，皇帝自有他的通盘考虑。黄、施、张、李却忐忑不安，各自上疏请求罢官。皇帝对他们的辞职不予批准，优旨慰留。黄、施、张、李求罢不成，便向皇上建议“枚卜阁臣，以光新政”。[4]皇帝同意增补阁臣，实现新老交替。随即又批准黄立极“乞休”请求，然后举行选拔新阁臣

1 外史氏《圣朝新政要略》卷三，天启七年十二月初二日。

2 张廷玉《明史》卷三百六《阉党·施凤来、张瑞图》。

3 外史氏《圣朝新政要略》卷三，天启七年十二月初四日。

4《崇祯长编》卷三，天启七年十一月辛卯。

的枚卜大典。

由于外廷各衙门都由阉党分子把持，会推候选人很难公正，皇帝自然明白，却又无可奈何，以一种近乎玩笑的态度来对待它。别出心裁，不用“圈点”这种祖宗旧制，采用金瓶抓阄的办法，在孟绍虞、钱龙锡、杨景辰、薛三省、来宗道、李标、王祚远、萧命官、周道登、刘鸿训等候选人中，抽取若干名。

天启七年十二月二十三日，枚卜大典举行。皇帝从金瓶中抽出钱龙锡、杨景辰、来宗道、李标、周道登、刘鸿训六名，都以东阁大学士身份，入阁协助首辅施凤来等办事。[1]具体情景颇有一点滑稽，孙承泽说：“翌日，召阁臣与吏科、河南道至乾清宫前殿，上谕辅臣曰：‘内阁公孤大臣，倘得其人，社稷之福，朕不敢自定，欲求之天。’施凤来对曰：‘海内多事，望皇上多点数员。’上颔之，命内臣设香案，上举香一拜三叩，随设小桌，置笔砚于香案之左，前出红纸十方，各书一名为阄，入金瓶内。上举匙拈之，每拈一阄，遍示侍臣，然后举笔点之。再拈如前，共点钱龙锡等六员。上复拜叩，礼毕，还御座，侍臣趋入，叩头谢。”[2]

此事有点近乎荒唐，却在情理之中。当时人评论道：“论相须评品望，拈枚非体……盖上英智，特借此以破阿党，非真谓是能得人也。”[3]原来如此，

1 外史氏《圣朝新政要略》卷四，天启七年十二月二十四日。

2 孙承泽《春明梦余录》卷二十四《内阁·卜辅于天》。

3 谈迁《国榷》卷八十八，天启七年十一月己卯。

不过是“借此以破阿党”，并不指望真能“得人”。不久起用里居的老臣韩爌出任内阁首辅，更加反衬出这次金瓶抓阄仅为应付而已。崇祯元年三月皇帝给吏部发去谕旨，道出了他的心思：“朕励精化理，注意端揆。近日政本诸臣维朕特简，虽庶几和衷师济之盛，但主持国是尤藉老成，旧辅韩爌忠谨直节，渊识宏猷，匡襄绩著，寅亮望隆。方今时事多艰，如斯良弼岂宜长违禁地？兹特从阁臣及台省诸臣所请，以原官起用，入阁特正揆席，式资和燮之功，期佐荡平之治。”[1]表明他心目中的内阁辅臣应该像韩爌一类的大臣，正如李逊之所说：“四辅既被劾，义难久留，因合疏请枚卜。（上）允之，令部院会推，以十人名具题。是时，逆珰余焰未灭，邪议尚存。上明圣，知列名前后不无意，议为贮名金瓶中。对天焚告，行一拜三叩头礼，以箸夹之。首得钱龙锡，次李标，次来宗道，次杨景辰。辅臣以天下多事，求广一二。上乃复夹得二，则周道登、刘鸿训也。未几，来（宗道）以署部时为崔呈秀之母请恤，有‘在天之灵’语，为言路所纠；杨（景辰）在掌院时，有颂（逆珰）疏。上益疑会推之不足信，始从众望，特谕召起旧辅韩蒲州（爌）矣。”[2]

在韩爌赴任之前，内阁班子已有九人：施凤来、张瑞图、李国槽、来宗道、杨景辰、周道登、李标、钱龙锡、刘鸿训，阵容空前庞大。但是丑闻

1 孙承泽《春明梦余录》卷二十四《内阁·起用旧辅》。

2 李逊之《崇祯朝记事》卷一。

多多，不是与阉党有涉，便是无德无才，遭到言官抨击是必然的。

崇祯元年正月，河南道御史罗元宾上疏言事：国家不得其理，原因在于没有实心任事之臣，不是“切切然忧其局可翻”，就是“力为防遏，以弥缝其间”。三月，他再次议论阁臣：“谈相业者，曰相度，曰相才。臣以为未也，有度而无骨，只以徇情而养奸；有才而无骨，只以首鼠营窟。我朝名臣代不乏人，独相业不少概见。自神宗迄今四十余年，令人遐想于初年之张居正，相业可知矣，他不具论。自有辽事以来，秉国成者非叶向高乎？向高以阴阳闪烁之心，为彼此弥缝之术，一出再出，丧师丧土。后来阁臣，一入阁便如抱木之寒蝉，噤不敢动；又如有线之傀儡，掔之便灵。欲尚公则尚公，欲封爵则封爵矣，欲建祠则建祠矣，欲内镇则内镇矣，欲诛杀削夺则诛杀削夺矣。风云月露之词，无日不入纶扉；谀佞邪逆之章，到处可镌金石。纪纲名节澌灭殆尽，而徒以小小之补缀，自居于平勃仁杰之功，噫，何其舛哉！”[1]指责施凤来、张瑞图阴阳闪烁，彼此弥缝，养痈不顾。迫于压力，施凤来、张瑞图先后辞官而去。

新入阁的来宗道、杨景辰也不是什么好货色，都是谄媚成性之徒。

来宗道，字子繇，浙江萧山人，万历三十二年

1 外史氏《圣朝新政要略》卷十，崇祯元年三月初四日。

进士，累官至礼部尚书，以本官兼东阁大学士，入参机务。在任礼部尚书时，为崔呈秀之父请求恤典，奏疏中有“在天之灵”等溢美词句。翰林院编修倪元璐屡次揭发阉党，遭他从中梗阻，讥笑道：“何事多言，词林故事，止香茗耳！”时人讽刺为“清客宰相”。[1]杨景辰，字载甫，瑞图同县人，万历四十一年进士，累官至吏部右侍郎，以本官兼东阁大学士，入参机务。此人在翰林院时，曾任《三朝要典》副总裁，事事秉承逆珰旨意，三次上疏为魏忠贤歌功颂德。[2]

这两个人入阁后，言官交章弹劾，不得不于崇祯元年六月同时罢归。对于这些阁臣的劣迹，皇帝朱由检心里是有数的，当时不予追究，留待日后清查阉党逆案时算总账，一个也没有放过。崇祯二年二月二十六日，朱由检在平台召见阁臣及刑部、都察院主官时，审阅他们报上来的阉党逆案名单，很不满意，责问：“张瑞图、来宗道何以不处？”阁臣回应说，没有事实。朱由检紧盯一句：“（张）瑞图以善写为珰所爱，（来）宗道为（崔）呈秀母祭文，称‘在天之灵’，可恶何如？”[3]由于他的坚持，张瑞图、来宗道终于同顾秉谦、冯铨等列入逆案的第四类，赎徒为民；黄立极、施凤来、杨景辰则列入逆案的第五类，照祠颂不谨例，冠带闲住。

周道登、刘鸿训，是另一种类型，人品庸劣，

1 张廷玉《明史》卷三百六《阉党·来宗道》。

2 张廷玉《明史》卷三百六《阉党·杨景辰》。

3 夏允彝《幸存录》，《明季稗史初编》卷十五。

毫无才干。周道登，字文岸，苏州吴江人，万历二十六年进士。天启时出任礼部左侍郎，颇多争议，引疾而归。崇祯初年与李标等同时入阁。此人不学无术，奏对鄙浅，朝中传为茶余饭后的谈笑话题。皇帝某日赴经筵，问阁臣："宰相须用读书人，当作何解？"周道登瞠目结舌，少顷才说："容臣等到阁中查明回奏。"皇帝脸上略有愠色，继而又微笑如故，问道："近来诸臣奏内多有'情面'二字，何谓情面？"周道登不好意思再说"查明回奏"，只好硬着头皮回答："情面者，面情之谓也。"说了等于没说，左右同僚匿笑不止。[1]这个草包，不久因遭弹劾而罢归。刘鸿训，字默承，号青岳，山东长山人，万历四十一年进士，累官少詹事。天启六年，因忤逆珰而斥革为民。崇祯初年以礼部尚书兼东阁大学士，参预机务，痛斥阉党杨维垣、李恒茂、杨所修、阮大铖、霍维华之流，人情大快。崇祯元年九月，发生惠安伯张庆臻贿赂刘鸿训，涂改敕书事件，引来轩然大波。按照祖宗旧制，总督京营者，不得兼辖巡捕营，避免兵权过于集中。但是，张庆臻的任命敕书上，在"总督京营"四字之外，擅自增写"兼辖捕营"四字。御史吴玉揭发其中有弊，皇帝追问阁臣及张庆臻，都支支吾吾，推说不甚了了。皇帝命诸臣发表意见，户部尚书毕自严借口不知情，拒不表态。只有官衔较低的言官说

1 文秉《烈皇小识》卷一。

了实话，给事中张廷鼎、御史王道直说，张庆臻以贿赂手段篡改敕书是事实；御史吴玉说，主使者是刘鸿训。张庆臻辩解说，改敕书的是文书官。吏部侍郎张凤翔说，张庆臻用贿改敕，窃弄兵权，大不敬，无人臣礼，文书官不过颐指气使之人，如何敢擅自改敕？阁臣李标出来打圆场，说臣等与刘鸿训同事，并没有听说此事，还求皇上细访。皇上立刻打断他的话，反驳道："这样明讲，何须更访？"当即命阁臣拟票，阁臣逡巡再三，不肯动笔，皇帝正色催促，阁臣才拟旨："（刘）鸿训、（张）庆臻俱革职听勘。"刑部、都察院等衙门会勘结果，刘鸿训附近充军，张庆臻以世袭贵族特权仅仅停止俸禄三年。[1]

看来要组建一个良好的内阁班子，绝非一件易事。朱由检在十七年中，始终没有处理好这件事。

2."新政十事"与"五不自知"

内阁辅臣中，只有李国楷比较有政见，又有忠厚长者之风。当年魏忠贤指使刘志选诬陷张国纪，动摇中宫，他能够仗义执言，实属不易。国子监生胡焕猷弹劾阁臣而遭惩处，他出面为之求情，足见

◤ 张国纪，河南祥符人。熹宗张皇后之父，天启初年封为太康伯。

1 文秉《烈皇小识》卷一。

宅心醇厚的一面。[1]他见皇上求治心切，为了尽辅臣职责，上了一个条陈，论述“新政十事”，每一条都触及时弊。这十事是：励必为之志，务典学之益，执总揽之要，广听纳之方，谨内传之渐，崇节俭之德，核职掌之实，精用人之衡，恤下民之苦，修久任之法。

这些显然是针对积弊而发的。有鉴于此，他向皇帝建议采取以下具体措施：

——人君一日万机，章奏欲一一周览无遗，久反厌倦，应仿效宋人贴黄之例，章奏一律签出节要，使皇上可以提纲挈领；

——凡朝廷有大政事，皇上可在便殿召见辅臣、卿贰、科道等官咨询，往复商榷，最后取自上裁；

——一切章奏，请一概发内阁票拟，或有上传，容辅臣确审事理，有未合者随时修正；

——今天下财政虚竭，物力困敝，应极力节省，宫中冗员、赏赐务应省裁；

——六部主持人才、钱谷、礼乐、甲兵、将作、刑名，六科负责纠弹。然而部科之条奏审复，内阁与闻，或一事而彼此异议，或一旨而前后相违，因此六部题奏批答应分置一簿，内外参稽，务使综核名实；

1 张廷玉《明史》卷二百五十一《李标传附李国楷传》。

——人才遭逆珰摧折之后，阴鳞藏羽，充满山泽，除已推升者外，应查核立身才品、当官建树，而陆续起用；

——欲安百姓，必先惩贪黩，官员借名科派，滥刑酷虐，必依律追赃定罪；

——督抚重任，藩臬大吏，俱宜三年任满，定其升迁，如任内有钱粮、盗贼、边防、海寇事情未竣者，不许营转。[1]

朱由检第一次看到如此有建设性的施政方略，大为赞赏，当即表示采纳，提笔写了很长的朱批："览卿所奏十事，吁谋硕画，裨朕新政，事关朕躬，当一一采纳施行。诸臣章奏仿古人贴黄之法，自撮要粘原本进呈，以便执要分曹置簿，参稽综核。卿宜即出，与同官商榷举行。核才品、惩贪墨、循久任三议，于用人恤民尤为关系，该部如议着实申饬复奏。"[2]皇帝所说"卿宜即出"，是针对李国橍有意引疾辞职而说的，希望他继续留任，不久又专门另旨慰留。到了五月间，才批准他辞官归里。临行前，李国橍向皇帝推荐韩爌、孙承宗两名有声望才干的老臣，来主持内阁事务。还向皇帝坦陈，当初国子监生胡焕猷奏疏所说各点，并无不妥，提请皇上留意。

平心而论，李国橍的这些建议，与皇帝的政

1《崇祯长编》卷七，崇祯元年三月戊辰。

2《崇祯长编》卷七，崇祯元年三月戊辰。

见十分合拍，他自即位以来就在孜孜不倦地探究新政。

首先是关于用人。天启七年十一月初九日，在一份奏疏上批复："朕受言虽广，用才必核，所荐之人，亦将转核其荐人之人，诸臣慎之。"[1]十一月二十五日，在一份奏疏上批复："这本说，勤召对以杜旁假，广考选以弘言路，皆有裨新政可行。"[2]十二月十七日向部院衙门发去谕旨："朕披览载籍，见古之帝王无不以敬天爱民为第一义，而其要在于用人、理财、靖乱、庇民……御侮之道，其效安在脱民贫，而岁复祲，吏窳而法骫。大臣犹预疑畏，不竭靖共之图；小臣望气占风，已启纷嚣之渐。有一于此，足干天和，尔九卿科道等臣务秉丹诚，各陈所见，即敕谕所未载，不妨悉心条画，苟可以安民察吏、富国安边者，朕将采行之。诸臣亦宜痛洗夙习，共励全忠，以付予一人，尤宜斟酌实意而行，勿徒以虚文塞责。"[3]这种用人思想，在百废待举的非常时期，有着特殊的重要意义。崇祯元年正月，他要求吏部、都察院等衙门"大计天下吏"，对各级官员进行全面考核，当时人们称为"圣天子第一新政"，"宜将媚珰诸奸痛加扫除"。由于主持此事的吏部尚书房壮丽、都察院左都御史曹思诚等都是阉党余孽，互相容隐，不少阉党分子规避了考核，因而人心颇为不平。[4]这使他很不满意，戒谕

1 外史氏《圣朝新政要略》卷二，天启七年十一月初九日。《崇祯长编》卷三，天启七年十一月辛未。

2 外史氏《圣朝新政要略》卷三，天启七年十一月二十五日。

3 外史氏《圣朝新政要略》卷四，天启七年十二月十七日。

4 文秉《烈皇小识》卷一。

群臣说："即尔诸臣，才品各有短长，立身各有本末，殷鉴不远，其可忽诸！自今为始，务要洒濯肝肺，各修职业，提精明振作之念，削悠忽诞谩之习，勿得苟怀私图，致误国是。"[1]

其次是关于奏疏。天启七年十二月，他就传谕各衙门，所有奏疏未经御笔批红，不许报房抄发，泄露机密；官员私人揭帖，不许擅行抄传。对于文牍泛滥，奏疏越写越长，极为反感，批评道：章奏冗长，不便阅读。以后各衙门条陈章疏，不许超过一千字，如果词意未尽，不妨另写具奏。他还要求诸臣奏疏，应该模仿古人"贴黄"之法，自己撰写节要，粘贴于奏疏封面，以便执要。[2]目的是提高行政效率，加快公文运转。有鉴于此，他规定，有关部门在接到奏疏后，必须在十日内题复，不得拖延时日。对于人们习以为常的官僚主义作风，他予以严厉的批评："祖宗设立部科衙门，各有职掌，内外觉察，法甚明备。乃近来人情玩愒，废弛成风，即如各项章奏，或奉旨而科抄，久不到部；或已抄，而该部久不题复，以致紧要事务率多稽迟，殊非政体。"为了改变积习，他规定从元年二月开始，一切发行内外章奏，各衙门必须在十日内题复，而且要建立考成制度，六部与六科之间互相查勘。[3]这种雷厉风行的作风，与当年张居正推行考成法有异曲同工之妙。他特别强调，要少讲空话，多干实

1 外史氏《圣朝新政要略》卷五，崇祯元年正月初七日。

2 孙承泽《春明梦余录》卷四十九《通政使司》。

3 孙承泽《思陵勤政记》。亦见《崇祯长编》卷六，崇祯元年二月辛丑。

事，奏疏务必“切实有用”“凿凿可行”，“对于治道有所裨益”。为什么呢？因为当前正处在一个转折时期，形势逼人：“今日吏治、民生、夷情、边备，事事堪忧。”“实惟嘉言是赖。”因此他要求诸臣“或灼见人之臧否，摹拟必得其真；或洞悉事之利弊，条奏必中其窍”，使朝廷收言论之利。[1]

再次是关于六部与六科的关系。他主张部科互相查勘，以减少弊端。崇祯二年己巳之变时，他再次强调，六科要查勘六部，切实负起责任来：“迩来戎马倥偬，机务烦剧，明旨非不森严，奉行尚多迟慢，欲令计时集事，法当委任责成。尔等（六科）表里六曹（六部），旧有注销之规，今再行申饬，各掌印官选委给事中一员，查理六曹奉旨应行事务，某项某日做起，某日完结，次第情节勒限奏报。少有违玩，立付白简，定行责治。如尔等自隳职业，玩忽不遵，或议论嚣纷，致令掣肘误事，一并究处。”[2]意图非常明确，旨在最大限度发挥六科对六部的监督作用，把它们当作自己的耳目。某次召对，他当面对科道官说：“朕思进贤退不肖，故令尔等为耳目，司举劾，就中不无滥冒，尔等试自思之，所举者果人人皆贤乎？所劾者果人人不肖乎？朕曾降谕切责，有‘反坐’二字，以求直言，今又面谕尔等，若借口不言，要科道官何用？”[3]

1《崇祯长编》卷十四，崇祯元年十月戊子。

2 孙承泽《思陵勤政记》。

3 文秉《烈皇小识》卷一。

皇帝求治心切，对臣下要求近乎苛刻，不免要引起一些不满情绪。御史陕嗣宗的言论就颇有代表性，他关于皇上有“三不可及”“五不自知”的言论，反映了臣子心目中的皇上形象。

所谓“三不可及”，是表扬皇上的美德：“天睿聪明”“时亲讲幄”“声色不染”“货利不求”“刻厉节约”“浣衣菲食”。臣下对皇上向来习惯于歌功颂德，陕嗣宗倒并不是为了拍马，而且“三不可及”也并非向壁虚构，不过他的目的不在于表扬，而在于批评皇上没有自知之明。他概括为五点：

一是渐近于予圣而不自知——今陛下批答不辍，顾问日勤，只闻阁臣屡改票拟以从上，未闻皇上曾一霁颜以从下。既令臣下敷陈意见，又使臣下凛凛于救过不给，谁还敢畅所欲言？

二是日涉于猜疑而不自知——今陛下一概疑之，以慷慨进言者为专擅，以一言偶误者为不敬，以修正意见者为肆欺变幻。

三是日习于尊倨而不自知——今陛下于二三大臣呼之而前，唯恐不速，长跪逾时，备加谴呵，甚则刚遭指摘，便责以受贿，敬大臣之心何在？

四是渐流于呰窳而不自知——天下积弊废弛，朝政犹如重病之余，元气大伤，振聋发聩计非严督不可。然须逐件整理，非可旦夕责效。稍无成效，独自焦劳，无疑是委辔而冀马驰，放舵而责舟转，势必愈操愈急。

五是日趋于纷苛而不自知——今皇上聪明太高，不患不明察，患有人乘明察而花言巧语中伤善类；不患不振刷，患有人借振刷而小忠小信市主恩；不患不惩贪诈，患有人借贪诈而捕影含沙阴肆如簧。[1]

陕嗣宗揭出皇帝“五不自知”，语句不算尖刻，分量确实够重，句句击中要害，或多或少反映了官员们对皇帝的不满。自视甚高，刚愎自用；猜疑多心，任意斥责；急于求治，旦夕责效；过分明察，趋于烦苛。这些毛病在朱由检临朝的十七年中，愈到后来愈明显，当初只是初露端倪而已，已经被陕嗣宗敏锐地察觉到了。朱由检自己并没有意识到问题的严重性，用严厉的言词把陕嗣宗的批评顶了回去：“朕本乐闻谠言，陕嗣宗臆测管窥，亦思窃附忠爱，但迂腐剿拾，全不晓国势人情。年来权奸窃柄，百度废弛，此时不矫枉振颓，太平何日可望？事加综核，讵是得已！改票折衷商榷，务求至当，朕岂肯凭臆决事！”[2]一句“全不晓国势人情”，就把批评全盘否定了。不过“此时不矫枉振颓，太平何日可望”，倒是通晓国势人情的至理名言。

3. 韩一良：“何官非爱钱之人？”

“此时不矫枉振颓，太平何日可望？”寥寥十三个字，流露了朱由检的内心焦虑，形势的严峻不容他不焦虑，吏治、士风、民生、边防，哪一样都不乐观，令他忧心忡忡。

崇祯元年七月初二日，户科给事中韩一良根

1《崇祯长编》卷十五，崇祯元年十一月甲子。

2《崇祯长编》卷十五，崇祯元年十一月甲子。

据皇帝整顿吏治的旨意，痛斥官场贪污成风的流弊。他从皇帝平台召对时曾说“文臣不爱钱”，引申开来，洋洋洒洒大发议论。开头的一段话，直白而尖锐，令人振聋发聩：“今之世局，何处非用钱之地？今之世人，又何官非爱钱之人？皇上亦知文官不得不爱钱乎！何者？彼原以钱进，安得不以钱偿？”寥寥几句话，就把官场贪风不止的原因，揭露得淋漓尽致，道出了局外人难以尽知的个中奥秘。他分析道：一个总督、巡抚，没有五六千两银子，是弄不到手的；一个道台知府，没有二三千两银子，是弄不到手的。京官中的科道馆选，乃至举人、监生，也是花钱买来的。韩一良以自己的亲身经历——先是知县后是言官，现身说法：“以官言之，则县令为行贿之首，给事（中）乃纳贿之魁。今咎守令之不廉，然守令亦安得廉？俸薪几何？上司督取既多，过客动有书仪，至考选朝觐，动费四五千金。此金非从天降，非从地出，而欲守令之不爱钱乎？至于科道，人号为‘抹布’，言只要他人净，不管自己污也。”[1]

把监察官员（给事中、御史）称为“抹布”，简直是神来之笔。他们的职责是劝廉惩贪，却也干着贪污的勾当。“只要他人净，不管自己污”，此之谓也。他以自己担任给事中两个月，作为案例来解剖：“臣两月来，辞却‘书帕’五百余金。臣寡交犹然，余

1 李逊之《崇祯朝记事》卷一。谈迁《国榷》卷八十九，崇祯元年七月辛酉。《崇祯长编》卷十一，崇祯元年七月丁卯。

可知矣。此犹为有名之馈。臣则惧其以皇上之言路，为吓人之腐鼠，若操一二爱钱之心，则流水至矣。”出于这样的考虑，他向皇帝请求：“大为惩创，使诸臣视钱为污，惧钱为祸，庶不爱钱之风可睹，至开之有源，导之有流。”[1]韩一良企图营造一种氛围，把钱看作脏污，看作祸水，提倡不爱钱的风气，颇有六朝名士风度，却过于脱离现实，过于乌托邦。

皇帝朱由检看了他的奏疏，非常欣赏，为了在官僚中激起反响，特地为此召开御前会议。七月初四日，内阁辅臣、五府六部、都察院、通政司、大理寺、翰林院、六科等掌印官，一起来到平台，接受皇帝的召对。会议的主题就是议论户科给事中韩一良的奏疏，朱由检拿出韩一良的劝廉惩贪奏疏，命韩一良高声朗读，朗读完毕，又命他再读最后一段，然后要阁臣传阅、评论。

李标首先发言：“臣未敢必其不然，亦未敢必其尽然。”模棱两可，言不及义，说了等于没说。

刘鸿训继而发言：“如今真不成世界，所以宜有此疏。”

周道登发言：“此弊相沿已久。”

钱龙锡发言：“此积弊实不能尽无。”

刘鸿训补充说：“这弊有两端，有交际，有纳贿。”

1 李逊之《崇祯朝记事》卷一。谈迁《国榷》卷八十九，崇祯元年七月辛酉。《崇祯长编》卷十一，崇祯元年七月丁卯。

朱由检问："交际谓何？"

刘鸿训答："交际如亲戚朋友馈送之类，尚有可原。纳贿则希荣求宠，便不可以数计。"

钱龙锡说："此等纳贿的，自然该重处。"

朱由检说："朕阅一良所奏，大破情面，忠鲠可嘉，当破格擢用。"

阁臣们推说，破格擢用之事归吏部管。

吏部尚书王永光不肯表态，东拉西扯："贪黩成风已非一日，臣在田间深切恨之。近自待罪吏部以来，凡部院之大僚会推，司道府郡邑之升迁，与司官矢公矢慎，必期无负皇上选用人才至意。但臣受事仅二十余日，科臣露章必有所指，不知是臣未受事前抑既受事后。虽诸臣爱惜名节者固多，贿赂卖缘者时有，乞皇上命科臣择其尤者指出一二重处，以为贪官之戒。"王永光不满意韩一良对吏部的批评，又不便反对，就想出了这个阴招，要韩一良当场举出贪污官员的实例。韩一良讲的是官场的通病，并非特指某一二个人，要他在气氛严肃的御前会议指名道姓揭发贪污官员，显然是有意刁难。御前会议的方向立即转移，使得韩一良处于被动境地。

朱由检以为王永光讲得有理，对韩一良说："奏内'开之有源，导之有流'等语，着据实具奏。"

韩一良毫无准备，一时语塞，只得推脱："臣未敢深言。"

朱由检紧盯不放："如何未敢深言？"

韩一良回答："如今且未敢言，待插酋奴酋平后具奏。"依然是推脱，避免正面回答。

朱由检一定要他指名奏来，韩一良辩解道：“此二语盖指事例言也，若纳贿等事，臣疏中原说风闻，不曾知名。”

朱由检诘责道：“难道一个不知，遽有此疏？”

内阁辅臣附和皇帝的意思，紧追不舍，李标说：“宜令指名。”钱龙锡说：“一良疏中原有纳贿之尤者，皇上之威如雷霆，但是罪过，发露明白，必不可放过他。”这句“必不可放过他”，一语双关，既可以理解为必不可放过“纳贿之尤者”，也可以理解为必不可放过信口开河的韩一良。

朱由检严肃地下令：“限尔五日指名奏来！”[1]

韩一良自知难以指名，便向皇上列出四种人：一是曾经参劾并下部处分尚待报告者，二是口碑不佳窃拥重权者，三是资历不及骤登要地者，四是钻谋陪推营求内点者，要有关部门查核。他的用意是，自己的奏疏并不实指何人，给自己留有余地，因为指名道姓揭发贪官污吏有风险，极易触犯众怒。但是皇上要他“指名奏来”，不得不遵旨回奏，随便列举天启年间的周应秋、阎鸣泰、周家春等人的贪污事例来应付。并且在奏疏中大发牢骚，揭发贪污原本是吏部的职责，应该由他们来“指名”。其实王永光掌控的吏部根本不想揭发，也不愿别的官员揭发，所以他说，臣所列之事，无一不是吏部职掌，而必令臣指名，难道不是恶臣之言而不欲共

1 金日升《颂天胪笔》卷三《召对二》，崇祯元年七月初四日癸亥。

破情面？[1]

皇帝接到奏疏后，于七月二十六日再次召见群臣，定要追个水落石出。

阁臣们看了奏疏说："一良所指周应秋、阎鸣泰等，俱久有物议。"

皇帝说："周应秋、阎鸣泰自有公论，何用他参！"

刘鸿训说："一良疏所参者，俱应重处。"

皇帝说："韩一良前所指非此，如何改了？卿等奏来。"

刘鸿训说："此须宣一良来面奏，自有缘故。"

韩一良奉召出列宣读奏疏，读至"知其略而不知其详，知其人而不知其名"，皇帝说："尔既明知有人，何不实奏？"

韩一良答辩："臣所指人多，原为国家起见，乞皇上将臣前疏下吏部查核，自见明白，还不止此数人。"

皇帝取出韩一良的第一份奏疏，反复展视，口中念念有词，读到"科道官人多为'抹布'，有解曰：只要他人净，不管自己污。臣恶此名，素不爱钱而钱至矣。据臣两月内辞却'书帕'计五百有余金，以臣绝无交际之人而有此金，余可知矣"。击节感叹，厉声问道："此五百金何人所馈？"

韩一良回答："臣有交际簿在。但所馈不止一人。"

阁臣插话："臣等在阁看详章奏，其纳贿之人还有未经指摘者，还敕一良再奏。"

1《崇祯长编》卷十二，崇祯元年八月壬辰。

皇帝说："怎么与前不同？"

韩一良说："臣原记不真。"

皇帝说："你记不真，如何上本？"

韩一良辩解："臣原说风闻。"

皇帝问："如何只据风闻就来上本？"

韩一良答："言官原许风闻言事。"

皇帝发怒了："你以风闻塞责么？"

皇帝再三追问，韩一良始终回答"风闻"二字。

皇帝勃然震怒，对阁臣说："韩一良前后矛盾，他前疏明知有人，今以周应秋等抵塞。"又说："都御史不是轻易做的，要有实功，方可实授。他无实效，如何加与他？"

阁臣纷纷劝谏，皇上日前已经下旨，破格提升韩一良为都御史，不可轻易食言。刘鸿训指出："臣不为皇上惜此一官，但为皇上宝此一言。"

皇帝面带愠色说："分明替他说话，他既不知其人数，何敢来奏闻？岂有纸上说一说，便与他一个都御史！"说罢，当面叱责韩一良："所奏疏前后自相矛盾，显是肺肠大换。本当拿问，念尔言官，姑饶这遭。以后科道论人，俱要的据，方许具奏，不得诿之风闻。"[1]

韩一良的惩贪奏疏大破情面触及时弊，受到皇帝赞赏，意欲重用为都御史，结果竟遭到革职为民的处分。变化之快，令人震惊。究其原因，并非皇

1 金日升《颂天胪笔》卷三《召对二》，崇祯元年七月二十六日乙酉。

帝不想惩贪，恰恰相反，他太想惩贪，嫌韩一良所论太过泛泛，不敢指名道姓，使他难以下旨严惩。[1]

时隔不久，皇帝终于抓住了贪赃枉法的实例，狠狠予以严惩。

崇祯二年闰四月，皇帝收到刚刚上任几个月的工部尚书张凤翔的奏疏，揭露工部招商采办的宿弊——经办官员层层收取回扣，致使工部名义上发银一千两，到商人手上只不过三四百两而已。这种歪风邪气由来已久，自万历以来愈演愈烈。对于这种宿弊，朱由检不能容忍，决定召开御前会议予以整顿。参加者除阁臣外，还有五府、六部、都察院、通政司、大理寺堂上官，以及科道官、翰林院记注官、锦衣卫堂上官等，奉命巡视工部所属厂、库的工科给事中王都、陕西道御史高赉明等列席。皇帝来到文华殿，诸臣行礼毕，分左右两班站立。

文华殿中一片肃静，只听得皇帝朗声道："王都、高赉明出班跪下！"厉声责问："朕命尔等巡视厂、库，剔奸革弊，如何发银一千两，止给三四百两？又且不待进库，多在京门外瓜分？"

王都拒不承认，推脱说：由他巡视的节慎库，发一千满一千，发一百满一百，并无二八抽扣之弊。

皇帝对他这种推脱之词很不满意，责问："不经尔等批发，谁敢瓜分？先年二八（按二八比例抽扣），近乃四六（按四六比例抽扣），一千只有三四百两，尔等巡

1 文秉《烈皇小识》卷一。李逊之《崇祯朝记事》卷一。《崇祯长编》卷十四，崇祯元年十月壬子。

视如何不言？既着回话，又如何支吾？”

跪在一旁的高赉明见状不妙，慌忙解释：商人匠人领了银子出库，有衙门之使费，有委官之常例等花销。臣采访还未确实，不敢入告，致使张凤翔先发，非敢默默不言。

皇帝愤愤地说：“朕闻之已久，不止张凤翔之言，如今太不像话了，还要巧言！”王都还想解释，皇帝立即打断：“不必巧辩，着锦衣卫拿了！”

内阁辅臣一个个跪下求情，皇帝毫不松口，谴责负有监察责任的科道官：“有此大弊，尔等如何不言？庇护同类！”科道官哑口无言，皇帝紧追不舍：如何不奏？科臣陈良训战战兢兢地说：二八抽扣之说，果是从来旧规。还未等他说完，就被皇帝阻止，对工部尚书张凤翔说：“此弊诸臣屡言之，朕闻已久，不因卿疏，卿安心供职。”张凤翔请求皇上宽恕王都、高赉明，皇帝断然拒绝。

这时锦衣卫堂上官报告：犯官王都等拿到朝房候审。皇帝轻描淡写回应一声：知道了。司礼监太监以为召对已经结束，便尖声喊道：起案！诸臣正要告退，不料皇帝突然发话，命太监抬案过来，大臣仍回原班待命。但见皇帝取出张凤翔奏疏，详细看了一遍，拿起朱笔在上面写了谕旨：“王都、高赉明、刘麟长都着革了职，法司严刑追赃，拟罪具奏。”[1]

两天后，内阁辅臣联名上疏，为王都、高赉明

1《崇祯长编》卷二十一，崇祯二年闰四月壬申。

求情，皇帝批驳道："国家命科道巡查，剔弊除奸，今反生弊作奸，寡廉鲜耻！生民如何得苏，财用如何得足？卿等不为朕清理，反拘拘申救，当此多事，宁不动心？"[1]

皇帝严惩王都、高赉明，意在震慑那些贪官污吏，从而达到整顿吏治之目的。这反映了萦绕于他心头的忧虑："此时不矫枉振颓，太平何日可望？"然而，长年累月形成的官场积弊，已成为一种惯性，一种风气，上下左右莫不如此，绝不是惩处几个官员就能立见成效的。

比方说，崇祯二年正月初十日，皇帝收到兵科抄出陕西道监察御史赵延庆的题本，其中谈到北方边防重镇的贪腐风气，十分感慨："宋臣岳武穆（飞）有言：'文官不爱钱，武官不惜死。'年来边方文臣，每以武弁为可鱼肉之官，如节令、生辰、覃恩、升迁，表里、下程、锦帐之馈。如此致督臣，便如此致抚臣；如此致抚臣，便如此致道臣。以至边郎府佐俱有馈遗，文官大有所爱，武官重有所惜，情也亦势也……大家无点金之手，同日张克削之声，穷戍之所存者骨耳。"看到这种令人丧气的话，皇帝不无愤恨却又无可奈何地批复："馈遗占役，克饷病军，着督抚官严行谕禁，务涤宿弊。"[2]贪腐之风弥漫各地，甚至贫瘠的北方边防线上，也没有例外。

又比方说，崇祯二年九月，范景文（字梦章，号思

1《崇祯长编》卷二十一，崇祯二年闰四月甲戌。

2《明清史料》乙编《兵部题行兵科抄出陕西道监察御史赵延庆题稿》。

仁，北直吴桥人）以都察院左佥都御史身份出任河南巡抚，发现地方吏治最大的弊病就是一个字：贪！而且成为不治之症："无日不以察吏安民为兢兢，因窃叹今日吏治之病，惟有一贪，而对症之药，止惟一廉。然贪吏之日多，廉吏之日少者，其起于察吏者乎，何也？吏之能为贪，必有才力可恃；而吏之敢为贪，又必有墙壁可倚者也。其一段翘然自喜之气，既已晔晔动人，而工逢迎、善弥缝，又能侦上官意而巧中之。相得既深，觉察不暇，彼之志遂肆、胆遂张，为所欲为，无复畏忌。且分其囊橐，供作苞苴（贿赂），延誉多方，虚名易起，甚有畏其奥援，假之羽翼，而不敢动者。以是荐剡日腾于上，而怨怒日盈于下，弹文所列不过一二庸碌悃愊无华之辈，聊充故事而已……而今若此，世安得有吏治乎？'好官不过多得钱'，原属昔人谑语，今竟守为秘诀。人见得钱既多，又复好官自我，通神得力，转相效尤，卓然自立者有几？"[1]

真是一篇好文章，鞭辟入里，对贪官的剖析，直抵其骨髓。一则说，官吏之所以能为贪，是因为他有才华有能力；之所以敢为贪，是因为他有后台有靠山。二则说，大凡贪官，大多工于逢迎，善于弥缝，又能揣摩上司心意，八面玲珑。于是乎，志肆胆张，为所欲为。他们善于打点，把贪赃所得用来营造舆论，使自己名利双收，又有荣誉光环笼

1 范景文《直抉吏治病源疏》，《范文忠公文集》卷二。

罩。三则说，这种人“得钱既多，又复好官自我”。监察机构往往不敢对他们下手，揪出来的不过是一两个庸庸碌碌的无能之辈。看来要矫枉振颓，扫除官场贪风，是难乎其难的。

4. 刘宗周：“求治之心操之过急”

皇帝对六科给事中、十三道御史作为言官，要求很严，稍有失职，便严加惩处，使一向活跃的言路有点消沉。崇祯二年六月，酷旱不雨，皇帝焦虑不安，在平台召见大臣时，表示自己要到文华殿斋宿，希望大小臣工竭诚祈祷。然后话锋一转，聚焦到科道官身上。

他说：“近来各衙门事体多有沉搁，卿等票上来，朕览过发下，全不奉行。科道官亦通不言，该查参的也不查参。岂今日时事、边方、腹里、吏弊、民情，俱无可言么？”

内阁辅臣为科道官辩解：“科道官亦时有陈奏，因皇上励精实政，凡事实实可行的方敢奏请，前时浮泛条陈委实少些。”又说：“诸臣非是不言，近因仰体皇上静摄，所以章奏少些。”

皇帝以为这种解释是站不住脚的，申斥道：“他们于外边事，哪一件不知？只是碍于贿赂情面，不肯实说。就有条陈，也只口角好听，要紧处十无二三。”[1]

1《崇祯长编》卷二十三，崇祯二年六月癸亥。

看来他对于科道官不肯实话实说，不敢触及要害，很是不满。

但是，官员们也有自己的看法。顺天府尹刘宗周批评皇帝求治之心太切，未免过于讲求功利。

刘宗周，字起东，号念台，绍兴山阴人，万历二十九年进士。因丁忧守制，自己患病，告假近二十年。天启元年起用为礼部仪制司主事，又引疾而归。天启四年起升通政使，次年因弹劾魏忠贤、客氏，削籍为民。崇祯元年，起用为顺天府尹。此人一向以敢于直言，敢于坚持己见而著称于世。崇祯二年九月十七日，他在一份奏疏中批评皇帝求治之心操之过急："陛下励精求治，宵旰靡宁，然程效太急，不免见小利而迷近功，何以致唐虞之治？"他在另一份奏疏中指出，天下民力已竭，有司仍掊克聚敛：

◥ **刘宗周像**
刘宗周，世称"蕺山先生"，为官清正刚直，以敢言著称。

> 臣以为今天下之民力竭矣。尧舜在上，一民饥曰我饥，一民寒曰我寒，此岂人衣之而人食之哉！成赋有经，其所取之者俭也。陛下留心民瘼，恻然恫瘝，真无忝尧舜之仁矣。而辄以司农（户部）告匮，一时所讲求者皆掊克聚敛之政，正项（正赋）之不足，继以杂派；科罚之不足，加以火耗。又三四年并征叠征，水旱灾伤一切不问。其他条例纷纷，大抵辗转出之民

手，为病甚于加赋。敲扑日峻，道路吞声，小民至卖妻鬻子女以应，势且驱而为盗，转而沦于死亡。当是时也，有司以掊克为循良，而抚字之政绝；上官以催征为考课，而黜陟之法亡。以若所为，欲求国家有府库之财，不可得已！[1]

他又说，贪风之所以不息，原因在于引导不得法，有不教而诛的嫌疑：

——顷者，陛下严赃吏之诛，自宰执以下坐重典者十余人，可谓得救时之权矣。然贪风不尽息也，为其所以导之者未尽善也……所谓禁于未然者也。往者辅臣刘鸿训以犯赃蒙严谴，虽法在不赦，臣犹为揆地惜。乃近者厂库诸臣既发觉其见在者矣，又敕问既往不已。积弊相仍，事属暧昧，所开赃罪不无出于悬坐，此而置之重典，是谓不教之诛，颇伤士气。其他一切诖误，指称贿赂者，即业在昭雪，犹从吏议。从此深文巧诋，杜天下迁改之路，益习为顽钝无耻矫饰外貌，以欺陛下。士节日隳，官邪日甚，陛下亦岂能一一而问之？

他认为问题的症结在于皇帝，恃一人之聪明，

1 刘宗周《除京兆谢恩疏（崇祯己巳九月十七日）》，《刘蕺山先生集》卷九《奏疏二》。

凭一己之英断，过于自用：

——今陛下圣明天纵，卓绝千古，诸所擘画动出群臣意表，遂视天下为莫己若。而不免有自用之心，臣下自以为不及，益务为谨凛救过不给，谗谄者因而间之，猜忌之端遂从此起。陛下几无可与托天下事矣。夫天下可以一人理乎？恃一人之聪明，而使臣下不得关其忠，则陛下之耳目有时而壅矣！凭一己之英断，而使诸大夫国人不得献其可，则陛下之意见有时而左矣！

刘宗周直率地批评皇帝自以为圣明卓绝而刚愎自用，旨意出乎群臣意料，救过不给，谄谀猜忌随之而起。他的话点到了要害，依仗一人之聪明，凭借一己之英断，能治理天下吗？他语重心长地劝导皇帝："陛下声色不在御，宴游不迩躬，危征之辨固已得其大端。而至于求治之心操之过急，不免酝酿而为功利；功利不已，转为刑名；刑名不已，流为猜忌；猜忌不已，积为壅蔽。正人心之危，所潜滋暗长，而不自知者。"[1]朱由检确实是一个好皇帝，不近声色，不爱宴游，勤于朝政。然而求治之心操之过急，带来一系列问题：功利、刑名、猜忌、壅蔽。这样锋芒毕露的话语，只有目光犀利而又无所

1 刘宗周《除京兆谢恩疏（崇祯己巳九月十七日）》，《刘蕺山先生集》卷九《奏疏二》。《崇祯长编》卷二十六，崇祯二年九月庚戌。

畏惧的人，才讲得出来。刘宗周敏锐地察觉到问题的症结，直言不讳地讲出来，希望皇帝有所领悟。但是皇帝对刘宗周的批评不以为然，认为他的奏疏“不无疏阔”。[1]其实刘宗周所论，一点也不疏阔，恰恰切中要害，后人评论道：“其后国事决裂，尽如（刘）宗周言。”[2]

尽管皇帝不喜欢听他的“疏阔”之论，刘宗周还是再接再厉进谏，依然批评皇帝“猜疑”“独断”。这是要冒风险的，所以奏疏题目干脆定为“冒死陈言”：

> 今天下恨不得贤者而用之，然岂无一人足以当皇上之信？而皇上以情面之说概事猜疑，举大小臣工尽在皇上积疑中，日积月累，结为阴痞。有识者固已忧之，一旦国事至此，诸臣负皇上任使，不忠诚无所逃罪，业已天威震迭，轻重伏辜。而臣以为，皇上亦当分任其咎。
>
> 昔禹汤罪己，其兴勃焉。今日第一宜开示诚心，为济难之本。日御便殿，延见群臣，相对如家人父子，从此君臣相得，万化自张。以票拟归阁臣，以庶政归部院，以献可替否付言官。而一人主持焉不效，从而更置之，不必坐锢之以深其罪。诸臣感皇上知遇，无不争自

1《崇祯长编》卷二十六，崇祯二年九月庚戌。

2 谈迁《国榷》卷九十，崇祯二年九月辛亥。计六奇《明季北略》卷四《刘宗周论近功小利》。

濯磨，以敌忾为事，旬日之间奏功阙下，未可知也！

乃者圣谟渊远方且，益示以不信之端，一切军机悉取独断，即召对时一二建白，皆落落不合以罢。如军机重任必用文臣提督，定制也，乃今以不信文臣之故，专付之武臣之手，万一失事，又何以处之？朝廷缚一文吏如孤雏腐鼠，而视武健士不啻骄子，渐使恩威错置，法纪不行，讵可以制治保邦乎？[1]

这并不是刘宗周一个人的看法，河南府推官汤开远的奏疏也批评皇帝急于求治，结果适得其反。他说：当今似乎有圣主而无善治，何以故？原因就在于，皇上一人独劳，而没有诸臣的辅佐。对于这一判断，他从几个方面展开论证：

◥ 汤开远，江西临川人，汤显祖之子。崇祯初年任河南府推官，屡上疏极言时政，语皆剀切。崇祯十年升按察佥事，监安、庐二郡军，助史可法力图大举，多奇谋，后积劳成疾而卒。

一是皇上急于求治，诸臣救过不给，明罚敕法，几乎是治乱世用重典；

二是皇上急于求治，诸臣欲奉公营职，而虑天威不测，梦魂亦惊，难以鼓舞豪杰之气；

三是今日为言官太难，言责之中又有官守，身在科道而务在六部，舍封驳而勤差委，轻重倒置；

四是皇上以策励望诸臣，于是臣下多戴罪。不

1 刘宗周《冒死陈言疏（崇祯己巳十二月十五日）》，《刘蕺山先生集》卷九《奏疏二》。

开立功之路而仅戴罪，将戴罪无已时。

因此，他希望皇上宜稍宽大，与诸臣推心置腹，进退之间待之以礼，使诸臣勿畏勿怵，不要动辄押入锦衣卫诏狱。他认为，皇上宽一分在臣子，就是宽一分在民生，否则民穷则易为乱。[1]应该说，汤开远的批评与刘宗周的基调是大体一致的，都点到了朱由检在治国用人方面过于明察、过于苛求，使得臣下终日处于畏怵之中，而畏首畏尾，必然沦为皇帝一人独劳的局面。因为这种缘故，朱由检为了矫枉振颓而采取的一些措施，效果与动机相背离。不妨以裁撤驿站为例以见一斑。

裁撤驿站是朱由检用力最勤，也最能体现矫枉振颓作风的一件大事。崇祯元年六月，他看了御史顾其国奏疏，关于骚扰军民莫甚于驿站的意见，颇有感触，随即批示内阁：国家设立驿站专为军情及差遣命官之用，近来官员大多徇私舞弊，把勘合马牌（驿站通行证）私自送给亲朋故友，假公济私；而且在常例食宿供应之外，还要敲诈勒索，致使驿站民夫困苦不堪，甚至卖儿贴妇，以应付横索。有鉴于此，他要内阁传谕兵部，遵照旧例从严控制，清除弊源。[2]然而积弊已深，绝非一纸命令就可以奏效的。

崇祯二年四月，刑科给事中刘懋再次提及裁撤驿站之事。他说：当今天下州县困于驿站者，大约

1 谈迁《国榷》卷九十，崇祯二年十一月壬午。

2 谈迁《国榷》卷八十九，崇祯元年六月壬子。

十之七八，调停无效，禁革也无效，只有裁减一法值得一试。朱由检觉得刘懋的意见或许可以消除弊端，下旨把他调为兵科给事中，专门负责驿站整顿事务，凡是兵部发出的勘合必须经刘懋挂号，方才有效；各地抚按官进京办理公务，必须到刘懋处验号注销。[1]

刘懋，字养中，号渭溪，陕西临潼人，万历四十一年进士。得到皇帝重用，刘懋决心在裁减驿站上干出一番名堂来。几天后，他向皇帝报告对于驿站弊端的基本估计：一、今日驿递用于公务的占十分之二，用于私事的占十分之八；二、驿站的苦累来源于往来过客的占十分之四，来源于本省衙门的占十分之六；三、驿递事项出于各省抚按衙门的占十分之三，出于中央各衙门的占十分之七。[2]

接到奏疏的第二天，皇帝在平台召开会议，专门提出来讨论。

他问内阁辅臣："这疏写得如何？"

阁臣对刘懋的见解不以为然，没有直接表态，反而请示皇上："兵部昨有复驿递疏，当经圣览？"

皇帝追问："此疏中各款如何？"

阁臣李标回答："兵部复驿本皆属切要，若着实奉行，驿弊自清。"

皇帝支持刘懋的裁驿主张，不同意兵部的复驿意见："驿递之设，原为紧急文书、飞报军情，今遣

1《崇祯长编》卷二十，崇祯二年四月甲午。

2《崇祯长编》卷二十，崇祯二年四月庚戌。

白牌（未加盖公章的通行证），骚扰驿递，朕屡旨严禁，全不执行，朕当以重典处之！”

阁臣韩爌解释道：“圣谕严切，诸臣不敢违玩。”

皇帝反驳道：“不敢者只良乡、涿州两处，其余还照旧，怎见得不敢？”说罢，召刘懋出班宣读他的奏疏。仿佛出于对刘懋的重视，皇帝不由自主起立倾听，直到宣读完毕才坐下，向刘懋发问：“一匹马如何用工食（银）一百六十两？”

刘懋回答：“就臣乡一县（临潼县）言之，添至一百六十两，别县尚有加至三百两，而驿递犹称苦累。”

皇帝不解地问：“如何三百两犹称苦累？”

李标说：“只是差役过多，所以……”还没等李标说完，韩爌插话：“各差自有祖宗旧制，载在《会典》，原有定额。”

刘懋补充说明：“年来驿递疲累已极，只为情面不破，过客任意需索，州县不敢……不如照祖制裁定，过客无处需索，有司无处奉承。就将裁省银或全豁，以宽民力；或进解，以抵薪饷。”

皇帝缓缓地说：“还是蠲在民间才是。”随即对刘懋的裁驿建议作出评价：“裁之一字甚有理。”然后嘱咐阁臣：“卿等改票来！以后以礼致仕、飞报军情及奉钦差等项，才许驰驿，其余一概禁绝，不许擅用。”[1]他把刘懋的裁驿建议概括为一句话，除了

1《崇祯长编》卷二十，崇祯二年四月辛亥。

官员致仕、飞报军情、朝廷钦差，一概禁用驿递。用现在通行的话来说，就是严禁“公车私用”。

具体操作当然由刘懋进行。所谓“照祖制裁定”，就是按照洪武二十六年的规定：

> 自京师达于四方，设有驿传。在京曰会同馆，在外曰水马驿并递运所，以便公差人员往来。其间有军情重务，必给符验，以防诈伪。至于公文递送，又置铺舍，以免稽迟。及应役人等各有事例。
>
> 洪武二十六年定，凡天下水马驿、递运所，专一递送使客、飞报军情、转运军需等项，合用马驴、船车、人夫，必因地理要冲偏僻，量宜设置。其佥点人夫，设置马驴、船车、什物等项，俱有定例。须要常加提督有司整治，或差人点视，不许空歇。但有人夫、马驴、船车、什物损坏缺少，将有司并驿所当该官吏坐罪。[1]
>
> 洪武二十六年定，凡马驿，设置马驴不等。如冲要去处，或设马八十匹、六十匹、三十匹。其余虽非冲要，亦系经行道路，或设马二十匹、十匹、五匹。大率上马一匹该粮一百石，中马一匹该粮八十石，下马一匹该粮六十石。其佥点人户，先尽各驿附近去处

1 万历《大明会典》卷一百四十五《兵部二十八·驿传一》。

> 佥点，如果不敷，许于相邻府县点差……凡水驿，设船不等。如使客通行正路，或设船二十只、十五只、十只；其分行偏路，亦设船七只、五只。大率每船该设水夫十名，于有司人户纳粮五石之上、十石之下点充。不拘一户二户相合，俱验所该粮数，轮流应当。[1]

这种祖宗旧制，到了晚明，已经大大走样了，驿递愈用愈滥，勘合愈发愈多。到了天启末年，援辽、援黔、征兵、征饷、起废、赐环、武弁、内官等，都可以动用驿递。刘懋力图改变这种状况，他的裁驿措施大刀阔斧，把勘合发放类型由五十一种减少到十二种，并且对每一种类型的人夫、马船数量，有所限制。[2]

如此大动作，以遏制假公济私为指归，遭到各个既得利益集团的反对，是在意料之中的。小小的给事中刘懋压力山大。裁驿一年之后，刘懋向皇帝报告，各地对他的怨恨情绪之大，令人吃惊："游滑不得料理里甲也，则怨；驿所官吏不得索长例也，则怨；各衙门承舍不得勒占夫马也，则怨；州县吏不得私折夫马也，则怨；司道府厅不得擅用滥用也，则怨；即抚按与臣同事不得私差多差也，则怨。所不怨者，独里中农民耳。"[3]

更令人感叹的是，裁驿措施遭到有权有势者

1 万历《大明会典》卷一百四十五《兵部二十八·水马驿上》。

2 计六奇《明季北略》卷五《刘懋请裁驿递》。

3《崇祯长编》卷三十五，崇祯三年六月乙丑。

抵制，裁驿所节省的工食银两，被有关衙门借支一空，使得裁驿的正面效应根本显示不出来，负面效应却愈益凸显。在那种体制下，要想办好事，难于上青天！崇祯四年二月，刘懋把裁驿结果报告皇帝：各省裁驿节省银两共计六十八万五千余两，表面上是“移作边地修防之需”，其实是各级衙门利用借支的名义，填入了无底洞，无声无息地消失了。皇帝虽然知道裁驿的表面文章与实绩成效有很大差距，还是嘉奖刘懋“事竣勤劳，准与记录优擢”。[1]不过，刘懋的日子并不好过，没有等到加官晋爵，就在各方面的埋怨唾骂声中，借口养病悄然辞官归去。[2]

裁驿之举，从理论上讲是节省朝廷开支，减轻民间负担的好事。体制内改革的成功与否，有赖于体制自身的支持，也有赖于体制外的呼应。此次改革是失败的，最明显的负面效应，就是使得数以万计的驿站民夫因此而失业，被迫走上反抗现政权的武装起义道路。这是刘懋与朱由检始料不及的。对此计六奇有一段精彩的评论：“上即位，励精图治，轸恤民艰，忧国用不足，务在节省。给事中刘懋上疏，请裁驿递，可岁省金钱数十余万。上喜，着为令，有滥予者罪不赦。部科监司多以此获谴去，天下惴惴奉法。顾秦晋土瘠，无田可耕，其民饶膂力，贫无赖者借水陆舟车奔走自给，至是遂无所得

1《崇祯长编》卷四十三，崇祯四年二月戊申。

2《崇祯长编》卷四十三，崇祯四年戊辰。

食。未几，秦中叠饥，斗米千钱，民不聊生，草根树皮剥削殆尽……又失驿站生计，所在溃兵煽之，遂相聚为盗，而全陕无宁土矣。”[1]

朱由检矫枉振颓是为了太平有望，结果适得其反。这个社会病入膏肓了吗？

二 “诸臣但知党同逐异，便己肥家”

万历中叶以来，党争不断，终于演化为天启年间的阉党专政局面，把朝政搞得乌烟瘴气。朱由检即位以后，拨乱反正，清查阉党逆案，党争理应画上一个休止符。但是事与愿违，长年累月的派系门户之争，已经形成强大的惯性，朝廷中的政治分歧、权力争夺，几乎都要和党争牵丝攀藤，似乎离开党争便无以谈政治。无怪乎朱由检要喟然长叹：“诸臣但知党同逐异，便己肥家！”[2]他要矫枉振颓，营造新政，为此而忧心忡忡：“朕自御极以来，夙夜焦劳。”[3]但是，大臣们却醉心于党同伐异，钩心斗角。夏允彝谈到明末党争，慨乎言之：“朋党之论一起，必与国运相终始，迄于败亡者。以聪明正直之士，世道攸赖，必以党目之。于是精神智术俱用之相顾相防，而国事坐误，不暇顾也。”[4]如果说朋党之争是导致明朝灭亡的原因之一，那是毫不为过的。

1 计六奇《明季北略》卷五《刘懋请裁驿递》。

2《崇祯长编》卷五十三，崇祯四年闰十一月辛丑。

3 孙承泽《思陵勤政记》，崇祯元年八月甲午。《崇祯长编》卷十二，崇祯元年八月乙未。

4 夏允彝《幸存录·门户大略》。

1. 会推阁员引发的政争

崇祯朝的朋党之争，是由会推阁员引发的，主角是礼部尚书温体仁。他以礼部侍郎钱谦益科场舞弊案为借口，挑起事端，由此拉开崇祯朝党争的序幕。这当然并非偶发事件，而是有着深刻的政治根源。

◥ 钱谦益，号牧斋，苏州常熟人，万历三十八年探花。崇祯初年任礼部侍郎，卷入科场舞弊案，不受重用。

请看夏允彝的分析："烈皇帝一登极，神明自操国柄。（魏）忠贤之党内外林立，不觉其自屈。部臣钱元悫、陆澄源，贡士钱嘉徵，先后纠（魏）忠贤。（魏）忠贤、（崔）呈秀皆自缢死，其党皆放废；凡（魏）忠贤所逐者，无不召用。上复定逆党之案，励精求治，数数召对。每发言，群臣皆不能及，天下欣欣望太平。是时东林诸臣，魏珰所罗织甚惨，其尚存者，人无不以名贤推之。为（魏）忠贤拔用者，自属下流，无可复争衡。以为君子小人之分界，至此大明，诸贤之死而生，皆上恩也，宜同心忧国，以报上恩。然急功名，多议论，恶逆耳，收附会，其习如前。上久而厌之，心疑其偏党。及枚卜事起，而钱谦益与周延儒才名相轧，（钱）谦益必欲抑（周）延儒不得上，温体仁乘其隙，疏纠（钱）谦益科场旧事。上为震怒，面加诘问，吏垣章允儒，愤争甚力。上逮而黜之，（钱）谦益亦斥归。党祸且再起，而诸臣亦泄泄，不思图实绩以回上意。”[1]所谓“党祸且再起”云云，点出了要害，温体仁、周延儒与钱谦益的矛盾，表面上是会推阁员的纠纷，实质上是党争的延续。钱谦益正是夏允彝所说的“东林诸臣”的硕果仅存者，被推为“名贤”，入阁可能性极大。温体仁与周延儒联手，极尽诬蔑之能事，导致钱谦益及其支持者罢官。人们仿佛看到前朝党祸再起。

◤ 温体仁，浙江湖州人，万历二十六年进士。崇祯初年升礼部尚书，与周延儒联手阻止钱谦益入阁。任首辅八年，人称“亡国之祸体仁酿之”。

当时的官员对此是有所预感的。崇祯元年正月十二日，工科给事中祖重烨向皇帝指出，营造新政首先要注意“议论宜清”“门户宜破”。他希望不要再重演先前的悲剧：“频年玄黄相角，平陂相寻，至魏、崔结党，借题害人，以门户为阱，不论是非，推而纳之，衣冠之祸极矣。”[2]正月十五日礼科给事中阎可陛谈到“圣政更新”，特别提及“众正宜登”：“自（魏）忠贤柄政，举三百年培养之人才磨耗无余，以门户为摧折之题目……毒流祖父，惨暗天日，莫有甚于此者。皇上既去邪勿疑，自当任贤勿二。”[3]正月二十一日河南道监察御史罗元宾指出：“国家百务所以不得其理者，以无实心任事之人耳；人之所以不实心任事者，门户二字为之祟也。心存

1 夏允彝《幸存录·门户大略》。

2 外史氏《圣朝新政要略》卷五，崇祯元年正月十二日。

3 外史氏《圣朝新政要略》卷五，崇祯元年正月十五日。

荆棘，口播玄黄，始则胜气浮情，各分支派，后乃吠声逐影，遂生葛藤。一片精神专用之结构报复之场，而本等职业无暇修举，人兢其无益之虚争，而国受其废弛之实祸。”[1]以后罗元宾又向皇帝指出，今日之世，不但要革除小人恣祸之阶，也要革除君子道长之名；不但要革除门户以锢人之弊，也要革除借门户图报之端。[2]

崇祯元年四月，阁臣张瑞图在告归之前，向皇帝临别赠言，也谈到朋党问题。他说：近日士大夫各是所是，各非所非，恩怨相寻，冰炭互角。人各有心，众思为政，顺是不止。则汉唐党人、宋时议论之祸，将与国家循环无穷。[3]张瑞图因谄附魏忠贤而遭罢谴，他跳出党争圈子，痛定思痛的肺腑之言，皇帝以为是例行公事的套话，根本没有留意。

刚刚起用为都察院左佥都御史的杨鹤，就任后所上的第一份奏疏，着重论述图治之要在于培养元气。他说：士大夫分别门户，彼此相攻，后浪前浪互为起伏，使士大夫元气损伤殆尽，当务之急是培养士大夫的元气。据杨鹤之子杨嗣昌说，杨鹤奏疏针对的是当时“阳气初回，议者不知养以安静，鼓之太和，而一片杀机横据胸府，冲决齿牙，取快一

◥ 杨鹤，字修龄，湖广常德人，杨嗣昌之父，万历三十二年进士。授雒南知县，崇祯初累拜左佥都御史、左副都御史、兵部右侍郎，总督陕西三边军务。

1 外史氏《圣朝新政要略》卷六，崇祯元年正月二十一日。
2 谈迁《国榷》卷八十九，崇祯元年四月丙午。
3 《崇祯长编》卷八，崇祯元年四月丙午。

时，而不思其渐”，皇帝并未领悟其中的微言大义，只是泛泛地批了八个字：“培养元气，今日要着。”[1]在皇帝心目中，培养元气是朝政的要务，所以他特别反对诸臣结党，温体仁巧妙地利用这一点，攻讦钱谦益结党，阻止他入阁，一时间闹得沸沸扬扬，从而开启了崇祯一朝无休无止的党争风潮。

崇祯元年十一月初三日，吏部根据皇帝的指示，会推增补内阁成员，开出一份九个候选人名单：成基命、钱谦益、郑以伟、孙慎行、李腾芳、何如宠、薛三省、盛以弘、罗喻义。礼部右侍郎钱谦益在名单之中，而礼部尚书温体仁不在名单中，刚刚以召对称旨颇受皇帝赞许的礼部右侍郎周延儒也不在名单中。温体仁、周延儒极为不满，两人联手搅局，把矛头对准钱谦益，造成会推不公的假象。

温体仁，字长卿，号园峤，湖州乌程人，万历二十六年进士，累官至礼部侍郎，崇祯初年升为礼部尚书。此人外表曲谨，内里猛鸷，机阱甚深，[2]是一个非同一般的厉害角色。万斯同《明史》与张廷玉《明史》都把他列入奸臣传，是有道理的。工于心计的温体仁揣测，由于他和周延儒都不在会推名单之内，皇上必然怀疑廷臣“结党”。他利用皇帝的这种心态，上疏攻击钱谦益，找到的口实是，天启元年钱谦益出任浙江省主考官时，接受考生钱

1《崇祯长编》卷十三，崇祯元年九月己巳。杨鹤《起升都察院右佥都御史杨鹤题为微臣误蒙起用事》疏有杨嗣昌所写的跋语，“阳气初回”一段，就来自跋语。见郑天挺等编《明末农民起义史料》，中华书局，1954年，第2—3页。

2 万斯同《明史》卷四百二《奸臣传下·温体仁》。

千秋贿赂，不宜成为阁臣。这一下，在中央政府最高层引起轩然大波，立即形成壁垒分明的两派，各执一词，互相攻讦。

钱谦益，字受之，号牧斋，苏州常熟人，万历三十八年进士，任翰林院编修。天启元年奉命到浙江省做主考官。湖州归安人韩敬、嘉兴秀水人沈德符与钱谦益有嫌隙，冒用钱谦益的名义，策划科场舞弊，嫁祸于人。文秉写道："天启元年辛酉，虞山钱谦益以编修主浙江试。归安韩敬与秀水沈德符预捏字眼，假称关节，令人遍投诸应试者，约以事成取偿。浙士子多堕其网中，钱千秋与焉。（钱）千秋字眼，以'一朝平步上青天'七字，为七艺之结。（钱）谦益在闱中，弗暇察也。比撤棘，（韩）敬等即发觉其事，复唆礼科顾其仁磨勘参送。（钱）谦益亦自具疏简举，奉旨下部。部拟（钱）千秋与居间徐时敏、金保元俱依律遣戍，（钱）谦益与本房郑履祥失于觉察，罚俸三个月，奉旨依拟。此天启二年事也。后（徐）时敏、（金）保元在狱病故，（钱）千秋发东胜右卫前所充军，收管存案，随遇赦，抚按给帖释放。事结久矣。"[1]

◥ 沈德符，浙江秀水人，万历四十六年举人。自幼喜闻朝野故事，著有《万历野获编》等。

一个名叫钱千秋的士子买到的"字眼"是"一朝平步上青天"七个字，要巧妙地把这七个字分

1　文秉《烈皇小识》卷一。

别置于每段文章的结尾，以便阅卷官识别。发榜时，钱千秋果然金榜题名，这场科场舞弊似乎天衣无缝。不料由于出卖关节的人分赃不均，把舞弊情节透露出来，韩敬还派人到北京大肆宣扬。礼科给事中顾其仁调阅考卷原件，找出“预捏字眼，假称关节”的证据，上疏揭发此次科场舞弊案件。钱千秋上京准备参加会试时，钱谦益一问，果然事出有因，主动检举揭发。刑部奉旨审讯此案，假冒钱谦益名义出卖关节的徐时敏、金保元发往烟瘴地区充军，钱千秋革去举人功名，依律遣戍；钱谦益与本房考官郑履祥确实并不知情，但失于觉察，扣罚三个月俸禄。案件就此了结。[1]这一桩司空见惯的科举舞弊案件，早已被人们忘却。谁也不会料到，竟会旧事重提，闹得朝廷上下沸沸扬扬。大凡旧事重提都有某种政治意图，温体仁旧事重提意在阻止钱谦益入阁，周延儒也企图以此为契机，获取入阁的机会。

周延儒，字玉绳，号挹斋，常州宜兴人，万历四十一年进士，会试、殿试都获得第一名，颇有文才。天启年间先后掌管司经局、南京翰林院，崇祯元年召为礼部右侍郎。此人生性精明，善于伺探皇上旨意，多次召对都令皇上刮目相看。周延儒心中有数，此番会推阁员，如果被提名，皇上必定点用。他除了在外廷积极活动，还走后门，结好于外

1 吴晗发表于1948年的论文《“社会贤达”钱牧斋》，对钱谦益冷嘲热讽，写到“浙闱关节”时，一方面说韩敬、沈德符“冒用牧斋的名义，出卖关节”，另一方面又说：“这个科场大案，因为牧斋脚力大，就此结束。”见《吴晗史学论著选集》第二卷，人民出版社，1986年，第577—578页。

戚郑养性、万炜，以及东厂太监唐文徵，作为内援，志在必得。但是吏部没有把他列入会推名单，令他十分不满，皇帝也起疑——“帝以（周）延儒不预，大疑”。[1]

最为舆论看好的候选人，非钱谦益莫属。他年轻时就在江南小有文名，二十九岁点中探花，声誉鹊起，与叶向高、孙承宗、杨涟、左光斗、周顺昌、黄道周、文震孟等名流交往密切，与东林书院的顾宪成、高攀龙有一种独特的师生关系。因此阉党炮制的《东林点将录》把他排在“一百零八将”的第四十四名：天巧星浪子左春坊左谕德钱谦益。日本学者吉川幸次郎写的《钱谦益与东林——作为政客的钱谦益》，开掘出观察钱谦益政治生涯的新视角：一生遭受七次重大挫折，焦点集中于“东林”二字。[2]东林名士相继被害后，钱谦益就成了东林领袖人物，以他的名望、学识与资格，列入会推名单似在情理之中。不过，与他同是礼部侍郎的周延儒，虽然资望比钱谦益浅得多，但近来颇受皇上器重，如果两人同时被推举，谁能胜出还很难说。

钱谦益的同乡门生瞿式耜出于好意，多方为恩师活动。瞿式耜当时是户科给事中，多次上疏蒙皇上采纳，他搏击权豪无所畏惧，朝廷大臣都怕他的犀利言论。主管会推事务的吏部尚书王永光，由于

1 张廷玉《明史》卷三百八《奸臣传·周延儒》。

2 吉川幸次郎《钱谦益与东林——作为政客的钱谦益》，《吉川幸次郎全集》第16卷，筑摩书房，1970年，第11—35页。

遭到言官弹劾，杜门乞休，有的官员建议由吏部侍郎代行其职。瞿式耜却请求皇上仍由王永光主持枚卜（会推阁员）之事，私下里又怂恿王永光不要提名周延儒，把钱谦益排在名单的第二位。瞿式耜出于好意，反而帮了倒忙。请看文秉的说法："当枚卜廷臣共推穀（钱）谦益，而宜兴周延儒以召对数语，上契圣衷，若一列名，必蒙点用。（周）延儒又结好于戚畹郑养性、万炜，及东厂唐文徵，以为内援。给事中瞿式耜恐两人不能并相，因力阻（周）延儒，（周）延儒大不堪。时吏部尚书王永光杜门乞休，势在必去。御史梁子璠特疏，欲令侍郎张凤翔代行。会推、廷议以尚书现在，无侍郎代行之理。于是（瞿）式耜请（王）永光料理枚卜，然后听其去。（王）永光遂开籍见朝，会推疏上，首成基命，次即（钱）谦益，而（周）延儒与温体仁俱不得预。（周）延儒暗布流言，为此番枚卜皆（钱）谦益党把持。上阅会推无（周）延儒名，遂入其说。"[1]瞿式耜也是常熟人，曾师事钱谦益，就读于拂水山庄。他在枚卜事件中支持钱谦益，不仅出于师生之间的私人关系，更与他的政治立场有关，即对东林人士的同情与敬仰。所以他谈起这件事很理直气壮："枚卜举行，出自圣裁，举朝疏请枚卜者无虑数人，条陈枚卜者亦不止数人，岂有臣疏则枚卜举行，无臣疏则枚卜不举行乎？""臣待罪掖垣甫逾半载，新进小臣，凡朝廷

1 文秉《烈皇小识》卷一。

一切会推会议诸大政务，自有部院之长，即六垣自有六垣之长，臣不过散给事中，何能与参末议？而乃以臣为受人指使，从中主张，天日在上，鬼神在旁，臣实不任受也！”[1]

2. 温体仁：“满朝都是钱谦益一党”——御前会议实况记录

周延儒到处散布流言蜚语：此番枚卜都由钱谦益党把持。皇帝看到会推名单没有周延儒，对这种流言蜚语深信不疑。温体仁摸透皇帝的心思，呈上《直发盖世神奸疏》，直斥钱谦益“神奸结党欺君”。把多年前的科场舞弊案重新提起，攻击钱谦益身为主考官竟然关节受贿，神奸结党欺君，不应当成为阁员。[2]周延儒与温体仁有共同利益，故而配合得十分默契。正如当时的给事中李清所说：“钱少宗伯谦益声气宿望，虚誉隆赫。时周少宗伯延儒为上所眷注，阻之令不得列名于枚卜，（周）延儒请之瞿给谏式耜，（瞿）式耜厉声拒之。适温宗伯体仁亦以沈故辅一贯门人，为时望所摈，每立朝无敢与言者，而资俸久在（钱）谦益上，亦不与名。于是（温）体仁、（周）延儒交遂合，始有召对钱千秋之事。”[3]

朱由检最不能容忍廷臣结党营私、欺君罔上，在收到温体仁《直发盖世神奸疏》的次日，即十一

1 瞿式耜《瞿忠宣公集》卷二《奉旨回话疏》。

2 万斯同《明史》卷四百二《奸臣传下·温体仁》。

3 李清《三垣笔记·附识上·崇祯》。

月初六日，迅速做出反应，在文华殿召见群臣，要温体仁与钱谦益当面对质。其实他心中早已有了先入为主的定论，支持温体仁对钱谦益“结党欺君”的指控，欲借此狠狠整一下钱谦益，打击廷臣中的朋党习气。因而此次御前会议的内容，远远超出科场舞弊层面，牵涉到朝廷高层的权力争夺。其气氛之严肃，言辞之尖锐，在崇祯一朝十七年中颇为罕见，很值得关注。当时有两名翰林院记注官担任记录，仿佛现场录音录像，保留了一段珍贵的历史场景。现在笔者把它如实地呈献给读者。

皇帝朱由检先在文华殿暖阁召见内阁辅臣李标、钱龙锡，以及吏部尚书王永光，君臣近距离密谈。少顷，李、钱、王三臣退出，朱由检进入文华殿，诸臣行礼毕，会议正式开始。

朱由检首先问礼部尚书温体仁：“卿参钱谦益受钱千秋数千金之贿，以‘一朝平步上青天’为关节，结党欺君之罪，可是实的么？”

温体仁回答：“臣参人之欺，岂敢自欺，字字都是实的。”

朱由检问：“钱千秋事结了不曾？”

温体仁答：“钱千秋逃了，刑部将金保元、徐时敏问罪，(钱)千秋并不曾到官。”

朱由检引用温体仁奏疏中的文字，问道：“‘欲卿贰则卿贰，欲枚卜则枚卜’，是怎么说？”

温体仁说：“此番枚卜都是钱谦益，事体不曾结，不该起升，如何起升？如今枚卜不该推他在里面。他就是要枚卜了。”

朱由检问：“是真的么？”

温体仁肯定地说：“真！”

朱由检转而问钱谦益："温体仁参卿受钱千秋数千金之贿，以'一朝平步上青天'为关节，可是真的么？"

钱谦益对温体仁的险恶用心估计不足，未曾交手，先自退却，居然承认温体仁"参臣极当"。他说："臣才品卑下，学问荒疏，滥与会推之列，处非其据。温体仁参臣极当。但钱千秋之事关臣名节，不容不辩。臣于辛酉年（天启元年）典试浙中，与科臣暴谦贞矢公矢慎，一时号称得人，初不闻有钱千秋之事。臣到京复命，方闻得有钱千秋一事，当时具有疏参他。勘问明白，现有奏案在刑部。"

温体仁不待皇上许可，径自插话，语气咄咄逼人，责问钱谦益："钱千秋逃了，徐时敏、金保元过付之人，提到刑部，亲口扳扯钱谦益，如何赖得过！"

钱谦益一味退守招架："臣不敢多辩，现有卷案在刑部。"

朱由检问辅臣："如何是'过付'？"

辅臣回答："俱是光棍骗钱的。"

朱由检命钱谦益继续陈述，钱谦益说："钱千秋试卷原是真定府推官郑履祥取的上卷。臣为总裁，不能遍阅，只看他七篇文字，又看他后场也通，不曾看到结尾七字。一时疏略之罪，臣不能辞。"

朱由检问刑部尚书乔允升："钱千秋事怎么说？"

乔允升说："此事在天启二年，臣时在太常寺卿，天启三年臣才到刑部，不曾经问现有案卷。"

温体仁不承认已经结案，一口咬定："钱千秋并不曾到官（结案）。"

钱谦益则肯定已经结案："（钱千秋）其实到官，臣岂敢欺皇上。"

朱由检见他们各执一词，转而询问辅臣："钱谦益说钱千秋事结案不曾？"

辅臣不想介入这场争论，很难表态，敷衍说："皇上取刑部卷案来看，便见明白了。"

温体仁依然咄咄逼人："现有过付人，只钱千秋不到。"

朱由检见辅臣不肯表态，转而对在场的六部尚书、科道官说："据（温）体仁奏说不曾结（案），据钱谦益奏，又说结（案）了。卿等奏来！"

吏部尚书王永光明确表示钱谦益说得没错："钱千秋事，臣（王永）光已经奏过皇上，那钱千秋到官结案了。"

朱由检追问王永光："钱千秋既问遣戍，一定有个受贿之人。"

王永光立即金蝉脱壳："问吏科给事中章允儒。"

吏科都给事中章允儒佐证确已结案："臣当日待罪在科，曾见招稿（招供笔录）。"

朱由检追问："招稿上是甚么人纳贿？"

不等章允儒回答，温体仁抢着说："钱千秋未曾到官，只是'照提'。"

朱由检问："如何是'照提'？"

辅臣解释："坐名问罪，谓之'照提'。"

既然各说各有理，朱由检索性命令把吏部的卷子、刑部的招稿全部取来查验。温体仁见皇上对此十分顶真，随即补充说，当时还有科道官参劾钱谦益。

钱谦益说："疏在钱千秋未参之前，后来魏忠贤用事，见臣与杨涟道义相交，崔呈秀使台臣陈以瑞诬疏陷臣。"

温体仁反驳这一说法："前一疏在魏忠贤未用事之时，难道也是崔呈秀？"

朱由检见他们各执一词，命人把辩疏与参疏都取来，以便确证是非曲直。

温体仁看到自己略占上风，便把上疏的意图向皇上挑明："臣职非言官，可以不言，适当会推不与，臣应避嫌引退，不当有言。但念枚卜大典，宗社安危所系，举国无一人敢言者，臣若不言，上负圣明，下负生平所学。臣不忍见皇上孤立于上，是以不得不言。"[1]

朱由检鉴于争论焦点已经明朗，直待取来卷子与招稿便可分晓，关照记注官记录务必详明，不得增减修饰。然后宣布休会，自己回到暖阁休息，与会官员也退出饮茶。这次当廷对质，温体仁是主动出击，上疏揭发在先，做了充分准备，说话盛气凌人，流利酣畅，意图很明显，力图把天启二年已经结案的科场舞弊案说成尚未结案，必须重新审理，把钱谦益拖入嫌疑犯的泥淖之中，使他入阁的可能性化作泡影。反观钱谦益，毫无思想准备，以为此番枚卜稳操胜券，不料温体仁抖出多年前的一桩丑闻，使得这位饱学之士一时显得张口结舌，处于被动招架的境地。从皇帝问话的语气看来，胜负的天平已经趋向于温体仁一边。

少顷，会议继续举行，朱由检命翰林院官员朱

1 以上对话均见金日升《颂天胪笔》卷四《召对八》，崇祯元年十一月初六日癸亥。孙承泽《春明梦余录》卷二十四《内阁》。《崇祯长编》卷十五，崇祯元年十一月癸亥。

之俊宣读温体仁奏疏，宣读完毕，问温体仁："卿参'神奸结党欺君'之罪，奸党是谁？"

温体仁答："钱谦益之党甚多，臣还不敢尽言。"这是故意卖关子，耸人听闻，把攻讦钱谦益夸张为反对朋党的斗争，激怒素来厌恶朋党的皇帝。这一招非常灵验，朱由检随着他的思路追问："怎么'枚卜大典一手握定'？"

有了皇帝的支持，温体仁越发无所顾忌，说道："此番枚卜，皇上务求真才，其实都是钱谦益主张的。臣所以说他'一手握定'。"

朱由检再一次追问："方才说受贿是谁？"

温体仁说："受贿之人就是钱谦益。"图穷而匕首见，温体仁终于说出了关键的一句话，又把钱谦益拖回到科场舞弊之中。

朱由检一定要弄个明白，问王永光："卿方才奏，(章)允儒见招稿，还是怎么说？"

王永光说："臣不晓得原招是(章)允儒看见，想是差不多。招稿上曰：钱千秋他说，有一个金道士说有人卖题，写一合同，将'一朝平步上青天'七字结尾。中了方付银，是有个金道士。"王永光的意思是说，受贿之人是金道士。

章允儒听皇上提到他，紧跟在王永光后面解释："臣先任华亭知县，壬戌(天启二年)行取，蒙先帝拔入谏垣。臣同官顾其仁曾有参疏，说浙闱的事。臣见参疏有钱千秋的事问结了。以后假满回京，见刑部有招稿刊本，不记得刑部问官姓名。今蒙皇上召对，臣顷在外见阁臣、冢臣，说温体仁有疏参钱谦益，冢臣(王永光)云：'这是我们会推中之人，曾见招稿未？'臣云：'家中偶有一个刊本，因命人到寓所取来，与冢臣看。'”

温体仁忙不迭插话，提醒皇上注意：“今蒙召，诸臣在外是商议来的。”

章允儒反驳道：“今日枚卜大典，诸臣矢公矢慎，天日临之在上，皇上临之在上，臣等何敢有私！温体仁资虽深，望原轻，诸臣不曾推他。如（钱）谦益有秽迹，何不纠之于枚卜之前？今会推疏上，点与不点，一听上裁。今尚未知圣意谁属，温体仁隐然以不与会推，热中鞅鞅。”

章允儒的一席话击中温体仁的软肋，能言善辩的温体仁立即以攻为守，扬言章允儒与钱谦益结党：“科臣此奏，正见其党钱谦益。未枚卜之先，不过冷局，臣纠他何用？枚卜既点之后，臣纠之，必于此时参他，为皇上慎用人。”

朱由检赞同地回应：“会推上钱谦益是第二名，焉知有这事？假如朕点了他怎处？”

章允儒机敏地反驳温体仁的“结党”论：“‘党’之一字，从来小人所以陷君子，皆是这等说。臣犹记得当日魏广微欲逐赵南星、陈于廷诸臣，于会推吏部尚书汪应蛟、乔允升刑部尚书缺，使魏忠贤加一‘党’字，尽行削夺。大抵小人为公论所不容，将公论之所归者指之为‘党’。留传至今，为小人害君子的榜样。”这段话信口拈来，看似随意，却大胆泼辣、锋芒犀利，揭穿温体仁的阴谋，企图以“结党”的罪名陷害一大批君子，直击温体仁的要害：步魏广微的后尘，推行没有魏忠贤的魏忠贤主义。智者千虑必有一失，如果把温体仁比作魏广微，那么谁是魏忠贤呢？

朱由检听了勃然大怒，斥责道：“胡说！御前奏事，怎这样胡扯？拿了！”在场的人都被皇上的暴怒震慑得不敢动弹，一时无人敢上前承旨，朱由检厉声喝问："锦衣卫何在？”担任警卫的锦衣卫官员这才醒悟过来，一拥而上，把章允儒押了下去。[1]

朱由检追问主持枚卜的王永光，有无“结党”行为。王永光回答："会推阁臣是臣部职掌，臣见皇上要良相，采访公论，故从公会推。至于结党，臣实不知。”

温体仁见皇上光火，局面对自己有利，便火上浇油："皇上试问王永光，屡奉温旨，何以不出？直待瞿式耜有言‘完了枚卜大事，然后听其去’，言犹在耳。皇上眷注冢臣，如何命他去，是冢臣去留我皇上不得专主。有此事否？”

朱由检顺着温体仁的思路问王永光："卿何以先告后出？”

王永光回答："臣一向真病，蒙皇上温谕，又见枚卜大事，臣原勉出，定这件事，还要求去。”

温体仁认为这其中有阴谋："钱谦益热中枚卜，使梁子璠前上一疏，要（吏部）侍郎张凤翔代念会推，从来未有之事。”

朱由检要六部大臣和科道官表态："朕先传旨，枚卜大典会推要公，如何推这等的人，是公不是公？”

王永光说："我皇上召问吏科（给事中）、河南道

1 以上对话均见金日升《颂天胪笔》卷四《召对八》，崇祯元年十一月初六日癸亥。邹漪《启祯野乘》一集卷四《章给谏传》写道：章允儒，号鲁斋，江西南昌人，万历四十四年进士，由华亭知县升任吏科给事中、吏科都给事中。由于在召对时抨击温体仁陷害君子，“且以（魏）广微比（温）体仁，声震殿陛。上怒，以为徇私灭公，肆言无忌，再革职归”。

（监察御史）与（吏部）郎中耿志炜，便知道了。”

温体仁说：“王永光是六卿之长，进贤退不肖是他的职掌，如何推在司官身上？”

王永光辩解：“会推应该选司采访在任在籍的人，只问他便晓得。”

河南道监察御史房可壮也说：“臣等都是公议。”

朱由检责问：“会推大事，其中推这等人，还说公议！诸臣奏来。”

内阁辅臣李标、钱龙锡等也为钱谦益鸣不平：“（科场舞弊）关节实与钱谦益无干。”

朱由检反问：“关节是真，他为主考，如何说不是他？”指着考卷上的朱批问道：“批语是谁批的？‘中’字是谁写的？”

辅臣回答：“是钱谦益写的。”

朱由检说：“既是他写的，如何说不是他？卿等怎么说？”

辅臣答：“据刑部招（稿），是光棍骗钱的，（钱）千秋文才原是可中的。光棍知道他可中，所以去骗。”

朱由检反诘道：“光棍作主考么？光棍中他的么？既是他取，如何与他不相干？”

由于皇上站在温体仁一边，内阁辅臣的辩解虽然都是事实，却显得软弱无力，难以使钱谦益摆脱干系，所以皇上一诘问“光棍作主考么”，阁臣立即语塞。温体仁却愈发活跃，既然皇上说“如何与他不相干”，再次上纲上线，把内阁辅臣也牵扯为“钱谦益一党”。他振振有词地挑激道：“分明满朝都是钱谦益一党！臣受四朝知遇，忠愤所激，不容不言。关节是真的，时刑部推在两个光棍身上，若不受贿，如何得中？自然钱谦益受贿。”

辅臣辩解：“前事招问明白。”

朱由检驳斥道：“招也是极闪烁的，不可凭据。既说提到，又说不提到，后边提到，如何前边问罪？罪是悬坐的么？”

温体仁紧跟着揭发说：“钱千秋现在京师，日入钱谦益之幕，指望（钱）谦益入阁，希图辩复。使（钱）谦益可以枚卜，则（钱）千秋亦可以会试。”

朱由检作出结论：“温体仁所参是实。”随即把温体仁奏疏与科场舞弊案招稿、揭帖、朱卷等物证交给阁臣，要他们与文武诸臣从公会议，提出处理方案。

温体仁目的已经达到，故意虚晃一枪，哀叹自己在朝廷孤立无援，乞求罢官：“臣一身孤立，满朝都是钱谦益之党，臣此疏一出，不惟（钱）谦益恨臣入骨，即（钱）谦益之党无不恨臣，臣一身岂能当众怒！恳乞皇上罢臣归里，以避凶锋。臣叨九列之末，岂敢欺皇上？断不敢欺，只是不忍见皇上焦劳于上，诸臣皆不戒惧为念，不得不参。”

这一席话再次博得皇上好感：“卿既为国劾奸，何必如是！卿奏的是。”这时钱谦益已经伏地待罪，朱由检命他到门外候旨。

到了掌灯时分，辅臣报告诸臣会议结论：“钱谦益既有议论，回籍听勘；钱千秋下法司再问。”

朱由检似乎满意又似乎不满意地追问一句：“是公议的么？”在场诸臣缄默不言，心中有异议，又不敢讲出来。朱由检看破这点，说道：“问着不言，退后便有千言，是怎么说？”又说：“往时不召对，你们便说：‘不能见皇上的面，上下不能交，君臣之意不浃。’及至召对，又说朕轻斥大臣，敬君为臣之礼也是不可废的。”

辅臣李标回应：“臣等惟是公议，臣等共事尧舜之主，如何敢党。”

朱由检说：“朕岂敢当尧舜，只愿卿等为皋夔。”

李标说：“臣等心不敢不尽，只是才力有限。”

朱由检对内阁辅臣很不满意：“朕拔卿等原为安民，既拔卿等又是这样，倒不如那称功颂德之臣，那称功颂德的时候，边方也完固，财用也充裕。如今枚卜不得当，今枚卜且暂停。”这最后一句话，无异于全盘否定此次会推阁员的工作，所谓“暂停”，意味着推倒重来。

辅臣钱龙锡一听皇上说暂停会推，赶紧争辩：“这所推诸臣才品不同，也有才品，也有清品。如清品，人就要说他偏执；有才识学问的，就要说他有党。安得人都道好，还望皇上就中点用。”听得出来，钱龙锡既想为钱谦益讲几句好话（有才识学问），又不想让周延儒、温体仁进入内阁，希望皇上在会推名单中点用几名。

朱由检寸步不让，讥讽道：“通关节是有才么？”弄得钱龙锡哑口无言，好不尴尬。他随即命诸臣表态，众人一片静默。

静观多时的礼部右侍郎周延儒开口了：“皇上再三下问，诸臣不敢奏者，一来惧于天威，二来还是牵于情面。总之钱千秋之事关节是真，又今现有朱卷、招案，已经皇上御览详明，关节已有确据，不必又问诸臣。”

朱由检似乎不太理会此人的发言，继续诘问诸臣：“自九卿科道会推，便推这样人。就是会议，今后要公，若会议不公，不如不会议。卿等如何不奏？”

诸臣依然沉默，只有周延儒顺着皇上的意思说：“大凡会议会推事，我皇上明旨下九卿科道，以为极公。不知外廷都只沿故套，原无许多人，只是一两个把持住了，诸臣都不敢开口。就开口也不行，徒是言出而祸随。”他因为自己不在名单中，意欲推翻这个名单，就把会推制度说得一无是处。

这几句话正中皇帝下怀，他起先并未注意到下面跪奏的是何人，听到这几句颇有分量的话，问明了职名，才知道是礼部右侍郎周延儒，称赞道：“只有这官奏了数句。”周延儒成了这次御前会议唯一受到表扬的人。

御前会议进行了好几个时辰，临近结束时，李标、钱龙锡还想为钱谦益、章允儒辩护几句，都被皇上顶了回去。最后，他拿起朱笔，在内阁票拟的公文上批示：“钱谦益关节有据，受贿是实，又且滥及枚卜，有党可知。祖法凛在，朕不敢私，着革了职，九卿科道从公依律会议具奏，不得徇私党比，以取罪责。其钱千秋着法司严提究问，拟罪具奏。”与此有牵连的官员也受到处分：章允儒以“徇私灭公，肆言无忌”而革职为民，耿志炜、梁子璠罚俸一年，瞿式耜、房可壮降级调外任。会议结束时，已是深夜二更了。[1]

1 以上对话均见金日升《颂天胪笔》卷四《召对八》，崇祯元年十一月初六日癸亥。孙承泽《春明梦余录》卷二十四《内阁》。《崇祯长编》卷十五，崇祯元年十一月癸亥。文秉《烈皇小识》卷二。李逊之《崇祯朝记事》卷一。

3. 钱谦益："事到抽身悔已迟，每于败局算残棋"

此次会推阁臣，钱谦益志在必得，结果得到了"革职回籍"的处分，大大出乎他的预料。李逊之谈及此次会推阁臣，有一段话颇堪回味："先是两次召对，上以宜兴（周延儒）奏语称旨，已心属之。适当枚卜，同乡（瞿式耜）恐两人不能并相，因力阻宜兴，宜兴不堪也。许公霞城欲为两解之，商之掌垣章公（允儒），章公亦唯唯。再过虞山（钱谦益）寓，则瞿公稼轩（式耜）在坐，执意坚拒，且以拥戴宜兴讥许公矣。虞山且云：'彼与涿州（冯铨）相知，非吾臭味。若推宜兴，可不推我。'许公遂不置喙。宜兴见绝之已甚，因与乌程（温体仁）合谋，乌程既出疏，忽蒙召对。虞山犹不知，以为拜相定于此日，扬扬得意。及入对，方知有疏。两人廷辩，乌程言如涌泉，虞山出于不意，言颇屈。科道诸臣又多为虞山左袒者，于是党同之疑中于上意，不可解矣。"[1]

"机阱甚深"的温体仁用早已了结的科场舞弊案，把钱谦益拖入污泥浊水，难以洗刷，不但入阁的希望落空，连侍郎的乌纱帽也丢掉了。其实温体仁所说的浙闱关节，是韩敬一手策划的阴谋，推到钱谦益身上，完全是冤枉的。据说，钱、韩两人

1 李逊之《崇祯朝记事》卷一。

因状元之争，结下嫌隙。《牧斋遗事》写道："牧斋（钱谦益）殿试后，得小珰宫报，谓状头（状元）已定钱公……投刺者络绎户外，牧斋亦过信喜极。比晓，榜发，则状头乃吴兴（湖州）韩敬，盖敬通巨珰，借其力潜易也。钱（谦益）恨甚，后（韩）敬以京察见黜，疑钱挤之，亦恨甚。牧斋与浙人水火，自夺状头始。"[1]

关于此次"浙闱关节"，吴晗说得更加清楚："万历三十八年殿试后自以为文名满天下，兼之又有内线，状元是拿稳了。发榜的前一晚，已经得到宫中小太监的密报，说是状元已成定局，司礼监太监和其他宫廷权要都派人送帖子来道喜，京中亲朋故旧络绎户外，牧斋喜极乐极。不料到天亮发榜，牧斋竟是第三名探花，状元是归安人韩敬，这一跟斗摔得真惨，两人从此结下仇。原来韩敬也有内线，早攀上宫中最有势力的大太监，发榜时拿韩敬换了牧斋。牧斋以为他的老板只此一家，以致上了一回大当。韩敬作了官，牧斋不服气，使一点手段，在三年京察时，把韩敬革职。韩敬是浙江人，是反对东林的浙党党人。丢官后恨极，也处心积虑图谋报复。党争和私仇怨恨从此纠缠不清。熹宗天启元年牧斋奉命作浙江主考官。韩敬与秀水沈德符计议，冒用牧斋的名义，出卖关节，很多人都上了当。名士钱千秋也被说动了，用两千两银子买了

1 沈云龙《钱牧斋先生遗事及年谱》，《近代中国史料丛刊》第七十一辑。

'一朝平步上青天'的暗号，在每篇文章的结尾嵌入一字……"[1]没有料到，韩敬的骗局在多年之后，经过温体仁的加工，竟然让皇帝信以为真。

圣旨说，"钱谦益关节有据，受贿是实，又且滥及枚卜，有党可知"。实在冤哉枉也，钱谦益感慨系之，君命难违，这种怨恨交加的心情难以言表，只能用隐晦的诗歌一吐胸中块垒。他的文集中收有二十首诗，题为"十一月初六日召对文华殿旋奉严旨革职待罪感恩述事凡二十首"。清初文人钱曾《初学集笺注》为这二十首诗作了笺注，阐明其背景，涉及崇祯元年十一月初三日会推阁员，初六日的召对，以及温体仁、周延儒对钱谦益的诽谤，最后写道："上闻之大喜，复取招稿详览片时，亲洒宸翰，传示诸臣，会推事竟不允行。先是阳羡（周延儒）以召对称旨，为上所眷注，及会推阁员，诸臣微揣上意，恐用周（延儒）而抑公（钱谦益）也，因扼而止之，不列其名，周（延儒）遂嗾乌程（温体仁）首先讦公。是时内廷已有为之助者，诸臣固未之知也。忽蒙召对，咸谓枚卜定于是日。至入朝，方知温（体仁）疏。廷辩时，乌程言如涌泉，阳羡复从旁极力排挤。于是党同之说，中于上者实深，虽群臣交章攻温，上概置不省。其后乌程、阳羡相继登政府，

◥ 钱曾，苏州常熟人，钱谦益族曾孙，曾为钱谦益《初学集》作笺注。藏书家、版本学家。入清后，无意仕途。

---

1 吴晗《"社会贤达"钱牧斋》,《吴晗史学论著选集》第二卷，人民出版社，1986年，第577页。

公削籍南还，竟一斥不复，皆‘党’之一字害之耳。夫浙闱一案，详于蒲城（韩爌）之揭，韩敬阴谋陷公，当时已晓然四布，即乌程亦明知其然，谓非借此以坏公之名节，不足以动上怒，虽言词纰缪，亦所不顾矣。”[1]一般读者看了这段笺注，就不难读懂牧斋的诗意了。其一写道：

秘殿风高白日阴，天阶云物昼沉沉。
裂麻未是廷臣意，枚卜空烦圣主心。
宸翰星回官烛影，禁庭雷殷属车音。
孤臣却立彤墀内，咫尺君门泪满襟。

其五写道：

事到抽身悔已迟，每于败局算残棋。
都门有客送临贺，廷辩何人是魏其？
杨柳曲中游子老，车轮枕畔逐臣知。
寒灯冷炕凄凉夜，不醉何因作酒悲？

其十写道：

破帽青衫又一回，当筵舞袖任他猜。
平生自分为人役，流俗相尊作党魁。
明日孔融应便去，当年王式悔轻来。

1 钱谦益《十一月初六日召对文华殿旋奉严旨革职待罪感恩述事凡二十首》（钱曾笺注），《牧斋初学集》卷六《崇祯诗集二》。

宵来吉梦还知否？万树西山早放梅。[1]

从中可以看出，钱谦益表面上是“感恩述事”，实际上是对“革职待罪”处分不公的感叹。好在是非自有公论，时隔不久，重新审理的结果，真相大白，所谓“钱谦益关节有据，受贿是实”云云，查无实据，维持原判——钱谦益失于觉察，并未参与科场舞弊，此案也就不了了之。

此事由温体仁策划于先，周延儒煽风于后，朱由检轻信谗言未加细察，处理不公，引起廷臣不满，议论纷纷。

御史黄宗昌（字长倩，山东即墨人）与御史毛羽健（字芝田，湖广公安人），率先弹劾温体仁企图以“满朝都是钱谦益一党”，散布烟雾，钳制舆论。《明史·毛羽健传》有一段精彩的文字，一语道破其中奥妙：“当是之时，阉党既败，东林大盛，而朝端王永光阴阳闪烁，温体仁猾贼，周延儒回佞，言路新进标直之徒尤竞抨击，以为名高。（温）体仁之讦钱谦益也，以科场旧事，（周）延儒助之恶，且目攻己者为结党欺君，帝怒而为之罢会推矣。”[2]

御史黄宗昌疏纠温体仁“热中枚卜，欲以‘结党’二字，破前此公论之不予，且钳后来言路之多口”。[3]

云南道监察御史毛羽健直率地对此次召对表示异议：以前召对，诸臣扬眉吐气以为奇遇，今日闻

1 钱谦益《十一月初六日召对文华殿旋奉严旨革职待罪感恩述事凡二十首》（钱曾笺注），《牧斋初学集》卷六《崇祯诗集二》。

2 张廷玉《明史》卷二百五十八《毛羽健传》。

3 张廷玉《明史》卷二百五十八《毛羽健传》。

召对，攒眉蹙额以为畏途。枚卜盛事，今日相竞相谗，以一人而废此大典，乃是奸党酿祸而诸臣代为受罪。他对温体仁的“结党”论痛加驳斥：“党”之一字断不可开，海内人士不过邪正，人主操柄，惟有用舍。彼附逆诸奸既不可用，势不得不用诸奸摈斥之人，如以今之联袂登进者为相党而来，抑将以昔之鳞次削夺者为相党而去乎？陛下不识在朝诸臣与奸党诸臣之孰正孰邪，不观天启七年前与崇祯元年后之天下孰危孰安？今日语太平则不足，语剔弊则有余，诸臣亦何负国家哉？或因一夫之高张，辄疑举朝皆党，则株连蔓引，不且一网尽哉？[1]这些话既抨击了温体仁，也批评了皇帝，朱由检颇为反感，在毛羽健奏疏上批示：“朝廷用人行政，以荡平正直为主忠邪大辨，朕若非洞晓，何以往日媚逆诸奸尽行处治，削夺诸臣尽行收录？”显然是对毛御史批评他不识孰正孰邪的回应，表明自己对廷臣的忠邪洞若观火。又辩解说：“近日谪罚诸臣各有本末，且酌量处分，未尝不宽，朕皆自亲裁，孰敢于御前巧进一言？”[2]

朱由检自以为是在打击廷臣结党，殊不知效果适得其反，给人造成拉一派打一派的印象。而钱谦益作为东林巨子遭受如此挫折，无疑助长了阉党余孽的气焰，使前朝的党争以一种新的形式继续演化。正如吏科都给事中沈惟炳所说，廷臣中有公是

1 邹漪《启祯野乘》一集卷四《毛御史传》。《崇祯长编》卷十五，崇祯元年十一月乙亥。张廷玉《明史》卷二百五十八《毛羽健传》。

2《崇祯长编》卷十五，崇祯元年十一月乙亥。

公非之异同，不能一概斥之为“党”。所谓门户云云，皇上即位之初早已摈弃不谈，为何今日还要揭于此端，再开圣意之疑？[1]四川道监察御史王相驳斥“自树为党”论：温体仁欲以“党”字堵塞言官之口，为申救钱谦益者预先扣上“党”的帽子，安知不救钱谦益不攻温体仁者，岂不成了温体仁之“党”？由此可见，自从温体仁言“党”，群臣始“无党”而“有党”。把温体仁所说的“满朝都是钱谦益一党”的谬论，驳得体无完肤。朱由检却不以为然，批示道：“朕执是非以衡论奏，是者用之，非者斥之，何论党与不党！臣下能伏理抒忠，务求至是，亦何用自明非党！”[2]

因会推阁臣事件受到“降一级调用”的瞿式耜，冒着风险，向皇帝直言进谏“党论不可不明，邪谋不可不破”，深入剖析温体仁的险恶用心：

——臣少读宋臣欧阳修《朋党论》，未尝不废书而叹也。盖自古小人欲残害忠良，广陷正类，必以朋党；欲疑人主之心，必以朋党；欲钳天下之口，必以朋党。朋党之说为害于天下国家久矣。

——尚书温体仁因枚卜不与，突兴结党之说，举朝闻之皆为寒心。臣请为皇上胪列言之。盖自皇祖中年，诸忠臣义士争国本者、忤

1《崇祯长编》卷十五，崇祯元年十一月辛巳。

2《崇祯长编》卷十六，崇祯元年十二月癸巳。

权奸者，多退伏林园。如邹元标、顾宪成、郭正域辈，海内视如泰山乔岳、景星庆云；而浙之奸人刘廷元、邵辅忠、孙杰、韩敬辈，相与合谋聚族，指诸臣为党，而禁锢之。及崔魏煽祸，与杨涟、左光斗、缪昌期等为深仇，（刘）廷元辈遂投入（魏）忠贤之门，指杨涟等为东林之党。凡（杨）涟等之亲知朋友，死者死，戍者戍，削夺者削夺，无一人得免者。党祸之惨，古今所未有也。

——天开神圣，诛逆锄奸，（刘）廷元等所主持之《要典》毁矣；（邵）辅忠、（孙）杰削矣；（韩）敬以马鸣世之纠参，闲住矣。群奸眈眈虎视，希冀（温）体仁得入黄扉，图谋翻局。（温）体仁愤不得与，遂倡为“举朝结党”之说，以倾动朝廷，何其毒也！

——（温）体仁之心路人所知也。钱谦益为杨涟等忠义之朋，科场一案久已昭雪。章允儒一入夕垣，魏忠贤矫旨欲廷杖之，旧辅叶向高揭救，称为“海内第一清官”。房可壮当杨涟去国之后，力争会推，侃侃不屈。皆真忠臣也！（章）允儒掌科，（房）可壮掌道，出自九死一生之余，为皇上求贤辅弼，岂肯推举一贿卖科场寡廉鲜耻之人，以为大典羞乎？愿皇上深思之也。

——（温）体仁谓“举朝皆谦益之党”，多当有数百人，少亦不下百余人，何不枚数其人，一一为皇上陈之？而乃为此翕张吞吐之语，以疑皇上之心，钳举朝之口乎？枚卜不公，当先有言路纠举，不当独发于会推不与之尚书。（钱）谦益果不肖，当直纠谦益一人，不当倡造“举朝结党”之邪说。今（温）体仁既以“结党”为打尽之网，复以求退为护身之符，如此奸邪能逃于皇上如神之鉴乎？[1]

瞿式耜的文章写得漂亮，气势如虹，逻辑严密，他认为像温体仁那样的奸邪之徒，应该逃不脱“皇上如神之鉴”。结果恰恰相反，他不但逃脱了“皇上如神之鉴”，还被皇上视为难得的忠臣。

4.“温体仁以告讦见知于上”

温体仁挑起的政争，使他成为舆论的焦点。温体仁人品卑劣，人所共知，此番攻击钱谦益，引起不少官员的反弹，是很自然的事。

江西道御史毛九华在奏疏中，揭温体仁的老底：居家时，以低价强买木材，商人提起诉讼，因他贿赂了崔呈秀，才得以免于追究。阉党分子在杭州为魏忠贤建造生祠，他率先为魏忠贤歌功颂德，有“明德鼎馨”之类肉麻词句。[2]毛九华的揭发，向人们昭示了这样一个事实：温体仁攻讦钱谦益，实质是阉党余孽向东林的反扑。这是很容易取得舆论反响的一招。

朱由检看了这份奏疏，命毛九华列举事实证明自己的说法。毛九华奉旨再奏：阉党亲信在杭州为

1 瞿式耜《邪谋不可不破疏》，《瞿忠宣公集》卷二。

2《崇祯长编》卷十六，崇祯元年十二月乙巳。

魏忠贤生祠“迎像”那天，温体仁父子匍匐前驱，赋诗赞颂，特地刊刻图画称颂魏忠贤，在查抄魏忠贤家时，这些诗画下落不明。臣入京时，曾在文安县书肆中见过此类献媚诗册，诗内有“衮衣”“朱雀”“宫殿”之类僭拟不伦字句。臣抵京后又得知，温体仁在原籍乌程县，用五百两银子强买价值三千两银子的木材，商人投诉东厂，祸且不测，以贿赂崔呈秀而获免。朱由检见他说得有根有据，命浙江巡抚核实上报。[1]

贵州道御史任赞化揭发温体仁品行不端，比如娶娼妓倪瑞为妾，纵容娼妓之父倪四海上走私，被推官毛士龙缉获。温体仁害怕案子于己不利，贿赂狱卒，杀害倪四灭口。朱由检看了这份奏疏很气愤，谴责任赞化以秽词秽事告君，降一级调外任。[2]因为这些“秽词秽事”，对于讲求礼仪为职责的礼部尚书而言，实在是最忌讳的，而且有损皇帝的尊严。

温体仁不是等闲之辈，岂肯任人摆布！他先是假心假意向皇上乞求罢官，渲染自己孤立无援的苦楚，说：“比为（钱）谦益故，排击臣者百出，而无一人左袒臣，臣孤立可见。”借以向皇上表明自己不曾“结党”。为自证清白，他表示要与毛九华当面对质。偏袒温体仁的朱由检也想整肃官场风气，决定召开御前会议。

1《崇祯长编》卷十七，崇祯二年正月丁巳。

2《崇祯长编》卷十七，崇祯二年正月丁巳。

崇祯二年正月二十八日，御前会议在文华殿举行，出席的照例是内阁、五府、六部、都察院、通政司、大理寺的主官，以及翰林院记注官、科道掌印官、锦衣卫堂上官一干人等，毛九华、任赞化列席。

朱由检召翰林院李建泰宣读毛九华奏疏，然后问温体仁："卿怎么说？"

温体仁早有准备，当即滔滔不竭地为自己辩解："臣若有以媚珰，祠诗必以手书为贽，万无木刻之理。既系刻本，必流传广布，岂有（毛）九华得之途中，而京师反无别册。且合数十人共刻此册，岂能掩人耳目，何以两年来绝无人论及？即此册何不发于籍没逆珰之时，而待于毛九华之手？皇上试问（毛）九华之册，是臣刻的，还是他人刻的？若臣自刻，必无此理；若他人刻的，乞皇上敕下该部严究所刻之人，此诗何处得来？真伪立见。若但以刻本为据，则刻匠遍满都门，以钱谦益之力，何所不可假捏？"

这种以攻为守的雄辩，令皇帝信服，便顺着温体仁的话语追问毛九华："此册从何处得来？"

毛九华答："臣实八月中买自途间。"

再问："八月中得的，如何到今才发？"

再答："臣十月考选。"

温体仁插话反驳毛九华："臣参钱谦益在十一月，毛九华参臣在十二月。（毛）九华既得此册，何不即具疏特纠册中媚珰诸人，而但于条陈疏末单指臣名？种种真情已自毕露。"

朱由检顺着温体仁的思路追问毛九华："你何以初时不参，直待温体仁参钱谦益后始发？"

毛九华说："臣十月考选，十一月才到任，不敢造次具疏。"

温体仁紧盯不放："十一月才到任，十二月也隔一个月。"

朱由检问："你知册叶是甚人刻的？"

毛九华答："（温）体仁既有诗，有刻的，便有卖的。臣亦即与买，至于何人所刻，臣何从问之？"

温体仁以为他在撒谎："（毛）九华唯恐说册叶是京师的，即便可查，只说是途中得的，无处可查。"

毛九华说："此册精工，京师人做不得，还是杭州人做得。"

温体仁理直气壮地说："望皇上敕下该部，行文浙江抚按，一查便明。"

毛九华显得有点底气不足："逆祠已是毁拆，从何处查？"

朱由检转换话题："疏中商人讼木事，是怎么说？"

温体仁一味抵赖："此事更易辨，但行浙江抚按查勘，臣果有买三千金木头之事否？臣不曾买木头，若是臣强骗商人之木，何不鸣之抚按？此事乃无端诬臣。"

毛九华据理反驳："此事不在抚按，彼时抚按若出代商人伸冤，他如何向魏忠贤来……"

温体仁打断他的话头："商人若告在东厂，此尤易查。且年来诸臣搜索珰党不遗力，臣若有此事，岂有两三年之内独宽臣一人！"

朱由检见毛、温二人各执一词，相持不下，便要内阁辅臣表态："卿等如何说？"

韩爌刚刚出任内阁首辅，对皇上感恩戴德，不想在这件事情上引起皇上不满，便替温体仁讲了几句好话："（温）体仁平日硁硁自守，亦是有品望的，但因参论枚卜一疏，愤激过当，致犯众怒，所以诸臣攻他。”

温体仁见内阁首辅帮他讲话，乘机发挥道："微臣通籍三十年，兢兢砥砺，并无一字挂人弹章。只因参了钱谦益，攻者四起，凡可以逐臣杀臣者，无所不至。岂臣一人之身，贤奸顿异至此？毛九华为钱谦益之党无疑，臣一日不去，人言一日不息。”用意十分明显，指控毛九华是钱谦益的党羽，把言官的正常弹劾，歪曲为结党报复。

朱由检不加理会，一面披览诗册，一面问辅臣："这可是真的么？”

韩爌避开了诗册真伪这个棘手问题，模棱两可地说："看诗册列（温）体仁名，体仁不得知其何人捏造，并言官亦不得知。”

朱由检明命韩爌起身走近御案，展示诗册，指着后四页说："此俱是钱塘杭州人，定是此四人所作，只问四人便晓得。”

韩爌附和道："似是此等人做，诚如皇上明鉴。”

朱由检似乎是在下结论："温体仁也辩得是。”

皇帝命韩爌退下，又命跪在那里的温体仁、毛九华起身回班，召翰林院官员马之骐宣读贵州道御史任赞化的奏疏。等宣读完毕，召韩爌等辅臣出班，指着任赞化奏疏，指责道："言官奏对，自有大体，这是何等话？如何在朕前亵言渎奏？”

韩爌说："言官有闻入告，但新进小臣不谙大体，一时冒昧，失于检点，伏望皇上宽宥（任）赞化，亦以安（温）体仁。”

辅臣李标说："小臣愚昧，不识避忌，总在圣慈包容。”

辅臣钱龙锡也说："言官只知以言为职，不是有心敢于欺罔。”

朱由检命各位辅臣起身，召任赞化出列，问道："毛九华参论温体仁一诗尚且不真，你如何又参他许多无根之言，且如亵语在朕前渎奏？"

任赞化承认有失检点，却坚持事实无误："臣一时偶失检点，出言粗率，臣实有罪。但臣疏中所论事体，皆臣采访，十分的确，才敢入告。"

朱由检并不认可："甚么的确？"转而问温体仁："卿怎么说？"

温体仁抓住皇上给他申辩的机会，完全否定任赞化的指控："任赞化之疏全是诬，臣家中遗业止有祖房一所，臣亦从乡村之间，五世同居。庚申（泰昌元年）之冬，偶遭回禄（火灾），始别构数楹，郡城（湖州府城）无一椽之栖。每入郡中，寄寓僧舍。凡宦历地方者，皆可问，臣居家居乡，唯知有奉公守法四字。任赞化不参臣居官之事，而参臣居乡之事，以为诬臣居官之事，惧皇上圣明，召问廷臣，欺罔立见，故诬臣居乡之事，以道里遥远，耳目易眩。说臣与海宁陈与郊结儿女姻家，此一查可明也。事事无影虚捏皆如此，只乞皇上敕下该部，行文浙江抚按查勘，臣果有此事否，若一事实，事事皆实。"温体仁这张嘴委实厉害，三言两语就化被动为主动，而且极富说服力。

相形之下，任赞化的答辩就拙劣多了："体仁是浙江人，臣是山西人，如何晓得陈与郊名字？此是长安中万口喧传，臣始知之。"无意中说漏了嘴，与自己刚才所说"皆臣采访"自相矛盾。

朱由检敏锐地抓住他的破绽，反问："你先说采访的确，如何又说传闻？"

温体仁立即跟进，扩大任赞化的破绽："如今班行中倒有一个证佐。”皇帝要他指名道姓，他接着说：“见在兵科给事中马思理，在臣县作令五年，备知臣居乡之事。皇上试召问（马）思理，如果有不公不法之事，（马）思理必不能为臣讳。如有一事果真，臣甘伏罪。”

温体仁振振有词，任赞化的口气明显软了下来：“臣之所言，不过采访公论，长安（指北京）万口如一。”

任赞化步步退却，温体仁则步步紧逼：“在何处采访？如长安中万口一词然，试令（任）赞化举一二人，皇上召问之，果如臣家中有此事否？”

任赞化由原告变成了被告，申辩道：“闻言入告，臣之职掌，皇上只下九卿科道会勘，如一言不实，臣甘其罪。”

朱由检大声喝道：“朕自有鉴裁，如何敢渎奏！”

温体仁已经稳操胜券，乘着皇上披览奏疏的机会，从容进言，把任赞化与钱谦益挂起钩来，侃侃而谈：“臣在皇上之前不敢琐琐渎辩，容具疏自明。但任赞化是钱谦益死党，去年（钱）谦益将入都门，（任）赞化代（钱）谦益首攻御史陈以瑞，也是崔魏削夺，蒙皇上赐环之人，因曾参（钱）谦益科场之事，（任）赞化反以媚珰纠之。及（钱）谦益入都，把持铨部，覆之为民。（任）赞化为（钱）谦益死党一证也。去秋皇上未有枚卜之旨，（任）赞化突出荐相才一疏，盖为（钱）谦益而发。至称（钱）谦益为伊召之班行，此（任）赞化为（钱）谦益死党之二证也。若（钱）谦益幸入纶扉，（任）赞化自居拥戴首功，一旦被臣参破，故其恨臣最深，诬臣最甚。”温体仁不愧为“机阱甚深”之人，反复论证任赞化是钱谦益的死党，轻而易举地把钱、任二人拖入党争的泥淖之中，扣上结党营私的帽子，搞臭钱谦益，也搞臭了任赞化。

任赞化不能接受这种无端的诬陷，据理力争："臣荐相才之时，（钱）谦益尚未到京，臣并不识一面，只凭公论入告。至（钱）谦益到京，始得一面。如何说臣是他死党？"

温体仁反问："他若不是钱谦益死党，如何参了陈以瑞？"

陈以瑞并非好人，清查阉党逆案时，以"谄附"罪，列入"交结近侍又次等"，温体仁再三为陈以瑞辩护，欲盖弥彰，暴露了阉党余孽立场。任赞化抓住温体仁的弱点，猛力反攻："陈以瑞铨部只覆冠带闲住，皇上独断，着他为民。温体仁如何力保陈以瑞？是他面欺我皇上了。皇上只问廷臣，有一人说陈以瑞是好人，臣甘罪。"

温体仁由优势转为劣势，尴尬地辩解道："臣非力保陈以瑞，只因（陈）以瑞参了钱谦益，任赞化故将陈以瑞参了。"

朱由检见温体仁越说越被动，立即打断辩论，说道："不必多奏，候旨行。"说罢，命内侍上茶，他自己退入暖阁休息，御前会议告一段落。[1]

朱由检由暖阁返回文华殿时，天色已晚，殿内已经掌灯，会议继续进行。议论大同巡抚张宗衡的奏疏之后，他又把话题转回言官身上："六科十三道各有职掌，紧要事不见条陈，只以私意彼此相攻，

1 以上对话均见金日升《颂天胪笔》卷四《召对十》，崇祯二年正月二十八日甲申。《崇祯长编》卷十七，崇祯二年正月壬午。文秉《烈皇小识》卷一。

再若如此，朕将以治乱朝政之法。”

韩爌为言官辩护：“言官一时见识不透，还望皇上宽宥。”

朱由检继续发挥他的见解：“卿见他们何曾有为国家的意思，若实实为国家、为封疆、为民生，朕自看得出来。如今定有一件私意，方才上本。今是何时？东西交讧，南北用兵，到不忧国，只是分门立户，动说甚么党，甚么东林，何益于国家！”这一席话透露了他的情绪，廷臣不肯忧国忧民，而忙于党争，令他非常不满。他自以为支持“孤立”“无党”的温体仁，就可以遏制党争，其实是似是而非的抉择。温体仁并非真正的“孤立”“无党”，他隐隐约约地继承阉党衣钵，打击东林人士，使得天启年间的党争以另一种形式得以延续。

内阁辅臣以一种中立姿态支持皇帝的意见。韩爌说：“皇上屡旨禁说门户，‘党’之一字不宜形之章奏，圣谕严切，诸臣自当遵守。”李标说：“‘党’之名原非盛世所宜有。”钱龙锡说：“往日崔、魏时说有东林，今皇上圣明，诸臣但当各循职业，不必问其是东林非东林。”[1]三位辅臣的话虽然简短，却切中要害，既顺从皇上的旨意，也委婉地批评了温体仁。朱由检以为时间已晚，打断了讨论，结束了御前会议。

对于此次御前会议，文秉的评论很值得注意：

1 金日升《颂天胪笔》卷四《召对十》，崇祯二年正月二十八日甲申。

"自是（温）体仁以告讦见知于上，结党之说深启圣疑，攻者愈力，而圣疑愈坚矣。"[1]寥寥数语，极具穿透力，揭示了事情的本质——温体仁以告讦见知于皇上，此后他扶摇直上，登上了内阁首辅的宝座，靠的就是这一手。

两次御前会议，皇帝朱由检都从反对结党的立场出发，判断是非，明显地偏袒标榜"无党"的温体仁。然而，温体仁并非真的"无党"，他也有刑科都给事中薛国观之流为之摇旗呐喊。

薛国观，字宾廷，号家相，陕西韩城人，万历四十七年进士。此人天启年间投靠魏忠贤，正如《明史》所说："魏忠贤擅权，朝士争击东林，（薛）国观所劾御史游士任、操江都御史熊明遇、保定巡抚张凤翔、兵部侍郎萧近高、刑部尚书乔允升，皆东林也。"[2]崇祯初年清查阉党逆案，他唯恐受到整肃，依附正在走红的温体仁。《明史》说："（薛）国观先附（魏）忠贤，至是，大治忠贤党，为南京御史袁燿然所劾。（薛）国观惧，且虞挂察典，思所以挠之，乃劾吏科都给事中沈惟炳、兵科给事中许誉卿，言两人主盟东林，与瞿式耜掌握枚卜。"[3]还借题发挥，说什么"皇上亦知今日之局面乎？用人不惟其贤，先论东林之异同；处人不惟其罪，先论东林之向背"。显然对清查阉党逆案有所不满，借口京察大典有党同伐异倾向，企图把水搅浑，使得阉

1 文秉《烈皇小识》卷一。

2 张廷玉《明史》卷二百五十三《薛国观传》。

3 张廷玉《明史》卷二百五十三《薛国观传》。

党漏网分子得以逃避京察。[1]这一用心朱由检也看出来了，他在薛国观的奏疏上批示："薛国观人言偶及，自有公评，不得牵引多人，扰乱察典。"[2]

遭到薛国观"牵引"的言官纷纷反击。沈惟炳驳斥薛国观的谬论，揭露他的本来面目：昔日崔呈秀、魏忠贤窃权之时，正人君子削逐殆尽，薛国观呈身附于"干儿义子"之列，得以保全。又说，"东林"乃是阉党及附逆诸臣陷害正人的一种名色，今日还沿用不变，难道要为逆党"护晚局"？[3]许誉卿针对薛国观所谓"东林主盟，结党乱政"的论调，据理反驳：臣若结党乱政，则逆珰用事时何不随众求容，而屡忤奸邪，抗疏去国？今圣上励精，明时坦荡，又有何党可结，何政可乱？"东林"二字不过书院之名而已，顾宪成曾讲学其间，现在人死骨朽。屈指顾宪成东林讲学时，臣才是诸生，有何"主盟"可言？真是痛快淋漓，把薛国观驳得体无完肤，并秉承他的一贯作风，上疏自证清白之后，拂袖辞官而去。[4]

任赞化由于弹劾温体仁而受到皇帝的谴责，有识之士纷纷为之辩护，河南巡按御史吴甡的意见最有代表性。吴甡，字鹿友，号峕愚、柴庵，扬州兴化人，万历四十一年进士。天启中由知县晋升御史，忤魏忠贤而削籍，崇祯初年官复原职。他参加御前会议后，有感而发，向皇帝谏言：

1《崇祯长编》卷十八，崇祯二年二月丁亥。

2《崇祯长编》卷十八，崇祯二年二月丁亥。

3《崇祯长编》卷十八，崇祯二年二月丁亥。

4 许誉卿《科臣被言咆哮等事》，《三垣疏稿》卷二。《崇祯长编》卷十八，崇祯二年二月己丑。张廷玉《明史》卷二百五十八《许誉卿传》。

◤ 吴甡，扬州兴化人，万历四十一年进士。天启中由知县征授御史，忤魏忠贤削籍。崇祯初起故官，累擢礼部尚书，兼东阁大学士。襄阳、荆州、承天连陷，帝令甡督师湖广。甡畏难不肯行，帝怒，遣戍金齿。

——日者恭遇召对，皇上命翰林官宣读御史任赞化论礼部尚书温体仁一疏，廷辩良久，已而谕各官各修职业。臣等退而思维，朝廷设官各有职业，惟御史为风霜之任，弹纠不法将相大臣非其人，百官有司失其职，天下之败法乱纪、伏谗搜慝者，皆得白简从事。是纠弹者言官职业也。

——任赞化素著狂直，其论温体仁，自谓职业当然。只因激于忠愤，不暇饰于文词。皇上责其秽亵，罪亦何辞，而因言获谴，遽加降调，臣窃有未安……臣恭诵明旨，为赞化惜，为体仁惜，尤为朝廷惜，何也？

赞化冷面刚肠，矢心图报，屡有建白，亦屡蒙采纳。今纠论大臣，不告以进退之义、廉耻之大，而指拾秽行，至令忠悃掩于亵词，不得其言而去。故为赞化惜也。体仁读书中秘三十余年，岂不知古之大臣一被人言，则杜门引退，是非听之公论。而争辩不休，致异议丛生，葛藤纷起，言官被斥，何以自安？故为体仁惜也。皇上弘开言路，优容直谏。乃前为体仁之疏，削章允儒，降房可壮、瞿式耜；今又为参体仁之疏，而黜赞化。一摘再摘，班行削色，播之海内，书之史册，似非美事。故为朝廷惜也。

——臣恐今后言官多所讳忌，即有得之见闻，咨访者踌躇自疑，曰得无涉于报复、邻于诬诋乎？则中道废止矣。凡被言之人巧于遮饰，皆可加以报复之名，而戆直之士讷于奏对，反日受夫诬诋之罪。设有大奸大恶，而言者杜口结舌，以赞化为戒，此小人之利，非国家之利也。[1]

吴甡看到了问题的症结，为何弹劾温体仁的言官章允儒、房可壮、瞿式耜、任赞化，一个个受到惩处，温体仁却岿然不动？长此以往，言官引以为戒，杜口结舌，非国家之利。透过现象看本质，阉党逆案虽已清查，围绕“东林”的党争仍未停息，且有愈演愈烈的趋势。接连两次御前会议，已经可以看到党争的硝烟，围绕钱谦益的论争可以感受到强烈的火药味。负责重新审理钱千秋案件的三法司官员知道问题的严重性，无不相顾惕息，如履薄冰，如临深渊。

刑部尚书乔允升会同左都御史曹于汴、大理寺卿康新民，再三严审，甚至动用酷刑，钱千秋的供词仍与先前并无二致。乔允升等只得据实奏报皇帝，皇帝要他们复审。温体仁很不满意，谴责三

◥ 曹于汴，山西安邑人，万历二十年进士。以推官征授吏科给事中，遇事敢言。天启年间迁左佥都御史，佐赵南星主京察，力扶善类，为魏忠贤所斥。崇祯初拜左都御史，有古大臣风。

1　吴甡《言官以纠弹为职业疏》，《柴庵疏集》卷四。

法司“欺罔”，竟然信口胡说“狱词尽出钱谦益之手”。这种下三滥手段激起众怒，乔允升、曹于汴、康新民强烈抗议，太仆寺卿蒋允仪、给事中陶崇道、御史吴甡等官员纷纷上疏，支持三法司的公正复审：此次审理钱千秋案，旁听者数千人，非一人一手所能遮掩。温体仁理屈词穷，无言以对，但皇帝还是按照温体仁的意思，钱谦益夺官闲住，钱千秋则死于酷刑。[1]

从万历中期出现的官僚队伍中的帮派门户之争，也就是人们习惯上所说的党争，经过天启年间的激化，似乎已经渗透到官僚队伍的骨髓之中，难以消除。一旦朝廷中发生政治纷争，人们习惯成自然地分门立户，互相攻讦。无怪乎皇帝朱由检要说：“诸臣但知党同逐异，便已肥家”。[2]这使得他陷入了难以自拔的矛盾之中，一方面告诫群臣不要结党，不要动不动就说什么“党”与“不党”；另一方面却偏听偏信口口声声指责别人“结党”而自己并非“无党”的温体仁，终于使得禁绝朋党的期望化作泡影。这两次御前会议，形象而具体地演化为党争，政坛高层的无谓内耗，从此一发而不可收。在这场内耗中，温体仁、周延儒成为最大的赢家。正如叶珍所说：“及枚卜事起而钱谦益、周延儒才名相轧，谦益必欲抑延儒使不得入黄扉。温体仁乘其隙，疏纠谦益科场旧事，上怒而加诘问。吏垣章允

1 张廷玉《明史》卷二百五十四《乔允升传》、卷三百八《奸臣传·温体仁》。

2《崇祯长编》卷五十三，崇祯四年闰十一月辛丑。

儒争救甚力，上逮而黜之，谦益亦黜归。党祸且再起，而诸臣仍泄泄，不思图实绩以回上意，惟疏攻周、温无虚日，攻愈力而上愈疑。”[1]李逊之也说：“自此（温）体仁偏以孤忠见知于上，而结党之说深起圣疑；攻者愈力，而圣疑愈深矣。”[2]

三 “欲借此以起大狱翻逆案”

崇祯朝初年的党争明显带有天启朝党争的阴影，说它是天启朝党争的延续，亦无不可。如果说，温体仁攻讦钱谦益，隐约可见前朝围绕东林的纷争，逆案中人图谋翻案的迹象还若明若暗；那么，随着袁崇焕之狱牵连到钱龙锡，群小翻案的意图已经昭然若揭。钱谦益案与钱龙锡案，表面看起来似乎各不相干，却有着内在联系。明末清初的学者夏允彝一言蔽之曰：“当袁崇焕之下狱也，攻东林之党欲借钱龙锡，以遍织时贤，周（延儒）、温（体仁）实主之。”[3]幕后策划者就是深受皇帝器重的周延儒、温体仁。

1. 袁崇焕与钱龙锡“低徊私商”

己巳之变以后，袁崇焕锒铛入狱，引发朝廷内外强烈反响。一些别有用心的宵小之徒，唯恐天

1 叶珍《明纪编遗》卷三《门户始末》。

2 李逊之《崇祯朝记事》卷一。

3 夏允彝《幸存录·门户杂志下》。

下不乱，乘机制造事端，阉党余孽显得异常活跃，推波助澜，掀起了钦定逆案以来第一次翻案风波。首先跳出来的江西道御史高捷，先前勾结阉党而遭革职，由于吏部尚书王永光的关系，得以重登政治舞台。

王永光是大名府长垣人，万历二十年进士，天启时官至户部尚书，为人强悍阴鸷，专与东林作对，遭御史李应昇弹劾，罢官而归。魏忠贤专权后，起用为南京兵部尚书，以排击东林为能事。由于党羽纳贿事发，罢官而去，所以在清查阉党逆案时得以侥幸漏网。崇祯初年出任六部之长——吏部尚书，颇为正直人士所非议。御史吴甡就两次上疏，揭露他献媚魏忠贤的老底。吴甡说：

——吏部尚书王永光两疏颂珰，皆系爵赏重典。臣窃意皇上发红本，必在处分之内，臣无可言。近见邸报，有弹冢臣者，奉“久任大臣”之旨。则非但幸免罢斥，而且过蒙倚任，臣始不能已于言矣。夫所谓“久任”者，必其人品卓荦，识力端凝，正直可以折奸萌，而谟猷可以安社稷，则倚任不可不专。

——不必缕指（王）永光罪状，而第就其两疏析之。方逆珰擅政……（王）永光有何因依，复起中枢？则以魏广微为密友，而崔呈秀为举主也。既投逆幕，委身事珰，于是宁远叙录则颂查核功，次则又颂援引宁晋之例，赞成肃宁之封军功伯爵，开逆珰僭逼之始。

——王永光以逆辅私人，窃据要地，大负国恩。今犹思护庇邪类，不自引退，恐天下之议丛生猥起，必将曰皇上愿廷臣为皋夔，而何以用媚逆之人居百官之长？必将曰皇上方刈锄逆奸，而何以留负罪之臣在班联之右？必将曰皇上方行天讨、明国宪，而何以使媚逆之人议处媚逆之案？[1]

王永光一面辩解，一面以杜门不出相要挟。皇帝未加细察，赶紧降旨抚慰王永光："卿秉铨公慎，用人持平，朕所鉴悉。部务殷繁，目前会推督抚各官尤为紧要，卿素体国急公，岂宜杜门稽误！着该司官敦趋即出，慎勿再陈。吴甡着回将话来。"[2]皇帝明显偏袒王永光，对吴甡搅局颇为不满，命他"回将话来"，示意他承认错误，给他一个台阶下。吴甡并不买账，"遵旨回话"时，口气依然很硬："自臣有朝廷除奸一疏，（王）永光胆落久矣，彼称颂二本关系爵赏重典，见臣参疏据事据法，词严义正，无可饰辩，故旁借枚卜一事，欲构陷臣，以自为解免之地。"[3]皇帝也明白吴甡所说"据事据法"，"无可饰辩"，但目前枚卜大典尚未完成，王永光这个吏部尚书不可或缺，只得将吴甡奏疏压下，"留中不发"，此事也就不了了之。

王永光有了皇帝的评语——"秉铨公慎""体国急公"，更加有恃无恐，深知欲站稳脚跟，必须

1 吴甡《冢臣媚逆有据恭请圣断处分疏》，《柴庵疏集》卷四。

2 吴甡《遵旨回话疏》，《柴庵疏集》卷四。

3 吴甡《遵旨回话疏》，《柴庵疏集》卷四。

推翻逆案；要推翻逆案，必须以审定逆案的阁臣作为突破口，才可以做翻案文章。己巳之变，袁崇焕入狱，这个时机被他们抓住了。万斯同分析得好："时逆案虽定，（王）永光及袁弘勋、（高）捷、（史）䇭辈日为翻案计。至十月，大清兵入畿甸，都城戒严。初，袁崇焕入朝，尝与钱龙锡语边事。（钱）龙锡东林党魁也。（王）永光等谋因（袁）崇焕兴大狱，可尽倾东林，倡言：我兵已入由（袁）崇焕杀毛文龙所致。（高）捷遂首攻（钱）龙锡，逐之。"[1]御史高捷、史䇭受到王永光荐引，感恩戴德，甘愿充当他的打手。万斯同说："初，御史高捷、史䇭罢，王永光力引之，颇为（钱）龙锡所扼，两人大恨。帝之定逆案也，议多出（钱）龙锡，奸党尤恶之。及袁崇焕杀毛文龙，报疏云：'辅臣（钱）龙锡为此一事低徊过臣寓。'寻上善后疏言：'阁臣、枢臣往复商榷，臣以是得奉行无失。'当是时，帝方顾（袁）崇焕，厚不为忤也。及是年十二月，大清兵薄都城，帝怒（袁）崇焕战不力，执下狱。而（高）捷、（史）䇭已为（王）永光引用。（高）捷遂上章指通款杀将为（钱）龙锡罪。"[2]

所谓"通款杀将"云云，指袁崇焕与皇太极议和、杀毛文龙之事，高捷把它归罪于钱龙锡，手法极其卑劣。他在奏疏中说：皇上赫然震怒，将督师袁崇焕逮捕入狱，京师臣民啧啧万口称颂圣明英

1 万斯同《明史》卷三百五十六《韩爌传》。

2 万斯同《明史》卷三百五十六《钱龙锡传》。

断。但目前更有令人吃惊之事：纶扉禁地竟有与袁崇焕奸逆相倚的辅臣钱龙锡，尚可一刻免于斧钺之诛？在称颂皇上英断的字里行间，充满杀机，必欲置钱龙锡于死地，他给钱龙锡安下的罪状是，向袁崇焕"发纵指示""诡寄阴谋"；毛文龙之死，是袁崇焕"效提刀之力"，钱龙锡"发推刃之谋"。所提出的证据，不过是捕风捉影的片言只语——"密语手书""低徊私商"。[1]

他在奏疏中煞有介事地写道："(袁)崇焕遣弟通款，远在数年前，其斩将翦忌，近在数月内。今敌兵岂无故而至？陛下细审前后情形，(袁)崇焕罪案自定，(钱)龙锡发纵指示，臣不胜痛心。当执缚(袁)崇焕时，祖大寿口不称冤，两日后忽起异心，殆由龙锡、崇焕所挑激。崇焕杀(毛)文龙，龙锡密语手书，不一而足，即崇焕疏中'低徊私商'语。可见外示专制，内胁至尊，因以渐成款局。两人阴谋诡计，目中尚知有天子耶？又闻，崇焕与罪枢王洽书言：'庙堂之上主款有人，文龙倘能协心一意，自当无嫌猜。'不知崇焕所欲协者何心，一者何意？崇焕效提刀之力，龙锡发推刃之谋，宜并罪。"[2]这种指控过于离奇，令人难以置信，皇帝的批示是谨慎的："龙锡忠慎，岂有此事！高捷不得过求。"[3]

其实，钱、袁二人的"低徊私商"，并非阴谋

1 谈迁《国榷》卷九十，崇祯二年十二月丙寅。《崇祯长编》卷二十九，崇祯二年十二月乙卯。

2 万斯同《明史》卷三百五十六《钱龙锡传》。

3《崇祯长编》卷二十九，崇祯二年十二月乙卯。

诡计，而是内阁辅臣与督师大臣之间例行公事。因为御前会议上袁崇焕慷慨激昂夸下海口“五年复辽”，钱龙锡有所怀疑，退朝后，到袁崇焕寓所当面请教。两人就此事有一番对话：

钱龙锡问：“子方略宜何如？”

袁崇焕答：“不外东江、关宁两路进兵尔。”言外之意是，此次出关要对东江毛文龙与关宁前线两路同时用兵。

钱龙锡不解地问：“舍关宁实地而问海道，何也？”

袁崇焕说：“譬如弈然，局中有四子，东江其一也。可则用之，不可则有以处之。”[1]

不过如此而已，哪里有什么阴谋诡计？高捷所说袁崇焕奏疏中提及“辅臣龙锡低徊私商之句”云云，是指袁崇焕引用两人之间的谈话，也不过如此：“臣昨年过都下时，九卿诸臣无不以此（毛文龙据海自恣）为虑……臣曰：‘入其军，斩其帅，如古人作手，臣饶为也。’”[2]由此可见，钱龙锡只是听取意见，并未置可否，更不是什么“发纵指示”。

因此，钱龙锡对于高捷的无端指责，理所当然地予以拒绝，立即上疏申辩：“崇焕陛见时，臣见其貌寝，退谓同官：‘此人恐不胜任。’及崇焕以五年复辽自诡，因往询方略。崇焕云：‘恢复当自东江始，文龙可用则用之，不可用则处之，易易耳。’

1 朱彝尊《文渊阁大学士钱公传》，《曝书亭集》卷六十四。

2《明清史料》甲编《蓟辽督师袁崇焕题本》。

语出崇焕口，不过一时对答之词。及崇焕突诛文龙，疏有臣低徊一语，臣念文龙功罪朝端共知，因置不理。乃何以崇焕夸诩之词，坐臣朋谋罪？”[1]为了表明心迹，钱龙锡向皇上请求罢黜，皇上下旨慰留，钱龙锡照旧视事。高捷却不依不饶，再次上疏攻击钱龙锡，措辞较前更加危切。原先以为钱龙锡“忠慎”、高捷“过求”的皇帝朱由检，此时态度发生微妙的变化，准许钱龙锡“引疾辞官”。

钱龙锡辞官而去，王永光、高捷之流目的已经达到，围绕钱龙锡的党争似乎可以告一段落。然而事态的发展出乎人们的预料，矛盾愈来愈激化。吏部尚书王永光越发活跃，一方面，对兵部尚书王洽、工部尚书张凤翼、督师袁崇焕被捕入狱表示欢呼，称之为“雷霆迭震，百僚悚惕”的“皇上之大机权”；[2]另一方面，在会推巡抚人选时，故意把列入逆案名单的王之臣，排在六名候选人的第一位，企图试探皇上的意向——“倘得点用则可渐次为翻案计”。[3]朱由检看了吏部的会推名单，犹豫不决，征询与何如宠、钱象坤一起入阁的周延儒有何看法。周延儒感到王永光的做法过于露骨，明确地表示反对：“若（王）之臣可用，诸在逆案者皆当赐环，而忠贤、呈秀亦将昭雪矣！”[4]朱由检恍然大悟，没有中王永光的圈套，点用了名单中排在第四位的翟某为天津巡抚。

1 万斯同《明史》卷三百五十六《钱龙锡传》。《崇祯长编》卷二十九，崇祯二年十二月丁卯。

2《崇祯长编》卷二十九，崇祯二年十二月丁卯。

3《崇祯长编》卷三十一，崇祯三年二月甲寅。

4《崇祯长编》卷三十一，崇祯三年二月甲寅。

2.“群小合谋，必欲借边才以翻逆案”

王永光的试探没有收到预期的效果，反而暴露了阉党余孽乘袁崇焕入狱浑水摸鱼，想要翻案的图谋。王永光的举动并非孤立的偶发事件，它反映了当时官场的某种政治动向。

当时的舆论已经注意到这种动向。日讲官文震孟在给皇上讲解经书时已经隐约触及，意犹未尽，写了奏疏，一针见血指出：群小合谋，必欲借边才以翻逆案。请看这位才子的文章：

——臣窃见，自逆奴匪茹，圣心焦劳，综核事功，须挈纲领，刑法虽峻，猜疑渐启，于事未有济也。故于“君使臣以礼”章，劝皇上培养士气，推心感人，而辨贤奸、酌用舍，尤惓惓焉。

——见群小合谋，必欲借边才以翻逆案。虽圣意持之甚坚，而奸党图之愈急。故于“子语鲁太史”一章，愿皇上剖析是非，辨别邪正。而曰一音杂而众音皆乱，一小人进而众君子皆废。盖天下容有无才误事之君子，而必无怀忠报国之小人。

——今有平生无耻惨杀名贤之吕纯如，且藉奥援而思辨雪矣。消长剥复之关甚可畏也。又见吏部尚书王永光，身为六卿之长，独蒙皇上眷注，而假窃威福，倒置用舍，簸弄朝权，擅行私臆。故于“甘誓”章言，战胜攻取，非独左右之共命，尤在六卿之得人。而曰用舍不淆于仓卒，则国是定而王灵畅；威福不假于信任，则神气振而敌忾扬。大抵皆为用人之人发也。

——又见（王）永光无事不专，而持之以狠；发念必欺，而饰之以朴，机深计巧，投无不中。人皆知卢杞之奸邪，而咸畏（李）林甫之岸谷。故以年例大典而变乱祖制，以考选公典而摈斥清才，举朝震恐，莫敢讼言。臣下雷同，岂国之福乎？

——总之，今日大小臣工……当视国如家，除凶雪耻，不当分门别户，引类呼朋。此臣一念孤忠，根于天性，九死不回者也。[1]

奏疏提到的兵部侍郎吕纯如，是试图“欲借边才以翻逆案”的急先锋，吕纯如也是阉党余孽，而王永光是他的后台老板。文秉在记录文震孟上述议论时，附带揭露吕纯如的真面目：“吴江吕纯如护送惠王之国，其复命疏，于护送太监刘兴、赵秉彝，皆极揄扬褒美，有云：‘其爱地方也，既一草一木之恐伤，而其自爱也，又一薪一水之若浼，仁声遐布，清节可师。’至归美逆贤，一则曰：‘厂臣之选材良’，再则曰：‘厂臣之率属严’云云。此系天启七年九月邸报抄传，四海共睹。而鼎湖之泣，（吕）纯如适以侍郎署中枢事，密算神通，私行改换，乘虏骑甫退之后，拟借边才以翻逆案，王永光等为之

1 文震孟《讲筵已辍疏》，《皇明经世文编》卷五百《文阁学奏疏》卷一。文秉《烈皇小识》卷一。

奥主。(吕)纯如遂首先上疏讼冤，谓：护送惠藩复命疏，未尝归美厂臣，不当列于逆案之内。且引圣谕‘须有凭据，不许借题’之旨，又谓：‘红本在御前，别本在通政司，抄案在礼科，如有厂臣二字，便甘附珰’云云。”[1]通政使章光岳与吕配合，立即封进“别本”。吕纯如气焰嚣张，言路无声，讲筵停辍。文震孟有鉴于此，特上《讲筵已辍疏》，力挽狂澜。

皇帝朱由检很重视文震孟的建言，认真地写了批示：“文某讲幄敷陈，寓规时事，知道了。所指吕纯如惨杀名贤，借援求雪，及年例变制、考选摈才等语，还着据实奏明。”[2]

既然皇上要他“据实奏明”，文震孟遵旨再奏：“臣所谓吕纯如惨杀名贤，盖指故吏部员外郎周顺昌也。当(吕)纯如为福建守道，日以谄媚税监高宷为事，比高宷窘执闽抚，激成民变，(吕)纯如与(高)宷携手同步，扬扬市廛，万口唾骂。周顺昌为福州推官，剪除税棍，抚定人心。(吕)纯如忌之，屡肆下石。后(吕)纯如投身逆珰，躐取节钺，(周)顺昌讼言攻之，语多过激。(吕)纯如遂挑怒巡抚毛一鹭。复时时走入京师，与诸用事者构成李实之疏，而(周)顺昌被逮，且榜死狱中矣。同时惨

◤ 周顺昌，苏州人，万历四十一年进士。授福州推官，捕治税监高宷爪牙不少贷。天启中征授吏部主事，迁文选员外郎，乞假归。以忤魏忠贤，为其党所诬陷，天启六年毙狱中。

---

1 文秉《烈皇小识》卷一。
2 文秉《烈皇小识》卷一。

死诸臣，所号为彻骨之清，及公忠亮直，人人心服者，以（周）顺昌为第一。其致死之由，全出于（吕）纯如，此天下所共知。今当先上疏求雪，不但变天下之是非，且摇皇上之斧钺，则恃有吏部尚书王永光为之奥援也。夫逆案之定，其主持全禀宸断，而群小营营窥阚，以为旋转圣意易于反掌，故首借边才之说进，而（吕）纯如之疏即继之，呼吸通灵，提掇如响。不然，通政司固喉舌之寄也，非大力者主之，此何等事何等人，而辄其匭以进哉？”[1]

真是一篇好文章，摆事实讲道理，把吕纯如、王永光之流的媚珰劣迹，以及他们的翻案图谋暴露在光天化日之下。文震孟敏锐地觉察到政治斗争的新动向，针砭时弊，切中要害，提醒皇帝注意阉党余孽图谋翻案的危险已经迫在眉睫。正如文秉所说：“若夫逆案之坚持不动，虽由圣断，而此疏亦不无小补矣。”[2]

朱由检一面肯定文震孟“怀忠启沃”，一面批评他“任情牵诋”，这就给王永光、吕纯如、高捷等人，留下了回旋的空间。他们利用皇上要严惩袁崇焕的心理，千方百计兴大狱，为逆案中人发泄怨气，在以“擅主和议，专戮大帅”给袁崇焕定罪的同时，又以“杀毛文龙之议龙锡实首倡之”，意欲置钱龙锡于死地，为了达到这一目的，无所不用其极。[3]

1 文秉《烈皇小识》卷一。

2 文秉《烈皇小识》卷一。

3 张廷玉《明史》卷二百五十九《袁崇焕传》。夏燮《明通鉴》卷八十二，崇祯三年八月癸亥条：“杀前经略尚书袁崇焕。先是，（魏）忠贤遗党王永光、高捷、史𡎴谋兴大狱，为逆党报仇，遂以‘擅主和议，专戮大帅’，为（袁）崇焕罪；并及故辅钱龙锡，谓‘杀毛文龙之议龙锡实首倡之’。”

崇祯三年八月初六日，山东道御史史𡏅秉承王永光的意思，无端诬陷钱龙锡接受袁崇焕贿赂数万两银子，藏匿于姻亲徐本高（徐阶长孙）家。他在奏疏中说："龙锡主张崇焕斩帅，致兵倡为款议，以信五年成功之说，卖国欺君，秦桧莫过。龙锡出都，以崇焕所畀重贿数万，转寄姻家，巧为营干，致国法不伸。"[1]皇帝接到这个奏疏，大为恼怒，令有关衙门五日内查明。锦衣卫掌印官刘侨以斩帅、主款二事审问袁崇焕，向皇帝如实报告：斩帅一事实钱龙锡与王洽以书信询问，而袁崇焕专断杀之；主款一事实袁崇焕以书信询问钱龙锡、王洽，而钱、王二人未尝许可。[2]

八月十六日，皇帝朱由检在平台召见群臣，宣布处决袁崇焕，谴责钱龙锡私结边臣，蒙隐不举，命廷臣议罪。这就给阉党余孽提供了兴大狱翻逆案的极佳时机，使其气焰十分嚣张。御史田惟嘉推荐逆案中人杨维垣、贾继春，通政使章光岳推荐逆案中人霍维华、徐杨光、傅魁等。幸亏文震孟事先有所提醒，朱由检敏锐地察觉到这是精心策划的阴谋，果断制止："逆案奉旨方新，居然荐用，成何政体！"迎头棒喝，才使得"群小沮丧，不敢妄冀"。[3]

但是，这种政治气氛给钱龙锡案的审议蒙上了党争色彩，是不争的事实。九月初三日，在长安右门南面的中军都督府召开会议，审议钱龙锡案。参

1 万斯同《明史》卷三百五十六《钱龙锡传》。文秉《烈皇小识》说："又有三盛事皆非人力可强致者。一则，锦衣徐本高之八世一品也。本高为文贞公（徐阶）玄孙。文贞前议少傅赠其曾祖父如其官，连本身四世一品矣。本高承父贞武荫，历官都督同知，际遇覃恩，亦得赠其曾祖父如其官，连本身亦恰四世一品。虽总由文贞推恩，而一人不中断，一人不重叠，恰符八世。"

2 万斯同《明史》卷三百五十六《钱龙锡传》。

3 文秉《烈皇小识》卷一。

与此次会议的有：吏部的王永光、李康先等，户部的毕自严、钱春、曹珍、康新民、崔尔进、刘重庆等，礼部的李腾芳、李孙宸等，兵部的梁廷栋、闵梦得、王之寀、郭尚言等，刑部的韩策、涂国鼎等，工部的程启南、沈演等，都察院的张捷、高弘图等，大理寺的金世俊等，以及科道官刘汉儒、喻思恂等，一共六十余人。审议的结论大致如下：袁崇焕杀毛文龙，虽钱龙锡启其端，但两次致书袁崇焕，有“处得妥当”“处得停当”之言，其意不专在诛戮可知。因此，“斩帅”是袁崇焕自己决策的过分之举。至于讲款（议和），是袁崇焕首倡，钱龙锡虽不该承担责任，但始则答以“在汝边臣酌量为之”，继则答以“皇上神武不宜讲款”。总之，两事皆自为商量，自为行止。钱龙锡以辅弼大臣关系疆场安危之大事，而不能抗疏发奸，罪责难逃。但入在“八议”[1]，宽严当断之宸衷。

字里行间已经流露出从宽发落的意思，但是有违皇上的旨意，索性把矛盾上交，让皇上自己裁定。朱由检不顾审议结论，毫不犹豫地剥夺钱龙锡的“八议”特权，下达圣旨：派遣锦衣卫缇骑逮捕钱龙锡。[2]

皇帝的这种态度，助长了群小的嚣张气焰，牵连了其他内阁辅臣，为周延儒、温体仁的崛起创造了条件。崇祯三年正月，韩爌辞职；三月，李标

1 所谓八议，即法律赋予八种减刑特权：议亲、议故、议贤、议能、议功、议贵、议勤、议宾。

2《崇祯长编》卷三十八，崇祯三年九月己卯。万斯同《明史》卷三百五十六《钱龙锡传》。

辞职。成基命升任内阁首辅，成为矛盾的焦点。锦衣卫佥书都指挥使张道濬从袁崇焕、钱龙锡交结误国，追究到内阁首辅成基命，说他“闭门高坐，巧为卸担”，应当承担不可推卸的责任。[1]在此之前已有李逢甲弹劾他“密受线索，出脱罪督”；之后又有陆澄源弹劾他“迫于正论”，“下手不及”，“称病卸担”。[2]成基命向皇上声辩，驳斥李逢甲、张道濬、陆澄源对他的诋毁，表明自己的清白。他也深知，这三个人不过是冲在前面的打手而已，后面一定有摇鹅毛扇的人物，他不下台，这帮人绝不会罢休。于是果断地向皇上请求辞职。尽管皇上再三挽留，他去意坚决，毅然离开了这个是非之地。[3]

摇鹅毛扇的人物就是周延儒、温体仁。当时内阁有成基命、周延儒、何如宠、钱象坤；到了六月间，温体仁、吴宗达入阁，于是乎周延儒与温体仁携手，倾全力排挤成基命。钱谦益说得比较含糊：“一二佥壬营进者，争为操切可喜，逢迎上意，流言布闻，谓公（成基命）委卸市德。上意虽专注，不能无动，而郎署之宵人，缇骑之恶子，乘间抵隙，交章诋公，公自是奉身退矣。”[4]万斯同无所顾忌，说得直截了当，直指“争为操切可喜，逢迎上意”并非别人，而是温体仁：“其后温体仁益导帝操切，天下遂大乱。（崇祯）三年二月，工部主事李逢甲劾（成）基命谋脱（袁）崇焕罪，故乞慎重。（成）基

1《崇祯长编》卷三十七，崇祯三年八月甲戌。

2《崇祯长编》卷三十八，崇祯三年九月乙酉。

3《崇祯长编》卷三十八，崇祯三年九月戊戌。

4 钱谦益《明故光禄大夫太子太保礼部尚书兼文渊阁大学士赠少保谥文穆成公神道碑》，《牧斋有学集》卷三十四《神道碑》。

命求罢，帝为贬（李）逢甲一秩。李标去位，（成）基命遂为首辅，与周延儒、何如宠、钱象坤共事。至六月，温体仁、吴宗达入。（温）体仁、（周）延儒最为帝所眷比，而倾（成）基命。（成）基命遂不安其位矣。”[1]“性宽厚，每事持大体”的成基命，当然不是周延儒、温体仁的对手，愤然辞官而去，周延儒如愿升任内阁首辅。

3. 黄道周力排众议

由钱龙锡案，人们看到的不仅仅是案件本身，而是围绕案件展开的政治纷争、权力抢夺，演化为逆案中人图谋翻案的一派乌烟瘴气。

却说钱龙锡辞官回到家乡松江，过着提心吊胆的日子。松江人吴震履写到自己的耳闻目睹：“崇祯己巳（二年）六月初五日，袁崇焕矫旨杀毛文龙。至庚午（崇祯三年）秋八月，上怒其擅杀，屡下明旨。海内咸若发蒙，因而知钱相国龙锡误信奸督以自误也。至十月初三日，松郡忽传缇骑之逮至姑苏矣。逮时即传驾帖，有‘若无主使之者，边臣亦何能为，亦何敢为’之语，则罪有所归。惟未经面讯，故锒铛而北。乃十一月廿七日，又奉旨云：‘逆督谋款擅杀，导虏流殃，神人共愤，乃钱龙锡实与同谋。先既面嘱，后屡书订，交结依倚，匿情长奸。

1 万斯同《明史》卷三百五十六《成基命传》。

至于面奏荫庇，尤属欺狡，辅弼亲臣岂应至是！朕据事推情，参看逆督原疏、屡供，并廷讯面鞫招情罪状，无可为饰。朕惜国体，何敢轻移成案，缓视封疆！廷议既明，会谳已确，着监候处决。’本年十二月又旨下，因（钱）龙锡男尔进有‘微臣素性谨凛’一疏也。旨云：‘逆督通谋斩帅，屡供情事甚明。这本说京中面商，及岛以前有书相及，其为私行可知。入军斩帅，疏语显然，若非通谋，宁肯任受？且前后入对，终无一言，更加曲庇，匿情饰奏，是何肺肠？’”[1]吴震履屡屡看到皇帝圣旨，“咸若发蒙”，信以为真——相国钱龙锡误信奸督袁崇焕而自误。从另一个侧面印证，群小合谋打击报复钱龙锡，若无皇帝的纵容，恐怕难以奏效。

十二月，钱龙锡在松江府华亭县家中被捕，押解入北京锦衣卫诏狱。蒙受不白之冤，钱龙锡在狱中上疏自证清白：“斩帅、讲款，本不与谋。以为斩帅一事袁崇焕自知专杀有罪，借临别时无心问答一语，为分过之地。而讲款则前有‘酌量去做’，后有‘且不要讲’之答，未尝主张其事。”[2]为了还原真相，他特地把袁崇焕的原信，以及自己的答信原稿，一并附上，以供佐证。朱由检阅后批示：“其事已有迹，命静候部议。”[3]

由于阉党余孽的打击报复，使得案件趋于复杂化，钱龙锡的处境岌岌可危，甚至有可能步夏言

1 吴震履《五茸志逸》卷二，崇祯己巳六月初五。

2《崇祯长编》卷四十一，崇祯三年十二月戊申。

3《崇祯长编》卷四十一，崇祯三年十二月戊申。

的后尘。嘉靖时期的内阁首辅夏言，由于严嵩诬陷“怨望讪上”，激怒皇帝下旨“弃市”。嘉靖二十七年十月初，六十七岁的夏言被绑赴西市，斩首示众。一人之下万人之上的堂堂首相，竟然落得这样下场，令人唏嘘不已。当时的阉党余孽妄图仿照夏言故事，处死钱龙锡，绝非戏言。万斯同写道：“时群小丽名逆案者，方日为翻案计，以永光为主，而捷、菿、弘勋、道濬佐之。周延儒以会推内阁不与，怨龙锡抑己；温体仁亦方与东林为难，遂相聚合谋，借崇焕以及龙锡，因龙锡以及诸异己者，乃指崇焕为逆首，龙锡等为逆党，更立一逆案，与前案偶。谋既定，欲发自兵部，而尚书梁廷栋初自外僚入，既许之，后惮帝英明，不敢任而止。乃止议龙锡大辟，决不待时，且用夏言故事，设厂西市以待。”[1]这毫无疑问是你死我活的政治报复。

万斯同的观点可以在清初学者朱彝尊那里找到旁证，朱分析了钱龙锡之所以“论斩”的来龙去脉：

——公（钱龙锡）始入阁，思陵（朱由检）命定附魏珰诸逆臣案，出黄罗囊示之，且曰：“（魏）忠贤一竖何能为，皆外庭力为谄谀至此。囊中章疏，悉媚阉人实迹也。”公乃取以论罪，分别重轻凡六等；又虑罪人狡辩，因请于诸臣姓

1 万斯同《明史》卷三百五十六《钱龙锡传》。

名下各注所犯，俾服其心。逆案既定，党人衔怨刺骨。

——袁崇焕经略辽东，入见帝，大言期以五年奏功。公疑焉，退而诣之曰："子方略将何如？"对曰："不外东江、关宁两路进兵尔。"东江者岛帅毛文龙也。公曰："舍关宁实地而问海道，何与？"对曰："譬如弈然，局有四子，东江其一也，可则用之，不可则有以处之。"崇祯二年五月，崇焕行边，至双岛，召文龙至……起数其跋扈，拔尚方剑斩之，声其罪置帅而返，全军莫敢哗也。

——及大安口失事，都城被围，崇焕勤王师至。廷臣多言崇焕之杀文龙，阴为主款地。思陵大疑，寻有旨，俾缒城入，下之狱，讯叛状。于是御史高捷劾公与袁同谋。崇焕既诛，御史史𡎺劾公，逮系诏狱论斩。有司设厂于西市，将用夏言故事。[1]

万斯同与朱彝尊所论不谋而合，揭示了钱龙锡案的本质，群小企图借袁崇焕牵连钱龙锡，由钱龙锡牵连其他人，诬指袁崇焕为"逆首"，钱龙锡为"逆党"，这样便可以另立一个逆案，与先前的逆案相抵消。万、朱两人都揭发了这一阴谋，但是没有点破策划者是谁。谈迁点明了策划者是周延儒、温

1 朱彝尊《静志居诗话》卷十七《钱龙锡》。

体仁，他说："初，逆珰一案，诸奸憾（钱）龙锡，欲借袁崇焕亦起一逆案以相报，因龙锡以罗及诸臣。周延儒、温体仁实主之。欲发自兵部，而尚书梁廷栋始与谋，旋悔不肯任。又上英断，不能遽起大狱也。"[1]看来这一阴谋与周延儒、温体仁关系密切，是大致可以肯定的。黄宗羲把温体仁与王永光定性为"逆案之外把持局面之小人"，他说："小人不同，有把持局面之小人，有随波逐浪之小人。虎、彪、十孩儿之类随波逐浪，吾所谓胁从者也。逆案内杨维垣、徐大化等，逆案外之王永光、温体仁等把持局面，吾所谓魁之十数人者也。逆阉既诛，逆案未定，杨维垣把持之，逆案已定，王永光把持之。皆绍述逆阉之政者也。袁弘勋、高捷、史䇇一辈小人，翩翩而进，以锢君子而抑之。"[2]这种鞭辟入里的分析令人折服，足以使人看透围绕钱龙锡案的斗争，交织着阉党余孽的翻案活动。群小欲置钱龙锡于死地，"设厂西市"——连斩首的刑场都准备好了。千钧一发之际，皇帝突然改变主意，降旨："龙锡无逆谋，令长系。"[3]把钱龙锡的死刑改为无期徒刑，使得他幸免一死，这其中有黄道周的一份功劳。

黄道周，字幼玄，一字螭若，又字细遵，号石斋，福建漳浦人，天启二年进士。崇祯四年正月，起自田间，出任右春坊右中允。他一向直言无忌，

1 谈迁《国榷》卷九十一，崇祯四年正月甲申。

2 黄宗羲《汰存录纪辨》，抱阳生《甲申朝事小纪》二编卷四。

3 朱彝尊《文渊阁大学士钱公传》，《曝书亭集》卷六十四。万斯同《明史》卷三百五十六《钱龙锡传》。

力排众议，奋不顾身为钱龙锡鸣冤：

◤ 黄道周像

黄道周，世称“石斋先生”。崇祯三年为钱龙锡辩冤，降三级调用。十一年指斥杨嗣昌等私下与清议和，连贬六级。十四年杨嗣昌故后复官。明亡后抗清，被俘殉国。

——旧史称，台省诸臣自刘瑾摧折后，不敢言者十四年。然大礼议起，抗疏廷争不避鼎镬，未有大小收声容默如今日者也。旧辅（钱）龙锡梏拲银铛，抢首狱吏，群臣相视哑无一言。书传以来所未经见，古不具论，秦汉而下，宰相有犯坐请室，不过数日。自非大逆，或裁或原，人主未尝不为引疚。

——今累辅所坐昏庸疏率，为罪督攀染耳。阁臣遥度边事，轻为附和，此于鬼薪城旦奚加乎？且疆埸事最为难料，阁臣以边事坐诛，后之阁臣必顾盼踌躇，不敢更任边事，边臣得以瑕罅卸阁臣。后边臣有事，必摭阁臣片语为质，是使纶扉之上割边境为异域也。

——自古宰相无大故而伏斧锧者，止汉刘屈氂及本朝夏言耳。今巷议谬悠，谓杀累辅为（毛）文龙报仇，朝廷自为神人抒愤，何尝计一故弁。然物情如此，则边将必骄；边将志骄，则阁臣权绌。故杀一阁臣为文龙报仇犹可，为东江叛将刘兴治树帜则不可。借一阁臣为边臣今日示前车则可，为政府异日设后阱则不可。

——陛下御极以来，辅臣负重谴者九人矣……陛下即欲威柄独运，亦何忍公孤就

◤ 刘屈氂，西汉宗室出身的丞相。因卷入巫蛊之祸的余波，被汉武帝下令处死。

戮，令四方传者谓，天朝狱吏甚贵，士绅甚贱乎？[1]

黄道周奏疏通篇晓之以理动之以情，从朝廷全局考虑，从长计议，皇帝朱由检读来颇为感动。[2]但是对疏中一句话——“今巷议谬悠，谓杀累辅为文龙报仇”，难以认同，要黄道周速行回话，作出解释。[3]其实，黄道周所谓“报仇”云云，是借用街谈巷议来影射群小企图另起逆案，以报前此逆案之仇。这毕竟是未遂的阴谋，蛛丝马迹虽已显露，却难形诸文字。皇上要他“回话”，只能含糊其词。朱由检大为不满，命他务必将前疏情事一一明白奏闻。[4]黄道周遵旨再次回话：臣本一介书生，名貌不能动人，但心存古道，从不敢随众卖声于市。累辅钱龙锡一旦瘐死，后世不察，圣主有杀辅臣之名，故冒昧沥血进谏。朱由检见他仍然回避两次诘问的要害，很不高兴，指责他“曲庇罪辅，屡行诘问，终以诡词支饰”，把他降三级调外任。[5]

黄道周秉公直言，却遭到降职的处分，引来一片嘘声。他的同事右春坊右中允兼翰林院编修倪元璐，上疏表示异议。他对黄道周的道德学问赞颂备至：“伏见原任右春坊右中允，今听降黄道周，学行双至，今代所稀。观其嫉俗多忤，至清绝尘。禁近

1 万斯同《明史》卷三百五十六《钱龙锡传》。

2 万斯同《明史》卷三百五十六《钱龙锡传》有言：“疏入，道周贬秩调外，而帝意亦为感动。”

3《崇祯长编》卷四十一，崇祯三年十二月癸亥。

4《崇祯长编》卷四十一，崇祯三年十二月辛未。

5《崇祯长编》卷四十三，崇祯三年十二月癸酉。

十年，日益贫寂，瓶鲜储粟，厨或无烟，此皆中朝所共知……其学原本六经，博极群史，旁串百氏。泽于仁义，所为文词宏深奇典，上凌数代，西汉而后莫有其俦。然又精洞时宜，务为经世有用之学。”这样一位学行双至的词臣，因申救辅臣而遭到处分，实在于理不通：“道周前因疏救旧辅钱龙锡，忤旨降调。未几，而其言卒行，是则陛下之知道周久矣。当道周抗疏之时，同辈闻之并为危栗，而道周以为惟圣主可与忠言，侃然进说，此诚至难。臣谓陛下今日用人惟当取其伉直有气者，今人多畏祸，重其身家。又间者中使衔宪四出，动以威倨上官之体，加于庶司。臣惧海内士大夫之气必化为绕柔。陛下又可不式怒蛙，重摧折之乎？”[1]皇帝找不到倪元璐奏疏的破绽，只得推说“黄道周已有旨了，不必代为陈请”，拒绝了他的请求。[2]

黄道周以自己的处分，换来了钱龙锡性命。他申救辅臣钱龙锡，合情合理合法，在舆论界形成无形的压力，使得朝廷不敢擅杀钱龙锡。《明史》说：“黄道周疏言龙锡不宜坐死罪，忤旨，贬秩调外，而帝意寝解矣”。[3]《国榷》则说：“道周疏上，(周)延儒意稍解。”[4]由此可见，黄道周的奏疏生发出强大的能量，迫使皇帝与内阁首辅不得不放弃处死钱龙锡的念头。五月间大旱，刑部尚书胡应台、刑科给事中刘斯崍等官员，请求宽宥钱龙锡。皇帝接

1 倪元璐《右春坊右中允兼翰林院编修加俸一级臣倪元璐奏为学行第一词臣宜留史局》,《奏牍》卷二。

2 倪元璐《右春坊右中允兼翰林院编修加俸一级臣倪元璐奏为学行第一词臣宜留史局》,《奏牍》卷二。

3 张廷玉《明史》卷二百五十一《钱龙锡传》。

4 谈迁《国榷》卷九十一，崇祯四年正月甲申。

受他们的请求，命有关衙门重新审理。审理的结果得到皇帝批准，钱龙锡从狱中释放，发配浙江定海卫。[1]

崇祯四年五月，钱龙锡出狱，周延儒、温体仁演出了极具讽刺意味的滑稽戏。这两名内阁当权人物，先前必欲置钱龙锡于死地，此时假惺惺去慰问，都有一番绝妙的表演。

周延儒故意在钱龙锡面前夸大其词："上怒甚，有'可谴处甚多，卿等岂能尽知'之语，挽回殊艰。"言外之意，是他周某费了九牛二虎之力，向皇上转圜，才打消了皇上的怒气。钱龙锡信以为真，对他感激万分。温体仁赶来看望，他把周延儒的话转述一番，再次表示感激之情："非公等力救，何以再生？"不料温体仁却说："皇上原不甚怒也。"意在暗示钱龙锡，并非周延儒极力挽回，其实皇上原本无意严惩。人们获悉两名内阁辅臣如此大相径庭的表态，多以为温体仁为人质直，周延儒过于虚伪。殊不知，温体仁正在处心积虑为排挤周延儒制造舆论呢！[2]

透过这一案件的层层迷雾，人们不难发现，钱龙锡不幸成为党争的牺牲品。他在定海卫的流放生活长达十二年之久，其间皇帝两次宣布大赦在押罪犯，钱龙锡都未获宽宥。其子请求输粟赎罪，适逢周延儒再度入阁当政，又遭阻遏。直到崇祯十七年

1 万斯同《明史》卷三百五十六《钱龙锡传》。

2 谈迁《国榷》卷九十一，崇祯四年五月庚辰。蒋平阶《东林始末》："（崇祯四年）五月，释故大学士钱龙锡狱，戍定海卫。龙锡出狱，周延儒即过之，极言上怒甚，挽回殊难。龙锡深德之。未几，温体仁至，龙锡因述延儒语，体仁曰：'上固不甚怒也。'于是闻者谓体仁质直，而延儒伪，亦体仁之巧于挤延儒也。嘉善钱士升为龙锡门生，闻体仁语，颇多之，而轻延儒，体仁遂与相结。"（《中国历史研究资料丛书·东林始末》，上海书店出版社，1951年，第47页）

九月，都察院右佥都御史祁彪佳上疏弘光帝，为他伸冤，才得以无罪恢复原官，回归故里。朱彝尊对此感慨系之："惟是逆案一定，党人之怨刺骨，祸机一发，几杀其身，可畏哉！观乎黄道周、祁彪佳之所陈，亦可信其无罪矣。"[1]

阉党余孽兴风作浪于前，周延儒、温体仁出谋划策于后，朱由检对此深信不疑，遂铸成错案。黄宗羲对此事件的评论是洞察入微的："逆案之徒出奇计，以边事陷君子，而阉人失势者，亦时以闾巷见闻入告。于是思陵遂疑在廷诸臣皆朋党。"[2]所谓"在廷诸臣皆朋党"，也就是朱由检所说"诸臣但知党同逐异，便己肥家"，钱谦益、钱龙锡以"结党"的罪名被整，由此可以获得索解。朱由检自以为是在打击朋党，其实效果适得其反，恰恰是在助长党争，小人气焰嚣张，君子黯然神伤。顺天府尹刘宗周在崇祯三年的奏疏中，触及时弊，批评朝政："朝处一人焉，坐之曰党；暮处一人焉，坐之曰党。犹以为未为足，特设为四面之罗，使天下之人不出于假理学，则出于假事功；不出于假忠义，则出于假气节。人主又安得有用贤之路乎？嗟乎，流寇之滋也，正臣子卧薪尝胆、同舟共济之日，而小人之不得志于官爵者，辄乘机逞报复之端，即大任有戒心焉，谓非一诋道学，不足以自脱于东林，免异日之祸，而不知其立论之舛，所关于世道人心非

1 朱彝尊《文渊阁大学士钱公传》，《曝书亭集》卷六十四。

2 黄宗羲《巡抚天津右佥都御史留仙冯公神道碑》，《南雷文定前集》卷五。

渺小者。”[1]刘宗周的洞察力是深刻的，朝廷表面上是在打击朋党，事实上是在助长朋党，堵塞用贤之路，使得政坛上假理学、假事功、假忠义、假气节恣意横流，其后果的严重性日后逐渐显现。黄宗羲说：“毅宗（即崇祯帝）亦非不知东林之为君子，而以其依附者之不纯为君子也，故疑之；亦非不知攻东林者之为小人也，而以其可以制乎东林，故参用之。卒之君子尽去，而小人独存，是毅宗之所以亡国。”[2]

黄宗羲为钱龙锡写神道碑铭，回顾晚明朋党之祸导致亡国的惨痛往事，直到易代之后，才看得清楚：

> 有明朋党之祸，至于亡国。论者亦止谓其递胜递负，但营门户，罔恤国是已耳。然所以亡之故皆不能指其事实，至于易代而后明也。烈皇既诛魏阉，列其从逆者，命宰臣司寇定为逆案。首辅韩爌伤弓之后，不敢任事，机山钱公为物望所归，首辅倚以裁决。当时从逆之徒险拙不同，拙者妒宠争妍，冰山富贵，累丸不止，为逆阉所用者也；险者去梯造谋，经营怨毒，豫留败着，资其卷土重来之计，盖用逆阉者也。例以渠魁胁从，但诛把持局面之险人，不过十余，听拙者之自去，则逆案可以不

1 刘宗周《极陈救世要义疏（崇祯庚午正月）》，《刘蕺山集》卷二《奏疏二》。

2 黄宗羲《汰存录纪辨》，抱阳生《甲申朝事小纪》二编卷四。

立。顾险人盖藏甚密，破心无路，遂使滔天括地之虐焰，滞固于鬼薪城旦之律文。公（钱龙锡）从票拟中为之点破，云以望气占风之面目，夸发奸指佞之封章，盖指杨维垣、贾继春等而为言也。[1]

谈到阉党余孽借袁崇焕案牵连钱龙锡，图谋构建新逆案，达到推翻旧逆案之目的，黄宗羲写道：

逆党之恨公（钱龙锡）者，以为不杀（袁）崇焕无以杀公，不以谋叛无以杀崇焕，不为毛帅讼冤，则公与崇焕不得同罪。于是出间金数十万，飞钳上下流言小说，造作端末。不特烈皇证其先入，朝野传告亦为信然。崇焕之磔，酣讴竟路，逆党遂议一新逆案，以泄旧案之毒。以崇焕为大逆比魏忠贤，公（钱龙锡）为次逆比崔呈秀，以及东林诸君子悉比魏广微、徐大化、刘志选之流。谋既定矣，乃逮公入狱。时相（按：指温体仁）主其事者，恐公入廷辩，真伪不可掩，传语公其趣和药，毋为崇焕续也。公仰天叹曰："我无愧于心，若冒昧自裁，皆谓我实有罪，后世谁白我者？"时相闻公就道，愕然曰："彼竟来耶。"公至廷辩侃侃，上

1 黄宗羲《大学士机山钱公神道碑铭》，《南雷文定四集》卷三。

密遣人诇其语。及谳入，芟公辩辞，而锻炼文内，拟不时处决，且令有司设厂于柴市，盖用夏文愍（夏言）故事也。上见谳词与所诇异，持其疏未下。明年，右中允黄公道周自田间来，上疏救公，反复久之。黄公降级去，上亦无意杀公矣。是年六月，释公戍定海……逆案虽未翻，而烈皇之胸中已隐然疑东林之败类。由是十余年之行事，亲小人而远君子，以至于不救。[1]

黄宗羲认为温体仁之流借钱龙锡案，妄图立新逆案，打击东林诸君子，导致朱由检亲小人而远君子，埋下了朋党亡国的祸根，可谓独具只眼之论。

四 “大奸似忠，大佞似信”：周延儒与温体仁

周延儒、温体仁在《明史》中列入奸臣传，说“庄烈帝手除逆党，而周延儒、温体仁怀私植党，误国覆邦”，又说“延儒性警敏，善伺意指”，“体仁专务刻核迎合帝意”。[2]由于他们“善伺意指”“迎合帝意”，深得皇帝朱由检的信任，先后担任内阁首辅，怀私植党，专务刻核，把朝政搞得

1 黄宗羲《大学士机山钱公神道碑铭》，《南雷文定四集》卷三。

2 张廷玉《明史》卷三百八《奸臣传》。

一塌糊涂。亲身经历者刘宗周批判二人，用了八个字："大奸似忠，大佞似信"，可谓一针见血，入木三分。他向皇上感叹道："臣于是而知小人之祸国无已时也。昔唐德宗谓群臣曰：'人言卢杞奸邪，朕殊不觉。'李泌对曰：'此乃（卢）杞之所以奸邪也。'臣每三复斯言，为万世辨奸之要，故曰：大奸似忠，大佞似信。"[1]在围绕钱谦益、钱龙锡党同伐异的斗争中，最大的获益者自然是周延儒、温体仁。这两个奸佞之臣为了整垮共同的对手，配合得十分默契，结果如愿以偿，先后进入内阁。由于权力与利益的冲突，两人的关系由先前的狼狈为奸，一变而为互相倾轧，使廷臣的党争演化为温周相轧。

1."以图大拜""以图翻局"的周延儒

早在入阁之前，周延儒就以生性警敏善于窥伺皇上旨意，颇受皇帝青睐。崇祯二年六月的某一天，朱由检一反惯例，在文华殿单独召见周延儒，从午后一直谈到深夜。此次召对与往常截然不同，没有翰林院记注官在旁记录，君臣之间究竟说了些什么，人们不得而知，徒增一层神秘气氛，引人猜疑。孙承泽以"一臣独召"四字来描述这一事件："六月，独召礼部侍郎周延儒入对，晡（按：即申时——下午三点至五点）入，漏下（按：即漏尽更深）始出。御

1 孙承泽《山书》卷九《工臣进谏》。

史李长春等言：‘皇上御文华殿，独召礼部侍郎周延儒，日西而入，星移而出。数日以来访问其语，秘密不传。所言私，王者无私。一二执政犹存，二三言官具在，岂举朝皆所不足信，惟延儒可深信乎？偏信独任既启其端，异日窥形测影，不胜多事矣。’帝曰：‘延儒屡疏请告，特召面谕，李长春不得横生猜疑。’”[1]

“不得横生猜疑”的圣旨难以阻挡人们的猜疑，敏感的言官还是揣测到了一点眉目：皇上因钱谦益案而暂停会推阁员，此番单独召见周延儒，显然有意让他入阁辅政。于是乎，言官黄宗昌、钱允鲸等，纷纷上疏抨击周延儒，试图阻遏这种可能性转化为现实。

黄宗昌（字长倩，山东即墨人），崇祯初为御史，刚直不阿，直言无忌。请求皇帝罢斥“矫旨伪官”就是显例。他所谓“矫旨伪官”，是指天启皇帝病危时由魏忠贤矫旨加官晋爵者。他在奏疏中说：八月二十二日先帝宾天，此前一天突然以“三殿叙功”加官晋爵，当时帝疾大渐，岂能安然出诏？凡加衔进秩，皆魏氏伪官。皇帝朱由检下旨：汰叙功冒滥者！黄宗昌不依不饶，争辩说：臣所纠乃矫旨，并非冒滥；冒滥犹可容忍，矫伪不可贷。随即向皇

◥ 黄宗昌，天启二年进士。授雄县令，到任后立即将境内横行不法的魏忠贤党羽全部正法。后调任清苑县令，时京城附近各县官吏纷纷为魏忠贤建造生祠，唯独清苑不建。崇祯时，官授御史，后因受排挤被降职，回乡闲居。

1　孙承泽《山书》卷二《一臣独召》。

帝呈上一份“矫旨伪官”名单，包括黄克缵、范济世、霍维华、邵辅忠、吕纯如等六十一人，请求罢免。朱由检以为人数太多，不予采纳。黄宗昌再接再厉，一举弹劾罢免逆党尚书张我续、侍郎吕图南、通政使岳骏声、给事中潘士闻、御史王珙。接着又揭发周延儒“贪秽数事”。皇帝大怒，停发周延儒俸禄半年。[1]

南京吏科给事中钱允鲸也是一个敢于秉公直言的人，以抨击逆党中人为己任。曾经纠弹原任吏部尚书房壮丽，“软习成司风纪，而台纲决裂；攀缘路熟任统均，而党附情深”；纠弹原任总督川贵兵部尚书张鹤鸣，“丧师畏避，前纠罪状已照，献媚咆哮残局，贪声转播养寇”；纠弹原任太仆寺卿张文熙，“凶险螫人，贪污丧己，伏逆珰之姻，而发纵指示”。[2]为了阻止周延儒入阁，他向皇上揭发，周延儒一向与逆案中人冯铨“腹心相倚，薪焰相传，合谋密算，冒禁夤缘”，目的有两个，一是“以图大拜”——进入内阁；二是“以图翻局”——推翻逆案。让一个妄图为阉党翻案的人进入内阁，是难以容忍的。因此钱允鲸等人向皇上指出：“群情方虑不测，忽闻皇上单独召对，语不外闻，中外群僚无不骇惧。”[3]言官们用明白无误的语言告诉皇上，周延儒是一个危险人物。周延儒立即为自己辩解：言官连章弹劾，并非臣真有可按之

1 张廷玉《明史》卷二百五十八《黄宗昌传》。

2 吴应箕《两朝剥复录》卷六。

3《崇祯长编》卷二十五，崇祯二年八月甲寅。

处，可指之条，言官所说都是莫须有之事。究其大旨，无非“大拜”“翻局”四字。实在是虑臣太深，量臣太浅。希望诸臣不要自生弓蛇之影，作骑虎之观。[1]

皇帝朱由检迫切需要一个能总理朝政的大臣，他很看重周延儒的行政才干，因此态度明显偏袒，对于钱允鲸等人的奏疏只是“报闻”而已。所谓“报闻”，就是“知道了”之类皇帝惯常用语，和不予理睬相差无几。对于周延儒的辩解奏疏，却“优诏答之”，意图很明显，给周延儒撑腰，给言官们泼冷水，要他们不得在这个问题上说三道四。言官们并不买账，再接再厉。御史刘之凤等人联名上疏，对皇上单独召见周延儒表示异议：皇上单独召周延儒入对，词臣不得与闻末议，如此旷举臣等闻所未闻。臣等共同揣测，延儒独对之时，必作飞鸟依人之状，曰：某党也，某非党也；某宜留，某宜去。又必曰：举朝无一人不欺皇上，独臣一人捐身家性命为皇上。这些当然是揣测之词，目的是以激将法，迫使皇上表态，泄露单独召对的谈话内容。但是没有奏效，皇帝只是淡然批复“不必渎奏”四个字，只字未提召对之事。[2]

事情已经非常明朗，皇帝起用周延儒的主意已定，难以动摇。果然，四个月以后，人们对此事逐渐淡忘，朱由检乘钱龙锡辞职之机，突然下达特

1《崇祯长编》卷二十五，崇祯二年八月乙丑。

2《崇祯长编》卷二十五，崇祯二年八月丙子。

旨：命周延儒以礼部尚书兼东阁大学士，入阁参预机务。次年二月，又给他加上太子太保头衔，改为文渊阁大学士。周延儒为了扩大自己的势力，极力向皇上推荐他的姻亲吴宗达（字上宇，号青门，常州武进人）、同僚温体仁入阁。朱由检也以为温体仁“孤忠可任”，下旨命温体仁与吴宗达以原官兼东阁大学士，入阁办事。[1]周温两人联手把持朝政，在审理钱龙锡案时，极力把水搅浑，指使锦衣卫张道濬攻击内阁首辅成基命，迫使他辞官而去。周延儒轻而易举地成为内阁首辅，皇帝还给他加上少保头衔，改为武英殿大学士。

正当周延儒官运亨通志得意满之际，由他引荐入阁的温体仁却在一旁窥测时机。此人的权谋术数比周延儒更胜一筹，《明史》说他对皇上“务为柔佞”，使得“帝意渐向之”；表面上“曲谨媚（周）延儒”，暗中“欲夺其位”。[2]这并不奇怪，两个奸佞之人为了对付共同的政敌而联手，是暂时的，一旦各自的权益发生冲突，必将由盟友转化为对手。

周延儒与温体仁互相倾轧的第一回合，是环绕崇祯四年春季会试展开的。《烈皇小识》记载：“（四年）二月，会试天下士。命大学士周延儒、何如宠为考试官，取中吴伟业等三百五十人”；“三月，廷试策士，赐陈于泰、吴伟业、夏曰瑚等进士及第出身有差”。[3]

1 文秉《烈皇小识》卷二：“乌程（温体仁）之参虞山（钱谦益）也，宜兴（周延儒）实佐之。宜兴既援立，所以为乌程地者甚力矣。吴宗达宜兴姻也。于是特揭二人奏请，上亦以为乌程孤忠可任，六月十一日特旨：温体仁、吴宗达俱着以原官兼东阁大学士，同首辅成基命入阁办事。”

2 张廷玉《明史》卷三百八《奸臣传·周延儒》。

3 文秉《烈皇小识》卷三。

看似很平淡的事件，内中却大有玄机。按照惯例，内阁首辅因为政务繁重，主试之事应由内阁次辅担任，周延儒以首辅出任考试官是破例的行为。科举考试是进入官场的敲门砖，考生与考官之间并无师生关系，但一旦跃登龙门，就形成门生与座主的关系，进而发展成政坛的派系。周延儒之所以亲自出马，是想收罗名士作为自己的门生，以扩大在官场的权力基础，所以秘密嘱咐各分房考官在呈卷前，偷看中式封号，从中舞弊。吴伟业的本房考官李明睿仰承周延儒之意，把吴伟业的卷子作为第一名，做了些手脚，使得吴伟业得冠多士。吴伟业得中会元，与他的父亲吴禹玉是周延儒好友，大有关系。陈于泰得中会试廷对第一名，则与他是周延儒的姻亲（连襟）大有关系。

温体仁抓住把柄，大做文章，指使他的亲信薛国观，把这些内情泄露于朝廷，御史袁鲸正准备参论，老奸巨猾的周延儒抢先一步，把吴伟业的卷子送交皇上御览。朱由检批阅后，很满意地批了八个字："正大博雅，足式诡靡。"既然皇帝已经给予高度评价，亲笔御批为会元，人们就不好再说三道四了。

不过后人追述此事时，还是道出了事情的真相："此温、周相轧第一事也"。陆世仪写道："辛未（崇祯四年）会试，（吴）伟业中会元，（张）溥与夏曰瑚又

◥ 吴伟业，号梅村，苏州太仓人，崇祯四年进士。曾任翰林院编修、左庶子等职。以诗名，著有《梅村家藏稿》《绥寇纪略》等。

联第，江西杨以任，武进马世奇、盛德，长洲管正传，闽中周之夔，粤东刘士斗并中式。主试为周延儒首相也。旧例会试主裁，元老以阁务为重，应属次辅。乃周以越例得之，大非次辅温体仁意，是以会元几挂吏议。盖延儒诸生时，游学四方，曾过娄东（太仓），与伟业之父禹玉相善。而伟业本房师乃南昌李明睿，李昔年亦游吴，馆于邑绅大司马王在晋家，曾与禹玉相善。是科延儒欲收罗名宿，密嘱诸分房于呈卷前取中式封号，窃相窥视。明睿头卷即伟业也。延儒喜其为禹玉之子，遂欲中式。明睿亦知为旧交之子，大喜悦，取卷怀之；填榜时，至末而后出以压卷。伟业由此得冠多士，为乌程（温体仁）之党薛国观泄其事于朝，御史袁鲸将具疏参论。延儒因以会元卷进呈御览，烈皇帝亲阅之，手书'正大博雅，足式诡靡'八字，而后人言始息。此温、周相轧第一事也。"[1]

◤ 孙元化，苏州嘉定人，天启二年进士。崇祯年间任登莱巡抚，因其部将叛明降清，于崇祯五年被朝廷处死。从徐光启学习火器和数学，撰写了《几何用法》《几何体论》《泰西算要》《西学杂著》等一系列科学专著，对传播和普及西学贡献尤大。

周延儒的人品卑劣，大权在握，肆无忌惮，所提拔的大同巡抚张廷拱、登莱巡抚孙元化等，都与他有不可告人的关系，引起舆论不满。他的子弟家人横行乡里，激起民愤，招致言官纠弹。他的兄长周素儒冒籍于锦衣卫，搞到个千户职位。他的家人（奴仆）一跃而为副总兵。凡此种种，都遭到舆论的

1　陆世仪《复社纪略》卷二。

猛烈抨击。[1]日积月累，终于在崇祯四年，言官们掀起了弹劾周延儒的高潮。

陕西道御史余应桂弹劾：周延儒赋性极其贪鄙而更饶机警，行事最无忌惮而独善揣摩。凡事关权位，必攘臂而裁决；若与自己权位不相干之事，即使关系到国家大计，必推诿模棱。登莱巡抚孙元化耗费军饷超过毛文龙数倍，不但毫无战功，反而使得岛兵两次哗变。周延儒千方百计辩护不休，原因何在？就是因为他是周延儒的同乡、幕僚，每月都有大批人参、貂皮、金银送到周府。周延儒居家一向贪横，兄弟占尽江南良田美宅，激起民变。对于余应桂的揭发，皇帝朱由检根本不相信，下旨谴责余应桂："延儒清贞任事，不树私交，应桂何得诬诋！"[2]

户科给事中冯元飚（字尔弢，浙江慈溪人）在奏疏中说：臣每当朝会时，见大小诸臣谈及周延儒，无不舌缩口呿，相对羞愤，而敢举以入告者不多见，何以故？原因在于周延儒可以通天，力能钳人之口，威能摄人之魄，而鸷险更能置人于死地。冯元飚对周延儒的刻画真可谓深入骨髓，皇帝朱由检却以为冯元飚是"渎奏求胜"，下旨切责。[3]冯元飚还弹劾礼部侍郎王应熊无大臣礼，应予罢黜。他敢于直言，主持正义，敢于为正直官员讲话，表彰词臣姚希孟孤忠独立，不应剥夺讲官之职；科臣赵东

1 张廷玉《明史》卷三百八《奸臣传·周延儒》。

2《崇祯长编》卷五十三，崇祯四年闰十一月庚戌。

3《崇祯长编》卷五十三，崇祯四年闰十一月癸丑。

曦正词谠论，不应剥夺言官之职。皇帝一概不予理睬。[1]御史党崇雅批评皇帝派太监四出监军，皇帝抓住奏疏中个别文字错误，予以严惩。冯元飚激于义愤，对票拟谕旨的内阁首辅周延儒颇有微词："臣闻明主受言，贵在逆耳；忠臣爱国，不顾危身。是以止辇之风千载犹烈，补牍之谊百折不回。臣伏见台臣党崇雅以中使辈出，慷慨具疏，洒洒千言。反复读之，愧臣前疏之蓄缩未尽，而服（党）崇雅之极言无隐也。乃为邸钞偶误，不加简核，仓皇认罪，率直迁疏，遂致忤旨下部院参看。臣复不胜敬慎，愿有请于皇上也。夫传报之人误抄，长安万耳万目无不闻且见者。（党）崇雅直书憨拙，忧危太过，遂莽莽入告耳。然内臣之不宜用，夫人而知之，天下凡属权宜流弊，便不可遏，数年以前可为殷鉴。（党）崇雅执法近臣，匡拂为职，若怀默不言，其罪当诛，仅字句之误，当得何罪？"[2]

山西道试御史卫景瑗（字仲玉，号带黄，陕西韩城人）弹劾周延儒，接受张廷拱贿赂白银三千五百两、琥珀数珠一挂，立即授予大同巡抚；收受孙元化贿赂貂皮人参金珠，曲为扶持；收受吴鸣虞贿赂，立即将其从户部调至吏部，皇上见其溺职，屡行降罚，周延儒庇护不已，原因在于吴鸣虞早已把常州腴田五千亩拱手相送。江南人对宜兴的周延儒家族痛恨入骨，杀其仆，焚其屋。如此翔实且有数据的揭

1 张廷玉《明史》卷二百五十七《冯元飚传》。

2 孙承泽《山书》卷四《疏救建言御史》。

发，皇帝不信，以为是“信口诬蔑”，下旨谴责卫景瑗。[1]

四川道试御史路振飞（字见白，号皓月，广平曲周人）弹劾周延儒，只知营私植党，婪贿肥家，欺君误国。以其品行卑污，心腹奸险，小忠小信，营巧构善，以济其贪，能使皇上信而不疑，实在堪称奸雄之渠魁。请求皇上立即将其罢斥，以清揆路。皇帝朱由检居然谴责路振飞“构党挟私，逞臆求胜”。[2]路振飞不服，呈进长篇奏疏，力陈时事十大弊端：一、务苛细而忘政体；二、丧廉耻而坏官方；三、民愈穷而赋愈亟；四、有事急而无事缓；五、知显患而忘隐忧；六、求治事而鲜治人；七、责外重而责内轻；八、严于小而宽于大；九、臣日偷而主日疑；十、有诏旨而无奉行。皇帝收到奏疏后，把它转给有关部门，不了了之。[3]

◥ **路振飞像**

路振飞，天启五年进士。授泾阳知县，拒建魏忠贤生祠。崇祯四年授四川道试御史。

待到毛文龙的旧部孔有德、耿仲明、李九成在登州发动叛乱，俘虏登莱巡抚孙元化时，舆论哗然，人们不约而同把矛头指向重用孙元化的周延儒。陕西道御史余应桂再次弹劾周延儒，他斩钉截

1 《崇祯长编》卷五十三，崇祯四年闰十一月丙辰。张廷玉《明史》卷二百六十三《卫景瑗传》。

2 《崇祯长编》卷五十三，崇祯四年闰十一月丙辰。张廷玉《明史》卷二百七十六《路振飞传》。

3 张廷玉《明史》卷二百七十六《路振飞传》。

铁地说：导致登州士兵叛乱的不是孔有德，而是孙元化；促成孔有德叛乱的不是孙元化，而是周延儒。朱由检依然故我，切责余应桂“恣意诋诬，亵语混渎”，把他降三级，以示惩戒。[1]

周延儒卑污奸险，而又善伺意指，致使最讲究综核名实的皇帝朱由检受到蒙蔽，以为他清贞任事，不树私交，端的是大奸似忠大佞似信也。

2. 温周相轧，阁体大坏

毋庸置疑，言官们的弹劾出于公心，温体仁在背后乘机煽风点火，使之火力愈来愈猛。余应桂说促成登州叛乱的不是孙元化而是周延儒，背后就有温体仁的影子。文秉说：“上点礼部尚书徐光启、郑以伟入阁办事。登城之变，孙元化自刎不死，孔有德等欲奉以为主，亦不可。东省之人以其不死也，遂以朱泚目之，言路欲借以倾宜兴（周延儒）。宜兴与（孙）元化同举于乡，最相昵也。时调总兵王洪、杨御蕃往剿，相持不敢进，于是转而为主抚之说。而旧岁枚卜事，一推再推，未奉谕旨。于是宜兴（周延儒）乌程（温体仁）各欲树其同志，以为薪传之计。而宜兴急欲引进者巴县（王应熊），次则上海（徐光启），乌程亦注意巴县。及首推，盖巴县（王应熊）固宜兴素所昵爱，而上海（徐光

1《崇祯长编》卷五十六，崇祯五年二月壬申。张廷玉《明史》卷二百六十《余应桂传》。登州叛乱是错杀毛文龙的必然后果，崇祯五年正月，孔有德等据登州叛乱，又称吴桥兵变，尽灭王象乾家。

启）者则宜兴因言路借登抚（孙元化）以攻之，颇有危机。”又说：“长垣（王永光）既去，闵洪学为吏部尚书，亦乌程（温体仁）人也，每事收人心以归温（体仁），有过则皆诿之宜兴（周延儒），而宜兴不觉也。登抚之变，乌程显出疏攻主抚者，以阴倾宜兴，宜兴危甚。”[1]

面对连珠炮似的穷追猛打，周延儒一再为自己洗刷，处境被动。更严重的危机是，内阁次辅温体仁在背后暗中使力，企图扳倒周延儒。吏部尚书闵洪学是温体仁一手引进的，每做一事都为温体仁收买人心，而把所有的过错都推到周延儒身上。一时间官员中捷足先登者无不奔走于温体仁门下，周延儒的亲信恨之入骨，给事中王积灿，御史刘令誉、周堪赓先后上疏讥刺温体仁。而以日讲官罗喻义的手法最为奇特。他向皇帝讲解《尚书》“惟我商王布昭圣武”一章，然后由历史讲到现实：“我皇上神武性成，大宝初登，手剪凶逆，渊谋秘策，动合兵机，可谓圣于武矣。而近日战功犹未大畅，无亦左右之者未得其人欤？”这最后一句“左右之者未得其人”，引起内阁次辅温体仁的反感，以为是在影射他作为阁臣不称职，遂利用审阅讲章的权力，强迫他删去这些文字。罗喻义固执己见，不肯屈服于强权，把讲章全文呈送皇帝，并且把事情的全过程向皇帝一一道明。

1 文秉《烈皇小识》卷三。

这份写于崇祯四年十二月的奏疏很有个性："臣派讲《尚书》'惟我商王布昭圣武'一章……俄而阁役（内阁的听差）呼召臣至阁门，久之未得见。门吏言过午，则讲章不敢进呈。臣不得已稍进求面请教，而又不得见，但趋臣削去后半段文字。夫成之数日，改之片时，势亦安能往复甚苦。臣谓臣官可去，稿不可削。遂不得已趋出也。噫，臣于此日亦大难矣，削之则寥寥数语，无以对扬吾君；不削则哓哓争执，何以勉承人意……今讲章见在御前，伏乞皇上罢斥臣身，以明臣过，并赐省览臣言，以明臣心孤立无党，度无全理，愿归身皇上，以凭进止。"下附讲章全文。[1]孙承泽全文照录以后，注释道："先是，（罗）喻义直日讲，以《尚书》'商王布昭圣武'章送阁，温体仁裁其半。（罗）喻义执不可，（温）体仁言：'旧例惟经筵多进规语，日讲则不然。今（罗）喻义以日讲而用经筵之例，非体。'下部议，令冠带闲住。"[2]

温体仁显然强词夺理，竟然将并无过错的日讲官罢官而去。文秉讽刺温体仁所说"以日讲而用经筵之例"，是奇谈怪论："日讲官罗喻义进讲《尚书》，先期草讲章送阁。内有伤执政语，乌程（温体仁）裁其半。（罗）喻义执不可，直至中堂动色而争。体仁遂出疏参之，言旧例惟经筵多进规语，日讲则正讲多，进规少，今喻义以日讲而用经筵之例。驳

1 孙承泽《山书》卷四《进讲被纠》。

2 孙承泽《山书》卷四《进讲被纠》。

改不听，自愧不能表率后进。有旨：喻义闲住。此真词林怪事，究竟所指之例，不知出何典故也？”[1]李逊之直截了当挑明温体仁之所以要删改的原因是“实恚其隐刺”。他写道：“日讲官罗喻义进书经（按：书经即《尚书》）讲章‘惟我商王布昭圣武’一节，中及时事，有‘左右之者不得其人’句，颇伤政府。正讲寥寥数言，后讲圣驾大阅，似一篇长奏疏……乌程（温体仁）实恚其隐刺，借词使正字官传改，罗（喻义）难之。正字（官）请罗（喻义）至阁面商。比至阁门，乌程坐房中，高呼他事，久不出迎。罗（喻义）待久之，怀愤直至阁中，隔板相诮，前此未有也。乌程遂具疏参云‘旧例惟经筵进规多于正讲，日讲则正多规少。今（罗）喻义以日讲而用经筵例’。驳改不听，乃下部议处。部覆云，圣聪天纵，而（罗）喻义哓哓多言，遂以闲住处之。在温（体仁）不过借题处罗（喻义）耳，若如部议，安用讲书为也！”[2]

崇祯五年六月，兵部员外郎华允诚以耸人听闻的言辞，向皇帝指出，当今时势有三大可惜、四大可忧，不加掩饰地弹劾内阁次辅温体仁与吏部尚书闵洪学朋比为奸。所谓三大可惜是指：

——当事者借皇上刚严，而佐以舞文击断之术；借皇上综核，而骋其讼逋握算之能，遂

1 文秉《烈皇小识》卷三。

2 李逊之《崇祯朝记事》卷二。

使和恒之世竞尚刑名，清明之躬浸成丛脞。以皇上图治之盛心，为诸臣斗智之捷径。可惜者一。

——率属大僚惊魂于回奏认罪，封驳重臣奔走于接本守科，直指风裁，徒征事件。长吏考课，惟问钱粮，遂使官守言责止归牒牍之繁，吏治民生尽成钩校之务。以多士修职之精神，为小夫趋办之能事。可惜者二。

——庙堂不以人心为忧，政本不以人才为重。四海渐成土崩瓦解之形，诸臣俱有角户分门之见，意见互触，议论滋烦……可惜者三。

所谓四大可忧是指：刑罚不中，铁钺倒置，一可忧；谗奸得志，忠党屈抑，二可忧；皇上以为近臣可任，而不知倖窦已开；以为内任可惟吾操纵，而不知其屈辱士大夫已如此，三可忧。他所说的第四可忧最为厉害："国家所借以进贤退不肖者，铨衡也。古者宰相之职实兼，今之阁部权太重，而易以为奸。国家罢设丞相，于是用人之职吏部掌之，而阁臣不得侵焉。今次辅与冢臣以同邑为朋比，惟异己之驱除。阁臣兼操吏部之权，吏部惟阿阁臣之意，线索呼吸，机关首尾，造门请命，夜以为常。统均大臣甘作承行之吏，加膝坠渊，惟其所欲，黜陟大柄只供报复之私，卿贰美官两手握定，而私人遍布脉暗通乎南北。封疆重寄一味游移，致覆辙相寻，忧独遗于君父。甚至庇同乡则逆党可公然保举，而白简翻为罪案；排正类则讲官可借题逼逐，而荐剡遂作爰书。皇上恶诸臣之欺，欺莫大于此矣；皇上怒诸臣之擅，擅莫专于此矣；皇上厌诸臣之党，党莫固于此矣。威福下移，举措倒置，权焰熏灼，正气消靡。”[1]

华允诚所说的“次辅与冢臣”，即温体仁与闵洪学，指责他们朋比为奸，驱除异己，保举逆党，欺罔结党莫甚于此。奏疏呈进后，皇帝朱由检以为华允诚如此大胆，必定背后有人指使，下旨切责华允诚：“妄议朝政，且牵诋不伦，是何主见？必有唆诱之者，可作速奏明。”[2]华允诚遵旨回奏，不承认有“唆诱之者”，言词更加尖锐，列举闵洪学徇私几件案例，然后指名道姓攻击温体仁，“生平纱臂涂颜，廉隅扫地，陛下排众议而用之，以其悻直寡谐，岂知包藏祸心，阴肆其毒，又有如（闵）洪学者为之羽翼，遍植私人，戕尽善类，无一人敢犯其锋者”。皇帝批示“体仁纯忠亮节”，摘疏中“握定机关”等语句，再令华允诚回奏。华允诚再次上言：“（温、闵）二人朋比，举朝共知。温育仁（温体仁之弟）不识一丁，以家赀而首拔，邓英以论沈演而谪，罗喻义以‘左右非人’一语而逐。此非事之章明较著者乎？”又“极言温体仁、闵洪学比交为奸，私沈演、唐世济等”。皇帝大怒，给华允诚罚俸处分。[3]

皇帝朱由检似乎感觉到周延儒与温体仁在暗中较量，便不露声色地作出处理：在剥夺华允诚俸禄的同时，批准吏部尚书闵洪学回籍养病，以各打五十大板的方式遏制双方互相攻击的势头。并且对周延儒、温体仁在家避风头的做法予以谴责：“辅

1 孙承泽《春明梦余录》卷二十四《内阁·纶扉药石》。

2《崇祯长编》卷六十，崇祯五年六月己丑。

3 张廷玉《明史》卷二百五十八《华允诚传》。李逊之《崇祯朝记事》卷二。按：《明史·华允诚传》说，夺华允诚俸半年；《崇祯朝记事》说，夺华允诚俸一年。未知孰是。

臣大半僵卧私第，殊非政体。”[1]温周相轧的第二回合，双方打了个平手。

3. 阁臣与太监党比

进一步的较量，如箭在弦上，势在必发。由于太监的介入，使得倾轧更趋激化。

有鉴于天启年间阉党专政的教训，朱由检即位后，撤除派往各地的监督太监，不许他们干预朝政。己巳之变后，他一反常态，任命太监李凤翔提督京营，再现重用太监的苗头，把自己当年严惩太监的谕旨抛诸脑后。

崇祯四年九月，任命太监张彝宪总理户工二部钱粮，太监唐文徵提督京营戎政，太监王坤前往宣府监军，太监刘文忠前往大同监军，太监刘允忠前往山西监军。同年十月，任命太监王应朝前往关宁监军，太监张国元前往蓟镇东协监军，太监王之心前往中协监军，太监邓希韶前往西协监军。十一月，又任命太监李奇茂监视陕西茶马贸易，太监吴直监视登岛兵饷。借口是，内外大臣不能实心任事，任用太监是无可奈何的权宜之计。此举引来有识之士的普遍反对，道理是不言而喻的。正如李逊之所说："初，上既罢内臣，外事俱委督抚。然上英察，辄以法随其后，外臣多不称任使者。二年，京

1《崇祯长编》卷六十二，崇祯五年八月辛未。

师戒严，乃复以内臣监视行营。自是，衔宪四出，动以威倨上官，体加于庶司，盖群相壅蔽矣。”[1]

尤其是太监张彝宪作为户工二部总理，凌驾于尚书之上，颐指气使，居然还要建造“总理公署”，舆论哗然。

崇祯五年刚刚晋升工部右侍郎的高弘图（字研文，号硁斋，山东胶州人），在工部办公时，张彝宪以户工二部总理的身份来访，高弘图“耻之，不与共坐”。[2]随即向皇帝进谏：“臣部有公署，中则尚书，旁列侍郎，礼也。内臣张彝宪奉总理两部之命，俨临其上，不亦辱朝廷亵国体乎？臣今日之为侍郎，侍尚书，非侍内臣。国家大体，臣不容不慎，故谨延之川堂相宾主，而公座毋宁已之。虽大拂（张）彝宪意，不顾也。且总理公署奉命别建，则在臣部者宜还之臣部，岂不名正言顺？”[3]皇帝借口“军兴饷事紧急，（张）彝宪应到部验核”，拒绝高弘图的请求。高弘图一气之下引疾求去，连上七本奏疏，皇帝谴责他“悻悻无人臣礼”，将他罢官削籍。[4]如此偏袒太监轻视大臣，南北官员愤愤不平，吕维祺、李曰辅、吴执御、魏呈润、金铉、冯元飚、周镳等，接

◥ 高弘图，万历三十八年进士。天启初巡按陕西，以忤魏忠贤罢职。崇祯中历迁工部右侍郎，削籍归。福王时以礼部尚书、东阁大学士与姜曰广协心辅政，为马士英、阮大铖所嫉，遂辞官，流寓会稽。南都、杭州相继失守，逃野寺中，绝食而死。

1 李逊之《崇祯朝记事》卷二。
2 张廷玉《明史》卷二百七十四《高弘图传》。
3 李逊之《崇祯朝记事》卷二。
4 文秉《烈皇小识》卷二。

连不断上疏，对皇帝重用太监颇有微词。

▼ 金铉，崇祯元年进士。历任国子博士、工部主事，因直言被劾回乡。崇祯末，累官兵部主事。闻甲申之变，跳金水河自尽。

工部主事金铉（字伯玉，号在六，常州武进人）说："顷内臣往二部到任，二部诸臣犹以为接皇上之敕谕，不敢不来行堂揖之故事。无妨一至此，不足为诸臣辱。今公署既已另建，势必强司属之臣匍匐于独踞之庭，即诸臣矫矫自好，当亦不为内臣屈，而其中保无暮夜多惭，寡廉鲜耻，多方结纳，以曲护其丑，自行其私者乎？此风一开，将蔑本来之堂属而不顾，而转倚内臣为地官冬官之司命，奔趋谄谀之习渐见于建署之后，亵皇灵而丧士气，宁更有甚于此者？"[1]又说：张彝宪亢颜昧心，妄自尊大，以皇上迪简之臣子，而令其磬折伛偻，将置自有之堂属，别行诬妄之仪，去不易之公庭，强抑刑余之下。[2]

工部主事冯元飚（字尔赓，号留仙，浙江慈溪人）说："圣谕以张彝宪总理户工事务，诸臣单词合词争之，而不能得。夫争之而不得，惟在诸臣深体而善承之，远必无犯祖宗交结（内侍）之条，近必无负皇上厘剔之意。皇上以为，以内察外，其弊可得。然苟不先为无弊，则其弊终不可得。臣以为其道莫如禁交谒，盖有交谒则酬酢有情面，情面渐熟，格套弥坚。乞立垂严禁，凡在廷诸臣并不许一至内臣之

1 孙承泽《山书》卷四《止内臣公署》。

2 邹漪《启祯野乘》一集卷十二《金忠节传》。

门，识内臣之面。内臣既别立公署，亦不得造两部之室，与部臣密迩。若部臣钱粮所关，均有弊端，内臣即得纠参，若其循职奉公，自关人臣分内，内臣不得荐举。不然，本欲剔弊，弊乃愈滋。使外臣冀内臣之不来，以自便私图，犹可言也；使外臣冀内臣之来，以群为蒙蔽，不可言也。”[1]他们的逆耳忠言不但没有被采纳，反而受到或降或黜的处分。

南京礼部主事周镳（字仲驭，镇江金坛人）愤愤不平，向皇上进言：“内臣用易而去难，此从来之通患。然不能遽去，犹冀有以裁抑之。今张彝宪用，而高弘图之骨鲠不可容矣。金铉之虽幸免罪，以他事中之矣。王坤用，而魏呈润以救胡良机，处矣；赵东曦以直纠扶同，处矣；邓希韶用，而曹文衡以互讦投闲矣；王弘祖以礼数怠缓，斥矣。若夫孙肇兴之激直，李曰辅、熊开元之慷慨，无不罢去。未易屈指。尤可叹者，每读邸报，半属内侍之温纶，从此以后，草菅臣子，委亵天言，只徇中贵之心，将不知所终矣！”周镳为同僚因纠参太监而遭罢斥鸣不平，想不到自己也落得同样下场——削籍为民。[2]

这些事件背后都有周延儒、温体仁的身影，由阁臣与太监朋比为奸，进而互相攻讦，一时间朝廷上下一片乌烟瘴气。周延儒指使他的姻亲翰林院修撰陈于泰，打着“陈时政四事”的幌子，指桑骂槐攻击温体仁。温体仁则指使宣府太监王坤弹劾陈于

1 李逊之《崇祯朝记事》卷二。

2 文秉《烈皇小识》卷二。

泰“盗窃科名”，牵连周延儒。于是乎温周相轧从幕后走向前台，当时有人指出：“王坤之疏及宜兴（周延儒），乌程（温体仁）实阴使之，将以倾宜兴而为首辅也。”[1]

周延儒当然不会束手就擒，立即授意刑科给事中傅朝佑（字右君，江西临川人），指责太监王坤超越职权，妄干弹劾之权，而且文词练达，讥讽挑激，必有阴险邪恶之人背后主使，明显影射温体仁在背后操纵。[2]孙承泽把这一事件定性为“内臣阁臣党比”，他说：“时传温体仁欲攫首辅，授指于（王）坤逐之”。崇祯六年二月，周延儒指使傅朝佑写了洋洋洒洒的奏疏反击：

——夫公论国之元气也，故为台谏者以天下公论为主。臣读王坤一疏，为岌岌乎有履霜坚冰之惧也。昔太祖高皇帝垂训有曰：“为政必先谨内外之防，庶得朝廷清明，纪纲振肃。”大哉王言，实万世治平之鉴。

——我皇上虑周边境，用王坤监视宣大，而未尝令其操弹劾之权，司中朝之议论也。乃一参再参，近且浸淫几于阁臣。试思阁臣之上更有何人？日进不已，长此安穷？是几于轻朝廷矣。

——纵令阁臣有过，朝廷有缺，上有典

1 杨士聪《玉堂荟记》。

2 张廷玉《明史》卷三百八《奸臣传·周延儒》。

章，下有清议。今朝廷耳目之司不乏人，及令中官漫言天下事，书之史册，其何以昭示子孙而传后世哉？臣于是不能不为首辅咎焉！

——廷臣佥谓此言者非必王坤所为也，其文词练达，讥讽挑激，是必有阴邪险人附之而起，而借王坤为发端，以尝试皇上。此臣不为阁臣一时惜，而深为国体惜，深为天下治乱之大关惜也。[1]

文章写得很漂亮。邹漪为傅朝佑立传，援引此疏，评论道："疏出，人皆诵之"，还称赞他"敢言强谏，屡批逆鳞"。[2]

代替闵洪学出任吏部尚书的李长庚（字酉卿，麻城人）率同僚上言："陛下博览古今，曾见有内臣参论辅臣者否？自今以后，廷臣拱手屏息，岂盛朝所宜有？臣等溺职，祈立赐谴黜。终不忍开内臣轻议朝政之端，流祸无穷，为万世口实。"[3]

都察院左副都御史王志道既批评"内臣越职"，也批评"辅臣失职"：

——窃惟皇上差委内臣，不过核钱粮、兵马、物料而已，原非假以大臣小臣官评吏议也。迩年以来，参疏日上，论劾渐广，内则纠科道六曹，外则纠方面督抚，又内则纠卿贰，

1 孙承泽《山书》卷六《内阁内臣党比》。

2 邹漪《启祯野乘》一集卷四《傅给事传》。

3 张廷玉《明史》卷二百五十六《李长庚传》。

今则纠辅臣矣。此臣所谓越职也。

——夫国家之设辅臣，不但责之以参赞廷议也，宫中府中陟罚臧否，皆其职掌。若使内臣纠劾方面以侵抚按之权，而辅臣不问；内臣纠劾御史以侵掌院之权，而辅臣不问；内臣纠劾六科给事中以侵掌吏垣之权，而辅臣不问；内臣纠劾卿贰执政，浸浸乎口含天宪，手持朝纲，而辅臣尚不问，则将焉用彼辅臣哉？

——且中外诸臣其纠内臣者多矣，轻者纷纷去国，重者下狱置对，而辅臣不能救也，岂入告我后不使人知耶？将欲问而不能也，抑能问而不欲耶？臣仰见皇上天地之心，内臣外臣原自一视至公也。近来内臣所纠辄蒙报可，其纠内臣者未见一行，辅臣何不举而一体言之，以成天地之公？

——今之建言者与被言者，或放归田里，犹可引分自安；或薄云降罚，犹可勉力补过。至下法司下诏狱，如马思理、高倬、王忠孝、孙肇兴等，实无不赦之罪，而有可原之情，辅臣何不一举而以解网争之，以速雨露之泽。若此一事，中外无不以之责望辅臣，而尤以之责望首辅。首辅于此必极力担当，乃或可自安，如再默默愦愦，何以仰副明主知遇，谆谆谕留之意哉！[1]

1 孙承泽《春明梦余录》卷四十八《都察院·召对王副宪纪》。王志道疏“又内则纠六曹卿贰”，据李逊之《崇祯朝记事》卷二，改为“又内则纠卿贰”。

王志道对辅臣内臣各打五十大板，皇帝很不满意。在收到奏疏的次日，即二月初八日，在文华殿召开御前会议。会议一开始，侍班官员就高喊：王志道出班跪下。皇帝对他责问道："遣用内臣原非得已，屡有谕旨，极是明白，如何又有这一番议论？昨王坤疏，有旨责他率妄大体，已存了，如何又牵扯许多说？内臣参的处了，参内臣的又处了。但是处分各官都为内臣，这等朝廷之上别无政事，都是内臣了。种种诬捏不可枚举，别的且不说，即如王忠孝臭烂米豆，人马都吃不得，他所管何事？这样的参来，该处他，也说是为内官处了，还说他临讯时不能具一餐一文。他若无情弊，为何肯放这样米豆？又如为草场处的，为军器处的，都说为内臣。又说一稍轻一独重，前两厂已几次从宽，仅止降罚盔甲厂。这番军器着实不堪，所以重处；那安民厂稍堪，所以稍轻。那掌厂臣内臣刘守乾也是一同提问的，如何止说是为内臣？又如修整城守军器，正是先事绸缪，金铉奉旨管理，连炮眼也都不开，可不误事？胡良机巡按宣大二年，不为不久，抚赏大弊毫不觉察，这也是不当处的？总是借一个题目，凑砌做作，落于史册只图好看，一味信口诬捏，不顾事理。但凡参过内臣，就是护身符了，随他溺职误事都不诛处，这是怎么说？"[1]

听了皇上咄咄逼人的谴责，王志道并不怯场，

1 孙承泽《春明梦余录》卷四十八《都察院·召对王副宪纪》。

不紧不慢解释道："神圣在上，岂容内外臣不奉公守法，其有不奉公守法者，皇上自有鉴知。止为近日内臣参劾渐广，诸臣受罪者多，外廷皆以申救责备辅臣。臣知无不言，不敢不采外廷责备之言入告。及辅臣为王坤所参，举朝皇皇，为纪纲法度之忧，臣仰体皇上好问好察无所不照，岂可使中外有纷纭之疑不以上闻。臣闽海愚材，自以为辅臣该言的臣亦该言，内臣既可纠廷臣，廷臣亦可纠内臣。其为法受罪诸臣风雨露雷，无非皇上之教，生死荣辱，无非臣子之分，臣岂敢为诸臣出脱？至臣疏中不能详慎，语多谬误，罪当万死。"

皇帝并不接受他的检讨，讥讽道："有这许多谬误来，你在朕前便说谬误，书之史册就不谬误了。"随即责问道："尔为宪臣，从来有何建白？既是知无不言，还有军国利弊大事，何不奏来？"

王志道回应道："兵马、钱粮、物料三者，实当今急务，此外未敢及。"

对于他的回答，皇帝依然不满意，紧盯不放："尔前疏只说王坤应管兵马钱粮，不该轻意侵及辅臣，这就是了，如何有许多说话？不论该处不该处，一概都是为内臣，难道朝廷事都是内臣做了？你说辅臣有言臣可无言，辅臣有言你知道么？多少关系国家大计，一件不说。只因内臣在外不便作弊，恰好有王坤一疏，便张大起来，有许多说话。分明遣内臣一事，先前面谕你都尽知，今故意借个题目，挟制朝廷，不便处你，可谓奸巧之极！"

皇帝的语气愈来愈尖锐，"挟制朝廷""奸巧之极"云云，预示王志道的厄运即将来临。内阁辅臣周延儒、温体仁、吴宗达、郑以伟、徐光启一同出班跪下求情，首辅周延儒一看苗头不对，赶紧打圆场，主动承担责任："臣等辅理无状，表率无能，在内部院各衙门，在外督抚按各官，不能尽心修职，以致封疆多事，寇盗繁兴。皇上万不得已遣出内臣，查核边备，原是忧勤图治之苦心，屡谕甚明，外廷皆知。今于皇上原无不颂服，只是臣等罪状多端，所以外廷都来责备。王志道说臣等不能申救，不能执争，也是外廷议论，他就轻率入告了。伏望皇上特赐优容，外廷愈知感颂圣德。”

听了首辅周延儒的一番话，皇帝脸色有所和缓，仍然对王志道“挟制朝廷”耿耿于怀：“朕昨在讲筵，前日在平台，面谕卿等甚明。他这等议论，正是借好名目，挟制朝廷不便处他。”

周延儒继续帮王志道求情：“生杀予夺听命皇上，朝廷处人，谁敢挟制？适蒙圣谕诘责，王志道种种诬捏情罪甚明，原是该处，只是他的本心原非敢议论朝廷，亦不是专为内臣，其意只是责备臣等溺职，臣等原实有罪，义当任受。伏祈皇上委曲宽宥，外廷人心自皆帖然，决不敢再有烦嚣渎扰圣怀。”

皇帝依然坚持自己的观点：“各人分内职掌不修，假借虚名，张大其说，占一个好地步，再不管朝廷事体若何，此是何心？似这样人品可堪宪纪，表率诸御史，可使得么？”随即命跪在地上的辅臣起身，归班承旨。他沉思良久，作出处理结论：“疏中诬捏款项还说不尽，本该拿问，念辅臣屡次申救，候旨起去。”[1]

1 孙承泽《春明梦余录》卷四十八《都察院·召对王副宪纪》。孙承泽《山书》卷六《辅臣内臣两失》所记略同，文字稍有出入。

御前会议结束，王志道得到的圣旨是“革职回籍”，已经算是从宽发落了。对于王志道的革职处分，周延儒有苦说不出，他敏感地察觉到皇上已经对他有所厌恶。皇帝在召对时，对他说了一句意味深长的话：“卿昨辩王坤疏，日后录入史书，甚是好看！”话中夹带讥讽之意，一向善于言辞的周延儒竟然无言以对。机敏的温体仁从中听出弦外之音，极力促使皇上早日下决心罢黜周延儒，故凡与周延儒为难者必暗中相助，凡为周延儒帮腔者都予以黜革。[1]

温体仁终于抓住了一个绝妙的机会。事情是由温体仁嗾使给事中陈赞化弹劾周延儒“招权纳贿”引起的。周延儒辩解后，陈赞化再上一疏，爆出一条惊人的罪状。周延儒曾经对前辅臣李标说：“上先允放，余封还原疏，上即改留，颇有回天之力，今上羲皇上人也。”[2]这无疑是一个重磅炸弹，周延儒狂妄到自以为有回天之力，把皇帝看作任人摆布不明时势的羲皇上人（伏羲氏以前的远古人）。这一招果然厉害，激怒了皇帝。平心而论，朱由检根本不是“羲皇上人”之类的庸主，他励精图治，事必躬亲，怎能容忍辅弼大臣如此轻蔑！立即追究陈赞化，此话从何处听来？陈赞化举出上林苑典簿姚孙渠、给事中李世祺、湖广副使张凤翼为人证，使得周延儒无法抵赖。

1 杨士聪《玉堂荟记》。

2 文秉《烈皇小识》卷三。李逊之《崇祯朝记事》卷二。谈迁《国榷》卷九十二，崇祯六年三月辛亥。

妄言皇帝是“羲皇上人”，毫无疑问是欺君罔上的大不敬罪，周延儒的处境岌岌可危，不得不低声下气向足智多谋的温体仁求援。温体仁不但不拉他一把，反而落井下石，迫使周延儒不得不“引疾乞归”，自己则巧妙利用票拟职权，代皇帝拟旨“准予休告”。周延儒以一种体面的方式罢官，在行人司官员护送下，返回家乡宜兴。[1]李逊之评论道：“（崇祯六年）六月，（周）延儒予告回。始，温体仁将夺其位，王坤疏参周，时体仁无一语相助。于是（陈）赞化屡疏，即‘羲皇上人’一语穷究不已。体仁知上意已移，凡与周为难者必阴助之，而助周者皆黜，周遂放归。”[2]文秉说得更为透彻：“六月，大学士周延儒罢。陈赞化复疏参宜兴（周延儒），宜兴循例请罢，第三疏拟邀谕旨即出。乌程（温体仁）心图首辅，巧用机权，准予休告。旨下出其不意，宜兴殊不能堪，乃谋于内，召桐城旧辅（何如宠）以压之。宜兴在政府，每借力于内，以示其威权。其语人也，辄以喜怒不测归之圣意，而实阁中之权尽归于中涓矣。是阁体之坏，自宜兴始也。”[3]因此，孙承泽说“内臣阁臣党比”，是切中要害之论。

温体仁与周延儒互相倾轧的结果，最终以温体仁棋高一着获胜。夏允彝的评论颇堪回味：“（温体仁）始而与周（延儒）深相结纳，固力助而且援之以进。

1 张廷玉《明史》卷三百八《奸臣传·周延儒》。文秉《烈皇小识》卷三。

2 李逊之《崇祯朝记事》卷二。

3 文秉《烈皇小识》卷二。

◤ 夏允彝，夏完淳之父，松江华亭人，崇祯十年进士。与同郡陈子龙、徐孚远等人结成“几社”，与吴中著名文学团体“复社”相应和。任福建长乐知县，革除弊俗。弘光元年，清军进攻江南，夏允彝与陈子龙等在江南起兵抗清，兵败后于同年投水而死，时年五十岁。著有《幸存录》等。

及周为大珰王坤所排，举朝争之，而温无片言相助。及科臣陈赞化纠周去之，凡与周为难者，温皆援之以进，助周者皆屈焉。盖周之去实温挤之也。”不过他的手脚做得很干净，不露痕迹。“但因事图之，使其机自发而发，上不疑也。无识者遂谓温于各辅自胜，然其忮刻阴险，自非端人。”[1]温体仁比周延儒更加忮刻阴险，更加精通权谋术数，他成为内阁首辅之后，朝政愈发趋于低迷。

五 “崇祯皇帝遭温了”

1.“内阁翻成妓馆”

周延儒罢官而去，心中深恨温体仁的排挤，利用廷臣不愿温体仁当权的心理，劝导皇帝召回已经退休在家的何如宠，遏制温体仁升任内阁首辅的势头。皇帝接受了周延儒和其他廷臣的意见，召回何如宠，崇祯六年七月初一日，给吏部发去谕旨：“旧辅何如宠忠诚端亮，未竟鸿猷，且闻前恙久已平复。今时事多艰，亟须元臣匡济，便差官召来，同（温）体仁夹辅，协恭佐理。”[2]

何如宠，字康侯，安庆桐城人，万历二十六年

1 夏允彝《幸存录》。
2 孙承泽《山书》卷六《起用旧辅》。

进士，由庶吉士累迁国子监祭酒、礼部右侍郎。天启五年廷推左侍郎，魏广微借口何如宠与左光斗同里友善，夺职闲住。崇祯元年起用为礼部尚书，次年十二月，与周延儒、钱象坤俱以本官入阁辅政。己巳之变后，皇帝本欲族诛袁崇焕，何如宠极力申救，免死三百余口，累加少保、户部尚书、武英殿大学士。他在内阁任职的一年半时间里，亲眼目睹周延儒与温体仁的明争暗斗，深感无能为力，九次上疏乞休。回家以后，语重心长地劝皇上常看《资治通鉴》，以古今理乱忠佞史事为鉴，隐约流露出对温周倾轧的不满。现在要他入阁充当第二个周延儒，牵制温体仁，自知无此能耐，绝非温体仁的对手，赶紧以老而有疾辞免。皇帝不准，只得从桐城起身北上，行至中途，又具疏恳辞。[1]

刑科给事中黄绍杰激于义愤，向皇帝进谏，希望温体仁主动引咎辞职：

——汉世灾异，策免三公，宰执亦引罪以求罢。今者久旱，陛下修明政治，纳谠言，可谓应天以实矣。而雨泽不降，何哉？天有所甚怒而不解也。次辅温体仁者秉政数载，上干天和，无岁不旱暵，无日不风霾，无处不盗贼，无人不仇怨。[2]

——从来君子小人不能并立，（何）如宠徘

1 张廷玉《明史》卷二百五十一《何如宠传》。孙承泽《山书》卷六《起用旧辅》。

2 张廷玉《明史》卷二百五十八《黄绍杰传》。

徊瞻顾，则次辅（温）体仁当知所自处矣。自体仁为相，水旱洊臻，盗贼充斥，燮理固如是乎？秉政既久，窥旨必熟，中外诸臣承奉其意，用一人则曰：此与体仁不合也；行一事则曰：此体仁所不乐也。凡此皆召变之由，乞命体仁引咎辞位，以无妨贤路。[1]

明眼人一看便知，黄绍杰敢于如此露骨谴责温体仁，背后肯定有周延儒在摇鹅毛扇。此举引起皇帝的不满，把黄绍杰降调外任。温体仁火上浇油，指责黄绍杰"别有指授"。黄绍杰反唇相讥："廷臣言事，指及乘舆，犹荷优容，一字涉体仁，必遭贬黜。谁不自爱，为人指授耶？"为了论证他的主张——"命体仁引咎辞位"，他列举温体仁的罪状："东南不肯设立总督，庇兵部侍郎彭汝楠，致失机宜。用贪秽胡钟麟为职方郎，而黜李继贞。嘱尚书闵洪学起私人唐世济为南京总宪，锢正人瞿式耜等。庇姻娅沈棨为宣抚，私款辱国。庇主考丁进，从宽磨勘。"进一步说明他之所以弹劾温体仁的缘由："臣所仰祝圣明，洞烛体仁奸欺者，其说则有两端：下惟朋党一语，可以钳言官之口，挑善类之祸；上惟票拟一语，可以激圣明之怒。"温体仁为自己辩解，黄绍杰继而爆料：温体仁接受铜商王诚贿赂，其长子接受巡抚沈棨及两淮盐商高钦顺等贿

1 孙承泽《春明梦余录》卷二十四《内阁·辞召不赴》。孙承泽《山书》卷六《起用旧辅》。

赂，数以万计。温体仁用王治为总管，东南之利皆其转输。他的私第两次被盗，失窃黄金宝玉无数，隐匿不报。[1]

事情闹得沸沸扬扬，使得徘徊不前的何如宠更加不敢奉召，执意坚辞。于是乎，温体仁得以顺利升任内阁首辅。

劣迹昭彰的温体仁得到皇帝重用，舆论为之哗然，京师民谣“崇祯皇帝遭温了”，集中体现了当时的舆论动向。此“温”即温体仁，取“温”与“瘟”谐音之义，意为崇祯皇帝受温体仁蒙蔽，如同“遭瘟”一般。请看计六奇的说法：“初，崇祯三年，温体仁相，京师童谣云：‘崇皇帝，温阁老。’七年，为首相，京师又有谣云：‘崇祯皇帝遭温了。’皆取温、瘟同音之义，俱不吉兆。由是用人不当，流寇猖獗。”[2]岂止是“用人不当”而已，温体仁排斥正人君子，信用宵小之徒，甚至内阁也是如此，王应熊、吴宗达都是他的应声虫。

京师另一民谣也在“温”“瘟”二字上做文章，话说得更加尖酸刻薄：“内阁翻成妓馆，乌归王巴篾片，总是遭瘟（温）。”请看文秉的说法：“温体仁乌程籍归安人，王应熊巴县人，同恶相济；吴宗达奉行两人意旨，毫无短长，时目为篾片。适礼部尚书黄士俊丁未状元，左右侍郎孔贞运、陈子壮，己未榜眼探花。京师为之语曰：‘礼部重开天榜，状元榜

1 张廷玉《明史》卷二百五十八《黄绍杰传》。

2 计六奇《明季北略》卷十《童谣》。

眼探花，有些惶恐（黄孔）。内阁翻成妓馆，乌归王巴篾片，总是遭瘟（温）。’一时传以为笑。虽云出轻薄少年手，然赫赫师尹而令人鄙夷至此，其生平可见矣。”[1]文秉以为这些谣言出于轻薄少年之手，其实不然，如此高度政治化的官场描摹，入骨三分的人物刻画，那里是一般轻薄少年说得出来的？它的妙处在于，以一种近似嬉笑怒骂的语调，揭示朝廷内幕。

所谓“乌归”（谐音乌龟），指乌程籍归安人温体仁。在晚明士人看来，此人专与东林、复社君子作对，怀疑他是阉党余孽。前面已经提及，江西道御史毛九华揭发，阉党分子在杭州为魏忠贤建立生祠，他率先为魏忠贤歌功颂德，有“明德鼎馨”一类肉麻词句；阉党分子在杭州为魏忠贤生祠“迎像”那天，温体仁父子匍匐前驱，赋诗赞颂。晚明的党争似乎由沈一贯的“浙党”发端，但以后的演化则与沈一贯无关。全祖望为沈一贯写“画像记”，对此有所分析：“康熙己未（十八年）之慨史局也，秉笔诸公欲痛抑沈文恭公（一贯），以为亡国之祸由于党部，党部之祸始自文恭。时吾里中预史事万徵君管邨（斯同）颇平反之，以为由其后而言。一变而为崔（呈秀）、魏（忠贤），再变而为温（体仁）、薛（国观）、杨（嗣昌）、陈（演），三变而为马（士英）、阮（大铖）。清流屏尽，载胥及溺，而温（体仁）则文恭门下也，东

1 文秉《烈皇小识》卷四。

林诸子所以尤憾文恭。然此乃流极之运，未可尽归之一人……管郚之说盖亦天下之公言，非有私于乡曲。”[1]应该说，万斯同、全祖望的看法是持平之论，晚明党争由崔魏到温薛再到马阮，一以贯之。温体仁专以东林、复社为敌，如果说温体仁推行没有魏忠贤的魏忠贤路线，也毫不为过。

所谓王巴（谐音王八），指四川巴县人王应熊（字非熊）。此人以善于迎合帝意，而深得皇帝好感。皇帝派遣太监四出监军，遭到许多廷臣批评，王应熊却对皇帝此举大力赞扬，责备诸臣不肯任劳任怨：“圣明焦劳求治，何一不倚信群臣？乃群臣不肯任劳怨，致陛下万不获已，权遣近侍监理。书之青史，谓有圣明不世出之主，而群工不克仰承，直当愧死。且近日诸臣不知职掌何事，有举《会典》《律例》告之者，反讶为申韩刑名。故今日诸臣之病，非临事不担当之过，乃平日未讲求之过也；今日诸事之坏，非因循于夙习之过，实愆忘于旧章之过也。”这显然是在拍马屁，正如万斯同所说：“语皆迎帝意，遂蒙眷注。”[2]

这是他飞黄腾达的第一步，第二步则得益于温体仁的提携。崇祯五年晋升为礼部左侍郎，正拟调任吏部侍郎。言官冯元飚揭发他贪污、请寄等劣迹，极力阻止。王应熊一面诋毁冯元飚为朋党，一面力辞吏部侍郎。冯元飚再次弹劾王应熊，说官员

1 全祖望《鲒埼亭集》外编卷十九《沈文恭公画像记》。

2 万斯同《明史》卷三百五十七《王应熊传》。

的升迁予夺来自朝廷，推举来自舆论，今日请辞，明日觊觎，眼里还有祖宗法度吗？王应熊“溪刻强狠，人多畏之”，温体仁看中他的正是这一点——“欲引以自助”。[1]崇祯六年冬，廷推阁臣，王应熊因声望不佳，不在会推名单之中，由于温体仁的援引，皇帝特旨提拔他为礼部尚书兼东阁大学士，入参机务。如此违反操作规程的任命，引来朝野骇异。吏科都给事中章正宸（字羽侯，号格庵，浙江绍兴人）表示强烈反对：“（王）应熊刚愎自用，纵横为习，小才足以覆短，小辨足以济贪。今大用，必且芟除异己，图去善良，报复恩仇，混淆毁誉，况狼藉封靡伦于市行。愿收还成命，别选忠良。且讹言何所不至，谓是左右为缘，故倚他途以进，使天下熏心捷足之徒纷骋而起。”[2]这分明是在批评皇帝不能辨别忠邪，用人不当。皇帝勃然大怒，下旨将章正宸关入诏狱，削籍为民。被讥讽为与温体仁“同恶相济”的王应熊就是这样进入内阁的。

吴宗达，字上宇，号青门，常州武进人，万历三十二年进士，名列探花。崇祯三年入阁。文秉说他奉行温体仁、王应熊两人意旨，毫无短长，被人称为篾片。所谓篾片，嘲讽此人毫无骨气，可以任意弯曲，人称“与温体仁同相六年，多所依赖”。[3]

此后进入内阁的孔贞运、黄士俊、贺逢圣形同傀儡，不过为温体仁“伴食”而已。[4]民谣说“内

1 万斯同《明史》卷三百五十七《王应熊传》。

2 李逊之《崇祯朝记事》卷二。万斯同《明史》卷三百五十七《王应熊传》。

3 曹溶《崇祯五十宰相传·宰相列传六·吴宗达》。

4 万斯同《明史》卷三百五十七《孔贞运传》：“（孔）贞运，句容人，至圣六十三代孙也……九年六月与贺逢圣、黄士俊并入内阁，体仁、至发迭为首辅，三人者伴食而已。”

阁翻成妓馆，乌归王巴篾片，总是遭瘟”，是毫不为过的。

当时的有识之士对此是不满意的。给事中孙晋说："乃近王志道以大吏而膺显黜，遂觉一时顾忌之念重，而谏诤之意衰，不愿为鸣凤，愿为寒蝉。此无他，以皇上之喜怒为言路之通塞耳。臣窃虑之，古人一言出而能令天子改容，大臣避舍，虽其上之重言，亦言者之有以见重。今则庸庸若此，又何怪乎蒙讥之礼臣至比弹章如蝉鸣蛙鼓，而莫之忌耶！此臣愿皇上于省繁之中，更有以作敢言之气，而并以是为诸臣一正告也。”[1]

山西提学佥事袁继咸说："乃若谏官以言为职者也，古昔宰相上殿，则谏官随之，其敢谏能言者，有琴瑟钟鼓以和其心，有黄金厩马以旌其宠，惟不言则有墨刑。言而被罚，此衰世事，非兴朝所宜有也。近见科臣李世祺以论辅臣温体仁、吴宗达等，皇上既降罚之矣，复罪及考选之铨臣吴鸣虞。夫（李）世祺所言当与否，天下自有公论，即（吴）鸣虞律身汶汶降调，亦不足惜，所可惜者非祖宗选用谏言初意耳！”[2]

◥ 袁继咸，江西宜春人，天启五年进士。崇祯七年任山西提学佥事，后累擢兵部右侍郎，兼右佥都御史，总督江西、湖广、应天、安庆军务，驻九江。弘光元年南都伪太子事起，左良玉起兵至九江，继咸诣其舟，正色折之，良玉约不破城，驻军候旨。会良玉死，继咸劝良玉子梦庚旋师，不听。梦庚及继咸旧部郝效忠降于清，执继咸北去，继咸不屈而死。

1 孙承泽《山书》卷六《培养人才》。
2 孙承泽《山书》卷六《维廉耻振气节》。

2. 推举逆案中人吕纯如

温体仁为了控制吏部这一要害部门，看不惯现任吏部尚书李长庚，必欲去之而后快。当时正在议论起用天启朝罪谴诸臣，刑部上报的名单皇帝尚未批复，温体仁欲加罪于李长庚，百般催促他赶紧上报任用名单，同僚劝他，应当在皇上批复下达后再上报名单。李长庚迫于温体仁的催促，不知是计，贸然呈上名单，胪列一百十六人。皇帝看了大为光火，以“屈法徇私，朋比欺蒙”为由，把他革职为民。[1] 于是乎出现了吏部尚书空缺的局面。

崇祯七年八月二十一日，皇帝在平台召开御前会议，举荐吏部尚书人选。他开宗明义说明会议的主旨：“吏部尚书乃用人的官，须要择天下第一才品。若据会推故套，不过精心、定力两语混题，止须一二人把持足矣，何名会推？卿等各举所知。”

内阁首辅温体仁说：臣等先举荐，恐怕诸臣观望，俟诸臣举荐后，方才举荐所知人选。吏科给事中卢兆龙等也说：科道官照例不举荐，如有举荐不当的，方才进行纠劾。定国公徐允祯等元老也说：臣等照例不参与推举文官。皇帝随即叫太监给每位官员纸笔，书写候选人姓名。于是诸臣退下，各自书写候选人姓名。

1 文秉《烈皇小识》卷二。

名单五花八门，元老们推举原任吏部尚书王永光、南京吏部尚书谢陞、兵部尚书张凤翼、戎政尚书陆完学、刑部尚书胡应台。礼部右侍郎贺逢圣推举同乡胡应台，户部尚书侯恂推举南京户部尚书郑三俊，礼部尚书李康先与兵部尚书张凤翼推举侯恂，大理寺卿朱大启推举谢陞、唐世济等。最奇特的是礼部右侍郎陈子壮，推举其师内阁大学士王应熊，如高拱故事，以大学士兼吏部尚书，引来一片哂笑。最值得注意的是吏部左侍郎张捷，推举逆案中人吕纯如，以及南京都察院都御史唐世济。待诸臣推举完毕，内阁辅臣才一一表态，温体仁与钱士升推举谢陞，王应熊推举唐世济，何吾驺推举侯恂。对于推举现任大臣，皇帝表示：现任官各有职掌，不必推。随即询问谢陞、唐世济的人品，最后提及吕纯如，问道：吕纯如是逆案中人，且问科道官有何看法？吏科给事中卢兆龙首先表示反对，工科给事中孙晋、兵科给事中蒋德瑗、御史金光宸、韩一元等相继表示反对。唯独河南道御史罗元宾沉默不语。张捷固执己见，信誓旦旦地说：如果任用吕纯如不效，臣愿同罪。皇帝一锤定音：既是逆案中人，不用也罢。[1]

◥ 陈子壮，广东南海人，万历四十七年进士。授编修，天启末忤魏忠贤削籍。崇祯初起故官，累迁礼部右侍郎，以言事除名下狱。永明王朱由榔立于肇庆，授子壮东阁大学士，兼兵部尚书，领兵攻广州，兵败被执，不屈而死。

孙承泽关于御前会议的记载，就是如此，给人

1　孙承泽《春明梦余录》卷三十四《吏部·附载》。孙承泽《山书》卷七《举荐冢臣》。

的印象，似乎是一场很平静的讨论。不知什么缘故，他忽略了许多细节，这些细节表明，会议其实很不平静，充满了火药味。

我们不妨看看别的史家笔下的御前会议实况。

会议一开始，皇帝朱由检说明今天召对的用意："吏部尚书乃用人的官，须要择天下第一才品。若据会推故套，不过精心、定力两语混题，止须一二人把持足矣，何名会推？卿各举所知来！"

主持部务的吏部左侍郎张捷说："臣昨辞部印，正为会推一事。年来诸臣党同伐异，误尽朝廷。在外会推，自然瞻顾局面，孰敢犯忌？今蒙皇上召对，谕臣等各举所知，务得天下第一才品，须不论方隅，容臣等破格推举。"他所说的"不论方隅""破格推举"云云，是话里有话的，为他推举逆案中人吕纯如做铺垫。

朱由检说："立贤不以其方，卿等举来。"

于是勋戚大臣退入殿西室，文臣退入殿东室，书写名单。张捷在下笔时彷徨四顾，大学士王应熊在一旁目不转睛地盯着，同僚感到有些蹊跷，好奇地问他所推何人？张捷因为事先得到温体仁的授意，并得到王应熊的支持，有恃无恐，直言不讳地说："吕纯如！"这和诸臣的推举大相径庭，他们推举的无非是郑三俊、唐世济之类。张捷振振有词地说："总宪（都察院左都御史）世济可，冢宰（吏部尚书）非纯如不可！"

待到皇帝召对时，张捷抢先报告："臣已举两人，但此两人举朝所不欲用者。"说罢把名单递给皇帝审阅。

朱由检问："科道官为何不举？"

吏科都给事中卢兆龙回答："会推大典，科道例无保荐九卿，推举当，则听皇上点用，不当者臣等纠参。”他似乎察觉到有什么异样，要充分运用科道官的监察权，所以置身于推举者之外。

朱由检颇以为然，随即拿起御案上的名单细看起来，顿时疑惑，责问道：“吕纯如是钦（定逆）案有名的，张捷如何举他？”

张捷答辩道：“吕纯如有才品，臣所深知。钦案列名，谓其颂美逆贤（魏忠贤）。今红本具在，并无一字相及，岂可坐以颂美。”这显然是指责当年钦定阉党逆案与事实不符，不足为凭。如果此端一开，翻案风随之而来，后果不堪设想。

朱由检自然明白其中的利害关系，毫不松口：“他已曾辩过，但不可开端。”随即把目光转向科道官：“科道官如何说？”希望由科道官来驳倒张捷推举吕纯如的主张。

吏科都给事中卢兆龙说：“诸臣荐举，各有本末，抑听圣明裁夺。至张捷所举吕纯如，系钦案有名，臣等正拟纠举。适蒙圣谕，已有明鉴，臣等不敢复有争执。”

张捷自以为有温体仁、王应熊撑腰，口气很硬，不同意卢兆龙的说法，反驳道：“臣实见吕纯如清执可用，今弃之草野，实为可惜。”

御史张三谟反对张捷的说法：“廷推冢臣，所关甚重，即使事非钦案，亦须昭雪。吕纯如生平贤否，姑且勿论，业已身负重累，何以服人？况钦案久定，此端一开，渐何可长！”

张捷继续辩解：“臣实知吕纯如是真贤者，故从公推举。即在钦案中，亦须分别。倘皇上用之不效，如李长庚削职，臣亦与同削职，或处分更有甚于此者，臣亦甘与同罪。”又说：“小民作奸犯科，朝廷五年大审，每年熟审，惟恐其冤。何况大臣，如何冤得？”

工科给事中孙晋认为张捷的比喻大有问题，更不认为吕纯如蒙冤的说法："张捷如此如何比拟？今日皇上郑重冢臣，特召诸臣公同咨询，乃以开释罪囚相喻乎！"

卢兆龙反驳张捷的狡辩："臣任清江知县时，记得吕纯如护送惠藩之国，沿途骚扰。只此一事，已见无才。况屈身逆贤，其品可知。"

在场的给事中姚思孝、顾国宝、蒋德瑗、吴南灏等，御史金光宸、韩一光、杨绳武等，都纷纷抨击张捷，郑重表态："吕纯如身在钦案，断不可用！"

张捷仍然呶呶置辩，给事中姜应甲大声叱责："张捷所举如此，心事可知，还敢在皇上前巧辩！"

朱由检看到科道官一致反对推举吕纯如，便命张捷下去。随即询问在一旁的一声不吭的温体仁有何意见？温体仁冷冷地吐出三个字："谢陞可。"

见内阁首辅表态，工科给事中范淑泰立即弹劾内阁次辅王应熊与张捷"同谋党附"；刑科给事中吴甘来弹劾张捷"冀翻逆案"。朱由检接受这些意见，责成张捷改日回奏。[1]

明日圣旨下：以南京吏部尚书谢陞为吏部尚书，南京都察院都御史唐世济为左都御史。

这一事件，表面看来似乎是张捷的个人主张，揭开帷幕一看，大谬而不然。言官们已经识破张捷是在王应熊支持下，通过推举吕纯如，试探皇帝的

1 文秉《烈皇小识》卷三。李逊之《崇祯朝记事》卷二。《崇祯实录》卷七，崇祯七年八月甲戌。

底线，妄图推翻钦定逆案。不过实际情况比言官们所了解的要复杂得多，幕后策划者竟然是内阁首辅温体仁。李逊之言之凿凿："时王应熊故善（吕）纯如，又与（温）体仁相比，故体仁阴主之，而令发自张捷。不虞上之坚持也。给事吴甘来、范淑泰交章劾（王）应熊、（张）捷同谋党附，冀翻逆案。上不听。（张）捷亦屡疏乞休，恃体仁奥援，俱邀温旨。"[1]《崇祯实录》《国榷》也都指出，推举吕纯如事件，温体仁"阴主之"。[2]《明史》把温体仁的政治面目揭示得更为透彻："时魏忠贤遗党日望（温）体仁翻逆案，攻东林。会吏部尚书、左都御史缺，体仁阴使侍郎张捷举逆案吕纯如，以尝帝。言者大哗，帝亦甚恶之，（张）捷气沮，体仁不敢言，乃荐谢陞、唐世济为之。（唐）世济寻以荐逆案霍维华，得罪去。（霍）维华之荐，亦体仁主之也。体仁自是不敢讼言用逆党，而愈侧目诸不附己者。"[3]

从这些史料可以看到这样几点：一、张捷、王应熊、温体仁三位一体，冲锋陷阵的是张捷，后面掩护的是王应熊，幕后总指挥则是温体仁；二、推举吕纯如为吏部尚书，目的有二：一是掌控人事大权，二是图谋推翻逆案；三、张捷、王应熊同谋党附冀翻逆案的诡计暴露后，遭到言官弹劾，由于温体仁的奥援，得以轻松过关；四、皇帝朱由检虽然及时制止了翻案图谋，却对主谋温体仁深信不疑，

1 李逊之《崇祯朝记事》卷二。

2《崇祯实录》卷七，崇祯七年八月甲戌。谈迁《国榷》卷九十三，崇祯七年八月甲戌。

3 张廷玉《明史》卷三百八《奸臣传·温体仁》。

继续纵容他排斥异己，可见“遭瘟”之深。

据说此次御前会议召开之前，诸臣事先已经得到内部消息：“阁部同心”，意为内阁与吏部观点一致，而且有“大力者”为之内援，起用吕纯如“圣意已决”云云。所以张捷推举吕纯如，诸臣都不敢反对。待到皇帝表态：吕纯如系逆案，不可开端，科道官才纷纷反对张捷的主张。[1]可见官员们对温体仁是有所顾忌的。

张捷自以为有温体仁的靠山，遭到弹劾也不至于罢官，更加有恃无恐，傲气十足地掼纱帽，接连三十二次上疏乞休，皇帝都温旨慰留：京察大计在迩，着即出供职。当张捷准备在考察京官时大计报复时，御史刘宗祥揭发他，把持大计，假公济私。原来刘宗祥巡按四川时，张捷托他为其姻亲贺儒修（成都知县）推荐为“卓异”，以求在考察中获得升迁。为此特地写去书信一封，在信的末尾别有用心地写道“忠言不入，朝事日非”，显然是对推举吕纯如未成，耿耿于怀。刘宗祥并未照办，他查明贺儒修劣迹昭彰，便据实纠参。皇帝据此把贺儒修革职逮问。张捷为此怀恨在心，在刘宗祥回京时，挟私报复，拟加重谴。刘宗祥不服，上疏辩白，并把张捷给他的书信原件送交皇帝。刘宗祥的好友——太常寺少卿祝世美期期以为不可，极力劝阻，提醒他张捷与温体仁关系非同一般，事发后必遭报复。刘宗

1 李清《三垣笔记·附识上·崇祯》。李清写道：“初，召对诸臣传闻阁部同心，且有大力者为之内援，（吕）纯如之用，圣意已决，故皆蓄缩不敢言。赖上片言而定，诸臣方敢继其后。”

祥连忙赶到会极门索取奏疏，不料已经送到皇帝面前。朱由检阅后批示：张捷革职提问。张捷虽然革职，温体仁却指示都察院，把刘宗祥降三级调外任。朱由检把“降三级调外任”抹去，亲笔改批：“刘宗祥着回道管事”，才逃过一劫。[1]

3. 排挤正人君子文震孟

文震孟，字文起，号湛持，苏州吴县人，文徵明曾孙，以研习《春秋》著称。时人赞誉：“世以道德文雅冠冕海内，十五出应童子试，名噪一时。年二十一，举甲午贤书，束躬砥操，日手一编咿唔，绝迹城市，尤严竿牍之戒。居父丧哀毁几于灭性，营竹场新阡以葬父，即倚墓结庐而居，一时有真孝廉之目。”[2]天启二年进士，殿试第一，授翰林院修撰，因上疏弹劾魏忠贤，与陈仁锡、郑鄤一起斥革为民。由此而物望倾注，与海内名流邹元标、冯从吾、赵南星齐名。

崇祯元年起用为侍读学士，充任皇帝日讲官，以天下为己任。张溥说他：“纁书再召，敷文讲幄，论使臣之礼，痛言刑不上大夫，辨鲁太师语乐，蹙乎有怀于君子小人。听殊雅郑，中夜不寐，遂腾谏书，非远猷奉公义备辰告者，其能之乎？夫察精神问气貌，天子所以礼大臣也；正志强学，早夜不敢

1 李逊之《崇祯朝记事》卷二。

2 邹漪《启祯野乘》一集卷一《文文肃传》。

惰衣冠弛筋骨，纯臣所以答天子也。”[1]张溥的文字有点古雅，无非是推崇文震孟讲求帝王之道。同样的意思，邹漪就说得比较直白：“公之在讲筵也，以帝王之学必以经术经世，故反复开陈，务切时事，上每为改容。尝讲君使臣以礼，力劝上培养士气，推心感人，勿徒峻刑法以启猜疑。”他在奏疏中坦陈：“国步方艰，大小臣工当为在山之虎豹，不当为处堂之燕雀；当为朝阳之鸣凤，不当为抱叶之寒蝉；当视国如家，除凶雪耻，不当分门别户，引类呼朋”。[2]

崇祯三年，审定逆案的内阁辅臣相继去国，阉党余孽王永光之流，日夜乘机报复，文震孟抗疏纠弹。皇帝眷顾王永光，不予理睬。文震孟再次上疏，危言耸听：“群小合谋，欲借边才翻逆案，天下有无才误事之君子，必无怀忠报国之小人。今有平生无耻，惨杀名贤之吕纯如，且藉奥援，思辩雪。（王）永光为六卿长，假窃威福，倒置用舍。无事不专，而济以狠；发念必欺，而饰以朴。以年例大典而变乱祖制，以考选盛举而摈斥清才，举朝震恐，莫敢讼言。臣下雷同，岂国之福？”皇帝要他“指实再奏”，文震孟遵旨再奏，一一列举事实：所谓“惨杀名贤”，是指已故吏部郎周顺昌；所谓“年例”，是指压制吏科都给事中陈良训；所谓“考选”，是指摈斥中书舍人陈士奇、潘有功。说得有

1 张溥《寿文湛持先生六十序》，《七录斋诗文合集》古文近稿卷四。

2 邹漪《启祯野乘》一集卷一《文文肃传》。

根有据，王永光窘迫得无言以对，买通大太监王永祚，对皇帝说，陈士奇出于姚希孟之门，而文震孟乃姚希孟舅舅，致使皇帝心中起疑，不追究王永光，反倒谴责文震孟“任情牵诋”。但是，慑于文震孟的凛然正气，群小翻案阴谋因此而中沮。[1]

温体仁由此而对文震孟怀恨在心。

崇祯七年二月，会试天下士。皇帝命温体仁、吴宗达为主考官。文震孟是其中一房的考官，选中临川士子陈际泰、如皋士子许直；新昌士子漆园的试卷首题“其行己也恭”四句，篇末痛言时弊，在“不恭不敬之害”上大加发挥。文震孟毅然决定录取，倘若温体仁驳回，当据理争辩。不料温体仁当即批准，心中窃以为疑。

事后，首辅温体仁在内阁阴阳怪气地扬言：“外人说我们要进场收几个门生，我们今日地位，也靠不着门生了。况场中即有人骂我。”

次辅钱士升不解地问：“场屋中如何骂得？”

温体仁说：“他篇末竟说，不敬之臣如何，不义之臣如何，岂不是骂？”

钱士升问：“老先生如何打发他？”

温体仁阴冷地说：“本房（指文震孟）批‘伸眉抗手，想见其人’，敢不中？”咬牙切齿的心情溢于言表，一时难以下手，毕竟文震孟是皇帝敬重的老师。

1 张廷玉《明史》卷二百五十一《文震孟传》。

按照惯例，经筵讲解经书，唯独不讲《春秋》。朱由检以为此书有关于拨乱反正，传旨选择精通《春秋》者进讲。温体仁以《春秋》起家，自然知道文震孟亦以《春秋》著名，且敢于直言，担心他进讲必定有所讽谏，故意隐而不报，佯装搜索状。次辅钱士升不明底细，贸然推荐文震孟，温体仁不便否定，故作惊讶说：几失其人！文震孟一进讲，皇帝果然十分满意。某日讲到“祭伯传”之“宰咺归赗”，文震孟考虑到赗是凶礼，略去不讲，皇帝特令补讲。文震孟由经文引申道：“宰咺以六卿之长，而坏法乱纪，自王朝始，焉用彼为相？”朱由检颔首称许，随即御笔宣谕：“宰咺一章，正见当时朝政之失，所以当讲，后以此类推。”以后他又讲“内君子外小人”，以及“人臣义无私交”，大惬皇帝心意。李逊之评论道：“爰立之命基于此矣”，意思是说皇帝因此有意任用他为内阁辅臣。[1]文震孟淡泊名利，请求告假，皇帝因他《春秋》讲得好，不准告假。温体仁见文震孟借讲《春秋》影射自己，而皇帝又如此器重文震孟，阴阳怪气地当面讥讽道：“行相君矣，何避也？”[2]

崇祯八年六月，皇帝举行一场空前的廷试，应试者是官员中的佼佼者，打算用考试的方式选拔阁员。这一天，内阁辅臣及各部尚书分立于阶上，应试官员分立于阶下几研旁，试题是为几篇奏疏票拟

1 李逊之《崇祯朝记事》卷二。

2 谈迁《国榷》卷九十三，崇祯七年九月乙丑。

谕旨。太监把奏疏与小柬分送到各人几研上。皇帝说："廷臣才品朕未遍知，今试票拟一疏。""将疏票拟于柬上，一稿一誊。"

不巧的是，文震孟这天因病未能应试。他因为多次受到温体仁的奚落、钳制，心中闷闷不乐。前不久，他升任詹事府少詹事，官居四品，按照规定不能在宫中乘马。由于年老体衰，他托人向温体仁求情，改为三品。温体仁故意刁难，不予通融，讥讽道："不久此处亦须他到，何论三品！"文震孟受此奚落，情绪不佳，称病在家。[1]倪元璐比他更清高，没有请病假，就是不愿参加选拔。他对同僚说："诸君诚爱我，但事固不然，吾日日求归，言言终养，今闻枚卜遽尔突出，将何以明发友生，及其衾影乎？况枚卜大典自应确稽品望，博采舆评，岂可如科场考选，可一试而得？出必不得，得亦不光。"文震孟被"特简"后，叹服倪元璐，对同年说："鸿宝（倪元璐别号）每事高我一筹，早我一着。"[2]文震孟入阁办事仅仅三个月，就被温体仁赶下台，足见倪元璐颇有先见之明。

次日，皇帝看了各官的试卷，命吏部把姜应元、陈子壮、文震孟、张至发、蔡奕琛、闵仲俨、马之骐、张元佐等九人的年貌履历呈上，供他批点参考。七月二十六日，他作出决定：文震孟、张至发俱升礼部左侍郎兼东阁大学士，即行入阁，与首

1 杨士聪《玉堂荟记》。

2 倪会鼎《倪文正公年谱》。

辅温体仁等协同办事。因为文震孟没有参加考试，被破格提拔为阁员，当时称为皇上特简。[1]此次特简，完全是皇帝的独断，没有征求温体仁的意见。文震孟有自知之明，两次上疏，婉言推辞，未蒙允准。正准备以有病为由坚决推辞，内阁辅臣何吾驺极力劝阻，才于八月十三日面见皇上谢恩，入阁办事。[2]

内阁辅臣位高权重，风险也大，以文震孟的个性难以驾驭。他长期担任讲官，宫中太监深知他为人耿直，对他的入阁前景表示忧虑，都说："文震孟到阁中倒好，只是他还是板金绦。"[3]所谓"板金绦"，形容他耿直而毫无城府，恐怕难以在中央政府最高层站稳脚跟。外廷官员也有类似的担心：文震孟持性疏直，票拟及奏对时直言无忌，倾吐唯恐不尽。杨士聪私下对友人说："文（震孟）决非久于位者。"[4]朱彝尊评论道："（文震孟）累叶风流儒雅，为士林所推。相国晚达早归，崇祯五十辅臣，骨鲠称首。"[5]这"骨鲠称首"的评价，可以与"板金绦"相互印证。文秉对于父亲知根知底，评论此事更有深度："时圣恩深重，捐躯莫能图报。而尔时天下事实有不可为者，政府之事权日轻，貂珰之盘踞已久，能尽削之以归中书乎？疆埸之饬备无期，内地之流毒愈炽，谁为宗岳之选乎？真小人张弧以伺我隙，伪君子甘言以售其奸，能一一烛照之，俾勿

1 谈迁《国榷》卷九十四，崇祯八年六月丙午、八年七月甲戌。文秉《烈皇小识》卷四。

2 文秉《烈皇小识》卷四。

3 文秉《烈皇小识》卷四。

4 杨士聪《玉堂荟记》。

5 朱彝尊《静志居诗话》卷十八《文震孟》。

堕其网乎？虽欲佐圣天子以转移天下，将安从措手也？窃为先臣（指其父文震孟）计，不若坚以病辞，使圣天子知能辞宰辅者惟先臣一人耳。宋神宗论温公（司马光）辞枢密曰：‘若他人虽迫之使去亦不肯矣。’惜乎，香山（何吾驺）诸公见不及此也。”[1]文秉认为，文震孟应该坚决推辞内阁辅臣之职，除了形势危难的原因，更重要的原因，一介书生难以对付真小人与伪君子的两面夹击，将无所措手足。可惜何吾驺没有洞察这一点，极力敦促，铸就大错。

文震孟确实难以适应官场高层的潜规则，不懂得习以为常的惯例陋规：新入阁者必须手持名帖礼单，拜会司礼监太监曹化淳，请他多多关照；曹化淳也手持名帖礼单敬还，礼尚往来，彼此心照不宣。一介书生文震孟过于疏阔迂腐，自以为是皇上特简，不必拘泥于此种陋规。曹化淳原是王安名下的太监，并非贪婪之辈，素来仰慕正人君子，委托王安侄子向文震孟传话，谦称曹某早有皈依先生之意，又说：“若循例往来，外廷惟所欲为，大珰无不奉命。”司礼监太监是皇帝的耳目，一般阁臣逢迎唯恐不及。文震孟自持清高，回应道：“极大珰之力，使我不为宰辅耳。不为宰辅，于我何损？而名帖既入，此辱岂能洗耶！”曹化淳碰了个软钉子，

◥ 王安，内侍，万历中侍皇长子为伴读，有调护功。光宗即位，擢司礼监秉笔太监，中外翕然称贤，为大学士刘一燝、给事中杨涟敬重。光宗崩，李选侍谋挟皇长子自重，王安发其谋，宫帏大定。为人刚而疏，为魏忠贤所构，死于非命。

1　文秉《烈皇小识》卷四。

以为奇耻大辱，转而与温体仁呼吸相应，在皇帝面前吹风，使得文震孟逐渐失去皇上的眷顾。[1]后人评论："阁臣多有内应外援，（文）震孟自以受知主上，一切不顾。"[2]

机深刺骨的温体仁比曹化淳更难对付。他每次票拟谕旨，必定装出礼贤下士的样子，征求文震孟的意见，有所改动，也必遵从。这使得文震孟产生错觉，喜滋滋地对人说："温公虚怀乃尔，何云奸？"同僚何吾驺提醒他："是人伏机甚深，何可信！"他不以为意。十几天后，温体仁发觉文震孟票拟有所疏脱，凡他票拟的文字，退回要他改正，文震孟坚决不改。温体仁收回后，径自提笔抹去所有文字，重新写过。这使饱学之士文震孟大为难堪，顿时大发执拗脾气，拍案怒吼，拿起一叠奏疏用力扔到温体仁面前。[3]两人之间的矛盾由此明朗化，文震孟的处境大高而不妙。

温体仁正在寻找时机对付文震孟。崇祯八年十月的许誉卿事件，被他抓住大做文章，终于导致文震孟罢官而去。

许誉卿，字公实，松江华亭人，万历四十四年进士，天启年间任吏科给事中，上疏弹劾魏忠贤而直声满天下。崇祯初年又因弹劾吏部尚书王永光依附魏忠贤，仇视东林人士，而遭到薛国观攻击为"东林主盟，结党乱政"。他愤然反击：若肯结

1 文秉《烈皇小识》卷四。张廷玉《明史》卷二百五十一《文震孟传》。

2 张岱《文震孟姚希孟列传》，《石匮书后集》卷九。

3 李清《三垣笔记·附识上·崇祯》。

党乱政，则魏忠贤用事时何不随众求荣，必屡忤奸邪，抗疏去国？薛国观何不自己反省，昔日与崔魏同朝，众危独安，有何品骨？而反诋臣等之忤珰见逐者为党为奸？[1]激于义愤，拂袖辞官而去。崇祯七年再度起用，出任工科都给事中，因凤阳皇陵被焚，弹劾温体仁、王应熊。温体仁忌惮他的伉直，在升迁方面故意刁难。其实论资历论业绩，科道中的碌碌无为之辈难与许誉卿比肩。温体仁指使吏部尚书谢陞，把他调往南京。当时人一语道破其中玄机："难许（誉卿）即所以难文（震孟）也。"[2]因为文震孟很欣赏许誉卿，支持他的升迁。谢陞秉承温体仁的指示，纠弹许誉卿"营求美官"，"不欲南迁"，"把持朝政"。内阁次辅钱士升认为谢陞所说"营求美官"缺乏依据，拟旨责令谢陞回奏。温体仁突然抢去奏本，径自在上面拟旨："大干法纪，着降级调用"。这一招十分阴险，表面上从轻发落，仅仅是降调，又说他"大干法纪"，显然别有用心，意在刺激皇帝。果然，次日皇帝重拟谕旨："许誉卿削籍为民"。文震孟力争无效，气愤至极，当着温体仁的面狠狠讥讽道："科道为民，极荣之事，敬谢老先生玉成之！"[3]

由许誉卿牵连文震孟之目的已经达到，温体仁立即上疏，向皇帝揭发，文震孟所说"科道为民，极荣之事"。他知道"许誉卿削籍为民"的谕旨是

1 许誉卿《三垣疏稿》卷二《科臣被言咆哮等事疏》。

2 杨士聪《玉堂荟记》。

3 文秉《烈皇小识》卷四。许誉卿《三垣疏稿》卷三《工垣（六疏）》。张廷玉《明史》卷二百五十八《许誉卿传》。

皇帝亲自拟定的，便抓住此话大做文章：皇上所以鼓励天下者，只有此爵禄名号，而文某竟说“科道为民，极荣之事”，以股肱心膂之臣，为此悖理灭法之语。皇帝勃然大怒，把先前对文震孟的眷顾之情一笔勾销，下了一道冷酷的谕旨，勒令文震孟冠带闲住，受到牵连的何吾驺同时致仕。[1]

正人君子文震孟以这种方式罢官，令大臣们惊讶不已，正在中原战场追剿“流寇”的卢象昇感叹：“圣意不测如此！”[2]文震孟的罢官虽然出于“圣意”，却是温体仁一手挑激而成，孙承泽的记载生动而具体，很值得一看：

(崇祯八年)十月，科员例升，工科都给事中许誉卿应以资俸升京堂。吏部尚书谢陞出疏纠之，谓其争官讲缺。

(许)誉卿辩云：“科吏升转，事在吏垣，题在吏部，臣何与焉？臣屡劾辅臣温体仁，触忌已深，日思所以中臣。(谢)陞乃(温)体仁所举，欲逐臣以报举主也。”

(温)体仁竟票旨革(许)誉卿职为民。文震孟亟挽之不得。

(温)体仁出一疏，称病求去，复上疏纠文震孟曰：“前冢臣谢陞参许誉卿疏，蒙发下票拟，时同官诸臣中，有与(许)誉卿密交者，以

1 文秉《烈皇小识》卷四。张廷玉《明史》卷二百五十一《文震孟传》。

2 卢象昇《与吴葵庵先生书》,《卢忠肃公集》卷十一。

臣拟有‘殊干法纪’一语，意甚不平。次日，又蒙御批改票，臣商之同官（钱）士升，述（何）吾驺、（文）震孟之意，谓当拟听勘或令回奏。臣不敢徇改，拟‘革职为民’，以听圣断。及（文）震孟见臣所拟，忽然曰：‘科道为民是天下极荣的事。’夫皇上所以劝惩天下者惟此赏罚大权，如（文）震孟之言，是明谓朝廷之赏罚不足劝惩也，以心膂股肱之臣，为悖理灭法之语，臣不知其解。请罢臣以谢（文）震孟。”

上怒甚，奉旨：“许誉卿以营私被参，是冢宰职掌，卿从公起见，朕久鉴察，何待剖陈！览奏，心迹益明。卿为首臣，同官固应商确，（文）震孟、（何）吾驺亦不得徇私挠乱。时事多艰，着遵旨即日入直佐理。（文）震孟冠带闲住，（何）吾驺亦令致仕，同时去。”[1]

一方是文震孟、许誉卿，另一方是温体仁、谢陞，孰是孰非，一清二楚，皇帝的圣旨是非不分，“遭瘟”而不自知，未免令人遗憾。文震孟刚方贞介，有古大臣风度，入阁不足三个月，就遭罢斥，未竟其用，有识之士无不为之惋惜。[2]计六奇写到此事，感慨系之：“（温）体仁夕揭上，而（何）吾驺、（文）震孟朝罢矣。凡劾（温）体仁者，无不见责；为（温）体仁劾者，无不立罢。除佞如拔石，去贤若转

1 孙承泽《春明梦余录》卷二十四《内阁·同事水火》。孙承泽《山书》卷八《内阁水火》。按：两书出于同一人之手，文字却略有差异，上述引文系引者将两书互补而成。

2《崇祯实录》卷八，崇祯八年十一月癸丑。

丸，可为三叹！”[1]

温体仁实在是神通广大，可以使颇有主见事必躬亲的皇帝围着他团团转，真是活脱脱应了那句童谣：“崇祯皇帝遭温了！”事后，文震孟回忆那段往事，每每对人说：“诸君子见予当国，放胆作事，无复前者兢业，遂为奸辅所窥，乘机相中。”[2]他对朝廷高层钩心斗角的黑幕，以一种书生意气漠然视之，结果成为明朝历史上任期最短的阁员，由皇帝特简到冠带闲住，不到三个月，皇帝“遭瘟”的程度着实令人吃惊。原本对温体仁颇有好感的钱士升，因为此事，顿时有所觉悟，萌生退意。文震孟于八年十一月罢官，他于次年四月辞官而去。邹漪说：钱士升在内阁“每事持大体，剂以宽平，然事权不在手，每直票拟，从容裁答，斡旋密勿，阴护善类。会长洲文公震孟与首辅乌程（温体仁）不协，为所倾挤，与香山何公吾驺同去位，公密解而不得，亦浩然思归。丙子（崇祯九年）三月，特上四箴曰：宽以御众，简以临下，虚以宅心，平以出政。其言深中时病，上意殊不合”。[3]于是乎拂袖而去。

对温体仁深感不满的，还有给事中冯元飚，他在题为“政本名实宜稽”的奏疏中，希望皇帝对内阁首辅有所约束，有所明察：

今日政本大臣往往居实避名，受功辞罪，

1 计六奇《明季北略》卷十一《罢文震孟》。

2 李清《三垣笔记·附识上·崇祯》。

3 邹漪《启祯野乘》二集卷一《钱阁学传》。

平时养威贾重，自其固然。一至朝廷有事，如汉制所谓天地大变天下大过者，辄云昭代本无相名，吾曹止供票拟，上则诿之圣裁，下则推之六部，持兹片语，遂丛百欺，安得复有定议讦谟，为中外文武倡其忠恳者乎？夫中外之责谁复有大于票拟者……从古柄用之专且重，莫如今之辅臣矣。若以经自上裁，便可归过君父，则凡百司庶府，远近巨细，所见施行，固无有不取进止。得自矫擅者，使其得失尽诿朝廷，纪官以来未闻私义。臣以为票拟一事，辅臣生平人品心术邪正公私，于此毕露。皇上第静以照之，严以程之，某事为某辅所决，某事为某辅所挠，某人为某辅所奖，某人为某辅所抑。他日某票而当，则某宜任功；某票不当，则某宜任罪，揭其肺肝，公诸耳目，不许以闪烁游移之故智，阴阳其词；不许以刻忮险仄之深机，高下其手，则议任自清，谋断自定，恩仇自不得徇，功过自无所逃。[1]

冯元飚所说的“心术邪正公私”，“闪烁游移”，“阴阳其词”，“刻忮险仄”，“高下其手”云云，字里行间处处都影射温体仁，以期引起皇帝警惕。但是，崇祯皇帝“遭瘟”太深，一时难以摆脱，郑鄤之狱就是另一个明证。

1 孙承泽《山书》卷八《政本名实》。孙承泽《春明梦余录》卷二十四《内阁·纶扉药石》。

4. 郑鄤惨遭磔刑

郑鄤，字谦止，号峚阳，常州武进人，十九岁中举，二十八岁成进士。其父郑振先是万历二十三年进士，官至礼部主事；其母吴氏是大学士吴宗达之妹。日本学者福本雅一说，郑家堪称常州屈指可数的门阀。[1]岂止常州而已，其实郑振先、郑鄤所代表的家族，出于元明两代受到朝廷旌表的金华府浦江县的“义门郑氏”。郑氏家族出于河南荥阳，初迁于徽州歙县，再迁于婺州浦江县。到达浦江后，世代笃行孝义，累世同居不分财，士人推崇备至。《宋史·孝义传》称赞他们“以肃穆治家，九世不异爨”，《元史·孝友传》称赞他们“其家十世同居，凡二百四十余年，一钱尺帛无敢私”。从《明史·孝义传》可以看到，元朝浙东廉访使余阙为郑氏家族题写“东浙第一家”，明朝建文帝为义门郑氏题写“孝义家”匾额。朝廷旌表他们为“义门”，意在提倡孝义之门“肃穆治家”，“家庭中凛如公府”的风范，从而达到家国一体的理想境界。“义门郑氏”的一支，从浦江县迁往武进县。武进横林《郑氏宗谱》说：“邑郑氏系出浙（江）之浦江康城裔也，为宋元间孝义之门，九世不分爨。明太祖大重之，擢其贤者为贵任。有名溸字君瑞者，实迁邑之

1 福本雅一《郑鄤之狱》，载山根幸夫主编《明代史研究》第13号。

横林镇。”[1]郑振先、郑鄤父子即出于“义门郑氏”的这一分支。虽然由浦江迁到了武进，但仍然遵守元末明初制订的家训家规——《浦江郑氏家范》，要求族人必须孝义为民、清正为官，郑氏父子用这样的道德规范待人处世，进入官场亦复如此，与上下左右显得格格不入。

在政治见解方面，郑振先、郑鄤父子有一脉相承之处，遵循《浦江郑氏家范》的规矩：“子孙倘有出仕者，当早夜切切以报国为务”[2]，为官刚直不阿，都为当权派所不容。万历三十六年，礼部主事郑振先上疏，把推行“没有沈一贯的沈一贯路线”的内阁辅臣朱赓、李廷机，斥为“古今第一权奸”，尖锐地指出：“此自沈一贯创开从来奸相未有之窍，至于今日，愈出愈奇，所以（李）林甫辈之犹拙也”，“灯灯相续，薪薪无穷”。[3]朱赓上疏声辩，口气很不理直气壮，然而皇帝给他撑腰，下旨谴责郑振先，捏无影之事，污蔑辅臣，倾害忠良，把他降三级调极边地方。[4]这本是一件极普通的事件，却被意识形态化，与“东林党”挂起钩来。唯一的原因就是，东林书院的顾宪成称赞郑振先此举是给当权派“顶门一针”，“吾辈林壑间增一畏友”。[5]当权派把郑振先的上疏定性为“东林党”的行动，其实大谬而不然。郑振先是当时被称为“昆党”的头面人物——左春坊左谕德顾天埈的挚友，他上《直发

1 辛未重修《郑氏宗谱》卷首《序》（民国二十年赐逸堂珍藏版）。

2 郑涛《浦江郑氏家范》，《续修四库全书》子部儒家类第935册。

3 郑振先《直发古今第一权奸疏》，吴亮《万历疏钞》卷十八，发奸类。

4 钱一本《万历邸钞》，万历三十六年戊申卷，四月。

5 顾宪成《与仪部丁长孺》，《泾皋藏稿》卷四。

古今第一权奸疏》，是和顾天埈推心置腹磋商后做出的决断。因此，日本学者城井隆志把郑振先列入“昆党”之中。[1]

把郑鄤列入“东林党”，则是阉党分子的政治迫害。天启二年翰林院修撰文震孟上疏，批评皇帝不勤政，诸臣上朝“跪拜起立，第如傀儡之登场，了无生意”。[2]明眼人一看便知，这些话表面上是在批评皇帝，实际上是在讥讽擅权乱政的魏忠贤。机敏过人的魏忠贤抓住“傀儡”二字大做文章，在皇帝面前挑唆：“文状元疏中以偶人比万岁”，终于导致文震孟罢官。[3]

与文震孟同科进士及第的翰林院庶吉士郑鄤，仗义执言，为文震孟辩护。他在奏疏中特别强调“窃弄之机”“权珰之炀灶”，指责魏忠贤窃权“内降”谕旨。结果是可想而知的，郑鄤以“党护同乡”罪名，遭到降职外调的处分。郑鄤宁折不弯，拒绝外任，愤然回归家乡。[4]由于郑鄤敢于抨击魏忠贤，阉党分子王绍徽炮制的《东林点将录》，把他列入黑名单，成为一百零八名“东林党人”之一，称为“地异星白面郎君翰林院庶吉士郑鄤”。

郑鄤退居林下十多年，始终未能忘却治国平天下的抱负。崇祯四五年之际，言官连续抨击周延儒、温体仁，郑鄤倡言：周延儒决不可用，温体仁实可大用，言路不应当并攻。钱士升与他先后出于

1 城井隆志《万历三十年代沈一贯的政治和党争》，九州大学文学部《史渊》第122辑。

2 陈建、江旭奇《皇明通纪集要》卷五十一，天启二年十月，翰林院修撰文震孟疏。

3 谈迁《国榷》卷八十五，天启二年十月辛卯。

4 谈迁《国榷》卷八十五，天启二年十月辛卯。

钱龙锡门下，号称先后同门，对于他的观点十分欣赏，极力向温体仁推荐郑鄤，温体仁不置可否。崇祯八年，钱士升写信给郑鄤，告诉他说已经在温阁老面前通融，要他迅速抵京。郑鄤为了稳妥起见，向已经入阁的好友文震孟征求意见。文震孟深知温体仁的为人，劝他不要来京。郑鄤以为文震孟不如钱士升够朋友，贸然赴京补官。钱士升立即报告温阁老："(郑)某已来，是人可备老先生药笼中物，当以馆职畀之。"[1]

为他带来厄运的不是别人，而是舅舅吴宗达。郑鄤的继母吴氏，是大学士吴宗达的妹妹，人品不佳，郑鄤十分鄙视。吴宗达怀恨在心，不愿郑鄤东山再起，在温体仁面前诋毁郑鄤，温体仁心中已有芥蒂。文震孟与温体仁在内阁中为了恢复郑鄤官职，发生争执，文震孟说："晚生已叨冒至此，(郑鄤)岂宜但复庶常(庶吉士)！"温体仁一味敷衍："从容再议。"[2]温体仁想察看他的政治倾向以后，再决定起用到什么程度。郑鄤与文震孟是同一类型的士大夫，正直得近乎迂执，无法适应官场上层的钩心斗角，难以避免悲剧下场。

郑鄤进京后，立即拜谒心仪的内阁首辅温体仁，表示感恩戴德，温体仁却颇为冷淡，两人的交谈很不投机。

温体仁试探性地问："南方清议若何？"

1 文秉《烈皇小识》卷四。

2 杨士聪《玉堂荟记》。

郑鄤毫无戒备地回答："人云国家需才，而庙堂未见用才。"

机敏的温体仁听来，这是对他的批评，不动声色地反驳："非不用才，天下无才可用。"

书生气十足的郑鄤没有顾忌温体仁的心态，依然侃侃而谈："用人则才出，不用人则才伏。方今防边荡寇最急，能如萧相国（何）之识韩淮阴（信），宗留守（泽）之识岳忠武（飞），何患不能成功？"这是在批评温体仁，没有萧何起用韩信、宗泽起用岳飞的博大胸襟。

如此咄咄逼人的口气，令温体仁心生反感，表面上致谢，心中却在盘算：彼锋芒如刃，日后必定纠弹我，动摇我相位，一定得设法剪除。[1]

郑鄤进京补官，拜谒内阁首辅的结果竟然如此，他自己无论如何不会料到。适逢此时温体仁排挤文震孟、何吾驺，京都舆论哄然不平，毫无城府的郑鄤不知收敛，也发表忿激之论。此事被温体仁侦知，决定整一下郑鄤，顺便打击郑鄤好友文震孟、黄道周的人气。正如后人所说："（郑）鄤初选庶吉士，有直谏声，文震孟、黄道周皆与之游。体仁欲借（郑）鄤以倾震孟、道周。"[2]

◤ 何吾驺，广东香山人，万历四十七年进士。崇祯六年擢升礼部尚书、东阁大学士，与温体仁、文震孟一起入内阁。提醒文震孟小心温体仁"为人心机，不可轻信"。

1 抱阳生《甲申朝事小纪》四编卷九《郑谦止狱始末》。

2 计六奇《明季北略》卷十五《磔郑鄤》。抱阳生《甲申朝事小纪》二编卷四《丁丑以后佚事摘记》。

以温体仁的权力与手腕，要整垮小官郑鄤，简直易如反掌，何况还有吴宗达的默契配合！崇祯八年十一月，温体仁根据吴宗达捏造的材料——郑鄤“杖母蒸妾”的不实之词，写成纠弹郑鄤的奏疏。[1]然后拿了这份疏稿去找推荐郑鄤的钱士升，对他说：今为郑某事具疏，当与老先生同题。钱士升欣然同意，等到看完奏疏全文，才知道里面写的竟是“杖母蒸妾”这样荒唐至极的事，立即面红耳赤，双腿颤抖，张口结舌说不出话。温体仁冷笑道：固知老先生不愿参与，随即单独署名送交皇帝。[2]

所谓“杖母蒸妾”，是吴宗达编造的谎言，毫无事实依据。从郑鄤《天山自订年谱》、汤修业《郑鄤事迹》、汤修业《郑峚阳冤狱辩》等文献来看，“杖母蒸妾”云云，纯属诬陷不实之词。这已成为后人的普遍共识，万斯同的说法具有代表性：“郑鄤继母，大学士吴宗达女弟也。鄤薄于宗达，故宗达讦之。(温)体仁恶(文)震孟，并怒及鄤，以宗达揭入告，卒磔鄤。其实鄤无杖母事也。”[3]所谓“杖母”不过是一种民间传闻：“杖母者，郑(鄤)为孝廉时，父振先私宠一婢，为嫡吴氏所虐。振先与子谋，假乩仙以怵之。吴氏惧甚，愿受杖以赎罪，即令此婢行杖。行杖之次，鄤不禁失笑。吴氏大怒，谓渠父子私构此局。遍愬三党。由是喧传有杖母之事。然其事已三十年，不可得而究竟也。”[4]

1 陆世仪《复社纪略》卷三：“(温)体仁决计黜除(郑鄤)，先从(吴)宗达处购得(郑)鄤昔年杖母揭帖，草奏纠参。”

2 文秉《烈皇小识》卷四。

3 万斯同《明史》卷四百二《奸臣传·温体仁》。

4 文秉《烈皇小识》卷四。

这种三十年前的传闻之词，早已“不可得而究竟”，当不得真。而且这类荒诞离奇之事，与《浦江郑氏家范》格格不入，强加在郑振先、郑鄤父子身上，令人不可思议。《浦江郑氏家范》规定：“凡为子者必孝其亲，为妻者必敬其夫，为兄者必爱其弟，为弟者必恭其兄……毋徇私以妨大义，毋怠惰以荒厥事，毋纵奢侈以干天刑，毋用妇言以间和气，毋为横非以扰门庭”；“子孙不得惑于邪说，溺于淫祀，以徼福于鬼神”；“吾家既以孝义表门，所习所行无非积善之事，子孙皆当体此，不得妄肆威福”。[1]传闻所谓“杖母蒸妾”，发生在一般家庭都令人发指，何况是“义门郑氏”！因为这有悖于“孝义之门”的家训；而且搞扶乩求仙之类的把戏，有悖于“不得惑于邪说”的规定。总之，这类事情不可能发生在“义门”之内，稍有常识的人即可判断。

当时的皇帝朱由检正以孝悌风励天下，得知首辅控告郑鄤如此不孝不悌的行为，勃然震怒，不分青红皂白，下令将他逮入刑部监狱严加审讯。此举令人遗憾，使得这一冤案步步升级，离开真相愈来愈远。由于控告者是位高权重的温体仁与吴宗达，刑部尚书冯英颇为棘手，既不敢得罪权臣，又不想制造冤假错案，来一个折中，向皇帝报告：“郑鄤假箕仙幻术，蛊惑伊父郑振先无端披剃，又假箕仙批词，迫其父以杖母。”并未直指郑鄤杖母，又

1 郑涛《浦江郑氏家范》，《续修四库全书》子部儒家类第935册。

称郑鄤颇有才名，语气近乎回护。温体仁见他不肯严办，借故将他革职，把此案移交锦衣卫镇抚司审理。[1]锦衣卫都督同知吴孟明审理后，发觉温体仁的指控缺乏证据，案犯受到冤屈，又不便否定，一直未予结案。直到崇祯十年六月温体仁罢官而去，此案仍悬而未决。

崇祯十一年夏，北京酷旱，皇帝要求各部门救灾，并且致力于“陈弊政，宣冤抑”。吴孟明便把郑鄤案件作为“冤抑”上报：“臣衙门冤抑，自有法司平允，非所敢与闻。但有幽禁三年，无人为之雪理如郑鄤者，或当释放，以召天和也。”[2]又说：“臣自蒙恩任事以来，每进署，即欲将此案审结。屡据医官马龙图呈称：‘犯官郑鄤久患瘫痪，手足战摇，不能转动。’臣复差人相验，所报如前。若一加刑讯，难保无虞。”[3]吴孟明希望皇帝将郑鄤无罪释放，又不便直接否定温体仁的控告，便借用协理此案的陆完学的话，来了结此案：“若论此人，自负才名，既借门第，倨傲放肆，得罪乡邦，死不足惜。其杖母之罪，非其本谋。”[4]

皇帝朱由检虽然要求诸臣“宣冤抑”，却并不愿意宽恕郑鄤，或许是“遭瘟”的阴魂未散吧，对吴孟明严词谴责：“杖母逆伦，干宪非轻，如果无辜，何无人为之申理？着常州府人在京者从公回话。”[5]

1 计六奇《明季北略》卷十五《磔郑鄤》。抱阳生《甲申朝事小纪》四编卷九《郑谦止狱始末》。

2 计六奇《明季北略》卷十五《郑鄤本末》。

3 孙承泽《春明梦余录》卷四十五《刑部·讼理》，崇祯十一年锦衣吴孟明回奏。

4 孙承泽《春明梦余录》卷四十五《刑部·讼理》，崇祯十一年锦衣吴孟明回奏郑鄤杖母疏。

5 计六奇《明季北略》卷十五《郑鄤本末》。抱阳生《甲申朝事小纪》四编卷九《郑谦止狱始末》。

这时恰巧常州武进落魄生员许曦进京，考取武英殿中书，还未题授实职，似官非官，符合回答所说“常州府人在京者”条件，于是被请进锦衣卫镇抚司作证。许曦或许是官迷心窍，胡乱提供证词，不但证实郑鄤“杖母”，还补充揭发郑鄤“奸媳”“奸妹”等情节。事后立即反悔，全盘推翻供词，对官员说：“郑鄤之事，窗外无闻”，“郑鄤之事系宦室闺门，草野耳目，实未闻见”。锦衣卫遵旨“着常州府人在京者从公回话”，结果也无法证实郑鄤有罪。锦衣卫主官吴孟明只得如实上报：“事属影响，言出谤忌，革职太轻，遣戍太重，惟候圣裁。”[1]也就是说，在证据不足的情况下，对这种事出有因查无实据的案件，只能草草了事，建议皇帝在革职与遣戍之间作出裁定。

令人惊讶的是，皇帝并没有在革职与遣戍之间选择。崇祯十二年八月二十六日黎明，圣旨下达：将郑鄤脔割处死。[2]这是在证据明显不足的情况下作出的错误“圣裁”，正如《明史》所说：“其后，(温)体仁已去，而帝怒(郑)鄤甚，不俟佐证，磔死。”[3]温体仁已经罢官，阴魂不散，无怪乎人们要说：“杀(郑)鄤者，始终温体仁一人也”。[4]皇帝罢了温体仁的官，却遂了他置郑鄤于死地而后快的心愿，“遗瘟”之深于此可见一斑。

郑鄤死得很惨。他在一行人等押解下，来到

1 计六奇《明季北略》卷十五《郑鄤本末》。抱阳生《甲申朝事小纪》四编卷九《郑谦止狱始末》。

2 抱阳生《甲申朝事小纪》四编卷九《郑谦止狱始末》。

3 张廷玉《明史》卷三百八《奸臣传·温体仁》。

4 抱阳生《甲申朝事小纪》四编卷九《郑谦止狱始末》。

京城西市四牌楼的刑场，在都察院、刑部、大理寺官员的监督下，处以磔刑（亦即凌迟、脔割）。割下来的肉，被围观的人群抢购一空，作为治疗疮疖的药料。计六奇目睹当时的现场，请看他的描述：

旧规，杀在西，而剐在东也。厂（临时搭建的厂棚）则坐总宪、司寇、秋卿之类。少停，行刑之役俱提一小筐，筐内俱藏贮铁钩与利刃，时出其刀与钩颖，以砂石磨砺之。辰巳二刻，人集如山，屋皆人覆，声亦嘈杂殊甚。崟阳（郑鄤）停于南牌楼下，坐筐篮中，科头跣足，对一童子嘱咐家事，絮絮不已。旁人云："西城察院未到，尚缓片刻。"少顷，从人丛中舁之而入，遥望木丫，尚闻其"这是何说"者连词。

于极鼎沸中，忽闻宣读圣旨，结句声高："照律应剐三千六百刀。"刽子百人，群而和之，如雷震然，人尽股栗也。炮声响后，人皆跂足引领，顿高尺许，拥挤之极，亦原无所见。

下刀之始不知若何，但见有丫之木，指大之绳勒其中，一人高踞其后，伸手垂下，取肝腑二事，置之丫巅，众不胜骇惧。忽而又将绳引下，而崟阳之头突然而兴，时已斩矣。则转其面而亲于木，背尚全体，聚而割者如猬。

须臾，小红旗向东驰报，风飞电走，云以刀数报入大内也。午余事完，天亦暗惨之极。

归途所见，买生肉以为疮疖药料者，遍长安市。二十年前之文章气节，功名显宦，竟与参术甘皮同奏肤功，亦大奇矣！[1]

皇上圣旨一声“照律应剐三千六百刀”，上百名刽子手齐声呼应，如同雷震，令围观者不寒而栗。脔割处死竟然如此惨不忍睹，先剖肚取出五脏六腑，然后斩首，再一片一片割光身上的肉。令人倒吸一口冷气的是，文章气节受人敬仰的名士，身上的肉竟被京城愚民买来当作医治疾病的药料，可悲，可哀！

一身正气的黄道周在郑鄤被捕入狱后，曾向皇帝上疏申救，坦然自陈“七不如”：品行不如刘宗周，至性不如倪元璐，远见深虑不如魏呈润，犯颜敢谏不如詹尔选，老成足备顾问不如陈继儒，朴心醇行不如李如灿、傅朝佑，文章气节不如钱谦益、郑鄤。朱由检大为不满，责问道：“颠倒是非，甚至蔑伦杖母名教罪人，犹曰不如，是何肺肠？”黄道周遵旨回话，对郑鄤推崇备至：“臣与郑鄤同为庶常时，文震孟疏论魏忠贤，郑鄤抗疏任之，削籍入山。每以臣为怯，臣心愧鄤也。每执笔不能明白，辄思郑鄤，以为不如，真不如也。盖以此自贬，亦以此分规，非为累臣地也。”[2]郑鄤处死后，黄道周慨然叹息：“正直而遭显戮，文士而蒙恶声，古今无甚于此者！”[3]郑鄤惨遭磔刑，不仅是他个人及其家族的悲剧，更是时代的悲剧，社会的悲剧，对于正

1 计六奇《明季北略》卷十五《郑鄤本末》。

2 计六奇《明季北略》卷十三《黄道周七不如》。

3 抱阳生《甲申朝事小纪》四编卷九《郑谦止狱始末》。

直士大夫的打击无可名状。抱阳生对此事的评论是深刻的："(郑)鄤死固冤，然祸止及一家。而思陵(崇祯皇帝)之亡国实由体仁，以(温)体仁阴贼险狠，貌为孤孑，结纳宦官，窥伺上意，冀翻逆案，斥逐正人，使有体有用之士，无一立于君侧，而后其心始快焉。"[1]

进入清朝以后，郑鄤的事迹被编成小说《放郑小史》《大英雄传》。清末武进人汤修业(狷庵)热心收集郑鄤事迹，辑录《郑鄤事迹》五卷，撰写《郑峚阳冤狱辨》，附载于《郑鄤事迹》卷五，为后人澄清了郑鄤冤狱。[2]

郑鄤死后，他的尸骨掩埋在家乡武进县横林镇与遥观镇交界处的东浜岸边，其地今属于遥观镇前杨村的袁家塘。墓碑上刻十个大字："明太史郑峚阳先生之墓"，家乡的后人并没有忘记他。[3]

为郑鄤平反昭雪最有影响的文章，无疑是黄宗羲《郑峚阳先生墓表》。他以历史亲历者的身份，历史学家的客观冷静目光，对惨遭迫害的郑鄤给予高度评价："公十岁能文……十九岁归中乡举，登天启壬戌(二年)进士，改庶吉士。文文肃(文震孟)以朝讲建言，刺入宫奴客魏，疏上留中。公谏留中非制，引武庙之阉祸，神庙之奸相为言。内批与文肃皆降二级调外任。逆焰高张，兴大狱以杀其不附己者，讹言三吴将谋翻局……丁卯(天启七年)削籍

1 抱阳生《甲申朝事小纪》四编卷九《郑谦止狱始末》。

2 叶军(叶檀)《郑鄤研究——兼论明代后期党争》，复旦大学博士学位论文，2002年。

3 张军《郑鄤墓寻访记》，载常州市谱牒文化研究会会刊《谱牒文化》2014年第3期(总第25期)。

为民。”由于遭到阉党余孽温体仁的嫉恨，冠以莫须有的“杖母”罪名诬陷，处以磔刑。黄宗羲对“杖母”讹言做了澄清，还他一个清白：

崇祯乙亥（八年）入京待补。时温体仁当国，媢嫉异己，既排文肃去之，以公为文肃所援，必为己患，遂以惑父披剃，迫父杖母，特疏参公。下于刑部狱，嘱司寇杀之；司寇不可，改入锦衣狱，金吾亦不敢承。体仁乃使其门人主之。

黄石斋（道周）先生召对，以为众恶必察，匡章弃于通国，孟子从而礼貌之。先师刘念台（宗周）先生亦疏言：杖母之狱不可以无告坐。体仁之党募公同乡之市侩以证之。己卯（崇祯十二年）八月，拟辟，上命加等，公遂死于西市。从来缙绅受祸之惨未有如公者也。

公为奸相所陷，路人知之。而杖母流言，君子能亮之以理，未必验之于事也。水落石出，余详之公卿之贤者：

仪部（按：指郑鄤之父礼部主事郑振先）眷一妾，其夫人不能容，仪部遂挟妾以出，流转僧寺，颇为人所指目，公无可奈何。而夫人笃信佛乘，与一尼甚昵，公求尼为之劝解。尼神道设教，假箕仙言上帝震怒，将降祸于夫人。夫人受戒悔过，仪部始得安其室。一时好事相传，以竹篦参话之法，讹为扑作教刑之事。

当公之受诬，欲陈其本末，则恐有碍于父母，故宁隐忍就死，赍此冤于地下，岂非仁者之心欤……虽仪部之眷妾，夫人之妒亲之过小者也，使公蒙诟丑，大诽于天下，其轻重可无辨乎？是故公之狱不明，则奸相之恶不著，此后死者之责也。[1]

真所谓欲加之罪何患无辞，“杖母”讹言之不可信，昭然若揭，郑鄤成了朋党政治的牺牲品，呜呼！

六 “亡国之祸体仁酿之”

1. 温体仁何以能久居相位？

皇帝朱由检刚愎多疑，崇祯一朝不过十七年，内阁辅臣多至五十人，更迭频繁，犹如走马灯。任职最短的仅仅三个月，大多一年半载。唯独温体仁能久居相位达七八年之久，而且颇受宠信，言听计从，人称“崇祯皇帝遭温了”，确实耐人寻味。从朱由检方面而言，处在拨乱反正的紧要关头，亟需有权有谋足以统驭九卿科道的干才，起先看中了周延儒，后来看中了温体仁，并非毫无道理。正如杨士聪所说：“上即位以来，命相三四十人，其中非无贤者，求其精神提挈得起者，惟宜兴（周延儒）与乌程（温体仁）二人，但俱不轨于正耳。”[2]确实，周、温二人在五十辅臣中堪称干才，朝廷大事只有这二人“提挈得起”，但是都不走正道，《明史》把他们

1 黄宗羲《南雷文定三集》卷二《郑峚阳先生墓表》。

2 杨士聪《玉堂荟记》。

列入“奸臣传”是无可非议的。不过，仅就才干而言，温体仁却非庸碌之辈可以比拟，许多方面都令皇帝满意。

其一，温体仁精明干练。李清说：“体仁长于心计，凡阁中票拟，每遇刑名钱粮，名姓之繁多，头绪之棼错，皆相顾攒眉，独体仁一览便了，从不以舛误驳改，故诸辅亦服其敏练。”[1]

其二，温体仁在贪风弥漫的官场尚能廉谨自律。《明史》说：“体仁辅政数年，念朝士多与为怨，不敢恣肆，用廉谨自结于上，苞苴（贿赂）不入门。”[2]这虽然是为了提防对手攻击而采取的策略，但廉谨自律毕竟能博得皇帝好感。夏允彝说：“平心言之，不纳苞苴是其一长。其庇私党排异己，亦未尝为之有迹，但因事图之，使其机自发而发，上不疑也。无识者遂谓温于各辅自胜，然其忮刻阴险，自非端人。”[3]对此黄宗羲有不同的解释：“温体仁之苞苴，巧于纳者也，周延儒不巧于纳者也。观其身后之富，岂不纳苞苴者所致乎？哀哉，毅宗（崇祯皇帝）之受其愚也。”[4]在我看来，“不纳苞苴”与“巧纳苞苴”，都出于他的精心谋划，反映了此人的忮刻阴险，皇帝受他愚弄是肯定无疑的。

其三，内阁同僚多庸才，反衬出温体仁“鹤立鸡群”，当然是温体仁苦心经营而形成的格局。正如《明史》所说：“其所引与同列者皆庸才，苟以充

1 李清《三垣笔记·附识上·崇祯》。

2 张廷玉《明史》卷三百八《奸臣传·温体仁》。

3 夏允彝《幸存录》。

4 黄宗羲《汰存录纪辨》，抱阳生《甲申朝事小纪》二编卷四。

位，且借形已长，固上宠。”[1]因此，才华超群颇负众望的钱谦益、钱龙锡、文震孟必然为他所不容。

其四，温体仁善于揣摩帝意，逢迎有术。李清说他“存心过刻，伏机甚深，又不敢批逆鳞”。[2]前半句切中要害，后半句则大谬而不然。温体仁哪里是“不敢批逆鳞”？他根本不曾想过要去“批逆鳞”，对于皇帝逢迎唯恐不及。杨士聪说得好：“乌程（温体仁）最久，不露破绽，大意主于逢迎。”[3]皇帝作为独裁者，号称真龙天子，都不喜欢臣下批他颈项下面的逆鳞，而乐于接受逢迎，朱由检也不例外。温体仁精于此道，每当皇帝向他追问兵饷事宜，他便谦逊道：“臣夙以文章待罪禁林，上不知其驽下，擢至此位。盗贼日益众，诚万死不足塞责。顾臣愚无知，但票拟勿欺耳，兵食之事惟圣明裁决。”廷臣批评他善于窥探帝意，他巧辩道：“臣票拟多未中窾要，每经御笔批改，颂服将顺不暇，讵能窥上旨？”皇帝对于这些吹捧，不以为虚伪，反以为“朴忠”，愈加宠信不已。[4]

因为这样的缘故，自从温体仁辅政以后，内阁同僚不是病免物故，即以他事罢去，唯独温体仁居位八年，一升再升，官至少师兼太子太师，进吏部尚书，中极殿大学士，阶左柱国，兼支尚书俸，恩礼优渥无与伦比。然而此人心术不正，专务刻核，迎合帝意，又以排斥异己为能事，必欲使正人君子

1 张廷玉《明史》卷三百八《奸臣传·温体仁》。

2 李清《三垣笔记·附识上·崇祯》。

3 杨士聪《玉堂荟记》。

4 张廷玉《明史》卷三百八《奸臣传·温体仁》。

无一立于君侧，其心始快。同时担心受他排挤者群起而攻之，精心布置，扬言内阁密勿之地，机密不得宣泄，凡内阁公文一律不发部科，也不存录，使廷臣无所察觉。他辅政八年的政绩，首推驱除异己而不露痕迹，使皇帝懵然不觉。《明史》说："当是时，流寇躏畿辅，扰中原，边警杂沓，民生日困。（温体仁）未尝建一策，惟日与善类为仇。诚意伯刘孔昭劾倪元璐，给事中陈启新劾黄景昉，皆奉体仁指。礼部侍郎陈子壮尝面责体仁，寻以议宗藩事忤帝指，竟下狱削籍。"[1]

◤ 刘孔昭，刘基后裔，袭封诚意伯。南明时重要军事将领，后降清。

温体仁引导皇帝专注于"繁刑厚敛"，"以至海内盗起"；而当到处发生民变时，又熟视无睹，"全不以流贼为意，使之大炽"。[2]弹劾他辅政失职的奏疏不断送到皇帝的御案上。

2. 刘宗周："八年之间谁秉国成，而至于是？"

崇祯八年七月，皇帝命吏部推举在籍官员，吏部上报孙慎行、林钎、刘宗周三人，供皇帝圈点。次年正月，孙慎行病逝，刘宗周与林钎入朝觐见皇帝。皇帝朱由检向他们征询关于朝政的意见，谈到

1 张廷玉《明史》卷三百八《奸臣传·温体仁》。
2 戴笠、吴乔《流寇长编》卷十，崇祯十年六月戊申。

人才、军饷以及流寇猖獗状况，刘宗周侃侃而谈："陛下求治太急，用法太严，布令太烦，进退天下士太轻。诸臣畏罪饰非，不肯尽职业，故有人而无人之用，有饷而无饷之用，有将不能治兵，有兵不能杀贼。流寇本朝廷赤子，抚之有道，则还为民。今急当以收拾人心为本，收拾人心当先宽有司参罚，参罚重则吏治坏，吏治坏则民生困，盗贼由此日繁。"朱由检向他提及攘外与安内的军事问题，刘宗周说："御外以治内为本，内治修则远人自服。帝舜于羽舞而有苗格，愿陛下以尧舜之心行尧舜之政，则天下自平。"[1]这一席话开诚布公，既批评皇帝"求治太急，用法太严"，也批评诸臣"畏罪饰非，不肯尽职业"，以至于民生日困盗贼日繁，作为首席大臣的温体仁自然难辞其咎。

对于刘宗周的意见，朱由检态度如何呢？万斯同写道："对毕趋出，帝顾温体仁，迂其言，命（林）钎辅政，（刘）宗周他用，旋授工部左侍郎。"[2]可见朱由检已经觉察到刘宗周与温体仁的政见分歧，为了顾及温体仁，没有起用刘宗周入阁，让他去处理琐碎的营造事务，少谈政治。刘宗周为人耿直，本着知无不言言无不尽的态度，向皇帝呈上题为"痛切时艰"的奏疏，全面而深刻地揭示朝政积弊的严重性："二帝三王所以治天下之道，犹未暇一一讲求，致施为次第之间，多未得

1 万斯同《明史》卷三百六十《刘宗周传》。

2 万斯同《明史》卷三百六十《刘宗周传》。

其要领者，于是耳目参于近侍，腹心寄于干城，治术尚以刑名，政体归之丛脞，天下事不觉日底于坏。”接下来，他以一系列排比句加重语气，强调由于朝廷处置不当，而造成的种种政治弊端：

> 自厂卫司讥访，而告讦之风炽；
> 自诏狱及士绅，而堂廉之等失；
> 自人人救过不给，而欺罔之习转盛；
> 自事事仰承独裁，而谄谀之风日长；
> 自三尺法不伸于司寇，而犯者日众；
> 自诏旨杂治五刑，岁断狱以数千计，而好生之德意泯；
> 自刀笔治丝纶，而王言亵；
> 自诛求及琐屑，而政体伤；
> 自纠劾在钱粮，而官愈贪、吏愈横、赋愈逋；
> 自敲扑日繁，而民生瘁；
> 自严刑与重敛交困天下，而盗贼益蜂起；
> ……

那么，原因何在呢？刘宗周指出：“(皇上) 维新之政次第举行，方冀与二三臣工洗心涤虑，以联泰交，而不意君臣相遇之难也。得一文震孟之贤，而单辞报罢，使大臣失和衷之谊；得一陈子壮之忠，而又以过戆坐辜，使朝宁无吁咈之风。此其所关于国体人心，又有非浅显者。于是求治愈殷，纷更四出，市井杂流咸得操其讹说，投间抵隙，以希进用，而国事愈不可问。”排挤打击文震孟、陈子壮等贤臣忠臣，都是温体仁一手策划，国事愈不可问，他自然难辞其咎。当务之急，必须反其道而行之，以简要出政令，以宽大养人才，以忠厚培国命，收拾天下涣散之人心。[1]

刘宗周直言无忌而又尖锐犀利的批评，令皇帝十分愤怒，要阁臣草拟严旨。再三阅读后，怒气消解，嘉奖刘宗周“清直”。[2]

既然皇帝嘉奖“清直”，他索性“清直”到底，再次上疏，批评皇帝过于独断而使臣下无所措手足，表现为三个方面：

一是“皇上终日用阁臣而不足”——“皇上常用阁臣矣，八九年之间，而或以瓯中，或以廷举，或以特简，又错出之以票拟。至于票拟而为术愈以疏已，帝心已未可凭，舆论又未敢信，不得已而后特简，识者犹以为内降之不可长也。乃圣明而特简矣，宜其必出于天下之贤者，而何以前见贤而后获罪，且有昔者所进，今日不知其亡者。是皇上终日用阁臣而不足也。”

二是“皇上终日用九卿而不得一人之用”——“皇上尝用九卿大臣矣，既辨官而论之，又代为官之者曰：若何而用人，而理财，而惇典，庸礼、命德、讨罪靡不巨细综核，群臣拱手受成耳。然用人而人才之摧折日甚，理财而财用之匮乏日增，以致狱滥刑繁，兵骄将懦，尤称一时极弊。是皇上终日

1 刘宗周《痛切时艰疏》，《刘蕺山先生集》卷十《奏疏三》。

2 万斯同《明史》卷三百六十《刘宗周传》。

用九卿而不得一人之用也。”

三是“皇上不得一言之效”——“若乃召对时勤，自公卿而下咸不乏造膝之谈，仍令以所未尽者投匦而进，亦足称熙朝之盛节矣，然孰有为皇上献可替否、补缺拾遗者？始焉皇上出言以为是，而辅臣莫敢矫其非；既焉辅臣出言以为是，而部院台省莫敢矫其非。即间有矫其非者，而皇上亦无从而得其是非之实，国是遂终于不可问。是皇上终日悬昭建鼓以来天下之言，而不得一言之效也，至是皇上亦谁可与共天下者？”[1]

刘宗周目光犀利，问题看得很准，从上到下形成一言堂，皇帝以为是，辅臣不敢以为非；辅臣以为是，九卿不敢以为非，结局必然是“国事遂不可问”。皇帝不予理睬，刘宗周继续进谏，依然是不予理睬。气得他接连上疏乞休，皇帝乐得放他走，免得再听他提意见。哪里晓得辞官离京之际，他又呈上了一篇更加尖锐的奏疏，把矛头对准了内阁首辅温体仁，概括为一句话：“八年之间谁秉国成，而至于是？臣不能为首辅温体仁解矣！”不独此也，通篇文章都写得很精彩，请看：

1 刘宗周《再申皇极之要疏》，《刘蕺山先生集》卷十《奏疏三》。

臣于是而知小人之祸国无已时也。昔唐德宗谓群臣曰：“人言卢杞奸邪，朕殊不觉。”李泌对曰："此乃（卢）杞之所以为奸邪也。"臣每三复斯言，为万世辨奸之要，故曰：大奸似忠，大佞似信。我皇上聪明不世出之主也，其于奸邪之辨何有不烛照数计。然臣观频年以来，皇上恶私交，而臣下多以告讦进；皇上录清节，而臣下多以曲谨容；皇上崇励精，而臣下奔走承顺以为恭；皇上尚综核，而臣下琐屑吹求以示察。凡若此者，正似忠似信之类，窥其用心，无往不出于身家利禄，而皇上往往不察而用之，则聚天下之小人立于朝，而皇上亦有所不觉矣。人才之不竞也，非无才之患，而无君子之患也。人人知有身家，而不知有君父；知有利禄，而不知有廉耻，则亦相率为全躯报妻子之计而已矣。此今日国事之所以败也……

且小人与中官气谊一类，每相为引重，而君子独岸然有以自异。故天下……有用小人之君子，必无党比中官之君子……遂至天下相顾为寒蝉之结舌，平居无犯颜敢谏之臣，则临难无仗义死节之士。此天下事之所以日坏一日，而不可为也。

至于近日刑政之最舛者，成德傲吏也，而以赃戍，何以肃惩贪之令？申绍芳十余年监司也，而以莫须有之钻刺戍，何以昭抑竞之典？至于郑鄤，虽久干乡议，而杖母之狱欲以诬告坐，亦何以示敦伦之化？此数事皆为故辅文震孟引绳批根，即向者驱除异己之故智，而廷臣无敢言者，皇上亦无从而知之也。

呜呼，八年之间谁秉国成，而至于是？臣不能为首辅温体仁解矣！语曰："谁生厉阶，至今为梗。"体仁之谓也。[1]

这是在朝大臣对内阁首辅温体仁最为严厉的批判。温体仁一面为自己辩解，一面诋毁刘宗周。皇帝站在温体仁一边，怒斥刘宗周，把他革职为民。[2]

刘宗周虽然革职为民，但是他的愤然质问——八年之间谁秉国成，而至于是"，影响深远，几个月以后仍然余音缭绕。崇祯十年四月，新安卫千户杨光先仿效海瑞上疏的榜样，抬了棺材，以死相谏，要求温体仁引罪辞官。他的奏疏写道："(温)体仁秉国以来，边骑两薄都城，流贼各省延蔓，平治之绩安在？国危于上，而不求所以安；民怨于下，而不思所以恤，扶持之责安在？忠告之言不受，睚眦之怨不忘，休休之量安在？……惟有引罪以去，庶几不误人国。乃悠悠忽忽，一利不兴，一害不除，觍颜恋栈，若不断送尽天下苍生不已也。"皇帝斥责杨光先"恣意乱政"，把他廷杖一顿后，发配辽东。[3]

3. 钱谦益案峰回路转

温体仁自以为有皇帝的庇护，不但不收敛，反

1 孙承泽《山书》卷九《工臣进谏》。

2 万斯同《明史》卷三百六十《刘宗周传》。

2 计六奇《明季北略》卷十三《杨光新先参陈启新》。

而愈发肆无忌惮。在他怂恿之下，太仓州无聊文人陆文声、苏州府推官周之夔，诬陷张溥、张采创立的复社，“结党恣行”，“把持武断”，“逐官杀弁”，“朋党蔑旨”。他企图利用票拟谕旨的大权，肆意镇压。由于巡按御史倪元珙、海道副使冯元飏不承风指，秉公办理，才使其阴谋没有得逞。[1]

崇祯十年正月，温体仁指使常熟奸民张汉儒诬蔑钱谦益、瞿式耜居乡不法，说什么二人之喜怒操人才进退之权，二人之贿赂握江南死生之柄，三党九族无不诈之人，兴贩通番无不为之事，甚至侵占国帑、诽谤朝政、危害社稷。只因二人之门生故旧列于要津，鸣冤无地；宦干豪奴满于道路，泄愤何由？奏疏呈进后，温体仁立即代皇帝拟旨，逮捕钱谦益、瞿式耜，关入监狱。[2]十年前，温体仁巧妙地利用科场舞弊案，致使钱谦益罢官归里，却仍然担心他东山再起，必欲置之死地而后快。

钱谦益罢官回到常熟，不再过问政治，过着“闲住”生活。政敌温体仁仍不放过他。正如文秉所说：“乌程（温体仁）衔恨虞山（钱谦益），必杀之而后快。常熟陈履谦，巨奸也，特为献谋，唆张汉儒参虞山，并及瞿式耜，并逮问，下锦衣卫狱。”[3]

张汉儒是常熟县衙门的“书手”，民间俗称“师爷”，拿手好戏就是诉讼。他向皇帝告发钱谦益

1 黄宗羲《巡抚天津右佥都御史留仙冯公神道碑》，《南雷文定前集》卷五。陆世仪《复社纪略》卷四。

2 孙承泽《山书》卷十《奸民讦奏》。计六奇《明季北略》卷十三《温体仁拟旨逮钱瞿》。抱阳生《甲申朝事小纪》二编卷四《丁丑以后佚事摘记》。按：孙承泽《山书》把“张汉儒”误作“张从儒”（计六奇也作“从儒”）。

3 文秉《烈皇小识》卷五。

的状子写得非常厉害，一共列举五十四条罪状，都是凭空捏造的诬陷不实之词，诸如：侵占地方钱粮，勒索地方大户，侵占官地营造店铺，霸占湖泊强迫渔民缴纳常例，强奸良家妻女，出卖生员名额，侵吞盐利，通番走私，等等。且举二例以见一斑，一条说："恶钱谦益、瞿式耜每遇巡按、提学、司道、知府、推官、知县，要紧衙门结交，必先托心腹，推用门生故旧，宣言考选可以力保，以致关说事情，动以千万，灵应如神。诈有不遂者，无不立致之死。小民之冤无处申诉，富家之祸无地可容。"另一条说："恶钱谦益、瞿式耜见本县有东西两湖华荡、华汇，关系民间水利，霸截立桩，上书'礼部右堂钱府''户科瞿衙'字样，渔船网户俱纳常例。佃田小民投献常规，每岁诈银七百余两，二十年来共诈银一万四千余两，地方切齿，通县公愤。"[1]一看便知是讼棍师爷的无端捏造。当时钱谦益、瞿式耜被温体仁整得声誉扫地，在家闲住，哪里还有什么权力可以"把持朝政""操纵地方生杀"之权？小小的常熟奸民张汉儒，绝没有胆量向钱谦益、瞿式耜叫板，他背后一定有后台！这个后台不是别人，就是大名鼎鼎的内阁首辅温体仁。《永历实录》说："（张汉儒）诬（瞿）式耜与（钱）谦益结为死友，侵国帑、谤朝廷、危社稷，乌程（温体仁）阴使之。"[2]《明史》也说："常熟奸民张汉儒希（温）体仁

1 吴晗《"社会贤达"钱牧斋》，《吴晗史学论著选集》第二卷，人民出版社，1986年，第579—580页。

2 王夫之《永历实录》卷二《瞿严列传》。

指，讦（钱）谦益、（瞿）式耜贪肆不法，体仁主之，下法司逮治。”[1]

由此看来，钱谦益自己撰写的《丁丑狱志》所说是大体可信的：“乌程（温体仁）以阁讼逐余，既大拜，未尝顷刻忘杀余也。邑子陈履谦负罪逃入长安（北京），召奸人张汉儒、王藩与谋曰：‘杀钱（谦益）以应乌程（温体仁）之募，富贵可立致也’。汉儒遂上书告余，并及瞿给事式耜。”[2]

钱谦益被逮后，应天、苏州等十府巡抚张国维、巡按路振飞，接连上疏，为钱谦益鸣冤。张国维，字九一，号玉笥，浙江东阳人，天启二年进士，授广东番禺知县，崇祯元年提升为刑科给事中，劾罢阉党分子副都御史杨所修、御史田景新。崇祯七年，以右佥都御史出任应天、苏州等十府巡抚。崇祯九年年底，奉旨调查张汉儒告发钱谦益、瞿式耜案，敢于秉公办理，不阿谀权臣旨意。他的《抚吴疏草》记录了处理案件的全过程。

崇祯九年十二月二十一日，常熟县民张汉儒奏《为直陈江南之大害预鸣天下之隐忧等事》，皇帝批示：“据奏，钱谦益、瞿式耜婪横事情，殊可诧恨，着该抚按拿解来京究问。本内及单款有名各犯，通着严提，从重究拟，作速奏夺，不许延徇。盖抚按向来何无禁缉纠参？着自行回奏。”[3]收到圣旨后，张国维正忙于应付江淮间的流寇，无暇顾及。直到

1 张廷玉《明史》卷二百八十《瞿式耜传》。

2 钱谦益《丁丑狱志》，《牧斋初学集》卷二十五《杂文五》。

3 张国维《抚吴疏草·回奏钱瞿二宦疏（崇祯十年四月初十日具题，闰四月十三日奉圣旨）》。

崇祯十年三月，流寇逃遁，他还镇苏州，才着手查办此案。四月初十日，遵旨回奏，张汉儒所说各项查无实据：

——钱谦益亦以道义相成，足迹不入郡城，通国可问。然臣犹恐有事涉有司，臣所不及知者，每于道府县谒见，必加叩问，皆无一人訾议。凡受小民诉告，亦必勤勤察访，曾未有一言及之。即巡方之臣如祁彪佳、王一鹗、路振飞，臣所同事者，阅三人矣，每向臣言钱绅谦益，一札不通，似咸谅其素履。臣所咨询实实如此。至于瞿式耜，于臣从无所干于地方，亦向未闻有争讦也。

——不意张汉儒所奏钱谦益、瞿式耜之婪横殊骇听闻，据单款累累，不止数年之事。及查，臣未任以前，俱无牵及之案，从前抚按非尽门生故旧，亦无白简相抨弹者。抚按所凭，非由道府之开报，即系百姓之控理，两者寂然无有。

皇帝以为张国维在为座师钱谦益护短，于闰四月十三日下达圣旨："钱谦益等婪横事情，前旨甚明，何云俱无闻见？又以座师引嫌，显属徇庇。其单款有名各犯，即着该按据实究拟速奏。"[1]张国维

1 张国维《抚吴疏草·回奏钱瞿二宦疏（崇祯十年四月初十日具题，闰四月十三日奉圣旨）》。

随即调取按察使曾化龙、监察御史王志举所呈原案，反复核实，不觉浩然兴叹："言之无稽，一至此哉！从来谳牍无无人之款，无无证之案，无无因之贿，无不承认之事主，无怀旧德之冤对，无守贞之奸行，无杜门之横行。有之，自（张）汉儒讦奏始。"随即逐条反驳张汉儒的诬陷：

——张汉儒声称，钱谦益家有恶奴百人，每人建造大船百艘，总计有一万艘之多，如果首尾衔接，绵亘必定数百里，操纵者必有二三十万人。何以远近官民寂无见闻，而唯独张汉儒看见？岂非说梦话！

——张汉儒声称，钱府豪奴种种横行不法，烈于夷虏，三吴一带焚掠成风，受害民众纷纷攘臂而起。何以张汉儒告讦之前从未听到任何动静，张汉儒告讦之后也绝无鸣冤之声？

——崔呈秀必欲杀钱谦益，岂白玉杯所能赎命？幸值其早败，乃以忤逆为媚逆，谁能相信？

——皆知钱谦益守正嫉恶，而反诮庇护，是非颠倒！

——谁周旋顾大章于患难，以明古谊？钱谦益、瞿式耜也，而蒙谤于珠宝；谁倡乡绅尽派漕米之说，以宽荒年零户？瞿式耜也，而骂作蠹胥。令人有善不可为之叹。

张国维用事实表明，张汉儒的指控没有一条站得住脚。所以他的结论是："单内奸占纷纷，有如载鬼纸上，抢诈累累俱成捕风，所谓无守贞之淫行，无杜门之横行也。"最后还不忘提醒皇帝，张汉儒不过衙门书手，有何伎俩？暗示有人在幕后操纵。皇帝显然不接受这一结论，于十一月初二日下达圣旨："据奏，此案推勘尽属无稽。钱谦益、瞿式耜何故独被恶名，张汉儒何故首发难端？地方官不据实事情本末明白直奏，欲一概抹杀了事，殊属徇隐。张国维、王志举本当处治，姑着矢心从实查勘，速行奏夺，不许违延取罪。”[1]

既然皇帝要求“从实查勘，速行奏夺”，张国维详细查勘后，再次向皇帝报告，会同苏松兵备佥事、常镇兵备按察使，以及苏松常镇四府官员，从实查勘此案，获得突破性证据——张汉儒之子张兆麒交代，其父受人蒙蔽肆意捏造诬陷的来龙去脉。张兆麒说：

> 父张汉儒赋性愚昧，为人笼络，向借宦馆糊口。祸遭讼棍陈德涵避访，谋夺馆地，复借无影宦绩，逼占居房，又唆现访衙蠹徐耀岩、陈仲谋，及邻恶陈仲良等父子，终日打骂，百般诬蔑。父既怀恨不堪，又苦生计无资，思欲入都觅馆往别。内亲顾监生遂怂恿为条陈时事之举，以为执此题目方可倾动人情，觅得好馆。
>
> 父遂轻信，不谋妻子，忽于旧年八月初一日起身。比及入京，有同邑人陈履谦向以宪访脱逃，久避京都，与父昔有主宾之谊，与两宦（按：指钱谦益、瞿式耜）宿有嫌怨之私。讯知父欲条陈时事，辄起报复私图，竟自捏造二宦无影单

1 张国维《抚吴疏草·回奏张汉儒诬讦疏（崇祯十年九月十三日具题，十一月初二日奉圣旨）》。

款，唆父出名参揭。啖以酒肴，歆以富贵。父云：‘钱宦久有重名，恐不便参。’又嗾云：‘定须放他在本内。’遂致麒父痴迷落套，不揆利害妄言，干渎圣听。[1]

张兆麒道出了事情的原委，其父张汉儒听从陈履谦的怂恿，告御状诬陷钱谦益、瞿式耜，妄图升官发财。李逊之进一步揭穿幕后指使人是温体仁："张汉儒者常熟邑民，奔走于诸大家，为门干后又投充粮衙书手。以事犯革逐，并不容于乡里，不得已弃家入京。遇有同邑陈履谦，亦以事犯在京，出入缙绅之门。因相谋议，欲讦奏豫抚陈必谦，暨乡绅数人以报怨。而钱谦益、瞿式耜二人为首辅（温体仁）深仇，遂草成奏疏，开列多款。先于朝房呈之体仁，体仁首肯，愿其注毒在钱、瞿，且恐人多则启上疑，因去陈（必谦）与绅，而止参二人。投通政（司）上之，体仁竟拟严旨，着抚按提解，且以不行纠参责令回话。既下刑部，究问赃款，又发抚按详鞫，屡问屡驳，株连不已。"[2]

张国维与苏松常镇地方官反复研审，张汉儒诬讦钱瞿各项，"尽是寻风捕影，明系载鬼张狐"。对张汉儒奏疏所列罪状，钱谦益、瞿式耜同列者一十七款，钱谦益名下二十四款，瞿式耜

1 张国维《抚吴疏草·再复张汉儒诬讦疏（崇祯十一年正月十五日具题，二月二十九日奉圣旨）》。

2 李逊之《崇祯朝记事》卷三。

名下二十三款，逐条予以证伪。例如："据张汉儒揭开，谦益、式耜霸截昆城湖华荡，每年诈渔船网户、佃田小民银七百两等情。前件该臣看得，常熟东西二湖华荡，共计三千六百余亩，业户六十六名分管，见载县册可查，各里排佥结可证，国课输将不减，东南水利常通。谦益、式耜于何索例，于何霸截乎？"又如："据张汉儒奏，钱谦益主使恶奴造船入海，兴贩私盐等情……据称恶奴百人，各造大船百号，合之则万艘矣。谦益措大生涯，何以赡其日用之需，且其舟不知何处藏何处运？其人不知何以聚何以散？岂盐徒能盗掩耳之铃，抑远近官兵皆聋聩耶？"如此铁证如山，皇帝再也无话可说，批示道："该部确核议拟具奏。"[1]案件终于峰回路转，发生了意想不到的逆袭。

4. 朱由检："体仁有党！"

与此同时，在监狱中的钱谦益接连给皇帝送上两份奏疏，为自己蒙受不白之冤而申诉。他当然不可能洞悉张汉儒、陈履谦与温体仁密谋的内情，仅仅是从张汉儒奏疏的字里行间，隐约感觉到温体仁在幕后操纵。牧斋先生不愧为文章高手，自辩疏写

1 张国维《抚吴疏草·再复张汉儒诬讦疏（崇祯十一年正月十五日具题，二月二十九日奉圣旨）》。

得情理俱佳：

臣于本年（崇祯十年）正月，被本县管粮衙门革书手张汉儒具疏讦奏，钦奉圣旨：‘着该抚按拿解来京究问’。即日泥首就道，听候起解。流氛阻隔，道路间关，疾病颠连，匍匐诣阙。恭遇皇上如天好生，理冤清狱，灵雨应祈，欢声雷动。臣惟有瞻天仰圣，静候处分。及接邸报，见辅臣温体仁辩许自表疏，为之喟然太息曰：臣尚未忍薄视体仁，何体仁自视之薄乃尔乎？臣昔年去国，因体仁以枚卜讦奏，此圣明所洞鉴，海内所著闻也。

今日奸棍凿空诬奏，骤干圣怒，犹不忍即僇，而付之所司，此我皇上天地父母之深仁也。体仁从旁睨视，则已矣，又从而下石焉者，何也？圣明在御，如日中天。臣而有罪，即逐体仁庸何补？臣苟无罪，即不逐体仁庸何伤？今谓臣朋谋合算，必欲逐之而后入，岂明谓臣之死生悬于其手，有必不相容之势，非所谓神者告之乎……

汉儒之疏，体仁自言无与。然汉儒诬臣多赃，体仁亦曰贿赂；汉儒诬臣广布，体仁亦言合算，何其异口而同喙也？且非独此于此也，体仁往讦臣浙闱旧案，蒙皇上敕下法司勘问，钦奉圣旨，钱千秋关节等事会审既明。大哉王言，一言而科场之断案定，微臣之冤诬白矣。汉儒一则曰卖举人，再则曰卖举人，何敢于弁髦明旨而肆无忌惮也？体仁曰‘举朝皆谦益之党’，汉儒亦曰‘把持党局’；体仁曰‘在朝在野，呼吸相通’，汉儒亦曰‘帮助党局，遥执朝政’。何物汉儒，与闻钩党若此之精也？汉儒扬扬长安道上，夸诩体仁倚为墙壁。合而观之，可谓尽无影响哉？[1]

钱谦益判断温体仁插手此事，分析得合情合理，无奈得不到回音，于是再上一疏，揭露温体仁的险恶用心："体仁攘踞揆席，虑臣姓字尚在人口，死灰或至复燃，显示风指，阴设陷阱，必欲杀臣而后已。即奸棍诬奏，亦讼言贿卖关节，敢于弁髦明旨。则体仁指授线索，业已满盘托出矣。臣束身待罪，感荷圣慈，静听处分，不复抵齿前事。今幸皇上明旨及此，此正臣愚剖心自明之日也。当逆珰用事，以臣为杨涟、赵南星之党，矫旨削夺，亦借关节为辞。皇上既拉拭臣而召用矣。体仁所掇拾者，逆珰之余唾也；皇上所昭雪者，逆珰之旧案也。"在政坛屡遭挫折，钱谦益磨砺了深邃的眼力，一眼看穿温体仁所作所为，其本质是掇拾"逆珰之余唾"，皇帝为他昭雪，就是昭雪"逆珰之旧案"。为此，他哀告皇帝："臣一线余生，赖皇上覆露保全，得有今日。窃以为皇上全臣之躯命，尤不若全臣之名节。全臣之躯命，臣之得生在一身、在一家；而全臣之名节，臣之得生在天下、在后世。"[2]可惜他的吁请全然落空了，得不到回音，心境低沉之极。他在狱中所写的杂诗三十首，流露了这种心情。其

1 钱谦益《微臣束身就系辅臣蜚语横加谨平心剖质仰祈圣明洞鉴疏》，《牧斋初学集》卷八十七《奏疏》。

2 钱谦益《剖明关节始末以祈圣鉴以明臣节疏》，《牧斋初学集》卷八十七《奏疏》。

中第一首写道：

支撑剑舌与枪唇，坐卧风轮又火轮。
不作中山长醉客，除非绛市再苏人。
赭衣苴履非吾病，厚地高天剩此身。
老去头衔更何有？从今只合号罢民。

第二首写道：

夜柝惊呼梦亦便，昼应如夜夜如年。
都将永日销长系，只倚孤魂伴独眠。
画狱脚跟还有地，覆盆头上不多天。
此中未悟逍遥理，枉读南华第一篇。[1]

好在是非自有公论，在他的家乡有张国维等地方官为之辩诬，在京城则有都察院右佥都御史冯元飚主持公道，不屈从于温体仁的淫威。冯元飚这样的正直大臣令人钦佩，他曾说："立身天地间，只有一君一父，只有一心一胆，常摒此七尺躯为宇内撑柱伦纪，保全善类。"他这样说，也这样做。温体仁大兴冤狱，逮捕谦益，交法司案问，故意把冯元飚调离都察院。冯元飚获悉此事后，掀髯笑道："彼所以急锄我者，欲曲杀钱虞山，而先剪其翼也。我一日在事，誓当穷究此狱，三寸管在我，三

1 钱谦益《狱中杂诗三十首》，《牧斋初学集》卷十二《霖雨诗集》。

尺法在我，阖门百口在我，彼其如我何！”[1]邹漪接着写道：“于是登堂视事，悬咎鼓，召介众，引绳切墨，手定爰书，狱成而去。天子为之感悟，尸奸人于市，而乌程（温体仁）亦先引去，同文之狱少缓矣。”[2]

当然，导致钱案昭雪，温体仁罢官而去，还有更复杂的背景。钱谦益自知凭他的两份奏疏，要想翻案难乎其难，不得不乞灵于官场流行的手法：托人情，通路子。他先是托座师孙承宗之子，向司礼监太监曹化淳求援。这是因为，他曾经为前任司礼监太监王安写过碑文，而曹化淳出于王安门下，双方有一些交情。曹化淳得知钱谦益的冤情，为之泣下，决心尽力营救。尔后，钱谦益又托密友冯舒，向冯铨求援。冯舒接连三天拜访冯铨，第四天二更时分得以会晤，冯舒刚要开口，冯铨就直截了当说道：“钱谦益的事，我都晓得了，如今已不妨，你可回去，教他安心。”[3]事情的转机果然出现了。

温体仁得知曹化淳插手此事，指使陈履谦散发匿名揭帖，有钱谦益“款曹击温”之类语句，并且叫王藩出首说，钱谦益用四万两银子托周应璧，求款于曹化淳。温体仁立即写了密揭入奏，皇帝把密揭给曹化淳过目，曹化淳既惊恐又气愤，自请穷究其事。于是，曹化淳以奉旨清查的名义，大力侦查，终于查清了陈履谦父子的罪行，把他们逮入东

1 邹漪《启祯野乘》二集卷二《冯中丞传》。

2 邹漪《启祯野乘》二集卷二《冯中丞传》。

3 文秉《烈皇小识》卷五。

厂。次日五更，曹化淳与东厂太监王之心、锦衣卫掌印指挥吴孟明一起，突击审讯，动用酷刑，陈履谦招供：张汉儒如何起草诬告钱谦益的状子，以及匿名揭帖的炮制，他们父子如何捏造“款曹和温”又改为“款曹击温”等情节，“俱出乌程（温体仁）一手握定”。[1]

曹化淳把审讯结果报告皇帝，新账老账一起算，终于导致温体仁的垮台。李逊之写道：“曹珰（化淳）奉旨严究，大加搜访，备悉陈履谦父子奸状，擒到厂衙讯问，招出（张）汉儒草疏、王藩出首，并伊父子捏造‘款曹擒陈和温’六字，又改‘和’为‘击’等情，历历有据。狱上，张、陈、王俱廷杖一百，立枷死，乌程亦放归。盖由曹（化淳）尽发其奸，知（张）汉儒之疏，匿名之揭，王藩之首，皆其主谋。前此总宪荐霍（维华），谋翻逆案，尤其指使也。”[2]

皇帝朱由检了解到这些情况，猛然醒悟，大叹一声：“体仁有党！”温体仁一向标榜自己“孤立”“无党”，攻击别人“有党”，甚至声称“满朝都是钱谦益一党”。皇帝信以为真，至此才幡然醒悟，情况恰恰相反，脱口而出四个字：“体仁有党！”此事见于《明史》：“（钱）谦益等危甚，求解于司礼太监曹化淳。（张）汉儒侦知之，告体仁，体仁密奏帝，请并坐（曹）化淳罪。帝以示（曹）化淳，（曹）化

1 文秉《烈皇小识》卷五：“于是逆案之谋翻，总宪之荐霍（维华），与（张）汉儒之疏，匿名之揭，王藩之首，俱出乌程一手握定。事状昭灼。狱上，虞山（钱谦益）及（瞿）式耜俱从宽送刑部拟罪，（张）汉儒、（陈）履谦俱立枷一个月，而乌程允告之旨亦下。”

2 李逊之《崇祯朝记事》卷三。

淳惧，自请案治，乃尽得（张）汉儒等奸状，及（温）体仁密谋。狱上，帝始悟：'体仁有党！'"[1]朱由检这时才痛下决心，除掉眷顾了八年的宠臣。

此时温体仁还蒙在鼓里。他拟旨逮捕钱谦益、瞿式耜以后，以为胜券在握，又如往常那样，每每欲兴大狱之时，必称病休假，聚集党羽策划于密室，到大局已定，才谎称病愈复出，造成此案与他无关的假象。这一次又如法炮制，住进了湖州会馆，一面静候佳音，一面向皇帝表示引疾乞休，自以为皇上必定会温旨慰留。朱由检已经从曹化淳那里得到消息，对温体仁种种劣迹有所觉察。温体仁一手提拔入阁的张至发在温体仁乞休奏疏上票拟安慰挽留的温旨，朱由检毫不犹豫地提起朱笔全部抹去，写了三个大字："放他去"。太监到湖州会馆传达"放他去"的圣旨，温体仁正在吃饭，一听"放他去"的圣旨，大惊失色，完全出乎预料，一慌张，筷子掉到了地上。京城百姓听到这一消息，欢声雷动，虽妇人孺子，皆举手相庆。[2]

这时正是崇祯十年六月，温体仁于崇祯三年六月入阁，至此虚度八年实足七年。次年，病死于家。朱由检接到讣闻，觉得有点可惜，特地下旨：赠太傅，谥号文忠。崇祯皇帝之"遭瘟"竟至于此，罢他的官只是由于他"有党"，并不怀疑他"朴忠"，所以死后追谥为"文忠公"。无怪乎明朝

1 张廷玉《明史》卷三百八《奸臣传·温体仁》。

2 文秉《烈皇小识》卷五。张廷玉《明史》卷三百八《奸臣传·温体仁》。

遗老遗少感慨系之，崇祯皇帝对于温体仁这样的奸臣，“转以为忠，宜其国之亡也”！[1]

“宜其国之亡也”，似乎有点夸张，其实不然。温体仁执掌内阁期间，推行“没有魏忠贤的魏忠贤路线”，他的继承人张至发、薛国观之流，继承其衣钵，推行“没有温体仁的温体仁路线”，致使人心尽失，大势已去。王世德说：“上初即位，事事宽大。自温体仁入阁票拟，务从深刻，由此遂失人心。论者谓：亡国之祸体仁酿之，良然！”[2]

◥ 张至发，山东淄川人，万历二十九年进士。继何吾驺为首辅。一切守温体仁所为，而才智机变不及。

崇祯十年八月，翰林院编修吴伟业上疏，严厉批判温体仁的卑劣行径，规劝张至发改弦更张，好自为之，反映了当时舆论的一般动向。梅村先生的文章写得漂亮：

> 语曰：前事不忘后事之师，首臣今日之鉴，取之去辅温体仁足矣。体仁学无经术，则当讲求仁义，练达朝章；体仁性习险诐，则当矢志光明，立身公正；体仁比暱宵人，则当严杜翕訾之辈；体仁护持悍党，则当力维忠孝之经，专精神以图平治。毋如体仁之泄沓偷容，画可否以决危疑；毋如体仁之游移饰诈，如此而圣恩庶可副，众望庶可塞也。

1 抱阳生《甲申朝事小纪》四编卷九《郑谦止狱始末》。
2 王世德《崇祯遗录》。

臣所忧者，首臣积习未化，故辙犹存。臣读其近日辩揭，盛称体仁之美，一曰孤执，一曰不欺。

夫体仁之当国也，有唐世济、闵洪学、蔡奕琛、吴振缨、胡钟麟之徒，参赞密谋；有陈履谦、张汉儒、陆文声之徒，驱除异己，何谓孤？庇枢贰则总理可不设，而事败乃设；徇凤抚则镇可不移，而事败乃移，何谓执？皇上之决去体仁，正谓其善欺耳。家窝巨盗，产遍苕溪，自诡曰清；孽子招权，匪人入幕，自诡曰谨，何谓不欺？

然则首臣真以为孤执不欺乎？夫使聊为尝试之言，实作更新之计，涤心饰行，以收后效，臣何敢议！如其不然，则必因私踵陋尽袭前人所为，大臣公忠正真之风何时复见？海内干戈盗贼之患何日就平？为首臣者亦何以副圣恩而塞众望耶？[1]

吴伟业对温体仁批判是深刻的，但是张至发却以为温体仁“孤执”“不欺”，亦步亦趋，继续推行“没有温体仁的温体仁路线”，温体仁的流毒依然在流。

1 吴伟业《劾元臣疏》，《梅村家藏稿》卷五十七《文集三十五·奏疏》。孙承泽《山书》卷十《进规辅臣》。

第四章

民众反乱，中原土崩瓦解

上章说到，皇帝急于求治，群臣倾轧不已，执政八年之久的温体仁，推行“没有魏忠贤的魏忠贤路线”，起用宵小之徒，打击正人君子，致使人心尽失，大势已去，明清之际有识之士认为“亡国之祸，体仁酿之”。导致大明王朝覆亡的直接动因是民众反乱，触发民众反乱的动因，如果说是政治腐败，又嫌过于简单化。或许可以说，从皇帝到大臣，从中央到地方，从政治经济到军事，几乎都出了问题，大明王朝成了一个无法收拾的烂摊子。

《明史》专辟“流贼传”，来写民众反乱领袖李自成、张献忠，其引言对于亡国原因的分析，颇有深度。劈头就是一句：“盗贼之祸历代恒有，至明末李自成、张献忠极矣，史册所载未有若斯之酷者也。”接下来，回溯永乐中唐赛儿倡乱以降，民众反乱屡见不鲜，却危而不亡。话锋一转，到了崇祯年间情况截然不同：“庄烈帝承神（宗）熹（宗）之后。神宗怠荒弃政，熹宗昵近阉人，元气尽澌，国脉垂绝。向使熹宗御宇复延数载，则天下之亡不再传矣。庄烈之继统也，臣僚之党局已成，草野之物力已耗，国家之法令已坏，边疆之抢攘已甚。庄烈虽锐意更始，治核名实，而人才之贤否，议论之是非，政事之得失，军机之成败，未能灼见于中，不摇于外也。且性多疑而任察，好刚而尚气；任察则苛刻寡恩，尚气则急遽失措。当夫群盗满山，四方鼎沸，而委政柄者非庸即佞，剿抚两端茫无成算，内外大臣救过不给。人怀规利自全之心，言语戆直切中事弊者，率皆摧折以去。其所任为阃帅者事权中制，功过莫偿，败一方即戮一将，隳一城即杀一吏，赏罚太明而至于不能罚，制驭过严而至于不能制。加以天灾流行，饥馑洊臻，政繁赋重，外讧内叛，譬一人之身，元气羸然，疽毒并发，厥症固已甚危，而医则良否错进，剂则寒热互投，病入膏肓而无可救，不亡何待哉！是故明之亡，亡于流贼，而其致亡之本不在于流贼也。”[1]史臣们写这些话时，明朝早已灰飞烟灭，冷静下来回顾这段历史，常能切中要害。明朝到了崇祯年间，已经病入膏肓无可救药，虽亡于“流贼”，但导致灭亡的根本原因不在于“流贼”。

官修史书有此看法，民间野史也有类似观点，戴笠、吴乔的《流寇长编》就是一例。他们分析明朝灭亡的原因说：“寻索久之而后知，国之致亡，祖功宗德、天时人事均有之，非尽流贼之罪。贼虽凶狡绝人，亦借成就之者之力也。”具体而言，可归结为三个方面：

主上则好察而不明，好佞而恶直，好小人而疑君子，好速效而无远计，好自大而耻下人，好自用而不能用人。

廷臣则善私而不善公，善结党而不善自立，善逢迎而不善执守，善蒙蔽而不善任事，善守资格而不善求才能，善因循而不善改辙，善大言虚气而不善小心实事。百年以

1 张廷玉《明史》卷三百九《流贼传》。

来习为固然，间有忧念国事者，则共说之如怪物。

兵事则京陵迫于边塞，才动风尘便成大恐。而敌兵岁至，寇锋日竞，守外则失内，击内则失外。其欲款外以专内者，举朝谯呵，使不得毕其语。武臣非无能兵者，而必压以庸劣文臣；间有不庸劣者，而又信任不深。兵食不足，畏人以偏见邪说，特其后无敢展布。[1]

戴笠、吴乔除了分析皇帝、廷臣的责任，还分析了军事上的失误——“守外则失内，击内则失外”，实际是无法兼顾内忧与外患，即攘外与安内的两难选择。为了论述这一点，他们列举了四十八条必败的表征。[2]而归根结底，还是人心的丧失，他们说：“诸贼闯（李自成）、献（张献忠）为劲，献贼始终一辙，人心不附，自无所至。闯贼初之残暴尤甚于献，李岩教以假仁义，收人心，而所为迥异。又攫福（王）府所积神庙（神宗）倾国之资，得以大行其志，发粟赈饥，而困穷之民傒后望之；散财收士，而失饷之卒饥渴赴之。能者立用，欺者立诛，人无朋党，言无谮谗，行事与朝廷正相反，遂得破左（良玉）、孙（传庭）入关中，收三边之兵，东向京师，以成莫御之势。”[3]事实真相如何，请听在下从头细细道来。

1 戴笠、吴乔《流寇长编》卷首《自叙二》。按：此书原稿已罹劫火，涵芬楼所藏为抄本，1991年书目文献出版社影印出版。又，戴笠，初名鼎立，字则之、耘野等，吴江人，长于著述；吴乔，又名吴殳，字修龄，昆山人，长于兵法。

2 戴笠、吴乔《流寇长编》卷首《自叙二》。

3 戴笠、吴乔《流寇长编》卷首《叙》。

一　黄土高坡的造反烽火

1. 从“白水王二”到李自成、张献忠

朱由检真是时运不济，即位以后不仅要清除阉党专政的政治后遗症，还要面对内外交困的潜在危机——辽东战略危机的严重性已经在己巳之变中暴露无遗，而在和辽东恰成犄角之势的陕西黄土高坡，成千上万为生计所迫的明朝子民们，悄悄点燃了造反的烽火。

天启七年三月，陕西巡抚张维枢奏报朝廷：澄城知县张斗耀因催缴田赋钱粮，被本县百姓杀死。皇帝当即发出圣旨：“张斗耀急征激变，以民戕官，事干十恶不义之条，着严擒首恶，解散党羽，安戢良民，确讯奏报，以靖地方。”[1]官逼民反，以杀死知县官为结局，这一事件带有明显的民众反乱色彩，引起朝廷的注意。不少史书把它当作晚明民变的序幕，事件的领导者白水王二，因而载入史册，但是各书的说法略有差异。

《烈皇小识》写道：“天启丁卯（七年），陕西大旱，澄城知县张耀采催科甚酷，民不堪其毒。有王二者，阴纠数百人，聚集山上，皆以墨涂面。王二高喝曰：‘谁敢杀张知县？’众齐声应曰：‘我敢杀！’

1 沈国元《两朝从信录》卷三十三，天启七年三月。

如是者三。遂闯入城，守门者不敢御，直入县杀（张）耀采。众遂团聚山中。巡抚胡廷宴老而耄，置之不问。又延、庆连岁荒旱，去冬有王嘉允者，倡乱于府谷，蔓延于西、汉以南。今春，延绥巡抚岳和声、陕西巡抚胡廷宴，各报略阳、淳化、绥德、宜川等处流贼孔棘，郧阳抚治梁应泽亦以汉南盗告急……此流贼之始也。”[1]

文秉把澄城知县张斗耀误作张耀采，已有学者依据《澄城县志》《萧州志》作了考订，确证当时的知县是张斗耀。[2]把王二率众造反作为“流贼之始”，是不错的。陕西巡按御史吴焕在崇祯二年向朝廷报告当地形势，说：“秦盗起于去年七月，白水王二一伙。”[3]白水王二于是乎成了民众造反的标志，是否有两个王二，或此王二非彼王二，不必深究也无法深究，各书所说略有出入，也可以理解。计六奇所说的“白水盗王二”就与文秉所说不太一样：“（崇祯元年）十一月，延绥饥，土府谷民王嘉胤倡乱，饥民附之。时白水县盗王二等，合山西逃兵，掠蒲城、韩城之孝童、淄川镇。时承平久，猝被兵，人无固志。陕西巡抚胡廷宴庸而耄，恶闻贼警，杖各县报者曰：此饥民也，掠至明春后自定耳。于是有司不敢闻。盗侦知之，益肆，遂劫宜君县狱，北合（王）嘉胤五六千人，聚延、庆之黄龙山。”[4]

1 文秉《烈皇小识》。

2 顾诚《明末农民战争史》，中国社会科学出版社，1984年，第40页注10。

3《崇祯长编》卷二十二，崇祯二年五月乙酉。

4 计六奇《明季北略》卷四《白水盗王二》。

戴笠、吴乔关于“流贼之始”的说法也不一样，在《流寇长编》写道：“（崇祯元年）十一月戊午朔，甲戌，白水王子顺反，合逃兵掠蒲城、韩城，巡抚胡廷宴恶闻盗，杖报者。府县遂不以闻，盗益肆，称为‘省城贤主人’。劫宜君狱，走苜蓿沟，在白水、宜君间，合王加印五六千人，分掠鄜州、延安。巡按吴焕奏：秦地数千里，多深山大谷，足为盗区，西临北边，兵民杂处，汉南遥连陇蜀，雒水黄龙山徊夷久伏。近因边腹荐饥，夷汉兵民相煽而动，披甲跨马之贼出没于蒲城、白水、泾州、耀州、富平、淳化、三原，及汉中、兴化，势如燎原。闯王高迎祥等贼起，与王加印合。闯王安塞人。一时贼首多边军豪勇、良家世职，不欲以姓名闻，故相率立诨名。”[1]这里所说的“白水王子顺”就是“白水王二”，“王加印”就是“王嘉胤”。

◥ 高迎祥，陕西安塞人，明末农民起义军领袖，第一代闯王。崇祯元年率众起事，自称闯王。崇祯九年遭到陕西巡抚孙传庭伏击，兵败而死。

至于高迎祥称“闯王”，以及其他首领大多用诨名，确是当时的风气，似乎很受《水浒传》梁山好汉诨名的影响。郑廉写到“秦晋盗起”，提到的首领有：王子顺、苗美、张圣、姬三儿、王嘉允（王嘉胤）、黄虎、小红狼、一丈青、龙得水、混江龙、掠地虎、上天猴、孟良、刘六、神一元、神一魁、

1 戴笠、吴乔《流寇长编》卷一，崇祯元年十一月甲戌。

李老柴、一条龙、独头虎、独行狼、上天龙、马老虎、李二、田近庵、郝临庵、翻山鹞、蝎子块、混天猴、过天星、闯塌天、十反王、射塌天、整世王、托天王、混世王、小秦王、整十万、混十万、关索、金翅鹏、曹操、八大王、老回回、革里眼、南营闯将、左金王、仁义王、上天王、扫地王、一连鹰等。此后，黄河南北还有：老当当、一斗谷、杆子手、宋江、一条龙、小袁营、袁老山、李振海等。[1]

其中影响最大的，毫无疑问是闯将李自成与八大王张献忠。

李自成，陕西米脂人，万历三十四年八月二十一日出生于延安府米脂县双泉堡，因其家居于怀远堡（今陕西横山县）之李继迁寨，故也称为怀远人。曾祖父李世辅、祖父李海、父亲李守忠，世代都是养马户。[2]《明季北略》《平寇志》《甲申传信录》都说李自成“务农颇饶”“世农自饶”“家颇饶”。联系到他八岁时与侄子同时进私塾读书，可见上述说法是可信的。他的家境并不贫穷，他也不是文盲，读书“颇能记忆”。[3]私塾先生以“雨过云收”为题要他对课，上联是“雨过月明，顷刻顿分境界”，李自成对的下联是“烟迷雾起，须臾难辨江山”。[4]秋日进蟹，先生命吟咏“螃蟹诗”，李自成即兴赋诗一首：

1 郑廉《豫变纪略》卷二。

2 康熙《延绥镇志》卷五《纪事志·李自成传》。吴伟业《鹿樵纪闻》卷下《闯献发难》。冯甦《见闻随笔》卷上《李自成传》谓：李自成生于万历三十三年八月二十一日。

3 吴伟业《鹿樵纪闻》卷下《闯献发难》。

4 计六奇《明季北略》卷二十三《李自成生》。

一身甲胄肆横行，满腹玄黄未易评。
惯向秋畦私窃谷，偏于夜簖暗偷营。
双螯恰似钢叉举，八股浑如宝剑擎。
只怕钓鳌人设饵，捉将沸釜送残生。

先生看了他的诗，评论道："异时虽有好日，终是乱臣贼子，不获令终。"[1]

父亲死后，家道中落，李自成不得不为同村富户艾万年去放羊以抵债，受尽屈辱。不得已，应募为银川驿的驿卒，充当马夫，抽空挟弓矢习骑射，练得一身好武艺。那时正是天启六年，他二十一岁。[2]崇祯二年，朝廷下令裁撤驿站。这年年底银川驿被裁撤，李自成生活无着，又逢饥荒，便带领同伙造反。《米脂县志》记载："明末李自成，银川驿之一马夫耳。因裁驿站，饥荒无所得食，奋臂一呼，卒至土崩，不可救。"[3]不久，他率部投奔王左挂。王左挂部下共有八队：一队眼钱儿，二队点灯子，三队李晋王，四队蝎子块，五队老张飞，六队乱世王，七队夜不收，八队李自成。[4]崇祯三年一月，王左挂、苗美率众攻打韩城，兵败后北攻清涧，走怀宁河，遭官军伏击，王左挂投降，苗美拒降突围。李自成率领八队投奔不沾泥张存孟的造反队伍。[5]

这里须对王左挂、不沾泥、点灯子作一个说

1 计六奇《明季北略》卷二十三《李自成生》。

2 康熙《延绥镇志》卷五《纪事志·李自成传》。按：银川驿在米脂县，不在银川（见弘治《延安府志》卷七）。

3 康熙《米脂县志》卷五《邮传》。

4 康熙《延绥镇志》卷五《纪事志·李自成传》。毛奇龄《后鉴录》卷五。

5 康熙《延绥镇志》卷五《纪事志·李自成传》。边大绶《虎口余生纪》附载米脂县知县边大绶塘报。

明：（一）崇祯元年七月，清涧王左掛（名子爵）率众在宜川造反，部将苗美到处焚烧庐舍，招收精壮农民入伍，声势逐渐壮大。（二）崇祯元年十一月随王嘉胤造反的不沾泥张存孟，以后活动于延绥（今陕西榆林县）一带。陕西北境有东川、西川，是造反武装的聚集地，绵亘数百里，高山深涧，鸟道羊肠，官军难以深入。崇祯四年四月，不沾泥张存孟攻打米脂县城，兵败被俘，这年冬天重新起兵，旋又投降，次年三月又起兵，不久被洪承畴捕杀。（三）清涧书生孟长更，因就读于石油寺，昼夜写读不辍，村民称为“点灯子”。崇祯元年各地民变蜂起，村中流传点灯子“如黄巢造兵书作反”，官军将要拘捕，点灯子聚众在解家沟花牙寺暴动，攻掠延安、韩城、宜君、洛川以及山西沿黄河州县，后为洪承畴俘获。[1]

李自成投奔王左掛、不沾泥，只是流传的一种说法，另一种说法是投奔高迎祥，成为高迎祥的八队闯将。冯甦《见闻随笔》说：“安塞人高迎祥者于（李）自成为甥舅，亦纠逃兵饥民为乱，自号闯王，（李）自成往从之，有八队闯将之目。八队者，一队眼钱儿，二队点灯子，三队李晋王，四队蝎子块，五队老张飞，六队乱世王，七队夜不收，八队李自成也，名不甚著。”[2]

万斯同《明史》也认为李自成投奔闯王高迎

1 彭孙贻《平寇志》卷一。吴伟业《绥寇纪略》卷一《渑池渡》。吴甡《柴庵疏稿》卷十《延北逆贼授首疏》。

2 冯甦《见闻随笔》卷上《李自成传》。

祥，高迎祥部下有八队（诨名与上述完全一致），“（李）自成居于八队将之末”“自成名未显”。关于李自成身世的记载，与上述诸书大同小异：“李自成，米脂人，小字䴸生，居怀远堡之李继迁寨。生而狞恶，十余岁即与回回婆家牧马。丧父为酒佣，日沉醉，主者遣之去。学锻又不成，二十一岁应募银川驿马夫。乃习骑射学刀槊于延安，罗氏尽其技。尝夜送驿递，晦失道，有双狼导之行，不伤。”所不同的是，银川驿裁撤后的经历：“自成益无赖，始为小偷，里中人苦之，谬相推为里长，主征会自给。值催科急，县官笞臀杻于市，自成自顾既不堪。而其妻韩氏故娼也，与县皂（衙役）淫，自成乃发愤杀淫者，偕兄子（李）过亡命，投甘（肃总）督所部将王国为兵。（李）过骁敢善斗，贼中所称‘一枝虎’（按：应为‘一只虎’）者也。时（王）国适奉调过金县，兵哗，自成忽起缚县官索饷，（王）国止之，并杀（王）国，窜入贼队高迎祥号闯王者，而自居于八队闯将之末。”[1]

李自成还未成名前，张献忠已经小有名气了。万斯同说：“贼中有张献忠者号八大王，先（李）自成有名。”[2]张献忠，延安卫柳树涧人，与李自成同

◥ 张献忠，陕西定边人，明末农民起义军领袖，大西政权的建立者。后清兵南下，拒战不利，顺治三年被清兵射死。

1 万斯同《明史》卷四百八《盗贼传·李自成》。文秉《烈皇小识》也说：“时又有高迎祥聚众称乱，自号闯王，米脂李自成入其党，号曰闯将。”

2 万斯同《明史》卷四百八《盗贼传·李自成》。

年生。曾当过延安府衙的捕快，不得志，前往延绥镇从军，由于触犯军法当处斩，主将陈洪范见张献忠相貌奇特，向总兵官王威求情释放。他随即投奔神一元麾下，领红旗先锋，占据米脂十八寨。后与曹操罗汝才诡降于洪承畴，旋即反叛，自称八大王。[1]为了与南营八大王相区别，张献忠又称西营八大王。

计六奇笔下的张献忠则是另一番样子："献忠，榆林人，幼有奇力。两眉竦竖而长，面有微麻，遍体生毛，天性好杀，不耐久静。初从塾师，与同舍生讧，一拳扑杀之，家资数千金一时俱尽。父大怒，逐之，漂泊异乡。或异其貌问之，知文而勇，收以为子。与之延师，复与同学者争，更殴死两生，逸去。闻老狪狪马守应等起兵，遂往投军。（马）守应一见奇之，初为小卒，号为'黄虎'。已而屡立战功，有党五百人，陕（西巡）抚犹轻之曰：'此小贼耳，不足烦大兵。'俄聚徒千人，后遂有众，由是横不可制。十三寨贼目以其强暴，屡夺宝物，与之相轧。献忠亦不欲受制于人，即分兵立营，自为一军，号西营八大王，屡破郡邑。及崇祯四年十月，率众二千人，就抚于总督洪承畴，至次年三月复叛去。一云：献忠，秦人（献忠，陕西肤施县人，隶延安卫籍。貌长而瘦，与自成同年生。受降后自号张敬轩）。"[2]

1 万斯同《明史》卷四百八《盗贼传·张献忠》。按："延安卫柳树涧"的说法不确切，柳树涧位于榆林卫境内，也可以说位于延绥镇境内，不在延安府境内。参看谭其骧主编《中国历史地图集》第七册《明·陕西一》。

2 计六奇《明季北略》卷七《张献忠起》。

2.“秦民因饥起变”

晚明民变首先爆发在陕西绝不是偶然的。计六奇说：“流贼所由起，大约有六：叛卒、逃卒、驿卒、饥民、难民、响马是也。天下形势莫强于秦，秦地山高土厚，其民多膂力，好勇敢斗，故六者之乱亦始于此，而卒以亡天下。”[1]可谓只知其一不知其二，忽略了何以铤而走险的根本原因。造反大军的基本群众是饥民、难民，而骨干力量是叛卒、逃卒、驿卒、响马，这六种人转化为造反者，是陕西各种社会矛盾——天灾人祸激化的结果。

明末田赋加派，一律按亩分摊，陕西比别地受害更甚。那是因为陕西土地贫瘠，民生穷困，加上连年灾荒，人民已是饥寒交迫，官府却仍敲骨吸髓，不顾人民死活，是以势必激起民变。当时的有识之士已经意识到这一点，他们不约而同地指出官逼民反的实情。

——有司者既刍牧之求，复严催科之令，皮骨已尽，救死不赡，不得已而为盗。[2]

——穷乡一闻额外之征，无不恫怨，怨乃离，离乃生乱。即今流贼纵横荡摇秦晋，总由穷兽之攫，逼迫而起。臣恐一方有事，虽以

1 计六奇《明季北略》卷四《钱文俊激变》。

2 毕自严《核陕西延庆等处蠲缓赈恤疏》，《石隐园藏稿》卷六。

数省加派犹不足用，若使穷民思乱，在在若秦晋，更执何民而敲剥之哉！[1]

——天启辛酉（元年），延安、庆阳、平凉旱，岁大饥，东事孔棘，有司惟顾军兴，征督如故，民不能供，道殣相望，或群取富者粟，惧捕诛，聚而为盗……天启时，陕西巡抚乔应甲、延绥巡抚朱童蒙皆魏党，减饷以助殿工，军民恨之，盗掠道臣朱养和，（乔）应甲反索（朱）养和千金。法纪大坏，奸宄遂无所忌。延安、榆林北边重镇，蕃汉杂居，工骑射，敢斗轻生，既为盗掠骡马，屯聚险隘，守臣不能捕。[2]

连年的天灾，加剧了人祸。万历一朝四十八年中，陕西有灾荒记载的达二十五年之多；天启、崇祯年间灾荒不断。

崇祯元年，陕西巡按御史李应期向朝廷报告：秦民因饥起变。他的奏疏写道："臣惟全陕地多硗确，民鲜经营，慨自边疆多事，征兵征饷，闾阎十室九空。更遇连年凶荒，灾以继灾，至今岁而酷烈异常也。臣自凤（翔）、汉（中）、兴安，巡历延（安）、庆（阳）、平凉，以抵西安，臣见五月不雨，以至于秋三伏亢旱，禾苗尽枯，赤野断烟，百姓流离，络绎载道。每过一处所，饥民数百成群，拥道告赈。

1 邹漪《启祯野乘》一集卷三《姜太常传》。

2 戴笠、吴乔《流寇长编》卷一，崇祯元年五月。

近且延安之宜（川）、洛（川）等处，西安之韩城等属，报有结连回啰，张旗鸣金，动以百计，白昼剽掠，弱肉强食。盖饥迫无聊，挺而走险，与其忍饿待毙，不若抢掠苟活之为愈。朝廷全不拯救，将来祸且叵测。”他警告朝廷。万一祸乱大作，天下动摇，勿谓臣今日缄口不言。[1]

崇祯二年行人司行人（掌管传旨、册封的官员）马懋才，真切而翔实地向朝廷报告陕北的饥荒：

> 臣陕西安塞县人也，中天启五年进士，备员行人。初差关外解赏，再差贵州典试，三差湖广颁诏，奔驰四载，往还数万余里。其间如关外当柳河之败，黔南当围困之余，人民奔窜，景象凋残，皆臣所经见，然未有极苦极惨如所见臣乡之灾异者。臣见诸臣具疏，有言父弃其子，夫鬻其妻者；有言掘草根以自食，采白石以充饥者，犹未详言也，臣今请悉为皇上言之。
>
> 臣乡延安府，自去岁一年无雨，草木枯焦，九八月间，民争采山间蓬草而食。其粒类糠皮，其味苦而涩，食之仅可延以不死。至十月以后，而蓬尽矣，则剥树皮而食。诸树惟榆（树）皮差善，杂他树皮以为食，亦可稍缓其死。迨年终，而树皮又尽矣，则又掘其山中石

1 孙承泽《山书》卷一《秦民因饥起变》。

块而食。石性冷而味腥，少食辄饱，不数日则腹胀下坠而死。

民有不甘于食石而死者，始相聚为盗，而一二稍有积贮之民遂为所劫，而抢掠无遗矣。有司亦不能禁治，间有获者，亦恬不知怪曰："死于饥，与死于盗等耳，与其坐而饥死，何不为盗而死，犹得为饱死鬼也。"

最可悯者，如安塞城西有粪城之处，每日必弃一二婴儿于其中，有号泣者，有呼其父母者，有食其粪土者。至次晨，所弃之子已无一生，而又有弃之者矣。更可异者，童稚辈及独行者，一出城外，便无踪迹。后见门外之人炊人骨以为薪，煮人肉以为食，始知前之人皆为其所食。而食人之人亦不免数日后面目赤肿，内发燥热而死矣。

于是死者枕藉，臭气薰天。县城外掘数坑，每坑可容数百人，用以掩其遗骸。臣来之时已满三坑有余。而数里以外，不及掩者又不知其几许矣！小县如此，大县可知；一处如此，他处可知……又安得不相率而为盗也？且有司束于功令之严，不得不严为催科，仅存之遗黎止有一逃耳。此处逃之于彼，彼处复逃之于此，转相逃，则转相为盗，此盗之所以遍秦中也。[1]

1 计六奇《明季北略》卷五《马懋才备陈大饥（崇祯二年四月二十六日疏）》。

马懋才用确凿的事实说明盗贼遍于秦中的原因，除了连年灾荒，还有官府的催科。皇帝接到这份奏疏，知道情况严重，立即批示："延（安）、庆（阳）等府饥荒情状，朕心恻然。应议蠲赈减缓，该部作速从长计覆，预备谷仓救荒首务，地方官平日留心，何至束手无策？"[1]皇帝虽然意识到问题严重，把救荒当作首务，但并没有采取相应措施，也没有督促地方官全力救荒，致使事态日趋恶化，以至无法收拾。

造反队伍的核心力量是大批哗变的士兵，即所谓逃卒、叛卒，他们经过正规的军事训练，手中掌握武器，与一般饥民、难民迥然不同。从万历年间辽东战事爆发以来，陕西三边的军队征调频繁，经常领不到军饷，日积月累，拖欠军饷越来越严重。截至天启七年为止，延绥、宁夏、甘肃、固原四镇积欠饷银二百四十四万两，常有几个月甚至一年不发军饷的事，到崇祯初年，有的地方欠饷达三十六个月。士兵无以为生，除了造反没有别的出路，于是乎"稽饷而哗"，"亡命山谷间，倡饥民为乱"。[2]

◥ 南居益，陕西渭南人，万历二十九年进士。天启时累擢副都御史，巡抚福建，讨平荷兰海盗。迁工部侍郎，总督河道，魏忠贤衔其叙功不及己，格其赏，并削职。崇祯初起户部侍郎，总督仓场，进工部尚书，又削籍归。李自成陷渭南，拥之去，加炮烙，终不屈，绝食死。

崇祯二年三月，正在陕西的户部侍郎南居益向皇帝报告陕西三边由于欠饷造成严重的后果，如不解决，势必引起天下动摇，国将不国。他的分析是击中要害的：

1 《崇祯长编》卷二十二，崇祯二年五月庚寅。

2 吴伟业《绥寇纪略》卷一《渑池渡》。

九边要害，半在关中，故刍饷之需独倍他省。迩因宇内多事，司农告匮，延绥、宁（夏）、固（原）三镇，额粮缺至三十六月矣。去岁阖省荒旱，室若磬悬，野无青草，边方斗米贵至四钱，军民交困，嚣然丧其乐生之心。穷极思乱，大盗蜂起，劫杀之变，在在告闻。适青黄不接，匮乏难支，狡寇逃丁互相煽动，狂锋愈逞。带甲鸣锣，驮驼控弦者千百成群，横行于西安境内，耀州、泾阳、三原、富平、淳化、韩城、蒲城之间。所过放火杀人，劫财掠畜，庐舍成墟，鸡犬一空。泾（阳）、富（平）二邑被祸尤酷，屠掠淫污，惨不忍言。即有存者，骇鹤惊风，扶老携幼逃窜无门。

时势至此，百二河山危若累卵。揆厥所由，皆缘饥军数数鼓噪城中，亡命之徒揭竿相向。数载以来，养成燎原之势，遂至不可向迩。为今之计，欲剿贼，必先稽离伍之军；欲查军，必先给积逋之饷。饷如不足，则士不宿饱，马无余刍，枵腹荷戈，即慈父不能保其子，而抚镇又安能制此汹汹骄悍之卒哉？今惟发三十万饷以给之，庶可弭脱巾之祸于旦夕。不然，崤、函以西且溃散而不可收拾，关中一变，川、蜀、晋、楚唇齿俱为动摇，天下事尚忍言哉！[1]

1 计六奇《明季北略》卷五《南居益请发军饷》。

南居益以为只要发三十万军饷就可以缓解局势，实在是过于天真的幻想。不过他已经看到陕西问题的严重性——“关中一变，川、蜀、晋、楚唇齿俱为动摇”，天下事将不堪设想。但是朝廷高层并没有意识到这一点，仅仅把陕西民变看作地方局部问题。原任通政使陕西人马鸣世向皇帝大声疾呼：三秦为海内之上游，延安、庆阳为关中之屏藩，榆林又为延安、庆阳之藩篱，无榆林必无延安、庆阳，无延安、庆阳必无关中。而朝堂之上以延安、庆阳视延安、庆阳，未尝以全秦视延安、庆阳；以秦视秦，未尝以天下安危视秦。而且把流寇仅仅看作饥民，等闲视之，因此几年以来势如燎原，莫可扑灭。[1]这是一个比较有政治眼光的官员对陕西局势的透辟分析。陕西问题关系到天下的安危，如果不采取果断措施，后果将不堪设想。

1 谷应泰《明史纪事本末》卷七十五《中原群盗》。

3. 圣旨：“抚字得法，自然盗息民安”

陕西“流贼猖獗”的消息不断传往京师，哗变士兵又放出谣言：所谓因病死去的陕西三边总督武之望，其实是畏罪自杀——服毒自尽。朝廷上下群情哄然，迫切需要有人去收拾陕西局面，然而人人视陕西为畏途，都不愿意挺身而出继任武之望留下的空缺。[2]这一拖就是几个月，没有一名高官愿意

2 戴笠、吴乔《流寇长编》卷二，崇祯二年二月乙未。杨鹤《杨鹤对诏狱供状》，《杨鹤奏议》第三十八叶，郑天挺等编《内阁大库档案·明末农民起义史料》，中华书局，1954年，第27—30页。

到陕西去挑起这副担子，因为既艰难又危险，而且吃力不讨好。吏部在无可奈何的情况下，推举颇能顾全大局，对军事一窍不通的杨鹤，出任陕西三边总督。

杨鹤，字修龄，湖广常德武陵人，万历三十二年进士，历任洛南知县、长安知县，万历四十年晋升为御史，上疏言事直率无忌，遭当事者排斥，引疾而去。天启初年起为太仆寺少卿、都察院右佥都御史，魏忠贤借口“党护熊廷弼”，把他除名。崇祯元年九月，任左佥都御史，杨鹤感激涕零，为了报答皇上知遇之恩，他在九月初九日上疏，就“图治之要在培养元气”抒发己见。他强调三点：

一是从万历末辽东战端开启以来，辽事加派，大工搜刮，诛求殆尽，小民元气大伤。

二是辽东战事节节溃败，西南边陲捉襟见肘，前后丧师失律，士马刍粮器械一时俱尽，封疆元气大伤。

三是士大夫分别门户，彼此相攻，后浪前波互为起伏。逆珰用事，今日追赃，明日削夺，屠戮忠良，死无完骨，士大夫元气大伤。

他的对策是：积习至今，由来已久，一切民生国计吏治边防，皇上执要，臣下执详，皇上严为之程，宽为之地，图之以渐，镇之以静，但令常如今日，何忧不致太平！[1]杨鹤所说的培养小民元

1 杨鹤《起升都察院右佥都御史杨鹤题为微臣误蒙起用事》，《杨鹤奏议》第二叶，《内阁大库档案·明末农民起义史料》第2—3页。

气、封疆元气、士大夫元气，是针对当时秉政者不知“图之以渐、镇之以静”，反而一片杀机横据胸臆，冲决齿牙，取悦一时的倾向而发的。皇帝领悟到这层意思，所以在奏疏上批示：培养元气，今日要务。但是执掌魁柄的大僚却以为：“这学问用不得，培养元气非其时”，决意把这个独抒己见的杨鹤排挤出中央机构。[1]

于是乎就有了杨鹤出任陕西三边总督的任命。

这一任命使得杨鹤进退维谷。他已经是都察院的左佥都御史，协助都御史曹于汴处理院务，按照惯例，担任此职的官员是不应该转调外任的。也许是皇帝对他的器重，批准了吏部的会推，而且特地在平台召见杨鹤，表示委以重任的意思。这使得杨鹤诚惶诚恐，立即向皇上表示，臣实无戡定祸乱之才，亦未阅历边疆，恐难胜任。皇帝不以为然，一定要他担此重任。杨鹤深知人人视陕西为畏途，再推辞就有“规避”之嫌，只能勉为其难，唯唯听命。[2]皇帝问他有何平乱方略，杨鹤的经历很简单，从知县到御史，从无带兵作战的经验，只能泛泛而谈：清慎自持，抚恤将卒而已。[3]皇帝欣赏的正是“清慎自持”的作风，所以才任命他以都察院左佥都御史兼兵部右侍郎的身份，总督陕西三边军务。平心而论，杨鹤为官一向清慎自持，素有清望，其短处恰恰就在于“不知兵”——不懂军事。[4]他可

1 杨嗣昌为其父奏疏所写跋文，《内阁大库档案·明末农民起义史料》第3页。

2 杨鹤《杨鹤奏议》第三十五叶《前陕西三边总督杨鹤题为咫尺天颜束身待罪事》；第三十八叶《杨鹤对诏狱供状》，《内阁大库档案·明末农民起义史料》第26—27页。

3 张廷玉《明史》卷二百六十《杨鹤传》。

4 张廷玉《明史》卷二百六十《杨鹤传》。

以成为一名出色的御史，绝不可能成为一名称职的总督。任命他为陕西三边总督，是用其所短，弃其所长，由此铸就他日后的悲剧。

◤ 己巳之变，崇祯二年十月下旬，皇太极率领满蒙联军约十万之众，避开袁崇焕在锦州、宁远一线的重兵，绕道辽西，经由哈喇慎地面，选择明朝边防薄弱环节作为突破口，大举进犯京畿一带，史称己巳之变。

杨鹤抵达陕西不久，适逢己巳之变，当时驻军纷纷奉命保卫北京，致使陕西防务陷于空虚状态，根本无法剿灭到处窃发的“流寇”。一介文士出身的杨鹤处于捉襟见肘的窘境之中，无力围剿，只能招抚，实在是事势的必然。他后来在狱中的自供状，道出了当时的无奈：“初任半年，汉南贼遂荡平，延安亦粗底定。后因京师戒严，调将征兵，沿边五大镇，如吴自勉、杨骐、尤世禄、王承恩、杨嘉谟等统兵一万七千余众，先后入援。又值延（绥巡）抚张梦鲸物故，陕（西巡）抚刘广生、甘（肃巡）抚梅之焕亲自领兵出关东去，以致边腹空虚，贼复乘机蠢动。”[1]杨嗣昌为其父申辩时也强调说，实施招抚实非得已：“臣父未任以前，业已蔓延猖獗。然沿边四抚五镇未有他故，犹可弹压撑持。不幸臣父受事，延、甘、陕抚连换八人，勤王五帅并发，精锐尽付东行，缓急一无可恃，而贼党始横……臣父提卒三百，抚定神一魁数万众而遣散之，非得已也。”[2]足以表明杨鹤主抚乃是不得已的抉择。

1　杨鹤《杨鹤对诏狱供状》，《杨鹤奏议》第三十八叶，《内阁大库档案·明末农民起义史料》第27—28页。

2　杨嗣昌《情急呼天身代父罪疏》，《杨文弱先生集》卷四。

其实皇帝本人在“剿”与“抚”的决策上，也举棋不定，似乎更加倾向于“抚”。崇祯三年二月，杨鹤督促勤王兵至省城，造反大军攻打宜川县城，包围韩城。巡抚刘广生截留勤王兵反击，解韩城之围。巡按御史吴甡以加急文书报告朝廷，皇帝获悉后指示：“以抚字失宜，民穷为盗，令韩（城）围。虽剿散，还须加意辑绥，察吏安民，以抵平康之治。”[1]由此可见，在皇帝心目中“民穷为盗”的原因在于“抚字失宜”，也就是说，在安抚、抚恤、招抚方面所下的功夫还不够。此后礼科给事中张第元在奏疏中分析“三秦流寇窃发”原因，“皆由地方官平日教养无方，积渐使然”。皇帝批复：“守令一方，司命催科，抚字得法，自然盗息民安。”[2]他强调的仍然是“抚字得法”四个字。

兵部尚书梁廷栋对于皇帝所说“抚字得法，自然盗息民安”最听得进，因为惟其如此，兵部督剿无方的责任便可以推得一干二净。他向皇帝指出：陕西八府，数年以来岁多不登，而贪残地方官略无惠养抚字之意，以致穷民失业化为盗贼。梁廷栋的意思皇帝是清楚的，批复时，一方面强调陕西流贼蔓延，虽因灾荒，总由贪官债帅不恤军民，恣行剥削，以致转徙为盗；另一方面也不容兵部推卸责任，指示兵部密行总督、巡抚相机剿灭。看得出来，皇帝的平乱方针是以“抚”为主，以“剿”为

1《崇祯长编》卷三十一，崇祯三年二月戊辰。

2《崇祯长编》卷三十七，崇祯三年八月壬申。

辅，一些大臣把它表述为“先抚后剿”。[1]

皇帝一再重申的这一思想，成为朝廷的指导方针。崇祯四年正月二十六日，他在文华殿召见廷臣以及各省朝觐官员，向陕西参政刘嘉遇询问“流寇”情况。刘嘉遇说：“兵饷不足，故难剿。且寇见官兵即散，退复啸聚。”对于“流寇”难剿的问题，皇帝毫不犹豫地回应：“寇亦我赤子，宜抚之，不必专戮。”刘嘉遇赶紧说：“今正用抚。”皇帝反问：“王左挂既降，何由杀之？”刘嘉遇回答：“虽降仍掠，宜其戮也。”皇帝不以为然，反问道：“何不于未抚以前杀之？”[2]显然，这是在向地方官面授机宜，提出“宜抚不宜剿”的方针，他不但批准了杨鹤的招抚方案，而且对招抚做了具体部署。

几天前，杨鹤向皇帝报告他的对策——“抚局既定，剿局亦终”。他说：延安一府十九州县，共有“土贼”“流贼”四大伙，屡剿而屡不定。关键在于招抚之后安插到何处？如果以“抚”愚“贼”，无异于以“贼”自愚，此并非终日之计。这就是“抚局”不易了结的原因。必须切实赈济，使之糊口有资，而后才谈得上真解散，解散之后还须安插，给予耕牛、种子，使之乐于归农复业，而后才谈得上真安插。如果照此办理，那么“贼”有生之乐，无死之心，自必怙然就抚，这就叫作“抚局既定，剿局亦终”。[3]皇帝对杨鹤的主张十分欣赏。有

1《崇祯长编》卷四十二，崇祯四年正月庚子。

2 戴笠、吴乔《流寇长编》卷四，崇祯四年正月庚子。谈迁《国榷》卷九十一，崇祯四年正月庚子。

3《崇祯长编》卷四十二，崇祯四年正月甲申。

的官员对于“抚局”颇有微词，主张应当“剿抚互用”。[1]皇帝仍不为所动，寄希望于“抚字得法，自然盗息民安”。

然而，“抚局”谈何容易！正如杨鹤所说，解散之后必须安插，安插必须给予耕牛、种子，这就需要赈济，需要大笔钱粮。廷臣们向他讲了近一年，皇帝都下不了决心。如今为了“抚局”，他决定孤注一掷。促使他下定决心的是陕西巡抚练国事与兵部职方司郎中李继贞的紧急请求。练国事说：庆阳、平凉酷旱，西安、凤翔危急，甘肃、宁夏军心动摇，为了挽救时局，乞求皇上拨发几十万两银子赈济。李继贞抓住时机重申前议——赈济陕西，他说：招抚并非抚贼，而是抚饥民之从贼者；已从贼者有限，未从贼而势必从贼者无穷。如果能尽心赈济，就抚者能推诚安插，则可以化贼为民，贼失党而败。[2]皇帝既然主张宜抚不宜剿，大力支持杨鹤的“抚局”，赈济本是题中应有之义，他终于批准赈济陕西的方案，下达诏书：“朕览章奏，陕西、延绥等处屡报地方饥荒，小民失业，甚有迫而从贼，自罹锋刃者。谁非赤子？颠连若斯，谊切痌瘝，可胜悯恻。今特命户工二部共发银十万两，差御史前去，会同该抚按相酌被灾处所，次第赈给。必须躬亲料理，实惠小民，不许委官吏胥侵没。仍责成府州县有司多方措处，设法凑济，以赡给穷

1《崇祯长编》卷四十三，崇祯四年二月辛亥。

2 戴笠、吴乔《流寇长编》卷四，崇祯四年正月壬午。张廷玉《明史》卷二百四十八《李继贞传》。

黎。”略施恩惠之后，还不忘教训子民：“嗟尔百姓，何故不安本分，甘作非为？即已被胁从，误入贼党者，若肯归正，便为良民，嘉与维新，一体收恤。”[1]为此，他任命御史吴甡带了十万两银子，前往陕西赈济。吴甡赶到陕西，赈济初现成效。计六奇说：“四月，吴甡西行，至延长，寇聚城下，谕以祸福，分赈之，贼各解散。游贼闻之，皆回受赈，抚贼七千有奇。”[2]

杨鹤得知皇帝强调“抚字得法，自然盗息民安”，并且派遣御史携带银两前来赈济，一面放开手脚进行招抚，一面向皇帝说明必须招抚的道理：“饥民为土贼，逃兵为流贼。上天猴、扫地王五六千人在绥德、清涧、黄甫、胡桥，积盗横天王、点灯子六七千人在宜川，逃兵及合水、安化饥民二三千人。延安遍地皆贼，饥荒使然。剿不易结，必须抚之。”[3]《流寇长编》的编者对杨鹤所说“剿不易结，必须抚之”写了一个简短的评语：“此时赈治病之本，剿治病之标，抚乃调理药耳。”[4]戴笠、吴乔认为赈济可以治本，围剿只能治标，招抚不过是一味调理药而已，明显不赞成“必须抚之”的决策。不可否认，戴、吴二人的眼光确实有其独到之处，不过揆诸当时的实际情况，说起来容易做起来难。晚明民变是各种矛盾的总爆发，社会早已病入膏肓。吴甡带来的数量有限的赈济，仅仅具有

1 孙承泽《山书》卷四《赈济陕西》。彭孙贻《平寇志》卷一，崇祯四年正月己亥。

2 计六奇《明季北略》卷七《吴甡赈抚》。

3 戴笠、吴乔《流寇长编》卷四，崇祯四年正月。

4 戴笠、吴乔《流寇长编》卷四，崇祯四年正月。

象征性意义，只能头痛医头脚痛医脚，根本不能治本；武力围剿不但不能治标，反而刺激形势更加恶化；在天灾人祸的双重压力之下，无法善后，招抚的作用迅即化为乌有。

这个道理，当时的兵科给事中分析得很透彻："秦之流贼，非流自他省，即延（安）、庆（阳）之兵丁土贼也。边贼倚土寇为乡导，土寇倚边贼为羽翼。六七年来，韩（城）、蒲（城）被掠，其数不多，至近年荒旱频仍，愚民影附，流劫泾（阳）、（三）原、富（平）、耀（州）之间，贼势始大。当事以不练之兵剿之不克，又议抚之。其剿也，所斩获皆饥民也，而真贼饱掠以去矣。其抚也，非不称降，聚众无食，仍出劫掠，名降而实非降也。且今年麦苗尽枯，斗粟金三钱，营卒乏食三十余月，即慈母不能保其子，彼官且奈兵民何哉！且迩来贪酷成风，民有三金，不能供纳赋之一金。至于捕一盗而破十数人之家，完一赎而倾人百金之产，奈何民不驱为盗乎！"[1]实践已经表明，剿不能解决问题，抚也不能解决问题。形势的发展趋势，预示着杨鹤的"抚局"必然以失败而告终。

当时陕西的文武官员已经觉察到这种不祥之兆，纷纷对杨鹤一意主抚的做法表示强烈的不满情绪。陕西巡按御史李应期向朝廷告状：杨鹤实施招抚政策之后，固然有王子顺、张述圣、姬三儿等

1 谷应泰《明史纪事本末》卷七十五《中原群盗》。

小股武装陆续来降，但是王嘉胤等仍在延安、庆阳一带活动，杨鹤一意主抚，隐匿不报，继续与巡抚刘广生派出官员，手持招安牌票四出招降。陆续有黄虎、小红狼、一丈青、龙江水、掠地虎等接受招抚，杨鹤、刘广生发给他们“免死票”，安插在延绥、河西，致使邻近各地到处都是“降丁”，“淫掠如故，村氓吞声，有司莫敢告”形成更大的“寇患”。[1]总兵杜文焕对杨鹤的“抚局”也颇有微词，杨鹤则指责杜文焕主剿，妨碍“抚局”，背后中伤，导致杜文焕罢官。[2]在朝的言官也对杨鹤有所非议。刑科给事中常自裕弹劾杨鹤听任流贼攻城屠邑，从来不曾听说他如何遣将，如何励兵，如何斩获，徒然养尊处优。工科给事中顾光祖弹劾杨鹤，玩寇贻患，致使破城陷堡，杀将覆军，民遭荼毒，请求皇上饬令他依限追剿，如期平贼。[3]

值得注意的是，奉命前来赈济的御史吴甡，也着力批评杨鹤，对陕西剿抚无效表示忧虑。吴甡，字鹿友，号峕愚，晚号柴庵，扬州兴化人，万历四十一年进士。天启中，由知县调任御史，忤魏忠贤而削籍，崇祯初年官复原职。崇祯四年他以陕西巡按御史的身份，向朝廷进言，分析“剿”与“抚”何以都不见效的原因。他认为，帝王驭世剿抚之定案，可以概括为“剿必歼渠魁，抚必散余党”十个字，从未听说渠魁不歼而余党可以解散的

1 谈迁《国榷》卷九十一，崇祯三年六月丙子。戴笠、吴乔《流寇长编》卷三，崇祯三年六月丙子。

2 谈迁《国榷》卷九十一，崇祯三年十二月己巳、崇祯四年正月庚子。

3《崇祯长编》卷四十四，崇祯四年三月丙子、三月辛卯。

道理。富县、延安之间处处有盗，“大约皆阳为就抚，而阴为抢掠”。又据总督杨鹤说，庆阳、西安盗氛日炽，接受招抚的不过几个头目，余党仍旧狂逞。因此他的结论是：第一，“臣于今而益信抚之未足恃也”；第二，“今日之策，以先剿后抚为宜”；第三，“以剿坚抚”，“不因抚废剿”；第四，“剿为真剿，则抚为真抚”。总之，必须立足于剿，不能寄希望于抚。[1]

不久，吴甡再次上疏，分析剿抚俱无实效的原因：“夫流贼之炽不始于今日也，盖数年于兹，未闻有起而大创之者。春夏之际道掠延南、西安州县，警报迭至，镇臣王承恩始领兵南剿，屡有斩获。贼又以乞抚为名，渐徙而北，屯聚于延川、延长、安定、清涧之间。点灯子一枝拥众近万，啸聚不散，即其余头目就抚不过数十百人，而伙党甚众，仍多聚掠。无识有司欲以招安苟且结局，而终不能令其解散，人心汹汹，莫必旦夕。抚既难结，剿亦未竟……道路之口皆谓：贼以抚愚我，我以抚自愚，其信然矣！”字里行间流露出对杨鹤“抚局”的嘲讽与讥刺——“欲以招安苟且结局”“贼以抚愚我，我以抚自愚”。他是主张调集精兵强将四面围剿，以达到“渠魁授首，胁党星散”之目的。此之谓“大病不宜小医，大事不宜小做”[2]

1 吴甡《剿抚机局宜审疏》，《柴庵疏集》卷八。

2 吴甡《剿抚俱无实着疏》，《柴庵疏集》卷八。

4. 杨鹤的悲剧结局

为了摆脱来自上下内外的压力，为了证实招抚政策的功效，杨鹤匆忙策划招降陕西最有影响的造反首领神一魁。他是近年来连克宁塞、新安、保安的神一元的弟弟，崇祯四年正月，神一元被定边副将张应昌击毙，部众推神一魁为首领。[1]神一魁率部攻陷合水县，包围庆阳府城。杨鹤前往宁州，派知州周日强前往招抚。神一魁派头目刘金、刘鸿儒，在宁州舍人刘可观陪同下，向杨鹤求抚。杨鹤向他们洞开重门，表示青天白日无纤介可疑。

崇祯四年三月初九日，神一魁派大小头目六十余人向杨鹤投降，送回先前俘获的合水知县蒋应昌，以及保安知县印信一颗。杨鹤见神一魁已有悔罪输诚之意，决定举行招安庆典，扩大影响。在宁州城门楼上设置龙亭，令投降的头目叩头顶礼，山呼万岁。然后要他们抬着龙亭，在“圣寿无疆”“太平有象”两面杏黄旗导引下，进入杨鹤的总督衙门。杨鹤率领文武官吏、军民父老向龙亭御座行五拜三叩头礼，州学生宣读皇帝圣谕。礼毕后，杨鹤带领投降的头目前往关帝庙焚香发誓。途中，降兵们争先恐后扛抬杨鹤的轿子，州民蜂拥，欢声雷动。[2]七天后，神一魁拜见杨鹤，杨鹤赦免

1 戴笠、吴乔《流寇长编》卷四，崇祯四年正月己卯。

2 杨鹤《陕西三边总督杨鹤题为布信招降事》，《杨鹤奏议》第五叶，《内阁大库档案·明末农民起义史料》第9—10页。

其罪，授予他守备官职，发给降兵饥民印票，遣送回乡。[1]

杨鹤招抚神一魁后立即奏报皇帝，申述之所以招抚的四点理由：第一，神一魁虽为叛乱之边兵，但边兵辛苦，倡乱者少，胁从者多，此情有可抚；第二，神一魁已降，如再贪功妄杀，是速之祸，其势不容不抚；第三，臣受任以来，愈剿愈多，剿者自剿，乱者自乱，剿法已穷，其局不容不抚；第四，灾情连年，今群盗散归农，犹有太平之望，不然乱无终日，此其时不容不抚。他还说，此疏即将拜发之际，接到邸报，得知他被言官交章论劾，自知奉职无状，希望皇上另请高明取而代之，将他逮捕法办。皇帝接到他的奏疏，喜出望外，当然不再考虑言官的意见，也不想另派大臣取代杨鹤。他给杨鹤发去嘉奖谕旨："剿逆抚顺，谕旨屡颁，据奏，神一元已经诛戮，神一魁伏罪乞降，渠恶既歼，胁从可悯，自当申明大计，曲赐生全。杨鹤相机招安，允协朕意。"[2]看得出来，皇帝对杨鹤的"抚局"是满意的，符合他的本意。

然而，杨鹤的"相机招安"，"允协朕意"，却没有什么成效。在招安过程中，杨鹤为了表明诚意，下令驻防官军都安营休息，非奉总督军令不许妄杀一人，使得神一魁的部下依然我行我素。杨鹤要他们发誓，或投奔官军，或解甲归田，他们大多

1 杨山松《孤儿吁天录》卷末，先大父抚贼之谤。

2 杨鹤《陕西三边总督杨鹤题为布信招降事》，《杨鹤奏议》第五叶，《内阁大库档案·明末农民起义史料》第10—13页。

阳奉阴违，安然如故。后果是严重的，正如当时人所说："群盗自是视总督如儿戏矣"！[1]

问题在于，数量如此众多的饥寒交迫的造反大军，一旦接受招安，如何安置是一个棘手的社会问题。根据杨鹤命令安置神一魁部众的延绥巡抚洪承畴，大叹苦经："解散安插言之甚易，行之实难。以数千之众，村落尽成丘墟，无居无食，何以度生？押回未必尽回，散又无处可散，诚是千难万难。"[2]陕西巡按御史吴甡看到了问题的症结：流贼如果不解散，那么赈济毫无益处。现今已下招安令，招安不难，解散真难。解散之难在于，使叛军返回军伍，要按月发饷；使饥民返回原籍，要发给种子，使之安生。这两项都无法办到，解散无从谈起。[3]

◤ 洪承畴，福建南安人，万历四十四年进士。崇祯时任延绥巡抚、陕西三边总督，旋升兵部尚书，后调任蓟辽总督。松锦之战败后被俘，遂降清。

杨鹤自己也很明白安置的难处，向皇帝报告：神一魁归降后，许其"归伍归农"，但是秦中治乱起于灾荒，今既奉旨招安，如果不稍微赈济，是出之死地，终不能予以生全。[4]他向朝廷申请经费，作为降丁"续命之膏"，得不到回应。[5]既然没有

1　文秉《烈皇小识》卷三。

2　杨鹤《陕西三边总督杨鹤题为恭报剿贼情形事》，《杨鹤奏议》第十四叶，《内阁大库档案·明末农民起义史料》第17页。

3　《崇祯长编》卷四十五，崇祯四年四月乙巳。

4　《崇祯长编》卷四十五，崇祯四年四月乙巳。

5　《崇祯长编》卷四十六，崇祯四年五月己亥。

"续命之膏"，只能继续造反，这就是所谓"倏抚倏叛"现象。吴甡当即向朝廷报告：群贼之就抚者向亦不少，然而旋生旋灭，倏抚倏叛。欲安民当先安军，饥军饥民当一体散赈。皇帝立即批复：军民饥困堪怜，事属一体，赈济所应及；至于流贼阳抚阴叛，督抚尤当用心，整集兵马迅速荡平。[1]不过他只是口头说"赈济所应及"，不拿出赈济所需的银两，说了等于白说。

杨鹤接旨后不敢怠慢，他很清楚"贼阳顺阴逆，一面求抚，一面抢掠"，却徒唤奈何。既然皇帝要求"迅速荡平"，不得不应付一下，打了几个小胜仗，就以为贼兵屡败如秋林之叶，摇落变衰，似亦穷而将尽之时，所余贼无几，只要次第剿散，剿一处即抚一处，抚一处即安插一处，必可速奏荡平。皇帝接报后，提醒他应该"由抚转剿，以剿行抚"。[2]杨鹤的悲剧在于直到此时，他还过分相信招抚，想当然地计划"剿一处即抚一处，抚一处即安插一处"，结果导致身败名裂。

七月间，独行狼、李老柴攻打中部县（即今黄陵县），先前已经投降的田近菴、恶虎、翻山虎、韩至山等起兵响应。杨鹤自知难辞其咎，请求皇帝逮治，由洪承畴代理总督。皇帝不同意，要他"悉心料理，不得遽求卸担"。[3]杨鹤本来乞灵于招抚，一旦无效，顿时陷入束手无策的境地，还得面对同僚

1《崇祯长编》卷四十六，崇祯四年五月丁亥。

2 杨鹤《陕西三边总督杨鹤题为恭报剿贼情形事》，《杨鹤奏议》第十四叶，《内阁大库档案·明末农民起义史料》第14—18页。

3 杨鹤《陕西三边总督杨鹤题为贼平无日臣罪当诛事》，《杨鹤奏议》第二十三叶，《内阁大库档案·明末农民起义史料》第19页。

的责难。

此前，陕西巡按李应期已经向皇帝告状，把陕西流寇“旋抚旋叛”归咎于杨鹤，暴露了巡按与总督的裂痕。皇帝任命吴甡代理巡按御史，确查此事，下达圣旨：“据奏，秦中流贼各郡县申报情形甚亟，该督抚如何竟未奏闻？屡旨相机剿抚，正欲歼渠散党，若一面言抚，一面焚掠，纵寇流毒，莫此为甚。杨鹤等前疏有无隐饰？并这本内要挟重资等语是否确情？还着吴甡查明据实速奏。”吴甡遵旨核查，如实报告陕西流寇情况，一则说延安、庆阳一带山川险阻，土瘠民穷，从来多盗；再则说东路王加印（王嘉胤），西路神一元、神一魁，最凶狡最猖獗。然后证实“一面言抚，一面焚掠”，所言非虚：

——督臣杨鹤以本年三月移镇宁州，因兵马一时征调不前，遂遣官招抚神一魁等，数十头目乞降。督臣赏以金帛，又给一魁守备职衔，安插宁塞者四千有奇；尚有未尽余党如郝临菴、刘六等众，不下数万。督臣五月初旬才离宁州，而贼已纷纷掠环县、真宁之间。

——使督抚锐意图贼，整集兵马，分布堵剿，接济钱粮俾无缺乏，则贼可一鼓而歼也。督臣移镇耀州，下令招安，诸头目掠取已饱，有赴耀州求抚者，督臣给赏花红，鼓乐迎导，造花名册予路费钱，待之殊厚……贼党见大兵在南，遂徙而北归，延长、延川、安定、清涧、绥德、米脂、吴堡、葭州皆其原籍，解散者十有一二，啸聚者千百成群，乡村抢粮，日无宁刻。士民于是有“官贼”之谣，人人恨招抚矣！[1]

人们把接受招安的流寇称为“官贼”，痛恨招抚政策。杨鹤经受不住如此重压，精神趋于崩溃，向皇帝请求辞职。他痛苦万分地说：臣历任三年，无一日不在多凶多惧之中，未尝一日称病。由于军情紧急，惊吓忧虑，食不下咽，遂成厌食之症，日复一日饮食不进，即使饮薄粥，也觉喉间窄小，胸中如有积块不化。臣焦头烂额，剿贼日久无功，自知为不祥之人，愈病愈忧。倘蒙皇上哀怜，容臣回籍调理，留臣未死之身，使臣子杨嗣昌尽瘁危疆，亦臣所以忠于皇上也！杨鹤的这篇奏疏写得哀怨凄苦，重病在身，无以报效朝廷，愿意由儿子代尽忠心。皇帝不为所动，冷冷地批了八个字：“已有旨了，该部知道”。[2]所谓“已有旨了”云云，是指半个月前（即八月初六日）所下达的圣旨：“还着悉心料理，不得遽求卸担”。要他戴罪立功，收拾烂摊子。

不料，一个月还不到，神一魁率众重新反乱，北上攻占军事重镇。[3]杨鹤精心策划的“抚局”，至此彻底崩溃。消息传到北京，舆论哗然，主剿派气势汹汹，向主抚派大兴问罪之师，原先的主抚派见风使舵，摇身一变，纷纷谴责杨鹤“主抚误国”。[4]

皇帝获悉神一魁复叛的消息，大为震怒，九月二十三日下令逮捕杨鹤。他的圣旨措辞严厉：“杨

1 吴甡《查明流寇旋抚旋叛情形疏》，《柴庵疏集》卷八。

2 杨鹤《陕西三边总督杨鹤题为微臣万苦堪怜事》，《杨鹤奏议》第二十四叶，《内阁大库档案·明末农民起义史料》第19—22页。

3 戴笠、吴乔《流寇长编》卷四，崇祯四年九月甲戌、己丑。谈迁《国榷》卷九十一，崇祯四年九月己丑。

4《崇祯长编》卷五十，崇祯四年九月甲午。张廷玉《明史》卷二百六十《杨鹤传》。

鹤总制全陕，何等事权！乃听流寇披猖，不行扑灭，涂炭生灵，大负委任。着革了职，锦衣卫差的当官旗，扭解来京究问。”[1]这种处理方式未免有失公正，杨鹤“抚局”的大政方针是得到皇帝认可的，也体现了皇帝再三强调的“主抚”思想——“抚字得法，自然盗息民安”。崇祯四年正月他向陕西参政刘嘉遇面授机宜，坚称：“寇亦吾赤子，宜招抚之，不可纯剿。”随着形势的发展，招抚并没有想象的那么有效，使他改变立场，越来越倾向于剿杀，洪承畴、李应期大肆杀降，不但不指责，反而予以嘉奖：“贼势獗甚，招抚为非，杀之良是。”[2]杨鹤的悲剧在于，他的思路没有跟上皇帝旨意的变化，仍一味遵循先前的宗旨不变，直到被捕入狱后，依然没有想通。他自我辩护道：“伏睹皇上召对计吏临御平台，圣谕有言：‘流贼原是中原赤子，不可纯以剿为事……’臣仰窥圣意，不嗜杀人。值皇上发帑金十万，遣按臣吴甡赈济饥荒，招抚流贼。神一魁复新蒙赦宥，臣乃奉行德意，颁布诏书，仿先臣王守仁散宸濠贼故事，给免死牌票，诱贼投降，无非欲其解散归农，如是而已。”[3]确实，杨鹤的一言一行都符合皇帝先前的谕旨，可惜动机与效果有巨大的落差，到了这时再搬出谕旨又何济于事，难道要皇帝承担责任？

杨鹤希望皇帝从宽发落，愿以子代尽一片忠

1 杨鹤《前陕西三边总督杨鹤题为咫尺天颜束身待罪事》，《杨鹤奏议》第三十五叶，《内阁大库档案·明末农民起义史料》第26页。杨嗣昌《臣父蒙谴泣谢天恩再请代罪疏》，《杨文弱先生集》卷四。

2 谈迁《国榷》卷九十一，崇祯四年五月己丑。彭孙贻《平寇志》卷一。

3 杨鹤《陕西三边总督杨鹤题为微臣负不白之冤事》，《杨鹤奏议》第三十叶，《内阁大库档案·明末农民起义史料》第23页。

心。他的儿子杨嗣昌也有这种不切实际的想法，接到父亲派人送来的家书，立即请求代父认罪，奏疏写得哀怨动人："臣因奉旨防御关门，具疏请命间，值臣父奏使到京，寄臣家书奏稿，内称：'身负不白之冤，义难隐默，但愿逮系阙下，亲赴御前一言而死。'臣一读之，心胆堕地，泣涕沾衣。知西贼剿抚无成，臣父祸且不测，臣愚惟有一死，仰乞圣恩，代赎父罪耳。夫西方之贼原系皇上守边健儿、输粮赤子，以边郡穷荒，数年乏饷，渐积化为寇仇。臣父未任以前，业已蔓延猖獗，然沿边四抚五镇未有他故，犹可弹压撑持。不幸臣父受事，延、甘、陕抚连换八人，勤王五帅并发，精锐尽付东行，缓急无一可恃。而贼党始横，庆阳之围，杜文焕、贺虎臣方溃保安，谁与剿贼？臣父提卒三百，抚定神一魁数万众而散遣之，非得已也。"[1]皇帝不接受他的请求，冷冷地降旨："杨嗣昌着遵旨殚精饬备，以安重地，不必屡疏吁陈。"[2]

就在批复杨嗣昌的同一天，即崇祯四年九月二十三日，皇帝下达了逮捕杨鹤的命令。时任山海关内道右参政的杨嗣昌，九月二十六日看到邸报公布逮捕杨鹤的圣旨，再次向皇帝请求代父认罪，情辞更加恳切，似乎是含泪写成：

——今接邸报，吏部一本遵旨查明速奏

1 杨嗣昌《情急呼天身代父罪疏》，《杨文弱先生集》卷四。

2 杨嗣昌《情急呼天身代父罪疏（崇祯四年九月二十三日奉旨）》，《杨文弱先生集》卷四。

事，奉圣旨："杨鹤总制全陕，何等事权！乃听流寇披猖，不行扑灭，涂炭生灵，大负委任。着革了职．锦衣卫差的当官旗，扭解来京究问……"臣随伏地望阙叩头流血，仰谢天恩，责臣父以流寇披猖不能扑灭，臣知罪矣。差官扭解来京究问，幸如臣父所请，天鉴自明，臣愚不敢置辩。

——惟是臣父已为罪人，臣则罪人之子也，臣父蒙恩革职，微臣岂敢居官；臣父扭械在身，臣敢冠带视事？以臣狗马至情，即当泥首跣足，顷刻千里奔赴臣父之难。而臣不敢也，以新奉关门防御，着臣"用心料理"之明旨，此时何时，臣敢擅离跬步也！

——伏乞皇上深念关门重地，时值艰虞，十数万兵民商旅，不可以罪人之子弹压其间，赐臣离任赴阙，代受臣父万千之罪。

皇帝当天就拒绝他的请求，批复道："杨嗣昌已有屡旨，着用心料理，以图表见，不得吁请离任。"[1]

远在陕西的杨鹤接到"扭解来京究问"的圣旨，已经是十月十一日。他特地从耀州赶往临潼，跪听圣旨：杨鹤总制全陕，何等事权！乃听流寇披猖，不行扑灭，涂炭生灵，大负委任。着革了职，

1 杨嗣昌《臣父蒙谴泣谢天恩再请代罪疏（崇祯四年九月二十六日奉圣旨）》，《杨文弱先生集》卷四。

锦衣卫差的当官旗，扭解来京究问。接旨后，他立即上疏为自己申辩。他着重说明两点：其一是，臣承乏总督原非其据。皇上平台召对时，臣曾面奏自己实无戡定祸乱之才，亦无防守边疆阅历，并非不想规避，念及上报圣恩，勉为其难，不意狼狈至此，实在是臣之自误。看似自我检讨，其实是在委婉批评皇帝用人不当。其二是，招抚原是不得已的权宜之计。臣赴任以后，朝廷不断从陕西三边调兵遣将，致使当地防务空虚，时势多艰，一日难于一日，形势所迫，不得不采取招抚政策。言外之意，朝廷应当承担相当的责任。皇帝岂肯承担责任，当即训斥道：杨鹤正在候问，不得陈辩。[1]

接替杨鹤职务的洪承畴，以兵部侍郎兼都察院右佥都御史的头衔，总督陕西三边军务。他当时的心态是战战兢兢的，唯恐日后剿抚失策，步杨鹤的后尘，上任伊始就写了长篇奏疏，为杨鹤鸣冤，替自己留个退路。他说：前督臣杨鹤蒙皇上廷对特遣，莅任以来小心谨慎，尽日俱为地方筹划，凡事皆从封疆起见。即有一二招抚，亦是剿抚并用，时势不得不然。实在是穷荒益甚，盗贼愈繁，东扑西生，此灭彼起。神一魁之变乃时势非常，出乎意料。杨鹤在系，臣心万分不安，恳请皇上从宽发落。皇帝丝毫不肯松口，谴责洪承畴“不得仍前延玩”，重申“杨鹤自有裁夺，不必代陈”。[2]

1 杨鹤《前陕西三边总督杨鹤题为咫尺天颜束身待罪事》，《杨鹤奏议》第三十五叶，《内阁大库档案·明末农民起义史料》第26—27页。

2 杨鹤《陕西三边总督洪承畴题为请宽前督事》，《杨鹤奏议》第四十五叶，《内阁大库档案·明末农民起义史料》第32页。

不久，杨鹤遣戍江西袁州。崇祯七年秋，朝廷任命杨嗣昌为宣大山西总督。杨嗣昌当即推辞，理由是臣父杨鹤蒙谴已经三年，臣何心出任此职？委婉请求皇帝宽赦父亲之罪。皇帝批复的口气很硬，不准杨嗣昌推辞三镇总督之职，至于宽赦杨鹤之事，根本不予理睬。[1]

崇祯八年十月，杨鹤死于袁州戍所。家人前往宣府奔报噩耗，话还未讲完，杨嗣昌惊号一声，突然昏厥。众人抢救一番后，方才苏醒，心神始终迷离，半个多月不知人事。稍稍康复后，杨嗣昌上疏皇帝，为亡父请求抚恤复官，否则不但臣父不能瞑目，臣世世狗马也将不能瞑目。皇帝大概考虑到杨嗣昌岗位至关重要，居然松口："念杨嗣昌拮据冲边，杨鹤准复原官，不许请恤。"[2] 虽然只同意一半，已经表示些许昭雪的意味，以官复原职的待遇予以补偿。联系到日后杨嗣昌死于平定流寇的战场，杨氏父子为了朝廷，可谓鞠躬尽瘁了。

1 杨嗣昌《微臣守关四载疏》,《杨文弱先生集》卷七。

2 杨嗣昌《臣父弃臣甚惨疏》,《杨文弱先生集》卷八。

二　燎原烈火蔓延晋豫

早就有人预言，陕西的民变看似地方性的局部问题，处理得不好，必将演变为全国性问题。用赈济与招抚的手段，把动乱消弭于萌芽状态，可能最为理想。但是没有成功，主事者杨鹤因而负罪遣戍袁州。取而代之的洪承畴，反其道而行之，一律围剿追杀，结果把陕西的流寇驱赶到山西。对于洪承畴这个陕西三边总督而言，无疑是一大胜利；对于各支造反部队而言，突破围追堵截，渡过黄河进入山西，赢得了回旋的余地，不但没有削弱，反而更加强大了。面对成千上万造反大军的到来，山西地方官无力剿灭，唯一的对策是把他们驱赶到河南。造反大军进入河南，可以东南西北驰骋，明朝官军的围剿显得捉襟见肘，顾此失彼。从此晚明民变由地方性运动转化为全国性运动，战火所及，遍及大半个中国，成为名副其实的流寇，现代政治家军事家把这种流动战略称作“流寇主义”。

1. 洪承畴的围剿

洪承畴，字亨九，福建泉州府南安县人，万历四十四年进士，历任刑部主事、两浙提学道佥事等职。天启七年调往陕西，出任陕西粮道参议，适逢当地民变蜂起，给他提供了显示文韬武略的机遇。崇祯三年，升任延绥巡抚，接替死去的张梦鲸。上任伊始就给造反者一个下马威，起用前任总兵杜文焕为镇西将军，率军围剿。杜文焕果然不负众望，首战就击溃进攻清涧的王左挂，迫使王左挂带领残部七百人投降。不久，造反武装白汝学进攻绥德，王左挂率领旧部作为内应，事发未果。洪承畴与李应期定计，派游击左光先赶往绥德，把王左挂及其部下五十七人全部杀死。洪承畴与杨鹤都是进士出身的文官，对待造反大军的态度截然不同：主剿而不主抚。

皇帝获悉洪承畴杀死王左挂，十分振奋，连声说："贼势猖獗，招抚为非，杀之良是。"[1]此时皇帝已经对招抚失去信心，乞灵于剿杀。洪承畴得到皇帝赞赏，更加放开手脚剿杀。崇祯四年六月初，洪承畴指挥副总兵曹文诏，追杀王嘉胤于山西阳城县。这是洪承畴出任陕西三边总督后最为显赫的战功。据说，六月初一日，王嘉胤在阳城南山，夜间酩酊大醉，虐待部下，被左右随从杀死，向曹文诏献出首级。[2]据顾诚考证，曹文诏追击王嘉胤于沁水、阳城一带，布置部下士兵张立位（王嘉胤的妻弟）混入王嘉胤军营，充当内奸，六月初一日把王嘉胤灌醉杀死。[3]此事表面看来是内讧，其实是曹文诏遵照洪承畴的意思一手策划的。点灯子赵四儿遭到陕西巡抚练国事的围剿，于七月二十二日半夜渡过黄河，进入山西。洪承畴率领曹文诏、艾万年过河追击。点灯子连战连败，退守石楼县之乌龙寺、康家山，与绥德、清涧隔河三十里，九月十八日夜，绥德州守备孙守法奉洪承畴之命，渡河偷袭，点灯子猝不及防，裸体提刀迎战，被降丁贺思贤砍死。[4]

这些军事行动，显示了洪承畴的战略思想——把流寇驱赶出陕西，初见成效。但是陕西的动乱并没有平定。当皇帝下令逮捕杨鹤时，立即想到屡建剿杀战功的洪承畴，任命他为陕西三边总

1 彭孙贻《平寇志》卷一，崇祯四年五月。

2 吴伟业《绥寇纪略》卷一《渑池渡》。戴笠、吴乔《流寇长编》卷四，崇祯四年六月癸卯。

3 顾诚《明末农民战争史》，中国社会科学出版社，1984年，第52页。顾氏的主要依据是乾隆《府谷县志》的相关记载。

4 吴伟业《绥寇纪略》卷一《渑池渡》。

督，就是要他一举荡平陕西。为求一举荡平，洪承畴与吴甡分别上疏请求拨饷。皇帝踌躇再三，直到崇祯四年十二月才下定决心，为了不使陕西战火向外蔓延，决定拨饷，责问户部、兵部为何迟迟不予批复？兵部尚书熊明遇迫不得已，答应立即筹措饷银二十万两接济陕西。[1]二十万两显然不够，洪承畴又向朝廷请求，截留陕西税银二十万两，用于剿饷和劝农，皇帝立即批准照办。[2]

◥ 明代士兵戎装图

看来皇帝似乎已经意识到陕西问题的严重性，这与原任通政使马鸣世的一番诤言大有关系。马鸣世说：自盗发以来破城屠野，已达四年之久。形成强烈反差：盗众我寡，盗饱我饥。内鲜及时之饷，外乏应手之援。原因在于，皇上以延（安）庆（阳）视延庆，未尝以全秦视延庆；以秦视秦，未尝以天下安危视秦；而且误以为流贼不过是乌合之饥民。拖延至今，势若燎原，莫可扑灭。若非亟增大兵，为一劳永逸之计，恐官军骛于东，贼驰于西，师老财匮，揭竿莫御。[3]因此他向皇帝呼吁：日前已蒙照

1 谈迁《国榷》卷九十一，崇祯四年十二月庚寅。
2 谈迁《国榷》卷九十二，崇祯五年正月癸卯。
3 计六奇《明季北略》卷八《马鸣世论三秦》。

准截留税银二十万（饷银十五万、驿站银五万），原是本年例征之数，常多逋欠，似西江之汲，无济于事，应该立即指示有关衙门在历年积欠饷银内紧急筹措二十万两。

皇帝接受了他的意见，同意陕西“发赈留饷”，要总督、巡抚鼓励道将，“速图剿定”。[1]既然皇帝要求“速图剿定”，洪承畴再次提议，陕西一镇二府（榆林镇、延安府、庆阳府）处处都是盗贼，势必多方布防，才能尽力防剿，所以他请求皇帝批准，把明年（崇祯六年）应征饷银十五万两、驿站银五万两，截留给他支配。皇帝表示同意。[2]

洪承畴得到朝廷全力支持，率军全面出击，对仍留在陕西境内的可天飞、郝临庵、不沾泥、混天猴、白广恩、薛红旗、一字王、独行狼等部，展开围剿。崇祯五年初，洪承畴率曹文诏、贺虎臣对西澳（今西濠）合围，大小十余战，追奔数十里，规模之大，为陕西用兵以来所仅见，官方称为“大捷”。[3]五月，不沾泥张存孟进入西川（通平凉、固原）大山深谷，建十二哨、六十四寨，倚天险作持久战。延绥巡抚张福臻、道臣樊一衡与洪承畴会师，直逼其老营。不沾泥兵败，率二十七骑突围，被追兵俘虏。洪承畴赶到，立即推出军营斩首。[4]六月，洪承畴率军追击混天猴张孟金至甘泉山中；七月一日又追至延水关，在黄河边斩杀混天猴。战况十分激烈，

1《崇祯长编》卷五十七，崇祯五年三月庚子。

2《崇祯存实疏钞》卷一上《户部题为秦中善后准留新饷以资防御战守等事》，《内阁大库档案·明末农民起义史料》第37—38页。

3 谈迁《国榷》卷九十二，崇祯五年正月癸卯、戊午。

4 吴伟业《绥寇纪略》卷一《渑池渡》。

看一下《流寇长编》的记载便可明白：

——秋七月丁酉朔，庚子，混天猴、可天飞、刘道江又围合水。游击陈光先、知县施乔旃固守。曹文诏以骑兵一千八百驰救之，至花园寺，闻贼攻城铳声，疾进。贼设伏诱战，文诏进至南原，伏贼四起。城上望之呼曰："曹将军战没，阖城哗哭。"文诏横戈驰突，匹马萦回于万贼中，所当无不碎堕者。兵皆殊死斗，城上望见，气增百倍，出兵合击。贼大败，僵尸蔽地，奔保安之枣林坡。癸卯，走铜川桥。

——乙巳，曹文诏率都司冯举、游击曹变蛟等，杨嘉谟率参将方茂功、都司李召、杨三才等，追可天飞、刘道江至关前镇。贼以精骑二万待战，伏骑贼数千于东西两沟。兵进至于铜川桥，文诏陷阵冲贼，将士力斗，又大破之，斩数百级。贺虎臣宁夏兵至，壬子，迫贼营而阵。贼老弱以去，留精骑待战，大雾四塞。（洪）承畴以诸将击贼，战十余合，贼又败，斩七百级。

——可天飞既败于铜川桥，曹文诏又追击之甘泉虎儿坳，大破之，追三十里，斩七百级。贼大窘，以二千人欲走平凉。杨麒总兵邀之安河口，斩百五十级，贼逃去。洪承畴至平凉，降贼千余。

——己巳，庆阳贼千余，自方小山掠蒲河涧，曹变蛟击之，杀其半。甲戌，曹变蛟击贼于甘泉，斩百余级。后三日，又击斩四百余级。洪承畴发甘肃临洮兵击之。[1]

围剿连连得手，洪承畴颇为得意地向皇帝报告这几个月的战绩：从延安南北亲督将兵围剿不沾泥、混天猴等部之后，七月下旬赶往庆阳，攻打延安西路宁塞、安边、定边以南，庆阳、合水、环县以北，围剿绵延五百里的各处要塞。与陕西巡抚练国事、巡按金兰悉心筹划，督令总兵杨嘉谟、曹文诏、副总兵张应昌、游击马科等，围剿可天飞老营何家老寨，可天飞（何崇谓）与副将李都司（李二），受到官军两面夹击，当场毙命，部众四散奔逃。十一月初，曹文诏、杨嘉谟在环（县）庆（阳）一带围剿，斩杀任喇嘛（任守正）、刘黄莺（刘彦举）、燕青（张汝金）、黄巢（高应昌）、张飞（张文朝）、雕翎箭（李文举）、张千总（张成顺）、八豹（雷进槐）、许大狼（许林回）、黑煞神（张宠）、红狼（李荣）、王副将（王君亮）、雷横（许得柱）、滚山猴（张汝宰）、飞豹（齐一正）、黑虎（刘万友）、巡山虎（张万寅）、宋江（王中孝）等。至此，“三秦第一大巢穴”已经肃清。[2]皇帝接到报告，于崇祯五年十二月十四日发布谕旨，对“数年积孽渐见荡平”表示嘉奖，要兵部记功。兵部尚书张凤翼认为，这是前此数年大小一百多次战役的结果，建议文武有功诸臣都应叙功嘉奖。皇帝批示：“今该督抚按奏称荡平，即当通察行赏。”[3]

1 戴笠、吴乔《流寇长编》卷五，崇祯五年七月庚子、乙巳、己巳。

2《崇祯存实疏钞》卷五下《兵部题为恭报诛剿渠魁等事》，《内阁大库档案·明末农民起义史料》第72—82页。

3《崇祯存实疏钞》卷五下《兵部题为恭报诛剿渠魁等事》，《内阁大库档案·明末农民起义史料》第82页。

2. 三十六营集结山西

总督洪承畴、巡抚练国事、巡按金兰等人所谓“荡平”云云，只是一个假象，流寇的主力大多转移到了山西。洪承畴自己也清醒地意识到，陕西局势仍未可乐观。秦中四五年荒盗异常，时下渠魁稍得诛剿，巢穴稍得清理，然而隐忧依然存在。很难断定明年大盗不至复起，因此不敢以为无事。有鉴于此，他向皇帝提出两条建议。其一是请求表彰部下将领。首先应该请功的是临洮总兵曹文诏，忠义性成，谋勇夙授，在秦晋征剿三年，破阵斩将，真如摧枯拉朽，身到功成，历战历胜，英风壮略，有古名将之风，今时诸将罕出其右。此外，马科、曹变蛟等十余人每次冲锋陷阵，勇敢无双，也应请功。其二是请求进军山西。老谋深算的洪承畴为了防止进入山西的流寇再度回归陕西，与陕西巡抚练国事、延绥巡抚陈奇瑜、陕西巡按金兰（原任）与张应星（现任）达成一致共识：鉴于山西形势严峻，决定精选屡经战阵马步官兵三千五百名，由曹文诏率领，十二月初七日由庆阳启程，经过泾阳、华州、潼关，渡过黄河，直抵山西蒲州、河津，转至平阳、潞安一带，配合山西官兵，相机速图剿定。为此，他就曹文诏的事权请示皇帝，原先并非他节制的李卑、艾万年、贺人龙如何统一指挥。[1]

1《崇祯存实疏钞》卷三上《兵部题为秦盗稍得清理等事》，《内阁大库档案·明末农民起义史料》第55—59页。

皇帝对洪承畴的统帅风度与全局观念十分欣赏，十二月二十八日在洪承畴奏疏上批示，要求兵部提出意见："览奏，督发将士会晋协剿，并该省分地责成道将各官，巡防扼堵事宜，俱见筹划调度。如有玩泄疏误的，即指实参处。其曹文诏节制及马科等，加衔实授，该部作速议复。"[1]崇祯六年正月初一日，兵部尚书张凤翼接到兵科抄出洪承畴奏疏及皇帝谕旨，于初七日提出秦晋诸将尽归曹文诏节制的实施方案：除总兵张应昌比肩共事、和衷商榷机宜外，其余秦晋二省副将、参将、游击、都司等武官，全听曹文诏调度，使机权划一。两天后，皇帝作出决定："将权专一方可责成，曹文诏屡著战绩，已有旨汇叙，着先加升一级，节制秦晋诸将，仍与张应昌协谋讨贼，共奏肤功。"[2]

这一事件标志着战事已经转移到山西，对于洪承畴这个陕西三边总督而言是成功的。因此时人对他颇为赞许，谈迁说："曹文诏忠勇善战，(洪)承畴则与下同其甘苦，深得士卒心。"[3]计六奇说："秦督洪承畴剿御有方……每逐贼，奔驰往还数千里，母在官舍，过门不入。士卒感其义，争为效死。"[4]

由于种种原因，从崇祯三年开始，陕西的造反队伍陆续进入山西。其后，较有实力的各部也相继转移到山西，最有影响的是王嘉胤部。崇祯四年六月王嘉胤在山西阳城被杀后，部众推举紫金梁为

1《崇祯存实疏钞》卷三上《兵部题为秦盗稍得清理等事》，《内阁大库档案·明末农民起义史料》第55—59页。

2《崇祯存实疏钞》卷三上《兵部题为秦盗稍得清理等事》，《内阁大库档案·明末农民起义史料》第55—59页。

3 谈迁《国榷》卷九十二，崇祯五年正月戊午。

4 计六奇《明季北略》卷十一《曹文诏自刎》。

首。紫金梁本名王自用，一名王和尚，崇祯元年与混天猴等拥众造反。[1]紫金梁统辖的各路大军，号称三十六营，有十六万至二十万之众。人数可能是地方政府的夸张虚报，三十六营却是事实，这是各个史家颇为一致的记载。

万斯同说："自王家引（王嘉胤）死后，群推其左丞紫金梁名王和尚者为之首，而合各部贼为三十六营，共二十万。有所谓老回回、八金刚、闯王、闯将、八大王、扫地王、曹操、射塌天、阎正虎、破甲锥、邢红狼、显道神、过天星、蝎子块、混天王、黑煞神诸有名者。而于是（李）自成、（张）献忠始合伙为贼。"[2]

计六奇说："先是，（崇祯）三年正月，贼帅王嘉胤陷府谷县。四年正月十六日庚寅，又掠华园沟，副总兵曹文诏击却之。及六月朔癸卯，（曹）文诏击斩（王）嘉胤于阳城。其党复推王自用为首，号曰紫金梁。其党自相名目，有老回回、八金刚、闯王、闯将、八大王、扫地王、闯塌天、破甲锥、邢红狼、乱世王、混天王、显道神、乡里人、活地草等，分为三十六营。"[3]

吴伟业也有类似的说法：紫金梁在王嘉胤死后纠众三十六营，号称二十万之众。他们是：八大王、扫地王、邢红狼、黑煞神、曹操、乱世王、撞塌天、闯将、满天星、老回回、李晋王、党家、破

1 康熙《延绥镇志》卷五《纪事志·李自成传》。

2 万斯同《明史》卷四百八《盗贼传·李自成》。

3 计六奇《明季北略》卷七《贼分三十六营》。

甲锥、八金刚、混天王、蝎子块、闯王、不沾泥、张妙手、白九儿、一阵风、七郎、大天王、九条龙、四天王、点灯子、上天猴、丫头子、齐天王、映山红、摧山虎、冲天柱、油里滑、屹烈眼。[1]

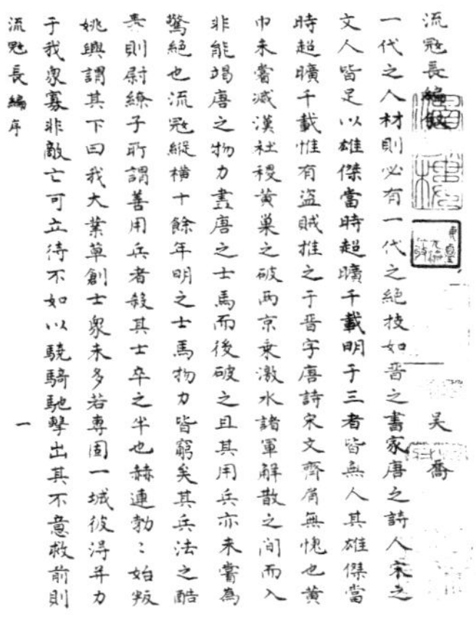
流寇長編敍　吳喬
一代之人材則必有一代之絕技如晉之書家唐之詩人宋之文人皆足以雄傑當時超曠千載明于三者皆無人其雄傑當時超曠千載惟有盜賊推之于晉字唐詩宋文齊肩無愧也黃巾未嘗滅漢社稷黃巢之破兩京東激水諸軍解散之間而入非能竭唐之物力盡唐之士馬而後破之且其用兵亦未嘗為驚絕也流寇縱橫十餘年明之士馬物力皆窮矣其兵法之酷毒則尉繚子所謂善用兵者殺其士卒之半也赫連勃勃始叛姚興謂其下曰我大業草創士衆未多若專固一城彼得并力于我衆寡非敵亡可立待不如以驍騎馳擊出其不意救前則
流寇長編序　一

◤《流寇长编》书影
清代学者戴笠撰、吴乔删定。记录明季“流寇”始末，起天启末年，终康熙三年。

三十六营头目的名号，各人所记略有出入，但是三十六营这个数字，却出奇的一致。最值得注意的是，当时还没有崭露头角的李自成、张献忠也在其中，故而万斯同说，李自成、张献忠始合伙为贼；冯甦也说：“紫金梁纠合众贼为三十六营，而闯王（高迎祥）、闯将（李自成）与八大王张献忠等与焉。”[2]

不过，是否有十六万乃至二十万之众，值得推敲。记载得最为具体的是《流寇长编》，该书编者根据时人曹应秋所记，开列了二十四家的名号与人数，但有明显的错误，戴笠、吴乔在书中用“讨论”的形式予以纠正。请看：

> 六月癸卯朔，王加印（王嘉胤）在阳城山中醉后，虐下被杀，其党推紫金梁为首，有众

1　吴伟业《绥寇纪略》卷一《渑池渡》。
2　冯甦《见闻随笔》卷上《李自成传》。

十六万。其头目诨名诡琐，记者多寡不同，故取曹应秋所记，初自陕西至山西之数，以见大略。

紫金梁	王自用，宜川人，马步八百；
满天星	清涧人，马步五百；
蝎子块	拓养坤，清涧人，马步七百；
老回回	马光玉，马步一千；
一字王	刘小山，米脂人，马步七百；
邢管队	榆林人，马步六百；
领兵王	马步五百；
整齐王	马步四百；
撞塌天	延州人，姓张，马步一千。以后事考之，乃刘国能也。以知曹氏所记姓名，或有未确者；
过天星	张五，清涧人，马步三百，兄弟五人。惠登相也，曹(氏)误；
南营八大王	清涧人，马步一千；
八爪龙	姓徐，宣府人，马步三百；
西营八大王	马步三百，张献忠也；
二队八大王	点灯子管队，马步五百；
不沾泥	马步五百；
混世王	马步一千；
乱世王	延安人，马步一千；
八队闯将	姓张，马步七百；
曹操	马步四百；

张飞　　　　马步五百；

九条龙　　　马步三百；

贺双全　　　马步三百；

高总管　　　马步四百。

贼目共二十四家，贼众共一万四千。此自秦渡河而东之原数也。及晋豫土贼、饥民附之，遂至数万。时有清涧人称南营，故献贼称西营。

讨论曰："吴纪"（引者按：似为吴伟业《绥寇纪略》）九年有云，马光玉死，其妻掌营；又云，老回回马守应。而陈必谦与人书，有大小老回回之语，意者光玉死，其妻之从夫袭前夫之名乎？一字王最多，不可尽数。不沾泥张存孟、过天星惠登相、曹操罗汝才、闯将李自成最著。《国榷》以过天星为张天琳，"吴纪"谓山西八队闯将姓张，皆无据。曹氏目睹者犹讹，况传闻乎！[1]

戴笠、吴乔先是说，"其党推紫金梁为首，有众十六万"；后又说，"贼目共二十四家，贼众共一万四千，此自秦渡河而东之原数也。及晋豫土贼、饥民附之，遂至数万"。流寇的特点就是飘忽不定，一哄而起，一哄而散，忽东忽西，忽南忽北。官府的报告，后人的记载，大多来源于道听途

1 戴笠、吴乔《流寇长编》卷四，崇祯四年六月癸卯。

说，因此会有二十万、十六万、数万、一万四千等很大的差异。无怪乎戴笠、吴乔要感叹："曹氏目睹者犹讹，况传闻乎！"不过从局部的歧义中，人们不难察觉基本的动向——流寇的主力已经由陕西进入山西，官军围剿的主战场已由陕西转移到了山西，是毫无疑问的。

各路造反部队在山西境内纵横驰骋，从沁水攻阳城，再攻泽州，山西全省震动。山西巡抚宋统殷被流寇的气势吓得魂飞魄散，正如工科给事中所说："晋抚宋统殷屡报斩贼至八千有零，贼锋宜少挫矣，何以泽、潞、阳、沁、宁、永、吉、隰等处，贼分四股，且以十五万计？职同官吕黄钟、台臣刘令誉等，为桑梓而疾呼，催张应昌之到任，求曹文诏之协剿。（宋）统殷胆碎于贼，虽曰身在行间，然贼西则避之东，贼东则避之西，以致兵不近贼一步，一味抢掠，助贼为虐。语曰：'贼犹梳也，所至犹有遗；兵犹篦也，所至则无遗。'以不满二千里之晋地，贼梳之而兵篦之，尚得留寸草乎？"[1]宋统殷连吃败仗，受到"听勘"处分，眼看无法应付，索性以"丁忧"为借口，撒手不管了。山西巡抚一职成了空缺，朝廷大臣没有一个肯到那里去担风险，后来勉强起补光禄寺卿许鼎臣出任此职。

只会纸上谈兵的兵部尚书张凤翼成事不足败事

1 孙承泽《山书》卷五《贼梳兵篦》。

有余，作为山西人（代州籍），从本位主义出发，以邻为壑，以驱赶流寇到河南为首务。计六奇说："是岁（按：指崇祯五年）登、莱兵变，因调关、宁兵马步二万讨平之。朝议欲乘战胜精甲，渡河进剿。兵部尚书张凤翼家本山西，虑其驱贼入晋也，阻之，尽放辽兵出关，贼遂得渡河而南，因入豫、入楚、入安（庆）庐（州）。"[1]基于这样的立场，他所制订的战略战术，焉能不错？据他的分析，山西境内的流寇分为三路：西路军在平阳（府治在今临汾）一带，东路军在潞安（州治在今长治）、泽州（州治在今晋城）一带，北路军在汾州（州治在今汾阳）、太原、沁州（州治在今沁县）、辽州（州治在今左权）一带。在三路并急的情况下，他向皇帝提出作战方案：

其一，命宣大总督张宗衡驻平阳，抵御东西二路。白安、虎大威所部四千人，孤山副将李卑所部一千人，贺人龙所部一千人，昌平副总兵左良玉所部二千二百人，共计兵力八千，负责防守平阳、泽州、潞安等四州十一县。

◤ 左良玉，山东临清人。崇祯元年率军援辽与后金军作战。不久奉调山西、河南等地，升至总兵。日益骄横跋扈，拥兵自重。

其二，山西巡抚许鼎臣驻汾州，抵御北路。苟伏威所部二千人，颇希牧所部一千人，艾万年所部一千五百人，宁武兵一千人，岢岚、代州马站老营二千人，共计兵力七千，负责防守汾州、太原、沁

1 计六奇《明季北略》卷八《贼首名号》。

州、辽州三十八州县。[1]

张凤翼对军情不甚了了，胡乱瞎指挥，制订了分兵把守、以静制动的战略方针，结果处处被动挨打。戴笠、吴乔一针见血评论道："此法既行，灭贼无期矣。"[2]事实确实如此，十一月间，贺人龙、李卑、艾万年带领陕西兵赶来，许鼎臣立即调艾万年、李卑分头抵御，贺人龙随他机动。宣大总督张宗衡见三大主力被调遣，大为不满，怒气冲冲下令调回，贺人龙等三将无所适从。统兵将帅以兵部作战方案为借口，互相掣肘，岂有不败之理！

崇祯六年正月，经洪承畴提议，兵部题复，皇帝批准，由曹文诏节制秦晋诸将，形势有所好转。骁勇善战的曹文诏指挥艾万年、李卑、刘光祚、猛如虎、虎大威、颇希牧、曹变蛟（曹文诏之侄），不拘泥于一城一地的固守，以动制动，围追堵截，给造反大军以很大的杀伤，民谣唱道："军中有一曹，西贼闻之心胆摇。"万斯同《明史·曹文诏传》写道：

> 当是时，贼见陕兵盛，多流入山西。其魁紫金梁、混世王、姬关锁、八大王、曹操、闯塌天、兴加哈利七大部，多者万人，少亦半之，蹂躏汾州、太原、平阳。御史张宸极言：贼自秦中来，秦将曹文诏为名宿著，士民为之

1 戴笠、吴乔《流寇长编》卷五，崇祯五年十月丁亥。

2 戴笠、吴乔《流寇长编》卷五，崇祯五年十月丁亥。

谣曰：'军中有一曹，西贼闻之心胆摇'。且尝立功晋中，而秦贼灭且尽，宜敕令入晋协剿。于是，命陕西、山西诸将并受文诏节制。六年正月，抵霍州，败贼汾河、盂县，追及于寿阳。巡抚许鼎臣遣谋士张宰先大军尝贼，贼惊溃。六月，文诏追击之，斩混世王于碧霞村，余党为猛如虎逐走，遇（曹）文诏兵方山，复败五台、盂、定襄、寿阳，贼尽平。（许）鼎臣命（曹）文诏军平定备太原东，（张）应昌军汾州备太原西。（曹）文诏连败贼太谷、范村、榆社、太原，贼几尽。帝以文诏功多，敕所过地多积糗粮以犒，并敕（曹）文诏速平贼。[1]

其实，所谓"贼几尽"云云，只是表象，主力大多从山西向东向南转移。巡抚许鼎臣得意忘形，对山西形势的判断，比兵部尚书张凤翼更糟，从他身上折射出封疆大吏为保乌纱帽而讲假话的习气，已经根深蒂固。他向皇帝如此描述山西形势："流寇三十万，流毒晋地五年，仰借皇上威灵，就歼十之五，解散十之三。"[2]具体说来，西路军残余一万多人，遁入济源山中，已令李卑、艾万年由天井关，贺人龙、李杏芳由邵源关，东西两路包抄；东路军残余二万人，遁入辉县、林县、武安、涉县山中，已令曹文诏由黎城，猛如虎由皋落山，南北两路越

1 万斯同《明史》卷三百七十四《曹文诏传》。

2 吴伟业《绥寇纪略》卷一《渑池渡》。谈迁《国榷》卷九十二，崇祯六年二月辛卯。

太行山夹击。至于太原、汾北、西北三关，由道臣王肇生镇守，王刚一股不满三千，总兵张应昌、参将刘光祚可计日奏功。其他如霍州之东山，赵州之休粮山，隰州之水头镇，石楼之花地窊，孝义之开府、乔山二寨，猬毛而起者，不过是一些土贼。许鼎臣居然以为三十万流寇的十分之五已经歼灭，十分之三已经解散，仅剩十分之二，仅约六万，不日即可平定，无疑是痴人说梦。许鼎臣身临其境，为何要如此自欺欺人呢？个中缘由吴伟业一语道破："（许）鼎臣之言，亦聊以宽文法，纾主忧"。皇帝信以为真，把山西的流寇评价为"此饥民，不足置寇数"。[1]

3. 能战则战，不能战则走

山西的真实战况并没有许鼎臣吹嘘的那么简单，曹文诏、张应昌、艾万年、李卑、贺人龙等将领，虽然打了一些胜仗，但成效并不明显，根本谈不上"计日奏功"，反而把战火烧到了邻近的冀豫二省。严峻的形势激起了有识之士的忧虑，请看当时的记载：

——河南朝士乡官请以洪承畴为总督，驻潼关，节制三省军事。上不许，但令巡抚自参

1 吴伟业《绥寇纪略》卷一《渑池渡》。

游以下竟行军法。

——兵部请敕巡抚亲履行间，督诸将击贼，许之。实未有奉行者。是日有贼数万，自顺德至内丘。次日，又有贼数万屯县之小西天山，知县王世泰击之豹子口，弟世宁战死。

——河南巡按曾侗奏，朝廷勒限平贼，诸将奋击于山西，若不邀截南奔之路，一旦驰入河北三府，将何底止？廷臣终不以为意。[1]

◤ 刘荣嗣，广平曲周人，万历四十四年进士。历任户部右侍郎、工部尚书。崇祯六年总督河道，用霍维华之议别凿新河，分黄河水，以通漕运。崇祯八年工程未成，被劾下狱。狱中著述甚丰。崇祯十一年出狱，卒于途。

户部右侍郎刘荣嗣讲得最为深刻：调兵剿寇并非守城，近来山西巡抚多派雄兵株守城池，意在城池无恙，可以逃避失事之责。不知流寇野掠宿饱，何用攻城？地方官名为防寇，实同纵寇。荡平无期，原因全在于此。请朝廷责令有司，率壮丁守城，所调之精锐军队专主剿寇。[2]

人们看到了山西战局的症结，一味防守城池以逃避失事之责，名为防寇，实为纵寇。邻近的河南岌岌可危——“一旦入河北三府，将何底止”，并非耸人听闻。河北三府——位于黄河以北的彰德府、卫辉府、怀庆府，不久就成为流寇驰骋的地方。

---

1 戴笠、吴乔《流寇长编》卷六，崇祯六年四月庚辰、乙酉、辛卯。

2 谈迁《国榷》卷九十二，崇祯六年五月甲午。戴笠、吴乔《流寇长编》卷六，崇祯六年五月甲午。

更严重的问题是，封疆大吏之间存在芥蒂，各自为政，互相掣肘。这种情况不仅存在于省与省之间，也存在于一省之内。具体到山西而言，宣大总督张宗衡与山西巡抚许鼎臣之间就形同水火。朝廷派往山西监视粮饷、兵马、边墙、抚赏等事的太监刘允协，向皇帝打小报告，透露了鲜为人知的督抚不和。他说：近来山西境内漫山遍野绵亘数百里，尽皆揭竿之众，仅见张宗衡与宣大诸将统兵四千七百，日事追剿，东击则西奔，顾此而失彼。秦将李卑、艾万年被巡抚许鼎臣所留，仅贺人龙以千余兵力抵御西路。在刘允协看来，许鼎臣与张宗衡“作彼此之观，乏同仇之急”。皇帝接到报告后狠狠训斥道：“兵势当量事情缓急，许鼎臣、张应昌何得多留兵将，舍难就易！念受事俱新，着即会兵进剿，其兴（县）、临（县）地方，分遣别将办贼，凡事与该督、抚、监，协谋酌议，共期底定，毋得偏执，以致偾误取罪。”[1]

兵部尚书张凤翼见到皇帝谴责许鼎臣、张应昌拥兵自重的谕旨后，马上见风使舵。原本是他要督抚二人分地责成的，现在却出来说风凉话：全晋之地总督、巡抚、总兵均有责任，原不宜分彼此。今督臣张宗衡驻平阳，则东西两股当一身二任；抚臣许鼎臣驻汾州，则身任西北二股。但对手既称流贼，原无定向，只视我兵将之勇怯以为避趋，岂可

1《崇祯存实疏钞》卷二上《兵部题为“晋省”贼势披猖等事》，《内阁大库档案·明末农民起义史料》第47—48页。

因责分东西而袖手旁观？皇帝在张凤翼的题本上批示，再次强调总督与巡抚应当同心协力："督抚受命讨贼，凡属该省寇盗结聚逞突处所，均有歼剿专责，何地可分？但贼既分股盘踞，自当因势用兵，夹击取胜……如遇贼党流遁奔突，仍穷追互援，并力攻扫。行间文武各官功罪一体，不得以画地诿卸，致有偾误。"[1]

不过许鼎臣也有不得已的苦衷，他之所以屯兵兴县、临县一线，实在是毗邻陕西的临县确实危急。崇祯五年九月，豹五王之臣以诈降计攻陷临河背山的临县，引起朝野震动。[2]许鼎臣赶忙率重兵前往解救，在途中获悉直接责任人汾州营参将刘光祚，与豹五王之臣的结拜兄弟豹四往来交好，接受其贿赂，致使总兵张应昌攻城计划泄露，豹五得知后做好防备，张应昌无法得手。许鼎臣向皇帝告发，得旨：刘光祚着革职，该抚按速行拿解来京究问。由于兵力不足，许鼎臣本拟凭借秦将李卑、艾万年的精兵围攻。不料宣大总督张宗衡大怒，先调李卑南行，又调艾万年撤围而去，使得许鼎臣手下仅剩总兵张应昌家丁七百人，以及他自募苟伏威所部八百人，加上刘光祚汾州营兵五百，加在一起不过两千，难以克敌制胜。许鼎臣索性以退为进，向朝廷提议，可否暂缓克复临县，撤退包围临县的军队？这显然是激将法，意欲讨救兵。十二月二十六

1《崇祯存实疏钞》卷二上《兵部题为"晋省"贼势披猖等事》，《内阁大库档案·明末农民起义史料》第50页。

2 谈迁《国榷》卷九十二，崇祯五年九月甲子。

日，兵部尚书张凤翼批复许鼎臣：临县为山西重镇，应该尽快收复，许鼎臣可以征调太原左右标营游击史记、颇希牧所部士兵一千，宁武士兵一千，岢岚、代州、北楼驻军一千五百。皇帝批准兵部的意见，严令山西督抚立即收复临县，不得玩延。在朝廷重压之下，总督、巡抚全力以赴，于崇祯六年正月二十日一举收复临县。收复一个小小的临县，竟然要如此兴师动众，从山西到北京公文往返，并且要皇帝下达圣旨才能解决，可见当时的形势实在是岌岌可危了。

更为麻烦的是，随着战火向豫北蔓延，山西与河南的矛盾日趋明朗化。

宣大总督张宗衡向皇帝告状：山西与河南接壤处形势危急，前任山西巡抚宋统殷曾派遣官吏赴豫招募毛兵二千，本应入晋合剿。但河南巡抚樊尚燝借口未奉合剿圣旨，不敢越疆，按兵不动。皇帝以为晋豫二省理应密切配合，这毛兵既然是宋统殷招募，又何必待旨入晋？显然带有指责樊尚燝袖手旁观之意。

河南巡抚樊尚燝不甘示弱，上疏为自己辩护，说他在崇祯五年九月从开封渡河，抵达卫辉府，征调各道招募的毛盐兵，分布于晋豫边界，防守关隘。无奈流贼乍近乍远，忽东忽西，济源附近歧路最多，素称难守，为贼必窥之地，不得不重点防守。据报，从山西垣曲到河南济源一带，老回回头戴红缨帽攻打西面，紫金梁骑栗色大马攻打西南，后又换乘青色大马攻打北面。得到宣大总督张宗衡求援的信息，立即派副总兵左良玉领兵二千三百，游击越效忠领毛兵一千四百，守备李璇玑领毛兵一千一百，从怀庆次第前往山西泽州，约期围剿。樊尚燝很巧妙地反驳了张宗衡对他的指责，而且进一步向皇帝提出秦晋豫三省合力围剿的建议，轻松化解毛兵的归属问题。[1]

皇帝赞同樊尚燝的建议，于崇祯六年正月初六日指示兵部，草拟秦晋豫三省合剿方案。兵部认为：昌平副总兵左良玉原为援豫而来，后因山西危急，暂时划归山西巡抚调度。现在樊尚燝既然提出河南兵驻扎泽州，北上可以援救高平、长子，东进可以援救陵川、潞安，西进可以援救阳城、沁水。秦兵、晋兵、豫兵三面夹击，堪称万全之策。因此建议左良玉仍归河南巡抚调度。总之，秦晋豫虽然分土分民，在朝廷看来原是一体，不得作彼此观。

其实所谓三省合力围剿，不过是纸上谈兵，难以付诸实施。河南巡抚樊尚燝有他的小算盘：凭借河南的毛兵与左良玉的精兵，把流寇堵截在山西境内。而山西地方官却千方百计把流寇赶出山西，进入河南境内。这种保境祸邻的本位主义思想，皇帝有所察觉，正月初十日批准兵部方案，特别强调：三省之间必须相机审视，协力图功，如果一味“保境祸邻”，将以“纵贼”情由论罪。[2]

皇帝严令三省合力围剿，地方官都不敢承担“纵贼”罪名，摆出一副决战架势，给活跃于晋南豫北的紫金梁王自用、老回回马守应、闯将李自成等部，形成巨大压力。为了摆脱围困，李自成、八

1《崇祯存实疏钞》卷三上《兵部题为流寇再犯济西等事》,《内阁大库档案·明末农民起义史料》第59—64页。按：所谓毛兵，又称毛葫芦兵、毛盐兵，这种士兵登山健步如飞，极具战斗力。

2《崇祯存实疏钞》卷三上《兵部题为流寇再犯济西等事》,《内阁大库档案·明末农民起义史料》第59—64页。

金刚、过天星等部从修武、怀庆北上，穿过泽州、潞安进入辽州地面，以迅雷不及掩耳之势进攻辽州（今左权县）城北门，焚烧城楼，乘大乱之际打开东门，破城而进。崇祯六年正月初八日，监视山西太监刘允协率先报告皇帝。正月十九日，皇帝下旨："辽州何故遽为贼陷？失事各官并杀掠情形俱着巡按御史查明，据实速奏。"[1]几天后宣大总督张宗衡的塘报才送到京城，情况逐渐明朗。从辽州城逃亡者口中得知，去年十二月二十四日五更，闯将、八金刚、过天星等部，从东北角登城，杀死巡城夫役，举火焚烧城楼，将城门砍开，大肆拥入，占据州城内外。而此时张宗衡正带着总兵尤世禄各营兵马追踪紫金梁、邢红狼等部，追至泽州、高平、长子、屯留，紫金梁等进入大山。正当官军准备进山追剿之际，忽然报称闯将、八金刚、过天星等部焚掠屯留县北面的武乡县西关，向辽州进发。不得不放弃尾追紫金梁等部，急忙回师应援，刚到武乡县，辽州城已经陷落。张宗衡传令各营将领星夜围城，在辽州城下四面安营扎寨。十二月二十八日发起猛攻，次日黄昏时分，从西面架梯登城，闯将等部向东南撤退。正月二十四日，塘报送到京城，兵部尚书张凤翼当即向皇帝报告，辽州城被陷，仓库抢掠一空，生灵涂炭，惨不可言，负有守土之责的地方官，应从严提问，以示警诫。[2]

1《崇祯存实疏钞》卷五下《监视太监刘允中题为"辽州"城戒备不严等事》，《内阁大库档案·明末农民起义史料》第71—72页。

2《崇祯存实疏钞》卷七下《兵部题为塘报"辽州"失城等事》，《内阁大库档案·明末农民起义史料》第85—88页。

闯将李自成等部攻打辽州，吸引了张宗衡、尤世禄的兵力，解除紫金梁的困境，便从容越过太行山，进入畿南，旋即退至豫北武安、涉县，其他各部也多从山西进入豫北河内、武安、修武一带，声势一时大振。河南巡抚樊尚燝堵御不力，被撤职查办，由玄默出任河南巡抚。

玄默走马上任，驻扎彰德，严阵以待。在山西境内的紫金梁、老回回、过天星等部，迫于曹文诏的追击，陆续进入豫北。崇祯六年五月，三十六营的大部分聚集于磁州一带，玄默指挥左良玉、曹文诏南北夹击。紫金梁王自用在武安县南五十里的尖山作战时，身中流矢负伤，退入武安、林县之间的深山中，不久因伤重病死，其部众二万余人全归闯将李自成统率。[1]

当时人曹应秋对紫金梁及其部众有高度评价："大抵贼多边军，有良家子，及武弁世职，故隐其姓名，而称绰号。杀一人，又立一人以应其号，如一字王刘小山，左帅擒之，予所监斩后，复有新立一字王。惟紫金梁党归闯将，无复称其号者。此贼能统领诸贼也。此贼死后，众贼各自为队，时分时合。掳掠最重骡马，得妇女，作军装，乘马以从。遇官军，则令数骑诱之深入，大队两旁裹之。其攻城，则先伏数人于城中，外贼夜至城下，城内贼杀人，城民自乱，遂得入。多行金钱，以布奸细，有

1 柳义南《李自成纪年附考》，中华书局，1983年，第53—54页，附考《关于紫金梁王自用的战死问题》。

信先知，官兵出贼不意击之，必在四五十里来，故战胜不能远追……贼先去，委胁从者与官军，杀之报功。官军易乐其易杀，不追积贼，故斩级日闻，而贼势甚炽。”[1]

虽然紫金梁死去，但流寇的整体实力不但没有削弱，反而更趋强大，利用山西地方官以邻为壑弱点，逐步向河南转移，把主战场引向中州平原，更加有利于流动作战。河南人郑廉亲眼目击战火如何燃烧到河南的情景，关于“流贼入豫之始”，他这样写道：“（崇祯五年）八月，流贼由晋入豫，营于武安矿山，众且数万。其数股分路入犯者，由小西天至神头山，所在奔突。总督卢象昇（引者按：应为张宗衡）患之，以为山西一带蔓延数百里，控御最难，于是急檄诸将，欲合军直进，三面夹攻，一举而歼灭之。贼觉，遂南走太行山下，自沁水至济源、温县，所至焚掠，村落为墟。此流贼入豫之始也。”[2]

他写流寇进入河南初期，左良玉打过一次像样的胜仗：“（六年正月，）流贼犯怀庆府，巡抚元默（引者按：应为玄默，此书刊刻于乾隆八年，避玄烨讳，改玄为元），以副总兵左良玉大破之，贼走入晋。流贼既入豫，数股纵横往来太行山下，奔突无定向。豫抚元（玄）默檄左良玉、邓玘等讨贼，身亲监之，与贼遇。（邓）玘先合不利，引旗而走。贼突进，（左）良玉迎机，破其前锋，贼稍却。（左）良玉遂纵兵奋击，大破之，多

1 戴笠、吴乔《流寇长编》卷六，引曹应秋语。

2 郑廉《豫变纪略》卷二。该书卷首有青原山人彭家屏题词，介绍郑廉：“明末闯贼之祸流毒海内，而于吾中州尤惨酷，父老相传，至今惊悸，乡先生郑石廊（郑廉）幼陷贼中，间关得脱，其于时事皆所目击。”

所斩获。流贼由是大惧，部中皆呼为左爷爷，望见左军白旗，即三五骑亦不敢枝捂，辄奔溃披靡。左家军之名由此起。是役也，天大雨，贼死伤无数，其逃者率颠顿辗转泥淖中，终日行不能数十里。使抚镇同心，有机略，抚剿兼施，其势可立尽。贼乃弃其妇女、骡马、橐装、衣服、红绿被于野，以饵官军。官军利之，不穷追也，即收兵赴怀庆府报功。”左良玉“平生第一得意奇捷”，因此而晋升为总兵官。[1]

但是，当大股流寇进入河南以后，形势立即大变："(六年)秋，流贼自晋复入豫。贼二十余股，入于豫济源、怀(庆)、孟(县)间，焚杀甚酷，烽火尝昼夜不息。诸郡县羽书相继达会城，抚军患之，檄诸将会剿。诸将率皆迁延观望，不肯进。贼自是有玩易官军之志矣。”[2]

这是一个很重要的转折，一旦战机丧失，再也无法挽回。郑廉在清初回顾这段史事，十分感慨，当初为何没有抓住战机？他议论道："方其在秦也，贼初起，度其势尚微，战具必未多备，虽千百为群者不可胜数，然乌合之众，其势不坚，以官军临之，必披靡奔赴险阻逃匿。况秦地多崇山峻岭，贼以守为守，我以守为攻，贼寡兵众，固可扼而剿之也。纵之入豫，则平原千里，东西南北唯所往而莫御矣！虽然，将果得人，正如正德间彭总督泽者，

1 郑廉《豫变纪略》卷二。

2 郑廉《豫变纪略》卷二。

介而驰为诸将先，日夜数百里，随其所往而追之，将何患不用命，贼亦何患不灭？而乃文臣不能揽辔，武士不肯绝弦，养痈豢虎，贼势所以日大也。元（玄）巡抚默、洪总督承畴患贼难制，乃欲尽驱入秦而剿之，尚可得乎？固不但壑邻之嫌也。”[1]事已至此，流寇已经难以平定，之所以“必不可平”，有五大原因：

> 一、流贼所遇之丁壮即其兵，而不烦征调；
>
> 二、流贼所遇之盖藏即其饷，而不用挽输；
>
> 三、遇官军能战则战，堕城覆军，其势益强，而无人得绳以法；
>
> 四、不能战则走，虽弃其辎重，斩获其老弱，彼所过剽掠，二三月旋复其旧，我军已不能问其所往；
>
> 五、其一时骄师习于养寇，皆不肯杀贼而受命，视师者率书生，惮矢石，不能跨鞍马，武士轻之，不为用命，虽一二获捷，终不能成功。[2]

在陕西、山西，不能平定流寇，要想在河南平定，简直难乎其难。因为他们有官军不具备的优势：不用征兵，饥民难民就是兵源；不用征税，缴获的官府资产就是军饷；能战则战，不能战则走，战争的损失通过剽掠得以恢复。郑廉的分析可谓独

1 郑廉《豫变纪略》卷首《自序四》。

2 郑廉《豫变纪略》卷首《自序四》。

具只眼，非一般庸官所可比拟。

三 从渑池渡到车箱峡

1.“秦晋兵力厚集，贼必窥虚犯豫”

朝廷已经意识到河南的潜在危险，崇祯六年正月初十日，皇帝给兵部的谕旨明确指出：“秦晋兵力厚集，贼必窥虚犯豫。堵御最为要着，自当东西分布夹剿。”[1] 但是宣大总督张宗衡、山西巡抚许鼎臣与河南巡抚樊尚燝，各人自扫门前雪，以邻为壑，根本没有配合作战，致使晋豫边境黄河以北大片地区成为防御的空隙，济源、怀庆、修武、辉县、林县、武安各县一再告急。樊尚燝之所以被撤职查办，就是因为没有大力抵御。其实真正应该严办的是为渊驱鱼的张宗衡、许鼎臣。四月间，造反大军从辉县进攻清化镇，游击越效忠阵亡；武安一役，游击陶希谦阵亡。兵部认为这是河南当局没有凭借太行山屏障进行堵截，“揖贼使入”，难辞其咎。细察当时形势，显然是山西当局有意驱赶造反大军越过太行山，并非河南“揖贼使入”。

形势对河南十分不利，河南乡绅向朝廷奏请：以陕西三边总督洪承畴提督山西、河南军务，统一军事指挥大权。兵部也认为这是一个合理建议，因

1《崇祯存实疏钞》卷三下《兵部题为流寇再犯济西等事》，《内阁大库档案·明末农民起义史料》第64页。

而决议调洪承畴驻潼关，节制三省军事，兼节制晋豫二省巡抚以及曹文诏、张应昌等总兵。出乎意料的是，皇帝并没有接受河南乡绅的请求，也没有批准兵部的决议，他似乎以为当务之急不在于设立三省总督，而在于扩大晋豫二省巡抚职权，给兵部发去谕旨："剿贼抚镇专职，别设总督，反滋诿卸，不如重两抚事权，副、总以上奏请，参、游以下军法从事，俾节制三大帅，而责以三月必殄贼，有不及期者罪之。"[1]这是一个不恰当的决策，也被后来的形势所证明。人们不禁要问，促使他做出这种决策的原因是什么？所谓"别设总督，反滋诿卸"并非真正的原因，此后不久任命陈奇瑜为五省总督，就是一个反证。他到底在考虑什么呢？洪承畴出任陕西三边总督以后，战功显赫，一举荡平陕西，又派曹文诏等赴晋，屡有斩获，他不想让洪承畴权力过于集中。何况陕西三边的形势也不容乐观，他不想分散洪承畴对于陕西三边重镇的注意力。为了加强对中原战局的控制，他采取两大举措。

◥ 陈奇瑜，山西保德人，万历四十四年进士。天启时抗疏力诋魏忠贤，崇祯七年总督五省军务，围剿农民军，招降失策被革职。

一是派太监监军。他给兵部发去谕旨：流寇蔓延各路，剿贼诸将一时功罪勤惰，应有监纪，特命内监陈大金、阎思印、谢文举、孙茂霖为内中军，

1 谈迁《国榷》卷九十二，崇祯六年四月辛巳。戴笠、吴乔《流寇长编》卷六，崇祯六年四月庚辰。吴伟业《绥寇纪略》卷一《渑池渡》。

作为钦定的纪律监察委员，分别监视曹文诏、张应昌、左良玉、邓玘等将领的军纪功过。为了显示皇恩浩荡，特发内帑银子四万两，蟒缎一千四百匹，用于军前犒赏。[1]其实在这四名太监派出之前，皇帝已经向山西派去太监刘允中，不过职责是“监视粮饷、兵马、边墙、抚赏事宜”。此次派出的太监职责是到四名总兵那里去监军，职权更大。这些太监根本不懂军事，却口衔天宪，手持尚方，颐指气使，以打小报告为能事。刚到各镇行辕，就自称军门，按照巡抚级别规格行事，凌驾于总兵之上，引起久经沙场的将领反感。几经交涉，达成妥协：监军的行政级别与知府相当。不过他们的嚣张气焰，岂是知府所可比拟！陈大金到河南四个月，就打小报告，参劾一个知州两个知县，道臣曹应秋诘问其故，陈大金说：河南县官与河北县官有天壤之别，岁荒艰苦无所供奉可以谅解，但闭门坚拒，把我们当流贼对待，甚至要索取朝廷敕书上城查验，其无礼于君竟至如此。我不得不入告皇上，至于得罪轻重，则由皇上圣意裁定。[2]监军太监炙手可热的骄横之态，溢于言表。以往的历史表明，派太监监军有百害无一利，故而计六奇说：“用内官为监纪，即唐之鱼朝恩观军容使也，其失甚矣！”[3]

二是派遣倪宠、王朴率领京营出征。所谓京营，即五军都督府直辖的皇帝御林军，其职责是

1 戴笠、吴乔《流寇长编》卷六，崇祯六年五月己酉。李逊之《崇祯朝记事》卷二。

2 戴笠、吴乔《流寇长编》卷六，崇祯六年五月己酉。

3 计六奇《明季北略》卷九《内官监纪》。按：鱼朝恩天宝末年入宫为太监，乾元元年出任观军容使，监视九节度使。在平定安史之乱中，屡以瞎指挥而遭败绩。皇帝却宠信有加，权倾一时。

“内卫京师，外备征伐”。派遣京营兵出征，无非炫耀御林军的威势，形式大于内容。更何况不少皇亲国戚纨绔子弟在京营混差领饷，京营兵有如银样镴枪头——中看不中用。促使皇帝调拨京营的直接诱因是，藩封于卫辉（今河南汲县）的潞王告急：卫辉城卑土恶，请皇上派护卫三千人助守，自己愿意捐银一万两，以资军饷。皇帝接到自己的堂叔求救奏疏，决定派遣倪宠、王朴以都督总兵头衔率领京营兵出征，以太监杨进朝、卢九德为监军，星夜赶赴中州战场。兵部职方司郎中李继贞进言：倪宠曾立功边疆，在京营六年，使为大帅犹可；王朴仅仅因袭父亲恩荫而分功，在京营不过半年，遽加都督总兵头衔，恐不厌人望。左良玉、李卑有百战之劳，位次反出其下，恐闻而解体，宜量加二将以都督佥事署总兵，庶无相临之分，可以服其心作其气。皇帝认为李继贞考虑周全，特批左良玉、李卑二将以都督佥事署总兵，但倪宠、王朴已有成命，仍以都督总兵衔出征。[1]

这两项措施是二位一体的，显示皇帝对中原战事的重视，意欲加强对它的直接控制。事与愿违，因为派出的是颐指气使的太监和毫无战斗力的京营，不但没有使战火平息，反而促成造反大军渡过黄河，深入河南腹地，以及毗邻的周边省份，从此一发而不可收。

1 戴笠、吴乔《流寇长编》卷六，崇祯六年八月乙亥。吴伟业《绥寇纪略》卷一《渑池渡》。

大批官军云集于山西、河南边界，黄河以北的怀庆府、卫辉府、彰德府境内成为主战场。当时这一地区有外地调来的客兵和本地主兵之分。

客兵有：

左良玉（昌平副总兵，晋升都督佥事署总兵）所率昌平兵二千四百，马八百五十匹，监军陈大金；

邓玘（四川副总兵，晋升援剿总兵）所率四川兵六千，马七百五十匹，监军谢文举；

倪宠、王朴（都督总兵）所率京营兵七千，马五千匹；

汤九州（昌平副总兵）所率昌平兵二千二百，马四百五十匹；

周尔敬所率潞阳兵二千，马三百匹。

主兵有：

都司陈永福（代蔡如熏）所率总营前部兵一千，马一百四十匹；

游击陈治邦所率总营左部兵一千，马八十匹；

守备连稳、李春贵所率总营右部兵八百，马一百五十匹；

中军官许志忠所率总营后部兵五百，马三百匹；

千总孔道兴（后李璇玑代）所率新勇营兵六百，马八十匹；

守备王以洁所率磁州毛葫芦兵五百六十，马八十匹；

守备董奇高所率磁州毛武营兵三百，马二十匹；

守备夏金花所率磁州毛勇营兵三百，马七匹；

都司钱继功所率南阳营兵四百，马二十匹；

守备张领鳌所率嵩卢营兵四百，马六匹；

守备孟邦佐所率卢氏新营兵一千；

守备李世瀚所率旧盐营兵五百；

守备夏国镇所率新盐营兵五百，马七匹；

守备王之佐所率怀盐营兵五百。

主客兵共计二万余，每月共支薪饷银七万两，行粮草料不计在内。[1]

一望便知，客兵占有明显的优势，尤其是京营兵数量最多（占总兵力的三分之一），且装备精良，他们以皇帝亲自派遣的御林军身份，傲视一切，又求功心切。

2. 诈降计掩盖下的渑池渡

此时，造反大军各部转战于太行山东南、黄河以北的狭长地带，前有左良玉、汤九州阻遏，后有京营兵追击，随时有遭到围歼的危险。为了摆脱困境，他们利用京营兵求功心切且又骄傲轻敌的心态，设计诈降。据当时人说，流寇最怕曹文诏、曹变蛟，以及左良玉、汤九州，根本不把京营兵放在眼里。有计六奇的记载为证："盖贼最畏曹文诏，其标将曹变蛟更骁勇，时人为之谣曰：'军中有一曹，流贼闻之心胆摇。'次左良玉、汤九州。若京营兵，贼甚轻之。"[2]向自己最轻视的对手投降，其中必然有诈，当时不少地方官与将领对此持怀疑态度，京营的监军太监杨进朝、卢九德与总兵王朴则深信不疑。在此之前，监军太监阎思印与山西总兵张应

1 戴笠、吴乔《流寇长编》卷六。

2 计六奇《明季北略》卷九《河南诸贼》。

昌，招降了王刚所部五百人以及别部三百人。杨进朝、卢九德与王朴跃跃欲试，这些人没有打过仗，也不愿血染沙场，却每时每刻都想着建立奇功，不战而屈人之兵。当时在武安一带的张妙手、撞塌天、满天飞、邢红狼、闯将等部，打听得京营总兵王朴的家丁是陕西人，便以同乡关系笼络感情，给以重贿，要他们在王朴面前斡旋。监军杨进朝、卢九德急于向皇帝邀功，不假思索地一口答应招抚。

十一月十七日，张妙手、撞塌天、满天飞、邢红狼、闯将等在武安拜会王朴，自称是"饥民头目"，陈述道："我等良民，陕西荒旱，致犯大罪。今誓归降，押还故土复业。"王朴自以为有太监做后盾，有恃无恐，欣然同意。王朴等邀请河南巡抚、巡按同去受降，巡抚、巡按唯恐其中有诈，不愿前往，但慑于监军太监的威势，不敢阻挠。十一月十九日，贺双全等十一人在张妙手陪同下，拜会王朴、杨进朝、卢九德以及地方官，环跪泣请，惟命生死。王朴等接受了他们的泣请，全无戒备，太监杨进朝听说张妙手射箭百发百中，要他露一手。张妙手在百步之外一箭射中铜钱的方孔。[1]此次投降的首领名单如下：

贺双全	新虎	九条龙
闯王（高迎祥也）	领兵山	勇将

1 参见戴笠、吴乔《流寇长编》卷六，崇祯六年十一月。

满天飞	一条龙	一丈青
哄天星	三只手	一字王
闯将（李自成也）	蝎子块	满天星
七条龙	关锁	八大王
皂莺	张妙手	
西营八大王（张献忠也）		老张飞
诈手	邢红狼	闯塌天
马鹞子	南营八大王	哄世王
大将军	过天星（惠登相也）	二将
哄天王	猛虎	独虎
老回回（马光玉也）	高小溪	扫地王
整齐王	五条龙	五阎王
邢闯王	曹操（罗汝才也）	稻黍秆
逼上路	四虎	黄龙
大天王	皮里针	张飞
石塌天	薛仁贵	金翅鹏
八金龙	鞋底光	瓦背儿
刘备	钻天鹞	上天龙[1]

上述名单表明，造反大军的主要首领几乎包罗无遗，果真能够一举招抚，那么以往陕西、山西纸面上的“一举荡平”，在河南不费吹灰之力就可实现，岂不美哉！正当太监杨进朝、卢九德向皇帝报告大捷，准备把接受招抚的“饥民”遣送回乡之

1 戴笠、吴乔《流寇长编》卷六，崇祯六年十一月丁未。编者自注：“旧云六十一名。”

际，武安、林县、涉县一带的张妙手等各部，在各自的驻地用重金购买裘衣皮靴，暗中准备出其不意地渡过黄河。

十一月二十四日，造反大军抵达山西垣曲与河南济源之间，黄河河身最狭窄的关阳、长泉一带。真是无巧不成书，这段黄河一向水流湍急，从不结冰，今年却一反常态，河面冰坚如石，十几万大军得以从容驰马而过。郑廉对当时的情况有十分生动的描述：

> 黄河水最悍者也，自龙门而下，其流湍激，虽严冬不能结。是岁自冬历春冰坚如石，流贼二十余支，乘冰竞渡，若不知有黄河者。自是而西入商雒，南向宛襄，东窥瀍涧，势如疮疽，溃裂四出。每枝数千人为部，遇官军犹不敢战，转头便走，弃妇女橐装以饵之。官军利其获，不追杀，但稍稍斩首，足以赴郡县报功而已。贼乃徐徐引去，出没险阻恣掳掠，不旬日即强如旧，故贼势日益众而不可扑灭。[1]

从包围圈中突围逃生的造反大军，以迅雷不及掩耳之势，攻克黄河南岸渑池县的马蹄窝、野猪鼻，然后向四面八方转移。这就是明末震惊一时的“渑池渡”。《豫变纪略》记载此事为“冬十月，黄

1 郑廉《豫变纪略》卷二。

河结冰坚如石，丁卯流贼渡河”。“冬十月”的说法有误。《流寇长编》记载为“（十一月）壬子，武安贼驰马过河，登渑池马蹄窝、野猪鼻。防河官袁大权战死”。[1]《绥寇纪略》记载此事为崇祯六年十一月二十四日。[2]柳义南的考证结论是：这次农民军在渑池渡河，是前后两次分渡。时间均在十一月下旬，地点，南岸是渑池的野猪鼻，北岸是长泉的黄河岸边，人数是十余万众。[3]

令人不解的是，黄河北岸的京营兵，居然眼睁睁地让成千上万的武装力量从容渡过黄河，而没有丝毫反应，显然是受到诈降计的愚弄，失职渎职，罪不可恕。主持招抚事宜的京营总兵与监军太监为了推卸责任，到处散布谣言：“追之半渡，因冰解不及。”[4]其实黄河自冬至春冰坚如石，所谓“冰解”云云，完全是掩盖罪责的托辞。当时的河南巡抚玄默对情况了如指掌，他说：“时当天寒风急，渑池地名野猪鼻者冰结为桥，贼呼噪竞渡，守备袁大权战死”。[5]地方志也证实黄河冰坚如石：“贼数十万又自济源之垣曲，适黄河冰冻，贼遂南渡，月余方尽。”[6]如此大规模的渡河，足见黄河冰冻之坚实，可见“追之半渡，因冰解不及”，完全是信口胡说，只能骗骗朝廷，推卸责任。再一次印证了一句老话：天高皇帝远。

渡河的先头部队次日攻克渑池县城，后续部

1 戴笠、吴乔《流寇长编》卷六，崇祯六年十一月壬子。

2 吴伟业《绥寇纪略》卷一《渑池渡》，崇祯六年十一月二十四日。

3 柳义南《李自成纪年附考》，中华书局，1983年，第54—55页。

4 吴伟业《绥寇纪略》卷一《渑池渡》。

5 玄默《剿贼图记·冰坚贼渡图》，转引自柳义南《李自成纪年附考》第55页。

6 康熙《平阳府志》卷三十四《祥异·历代兵氛附》。

队随即向新安、洛阳进发，如入无人之境。户部尚书河南人侯恂惊呼："不意其拥大众从渑池渡黄河而南，连陷二城……如入无人之境。河北大兵一时不能猝追，而商雒一带又从来未经贼患，故望风逃窜。"[1]河南在野人士郑廉说："贼自渡黄河之后，遂分犯诸郡邑，中州无复宁宇矣。其西股入秦者，由商雒阑出，东掠淅(川)、邓(州)，自是南阳一带骚然矣。"他对"如入无人之境"的解释颇有深度："是时承平久矣，天下右文，视介胄如奴隶，即将帅子弟平居亦学弄文墨，爇香啜茗，雍容都雅，恐人谓有兜鍪气，竟不复知弓兵为何等物，厮杀为何等事？一旦贼来矣，拔而为将，亦不知临事而惧，好谋而成，公然披鹤氅衣，戴逍遥巾，骑款段马，决拾而往。虽有锄耒农夫数百人，黄尘起，白梃弃矣，岂待鼓衰弦绝哉！"[2]

皇帝接报后，迅即作出反应："流贼在处奔突，关陕邻豫地方俱宜严密侦备，毋得稍有疏忽。"[3]但为时已晚，造反大军摆脱官军的包围，横扫中原大地，洛阳、南阳、汝宁、淅川、内乡一带，烽火连天。昔日河南当局还抱着隔岸观火的心态，注视着秦晋大地的战火，没有料到如此之快烧到了自己身上，顿时惊慌失措。这种惶恐心态成为难以忘怀的记忆，在地方志上留下了深深的烙印。请看：

1《明清史料》辛编，户科外抄户部尚书侯恂题本。

2 郑廉《豫变纪略》卷二。

3《明清史料》辛编，户科抄出户部尚书侯恂题本。

——流贼起自秦晋，转河北，冰坚南渡。是时，承平日久，民不知兵，贼猝至，中外震惧。[1]

——流寇自山陕渡河，蔓及中州，分营四十八，长驱劫掳，如入无人（之境）。[2]

——癸酉（崇祯六年）冬，自野猪鼻渡河，凶锋肆炽……自是知名贼闯王、曹操、八大王以诨名称雄者，难以枚举。来则十余万，如飘风骤雨，卒难回避。[3]

“渑池渡”可以看作明末历史的一个拐点。造反大军由黄土高坡进入中原大地，后果是严重的，海阔凭鱼跃，天高任鸟飞，从此各分东西，官军再难围剿。正如谈迁所说，流寇自此由合而分，罗汝才掠于楚，邢红狼横于豫，惠登相入于秦，而李自成领劲兵入于汉中。[4]官军要想把他们围而歼之，难度更大了。京营总兵王朴与监军太监杨进朝、卢九德企图不战而屈人之兵，结果中了诈降计，把十几万人马轻易地放入中原大地，铸就不可挽回的战略性错误。戴笠、吴乔认为这一转折的结果是“中原自此大坏”，皇帝的决策失误难辞其咎：

——贼不渡河，其祸独在山西，渡河而东西数千里平地，驰突如水入漏瓮，无处抵塞

1 顺治《邓州志》卷二《郡纪》。

2 顺治《汝阳县志》卷十《外纪·武功》。

3 顺治《新郑县志》贞集卷五《杂志·寇贼述》。

4 谈迁《国榷》卷九十二，崇祯六年十二月戊辰。

矣。总兵王朴、倪宠贪受降之功，阉人杨进朝为内主，道臣常道立附之。贼得乘间渡河，中原自此大坏。

——外兵不少，何赖禁军？武弁不少，何取军容？思陵之出此也，盖欲一显神武耳，岂不伤哉！[1]

《豫变纪略》说“贼势日益众而不可扑灭”，《流寇长编》说“中原自此大坏”。这既有外来的因素，也有内在自身的因素。这些年来，河南连续灾荒，民不聊生，到处都是饥民难民。造反大军纵横驰骋，裹挟成群的饥民难民，势力迅速壮大，故而“不可扑灭”，故而“自此大坏”。两名高官吕维祺与范景文，一个是河南人，一个曾任河南巡抚，他们对河南形势的分析，可谓不谋而合，充分证实了这一点。

吕维祺，字介孺，号豫石，河南新安人，万历四十一年进士，由兖州推官擢吏部主事，天启时与杨涟、左光斗遥相应和，以郎中告归。崇祯三年出任南京户部右侍郎总督粮储，崇祯六年，升任南京兵部尚书，参赞机务。这年年底获悉渑池渡的消息，上疏言事，以为河南形势岌岌可危。他说，数年以来，河南无岁不苦荒，无月不苦兵，无日不苦挽输。崇祯三年旱，崇祯四年旱，崇祯五年大旱，

1 戴笠、吴乔《流寇长编》卷首《自叙二》。

秋既无收，麦又难种，野无青草，十室九空。于是有斗米值银五钱者，有工作一日不得升米者，有采草根树叶充饥者，有夫弃其妻、母弃其子者，有卖一子女不足数餐者，有自缢空林、甘填沟渠者，有饿死路侧者，有鹑衣菜色而行乞者，有杖比而毙者，有泥门担簦而逃者，有骨肉相残食者。天灾之外，又有人祸——苛捐杂税，责之以兵粮、器械、米豆、刍茭，以应河北之求。而且正赋之外又有加派，而且尽追数年之积欠，而且先编三分之预征。旧征未完，新饷已催；额内难缓，额外复急。天灾人祸交迫之下，结果是：村无吠犬，尚敲催呼之门；树有啼鹃，尽洒鞭扑之血；黄埃赤地，乡乡几断人烟；白骨青磷，夜夜常闻鬼哭。触耳有风鹤之声，满目皆荒惨之色，欲使穷民之不化而盗，不可得也；欲使奸民之不望贼而附，不可得也。[1]他的判断是严峻的：穷民化而为盗，奸民望贼而附，已经是大势所趋，势不可挡。

另一位虽不是河南人，却做过河南巡抚。范景文，字梦章，号思仁，河间府吴桥人，万历四十一年进士，由东昌推官擢吏部主事，谢病归。崇祯二年擢河南巡抚，晋升兵部右侍郎，以父丧归。他对河南形势的分析也颇为悲观："向来中州号称无事，

◥ 范景文，崇祯时官至兵部尚书兼东阁大学士，后与杨嗣昌不和被削籍。甲申之变，投井而亡。

1 吕维祺《中原生灵疏》,《明德先生文集》卷五。郑廉《豫变纪略》卷二《吕维祺请免河南粮疏》。

自臣入境而后，知非无事也。河之北苦旱，千里赤地；河之南苦水，一望白波，饥民已不聊生矣。而两河间皆苦盗，绿林啸聚，日不绝闻，民穷而盗易起，盗起而饥民附之，将祸至之无日也。”[1]

由此可见，“中原自此大坏”，并非偶然。

3. 陈奇瑜出任五省总督

崇祯六年十二月初，造反大军突破伊阳、卢氏，横扫洛阳、新安、陕州、灵宝、阌乡、永宁、汝州、鲁山、叶县、舞阳、遂平、确山、信阳、裕州、桐柏、淅川、内乡、新野、光化、均州等地，先锋部队逼近郾城、开封。日暮雨雪，巡抚玄默慌忙把总兵汤九州从床上叫起来：“事急矣，宜乘夜袭之。”[2]

十二月二十二日，造反大军的一支，化装成百姓朝山进香模样，混入郧西县，次日攻占上津县，二十八日攻占镇安县。这一态势表明，造反大军意欲挺进湖广、陕西、四川，三省顿时告急。[3]处于河南、陕西、湖广、四川四省边界的郧阳府首当其冲。

郧阳地处四省交界处，崇山峻岭，历来是流民与棚民集结之地，号称“盗贼渊薮”。为了加强治理，成化十二年设置郧阳府，以原属襄阳府均州的

1 范景文《备陈中州地方情形疏》,《范文忠公文集》卷二。

2 计六奇《明季北略》卷九《河南诸贼》。

3《明清史料》乙编《陕西巡抚范复粹题本》。

郧县为府治，从襄阳府的竹山县析置竹溪县，从郧县、上津县析置郧西县，弘治十一年又从襄阳府的房县析置保康县，以郧县、竹山县、竹溪县、上津县、房县、保康县等七县之地归属郧阳府，破例设置巡抚管辖，称郧阳抚治。[1]李逊之如此介绍郧阳：

> 郧阳原以村镇改县治，以其介湖陕河南三省之交，山川绵亘，盗贼易起，故设重臣镇抚之。又以抚绥流民，故易巡抚为抚治。然所辖地方，各省自有巡抚主之，治台不能专也。万历初年额饷犹有一万六千，王世贞在事，以六千改充辽饷，以四千发荆襄两道自备标兵，而数止六千矣。标兵三百，岁粮止十两有奇，皆各县有身价者买顶首，以免门户，而觅人充当。又义勇二百，岁粮六两，且糊口不足。而南下之贼动数十万，虽使武侯复生，亦安能施其堵御哉！[2]

造反大军选择郧阳这个薄弱环节作为突破口，可进可退，也可四面出击，极具战略意义。兵部对此十分重视，十二月二十四日，将郧阳险情报告皇帝，每天各地发来的塘报几乎全是这方面的消息：

分守荆南道副使徐景麟飞报：贼有三千扎营内乡半川地方；

1 樊树志《明代荆襄流民与棚民》，《中国史研究》1980年第3期。

2 李逊之《崇祯朝记事》卷二。

均州太监马应辰飞报：流贼深入州境，势甚披猖；

郧阳抚治蒋允仪飞报：贼尽趋郧（阳）境，势必围城。[1]

兵部尚书张凤翼鉴于造反大军从均州、淅川进入郧阳府境内，而郧阳府兵力不及他处十分之一，况且地形险要连秦接豫，易为窟穴，难以剿除，不禁连声哀叹："嗟乎，贼之祸深矣！自秦而晋，自晋而豫而楚，已半天下矣……亡命之徒闻风响应，将率天下而尽为流贼，尚有安治之区乎？"[2]

既然"率天下而尽为流贼"，每个省各自为战，显然难以奏效，于是乎，皇帝任命陈奇瑜为五省总督，统一指挥陕西、山西、河南、湖广、四川战事。设置总督或许是必要的，陈奇瑜却并非恰当的人选。

渑池渡事件，反映了当局在围剿与招抚的两难选择中举棋不定，京营总兵王朴和监军太监杨进朝、卢九德乞灵于招抚，重蹈杨鹤的覆辙，酿成"率天下尽为流贼"的危险局面。然而当局没有接受教训，一年以后，皇帝寄予厚望的五省总督陈奇瑜，再次重蹈覆辙，在车箱峡轻信李自成的诈降计，放虎出柙。

陈奇瑜，字玉铉，号正学，山西保德州人，万历四十四年进士，历任洛阳知县、礼科给事中、陕

1《兵部为微臣发兵赴援流贼突入郧境等事》，《内阁大库档案·明末农民起义史料》第98—99页。据接替蒋允仪担任郧阳抚治的卢象昇说，郧阳简直无法防守，"郧属七城，皆自成化年间草创，依山垒石，便称城垣。其中居民不满数百家，曾不得比于他邑之村堡"（《明大司马卢公奏议》卷一《兵食寇情疏》）。

2《兵部为微臣发兵赴援流贼突入郧境等事》，《内阁大库档案·明末农民起义史料》第99—100页。

西副使等职。崇祯五年以都察院右佥都御史出任延绥巡抚，当时神一魁、不沾泥等已被击毙，而余党犹众，他上任伊始以剿杀为能事，派出副将卢文善斩杀截山虎、柳盗跖，派出游击常怀德斩杀薛仁贵，派出参政戴君恩斩杀一条龙、金刚钻、开山鹞、黑煞神、人中虎、五阎王、马上飞，派出都司贺思贤斩杀王登槐，派出巡检罗圣楚斩杀马红狼、满天飞，派出参政张伯鲸斩杀满鹅，擒黄参耀、隔沟飞，派出守备阎士衡斩杀张聪、樊登科、樊计荣、一块铁、青背狼、穿山甲、老将军、二将军、满天星、上山虎，派出游击罗世勋斩杀逼上天、小红旗、草上飞、一只虎、云里手、四天王、薛红旗。陈奇瑜对于他的剿杀政策使得延绥一带“诸渠魁略尽”颇为沾沾自喜，向朝廷报功：“流寇作难，始于岁饥，而成于元凶之煽诱，致两郡三路皆盗薮。今未顿一兵，未绝一弦，擒斩头目百七十七人，及其党千有奇。头目既除，余党自散，向之斩木揭竿者，今且荷锄负耒矣！”[1] 皇帝欣喜万分，命他报上有功将士名单，以备嘉奖。得到皇帝赞赏，陈奇瑜更加卖力，对盘踞延水的钻天哨、开山斧发动突然袭击，击毙钻天哨、开山斧；尔后又分兵斩杀金翅鹏、一座城。[2] 谷应泰写道：

时秦贼既尽入晋，流突畿辅、河南，至数

1 张廷玉《明史》卷二百六十《陈奇瑜传》。

2 吴伟业《绥寇纪略》卷二《车箱困》。张廷玉《明史》卷二百六十《陈奇瑜传》。

> 十万。而延绥贼首钻天哨、开山斧，独据永宁关，前阻山险，下临黄河，负固数年不下。延绥巡抚陈奇瑜谋取之，乃阳传总制檄，发兵简众七千人抵延川，潜师疾走入山。贼不虞大兵至，仓皇溃佚，焚其巢，纵击，斩首千六百级，二贼死。分兵击贼首一座城，斩之。延水盗悉平，（陈）奇瑜威名著关陕。[1]

从此陈奇瑜威名远震，在关陕地区几乎与洪承畴齐名，一时成为朝野关注的新闻人物，起用他为五省总督，似乎在情理之中。鉴于流寇蔓延秦晋豫楚之郊，流突无定，廷议以为："各镇抚事权不一，互相观望，宜以重臣开督府，统摄诸道兵讨贼"，皇帝批准了这一建议，本拟委任洪承畴出任此职，考虑到陕西三边所恃，未可轻易，于是晋升延绥巡抚陈奇瑜为兵部右侍郎，总督陕西、山西、河南、湖广、四川军务，视贼所向，随方剿抚。[2]

却说造反大军十余万之众，由郧西迫近郧县。郧县如果陷落，势必连累邻近三省，郧阳抚治蒋允仪急忙上章告急：臣名为郧抚，而郧事至此，无法逃罪。只是渡河之贼动称十余万，及至地方，蚁附协从者又倍之。一股入郧，以土贼为向导，遂谙地利而知虚实，兼以众寡不敌，马步不如，则郧之不支，实在是气数已尽，而非人力不支。[3]

1 谷应泰《明史纪事本末》卷七十五《中原群盗》。

2 戴笠、吴乔《流寇长编》卷七，崇祯七年正月乙巳。

3《蒋允仪题农民军克郧西上津等地科抄》，《清代档案史料丛编》第六辑，中华书局，1980年。

崇祯七年正月二十六日半夜，皇帝接到这一奏疏，立即指示两点：第一，郧阳抚治蒋允仪漫无备御，以致贼至辄被蹂躏，陨将陷城，本当重处，念兵事方殷，姑着戴罪恢剿自赎；第二，河南巡抚玄默既咨称大兵已抵郧境，何尚无踪迹？着遵屡旨，督率将士星驰前去，会同湖广巡抚唐晖协剿，以拯艰危。兵部根据皇帝旨意，对前线战事部署如下：一，四川巡抚速催原调援楚兵五千，增调石柱土司兵三千，火速赶赴郧阳、襄阳，增援协剿；二，河南巡抚督率各将火速驰援郧阳、襄阳，会同楚抚协谋剿击；三，湖广巡抚速催调施州镇筸土司兵，火速赶赴襄阳，会剿夹击。[1]

崇祯七年三月初五日，皇帝在文华殿日讲完毕以后，与内阁辅臣议论前线战事，问道："陈奇瑜今安在？"

内阁首辅温体仁回答："闻自延绥起程。先推总督，原拟洪承畴，因陕西三边所恃，未轻易，故拟(陈)奇瑜。今彼以延绥精甲请饷三十万。"

皇帝说："已题留新饷。"

温体仁说："昨唐世济言，解散难民，每人给百钱，恐不足资遣。"

皇帝右顾新近入阁的钱士升(字抑之，号御冷，嘉兴嘉善人)，钱士升说："新饷虽留，此时官未尽征，恐不济急。至难民必资遣方活，但给免死票，势终为贼。"

1《蒋允仪题农民军克郧西上津等地科抄》，《清代档案史料丛编》第六辑。

皇帝低头徘徊许久，回避了陈奇瑜请饷的难题，把话头转移到郧阳抚治蒋允仪身上，以为对蒋允仪的处理太轻，似乎感到巡抚选拔有一些问题——过于拘泥于资格。[1]

三月十五日，皇帝在建极殿举行会试策问。他亲自出了一道题目，涉及当前形势："流贼渐逸郧广，海寇时扰浙闽，剿灭不速，民难未已，兼之水旱频仍，省直多故，作何挽回消弭？"[2]

从上述两事依稀可以看出，皇帝与廷臣对待流寇的方针仍然是剿抚结合，"当剿则剿，当抚则抚"。前不久，南京都察院右都御史唐世济向朝廷进言，分析流寇成分不一，大抵可以分为四类：一乱民，二驿卒，三饥民，四难民，宜根据情况分别采取剿与抚的对策。皇帝颇为赞同，命内阁辅臣起草文件，专送陈奇瑜，要他斟酌处理。[3]皇帝把唐世济的"分别剿抚"主张，以谕旨的形式传达给上任不久的五省总督陈奇瑜，分明是指示他"当剿则剿，当抚则抚"，对日后的车箱峡招抚起到了诱导作用。

其实，民变已经延续七年，战火蔓延半个中国，对于朝廷而言，招抚已非上策而是下策。道理很明显，连年灾荒，饿殍遍野，招抚之后根本无法安插，与其坐而等死不如铤而走险。三月五日，钱士升在文华殿向皇帝谈及剿抚及处置难民，皇帝把

1 谈迁《国榷》卷九十三，崇祯七年三月辛卯。

2 谈迁《国榷》卷九十三，崇祯七年三月辛丑。

3 谈迁《国榷》卷九十三，崇祯七年三月己丑。

问题看得过于简单，说只免他死罢了。钱士升不以为然："难民必须资遣，方得全活，若只给他免死票，此一纸，饥不能食，寒不能衣，势必还聚为贼。"[1]这是从可行性上考虑的，也为以往屡次招抚失败所证明了的；如果从战术上考虑，前此招抚实践表明，诈降甚多，成为流寇摆脱困境的一种策略。朝廷对此缺乏足够的认识，在决策时举棋不定。

对形势的判断，陈奇瑜远远不如练国事、洪承畴。陈奇瑜威震关陕以后，有些飘飘然，练、洪二人则充满忧患感。

◥ 练国事，河南永城人，万历四十四年进士。崇祯元年巡抚陕西，在任上，平定神一元、红军友等叛乱，后因陈奇瑜车箱峡招抚失利，遣戍广西。崇祯十六年赦还。

陕西巡抚练国事向皇帝强调，陕西有五大困难：

> 一曰缺兵——大盗起延绥、榆林，兵不足转调甘肃。自宁夏、甘肃再丧师，今防插汉（蒙古）尚不足，能分兵剿贼乎；榆林兵止五千，陈奇瑜率以剿贼，而防秋又当西还，则兵愈少。
>
> 二曰缺饷——西安、凤翔兵荒，所留新饷即使支尽，不抵三镇之用。司府无可借，兵饷将安出？
>
> 三曰缺官——荒盗频仍，有参罚戴罪，有

1　钱士升《赐馀堂集》卷首《年谱》，崇祯七年二月入阁。

追赃客死，有失城就逮，道府且不乐就，何况有司？今官缺三十余员，何以治民办贼？故缺官宜急补，而参罚亦宜少减也。

四曰宗禄——秦俗嚣悍，贫宗尤甚，垂涎赈金，渐不可长。

五曰驿递——秦晋驿递，例不全给。今募夫之苦，更加千倍，故人人思遁。凡在冲路，宜全给，以安其心。[1]

陕西三边总督洪承畴向皇帝报告，从河南进入山西的流寇越来越多，压力越来越大。他列举了四大困难：

剿贼之难——入陕猖獗之贼，大抵可十四五万，明知官军一二万不能四驰，恃其势众，旁伏递进。

追逐之难——贼多精骑，每跨双马；官军马三步七。

粮刍之难——贼攻堡掠野，到处可资；官军待饷转运。

时日之难——贼入山负隅；官兵相持一日，即坐误一日。[2]

五省总督陈奇瑜面对难以收拾的烂摊子，前途

1 谷应泰《明史纪事本末》卷七十五《中原群盗》。

2 谷应泰《明史纪事本末》卷七十五《中原群盗》。

凶多吉少。

4. 车箱峡——陈奇瑜重蹈覆辙

郧阳抚治蒋允仪失职，朝廷调用大名道卢象昇取而代之。蒋允仪是宜兴人，巧合的是卢象昇也是宜兴人。

卢象昇，字建斗，天启二年进士，历任户部主事、大名知府、大名广平顺德三府兵备道，虽一介文士，却善于骑射，娴熟将略，历年考成都是“治行卓异”。[1]崇祯七年三月十八日，皇帝接到吏部等衙门会推卢象昇的文件，立即照准：“是，卢象昇升都察院右佥都御史提督军务，兼抚治郧阳等处地方，写敕与他。”[2]卢象昇恭设香案谢恩接旨，三月二十四日，把大名兵备道印信交给大名知府马之升暂署，两天后就单骑启程。四月十五日，抵达襄阳府，与旧抚臣蒋允仪交割。平心而论，遭到革职处分的蒋允仪，并非无能之辈，他在郧阳抚治任上有一些德政。他的下台，一半由于手下兵力单薄，一半由于监军太监诬告。当郧县遭到攻击后，援剿总兵左良玉及监军太监姗姗来迟，拆屋掘地，搜掠余烬，守城军以为流寇复至，开炮轰击。监军太监恼

◥ 卢象昇像

卢象昇，常州宜兴人，天启二年进士。练“天雄军”，崇祯九年升宣大总督，治军有方。后抗清时多为杨嗣昌所掣肘，崇祯十一年亡于战场。

1 张廷玉《明史》卷二百六十一《卢象昇传》。

2 卢象昇《明大司马卢公奏议》卷一《到任谢恩疏》。

羞成怒，上疏诬告。朝廷派锦衣卫官校前来逮捕蒋允仪时，当地士民哭声震动山岳。[1]

陈奇瑜走马上任后，指挥各路将领向河南陕州(今陕县)会师，然后南下。先是，老回回、过天星、满天星、闯塌天、混世王五大营，由湖广进入四川，陷入夔州险阻，又退入湖广，兵分三路：一路由均州往河南，一路由郧阳往淅川，一路由金漆坪渡河往商南。三四月间，约有十余万之众转战于汉中、兴安、郧阳、房县一带。[2]陈奇瑜向朝廷报告：流寇披猖，肆行入蜀，因路险峻，复回楚境。今屯聚于房县、均州等处，共立五营，约有四五万，议分三股欲入秦豫。设计甚诡，将使我顾此不能顾彼，大为可虑。臣于四月二十九日已抵南阳，星夜督兵飞驰郧阳、均州。仍一面马上差官飞调五省总兵、副总兵、参将、游击等官，入山会剿，不尽扑灭则不肯休，断断不敢重蹈往年之覆辙。[3]陈奇瑜志大才疏，口口声声说不重蹈覆辙，却没有与众不同的韬略，不久还是重蹈覆辙。

令陈奇瑜最伤脑筋的是，五省的巡抚总兵不听他的调度，不肯轻易出击，惟以驱入邻境为能事。皇帝连续发出圣旨催促："流贼奔突蔓延，屡奉会剿之旨，竟藐玩不遵，但以驱入邻境辄便夸捷偷安，荡平何日？陈奇瑜已有旨了，各抚镇有借口总督未至，玩寇流毒者，照地方失事情形一体论

1 康熙《郧阳府志》卷十七《宦绩·蒋允仪》。

2 卢象昇《明大司马卢公奏议》卷一《兵事寇情疏》。张廷玉《明史》卷二百六十《陈奇瑜传》。

3《明清史料》乙编《兵部题行兵科抄出河南（等五省）总督陈奇瑜题稿》。

治。”[1]在皇帝严词训斥之下，陈奇瑜在均州下令：陕西巡抚练国事驻扎商南，扼守北线；郧阳抚治卢象昇驻扎房县、竹山，扼守西线；河南巡抚玄默驻扎卢氏，扼守东线；湖广巡抚唐晖驻扎南漳，扼守南线。陈奇瑜由均州入山后，卢象昇与他面议方略，以为一味驱逐不是扫荡之上策，应该相机合力歼剿。郧阳境内六县，千里渺无人烟，从郧县到竹山、竹溪，每前进一步多是悬崖峭壁，士兵都缘崖攀树而行。[2]陈奇瑜偕卢象昇督率官军从竹溪到平利，副将杨化麟、杨世恩、周任凤、杨正芳等，分道击杀，屡有小胜。陈奇瑜沾沾自喜，向朝廷报功：楚中屡捷，一时大盗几尽。其窜伏深山者，臣督乡兵为向导，无穴不搜，楚中渐有宁宇。[3]

虽然卢象昇指出驱逐不是扫荡之上策，陈奇瑜还是以驱逐为能事，所以湖广“渐有宁宇”，邻近的陕西却不平静。造反大军避其锋芒，纷纷退入陕西南部的汉南。所谓汉南，东至石泉、汉阴、兴安，又东至平利、洵阳、白河，西至西乡、洋县、汉中，又西至沔县、宁羌州、略阳，与湖广、四川紧邻，形势险要。洪承畴见陈奇瑜把造反大军赶入汉南，不无担忧，向朝廷报告陕西形势紧急：流寇在平利、洵阳间数万，从四川巴州、通江进入西乡者二三万，日前从栈道进犯城固、洋县数股，又东下石泉、汉阴间，聚集于汉阴、兴安，而旁突于商

1《兵部题为恭陈“秦省”近日防御情形等事》，《内阁大库档案·明末农民起义史料》第110页。

2 卢象昇《明大司马卢公奏议》卷一《入山会剿疏》。

3 张廷玉《明史》卷二百六十《陈奇瑜传》。

雒。为今之计，必须将陕西兵马调拨他省者尽快回归陕西，而后才可以救重地；必须将陕西军饷调拨他省者尽快回归陕西，而后才可以济军兴。[1]洪承畴身为陕西三边总督，着眼点自然在于陕西的安危。他认为，陈奇瑜、卢象昇把优势兵力会聚于湖广，是促使流寇尽奔汉中、兴安、平利的根本原因。在他看来这并非上策，所以感叹“秦事大可忧”。正如吴伟业所说：“(洪)承畴居兵间久，决机沉审，知贼不可抚，亦不易剿，故持论若此。”[2]

洪承畴认为“秦事大可忧”并非毫无道理，但是皇帝却以为这是歼灭流寇的有利时机、有利地形，指示陈奇瑜：“会同各抚，严督镇将，速图扫荡”，“贼阻汉水，且多携妇女，兼苦地湿，殄灭正在此时”。又指示卢象昇积极配合：“受任方新，着遵屡旨，殚力堵剿，立奏荡平，毋得但以驱贼出境卸责。”[3]

陈奇瑜既没有洪承畴那种“秦事大可忧”的危机感，也没有皇帝那种“殄灭正在此时”的紧迫感，错误地以为形势大好，“轻贼不足平，有骄色”。[4]先前以剿灭钻天哨等部而威震关陕的陈奇瑜，一变而为“专主抚局”[5]，与这种心态大有关系。

此时在汉南的李自成等部，从紫阳向兴安(今安康)撤退，进入兴安南面的车箱峡，陷入困境。关

1 吴伟业《绥寇纪略》卷二《车箱困》。

2 吴伟业《绥寇纪略》卷二《车箱困》。

3《明清史料》辛编《兵部题行援剿总兵张应昌塘报稿、兵部题行兵科抄出郧阳抚治蒋题稿》。

4 吴伟业《绥寇纪略》卷二《车箱困》。

5 康熙《保德州志》卷七《陈奇瑜传》。

于车箱峡的地理位置，历来有兴安车箱峡与汉中车箱峡两说，例如《流寇长编》说“兴安州车箱峡”，《绥寇纪略》说“兴安之界曰车箱峡”，属于前一说；《平寇志》说“汉中车箱峡”，《烈皇小识》说“汉中之车箱峡”，属于后一说。其实两种说法并不矛盾，兴安州属于汉中府，入清以后依然如故，直至乾隆四十七年才升州为府，脱离汉中府。所谓“汉中车箱峡”，应该理解为汉中府之车箱峡，并非汉中府府治所在地南郑县（今汉中市）的车箱峡。当然，兴安车箱峡的说法更为准确，兴安知州说“是年（崇祯七年）八月，遂有车箱峡受降之举”[1]，便是明证。其确切地点，查谭其骧主编《中国历史地图集》，车箱峡在兴安州南面的黄洋河上游。[2]

车箱峡长约数十里，四面是悬崖峭壁，号称猿鹿无径，人根本无法攀登。李自成等部进入此地，无异于陷入绝境。山上居民滚下巨石，投下火炬，李自成等部顿时进退两难。适逢连日大雨不止，弓箭湿透而松散，刀枪生锈，战马久无饲料死亡过半。《流寇长编》写道：

> 兴安州车箱峡，其中有地数十里，四面绝壁，猿鹿无径。闯将（李自成）、李过、李双喜、顾君恩、翻山鹞等，撞入其中。山民垒石断路，从高崖下石击之，焚爇林木。久雨弓解，

1 王士正《跋明故兴安知州金公遗墨后》，嘉庆《续兴安府志》卷八《府志补遗》。

2 参见谭其骧主编《中国历史地图集》第七册《元·明时期·陕西一》，地图出版社，1982年，第59—60页。顾诚写道：“史籍说车箱峡长达四十里，是一个不小的地方，然而到目前为止，无论在兴安地区还是汉中地区都没有查到它的确切位置。”（《明末农民战争史》第69页）似乎过于武断。

马无刍多死，困甚，顾君恩多狡智，乃曰重贿群帅以乞降，乃可得间走脱也。（陈）奇瑜屡战轻贼，其下得贿，耸涌许之。[1]

威风一时的造反大军面临生死抉择，与其困死于此，不如暂时屈膝投降，留得青山在不愁没柴烧。此时陈奇瑜正从竹山、竹溪赶来，李自成派人向陈奇瑜的随从亲信贿赂，请他们出面斡旋，表示愿意投降遣散。陈奇瑜原本就“轻贼不足平，有骄色”，不管其中是否有诈，欣然同意，特许八月约降，然后遣返陕西延安等地。

关于此事，当时的陕西巡按御史傅永淳以亲历者身份，透露了其他史籍语焉不详的真相。

傅永淳对陈奇瑜说：“贼弩解刀锈，马蹄穿，衣甲坏，扑灭之功在今日矣。”

陈奇瑜不予理睬，傅永淳拉着陈奇瑜的手催促道：“灭此朝食，此其时矣！”

陈奇瑜不为所动，胸有成竹地说：“俟雨晴贼出栈耳。”又说：“俟彼势蹙，吾第抚之，不遗一矢可成功。”

傅永淳再三劝说：“贼数十万众，即就抚，何以帖置？且未经大创，能必革心耶？恐天晴出栈而西，虽欲成功，不可得矣！”

陈奇瑜一点也听不进，固执己见，决定招抚

1 戴笠、吴乔《流寇长编》卷七，崇祯七年六月己巳。

车箱峡的李自成等部。傅永淳反复开导，继之以痛哭，陈奇瑜就是不肯发兵。[1]

与陈奇瑜掉以轻心适成对照，李自成等正在精心谋划，把攻城略地搜取来的金银珍宝送进陈奇瑜军营，贿赂总督行辕的随从官员。这班幕僚都不想打恶仗，从早到晚大谈招抚的好处。据傅永淳分析，一方面李自成急于谋求生路，另一方面陈奇瑜"固怯战"，两者一拍即合。陈奇瑜的招抚方案上报朝廷，兵部尚书张凤翼表示赞同，皇帝当即批准。[2]

陈奇瑜的招安举措，引起藩封于汉中的瑞王朱常浩（神宗第五子）的不满，朱常浩向他的侄子——当朝皇帝朱由检上疏，吐露惴惴不安的心情：自天启七年藩封汉中，次年就有流贼之祸，赖文武诸臣，始臻平定。不料晋贼渡河，窜入汉中、兴安，此后川中之贼复入秦川，湖广之贼再入兴安。六月间自兴安入西乡，犯汉中边界。幸游击唐通张疑设伏，不敢渡江而北，逼近汉城。目今东南洋县之贼督臣陈奇瑜方议招安，北有凤县之贼盘踞山谷，西则沔县、宁羌、略阳所在骚动。臣在万分孤危之中，不知其所终。皇帝正寄希望于陈奇瑜，对于他的叔叔朱常浩所说汉中兴安形势的严重性，并未理会。[3]

内阁次辅钱士升对陈奇瑜的招抚方略，表示忧虑，写信委婉地提醒：

1 康熙《灵寿县志》卷七《人物·傅永淳传》。

2 康熙《灵寿县志》卷七《人物·傅永淳传》。该书说陈奇瑜上疏请抚，兵部尚书张凤翼"党其议"，"复疏得旨"。

3 戴笠、吴乔《流寇长编》卷七，崇祯七年六月辛巳。吴伟业《绥寇纪略》卷二《车箱困》。张廷玉《明史》卷一百二十《诸王传·瑞王常浩》。

自流寇燎原，蔓延五省，年台特奉简命，由延（安）入郧（阳），驱驰数千里，督师搜剿，斩获无数，遂使楚寇荡平，可谓劳苦功高矣。及入陕之后，即解散一万三千余众，且票发牌遣，曲中机宜，益用欣悯。

乃顷者秦中诸公复有全秦万分危急之疏，岂前解散者未尽胁从欤？抑经过地方奉行不善欤？

窃闻盗贼平之非难，绝之为难。其弊有二：曰招降，曰穷治。盖盗贼之起，必有枭桀难制者为之渠帅，若招而降之，彼奸恶之民见负罪者未必死也，则曰与其挽首下气以甘饥饿之辱，孰若剽攘攻劫而不失爵禄之荣，则是诱民为乱者招降之说也。盗魁既伏其辜矣，而刀笔之吏复穷支党而治之，迫胁之民自知其不免也，则将曰与其束手而受毙，孰若逃窜以求生，则是驱民为乱者穷治之说也。惟"歼厥渠魁""胁从罔治"两言，最得弭乱之术。今屡旨中所谓剿散，正是此意。

年台与督抚诸公定计而力行之，以结累年不了之局，勒名景钟，在是役矣。幸附谱谊，不胜颙望。弟自入直来，四方公揭而外，不纳一书，而于年台不敢引嫌者，实欲效款款之愚，备幕府运筹之万一尔。[1]

1 钱士升《答陈总督玉铉》，《赐馀堂集》卷七《尺牍二》。

钱士升为人正直，入阁以后，为避嫌疑，不与封疆大吏私信往来。此次破例，完全是出于公心，提醒他处理好招降与穷治的关系，处理好剿杀与遣散的关系。可见朝廷对车箱峡事件的重视程度，也可见陈奇瑜恰恰对此有所疏忽。

陈奇瑜得到兵部尚书张凤翼的支持，大胆放手进行招抚，特许李自成等从车箱峡撤离到安全地带，一举招安了三万四千人。按照他的如意算盘，全部遣返原籍务农，每一百人派遣一名安抚官监视，负责遣返事宜，沿途地方政府不但不得阻挠邀击，而且还得供应粮草。[1]陈奇瑜自以为得计，侈然自负："处分神速，凶徒数万一朝解散，天下自此无患。"[2]

李自成等部大多是延安府人，从兴安撤离后，必须经由汉阴、石泉、西乡、汉中，然后由栈道北上，从凤翔、陇州、平凉、环县、庆阳回归。[3]在陈奇瑜的安排下，李自成等部成建制地安然走出号称天险的栈道，一路上与护送的官军揖让酣饮，易马而乘，抵足而眠，没有盔甲的换上了盔甲，丢失弓箭的换上了新弓箭，多日饥饿，得以饱餐。[4]陕西巡抚练国事命令杨麟驻扎宝鸡县，以防不测事态。被招安的大队人马抵达宝鸡城下，出示总督公文，要求入城，宝鸡知县李嘉彦命他们派三十六人上城谈判，立即捆绑斩首，抛掷城外。此举显

1 文秉《烈皇小识》卷四。

2 吴伟业《绥寇纪略》卷二《车箱困》。

3 戴笠、吴乔《流寇长编》卷七，崇祯七年六月辛巳。据顾祖禹《读史方舆纪要》，由汉中趋关中，由褒城至凤县，有栈道，即云栈。

4 康熙《灵寿县志》卷十《艺文下·傅永淳劾总督陈奇瑜疏》。

然激怒了招安大军，作为报复，把陈奇瑜派来的遣送官——参将柳国铭、都司秦守信等五十余人处死。[1]于是乎，各部招安大军统一行动，捆绑安抚遣送官，或杀头，或割耳，或杖责，或缚而掷之道旁。然后整顿军容，进攻宝鸡、麟游等地。闰八月十八日，陈奇瑜赶到宝鸡，几天后抵达凤翔，见李自成等已经攻破七县，事势大坏，方才意识到自己中了诈降计，懊悔不已。为了推卸责任，归罪于宝鸡知县李嘉彦“杀降激变”，逮捕李嘉彦及宝鸡乡官士民五十多人。他在给卢象昇的信中振振有词地说：“宝（鸡）凤（翔）激变，秦中已抚未抚诸寇，互相煽乱。”[2]当时的形势非常严峻，正如《流寇长编》所说：“时车箱（峡）贼大炽，北至庆阳，西至巩昌，东北至邠州，西南至宝鸡、盩厔，可二十万。壬寅，（陈）奇瑜至凤翔，见之大悔，唯有残（兵）二百余人，坐困城中。”[3]

宝鸡县庠生韩珽不服，抨击陈奇瑜，为知县李嘉彦辩护，文章写得很精彩：“贼在汉中时，南阻江，北阻山，西则栈道，东则郧阳，有兵十余万。数载蔓延之寇，困于其中，土民已截出路。但（陈）奇瑜不听诈降，不用一兵，不发一矢，贼皆饿死，而竟以诈降得脱。一出栈道，即破凤县，杀唐三镇乡官辛思齐一家百八十口。八百里连云栈尸横撑拄，四十村落尽为灰烬。此在宝鸡之南，岂亦激

1 戴笠、吴乔《流寇长编》卷七，崇祯七年八月丁卯。

2 卢象昇《明大司马卢公奏议》卷二《应援汉商疏》。

3 戴笠、吴乔《流寇长编》卷七，崇祯七年闰八月己亥。

变所致乎？八月十四日，贼至益门镇（在宝鸡县城南五十里），渭水之南蜂屯蚁结，烽火烛天。幸知县李嘉彦率士民固守，不受贼祸。（陈）奇瑜于闰八月十八日至宝鸡，面加奖谕，赏以千金。比过凤翔，见贼破七邑，事势大坏，罪责必及，乃归狱于功臣劳士，以盖其愆。纵巧言如簧，何能掩三秦百万人之口？”[1]戴笠、吴乔颇为欣赏韩琎的辩词，对陈奇瑜是有所谴责的：“闯贼误入车箱峡，垒绝出路，坐视其为饿殍。陈奇瑜信其诈降，而纵虎出柙。”[2]

从栈道出来的李自成等部，连破麟游等七县，与略阳来的别部会合，又一分为二，一支至长平破泾阳，一支至鄠县、周至攻平凉，号称数十万之众，北接庆阳，西至巩昌，西北至邠州，西南至周至，陕西又一次陷入一片混乱之中。陈奇瑜把“抚事大坏”的责任一股脑儿推到陕西巡抚练国事身上，向皇帝诬告练国事“阻挠逗留，违节度以至于败”。皇帝大怒，下令逮捕练国事，廷议推举陕西左布政使李乔继任陕西巡抚，并请皇帝撤边兵二万，措新饷二十五万两，命豫兵从潼关、华州入陕，楚兵从商州、雒南入陕，蜀兵从汉中、兴安入陕，晋兵从韩城、蒲州入陕，尽天下之力，合力围剿。造反大军避其锋芒，一分为三：一向庆阳，一向郧阳，一向河南。[3]

练国事被逮，陕西官绅以为不公。巡按御史傅

1 戴笠、吴乔《流寇长编》卷七，崇祯七年闰八月己亥。

2 戴笠、吴乔《流寇长编》卷首《自叙二》。

3 吴伟业《绥寇纪略》卷二《车箱困》。卢象昇《明大司马卢公奏议》卷二《应援汉商疏》《续报商雒剿贼疏》。

永淳以目击者身份向皇帝揭发车箱峡事件真相，结论是：目前局面大坏，全是陈奇瑜主抚方针的流毒。他列举陈奇瑜八大罪状：

溺职——陈奇瑜身负皇上如此重望，出任五省总督，而见事悠忽，轻信间谍，不尽力所当为，是谓溺职。

玩寇——闯寇发难，荼毒民生，数省之地几无孑遗，而身膺阃钺，渺无同仇，坐视釜鱼出柙虎，是谓玩寇。

失机——明知其不可抚，而故抚之，使数十万垂死之贼狡逸而去，是谓失机。

助盗——果其为抚，贼未出栈道，思所以解散之方；贼既出栈道，思所以制驭之策。乃涂饰抚局，如咻小儿，使贼锋益锐而力益强，是谓助盗。

嫁祸——委咎于守令，而谬嫌其不开门揖盗，是谓嫁祸。

党恶——自堕于贼网，而得张凤翼表里为奸，是谓党恶。

辱国——使力不足、势不及，犹可言。屯兵百万，而坐失机宜，亏损国威，是谓辱国。

欺君——且贼首未缚，党羽未散，抚局未成，而奸愚相济，巧于得旨，是谓欺君。[1]

傅永淳在另一奏疏中说：陈奇瑜专主招降，谓盗已革心，不许道途盘诘，入一邑而邑不敢问，入

1 康熙《灵寿县志》卷十《艺文下·傅永淳劾总督陈奇瑜疏》。

一郡而郡不敢问。开门揖盗，剿抚两妨，恐种祸不止三秦也。[1]

从傅永淳奏疏看来，车箱峡事件完全是陈奇瑜失职造成的，又不肯主动承担责任，企图嫁祸于人，可见此人既无才又无德。

练国事平白无故受到诬陷，当然不服，向皇帝坦陈事实真相，直言陈奇瑜一手策划招抚，最终导致纵贼出险，应负全责。他回顾事件的全过程，崇祯七年，流寇从河南、湖广进入汉南，总督陈奇瑜命练国事驻商州协剿。陈奇瑜受降，令诸军不得出击。流寇出险后，大掠凤翔、麟游、宝鸡、扶风、千阳、乾州、泾阳、礼泉，陈奇瑜移罪练国事以自解。他在奏疏中说："汉南贼尽入栈道，（陈）奇瑜檄止兵，臣未知所抚实数。及见（陈）奇瑜疏，八大王部万三千余人，蝎子块部万五百余人，张妙手部九千一百余人，八大王又一部八千三百余人。臣不觉仰天长叹！夫一月内抚强寇四万余，尽从栈道入内地，食饮何自出？安得无剽掠？且一大帅将三千人，而一贼魁反拥万余众，安能受纪律？即借口回籍延安，州县骤增四万余人，安集何所？合诸征剿兵不满二万，而降贼逾四万，岂内地兵力所能支？宜其连陷名城，而不可救也。若咎臣不堵剿，则先有止兵檄矣；若云贼已受抚，因误杀使人致然，则未误杀之先，何为破麟游、永寿？今事已至此，惟

1 谈迁《国榷》卷九十三，崇祯七年十月甲申。彭孙贻《平寇志》卷二。

急调大军致讨，若仍以愿回原籍，禁兵勿剿，三秦之祸安所终极哉！”[1]

兵部尚书张凤翼为了掩盖自己的过错，极力替陈奇瑜说好话。给事中顾国宝针锋相对，弹劾陈奇瑜、张凤翼。

皇帝终于明了事实真相，意识到陈奇瑜车箱峡招抚所造成的严重后果，于十一月二十九日下旨：陈奇瑜削职听勘。皇帝一表态，廷臣纷纷谴责陈奇瑜“玩寇纵敌”。皇帝下旨逮捕陈奇瑜，任命洪承畴继任陕西山西河南四川湖广五省总督，兼任原职（陕西三边总督）如故。[2]

四 “古今未有之奇变”

1. 打着“古元真龙皇帝”旗号直捣凤阳

崇祯七年（1634）冬，正当朝廷调动河南、湖广、山西、四川兵马入陕围剿之际，造反大军分兵三路突围。第一路由陕州向平阳，进入山西；第二路由武关向襄阳，进入湖广；第三路由卢氏东向，进入河南。不久，第一、第二两路陆续由山西、湖广进入河南。几十万大军会集于中州大地，声势之大已非昔日可比，从地方志的记录可以窥见当时的盛况：“大旗飘扬，遥望崖口而南，旌旗蔽空，甲光

1 张廷玉《明史》卷二百六十《练国事传》。

2 戴笠、吴乔《流寇长编》卷七，崇祯七年十一月丁丑。谈迁《国榷》卷九十三，崇祯七年十二月甲申。

耀日，南尽南山，北尽河曲，波压云涌而至，惟闻马嘶之声。自朝至夜，连营数十里。”[1]这种情况，在河南籍官员的奏疏中有更加切实的反映，兵科给事中常自裕的言论就是一例。他以惴惴不安的心情写了两份奏疏，其一说：

> 臣乡遍地是贼。贼舍川岩，走平原，破汜水、荥阳，攻上蔡、商水，逼陈州、郾城。周（王）、崇（王）二藩皆在燎原之中，非劲兵势必不能御。今止有左良玉、陈永福兵数千，其何以济？[2]

其二说：

> 中原天下安危所系，今贼一从商南、雒南趋河南汝州，一从郧西、上津走南阳。虽有左良玉一旅，塞新安、渑池；陈治邦、乔国柱、张嶷数营，扼汝州；陈永福孤军堵南阳。贼势日众，大小七十二营，有二三十万，蜂屯伊、嵩、宛、雒之间，有侵汝、宁、郑、宋之势。今遣张全昌、曹文诏、秦翼明、邓玘诸将驰剿，而兵不满数千，以杯水救车薪之火。督师（洪）承畴已自西宁还秦，乞更选关宁、天津兵各数千，统以猛将，遣大臣视师，以救胃腹

1 乾隆《嵩县志》卷六《星野·附祥异》（引旧志）。

2 戴笠、吴乔《流寇长编》卷八，崇祯八年正月。

之患。[1]

常自裕说，流寇大小七十二营，有二三十万，河南形势危急，确是不争的事实。时人感慨今非昔比："时贼掠诸省，骡马一昼夜驰二三百里，诸将将步兵，日行五六十里。贼散屯郊原，占地百里不可得围，日杀民，民愈少；日掠民，贼愈多。初过河时，仅走险僻山径，至是七十二营，二三十万，不避官兵。凡诸将所驻名都大邑，遍为走集，郧竹僻陋，殊不屑意，相去浃月，贼势大异。"[2]

皇帝似乎意识到形势严峻，接受常自裕的建议，要兵部作出安排。兵部尚书张凤翼就事论事地应付：从山海关、宁远抽调三千，从天津抽调二千。皇帝以为兵力不足，要兵部通盘考虑，该增则增，该调则调，务必大举会剿，刻期尽灭，以图底定。张凤翼与户部尚书侯恂研究后，提出通盘方案：调拨西兵二万五千，北兵一万八千，南兵二万一千；更发关宁铁骑二千，以总兵张外嘉、尤世威统领；又发真定标兵五千，赴临、洺等处防守，发天津兵三千，以徐来朝统领，自临清、济宁赴归德、陈州；又征白竿子罗坝土司兵三千，以川将谭大孝统领，由夔州赴郧阳至河南。合计兵力七万五千，马一万五千匹，饷银七十七万两。有人统计，如此兴师动众，每日耗费三万三千两饷

1 戴笠、吴乔《流寇长编》卷八，崇祯八年正月。谷应泰《明史纪事本末》卷七十五《中原群盗》所记略同："中原天下安危所系，今群盗充斥，乃仅以左良玉一旅塞新、渑，陈治邦等数营扼汝州，陈永福孤军堵南阳。贼势日众，兵力日分。贼二三十万，大小七十二营，蜂屯伊、嵩、宛、雒之间，以数千官军，东西堵拒，贼何所畏，而不长驱哉？乞更选边兵，统以廉勇之将，特选重臣视师，庶腹心不致决裂也。"

2 戴笠、吴乔《流寇长编》卷八，崇祯八年正月。

银，七十七万两仅供二十余日耗费，故而“识者忧之”。[1]也就是说，长此以往财政肯定难以承受。皇帝忍痛拿出内帑银二十万两以资激励，并且限定六个月内“扫荡廓清”，否则的话，总督、巡抚、总兵置之重典，巡按御史不从公据实参奏，一体论罪。[2]

对于朝廷调动七万大军在河南围剿的计划，造反大军七十二营共同谋划对策，决定分兵四路出击，冲破包围圈。吴伟业有极其生动的记叙：

> 贼侦知，合七十二营头目老回回、闯王、革里眼、左金王、曹操、改世王、射塌颠、八大王、横天王、混十万、过天星、九条龙、顺天王等十三家，会荥阳，议逆拒官军。老回回欲渡河北入晋境，张献忠以为怯，面哂之，老回回怒。
>
> （李）自成解之曰：“匹夫可奋臂，况十万众乎？今吾兵且十倍官军，虽关宁铁骑至，无能为也。计唯有分兵，各随所向立效，其利钝举听之天。”
>
> 众皆曰：“善！”
>
> 乃列阄而定之：
>
> 革（里眼）、左（金王）南当楚师；
>
> 横（天王）、混（十万）西迎秦军；
>
> 曹（操）、过（天星）分屯荥（阳）、汜（水）间，

1 戴笠、吴乔《流寇长编》卷八，崇祯八年正月。

2 彭孙贻《平寇志》卷二。

探中牟、邓尉，以缀开（封）、归（德）、河（南）、汝（州）之兵；

献（张献忠）、闯（高迎祥）专事东方，破城下邑，金帛子女惟均；

老回回、九条龙为游徼，往来策应；

恐西军不敌，益以射塌颠、改世王，为横（天王）、混（十万）后继。

壬子，杀牛马祭天誓师，赐诸贼饮餔。[1]

兵贵神速。还没有等官军会集河南，造反大军已经从河南的汝宁挺进南直隶的凤阳府地界，直到凤阳皇陵遭到攻击，朝廷调动的各路大军还未赶到河南。[2]直捣凤阳极具战略意义，一是因为此地防御空虚，二是因为这里是皇陵所在地，极易吸引朝廷注意，足以调动官军，打破围剿的态势。

凤阳即元朝的濠州，明朝开国皇帝朱元璋是濠州钟离太平乡孤庄村人，在这里的皇觉寺当过和尚。做了皇帝以后，他把父母的坟墓改建成气势宏伟的皇陵，把这个龙兴之地称为中都，在此设置中都留守司，改濠州为凤阳府。中都留守司下辖八卫：凤阳卫、凤阳中卫、凤阳右卫、皇陵卫、留守左卫、留守中卫、长淮卫、怀远卫，以及一个千户所，拥有班军、高墙军、操军、护陵新军，编制约六千人。[3]朝廷向这里派遣驻守太监、巡抚、巡按

1 吴伟业《绥寇纪略》卷二《车箱困》。张廷玉《明史·流贼传》采纳吴伟业的说法，文字大体相同，但“献、闯专事东方”一句，写成“迎祥、献忠及自成等略东方”。顾诚《明末农民战争史》对此作了考证，结论是：“‘荥阳大会’是一个虚构的事件。”（见该书第71—76页）史学界对此有不同的看法。

2 吴伟业《绥寇纪略》卷三《真宁恨》。

3 张廷玉《明史》卷四十《地理志》。张廷玉《明史》卷九十《兵志·卫所》。

等官员，凤阳巡抚兼任漕运总督，常驻淮安；巡按御史肩负保护泗州祖陵重任，不敢离开泗州一步。因此直捣凤阳皇陵是极其高明之举。

凤阳原本是贫困之地，成为皇陵所在地以后，更加贫困。正如当地花鼓调所唱：

说凤阳，话凤阳，
凤阳元是好地方，
自从出了朱皇帝，
十年到有九年荒。[1]

所谓十年九荒，固然有天灾原因，更重要的是人祸——皇陵官署的敲诈勒索。崇祯四年，南京礼部侍郎钱士升在祭告皇陵后，向皇帝报告凤阳的衰败景象，令人吃惊：

——臣入其境，见土地多荒，庐舍寥落，冈陵灌莽，一望萧然。周咨其故，皆言风土确瘠，在江北诸郡为下下。民居皆涂茨，一遇水旱，弃如敝屣，挈妻担子乞活四方。而户口既以流亡，逋赋因之岁积，催征则绝其反顾，召集又疑为空言。有司束于正额，不得不以逋户之丁粮派征于见在之赋长。于是赔累愈多，而见在者又转而之他矣。此田土所以日荒，户口

1《缀白裘》第六集卷一《梆子腔·花鼓》。王振忠《凤阳花鼓新证》，载《复旦学报》1995年第2期。

所以日耗，正额所以日亏，宿逋所以日积也。

——臣闻有土斯有财，今中都人鲜土著，野为瓯脱，即国家日严考成之令，而皮既尽矣，毛将安傅？不意祖宗汤沐之乡，乃有竭泽露根之象，心窃伤之。复国家之患，莫大于民流而上不恤。昔李特之乱巴蜀，乘于驱逐流民，刘弘之抚荆州，在于大给田种。故流民之始不过蠲租宽负，以守宰安集而有余。及其乱也，至于选将调兵，合群力剿除而不足。

——顷者秦晋流贼，其始亦起于饥荒，而逃卒乘之，遂至不易收拾。今泗、亳逼近萧、砀，夙为盗薮，急集飞鸿，默消牙孽，此亦曲突徙薪之计矣……今天下赋重政苛，民穷财殚。夫谁非祖宗生聚之遗黎，皇上之赤子？而臣谓发政施仁，宜先帝乡，特为蠲减，不过太仓之稊米尔。而可以招流亡，可以广开垦，固本生财，举积于此，扩而充之，以保四海，皇上何难焉？[1]

这样一个赋重政苛、民穷财殚的盗贼渊薮，对于造反大军极具吸引力，可以补充大量兵源。更为重要的是，它是皇陵所在地，也是防守的软肋，一举击中要害，可以分散官军注意力，撕开包围圈。史家的点评是有眼光的："贼之震惊凤陵，最为得

1 钱士升《祭告礼成回奏因陈目击民瘼疏》，《赐馀堂集》卷一《疏揭》。

策，自此物力半弊于护陵矣。”[1]

然而朝廷当局并未引起足够的重视，当造反大军已有直捣龙兴之地的迹象时，南京兵部尚书吕维祺感到事态的严重性，向朝廷指出：贼势猖獗，南京、凤阳、泗州等地陵寝所在，请求敕谕凤阳杨一鹏早作预备，防贼东犯。[2]兵部尚书张凤翼只是敷衍了事地向凤阳巡抚、山东巡抚、操江御史发文，要他们严备要害，并未采取具体措施。张凤翼的敷衍塞责，并非出于草率而是愚蠢无知，当给事中孙晋向他提请防守凤阳陵寝时，他居然振振有词反驳道：“公南人，何忧贼？贼起西北，不食稻米，贼马不饲江南草。”[3]真是奇谈怪论，令人笑掉大牙，这样的蠢材当兵部尚书，岂有不败之理！

兵部尚书张凤翼是蠢材，凤阳巡抚杨一鹏、凤阳巡按吴振缨都是贪鄙昏庸之徒，成事不足败事有余。杨一鹏是内阁次辅王应熊的座主，仰仗这层师生关系，常年借口年老多病，优哉游哉，不理公事。关于此人，文秉记载一段奇闻异事，很有小说家言的味道：

> 杨一鹏者，筮仕成都府推官，游峨眉山。有狂僧踞佛座，睨杨（一鹏）而笑曰：“汝犹记下地时，行路远，啼哭数日夜，吾抚汝顶而止耶？”杨（一鹏）追忆儿时事，大惊异，曲致礼

1 戴笠、吴乔《流寇长编》卷八，崇祯八年二月丁亥。

2 计六奇《明季北略》卷十一《贼陷凤阳》。

3 张廷玉《明史》卷二百五十七《张凤翼传》。

焉，因留同宿，耳语达旦。临别嘱曰："二十年后当会汝于淮上。"及是，杨（一鹏）开府淮安。一日薄暮，有野僧击鼓称："峨眉山万世尊寄书。"发函，得绝句诗七首。急索寄书僧，已不知所往矣。未几，流贼犯凤阳，焚祖陵，杨（一鹏）坐失事论死，其诗始传于世。

其诗云：

谪向人间仅一周，而今限满恐难留。

清虚有约毋相负，好觅当年范蠡舟。

其二云：

业风吹破进贤冠，生死关头着脚难。

六百年来今一遇，莫将大事等闲看。

其三云：

浪游生死岂男儿，教外真传别有师。

富贵神仙君两得，尚牵缰锁恋狂痴。

其四云：

难将蟒玉拒无常，勋业终归土一方。

欲问后来神妙处，碧天齐拥紫金光。

其五云：

颁来法旨不容违，仙律森严敢泄机。

楚水吴山相共聚，与君同跨片霞飞。

末二首不传。万世尊即前狂僧也，密语受记。杨（一鹏）之子稍向人吐露，杨（一鹏）闻而呵之。临刑神气如常时，预知定数不可违也。[1]

1 文秉《烈皇小识》卷四。

吴振缨是温体仁的同乡，又是姻亲，曾任温体仁幕僚，后在都察院谋得官职，七年间一直规避外差，迫于公论，本应外放为贵州巡按，依仗温体仁的权势，改任凤阳巡按，因为凤阳接近淮安、扬州，素称膻地——颇有油水可捞。守陵太监杨泽也是一丘之貉，贪婪暴虐，以剥削军民为能事。上梁不正下梁歪，手下的小官侯定国狐假虎威，激起士兵哗变，崇祯七年十二月二十日，被乱兵杀死。当时哗变士兵就投书官府，扬言明年上元节（正月十五日）勾引流贼。杨一鹏、吴振缨、杨泽本来就不是忧国忧民之辈，根本没有采取应对措施。[1]

崇祯八年正月初四日、初五日，闯塌天（即撞塌天）、混十万、过天星等部，焚掠上蔡县城南关，南犯汝宁，又从汝宁东下，进攻凤阳。凤阳虽是皇陵所在地，号称中都，但其城防与南北二京无法比拟，据说当时出于风水考虑，没有在外围建造城墙。造反大军突然袭击凤阳，无论战略还是战术，都相当成功，为史家所津津乐道，以下略举数例。

《流寇长编》写道：

> 凤阳无城，四卫所官军承平日久，侵牟雇募，同于无人。贼围霍邱，守备太监杨泽不为意。寿州被围，始令留守朱国相迎敌，杨如桐后应，知府颜容暄理乡兵防守。（杨）泽贪虐，

1 吴伟业《绥寇纪略》卷三《真宁恨》。

商民汹汹，愬之巡按，吴振缨闭门不受。商民集其门，三日益多，适（杨）泽遣人至，商民群殴之，拥至太监署鼓噪。（吴）振缨逃去，无镇压者，乱民迎贼于颍。贼分闯王、曹操、过天星西行至太和。丙寅，扫地王、太平王乘雾趋凤陵。（朱）国相及指挥吕承胤，千户陈弘祖、陈其忠，迎战死。贼焚享殿，释罪宗。太守（知府）颜容暄匿于狱，捽而杖之堂下杀之。推官万文英子某代父死，指挥陈永龄、千户盛可学、百户赵国俊死之。[1]

《明季北略》写道：

贼自汝宁来，密遣壮士三百人，伪为商贾、车役，先入凤阳。或鬻锦、帨、椒、枣，或为僧道、乞儿等，分投各宿，随以重兵继之。时方元夕（正月十五夜），士女如云，笙歌彻耳。忽火光四起，咸呼曰："流贼至矣！"百姓狂奔，不啻鸡入釜中，鱼游网内也。是时凤阳无城可守，虽有总漕杨一鹏驻扎，兵不过二千余，皆市人，不习战。贼大至，官军无一人迎敌者，遂溃。贼焚皇陵，烧享殿，燔松三十万株，杀守陵太监六十余人，纵高墙罪宗百余人。留守朱国相战，斩贼二十七人，力竭

1 戴笠、吴乔《流寇长编》卷八，崇祯八年正月乙丑。

死。贼渠扫地王、太平王入府治，知府颜容暄囚服匿狱中，贼纵囚获之，张盖鼓吹，杖（颜）容暄于堂下，死之。杀推官万文英等六人，武官四十一人，士民被杀者数万……焚公私邸舍二万余间，光烛百里。贼渠列帜，自标“古元真龙皇帝”，恣掠三日。[1]

《崇祯朝记事》写道：

凤阳向未有贼，守备太监杨泽贪残苛刻，商民苦之。巡按吴振缨至，商民往愬，（吴）振缨惧太监，不肯受词，闭门以拒。商民集其门者三日，日益以众，遂执（杨）泽用事武弁侯定国杀之，一拥入太监署。吴（振缨）亦乘间走矣。众遂焚太监署，劫掠城中，乱民无主，乃集队执香，往迎流贼。盖土人之乱十五日先发，郡寇以十六日始到。激变酿祸实起于（杨）泽与（吴）振缨。抚臣杨一鹏不能弭治，又以隐匿迟报，俱奉旨拿问，下镇抚司。（杨）一鹏为辅臣王应熊座师，（吴）振缨则温体仁儿女姻也，两辅臣力庇之。上以皇陵失事重大，竟从严处（杨）一鹏以决不待时弃市，（吴）振缨发口外充军。然起变时，杨（一鹏）实在数百里外，吴（振缨）见在凤阳，因乱而逃，乃轻重若此。[2]

1 计六奇《明季北略》卷十一《贼陷凤阳》。谷应泰《明史纪事本末》卷七十五《中原群盗》“八年正月丙寅”条所记相同。

2 李逊之《崇祯朝记事》卷二，八年六月十六日。按：“六月十六日”有误，应为正月十六日。

此次战役的大致情况如下：

正月十一日，扫地王等部攻陷颍州，知州尹梦鳌、通判赵士宽受伤投水死，八十五岁的退休兵部尚书张鹤鸣被俘，倒垂于树，被乱箭射死，其子张大同伏父尸被杀。十三日，造反大军由颍州兵分几路攻打庐州、凤阳、太和、亳州。太和知县吴世济得到消息，颍州城已于十一日酉时被攻破，立即向上司报告：现有步兵一支，南向正阳关、八公、考城、上窑等处，一路焚劫前进，未遇任何阻遏。上窑山离凤阳不及百里，既无城可凭，祖陵一旦失守，非殒军杀将堕城之祸可比。自凤（阳）达淮（安），千里之内无重兵宿将可资弹压，伏乞按院抚院大发兵将，移驻凤阳，相机堵剿。[1]然而为时已晚，正月十五日兵临太和城下之时，凤阳已经陷落。

选择正月十五日实在是一个高招，因为这是一年一度的元宵节，凤阳城内士女如云，笙歌彻耳，一片歌舞升平景象。城内的乱民向颍州方向迎接造反大军，献上图册，指明某处富家，某处无兵。先期混入城内的密探，早已做好里应外合的准备，一切十分顺利，如同探囊取物。在大雾弥漫之中，扫地王、太平王等部打着进香的旗号，骑兵在前，步兵在后，大摇大摆进入凤阳。忽见火光四起，欢度佳节的人们才大梦初醒，惊呼狂奔。待有人向留守署报信时，扫地王、太平王率部到了鼓楼，留守署

1 吴世济《请兵驻凤》，《太和县御寇始末》卷上《揭帖一》。

正朱国相、千户陈弘祖、陈其忠稍战即溃，死于战阵。[1]造反大军进入紫禁城，焚烧皇陵享殿，打开高墙，释放关押人员，焚烧官府廨舍。据事后的调查报告：焚毁三府（巡抚、巡按、知府）公署、留守司府厅，共计五百九十四间，焚毁鼓楼、龙兴寺六十七间，民房二万二千六百五十二间，杀死官员六名、生员六十六名，杀死班军二千二百八十四名、高墙军一百九十六名、精兵七百五十五名、操军八百余名。[2]

造反大军焚毁皇陵后，打出旗帜，自称“古元真龙皇帝”。这个敢于捣毁皇陵，并与当今皇帝分庭抗礼的人是谁呢？八大王张献忠。据考证，与扫地王、太平王一起进入凤阳的还有八大王张献忠、老回回、金翅鹏等。康熙年间编写的《凤阳府志》就认定“崇祯八年，流贼张献忠由寿春犯凤阳”。[3]明末诸生屈大均为凤阳死事诸人列传，说得更加具体。一则说“崇祯八年正月十五日，流寇张献忠袭陷凤阳”；再则说“（张）献忠与老回回、满天星、扫地王、太平王、金翅鹏等从睢州入英山、霍山，遂至凤阳”；三则说“贼据府舍，自称古元真龙皇帝，盖（张）献忠也”。[4]这类出于民间的记载，可以从最高当局的反应中得到证实。崇祯十二年八月，杨嗣昌奉命督师出征，皇帝给他一道密谕：“张献忠曾惊祖陵，必不可赦。”杨嗣昌自己也说：“本阁部……

1 一说朱国相自刎而死，见康熙《凤阳府志》卷二十五《名宦·朱国相》。

2 吴伟业《绥寇纪略》卷三《真宁恨》。

3 康熙《凤阳府志》卷二十五《名宦·朱国相》。类似的记载还有郑达《野史无文》卷三《烈皇帝遗事》。

4 柳义南《李自成纪年附考》第71页，柳氏引用屈大均《皇明四朝成仁录·凤阳死事传》。

面奉圣谕而来，只有张献忠罪在不赦。”[1]

自称“古元真龙皇帝”的张献忠等人，捣毁凤阳皇陵——明朝的祖陵，极具挑战意义，令朝廷上下震惊不已。

2. 朝廷上下素服修省

凤阳皇陵被毁，直接责任人不仅难辞其咎，而且罪不可赦。为了规避罪责，故意隐匿不报，企图蒙混过关。巡按御史吴振缨轻描淡写地上报“二十日贼已抵泗(州)”，绝口不谈皇陵被毁事件。[2]巡抚杨一鹏在答复太和知县吴世济移兵凤阳的请求时，一口咬定：“凤阳之寇已被官兵杀退。”[3]这两个直接责任人都不敢正视事实，承担责任，耍弄欺上瞒下的手腕。对于这种蒙骗卸肩的恶习，史家谈迁痛加针砭：“今闻幽宫之骨不能保，诸臣忌讳，无一以闻，其后以獾穴为解，又因而秘之。嗟乎！蒙锢之习，中外积不可解，虽主上察察，亦无如之何矣！”[4]

正月二十五日，毫不知情的洪承畴赶到河南，下令各省巡抚总兵向河南集结。皇帝当时还不知道凤阳事变，批准洪承畴的部署，授予他兵部尚书衔，赐尚方剑，可以便宜行事。[5]

二月初七日，皇帝获悉凤阳危急的迟到消息，

1 杨嗣昌《谕姚道人宗中》，《杨文弱先生集》卷四十八。

2 谈迁《国榷》卷九十四，崇祯八年正月己巳。

3 吴世济《请兵驻凤》，《太和县御寇始末》卷上《揭帖一》。

4 谈迁《国榷》卷九十四，崇祯八年正月己巳。

5 戴笠、吴乔《流寇长编》卷八，崇祯八年正月丙子。

立即命令总兵尤世威从徐淮援救凤阳，总兵杨御蕃从山东前往护卫皇陵，总兵刘泽清严防曹濮一线。三天后，凤阳巡按吴振缨再难隐瞒，不得不把皇陵之变的实情报告皇帝。

二月十二日，皇帝正准备参加经筵，接到吴振缨“流贼犯凤阳，焚毁皇陵”的报告，大惊失色，当即传令暂停经筵。随后他换上了素服，赶赴太庙，祭告祖先，命百官一律素服修省。文武百官遵旨换上素服，向皇帝呈上“慰安公疏”。次日，皇帝下旨逮捕漕运总督兼凤阳巡抚杨一鹏、凤阳巡按御史吴振缨，任命兵部右侍郎朱大典总督漕运兼巡抚庐凤淮扬四府，移镇凤阳，协助洪承畴围剿流寇。[1]

凤阳皇陵之变，造成的精神创伤，远非上述措施所能弥补。一些正直敢言的官员，对皇陵被毁痛心疾首，慷慨陈词，把它归咎于朝政腐败。

给事中许誉卿连上四疏，弹劾温体仁拟旨淮抚不必移镇，以致误陵。给事中何楷上疏，纠弹王应熊偏袒杨一鹏，应该引咎罢相。[2]

皇帝朱由检的老师——日讲官倪元璐，希望皇帝能够“除残雪耻”，二月十五日呈进痛定思痛的奏疏：

盗贼之祸至如今日震及祖陵，可谓极矣！

1 谈迁《国榷》卷九十四，崇祯八年二月癸巳、甲午、乙未。文秉《烈皇小识》卷四。

2 计六奇《明季北略》卷十一《贼陷凤阳》。

自往代衰朝所未曾有者，今当圣世则顾有之，此国家大辱，诚陛下卧薪尝胆之时，诸臣嚼齿透拳之日也。臣叨近侍，哀愤有加，三日涕縻，枕袖俱湿。苟援理数而论，贼恶贯盈，血气同仇，殄灭荡平宜在朝夕，但臣区区之见尚有深忧。

倪元璐深忧什么呢？他向皇帝娓娓道来：

一是朝廷没有制胜之谋——臣观今日人心所在思乱，贼踞南北之冲，江湖积盗响应必多。又疑有逋荡魁黠之徒窜为谋主，翼虎教猱，党类日繁，智计日益。我兵将，主（兵）既恇孱，客（兵）多骄暴，在道则虞骚掠，同舟又虑参商。诚恐本患未除，他变或起。而在廷之议率循肤影，又非有握本居要、灼然制胜之谋，一战大定，臣实未见其端也。

二是请求陛下发罪己诏——若以臣愚所为陛下求其本谋，提其胜气者，则愿陛下首发罪己之诏。顷睹圣旨有云："皇陵罹变，朕实不德所致。"臣恭诵之余，应声泪下，以陛下圣仁中怀至痛，不难自诬，为诸臣引愆。即此一言盈朝动色，犹恐穷谷遐陬未承斯义，请立降明诏，痛切㧑谦，布告天下。

三是广宣德意，除民疾苦——因是以广宣德意，除民疾苦。今民最苦无若催科，顾亦未敢容易兴言。冀停加派，惟请自崇祯七年以前一应逋负，悉与蠲除，断自八年督征。如令有司考成，亦务少宽繁瘠之乡，量以九分为率。又东南本色杂解扰累无纪，今出上供军需万难更议者，姑仍旧贯，其诸一切苟非至急，如绢布丝棉颜料漆油之类，悉可改从折色，官代输将。

四是发弊止推现前，勿穷久远——今发弊而远追数十年之事，纠章一上，如行大疫，藤缠蔓引，延结不休，扳赃而旁及数千里之人。部文一下，如捕反虏，鼎沸波翻，冤号四彻。所以海内安分守株之辈，衣食粗给之家，苟一闻有族属亲知罣于文网，虽无寇至，亦每一夕数惊。嗟乎，谁有以民间此苦告之陛下者乎？今请发弊止推现前，勿穷久远，追赃但严本犯，勿听扳牵。[1]

倪元璐认为，值此古今未有之奇耻大辱，流寇“日蔓一日，无地非兵，无民非贼”的非常时期，必须卧薪尝胆，厉行宽大之政。诸如：崇祯七年以前一切欠税全部免除，地方官考成钱粮征收也应稍宽减免一成（10%）；东南各地本色杂解除上供军需以外，全部改为折色（以钱代物）；官僚之间应捐弃前嫌和衷共济，改变以往追究数十年旧事，藤缠蔓引延结不休的风气。三天以后，皇帝表示同意他的意见，批示：这所奏亦见悃忱，蠲除逋负，量宽繁痹，原属朝廷恤民至意。至于如何实施，有关部门详议确酌之后具奏。颁发诏书（罪己诏）事宜，还候旨行。[2]

朱由检的另一位老师——少詹事文震孟也向皇帝进言，侧重点与倪元璐有所不同，致力于探讨“致乱之源”。他写道：

顷者流贼不靖、毒流五省，乃至侵犯皇

1 倪元璐《寇祸非常敷天共痛微臣以投车之愤摅借箸之愚特恳圣断施行除残雪耻事》，《奏牍》卷三。

2 倪元璐《寇祸非常敷天共痛微臣以投车之愤摅借箸之愚特恳圣断施行除残雪耻事》，《奏牍》卷三。

陵，焚烧禋殿，则千古未有之奇变，臣死臣辱之秋也。顾不亟灭贼，无以泄神人之愤，而不追溯乱源，亦无以施戡定之功。臣尝博览史册，参观理数，从来未有天纵神明如皇上，励精求治如皇上，而纷纭恇扰。寇盗相寻，斯其说在易之蛊矣；蛊之败坏，必易世而后见。故爻皆以干蛊为辞，明前人养其疾，至后人始受之也。皇上御极于乾纲解纽、国步几危之日，一番振涤，日月重光，深得先甲之维新，而于后甲之丁宁，似稍略焉。

接下来，他开诚布公检讨朝政，从四个方面分析致乱之源：

一是圣衷怀疑，群邪伺隙——盖戊（辰）、己（巳）之际（即崇祯元年至崇祯二年），废籍诸臣汇征连茹，而谋国罔效，丑虏日梁，以致圣衷怀疑，群邪伺隙。沿至于今，谬种渐芽，蔓延滋长。孤阳时翳于阴暧，砥柱莫挽于狂澜，魍魉或啸舞于离明，狐鼠且纵横于城社。逆气足以召逆，妖氛足以成妖。此致乱之源也。

二是欺猜愈深，刻削日甚——堂陛之地欺猜愈深，朝野之间刻削日甚，缙绅蹙靡骋之怀，士子嗟束湿之困。商旅咨叹，百工失业，本犹全盛之海宇，忽见无聊之景色。譬诸人身饮食起居未改常度，而神情恍然不乐，问其所苦，且不能言。此又致乱之源也。

三是赋重刑繁，愁苦冤痛——边事既坏，修举无谋，兵不精而日增，饷随兵而日益；饷益而赋重，赋重则刑繁。仰屋难筹，点金无术，复乘之以天灾，因之以饥馑，父母冻饿，妻子离散，悲啼惨泣，所不忍闻。而守令惕功令之严，畏参罚之峻，不得不举鸠形鹄面、无衣无食之赤子，而笞之禁之，锒铛而桁扬之，使愁苦之气上薄于天，冤痛之声下彻于地。皇上虽有恤民惠下之德意，而九重深邃，此等悲楚何能上闻？下民无知，直谓有司仇我虐我，今而后得反之也。此又致乱之源也。

四是贼兵如梳，官兵如栉——盗贼四起，羽书交驰，调将征兵无地不有。而将无纪律，兵无行伍，淫污杀劫，惨不可言。所掠妇女，荆布者徒步随行，锦绣者乘马掩泣。尾贼而往，莫敢奋臂。所获之级，半是良民。所报之功，毫无实绩。民间遂有“贼兵如梳，官兵如栉”之谣，民安得不为盗？盗安得不日繁？此又致乱之源也。[1]

这四种“致乱之源”，一言以蔽之，朝廷已经病入膏肓，不用猛药实难挽回。可悲的是，当权大臣依然醉生梦死，忙于窝里斗。文震孟感慨系之：“具此乱源，而当事诸臣不能忧国奉公，反躬省己。一统之朝强分畛域，偶居之世日寻戈矛。加膝坠渊总由恩怨，张罗布网费尽机关。试观几年以来，所谓振肃纲纪者何事？推贤用能者何人？安内攘外者何道？富国强兵者何策？即如流贼一事，飘忽已久，先事无堵截之谋，临时无决胜之略。既失一夫当关之势，纵虎出林；复误各抚分镇之谋，教猱升

1 文震孟《皇陵震动疏》，《文阁学奏疏》卷一。文秉《烈皇小识》卷四。孙承泽《山书》卷九《凤陵震动》。

木。今日庙社怨恫，幽明胥痛，国事至此，诸臣之肉岂足食乎？”[1]明眼人一看便知，所谓“当事诸臣不能忧国奉公”，分明是在影射内阁首辅温体仁之流，朝政败坏，社会动乱，他们显然难辞其咎。皇帝的批示却过于就事论事：“本内追溯乱源，亟图妙算，殊属剀切，并理财用人等事，该部悉心筹划，以备采择。”[2]

既然皇帝就事论事，从内阁到六部乐得岿然不动，我行我素，丝毫没有改弦更张的意思，倪元璐、文震孟的慷慨激昂谠言宏论，渐渐化为过眼云烟。

二月二十四日，朱由检身穿素色布袍，亲自祭告祧庙寝庙（朱元璋的父亲庙号仁祖，其神主奉安于祧庙），为皇陵震惊向仁祖表示修省。[3]二十六日，他派驸马都尉和太康伯作为代表，前往凤阳，告慰皇陵。为了显示惩戒，他下令处死杨一鹏，吴振缨原拟论斩，由于温体仁极力庇护，改为遣戍。温体仁为此乞求司礼监太监帮忙，不惜多次屈膝，时人以为“阁体扫地”。[4]

其实此次皇陵被毁，不仅杨一鹏、吴振缨负有不可推卸的责任，内阁辅臣温体仁、王应熊也脱不了干系。

其一，这两个卑劣庸人出任凤阳巡抚、凤阳巡按之职，出于温体仁、王应熊的营私舞弊。

1 文震孟《皇陵震动疏》,《文阁学奏疏》卷一。文秉《烈皇小识》卷四。孙承泽《山书》卷九《凤陵震动》。

2 文秉《烈皇小识》卷四。

3 谈迁《国榷》卷九十四，崇祯八年二月乙巳。

4 文秉《烈皇小识》卷四，崇祯八年二月，“以陵寝失事，（吴振缨）同（杨）一鹏被逮，（杨）一鹏正法，（吴）振缨以乌程（温体仁）力庇，仅从遣戍。然乌程为振缨祈哀大珰，屈膝者再，阁体皆扫地矣”。

其二，当南京兵部尚书吕维祺鉴于形势紧张，建议驻扎于淮安的杨一鹏立即移驻凤阳，有人已恨其晚，温体仁却代皇帝拟旨“不必移镇”。事后，温体仁为了掩盖过失，借口言官弹劾，勒令吕维祺致仕。[1]

其三，工科给事中许誉卿在颍州失守后曾请求朝廷，紧急调兵五千防守凤阳，未被采纳。凤阳皇陵被毁后，许誉卿上疏揭发兵部尚书张凤翼“固位失事”，内阁辅臣温体仁、王应熊“玩寇速祸”。他责问道：凤阳何地？假使巡抚早日移镇，岂有今日之祸？显然在追究温体仁“不必移镇”的责任。皇帝以为这是“苛求”，反而谴责许誉卿。言官们获悉内情后，纷纷交章弹劾温体仁、王应熊，温、王二人利用职权互相包庇，拟旨“忠悃”“荩画”“绝私奉公”“弘济时艰”，互相贴金。许誉卿对于温体仁、王应熊这种恶劣态度十分不满，再次愤然进谏：皇上临御有年，法无假贷，独于误国辅臣从不追究。今日杨一鹏、吴振缨已逮捕，辅臣依然从容入直，退食委蛇，难道可以超然事外？温体仁纳贿庇私，贻忧要地，以皇陵为孤注，使宗庙震惊，误国之罪莫此为大。事发后，温体仁与王应熊互相庇护，如甲被言，则乙拟旨温慰；如乙被言，则甲拟旨温慰。近日以来，辅臣上朝，丝毫没有席槁待罪

1 吴伟业《太傅兵部尚书吕忠节公神道碑铭》，《梅村家藏稿》卷四十一《文集》卷十九。张廷玉《明史》卷二百六十四《吕维祺传》。

之意。[1]温体仁一向忌惮许誉卿，对他的弹劾恨之入骨，怂恿急于谋求朝官的谢陞攻击许誉卿，他乘机拟旨"许誉卿降调"。皇帝本已对许誉卿追究辅臣责任有所不满，见到谢陞的弹章及温体仁的票拟，下旨将许誉卿削籍为民。[2]

其四，凤阳皇陵被毁后，杨一鹏、吴振缨迟迟不把真相上报，及至上报后，温体仁、王应熊又怕皇帝震怒，故意扣押杨吴的"凤阳失事疏"。以后又把"凤阳恢复疏"先呈送皇帝，过后再把"凤阳失事疏"补送。在票拟时，轻描淡写"令抚按待罪视事"。企图以不处分杨吴二人的手法，使自己免受牵连。这种手脚过于拙劣的伎俩，欲盖弥彰，激起言官们的公愤。郑尔说、胡江等言官交章弹劾温体仁、王应熊误国。皇帝并未细察，就大发雷霆，把郑尔说、胡江降职。压力愈大，反弹愈甚。给事中范淑泰揭发辅臣作弊的破绽：杨一鹏的"凤阳恢复疏"是正月二十一日写的，"凤阳失事疏"却是正月二十八日写的，天下有未失事而先恢复的道理么？原来是王应熊把两份奏疏的日期作了涂改，欺诳皇上。[3]王应熊有恃无恐，公然承认：票拟实臣起草，不敢辞误写之罪。给事中立即反驳，王应熊并非偶误，而是故意。他说：辅臣王应熊私庇杨一鹏，自认为只有朋比之名而无朋比之实，有误写之罪而无故意之罪。然而就原疏看，朋比之实、故意

1 许誉卿《三垣疏稿》卷三《究误国之原疏》《朝廷敕法宜一等事疏》。张廷玉《明史》卷二百五十八《许誉卿传》。

2 文秉《烈皇小识》卷四。张廷玉《明史》卷二百五十八《许誉卿传》。

3 张廷玉《明史》卷二百五十三《王应熊传》。

之罪无法抵赖。他还说：首辅温体仁声称自己恨与吴振缨为亲戚，借口逮问巡抚、巡按必须奉皇上改票然后敢拟，试问皇陵遭此异变，温体仁为何不向皇上主动提请逮治？[1]

遗憾的是，朱由检当时还没有意识到温体仁之流是朝廷的一个祸根，凤阳皇陵被毁与他有直接的关系。正如给事中冯元飚所说：臣以为票拟一事，辅臣生平人品心术邪正公私，于此毕露。皇上第静以炤之，严以程之，某事为某辅臣所决，某事为某辅臣所挠，某人为某辅臣所奖，某人为某辅臣所抑。他日某票拟当则某宜任功，某票拟不当则某宜任罪，揭其肺肝，公诸耳目，不许以闪烁游移之故智，阴阳其词，不许以刻忮险仄之深机，高下其手，则议任自清，恩誉自不得徇，功过自无所逃。[2]显然是在讥刺内阁首辅温体仁的伎俩，上则诿过皇上，下则推之六部。果然，御史邓启隆把凤阳失事归咎于户部尚书侯恂："流寇素所垂涎在维扬、金陵，凤阳之凋残，贼亦稔知，无奈方图颍州，而凤之穷民远几百里相邀，于是贼遂拥众焚劫，震动祖陵。试问谁使发祥重地一旦化为灰烬？恂酿之也。"[3]凤阳失事的板子打到户部尚书身上，未免过于牵强，目的何在？无非为温体仁开脱罪责。

按照朱由检的个性，在惩处杨一鹏、吴振缨

1 谈迁《国榷》卷九十四，崇祯八年六月壬午。

2 孙承泽《山书》卷九《政本名实》。

3 孙承泽《山书》卷九《疏纠司农》。

之后，撤换温体仁与王应熊是合乎逻辑的，令人奇怪的是，仅仅斥王应熊回籍，温体仁依然故我。对此，史家自有定评，计六奇说："民间坟墓尚知爱护，况天子祖陵乎！其无城者，或恐王气泄耳。然贼势强炽，当国者不置重兵固守，徒以羸卒二千委之（杨）一鹏，鸟兽散宜矣。第戎伏于莽，如鬼如蜮，正守臣枕戈之时，而犹作灯市之乐，真处堂之燕雀耳。斩（杨）一鹏，而戍（温）体仁，斯用刑乃当。否则何以服（王）应熊、（吴）振缨之心，并何以服天下人心乎？"[1]

朱由检不但容忍温体仁的恣意横行，而且继续倚为股肱心腹，他身上的弱点已被温体仁所掌握。戴笠、吴乔说得好："时寇势已张，首辅温体仁专心倾轧，不计国事。上以兵策访逮，辄巽谢，请神武自决。知上不信廷臣，且事败，责不及也。""上性好自大，又激于己巳之役，藏怒不解。廷臣自好者，耻言输平；容悦者以大言逢君，皆不虑国事。"[2]

吴伟业也有类似的看法："（温）体仁总机务为首臣，在上前遇兵事不敢可否。上尝有所访逮，辄推谢曰："臣夙以文墨待罪禁林，上不知其驽下，擢至此。盗贼日益众，诚万死不足塞责。顾臣愚无知，自审票拟勿欺耳，兵食大计独上神圣裁决。"[3]

既然是"神圣裁决"，朱由检只好把皇陵震惊

1 计六奇《明季北略》卷十一《贼陷凤阳》。

2 戴笠、吴乔《流寇长编》卷五，关于"兵部尚书熊明遇罢，以蓟辽总督张凤翼代之"的评论。

3 吴伟业《绥寇纪略》卷七《开县败》。

的责任全部承担下来。十月初二日，他向全国颁布罪己诏:"朕以凉德，缵承大统，意与天下更新，用还祖宗之旧。不期倚任非人，遂致虏猖寇起。夫建州本我属夷，流氛原吾赤子。若使抚御得宜，何敢逆我颜行。以全盛之天下，文武之多人，无奈夸诈得人，实功罕覯……师徒暴露，黎庶颠连，国帑匮绌，而征调未已，闾阎凋㔫，而加派难停。中夜思维，业已不胜愧愤。今年正月，复至上干皇陵，祖恫民仇，责实在朕。……兹择十月三日，避居武英殿便殿，减膳撤乐，除典礼外，余以青衣从事，以示我与行间文武士卒甘苦相同之意……"[1]

虽然强调"倚任非人"，但是能够说出"祖恫民仇，责实在朕"，实属不易。皇帝自我检讨的高姿态，使得凤阳皇陵之变带来的震动，渐次平复，但是中原战场的形势依然严峻。

3."洪承畴督剿西北，卢象昇督剿东南"

崇祯八年六月，皇帝把卢象昇提升为都察院右副都御史，巡抚湖广兼提督军务。[2]到了八月，又提升为总理直隶、河南、山东、四川、湖广五省军务（仍兼湖广巡抚），与陕西、山西、河南、湖广、四川五省总督洪承畴协同征剿。[3]九月初九日，卢象昇行至应城，接到邸报，看到兵部关于"秦寇半

1 谈迁《国榷》卷九十四，崇祯八年十月乙巳。孙承泽《山书》卷九《修省罪己》。

2 卢象昇《明大司马卢公奏议》卷三《到任谢恩疏》。

3 戴笠、吴乔《流寇长编》卷八，崇祯八年八月癸卯。谈迁《国榷》卷九十四，崇祯八年八月癸卯。

入中州”的题本，皇帝给兵部的谕旨：“卢象昇着以巡抚职，加衔总理直隶、河南、山东、川、湖等处军务，统领兵马。洪承畴督剿西北，卢象昇督剿东南，如贼复入秦，卢象昇督兵入关合图扫荡，务令疆土宁靖，立膺懋功。其监军道臣，河南着戴东旻，湖广着苗胙土，南直着史可法，各往专职。再催运各营粮料，还着祖宽同诸部兵马星驰前往二道，调度合剿。前途粮刍栖所，着原来同知先会地方官设处，不许违误取罪。临战各为联络策应，不得孤军恃军深入。一应钱粮，即于河南、湖广未解新饷内应照例开给，不得概饷守兵。”[1]洪承畴督剿西北，卢象昇督剿东南，显然是朝廷围剿流寇的战略部署，两人统一指挥各省兵力，协同作战，互相配合，以期达到彻底扫荡之目的。

◤ 史可法，河南祥符人，崇祯元年进士。崇祯八年任副使，巡行安庆、池州等地，监江北军队。弘光时官至兵部尚书。清军南下时不屈而死。

卢象昇领旨后，向皇帝请辞：臣于九月十五日督兵至黄陂，所过应城、安陆、云梦、孝感一带，地处河南湖广接壤边境，平原四达，路径繁多。目下湖广兵力薄弱，自救不遑，早夜拮据。本月初九日惊闻总理之命，悚惕万分，冒罪陈情，吁天祈免。以微臣之才力，担当湖广事势已凛凛不胜，何况五省！皇帝不接受他的请辞，要他“仍遵旨总

---

1 孙承泽《山书》卷八《分布剿寇》。

理，悉力调度，早奏荡平”。[1]

一个五省总督洪承畴，一个五省总理卢象昇，都以能征惯战著称，朝廷对他们寄予厚望，要他们南北夹击，一举荡平中原。他们两人深知身上担子的分量，都不敢贸然立下军令状，而持审慎冷静的态度。洪承畴向朝廷提出作战方案：

四川巡抚、总兵移驻夔门、达州，进援襄阳、汉阳；

湖广巡抚、总兵分驻承天、襄阳；

郧阳抚治移驻郧阳、襄阳；

漕运总督凤阳巡抚移驻颍州、亳州，进援汝宁、归德；

山东巡抚移驻曹州、濮州，进援江北；

山西巡抚移驻蒲州，进援灵宝、陕州；

陕西巡抚移驻商州，调度兴安、汉中；

河南巡抚移驻汝宁、南阳间；

保定巡抚移驻邯郸、磁州，南北策应。

皇帝同意洪承畴的方略。河南巡抚玄默不愿意把河南作为围剿战场，提出一个针锋相对的方案——欲尽驱流寇入秦。主张布置大批兵马于郧阳、河南边界，令流寇南不得走郧阳、湖广，东不能走河南，以劲兵数支力剿流寇于陕西。[2]

玄默把这个方略知会总督洪承畴，洪承畴不置可否。郑廉对玄默以邻为壑的作风，嬉笑怒骂地讽

1 卢象昇《辞总理五省军务疏》，《明大司马卢公奏议》卷三。《明清史料》乙编《兵科抄出湖广巡抚卢象昇题本》。

2 郑廉《豫变纪略》卷二，崇祯八年二月乙未。

刺道：

> 此真童儿之见也。洪（承畴）老于兵而熟于计，必不以为然，使其果然而计遂行，二公殆矣！为此谋者，岂不曰秦地险阻，而贼易制；豫地平旷，而贼难图乎？是说也，谁不知之。独不思贼固起于秦者也，既由晋而入于豫矣。夫贼起于秦，（洪）承畴为秦督，不能剿于秦，而乃纵之入豫；贼既入豫，（玄）默为豫抚，不能剿于豫，而又欲驱之入秦。斯时也议（玄）默以壑秦，议（洪）承畴以壑豫，二公其何辞以对？即置百喙以号曰："我非以邻国为壑"，其谁信之？[1]

皇帝为了改变以邻为壑的倾向，决定起用卢象昇为五省总理，专门指挥中原战事，与洪承畴合剿。但是矛盾并未消除，形势不容乐观。

五省总督与五省总理联合围剿的本意是，假如流寇全部出潼关进入河南，洪承畴立即率军合剿于河南；假如流寇全部进入潼关，卢象昇立即率军合剿于陕西。兵部尚书张凤翼对此流露出悲观倾向，他说：敌方号称三四十万，更迭出犯，势众而力合；我方零星四应，势寡而力分。敌方所至因粮于我，人皆宿饱；我方所至樵苏后爨，动辄呼庚。敌

1 郑廉《豫变纪略》卷二，崇祯八年二月乙未。

方马多行疾，一二日数百里可至；我方步多行缓，三日而重茧难驰。众寡饥饱劳逸之势相悬如此，敌何日可平？[1]

一向足智多谋的洪承畴也犹豫起来，向皇帝大谈剿杀追逐之难，已今非昔比。一是剿杀之难——先时流寇避兵逃窜，如今乃迎兵对敌，左右埋伏，更番迭承；二是追逐之难——流寇人人有精骑，或跨双马。官军马三步七（骑兵三成，步兵七成）；三是时日之难——流寇深入山谷，便可据险负隅。官军相持一日则坐弊一日；四是兵力之难——流寇数十万之众，守剿官军合计仅四万余，众寡不敌日甚一日。[2]

一向善于骑射、精于韬略的卢象昇，接到新任命，除了“五体投地”的感恩戴德，便是“五内忧惶”的忐忑不安。他对形势的看法，与洪承畴不谋而合：现在群寇披猖，不但非数年前可比，即使与去冬今春相比，差距何止一倍！所在分股狂奔，大股二三万不止，小股万余不止，陕西河南二省有数十股，颇为棘手。他深感难以担当如此重任，极力推辞，说自己与洪承畴相比，见识不及十分之五，才力不及十分之四，精神不及十分之三，希望皇上另选贤明。[3]

鉴于人才难得，皇帝不同意卢象昇推辞，不断发出圣旨重申前意。卢象昇在赶往云梦、孝感、黄

1 张廷玉《明史》卷二百五十七《张凤翼传》。

2 戴笠、吴乔《流寇长编》卷八，崇祯八年七月己未。

3 卢象昇《明大司马卢公奏议》卷三《辞总理五省军务疏》《恭报防御协剿疏》。

陂途中，从邸报上看到接连发出的圣旨：

——卢象昇已有总理新旨，着即会同督臣，作速料理扫荡，以副委任。

——洪承畴、卢象昇各调度联络，厚集兵力，以扫狂氛。

——边镇等处增调兵将，楚豫增饷，卢象昇夹击，俱已有旨。

——洪承畴、卢象昇南北督剿，合图扫荡，前旨甚明。

——河南贼势蔓逞，着该抚速催理臣（卢象昇）入境，调度歼剿。[1]

在皇帝的再三催促下，卢象昇不敢再推辞，遵命走马上任，指挥中原战事。

朝廷的意图是明确的，务必把流寇围歼于河南境内。朱由检给兵部的批示，阐明了这一意图："据奏，商雒伙贼尽数奔豫，除防豫各兵外，近调李重镇所领关兵，又董用文领兵已豫抚调度，倪宠、刘泽清、牟文绥各领兵分信防剿，听（山）东抚调度，淮抚移镇颍、亳，杨御蕃遏截英、陆隘口，毋使一贼阑入南直地界。"[2]这样的方针是很成问题的。当局既称对手为"流寇"，就应该明白其特点就在于"流"——避实捣虚，打得赢就打，打不赢就走，

1 卢象昇《明大司马卢公奏议》卷三《统兵入豫疏》。

2《张凤翼题遵旨汇奏交回军机奉旨件数情形稿》，《清代档案史料丛编》第六辑，中华书局，1980年。

并不固守一地。要把他们围歼于河南，可能性等于零。

此前就出现类似的情况。崇祯八年三月，洪承畴遵旨从陕西进抵河南汝宁府信阳州时，骁将曹文诏带着精锐部队赶来会合。一个月后，豫楚边境的流寇见陕西空虚，杀了一个回马枪，再度进入陕西，洪承畴不得不回师陕西。卢象昇看得很清楚：四月下旬，总督洪公合师夹剿，群寇遂由潼关、内乡、淅川诸路尽数回归陕西。[1]

洪承畴在汝州召开的军事会议上，分析形势，对于流寇不停地“流”，很恼火：“秦有兵则出豫楚，豫楚有兵则走之秦，我东西奔命，旷日费财。”[2]在疲于奔命的征战中，洪承畴的两员骁将艾万年、曹文诏阵亡，继之以张全昌叛变，就在这时，卢象昇被任命为五省总理，中原战场的重任落到了他的身上，无怪乎他要再三推辞，除了流寇方面的因素，还有河南方面的因素。

崇祯八年，河南巡按金光辰（字居垣，号双崖，南直金坛人）痛感于河南吏治败坏，愤然自问：吏治何以坏？坏于贪；民生何以贫？贫于嗜贪之吏。由此引出河南四大病源：

一是重加火耗——火耗有禁，明旨申饬再三，不知中州火耗之重起于何年？总之，前官作俑，后官因仍，遂为则例，不可破矣。目今二三孑遗，十

1 卢象昇《卢忠烈公集》卷二《与蒋泽垒先生五首》。

2 吴伟业《绥寇纪略》卷三《真宁恨》。

室九空。恭承圣明轸念灾穷，诏示蠲缓，为民父母不急请命，巧思横征。

二是私派病民——钱粮正项尚自不敷，而曷云私派？盖一法出则一弊从之，有等不肖有司弁髦明禁不详。院道有借兵以私加，有假饷以擅派，有因修筑而科敛，有借解运而重征，或立杂支名色。或托费用不充，凡言设处，借一派十。

三是漕运累民——漕米军国急需，例应官买官运，何至为民累？缘娄行州县，罔恤民艰，佥报大户。勒令领买，不给脚费，以致暗行多逋派扰，仍蚀百姓。

四是生员包揽——豫中士子扃扉自好，淡泊明志，浸浸上达者固不乏人，内有依子矜作护符，视衙庑为垄断，或钻充柜头，而希帮贴；或揽解粮银，而觊斧资；或认应马头，而冒工食；或武断唆讼，而吓乡民。[1]

金光辰还向朝廷揭示，河南在灾荒与兵燹双重打击之下，濒临崩溃的危险景象：

窃照豫省旧称沃野，今则郡邑之在东北者，虽可少恃，俱系兵燹之后；而西南一带山丛地瘠，亢则焦土不毛，潦则桑田成海。数年来，灾患频仍，耕种无获，闾阎之下杼柚其空。又加以兵连寇结，再罹凶锋，哀此下民

1 金光辰《金双岩中丞集》卷一《两河封事为欲求民安先祛民害谨祓中州四大病源仰祈圣鉴勒石永禁事（崇祯八年七月初十日具题）》。

愈瘨瘁矣。去岁春旱夏涝，寇斥蝗生，五谷不登，四野被掠，皇皇焉举莫必其命。而汝宁、南阳、河南（洛阳）、汝州则尤甚……而汝南两府，曩时茹皮啗草、鬻妻卖子之民，延至今日，弱者立而饿毙，强者散之四方。死亡迫切，尺布升粟便为偷儿，道殣委骸可以剀啖，此犹以男子论也。更有乞妇横而操戈，杀五岁幼女以充饥，悍然为之不顾。[1]

要想在如此饿殍遍野、民心尽失的地方，全歼流寇，难度之大，可以想见。

当时闯王高迎祥等部从华阴南原出朱阳关，进入河南，其他各部也从陕西进抵河南阌乡。高迎祥与张献忠会合，齐头并进，东下洛阳、汝宁。卢象昇赶往汝宁府城汝阳，见对方人多势众，连营百里，命副将李重镇、雷时声在城西三十里发动突然袭击。鏖战两天，迫使高迎祥等部退去，随即追击至确山。这两次大胜，扭转了先前的颓靡状态。大帅曹文诏、艾万年阵亡，尤世威败绩，诸将多畏敌不前。卢象昇身先士卒，每次临阵，都慷慨洒泣，激以忠义，军中断绝粮饷三日，他带头水浆不入口，以是得将士心，战辄有功。[2]卢象昇并不因此而轻敌，他向朝廷如实报告战况极其艰难："敌马我步，敌众我寡，合则十余万，分

1 金光辰《金双岩中丞集》卷一《两河封事为中州灾寇叠至设法赈恤并陈异常灾变事（崇祯九年三月初十日具题）》。

2 吴伟业《绥寇纪略》卷四《朱阳溃》。万斯同《明史》卷三百六十六《卢象昇传》。

亦各有数万。其中闯王（高迎祥）又第一称强，谁能当者？臣与督臣（洪承畴）只有剿法，别无堵法；只有战法，别无守法。守则老师匮财，堵则画疆拥毒，非剿荡大局。然而大局必须兵饷全筹，尽督理专力。”[1]

崇祯九年正月初一日，卢象昇风尘仆仆抵达凤阳，各路将领也汇集于此，磋商军机。会后，他与洪承畴、朱燮元、朱大典、张国维、陈必谦等官员，联名上疏，向皇帝恭贺新禧。卢象昇深知自身所负重任的分量，更加不遗余力地驰驱疆场。闯王高迎祥等部围攻庐州不克，分道攻打含山、和州，进围滁州。卢象昇率总兵祖宽、游击罗岱救援滁州，大战于三里桥，击毙首领摇天动，追逐五十里，从朱龙关至关山一带，尸体填沟委壑，滁水为之不流。流寇一支北趋凤阳，围寿州，突至颍州、霍州、萧县，遭到总兵刘泽清抵御，折返考城、仪封而西。另一支由亳州折往归德、永宁，遭总兵祖大乐邀击，又败于陈永福，南下裕州、南阳。卢象昇率祖宽、祖大乐、罗岱激战于七顶山，闯王高迎祥精骑损失殆尽。[2]

尽管屡有胜绩，卢象昇还是对朝廷调度不当颇有微词：

> 贼横而后调兵，贼多而后增兵，无人不落

1 卢象昇《援汝连捷并陈剿荡大局疏》，《明大司马卢公奏议》卷四。

2 戴笠、吴乔《流寇长编》卷九。《绥寇纪略》《明史》等书把卢象昇追击的闯王高迎祥误作闯将李自成，参看方福仁《李自成史事新证》（浙江古籍出版社，1985年，第76—90页）。

后局。兵至而后议饷，兵集而后请饷，时时寓有危形。况请饷未必敷致卒从贼而将为寇。是八年来络绎请之兵反树贼党，积累而用之饷适赍盗粮也。

因此，他提出四点建议：第一点是增兵——督臣理臣宜各有专兵专饷，请调咸宁甘固之兵属督臣，蓟辽关宁之兵属理臣。山林奔窜，骑兵不善扳（攀）援，再调川筸滇黔兵便习险阻者一二万，佐骑兵所不及。

第二点是增饷——每月需饷银各十三万两。

第三点是增强总督总理事权——听洪承畴辞三边总督，卢象昇辞湖广巡抚。所在抚臣不得以一方有贼，辄求调援，分（总）督、（总）理之兵饷。抚臣自有封疆重任，一处有贼，一处求援，一处需兵，一处求调，不应便成吴越，分应何以支持？

第四点是言官不得苛求——粉饰太平，尚可调停迁就；用兵剿贼，岂容委曲挪移！言官不得从中苛求，俾臣不得专心办贼。彼不问事之难易，不顾人之死生，一味求全责备。职力不坚者，必至因人言以自馁，不肯向前；即清白自矢者亦且畏谣诼而灰心，从何展布？[1]

卢象昇所说都有道理，朝廷不能尽用，不免流于空谈。

1 戴笠、吴乔《流寇长编》卷九，崇祯九年正月乙亥。万斯同《明史》卷三百六十六《卢象昇传》。

4. 卢象昇调任宣大山西总督

崇祯九年二月十九日，卢象昇赶到南阳，对部将说：我逐贼至此，诸君努力，无令得逸！[1]随即命祖大乐趋唐县、新野，守备汝宁；祖宽趋光化，守备邓州；陈必谦绕出镇平往邓州；通知湖广巡抚王梦尹、郧阳抚治宋祖舜，务必把流寇拦截于汉水以北。卢象昇的意图是乘胜追击，歼敌于豫楚边界。但是王梦尹、宋祖舜二人庸碌无能，又不遵命，汉水以南竟不设防，致使疲于奔命的流寇轻易地从光化县羊皮滩渡过汉水，进入郧阳境内，从而摆脱了卢象昇的围追堵截。[2]

江北、河南的另外几支造反大军也陆续进入豫楚边界的大山中，与关中各部遥相呼应。兵部尚书张凤翼以为这是一个极佳时机，向皇帝提议：河南、郧阳、陕西三巡抚，各自督率将士扼防，不让一兵逸出；四川、湖广巡抚移师边界，听候援剿之命；总督洪承畴、总理卢象昇率领主力入山围剿，务求全歼。皇帝批准了这个作战方案，严令洪承畴、卢象昇，务必在五个月之内荡平流寇。[3]

张凤翼的方案在纸面上看似乎滴水不漏，一旦付诸实施就漏洞百出。卢象昇所部祖宽、祖大乐等部，大多是北方骑兵，习惯于平原地区驰骋，不

1 吴伟业《绥寇纪略》卷四《朱阳溃》。

2《兵部为塘报“房竹等县”贼请事》，《内阁大库档案·明末农民起义史料》第127—128页。

3 张廷玉《明史》卷二百五十七《张凤翼传》。谈迁《国榷》卷九十五，崇祯九年三月壬子。

善于山地作战。朝廷要他们入山围剿，是用其所短弃其所长，祖宽、祖大乐按兵不动，欲与李重镇一起北归。卢象昇无可奈何，向朝廷大谈入山搜捕之难：豫楚边界大山绵亘，林箐深密，马不能行，我兵攀树越崖，日行三四十里。而贼于榛莽间抵突，出没无端。路皆羊肠小道，驴不能运，民夫每人背米二斗，跟踵士兵而行。千兵入山，需要千人运粮；万人入山，需要万人运粮。十日不见流寇，士兵与民夫一起饿死。[1]这种状况使得一向不畏艰险的卢象昇陷入了十分难堪而苦恼的境地，他在一份奏疏中向皇帝吐露心有余而力不足的无奈：钦限五月荡平，目今转盼将过，事势既处极难，时日尤虞易逝。不能计日扫除，上慰圣明宵旰，我皇上即以大罪加臣，臣亦何辞之有？[2]

卢象昇从南阳、邓州赶往襄阳，与湖广巡抚王梦尹商议，如何入山督剿。从三月初五日至十五日，他昼夜不息地指挥作战，以致两眼浮肿一身委顿，也不敢稍有懈怠。鉴于均州、谷城、襄阳西北一带，山势险峻陡窄，全是悬崖峭壁羊肠小道，骑兵难行，只得把总兵祖宽、李重镇调往荆州，防守荆襄内地；总兵祖大乐前往内乡、淅川，配合河南巡抚协剿。另派总兵秦翼明、副将杨世恩、雷时声率领步兵，入山搜剿。

河南巡抚陈必谦借口内乡、淅川流寇已经遁入

1 戴笠、吴乔《流寇长编》卷九，崇祯九年三月甲寅。吴伟业《绥寇纪略》卷四《朱阳溃》。

2 卢象昇《明大司马卢公奏议》卷四《剿荡愆期听候处分并陈贼势兵情疏》。

周围山区，祖大乐骑兵难以驰骋，况且河南灾荒，粮饷难以为继，明确表示不欢迎祖大乐前往，建议卢象昇把这支劲旅暂时养精蓄锐于荆襄地区，伺机而动。卢象昇考虑到祖大乐、祖宽、李重镇等部在中原屡建战功，现在既难于入山追剿，又不便于坐守分防，请示朝廷如何调遣。兵部议论后指示卢象昇：相机安排，将关宁兵以换班名义逐步调回。[1]洪承畴得到这个消息，立即向皇帝提议，把祖宽、李重镇两部调往陕西。他在奏疏中说：臣现在统领马步官军加上川军，不过二万，难以对付陕西境内闯王、闯将、过天星、混天星、闯塌天、蝎子块等部十余万之众。既然理臣（卢象昇）担忧边兵入山道险乏食，关中平原旷野正是骑兵用武之地。关宁兵虽疲，但余勇可贾，愿以祖、李二将受臣节制。[2]他随即于五月二十八日出关，与卢象昇商议，两人联名上疏，利用皇帝赐予的便宜行事特权，先调祖宽、李重镇两军随洪承畴西行，祖大乐暂时驻扎洛阳、汝州，扼守内乡、淅川、嵩山、卢氏。五省总督与五省总理的配合协剿，似乎颇有成效。

就在这时，发生了一场意外事变，搅乱了中原战局。

崇祯九年六月底，满洲铁骑乘北方边防空虚之机，突破长城喜峰口南下。七月初三日，北京宣布戒严。皇帝命李辅国守紫荆关，许进忠守倒马关，

1《兵部为狡寇遁踞"宛襄"深山等事》，《内阁大库档案·明末农民起义史料》第124—127页。

2 吴伟业《绥寇纪略》卷四《朱阳溃》。

张元亨守龙泉关，崔良用守固关。几天后，形势更加吃紧，满洲铁骑攻至皇陵所在地天寿山，进取昌平，前锋已达西山。兵部紧急征调山东总兵刘泽清、山西总兵王忠与猛如虎、大同总兵王朴、保定总兵董用文、山海关永平总兵祖大寿、关宁蓟密各总兵祖大乐、李重镇、马如龙等，保卫京师。为了统一指挥各路勤王大军，廷臣一致推举卢象昇为统帅，入卫京师。[1]

为了应付突如其来的事变，朝廷把中原战场的精锐部队，连同他们的统帅卢象昇，一并调往北京外围。其直接后果，使得“洪承畴督剿西北，卢象昇督剿东南”的战略，迅即瓦解，也使得造反大军获得了喘息的时机。

此次满洲铁骑突破长城关隘，直逼京师，暴露了朝廷中枢在军事部署上的致命弱点，人们把指责的目光投向兵部尚书张凤翼。张凤翼为了逃避指责，请求出京督师，指挥各路勤王军队。皇帝特命太监罗维宁监督通州、天津、临清、德州军务，与张凤翼密切配合。对长城关隘负有直接责任的宣大总督梁廷栋，奉命入援。张凤翼、罗维宁、梁廷栋三人本应奋勇向前，击退来犯之敌。但是这三人都是怕死鬼，在满洲铁骑面前，畏缩退却，不敢言战，致使宝坻、顺义、文安、永清、雄安、定兴、安州、定州相继失守。言官们纷纷弹劾出京督师的

1 戴笠、吴乔《流寇长编》卷九，崇祯九年七月壬子。谈迁《国榷》卷九十五，崇祯九年七月壬子。

张凤翼。张凤翼自知罪无可赦，忧心忡忡，想到当年己巳之变，兵部尚书王洽下狱死后复坐大辟的先例，料知不免一死，便采取慢性自杀的方法——每日服用大黄，使病情日甚一日。八月二十九日，敌军退出长城，九月初张凤翼一命呜呼。梁廷栋也如法炮制，自杀身亡。《流寇长编》写道："以有边警，本兵（兵部尚书）张凤翼督师，自京师出。旧司马（前任兵部尚书）梁廷栋为总督，由南至。敌兵至雄县，还掠畿辅。二臣遥尾之，不敢击。料必罹罪，皆日服大黄求死。八月廿九日，敌兵出口。九月十日，（张）凤翼服大黄下痢死。又数日，（梁）廷栋自杀。"[1]《明史》也说：张凤翼、梁廷栋恇怯不敢战，"言官交章论劾，两人益惧，度解严后必罹重谴，日服大黄药求死"。[2]仰赖这样的人保卫国家，无异于白日做梦。

却说卢象昇接到皇帝圣旨再赐尚方剑，命总督各镇兵入卫。及至赶到京城，满洲铁骑已经撤退，京师也已解严。照理他应该回归五省总理岗位，皇帝考虑到长城沿线防守疏虞，要他出任宣府大同山西总督，九月二十二日发出谕旨："卢象昇仍以兵部左侍郎兼都察院右佥都御史，总督宣大山西等处地方军务，兼理粮饷。写敕与他，着星速到任料理，不得少延。"[3]卢象昇当即星夜兼程赶往宣府受事，十月初一日，在居庸关恭设香案，望阙叩头谢

1 戴笠、吴乔《流寇长编》卷九，崇祯九年九月。

2 张廷玉《明史》卷二百五十七《梁廷栋传》。

3 卢象昇《谢恩到任疏》，《明大司马卢公奏议》卷五。

恩。十月初五日，向皇帝表决心：今日事势莫急于边防，御虏机宜莫急于宣府大同。从此而劳怨不敢避，虚文不敢袭，一切弥缝粉饰之事、苟且目前之计不敢为。唯当刻刻图维，事事实做，以报皇上简任之隆恩。[1]

卢象昇留下五省总理的空缺，由兵部右侍郎王家祯顶替。在交割之际，他不禁为自己近一年总理任期的仓皇拮据感慨系之，也为王家祯无应手之兵，而顾虑不已。[2]皇帝的这一人事调动，在加强北方边疆的同时，疏忽了中原的潜在危机，犯下了难以弥补的错误。尽管卢象昇在宣大山西总督任上干得不错——“宣大素苦缺饷，(卢) 象昇乃大兴屯利，行二年，积谷至二十万”，皇帝号召九边以此为榜样予以推广。[3]但是这一切已经于事无补，正如万斯同所说：“(卢) 象昇既行，贼遂大逞，不可复制矣。”[4]

孙传庭像

孙传庭，山西代州人。崇祯九年俘闯王高迎祥，十一年再败李自成部，后因与杨嗣昌不和入狱。崇祯十六年在李自成军破潼关时战死。

5. 孙传庭的“三胜之气”

卢象昇调任宣大山西总督后，“东西夹剿”的

1 卢象昇《明大司马卢公奏议》卷五《谢恩到任疏》。
2 吴伟业《绥寇纪略》卷四《朱阳溃》。
3 万斯同《明史》卷三百六十六《卢象昇传》。
4 万斯同《明史》卷三百六十六《卢象昇传》。

局面不复存在，洪承畴孤掌难鸣。不过新任陕西巡抚孙传庭与他配合默契，上任不到半年，就在盩厔县黑水峪生擒闯王高迎祥，成为崇祯九年朝廷上下最为兴奋的一件大事。

孙传庭，字伯雅，号白谷，山西代州（今代县）人，万历四十七年进士，授永城知县，以才干卓著调任商丘知县。天启初年擢为吏部验封司主事、稽勋司郎中，因不满于阉党专政，请假归乡，危坐读书。直至崇祯八年才复出，任吏部验封司郎中、顺天府丞。这位山西汉子身长七尺二寸，仪表颀硕魁梧，沉毅而多谋略，对于近年来用兵迄无胜算，扼腕叹息，慷慨谈兵，颇有澄清天下之志。当时的陕西巡抚甘学阔是个白痴角色，专门干出些不可思议的怪诞事情。身为巡抚不会调兵遣将姑且不论，一听敌军难以抵挡，在城楼上观战吓得不敢睁眼，慌忙逃跑，岂非咄咄怪事！对于这样的巡抚，陕西的黎民百姓实在难以承受，纷纷向朝廷告状，巡按御史钱守廉也上疏弹劾这个同僚。崇祯九年三月，朝廷罢免甘学阔，任命孙传庭为陕西巡抚。《流寇长编》写得很有意思："陕抚甘学阔，不知人事，举动为笑，秦士哗于朝。癸丑，巡按钱守廉劾去之，孙传庭代。传庭代州人，边将子，长身，刚毅有大略。为治严，征发期会一用军法，秦人爱之不如（洪）承畴，而才足集事，与楚抚余应桂为一时实心

◤ 余应桂，江西都昌人，万历四十七年进士。历知武康、龙岩、海澄三县，有治绩。征授御史，以劾首辅周延儒贬秩归。再起出任湖广巡按，后为巡抚，对农民军主剿，与诸帅议抚者忤，下狱。

任事之臣。”[1]

那些尸位素餐的京官，对于陕西这个危险地方都扪舌回避，视为畏途，孙传庭却谈笑风生，欣然受命。[2]这样一位难得的“边才”，皇帝很想见上一面，便择日在便殿召见他。皇帝对他期勉有加，慰藉犹如家人一般，气氛极为融洽。寒暄过后，孙传庭谈到他思虑已久的陕西兵员不足的困难：以往陕西军队都宿卫边镇，而陕西巡抚专志腹地，不必为兵力多少而烦恼。如今形势大变，陕西境内到处有流寇，臣恐怕难以徒手扑强敌。皇帝一面倾听，一面皱眉，回答说：筹措军队难，筹措军饷更难，朕今年给你饷银六万两，以后由你自己设法，朝廷不加干预。[3]

孙传庭得到皇帝的承诺，一到陕西就采取有力措施，整顿早已名存实亡的卫所屯田，整编屯军一万一千，每年收入屯课银十四万五千两、米麦一万三千五百石，有了这些钱粮，开始招募士兵，训练劲旅。[4]这种自给自足的办法，孙传庭称为“以秦兵卫秦地，以秦饷养秦兵”，只要有此兵此饷，悉心料理，自然可以支撑。皇帝对此褒奖备至，评价为“裕饷足兵”的上策，表扬他“具见实心任事”，要求各省巡抚学习孙传庭，解决棘手的足兵足饷问题。[5]

孙传庭上任之初，数十万造反大军在卢象昇的

1 戴笠、吴乔《流寇长编》卷九，崇祯九年三月癸亥。

2 李因笃《明故督师兵部尚书孙公传》，孙传庭《孙忠靖公遗集》卷首。

3 李因笃《明故督师兵部尚书孙公传》，孙传庭《孙忠靖公遗集》卷首。

4 万斯同《明史》卷三百六十六《孙传庭传》。吴伟业《绥寇纪略》卷五《黑水擒》。

5 孙传庭《孙忠靖公遗集》卷一《清屯第三疏》。亦见同书卷首，李因笃《明故督师兵部尚书孙公传》。

追剿下，由楚豫边界返回陕西，他面临的任务是艰巨的。陕西是民众反乱的发源之地，造反大军在此地如鱼得水，有着地缘与人缘优势。正如陕西巡按钱守廉所说："贼复入秦，据州县，攻寨堡，延安南北尸积原野，血泛荒河。贼本起于延安，官兵多其亲旧，每对阵，时拱手寒温，赠人事，寄家信，委以财物、牲畜、人口，斩级报功。故贼困于他省，必还陕西，为祸无已。"[1]

在数十万造反大军中，最强者是闯王高迎祥，无论洪承畴抑或是卢象昇，对他都流露出某种恐惧心理。早在崇祯九年正月，闯王等部进攻滁州时，兵科给事中就向皇帝直白地说："流寇数十万，最强无过闯王。"理由有三：一是所部多番汉降丁，坚甲铁骑，锐不可挡；二是行军有部伍，纪律肃然不乱，悍不可挡；三是对敌冲锋，有埋伏，奇正合于兵法，狡不可挡。这个专门以纠弹兵部官员为职责的言官，毫不客气地指责洪承畴、卢象昇畏惧闯王，回避不战。他敢言他人所不敢言："洪承畴、卢象昇即日报斩获，不过别管小队耳，于闯势曾无损也。督理两臣宜令专围闯王，而余贼自破竹矣！"[2]计六奇评论道：常自裕有此议，真可谓洞见军中积弊，所谓围闯王而其余自破，诚擒贼须擒王之策，然而闯王是那么容易围歼的吗？[3]事实表明，常自裕的眼光是犀利的，闯王高迎祥确实最具实力，最

1 戴笠、吴乔《流寇长编》卷九，崇祯九年四月乙未。

2 计六奇《明季北略》卷十二《常自裕论流寇》。谷应泰《明史纪事本末》卷七十五《中原群盗》。吴伟业《绥寇纪略》卷五《黑水擒》。谈迁《国榷》卷九十五，崇祯九年正月壬申。

3 计六奇《明季北略》卷十二《常自裕论流寇》。

骁勇善战。卢象昇为了证明自己并不怯敌，从崇祯九年正月到三月，一直把闯王高迎祥作为重点打击对象，从滁州打到裕州、确山，虽然取得一些战果，还是如实承认打得很艰苦，感叹道："众贼合之固有十余万，分之亦各有数万，而闯王又第一称强，谁能当者？豫楚必将鼎沸矣。"[1]卢象昇本拟指挥祖大乐、祖宽、陈必谦、王梦尹、宋祖舜分兵合围，一举把闯王围歼于中原战场。闯王高迎祥毕竟不是等闲之辈，选择包围圈的薄弱环节——王梦尹、宋祖舜扼守的汉水一线，冲破缺口，从郧阳的舞阳河、均州的沙营、光化的羊皮滩渡过汉水，进入郧阳、襄阳山区，由此进入陕西南部，连克兴安、汉阴、石泉等地。于是乎，对付闯王高迎祥的重任便落到了洪承畴、孙传庭身上。

洪承畴与孙传庭分工，自己专注于陕北的闯将李自成等部，孙传庭专注于陕南的闯王高迎祥等部。考虑到孙传庭兵力不足，洪承畴一面抽调总兵柳绍宗前往支援，一面向朝廷告急：闯王等数十万之众，非三千官兵所能制，急盼调拨援军入陕。[2]

孙传庭却镇定自若，坐镇西安，专注汉中。闯王高迎祥见汉中有重兵把守，无法通过栈道北上，便另选汉中东面的石泉出子午谷。子午谷位于石泉北面，中有子午水，西邻黑水峪。[3]黑水峪有小道可通西安，闯王高迎祥意欲乘虚袭击省城西安。孙

1 卢象昇《援汝连捷并陈剿荡大局疏》，《明大司马卢公奏议》卷四。

2 戴笠、吴乔《流寇长编》卷九，崇祯九年五月戊申。

3 黑水峪，有黑水发源于此，故名。黑水又名芒水，故黑水峪又称芒水峪。

传庭早有预料，在盩厔东南的黑水峪布置伏兵。他估计，闯王高迎祥长途跋涉，又逢连日大雨滂沱，人马疲惫不堪，在此伏击，可收以逸待劳之功。[1]

七月中旬，闯王高迎祥果然出现在盩厔县的黑水峪，进入了孙传庭的伏击圈，双方连续四天激战。连绵不停的大雨，使得高迎祥的部队人困马乏，饥饿交加。黑水峪本是荒山野谷，人烟稀少，粮饷无法接济。几万人马陷于困境，战斗力丧失殆尽，经过四天激战，早已溃不成军。高迎祥发病，躺倒在山洞中，经人指认后，被孙传庭的部下俘虏。同时被俘的还有闯王的领哨黄龙、总管刘哲等。[2]

七月二十日，孙传庭会同洪承畴联名向北京发去奏捷塘报，向朝廷报告生擒闯王高迎祥的消息。皇帝从兵部传来的题本中看到这一消息，大喜过望，马上降旨褒奖："据报，生擒闯贼及领哨各目，具见督抚调度，将士用命着即查明叙赉。"同时不忘提醒促使他再接再厉："贼势已溃，余孽尚在，仍着一面相机剿散，立奏廓清，毋再致逋逞。"[3]

七月二十七日，孙传庭会同洪承畴奏报详细战况：此次战役，孙传庭率领手下标兵先战，挫其锋芒；对方退入山谷中，孙传庭再督官兵穷追力战，终于生擒闯王高迎祥等人；其部下人马或歼或逃。皇帝给孙传庭发去谕旨，除了嘉奖有功人员，特别

1 李因笃《明故督师兵部尚书孙公传》，孙传庭《孙忠靖公遗集》卷首。

2 吴伟业《绥寇纪略》卷五《黑水擒》。彭孙贻《平寇志》卷三。

3 孙传庭《孙忠靖公遗集》卷五《鉴劳录》。

强调：闯贼等人押解北京，沿途拨兵严防，毋致疏虞。[1]

九月十九日，孙传庭遵照皇帝旨意，选派官兵押解闯王高迎祥等前往北京。皇帝为了表彰洪承畴、孙传庭，降旨："盩厔剿贼功次，既经核议，洪承畴、孙传庭着各加一级，仍俟事平汇叙。"[2]

> 计六奇评论道："高迎祥为流寇之魁，纵横秦晋者十载，流毒不可胜记。（孙）传庭一旦得而擒之，亦甚快矣！虽其后有潼关之败，而此功亦何可掩欤？"[3]

闯王高迎祥余部由高迎祥之弟——中斗星高迎恩率领，退向汉中一带；其余残部过天星张天琳等突围至陇山，被闯将李自成收编。《流寇长编》说："闯将得其众，走西川苗城，又出没阶（州）徽（州）间。"[4]

闯王高迎祥等人押解北京处决，在造反大军中引起强烈震撼，斗志瓦解。朝廷乘机展开宣传攻势，颁发大赦诏书：如有悔罪投诚，即称赦回难民，注意查明籍贯，在本地者编入保甲，在外省者分批护归，多方抚恤，永消反侧之心。九月初，蝎子块、张妙手等部唯恐遭到同样下场，请求大赦，从徽州（今徽县）、秦州（今天水）赶往凤翔，向孙传庭

1 孙传庭《孙忠靖公遗集》卷五《鉴劳录》。

2 孙传庭《孙忠靖公遗集》卷五《鉴劳录》。

3 计六奇《明季北略》卷十二《孙传庭擒高迎祥》。

4 戴笠、吴乔《流寇长编》卷九，崇祯九年七月壬戌。

乞求招抚。孙传庭向他们宣读皇帝诏书，蝎子块、张妙手不停叩头，感激涕零。当夜，张妙手率众投降。九月初六日，孙传庭把此事报告朝廷，皇帝批示："奏内遵诏行抚，及张文耀（张妙手本名）归顺情形，知道了。还着同该督（洪承畴）相机操纵，亟图戡定，以底成绩。"[1]张妙手投降后，蝎子块多次写信给孙传庭，表达了急切盼望招抚的心情，遵照孙传庭"遣散伙党"的条件，率头目十二人往西安投降。孙传庭把此事上报朝廷，皇帝批示："据奏，拓养坤（蝎子块本名）输诚投抚，已经安插，知道了。解散余党，仍着地方官加意绥辑，永消瑕衅。效劳各官，准予查核叙录。"[2]孙传庭把蝎子块所部士兵改编成巡抚标兵一旅。

不久，总兵张全昌有叛变迹象被捕，蝎子块先前与张全昌交往密切，听说要追究张全昌之罪，对大赦顿生怀疑。他的心腹黄巢再三劝他反水，于是乘发防河南之机，在华阴县劫持部众西奔。孙传庭在关门闻变，立即派亲信赶往蝎子块营地，授计降丁，杀死熟睡的蝎子块，把黄巢缚归正法。[3]一向与闯王驰骋中原的蝎子块拓养坤并非等闲人物，万斯同说："当是时，贼乱关中，有名字者以十数，高迎祥最强，拓养坤党最众，所谓闯王、蝎子块者也。"[4]这支几万人的军队，至此完全瓦解。

此后，孙传庭在渭南打了一个胜仗，又在咸阳

1 孙传庭《孙忠靖公遗集》卷五《鉴劳录》。

2 孙传庭《孙忠靖公遗集》卷五《鉴劳录》。

3 孙传庭《孙忠靖公遗集》卷五《鉴劳录》。

4 万斯同《明史》卷三百六十六《孙传庭传》。

北原打了一个胜仗，于是乎孙传庭的威名几乎与总督洪承畴不相上下。不料此时内部出了麻烦。崇祯十年正月十八日夜半，正在商雒道中征战的将领许忠、刘应杰哗变，占领蓝田县，抢掠仓库，释放囚犯，和混十万马进忠等联合，与官军大打出手。孙传庭赶忙向皇帝检讨，皇帝以为士兵哗变事出仓促，不追究他的责任。为了弥补陕西兵力不足，皇帝命入卫勤王的四川兵四千划归孙传庭。即使如此，孙传庭的锐气已经受到挫折，正如吴伟业所说："三胜之气，坐此沮索。"[1]

当然，孙传庭的沮索远不止于此，多次遭到兵部尚书杨嗣昌的压制打击，对他的影响更大。

杨嗣昌出任兵部尚书后，倡导"四正六隅"战略，限令一百天之内平定流寇，要孙传庭专门扼守商雒，招募土著士兵一万人，拨给饷银二十三万。孙传庭认为剿灭流寇必须骑兵，土著兵毫无益处，屡屡上书与杨嗣昌争辩，杨嗣昌颇为不悦。此后其他各省巡抚都上报招募士兵名额，唯独孙传庭不报，杨嗣昌扬言"军法独不行于秦"，自请白衣领职，激怒皇帝，孙传庭因此遭到圣旨诘责。孙传庭上疏辩解："使臣若他抚，籍郡县民兵上之，遂谓及额，则臣先所报屯兵已及额矣。况更有募练马步军，数且逾万，何尝不遵部议？至百日之期，商雒之信地，臣皆不敢委。然使贼入商雒，而臣不能

1 吴伟业《绥寇纪略》卷五《黑水擒》。

御，则治臣罪；若臣扼商雒而逾期不能灭贼，误剿事者必非臣。”[1]话说得滴水不漏，杨嗣昌无言以对，心中衔之弥甚。孙传庭因为战功，两次奉诏进秩，照例应该晋升部级头衔，杨嗣昌故意压下不报；稍有败绩，立即追责。使得孙传庭这个颇有作为的陕西巡抚，进退失据。

五 “四正六隅”，“十面张网”

兵部尚书张凤翼畏罪自杀后，皇帝朱由检环顾廷臣，无一人通晓军事可堪中枢之任，便想起了丁忧在家的宣大总督杨嗣昌。不经过朝廷会推程序，径直由自己下旨，夺情起复，任命为兵部尚书。杨嗣昌走马上任，向皇帝提出施政纲领，概括为三句话：必安内方可攘外，必足食然后足兵，必保民斯能荡寇。皇帝击节赞赏，作为朝廷的大政方针，提上议事日程。

◤ 杨嗣昌像

1. 杨嗣昌的安内攘外论

杨嗣昌，字文弱，号子微，湖广常德府武陵县人，万历三十八年进士，历任杭州府学教授、南京

1 万斯同《明史》卷三百六十六《孙传庭传》。

国子监博士、户部清吏司主事及员外郎。天启二年回籍养病，崇祯元年起用为河南按察司副使、分巡河南兵备道，调任山海关内兵备道、山永巡抚。崇祯七年，以兵部侍郎兼都察院右佥都御史出任宣大山西总督。杨嗣昌鉴于父亲杨鹤获罪遣戍袁州，不忍拜受此官。皇帝倒不如此考虑，并不因为父亲获罪而歧视儿子，发现他很有军事才能，可以当此重任，希望他不必推辞。皇帝发出去的圣旨如此写道："三镇总督重任，杨嗣昌边略熟娴特兹简畀，着祇遵成命，作速赴任料理，不必逊辞。"[1]杨嗣昌赴任后，六次上疏陈述边事，多所规划，给皇帝的印象是"异才可用"。[2]

不久杨鹤在遣戍地去世，杨嗣昌丁忧辞官回家；继而又遭继母之丧，长期在家守孝。接到皇帝夺情起复的圣旨，他三次上疏恳辞，其中一份奏疏写道：

> ——崇祯九年十月十一日，该太子少保吏部尚书谢陞等具题，十三日奉圣旨："杨嗣昌起升兵部尚书，仍带降三级戴罪。封疆多事，枢务急需料理，且守制起用，先朝原有成例。着遵旨作速前来供职，不得少延，钦此。"钦遵移咨到部，转咨到臣。臣闻命彷徨抚躬踢蹐，不敢不恭，设香案望阙叩头。俯仰之间，忽不

1 杨嗣昌《微臣守关四载疏》，《杨文弱先生集》卷七。

2 张廷玉《明史》卷二百五十二《杨嗣昌传》。

觉流汗浃背雨泣沾巾。

——臣得遵臣父遗言，与臣母同穴。彼时臣年不过五十有二，倘蒙天恩，许臣终制而后服官，是真尽节之日长，报刘之日短也。由前言之，邦政之重，臣未敢祗承；繇后言之，子情之苦，臣恳祈怜察。然臣犹恐未肯遽收成命也，恭绎明旨"封疆多事，枢务急需料理"。夫所料理者何事？得非内平流寇、外御边烽之二事乎？方今惟此二事，仰厪圣主宵旰殷忧。俯萃中外臣民，责望前此当事诸臣，才识胆智盖有十百过于微臣者，咸不胜任而蹉跌矣。臣独何人，能胜任而愉快乎？[1]

杨嗣昌确有不得已的苦衷，一则为父母守制尽孝，再则前任兵部尚书都没有好下场，令他顾虑重重。皇帝不容他推辞，十二月二十二日降旨："卿以才望，特简中枢，时事多艰，亟资干济大臣，当以君命国事为重。着即星驰受任，不必控辞。"[2]

崇祯十年（1637）三月，杨嗣昌抵京赴任。

他在居丧期间广泛涉猎文献，对前朝掌故了如指掌，一向工于笔札，富于才华，又具有与众不同的学识涵养。皇帝召见时，他侃侃而谈，才思阔达，与以前历任兵部尚书那种木讷卑微的样子，截然不同。令皇帝刮目相看，每次召对都大大超过规

1 杨嗣昌《惊闻召命非常沥血控辞疏》，《杨文弱先生集》卷九。

2 杨嗣昌《惊闻召命非常沥血控辞疏》，《杨文弱先生集》卷九。

定时间，几乎言听计从，激动得拍案叫绝，感叹：“恨用卿晚！”[1]

皇帝如此赏识，令杨嗣昌感恩戴德，接连不断向皇帝陈述关于治国平天下的主张。他深思熟虑地提出摆脱内外交困的三大方针：一，必安内方可攘外；二，必足食然后足兵；三，必保民斯能荡寇。他在奏疏中写道：

> 方今时势多难，微臣才力短浅，中枢任大责重，边腹饷缺兵单，大小将领乏人，一切战守无策。臣日夜彷徨，未知所措，惟从草茅来，目击幽隐情状，审思次第工夫，必安内方可攘外，必足食然后足兵，必保民斯能荡寇。此三者似为今日证治之切，根本之图。[2]

他认为在奏疏中难以展开，希望皇帝召见，当面指事陈言，面赐裁决。三月二十七日，皇帝批复：“部务殷繁，亟藉卿料理，着即到任受事，奏内事宜并条议来行，恭请召对，知道了。”[3]

既然皇帝要他把奏内事宜详细条陈，召对之事以后再安排，杨嗣昌立即在几天之内写了详细的奏疏，论述“安内”（平定内乱）是当前第一要务：

> 窃臣犬马驽钝，加以草土幽忧，一切失其

1 吴伟业《绥寇纪略》卷五《黑水擒》。张廷玉《明史》卷二百五十二《杨嗣昌传》。

2 杨嗣昌《犬马十年遇主疏》，《杨文弱先生集》卷九。

3 杨嗣昌《犬马十年遇主疏》，《杨文弱先生集》卷九。

常度，蒙恩破格起用，叠奉明旨星趋，首以安边荡寇勉臣料理。似乎安边第一，荡寇次之。微臣乃言，必安内方可攘外，何也？

切以天下大势譬之人身，京师元首也，宣（府）蓟（州）诸边肩臂也，黄河以南大江以北中原之地腹心也。人之一身，元首为重，边烽讧肩臂之外，乘之甚急；流寇祸腹心之内，中之甚深。急者诚不可缓图，而深者尤不可忽视也。诚使腹心乂安，脏腑无恙，则内输精血，外运肢骸，以仰戴元首，而护卫风寒于肩臂之外，夫复何忧？

今腹心流毒，脏腑溃痈，精血日就枯干，肢骸徒有肤革，于以戴元首而卫肩臂，岂不可为栗栗危惧也哉！以故臣言，必安内方可攘外，必足食然后足兵，必保民斯能荡寇。此实今日证治之切，根本之图，非敢缓言攘外也。求攘外之至急，不得不先安内耳。

但遣将调兵虽属臣部职掌，而根本先在足饷，纲领全在得人。有目前更置之机宜，有永定责成之事理，非臣一部所能独任，一人所敢臆裁。相应条列上请，合候圣鉴，敕下部院科道等衙门会集多官，同臣议拟妥确，再请明旨施行，必全局无一点之漏，斯成功有可刻之期，内地安而外攘思过半矣。[1]

1 杨嗣昌《敬陈安内第一要务疏》，《杨文弱先生集》卷九。

奏疏中最值得注意的是“必安内方可攘外”七个字，可以看作全疏的关键点，是杨嗣昌施政方针的核心思想，在安内与攘外的两难选择中的倾向性意见：攘外必先安内。这其实是一个老话题，并非杨嗣昌的发明。远的且不说，万历朝的政治家张居正就曾说过“欲攘外者必先安内”。[1]不过此时此地杨嗣昌郑重其事重申这一话题，并非重复套话，有着强烈的现实意义。崇祯二年与崇祯九年满洲铁骑两次南下，致使京城戒严的外患，和流寇驰骋中原的内忧相比较，两者之间孰轻孰重，孰先孰后，是无法回避的战略抉择，是兵部尚书运筹帷幄的重要依据。

当时不少有识之士似乎都有类似的共识：必须首先消除内忧，才能全力抵御外患。早在一年之前，吏科都给事中颜继祖（字绳其，福建漳州人）向皇帝提出六项当务之急：一是劝廉须养廉，二是足兵宜足食，三是灭奴先灭寇，四是赈食先赈耕，五是安民勿扰民，六是遴才贵因才。关于“灭奴先灭寇”，他有这样的分析：“逆奴”（满洲）固然应该征讨，但尚隔藩篱，而“流寇”已直逼堂奥；“逆奴”不过是芥癣之疾，而“流寇”已是膏肓之祟；“逆奴”非我族类，“流寇”本吾赤子，竟敢僭越称王，蹂躏祖

◥ 颜继祖，万历四十七年进士。累擢吏科都给事中、太常少卿，以右佥都御史巡抚山东。清师南下，畿辅戒严，兵部尚书杨嗣昌令颜继祖专防德州，济南由此空虚，援师又逗留不进，下狱弃市。

1 张居正《新刻张太岳先生文集》卷三十六《陈六事疏》。

陵，其祸更速。为今之计，必须专心剪除，而养全力以制驭。[1]颜继祖所说的二、三、五项，与杨嗣昌所说的三大方针有很大的相似之处。不过从皇帝的批示中可以看到，皇帝关心的恰恰是一、四、六项，即养廉、赈耕、因才，也许是颜继祖议论足兵宜足食、灭奴先灭寇，似乎过于空洞不着边际。

杨嗣昌则不然，不仅提出方针，而且辅之以具体实施方案。就“必先安内方可攘外”而言，具有明显的问题意识，分析得颇有力度深度。他从皇帝圣旨中提及“安边荡寇”四字谈起：皇上似乎以为安边第一，荡寇次之，微臣以为必安内方可攘外。开宗明义就不同凡响，一下子就抓住皇帝的思绪。然后细细剖析：天下大势譬如人身，京师是头脑，宣大蓟辽等边镇是肩臂，黄河以南大江以北中原大地是腹心。现在的形势是，边境烽火出现于肩臂之外，乘之甚急；流寇祸乱于腹心之内，中之甚深。边境烽火固然不可缓图，而流寇祸乱更不容忽视。腹心流毒，脏腑溃痈，精血日就枯干，徒有肩背肢骸何济于事！所以臣说必安内方可攘外，并非缓言攘外，正因为攘外至急，才不得不先安内。

由于众所周知的原因，当代读者对于“攘外必先安内”，有着先入为主的排斥心态。解读历史不必为预设的观念所束缚，如果设身处地从明朝的视角观察时局，那么不得不承认，杨嗣昌阐述的“必

1《兵部为恭陈六要等事》，《内阁大库档案·明末农民起义史料》第119—122页。

先安内方可攘外”，实在是当时唯一可取的选择。为了证明这一观点，他特地把崇祯十年三月兵科抄出长沙县举人黄裳吉的一份奏稿，推荐给皇帝。黄裳吉明确主张攘外必先安内，说道：“臣观今全盛之天下，而拮据难支者惟外侮与内讧耳。然昔人云：戎虏不足为中国之大患，而其动也，恒必乘内之虚。使有备在我，则制驭自易。况今时之虏，因寇之衅而蹈暇也，则弭寇为防虏之要着；今时之寇，因民之离而张焰也，则安民为弭寇之要着；今时之民，因财之削而生心也，则理财为安民之要着；今时之财，因人之滥而覆悚也，则用人惟理财之要着。”黄裳吉特别强调：“民心将内变，而外患益不可弭。”杨嗣昌读了以后，击节叫好：“不意（黄）裳吉一书生能发其覆也！”对于“弭寇三策”，他认为皆凿凿可行。皇帝连日召对，他正欲草拟详细条陈，黄裳吉的奏稿“如有成画于胸中，立可举而措也”[1]，可以看作杨嗣昌施政纲领的一个注脚。

为了确保“必安内方可攘外”的方针得以贯彻，他提出五项具体举措：一是审图贼之势，二是筹办贼之人，三是计杀贼之兵，四是处平贼之饷，五是收灭贼之功。

关于“审图贼之势”，他提出了四正六隅、十面张网的战略方针。请看他的分析：流寇初起于延绥，蔓延于陕西、山西、河北、河南、湖广、四

1《明清史料》甲编《兵部题行长沙举人黄裳吉奏稿》。

川、江北，以及庐（州）凤（阳）应（天）安（庆）等地。如今山西余孽渐消，河北可幸无事，四川暂时无虞，大患集中于陕西、河南、湖广、江北之间，南邻江西北邻山东二省流寇虽未到达，也应当防卫。因此战略方针应当以陕西、河南、湖广、凤阳为四正——四个正面战场，由四省巡抚调兵筹饷，分任围剿，专任防卫；又以延绥、山西、山东、应天、江西、四川为六隅——六个隅面战场，由六省巡抚根据现有兵力军饷，时而分防，时而协剿。如此布局，即由四个正面与六个隅面构成十面之网，总督与总理密切配合，随流寇所向，专任剿杀。如果流寇在陕西，那么陕西、四川、湖广、河南、延绥、山西六省巡抚张开六面之网，由总理率兵入关，与总督会剿。如果流寇在河南，那么河南、湖广、凤阳、应天、山西、山东六省巡抚张开六面之网，由总督出关，与总理会剿。如果流寇在湖广，那么湖广、河南、陕西、四川、应天、凤阳、江西七省巡抚张开七面之网，而总督、总理一起进入湖广会剿。如果流寇在江北，那么凤阳、应天、山东、河南、湖广、江西六省巡抚张开六面之网，而总督、总理一起进入江北会剿。这就是杨嗣昌的四正六隅、十面张网战略。

关于“筹办贼之人”，主张妥善任用总理、巡抚、总兵、副将、参将等人才。他认为，五省总理先前由湖广巡抚兼任，现在由河南巡抚兼任，都不方便，不如将抚治郧阳都御史提升为总理，把郧阳抚治改为总理衙门。比较王家祯、陈良训二臣的才力，某堪任总理，某堪任巡抚，或互相更调，或另择其人，此事对于中原治乱关系甚大，所以应当尽破情面，并举其才，以资实用。至于应天、凤阳、江西、湖广、山东、山西、陕西、延绥、四川各省巡抚，其人谅堪办贼，不必纷更。总兵、副将、参将等提刀杀贼之官，尤其需要平时有威望，军令严整，临敌身先士卒，才堪委任。

关于“计杀贼之兵”，估计大约十二万兵力足够应付局面。他认为，流寇号称数十万，乃至百余万，但官军不必如此之多。请看他的分析：流寇每一大伙号称数万，陕西、湖广、江北等处各有数十万，合起来不啻百余万之众，其中包括老弱妇孺以及掳掠来的穷民，真正精勇堪战的士兵并不多。由此可知，杀贼的官军不需数十万。兵力的分配大体如下：凤泗祖陵官兵五千，承天祖陵官兵五千，以坚守祖陵为主；总督军门官兵三万，总理军门官兵三万，专主追剿；凤阳、陕西二巡抚官兵各一万，湖广、河南二巡抚官兵各一万五千，以分剿专防为主。总之，官兵约十二万之数，在现有的兵员中挑选，不足之数应该调募补充。马兵（骑兵）与步兵的比例，大体以三七为率，应有三万六千马匹，缺口应予买补。

关于“处平贼之饷”，必须遵循“必先足食而后足兵”“兵马未到粮草先行”的原则，既然官兵编制十二万，就应该有十二万人的军饷。具体说来，每一名步兵每日给饷银五分，八万四千名该饷银一百三十三万二千两；每一名马兵（骑兵），连草料每日给饷银一钱，三万六千名该饷银一百二十九万六千两。两者合计二百六十二万八千两，必须落实到总督、总理、巡抚，不相混淆，源源不断，不致虚悬。

关于“收灭贼之功”，前面所说无非是审势、用人、计兵、处饷，四者皆备之后，应该考虑切实赏罚，以收灭贼之功。[1]

皇帝看了杨嗣昌的奏疏，颇为欣赏，四月初二日下旨："奏内审势、用人及兵饷、赏罚事宜，尔部还会同吏户二部及该科，确议速奏。"[2]

杨嗣昌遵旨与有关部门会商后，再次申论"安内第一要务"，强调安内形势的严峻性：

> 陕西一隅不足深虑，不期调援不止，逃溃转多，饥馑荐臻，胁从弥众，星星之火，至今十九年分之一股，各称十数万，合之股股不啻百余万。而黄河以南大江以北，东连庐凤，西尽汉延，幅员数千里之间，一任往来飘忽，生灵百亿万之命，尽遭屠戮伤残。岂惟中原脏腑溃决堪忧，抑亦南北咽喉依稀欲断，盖非审定全局，大举而尽平之，万万不可也。
>
> 目今边烽蛰伏方张，朝鲜又有动摇之患，沿边沿海时切戒严，转饷治兵尚烦规画。或者不知贼势，意将稍付缓图。臣等伏思，敌国外患，古来无地无之，盗阻中原则是根株在内，及早芟除犹恐其蔓……是贼一日不除，边海茫无可恃，此内外本末相因之理势，不待智者而知也。第今用兵剿贼之费，原非京边起存额内本有之储需。而今用兵剿贼之方，难办京边起

1 杨嗣昌《敬陈安内第一要务疏》,《杨文弱先生集》卷九。

2 杨嗣昌《敬陈安内第一要务疏》,《杨文弱先生集》卷九。

存额外本无之烦费，是则阋墙御侮，犹资同室缨冠，天下一家，孰敢乡邻闭户有说于此！[1]

四月十六日，皇帝批示，对于他所说的平寇各项事宜，都表示同意，但是计兵十二万、筹饷银二百八十万，如何措办，还须"从长熟商"。[2]

几天之后，杨嗣昌对于皇帝"从长熟商"的旨意，作了解释，今日剿贼平寇并非穷兵黩武，好大喜功。他说：从前并非不征兵措饷，要之无可奈何，只因零星凑泊，原来打算通盘悠忽，迁延不肯，想侥幸终局，一误再误，何止千百其误，以至于今。万无明知故陷，仍复零星凑泊、悠忽迁延之理。所以计兵十二万，筹饷二百八十万，苟非万不得已，何敢轻发此言？臣愚既发此言，亦曾审思事理，作何措办，不敢托之空谈而已。[3]

1 杨嗣昌《敬陈安内第一要务疏》，《杨文弱先生集》卷九。

2. 杨嗣昌的足食足兵论

2 杨嗣昌《敬陈安内第一要务疏》，《杨文弱先生集》卷九。

增兵的主要障碍是增饷。自从万历四十六年因为辽东战争而开征"辽饷"二百万两，万历四十七年加派"辽饷"四百万两，万历四十八年加派"辽饷"五百万两，崇祯三年加派"辽饷"六百八十万两。这些庞大的赋税加派，对于百姓而言苦不堪言，对于辽东战争而言仍是杯水车薪。此时杨嗣

3 杨嗣昌《兵饷遵旨熟商疏》，《杨文弱先生集》卷十。

昌又提出加派“剿饷”，无异于增添另一个填不满的无底洞，无怪乎皇帝要问：“计兵十二万，筹饷二百八十万，作何措办？”

杨嗣昌从“安内第一”的高度，提出在“辽饷”之外再加派“剿饷”，用于剿灭流寇。他的征收办法有四种途径：因粮（均输）、溢地、事例、驿递。

所谓因粮，又称均输，即按照耕地面积摊派，每一亩加派米六合（0.6升），米一石折合银子八钱（0.8两），每年可征收银子一百九十二万九千两。

所谓溢地，是指万历六年至十一年清丈田亩后新增的耕地，以前加派辽饷时没有作为摊派对象，此次一并加派，估计可以征收银子四十万两。

所谓事例，是出卖国子监学生的学历文凭，为纨绔子弟用金钱铺路，开辟一条踏入仕途的捷径。这笔收入数量难以估计。

所谓驿递，从此前几年裁减驿站，节省下来的预算中，拨出二十万两银子作为军饷。[1]

税收加派令人怨声载道，杨嗣昌为之粉饰，把它与历史上的“人丁加派”“头会箕敛”划清界限，并且引用孔子的话来做挡箭牌：“试观孔子与子路论政‘必先足食而后足兵，至不得已，必先去兵而后去食’，理至明也。”[2]而且他自己注重的是“因粮”（均输）与“溢地”两种途径，亦即取之于土地农

1 唐文基《明代赋役制度史》，中国社会科学出版社，1991年，第345—357页。吉尾宽《关于杨嗣昌的剿饷》，载《东方学报》第58册（1986年）。

2 杨嗣昌《兵饷遵旨熟商疏》，《杨文弱先生集》卷十。

业税。[1]

崇祯十年四月二十七日，皇帝在平台召见内阁辅臣张至发、孔贞运、贺逢圣、黄士俊，兵部尚书杨嗣昌、户部尚书程国祥等大臣，讨论征兵筹饷问题。

皇帝朱由检开门见山向杨嗣昌提问："流贼蔓延，卿言大剿须用大兵大饷，布置都是。但见在官兵已有若干，尚少若干？调西南之兵，云贵川湖何兵可调？团练土著果否得用？因粮输饷，不分五两上下，可得若干？奏来。"

杨嗣昌胸有成竹侃侃而谈："方今流贼蔓延为日已久，黄河以南大江以北，东西七八千里，止有州县城池尚在，其余村落残破难堪。臣昨从湖广荆州、襄阳二府，河南南阳、开封二府过来，亲见地方数百里无一茎青草，人民相食至不忍言。今不整兵大剿，纵贼自有天败之时，毕竟人民都被杀掳尽了，其仅存者又皆化为土贼，国家却将何人种地纳粮？"

接下来他分析先前零星分剿毫无成效，必须调动重兵大剿的道理："如今见在陕西总督洪承畴，有总兵左光先、曹变蛟、祖大弼、孙显祖，副参等官马科、贺人龙、张令等，兵虽有万余，却去零星分剿，不能成功。陕西巡抚孙传庭具奏，延（绥）兵专剿实难，川兵糜饷无用，见在无一个兵了。河

1 杨嗣昌《敬陈安内第一要务疏》,《杨文弱先生集》卷九。

南总理王家祯见在止有左良玉、孔道兴、罗岱等地方之兵，不满一万，调到龙在田等云南兵八千，尚无正饷。湖广兵除总兵秦翼明发回外，止有杨世恩、贾一选之兵，不满五千。如今要调四川尚有谭大孝之兵，湖广有施州卫镇箪之兵，贵州有杨明楷、罗京周之兵。”他强调兵力不足，是为了筹饷作铺垫，所以说：如果军饷足够，招募练兵就不再是难事。

朱由检明白他的用意，继续问道：“贼定要大剿，定要用大兵，只是钱粮若不出于民间，就该发帑藏了。目今帑藏空虚，因粮与加派无异。前查约数若干，限二日内奏夺，如何不见奏来？”

这是指四月十六日奉圣旨：“计兵十二万，筹饷二百八十万，作何措办？”杨嗣昌迟迟没有回奏，故有此问。杨嗣昌道出了他的难处：“连日臣等打算，大费踌躇，不敢轻易下笔。大约省直地方，除兵荒残破免派外，其余比照湖广见行派米事例，每田一亩派米六合（0.6升），每米一石折银八钱，可得一百九十余万。”

朱由检知道除了“因粮”之外，还有“溢地”，便追问道：“溢地一项如何前行抚按查核，俱未回奏？”

杨嗣昌解释道：“臣昔年在户部管饷，颇知溢地之详。大约每计一省即一大府，溢地一二万顷以上，此是山泽遗利，清查出来，原在夏税秋粮之中，止不曾派辽饷，今该补派无疑。”

朱由检见他跪奏良久，要他起身，继续回奏。便把话题从内忧转到了外患，问道：“假如敌兵从蓟（州）宣（府）边外来，叛人又来海上，何以御之？”

杨嗣昌回答：“臣料敌兵从蓟宣来，十之六七；叛人从海上来，十之二三。臣亟欲计处兵饷，一来荡平流贼，便可专力于边海之防；二来边海有警，中原若有大兵大饷，缓急也得应手。”[1]

此次御前会议，对于计兵筹饷，基本达成共识。御史卫景瑗（字仲玉，号带黄，陕西韩城人）反对为了筹措军饷而均粮加派的做法，杨嗣昌上疏反驳卫景瑗所谓“均粮原非圣主之心”的说法：

——流贼蔓延腹心，荼毒为日已久，为患已深。有能一兵不募，一饷不增，而于一日之间荡平净尽，此普天率土之至愿，即微臣之至愿也。至不得已而募兵增饷，且未敢决定荡平之期，此普天率土之不愿，亦微臣之不愿也。

——惟在今日预立限期，如“五年灭敌”“六月平贼”之故事，则断断乎不可，何也？用兵之事，与寻常驳勘词讼、追征钱粮，严立钦限者不同，顾其贼之情势，人之材力何如耳。

——我皇上御宇十年，外边内寇用兵之效，无逃圣鉴，果剿贼之役不须增兵，而臣议兵；不须增饷，而臣增饷，即在开口之日便当置臣死地，何待异日为也……如果见在有兵，陕抚孙传庭何以请调延绥、宁夏、甘肃各抚亲自统兵合围，又调山西虎大威等领兵过河剿杀？如果见在有饷，陕督洪承畴何以前报新

1 杨嗣昌《杨文弱先生集》卷四十三《召对纪事（丁丑四月二十七日召对）》。

旧官兵饷银中断？差人接踵讨发，苦无以应，虑恐酿患不测，未敢赴西督剿，暂驻兴平、凤翔之间。近报新题饷银止可支至四月，又将中断。如果见兵见饷，剿尽一股，再剿一股，便是实着。陕西巡按谢秉谦何以奏报五帅群聚一隅汉南，疾呼半载，仍无一旅赴援？[1]

讲得头头是道，振振有词。皇帝自然是支持他的，明确表态：外内交讧，酌兵计饷原属万不得已，局外遥夺，岂晰就中肯綮！[2]为了统一思想，皇帝决定以诏书的形式向全国宣布加派剿饷，把杨嗣昌的意见化作朝廷的旨意。诏书写道："流寇蔓延，生民涂炭已极。不集兵会剿，贼不能速除；不多措钱粮，兵不能大举。帑藏匮绌，设处无方，廷议因改粮为均输，暂累吾民一年，除此腹心大患。筹思再四，万非得已。"[3]

然而廷臣之中依然意见纷纭，杨嗣昌力排众议，固执己见。他在一份奏疏中回击对他的非议：臣先前有敬陈安内第一要务疏、兵饷遵旨熟商疏，发抒胸臆之见，幸蒙圣鉴允行。已逾三月，各省当事诸臣方才料理，未有端绪，流贼冲突骤难抵挡。于是阁中非议纷至沓来，臣欲一一答复，不但时间无暇，而且语言重复，再次一并答复。诸臣议论不过三条：一护卫凤泗祖陵，二护卫承天祖陵，三守

1 杨嗣昌《复卫御史均粮原非圣主之心疏》,《杨文弱先生集》卷十三。

2 杨嗣昌《复卫御史均粮原非圣主之心疏》,《杨文弱先生集》卷十三。

3 彭孙贻《平寇志》卷三。

备安庆、桐城一路。总之，剿贼一事违误多年，待臣至而议兵议饷，为时已晚；无奈如今尚有无着之饷、待召之兵，不更晚之晚乎？以上三款，集自陈之议，有如许更端，诚烦圣虑，诚费圣心，然而议饷未尝超出前请二百八十万之外。在足食足兵，开征剿饷的原则问题上，寸步不让。六月十六日奉圣旨：俱依议，着作速举行，务期护陵、剿贼制胜万全。[1]

既然皇帝要求“剿贼制胜万全”，杨嗣昌就“剿贼”的紧迫性，为了回击诸臣对他的批评，不惜推翻先前自己提出“不立限期”的意见，发誓：“下三个月苦死工夫，了十年不结之局。”请看他的说法：“臣前计兵至十二万，计饷至二百八十余万，又不立限期。或以为奢阔，或以为迟钝，臣一切甘之不知，审时度势，固将有待而发。今则网张十面，刻值千金，断断不容蹉过矣……臣之愚计，要使陕抚断商雒，郧抚断郧襄，楚抚断德黄，皖抚断英六，凤抚断颍亳，而应抚之兵仍堵潜太，江抚之兵急堵梅济，东抚之兵直堵徐宿，晋抚之兵横截陕灵，保抚之兵飞渡延津一带。然后总理提边兵，监臣提禁旅，豫抚提左陈等兵，同心并力，合剿中原，为不尽不休之势。倘闯、过大贼透出关东，则秦督提左、曹、祖诸帅之兵，与之俱出。下三个月苦工功夫，了十年不结之局，是在我皇上赫然一震

1 杨嗣昌《连接诸臣奏揭疏》，《杨文弱先生集》卷十六。

怒间耳。”[1]

十月二十四日，皇帝批示：“俱依议，文武将吏通着刻期协歼，共奏肤功。”[2]

皇帝批准“刻期协歼”，杨嗣昌便把“下三个月苦死工夫”具体化，以今年（崇祯十年）十二月、明年（崇祯十一年）正月、二月，作为剿贼之期，务必使得四正六隅、十面张网，马到成功。这无异于立下军令状，表明拚死一搏的决心。他写道：

——臣愚前计剿贼，不敢先立限期，将待人齐、兵齐、饷齐，动手之间，再为思算长便道理。而今兵虽调发，未可谓齐；饷则派征，全未就绪；第（总）理（巡）抚诸臣业皆受任，不可谓人不齐耳。乃臣遽请明旨责成以十二月、正月、二月为剿贼之期，请网张十面，刻值千金，断断不可蹉过，则何也？

——以今年边警偶然蛰伏，其来年鸷击必更猖狂，若不趁此三个月冰雪在地，草芽未萌，急急了中原寇盗，则来年表里仓皇，边腹救应，始有不知为计者。所以臣之愚计，驱贼中原，并力合剿，则贼入吾网，面面有兵，无漏脱之地。而就此面面有兵布之，即面面是网，亦犹不大费饟粮耳。然指期三月，合之为费已多，骤用一时，征解岂能济急？则河北、

1 杨嗣昌《请旨责成剿贼第一事疏》，《杨文弱先生集》卷十九。

2 杨嗣昌《请旨责成剿贼第一事疏》，《杨文弱先生集》卷十九。

山东、河南、湖广、江北等处，不拘何项钱粮，势必挪移应用，待后派饷征完补之，此必然之势也。[1]

十月二十六日，皇帝批准他的意见，对各地各部门“骤难济急”深表不满，派饷协剿久奉明旨，督饷部司星速催解，各省司府不拘何项钱粮，权宜接济，不得耽误军需！[2]

如此大张旗鼓，雷厉风行，势必引起一些官员的反感。十一月初八日，有人在杨嗣昌的寓所粘贴匿名揭帖（大字报），指责杨嗣昌“变乱祖制，大肆猖狂，举朝文武钳口结舌”，“皇家之福容留，则祸起萧墙”。杨嗣昌不胜惊愕，向皇帝感叹：“嗟乎，臣任事能几何时？而拂情敛怨，危机动矣。虽其言‘变乱祖制’与臣实不相蒙，而无根之言反白为黑，既能举不相蒙者加之于臣，则将何所不至！”他深知原因就在于拂情敛怨：“第在事一日，必思尽一日职掌，而衙门职掌多沿迩年积习，至于废弛，惟有稽考祖制，以渐修明。斯实仰裨圣治俯砺，时趋之正道。然而率循祖制，必大拂于群情；修明职掌，必难免于众怨。此臣知其必然，而不敢顾者也。”[3]

对于杨嗣昌的处境，皇帝是理解的，当天就下达圣旨安慰：卿矢公厘剔，力任怨劳，枢务方殷，着安心料理。匿帖即照律烧毁，不必介意，仍行厂

1 杨嗣昌《请旨责成剿贼第二事疏》，《杨文弱先生集》卷十九。

2 杨嗣昌《请旨责成剿贼第二事疏》，《杨文弱先生集》卷十九。

3 杨嗣昌《孤臣尽职甚难疏》，《杨文弱先生集》卷二十。

卫城捕等衙门严缉究治。[1]

然而对于杨嗣昌加派剿饷的非议始终没有停息，直至明朝灭亡以后，遗老遗少们依旧义愤填膺，斥责他为亡国的罪魁祸首。彭孙贻就是一个代表，他说："兵兴以来，辽饷、练饷计亩日增，民蹇蹇靡所骋。(杨) 嗣昌复进均输之说，以重困吾民，是将胥天下而驱为盗也"；"(杨) 嗣昌憸夫哉，一言而亡国"。[2]

◤ 彭孙贻，浙江海盐人，明太常寺卿彭期生之子。彭期生以抗清殉难，彭孙贻终身不仕，以著述为业。著有《平寇志》《彭氏旧闻录》《明朝纪事本末补编》等。

说杨嗣昌"一言而亡国"，实在是过于偏激的苛求之词。彭孙贻免不了书生的迂腐气，认为最好的办法莫过于军队屯垦自给，恢复早已名存实亡的卫所屯田制度，可以收到"不加赋而兵自足"之目的，带有浓厚的理想主义色彩。在兵荒马乱的情况下，军队追剿流寇已经疲于奔命，哪里还有闲暇时间屯田？作为一个应急措施，开征剿饷是无可奈何的选择，舍此别无他法。正如邹漪所说："至以加饷殃民为武陵 (杨嗣昌) 罪，则剿寇需兵，用兵需饷，前督师卢象昇早已建议请行矣。世之君子未尝设身处地，而苛求不已，恐未可为定论也。"[3]邹漪的话没有偏激情绪，令人信服。

问题的焦点不在于军饷本身，而在于制度性腐

---

1 杨嗣昌《孤臣尽职甚难疏》,《杨文弱先生集》卷二十。

2 彭孙贻《平寇志》卷三，杨嗣昌议改因粮为均输条，彭孙贻所写评论。

3 邹漪《明季遗闻》卷一。吴伟业《绥寇纪略》卷七《开县败·附记》。

败。一方面，军饷早已成为腐败的渊薮，加派辽饷、剿饷害得民穷财尽；另一方面，对于战争而言，军饷依然是杯水车薪，捉襟见肘。何以故？制度性腐败铸就了一个无底洞。山西巡抚吴甡崇祯十年的报告，揭示了围绕军饷的制度性腐败一角：

一是“山西之兵止占冒之余”——“尝考经制，旧额七万余员名，后裁减经制。近按支粮实数，尚有四万三千余员名，何以一值剿御辄若无兵？不知四万三千之内，有一人而食两饷，是谓‘双粮’；又有一二三名空粮加贴一人，是谓‘帮粮’。夫帮粮、双粮之数多，则实之支粮之人少，况食二项之粮者，皆将领守提之家丁，大率寄名影冒，不可穷诘”。

二是“山西之饷止侵蚀之余”——“臣观该镇粮饷，因民运不前，压欠遂至十二三月，此递压递累之数。然以旧抵新，月支亦差不远，何至各兵尽饿殍哉？只缘发粮之日而贪弁奸委，不曰扣使费，则曰除借支。其使费者何？凡上司之巡历，有小饭下程、随巡供应、马匹夫役等费，以致营将上下交往之礼节，与衙门内外打点之陋规，并军中大小诸务，无不有费。将领通同书识官旗，赴势要之家借出应用，俟领粮到日，扣还本利，方给军兵。且指一作十，重复计算，军兵明知而不敢抗，致有领饷数月，而实支不满数钱者”。[1]

1《明清史料》乙编《兵部题行户科抄出山西巡抚吴甡题稿》。按：吴甡《柴庵疏集》不收此疏。

这并非山西一地特例，其他地方概莫能外。为了填补这个无底洞，不断加派，增加军费，各地依然拖欠军饷成风，军队普遍粮饷不足，士气低落。

3. 熊文灿出任五省总理

杨嗣昌增兵增饷，目的是为了实行“四正六隅”“十面张网”的围剿计划。按照这个计划，陕西、河南、湖广、凤阳为四正，这四处的巡抚以剿为主，以防为辅；延绥、山西、山东、应天、江西、四川为六隅，这六处的巡抚以防为主，以剿为辅。这四正六隅合起来，就是十面张网。假如流寇在陕西，那么陕西、四川、湖广、河南、延绥、山西各巡抚，张网六面合围，五省总理入关，与五省总督合剿。假如流寇在河南，那么湖广、凤阳、应天、山西、山东、河南各巡抚，张网六面合围，五省总督出关，与五省总理合剿。假如流寇在湖广，那么河南、陕西、四川、应天、凤阳、江西各巡抚，张网六面合围，而总督、总理都入湖广合剿。总之总督、总理是随剿随杀，各巡抚是四面合围，不论主战场在何地，都要布置一个罗网。由此可见，五省总理的职责至关重要。

然而，新任五省总理王家祯是个庸才，根本无法和他的前任卢象昇相比拟，要他与五省总督洪承畴合力围剿，担当十面张网的主角，显然勉为其难。杨嗣昌从大局考虑，向皇帝推荐现任两广总督兼广东巡抚熊文灿，取而代之。

熊文灿，贵州永宁卫人，万历三十五年进士，自诩知兵，也确实露过一手。崇祯初年，在福建巡抚任上，招降海上走私贸易集团首领郑芝龙，并仰赖郑芝龙的力量平定沿海其他武装集团，成为他的显著政绩。其实“招降”云云，言过其实，郑芝龙根本不受熊文灿节制，我行我素，熊文灿哪里是他的对手！当时官方这样描述郑芝龙：“郑（芝龙）贼固甚幺么，而狡黠异常，习于海战，其徒党皆内地恶少，杂以番倭，剽悍三万余人矣。其船器则皆制自外番，艨艟高大坚致，入水不没，遇礁不破，器械犀利，铳炮一发数十里，当之立碎。”[1]传统的观点认为郑芝龙是海盗，似乎过于简单化。他是海上贸易集团的首领，因为武装走私，被官方认定为海盗，其实他的主要身份是海商。[2]熊文灿由于招降郑芝龙声誉鹊起，谋求升任两广总督，便用搜刮来的钱财贿赂朝中权贵，为之美言。崇祯五年，他的愿望得逞，升任兵部右侍郎兼都察院右佥都御史，总督两广军务兼巡抚广东。

◥ 熊文灿，由杨嗣昌推荐，被任命为兵部尚书兼右副都御史。崇祯十一年大败农民军，致张献忠投降，十二年张献忠复叛，熊文灿招降失败，十三年以“私通罪”下狱，后弃市。

却说熊文灿昔年侨寓蕲水时，与礼部侍郎姚明恭结为姻亲；姚明恭又与杨嗣昌关系密切，得知这位兵部尚书颇受皇帝器重，急于平定内乱，乞求一

1 《明清史料》乙编《兵部题行兵科抄出两广总督李题稿》。

2 参看岩生成一《明末日本侨寓支那人甲必丹李丹考》（《东洋学报》第23卷第3期），以及博克瑟《郑芝龙（尼古拉·一官）兴衰记》（《中国史研究动态》1984年第3期）。

人协助，便向杨嗣昌推荐熊文灿，说：熊文灿的才干已引起皇帝注意，此人有内援，可以推荐。杨嗣昌为了实行四正六隅十面张网战略，确实需要一名得力封疆大吏支持，便向皇帝推荐熊文灿，说："总理须饶有胆智临机应变之才，非两广总督熊文灿不可。"[1]

皇帝派遣太监假借前往广西采办珠宝之名，暗中觇视熊文灿。机敏过人的熊文灿岂肯坐失结交太监的良机，赠以厚礼，留饮十日。一日宴饮，太监谈及中原寇乱，感叹无人能为朝廷尽力。熊文灿酒酣气益振，击案大骂：此行间诸臣误国，若文灿往，断不令鼠辈横行至是！太监一听，正中下怀，立刻站起来坦言：实不相瞒，吾并非来广西采办，乃衔皇上之命觇视熊公。现在相信熊公有当世之才，非熊公不足以摆平流寇。吾回朝复命，朝廷旦夕召唤。熊文灿一听懊悔不已，方知酒后失言，他追求的是久镇两广当太平官，并不想到中原战场去拼命，刚才的豪言壮语不过是逢场作戏，不料太监当了真，为了转圜，大谈"五难四不可"，寻找借口推脱。太监笑道：此数事（指五难四不可），吾向皇上代为禀明，若皇上无所吝啬，熊公不得再推辞。熊文灿自知理屈词穷，只得勉强答应。[2]

崇祯十年闰四月，皇帝下旨：熊文灿以兵部尚

1 吴伟业《绥寇纪略》卷六《谷房变》。戴笠、吴乔《流寇长编》卷十，崇祯十年五月庚寅。

2 戴笠、吴乔《流寇长编》卷十，崇祯十年五月庚寅。吴伟业《绥寇纪略》卷六《谷房变》。万斯同《明史》卷三百六十五《熊文灿传》。

书兼都察院副都御史，总理直隶、山西、陕西、四川、湖广军务，督剿流寇。[1]

熊文灿接到皇帝诏令后，立即请求皇帝，把左良玉的六千精兵划归自己节制，并且在广东招募善于操作火器的士兵二千人，作为护卫亲军，随即从广东北上赴任。途经庐山，他拜谒空隐和尚，向他讨教此去前途吉凶。

空隐和尚问明来意后，直率地说：熊公错了，公自度所统将兵足以制敌死命否？诸将有否可嘱托大事独当一面，不烦指挥可定大局者？皇上特地授予你如此名位，寄予厚望，而且限定时日，一旦没有成效，恐将祸及身家。

熊文灿问：吾欲招抚，如何？

空隐和尚说：吾早就料定熊公之策，必出于招抚。招抚果然可行，但流寇非海寇可比，你要慎重。

熊文灿听罢，长跪于佛像前祈祷：如得无恙，愿以余年皈依佛门。[2]

这场会见，为熊文灿出任五省总理笼罩了一层阴影，前途凶多吉少。此后不久他到河南，旧友襄城万廷蕙晓之以理："贼久玩，不知有王师，必大创之，乃可招安。若专任招抚，事姑息，恐狼子野心，终不可保。窃恐无益，终为中原遗患耳！"[3]熊文灿没有听取"必大创之，乃可招安"的规劝，一

1 谷应泰《明史纪事本末》卷七十五《中原群盗》。

2 吴伟业《绥寇纪略》卷六《谷房变》。万斯同《明史》卷三百六十五《熊文灿传》。

3 郑廉《豫变纪略》卷二。

意主抚。

令人不解的是，主张四正六隅十面张网的杨嗣昌，竟然支持熊文灿的招抚策略，致使围剿的罗网在湖广出现硕大无比的漏洞，使自己陷入自相矛盾之中。万斯同对此有一段精彩的评述：

> 初，（杨）嗣昌建四正六隅之说，帝深喜之，中外亦冀其成功，虽加赋人不敢议。其后，以江北急，改驻总理于安庆，而郧抚复留，已抵牾前策。及（熊）文灿受事，即议抚，嗣昌顾不以为异议，阴主之，而复上疏申己说。言：网张十面，必以河南、陕西为杀贼之地，然陕有李自成、惠登相等大部，未能剿绝，法当驱关东贼不使合。而陕抚断商雒，郧抚断郧襄，安抚断英六，凤抚断亳颍，而应抚之军出灵陕，保抚之军渡延津，然后总理提边兵，监臣提禁旅，豫抚提陈永福，诸军并力合剿，势期必尽。若关中大贼透出关东，则秦督提曹变蛟等出关协击，砺三月之军锋，除十年之剧寇。苟巡抚不用命，立解其兵柄，简一监司代之；总兵不用命，立夺其帅印，简一副将代之；其监司副将以下，悉以尚方剑从事。则人人效力，何贼不平？遂克今年十二月至明年二月为灭贼之期……嗣昌建合剿之策，谓贼必可平，专任文灿。文灿则专主抚，所加饷，天子特遣一侍郎督之，本藉为剿贼用，文灿悉以资抚。嗣昌竟不守前说，而帝不复诘，廷臣亦无言及之者……嗣昌终以文灿为贤，而文灿实不知兵，既降（刘）国能、（张）献忠，谓抚必可恃，嗣昌亦遂听之，所请无不曲徇，不复言十面张网之策矣。是月，帝御经筵毕，嗣昌

奏对，有“善战服上刑”语。帝怫然诘之曰：“今天下一统，非战国兵争时比。小丑跳梁，不能伸大司马九伐之法，奈何为是言？”嗣昌惭，顿首谢罪。[1]

看来杨嗣昌自己对于十面张网也缺乏信心，不得不乞灵于招抚，不战而屈人之兵，所以他多次上疏，向皇帝赞许熊文灿的招抚策略。崇祯十一年四月下旬，他在一份奏疏中从几个方面陈述他的观点：

一则说“先抚一二股，稍杀贼势”——臣查总理熊文灿受事之初，立意先抚一二股，以稍杀贼势，而后剿其余，故张献忠乞抚则许之，刘国能乞抚又许之。（刘）国能既已入营，而余党不尽；（张）献忠虽已受抚，而犹豫多端。以此为抚之始基则可，谓为抚之完局则不可。而臣部于此始难之，而今信之，何也？始焉欲不从其抚，则不得不难既焉；已从而抚之，则不容不信，非臣等之轻信也。

再则说“宁难民有负朝廷，毋朝廷有负赤子”——臣部所颁布所奉行者，本朝廷之大信存焉。惟信可以格豚鱼行蛮貊，况此朝廷之赤子！携贰而以信招之，反侧而以信安之，理宜然，事亦宜然也。使朝廷信，而反侧不信，叛而讨之，彼有何词？使反侧信，而朝廷不信，是难民终无活路，兵

1 万斯同《明史》卷三百六十五《杨嗣昌传》。

革终无已时也。臣之鄙见，宁难民有负朝廷，毋朝廷有负赤子，此信之一字，臣部行之不为过，任之不为愚。惟恐信未至而生之疑，疑未形而示之影，惊眠虎而使之觉，嗾驯犬而使之噑，则大有可忧者耳。

三则说皇上面谕“剿抚原该互用”——是则先抚一二股，以杀贼势，而后剿其余，似亦不为失算。至于张献忠之抚，臣等始殊难之。皇上召臣（杨）嗣昌、臣（赵）光抃于武英，赐对面谕“剿抚原该互用”；又问臣云：“卿说这贼杀得尽否？”臣乃渐渐敷陈相机安抚之实事。夫岂不念荆襄重地中原要区，当令贼散不令贼聚乎？顾贼流贼也，必先从流而得止，然后从止而得散，从散而得消……事关兵机，只此剿抚二字，有可言而不可知者，为贼之情形；有可知而不可言者，为我之着数也。[1]

崇祯十一年四月二十五日皇帝批示，只有一个字“是”，可见对杨嗣昌的说法是认可的。[2]

这年八月，杨嗣昌再次向皇帝表示对熊文灿的信任：“理臣熊文灿，臣素知其果于持重，算必求全，原非卤莽从事者，每与臣言中原寇盗，自前代以至本朝，无不以收降安插为结局；只抚更难于剿，善后之人，善后之事，未易详述。似其胸中确有所见。臣亦矢竭同心，愿底成绩，仰纾至尊宵

1 杨嗣昌《复兵科招抚之功罪疏》,《杨文弱先生集》卷二十四。

2 杨嗣昌《复兵科招抚之功罪疏》,《杨文弱先生集》卷二十四。

吁，俯救赤子疮痍，非以身家私事暱比文灿也。”皇帝再次表示“说得是”。[1]

熊文灿的招抚策略，日后招致大祸，咎由自取。在史家笔下，熊文灿实属庸鄙颟顸之辈。计六奇写道：“(熊)文灿庸鄙无能，驻节襄阳，于后圃种蔬，日用数十人灌溉。时旱，郡邑申文祈雨，文灿批云：‘园蔬茁茂，禾苗何以独枯？不过奸民为逋粮地耳。’其设施如此。”[2]推荐这样的庸鄙无能的人出任五省总理，令人百思不得其解。

当熊文灿抵达长江北岸的重镇安庆时，皇帝派来的太监刘元斌、卢九德率领的禁军勇卫营也赶到此地。左良玉自恃是宿将，桀骜不驯，不愿接受熊文灿的节制，故意制造部下与粤军不和，大爆粗口：制府自有亲军，何必用吾辈杀贼！熊文灿不得已，借口南方人水土不服，把从广东带来的亲军遣散了，只留下帐下护卫五十多人，左良玉还是不服。杨嗣昌把情况报告皇帝，皇帝不得不调拨冯举、苗有才的边兵五千人，归熊文灿指挥。熊文灿每天神思恍惚，若有所失，继续请求皇上再调边兵，又建议用坚壁清野的办法困死流寇，语言大多荒诞不经。比如说：臣至湖广蕲水、黄州，见野有鸭鹜，仓有稻米，沿江地方很是富饶，岂不是在招引流寇？如果把居民和粮食都搬到城里，封闭起来，使流寇无所掠夺，将不

1 杨嗣昌《剿抚已饬行间疏》，《杨文弱先生集》卷二十六。

2 计六奇《明季北略》卷十五《张献忠复叛》。

战而退。朝中官员得知这些谬论，无不讪笑。皇帝也大为恼怒，训斥道：熊文灿特简受事，师期将逾，不能一有所出，需边兵到达才能往前线，是在玩寇！杨嗣昌只得出面打圆场，委婉地告诉熊文灿，边兵不可再调，先前所调真定、山西兵各三千在黄河沿线，可资夹剿，左良玉军专属总理调遣，至于剿抚兼用、坚壁清野二事，朝廷不止制。既没有完全拒绝他的请求，又顺从了皇帝旨意。[1]

4. 张献忠谷城受抚

杨嗣昌的四正六隅、十面张网战略，虽然没有在三个月内奏效，但在此后的一年中逐渐显示出强大的威慑力。在湖广境内的各支造反大军，利用熊文灿急于招抚的心态，纷纷向他请求招抚。其实并非真心改邪归正，而是权宜之计，用假投降自保，等待时机，以求东山再起。张献忠谷城伪降就是最典型的事例。

崇祯十年八月，张献忠假冒官军旗帜，袭击南阳，驻扎于南关。左良玉颇为怀疑，派人召见。张献忠怕露出真相，拔营撤离。左良玉拍马追赶，两马相望，一箭射中其肩，一箭射中拉弓的手指，张献忠稍一慌张，左良玉举刀劈向他的脸，血流被

1 吴伟业《绥寇纪略》卷六《谷房变》。戴笠、吴乔《流寇长编》卷十，崇祯十年十一月壬申。

甲。幸亏他的部将孙可望（绰号一堵墙）奋力抵挡，才突出重围，奔往麻城。[1]十月间，张献忠与闯塌天、革里眼、老回回等部十余万之众，屯聚于黄州、麻城一带，熊文灿派监军道张大经、太监刘元斌从舒城、六合、固始、光山向他们靠近。十二月，熊文灿命张大经派人前往劝降，闯塌天刘国能表示了降意，张献忠犹豫不决，奔往承天、襄阳。[2]十二月二十八日，勇卫营监军太监刘元斌向皇帝报告张献忠求抚的信息，并且表明自己对于招抚的看法："官军连胜，贼势已窘，抚之则可；未战胜，而贼势未窘，则不可；抚之而求散则可，抚之而求聚则不可；抚之而求杀贼自效则可，抚之而求拥贼自固则不可。"请求朝廷下达敕书，命张献忠剿杀李自成、老回回，以检验是否真心求抚。[3]崇祯十一年正月初八日，刘元斌再次报告朝廷，张献忠求抚。杨嗣昌唯恐其中有诈，向皇帝建议：不妨命张献忠袭击李自成、老回回作为考验，否则便剿杀不论。皇帝以为不妥："岂有他来投降，便说一味剿杀之理？"杨嗣昌详细说明理由，他派各路军队张网以待，熊文灿与刘元斌会师于黄州、麻城一带，原以为必

◥ 孙可望，陕西米脂人。参加张献忠部起义军，与李定国、艾能奇、刘文秀同为张献忠义子，封平东将军。

1 计六奇《明季北略》卷十五《张献忠复叛》。戴笠、吴乔《流寇长编》卷十，崇祯十年八月甲子。文秉《烈皇小识》卷六。
2 戴笠、吴乔《流寇长编》卷十，崇祯十年十二月乙未。
3 戴笠、吴乔《流寇长编》卷十，崇祯十年十二月壬戌。

有一场激战，岂料声息全无，甚至容忍流寇东奔西突。他请求皇上下旨：“明以抚示”“阴以剿杀”，主张以招抚为幌子，暗中乘机剿杀。皇帝依然在“剿”与“抚”的抉择中举棋不定，坚持“不可尽杀”的立场，不过圣旨说得较为含糊，突出“剿抚并用”四字。[1]实际上默认了熊文灿、刘元斌大胆招抚的做法。

熊文灿自出任总理之日起，就致力于招抚，初抵安庆时，就派人去招降八大王张献忠、闯塌天刘国能。以后又印发大量招降檄文，张贴于通都大邑。刘国能率先接受招抚，《明史》这样记录此事：“当是时，总理熊文灿新至，贼惮之，见其下招降令，颇有欲归正者。（刘）国能先与张献忠有隙，虑为所并；后又与左良玉战败。乃以十一年正月四日率先就抚于随州，顿首（熊）文灿前曰：‘愚民陷不义且十载，赖公湔洗更生，愿悉众入军籍，身隶麾下尽死力。’（熊）文灿大喜，慰抚之，署为守备，令隶（左）良玉军。（刘）国能受约束，无异志。已而，张献忠、罗汝才亦降，皆据邑自固，独（刘）国能从军征剿，数有功。”[2]《流寇长编》的记载略有不同：“大贼撞塌天刘国能以其党五千至随州，请降于左良玉，往受之，愿率壮丁立功自赎。（熊）文灿以闻，（杨）嗣昌覆云：‘（刘）国能之降，远能如白广恩、张妙手（即张文耀）之在陕西督抚标下建功，官至参

1 戴笠、吴乔《流寇长编》卷十一，崇祯十一年正月壬申。杨山松《孤儿吁天录》卷三。

2 张廷玉《明史》卷二百六十九《刘国能传》。

将、都司；近能如刘士杰、马俊才之在左良玉军前自效，官至守备则可许之。’（刘）国能，清涧诸生，被掠不得归，遂以智勇推为渠魁。事母，其来降奉母命也。（刘）国能既降，其遗党奉改世王许可变为长。”[1]

张献忠不同于刘国能，他摸透了熊文灿急于招抚奏功的心理，想借此获得一个喘息机会。率军一昼夜行七百里，从麻城赶往襄阳府的谷城县。崇祯十一年正月初九日，占领县城，发出安民告示：本营志在匡乱，已逐闯兵远遁，本营释甲归朝。他获悉当年曾有救命之恩的宿将陈洪范在军中，便派人带了厚礼向他传话：献忠向蒙恩公一言以免，有大恩未及报答，今日相遇于此，实乃天意，愿率部投降，随马足自效。陈洪范早就想建奇功，大喜过望，立即向熊文灿斡旋。随后孙可望带了无价珍宝，如长一尺多的碧玉二方、直径一寸的珍珠二枚等，送到熊文灿手里，当面乞求投降。[2]熊文灿欣然同意，派张大经前去监军。湖广巡按御史林铭球、分巡道王瑞旃与左良玉密谋，在举行受降仪式时，待张献忠一到立即逮捕，熊文灿极力阻止。

张献忠投降后，把他的军队分别驻扎于谷城四郊。熊文灿命令他精简队伍，只发给二万人军饷。张献忠表示，他的部卒都是壮士，愿全体跟从，请发十万人军饷。他对熊文灿说：给我十万人军饷，

1 戴笠、吴乔《流寇长编》卷十一，崇祯十一年二月乙亥。

2 吴伟业《绥寇纪略》卷六《谷房变》。彭孙贻《平寇志》卷三，崇祯十一年正月。计六奇《明季北略》卷十五《张献忠复叛》。文秉《烈皇小识》卷六。

犹如为郧阳、襄阳、荆州三府保卫疆域，可以长保无警。熊文灿深信不疑，立即发给六个月军饷。[1]

郧阳抚治戴东旻把情况报告朝廷。杨嗣昌获悉后，一面奏报皇帝："（张）献忠若真心反正，杀贼自效，当敛众出降，以待号令，岂可据城要抚！"一面告诫戴东旻必须小心谨慎："勿于初下手时，作无了手之事。荆襄无兵，荆州兵备王鳌永欲以标下兵百人效用，俾（熊）文灿请兵受计，料理此事。"继而又交代他："一日未靖，为抚为剿未有定算，当局须有深心，未可轻泄，翻致成变。"[2]

兵科都给事中姚思孝对此表示异议，在四月十二日的御前会议上，对皇帝说"要剿贼，还须督抚得人"，强调的重点是"剿贼"而非"抚贼"，从"还须督抚得人"的语气中透露出对总理熊文灿的不满。他特别指出："就如抚贼一事，亦难深信。这张献忠在谷城县有数万人，造房子种田，还该散遣才是。"皇帝不赞成他的看法，反驳道："造房种田，正是招抚好处。又要散遣，往哪里去？"杨嗣昌见皇帝偏袒熊文灿，赶紧附和道："昨谷城知县阮之钿条议数款，也得招抚方略。臣拟具奏请裁，内有种地纳粮一事，稍费踌躇。"他所说的"稍费踌躇"之事，是指张献忠军队在谷城附近种田，应该如何征收田赋。皇帝毫不犹豫地回答：自然与一般百姓一样。杨嗣昌以为这一带几经战乱，地方残破不

1 参见吴伟业《绥寇纪略》卷六《谷房变》。

2 杨山松《孤儿吁天录》卷三。戴笠、吴乔《流寇长编》卷十一，崇祯十一年二月、三月庚午。

堪，如今招抚安插似乎应该“量宽数年然后起科”，也就是说，近几年应该免除田赋。皇帝表示同意。[1]从这一段君臣对话看来，朝廷已经承认熊文灿招抚张献忠的既成事实，甚至对善后安插事宜也有所考虑，丝毫没有怀疑其中有诈。

姚思孝并不因此放弃自己的意见，认为张献忠之降难以相信。杨嗣昌批驳道：“臣查总理熊文灿受事之初，立意先抚一二股，以稍杀贼势，而后剿其余。故张献忠乞抚则许之，刘国能乞抚又许之。国能既已入营，而余党不尽；献忠虽已受抚，而犹豫多端。以此为抚之始基则可，谓之抚之完局则不可。而臣部于此始难之，而今信之，何也？始焉欲不从其抚，则不得不难既焉；已从而抚之，则不容不信，非臣等之轻信也……是则先抚一二股，以杀贼势，而后剿其余，似亦不为失算。至于张献忠之抚，臣等始殊难之。皇上召臣（杨）嗣昌、臣（赵）光抃于武英（殿），赐对面谕‘剿抚原该互用’；又问臣云：‘卿说这贼杀得尽否？’臣乃渐渐敷陈相机安抚之实事。夫岂不念荆襄重地中原要区，当令贼散不令贼聚乎？顾贼流贼也，必先从流而得止，然后从止而得散，从散而得消。今其乞抚之地必若不能暂止，就要驱遣他之，则安得令北走胡、南走越，一蹴便去，不占中国寸地乎？不然，而郧襄不可，他处又安见其可也？夫科臣（姚思孝）所言项忠之往

1 杨嗣昌《杨文弱先生集》卷四十三《召对纪事》（戊寅四月十二日召对）。戴笠、吴乔《流寇长编》卷十一，崇祯十一年四月丙午。

事，臣初入国门，首举之以升郧（阳抚）治衙门，畀总理专制者也。而今日一人言不宜，明日一人言不妥，臣虚己从之，屡渎天听，不避纷更之名，只求有济于事。幸蒙主上鉴允，有请辄得施行，抚剿稍觉有端，荡平不为无望。”[1]

杨嗣昌说得振振有词，并非信口开河，熊文灿的招抚策略，当时确曾收到意料之外的效果。据《流寇长编》记载：河南、湖广的造反大军闯塌天刘国能、八大王张献忠、混十万马进忠、射塌天李万庆、曹操罗汝才、过天星惠登相、整世王王国宁、托天王常国安、十反王杨友贤、关索王光恩等部，陆续投降。[2]熊文灿对于自己的招抚策略如此成功，洋洋自得地向皇帝吹嘘："臣兵威震慑，降者接踵，十三家之贼惟革（革里眼贺一龙）、左（左金王蔺养成）及马光玉（老回回）三部尚稽天诛，可岁月平也。”[3]

皇帝颇为欣喜，以为杨嗣昌任用熊文灿招抚有功，崇祯十一年六月，起用他与程国祥、方逢年、蔡国用、范复粹一起进入内阁，协助首辅刘宇亮办事，杨嗣昌仍兼兵部尚书。但是，廷臣对熊文灿并不信任，希望立即撤换。杨嗣昌反唇相讥："群意欲易总理熊文灿。臣一人能知几人？文灿任事一年，不曾损兵折将，破州屠县。若责以一剿便灭，一抚便散，实是不能。今议者既云当换，即宜确指

1 杨嗣昌《复兵科招抚之功罪疏》，《杨文弱先生集》卷二十四。戴笠、吴乔《流寇长编》卷十一，崇祯十一年四月戊午。按：《流寇长编》所写虽较简略，却抓住要害："今既抚之，不容不信。若影响先疑，惊卧虎，蹴眠犬，非良算也。”

2 戴笠、吴乔《流寇长编》卷十一，崇祯十一年二月。

3 万斯同《明史》卷三百六十五《熊文灿传》。

其人，明白入告，勿至会推以时，又推是兵部掌之也。”[1]

熊文灿的抚局，不过是让人产生错觉的表面现象，在表面现象背后，潜藏着隐而不显的危机，实力最强大且未受损失的张献忠与罗汝才的投降，乃是策略性的假投降。

张献忠受抚后，仍保持独立自主，掌控着自己的部队，不接受整编，“未离谷城一步，未散胁从一人”。[2]把谷城地区变成了他的兵营，致使谷城知县阮之钿哀叹“无土可守，无民可牧，无赋可征”。张献忠利用各衙门之间的矛盾，在谷城设关征税，搜集粮食，打造兵器，准备有朝一日东山再起。[3]南京兵部尚书范景文看到这些迹象，向皇帝上疏，极言“抚贼未可轻信”“叛形业已渐张”。[4]杨嗣昌对于旁观者的指手画脚不以为然，讥讽道：“剿抚全局，臣部亦有苦心，南北隔远，未能与（范）景文商求。但当局者苦无余力，而旁观者频频指点，是为教益我乎？抑为唆拨敌手乎？”有鉴于此，他请求皇帝制止旁观者在军事问题上说三道四：“兵家之事实亦畏人多言，以后凡有条陈，请敕密抄到部，苟得兵机缜密，反侧渐安，臣即得罪言者，所甘心也。”[5]

罗汝才也是如此。他接受招抚后，驻扎房山、竹溪一带。熊文灿要他解散部队，精选壮丁从征立

1 戴笠、吴乔《流寇长编》卷十一，崇祯十一年九月辛巳。

2 杨山松《孤儿吁天录》卷三。

3 樊树志《关于张献忠谷城伪降问题》，《复旦学报》1978年第1期。

4 范景文《抚贼未可轻信叛形业已渐张疏》，《范文忠公文集》卷四。

5 戴笠、吴乔《流寇长编》卷十一，崇祯十一年九月癸酉。

功，罗汝才根本不听，我行我素，与张献忠遥相呼应。计六奇的描述十分生动：

九月，熊文灿次于襄阳，遣将击贼于双沟，大破之，群贼四逸，惟曹操（罗汝才）独留内（乡）、淅（川）山中，守险自保。文灿檄左良玉、陈洪范招安群贼。十月，清兵败高起潜于卢沟桥，京师戒严，召孙传庭于陕西、洪承畴于三边。于是承畴、传庭率诸将合兵五万，先后出潼关入援。贼曹操闻之，谓为剿己也，率九营从郧阳浅渚乱流而涉，突走均州，叩大和山提督太监李维政乞抚。（李）维政言于（熊）文灿，文灿乃檄止诸军，曹操九营皆就抚。文灿上言请贷其罪，授游击将军，令诸将宴于迎恩官署，供亿甚备。

曹操名罗汝才，汝才既抚，分屯群贼于房（县）、竹（山）、保（康）、（南）漳四邑。自言不愿为官，并不食饷，愿为百姓，耕田此中而已。文灿一切羁縻，檄汝才解散胁从，简壮勇从征立功。汝才不听，因与郧（阳）均（州）诸邑居民分地错壤而居。时张献忠亦就抚，屯谷城，汝才遥与为声援。

抚治郧阳戴东旻奏曰："曹操就抚，不从解散之令，愿为百姓耕田，此目前盗铃之说耳。张献忠入据谷城，屡檄不前，将俟民间田熟，分其夏秋之粮，稍不遂意，干戈遂起。荆襄重地，今数省大寇环聚二三百里，羽翼已成，将有不可言者。然各贼尽聚郧地，四面合围，实有釜鱼阱兽之势。以理臣各镇现在兵马，再令督臣发秦兵由兴安驰赴，协同扫荡，此实荡平之机也。”[1]

戴东旻的意见不无道理，一味仰赖招抚，必定后患无穷。“剿抚互用”讲起来容易，做起来却难于上青天。

5. 李自成败退商雒

户部主事张缙彦的看法，与戴东旻可谓不谋而合。张缙彦崇祯四年曾担任清涧知县，两年后调任三原知县，对流寇有深切的了解，崇祯十一年三月，他把深思熟虑的意见写成奏疏，提供朝廷考虑。

其一，贼之得势在流，失势在止——盖贼之得势在流，而贼之失势在止；贼之长技在分，而贼之穷技在合；贼之乘时在秋夏，而贼之失时在冬春。昔大贼王嘉胤破河曲，据其城，曹文诏等夺门砍杀，而（王）嘉胤歼。李老柴破中都，据其城，巡抚练国事督兵攻围，而（李）老柴擒。神一元破宁塞，据其城，左光先等与战，而（神）一元死。谭雄破安塞，据其城，王承恩等攻围，而谭雄诛。此皆守而不去之贼，故速死也。过天星、老回回、混十万等，所破城邑无算，官军未至，旋即奔逸。此皆流而不居之贼，故缓死也。

其二，今欲破贼，惟在乱其所长、破其所得——贼入晋豫，分头成部，自秦及汝雒，以至江

1 计六奇《明季北略》卷十四《罗汝才乞抚》。

北，无处不被贼，岂贼真有数十百万？盖分股以披其党，牵掣我兵故见多也。前总督陈奇瑜，驱天下之贼尽入汉中，出栈道关，正可一鼓而灭，乃以招安致败，不可复收。古人以八日而平贼数万者，利其合也。夏秋之间，刍粮尽在场圃，足供士马之资；冬春非破城攻堡，不能得食，官兵促之则尤易。故时有利有不利也。今若欲破贼，惟在乱其所长，而使之短；破其所得，而使之失。

其三，斩尽一贼以威众贼——选骏马精兵三四万，分为二军，一以追击，一以遏焉，更番迭出，即有大贼当之必破。自带铜锅炒刍粟，寻踪急追，绝灭一支，则余贼皆震。前者擒高迎祥贼，群贼鼠伏者二三月；过天星一挫官兵，群贼复炽。则斩尽一贼以威众贼，固以事之明验也。今者东逐西奔，岁月易度，而饷额已竭，更可深虑。不若以一将专责一贼，尽一股则论赏，不必事平汇叙；纵一股则论罚，不许报级塞责。贼不望风而靡，未之有也。

其四，抚非对剿而言，乃剿中必用之策——抚非对剿而言，乃剿中必用之策，亦剿后必收之效，即有反侧，亦可招安，而渐消其焰，乃两赠事也……总之，贼之求抚缓也，我不可自缓；我之抚贼缓贼也，正当给急之以剿，自蜀入秦之贼，当督臣逐之于后，抚臣扼之于前，郧豫二抚相为照应，尽此一股，全局可结。[1]

1 谷应泰《明史纪事本末》卷七十五《中原群盗》。戴笠、吴乔《流寇长编》卷十一，崇祯十一年三月。

张缙彦不赞成熊文灿仰赖于招抚的做法，从他谴责陈奇瑜“招安致败”，可以看得很清楚，所以他主张“斩尽一贼以威众贼”，“尽此一股，全局可结”。五省总督洪承畴、陕西巡抚孙传庭深谙此道，倾尽全力于围剿，紧盯李自成等部。

孙传庭对杨嗣昌的“十面张网”不敢恭维，他写信给杨嗣昌说：“兵多而不精无益，而徒困民力。今但选关宁精骑八千，属仆及督理将之，同心协力，唯贼是求，不数月可尽也。十面张网，人心不齐，必不能尽贼。”杨嗣昌置之不理，时人评论道：“（杨）嗣昌督师，辖一督一帅三四辅抚，而指挥不应，十面数十人乎？（孙）传庭之计，其战于潼关原者，有明征也，若用嗣昌之款市以安边，而撤边兵付传庭，贼可尽矣。”[1]这当然是一种假设，由此也可看出杨嗣昌与洪承畴、孙传庭之间的嫌隙。杨嗣昌向皇帝汇报时，流露出对洪、孙二人的不满情绪：“如今见在陕西总督洪承畴有总兵左光先、曹变蛟、祖大弼、孙显祖，副（将）参（将）等官马科、贺人龙、张令等兵，虽有万余，却去零星分剿，不能成功。陕西巡抚孙传庭具奏，延兵专剿实难，川兵糜饷无用，见在无一个兵了。”[2]

不过孙传庭确实不同凡响，用兵打仗颇有一套，而且用屯田解决军饷，不仰给于剿饷。杨嗣昌召对时，检讨先前对他的苛责有些过火：“巡抚孙

1 戴笠、吴乔《流寇长编》卷十，崇祯十年四月辛未。

2 杨嗣昌《杨文弱先生集》卷四十三《召对纪事》（丁丑四月二十七日召对）。

传庭，臣素知其才，因蓝田兵叛，有‘不出省城一步’之语。臣初到部具奏，谓此可以困庸人，不可以困豪杰。今果能展布，几番大杀，马首迎降，剿是真剿，抚是真抚，余下贼亦不多，似有荡平之望。臣前因贼未平，除章奏文移之外，每与该督抚手书，痛说他不是，该督抚亦心谅臣，不以为忤。今果次第成功，而孙传庭用兵，动支屯课，不恃剿饷，尤为难得。”但是对于洪承畴仍有成见，说他“精诚劳苦”，“奈剿贼年久无功”。[1]

陕西的形势十分严峻，孙传庭多次向朝廷报告：陕西流寇，在秦州有过天星、混天星、闯将，在汉南有小红狼、一条龙、一字王，在西安、凤翔、平凉、固原有争管王、兴世王、争世王，在镇安有九条龙、大天王等，在盩厔山谷有大天王、九良心等，兴安、洵阳一带无兵可剿。由于秦中四帅（左光先、曹变蛟、祖大弼、孙显祖）都随洪承畴西征，不便撤回，陕西兵力不足。[2]

杨嗣昌对洪承畴拥兵自重颇为不满，向皇帝报告："臣前调四镇兵将与（洪）承畴，欲其于六七月间尽荡秦贼也。今将两月，兵日以懦，贼日以强。固曰：'祖大弼覆撤难再，而穷山歧路，我亦不敢入，贼亦不敢出。空山无食打粮，必有设路伏诱我。'挑战必有人，官兵亦可伺其必出之途，埋兵掩杀，因其挑我之计，奋斩擒贼。若曰大贼结聚一处，官

1 杨嗣昌《杨文弱先生集》卷四十四《召对纪事》（戊寅七月初四日召对）。戴笠、吴乔《流寇长编》卷十，崇祯十年六月己亥。

2 戴笠、吴乔《流寇长编》卷十，崇祯十年五月癸未、五月戊子。

兵亦不宜分，而何以祖大弼回宁夏，赵光远防汉中之外，仅（左）光先、曹变蛟等病兵四千人，余皆不知所在也？（洪）承畴所统左光先、崔重亨、曹变蛟、马科、祖大弼、（孙）显祖、王国靖、和应荐、贺人龙、赵光远、费邑宰、孙守法，战兵一万五千随征官兵，及川兵又一万三千，而不能荡尽一股，将复何望？（洪）承畴前以降级，何忍苛求。但彼日惟呼吁，谓诸兵皆不可用，不知更用何兵？杀贼何日？”[1]

崇祯十年十月初，闯将李自成与过天星张天琳、混天星郭汝磐等九部，攻克宁翔州（今宁强县）。宁翔是陕西与四川之间的咽喉要道，形势险要，南有七盘关，向西有间道五百里之朝天关，南通广元。李自成等部从七盘关越朝天关，进抵广元，攻克昭化，过剑阁（今剑门关），攻克梓潼。然后兵分三路：一路走潼川（今三台），一路趋绵州（今绵阳），一路入江油。所向披靡，连破青川、彰明、盐亭、西充、遂宁，围困绵州，席卷彭县、郫县、金堂，兵锋直指成都，横扫州县三十八处。[2]当时的山东道试御史宗敦一惊呼：“剑、绵蹂躏，直逼会城，所过州邑有同拉朽。”[3]重庆以下立时戒严，飞章告急，朝廷当即把四川巡抚王维章革职查办，调傅宗龙继任。

十二月二十一日，皇帝专门为此事召见群臣，

1 戴笠、吴乔《流寇长编》卷十，崇祯十年五月乙亥。

2《孙传庭题为遵旨东截农民军等事科抄》，《清代档案史料丛编》第六辑。

3《宗敦一题农民军再次入蜀事科抄》，《清代档案史料丛编》第六辑。

劈面就问：“四川险要，如何贼入如无人之境？”

杨嗣昌回答：“臣受事十月，调度无能，致贼东西奔突，皆臣之罪，望皇上天恩赐臣严谴。”

皇帝沉思良久说：“且说贼的情形。”

杨嗣昌回答：“四川一省北邻陕西，东邻湖广，皆崇山峭壁，十夫守险，千人不敢过。本年八月间，巡抚王维章有‘狡贼侥幸脱逃’之奏，内称：总兵侯良柱将各隘官兵俱撤回广元城下，所以贼入无人堵御，任其长驱如此。”[1]

杨嗣昌随即写了奏疏详谈四川战事，认为洪承畴纵贼入川，难辞其责。他说：

> 贼入川北便出，为祸尤浅；若至成都，不比折中。川中道路自北而西，自西而南，自南而东，一定之势。西出则番猓，南出则土司，唯是东出郧襄，合于中原之贼。倘出夔巫，掠船顺流而下，则创及江南矣。弃隘不守，蜀镇罪固难逃，而（洪）承畴汉中胜后，视贼攻七盘关，反提兵至凤翔，致贼入川，实难辞责。臣部前议，（洪）承畴之兵，两支东出，两支西剿。今（洪）承畴以左光先、曹变蛟、贺人龙、马科、尤捷、孙守法等万兵入川，欲留王洪、吴国伟、祖大弼等兵于汉中接应。（洪）承畴在泾阳起身之期，已后于贼逼

1 杨嗣昌《杨文弱先生集》卷四十三《召对纪事》（丁丑十二月二十一日召对）。

成都之日，入川后时，已追贼不及。今当料作何进止？料贼必出何路？疾趋迎截。川中四塞之地，陕兵驰逐，川兵搜剿，亦尽贼之一机也。[1]

诚如杨嗣昌所说，此次李自成等部横扫川北，洪承畴难辞其责。当时他以缺饷为由，在汉中按兵不动，直到十二月二十五日，才指挥固原总兵左光先、临洮总兵曹变蛟等率军南下，二十九日到达广元，崇祯十一年正月初六日才由广元启行，分兵两路：洪承畴亲自率领主力左光先、曹变蛟前往保宁；副将赵光远、贺人龙率领偏师，前往梓潼、剑州。

李自成等部见官军主力入川追击，二月初，从阶州、文县折回陕西，大营抵达西和、礼县、秦州一线。洪承畴企图在川北围歼的打算落空，只得督促左光先、曹变蛟等紧紧追赶。

陕西巡抚孙传庭本来以为洪承畴率主力入川征讨，又调延绥总兵王洪、宁远总兵祖大弼在汉中、略阳、徽州（今徽县）、秦州（今天水）设防，阻断李自成等部返回陕西的退路。如果这一战术成功，可以把闯将李自成、过天星张天琳、混天星郭汝磐消灭在四川，不但可以解四川之危，也可以使得陕西西南的祸患从此断绝。不料李自成等部避实捣虚，乘

1 戴笠、吴乔《流寇长编》卷十，崇祯十年十二月乙卯。

虚进入文县、阶州、西和、礼县。孙传庭对于洪承畴指挥失误很有意见，在他看来，“设使我兵即从川西进发，川兵扼堵于前，秦兵驰击于后，贼逃死无路，势成釜鱼”。[1]

洪承畴一再坐误战机，言官们义愤填膺，工科给事中吴宇英声色俱厉地说：总督洪承畴秉钺于秦十年，任贼纵横，攻城掠野，杀人如芟草，漠然不以为意。去年冬初，贼破宁羌，趋广元、白水，直犯成都，也是该督养寇壑邻所致。不克进剿，又不能扼御，坐视狂贼纵辔复返阶（州）徽（州）。一出一入，如蹈无人之境，溺职之罪当诛。[2]广西道监察御史杨希旦也上疏弹劾洪承畴：自秦寇发难之日，洪承畴即膺旄仗钺之任，一味逡巡，饰巧智以宠物情，虚盗声而鲜实效，与寇为调，养寇之罪当诛。[3]

皇帝也很恼怒，责问道：“祖大弼、王洪兵马见在何处？如何全无截杀？着洪承畴回话。”[4]洪承畴没有回话，皇帝再一次责问：“据报，蜀寇分股返秦，洪承畴何得任其出入，漫无扼歼？即着回将话来。仍一面会同该抚镇力扫诸贼，以赎前愆。”[5]洪承畴不得不遵旨回话，一方面为自己辩解，从去年年底到今年年初，都在川北疲于奔命，不敢分兵扼堵，恐剿兵益致单薄，难以进战。另一方面恳乞皇上天恩俯赐宽宥，容臣乘此败弱之际，捐此顶踵，

1 孙传庭《孙忠靖公遗集》卷二《报流寇自蜀返秦疏》。亦见《孙传庭题为遵旨截农民军等事科抄》，《清代档案史料丛编》第六辑。

2《吴宇英题秦督洪承畴一筹莫展事科抄》，《清代档案史料丛编》第六辑。

3《杨希旦题秦督洪承畴暮气不振事科抄》，《清代档案史料丛编》第六辑。

4 戴笠、吴乔《流寇长编》卷十一，崇祯十一年三月丁卯。

5《陕西三边总督洪承畴奏为仰遵明旨据实回奏事》，《内阁大库档案·明末农民起义史料》第212—213页。《明清史料》甲编《陕西三边总督洪承畴奏本》。

速图歼渠净党，自赎大罪。[1]杨嗣昌奉旨核行间功罪，洪承畴削去宫保尚书头衔，以侍郎行事；总兵降五级，限仲夏时节成功。[2]

洪承畴遭处分后，倾尽全力与孙传庭配合，追剿李自成、过天星等部。他自己督率左光先、曹变蛟、祖大弼、贺人龙追剿李自成，把其他各部流寇交给孙传庭去对付。此时，六队、大天王、混天王、争世王四部，连营向东游弋，混天星、过天星二部仍在阶州、文县活动。闯将李自成且战且走，进入岷州、洮州（今甘肃岷县、卓尼一带）。洪承畴命令曹变蛟、贺人龙追击。曹变蛟是临洮总兵，这一地盘是他的辖区，仗着对地势谙熟于心，穷追猛打，斩获六千七百多人，迫使李自成出塞进入西羌。曹变蛟转战千里，连续作战，二十七昼夜不解甲。[3]《流寇长编》写道："闯贼匿于洮河，止有六队、祁总管兵及争世王残众随之。副将马科守和州，祖大弼守沙羊堡。丙午，总兵曹变蛟率岷洮副将贾星芳等，以兵至西和、成县，合游击卜从善等马步兵，进至阶州山中，冒暑深入。十日三战，擒二百余贼，降九梁星、飞虎等三十余魁，争管王、祁总管皆闯贼掌盘子，凶悍。（曹）变蛟遣降人说飞天龙、混时虎、混海龙等，密图之。庚戌，飞天龙斩争管王首，至徽州降，邢家、常家余贼八虎、草上飞等至阶州降。"[4]

1 参见《明清史料》甲编《陕西三边总督洪承畴奏本》,《陕西三边总督洪承畴奏为仰遵明旨据实回奏事》,《内阁大库档案·明末农民起义史料》第212—213页。

2 戴笠、吴乔《流寇长编》卷十一，崇祯十一年四月辛丑。

3 张廷玉《明史》卷二百七十二《曹变蛟传》。

4 戴笠、吴乔《流寇长编》卷十一，崇祯十一年六月丙午、庚戌。

由于缺乏粮食，李自成所部兵丁大量死亡，不得不重返塞内，冲破祖大弼在洮州的阻截，进入岷州、西和、礼县山中，稍事休整，突至陕西与四川边界。此次战役，因为左光先判断失误，使得仅剩数百兵马的李自成得以逃脱。为此，洪承畴追悔莫及，上疏请罪：闯贼是诸贼元凶，仅令三百丧败之众抱头鼠窜，实在是几年未遇的好机会，即使穷日夜之力，身先士卒，不顾性命，擒斩此贼也是应尽责任。无奈计算不周，追赶不紧，使元凶脱然远遁。崇祯十一年六月初八日，皇帝批示：洪承畴仍即星驰，与孙传庭并力合歼，共收全捷。[1]

这一回，皇帝所说“并力合歼，共收全捷”，没有落空。

大天王在合水被孙传庭击败，随即投降。过天星也遭到孙传庭阻击，兵败宝鸡，率部投降。[2]三队、仁义王、混天王在秦州兵败，向左光先投降。[3]

崇祯十一年六月，李自成为了摆脱困境，会合六队、祁总管残部，合计三千多人马，由阳平关、白水江退往四川。洪承畴飞檄陕西监军道樊一衡指挥副将马科、贺人龙追击，又令临巩汉兴监军道张兆增、预备副将赵光远驻扎西乡、南山，日夜防堵。八月初，洪承畴率领曹变蛟、王洪赶到西乡县，令曹变蛟往来山中，阻止其奔往太平、紫阳。

1《明清史料》乙编《兵科抄出陕西三边总督洪承畴题本》。

2 孙传庭《孙忠靖公遗集》卷三《恭报过贼投降疏》。

3 张廷玉《明史》卷二百七十二《曹变蛟传》。

几次激战，李自成等部大半死亡、逃散，在秦兵搜剿下，不得已尽数出川，仅一千人突入汉中地区，藏身于深山密林之中。李自成“防人暗害献功，夜则山林藏身，不敢入窝铺宿歇”。[1]此时，祁总管也已投降，六队早已损失殆尽，李自成岌岌可危。

毫无疑问，洪承畴、孙传庭的围剿获得了成功，立即向朝廷报捷：“闯将同零伙散贼，暂尔逃命，臣已督催各镇将官兵，急图围剿，计必擒于官兵之手。不则，亦困毙山林之间。是秦中各股大贼节次剿降将尽，可以渐见廓清。”[2]皇帝接到捷报十分兴奋，批示：“据报，秦贼剿降将尽，洪承畴具见调度，仍着穷搜闯逆，速奏廓清。”[3]

李自成不甘心被“廓清”，决定走出深山密林，向河南突围，与革里眼、左金王、老回回等部会合，重整旗鼓。因此，必须从陕西与河南之间的通道——潼关突破。

崇祯十一年十月，洪承畴获悉这一情报，对孙传庭说：“我曾与闯贼战羌中，知其伎俩，已令曹变蛟、马科、张天禄逐之阶、文，将由岷、洮旧路入陕，且至矣，必走潼关原。公当设伏以待，可使匹马无脱者。”[4]孙传庭立即行动，在潼关南原设置埋伏，无论丘陵、高地、树林，每隔五十里埋伏一营兵马，以逸待劳。洪承畴指挥曹变蛟率军在后面追赶。李自成且战且退，到达潼关南原，眼看即将突

1《洪承畴题农民军出川近况科抄》，《清代档案史料丛编》第六辑。

2《洪承畴题农民军出川近况科抄》，《清代档案史料丛编》第六辑。

3《洪承畴题农民军出川近况科抄》，《清代档案史料丛编》第六辑。

4 戴笠、吴乔《流寇长编》卷十一，崇祯十一年十月辛卯。

出重围。突然伏兵四起，一场血战不可避免。《流寇长编》写道："（曹）变蛟急追，自奋长刀斫贼，贼战败。走至潼关原，伏发，急起。欲休息餐食，伏兵又起。如是，累贼困甚，大乱，自相蹈籍。变蛟等以官兵跳荡驰击，死者蔽地。贼弃马上山，山中人遮险尽击杀之。闯贼弃妻女，与刘宗敏等十八骑逃。"[1]李自成与刘宗敏、田见秀等十八人，骑马逃往商雒山中。冯甦的记载较具体：

> 十月，李自成食且尽，趋潼关。传庭于潼关原设伏，曹变蛟驱贼入伏中，乱相蹈袭。官兵奋勇掩杀几尽，幸免者咸弃刀与骑，奔逸汉南山中，又为山民所遮击……自成妻女俱失，以十八骑溃围走。十八骑者，刘宗敏、田见秀、高一功、顾君恩、谷可成、张世杰、张鼐、李过、李双喜、李弥昌、任继荣、继光、王虎、刘文魁等。自成困厄，数欲自尽，李双喜劝止之，相与窜山中为小盗……自成伏山中，夜辄读书观象曰：过此六月之厄，九五可期。其所读书，称为异人所授，以诧异其下，诸残贼闻而来附者复数千人，自成留屯山中。[2]

至此，各路造反大军不是被歼灭，就是被招

1 戴笠、吴乔《流寇长编》卷十一，崇祯十一年十月辛卯。

2 冯甦《见闻随笔》卷上《李自成传》。

安，杨嗣昌所谓“十年不结之局”，似乎可以看到尽头了。“四正六隅”“十面张网”战略，真的成功了吗？

重写晚明史

樊树志

王朝的末路

中 华 书 局

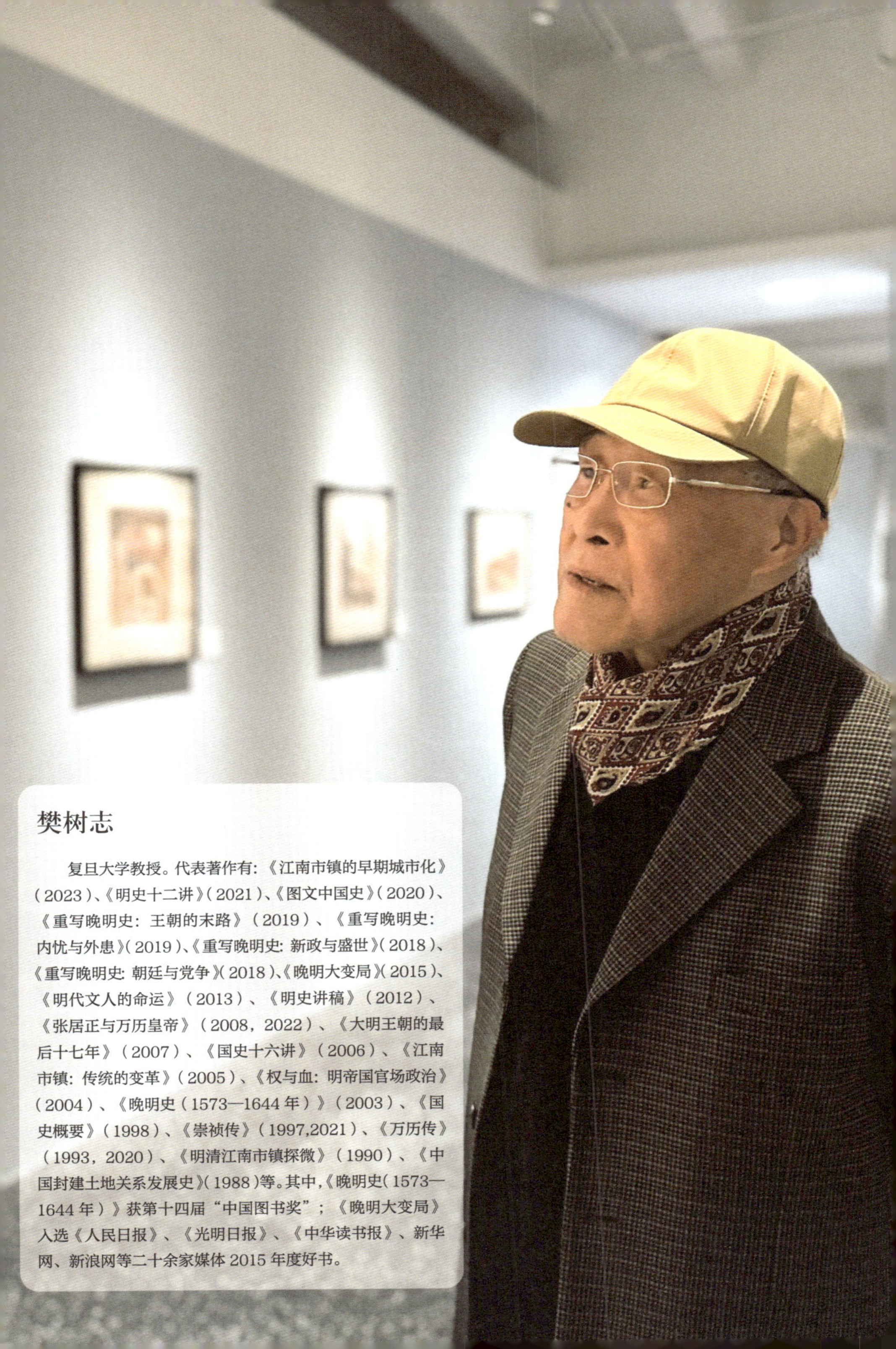

樊树志

复旦大学教授。代表著作有：《江南市镇的早期城市化》（2023）、《明史十二讲》（2021）、《图文中国史》（2020）、《重写晚明史：王朝的末路》（2019）、《重写晚明史：内忧与外患》（2019）、《重写晚明史：新政与盛世》（2018）、《重写晚明史：朝廷与党争》（2018）、《晚明大变局》（2015）、《明代文人的命运》（2013）、《明史讲稿》（2012）、《张居正与万历皇帝》（2008，2022）、《大明王朝的最后十七年》（2007）、《国史十六讲》（2006）、《江南市镇：传统的变革》（2005）、《权与血：明帝国官场政治》（2004）、《晚明史（1573—1644年）》（2003）、《国史概要》（1998）、《崇祯传》（1997,2021）、《万历传》（1993，2020）、《明清江南市镇探微》（1990）、《中国封建土地关系发展史》（1988）等。其中，《晚明史（1573—1644年）》获第十四届“中国图书奖”；《晚明大变局》入选《人民日报》、《光明日报》、《中华读书报》、新华网、新浪网等二十余家媒体2015年度好书。

目　录

第一章　攘外与安内的两难选择　001

一　无解的难题：如何兼顾"安内"与"攘外"　004

1."剿兵难撤，敌国生心"　004

2. 与清的议和尝试　012

3."以中枢之龃龉，厄而置于死地"

——卢象昇殉国　022

4. 洪承畴、孙传庭奉旨转向"攘外"　035

二　"盐梅今暂作干城"　041

1. 张献忠与李自成的谷城之会　042

2. 张献忠重新起兵　050

3. 杨嗣昌奉旨督师　058

4. 左良玉玛瑙山大捷　065

三　"功虽未成，尽瘁堪悯"　072

1."平贼大将军"的纠葛　072

2."有斩督师献者，赉白金三钱"　078

3. 李自成驰骋河南　085

4. 杨嗣昌："呕血伤心，束身俟死"　099

四 “灭寇雪耻”成泡影 108
1. 朝廷上下的反省 108
2. 辽东：速战速决铸大错 119
3. 松山、锦州兵败如山倒 127

五 “款建虏以剿寇” 136
1. “可款则款，不妨便宜行事” 136
2. 秘密媾和 140
3. “堂堂天朝何至讲款” 143

第二章 无可奈何花落去：明朝的覆亡 151

一 无力回天的君臣 153
1. 从张至发到薛国观
——没有温体仁的温体仁路线 153
2. “还是他做”：周延儒复出 167
3. 稍纵即逝的新政 174
4. 匿名揭帖“二十四气” 183
5. 姜埰、熊开元之狱 189
6. “延儒功多过寡，令免议” 205
7. “勒令周延儒自裁” 212

二 “兵火纵横，中原涂炭” 221
1. “君非甚暗，孤立而炀蔽恒多” 221
2. “闯曹雄视河洛” 229
3. “决河灌城，士民溺死数十万” 236
4. “开了城门迎闯王” 247

5.“皇上只有此一付家当，不可轻动” 260

三　挽救命运的失败尝试：出征、南迁、勤王　268

1.“嗟尔明朝，大数已终” 268

2.形式主义的“代帝出征” 278

3.举棋不定的“南迁之议” 285

4.鞭长莫及的“勤王之师” 299

四　并非亡国之君的亡国悲剧　308

1.倪元璐的“三做”，崇祯帝的“罪己” 308

2.土崩瓦解，京师孤注　316

3.“朕无面目见祖宗于地下” 326

4.青史凭谁定是非　335

5.从容赴死的忠臣们　347

第三章　改朝换代，谁主沉浮　363

一　从大明到大顺到大清的政权更迭　365

1.绝对权力导致绝对腐败
——闯王进京面面观　365

2.崇祯帝的殡殓与李自成的劝进　376

3.“冲冠一怒为红颜” 381

4.打着“报尔君父之仇”的幌子
——清军进取中原　390

二　南京弘光小朝廷　405

1.南京政府的动向　405

2.“两家一家，同心杀灭逆贼，共享太平”

——南明与清朝和谈 414

3.“清歌漏舟之中，痛饮焚屋之下”

——南京弘光政权一瞥 422

4. 崇祯皇太子之谜 432

三 刻骨铭心的历史记忆 449

1. 左良玉发兵东下“清君侧” 449

2. 扬州十日：焚尸八十万 459

3. 南京陷落：弘光小朝廷灰飞烟灭 469

4.“头可断，发不可剃”：江阴守城八十日 480

5. 不屈的遗民们 489

第四章 晚明余音——读《梅村家藏稿》札记 501

一 “福过其分，实切悚栗”

——权臣倾轧中的复社才子 504

1. 张溥的入室弟子 504

2. 天子门生：“正大博雅，足式诡靡” 507

3.“人间好事皆归子” 510

二 “立朝以正直忠厚为本”

——从翰林院到南京国子监 511

1. 复社的政治风波 511

2.《劾元臣疏》 515

3.“如今公卿习唯唯” 519

三 红颜知己下玉京 524

1. 投闲置散 524

2. 复社名士与秦淮佳丽 526
3.《听女道士下玉京弹琴歌》 529
4. “多情唤却羞” 532

四 “通侯青史姓名高”
——缅怀杀身成仁的瞿式耜 536
1. 苦苦挣扎的南明 536
2.《临难遗表》与《浩气吟》 538
3. “虽末路顿殊，而初心不异” 541

五 一声叹息：“草间偷活”，“一钱不值” 542
1. “万事今尽废” 542
2. “十年故国伤青史” 544
3. “误尽平生是一官” 546
4. “忍死偷生廿载余” 550

后 记 557

第一章

攘外与安内的两难选择

崇祯帝采纳杨嗣昌“必安内方可攘外”的方针，集中兵力于“安内”，在一年多的时间内，剿抚并用，招抚了张献忠、罗汝才等部，几乎全歼李自成等部。在乾坤将定的关键时刻，崇祯十一年（1638）九月，北方满洲铁骑突破长城边关，兵临北京城下。这与崇祯二年“己巳之变”的形势大不一样：崇祯二年，陕西的民变不过是星星之火，可以从陕西三边等地征调军队保卫北京，立即化险为夷；而崇祯十一年，民变已成燎原之势，战火蔓延中原各省，朝廷调动各省常备军之外，还把守卫北方边防的关宁铁骑调到中原战场，使得北方边防呈现空虚状态。满洲铁骑势如破竹，如入无人之境，与此时形势不无关系。满洲铁骑南下，打乱了既定部署，朝廷最高当局放弃“必安内方可攘外”的方针，把洪承畴、孙传庭及其精锐军队，悉数从安内战场调到攘外战场。这一决策的直接后果，使得李自成、张献忠获得重整旗鼓的时机，东山再起，朝廷在“安内”方面从此丧失主动权。

“安内”与“攘外”，实在是两难选择，正如史家所言：“京陵迫于边塞，才动风尘便成大恐，而敌兵岁至，寇锋日竞，守外则失内，击内则失外，其欲款外以专内者，举朝谯呵，使不得毕其语。”[1]可谓进退维谷，左右为难。

1 戴笠、吴乔《流寇长编》卷首《自叙二》。

一　无解的难题：如何兼顾“安内”与“攘外”

1.“剿兵难撤，敌国生心”

杨嗣昌正在集中精力实施“四正六隅”“十面张网”战略时，朝廷愈来愈感到“寇”与“虏”内外交困的压力，不得不反思“必安内方可攘外”的方针。崇祯十一年（1638）三月初十日，杨嗣昌回应廷臣的疑虑，谈及当前内外交困的形势，把它与宋朝相比拟，重申自己的观点，主张给予北方的封疆大吏便宜从事的大权，“抚赏敌国”，“暂弭大患”，待到平息中原盗贼之后，再来“恢复祖宗疆土”。他在奏疏中着意强调对满洲战争二十年，劳民伤财，一事无成：

▼ 杨嗣昌像

杨嗣昌，字文弱，湖广常德人，杨鹤之子，万历三十八年进士。崇祯十年初，入京任兵部尚书。面对内忧外患的时局，他提出“四正六隅、十面张网”之策。

> 以臣思之，边烽发难二十年，国家用兵二十年，雄边健儿尽膏白刃，中原赤子尽化潢池，亦二十年于兹。上自宫府盖藏，中而有司积贮，下至亿万生灵，一钱半菽付之逝水亦二十年。其中智者运谋，勇者效力，谁不曰灭此而朝食哉！要归其实，不过耗巨万万财，屠巨万万人而已……然己巳（崇祯二年）、丙子（崇祯

九年）边烽两逼陵京，深入畿南重地，吾皇焦劳五位，筹画万方，去亲征相间几何？其仅仅俘掠饱飏，别无盘踞之志。乃我圣神之福德，国家之幸事，未可狃之以为常也。今若不顾民穷财尽，盗贼蜂起，中原南服，根本虚摇，而必以剿敌为事，今日增兵，明日措饷。耗累巨万万财不已，又以新财续旧财；屠累巨万万人不已，必以后命填前命。是即谓之孤注。

既然如此，那么计将安出呢？他给出的答案是微妙的“抚赏”二字：

眼前未见，必有驯至之时；当身不任，必有接手之祸。而为臣子且求敷衍此日，待其驯至，付之接手何人？此乃万世罪魁，狗彘不食……中国外国，决然不能相无；抚赏机权，灼然不容偏废。通此一路，俾边臣得假便宜，暂弭大患。待数年之后，敌国渐衰，而我中原盗贼止息，氓庶安生，钱粮不苦于沃焦，甲士不忧于呼癸，然后奉将天威，大彰挞伐，以恢祖宗之疆土，以偿积岁之逋诛，似乎亦未为晚。[1]

1 杨嗣昌《实剖愚忠疏》，《杨文弱先生集》卷二十三。

杨嗣昌的意思，不妨给封疆大吏“便宜”大

权，向满洲方面做些让步（他称为“抚赏”），不仅给予金钱，还可以割让一些疆土，达到“暂弭大患”之目的。由于牵涉边臣的“抚赏机权”过于宽泛，皇帝没有表态。

杨嗣昌为此继续向皇帝兜售他的“抚赏”设想：“昨边烽款宣，因建义州之说，欲权宜诱耆于辽，使我蓟（镇）宣（大）之长边不扰，陵京之重地无虞。然后撤内备以增练关门之骑兵，办轻装以张捣辽沈之声势，而我腹心之祸以边尘不耸而次第消除，根本之摇以枝叶无伤而仍还巩固。虽狗马迂愚，未能尽当圣意，而实为宗社生灵永久之计，非苟且目前已也。”[1]皇帝似乎有点松口，倾向于杨嗣昌的“抚赏”设想，但是关照，务必保密。他的圣旨写道：“奏内事机，着该抚监便宜酌行，不许抄传。”[2]他的意思很清楚，即使给边臣“便宜”大权，“抚赏”之事也应该悄无声息地进行，只做不说。

五月初三日，皇帝在中极殿召见大臣，要他们就安内与攘外这个棘手问题，出谋划策。他采用类似殿试的方式，提出一个问题，要大臣们当场写出对策。皇帝提问：“年来天象频仍，今年为灾甚烈，且金星昼见，已逾五旬。将谓主兵耶？今方在用兵，四月山西大雪，冻毙人畜，将谓边地耶？然时已入夏，何所致欤？朝廷腹心耳目托寄臣工，今应

1 杨嗣昌《覆关宁抚监密奏边情疏》，《杨文弱先生集》卷二十三。

2 杨嗣昌《覆关宁抚监密奏边情疏》，《杨文弱先生集》卷二十三。

担当者嫌怨在念，司举劾者情贿系心，以致嚣尤易起，直枉难分，何所凭欤？钦限屡违，寇尚未灭，处分则剿局更张，再宽则功令不信。况剿兵难撤，敌国生心；边饷欠多，蠲留未已。民贫既甚，正供犹难；侵剥旁出，如火益热。至于重利尚欺，分畛去公，近多比比。即有操守清谨者，又自傲睨，遂非必也，俱令处置得宜，禁戢有法。卿等忠能体国，才足匡时，其悉心以对。”[1]从天变谈到战争、吏治、民生，中心思想是八个大字：“剿兵难撤，敌国生心”，也就是说，如何兼顾安内与攘外？

其他大臣的对策答卷写得如何，没有引起人们的关注，唯独兵部尚书杨嗣昌的答卷激起了舆论的非议。向来以才思敏捷著称的杨嗣昌，当场写了一篇洋洋洒洒的策论，顺着皇帝的思路，从天变破题，然后引经据典，列举历史上虽有天灾却不曾引来政局动荡的事例，侃侃而谈。他援引的几则典故，带有明显的影射现实意味。比如，杨嗣昌举例说，东汉建武二十三年（47）三月，月食火星，当年无事；次年，匈奴八部大人呼韩邪单于向汉朝求和，光武帝把此事交给公卿讨论，公卿们都以为天下初定，中国空虚，夷人情伪不可知，不能答应议和。五官中郎将耿国力排众议，引汉宣帝故事[2]，主张接受单于的议和请求，以利于完复边郡。光武帝采纳这一主张，终于实现与匈奴的和好。[3]又比

1 孙承泽《春明梦余录》卷二十四《内阁·御试阁员》。

2 汉宣帝故事，指汉宣帝甘露元年，呼韩邪单于归汉，引众南徙于阴山附近。

3 光武帝建武二十四年，匈奴的南单于，袭用祖父呼韩邪单于称号，请求内附，得到光武帝允许。

如，杨嗣昌说，唐宪宗元和七年（812）正月，月食荧惑，当年魏博镇田兴来降，李绛请求“推心抚纳，结以大恩”。唐宪宗采纳此议，派遣知制诰裴度至魏博镇宣慰，犒赏军士，柳州百姓减免一年赋役。再比如，杨嗣昌又列举一个相反的事例：宋朝太平兴国三年（978）七月，月食荧惑，次年兴师讨伐北汉、出征契丹，连战连败。宰相张齐贤说：“圣人举事，动出万全，必先本后末，安内养外。”[1]

杨嗣昌以古喻今，目的依然是“必安内方可攘外”，所以他说：“窃臣前因奏对援引不伦[2]，只今束躬待罪，何敢复称汉唐宋之言？第缘伏读谕旨，至尊独自忧天，群臣听从其便，狗马惶汗欲死，不敢不述鄙闻，仰慰圣怀万一。”[3]他谈历史目的在于为皇帝排忧解难，解决现实问题。此后几天，他陆续上疏表明态度，颇以忠心耿耿自诩：“追维十一年，以枢曹事皇上者，济济多贤。臣才力不及梁廷栋，学问不及熊明遇，练达不及张凤翼。而一点痴肠，勉担大事，嫌怨不避，罪眚不辞，窃不在诸臣之下。今从前无一毫可论，仍烦向后杞忧不止，就事论事，而又何用虚拘，以误邦政，以郁人心为也。”[4]显然是在为他的“抚赏”满洲主张辩解，并非为了私利，而是为了不误“邦政”，才“勉担大事”，所以不避嫌怨，不辞罪眚。几天之后，他再次解释“抚赏”乃是安内攘外的必要手段：

1 杨嗣昌《微言伏读谕旨疏》，《杨文弱先生集》卷二十四。

2 指此前杨嗣昌上疏援引“春秋大一统之义，司马彰九伐之威”，皇帝以为不伦不类。

3 杨嗣昌《微言伏读谕旨疏》，《杨文弱先生集》卷二十四。

4 杨嗣昌《再请臣罪疏》，《杨文弱先生集》卷二十四。

> 缘臣积年思算，烽（指满洲）若狡窥，我谋制驭，惟有关宁大练战兵轻骑五万，堪以不时出塞，声张捣巢，斯彼不敢远离窟穴，越犯蓟宣。乃我平平稳稳堂堂正正之着。但欲行此着，必须撤去近畿稍缓之兵，而后可以并力关宁，又必削平中原蔓延之寇，而后可以宿储供亿。计及于此，则必假西目之市，缓边烽之来。使数年不犯，而后我之贼乃可平，兵乃可练。其时鲁市即变，边烽即来，而我不患无以待之。较之今日中原残破，赤子疮痍，禁旅边兵皇皇内调，犹恐不能尽贼者，心思孰暇孰不暇，气力孰整孰不整，不待智者而知也。[1]

杨嗣昌果然是“一点痴肠”，“嫌怨不避”，他的大胆言论一出，朝廷上下舆论哗然。中国的传统政治历来讲究夷夏之辨，注重以史为鉴，明朝君臣对于宋朝处理与辽、金的关系频频失误十分敏感，因此对清（崇祯九年〔1636年〕满洲改国号为“清”）的议和，一直讳莫如深。杨嗣昌时而用隐晦曲折的言辞，时而用直截了当的话语，宣扬对满洲议和，以实现先安内后攘外的方针，这是注重夷夏之辨的官员难以接受的。工科都给事中何楷（字元子，漳州镇海卫人）、南京御史林兰友，接连予以抨击。何楷的言论最有锋芒。他在题为“敬天以实不以文”的奏疏中，指责

1 杨嗣昌《覆辽抚密奏边情疏》，《杨文弱先生集》卷二十四。

杨嗣昌屡屡援引历史典故别有用心："嗣昌引建武款塞故事，欲借以伸市赏之说也；引元和宣慰故事，欲借以伸招抚之说也；引太平兴国连年兵败故事，欲借以伸不敢用兵之说也。其附会诚巧。"[1]殊不知皇帝对于杨嗣昌的主张早就心领神会，驳回何楷的奏疏，批了八个大字："枢臣不必深求，钦此。"

有恃无恐的杨嗣昌在答辩奏疏中，只字不提何楷所说的"欲与清人互市封赏""不可对外用兵"，而在别的问题上大做文章。

一则说："臣引建武、元和等事，皆汉唐信史，岂科臣言之则是，臣言之即非乎？"

再则说："臣受主上恩深，忝负兵戎重寄，孤行一意，危祸多端，臣不敢避，不能避也。第以狗马愚忠，借之挑激发难，仰恃圣鉴洞明，容有未忍。"

三则说："钦奉明旨，怜臣'不必深求'，臣恐深求者方从此始，臣不知死所矣。"[2]

可见杨嗣昌不仅主张攘外必先安内，而且主张为了确保安内，不妨暂时对清议和，对此他信心十足，丝毫不做洗刷。而这一点正中皇帝下怀，他在五月二十一日圣旨中，明确表示："卿奏原自明悉，不必更剖。"[3]几天之后，皇帝就提拔他为内阁大学士，表示对他的有力支持。当时的翰林院检讨杨士聪在评述崇祯朝掌故时说："嗣昌此疏，论者谓入相

1 李逊之《崇祯朝记事》卷三，崇祯十一年五月。谈迁《国榷》卷九十六，崇祯十一年五月丁丑。张廷玉《明史》卷二百七十六《何楷传》。

2 杨嗣昌《直述微臣具奏始末疏》，《杨文弱先生集》卷二十四。

3 杨嗣昌《直述微臣具奏始末疏》，《杨文弱先生集》卷二十四。

▶ 杨士聪，山东济宁人，崇祯四年进士。少时为邹元标所赏识，与东林人士交往密切。官至翰林院检讨。著有《玉堂荟记》。

之机括。”[1] 可谓一语中的。因此政治谣言也随之而来，说皇帝允许杨嗣昌、高起潜（辽东监军太监）、方一藻（辽东巡抚）“款边之议”，秘密发送黄金八万两、白银十余万两云云。这当然是捕风捉影的无根之谈，但是连侍郎王铎似乎也相信有“金缯和亲”之事，这使杨嗣昌愤懑不已。他向皇帝声辩，希望皇帝辟谣。他的奏疏写道：

> 臣昨见侍郎王铎有“抚彝（夷）关系甚重”一疏，中间“金缯和亲”等语，为明旨所驳，臣不胜惊疑。因访知，日来长安有一种横议，不知起自何人，缙绅萌隶无不遭其蛊惑，虽知臣信臣有如王铎，而亦汲汲乎出此疏，盖欲深救臣失也。
>
> 臣闻横议曰：皇上允臣及高起潜、方一藻款边之议，密发黄金八万两、白银十余万两，运送外国去矣。惟臣等三四人知之，外廷不得知，内阁诸臣亦不得知，所以破格用臣入阁办事，专为成此一款之意。
>
> 臣不胜愤叹，为此议者诚不知其何人，而缙绅萌隶亦自有耳目，自有心知。金银一二十万，从何时发出？于何路运行？岂肩

1　杨士聪《玉堂荟记》。谈迁《国榷》卷九十六，崇祯十一年五月己巳。

挑背负、袖笼襟掩而去耶？说鬼说梦，人犹诧之，如此鬼梦必无之事，而说之于人，遂尔深信不疑，远腾近布，何其异也！[1]

皇帝自然心知肚明，从未有送黄金白银之事，回应道："览奏，横议无根，转相摇惑，深可诧憾。事理本明，何待发疏始白！以后再有捏造讹传的，着内外缉事衙门密访指参，必置重典。"[2]

送黄金白银确实是政治谣言，不过造谣与辟谣本身，却大可玩味。造谣者出于对"抚赏"的反感，辟谣者出于对"抚赏"的心虚，两者交互作用，把它推向了风口浪尖，成为舆论关注的焦点，稍有风吹草动，便会引起轩然大波。

2. 与清的议和尝试

谈迁如此评论杨嗣昌："星历之学非杨嗣昌所谙，而推言之甚详，意专为建虏（满洲）而发，力主市赏。"[3]实事求是地说，对清议和，并非杨嗣昌的创见。从天启末崇祯初以来，明朝与满洲方面的议和尝试始终没有间断过。

天启七年（1627）十月，朱由检即位不过两月，皇太极就委托漠南蒙古敖汉部都令喇嘛捎信给明朝廷，提议双方议和。以后皇太极多次发出同样的信

1 杨嗣昌《乞发臣前后疏疏》，《杨文弱先生集》卷二十五。

2 杨嗣昌《乞发臣前后疏疏》，《杨文弱先生集》卷二十五。

3 谈迁《国榷》卷九十六，崇祯十一年五月己巳。

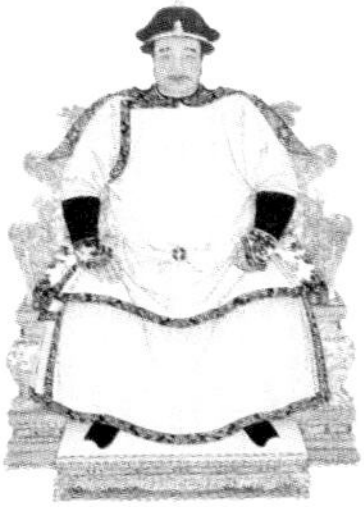

皇太极像

息。一是写信给宁远总兵祖大寿，表示“欲通两国之好，共图太平”，准备派遣使节与喇嘛前往北京，祭奠已故皇帝，祝贺新君即位；二是写信给督师袁崇焕，明确表示“我欲罢兵，共享太平”之意。[1]由于皇太极所提条件过于苛刻——以大凌河、三岔河为双方边界线，袁崇焕断然拒绝，并未报告朝廷。[2]崇祯五年（1632），皇太极远征察哈尔部，写信给明朝边防官员，再次表示议和意向：“我今开诚相告，惟愿两国和好，戢兵息战。”并与宣府巡抚沈启时签订盟约：“明与满洲二国共图和好，谨以白马乌牛誓告天地”；“两国若遵守誓言，交好勿替，天地眷佑，世世子孙长享太平。”[3]朝廷本来知道此次和议，因朝中大臣议论纷起，不得不把沈启时革职，以平息舆论。[4]看来议和是双方共同的意愿，而明朝方面相当多的保守官僚，以天朝大国俯视藩属小邦的态度，不愿放下身段，成为和议的最大障碍。

杨嗣昌出任兵部尚书后，集中全力平定内乱，倾向于向满洲释放和议的试探气球，以缓和北方边

---

1 《清太宗实录》卷四，天聪二年五月。《明清史料》丙编，金国汗致袁崇焕书。

2 《袁督师遗稿遗事汇辑》卷一，崇祯二年七月复汗书。

3 《清太宗实录》卷十二，天聪六年六月。

4 姜守鹏《辽西对峙时期的明清议和》，《东北师大学报》1986年第6期。

境压力。辽东巡抚方一藻遵循朝廷的意思，派遣一名算命先生周元忠，到满洲去试探口风。皇太极以为有诈，一些明朝投降过去的官员判断，此人大有来头——“必经奉旨”，应该认真对待。周元忠受到了使节礼遇，表明和议意向。事实证明他们的判断是有根据的，方一藻与高起潜一直与朝廷保持密切联系，史书记载透露了这一点：“甲申，（方）一藻又奏：（周）元忠至彼馆，待如礼，已遣人报其主矣。如有确议，即撤兵东归。”[1]杨嗣昌在北京遥控指挥，向皇帝报告：“今据辽东抚监高起潜、方一藻密奏，前因是臣苦于无策者，而该抚监已有其策，即臣前策义州之说未遽可用，而今该监抚用之，必有其机。就其所与瞽人周元忠谕帖，以归我人土，安静不犯。责之彼，未必能全应，而其或应或否，不免借此为讲詟之端。但使之讲于辽（东），勿讲于宣（府），则机权在我，运用稍闲，不致频年岌岌为闯陵京、掠畿辅之忧。而我得以其暇，尽平流寇，抚绥中原，使疮痍涂炭之民，越数年而有起色，则得算不啻已多，所全不啻已大矣。”由此可见，皇帝也是知情的，在三月二十九日的圣旨中，特别关照悄悄地干：“奏内事机，着该抚监便宜酌行，不许抄传。”[2]

方一藻，徽州歙县人，天启二年进士。崇祯四年担任辽东巡抚。

---

1 戴笠、吴乔《流寇长编》卷十一，崇祯十一年三月甲申。

2 杨嗣昌《覆关宁抚监密奏边情疏》，《杨文弱先生集》卷二十三。戴笠、吴乔《流寇长编》卷十一，崇祯十一年三月壬辰。

方一藻派遣的使者周元忠回到宁远，带回皇太极致太监高起潜的信函，其中有道“仍沿讲款（议和），若不许，夏秋必有举动”，话语中带有威胁成分，如果议和不成，只有兵戎相见。方一藻恐怕朝廷有所反感，用委婉的语句表达：“势危兵弱，边腹交疲，绝款（拒和）尚宜详酌。”而在给杨嗣昌的私人信件中说得比较明确，极力主张“议和消祸”[1]。杨嗣昌随即报告皇帝，对方一藻的议和主张加以说明：御边之策唯有在山海关宁远练兵五万，不时声张捣巢，使彼不敢远离窟穴，越犯蓟镇、宣府。但是，欲行此策，必须以削平中原蔓延之流寇为前提。如果现在实施开市议和的权宜之计，使满洲铁骑三年不来，集中兵力平定流寇，而后再并力关宁，才是平平稳稳堂堂正正之道。[2]为了防止言官出面反对，杨嗣昌批评言官只负言责，很少考虑兵部的艰难处境，所以对皇帝仅仅批示方一藻、高起潜“细酌”，感到不足以压制舆论，一定要皇帝“圣鉴允行，边臣乃敢从事”，不然的话，方、高二人即使有深筹密酌，未及施行，而议论已随之而起，叫他们如何措手足？[3]

到了六月，皇太极屯兵大青山，派人向方一藻催促议和。方一藻转告朝廷，鉴于敌强我弱，不妨援引隆庆年间“俺答封贡”故事，双方议和。廷臣获悉此事的幕后策划者是杨嗣昌，舆论哗然。[4]

1 戴笠、吴乔《流寇长编》卷十一，崇祯十一年五月。

2 杨嗣昌《覆辽抚密奏边情疏》，《杨文弱先生集》卷二十四。

3 杨嗣昌《再议辽抚密奏边情疏》，《杨文弱先生集》卷二十四。

4 谈迁《国榷》卷九十六，崇祯十一年六月。

兵部职方司郎中赵光抃（字彦清，江西九江人），连上两份奏疏，抨击他的顶头上司杨嗣昌，极力主战，反对议和。

既然廷臣已经知晓他是幕后策划者，他不得不做一些辩解。先是赞许赵光抃奏疏写得不错："窃臣连日在寓接得职方郎中赵光抃'敌谋益狡，敌书悖谩'一揭，读之数十百过，以为如此条奏，既以奋扬国威，振起边弊，更可参同时论，止息群嚣。"虚晃一枪之后，他坚称自己也主战，与赵光抃没有分歧："臣踌躇数四，以为战乃边方之本事，主战中枢之正理。国家岁费数百万金钱，养沿边兵马，不战何为？此不须再议者也。"他认为，由于不了解情况，赵光抃的奏疏属于揣疑之论："臣之本谋，原无主于不战之说也。但向来条奏关系机密情形，多因红本（秘密奏疏）下部，未敢发抄，故外间不知，疑揣过甚。"他索性直言不讳，亮明自己的观点："窃以为，中原寇盗不早驱除，即御边，终属第二义。而御边者，御之于藩篱之外，虽不战而款，犹为胜算；御之于门庭之内，虽百战百胜，只属危机。今言战言守，非不盈庭，问谁执其咎？恐俱扪舌而退耳。"他举例说，前年秋天，满洲军队进入内地，那时焦劳者只有皇上，死事者只有张凤翼。边烽深入，生灵涂炭，大家都冷眼旁观。如果策划一事，局外人怀疑，局内人也怀疑，还有什么成功的希望？[1]

1 杨嗣昌《司官条奏可采疏》，《杨文弱先生集》卷二十四。

杨嗣昌不喜欢高谈阔论，他的立场似乎更迁就现实，但是人们并不买账。六月十八日，皇帝提名杨嗣昌与程国祥、蔡国用、方逢年、范复粹一起入阁，反对杨嗣昌的声浪达到高潮。影响最大的声音，来自声名显赫的儒臣、詹事府少詹事黄道周。

◤ 黄道周，世称“石斋先生”，福建漳浦人，天启二年进士。崇祯三年为钱龙锡辩冤，降三级调用。十一年劾杨嗣昌等居丧起用，被贬，后辞官。

此前，黄道周连上三份奏疏：其一，杨嗣昌不当夺情入阁；其二，辽东巡抚方一藻“抚赏”满洲，与先前“俺答封贡”不同，不得引为借口；其三，不得又夺情起用陈新甲为宣大巡抚，如无人肯往，臣愿任之。[1]表面看来是反对“夺情”，其实是反对与满洲议和的主张，他在奏疏中说：“天下无无父之子，亦无不臣之子……即使人才甚乏，奈何使不忠不孝者连苞引蘖，种其不祥，以秽天下乎？嗣昌在事二年，张网溢地之谈，款市乐天之说，才智亦可睹矣。”[2]所谓“款市乐天之说”，就是与满洲议和的主张。联系到他弹劾方一藻奏疏，“力诋和议之非”[3]，其用意已经不言而喻了。黄道周本着儒家政治伦理，极其排斥与外夷议和，毫无商量余地。他说：“无论建虏（满洲）必不可款，款必不可成，成必不可久。即款矣成矣久矣，以视宁锦遵蓟宣大之师，何处可撤？而遽谓款建虏之后，可撤兵中原以

1 文秉《烈皇小识》卷六，崇祯十一年六月丙子。
2 张廷玉《明史》卷二百五十五《黄道周传》。
3 张廷玉《明史》卷二百五十五《黄道周传》。

讨流寇，此亦不思之甚矣。”[1]立场鲜明地反对杨嗣昌与满洲议和的主张。

围绕是否与满洲议和，对立的两派已经剑拔弩张，皇帝不能再沉默了。七月五日，他在平台召开御前会议，统一思想。参加者照例有内阁、五府、六部以及其他部门首长，还特地召来了黄道周。杨嗣昌因为遭到弹劾，避嫌不出席，皇帝命太监去催，中午时分才匆匆赶来。皇帝身穿常服坐在门内，内阁辅臣薛国观、刘宇亮，以及新进的杨嗣昌、程国祥、方逢年、范复粹，依次施礼谢恩后，黄道周启奏：臣注籍未见朝，蒙宣召，不敢不进。这时他还不知道，这次会议是专门针对他而开的。皇帝先叫吏部、户部、兵部、刑部的尚书汇报工作，然后话锋一转，召黄道周出列跪下。

只听得朱由检滔滔不绝地对黄道周说：“朕幼而失学，长而无闻，时从经筵启沃中略知一二。凡圣贤千言万语，不过天理人欲两端耳。无所为而为之，谓之天理；有所为而为之，谓之人欲。多一分人欲，便损一分天理，天理人欲不容并立。你三疏不先不后，却在不点用之时，可谓无所为乎？”[2]用十分机智的方式先发制人，因为后者是有名的理学巨子，专讲天理人欲，他就以子之矛攻子之盾，批评他连上三疏动机不纯。此次廷推内阁名单原先有黄道周，朱由检以为黄道周学问虽好，但性情偏

1 谈迁《国榷》卷九十六，崇祯十一年七月戊辰。

2 孙承泽《春明梦余录》卷三十三《詹事府·黄少詹道周召对纪》。杨嗣昌《杨文弱先生集》卷四十四《召对纪事》，戊寅七月初四日召对。按：杨书把召对定为七月初四日，有误，应为七月初五日。

执，不能胜任救时之相，没有点用。他认为黄道周是因为未用而怨望，才连上三本奏疏的。[1]

这显然是误解，淡泊名利的黄道周并不在乎是否点用，平静地回答皇帝的质问："圣学渊微，非臣所及。若论天人，只是义利分别，为利者以功名爵禄私之于己，事事专为己之私，此是人欲。为义者以天下国家为心，事事在天下国家上做，便是天理。臣三疏皆是为天下国家纲常名教，不曾为一己之功名爵禄，所以自信其初无所为。"回答得滴水不漏，振振有词。

朱由检问他为什么不早上疏反对，偏偏要在未蒙点用之后才上疏？黄道周解释："初欲上疏时，因同乡御史林兰友、科臣何楷有疏，恐涉嫌疑。"[2]这是指五月中旬南京御史林兰友、工科都给事中何楷先后上疏，反对杨嗣昌的和议主张，指责他忠孝两亏。[3]黄道周毕竟是书生，过于耿直，一言泄露天机，暴露了他上疏弹劾杨嗣昌与林兰友、何楷相呼应，说"恐涉嫌疑"，反而欲盖弥彰。朱由检追问他"如今就没嫌疑么"，他无言以对，顾左右而言他，大谈儒家伦理纲常。

机敏过人的杨嗣昌见皇帝在大庭广众之间辩论伦理纲常，显然不是黄道周的对手，便插进来跪奏，从纲常谈到夺情，只字不提议和之事，由守转攻，非议黄道周的品行学术，把他搞臭，从而瓦解

1 张廷玉《明史》卷二百五十五《黄道周传》。

2 孙承泽《春明梦余录》卷三十三《詹事府·黄少詹道周召对纪》。杨嗣昌《杨文弱先生集》卷四十四《召对纪事》，戊寅七月初四日召对。

3 张廷玉《明史》卷二百七十六《何楷传》。

他的立论。

杨嗣昌说：“臣入京闻黄道周品行学术为人所宗，意其必有持正之言，可以使臣终制而去。不谓其疏上自谓不如郑鄤，臣始叹息绝望。”

朱由检见杨嗣昌扭转话题，正中下怀，说：“朕正要问他此事。”

杨嗣昌的话语越说越重：“人言禽兽知母而不知父，今郑鄤杖母，禽兽不如，道周又不如彼，还讲甚么纲常！”

黄道周显然被激怒了，反击道：“大臣闻言，应当退避，使人得毕其言。汉唐以来故事，谏官论执政者出听，谏官对仗读弹文。臣虽非言官，未有大臣跪在上前争辩，不容臣尽言者。”

朱由检立即针锋相对：“你说了多时候，辅臣才奏。”

杨嗣昌紧跟一句：“臣为纲常名教，不容不剖陈。”

黄道周辩称：“臣生平耻言人过，闻人之过，如闻父母之名。今日在上前与嗣昌角口，亦非体。臣知为天下后世留此纲常名教、天理人心而已。”

朱由检狠狠训斥道：“对君有体？这本前边引纲常，后边全是肆口泼骂。”

黄道周见皇帝震怒，不得不承认，奏疏中把杨嗣昌比作猪狗、人枭，言辞过激。皇帝指责他无端

◥ 郑鄤，常州武进人，天启二年进士。著有《峚阳草堂诗集》。其父郑振先曾在万历三十六年斥内阁辅臣朱赓、李廷机为“古今第一权奸”。郑鄤在天启时期抨击阉党和时政，文辞也尖锐泼辣。

诬诋大臣，他拒不接受，大发迂夫子脾气，高声叫喊："臣今日不尽言，则臣负陛下；陛下今日杀臣，则陛下负臣。"这种不识时务的口气，使皇帝忍无可忍，厉声道："你都是虚话，一生学问，止学得这佞口。"说到"佞口"二字，他加重语气，重复道："佞口！"迂执的黄道周还要争辩，皇帝更加怒不可遏。在边上禁卫的锦衣卫官员以为皇帝要下令把他逮捕惩治，不料皇帝止住怒气，命跪在地上的他起来，退回官员行列中去。[1]会后，皇帝下旨：黄道周降六级外调，何楷及其他非议杨嗣昌的官员，都给予降职处分。

亲眼目睹这一幕的大臣深知皇帝倚重杨嗣昌，再也不敢与之作梗。不过，人言可畏，皇帝本来支持杨嗣昌与满洲议和，及至事情闹得沸沸扬扬，只得作罢。身历其境的李清回忆道："上因杨辅嗣昌请，勉从款议，然犹欲隐其名。会黄翰林道周疏驳，中寝。及北兵入犯，上抚膺叹曰：'大事几成，为几个黄口书生所误，以至于此。'道周之逮肇此。"[2]从皇帝说"大事几成"的口气，可以清楚看到皇帝与杨嗣昌是步调一致的，为和议未成深感懊悔。考虑到当时的形势，与满洲议和可以缓解北边压力，却带有明显的功利主义色彩，反对议和者占据道德高地，猛烈抨击，使得事情半途而废。孰是孰非？真是一言难尽。

1 孙承泽《春明梦余录》卷三十三《詹事府·黄少詹道周召对纪》。杨嗣昌《杨文弱先生集》卷四十四《召对纪事》，戊寅七月初四日召对。

2 李清《三垣笔记·上·崇祯》。

既然皇帝始终没有就议和明确表态，方一藻、高起潜不敢自作主张，与满洲的议和尝试就此不了了之。皇太极早已声明在先，如果和议不成，夏秋必有举动，并非戏言。

九月间，皇太极果然派兵联络蒙古，从长城墙子岭、青山口南下。不久，京师戒严。朝廷调洪承畴、孙传庭率领劲旅保卫北京，使得中原战场兵力大大削弱，遗留后患。如何兼顾“安内”与“攘外”，真是一个无解的难题，皇帝在两难选择中摇摆不定，犹豫不决。崇祯九年（1636）把卢象昇从中原战场调往宣府大同，已属失策；时隔两年，又把洪承畴、孙传庭从中原战场调往北方边疆，使得杨嗣昌精心策划的十面张网战略自动解体。当时杨嗣昌曾向皇帝力争：洪承畴、孙传庭宜留一人在中原镇压流寇，皇帝拒不接受。[1]皇帝的这种做法着实令人费解，一向对杨嗣昌言听计从，为何这次一反常态？只有一个解释，他的内心深处仍是“攘外”重于“安内”的。

3.“以中枢之龃龉，厄而置于死地”——卢象昇殉国

崇祯十一年（1638）九月，皇太极命睿亲王多尔衮、贝勒岳托联络蒙古，兵分两路，从西协墙子

1 戴笠、吴乔《流寇长编》卷十一，崇祯十一年十月辛卯：“京师戒严，征陕西剿贼兵入卫。嗣昌奏：贼未绝种，承畴、传庭宜留一人于彼镇压。不听。”

岭、中协青山口，突破长城要塞，大举南下。

墙子岭是位于密云东面的长城关隘，形势险峻，却疏于防守。密集的敌军蚁附而上，花了三天三夜才越过这个要塞，令人惊讶的是没有遭到明朝守军的抗击。蓟辽总督、兵部侍郎吴阿衡渎职逍遥，正在为镇守太监邓希诏举办祝寿宴会，镇守墙子岭的总兵吴国俊应顶头上司之邀，在寿宴上大快朵颐，把边墙防守抛到九霄云外。接到警报，仓促迎战，一触即溃，逃往密云。而吴阿衡接到“清兵入口”的战报，根本不以为然，继续在觥筹交错的酒席上拉着邓希诏痛饮百杯，为长命百岁讨口彩。待他烂醉如泥后，满洲铁骑早已抵达密云，这个酒肉总督糊里糊涂死于乱军之中。

青山口是位于喜峰口东面的长城关隘，另一支清军从这里突破，迅速进抵迁安、丰润一线。

◤ 卢象昇像
卢象昇，常州宜兴人，天启二年进士。练“天雄军”，崇祯九年升宣大总督，治军有方。抗清时多为杨嗣昌所掣肘，崇祯十二年亡于战场。

十月初二日，京师戒严，皇帝下令征调辽东前锋总兵祖大寿入援，命宣大总督卢象昇手下的总兵杨国柱、虎大威防守易州（今易县），作为左翼，调登莱天津驻军作为右翼，山东总兵刘泽清遏其前锋。[1]为了统一指挥各路援军，皇帝特赐卢象昇尚方剑，授权他总督天下援军，保卫京师。

卢象昇当时正在服丧。从五月初一日接到父

1　谈迁《国榷》卷九十六，崇祯十一年十月辛卯。

亲亡故的讣告，他连上五疏，乞求奔丧，皇帝不批准。七月初一日，又接到皇帝圣旨：卢象昇着加兵部尚书衔，照旧总督候代。[1]接到皇帝圣旨与尚方剑，卢象昇感激涕零，披麻戴孝赤脚穿草鞋，走马上任。抵达京郊后，向皇帝表示："臣非军旅才，愚心任事，谊不避难。但自臣父奄逝，长途惨伤，溃乱五官，非复昔时，兼以草土之身踞三军上，岂惟观瞻不耸，尤虞金鼓不灵。"他特别指出，枢辅杨嗣昌、监军太监高起潜，和他本人，都是服丧"夺情"之人，来指挥这场战争，太不吉利。尤其是他不能容忍的是，杨嗣昌、高起潜力主和议，而他是"宁捐躯断脰"的。[2]

十月初四日，皇帝在武英殿召开御前会议，为了等候从前线赶来的卢象昇，会议推迟到午后，可见皇帝对卢象昇的重视，想听听他的意见。奇怪的是，《杨文弱先生集》记录的"十月初四日召对"，竟然没有卢象昇的奏对，只写了"（卢）象昇未及畅言"，杨嗣昌跪奏六事反倒记录得很具体。《杨文弱先生集》由其子杨山松编成，在此篇后面有杨山松的跋语："卢公陛见，先人（指杨嗣昌）在廷附陈六事，当日抄传遍国门。《绥寇纪略》所谓先人'消沮龁龁不能语'者，果何所指也？"[3]其实吴伟业《绥寇纪略》并没有错，杨嗣昌故意隐瞒真相，不记录卢象昇的发言。杨嗣昌不记录，自有人记录，见之于

1 卢象昇《明大司马卢公奏议》卷九《闻讣乞奔丧第一疏》及《乞奔丧第五疏》；卷十《辞尚书职衔疏》。

2 张廷玉《明史》卷二百六十一《卢象昇传》。嘉庆《宜兴县志》卷八《人物志·卢象昇传》。

3 杨嗣昌《杨文弱先生集》卷四十四《召对纪事》，戊寅十月初四日召对。

史书，大意如下：

皇帝对卢象昇说："远来入卫，忠勤可嘉，赐花银蟒币。"随后问道："有何御敌方略？"

卢象昇回答得很干脆："命臣督师，臣意主战。"此话显然是针对杨嗣昌主抚而发的。

皇帝听了面色大变，回应道："朝廷原未言抚，此都是外廷议论。"又说："御虏与剿寇不同，卿宜慎重。"

既然皇帝说朝廷不主抚，卢象昇便简明扼要地阐明他的御敌方略："敌之所忌，着着宜防。逼陵寝以震人心，可虑；趋神京以撼根本，可虑；分出畿南，剽掠旁郡，扼我粮道，可虑。若厚集兵力防备，则寡发而多失；若分兵四应，则散出而无功；若兵少则不备，食少则生乱。"

皇帝听后，说了几句激励的话，命他与杨嗣昌商议。[1]

次日，皇帝发给卢象昇犒赏银一万两，派杨嗣昌代为送行。卢象昇抵达昌平，皇帝又派太监送来宫中内帑银三万两，赏赐御马一百匹、太仆寺马一千匹。卢象昇感激万分，叹息道：和议果然是外廷之意，帝锐意主战。[2]他没有料到，主张议和的杨嗣昌、高起潜竟然给战局造成了难以挽回的影响。

十月十二日，满洲铁骑已接近通州，卢象昇为

1 李逊之《崇祯朝记事》卷三。谈迁《国榷》卷九十六，崇祯十一年十月癸巳。张岱《石匮书后集》卷十五《卢象昇列传》。

2 张廷玉《明史》卷二百六十一《卢象昇传》。

了遏制其势头，命令各路将领组织敢死队，于十月十五日半夜，分四路偷袭敌营，拼死一战，刀必见血，人必带伤，马必喘汗，违令者斩。热衷于和议的总监高起潜，对主战派卢象昇颇有成见，大说风凉话：只听说有雪夜下蔡州的典故，从未听说月夜奔袭，月光皎洁之下何以偷袭？道路遥远何以力战出奇？出奇兵宜少不宜多，若十路齐发，一张皇机密便泄。他不但不予配合，反而拆台，提前把夜袭的指挥官陈国威总兵调向东路。十五日半夜先头部队开战奏捷，由于陈国威调走，后续接应部队在孙堠受挫，以致功亏一篑。[1]

卢象昇为了避免高起潜的掣肘，向朝廷提议“分兵待敌”，自己驻昌平，高起潜驻通州。皇帝同意这种安排，把宣大、山西的三万军队划归卢象昇指挥，把关宁军队四万划归高起潜指挥。不久，朝廷又改变主意，要卢象昇赶往通州与高起潜配合。卢象昇以为是杨嗣昌在捣鬼，想用高起潜牵制他。杨嗣昌为了避免误会，向皇帝建议仍旧维持分兵态势：卢象昇暂驻德胜门外，不宜往通州。

十月十七日，杨嗣昌赶赴前线军营，召开军事会议。由于孙堠之败，卢象昇对高起潜十分不满，今日又听京城流言“辽兵（高起潜指挥的关宁部队）通敌”，更加怒不可遏。

卢象昇一见杨嗣昌就大兴问罪之师：公等坚

1 戴笠、吴乔《流寇长编》卷十一，崇祯十一年十月辛丑。

意言抚，独不闻城下之盟，《春秋》以为奇耻大辱。且卢某受尚方剑，长安口舌如锋，倘唯唯从议，袁崇焕之祸立至。纵不畏祸，难道不念披麻戴孝之身，既不能移孝作忠，奋身报国，将忠孝两失，有何颜面立于人世？

杨嗣昌听得面红耳赤，浑身颤抖，气愤地说：若如此说，老先生尚方剑先从学生用起。

卢象昇回敬道：既不能奔丧，又不能战，尚方剑还是先从我颈上下手，怎能加于别人？舍战言和，非卢某所知。

杨嗣昌极力否认：从未言抚。

卢象昇步步紧逼：周元忠赴辽东讲和，数日往来，其事虽方一藻、高起潜着手，却受成于本兵（兵部尚书），通国共闻，谁可隐讳？

杨嗣昌张口结舌，不欢而散。[1]

卢象昇以为杨嗣昌默认，连夜写信劝告："早蒙台顾，冒昧披陈，激烈忠怀，些子俱尽。亦恃老年台圣贤之品，不罪狂愚，故不觉剖心以告耳。倘获济朝廷封疆大事，即胸中有如许怪异事，始终不复向君父一言。如其闪烁奸欺到底，誓当沥血丹墀，无言不尽。仍乞老年台力持大法，除国之大害也。"[2]言词坦率而尖锐，心态却极其平和，毫无城府，真所谓君子坦荡荡。

杨嗣昌的回信也波澜不惊："老公祖（指卢象昇）

1 李逊之《崇祯朝记事》卷三。谈迁《国榷》卷九十六，崇祯十一年十月甲午。计六奇《明季北略》卷十四《卢象昇战死》。

2 卢象昇《与枢臣杨嗣昌书》，《卢忠烈公文集》卷二。李逊之《崇祯朝记事》卷三。

身肩重任，势际艰难，果有危疑，自当直吐，谁得而挠之？谁得而隐之？但恐此乃时贤局见，打算杀机以待吾辈，功成则已，否则济之危祸，以快宿心，非从国社封疆起见者。”[1]两人由于对外方针不同而生嫌隙，却有着相同的忧患意识，一旦战败，后果不堪设想。

大敌当前，朝廷内部的政见分歧日趋明朗化，身为内阁辅臣兼兵部尚书的杨嗣昌成为矛盾焦点。卢象昇对他的不满，集中在与满洲议和上。杨嗣昌指示方一藻、高起潜与满洲进行议和试探，是在满洲铁骑南下之前的五月份，由于廷臣反对半途而废，九月间满洲铁骑以此为借口突然南下。因此，把这次事变称之为“城下之盟”，未免有夸张之嫌；但是，杨嗣昌、方一藻、高起潜倾向于“主和”，却是不争的事实。翰林院编修杨廷麟（字伯祥，南直隶清江人）就此次长城边关溃败，弹劾杨嗣昌：“陛下有挞伐之志，大臣无御侮之才，谋之不臧，以国为戏。（杨）嗣昌及蓟辽总督吴阿衡内外扶同，朋谋误国，与高起潜、方一藻倡和款议，武备顿忘，以至于此。今可忧在外者三，在内者五。督臣卢象昇以祸国责枢臣，言之痛心。夫南仲在内，李纲无功；潜善秉成，宗泽殒命。乞陛下赫然一怒，明正向者主和之罪，俾将士畏法，无有二心。召见大小诸臣，咨以方略，谕（卢）象昇集诸路援师，乘机赴敌，不

1 杨嗣昌《与卢宣督象昇》，《杨文弱先生集》卷四十七。此前信中也有类似表达：“恐同舟之人必有不乐闻者，望老公祖虚己委蛇，功成让善，使偏心不怒，求济公家事而已。”（《与卢宣督象昇》，《杨文弱先生集》卷四十七）

从中制。此今日急务也。”[1]又说："凡天下之功，不成于智，而成于愚；愚者之才，不生于巧，而生于学。陛下毅然内断，先治内以治外，使诸臣以学自卫，以愚卫国。”[2]

十一月初八日，皇帝再次召开御前会议，讨论如何击退来犯之敌。工科都给事中范淑泰（字通也，山东滋阳人）说："今敌临城，尚无定议，不知是要战是要款？”皇帝问主款之说何来？范淑泰说："外边有此议论。”又说："凡涉边事，邸报一切不钞传，外边以为讳。”皇帝批评阁臣："诸臣平日营私，不实心做事；有实心者又忧谗畏讥，不敢做，所以如此。若平日用心，以朝廷之事为事，焉有不济之理！”[3]

翰林院编修杨廷麟的言论更加激烈："始建虏未犯塞，高起潜、方一藻曰当款，杨嗣昌亦曰当款；吴阿衡曰款必可恃，杨嗣昌亦曰款必可恃。表里煽谋，宣情泄弱。”矛头直指杨嗣昌，无意间也有责备皇帝重用杨嗣昌之意。皇帝大为恼火，把伶牙俐齿的杨廷麟改任兵部赞画主事，前往卢象昇军营亲自体验一下，朝廷究竟“主款”还是“主战”。[4]其实，把杨廷麟调往卢象昇军营，是杨嗣昌的主意，想借刀杀人。《崇祯朝记事》说得很清楚："（杨）廷麟之题赞画也，因其疏忤本兵，兼以张沈之憾，故相比为谋。实欲假手于敌以杀之。卢（象昇）未出师

1 张廷玉《明史》卷二百七十八《杨廷麟传》。

2 李逊之《崇祯朝记事》卷三。

3 李逊之《崇祯朝记事》卷三。谈迁《国榷》卷九十六，崇祯十一年十一月丙寅。

4 谈迁《国榷》卷九十六，崇祯十一年十一月丙寅。李逊之《崇祯朝记事》卷三。

之前，遣廷麟至真定，与孙传庭议事，不及于难。败衄报至，嗣昌首先问曰：'杨翰林死否？'报者止知赞画，不知翰林为谁。嗣昌再问：'杨赞画死否？'报者答以已先奉差不在营中。嗣昌为不豫者久之。嗟乎，败报之至，正国事危急之时，宜如何震惧失措，乃止计及私仇，未死者欲其死，已死者欲饰以罪，大臣心事如此。"[1]《明史·杨廷麟传》所说大体类似："时（杨）嗣昌意主和议，冀纾外患。而（杨）廷麟痛诋之，嗣昌大恚，诡荐廷麟知兵。帝改廷麟兵部职方主事，赞画（卢）象昇军。象昇喜，即令廷麟往真定转饷济师。无何，象昇战死贾庄。嗣昌意廷麟亦死。及闻其奉使在外，则为不怿者久之。"[2]

朝中环境如此，卢象昇的处境可想而知。

内阁首辅刘宇亮（字季龙，号蓬玄，四川绵竹人）不学无术，却精通权术，竟然爬上了首辅宝座，为了讨好皇帝，毛遂自荐，愿意亲自出京督察军情。皇帝正为敌兵深入忧虑不已，立即批准，准备将卢象昇革职听勘，由刘宇亮代行总督之职。刘宇亮原本是一种姿态，并无意指挥打仗，一听皇帝要他代行总督，惶恐之极。杨嗣昌赶紧出面缓解：临阵易将乃古今大忌，不妨令卢象昇戴罪立功。皇帝坚持己见：卢象昇安坐真定（今正定），州县残破十二三处，岂堪复用？杨嗣昌再三请求，皇帝才勉强收回成命，但剥夺卢象昇兵部尚书头衔，以兵部侍郎履行

1 李逊之《崇祯朝记事》卷三。按："与孙传庭议事"一句，疑有误。

2 张廷玉《明史》卷二百七十八《杨廷麟传》。

总督之职，戴罪立功。[1]卢象昇遭到处分，心灰意冷，深为缺兵缺饷难以进兵而担忧，又受到皇帝严厉谴责：前日敢战之言沽名欺众！迫使卢象昇不得不孤注一掷。

这时满洲军队分三路南下：一路由涞水攻易州（今易县），一路由新城攻雄县，一路由定兴攻安肃（今徐水区）。卢象昇从涿州（今涿州市）进抵保定，命诸将分道出击，并派赞画杨廷麟前往真定，带去他的亲笔信，要求高起潜支援。高起潜不但不支援，反而向临清方向移动，使得卢象昇陷于孤立无援的境地。卢象昇出帐向北拜谒京师，对五千将士宣誓：吾与尔辈同受国恩，患不得死，勿患不得生。又涕泪纵横地对前来送行的父老乡亲说：自我与流寇交战数十百次，从未败绩，今食尽力竭，死在旦夕，不再徒劳父老了！群众号泣雷动，各自拿出升斗粮食，慰劳军队。

十二月十一日，卢象昇率部进抵钜鹿县贾庄，被敌军包围。卢象昇麾兵激战，呼声动天，从早晨战至下午，炮穷矢尽，他身中四箭，又受三处刀伤，依然奋不顾身，高呼口号，督战不停。突然，他从马上跌下，气绝身亡，年仅三十九岁。总兵虎大威、杨国柱弃总督于不顾，突围而逃，全军覆没。[2]刘宇亮刚赶到保定，听到卢象昇阵亡消息，吓得面无人色，急忙逃往晋州（今晋州市）躲避。[3]

1 谈迁《国榷》卷九十六，崇祯十一年十二月辛卯。戴笠、吴乔《流寇长编》卷十一，崇祯十一年十二月癸巳。张廷玉《明史》卷二百五十三《刘宇亮传》。

2 谈迁《国榷》卷九十六，崇祯十一年十二月庚子。张岱《石匮书后集》卷十五《卢象昇列传》。张廷玉《明史》卷二百六十一《卢象昇传》。

3 张廷玉《明史》卷二百五十三《刘宇亮传》。

卢象昇的阵亡是慷慨激烈的，正如兵部为他请旨优恤时所说：以守制而奉旨堵剿，慷慨自任。一腔忠愤，明知众寡不敌，惟期一死以报朝廷。而慷慨殉国，可与日月争光。[1]然而，这些话依然令人难以释怀，他的死并非不可避免，人们把谴责的目光投向了杨嗣昌、高起潜之流。史家记叙卢象昇之死，洋溢着敬仰之情。请看计六奇的文字：

◥ 计六奇，常州无锡人，明末清初史家。著有《明季北略》《明季南略》《南京纪略》等。

（卢）象昇谓廷麟曰："敌势盛广，兵趋之，不走陵，即走京。我京兵寡食乏，不战，敌益轻我；战，即生他端。公为我往真定，与抚按乞粮，我且悉兵乘死以报国矣。"遂统骑五千，上下千里，三军乏食，空腹而驰。象昇哀恳疾呼，莫之救。晨出帐，四面拜曰："吾与尔将士共受朝廷恩，患不得死，勿患不得生。"众皆泣，不忍仰视。于是拔寨起，兼程至贾庄屯营，率五千人击北兵，射一骑。北兵合围进，呼军疾驰，奔冲入，北兵退。象昇谕将士曰："今虽胜，彼必愤，集诸骑乘吾，尔毋怠！"越明日，北兵率众冲我营。象昇顾左右曰："谁为我取彼者？"总兵虎大威驰卒摧之，不胜，且却。象昇大呼曰："虎将军，今吾辈效命秋，

1 《兵部请旨优恤吴阿衡卢象昇残稿》，《明清史料》乙编。

无自爱！”乃招后骑皆往。象昇奋刀入，击杀十余人，身中二矢二刃，呼不已，曰：“关羽断头，马援裹革，在此时矣！”马蹶阵亡。时戊寅十二月十二日。从死为仆顾显、掌牧杨陆凯。[1]

计六奇写了卢象昇战死的情节之后，发表评论，把矛头指向杨嗣昌："象昇与嗣昌不合，援断粮绝，军士饮冰七日而无叛志，困甚。象昇服小军衣，尚书印缚肘后，被流矢死……象昇所以死有六：一与嗣昌相左，二与（高）起潜不协，三以弱当强，四以寡击众，五无饷，六无援。然后五者皆嗣昌奸谋所致。虽然，杀象昇之身于一时者，嗣昌也；成象昇之名于千载者，亦嗣昌也。君子正不必为小人咎矣！”[2]

◤ 李逊之，常州江阴人，天启六年九岁，父应昇被害，遗命"寄语儿曹焚笔砚，好将犁犊听黄鹂"。读书二十年，守此志不忘。崇祯元年与黄宗羲、周子佩等上京讼父冤。甲申之变后，感泣抚膺，绝意仕进，编刊父遗集，刻年谱，著有《三朝野纪》。

李逊之记叙卢象昇死后八十日才大殓，杨嗣昌还要千总张国栋诬陷卢象昇"逗怯"，读来令人激愤："时卢（象昇）虽拥总督之名，兵少饷缺，呼应不灵。既奉革任听勘之旨，以中枢为必不相容，因亲率兵尾敌索战，追逐十里，手砍数级，三鼓还营。敌兵大队围贾庄，对面不相视，大帅虎大威犹能认卢（象昇），力挽其马，卢以鞭击其手，不肯出围。

1 计六奇《明季北略》卷十四《卢象昇战死》。
2 计六奇《明季北略》卷十四《卢象昇战死》。

纵兵血战，自辰至午，矢尽力竭，左乳忽中流矢，方抽矢出镞，已复腰中一箭，脑后右腮面门各中一刀，遂殁于阵……至十五日，副将刘钦始获其尸，赞画杨廷麟迎至真定东关。新年二月二十八日始克大殓，距死之日已八十日矣。同死者众，尸枕藉不可辨，卢（象昇）以首带白网巾，故识之。总监高起潜匿不以闻，赞画（杨廷麟）报至，上曰：'大臣阵亡，岂不可悯。'恨其调度舛错，不准予恤。盖入杨嗣昌之谮也。千总张国栋至，兵部欲缘饰逗怯之状上闻，（张）国栋不肯，嗣昌大怒，欲刑之。（张）国栋曰：'死则死矣，忠臣而以为逗，力战而以为怯，何可诬也！'始愧而释之。"

李逊之感叹道："卢（象昇）公为吾郡宜兴人，少年登第，夙著英略。两任畿辅府道，即以知兵闻。迨为七省总理，所至躬先士卒，斩获甚多，贼亦畏之，相戒不敢犯卢家军也。自卢（象昇）去，而贼益猖獗不可御矣。使当日终以剿贼事任之，必能成功。倏调之于边，已不能竟其用。又以中枢之龃龉，厄而置之于死地，竟使人才与国运同尽也，悲夫！"[1]

卢象昇死于满洲军队之手，但置他于死地的是杨嗣昌，这一点颇为令人费解。计六奇说"杀象昇之身于一时者，嗣昌也；成象昇之名于千载者，亦嗣昌也"，讲得斩钉截铁。李逊之说："又以中枢之

1 李逊之《崇祯朝记事》卷三。

龃龉，厄而置之于死地”，中枢指的就是杨嗣昌。杨廷麟说：“南仲在内，李纲无功；潜善秉成，宗泽殒命”，把杨嗣昌比作宋朝的投降派郑望之、黄潜善之流，以李纲、宗泽比拟卢象昇。青史凭谁定是非？是耶非耶，留给读者无穷的想象空间。

4. 洪承畴、孙传庭奉旨转向“攘外”

由于形势吃紧，洪承畴、孙传庭遵照皇帝圣旨，率领劲旅千里迢迢赶往北京，洪承畴被任命为蓟辽总督，孙传庭被任命为保定总督，不久皇帝赐予孙传庭尚方剑，命他总督保定、山东、河北军务。

崇祯十二年正月初二日，满洲军队攻陷济南，藩封在济南的德王被俘，震惊朝野。督察大学士刘宇亮、总督孙传庭会兵十八万，向济南挺进，祖大寿也从青州赶来协助。满洲方面眼见明朝精锐之师齐集京畿、山东、河北，无心恋战，饱掠一番之后，向通州、天津、玉田、丰润撤退。当时适逢雨雪，道路泥泞，如果派出劲旅，抄前截后，可以稳操胜券，至少可以歼灭其有生力量。然而明朝将士似乎被满洲铁骑的威武所震慑，听任其从容退回长城以北。有的将领向刘宇亮提出，敌军已向东北遁归，应该旁抄或后截，以免再遭对方“官兵免送”的讥笑。刘宇亮不敢邀击，答复说：不必侈张迎头邀截之虚声，恐敌闻风折转。文秉如此描述督察大学士刘宇亮：“时清兵纵横燕齐间，（刘）宇亮自请督师，与陈新甲并辔而南。各镇勤王兵皆属焉。时将卒皆视清兵所向，以为趋避，惟蹂践居民以为事。绵竹（刘宇亮）至安平，侦者报清兵大至，上下相顾无人色，相拟即趋晋州以避之。知州陈宏绪坚闭城门不听入，而城中士民亦歃血而誓：不得延入一兵。绵竹大怒，传令箭，'急开门以纳师，否则以军法从事。'宏绪复语：'督师之来，欲剿清兵也，今清兵且至，正督师建功之会，奈何急欲入城？若刍粮不继，州官罪也；若欲入城，不敢听命。'绵竹遂疏劾之，有旨逮问。晋州士民诣阙讼冤，愿以身代州官，死者千余人。宏绪乃得轻降四级调用。上始疑绵竹不能御众，徒扰民矣。"[1]

在督察大学士刘宇亮目送下，三月初八日，满洲军队从青山口出长城北归，三月十一日，全身而退。

一场震惊朝野上下的战争，持续达半年之久，明朝方面没有打过一次漂亮的歼灭战，将领们不敢正面迎战，一味尾随跟踪。朝廷中枢调度不灵，前线飞报军情，兵部不敢擅作主张，要请示皇帝，坐误战机。清兵深入二千里，破城七十余座，涉及顺天府、保定府、河间府、真定府、顺德府、济南府，纵横驰骋，如入无人之境，简直不可思议。

三月十一日，京师解严，人们从惊恐中清醒过来，开始反思此次事变。兵科都给事中张缙彦负有纠弹兵部的职责，第一个上疏皇帝，要求追究责

◥ 张缙彦，河南新乡人，崇祯四年进士。崇祯十一年任兵科都给事中，十六年任兵部尚书，十七年李自成逼近京师时曾主动迎接，后降清。

1　文秉《烈皇小识》卷六，崇祯十二年己卯正月。

任，并且列举失事五案应该惩处的官员：第一，墙子岭入口之案，有罪者是总督吴阿衡、总兵吴国俊、总监邓希诏等；第二，青山口续入之案，有罪者是巡抚陈祖苞、总兵陈国威、分监孙茂霖等；第三，残破城邑之案，有罪者是总督卢象昇，总监高起潜，总兵王朴、杨国柱、虎大威、侯拱极，以及赞画杨廷麟、巡抚张其平、总兵刘光祚、总监方正化等；第四，失陷藩封之案，有罪者是督察刘宇亮、总督孙传庭、总监高起潜，调发逗留诸将李绩、祖宽、郭进善，以及巡抚颜继祖、总兵倪宠等；第五，饱飏出口之案，有罪者是督察刘宇亮，总督孙传庭、陈新甲，总监高起潜，总兵刘光祚、王朴、曹变蛟、杨国柱、侯拱极、祖大寿等。在张缙彦看来，兵部尚书杨嗣昌身负国防重任，是第一责任人——“诸臣之罪皆归其身”；内阁衮衮诸公也难辞其咎，而以首辅刘宇亮尤为严重——“无安内攘外之功，致鲁莽之笑料”。他还批评在廷诸臣游谈浮论，不肯实心任事，不要以为敌军退去便太平可望。[1]

张缙彦的职责是监察兵部，他对情况的了解是深入细致的，揭发纠弹都有事实依据，极具说服力。皇帝接受他的意见，要杨嗣昌主持失事诸臣的定罪核查工作。杨嗣昌遵旨会同兵科官员，提出追究方案，皇帝审阅后，改为边防、城守、入援、调

1 谈迁《国榷》卷九十七，崇祯十二年三月戊辰。

度四个方面，分别查核情节，依律拟处罪状。

三月十八日，杨嗣昌为若干重要官员的责任向皇帝作出解释：

总督孙传庭——担受残局，自不可能有所建树；

总督陈新甲——所辖精锐部队，始则划归卢象昇，继则半归孙传庭，新近收编的散股，只能勉图遮障；

督察刘宇亮——未成师以出，未终局而归，行间得失本难苛责；

赞画杨廷麟——书生入幕，兵柄非其所长，勿容苛求；

总督卢象昇——以闻忧候代之人，忽作卷甲勤王之事，捐躯矢报，较吴阿衡不同，一则失火之人，一则救火之人。

以上这些人，他主张从轻发落。而以下严重失职者，则应予重处：

副将祖宽——违期不进，支饰他辞，难逃大法；

总兵李重镇——弃总督卢象昇而逃，应当重处；

总兵王朴——提兵满万，巧避出关，坐视不救，降削管事。[1]

看得出来，杨嗣昌的对策是低调处理，尽量

1 戴笠、吴乔《流寇长编》卷十二，崇祯十二年三月乙亥。

从宽，目的是使自己不受牵连，摆脱责任。皇帝接受了杨嗣昌的意见，刘宇亮等大臣不予追究，对于失职的统兵将领严惩不贷，定下五等罪状：守边失机、残破城邑、失陷藩封、失亡主帅、纵敌出塞，对直接责任者给予严惩：太监有蓟辽总监邓希诏、分监孙茂霖；巡抚有顺天巡抚陈祖苞、保定巡抚张其平、山东巡抚颜继祖；总兵有蓟辽总兵吴国俊、陈国威，山东总兵倪宠，援剿总兵祖宽、李重镇；此外还有副将、州县官等。一共三十六人，同日在京处死。[1]

这是朱由检即位以来惩处封疆失事官员，最为严厉的一次。行刑当天，太监手捧红匣，宣读皇帝御笔所写圣旨，娓娓数十言，要那些伏法者为封疆受过，死而无怨。事前内阁辅臣曾向皇帝提议：皇后即将生育，宜稍宽刑法。皇帝断然拒绝，说："祖宗封疆不能保，何有于儿孙？"他以为，不用重典不足以挽狂澜于既倒。[2]

然而，身负国防重任的杨嗣昌难道就没有责任吗？言官们认为此人不应置身事外，给事中李希沆在奏疏中指出：自皇上即位以来，"北兵三至，己巳（崇祯二年）之罪未正，致有丙子（崇祯九年）；丙子之罪未正，致有今日"。言外之意，如果不追究今日之罪，后果将更加严重，含沙射影地指向杨嗣昌。御史王志举则直截了当地揭发杨嗣昌误国四大

1 谈迁《国榷》卷九十七，崇祯十二年五月丁巳。万斯同《明史》卷三百六十五《杨嗣昌传》。

2 李清《三垣笔记·上·崇祯》："上处决五案，自督抚、监军而下，并县令、青衿，共三十余人，即内官所捧红匣也，旨娓娓数十言，皆上御笔。诸臣为封疆受过，一死何辞……自是督抚失机，累累骈首矣。"

罪，请皇帝按照以往失事兵部尚书丁汝夔、督师袁崇焕处死的先例，严惩杨嗣昌。皇帝大怒，把李希沆、王志举革职查办。杨嗣昌深感不安，屡次上疏引罪，皇帝都以温旨挽留。[1]皇帝的这种偏袒之举，激起舆论不平。因为此前导致清兵南下的兵部尚书都绳之以法，己巳之变，王洽下狱死，复论大辟；丙子之变，张凤翼服毒死，犹论削籍。此次失陷七十多城，皇帝丝毫没有加罪杨嗣昌之意，仍然眷顾不已，令人惊讶。

就在朝野目光专注于北边，把围剿流寇的洪承畴、孙传庭调往蓟辽与京畿地区的时候，中原兵力空虚，酝酿着新的危机。

一向统率关宁劲旅的祖宽、李重镇被处死，洪承畴又奉旨督率陕西精锐之师留在蓟辽边境，是极其冒险之举。孙传庭写信给杨嗣昌据理力争："是兵必不可留，留则寇势渐张，而究无益于边。是代寇除兵也，且兵之妻孥积蓄皆在秦，日以杀贼为利，必不能久在边，非哗则逃，则不复为吾用，而为贼用。后欲制贼，何所取材，是驱兵从贼也。"[2]杨嗣昌没有采纳这一意见，也没有向皇帝报告，反而怀疑孙传庭有什么不可告人的动机。

◥ 丁汝夔，山东沾化人，正德十六年进士。嘉靖年间兵部尚书，因庚戌之变被问责斩首。

◥ 袁崇焕，广东东莞人，万历四十七年进士。明末名将。因诛杀毛文龙、己巳之变护卫不力以及擅自与满洲议和等被判以凌迟之刑。

◥ 王洽，山东临邑人，万历三十二年进士。崇祯二年升兵部尚书，己巳之变时，因无法阻挡清兵，被捕入狱。崇祯三年病死狱中。

◥ 张凤翼，山西代州人，万历四十一年进士。崇祯九年清兵进逼北京，张凤翼怯不敢战，日服大黄，病卒于行营。

1　万斯同《明史》卷三百六十五《杨嗣昌传》。

2　李因笃《明督师兵部尚书孙公传》，孙传庭《孙忠靖公集》卷首。抱阳生《甲申朝事小纪》四编卷六《督师孙传庭小纪》。

皇帝朱由检也没有把“安内”的隐忧放在心上，把威震陕西的孙传庭安放在保定巡抚的岗位上，为京师站岗放哨，显然是大材小用。孙传庭以耳聋已有半月为借口，推辞保定巡抚之职。皇帝毫无商量余地，下了一道圣旨：“孙传庭特任练兵，何得辄以病诿？着即遵旨刻期料理，不许延误取罪。”[1]孙传庭请求皇帝召见，面陈大计，派人带去奏疏请杨嗣昌转呈，杨嗣昌怀疑他弹劾自己，索性退回奏疏。这让孙传庭颇为丧气，考虑到杨嗣昌在朝，自己必不可能有所作为，向皇帝乞求退休。杨嗣昌乘机向皇帝挑唆，说他“托疾非真”。皇帝大怒，下令巡按御史杨一俊核实真伪。杨一俊核实后报告，孙传庭确系耳聋，并非托疾。皇帝竟以为杨一俊有意包庇，派锦衣卫官员赶赴易州公署传达圣旨：“孙传庭托疾规避，显属欺罔，有旨责令监察（御史杨一俊）按明，乃挟同奏报……内外官好生徇蔽。孙传庭并杨一俊俱革了职，锦衣卫拿解来京究问。”[2]就这样糊里糊涂地把一员战功卓著的大帅，无端关进监狱达两年之久。以后的事实表明，孙传庭建议别把陕西精锐之师留在边境，是有远见的。

1 孙传庭《孙忠靖公集》卷六《省罪录》，卷三《请斥疏》。

二 “盐梅今暂作干城”

2 李因笃《明督师兵部尚书孙公传》，孙传庭《孙忠靖公集》卷首。

崇祯十一年冬，张献忠等部降于熊文灿，李自成等部败于洪承畴、孙传庭，朝廷上下得意洋洋，以为“天下无贼”——流寇已经消灭殆尽。吴伟业写道：“(杨) 嗣昌扬扬德色，以荐 (熊) 文灿为知人，一时公卿且谓天下无贼。”[1]皇帝因为京师戒严而征调洪承畴、孙传庭入卫，待满洲军队撤退后，仍不将二人及所辖劲旅遣返原地，也反映了这种“天下无贼”的情绪。

◥ 熊文灿，贵州永宁卫人，万历三十五年进士。崇祯十年官至兵部尚书。

真是“天下无贼”了吗？非也。

1. 张献忠与李自成的谷城之会

张献忠、刘国能等部接受熊文灿的招抚，不过是权宜之计。当时的刑科给事中李清 (字映碧，号心水，南直隶兴化人) 敏锐地指出，张献忠、刘国能“其意叵测，为忧方大”。徐元文写道：“当是时，流寇充斥，帝所用中外臣多不称旨，而任法益峻。公 (李清) 极言理臣熊文灿一意主抚之非，虽张献忠、刘国能幸而就抚，其意叵测，为忧方大。后 (张) 献忠果叛，如其言。”[2]

从形式上看，张献忠确实接受了招抚，先后拜见五省总理熊文灿、湖广巡按御史林铭球，领受

1 吴伟业《绥寇纪略》卷六《谷房变》。
2 徐元文《李映碧先生墓志铭》，《含经堂集》卷二十七《墓志一》。

了明朝副将的职衔。这是他向政府索取几万人军饷的一种手段，他的部队并没有解散，也没有接受改编，继续操练，采办军器。当时的南京兵部尚书范景文（字梦章，号思仁，北直隶吴桥人）就指出，张献忠受抚后，“人不散队，械不去身”，“买剑买刀，安意耕耘”，提醒朝廷，“叛形业已渐张”，“抚贼未可轻信”。[1] 杨嗣昌针对范景文“抚贼未可轻信”，写了奏疏反驳，指责范景文不了解抚剿全局而说三道四，无异于教唆敌家：“至于剿抚全局，臣部亦有苦心，每因南北隔远，未能遥请商求。今姑譬之于弈，满盘皆劫，而一角相持，观者但当注心于劫，不当注心于持，劫尽而持自解。如劫未尽之时，当局若无余力，而旁观者频频指点其持，是为有益于我乎？抑为教唆敌家也？”[2]

当时的湖广按察司佥事王瑞枬，向熊文灿、林铭球报告的敌情，更加证实了这一点。王瑞枬说：崇祯十一年五六月，流寇十闯天等七八股奔袭唐县、邓州之间，距离襄阳不足二百里。熊文灿要张献忠提兵征剿，给以资粮，督以监军，张献忠虚与委蛇，口然而心未必然，今日然而明日未必然，终不肯出门半步。到了七月初九日，张献忠却向地方当局发去揭帖，要求发放七八九三个月的粮饷，以供养一万一千士兵的口粮，如果没有粮食，则由地方当局拨发银子二万两，以赡养众口。[3] 顶替戴东

1 范景文《抚贼未可轻信叛形业已渐张疏》，《范文忠公全集》卷四。

2 杨嗣昌《覆南枢抚贼未可轻信疏》，《杨文弱先生集》卷二十六。

3 康熙《温州府志》卷三十二《艺文·王瑞枬：上理按两院书》。参看顾诚《明末农民战争史》，中国社会科学出版社，1984年，第104页。

旻出任郧阳抚治的王鳌永以为，招抚张献忠之初，就应该用武力逼迫其认罪，给他“从戎”或“归农”两条出路，如果既不“从戎”，又不“归农”，惟有进剿。杨嗣昌写信批评他不了解剿抚全局，冷嘲热讽：“斯诚扫清江汉之机，谁敢以为不然？然而其时贼多兵少，贼散兵分，其自江汉而外，当扫清而不扫清者何限，能以全力事一隅乎？故因其求抚而抚之，如虎狼忽不搏噬，而安卧一隅，则且安卧之。至其为稳卧，为负隅？殊未可必。迨诸方之虎狼略尽，搏噬少衰，而此一虎狼引之笼槛，去其爪牙，斯则驯暴之术而入笠之机也。”[1]在杨嗣昌看来，不必管他是“稳卧”还是“负隅”，一旦其他虎狼消灭殆尽，再来收拾他的爪牙，稳操胜券。

杨嗣昌之所以支持熊文灿的招抚政策，与他对于剿抚全局的估计密切相关。熊文灿认为，“流贼如水，以抚为堤”。杨嗣昌则认为，“剿乃其堤，聊遏横溢而已；抚则其归，如百川赴海，万折狂澜将自化为安澜也。弄兵本潢池赤子，释甲即周余孑遗，可一刀杀尽乎？”[2]这也是揣摩皇帝心态的结果，他在一份奏疏中说：“至于张献忠之抚，臣等始殊难之，皇上召臣（杨）嗣昌、臣（赵）光抃于武英（殿），赐对面谕‘剿抚原该互用’。又问臣云：‘卿说这贼杀得尽否？’臣乃渐渐敷陈相机安抚之实事。”[3]但是地方官反映张献忠不受节制，自行

1 杨嗣昌《与王郧抚鳌永》，《杨文弱先生集》卷四十八。

2 杨嗣昌《与熊总理文灿》，《杨文弱先生集》卷四十七。

3 杨嗣昌《覆兵科招抚之功罪疏》，《杨文弱先生集》卷二十四。

其是，又使得杨嗣昌彷徨不宁，一则担忧“贼党尚众，凶渠实繁，纵之易而操之难，狡谋多而全算少。有如往年陈奇瑜之抚，一出汉中，旋踵四溃，遗祸至今，罪谤莫赎”；再则担忧“近日谷城（张献忠）之事，反侧未定，要挟多端，局中殊有岌岌不保之虞，而局外之震撼危疑益纷纷其不可问……此臣所以殷忧日夜，不知行间诸臣是何作用担当？作何安顿究竟？”[1]三则担忧，监军太监刘元斌、卢九德转告，张献忠“请给敕书关防，以听节制调遣”，显得左右为难：“实多要挟之状，与之万无此理，不与借口生端。”[2]尽管有种种隐忧，但是皇帝明确指示“剿抚并行，原不中制”，允许总理、巡抚、监军太监“相继操纵”，因此熊文灿的抚局无人能够撼动。

张献忠利用这一时机，在谷城休养生息，等待时机。李自成与张献忠双雄的谷城之会，就是在这一特殊环境氛围下实现的。

李自成在潼关南原全军覆没，仅率十八骑突出重围，逃往商雒山中。被打散的部下闻讯，陆续前来归附，逐渐形成几千人的队伍。当他获悉张献忠在谷城的实情后，于是年年底，带了几十名随从，快马加鞭赶往谷城，去会见张献忠。这两位陕北老乡，目前处境迥异，友情尚存。

张献忠还是一如既往的豪爽，设宴款待。

1 杨嗣昌《剿抚已饬行间疏》，《杨文弱先生集》卷二十六。

2 杨嗣昌《看详章奏密请圣裁疏》，《杨文弱先生集》卷二十七。

酒过三巡，他笑着拍拍李自成的背，戏言：李兄，何不随我而降，还仆仆风尘奔走干嘛？

李自成仰天大笑，连说：不可，不可。

此时此地两人心照不宣，李自成知道张献忠在谷城受抚，不过是权宜之计，并非真降，否则绝不会冒失来此，自投罗网。张献忠明知李自成不会随他而降，开个玩笑而已。

会见之后，张献忠接济了李自成一批武器马匹，让他重整旗鼓，以待日后遥相呼应，壮大声势。

谷城县人士亲眼目睹李自成会见张献忠之后，从容离去，非常埋怨熊文灿。如果熊文灿调度得宜，张献忠一定会“缚闯自效”——生擒李自成将功赎罪。[1]这种埋怨毫无根据，对于熊文灿抑或张献忠，都是不明底里的妄言。熊文灿徒唤奈何，谷城在张献忠控制之下，他不可能“调度得宜”；张献忠并非真降，不可能“缚闯自效”。

关于谷城双雄会，史书语焉不详，颇多歧异。李自成兵败潼关，逃往商雒山中，到一年之后再度崛起，这一段时间，几乎销声匿迹，史家对他的记载大多传闻之词，五花八门。《明史纪事本末》这样写道：“（崇祯）十一年二月，李自成陷泸溪，陕寇尽聚川西。总督洪承畴檄川中诸道兵严守要害，贼因乏食，承畴以川师诱之，陕兵设伏于梓潼。自成

1 吴伟业《绥寇纪略》卷十《盐亭诛》。谈迁《国榷》卷九十七，崇祯十二年五月乙丑。

率群贼逐川兵，川兵走，伏发，贼大败，斩首千余，几歼之。自成率残众数千走溪南，孑身入楚，依张献忠，不许，至竹溪，献忠谋杀之。自成独乘骡，日行六百里，走商雒，至淅川老回回营，卧疾半年余。老回回授以数百人，仍出剽掠。”[1]把潼关之败写作梓潼之败，把进入商雒的时间定在李、张竹溪之会以后，都令人费解——与事实不符。

《明季北略》这样写道："庚辰（崇祯十三年）九月，秦兵大破李自成于函谷，自成众散略尽，其部下俱降。自成窜汉南，秦兵蹙之于北，左（良玉）兵扼于南，穷蹙不得他逸。食且尽，自经者数四，养子李双喜救之……先是，戊寅（崇祯十一年），张献忠、罗汝才九股在房、竹山中，自成来附。献忠谋杀之，自成觉而逃去，入蜀。”[2]把李自成兵败潼关，写作兵败函谷，而且系于崇祯十三年；又把崇祯十二年李、张竹溪之会，系于崇祯十一年，问题多多。

对于崇祯十一年冬李、张谷城之会，记载得最为确切的是《国榷》与《绥寇纪略》。《国榷》写道："戊寅（崇祯十一年）冬季，（李）自成兵败，从数十骑过（张）献忠。酒半，献忠曰：'盍亦从我降乎？'自成不可。献忠资其衣马以去。熊文灿调度得宜，彼且缚闯自效。取小利而失大盗，（熊）文灿之肉其足食乎！”[3]《绥寇纪略》写得较为具体，一则说“当戊寅之冬，谷（城）人亲见，李自成以兵败，从

1 谷应泰《明史纪事本末》卷七十八《李自成之乱》。

2 计六奇《明季北略》卷十六《李自成败而复振》。

3 谈迁《国榷》卷九十七，崇祯十二年五月乙丑。

数十骑过谷城，献忠与之饮”；再则说“(张献忠) 笑而拊其背曰：‘李兄，盍亦从我降而仆仆奔走乎？’时献忠已有异志，自成仰而嘻曰：‘不可。’”三则说：“献忠乃资其衣马以去。谷 (城) 人皆以尤 (熊) 文灿。”[1]

据柳义南考证，李自成与张献忠有过两次相会，一次是崇祯十一年冬的谷城之会，另一次是崇祯十二年秋的竹山、竹溪之会。他说，自从崇祯十一年十月潼关战后，到崇祯十三年冬李自成重出河南，在这两年中，各书所载极为零乱。今从庞杂的史料中，找出一条较为可信的线索，对以下各个问题逐步予以证实。他的结论有两条：其一是，崇祯十一年冬，李自成至谷城与张献忠会见，张献忠资助他一批衣甲；其二是，张献忠、罗汝才、李自成联军，曾于崇祯十二年八月初七日到十九日，进破竹山、竹溪，亦即李自成、张献忠在谷城之会后又一次会见。[2]

从两次会见的事实可以看到，一些史书所谓“献忠谋杀之”的说法缺乏根据。谷城之会，张献忠资助李自成兵马，表明张献忠“已有异志”——重新起兵，希望与李自成遥相呼应，所以才会有次年的竹山、竹溪第二次相会。

张献忠谷城受抚后，即有东山再起的打算。他任用诸生 (已入学的生员) 潘独鳌、徐以显为谋士，要

1 吴伟业《绥寇纪略》卷十《盐亭诛》。

2 柳义南《关于李自成会见张献忠于谷城问题》，《李自成纪年附考》，中华书局，1983年，第117—120页。

他们讲解孙武兵法，打造三眼枪、狼牙棒、埋伏连弩等兵器，操练团营方阵、左右营法。谷城知县阮之钿目睹这一切，心中焦急，又无力改变局面，只得苦口婆心从旁劝说，要张献忠走刘国能的道路，真心归降，倘若如此，他可以上疏朝廷，保证赦其不死，何必自蹈不义。张献忠根本不把小小知县放在眼里，以丑言詈骂回敬。从此阮之钿忧愤成疾，自知日后不免一死——不是死于张献忠之手，便是死于熊文灿之手。他在县衙墙壁上题诗一首：

读尽圣贤书籍，成此浩然心性。
勉哉杀身成仁，无负贤良方正。

落款是："谷邑小臣阮之钿拜阙恭辞。"[1]仿佛是留下绝笔，既表示问心无愧，又表示无可奈何，此后便蜗居家中，不理县政。

阮之钿要张献忠向刘国能学习，真心归降，显得有眼无珠。张献忠毕竟不是刘国能，这一点连杨嗣昌也看出来了："刘国能、张献忠同时受抚，而该理（熊文灿）亦同加之以副将名色，岂非奔走而使用之意哉！乃刘国能受抚以后，所至立功，渡河入卫，恪著勤劳，安插家口叶县关厢，自寻生理。此奔走而试用之真实有效者也。献忠受抚以后，未离谷城一步，未散胁从一人，勤劳安在？与民共城而

1 吴伟业《绥寇纪略》卷六《谷房变》。彭孙贻《平寇志》卷四。

居，甚乃分麦而食，生理何存？此与刘国能行径相去不啻悬远，何怪乎旁人疑骇，讹言繁兴，致有纷纷不戢之虑哉。”[1]

2. 张献忠重新起兵

其实，此前不少官员都对张献忠的投降表示怀疑。兵科给事中姚思孝就断定“张献忠必叛”，向皇帝说明他的观点：“天下有如是掣肘，如是迫胁，而尚可幸抚乎？伏乞皇上速诘理臣（熊文灿），献忠曾许四千从军，何至今不受调遣？治臣数月，安插何杳无奏闻？按臣（林铭球）原开归农、回籍、从征三款，何尚无确数？并近日情形，立限诸臣详悉，星驰密奏。倘再迟疑蒙混，粉饰代请，究竟水落石出，必有受其咎者。国宪具在，欺罔何所逃罪？勿谓抚事一结，无与吾事也。”[2]

郧阳抚治戴东旻对于张献忠屯驻谷城，罗汝才与之遥为声援，深感忧虑，向皇帝建议立即荡平：“曹操（罗汝才）就抚，不从解散之令，愿为百姓耕田，此目前盗铃之说耳。张献忠入据谷城，屡檄不前，其意将有不可言者。然数省大寇环聚二三百里，四面合围，实有釜鱼阱兽之势。以理臣（熊文灿）见在兵马，再令督臣（洪承畴）发秦兵，由兴安驰赴，协同扫荡，实荡平之机也。”[3]

1 杨嗣昌《恭承召问补陈剿抚情形疏》，《杨文弱先生集》卷三十二。

2 孙承泽《山书》卷十一《狡贼伪抚》。

3 孙承泽《山书》卷十一《狡贼伪抚》。

杨嗣昌也意识到事情有些棘手：张献忠“狡而多畏，动辄生疑，虚费一载安辑之功，仅成唇舌往来之套。而调之征剿，则内顾多虞；坐地分粮，则糜冒可惜”。不过他把责任都推到地方官身上，一则批评郧阳抚治戴东旻：“实有地方之责，别无调御之方，徒以积疑不决之衷，藉其多畏转关之口”；指责他“因循诿卸，错置乖张，致令反侧不安，地方被害”。再则批评湖广巡按御史林铭球“终归疑事无成，长此不已，剿抚于何结局”？三则批评襄阳道王瑞枬、郧阳道周梦尹、郧襄监军道包凤起，“各有守土保民、治兵弭变之责，难执膜中横见，巧推局外旁观”。[1]

洪承畴、孙传庭等各地勤王军队陆续北上，中原防务空虚，张献忠、罗汝才等部看准时机，准备重新起兵。崇祯十二年四月，熊文灿向杨嗣昌密报：“降盗张献忠将复叛。”[2]四月二十三日，杨嗣昌转报皇帝：“此事图之经年，将谓节节笼驭，步步收拾，使之尽弃邪暗，归于正明。不意狼子野心终然未化，必须用兵。”同时又哀叹，攘外与安内无法兼顾，调兵困难：“当此边氛暂敛，抽练方急之时，臣部更欲分头四应，则亦荼苦之极矣！”[3]四月二十六日，他向皇帝建议，派遣京师警卫部队，“整顿早行，先声所至，便资弹压，而且事权归一”[4]。这无异于画饼充饥，说说而已。作为切实

1 杨嗣昌《塘报贼情疏》，《杨文弱先生集》卷三十。

2 戴笠、吴乔《流寇长编》卷十二，崇祯十二年四月庚戌。

3 杨嗣昌《密奏疏》，《杨文弱先生集》卷三十二。

4 杨嗣昌《密奏疏》，《杨文弱先生集》卷三十二。

可行的军事部署，杨嗣昌下令，把跟随洪承畴入援的甘肃总兵柴时华、宁夏总兵祖大弼率领的劲旅，调往湖广，归熊文灿指挥。不料柴时华借口“众心思归，从征恐有不戢”；祖大弼借口“欲待安插辽丁，不能就道”，使得这一部署化作泡影。[1]杨嗣昌不得不奏请皇帝，赶紧征调陕西总督郑崇俭率军由川南向郧襄移动，四川巡抚傅宗龙由川东向郧襄移动；熊文灿麾下的总兵左良玉、张任学、陈洪范、龙在田等，分别向谷城合围。[2]

然而为时已晚。问题在于熊文灿过分依赖于招抚，处处迁就张献忠，从未采取断然措施，以致养虎遗患。刑科给事中李清早就批评熊文灿，一意主抚，贻误大局："理臣熊文灿身任讨贼，一意主抚。皇上发禁旅调边兵，捐饷至二百万，将以为剿也。贼畏剿而抚之，则权在我；今军威未振，煦煦招降。虽张献忠幸而就抚，恐鹰眼未化为忧。"[3]皇帝不以为然，听任熊文灿便宜行事。

湖广巡抚余应桂（字二矶，江西都昌人）身临其境，看得一清二楚，极力反对熊文灿一意主抚。熊文灿心怀不满，以“后期误军”为口实，弹劾余应桂。余应桂出于大局考虑，写信给熊文灿消除误会。他的信使被张献忠的巡逻士兵俘虏，信件落到张献忠手里，信中有“献忠必反，可先未发图之”语句。张献忠据此向郧阳抚治戴东旻告发："抚军欲杀我！"

1 戴笠、吴乔《流寇长编》卷十二，崇祯十二年四月庚戌。

2 杨嗣昌《再奏疏》，《杨文弱先生集》卷三十二。戴笠、吴乔《流寇长编》卷十二，崇祯十二年四月庚戌。

3 戴笠、吴乔《流寇长编》卷十二，崇祯十二年五月丁巳。

戴东旻把此事报告熊文灿，熊文灿抓住把柄，向皇帝揭发余应桂“破坏抚局”。杨嗣昌本来就对余应桂曾经弹劾杨鹤，怀恨在心，乘机怂恿皇帝逮捕余应桂。[1]余应桂蒙不白之冤，写了长篇奏疏，彻底揭露熊文灿的“剿抚始末”，证明自己无罪：

▼ 杨鹤，字修龄，湖广常德人，杨嗣昌之父，万历三十二年进士。授雒南知县，崇祯初累拜兵部右侍郎，总督陕西三边军务。因招抚、诱降农民军无成效下狱，贬戍，后死于戍所。

——正月初议抚刘国能，其党李万庆等诸大贼，尽走泌阳、枣阳。时文灿、良玉并在德安，臣以为兵势方盛，宜乘此追剿。而文灿调良玉诸军尽赴信阳剿马进忠，臣谓（马）进忠小寇，胜之不武，文灿不听。自此机一失，贼走西，而文灿东，致张献忠攻陷谷城，以要抚。李万庆五部收余烬，势复振，而豫楚之患遂自文灿之愎谏贻之矣。

——且文灿办贼之策，曰先抚后剿，乃茶山不效，麻城又不效，第见招抚之旗络绎于道。一遣使招贺一龙，而使者被杀；一遣使招李万庆，而馈盐椒、运鱼肉、与通市，贼反因之焚掠，未见一贼归顺也。天下有如是抚法乎？

——其一切军需，悉取于所历之有司，名曰借办。致城市空虚，孑遗尽绝。三月至麻

1 张廷玉《明史》卷二百六十《余应桂传》。

城，民不堪淫掠，欲焚其署，始踉跄而走……是以捷报日张，寇势愈炽，十三家之贼蹂躏南阳、汝宁，如履无人之境。文灿驻宛汝已久，调度不闻。天下有如是剿法乎？

——献忠在谷城招纳亡命，买马置器，人人知其叵测。文灿顾欲借之为前茅，遣官调之，非惟不应，复留解饷之官，求总兵湖广。今已造浮桥，跨汉水矣。文灿前既夸张而叙功，后复掩匿而不报，可不谓之欺君乎？以总理之大柄，畀之颠蹶之耄夫，臣不知其可也。[1]

被逼到绝境的余应桂，已经无所顾忌，揭露熊文灿昏庸无能而又刚愎自用，可谓淋漓尽致，也映射出朝廷对他信任备至的过错。结果是在预料之中的——“帝不纳，逮至下狱”，“应桂竟遣戍”。[2]

余应桂因直言而被逮，激起廷臣不满，刑科给事中李清为之辩白：熊文灿所谓张献忠领取军饷专听指挥云云，是自欺欺人的无稽之谈；他声称张献忠得到余应桂信件后，才咆哮思逞云云，更是自欺欺人的无稽之谈。无此信亦疑，有此信亦疑，逮捕余应桂而此疑未必可释。疑就疑在熊文灿对张献忠调之不能、散之无计，只得听任他控制荆襄上游，天下事大可忧虑。熊文灿的用意在于，张献忠听调

1 张廷玉《明史》卷二百六十《余应桂传》。

2 张廷玉《明史》卷二百六十《余应桂传》。

则我居功，不听调则余应桂任罪。殊不知，逮者不过一身之利害，而留者关系数省之安危，恐将重蹈陈奇瑜之覆辙。[1]

◤ 陈奇瑜，山西保德人，万历四十四年进士。天启时抗疏力诋魏忠贤，崇祯七年总督五省军务，因招降失策被革。

事实证明，余应桂所说“献忠必反”是有先见之明的。左良玉也察觉张献忠“反迹大露”，极力催促熊文灿先发制人，熊文灿敷衍搪塞回应道：他虽怀二心，但还未开衅；你虽敢斗，但部众未集。贸然出击，其他受抚各部必然行动，如不能胜，损失更大，不如慢慢来。左良玉反驳道：不然，逆贼利于野战，而不利于守城。出其不意攻其无备，彼士卒有骇心，粮饷无后继，诸部观望必不齐心。贼寡我众，贼散我合，贼怠我奋，攻之必拔，袭之必擒，一失此机，后悔无及。熊文灿无言以对，只好苦苦相劝，禁勿用兵。而且故意把左良玉意欲动武的信息透露出去，使张献忠得知，还强留左良玉宴饮，拖延时日。[2]待到熊文灿意识到形势不妙，向朝廷惊呼“张献忠复叛”，朝廷紧急调集川陕军队向郧襄进发时，张献忠抢先一步在谷城起兵，打得熊文灿措手不及。

崇祯十二年（1639）五月初六日，张献忠在谷城起兵，摧毁城墙，抢劫仓库，释放囚犯，再度高举义旗。谷城知县阮之钿自知在劫难逃，服毒自杀。

---

1 戴笠、吴乔《流寇长编》卷十二，崇祯十二年五月丁巳。

2 吴伟业《绥寇纪略》卷十一《九江哀》。戴笠、吴乔《流寇长编》卷十二，崇祯十二年五月壬戌。邹漪《明季遗闻》卷一。

奉张献忠之命赶往县衙门的马元利，一举焚毁县衙门，还未气绝的阮之钿葬身火海。过去一年中张献忠委曲求全，备受各级官僚敲诈勒索，时人称“熊文灿责赂金珠瑰宝累万万”[1]。起兵后，他狠狠地出了这口怨气，在通衢大道上张贴告示，向百姓宣布：“自己之叛，总理使然”，指责熊文灿欲壑难填，其他官僚也贪得无厌，张榜公布索取贿赂的人员名单，把官僚姓名、索贿数量与日期，一一曝光，使得那些贪官污吏无所遁形。他还如实说明：不接受贿赂者，唯襄阳道王瑞楠一人。[2]张献忠的这种宣传攻势非常有效，令熊文灿及大小文官武将们羞愧得无地自容，也让世人看清了熊文灿鼓吹“招抚”的真相，与其说是在招抚流寇，不如说是在招抚金钱，更加名副其实。

熊文灿自知纵虎归山，罪不容诛，立即写了密揭，千方百计推卸责任。兵科都给事中张缙彦措辞严厉地驳斥道：“细阅理臣（熊文灿）所奏抚张献忠始末一段，中间许多推卸，无限躲闪，臣益不解所为，终不能不为理臣效一忠告矣。（张）献忠者非如九股始议招安，固给官札、食官禄、居谷城经有岁时者也。理臣事前既费经画，事后应有承当。况操纵到头之日，事会岂肯让人！且绦镟上手之时，作用何不由我？臣读其揭，如襄阳院道、楚中抚按，及均州内监，不得不因其求抚，

1 谈迁《国榷》卷九十七，崇祯十二年五月乙丑。

2 谈迁《国榷》卷九十七，崇祯十二年五月乙丑。戴笠、吴乔《流寇长编》卷十二，崇祯十二年五月辛酉。

省此一大段骚扰，是隐隐卸其担于抚按监道，而已不与也。更可异者，总断之曰：‘襄阳抚中情节，职实未之前闻。’夫以堂堂部院，总理八区，而曰‘未之前闻’，更有何人与闻？何事宜闻？而作此局外之言哉？”[1]张缙彦还向皇帝指出：张献忠包藏祸心，无论愚者智者人尽皆知，熊文灿受他愚弄，不断为他请官开赏，巧辞匿饰杀人越货痕迹，有人揭发其阴谋，立即封堵其口；不断向朝廷谎报军情：把攻城略地之奸雄说成漏刃破胆之人，把奔腾山谷之势说成鼠窜路穷，把拥强兵负异志说成反形未露。凡此种种，恢饰不伦，欺蒙已甚。[2]

朱由检终于恍然大悟，下旨革去熊文灿所有官职，命他立功自赎。熊文灿接到“立功自赎”的圣旨后，自知身在祸门，不暇审度形势，强令左良玉冒险出兵。左良玉气得大发雷霆：熊文灿纵虎负隅，命我擒拿，若不去，必定加我逗留之罪。令旗一到，左良玉只得冒暑进讨。张献忠以逸待劳，在房县西八十里的罗睺山布下埋伏。左良玉进入埋伏圈，遭到迎头痛击，符印尽失，只收拾得残兵败将几百人逃命。[3]一向桀骜不驯的左良玉当然不愿代熊文灿受过，上疏揭发熊文灿在张献忠反迹已露之时，阻挠他出兵镇压；纵虎归山之后，又强令他冒险出击，以及其他种种劣迹，和盘托出。皇帝大为光火，下旨逮问熊文灿，令左良玉戴罪自赎。[4]杨嗣昌奉旨督

1 孙承泽《山书》卷十二《庸督抚贼》。

2 吴伟业《绥寇纪略》卷六《谷房变》。

3 文秉《烈皇小识》卷六，崇祯十二年六月：“张献忠住札谷城，知县阮之钿竭力调护，士民赖之。至今春，叛形显著，左良玉请乘其未备讨之，文灿不可。至是，果叛，（阮）之钿沥血书绝命词于襟，仰药死。良玉发兵进讨，熊文灿故张露其事，且强留左良玉饮饯，稽延旬日，俾献忠得预为备。献忠乃得从容运器甲资粮入房山，部署已定，文灿始令进兵。良玉怒曰：‘督台纵虎负隅，使我撄之，不去，必以逗遛罪我。’令旗至，即冒暑进讨。献忠设伏于罗睺山，良玉兵度险入伏中，贼四合围之。良玉全军尽没，并失其符印，仅收残兵百人逃归。”

4 戴笠、吴乔《流寇长编》卷十二，崇祯十二年七月丁丑、辛巳。

师，抵达襄阳后，还为熊文灿叙功，皇帝不听，命锦衣卫缇骑逮捕熊文灿，押回京城论死弃市。[1]

崇祯十二年八月，张献忠、罗汝才、李自成联军攻破竹山、竹溪，军威大振。

3. 杨嗣昌奉旨督师

此次北兵南下，京师戒严的严重事态，身为兵部尚书的杨嗣昌负有不可推卸的责任，言官们的弹劾奏疏纷至沓来。杨嗣昌坐立不安，屡次上疏引罪。皇帝令其落职冠带视事，不久又以叙功，恢复他的官职。杨嗣昌想乘机脱身，向皇帝推荐四川巡抚傅宗龙（字仲纶，云南昆明人）出任兵部尚书。正当他庆幸自己可以摆脱棘手的军务困扰时，传来了张献忠谷城起兵的消息，令他无法安枕。谷城事件的直接责任人熊文灿，是他推荐并鼎力支持的，抚局的破产，他脱不了干系。熊文灿被逮，围剿重任何人担当？皇帝也在左思右想：杨嗣昌机敏过人，却难掩粗疏；有点子，却言过其实，已经挠于群议用为阁臣；不如令其外出督师，万一成功，可以谢天下，也可以彰显自己眷顾他的初衷。杨嗣昌看破皇帝的意图，立即自告奋勇请命督师。[2]

崇祯十二年八月二十五日，皇帝决定，派杨嗣昌代替熊文灿督师。他在杨嗣昌请罪疏上亲笔批示：

1 孙承泽《山书》卷十二《庸督抚贼》。

2 吴伟业《绥寇纪略》卷七《开县败》。

> 辅臣屡疏请罪，诚恳愈加，尤见守法振玩至意。目今叛寇猖獗，总理革任，以辅臣才识过人，办此裕如。可星驰往代，速荡妖氛，救民水火。凯旋之日，优叙隆酬。仍赐尚方剑督师，各省兵马自督、抚、镇以下，俱听节制，副参以下即以赐剑从事。[1]

杨嗣昌担任兵部尚书多年，深知流寇难以剿灭，有很多深层次原因，凭个人之力难以根本改变，皇帝要他“速荡妖氛”，他不得不为自己留有余地，向皇帝提出五项条件：

一是防止流寇突走中原——“贼在房（县）、竹（山）蛰伏已久，今剿兵挫败，势必鸱张。走秦走蜀，皆不必然之算；径走中原，突犯汝（州）、蔡（州）、蕲（州）、黄（州）、安（庆）、庐（州）等处，乃必然之算也。此一带申严城守，收敛秋禾，扼堵要害，预先沮破长驱之计，为第一要务。”

二是增调禁旅边兵——“一向剿兵堪用，首推左良玉一枝，次即罗岱犹称勇往。今罗岱覆没，良玉推残，未得全报确报，见兵知能几何？所恃禁旅、边兵，养其全力，臣至鼓而用之。然为数不多，此时不敢增调，第前此已调未发之辽兵二千，可催发也。此亦目前第一要务，乞敕兵部马上催行。如秋防无事，再调一二千帮助，尤为得力。已调在彼禁

1 杨嗣昌《君恩旷世难逢臣罪没齿无怨疏》，《杨文弱先生集》卷三十五。

旅、边兵，万万无轻撤回，徒劳奔走，反张贼势。”

三是毋拘时日，但责成功——“贼在房（县）、竹（山），是川、湖、河、陕四省中央，正堪合剿。但入山运粮不易，四省期会不齐，致令贼逸我劳，贼饱我饥，贼合我分，所以偾事。今覆辙在前，恐难再蹈，则必有致贼而不致于贼之方，饥贼劳贼，而成其坐困之术。臣到彼讲求，权难预设，而臣到之时已入冬令，雪冻山寒，欲如部议定限十二月成功，万万不能，臣愚不敢苟且漫应也。此宽限又一要务，乞敕兵部毋拘时日，但责成功。”

四是军饷必须如期应手，湖广河南应该加倍多给——“今年剿饷全派甚迟，此时催征，又加练饷，未能如期应手。部议新分三督，必各各分饷与之。而贼在郧襄，湖广、河南，主客经过络绎，用饷必倍于淮陕二督。乞敕户部转行督饷侍郎，查淮陕二督所辖抚镇兵力不多，酌量发饷，必倍湖广、河南。宁使有余，毋以艰难之物用于不急之地。”

五是州县有司加意用人——“真正流贼首恶无多，年来所到地方，裹去穷民无数，枉遭杀戮，难见太平，全是州县有司不得其人之故。乞敕吏部，于有流贼省分，加意用人；如系已经残破，尤烦冢卿亲自遴选科甲长材，毋以不堪老贡（生）及降调闲散之官塞责。”[1]

皇帝对于这些年来总督巡抚任用非人，养寇

1 杨嗣昌《微臣引罪蒙恩廪荷督师重委疏》，《杨文弱先生集》卷三十五。

通贿，以致抚不成抚，剿不成剿，遗祸流毒，深感痛恨，寄希望于杨嗣昌，希望他速奏荡平，早日凯旋。因此，对他所提条件照单全收，不但不必限期，而且凡人才、兵饷等事，吏、户、兵各部必须做到有求必应，共图成功。[1]他似乎感到意犹未尽，又给杨嗣昌发去一封手谕，以亲笔书信的形式重申前意："间者边陲不靖，卿虽尽瘁，不免为法受罚。朕比因优叙，还卿前所夺官。卿引愆自贬，坚请再三，所执甚正，难相听许。朕闻《春秋》之义，以功覆过，方当降徒干纪。西征失律，以卿才识，勘定不难，可驰传往代。出郊之事不复内御，特赐尚方剑以便宜诛赏。卿其芟剪蟊贼，早奏朕功。"[2]

九月初四日，皇帝在平台召开御前会议。这次会议是按照杨嗣昌的请求举行的，参加者有内阁辅臣薛国观、杨嗣昌、范复粹、姚明恭、张四知、魏照乘，以及吏部尚书谢陞、户部尚书李待问、兵部尚书傅宗龙等。

◤ 范复粹，山东黄县人，万历四十七年进士。除开封府推官。崇祯元年任御史。之后巡按江西、陕西，担任大理寺少卿，升任吏部尚书。崇祯十三年继薛国观后为首辅。

◤ 张四知，山东费县人，天启二年进士。由庶吉士授检讨。崇祯中，历官礼部右侍郎。崇祯十二年拜礼部尚书兼东阁大学士。

皇帝首先问户部尚书李待问：楚豫皖连告缺饷，卿部日前已发过么？现今督师将要专征，有何法可以足饷？

李待问回答：督饷侍郎张伯鲸专负军饷之责，

---

1 杨嗣昌《微臣引罪蒙恩廪荷督师重委疏》，《杨文弱先生集》卷三十五。

2 吴伟业《绥寇纪略》卷七《开县败》。

微臣不过掌文书而已。今辅臣（杨嗣昌）系皇上特遣，宜就臣部题留款项设处，开支多寡伏候进止。

皇帝又问兵部尚书傅宗龙：假如张献忠舍河南、湖广而入陕西，这三路现有兵力多少？

傅宗龙回答：臣至部阅实，其数近十万人。

皇帝又问吏部尚书谢陞：嗣昌此行应挂何衔？

谢陞回答：臣以为，此行宜用督师辅臣。

皇帝召杨嗣昌上前，对他说：朕以寇乱，烦卿远行，朕不忍卿去左右。

杨嗣昌听了皇上颇有感情的话语，激动地说：微臣实不称职，致方内多儆，仰廑宵旰，咎皆在臣。蒙皇上又贳其罪而用之，臣敢不竭其驽骀之力，继之以死。

皇帝见他决心以身许国，很感动，追问：卿之剿贼以何者为先？

杨嗣昌回答：兵难遥度，容臣驰至襄阳，再条奏方略。兵事烦，不可用监军太监。

回答说：卿自择可者。

杨嗣昌说：如张克俭、宋一鹤皆可入选。

他又提出一些要求：督饷侍郎张伯鲸应该移驻楚豫用兵之地，江南用一户部司官催运即可；左良玉有大将之才，应当晋升为平贼将军。

皇帝一一允行。

御前会议结束后，大臣陆续退去，皇帝独自挽留杨嗣昌密谈，特别叮嘱他：张献忠曾惊祖陵，决不可赦，其余剿抚互用。

随即赏赐他黄金一百锭，大红苎丝衣料四套，斗牛衣一袭，赏功银四万两，银牌一千五百副，苎丝绯绢各五百匹，佩以“督师辅臣”印，拨给剿饷五十万两。[1]

九月初六日，杨嗣昌进宫向皇帝辞行，光禄寺在平台设宴为他饯行。朱由检亲执酒器为他酌酒，命左右大臣向他敬酒三巡。酌毕，乐声大作，一名太监手捧黄封呈上。朱由检把它打开，指着他亲笔所写七言诗说：辅臣督师，事不常有，今写数字赐卿。杨嗣昌跪下接过，朗诵道：

> 盐梅今暂作干城，
> 上将威严细柳营。
> 一扫寇氛从此靖，
> 还期教养遂民生。[2]

朱由检听他念罢，笑道：朕为卿赠行。这首诗把杨嗣昌比作周朝的方叔和汉朝的周亚夫。方叔，周宣王的大臣，曾奉命统率兵车三千讨伐楚国，获大捷。周亚夫，周勃之子，汉文帝时，匈奴进犯，他防守细柳营（今陕西咸阳西南），军令威严，岿然不动。皇帝的诗巧妙借用典故，预祝这位盐梅上将马到成功，令杨嗣昌受宠若惊，心潮起伏难以抑制，边哭边拜。[3]

1 吴伟业《绥寇纪略》卷七《开县败》。杨嗣昌《杨文弱先生集》卷四十四《召对纪事》，己卯九月初一日至初六日奉命督师数次召对。

2 杨嗣昌《杨文弱先生集》卷四十四《召对纪事》，己卯九月初一日至初六日奉命督师数次召对。杨嗣昌描述此诗：“字大二寸余，体法遒劲，兼三颜。后一行署云：赐督师辅臣嗣昌。又一行署云：崇祯十二年九月。前钤御笔之章，辅首一宝。上方中书一押，大体似‘明德’二字合成者。钤一引正万邦之宝。”

3 吴伟业《绥寇纪略》卷七《开县败》。

“盐梅今暂作干城”，杨嗣昌肩负皇帝的重托，踏上督师的征途。九月十五日，在磁州上疏谢恩；十九日，在开封宣谕皇上救民水火之意；二十九日，抵达襄阳，进入熊文灿行营。十月初一日，杨嗣昌在襄阳誓师。总兵左良玉、陈洪范，监军太监刘元斌，湖广巡抚方孔炤，郧阳抚治王鳌永等与会。他传达皇上谕旨，申诫将领，高呼口号：身受国恩，担当灭贼，诛赏必行！杨嗣昌素有口才，加上督师辅臣的威严及皇帝所赐尚方剑，与会者诚惶诚恐。随即宣布他的战略部署以及各人的防守职责：

郧阳抚治王鳌永防守郧阳，总兵陈洪范、副总兵周继先防守汉水一线，若张献忠从房县来，则王鳌永、陈洪范、周继先提兵向均州抵御。

左良玉专门扼守均州，与副总兵张一龙合营，若张献忠从房县走谷城，即下谷城堵截；若张献忠由房县走保康、南漳，即抄便道出奇兵。

湖广巡抚方孔炤驻荆门，副总兵罗安邦驻当阳，副总兵杨世恩驻宜城，承天守将钱中选策应；偏沅巡抚陈睿谟驻荆州，保护惠王藩邸；署道冯上宾驻彝陵，调施州卫兵协同防守。

四川巡抚邵捷春严堵川东，若张献忠从房县、竹山走兴山，则提兵预出夔门。

河抚李仙风辖属南界，紧接郧襄，今须躬驻邓州，转运粮饷。该抚镇精锐之兵分防槐树关、羊皮滩等处，毋容一贼窥渡，致滋蔓延。

陕西巡抚丁启睿驻商雒，南断郧西进入山阳之路，东塞内乡、卢氏通关陕之门；陕西总督郑崇俭待张献忠离房县、竹山，即出关合剿。

京营总兵孙应元屯襄阳，襄阳总兵黄得功驻守光化，其副总兵张一龙驻守荆州，副总兵周遇吉驻守新野。[1]

这实际上不过是一个理想化的计划，所以杨嗣昌把它叫作“酌定兵计”。熊文灿移交给他的军队，除了总兵左良玉与陈洪范两支，在总理标下仅仅四千三百名，内中还包括军牢杂役，真正战兵只有二千八百名、战马一百四十匹。当务之急是增加标兵、落实军饷（前两年的剿饷六十万两仍是未解虚数）。[2]

4. 左良玉玛瑙山大捷

督师辅臣杨嗣昌可以直接控制的战兵不过区区两千多人，他不得不特别倚重能征善战的左良玉，把他当作一张王牌。离京前，平台召对时，他就向皇帝提议晋升左良玉为“平贼大将军”。抵达襄阳不久，他向皇帝确认此事：

——臣以总兵左良玉之可用，用之必可成功者，十人而六七也……及臣至襄（阳）谒见，与之商榷军事，甚合臣心。臣思其数年以来剿抚兼用，权略过人……试观边腹诸将同时有能若此者否？

1 杨嗣昌《审察贼情酌定兵计疏》，《杨文弱先生集》卷三十五。

2 戴笠、吴乔《流寇长编》卷十二，崇祯十二年十月丙申。

——必立大将一员，总统诸部，听其指麾。共臣谋画，转行调度。而后以威众，则无不服；以用众，则无不调；以杀贼，则罔不摧；以平贼，则罔不效……臣闻祖宗朝有“平贼将军”之印，藏之御府。今待吾皇平贼而用之，乞赐总兵左良玉，俾挂印行事，仍颁给敕书一道以责成之。

——良玉身为大将，听臣节制，而其部下诸将，臣欲挑选精锐数十百员，每员止领二三百骑，以分其势，临阵鼓之，使进则分头而往，出奇无穷。[1]

杨嗣昌的胃口未免太大，竟然要求把祖宗朝的“平贼大将军”宝印，赏赐给左良玉。此事非同小可，皇帝犹豫了，以“该部复议”四个字回复，把事情挂了起来。后来左良玉与杨嗣昌闹翻，与此不无关系。那是后话，暂且按下不表。

杨嗣昌督师开局并不顺利。当时张献忠已经转战于陕西与四川边界山区，而罗汝才、惠登相等八营，已由郧阳、兴安转战于南漳、谷城、房县、竹山、竹溪一带，屡屡挫败官军。湖广巡抚方孔炤攻打罗汝才、惠登相，竟至全军覆没。杨嗣昌逮治方孔炤，以宋一鹤代其职。宋一鹤是一个贪懦巧谄的小人，为了拍督师辅臣的马屁，避其父杨鹤之名

1 杨嗣昌《大帅才能可用疏》，《杨文弱先生集》卷三十五。

讳，向杨嗣昌呈递公函书信，自署其名为“宋一鸟”。[1]想要依靠这种人打硬仗，简直是异想天开。

为了扭转被动局面，杨嗣昌对左良玉寄予厚望。左良玉果然没有让他失望，在其他各路连连战败的情况下，打了一个大胜仗。

当时的态势是，西面张献忠占据湖广与四川边界，东面革里眼、左金王等四营奔袭于随州、应县、麻城、黄州一带，南面曹操（罗汝才）、过天星（惠登相）等十营潜伏于南漳、房县、兴山、远安之间。崇祯十三年闰正月，左良玉会合诸军进攻枸坪关，张献忠败走。左良玉主张从汉阳、西乡进入四川追击。杨嗣昌另有打算，调陕西总督郑崇俭率副将贺人龙、李国安从西乡入川，而令左良玉留驻兴安（今安康）、平利，以防张献忠折回竹山、房县，别遣偏将入川追剿。左良玉依据多年戎马生涯经验判断，只遣偏将追击未必有效，张献忠未必会折返。

杨嗣昌对左良玉说：张献忠似不能入川，仍当走楚、秦界。将军从汉阳、西乡入川，万一张献忠从旧路疾趋平利，仍入竹山、房县，如何抵御？或者走宁昌入归州、巫山，与曹操会合。我以大将尾追，促使他返回湖广，不失良算。

左良玉解释道：四川土地肥沃，一旦渡险进入成都平原，任其奔逸，此后就难以制约。而且入川有粮可因，回郧则无地可掠，张献忠不再回窜湖

1 张岱《石匮书后集》卷十四《流寇死事诸臣列传·宋一鹤》。计六奇《明季北略》卷十五《杨嗣昌代熊文灿》。

广，已不容置疑。兵合则强，分则弱，今已留刘国能、李万庆守郧阳，若再分三千人入川，驻守兴平兵力单薄，如何遏制？为今之计，应当出其不意快攻，给他重创，自然瓦解。纵然折回房县、竹山间，人迹断绝，彼从何得食？况郧阳驻军扼之于前，紫阳、兴安的陕西军队扼守于右，势必不能得逞。至于走向宁昌、归州、巫山，不仅路径险远，而且曹操未必能够接纳，如果内斗，无异于自取灭亡。良玉所统乃剿兵而非守兵，若主兵不出战而代为守，张献忠何时可灭？

这一场辩论是在书信往来中进行的。杨嗣昌的军师万元吉说：左良玉陈词慷慨，惟敌是求，将在外不中制，宜听其便。杨嗣昌终于同意左良玉的进攻方案。[1]

崇祯十三年二月初，左良玉率部进入四川边界的渔溪渡，陕西总督郑崇俭率贺人龙、李国奇前来会合。

张献忠获悉官军两路包抄过来，从太平县（今四川万源县）的大竹河移营九滚坪，见玛瑙山形势险峻，便上山据守。二月初七日，左良玉与郑崇俭率军追剿至此，张献忠已经占据山巅，乘高鼓噪，气势很盛。左良玉下马披荆斩棘查勘地形，沿着山脚走了一圈，忽然领悟，对随从说：我知道如何破贼了！决定兵分三路包围玛瑙山，自己指挥其中的二

1 张廷玉《明史》卷二百七十三《左良玉传》。

◤ 郑崇俭，湖广宁乡人，万历四十四年进士。崇祯十三年率贺人龙、李国奇等大破张献忠于太平县之玛瑙山。

路，郑崇俭指挥一路，把玛瑙山围得水泄不通。从二月初七日开始，到二十二日结束，整个战役持续十五天。起先几天，张献忠阵地坚不可摧，时间一长，军心动摇。玛瑙山人迹罕至，张献忠军中断粮已久，纷纷坠崖涧逃命。左良玉抓住这一战机，派遣降将刘国能佯装运粮接济。张献忠饥不择食，打开营门迎接。刘国能乘其不备，纵火大战，扫平其营垒，张献忠落荒而逃，披藤从岩涧遁入兴安、平利山中。[1]

二月二十二日，督阵都司白一龙向杨嗣昌送来捷报，杨嗣昌喜出望外，立即向皇帝飞报玛瑙山大捷：

> 本月（二月）初七日，有郑总督、左总镇在于水田坝传令各将，亲领方略，尽力追剿。卑职督率各营兵马前至玛瑙山，遇见死贼张献忠。官兵各挑头子，一拥向前。死贼占在高山，我兵从下攻上。各将凛遵皇上天威，仰体本阁部德意，人人奋勇，个个争先，不顾生死，竟冲直前。死贼大溃，自巳至酉。赶杀三十余里，因天晚兵疲，方收兵彼箐安营。各将传令，各兵方行斩级，并当阵投降生擒，骡

1 文秉《烈皇小识》卷六，“是年二月”条。

马器械等物，开数于后：

> 计开左总镇各营官兵斩获首级共二千二百八十七颗，内有大头目扫地王、白虎、邓天王、飞山虎、飞龙、走山虎、过江龙、飞山龙、过天蟒、扒山虎、闯天鹞、上得天、下得海、展翅飞、沙将官、马回子等；来投降大领哨关索、景四，并老管队、一根葱，共三百三十八名……又当阵招安十反王杨友贤，得获张献忠伪印一颗，东江义武营关防一颗，镀金铁龙棍一条，伪令箭八枝，伪令牌四杆，占卜金钱二文，大飞刀一口，马骡共一千零四十八匹头，坐纛大旗一十二杆，大小红蓝旗共二十五杆，大炮共三十九位，鸟枪三眼枪共一百零一杆，铁盔一百八十三顶，铁甲一百六十二领，腰刀共五百四十七口，弓五百三十九张，箭七千八百一十枝。[1]

杨嗣昌还向皇帝报告，张献忠本身存亡未卜，可能弃马滚落山崖，料想在深箐之中。臣在两月之前恐其潜踪远窜，业已画刻他的头像，遍布湖广、河南、陕西、四川等处，悬赏捉拿。皇帝接到捷报，三月初五日发出圣旨："逆献各贼被剿殆尽"，"足称奇捷"，表彰杨嗣昌"运筹有方，将士用命"，"督镇等官均属有功，兵部遽行察叙"。朝廷立即发

1 杨嗣昌《飞报玛瑙山大捷疏》，《杨文弱先生集》卷三十九。

出银牌五百面、银五千两、丝绢三百匹，差人送往前线，分别赏恤。[1]

此次玛瑙山战役，对张献忠的打击是致命的。大头目扫地王（即一丈青曹威）、白虎（即前营将领霍宗）、邓天王（即中营将领张守安）等阵亡，大领哨关索、老管队，以及十反王杨友贤等临阵投降，张献忠的妻妾高氏、敖氏，军师潘独鳌等被生擒，缴获张献忠自己使用的镂金双龙铁棍，上面刻有“八大王金鞭”五字，以及他使用的镀金大刀一柄，上刻“天赐飞龙”四字。[2]

玛瑙山之役，左良玉功劳第一，皇帝下旨赏给他太子少保头衔。[3]三月初五日，皇帝给远在千里之外的督师辅臣发去亲笔手谕，派兵部官员携带敕谕和赏赐物品，赶赴前线。四月十五日，兵部官员汪应元等，手捧敕谕和赏赐物品，抵达杨嗣昌的行营所在地彝陵。对于如此浩荡的皇恩，杨嗣昌感激涕零，举行了隆重的仪式，恭设龙亭香案，率领文武将吏俯伏郊迎。奉安公署之后，行开读礼，由礼生恭读皇帝敕谕：

谕督师辅臣嗣昌

卿自昨年九月初六日辞朝，至今半载有余矣，无日不悬朕念。闻卿与行间将士劳苦倍尝，而须发渐白，深轸朕怀。又闻卿调度周密，赏罚严明，又深慰朕平寇安民之意。朕虑

1 杨嗣昌《飞报玛瑙山大捷疏》，《杨文弱先生集》卷三十九。

2 戴笠、吴乔《流寇长编》卷十三，崇祯十三年二月戊午。吴伟业《绥寇纪略》卷七《开县败》。

3 张廷玉《明史》卷二百七十三《左良玉传》。

军前赏功或有缺乏，今特发内库银万两接济，仍赐卿斗牛（服）一袭、鞍马二份，以为介胄驰驱之资，其祇承之。卿益多方鼓励，早奏荡平，酬勋优赉，朕计日伫待之。[1]

杨嗣昌随即写了“恭谢天恩”的奏疏，表示感谢，一则说“岂期眷顾悬君父之怀，历秋冬春而在念”；再则说“臣志亦思尽忠补过，忍濡滞于多时，皇（上）之念臣有若家人父子”。[2]确实，皇帝敕谕流露出对杨嗣昌的特殊感情，连“须发渐白”之类的琐事也挂在心上，无怪乎杨嗣昌要说“念臣有若家人父子”。在此之前，洪承畴、卢象昇屡次奏捷，都未引起皇帝如此这般动情，唯独杨嗣昌有此殊荣，在京时视为心膂股肱，出征时倚为朝廷卫士。“盐梅今暂作干城”，实在是发自肺腑的声音，如今又化作手谕中的话语：“无日不悬朕念。”对于杨嗣昌而言，不仅是皇恩浩荡，而且是亲如家人的牵记，怎么不令他感激涕零，直至以死相报呢！

1 杨嗣昌《恭谢天恩疏》，《杨文弱先生集》卷四十。

三 “功虽未成，尽瘁堪悯”

1.“平贼大将军”的纠葛

2 杨嗣昌《恭谢天恩疏》，《杨文弱先生集》卷四十。

玛瑙山大捷，督师辅臣杨嗣昌受到皇帝嘉奖，把他推上了风口浪尖，成为矛盾焦点，与下属关系难以协调，一筹莫展。其中既有客观因素，也有主观因素，与左良玉关系搞僵，就是他不善于用人的一个表现。

张献忠玛瑙山惨败，落荒而逃。左良玉率军紧追不舍，决心手到擒来。处在困境之中的张献忠心生一计，派遣亲信马元利带了礼物去见左良玉，劝他不必苦苦相逼，对他说：杨阁部之所以见重于左公，是因为有张献忠在，左公独不深长思之？左公一向放任部下恣意杀掠，引起杨阁部猜疑，如无张献忠在，左公死期也不远了！左良玉听得心动，便放张献忠一马，让他率残部逃去，使他得以在山中收集溃散部卒，重整旗鼓。左良玉则在竹山一带按兵不动，向杨嗣昌报告，有病在身，不便行军。[1]

左良玉在竹山佯装有病，还有一个更重要的原因，那就是杨嗣昌对他将信将疑，令他失望。杨嗣昌不得不写信去夸奖他“忠勇智谋俱出寻常万万”，表示自己绝无攘夺功劳之意：“不佞不敢掩人之善，居于己功。”然后用皇帝旨意向他施加压力：“圣意所重，全在逆献一人。深箐四壁，险峻难逃。将军在彼严督穷搜，断可必得。今云十二日引兵而还，何耶？想穷谷无粮，大兵难驻，将军必不得已而为此。或张应元、汪云凤亦能办此，则幸矣。万一不能，而逆献终逃不获，将奈之何？”[2]左良玉不为所

1 吴伟业《绥寇纪略》卷七《开县败》。

2 杨嗣昌《与平贼左镇良玉》，《杨文弱先生集》卷四十九。

动。杨嗣昌再去一信，重申前意："大将军办贼数年于兹矣，功成奏凯，圣天子将有非常之赏。不佞不敢掩人之功攘为己有，已略见于文武议论之奏矣。为山九仞，只在斯须，大将军何以忽动他想也？"[1]

真正"动他想"的不是左良玉，而是杨嗣昌自己。他原先再三向皇帝保荐左良玉挂"平贼大将军"印，后来看到左良玉飞扬跋扈，不听节制，便改变主意。他发现陕西将领贺人龙骁勇善战，堪称帅才，向兵部尚书陈新甲提议，让贺人龙挂"平贼大将军"印，取代左良玉。陈新甲是他一手提拔上来的，当然言听计从；皇帝则寄希望于早奏荡平，当即批准贺人龙为"平贼大将军"。患得患失的杨嗣昌却反悔了，一则唯恐引起左良玉更大的反感，再则贺人龙无论兵力还是战绩都无法与左良玉比肩。于是乎上疏皇帝请求收回成命，仍用左良玉为"平贼大将军"，贺人龙则以总兵衔行事。[2]这种出尔反尔的做法，两面不讨好，使得杨嗣昌失去了左、贺两位大帅的信赖，以至于互相推诿，使得张献忠得以重整旗鼓，改变了此后的战局。文秉评论道：

◥ 贺人龙，陕西米脂人，有"贺疯子"之称。初随洪承畴、陈奇瑜，后随汪乔年，崇祯十五年因剿寇不力遭孙传庭斩杀。

初，杨嗣昌以左良玉跋扈难制，而贺人龙

1 杨嗣昌《与平贼左镇良玉》，《杨文弱先生集》卷五十。
2 张岱《石匮书后集》卷十八《曹文诏贺人龙列传》。

> 所将关兵骁勇善战，屡杀贼有功，请以人龙代良玉佩将军印。既而良玉奏玛瑙山之捷，度未可动，复奏留左良玉佩印如故，别加人龙总兵衔，须待后命。人龙骤闻大将之信，踊跃动三军，既而报寝，殊怏怏。良玉知其故，意亦怀恨。当献忠之窜伏兴（山）、房（县）山中也，所存千余骑耳，剿之可立尽。乃良玉以夺怀惭，人龙复以归印觖望，遂互相推诿，不复深入，以致献忠复炽，皆嗣昌失二帅之心所致也。[1]

工于算计的杨嗣昌自知失策，不断写信劝慰。一则说，玛瑙山大捷，是前所未见的“覆巢毁卵”之奇功，皇上希望尽灭此贼，而不意其犹有未尽者，所以有所怀疑。不佞昨上疏，一一为之剖明。再则说，如今张献忠在兴山、房县之间，大将军奇兵一到，探手可得，全局仍可自己收拾，非他人所可望。[2]但是“平贼大将军”之事毕竟难以回避，只得挖空心思掩饰，把它推到兵部尚书陈新甲身上，说什么“近得部文，拟以贺人龙相代，而实欲移大将军于冲边”，是不佞上疏制止的，希望大将军勿复以病为言。[3]对于这种诡辩，左良玉根本不相信，因为贺人龙早已把真相告知。杨嗣昌曾私下许诺贺人龙取代左良玉为“平贼大将军”，以后反悔食言，对贺人龙谎称以后再议。贺人龙大

1 文秉《烈皇小识》卷六，崇祯十三年六月，“张献忠自兴房走白羊山”条所写的评论。

2 杨嗣昌《与平贼左镇良玉》，《杨文弱先生集》卷五十。

3 杨嗣昌《与平贼左镇良玉》，《杨文弱先生集》卷五十。

恨，向左良玉和盘托出。[1]此后，他又以“乐羊奏功，谤书盈箧”的典故，为自己辩解：不佞信赖大将军不啻过于乐羊，向来每闻浮议，辄为之愤愤不平，恐伤大将军之心，未便直告，乃大将军反以为疑误。不佞青天白日之心，非浮云变幻所能掩蔽。[2]然而左良玉早已心灰意冷，仍然高卧竹山，不肯协心征讨张献忠。邹漪说：“杨嗣昌以阁部出视师，倚公（左良玉）不啻左右手，九调而九不至，嗣昌怏怏死。”[3]殊不知，这是杨嗣昌一手造成的，可谓自作自受。

不独左良玉、贺人龙消极观望，各省督抚也想乘机从围剿中抽身，陕西总督郑崇俭、四川巡抚邵捷春便是突出的例子。杨嗣昌事先已经传达皇帝圣旨：令秦督郑崇俭、总兵贺人龙、副总兵李国奇留蜀协剿。[4]郑崇俭却阳奉阴违，写信给杨嗣昌声称：他指挥的陕西兵，与左良玉派来的偏将张应元、汪云凤，在太平县境内搜剿，三个月买不到升合之米，以缺粮为借口，按兵不动。杨嗣昌立即写信给四川巡抚邵捷春，转告郑崇俭的牢骚，指责邵捷春的无所作为。这封信很典型地反映了各省以邻为壑

◥ 邵捷春，福建福州人，万历四十七年进士。崇祯十二年四川巡抚傅宗龙入京，捷春升为巡抚。

1 张廷玉《明史》卷二百七十三《左良玉传》《贺人龙传》。
2 杨嗣昌《与平贼左镇良玉》，《杨文弱先生集》卷五十一。
3 邹漪《启祯野乘》二集卷二《左宁南传》。
4 参见戴笠、吴乔《流寇长编》卷十三，崇祯十三年六月丁丑。

的困境：

> 顷接秦督来书，谓："逆献经初七日大创之后，止同赤身之贼，所患寻不见，不患不成擒也。奈入山搜剿非饷不行，不料太平县以秦、蜀不相管摄，漠视仇视，持银买米，三日不得升合。士民号哭，咸云：'斗大小邑，家无积贮。先年五省军门到太平，一宿而返。今非五省，奚以来此？尽各州县物力供平贼镇，三日以后也供不来了。'职之官兵粮绝三日，性命可虞，职亦与之为绝粮，甘与官兵同毙"云云。
>
> 不佞读之未竟，不胜浩叹。夫贼走太平（县），非台下之境内乎？向虽有台下与罗镇分信之说，然亦止论防剿，而设处粮料原非该镇责任。前已数致台下，谓秦兵、左兵已入川地，用本色（米粮）最急，台下万万猛图，勿拘常套，而竟若此！
>
> 今左镇以无粮回西乡矣，秦督又以无粮见告矣。现在张应元、汪云凤之兵嗷嗷待哺。十五六年之巨寇，不知费多少心力，刚可到手，而以本色（粮米）无人接济，竟令脱逃，凡我同事将何以自解乎？[1]

1 杨嗣昌《与邵蜀抚捷春》，《杨文弱先生集》卷五十。

邵捷春居然不以为意，根本没把督师辅臣放在眼里。郑崇俭也是如此，干脆在川北称病，杨嗣昌调他会师大宁，他不应，反而退回陕西境内。贺人龙、李国奇也以“兵瘦马缺弓矢皆乏”为由，跟随总督而去。杨嗣昌多次催促，毫无效果。[1]杨嗣昌掮出皇帝圣旨来恫吓郑崇俭，说皇上已经下达“留蜀”之旨，你竟然稳坐陕西西乡，显然是“委君命于草莽”，以至于“各将观望，逗留不前”。[2]郑崇俭依然我行我素。

如此看来，杨嗣昌的督师之行，前途不容乐观。然而他自己却信心满满，在给儿子的家书中写道：“张、曹二孽深入川西，而不能透走秦中及西番地，是犹在吾网罗。督兵大剿，十一月或可成功，以应金斗墟之前卦也。但去楚弥远，归期难必，汝母千秋之计，吾未得寓目，不能慊然耳！”[3]竟然以为十一月就可以功成身退，班师回朝了。

2.“有斩督师献者，赉白金三钱”

已经退休的内阁辅臣、四川巴县人王应熊，对家乡的战况牵肠挂肚，写信给杨嗣昌询问，言辞中带有责备意味。杨嗣昌不敢得罪这位老前辈，他的回信写得很巧妙。先是说自己力小任重，犹如螳臂当车，幸亏仰仗老先生大庇文武将吏戮力行间，张献忠、罗汝才等巨凶，已经渐见窘迫。接下来笔锋

1 戴笠、吴乔《流寇长编》卷十三，崇祯十三年七月癸卯。

2 戴笠、吴乔《流寇长编》卷十三，崇祯十三年八月壬戌。

3 杨嗣昌《家书》,《杨文弱先生集》卷五十二。

一转，追问为何“兵连祸结犹未释也”？原因在于四川官员与军队无能。他在信中写道：“第贼向在秦楚之间，不佞檄贵乡将士迎头截杀，拒之境外而不能；继则贼逼境上，只令乘边守险，扼其仰攻而又不能。以故众贼群向惟蜀之归，不得不调客兵降将代为贵乡驱除，万万非得已也。”然后把王应熊抛过来的问题顶了回去：“读老先生垂训，俱切不佞隐忧，不禁惶汗之淋淋下耳。然有病无药，终难奏功。老先生医国之手，肯就贵乡而先药起之，何如？何如？”[1]

情况确实如此，四川主兵无能，只得征调客兵。客兵在后面追击，如果主兵在前面坚守，形成一个包围圈，就有歼灭的可能。无奈主兵既不能阻击又不能守险，客兵又三心二意，不愿过于深入，名副其实的驱逐而已。这就给张献忠一个机会，与罗汝才会合，在四川东部边界大昌县附近的土地岭，一举挫败官军。当时只有左良玉的偏将张应元、汪云凤孤军作战，贺人龙、李国奇在别处隔岸观火，致使张应元、汪云凤全军覆没。[2]后人评论道：土地岭之败是蜀中大乱的开始。[3]

皇帝接到杨嗣昌弹劾郑崇俭的奏疏，获悉郑崇俭抽兵回陕是导致土地岭兵败的主因，立即下旨把他革职查办，任命丁启睿代理陕西总督，指示陕西巡按御史核实郑崇俭生病究竟是真是假。

1 杨嗣昌《与王巴县相公应熊》，《杨文弱先生集》卷五十。

2 谈迁《国榷》卷九十七，崇祯十三年八月己巳。

3 张廷玉《明史》卷二百六十《郑崇俭传》。

无能的邵捷春，比托疾的郑崇俭更糟糕。杨嗣昌原本想把张献忠、罗汝才围歼于湖广、四川边界的竹山、竹溪、巫山、大昌、大宁之间，怎料土地岭大败，张献忠、罗汝才直逼大昌。

崇祯十三年九月初一日，杨嗣昌写信给邵捷春，四川并非无兵可用，乃是一向鼓舞不至："不佞已抵巴东，距巫山咫尺矣。闻贼在木瓜溪、秦罗坪等处，尚未移动，即小小敛退，必蓦头再闯，万万无疑。不佞初意本不带一兵，此时即调兵亦有不及，所恃者全蜀土地人民之广大，汉彝杂处之枭雄，岂无可用兵将？或向来鼓舞之不至耳。"随即与他商量用兵事宜："今请借台下前箸深筹，满盘彻算，以何兵主战，何兵主守？战兵如有不足，作何征调？守兵如有不密，作何补苴？"[1]邵捷春竟然一问三不知，而且在大兵压境之际，借口大昌的上马渡、中马渡、下马渡水浅地平，难以坚守，擅自退守水寨观音岩，作为第一道防线，命部将邵仲光守卫，又在夜叉岩、三黄岭、磨子岩、鱼河洞等处各分兵三四百人守卫。杨嗣昌的监军万元吉认为兵力过于分散，建议收缩防线，邵捷春固执己见。

九月初九日，张献忠率军进抵渡口，轻取上马渡、中马渡、下马渡，进攻观音岩，守将邵仲光逃跑。张献忠从观音岩、三黄岭等处突破大昌县的防线。杨嗣昌赶到巫山，用尚方剑处斩邵仲光，也

1 杨嗣昌《与邵蜀抚捷春》,《杨文弱先生集》卷五十一。

无力改变败局。张献忠、罗汝才越过大昌，直插开县、达州，势不可当，如入无人之境。皇帝接到败报，立即下旨逮捕四川巡抚邵捷春。邵捷春匆匆向接替者廖大亨办理移交手续，便被押解而去。抵京后，下狱论死。他自知难逃一死，次年八月，在狱中服毒自杀。[1]

十一月，杨嗣昌赶到重庆，下令各路将领会师，扭转败局。各路将领却按兵不动，虚与委蛇。

张献忠攻打汉州、中江，席卷什邡、绵竹、安县、德阳、金堂，所向披靡。守军纷纷“空城而遁”，于是乎“全蜀大震”。《明史·杨嗣昌传》如此描写当时兵败如山倒的情景:“十一月，嗣昌至重庆，贼攻罗江不克，走绵竹。嗣昌至顺庆，诸将不会师。贼转掠至汉州，去中江百里，守将方国安避之去，贼遂纵掠什邡、绵竹、安县、德阳、金堂间。所至空城而遁，全蜀大震。贼遂由水道下简州、资阳。嗣昌征诸将合击，皆退缩。屡征良玉兵，又不至。贼遂陷荣昌、永川，十二月，陷泸州。自贼再入川，诸将无一邀击者。嗣昌虽屡檄，令不行。”[2]皇帝钦定的督师辅臣，竟然如此号令不行，威信扫地，着实令人惊讶，预示着杨嗣昌的下场不妙。

黔驴技穷的杨嗣昌想用策反手段分化瓦解，宣布赦免罗汝才等人，愿意投降者授予官职，唯独张

1 张廷玉《明史》卷二百六十《邵捷春传》。

2 张廷玉《明史》卷二百五十二《杨嗣昌传》。

献忠不赦，有能擒斩张献忠者，赏银万两。更加令人惊讶的是，当这个榜文四处张贴后，杨嗣昌的行营衙门从正厅到厨房，到处张贴张献忠的传单，上面写着："有斩督师献者，赉白金三钱。"杨嗣昌看了自己被悬赏斩首的传单，惊愕不已，怀疑左右都是张献忠的间谍。[1]军事攻势与宣传攻势的双重失败，使杨嗣昌苦不堪言。

崇祯十四年正月十四日，杨嗣昌上疏，名为请罪，却不检讨自己，一则强调蜀道难："亲见随行步兵跋涉之苦，马骡倒损之多。臣亦心忧身病，憔悴支离，无复人理。始知蜀道之难，果难于登天也。"再则埋怨蜀兵无用："日望官兵一战之捷，挫贼狂锋，蹙之逼死。岂期蜀兵之脆，将领之愚，至不堪言……皆行无哨探，止无营垒，梦梦焉如寻常走路，掉臂遨游。"三则指责外来的客将不会打仗，"亦不提防贼'打倒番'，而先胜后败，得不偿失"；却骄傲轻敌，"备询阵前目击之人，皆言：我将我兵视贼太易，恨不徒手擒来献功；而不知贼入至此，无生之路，有死之心，拼命狠冲，在我数家之兵不能统一坚固"。四则强调张献忠、罗汝才之兵数量虽少，却至精至悍，难以对付："而此无多之贼，人人视之甚易者，临阵杀之甚难。盖此渠魁中之渠魁，凶狡中之凶狡，二十年来练成至精至悍，不死不降。"虽然

1 张廷玉《明史》卷二百五十二《杨嗣昌传》。

列举了几条罪状，却仅仅承认“不能躬亲临阵与决雌雄，以争一旦之命，而报明主之心”而已。[1]对张献忠心有余悸，杨嗣昌原先的锐气早已荡然无存。

皇帝要他戴罪自赎，他向皇帝辩解：嗣昌用兵一年，未能荡平，并非谋虑不长，而是操心太苦。天下事总挈大纲容易，独周万目很难，况且敌情瞬息万变，数千里征战机宜尽出嗣昌一人，文件往返动辄旬月，坐失时机，无怪乎经年不胜。[2]他终于体会到，在前线指挥作战，比在京城坐而论道难多了，何况下属将领个个都是酒囊饭袋，只有他一个人在苦苦操心。他毕竟是一介书生，积习难改，每天常与幕僚饮酒赋诗，见到蜀中旖旎风光就流连忘返。他皈依佛门，视《华严经》为法宝，说它可以“诅蝗已旱”，叫地方官如法炮制，还自鸣得意上报朝廷。朝中诸公听说此事，无不哀叹：“文弱其将败乎？拥百万之众，戎服讲经，其衰已甚，将何以堪！”[3]如此这般衰败模样，还要一手指挥征战，无怪乎人们要批评杨嗣昌：“军行必自裁进止，千里待复，动失机宜。”[4]监军万元吉、总兵左良玉、贺人龙，与督师辅臣有嫌隙，主张稳扎稳打，向杨嗣昌建议：军心不一，未可以战，应当令前军跟踪，后军为继，中军从间道扼归路。杨嗣昌不以为然，反对分军示弱，继续采用尾随紧追战术，行军于山谷

1 杨嗣昌《独请臣罪疏》，《杨文弱先生集》卷四十一。

2 张廷玉《明史》卷二百五十二《杨嗣昌传》。

3 彭遵泗《蜀碧》卷一。

4 彭遵泗《蜀碧》卷一。

风雪之中，疲于奔命，将士怨声载道："想杀我左镇，跑杀我猛镇。"[1]

张献忠采用"以走制敌"的战术，从崇祯十三年八月夔门击败张应元、汪云凤，到崇祯十四年一月开县黄陵城击败猛如虎、左良玉，半年内几乎跑遍大半个四川，北到广元、昭化，南到泸州、南溪，东到巫山、夔门，西逼成都。杨嗣昌在后面苦苦追赶，累得上气不接下气，还是相隔三天路程。张献忠在军营中乘着酒兴，顺口溜出一首打油诗：

> 前有邵巡抚，常来团转舞。
> 后有廖参军，不战随我行。
> 好个杨阁部，离我三天路。[2]

杨嗣昌的尾随战术终于出现了危机，导致洛阳陷落福王被杀，襄阳陷落襄王被杀的严重后果。杨嗣昌对此并非毫无察觉，多次哀叹力不从心，十九次下令调左良玉东行，左良玉不肯应命，坚持认为"贼必入秦"，径自从襄阳西上郧阳、均州而去。而地方官也都以为左良玉应该西行，没有一个人要他东行，令杨嗣昌痛心疾首："是则大祸之来，非关天数，全由人事之乖舛耳。本阁部言及于此，又复呕血伤心，痛悼何及！"[3]

1 彭遵泗《蜀碧》卷一。

2 李馥荣《滟预囊》卷一。

3《明清史料》乙编，"襄阳失陷"残件。

3. 李自成驰骋河南

崇祯十二年五月，李自成获悉张献忠在谷城起兵，立即召集部众前往会合。

八月间，李自成与张献忠相会于竹山、竹溪，旋即分手。李自成进入四川东部，崇祯十三年四月，在奉节县山中遭到官军围困。关于此事，各种史书都说李自成困于巴西鱼腹诸山，牵强附会，难以置信，问题出在“巴西”二字上。今人柳义南经过详细考证，认为李自成在归州附近的巴东，不在巴西。白帝城古名鱼腹，即今之奉节县。所谓李自成困于鱼腹诸山，实为巴东之西的奉节——鱼腹地区诸山中。[1]此后，李自成一直逗留于湖广、四川边境；八月间进入陕西南部的平利、洵阳一带；十月底再度进入商雒山中。[2]十一月，李自成作出战略抉择——从商雒向河南挺进，摆脱官军的围剿。杨嗣昌虽然身在四川，却担忧中原腹地出事，写信给郧阳巡抚袁继咸说：“仆既以身入蜀，图了此孽（指张、曹），初不得不以革（里眼）、左（金王）之事分之左（良玉）帅，盖迫于长安言者数数为中原疾呼，无可奈何耳……至闯贼（李自成）东出，又增中原一患。”[3]当他得知李自成派出的游哨已经抵达河南淅川，立即告诫南阳、郧阳地方官不可掉以轻心：“闯贼若出中原，定奔合于左、

1 柳义南《李自成纪年附考》，第138—147页。

2 杨嗣昌《与袁郧抚继咸》，《杨文弱先生集》卷五十一。

3 杨嗣昌《与袁郧抚继咸》，《杨文弱先生集》卷五十三。

革，而襄阳、南阳降人所在抢夺勾引，二俱可忧。”[1]

崇祯十三年十一月至十二月间，李自成利用左良玉与杨嗣昌的矛盾，突破武关，进入河南淅川、内乡。《豫变纪略》写道：

> （崇祯十三年十一月）甲午，流贼李自成出商雒入豫，哨至淅川。自成即所谓闯将者也。
>
> 方杨嗣昌之蹙张献忠也，蜀楚宿兵星罗棋布，直点滴不漏矣。闯贼尚未知名，伏处商雒间，困甚。惟郧（阳）、均（州）一路可以入豫，而左帅据之不动也。会嗣昌自川檄左帅堵献忠于夔门，左帅不听调，谓献贼必不敢复入楚，乃佯集军入秦。闯贼谓其图己也，则大恐，急与其党谋，以为："吾在网罗中不能出，左家来，吾徒歼矣。坐而待死，何如死中求活，苟得数百人出网罗，即可以东西南北延性命。今日当拼命决死战。众寡强弱不足计也。”众皆以为然。于是选锐衔枚，直袭左军。
>
> 左帅自玛瑙山之捷，其气骄甚，目中未尝有贼。况是时不过违嗣昌节制，佯入秦堵献贼为名耳，非为图闯来也。方掉臂徐行，而闯贼突至，竟为其所乘，大败，走三十余里。闯贼得出险，安营阅众，贺更生。……十二月戊辰，流贼李自成破永宁县，知县武大烈死之。

1 戴笠、吴乔《流寇长编》卷十三，崇祯十三年十一月辛卯。

贼既入豫，饥民从者日众。土贼一斗谷等皆附之，远近响应，其势渐强。[1]

进入河南，对于李自成而言是重要的转折点，《豫变纪略》评论道："(李自成) 既入豫，如虎出柙，遂不可制。"[2]十二月二十二日，李自成攻克永宁 (今洛宁)，杀万安王朱采𨱏。接着接连攻破宜阳县、偃师县、灵宝县、新安县、宝丰县，各地饥民望风归附，名声大震，随即把自己的名号闯将改为闯王。从此，"卷甲而进，纵横奔突，狂猘而不可御矣"。[3]《明史纪事本末》的说法相似，视角却不一样："十二月，自成围永宁，云梯肉搏攻城，陷之，焚杀一空，杀万安王 (朱) 采𨱏。连破四十八寨，土贼一斗谷等群盗响应，遂陷宜阳，众至数十万。杞县诸生李岩为之谋主，贼每以剽掠所获，散济饥民，故所至咸归附之，兵势益盛。"[4]谷应泰认为，李自成之所以"兵势益盛"，关键在于用知识人李岩为谋主，散济饥民所致。

◤ 谷应泰，北直隶丰润人，顺治四年进士。曾官浙江学政。著有《明史纪事本末》。

有考据癖的历史学家，从文献记载的互相抵牾中质疑，得出结论：李岩是子虚乌有的虚构人物。如此一来，彻底否定了《明史》关于李岩的记载。

---

1 郑廉《豫变纪略》卷三。
2 郑廉《豫变纪略》卷三。
3 郑廉《豫变纪略》卷三。
4 谷应泰《明史纪事本末》卷七十八《李自成之乱》。

这样的考证可以发人深思，却失之武断。我是宁信其有的。关于李岩的记载最有影响的首推张廷玉奉敕编纂的《明史》，而此书脱胎于万斯同私家编修的《明史》（又称《明史稿》），读者诸君不妨比对阅读。万斯同《明史》写道：

> 河南举人李岩者，大司马李精白之子也，原名信。信以父阉党，思湔其丑，尝出粟千石活饥民，饥民德之，称李公子。会红娘子蹋绳伎也，重（李）信，卤（掳）信去，强委身事信。信乘间归，囚于官，红娘子来救，破囚，饥民德之者同时起曰："李公子活我，今有急。"乃杀令反，而信投自成，改名岩。而卢氏牛金星者亦举人也，以磨勘被斥，介医生尚絅（炯）见自成。自成喜其辩，与谋议帐中。车优及女陬者亦卢氏人，尝在帐中供奉，见其事，车优逃归，告于金星之族人。族人恐，伺金星归，首之，坐斩，得减死。至是，仍奔自成，与李岩同教自成：取天下，勿杀，收天下心。尝造为谣曰："迎闯王，不纳粮。"使儿童歌之。而金星所善卜者宋献策，长三尺，上谶记曰："十八子，主神器。"自成信之，大悦，拜军师。于是得稍稍减杀，散所掠财物饷饥民，饥民受饷，不辨岩、自成，杂呼："李公子，李公子！"[1]

1 万斯同《明史》卷四百八《盗贼传·李自成》。

张廷玉《明史》写道：

自成为人高颧深頔，鸱目曷鼻，声如豺，性猜忍，日杀人斮足剖心为戏。所过，民皆保坞堡不下。杞县举人李信者，逆案中尚书李精白子也，尝出粟振饥民，民德之曰："李公子活我。"会绳伎红娘子反，掳信，强委身焉。信逃归，官以为贼，囚狱中。红娘子来救，饥民应之，共出信。卢氏举人牛金星磨勘被斥，私入自成军为主谋，潜归事泄，坐斩，已，得末减。二人皆往投自成。自成大喜，改信名曰岩。金星又荐卜者宋献策，长三尺余，上谶记云："十八子，主神器。"自成大悦。岩因说曰："取天下以人心为本，请勿杀人，收天下心。"自成从之，屠戮为减。又散所掠财物，振饥民，民受饷者，不辨岩、自成也，杂呼曰："李公子活我。"岩复造谣词曰："迎闯王，不纳粮。"使儿童歌以相煽，从自成者日众。[1]

无独有偶，野史也有类似的写法，不妨略举数例。《流寇长编》写道：

杞县诸生李信，倜傥有才气，曾以千金赈荒，饥民德之。父大司马精白名在逆案，乡

1 张廷玉《明史》卷三百九《流贼传·李自成》。

人摈信不与交，信愤之。土贼起，督抚与信札付，官保乡里，信因得报所不快者，众益怒之。贼魁红娘子高絃妓女，挟众攻掠开封，得信强婚焉。已而脱归，怨家发其事，下之狱，信犹图自白。红娘子来救，隐民纳之出信，杀官大掠，事不可已。适闯贼至，投之。闯久闻李公子名，加礼重，以为谋主，改名岩。闯贼嗜杀，人心不附，岩教以“行仁义，收人心，据河洛，取天下”，闯贼从之。卜宋献策长三尺，进符谶曰：“十八孩儿主神器。”闯大悦，礼之等岩。自是，以所掠施贫民，造谣言，仁声传播。是月，破宜阳，不杀平民，惟杀官。[1]

《明季北略》所记载的李岩，事迹更加具体，形象更加生动。一则说他崇祯八年七月初四日劝知县停止征收赋税，劝勉各家赈济，写了一首《劝赈歌》：

年来蝗旱苦频仍，嚼啮禾苗岁不登。
米价升腾增数倍，黎民处处不聊生。
草根木叶权充腹，儿女呱呱相向哭。
釜甑尘飞爨绝烟，数日难求一餐粥。
官府征粮纵虎差，豪家索债如狼豺。

1 戴笠、吴乔《流寇长编》卷十三，崇祯十三年十二月廿二日。冯甦《见闻随笔》卷上《李自成传》所记略同。

可怜残喘存呼吸，魂魄先归泉壤埋。
骷髅遍地积如山，业重难过饥饿关。
能不教人数行泪，泪洒还成点血斑。
奉劝富家同赈济，太仓一粒恩无既。
枯骨重教得再生，好生一念感天地。
天地无私佑善人，善人得厚福长臻。
助贫救乏功勋大，德厚流光裕子孙。[1]

另一则记载李岩归附李自成：

（李）岩初见（李）自成，自成礼之。

岩曰："久钦帐下弘猷，岩恨谒见之晚。"

自成曰："草莽无知，自惭菲德，乃承不远千里而至，益增孤陋兢惕之衷。"

岩曰："将军冬日在人，莫不忻然鼓舞，是以谨率众数千，愿效前驱。"

自成曰："足下龙虎鸿韬，英雄伟略，必能与孤共图义举，创业开基者也。"

遂相得甚欢。[2]

还有一则记载李岩教李自成假行仁义：

（李）自成既定伪官，即命谷大成、祖有光等，率众十万攻取河南。

1 计六奇《明季北略》卷二十三《李岩作劝赈歌》。

2 计六奇《明季北略》卷二十三《李岩归自成》。

李岩进曰："欲图大事，必先尊贤礼士，除暴恤民。今虽朝廷失政，然先世恩泽在民已久。近缘岁饥赋重，官贪吏猾，是以百姓如陷汤火，所在思乱。我等欲收民心，须托仁义，扬言：'大兵到处，开门纳降者，秋毫无犯。在任好官仍前任事；若酷虐人民者，即行斩首。一应钱粮比原额止征一半。'则百姓自乐归矣。"自成悉从之。

岩密遣党作商贾，四出传言："闯王仁义之师，不杀不掠。"又编口号，使小儿歌曰：

吃他娘，穿他娘，

开了大门迎闯王，

闯王来时不纳粮。

又云：

朝求升，暮求合，近来贫汉难存活。

早早开门拜闯王，管教大小都欢悦。

时比年饥旱，官府复严刑厚敛，一闻童谣，咸望李公子至矣。第愚民认李公子即闯王，而不知闯王乃自成也。李岩曾举孝廉，其父某，尚书也，故人呼岩为李公子。[1]

不必一一列举，李岩这个人物已经跃然纸上，把他说成子虚乌有，纯属虚构，令人难以置信。何况李自成进入北京以后，很多人见过大名鼎鼎的李

1 计六奇《明季北略》卷二十三《李岩说自成假行仁义》。

岩，连他的住处都言之凿凿。或许他并非李精白之子，并非举人，却不能由此得出结论：查无此人。

和他同时出现的牛金星，没有人怀疑他的存在。河南人郑廉对他的记载最为详细，比如写到“流贼破宝丰县，知县张人龙死之，贼得邑人牛金星而去”，如此介绍牛金星：

◤ 郑廉，河南商丘人，所著《豫变纪略》是记录明末农民军事迹的重要史籍。

> （牛）金星，乙卯（万历四十三年）举人也，颇涉风角、六壬诸书，好大言，素与其姻家王宦不相得。会其子妇死，王嗾邑令下金星父子于狱。金星不得其故也，其友周生与令善，诘其情，令曰：兰阳梁宦可求也。盖王、梁皆金星同年，而梁则京官也，故令左其袒。生乃代金星下狱，俾往求援于梁宦，梁宦不许。金星怒而归，泣以其故语周生，生忿然曰：“汝第逃，狱即缓矣，我保人也，终不得当以死，斯可徐施计较耳。”金星涕泣而去。
>
> 闯贼方纵横陕洛间，其势日炽。金星既逃无所往，遂诣贼，以六壬、风角之说干之。贼大悦，以为谋主，凡事必咨焉，如左右手。未几，复潜归，投于狱。周生出走河北，变姓名授书于长垣、滑、浚之间。既而，贼破宝丰，得金星，待之如故。时知县张被执，金星诘之曰：“公何逼人太甚耶？”张以二官手书示之，

书中大意，盖欲置金星父子死地也。金星于是甘心从贼矣。举人做贼自此始。[1]

崇祯十四年正月，李自成兵临洛阳城下。洛阳是福王朱常洵藩封之地，当地人怨声载道："先帝（神宗）耗天下以肥王，洛阳富于大内。"朝廷派来增援的士兵也哗然骚乱，扬言"王府金钱百万，而令吾辈枵腹死贼手"，不愿卖命。[2]侨居洛阳的原南京兵部尚书吕维祺，向福王晓以利害，劝他散财招募士兵，朱常洵嗜钱如命，不肯散财招兵。参政王荫昌、总兵王绍禹、副将刘见义，陆续赶到，已经无济于事。王绍禹的亲军在城墙上与李自成的部卒里应外合，缚住王荫昌，打开北门投降。李自成轻而易举拿下洛阳城，随即包围福王府，福王朱常洵翻墙逃跑，在迎恩寺被俘。协助守卫北城的吕维祺也被俘，在押解途中遇见朱常洵，高声大喊："名义至重，王毋自辱！"[3]朱常洵怕死，见到威名赫赫的李自成，浑身发抖，叩头乞求饶命。张岱说，福王见到李自成"色怖，泥首乞命"。[4]李自成狠狠训斥他："汝为亲王，富甲天下，当如此饥

◥ 朱常洵，明神宗第三子，郑贵妃所出，备受宠爱，曾与光宗朱常洛有国本之争。

1 郑廉《豫变纪略》卷三《流贼破宝丰县》。
2 张廷玉《明史》卷一百二十《诸王传·福王常洵》。
3 戴笠、吴乔《流寇长编》卷十四，崇祯十四年正月廿一丁酉。
4 张岱《石匮书后集》卷一《烈皇帝本纪》。彭孙贻《平寇志》、谈迁《国榷》也有类似记载。

荒，不肯发分毫帑藏赈济百姓，汝奴才也！”[1]随即下令处死福王——当朝皇帝的叔父，造反者把这个重达三百六十多斤的大胖子身上的肉一块块割下来，与鹿肉一同炖煮，在西关周公庙举办“福禄宴”，此“福”指福王肉，“禄”指鹿肉，一面吃着这两种肉，一面喝酒，号称“福禄酒”。[2]郑廉认为福王这种死法，实在不值得惋惜：“褊啬如福王，配鹿而蒸，闯贼高坐以飨将士，命曰福禄酒，共食之不足惜也！”何以故？因为此人一无是处：“（福）王之为人，性鄙啬而酷嗜货财，守国二十余年，无一事可称者。洎乎国变，连岁饥荒，民不聊生，盗贼遍野，（福）王之粟红贯朽自若。既而城破矣，身横鼎俎矣，向之朽贯红粟，贼乃借之，出示开仓而赈饥民，远近饥民荷旗而往，应之者如流水，日夜不绝，一呼百万，而其势燎原不可扑。”[3]

朱常洵的儿子“福世子”朱由崧，在诸生黄调鼎护持下，逃跑到安国寺躲藏，半夜时分夺门而出，窜往怀庆，日后成为南明小朝廷第一任皇帝。

李自成打下洛阳，对于造反大军而言意义重大，正如史家所说：“福藩据神宗矿税所得，资钜万万。多事已来，兵过城下，无菜羹豆饭之犒。至是，尽为闯贼得之，以招猛士，货良马除器。官兵之精锐悉归之，国不可为矣。”[4]

皇帝朱由检获悉洛阳陷落，福王被杀，大为震

1 吴伟业《鹿樵纪闻》卷下《闯献发难》。

2 彭孙贻《平寇志》卷五。吴伟业《鹿樵纪闻》卷下《闯献发难》。

3 郑廉《豫变纪略》卷四。

4 戴笠、吴乔《流寇长编》卷十四，崇祯十四年正月廿一丁酉。

悼，停止上朝三天，哭着对左右近侍说：福王是皇祖之爱子，遭家不造，遘于闵凶，以特牛一头告慰定陵，以特羊一头告于皇贵妃园寝。

二月二十四日，朱由检在乾清宫东暖阁召见群臣，参加者有内阁辅臣范复粹、张四知、谢陞、魏炤乘、陈演，礼部尚书林欲楫，礼部左侍郎王锡衮，礼部右侍郎蒋德璟，兵部尚书陈新甲，礼科都给事中叶高标，兵科都给事中张缙彦，驸马都尉冉兴让等。他当时身患小恙，靠在御榻上，向群臣检讨："朕御极十四年，国家多事，复遇饥荒，流寇猖獗，近且攻陷洛阳，福王被害。夫亲亲仁民，仁民爱物，亲叔不保，皆朕不德所致，真当愧死！"一时声泪俱下。

阁臣赶忙宽慰，说是气数所致。朱由检反驳道："说不得气数。就是气数，亦须人事补救，年来何曾补救得几分？"

随即对兵科都给事中张缙彦说："将河南事奏来。"

张缙彦说：福王遇害是真，遇害时有内侍环泣，不忍离去。

又问："世子有何人跟随？"

张缙彦答：有王府校尉数十人。朱由检听了长叹一声，落下泪来。张缙彦继续说：福王身死社稷，葬祭慰问都宜从厚。

朱由检回应道："说得是。"便对礼科诸臣说："朕欲差一员前去，各奏来。"

礼科给事中李焻以为应当追究督师辅臣杨嗣昌责任：督师出兵一年有余，惟初次有玛瑙山一小捷，今遂寂然，须另遣大将帮他。

朱由检不以为然："督师去河南数千里，如何照管得到？虽鞭之长，不及马腹，你们亦要设身处地。若凭爱憎之见，便不是了。”

礼科给事中章正宸支持李焻的意见，认为杨嗣昌负有不可推卸的责任，根据是：闯贼从四川来。兵部尚书陈新甲在旁边急声纠正：自秦来，不自川来。连讲了两遍，为杨嗣昌辩解。其实李自成从四川进入陕西，再从陕西进入河南，章正宸的说法并不错。

朱由检对陈新甲说：“卿部职司调度，须为朕执法，如姑息误事，皆卿部之罪。”

张缙彦说：洛阳藩封失陷，凡王府宫眷、内外官绅士民，焚劫甚惨，急需赈济。

朱由检说：“朕即措发。”随即传谕：驸马都尉冉兴让、司礼监秉笔太监王裕民、礼科都给事中叶高标，前去河南慰问世子，详察福王宫眷存亡情况。除了先前已经发出赈济银三万两，另外增发御前银一万两，坤宁宫银三千两，承乾宫银三千两，翊坤宫银二千两，太子银一千两，慈庆宫银一千两，慈宁宫皇祖昭妃银五百两，皇考定妃银五百两。[1]

洛阳陷落是划时代的标志性事件，预示着大明王朝离灭亡为期不远。郑廉写到此事，发了一通议论，颇有见地，值得一看：

> 是时，明室之亡决矣！外则防边，内则剿寇，无饷无兵。而将不用命，士大夫袖手高

1 李逊之《崇祯朝记事》卷三。孙承泽《思陵典礼记》卷二。谈迁《国榷》卷九十七，崇祯十四年二月己巳。

谈，各立门户，虽贤者不免。不知圣人处此，尚有何计转移耶？

防边之策，吾不得而知也。剿寇之术，吾尝得而闻且见之矣。盖剿寇者初不言抚，必戮之七零八落使贼破胆，而后抚可坚。熊文灿以总理办贼，乃专主抚而不剿。方其南下过襄城，万孝廉廷蕙说之曰："贼久玩，不知有王师，若专招抚，事姑息，恐狼子野心终不可保，徒为中原遗患耳。"文灿不听，犹以献贼为郑芝龙也。而献贼果降而复叛，衔刀西市，夫复何辞！虽然，是时朝廷犹有纪纲也。

及杨嗣昌受命平贼，台省建议专主剿而不抚，创言抚者以误国论。呜呼！中原寇盗如猬，而欲尽膏鈇钺乎？彼但知为门户，欲一手捺住杨文弱。亦思剿贼为何等事，而胶柱以鼓瑟乎？虽著为令，帝意固在献贼，而不在余寇也。嗣昌以全力图献贼，而以余力制诸盗，谁谓其非胜算哉？譬诸捕鹿，或角之，或犄之，至于剿寇，何独不然。献贼西奔，而邵（捷春）抚之防如拉朽；献贼东突，而左（良玉）帅之动如拔山。于是献贼溃围，闯将（李自成）出柙，而嗣昌亦死矣……君子观于此，固知明数不过二百七十年，门内有马，而日月无光，天时与？人事与？谓之何哉？[1]

1 郑廉《豫变纪略》卷三。按：门内有马为闯，日月为明，有"闯"即无"明"。

4. 杨嗣昌："呕血伤心，束身俟死"

朱由检沉浸于福王被杀的悲痛中，还不忘为杨嗣昌开脱责任，要诸臣设身处地为杨嗣昌难处考虑。福王遇害后，他一直为其他藩王担忧，唯独不担忧襄阳的襄王安危，因为襄阳是督师衙门所在地，驻有重兵。[1]正当他在武英殿向左右近侍询问开封的周王近况如何，忽然宗人府官员递上襄王府福清王（襄王次子朱常澄）的紧急公文。朱由检大惊失色，推案而起，口中喃喃地说：襄王也不免于难了么？待他打开公文一看，果然如此！朱常澄写道：

> 臣常澄，襄王之次子也。臣藩奉国厚恩，世守赤社。不意二月初四日夜半，南门火，一城糜沸，传曰监军道家丁反，臣父殿庐火亦起，融风吹之，延爇万屋。臣睡梦中闻人马声，飞镞着臣头目，见城中兵亦与格斗。天明，贼大至，太守王承曾保臣及臣弟进贤王常淦突围出。臣遣人探父动定，始知初五日被贼执至西城楼杀死，放火烧城，肢体为烬，拾头颅骨数寸以归，臣一恸殒绝。臣弟贵阳王常法于西城门外被杀，臣兄已故世子宫柩尽焚，杀

1 吴伟业《绥寇纪略》卷八《汴渠塞》。

死兰阳王母夫人徐氏、太和王妃郎氏、宫人李氏等四十三口……[1]

朱由检看了这份报告，悲痛至极，当即指示有关衙门，按照福王规格，为襄王准备丧葬礼仪。襄王朱翊铭是万历二十三年继承王位的，按照辈分，是朱由检的祖父神宗皇帝朱翊钧的同辈，属于远房叔祖，比福王朱常洵高一辈。朱由检的悲痛有一大半是感慨于形势的剧变，令他不解的是，杨嗣昌为何至今还不向他报告消息？

其实，此时杨嗣昌已经病入膏肓。早在崇祯十三年十月，他在给皇帝的奏疏中，就已提及自己身患疾病，“一病缠绵之身”，“病卧不能起动”，“勉强卧抬病躯”，“日行不过三十里”。言词之中流露出悲观情绪：“今即未至颠殒，而奄奄暮气，栗栗危情，殆不可任军旅之事。”[2]到了崇祯十三年年底、崇祯十四年年初，病情日趋严重。正月十八日的奏疏中说，“此身之忧劳病瘁，日呕痰血，夜不得眠，奄奄垂毙”，“忧愤不知死所”。[3]二月初十日，他再次向皇帝报告自己身患绝症——脱体消瘦，不似人形，心情极其郁闷：

今衔命三年，既不能净扫流氛，又不能顿

1 吴伟业《绥寇纪略》卷八《汴渠塞》。

2 杨嗣昌《秦疆大计疏》，《杨文弱先生集》卷四十一。

3 杨嗣昌《贼奔旧路臣渐东移疏》，《杨文弱先生集》卷四十二。

捐顶踵，臣忧惭愤恚，无地自容。以至顺庆、广安，连病弥月，脱体消瘦，不似人形。几番欲覆药不尝，奄忽而死，又惧中道委瘁，剿局弥延，辜负天恩，死犹不瞑，是以强延一息，历走三巴，奔车屡蹶于悬崖，危楫频颠于骇浪，臣病中增病，忧上加忧。[1]

自从督师以来，这位“盐梅上将”除了玛瑙山大捷，再也没有打过一次胜仗；部将又不听调遣，被张献忠牵着鼻子走，狼狈不堪。正当他在四川团团转时，张献忠突然出川，飞袭杨嗣昌的督师衙门所在地襄阳。襄阳方面还没有得到一点消息，张献忠的部队已经到了当阳。张献忠派罗汝才截断郧阳对襄阳的增援路线，自己率领精骑一日一夜飞奔三百里，直插襄阳。二月初，兵临城下，派二十名骑兵冒充杨嗣昌的差官拿着调兵文书进城。[2]这种兵不厌诈的伎俩颇为精彩，《流寇长编》如是说：“献贼于道得阁部使人，杀之，取其文移令箭，简狡贼二十骑，伪为使人趋襄阳，自以兵继进。是日将暮，伪使至城，得入，夜纵火杀人，知府王承曾随福清王逃去。”[3]《崇祯朝记事》如是说：“(张献忠）复返湖广，假称杨阁部兵至，坐乘八轿，并民扛火药，文书、印信皆同，道府不疑，延之入城。城上火起，贼尽入，合城

1 杨嗣昌《恭谢天恩泣陈罪悃疏》，《杨文弱先生集》卷四十二。杨嗣昌之子杨山松在此书后批注：“观此一疏，先人忧病劳瘁，业已仰告圣明。所以弥留之际及，万吉人请先人以病上闻，举贤自代，而先人之不敢言病也。”

2 顺治《襄阳府志》卷三《郡纪》。

3 戴笠、吴乔《流寇长编》卷十四，崇祯十四年二月。

鼎沸，狱中者俱出与之合。”[1]所谓“狱中者俱出与之合”，即是玛瑙山之役俘虏的张献忠爱妾以及军师潘独鳌，买通狱卒，里应外合。这一点与事后奉旨调查的司礼监秉笔太监王裕民所说，可以呼应：“祸根在献贼爱妾高氏等六口，并叛党潘独鳌久羁府监，狡贼线索勾引。”[2]

二月初四日半夜，二月初五日凌晨，城中内应放下城门吊桥，迎接大部队进入，襄阳不战而下。当时城内一片混乱，“遍地举火，满城从睡梦中惊突奔窜，民与兵与贼搅浑，狂奔于烟火熏灼之中”。[3]

天明后，张献忠进入襄阳城。

年逾七十须发尽白的襄王朱翊铭被押解到西门城楼上，吓得浑身发抖，跪倒在张献忠脚下，连声高喊：“求千岁爷爷饶命！”

张献忠讥讽道：“你是千岁，倒叫我千岁。我不要你别的，只借你头用。”

朱翊铭一听非同小可，慌忙讨好：“宫中金银宝玩任千岁爷爷搬用。”

张献忠回答：“你有何法禁我不搬哩？只一件事，你不给我头，那杨嗣昌不得死。”又说：“吾欲断杨嗣昌头，嗣昌在蜀，今当借王头，使嗣昌以陷藩伏法。”[4]说罢，下令处死朱翊铭，同时处死的还有贵阳王朱常法、兰阳王母徐氏等四十三口。与此

1 李逊之《崇祯朝记事》卷三。

2《王裕民等陈襄城失陷详情科抄》，《清代档案史料丛编》第六辑。

3《兵部为襄阳残破恳乞圣恩垂怜等事》，《内阁大库档案·明末农民起义史料》第357页。

4 郑达《流贼陷庐州府纪》上，郑达《野史无文》卷十四。吴伟业《绥寇纪略》卷七《开县败》。张岱《石匮书后集》卷一《烈皇帝本纪》。

同时，张献忠下令打开襄王府仓库，发十五万两银子赈济饥民。[1]

这一切大大出乎杨嗣昌的预料，他以为襄阳防守严密，不足为忧，当郧襄道张克俭提醒他注意襄阳防务时，他反而讥笑张克俭怯懦。[2]张献忠从陆路出川，杨嗣昌从水路沿江而下，二月十一日，方才得知襄阳陷落，二月十七日把“襄阳异变”报告皇帝：

> 臣催川、回之兵陆续分发，前进间，忽于十一日夜一更时分，据襄阳府差役王自成步赍塘报：“……（二月初四日）至二更尽点，突于是刻见火光四起，当察六门锁钥毫未有动，职（襄阳知府）即督率民壮步冲南门，火已梗路。又同都司萧鸣凤、陈一芳冒烟冲突卑府，身中二箭，箭写‘安民厂四月造’。火光之中，见有穿红箭衣七八人，往来往去，背后又有十数人飞喊前来。职分头四应，奔击府前……贼众渐集，大约不满三四百人，全副盔甲。午后方有二千人，俱红蓝箭衣，白号带为记，背有红旗号。自四更初刻至初五日三更，贼众渐次由南门出。府中官舍民居十去其四，监仓库焚劫，襄府殿门亦焚……”
>
> 此必预有伏奸，从中发难，与贼通谋，约

1 戴笠、吴乔《流寇长编》卷十四，崇祯十四年二月辛亥。郑达《流贼陷庐州府纪》上，郑达《野史无文》卷十四。

2 张廷玉《明史》卷二百九十二《张克俭传》。

期举事。先时发火，驰马射弓，七八人十数人者，皆伏奸为之。贼反从外后期而至，致兹异变，深为惨痛。而府城文武平时疏玩，略无警备之心，飞檄提撕，犹然漫不料理，以致于睡梦中遭此酷烈耳。[1]

这份奏疏是煞费苦心的，仅仅把襄阳知府的塘报摘要转发，只字不提襄王的下落。他向监军万元吉谈到自己的苦衷："襄阳意外之变，入告不敢稽迟，初次止述郡守塘报，直书始末情形。亦不敢一言他及，恐为人地，辄启自为地之疑也。兹得治台咨报，当补牍上闻。其意具于回治台之咨，仆之分谊应如是止矣。此外明听君命，幽听天命而已。"[2]

二月二十八日，杨嗣昌赶到夷陵（今宜昌），福王、襄王被杀的凶闻接踵而至，不禁大恸：无脸再见皇上！[3]原本身患重病的他，遭此惊吓，饮食不进。赶到荆州沙市徐家园，便卧床不起，一切大事都交给监军万元吉代理，派人通报家属赶赴荆州会面。[4]万元吉问他：师相病势如何？为何不报知皇上？杨嗣昌只吐出两个字：不敢。[5]此时此际的他，昔日的雄心壮志早已荡然无存，心如死灰，苟延残喘，等死而已。写给湖广巡抚宋一鹤的信中说："天降奇祸，突中襄藩。仆呕血伤心，束身俟死，无

1 杨嗣昌《惊闻襄阳异变疏》，《杨文弱先生集》卷四十二。

2 杨嗣昌《与万监军年策》，《杨文弱先生集》卷五十三。

3 吴伟业《绥寇纪略》卷七《开县败》。

4 谈迁《国榷》卷九十七，崇祯十四年二月庚午。

5 戴笠、吴乔《流寇长编》卷十四，崇祯十四年二月壬申。

他说矣！”[1]谈到病情，他这样形容：“仆病困荆沙，每日惟晨起片刻，能草数行之檄，答数处之书。顷之，即气逆痰涌，喘促欲死；而下半昼竟奄忽非人矣。”[2]在给监军万元吉的信中，病情讲得更加具体：“两逆（李自成、张献忠）透出网罗，不佞病深肺腑，痰涌气逆，咳嗽不绝声，而又加以注泻，日夜数十行。门下视此，岂有活理耶？”[3]

三月初一日，杨嗣昌死于荆州沙市徐家园，终年五十四岁。关于杨嗣昌之死，众说纷纭，有的说他自缢而死，有的说他服毒而死，都是传闻之词。其实他早已病入膏肓，再遭福王、襄王被杀的惊吓，遂至不治，即使华佗再世，也难起死回生，何用上吊服毒！他的儿子杨山松、监军万元吉说他病死，是可信的。

皇帝收到万元吉送来的讣闻，才知道杨嗣昌的死讯，对身边工作人员说：“督师功虽不成，志亦堪悯，宜用辅臣礼归葬。”[4]随即下了一道谕旨：“督师阁臣杨嗣昌，功虽未成，尽瘁堪悯，与祭一坛，地方官护柩回籍。”还亲笔写了一篇祭文：“惟卿志切匡时，心存许国，入参密勿，出典甲兵。方期奏凯还朝，麟阁铭鼎。讵料乘箕谢世，赍志渊深。功未遂而劳可嘉，人已亡而瘁堪悯。爰颁谕祭，特沛彝章，英魂有知，尚其祗服，钦此！”[5]谕旨和祭文流露出对杨嗣昌始终如一的

1 杨嗣昌《与宋楚抚一鹤》，《杨文弱先生集》卷五十三。

2 杨嗣昌《与宋楚抚一鹤》，《杨文弱先生集》卷五十三。按：标题同为“与宋楚抚一鹤”，并非同一封信。

3 杨嗣昌《与万监军年策》，《杨文弱先生集》卷五十三。

4 吴伟业《绥寇纪略》卷七《开县败》。

5 戴笠、吴乔《流寇长编》卷十四，崇祯十四年三月丙子。

眷顾之情，交织着出师未成身先死的惋惜、遗憾，从此再难寻觅这样的能臣忠臣的感叹、无奈。无怪乎他对吴甡慨乎言之："杨嗣昌死后，廷臣无能剿贼者。"[1]

然而，感情毕竟不能代替法律，督师失职之罪如不追究，今后恐难驾驭群臣，皇帝不得不指示有关衙门："嗣昌二载辛勤，一朝尽瘁，虽有玛瑙山功，不能掩其闯献鸱张，两藩罹祸之罪。下所司会勘以闻。"[2]朝廷上下都了解皇帝对杨嗣昌的偏袒心态，有关大臣在会议时，对于杨嗣昌二府三州十九县之失，故意援引轻典，按照"议请减赎"原则，以"议功"方式解脱了他的罪责。

舆论却难以一致，弹劾者络绎不绝。

兵科都给事中张缙彦率先弹劾杨嗣昌，应对襄阳失事负责。皇帝表示同意，有"自督师以下，调度失宜，巧言善饰"等语，着按法议罪。一时间大小诸臣争先恐后弹劾杨嗣昌，不免言语过甚。[3]

工科给事中李如璧认为，襄阳失陷，荆南有剥肤之恐；洛阳失陷，汝宁有累卵之危，应该追究责任。[4]

刑部主事雷縯祚追论杨嗣昌六条可斩之罪：一是失藩封，陷郡县；二是参抚臣，以逭责；三是以《华严经》灭蝗，诵咒消贼；四是张献忠入川，单袴纵逃；五是贿题监军；六是交结朋党。[5]

1 戴笠、吴乔《流寇长编》卷十四，崇祯十四年三月丙子。

2 吴伟业《绥寇纪略》卷七《开县败》。

3 李清《三垣笔记·附识中·崇祯》。

4 戴笠、吴乔《流寇长编》卷十四，崇祯十四年四月丙午、乙丑。谈迁《国榷》卷九十七，崇祯十四年四月庚戌。

5 谈迁《国榷》卷九十七，崇祯十四年四月辛亥。张廷玉《明史》卷二百七十四《雷縯祚传》。

◤ 蒋德璟，福建晋江人，天启二年进士。天启时期因不附魏忠贤，遭排斥。崇祯十五年经首辅周延儒推荐以礼部尚书兼东阁大学士入阁。

礼部侍郎蒋德璟甚至认为杨嗣昌“奸欺误国，请用嘉靖中仇鸾例，斫棺戮尸”。[1]

皇帝朱由检很是恼怒，在乾清宫召见六部九卿科道等官，训斥道：“杨嗣昌系朕特简，用兵不效，朕自鉴裁，况尚有才可取，各官见朕有议罪之旨，大加排击，纷纭不已。如出忠直，何不于兵科未具疏时先言之也？姑不深究，各疏皆留中，谕尔等知之。”[2]他甚至把杨嗣昌托梦给他的情节，也搬到殿廷之上，对阁臣说：“朕昨夕梦故辅杨嗣昌稽颡庭下，曰：‘臣鞠躬尽瘁，死而后已。为诸臣不公不平，连章见诋，故归诉皇上。’朕语之曰：‘如某疏犹公平否？’嗣昌摇首曰：‘亦未然。’”讲完了这段话，皇帝的脸色惨恻。[3]他用不容置疑的语言表明自己对杨嗣昌的态度，平息了舆论，不但没有追究罪责，反而追赠太子太傅头衔。[4]朱由检对杨嗣昌的眷顾始终如一，在崇祯一朝五十辅臣中堪称独一无二。也许不无道理，正如王世德所说：“杨嗣昌实心任事，廷臣所少，而才又足以济之。使廷臣不以门户掣肘，俾得专心办贼，未必无成。顾攻者纷纷，遂使情郁忧危，方寸扰乱，以抵

---

1 计六奇《明季北略》卷十七《杨嗣昌自缢》。张廷玉《明史》卷二百五十一《蒋德璟传》。

2 李清《三垣笔记·附识中·崇祯》。

3 李清《三垣笔记·附识中·崇祯》。

4 张廷玉《明史》卷二百五十二《杨嗣昌传》。

败亡。”[1]

杨嗣昌奉旨督师，原本信心满满，不日即可班师回朝，在军中赋诗明志：

一瓣香然报主心，天人相对感阴森。
不知弱海填多少，精卫元无问浅深。[2]

他想精卫填海，却壮志未酬，是生不逢时，还是志大才疏？

四 “灭寇雪耻”成泡影

1. 朝廷上下的反省

安内与攘外两线作战，增兵增饷，搞得民穷财尽，等来的结果，无论安内还是攘外，都是惨败，了无起色。当初杨嗣昌为了围剿流寇，在赋税正额之外加派剿饷，皇帝批准实施，信誓旦旦地对百姓表示，累吾民一年，待到消灭流寇除掉心腹大患，就可以取消加派。殊不知，流寇愈剿愈多，杨嗣昌又提出练兵的主张，要各个边镇抽练精兵七十三万。由练兵而来的，自然是增加军饷，于是乎在剿饷三百万两之外，每年又加派练饷七百三十多万两。落实到地方政府，练兵不过是一个幌子，

1 王世德《崇祯遗录》。

2 杨嗣昌《襄阳送儿山松归里，时在督师军中》，《杨文弱先生集》卷五十五。

兵没有练成多少，却借机搜刮民脂民膏。崇祯十三年，刑科给事中孙承泽上疏剖析加派剿饷、练饷的流弊，令人震惊：

迩因寇祸益深，皇上特遣阁臣杨嗣昌秉钺躬剿，凡征兵、索饷之事内呼如雨，司农（户部）臣初应之以新饷，继应之以剿饷，再应之以练饷。惟恐须臾稍缓，无以慰任事之心，且有以开卸事之口，盖已竭闾阎之膏血，惟命是听矣。

然孰知军前之需，取之部额者有限，而私派之地方者，正无纪极也。忆臣待罪县令时，倏奉一文：取豆米几千石、草几千束，运至某营交纳矣；倏奉一文：买健骡若干头、布袋若干条，送至某营交纳矣；倏奉一文：制铜锅若干口、买战马若干匹，送至某营交纳矣。并不言动支何项钱粮，后日作何销算？惟曰：迟误则以军法从事耳。州县之吏凛凛恐后，间有借支正饷，以救目前之急者。然派之里下者，则比比矣。

是以私派多于正赋，民不堪命，怨声四起。而行间之臣止计目前，不计远大，于是绵延数省，无一宁宇。使从贼者无复还乡之望，为民者徒为沟壑之填。岁即丰稔万亦难当，况今值此百年未有之荒灾也……此果剿饷乎？练饷乎？是驱民而为贼也！[1]

1 孙承泽《春明梦余录》卷三十六《户部二·本计》。

剿饷、练饷本为剿灭流寇，结果适得其反，闾阎之膏血耗竭，天下没有一处可以安居乐业之地，等于是在驱民为盗，结果自然是愈剿愈多，愈剿愈烈。

崇祯十四年四月，皇帝命五府九卿科道等官会勘杨嗣昌的罪责，各官一致议定五条罪责，其中四条有关安内与攘外战争的过错，如："抗修义州明旨，弃而不守"；"屡抗战守明旨"；"隐匿失事不报，即福襄二藩被害已久，尚掩匿说谎，转换支吾"；"虚饰捷级"等。最为严重的是第三条："首倡聚敛，一议加剿饷三百万两，再议加练饷七百三十万两，合旧派，每年加二千三百万，致天下民劳财尽，群起为盗。"[1]国家每年的正赋不过四五百万两，而加派竟然达到二千三百万两，是正赋的四五倍，地方政府与军队乘机敲诈勒索，又不在这个数目之内，使得千千万万百姓无以为生，只能"群起为盗"，其危害性远远在"失陷封疆"之上。

礼部侍郎蒋德璟用"不能农""不敢农""不肯农"，来刻画三饷加派的危害性——瓦解了农业社会的基础：

> 惟是频年旱蝗，内外交讧，加以三饷（辽饷、剿饷、练饷）重叠，民不聊生。诚恐劝农之心虽勤，而民尚有不能农、不敢农、不肯农者。

1 孙承泽《山书》卷十五《督辅罪案》。

流亡满眼，父子相食，死且不顾，何从得牛寻种？是不能农也。三饷逼迫，才一举犁，催征已至，胥隶牌票狼虎噬人，谁不望而却走？是不敢农也。富者以逐末为利，黠者以充衙役，纵游惰为利，甚且以充兵为利，投贼为利，而最穷苦莫如农，是不肯农也。无农则无粟，无粟则无民，亦且无兵，此非急核蠹饷，严除加派，则农夫终无乐生之日也。[1]

皇帝朱由检为了挽回民心，宣布大赦，就是因为看到了“闾阎凋敝无告，灾黎穷困已极”，“兵民戕杀，几无宁日”。他在谕旨中说：

时事多艰，闾阎凋敝，灾黎穷困已极。目前更望饱得甘霖，百姓苏生，倒悬可解。况今畿内、山东、河南等处，流（贼）土（贼）猖獗，兵民戕杀，几无宁日。甚至人人相食，朝不保暮。如此情形深堪悯恻。又边氛未息，议调多兵，势必措饷。然催征原非得已，惟恨贪官奸吏借此作弊，额外朘削有限民力，其苦何堪！至于倚上凌下，民受冤抑，无所控诉。[2]

他列举制度性腐败的种种表现：

一是官吏行酷，暗害民生；

1 孙承泽《山书》卷十六《请用废臣》。

2 孙承泽《山书》卷十四《大赦中外》。

二是谳狱不平，奸良颠倒；

三是绅衿土豪，骄横侵霸；

四是藩王宗室，暴虐恣睢；

五是勋戚及内外官员肆行扰害；

六是犯法罪人情轻法重，因官吏勒索不遂，故意延捱不结，竟至瘐毙；

七是情面嘱托，一味行私，多方出脱，而大奸漏网；

八是文武各官不实修职业，惟营一己之私；

九是蒙蔽隐徇，朋比作奸，罔念军国之重。

问题表现在下面，根子却在上面，他颇有风度地承担责任："总缘朕凉德寡闻，明不足以辨奸，德不足以格物，诚不足以动天，信不足以孚人。是以百司失职，灾异叠兴，民遭涂炭，安枕无期。"为此宣布中外大赦，暂免行刑，在押人犯酌行宽释。[1]

于是乎便有赦免傅宗龙、孙传庭的举措。崇祯十四年五月，兵部尚书陈新甲上疏，请求开释并起用这两位政绩卓著的干才。他说，傅宗龙任巴县知县，堪称民之父母；出任贵州巡按，立解安酋之危；出任密云总督，留心边计；调任四川巡抚，练兵清屯尽有方略。杨嗣昌推荐他担任兵部尚书，傅

◥ 陈新甲，四川长寿人，万历四十年进士。崇祯十三年升兵部尚书，因与清议和事件被崇祯帝处死。

1　孙承泽《山书》卷十四《大赦中外》。

宗龙径情直遂，因督师辅臣杨嗣昌军前所请军饷超额，予以裁减，遭到杨嗣昌的弹劾。皇帝正倚重杨嗣昌，下旨切责傅宗龙。傅宗龙声辩：杨嗣昌徒耗兵马钱粮，不能报效，徒以气凌廷臣，中原之事将不可知。皇帝大怒，指责他“欺藐”，因而被罢官下狱。陈新甲指出，一时舆论咸推为可用之才，皇帝也以为“朴忠”，“用之以尽死力”，任命他代替丁启睿为陕西三边总督。至于原任保定总督孙传庭，陈新甲认为他是有血性的人，见兵将肯做事，即欢然喜；见兵将不肯做事，即怫然怒。朝廷任命他为保定总督，他自认偶聋为长聋，辜负皇上委任。然而其才情气魄犹堪一割，皇帝决定启用孙传庭为兵部右侍郎，前往中原战场。[1]

这种做法未免带有临时抱佛脚的功利色彩。同样获罪的黄道周，也得到推荐，命运截然不同，就印证了这一点。

黄道周由于纠弹杨嗣昌，而遭到惩处。崇祯十三年八月，江西巡抚解学龙（字石帆，扬州兴化人）晋升兵部侍郎，照例可以推荐属员，他推荐布政司都事黄道周，“学问直贯天人，品行无忝孔孟”，其中还有“纲常”等语。皇帝大怒，以为“群臣结党标榜，欺侮君父，屡旨训诫，毫不省改”。命锦衣卫缇骑前往逮捕解学龙、黄道周，关入诏狱审讯。户部主事叶廷秀（字谦斋，河南濮州人）与黄道周素不相识，

1 孙承泽《山书》卷十五《枢臣救罪》，张廷玉《明史》卷二百六十二《傅宗龙传》及张廷玉《明史》卷二百六十二《孙传庭传》。

仗义执言，上疏论救。皇帝怒上加怒，下旨：叶廷秀廷杖一百，黄道周、解学龙各廷杖八十。[1]这种处置方式过于意气用事，与大赦天下的谕旨格格不入，令人难以理解。

国子监监生涂仲吉不顾个人安危，批评皇帝此举有负于海内想望：

> 臣草茅书生，何敢妄言，况当天威震怒，谁甘以身试法？第读书师古，有志效忠，每观古忠臣义士，捐一身以成君父之德……皆志本于诚，死生所不顾。臣览古论世，未尝不痛哭而起。今适当其事，正臣效忠之日，故匍匐万里，请死明志，幸皇上察而诛焉。
>
> 日者黄道周因荐被逮，廷杖之日，臣工饮痛，童妪堕泪，以圣怒方殷，无敢鸣其无辜。幸一不怕死之叶廷秀昌言申救，蒙杖一百。天下闻之，益为惊心。此真皇上从来未有之极怒，诸臣从来未有之极痛。自此，人人自危，竟无复有敢言者矣……皇上好问好察，过于古先哲王，又锐意太平，励精图治。思得一真正人才而用之，乃有一黄道周而搏执戮辱，置之必死之条，甚非海内之所想望也。
>
> 臣观道周，通籍二十载，半居坟庐。自躬耕樵采而外，稽古著书，晨夜不辍。宗党怜其

1 文秉《烈皇小识》卷七，李逊之《崇祯朝记事》卷三《江西巡抚解学龙疏荐布政司都事黄道周》及张廷玉《明史》卷二百五十五《叶廷秀传》。

贫，乡里推其孝，孤踪独立，门无杂宾。其一生抒所学，虽其言尝过戆，而其志实纯忠。当酷暑万里，锒铛就逮时，囚服草履，饮水啜蔬，士绅挽絷，几不得行，道路见者莫不悲叹。今闻喘息仅存，犹且读书不倦，未尝不以囹圄圜扉为皇上教育之恩，霜露雷霆皆天地裁成之德……惟是天威方严，阳和未布，大臣缄默以需时，小臣蓄缩以全躯。使皇上所以教育裁成之意不能大白于天下，此臣不为道周惜，而为皇上天下万世惜者也！

天下所以不治，皆由臣子不清不勤，隳其职业；不忠不孝，堕其家修。皇上方严典刑，绳天下之不清不勤不忠不孝者，若道周，至清至勤真忠真孝，而一旦颠蹶，受祸至此，岂不伤天下读书之心，灰海内为善之志乎？今天下之人谓杀道周以激奋枢辅（杨嗣昌），而枢辅未必可奋；杀道周以缄闭谏臣，而举朝久已卷舌。皇上必欲诛独立孤介之臣，则道周是矣。皇上必欲诛结党匪类之臣，则道周非其人。[1]

没有一官半职的国子监生，如此有见识有魄力，敢言他人所不敢言，且痛快淋漓，畅所欲言，实在难能可贵。但是负责传递公文的通政使故意扣押不送，涂仲吉弹劾通政使施邦曜“遏抑言路”。

1 孙承泽《山书》卷十四《因荐获罪》。

皇帝大怒，下旨逮捕涂仲吉，廷杖一百，施邦曜革职，命锦衣卫镇抚司拷问黄道周，逼供“同党”，致使通政马思理、编修黄文焕、吏部主事陈天定、工部司务董养河、中书舍人文震亨等，被牵连下狱。刑部司官吴文灿出于正义，故意压下此案不审，廷杖六十，革职为民；刑部尚书李觉斯因此革职为民。黄道周淹滞狱中一年，一番招上，一番严驳。新任刑部尚书刘泽深审理此案，拟黄道周遣戍烟瘴地方，皇帝不允；改拟永久遣戍，又不允，左右为难，愤然上疏讲明道理："看得道周罪状，臣前两疏已痛切严责之矣（拟烟戍或永戍），到此止有一死。死生之际，臣不敢不慎也。缘我皇上自御极以来，所论死诸臣，非封疆大事，则贪酷大罪，从未有以谏言诛大小一官者。而今以此加道周，是道周无封疆贪酷之失，而有谏言蒙戮之名，于道周得矣，非我皇上覆载之量也。且皇上所疑者党耳，党者，见诸行事，相聚讼言，乃为植党。道周自上一疏，空言无党，睿照一临，肝胆寒裂……乌有丝毫党气，而烦圣明之震怒，动朝廷之大法耶？去年行刑时，忽奉旨停免，今皇上岂有积恨于道周，万一转圜动念，而臣已论定，噬脐无及，敢仍以原拟请旨依议。"[1]刘泽深讲得有道理，皇帝确实“有积恨于道

◥ 刘泽深，河南陈州人，万历二十九年进士。因政绩升任刑部主事，崇祯十三年升刑部尚书。

1 孙承泽《山书》卷十五《司寇正告》。

周”，所以不肯从轻发落；一旦积恨消除，黄道周还有转圜的可能，因此刘泽深仍以原拟永戍广西请旨。果然，一年以后，皇帝接受周延儒、蒋德璟的建议，召回黄道周，官复原职。[1]

围绕黄道周的案件以喜剧收场，朝廷想挽狂澜于既倒，最要紧的是笼络人心，于是乎有一系列举措，例如清理刑狱、赈济百姓、请用废臣，等等。然而，无论安内还是攘外，都要依仗军队，这些年来安内战争与攘外战争，都以败绩告终，反映了军队的腐败，一时很难改观，因为它是制度性腐败，且由来已久。不妨看看号称御林军的京营，便可明白一二。

京营有十二万人的编制，由六名副将以及多名参将、游击，分别率领。照理应该是一支精锐武装力量，其实大谬而不然。据主管京营的兵部左侍郎吴甡说，京营竟然是一支乌合之众："旧习相沿，皆京城菜佣市侩买粮代替者，难骤革也。内有边勇营，始议募边丁，优其粮犒，可以御侮。久之将领以家丁充数，及近畿人用贿入，旌旗器甲非不灿然可观，然承平日久，从未见敌，不足恃也。勇营在京营北，内员统兵近二万，器甲旌旗焕然，饰观而已。"[2]你看，这支御林军居然是菜贩市侩冒名顶替，

◤ 吴甡，扬州兴化人，万历四十一年进士。天启中由知县征授御史，忤魏忠贤削籍。崇祯初起故官，累擢礼部尚书，兼东阁大学士。崇祯十一年任山西巡抚，改任兵部左侍郎，因病未赴任，落职闲住。崇祯十三年复职，以左侍郎协理戎政。崇祯十六年襄阳、荆州、承天连陷，帝令甡督师湖广。甡畏贼势，迟回不肯行，帝怒，遣戍金齿。

1 张廷玉《明史》卷二百五十五《黄道周传》。
2 吴甡《忆记》卷三。

领取一份军饷而已。徒有其名的边勇营也是如此，由将领的家丁充数，或者京郊百姓用贿赂手段混入编制。一旦朝廷要视察，旌旗器甲焕然一新，都是用来装点门面的。据京营提督太监王德化说："京营马匹不满万，又多瘦弱，不便发剿。"[1]

崇祯十五年四月，皇帝召对大臣，要求从京营兵内选拔五万堪战之兵，问主管此事的吴甡：如何选练军士使之精锐，使淘汰者不哗变？

吴甡的回答是实事求是的：京营原募边勇一万二千，专练骑射，月支米一石，盐菜银一两。又有壮丁营，专练火器者二万，月支米一石，（盐菜）银六钱。其余皆月支米一石，无盐菜（银）也。实际上所谓边勇、壮丁与散兵无异，并不精熟骑射、火器。臣曾责备各将领：既然粮饷有厚薄之分，而兵不强壮，何以服军士之心？今后实行分练法，各将领挑选精熟骑射火器，又能力举三百斤以上者，另立一个名籍；如果骑射勇力达标，即使散兵也可以选拔为边勇，反之，边勇也可以降为散兵，壮丁亦然。老弱不堪，自当革退，另选精勇者补充。按照此法实行数月，选练者十之二三，淘汰者亦十之二三。

皇帝侧耳倾听至此，笑着说：说得极是，极是。随即问道：是否可以另立战营，得到堪战精兵五万？

1 吴甡《忆记》卷三。

吴甡坦陈，情况并不乐观，他说：京营设兵，原期人人堪战，因积弊相沿，又承平日久，几百年不见战阵。前此调拨京营参战，都是沿路无籍游棍代顶，本军正身并未出京一步。将领与游棍默契配合，将领可以由此克扣粮饷，游棍则利用军籍沿途扰抢，又可以饰败为功，冒功滥赏。班师回朝后，本军依旧充伍，代顶者则沿路散亡，积弊已久。针对皇帝的问题，他说，重要的是选将，只要有战将，自有战兵，五万也不难。[1]话说得十分勉强，事实上，五万京营精兵始终没有练成。京营的腐败，折射出军队的普遍问题，安内攘外皆惨败，或许可以由此悟出一些缘由来了。

2. 辽东：速战速决铸大错

崇祯十二年正月，皇帝任命洪承畴为蓟辽总督，给他的头衔是：钦差总督蓟辽等处地方军务兼理粮饷、兵部尚书兼都察院右副都御史，但是“降四级戴罪住俸又降一级”。[2]显然具有戴罪立功性质，目的在于激励这位大臣，在边疆再立新功。在皇帝看来，对洪承畴的任命，不仅仅为了应对满洲铁骑南下骚扰，更着眼于今后的大局。在他的天平上，攘外是重于安内的，之所以不同意洪承畴所辖的秦军精锐返回陕西，原因就在于此。

1 吴甡《忆记》卷三。

2《蓟辽总督洪承畴题本》，《明清史料》甲编。

形势的发展，似乎又不容不如此。满洲铁骑几次南下，都从长城沿线突破，还没有从锦州、宁远（今兴城）越过山海关进入内地的先例。非不为也，是不能也，因为锦州至宁远一线有重兵把守，难以逾越。皇太极当然想早日突破锦州、宁远防线，明朝降将、清朝都察院参政祖可法、张存仁等联名提议：直捣燕京必须先攻下锦州、宁远，如欲不发兵而得锦州、宁远，应该先派兵屯驻广宁，逼近锦州、宁远门户，使得对方耕种自废，难以图存，势必从锦州撤守，退回宁远；继而从宁远撤守，退回山海关。[1]皇太极采纳这一建议，派兵到义州卫（广宁后卫，今义县），且耕且战，设营挖壕，把锦州城团团围住。

事态的发展引起了朝廷的密切关注，崇祯十三年四月十三日，皇帝在平台召开御前会议，商讨对策。他首先向大臣们道出内心的忧虑：北骑在义州已经半月，诸臣对此有何筹划？说罢，把亲笔题写的“灭寇雪耻”条幅，向群臣传示，以表明自己的坚定信念。大臣们深知皇上御笔“灭寇雪耻”四字的分量，都不敢贸然奏对。

新任礼部右侍郎蒋德璟（字申葆，一字若柳，号八公，福建晋江人）似乎胸有成竹，出班跪奏：“我皇上‘灭寇雪耻’四字，就是中兴大有为根本。臣每见皇上传谕户兵各部，及申饬各边督抚等官，睿虑精详，

1《清太宗实录》卷五十，崇德五年（崇祯十三年）正月壬申。

无不周密，只是各边未有力行。就如练兵一事，申饬再三，其实兵何曾练？只是将花名册点操一番，花刀花枪，全无实着。臣每读《会典》，见太祖高皇帝教练军士律，以弓弩刀枪分别试验，立行赏罚，此是练兵之法。凡卫所总小旗补役，以拼枪胜负为升降；凡袭替官舍比试，必须骑射娴习，方准顶袭，此是练将之法。当时百战百胜，只是兵练得精……难道二三百年来，并无一兵，到皇上才要设兵？难道本无一饷，到皇上才要加饷？”[1]

朱由检倾听蒋德璟引经据典侃侃而谈，不由得站了起来，打断他的话题，点评道：闻所未闻！得到皇帝嘉奖，蒋德璟进一步发挥他的练兵主张：“军即是兵，总计内外卫所三百余万军，兵尽足用；且养军之屯田盐粮甚多，二三百年来并不曾加派，饷尽足用。如今只将祖制振举，件件实做，自可灭敌。”蒋德璟显然主张恢复明初的卫所屯田制度，殊不知时过境迁，这种祖制已经没有多大的可行性，兵农合一寓兵于农的卫所屯田早已失去赖以生存的土壤，企图振举祖制，无异于画饼充饥。

朱由检却以为闻所未闻，或许可以弥补时局，迫不及待地叮嘱：再奏，从容奏来！

蒋德璟于是大谈特谈，可以仿效俞大猷《剑

◤ 俞大猷，福建泉州人，嘉靖十四年武进士。著有《兵法发微》《剑经》等。

1 张岱《石匮书后集》卷十三《蒋德璟传》。

经》、戚继光《练兵书》，加紧练兵。听了一大篇练兵的高见后，朱由检把话题转移到主题上，问道：今敌在义州，作何筹画？

◥ 戚继光，明朝著名军事将领，抗倭名将。后调任蓟州、昌平、保定三镇总理。著有《纪效新书》与《练兵实纪》等。

蒋德璟毕竟不是军事专家，讲不出个所以然，敷衍道："义州距锦州九十里，锦州距宁远六十里，宁远入山海关至京师近千里。北骑在沈阳，相距甚远，决不从关内来。只恐占住义州，径至大宁（即可苛河套，在今内蒙古、辽宁边境），仅二百六十里，便可犯蓟（镇）犯宣（大），却是可虑。"他否定满洲军队攻取义州意在拿下锦州及附近的松山、塔山、杏山要塞，进而威逼宁远的战略意图，实在过于武断。

朱由检被他的地名、里程搞得不得要领，纠正道：里数亦不许算，只说目前要着。

蒋德璟似乎提不出什么"目前要着"，又重提练兵，无非是兵要精、饷要足、将要强之类，并且触及军队的积弊："即今锦州八城，要战要守，总须兵站得住，与敌上阵总要兵精，兵如不精，别无奇策。传闻兵十万虚冒有一半，蠹饷不赀，此是最病痛处。"又说："贾庄之战，总督战死，两总兵径行逃归，依旧充军官立功赎罪。如此行兵，谁肯用命？"[1]这些话点到了要害，一是军队有一半虚冒，二是将领不肯用命，此后的兵败如山倒，与此有密

1 张岱《石匮书后集》卷十三《蒋德璟传》。

切的关系。

崇祯十三年五月，皇帝命令洪承畴出山海关，解锦州之围。洪承畴奉旨，率领玉田总兵曹变蛟、蓟州总兵白广恩、宁远总兵吴三桂、广宁前屯卫总兵王廷臣抵达宁远，视察松山等要塞后，以为兵力太少，不足以御敌，请求朝廷再调宣府总兵杨国柱、大同总兵王朴、密云总兵唐通、山海关总兵马科，云集宁远前线，总兵力达到十三万，在锦州、松山、塔山、杏山一线，摆开决战的架势。

清朝方面咄咄逼人，锦州的形势顿时吃紧，崇祯十四年三月十六日，辽东巡抚邱民仰向朝廷报告：从二月以来，敌军不断向义州运送军队、粮食、武器，其中有红夷大炮三十门，小炮多得难以悉数。明朝降将石廷柱、耿仲明、孔有德、尚可喜等，在清朝郑亲王济尔哈朗、武英郡王阿济格、贝勒多铎、郡王阿达礼等率领下，向锦州外围扑来。[1]明朝守将向朝廷报告："奴众（指清军）此番倾巢困锦，内打栅木，外挑壕堑，水泄不通，人影断绝。松城与锦相隔十八里，奴贼离锦五六里下营，即近在松城左右。今锦城壕栅已成，奴众精骑尽绕松城，势虽困锦，实乃伺松。"[2]事实证明，锦州、松山守将对形势的判断是正确的，清军围困锦州，目的是吸引明军主力增援，在松山一带形成围点打援之势。

1《辽东巡抚邱民仰塘报》,《明清史料》乙编。蒋良骐《东华录》，崇德六年三月。王先谦《东华录》，崇德六年三月己卯。

2《请兵救松锦残禀》,《明清史料》乙编。

久经沙场的洪承畴对于这种围点打援战术了如指掌，故而对战略决战持谨慎态度，倾向于打一场持久战，不争一时一地之得失。他向朝廷报告军事部署时，一方面表示解锦州之围的决心："大敌在前，兵凶战危，解围救锦，时刻难缓，死者方埋，伤者未起，半月之内即再督决战，用纾锦州之急。"[1]另一方面向朝廷陈述他的应对方略——且战且守，具体说来便是："久持松、杏以转运，且锦守颇坚，未易撼动。若敌再越今秋，不但敌穷，即朝鲜亦穷矣。此可守而后可战之策。"[2]洪承畴的战略方针——"可守而后可战"，主张稳扎稳打，不轻易出击，是实事求是的，也是当时唯一可取的方略。况且坚守锦州的总兵祖大寿被困五个月之久，仍然信心十足，特地派遣士兵出城向洪承畴传话：城内粮食足可以支持半年，建议洪承畴用车营步步紧逼，不要轻易交战。[3]

皇帝对这种相持局面很担忧，崇祯十四年五月十八日，他在中极殿召见兵部尚书陈新甲，问他有什么解困良策？这个举人出身曾经担任宁远兵备佥事的兵部尚书，虽然对辽东军事较为熟悉，一时也拿不出两全之计，请求与阁臣及兵部侍郎吴甡、总督傅宗龙酌议。酌议的结果，陈新甲向皇帝呈上一份"十可忧十可议"的报告，对形势持悲观态度，建议派遣兵部职方司郎中张若麒前往宁远，当面与

1《蓟辽督师洪承畴揭帖》，《明清史料》乙编。

2 谈迁《国榷》卷九十七，崇祯十四年六月乙卯。

3 谷应泰《明史纪事本末》补遗卷五《锦宁战守》。谈迁《国榷》卷九十七，崇祯十四年五月壬辰。

洪承畴商议对策。[1]

世上的人和事复杂多变，大凡对形势悲观者，极易走极端，滋生急躁冒进情绪，陈新甲便是一例。他等不及张若麒与洪承畴商议结果，急匆匆向皇帝提出速战速决方案，鼓吹全线出击：一路出兵塔山（塔山堡，宁远中左所），趋大胜堡，攻敌营之西北；一路出兵杏山（杏山驿），抄锦昌，攻敌营之北；一路出兵松山（松山堡，广宁中屯所），渡小凌河，攻敌营之东；一路出兵松山正面，攻敌营之南。[2]皇帝没有轻易作出决定，把这一方案交给洪承畴行营讨论，洪承畴否定了这个方案，向皇帝重申且战且守的方略，主张在松山、杏山打持久战。他认为，拖得时间越长越不利于清军，他的结论十分明确："久持松杏，转饷锦州，守御颇坚，未易撼动。若彼再越今秋，师老财匮，即朝鲜亦穷矣。此可守而后可战之说也。今（陈）新甲议战，安敢迁延？但恐转输为艰，鞭长莫及，国体攸关，不若稍待，使彼自困之为得。"[3]皇帝认为他分析得有理，表示同意。

但是，陈新甲固执己见，他的喉舌张若麒与之一唱一和。张若麒此人躁率喜事，略有小胜便盲目乐观，以为锦州之围可以立解，向皇帝送去一份秘密奏疏，鼓吹速胜论，并且请求皇帝赋予行营赞理军务之权，极力促成速战速决。朱由检经不起陈新甲、张若麒再三鼓动，立场动摇，从支持洪承畴

1 谷应泰《明史纪事本末》补遗卷五《锦宁战守》。谈迁《国榷》卷九十七，崇祯十四年五月壬辰。

2 谈迁《国榷》卷九十七，崇祯十四年六月乙卯。谷应泰《明史纪事本末》补遗卷五《锦宁战守》。

3 谷应泰《明史纪事本末》补遗卷五《锦宁战守》。

打持久战，一变而为支持陈新甲、张若麒的速战速决，下达密敕，严令洪承畴“刻期进兵”。[1]陈新甲又写信给洪承畴施加压力，对清军将再次越过长城边关的谣言信以为真，警告洪承畴：你出关用兵一年有余，耗费饷银数十万两，既不能解锦州之围，若再使内地受困，到那时，你不进山海关迎战，则长城沿边空虚；如往辽西，则宝山空返，何以副皇上圣明，而谢朝中文武诸臣之望？当此主忧臣辱之际，谅必清夜有所不安！[2]为了促使洪承畴改变决策，陈新甲又派兵部职方主事马绍愉前往宁远行营，与张若麒搭档，以赞画军务的方式贯彻兵部的速战速决主张。马绍愉到了宁远，与张若麒一唱一和，再三张扬“边兵可战”。洪承畴顿时陷入进退维谷境地，上有皇帝的密敕，兵部尚书的警告，下有赞画军务的张、马二人督促，不得已放弃持久战计划，终于铸成不可挽回的大错。[3]

清初时，万斯同回顾这段历史，对陈新甲之流的速战速决颇有微词：

> 时锦州被大清兵围已五月，声援断绝。有卒逸出，传祖大寿语，请以车营逼，毋轻战。总督洪承畴集兵数万援之，亦未敢决战。帝召新甲问策，新甲请与阁臣及侍郎吴甡计之。因陈“十可忧十可议”，请遣职方郎张若麒面商

1 谷应泰《明史纪事本末》补遗卷五《锦宁战守》。

2 谈迁《国榷》卷九十七，崇祯十四年六月乙卯。

3 谷应泰《明史纪事本末》补遗卷五《锦宁战守》。

于承畴。若麒未返，新甲请分四道夹攻。承畴以兵分力弱，意主持重以待。帝以为然，而新甲坚执前议。若麒素狂躁，见诸军稍有斩获，谓“围可立解”，密奏上闻。新甲又贻书趣承畴。承畴激新甲言，又奉密敕，遂不敢主前议。若麒益趣诸将进兵，诸将以八月次松山。遂为我大清兵所破，大溃，士卒死亡数万人。[1]

3. 松山、锦州兵败如山倒

崇祯十四年七月二十六日，洪承畴誓师援救锦州。七月二十八日，他下令进兵，把粮草囤积于杏山、塔山之间，自己率领六万人马进抵松山。入夜，侦知清军屯于乳峰山之东，洪承畴传令半夜登上乳峰山西南角，控制制高点。乳峰山距离锦州五六里，从山顶向下俯视，锦州犹如几席，炮石之声隐约可闻。洪承畴命令东西二路军向前分割清军，使之腹背受敌，然后建立车营，环以木城。

清军主帅多尔衮把军情报告皇太极，皇太极决定亲自指挥此次战略决战，带领三千铁骑，日夜兼程赶往松山，围点打援。清朝官方文献写道：“崇德六年（崇祯十四年）八月丁巳（十四日），上（皇太极）以明洪承畴来援锦州，亲率大军往征之。壬戌（十九

1 万斯同《明史》卷三百六十三《陈新甲传》。

日）至松山，陈师于松山、杏山之间，横截大路立营……上见松山城北乳峰岗敌兵立营乳峰山、松山之间，又步兵掘壕立七营，其马兵驻于松山东西北三面，约敌骑兵四万，步兵九万，共号十三万……明国诸将见上亲率大兵环松山而营，大惧，一时文武各官欲战则力已不支，欲守则粮已匮竭，遂合谋议遁。”[1]这段话大抵是真实的，由此可见，皇太极围困锦州的本意就在于围点打援。皇太极见洪承畴已经上钩，而且把主力屯驻于松山，果断决定切断松山、杏山、塔山之间的全部通道，使得松山陷于孤立无援、粮草断绝的境地，力图不战而屈人之兵。这一招果然厉害，立即引起明朝八路总兵恐慌。

明军越长岭山，过塔山，迤逦至锦州一线。大同监军道张斗建议派一军驻守长岭山，以防敌军抄袭我后路，遭洪承畴拒绝，讥讽道：我十二年老督师，你书生何知？待到皇太极率三千铁骑占据长岭山，扬言欲围困松山，洪承畴仍按兵不动。眼看着清军从锦州至海边，根据地势高低，挖掘壕堑，深八尺，宽一丈，把明军围困于内，断绝饷道。[2]洪承畴这个威震中原的统帅，竟然如此“内战内行外战外行”，犯了一个极其低级的战术错误，解围不

◥ 洪承畴，福建南安人，万历四十四年进士。崇祯时官至兵部尚书、蓟辽总督，松锦之战败后被俘。

1 《清太宗实录》卷五十七，崇德六年八月丁巳。
2 谷应泰《明史纪事本末》补遗卷五《锦宁战守》。

成，反被对方分割包围。战争还没有开打，败象已经显露无遗。为了扭转被动局面，他鼓励诸将说：敌兵新旧交替攻守，我兵利于速战速决，各位应该激励本部士兵力战，我亲执战鼓督战，成败在此一举。总兵们议论纷纷，主张退回宁远就饷。连一向催促洪承畴倾巢而出最为起劲的张若麒，也惶惶然不知所措，薄暮时分写信给洪承畴，赞成撤退，说什么松山粮饷不足支撑三日，敌军不但围困锦州，又复围困松山，各位总兵既有回宁远支粮再战之议，似属可允。此人成事不足败事有余，昔日力主冒进，今日摇身一变，赞成逃跑，从一个极端到另一个极端，使得军心更加涣散。洪承畴在行营召开会议，苦苦劝说各位总兵：往时诸君都矢志报效，今日正是机会，虽然粮尽被困，应该明告士兵，守也死，不战也死，只有拼死一战或可幸于万一。我决意孤注一掷，明日希望诸君努力，目送诸将步出军门。少顷，胆怯的总兵王朴率先逃跑，引起连锁反应，各路总兵争先恐后逃跑，骑兵步兵互相践踏，武器丢得遍地都是。清军半路伏击，明军损失惨重。[1]

数万大军不战而逃，溃于一旦，只剩下督师洪承畴、总兵曹变蛟与王廷臣、巡抚邱民仰，带着一万军队困守松山。皇帝下旨要洪承畴“极力死守”，一面调集刘应国水师八千，扬帆松山、杏山

1《兵部题行宁前道石凤台塘报稿》，《明清史料》乙编。《清太宗实录》卷五十七，崇德六年八月壬申。

海口，乘夜偷渡松山，以壮声援；一面责成吴三桂、白广恩、李辅明收拾残兵，联络杏山、塔山，以图再进。[1]这种“以壮声援”“以图再进”的圣旨，等于一纸空文，诸将畏首畏尾作壁上观，谁都不愿意冒着生命危险，增援松山。皇帝气愤痛斥：“围城望救甚切，已有屡旨剿援，乃至今未发一兵，未通一信。”严令各巡抚总兵不得观望规卸，诸将依然观望规卸如故。[2]

松山内无粮草，外无援兵，往昔叱咤风云的洪承畴，此时英雄气短，穷途末路，遵旨“极力死守”已经毫无意义，不过束手待毙而已。崇祯十五年三月，松山副将夏承德叛降清军，缚献洪承畴作为见面礼。松山陷落，困守锦州的祖大寿陷于绝境，无可奈何献城投降。[3]清军挟连胜之余勇，相继攻陷塔山、杏山，明朝丧失了宁远以北大片疆域。

松山、锦州兵败的消息传到北京，朝野为之震惊，因为它大大出乎人们预料。此次会战，双方兵力大体相当，胜负的权衡并不悬殊。导致明军失败的原因在于战略战术错误：第一，为了尽快缓解锦州之围，企图速战速决，对清军围点打援战术掉以轻心；第二，把数万增援大军聚集于松山，没有与塔山、杏山、宁远建立有机的攻防体系，以及后勤保障通道；第三，一旦松山被围，没有及时采取应

1《兵部题行宁前道石凤台塘报稿》，《明清史料》乙编。

2《兵部行御前发下兵科都给事中张缙彦题稿》，《明清史料》乙编。

3 谷应泰《明史纪事本末》补遗卷五《锦宁战守》。

变措施，仓促撤退，不战而溃。首先指出问题症结的是山西道御史郑昆，他早在崇祯十四年十月就向皇帝建言："自建虏（清军）据义州，前抚臣方一藻进复义（州）之策，当事暗于机。未几而建虏果围锦州矣。其围锦也，深沟以困之，盖诱我之兵萃于此，别有启疆之谋。欲解锦围，须俟其相持稍懈，渐出奇计以驱之。岂有统全军而注之孤危之地，首尾全无顾应，堕其术中如今日者。"[1]郑昆说这番话时，松山突围惨败，但松山、锦州尚未陷落，他的分析句句在理，如指出清军围困锦州目的在于引诱明军主力，欲解锦州之围必须出奇制胜，不能急功近利；又如数万大军集中于松山孤危之地，首尾不能照应，正中敌方计谋。他忧心忡忡提醒：锦州之今日，就是宁远之明日，关外形势不容乐观。

一向催战最起劲的张若麒率先逃跑，激起义愤，十一月初五日，四川道试御史刘之勃不指名地谴责："长安相传，谓整兵援锦之时，首祸实实有人；风鹤溃决之际，倡逃实实有人。果如所言，则是弄重臣于掌股，轻疆场于一掷，可激之以邀功，可卖之以逃死，并可诋之以匿罪，人情天理灭绝极矣！"[2]

松山陷落的消息传来，人们悲愤之余，谴责张若麒及其后台陈新甲。崇祯十五年四月，南京山西道御史米寿图请求朝廷，杀张若麒以谢天下："督

1 谈迁《国榷》卷九十七，崇祯十四年十月戊午。

2《四川道试监察御史刘之勃题本》（崇祯十四年十一月初五日），《明清史料》乙编。

臣洪承畴孤军远出，以当积强横跳之虏，关外之存亡，神京之安危，决于一战，此何等事？忠臣义士心胆堕裂，自当虚心与督臣商酌，动出万全，相机破贼，以宁八城，以全十万之兵，以纾圣明之虑。何乃贼臣（张）若麒，攘臂奋袂，挟兵曹之势，收督臣之权，纵心指挥，致使三军但知有张兵部，不知有洪总督，而督臣始无可为矣！夫朝廷以十万付督臣者，以其能统三军也……催战必败，三尺童子可知。（张）若麒一味催战，视国事如儿戏，驱死地如恐后。臣发其心，不过欲侥幸一掷，胜则揽功于己，败则移罪于人。”有鉴于此，他认为，张若麒坐陷封疆，得罪宗社，自当立斩，以谢天下。[1]

今人李光涛对这段历史有精深研究，结论是：此次战败，责任在朝廷，不在洪承畴。他说：清人围关外锦州，总督洪承畴出关援锦，与清人战于松山，八镇援兵同日崩溃。其致败原因，则咎在明廷之催战，非关洪氏之偾事。洪氏出关御敌，志愿本自不凡，洪氏制敌之办法，主张持重，与早年熊廷弼、袁崇焕两人同一见解——“以守为战”。洪氏以为必如此，中国始能取胜。然而其时轻举妄动之明廷，因昧于时机，不能尊重洪氏之意见，唯欲以侥幸取胜。当崇祯十四年三月内，锦州告急，洪氏奉命援锦，阅时不过数月，明廷便以师老财匮为言，下敕催战，同时洪氏又因受制于毫不知兵之监

1《兵科抄出南京山西道御史米寿图题请立斩致陷封疆巨贼》（崇祯十五年四月二十二日），《明清史料》乙编。谈迁《国榷》卷九十八，崇祯十五年四月壬戌。李逊之《崇祯朝记事》卷三：“究所以致败者，则是（张）若麒之催战为之，旋逮若麒下狱拟罪。”

军张若麒，于是军中但知有张兵部，不知有洪总督，因之洪氏不能自主，致有松山之败。[1]李光涛的结论有理有据，平实客观。

因此，人们对洪承畴是寄予同情的，松山陷落的消息传来，一度误以为洪承畴被清军杀死，已经在战场“尽节”了。从锦州逃亡的人告诉吴三桂：清军把洪承畴押往锦州城北无极王营盘内处死，并煞有介事地说：“洪督师临砍时，只求速死。”兵部把吴三桂的塘报送进宫里。四月十二日，皇帝专门为此写了一道谕旨，表彰洪承畴：“锦城不守，奴氛屠惨情形真堪愤痛。其松城抚镇义殉可悯，洪承畴节烈弥笃，即着该督抚再一确察，速与优旌，以慰幽忠。”[2]洪承畴的家人从乱军中逃回北京，进一步证实了这种说法。他们向朝廷报告他的“殉难”始末，十分活灵活现：“去岁八月战溃，家主坐困松城，乏食，杀马饲兵，忍饥苦守。及道将夏承德开门献贼，家主被执，骂贼不屈，惟向西叩头，称天王圣明，臣力已竭，死之。从来就义之正，未有如臣家主也。”[3]皇帝获悉后，震悼痛哭，下旨设祭坛于朝天宫前，准备亲自前往祭奠，激励民心。几天后，他再度下旨，祭祀已故总督洪承畴九坛，祭祀已故巡抚邱民仰、已故总兵曹变蛟六坛，近日死事文武大臣都立坛，朕亲致祭。[4]充分反映了朱由检对洪承畴等烈士的怀念之情，不时临轩垂泣，动情

1 李光涛《洪承畴援辽始末》，载《大陆杂志》第12卷第12期。

2《兵部行确察洪承畴等殉节塘报互异稿》（崇祯十五年四月二十七日），《明清史料》乙编。

3 谈迁《国榷》卷九十八，崇祯十五年六月戊申。张怡《謏闻续笔》卷二。李介立《天香阁随笔》卷一。

4 谈迁《国榷》卷九十八，崇祯十五年六月乙卯，六月甲子。

地说："我不曾救得承畴。"[1]

令人啼笑皆非的是，洪承畴并没有"尽节"，也没有"节烈弥笃"。他被俘后，经不住皇太极的软硬兼施，再三劝降，终于变节。但是这一消息迟迟不被证实，以致酿成笑话——人未死却被当作烈士。据李光涛考证，直至崇祯十六年四月，辽东巡抚黎玉田向朝廷报告，依然扑朔迷离。一则说，根据从辽东逃亡人士提供的消息，说"洪督师被奴酋拘系别室"；再则说，"口供互异，未足为信，而督师存亡，本院亦未敢悬拟"。李光涛认为，可见明帝待洪承畴不薄，也可见当时明朝君臣上下之于洪氏，又皆群然以忠烈期之。其或终明之世，洪氏存亡未为定论，故妻子得安居耶？[2]

颇具讽刺意味的是，洪承畴并未"节烈弥笃"，面对家人和故国遗老，不免为自己的叛明降清而惭愧。多尔衮率领清军进入北京，他随军入都，把母亲从福建接来北京团聚，母亲对他的失节大为光火。《残明纪事》写道："洪经略入都后，其太夫人犹在也，自闽迎入京。太夫人见经略，大怒骂，以杖击之，数其不死之罪，曰：'汝迎我来，将使我为旗下老婢耶？我打死汝，为天下除害！'经略疾走得免。太夫人即买舟南归。"[3]崇祯朝吏部尚书郑三俊（字用章，池州建德人），严词谴责向他示好的洪承畴，《残明纪事》写道："郑公三俊，池州建德人，南京

1 李清《三垣笔记·附识上·崇祯》。

2 李光涛《洪承畴背明始末》，载《历史语言研究所集刊》第17本，第243页注1。

3 佚名《残明纪事》，《四库禁毁书丛刊》史部七十二册。

户部尚书，转吏部尚书，取入北京吏部尚书……鼎革时年九十矣，以老得不出。经略洪公，公之门人也，至池州，以舟迎公。公怒骂，不纳其使。经略大哭曰：‘老师弃我矣！’终不得见而去。”[1] 最为幽默的是金声（字正希，一字子骏，号赤壁，徽州休宁人），抗清失败被俘，见到洪承畴，直斥为冒牌货。史惇写得非常风趣：“金正希声，制科文章妙绝今古，旷世逸才也。为庶吉士，己巳虏薄都城，先生上疏请缨，改监军御史。乙酉（顺治二年）南都溃，先生在黄山首倡大义，事败被囚。见洪内院，先生大笑曰：‘汝是何物奴才？假冒洪亨九（按：洪承畴字亨九），亨九受先帝大恩，闻其死事，予祭予葬，加至十三坛，封妻荫子，隆礼厚恤，累朝未有，而乃反面事虏乎？此必假洪承畴无疑！’洪无以应，辄杀之。”[2] 看来洪承畴降清以后日子很不好过，遭到明朝遗老蔑视，在情理之中；清朝当权者对他也另眼相看，把他编入另册——《贰臣传》，是他所意料不及的。为清军南下做开路先锋，结果两面不讨好。在扬州抗清壮烈献身的史可法，却受到清朝皇帝的表彰，何其怪哉！

◤ 史惇，常州金坛人，崇祯十五年状元。著有《恸余杂记》。

1 佚名《残明纪事》，《四库禁毁书丛刊》史部七十二册。
2 史惇《恸余杂记·金正希》。

五 “款建虏以剿寇”

1.“可款则款，不妨便宜行事”

还在洪承畴困守松山时，清朝方面以和议助攻战，再次发出和平谈判的信息。其起因，据说是崇祯十四年十一月，辽东原野上大雪茫茫，深达丈余，清军粮草断绝，正欲解围而归，又恐明军尾随攻击，便通过蒙古人向明朝发出求和意向。兵部尚书陈新甲听信张若麒的意见，表示可以考虑。[1]

与此同时，辽东宁前道副使石凤台也获悉清军有意议和，写信给清军将领核实是否确有其事，得到了明确的答复，立即把这一机密信息上报朝廷。皇帝朱由检原本抱着“灭寇雪耻”的雄心壮志，对议和毫无思想准备，接到石凤台的报告，很是恼怒：封疆大吏竟敢私自与敌方接洽议和，有辱国威，下旨将石凤台逮入刑部监狱。[2]

崇祯十四年年底，松山、锦州形势日益吃紧，内阁辅臣谢陞与其他阁僚商量：“我力竭矣，款建虏以剿寇，（石）凤台言良是。”所谓“款建虏以剿寇”，就是杨嗣昌“必先安内方可攘外”的另一种表述形式，用和议缓解辽东形势，腾出手来剿灭流寇。阁臣们以为谢陞言之有理，决定由兵部尚书陈新甲出面，旁敲侧击地向皇帝提议此事。崇祯十五

1 谈迁《国榷》卷九十七，崇祯十四年十一月。

2 谈迁《国榷》卷九十八，崇祯十五年正月辛未。

年正月初一日，皇帝御朝，接受文武百官朝贺。典礼过后，皇帝召见内阁辅臣周延儒、贺逢圣、张四知、谢陞、魏炤乘、陈演，以及兵部尚书陈新甲等大臣，谈了其他问题以后，陈新甲抓住时机向皇帝提出“款建虏”（与清议和）的主张，又不便直接提到“款”字，迂回地说：“（松锦）两城久困，兵不足援，非用间不可。”所谓“间”，本有离间之意，陈新甲讲此话的本意，并非离间清军，而是“款建虏”的委婉表达方式。皇帝对松山、锦州的困境忧心忡忡，从石凤台的奏疏中了解到“建虏意欲和”，听了陈新甲的话，心有灵犀一点通，答道：“城围且半载，一耗不达，何间之乘？可款则款，不妨便宜行事。”讲完之后，询问在场的阁臣有何意见，周延儒等老于世故，一言不发，只有谢陞附和道：“彼果许款，款亦可恃。”[1]

《明史·陈新甲传》把谢陞的话写作“倘肯议和，和亦可恃”，与清朝议和的事，就这样定了下来：

> （陈）新甲雅有才，晓边事，然不能持廉。所用多债帅，深结中贵为援，与司礼（监）王德化尤昵，故言路攻之不能入。当是时，闯贼蹂躏河南，开封屡被围，他郡县失亡相踵。总督傅宗龙、汪乔年出关讨贼，先后陷殁，贼势愈

1 谈迁《国榷》卷九十八，崇祯十五年正月辛未。谷应泰《明史纪事本末》补遗卷五《锦宁战守》。

张。言官劾新甲者，章至数十，新甲请罪章亦十余上。帝辄慰留。

初，新甲以南北交困，遣使与大清议和，私言于傅宗龙。宗龙出都日，以语大学士谢陞。（谢）陞后见疆事大坏，述宗龙之言于帝。帝召新甲诘责，新甲叩头谢罪。（谢）陞进曰：“倘肯议和，和亦可恃。”帝默然，寻谕新甲密图之，而外廷不知也。[1]

陈新甲得到皇帝十分明确的旨意：“可款则款，不妨便宜行事。”便大胆放手进行议和的尝试，向皇帝推荐兵部赞画主事马绍愉为议和使节，皇帝立即批准马绍愉以兵部职方郎中身份赐二品官服，前往辽东执行秘密使命。[2]

◥ 马绍愉，四川遂宁人，万历三十一年举人。授官宝应等地知县，迁行人，受兵部尚书陈新甲推荐，随洪承畴筹划兵事。崇祯十五年以兵部赞画主事身份前往辽东与清议和。

正月初七日，马绍愉偕参将李御兰、周维墉一行赶到宁远，立即与清军统帅济尔哈朗接洽。清朝方面借口使节没有可信的文件为凭，要求提供明朝皇帝的敕书。马绍愉接到皇帝敕书时，已是三月间，松山、锦州早已陷落。

明朝皇帝的敕书，形式十分奇特，让国书披上内部公文的外衣，避免与对方平起平坐的尴尬。明

1 张廷玉《明史》卷二百五十七《陈新甲传》。
2 谷应泰《明史纪事本末》补遗卷五《锦宁战守》。谈迁《国榷》卷九十八，崇祯十五年正月辛未。

明是写给清朝皇帝（太宗）的国书，却用“谕兵部尚书陈新甲”的形式写来：“据卿部奏，辽沈有休兵息民之意。中朝未轻信者，亦因以前督抚各官未曾从实奏明。今卿部屡次代陈，力保其出于真心，我国家开诚怀远，似亦不难听从，以仰体上天好生之仁，以复还我祖宗恩义联络之旧。今特谕卿便宜行事，差官宣布，取有的确音信回奏。”[1]这份敕书的文字颇费了一番心思，既想与皇太极谈判，又不想以平等态度与之对话，通篇充斥天朝大国对外藩属国居高临下的口气。

这样的文书引起皇太极的反感，尤其使他感到疑惑的是，既然是给大臣的敕谕，却一反常例，在文书上盖了“皇帝之宝”的大印，显然是写给藩属的敕书形式。何况历朝给藩属的敕书都是龙边黄色笺，而此笺却并非如此；往时大印正方，上刻“敕命之宝”，而今之大印却是长方，上刻“皇帝之宝”，因而怀疑是边吏伪作。[2]皇太极满腹狐疑，把这份文书拿给洪承畴鉴别，洪承畴一口咬定“此宝札果真”，分析道：“昔壬申年（崇祯五年）皇帝征察哈尔时，张家口沈巡抚六月二十一日盟誓之事，明国皇帝亦悉知之，但为文臣浮议所惑，故将沈某罢巡抚之任。后来复命令议和事，又为诸文臣所阻，遂寝其事。此次请和，绝非虚语。”[3]皇太极这才深信不疑，为了显示平等的身份，他如法炮制，以谕英

1《清太宗实录》卷五十九，崇德七年三月乙卯。蒋良骐《东华录》卷四，崇德七年三月乙酉。

2 谈迁《国榷》卷九十八，崇祯十五年正月癸亥。

3《清太宗实录》卷六十一，崇德七年六月癸亥。

郡王阿济格的形式，间接答复明朝，愿意和谈。

2. 秘密媾和

马绍愉一行此时正在塔山待命，四月底清军攻陷塔山，派士兵护送明朝官员前往盛京(沈阳)。为了给谈判提供和平气氛，皇太极下令停止对宁远的进攻，退兵三十里。

所谓谈判，其实是单方面的求和，清朝方面态度强硬，追述起兵缘由显得理直气壮："南关负婚，天朝助彼侵我地，故有抚顺、清河之役。又增兵杀戮我，我乃取辽阳、广宁。我犹未尝忘和，虑致书袁崇焕不报，是以入永平、遵化。又不远千余里至张家口，求成于巡抚沈启时，俾我候命半载，又不报。复移书方一藻，又不报。乃入密云，攻山东；宁远治兵不已，我是以下松、锦。"[1]

经过几轮谈判，达成协议，明朝方面用割地赔款换取暂时的和平。马绍愉带着皇太极的国书返回宁远，这份国书写道：

> 大清国皇帝致书明国皇帝：
>
> 向来构兵，盖因尔国无故害我二祖，乃尔国反肆凭陵，夺我土地。我皇考太祖皇帝于是昭告天地，亲征尔国。其后每欲致书修好，而

1 谈迁《国榷》卷九十八，崇祯十五年五月庚寅。

尔国不从，事遂滋蔓，以至于今。予嗣位以来，蒙天眷佑，自东北海滨迄西北海滨……在在臣服，蒙古及朝鲜悉入版图。乃昭告天地，受号称尊，国号大清，改元崇德。我军每入尔境，辄克城陷阵，然予仍愿和好者，特为亿兆生灵计耳。若两国诚心和好，自兹以后，宿冤尽释，尊卑之别何必较哉！古云：情通则明，情蔽则暗。若尔国使来，予令面见，予国使往，尔亦令面见，则情不致壅蔽，而和事可久。至吉凶大事，当遣使交相庆吊。

每岁贵国馈黄金万两、白金百万两，我国馈人参千斤、貂皮千张。以宁远双树堡中间土岭为贵国界，以塔山为我国界，连山适中之地，两国于此互市。

倘愿成和好，速遣使赍和书及誓书来，予亦赍书以往。否则，再勿遣使致书也。[1]

这份国书，很值得细细品味。一是满洲已经建国改元，摆脱了昔日的藩属地位；二是皇太极自称大清国皇帝，与明朝皇帝平起平坐；三是明朝每年向清朝缴纳黄金万两、白银百万两，作为维持和平的前提条件；四是两国以实际控制线，亦即宁远、塔山之间，划分边界。如此苛刻的条约，天朝大国能够接受吗？如果接受了，必定舆论哗然，以为丧

1 蒋良骐《东华录》卷四，崇德七年六月。

权辱国；如果不接受，势必重开战端，陷入攘外、安内两线作战之中。

马绍愉把谈判结果报告兵部尚书陈新甲，陈新甲当即禀告皇帝。六月初三日，皇帝召见内阁首辅周延儒，征询他关于此事的意见。追问再三，老奸巨猾的周延儒始终一言不发。皇帝对于首辅如此不得力，慨然良久。其实周延儒是赞成议和的，当初谢陞、陈新甲倡议此事，他并无异议，只是没有公开表态，留下了回旋的余地。正如给事中李清所说："宁锦之溃，北边精锐几尽，而中州寇祸正张。上意亦欲以金币姑缓北兵，专力平寇。谢辅陞与陈司马新甲主之，周延儒亦欲安享其成，成则分功，败不及祸，其不欲去（谢）陞以此。"[1]皇帝的本意是"以金币姑缓北兵"，周延儒是赞成的，而今事情已成，周延儒正可以"安享其成"而"分功"，为什么沉默不语呢？他显然考虑到割地赔款绝非小事，如果卷入其中，一旦机密泄露，必将成为千古罪人，唯有沉默，方可避免成为舆论的箭垛。

◥ 周延儒，常州宜兴人，万历四十一年进士。会试、殿试第一名，颇有文才。崇祯二年进入内阁，次年升任内阁首辅。与同僚温体仁倾轧，崇祯六年辞去首辅。崇祯十四年再任内阁首辅。因招权纳贿、谎报军功，崇祯十六年赐死。

周延儒的担心并非多余。本来此次和谈是秘密进行的，皇帝再三关照不得让外廷知晓。《流寇长编》写道："松山、杏山二堡继宁远、锦州失陷，上与本兵陈新甲密谋输平，手诏往返者数十纸，因畏

1 李清《三垣笔记·附识上·崇祯》。

声气诸臣阻挠，故深秘之。”[1]因为以往多次和谈尝试，都被“文臣浮议”所搅乱，半途而废，有鉴于此，必须悄无声息地进行。当时在沈阳的朝鲜官员也只是风闻其事，无法确证。官员李景奭从沈阳返回王京，国王问道：“中朝听和之说，信然乎?”李景奭回答：“以其形势言之，祖大寿以关外大将而降，数万之兵一朝被杀，土贼滋蔓，宦寺秉权，请和之说虽未能之知，而中朝之运亦已衰矣。”[2]其秘密程度于此可见一斑。

3.“堂堂天朝何至讲款”

然而百密总有一疏，问题就出在陈新甲身上。一日，陈新甲收到马绍愉的书信，阅毕，随手放在书桌上，他的仆人以为是普通塘报，不经意地交给塘报官传抄，导致特级机密轻易泄露。马绍愉的这封信透露了谈判的细节：“(马)绍愉见憨(按：即汗，指皇太极)，讲好索金三十万、银二百万，已许金一万，银一百万，憨尚不肯，决要金十万，银二百万。不从，即发兵，你家所失岂止此数!”[3]朝廷上下由此窥知明朝使节如此低声下气，清朝方面如此肆无忌惮，以发兵相威胁，大大有损天朝上国尊严，是可忍孰不可忍？兵科给事中方士亮上疏，谴责兵部尚书陈新甲眩惑人心：“各地塘报皆上闻后发科传抄，

1 戴笠、吴乔《流寇长编》卷十五，崇祯十五年七月丁酉。

2《仁祖大王实录》之七，二十年七月丁酉，《朝鲜李朝实录中的中国史料》上编卷五十八，第3693页。

3 戴笠、吴乔《流寇长编》卷十五，崇祯十五年七月丁酉。李清《三垣笔记·附识上·崇祯》。

今忽有此报，伪耶？兵部不宜为此眩惑人心；真耶？则陈新甲主和辱国。”[1]

此论一出，朝廷上下顿时沸沸扬扬，以为“主和辱国”，奋起声讨陈新甲，大义凛然宣示：“堂堂天朝何至讲款！”纷纷要求皇帝从严惩治陈新甲。在这种形势下，内阁首辅周延儒左右为难，他知道得一清二楚，是皇帝授意陈新甲“可款则款，不妨便宜从事”，没有料到秘密泄露，遭到舆论猛烈抨击。如果他附和舆论，势必得罪皇帝；如果挺身反对舆论，势必成为众矢之的。唯一的上策便是保持沉默，史家评论道：“时言路方攻本兵陈新甲，故(周)延儒缄口不敢异同，又以脱后罪也。”[2]

内阁首辅周延儒不肯承担责任，一切压力都落到皇帝身上，人们睁大眼睛看皇帝如何表态。朱由检犹豫不决了，一向刚愎自用的他，此时也不敢冒天下之大不韪，公开阐明“款建虏以剿寇”的道理，不得已改变初衷，屈从舆论。他的初心，是想秘密媾和，减轻北边压力，集中力量对付李自成、张献忠。力主和议的谢陞、陈新甲成事不足败事有余，和谈刚开始，谢陞就向言官透露消息：上意主和，诸君幸勿多言。[3]言官们一听，惊骇不已，交章弹劾谢陞妄言。皇帝只得把谢陞革职，以平息舆论，不至于干扰秘密媾和。朱由检再三强调保密，无异于耳旁风，官场中有哪一件机密可保不泄露

1 戴笠、吴乔《流寇长编》卷十五，崇祯十五年七月丁酉。李清《三垣笔记·附识上·崇祯》。

2 谈迁《国榷》卷九十八，崇祯十五年六月辛丑。

3 张廷玉《明史》卷二百五十七《陈新甲传》。

的？外廷渐渐风闻此事，屡屡捕风捉影地争论，苦于抓不到真凭实据，徒唤奈何。这次拿到马绍愉信件，铁证如山，于是压抑已久的怒火喷涌而出，言路沸腾。

给事中方士亮第一个出来弹劾陈新甲，朱由检恼怒得很，把奏疏压下不发，严厉谴责陈新甲，其意图不言自明，要陈新甲主动承担责任。陈新甲自以为是按照皇帝旨意行事，有恃无恐，不但不认罪，反而自以为有功于国家。他写了洋洋洒洒的申辩书，把秘密媾和的来龙去脉和盘托出，多次引用皇帝圣旨，无异于向人们暗示：他并非自作主张。

陈新甲一向聪明干练，时人心目中，此人才品心思与杨嗣昌酷似，[1]因而颇受皇帝宠信。李长祥写道："兵部尚书陈新甲久历边情，帝宠甚，每召对，议封疆事甚秘。时首辅周延儒亦宠甚，帝召对新甲，则首辅不与焉。旧制，上与枢臣秘议，诸廷臣屏去，惟司礼监太监与首辅在。至是，则首辅并不得与矣。延儒莫测其何故，自失意。延儒素赂通宫掖，探帝有手敕三次秘赐新甲，于是诱新甲长班之为新甲近习者，私之与银五十两，曰：'若得三敕见，则再与如其数。'长班诺去，盗透新甲扃钥，取三敕献延儒，延儒乃知其为和边也，遣长班去，住敕且次日来。及旦，长班来，延儒不与，故怒曰：'何曾有他物在我处？乃妄扰我，当闻之尔官重

1 李清《三垣笔记·附识上·崇祯》。

罪尔也。’长班惧奔去。延儒得手敕，奏事略露其敕中语，帝默然。帝与新甲秘议，谓新甲无泄。至是疑新甲泄，怒起入宫，即追取前敕。新甲索之不得矣，新甲窘困。”[1]陈新甲受内阁首辅嫌隙，又得罪了皇帝，不知收敛，聪明反被聪明误，企图委过于皇帝，聪明过头，把自己逼上了绝路。

皇帝当然不会主动承担责任，必须杀人灭口。七月二十九日，陈新甲被逮捕入狱。直到此时，他才恍然大悟，自知不免于一死，继续耍弄小聪明，嘱咐家人用重金封堵言路，贿赂倡议必杀的给事中廖国遴、杨枝起、光时亨、倪仁祯。这四名言官受到贿赂后，论调大变，奔走于刑部侍郎徐石麒处，力争陈新甲必不可杀。[2]

署理部务的刑部左侍郎徐石麒（初名文治，字宝摩，号虞求，浙江嘉兴人），为官正直清廉，秉公执法，不为舆论所左右。他不但不听廖国遴等人的游说，反而历数陈新甲的罪状，以为非杀不可。他援引前朝事例：嘉靖二十九年俺答兵临北京城下，兵部尚书丁汝夔听从严嵩主张，主和而不主战，被处死刑；万历二十五年，兵部尚书石星指使沈惟敬与日本和谈，坐误战机，判处死刑。徐石麒振振有词地说："俺答阑入，而丁汝夔伏诛；沈惟敬盟败，而石星论死，国法炳如。后此纲纪陵夷，沦开（原）陷沈（阳）覆辽（阳）蹙广（宁），仅诛一二督抚以应故

1 李长祥《天问阁文集》卷二《崇祯遗事四》。

2 张廷玉《明史》卷二百五十七《陈新甲传》。李清《三垣笔记·附识上·崇祯》。

事，中枢率置不问。故（陈）新甲一则曰有例，再则曰有例者，此也。不知亲藩膏刃，百城流血，（丁汝）夔（石）星之罪若是烈乎？《春秋》之义，人臣无境外之交。战款二策，古来通用，然未有身在朝廷不告君父，而专擅便宜者。辱国启侮，莫此为甚。”[1]《明史》的说法由此而来，讲得更为清楚：“兵部尚书陈新甲下狱，朝士多营救，石麒持之曰：‘人臣无境外交，未有身在朝廷不告君父，而专擅便宜者。新甲私款辱国，当失陷城寨律，斩。’”[2]徐石麒是一个古板官僚，拘泥于《春秋》“人臣无境外之交”的古训，讲得头头是道。但是他并不知道内情，谴责陈新甲“不告君父”“专擅便宜”，实在是冤哉枉也。皇帝明明亲口对他说“可款则款，不妨便宜行事”，何专擅之有？

皇帝总是永远正确的，看了徐石麒的奏疏，以为定陈新甲“专擅议款”罪似乎不妥，他心中明白这不是事实，大笔一挥，批示道：“陈新甲失事重大，法无可宽，但引律尚属未确，可另行复拟即奏。”[3]徐石麒心领神会，另行改判陈新甲罪状：陷边城四，陷腹城七十二，陷亲藩七，从来失事未有之奇祸。当临敌缺乏，不依期进兵策应，因而失误军机者斩，决不待时！[4]皇帝立即批准，不给他留下声辩的机会。内阁首辅周延儒当面向皇帝求情：“国法，敌兵不薄城，不杀大司马。”皇帝反驳道：

1 黄宗羲《光禄大夫太子太保吏部尚书谥忠襄徐公神道碑》，《南雷文定前集》卷五。

2 张廷玉《明史》卷二百七十五《徐石麒传》。

3 黄宗羲《光禄大夫太子太保吏部尚书谥忠襄徐公神道碑》，《南雷文定前集》卷五。

4 张岱《石匮书后集》卷五十二《徐石麒传》。李逊之《崇祯朝记事》卷四《昭诛兵部尚书陈新甲》。

“陈新甲职任中枢，一筹莫展，致令流贼披猖，戮辱我七亲藩，不更甚薄城？”[1]

大臣们以为陈新甲专擅议款，当斩。皇帝偏偏说，他任兵部尚书期间七名藩王被戮，当斩。只字不提秘密媾和之事，可见他并不认为和谈足以构成罪状；然而秘密泄露引起轩然大波，非杀不可。对于陈新甲之死，后人议论纷纭，视角各有不同。

文秉说：“新甲四川人，由举人历任本兵，盖杨嗣昌荐以自代，为款局地。上亦知边防不足恃，姑借款以暂纾目前。后以傅宗龙言，召新甲切责，谢陞独进曰：‘清果许款，款亦可恃。’于是遣马绍愉往建州……马绍愉匍匐窜归，科道诸臣恶其辱国，连疏纠之，并尽列新甲奸罪。上虽怒甚，隐忍未即发。适新甲有疏，细陈款事颠末，内多援引圣谕。此疏误为书役发魁抄传。兵科某据疏纠参，上意新甲见卖，下严旨切责，且责令回话。新甲具疏回话，绝不引罪，反自诩其功，有某事人以为大功，而实臣之大罪等语，不一而足。上愈怒，着革了职，刑部提问。部引失陷城寨律斩。宜兴（周延儒）、井研（陈演）合词求免，以北清未薄城为言。上曰：‘陈新甲职任中枢，一筹莫展，致令流贼披猖，戮辱我七亲藩，不更甚薄城乎？’遂奉旨陈新甲着即会官斩决。”[2]

谈迁说：“陈司马甚辩有口，颇谙疆事，羽书狎

1 李清《三垣笔记·附识上·崇祯》。

2 文秉《烈皇小识》卷七。

◤ 谈迁，原名以训，明亡后改名迁，浙江海宁人，自称“江左遗民”。以佣书、幕僚为生。明末清初史学家，著有《国榷》。

◤ 王世德，浙江金华人，万历二十九年进士。有感于崇祯帝亡后遭人诽谤，写《崇祯遗录》以正视听。

至，裁答如流，案无留牍，后人莫之及。其祸兆于主款。时天子亦心动，不欲外著。宜兴（周延儒）预其谋，而又避之，听至尊自为计，事成则分其功，事败则委之司马（陈新甲）……大臣不深为社稷虑，惟私旨是徇，鲜有不覆者，况抢攘危急之秋哉！”[1]

王世德说：“先是，新甲密建和议，撤关宁劲旅，并力剿贼。辅臣泄其语，科道交章参劾，遂杀之。新甲枢臣最有谋略者，一榜（应为乙榜）出身，为众所忌，功未成而被戮，伤哉！”[2]

以上三人所论，或多或少对陈新甲有所同情，似亦在情理之中。史惇则把陈新甲之死归咎于“东林震主之威”，有点匪夷所思：“陈方垣新甲，壬子乙榜，久任边道。后升宣大总督，召对称旨，拔为中枢，一切边墙要害，兵马钱粮，将官贤否，如指诸掌。此才若在国初，亦东杨之流亚也。卒以不经会推，东林目为皇上私人，百计杀之而后止。致使留身独对之谋，先帝（按：指崇祯帝）亦不敢自认焉。东林震主之威，古今所无也。总之，门户把持，断无有以大僚要路予乙榜者，唯当事岩疆以备风浪耳，至中枢一席显名厚实，与太宰等，而肯使非其种者久居其地乎？且为不杀之不足以见吾党之作

---

1 谈迁《国榷》卷九十八，崇祯十五年九月己丑。

2 王世德《崇祯遗录》。按：王世德字克承，别字中斋，明亡隐居宝应，自称大兴孤臣。

用，与夫皇上不足恃也。”[1]

陈新甲之死的冲击波，不可小觑，以至于功过是非议论蜂起。陈新甲作为兵部尚书，在中原战场与辽东战场的战略决策，确有重大失误，但不足以构成死罪，置他于死地的是奉旨秘密媾和，这不能不说是那种制度那个时代的悲剧。平心而论，皇帝授权陈新甲与清朝秘密媾和，在当时内外交困形势下，不失为一时权宜之计，对内对外都利大于弊。一些大臣不了解全局又不明真相，死抱住堂堂天朝的尊严不放，反对与清朝媾和，使得颇有主见的朱由检也不敢理直气壮地力挽狂澜。经过此番风波，明朝在攘外与安内的两难抉择中，已经无牌可打了。

1 史惇《恸余杂记·陈新甲》。

第二章

无可奈何花落去：明朝的覆亡

一　无力回天的君臣

1. 从张至发到薛国观——没有温体仁的温体仁路线

▼ 温体仁，浙江湖州人，万历二十六年进士。崇祯初年升南京礼部尚书、礼部尚书，与周延儒联手阻止钱谦益入阁。任首辅八年，史称"亡国之祸体仁酿之"。

崇祯十年六月，温体仁罢官，内阁首辅一职，先后由温体仁的亲信张至发、薛国观担任，推行没有温体仁的温体仁路线，媢上妒下，排斥异己，朝政愈发紊乱不堪。

张至发，字鸿鹄，号宪松，山东淄川人，万历二十九年进士，由玉田知县、遵化知县起步，调任京官，先后担任礼部主事、监察御史。当时政坛朋党林立，齐党、楚党、浙党闹得不可开交。张至发站在齐党立场，讥刺内阁首辅叶向高，说什么"陛下恶结党，而秉揆者先不能超然门户外"。言官以排击东林为能事，户部郎中李朴出于义愤，上疏抨击，张至发指责李朴"背公死党，诳语欺君"。因为这样的关系，魏忠贤阉党称赞张至发为"一代名贤"。[1]崇祯五年，由顺天府丞晋升光禄寺卿；崇祯八年春，晋升为刑部右侍郎。这年六月，皇帝拟议增置阁臣，考虑到翰林出身官员只会文章不习世务，只能做秘书难以成相才，希望用外僚"掺沙

1　万斯同《明史》卷三百五十七《张至发传》。

子”，亲自召集廷臣数十人，各授一疏，代帝拟旨，以识别处理世务的能力。地方官出身的张至发因此被提拔为礼部左侍郎兼东阁大学士，与文震孟一同入阁辅政。以温体仁为首辅的内阁，有钱士升、王应熊、何吾驺、文震孟、张至发，可谓人才济济。两年之中，温体仁等先后罢归，张至发遂为首辅。

政坛上一向有所谓“传衣钵”的风气，犹如佛门子弟的宗派师承，一切按照既定方针办，张至发继承温体仁的衣钵，是在意料之中的。一方面他作为温体仁的亲信，政见毫无二致，在内阁中配合默契，温体仁遭到弹劾，他挺身为之辩护；另一方面此人奸佞有余而才识不足，除了奉行温体仁路线，别无选择。正如万斯同所说：“万历中，申时行、王锡爵先后柄政，大旨相绍述，继者率奉为法，时谓之传衣钵。至发代体仁，一切守其所为，而才智机变逊之，以位次居首，非帝所注也。”[1]

◥ 张至发，山东淄川人，万历二十九年进士。历任知县、礼部主事、御史。累迁礼部尚书、文渊阁大学士。继何吾驺为首辅，继承温体仁衣钵。被弹劾，罢官。

给事中冯元飚（字尔弢，浙江慈溪人）一向正直敢言，崇祯八年凤阳皇陵焚毁，廷臣交章弹劾温体仁、王应熊朋比误国。冯元飚上言：“政本大臣，居实避名，受功辞罪。平时养威自重，遇天下有事，辄曰：‘昭代本无相名，吾侪止供票拟。’上委之圣裁，下委之六部。持片语，从百欺。夫中外之责，孰大

1 万斯同《明史》卷三百五十七《张至发传》。

于票拟？有汉、唐宰相之名而更代天言，有国初顾问之荣而兼隆位号。地亲势峻，言听志行，柄用专且重者，莫如今日，犹可谢天下责哉！”[1]黄道周遭到张至发打击排挤，讲读官项煜、杨廷麟各自上疏，希望张至发宽容黄道周。张至发严词反驳。给事中冯元飚仗义执言：“顷项煜、杨廷麟疏让黄道周，夫二臣系阁臣所选，不肯苟悦于阁臣。为阁臣者，宜深加赞叹，风劝百僚。而近日一揭，若大不快于其言者，并迁怒于道周，何也？若以道周建言为罪，则皇上已还其清秩数次，皆荷优容，天下万世，皆颂为主圣臣直，一大盛事。而阁臣反因此怒及道周，恐天下后世，以议阁臣之有得失矣。”[2]张至发又上疏自辩：“臣硁硁孤执，即有苟悦之臣，不能呈身于臣。”再上“世风宜挽”一疏，扬言：“自今士大夫门尽可罗，席尽可尘。夫人而能为言也，夫人而能为让也。”话锋一转，极力称颂温体仁，说什么“孤执不欺，窃愿学之”。居然恬不知耻地为温体仁评功摆好，以继承衣钵为荣，正直人士对他嗤之以鼻。

◤ 吴伟业，号梅村，苏州太仓人，崇祯四年进士。顺治十年被迫应诏北上，官至国子监祭酒。顺治十三年底，以母丧为由乞假南归，此后不复出仕。

崇祯十年，二十九岁的翰林院编修吴伟业写了一篇漂亮的文章，清算温体仁，弹劾张至发：

1 张廷玉《明史》卷二百五十七《冯元飚传》。
2 文秉《烈皇小识》卷五，给事中冯元飚上疏。

伏见我皇上敬天求治，宵旰忧劳，当兹国事艰难之时，正借元僚匡弼之益。得其人则理，不得其人则乱；得其人而抱公绝私则理，不得其人而背公行私则乱。首臣张至发者，遭逢隆遇，致位孤卿，今复总辑群司，具瞻朝宁。臣以为新猷方始，治忽攸关，其能回心易虑，从善图功，改比周之积非，谋公忠之实效，臣之所厚幸也。若复怀私狥庇，固陋因循，滋巧伪以为工，视忠贞为罔益，臣之所大恐也。

语曰："前事不忘，后事之师。"首臣今日之鉴，取之去辅温体仁足矣。体仁学无经术，则当讲求仁义，练达朝章；体仁性习险诐，则当矢志光明，立身公正；体仁比暱宵人，则当严杜谂訾之辈；体仁护持悍党，则当力维忠孝之经。专精神以图平治，毋如体仁之泄沓偷容；画可否以决危疑，毋如体仁之游移饰诈。如此，而圣恩庶可副，众望庶可塞也。

臣所忧者，首臣积习未化，故辙犹存。臣读其近日辨揭，盛称体仁之美：一曰孤执，一曰不欺。夫体仁之当国也，有唐世济、闵洪学、蔡奕琛、吴振缨、胡锺麟之徒参赞密谋；有陈履谦、张汉儒、陆文声之徒驱除异己，何谓孤？庇枢贰，则总理可不设，而事败乃设；狥凤抚，则镇可不移，而事败乃移，何谓执？皇上之决去体仁，正为其善欺耳。家窝巨盗，产遍苕溪，自诡曰"清"；孽子招权，匪人入幕，自诡曰"谨"。何谓不欺？

然则首臣真以为孤执不欺乎？夫使聊为尝试之言，实作更新之计，涤心饰行，以收后效，臣何敢议！如其不然，则必因私踵陋，尽袭前人之所为，大臣公忠正真之风，何时复见？海内干戈盗贼之患，何日就平？为首臣者亦何以副圣恩而塞众望耶？[1]

《梅村先生年谱》记此事：崇祯十年丁丑，二十九岁，充东宫讲读官。劾张至发，直声动朝右。[2]吴伟业《劾元臣疏》确实当得起“直声动朝右”的评价，全文围绕张至发称颂温体仁“孤执不欺”，层层批驳，鞭挞温体仁的同时，揭露张至发“传衣钵”的真面目。由此开启了弹劾张至发的浪潮。

讲官项煜揭发张至发把持考选官员之事，包庇儿女姻亲任浚。张至发上疏狡辩，矢口否认，导致项煜罢官而去。[3]给张至发致命一击的是翰林院检讨杨士聪。他揭发吏部尚书田惟嘉贪赃枉法卖官鬻爵，张至发看到此疏，立即抄写一份送给田惟嘉，让他预先做好准备。不料田惟嘉弄巧成拙，不待皇帝把杨士聪奏疏批转内阁，就迫不及待地上疏辩解，露出了马脚。细心的皇帝看出内阁与吏部串通作弊的蛛丝马迹，下旨要田惟嘉据实回奏，不许一毫文饰取咎。皇帝查明情况后，不仅罢了田惟嘉的官，还由此迁怒于张至发。文秉对此有详细的记述：

时（杨）士聪廉得（田）惟嘉纳贿事款，复上《圣主神明烛弊》一疏。淄川（张至发）见疏有事款，即密抄一通送惟嘉，俾预为辨地。不

1 吴伟业《劾元臣疏》，《梅村家藏稿》卷五十七《奏疏》。

2《梅村先生年谱》卷一，《梅村家藏稿》附录。

3 万斯同《明史》卷三百五十七《张至发传》。

意惟嘉不待旨下，而遽上疏辨也。士聪乃上《臣疏预设甚奇》一疏，有旨："着惟嘉回奏。"而前疏竟下锦衣卫提究。事既下部矣，惟嘉仍视大选自如。给事中吴麟徵上疏，略曰："今之进言者益难矣，为公正而发愤，动辄指为朋比；即自尽其职掌，亦借题以驱除。即如冢臣田惟嘉鬻官通贿，事下卫讯，供吐未尽，赃已累累。其奴与私人方在对簿，而其主安坐朝堂视事，尤为三百年绝无之事。"末云："以真廉真谨之郑三俊，尚不免为法蒙谴；以极贪极横之田惟嘉，乃容其跋扈自如。"有旨："冢臣以推遵视事，不得苛求。"盖淄川（张至发）力为之地也。既而惟嘉回奏疏稿预泄缘由，称系写本人所送进。有旨："既系写本人传送，何难稽查，着即指名速奏。"惟嘉再奏，乃称："是早有人传呼门外，云：'有人诬捏你主人事款，速速取去。'门役惊起开视，则其人不能久待，竟掷槛间而去。"嘻，直同儿戏矣！士聪复上《冢臣说谎面欺》一疏，有旨："奏内事情，着田惟嘉据实回奏，不许一毫文饰取咎。"惟嘉窘极，乃疏请罢云："士聪之意，欲攻陷臣，希图翻案，为推部请臣复谋考选。臣一日在部，其私心一日不遂，乞将臣解任听勘。"有旨："田惟嘉准解任回籍。"[1]

1 文秉《烈皇小识》卷五，四月。

紧接着这一条的是“大学士张至发罢”，可见田惟嘉罢官与张至发罢官，有着内在联系。文秉写道：“上复御讲筵，诸臣于奉华殿门鹄立。上传：‘项煜方在议处，不准入班。’讲毕，复谢阁臣，俾项煜回奏。越两日，而淄川（张至发）罢，（项）煜亦降三级调外任。盖上将放淄川（张至发），不欲（项）煜居其功，故有此传谕。而淄川（张至发）之罢，则实以泄（杨）士聪之疏于惟嘉，颇忤圣意云。”[1]

当然，张至发的罢官并非仅仅由于泄露杨士聪奏疏，据大理寺副曹荃揭发，内阁中书黄应恩依仗张至发的权势，骄横跋扈，接受贿赂无数，无不牵连张至发。张至发接连不断为自己和黄应恩洗刷，皇帝仍把黄应恩下狱论处。至此，张至发已经觉察到皇帝对他失去信任，便自我解嘲地三次请求辞职，皇上顺水推舟，立即照准。尽管张至发的辞职奏疏没有只字提及身体有何不适，皇帝还是下旨准予“回籍调理”，以一种体面的方式——患政治病，罢了他的官。一时传为笑谈，人们讽刺张至发“遵旨患病”。[2]万斯同调侃道：“（张）至发颇清强，起外僚，诸翰林多不服，又始终恶异己，不能收物情。帝亦以其望轻，且恶其泄（杨）士聪疏于吏部尚书田惟嘉，一疏即听去，且不遣行人护行，但令乘传，赐道里费六十金，彩币二表里，视首辅去国彝典，仅得半焉。”[3]

1 文秉《烈皇小识》卷五，四月。

2 万斯同《明史》卷三百五十七《张至发传》。

3 万斯同《明史》卷三百五十七《张至发传》。

张至发出任内阁首辅不到一年，于崇祯十一年四月罢去，代之而起的首辅是孔贞运（字开仲，号玉横，南京句容人），柄政不到两个月，就被刘宇亮（字季龙，号蓬玄，四川绵竹人）取而代之。刘宇亮的官运也不佳，因督师失职，于崇祯十二年二月罢官，任职也不到一年。孔贞运、刘宇亮的罢官，看似偶然事故所促成，其实这两个人根本不足以当此重任，不是理想的内阁首辅人选。万斯同说得好："先为首辅者，（温）体仁最当帝意，居位久。及张至发、孔贞运、刘宇亮继之，皆非帝意所属，故旋罢去。"[1]看来皇帝需要物色一个酷似温体仁的人，看中了薛国观。那么后继者薛国观又如何呢？大高而不妙："（薛）国观得志，一踵体仁所为，导帝以深刻，而才智弥不及，操守亦弗如。帝初颇信向之，久而觉其奸，遂及于祸。"[2]

薛国观，字宾廷，号家相，陕西韩城人，万历四十七年进士，天启四年擢为户科给事中，依附魏忠贤，攻击东林不遗余力。此人极善于钻营，为人阴鸷溪刻、不学少文，因素仇东林，为温体仁所赏识。他算得上一名阉党分子，崇祯初年钦定逆案，他虽不在七类应予惩处的阉党分子名单中，却被列入"逆案漏网"名单中，是二十一名漏网分子之一，其罪名是："疏参萧近高、乔允升闲住，游士任始问，熊明遇革职听勘，刘永基削夺。"[3]崇祯改元

1 万斯同《明史》卷三百五十七《薛国观传》。

2 万斯同《明史》卷三百五十七《薛国观传》。

3 文秉《先拨志始》卷下，天启五年起崇祯二年止。

后，他摇身一变，在官场上蹿下跳。万斯同写道："国观先附忠贤，至是大治忠贤党，为南京御史袁耀然所劾。国观惧，且虞挂察典，思所以挠之。乃劾吏科都给事中沈惟炳、兵科给事中许誉卿，言：'两人主盟东林，与瞿式耜掌握枚卜。文华召对，陛下恶章允儒妄言，严旨处分。誉卿乃持一疏授惟炳，使同官刘斯琜邀臣列名，臣拒不应，遂使耀然劾臣。臣自立有品，不入东林，遂罹其害。今朝局惟论东林异同向背，借崔魏为题，报仇倾陷。今又把持京察，而式耜以被斥之人，久居郭外，遥制察典，举朝无敢言。'……帝虽以挠察典责之，国观卒免察。然清议不容，旋以终养去。"[1]

温体仁欣赏他"素仇东林"这一点，把他推荐给皇帝，崇祯九年起用为都察院左佥都御史。次年八月，由于温体仁推荐，皇帝破格提拔薛国观为礼部左侍郎兼东阁大学士，入参机务。显然，皇帝是把薛国观看作温体仁的影子。崇祯十二年二月，刘宇亮罢官，薛国观进为内阁首辅，叙剿寇功，加封他为太子太保、户部尚书、文渊阁大学士；叙城守功，加少保、吏部尚书、武英殿大学士。

薛国观果然不负所望，全力奉行没有温体仁的温体仁路线——"一踵体仁所为，导帝以深刻"。此人阴鸷溪刻，不学少文，难掩奸诈本质。某日，皇帝接见薛国观，谈及朝臣贪婪，薛国观本人也很

1 万斯同《明史》卷三百五十七《薛国观传》。

贪婪，顾左右而言他，把廉政责任统统推到东厂与锦衣卫身上，说：假如厂卫监督得力，朝臣怎敢如此？在一旁的东厂太监王德化汗流浃背，既怕皇帝指责，又对他在皇帝面前如此挑唆恨之入骨。事后专门派人侦查他的阴私秽事，此人本来贪鄙，要查出秽事易如反掌。这些秽事经由王德化之口，传到皇帝耳朵里，逐渐对他宠意渐移。

导致宠意渐移的有几件事。

其一是，薛国观得意忘形，内阁每有票拟，他的亲信中书舍人王陛彦（一作王陞彦），就向外廷透露消息。有人追查，他就嫁祸于另外两个中书周国兴、杨余洪，用“漏诏旨招权利”的罪名，逮入锦衣卫诏狱，严刑拷问。周、杨二人年老体弱，竟然毙于廷杖。两人家属秘密侦缉薛国观通贿事，从史䇨的仆人那里刺探到薛国观接受史䇨巨额贿赂，以报东厂。王德化又把此事报告皇帝，尽管薛国观极力辩解为“党人构陷”，皇帝不听，宠意渐移。[1]文秉所写更加绘声绘色：

> 韩城（薛国观）刚愎性成，敢作敢为，既与武陵（杨嗣昌）比而挤去绵竹（刘宇亮），遂正首揆，益无忌惮。凡阁中有所票拟，中书每于外廷传示消息，已成定例矣。至是，韩城信任私人王陛彦，而怒中书周国兴、杨余洪不为用，特捏

1 万斯同《明史》卷三百五十七《薛国观传》。

“泄旨”事参之。两人皆廷杖，毙杖下。两中书家皆密缉韩城（薛国观）纳贿事件，以报东厂。又上召对时，曾语及朝臣贪婪，韩城（薛国观）曰：“使厂卫得人，朝臣何敢至是？”东厂太监王化民（引者按：应为王德化）在侧，汗流浃背。于是专侦其阴事。而史𡐓所辇多金为布置地者，皆入韩城（薛国观）之寓。适史𡐓死，周、杨二家力怂（史）𡐓家人诣厂出首，东厂即以上闻。有旨：“下锦衣卫严究。”于是锦衣卫提韩城（薛国观）杨、马二长班鞫问，供吐过付之赃甚详。而韩城（薛国观）一疏再疏，则云：“杨士聪之参史𡐓，别有缘故。”又云“史𡐓曾参党人袁崇焕等，为党人所忌，故乘其丁艰而参之”云。夫身在事中，又恐圣怒方赫，不辨己之受贿，而亟辨史𡐓受参之故，则真悍真愚矣。有旨：“着五府九卿议处。”已而议处本上，有旨：“薛国观着冠带闲住。中书王陛彦着革了职，刑部提问。”[1]

◤ 薛国观，陕西韩城人，万历四十七年进士。崇祯十年入阁，十二年任首辅，十三年因受贿下狱，次年赐死。

其二是，皇帝担忧国用不足，薛国观建议向臣僚与戚畹借助，振振有词地说：在外群臣包在臣等身上，在内戚畹非皇上独断不可。要皇帝亲自出面

1　文秉《烈皇小识》卷六。

向皇亲国戚“借助”，他举武清侯李国瑞为例，李国瑞是神宗皇帝生母孝定太后李氏之侄孙，这一关能打开，其他皇亲国戚便不难就范。于是薛国观拟旨向武清侯李国瑞家借助四十万两银子。李氏迫于追比，故意装穷，拆毁自家房屋，把家中杂器摆到大街上出卖，搞得满城风雨。皇帝见戚畹如此一毛不拔，下旨削夺李国瑞的侯爵，年迈的李国瑞惶惶然惊悸而死。有关衙门依然追比不已。弄得皇亲国戚人人自危，通过宦官宫女放出谣言：孝定太后已经升天成为九莲菩萨，在空中指责皇帝刻薄外家，诸皇子行将夭折。蹊跷得很，朱由检最为疼爱的皇五子突然死去，意料不到的打击使得朱由检追悔莫及，立即追封李国瑞的七岁儿子为武清侯，悉数退还李家上缴的金银；并且追恨薛国观，待隙而发。[1]

◥ 孝定太后像
孝定太后，李氏，明穆宗皇贵妃，明神宗生母。

其三是，吴昌时、袁恺等揭发薛国观奸贪误国。万斯同说：“国观素恶行人吴昌时，及考选，昌时虞国观抑己，因其门人以求见，国观伪与交欢，拟第一，当得吏科。迨命下，乃得礼部主事。昌时大恨，以为卖己，与所善东厂理刑吴道正谋，达丁忧侍郎蔡奕琛行贿国观语于帝，帝益疑。”[2]孙承泽

◥ 吴昌时，浙江嘉兴人，崇祯七年进士。十四年曾策划周延儒复出。后周延儒罢官，吴昌时斩首。

◥ 袁恺，山东聊城人，崇祯四年进士。曾任刑科给事中。崇祯十三年弹劾首辅薛国观纳贿误国。

1 万斯同《明史》卷三百五十七《薛国观传》。抱阳生《甲申朝事小纪》卷四《丁丑以后逸事摘记》。

2 万斯同《明史》卷三百五十七《薛国观传》。

说："刑科给事中袁恺特纠其（薛国观）奸贪误国，并诸臣交通纳贿等事。时国观已回籍，刑部提其班役讯问得实，命逮国观及行贿官来京。……又当国观出都时，帝使人侦何人至其寓，独中书舍人王陛彦（一作王陞彦）密语久之，因令缉事者访之，得其交通状，下刑部讯究。"[1]计六奇说："国观既削籍，给事中袁恺再疏劾之，言国观纳贿有迹，并及尚书傅永淳、侍郎蔡奕琛，俱下镇抚司讯。又下都御史叶有声于狱，亦以通贿国观也。"[2]

皇帝命五府九卿审议此案，掌五军都督府魏国公徐允祯、吏部尚书傅永淳没有摸清严惩的旨意，竟从轻议处：请令薛国观致仕或闲住。朱由检料定言官必定上疏严究，但是言官慑于内阁首辅的威势，多缄口不言，只有给事中袁恺一人上疏，一面批评傅永淳徇私，一面微诋薛国观藐肆妒忌。这无异于隔靴搔痒。朱由检大为不满，把奏疏丢到地上，说：成何纠疏！不得不按照徐允祯、傅永淳的拟议，削夺薛国观的职务，放归故里。薛国观机关算尽太聪明，以为皇帝对他还颇为眷顾，离京时依然一副宰相派头，装满金银财宝的车辆络绎不绝，招摇过市。东厂太监侦知，当即逮捕薛国观的亲信王陛彦，迫使其招供薛国观收受贿赂的事实，牵连傅永淳、蔡奕琛等十一人。皇帝得到密报，以为奸贪误国有据，下旨将王陛彦处死，遣使逮捕回乡的

1 孙承泽《山书》卷十三《处分辅臣》。

2 万斯同《明史》卷三百五十七《薛国观传》。

薛国观。

崇祯十四年七月，薛国观被押解回京，自以为皇恩浩荡，必不至于处死。八月初八日晚上，监刑官进门时，他正在鼾睡。听说诏使都身穿绯衣，才蹶然醒悟：必死无疑！仓皇间寻觅帽子不得，取随从奴仆小帽戴上，狼狈不堪地接听诏旨。“赐死”的诏旨宣读完毕，早已吓得瘫软在地，下意识地叩头，口中已不能出声。临终前叹了一口气：“吴昌时杀我！”便遵旨上吊自尽。悬梁两日后，才准许家属收尸。[1]李清的记叙颇有讥讽意味：“薛辅国观既逮到，不下狱，自分必不死，寓处城外，为理装计。及夤夜诏到，犹鼾睡，家人唤醒，云外有衣红衔诏者。国观始蹶然兴，曰：‘吾死矣！’仓卒觅小帽不得，裂苍头帽代之，宣读毕，以首顿地泣曰：‘皇上何处臣若此？徒欲籍没臣家，不知臣贫耳。’又呼吴铨曹昌时名，詈曰：‘吾死必不置尔！’遂就缢。”[2]

《明史》说“国观险忮，然罪不至死。帝徒以私愤杀之”[3]，有失片面。温体仁之后，皇帝对于内阁辅臣不能为他分忧，而热衷于结党营私，甚为不满。薛国观不识时务，仍蹈袭温体仁路线，亦步亦趋，使政局愈发紊乱，他的死完全是咎由自取。不过皇帝大可以名正言顺地定他擅权乱政之罪，而不必悬坐贪赃之罪（罚赃银九千两，没入田地六百亩），以至

1 万斯同《明史》卷三百五十七《薛国观传》。

2 李清《三垣笔记·附识上·崇祯》。

3 张廷玉《明史》卷二百五十三《薛国观传》。

于留下同党为他鸣冤叫屈的口实。杨士聪说："其实韩城（薛国观）之死始末如此，非尽（吴）昌时之力也。仅坐赃九千金，将何以处严分宜（嵩）？韩城之阴贼险狠，死有余辜，但不正名其罪，而以悬坐之赃杀之，何以服人？"[1]

计六奇用"英断"二字来赞许皇帝赐死薛国观："上临御以来，诛经略袁崇焕、庶吉士郑鄤、总督杨一鹏、总理熊文灿及兵部尚书陈新甲，赐宰相薛国观与周延儒缢，可谓英断矣！"[2]把皇帝处死臣下，一概称之为"英断"，不分该杀与不该杀，混为一谈，值得商榷，姑且不论。令人深思的是，一连串的杀杀杀，难道是王朝末路的不祥之兆？

2."还是他做"：周延儒复出

薛国观死后，皇帝想到了曾经担任内阁首辅的周延儒，想借助他的才干，力挽狂澜。薛国观之死是一个不祥之兆，预示着后继者难以善始善终，机敏过人的周延儒已经敏感地觉察到这一点，退缩不前显然不明智：一则君命难违，即使赴汤蹈火亦在所不辞；二则权力的诱惑难以抗拒，再度复出是他多年追求的目标，岂肯轻言放弃。他是怀着侥幸而贪婪的复杂心情，进京赴任的。

1 谈迁《国榷》卷九十七，崇祯十四年八月辛亥。

2 计六奇《明季北略》卷十七《薛国观赐死》。

据说，他在宜兴家中接到皇帝召他出山的圣旨，当晚忽然梦到已死去十年的夫人吴氏，极力劝阻他出山，周延儒不明其意，吴氏说：不信我言，可随我暂至一处。他随同前往，见一老僧，颈系一根绳索，悚然惊醒。巧合的是，他的儿子奕封也做了同样的梦。计六奇说："延儒之再召也，其子奕封梦故母吴氏披发悲泣，谓：'尔父切勿赴京，赴必有祸。'奕封觉，以语延儒，延儒不听。后如梦言。吁，何如（张）至发不出之为高耶！"[1]计六奇感叹的是，同时接到复出圣旨的张至发坚决辞谢，棋高一着。周延儒明知前途吉凶未卜，还是选择冒险一搏。坐船行至山东境内，杨士聪以门生身份登舟拜谒，他意味深长地说："自知再来必至祸及，而不敢不来。"[2]道出了他此时此地的一半想法：在内外交困之际出任内阁首辅具有极大的风险；另一半想法没有向门生透露：他被温体仁排挤下台，一直耿耿于怀，很想重登政坛，反其道而行之，再显一番身手。

周延儒的复出，复社名流起了推波助澜的作用。有几条史料可以证明这一点。

其一，文秉《烈皇小识》谈到周延儒复出，有言："先是，阁臣虽内外兼周，鲜有当圣意者。众推宜兴（周延儒）颇有机巧，或能仰副，而圣意亦及之。于是庶吉士张溥、礼部员外郎吴昌时为之经营，涿

1 计六奇《明季北略》卷十七《召周延儒》。

2 杨士聪《玉堂荟记》。嘉庆《宜兴县志》卷末《逸闻》。

州冯铨、河南侯恂、桐城阮大铖等，分任一股，每股银万金，共费六万两，始得再召。”[1]

其二，张岱《石匮书》谈到温体仁杀郑鄤、逐黄道周、逐文震孟、锢钱谦益，而后写道：“于是有吴昌时者献一奇策曰：项煜、钱谦益不得大拜，而天下声气尽在娄东张溥，而娄东（张溥）则宜兴（周延儒）高弟也。欲使东林翻局，则不可不拥戴宜兴；欲使宜兴复相，则不可不借径涿鹿（冯铨）。遂诣涿鹿，向冯铨贷金六万。计遣丹阳监生贺顺、虞城侯氏，共辇金至都，属太监曹化淳，为宜兴通谱嘉定（周皇后之父），贿买内官，百口交赞。宜兴既以后族启用，而吴昌时播弄其中，南北两党玄黄水火，混为一家。”[2]

◤ 冯铨，北直隶涿鹿人，万历四十一年进士。阿附魏忠贤，炮制《三朝要典》。崇祯元年清查逆案，削籍居家。

其三，万斯同《明史》说：“延儒里居，颇从东林游，善姚希孟、罗喻义。既陷钱谦益，遂仇东林。及主会试，所取士张溥、马世奇等又皆东林也。至是归，失势，心内惭。而体仁益横越五年始去。去而张至发、薛国观相继当国，与杨嗣昌等皆以媢嫉称，一时正人郑三俊、刘宗周、黄道周等皆得罪。（张）溥等忧之，说延儒曰：‘公若再相，易前辙，可重得贤声也。’延儒以为然，（张）溥友吴昌时为交关要人。会帝亦颇思延儒，而国观适败，十四

1 文秉《烈皇小识》卷七。

2 张岱《石匮书》卷一百八十五《门户列传总论》。

年二月诏起延儒，疏辞不允。其秋至京，复为首辅，寻加少师兼太子太师，进中极殿大学士。”[1]

吴伟业作为复社中人，写得较为委婉。一则说：“当复社未起时，吾郡虞山钱牧斋（谦益）、吴门文湛持（震孟）、姚现闻（希孟）三君子，由忤珰召用。牧斋以枚卜为乌程（温体仁）相讦奏罢归。其同时奏对称旨，先乌程大拜者，阳羡周挹斋（延儒）先生，主辛未（崇祯四年）会试，在先生（张溥）及伟业为座主。自以位尊显无所称于士大夫间，欲介门下士以收物望。寻谢政得请，而乌程窃国柄，阴鸷惨核，谋于其党刑部侍郎蔡奕琛、兵给事中薛国观，思所以剸刃于东南诸君子。先生（张溥）扼腕太息，早夜呼愤。”再则说：“吴来之昌时为礼部郎，移书先生（张溥）曰：‘虞山毁不用，湛持相不三月被逐，东南党狱日闻，非阳羡（周延儒）复出，不足弭祸。主上于用舍多独断，然不能无中援。’……国观以私人王陛彦赂遗事败，下北司，考竟得罪……将死，语监者曰：‘吴昌时杀我。’语上闻，来之不以为忧，顾色喜。已而阳羡（周延儒）果召，召自出上意。”[2]吴伟业的意思是说，复社领袖张溥早就对温体仁及其党羽蔡奕琛、薛国观迫害东南诸君子，有所不满；复社成员吴昌时写信给张溥，劝他怂恿周延儒复出。言外之意，起用周延儒出自上意，复社诸君子为周延儒复出进行活动，起到了推波助澜

1 万斯同《明史》卷三百五十七《周延儒传》。

2 吴伟业《复社纪事》，《梅村家藏稿》卷二十四《文集二·杂文》。

作用。

成立于崇祯二年的复社，是众多文社的联合体，基本成员是生员阶层，它的领袖“娄东二张”——张溥、张采，标榜“兴复古学，务为有用”，主张经世致用的新学，亦即“救时之用”的经世之术，追慕东林的余绪，以学问触及时事，被人们称为“小东林”。[1]所谓“小东林”云云，当时也叫作“东林之似续”。黄宗羲写道：“崇祯间，吴中倡为复社，以网罗天下之士，高才宿学多出其间。主之者张受先（采）、张天如（溥），东浙冯留仙（元飏）、邺仙（冯元飚）与之枹鼓相应，皆喜容接后进，标榜声价。人士奔走，辐辏其门。蓬荜小生，苟能分句读，习字义者，挟行卷西棹娄江，东放慈水，则其名成矣。其间模楷之人，文章足以追古作，议论足以卫名教，裁量人物，讥刺得失，执政闻而意忌之，以为东林之似续也。”[2]

◤ 张溥，苏州太仓人，复社盟主。著有《七录斋集》。辑有《汉魏六朝百三家集》。天启六年所写《五人墓碑记》收入《古文观止》。

◤ 张采，苏州太仓人，崇祯元年进士。授临川知县，与张溥齐名，有“娄东二张”之称。

张溥与周延儒有门生座主之谊，因为温周相轧，复社身不由己地被卷入政治纷争。崇祯六年，复社在苏州虎丘召开大会，内阁首辅温体仁的弟弟温育仁希望加入复社，以缓和与复社的矛盾。遭到张溥严词拒绝，温育仁恼羞成怒，雇人编写《绿牡丹传奇》剧本，讽刺复社诸君子。陆世仪说：“乌

1　井上进《复社之学》，《东洋史研究》第44卷第2号，1985年。
2　黄宗羲《刘瑞当先生墓志铭》，《南雷文定前集》卷七。

程温育仁，首辅体仁介弟也，心丑之，著《绿牡丹传奇》诮之，一时争相搬演。诸门生病之，飞书两张先生，求为洗刷。两张因亲莅浙，言之学臣黎元宽。元宽两张同籍，声气主盟也，因禁书肆，毁刊本，桁杨书贾，究作传主名，执（温）育仁家人下于狱……狱竟而后归。”[1]湖州人张鉴谈及《绿牡丹传奇》:“此吾乡温氏启衅于复社之原”，“而语语讥切社长（两张先生），极嬉笑怒骂之致”，“相国之弟育仁暨二子俨、伉雇人为之”。[2]吴梅也说《绿牡丹传奇》是“乌程相国攻讦复社之端”:“时乌程相国弟育仁欲入社，不许，因请石渠（吴炳）作此词诮之，浙中梨园争相搬演。”[3]由此可见，复社之所以支持周延儒复出，与他们反对温体仁的立场有着密切关系。

崇祯十四年四月，皇帝下旨：召前大学士周延儒、张至发及贺逢圣入朝。张至发有自知之明，坚决辞谢，不肯奉召。周延儒奉召，于九月入京，出任内阁首辅，皇帝加给他少师兼太子太师、吏部尚书、中极殿大学士，对他寄予厚望，希望他推行新政，营造中兴气象。

◥ 贺逢圣，武昌江夏人，万历四十四年榜眼。授翰林院编修。天启间为洗马，拂魏忠贤旨，削籍。崇祯初复官。崇祯九年以礼部尚书兼东阁大学士入阁参政。崇祯十一年致仕，崇祯十四年再入阁，后与周延儒不和，致仕而归。

1 陆世仪《复社纪略》卷二。

2 张鉴《冬青馆甲集》卷六《书绿牡丹传奇后》。

3 吴梅《曲选》卷四《绿牡丹》。参看大木康《明末江南出版文化的研究》,《广岛大学文学部纪要》卷50，特集一，第126—129页。

周延儒自己也想以面目一新的姿态重现于政坛，复社名士张溥等给他提出新政方案，他都虚心接受。吴伟业说："先生（张溥）尝密疏救时十余事，要阳羡（周延儒）以再出必行。会上虚己，属任师相，蠲逋租，举废籍，撤中使，止内操，政多可纪，悉当时所笏记。识者皆追功先生（张溥）。"[1]万斯同说："延儒被召，（张）溥等以数事要之，延儒慨然曰：'吾当锐意行之，以谢诸公。'"[2]

有了这些准备，周延儒首次朝觐皇帝时，胸有成竹地把施政纲领讲得头头是道，诸如释漕粮白粮欠户，蠲民间积欠赋税，凡兵残岁荒地方减免今年田赋，宽宥戍罪以下人犯，复诖误举人，广取士额，召还因言事而遭贬谪的官员，等等。皇帝慨然应允，并赐宴为之洗尘。待周延儒离去，皇帝欣欣然面带喜色，说了一句意味深长的话：还是他做！[3]

"还是他做"四个字，把皇帝对周延儒的高度评价流露得淋漓尽致，言外之意，他是最合适的内阁首辅人选，此时此际别无一人可当此重任。因为这个缘故，明清之际的人士记述崇祯朝掌故时，无不提及此事。李清说："周辅延儒至京陛见，上甚礼之，赐宴，上亲作主。退入宫，欣欣色喜曰：'还是他！'故当时所请，如蠲逋、缓刑、起废、罢厂卫、罢京营提督内臣，无不允。"[4]李长祥说："（皇帝）

1 吴伟业《复社纪事》，《梅村家藏稿》卷二十四《文集二·杂文》。

2 万斯同《明史》卷三百五十七《周延儒传》。

3 抱阳生《甲申朝事小纪》三编卷三，一朝五十相论纪。

4 李清《三垣笔记·附识上·崇祯》。

最专者，周延儒矣，其恩礼极矣。帝常曰：‘还是他好！’”[1]

3. 稍纵即逝的新政

有复社人士的支持，周延儒再次入主内阁，果然不同凡响，大力革除温体仁及其追随者的弊政，风气为之一新。计六奇把他称为救时之相：“(周延儒)首复诖误举人，广天下取士额；次释漕欠解户，并蠲民间积逋。会忧旱，禁狱、戍遣以下悉还家。再陈‘兵残岁歉处，减现年两税，于宗室保举，破格拔异才；修练储备，严核讨实’事。凡捍御，凡民生，凡用人理财，无不极其讨究，极其调剂。至望恩请恤，昭忠铭节等事，向期期不予，复核至再，以限于格、限于分、阻滞停阁者，沛然弗吝，天下仰望风采。考选四十六位，悉登台省以示宠，人亦乐归之，诵太师者无间口。使天意向平，安在非救时之宰相？”[2]

看来周延儒是以“救时之相”重登政坛的。除了上述“悉反体仁辈弊政”之外，他还向皇帝建言“老成名德不可轻弃”，于是皇帝起用先前罢废的郑三俊出掌吏部，刘宗周出掌都察院，范景文出掌工部，倪元璐辅佐兵部。其他如李邦华、张国维、徐石麒、张玮、金光辰等，分别出任要职；释放在狱

1 李长祥《天问阁集》卷上《甲申廷臣传》。

2 计六奇《明季北略》卷十九《周延儒续记》。

的傅宗龙等，为已故文震孟、姚希孟等追赠荣誉，“中外翕然称贤”。[1]

当周延儒召倪元璐出山时，倪元璐表示婉拒，回信写得推心置腹，与一般官场客套迥然不同。

一则说：“帝求旧德，天欲治平明甚，薄海歌舞之象，比于宋之再相温国（司马光），物情则有然者。顾其势会微似不同，何者？熙宁弊政罢之而已，但一举手立致欢呼。若在今日，灭灶更燃，先须措薪钻火。即如一日见上，为上言者，一及宽征，上必先责之足用；一及宥过，上必先责之致功。足用致功，非一日可副之责，而天下之以宽征宥过望老先生者，似不可须臾而待也。即此一端，其为艰阻徘徊，岂温国（司马光）再入时之所有？”

再则说：“某窃谓难易之势，可以相权，在天下之所求于老先生者，不必皆甚难。在老先生之所自处者，不必皆甚易。惟老先生无仅塞天下以所易，而诸君子无遽求老先生以所难，则赤舄几几，何以沛然，上下之间而无碍矣。某鬋髮已衰，明农逾量，无论其他，即八十一岁老母在堂，万无出虎溪一步之理。老先生药笼中所最不足留意者，某一人而已。”[2]

倪元璐把周延儒复出与司马光复出，相提并论，以为周延儒的困难要大得多，必须重起炉灶重燃薪火。他对周延儒的才干与弱点，以及当时的形

1 万斯同《明史》卷三百五十七《周延儒传》。

2 倪会鼎《倪文正公年谱》卷三，崇祯十五年壬午，五十岁。

势，了解至深，议论才能如此鞭辟入里。他的婉拒，并非畏难，而是无望。当他看到北兵南下，畿辅震惊，四方勤王之师纷纷入援，热血沸腾，立即奋然应召入京，出任兵部右侍郎兼翰林院侍读学士，宣称：闻警不前，非义也。[1]倪元璐以刚直不阿的清流形象著称于世，他的出山表明清流派对于周延儒的肯定与支持。

因此之故，皇帝对周延儒尊重备至，待之以师相之礼，称他为先生（老师）。这是神宗朱翊钧尊张居正为师相（先生）的再现，对于自视甚高的朱由检而言，是从未有过的特例。

崇祯十五年正月初一日，皇帝在皇极殿接受群臣朝贺，礼毕后，特地召见阁臣，待之以师席之礼，对他们说："古来圣帝明王，皆崇师道，今日讲称先生，犹存遗意。卿等即朕之师也，股肱心膂，臣哉邻哉。经曰：尊贤也，敬大臣也。礼应尊敬，朕此举原不为过。敬于正月元日，端冕而求，诸先生不必谦逊。今而后道德惟诸先生训诲之，政务惟诸先生匡赞之，调和燮理，奠安宗社，万民惟诸先生是赖。古来君臣志同道合，而天下治平，朕于诸先生有深望焉。"[2]

在此多难之际，崇祯帝对阁臣寄予厚望，向往天下治平。不过他寄予厚望的并非贺逢圣、张四知、谢陞、魏炤乘、陈演，这一层心思，《明史》

1 倪会鼎《倪文正公年谱》卷四，崇祯十五年冬十月。

2 孙承泽《山书》卷十五《师礼辅臣》。李逊之《崇祯朝记事》、文秉《烈皇小识》、谈迁《国榷》等书所记，文字略有差异。

已经点破，皇帝要拜揖的“先生”专指周延儒，其他阁臣不过陪衬而已。[1]李长祥说得更为直白：“一日，皇极殿大朝罢，召延儒上殿。帝降御座，竟衮冕执圭，揖延儒曰：自古帝王，莫不有师。竟欲太师延儒。”[2]计六奇不明白其中奥妙，对皇帝降座揖相大惑不解，非议道：“思庙此举，礼非其人，徒自贬损”；如果真要拜“先生”的话，阁臣中只有贺逢圣“差可无愧”。[3]实在是书呆子的迂腐之见，没有看到朱由检尊周延儒为师相，是表明“朕以天下听先生”，并非要从“先生”那里求学问道。因此尽管贺逢圣学问比周延儒好，六个月后致仕而去，皇帝毫无挽留之意，可见他要拜的“先生”不是“差可无愧”的贺逢圣，更不是在贺逢圣之前先后罢官的魏炤乘（三月罢）、谢陞（四月罢）、张四知（六月罢），而是周延儒无疑了。

新政最值得一提的是，皇帝听从周延儒的意见，解除对黄道周的流放，官复原职。谈迁所说“时周延儒承上眷最深，凡上怒莫能挽回，延儒能谈言微中”，指的就是这件事。

早在崇祯十四年十月，周延儒入京，向吴甡请教急务，吴甡就向他提议宽赦黄道周之事。吴甡的回忆录写道：“宜兴（周延儒）入阁，问予：‘今最急当入告者何事？’予言：‘自韩城（薛国观）在阁，皆严刻绳下，致主上疑猜日甚。黄道周、解学龙逮系两年

1 万斯同《明史》卷三百五十七《周延儒传》：“帝尊礼延儒特重，尝于岁首日东向揖之：朕以天下听先生。因遍及诸阁臣。”

2 李长祥《天问阁集》卷上《甲申廷臣传》。

3 计六奇《明季北略》卷十八《降座揖相》。

余，痛楚备尝，然果何罪哉？今内阁诸公皆言上欲杀之，愚独谓英明之主断不肯有杀直臣名。公到，上信任甚笃，宜乘间以至诚感动，佐圣主行宽大之政，此为最急务矣。’宜兴曰：‘俟从容图之，然刑部爰书亦宜着意。’”[1]周延儒“从容图之”，终于抓住了一个建言的机会。

崇祯十五年八月二十四日，崇祯帝在文华殿“日讲”完毕，召阁臣周延儒、陈演、蒋德璟、黄景昉、吴甡到文华殿后殿议事。

◥ 陈演，四川井研人，天启二年进士。崇祯十六年继周延儒而为内阁首辅。崇祯十七年阻挠“南迁之议”。

◥ 黄景昉，福建泉州人，天启五年进士。御史吴裕中被魏忠贤杖死时，黄景昉曾为其治丧，崇祯十六年任户部尚书兼文渊阁大学士。

崇祯帝拿出奏章问：“张溥、张采何如人？”

周延儒答：“读书的好秀才。”

崇祯帝问：“张溥已死，张采小官，科道官如何尚说他好？”

周延儒答：“他颇有胸中书，亦会做文章，科道官做秀才时，见其文章，又以其未竟用惜之。不然，张溥已死，说他亦无用。”周延儒对复社巨子娄东二张颇有好感是可以理解的，可惜张溥英年早逝，不然的话，一定会荐举他担任重要职务。

崇祯帝毕竟身在事外，不以为然，说：“亦不免偏。”

周延儒立即机敏地把话题转移到持不同政见的黄道周，说：“张溥、黄道周皆有些偏，只是会读

1 吴甡《忆记》卷三。

书，所以人人惜他。”

崇祯帝沉默不语，因为黄道周是他亲自处分的，岂止是有些偏！

蒋德璟立即插话，为黄道周求情："前黄道周蒙皇上放他生还，他极感圣恩，只是永远充军，家贫子幼，还望皇上天恩赦回，或量改附近也好。"

崇祯帝似乎有些松动，只是微笑不语。

黄景昉附和道："永远充军，子孙要世世承当，也极可怜。"

周延儒见皇帝并不反感，补充道："道周在狱中，尚写许多书，即向前奏章，皆系亲手写的。"

蒋德璟说："道周写有《孝经》一百本，每本有一篇文字，各一样，共一百样，多是感颂圣德。"

其他各位阁臣都说了黄道周的优点，如精通礼乐、生活清苦等。

蒋德璟说："道周子方十岁，但得免其永戍便好，或稍移近地。"

周延儒说："道周也不在永戍不永戍，就是读书，也还用得。道周愚憨书生，遣戍不过主上惩创之意，久当复用，何必又移近地？"

吴甡说："道周刻励清勤，学问渊博，皇上圣学缉熙，经筵讲幄必得如道周者左右备顾问，足资启沃。今诸臣才品，皆不及他。"

崇祯帝自始至终只是微笑，一言不发。[1]

1 孙承泽《春明梦余录》卷三十三《詹事府少詹黄道周赦罪纪》。李逊之《崇祯朝记事》卷四，吴甡《忆记》卷三。

关于此次召对的细节，《国榷》有一重大补充："上偶言及岳飞事，叹曰：'安得将如岳飞者而用之！'延儒曰：'岳飞自是名将，然其破女直事，史或多虚张。即如黄道周之为人，传之史册，不免曰：其不用，天下惜之。'上默然。"[1]周延儒巧妙地把黄道周与岳飞相联系，使皇帝自然生发出起用黄道周的意念。杨士聪的记载就是一个旁证："宜兴（周延儒）进言，亦甚有法，如黄石斋（道周）一事，本因上问：'撼山易，撼岳家军难，何以能至此？'宜兴奏曰：'飞在当时，固是忠勇，然亦未必尽如所云，但因秦桧谗构，飞遂不得其死，后世怜之，所以说得飞更好，就是古今所无。即如黄道周，皇上罪之甚当，但此人素有浮名，亦只是做得时文好，故一时文士多称其美。今在瘴疠之乡，一旦不保，则后世止知怜他，就与岳飞相类。'上微笑而不言。蒋晋江（德璟）因曰：'道周在狱逾年，只是读书及感戴圣恩，曾手书《孝经》百卷，各有题跋。此人大要还在忠孝一边，还望皇上赦他。'上曰：'既是卿这等说，岂止赦他，就是用他也不难！'"[2]

八月二十五日，崇祯帝给内阁发去一封亲笔书写的敕书："昨先生每面奏，永戍黄道周清操博学，见今戍远子幼，朕心不觉怜悯。彼虽偏迂，经此一番惩创，想亦改悔。人才当惜，宜作何释罪酌用，先生每密议来奏。"[3]周延儒当即回奏："黄道周

1 谈迁《国榷》卷九十八，崇祯十五年八月乙丑。

2 杨士聪《玉堂荟记》卷一。

3 孙承泽《春明梦余录》卷三十三《詹事府·少詹黄道周赦罪记》。

为人，励行力学是其所长，偏执迂疏是其所短。然而本心则愿为君子，素矢忠孝者。至于博通典籍，贯串古今，刻苦廉隅，摛词吐藻，实有一种人不能及，足以感动人心之处，是以誉望蔚然。但向来未经追琢，每有任性率意之咎。自蒙恩谴，裁抑陶镕，闻已甚悔前非，每日在狱手书《孝经》，极其感佩天恩，颂扬圣德，此臣等皆得于目击者。近日恭睹皇上勤学好问，稽古考文，臣等自惭固陋，未能仰承万一。因思及道周之博雅，庶不愧词臣职掌，遂率陈奏，伏蒙皇上怜其贫苦，鉴其改悔，而轸及于人才当惜，赦罪酌用，斯真造化生成之恩，天地覆载之量，播之海内，传之奕世，有不欢呼赞叹我大圣人之举动超出寻常万万者乎？照得道周原职系詹事府少詹事，今既蒙恩赦用，当还其故秩，以备史局编摩，更足资其一得。”[1]皇帝批复同意，特准黄道周赦罪，官复原职。周延儒的做法在当时颇受士林赞誉：此公复出固然不同凡响。

此时黄道周正在遣戍途中，在九江发了一场疟疾，就医萧寺，沉绵六十日，原本摧颓的身体更加委顿，两膝俱枯，自念将死于江楚之间。十月初，友人从南京来，告诉他邸报上已揭载皇帝特准赦罪复职的谕旨。黄道周在万念俱灰中，乍然听到这一消息，吃惊得从床上跌了下来。于是乎，借来香案，匍匐叩头一番，随即应召北上。途中写了“天

1 孙承泽《春明梦余录》卷三十三《詹事府·少詹黄道周赦罪记》。

恩至重”疏，感激涕零地说：“自古人臣，或以文才前席，或以直戆召还，未有迂愚狂瞽如臣，得起于戍籍，申以华奖者也。”感恩戴德之余，流露了百病交侵，“下体已废，两臂空存”，心有余而力不足，乞求皇上能容许他骸骨归乡。[1]

黄道周抵京后，皇帝召见了他。对于这次意外的赦罪复职恩遇，令迂执伉直的他充满发自内心的感激之情，一见到皇帝，便哭泣不已，抽抽噎噎向皇帝表白：臣不自意今复得见陛下。然后说明犬马之疾尚未痊愈，希望请假一段时间，还不忘为受他连累的解学龙、叶廷秀求情。皇帝慨然允诺。便于崇祯十六年春回到久别的家乡漳浦。计六奇记此事，抄录黄公旧诗一首：

> 岂有不平事，但存未坏身。
> 只言天下合，孤影鬼神亲。
> 世道余青史，春风足故人。
> 无多谈往迹，愚叟旧西邻。

计六奇认为，“观此诗，颇与公之行藏相合”。[2]

黄道周虽然没有继续担任官职，但这一事件本

◥ 解学龙，扬州兴化人，万历四十一年进士。曾因举荐黄道周被杨嗣昌弹劾，遭廷杖、贬戍。

◥ 叶廷秀，山东东昌人，天启五年进士。曾为黄道周请旨宽赦，遭廷杖、削籍。

---

1 孙承泽《春明梦余录》卷三十三《詹事府少詹黄道周天恩至重疏》。

2 计六奇《明季北略》卷十八《黄道周复官》。

身已经显示，政局有焕然一新的迹象，皇帝与阁臣的雅量是难能可贵的。对于朱由检而言，敢于捐弃前嫌，这在事实上无异于公开承认以前对黄道周的处分有欠公允。对于周延儒而言，一反温体仁、张至发、薛国观所作所为，敢于为遭受迫害的黄道周讲几句公道话，无论如何都是值得赞许的。因此，当黄道周官复原职的圣旨公布后，“一时缙绅欢声雷动”。[1]

4. 匿名揭帖“二十四气”

周延儒的新政令人耳目一新，“中外翕然称贤”。[2]不知是否因此之故，万斯同《明史》不把他列入奸臣传；而张廷玉《明史》毫不客气地把他列入奸臣传，与胡惟庸、严嵩、温体仁、马士英、阮大铖等，一起绑在耻辱柱上。[3]虽然万斯同不称他为奸臣，却也指出他的致命弱点，导致新政稍纵即逝。他写道：“然延儒实庸驽无他材略，当边境丧师，李自成残掠河南，张献忠破楚蜀，天下大乱，延儒一无所谋画，任其自败而已。且性贪黩，门下客因缘为奸利。(张)溥已卒，(马)世奇远嫌不至，左右无正言，用侯恂、范志完督师，皆偾事，延儒无忧色。而信用(吴)昌时为吏部郎中，及给事中曹良直、廖国遴、曾应遴辈。”[4]于是乎政坛上朋党

1 吴甡《忆记》卷三。

2 万斯同《明史》卷三百五十七《周延儒传》。

3 张廷玉《明史》卷三百八《奸臣传》。

4 万斯同《明史》卷三百五十七《周延儒传》。

之争的风气再度甚嚣尘上，别有用心的人唯恐天下不乱，散布各种政治谣言，匿名揭帖“二十四气”，便是其中之一。

关于“二十四气”的由来，身临其境的给事中李清，以为是一部分官员发泄不满情绪而炮制的。他说：“大僚及台谏以枚卜构竞不休，其不得与会推者，遂造为二十四气之目，摇惑中外。”[1]二十四气是匿名的政治谣言，文字阴阳怪气，丑化二十四名官员，读来颇为费解。奇文共欣赏，疑义相与析，请看李清的原文：

◥ 李清，扬州人，崇祯四年进士。著有《三垣笔记》《明史杂著》等。

以吴辅甡为杀气，下注“再生吴起”；

孙廷尉晋为棍气，下注“两头蛇”；

金佥宪光辰为戾气，下注“金甲神”；

章都谏正宸为阴气，下注“灰地蛇”；

吴铨曹昌时为妖气，下注“摩登伽女”；

倪宗伯元璐为淫气，下注“假姜诗”；

王少宗伯锡衮为瘴气，下注“夜郎王”；

黄辅景昉为时气，下注“赛黄巢”；

马给谏嘉植为獚气，下注“小华光”；

杨给谏枝起为贼气，下注“桃树精”；

王给谏士𫓧为悔气，下注“金枪手”；

1 李清《三垣笔记·附识中·崇祯》。

倪给谏仁祯为霸气，下注“塑大虫”；

周仪曹仲琏为疝气，下注“靠壁鬼”；

房给谏之麒为粪气，下注“倭房公”；

沈少宰惟炳为痰气，下注“喉下癣”；

姚都谏思孝为毒气，下注“姚令言”；

贺冏丞王盛为逆气，下注“黑面豹”；

房少司空可壮为臭气，下注“海上暴客”；

吴谕德伟业为望气，下注“啮人马”；

冯司马元飙为杂气，下注“顺风火”；

袁给谏恺为浊气，下注“泼天罡”；

徐词林汧为油气，下注“九尾狐”；

瞿给谏式耜为秽气，下注“两眼枪”；

钱寺丞元悫为尸气，下注“痴虎伥”。

末又云：“若水棉花之李日宣，假飞虎之孙承泽，卑卑不足道也。”时日宣太宰，承泽都谏。[1]

由于是匿名揭帖，难以确定炮制者的背景与动机，如果说它是朋党政治的产物，名单中人并非清一色的清流，各色人等都有。其中有的位居高官，如吴甡（字鹿友，号峕愚，晚号柴庵，扬州兴化人），礼部尚书兼东阁大学士；黄景昉（字太稚，号东厓，福建晋江人），户部尚书兼文渊阁大学士；倪元璐（字玉汝，号鸿宝、园客，浙江上虞人），兵部侍郎、户部尚书；冯元飚（字尔弢，浙

1 李清《三垣笔记·附识中·崇祯》。

江慈溪人），兵部尚书；金光辰（字居垣，号双崖，滁州全椒人），都察院左佥都御史；章正宸（字羽侯，号恪庵，浙江绍兴人），吏科都给事中。此外如吴伟业、吴昌时、房可壮、瞿式耜、钱元悫等都是一时名流。为何要把这二十四名官员列入一个名单，称为“二十四气”，颇费猜详。史惇认为它与东林有关，似乎过于牵强附会，请看他的说法：“吴中之士无不慕东林为君子者。先帝朝乃至江北亦称东林，以吴鹿友（甡）为首，南人谓之新东林。故壬申（崇祯十五年）一番考选，诸人专为拥戴鹿友大拜，南党之言曰‘新东林锐不可当’，谓此。然廷推甫上，而即有二十四气之谣，直达御前。二十四气，吴（甡）为杀气云。”[1]黄宗羲则认为此事和南党与北党之争有牵连：“当是时，宜兴（周延儒）当国，兴化（吴甡）后起而风价稍高，一时台省各相依附，为反覆憸猾之术，以构两相。于是附宜兴者为南党，附兴化者为北党，章疏诡给，激讦莫不有谓，上亦心知言官之横而恶之。有无名子疏二十四气，达之御前，上益信，手敕申诫。”[2]

礼科给事中姜埰（字如农，山东莱阳人）认为“二十四气”流言蜚语出于大奸巨憝之手，显然影射内阁首辅周延儒。姜埰说：“皇上修省罪己，于言官谆谆致诫，岂有厌薄之心哉？言官持论太急，无当圣心，此言官之过也。圣谕所云代人规卸，为人

1 史惇《恸余杂记·二十四气》。

2 黄宗羲《光禄大夫太子太保吏部尚书谥忠襄徐公神道碑铭》，《南雷文定前集》卷五。

出脱者，皇上何所见而云然乎？于章奏知之乎？抑出于圣心之悬揣乎？今如二十四气之蜚语，必大奸巨憝恶言官之不利于己，而无以中之，不激皇上之怒，不能钳言官之口，人将争效寒蝉，谁复为皇上言之者！”[1]李逊之引用姜埰的奏疏，评论道：“时有投匿名文书者，诋各臣为二十四气者，故（姜）埰疏及之，上大怒，命送锦衣卫打问。”[2]

皇帝正在担忧灾害频仍，干戈扰攘，反躬自责，修省戴罪视事，务期“歼胡平寇”。[3]姜埰偏偏在这当口捕风捉影，反复诘难，怀疑皇上受到“二十四气”影响。皇帝本已心情不佳，顿时火冒三丈，下旨责问：“（姜）埰敢诘问诏旨，藐玩特甚。”立下锦衣卫诏狱拷讯。锦衣卫镇抚司主官梁清宏把初步审讯情况上报，皇帝很不满意，指示重新审讯：“（姜）埰情罪特重。且二十四气之说，类匿名文书，见即当毁，何故累腾奏牍？其速按实以闻。”[4]于是乎围绕“二十四气”的政争成为当时朝廷头等重大事件，内阁次辅吴甡名列“二十四气”首位，诬为杀气；另一内阁次辅黄景昉则诬为时气；而内阁首辅周延儒涉嫌幕后主使，问题趋于复杂化。

吴甡的回忆录对此有生动的追记，从中可以窥知政坛高层的动向。现将吴甡的文字援引于下，以飨读者：

1 李逊之《崇祯朝记事》卷四。

2 李逊之《崇祯朝记事》卷四。

3 谈迁《国榷》卷九十八，崇祯十五年闰十一月辛丑。

4 张廷玉《明史》卷二百五十八《姜埰传》。

上召对九卿科道于平台，面谕各官："迩来贼寇愈炽，朝政多舛，皆由诸臣比周结党，壅蔽耳目，不得上闻。以后务各省改。大小文武官，但有请对者，赴会极门报名，次早候对。"

退而给事中姜埰上疏，内言："朋党之说皆小人欲壅蔽人主耳目，故为此言。近日二十四气之谣，奸邪捏造，以倾正类，不可不察。臣不知陛下所称壅蔽，何所见而云然也。"

上大怒，以为忤旨，诘责。

予（吴甡）进朝时，忽闻召锦衣卫官甚急，予语首辅（周延儒）曰："此必廷杖姜给谏也，速宜进揭申救。"

首辅曰："徐之，俟确乃可。"

予曰："旨下即杖，揭无及矣，岂可坐视给谏血溅阙廷耶？"

首辅方具稿，而旨已下，果廷杖矣，揭入无济也。

次日，上召内阁，臣（吴）甡奏言："姜埰廷杖待毙，古人有言，岂可贻老亲忧。埰有父母年老可悯，复下锦衣卫狱，万一不起，陛下负杀谏臣名，臣等俱应待罪。乞移刑部，幸甚。"

首辅等俱申救，乃送刑部拟罪。

臣甡偕臣（黄）景昉复奏："姜埰疏内'小人以朋党之说壅蔽人主'，乃宋臣欧阳修曾有论著，言之痛切。臣等未枚卜先，即闻小人造言'二十四气'，两臣名亦与其中，以匿名文书，不必穷诘。今埰言及此，臣等不敢隐默。二十四气，或即朋党之意，而立名新奇，易炫听闻。臣等蒙圣明简在所司，不过票拟及召对奏闻而已，拟旨皆取决圣裁，奏对皆仰承清问，未尝誉一人毁一人，颠倒一事。上所洞鉴，朋党何为？臣等在天启朝，魏崔欲倾陷，不肯依附之人，皆诬以朋党；魏崔诛，而上所录用者，即不依附魏崔，魏崔所诬为朋党之人也。今非魏崔时，小人复造此言，臣等窃抱忧惶。”

上曰：“匿名文书，朕岂不知为奸人诬造？卿等所奏，朕知道了，不必疑虑。”[1]

看来与“二十四气”有牵连的当事人，吴甡、黄景昉、周延儒对此似乎颇为淡定。所谓以吴甡为首的“北党”，以周延儒为首的“南党”，明争暗斗，在这里似乎看不到些许迹象，令人费解。难道北党、南党的说法，是热衷于朋党政治者的虚幻想象？

5. 姜埰、熊开元之狱

真是无巧不成书，行人司副熊开元（字鱼山，湖广嘉鱼人）也以进谏获罪，下锦衣卫诏狱惩处。皇帝向锦衣卫主官骆养性下达密旨，悄悄把姜埰、熊开元

1 吴甡《忆记》卷四。

二人击毙于狱中。卫帅骆养性不敢草率从事，与同僚商议，同僚告诫他：君不见田尔耕、许显纯的下场？骆养性心领神会，暂不执行密旨，并把密旨透露给给事中廖国遴，廖国遴又透露给同僚曹良直。曹良直不相信此事，上疏弹劾骆养性：归过于君，而自以为功；陛下无此旨不宜诬谤，即有之，不宜泄。请求皇上将骆养性与熊开元一并处死。皇帝不想把此事闹大，扣下奏疏不发。[1]

此事还得从头说起。熊开元在行人司担任官职后，久盼升迁，正好光禄寺缺员，便找周延儒通路子。周延儒没有给他通路子，引起他老大不高兴。适逢皇帝因清军骚扰京畿而广开纳谏之路，熊开元踊跃报名，被召入文昭阁进谏。熊开元本欲弹劾周延儒，无奈周延儒在场，不敢当面说，顾左右而言他，谈了军事方面的意见。过了十多天，熊开元又请求皇帝召见，皇帝在德政殿秉烛而坐，跟随阁臣一起进来的熊开元开门见山，说："《易》称'君不密则失臣，臣不密则失身'，请辅臣暂退。"

周延儒等再三表示要回避，皇帝说："辅臣原管密勿，可以不退。"

熊开元只得当着辅臣的面评议朝政："陛下求治十五年，天下日以乱，必有其故。"

皇帝问："其故安在？"

1 张廷玉《明史》卷二百五十八《姜埰传》。

熊开元说："今所谋画，惟兵食寇贼。不揣其本，而末是图，虽终日夜不寝食，求天下治，无益也。陛下临御以来，辅臣至数十人，不过陛下曰贤，左右曰贤而已，未必诸大夫国人皆曰贤也。天子心膂股肱，而任之易如此。庸人在高位，相继为奸，人祸天殃，迄无衰止。迨言官发其罪状，诛之斥之，已败坏不可复救矣！"

皇帝说："多事之秋，责备人主，责备辅臣，是大题目。"又说："军兴旁午，多有小人挟私罔上，尔必有私意。"皇帝怀疑他含沙射影，实有所指。

熊开元极力否认，眼睛频频睥睨周延儒，掩饰不住内心的秘密。周延儒何等机灵，早已轧出苗头，主动向皇帝请罪。皇帝打断他的话头，说道："天下不治皆朕过，于卿等何与？"

熊开元见周延儒已经搭腔，索性把话挑明："陛下令大小臣工不时面奏，而辅臣在左右，谁敢为异同之论以速祸？且昔日辅臣，繁刑厚敛，屏弃忠良，贤人君子攻之。今辅臣奉行德意，释累囚，蠲逋赋，起废籍，贤人君子皆其所引用，偶有不平，私慨叹而已。"[1]

召对结束，皇帝命熊开元把所谈意见写成奏疏呈上。周延儒立即作出布置，派人邀结熊开元。于是吏部郎中吴昌时、大理寺卿孙晋、兵部侍郎冯元

1 张廷玉《明史》卷二百五十八《熊开元传》。李逊之《崇祯朝记事》卷四。

飚私下责备熊开元："汝所言固是，但留得君子在此间，替朝廷做事犹有一线。今如此说破，皇上必以为首辅不贤，岂能引用贤者？大家都逐去，另用一班小人，难道君子做不得，小人反做得？若小人乘机而起，必以汝言为嚆矢矣。"[1]听了他们的游说，熊开元决定不再与周延儒为难。

与此同时，周延儒向皇帝呈上一份揭帖，反击熊开元：臣孤孑寡援，蒙皇上宠眷，每事不敢避忌群小，已非一日。即今熊开元所说，皆无实指，企图朋谋树党。其所以将利刃直指于臣，是为了拥戴其同党，代为扫清道路而已。皇上相信他的话，为了查明真相，他命熊开元上疏说明。熊开元左右为难，迟迟不肯上疏，皇帝严旨频下，才不得不写了一封言辞闪烁的奏疏，又被吴昌时删去一半，锋芒全无，不过重复先前讲过的话：

> 皇上天生仁圣，决可以致中兴，孜孜求治凡十五年，而天下日以乱，必有其故。廷臣不以此故入告皇上，皇上亦不以此故下问廷臣，讲求惟是兵精饷足，不揣其本，而末是图。皇上终日虽不食，终夜虽不寝，以求天下之治，徒费圣心，无益也。何也？天下之乱不始于灭寇与靖边。朱子曰："天下之治在人主方寸间，朝廷一二人而已。"此一二人得人，如治病而

1 熊开元《鱼山剩稿》卷三《罪由·再谳供词》。参看许敏《吴昌时与明末复社》，《中国史研究》1990年第2期。

得良医，但拱手而听之，而天下之方不可胜用，天下之药不可胜用也。此一二人不得人，如庸医误人，危在旦夕。主人到处求方，到处求药，已为失算，而所得之方，所得之药，又必与庸医商而用之，不至于尽不止矣……

皇上临御以来，辅臣凡数十人，先朝置辅之多未有如皇上者。然或得之瓯卜，或取之立谈，或拔之会推。不过皇上贤，左右皆曰贤，如斯而已矣。未必诸大夫皆曰贤，国人皆曰贤也。以皇上股肱心膂之寄，而任用之易如此，以故庸人在高位，相继为奸，人祸天灾，迄无底止。迨言官发其罪状，而后诛之罢之，所败坏已不可救药矣。[1]

皇帝近日为清军未退日夜焦劳，心情烦躁，看到熊开元奏疏毫无具体事实，措辞模棱两可，大为恼怒，下令锦衣卫逮捕熊开元。锦衣卫主官骆养性是熊开元同乡，又对周延儒心存嫌隙，不愿深究，第二天就把审讯报告交了上去。皇帝更加怒不可遏，以为熊开元诬陷辅弼大臣，必欲使自己孤立于上，便于彼等行私，一定有幕后主使者，谴责骆养性：熊开元必有主使，不行拷讯，是汝不忠。骆养性遭到皇帝训斥，不得不严刑拷问。熊开元并无幕后主使者，当然拒不招供，反而揭发周延儒的隐

1 孙承泽《山书》卷十六《密陈时政（崇祯十五年闰十一月）》。

私。皇帝下令廷杖也无济于事，只得把他押入镇抚司诏狱。[1]

关于姜埰、熊开元之狱，朱彝尊有一新解，颇耐人寻味："(姜、熊)两公受杖之苦，用刑之惨，其不死者幸也。爰书既上，思陵(朱由检)一曰'谗谮辅弼'，再曰'谗谮阴狡'，三曰'谤毁狡肆'。人皆疑思陵曲护宜兴(周延儒)，独尹枢部宣子谓：'思陵时已恚宜兴，命鱼山(熊开元)具疏者，度必列款，欲据之便按问。及见疏，乃曰：如此不痛不痒，思两边做好人耶？盖实怒其不力参，而反以诽谤大臣为罪，非思陵本意也。'斯言得之。"[2]按照朱彝尊的解释，朱由检当时已经对周延儒有所不满，希望熊开元能列举有力的证据，以便对周延儒有所惩处，岂料熊开元的奏疏"不痛不痒"，"两边做好人"，使得朱由检抓不到把柄，反过来以"诽谤大臣"罪严惩熊开元。

有意思的是，史家全祖望的看法与此不谋而合。全氏写道："姜敬亭、熊鱼山并纠阳羡相国(周延儒)，得谴。但敬亭因疏中有'皇上何所见而云然乎'一语，思陵怒其诘问，诏旨遂责。二十四气姓名至，鱼山则似原未能无罪者。尝读卢函

▼ 朱彝尊像
朱彝尊，浙江嘉兴人。著有《经义考》《日下旧闻》《明诗综》《静志居诗话》等。

1 李逊之《崇祯朝记事》卷四。张廷玉《明史》卷二百五十八《熊开元传》。

2 朱彝尊《静志居诗话》卷十八《熊开元》。

赤《续表忠记》，言其自建言降调以后，怏怏失志，会求光禄丞不得，尝思所以报之。迨两次召见，因首辅在旁，不敢尽言。卒听吴来之（昌时）之托，默然神沮，游移畜缩，全属私见。以烈皇之猜察，即令披肝沥血，丝毫无瞻顾，犹恐言不见信，况如此者能不动其疑乎？故尹宣子谓：'帝是时已愠首辅，实怒鱼山之首鼠，谓其两下讨好，遂反以诽谤大臣加之。'虽未知然否，要之固宜矣。"[1]

皇帝心中憎恨熊开元首鼠两端，两下讨好，表面上却加他诽谤大臣的罪名，而且煞有介事要追究幕后主使者。一般官员不可能了解这种隐情，对于姜埰、熊开元因为进谏而遭到廷杖，下镇抚司诏狱严刑拷问，表现出强烈不满情绪。其中尤以都察院左都御史刘宗周的言论最具代表性，他在崇祯十五年十月二十七日，呈上申救姜熊二人的奏疏，一字一句皆掷地有声：

——我皇上圣明天纵，嗣服之初，方将大有为，以光守文之业，首诛大逆除大奸，业甚盛也。顾余孽犹延踵相传护，遂得以小忠小信之计，逞作威作福之私。上摇国是，则无人不罗为门户；下困民生，则无法不峻以诛求。

1 全祖望《书熊鱼山给谏传后》,《鲒埼亭集外编》卷三十。

——今日科臣姜埰，司臣熊开元，并以言事触圣怒，下之掖庭。臣不知所挟何说，而第于朝会之间拱听御传，在熊开元则以指摘辅臣诘，在姜埰则以阐绎圣谕，因追论旧事匿名廷揭诘。

——臣不胜骨栗，退而思之，如熊开元所坐，正为今日之干蛊不力者言，而第其奏对之际欲屏人密语，以翘人之过，岂臣子进言之法乎？此端一开，而天下之为告密者争蜂起而祸人国矣。此其心可原而其言可罪也。如埰所坐正为前日之作孽已深者言，而第于引诏之下，欲尽避规卸之名，以掩人臣之罪，岂臣子善则归君，过则归己之义乎？此说一倡，而天下之为营私植党者，益弁髦宪纲而不顾矣。则其心可原而其言可罪也。

——而矫枉不无太过，至以卫狱（锦衣卫诏狱）处言官，自今日始，所伤国体似非细故。臣犹记枚卜会推之役，干触圣怒诸臣各得罪以去，然若惠世扬、章正宸者，舆论至今惜之。辄有言于皇上之前，则夫大谴大呵之法，终不可不慎所施矣。

——臣愿皇上姑宽此二臣，以彰圣度，改敕法司勘问，少存言官之体，以作将来怒蛙之气，则圣德于此益著，而以之为匡济时艰之本，亦有余裕矣。[1]

1 刘宗周《申救熊大行姜给谏疏》，《刘蕺山先生集》卷十二《奏疏五》。

崇祯十五年闰十一月二十九日，皇帝在中左门召见百官，讨论如何抵御清军，以及任用得力督抚问题。临近结束时，吏科都给事中吴麟徵（字圣生，号磊斋，浙江海盐人），作为六科的“科长”，责无旁贷地站出来为同僚礼科给事中姜埰求情：“臣等识见庸浅，不能仰副皇上求言之意，或言之不当，或言之过切，又蒙皇上一概优容，以致诸臣忘其愚贱，轻有聒渎。如同官姜埰干犯天威，亦皆臣等之罪。但姜埰作令清苦，居官勤饬，身体孱弱多病，伏望圣恩宽宥。”

皇帝解释道：“目今贼兵内犯，将及两月，既不能截之于外，又不能剿之于内，任其焚劫淫掠，惨不忍言。”说得动情，竟恻然垂泪，继续说：“朕无面目见尔等，只以优容为言。前日御史王孙蕃参内臣王裕民，即时正法，何尝不纳言？初九日朕谕内有一段申饬言官，尔等各宜警省，无则加勉有则改之。姜埰不遵朕谕，反来诘问，安得不重处！而言官以言为职，当言的不敢言，敢于欺藐，二十四气之说，事同匿名，见者尚当焚毁，乃屡见奏章，不得不于姜埰疏上一问。尔言官为朝廷耳目，自己不正，何能正人？文武大小诸臣各尽其职，何难却敌。精神都不用在国家上，敌势如此，诸臣同在漏舟之中，谁无忠义，谁无廉耻？但不肯奋发任事，都是一味浮泛瞻徇。”

听了皇帝的训斥，吴麟徵申辩道：“皆由用人不当，如目前要地督抚委实不堪，言官多有论列。但言官职在纠弹，用舍原在吏部。先臣王恕、马文升做吏部时，言官纠弹一疏有多至一二十人者。及下部覆，必详细分别某人应留应去，某人言当不当。彼时言官亦无敢哗，言官只管言，即言之当否，与称职不称职，自听朝廷处分。此后边疆用人，言官纠正，吏部详核，更得辅臣主持，天下事犹可为。”

皇帝回应道："已屡有旨了。"

吴麟徵把话题转移到熊开元身上："顷熊开元亦以奏诘辅臣周延儒得罪，虽是出位妄言，第谚曰：'家贫思贤妻，国乱思贤相'。封疆事败坏至此，岂得不责备首辅！此亦人情所必至。总是姜埰无知，出语不伦；开元亦是热肠，但言之不当。"

皇帝立即把他驳了回去："熊开元假托机密，阴行谗谮，小加大，贱凌贵，渐不可长，前旨已明。"

户部尚书傅淑训也出面申救熊开元、姜埰。

皇帝严词拒绝："面谕甚明，不必申救。"

这时，一向敢于犯颜直谏的都察院左都御史刘宗周（字起东，号念台，浙江绍兴人）挺身而出，直截了当地请求释放姜埰、熊开元。他说："朝廷待言官有体，言官进言，可用则用之，不则置之。即有应得之罪，乞敕下法司原情定案。今熊开元、姜埰狂躁无知，不能无罪。但以皇上急切求言，而二臣因言下诏狱，大于圣政国体有伤，恐非皇上求言初意。臣愿皇上俯念时事艰危，扩圣度于如天，以开诸臣诤谏之路。如臣宗周曩亦因言获罪，中道再疏冒渎，蒙皇上不加斧钺，放还田间，复荷赐环起用。是臣之罪实甚于二臣，臣何幸而遇皇上之优容，二臣何不幸，而不蒙皇上之恩宥也！"

刘宗周越说越起劲，又举黄道周受到宽容的事例为证，说道："黄道周言语激烈，有朋友不能堪

◥ 傅淑训，湖广孝感人，万历二十九年进士。天启时因联姻杨涟受牵连，削籍。崇祯时官至户部尚书。

◥ 刘宗周，万历二十九年进士。世称"蕺山先生"，为官清正刚直，以敢言著称。

者，我皇上不但待之以不死，且在起废之列。今二臣戆直不及道周，道周何幸而遇破格之恩，二臣何不幸而不蒙法外之宥也？”

面对刘宗周咄咄逼人的辩词，皇帝理屈词穷，勉力强辩：“人臣见有无礼于君者，即当纠劾，三法司、锦衣卫俱是朝廷衙门，你说言官有体，假使贪赃坏法，欺君罔上，溷乱纪纲的，通是不该问了。”

刘宗周依然振振有词：“陛下方下诏求贤，姜埰、熊开元二臣遽以言得罪。国朝无言官下诏狱者，有之，自二臣始。”他愈说愈激动而无所顾忌，大声说道：“厂卫不可轻信，是朝廷有私刑！”

皇帝听了如此蔑视东厂、锦衣卫的言论，顿时肝火大旺，反驳道：“东厂、锦衣卫俱为朝廷问刑，何公何私？”

刘宗周伏地叩头说：“臣谨请罪。”

皇帝说：“黄道周闻他有学有守，用系特恩，怎得引他比例？似尔愎拗偏迂，成何都察院？卿等起来，刘宗周候旨处分！”

刑部尚书徐石麒（字宝摩，号虞求，浙江嘉兴人）希望皇帝宽宥刘宗周，由他承担罪责：“臣在直房与同召诸臣商议，熊开元、姜埰有罪，仰干圣怒，臣等宜代为请罪，叩头乞恩，俟圣俞始起。不意臣需次未言，刘宗周随即申救，语言戆直。若论起事，罪实由臣，伏乞皇上将臣处分，宽宥宗周，不胜感激。”[1]

1 孙承泽《春明梦余录》卷四十八《都察院·召对刘总宪宗周纪》。亦见谈迁《国榷》卷九十八，崇祯十五年闰十一月甲子；吴甡《忆记》卷四。

都察院左佥都御史金光辰（字居垣，号双崖，滁州全椒人）为自己的顶头上司求情说：“都察院激浊扬清，纪纲之地，自陛下召用刘宗周，宗周正己率属，大著风采，诸御史凛凛饬法，都察院最为得人，望赐优容。”

皇帝越发愤怒，说道：“金光辰亦候处！”

金光辰毫不退缩，应道：“宁处臣，不可不留宗周。”[1]

兵部尚书张国维（字九一，号玉笥，浙江东阳人）也为刘宗周乞求宽宥：“刘宗周清执素著，即如臣受事之初，宗周相会，即以操持砥砺，谓欲整厘部务，在端本澄源。臣服膺其语，但于朝班相遇，一切调度每多商略。方今多事之时，老成当惜，伏乞圣明宽宥。”

皇帝固执己见，武断地判定：“熊开元这疏，定有主使，想是刘宗周主使了。”

兵部左侍郎冯元飚（字尔弢，号邺仙，浙江慈溪人）哭泣救诤，衣袖尽湿。

金光辰极力辩解刘宗周并非主使：“顷臣闻皇上谕，熊开元疏想是刘宗周主使。臣以宗周赋性硁直，客也不会，与熊开元实不相往来。宗周与臣同官，臣极知他，就是前日恭聆皇上面谕，不但姜埰、熊开元二臣有罪，臣等俱有罪，皆惶惧不安。即宗周在外边与臣等也说他不是。因皇上面谕，遂不觉以

1 吴甡《忆记》卷四。

忠爱之心，披纳牖之益，其实从君德起见。”[1]

辅臣吴甡从旁劝解：“宗周清直，陛下素所鉴知，起之废籍，畀以台纲，倚任甚重。今以申救言官，致触圣怒。然申救言官亦自古大臣常事，非有党也，望霁威宽怒。”

皇帝很不高兴地停止召对，退回勤政殿，写了手谕：“宗周愎拗偏迂，着革职，刑部议罪。光辰降二级调外。”命太监捧出给阁臣看，看完传出施行。吴甡与周延儒商量，当面请求从宽。周延儒等进入勤政殿，讲明理由，朱由检面色稍微缓和，随即在手谕上抹去“刑部议罪”四字，算是从宽发落刘宗周，还不忘补充一句：“故辅温体仁曾言其愎拗偏迂，果然。”[2]

阁臣们告退后，前往会晤刘宗周，告诉为他缓颊之事，言外颇有得色，以为刘宗周一定感激不尽。孰料刘宗周不但不感激，反而批评阁臣某事错、某事不做等，娓娓不已。阁臣们摇头叹息：“难做！”刘宗周正色说：“诸公尚说难做，更有何人可做？”[3]

次日，两袖清风的刘宗周骑着驴子，后面跟着一个仆人，肩扛着包袱，离京南下，景况着实有点凄凉落寞。[4]

为了申救姜埰、熊开元，刘宗周遭到革职处分，金光辰遭到降二级调外任处分。在监狱中的姜、熊二人的处境更加不妙。李逊之《崇祯朝记

1 孙承泽《春明梦余录》卷四十八《都察院·召对刘总宪宗周纪》。

2 吴甡《忆记》卷四；李逊之《崇祯朝记事》卷四。谈迁《国榷》卷九十八，崇祯十五年十一月甲子。

3 李清《三垣笔记·附识中·崇祯》。

4 孙承泽《春明梦余录》卷四十八《都察院·召对刘总宪宗周纪》。

事》引用熊开元事后的回忆，写道：

熊公自序略云：二十九日召对，既罪刘宗周等，独谕金吾骆养性曰："熊开元必有主使，不行拷讯，是汝不忠。"骆（养性）出，方沉吟道上，中使忽以手敕至，则令取开元、埰毕命，以病闻。密诏也。骆失色，语同列，同列曰："是何可杀？珰党乱政时，田尔耕毙诸言者足鉴矣！"

明日，十二月朔，取开元百端拷掠，求主者。但举一腔忠愤，及姻朋辈私相感叹，挽开元勿语者以对。先一拶一百敲，又一夹打五十杠，掠至垂毙，始还狱。初二日，又一夹打五十杠，复去衣打五十棍。自分死矣。

金吾法已穷，思之。三日似有鬼神之通，乃以所谳无大碍于首辅者，为一纸；开元所供娓娓千言，为一纸，同进。并缴前密谕，曰："诚如圣谕，天下只畏臣衙门之刑，不畏朝廷之法，合无将开元发部拟罪，肆诸市朝，始可昭垂后世。"

初四日，上以谳词发阁，延儒叩首曰："熊开元南人，不任刑，今已至矣，愿付刑曹（刑部）。"上用其言，下部，且手诏答金吾曰："开元、埰前诏不必行。"始惊且喜，呼圣明也……上曰："朕今亦不究矣。"嗟乎，人皆一死，开元独千百死，非至尊宏宥，能免兹辣手乎？[1]

1 李逊之《崇祯朝记事》卷四，引《熊公自序》。

熊开元九死一生，以为是“至尊宏宥”——皇恩浩荡，其实应该归功于刑部尚书徐石麒的秉公办事。皇帝责怪掌管锦衣卫的骆养性“溺职太甚”，把姜埰、熊开元移交刑部审理。刚由刑部侍郎升任刑部尚书的徐石麒，对皇帝无端惩处刘宗周颇为不满，上疏感叹：“刘宗周立朝无伪忠伪信之习，陛下用而舍，舍而复用。宗周今老矣，陛下斥去之，欲再见此类岩岩泠泠之老臣，岂可得哉？”[1]对于姜埰、熊开元之狱，徐石麒也有自己的主见，以为骆养性并未“溺职”，于是根据原先的供词，拟定熊开元赎徒、姜埰谪戍，不再在刑部重审。皇帝大怒，把徐石麒革职闲住。[2]黄宗羲对徐石麒给予颇高的评价：“给事中姜埰言，上中谣言单辞，厌薄言官。行人熊开元屏人密奏宜兴（周延儒）过失。上皆疑为押合故智，下之诏狱，且欲赐死狱底。蕺山（刘宗周）于召对犯颜救之，蕺山革职。公言：皇上欲求变通，趋时之臣举朝不乏，若欲求廉顽立懦、维风易俗之臣，舍宗周无与归矣。不听。然上亦凛于公论，收回密诏，改下刑部。公轻拟，不徇上意，奉旨闲住。公去，而国事益急。”[3]

徐石麒虽然革职闲住，他的“轻拟”却难以动摇。姜埰、熊开元一直押在刑部狱中，终于在崇祯十七年初获释。姜埰遣戍宣州卫，在赴宣州途中，接到京师陷落的消息，吟五律《赴戍宣州卫》

1 抱阳生《甲申朝事小纪》三编卷六《徐宝摩小纪》。

2 张廷玉《明史》卷二百五十八《熊开元传》、卷二百七十五《徐石麒传》。

3 黄宗羲《光禄大夫太子太保吏部尚书谥忠襄徐公神道碑铭》，《南雷文定前集》卷五。

一首：

垂死承恩谴，天威咫尺间。
荷戈荒徼去，收骨瘴江还。
衮职犹思补，龙髯竟绝攀。
桥陵千滴泪，独在敬亭山。[1]

诗中流露了国破家亡却始终不忘君王的纯忠情怀，可见朱由检定他“藐玩特甚”，实在是冤哉枉也！南明福王政权赦免了他的戍罪，恢复原官。姜埰似乎看透了官场险恶，不愿赴任，流寓苏州悄无声息地死去。临终前对儿子安节、实节说：“敬亭（宣州），吾戍所也。戍者，吾君所命。吾未闻后命而君亡，吾犹罪人也。死必埋吾戍所。”儿子遵嘱把他埋葬在宣城。[2]

熊开元的境况大致相仿，遣戍杭州。南明福王赦罪，起用故官，不赴；唐王立，赠官随征东阁大学士。汀州陷落，弃家为僧，隐居苏州灵岩山，自号蘗庵。吴伟业有《题华山蘗庵和尚画像二首》，其二曰：

西南天地叹无归，漂泊干戈爱息机。

黄宗羲像

黄宗羲，浙江余姚人，世称“梨洲先生”，与顾炎武、王夫之同称为“明末清初三大思想家”。著有《宋元学案》《明儒学案》《明夷待访录》《南雷文案》等。

1 朱彝尊《静志居诗话》卷十九《姜埰》。
2 朱彝尊《静志居诗话》卷十九《姜埰》。

黄蘖禅心清磬冷，白云乡树远帆微。
全生诏狱同官在，乞食江城故老稀。
布衲绽来还自笑，箧中血裹旧朝衣。[1]

既有怀念旧友的感伤，也有些许对故明的哀怨之情。

姜埰、熊开元之狱的直接后果，不仅惩处了敢于直击时弊的姜、熊二人，而且罢黜了为他们辩护的刘宗周、金光辰、徐石麒等高官，使得周延儒复出后启用正人的局面受到沉重的打击。其间接后果，再次重现钳制言官的独裁之举，正如徐石麒向皇帝进谏时所言："国事至此，奈何以喜怒塞言者路？"[2]姜埰、熊开元之狱，算不上左右时势的大事，它的负面影响却极深，人们对朝政终于完全失望了。[3]

6."延儒功多过寡，令免议"

姜埰、熊开元之狱牵扯到南党、北党，预示着这"两党"的魁首已经成为矛盾焦点，皇帝朱由检对他们已有戒备之心。作为一种对策，他借口襄阳、荆州、承天相继被李自成攻占，要吴甡前往湖广督师，以图恢复。吴甡作为督师大学士，手下既无兵又无将，故意拖延时间，落得个罢官的处分。

1 吴伟业《题华山蘖庵和尚画像二首·其二》，《梅村家藏稿》卷十七。

2 陈子龙《徐太史行状》，黄宗羲辑《明文海》卷四百六十三。

3 参看福本雅一《熊姜之狱》，小野和子编《明清时代的政治和社会》，京都大学人文科学研究所，1983年，第135—155页。

周延儒的日子也不好过，因为兵部尚书陈新甲秘密媾和事机泄露，周延儒明知这是皇帝的旨意，却不愿挺身承担责任，从此皇帝对他的宠信渐衰。[1]朱由检与阁臣蒋德璟谈及周延儒时，说了一句意味深长的话："朕恨其太使乖！"已经看透了周延儒，"太使乖"三个字，把先前的"还是他好"的赞誉，抵消了大半。蒋德璟把这句话透露给周延儒，周延儒道出了内心秘密："事如此英主，不使乖不得也！"[2]然而"太使乖"并非灵丹妙药，机关算尽太聪明，反误了卿卿性命。

崇祯十五年十一月初四日，清军越过长城墙子岭，初九日京城戒严。满洲铁骑驰骋纵横，京师外围一片兵荒马乱景象。周延儒作为内阁首辅惊慌失措，一筹莫展，竟至于病急乱投医，无聊地仿效杨嗣昌故智，召集和尚百人，在石虎胡同口搭建大法道场，念诵《法华经》第七卷。[3]

清军征战数月，身不解甲，马不离鞍，困乏已极，于崇祯十六年三月初进入山东青州府莒州（今莒县），养马于野，人皆休卧。对于这种销声匿迹的不正常现象，朝廷一无所知。直到四月初三日，才得到清军准备北撤的消息。

四月初五日下午，皇帝在平台召见周延儒等阁臣，声色俱厉地说：朕欲亲征！周延儒赶忙跪奏：臣愿代皇上！朱由检不表态，只顾仰视。陈演、蒋

1 李长祥《天问阁集》卷上《甲申廷臣传》。

2 文秉《烈皇小识》卷八。

3 计六奇《明季北略》卷十九《周延儒续记》。

德璟都表示愿意去前线督师，他都大摇其头。机敏的周延儒轧出苗头，再次跪请督师，朱由检这才冷笑道：先生果愿去，朕在宫中有过奇门遁甲占卜，正在此刻，一出朝门，即向东行，慎勿西转。周延儒立即谢恩领命，皇帝要他以阁部督师，断敌归路，务期歼灭，无令生还。[1]

周延儒深知皇上对于吴甡拖延时间十分不满，就反其道而行之，朝受命夕起行，这是他比吴甡机敏之处。但是他没有吴甡曾上过战场的经历，对于指挥打仗毕竟是外行，何况对手是所向披靡的满洲铁骑！当他初六日赶到通州时，清军东起津门，西至涿鹿，横亘三百余里，车载骡驮，浩浩荡荡北撤。明军只是在远处城楼不停地鸣炮恫吓而已，周延儒也不采取措施，每天忙于和幕僚、随从、统兵将领饮酒作乐，勤王四总兵刘泽清、唐通、周遇吉、黄得功，轮流在绛色幕帐内大摆筵席，督师大学士周延儒以及随征四臣方士亮、蒋拱宸、尹民兴、刘嘉绩又回请四总兵"陪酌"，大家都置战事于不顾。所谓督师，不过是操作公文而已。每天午后，督师衙门开门办公，收受塘报公文，早晚两次向宫中递送塘报。当时有人写了打油诗讽刺督师大学士：

1 计六奇《明季北略》卷十九《周延儒》及《周延儒续记》。

虏畏炎熇归思催，黄金红粉尽驼回。

出关一月无消息，昨日元戎报捷来。[1]

周延儒奉旨督师，从来没有一天亲临战场，他自请督师只不过是玩弄政治手腕而已。为了慰藉皇上，不断谎报军情，诡称连战皆捷，其实全是假的。例如四月二十三日，他向皇帝奏报，斩杀清军百余，真相恰恰相反，清军拆毁边墙，把在近畿地区掠夺来的子女玉帛，全部捆载出境，车马往来如织，周延儒熟视无睹，不准军队阻截、追击。又如，五月初九日，他向皇帝奏报：臣冒夜自顺义抵密云，督促各总兵、巡抚驱逐清军，今俱出塞云云，也是假的。[2]

对此谈迁评论道："建虏虽积侮我吏卒，然深入日久，矢竭弓脱，资装甚重，士马俱惫，各帐懔不自全。使燕齐之间少有斗将，独当一阵，袭其后，彼为遁计，能自完乎？宜兴（周延儒）巧人也，自请逐胡，谓乘其敝而图之似易。宜亟驰塞下，设伏险隘，分兵邀截，伺便掩击，庶不负请缨之志。顾尾而纵之，克还无害，则何烦丞相之驱驰也！"[3]此话言之有理，如果周延儒在险要关隘布置伏兵，并分兵从后面追击，疲惫不堪的清军必定遭到重创。但是他无所作为，以纵敌出境为宗旨。无怪乎当时有人怀疑周延儒是不是接受了清军统帅的贿赂，故意假道放行。[4]清军在北

1 计六奇《明季北略》卷十九《周延儒》。

2 万斯同《明史》卷三百五十七《周延儒传》。

3 谈迁《国榷》卷九十九，崇祯十六年五月辛丑。

4 谈迁《国榷》卷九十九，崇祯十六年五月辛丑。谈迁写道："相传入建虏重赂，或祖洪基在敌，故通款得假其道耶？"

直隶、山东一带驰驱六十天，掠走黄金一万二千两、白银二百二十万两，其他财物不计其数，从周延儒眼皮底下从容出长城北返，简直匪夷所思。[1]

周延儒的致命伤就在于不老实，如此震惊朝野的战事，众目睽睽之下，岂能一手遮天！皇帝对他自请督师瞩望甚殷，频频派人侦伺。李清说："周辅延儒出征时，识者知上意疑之，必有朝行夕伺者。及至军中，用刘总兵泽清（东平伯）为中军官，诸大将及偏裨奔走如猬，犹居长安时。内官密以闻，上始大疑。"[2]皇帝的耳目很多，有锦衣卫校尉，也有司礼监太监，当皇帝为他论功时，锦衣卫骆养性与司礼监太监王之心把刺探到的真实情况和盘托出。朱由检对这个宠臣竟敢如此胆大妄为欺君罔上，大为震怒，下令五军都督府及兵部等大臣对周延儒"蒙蔽推诿"等事从公察议。有关衙门从公察议后，周延儒意识到问题严重，席藁待罪，自请戍边。朱由检又不忍心严惩，下了一道极其温和的圣旨，让周延儒得以体面地致仕回乡："卿报国尽忱，终始勿替，许驰驿归，赐路费百金，以彰保全优礼之意。"及至廷臣察议的报告呈上后，皇帝还对廷臣说："延儒功多过寡，令免议。"[3]对周延儒可谓优容之至。

周延儒的下场咎由自取，其间自然免不

1 魏斐德（Frederic E. Wakeman）《洪业——清朝开国史》，江苏人民出版社，1992年，第134页。

2 李清《三垣笔记·笔记中·崇祯》。

3 万斯同《明史》卷三百五十七《周延儒传》。

了官场互相倾轧的因素，文秉记叙“大学士周延儒罢”，有一段意蕴深长的文字，值得细细玩味：

◥ 文秉，苏州人，自号竹坞遗民。文徵明玄孙，文震孟长子。杜门著书终其身。著有《烈皇小识》《先拨志始》《甲乙事案》《定陵注略》《先朝遗事》等。

延儒林居时，长兴周仲琏特往通谱，叙叔侄礼，事之惟谨。延儒之再召也，秀水吴昌时为之效奔走。延儒入都，仲琏官兵部员外，昌时官吏部郎中，共入其幕下。每朝夕辄便衣直达卧室，与侍者交通，探听阁中消息，随在外招摇市权。昌时醉心吏部，诚得一日称吏部郎，即死无恨。宜兴亦拟借此塞其望而远之，遂以郎中调文选司，破格极矣。

往时科道年例，在二八两月，科一人，道二人，间或吏部一人，此旧例也。昌时为政，例推给事中范士髦等四人，御史陈荩等六人。科道群起大哗。吏科都给事中吴麟徵、河南掌道御史祁彪佳率两衙门，集于公所，与昌时面议。及是日，科道齐集，援集例相责。昌时怙过，绝无引咎意。御史某不胜其愤，提所坐椅搏之。昌时仓皇而出，且曰：“若奚为待我如此？我当尽例出诸御史。”诸御史闻之，咸怒发上指，与昌时有不两立之势矣。

又宜兴（周延儒）自恃圣眷，视同官蔑如也，井研（陈演）辈皆有愠心。缇帅骆养性有阴事，宜兴刺得之，以挟制骆（养性），使为己用。往来传递者，（吴）昌时也。养性时有厚馈，宜兴不受，昌时竟隐匿焉，养性以此饮恨刺骨。内奄王之心，颇不乐宜兴，曾向宜兴云："我们才力有限，还求老先生包容。"闻者危之，而宜兴不以介意。

清兵入犯，宜兴督师逐之。总督范志完，宜兴辛未（崇祯四年）所取士，其人大言不惭，无纤毫实用，宜兴以一切军情委之。宜兴之出督师也，上注望甚殷，刻刻遣人侦伺。而宜兴驻通州，每日幕客攒集，午后始开门收文书，应故事。所谓躬历戎行鼓舞将士者，未之能也。清兵出口，各路援师尾之而行，不敢邀击，厚贿宜兴以求叙功，宜兴诺之。襄城伯李国桢与王（之心）奄俱有私人，欲入叙功疏中，宜兴不从。乃比而揭其短入告，谓："清兵已骄，邀而击之，可只轮不返，宜兴私通清兵，禁诸将不得一矢相加遗，坐是安然出口。"上信以为然。

适给事中吴甘来、御史王章疏参本兵张国维，而德州兵备雷縯祚亦疏参范志完，皆与宜兴有连。奉旨："周延儒着府部九卿科道议处。"阁臣各词申救。得旨："内外多艰，用人罔效，误国害民，皆朕不德所致。周延儒着致仕去。"[1]

1 文秉《烈皇小识》卷八。

7. “勒令周延儒自裁”

有皇帝的眷顾，“令免议”，周延儒就此可以优游林下了么？否。此人私心太重，肆无忌惮，一旦下台，言官们绝不会放过他。想当初复出，好评如潮，就有人预料结局不妙：“延儒酬接太滥，异日临事，徇法则贾怨，徇人则失己，二者之咎，必居其一矣。”[1]果然不出所料，他终于“徇人”而“失己”。原因就在于此人品行不端，正如李清所说：“周辅延儒熟于世故，情面多而执持少，贿来不逆，贿歉不责。故门人亲故，自贿及为人行贿，不拒也；或匿其二三，或侵其四五，不问也。每自阁中退休朝房，或私宅见客，彻丙夜。抚道府部多以贿迁，利溥于人，诟贻于己，矧病且中于国乎！”[2]

突破口就是他的门生范志完。志大才疏的范志完，由于座主周延儒当国而飞黄腾达，崇祯十五年以兵部左侍郎兼右佥都御史身份，总督辽东军务，赐尚方剑，出关督师。不久又以钦命督师身份兼任蓟辽昌通等处总督，节制登莱抚镇。周延儒把辽东、关内军事指挥大权全部委托给他，然而此人大言不惭，却毫无军事才干。清军从墙子岭南下，攻陷蓟州及近畿地区，就是他失职的结果。兵

1 李清《三垣笔记·附识上·崇祯》。

2 李清《三垣笔记·附识上·崇祯》。

部指责他疏于防务，言官弹劾他贪懦，皇帝责令他戴罪立功。范志完戴罪而不立功，怯懦之极，始终不敢与清军正面较量，惟以尾随呵噪，到处剽掠为能事。[1]

事情终于闹到不可收拾的地步，山东武德道兵备佥事雷縯祚揭发范志完纵兵淫掠，克扣军饷，勾结大党。皇帝一面命兵部查核淫掠事实，一面命雷縯祚补充详细事实。雷縯祚起先对范志完与周延儒的门生座主关系有所顾虑，一旦获悉周延儒遭到廷议的消息，立即畅所欲言，范志完不过当了两年佥事之类小官，骤然超升为督师，如果没有“大党”后盾，绝不可能。尚书范景文、谕德方拱乾、给事中朱徽、沈胤培、袁彭年都是他的一党，总后台则是周延儒。他的弹劾奏疏矛头直指周延儒：“若夫座主（周延儒）当朝，罔利曲庇，只手有燎原之势，片语操生死之权，称功颂德，遍于班联。臣不忍见陛下以周、召（周公、召公）待大臣，而大臣以严嵩、薛国观自待也。臣外藩小吏，乙榜（举人）孤踪，不言不敢，尽言不敢，感陛下虚怀俯纳，故不避首辅延儒，与举国媚附时局，略进一言。”[2]皇帝获悉范志完在山东纵兵淫掠，并以金银鞍马行贿的详情后，下令逮捕范志完。

崇祯十六年七月初八日，皇帝在中左门召见群臣，命雷縯祚与范志完当面对质。皇帝首先问雷

1 张廷玉《明史》卷二百五十九《赵光抃传附范志完传》。

2 张廷玉《明史》卷二百七十四《姜曰广传附雷縯祚传》。

缜祚关于范志完纵兵淫掠，又以金银鞍马数千两，托左谕德方拱乾行贿京师政要等情节，雷缜祚一一指陈。

皇帝又问：尔言称功颂德遍于班联者，指谁？

雷缜祚答：周延儒招权纳贿，如起废、清狱、蠲租，自以为功，再考选科道，收于门下。又幕客董廷献居间，凡求巡抚、总兵，先贿赂董廷献，用玉带二条、珍珠十三颗作暗号，要董廷献转达。

皇帝大怒，立即命锦衣卫缇骑逮捕董廷献。

御史吴履中揭发范志完纵兵淫掠，与雷缜祚的说法完全一致。

这次当廷对质的结果，范志完判处死刑。但案情并非就此了结，暴露了周延儒招权纳贿的种种劣迹，引起皇帝注意，非要追查个水落石出不可。于是乎另一个关键人物吴昌时露出水面，案情更趋复杂化。

兵科给事中郝絅揭露周延儒与吴昌时的特殊关系：吏部文选司郎中吴昌时，窃附权势，纳贿行私，作为周延儒的干儿义子，凡内阁票拟，朝廷机密，事事预先知道。又说：周延儒多欲则不刚，智足以掩过，而忠不足以谋国；想窃附君子，又不屏去小人。见忠直之人，表面援护而实质疏远；见邪佞之人，表面亵慢而实质亲昵。因此辜负皇上知遇之恩，耽误封疆安危。总之，周延儒是天下罪人，而吴昌时又是周延儒罪人。[1]这些话并非夸大

1 谈迁《国榷》卷九十九，崇祯十六年六月戊子。

其词，吴昌时虽是复社成员，却难掩其贪婪奸诈的另一面。连他的同社盟友吴伟业也说：此人贪利嗜进，醉心于升官发财；周延儒复出，他自以为有功，因而专擅权势，周延儒反而为他所用，也为他所累。[1]

御史蒋拱宸揭发吴昌时作为周延儒的幕僚，与董廷献表里为奸。董廷献也不是个好东西，据计六奇所说，董廷献字心葵，常州武进人，周延儒聘为幕僚，信任备至，千金万金之托，一言九鼎之信，内外事委任而授教。由是三公八座上揖其履，翰铨台省恭听其声。[2]吴昌时与董廷献联手，无所不至，赃私巨万，罪证累累，万目共见。即如南场（南京乡试）一榜，录取者非其亲戚便是以重贿买通关节之人，这一切都由吴昌时替周延儒经办。周延儒之弟周肖儒、儿子周奕封，公然榜上有名。毫无顾忌，以至于白丁、铜臭之流都夤缘登榜。贪横如此，哪里还有朝廷纲纪？吴昌时勾结宫中太监李瑞、王裕民，刺探机密，重贿入手就预揣温旨告人。[3]

蒋拱宸奏疏的最后一节，揭发吴昌时“通内”，最为皇帝所忌恨。七月二十六日，他亲临中左门审讯吴昌时，直截了当地诘问“通内”之事。

吴昌时拒不承认：祖宗之制交结内侍者斩，法极森严，臣虽不才，安能犯此？

1 吴伟业《复社纪事》：“来之（吴昌时号来之）不知书，粗有知计，尤贪利嗜进，难以独任。比阳羡（周延儒）得志，来之自以为功，专擅权势，阳羡反为所用……熊鱼山则复社初起时所宗，来之以邑诸生亲受奖遇者也，至是官棘寺，为国是异同，廷击首臣，忤旨杖阙下，系诏狱。来之力能俾政府申救，顾不肯强诤，阳阴唯诺，漫具橐饘，示调解而已。无何，御史发来之他罪，首臣为所罪累，与俱败。”

2 计六奇《明季北略》卷十九《董心葵大侠》。

3 万斯同《明史》卷三百五十七《周延儒传》。文秉《烈皇小识》卷八。

皇帝命蒋拱宸当面对质，蒋拱宸一见这种场面，吓得浑身发抖，匍匐在地，说不出一句话。

吴昌时见此情景，口气更加强硬：皇上必欲以是坐臣，臣何敢抗违圣意？自应承受，若欲屈招，则实不能。

皇帝见吴昌时不肯招供，吩咐太监准备用刑。

在场的阁臣蒋德璟、魏藻德立即出面劝阻：殿陛之间无犯刑之例，伏乞将吴昌时交付三法司审问。

◥ 魏藻德，顺天府通州人，崇祯十三年状元。崇祯十七年加兵部尚书兼工部尚书、文渊阁大学士。陈演罢相后魏藻德继任首辅。

皇帝不同意交付法司，严词训斥：此辈奸党神通彻天，若离此三尺地，谁敢据法从公勘问？

蒋德璟、魏藻德只得退一步请求不必动刑，说道：殿陛用刑，实三百年未有之事。

皇帝反驳道：吴昌时这厮，亦三百年未有之人。

一记闷棍把蒋魏二阁臣弄得哑口无言。太监遵旨对吴昌时用刑，夹至两胫皆断，昏迷不省人事，押入锦衣卫诏狱论死。在场的人莫不对用刑之惨酷，哀嚎之声响彻殿陛之间，而叹息不已："嗟乎，国家元气尽矣！"[1] 皇帝随即下达谕旨："吴昌时大奸巨猾，郑三俊何以破格录用？着议处。"法司议处的结论是："吴昌时遍身鳞甲，转眼戈矛，生平伎俩在于依附逢迎，昼夜营谋，惟是挑构反覆。望门依附，则改头换面以呈身；入幕求容，则舐痔吮

1　抱阳生《甲申朝事小纪》初编卷六《吴贞肃公始末》。

痈而献媚。阳为诡谲，反夸作驱除奸党之功；明肆倾排，偏矜有护翊正大之力。投拜罪辅薛国观，遂觊觎乎考选；串通逆案冯铨，而假窃其声灵。旧冢臣清执之品，自昌时入而铨政乱，是累冢臣者昌时也；旧辅臣柄政之时，自昌时用而议论烦滋，是误辅臣者亦昌时也。”李逊之引用这段话，点评道："数语描写已尽，可作昌时小传也。"[1]

吴昌时处斩，周延儒在劫难逃。在廷审吴昌时的场合，有的大臣说：吴昌时不过是幺麽小吏，何必如此大张旗鼓？皇帝意味深长地反问："昌时是幺麽，难道周某也是幺麽？"[2]由此可见，皇帝亲自廷审吴昌时，醉翁之意不在酒。果然，皇帝随即命锦衣卫差人把周延儒从宜兴家乡押解来京，听候勘问。消息灵通的周延儒预感到此去难逃一死，临行前把贮藏珍宝的楼阁三楹付之一炬，平生搜刮来的奇珍异宝，在烈焰中化作一片灰烬，据说火焰五彩斑斓。[3]

周延儒押解进京后，从昔日的座上宾沦为今日的阶下囚，威风荡然无存，落脚于崇文门外头条胡同关帝庙，次日搬到正阳门内关帝庙，四面有兵丁看守。

崇祯十六年十二月初二日，皇帝下旨：着法司议罪，限三日内具奏。刑部、都察院、大理寺主官召开紧急会议，审议周延儒罪状。

都察院左都御史李邦华（字孟暗，一字懋明，江西吉水

1 李逊之《崇祯朝记事》卷四。

2 杨士聪《玉堂荟记》。

3 文秉《烈皇小识》卷八。

人）对周延儒复出后的政绩给予肯定，当其受事之初，有蠲租、起废、解网、肆赦等新政，天下称颂太平。然后指责他不能永矢精白，疏于比匪，涉于营私，贿赂潜通，节钺暗授，以至于行间功罪以门墙而颠倒，封疆多故。因此皇上谴责他“机械”“欺藐”，是完全正确的，周延儒清夜当扪心自问：生有何颜面，死安足赎罪？按罪定议，罪应下“失误封疆”一等。看来他是主张从宽发落的。

大理寺卿凌义渠（字骏甫，浙江湖州人）的口气要严峻得多，毫不顾及周延儒复出后的政绩，着意揭露其为政为人的奸邪品格：有谋身之私智，无体国之公忠，精神惯用于揣摩，伎俩总归于闪烁。因此一时群小蚁附，幸窦杂出，狐假公行，自误以误国，把用人行政之权柄，供其市恩修怨之图。法律虽有“议贵”之条，也不能为其宽恕。

刑部尚书张忻则倾向于李邦华，主张从宽。他认为，周延儒复出以来勤敏颇著，未尝无裨于纶扉。无奈性生智巧，缺少诚正之谊；情喜夤缘，屡犯比匪之戒。以致滥用匪人，封疆罔效。甚至奉命视师之时，仍一味私交是庇，赏罚混淆，罔凛国宪。周延儒受恩独厚，负恩独深，视息尚存，宁无愧死？其罪虽浮于丘山，但有“议贵”条法，希望皇上慈存辅弼。[1]

三法司审议结果，一人主张从严，二人主张从

1 抱阳生《甲申朝事小纪》四编卷二《周延儒科断案》。

宽，于是判决如下：周延儒发烟瘴地面充军终身，拘妻佥解。[1]

皇帝却不念旧情，毫不宽恕，驳回三法司的判决，亲自拟旨："周延儒机械欺蔽，比匪营私，滥用匪人，封疆贻误。屡旨已明，所拟岂足蔽辜？姑念一品大臣，着锦衣卫会同法司，于寓所勒令自裁，准其棺殓回籍。"[2]圣旨下达后，阁臣蒋德璟等纷纷上疏申救，强调周延儒奉召之初，一切奉扬圣德，如蠲租、起废、解网、肆赦诸大政，中外人士欣传有太平之兆。即我皇上亦曾说"功多过寡"。但此人赋性宽疏，以致门客宵小之徒乘机假借其名声，纳交通贿，延儒不能尽知，即使知道也不能杜绝。因而宠贿彰闻，疵垢多端，天鉴炯然，罪责难逃。法司建议遣戍烟瘴之地诚当其辜。皇帝毫不松口，再次重申前旨，清楚表明勒令自裁已经是从轻发落了。他在阁臣奏疏上批示："览奏揭，朕心恻然。但周延儒罪犯太重，前面谕已明，如滥用匪人，遗误封疆，比昵奸险，营私纳贿，及亲履行间，回朝面询，应将兵情据实陈奏，极力挽救，庶几收效桑榆。而乃欺蔽机械，较前愈甚。若律以祖宗大法，当在何条？念系首辅，姑从轻处，勒令自裁，已有旨了。"[3]

崇祯十六年十二月初九日，夜半更深之际，五十五岁的周延儒在关帝庙听太监宣读圣旨。念到

1 抱阳生《甲申朝事小纪》四编卷二《周延儒科断案》。

2 李逊之《崇祯朝记事》卷四。李清《三垣笔记·附识中·崇祯》。

3 李清《三垣笔记·附识中·崇祯》。

“姑念一品大臣”一句时，太监故意稍作停顿，周延儒以为皇上尚念旧情，意有非望，再三叩头，连称“圣恩”。孰料接下去就是“于寓所勒令自裁”，周延儒顿时失魂落魄，左右不能自持，不停地绕屋而走。骆养性见状，命两名士兵把他抓住，挨到四更时分，才上吊自缢。周延儒平日养生有道，气绝后四肢仍暖润如生，骆养性恐有不测，急忙用铁钉打入其脑门，然后才回宫复命。周延儒之死，比薛国观惨多了。临终前他留下一首绝命诗：

恩深惭报浅，主圣作臣忠。
国法冰霜劲，皇仁覆载洪。
可怜惟赤子，宜慎是黄封。
替献今何及，留章达圣聪。[1]

对于周延儒之死，王世德评曰：“延儒两入相，受恩最深，而壅蔽圣聪，奸贪误国，一死不足尽其辜也。”[2]史惇则另有一说，以为周延儒之祸成于同僚陈演，他写道：“姜曰广云：‘宜兴（周延儒）之祸成于井研（陈演）。’井研谓宜兴曰：‘今日世界到底是东林世界矣，老先生虽曰东林，其实东林未之许也。真东林骎骎逼人已甚，窃为老先生计，不如用演以挡其锋，演不敢负。’宜兴纳之。于是黄东厓（景昉）请告之疏，一上即俞，亦前此政府所未有。宜兴以

1 李清《三垣笔记·附识中·崇祯》。

2 王世德《崇祯遗录》。

为莫予难也已。井研遂居次辅。既而主眷渐衰，宜兴束手，井研复说之曰：'圣上所宵旰而图者，灭虏荡寇二事，虏今深入重地，大兵四面蹙之，督抚皆贵门生，诸将用命，此天亡时也。老先生身请视师，上必大喜，一举而功成，万世之计也。'于是宜兴信之，既奉命，则又曰：'老先生行后，阁中无事，一望捷音而已，文渊阁印携之军中可也。'宜兴以为印在，则更无与为难者，益得计。视师数日，上问军中消息何如？井研对曰：'正有所闻，不敢面奏。'上曰：'何不具揭？'对曰：'阁印为首臣携去矣。'上艴然曰：'白头揭帖亦可。'于是今日进一揭，明日进一揭，而宜兴杀矣。宜兴自矜其巧，自谓为所欲为，而卒为井研所愚，此虎之死于猱（猴）也。"[1]

关于周延儒之死，无论是被吴昌时所累，还是被陈演所愚，最终处死他的毕竟是皇帝。短短几年中，皇帝接连处死两名内阁首辅，绝非寻常。他们固然罪有应得，但是起用他们，而且对他们信任备至的皇帝，难道不应该追责吗？

二 "兵火纵横，中原涂炭"

1."君非甚暗，孤立而炀蔽恒多"

从周延儒复出到勒令自裁，明朝回光返照般

1 史惇《恸余杂记·陈演》。

的中兴之梦，终于化作泡影。崇祯一朝的内阁首辅中，真正能提纲挈领者，除了温体仁，便是周延儒，但是这两个人都“不轨于正”。[1]如果仅就能力而言，其他首辅都无法望其项背。周延儒死后，皇帝朱由检再也无法找到一个可以重用和依赖的首辅，他变得更加孤独了。

当李自成攻占西安，渡过黄河进军山西时，发布檄文，声讨朝政的腐败，强调的就是“君非甚暗”“臣尽行私”。请看其中的名言佳句：

> ——君非甚暗，孤立而炀蔽恒多；臣尽行私，比党而公忠绝少。甚至贿通官府，朝廷之威福日移；利入戚绅，闾左之脂膏尽竭。
>
> ——公侯皆食肉纨绔，而倚为腹心；宦官悉龁糠犬豚，而借其耳目。狱囚累累，士无报礼之思；征敛重重，民有偕亡之恨。[2]

这是造反大军的领袖李自成对明朝的看法，概括为“君非甚暗”“臣尽行私”八个字。当时人读了无不扼腕叹息，“而朝臣若处梦中，惟荐某人营某缺，门户苞苴是务。有识之士无不寒心”。[3]

崇祯十四年初，李自成攻下洛阳，张献忠攻下襄阳，成为一个转折点，从此内战形势急转直下，令朱由检忧心忡忡。他在攘外与安内的两难选择

1 杨士聪《玉堂荟记》。

2 东郇八十一老人《明季甲乙汇编》卷一，崇祯十七年甲申二月乙丑。按：此书另有版本，题作“许重熙《明季甲乙两年汇编》”，内容相同。

3 东郇八十一老人《明季甲乙汇编》卷一，崇祯十七年甲申二月乙丑。

▼ 丁启睿，河南永城人，万历四十七年进士。历任南京兵部主事、兵部郎中、太原知府、山东按察使右参政等职。崇祯九年宁夏兵变，带兵逮捕六名首恶，安定军心，因功升任右布政使，分守河南。崇祯十一年任右佥都御史，代孙传庭巡抚陕西。十三年总督陕西三边军务。十四年升兵部尚书，节制中原五省军事。

中，陷入困境，不得不面对腹背受敌的处境，越来越捉襟见肘，顾此失彼。他命令洪承畴在辽东战场与清军摆开决战的架势，与此同时任命丁启睿以兵部尚书节制中原五省军事，代替已故的杨嗣昌，专剿流寇。两面作战，同时对付两个敌人，其结果必然是两面都遭到惨败，而连年的失败战争带来的恶果是严重的，社会濒临崩溃。

崇祯十五年四月，朱由检全面检讨朝廷的过失，发出一系列谕旨，表明他已经觉察到形势的严重性。

在第一份谕旨中，朱由检做了自我检讨，等于是下罪己诏："朕以凉德，御宇十五载于兹，求治之心非不甚殷，致乱之方未得其要，施之政令，未免失宜。是以念虽切于忧民，恩不能以下暨渐，致闾阎困敝，灾害频仍，兵火纵横，中原涂炭。忠臣良将喋血流沙，赤子苍黎胁投异类，痛深扼腕，惨极伤心。此孰非朕德化不敷、声灵不振之所至也？今欲治理维新，廓然更始，布罪己之诏，施养民之仁，而又思恩惠宜周。空言无补，且军兴繁费，日损民膏，纵欲拯困苏残，不知何道。尔各部诸司，凡有可以利民之事，救时之方，裨助政治之规条，攻补朝廷之阙失者，须实实开列项款，送阁汇奏。朕将采入诏内，见之施行，不得以迂诞冗浮泛陈乱听。至于中外大小诸臣，亦当痛自猛省，服官担爵，各有职业，亦何以全无匡济，竟乏挽回？任兵食之交穷，忍边腹之并急，终未见有确然良画，奋起担当。虽忠义俱有同心，乃戡定将谁屈指，甚非朕之所倚望于诸臣也。自今为始，亟宜洗心殚力，惟日孜孜交警克艰，共图拨乱，以称委任分猷至意。”[1]

看得出来，朱由检对于自己在位十五年的政绩是不满意的，没有找到致治之方，以至于“兵火纵横，中原涂炭”；必须痛定思痛，猛然反省，谋求破解兵食交穷、边腹并急的良方。

因此，他在同一天向言官发出谕旨，斥责言官的种种不是，希望他们痛改前非，致力于谠言宏论，有助于天下的治理：“朝廷设立言官，以为耳目，正乐闻谠论，裨助政机。若缄默不言，与言而无当，皆非所望。甚有以言为名，挟私逞臆，循心附和，争胜把持，其失职更甚于不言。近因时事多艰，亟资忠益，兼收并纳，朕意甚殷。乃言官不能仰体，虽摅悃可取者固多，而乘机恣妄者不少。或荐举太滥，或纠摘过苛；或已经处分，而追论纷纭；或事值慎重，而哆口腾播。掣任事之肘，启竞体之端，抗威福之权，失献替之义。此于朕求贤图治之本怀甚为不符。”[2]有鉴于此，他要求主管言路的都察院，应该从严考选言官：“朝廷听言纳谏，必须言路得人。欲得人，必严考选、公咨

1 孙承泽《山书》卷十五《勉图拨乱》。

2 孙承泽《山书》卷十五《申明言职》。

慎、核辨言，试功抑竞奖恬，留真去赝。此原是部院职掌，昨面谕已明，着即细心详议，条列良法具奏。又旧制，试御史必先试以小差，果能称职，历事经年，方准实授。近因员缺，一概径差巡方，及至回道，又未见严加考核，殊失慎重风宪之意。今着该部院堂上官，执法综稽，申明旧制，试御史必分别去留，不得循资，概题按差，致有不堪，贻误地方。”[1]

对于“兵食交穷”“边腹并急”问题，朱由检专门写了一道谕旨，用“与民休息”来缓解社会矛盾：“朝廷竭天下物力，以输各边，养一兵实得一兵，兵之用也。及按籍有兵，征调无兵，近来边卒逃亡，缺伍不知其几？而饷额不惟无减，且日告诎，虚糜滥耗，谁非穷赤脂膏？着户兵部彻底清核，将各镇从前兵饷额数，今宜减若干，务逐一察明，以便酌量蠲缓，与民休息。且到处粮料压欠数多，旧逋未补，所欠踵告，日积月累，迄无底止。今议以何日始，将向来一应挂欠，截然勾销，按月解给，毋仍亏欠。”[2]

然而，谈何容易，安内与攘外两面作战，征兵增饷唯恐不及，“兵食交穷”“边腹并急”，有增无减，企图“与民休息”，岂非梦呓！这真应了朱由检自己讲过的话——空言无补。现在来谈“与民休息”，为时已晚。

1 孙承泽《山书》卷十五《慎选言职》。

2 孙承泽《山书》卷十五《清核兵食》。

崇祯十五年十月，都察院左都御史刘宗周向皇帝坦陈自己从浙江进京途中所见所闻，沉痛至极："嗟乎，民穷至今日甚矣！臣乡于江南，颇称乐土，而今年春，村中犹有杀子以食者，则所在四方可知矣……行至江北，水灾相似，淮扬之间二麦尚多被野浥烂，则插种益已后时矣。时庐州所属已次第报为贼陷，贼哨前探至天长地方，逼近维扬，人情汹汹。漕抚先遣兵三百声援扬州，追兵甫至扬，即行劫掠，因而散去，从贼者几半，上官亦未之问也。既而，贼骑亦限于水涨，不果至扬矣。臣住淮安日久，漕抚史可法间顾臣，臣问之曰：'曷不剿贼？'曰：'方事儹漕。'时漕抚既以儹漕为重，而凤皖二抚马士英、徐世荫又先后履任方新，尚未有协剿之议也。至于漕事既毕，可法乃事练兵，以图大举，而彼此声息转复杳然，至今未闻有一旅向庐州一步者。则所练之兵果当何时始用乎？而一时抚按诸臣迁延玩寇之景象大约如是矣。区区数百里之间，环错以三督抚，而不能成一旅以向贼。护漕者止言护漕，护陵者止言护陵，守安庆者止言守安庆。则贼亦何时办乎？"[1]刘宗周仅就比较太平的江南、江北而言，已经如此感慨系之，倘若他看到陕西、山西、河南、湖广等地的景象，不知有何感想？

原任湖广巡抚方孔炤是有感想的，他在奏疏

1 刘宗周《陈沿途见闻疏》,《刘蕺山先生集》卷十二《奏疏五》。

◤ 方孔炤，安庆桐城人，万历四十四年进士。崇祯十一年巡抚湖广，连败李万庆、罗汝才等部。

中说：

——皇上励精图治，在事诸臣无不奋力勉强，然尚未能宽君父忧者，时地有难易，功序有先后也。年来焦劳，惟兵与饷。臣以为第从兵饷经营，而不从原本立大规模，亦费时日，亦费货财。乃其源何在？在于养民致贤而已。汉萧何对高帝曰："养民以致贤人，则天下可图。"因不五年而成帝业。今者欲收中兴之功，须仿开创之意。……至于今日，国势人心大不同者，大寇业杀人无厌，而贪官污吏复吸之，枭兵恶将复害之，水旱疾疫复殃之，所余几何？

——乃愚臣鄙见，所谓养民致贤者二焉，请得竟其说。方今已被兵燹之地，有城郭尽堕者，有四境尽残，仅留空郭为兵马营场者。然土著之民恋土难舍，每傍山依水结寨相团。如不亟求联络，胥化为盗。亟宜选廉干武略之吏，多方招徕，因其势而利导之，劝其寨主广立垦屯，比练御寇，使中州、江北、楚齐、畿内等处，今日极残敝之区，即转为他日雄固之域，民自为兵，民自为饷，可以不烦朝廷处置，但其施为次第，自与承平法度不同。

——其未被兵燹之地，人情泄泄，尚急

催科，下怨众携，恐蕴星火。宜亟饬旧章，察课守令，刑清讼简，收拾舆情，剖击豪强。毋令赏盗，只取正供，以急国用。悉除烦苛，民自乐输，盗贼不起……皇上体念遗黎，尽蠲十二三四年逋税，又于中州特蠲三年，恩波浩荡。然贤有司必能宣化不肖者，暗自征收各处钱粮未清，务宜稽核彻底，使蔀屋之下皆沾实惠。[1]

方孔炤主张养民致贤，其要点是减轻百姓的税负，也就是正确处理催科问题。无独有偶，给事中李清也在催科上大做文章，讲得更加清晰：

——臣闻古今治乱之原，往往不问天行，而卜人事。……盖自罪辅薛国观辈不能以尧舜之道事君，而务拾申韩督责唾余，以烦苦天下。在圣明本欲易姑息为整严，而诸臣遂尽化敦大为苛深，其事不止一端，而所最病者尤催科与笞扑并行也。

——往臣为外吏，见有司所急者，惟是京边辽饷耳。自户部将杂项钱粮无一不入考成，于是参罚日严，征敛日迫。小民止此脂膏，赢前缩后，何能为国家增毫毛之润，而一时点金无术，敲骨皆血。刑与赋俱急，则民不得不

1 孙承泽《山书》卷十七《养民致贤》。

穷，斯盗起矣，盗起斯用兵矣，用兵斯不得不加派矣，加派斯愈，不得不病民矣。民益穷，盗益起，如圜相转，乱靡有定。[1]

道理非常清楚，横征暴敛激化了社会矛盾，于是乎盗贼蜂起，随着安内攘外战争的进行，三饷加派的接踵而至，民众反乱愈演愈烈。所以邹漪把杨嗣昌视为罪魁祸首："嗣昌首倡聚敛，一议加剿饷三百万两，又加练饷七百三十万余两，合旧派，每年加二千三百万，以致民穷盗起。"[2]这是一个无法化解的恶性循环，为了应付蜂起的盗贼，必须征兵增饷；征兵增饷使得民益穷、盗益起。正是在这样的恶性循环中，明朝陷入了灭顶之灾。

◤ 邹漪，师从吴伟业，清初明史学者。著有《启祯野乘》《明季遗闻》等。

2."闯曹雄视河洛"

攻下洛阳，处死福王，李自成军威大振，附近的造反队伍一斗谷、瓦罐子等，闻风响附，于是乎自称闯王。这似乎是史家的共识，例如邹漪说："自成既入洛，撰《九问》《九劝》诸伪词，号召群盗，勾引饥民，遂为闯王。"[3]计六奇不但如此说，而且

1 孙承泽《山书》卷十七《治道本计》。
2 邹漪《明季遗闻》卷一《北都》。
3 邹漪《明季遗闻》卷一《北都》。

在闯王的“闯”字上大加发挥：“自成既入洛，撰《九问》《九劝》诸伪词，号召群盗，勾引饥民，遂为闯王。辛巳（崇祯十四年），自成独雄一部，汝才改称曹操营。予思古之伪号多矣，未有称闯王者，称之自高迎祥始，亦字之甚新，而号之创设者矣。或曰：‘闯者，马出门也，属火；国姓（朱），牛也，属土。以火克土，故以马胜牛也。’一云：‘闯者，马出头貌。’马出头，是‘主’字在马上也，取马上定天下意。然止可谓马上之主，不能拱坐称主也，故宋献策有云：‘我主不过是马上皇帝。’其意亦见及此矣。盖伪号初设，莫不有数存焉。然迎祥作逆十载，势既横且久矣，而世终未闻称高闯王，仅知有李闯王者，前此犹未甚也，及自成破洛以后而始甚矣。人第知闯王为自成，而不知始于迎祥；抑第知自成为闯王，而不知始于卯、辰（崇祯十二、十三年）之际也。”[1]

闯王李自成实力大增，决定攻打河南重镇开封。他这样分析形势：开封方面听到洛阳陷落的消息，必定严加防备，难以强攻，不如暂且引兵远去，待其懈怠时再回师突然袭击。于是挥师南下，佯攻汝州（今临汝）。河南巡抚李仙风自顾进驻洛阳，不以开封为忧。李自成见开封防务空虚，立即掉头向东北方向急行军三日三夜，于崇祯十四年二月初六日逼近开封城下。

1 计六奇《明季北略》卷十七《李自成称闯王》。

开封是周王朱恭枵的藩封地，福王被杀，令他寝食不安，生怕遭到同样下场。获悉李自成兵临城下，大惊失色，急忙拿出五十万两银子犒赏守城将士，并且高悬赏格：杀敌一名赏银五十两。[1]李自成对开封采取围而不攻的战术，三天以后，城内一片恐慌。官吏们为了稳定人心，把竹厂的几万根竹竿发给居民，每人每天给佣金五钱，轮流扛着竹竿在城墙上游行，高喊“发兵出战”口号，虚张声势。[2]周王还派人抬着一块龙牌，由士兵鸣锣开道，在大街上边走边喊：有能退寇解围者，赏银十万两，具题起升！[3]

朝廷见开封被围，唯恐这个中原重镇陷落，危及大局，紧急调拨援军前来解围。李自成不得不放弃包围了七日七夜的开封，向南转移。河南巡抚李仙风慑于李自成的威势，不敢向开封靠拢，屯兵于偃师，待保定总督杨文岳率领援军赶到开封，才向开封靠拢。皇帝鉴于李仙风畏缩不前坐误战机，下令逮捕李仙风。李仙风听到圣旨，吓得一夜之间胆战心惊而死。

新上任的督师丁启睿，也胆小如鼠，朝廷命他节制陕西、河南、四川、湖广、河北五省军队，竟然手足无措，莫知为计。不得已奉命由陕西出潼关，不敢进入河南，准备由承天进入湖广，会集已故杨嗣昌所辖军队。湖广巡抚汪承诏怕招来麻

1 吴伟业《鹿樵纪闻》卷下《闯献发难》。

2 白愚《汴围湿襟录》。

3 白愚《汴围湿襟录》。

烦，对丁启睿说：大寇在河南，荆襄幸息警，无烦大军。[1]为了不让他进入，故意把汉津一带的公私渡船全部藏匿，迫使丁启睿徘徊三日无法进入湖广，只得折回邓州（今河南邓县），州官又给他一个闭门羹，迫使他改走内乡，知县虽然允许入境，却不向他提供粮饷。堂堂督师大臣，手持尚方剑，却毫无威信，奔走于荒山野岭，狼狈得割马肉、挖野菜充饥。他听说李自成的部众多达数十万，宁愿挨饿也不愿向开封进军。得知张献忠在光山、固始一带活动，兵力单薄，灵机一动，对部将说：上命我剿豫贼，此亦豫贼。[2]于是命令从襄阳赶到南阳的左良玉转向麻城，对付张献忠。开封守军每天都向他告急，他始终笃定泰山，振振有词地说：我方有事于张献忠，不赴矣！[3]

却说李自成在河南所向披靡，活跃于当地的小袁营袁时中，慕名前来归附；转战于内乡、淅川、邓州的曹操罗汝才，也加入到李自成的行列中，形成“闯曹雄视河洛”的局面。《流寇长编》写道：“（崇祯十四年八月）辛未，良玉发郧阳，丁启睿大兵继之。大雨五昼夜，江涌道断，饷馈不通，将吏离隔数处，不能进兵。贼闻良玉将至，逃者过半，监军御史汪承诏劾将士纵贼。左良玉以战功得复职。献贼好凌人，曹操久不乐，至是舍去，就闯贼。曹年长，故以兄事闯。二贼既合，献（张献忠）之散卒多

1 张廷玉《明史》卷二百六十《丁启睿传》。

2 张廷玉《明史》卷二百六十《丁启睿传》。

3 吴伟业《绥寇纪略》卷九《通城击》。

归之，有众数十万，雄视河洛。”[1]

▼ 傅宗龙，云南昆明人，万历三十八年进士。曾官陕西三边总督、兵部尚书等，崇祯十二年被召入京，不久因与上不合而下狱。

对于闯曹雄视河洛的动向，皇帝十分忧虑，从狱中放出前任兵部尚书傅宗龙，任命他为陕西总督，要他“专心办闯贼”。[2]傅宗龙抵达陕西不久，握着陕西巡抚汪乔年的手，唏嘘而别，于九月四日带了川陕兵二万出关，在新蔡与保定总督杨文岳会合，贺人龙、李国奇率领秦兵，虎大威率领保兵，搭浮桥东渡汝水，进抵项城。

李自成与罗汝才在上游搭建浮桥，准备进取汝宁，得知官军渡河，立即设伏诱敌。九月初六日，双方遭遇，正当贺人龙、虎大威追击三十里，人困马乏，喘息歇脚之时，李自成、罗汝才的主力部队猛然从埋伏的树林中冲出，势如排山倒海，但见尘埃滚滚，杀声震天。傅宗龙、杨文岳被突如其来的偷袭吓得惊慌失措，一向骁勇善战的贺人龙带了千余骑兵避战自保，李国奇无处可避，被迫迎战，大败而逃。贺人龙、虎大威乘势逃向沈丘。屯兵火烧店的杨文岳一看苗头不对，撇下傅宗龙不管，逃往项城、陈州（今淮阳）。战场上只剩下傅宗龙困守待毙，多次要求贺人龙、李国奇回头救他，毫无回音，气得他破口大骂，声嘶力竭表示要“决

1　戴笠、吴乔《流寇长编》卷十四，崇祯十四年八月辛未。
2　戴笠、吴乔《流寇长编》卷十四，崇祯十四年五月癸巳。

一死战”，绝不“卷甲走”。[1]顽抗一阵之后，不敢“死战”，只好“卷甲走”，在九月十八日半夜突围。李自成哪里肯放过“专心办闯贼”的总督，紧追不舍，第二天中午就把傅宗龙抓获。李自成的士兵把他押到项城县城门下，诡称是傅总督的家丁，请开门接纳总督大臣。傅宗龙大喊：身是傅督，不幸落于贼手，城上快开炮，不要中了狡计。结果被砍伤右胁，挑瞎双眼，削去鼻子。城上放炮掩护，家人卢三把傅宗龙背入城内，已经气绝，项城人把他殡殓于天吉寺。[2]皇帝得到消息，大为感叹：“若此可谓朴忠矣！”立即追复他为兵部尚书，加太子少保，谥忠壮，给予祭葬。[3]

李自成与罗汝才乘胜连破襄城、叶县，于十一月包围南阳。南阳是唐王的藩封地，督师丁启睿、总督杨文岳、总兵陈永福却毫不在意，把南阳的防务交给守将猛如虎。结果南阳城陷落，猛如虎阵亡，唐王朱聿镆被杀。《流寇长编》写道：“闯曹攻南阳甚急，守将猛如虎以计破之，伤贼精兵数千人。他门不守，贼入，如虎巷战至唐府，拜阙称负恩托，被刺死。监军主事余天爵、知府丘懋死之……御史卫桢固奏：‘闯曹既破襄城、叶县，势必及于南阳。中州督者丁启睿、援者杨文岳、镇者陈永福，皆不为唐藩计，而独付之猛如虎，岂可避罪？’”[4]皇帝下达谕旨追责：“藩封沦陷，督抚固难

1 张廷玉《明史》卷二百六十二《傅宗龙传》。

2 戴笠、吴乔《流寇长编》卷十四，崇祯十四年九月壬寅。

3 张廷玉《明史》卷二百六十二《傅宗龙传》。

4 戴笠、吴乔《流寇长编》卷十四，崇祯十四年十一月丙子。

辞责，（丁）启睿剿献著捷，驰豫亦早，宛郡兵将派集颇厚，何以失守？察核以闻。”[1]

李自成利用这一有利形势，攻下邓州、唐县、新野、泌阳、内乡，然后直指开封，一举拿下开封府的属县禹州、陈留、通许、尉氏、洧川、鄢陵、长葛等，于崇祯十四年十二月二十三日第二次包围开封城。周王朱恭枵已成惊弓之鸟，赶忙拿出几万两银子修浚城池。巡抚高名衡、总兵陈永福赶忙招募新兵，向督师丁启睿告急，丁启睿不得已赶往开封，“避贼入城，部下大淫掠”。[2]李自成暂时围而不打，不断开炮轰击，城内一片惊慌。请看当时人的报道：

——飞铁熔铅，四面如织，空中作响，如鸷鸟之凌劲风。

——大炮小铳昼夜击打，城壁如筛，守埤者不敢露影……甫露首，辄中弹死。

——守御士卒粮饷缺乏，有司无策……兵情懈怠。[3]

1 戴笠、吴乔《流寇长编》卷十四，崇祯十四年十二月壬寅。

2 张廷玉《明史》卷二百六十《丁启睿传》。

3 周在浚《大梁守城记》。白愚《汴围湿襟录》。

农民军还尝试用炸药来对付坚固的城墙。史家记载：“十五年春正月，李自成攻开封益急。洞车附城，凿城砖土而空之，广数尺，实以火药，燃之，一烘而裂，曰小放。窟城纵横数丈，实火药，燃之，一发震天，曰大放。癸未（正月十三日），贼以精骑数千布围于外，执汴人畚土穴城，为大窟十余，辇火药数万斤。百炬齐燃，贼擐甲持矛，望城崩将拥入。贼穴城，畚其土砾于外，累累成阜。火药一发崩天，砖缶皆飞鸣外向，贼之布围于外者，人马成血糜。城之未穿者坚如石，犹寻丈。贼骇，解围去。”[1]

开封是宋朝古都，金朝海陵王把开封城墙重新加固，坚如磐石，高三丈五尺，宽二丈一尺，城根处的砖石如同岩石，而且深入地下数尺。[2]因此用火药轰炸的办法，也难以打开缺口。正月十五日，李自成下令撤离开封。

3.“决河灌城，士民溺死数十万”

傅宗龙死后，朝廷任命陕西巡抚汪乔年火速出潼关，与左良玉夹剿李自成。朝廷连续发布军令催他出关，汪乔年鉴于关中精锐军队大多被歼，此去凶多吉少，哀叹：傅公死，讨贼无人，固知肉喂饿虎，然义不可以不行。于是乎他率领贺人龙、郑嘉栋出关，进入河南。他与诸将商量：郾城危在旦夕，我军难与争锋，不如以精锐骑兵奔袭李自成老营驻地襄城，李自成必定回师救援，郾城之围不战而解。郾城之围解，我军袭其前，左良玉乘其背，

1 谷应泰《明史纪事本末》卷七十八《李自成之乱》。

2 戴笠、吴乔《流寇长编》卷十四，崇祯十四年十二月庚申。康熙《开封府志》卷九，城池。

必可大胜。[1]

汪乔年在陕西巡抚任上，奉朝廷旨意，叫米脂知县边大受掘了李自成的祖坟。《流寇长编》写道："闯贼破洛阳后声势日张，或奏其祖墓宜有异，下旨乔年密察之。乔年使米脂令边大受诇实，墓在万山中，去县二百里，十有六塚，中为始祖。传云神仙所定，铁灯燃火圹中，云：铁灯不灭，李氏当兴。如言迹之，山径仄险，林木晦黑，果得李氏村，村旁累累十六塚。发中冢，有蚁数石，火光莹然。斫其棺，尸不朽，黄毛被体，脑后一穴如钱，中盘赤蛇长四三寸，有角见目，飞高丈，口吞日色堕。乔年函颅骨并腊蛇以闻。"[2]李自成对汪乔年恨之入骨，亲率主力奔赴襄城决一死战。汪乔年要贺人龙、郑嘉栋、牛成虎分三路，前往城东十里阻击。这三人都是李自成手下败将，还没有来得及布阵，就争先恐后逃跑。在郾城的左良玉，摆脱了李自成的围困，乐得逍遥自在，不去援救襄城。汪乔年一触即溃，叹息道：此吾死所也！率领步兵千余人，入城守卫。农民军用火药炸城，用大炮轰击城墙，汪乔年的坐纛、

◤ 汪乔年，浙江杭州人，天启二年进士。崇祯十四年任右佥都御史，巡抚陕西，奉命掘李自成祖坟。崇祯十五年李自成攻陷河南襄城，处死汪乔年。

◤ 坐纛，军中主帅的大旗。

1 戴笠、吴乔《流寇长编》卷十五，崇祯十五年二月丁未。张廷玉《明史》卷二百六十二《汪乔年传》。

2 戴笠、吴乔《流寇长编》卷十五，崇祯十五年二月壬子。张廷玉《明史》卷二百六十二《汪乔年传》所写大体相似，最后写道："乔年函其颅骨、腊蛇以闻，焚其余，杂以秽，弃之。自成闻之，啮齿大恨曰：'吾必致死于乔年。'"

雉堞粉碎，左右随从请他躲避，他愤怒地用脚踢其头说：你怕死，我不怕死。二十七日城陷，汪乔年被俘后，骂不绝口，被割舌处死。[1]

▼ 雉堞，又称垛墙、战墙，古代城墙上掩护守城人用的矮墙。

李自成乘胜攻下陈州、睢州、太康、宁陵、考城、西华、商水、归德、仪封、杞县等地，守城官员纷纷弃城逃命。各地塘报连呼紧急："流贼闯贼并小袁营贼河南肆行无忌，见今河南百姓乡宦军民人等……过河北往山东地方逃走，真假难辨，昼夜行走不止。"[2]

崇祯十五年四月底，李自成第三次包围开封。李自成的战术依旧是"围而勿攻，持久示必克"。[3]部队扎营于城西黄河大堤外，离城仅十里。乘城内人心惶惶之机，发动宣传攻势，用弓箭向城内射入传单。题目是"奉天倡义营文武大将军李示"，内容是："照得丁启睿、左良玉俱被本营杀败，奔走四散，黄河以北援兵俱绝。尔等游鱼釜中，岂能当活！可即开门投降，一概赦罪纪功，文武官员照旧录用，断不再杀一人以干天和。倘罪重孽深仍旧延抗，本营虽好生恶杀，将置尔等于河鱼腹中矣。"[4]

朝廷获悉开封再度被围，派御史苏京为监军，

---

1 张廷玉《明史》卷二百六十二《汪乔年传》。

2 《兵部为塘报防河甚紧事》，郑天挺等编《明末农民起义史料》第351页。

3 白愚《汴围湿襟录》。

4 郑廉《豫变纪略》卷五。白愚《汴围湿襟录》。

催促孙传庭率领延绥、宁夏、甘肃、固原四镇军队，赶往河南。

▼ 孙传庭，山西代州人。崇祯九年俘闯王高迎祥，十一年再败李自成部，后因与杨嗣昌不和入狱。十六年在李自成军破潼关时战死。

崇祯十五年正月，孙传庭被起用为兵部右侍郎兼右佥都御史，出任陕西三边总督，企图借重这名屡建战功的大帅重振军威，扭转中原战场的颓势。为此，皇帝在文华殿召见他，询问“剿寇安民之策”。皇帝问：几何人可以破贼？已经在监狱三年之久的孙传庭竟然信口开河：得精锐五千人足矣！[1]孙传庭早年曾经把李自成打得落花流水，因此颇为轻敌。但是三年过去，他还是老眼光，似有廉颇老矣之慨。当他赶到河南，见到李自成早已今非昔比——“棋基数十营，望尘莫见其影”，才知道形势早已大变，自己所夸海口“五千人足矣”，是不切实际的豪言壮语。不得不厚着脸皮认错，重新提出预算：非练兵二万、军饷百万不可。皇帝谴责他出尔反尔：“原议练兵五千可以破贼，何以取盈二万，且百万之饷安能即济？”命令他：“即卷甲出关，毋得逗挠取咎。”[2]朝廷不给他兵员与军饷，一切都得就地解决，这是孙传庭面临的一大困难。难上加难的是，已经显得兵将不足，皇帝竟然密令处死陕西名将贺人龙，公开的罪名是作战不力致使傅

---

1 吴伟业《绥寇纪略》卷九《通城击》。

2 吴伟业《绥寇纪略》卷九《通城击》。谈迁《国榷》卷九十八，崇祯十五年六月丙午。

宗龙败死；暗中怀疑贺人龙与李自成同乡（同是米脂人），对朝廷怀有二心。这当然是毫无根据的，孙传庭向皇帝解释说：贺人龙是臣的旧部，乞求皇上宽恕，以责后效。但是君命难违，他一到西安，就下令固原总兵郑嘉栋、临洮总兵牛成虎、援剿总兵贺人龙等前来会合。

五月初一日，孙传庭召开军事会议，突然下令拿下贺人龙，历数其罪状：尔奉命入山讨贼，在开县噪归，致使猛如虎以孤军失利，张献忠出柙，职尔之由。尔为大将，遇贼先溃，致使陕西总督傅宗龙委命贼手。一死不足以塞责！当即斩首于阶下。[1]贺人龙冤死的后果是严重的，一方面，陕西劲旅从此与朝廷离心离德；另一方面，自毁手足，为李自成消除了一个劲敌。《流寇长编》的评述是有道理的：

> ——贺人龙既致开县之败，孟家庄又先逃，致傅宗龙败死。家在米脂，与闯贼同邑，诸贺多从贼。上密令孙传庭诛之，传庭欲安人龙意，在道奏曰："贺人龙臣旧部曲，乞贳其罪，以责后效。"上若不得已而许之。传庭在河南传檄诸将，分兵驻西安境中待调。既视事，固原总兵郑嘉栋、临洮总兵牛成虎、援剿总兵贺人龙等，各以兵来会。

1 文秉《烈皇小识》卷七。戴笠、吴乔《流寇长编》卷十五，崇祯十五年五月己巳。

——五月己巳朔，传庭大集诸将，缚人龙，数其前罪，斩之，献首阶下。诸将莫不颤栗失色。人龙兵在咸阳闻之，奉人龙子及侄，至神庙欲歃血为盟，以复雠。其侄不许，曰："此君命也，伯父受死乃为忠臣，诸君言报仇，君可仇乎？是没伯父之心也。诸君必欲为此，请先灭我家。"事遂已。

——人龙破产养士，事见本年正月，性粗犷，洪承畴、郑崇俭、丁启睿皆不能得其心，故不为之用。是时，左良玉已倔强，又杀人龙，兵事益窘矣。流贼闻之，酌酒相庆曰："贺风子死，吾属无患矣！"诬以通贼，冤哉廷论也。[1]

贺人龙是陕西的一员悍将，杀人如麻，人称"贺疯子"。"贺疯子"被斩的消息传到李自成军中，人人酌酒相庆："贺疯子死，取关中如拾芥矣！"[2]对于孙传庭而言，临阵斩将，无异于内耗，于国于己都不是好事。此时正逢开封第三次被围，解救开封，孙传庭责无旁贷，然而心有余而力不足。

朝廷命孙传庭出潼关前往河南，孙传庭借口"兵新募，不堪用"[3]，不肯出关。朝廷再三严令催督，孙传庭才不得已出关。

为了收到两面夹击的效果，六月七日，皇帝下

1 戴笠、吴乔《流寇长编》卷十五，崇祯十五年五月己巳。

2 谷应泰《明史纪事本末》卷七十八《李自成之乱》。

3 郑廉《豫变纪略》卷五。张廷玉《明史》卷二百六十二《孙传庭传》。

旨，把前任户部尚书侯恂从监狱中释放，以兵部侍郎头衔总督保定、山东、河北军务，率军从河北进援开封，与孙传庭协力作战。朝廷起用侯恂，目的在于利用侯恂与左良玉的老关系，调动左良玉向开封靠拢。侯、孙两名总督都进过监狱，对形势的判断却截然不同。侯恂充满着悲观情绪，甚至主张放弃河南这个糜破之区。他在奏疏中说：李自成一败汪乔年，再败傅宗龙（按：侯恂把“一败”“再败”的先后次序颠倒了），而天下的强兵劲马皆为其所有，骑兵数万为一队，飘忽如同风雨，所过无坚城。官军只知尾随其后问所向而已。从现实考虑，不如放弃河南。因为河南全省已陷落十分之七八，昔日中原腹心之地，现今已成为糜破之区。从藩王的立场看，应该援救开封；从天下安危大计的立场看，不如放弃河南。他主张下令保定巡抚杨进、山东巡抚王永吉防守黄河以北；凤阳巡抚马士英、淮徐巡抚史可法扼守江淮；秦督孙传庭守潼关，臣率左良玉守荆襄，用这种战略态势截断李自成奔逸之路，把他困死在赤地千里的中原。[1]侯恂的说法表面上看似乎有点道理，却绝对是个馊主意，朝廷无论如何不会自动放弃河南这个中原腹心之地，严令侯恂调动左良玉向开封靠拢。

◥ 侯恂，河南商丘人，万历四十四年进士。崇祯九年李自成攻陷开封，以按兵不救之罪入狱。崇祯十五年以兵部侍郎头衔总督保定、山东、河北军务，与孙传庭协力作战。

1 侯方域《壮悔堂文集》卷四《代司徒公论流贼形势奏》。

左良玉一向飞扬跋扈，开封第二次被围时，就龟缩观望，任凭巡抚巡按向他苦苦哀求，始终按兵不动。这次君命难违，勉强北上，与丁启睿、杨文岳、虎大威、杨德政、方国安各部十几万兵马，会集于开封南面的朱仙镇，与李自成部队遥遥相望。丁启睿多次催促他出击，他都借口“贼气方锐，未可击”，推诿不前。丁启睿要其他将领出击，各路将领都面有惧色。左良玉连夜与幕僚密议，决定拔营西行。[1]李自成料到官军要溜，事先在交通要道挖掘深二丈、宽二丈的堑壕。左良玉拔营后，农民军佯装不知，放他过去。等步兵过完，骑兵出现，派出小部队与之交锋，旋即退去。左良玉快马加鞭疾驰八十里，农民军从后面猛扑过来，前有堑壕，后有追兵，顿时大乱。顷刻之间，全军覆没，左良玉只带了几个随从逃往襄阳。这一仗打得左良玉失魂落魄，从此再不敢与李自成正面交锋。左良玉逃跑，导致阵脚大乱，全线崩溃。丁启睿、杨文岳、虎大威、杨德政逃往汝宁，丁启睿的敕书官印、尚方剑丢得精光。朝廷获悉后，逮治丁启睿，命杨文岳戴罪防守汝宁。[2]

开封岌岌可危，朝廷派出监军御史，分头监督各镇兵马驰救开封，各镇将领鉴于朱仙镇的教训，多驻扎于黄河以北，按兵不动。

开封孤城，外援断绝，巡抚高名衡下令“搜

1 戴笠、吴乔《流寇长编》卷十五，崇祯十五年七月己巳。

2 戴笠、吴乔《流寇长编》卷十五，崇祯十五年七月己巳。

粮”，不择手段把城内仅存的粮食搜罗到手，作为军饷。其后果是“十室十空，人始相食”。[1]百姓千方百计寻觅可以果腹的东西，“或摘树头青，或买药中饵，或刮树皮为羹，或剜草根，或拨粪中之螬，或捞河中饲鱼小虫，以及皮胶、故纸、涨棉、泎草之类，无不入口，以延旦夕”。[2]九月初，水草每斤卖价白银一两，人肉每斤白银五两，屋上瓦松每斤二百钱，水坑中小红虫（一名金鱼子）每斤八百钱，马肉每斤白银数两，一匹马可卖银子千两。[3]开封城内一片萧索景象，白昼行人断绝，鼠雀全无。王紫绶《大梁宫人行》写道：

◥ 王紫绶，河南开封人，顺治三年进士。选庶吉士，授翰林院编修，纂修明清两朝实录。著有《知咫堂诗集》。

银满一抔米一抔，
豪家潜向老兵谋。
老兵米有肉更有，
私下屠人公卖牛。[4]

在这种困境下，有人向巡抚高名衡献计“决河灌贼”，理由是“河决则贼可尽，而水不入城”。[5]黄河北岸的援军也主张掘开黄河大堤，冲决在黄

1 郑廉《豫变纪略》卷六。
2 白愚《汴围湿襟录》。
3 郑廉《豫变纪略》卷六。白愚《汴围湿襟录》。
4 郑廉《豫变纪略》卷六。
5 戴笠、吴乔《流寇长编》卷十五，崇祯十五年九月壬午。

河故道上的李自成老营，以解燃眉之急。[1]于是巡抚高名衡、推官黄澍和巡按御史严云京一致决定“决河灌城”，凿开朱家寨口大堤。农民军以牙还牙，派民夫数万人凿开马家口大堤。这时适逢大雨连旬，黄河水位陡涨，朱家寨口、马家口一起决裂，声闻百里，洪水奔腾而下，直冲开封城，从北门入，穿东南门出，整个开封城瞬间淹没于一望无际的洪水之中，积水深达三丈余，建筑物无一幸免，水面上只剩下钟楼、鼓楼、相国寺、周王府的屋顶。

决河灌城，“士民溺死数十万”[2]，高名衡等决策者罪责难逃。史家记下了他们的罪责：

——会汴人有献计决河以灌贼者。时城旁羊马城，周王募民新筑者，皆坚厚为高岸，而贼营直薄其大堤，以为河决则贼可尽，而城中无恐，故督抚议从其计。早为自成所觉，援师方凿朱家寨口，贼已移营高阜，多设巨筏艨艟，驱所掠民夫数万，反决马家口以灌城。天大雨经旬不止，黄流骤涨，两口一时并决，声闻百里。丁夫荷锸者随堤漂没，贼营亦沉万人。河流直冲汴城，自北门入，穿东南门以出，流入汴水，汴人皆溺死。方初受围时，官以城守闾民得百万户，围后死于疫与饥者十之

1 周在浚《大梁守城记》。

2 孙承泽《山书》卷十六《豫省之变》。

二，尚得八十万。水至，周王从后山逃出，督师侯恂遣总兵卜从善逆以舟师，士民从之而济者不及二万。河身改徙杞县、唐县、亳州，以入于淮，贼乃拔营向西南而去。[1]

——至是年九月，（李自成）复率诸贼突至，不复攻城，设长围以困之，城内食尽。高名衡与推官黄澍议，城不能支，不如引黄河水灌贼，且水泊城下，可以通饷道。共启周王，然之，乃使人掘堤。不意水大至，溃城而入，街衢水深二丈余，士民溺死数十万。名衡乘水舟至城头，周王府第已没，从后山逸出西城楼，督师侯恂以舟迎王。卜从善以水师至城上，黄澍从王乘城，夜渡达堤口。诸军列营宋家寨。贼移营不及，亦沉死万人。[2]

◥ 孙承泽，山东益都人，崇祯四年进士。官至刑科给事中。所著《山书》《春明梦余录》《天府广记》等涉及明代事迹。

◥ 冯甦，浙江临海人，顺治十五年进士。历官永昌推官、广东巡抚、刑部右侍郎，康熙二十年致仕归乡。著有《见闻随笔》《石园稿》《知还堂稿》等。

此次决河灌城，死亡惊人。孙承泽说“士民溺死数十万”；冯甦说溺死七十余万（八十万人中逃生者不及二万）**；周在浚说“城中男女百万”，“得出者万人而已”，也就是说死亡九十余万人。**[3]

皇帝得到开封城被淹的消息，下旨慰劳一手策划“决河灌贼”的高名衡，令其回乡休养。一个

1 冯甦《见闻随笔》卷上《李自成传》。
2 孙承泽《山书》卷十六《豫省之变》。
3 周在浚《大梁守城记》。

多月后，皇帝在宫中召见参与策划决河灌城的推官黄澍，了解开封被淹真相。这个老奸巨猾的官员竟然把自己的责任推得一干二净，“利口诿凿渠事于闯贼”。[1]

4.“开了城门迎闯王”

孙传庭获悉开封被淹，李自成前往河南中部，便率军向南阳方向前进，邀击李自成。

崇祯十五年十月初，两军相会于鲁山与郏县之间。孙传庭使出拿手的伏击战术，设置三道防线和埋伏，用牛成虎指挥前军，左勷指挥左军，郑嘉栋指挥右军，高杰指挥中军，企图以牛成虎为诱饵，引诱对手进入埋伏圈，然后四面夹击。李自成将计就计，派出小部队进入埋伏圈。牛、左、郑、高四将以为对方中计，立即倾巢出击。对方佯败而退，故意沿路丢弃武器物资。官军士兵以为打了胜仗，纷纷下马拾取战利品，阵线一时大乱。李自成抓住战机，指挥埋伏于隐蔽处的主力部队猛烈反击。

左勷是个纨绔子弟，一见这种阵势，不知如何是好，大声叫喊：高鲁败！以为中军高杰的鲁先锋官大败，拍马逃命。其他各军见左勷逃跑，以为前军大败，都掉头向后狂奔，一败涂地。郏县一役，正值连日大雨滂沱，官军粮食断绝，士兵采摘青柿

1 戴笠、吴乔《流寇长编》卷十五，崇祯十五年十一月戊辰。

子充饥，又冻又饿，招致大败，人称“柿园之役”。孙传庭再次出山的第一仗，竟然如此糟糕，部下将校七十八人被击毙，士兵几千人被俘，实力遭受很大损失，只得由巩县退入潼关。[1]这位身经百战的总督遵旨出关，一触即溃，赶紧向皇帝请罪。皇帝考虑到今后还要仰仗他，不予处分，责成他“图功自赎”。[2]

孙传庭惨败，河南境内其他守军不堪一击。当时人这样描写道：“诸镇将皆望风引避，莫有敢当其锋者”；“官吏率束手不能引决，则易服匿草间”。[3]

崇祯十五年十一月十三日，李自成与前来投奔的“革左五营”（革里眼贺一龙、左金王贺锦、老回回马守应、争世王刘希尧、治世王蔺养成）会合，一起攻打汝宁。候代的保定总督杨文岳，因为“援汴不力”，戴罪防守汝宁，已成惊弓之鸟，听说李自成大兵压境，立即手忙脚乱应付。双方相持一昼夜，第二天汝宁城攻破，总兵虎大威战死，总督杨文岳被俘，李自成对他说：“先生朝廷重臣，自不当改节，然时势乃尔，欲何为耶？”杨文岳回应道：“我恨无兵以杀汝，今日死耳，复何言！”押往城南用大炮击毙。[4]

李自成乘胜掠过确山、信阳、泌阳，直逼湖广重镇襄阳。左良玉朱仙镇大败后，一蹶不振，退避襄阳，招兵买马，拼凑了号称二十万的乌合之众，其中包括惠登相、马进忠、常国安等接受招安的流

1 吴伟业《绥寇纪略》卷九《通城击》。戴笠、吴乔《流寇长编》卷十五，崇祯十五年十月戊戌。

2 戴笠、吴乔《流寇长编》卷十五，崇祯十五年十月戊戌。

3 郑廉《豫变纪略》卷六。

4 戴笠、吴乔《流寇长编》卷十五，崇祯十五年闰十一月庚戌。张廷玉《明史》卷二百六十二《杨文岳传》。

寇。二十万军队只有十分之一军饷，其余的都靠“掳掠自给”。李自成率领数十万大军南下时，左良玉自知无法招架，“气怯善病，不敢言战”，在樊城打造船只，准备从汉水逃跑。[1]十二月初，李自成以步骑数万进抵樊城，樊城人民不堪左良玉骚扰，自愿充当向导，避开地雷、暗弩，径直奔向白马滩，很快渡过汉水，左良玉拔营南逃，襄阳不战而下。[2]十二月十六日，李自成进抵荆州，荆州士民打开城门迎接，湘阴王朱俨伊父子祖孙五人被杀。

崇祯十五年十二月底，李自成到达承天。承天原本叫钟祥，是明世宗朱厚熜生父兴献王朱祐杬的封地，朱厚熜入继大统后，钟祥县改为承天府，设置承天、显陵二卫，是仅次于凤阳的皇家重地。李自成抓住这个要害不放，派兵攻打显陵卫，焚烧显陵享殿。[3]崇祯十六年正月初二日，攻克承天，湖广巡抚宋一鹤畏罪自缢而死。[4]

却说左良玉从襄阳逃往承天，巡按李振声害怕左军进城掳掠，闭门不纳。左良玉只得前往武昌，向藩封于此的楚王勒索十万人军饷，遭到拒绝，他就下令大肆掳掠。获悉李自成逼近，便乘船沿江东下，军纪荡然：“所过焚庐舍，夷井灶，鸡犬无所留，千里一空，江左大震。”[5]皇帝对左良玉怯敌逃跑而又纵兵抢掠的行径很不满意，考虑到他毕竟有二十万大军，防守长江中下游非他不可，只得好言

1 戴笠、吴乔《流寇长编》卷十五，崇祯十五年闰十一月庚戌。

2 戴笠、吴乔《流寇长编》卷十五，崇祯十五年十二月丙寅。

3 吴伟业《绥寇纪略》卷九《通城击》。

4《明清史料》乙编，兵科抄出湖广郧阳府监纪推官朱翊辫奏本。

5 郑廉《豫变纪略》卷六。

相劝："襄城失守，明法具在，左良玉悯其久劳行间，责令图功自赎。"[1]不久又嘉奖他"奋勇"，赏给他银子六十两、衣料四套，赏给将士银子三千两，特地派太监会同兵部官员赶赴军营，传达"立志图功，早歼逆渠"的旨意。[2]

朱由检如此笼络左良玉，有更深的考虑，派内阁次辅吴甡前往湖广督师，需要凭借左良玉的二十万大军，力挽狂澜。

◥ 左良玉，山东临清人。因战功封为宁南侯，擢太子太保。弘光时，发兵征讨马士英，暴死于九江。

崇祯十六年三月初，朱由检鉴于襄阳、荆州、承天相继陷落，召开御前会议，商讨对策，对阁臣说："朕不德，忧及陵寝。"谴责臣下调度失宜，在场的大臣都叩头引罪。

次日，会议继续进行。朱由检对内阁次辅吴甡说："自杨嗣昌死后，督师无人，致有今日。卿曩历岩疆，可往湖广督师，以图恢复。"

吴甡明知此去凶多吉少，君命难违，不得不装出一副欣然从命的样子，回答："逆贼不道，震惊陵园，臣何敢惜其死。愿陛下发劲兵，假便宜，统之而南，必歼厥罪渠，以雪国愤，誓不与此贼共戴天日。"[3]

---

1 计六奇《明季北略》卷十九《左良玉避自成》。戴笠、吴乔《流寇长编》卷十六，崇祯十六年三月甲寅。

2 《兵部为钦奉圣谕犒赏将卒等事》，《明末农民起义史料》第403页。

3 吴甡《忆记》卷四。

三月十日，皇帝正式任命吴甡以内阁次辅兼兵部尚书的身份，带尚方剑，督师湖广。从当日的谕旨看来，对吴甡是寄予厚望的："朕以虏寇交讧，昕夕靡宁。近报楚寇披猖，益逞凶毒，朕心不胜痛愤，义当大讨亲征。次辅吴甡忠略壮猷，沉雄历练，具能仰体朕意，靖乱安民。兹特命以原官兼兵部尚书督师平寇，总率调度各督抚协力奏功。特赐尚方剑一口，以重事权……"[1]

吴甡随即写了奏疏，强调"贼势甚强，官兵怯弱"，写道："李贼蹂践两河以后，心胆横张，聚众至数千万。我兵怯弱，未敢一矢加遗。总镇左良玉退避汉阳，兵无纪律，不肯用命杀贼，而乘乱肆掠，民间畏之，反甚于贼。臣此行必得精兵三万，敢战之将统之南征，出奇制胜，可以恢复襄(阳)、承(天)，清扫陵园。"这样的表态，看似信心十足，其实内心一样怯弱。为了规避湖广的风险，他主张兼顾南京、河南、河北，说道："南京丰芑重地，恐贼窥伺，亦当兼顾两河，责秦督孙传庭相援出师，则南北夹剿之势成，釜鱼槛兽，擒之必矣。王师贵出万全，仍乞召集廷臣谋议，恐臣智虑有限。"

显然，吴甡试图用精兵三万，以及兼顾南京、两河，作为讨价还价的条件。三月十二日，朱由检在文昭阁召对时，直截了当对他说："昨先生疏，欲需多兵，岂能猝集？南京隔远，似不必退守。"没

1《明清史料》乙编，兵科抄出东阁大学士吴甡奏本。

有给他讨价还价的余地。

吴甡坚持自己的观点，解释道："昨臣所以请精兵战将者，窃有深意。左良玉跋扈不用命，当年阁部督师十檄征兵，一旅不发；近日河南总督羸卒数十仅充舆从。臣即凭借国灵，不过仍如阁部，而良玉退踞江汉，更有甚于河南。方廑内忧，遑御外侮？况贼势纵横十倍往日乎！若臣督领兵将，结以恩义，进可追剿强寇，退可驾驭骄帅，诚出万全之策。如仅张空拳，节制不行，徒损威重，何益徂征？南京太祖高皇帝陵寝在焉，从襄阳顺流而下，窥伺甚易，此根本大虑。且臣奉命督师，原为承襄报陷，陵园重大，出师南征，敢不兼顾？非退守也。"他的意思很明白，不想去湖广，而想去南京。

在旁的内阁次辅陈演插话："督师出，则督抚之兵皆其兵也。"

吴甡反唇相讥："次辅读书中秘，未谙军旅。臣之请兵，正谓督抚无兵耳。秦督新集乌合之众，防御尚忧不足，且远隔数千里之外，岂能猝应？河南总督止左良玉拨兵数十护从，并无一卒。豫抚自开封沦陷，标营千余见屯河北。楚抚失守承，襄兵尽死逃，督抚何兵可为？臣调度之兵乎？兵者国之大事，臣敢惜余生，不以上告君父，使臣出而仰面强镇，束手待贼，然后呼吁？臣近侍帷幄咫尺，尚不得请，何况远在行间，事机一失不可收拾，祸有不忍言者。"

朱由检似乎有点被他说服了，应声道："先生说的是，但卤在内地，兵难多集，姑先发一万随行。"随即命兵部尚书张国维拟议可调兵将，张国维回应：唐通兵七千、马科兵二千、京营兵一千，如今都征调去追击北虏，必须等待北虏退出，方可调集。

皇帝表示同意：姑俟虏退兵集，启行未晚。[1]

吴甡的确有难处，难道能让他赤手空拳去前线！他在三月十四日写的奏疏流露了惴惴不安的心情：今日督师已与昔日杨嗣昌督师形势大不一样，当时河南、湖广尚未残破，征调应手，呼吸可通；今日两省郡邑残破几尽，兵马钱粮为之一空，文移塘报全被梗阻。臣当冒险深入楚疆，只靠九江一线为南都屏障，此处必须重兵控扼而联络声援。

“两省郡邑残破几尽，兵马钱粮为之一空”，确实是当时实际情况，今日督师的困难真是一言难尽。因此，他建议皇上督促兵部作出相应部署，予以配合：

一是议剿贼之兵——河南、湖广半为狡寇蹂躏，道路梗阻，督抚之兵势难调集，新募之兵未必可用，莫如从边兵中抽调一支（如唐通之类），选骑兵步兵一万，由他督率前往湖广，随地可以剿杀；

二是议护行之兵——在边兵尚未调集时，臣先行，须派兵防护，不如就近推补和应募，从京营中挑选骑兵二千，随臣南下；

三是议控扼九江——寇氛东下，南都戒严，秦督孙传庭、黔督李若星都远在千里之外，凤督马士英护陵不便远调，楚抚之兵已溃于荆州、承天，急宜另设重臣驻节九江，与史可法互相联络；

四是议赞画监纪——大理寺评事万元吉在杨嗣

1 吴甡《忆记》卷四。吴甡《柴庵疏集》卷十八《内阁疏揭·召对纪略》。

昌军前赞画，英年妙才，且多历练，似宜加职方一衔，仍为军前赞画；

五是议调晋兵——臣昔日在山西，战将熟悉，拟调选骑兵一千，赴臣军前，听候调遣；

六是议就近酌留兵——故辅杨嗣昌督师时有标兵三万，额饷七十万，似应照旧派给，万一不能接济，容臣于所在地就近截留钱粮，抵扣军饷。[1]

皇帝要兵部作速议复。兵部议复：疏内句句精详，即予照办。这十个字，是应付皇帝的官样文章，其实根本不可能“照办”。要征调边兵，必须等清军退出长城才有可能；清军撤退后，兵部忽然变卦：唐通所部不能调走，从别部选调也有困难。这就给吴甡滞留京城提供了一个口实。

五月十一日，皇帝特地与内阁辅臣面议调兵事宜。第二天兵部议复，抽调边兵有很多困难，目前只能从马科所部抽调三千骑兵。时至今日，朝廷仍在攘外与安内的两难选择中犹豫徘徊，举棋不定，既要吴甡前往湖广平寇，又不愿抽调边防劲旅，万不得已抽调，也必须以“于边防无碍”为前提。[2]于是乎朝廷陷入了难以自拔的怪圈中，派阁臣去督师讨贼，却没有重兵可调。吴甡督师之议终于取消，深层原因就在于此。表面原因是冠冕堂皇的：吴甡故意拖延时间。

事情的变化十分蹊跷。吴甡决定出京的前一

1《明清史料》乙编，兵部题行御前发下东阁大学士吴甡奏稿。

2《兵部题为钦奉上传调发兵将事》，《明末农民起义史料》，第404—406页。

天，皇帝还命太监给他送去赏赐的银牌。隔了一夜，即五月十六日，皇帝突然变卦，谴责吴甡故意逗留："辅臣吴甡受命督师讨贼，自当星驰受事，乃三月以来迁延不进，未出都门，筹画莫展。若在行间，何以制胜？还宜在阁佐理，不必督师。"[1]吴甡似乎早有预料，惶恐中连上两份奏疏引罪，皇帝允许他致仕回乡。或许是受到内阁次辅陈演及锦衣卫骆养性的挑唆，皇帝一下子翻脸，下令逮捕吴甡，交由法司议罪。六个月之后，皇帝批准法司的裁决，遣戍金齿卫（云南永昌府）。[2]

◤ 史可法像
史可法，河南开封人，崇祯元年进士。弘光时官至兵部尚书。清军南下时坚守扬州，不屈而死，追赠太师。

南京兵部尚书史可法仗义执言："甡赈秦抚晋，素有重名，日者奉命督师，以调集兵马耽延时日，但甡拜命时，即将布置情形移书于臣。又虑镇臣左良玉不为用，即委良玉差官持檄慰勉之。身虽依于阙下，心已遍于行间。至于虑将帅跋扈而力请多兵，亦非得已……若辅臣视师，兵力不厚，岂不损兵威而辱国体乎？臣于六月间晤甡淮上，责以君恩未报，相对唏嘘。一时偶误，其罪或可原，向后自赎，其效犹可责也。"[3]清朝史家全祖望认可史可法的说法，为吴甡昭雪："思陵宰相以庶僚破格用者，

1 谈迁《国榷》卷九十九，崇祯十六年五月戊申。李清《三垣笔记·笔记中·崇祯》。
2 李清《三垣笔记·笔记中·崇祯》。张廷玉《明史》卷二百五十二《吴甡传》。
3 李清《三垣笔记·笔记中·崇祯》。

兴化（吴甡）之才为第一。及其受督师之命而不前，讥之者多矣。虽同官黄景昉亦云然。其实不足以咎兴化也。天下岂有无一兵一将而令其以宰相之虚名击贼者，甚矣，其谬也。史公可法论救之疏，其足以雪之矣。”[1]

吴甡的悲剧，反映了王朝末路的窘境，攘外束手无策，安内捉襟见肘。正如崇祯十六年四月某官员的奏疏所说，到处都是一片亡国景象，地方官“有献城与贼者，有送印免死者，有焚香开门以迎□□者”，“而贼且设伪官，造伪印，给伪札，百姓亦望尘投顺以为伪民。贼又给牛种，赈贫困，畜孳牲，务农桑，为久远之计。府臣掉头不顾，左兵焚劫，长去不返。国家掘壑附丘，以民养兵，今兵变而民亦变矣，有城不守，坐观其突入；有兵不战，一任其逍遥；有民不附，皆甘心以从贼”。[2]

朝廷面临的对手李自成并非等闲之辈，随着战争的节节胜利，提出了“剿兵安民”的口号，发动强大的政治攻势。他在黄州发布檄文，历数当朝皇帝的过错：“明朝昏主不仁，宠宦官，重科第，贪税敛，重刑罚，不能救民水火，日罄师旅掳掠民财，奸人妻女，吸髓剥肤”。他要反其道而行之，声称：“本营十世务农良善，急兴仁义之师，拯民涂炭。今定承天、德安，亲临黄州，遣牌知会士民，勿得惊惶，各安生理。”[3]他到处发布告示，宣传“三年

1 全祖望《题〈潭西草堂忆记·再题〉》，《鲒埼亭集外编》卷二十九。

2《明清史料》乙编，兵科抄出湖广郧阳府监纪推官朱翊辫奏本。

3 彭孙贻《平寇志》卷六。

免征，一民不杀”的政策。这种宣传在民不聊生的地区发生了明显的效应——所至风靡。[1]

历任翰林院编修、左谕德、左庶子的马世奇（字君常，常州无锡人），向皇帝进言，为什么闯王李自成借剿兵安民为辞，愚民被惑，望风投降？他分析其中的原因："非附闯也，苦兵也。一苦于杨嗣昌之兵，而人不得守其城垒；再苦于宋一鹤之兵，而人不得有其室家；三苦于左良玉之兵，而人之居者、行者俱不得安保其身命矣。贼知人心之所苦，特借剿兵安民为辞，一时愚民被惑，望风投降。而贼又为散财赈贫，发粟赈饥，以结其志，遂至视贼如归，人忘忠义。其实贼何能破各州县，各州县自甘心从贼耳。"[2]这个官员不讲违心的大话假话，讲的是关于人心向背的大实话。

保定巡抚徐标（字准明，号鹤洲，山东济宁人），应召向皇帝慷慨陈词："臣自江淮来，数千里见城陷处固荡然一空，即有完城，亦仅余四壁城隍，物力已尽。蹂躏无余，蓬蒿满路，鸡犬无音，曾未遇一耕者，成何世界？皇上无几人民，无几土地，如何致治乎？"为今之计，"须严边防，天下以边疆为门户，门户固则堂奥安，宜先时修备"。至于"修内治，全在守令，守令贤则政自简，刑自清，盗自息，民自安。"[3]徐标所说"皇上无几人民，无几土地，如何致治乎"，语言虽然尖刻，确是对中原地区实际

1 计六奇《明季北略》卷十九《李自成屠黄陂》。

2 计六奇《明季北略》卷十九《马世奇入对》。

3 谈迁《国榷》卷九十九，崇祯十六年五月己亥。计六奇《明季北略》卷十九《徐标入对》。

情况的描摹。

刑科给事中李清写给皇帝的“治道在固人心”奏疏，讲的也是这个道理：“今有司所急者，京边辽饷耳。自户部将杂项钱粮尽入考成，不能为国家增毫毛之利，而一时刑与赋俱急，小民安得不穷？民穷而盗起，盗起而用兵，用兵而加派，加派而民益穷，盗益起。伏愿皇上坚持新令，一切求贤纳谏，轻徭解网。更严敕诸辅臣同心协力，勿谓速效可期，而以督责为小试之术；勿谓近功不奏，而以根本为可辍之图。”[1]江南名士徐元文对李清此言给予高度评价：“其言切中时患，卒明所以亡者，征输急而刑罚滥，百姓愁苦，贼得因之以借口故也。故帝虽不能用，而当时皆传诵之，以为名言。”[2]

清初历史学家张岱写明史，把马世奇、徐标、李清的观点进一步引申，分析李自成一年之内略定河南四十多个州县的原因，显得更加超脱：“自成下令曰：杀一人者如杀吾父，淫一女者如淫吾母。得良有司，礼而用之，贪污吏及豪强富室，籍其家以赏军，人心大悦，风声所至，民无固志。故一岁间略定河南南阳、汝宁四十余州县，兵不留行，海内震焉。时丧乱之余，白骨蔽野，荒榛弥望，自成抚流亡，通商贾，募民垦田，收其籽粒以饷军。贼令严明，将吏无敢侵略。明季以来，师无纪律，所过镇集，纵兵抢掠，号曰打粮，井里为墟。而有司供

1 徐元文《李映碧先生墓志铭》，《含经堂集》卷二十七《墓志一》。

2 徐元文《李映碧先生墓志铭》，《含经堂集》卷二十七《墓志一》。

给军需，督逋赋甚急，敲扑煎熬，民不堪命。至是陷贼，反得安舒，为之歌曰：

杀牛羊，备酒浆，
开了城门迎闯王，
闯王来时不纳粮。

由是远近欣附，不复目以为贼。”[1]

对于形势的这种剧变，朝廷并非一无所知，为了力挽狂澜，必须收拾人心。皇帝向内阁发去谕旨：“朕奉天子民，日以除暴安民为急。自闯贼煽乱，肆逞凶残，致我穷黎久罹水火。已有旨，尽免河南五府田租三年。惟虑仳离之余，声援遥隔，朝廷德意未及周知。又闻土寨人等纠众抗贼，保守地方，或系衿弁，或系署衔，迹似弄兵，原非得已。为此特颁诏书，赦罪录功，务伸讨贼之志，共矢同仇之气。但能擒斩伪官，即与授职；能收捕贼徒，即与给赏；能破贼恢城献俘者，即行超擢；断不逾时。其余部曲或编成乡勇，一体团练。或分垦荒田，量给牛种；或便宜安插，或护还家乡，官司不得生端牵扰。其江北、湖广等处，照此例行。据河南巡抚报，守备许成叶等驱逐伪官，尤宜先叙。尔等皆吾赤子，共有同仇，图早奋于功名，庶共游于乐利。布告远近，咸使闻知。”[2]在民穷财尽，盗

1 张岱《石匮书后集》卷六十三《盗贼列传》。

2 戴笠、吴乔《流寇长编》卷十六，崇祯十六年四月甲申。

贼蜂起，地方政府趋于瘫痪的形势下，宣称减免赋税、赦罪录功之类不着边际的空话，已经毫无实际意义。

5.“皇上只有此一付家当，不可轻动”

为了扭转河南、湖广的颓势，朝廷任命孙传庭为七省督师，收拾中原残局，显然是无可奈何的选择，带有孤注一掷的意味。自从“柿园之役”惨败后，孙传庭退回陕西扩军备战，制造“火车”(车上配备火器、弓弩)，自诩“战则驱之以拒马，止则环之以自卫”。[1]他驱使工匠日夜不停地赶制二万辆“火车”，耗费大量人力物力，百姓不堪忍受，千方百计想把他赶出陕西，一些头面人物哗于朝廷，制造倒孙舆论。恰好与朝廷的想法不谋而合，启用他为七省督师。

崇祯十六年五月，皇帝任命孙传庭以兵部尚书衔总督秦、蜀、晋、豫、楚、江、皖七省军务，特佩七省督师之印，赐尚方剑，全权指挥中原战事，并把白广恩、高杰调拨给他，出任正副总兵，统领火车营，催促他迅速出潼关赴河南作战。

孙传庭对战局了如指掌，料定出关作战必无好结局，不主张速战，他与参军乔元柱商议：白广恩、高杰岂是李自成对手，不得已而用之。我

1 戴笠、吴乔《流寇长编》卷十六，崇祯十六年七月甲午。

军初集，倘若持久练习，乘敌之饥疲，乃可取胜。刚从湖广率三千精骑入关的王龙支持孙传庭的观点，说道：贼势重，不可敌。襄阳赤地千里，百万之众何以供食？半年必饥，因而攻之，才有必胜把握。更加坚定了孙传庭不去河南的主张。然而陕西士绅希望他早日离开陕西。当时适逢关中荒旱，孙传庭责成富户捐助，引起士绅不满，纷纷向朝廷告状，说孙传庭“玩寇糜饷”，“秦人日在汤火中”，并且危言耸听地恫吓：“督师不出关，收者至矣！”孙传庭顿足叹息：“吾不能复对刀笔吏。”随即上疏请求出关，以总兵牛成虎、副将卢光祖为前锋，令河南总兵卜从善、陈永福合兵于洛阳之下池寨，传檄左良玉从九江趋汝宁，夹击李自成。[1]

这是极其危险的动向。当时明朝的主力军，除了辽东的边防军、湖广的左良玉军，只剩下陕西孙传庭手下的一点兵马。边兵自顾不暇，左良玉早已怯敌惧战，驻守关中的孙传庭具有举足轻重的意义。贸然调孙传庭出关，带有极大的冒险性，一旦失利，不但豫、楚不保，秦、晋也将无法守御。因此兵部侍郎张凤翔再三向皇帝强调：“皇上只有此一付家当，不可轻动。”[2]他又说：“贼甚狡诈，示弱不可信。且传庭所部皆良将劲兵，此陛下之家业也，须留此以待缓急用。”[3]张凤翔的看法是明智

1 戴笠、吴乔《流寇长编》卷十六，崇祯十六年七月甲午。彭孙贻《平寇志》卷七。

2 李长祥《天问阁集》卷上《甲申廷臣传》。

3 戴笠、吴乔《流寇长编》卷十六，崇祯十六年九月己亥。

的。在当时形势下，孙传庭固守潼关，以不变应万变，是最佳的战略决策。皇帝却不以为然，他考虑的是如何挽回败局，防止孙传庭“玩寇糜饷”，而不是如何保持这支战略预备队，故而不断催促孙传庭尽快出关。对于孙传庭而言，陕西的倒孙舆论还可以忍受，君命毕竟难违，毅然出关时大叹一声：“奈何乎！吾固知往而不返也。然大丈夫岂能再对狱吏乎？”[1]他已经坐过一次监狱，总不能再违君命而入狱，明知必败，也只有捐躯沙场以明心迹。他出关前夕写信给新任兵部尚书冯元飚，吐露了无可奈何的心情：“雅不欲速战，见上意及朝论趣之急，不得已誓师。”虽然自知此战必败，但多少怀有一点侥幸心理，所以他说：“吾固知战未必捷，然侥幸有万一功。”[2]然而命运之神没有眷顾，“侥幸有万一功”的奇迹没有出现。

◥ 冯元飚，浙江慈溪人，天启二年进士。官至兵部尚书。

崇祯十六年八月十日，孙传庭率军出潼关，二十一日到陕州，九月初八日到汝州。一场前哨战，便以为大捷，急吼吼向朝廷报功：“有自贼中逃回者言，贼闻臣名皆惊溃。臣誓肃清楚、豫，不以一贼遗君父忧。”还说：“斩闯贼坐骑，几获之。”[3]皇

1 彭孙贻《平寇志》卷七。张廷玉《明史》卷二百六十二《孙传庭传》。

2 彭孙贻《平寇志》卷七。

3 计六奇《明季北略》卷十九《孙传庭汝州大败》。钱駅《甲申传信录》卷二《疆场裹革·陕西》。

帝把孙传庭的报捷奏疏拿给阁部大臣过目，对兵部尚书冯元飚说："传庭乘胜，贼灭亡在旦夕，朕且加殊赏。"冯元飚不以为然："贼故见羸以诱我师，兵法之所忌也，臣不能无忧。"兵部侍郎张凤翔说："贼多诈，必示弱以诱我，不可信。"[1]新科进士程源上疏提醒："歼大寇，必图大举。合数十万之众，八面而齐攻之，谁应援，谁声实，谁牵制，谁批腹，着着照应，使之疲于奔命，救接不暇，然后可一鼓成擒。乞敕传庭凭关固守，勿事浪战。"[2]皇帝置之不理，在他看来，孙传庭一出关便可马到成功，流寇灭亡已在旦夕。

孙传庭也一反常态，扬扬得意起来。他从谍报人员那里得知，"贼老营在唐县，精锐在襄阳"，以为机不可失时不再来，立即派出劲旅从鲁山小道偷袭唐县，自己带了主力从汝州赶来接应。[3]接连几天略有小胜，据俘虏交代：唐县老营十二日夜半为官军所破，辎重、妻子俱尽，一营皆哭，督师军声大振。[4]这种口供明显有诈，孙传庭却信以为真，催促军队快速南下。

连日大雨滂沱，道路泥泞数尺，运粮车无法前进，士兵马匹都陷入饥饿之中，五天不能行军。将领怕遭不测，主张尽快撤退，孙传庭固执己见："师已行，即还亦饥，不如破郏县就食。"[5]到达郏县后，只得到二百多头骡和羊，一下子吃得精光，大

1 彭孙贻《平寇志》卷七。

2 彭孙贻《平寇志》卷七。亦见程源《孤臣纪哭》，冯梦龙《甲申纪事》卷三。

3 戴笠、吴乔《流寇长编》卷十六，崇祯十六年九月己亥。

4 戴笠、吴乔《流寇长编》卷十六，崇祯十六年九月癸卯。

5 吴伟业《绥寇纪略》卷九《通城击》。

雨依然滂沱。官兵士气低落，后军在汝州哗变，一时军中流言四起。孙传庭不得已宣布，分兵三路撤退，往洛阳就食。由于军心惶惶，军令难行，前队刚走，后队就乱。

李自成的部队从后面追来，但见旌旗招展，远远望去有如乌云翻滚，“官军方饥疲，见之皆股栗”。[1]新练的火车兵没有打过仗，早已不知所措，听说骑兵已败，赶紧丢弃火车逃命，“脱挽辂而奔，车倾塞道”。[2]顿时阵脚大乱，互相拥挤，争先恐后。李自成指挥骑兵，凌空腾跃，驰逐追杀，一日一夜追赶四百里，官军死伤四万。《流寇长编》如此描写当时的战况：“贼来追，癸丑及于南阳。贼置阵凡五重，饥民在外，步兵次之，马兵次之，骁骑又次之，老营家口居中。高杰之兵独当，贼已破马兵，骁骑死战。火车兵未经事，骇而奔，战兵心动亦退。火车塞道，马不得进。贼以铁骑驰逐，步贼四合，以白棒遮击，头盔俱碎，遂大败。贼空壁追蹑，一日夜四百里走。官军死者四万，失亡军赀数十万。”[3]

孙传庭丢盔卸甲渡过黄河，在河中回顾两岸被打得落花流水的残部，羞愧得要跳黄河自尽，左右随从抱住他，好言相劝：“公一身系国家存亡，今徒死何益？不如急入关，据险收兵，以图再举，天下事尚可为。”[4]孙传庭由垣曲、阌乡退入潼关，精心

1 吴伟业《鹿樵纪闻》卷下《自成犯阙》。

2 张廷玉《明史》卷二百六十二《孙传庭传》。

3 戴笠、吴乔《流寇长编》卷十六，崇祯十六年九月癸丑。

4 郑廉《豫变纪略》卷七，崇祯十六年九月己酉。

训练的“九边精锐”“良将劲兵”损失过半，从此“气丧沮不复振”。[1]

皇帝闻讯，大感意外，立即召开御前会议，大臣们一致认为必须固守潼关。皇帝随即下旨：孙传庭轻进寡谋，督兵屡溃，殊负任使。本当重究，姑削督师尚书衔，仍以秦督充为事官，戴罪收拾余兵，扼守关隘，相机援剿，图功自赎。如仍前使偾，致纵一贼入秦，前罪并论。孙传庭败得如此之惨，自然应负指挥不当之责，但是说他“轻进寡谋”，却有点强词夺理，明明是皇帝再三催促他出关作战的，这种战略决策本身就带有极大的“轻进寡谋”成分，注定了必然失败的结局。真正“轻进寡谋”的不是孙传庭，而是皇帝朱由检。令人遗憾的是，朱由检这道谕旨是十月初八日发出的，孙传庭已经在两天前（十月初六日）阵亡，再也不能遵旨“图功自赎”了。

原来孙传庭退守潼关，只剩下残兵败将几千人，个个心有余悸，连素称凶悍的高杰也惶惶如丧家之犬，劝孙传庭放弃潼关逃跑：“三军家在西安，战败而归，而强之守关，危道也。不如弃关专守西安，凭城以战。”遭到孙传庭大声斥责：“若贼已进关，则西安糜沸，秦人尚为我用乎？”[2]看来他已经下定决心，与潼关共存亡。

却说李自成在荆襄，与部下谋划战略，牛金星

1 计六奇《明季北略》卷十九《孙传庭汝州大败》。

2 戴笠、吴乔《流寇长编》卷十六崇祯十六年九月戊午。吴伟业《绥寇纪略》卷九《通城击》。

主张进取河北，直逼京师；杨永福主张顺流而下，攻取南京，截断运河通道，北京自困；兵政府（兵部）从事顾君恩侃侃而谈："南京势居下流，难济大事，其策失之缓；直取京师，万一不胜，退无所归，其策失之急。不如先定关中桑梓之邦，百二山河，已得天下之半。建国立业，然后旁掠三边，资其兵力，攻取山西，乃向京师，庶几进有可攻，退有可守，方为全策。"[1]李自成接受顾君恩的建议，全力攻打潼关。十月初二日，李自成部将一只虎李过攻占阌乡。初六日，另一部将刘宗敏抵达潼关关门，用佯败计引诱孙传庭出关追击，乘机冲进潼关。当时巨炮齐发，伏兵四起，一片混战，孙传庭死于乱军之中，事后连尸体也不知下落。[2]次日，孙传庭夫人张氏率两个女儿三个小妾，投井自尽；八岁幼子孙世宁翻墙逃跑，坠入民居，为老翁收养。长子孙世瑞闻讯，重趼入秦，收殓张夫人尸体，老翁归其弟，相扶携还。[3]

孙传庭之死令人叹息，复社诗人吴伟业为他写了一首哀歌——《雁门尚书行》，篇首描摹当年叱咤风云的英雄气概：

雁门尚书受专征，登坛顾盼三军惊。
身长八尺左右射，坐上咄咤风云生。

1 戴笠、吴乔《流寇长编》卷十六，崇祯十六年十月辛酉。

2 戴笠、吴乔《流寇长编》卷十六，崇祯十六年十月丙寅。

3 张廷玉《明史》卷二百六十二《孙传庭传》。

衬托他的悲剧性下场：

忽传使者上都来，夜半星驰马流汗。
覆辙宁堪似往年，催军还用松山箭。
尚书得诏初沉吟，蹶起横刀忽长叹。
我今不死非英雄，古来得失谁由算？[1]

“覆辙宁堪似往年，催军还用松山箭”云云，是指催促洪承畴冒进导致松山惨败的令箭，如今用在了孙传庭身上，重蹈覆辙。吴伟业对他寄予同情之心，在序言中写道：“《雁门尚书行》为大司马白谷孙公作也。公代州人，地故雁门郡。长身伉爽，才武绝人。其用秦兵也，将凭岩关为持久，且固将吏心。秦士大夫弗善也，累檄趣之战，不得已始出。天淫雨，糗粮不继，师大溃。潼关陷，独身横刀冲贼阵以没，从骑俱散，不能得其尸……公死，而天下事以去。然其败由趣战，且大雨粮绝，此固天意，抑本庙谟，未可专以责公也。”[2]

孙传庭一死，守军分崩离析，呈现“关以内无坚城”的态势。[3]事实证明，当初张凤翔所说“孙传庭所有皆天下精兵良将，皇上只有此一付家当，不可轻动”，是完全正确的。皇帝不听此言，不但断送了孙传庭，而且断送了“此一付家当”，在战

1 吴伟业《雁门尚书行并序》，《梅村家藏稿》卷十一《后集三·七言古诗》。

2 吴伟业《雁门尚书行并序》，《梅村家藏稿》卷十一《后集三·七言古诗》。

3 张廷玉《明史》卷二百六十二《孙传庭传》。

略上由主动转变为被动。事后吏科给事中马嘉植以极其遗憾的口气说："皇上亦知孙传庭偾事之因乎？守关原自有余，大言一鼓荡平，明知不可为而侥幸为之，以塞前言，是以进退失据。"[1]马嘉植在指责孙传庭"大言一鼓荡平"的同时，也批评皇帝的失策——把"守关原自有余"的孙传庭调往河南，铸成不可挽回的大错。无怪乎后人吊唁孙传庭充满了惋惜之情：

◥ 马嘉植，浙江平湖人，崇祯七年进士。崇祯十五年曾因弹劾陈新甲误国下狱。

一败中原势不还，二陵风雨惨龙颜。
朝廷岂合频催战，司马惟应暂守关。
杀气未销函谷里，忠魂长在大河间。
行人郏县踟蹰久，泪洒斜阳匹马闲。[2]

三 挽救命运的失败尝试：出征、南迁、勤王

1."嗟尔明朝，大数已终"

崇祯十六年十月十一日，李自成占领西安，把它改称长安，在此建都，把秦王府作为造反政权

---

1 计六奇《明季北略》卷二十《马嘉植疏》。
2 抱阳生《甲申朝事小纪》初编卷四《屈翁山吊孙白谷督师》。《道援堂集》原诗题为"郏县经故督师孙白谷先生战处"。

的总部，把陕西巡抚衙门作为吏政府（吏部），都司衙门作为兵政府（兵部），按察司衙门作为刑政府（刑部），西安分守道衙门作为工政府（工部）。

早在攻占河南之时，李自成的部队逐渐正规化，李自成称元帅，以下为权将军、制将军、果毅将军、威武将军、都尉、掌旅、部总、哨总。田见秀为权将军，提督诸营；刘宗敏为权将军，狡悍善战；李岩为制将军，颇检束其下勿纵掠；贺锦、刘芳亮、李过（李自成侄子）为制将军；张鼐（李自成养子）为正威武将军，党守素为副威武将军。占领襄阳以后，一改先前的"流寇主义"，建立政权，大体模仿明朝制度略加改头换面。改内阁为上相、左辅、右弼；改六部为六政府，设侍郎、郎中、从事等官；战略要地设防御使，府设府尹，州设州牧，县设县令。已经表现出与明朝分庭抗礼的意图。《流寇长编》记录一则逸闻印证了这一点："闯贼在襄阳以构殿、铸钱皆不成，扶鸾降仙，诗云：'自成不是真天子，马上抛枪三十旬，大位还是洪基坐，草头一点十三春。'因立养子李双喜为太子，名曰洪基，以压之。"[1]

当时人敏感地觉察这一变化，冯甦说："自成在中州所略城，辄烧夷之，无意守。既渡汉江，长驱入荆，念天下莫予难者，谋先守荆襄，次守承天、德安，渐以次于汝宁，而增置卫帅十有三人。"[2]

1 戴笠、吴乔《流寇长编》卷十六，崇祯十六年七月壬辰。

2 冯甦《见闻随笔》卷上《李自成传》。

钱軹说："初，闯（李自成）之横躏中原，所破城，多不守。自渡汉，长驱至荆，见所在无一兵，遂有守土之心。于是先守荆襄，再守承天，渐及汝南，增立卫帅，遣将分据，而谋西入秦。"[1]计六奇说："初，自成流劫秦、晋、楚、豫，攻剽半天下，然志乐狗盗，所至焚荡屠夷，既而连陷荆、襄、鄢、郢，席卷河南，有众百万，始思据有城邑，擅名号矣。"[2]

无独有偶，张献忠也如法炮制。当他获悉左良玉从武昌沿江东逃，立即从英霍山区出击黄梅，攻战麻城，向汉阳进发。此时湖广巡抚宋一鹤已死，代替官员迟迟不来，武昌知府、江夏知县纷纷逃离，武汉三镇处于无政府状态。张献忠拿下汉阳后，五月二十三日从鸭蛋洲渡江，二十九日拿下武昌，活捉楚王朱华奎，装入竹笼，沉入长江。张献忠在楚王府搜出上百万两金银，十分感慨："有如许财而不能用，朱胡子诚庸材也！"[3]张献忠把他的统帅部设在楚王府，自称大西王，设立六部尚书、五军都督府、五城兵马司，及各级地方政府，开科取士，招兵买马。[4]武昌的张献忠政权，与襄阳的李自成政权遥相呼应，李自成派人到武昌祝贺，张献忠立即派三百骑兵带了重礼回敬。

李自成占领西安，形势发生剧变，北京方面还浑然不知。直到崇祯十六年十一月初八日，才由

1 钱軹《甲申传信录》卷六《李闯始末》。

2 计六奇《明季北略》卷十九《李自成擅号设官》。

3 戴笠、吴乔《流寇长编》卷十六，崇祯十六年五月辛酉。吴伟业《绥寇纪略》卷十《盐亭诛》。

4 戴笠、吴乔《流寇长编》卷十六，崇祯十六年六月丙寅。

兵科给事中曾应遴向皇帝报告：昨日接到山西巡抚蔡懋德奏报，潼关于十月初六日陷落，细节依然不明，督师孙传庭、总兵白广恩何往？不得而知。皇帝立即指示，迅速查明孙传庭、白广恩下落。[1]十一月二十二日，吏部尚书李遇知向皇帝报告：陕西方面派人口传，潼关十月初六日失守，抚臣冯师孔战殁，孙传庭下落不明；又传华阴、华州、渭南、临潼俱已失守。有鉴于此，李遇知分析，企望西安坚壁效死，以待援兵，恐情理实难，何况已无兵可援。他建议，以新任兵部右侍郎余应桂为陕西三边总督，联络甘肃、固原、延绥、宁夏抚镇之兵，收三边健勇土著，相机扼剿；调新推四川巡抚李化熙为陕西巡抚，招徕残兵，收拾难民，再图保聚。否则的话，朝廷之事只有束手断送之忧了。[2]皇帝接到李遇知的奏疏，接连向余应桂发去谕旨，要他“入秦办贼”，“不得稽迟”。余应桂向皇帝指出：贼势不比昔年，又乏兵饷，去将何为？[3]皇帝也无计可施，同意发给内帑银一万两作为军前犒赏之用，并派京营兵千人护行。受命出任监军的御史霍达，向皇帝痛哭敷陈：西安若在，臣不惜以死报皇上。但是眼下伪官充斥，赴任无地。[4]

确实，为时已晚，一切都无济于事了。李自成占领西安后，兵分三路出击，高汝利、白广恩相继投降；随后左光先、陈永福、梁甫、马岱纷纷投

1《崇祯长编》卷一，崇祯十六年十一月戊戌。

2《崇祯长编》卷一，崇祯十六年十一月壬子。

3《崇祯长编》卷一，崇祯十六年十一月壬子。

4 邹漪《明季遗闻》卷一《北都》。

降，陕西全境完全落入李自成控制之下。明朝的高层官僚仍在白日做梦，在御前会议上，内阁首辅陈演竟然荒唐地说：贼入关中，必恋子女玉帛，犹如虎入陷阱。[1]吏部尚书李遇知也胡乱分析说：三秦砺山带水，四塞称险，屯兵函谷可以号召天下。贼垂涎已久，欲据此为家。[2]完全错误估计形势，李自成占据西安，并非贪恋这里的子女玉帛，也并非“欲据此为家”，他的目标是北京的紫禁城，他向山西各州县发出通牒，明确指出：“嗟尔明朝，大数已终。”[3]山西巡抚巡按借口保护藩封，纷纷退入省城太原。逡巡于山西的余应桂不但不向陕西靠拢，相反逃往泽州、潞州。[4]几天后，朝廷革除了余应桂的总督职务，任命新任陕西巡抚李化熙代理总督，李化熙也不敢前进一步。陕西的形势已经无法收拾了。

当时的有识之士已经意识到问题的严重性。工科给事中曾应遴说：“今之绅富皆衣租食税，安坐而吸百姓之髓者，平日操奇赢以愚民，而独拥其利，临事欲贫民出气力相护，无是理也。秦藩之富甲天下，贼破西安，府库不下千百万，悉以资贼。倘其平日少所取民，有事多发犒士，未必遂至于此！”[5]刑科给事中郭充说：“贼众入关，忧不止秦也。会城之安危不晓，则督臣之趋进无方；官军之聚散不知，则三边之征调难及；贼势之趋向不测，则河东

1 张廷玉《明史》卷二百六十《余应桂传》。

2《崇祯长编》卷一，崇祯十六年十一月丙辰。

3 谈迁《国榷》卷九十九，崇祯十六年十二月癸未。

4《兵部为钦奉圣谕秦晋会剿事》，《明末农民起义史料》，第424—425页。

5 东郡八十一老人《明季甲乙汇编》卷一。

之防御亦徒劳。必侦探明白，使秦省无恙。新督臣宜疾入居之，如贼羽充斥，势难渡河，即膺从永宁渡绥德，直趋固原，亦以上游驭下。风闻贼入时，官兵有劫掠地方，鸟兽骇散者。河东防贼，不在防之河东，而当防河西。今者贼入关一月，而地方尚尔蒙蒙，未有不知彼而能取胜者。”[1]

岂但“地方尚尔蒙蒙”，朝廷何尝不“尚尔蒙蒙”！

崇祯十六年十二月二十三日，李自成的前锋部队以“倡义提营首总将军”的名义，向山西各州县发布檄文：

> 自古帝王兴废，兆于民心。嗟尔明朝，大数已终，严刑重敛，民不堪命。诞我圣主，体仁好生，义旗一举，海宇归心……特遣本首于本月二十日，自长安领大兵五十万，分路进征为前锋，我主（指李自成）亲提兵百万于后，所过丝毫无犯。为先牌谕文武官等，刻时度势，献城纳印，早图爵禄。如执迷相拒，许尔绅民缚献，不惟倍赏，且保各处生灵。如官兵共抗，兵至城破，玉石不分，悔之何及！[2]

昔日被朝廷重兵围追堵截的流寇，如今摇身一变，俨然王者风范，发号施令，顺我者昌逆我者

1 东郇八十一老人《明季甲乙汇编》卷一。

2 谈迁《国榷》卷九十九，崇祯十六年十二月癸未。

亡。“嗟尔明朝，大数已终”，完全是取而代之君临天下的口气。檄文所说本月二十日进征山西，并非虚张声势，早在两天以前（即十二月十八日），前锋部队已从陕西韩城渡过黄河，进抵山西河津，攻城略地。在平阳府指挥的山西巡抚蔡懋德借口“防护藩封”，退入省城太原，河防一片空虚。李自成的大部队从沙涡渡过黄河，连克荣河、河津、稷山、绛州，三晋闻风披靡。朝廷主管部门对这一重大军事行动熟视无睹，竟然以为是小股叛兵骚扰，相应自愚，相率自安。内阁辅臣票拟谕旨，轻描淡写：“用心堵截，以匹马不入为功。”新科进士程源向给事中光时亨、庶吉士李长祥、修撰杨廷鉴等人说：“晋事大坏，……恐贼临城下亦不知也。”策动他们向陈演、魏藻德进谏：“主上待（陈、魏）二相公不薄，及今言已不可及，言而死，与贼至而死孰优？诸公或系给谏，或系亲切门人，亦当及时为二相言之。”光时亨等人都不以为然。[1]朝廷上下即将面临灭顶之灾，依然麻木不仁。

那么皇帝又如何呢？崇祯十七年正月初一日的元旦早朝，皇帝接受群臣朝贺后，要阁臣留下议事。阁臣们向他提出国库空虚，边费军饷刻不容缓，如今唯一可以仰赖的就是皇上的内帑。皇帝一听此话，居然大叹其苦：“今日内帑有难以告先生者！”一边说，一边潸然泪下。[2]到了即将国破家

1 程源《孤臣纪哭》，冯梦龙《甲申纪事》卷三。

2 戴笠、吴乔《流寇长编》卷十七，崇祯十七年正月庚寅。钱駅《甲申传信录》卷一《睿谟留憾》。

亡的当口，朱由检还把身外之物看得高于江山，内帑并非没有，只是舍不得。三个月后，李自成进入大内，查出库藏十分惊人，后来仓皇撤退时，用骡马运走从四十七个地窖中搜罗来的三千七百万两金银。这一情节引来杨士聪一番感叹："呜呼！三千七百万，捐其奇零，即可代二年加派，乃今日考成，明日搜掠，使海内骚然，而扃钥如故，策安在也？先帝（指朱由检）圣明，岂真见不及此，徒以年来之征解艰难，将留为罗雀掘鼠之备，而孰知其事势之不相及也。吁，其亦可悲也矣！"[1]

颇具讽刺意味的是，正月初一北京城内发生沙尘暴，目击者描写："大风震屋，飞沙咫尺不见，日无光。"[2]朱由检以为不吉利，请道士为之化解。他焚香沐浴，拜天默祷："方今天下大乱，欲求真仙下降，直言朕之江山得失，不必隐秘。"通过道士之手，"真仙"扶乩，在沙盘上写下了这样的字句：

帝问天下事，官贪吏要钱。
八方七处乱，十爨九无烟。
黎民苦中苦，乾坤颠倒颠。
干戈从此起，休想太平年。[3]

长安的正月初一景象截然不同。李自成称王，国号为大顺，年号为永昌，也就意味着，把大明崇

1 杨士聪《甲申核真略》。谈迁《国榷》卷一百一，崇祯十七年四月癸酉。计六奇《明季北略》卷二十《十六癸酉载金入秦》。按：有的文献说，李自成在大内搜罗到的巨额金银，大多是太监历年积累的财富。

2 戴笠、吴乔《流寇长编》卷十七，崇祯十七年正月庚寅。钱軹《甲申传信录》卷一《睿谟留憾》。

3 计六奇《明季北略》卷二十《降乩》。

祯十七年改为大顺永昌元年，正式表明取而代之的勃勃雄心。以宋献策为军师，牛金星为天佑阁大学士，厘定六政府尚书（襄阳时期六政府仅设侍郎），以宋企郊为吏政府尚书，杨建烈为户政府尚书，喻上猷为兵政府尚书，陆之祺为刑政府尚书，巩焴为礼政府尚书，李振声为工政府尚书，都是明臣之降附者。册封功臣，权将军、制将军封侯爵，如汝侯刘宗敏，泽侯田见秀，蕲侯谷英，亳侯李锦，磁侯刘芳亮，英侯张鼐，绵侯袁宗第等；封伯爵七十二人，子爵三十人，男爵五十人。制定军纪：有一马乱行列者，斩；马伤庄稼禾苗者，斩。此外还有铸大钱、设科目开考取士等举措。[1]

正月初三日，李自成得到报告：前锋进入山西，所向披靡，立即决定，长驱直入。只留下文官与武将李友留守长安，几乎倾巢出动，从禹门渡过黄河，兵分两路：一路由李自成、刘宗敏统率，从平阳攻太原、宁武、大同、阳和、宣化、居庸关；另一路由刘芳亮统率，从黄河北岸攻怀庆、潞安、卫辉、彰德，经北直隶大名、保定北上，夹击北京。[2]以后的进程表明，战争之顺利，可以用神速来形容。李自成、刘宗敏率领的主力犹如秋风扫落叶，摧枯拉朽，一看日程便可了然：

正月二十三日，攻克平阳；

二月初二日，进至汾州；

1 戴笠、吴乔《流寇长编》卷十七，崇祯十七年正月庚寅。计六奇《明季北略》卷二十《李自成僭号》。

2 参看顾诚《明末农民战争史》，中国社会科学出版社，1984年，第212—213页。

二月初七日，攻克太原；

二月十五日，在宁武关受到总兵周遇吉顽强抵抗，大同总兵姜瓖拒绝增援宁武的命令，向李自成投降；

二月底三月初，进至大同，处死藩封于此的代王及其宗室；

三月初六日，进至阳和，副总兵姜瑄、道员于重华迎降，宣大总督逃亡；

三月十三日，攻克宣府，巡抚朱之冯、总兵王承胤投降。[1]

京师外围的屏障宣府、大同，有重兵把守，竟然一触即溃，是长期积累的矛盾总爆发，其中最突出的问题就是，从嘉靖年间以来长期拖欠军饷，得不到解决。嘉靖二十一年兵部尚书毛伯温说："司国计者又以积贮有限，专务节省，惜小误大。有养军之名，无养军之实。即如去年宣大斗米时价（银）二钱五分，军士月粮每石（十斗）给与（银）七钱，仅可买米二斗八升。且缺支数月，以致军士举家嗷嗷待哺，身无完衣，腹无饱食，马无草料。"[2]以后愈演愈烈，其他地区莫不如此。正如当时人所说，从山西到蓟镇沿线的军士，"类给以一升五合之行粮，加以糠秕沙土之插和，此辈去家千百里，为国家终岁勤瘁，乃其日给之粮不获一饱，乃又有间支折色，又或十余日无支者，如之何不典卖衣甲，冻馁

1 参看渡边修《大同总兵姜瓖及其反乱》，《史苑》第48卷第1期（1988年）。

2 毛伯温《正邪谋除虏患疏》，《毛东塘奏议》卷十三。

而逃也。”[1]到了崇祯年间，情况更趋严重，终于积重难返。[2]

面对李自成咄咄逼人的攻势，明朝君臣筹划了出征、南迁、勤王的对策，企图挽狂澜于既倒。

2. 形式主义的“代帝出征”

崇祯十七年正月初九日，兵部收到李自成派人送来的通牒，上写大顺永昌年号，约定双方决战，三月十日大军抵达北京。[3]皇帝获悉后，心急如焚，寝食不安，连续几天愤惫不食。上朝时，当着大臣的面哀叹：“朕非亡国之君，事事乃亡国之象，祖宗栉风沐雨之天下，一朝失之，将何面目见于地下？朕愿督师以决一战，即身死沙场亦所不顾，但死不瞑目。”说罢，痛哭流涕，忿忿地责问：“贼势如此，阃外无人承任，府库殚竭，将如之何？卿等能无为朕分忧哉？”[4]内阁首辅陈演抢先表态，愿意代帝出征，朱由检不假思索地回绝：南人不可！内阁次辅魏藻德、蒋德璟、邱瑜、范景文、方岳贡，陆续请求代帝出征，都遭到拒绝。这时，刚于去年十一月与方岳贡一起入阁的李建泰顿首启奏：“主忧如此，臣敢不竭驽力。臣晋人，颇知贼中事，愿以家财佐军，可资万人数月之粮。臣请提兵西行。”[5]朱由检本来就有意让这位山西籍阁臣代他出征，一

1 杨选《条上地方极弊十五事疏》，《皇明经世文编》卷一百九十六。

2 参看奥山宪夫《关于明末军队军饷支给的弊害》，《国士馆大学纪要》第25期（1992年）。

3 戴笠、吴乔《流寇长编》卷十七，崇祯十七年正月己亥。

4 李清《三垣笔记·附识中·崇祯》。计六奇《明季北略》卷二十《李建泰督师》。

5 计六奇《明季北略》卷二十《李建泰督师》。亦见谈迁《国榷》卷一百，崇祯十七年正月庚子，以及张岱《石匮书后集》卷一《烈皇帝本纪》。

听此话，大喜过望："卿若行，朕当仿古推毂礼，亲饯之郊，不敢轻也。"[1]李建泰代帝出征的事就这样定了。

李建泰，字复余，号括苍，山西曲沃人，天启五年进士，历任翰林院编修、国子监祭酒。崇祯十六年五月，升任吏部右侍郎；十一月，以本官兼东阁大学士，入参机务。此人风骨峭拔、性情慷慨，夙负盛名，因家乡遭遇战祸，愿以家资佐军，常与同僚谈及此事。朱由检求之不得，因为他是山西人，为了捍卫自己家乡定会殊死拼搏，何况他是山西巨富，军饷不用担心，真是两全其美。李建泰提议调用卫桢固、凌駉、郭中杰随行，皇帝立即批准："卿即整装就行，具见忠奋，所请吏部即用，其（郭）中杰拣带马兵二百，依议；所需旗牌勘合，照例速给。"[2]

山西的情况愈来愈不妙，有识之士忧心忡忡。刑部员外郎王凤翼的言论是有代表性的："数年以前，其势非不披猖，间有残坏城邑，多系墙垣矮薄，居民寥落，储备空虚，苦于力不能支。至于巨郡大邑、高城深池、人烟辏集之地，尽可与贼相持。从未有随攻随破，不攻自破如近日者也。迩来降贼绅士实繁，有徒负朝廷三百年作养之恩，甘心为贼运筹，簧惑无知百姓曰开城款迎者，兵不血刃也；婴城拒守者，尽数屠戮也。地方二三奸

1 计六奇《明季北略》卷二十《李建泰督师》。

2 东�武八十一老人《明季甲乙汇编》卷一，崇祯十七年正月乙巳。

徒，贼尚未薄城下，辄先倡说远迎，深可恨者，不肖怯死守令，及几幸苟免绅衿，往往相率出城望风伏迎。”[1]吏部如实向皇帝报告山西的动向，不容乐观：“秦寇窥渡，三晋披靡，贼骑未到，而城池已空；伪檄方传，而人心胥乱。”[2]有鉴于此，吏部向皇帝提议：复保督、重警察、厚边防、缉煽惑、讲联络等六事。戴笠讥讽为放马后炮：“三晋破，而后议此六事；贼至城下，而后议南迁。在廷可谓有人乎？”[3]

在这种形势下，无论何人代帝出征，已经无济于事。可悲的是，朱由检依然对李建泰寄予厚望，打算亲自到彰武门外，为李建泰举行郊饯之礼。李建泰不敢当，借口“此国朝未有之礼”，坚决辞谢，皇帝只好命礼部另议。礼部遵旨，从《大明礼》中援引“遣将告庙礼”，制定仪式，经内阁辅臣审定，决定于正月二十六日寅时，派遣驸马都尉万玮代表皇帝前往太庙，举行遣将告庙礼，礼毕后，在正阳门城楼为李建泰举行饯行宴会。为此，皇帝特地下旨：“二十六日卯时，行遣将礼，朕御正阳门城楼，宴饯督辅李建泰，并召五府、内阁、京营、六部、都察院掌印官侍坐，鸿胪寺赞礼，御史纠仪，大汉将军侍卫。”[4]搞得十分隆重，流露出马到成功的奢望。

崇祯十七年正月二十六日，隆重的遣将礼如期

1《兵部为死贼假仁假义等事》，《明末农民起义史料》，第429—430页。

2 谈迁《国榷》卷一百，崇祯十七年正月戊申。

3 戴笠、吴乔《流寇长编》卷十七，崇祯十七年正月戊申。

4 东郡八十一老人《明季甲乙汇编》卷一，崇祯十七年正月庚戌。

举行。

寅时，驸马都尉万玮代帝以特牲告太庙。

卯时，皇帝来到大殿，举行遣将礼，当场手书“代帝亲征”四个大字，连同龙头节钺、尚方剑，一并赏赐给李建泰。

巳时，皇帝乘坐法驾前往正阳门城楼，亲自主持由光禄寺操办的饯行宴会。一路上，手持旗幡的官兵从午门外一直排到正阳门外，金鼓声声，旌旗招展，透出一派威武而热烈的出征气氛。奉命前来侍坐的文臣坐在东面九桌，武臣坐在西面九桌，正中一桌是皇帝的御席，合起来正好十九桌。[1]皇帝所用酒具——金台爵镶嵌宝石，是历代举行重大典礼时偶尔动用的重器。大臣们一概使用金杯。只听得鸿胪寺官员赞礼，乐声响起，皇帝亲自向李建泰递酒三杯，说：“先生此去，如朕亲行。”又说：卿即朕，朕即卿，朕与卿无两身。凡事以便宜行，先发后闻。[2]酒过三巡，李建泰捧过皇帝的敕谕，跪拜谢恩，皇帝把他扶起，太监为他戴上大红簪金花，披上宫锦，在一片鼓乐声中，离开正阳门城楼。

他肩负着皇帝的托付，踏上征途。皇帝敕谕的分量非同一般：“朕仰承天命，继祖鸿图，自戊辰至今甲申，十有七年，未能修德尊贤，化行海宇，致兵荒连岁，民罹兵戈，流毒直省，朝廷不得已用兵

1 计六奇《明季北略》、彭孙贻《平寇志》都说“列席十九”，李清《三垣笔记》说“于正阳门楼上设五十余席”，既不合事实，也不合礼仪。

2 邹漪《明季遗闻》卷一《北都》。计六奇《明季北略》卷二十《李建泰督师》。

剿除。今卿代朕亲征，鼓淬忠勇，表扬节义，奖厉廉能，选拔雄杰。其骄怯逗玩之将、贪酷倡逃之吏、妖言惑众之人、逆误军情之辈，当以尚方剑从事。一切调度赏罚，俱不中制。卿宜临事而惧，好谋而成，剿则歼渠宥胁，抚则解散投戈，早荡妖氛，旋师奏凯。”[1]

据当时人说，李建泰此行伴随种种不吉利现象。其一是，“建泰南出宣武门，舆杠忽折”；其二是，“是日，诸臣又公饯于护国寺。建泰意气英上言，方入寺时，视其印绶，忽发大如斗。同官相与贺曰：‘此指日成功，取金印如斗兆也’”。[2]更为不吉利的是他的怯懦之心，迟迟迈不开前进的步伐。

督师大学士李建泰，在皇帝亲自调派的一千五百名京营兵护送下，离开京师，向涿州进发，随行的有：作为监军的兵部主事凌駉、总兵郭中杰、主管火攻水利的西洋人汤若望。[3]进士程源送至真定寺，临别留言：相公此行当兼程直抵太原，收拾人心，为固守计，以蔽神京。他还为监军凌駉草拟平阳、太原守备方略，以及三晋、三关的防守策略。[4]程源要李建泰日夜兼程赶往太原，确

◥ 汤若望，罗马天主教耶稣会修士、学者、传教士。万历年间来到中国，历经明、清两朝，是继利玛窦之后最重要的来华耶稣会士之一。

◥ 程源，四川江津人，崇祯十六年进士。官至南明兵部尚书。永历十五年南明大势已去，含恨而死。

1 谈迁《国榷》卷一百，崇祯十七年二月戊辰。
2 邹漪《明季遗闻》卷一《北都》。
3 计六奇《明季北略》卷二十《李建泰督师》。
4 程源《孤臣纪哭》，冯梦龙《甲申纪事》卷三。

实是当务之急，太原一旦陷落，大势已去，再难挽回。李建泰私心太重，行动迟缓，时人如此说："时山西贼信汹汹，建泰家存亡未卜，益迟迟其行，日行止三十里。"[1]美其名曰遵循古代兵法，实际是在观望形势。待到平阳陷落的消息传来，都人大惊，李建泰才抵达涿州，随行的京营兵大多逃回。[2]如此这般的"代帝出征"，如何救得山西？

◤ 李建泰，山西曲沃人，天启五年进士。崇祯十六年以吏部右侍郎兼东阁大学士，入参机务。十七年，身为山西人的李建泰自请代帝出征，兵败投降。

云南道御史卫桢固向朝廷提议上中下三策：上策是"搜罗废将，连络三边"；中策是"恢复潼关，收拾河南"；下策是"分信守河，静以观变"。他特别强调辅臣李建泰督师，是代我皇上出征，一举一动系天下安危，事事须费详酌。居然堂而皇之坐身南下，难道不怕流寇窥我虚实？且一兵一饷专倚本地，何以居重驭轻？当事者应该呕心沥血筹措实兵实饷，切勿以为推毂有重臣，便可袖手旁观。要知道，辅臣不足恃，国事不可诿。[3]应该说他的头脑比较清醒，一个空头的督师辅臣，没有实兵实饷，岂非画饼充饥？所以他向皇帝警告：辅臣不可恃，国事不可诿。

◤ 卫桢固，陕西韩城人，崇祯七年进士。十四年拜云南道御史，李自成军破北京后自尽。

事实正是如此。李建泰一出北京，立即陷入

---

1 东郇八十一老人《明季甲乙汇编》卷一，崇祯十七年正月丙辰。

2 东郇八十一老人《明季甲乙汇编》卷一，崇祯十七年正月丁巳。

3 《崇祯长编》卷二，崇祯十七年正月丁巳。

步履维艰的境地，地方官害怕他来征兵征饷，拒绝他进城，弄得堂堂督师辅臣威信扫地。正月二十九日，他从真定府向顺德府进发，要进入广宗县城，遭到拒绝，发兵攻打后，才勉强进入。他之所以“进退无措，惟逡巡畿内而已”[1]，这是一个原因；更重要的原因，他获悉家乡曲沃陷落，出征山西的动力丧失殆尽。诸多史家都众口一词：“建泰闻家被焚掠，为之夺气”；“闻曲沃破，家资尽没，惊怛而病”；“已闻家破，进退失措”。[2]

皇帝却对他寄予厚望，一时误听传闻，竟以为他已经“为国捐躯”。二月二十八日，他召见兵部尚书张缙彦，问道：真定陷落，李建泰遇害，知道吗？

张缙彦回答：不曾听说。

皇帝有点光火：朕在宫中都知道了，卿为何讳言？

张缙彦回答：臣未见塘报。

皇帝问：彼城已破，难设塘报，卿为何不派人远侦？

张缙彦回答：骑侦须工食，臣部钱无一缗，无从骑侦。[3]

堂堂兵部尚书身负中枢之职，居然穷到无力派遣侦察骑兵的地步，实在近乎荒唐。不过更为荒唐的是，皇帝不知从什么渠道得知李建泰在真定“遇

1 邹漪《明季遗闻》卷一《北都》。

2 东邨八十一老人《明季甲乙汇编》卷一，崇祯十七年正月戊午。计六奇《明季北略》卷二十《李建泰督师》。彭孙贻《平寇志》卷九，崇祯十七年二月丁卯初八。

3 谈迁《国榷》卷一百，崇祯十七年二月戊子。

害”的消息，纯属子虚乌有之事。真定陷落是在二月二十三日，三月初三日，李建泰还向皇帝上疏“请驾南迁，愿奉太子先行”，流言不攻自破。[1]李建泰这种人不可能为国捐躯，下场很不光彩。三月初五日，他兵败后躲进保定城中。三月十三日，刘芳亮率军进攻保定，他没有抵抗，派代表出城投降，当了俘虏，皇帝赐予的敕书、剑、印，付之一炬。[2]

据说，他投降大顺政权，曾担任丞相之职。入清后，又与谢陞、冯铨等明朝高官一起成为清朝的内院大学士。这个身长脸黑，长满络腮胡子的山西大汉，竟然是一个贪生怕死的懦夫。[3]起用这种人出征，妄图“早荡妖氛”“旋师奏凯”，不是白日做梦吗？

3. 举棋不定的“南迁之议”

所谓南迁之议，即把首都迁往南京，徐图恢复的应急方案。史家都以为首先提出南迁方案的是李明睿，其实不然，首先提出南迁之议的不是别人，而是皇帝朱由检自己。那是在周延儒督师之前，朱由检鉴于内外交困，曾与内阁首辅周延儒秘密商议“南迁”，叮嘱他不得向外泄露。不知通过什么途径，这一机密被懿安皇后（天启皇后张氏）获悉，对

1 计六奇《明季北略》卷二十《李建泰督师》。

2 抱阳生《甲申朝事小纪》初编卷八《保定之役》。计六奇《明季北略》卷二十《李建泰督师》。

3 张廷玉《明史》卷二百五十三《李建泰传》。《明季北略》说：李建泰“其身长而色黑，胡髯”。

周后（崇祯皇后周氏）表示坚决反对之意。有李清的记载为证："上以边寇交炽，与周辅延儒议南迁，命无泄。传闻，懿安皇后语周后云：'此周延儒误皇叔也。宗庙陵寝在此，迁安往？'且历言周（延儒）短。周后以闻，上大怒，遣宦者往询索传语者，懿安坚讳，上坚请，迫欲自缢，不得已，乃遣周代征，盖观其后也。一云，骆金吾养性重贿周后父奎，故后言之。未知孰是。"[1] 朱由检对懿安皇后极为尊敬，视若母后，此事终于不了了之。不过由此揭示出朱由检对于形势缺乏自信的内心秘密。

巧合的是，鉴于北京危在旦夕，某些大臣不约而同地想到了"南迁"，与皇帝的想法可谓不谋而合，于是乎南迁的方案提上了议事日程，由秘密谋划逐渐转化为公开议论。

第一个与皇帝秘密议论南迁方案，颇受皇帝刮目相看的是左中允李明睿。他是江西南昌人，天启时进士，改翰林院庶吉士，后罢官回乡。此人公忠练达，得到都察院左都御史李邦华、总督吕大器特别推荐，皇帝把他召起于田间，出任主管太子事务的左中允。他曾经向皇帝提议西迁长安的方案，可以一举三得：一以亲挫贼之锋，二以就甘肃、宁夏之士马，三以就咸阳之王气。他没有说出来的本意，毫无疑问是躲避满洲铁骑的锋芒。由于李自成攻占西安，不得已退而求其次，只有"南迁"一

1 李清《三垣笔记·笔记中·崇祯》。

策，可以图存，转危为安。[1]

崇祯十七年正月初三日，皇帝在德政殿召见李明睿，询问“御寇急策”，李明睿请皇帝屏去左右，靠近御案，与皇帝推心置腹密谈“南迁”事宜。

李明睿说：“臣自蒙召以来，探听贼信颇恶，今且近逼畿甸。此诚危急存亡之秋，皇上不可不长虑！却顾只有南迁一策，可缓目前之急，徐图征剿之功。”

皇帝说：“此事重大，未可易言。”以手指天说：“上边未知如何？”

李明睿说：“惟命不于常，善则得之，不善则失之。天命微密，全在人事，人定胜天。皇上此举正合天心，差之毫厘，谬以千里，知几其神。况事势已至此极，讵可轻忽因循？一不速决，异日有噬脐之忧。当局者迷，旁观者清，皇上可内断之圣心，外度之时势，不可一刻迟延者也。若筑舍道旁，三年不成，此事后虽欲为，有不及为者矣。”这一席话，讲得痛心疾首。

皇帝被他感动，四顾无人，小声说：“此事我已久欲行，因无人赞襄，故迟至今。汝意与朕合，此意决矣。但外边诸臣不从，奈何？尔且密之，密之！”然后向他询问，南迁中途如何接济。

李明睿说：“沿途接济固不可少，然不如四路设兵。四路者，东山东，西河南，此旱路也；登、莱

1 邹漪《明季遗闻》卷一《北都》。

海船，通州运河，此水路也。然皇上却应从东小路，轻车南行，抵淮上二十日。文王柔顺，孔子微服，此之谓也。”

朱由检再次叮嘱：“然。然此事重大，不可轻泄，泄则罪坐汝。”

李明睿表态：“臣谋之，臣敢泄之乎？但祈皇上圣断。皇上但出门一步，龙腾虎跃，不旋踵而天下运之掌上，若兀坐北京，坚守危城，无益也。”

皇帝说：“朕知道了。”随即退入内殿休息，命太监在文昭阁赐宴，款待李明睿。

午饭后，皇帝在内殿继续召对。李明睿向皇帝极陈考选之弊，请著为令，不立边功者不许枚卜，不立边功者不许考选。又说：“兵饷缺乏，民穷财尽，目前只有速发内帑足济燃眉。”

皇帝回答得很干脆：“内帑如洗，一毫无措。”

李明睿说：“祖宗三百年来积蓄，度不至是。”

皇帝说：“其实无有。”话不投机半句多，命李明睿出外赐茶。

到了夜间，皇帝再次召见李明睿，靠近御案，促膝而谈。问道：“所奏事，即欲行之，谁可接济？途间用何等官员？领兵措饷驻扎何地方？”

李明睿说：“济宁、淮安俱紧要地方，不可不设官，须择重臣领兵领饷。皇上虽间道微行，此两处扼要，不可不预为防。”

皇帝问：“是何等官衔？”

李明睿答：“须户兵二部堂上官。”

皇帝说：“然此时兵俱在关门，大将俱在各边，调遣甚难，奈何？”

李明睿说："近京八府尚可召募。皇上此行，京城尚须人料理，关门兵不可尽撤，各边大将不可轻调，惟有在内公侯伯及内阁六部文武大臣，皇上不妨召至御前，面试其才能，推毂而遣之。"

皇帝表示同意。

李明睿继续说："内帑不可不发。除皇上服御外，一毫俱是长物，当发出犒赏军士。万一行至中途，赏赐不足，区处甚难，留之大内不过朽蠹。先时发出一钱，可当二钱之用，急时与人万钱，不抵一钱之费。"

皇帝对于发放内帑略有松动，补充一句："然户部也着措置。"

李明睿说："靠不得外边，如今三空四尽，户部决难凑手，乞皇上自为宗庙社稷计，决而行之。无待临渴掘井也。"

召对结束，已经漏下二鼓——二更时分了。[1]

皇帝在大年初三的节日气氛中，从早到晚连续召对个别官员，秘密商谈南迁事宜，实属非同寻常之举，可见在他心目中，"南迁"已经到了刻不容缓的地步。正如他向李明睿透露的那样，有志于此久矣，由于外朝大臣无人赞襄，拖延至今。从他关切备至询问细节可见，他是倾向于南迁的，为了摆脱内外交困的危机，南迁不失为权宜之计，或许是转危为安的最佳方案。因为长江中游有左良玉号称

1 邹漪《明季遗闻》卷一《北都》。计六奇《明季北略》卷二十《李明睿议南迁》。彭孙贻《平寇志》卷九，崇祯十七年正月壬辰初三。

几十万大军，江淮一带又有江北四镇的军队，南京比北京要安全得多。然而，李明睿毕竟官小位卑，说话没有分量。何况南迁必须面对放弃宗庙陵寝这样的难题，迫切需要阁部大臣出来担当，力排众议。阁部大臣中有谁独具胆识倡言南迁呢？没有。皇帝无可奈何地把南迁之议搁置下来，寄希望于李建泰代帝出征，很快化作泡影，山西土崩瓦解，京师岌岌可危。空言无补，必须采取切实举措，化解危机。

皇帝召见驸马都尉巩永固（字洪图，顺天府宛平县人，光宗之女乐安公主的丈夫），向这位皇亲国戚请教救时切务。巩永固极力建议皇帝南迁："若南迁，可招募义兵数万人，寇乱不难平也。""若徒守京师，京师已玩弊久，只坐困无益也。"[1]皇帝没有表态，他要引而不发。日前李明睿公开上疏建议南迁，他把南迁叫作"亲征"，说："今日所最急者，无如亲征一事。京营甲兵不下数十万，近畿召募可得数十万，但得圣驾一出，四方忠臣义士英雄豪杰，必有闻风响应者。"又说："南京尚有兵部尚书史可法，操江诚意伯刘孔昭，此皆忠良，晓畅军务，可寄以大事。皇上不妨召而与之谋，事无大小，悉以语之，必能摧陷廓清，建此中兴大业。"[2]皇帝把李明睿的奏疏交给内阁议论，首辅陈演坚决反对南迁，把李明睿奏疏透露给兵科给事中光时亨（字羽圣，安庆府桐

1 戴笠、吴乔《流寇长编》卷十七，崇祯十七年二月甲戌。光绪《顺天府志》卷九十八《巩永固传》。钱軹《甲申传信录》卷三《大行骖乘》。

2 邹漪《明季遗闻》卷一《北都》。彭孙贻《平寇志》卷九，崇祯十七年正月丁未十八。

▼ 光时亨，安庆桐城人，崇祯七年进士。任兵科给事中。李自成陷大同，崇祯帝有南迁之意，首辅陈演指使光时亨谏阻。

▼ 李明睿，江西南昌人，天启二年进士。崇祯十六年由李邦华、吕大器推荐，起任左中允，与崇祯帝秘密议论南迁方案。明亡后出任清朝礼部侍郎。

城县人），要他谏阻。光时亨在奏疏中把南迁之议斥为“邪说”，扬言：不斩李明睿不足以安人心。[1]李明睿不服，他早已知道皇帝本人赞同南迁，但又不能“轻泄”，只得委婉申辩：“臣劝皇上亲征，非臆说也。……此皆圣帝明王与英君谊辟，不忍天下之阽危，冒白刃，犯锋镝，身先士卒，非好之也，有大不得已也……且今日臣之进言为亲征也，而诸臣妄意为南迁。就使皇上发策南迁，此亦救时急着。唐室再迁再复，宋室一迁南渡，传国一百五十年。若唐宋不迁，又何有灵武、武林之恢复？又何有百五十年之历数哉？”李明睿讲得头头是道，南迁之后才有中兴的希望。皇帝心里也明白李明睿与光时亨孰是孰非，但是顾虑到大臣中有人支持光时亨，特地召见光时亨，训斥道：“一样邪说，却只参李明睿何也？显是朋党。”随即下旨：“光时亨阻朕南行，本应处斩，姑饶这遭。”[2]皇帝明白无误地表明自己倾向于南迁的态度。

左都御史李邦华（字孟闇，号懋明，江西吉水人）是支持李明睿的，曾经和他讨论南迁事宜，问他皇上南迁与太子监抚南京，哪一种做法比较方便？李明睿

---

1 道光《桐城续修县志》卷十二《人物志·宦绩·光时亨》。计六奇《明季北略》卷二十《李明睿议南迁》。

2 计六奇《明季北略》卷二十《李明睿议南迁》。亦见道光《桐城续修县志》卷十二《人物志·宦绩·光时亨》。

认为太子少不更事，禀命则不威，专命则不敬，不如皇上亲行为便。[1]李邦华吸收李明睿的见解，参以己意，向皇帝呈上秘密奏疏，针对当时“河决鱼烂”的危急形势，提出应急方案：派遣太子“抚军陪京（南京）”。他首先动情地分析目前的危急形势：“不意诸臣仍复泄泄，遂令三晋崖疆复堕贼锋，此时太原以西已成鱼烂，太原以北势如破竹。向者吾志在战，今欲自守而不可得矣；向者蹂躏止省地，今烽火且逼甘泉矣；向者祸及止于封疆，今祸且切于社稷矣。阃外之政漫无所措，所恃者惟都城崇墉耳。然问何以守？则亦惟京营军是视。夫京营兵骄将玩，包马占役，积习牢不可破。”总之，无论京营，还是援兵，亦或积财，一无可恃。

化解“一无可恃”的危机，唯一的对策就是太子前往南京“监抚”。他说：

> 为今之计，皇上惟有坚持效死勿去之意。为中国主，则当守中国；为兆民主，则当守兆民；为陵寝主，则当守陵寝。周平、宋高之陋计（按：指周平王东迁、宋高宗南迁），非所宜闻。东南旷远，贼锋渐蔓；齐鲁南北，声息中断。神京孤注，变起不测。
>
> 窃见东宫皇太子天资英武，豫教端凝，正宜历试艰难，躬亲戎器。请亟仿仁庙故事，抚

1 计六奇《明季北略》卷二十《李邦华议南迁》。

军陪京。即日临遣，钦简亲臣大臣忠诚勇智者，专敕辅导，便宜行事。刻期儹水陆飞挽，集方州义师，以巩燕云，遏寇氛。此宗社安危所系，不容顷刻缓者……

此诚所谓经权战守万全之策也。假令轻举妄动，仓皇播迁，万乘六宫一离阙庭，贼轻骑蹑我，重兵蹑我，逆战则不能，引退则无及。贼逼于前，援绝于后。群臣从骑鸟兽奔窜，人主将安之乎？[1]

皇帝看了李邦华的奏疏，赞叹不已，兴奋地把疏稿放在袖中绕殿而行，以至于把疏稿纸牍揉得漫烂不堪。他在接见内阁首辅陈演时，指着李邦华奏疏连声说：宪臣言是！陈演是反对南迁的，一听此言，向外透露皇上的意图，引起群臣对南迁的争议。皇帝既恚且恨，把李明睿、李邦华的建议搁置不理。[2]

二月二十七日，皇帝在文华殿召见大臣讨论战守事宜。左都御史李邦华意在南迁，恐怕朝论不合，便以太子监抚南京作为过渡方案。左春坊李明睿一如既往，力主皇帝亲自南迁，不妨先以凤阳为行在（临时都城），麾召齐鲁之师，二路夹进，视为中兴良策。然而无人响应。李明睿见众人狐疑，解释说：《易经》《尚书》都谈到迁都的事，唐朝、宋朝

1 李邦华《文水李忠肃先生集》卷六《密请东宫抚军南京疏》《密请寇警预防疏》。亦见钱谦益《牧斋有学集》卷三十四《都察院左都御史赠特进光禄大夫柱国太保吏部尚书谥文忠李公神道碑》。

2 钱谦益《牧斋有学集》卷三十四《都察院左都御史赠特进光禄大夫柱国太保吏部尚书谥文忠李公神道碑》。

都有迁都的事，诸君为何讳言迁都？在场的官员听到这番议论，错愕得不敢应声，只有少詹事项煜发言，请求太子前往南京监军，与李邦华的建议相呼应。[1]

◥ 项煜，苏州人，天启五年进士。曾依附魏忠贤，崇祯时期弹劾兵部尚书王洽下狱。曾任少詹事，后降于李自成。

大臣们对南迁之议讳莫如深，使得原本倾向于南迁的皇帝感受到舆论无形的压力，立场发生了微妙的变化。第二天，召见内阁辅臣，面带怒色说："祖宗辛苦百战，定鼎于此土，若贼至而去，朕平日何以责乡绅士民之城守者？何以谢先经失事诸臣之得罪者？且朕一人独去，如宗庙社稷何？如十二陵何？如京师百万生灵何？逆贼虽披猖，朕以天地祖宗之灵，诸先生夹辅之力，或者不至于此。如事不可知，国君死社稷，义之正也，朕志决矣！"

阁臣好言相劝："诸臣言出忠爱，非有他意。"

皇帝说："忠爱平日所当尽心，若临急建此谋，便是苟且求免。"

阁臣退而求其次："太子监军，古来尝有，亦是万世之计。"

皇帝反驳道："朕经营天下十几年，尚不能济，哥儿们孩子家做得甚事？先生早讲战守之策，此外不必再言。"[2]这几句话，把南迁的两个方案全盘否定，表明了"国君死社稷"的决心，再无回旋余地。

1 吴伟业《绥寇纪略》补遗中《虞渊沉下》。
2 吴伟业《绥寇纪略》补遗中《虞渊沉下》。

南迁之议，议来议去，议而不决，最终否决了议题本身，未免令人遗憾。如果当机立断南迁，无论从运河南下，还是从天津海路南下，成功的可能性很大。倘若南迁成功，那么日后南明的历史或许将要改写。历史已成事实，对历史的假设毫无意义，姑妄言之而已。

皇帝在南迁问题上前后判若两人，看似乖异，其实不难理解。吴伟业的分析一针见血："上意非不欲南（迁），自惭播越，恐遗恨于万世，将俟举朝固请而后行。诸大臣才不足以定迁，而贼锋飘忽，即欲遣太子两王，禁军非唐羽林、神策者比，万一贼以劲骑疾追，即中道溃散，其谁御之？"[1] 朱由检的内心顾虑——恐遗恨于万世，因而动摇不定，其实他内心是很想南迁的。一面说"国君死社稷"，一面还在做着南迁的准备工作，例如：派遣给事中左懋第前往南京，察看沿江舟师兵马状况；继而有密旨批准天津巡抚冯元飚准备二百艘漕船，在直沽待命——无不透露出他的内心秘密。

◤ 冯元飚，浙江慈溪人，崇祯元年进士。东林人冯元飏之兄。崇祯十四年巡抚天津。甲申之变时由海道脱归。

冯元飚早在崇祯十六年十月就密陈南北机宜，为南迁做准备，一旦陆路梗阻，当疏通海道，防患于未然。得到皇帝首肯后，他准备海船二百艘，以备缓急。由于南迁之议在朝廷引起分歧而搁浅，冯

1　吴伟业《绥寇纪略》补遗中《虞渊沉下》。

元飚心急如焚，派儿子冯恺章带了他的紧急奏疏进京。奏疏是敦促皇帝南迁的，他说：京师戎政久虚，以战以守，一无可恃，臣愿率劲旅五千赴通州恭候圣驾，由海道行幸留都（南京）。三月初七日，冯恺章进入北京，与元老重臣接洽。张国维表示支持，说：寇深矣，是请也不可缓。倪元璐表示为难，说：皇上有国君死社稷之言，群臣无以难也。方岳贡立即劝阻冯恺章，说：天子方怒，疏上且死。[1]几天之后，京城被围，离京前往通州已无可能，冯元飚的方案终于化作泡影。

皇帝之所以在南迁问题上举棋不定，与内阁首辅陈演态度消极密切相关。陈演为人既庸且刻，一无可取之处，入阁以来，成事不足败事有余，当时国势危如累卵，他无所筹划，醉心于纳贿。[2]此人坚决反对南迁，皇帝召见内阁辅臣议论此事，唯独不召见他，他深感不安，只得于二月二十八日乞求辞官。皇帝在罢免他的前一天，在武英殿对他的临别赠言竟然是这样的："朕不要做，先生偏要做；朕要做，先生偏不要做。"[3]所谓"朕要做，先生偏不要做"的事情，其中之一就是南迁。继任内阁首辅魏藻德（字思令，号清躬，顺天通州人）也是如此，一味采取明哲保身态度，对南迁不持立场，不置可否。巩永固、项煜提议南迁时，他都在场。皇帝要他表态，他始终一言不发，既不赞成也不反对，令皇帝

1 黄宗羲《南雷文定前集》卷五《巡抚天津右佥都御史留仙冯公神道碑铭》。钱谦益《牧斋有学集》卷二十八《都察院右佥都御史巡抚天津慈溪冯公墓志铭》。

2 张廷玉《明史》卷二百五十三《陈演传》。

3 李长祥《天问阁集》卷上《甲申廷臣传》。

感到孤立无援的哀伤，耸身舒足，仰叹而起。[1]皇后周氏是江南人，倾向于南迁，眼见无法成行，遗憾地说："南中我家里甚可居，惜政府无有力持之者。"[2]所谓"政府无有力持之者"，就是陈演、魏藻德之流。

当李自成的军队逼近时，朱由检想起了驸马都尉巩永固先前说过，若南迁，可招募义兵数万，便秘密召见他和新乐侯刘文炳，商议此时南迁是否还有一线希望？巩永固告诉他，已经来不及了，他早已做好以身殉国的准备："臣等积薪第中，当阖门焚死，以报皇上。"[3]

明朝灭亡后，遗老遗少提起南迁这件事，无不唏嘘感叹。计六奇在议论"南迁得失何如"时，感慨系之：

> 当（李）自成逾秦入晋，势已破竹，惟南迁一策，或可稍延岁月。而光时亨以为邪说，其事遂寝，天下恨之……且先帝身殉社稷，假令（光）时亨骂贼而死，虽不足以赎陷君之罪，尚可稍白始志之靡他；而竟躬先从贼，虽寸磔亦何以谢帝于地下乎？是守国之说，乃欲借孤注以邀名，而非所以忠君也。（李）邦华以身殉国，是南迁之议乃所以爱君，而非以避死也。[4]

1 戴笠、吴乔《流寇长编》卷十七，崇祯十七年二月甲戌。

2 戴笠、吴乔《流寇长编》卷十七，崇祯十七年二月丁亥。

3 光绪《顺天府志》卷九十八《巩永固传》。钱軹《甲申传信录》卷三《大行骖乘》。

4 计六奇《明季北略》卷二十《附记·南迁得失》。

计六奇赞美李邦华，来衬托光时亨的卑劣，并非毫无道理。无怪乎有人怀疑光时亨反对南迁是接受“闯贼密旨”，充当内奸。闯王进京后，他率先投降，不免令人怀疑。《流寇长编》说：“都中人云：光时亨受闯贼密旨，为高阿那肱，故阻上行，而先降。”[1]邹漪为巡城御史王章立传，提到闯王进京后王章与光时亨的表现迥异。王章对光时亨说：事已至此，惟有一死。光时亨说：如此死法，与士卒无异，不如入朝见帝行在，不获则死，死得其所。王章表示同意。光时亨当即脱去官服，改穿便服，要王章也易服。王章不同意，说：否，否，如果去尔冠，易尔服，官不像官，卒不像卒，你说入朝，期待死得轰轰烈烈，奈何如此？才走了几步，李自成骑兵赶到，呵斥他们下马，光时亨立即下马站立，请求投降。王章凛然回答：你竟敢斥责巡城御史！被骑兵击碎膝盖，从马上坠下，坐在地上大骂，被杀死。光时亨当了俘虏。[2]四十天后，李自成败退，光时亨逃回南京，被南明当局以别的罪由处死。[3]所谓“闯贼密旨”说法，仅仅是推测，难以找到佐证，由此反映了遗老遗少对于南迁不成的怨恨情绪。

南迁之议举棋不定，失去了稍纵即逝的时机，虽然为朱由检博得“殉国”的美名，却使得明朝“稍延岁月”的希望付诸东流。对此，不仅明朝遗

1 戴笠、吴乔《流寇长编》卷十七，崇祯十七年二月丁亥。

2 邹漪《启祯野乘》一集卷十二《王忠烈传》。

3 道光《桐城续修县志》卷十二《人物志·宦绩·光时亨》。

老遗少感到惋惜，连外国历史学家也深有同感。美国学者魏斐德的评论独具只眼：

> 崇祯拒绝了南迁的建议，既不遣太子去南京，他本人也不离京。这对后来清兵占领北京的形势产生了深远的影响。清朝比较完整地接管了明朝中央政府，遂拥有了他们颇缺乏的东西，由此接管了明朝几乎全部汉族官吏，依靠他们接管天下并最后征服南方。崇祯帝的决定还导致诸多皇室宗亲之间继承权利的暧昧不定，以致派系倾轧削弱了南明政权。此外，复明阵营也因之少了一批立志恢复失地、渴望对清朝发动反攻以便光复家园的北方人。崇祯帝这一自我牺牲的决定，就这样最终毁灭了后来复明志士坚守南方的许多希望。[1]

4. 鞭长莫及的“勤王之师”

代帝出征有名无实，南迁之议障碍重重，皇帝向阁部大臣请教战守之策，诸臣一言不发，皇帝长叹一声：“朕非亡国之君，诸臣皆亡国之臣。”拂袖而起。[2]到了这个地步，保卫京师唯一的对策只有仰仗勤王之师了。可以调动的勤王之师，只有宁远前线的边防军，这就意味着放弃大片疆土，因而

1 魏斐德《洪业——清朝开国史》，江苏人民出版社，1992年，第228—229页。

2 李逊之《崇祯朝记事》卷四。

遭到以陈演为首的阁部大臣的反对。皇帝指责陈演，“朕要做，先生偏不要做”，他偏不要做的，除了“南迁”，还有“勤王”。李逊之谈到此事，有一段痛心疾首的议论：“呜呼，迁国图存，古人有行之者，至于东宫抚军，虽属权宜，实为要计。但迁亦何易，斯时贼锋已蔓齐鲁，南北声息中断，即出国门，能一往无咎哉？上之英明早已见及，故屡次召对，环顾无人，不禁彷徨慨叹。耳闻曾私语首辅曰：‘凡事要先生一构。’（陈）演默不答。既复有‘朕要做，先生偏不要做’之语，上意可知已。此时计复何之，惟有断然守君死社稷之义为正矣。悲哉，‘朕非亡国之君，诸臣皆亡国之臣’之语也，此真千古至恨，岂直遗民私痛已哉！”[1]

为了缓解危机，与“出征”“南迁”差不多同时提出的“勤王”之议，同样遇到强大的阻力。

明朝面临攘外与安内的两难选择，已非一年，始终左右摇摆，犹豫不决。直到此时，皇帝才意识到，不“安内”根本无以“攘外”，李自成的威胁远远大于爱新觉罗，终于痛下决心，要把驻扎在山海关外宁远前线的关宁铁骑调来保卫北京，救亡图存。崇祯十七年正月十九日，皇帝召见大臣，首先提出征调辽东总兵吴三桂入援，保卫北京，要大臣们讨论。兵部向内阁提议：“贼势甚大，非得平西吴三桂、蓟督王永吉、密镇唐通，合力一战

1 李逊之《崇祯朝记事》卷四。

不可。”[1]阁臣们深知此举意味着放弃山海关外大片国土，碍于名节考虑，故意推诿不决。皇帝感到机不可失时不再来，正月二十一日给内阁首辅陈演发去一道谕旨：“宜调（吴）三桂兵马助剿，余兵尚多，乘敌三边新安顿未定之时，此着似不可失，原言用间系两事。即督臣王永吉请召见，所言或亦不出兵饷两匮，关宁不能互援之意。此等重大军机，应行与否，原应先生每主持担任，未可推诿误事。”[2]

在皇帝的紧逼下，内阁首辅陈演不得不表态：“一寸山河一寸金，锦州告急，宁（远）兵万不可调。”[3]明确反对征调吴三桂入关。兵部尚书张缙彦责无旁贷，也不愿承担责任，干脆说：“三桂之调不调，视宁远之弃不弃，两言而决耳。”[4]要皇帝自己决定是否放弃宁远，才谈得上征调吴三桂之事。陈演等阁臣为了回应皇帝的批评，写了一份揭帖，说明他们之所以“推诿”的缘由：“第关宁迫切神京，所系尤重。三桂兵五千为奴所畏，不独宁远恃之，关门亦恃之。虽缓急未必能相救，而有精兵在彼，人心自壮。倘一旦调去，其余皆分守各处城堡之兵，未必可用也……万一差错，臣等之肉其足食乎？此真安危大机，臣等促膝密商，意皆如此，实未敢轻议也。”[5]既然阁部大臣都不肯“主持担任”，皇帝只能自己在“宁远之弃不弃”问题上亲自做出决断，放弃宁远，退守山海关。内阁首辅陈演仍不

1 孙承泽《山书》卷十八《调边兵入卫》。

2 孙承泽《春明梦余录》卷二十四《内阁·闻警求去》。

3 李清《三垣笔记·附识中·崇祯》。

4 孙承泽《春明梦余录》卷二十四《内阁·闻警求去》。

5 蒋德璟《悫书》卷十一。参看顾诚《明末农民战争史》，第232—233页。

敢下令征调吴三桂，故意拖延。

皇帝再次发去谕旨催促："宁城一事，前已廷议，宜速宜断，未可犹疑……收守关之效，成荡寇之功，虽属下策，诚亦不得已之思。先生每即拟旨来行。如必再议，先生每即刻会官密议妥确来奏，仍将各官议语各行亲书备览。"[1]这道谕旨显然带有最后通牒意味，要陈演等立即拟旨执行，如必须再议，在会上发言的大臣必须把发言提纲上报，分明是在给顶风抗旨的大臣施加压力。陈演固执己见，不愿接受"拟旨来行"的方案，而采取"必须再议"的方案，召集内阁六部台省官员，在朝房会议，有的人主张不可调，有的人模棱两可，户部尚书倪元璐认为应当谨慎："关帅兵精，诚可借以剿寇，但此兵一调，则宁远惊疑，势将溃散。揆之重轻，未见其可。"[2]只有成国公朱纯臣、刑部侍郎金之俊、给事中孙承泽等以为应当征调。吏科都给事中吴麟徵争论得尤为激烈，他说："宁远当徙与否，该抚镇当与皇上密议之，而辅枢二臣当与皇上密决之，委之盈廷，谁执其咎？然臣请任其咎矣。嗟乎，自有封疆之难，死法死敌者比比，而朝廷曾不之惜，则夫裹革沙场，横尸西市者，皆赍志而未瞑

◥ 吴麟徵，浙江嘉兴人，天启二年进士。崇祯五年擢吏科都给事中，累官太常少卿。为人刚直，以敢于直谏著称。明亡后自缢。

1 孙承泽《山书》卷十八《调边兵入卫》。孙承泽《春明梦余录》卷二十四《内阁·闻警求去》。

2 倪会鼎《倪文正公年谱》卷四。

目者也。宁远一镇一抚，皆当今人杰，臣再三思，不觉汗泪俱下。”又说：“关外九城势必弃，弃则关门益薄，无与守者。弃地不可，弃地兼弃人不可，弃人失天下将士心，是失天下，愈不可。吴三桂勇将，宜拔用，无委之敌人。今寇旦夕发秦晋，若使来捍京师，一举两得。今日之事，当揆缓急，无论是非也。”[1]次日，吴麟徵再上密疏，极言：“前屯失而宁远必不可守，撤宁远之兵以守关，调吴三桂之战兵以杀贼，目前急着，不待再计而决。”[2]

内阁首辅陈演态度依然消极，提出许多具体问题来刁难，例如宁远放弃后关门如何守法？撤退的军民如何安顿？一定要辽东的总督、巡抚、总兵提出具体实施细则，方才可以行动。总而言之，继续推诿，不肯担当，不肯承担“弃地”的责任。[3]

崇祯十七年二月初二日，蓟辽总督王永吉作为负责蓟门辽东的方面大臣，出面表态：请撤宁远兵，守关门，敕吴三桂料理，支持皇帝“收守关之效，成荡寇之功”的决策。皇帝要内阁首辅陈演议决，陈演仍不议决，转请皇帝下旨，要辽东巡抚总兵表明态度，然后定夺。辽东巡抚黎玉田、总兵吴三桂，与王永吉的意见完全一致，明确表示：宜撤宁远兵民入守关门，一旦京师猝然有警，关门之援旦夕可至。陈演还是拖延不决。[4]

二月初八日，太原陷落，京师震动。蓟辽总

1 李清《三垣笔记·附识中·崇祯》。

2 孙承泽《山书》卷十八《调边兵入卫》。

3 孙承泽《春明梦余录》卷二十四《内阁·闻警求去》。

4 计六奇《明季北略》卷二十《吴三桂请兵始末》。

督王永吉抓住顺天巡抚杨鹗的手臂感叹：皇上依赖蓟门军队，但是有多少可以御贼？现在唯一的计策就是撤关外四城，退守山海关，召吴三桂保卫京师，然而都下公卿都不肯先表态，我们两人责无所诿，应该上疏请求。二月十日，皇帝把王永吉、杨鹗的联名奏疏出示给阁臣陈演、魏藻德，陈、魏相对愕视，不敢开口。退出后，两人窃窃私语："上有急，故行其计，即事定，而以弃地杀我辈，且奈何？"在一旁的吏科都给事中吴麟徵听到他们的私语，批评道："此何时，而可顾后患罔决？"他积极主张调吴三桂入关，驻扎于京郊。阁臣害怕蒙"弃地"之罪，推脱说："无故弃地三百里，臣等不敢任其咎。"[1]陈演、魏藻德商议后，不得已提出一个缓冲方案：请吴三桂之父——老总兵吴襄进京担任中军都督府提督，请皇上召见他，商定战略大计。[2]

◥ 吴襄，南直隶高邮人，吴三桂之父，天启二年武进士。曾任辽东总兵。

二月十二日，皇帝在中左门召见吴襄，询问他对于放弃宁远退守山海关的看法。吴襄长期在关外，对李自成的力量根本不了解，大言：贼声言百万，其实不过数万，都是乌合之众，如果臣子(吴三桂)出战，逆闯早就生擒活捉了。皇帝追问有多少军队，吴襄说：臣父子的军队，在册有八万，核实三万余，三万并非全是战士，不过三千人可用。

1 计六奇《明季北略》卷二十《议撤宁远》《吴三桂请兵始末》。
2 吴伟业《绥寇纪略》补遗上《虞渊沉中》。

皇帝严厉责问：三千人何以抵挡百万之众？吴襄狡辩：这三千人并非一般士兵，乃是臣襄之子，臣子（三桂）之兄弟，因而能得死力。皇帝问他，把这些军队调入关内，需要多少军饷？吴襄不假思索地说，一百万两银子。[1]

吏科都给事中吴麟徵上疏说："边臣不可令有惧心，亦不可令有死心。三桂疏词危切，有惧心矣；为父弟乞恩，有死心矣。寇势方张，不徙之使近捍京师，将何恃乎？"皇帝把他的奏疏转发内阁，陈演以为在外的总督巡抚应当签署意见，皇帝派人行取回奏，督抚们都表示赞同。至此，皇帝才得以通过内阁下达撤宁援京的圣旨。[2]

不久，大同、宣府陷落，京师震动。陈演以病请辞，说什么赞理无效，臣罪当死。皇帝怒斥道：汝一死不足尽其辜！蓟辽总督王永吉写了题为"乞诛乱贼以正人心以谢天下万世"的奏疏，弹劾陈演：

——本月（三月）初四日，职行次玉田，阅邸报，该阁臣陈演题为痛念时艰事，奉圣旨："卿公忠敏练，佐理有年，朕方倚望辅弼，弘济时艰。乃因国事多虞，又兼有恙，屡行面陈引退，兹特允所请，以成恬让。仍赐路费银五十两，彩缎四表里，驰驿归里。卿还善摄，

1 计六奇《明季北略》卷二十《吴三桂请兵始末》。

2 李清《三垣笔记·附识中·崇祯》。

以待后用。该部知道，钦此。”职读未终，愤懑欲绝，异哉奸辅，敢于欺皇上，复忍于背皇上至此极矣！方今边烽正急，寇祸甚张，豫楚秦晋开门揖盗，望风纳款；川广黔滇政令不通，贡赋不入。问兵则士马凋残，战守坐困，甚且戕抚杀将，反操同室之戈；问饷则泉府耗竭，本折两枯，实则财尽民穷，久无乐生之趣。要害不守，咽喉将断，疆宇渐蹙，祸变日多。此乾坤何等时乎？志士饮泣以长号，忠良吁天而无路。我皇上宵衣旰食，焦思劳神，正不知若何忧勤，若何愤叹矣。

——亦曰主忧臣辱，主辱臣死，分固无所逃，情亦不容已也。乃首辅臣（陈）演者，不闻建策定谋，输忠排难，俄作赋以归来，忽飘然而飏去。既非年已迟暮，何曾病入膏肓？引退无因，殊骇观听。或者逆料神京孤危，急思全身远害，不暇为社稷宗庙计乎？若然，既明且哲，（陈）演诚多算矣，其如皇上何？当此危急存亡之秋，付理乱于不闻，方将筑沙堤而缓步，开绿野以怡情，寻秋壑之芳踪，享郿坞之乐事，天理良心灭绝已尽，尚谓有人臣礼哉？且国家全盛之天下，一旦破坏，几于不可收拾，皆（陈）演之罪也。

——此数年中，若肯公忠体国，将天下兵马钱粮、文武将吏，经心着意，实实打算一番，如何御边，如何办寇，如何清兵，如何措饷，如何用人，早早商量，急急整顿，何遂贫寡决裂至此！乃一味欺蒙，一句不肯直说，一事不肯担当，把持朝纲，变乱成法……只此香火情深，颠倒任意，目中何曾知有圣明在上乎？及见事势倾危，委而去之，危而不持，颠而不扶，则将焉用彼相哉？[1]

王永吉对陈演的批判是深刻的，当此生死存亡之际，竟然“一句不肯直说，一事不肯担当”，“危而不持”，“颠而不扶”，置国家命运于不顾。他认为，对这种不忠不孝之人应当明正典刑。也许形势万分紧急，皇帝已经无暇顾及，没有追究陈演的罪责。

为了征调勤王之师，皇帝下诏册封各路总兵：吴三桂为平西伯，左良玉为宁南伯，唐通为定西伯，黄得功为靖南伯，赐给敕印；刘泽清实升一级；刘良佐、周遇吉、高杰、马岱、马科、姜宣、孔希贵、高第、许定国等，各升署一级；督抚马士英、王永吉、黎玉田、李希沆等，分别应加实署。[2]

三月初六日，朝廷决定放弃宁远，征调辽东总兵吴三桂、蓟辽总督王永吉率兵入卫，同时征调唐通、刘泽清率兵入卫。[3]结果并不理想，吴三桂远在宁远，鞭长莫及；刘泽清近在咫尺，却拒不奉诏，纵掠临清后南奔；唯独唐通带了八千士兵入卫。[4]吴三桂的关宁铁骑姗姗来迟，三月上旬，他带领宁远五十万军民启程，日行数十里，三月十六日才进入山海关。其时李自成部队已经到达京郊昌平；等吴三桂赶到丰润时，北京已经陷落。[5]

1 孙承泽《春明梦余录》卷二十四《内阁·闻警求去》。

2 东郡八十一老人《明季甲乙汇编》卷一，崇祯十七年三月壬申。

3 谈迁《国榷》卷一百，崇祯十七年三月甲午。计六奇《明季北略》卷二十《初六日甲午》。

4 钱䡄《甲申传信录》卷一《睿谟留憾》。程源《孤臣纪哭》，冯梦龙《甲申纪事》卷三。

5 计六奇《明季北略》卷二十《吴三桂请兵始末》。彭孙贻《平寇志》卷九，崇祯十七年三月十六日。

征调勤王之师保卫北京，由于人为的拖延，成为名副其实的“马后炮”。内阁首辅陈演难辞其咎，究竟是边关重要，还是京城重要？究竟是个人名节重要，还是国家命运重要？借口“一寸山河一寸金”，在冠冕堂皇的说辞掩盖下，错失良机。京城一旦沦陷，皇帝一旦殉国，“一寸山河一寸金”还有什么意义？

四　并非亡国之君的亡国悲剧

1. 倪元璐的“三做”，崇祯帝的“罪己”

黄宗羲谈到明末系天下安危的六位名臣：刘宗周、黄道周、范景文、李邦华、倪元璐、徐石麒，给予高度评价：“崇祯末，大臣为海内所属望，以其进退卜天下之安危者，刘蕺山、黄漳海、范吴桥、李吉水、倪始宁、徐檇李，屈指六人。北都之变，范、李、倪三公攀龙髯上升，则君亡与亡。蕺山、漳海、檇李在林下，不与其难，而次第致命。蕺山以饿死，漳海以兵死，檇李以自磬死，则国亡与亡，所谓一代之斗极也。”[1]这六人中，最得皇帝重用的莫过于倪元璐。

倪元璐，字玉汝，号鸿宝，一号园客，浙江上虞人，天启二年进士，崇祯初年以抨击阉党，请

1 黄宗羲《光禄大夫太子太保吏部尚书谥忠襄徐公神道碑铭》，《南雷文定前集》卷五。

▼ 倪元璐像

倪元璐，浙江上虞人，天启二年进士。崇祯初年力排魏党，八年遭温体仁妒忌去官，十五年再起。所疏制敌机宜多有见地。李自成入京后自缢身亡。

毁《三朝要典》而闻名，累迁国子监祭酒，雅负人望，为温体仁所忌而落职。崇祯十五年十月，起为兵部右侍郎兼翰林院侍读学士。崇祯十六年五月，特简为户部尚书兼翰林院侍读学士，日讲如故。同时起用冯元飚为兵部尚书，显然想仰仗两位名臣，力挽狂澜。皇帝在中左门接见倪元璐，对他说："卿忠诚敏炼，朕知卿久，诸奏议无不井井有条。古帝王用才致治，只一二人，周四友，汉三杰。即（太祖）高皇所用文臣，亦只刘（基）、宋（濂）数辈耳。今擢卿户部，为朕力致太平。"又指着冯元飚与他说："卿两人同乡里，负才望，国家艰难，宜共治共谋。"[1]倪元璐不负所望，竭尽全力为朝廷献计献策。

他向皇帝提出的施政纲领，概括为"三做"：

一是实做——先准饷以权兵，因准兵以权饷，则数清而用足；

二是大做——凡所生节，务求一举而得巨万，毋取纤涩，徒伤治体；

三是正做——以仁义为根本，礼乐为权衡，政苟厉民，臣必为民请命。

他的"三做"还未说完，皇帝就褒奖道：卿真学问之言，根本之计。得到皇帝嘉奖，他就在自己

1　倪会鼎《倪文正公年谱》卷四，（十六年）五月十一日。

的办公室挂上“三做堂”匾额。[1]美籍华裔历史学家黄仁宇对此的解读很有意思：

> 被任命为户部尚书后，倪元璐在三点原则上得到崇祯帝的认可：第一，财政管理必须是务实的，而不是仅仅纸上谈兵；第二，财政管理要体现公平；第三，财政管理必须集中在重大问题上。得到崇祯皇帝的同意之后，倪元璐把这三条原则写了下来，把它们挂在堂上。他甚至将户部尚书的办公场所称为“三做堂”。显然，倪元璐将这些原则视为他与皇帝之间的协议，而这样的一种态度在明朝历史上之前从未有过。[2]

首先，倪元璐认为当务之急的“实做”，有三件事：慎饷司以清兵，并三饷以驭纷，定差规以杜竞。

一是慎饷司以清兵——他认为天下财力十分之九用于兵，并非真正用于兵，其实是用于将校之虚冒。为了防止虚冒，成立横跨户部、兵部的饷司，监督军费开支，杜绝侵渔。三军归命于饷司甚于主帅，而主帅不能要挟部下阻挠。他解释说，辽饷、剿饷、练饷，一年共计二千二百二十余万两白银，十之八九出于田赋。结果是，竭尽天下之

1 倪会鼎《倪文正公年谱》卷四，（十六年）五月十一日。

2 黄仁宇《倪元璐：新儒家官僚的“现实主义”》，《现代中国的历程》，中华书局，2011年，第52页。

力供奉军队，军队却愈来愈单弱，原因在于："册报户部则兵多，报兵部则兵少；矢口索饷则兵多，责以战守则兵少。户部惟据边册给发，莫得而问其虚实。"因此必须首先清兵——核实士兵实数。

二是并三饷以驭纷——鉴于三饷的款项参错，容易滋生奸弊，诸如：有司催征名色分歧，吏胥易于游移，会计不清。尤为奇怪的是，一支部队分别从户部的三个司领取辽饷、剿饷、练饷。倪元璐主张把三饷合而为一，向民间征收时统称正赋兵饷。与此同时，应该解散兵部抽练之兵，回归原来部队。边镇将吏借口抽练边兵，借机侵吞练饷的弊端也将随之消除。

三是定差规以杜竞——倪元璐认为不正己无以率属，不率属无以致功，户部下属各司所当之差，有苦乐、大小之分，苞苴舞弊随之而来。因此规定，分别特差、大差、中差、小差、上苦差、次苦差，一共六等。特差由饷司慎选才能担任，大差由各司保举，其余以苦乐次序为乘除。规定之后，他亲率僚属道神祠宣誓。

其次，倪元璐所谓"正做"，宗旨是：重在安民，要先奉行朝廷德意，宣仁义于天下。具体说来有两个方面：恤车户以能迩，改杂折以柔远。所谓恤车户，旨在革除漕运中的弊端。江南的漕运船只抵达北京附近的通州，就由车户陆运入京，政府支付的运费仅及半价，车户苦不堪言。他主张把民运改为官运，减少勒索短少之苦。所谓改杂折，旨在改革宫廷内库对东南地区物资的征派方式。以往东南杂解内库所需，不但民间采办、解运十分艰难，而且太监视为利薮，贪污贿赂无所不有。他主张把东南解运杂物，一律改为折色（货币化）。[1]

八月份，倪元璐再向皇帝提出开源节流的财政改革建议，一共十条。诸如“漕折”——将近畿八府征收的田赋税银，改征本色（粮食），以抵充江南漕米的数量，价格给予优惠（以七当十）。可谓一举两得，既使近畿农民获利，又减轻江南运送漕粮的重负。又如“役税”——各级衙门办差的吏胥，地位卑微，神通广大，应该向他征税，给予顶首文契，方可执业。这一点是左都御史李邦华建议的，倪元璐起初以为有伤道德，既而思之，取之有道：此辈不农不商，以蠹取财，在官为市，既不能绝，又不征税，何以令农民商人心服？再如“洋政”——听取通政使施邦曜建议，开征对外贸易进出口税：福建有东西商舶，历代征税。自天启中海洋争利，上下相蒙，何不明开，使朝廷少收养兵之费。兵部的福建籍司官王之骥说：洋禁开而闽盗始稀。倪元璐认为，这是“有识之言”。[2]

倪元璐的改革时间虽短，成效已经初露端倪。正如黄仁宇所说：“在1643年农历八月，倪元璐成功地制订了次年的军事预算：预计收入将低于1 600万两白银，而开支将超过2 100万两。倪元璐建议通过增加售盐、折银赎罪、出卖官阶等法弥补其间不足。他还敦促崇祯皇帝提升那些负责

1 倪元璐《倪文贞奏疏》卷七《求治大谋疏》。

2 倪会鼎《倪文正公年谱》卷四，崇祯十六年八月，胪陈生节。

各边粮储官员的地位，使各边粮储官员同时对兵部和户部负责。倪元璐希望，通过户部、兵部的紧密联系，军俸、军需最终能按照军队的实际人数发放，而不是按纸面上的人数发放，实现这个目标，也许要花费两年时间。然而倪元璐在户部尚书任上的九个月中，有两个军队将领将他们浮夸的军队人数总共减少了1 300 000人。”“拓宽国家财路的努力，被证明是最为艰难的。倪元璐曾经抱怨说：‘生财大道，远或数十年，近亦数年，既不足以救眉急……其间有必恃资本以行。’由于时间紧迫而资本无处可寻，倪元璐不得不诉诸一些简易措施，如折银赎罪及出卖官阶。但是，他同时极力建议说，为财政着想，与海外诸国的贸易应该合法化。”[1]

倪元璐的所作所为，表明了朝廷大臣与皇帝对于力挽狂澜，并没有丧失信心。另一位大臣方孔炤（字潜夫，号仁植，安庆桐城人）的言论，也证明了这一点。以都察院右佥都御史负责山东河北屯田事务的方孔炤，在崇祯十七年正月上疏，谈到近畿地区的根本问题在于“知恤”与“生节”：“京师者天下之本也，畿甸富强可以抗天下而制其胜。今日者非贫寡之患，而均安之难也，故求贵变通，机惟知恤、生节两端，岂容缓计！阜财诘戎，宜先自京师始。请以兵论，则诸葛亮减兵省将之意谓可师也。兵威遽

1 黄仁宇《倪元璐：新儒家官僚的“现实主义”》，《现代中国的历程》，中华书局，2011年，第53—55页。编者按：据中华书局徐卫东编审提示，此处所述“两个将领将他们浮夸的军队人数总共减少了1 300 000人”疑有误。黄仁宇先生所引《倪文贞公年谱》卷四之原文，本是讲清厘兵饷，宣府饷司孙襄、宁抚黎玉田共清汰一百三十多万两。

减，当练土著；将未遽省，当寄有司。”为此，必须首先减轻人民的差徭负担——“今畿甸之民差徭太繁，钳罗又密，涣散仳离，实不忍言。以臣所闻，每亩约纳粮一百七八十文，差徭多至三四百文，思避无门，惟有投献。而小民之当户差，重叠而无告矣。即圣恩蠲缓，而催征自如，邦本若斯，何能泄泄！宜敕京兆尹、顺真抚按道府，细察民隐，尽除一切杂差之最苦者，力苏重困。大家巨室当兹患难，一体均劳，屏绝投献、诡寄之风。赋役无私，自然乐业。”在此基础上，才谈得上训练乡勇，由州县地方官充当将帅，各自为战——“然后并免本户丁徭，听其每甲训练乡勇一名，大县可保六七百人，小县可三四百人，此皆户籍可稽，不同浮募秒选。州县正官廉惠勇干者，以当将帅之任。每府则修举卫政，为府标临属县以联络之文，不妨兼武术……此所以为固守者大端备矣。”[1]方孔炤的主张有些理想主义，但是，为了挽救危局而出谋划策，难能可贵。

大臣如此，那么，皇帝如何呢？崇祯十七年二月，皇帝朱由检下诏罪己。这次的罪己诏，比以往更加深刻，更加诚恳，他把局势土崩瓦解的全部责任都揽到自己身上，沉痛检讨：

朕嗣守洪绪十有七年，深念上帝陟降之

1 孙承泽《山书》卷十八《经理畿甸》。

威，祖宗付托之重，宵旦兢惕，罔敢怠忽。乃者灾害频仍，流氛日炽，忘累世之豢养，肆廿载之凶残；赦之益骄，抚而辄叛，甚至有受其煽惑，顿忘敌忾者。

朕为民父母，不得而卵翼之；民为朕赤子，不得而怀保之。坐令秦豫丘墟，江楚腥秽，罪非朕躬，谁受其咎？

所以使民罹锋镝、蹈水火，殣量以壑，骸积成丘者，皆朕之过也。

使民输刍挽粟，居送行赍，加赋多无艺之征，预征有称贷之苦，又朕之过也。

使民室如悬罄，田里污莱，望烟火而无门，号冷风而绝命者，又朕之过也。

使民日月告凶，旱潦洊至，师旅所处疫疠为殃，上干天地之和，下丛室家之怨者，又朕之过也。

至于任大臣而不法，用小臣而不廉，言官首鼠而议不清，武将骄懦而功不奏，皆由朕抚御失道，诚感未孚。中夜以思，跼蹐无地。

朕自今痛加创艾，深省夙愆。要惜人才以培元气，守旧制以息烦嚣，行不忍之政以收人心，蠲额外之科以养民力。至于罪废诸臣，有公忠正直廉洁干才，尚堪用者，不拘文武，吏兵二部确核推用。草泽豪杰之士，有恢复一郡一邑者，分官世袭，功等开疆。即陷没胁从之流，能舍逆反正，率众来归，许赦罪立功，能擒斩闯献，仍予通侯之赏。於呼！忠君爱国，人有同心，雪耻除凶，谁无公愤？尚怀祖宗之厚泽，助成底定之大功，思克厥愆，历告朕志。[1]

朱由检全方位检讨自己的过错，并且提出整改措施：培元气，熄烦嚣，收人心，养民力，收豪杰，赦胁从，奖战功，试图力挽狂澜。可惜，他觉悟得太迟了，所有的诚心诚意都化作一纸空文，于事无补。

2. 土崩瓦解，京师孤注

李自成指挥大军渡过黄河，进军山西，所向披靡。山西巡抚蔡懋德（字维立，又字公虞，号云怡，苏州昆山人）上疏，向朝廷呼救："贼势猖獗，畿辅阽危，万难画界自保。今日之失正在贼聚而攻，我散而守，故处处无坚城。何者？势不敌也。请发禁旅，并调真（定）保（定）大营，宣（府）大（同）二抚，与臣合兵，尚可背水一战。否则，畿辅以西恐成破竹之势矣！"[2]结果是可以预料到的，朝廷方面不但没有调动京营禁旅，而且真定、保定大营，以及宣府、大同军队，没有一兵一卒向山西靠拢。难道朝廷不懂得唇亡齿寒的道理吗？否。实在是畿辅方面也自顾不暇。山西守军处于寡不敌众的态势下，急剧

◥ 蔡懋德像

蔡懋德，苏州昆山人，万历四十七年进士。崇祯十四年擢右佥都御史，巡抚山西。崇祯十六年任山西巡抚。崇祯十七年李自成进攻太原，蔡懋德兵败自缢。

1 孙承泽《山书》卷十八《下诏罪己》。

2 锁绿山人《明亡述略》上。

崩溃。

崇祯十七年二月初五日，李自成带着全副仪仗，指挥部队攻打太原城。调来协守东门的阳和兵投降，调来守卫大南门的张雄缒城出降，并且焚烧城东南角楼存放的火器火药，火借风势，守军望风瓦解。蔡懋德把事先写好的遗表交给友人贾士章送达京师，对随从人员说："吾学道有年，已勘了死生，今日吾致命时也。"随即拔剑欲自刎，被阻止。副总兵应时盛请他下城巷战，蔡懋德上马，应时盛骑马持矛突杀数十人，行至炭市口被围，应时盛建议向西门突围，蔡懋德下马说："我当死封疆，诸君自去。"在部下裹挟下来到水西门，蔡懋德斥责道："诸君欲陷我不忠耶?"应时盛表示愿与之俱死，两人步行至三立祠，蔡懋德解袍带自缢于东梁之左。应时盛见他还未气绝，把自己的盔甲加在他身上，才气绝，应时盛则取弓弦自经而死。[1]

二月二十五日，李自成指挥部队由太原北上。次日，抵达忻州，守城军队不战而降。北上代州，发生激战。守卫代州的总兵周遇吉（号萃庵，辽东锦州人）困守十几天，积尸几乎与城墙持平，不得不退守宁武关。李自成指挥部队跟踪而至，在关下大呼：五日不降，屠其城。周遇吉命守军向四面发炮，杀伤万人，火药将尽，有人劝说投降，周遇吉大怒：

1 计六奇《明季北略》卷二十《蔡懋德太原死节》。亦见抱阳生《甲申朝事小纪》初编卷九《蔡忠襄公懋德小纪》及张廷玉《明史》卷二百六十三《蔡懋德传》。

“若辈何怯耶？今能胜，一军为忠义；万一不支，缚我以献，若辈可无恙。”于是在城内设伏，派弱旅佯败，诱敌入城，关门痛打，杀伤数千人，四员悍将遭重伤。李自成打算退兵，部将劝阻说：我军百倍于彼，用人海战术，连番攻击，定可取胜。李自成采纳他的建议，前队死伤，后队继之，守军力尽，宁武关终于陷落。周遇吉率众巷战，战马倒地，他徒步跳荡，格杀数十人，身中箭矢如猬，力竭被俘，悬挂高竿，乱箭射杀，再遭脔割。他的妻子刘氏骁勇异常，率领妇女家童数十人巷战，登屋而射，箭无虚发。弓矢用尽后，率众自焚而死。李自成对部下说：宁武关虽破，我将士死伤太多，由此往京师，必须经过大同、阳和、宣府、居庸关，皆有重兵把守，倘使都像宁武关，我部下还有孑遗吗？不如退回陕西休息，重整旗鼓。正当他准备退兵之际，大同总兵姜瓖派人送来了降表，随后宣府方面的降表也送到。李自成喜出望外，决定放弃撤退的主意，长驱直入。他感叹道：“使守将尽用（周）将军者，吾安得到此！”这确实是值得注意的动向，倘若大同、宣府、居庸关的守将都像周遇吉那样奋勇抗击，闯王进京或许将成为黄粱一梦。以往史家对此有所感怀，留下一些细节记载，请看：

> ——寇薄宁武关，传檄五日不下，且屠。总兵周遇吉悉力拒守，大炮击贼万余人。会火药尽，或言：贼势重，可款也。遇吉曰：“战三日，杀贼且万，若辈何怯耶？能胜之，一军尽为忠义；万一不支，缚我以献，若辈可无恙。”于是开门奋击，杀贼数千人。贼惧欲退，或为贼策曰：“我众彼寡，

但使主客分别，以十击一，蔑不胜矣。请去帽为识，见戴帽者击之。递出战，不二日可歼也。”贼引兵复进，迭战，脱帽以自别。我兵大败，遇吉阖室自焚，挥短刀力斗，被流矢，牙兵且尽，见执骂贼，缚于市磔焉。遂屠宁武，婴稚不遗。李自成既杀遇吉，叹曰：“使守将尽周将军者，吾安得至此！”[1]

——（周遇吉、刘氏奋战身死）廿五日，贼（指李自成）集头目计曰：“宁武虽破，受创已深，自此达京，尚有大同兵十万、宣府兵十万、居庸兵二十万、阳和等镇兵合二十万，尽如宁武，讵有孑遗哉？不若且回陕休息，另走他途。”已刻期明早班师，更深，忽有大同总兵姜瓖差人赍降表至，贼喜甚，设宴厚款。甫坐定，而宣府总兵王通亦然，且以百骑来迎。贼谬谓天与，优答二镇，豫加封爵，一意长驱。[2]

——官军力尽，城遂陷。遇吉巷战，马蹶，徒步跳荡，手格杀数十人。身被矢如猬，竟为贼执，大骂不屈。贼悬之高竿，丛射杀之，复脔其肉。城中士民感遇吉忠义，巷战杀贼不可胜计，其舍中儿先从遇吉出斗，死亡略尽。夫人刘氏素勇健，率妇女数十人，据山巅、公廨，登屋而射，每一矢毙一贼。贼不敢逼，纵火焚之，阖家尽死。自成集众计曰：“宁

1 谷应泰《明史纪事本末》卷七十九《甲申之变》。

2 计六奇《明季北略》卷二十《周遇吉传》。

> 武虽破，吾将士死伤多，自此达京师，历大同、阳和、宣府、居庸，皆有重兵，倘尽如宁武，吾部下宁有孑遗哉？不如还秦休息，图后举。”刻期将遁，而大同总兵姜瓖降表至，自成大喜；方宴其使者，宣府总兵王承荫表亦至，自成益喜，遂决策长驱。[1]

此后世间再无周遇吉，闯王进京犹如探囊取物。

二月二十二日，李自成率军直逼大同、阳和、宣府，意图十分明显，由大同、宣府攻取北京。这是颇有眼光的战略，吴伟业评论道：“夫自成已破太原，逾太行，蹂真（定）保（定），可以直犯京师。乃先攻宁武、雁门者，盖以宣（府）大（同）天下劲兵处，惧京师急而为之援也。是以偏师行入赵地，其正兵则从两关出代上谷，乘瓦解之势，以尽收宣大之兵，然后转攻居庸（关）以进，先断我勤王之师，而京师坐困。彼其视内外三关之势，可以从内以出，又可从外以入，而京师孤注，遂落其掌中。”[2]吴氏的分析很有道理。李自成如果抄近路由真定、保定北上攻打北京，朝廷势必命令宣府、大同守军收缩回援，在北京外围就有一场激战。而先取宣大，歼灭主力军，就使得北京陷入孤立无援的境地。刘芳亮的偏师从真定、保定包抄，形成钳形

1 张廷玉《明史》卷二百六十八《周遇吉传》。

2 吴伟业《绥寇纪略》卷九《通城击》。

攻势，稳操胜券。果然，在宁武关陷落，大同、宣府危急的同时，南面的真定也随之陷落。皇帝觉察到形势的严重性，起用心腹太监前往军事重镇督战，派往宣府的是乾清宫管御清监太监杜勋，派往大同的是乾清宫打卯牌子御马监太监杨茂林。[1]同时征召天下兵勤王，被征召的有左良玉、吴三桂、高杰、唐通、黄得功、曹友义、马科、张天禄、马岱、刘泽清、牛国保、刘良佐、葛汝芝等，要他们会师真定、保定之间。然而，将在外君命有所不受，当此危急关头，都拥兵自保，不是置若罔闻，便是虚与委蛇。

藩封在大同的代王向朝廷求救："传闻贼拨已过雁门，直抵云中（大同）地界，镇城西南一带风鹤震惊，阖镇人心畏寇甚于畏虏……凶寇之耗日近，兵马之费日繁，库内金钱久无，廪中豆米不继，旦夕贼至城下，久暂不能预知。"皇帝只给了一点空洞的安慰"调拨援兵已有旨了""宣督鼓锐策援"云云，当然是一句空话。[2]

二月二十九日，李自成率部进抵大同城下，三月初一日，进入大同城。大同总兵姜瓖开门迎降，诱骗大同巡抚卫景瑗（字仲玉，号带黄，陕西韩城人）前往议事，坠马被俘。李自成欲用他为官，卫景瑗坐地大呼皇帝而哭，乘人不备猛然跳起，用头撞向石阶，鲜血淋漓，大骂姜瓖："反贼，与我盟而叛，神

1 谈迁《国榷》卷一百，崇祯十七年二月庚辰。戴笠、吴乔《流寇长编》卷十七，崇祯十七年二月庚辰。

2《北行稿》第一千一百八十九号《兵部为大同寇患迫已切肤等事》，《明末农民起义史料》，第447—448页。

其赦汝耶？”李自成命其母劝降，年逾八十的老母对他说：儿为国家大臣，不可以不死。初六日，卫景瑗在海会寺自缢而死。[1]

三月初八日，宣府危急，士兵倒戈，巡抚朱之冯无奈自刎。皇帝派去的监军太监杜勋不但没有起到监督作用，相反的，带头投降，以隆重的礼仪迎接李自成——“蟒袍鸣驺，郊迎三十里之外”。[2]阳和兵备道于重华如法炮制，于三月初九日，“出郊十里迎贼，士民牛酒塞道”。[3]

三月十五日，李自成抵达居庸关。监军太监杜之秩和应召前来勤王的总兵唐通，不战而降，拱手让出捍卫北京的最后一道关隘；巡抚何谦、总兵马岱临阵脱逃。[4]三月十六日，皇帝在中左门召见新任命的滋阳知县等三十三人，讨论“剿寇生财”问题，从君臣对话中看不出末日即将来临的迹象。例如黄国琦说：当今之计亟待收拾人心，其次在于用人。皇帝问：何以安人心？黄国琦答：安人心不难，只要皇上心安，则人心自安。皇帝问：何以生财？黄国琦答：今日言生财者只关注加派、捐助，都不可取，皇上应当搜刮内帑，以供外用。这时太监突然送上紧急公文，皇帝打开一看，京郊昌平陷落，皇陵享殿被毁，脸色顿时骤变，起身入内。[5]

土崩瓦解，京师孤注的形势已经不可逆转。早在此前，进士程源就在《防河剿寇十款》中一语

1《北行稿》第一千一百九十一号《兵部为阳和兵将立意迎贼等事》，《明末农民起义史料》，第451页。张廷玉《明史》卷二百六十三《卫景瑗传》。

2 邹漪《启祯野乘》卷一《朱忠壮传》。张廷玉《明史》卷二百六十三《朱之冯传》。谈迁《国榷》卷一百，崇祯十七年三月丙申。

3 戴笠、吴乔《流寇长编》卷十七，崇祯十七年三月丙申。

4 谈迁《国榷》卷一百，崇祯十七年三月癸卯。计六奇《明季北略》卷二十《十五居庸关陷》。

5 计六奇《明季北略》卷二十《十六报贼焚十二陵》。谈迁《国榷》卷一百，崇祯十七年三月甲辰。

道破："神京孤注矣，言战无以为战，言守无以为守。"[1]落到这步田地，人心丧失殆尽是至关重要的原因，从阁部大臣到封疆大吏，从统兵将帅到普通士兵，与朝廷早已离心离德。开门迎接，不战而降，由此可以得到解释。到了最后关头，朝廷采取捐助饷银的举措，进一步加剧了离心离德的趋势。

为了筹措军饷，皇帝的内帑一毛不拔，专在达官贵人身上打主意。凡是押在监狱的犯罪官员如侯恂、郑二阳等人，一律"助饷赎罪"；其他勋戚官僚一律按照官爵高低"捐助饷银"，各省还确定捐助指标。这种病急乱投医的办法，效果适得其反，搞得达官贵人怨声载道，哪里还谈得上一心一德！请看当时人怎样描述这一怪现象：

——会议措饷，凡在狱官曾樱、侯恂、董象恒、王志举、王永祚、陈睿谟、郑二阳等，皆助饷赎罪。吏部尚书李遇知议，助饷者世爵加一等，诸臣论奖行之。五日中官公议，或以省直汇集出之，如浙江六千，山东四千也，共得二十万。内侍怨望，题宫门壁云："此处不留人，自有留人处。"上命徐高劝谕嘉定伯周奎，不应；高又宣皇后懿旨，（周）奎终不从。（徐）高怒曰："大事一去，多蓄何益！"乃捐一万。

1 程源《孤臣纪哭》，冯梦龙《甲申纪事》卷三。

太监王之心富第一，上面谕之，仅捐一万。后闯贼夹（王）之心，得银十五万；抄（周）奎家银五十余万。[1]

——上特遣司礼（太监）徐高，加太康伯张国纪、嘉定伯周奎以侯爵，随宣诏求助。以为休戚相关莫如戚臣，务宜首倡，自五万至十万，各协力设处，以备缓急。（徐）高先至嘉定府，周奎谢言："老臣安得多金？"（徐）高泣谕再三，见其坚辞，艴然而去，云："老皇亲如此鄙吝，朝廷万难措手，大事必不可为矣。即广蓄多产，后来何益？"（周）奎乃自具一疏，勉捐万二千金。内监王永祚、曹化淳等，有助至五万三万者。上即颁旨嘉奖，建坊其门，以风僚庶。[2]

——进封戚臣周奎为侯，遣太监徐高宣诏求助，谓："休戚相关无如戚臣，务宜首倡，自五万至十万，协力设处，以备缓急。"（周）奎谢曰："老臣安得多金？"（徐）高泣谕再三，见其坚辞，拂然起曰："老皇亲如此鄙吝，大事去矣，广蓄多产何益？"（周）奎自具疏，勉捐一万。内监王永祚、曹化淳等，有助至五万三万者。内监王之心富第一，上面谕之，对以家计消乏，仅献一万。其后李贼夹追（王）之心十五万，金银什物称是。周奎抄见银

1 戴笠、吴乔《流寇长编》卷十七，崇祯十七年三月甲午。

2 陈济生《再生纪略》上，冯梦龙《甲申纪事》卷四。

五十三万两，什器段匹车载，人皆快之。[1]

这种做法的弊端是显而易见的，事实上捐饷所得寥寥无几，只有太监王永祚、王德化、曹化淳各自捐了五万两银子，其他大臣个个如同铁公鸡一毛不拔，阁臣魏藻德只捐了五百两银子，已经辞职仍留在北京的陈演在皇帝面前装穷，表白自己一向清廉，从未向吏兵二部“讨缺”（索贿卖官）。皇帝的岳父（周皇后之父）周奎被逼无奈，才忍痛捐了一万两银子。太监们为了躲避捐助，纷纷在大门上贴出“此房亟兑”的广告，仿佛已经穷到非典卖房产不可的地步；甚至大发牢骚：“此处不留人，自有留人处。”[2]他们企图改换门庭的投机心流露无遗，大同、宣府监军太监开门迎降绝非偶然现象。

三月十一日，束手无策的皇帝再一次颁布罪己诏，希望能够得到臣民的谅解。目的是号召臣民“雪耻除凶”。但是事已至此，人心早已涣散，惶惶不可终日，别说一般百姓，就是朝廷大臣也失去了信心。皇帝每天召集大臣筹划对策，大臣们除了说些“练兵按饷不及”之类套话，辅臣蒋德璟甚至搬出太祖高皇帝军法，别无建设性意见。每次召对，大臣连声“待罪”，小官沉默不语，仿佛举朝无人。每次召对完毕，朱由检都痛哭回宫。[3]

1 东郭八十一老人《明季甲乙汇编》卷一，崇祯十七年三月戊戌。

2 计六奇《明季北略》卷二十《初十征戚珰助饷》。钱䡾《甲申传信录》卷一《睿谟留憾》。

3 程源《孤臣纪哭》，冯梦龙《甲申纪事》卷三。钱䡾《甲申传信录》卷一《睿谟留憾》。

3.“朕无面目见祖宗于地下”

三月十六日夜晚，李自成指挥部队从沙河挺进，直插平则门，火光烛天。[1]兵临城下，京城内部原先看上去似乎上下一心的官僚群体，立时分化瓦解，有如大厦将倾飞鸟各投林。一些投机分子秘密策划应变措施，以迎接一朝天子一朝臣的改朝换代。兵部官员魏提塘遇见一名高级官僚的长班（听差），看见他从袖子抽出一张传单，上面写着太监及文武大臣“公约开门迎贼”事宜，领头的是司礼监太监曹化淳、兵部尚书张缙彦。《流寇长编》记录了这一重要信息：“京官凡有公事，必长班传单，以一纸列衔姓，单到写‘知’字。兵部魏提塘杭州人，是日遇一所识长班亟行，叩其故，于袖出所传单。乃中官及文武大臣公约开门迎贼，皆有‘知’字。首名中官则曹化淳，大臣则（张）缙彦。此事万斯同面问魏提塘所说。”[2]可见确有所据，几天后的事态证实了这点。

这是一条令人震惊的独家新闻，而且是历史学

◥ 万斯同，世称“石园先生”，浙江宁波人，明末清初历史学家。师从黄宗羲。以布衣身份修《明史》。与张岱、谈迁、查继佐合称为“浙东四大史家”。

1 陈济生《再生纪略》上，冯梦龙《甲申纪事》卷四。戴笠、吴乔《流寇长编》卷十七，崇祯十七年三月甲辰。抱阳生《甲申朝事小纪》三编卷八《黍离小志》上。

2 戴笠、吴乔《流寇长编》卷十七，崇祯十七年三月甲辰。

家万斯同亲自向魏提塘证实的。万斯同（字季野，号石园，浙江鄞县人）生于崇祯十一年，明亡时还是个儿童，此事应当是清初他编《明史》时听魏提塘说的。查万斯同《明史·宦官传》，曹化淳之流暗中策划“公约开门迎贼”确有其事。曹化淳颇得皇帝信任，用为司礼监秉笔太监兼掌东厂，京师有警，会同太监沈良佐等提督九门，总管京营戎政。李自成兵临城下，皇帝任命曹化淳监督京师城防，全权掌握北京防守事宜。万斯同说：“盖是时诸内臣已有邪谋。”这个邪谋就是“开门迎贼”。刘坊写道：“十九日，贼攻益急，御史王章欲登城举炮，内臣沮之。语未毕，俄诸门尽开，（王）章被杀，内城随陷。（李）自成自承天门与伪丞相、尚书、都督等数十骑入大内。太监曹化淳、王德化、杜之秩率监局百余人为前导。自成曰：‘汝曹背主献城，罪当斩。’叱之去。”[1]大明王朝的都城，竟然断送在皇帝最信任的太监手中——“背主献城”，令人唏嘘不已。

三月十七日，造反大军东路进至高碑店，西路进至西直门外，大炮不断轰击城墙。皇帝照例上朝，大家相对哭泣，惘然无措，胡乱说些空话，有的说“冯铨当起”，有的说“杨维垣当用”，有的说“奉刘泽清为东安伯”。皇帝不予理睬，在御案上写了十二个字，其中六个字是“文臣个个可杀”，密示司礼监太监王之心，随即抹去。[2]

1 刘坊撰《万季野先生行状》，万斯同《石园文集》卷首。

2 戴笠、吴乔《流寇长编》卷十七，崇祯十七年三月乙巳。陈济生《再生纪略》上，冯梦龙《甲申纪事》卷四。文秉《烈皇小识》。

中午时分，造反大军攻打平则门、彰义门、西直门，守城的三大营（五军营、神枢营、神机营）士兵一触即溃。这也难怪，守城的都是老弱残兵以及宫内太监，毫无战斗力，何况没有人烧饭，个个都饥饿不堪，岂能抵挡排山倒海般的攻势！阵地上布满了火车、巨炮，还有蒺藜、鹿角等障碍物，阻挡不住潮水一样涌来的人浪，城墙外面全是身穿黄色衣甲的造反大军，人们形容为“四面如黄云蔽野”，把北京城围得水泄不通。[1]

十八日，大顺军继续猛攻，守城士兵既忧且惧，一味向外放空炮，没有铅子，只有硝烟和空响，仿佛在那里放爆竹烟火，敷衍塞责拖延时辰而已。这是有原因的，据陈济生说：“杜监（太监杜勋）尽以我情输贼，贼势愈张，声言：‘大炮击死一人，即当屠城。’将卒惧甚，故炮声竟夜，无所伤，干响而已。”[2]程源也说“城上炮发皆虚器”：“朝廷发三大营兵，出营齐化门外。枢臣张缙彦但坐衙门以俟，营督襄城伯李国桢往城楼，惟以点军太监王相尧统之。兵无大帅，上下不习战。以十八日午逼城下，与我兵遇，叙寒温若平日。数万兵卒一时奔降，遂攻西直门不克，转攻彰义门。城上炮发皆虚器，贼乘势用大炮急击。”[3]看来放空炮是双方私下达成的协议。

李自成在彰义门外向城上喊话，双方和平谈

1 计六奇《明季北略》卷二十《十七贼围京》。

2 陈济生《再生纪略》上，冯梦龙《甲申纪事》卷四。

3 程源《孤臣纪哭》，冯梦龙《甲申纪事》卷三。

判。襄城伯李国桢在城头大声回话：我入你营为人质，你当遣人与圣上面讲。李自成回答：不用人质。随即派投降的太监杜勋进城传话。杜勋进城后，奔向大内，对皇帝说："贼人马强众，锋不可当，皇上当自为计。"[1]内阁首辅魏藻德等人也在场，他们一起听了杜勋转述李自成的谈判条件——割地讲和，具体内容是：割让西北一带分国而王，犒赏银一百万两；此后可为朝廷内遏群寇，帮助守卫辽东，但不奉朝觐。崇祯帝问魏藻德："此议如何？今事已急，可一言决之。"老奸巨猾的魏藻德害怕承担责任，一声不吭，一味鞠躬俯首。焦躁不安的崇祯帝靠立在龙椅背后，再三征求魏藻德意见，魏藻德始终一言不发。崇祯帝只得命杜勋出城向李自成回话："朕定计，另有旨。"[2]

谈判不能达成协议，除了顽抗别无他法。崇祯帝亲笔写了一道"亲征诏书"，讲了一些自己也不相信的大话，诸如"朕今亲率六师以往，国家重务悉委太子"云云。[3]随即紧急召见驸马都尉巩永固，要他率领家丁护送太子南行。巩永固告诉他，从不敢私蓄家丁，即使有家丁，现在也无法冲出重围。于是他叫来太监王承恩，要他召集内员，准备守卫宫城。

李自成见谈判没有结果，下令全线攻城。司礼监太监曹化淳按照"开门迎贼"的公约，首先打开

1 赵士锦《甲申纪事》。无名氏《北事补遗》，冯梦龙《甲申纪事》卷六。

2 钱䌰《甲申传信录》卷一《睿谟留憾》。赵士锦《甲申纪事》。

3 东郇八十一老人《明季甲乙汇编》卷一，崇祯十七年三月丙午。谈迁《国榷》卷一百，崇祯十七年三月丙午。

彰义门投降。[1]德胜门、平则门也随即开启，北京外城全部陷落。崇祯帝在大内问阁臣，是否知道外城已被攻破？阁臣回答不知道。崇祯帝再问有何对策？阁臣回答：陛下之福自当无虑，如其不测，臣等巷战，誓不负国。[2]这当然是自欺欺人的空话，不久守卫宣武门的太监王相尧，守卫正阳门的兵部尚书张缙彦，守卫齐化门的成国公朱纯臣等，不约而同地打开城门投降。[3]整个过程根本没有发生什么"巷战"。三月十八日夜间，北京的内城各门全部打开，炮声停息，造反大军已经完全控制京城。

京城上空烟火弥漫，微雨不绝，细雨中夹杂着雪花，在烟雾迷蒙中洒向全城。百姓在惶恐不安中度过。陈济生写道："民心滋惑，时黄沙障天，忽而凄风苦雨，愁惨异常。前门货铺悉车载归私寓。而老幼妇女从西而东者，匍匐泥泞中，肩摩不绝。"[4]许重熙写道："时黄沙障天，忽而凄风苦雨，良久，冰雹雷电交至，人情愈加惶惑。"[5]

焦躁不安的崇祯帝不停地在殿陛间徘徊，得到太监报告内城陷落的消息，连忙问：大营兵安在？

◥ 许重熙，晚号东郭八十一老人，苏州常熟人，以治史名世。专注于明史的研究，撰有《国朝殿阁部院大臣年表》《明季甲乙汇编》。

---

1 谈迁《国榷》卷一百，崇祯十七年三月丙午。钱䮾《甲申传信录》卷一《睿谟留憾》。
2 计六奇《明季北略》卷二十《十八日申刻外城陷》。
3 无名氏《北事补遗》，冯梦龙《甲申纪事》卷六。
4 陈济生《再生纪略》上，冯梦龙《甲申纪事》卷四。
5 东郭八十一老人《明季甲乙汇编》卷一，崇祯十七年三月丙午。

李国桢安在？得到的回答是：京营总督李国桢早已自顾逃命，大营兵已作鸟兽散。侍从们劝皇上赶快躲避，他似乎将信将疑，带了心腹太监王承恩登高瞭望，但见烽火烛天，内城确已陷落，才返回乾清宫，布置应急善后事宜。

他对结发妻子周皇后说："大事去矣，尔为天下母，宜死。"

周皇后伤心地恸哭："妾随陛下十八年，卒不听一语，今日同死社稷，亦复何恨！"

崇祯帝听了，凄凉悲怆得不能抬头仰视，连饮十几杯酒，命令内侍立即传旨给后宫嫔妃以及懿安皇后（熹宗皇后），要她们自尽。

接着要内侍传唤他的儿子——太子、定王、永王。他们匆忙赶来，崇祯帝吩咐他们改装，亲自为他们穿上旧衣，告诫道："尔等今日是太子，王城破，即小民也，各自逃生去吧！不必恋我，朕必死社稷，有何面目见祖宗于地下？尔等切要谨慎小心，若逢做官的人，老者当呼老爷，幼者呼为相公；若遇平民，老者呼为老爹，幼者呼为老兄，或称为兄长，呼文人为先生，呼为户长，或称曰长官。"又叮嘱道："万一得全，来报父母仇，无忘我今日诫也。"临别时，他哭着说："尔三人何不幸而生我家也？"呜咽得不能出声，左右侍从被生离死别的场景感动得失声痛哭。[1]

1 郑达《野史无文》卷四《烈皇帝遗事下》。冯梦龙《甲申纪闻》，冯梦龙《甲申纪事》卷一。吴伟业《绥寇纪略》补遗中《虞渊沉下》。

崇祯帝看着太监带着三个儿子出宫，便来到坤宁宫，周皇后已经上吊自尽，连声说：好，好！十六岁的女儿长平公主在一旁痛哭不已。对她说了一句：尔为何生我家！随即拔剑向她砍去。公主用手臂抵挡，被砍掉了一条手臂，立即昏厥过去。崇祯帝以为她已经气绝死亡，匆匆离去。第二天李自成进宫后，派人把长平公主的“尸体”送到外公周奎家。五天以后，公主宛转复生。次年清朝定鼎后，公主向清帝请求，允许她出家为尼。清帝不许，命他与崇祯帝生前选定的驸马周世显（太仆公之子）完婚。次年，长平公主因思念父母，泣血而死，年仅十八岁。[1]明朝遗老松江人张宸写《长平公主诔》为之哀悼，文字十分古奥典雅：

> ……乘鷁扇引，定情于改朔之朝；金犊车来，降礼于故侯之第。人非鹤市，慨紫玉之重生；镜异鸾台，看乐昌之再合。金枝秀发，玉质含章。逢德曜于皇家，迓桓君于帝女。然而心恋宫帷，神伤辇路，重云笔墨，何心金榜之门；飞霖谷林，岂意玉箫之馆。弱不胜悲，溘然薨逝……[2]

回头说崇祯帝从坤宁宫来到南宫（仁寿殿），命宫女逼懿安皇后张氏自缢，仓促离去。懿安皇后并

1 吴伟业《绥寇纪略》补遗中《虞渊沉下》。张廷玉《明史》卷一百二十一《公主传》。

2 谈迁《北游录》纪闻上《长平公主诔》。

不知道外间消息，没有立即自缢。次日清晨望见火光，张氏知道大势已去，欲拔剑自刎，无力下手，就悬梁自缢，被宫女救下。过了几个时辰，张氏在侧室自缢。李自成的先头部队进入宫内营救，张氏逐渐苏醒。忽闻有人大喊张皇后娘娘安在？此人正是李自成手下大将李岩，深感张皇后素有圣德，不可使她受辱，要宫女扶坐，受他九拜。这天晚上，张氏从容自缢。十月间，清帝把她合葬于熹宗的德陵。[1]

崇祯帝朱由检从张皇后处出来，在司礼监太监王承恩陪同下，来到煤山（即景山），在寿星亭附近一个大树下上吊自杀，王承恩随之也上吊陪殉。时间是十八日后半夜，亦即十九日凌晨（子刻）。这一行动极为秘密，除了死者二人，无人知晓。[2]所以几天之内宫内宫外都不知道皇帝下落，一直到二十二日才被发现。后人根据发现尸体的太监口耳相传，写入史书，朱由检殉国的情况得以流传，细节略有出入，大同小异。

文秉写道："逆闯入宫，问帝所在，大索宫中不得。伪尚玺卿黎志陞进曰：'此必匿民间，非重赏严诛不可得。今日大事，不可忽也。'乃下令献帝者赏万金，封伯爵，匿者夷其族。至二十二日庚戌，得先帝遗魄于后苑山亭中，与王承恩对面缢焉。先帝以发覆面，白袷蓝袍白绸裤，一足跣，一足有绫

1 纪昀《明懿安皇后外传》，《虞初广志》卷一。李麟《懿安皇后事辨》，抱阳生《甲申朝事小纪》三编卷八《黍离小志》上。

2 东邨八十一老人《明季甲乙汇编》卷一，三月丙午条写道："天将晓矣，（上）亟返后宰门，散遣内员，手携王承恩，竟入内苑，人皆莫知。"

袜，红方舄。袖中书一行云：‘因失江山，无面目见祖宗于天上，不敢终于正寝。’又一行云：‘百官俱赴东宫行在。’”[1]

赵士锦写道：“二十二日，贼搜得先帝遗弓于煤山松树下，与内监王承恩对面缢焉。左手书‘天子’二字，身穿蓝绸道袍红裤，一足穿靴，一足靴脱，发俱乱。内相目睹，为予言也。”[2]

陈济生写道：“二十日，以先帝无耗，传言将大索，人情危惧。俄有伪诏云：‘因献城甚速，免尔民屠戮之苦，尔民各安生理，不得罢市。大兵扰害者，治以军法。’至日将午，始闻先帝凶问，同秉笔司礼王之心缢于后宰门煤山之红阁。红阁系先帝于二月间命勋卫诸臣演习弓马，亲自御览之地也。所御玄色镶边白绵绸背心，上有御笔血诏，略云：‘诸臣误朕，朕无颜见先帝于地下，将发覆面，任贼分裂朕尸体，决勿伤我百姓一人。’”[3]

冯梦龙写道：“传闻先帝与圣母诀时，先勒自裁，所宠袁妃悬绝不死，先帝手刃之，并杀长公主。潜走煤山，望见贼势甚盛，乃缢，提督京营太监王之俊从之。所缢山亭，乃先帝为内操特建

◥ 赵士锦，苏州常熟人，崇祯十年进士。官工部主事、工部营缮司员外郎，著有《甲申纪事》《北归记》。

◥ 陈济生，苏州人，祭酒陈仁锡之子，以荫官太仆寺丞。北都陷，南还，将甲申之变的经历写成《再生纪略》。

◥ 冯梦龙，苏州人，少有才情，屡试不第，坐馆教书为生。著有《喻世明言》《醒世恒言》《警世通言》。《甲申纪事》是其汇集记载甲申之年史事的诸多野史稗乘稍加编辑而成的史著。

1　文秉《烈皇小识》卷八，十九日丁未。东邨八十一老人《明季甲乙汇编》所记相同。
2　赵士锦《甲申纪事》。
3　陈济生《再生纪略》上，冯梦龙《甲申纪事》卷四。

者。吁嗟乎！内操何益之有哉？先帝披发，衣白绵绸袷，蓝纱道袍，下体白绵绸裤，一足跣，一足有绫袜，及红方舄。于衣带得血诏云：‘朕在位十有七年，薄德匪躬，上邀天罪，至虏陷内地三次，逆贼直逼京师，诸臣误朕也。朕无面目见祖宗于地下，以发覆面而死，任贼分裂朕尸，勿伤我百姓一人。’”[1]

戴笠、吴乔写道：“内侍告大行皇帝所在，闯贼遣人视之。奔于煤山养心亭，司礼太监王承恩从死。帝披发掩面跣足，胸前书数行云：‘朕不德，以致失国，羞着衮冕见祖宗于地下。’又有‘满朝贪官污吏皆可杀，百姓无罪不可杀’等语。又闻，宫中御衣上有血书遗诏云：‘朕自登极十七载，三邀天罪，致虏陷地三次，逆贼直逼京师，诸臣误朕也。朕无颜见先皇于地下，将发覆面，任贼分裂朕尸。可将文官尽行杀死，勿坏陵寝，勿伤我百姓一人。’”[2]

各书所写大体相似，惟随殉太监王承恩，被陈济生误写为王之心，被冯梦龙误写为王之俊；至于遗诏血书文字略有差异，意思并无多大出入。

1 冯梦龙《甲申纪闻》，冯梦龙《甲申纪事》卷一。

2 戴笠、吴乔《流寇长编》卷十七，崇祯十七年三月戊申。

4. 青史凭谁定是非

值得注意的是，冯梦龙写到先帝血诏后，评论道："呜呼，失守之主，具有惩亡，先帝忧勤恭俭，不亚舜禹，徒为肉食鄙夫所误，遂至颠蹶。然守正而毙，且死犹惓惓于百姓。彼分曹营窟，以国事戏者，肉秽岂足食哉！"[1]反映了明朝遗老遗少对"先帝"的普遍看法——"忧勤恭俭，不亚舜禹"，"徒为肉食鄙夫所误"。这与朱由检自己所说"诸臣误朕"，互相呼应。

崇祯皇帝朱由检生于万历三十八年（1610）十二月二十四日，卒于崇祯十七年（1644）三月十九日，享年三十五岁。他在李自成的造反大军进入北京之际，以身殉国，意味着明朝就此覆亡。

▲ 明思宗朱由检像

南京参赞机务兵部尚书史可法（字宪之，号道邻，河南祥符人），四月初发布声讨李自成的檄文，对"今上"有相当高的评价："今上特兴，德勋益备，孝庙之温恭俨在，世宗之神武重光。当冲龄而扫恭显之氛，立清宫府；于召对而发龚黄之叹，总为编氓。以寇起而用兵，是虐民者寇也，而兵非得已；以兵兴而派饷，是糜饷者兵也，而饷非自私。顾犹诏旨频颁，有再累吾民之语。每当天灾修省，无一时自逸之心，蔬膳布袍，真能以天下之肥而忘己之瘠。蠲逋宥罪，不难引一人之过，以就臣之名，是宜大业之宏昌。何意诸艰之骈集，理诚莫解。"[2]说明在

1　冯梦龙《甲申纪闻》，冯梦龙《甲申纪事》卷一。

2　史可法《甲申讨李贼布告天下檄》，《史忠正公集》卷四。

当朝大臣心目中，他是兼有孝宗、世宗的品德，集温恭与神武于一身的明君。

自称“大兴孤臣”“日侍先皇左右”的王世德，鉴于有人把“先皇”与“失德之主同类并讥”，发表长篇大论为之辩诬：

一则谴责大臣“无戡乱致治之才”——小臣日侍先皇左右，目击时艰，知祸所从来，非无故矣。盖治国必需经济之才，而以八股取之，所取非所用，故内外大小臣工，求一戡乱致治之才，万不可得。诈贪成习，惟知营私竞进，下民其咨而不恤，纪纲日坏而不问。举天下事付之胥吏，而在位者率朝夕自娱乐、循资格、致卿相而已。

再则抨击党同伐异之陋习——上即位诛逆珰，敕抑宦官，虚心委任儒臣。而所谓儒臣如此，天下事尚可为乎？以致边疆日蹙，中原盗贼蜂起。环顾中外，一无足恃，于是破格用人，求奇才意图匡济。而廷臣方以东林、浙党分门户，如其党，即力护持之，误国殃民皆不问；非其党，纵有可用之才，必多方陷害，务置之死，而国事所不顾也。

三则责问国家败亡谁之罪——朋比为奸，互相倾轧，是天子徇众议以用人；既不效，排众议以用人；又不效，朝用一人夕而败矣，夕用一人朝而戮矣。辗转相循，贼势日炽，天子孑然孤立，彷徨无措，而宗社随之。然则家国败亡谁之罪也？每召对大臣，窃闻天语煌煌，咨取安危大计，而廷臣非惭汗不能言，即嗫喔举老生常谈以塞责，间有忠鲠敢言之士，而所言又迂疏不识时务，不可用。

四则哀叹亡国之痛前所未有——从来死国之烈，未有烈于先皇；亡国之痛，未有痛于先皇者也。乃一二失身不肖之徒，自知难免天下清议，于是肆为诽谤，或曰宠田妃用宦官以致亡，或曰贪财惜费以致亡，或曰好自用以致亡。举亡国之咎归之君，冀宽己误国之罪，转相告语，而浅见寡闻之士以为信然，遂笔之书而传于世。[1]

有感于此，王世德写了一卷《崇祯遗录》，以正视听。他说：切齿拊心，痛先皇诬蔑，又惧实录无存后世，将有与失德之主同类并讥者，于是录其闻见，凡野史之伪者正之，遗者补之，名曰《崇祯遗录》。以他的耳闻目睹，愤然高呼："上鸡鸣而起，夜分不寐，往往焦劳成疾。宫中从无宴乐事，近御宫人有夫人、牌子、常在、大答应、小答应等号，上皆正色以临，一无戏语。田贵妃婉慧，得上意，亦少进御，未几被谴，退居启祥宫，妃以忧死。后江南吴伟业制《永和宫词》，比于陈后主、唐明皇。呜呼，定哀之际多微词。即上果有失德，亦应为尊者讳，况恭勤如上，寡欲如上，而忍于造谤诬蔑，是可忍孰不可忍也！"[2]

王世德提到的《永和宫词》作者——江南才子吴伟业，是崇祯的状元，天子门生，对以身殉国的"今上"给予高度评价，认为恭俭类似孝宗（弘治皇帝），英果类似世宗（嘉靖皇帝），与史可法的观点可谓不谋而合。他的文章是不是更值得一看呢？

1 王世德《崇祯遗录》。

2 王世德《崇祯遗录》。

——上焦劳天下十有七年，恭俭似孝宗，英果类世庙。白皙丰下，瞻瞩非常，音吐如钟，处分机速。读书日盈寸，手书逼似欧阳。率更有文武材，善骑，尝西苑试马，从驾者莫能及。讲射观德殿，挽三石弓，发辄命中。暇则用黄绳穿坠石，而手自擘之曰：吾以习劳也。

——居深宫之中，不苟颦笑。教太子诸王准诸礼法。左右长御，不以私怒而小过威刑。无珠玉玩弄之娱，无声色歌舞之奉，无台池鸟兽之乐。暇时鼓雅琴，命中书为谱以进，曰："此足以娱心神，胜他乐也。"旧事散金银豆于地，令宫人争取之，以为笑。上弗获已，命取枣栗代之。宫中有月宴，外戚公主家以岁时进甘果，皆传旨停免。自初年罢三吴织（造）局，尚方御浣濯之衣，履袜则以布为之缘，曰："朕方率天下以去奢返朴，且令诸子知艰难，可弗先自身始乎？"

——览百司章奏，指授方略，钩考条流，洞悉机宜，抉摘疵病，上书者为之流汗色恐，退而皆服。手书口诏告诫者数百言，无不援据详洽，文切指明。尝夜半捧黄封下阁门，大臣披衣起读，中使曰："上未寝也。"在即位之初，向儒术，遵先王，与士大夫型仁讲义，以比隆于三代。

——未几，祸乱大作，巧伪滋生，不得已用权宜、行综核，以察奸济变。谏者不察，至以之受谴呵。然上尝抚髀叹曰："此非平世法也，欲以待方垂无警，将宽租薄赋，以偕黎元于休息。"而灾荒兵火迭至而不已，群臣又乘其危急，以多方误之。于是上下猜防，中外熻乱，心志愤惫，法令纷更，天下事浸至于不可为矣。[1]

最后，吴伟业提出一个百思不得其解的疑问：如此英主，为何成为亡国之君？这位才子讲不出个所以然，只是一味感叹："见者窃怪，上英姿锐气，何以中道渐衰？即至尊亦不知其若此也。尝冬至祀太庙，烈风起于殿角，燎火尽灭，不成礼而罢。上大恶之，还宫顿足太息曰：'朕不自意将为亡国之主。'嗟乎，尚何言哉，尚何言哉！"[2]

另一位文人邹漪也在思索这个问题。他写于顺治十四年的《明季遗闻·自序》提出这样一个问题：如此英主怎能与历史上的亡国昏君相提并论？他说："先皇帝以圣明在御，旰食宵衣，比之太康之尸位，仲壬之废嫡，厉王之内嬖，哀平之外戚，惠帝之昏弱，明皇之淫荡，徽宗之晏佚，举无一端，谓宜治平立臻，而逆寇犯阙，身殉社稷，烈于七君。"为何会有如此悲剧，邹漪试图解答这一疑问：

首先指出，从中央到地方，以搜括为能事，以掊克为希幸——盖自故辅乌程（温体仁）、武陵（杨嗣昌）辈，不能以尧舜之道事君，务拾申（不害）商（鞅）督责唾余，以烦苦天下。十六年间三事九列，绳绳继继，半是持禄养交，唯诺成风，贿赂竞尚。始而裁驿，继而加派，继而抽练，继而郡邑以催科为上考，庶司以搜括为能事。继而簧鼓细人流言流说，

1 吴伟业《绥寇纪略》补遗中《虞渊沉下》。

2 吴伟业《绥寇纪略》补遗中《虞渊沉下》。

以掊克为希幸，兼以高尚威严，狱讼繁兴，民不堪命。而又钱法钞法一时并行，致海内若焦若焚，怨讟盈路，盗贼蜂起。

其次指出，朝廷上下并非没有名流，例如品行高峻、卓出伦表的吴甡，闳通博雅、磊落千古的钱谦益，慷慨担当、实心经世的洪承畴、卢象昇、史可法，奇情至性、孤行特立的黄道周、文震孟、姚希孟，乃至直言强谏、铁面冰心、百折不回的熊开元、姜埰、任赞化、毛九华、周镳等。但是，受宵小之徒排挤打击，无所措手足——群小必掣其肘，绊其足，毛举鸷击，俾任事之念不胜其救过之念，跋前疐后而忧患多，左方右圆而才智诎，不过出叹于朝，入叹于室，中宵徬徨，当馈而起。一旦势成土崩瓦解，以祖宗栉风沐雨之天下，轻轻断送于众小人手。宜乎有识者愤激而言，谓今日毋论李纲难得，即求一大小人若秦桧，亦不可得也。[1]

以上各位的言论，虽然多能自圆其说，但带有遗老遗少对前朝的感情色彩，有所偏颇是免不了的。随着时光的流逝，金戈铁马刀光剑影逐渐消散，改朝换代的阴影渐行渐远，人们对前朝末代皇帝的记忆慢慢淡化，历史学家把它作为研究的对象，由感性趋于理性。康熙初年协助谷应泰（时任提督浙江学政）编撰《明史纪事本末》的张岱（字宗子，一字石公，号陶庵，浙江绍兴人），以崇祯一朝邸报为基础写成

1 邹漪《明季遗闻》卷首《自序》。

崇祯朝的纪传体史书《石匮书后集》，对崇祯皇帝的评价，既有感性，也有理性；既有赞誉，也有批评。他首先说："古来亡国之君不一，有以酒亡者，以色亡者，以暴虐亡者，以奢侈亡者，以穷兵黩武亡者。嗟我先帝，焦心求治，旰食宵衣，恭俭辛勤，万几无旷，即古之中兴令主无以过之。乃竟以萑苻（按：原意为泽，引申为盗贼出没之处）剧贼，遂至殒身。凡我士民思及甲申三月之事，未有不痛心呕血，思与我先帝同日死之之为愈也。"[1]

这位陶庵先生并非一味推崇，他也指出先帝的两大失误。其一是，把宫中的内帑看作"千年必不可拔之基"，不可分毫取用，于是"日事居积，日事节省，日事加派，日事借贷"，终于导致九边军士数年无饷，体无完肤，何以羁縻天下！其二是，"焦于求治，刻于理财，渴于用人，骤于行法，以致十七年之天下，三翻四覆，夕改朝更，耳目之前觉有一番变革，向后思之讫无一用"。一言以蔽之，叫作"枉却此十七年之精励"。[2]陶庵先生批评先帝吝啬内帑，切中要害。许重熙说，李自成进京后，命令部队把宫中搜出的金银运往陕西。有白银三千七百万锭，黄金一千万锭，皆五百两为一锭。他还说："谈迁曰：三千七百万锭，捐其畸零，即可代两年加派，乃今日考成，明日搜刮，海内骚然，而扃钥如故。岂先帝未睹遗籍耶？不胜追怅。"[3]

1 张岱《石匮书后集》卷一《烈皇帝本纪》。

2 张岱《石匮书后集》卷一《烈皇帝本纪》。

3 东郁八十一老人《明季甲乙汇编》卷一，崇祯十七年四月癸酉。

也有人为崇祯皇帝辩解，认为可能是宫中太监的私藏财产，如史惇说："闯贼西奔，括宫中得金银七千余万，驼载而去。天下闻而惑之，以为先帝宫中藏金如许，足支数十年，而顾以二百四十万练饷之加，失天下心，致成瓦解。即甚昏愚，亦不至此。吴暄山曰：'吾尝司计，请发内帑，上令近前密谕曰：内库无有矣。遂堕泪。故知诸饱贼者，正是厂监内臣聚敛私蓄耳。'"[1]

比张岱小四十一岁的万斯同，康熙时进入史馆编撰《明史》，对崇祯皇帝的评价更趋冷静客观。一则归咎于天命："治乱兴亡之故，虽曰人事，岂非天命哉！明代至光熹而后，威柄下移，法纪澌灭，呜呼，此国运告终之候也。帝不幸适身当其厄，十有七载汲汲皇皇，何尝不时厪宵旰，而天命既去，民心日离，物怪人妖灾害并至，虽有善者，亦莫如之何也。"再则归咎于猜愎乖张的秉性："帝又卞急性生，重以猜愎乖张锲刻，动见纷挐。呜呼，是扬汤而止沸，抱薪以救火也。曾何益之有哉？"三则由诸臣误国，进而追究皇帝的责任："矧其时生灵涂炭，锋镝满于天下，士大夫犹哄堂斗室，狱讼弗休，不知有宗社，何有于封疆耶？帝固曰诸臣尽败亡之徒耳，反而求之，不知将自居于何等也？天实绝我，不亡奚待？呜呼，尚何言哉，尚何言哉！"[2]

乾隆四年朝廷钦定的《明史》，对崇祯皇帝既

1 史惇《恸余杂记·东厂》。

2 万斯同《明史》卷二十六《庄烈皇帝本纪》。

有褒扬也有贬抑，似乎同情多于谴责："帝承神、熹之后，慨然有为，即位之初，沉机独断，刈除奸逆，天下想望治平。惜乎大势已倾，积习难挽，在廷则门户纠纷，疆埸则将骄卒惰。兵荒四告，流寇蔓延，遂至溃烂而莫可救，可谓不幸也已。然在位十有七年，不迩声色，忧勤惕励，殚心治理，临朝浩叹，慨然思得非常之材，而用匪其人，益以偾事。乃复信任宦官，布列要地，举措失当，制置乖方，祚讫运移，身罹祸变，岂非气数使然哉！"[1]用"气数使然"来冲淡贬抑的分量，史官用心良苦。由于是众手修史，本纪、列传并非出于一人之手，在《流贼传》中对皇帝的谴责就严厉多了："庄烈之继统也，臣僚之党局已成，草野之物力已耗，国家之法令已坏，边疆之抢攘已甚。庄烈虽锐意更始，治核名实，而人才之贤否，议论之是非，政事之得失，军机之成败，未能灼见于中，不摇于外也。且性多疑而任察，好刚而尚气。任察则苛刻寡恩，尚气则急遽失措。当夫群盗满山，四方鼎沸，而委政柄者非庸即佞，剿抚两端，茫无成算。内外大臣救过不给，人怀规利自全之心，言语戆直切中事弊者，率皆摧折以去，其所任为阃帅者，事权中制，功过莫偿……是故明之亡亡于流贼，而其致亡之本不在于流贼也。呜呼，庄烈非亡国之君，而当亡国之运，又乏救亡之术，徒见其焦劳瞀乱孑立于上，

1 张廷玉《明史》卷二十四《本纪·庄烈帝二》。

十有七年而帷幄不闻良、平之谋，行间未睹李、郭之将，卒致宗社颠覆，徒以身殉，悲夫！”[1]所谓“非亡国之君而当亡国之运”，或许可以看作清朝的官方定论。

由于背景不同，立场不同，人们对于导致亡国原因的分析，各执一词。崇祯十年的进士，清初的户部侍郎曹溶（字秋岳，一字洁躬，号倦圃，浙江嘉兴人）特别强调朋党之祸。他说：“党人之祸自古已然，汉固已，唐次之，而宋为甚。迹其所为，虽诸臣贤奸较异，要亦人主之明暗有不同也。至明末则不然，臣非甚恶，君又至贤，无亡国之理，而失天下乃更速，则党祸之中于人心，其酷烈即不如前代，而久之成痼，一旦殒绝，不可复苏，其积渐使然也。”他认为明末党争起于沈一贯的浙党与东林之争，天启时代愈演愈烈，“煽祸者珰（太监）也，而使之煽祸者则政地也”。崇祯初年公道大明，然而“门户相承，衣钵相禅，邪正虽殊，其为植党则一”。十七年间，党争从未消停：

——文华召对，宜兴周延儒实左袒乌程温体仁，其流派不正，廷臣不免周章，未几而相继进用。人皆疑之，疑则猜忌生而嫌隙见。然宜兴得桐城何如宠调剂，人乐其易；乌程以武进吴宗达依傍，人畏其凶。乐其易者，姑且安

1 张廷玉《明史》卷三百九《流贼传》。

之，不过欲其去；畏其凶者，群起而攻之，唯恐其不去，而竟不去。

——下之结党者日以多，而上之伺党者日以密，党不足以自固也。昔之党异者攻异己，今之党同者攻同类，党适足以杀身耳。晋江蒋德璟、黄景昉可以并登，通州魏藻德可以骤进，兴化吴甡可以分拮据之任，巴县王应熊可以资胼胝之勤，而不能禁中人之媒孽，塞言路之哓张。盖至是而法网愈密，人心愈险，天下之事势已不可为，主上之英明亦无所用。譬如病入膏肓，形体虽具，药饵有余，而元气索然，仅延时刻，纵有卢、扁，何以云救哉？[1]

乾隆年间在文坛颇有声望的全祖望（字绍衣，号谢山，浙江鄞县人），则强调没有处理好安内与攘外的关系。他写了一篇《明庄烈帝论》，基调是不能辞亡国之咎："庄烈帝自言非亡国之君，伏读世祖（顺治皇帝）御制碑文亦云然，而修史时圣祖（康熙皇帝）亦累言之。是可以见悯亡之厚，辨亡之公，而庄烈盖足以瞑目于重泉矣。虽然，庄烈之明察济以忧勤，其不可以谓之亡国之君固也；而性愎而自用，怙前一往，则亦有不能辞亡国之咎者。"他认为，至少

▼ 全祖望像

全祖望，浙江宁波人，世称"谢山先生"。乾隆年间进士，研治宋末和南明史事。代表作有《鲒埼亭集》《困学纪闻三笺》《经史问答》等。

1　曹溶《崇祯五十宰相传》。

在两个方面不能辞其咎，一是纵容宦官干政，二是拒绝与清朝议和。他特别对后一点展开分析，尖锐地指出，明屡败于清，仍负气不自量力，是自求灭亡：“夫明之所以亡者，非以流贼也，力屈于东，是以祸蔓于西。向使当日东方修睦，得以专力萑苻，卢象昇、洪承畴、孙传庭三人者，皆平贼之已有成效者也……再假之数年，而西方晏然，李（自成）张（献忠）之首枭矣。”[1]

历史是复杂的，解读历史的头脑也必须复杂一点。青史凭谁定是非？列位看官可以根据自己的判断给出结论，而不必强求一致。

5. 从容赴死的忠臣们

突如其来的政治变故，犹如天崩地裂，面临雷霆万钧般的压力，明朝的官僚集团迅速分化瓦解。

一部分崇尚传统士大夫气节的忠臣，选择了从容赴死、杀身成仁的归宿。他们中的代表者，勋戚六人：新乐侯刘文炳、惠安伯张庆臻、东宫侍卫周镜（周奎之侄）、驸马都尉巩永固、宣城伯卫时春、阳武侯薛濂；文臣二十余人：大学士范景文、户部尚书倪元璐、协理京营戎政兵部右侍郎王家彦、刑部侍郎孟兆祥、都察院左都御史李邦华、都察院副都御史施邦曜、大理寺卿凌义渠、太仆寺丞申佳胤、

1 全祖望《明庄烈帝论》,《鲒埼亭集》卷二十九。

太常寺卿吴麟徵、户科都给事中吴甘来、兵部郎中成德、兵部主事金铉、工部主事王钟彦、进士孟章明、翰林院左谕德马世奇、左中允刘理顺、左庶子周凤翔、翰林院检讨汪伟、御史王章、陈良谟、陈纯德、吏部员外许直、中书舍人宋天显等。[1]

这些从容赴死的忠臣以身殉国的事迹，今人或许可以讥为“愚忠”，不过他们忠贞不贰、视死如归的精神，感人至深，因此后人对他们感怀备至。

都察院左都御史李邦华 崇祯十七年三月十二日，形势紧急，李邦华奔走内阁，请求登城死守，内阁首辅魏藻德若无其事笑言：姑且等待。李邦华唾其面，顿足而出。负责守卫京城的京营将领，没有应对缓急的策略；监督守城的太监为了蒙蔽舆论，唯恐士大夫了解真相，不准上城。李邦华率领御史们登城视察备战情况，遭到守城士兵阻挡，矢石交下。他明白事势岌岌可危，立即遣散家人，寄家书永诀，作好殉难准备。

十六日，外城陷落。李邦华移居吉安会馆（江西吉安同乡会），前往同乡前辈文天祥祠堂敬献供品，洒酒祭告，矢志以文天祥为榜样，以身殉国。十八日夜间，写信给倪元璐、马世奇、施邦曜，相期靖节。然后前往大内面奏机宜，宫门紧闭，不得入。归途中遇见吴麟徵（字圣生，一字来皇，号磊斋，浙江海盐人），握手挥泪，誓以身殉。回到吉安会馆，把白色绸缎

1 冯梦龙《绅志略》，冯梦龙《甲申纪事》卷二。王世德《殉难忠臣录》所收殉难忠臣人数更多。

绑在文天祥祠堂的楣梁上，焚烧公文书籍，在一盏青灯下翻阅《指南录》，以死为期。

十九日，内城陷落，李邦华身穿朝服向北面再拜，三揖文天祥说："邦华里人，今当国难，无可报君，惟有一死，与先生相从地下耳。"又在衣带上写下遗言："堂堂丈夫，圣贤为徒，忠孝大节，誓死靡渝，遭国不造，空负良谟，临危授命，庶无愧吾。君恩莫报，鉴此痴愚。"[1]又写："人生自古谁无死，留取丹心照汗青。今日骑箕天上去，忠魂千载佑圣明。皇明崇祯十七年三月十九日昧爽，殉难孤臣都察院左都御史李邦华自题。"[2]投笔起身，高举左都御史大印托付家人，叮嘱道："谨保此，归报少主，疏缴朝廷，毋为贼污。"家人哭请遗嘱，他说："吾以身殉国，复何言？但未知上所在，勿殓吾尸。"[3]说罢，悬梁投缳自尽。

这是三月十九日辰时。在场的人把他的遗体安放于中堂，眉目轩举，一如生时。进城的大顺军见状，连呼忠臣忠臣，相戒毋犯。三天后，皇帝遗体被发现，安放于东华门。家人遵照遗嘱，把李邦华遗体收殓入棺材。[4]

获悉他殉国的噩耗，人们纷纷写诗悼念。刘宗周写道：

肃肃丰哉亚相寒，匡扶九鼎奏盐酸。

1 李邦华《文水李忠肃先生集》卷首《殉节衣带自赞》。

2 李邦华《文水李忠肃先生集》卷首《殉节续句绝笔》。

3 李邦华《文水李忠肃先生集》卷末附录《李忠肃公墓志铭》。

4 李邦华《文水李忠肃先生集》卷末附录《李忠肃公墓志铭》。计六奇《明季北略》卷二十一上《殉难文臣·李邦华》。

欲存赵氏孤何处？枉泣公孙泪满盘。
燕市赓歌存正气，鹿崖风景自新安。
可怜蜀洛推前辈，至死犹讥沟渎般。[1]

傅冠写道：

四朝司马旧威名，许国身如一叶轻。
乌府从容裁匹练，文山今古并忠贞。[2]

刘斯琦写道：

问天底事竟如何？逆走黄河不返波。
阙下纷纷奔铁马，宫前莽莽指铜驼。
救时三策摅忠苦，励世诸贤就义多。
共结苌弘青草碧，千秋有尽节难磨。[3]

崇祯十七年十二月初一日，南明弘光皇帝为他颁发祭文，赞扬道："卿满腔热血无地可洒，从容就义，首以身殉。光争日月，气壮山河。昔尔乡宋臣文天祥徘徊黄冠，终须一死，成仁取义，于今为烈。卿忠愤所激，决不再顾，题诗正笏，上媲千秋。"[4]清初顺治皇帝也给予褒扬："人臣之义，以殉国为真；朝廷之典，以教忠为大。尔明都察院左都御史李邦华忠孝盟心，圣贤砥行。风清鹤署，茂治

1 李邦华《文水李忠肃先生集》卷末附录《挽诗·哭御史大夫李忠肃先生（刘宗周）》。

2 李邦华《文水李忠肃先生集》卷末附录《挽诗·哭御史大夫忠肃李公（傅冠）》。

3 李邦华《文水李忠肃先生集》卷末附录《挽诗·哭总宪李先生（刘斯琦）》。

4 李邦华《文水李忠肃先生集》卷首《谕祭文》。

绩于华封；霜肃乌台，靖妖氛于莲社……何明代之历数已终，致孤臣之纪纲俱烬，正襟危坐，慷慨出以从容；赋诗投缳，文章传为节义。”[1]

康熙三十二年，王综为李邦华文集作序，称许先生：“以补天贯日之诚，激而为排阊叫阍之举，而既以其伉直骨鲠之气，迫而为攀髯骑鲸之游。论者每谓文山（文天祥）先生收拾宋家一代元气，孰谓先生非收拾有明一代元气者哉！”[2]

太常寺卿吴麟徵 崇祯十七年正月初一日，参加元旦朝贺，呈进两份奏疏，向皇帝请求外放，前往疆场，戮力自效。他在奏疏中说：人情贵内贱外，吏治苟且，盗贼承敝，酿成鱼烂瓦解形势，臣愤痛之极。救乱须人，扶危须杖，愿意出任艰难琐碎之事。三月初七日，他被任命为太常寺少卿。关中陷落，三辅倾溃，朝廷上下危蹙愦眊，言无一用，深知情势危急，写信南还，与家人诀别。在给次子吴蕃昌的信中说：“贼破秦晋，不费分毫力，今且由云中、上谷直逼神京，无兵无将无饷，人心惶惶。伪示伪官几遍畿辅，天下事不知所终。我辈躯命等之鸿毛矣。山河破碎，身世浮沉，此梦已兆之二十年前，夫复何言！”[3]决心与京城共存亡。

三月十五日，他奉命守卫西直门。前些年，满洲铁骑三次进犯，守军都在京城百里之外布阵。如

1 李邦华《文水李忠肃先生集》卷首《谕祭文》。

2 李邦华《文水李忠肃先生集》卷首《吉水李忠肃先生留丹集序》。

3 吴麟徵《吴忠节公遗集》卷末附录《先忠节公年谱略》。

今截然不同，守军龟缩于城墙，漫不经心；负责指挥的高官晏息于城内豪宅，饮酒作乐。他抵达西直门，夺路陵城，亲桴鼓，冲镝石，与士兵露宿城上。

十七日巳刻，造反大军数十万兵临城下，飞尘障天。城外炮兵阵地率先崩溃，丢弃火炮，四散逃跑。夜间，火炮齐发，击破城楼，甓瓦飞散，吴麟徵端坐城楼，神色自若。京营士兵鉴于长期欠饷，士气低落，一闻鼓噪声，相视颤栗。他亲抚士卒，含泪相告誓，闻者感激。

十八日午后，他招募民间壮士二百人为敢死队，飞快缒落城下，出其不意击杀数十名前锋。士卒腾跃，山呼万岁。不久，围城兵力骤增，守城官员相商，危在旦夕，为之奈何？吴麟徵表示，愿告白天子，请益兵饷。乘着夜色赶往朝廷，已是三更时分，叩西长安门，内阁首辅魏藻德正从里面出来。

吴麟徵对他说："事去矣，奈何？愿见天子言状。"

魏藻德说："天子退矣，谁为趣之？今火石轰然，城雉严峻，何遽言事已去！"

吴麟徵说："此声自敌阵，非内御也。正惟不可捍蔽，破在呼吸耳。"

魏藻德说："姑还守所，明日赴司马门议之。"魏藻德担心他面见皇上有所指摘，极力挽之而出。

吴麟徵遥望宫阙，叩头号涕而归。遇见李邦华，两人相持，失声痛哭。[1]

1 吴麟徵《吴忠节公遗集》卷末附录《先忠节公年谱略》。

最后的时刻到来了。吴麟徵次子吴蕃昌所写《先忠节公年谱略》有具体而生动的记录：

晨鸡三唱，为十九日之寅刻矣。即闻悲声四起，又告阜成门破驳半倾，士卒皆惊泣欲溃。移时，德胜门守者叛乱，大呼噪，自启内贼。贼数十万横矛骈马，争门并入。城中大扰乱，哭声震天地。西直（门）戍卒一时坠城，窜散不可止。其环泣不去者，与奉常旧省徒御不能三四十人。大人（按：指吴麟徵）凭城楼，望阙一恸曰："事不可为矣，唯以死报陛下。"出束帛自袖中，距楼户投环，左右争蹋开户，抱持力解。

皆伏地拜曰："公遽死乎，岂无所憾？"

大人曰："何憾？唯憾不得与天子俱存亡耳。"

左右又泣曰："道路传告，帝仗剑御门，亲数贼罪。宫人自西华门出，又言：帝匹骑巡幸，赴勤王军。皆未定，请寻求之。"

即扶夹大人以行。贼骑驰近大道，辗转冲刺，势不得前。过道左三元祠，大人曰："止！"乃入坐两楹间，尽谢去徒御，指祠屋梁曰："吾得死所矣。"

语邸客周生曰："我年半百，须发尽白，衰病无状，而爵列卿贰，隆天重地之恩，无以塞责。尝恐负国且以身负，频年涕泣谏诤，为辅枢所尼，辄思乘会攀掣帝衣，一触而死，陈尸殿廷，冀获感悟。嗟乎，悔不早决，乃有今日，天裂地倾，城亡贼入，为人臣者愿安所辞命乎？"奴从五人因号泣，持守甚力。

大人问祠中道士出薄酒，坐奴子于东西向而饮之。自举数觞，以酹别曰："古有忠臣文天祥，遭国覆亡，流离兵革，羁囚困厄，终至于死。此乃大义，非有甚异。昔吾登第，蒙闻其诗，二十余年，乃今践之矣。事固前定，尔曹固劝无益，徒苦我耳。"

奴子有稍知书者，泣以请曰："文公之死，在募义恢复十余年之后，似可师法，愿留此身以有待。"

大人曰："不可，文山身为外臣，气力甚壮，可以为所欲为。吾侍从臣也，当以速死学文山之迟死。"

奴子又泣曰："黄冠归故乡，亦文公言也，公盍从之？"

大人曰："非文山志也，吾志已决，无多言。"

乃作《遗祝孝廉渊书》，属周生与五奴子归计。时道路又传告，帝间道南幸，诏求诸臣为扈从。奴子复跪启曰："即不可讳，请忍须臾，迟孝廉一见，得天子真信，未晚也。"且乞遗令归报，大人许之。捃拾祠堂壁间败楮（纸），不能成幅，夜篝火倚案，凡作五书，纸尽而止。[1]

作绝笔云："祖宗二百七十余年宗社，一旦而失。虽上有龙亢之悔，下有鱼烂之殃，而

1 吴麟徵《吴忠节公遗集》卷末附录《先忠节公年谱略》。

身居谏垣，徘徊不去，无所匡救，法应褫服。殓时用角巾青衫，覆以单衿，垫以布席足矣。棺宜速归，恐系先人之望，祈知交为邪许焉。茫茫泉路，炯炯寸心，所以瞑予目者，又不在此也。崇祯十七年三月二十日酉刻绝笔，罪臣吴麟徵书。”[1]

作示儿辈云：“我守西直门，十九日别门失事，因而解散，即思就义。为奴辈所持，今方得引决，呜呼已矣！主上蒙尘未卜，何伤心惨目，岂能北面事人？五十头颅，隙光无几，但恨生平懒癖，所谓三不朽者，无其一耳。富不如贫，贵不如贱，生不如死，今方悟之。后生读书，只明义理、晓世务，且莫就科举。食服器用俱要有农家风味，绮纨金银等物速速变易销毁……”[2]

迟明，同乡旧僚友多迹至祠，共引潜遁，或以身早降贼，亲诣招致，敦劝百端，大人皆痛骂绝之……

（二十日）日禺中，祝子渊扶服入门，大人垫巾青衫，棺絮在侧，项有缳痕，祝子渊涕泪交下，不能仰视。大人携手止之曰：“学道者亦如是耶？昔者山阴刘子尝语予曰：‘人之初念未尝不善，湍湍以转念失之。’今予持初念，行授命矣，子归为道自爱。”迥然坐移晷，为平

1 吴麟徵《吴忠节公遗集》卷末附录《先忠节公年谱略》。吴麟徵《吴忠节公遗集》卷三《殉难书·绝笔》。

2 吴麟徵《吴忠节公遗集》卷末附录《先忠节公年谱略》。吴麟徵《吴忠节公遗集》卷三《殉难书·示儿辈》。

生谈，乃送别祝子、周生门外。

门外人传告，皇帝皇后殉社稷于南内，皇太子、二王不知所在。止之语具实，祝子哭而去，大人哭而入。于是北向伏地恸哭，击颡洮血遂绝。已复哭而苏，顾左右曰："吾目百世不瞑矣！吾观贼志，不当久留，必酷焚掠而去。彼昼夜阻伺边漠者，不旋踵将袭之。好收吾骨，秋月扶归，南方必有新帝。然国势摧落，人无奇才，事有不可为者，其识吾言。"遂入户投缳，童子踵而入，大人奋身上，左手捽束帛。童子惊，复前抱持，大人怒骂之，噀血蒙童子面。呜呼，痛哉！卒之日皇明崇祯十七年甲申三月二十日也。

祝子渊躬为大人含楔祝襚，哭醱如礼。越三日庚戌，国人殓帝于衢，祝子乃为大人盖棺，白鬚戟张，凛冽如生。呜呼，痛哉，大人年五十二。[1]

户部尚书倪元璐 无论作为户部尚书，还是作为皇帝的讲官，倪元璐始终关注京城的防务。形势危急时，他写诗给负责京城防务的襄城伯李国桢，鼓励他尽心尽责：

上将星光依太微，隆墀召虎拜稽时。

1 吴麟徵《吴忠节公遗集》卷末附录《先忠节公年谱略》。

此来不是闲钟鼓，为听彤弓三奏诗。[1]

令人遗憾的是，李国桢并没有尽到应尽的责任，还是成了“闲钟鼓”。

三月十九日京城陷落后，他身穿纱帻绛衣，北向拜阙，说道：臣为大臣，不能报国，臣之罪也。又南向再拜，遥辞母亲，换上便服，祭祀汉寿亭侯像。

门弟子金子廷问：何不出外举兵图光复，奈何轻自掷？

倪元璐说：身为大臣，而国事至此，即吾幸生，何面目对关公？

于是在案头题字：“南都尚可为，死吾分也。慎勿棺衾，以志吾痛。”对家人说：“即欲殓，必俟大行（皇帝）殓，方收吾尸。”

说罢，从容走到厅前自缢。众仆人想上前解救，老仆哭着劝阻：此主翁成仁之日，嘱咐再三，勿可违命！李自成进城后，得知这些情况，传令箭告诫：忠义之门，勿行骚扰！

其子倪会覃遵照遗嘱，直至先帝殡殓后，才为父亲合棺。黄道周获悉噩耗，感叹道：“呜呼，以天子十七载之知，不能使一词臣进于咫尺；以五日三召之勤，不能从讲幄致其功。卒抱日星，与虞渊同殒，呜呼，岂非天乎？”[2]

1 倪元璐《倪文贞诗集》卷下《赠李襄城》。

2 倪会鼎《倪文正公年谱》卷四，崇祯十七年三月十九日。计六奇《明季北略》卷二十一上《殉难文臣》。

南明弘光皇帝抚恤死节诸臣，诏褒倪元璐忠烈第一，赠特进光禄大夫太保吏部尚书，谥文正。清初，顺治皇帝颁布祭文："维尔元璐，遭时不偶。尔骨欲寒，尔名不朽……寇躏都门，维绝柱崩。君死社稷，而尔死君。呜呼！衣裳楚楚，结缨不苟。附髯攀鳞，喜随君后。泰山鸿毛，死为重轻。畴能似尔，不愧科名。地有河岳，天有日星。尔名并垂，振古如生。"[1]

大学士范景文　范景文，字梦章，号思仁，北直吴桥人，万历四十一年进士，天启五年起为吏部文选司郎中。当时魏忠贤、魏广微狼狈为奸，范景文作为二魏的同乡，从不登门，也不依附东林，孤立行意而已。不久因不满阉党专政，谢病辞官而去。崇祯初，言官交相推荐，召为太常少卿，历任河南巡抚、兵部左侍郎、南京都察院右都御史。崇祯十五年召拜工部尚书，十七年二月，以本官兼东阁大学士，入参机务。皇帝对他颇为欣赏："朕知卿久，今急而用卿，恨晚，卿尚勉之。"[2]

三月十七日，他鉴于形势岌岌可危，半夜涕零叹息："身为大臣，不能仗剑为天子击贼，虽死千百奚益？顾非是，卒无以报圣明万一。"从此绝食，上朝召对时，饮泣入告，语音不能接续。[3]

十九日，京城陷落，传闻皇帝驾崩，或言皇帝南巡，感叹："不知圣驾所在，唯有一死以报陛下。"

1 倪会鼎《倪文正公年谱》卷四《谕祭文》。

2 万斯同《明史》卷三百八十二《忠义传七·范景文》。

3 邹漪《启祯野乘》一集卷十一《范文贞传》。

写绝命诗：

翠华迷草露，淮水涨烟澌。

自缢于妻陆氏灵前。家人把他救下，又赋诗：

谁言信国非男子，延息移时何所为？

拜阙号哭，潜赴龙泉巷，投身古井中。他是文臣中从容赴死最早的一位，也是内阁辅臣中唯一的殉难者。[1]

左庶子兼掌司经局马世奇 马世奇，字君常，号素修，常州无锡人，崇祯四年进士，历官翰林院编修、左谕德、左庶子兼掌司经局。形势日益吃紧，皇帝不时召对，马世奇侃侃而谈："用兵以人心为本，人心乐为之用，虽寡亦强；人不乐用，虽众亦弱。今闯（李自成）、献（张献忠）并负滔天之逆，而治献易，治闯难。盖献，人所畏；闯，人所附。非附闯也，苦兵也。目前胜着须从收拾人心始，收拾人心须从督抚镇将约束部伍，令兵不虐民、民不苦兵始。"他尖锐地触及官场通病："今日泄泄谑谑，各持两可之谋，未定一成之画，宁可断送封疆，不肯破除门户。"[2]

1 冯梦龙《甲申纪事》卷二《绅志略》。张岱《石匮书后集》卷二十《甲申死难列传》。计六奇《明季北略》卷二十一上《殉难文臣·范景文》。

2 邹漪《启祯野乘》一集卷十二《马文忠传》。计六奇《明季北略》卷二十一上《殉难文臣·马世奇》。

兵临城下时，大僚无所作为，一味声称待罪，庶官则缄默不语。马世奇下朝回家，卸去袍带，潸然泪下：事势已不可为，吾一死报国。

三月十九日，京城沦陷，皇帝下落不明，生死未卜，或传言南幸。马世奇斋戒沐浴，整肃衣冠，手捧司经局大印，向北望阙跪拜，把大印托付给仆人：皇上果然南幸，迅速持此赶赴行在。然后向南遥拜太夫人：儿从此不得长依膝下，奈何！随即与侍妾朱氏、李氏一起自缢于小室。仆人破门而入，马世奇与李氏复苏，朱氏气绝。仆人劝解道：太夫人在，未可死。马世奇说：如果不死，正恐留此身为太夫人辱。兵部主事成德（字玄升，山西霍州人）托人捎来书信，以慷慨从容就义相期许。他回信说："吾辈舍一死，更无别法。吾不为其难，谁为其难者？天予我成仁取义，故无憾也。勉之，吾辈正不必逊古人耳。"

二十日，手书二信，一封给弟弟孝廉，一封给儿子壬玉。对弟弟说："吾幸全受全归，母亲自可无憾。且魂气无所不之，在天为日星，在地为河岳，固时时周旋母亲之侧也。江南此时，当亦无干净土，念之愤绝。"对儿子说："京师失守，一筹莫展，真所谓死有余责。不能恝然者，汝祖汝母及汝兄弟耳。忠孝二字是吾家风，好守之……力慰祖母，勿以我为痛，加餐以延天年可也。"

挚友成德已先他殉难，他去信告慰："玄升亦死矣，到底与我同心若此。玄升一门四人俱死，吾一室三人，庶可相匹。吾少时尝梦咏诗二句：'从今别却江南日，化作啼鹃带血归'，此文山语也，特与汝识之。"

随即吩咐仆人买三口棺材，两口给朱氏、李氏，一口留给自己，对仆人说："吾世受国恩，身居秘省，自辛未（崇祯四年）至今十三年矣。今见国破君亡，死固吾分。太夫人年老，闻信必过哀，归语吾儿，谨事太夫人。吾得正而死，死复有二妾，天之与我厚矣。即皇上未南，南中必有新主，但天下事未知何如耳？"说罢，命仆人离开，起身在墙壁上写了七个大字：马世奇同妾殉此。遂自经而死。[1]

不必一一列举，从容赴死的忠臣事迹，足以令人动容。

冯梦龙（字犹龙，一字耳犹，号翔甫，苏州吴县人）对死难诸臣有独到的见解："愚谓死者，人臣自了之事，非所以尽职而报国也……将相大臣事权在握，安危倚之，如屋有楹，如柱有础。平日所营何事？乃临时一无所恃，而仅以捐躯塞责，然则弃此七尺躯，人人可充将相之选乎？必如闲散下僚、新进书生，不谋其政，复不爱其生，乃为难耳。若台省可以争是非，将相之责已当分半，即死，何逃不能之罚？第泄沓之习，酝酿非一朝夕，况国破君亡，度不能复仇雪耻，除却一死，更无他路。"[2]

不知读者诸君以为然否？

1 邹漪《启祯野乘》一集卷十二《马文忠传》。计六奇《明季北略》卷二十一上《殉难文臣·马世奇》。

2 冯梦龙《甲申纪事》卷二《绅志略》。

第三章

改朝换代，谁主沉浮

一　从大明到大顺到大清的政权更迭

1. 绝对权力导致绝对腐败——闯王进京面面观

崇祯十七年三月十九日黎明，人马喧嘶，李自成率领军队进入北京城。据目击者的描述，气氛是紧张而凝重的："贼驰而进，皆白衣青帽，张劲弓，挟修矢，每人拴短棍数条，衔枚疾走"；"百姓门俱开，有行走者，避于道旁，亦不相诘，寂然无声，惟闻甲马之音"。[1]

与老百姓冷眼旁观若无其事的反应形成鲜明对照的是，达官贵人犹如丧家之犬，惶惶不可终日。他们唯恐暴露自己的身份，纷纷乔装打扮。有的"恐衣冠贾祸，悉毁其进贤冠"；有的"俱穿极破青衣，戴破毡帽"；一时间"破衣破帽重价求之不得"。[2]有人如是记录了达官贵人面对造反大军，丑态百出的滑稽相："是日，大小官僚俱以重价购极破青布衫并破帽，混稠人中，低头下气，唯恐人觉。富贵子弟至以鲜衣数袭，易一垢敝衣不可得，赤体狂奔，随路跧伏。"[3]那种景象，仿佛已经到了末日，空气中充斥着莫可名状的恐惧与惶惑，人们正在等待重大灾难降临。

中午时分，标志着改朝换代的时刻到了。造反

1 赵士锦《甲申纪事》及其所附《北归记》。

2 叶绍袁《启祯记闻录》卷四。

3 陈济生《再生纪略》上，冯梦龙《甲申纪事》卷四。

大军领袖——闯王李自成头戴毡笠，身穿缥衣，骑乌驳马，在一百多骑兵簇拥下进入德胜门。太监王德化带领宫内残存人员三四百人，出门迎接。太监曹化淳引导李自成和他的随行人员牛金星、宋献策、宋企郊等，从西长安门进入大内。紫禁城主人由朱姓变为李姓，意味着旧王朝终结，新王朝开张。《流寇长编》写道：

> 旁午，闯贼（李自成）自德胜门入城，东厂太监王德化率其类迎。闯贼许各照旧执掌。曹化淳导贼马至大明门入。民间焚香张彩，闯贼毡笠窄袖衫，前导者秦晋降官数百，从之者牛金星、宋企郊、喻上猷、黎志陞、张璘然等，欣然自得。闯贼至承天门，自发一矢，意有所卜，中檐上，投弓不乐。
>
> 入宫，见袁妃、公主，令内监挟归本宫调养。尚衣太监负公主付周奎。贼不知帝所在，下令：献者与万户侯，赏万金；匿者族诛。并求太子、二王。令百官二十一日朝见，欲归者听，愿服官者量才擢用；违抗不出者罪死。[1]

陈济生记载了改朝换代之际京城的恐怖气氛：

> 逆闯（李自成）拥飞骑数百，直进紫金（禁）

1 戴笠、吴乔《流寇长编》卷十七，崇祯十七年三月丁未。

城，百姓皆执香以迎，写“顺”字，或“顺天王”，或“永昌元年新皇帝万万岁”等语，遍粘门户；首额亦贴“顺民”字。各胡同步骑如织，以献驴马为名，恣行杀掠。男女杂沓呼号，倏聚倏散。趋者、蹶者、刀砍者、箭伤者、惊死扑地者、悬梁者、投井者、走奔堕胎者、委襁褓而去者、为众挤仆者、墙压者、马蹂垂命者、断手折胫者、剖腹者、截耳者、割须发者，街巷狼藉，哭声如雷。贼兵或怒或嘻，或杀或劝。一兵至，则数百人咸俯伏乞哀。所挟惟弓刀，童子贼挺短刃，见者魂夺，莫敢撄也。[1]

突如其来的改朝换代，重压之下，大多数官僚贪生怕死、留恋荣华富贵的卑劣秉性暴露无遗，与从容赴死的忠臣形成强烈对比。[2]

卸任大学士陈演、现任大学士魏藻德等大臣，二十日拜谒李自成，表示改换门庭之意。魏藻德说："新进三载，叨任宰相，明主不听臣言，致有今日。"企图推卸责任，讨好新主，不料遭到李自成狠狠训斥："尔既新进，即负特宠，当死社稷，何偷生为？"魏藻德连忙向李自成叩头讨好："陛下赦臣，自当赤心以报。"李自成大声斥责，命令士兵把他囚禁于刘宗敏处。魏藻德仍不死心，透过窗

1 陈济生《再生纪略》上，冯梦龙《甲申纪事》卷四。

2 陈济生《再生纪略》上，冯梦龙《甲申纪事》卷四。

隙喊话：如果用我，随便什么官都可以，为何拘押我？[1]

总督京营襄城伯李国桢被俘关押，请求谒见李自成。李自成呵斥道："尔身任重任，宠信逾于百官，义不可以负国，既未坚守，又不死节，腼然以就见，何也？"李国桢沮丧得哑口无言，少顷，才吞吞吐吐地说："陛下应运而兴，愿留余生以事陛下。"李自成大怒："汝负若主，我何用为？误国贼尚求生耶？"[2]

魏藻德、李国桢之流危急关头不肯为国献身，改朝换代之后，卖身投靠，妄图混个一官半职。殊不知，新政权对这些朝秦暮楚毫无气节之辈，嗤之以鼻。

其他投降的明朝官僚一千二百多人（一说三千多人），按照新政权的布告，脱去原先的官服，改穿青衣小帽，急匆匆奔赴会极门，报上姓名职衔，等待牛金星发落。这些昔日威风凛凛的达官贵人，如今好像囚犯一样，坐在地上，听凭士兵任意戏弄侮辱，不敢出声。目击者描述他们的丑态："平日老成者，儇巧者，负文名才名者，哓哓利口者，昂昂负气者，至是皆缩首低眉，植立如木偶，任兵卒侮谑，不敢出声。亦有削发成僧，帕首作病，种种丑态，笔不尽绘。"[3]

这批人从凌晨报到，一直等到日落西山，都

1 谈迁《国榷》卷一百，崇祯十七年三月戊申。

2 谈迁《国榷》卷一百，崇祯十七年三月戊申。

3 陈济生《再生纪略》上，冯梦龙《甲申纪事》卷四。

没有受到召见，饥渴疲惫至极，横七竖八困卧阶前。[1]

李自成对这批人很反感，对牛金星等人说："各官于城破日能死，便是忠良，若身体发肤受之父母，不敢毁伤，削发之人不忠不孝，留之何益？"[2]牛金星命人用手摸着降官的头颅，一双两双地清点数目，点完后，选拔九十多名送往宋企郊处，等待派遣；落选者由士兵押往刘宗敏处，听候处分。刘宗敏正在"拥妓欢呼，饮酒为乐"，无暇过问，命士兵回营看守，明日处理。直至此时，降官们才觉反悔，"于是诸臣囚服羁系，相对彷徨，以刻为岁，翻觉生之可厌也。腹馁甚，即强项大僚，有拾兵士餍余，以缓死者"[3]。

对于明朝官僚，大顺政权实行"追赃助饷"政策，其本质是"剥夺剥夺者"。在他们看来，这些官僚先前搜刮民脂民膏，积累大量赃财，必须用酷刑手段把它追缴出来，作为大顺军的军饷。《流寇长编》对此有详细而生动的记录：

——贼牵廷臣夹踝追赃助饷者八百人，刘宗敏、李过主其事。造短夹棍千计，以二书役试之，夹一日死。

——赃数：内阁十万，京堂官、锦衣堂官七万，科道吏属官五万，翰林一万余，部曹千

1 戴笠、吴乔《流寇长编》卷十七，崇祯十七年三月己酉。彭孙贻《平寇志》卷十，己酉廿一。

2 陈济生《再生纪略》上，冯梦龙《甲申纪事》卷四。

3 陈济生《再生纪略》上，冯梦龙《甲申纪事》卷四。钱䎖《甲申传信录》卷四《跖餔遗脔》。

计，勋戚多少不等。所派必溢于其业数倍，才云不办，即夹其踝。

——夹周奎及子铭、铉、铎，献银五十万，奎夹死。夹陈演，得银四万七千两，黄金百六十两。（陈）演贪而丘瑜廉，瑜亦被夹。魏藻德夹五日死，又夹其子，得银一万七千两。方岳贡自缢，从者解之，献银四百两、布百匹，以久著廉名免刑。夹吏部尚书李遇知，得银四万一千两，即死。

——贼攻城时约：内藏（大内库藏）归闯贼，勋戚财归诸帅，文臣财归牛（金星）宋（企郊）等，富户财归小盗。及拷索毕，刘宗敏进所得银一千万两，李岩、李牟用刑宽，所得少，以已物充数，人皆称焉。共得银七千万两，其中勋戚十之三，内侍十之三，百官十之二，商贾十之二。[1]

随着追赃拷掠的展开，上行下效，大顺政权与军队迅速腐败，表征形形色色：

其一，闯王进京后，在宫廷内外恣意妄为。襄城伯李国桢投降后，受尽羞辱折磨，累及家属。钱䡵写道："（李）自成大骂：'误国贼欲求生乎？'叱送权将军（刘宗敏）府，追赃数四，痛加刑杖，残剥而毙。其妻亦为贼将所掠，褫尽底衣，抱之马上，大

1 戴笠、吴乔《流寇长编》卷十八。

呼曰：‘此襄城伯夫人也！’复大笑。勋臣妇女被掠死者多，有无辱甚于此者。”[1]宫女也难逃厄运，张岱说：“闯贼入城，诸宫人逃窜未尽，皆为贼所掠入。魏宫人前后奔跑，大叫曰：‘贼入大内，必来净宫，奴辈定遭毒手，若等有志气者，早寻道路，免致受辱。’哭叫数番，遂跃入内河死之。顷刻间诸宫嫔同跳入河，死者五十余人。宫女费氏年可十五六，闻闯贼入宫，忙迫投井，井枯水浅。贼至，视井中有人，使人下挟之起。贼见其美，互相争夺……（李）自成令诸宫人识认，知非公主，赏贼将罗（某）。”[2]钱帜说：“闯（李自成）入京城后，即点裁缝挟戏子宫人，有窦氏者甚宠之，曰窦妃。后闯既遁，吴邦臣挟出献之清。”又说：“刘宗敏者，响马悍寇也，与闯（李自成）结为兄弟，及闯僭号顺王，遂为君臣。其自署衔云：中书营左军都督府左都督。每晨起，骑马入西华门，与闯议事。或方巾，或白绒帽，无冠带仪从，惟四五骑前导。门立礫人柱，杀人无虚日。”[3]万斯同写刘宗敏向达官贵人拷掠索金，如此说：“自嘉定伯、成国公、陈演、魏藻德下，皆熨体炙项、夹胫箍脑无宁日。而于是诸官始稍稍窜去，乃杀诸勋卫职官于平则门外。”[4]

其二，闯王李自成进入宫殿，将帅们各自占据达官贵人府邸。《流寇长编》写道：“贼将刘宗敏、李过、李岩、李牟、白丰、郭之纬、贺有威、董学

1 钱轵《甲申传信录》卷四《元勋世爵》。

2 张岱《石匮书后集》卷五十九《列女列传》。王世德《崇祯遗录》也有类似记载。

3 钱轵《甲申传信录》卷六《赤眉寇略》。

4 万斯同《明史》卷四百八《盗贼列传下·李自成》。

礼，叛臣白广恩、白邦政、黑云龙、官抚民、左光先、梁甫、祖泽溥、王琦、熊天成等，分据甲第，杀其主，有其妻妾。刘宗敏据都督田弘遇宅，李过据都督袁祐宅，谷大用据万驸马宅，田见秀据曹都尉宅，李岩据周奎宅，官抚民据勋卫常守经宅，黎志陞据长安街仕宦之居。余皆据甲第及富民宅。”[1]纷纷享受王公贵族生活，正如《燕都日记》所说："时诸贼夜夜优觞痛饮，即大内亦然。”[2]

其三，随意劫掠士民财物，奸淫妇女。钱䎃说："二十日，添各门兵，及尽放兵马入城。而各兵至士商民家，搜集马骡略尽无遗者。”又说："时兵政府侍郎王为同乡人出一门示，禁止兵掠。刘宗敏大怒，诉诸闯(李自成)，罢其职。”[3]陈济生说："初但掠金银，后至者掠首饰，最后及衣服矣。”又说："有目睹其奸淫渔猎，而无可奈何者。凡朱门世阀、巨室广寓，悉为贼占，挟妓招童，欢呼狂饮，白昼行淫，犬羊无异。良家子女自非玉碎，罕能瓦全。”李自成发现后下令整饬，“传示戢军，然后稍定。东偏甚得伪果毅将军贺有威力。然而乌合之众，约束未能遍也”。“贼兵初入人家，曰借锅爨，少焉曰借床眠，顷之曰借汝妻女姐妹作伴。藏匿者，押男子搜遍，不得不止。爱则搂置马上，有一贼挟三四人者，又有身搂一人，而余马夹带两三人者。不从则死，从而不当意亦死。一人而不堪众嬲亦

1 戴笠、吴乔《流寇长编》卷十七，崇祯十七年三月丁未。

2 无名氏《燕都日记》，冯梦龙《甲申纪事》卷六。

3 钱䎃《甲申传信录》卷六《赤眉寇略》。

死。安福胡同一夜，妇女死者三百七十余人，惨不忍言。”[1]

其四，由拷掠追赃株连无辜。陈济生说：“刑辱各官，株连未已，人人自危。贼兵厚结长班及无赖子，使为向导。本地乡绅如周锵、刘余祐、梁以樟、米万钟、吴邦臣、沈自彰等，咸蜂聚其家，恣意掠取，与籍没无异。至青衿白户，稍立门墙，无幸脱者。贼兵满路，手携麻索，见面稍魁肥，即疑有财，系颈征贿。有中道借贷而释者，亦有押至其家，任其拣择而后释者。”[2]计六奇说：“凡追赃输纳，见银加二，首饰十不当一，珠玉玩好一概掷弃，衣服极新者准折钱许，大段匹不及两，纱罗减之。前门商铺，凡有乡亲株连，无不搜括立尽，如蝗蝻集野，草木为空。”[3]

其五，军纪败坏至无法收拾。陈济生说：“总之威福皆出贼将之手，逆闯（李自成）稍言及宽政，辄云：‘皇帝让汝做，金银妇女不当与我辈耶？’”又说：“伪大将如李（过）如刘（宗敏），各自为雄，目无贼主，面呼‘老李’。逆闯（李自成）每欲僭位，其下即相对偶语云：‘以响马拜响马，谁甘屈膝？’又言：‘我辈汗血杀来天下，不是他的本事。’繁言啧啧。逆闯心亦不甚安。”[4]先前所向披靡的军队，很快丧失战斗力，士气顿无。《流寇长编》说：“闯贼兵掠饱，皆怀去意。闻（吴）三桂来，益恐。有客在

1 陈济生《再生纪略》下，冯梦龙《甲申纪事》卷五。钱䎖《甲申传信录》卷六《赤眉寇略》所记略同。

2 陈济生《再生纪略》上，冯梦龙《甲申纪事》卷四。

3 计六奇《明季北略》卷二十《廿五癸丑拷夹百官》。

4 陈济生《再生纪略》下，冯梦龙《甲申纪事》卷五。

道，贼拽去令作家书，曰：父母妻子皆在秦中，生死未知，欲乘寄书以慰之。作贼多得财无所用，悔为李闯所误。今闻左（良玉）兵南来，吴（三桂）兵东来，未知死所，皆泣下。所作书寄父母妻子者，悉署永昌年月，以零落簪珥为润笔。”[1]

腐化蜕变之迅速，令人惊讶，关键在于“权力”二字。英国的名人阿克顿勋爵（Lord John Dalberg-Acton，1834—1902）写给友人圣公会大主教的信中说：“权力使人腐败，绝对权力导致绝对腐败。”[2]绝对权力导致绝对腐败，真是颠扑不破的真理。李自成的军队从先前遭受围追堵截的流寇，一变而为新朝的建立者、统治者，拥有绝对的权力。他们的心态立即扭曲，扬言“我辈汗血杀来天下”，“皇帝让汝做，金银妇女不当与我辈耶”？于是乎，从上到下被胜利冲昏头脑，迅速地走向反面。这当然有一个过程，腐败是逐步滋生弥漫的。当时人的记载，从一个侧面印证了这一点。《燕都日记》说：“贼将李占周府，刘占田府，威令甚严。商贾仍令开市，毋闭。军士掠杀者，立斩；最轻亦断手砍足、削鼻截耳。城上兵亦不许私下。人情稍安。”[3]

但是“威令甚严”稍纵即逝，有禁不止有令不行，腐败有如脱缰野马，无法控制，计六奇有如实的记录：

1 戴笠、吴乔《流寇长编》卷十八，甲申剩事，崇祯十七年三月丁巳。

2 参看林行止《当权通杀是常态，特朗普后不西装》，《东方早报·上海书评》2016年8月28日。

3 无名氏《燕都日记》，冯梦龙《甲申纪事》卷六。

贼初入城，不甚杀戮。数日后，大肆杀戮，即降而授官者，诸贼将长班审问。如云某官有金，即锁去拷打。一贼拷过，又被他贼锁去，拷打不休。每贼将一人领长班五十名，缉访官民藏蓄。长班一人，每日限访过一件，名曰公刺。

贼初破城，先假张杀戮之禁云："如有淫掠民间者，立行凌迟！"假将犯罪之寇杀死四人，分为五段。据称，以淫杀之故也。民间误信，遂安心开张店市，嘻嘻自若。自贷赃事起，金银既罄，继以绸缎，匹仅一金，而商人钱货为之一空。贼之巧于行劫如此！四五日后，恣行杀掠，先令十家一保，如有一家逃亡者，十家同斩。十家之内有富户者，闯贼自行点取籍没；其中下之家，听各贼分掠。又民间马骡铜器，俱责令输营。于是满城百姓家家倾竭。[1]

贼初入城，先拏娼妓小唱，渐及良家女。良子弟脸稍白者，辄为拿去，或哀求还家仍以贼随之。妇女淫污死者，井洿梁屋皆满。[2]

1 计六奇《明季北略》卷二十《廿五癸丑拷夹百官》。

2 计六奇《明季北略》卷二十《奸淫》。

由此是否可以领悟：什么是绝对权力？不受任何制约的权力，旧制度落花流水，新制度了无踪影，无法无天，为所欲为。什么是绝对腐败？不受任何制约的权力滋生出不加任何掩饰的赤裸裸的腐败，敲诈勒索，奸淫掳掠，无所不为，北京成了财产与权力再分配的大赌场，大顺官员从上到下个个都成为腰缠万贯的暴发户。这样的政权短命得犹如昙花一现，绝非偶然。根源就在于，绝对权力导致绝对腐败。李自成在山海关惨败后，匆忙撤出北京，再也没有打过胜仗，其根本原因就在于此。

2. 崇祯帝的殡殓与李自成的劝进

却说受皇帝嘱托藏匿太子、二王的太监，见到悬赏令，迫不及待地向新主子献出太子与二王，邀功请赏。

李自成厉声责问太子："汝父皇何在？"

太子答："崩于南宫。"

再问："汝家何以失天下，若父何以至此？"

答："我何知？问之百官。"

李自成见他挺立不屈，谈吐自若，口气顿时温和下来，轻声说："汝父在，我必有以尊养之，汝毋虑也。"

太子问："何不杀我？"

李自成说："汝无罪，我岂枉杀！"

太子说："如是，当听吾一言：一不可惊我祖宗陵寝，二速以礼葬我父皇母后，三不可杀吾百姓。"[1]

1 谈迁《国榷》卷一百，崇祯十七年三月戊申。戴笠、吴乔《流寇长编》卷十七，崇祯十七年三月戊申。计六奇《明季北略》卷二十《内臣献太子》。

三月二十二日，太监在煤山发现了崇祯帝的遗体。太监们奉李自成之命，用门板抬下遗体，与周皇后的遗体一起停放在东华门外茶庵的芦席棚内。之后，太监又奉命买了两口棺材，用土块当枕头，把帝后的遗体安放于棺材中。旁边有两个和尚念经，四五个太监守护。前朝大臣前往哭临的不过二三十人，不少昔日信誓旦旦效忠皇帝的大臣，此时摇身一变，改换门庭，扬鞭策马而过，对帝后的灵柩根本不屑一顾。在这一点上，他们反而不及李自成。

李自成作为造反势力的代表，却能够冷静地遵循传统礼仪人情世故，下令正式殡殓大行皇帝和皇后，为皇帝梓宫（棺材）刷上红漆，为皇后梓宫刷上黑漆；并且为皇帝换上翼善冠、衮玉、渗金靴，为皇后更换袍带。[1]一切殡殓事宜都按照帝后规格进行。他还派人前来宣布："帝礼葬，王（指太子）礼祭，二子（指定王、永王）待以杞宋之礼。"[2]他自己来到祭坛，向帝后梓宫四拜垂泪。顺天府新任府尹奉命赶赴昌平，筹划安葬帝后梓宫事宜，四月初三日，帝后梓宫发引，初四日草草掩埋于田贵妃坟内。[3]据说，发引那天只有太子与二王前往东华门送行，明朝旧臣视若无睹——"百官无一执绋者"。[4]顺天府昌平州署吏目事兼省祭官赵一桂，写了一篇《为开圹捐葬崇祯先帝及周皇后共归田妃陵寝事》，为后

1 东郕八十一老人《明季甲乙汇编》卷一，崇祯十七年三月辛亥。谈迁《国榷》卷一百，崇祯十七年三月辛亥。

2 计六奇《明季北略》卷二十《廿一得先帝遗魄》。

3 冯梦龙《甲申纪闻》，冯梦龙《甲申纪事》卷一。

4 彭孙贻《平寇志》卷十一，崇祯十七年四月庚申初三。

世留下了安葬经过的宝贵记录：

◥ 发引，古代出殡时送丧的人用绋牵引灵柩作前导。

——卑职于崇祯十七年正署州捕，遭际都城陷没，故主缢崩。至三月二十五日，顺天府伪官李纸票："为开圹事，仰昌平州官吏即动官银雇夫，速开田妃圹，安葬崇祯先帝及周皇后梓宫。四月初三日发引，初四日下葬，毋违时刻，未便。"

——初四日申时，候故主灵到，即停于祭棚内，陈猪羊金银纸扎祭品，同众举哀祭奠下葬。卑职亲领夫役入圹宫内，即将田妃移于石床之右……后请崇祯先帝之棺居于正中。田妃葬于无事之时，棺椁俱备，监葬官与卑职见故主有棺无椁，遂将田妃之椁移而用之。三棺之前各设香案祭器毕，卑职亲手将万年灯点起，遂将二座石门关闭。[1]

著名学者朱彝尊为赵一桂这篇文章写了一则按语，不仅证实它的真实性，还补充了一些细节："思陵葬日，仁和（杭州）龚光禄佳育流寓昌平。地宫例书某帝之陵，合以石板，奉安梓宫之前。时仓卒不及砻石，以砖代之，钤之以铁，乃光禄（龚佳育）所

1 谭吉璁《肃松录》，窦光鼐等《日下旧闻考》卷一百三十七《京畿·昌平》。

书也。光禄尝为予言：圹始开，入石门，地甚湿，其中衣被等物多黦黑；被止一面是锦绣，余皆以布。长明灯油仅二三寸，缸底皆水。其金银器皆以铅铜充之，当时中官破冒，良可憾也！”[1]

与先帝葬礼的冷清草率简陋形成鲜明对照的是，那些降官正忙着“劝进”新皇帝李自成。这头的冷，更加反衬出那头的热。从三月二十三日开始，以卸任内阁首辅陈演、成国公朱纯臣为首的降官，一再向李自成“劝进”，请求他早日称帝。陈济生写道：“廿三日，旧辅诸臣同成国公率领降臣，具囚服，集皇极殿劝进。此时大小从贼诸臣，居然以为一统别界矣，日奔走于伪政府之门，或于棋盘街即东西江米巷，留连顾盼，探问消息。青衣成队，蒙面丧心，不复知人间有羞耻事。”又说：“廿五日，各官复劝进。礼政府传伪旨云：‘百官俱于五凤楼前叩头，登极大典朝廷自有鉴裁，不允所请。’诸叛恐人心未定，功名不稳，日夜望大位之早正。而贼方点检黄白，命银匠倾销，每千为一饼，穴其中，络绎麻索，为西运计。僭位非其所急也。”[2]

四月一日，在牛金星的导演下，文武官员再次劝进。宋献策则用占卜手段与牛金星密切配合，说什么“帝星不正”，“速宜正位”。四月初三日，文武百官换上方巾色服，在午门外叩头劝进，李自成又不允。“伪礼政府选鸿胪寺鸣赞数十人，给以

1 窦光鼐等《日下旧闻考》卷一百三十七《京畿·昌平》。

2 陈济生《再生纪略》上，冯梦龙《甲申纪事》卷四。

官带，议登极大礼”。初六日，“逆党再劝驾登极，不允。逆闯坐武英殿，召耆老进见，问民间疾苦，有无扰害”。初十日，“礼政府出伪示，定十七日登极，百官庆贺。十二日，百官先于午门外习仪。十三日，百官于天祐殿前再习”。[1]

闹得最起劲的，是复社名士庶吉士周锺（字介生，镇江府金坛县人），一面与庶吉士魏学濂（魏大中之子）联名向李自成上疏“请葬先帝”，一面按照牛金星的授意，写了一篇《士见危致命论》，为他们改换门庭张目，牛金星赞赏不已。周锺因此沾沾自喜，逢人便夸“牛老师知遇”。[2]到了四月，每逢三六九日，这些人就上演一次劝进的把戏。周锺为此写了一篇劝进贺表，洋洋数千言，称颂李自成“比尧舜更多武功，较汤武尤无惭德”；对于殉国的先帝，则说“独夫授首，四海归心”。一时传为士林之羞。想不到竟有人为此而抢头功，魏学濂到处放话：“此语出吾手，周介生（周锺）想不到此。”龚鼎孳也扬言：“此语出吾手，周介生想不到此。”[3]冯梦龙不胜愤慨，谴责道：“噫，词林省闼，天子侍从，亲信之臣，作此逆天丧心语，而犹扬扬得意，自诩佐命元勋。读圣贤书所学何事？尚何面目偷息天地之间耶？”[4]

史惇书写历史，对此人的行径嬉笑怒骂：“闯贼破京城，先帝殉难，一时无耻之徒争先朝见，但闻稠人之中有呼介生兄者，乃闯贼伪丞相牛金星，介

1 陈济生《再生纪略》下，冯梦龙《甲申纪事》卷五。

2 陈济生《再生纪略》上，冯梦龙《甲申纪事》卷四。计六奇《明季北略》卷二十二《从逆诸臣·周锺》。

3 冯梦龙《甲申纪闻》，冯梦龙《甲申纪事》卷一。计六奇《明季北略》卷二十二《从逆诸臣·周锺》。

4 冯梦龙《甲申纪闻》，冯梦龙《甲申纪事》卷一。

生故尝设教中州侯木庵恪太史家时相与者。于是介生俨然为牛丞相高第门生，因而提掇从逆诸人，献媚而劝进之表、下江南之檄，一一借重其大手笔矣。贼奴归南，马士英执大义以杀之，是矣。乃马之杀之，又不专从大义起见。马（士英）、阮（大铖）故魏党，积受抑于东林，其援立福王也，乘时窃柄，日以翻局为事。时左良玉欲清君侧，传是东林袁继咸嗾之，故马、阮闻而落胆，遽去取介生于狱中而杀之。天下之人虽不愿代介生置喙，而未必不以其死于马、阮，或有遗议，则千秋是非将安定乎？”[1]史惇把周镳列入“无耻之徒”行列，应无异议。这类人精心于政治投机，怀着一朝天子一朝臣的心态，妄想凭借牛金星的关系扶摇直上，飞黄腾达。孰料，大顺政权在北京不过区区四十天，就分崩离析。周镳仓促逃归南京，冀图另谋高就，成为过街老鼠。马士英、阮大铖与东林、复社不共戴天，处死周镳，作为打击异己的一招。周镳死于马士英、阮大铖之手，并不能洗刷已有的污点。

3.“冲冠一怒为红颜”

1 史惇《恸余杂记·周介生始末》。按：侯木庵恪太史，即侯恂之弟侯恪，字若木，一字若朴，号木庵，河南商丘人，曾任起居注官。

明清鼎革之际，复社诗人吴伟业写了《圆圆曲》这首广为世人传诵的叙事歌行，抒发了对于世事沧桑的独特感受，透过一介武夫吴三桂与绝代佳人陈圆圆的因缘，寄托明亡的哀思。诗的头几句，就把吴、陈的悲欢离合故事，放在改朝换代的大背景下展开：

鼎湖当日弃人间，破敌收京下玉关。
恸哭六军俱缟素，冲冠一怒为红颜。
红颜流落非吾恋，逆贼天亡自荒宴。
电扫黄巾定黑山，哭罢君亲再相见。

诗的末尾，申述了他对吴陈因缘的评价，也点明了这首诗的政治含义：

尝闻倾国与倾城，翻使周郎受重名。
妻子岂应关大计，英雄无奈是多情。
全家白骨成灰土，一代红妆照汗青。
君不见，馆娃初起鸳鸯宿，越女如花看不足。[1]

陈圆圆（陈沅）字畹芬，姑苏名妓，声噪一时，关于她的艳闻逸事，文人雅士津津乐道。

一则说："姑苏女子圆圆（冒襄注：字畹芬），良家

◥ 陈圆圆像

1 吴伟业《圆圆曲》，《梅村家藏稿》卷三《前集三·七言古诗》。按：鼎湖句指闯王进京后皇帝自缢殉国，黄巾黑山句指李自成造反大军，全家白骨句指李自成把吴襄全家三十多人全部杀死。作者以此衬托吴三桂的国仇家恨。

女子也，色艺擅一时。如皋冒先生（冒襄）尝言：妇人以姿制为主，色次之。碌碌双鬟，难其选也。蕙心兰质，澹秀天然，生平所觏则独有圆圆耳。崇祯末年，戚畹武安侯（田弘遇）劫至别室中，侯武人也，圆圆若有不自得者。”[1]

另一则说：“圆圆陈姓，玉峰歌妓也。声甲天下之声，色甲天下之色。崇祯癸未岁（十六年），总兵吴三桂慕其名，赍千金往聘之，已先为田畹（田弘遇）所得。时圆圆以不得事吴怏怏也，而吴更甚。田畹者怀宗（崇祯）妃之父也，年耄矣，圆圆度流水高山之曲以歌之，畹每击节，不知其悼知音之希也。”[2]

以上二说，都指出陈圆圆为田贵妃之父田弘遇从江南带到北京，金屋藏娇。许重熙进一步补充说：“先是，十六年春，田皇亲游南京，挈名妓陈沅、顾寿而北。田还京病死，三桂使人持千金买陈沅。闯（李自成）入京师，权将军刘宗敏系吴襄，索（陈）沅不得，拷掠酷甚。三桂闻之，益募兵至七千，据山海叛闯。闯杀（吴）襄家属，而系襄东行。”[3]

以上是较为流行的说法。此外还有一种说法，以为陈圆圆是周皇后之父周奎所得，送入宫中侍奉皇帝，夺田贵妃之宠。例如钮秀说：“明崇祯末，流氛日炽，秦豫之间关城失守，燕都震动，而大江以南阻于天堑，民物晏如，方极声色之娱，吴门尤甚。有名妓陈圆圆者，容辞娴雅，额秀颐丰，有林

1 陈维崧《妇人集·姑苏女子圆圆》。

2 陆次云《圆圆传》，张潮《虞初新志》卷十一。

3 东邨八十一老人《明季甲乙汇编》卷四《异同补录》。

下风致。年十八，隶籍梨园，每一登场，独出冠时，观者魂断。维时田妃擅宠，两宫不协，烽火羽书相望于道，宸宫为之憔悴。外戚嘉定伯（周奎）以营葬归苏，将求色艺兼绝之女，有母后进之，以纾宵旰之忧，且分西宫之宠。因出重资购圆圆，载之以北，纳于椒庭。一日侍后侧，上见之，问所从来。后对左右供御鲜同里顺意者，兹女吴人，且娴昆伎，令侍栉盥耳。上制于田妃，复念国事，不甚顾，遂命遣还。故圆圆仍入周邸。”[1]也有人说，陈圆圆入宫后，被田贵妃退回田弘遇家，吴三桂在田家遇见陈圆圆。[2]

从吴伟业《圆圆曲》看来，梅村先生综合了前后两种说法，请看他的诗句：

相见初经田窦家，侯门歌舞出如花。
许将戚里箜篌伎，等取将军油壁车。
家本姑苏浣花里，圆圆小字娇罗绮。
梦向夫差苑里游，宫娥拥入君王起。

尽管说法歧异，但有两点是一致的：一是陈圆圆乃多才多艺的绝代佳人，二是吴三桂对她颇为痴迷。

关于前一点，当时的风流公子冒辟疆（冒襄）在回忆录中写道，崇祯十四年慕名拜访陈圆圆，拜倒

1 钮秀《觚賸·燕觚》（不分卷），《圆圆》。

2 吴梅《吴诗集览》卷七上《圆圆曲》。参看陈寅恪《柳如是别传》，生活·读书·新知三联书店，2001年，第496—498、777—781页。

在她的石榴裙下，欲仙欲死："其人淡而韵，盈盈冉冉，衣椒茧，时背顾湘裙，真如孤鸾之在烟雾。是日演弋腔《红梅》，以燕俗之剧，咿呀啁哳之调，乃出之陈姬身口，如云出岫，如珠在盘，令人欲仙欲死。"[1]

关于后一点，沙定峰《陈圆圆传》说得很详细：京师危急时，陈圆圆向田弘遇建议，当此衣冠易虑、远近崩心之际，应该结交一名将帅作为后援，最佳人选莫过于吴三桂将军。吴三桂奉召入京，可以倾情结交。田弘遇有点为难，与吴三桂素无来往，突然厚利结交容易引人怀疑。陈圆圆说，听说吴将军一向仰慕田府的歌舞，何不以此纳交于吴？田弘遇欣然同意，于是设家宴款待吴三桂，管弦乐队奏出曼妙音乐，陈圆圆翩翩起舞，美不胜收。当吴三桂告辞时，田弘遇问：假设流寇逼近，将奈何？吴三桂率直地说：倘若田公能以圆圆见赠，公无恙，国亦无恙。田弘遇当即答应，吴三桂携陈圆圆离去，两人如胶似漆亲昵百般之时，朝廷传来严诏，促其出关。吴三桂本想携圆圆同行，父亲吴襄在京督理御林军，劝留圆圆于府中，三桂依依不舍离京出关而去。[2]

吴三桂，字长白，扬州高邮人，辽东中后所籍。父吴襄，字两环，武科起家，官至都指挥使，镇守宁远。崇祯十七年正月，吴襄奉调入京。三月

1 冒辟疆《影梅庵忆语》卷一。

2 沙定峰《陈圆圆传》，姜泣群《虞初广志》卷十一。福本雅一《陈圆圆》，《明末清初》，京都同朋舍，1987年，第267页。

初，吴三桂接到皇帝圣旨，放弃宁远，率兵勤王。三月上旬，吴三桂从宁远撤退，十六日进入山海关，二十日抵达丰润，获悉京城已经陷落，便收兵退回山海关，率父老子弟望南痛哭。[1]

▲ 吴三桂，锦州总兵吴襄之子，祖大寿外甥。明崇祯时为辽东总兵，封平西伯，镇守山海关。崇祯十七年李自成攻破北京后，吴三桂上书降清。参加山海关大战，大败李自成，跟随清军入关，受封平西王。

李闯王进京后，刘宗敏羁押吴襄，索陈圆圆不得，用酷刑拷掠。吴三桂获悉后，把李自成派来接收山海关的两万军队尽行砍杀，止剩三十二人逃回。李自成深知吴三桂的分量，父子两代长期镇守宁远，“部下有精兵四万、辽民七八万，皆耐搏战，而彝丁突骑数千，尤为雄悍，敌望之辄遁”。[2]遂派遣降将唐通与文武官员二人，于三月二十九日带了犒师银四万两，以及吴襄的家书，前往山海关招降吴三桂。吴襄的劝降家书其实是牛金星写了底稿，逼着吴襄誊清的，通篇说理多于抒情：

> 汝以皇恩特简，得专阃任，非真累战功、历年岁也，不过为强敌在前，非有异恩激劝不足诱致英士。此管子所以行素赏之计，而汉高一见韩、彭即予重任，盖类此也。今尔徒饬军容，顿兵观望，使李兵长驱直入，既无批亢捣虚之谋，复乏形格势禁之力。事机已去，天

---

1 程源《孤臣纪哭》，冯梦龙《甲申纪事》卷三。戴笠、吴乔《流寇长编》卷十七，崇祯十七年三月辛亥。

2 计六奇《明季北略》卷二十《吴三桂请兵始末》。

命难回，吾君已逝，尔父须臾。呜呼，识时务者亦可以知变计矣！昔徐元直弃汉归魏，不为不忠；子胥违楚适吴，不为不孝。然以二者揆之，为子胥难，为元直易。我为尔计，不若反手衔璧，负锧舆棺，及今早降，不失通侯之赏，而犹全孝子之名。万一徒恃愤骄，全无节制，主客之势既殊，众寡之形不敌，顿甲坚城，一朝歼尽，使尔父无辜并受戮辱，身名俱丧，臣子均失，不亦大可痛哉！[1]

唐通带了这封家书赶到吴三桂军营，当面对他说：老总兵（吴襄）新主（李自成）十分优礼，专待将军共图大业，以作开国元勋。又说：新主好贤，太子完善。[2]吴三桂信以为真，打算归顺大顺政权，行军至永平沙河驿，接到从北京打探情报的细作报告，李自成在北京对勋戚大臣拷掠追赃，吴襄也未能幸免，凑足五千两银子交出。与此同时，吴襄派亲信赶来，把京中真实情形一一转告。吴三桂听说后怒发冲冠，誓言君父之仇必以死报。[3]而后派往京城的探子陆续返回，报告吴襄已被羁押，家财已被籍没。还自我宽慰：只要他回到北京，家财必然归还，父亲必然释放。当他得知妻子陈圆圆已被大将刘宗敏霸占时，终于忍无可忍，拔剑掷案，大喝一声："逆贼如此无礼，我吴三桂堂堂丈夫，岂肯降

1 计六奇《明季北略》卷二十《吴三桂请兵始末》。

2 戴笠、吴乔《流寇长编》卷十八《甲申剩事》，崇祯十七年三月丁巳。计六奇《明季北略》卷二十《吴三桂请兵始末》。

3 赵士锦《甲申纪事·附录·塘报》。

此狗子，受万世唾骂，忠孝不能两全！”[1]于是从沙河驿纵兵大掠而去，顿兵山海城。

这就是吴伟业所说“冲冠一怒为红颜”的由来，细细揣摩，其中不乏文人墨客渲染夸张成分。吴三桂“冲冠一怒”，不仅仅为了一个红粉知己，更着眼于报君父之仇的政治伦理。当初他与唐通谈判时，提出的唯一条件只有五个字：得东宫即降，并没有说得陈圆圆即降。[2]这种根深蒂固的忠孝观念，在给父亲的回信中流露得淋漓尽致：

> 不肖男三桂泣血百拜，上父亲大人膝下：
>
> 儿以父荫，熟闻义训，得待罪戎行，日夜励志，冀得一当，以酬圣眷。属边警方急，宁远巨镇为国门户，沦陷几尽。儿方力图恢复，以为李贼猖獗，不久即当扑灭。恐往复道路，两失事机，故尔暂稽时日。不意我国无人，望风而靡。吾父督理御营，势非弱小，巍巍万雉，何致一二日内便已失堕？使儿卷甲赴关，事已后期，可悲可恨！侧闻圣主晏驾，臣民戮辱，不胜眦裂。
>
> 犹意吾父素负忠义，大势虽去，犹当奋椎一击，誓不俱生。不则刎颈阙下，以殉国难，使儿缟素号恸，寝戈复仇；不济则以死继之，岂非忠孝媲美乎！何乃隐忍偷生，训以非义，

1 沙定峰《陈圆圆传》，《虞初广志》卷十一。钱軹《甲申传信录》卷八《桑郭余铃》。

2 戴笠、吴乔《流寇长编》卷十八《甲申剩事》，崇祯十七年三月丁巳。

既无孝宽御寇之才，复愧平原骂贼之勇。夫元直荏苒，为母罪人；王陵、赵苞二公，并著英烈。我父嘆啃宿将，矫矫王臣，反愧巾帼女子。

父既不能为忠臣，儿亦安能为孝子乎？儿与父诀，请自今日。父不早图，贼虽置父鼎俎之旁，以诱三桂，不顾也。[1]

父既不能为忠臣，儿亦安能为孝子——这就是吴三桂的忠孝观。“冲冠一怒为红颜”，也应由此获得索解，君父之仇是凌驾于儿女情长之上的。

吴三桂立即行动，一举全歼李自成派驻山海关的唐通八千兵马，及其后援白广恩部。这一战，表明他“移檄讨贼”的开始。[2]

为此，他发布洋洋千言的讨贼檄文，亮出的头衔赫然是先帝册封的“钦差镇守辽东等处地方团练总兵官平西伯”，向全国宣布，此举是为了“兴兵剿贼，克复神京，奠安宗社”，明白无误地喊出这样的口号：“请观今日之域中，仍是朱家之天下！”他以不共戴天的姿态向李自成宣战：

闯贼李自成，以幺麽小丑纠喝草寇，长驱犯阙，荡秽神京。弑我帝后，禁我太子，刑我缙绅，戮我士民，豺狼突于宗社，犬豕踞于朝廷。赤县丘墟，黔黎涂炭，妖氛吐焰，日月无

1 计六奇《明季北略》卷二十《吴三桂请兵始末》。彭孙贻《平寇志》卷十一，丁巳廿九。

2 戴笠、吴乔《流寇长编》卷十八《甲申剩事》，崇祯十七年四月壬戌。谈迁《国榷》卷一百，崇祯十七年四月辛酉。

光……凡为臣子，谁无忠义之心？汉德可思，周命未改。忠诚所感，明能克逆，义旗所向，以一当十。请观今日之域中，仍是朱家之天下！[1]

毫无疑问，吴三桂是以明朝皇帝钦差官员的身份，号召明朝遗民为光复而战斗，这种政治态度，绝非“冲冠一怒为红颜”的儿女情长可以涵盖的。

北京方面得知吴三桂不受招抚，要为帝后复仇的消息，顿时彷徨失措。当时人如此描述这一动向：“贼闻关东兵至，咸涕泣思归，无有斗志。有客行市上，触贼刀背，遂为牵去……群起问能做字否？曰能。出瓦砚秃笔，争握之曰：‘我辈不解字，若为代书。我辈父母妻子在陕，生死未卜，聊寄家书以慰之。作贼不过多财，得亦无由寄，从征辛苦，何以家为？悔为李闯所误。左良玉老于战争，恐旦夕江南兵来，又闻吴三桂入关且急，我等哪能敌？李闯相驱至此，尚不知死所。’言之各泣下，争出腰间环钏碎银缄之。有寄山西、陕西者，寄父寄子寄妇者。”[2]

1 葫芦道人《馘闯小史》卷一。

2 彭孙贻《平寇志》卷十，丁巳廿九。

4. 打着“报尔君父之仇”的幌子
——清军进取中原

吴三桂深知，虽有关宁铁骑在手，但要与李

自成几十万大军相抗衡，仍感力量不足，唯一的出路是向清“泣血求助”。他写信给清摄政王多尔衮，向他表明求助之意。

▼ 范文程，宋臣范仲淹后裔，主动投靠努尔哈赤，历事满洲四代君主。

清方面早就虎视眈眈，密切关注关内的政治动向，伺机而动。崇祯十七年四月初四日，大学士范文程向摄政睿亲王多尔衮提议，发动大军越过长城，进取中原。

首先，他认为应该紧紧抓住中原大乱的机会，乘势而上——此正欲摄政诸王建功立业之会也，窃惟成丕业以垂休万祺者此时，失机会而贻悔将来者亦此时。何以言之？中原百姓蹇罹丧乱，荼苦已极，黔首无依，思择令主，以图乐业。虽间有一二婴城负固者，不过自为身家计，非为君效死也。是则明之受病种种，已不可治，河北一带定属他人，其土地人民不患不得，患得而不为我有耳。

其次，他认为我与流寇争天下，机不可失——盖明之劲敌惟在我，而流寇复蹂躏中原，正如秦失其鹿，楚汉逐之；我虽与明争天下，实与流寇角也。为今日计，我当任贤以抚众，使近悦远来，蠢兹流孽亦将进而臣属于我。彼明之君知我规模非复往昔，言归于好，亦未可知。倘不此之务，是徒劳我国之力，反为流寇驱民也。

再次，他提出进取中原，直趋北京的战略方针——是当申严纪律，秋毫勿犯，复宣谕以昔日不守内地之由，及今进取中原之意；而官仍其职，民复其业，录其贤能，恤其无告。将见密迩者绥缉，逖听者风声，自翕然而向顺矣。夫如是则大河以北可传檄而定也……此行或直趋燕京，或相机攻取。[1]

◥ 多铎，清初名将。崇德六年参与松锦大战，获大捷，封豫郡王。顺治元年以定国大将军从多尔衮入关。

多尔衮采纳范文程的建议，四月初七日，为大军南伐，祭告逝去的太祖皇帝、太宗皇帝。初九日，摄政睿亲王多尔衮、豫郡王多铎、武英郡王阿济格、恭顺王孔有德、怀顺王耿仲明、智顺王尚可喜等，统领满洲、蒙古主力军的三分之二，以及归附的汉军，鸣炮启行。

四月十三日，多尔衮一行抵达辽河，向洪承畴咨询军事方略。洪承畴对明朝官军以及流寇了如指掌，为他详细分析战略形势：

其一，此行旨在扫除乱逆，期于灭贼——我兵之强，天下无敌，将帅同心，部伍整肃，流寇可一战而除，宇内可计日而定矣。今宜先遣官宣布王令，以示此行特扫除乱逆，期于灭贼，有抗拒者必加诛戮，不屠人民，不焚庐舍，不掠财物之意。仍布告各府州县，有开门归降者，官则加升……百姓仍予安全。

其二，流寇财足志骄，大军压境，必然遁而

1 王先谦《东华录》顺治朝卷二，顺治元年四月辛酉。

西行——流寇初起时遇弱则战，遇强则遁。今得京城，财足志骄，已无固志，一旦闻我军至，必焚其宫殿府库，遁而西行。贼之骡马不下三十余万，昼夜兼程可二三百里，及我兵抵京，贼已远去，财物悉空。

其三，切不可轻敌——抵京之日，我兵连营城外，侦探勿绝。庶可断陕西、宣府、大同、真保诸路，以备来攻。则马首所至，计日功成矣。流寇十余年来用兵已久，虽不能与大军相拒，亦未可以昔日汉兵轻视之。[1]

由此可见，早在吴三桂"泣血求助"之先，清朝最高当局就在策划"进取中原"，并作了精心安排。明朝的降清官员范文程、洪承畴知己知彼，为之出谋划策，所作的预测，与后来的实际情形惊人相似。正在此时，吴三桂的"泣血求助"送上门来，为清朝"进取中原"大开方便之门。

四月十五日，吴三桂派遣副将杨坤、游击郭云龙，从山海关赶往多尔衮军营，呈上"泣血求助"信函。信中写道：

三桂初蒙我先帝拔擢，以蚊负之身，荷辽东总兵重任。王之威望，素所深慕，但春秋之义，交不越境，是以未敢通名。人臣之谊，谅王亦知之。

1 王先谦《东华录》顺治朝卷二，顺治元年四月庚午。

今我国以宁远右偏孤立之故，令三桂弃宁远而镇山海，思欲坚守东陲，而巩固京师也。不意流寇逆天犯阙，以彼狗偷乌合之众，何能成事！但京城人心不固，奸党开门纳款，先帝不幸，九庙灰烬。今贼首僭称尊号，掠掳妇女财帛，罪恶已极，诚赤眉、绿林、黄巢、禄山之流，天人共愤，众志已离，其败可立而待也。

我国积德累仁，讴思未泯，各省宗室如晋文公、汉光武之中兴者，容或有之。远近已起义兵，羽檄交驰，山左江北，密如星布。三桂受国厚恩，悯斯民之罹难，拒守边门，欲兴师以慰人心。奈京东地小，兵力未集，特泣血求助。

我国与北朝通好二百余年，今无故而遭国难，北朝应恻然念之，而乱臣贼子亦非北朝所宜容也。夫除暴翦恶，大顺也；拯危扶颠，大义也；出民水火，大仁也；兴灭继绝，大名也；取威定霸，大功也。况流贼所聚金帛子女不可胜数，义兵一至，皆为王有，此又大利也。

王以盖世英雄，值此摧枯拉朽之会，诚难再得之时也。乞念亡国孤臣忠义之言，速选精兵直入中协西协，三桂自率所部合兵以抵都门，灭流寇于宫廷，示大义于中国，则我朝之报北朝者，岂惟财帛，将裂地以酬，不敢食言。[1]

1 王先谦《东华录》顺治朝卷二，顺治元年四月壬申。

接到吴三桂信函，多尔衮喜出望外，次日（四月十六日）立即回信，欣然接受他的“泣血求助”，愿意率领仁义之师，消灭流寇，出民水火。多尔衮在回信中说：“予闻流寇攻陷京师，明主惨亡，不胜发指。用是率仁义之师，沉舟破釜，誓不返旌旗，必灭贼，出民水火。及伯遣使致书，深为喜悦，遂统兵前进。夫伯思报主恩，与流寇不共戴天，诚忠臣之义也。伯虽向守辽东，与我为敌，今亦勿因前故，尚复怀疑……今伯若率众来归，必封以故土，晋为藩王，一则国仇得报，一则身家可保，世世子孙长享富贵，如河山之永也。”[1]显然，多尔衮的援助是有条件的，吴三桂必须改变先前“与我为敌”的立场，“率众来归”，讲得直白一点，就是归顺大清。

四月二十日，吴三桂鉴于形势紧迫，再次派遣郭云龙、孙文焕带去紧急书信，向多尔衮请求尽快出兵相助。吴三桂说：“接王来书，知大军已至宁远，救民伐暴，扶弱除强，义声震天地。其所以相助者，实为我先帝，而三桂之感戴犹其小也。三桂承王谕，即发精锐于山海以西要处，诱贼速来。今贼亲率党羽蚁聚永平一带，此乃自投陷阱，而天意从可知矣。今三桂已悉简精锐，以图相机剿灭。幸王速整虎旅直入山海，首尾夹攻，逆贼可擒，京东西可传檄而定也。”[2]

1 王先谦《东华录》顺治朝卷二，顺治元年四月癸酉。

2 王先谦《东华录》顺治朝卷二，顺治元年四月丁丑。

四月二十一日，清军抵达山海关外欢喜岭，按兵不动。吴三桂多次派人催促无效，便亲自会晤多尔衮，向他请求借清军十万，以图恢复，为朝廷雪耻。

多尔衮说：明朝文臣素无信义，元帅欲建盖世之功，俺国举众相助，但恐成功之后，不知元帅安身何地？

吴三桂说：三桂父子受朝廷厚恩，今日贼兵弑逆，士民切齿，人神共愤，天地不容。吾闻勇士不怯死而灭名，忠臣不先身而后君。今君后俱罹逆变，三桂食君之禄，岂有坐视之理？今誓死报国，虽肝脑涂地亦所不辞，安问其他！

多尔衮欲擒故纵，推说明日再议。吴三桂心知肚明，必须“率众来归”，才谈得上“相助”，便于次日清晨，披头散发身穿孝服会晤多尔衮，按照满俗剃发，歃血立誓，表明归顺之意，多尔衮才答应发兵十万相助。[1]

此事暂且按下不表。却说北京方面，李自成鉴于招抚吴三桂不成，于四月初七日下令大将刘宗敏、李过率军出征。但是，“刘李耽乐已久，殊无斗志”，不愿出征，只派小部队东进。[2]李自成不得不亲自率军出征。四月十三日黎明，李自成与刘宗敏、李过率领步兵骑兵五万，从北京出发，明朝的太子与二王押解同行。

1 葫芦道人《馘闯小史》卷一。计六奇《明季北略》卷二十《附记野史》。文秉《烈皇小识》卷八。

2 陈济生《再生纪略》下，冯梦龙《甲申纪事》卷五。无名氏《燕都日记》，冯梦龙《甲申纪事》卷六。

北京城内的政治气候立即发生微妙的变化，谣言四起。据目击者记录：

——（四月十二日）下午，喧传总兵吴三桂率虏骑数十万，旦暮且至。又传，贼以三桂父襄书招三桂，三桂斩使者，裂其书。襄闻之，全家自尽；或云贼所屠也。又传，总兵马岱知都城失守，走山海关，连结蓟辽总督王永吉、辽东巡抚黎玉田、太监高起潜，与吴三桂合兵入讨。贼兵先守山海者俱败死，逃回才数骑。都人鼎沸，降臣始有悔心，然无及矣。逆闯震恐，躬叩刘、李两伪府，求其出御，伪将耽乐已久，殊无斗志。逆闯乃下令亲征。夜半，又运辎重数百辆归陕，内帑于是荡然矣。[1]

——十二日，降贼各官悉集午门，听鸿胪寺唱名，挨班习仪。贼首与腹心贼将皆不出，询其故，皆于大内盘库。将各官解进金银，尽数倾销，每千两成一大饼，皆用铁条联贯。盖贼素畏平西（伯），一闻声罪致讨，已自胆落心悸，决策窜遁……是日晚，喧传城外遍张榜文，系平西伯吴三桂颁示者，订我民各带缟素，齐心复仇杀贼，不许穿箭衣快鞋。城内士民酌酒相贺。[2]

——十六日，又传吴帅兵再胜，于贼营

1 陈济生《再生纪略》下，冯梦龙《甲申纪事》卷五。

2 无名氏《燕都日记》，冯梦龙《甲申纪事》卷六。

中得定王，众将奉定王于永平府监国，一军缟素，旗帜尽白，凡黑旗者皆虏也。吴帅佥永平、遵化两府壮丁为军，髡之以壮虏势。[1]

——（十七日）闻李贼又大集兵血战，杀伤过半，三军丧气。向来降兵恣掠，囊挟重资，至是逃散者无数，京中门禁稍宽，出城者亦甚多。惟从逆诸臣惧罹贼法，不敢萌去志。[2]

——据云，十八日至廿三日，贼与吴三桂在山海关无日不战，无日不败，伪将官死者甚众。贼于廿五日先遣回贼兵一队，严戒守御。[3]

四月十四日以后，北京城内人心惶惶，长安街上出现这样的传单："明朝大数未尽，人思效顺，于二十日立东宫（太子）。"[4]十七日，宣武门外张贴的传单写得更为具体："天命劫运，借手于闯，警戒贪官赃吏。诸臣顿忘明朝，以受新职。今大明运当中兴，太子神异，大小百官即宜共辅太子，仍行明朝之事……毋依然叛逆，不思明朝，立有天谴。"[5]

四月二十一日，大顺军抵达山海关，立即展开争夺关城的战斗。二十二日，多尔衮向吴三桂提出，将士以白布系肩为号，以便区别。于是一场决战开始了，《东华录》写道：

1 陈济生《再生纪略》下，冯梦龙《甲申纪事》卷五。

2 陈济生《再生纪略》下，冯梦龙《甲申纪事》卷五。

3 陈济生《再生纪略》下，冯梦龙《甲申纪事》卷五。

4 谈迁《国榷》卷一百一，崇祯十七年四月辛未。

5 谈迁《国榷》卷一百一，崇祯十七年四月甲戌。

时贼首李自成率马步兵二十余万，自北山横亘至海，列阵以待。

是日，大风迅作，尘沙蔽天，咫尺莫辨。我军对贼布阵，不能横列及海。摄政睿亲王集诸王、贝勒、贝子、公及诸大臣等，谓曰："尔等毋得越伍躁进，此兵不可轻击，须各努力，破此则大业成矣。我兵可向海对贼阵尾，鳞次布列。吴三桂兵分列右翼之末。"号令毕，诸军齐列，及进兵令，军士呼噪者再，风遂止。

各对阵奋击，大败贼众，追杀至四十里。贼首尾不相顾，遁走燕京。获驼马段匹无算，俱给赏随征将士。是日，进吴三桂爵为平西王，赐玉带、蟒袍、貂裘、鞍马、玲珑、撒袋、弓矢等物。令山海城内军民各剃发，以马步兵一万隶平西王，随摄政睿亲王直趋燕京，追杀流贼。

随谕众曰："此次出师，所以除暴救民，灭流寇以安天下也。今入关西征，勿杀无辜，勿掠财物，勿焚庐舍。不如约者罪之。"[1]

1 王先谦《东华录》顺治朝卷二，顺治元年四月己卯。

大顺军全线崩溃，大将刘宗敏中流矢，身负重伤。李自成退守永平，吴三桂派人议和，以交出太子作为交换条件。李自成派山海关防御使张若麒把

太子送到吴三桂军营。吴三桂要李自成回京后迅速离开，将奉太子即位。[1]

吴三桂得到太子后，整军向北京逼来，一路上以明朝名义发布文告："义兵不日入城，凡我臣民为先帝服丧，整备迎候东宫"；"降贼诸臣许其反正，立功自赎"。[2]京城的官僚士绅互相传播，吴三桂即将入京为先帝发丧的消息，加紧赶制素帻，张贴标语："即日拥戴新主，恢复前朝"。[3]

李自成回到北京后，打算立即撤退回陕西，对牛金星说：鞑子势头来得急，城中人心未定，我等人马不可在此屯扎。就是十个北京，也不如一个陕西。[4]牛金星依然热衷于"劝进"，希望李自成马上称帝。李自成不同意，说时事方亟，安能及此！兵败受伤的刘宗敏鉴于战事惨败，也主张赶紧称帝，对李自成说：若不正大位，即求还关中，也不可得。[5]李自成终于接受"劝进"，宣布明日登极，同时布置部将合兵十八营，守卫北京。当吴三桂的军队逼到城下时，李自成命令，把吴襄押上城楼，向下喊话。吴三桂以猛烈射箭回应。李自成震怒，立即把吴襄及其家属三十多人全部杀死。四月二十九日，李自成在武英殿举行称帝仪式，正式成为大顺皇帝，随即开始撤离北京。闯王从三月十九日进京，到四月二十九日撤离，在北京不过区区四十天，在历史上犹如昙花一现。

1 计六奇《明季北略》卷二十《吴三桂请兵始末》。

2 计六奇《明季北略》卷二十《吴三桂请兵始末》。戴笠、吴乔《流寇长编》卷十八《甲申剩事》，崇祯十七年四月癸未。

3 陈济生《再生纪略》下，冯梦龙《甲申纪事》卷五。

4 葫芦道人《馘闯小史》卷一。

5 谈迁《国榷》卷一百一，崇祯十七年四月癸未。

《再生纪略》如此描述当时的情景：

廿九日黎明，登极，百官叩贺。传言逆闯加衮冕之时，面如鬼状，心战肉飞，忽见白衣冠一人，长二丈许，北面而立，哭声盈耳。一时昏眩，口目流血，徐徐而苏，但言愿天早生圣人。又闻，贼前在陕自称顺王，刻期即位，先一日亦以头晕而止。噫，王位犹不可盗，况大宝乎？

是日，贼兵满城，纵其淫劫。惟殉难者门书忠臣二字，秋毫不犯。其他无论贫富，概遭屠毒。贼兵或挟重资，或挟妇女，白昼公行，竟日不绝。酉戌间，逆闯拥大兵出前门，止留残卒数千，在内放火。三十日天明，宫殿及太庙俱被焚毁，仅存武英一殿，宫女复逃出无数。大内尚有重大器物，无赖小民于煨烬中攫取无遗。午间，九门亦火，止留大明门及正阳门、东西江米巷一带未烧，盖贼留一面出路也。[1]

兵荒马乱之中的北京城，一时间处于权力真空状态。原御史曹溶出面，邀约官僚士绅维持局面，迎候吴三桂拥戴新主。这些人遵照吴三桂“惟素冠者不杀”的命令，各自白布包头，为先帝戴孝。

1 陈济生《再生纪略》下，冯梦龙《甲申纪事》卷五。

孙承泽、高尔俨等人为先帝在都城隍庙立神主牌位，抓住来不及撤退的大顺士兵，脔割于市，祭奠亡灵。[1]

形势的进展，完全在多尔衮的掌控之中。当吴三桂准备进入北京城时，多尔衮立即命令他绕过北京城，向西追击李自成，不许他护送太子入京。原因是显而易见的，多尔衮利用吴三桂，目的是为清朝进取中原提供方便，实现改朝换代，而不是恢复明朝。吴三桂既然已经归顺清朝，便没有了自主权，不得已连夜把太子送往太监高起潜处藏匿。[2]

北京城的官僚士绅还蒙在鼓里，满怀希望地准备迎接"报君父之仇"的吴三桂。西江米巷的富商合资为吴襄家买了三十多口上好棺材，为之殡殓。他们正在那里"延颈望太子至"。[3]五月初二日，原吏部侍郎沈惟炳、户部侍郎王鳌永、锦衣卫指挥使骆养性等人，准备了法驾卤簿，迎候于朝阳门外。人群熙熙攘攘，传呼着"幸太子至"的喊声。忽然，有人望见远处尘埃滚滚，于是乎众人一起匍匐在地，等待奇迹的出现。

殊不知，进入北京的并非明朝太子，而是身穿异样服饰的清朝摄政王多尔衮。在人们毫无思想准备的情况下，迎来的是又一次改朝换代。多尔衮一行由骑兵护卫，进入朝阳门，直奔紫禁城。紫禁城

1 戴笠、吴乔《流寇长编》卷十八《甲申剩事》崇祯十七年五月戊子。钱䎗《甲申传信录》卷八《桑郭余铃》。

2 计六奇《明季北略》卷二十《吴三桂请兵始末》。

3 钱䎗《甲申传信录》卷八《桑郭余铃》。计六奇《明季北略》卷二十《吴三桂请兵始末》。

在一个多月后再度易主，由大顺变为大清。请看清朝官方记载：

己丑（初二日），师至燕京，故明文武官员出迎五里外。摄政睿亲王进朝阳门，老幼焚香跪迎。内监以故明卤簿御辇陈皇城外，跪迎路左，启王乘辇。王曰："予法周公辅冲主，不当乘辇。"众叩头曰："周公曾负扆摄国事，今宜乘辇。"王曰："予未定天下，不可。"不从众意，令将卤簿向宫门陈设，王仪仗前列奏乐，拜天行三跪九叩头礼，复望阙行三跪九叩头礼毕，乘辇入武英殿升座，故明众官俱拜伏呼万岁。王下令诸将士乘城厮养人等，概不许入民家。百姓安堵，秋毫无犯。[1]

庚寅（初三日），摄政睿亲王谕故明内外官民人等曰："各衙门官员俱照旧录用，可速将职名开报，如虚饰假冒者罪之。其避贼回籍隐居山林者，亦具以闻，仍以原官录用……凡投诚官吏军民，皆着剃发，衣冠悉遵本朝制度。各官宜痛改故明陋习，共砥忠廉，毋朘民自利。我朝臣工不纳贿，不徇私，不修怨，违者必置重典。"[2]

辛卯（初四日），摄政睿亲王谕故明官员耆老兵民曰："流贼李自成原系故明百姓，纠集丑

1 王先谦《东华录》顺治朝卷二，顺治元年五月己丑。

2 王先谦《东华录》顺治朝卷二，顺治元年五月庚寅。

类，逼陷京城，弑主暴尸，括取诸王公侯驸马官员财货，酷刑肆虐，诚天人共愤，法不容诛者。我虽敌国，深用悯伤，今令官民人等，为崇祯帝服丧三日，以展舆情。着礼部、太常寺备帝礼，具葬除服后，官民俱着遵制剃发。”[1]

这一切表明，改朝换代已成既成事实，意味着清朝进取中原的开始。为了顺应民意，五月初六日，多尔衮在帝王庙为已故的崇祯皇帝设立灵堂，允许在京的前明官员为先帝哭临三日。归附大顺政权的官员熊文举、杨枝起等也陪位哭临。多尔衮任命前明大臣李明睿出任清朝礼部侍郎，负责先帝的谥号与祭葬事宜。本拟改葬梓宫，后因众人建议，帝后已经葬入田贵妃坟，不必改葬，便把田贵妃坟命名为思陵。[2]明朝遗民对思陵将信将疑，有人以为是“疑冢”，“遗躬已不可问”。谈迁经过实地考察，证明并非“疑冢”。[3]

◥ 熊文举，江西新建人，崇祯四年进士。授为合肥县令，好士爱民，以廉洁著称。

◥ 杨枝起，松江人，崇祯七年进士。历任兵部主事、户科给事中等职。遇事敢言，“有直声”。李自成军攻破北京，杨枝起降附大顺政权。

五月十五日，多尔衮发布政策声明，打着“为尔朝雪君父之仇”的幌子，掩饰其取而代之的政治意图：“天下者非一人之天下，军民者非一人之军民，

1 王先谦《东华录》顺治朝卷二，顺治元年五月辛卯。
2 戴笠、吴乔《流寇长编》卷十八《甲申剩事》崇祯十七年五月癸巳。彭孙贻《平寇志》卷十三，癸巳初六。
3 谈迁《北游录》纪邮上，八月己未。

有德者主之。我今居此，为尔朝雪君父之仇，破釜沉舟，一贼不灭，誓不返辙。所过州县，能削发投顺，开诚纳款者，即予爵禄，世守富贵；如抗违不遵，大兵一到，尽行屠戮。”[1]与此同时，多尔衮向南京政府发布檄文，依然是这样的调子：“予闻不共戴天者，君父之仇；救灾恤患者，邻邦之义……（逆贼李自成）喋血京师，逼陨皇后，焚烧宫寝，流毒缙绅，以金银为营窟，视百姓如草菅。皇天震怒，日月无光。我大清皇帝义切同仇，恩深吊伐，六师方整，蚁聚忽奔，斩馘虏遗，川盈谷量……予用息马燕京，抚兹黎庶，为尔大行皇帝缟素三日，丧祭尽哀，谥曰怀宗端皇帝，陵曰思陵。梓宫聿新，寝园增固。凡诸后妃，各以礼葬……惟尔率土臣民所欲致情于大行皇帝者，我大清无不曲体斯诚，有崇靡阙。”[2]还说：“夫君父之仇，不共戴天。春秋之义，有贼不讨，则故君不得书葬，新君不得书即位。”这显然是在指责南明政权不报君父之仇，藉此衬托清朝入主中原的正义性：“报尔君父之仇，彰我朝廷之德。”[3]

1 谈迁《国榷》卷一百一，崇祯十七年五月壬辰。

2 谈迁《国榷》卷一百二，崇祯十七年六月辛未。

3 计六奇《明季南略》卷二《清朝移史可法书》。

二　南京弘光小朝廷

1. 南京政府的动向

朱元璋建立明朝，定都于南京，他的儿子朱

棣把首都迁往北京，仍在南京保留一个影子中央政府，诸如南京六部、南京都察院之类。北京陷落后，南京政府的动向引人注目——关系到明朝国祚能否延续的大问题。

然而南京方面的反应是缓慢而迟钝的，原因之一是消息传递困难。南北阻隔千里，原先的情报传递系统，在战争动乱中遭到破坏，运转不灵。关于北京事变——京城沦陷、皇帝殉国的消息，沿着运河交通线以最原始的方式向南传递，颇费时日。日本学者岸本美绪对此有精深的研究，结论是：由于北京陷落，邸报的发行中断，北京事变的消息首次到达江南的过程（她称为“第一次传播”），最详细、最重要的情报源首推从北京南下避难者的报道，例如四月初魏学濂家人、吴尔埙家人、武进士王三锡、京商周云章等，抵达江南，谈及北京实情，便是当时江南士民获得的最初消息。另一种情报源是军队传递战事信息的塘报。一般说来崇祯年间的塘报大多由军方直接派人探查、报告，北京陷落后，由于消息断绝，有关北京的塘报大多依据民间传闻写成。例如赵士锦《甲申纪事》附录副总兵张士仪关于皇帝自缢北京陷落的塘报，就是根据四月初二日从北京出逃难民的口述写成的。第三个情报源是所谓“北来单”“公道单”，即大顺政权为了联络与控制地方官员而发布的简单公文。[1]

1 岸本美绪《崇祯十七年的江南社会与北京情报》，《明清时代的法和社会》，东京汲古书院，1993年，第358—361页。

南京方面反应迟缓的原因之二是，南京的高级官僚对北京形势持消极观望态度。文秉写到“南京兵部尚书等官史可法等誓师勤王”时，评论道：“陪京向称重地，兵马整饬有素，一闻贼逼京师之信，即当星驰赴援，奋不返顾。今先帝大行旬余日矣，至是始议勤王，于披发缨冠之义何居？”[1]

从现有的文献记载看来，北京事变的消息传到南北两京之间的重镇淮安，大约是三月二十九日。正如计六奇所说：“（三月）廿九日丁巳，淮上始传京师陷，众犹疑信相半”；“淮抚路振飞……分设壮丁守城，拈分守门官。”[2]到了四月初九日，这种疑信参半的消息得到证实，那是京营将校李昌期抵达淮安，向路振飞报告北京陷落及“大行之丧”消息。路振飞立即召集士民公布这一重大变故。[3]另一则记载说，路振飞接到北京事变的塘报，在四月初八日召集全城士民在城隍庙开会，次日（四月初九日）让众人传阅塘报，“次日众大集军门，始述三月十九日事，出塘报于袖中，使众阅之。云：‘闯贼已入京城，百官从逆者甚众，伪官代本院者即至。诸生今日将效保定徐抚台故事，捆我出迎乎？抑念皇家厚

◤ 路振飞，北直隶东关人，天启五年进士。授泾阳知县，拒建魏忠贤生祠。崇祯六年巡按福建，驱逐荷兰舰队。十六年巡抚淮扬。

1 文秉《甲乙事案》卷上，崇祯十七年四月戊午。
2 计六奇《明季南略》卷一《赧皇帝》；卷一《路振飞王燮镇抚淮安》。
3 谈迁《国榷》卷一百一，崇祯十七年四月丁巳。

恩、祖父世泽，大家勉力一守乎？’言毕泪下，众亦多泣者。一二陈说纷纷，俱迂缓不切。路公谢而遣之。自是，人心愈迫，私逃者不绝”[1]。完全是消极观望态度，丝毫没有“勉力一守”的样子。

北京事变消息传到南京，大约是在四月十二日至十四日之间。文献记载大同小异，不妨略举数例于下。

——四月己巳（十二日），烈皇帝凶问至南京，其时南京参赞机务兵部尚书史可法督师勤王在浦口，南京诸大臣闻变，仓促议立君，未有所属。[2]

——（四月十三日）先帝凶问至南京，兵部尚书史可法、工部尚书程注、都察院右都御史张慎言、兵部右侍郎吕大器、詹事姜曰广……各至户部尚书高弘图邸中议监国……犹疑北变风影，踟躇未即决。[3]

——辛未十四，有内臣至南京，始知北信已确，史可法、张慎言集高弘图寓，议所主。[4]

——（四月）十四日辛未，有内官至南京，府部科道等官始知北京被陷确信，上殉社稷，大小惊惶。[5]

但是，南京政府衮衮诸公“犹疑北变风影”，

1 滕一飞《淮城纪事》，冯梦龙《甲申纪事》卷六。

2 顾炎武《圣安本纪》，《明季稗史初编》卷九。

3 谈迁《国榷》卷一百一，崇祯十七年四月庚午。

4 彭孙贻《平寇志》卷十二，辛未十四。

5 计六奇《明季南略》卷一《南京诸臣议立福藩》。按：此类记载甚多，可参看司徒琳（Lynn A. Struve）《南明史》，上海古籍出版社，1991年，第2页及第196页注7、8、9；岸本美绪《崇祯十七年的江南社会与北京情报》，第349—352页。

没有采取什么大动作。直到四月二十五日，“北信报确”，史可法才约各大臣出议善后事宜。二十七日，各大臣告迎于奉先殿，议立新君。[1]所谓新君的人选有二，即潞王朱常淓、福王朱由崧，各有瑕疵，退而求其次，选定福王朱由崧。文秉分析其中缘由，写道：“时先帝大行之信既确，南京文武大臣连日会议，潞王伦次稍疏，惠王道远难致，福王有在邸不类事，莫之敢决。凤督马士英念福王奇货可居，内结操江诚意伯刘孔昭，外结总兵刘泽清等，同心拥戴，且移书诸大僚，谓以叙以贤无如福王，兼责史可法当主其议。”[2]潞王抑或福王，自始就有争议，潞王相对说来较为贤能而有人望，福王则在皇室世系亲疏关系上占优势。兵部尚书史可法倾向于拥立潞王，凤阳总督马士英非福王不立。总兵刘泽清、高杰等统兵将领向路振飞征求意见，路振飞明确表示支持拥立福王。史可法不得不放弃己见，于五月初一日率领诸臣迎接福王入京。朱由崧从三山门（水西门）登陆，至孝陵，由西门进入享殿祭告太祖高皇帝，诣懿文太子寝园瞻仰毕，从正阳门进城，进东华门，恭谒奉先殿，出西华门，暂时居住于内守备府作为行宫。文武百官觐见，朱由崧面有赧色，欲规避，史可法劝说：殿下宜正受。遂行四拜礼。[3]场面看起来冠冕堂皇，其实朱由崧出场是颇为寒酸的：“廿七日甲申，南京礼部司务贲百司公

1 谈迁《国榷》卷一百一，崇祯十七年四月壬午，四月甲申。

2 文秉《甲乙事案》卷上，崇祯十七年四月乙酉。

3 计六奇《明季南略》卷一《五月福王入南京》。

启，迎福王于仪真，王得启即行。廿八日乙酉，徐弘基等迎王于浦口。廿九日丙戌午候，王舟泊燕子矶。三十日丁亥，南京诸臣见王于舟次。王时角巾葛衣，坐寝榻上，旧枕敝衾，孑影空囊。从行田成诸人，布袍葛履，不胜其困。”[1]

五月初二日，南京诸臣前往行宫拜谒福王，然后在内守备家开会，议论“监国”与“登极”事宜，都以为先行“监国”为便。都察院右都御史张慎言主张“国虚无人，可遂即大位”。史可法悄声说：“太子存亡未卜，倘北将挟以来，奈何？”刘孔昭说：“今日既定，谁敢更移？”史可法认为缓几日无妨。御史祁彪佳也认为监国名正言顺，为先帝发丧之后，再择吉登大宝，布告天下。[2]

五月初三日，在南京举行监国仪式，百官朝服，朱由崧行告天礼，百官行四拜礼，魏国公徐弘基跪进监国之宝，朱由崧接受，百官再行四拜礼。次日，朱由崧发布悼念大行皇帝的哀诏：“呜呼恸哉！维先帝以天纵神资，丕承祖宗鸿绪。适逢国步多艰，民生日蹙，而勤学力政，罔有休暇，以尧舜之深仁，挽叔季于唐虞，念兹在兹，无时或怠。自有生民以来，未有如先帝之焦劳者也。不期以礼使臣，而臣忍以不忠报；以仁养民，而民忍以不义报……”[3]这道哀诏传到苏州，当地士民奔走呼号，苏州三学生员已先行设大行牌位于明伦堂，至是争

1 计六奇《明季南略》卷一《南京诸臣议立福藩》。文秉《甲乙事案》卷上，崇祯十七年四月二十七日。

2 文秉《甲乙事案》卷上，崇祯十七年五月戊子。计六奇《明季南略》卷一《福王登极》。

3 谈迁《国榷》卷一百一，崇祯十七年五月辛卯。

相哭临。哀诏传到金坛，诸生相率前往学宫、乡贤祠，击毁“降贼”的周锺、吴履中的祖宗神主，又至周锺、吕兆龙家，击毁两家的门榜。[1]

五月初，这一消息在长江三角洲一带以“小报”“大报”的形式传播。松江府上海县人姚廷遴日记也有所回应：“五月五日，余在捧日堂内，正同大伯、二伯、三叔、大兄及先生于宣家宴，俱用金杯酌酒。日色照耀，光如闪电。忽报沈伯雄来，觉仓皇之状，手持小报云：‘四月二十五日（按：此说有误）闯贼攻破京师，崇祯帝自缢煤山’等语。叔祖闻之大惊，大伯、二伯俱失色无语，遂收拾杯盏，斟酌避难。不一日，有大报到，民间哄闻。又不一日，报福王监国南京，又闻即位称帝，先红诏后白诏俱到。乡绅官府哭临戴孝。”[2]此处小报所传“四月二十五日闯贼攻破京师，崇祯帝自缢煤山”云云，时间有误，其实是四月二十五日南京接到北京事变的确切消息，随即向各地传播这一“北报”，人们把三月十九日发生的事误传为四月二十五日。从这一侧面也可以看见，北京事变与福王监国，在江南社会引起的反响之强烈。

南明小朝廷内部矛盾也逐渐明朗化，衮衮诸公开始忙于权力的再分配。五月初二日，史可法以南京参赞机务兵部尚书兼摄吏部尚书的身份，主持会议。众人推举史可法及户部尚书高弘图、翰林院掌

1 彭孙贻《平寇志》卷十三，戊戌十一。

2 姚廷遴《历年纪》。参看岸本美绪《〈历年纪〉所见清初地方社会的生活》，东京《史学杂志》第95编第6号（1986年）。

院詹事兼侍读学士姜曰广，一起入阁，由都察院右都御史张慎言出任吏部尚书。操江诚意伯刘孔昭，攘臂欲入内阁，史可法回答他，本朝无勋臣入阁先例。刘孔昭意有不甘，说道："即我不可，马士英有何不可？"诸臣鉴于马士英手握兵权，沉默不语。马士英志在必得，于五月初三日率领高杰、刘泽清等拥兵临江，号称十万之众，以武力相威胁。诸臣不得不会推马士英与史可法、高弘图一起入阁，马士英并不罢休，接连采取各种手段抢班夺权。其一是，由总兵高杰、刘泽清出面，敦请史可法渡江督师，削夺其阁权；其二是，马士英自请由江北入朝，掌控内阁；其三是，马士英奉召入京，不欲出镇，史可法知其意，自请督师江北。[1]较量的结果，以马士英为首的军人集团，压倒了以史可法为首的文人集团。

诚意伯刘孔昭扮演了极为恶劣的角色，他极力主张起用逆案中人阮大铖，被史可法制止。史可法离京后，马士英主持阁务，与刘孔昭密切配合，再次提议起用阮大铖。吏部尚书张慎言秉公持正，据理驳斥。刘孔昭自知难以破例，宴请灵璧侯、忻城伯等勋臣，图谋逐去张慎言，而后可以为所欲为。果然，张慎言被迫致仕而去，刘孔昭阴谋得逞。计

◥ 高弘图，山东胶州人，万历三十八年进士。官御史，天启初巡按陕西，以忤魏忠贤罢职。崇祯中历迁工部右侍郎，复削籍归。福王时以户部尚书、东阁大学士与姜曰广协心辅政，为马士英、阮大铖所嫉，遂辞官，流寓会稽。南都、杭州相继失守，逃野寺中，绝粒而卒。

◥ 姜曰广，江西新建人，万历四十七年进士。天启年间出使朝鲜，崇祯年间提拔名士如杨廷麟、陈子龙等，十七年以詹事掌南京翰林院，福王时任礼部尚书兼东阁大学士，颇有贤名。

◥ 阮大铖，安庆怀宁人，万历四十四年进士。早年依附魏忠贤，造《百官图》攻击东林人士。明亡后，与马士英迎立福王。南京沦陷后降清。

1 计六奇《明季南略》卷一《诸臣升迁推用》。文秉《甲乙事案》卷上，崇祯十七年五月庚寅。

六奇评论道："甚矣，刘孔昭之狂悖小人也！始也弑叔，弑祖母，固已绝灭人理矣，既乃以武操江欲手刃铨部（按：指张慎言）于朝，其无忌惮若此，将置南国君臣于何地……然孔昭之敢于有此举动者，盖史可法辞朝而马士英入直故也。观廿四日高弘图乞休，虽各谕留，而廿五即加恩翼戴诸臣，孔昭次于徐弘基下。及六月六日，史可法疏言孔昭之非，而初八反奖谕孔昭功在社稷，则士英专国，不独视慎言、弘图、曰广等如弁髦，并史公亦不在目中矣。立国之始而悖乱如此，将何以成朝廷？"[1]

五月十五日，朱由崧在南京即皇帝位，在登极诏书中，宣布以明年为弘光元年，与民更始，大赦天下，颁布国政二十五款，开了不少空头支票。例如宣布蠲免钱粮（赋税），从弘光元年开始，北直隶、山西、陕西全免五年，山东、河南全免三年，江北、湖广蠲免十分之五等。事实上，处于战乱之中，南明小朝廷对这些地区鞭长莫及，宣布蠲免没有实际意义。唯一发挥作用的是，宣布"陷贼各官"暂开一面，有能返邪归正者，宽其前罪。[2]不少在大顺政权中任职的旧官僚纷纷赶往南京，"蒙面求用于行宫前，章奏杂投，甚有擅入朝班者"[3]。

五月十六日，马士英率领军队从江北抵达南京，随行船只一千二百艘，一派盛气凌人的架势。朱由崧立即召见他，命他"兼掌兵部事，入阁办

1 计六奇《明季南略》卷一《刘孔昭凌侮张慎言》。

2 计六奇《明季南略》卷一《国政二十五款》。

3 顾炎武《圣安本纪》卷一。

事”。支持马士英的高杰、刘泽清写信给史可法，请他渡江北上，把阁部大权让给马士英。马士英假心假意对史可法说：“我驭军宽，颇扰于民。公威名著淮上，公诚能经营于外，我居中帅以听命，当无不济者。”[1]

◥ 高杰，陕西米脂人。原李自成部将，后降明。明亡后，在江南拥立福王。弘光元年高杰被许定国诱杀。

◥ 刘泽清，山东曹县人。崇祯时为山东总兵，京师危急时，刘泽清拒不奉诏，纵掠临清后南奔。弘光元年清兵南下，扬州告急，他却率先降清。

2.“两家一家，同心杀灭逆贼，共享太平”——南明与清朝和谈

五月十八日，史可法辞朝赶赴扬州，立即以督师大学士身份发布檄文。一方面称颂先帝“旰食宵衣，十七年过无可举”；另一方面谴责李自成“邮传佣奴，市井猾贼”，“偶乘杀运以射天，遂肆凶锋而犯阙。逼我帝后，纵掠宫闱”，“尤可恨者，为搜金而劫掠朝绅，十四代之衣冠，廉隅扫地”。[2]对于先帝殉国与朝政腐败，史可法痛心疾首，归结为一句话——文官爱钱武官怕死：“先帝本尧舜之资，遘非常之祸，总由文官爱钱武官怕死所致。今忧时愤慨者谓：‘文官爱钱不怕死，武官怕死又要钱’，二语真切中膏肓，今在廷诸臣无处生活也。”时至今日，南京小朝廷仍在上演“文武忿争”的活剧，他非常愤慨：“今主死而臣生，凡属臣工，谁能无罪？

1 徐鼒《小腆纪年附考》卷六。
2 谈迁《国榷》卷一百一，崇祯十七年五月壬寅。

文臣固多误国，武臣岂尽矢忠？累累降贼者，宁独文臣哉？年来仕途不清，病在党同伐异，或以不肖之罪，百足不僵；或以可用之才，一眚永固。各怀偏私，日寻水火。文与武不和，而文与文又不和，朋党之祸炽，人才之用阻。”[1]显然是针对马士英、刘孔昭之流党同伐异作风，有感而发的。

然而停留于感叹，停留于愤世嫉俗，无济于事，当务之急必须上下同心、内外联合，全力对付李自成，他向朝廷建议设立江北四镇：“从来守江南者，必于江北。当酌地利，急设四藩，以淮、扬、泗、庐自守，而以徐、滁、凤、六为进取之基。兵马钱粮皆听自行征取。而四藩即用黄得功、高杰、刘泽清、刘良佐为我藩屏，固守江北，则江南之人情自安。”[2]他对于吴三桂杀败李自成感到欢欣鼓舞，说道：“臣在淮扬安顿兵马，目击人情之乖忤，心忧时事之艰危。忽闻北地报捷络绎而至，或云辽帅吴三桂杀贼数万，闯贼西奔……此时黄河之北便同异域，陛下进膺大宝，正位旧部，山东北直尚未通晓。万一人心涣散，固尽弃前功，即或割据分争，又渐生后患。伏乞陛下即谕该部院选廷臣有才望者，赍监国、即位二诏，及赐吴三桂、谢陞二敕，直抵山东北直一带，晓谕通知，庶人心有归，扫三秦之余孽在指顾间矣。”[3]史可法寄希望于吴三桂，扫灭余孽，收拾人心。

1 史可法《请尊上权化水火疏》，《史文正公集》卷一。

2 计六奇《明季南略》卷一《史可法请设四镇》。

3 史可法《请颁诏敕定人心疏》，《史文正公集》卷一。

在这一点上，马士英与史可法有同感，他建议朱由崧发出诏书，嘉奖吴三桂“借夷破贼”的功劳，封他为蓟国公，赏赐五万两银子、十万石大米，责成淮抚路振飞由海路运到天津，向吴三桂示好。[1]朱由崧与马士英深信“借夷破贼”策略之可取，决定派遣先前曾经与清朝议和的陈洪范、马绍愉等出使北京，与清朝谈判。于是乎七月间，兵部右侍郎兼都察院右佥都御史左懋第为正使，太子太傅陈洪范、太仆寺少卿兼兵部职方司郎中马绍愉为副使，打着“经理河北联络关东军务”的幌子，北上议和，条件是南明方面答应割让关外之地，赔偿岁币十万两银子。史可法也赞成派遣使节与清朝谈判，他说：“目前最急者，无逾于办寇（指李自成）矣。然以我之全力用之寇，而从旁有牵我者，则我之力分；以寇之全力用之我，而从旁有助我者，则寇之势弱，不待智者而后知也。”又说：“先国仇之大，而特释前嫌，借兵力之强，而尽歼丑类，亦今日不得不然之着数也。”[2]题中之义就是一厢情愿的“借夷破贼”策略。

◥ 左懋第，山东莱阳人，崇祯四年进士。崇祯十六年出巡长江防务，南明时期为议和代表，后因不愿归降被多尔衮处死。

◥ 陈洪范，辽东人，武举出身。万历四十七年曾参加萨尔浒之战。天启三年调任陕西红水河游击，六年升任甘州西路副总兵。崇祯三年调任浙江总兵，四年调任居庸、昌平等处总兵官，五年带兵平孔有德之乱。

为了配合和平谈判，刘泽清、陈洪范、马绍愉分别给吴三桂去信，希望他能够从中斡旋。

刘泽清于七月三十一日发出书信，向吴三桂报

1　古藏室史臣（黄宗羲）《弘光实录钞》卷一。
2　史可法《请遣北使疏》,《史文正公集》卷一。

告，福王已经册封他为世袭蓟国公，对他的“借夷破贼”表示支持。并且说自己深有同感：“联合建旅（指清军）协力助剿，当长安未闻此音之先，泽清曾有成议，约结清王入驻内地，共图灭闯。今亲翁（指吴三桂）此举与初议暗合也。”明确表达南明福王政权与吴三桂持有相同的立场，因而希望吴三桂“勖勸两国而灭闯”——协助南明与清朝联手消灭李自成。[1]

陈洪范、马绍愉八月初一日在北上途中，寄给吴三桂的信件，也表达了同样的意思：“嘉老亲台（指吴三桂）破贼之忠”，要他“鼎力主持，善达此意”，“同心灭贼”；并且要他转达南明愿与清朝“订盟和好互市”，“两家一家，同心杀灭逆贼，共享太平”。[2]

由此可见，南明弘光政权对于吴三桂归顺清朝，“借夷破贼”，不但没有丝毫反对的意思，反而赞赏有加；对于清朝军队入关进京，不但没有丝毫反对的意思，反而感恩戴德。在南京政府心目中，清军是来为明朝“报君父之仇”的，进而要求与他们联手，“同心杀灭逆贼”。这样的大政方针是很成问题的，至少表明衮衮诸公对形势的判断有很大的失误，所谓“两家一家，同心杀灭逆贼，共享太平”云云，完全是一厢情愿的幻想。清朝军队进入北京的目的只有一个：改朝换代，把清朝统治扩大到全国。多尔衮写给史可法的信，清楚地表达了清朝最高当局的这一立场：

1《明清史料》丙编，刘泽清致吴三桂书。

2《明清史料》丙编，陈洪范致吴三桂书、马绍愉致吴三桂书。

——闯贼李自成，称兵犯阙，手毒君亲，中国臣民不闻加遗一矢。平西亲王吴三桂介在东陲，独效包胥之泣。朝廷感其忠义，念累世之夙好，弃近日之小嫌，爰整貔貅，用驱狗鼠。

——遣将西征，传檄江南，联兵河朔，陈师鞠旅，戮力同心，报尔君父之仇，彰我朝廷之德。岂意南州诸君子苟安旦夕，不审事几，聊慕虚名，顿忘实害，予甚惑之！夫国家之抚定燕都，乃得之于闯贼，而非取之于明朝也。贼毁明朝之庙主，辱及先王，国家不惮征缮之劳，悉索敝赋，代为雪耻，仁人君子，当如何感恩图报！

——诸君子果识时知命，笃念故主，厚爱贤王，宜劝令削号称藩，永绥福位，朝廷当待以虞宾，统承礼物，带砺山河，位在诸侯王上，庶不负朝廷伸义讨罪、兴灭继绝之初心。至于南州群彦翻然来归，则尔公尔侯，列爵分土，有平西之典例在，惟执事实图维之。晚近士大夫好高树名义，而不顾国家之急，每有大事，辄同筑舍。昔宋人议论未定，而兵已渡河，可为殷鉴。先生领袖名流，主持至计，必能深维终始，宁忍随俗浮沉？取舍从违，应早审定。兵行在即，可东可西，南国安危，在此一举。[1]

1 计六奇《明季南略》卷二《清朝移史可法书》。

多尔衮的态度是没有商量余地的，不仅要进取北方，而且要进取南方，绝不容忍南明小朝廷的存在。史可法的回信，除了为南明辩护，依然对清朝抱有不切实际的幻想：

——殿下入都，为我先帝后发丧成礼，扫清宫殿，抚辑群黎，且免剃发之令，示不忘本朝。此等举动，振古烁今，凡为大明臣子，无不长跪北面，顶礼加额，岂但如明谕所云“感恩图报”已乎！谨于八月，薄具筐篚，遣使犒师，请命鸿裁，连兵西讨。

——今痛心本朝之难，而驱除乱逆，可谓大义复著于《春秋》矣。若乘我国运中微，一旦视同割据，转欲移师东下，而以前导命元凶，义利兼收，恩仇倏忽，奖乱贼而长寇仇，此不惟孤本朝借力复仇之心，亦甚违殿下仗义扶危之初志矣。昔契丹和宋，止岁输以金缯；回纥助唐，原不利其土地。况贵国笃念世好，兵以义动，万代瞻仰，在此一举。

——今逆成未伏天诛，卷土西秦，方图报复，此不独本朝不共戴天之恨，抑亦贵国除恶未尽之忧。伏惟坚同仇之谊，全始终之德，合师进讨，问罪秦中，共枭逆成之头，以泄敷天之愤。则贵国义闻，照耀千秋，本朝图报，惟力是视。从此两国世通盟好，传之无穷，不亦千载一时哉！[1]

1 计六奇《明季南略》卷二《史可法答书》。

完全是苦口婆心苦苦哀求的口气，没有把多尔衮的警告——“议论未定，兵已渡河”，认真对待。连史可法这样具有强烈民族气节之心的大臣，对清朝都是这种态度，其他大臣更无论矣！

在“同心灭贼”幻想的指导下，南明使节在北京上演了一幕和谈滑稽戏。十月十三日，清朝礼部官员接见左懋第一行，三名使节申明来意：我朝新天子向贵国借兵破贼，为先帝发丧成服，我等赍御赐银币前来致谢。第二天开始谈判。

清方责问：我国发兵为你们破贼报仇，江南不发一兵，突立皇帝，这是何说？

明方辩解：今上乃神宗皇帝嫡孙，夙有圣德，先帝既丧，伦序相应立之，谁曰不宜？

清方问：崇祯可有遗诏？

明方答：先帝变出不测，安有遗诏！

清方说：崇祯帝死时，你南京臣子不来救援，为何忽立新皇帝？

明方说：北京失守事出不测，南北地隔三千余里，诸臣闻变，整练兵马，正欲北来剿贼，传闻贵国已发兵逐贼，以故不便前来，恐疑与贵国为敌，特令我等来谢，相约杀贼。[1]

南明方面无牌可打，一味祈求“共图灭闯”，以割地赔款作为交换条件，清朝方面根本不屑一顾，要割之地早已在他手下，区区十万两银子何足道也！

1 陈洪范《北使纪略》。

十月二十六日，使节南返前一天，向清朝方面请求，前往昌平祭告先帝，遭到严词拒绝：我朝已替你们哭过了，祭过了，葬过了，你们哭什么？祭什么？葬什么？先帝活时，贼来不发兵，先帝死后，拥兵不讨贼，先帝不受你们江南不忠之臣的祭！[1]清朝方面不仅拒绝祭告的请求，还再三强调“旦夕发兵讨罪”，剑指江南。南明的和谈请求终于以失败告终。

十二月，和谈使节回到南京，陈洪范向朝廷报告出使始末，归结到一点，此次和谈失败的根本原因在于，阁部大臣决策和谈，光从“借夷破贼”角度考虑，对清朝进取中原的野心估计不足。他说：“礼部荐臣，以臣与吴三桂同里戚谊，意清之破贼，必三桂为政，其事殊不然。”又说：“九月十六日，臣至德州，清抚方大猷示摄政（王）政令：‘有来使不必敬语，止许百人赴京朝见。’夫曰朝见，则目无天使矣。阁臣主议，以抗节为不辱命，但知吴三桂借兵于清，未知清势之狡悖也。锦衣（卫）骆养性为津抚，遣兵相迎。二十九日，至河西务，赞画言赍名帖送内院，回言冯铨、谢陞等辞色俱薄，却帖不收。十月十二日，奉御书入正阳门，臣宿鸿胪寺，关防甚严，水火不通，饥寒殊苦。十四日，内院刚令、榜什十余人来，夷服佩刀，直登寺堂，据上坐……大声责臣等：‘江南不应便立天子！’且曰：‘毋多言，我将不日下江南。’”其中一句“但知

1 陈洪范《北使纪略》。

吴三桂借兵于清，未知清势之狡悖也”，点中要害，所以他的结论是“清必南下”。[1]

对于“清必南下”，马士英的反应是冷漠而傲慢的七个字：“有四镇在，何虑焉？”史可法眼看和谈幻想破灭，忧心忡忡向朝廷进言全力备战：“北使之旋，和议已无成矣。向以全力御寇而不足，今复分以御北矣。唐、宋门户之祸，与国终始，以意气相激，化成恩仇。有心之士方以为危身之场，而无识之人转以为快意之计，孰有甚于戕我君父，覆我邦家者！不此之仇，而修睚眦之微，真不知类矣！此臣所望于庙堂也。先帝之待诸镇何等厚恩，皇上之封诸镇何等隆遇，诸镇之不能救难何等罪过！释此不问而日寻干戈，于心忍乎？和不成惟有战，战非诸将之事而谁事也！阃外视庙堂，庙堂视皇上，尤望深思痛愤，无然泄沓。”[2]史可法的忧患意识足以令人警醒，本意是要南明内部团结一致，一手“御寇”，一手“御清”。无奈“阃外”抑或“庙堂”，都醉心于争权夺利，修睚眦之微，酿门户之祸，根本不把江山社稷放在心上。

1 东郇八十一老人《明季甲乙汇编》卷二，崇祯十七年十二月己巳。

2 计六奇《明季南略》卷三《史可法奏和议不成》。东郇八十一老人《明季甲乙汇编》卷三，弘光元年正月丙申。

3.“清歌漏舟之中，痛饮焚屋之下”——南京弘光政权一瞥

弘光小朝廷的实权人物马士英，字瑶草，贵州

◤ 马士英，贵州贵阳人，万历四十七年进士。早年因与阮大铖交好，得任凤阳总督，弘光朝独揽朝政，举荐阮大铖任官。清军南下后被俘，拒降身死。

贵阳人，原籍广西梧州藤县，与袁崇焕同里，居北门街。他本姓李，五岁时为贩槟榔客商马姓者螟蛉而去，改姓马。万历四十七年进士，累官至都察院右佥都御史，巡抚宣府，遭太监王坤弹劾而罢官。周延儒再次出任内阁首辅，马士英房师阮大铖为之转圜，崇祯十五年起用为兵部右侍郎、凤阳总督。计六奇给他的评语是："其为人手长智短，耳软眼瞎。"[1]这个手长智短、耳软眼瞎的马士英，大权在握，丝毫没有忧患意识，成天考虑的是党同伐异，结党营私，最为恶劣的是，起用名列阉党逆案的阮大铖。表面上看来是为了报答阮大铖当年的荐举之恩，实际上是企图推翻逆案，排挤打击朝廷中的清流君子。李清以目击者的身份评述此事："初，士英之入也，其心亦欲为君子，而可法一去，天下皆斥为奸雄。吕大器等群起而攻之，于是士英疏荐阮大铖，以知兵，谓在廷诸臣无出其右。为阮大铖任咎任怨，无所不可，遂赐冠带陛见，举朝大骇，谓阮大铖一出，则逆珰尽翻；逆珰一翻，则上且骎骎问三朝事，诸君子将何所置足乎！于是一呼百和，众议沸腾。"[2]

户部尚书兼东阁大学士高弘图（字研文，一字子犹，号砎斋，山东胶州人），主张应该由九卿会议，决定阮大

1 计六奇《明季南略》卷一《诸臣升迁推用》。
2 李清《南渡纪事》卷上。

铖是否可以起用。

吏部左侍郎吕大器（字俨若，号先自，四川遂宁人）愤然反对起用阮大铖："先帝血肉未寒，爰书凛若日星，而士英悍然不顾，请用大铖，不惟视吏部如刍狗，抑且视陛下为弁髦。"[1]

礼部尚书兼东阁大学士姜曰广（字居之，号燕及，江西新建人）在《辞归疏》中慷慨陈词："臣前见文武纷竞，既惭无术调和；近见逆案掀翻，又愧无能豫寝。遂使先帝十七年之定力，顿付逝波；陛下数日前之明诏，竟同覆雨。梓宫未冷，增龙驭之凄凉；制墨未干，骇四方之观听。惜哉，维新遂有此举！臣所惜者，朝廷之典章；所畏者，千秋之清议而已。"[2]

马士英居然振振有词为阮大铖诡辩，说什么"魏忠贤之逆，非闯贼可比"，极力攻击高弘图、姜曰广、吕大器诸人护持局面，说什么"于所爱而登之天者，即曰先皇帝原无成心也；于所恶而锢之渊者，即曰先皇帝定案不可翻也"。[3]

给事中罗万象、御史王孙蕃不约而同，驳斥阮大铖"知兵"的奇谈怪论，说此人所作《燕子笺》《春灯谜》，不过是"枕上之阴符""袖中之黄石"而已。伏乞禁其复用，以杜邪人觊觎之端。[4]

阮大铖也在积极活动。据钱澄之说："甲申国变，士英擅拥戴圣安之功……圣安以福王践位。从

1 李清《南渡纪事》卷上。

2 计六奇《明季南略》卷一《马士英特举阮大铖》。

3 李清《南渡纪事》卷上。

4 计六奇《明季南略》卷一《马士英特举阮大铖》。李清《南渡纪事》卷上。

前东林所争者其有成案，固大铖可以借此发难报复之秋矣。又守备太监韩赞周素与交好，京师陷，诸阉南奔，大铖一一招致之，兴言东林当日所以危福王状。诸阉入内皆悉陈于上前，又极口称大铖才，福王意中固早有阮大铖矣。”[1]因此，福王对于马士英推荐阮大铖，心领神会，特地召见他。阮大铖乘机为自己的阉党身份洗刷漂白："铖于天启甲子（四年）见逆珰魏忠贤，与在外门户诸人终携始合，擅政弄权。时为吏科都给事中，力请终养，以避其焰。后蒙起用，铖守官太常少卿七十日，即乞差还山。揜迹穷山，不入城市，凡忠贤擅窃威福，皆铖在山林息影惟恐不深时也。且当天启年间，从无一官之躐，一字之谀，一椽之建。甚且《点将传》（按：应为《点将录》）内勒入铖名于其中，冀以杀铖后快。铖与崔、魏诸党不惟风马牛不相及，且冰炭水火之不相容，亦既昭然矣。”[2]完全是信口雌黄，一派胡言。但是福王深为赞许："奏对明爽，才略可用，朕览群臣所进，逆案大铖并无赞导实迹，时事多艰，需人干济，着添注兵部右侍郎办事。”[3]

阮大铖的复出意味着马士英之流为阉党翻案走出了第一步，为了全面推翻逆案，马士英不惜以高官收买昔日东林领袖钱谦益，为之制造舆论。这就是文秉所说："时马（士英）阮（大铖）拟尽翻钦案，擢用杨维垣诸人，以钱（谦益）为东林领袖，欲令钱疏

1 钱澄之《所知录》卷六《阮大铖本末小纪》。

2 文秉《甲乙事案》卷上，崇祯十七年六月甲子。

3 文秉《甲乙事案》卷上，崇祯十七年九月丁亥。

荐，以塞众议。以爰立诱钱，钱遂出此疏。”[1]所谓“钱遂出此疏”，指的是十月间，新任礼部尚书钱谦益阿谀马士英旨意，所写的奏疏《愚臣报国心长等事》。这位文章高手洋洋洒洒写了四个问题：严内治、定庙算、振纪纲、惜人才。在官样文章的掩盖下，主张“不复以党论异同，徒滋藩棘，则人才日出”。就是说不要再区别什么“东林党”“阉党”，只要是人才都可以用。由此他主张对“逆案中人”予以昭雪。理由是：“钦定逆案诸臣，未免轩轾有心，上下在手”；“果有嫌隙，固当先国家之急而后私仇”；“臣亲见门户诸臣植党营私，断送社稷，断送君父，何忍复师其故智”。然后笔锋一转，看似不经意地带出一句话：“逆案之故入者贾继春、阮大铖，皆慷慨魁垒男子也。”[2]这可是画龙点睛之笔，焦点并非贾继春，而是阮大铖，因为他已经“内批”为兵部添注右侍郎，必须为他找到合法性依据。钱谦益以东林领袖的身份，为迫害东林的阉党分子翻案，起到了别人无法替代的作用。于是乎小人当道，君子纷纷落马。夏完淳的评论颇为奇特，道出了弘光小朝廷的内情：

（马）士英所有用小人之意，而无杀君子之

◥ 钱谦益像

钱谦益，号牧斋，苏州常熟人，万历三十八年进士。天启三年出任少詹事兼侍读学士，时魏忠贤掌权，指其为东林党魁，被劾归。崇祯元年起复，官至礼部右侍郎，遭温体仁与周延儒诬陷罢官。甲申之变后，福王即位于南京，钱谦益得授礼部尚书。后降清。著有《初学集》《有学集》等。

◥ 贾继春，河南新乡人，万历三十八年进士。曾于李选侍“移宫案”上疏指责东林人士干涉内政。崇祯时因附魏忠贤判刑三年，含恨而终。

1 文秉《甲乙事案》卷上，崇祯十七年十月己未。
2 文秉《甲乙事案》卷上，崇祯十七年十月己未。

心。（阮）大铖一用，小人连比而进。（张）慎言去国，徐石麒代为冢宰（吏部尚书），介直不阿，虚公无我，触怒群小，挂冠而归。遂以魏（国）公徐弘基之请，用张捷。捷虽偏执，亦介而廉，以钱谦益请，用杨维垣为副院（都察院副都御史）。（钱）谦益素称儒林之望，至是有使过一疏，名节扫地。谦益不过欲得揆席，为此丧心之事。士英借谦益以用群奸，而愈疑谦益，反绝揆望。秋冬之季，朝事一变，天地玄黄，颠倒错乱，无所不至。[1]

◤ 杨维垣，山东文登人，万历四十四年进士。天启五年首先提出重新评定“三案”。崇祯元年因入阉党逆案谪戍淮安府。弘光元年起为通政使。

钱谦益为阉党中坚人物阮大铖、杨维垣、贾继春等人辩解，建议福王“许其自新”，达到“涣群破党”之目的。[2]在马士英高官厚禄的引诱下，钱谦益为阉党翻案，反映了这位晚明文坛盟主软弱的一面，难道以一派妥协退让，就能换来“涣群破党”的新局面？非也。结果恰恰相反，阮大铖、杨维垣飞黄腾达之后，疯狂反攻倒算。十二月二十二日，杨维垣向福王进言，攻击当年主持逆案审定的韩爌：“韩爌之再相也，举朝皆推之，独臣不肯附和。己巳东变，有一非爌所召者乎？只造一本不公之逆案，阮大铖及臣皆不附杨、左而入。乞皇上重

1 夏完淳《续幸存录·南都大略》，《明季稗史初编》卷十六。
2 文秉《甲乙事案》卷上，崇祯十七年十月己未。

复审定。有刘廷元、徐绍言、霍维华、吕纯如、徐大化、贾继春、徐扬先、岳骏声，雪之而恤之。周昌晋、徐复阳、虞廷陛、郭如闇、季寓庸、陈以瑞、曹谷，雪之而用之。王永光、唐世济、章光岳、许鼎臣、杨兆升、袁弘勋、徐卿伯、水佳胤，发愤此案者，亦宜恤之。”[1]弘光元年三月初二日，升杨维垣为都察院副都御史，升阮大铖为兵部尚书。三月十九日，设坛太平门外，百官素服望祭先帝。阮大铖迟到，哭呼先帝奔来，大声说："致先帝殉社稷者，东林诸臣也。不杀尽东林诸臣，不足以谢先帝。”此后几日，阮大铖与杨维垣密谋，“必欲尽杀东林、复社诸人”。大狱将兴，因为清军南下而暂缓。[2]

大敌压境之下摇摇欲坠的南明小朝廷，在马士英、阮大铖把持之下，党同伐异，卖官鬻爵，大搞权钱交易，腐败达到前所未有的程度。例如：马士英用文件形式宣布科举功名与大小官职，都按质论价买卖：

州县的秀才考试，必须按照户等缴纳银子，方可取得准考证。上等户纳银六两，中等户四两，下等户三两；

举人之类功名都可以买卖，价格分别为银子三百两、六百两、七百两；

官吏职位公开标价出卖，武英殿中书银九百

1 计六奇《明季南略》卷三《三案要典逆案重翻》。

2 计六奇《明季南略》卷三《三案要典逆案重翻》。

两，文华殿中书银一千五百两，内阁中书银二千两，待诏银三千两，拔贡银一千两，推知银一千两，监纪、职方银数千两至一万两不等。[1]

民间人士用歌谣讥讽这种腐败风气，怒斥马士英：

中书随地有，都督满街走。
监纪多如羊，职方贱如狗。
荫起千年尘，拔贡一呈首。
扫尽江南钱，填塞马家口。

有的歌谣唱道：

都督多似狗，职方满街走。
相公只爱钱，皇帝但吃酒。

有人在马士英家门前粘贴对联，把马士英与牛金星相提并论：

两朝丞相此马彼牛，同为畜道；
二党元魁出刘入阮，岂是仙宗。[2]

好事者填了一首《西江月》，抨击马士英、阮大铖之流：

1 李清《南渡纪事》卷下。

2 以上歌谣均见李清《南渡纪事》卷下。"此马彼牛"，指马士英、牛金星；"出刘入阮"指刘孔昭、阮大铖。

有福自然轮着，无钱不能安排。
满街都督没人抬，遍地职方无赖。
本事何如世事，多才不如多财。
门前悬挂虎头牌，大小官儿出卖！[1]

夏完淳对此感慨系之，写了一段绝妙文字，感叹如此朝廷岂有不亡之理：

夏完淳，松江人，夏允彝之子。自幼聪慧，抗清而亡，年仅十七。著有《续幸存录》等。

瑶草（马士英）当国，贿赂滋章，千名百品，受者既多，馈者无以为异。门下僧利根，时时为次馈献之高下。总宪李沾进一带，虑其不之重也，嘱利根称为至宝。瑶草遂以进上，亦嘱中宦赞其非常，上每服以御朝。

……

复于兵部门署曰："闯贼无门，匹马横行天下；元凶有耳，一人直入中原。"朝事征诸野，太史陈风，时事可知也。

南都之政，幅员愈小则官愈大，郡县愈少则官愈多，财赋愈贫则官愈富。斯之谓三反。三反之政，又乌乎不亡！[2]

福王朱由崧也不是个好东西，"深拱禁中，惟

1 应喜臣《青磷屑》，《明季稗史初编》卷二十五。
2 夏完淳《续幸存录·南都杂志》，《明季稗史初编》卷十六。

渔幼女，饮烧酒，杂伶官演戏为乐”。[1]计六奇说得更加厉害：“马士英听阮大铖日将童男女诱上（按：此‘上’指皇上）。正月十二丙申，传旨天财库，召内竖五十三人，进宫演戏饮酒，上醉后淫死童女二人，乃旧院雏妓马、阮选进者，抬出北安门，付鸨儿葬之，嗣后屡有此事。由是曲中少女几尽，久亦不复抬出，而马、阮搜觅六院，亦无遗矣。二十日甲辰，复召内竖进宫演戏。二月二十三日，命礼部广选淑女。一日士英云：‘选妃内臣田成有本来报，杭州选淑女程氏。’上见一人，大不乐，已而批旨云：‘选婚大典，地方官漫不经心，且以丑恶充数，殊为有罪。责成抚按道官于嘉兴府加意遴选，务要端淑。如仍前玩忽，一并治罪。’阮大铖曰：‘定额三名不可少。’浙江巡抚张秉贞、内官田成得旨出示嘉兴，合城大惧，昼夜嫁娶，贫富、良贱、妍丑、老少俱错，合城若狂，行路挤塞。苏州闻之亦然，错配不可胜纪，民间编为笑歌。”[2]

小朝廷从上到下一片乌烟瘴气：“马士英当国，与刘孔昭（朋）比，浊乱国是。内则韩、卢、张、田，外则刘、张、李、杨、阮，一唱群和。兼有东平、兴平之遥制内权，抚宁、忻城侵扰吏事，边警

◤ 刘孔昭，浙江青田人。明亡，在南京拥立福王，与马士英、阮大铖朋比，权倾一时。

1 东邨八十一老人《明季甲乙汇编》卷二，崇祯十七年十月己未。

2 计六奇《明季南略》卷三《声色》。

日逼而主不知，小人日乘时射利。识者已知不堪旦夕矣。时有联云：‘刘阮非仙人，先后幻化弘光之土地；牛马皆畜类，南北销中国之冠裳。’”[1]在半壁江山旦夕不保的岌岌可危形势下，大臣们竟然崇尚奇氛异气，竞相攀比侈靡排场。阮大铖誓师江上，竟然是全副梨园装束——穿素蟒，围碧玉。钱谦益的小妾柳如是，身穿戎装，冠插雉羽，骑着高头大马，扮作昭君出塞状。忧国忧民之士痛心疾首：“大兵大礼皆娼优排演之场，欲国之不亡，安可得哉！”[2]

柳如是像

柳如是，本名杨爱，后改名柳隐，字如是，又称河东君，明末歌妓，“秦淮八艳”之一。钱谦益小妾。有文才，有气节，被陈寅恪誉为“女侠名姝”“文宗国士”。

当时的兵科给事中陈子龙沉痛地对福王说：“中兴之主，莫不身先士卒，故能光复旧物。陛下入国门再旬矣。人情泄沓，无异升平之时，清歌漏舟之中，痛饮焚屋之下，臣诚不知所始终矣！”[3]“清歌漏舟之中，痛饮焚屋之下”，一语道破南明小朝廷的颓败气象。

陈子龙像

陈子龙，松江人，崇祯十年进士。明末政治人物、诗人，与夏允彝等创建几社。南明永历元年抗清失败，投水殉节。

4. 崇祯皇太子之谜

朱由检死后，他的皇太子及二王下落如何，自

---

1 东郇八十一老人《明季甲乙汇编》卷二，崇祯十七年十月己未。

2 吴伟业《鹿樵纪闻》卷上《福王上》。夏完淳《续幸存录·南都杂志》，《明季稗史初编》卷十六。

3 东郇八十一老人《明季甲乙汇编》卷二，崇祯十七年八月癸酉。

然成为明朝遗老遗少关注的焦点，寄希望于他们复出，有助于延续明朝的国祚。但是，福王朱由崧及其拥戴者马士英之流，出于自身权益考虑，讳莫如深，使得事情趋于复杂化，以致真假莫辨。

《明季甲乙汇编》对此有一个简单的回顾：先皇帝有三子，太子年十六岁，定王、永王皆十三岁。闯王入京时大索，永王不知所在。李自成东征，人见太子随后，传闻定王已先往通州。李自成战败西还，不见太子随后，传言太子在吴三桂军中。十月间，有男子来到周奎家中，见到公主，相抱而大哭，被周府仆人逐出。旧侍卫或言是永王。为了辨别真伪，刑部派曹郎钱凤览审讯，以真皇子报命。内阁大学士谢陞执以为伪，钱凤览当面叱责其不臣，正阳门商民骂谢陞禽兽无道。次年正月，摄政王对廷臣说：皇子真伪无伤大雅，责骂谢陞的钱凤览与百姓都是乱民。奇怪的是，谢陞早朝见钱凤览，与之拱手，头颈渐肿，自言自语"钱凤览饶我"，以致肿溃而死。写了这一些，该书作者评论道：

> 东郕老人曰：国变后皇子凡三见，北京则自诣周中书家者，南京则内使踪迹来者，太平则人出首者。以问世路人，皆曰伪也，愚谓不然。今人见小害必避，明知皇子出则必死，谁肯冒必死之事而为之？故吾谓，成方遂事于古则有，于今未必然也。
>
> 在北京一以为永王，一以为太子。若是太子，则南京信伪矣。马士英已言之矣。然观当日南中人情，人人欲翻勋戚旧案以谋进，谁肯诅先皇之有子？据马士英疏云："既为东

宫，幸脱虎口，不即到官，却走绍兴，即其言而核之，既非东宫，彼自走绍兴，于朝廷何干利害？而遣人追之来，不可解也。”

初到，安置僧寺，百官解递红帖。旋有谕禁止，多兵杂沓于街，似护似防。遂取之官，越日，付之狱，何多周旋也？多官会审不决，王铎一人定假，李沾始喝用刑。确然伪矣，又不加缧绁，仍以肩舆送狱，一对板前导，不可解也！我不能随世路人雷同，且存当日之实案耳。[1]

该书所说的南京皇太子，轰动一时。指的是弘光元年（顺治二年）三月初一日，传说中的崇祯皇太子，渡江由苏州、杭州、绍兴、金华，抵达南京，引起一场轩然大波。欲知其详，请听在下从头说起。

甲申之变，激烈动荡的政治风云，导致几十天之内紫禁城两度易手，宫廷与政府全面瘫痪，皇太子与二王下落不明，以致传闻纷起。明末遗老钱䎘亲眼目睹甲申之变始末，很多事情扑朔迷离，“大行皇帝太子遭丧乱，不知所之”，便是其中之一。[2]根据他的记载，真假太子始末大致如下：

李自成攻占皇城之前，先帝要十六岁的太子、十二岁的定王、十岁的永王出宫逃命，分别前往成

1 东郇八十一老人《明季甲乙汇编》卷四《异同补录》。

2 钱䎘《甲申传信录》卷九《戾园疑迹》。

国公府、嘉定侯府、田皇亲府躲藏，由于时间仓促，定王、永王一起到了嘉定侯（周奎）府，太子来不及到成国公府，隐藏于民间。三月十九日，李自成下令搜寻皇帝及太子、二王。二十日清晨，周奎把定王、永王交出。

四月十三日，李自成东征吴三桂，定王、永王随军前往，百姓拥挤观望，传言太子也在其中。李自成兵败山海关，人们传说，太子、定王为吴三桂夺去，京城民众引颈盼望太子、定王。清军进京后，民众并未见到太子、定王，或以为定王已经遇害，太子、永王下落不明。

十一月，忽然有一个貌似太子的男子，在常侍太监陪同下，投奔周奎家，自称是太子。周奎是周皇后之父、太子之外祖父，理应认识外孙，却佯装不识，命侄子周铎引疗伤的长平公主与之相见。两人抱头痛哭，可见太子不是假冒。周奎向他询问这几日的经历，太子说：城陷之日，独自藏匿东厂门。一日夜出，潜至东华门，投宿豆腐店中。店小二知为避难人，让我更换旧衣，代为灶前烧火。恐怕败露，五天之后送到崇文门外尼姑庵，以贫儿托投为名，居留半月。常侍太监偶来尼姑庵，带回藏于密室，以故得以无恙。今闻公主在，故来。说罢，与公主告别而去。几天后又来，公主送他一件棉袍，告诫他：你前次来，皇亲上下行礼进膳，顿生疑衅，可他去，慎勿再来。

十九日，太子再来周府，周奎要他改姓刘，太子坚决不从，周奎令家人把他逐出门外。巡逻士兵以“犯夜”罪把他逮捕，送交刑部审理。刑部断为假冒太子，押入狱中。刑部主事钱凤览叫来宫内常侍太监辨认，都说是真太子，司礼监太监王德化也说是真的。随后又把他带进宫中，辨认宫中事物，都对答如流。又叫来锦衣卫侍卫太子的十人辨认，十人一起下跪说：此真太子，愿毋伤。刑部无法裁决真伪，钱凤览上疏力争："窃谓前太子危地也，或生或死，或侯或王，权在于朝廷，何所觊觎而假之？即贵而侯矣，不能富贵及人，贫贱又何所利而如此？无论其供称，保者验者，俱有所凭……此满汉在部诸臣朝夕起居所共悉者也。周奎恐惧，妄以为假，岂有所谓假冒也？昨刑部官共周奎遁辞曰：'即以真为假，亦为国家除害。'其愚妄之私尽露于此一语……周奎以皇亲，又得罪先帝者也。清朝优以爵禄，虑有太子祸且及身，既已有心，自难实告。故周奎不言是，诸臣自然瞻顾；大内员不言是，小内员皆不敢言是。"[1]

上述记载有多大的可信度，或许有商榷的余地，但是有一点是肯定的，崇祯皇太子的出现，对于清朝统治者而言，是一个重大的政治问题，断言他是假冒，一切政治危险便可烟消云散，所以说是"为国家除害"；对于已经归顺清朝的勋戚与官僚而言，以真为假，是最佳选择，既不得罪新朝廷，又不祸及自身，何乐而不为！毕竟已经改朝换代，大多数前明官员为了自身利益考虑，不愿证实太子是真的，唯恐招来杀身之祸。甚至太子的外祖父周奎也是如此，出于恐惧，不得不"以真为假"。于是

1 钱軹《甲申传信录》卷九《戾园疑迹》。

乎，崇祯皇太子之谜更加扑朔迷离。

一些前明官员为了避免麻烦，或者以太子所不知道的事情，来刁难他，力图证明他是假的；或者避不相认，一口咬定他是假的。原明朝内阁辅臣现清朝内院大学士谢陞，先前曾经担任太子讲官，在辨认时，太子直呼其名，提醒他，谢先生岂不能相识？前某日讲某书某章。谢陞沉默不语，只是鞠躬作揖而已，始终不肯承认太子。

◤ 谢陞，山东德州人，万历三十五年进士。曾任太子讲官，累官建极殿大学士兼吏部尚书。崇祯十五年因泄露议和之事，罢官归乡。

这种状况激起百姓不满，宛平县民杨时茂上书朝廷，谴责那些前明官员“逆臣无道，蔽主求荣”。内院大学士冯铨、洪承畴不认识太子，可能是不在朝廷，情有可原；而谢陞身为宰辅，又入侍太子讲筵，不能君辱臣死已经过分，既已入仕清朝，遂忌小主，这种弑父弑君之徒，不足以立于民上。太监曹化淳、田贵以不齿之人，也恃势妄奏，内员之恶一至于此！顺天府民人杨博等也上书，力陈太子是真，谴责周奎、曹化淳、谢陞之流，“皆卖国求荣之辈”。朱徽等人也上书申辩：如果太子是假的，为什么周奎、周铎留宿二日？为什么公主和他抱头痛哭？因此必须从容研判，如果草草了事，诚恐廷臣曰假而百姓疑，京师曰假而四方疑，一日曰假而后世疑，众口难防，信史可畏！[1]

◤ 周奎，明朝外戚，崇祯帝皇后周氏之父。

1 钱𬘡《甲申传信录》卷九《戾园疑迹》。

十二月初十日，清朝摄政王多尔衮出来表态："我自有着落，何必汝辈苦争？尔等言太子真伪都无妨，言真，不过优以王爵；言伪，必伪者家识之乃决。"然后宣布，太子继续押于监狱，凡争言太子为真的官员，如刑部主事钱凤览、御史赵开心等都判处死刑。可见他所说的"言真，不过优以王爵"云云，乃是言不由衷的烟幕弹，清朝方面并不愿意真太子出现与存在。不久，由于廷臣的请求，赵开心得以免除死刑，钱凤览斩首改为绞刑，杨时茂等全部斩决。[1]次年四月初十日，清廷公开榜示天下，断言太子系假冒，把他悄悄杀害于狱中。[2]这仅仅是关于崇祯皇太子传闻的一种说法，他究竟死了没有，依然是个谜。

清朝方面不愿意承认前明皇太子，是为了避免改朝换代之际引起不必要的麻烦，以致民心动摇，以及政治上的其他连锁反应，是可以理解的。南明弘光小朝廷以继承明朝世系为旗帜，也对崇祯皇太子持不欢迎的态度，在道理上说不过去，似乎令人费解。其实稍加分析便可明白，它涉及皇位继承和权力分配等一系列问题。崇祯皇太子的出现势必威胁福王（弘光皇帝）的地位，带来巨大的震动。因此，朱由崧虽然批准姜曰广提出的请求——察访太子二王的下落，但是实际上并没有也不想采取具体措施。[3]不久，就由官方传出皇太子已死的消息。消

1 钱軹《甲申传信录》卷九《戾园疑迹》。

2 凌雪《南北二太子事》，《虞初广志》卷二。

3 谈迁《国榷》卷一百一，崇祯十七年五月辛亥。

息的炮制者是淮扬巡按御史王燮，他向福王报告："皇太子、定王、永王俱遇害。"[1]山东总兵刘泽清也向福王报告："传言皇太子卒于乱军，其定王、永王俱于贼走之日遇害于王府二条巷吴总兵宅内。"[2]

由于这个缘故，当南明使节北上时，大学士高弘图等提出的"出使事宜"，第一条就是：于天寿山特立陵园，厝先帝梓宫并太子二王神榇（棺材）。[3]

黄宗羲认为，王燮等人炮制与传播太子已死消息，是马士英一手策划的："天下人心系先帝之后，曰：吾君之子也。马士英密令（王）燮伪上此报，以绝人望。观后皇太子之来，则（王）燮之肉其足食乎！"[4]马士英拥立福王之后，牢牢控制小朝廷，不愿意皇太子出现，打乱现有的政治格局，所以在为大行皇帝追谥为烈皇帝、庙号思宗以后，赶紧追谥太子为献愍，定王为哀，永王为悼。[5]

然而，明朝遗老遗少并不相信太子、二王已经死亡，仍然期待他们有朝一日突然复出。在这种背景下，关于皇太子的传说，以扑朔迷离的方式流传，是不足为奇的。以下的叙述便是根据各种传闻归纳而成的。

吴三桂从辽州城手上接过太子，传檄中外臣民，即将奉太子入京即位。多尔衮命令吴三桂绕过北京，向西追击李自成，使得奉太子即位的幻想破灭。吴三桂不得不释放太子，派人引入皇姑寺，与

1 顾炎武《圣安本纪》卷一，崇祯十七年六月壬午。沈国元《甲申大事记》，七月十七日王燮塘报。

2 计六奇《明季南略》卷二《太子杂志》。

3 顾炎武《圣安本纪》卷一，崇祯十七年六月甲申。

4 古藏室史臣（黄宗羲）《弘光实录钞》卷一，崇祯十七年七月癸卯。

5 古藏室史臣（黄宗羲）《弘光实录钞》卷三，弘光元年二月甲子。顾炎武《圣安本纪》卷二，弘光元年二月甲子。

太监高起潜相见，两人由天津航海抵达淮上，前往扬州。高起潜窥测到南明不欢迎太子南来，欲加陷害。随行的鸿胪寺少卿高梦箕（高起潜之侄）以为不可，携太子渡江，辗转流徙于苏州、杭州。太子不堪旅途劳顿，在元宵节观灯时浩然长叹，被路人发现身份。高梦箕害怕此事会连累自己，赶往南京向马士英告密。[1]

马士英派太监李继周追踪到金华。金华的官员见到太子，纷纷前来朝见送礼。三月初一日，李继周护送太子抵达南京，首先报告马士英，然后奏报福王。福王派人把太子从石城门外迎至兴善寺暂住，命北京南下的太监觇视真伪。这两名太监一见太子就嚎啕大哭，脱下衣服给太子穿上。福王听说这两名太监如此不识时务，大为光火："真假未辨，何得便尔！太子即真，让位与否尚须吾意，这厮敢如此！"为了掩盖事实真相，立即下令把这两名太监打死，李继周也奉旨服毒赐死。[2]这种杀人灭口的做法，反映了福王对太子南来感到坐立不安，"让位与否尚须吾意"云云，把他的胆怯心虚流露无遗。故而用杀鸡儆猴的手法，暗示臣下不得承认太子。

然而，从北京南下的官员听说太子已到，无不踊跃趋谒，络绎不绝地向太子递送名片，博得好感。奉旨前来探视虚实的原总督京营太监卢九德，

1 东郇八十一老人《明季甲乙汇编》卷三，弘光元年三月甲申。计六奇《明季南略》卷三《太子一案》。谈迁《国榷》卷一百四，弘光元年三月甲申。戴笠、吴乔《流寇长编》卷十九，顺治二年三月甲申。

2 顾炎武《圣安本纪》卷四，弘光元年二月癸未。戴名世《弘光朝伪东宫伪后及党祸纪略》，《东林始末》。计六奇《明季南略》卷三《太子一案》。戴笠、吴乔《流寇长编》卷十九，顺治二年三月甲申。

不敢明确表态。

太子呵斥道：卢九德，汝何不叩首？

卢九德嘴上不承认，腿却软了下来，下意识叩头说：奴婢无礼。

太子说：汝隔几时，肥胖至此，可见在南京受用。

卢九德不敢分辩，叩首道：小爷保重。然后战战兢兢地告辞退去，对在场的官员申辩："我未尝伏侍东宫，如何云此？看来有些相像，却认不真。"随即告诫看守的士兵："好好守视，真太子自应卫护，即假者亦非小小神棍，须防逸去。"[1]得到卢九德的报告，福王自知事态的严重性，立即作出两项决定，一是命令文武百官不许私自谒见太子；二是派人在夜深人静之际，把太子押解到锦衣卫都督同知冯可宗邸舍，严加看管。[2]

既然朱由崧不愿意真太子出现，他的亲信心领神会，千方百计寻找太子的破绽，证明其伪。有一个太监向朱由崧报告：太子小腿骨"异于常形"——"每骭则双"，很难假冒。朱由崧左右为难，马上派卢九德到马士英寓所求教对策。一手把持朝政的马士英迎合朱由崧旨意，极力主张太子确系假冒，提出三大疑点："其言虽似，而疑处甚多。既为东宫，幸脱虎口，不即到官说明，却走绍兴，一可疑也；东宫厚质凝重，此人机辩百出，二可疑

1 计六奇《明季南略》卷三《太子一案》。

2 顾炎武《圣安本纪》卷四，弘光元年三月甲申。

也；公主现养周奎家，而云已死，三可疑也。”[1]马士英进而指出，北上和谈的左懋第返回后说：“太子不死于贼，即死于清。”因此他建议，太子的日讲官方拱乾现在苏州，把他叫来南京辨认：“如其假冒，当与法司，付臣民共见而弃之；如真，则祈取入宫，留养别院，不可分封于外，以启奸人之心。”[2]马士英给他吃定心丸，安慰他：皇上即位于先帝失守之后，名正言顺，有何疑虑？若此事果真，则谨慎防备，奸谋自然消释。大学士王铎附和马士英，讲出了马士英想讲而不敢讲的话，以正式奏疏形式，首先认定太子是假冒的。正如钱秉镫（澄之）所说：“马士英亦未敢决以为伪，但设疑三端，以迎合上意。而首斥其伪者，王铎也。”[3]

朱由崧打消疑虑，于三月初二日在武英殿召开御前会议，参加者有保国公朱国弼、安远侯柳祚昌、定远侯邓文尧、诚意侯刘孔昭、驸马都尉齐赞远、忻城伯赵之龙、东宁伯焦梦熊、襄卫伯常应俊等元勋，以及大学士马士英、王铎、蔡奕琛等大臣。

朱由崧开门见山地说：“有稚子自称皇太子，内臣李永芳、卢九德审视回奏，皆云面貌不对，语言

◥ 王铎，河南孟津人，天启二年进士。书画一绝。南明实权人物之一，顺治二年降清。

◥ 钱澄之，安庆桐城人。崇祯五年加入复社，南明桂王称帝时官至编修、知制诰。明末诗人，著有《田间集》《田间诗集》《田间文集》《藏山阁集》《所知录》等。

1　戴笠、吴乔《流寇长编》卷十九，顺治二年三月庚寅。
2　戴笠、吴乔《流寇长编》卷十九，顺治二年三月庚寅。
3　钱澄之《所知录》卷五《南渡三疑案》。

闪烁。卿等会同府部大小九卿科道讲读官，前去辨其真伪。”

马士英抢先接口，定下调子：“原任翰林方拱乾办事东宫，臣召而问之，据（方）拱乾所称，东宫睿质颖秀，口阔而方，目大而圆，身不甚高，最为认识。又司业李景濂、翰林刘正宗，皆系讲官，如真，则不惟三臣识东宫，东宫亦识三臣，否则两不相认矣！”[1]

调子已定，朱由崧便叫朱国弼一干人等，前往锦衣卫都督同知冯可宗宅邸审视。太子根本不认识这些人，只认识詹事府少詹事方拱乾，叫道：这个大胡子是方先生。方拱乾问他讲课的场所，太子答在文华殿；又问仿书习何字，答曰诗句；又问写几行，答曰全写。

◤ 方拱乾，安庆桐城人，崇祯元年进士。官至少詹事。后降清。顺治十四年以江南科场案流放宁古塔。著有《绝域纪略》等。

兵科给事中戴英追问：先帝十六年御中左门亲审吴昌时，太子在旁，能忆起否？太子不答。又问嘉定伯何姓何名？也不答。

只听得大学士王铎大喝一声：假！

于是乎，一份审视报告写成，判定太子是假的。因为他答非所问：讲课场所是端敬殿，不是文华殿；仿书习字是《孝经》，不是诗句；写十个大

1　李清《三垣笔记·笔记下·弘光》。古藏室史臣（黄宗羲）《弘光实录钞》卷四，弘光元年三月丙申。谈迁《国榷》卷一百四，弘光元年三月乙酉。

字，另写小字，并非全写；而且问以讲章记否，答曰不记；问讲案何物，答曰不知。由此可见，其诈无疑。这当然是朱由崧求之不得的结论，他喜形于色，嘉奖道：具见忠诚大节！[1]

对于这个结论，当时人是颇为怀疑的，但是，朱由崧、马士英已经倾向于太子是假，谁还敢说是真。明末清初历史学家谈迁说得好："时马士英迎上旨主伪，大学士王铎先侍东宫，附和士英，如出一口。"他还以亲身经历，追忆当年曾与大学士高弘图在杭州净慈寺相遇，高公提及此事说："旧阉苏某，四月出金殿云：'东宫甚真，其足骭骨左右各双，谁能伪之？'特慑于积威，毋敢相剖。"[2]既然朱由崧、马士英、王铎等掌权者说是假的，就算定案，太子被押入中城兵马司监狱。[3]

案情正在逐步升级。通政使杨维垣在大庭广众声称，驸马都尉王昺的侄孙王之明"貌甚类太子"，言外之意，在南京出现的太子是王之明假冒的。[4]兵科给事中戴英以此为根据，奏称王之明假冒太子，请求派官会审。会审之前，朱由崧在武英殿召见参加会审的官员，其中包括昔日太子讲官刘正宗、李景濂，对他们说："太子若真，将何以处朕？卿等旧讲官，宜细认的确。"刘正宗心领神会："臣当以说穷之，使无遁词。"[5]

三月初六日，会审在大明门外进行，目的要

1 顾炎武《圣安本纪》卷四，弘光元年三月乙酉。谈迁《国榷》卷一百四，弘光元年三月乙酉。古藏室史臣（黄宗羲）《弘光实录钞》卷四，弘光元年三月丙申。

2 谈迁《国榷》卷一百四，弘光元年三月乙酉。

3 计六奇《明季南略》卷三《太子一案》。戴笠、吴乔《流寇长编》卷十九，顺治二年三月丙戌。

4 文秉《甲乙事案》卷下，弘光元年三月己丑。凌雪《南北二太子事》，《虞初广志》卷二。

5 计六奇《明季南略》卷三《太子一案》。

使太子破绽百出，无所遁词，为此专门出了一些难题，诸如要他指认紫禁城地图，以及讲学有关事宜。太子不耐烦地说："汝以为伪即伪可耳，我原不与皇伯夺做皇帝。"[1]

三月初八日，在午门再次会审。官员把太子讲官方拱乾从狱中请出，对他说：先生恭喜，此番不惟释罪，而且可以不次超擢，全在先生一言。太子见到方拱乾就说：方先生尚在？方拱乾不敢答应，退入人群后面，不说真伪。一个审问官员直指太子是王之明，太子奚落道：我南来不曾说自己是太子，你等不认也罢，何必改名换姓？又说是李继周拿了皇伯（按：指朱由崧）谕帖来召我，并非我自己要来。一席话，驳得审问官哑口无言。大学士王铎见情况不妙，赶紧说：千假万假总是假，由我一人承担，不必再审。刑部尚书高倬、给事中戴英齐声说：既然承认，何须再问？亦不必动刑，回奏便了。[2]

所谓"回奏"，就是刑部尚书高倬与锦衣卫都督同知冯可宗联名起草的"爰书"，自然是杜撰的："审得王之明供称，年十八岁，三月十六日生，保定高阳县人。伯祖王昺，尚延庆公主；祖王晟，父王元纯，嫡母刘氏，生母徐氏，父母皆故……之明买驴一头，随一仆出走，行之山东，邂逅穆虎及长班张应达、生员刘承裕，遂结伴同行。穆虎、张应

1 文秉《甲乙事案》卷下，弘光元年三月己丑。计六奇《明季南略》卷三《太子一案》。

2 戴笠、吴乔《流寇长编》卷十九，顺治二年三月辛卯。计六奇《明季南略》卷三《太子一案》。

达胁之明冒称太子……”[1]

应天府官员蔡某对“爰书”有所异议，发牢骚说：即非真太子，亦是久熟内朝事者。旁边官员警告说：你出此言，明日便当革职。看来廷审的效果是显著的——“自是朝臣不敢正言”。[2]于是乎，大张旗鼓宣传，都察院在大街上到处张贴“王之明假冒太子”的告示，以正视听。然而老百姓并不容易糊弄，南京城内流传民谣：

若辨太子诈，射人先射马。

若要太子强，擒贼须擒王。[3]

此处“射马”“擒王”，明显影射马士英、福王之流。

那些掌握兵权的将领们，也难以接受“王之明假冒太子”的宣传。江北四镇之一的靖南侯黄得功首先发难，在奏疏中声明：“东宫未必假冒，各官逢迎，不知的系何人辨明？何人定为奸伪？先帝之子即陛下之子，未有不明不白付之刑狱，混然雷同，将人臣之义谓何？恐在廷诸臣谄徇者多，抗颜

◥ 黄得功，庐州合肥人，与刘良佐、高杰、刘泽清分守江北，号称四镇。在太平抗清失利，拔箭刺吭而死。

1　古藏室史臣（黄宗羲）《弘光实录钞》卷四，弘光元年三月丙申。

2　戴笠、吴乔《流寇长编》卷十九，顺治二年三月辛卯。

3　文秉《甲乙事案》卷下，弘光元年三月辛卯。戴笠、吴乔《流寇长编》卷十九，顺治二年三月辛卯。

者少，即使明白认识，亦谁敢出头取祸乎？”[1]黄得功希望当事诸臣多方保留太子，以谢天下；若骤然处死，即使果伪，天下亦必怀疑。朱由崧当然不会接受他的指责，不过对于这个“貌伟胡髯，两颐倒竖，臂力绝伦”的悍将，多少有些畏惧，只得委婉辩解：王之明假冒来历系亲口供吐，有何逢迎？不必悬揣过虑。[2]

封疆大吏对此也持怀疑态度。总督江西、湖广、江南等地军务的袁继咸（字季通，号临侯，江西宜春人），在奏疏中质疑：“王昺原是富族，高阳未闻屠害，岂无父兄群从？何事只身流转到南？”[3]湖广巡抚何腾蛟（字云从，贵州黎平人）也在奏疏中提出一系列疑问：“王昺侄孙何人举发？内官王侯多北来之人，何无一人确认？而泛云自供。愚以王之明既云系驸马侄孙，本非国戚，安得入宫，备悉大内事体？之明貌似太子，内廷诸阉即东宫旧使岂有不知？曾未言及，何以（杨）维垣独知？此说独出于维垣之口，即维垣扬言时，亦只系揣度之词，何以遂据为定案？”[4]

钱澄之作为明朝遗少，目睹此事始末，不相信官方关于“王之明假冒太子”的宣传，写了很有深度的评论，选录几段以飨读者：

——北来太子一案，当时藩镇督抚皆有疏

1 戴笠、吴乔《流寇长编》卷十九，顺治二年三月丁酉。计六奇《明季南略》卷三《太子一案》。

2 戴笠、吴乔《流寇长编》卷十九，顺治二年三月丁酉。计六奇《明季南略》卷三《太子一案》。

3 钱澄之《所知录》卷五《南渡三疑案》。

4 钱澄之《所知录》卷五《南渡三疑案》。

力争，上虽晓谕再三，至今人不见信。少年初至留都（南京）时，马士英亦未敢决以为伪，但设疑三端，以迎合上意。而首斥其伪者，王铎也，铎不过效颦焉。

——以方拱乾之言为据，此不足以愚三尺童子矣。拱乾与阮大铖至交，且名挂从逆之案，待命吴门。一旦大铖招之入都，许为湔雪，还其原官。以拱乾之生平卜之，其不难斩先帝之血胤，而奉马、阮之素指者决矣。东宫出阁去弘光之元年无几时，岂有少年于众中望见拱乾，即指彼髯者呼为方先生，而东宫面貌言动拱乾反不识耶？其真与伪一见立辨，乃不置一语，顾以讲读时琐事为问。毋论记与不记，不足深论。即少年所言尽是，而拱乾尽以为非，当时直讲只拱乾一人在列，宁更有一人，从旁为之佐证耶？[1]

为了钳制舆论，三月十五日再次会审。都察院左都御史李沾事先派人私底下告诫太子：必须供认王之明，否则动刑。会审一开始，审问官大声喊道：王之明！太子不应。审问官喝问：为何不应？太子调侃道：何不喊明之王？李沾听了大怒，吩咐动刑。太子号呼皇天上帝，声彻大内。马士英听见后，下令免刑。李沾只得好言相问，太子说：你教

1 钱澄之《所知录》卷五《南都三疑案》。

人嘱我，他自然能说，何必我说！前日追我何处，追者自然知道，何必问我！刑部尚书何倬一看苗头不对，立即决定停止会审，急令将太子扶出。昔日东宫伴读邱致中，捧持太子大声痛哭。朱由崧得悉后，立即命锦衣卫镇抚司严刑拷打。[1]

有人题诗于皇城，感慨于政治的残酷无情：

百神护跸贼中来，会见前星闭复开。
海上扶苏原未死，狱中病已又奚猜。
安危定自关宗社，忠义何曾到鼎台？
烈烈大行何处遇？普天空向棘圜哀。[2]

三　刻骨铭心的历史记忆

1. 左良玉发兵东下“清君侧”

南明小朝廷的内部纷争不止太子案，还有童妃案，闹得不可开交。弘光元年三月十三日，河南妇女童氏抵达南京，自称是当今皇上在藩邸（福王府）时的元配王妃。朱由崧矢口否认，下令把童氏关进锦衣卫诏狱。《明季南略》写“童妃一案”，有几点值得注意：

——（朱由崧）嗣王之岁，即封童氏为妃，

1 谈迁《国榷》卷一百四，弘光元年三月戊戌。戴笠、吴乔《流寇长编》卷十九，顺治二年三月戊戌。

2 戴笠、吴乔《流寇长编》卷十九，顺治二年三月戊戌。

曾生一子，不育。已而遭乱，播迁各不相顾。及弃藩南奔，太妃（按：指老福王朱常洵之妃）与妃（童氏）各依人自活。太妃之南（按：时在崇祯十七年七月初六日），陈潜夫奏妃故在，上弗召。至是，自诣（越）其杰所，其杰不敢隐，解至南。上弗善也，系之狱。妃在狱细书入宫日月、相离情事甚悉，求冯可宗达上，上弃去弗视。

——《遗闻》云：童氏本周府宫人，逃乱至尉氏县，遇上于旅邸，相依生一子，已六岁。已而贼破京师，播迁云云。刘良佐言："童氏知，非假冒。"马士英亦言："苟非至情所关，谁敢与陛下称敌体！宜迎童氏归内，密谕河南抚按迎致皇子，以慰臣民之望，以消奸宄之心。"上命曲尚忠严刑酷拷，童氏号呼诅骂，寻瘐死狱中。

——《野史》云：马士英语阮大铖曰："童妃系旧妃，上不肯认，如何？"大铖曰："吾辈只观上意，上既不认，应置之死。"张捷曰："太重。"大铖曰："真则真，假则假，恻隐之心岂今日作用乎！"士英曰："真假未辨，从容再处。"[1]

朱由崧坚决不认，锦衣卫又不敢用刑，听其在狱中饥饿而死。他的这种六亲不认作风，引来非议

1 计六奇《明季南略》卷三《童妃一案》。

纷纷，文臣自不必说，即使统兵将领也按捺不住，出言相讥。黄得功说："先帝之子即皇上之子，真伪未辨，乞多方保留。若骤处死，即果诈伪，天下必以为真东宫矣。"[1] 刘良佐上疏议论太子、童妃二事："上为群臣所欺，将使天伦绝灭。"朱由崧答辩："朕元妃黄氏先朝册封，不幸夭逝；继妃李氏，又已殉难。登极之初，即追封后号，昭示海内。卿为大臣，岂不闻知？童氏不知何处妖妇，诈冒朕妃。朕初为郡王，有何东西二宫？据供是邵陵王宫人，尚未悉真伪。王之明是驸马王昺之侄孙，避难南来，高梦箕家丁穆虎声令冒认东宫，正在严究。若果真实，朕于夫妻伯侄之间，岂无天性？况宫媵相从患难者颇多，朕于先帝无纤介之嫌……岂有利天性之心，忍加毒害于其血脉！"[2] 这样的诡辩，很难取信于民。

▼ 刘良佐，山西大同人。早年为李自成麾下，崇祯十一年战败降明，封广昌伯。南明时，与黄得功、刘泽清、高杰同列为江北四镇。清军南下后降清。

三月二十八日，军事实力最强的将领左良玉发声，委婉地表示异议："东宫之来，吴三桂实有符验，史可法明知之而不敢言，此岂大臣之道？"[3] 这句话是有所指的，当初左懋第北上和谈，给史可法写过一封密信，说太子在北京。史可法起先也以为王之明是真太子，上疏力争。得到左懋第密

---

1 顾炎武《圣安本纪》,《明季稗史初编》卷十。
2 顾炎武《圣安本纪》,《明季稗史初编》卷十。
3 计六奇《明季南略》卷三《太子一案》。

信，自悔失言，向马士英转述了左懋第的密信，且言一时有伪皇后、伪太子二事，深可怪叹。史可法这些话正中马士英下怀，立即把史可法信件公布于众。[1]左良玉抓住这一把柄，指责史可法“明知之而不敢言”，进而大兴问罪之师：“满朝诸臣但知逢君，不惜大体。前者李贼逆乱尚锡王封，不忍遽加刑害，何至一家反视为仇！明知穷究并无别情，必欲转展诛求，遂使皇上忘屋乌之德，臣下绝委裘之义，普天同怨，皇上独与二三奸臣保守天下，无是理也。”[2]

先礼而后兵，四月初四日，左良玉以此为借口，打着“清君侧”的旗号，发兵东下，声称“本藩奉太子密诏率师救援”，把矛头对准马士英：

> 窃见逆贼马士英，出自苗种，性本凶顽。臣身在行间，无日不闻其罪状，无人不恨其奸邪。先帝皇太子至京，道路汹传，陛下屡发矜慈，士英以真为假，必欲置之死而后快其谋。
>
> 臣前两疏，望陛下从容审处，犹冀士英夜气稍存，亦当剔肠悔过，以存先帝一线。不意奸谋日甚一日，臣自此义不与奸贼共天日矣！臣已提师在途，将士眦目指发，皆欲食其肉。臣恐百万之众发而难收，震惊宫阙，且声其罪

1 戴名世《弘光朝伪东宫伪后及党祸纪略》，《东林始末》第275页。

2 计六奇《明季南略》卷三《太子一案》。文秉《甲乙事案》卷下，弘光元年三月乙巳。

状，正告陛下，仰祈刚断，与天下共弃之。[1]

为此，左良玉声讨马士英八大罪状：

第一条罪不容于死的是："自先帝之变，人人号泣，士英利灾擅权，事事与先帝为仇。钦案，先帝手定者，士英首翻之；《要典》，先帝手焚者，士英复修之；思宗改谥毅宗，明示先帝不足思，以绝天下报仇雪耻之心。"

第二条罪不容于死的是："国家提衡文武，全恃名器鼓舞人心。自贼臣窃柄以来，卖官鬻爵，殆无虚刻，都门有'职方贱如狗，都督满街走'之谣。如越其杰以贪罪遣戍，不一年而立升部堂；张孙振以赃污狡犯，不数日而夤缘仆少。袁弘勋与张道濬，皆诏狱论罪者也，借起废径复原官。如杨文骢、刘泌、王燧以及赵书办等，或行同犬彘，或罪等叛逆，皆用之于当路。"

第三条罪不容于死的是："阁臣司票拟，政事归六部，至于兵柄，尤不得兼握。士英已为首辅，犹复掌枢（兵部），是弁髦太祖法度。又引腹心阮大铖为添设尚书，以济其篡弑之谋。两子枭獍，各操重兵以为呼应，司马昭复生于今日。"

第四条罪不容于死的是："陛下选立中宫，典礼攸关。士英居为奇货，先择其尤者以充下陈，罪通于天。而又私买歌女寄养阮大铖家，希图进选，计

1 计六奇《明季南略》卷三《左良玉参马士英八罪》。

乱中宫，阴谋叵测。”

第五条罪不容于死的是：“陛下即位之初，恭俭神明。士英百计诳惑，进优童艳女，损伤盛德。每对人言，恶则归君。”

第六条罪不容于死的是：“国家遭此大难，须宽仁慈爱，以收人心。士英自引用阮大铖以来，睚眦杀人，如雷缜祚、周镳，锻炼周内，株连蔓引。尤其甚者，借题三案，深埋陷阱，将生平不快意之人，一网打尽，令天下士民重足解体。”

第七条罪不容于死的是：“九重秘密，岂臣子所敢言。士英遍布私人，凡陛下一言一动，无不窥视。又募死士，窜伏皇城，诡名禁军，以观陛下动静，曰‘废立由我’。”

第八条罪不容于死的是：“率土碎心痛号者，先帝殉难，皇子幸存，前此定王之事，海内至今传疑未已。况今皇太子授受不明，臣前疏已悉。士英乃与阮大铖一手拿定，抹杀的确识认之方拱乾，而信串通朋谋之刘正宗，不畏天道神明，不畏二祖列宗，不畏天下公议，不畏万古纲常，忍以先帝已立七年之嗣君，为四海讴歌讼狱所归者，付之幽囚。”

左良玉的结论是：“天昏地惨，神人共愤，凡有血气，皆欲寸磔士英、大铖等，以谢先帝。”[1]

左良玉痛斥的八大罪状，无疑是对马士英的一

1 计六奇《明季南略》卷三《左良玉参马士英八罪》。

次清算，每一条都有根有据，由此折射出弘光小朝廷内里的腐败，已到何等程度。计六奇评论得好："数列八罪，使人摭辩不得，躲闪不得，足褫奸雄之魄矣！"[1]

为了使得发兵"清君侧"，占据道德的高度，博得舆论的赞许，左良玉连续发表声讨马士英的檄文。

一篇檄文写道：

> ——奸臣马士英，根原赤身，种类蓝面。昔冒九死之罪，业已侪妾作奴，屠发为僧；重得三代之恩，徒尔狐窟白门，狼吞泗上。会当国家多难之日，侈言拥戴劝进之功。以今上历数之归，为私家携赠之物，窃弄威权，炀蔽聪明。持兵力以胁人，致天子闭目拱手，张伪旨以奢俗，俾兵民重足寒心。本为报仇而立君，乃事事与先帝为仇，不止矫诬圣德；初因民愿而择主，乃事事拂兆民之愿，何由奠丽民生！幻蜃蔽天，妖蟆障日。
>
> ——苏、松、常、镇，横征之使肆行；槜李（嘉兴）、会稽，妙选之音日下。江南无夜安之枕，言马家便尔杀人；北斗有朝彗之星，谓英名实应图谶。除诰命赠荫之余无朝政，自私怨旧仇而外无功能。类此之为，何其亟也！而

1 计六奇《明季南略》卷三《左良玉参马士英八罪》。

乃冰山发焰，鳄水兴波，群小充斥于朝端，贤良窜逐于崖谷。同己者性侔豺虎，行列猪猳，如阮大铖、张孙振、袁弘勋等数十巨憝，皆引之为羽翼，以张杀人媚人之赤帜；异己者德并苏、黄，才媲房、杜，如刘宗周、姜曰广、高弘图等数十大贤，皆诬之为朋党，以快虺如蛇如之狼心。[1]

另一篇檄文写道："马士英者，蛮獠无知，贪狼悖义。挟异人为奇货，私嫪毐以种奸。欺虾蟆之不闻，恣鹿马以任意。不难屠灭皇宗，遂敢刑戮太子……岂先帝不足复留种，既沉其弟，又灭其兄；将小朝自有一番人，既削其臣，并剪其主。"[2]

左良玉的声讨，义正词严，毋庸置疑。有这种看法的并非仅仅左良玉一人，湖广巡抚何腾蛟也指责马士英：太子到南方，何人奏闻？何人物色取召至京？马士英何以独知其伪？既是王昺侄孙，何人举发？[3]江西总督袁继咸公开声明：太子必非外间儿童所能假冒，当务之急必须赦免太子，才能遏制左良玉举兵东下。[4]

◥ 何腾蛟，贵州黎平人，天启元年举人。崇祯十六年由史可法力荐，任右佥都御史，巡抚湖广。顺治六年抗清殉国。

1 计六奇《明季南略》卷三《左良玉讨马士英檄》。

2 计六奇《明季南略》卷三《又檄》。文秉《甲乙事案》卷下，弘光元年四月癸丑。

3 戴笠、吴乔《流寇长编》卷十九，顺治二年四月甲寅。

4 戴笠、吴乔《流寇长编》卷十九，顺治二年四月戊辰。

南明小朝廷的内讧，为清军南下提供可乘之机。更为严重的是，朱由崧与马士英丝毫没有反省，一意孤行，把左良玉当作头号敌人，集中全部兵力对付左兵，听任虎视眈眈的清军步步紧逼，在所不顾。请看计六奇的记述：

（四月）初五日丁巳，左兵入九江、安庆，至于建德，顺流东下。

初七日己未，左兵入东流。良玉沿途遍张告示，称："本藩奉太子密旨，率师赴救。"士英等大惧，京师戒严。士英专理部事，不入直。江督袁继咸请赦太子，以遏止之。弘光切责士英，调黄得功、刘良佐离汛，遣刘孔昭、阮大铖、方国安、朱大典共御左兵。升大典兵部尚书，国安挂镇南将军印。

四月十六日丙寅，黄得功兵至江上，着于荻港、三山暂驻，有警进前。

十五丁卯，马士英言："水陆诸军必直抵湖口，与九江、安庆呼吸相通，乃知上游消息。"即催阮大铖、朱大典督诸军前发，不得稽延。[1]

计六奇的评论，言简意赅："左、马鹬蚌也，都是罪人。"[2]鹬蚌相争，渔翁得利，清军由此得以轻

1 计六奇《明季南略》卷三《又檄》。

2 计六奇《明季南略》卷三《又檄》。

而易举地向南挺进，拿下江淮富庶之地。文秉的评论颇为奇特，一方面肯定左良玉举兵，“海内望是举久矣，无不喜其来，而悲其晚”；另一方面又说“宁南侯左良玉举兵反”，理由是：“君虽不君，臣不可以不臣。”[1]不过他所说的喜其来而悲其晚，确是事实，左良玉在九江暴病而亡，其子左梦庚获悉清军南下，遂引兵返回湖广，“清君侧”半途而废。但是这些情况并不能减轻马士英的罪责，他心目中的头号敌人并非清朝而是左良玉。当时史可法连续上疏告急，朱由崧的答复是冠冕堂皇的：上游急则赴上游，北兵急则赴北兵。史可法知道这是受马士英蒙蔽所致，于是说明两者不可等量齐观：“上游不过欲除君侧之奸，原不敢与君父为难；若北兵一至，宗社可虞，不知辅臣何以蒙蔽至此？”他随即向马士英发去公文，请求选将添兵，大声疾呼。马士英唯一担心的就是左良玉，遂不予回应。史可法又请求回朝商议，遭到朱由崧拒绝：“西警方急，卿专心料理，待奏凯复见。”史可法叹息道：“奏凯二字谈何容易，诚如上言，面君不知在何日矣！”[2]

此时，清军接连拿下徐州、砀山、亳州、泗州，乘势渡淮，如入无人之境。四月十九日，福王召对群臣。马士英固执己见，主张全力抵御左良玉。大理卿姚思孝、尚宝卿李之椿、工科给事中吴希哲等，请求备战淮扬。福王也以为有理，对马士

1 文秉《甲乙事案》卷下，弘光元年四月丙辰。

2 李清《南渡纪事》卷下。

英说："左良玉虽不该具兵，以逼南京，然看他本上意思，原不曾反叛。如今该守淮扬，不可撤江防兵。"马士英不敢当面反驳皇帝，指着群臣厉声叱责："此皆良玉死党为游说，其言不可听。臣已调（黄）得功、（刘）良佐渡江矣。宁可君臣皆死于清，不可死于左良玉手！"瞋目大呼："有异议者当斩！"福王默然，诸臣噤若寒蝉。[1] 马士英的一意孤行，放弃江防，为清军渡过长江大开方便之门，所以计六奇要说"左、马鹬蚌也，都是罪人"。

2. 扬州十日：焚尸八十万

史可法督师江上，为了抵御清军南下，向朝廷建议设立江北四镇，分别防守淮扬、徐泗、凤寿、滁和。具体布置如下：

总兵刘泽清统辖淮海，驻扎淮北，防御海州、邳州、赣榆等十一州县，经理山东一带；

总兵高杰统辖徐泗，驻扎泗水，防御徐州、泗水、宿迁、亳州等十四州县，经理河南开封、归德一带；

总兵刘良佐统辖凤寿，驻扎临淮，防御寿州、颍上等九州县，经理河南陈州、杞县一带；

靖南伯黄得功统辖滁和，驻扎庐州，防御巢县、无为等十一州县，经理河南光山、固始一带。

1 李清《南渡纪事》卷下。

每镇领兵三万人，拨给军饷本色米二十万石，折色银四十万两，悉听各属自行征收。[1]

为了调动四镇的积极性，黄得功由靖南伯晋升为靖难侯，册封高杰为兴平伯，册封刘泽清为东平伯，册封刘良佐为广昌伯。在朝廷看来，黄得功素称忠勇，因为河北战功，由伯爵晋升为侯爵；左良玉也因恢复湖广有功，由宁南伯晋升为宁南侯。由此，统兵将帅中有两名侯爵、三名伯爵，但名位高并非好事，互不服气，经常窝里斗。

四镇中最有战斗力的当推高杰，此人骁勇善战，原先与李自成一同起义，诨号翻山鹞，李自成委任他护卫内营（亦称老营）的随军家属。他见李自成的妻子邢氏貌美，与之私通，随即率部投降官军，洪承畴抚驭得当，屡建战功。史可法锐意于恢复中原，以为非高杰不足以委任。邢夫人饶于权智，见史阁部出于至诚，劝高杰倾心于史阁部。高杰看中扬州富庶，希望把家眷安顿在扬州，对史可法说："杰既以身许公，而将吏妻子暴露野次，非所安内顾也，敢终以扬城为请。"扬州士绅震惊，地方官以没有住所为借口，婉言谢绝。黄得功也想在扬州立足，与高杰势同水火。史可法倾向于高杰，把官邸让给高杰，自己搬到东郊。邢夫人很感动，约束卫兵听从节制，扬州士民安堵无恙。[2]

这时发生了高杰与许定国内讧事件，打乱了史

1 李清《南渡纪事》卷上。

2 李清《南渡纪事》卷上。

可法的部署。

南明都督李际遇降清，高杰冒雪防守黄河，上疏朝廷，请求派重兵驻扎归德，东西兼顾。他派人前往睢州联络总兵许定国，送去白银一千两、布帛一百匹。许定国是河南归德府睢州人，膂力千斤，素与高杰有过节。高杰在李自成手下时，劫掠睢州，杀许定国全家，许定国衔恨在心，秘而不言，佯装与高杰和好。此时驻扎睢州，毁家养士，见高杰封为伯爵，上疏诋毁高杰为贼。高杰由此怨恨，常说要亲手杀了许定国。史可法遣高杰进图中原，许定国担心遭报复，写信给史可法，求自全之计。史可法答复道：许总兵何地不可居而必睢州？许定国派人致书高杰：睢州城池完固，器械精良，愿让公驻兵。

弘光元年正月十一日，高杰率兵抵达睢州，许定国在数十里外跪迎马前。

次日，高杰对许定国说：难道不知道我将要杀你，为何不逃？

许定国说：定国自然知道高公发怒，但不明白罪状。

高说：你多次上疏骂我为贼，安得无罪？

许说：这就是我不逃的原因。定国目不识丁，仓皇中由秘书代写奏疏，误入高公大名，定国不知疏中何等文字，若以此杀我，岂不冤枉！

高杰为人憨直，见许定国态度诚恳，就不再计较，随即杀牲盟誓，结为兄弟。

十三日，许定国张灯结彩，设宴款待。高杰率部将八人、亲兵数十人，坦然前往。高杰酩酊大醉，有美妓侍寝，偷走他的随身兵器。夜半，伏兵四起，高杰从梦中惊醒，知道中计。许定国手持长枪直刺过来，高杰虽然短小，却勇悍绝人，连折二枪，许定国持短刀把他杀死。在外狂饮的八将大惊失色，推倒筵席，翻墙逃走。许定国率领部众渡过黄河，向清军投降，清朝封他为平南侯，继而引清军进入仪封、考城、睢州。[1]

这一事件使得史可法损失两员大将，不但恢复中原无望，而且江北的防守也岌岌可危。正如戴名世所说："(高)杰既死，诸将互争雄长，几至大乱。""高营兵既引还徐州，于是大梁以南皆不守。"[2]更何况黄得功、刘良佐被马士英调去南京上游，对付左良玉，淮扬一带防务空虚。

◥ 戴名世，安庆桐城人，康熙四十八年榜眼。因所著《南山集》录有南明史事，并多用南明年号，被参劾，以"大逆罪"下狱处死。后世戴均衡搜集戴名世遗篇，编为《戴南山先生全集》。

马士英、阮大铖忌惮史可法威名，欲削夺其兵权，用左春坊左中允卫胤文加兵部右侍郎衔，总督扬州，令史可法移镇泗州。史可法考虑到移镇泗州，也是今日之急务，便率部北上，岂料刚到天长，而盱眙、泗州已经失守，泗州知府方将岩败殁，总兵李遇春投降。史可法率副将史得威赶回扬州，登城设守。扬州人讹言许定国引清兵，欲尽歼高杰余部。高杰余部斩关而出，直奔泰州。

---

1 李清《南渡纪事》卷下，顺治元年正月。计六奇《明季南略》卷三《许定国杀高杰》。

2 戴名世《乙酉扬州城守纪略》，《东南纪事》，中国历史研究资料丛书，上海书店，1982年，第27页。

先前清朝豫王多铎派人送来书信，信封上写“豫王致书史老先生阁下”，史可法立即把原件送交朝廷。至是，兵临城下，降将李遇春又拿着豫王书信，前来劝降；又有父老二人奉豫王之命，至城下约降，史可法统统不予理睬。此后，豫王继续送来信函五六封，史可法都不看，投之火中。

当时李成栋驻高邮，刘泽清与淮扬巡抚田仰驻淮安，都拥兵自保。扬州外援断绝，粮饷不继，守将高岐凤、李栖凤欲绑架史可法投降清军，史公坦然说：“扬州吾死所，君等欲富贵，各从其志，不相强也。”[1]

四月十九日，形势紧急，史公召见副将史得威，相持痛哭。史得威说：“相国为国杀身，得威义当同死。”

史公说：“吾为国亡，汝为我家存。吾母老矣，而吾无子女，为吾嗣以事吾母。我不负国，汝无负我！”

史得威说：“得威不敢负相国，然得威江南世族，不与相国同宗，且无父母命，安敢为相国后？”

副将刘肇基在旁哭泣：“相国不能顾其亲，而君不从相国言，是重负相国也。”史得威终于拜受命。史公于是书写遗表，上弘光皇帝；又写几封书信，分别给豫王、太夫人、夫人、伯叔父及兄弟，交给史得威，叮嘱道：“吾死，汝当葬我于太祖高皇帝之

1 戴名世《乙酉扬州城守纪略》，《东南纪事》第31页。

侧，其或不能，则梅花岭可也。”随即起草遗书：“可法受先帝恩，不能雪仇耻；受今上恩，不能保疆土；受慈母恩，不能备孝养。遭时不造，有志未伸，一死以报国家，固其分也，独恨不从先帝于地下耳！”[1]

二十五日，清兵攻城愈急，史公登城拜天，用大炮轰击，杀死清兵数千人。清兵用大炮轰塌城西北角，蜂拥而入。史公持刀自刎，被参将许谨救下。史得威与许谨扶持史公至小东门，许谨身中数十箭而死，史得威安然。史公大呼：吾史可法也！清兵惊喜，立即把他押赴新城楼见豫王。

豫王依然想劝降：“前书再三拜请，不蒙报答。今忠义既成，先生为我收拾江南，当不惜重任也。”

史公断然拒绝：“吾天朝重臣，岂可苟且偷生，得罪万世！愿速死，从先帝于地下。”

豫王反复劝说，见史公不为所动，无奈地说：“既为忠臣，当杀之以全其名。”

史公说：“城亡与亡，吾死岂有恨？但扬州既为尔有，当待以宽大，而死守者我也，请无杀扬州人。”

豫王没有回答，叫左右士兵杀史可法，“尸裂而死”。[2]

史得威被捕，大呼：吾史可法子也！豫王命许定国审讯，几天之后得以释放。史得威赶紧前去收

1 戴名世《乙酉扬州城守纪略》，《东南纪事》第31页。

2 戴名世《乙酉扬州城守纪略》，《东南纪事》第31—32页。

尸，由于天热，许多尸体堆积在一起，腐烂不堪辨识，史得威痛哭而去。次年三月，史得威在扬州城外梅花岭，为史可法建造衣冠冢。史公遗书，事先藏匿于商人段氏家中，史得威带往南京，献于太夫人。史可法给太夫人的信写道：

儿仕宦凡有二十八年，诸苦备尝，不能有益于朝廷，徒致旷违定省。不忠不孝，何以立天地之间？今日殉城，死不足赎罪。望母委之天数，勿复过悲。副将史得威，完儿后事，母以亲孙抚之。

给夫人的信写道：

可法死矣！前与夫人约，当于泉下相俟也。

给伯叔父兄弟的信写道：

扬州旦夕不守，一死以报朝廷，亦复何憾？独先帝之仇未报，是为大恨耳。

给豫王的信无法送达，其中写道：

败军之将，不可言勇；负国之臣，不可言忠。身死封疆，实有余恨。得以骸骨归葬钟山之侧，求太祖高皇帝鉴此心，于愿足矣。弘光元年四月十九日，大明罪臣史可法书。[1]

史可法临死前向豫王多铎请求“无杀扬州人”，豫王做到了吗？清朝官方的记载只是淡淡地说：“获史可法，斩于军前，其据城逆命者并诛之。”[2]并未提及是否屠城，这也难怪，英国历史学家汤因比说：历史是胜利者的宣传。清朝作为胜利者，当然不会自曝其丑。明朝遗老遗少，不必避讳，所写的野史暴露了“扬州十日”的惨烈。江都王秀楚写的《扬州十日记》，目睹惨状，逐日记录，为后人留下刻骨铭心的历史记忆。笔者节录若干：

——（四月二十五日）敌兵操弧先登者，白刃乱下，守城兵民互相拥挤，前路逼塞，皆奔所置木板，匍匐扳援，得及民屋。新板不固，托足即倾，人如落叶，死者十八九……天渐暮，大兵杀人声已彻门外。

——二十六日，忽来妇人，内有呼予者，视之，乃余友朱书兄之二妾也。予急止之，二妾皆散发露肉，足深入泥中没胫。一妾犹抱一女，（清）卒鞭而掷之泥中，旋即驱走。一卒提刀前导，一卒横槊后逐，一卒居中，或左或右，以防逃逸。数十人如驱牛羊，稍不前，即加捶挞，或即杀之。

1 戴名世《乙酉扬州城守纪略》，《东南纪事》第32—33页。

2 王先谦《东华录》顺治朝卷四，顺治二年四月己酉。

——自二十五日至此（二十九日），已五日，私幸或可薄赦。又纷纷传洗城之说。城中残喘，冒死缒城逃去者大半，旧有官沟壅塞不能通流，至是如坦途。然亦以此反罹其锋。城外亡命，利城中所有，结伴夜入官沟，盘诘搜其金银，人莫敢谁何……忽又烈火四起，何家坟前后多草房，然则立刻成烬。其有寸壤隙地一二漏网者，为火一逼，无不奔窜自出，出则遇害，百无一免。亦有闭户焚死者，由数口至百口，一室之中，正不知积骨多少？

——（五月）初二日，传府道州县已置官吏，执安民牌，遍谕百姓毋得惊惧，又谕各寺院僧人焚化积尸。而寺院中藏匿妇女亦复不少，亦有惊饿死者。查《焚尸簿》载数，共八十余万，其落井投河闭门焚缢者不与焉。

——初四日，天晴，烈日蒸薰，尸气薰人，前后左右，处处焚烧，烟结如雾，腥闻数十里。[1]

扬州十日死亡人数竟然达到八十余万，似乎难以置信。王秀楚根据《焚尸簿》的记载，并非信口胡说。当时附近难民大量涌入扬州城，加上战争中双方阵亡的士兵，焚尸八十余万是有可能的。计六奇的记载，可以作为一个旁证：

1 以上均见王秀楚《扬州十日记》，《明季稗史初编》卷二十七。

四月十九日，清豫王自亳州陆路猝至扬州，兵甚盛，围之。时史可法居城内，兵虽有，能战者少，闭门坚守不与战。清以炮攻城，铅弹小者如杯，大者如罍。堞堕即修讫，如是者数次。既而炮益甚，不能遽修，将黄草大袋盛泥于中，须臾填起。清或令一二火卒侦伺，守兵获之，则皆欢呼曰："擒了鞑子矣，进去请赏！"可法赐以银牌，俱喜，殊不知清师甚众。可法日夜待黄得功等兵至与战。

围至六日，乃廿五丁丑也，忽报曰："黄爷兵到矣。"望城外旗帜信然，可法令开门迎入。及进旧城，猝起杀人，有如草菅。众知为清人所绐，大惊，悉弃甲溃走。百姓居新城者一时哗叫曰："鞑子已入旧城杀人矣！"众不知所为，皆走出城。走不及者被杀，凡杀数十万人，所掠妇女称是，无一人得存者，扬城遂空。可法不知所终，或云遁矣。史公为人形容猥陋，而忠于体国，在军中时止茹麦粞饭，食不二味，众共怜之。

或云扬城破，清帅发令箭，一门杀人一百，以未破城时发炮伤兵也。既而传箭，一门杀人一千。杀讫，随出一箭，又杀一千。连续传箭，直杀至数十万。扬州烟爨四十八万，至是遂空。

徽（州）客巴姓者，自扬城逃出，云："初城破时，将民或一百或二百，各闭室内，使两兵守视。久之，有服红袍者手执旗、箭各一，驰马大呼曰：将这须蛮子去了罢！扬民被拘者闻之，谓为释己也，俱大喜。已而，牵一人出跪之，左边兵一刀，右边兵亦一刀，既杀两刀，以为必死，即掷下，复拽一人出，仍如前法，一似蛙然。若颈不断，虽死复苏。”巴某亦亲受两刀而复生者也。

扬州初被高杰屠害二次，杀人无算。及豫王至，复尽屠之。总计前后杀人凡八十万，诚生民一大劫也。[1]

计六奇一则说“直杀至数十万”，再则说“扬州烟爨四十八万，至是遂空”，三则说“总计前后杀人凡八十万”。这一估计，从侧面印证了《扬州十日记》的说法。

3. 南京陷落：弘光小朝廷灰飞烟灭

清军攻下江北重镇扬州，得以顺利渡过长江，横扫江南富庶之地，犹如摧枯拉朽，只有江阴军民坚守三个月，重创清军，其他各地大多不战而降。史惇如此概括这段历史：

清兵破扬州时，郑鸿逵水兵守京口，称数万，与北兵相距者三日，自五月初七日至十一日（是初九），霎时而渡，郑兵不知何往。于是镇江首降，四府遂不劳而下。宜兴稍与相抗，独江阴死守三月，而后力竭城破。清兵损伤大半，至今言及江阴，尚为咋舌云。当时口号云：

1 计六奇《明季南略》卷三《史可法扬州殉节》。

无锡一炷香，

宜兴一条枪，

江阴宁死不肯降，

靖江高高跪在沙滩上，

武进献了老婆还贴一个娘。

嗟乎，安得人心尽如江阴，天下事尚可为乎！[1]

史惇说，率领水师守卫长江的郑鸿逵“不知何往”。李清说，郑鸿逵向下游方向逃跑了。已故高杰的余部渡江南下，郑鸿逵如果出于公心，予以安插，可以增加江防力量，但是他反其道而行之，发动突然袭击，杀伤万人，逼使残部北上降清。郑鸿逵向朝廷谎报军情，声称与清军大战告捷，朝廷褒奖，封为靖虏伯，郑鸿逵沾沾自喜。李清写道：“京口民皆顶祝，且为建寺峙碑，自前月二十五日至是月之朔日，报虚捷，军门鼓角，将士凯歌声沸江滨。鸿逵开藩京口，民争以牛酒犒师……（五月）初七日，鸿逵军中大宴，歌舞喧闻。而清兵乘间遣二百余人潜入金山寺。初八日夜，大雾四塞，（清）王师编筏张灯向京口，而别由上游天宁洲、老鹳河渡。黎明尽抵南岸，遣袭，破镇江。郑（鸿逵）兵尽弃军资，扬帆东遁。”[2]

◥ 郑鸿逵，福建南安人，崇祯十三年武进士，郑芝龙之弟，郑成功叔父。弘光元年任镇江总兵，清军南下退至福建，后推隆武称帝。与郑成功合力抗清，卒于金门。

1　史惇《恸余杂记·郑鸿逵》。

2　李清《南渡纪事》卷下。

弘光小朝廷早已方寸大乱，依然醉生梦死。四月二十六日，朱由崧上朝，向群臣询问迁都的计划，礼部尚书钱谦益力言不可。[1]二十七日，龙潭驿探马报告，清军编木排为筏，准备乘风渡江而下。又报，江中清兵发炮，击毁京口城墙四垛。马士英封锁消息，责打探马，从此警报寂然。[2]二十八日，朱由崧召对群臣，上下寂无一言。良久，朱由崧说：外人皆言朕欲出去。大学士王铎问：此话从何得来？朱由崧指边上太监。王铎调换话头，请求确定日讲的日期，朱由崧漫不经心地说：过了端午再说。对于这场对话，计六奇批评道："是时，清兵渡江甚急，王铎身为大臣，而无一言死守京城，以待援兵至计，乃第请讲期，岂欲赋诗退敌耶？抑效戎服讲《老子》耶？这都是不知死活人，国家用若辈为辅臣，不亡何待！然（王）铎意已办归清一着为善后策，故发如此淡话耳。弘光云'且过端午'，此语颇冷，使铎多少没趣。君虽庸愦，亦密知清兵将至矣。"[3]

马士英封锁了江北的警报，阮大铖、刘孔昭、张捷一再向朝廷散布对抗左良玉的捷报，率领百官上表祝贺，以愚人耳目。五月初一日清晨，东西长安门的门柱上，贴出三副对联，一副写道：

福人沉醉未醒，全凭马上胡诌；

1 计六奇《明季南略》卷三《召问迁都》。

2 文秉《甲乙事案》卷下，弘光元年四月己卯。计六奇《明季南略》卷三《马士英答驿报》。

3 计六奇《明季南略》卷三《召对》。

幕府凯歌已休，犹听阮中曲变。

巧妙地把福（王）、马（士英）、阮（大铖）编入对联，矛头所向十分明确。另一副对联写道：

福运告终，只看卢前马后；
崇基尽毁，何劳东捷西沾。

卢前马后，讥刺太监卢九德、首辅马士英；东捷西沾，讥刺把持吏部、都察院的张捷、李沾。另一副对联写道：

二鲫翻世界，七煞卷地扫东林；
一路踏江南，四镇擎天归北漠。[1]

二鲫指刘泽清、刘孔昭，一路指路振飞，四镇指江北四镇，归北漠，暗指他们迟早归顺清朝。计六奇评论道："时清兵已驻瓜洲，眈眈欲渡，犹不思调大帅与郑鸿逵为犄角，乃徒守坂子矶以御左兵。士英之罪，可胜诛哉？"[2]

五月初七日，朱由崧在清议堂召开御前会议，与会者是当朝的实权人物：马士英、王铎、蔡奕琛、陈于鼎、张捷、陈盟、张有誉、钱谦益、李乔、李沾、唐世济、杨维垣、秦镛、张孙振、钱

1 文秉《甲乙事案》卷下，弘光元年五月壬午朔。计六奇《明季南略》卷四《五月纪略》。按：北漠，《明季南略》作"北幕"。

2 计六奇《明季南略》卷四《五月纪略》。

增、赵之龙十六人。其他官员在会议室外，不得与闻，议论什么问题秘而不宣。从散会后的闲聊中，约略可以窥知一个大概，讨论了南京政府的去留问题。散会时，李乔与唐世济齐声说："即降志辱身，也甘之矣。"有人向大僚叩问，得到的回答是："清信虽急，如今不妨了。"这些片言只语，透露了弘光小朝廷衮衮诸公面临危机时的心态，南京不会有扬州那样的抵抗。有人一语道破："盖所商议借（赵）之龙纳款于清也。"[1]所谓"纳款于清"，以及"降志辱身"，就是向清朝投降的委婉表达。南明的都城南京，竟然如此这般成为不设防不抵抗的城市，等待清兵来接收。

五月初九日一早，清兵开闸放舟，蔽江而下，三镇总兵各扬帆东遁，江南守军将领各自卸甲鼠窜。苏松巡抚霍达尚未到任，闻变，即易服潜入苏州。郑鸿逵路经丹阳，烧劫南奔。传言："清兵已渡江，镇江无备，都人大震。"[2]

五月初十日，南京城门紧闭，传旨缙绅家眷不许出城。朱由崧竟然召集梨园子弟到大内演戏，他与太监卢九德、田成、屈尚忠等，杂坐酣饮，装出一副若无其事的样子。到了半夜二更，朱由崧立即与太后、妃子，在四五十个太监的护卫下，骑马从通济门逃跑，文武百官没有一人知晓。他命令缙绅家眷不许出城，自己却放弃皇帝的职守，弃城逃

1 文秉《甲乙事案》卷下，弘光元年五月戊子。计六奇《明季南略》卷四《五月纪略》。按："即降志辱身，也甘之矣"一句，《明季南略》作"便降志辱身，也说不得了"。

2 文秉《甲乙事案》卷下，弘光元年五月庚寅。

跑，意味着弘光小朝廷就此分崩离析。他跑到太平府，刘孔昭闭门不纳，朱由崧彷徨于江边，不得已投奔黄得功军营。黄将军忙于防左良玉军队东下，闻讯后，立即赶回军营，对皇帝的草率行为有所微词："陛下死守京城，臣等犹可借势作事，奈何听奸人之言，仓卒行幸乎？今进退将何所据？此陛下自误，非臣等负陛下也。臣营单薄如此，其何以处陛下哉？"[1]

五月十一日，马士英逃跑。黎明时分，钱谦益乘坐轿子路过马士英家，见门庭纷然。良久，马士英出来，身穿马衣快鞋，头戴小帽，向钱谦益拱手说："诧异诧异，我有老母，不能随公殉国矣。"随即上马而去，随行妇女多人，皆上马装束，家丁百余人护卫。出城至孝陵，召守陵的贵州士兵随行护卫。

朱由崧、马士英逃跑，导致南京城顿时大乱。计六奇写道："平旦，百姓见宫门不守，宫女乱奔，始知君、相俱逊去，惊惶无措，遂乱拥入内宫抢掠，御用物件遗落满街。一时文武逃遁隐窜，各不相顾。洗去门上封示，男女众涌出城，有出而复返。少顷，忻城伯赵之龙出示安民，有'此土已致大清国大帅'之语，闭各城门以待清兵。"[2]这就意味着，弘光小朝廷已经俯首投降，把南京拱手让与清朝。

1 文秉《甲乙事案》卷下，弘光元年五月壬辰。

2 计六奇《明季南略》卷四《马士英奔浙》。

南京士民数百人利用无政府状态，冲进中城兵马司监狱，擒获大学士王铎，强迫他承认太子是真的，打了他的屁股，拔了他的须发，以泄心头之恨。士民们把王铎关进监狱，拥护太子来到武英殿，不知何人搞来戏装翼善冠，把太子打扮一番，推上宝座，山呼万岁。[1]士民拥立的皇太子，在清兵还未进城的权力真空时期，行使皇储职权，于五月十二日午后发布一道谕旨，张贴在皇城外侧，上面写道：

> 泣予先皇帝丕承大鼎，克壮前猷，凡诸臣庶同甘共苦，播著中外，罔不宣知。胡天不佑，惨罹奇祸，凡有血气，裂眦痛心！泣予小子分宜殉国，思以报君父大仇，不共戴天，皇祖基业血汗非易，忍耻奔避，图雪国仇。予惟先帝之哀，奔投南都，实欲哭陈大义，身先士卒。不意巨奸障蔽，致撄桎梏。予虽幽城狱，每念先帝，无一日不再三痛绝也！
>
> 今日闻兵远避，先为民望，其如高皇帝之陵寝，亿万苍生之性命。何泣予小子，将历请勋旧文武诸先生，念予高皇帝三百年之鸿烈，先皇帝十七载之旧恩，助予振旅，扶此颠沛。何期父老小民围抱出狱，拥入皇宫。予见宫殿

1 佚名《江南闻见录》，顺治乙酉五月十一日，《东南纪事》第318页。计六奇《明季南略》卷四《赵监生立太子》。

披靡，踉跄祖业，不胜悲涕。奈诸父老焉知予负重冤，岂称尊南面之日乎！

谨此布告在京文武勋旧诸先生士庶人等，念此痌瘝，勿惜会议，予当恭听，共抒皇猷。勿以前日有不识予之嫌，惜尔经纶之教也。不念旧恶，垂诸训典，非敢云赦。惟愿即临，匡予不逮。谨此。[1]

这张用朱笔写在黄纸上的告示，通篇语气文绉绉，显然是别人捉刀代笔的，但是它至少表明，南京民众承认他是崇祯皇太子。

五月十四日，清朝豫王多铎率领清兵抵达南京城下。总督京营戎政忻城伯赵之龙偕同都察院左都御史李乔，出城迎接，跪在道旁高声报名。十五日，打开洪武门，行四拜礼，赵之龙叩首请豫王进城。清朝官方记载是这样的："十五日，我军至南京，忻城伯赵之龙率魏国公徐文爵、保国公朱国弼、隆平侯张拱日、临淮侯李祖述、怀宁侯孙维城、灵璧侯汤国祚……内阁大学士王铎、程正揆、礼部尚书钱谦益、兵部侍郎朱之臣、梁云构……并城内官民迎降。其沿途来归者，兴平伯高杰子高元照、广昌伯刘良佐、提督李本深、总兵胡茂祯、张士元、郭虎、杨承祖、李中星、何应昌、翟鸣凤、王之刚、李遇春、张天禄、张天福、李成栋、李栖

1 佚名《江南闻见录》，顺治乙酉五月十二日，《东南纪事》第319—320页。

凤等二十三员……马步兵共二十三万八千三百。”[1]

有如此之多的将领，二十几万军队，竟然毫不抵抗，束手就擒，令人惊诧莫名！当然也有威武不能屈的人，例如给事中黄端伯，在自家大门上写道：“大明忠臣黄端伯之寓。”豫王召他来，黄端伯长揖不跪。豫王问话，则谩骂，遂命处死。临刑前，刚巧报恩寺和尚一轮路过，黄端伯请他代写绝命书：“对面绝思量，独露金刚王。若问安身处，兵刃是道场。”[2]

◤ 黄端伯，江西新城人，崇祯元年进士。历任宁波、杭州推官，因劾益王朱慈炱穷奢极欲反被问责，弃官为僧。南明弘光时经姜曰广推荐再度起用。

清军进入南京后为了宣示改朝换代的正义性，在通衢大道接连张贴两道告示，晓谕军民人等。前一道告示是全国通用的，以“大清国摄政叔父王令旨”的口气，晓谕河南、南京、浙江、江西、湖广等处文武官员军民人等，历数南明政府三大罪状，然后说道：“惟此三罪，天下所共愤，王法所不赦，予是以恭承天命，爰整六师，问罪征讨。凡各属文武官员，率先以城池地方投顺者，论功大小，各升一级；抗命不服者，本身受戮，妻子为俘。倘福王悔悟前非，自投军前，当释其前罪，与明朝诸王一体优待。其福王亲信诸臣，早知改过归诚亦论功次大小。檄到之处，民人毋得惊惶奔窜，农商

1　王先谦《东华录》顺治朝卷四，顺治二年五月十五日。

2　文秉《甲乙事案》卷下，弘光元年五月戊戌。

照常安业，城市秋毫无犯，乡村安堵如故。”[1] 后一道谕旨是以“钦命定国大将军豫王令旨”的口气，晓谕南京等处文武官员军民人等，用扬州屠城事例，恫吓南京军民：“昨大兵至维扬城内，官员军民撄城固守，予痛惜民命，不忍加兵，先将祸福谆谆晓谕。迟延数日，官员终于抗命，然后攻城，屠戮妻子为俘。是岂余之本怀？盖不得已而行之。嗣后大兵到处，官员军民抗拒不降，维扬可鉴。夫人皆天地所生，逆命之徒，欲死则宜自尽，何得贻祸生灵？本朝承天之眷，遇战必胜，攻城必克，谅尔等闻之熟矣。”[2]

最为微妙的是，清朝如何对待崇祯皇太子。豫王多铎进城后，与迎接他的南明官员席地而坐，同酌共饮，特地关切地问：太子何在？忻城伯赵之龙告诉他王之明案情，强调王之明假冒太子。多铎不以为然：“逃难之人，自然改易姓名，若说姓朱，你们早杀过了。”保国公朱国弼解释：“太子原不认，是马士英坐易。”多铎大笑：“奸臣，奸臣！”当天晚上，赵之龙陪同太子到多铎军营，多铎离席迎接，要太子坐于自己的右侧，相去不过丈许。[3]

多铎命令已经投降的总兵刘良佐前往黄得功军营，捉拿福王朱由崧。刘良佐奉命追至，黄得功大怒，隔河谩骂，挥鞭誓死，高喊：我黄将军志不受屈！刘良佐伏弩射中黄得功喉咙，黄将军叹息：我

1 佚名《江南闻见录》，顺治乙酉五月十四日，《东南纪事》第321页。

2 佚名《江南闻见录》，顺治乙酉五月十四日，《东南纪事》第322页。

3 计六奇《明季南略》卷四，十五日丙申。戴笠、吴乔《流寇长编》卷十九，顺治二年五月丙申。

无能为矣！随即拔剑自刎而死。五月二十五日，刘良佐押解朱由崧回到南京。朱由崧昔日的威风早已荡然无存，乘坐一顶无幔小轿，首蒙包头布，身穿蓝布衣，用油纸扇掩面过市。路两边的百姓见到他，唾骂不已，有的甚至投掷瓦砾。朱由崧见到多铎，慌忙叩头。少顷，多铎在灵璧侯府邸设宴，把朱由崧的座次排在太子之下，反映了他对朱由崧的鄙视。席间，多铎向朱由崧发出一连串追问："汝先帝自有子，汝不奉遗诏，擅自称尊何居？""汝既擅立，徒听奸臣报复私怨，不遣一兵讨贼，于心何安？""先帝遗体止有太子，逃难远来，汝既不让位，又转展磨灭之，何为？""我兵尚在扬州，汝何为便走？自主之耶？抑人教之耶？"朱由崧被问得汗流浃背，哑口无言。太子见状不解地问："皇伯手札召我来，反不认，又改姓名，极刑加我，岂奸臣所为，皇伯或不知？"朱由崧支支吾吾，一言不发，始终俯首到终席。[1]此时正是弘光元年，公元1645年。

南明弘光皇帝朱由崧，实在一无可取之处。美国学者司徒琳（Lynn A. Struve）说："朱由崧做皇帝是错误的时刻、错误的地点的错误人选。"[2]真是绝妙的评语。

几个月后，豫王多铎北上，挟带太子、福王朱由崧同行；潞王朱常淓随后也押解北上，三人同时

1 文秉《甲乙事案》卷下，弘光元年五月丙午。计六奇《明季南略》卷四《弘光拜豫王》。

2 司徒琳《南明史》，第19页。

被清廷处死。鲁王监国，追谥太子为悼皇帝、福王为赧皇帝、潞王为潞闵王。[1]福王、潞王是货真价实的明朝宗室，太子的真伪是有争议的，清朝当局宁可认定他是真的，而处以极刑，以免后患，反而增加了太子的真实色彩。

4.“头可断，发不可剃”：江阴守城八十日

弘光元年六月，豫王多铎下令：江阴限三日剃发。二十八日，清朝委任的江阴知县方亨张贴布告，申严剃发令。二十九日，乡绅耆老何茂、邢縠等人向县衙呈请“留发”，知县方亨大骂不已。众人哗然指责方亨：“汝是明朝进士，头戴纱帽，身穿圆领，来做清朝知县，羞也不羞？丑也不丑？”[2]

闰六月初一日，知县方亨来文庙行香，诸生百余人与百姓跟从而至，问道：“今江阴已顺，想无他事矣？”

方亨回答：“止有剃发尔。前所差四兵，为押剃发故也。”

众人问：“发可剃乎？”

方亨回答：“此清律，不可违。”

方亨随即返回衙门，接到常州府的公文，其中有“留头不留发，留发不留头”字句，方亨命文书抄写后公布于众，文书不肯从命，掷笔于地说：就

1 计六奇《明季南略》卷四，三十日辛亥。戴笠、吴乔《流寇长编》卷十九，顺治二年五月庚戌。

2 韩菼《江阴城守纪》卷上，《东南纪事》第45—46页。

死也罢！[1]

诸生许用等在文庙明伦堂大声高呼："头可断，发不可剃！"[2]下午北门乡兵奋袂而起，四城内外数万人响应，要求发放兵器火药，典史陈明遇顺应乡兵要求，邀请精通武艺的徽商邵康公为将领；徽商程璧捐献白银三万五千两，为陈明遇提供军饷；旧都司周瑞龙率领船队驻扎江口，与邵康公配合。乡兵初战失利，陈明遇邀请旧典史阎应元为主将，乡兵拥戴入城，率众协守。先前兵备曾化龙制造的"见血封喉弩"，兵备张调鼎铸造的大炮火药，全部发给乡兵，固守江阴城。

清兵连日不克，乞求增援，于是派来七王、八王、十三王等，率领将校千员，马步兵十余万，向江阴进发，降将刘良佐为先锋。[3]刘良佐奉豫王命令，闰六月二十四日，把招降书从东门外射进。招降书写道："传谕乡绅士庶人等知悉：照得本府原为安抚地方，况南北两直、川、陕、河南、山东等处，俱已剃发，惟尔江阴一处敢抗违国令，何不顾身家性命耶？今本府奉旨平伊江阴，大兵一二日即到，尔等速剃发投顺，保全身家。"次日，江阴全县公议回书，断然拒绝投顺："江阴礼乐之邦，忠义素著。止以变革大故，随时从俗，方谓虽经易代，尚不改衣冠文物之旧。岂意剃发一令，大拂人心，是以城乡老幼誓死不从，坚持不二。屡次

1 韩菼《江阴城守纪》卷上，《东南纪事》第46页。

2 计六奇《明季南略》卷四《江阴纪略》。许重熙《江阴城守后纪》，《东南纪事》第81页。

3 韩菼《江阴城守纪》卷上，《东南纪事》第55页。

兵临境上，胜败相持，皆系各乡镇勤王义师闻风赴斗。若城中大众齐心固守，并未尝轻敌也。今天下大势，所争不在一邑。苏杭一带俱无定局，何必恋此一方，称兵不解？况既为义举，便当爱养百姓，收拾人心，何故屠戮奸淫，烧抢劫掠，使天怒人怨，惨目痛心？为今之计，当速收兵，静听苏杭大郡行止。苏杭若行，何有江阴一邑！不然，纵百万临城，江阴死守之志已决，断不苟且求生也！”[1]

◥ 江阴城楼朝宗门今景

陈明遇派人缒城夜出，邀请原任典史阎应元出任守城总指挥。阎应元，字丽亨，北直隶通州人，以武生起椽吏，历任京仓大使，崇祯十四年调任江阴典史，因治安有功，大臣推荐为都司，马士英、阮大铖用事，排挤往广东，未赴任，避居砂山之麓。陈明遇派专使十六人缒城夜出，邀请他担任守城总指挥。七月初九日，阎应元进入江阴城，整顿军备。初十日，祭旗发令，命武举人王公略守东门，把总汪某守南门，陈明遇守西门，阎应元自守北门，他与陈明遇总督四门，昼夜巡逻。城外二十余万乡兵被引入城内，与在城军民分保而守。城门

1 计六奇《明季南略》卷四《江阴续记（难民口述）》。韩菼《江阴城守纪》卷上，《东南纪事》第56—57页。

用大木塞断，派十人守一垛，卯时喊杀一声，午时再派十人喊杀一声，酉时仍换前十人随宿，夜半再换后十人更番，周而复始。城下设十个简易棚屋，早晚轮换，安息烧煮。十人小旗一面，百人大旗一面，红夷炮一座，每八堞点灯一盏，每堞砖瓦一堆。井井有条，丝毫不乱，士气大振。城中有火药三百瓮，铅弹一千石，大炮一百门，鸟机一千张，铜铁器一万枚，以及其他军需物资。[1]阎应元很会治军，据许重熙说："应元伟躯干，面苍黑，微髭，性严毅，号令明肃，犯法者鞭笞贯耳，不稍贷。然轻财，赏赐无所吝；伤者手为裹创，死为厚棺殓，酹醊而哭之。与壮士语，必称好弟兄，不呼名。（陈）明遇宽厚妪煦，每巡城，拊循其士卒相劳苦，或至流涕。故两人皆能得士心，乐为之死。"[2]

七月十一日，清兵攻打北门。江阴乡兵勇不可当，一举击毙清朝七王等骁将。计六奇写道：

外兵箭射如雨，民以锅盖为蔽，以手接箭，日得三四百枝。一人驾云梯独上，内用长枪拒之。将以口纳枪，奋身跃上，一童子力提而起，旁一人斩首，尸堕城下。或曰：此即七王也。又一将周身缚利刃，以大钉插城而上，内用锤击毙之。敌骑日益，依君山为营，瞰城虚实，为炮所中，乃移营去。居民黄云江素善

1 韩菼《江阴城守纪》卷上，《东南纪事》第59—61页。

2 许重熙《江阴城守后纪》，《东南纪事》第83页。

弩，火镞发弩，中人面目，号叫而毙。陈瑞之子在狱制木铳，铳类银鞘，从城上投下，火发铳裂，内藏铁乌菱，触人立毙。（阎）应元复制铁挝，用棉绳系掷，着人即吊进城。又制火毬、火箭之类，敌皆畏之。刘良佐降敌，为上将，设牛皮帐攻城东北角，众索巨石投下，数百人皆死。良佐移营十方庵，令僧望城跪泣，陈说利害，众不听。良佐策马近城谕，（阎）应元骂曰："我一典史卑官，死何足惜？汝受朝廷封爵，今日反来侵逼，汝心何心？"良佐惭而去。[1]

七王战死，清军两名都督大怒：我得北京，得镇江，得南京，未尝惧怯，未尝费力。江阴拳大的地方，就如此费力！随即命令：挑选猛将数员，步兵三万，扎云梯十张，分十处攻城，如有退却，立斩！

七月十二日清晨，清军发起猛攻。当时人这样描写江阴守城的激烈战况：

十二日，大清兵仍攻北门，二都督死之。

清晨，城外放炮呐喊，三万军造浮桥十条，一齐过外城河，分十处运云梯上城。城上用砖石掷下，长枪拒敌。或以船蔽体而进，城

1 计六奇《明季南略》卷四《江阴纪略》。

内炮石杂施，无不立碎。凡城堞四进者两对，见兵至，发炮弩毙之。其来攻城脚者，以长堦沿石掷下；或旗竿截断，列钉于上，投下，死伤无算。二都督恃勇，衣三层甲，腰悬两刀，肩插两刃，手执双刀，独登云梯，毁雉堞，跨上城垛，执刀乱砍。城上以棺木支御，枪刺其身不能入，或曰："止有面可刺耳！"遂群刺其面。旁堞垛一汤姓童子，持钩镰枪，用力钩断其喉管，竹匠姚迩割其头，身堕城下。外兵齐来抢尸，城上梆鼓齐鸣，砖石小箭如雨点下，伤千余人。复用牛皮帐挡住矢石，始拖尸去。后刘良佐日令军士拜索其头，不允；愿出银买，乃命将银当面装入银鞘，吊入城。又命军士罗拜，口中高叫："还我王爷的头！"然后以蒲包裹一黄狗头掷还之，将头悬城上。外复苦求，乃投下。取去，缝合，挂孝三日，令道士设醮招魂。有红箭衣六人拜城下，内发炮，化为尘。又一日，持祭物来奠，一僧捧金帛随行，道经何家埭，内发炮毙之，取其酒食饷守城者。[1]

七月十三日，清军薛王派人前来招降，阎应元与陈明遇将计就计，于次日派白发老人手执白旗，焚香前导，后面数人抬着银锭等物出城。到达薛王

1 韩菼《江阴城守纪》卷上，《东南纪事》第62页。

营前通报：献银买命，求免杀戮。薛王大喜，升帐放炮，吩咐将银锭抬入帐中。正要令人验收，刹那间，火发炮裂，烟焰蔽天，震响如雷，死伤遍地。薛王只剩一个头颅，受伤者二千余人，包括上将二员。当日，三军挂孝，合营举哀，埋葬薛王头颅于北州苏家墩。[1]

七月二十八日，清兵炮轰北城，角城裂，夜半修复，敌以为如有神助。炮弹碎片击伤阎应元右臂，仍用左手握兵器，格杀数人。阎应元躯干丰硕，双眉卓竖，眼细而长，面赤有须，巡城时有卫兵手执大刀跟随，酷似关羽。清兵远远望见，以为天神。[2]其实抢修北城并非神助，而是阎应元号召军民，每人交纳砖石一块，顷刻堆积如山，很快在内砌成一道石城。清兵见北城不可破，改攻南城。炮声震天，二百里外都能听见，一昼夜用火药一万五千斤。几处城墙破损，清兵乘势拥上，刀矢如猬。守城者发炮回击，伤敌数千。指挥攻城的十王命令部下掠城外居民大箱千余只，在十方庵后堆成点将台，与前方城墙一般高，十王坐其中，上将四人指挥亲兵二百四十人，各持狼烟喷筒先发，一百门大炮齐发，猛击东南城角。守城军民不敢睁眼，无法反击。阎应元命中街巷口有武艺的汤三老儿，把大炮对准点将台上的十王，阎应元亲自瞄准，点火燃放。但见火光一闪，

1 韩菼《江阴城守纪》卷上，《东南纪事》第63—64页。

2 韩菼《江阴城守纪》卷下，《东南纪事》第69—70页。

点将台上的十王、四将和亲兵，顿时灰飞烟灭，唯有黄伞一把在半空旋转，一只带靴的脚，自上而下。[1]

江阴军民坚守八十日，岿然屹立。八月二十一日，二更时分，清兵大炮连续猛轰，城墙坍塌，清兵蜂拥而入，江阴城终于陷落。战况极为惨烈，请看计六奇的记述：

> 八月廿一日庚子，二更候，敌以大炮连击城，城堕。铁子重十三斤，城中洞门十三重，遇树，树亦穿过，落地深一尺，守者大惧。城坏无站立处，时天复雨。敌见城堕，遂左右两路发炮不止，多置铁石。独中路一炮止有狼烟，不纳铁石，但干响而不伤人。时烟漫障天，咫尺不辨，守者谓炮声霹雳，兵难遽入，不知敌竟乘中路黑烟内突入，跃马城上大射，守者溃走，城遂陷。
>
> 须臾，清兵俱集城上，恐有伏，持刀立视半日。至午后，见城中大沸，遂下，纵兵大杀，尸骸满道，家无虚井。有少年五百人相谓曰："总是一死！"搏战于安利桥，杀敌甚众，力尽而败。河长三十余丈，积尸与桥齐。杀至夜，始收兵，复上城。及天明，下城大杀，凡三日，止十二三岁童子不杀。[2]

1 韩菼《江阴城守纪》卷下，《东南纪事》第70—71页。

2 计六奇《明季南略》卷四《江阴续记（难民口述）》。

阎应元坐城东敌楼，索笔在门上题字："八十日带发效忠，表太祖十七朝人物，十万人同心死义，留大明三百里江山。"[1]带领千人上马格斗，夺西门走，不得出，勒马巷战，身中三箭，对随从说：为我谢百姓，吾报国事毕矣！随即自刎而死。[2]

清兵进城后疯狂报复，连续屠城三日，到二十三日封刀，死亡十七万人。韩菼写道："二十三日，止杀。满城杀尽，然后封刀。午后，出榜安民，城中所存无几，躲在寺观塔上隐僻处，及僧印月等，共计大小五十三人。是役也，守城八十一日，城内死者九万七千余人，城外死者七万五千余人。"[3]江阴是一个小县城，死亡十七万二千人，可以说是"满城杀尽"了。

◥ 韩菼，苏州人，康熙十二年状元。官至礼部尚书。著有《江阴城守纪》。

后人为江阴军民与城市同存亡的精神所感动，叹息不已："《江阴野史》曰：有明之季，士林无羞恶之心，居高官，享重名者，以蒙面乞降为得意。而封疆大帅，无不反戈内向，独陈、阎二典史，乃于一城见义。向使守京口如是，则江南不至拱手献人矣。"[4]在明清鼎革之际，极其险恶的形势之下，下层民众表现出来的威武不能屈的勇气，令身居高

---

1 韩菼《江阴城守纪》卷下，《东南纪事》第77页。
2 《明季南略》说阎应元自刎而死，《江阴城守纪》说阎应元自杀未死，被俘后被清军杀害。
3 韩菼《江阴城守纪》卷下，《东南纪事》第78页。
4 许重熙《江阴城守后纪》，《东南纪事》第85页。

位的统治者们自惭形秽。

5. 不屈的遗民们

嘉定士民死守十二天，与江阴守城八十天相比较，在气势上似乎略有逊色，影响却不可低估，后人常把嘉定三屠与扬州十日相提并论。清末的革命家，为了制造反满舆论，多次提及此事。邹容的《革命军》写道："吾读《扬州十日记》《嘉定屠城记》……吾为言以告我同胞曰：扬州十日，嘉定三屠，是又岂当日贼满人残汉人一州一县之代表哉？夫二书之记事，不过略举一二耳，想当日，既纵焚掠之军，又严剃发之令，贼满人铁骑所至，屠杀掳掠，必有十倍于二地者也。有一有名之扬州、嘉定，有千百无名之扬州、嘉定。吾忆之，吾恻动于心，吾不忍而又不能不为同胞告也。"[1]

邹容提及的《嘉定屠城记》，或许就是无名氏所作《嘉定屠城纪略》，详细叙述嘉定士民守城的壮怀激烈，以及清军屠城之惨酷。

弘光元年闰六月初八日，投降清朝的李成栋派部下偏裨梁得胜，率二千步骑兵，乘坐一百多艘船只，抵达吴淞，驻扎东关外。十二日，清朝的剃发令传至嘉定县，引发民众惊惧，密谋抗拒之计。[2]《嘉定屠城纪略》说："十二日，城外喧传有剃发之

1 徐保平《"嘉定三屠"新探》，周关东主编《嘉定抗清史料集》，上海古籍出版社，2010年，第146—147页。

2 朱子素《嘉定乙酉纪事》，《嘉定抗清史料集》第2—3页。

令，人情始惧，遂有变志。”[1]《嘉定乙酉纪事》说：“北师下剃发令至县，自是远近大哗，始谋举事矣。”[2]由此可见，清朝的剃发令是引发嘉定抗清斗争的导火索。

闰六月十二日，吴志葵派遣骑兵俞飞熊拿着令牌赶来，传令：“初十日郡中民变，杀北兵过半，余皆躲入府庠，已列栅围之。本镇即刻统大兵入县，仰附近百姓于今晚俱用白布裹头，杂插柏枝、竹叶、红箬、鹅毛为号，共剿东关兵。”[3]各路乡兵，在诸生支益、国子监生须明徵煽动下，拿着兵器聚集。其中王家宅乡兵阵容最为完整，在许龙指挥下，向清兵发动进攻，火烧梁得胜船队。李成栋从扬州、南京、镇江、常州等地掠夺来的精金美玉等珍宝，顿时付之一炬。梁得胜占据高冈反击，乡兵溃败，至此才知道吴志葵所说“本镇即刻统大兵入县”并未兑现。

闰六月十七日，都察院观政进士黄淳耀及其弟黄渊耀，进入嘉定县城，和通政司左通政侯峒曾及其子侯玄演、侯玄洁，倡义守城大计。黄淳耀，字蕴生，嘉定人，崇祯壬午（十五年）举人，癸未（十六年）进士。黄渊耀，字伟恭，庠生。侯峒曾，字豫

黄淳耀像

1 无名氏《嘉定屠城纪略》，《明季稗史初编》卷十三。

2 朱子素《嘉定乙酉纪事》，《嘉定抗清史料集》第3页。

3 无名氏《嘉定屠城纪略》，《明季稗史初编》卷十三。按：东关兵指驻扎东关外的李成栋部清军。

瞻，天启五年（乙丑）进士，历官南京兵部主事、江西提学参议、嘉湖道左参政，福王召为左通政，以疾病固辞。

当时黄淳耀避兵石冈，同科举人葛麟偕二力士来访，议论抗清事宜，一同前往松江拜访吴志葵，共论当世大事。归途中，葛麟对黄淳耀说，吴志葵是一个庸奴，其言夸诞，指使他人干事，他坐享其成，必误国事。年翁何故信之？天下事尚可为，幸勿卤莽。[1]

◤ 侯峒曾，嘉定人，天启五年进士。弘光元年，散尽家财，聚义兵数千，据嘉定城御清兵，城被攻陷，赴水自溺，气未绝，被清兵杀害。

十九日，侯峒曾、黄淳耀等召集公众商讨守城事宜，决定画地而守，东门以侯峒曾为主，诸生龚孙玹等辅佐；西门以黄淳耀为主，黄渊耀辅佐；南门以举人张锡眉为主，前秀水县儒学教谕龚用圆辅佐；北门以国子监生朱长祚为主，原云南按察司佥事唐咨禹辅佐。布置已定，各自率众上城巡逻，嘉定民众争先恐后自发跟从，人情鼓舞。东门、北门都用大石垒断街路，只留西门、南门定时启闭，仍用横木乱石阻塞街道，以遏兵锋。随后制订《挨门出丁法》，分上、中、下三等。上户、中户出壮丁若干名，义务守城，衣粮自备，另外出银若干，分担客兵粮饷以及守城灯烛费用。下户不必出银，只出一丁，上城防守；城上划分四隅，分属各图，每

1 《嘉定乙酉纪事》与《嘉定屠城纪略》所记相同。

图选择一人为图长，日落后亲自巡逻。

守城大政方针由侯峒曾、黄淳耀决定，人心稳定，避难外出士民相率扶老携幼而归，不绝于路。城上白旗飘扬，上面写着“嘉定复剿义师”几个大字，士气高涨。清兵多次攻城，都以失败告终。七月初四日五更大雨，守城百姓露立三昼夜，筋疲力尽，又逢暴雨，遍体淋湿，饮食断绝，不能自支。清兵乘机猛攻，用软梯登城，纵兵大入。侯峒曾坐镇城楼，指挥自若，随侍两旁的儿子玄演、玄洁疾呼：“事急矣，何以为计？”侯峒曾回答：“有死而已，复何言？所恨者，枉送一城百姓耳。”话还未讲完，守城乡兵大声报告：城已破。侯峒曾急忙命二子快走，二子不愿弃父而逃，侯峒曾怒斥道：“我死国事，分也。祖母在，若辈应代我奉事，恋我何为？”二子恸哭而去，走至孩儿桥，被清兵杀死。侯峒曾投宣家池自溺，不死，立水中叹息，人死亦一大难事。回首见昔日部下皂隶，命他按其头，冀得速死。还未气绝，被清兵发现，斩落首级请功。李成栋将侯峒曾首级悬挂于城门旗杆上，一旁写道：逆官侯峒曾首级示众。初六日，清兵屠城后撤离。悬挂首级的绳索断裂，首级堕地，眼鼻已经溃烂，须发犹然可辨，国子监生朱熙将之抱回。侯峒曾的仆人四出寻觅尸身，哭于道路：主君殉难时下身穿黄纱裤，用绿丝带结袜。经童子指点，终于发现尸身，始得安葬。[1]

1 无名氏《嘉定屠城纪略》，《明季稗史初编》卷十三。计六奇《明季南略》卷四记载《嘉定侯峒曾侯岐曾》，写侯峒曾父子之死，略有不同：“李成栋降为清将，廿二日壬寅来争邑城。峒曾约进士黄淳耀共为死守，百方御之，攻城者多死。解而复围者再，死守十二日。七月初四癸丑，天忽大雨，平地积数尺，城一隅崩，成栋入。峒曾趋拜家庙，赴池死。玄演、玄洁相抱入水。成栋恨之，斩其首，题曰‘元凶’，以狥于城中。”

死守西门的黄淳耀如何呢？东城陷落时，西门还没有清兵，城中男女向西逃命，道路有乱石阻塞，号哭祈求开门。黄淳耀不为所动，同榜进士王泰际为民请命，黄淳耀大怒："若欲献城，我顷刻死人，不顾年谊矣。"王泰际急走南门，缒城逸去。城门为巨石堵塞，仅容一人往来。清兵进城，全从屋上奔驰，通行无碍。难民在下行走艰难，悉投河而死，河水为之不流。黄淳耀、黄渊耀兄弟，知事已不可为，下城奔至一座寺庙，乃是当年与朋友读书处，主持和尚法号无等，出面献茶招待。黄淳耀对无等说：大师急避，某兄弟从此辞别。随即书写绝笔："遗臣黄淳耀于弘光元年七月初四日，自裁于西城僧舍。呜呼！进不能宣力皇朝，退不能洁身自隐。读书寡益，学道无成，耿耿不灭此心而已。异日虏氛复靖，中华士庶再见天日，论其世者尚知予心。"写罢，回头看弟弟渊耀，已经默然悬梁自尽，淳耀仰屋而叹，在弟弟身边自缢而死。[1]

像侯峒曾、黄淳耀一样，视死如归的不屈遗民，在江南可谓比比皆是。

夏允彝，字彝仲，号瑗公，松江华亭人，弱冠举于乡，好古博学。是时东林讲席鼎盛，苏州一带高才名士张溥、杨廷枢等，以文会友，结复社。夏允彝与同乡陈子龙、徐孚远等亦结几社，遥相应和。崇祯十年，与陈子龙同成进士，出任长乐知

1 朱子素《嘉定乙酉纪事》，《嘉定抗清史料集》第9—10页。黄淳耀绝笔中"异日虏氛复靖"，《明季南略》(卷四《黄淳耀渊耀》)写作"异日夷氛复靖"；《嘉定屠城纪略》写作"异日寇氛复靖"。

县，治绩卓异，被吏部尚书郑三俊誉为天下知县廉能七人之一。即将超擢，因母死丁忧未及用。甲申北京之变，夏允彝走谒史可法，与谋兴复大计。福王立，召为吏部考功司主事，未赴。获悉南京陷落，彷徨山泽间，欲有所为。闻友人侯峒曾、黄淳耀等相继殉国，乃于八月中赋绝命诗，投深渊而死。陈子龙为他写挽诗："志在春秋真不愧，行成忠孝更何疑。"两年后，其子夏完淳、兄夏之旭，因为陈子龙案受株连而死。[1]

陈子龙，字卧子，号大樽，又号海士，松江华亭人，崇祯三年举人，崇祯十年进士，出任绍兴府推官，以定乱有功，擢为兵科给事中，任命刚一颁布，北京就陷落，就职于南明，对福王小朝廷失望，乞求终养而去。到嘉善西北三十六里的水月庵出家为僧，法号信衷，字瓢粟，又号颍川明逸。他的出家，很大的原因是为了寻找一个安静的地方，侍养祖母高安人。高安人死后，他再度踏上社会，夏允彝死后，他写了《报夏考功书》，抒发心中的郁闷："自足下长逝遂已历期，每一念至，心焉如割，而不孝琐尾遁荒，寄命锋镝，复负大痛。茕茕垩庐，遥望家山，如在异域。"陈子龙投身抗清斗争，参与策动降清明将吴胜兆反正。由于事机泄露而失败，吴胜兆处死，陈子龙被捕，在押解途中投河而死。[2]

1 张廷玉《明史》卷二百七十七《夏允彝传》。计六奇《明季南略》卷四《夏允彝赴池死》。

2 张廷玉《明史》卷二百七十七《陈子龙传》。计六奇《明季南略》卷四《陈子龙投河》。朱东润《陈子龙及其时代》，上海古籍出版社，1984年，第278—300页。

徐石麒，字宝摩，号虞求，嘉兴嘉善人，天启二年进士，授工部营缮司主事，遭阉党诬陷而罢官。崇祯初年，恢复原官，晋升刑部侍郎、刑部尚书，因姜埰、熊廷弼之狱忤旨，再度罢官。崇祯十七年五月，福王起用为都察院右都御史，改任吏部尚书。在弘光小朝廷草创时期，由于刘宗周、黄道周与徐石麒等正人君子的复出，史家高度评价其意义，概括为四个字："始成朝廷。"慑于马士英、阮大铖的淫威，正人君子相继辞官而去，史家评价其影响，概括为四个字："南都竟败。"弘光元年四月，清兵南下，黄尊素之子黄宗羲劝徐石麒躲避四明山，徐石麒以为不可："马、阮已坏天下，虽智者难善其后，惟有死此一块土耳。"[1]清兵逼近嘉兴，统兵的贝勒派遣信使劝降，徐石麒严词拒绝，写了一封长信：

——麒本东海婢鱼，艺园滞蠹，赖遇先朝，僭跻九命，剔历非不深矣，国恩非不厚矣。一朝几顿鼎迁宫灰社屋，亡国老臣何所逃死，固宜诛锄之。及之也，乃不即赐斧钺，过采舆论，特遣信使，懋贲琬琰。荐锦绣于朽株，披衮章于溷壤，可谓薪槱弘以远矣。

——伏读宣示有曰："要使新进观摩，必借老成硕德。"愚不知钧谕，所谓观摩者，将

1 邵廷寀《东南纪事》卷五《徐石麒》。

使之如山如岳，为砥砺名节之徒乎？抑使之如脂如韦，为窃禄养交之辈乎？

——然则清朝容一皤皤老人卧疴泉石之间，未必于风教无小补也。大抵一代之兴，必有攀龙附凤之臣；霞蒸云变，亦必有云壑鲐背之老，敦书说礼，据梧而槁，盖以不有出者，谁共功名？不有处者，谁明节义？[1]

言词不卑不亢之中，透露出宁死不屈的决心不可动摇。他写给家人的遗书，清楚表明，为了维护名节，早已准备以死殉国，不是上吊，便是投水："死生有命，名节难移，作秀才时便要立品。若使我自惜死，使汝贻嘲，亦不愿也。此等事体，只须自立脚跟，与人商量不得，求人保全不得……我已安排一死，但帛与水未定耳。"[2]

闰六月二十四日，清兵围困嘉兴，徐石麒由村舍奔至城下，大呼："吾大臣，不可野死，请入，与城同存亡。"城上人欢呼：我公来矣！打开城门请进。第二天，嘉兴城陷落，徐石麒身穿朝服自缢于天宁寺。尸体被安放在柜子中，一个月之后才得以大殓，面色如生。[3]

弘光元年五月，清朝豫王多铎占领南京，分兵进入浙江，统帅就是想劝降徐石麒的那个贝勒。贝勒抵达杭州，随即派遣官吏到浙东招抚，下令剃

1 徐石麒《答贝勒》，《可经堂集》卷十二。

2 徐石麒《先府君手谕二则》，《可经堂集》卷十二《附录》。

3 邵廷寀《东南纪事》卷五《徐石麒》。

发，召乡绅朝见。原任苏松巡抚祁彪佳（字幼文，号世培，绍兴山阴人），誓死不从，对夫人商氏说："此非辞命所能却，若身至杭，辞以疾，或得归耳。"佯装整理行装，将赴杭州，家人深信不疑。闰六月初六日，深夜时分，潜出寓所，行至放生碣下，自投池中。临终前，留下遗书："某月日，已治棺寄蕺山戒珠寺，可即殓我。"[1]

两天以后，祁彪佳的同乡刘宗周绝食而死。清军大帅贝勒抵达杭州，刘宗周与祁彪佳相约举事，没有成功。祁彪佳先死，刘宗周绝食二十天，于闰六月初八日逝世。留下《绝命诗》：

留此旬日生，少存匡济志。
决此一朝死，了我平生事。
慷慨与从容，何难亦何易。

又有《示婿秦嗣瞻诗》：

信国不可为，偷生岂能久？
文山与叠山，只争死先后。
若云袁夏甫，时地皆非偶。
得正而毙矣，庶几全所受。[2]

诸如此类的志士仁人不胜枚举，仅计六奇《明

1 计六奇《明季南略》卷五《祁彪佳赴池水》。

2 计六奇《明季南略》卷五《刘宗周不食死》。

季南略》所载，就有华允诚、孙源文、卢象观、黄毓祺、徐汧、文秉、顾咸正、吴昜、眭明永、李待问、严绍贤、王献之、顾所受、杨廷枢、刘曙、朱集璜、徐怿、沈廷扬、吴应箕、金声、江天一、高宏图、张国维、朱大典、黄道周等，每个人都有可歌可泣的事迹，读来令人肃然起敬。[1]

康熙年间孔尚任的杰作《桃花扇》，以戏剧的形式缅怀明朝的覆亡和遗民的哀伤，篇末一曲《哀江南》令人心碎：

▶ 孔尚任，自称云亭山人，山东曲阜人，孔子第六十四代孙。著有传奇剧《桃花扇》等。

山松野草带花挑，猛抬头秣陵重到。

残军留废垒，瘦马卧空壕；村郭萧条，城对着夕阳道。

野火频烧，护墓长楸多半焦。

山羊群跑，守陵阿监几时逃。

鸽翎蝠粪满堂抛，枯枝败叶当阶罩；谁祭扫，牧儿打碎龙碑帽。

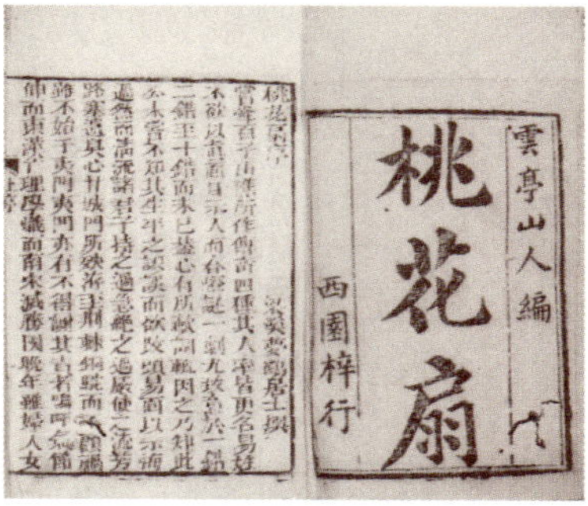
雲亭山人編
桃花扇
西園梓行

◀《桃花扇》西园刻本

横白玉八根柱倒，堕红泥半堵墙高，碎琉璃瓦片多，烂翡翠窗棂少，舞丹墀燕雀常朝，直入宫门一路蒿，住几个乞儿饿殍。

问秦淮旧日窗寮，破纸迎风，坏槛当潮，

1　分别见于计六奇《明季南略》卷三、卷四、卷五、卷六。

目断魂消。

当年粉黛，何处笙箫。

罢灯船端阳不闹，收酒旗重九无聊。

白鸟飘飘，绿水滔滔，嫩黄花有些蝶飞，新红叶无个人瞧。

你记得跨青溪半里桥，旧红板没一条。

秋水长天人过少，冷清清的落照，剩一树柳弯腰。

行到那旧院门，何用轻敲，也不怕小犬哰哰。无非是枯井颓巢，不过些砖苔砌草。手种的花条柳梢，尽意儿采樵，这黑灰是谁家厨灶?

俺曾见金陵玉殿莺啼晓，秦淮水榭花开早，谁知道容易冰消。

眼看他起朱楼，眼看他宴宾客，眼看他楼塌了。

这青苔碧瓦堆，俺曾睡风流觉，将五十年兴亡看饱。

那乌衣巷不姓王，莫愁湖鬼夜哭，凤凰台栖枭鸟。

残山梦最真，旧境丢难掉，不信这舆图换稿。

诌一套哀江南，放悲声唱到老。[1]

1 孔尚任《桃花扇》(王季思等合注)，人民文学出版社，1982年，第259—260页。

二百七十多年的明朝基业，在腥风血雨中土

崩瓦解，曾经辉煌的盛世，随着征服的战火，渐行渐远。一个时代黯然落幕。明朝的遗老遗少们，再见！[1]

1 董桥说："从碧先生说李香君的桃花扇，他的故友陶伯铭在北京见过，是折叠扇，依血痕点画数笔，扇子正面背面，清初文人题咏都题满了，紫檀扇盒盒内装裱的白绫竟也题满了诗文。"又说："那时候国语片有一位女明星也叫李香君，十足古典美人，两位前辈厚古厚今难免着迷，集存她的签名照、生活照、剧照一大盒，有些重复的还送给我，害我也渐渐迷上她。有一回茶座上匆匆一晤，牵萦至今。"（董桥《墨影呈祥》，海豚出版社，2013年，第46—47页）

第四章

晚明余音

——读《梅村家藏稿》札记

崇祯四年，二十三岁的吴伟业以会试第一名、殿试第二名的佳绩，获得皇帝御批“正大博雅，足式诡靡”的嘉奖，钦赐假期，归乡婚娶，一时荣耀至极。康熙十年病危时，回顾六十三年生涯，吴伟业感慨中透着凄凉：“吾一生遭际万事忧危，无一刻不历艰难，无一境不尝辛苦，实为天下大苦人。”[1]名闻遐迩的梅村先生为什么要说自己是“天下大苦人”呢？他晚年有一所颇具江南园林风格的别墅，生活并不艰苦。他的苦其实是内心痛苦，灵魂煎熬之苦。他一再写诗感叹：“憔悴而今困于此，欲往从之愧青史。”他在临终前再三叮嘱，给他穿上僧装，墓前立一圆石，题曰“诗人吴梅村之墓”，不要写墓志铭。后辈顾湄为他写“行状”至此，感叹：“先生之心事可悲也已！”这又是为什么呢？

《梅村家藏稿》向后人透露的信息丰富多彩。既要面对金戈铁马的腥风血雨，又要面对至暗时刻进退出处的艰难抉择。透过这样的视角洞察明清鼎革之际江南的政治氛围与文化生态，或许别有一番意味。

1 顾湄作于康熙十二年的《吴梅村先生行状》写道：“先生属疾时，作令书，乃自叙事，略曰：‘吾一生遭际万事忧危，无一刻不历艰难，无一境不尝辛苦，实为天下大苦人。……’”

一 “福过其分，实切悚栗”
——权臣倾轧中的复社才子

1. 张溥的入室弟子

吴伟业天资聪明，少年即有才名，张溥见到他十四岁所写的文章，大为惊叹，“文章正印，在此子矣”[1]，随即收他为入室弟子。顾湄《吴梅村先生行状》说：“先生有异质，少多病，辄废读，而才学辄自进，迨为文，下笔顷刻数千言。时经生家崇尚俗学，先生独好三史。西铭张公溥见而叹曰：‘文章正印，其在子矣。’因留受业，相率为通经博古之学。”[2]陈廷敬提供了一个细节：“(吴梅村)先生少聪敏，年十四能属文。里中张西铭先生以文章提倡后学，四方走其门，必投文为贽，不当意即谢弗内。有嘉定富人子，窃先生塾中稿数十篇，投西铭。西铭读之大惊，后知为先生作，固延至家。同社数百人，皆出先生下。”[3]

此处所说的“同社”云云，指应社与复社。应社成立于天启四年(1624)，创立者是杨廷枢和张溥等文士，宗旨是提倡尊经复古。张溥后来回忆道：“应社之始立也，所以志于尊经复古者，盖其志也。是以五经之选，义各有托，子常杨彝、麟士顾梦麟

1 顾师轼《吴梅村先生年谱》卷一，天启二年壬戌，十四岁。

2 顾湄《吴梅村先生行状》，《吴诗集览》(吴伟业撰，靳荣藩注)卷首。

3 陈廷敬《吴梅村先生墓表》，《吴诗集览》卷首。

主《诗》，维斗杨廷枢、来之吴昌时、彦林钱旃主《书》，简臣周铨、介生周钟主《春秋》，受先张采、惠常王启荣主《礼》，溥与云子朱隗则主《易》。”[1]

之后张溥创建复社，影响远超应社，由一个地域性文社，发展为全国性文社。因此，复社有狭义和广义之分，前者是指众多文社之一，后者是指众多文社的联合体。朱彝尊说“复社始于戊辰，成于己巳”，就是这个意思。亦即复社作为众多文社之一，始于崇祯元年；作为众多文社的联合体，成于崇祯二年。[2]

《梅村家藏稿》中吴伟业像

吴伟业作为张溥的及门弟子，追随老师参加复社活动，研习经学，奠定了坚实的学问基础。复社的早期名单中，年轻的吴伟业赫然在列。[3]崇祯

1 张溥《五经征文序》，《七录斋诗文合集·古文存稿》卷三。杨彝《复社事实》说得更为清晰：“文社始于天启甲子，合吴郡、金沙、槜李，仅十有一人：张溥天如、张采来章、杨廷枢维斗、杨彝子常、顾梦麟麟士、朱隗云子、王启荣惠常、周铨简臣、周钟介生、吴昌时来之、钱旃彦林，分主五经文字之选。而效奔走以襄厥事者，嘉兴府学生孙淳孟朴也。是曰应社。”

2 朱彝尊《静志居诗话》：“崇祯之初，嘉鱼熊开元宰吴江，进诸生而讲艺……肇举复社。于时云间有几社，浙西有闻社，江北有南社，江西有则社，又有历亭席社，昆阳云簪社，而吴门别有羽朋社、匡社，武林有读书社，山左有大社，佥会于吴，统合于复社。复社始于戊辰，成于己巳。”

3 据陆世仪《复社纪略》卷一，复社早期成员名单中，太仓州有十八名：张溥（天如）、赵自新（我完）、张谊、王家颖（初卿）、顾梦麟（麟士）、管士琬（君售）、王瑞国（子查）、张达孝（孚先）、何南春（梅先）、吴伟业（骏公）、孙以敬（浣心）、胡周鼎、蔡伸（伯引）、张浚（禹疏）、张王治（无近）、周群（子达）、张源（来宗）、王启荣。

二年的尹山大会、崇祯三年的金陵大会，他都躬逢其盛。关于尹山大会，《复社纪略》写道：“吴江令楚人熊鱼山开元，以文章经术为治，知人下士，慕天如名，迎至邑馆……于是为尹山大会，苕、霅之间，名彦毕至。未几，臭味翕集，远自楚之蕲、黄，豫之梁、宋，上江之宣城、宁固，浙东之山阴、四明，轮蹄日至。”[1]张溥在大会上针对“士子不通经术”的习气，提出“规条”与“课程”，以期达到“兴复古学”“务为有用”之目的，道出了之所以命名为复社的原因。

吴伟业晚年回忆道：“初，先生起里中，诸老生颇共非笑其业以为怪。一时同志，苏州曰杨维斗廷枢、曰徐九一汧，松江曰夏彝仲允彝、曰陈卧子子龙，而同里最亲善曰张受先采，读书先生七录斋，海内所目为娄东两张者也。受先举戊辰会试第三人，九一进史馆，是为崇祯改纪之初年。先生以贡入京师，纵观郊庙辟雍之盛，喟然太息曰：‘我国家以经义取天下士，垂三百载，学者宜思有表章微言，润色鸿业。今公卿不通六艺，后进小生剽耳佣目，幸弋获于有司……诗书之道亏，而廉耻之途塞也。新天子即位，临雍讲学，丕变斯民。生当其时者，图仰赞万一，庶几尊遗经，砭俗学，俾盛明著作，比隆三代，其在吾党乎？’乃与燕、赵、鲁、卫之贤者为文言志，申要约而后去。”[2]

1 陆世仪《复社纪略》卷一。

2 吴伟业《复社纪事》，《梅村家藏稿》卷二十四。

参加尹山大会的人数之多，一般文社难以与之比肩。据日本学者小野和子统计，一共有680人。[1]

崇祯三年（1630），适逢应天乡试，江南士子前往金陵参加科考，复社成员吴伟业和杨廷枢、张溥、吴昌时、陈子龙等高中举人，复社声誉一时高涨。在这种背景下张溥在金陵召开第二次大会。吴伟业写道："三年庚子省试，胥会于金陵，江淮宣歙之士咸在，主江南试为江西姜燕及（日广）先生。榜发，维斗褎然为举首，自先生以下，若卧子及伟业辈，凡一二十人，吴江吴来之昌时亦与焉，称得士。"[2]

2. 天子门生："正大博雅，足式诡靡"

荣耀接踵而来。崇祯四年（1631）辛未会试，吴伟业考取第一名，座主是内阁首辅周延儒和内阁次辅何如宠。接下来的殿试，获得了一甲第二名（第一名是陈于泰）。他的答卷自然引人注目，这篇《辛未廷试策》确实不同凡响。

一则说："臣闻之：人主之立法也，知明意美，道高德厚，设诚于内，而制行之，仁义礼乐皆其具也。然非选温良上德之士，以因能而责治，经常何自而修焉？"

再则说："人主之立法也，事为之制，曲为之

1 小野和子《明季党社考》，日本同朋舍出版，1996年，第433页，表4。

2 吴伟业《复社纪事》，《梅村家藏稿》卷二十四。

防，随俗之宜而通变之政，文章皆其效也。然非举通道进善之人，以分职而效官，典章何自而备焉？”

三则说：“故必因物以识物，因人以知人，使教化自内以达外，道法自略以及详，则智者献明，能者效力，皆从此始也。”

四则说：“君之所以养士者禄也，厚其爵予以彰有德，则冀念不生，所以成养廉之德者至矣。而风气未更，其何以劝焉？惟以贵谊贱利为先，而见贤不居其上，受禄不过其量，廉法所自见也。”[1]

用科举考试的标准来衡量，此篇堪称言之有物的佳作。吴伟业被录取为会试第一名、殿试一甲第二名，应在情理之中。由于内阁中排名第四的温体仁与首辅周延儒的权力倾轧引出了麻烦，温体仁的亲信党羽薛国观在朝廷中散布流言蜚语：周延儒意欲收罗名士，秘密叮嘱各分房考官，在阅卷时拆封窥探考生姓名。分房考官李明睿录取旧交吴禹玉之子吴伟业，周延儒也喜欢吴伟业，因此录取。御史袁鲸根据流言蜚语，准备向朝廷揭发。周延儒抢先一步，把吴伟业的考卷呈送皇帝御览，朱由检阅后批示：“正大博雅，足式诡靡。”[2]皇帝明白无误的赞誉，令温体仁、薛国观、袁鲸之流哑口无言，一场波澜始告平息。

看似平淡的事件，内中却大有玄机。按照惯例，内阁首辅政务繁重，主持会试之事应由内

1 吴伟业《崇祯辛未廷试策》，《梅村家藏稿》卷五十五。

2 陆世仪《复社纪略》卷二。顾湄《吴梅村先生行状》，《吴诗集览》卷首。吴伟业《跋王文肃公闱牍》写道：“伟业谫劣，愧于公无能为役。犹忆初尘榜墨，主者录首义进御，思陵览至终篇而善之。草茅少贱，经术浅薄，乃荷天语褒嘉，登诸大雅。士感知己，况在至尊。”（《梅村家藏稿》卷二十六）

阁次辅担任，周延儒以首辅身份主持会试是破例的行为。科举考试与官场人事关系密切，考生与主考官之间原先并无师生关系，一旦跃登龙门，就构成门生与座主的关系，进而发展成政坛的派系。周延儒亲自出马，意图搜罗名士作为门生，巩固自己在朝廷的权力基础。温体仁抓住把柄大做文章，意在攻倒周延儒取而代之。因此之故，陆世仪把此事定性为“温周相轧之第一事”：

崇祯庚午（三年）乡试，诸宾兴者咸集，天如又为金陵大会，是科主裁为江右姜居之曰广，榜发，解元为杨廷枢，而张溥、吴伟业皆魁选。陈子龙、吴昌时俱入彀，其他省社中列荐者复数十余人。明年辛未会试，伟业中会元，溥与夏曰瑚又联第。江西杨以任、武进马世奇盛德、长洲管正传、闽中周之夔、粤东刘士斗并中式。主试为周延儒首相也。旧例，会试主裁，元老以阁务为重，应属次辅。乃周以越例得之，大非次辅温体仁意，是以会元几挂吏议。盖延儒诸生时，游学四方，曾过娄东，与伟业之父禹玉相善；而伟业本房师乃南昌李明睿，李昔年亦游吴，馆于邑绅大司马王在晋家，曾与禹玉相善。是科延儒欲收罗名宿，密嘱诸分房于呈卷前，取中式封号，窃相窥视。明睿头卷即伟业也。延儒喜其为禹玉之子，遂欲中式，明睿亦知为旧交之子，大喜悦，取卷怀之，填榜时至末而后出以压卷。伟业由此得冠多士，为乌程（温体仁）之党薛国观泄其事于朝，御史袁鲸将具疏参论。延儒因以会元卷进呈御览，烈皇帝亲阅之，首书“正大博雅，足式诡靡”八字，而后人言始息。此温周相轧之第一事也。[1]

3. “人间好事皆归子”

这一波折让初出茅庐的吴伟业吃惊不小。他去世前写给长子吴暻的遗书，提及此事仍心有余悸：“吾少多疾病，两亲护惜，十五六不知门外事。应童子试，四举而后入彀。不意年逾二十，遂掇大魁，福过其分，实切悚栗。时有攻宜兴（周延儒）座主，借吾为射的者，故榜下即多危疑。赖烈皇帝保全，给假归娶先室郁氏。”[2]初涉政坛就体验到政治的险恶，温体仁把他当作攻击周延儒的箭垛，他自己则有“福过其分”之感，因而悚栗不已。令他转忧为喜的是皇帝钦赐假期，回乡婚娶，士人以为无上荣耀。同时高中进士的张溥，也沾到喜气，写诗祝贺：

> 孝弟相成静亦娱，遭逢偶尔未悬殊。
> 人间好事皆归子，日下清名不愧儒。
> 福贵不忘家室始，圣贤可学友朋须。
> 行时襆被犹衣锦，偏避金银似我愚。[3]

“人间好事皆归子”，连他这位老师也自叹不如。然

1 陆世仪《复社纪略》卷二。

2 吴伟业《与子暻疏》，《梅村家藏稿》卷五十七。按：父亲留给儿子的遗嘱，不应称为“疏”，故“与子暻疏”应作“与子暻书”。但不得擅改，只能表示存疑。

3 张溥《送吴骏公归娶》，《七录斋诗文合集》诗稿卷一。

而吴伟业一生都对老师尊敬有加，高度评价老师的学问："西铭先生以教化兴起，云间夏彝仲、陈卧子从而和之，两郡之文遂称述于天下。人止见其享盛名，掇高第，奉其文为金科玉条，不知西铭之书羽翼经传，固非沾沾于一第已也。"[1]

奉旨归娶，是莫大喜事，吴家举行了盛大的婚礼，那一年祖母汤太夫人七十四岁，父亲吴禹玉四十九岁。张溥描述道："骏公试南宫第一，时未娶妇，告之，天子赐驰节还里门。太夫人拥孙襕笏甚欢，为问都中起居，龋然而笑，于是绾其发，饮以醇酒。明年（崇祯五年），骏公成婚礼，一城聚送致贺。太夫人凭高轩望新妇入门，灯火夹市。"[2]

二　"立朝以正直忠厚为本"——从翰林院到南京国子监

1. 复社的政治风波

却说张溥与吴伟业同时得中进士，张为庶吉士，吴为翰林院编修。温体仁对张溥的名士气派颇有意见，扬言庶吉士可进可退，如果不成才可以黜退。张溥获悉后，写了弹劾温体仁的疏稿，揭发他"通内结党""援引同乡"诸事，要求吴伟业抄写后，以翰林院编修的名义呈进朝廷。吴伟业为

1 吴伟业《两郡名文序》，《梅村家藏稿》卷三十四。

2 张溥《寿吴年伯母汤太夫人寿序》，《七录斋诗文合集》古文近稿卷二。

人一向谨慎，考虑到立朝未久，不熟悉朝廷人事，犹豫不决，又难以拒绝师命，就把疏稿稍加增删，避重就轻，改为纠弹温体仁亲信蔡奕琛“主持门户”“操握线索”。温体仁得知内情，大为恼怒，打算严惩张溥，周延儒从中调解才得以化解。不过从此温体仁、蔡奕琛对张溥侧目相待。[1]

崇祯五年（1632），张溥以“葬亲”为由，向朝廷请假，回到太仓，筹备明年的复社虎丘大会。陆世仪认为，崇祯六年的复社虎丘大会声势之浩大，为三百年来所未有。他的文字很有气势：

> 伟业以溥门人，联捷会元鼎甲，钦赐归娶，天下荣之。远近谓士子出天如门者必速售，大江南北争以为然……比溥告假归，途中鹢首所至，挟策者无虚日。及抵里，四远学徒群集。癸酉（崇祯六年）春，溥约社长为虎丘大会。先期传单四出，至日，山左、江右、晋、楚、闽、浙以舟车至者数千余人。大雄宝殿不能容，生公台、千人石鳞次布席皆满。往来丝织，游于市者，争以复社命名，刻之碑额，观者甚众。无不诧叹：以为三百年来从未一有此也！[2]

就在这一年，温体仁终于抓住机会，把周延儒

1 陆世仪《复社纪略》卷二。

2 陆世仪《复社纪略》卷二。陈廷敬《吴梅村先生墓表》："崇祯中，党事尤炽，东南诸君子继东林之学者，号曰复社……而先生西铭高弟也。西铭既为复社主盟，先生又与西铭同年举进士，故立朝之始遂已大为世指名。"

赶下台，顺利升任内阁首辅。为了把周延儒的复社门生拉到自己麾下，温体仁想出了绝妙主意，乘虎丘大会召开之机，指使其弟温育仁申请加入复社。张溥严词拒绝，温育仁恼羞成怒，倚仗兄长的权势，雇人撰写《绿牡丹传奇》，对复社极尽讽刺挖苦之能事。[1]

温体仁执政以后，推行没有魏忠贤的魏忠贤路线，打击东林人士不遗余力，钱谦益、钱龙锡、文震孟、郑鄤都是被他整肃的；复社以"小东林"自诩，自然难逃厄运。正如吴伟业所说："乌程（温体仁）窃国柄，阴鸷惨核，谋于其党刑部侍郎蔡奕琛、兵（科）给事中薛国观，思所以剚刃于东南诸君子。先生（张溥）扼腕太息，蚤夜呼愤。其门弟子从苕霅间来者，具得相温阴事，名为廉洁奉法，实纵子弟暴横乡里，招权利，通金钱。先生引满听之，以为笑谑。语稍稍流闻相温。时盛修隙虞山（钱谦益），思一举并中之，未得间也。"[2]

于是便有策动陆文声、周之夔之流诬陷复社的政治操弄。太仓望族王时敏是前内阁首辅王锡爵的后人，与温体仁有两世通家之谊，深受温体仁倚重，蓄怨于复社。对张采怀恨在心的陆文声找到王时敏，准备入京告状，攻讦早已辞去临川知县回家养病的张采，"交通上官，把持武断"。王时敏面授机宜：相君（温体仁）仇恨复社，参之正当其机，可

1 陆世仪《复社纪略》卷二。张鉴《书绿牡丹传奇后》，《冬青馆甲集》卷六。大木康《明末江南出版文化的研究》，《广岛大学文学部纪要》卷50（特集一），第126—129页。

2 吴伟业《复社纪事》，《梅村家藏稿》卷二十四。

以找蔡奕琛商量。陆文声随即拜访蔡奕琛，送上疏稿。温体仁看了疏稿，问道：谁为张采？不过是三家村兔园学究，不值一提，如今朝廷所急者是张溥。陆文声随即修改疏稿，把矛头指向张溥，妄称其“借端筹饷，历陈奸弊”。很快圣旨下达，命江南提学御史倪元珙查究复社“结党恣行，把持武断”之事。倪元珙根据苏松兵备道冯元飏、苏州知府陈洪谧的调查结果，向朝廷据实回奏：陆文声为泄私愤诬告复社。

吴伟业写道：“倪（元珙）公贤者，即苏松道慈溪冯公元飏所谳以奏曰：‘臣奉诏董诸生，而复社多高材生，相就考德问业，不应以此问罪。文声挟私憾，瞒谰诋毁，荧惑上听，所奏故不以实，昧死闻。’”[1]

案件并未就此了结，蔡奕琛用官职为诱饵，催促陆文声再上第二疏，陆文声没有答应，离开了这个是非之地。蔡奕琛不肯罢休，策动前任苏州府推官周之夔再次挑起事端。于是乎，周之夔炮制《复社首恶紊乱漕规逐官杀弁朋党蔑旨疏》，调子逐步升级。为了激起皇帝的怒气，他在奏疏中诬陷张溥和张采，有“四配”“十哲”“常侍”“天王”之类称呼，狂妄僭越之极，乞求皇帝“斩溥采以谢朝廷”，竟欲置张溥、张采于死地，用心极其险恶。[2]不巧的是，幕后主使者温体仁于这年六月罢官而

1 吴伟业《复社纪事》，《梅村家藏稿》卷二十四。张采《庶常天如张公行状》：“提学御史倪公元珙言：诸生诵法孔子，引徒旅诵习，实非党，无可罪者。且文章为士精心即国元气，厉治士不便。”（《知畏堂文存》卷八）陆世仪《复社纪略》：“臣受命督江南学政，奉有复社一案。夫结社会友，乃士子相与考德问业耳，此读书本分事，不应以此为罪。陆文声挟私憾抵欺瞒，故奏事不以实，荧惑上听。臣昧死据实奏闻。”邹漪为倪元珙立传，也提及此事：“事下提学御史勘议。公力护持，辩言：‘诸生引徒众讲习，实非党，无可罪者。且文章为上精心，即国元气，厉治士不便。’执政恨公庇士，严旨切责，镌秩补光禄寺录事，黜行人司副。”（《启祯野乘》一集卷四）

2 陆世仪《复社纪略》卷四。

去，故案件悬而未决。

2.《劾元臣疏》

继任内阁首辅张至发传承温体仁衣钵，奉行没有温体仁的温体仁路线，复社的危险仍然存在。由翰林院编修充任东宫讲读官的吴伟业挺身而出，写了《劾元臣疏》，弹劾张至发。

一则说："首臣张至发者，遭逢隆遇，致位孤卿，今复总辑群司，具瞻朝宁。臣以为新猷方始，治忽攸关，其能回心易虑，从善图功，改比周之积非，谋公忠之实效，臣之所厚幸也。若复怀私徇庇，固陋因循，滋巧伪以为工，视忠贞为罔益，臣之所大恐也。"

再则说："语曰：'前事不忘，后事之师。'首臣今日之鉴，取之去辅温体仁足矣。体仁学无经术，则当讲求仁义，练达朝章；体仁性习险诐，则当矢志光明，立身公正；体仁比昵宵人，则当严杜噏訾之辈；体仁护持悍党，则当力维忠孝之经。专精神以图平治，毋如体仁之泄沓偷容；书可否以决危疑，毋如体仁之游移饰诈。如此，而圣恩庶可副，众望庶可塞也。"

三则说："臣之所忧者，首臣积习未化，故辙犹存。臣读其近日辨揭，盛称体仁之美，一曰孤执，一曰不欺。夫体仁之当国也，有唐世济、闵洪学、蔡奕琛、吴振缨、胡钟麟之徒参赞密谋；有陈履谦、张汉儒、陆文声之徒驱除异己，何谓孤？庇枢贰，则总理可不设，而事败乃设；徇凤抚，则镇可不移，而事败乃移，何谓执？皇上之决去体仁，正为其善欺耳。家窝巨盗，产遍苕溪，自诡曰清；孽子招权，匪人入幕，自诡曰谨，何谓不欺？”[1]

不愧为会试第一名的复社才子，文章写得逻辑严密，气势逼人。全文围绕张至发称颂温体仁“孤执”“不欺”，层层批驳，揭露温体仁“学无经术”“性习险诐”“比昵宵人”“护持悍党”“泄沓偷容”“游移饰诈”，与“孤执”“不欺”相差十万八千里。鞭挞温体仁的同时，暴露张至发继承温体仁衣钵的真面目，推动了弹劾张至发，清算温体仁的浪潮。

劣迹昭彰的温体仁专擅朝政八年，成为舆论的焦点。京师民谣唱道“崇祯皇帝遭温了”，取温体仁之“温”与瘟疫之“瘟”谐音，讥刺皇帝受温体仁蒙蔽而不自知，犹如遭瘟一般。[2]早在崇祯八年，工部侍郎刘宗周就弹劾内阁首辅温体仁执政八年一无是处，从上到下形成一言堂：皇帝以为是，辅臣不敢以为非；辅臣以为是，九卿不敢以为非。结局是，“国事遂不可问”。他目光犀利地指出：“皇上恶私交，而臣下多以告讦进；皇上录清节，而臣下多以曲谨容；皇上崇励精，而臣下奔走承顺以为恭；皇上尚综核，而臣下琐屑吹求以示察。”一言以蔽之：“八年之间，谁秉国成，而至于是？臣不能为首辅温体仁解矣！”[3]

对于这样一个奸臣，张至发誉之为“孤执”

1 吴伟业《劾元臣疏》，《梅村家藏稿》卷五十七。

2 计六奇《明季北略》卷十《童谣》：“初，崇祯三年，温体仁相，京师童谣云：‘崇皇帝，温阁老。’七年，为首相，京师又有谣云：‘崇祯皇帝遭温了。’皆取温、瘟同音之义，俱不吉兆。由是用人不当，流寇猖獗。”

3 刘宗周《身切时艰疏》，《刘蕺山集》卷三。孙承泽《工臣进谏》，《山书》卷九。刘宗周还写信给温体仁，指责他排斥正人，落井下石，列举他“卖友”“罔上”“诬下”“阴挤”种种事例。（《刘蕺山集》卷七《与温员峤相公（名体仁）》）

“不欺”，可见也不是什么好货色。此人不知“涤心改行”，不久就罢官而去。继任的内阁首辅薛国观也是温体仁的党羽，传承衣钵，亦步亦趋，一年以后遭到削籍处分，最终被皇帝赐死。

崇祯十四年（1641），张溥病逝于家。温体仁的死党蔡奕琛因贿赂薛国观被捕入狱，还不忘诬陷复社。已经杜门养病多年的张采忍无可忍，写了《具陈复社本末疏》，为复社辩白。他强调复社是为了科举而成立的文社，宗旨是“楷模文体，羽翼经传”，没有一丝一毫“出位跃冶之思”，陆文声、周之夔罗织虚无，托名徐怀丹者“假名巧诋”，纯属捏造，表示愿意和他们对簿公堂。[1]

正直官员为复社主持正义，给事中姜埰仗义执言：“自古文章兴狱，事不多见。臣闻东南久学之士，彬彬盛美，爰有复社之名，敢云人尽才能。要而论之，阐明经史，锐情讲诵。其间即有二三之士，怀古忧时，慷慨持言，扶进正论，嗤犯盛者，或亦规勉大义，匡翊明时，非盛世所宜讳也。……乃自罪辅密承衣钵，事类坑儒，不曰诽谤，即曰结党，一事而株连无尽，一人而毛疵必求。嗟乎，罪辅固未之深思耳。”[2]御史金毓峒向皇帝呼吁：“复社一案，其人尽缝掖，不可以一夫私怨开祸端。”[3]皇帝了解事实真相后，连发两道圣旨，一则说：“书生结社，不过倡率文教，无他罪，置勿问。”[4]

1 张采《具陈复社本末疏》，《知畏堂文存》卷一。

2 孙承泽《江南复社》，《山书》卷十。李聿求《鲁之春秋》：“温体仁与复社之狱，七年未结，埰言：‘诸生率阐明经史，无可罪，而张溥一代著述才，赍志以没，宜赍易名之典。’”

3 张廷玉《明史》卷二百九十五《金毓峒传》。

4 邹漪《启祯野乘》一集卷七《张庶常传》。

再则说："朝廷不以语言文字罪人，复社一案准注销。"[1]崇祯皇帝朱由检或许有这样那样的过错，但对于复社一案的处理是公正的，敢于直言"朝廷不以语言文字罪人"，了不起！

吴伟业在这一事件中发挥了独特的作用，正如他自己所说："先是，吴下有陆文声、张汉儒之事。吾以复社党魁，又代为营救，世所指目。淄川（张至发）传乌程（温体仁）衣钵，吾首疏攻之。"[2]顾湄《吴梅村先生行状》据此写道："吾吴有奸民张汉儒、陆文声之事，乌程（温体仁）阴主之，欲剸刃东南诸君子。先生以复社著名，为世指目。淄川传乌程衣钵，先生首疏攻之，直声动朝右。"[3]

吴伟业少年时接受张溥的教育，影响至深。张溥对学生灌输正直忠厚之论，强调"人臣之自立在内断于心，而不期乎上之遇合；行己之所学以求自得，而不必虑人之我非"；"如此然后知忠厚正直乃一共之辞，非偏方之说也。世有曲木焉，就而观之，其根必疏，疾风不能摇劲草，得土力深也。由斯而观，凡人之刻薄残削、见欲而动者，皆曲木之类也。凡人之和平乐易、神之景福者，皆劲草之类也"。[4]秉承师教，吴伟业始终不忘立朝以正直忠厚为本，弹劾内阁首辅张至发是突出事例，为遭受不公正处分的黄道周表示道义上的支持，是另一事例。

1 杨彝《复社事实》："十年正月，苏州民陆文声疏陈风俗之弊皆原于士子，庶吉士张溥、知临川县事张采，倡立复社，以乱天下。思陵下提学御史倪元珙察核。倪公言：'诸生诵法孔子，引其徒谈经讲学，互相切劘，文必先正，品必贤良，实非树党。文声以私憾妄讦，宜罪。'阁臣以公蒙饰，降光禄寺录事。苏州推官周之夔者，与溥同年举进士，初亦入社；至是，希阁臣意，墨绖诣阙，复讦奏溥等树党挟持。案久未结，谗言罔极，至有草檄以伸复社十罪者……至十五年，御史金毓峒、给事中姜埰各上疏白其事，始奉旨：'朝廷不以语言文字罪人，复社一案准注销。'"朱彝尊《静志居诗话》卷二十一《孙淳》条，有相同的记载，都提到"朝廷不以语言文字罪人，复社一案准注销"的圣旨。

2 吴伟业《与子暻疏》，《梅村家藏稿》卷五十七。

3 顾湄《吴梅村先生行状》，《吴诗集览》卷首。

4 张溥《立朝以正直忠厚为本论》，《七录斋诗文合集》馆课卷一。

3. “如今公卿习唯唯”

面对内忧与外患的两难境地，皇帝朱由检想起了丁忧在家的宣大总督杨嗣昌，任命他为兵部尚书。崇祯十年（1637）三月，杨嗣昌抵京赴任。皇帝召见时，他侃侃而谈，才思阔达，与前任兵部尚书那种木讷卑微截然不同。这令朱由检刮目相看，拍案叫绝，感叹：“恨用卿晚！”[1] 杨嗣昌当即提出详细的施政纲领，论述“安内”是当前第一要务，概括为“必安内方可攘外”七个字。[2] 得到皇帝首肯后，为了集中全力平定内忧，他决定向东北虎视眈眈的满洲释放和谈的意图，以便把关宁铁骑调到中原去平定内乱。辽东巡抚方一藻和监军太监高起潜遵循他的指示，派遣算命先生周元忠到满洲去试探口风。消息泄露后，舆论哗然。杨嗣昌写了奏疏为自己辩护：如果策划一事，局外人怀疑，局内人也怀疑，还有什么成功的希望？[3] 朱由检为了表示对他的支持，提名他进入内阁，于是乎杨嗣昌由兵部尚书一跃而为内阁大学士。这一下把杨嗣昌推向了风口浪尖，反对声音一浪高过一浪，其中影响最大的声音，来自刚直不阿的儒臣黄道周。

黄道周连上三封奏疏：其一，杨嗣昌不当夺情入阁；其二，辽东巡抚方一藻不当“封赏”满洲；

1 吴伟业《绥寇纪略》卷五，黑水擒。张廷玉《明史》卷二百五十二《杨嗣昌传》。

2 杨嗣昌《敬陈安内第一要务疏》，《杨文弱先生文集》卷九。在文集卷十，另有一篇《敬陈安内第一要务疏》，题目相同，内容不同——进一步论述“必安内方可攘外”的方针。

3 杨嗣昌《司官条奏可采疏》，《杨文弱先生文集》卷二十四。

其三，不当夺情起用陈新甲。虽然是三封奏疏，矛头却都集中在杨嗣昌身上，因为方一藻与满洲议和是执行杨嗣昌的指示，并且杨嗣昌有意起用陈新甲出任兵部尚书执行“必安内方可攘外”方针。

围绕是否与满洲议和，朝廷中对立的两派已经剑拔弩张，皇帝无法再沉默，七月五日在平台中左门召开御前会议，准备统一思想。听取各部尚书汇报以后，话锋一转，命黄道周出列跪下。

朱由检批评黄道周连上三封奏疏动机不纯，因此次廷推内阁成员没有点用而发泄怨气。黄道周一向淡泊名利，申辩道：“臣三疏，皆是为天下国家、纲常名教，不曾为一己之功名爵禄。”

朱由检反问他为什么早不上疏，偏偏要在未蒙点用之后才上疏？黄道周解释：五月中旬南京御史林兰友、工科给事中何楷先后上疏，反对杨嗣昌议和主张，指责他忠孝两亏。当时如果上疏，恐涉嫌疑。今日不言，后将无及。假如臣缄默，亦可叨滥升斗，但所惜者陛下之纲常名教。

机敏过人的杨嗣昌见皇上与黄道周辩论伦理纲常，显然不是对手，便插进来跪奏，只字不提议和之事，以攻为守，非议黄道周的品性学术。他说道：臣入京闻黄道周品性学术为人所宗，意其必有持正之言，可以使臣终制而去。不料其自谓不如郑鄤，臣始叹息绝望。人言禽兽知母而不知父，今郑鄤杖母，禽兽不如，道周又不如彼，还讲什么纲常！

黄道周立即反唇相讥：大臣闻言应当退避，士人得毕其言。未有大臣跪在上前争辩，不容臣尽言者。他气愤地把杨嗣昌比作猪狗、人枭，接着说：凡人心正则行正，心邪则行邪。嗣昌以己夺情，又推新甲，呼群引类，使成夺情世界，亦今日之耻也。

朱由检指责他无端诬诋大臣，他拒不接受，高喊："今日臣不尽言，则臣负陛下；陛下今日杀臣，则陛下负臣。"朱由检气得厉声喝道："你都是虚话，一生学问，止学得这佞口。"说到"佞口"二字，加重语气，重复道："佞口！"

边上的锦衣卫官员以为皇帝要把黄道周逮捕惩治，不料皇帝止住怒气，命黄道周退回官员行列中去。[1]

参加此次御前会议的吴伟业写了一首《殿上行》，表达自己旁听"召对"的感想：

殿上云旗天半出，夹陛无声手攀直。
有旨传呼召集贤，左右公卿少颜色。
公卿由来畏廷议，上殿叩头辄心悸。
吾丘发策诎平津，未斥齐人惭汲尉。
先生侍从垂金鱼，退直且上庖西书。
况今慷慨复遑惜，不尔何以乘朝车。
……
如今公卿习唯唯，长跪不言而已矣。
黄丝历乱朱丝直，秋虫踽曲秋雕起。
呜呼，拾遗指佞乃史臣，优容愚戆天王仁。[2]

用"公卿由来畏廷议""如今公卿习唯唯"，反衬黄道周敢于抨击青云直上的杨嗣昌，敢于和皇帝当

1 孙承泽《春明梦余录》卷三十三《詹事府·黄少詹道周召对纪》。杨嗣昌《召对纪事（戊寅七月初四日召对）》，《杨文弱先生文集》卷四十四。

2 吴伟业《殿上行》，《梅村家藏稿》卷二，前集二，七言古诗。《吴诗集览》卷六下，靳荣藩注释《殿上行》，说：此诗"直陈时事"，"实叙劾疏及召对之事"。

廷辩论是非曲直，这种刚直不阿的气节令他敬佩不已。

然而，朱由检不能容忍这样的耿介之士，亲自下旨：黄道周降六级，调外任。

所谓降六级，调外任，就是调任江西布政司都事，当一名办事员。遭受如此羞辱，黄道周心灰意冷，临行前向皇帝乞求退休："臣通籍十七载，犹然书生，立朝五百日，未酬犬马。倘淹忽半途，流播他土，将使千古上下不知陛下忱恂之恩、仁闵之泽。恳乞还山，以就医药，苟残喘之尚存，何余年之足惜！"[1]朱由检不批准，坚持要他前往江西当差。

为了表示对黄道周的同情，吴伟业写诗送行：

> 旧学能先天下忧，东西国计在登楼。
> 十年流涕孤臣事，一夜秋风病客舟。
> 地近诗书防党禁，山高星汉动边愁。
> 匡庐讲室云封处，莫问长江日夜流。[2]

崇祯十三年（1640）春，江西巡抚解学龙即将调任南京兵部侍郎，解任前，按照惯例可以举荐下属，他毫不犹豫地向朝廷举荐了黄道周。内阁大学士魏炤乘厌恶黄道周，拟旨谴责解学龙滥荐。朱由检勃然大怒，"黄道周降六级，调外任"，原本是自

1 洪思《黄子年谱》（《黄石斋先生年谱》）崇祯十一年，黄子五十有四岁。

2 吴伟业《送黄道周谪官》，《梅村家藏稿》卷五，前集五，七言律诗。

己的决定，解学龙竟然如此狂妄，敢唱反调，立即下旨逮捕解学龙和黄道周。黄、解二人押入刑部监狱，以“党邪乱政”罪，廷杖八十。[1]显然是意气用事！何谓刚愎自用？这就是一个典型事例。

刚刚调任南京国子监司业的吴伟业出于正义感，立即派遣太学生涂仲吉进京，为黄道周讼冤。按照老师的指示，涂仲吉向皇帝进言：“黄道周通籍二十载，半居坟庐，稽古著书，一生学力，止知君亲。虽言尝过戆而志实忠纯。今喘息仅存，犹读书不倦，此臣不为道周惜，而为皇上天下万世惜也。昔唐太宗恨魏徵之面折，至欲杀而终不果；汉武帝恶汲黯之直谏，虽远出而实优容。皇上欲远法尧舜，奈何出汉、唐主下？”[2]

派涂仲吉讼冤是需要有一点勇气的，如果皇帝恼怒，追究主使人，吴伟业很有可能步解学龙的后尘。他在给长子的遗书中回忆道：“既升南中少司成，甫三日，而黄石斋予杖信至，吾遣涂监生入都具橐饘。涂上书触圣怒，严旨责问主使。吾知其必及；既与者七人，而吾得免。”[3]《吴梅村先生墓表》说出了“得免”的原因：“时黄道周以事下狱，先生遣监中生涂某赍表至京，涂伏阙上疏，申理道周党人。当轴者以为先生指使，将深文其狱，以中先生。会其人死，乃已。”[4]

吴伟业一向敬佩黄道周刚直不阿的风格，敢于

1 万斯同《明史》卷二百五十九《解学龙传》。张廷玉《明史》卷二百五十五《黄道周传》。洪思《黄子年谱》崇祯十三年，黄子五十有六岁：“未几，而解公（讳学龙）以荐剡闻，而逮命下矣。子闻报，即于五月二十三日辞墓就道……七月至京，缇骑以闻……八月，旨下，子与解公各杖八十，发西库司问拟……子在狱中与门人书曰：‘古人于仁义烂时自裹血肉，仆于血肉烂时自裹仁义，悠悠命也，谁为谈者？’子卧病八十余日，抱足扶首，仅能起立。子以清苦闻于天下，诸狱役惟日奉纸札争手书。子为书《孝经》以当役钱……”

2 邵廷寀《东南纪事》卷三。

3 吴伟业《与子暻疏》，《梅村家藏稿》卷五十七。顾湄《吴梅村先生行状》据此写道：“升南京国子监司业，甫三日，而漳浦黄公道周论武陵（杨嗣昌）夺情拜杖信至，先生遣太学生涂仲吉入都，具橐饘。涂上书为漳浦讼冤，干上怒，严旨责问主使，先生几不免。”

4 陈廷敬《吴梅村先生墓表》，《吴诗集览》卷首。

冒险派涂仲吉讼冤，决非偶然之举，由此也反映出他为官的正直忠厚。

三　红颜知己下玉京

1. 投闲置散

崇祯十二年（1639），吴伟业调任南京国子监司业，明升暗降，远离权力中心，投闲置散。李继贞写给吴禹玉的信函，流露了“大为扼腕”之意。信中写道：“令长公南司成之推，大为扼腕。要之，饶山水，多高贤，宜诗酒，有此三快，三公不易矣。”[1]

虽然投闲置散，却给了他为官生涯中最为愉快的一段时光，正如李继贞所说“饶山水，多高贤，宜诗酒”，这三大快乐胜过高官多多。吴伟业对南京生活非常满意——“盖山川之胜，文章之乐，生平所未有也”。请看他的漂亮文章：

> 往者余叨贰陪雍，云间宋子建偕其友来游太学。当是时，江左全盛，舒桐淮楚衣冠人士避寇南渡，侨寓大航者且万家。秦淮灯火不绝，歌舞之声相闻。子建雅结纳，擅声誉，天才富捷，能为歌诗，胜游广集，名彦毕会。每

1 顾师轼《吴梅村先生年谱》卷二，崇祯十二年己卯，三十一岁，“升南京国子监司业”条。

子建一篇出，无不人人嗟服。余讲舍在鸡笼山南，远睨覆舟，近揽灵谷，俯瞰玄武，陵树青葱，觚棱紫气，皆浮光荡日，照耀乎吾堂之内。有池十亩，为亭五楹，树以桐梓杉楮，被以芙蕖菱芡。凡四方宾客之过者，图书满架，笙镛在列，招延谈咏，殆无虚晷。子建至，则相与讲德论艺，命酒赋诗，极昼夜勿倦。盖山川之胜，文章之乐，生平所未有也。[1]

当时中原战乱不断，衣冠人士纷纷避难渡江，把六朝金粉之地的南京视为安乐窝，一时间秦淮河畔人声鼎沸，摩肩接踵。余怀在《板桥杂记》中把这种气氛渲染到了极致。

一则说："金陵为帝王建都之地，公侯戚畹甲第连云，宗室王孙翩翩裘马。以及乌衣子弟、湖海宾游，靡不挟弹吹箫。经过赵李，每开筵宴，则传呼乐籍，罗绮芬芳，行酒纠觞，留髡送客，酒阑棋罢，堕珥遗簪。真欲界之仙都，升平之乐园也。"

再则说："秦淮灯船之盛，天下所无。两岸河房，雕栏画槛，绮窗丝障，十里珠帘。客称既醉，主曰未归。游棹往来，指目曰某名姬在某河房，以得魁首者为胜。薄暮须臾，灯船毕集，火龙蜿蜒，光耀天地。扬槌击鼓，踊顿波心。自聚宝门水关至通济门水关，喧阗达旦，桃叶渡口，争渡者

1 吴伟业《宋子建诗序》，《梅村家藏稿》卷二十八，序二。

喧声不绝。”[1]

其中也不乏吴应箕（次尾）、侯方域（朝宗）、冒襄（辟疆）等复社名士，然而他们在南京却另有一番轰轰烈烈的事业。复社后期领袖吴应箕与同乡刘城带领复社成员成立“国门广业之社”，参加金陵乡试的生员，逢大比之年，在南京国子监的广业堂论文考艺，崇祯三年、崇祯六年、崇祯九年先后举行三次复社大会。复社青年才俊与那些公子哥儿截然不同，正如吴应箕所说：“南京，故都会也，每年秋试，则十四郡科举士及诸藩省隶国学者咸在焉。衣冠阗骈，震耀衢術，豪举者挟资来，举酒呼徒，征歌选伎，岁有之矣。而号为有气志、能文章者耻之，键户若无闻，遇则逡巡从道旁避去。”[2]

2. 复社名士与秦淮佳丽

崇祯九年（1636）金陵乡试，国门广业之社在南京举行第三次大会，与会者有吴应箕、冒襄、陈贞慧（定生）、顾杲（子方）等人。会后，冒襄在秦淮河桃叶渡寓所，招待天启死难烈士魏大中、左光斗、缪昌期、周顺昌、高攀龙、黄尊素、李应昇遗孤十三人。魏学濂向社友出示血书与疏稿，提及其父魏大中之死与阮大铖有关。与会众人义愤填膺，齐声痛

1 余怀《板桥杂记》上卷，雅游。

2 吴应箕《国门广业序》，《楼山堂集》卷十七。

骂阉党余孽阮大铖，开始酝酿“留都防乱”之议。而后吴应箕与陈贞慧、顾杲商议，起草《留都防乱公揭》。[1]

崇祯十二年（1639），又逢金陵乡试，吴应箕召集复社成员，正式发布他起草的《留都防乱公揭》，在上面签名的有一百四十二人，领衔的是顾宪成之孙顾杲、黄尊素之子黄宗羲。这篇檄文揭露阮大铖阉党逆案的老底——“献策魏珰，倾残善类”，钦定逆案名单颁布以后，图谋翻案。复社诸君子誓与阮大铖不共戴天：“杲等读圣人之书，附讨贼之义，志动义慨，言与愤俱，但知为国除奸，不惜以身贾祸。若使大铖罪状得以上闻，必将重膏斧锧，轻投魑魅。即不然，而大铖果有力障天，威能杀士，杲亦请以一身当之，以存此一段公论，以寒天下乱臣贼子之胆，而况乱贼之必不容于圣世哉！”[2]

阮大铖迫于舆论压力，躲进南门外牛首山，暂避锋芒，派遣心腹四出收购《留都防乱公揭》文本，孰料越收集越多，传布越广。彷徨无计之时，想到了刚来到南京的侯方域，企图利用他来缓和与复社的关系，于是派遣王将军做说客，用重金撮合侯公子与秦淮美女李香君的好事。李香君大义凛然，敦促侯公子拒绝阮大铖的收买，说道：“妾少从假母识阳羡君（陈贞慧），其人有高谊，闻吴君（吴应

1 夏燮《忠节吴次尾先生年谱》，崇祯九年四十三岁，“夏，至金陵三举国门广业之社”条。

2 吴应箕《与友人论留都防乱公揭书》，《楼山堂集》卷十五。谢国桢《明清之际党社运动考》，中华书局，1982年，第148—149页。

箕）尤铮铮，今与公子善，奈何以阮公负至交？”侯公子接受李香君的意见，与阮大铖断绝来往。[1]夏燮《忠节吴次尾先生年谱》说，王将军代阮大铖做说客一事，成为《桃花扇》“却奁”一出的蓝本，所不同的是，作了文学性的虚构——王将军变成了杨文骢。在孔尚任的演绎下，李香君的气节显得更加贞烈：

> 李香君："官人是何说话，阮大铖趋附权奸，廉耻丧尽，妇人女子无不唾骂。他人攻之，官人救之，官人自处于何等也？不思想，把话儿轻易讲，要与他消释灾殃。要与他消释灾殃，也提防旁人短长。官人之意，不过因他助俺妆奁，便要徇私废公，那知道这几件钗钏衣裙，原放不到我香君眼里。脱裙衫，穷不妨；布荆人，名自香。"[2]

围绕《留都防乱公揭》的活动，发生在崇祯十二年（1639），也就是吴伟业担任南京国子监司业的时期。他是否参与其事，不得而知，不过从他同情东林，鄙夷阉党的一贯立场，以及讥刺阮大铖的诗作来看，对于复社后辈抨击阉党余孽阮大铖的运动，乐观其成，大致是可以推定的。他所津津乐道的“盖山川之胜，文章之乐，生平所未有也”，与此大有关系。

1 侯方域《李姬传》，《壮悔堂文集》卷五。

2 孔尚任《桃花扇》（王季思等合注），人民文学出版社，1982年，第52—53页。按："却奁"以史事为蓝本，却把时间弄错了，夏燮已经指出："惟以侯生纳李姬，大铖办装，系之癸未（崇祯十六年）三月，则不然也。"各种史料表明，此事发生在崇祯十二年。

3.《听女道士卞玉京弹琴歌》

另一赏心乐事，便是和红颜知己卞玉京的交往。吴伟业崇祯十二年（1639）出任南京国子监司业，次年，嗣父文玉公病逝，他回乡丁忧守制三年；弘光元年（1645）南明小朝廷任命他为少詹事，由于不满马士英和阮大铖胡作非为，旋即辞官而去，直到顺治十年（1653）出任清朝国子监祭酒。在这十几年中，他没有担任官职，逍遥自在，有充裕的时间和卞玉京交往。

秦淮佳丽大多精通琴棋书画，卞玉京是其中的佼佼者。余怀《板桥杂记》写道："卞赛，一曰赛赛，后为女道士，自称玉京道人。知书，工小楷，善画兰、鼓琴，喜作风枝袅娜，一落笔画十余纸。年十八，游吴门，居虎丘，湘帘棐几，地无纤尘。见客初不甚酬对，若遇佳宾，则谐谑间作，谈词如云，一座倾倒。寻归秦淮。遇乱，复游吴门。吴梅村学士作《听女道士卞玉京弹琴歌》赠之。"[1]余怀的这段文字，沿用了吴伟业为卞玉京写的小传："玉京道人，莫详所自出，或曰秦淮人，姓卞氏。知书，工小楷，能画兰，能琴。年十八，侨虎丘之山塘，所居湘帘棐几，严净无纤尘。双眸泓然，日与佳墨良纸相映彻。见客初亦不甚酬对，少焉谐谑间作，一座倾靡。与之久者，时见有怨恨色，问之，

1 余怀《板桥杂记》中卷，丽品。

辄乱以他语，其警慧虽文士莫及也。”[1]

与卞玉京交往的男士无不倾倒，而吴伟业尤其称赞有加——“警慧虽文士莫及”，当然也包括他自己。

《听女道士卞玉京弹琴歌》是吴梅村写的抒情长诗，第一段中由听弹琴入手介绍卞玉京：

驾鹅逢天风，北向惊飞鸣。
飞鸣入夜急，侧听弹琴声。
借问弹者谁，云是当年卞玉京。
玉京与我南中遇，家近大功坊底路。
小院青楼大道边，对门却是中山住。

第二段，听卞玉京自述，福王朱由崧登上宝座后，立即广选淑女，中山王徐达的后人明媚皓齿，娇媚无双，列入候选名单，秦淮佳丽也未能幸免。卞玉京乘乱化装成女道士出走避祸：

万事仓皇在南渡，大家几日能枝梧。
诏书忽下选蛾眉，细马轻车不知数。
中山好女光徘徊，一时粉黛无人顾。
艳色知为天下传，高门愁被旁人妒。
尽道当前黄屋尊，谁知转盼红颜误。
南内方看起桂宫，北兵早报临瓜步。
……

1 吴伟业《过锦树林玉京道人墓并序》，《梅村家藏稿》卷十，后集二，七言古诗。

我向花间拂素琴，一弹三叹为伤心。
暗将别鹄离鸾引，写入悲风怨雨吟。
昨夜城头吹筚篥，教坊也被传呼急。
碧玉班中怕点留，乐营门外卢家泣。
私更装束出江边，恰遇丹阳下渚船。
剪就黄絁贪入道，携来绿绮诉婵娟。[1]

“女道士”云云，只是一种习惯说法，其实并非真正的道士，而更类似皈依佛门的女居士。梅村写的《卞玉京传》说：“道人持课诵戒律甚严，生于保御，中表也，得以方外礼见。道人用三年力，刺舌血为保御书《法华经》，既成，自为文序之，缁素咸捧手赞叹。”[2]余怀《板桥杂记》也如此说：“长斋绣佛，持戒律甚严，刺舌血书《法华经》以报保御。”[3]足以证明卞玉京并非入道而是入佛。

南京弘光小朝廷，是绝对权力导致绝对腐败的典型。正如陈子龙所说：“人情泄沓，无异升平之时，清歌漏舟之中，痛饮焚屋之下。”[4]马士英专擅朝政，排斥正人君子，起用阉党余孽阮大铖为兵部右侍郎。阮大铖大权在握，炮制《蝗蝻录》，大肆报复复社诸君子，逮捕周镳、陈贞慧、黄宗羲，吴应箕、侯方域逃亡。新任漕抚田仰在阮大铖的怂恿下，企图乘机霸占李香君。侯方域《李姬传》写道：“侯生去后，而故开府田仰者，以金三百锾，邀

1 吴伟业《听女道士卞玉京弹琴歌》，《梅村家藏稿》卷三，前集三，七言古诗。《吴诗集览》卷四下，靳荣藩注释《听女道士卞玉京弹琴歌》，引梅村《卞玉京传》：“玉京忽至，有婢曰柔柔者随之，尝着黄衣作道人装，呼柔柔取所携琴来，为生鼓一再行。泫然曰：‘吾在秦淮见中山故第，有女绝世，名在南内选择中，未入宫而乱作，军府以一鞭驱之去。吾侪沦落，分也，又复谁怨乎！’”这篇《卞玉京传》就是《过锦树林玉京道人墓并传》所写的小传。

2 吴伟业《过锦树林玉京道人墓并传》，《梅村家藏稿》卷十，后集二，七言古诗。

3 余怀《板桥杂记》中卷，丽品。

4 东邨八十一老人《明季甲乙汇编》卷二，崇祯十七年八月癸酉。

姬一见。姬固却之，开府惭且怒，且有以中伤姬。姬叹曰：'田公宁异于阮公乎？吾向之所赞于侯公子者谓何，今乃利其金而赴之，是妾卖公子矣。'卒不往。"[1]《李姬传》写到此为止，下面的情节究竟如何，没有写。孔尚任《桃花扇》写了李香君出家，连带写到了卞玉京的下落。[2]

据《吴梅村先生年谱》，听女道士卞玉京弹琴，发生在顺治七年八月，地点在常熟县。[3]《梅村诗话》写道：

> 女道士卞玉京，字云装，白门人也。善画兰，能书，好作小诗。尝题扇送余兄志衍入蜀一绝云："剪烛巴山别思遥，送君兰楫渡江皋。愿将一幅潇湘种，寄与春风问薛涛。"后往南中，七年不得消息，忽过尚湖，寓一友家不出。余在东涧（钱谦益）宗伯座，谈及故人。东涧云："力能致之。"呼舆往迎，续报至矣。已而登楼，托以妆点始见。久之，云："痁疾骤发，请以异日访余山庄。"余诗云："缘知薄幸逢应恨，恰便多情唤却羞。"此当日情景实语也。[4]

4."多情唤却羞"

"缘知薄幸逢应恨，恰便多情唤却羞"，话里有

1 侯方域《李姬传》，《壮悔堂文集》卷五。

2《桃花扇》有关情节如下：新任漕抚田仰委托杨文骢用重金聘李香君，香君立志守节，不肯下楼。田仰派花轿迎接，李香君哭喊：奴家就死不下此楼！随即倒地撞头，血溅诗扇。杨文骢采摘盆草，榨取花草汁液，权当颜色，把诗扇上的血迹点染成折枝桃花，笑称："真乃桃花扇也！"几天后，香君的假母李贞丽冒充香君出嫁田仰。香君在苏昆生的带领下，逃往栖霞山，见到葆真庵主卞玉京，拜卞玉京为师。第四十出"入道"，结尾唱道："白骨清灰长艾萧，桃花扇底送南朝。不因重做兴亡梦，儿女浓情何处消。"

3 顾师轼《吴梅村先生年谱》卷三，顺治七年八月，至海虞，有《琴河感旧》《听女道士卞玉京弹琴歌》。

4 吴伟业《梅村诗话·女道士卞玉京》，《梅村家藏稿》卷五十八。

话，显示吴梅村与卞玉京关系非同一般。为何要说“薄幸逢应恨”“多情唤却羞”？原来多年之前，卞玉京曾经向吴梅村求爱，愿意以身相许，奈何吴梅村优柔寡断，支支吾吾，没有答应，遂成为彼此间难以释怀的心结。

为什么吴梅村不敢接受卞玉京的求爱呢？原因就在于他过于爱惜自己的羽毛，珍视自己头顶上的光环。崇祯皇帝在他的卷子上用红笔御批“正大博雅，足式诡靡”，给了他天子门生的无上荣誉。皇恩浩荡，奉旨归娶，他的婚礼非同寻常，皇帝成为主婚人，使得他与原配夫人的婚姻带有浓烈的政治色彩。他不敢逾越这条红线。然而他和卞玉京之间相识相知相恋的感情，始终挥之不去。

这一秘密，直到卞玉京去世，吴梅村前往无锡惠山扫墓时才透露出来。在为她写的小传中提及：“（卞玉京）与鹿樵生（梅村自称）一见，遂欲以身许。酒酣拊几而顾曰：‘亦有意乎？’生固为若弗解者，长叹凝睇，后亦竟弗复言。寻遇乱别去，归秦淮者五六年矣。”[1]此处所说“归秦淮者五六年”，与顺治七年八月听卞玉京弹琴时说，此前已有七年“不得消息”，可以推测，卞玉京向吴梅村表示“欲以身许”，当在崇祯年间，极有可能是梅村担任南京国子监司业期间。

时过境迁，吴梅村来到常熟，与钱牧斋提起

1 吴伟业《过锦树林玉京道人墓并序》，《梅村家藏稿》卷十，后集二，七言古诗。亦见《吴诗集览》卷六下。

卞玉京，牧斋请她来，她却拒绝见面，梅村怅然若失，感叹道："屡呼之，终不肯出，生（梅村自称）悒怏自失，殆不能为情，归赋四诗以告绝。已而叹曰：'吾自负之，可奈何！'"[1]

顺治八年（1651）初春，吴梅村驾一叶扁舟前去会晤卞玉京，两人共载横塘，梅村将此前写好的四首诗送给她留作纪念：

白门杨柳好藏鸦，谁道扁舟荡桨斜。
金屋云深吾谷树，玉杯春暖尚湖花。
见来学避低团扇，近处疑嗔响钿车。
却悔石城吹笛夜，青骢容易别卢家。

油壁迎来是旧游，尊前不出背花愁。
缘知薄幸逢应恨，恰便多情唤却羞。
故向闲人偷玉箸，浪传好语到银钩。
五陵少年催归去，隔断红墙十二楼。

休将消息恨层城，犹有罗敷未嫁情。
车过卷帘劳怅望，梦来携袖费逢迎。
青山憔悴卿怜我，红粉飘零我忆卿。
记得横塘秋夜好，玉钗恩重是前生。

长向东风问画兰，玉人微叹倚阑干。

1 吴伟业《过锦树林玉京道人墓并序》，《梅村家藏稿》卷十，后集二，七言古诗。亦见《吴诗集览》卷六下。

乍抛锦瑟描难就，小叠琼笺墨未干。
弱叶懒舒添午倦，嫩芽娇染怯春寒。
书成粉箑凭谁寄，多恐萧郎不忍看。[1]

钱牧斋读后有感，遂写了四首诗回应，把吴梅村写给卞玉京的诗称为“艳体诗”。他在《读梅村宫詹艳诗有感书后四首》的序言中写道：“顷读梅村宫詹艳体诗，见其声律妍秀，风怀恻怆，于歌禾赋麦之时，为题柳看花之句，彷徨吟赏……河上之歌，听者将同病相怜，抑或以同床各梦而辗尔一笑也。”[2]

吴梅村自然不承认是“艳体诗”，说：“余有《听女道士弹琴歌》，及《西江月》、《醉春风》填词，皆为玉京作，未尽如牧斋所引杨孟载语也。此老殆借余解嘲。”[3]回顾吴、卞两人的感情交往，写点艳体诗不足为外人道，梅村的话何尝不是自我解嘲呢？看他写的《琴河感旧序》便可明白：“枫林霜信，放棹琴河，忽闻秦淮卞生赛赛到自白下。适逢红叶，余因客座偶话旧游，主人命犊车以迎来。持羽觞而待至，停骖初报，传语更衣，已托病痁，迁延不出。知其憔悴自伤，亦将委身于人矣。予本恨人，伤心往事。江头燕子，旧垒都非，山上蘼芜，故人安在？久绝铅华之梦，况当摇落之辰。相遇则惟看杨柳，我亦何堪；为别已屡见樱桃，君还未嫁。听琵琶而不响，隔团扇以犹怜，能无杜秋之

1 吴伟业《琴河感旧并序》，《吴诗集览》卷十一。靳荣藩在注释中引用梅村的话“生怊怏自失，殆不能为情，归赋四诗以告绝”，说明《琴河感旧》的本意；又说第三首“逼真义山手笔”，第四首“形容曲尽，情思入妙”，似乎与牧斋“艳诗”说相呼应。

2 钱谦益《读梅村宫詹艳诗有感书后四首（有序）》，《牧斋有学集》卷四，《绛云余烬诗》上。诗中有“投壶玉女和天笑，窃药姮娥为月孤”“寒窗拥髻悲啼夜，暮雨残灯识此情”等句。

3 吴伟业《琴河感旧并序》，《吴诗集览》卷十一。

感、江州之泣也！”[1]

多年之后，卞玉京去世，安葬在无锡惠山下祇陀庵锦树林，吴梅村前往扫墓，写诗吊唁：

龙山山下茱萸节，泉响琤琮流不绝。
但洗铅华不洗愁，形影空潭照离别。
离别沉吟几回顾，游丝梦断花枝悟。
翻笑行人怨落花，从前总被春风误。
金粟堆边乌雀桥，玉娘湖上蘼芜路。
油壁曾闻此地游，谁知即是西陵墓。
……
相逢尽说东风柳，燕子楼高人在否。
枉抛心力付蛾眉，身去相随复何有。
独有潇湘九畹兰，幽香妙结同心友。
十色笺翻贝叶文，五条弦拂银钩手。
生死旃檀祇树林，青莲舌在知难朽。
……[2]

四 “通侯青史姓名高”——缅怀杀身成仁的瞿式耜

1. 苦苦挣扎的南明

南明福王政权寿终正寝，继起的唐王政权、鲁

1 吴伟业《梅村诗话·女道士卞玉京》，《梅村家藏稿》卷五十八。

2 吴伟业《过锦树林玉京道人墓并传》，《梅村家藏稿》卷十，后集二，七言古诗。

王政权，犹如昙花一现。两广总督丁魁楚和广西巡抚瞿式耜迎立朱由榔建立的桂王政权，仍在苦苦挣扎。毕竟大势已去，挽狂澜于既倒几无可能，君臣们明知其不可为而为之，精神可嘉，瞿式耜就是其中的一面旗帜。在清军猛烈的攻势下，南明守军节节败退，顺治七年十一月，桂王奔向临桂，内阁大学士瞿式耜困守桂林，统兵将领无心恋战，卫国公胡一青、武陵侯杨国栋、绥宁伯蒲缨、宁武伯马养麟纷纷逃跑，宁远伯王永祚投降，桂林成了不设防的空城。

瞿式耜危坐府中，总兵戚良勋带了两匹马，跪着请求："公为元老，系国安危，身出危城，尚可号召诸勋，再图恢复。"

瞿式耜已经决定以身殉国："四年忍死留守，其义谓何？我为大臣，不能御敌，以至于此，更何面目见皇上提调诸勋乎？人谁不死，但愿死得明白耳。"

家人泣请："次公子从海上来，一二日即至，乞忍死，须臾一面诀也。"

瞿式耜回答："毋乱我心，我重负天子，尚念及儿女邪！"[1]

俄顷，兵部侍郎兼翰林院学士张同敞（张居正曾孙）从灵州赶来，瞿式耜对他说：你没有留守之责。张同敞回应道：要死一起死。于是呼酒酣饮，四顾

1《小腆纪传》卷二十八《瞿式耜列传》。

茫然，只有一名老兵随侍。入夜，大雨不止，城中寂然无声。

黎明，瞿、张二人被清军俘虏，定南王孔有德前来劝降："甲申之变，大清国为明复仇，葬祭成礼，今人事如此，天意可知。吾断不杀忠臣，阁部毋自苦。吾掌兵马，阁部掌粮饷，一如前朝事，何如？"

瞿式耜断然拒绝："我明之大臣，岂与汝供职邪！"

孔有德说："我先圣后裔，势会所迫，以至今日，阁部何太执！"

张同敞厉声说："汝不过毛文龙家提溺器奴耳，毋辱先圣。"

孔有德怒批其颊，瞿式耜大声叱责："此宫詹张司马，国之大臣，死则同死耳，不得无礼！"针对孔有德的自我辩白，瞿式耜说："汝为丈夫，既不能尽忠本朝，复不能自起逐鹿称孤，为人鹰犬，尚得以俊杰时务欺天下男子邪？……本阁部受累朝大德，位三公，兼侯伯，常愿殚精竭力，扫清中原。今大志不就，自痛负国，刀锯鼎镬，百死莫赎，尚何言邪！"[1]

2.《临难遗表》与《浩气吟》

关押期间，瞿式耜写了《临难遗表》，向永历皇帝朱由榔表示视死如归的决心："当年拥戴一片初心，惟以国统绝继之关系乎一线，不揣力绵，安举

1 计六奇《明季南略》卷十三《临难遗表》。

大事。四载以来，虽未竖有寸功，庶几保全尺土。岂知天意难窥，人谋舛错，岁复一岁，竟至于斯！即寸磔臣身，何足以蔽负君祸国之罪！然累累诸勋，躬受国恩，敌未临城，望风逃遁。大厦倾圮，固非一木所能支也！……至于臣等罪戾，自知青史难逃，惟有坚求一死，以报皇上之隆恩，以尽臣子之职分。”[1]

瞿式耜和张同敞对酒赋诗，一唱一和。瞿式耜吟道：

藉草为茵枕凷眠，更长寂寂夜如年。
苏卿绛节惟思汉，信国丹心止告天。
九死如饴遑惜苦，三生有石只随缘。
残灯一室群魔绕，宁识孤臣梦坦然。

张同敞和道：

棱棱瘦骨不成眠，祖德君恩四十年。
腰膝尚存堪作鬼，死生有数肯呼天。
叠山欲附文山烈，苏武休思汉武缘。
蹈镬撩衣谈笑里，何须血泪更潸然。

瞿式耜吟道：

拘幽土室岂偷生，求死无门虑转清。

1 瞿式耜《瞿忠宣公集》卷九《浩气吟》。瞿式耜孙子瞿昌文说：“文万里入粤，两年相依膝下，以备员侍从。兵烽阻隔，不及奔十七日之难。署中抢劫一空。五年奏疏诗文百余卷，家中所携著述若干卷，仅存十之二三，惟临难诗四十首并遗表稿，得义士杨硕父密藏之未散。”

劝勉烦君多苦语，痴愚叹我太无情。
高歌每羡骑箕句，洒泪偏来滴雨声。
四大久拼同泡影，英魂到底护皇明。

张同敞和道：

凛然大义自平生，囊底无钱魄亦清。
二烈双忠原有教，九朝七世岂忘情。
亡家骨肉皆冤鬼，多难师生共哭声。
想见刀头空一切，长宵盼不到天明。[1]

闰十一月十七日，临刑之前，瞿式耜援笔写下绝命词：

从容待死与城亡，千古忠臣自主张。
三百年来恩泽久，头丝犹带满天香。[2]

随即从容赴死，当时情景令人凛然动容："肃衣冠南向拜讫，步出门，行至独秀岩，曰：'吾平生爱山水，愿死于此。'遂与同敞并遇害。同敞尸不仆，首坠地，跃而前者三。顷刻，大雷电，雪花如掌，空中震击者亦三。""吴江杨艺衰麻跣足，肩背楮钱，跪军门号哭，请殓故主尸……遂具衣冠，浅葬两人于风洞山之麓。"[3]

1 瞿式耜《十七日临难赋绝命词》，《瞿忠宣公集》卷九《浩气吟》。

2《小腆纪传》卷二十八《瞿式耜列传》。

3 吴伟业《梅村诗话·瞿式耜》，《梅村家藏稿》卷五十八。瞿式耜孙子瞿昌文将其骸骨带回家乡常熟安葬。《粤行纪事》："孙昌文间关万里，负骸骨归，盛以瓦盆。至中途，力不能胜，因弃盆，而脱里衣裹之。及抵家，则着衣处皆生血痕，若胶粘者。"

吴伟业获悉死讯，读了《临难遗表》和《浩气吟》，感慨系之，撰写文章追悼亡友。这在当时政治形势下需要很大勇气，因而这篇悼词值得回味。

3.“虽末路顿殊，而初心不异”

他首先回顾瞿式耜的坎坷生涯，以及自己和他的交往：“瞿式耜，字稼轩，常熟人。由进士为兵科给事中，好直谏，为权奸所讦，与其师钱宗伯（谦益）同罢归。筑室于虞山之下，曰东皋，极游观之胜，酷嗜石田翁画，购得数百卷，为‘耕石轩’藏之。未几，里中儿飞文诬染，偕宗伯逮就狱。余时在京师，所谓《东皋草堂歌》者，赠稼轩于请室也。后数年，余再至东皋，则稼轩倡义粤西，其子伯升门户是惧，故山别墅皆荒芜斥卖，无复向日之观，余为作《后东皋草堂歌》，盖伤之也。”

接着写瞿式耜与张同敞在桂林遇害，以及感人泣下的《浩气吟》：“又二年，知稼轩以相国留守桂林，城陷不屈，与张别山俱死。别山者，江陵人，故相文忠公曾孙，讳同敞，为督师司马……累囚一月，两人从容唱和。稼轩得诗八首，曰：‘二祖江山人尽掷，四年精血我偏伤。’又曰：‘愿作须臾阶下鬼，何妨慷慨殿中狂。’其末章曰：‘年逾六十复奚求，多难频经浑不愁。劫运千年弹指到，纲常万古一身留。欲坚道力凭魔力，何事俘囚学楚囚。了却人间生死业，黄冠莫拟故乡游。’……二公死，有旧给事中后出家号性因者，收其骨，义士杨硕父藏其稿。稼轩孙昌文间关归，以其诗与表刻之吴中，为《浩气吟》。”

进而评论道："若两公者，真可谓杀身成仁者矣。钱宗伯为诗哭之，得百二十韵，其叙《浩气吟》文词伉烈，绝可传。稼轩在囚中亦有频梦牧（斋）师之作，盖其师弟气谊，出入患难数十余年，虽末路顿殊，而初心不异。"[1]

值得注意的是"末路顿殊""初心不异"八个字。遥想当年，钱谦益受温体仁陷害，瞿式耜挺身为之辩白，竟遭贬谪，后来总算沉冤昭雪。此可谓"初心不异"。但是师生之间"末路顿殊"：一个在南京投降，一个在桂林就义。文章点明的不仅是钱谦益的尴尬处境，也是吴伟业难以慷慨赴死的愧疚（"我因亲在何敢死"），因而他的哭稼轩诗回避了"末路顿殊"，只谈"初心不异"：

> 万里从王拥节旄，通侯青史姓名高。
> 禁垣遗直看封事，绝徼孤忠誓佩刀。
> 元祐党碑藏北寺，辟疆山墅记东皋。
> 归来耕石堂前梦，书画平生结聚劳。[2]

五 一声叹息："草间偷活"，"一钱不值"

1."万事今尽废"

甲申、乙酉之际，吴伟业没有投身抗清运动，

1 吴伟业《梅村诗话·瞿式耜》，《梅村家藏稿》卷五十八。

2 吴伟业《梅村诗话·瞿式耜》，《梅村家藏稿》卷五十八。

也没有摇身一变归顺新朝，一直在冷眼旁观。毕竟是前朝旧臣，故国情思难以摆脱。“国破山河在，城春草木生”，当他重游南京时，触景生情，《遇南厢园叟感赋》流露的就是这种心情：

寒潮冲废垒，火云烧赤冈。
四月到金陵，十日行大航。
平生游宦地，踪迹都遗忘。
道遇一园叟，问我来何方？
犹然认旧役，即事堪心伤。

蓦然回忆起当年南京国子监生涯，这位园叟就是当年国子监的仆役。那时他的讲舍在鸡笼山，旧地重游，既怀念逝去的繁华，更感慨于前朝旧事：

回头望鸡笼，庙貌诸侯王。
左李右邓沐，中坐徐与常。
霜髯见锋骨，老将东瓯汤。
配食十六侯，剑珮森成行。

映入脑海的是开国功臣李善长、邓愈、沐英、徐达、常遇春、汤和。看到孝陵和故宫，联系到自己“承乏忝兼官”，恍如隔世：

高帝遗衣冠，月出修烝尝。
图书盈玉几，弓剑堆金床。

承乏忝兼官，再拜陈衣裳。
南内因洒扫，铜龙启未央。
幽花生御榻，苔涩青仓琅。
离宫须望幸，执戟卫中郎。
万事今尽非，东逝如长江。[1]

字里行间洋溢着遗民情结。这种挥之不去的遗民情结，在顺治十年的虎丘文社大会流露得更加淋漓尽致。

2.“十年故国伤青史”

崇祯六年张溥主持复社虎丘大会的盛况记忆犹新：山左江右晋楚闽浙以舟车至者数千余人，被誉为三百年来从未有过的盛举。时过境迁，当年的复社名士大多凋零，吴伟业想仿效西铭先生，再搞一次虎丘大会。这就是所谓的“癸巳春社”。吴中慎交社和同声社联手操办，推吴伟业为宗主，与会人数虽然不能同当年相比，但也堪称盛况空前了。顾师轼《吴梅村先生年谱》记载此事，引用程穆衡《梅村诗笺》，有三点值得注意：

其一是“癸巳春社，九郡人士至者几千人”；

其二是“太仓如王维夏昊、郁计登禾、周子俶肇，则联络两社者，凡以继张西铭虎丘大会”；

1 吴伟业《遇南厢园叟感赋》,《梅村家藏稿》卷一，前集一，五言古诗。《吴诗集览》卷二上《遇南厢园叟感赋八十韵》靳荣藩注释。

其三是“又会日，以大船廿余，横亘中流，每舟置数十席，中列优倡，明烛如繁星。伶人数部，声歌竞发，达旦而止”。

又引王随庵《自订年谱》，也有三点值得注意：

其一是“十年上巳，吴中两社并兴，慎交则广平兄弟执牛耳，同声则素文、韩倬、宫声诸公为之领袖，大会于虎丘，奉梅村先生为宗主”；

其二是“梅翁赋禊饮社集四首，同人传诵”；

其三是“次日，复有两社合盟之举，山塘画舫鳞集，冠盖如云，亦一时盛举”。[1]

此处所谓“梅翁赋禊饮社集四首”，即《癸巳春日禊饮社集虎丘即事》，流露出明显的遗老心态。请看第一首：

杨柳丝丝逼禁烟，笔床书卷五湖船。
青溪胜集仍遗老，白祫高谈尽少年。
笋屐莺花看士女，羽觞冠盖会神仙。
茂先往事风流在，重过兰亭意惘然。

再看第二首：

兰台家世本贻谋，高会南皮话昔游。
执友沦亡惊岁月，诸郎才调擅风流。
十年故国伤青史，四海新知笑白头。

1 顾师轼《吴梅村先生年谱》卷四，顺治十年癸巳四十五岁。

修禊只今添俯仰，北风杯酒酹营丘。[1]

靳荣藩注释说："诗中'茂先往事''兰台家世'，指西铭（张溥）执友如张受先、陈大士、周介生、杨维斗辈。"[2]其实诗中最值得注意的并非这两句，而是"清溪胜集仍遗老"和"十年故国伤青史"。梅村当时心情由"遗老""故国"四字泄露无遗。

3."误尽平生是一官"

就在这一年，吴伟业面临命运的大转折。被迫就任清朝官职，令他追悔莫及："误尽平生是一官。"这是为什么？因为他作为会试第一名的复社名士，头顶上有前朝天子门生的光环，有前朝皇帝御批"正大博雅，足式诡靡"的美誉。清朝当局要他出来担任国子监祭酒，看中的正是这一点。而吴伟业坚决不愿意出山，在意的也正是这一点。

以苏州为中心的江南是全国的经济中心和文化中心，人杰地灵，具有举足轻重的地位。清朝统治者为了稳定全国，必须首先摆平江南，镇压抗清运动是一手，笼络江南士大夫是另一手。征召以吴伟业为代表的知名人士出来做官，可以收买民心，增加民众对于新政权的认同感。对吴伟业的举荐信纷

1 吴伟业《癸巳春日禊饮社集虎丘即事》，《吴诗集览》卷十二上，七言律诗。

2 吴伟业《癸巳春日禊饮社集虎丘即事》，《吴诗集览》卷十二上，七言律诗。靳荣藩在注释中引用陈锷《中秋山塘文讌追和梅村先生禊集原韵》："采兰祓禊自年年，胜事风流擅昔贤。地属各区应共赏，人逢元度更谁先。右军亭子山阴榻，短簿祠堂学士篇。俯仰古今还继辙，长空万里月华鲜。"流露的也是遗民心情。

至沓来，其源盖出于此："本朝世祖章皇帝素闻其名，会荐剡交上。""本朝初，搜访天下文章旧德，溧阳、海宁两陈相国共力荐先生。"[1]

江南总督马国柱传达朝廷征召旨意，吴伟业无意于出山，立即以患病为由委婉谢绝。

一则说："伟业少年咯血，久治不痊。今夏旧患弥增，支离床褥，腰脚挛肿，胸腹膨胀，饮食难进，骨瘦形枯，发言喉喘，起立足僵，困乏之状，难以言悉。岂有如此疾苦尚堪居官效力，趋跄执事者耶？"

再则说："伟业学行一无所取，固不待言，而患病则实迹也，共见共闻者也。伏乞祖台即于确查之中，将伟业患病缘由详列到部。伟业自辛未通籍后，陈情者二，请急者三，归卧凡逾十载，其清羸善病，即今在京同乡诸老共所矜谅。"[2]

马国柱再三敦促，此乃朝廷旨意，于是吴伟业向朝廷请辞。因为真心不想做新朝的官，并非假意谦让，所以这份《辞荐揭》写得入情入理，哀婉动人：

伏惟用人而拔滞塞者，君父之恩；量力而受爵禄者，臣子之分。伟业以草莽孤微，江湖废弃，仰荷圣朝高厚，覆载生成，力田以供公税，鼓腹而歌太平者，十年于兹矣。

1 顾湄《吴梅村先生行状》，《吴诗集览》卷首。陈廷敬《吴梅村先生墓表》，《吴诗集览》卷首。

2 吴伟业《上马制府书》，《梅村家藏稿》卷五十四。

恩诏举地方人材，督台马老公祖，过加采择，以伟业姓名入告。旋奉部覆，行督抚按各台老公祖，确查乡评品行，学问实迹。伟业行能庸陋，学问迂疏，无当于用，所不必言。而素婴痼疾，万难服官，苟不先事启陈，则私门疾苦，何由上达？为此辄敢具闻。

伟业禀受尫羸，素有咯血之证，每一发举，呕辄数升。药饵支持，仅延残喘。不意今春旧疾大作，竟成虚损，胸膈胀满，腰脚虚寒，自膝以下，支离挛蹶。老父病母，年过七旬，衰残风烛，相依为命。日夜涕泣，广求医卜，岂知沉痼已甚，疗治无功。奄奄一息，饮食短少，待尽床褥，不能行立。

夫居官尽职，必须精力强济，岂有患苦如此，尚堪驱策？[1]

1 吴伟业《辞荐揭》，《梅村家藏稿》卷五十七。

如此苦苦哀求，并未奏效，有司一再督促上道。二老惧祸，无可奈何，流泪催促儿子北上。[2]

2 吴伟业《与子暻疏》："十年，危疑稍定，谓可养亲终身。不意荐剡牵连，逼迫万状，老亲惧祸，流涕催装。"顾师轼《吴梅村先生年谱》："有司敦逼，先生控辞再四，二亲流涕办严，摄使就道，难伤老人意，乃扶病出山。"

此前，好友侯方域写信劝他千万不要出山，坚定的意志从彬彬有礼的文字中流淌出来："域再拜致书骏公学士阁下。域凡驽不材，年垂四十，无所表见，然辱学士交游之末者，自甲戌（崇祯七年）以来，今且二十年矣。是时学士方少年，为天子贵近臣，文章、德器倾动天下，议者谓旦夕入相。屈指曾几何时，而学士乃披裘杖藜，栖迟海滨，歌彼黍之油油。人生遭际，信可悲也。然学士身隐而道弥彰，域之羡学士之披裘杖藜也，过于坐玉堂、秉钧轴远甚。近者见江南重臣推毂学士，首以姓名登之启事。此自童蒙求我，必非本愿，学士必素审，无俟鄙言。然而学士之出处，将自此分；天下后世之观望学士者，亦自此分矣。”

侯方域列举了三条“不可出”的理由，以及三条“不必出”的理由，然后语重心长地告诫：“十年以还，海内典刑沦没殆尽，万代瞻仰仅有学士，而昔时交游能稍稍开口者，亦惟域尚在。故再四踟蹰，卒不敢以不言。万一有持达节之说陈于左右者，愿学士审其出处之义，各有不同，坚塞两耳。幸甚！”[1]

吴伟业辜负了侯方域的厚望，悔恨不已，几年之后吊唁好友时慨叹：“朝宗归德人，贻书约终隐不出，余为世所逼，有负夙诺。”写诗向逝者表白自己的苦闷：

> 河洛烽烟万里昏，百年心事向夷门。
> 气倾市侠收奇用，策动宫娥报旧恩。
> 多见摄衣称上客，几人刎颈送王孙。
> 死生终负侯嬴诺，欲滴椒浆泪满樽。[2]

吴伟业带着“为世所逼”的心情，踏上无可奈

1 侯方域《与吴骏公书》，《壮悔堂集》卷三。

2 吴伟业《怀古兼吊侯朝宗》，《梅村家藏稿》卷十六，后集八，七言律诗。

何的仕途，途中赋诗一首，道尽胸中郁闷：

误尽平生是一官，弃家容易变名难。
松筠敢厌风霜苦，鱼鸟犹思天地宽。
鼓枻有心逃甫里，推车何事出长干。
旁人休笑陶弘景，神武当年早挂冠。[1]

“误尽平生是一官”，与“死生终负侯嬴诺”遥相呼应，成为他晚年挥之不去的梦魇。

抵京后，经过短暂的秘书院侍读过渡，吴伟业出任国子监祭酒，地位和荣誉比前朝的南京国子监司业高得多了，心情却很苦闷：“精锐销耎，辄被病，弗能眠。”[2]顺治十三年（1656），嗣母张太孺人病卒，他得以名正言顺地丁忧守制，辞官归家。从此回归一介文人，闭门读书写作，正如陈廷敬所说：“先生既无意于时，年力尚强，闭户著数千百言，而尤以诗自鸣，悲歌感激，有不得于中者，悉寓于诗。”[3]

4.“忍死偷生廿载余”

吴伟业无意于时，希望安心度过余生，时事并没有放过他。顺治十五年（1658）至十八年接连发生的奏销案、科场案、哭庙案，表面看来似乎都有由头，其实只是借口，目的是制裁不愿与新

1 吴伟业《自叹》，《吴诗集览》卷十二上。靳荣藩注释：“自投赠马督府（国柱）以下，皆梅村应召途中作，而此诗全作解嘲语也。名高之累，第二句切言之，正是自叹处。松筠句思贞苦节，鱼鸟句欲得安居，五六句言丁嗣父艰，尽愿归隐，并再出金陵真可不必，末二句言南渡时一月早归，非热中膴仕者比也……字字解嘲，而以自叹命题，便与怨天尤人者不同。”

2 顾湄《吴梅村先生行状》，《吴诗集览》卷首。

3 陈廷敬《吴梅村先生墓表》，《吴诗集览》卷首。

政权合作、牢骚满腹的江南文人学子，迫使他们就范。以吴伟业的年资，科场案与哭庙案牵连不上，却难逃奏销案。他自己回忆道："吾归里，得见高堂，可为无憾。既奉先太夫人之讳，而奏销事起。奏销适吾所愿，独以在籍，部提牵累，几至破家。"[1] 所谓破家，并非因追缴欠税而倾家荡产，而是担心因此遭到逮捕。学生王维夏由于奏销案而被捕，吴伟业写诗送行，流露的就是"破家"的担忧：

晚岁论时辈，空群汝擅能。
祇疑栎阳逮，犹是济南徵。
名字供人借，文章召鬼憎。
阿戎才地在，到此亦何凭。[2]

为奏销事，他写诗给三弟，依然是莫名的担忧：

拙宦真无计，归谋数口资。
海田人战后，山稻雨来时。
官税催应早，乡租送易迟。
荷锄西舍叟，怜我问归期。[3]

靳荣藩注释道："江南奏销之案，梅村亦受其累，故催租之苦屡形吟咏。此云'官税催应早，乡租送易

1 吴伟业《与子暻疏》，《梅村家藏稿》卷五十七。嘉庆《直隶太仓州志》卷二十八《人物列传·吴伟业》明确说吴伟业"旋以江南奏销议处，里居终身，适遂初志焉"。

2 吴伟业《送王子维夏以牵染北行四首》，《梅村家藏稿》卷十三，后集五，五言古诗。

3 吴伟业《再寄三弟二首》，《梅村家藏稿》卷十二，后集四，五言律诗。

迟’，急公恤佃两得之矣。与其七州郡羞于请门庭简送迎，俱长者之言。”[1]

吴江县举人吴兆骞受科场案攀染，遣戍宁古塔，铸成一大奇冤。吴梅村写诗送行，流露的是惴惴不安的心情：

人生千里与万里，黯然销魂别而已。

君独何为至于此，山非山兮水非水，生非生兮死非死。

十三学经并学史，生在江南长纨绮。

词赋翩翩众莫比，白璧青蝇见排抵。

一朝束缚去，上书难自理，绝塞千山断行李。

送吏泪不止，流人复何倚。

彼尚愁不归，我行定已矣。

……

噫嘻乎悲哉，生男聪明慎勿喜，仓颉夜哭良有以。

受患只从读书始，君不见吴季子。[2]

在如此压抑的政治氛围中求生，吴伟业的郁闷可想而知，只能写诗遣闷："人生岂不由时命，万事忧愁感双鬓。""我因亲在何敢死，憔悴而今困于此。"[3]写诗遣闷之余，寄情于山水，到苏州附近的邓尉探梅，成为他最喜爱的活动。为了把山水引

1 吴伟业《再寄三弟》，《吴诗集览》卷九上。

2 吴伟业《悲歌赠吴季子》，《吴诗集览》卷七上。靳荣藩注释："《池北偶谈》：'吴江孝廉汉槎，以顺治十五年流宁古塔。'《苏州府志》：'吴兆骞，字汉槎，少有隽才，与慎交社名闻远近。顺治丁酉举于乡，科场事发，遣戍宁古塔。所著有《秋笳集》。'按：汉槎之称为季子，以有两兄兆宽宏人、兆宫间夏也。"

3 吴伟业《遣闷六首》，《梅村家藏稿》卷十，后集二，七言古诗。

进家园，他购得王氏家族的贲园，拓展成为园林别墅。[1]顾湄写道："先生性爱山水，游尝经月忘反。所居乃故铨部王公士骐之贲园，先生拓而大之，垒石凿池，灌花莳药，翳然有林泉之胜。与士友觞咏其间，终日无倦色。"然而这一切都难以排遣内心的苦闷，"居恒苦，忽忽不乐，拂郁成疾以死"。[2]

康熙十年（1671）冬，吴伟业病重，留下绝命词：

忍死偷生廿余载，而今罪孽怎消除？
受恩欠债须填补，纵比鸿毛也不如。[3]

还写了"令书"，自叙生平事略："吾一生遭际万事忧危，无一刻不历艰难，无一境不尝辛苦，实为天下大苦人。"特别交代："吾死后，敛以僧装，葬吾于邓尉灵岩相近，墓前立一圆石，题曰：'诗人吴梅村之墓。'勿作祠堂，勿乞铭于人。"[4]不立墓碑，不写墓志铭，只要求在圆石上刻"诗人吴梅村之墓"即可。以诗人始，又以诗人终，官衔于他犹如浮云。

吴梅村晚年连得三子，去世时长子吴暻年仅十岁，他留给暻儿的遗书，其实是写给世人的公开信，表明自己的心迹：

——"改革后，吾闭门不通人物，然虚名在人，每东南有一狱，长虑收者在门。及诗祸、史祸，惴惴莫保。十年危疑稍定，谓可养亲终身，不意荐剡

1 顾师轼《吴梅村先生年谱》卷四，康熙八年己卯六十一岁条，引《娄东耆旧传》。嘉庆《直隶太仓州志》："所居梅村，名鹿樵精舍，本王士骐贲园，花木翳然，因取以自号。"（卷二十八《人物列传·吴伟业》）

2 顾湄《吴梅村先生行状》，《吴诗集览》卷首。顾湄写道："既而陵谷贸迁，同事诸君子皆不免于难以死，而先生优游晚节乃死，人以为幸，然非先生祈死之本怀也。先生阅历仕途，虽未尝有差跌，而其危疑遘会，祸乱荐臻，若天广而无以覆，地厚而无以载，居恒苦，忽忽不乐，拂郁成疾以死。"

3 顾师轼《吴梅村先生年谱》卷四，康熙十年辛亥，六十三岁，"是岁病革，有《绝命词》云"。

4 顾湄《吴梅村先生行状》，《吴诗集览》卷首。陈廷敬《吴梅村先生墓表》："吾性爱山水，葬吾于灵岩邓尉间，碣曰'诗人吴梅村之墓'，足矣。"

牵连，逼迫万状，老亲惧祸，流涕催装。同事者有借吾为剡矢，吾遂落彀中，不能白衣而返矣。”

——“今二十年来，得安林泉者，皆本朝之赐。惟是吾以草茅诸生，蒙先朝巍科拔擢，世运既更，分宜不仕。而牵恋骨肉，逡巡失身。此吾万古惭愧，无面目以见烈皇帝及伯祥（杨廷麟）诸君子，而为后世儒者所笑也。”

他最在意的是，“不能白衣而返”，“为后世儒者所笑”。[1]

吴梅村留下的最后一首词，是《贺新郎·病中有感》：

万事催华发。论龚生、天年竟夭，高名难没。
吾病难将医药治，耿耿胸中热血。
待洒向、西风残月。
剖却心肝今置地，问华佗解我肠千结。
追往恨，倍凄咽。

故人慷慨多奇节。为当年、沉吟不断，草间偷活。
艾灸眉头瓜喷鼻，今日须难诀绝。
早患苦、重来千叠。
脱屣妻孥非易事，竟一钱不值何须说。
人世事，几完缺。[2]

1 吴伟业《与子暻疏》，《梅村家藏稿》卷五十七。

2 吴伟业《贺新郎·病中有感》，《梅村家藏稿》卷二十二，诗后集十四，诗余长调三十六首。按：梅村此前所写《遣闷（其三）》已经流露此意：“人生岂不由时命，万事忧愁感双鬓。兄弟三人我衰病，齿牙落尽谁能信。畴昔文章倾万乘，道旁争欲知名姓。中年读《易》甘肥遁，归来拟展云山兴。赤城黄海东南胜，故园风火忧三径。京江战骨无人问，愁吟独向南楼凭。风尘咫尺何时定，故人往日燔妻子。我因亲在何敢死，憔悴而今困于此。欲往从之愧青史。”（《梅村家藏稿》卷十《遣闷六首》）靳荣藩注释此诗，把它与《贺新郎·病中有感》相联系，说道：“悔不能死，‘憔悴而今困于此’，即‘艾灸眉头瓜喷鼻，早患苦重来千叠’之意……‘欲往从之愧青史’，即‘一钱不值何须说’之意。盖兵而死病而死，均之死也，不如以节死。”（《吴诗集览》卷七上《遣闷·靳荣藩注》）

他给世人的最后留言，竟然是“草间偷活”，“一钱不值”。内中的辛酸与悔恨，欲说还休。靳荣藩注释吴诗，把蕴含于字里行间的诗意点破，要害在于“以一身事二姓”。[1] 与他的自叹诗“误尽平生是一官”，可以互相印证。读《梅村家藏稿》至此，仿佛超越时空，听见远方传来一声沉重的叹息。

1 《吴诗集览》卷二十下，靳荣藩对《贺新郎·病中有感》的注释：“此绝笔也，自怨自艾，故与钱、龚不同。按：《汉书·龚胜传》有‘旦暮入地，岂以一身事二姓’，下见故主语，故赞谓守死善道胜实有焉，所谓高名难没也。梅村以不能如龚胜之夭天年为恨，故洒血无地、剖心无术耳，问华佗即难将医药治之意。次段言不能如龚生之夭天年，而天年已尽，竟卧死儿女手中，如麦铁杖所云也。一钱不值，正与高名难没反对，难诀绝，非易事，词意相承。”

后　记

我步入史坛的早期，专攻明清社会经济史。1977年恢复高考以后，受命为本科生开设中国土地关系史课程。认真备课，写了详细的讲稿，一面上课一面修改充实，形成五十万字的《中国封建土地关系发展史》，1983年寄给人民出版社。出版社方面表示，书稿质量很好，愿意出版，为了弥补亏损，请作者提供出版资助，令我感到非常惊讶和无助。众所周知，1950年代以来，我国实行低工资政策，大学青年教师工资微薄，处于“糊口”水平，哪里有能力资助出版？无可奈何之际，我向出版社表示，愿以此书稿费作为“资助”。出版社总算开恩，于1988年刊印出版。即使如此艰辛，仍然欢欣不已，自己的第一本著作能够在国家级出版社出版，无论如何是值得庆幸的。

此后，我把研究重点转移到江南市镇，1987年写成《明清江南市镇探微》，交付复旦大学出版社。出版社方面决定出版，却迟迟不付印，需要基金资助。恰巧此时我拿到社科基金一万元，出版社要去八千元，此书终于在1990年面世。令我感慨的是，在自己学校的出版社出书也不是容易的事，这促使我改变研究方向。

巧合的是，此时人民出版社编辑张维训先生邀我撰写万历皇帝的传记。这套黄色封面的帝王传记丛书很畅销，不必“资助”，我欣然接受他的好意。《万历传》出版后，又写了《崇祯传》。持续五六年对万历和崇祯两朝历史深入探索，对我而言不仅仅是出了两本书，而是改变了我的研究方向，从此开启了持续二十年的晚明史研究，应该感谢张维训先生。

2003年由复旦大学出版社印行的《晚明史（1573—1644年）》上下册，受到出版界与读书界的肯定，获得第十四届中国图书奖。2015年复旦大学出版社推出此书的第二版，精装的封面清新华美，腰封印有同行专家周振鹤、葛剑雄、唐力行、熊月之、范金民先生的评语，激励我继续努力。努力的成果就是《晚明大变局》和《重写晚明史》。

2003年以后，我全力投入《晚明大变局》的撰写。2004年6月28日，《解放日报》刊登我的文章《文明的彷徨——晚明历史大变局》（《新华文摘》2004年第18期转载）。人们常说晚清大变局，殊不知，晚明也有大变局。2015年8月，四十万字的《晚明大变局》由中华书局出版，引来各方好评。据出版社方面统计，该书出版后，每个月都会入选三个以上主流媒体的推荐书单，在当年年底入选二十多家媒体的年度十大好书榜单，一年间七次重印，累计发行八万册。

此后，我再接再厉，凭借古籍文献电子化的方便，全面修订《晚明史（1573—1644年）》，把两卷本修订为五卷本，书名改为《重写晚明史》。所谓“重写”是指对于自己《晚明史（1573—1644年）》的改写，没有别的意思。五卷分别是：第一卷《晚明大变局》；第二卷《新政与盛世》；第三卷《朝廷与党争》；第四卷《内忧与外患》；第五卷《王朝的末路》。

晚清大变局牵涉政治体制的变革，从帝制走向共和，所以是“三千年未有之大变局”。晚明虽然政治体制依然故我，但在经济、社会、文化、思想各个方面都出现了大变局，表明中国内部正在发生剧变，出现了前所未有的新现象、新因素和新突破。一言以蔽之，晚明时代中国的近代化已初露端倪。我认为，所谓近代化是一个漫长的过程，并非始于哪个绝对年代。历史的道路并非笔直向前，有时会停滞，甚至倒退。近代化之路也不例外。日本京都学派的奠基人内藤湖南倡言“唐宋变革论”，认为宋代是中国近世史的发端，旨在揭示宋代出现了前所未有的新现象、新因素和新突破。基于同样的思路，我写《晚明大变局》是想提醒人们，重新审视晚明历史的剧变。

我从六个方面论证这一点：一、“海禁—朝贡”体制的突破；二、卷入全球化贸易的浪潮；三、江南市镇：市场经济与早期工业化；四、思想解放的潮流；五、西学东渐与放眼看世界的先进中国人；六、新气象：文人结社与言论。这种剧变是前所未见的，具有划时代的意义，或许可以说，没有晚明大变局就不可能有晚清大变局。

15世纪末至16世纪初，世界历史出现了大变局，历史学家称为地理大发现时代或大航海时代。欧洲的航海家绕过非洲好望角发现了通往印度和中国的新航路，以及越过大西洋发现了美洲新大陆。这些发现标志着一个新时代的开始，亦即中世纪与近代划分的里程碑。人类历史进入史无前例的全球化时代，中国也因此卷入了全球化贸易浪潮。由于制造业的优势，中国与任何国家的贸易都处于顺差之中。无与伦比的优质生丝、绸缎、棉布、瓷器等中国商品从澳门通过马六甲、果阿、好望角运往欧洲的里斯本，这是印度洋大西洋丝绸之路；从漳州的月港出发经过马尼拉，搭乘马尼拉大帆船，运往美洲的阿卡普尔科，这是太平洋丝绸之路。正如弗兰克《白银资本——重视经济全球化中的东方》所说："中国贸易，造成的经济和金融后果是，中国凭借着丝绸、瓷器等方面无与匹敌的制造业和出口，与任何国家进行贸易都是顺差。因此，正如印度总是短缺白银，中国则是最重要的白银净进口国。"全球白银货币的四分之一至三分之一，通过贸易渠道源源不断流入中国，这样的辉煌是史无前例的。

随着商船来到中国的耶稣会传教士，在传教的同时传播欧洲的科学文化。先进的中国人瞿汝夔、徐光启、李之藻、杨廷筠、方以智、王徵等，通过耶稣会士利玛窦等人的中介，放眼看世界。法国汉学家裴化行神父在《利玛窦神父传》中说：16世纪的中国出现了一场文化伦理革命，其前锋"并不是出国考察者，因为谁也不能走出帝国之外去异邦寻求这些新科学，他们只是译者或编者，是他们让读者得以接触外来的著作"。

先进的中国人放眼看世界的结果，使得一般中国人的世界观发生了根本的变化。崇祯五年（1632）宁波的天主教徒朱宗元把中国与欧洲相比较，感慨系之：欧洲的天文、物理、历法"莫不穷源探委"，"我中土之学问不如也"；欧洲的自鸣钟、望远镜、起重机、乐器"莫不精工绝伦"，"我中土之技巧不如也"；欧洲的土地肥沃、物产丰富、贸易遍及万国，"我中土之富饶不如也"。这样的眼界，在以前是根本不可能出现的。

明代前期的思想界沉闷而僵化，科举取士都以朱熹《四书集注》作为考试课本和标准答案，人人都以孔子的思想为思想，以朱子的思想为思想，而没有自己的自觉思想、自由思想。王阳明开创了轰轰烈烈的思想解放运动。他的大弟子王畿高唱“学须自证自悟，不从人脚跟转”。另一位弟子王艮主张“六经皆注脚”、“六经注我，我注六经”。晚明思想解放的潮流，由李贽推向了高峰。他认为，千百年来无是非可言，原因就在于“咸以孔子之是非为是非，故未尝有是非”。大声喊出“六经皆史”，《诗》《书》《礼》《乐》《易》《春秋》，本来就是史书，被儒家尊奉为圣经，应该还它的本来面目——“经史一物”，所谓六经不过是历史资料而已。值得注意的是，一向以狂狷著称的李贽，对利玛窦推崇备至——“是一极标致人也”，“已经三度相会”。

离经叛道的思想家“掀翻天地”“非名教所能羁络”的精神，在后世引起了共鸣。五四新文化运动中，高喊“打倒孔家店”的吴虞把“异端之尤”李贽视为师辈，写了洋洋万言《明李卓吾别传》，推崇李贽著作是“思想与文化潜源”。吴虞感叹：“卓吾（李贽）产于专制之国，而弗生于立宪之邦，言论思想不获自由，横死囹圄，见排俗学，不免长夜漫漫之感。”所以，他要高喊“打倒孔家店”。晚明思想解放潮流与五四新文化运动的内在联系，于此可见一斑。

本书的第二卷《新政与盛世》、第三卷《朝廷与党争》、第四卷《内忧与外患》、第五卷《王朝的末路》，试图从各个侧面分析大明王朝如何由盛世逐步走向末路的过程。读者诸君沉下心来慢慢阅读、细细体味，一定能够领略其中的辉煌、苍凉、悲愤、无奈。经济文化成就如此傲视世界的大明帝国，在内忧与外患的双重夹击之下，如同摧枯拉朽般地走向覆亡。孔尚任有感于此，在《桃花扇》的末尾唱道：

俺曾见金陵玉殿莺啼晓
秦淮水榭花开早
谁知道容易冰消
眼看他起朱楼
眼看他宴宾客
眼看他楼塌了

明清史一代宗师孟森说："熹宗，亡国之君也，而不遽亡，祖泽犹未尽也；思宗，自以为非亡国之君也，及其将亡，乃曰有君无臣。夫臣果安往？昔日风气未坏，正人君子，屠戮之而不能遽尽，故无君而犹有臣；至崇祯时，则经万历之败坏，天启之椓丧，不得挽回风气之君，士大夫无由露头角矣。思宗而在万历以前，非亡国之君也；在天启之后，则必亡而已矣。"确实是振聋发聩之论。他为了论证这个观点，写了洋洋数万言。我则用将近两百万字来展现明朝由盛转衰、直至覆亡的全过程——仅仅有经济文化的繁荣，而没有震慑朝廷内外党同伐异的雷霆手段，没有把内忧与外患消弭于无形的非凡能力，那么王朝终将走向末路，改朝换代不可避免。

"六朝旧事随流水，但寒烟衰草凝绿"。

樊树志　癸卯年仲秋于蒲溪